Kohlhammer

Lothar Müller-Hagedorn,
Waldemar Toporowski,
Stephan Zielke

Der Handel

Grundlagen – Management – Strategien

2., vollständig überarbeitete Auflage

Verlag W. Kohlhammer

Prof. em. Dr. Lothar Müller-Hagedorn
Mail: lmh@wiso.uni-koeln.de

Prof. Dr. Waldemar Toporowski
Universität Göttingen
Professur für Handelsbetriebslehre
Platz der Göttinger Sieben 3
37073 Göttingen
Germany
Mail: wtoporo@uni-goettingen.de

Associate Professor Dr. Stephan Zielke
Aarhus University
Department of Business Administration
MAPP - Centre for Research on Customer Relations in the Food Sector
Haslegaardsvej 10
8210 Aarhus V Denmark
Mail: zielke@asb.dk

Für Dozenten gibt es zusätzliche Materialien zum Download unter www.derhandel-dasbuch.de.

2., vollständig überarbeitete Auflage 2012

Umschlag: Gestaltungskonzept Peter Horlacher
Umschlagfoto: © istockphoto.com/craftvision, © Tripod – Fotolia.com, © Anton Gvozdikov – Fotolia.com
Gesamtherstellung:
W. Kohlhammer Druckerei GmbH + Co. KG, Stuttgart
Printed in Germany

ISBN 978-3-17-019282-9

Vorwort

„Der Handel" liegt jetzt in zweiter Auflage vor. Gegenüber der ersten Auflage sind zwei neue Autoren hinzugekommen, Waldemar Toporowski (Universität Göttingen) und Stephan Zielke (Universität Aarhus).

Das Buch verfolgt ein großes Ziel: Die Ausführungen sollen helfen, die oft komplexen Probleme bei der Steuerung von Handelsunternehmungen zu strukturieren und einer Lösung zuzuführen. Weiterhin erweist sich der Handel als dynamischer Wirtschaftsbereich. Es entstehen neue Betriebsformen, Vertikalisten konkurrieren mit klassischen Handelsorganisationen, elektronische und stationäre Kanäle werden in Mehrkanalsystemen zusammengeführt, Internationalisierungskonzepte stehen auf dem Prüfstand, das Angebot von Handelsmarken wird differenzierter und neue Technologien werden eingesetzt. Das vorliegende Werk bildet die methodischen Fortschritte im Handelsmanagement ab und stellt moderne Theorien zur Problemlösung vor. Es soll deutlich werden, welchen Beitrag diese zur Bewältigung der in der Praxis anstehenden Probleme leisten können. Die Autoren verfolgen das Ziel, dem Leser einen Überblick über Ergebnisse der internationalen Forschung zu vermitteln. Sie haben aber außerdem an vielen Stellen ihre eigenen Untersuchungen eingebracht. Ein besonderes Merkmal des Buchs besteht darin, dass der entscheidungsorientierte Ansatz konsequent als Denkrahmen für die Behandlung der einzelnen Managementbereiche genutzt wird, so für das strategische Handelsmanagement, das Handelsmarketing, Beschaffung und Logistik, die Gestaltung der Bereiche Personal und Organisation sowie Finanzierung und Controlling. Personal, Organisation und Finanzierung wurden jedoch nur insoweit behandelt, wie hier handelsspezifische Probleme gesehen wurden.

Wegen seines modularen Charakters, seiner Praxisorientierung bei gleichzeitiger Theoriefundierung und seiner dennoch guten Lesbarkeit ist das Buch für Manager, Forscher und Studenten gleichermaßen geeignet.

Das Autorenteam wurde dieses Mal von den wissenschaftlichen Mitarbeitern und studentischen Hilfskräften an der Universität Göttingen unterstützt. Der Dank gilt John-Patrick Collins, Tammy Joy Friedrich, Janin Gödecke, Johann Heinrich, Corinna Holz, Julian Kellner, Björn Kniza, Marten Meschkat, Petra Montag, Wiebke Möhle, Friederike Nagels, Raphaela Piechota, Birgit Proll, Anne-Kathrin Rieh, Nadine Schoor, Philipp Spreer, Sonja Vogler und Anne Wiese.

Außerdem gilt ein besonderer Dank dem Kohlhammer Verlag, insbesondere Herrn Dr. Uwe Fliegauf, für die gute Betreuung und sein großes Engagement bei der Verwirklichung des Werks. Ebenso sei den Sponsoren für ihre finanzielle Unterstützung gedankt.

Köln, Göttingen und Aarhus, im August 2012

Lothar Müller-Hagedorn   Waldemar Toporowski   Stephan Zielke

Inhaltsverzeichnis

D Marketing

E Beschaffung und Logistik

A Der Handel und seine Erscheinungsformen
Kapitel 1–3

In Teil A wird der Handel in seinen verschiedenen Erscheinungsformen vorgestellt. Es wird verdeutlicht, dass er Teil von Distributionssystemen ist und dass er auf der Stufe des Groß- wie auch des Einzelhandels sowie in der Handelsvermittlung in vielfältigen Betriebsformen (Formaten) auftritt. Seine Einschaltung lässt sich mit verschiedenen Theorien begründen.

1 Die Rolle des Handels im Distributionssystem

Der Handel stellt in jeder Volkswirtschaft einen wichtigen Sektor dar. Zu ihm gehören zahlreiche Unternehmungen, deren Steuerung eine große Herausforderung darstellt. Diese Aufgabe wird immer komplexer und anspruchsvoller, weil die Unternehmungen größer werden, der Wettbewerb oft sehr intensiv ist, die Konsumentenwünsche sich wandeln und im Vertrieb und in der Logistik, aber auch im Verkaufsraum, neue Technologien eingesetzt werden. Das Management eines Handelsunternehmens – das ist der Gegenstand des vorliegenden Buches.

Da Handelsunternehmungen Teile von Distributionssystemen sind, setzt eine Beschäftigung mit Aufgaben des Handelsmanagements voraus, dass man ein grundlegendes Verständnis für die Rolle des Handels als Intermediär zwischen Industrie und Endverbraucher entwickelt. Der Begriff Distributionssystem (manchmal werden auch im deutschsprachigen Bereich die englischen Begriffe Distribution Channel, seltener Marketing Channel verwendet) wird im Folgenden erklärt (Abschnitt 1.1). Es wird deutlich gemacht, welche Teile des Distributionssystems dem Handel zugerechnet werden (Abschnitt 1.2). Darüber hinaus werden die wichtigen Begriffe des funktionellen und institutionellen Handels geklärt.

Gegen eine isolierte Analyse des Handels spricht die zunehmende Erkenntnis, dass es nicht einzelne Unternehmungen sind, die miteinander in Konkurrenz treten, sondern ganze Distributionssysteme. Zudem ist in der Unternehmenspraxis zu beobachten, dass wirtschaftsstufen- und funktionsübergreifende Konzepte an Bedeutung gewinnen. Sie werden beispielsweise unter den Begriffen Efficient Consumer Response, Category Management und Supply Chain Management diskutiert. Diese Diskussion zeichnet sich dadurch aus, dass die isolierte Betrachtung der Handelsstufe durch eine Analyse ersetzt wird, die sich auch auf die übrigen Wirtschaftssubjekte des Distributionssystems erstreckt.

1.1 Kennzeichen eines Distributionssystems

Distribution wird meist in Abgrenzung zu Produktion und Konsumtion definiert. Folgt man Specht und Fritz (2005, S. 36), so kann man unter Distribution

„alle Aktivitäten, die die körperliche und/oder wirtschaftliche Verfügungsmacht über materielle oder immaterielle Güter von einem Wirtschaftssubjekt auf ein anderes übergehen lassen“,

verstehen. Es geht demnach um den Austausch von Gütern zwischen Marktteilnehmern. Damit sind die beiden wichtigsten Elemente angesprochen, um ein Distributionssystem zu charakterisieren:

- die beteiligten Wirtschaftssubjekte und
- der Austausch von Wirtschaftsgütern (in seinen einzelnen Facetten).

Aufbauend auf dem Begriff Distribution, der sich auf eine Tätigkeit bzw. Funktion bezieht, werden Distributions-, Absatz- und Vertriebsweg sowie Distributionssystem und Distributionskanal definiert. Der Begriff Distributionssystem betont gegenüber dem Absatz- und dem Distributionsweg, dass es sich um eine Form mit zahlreichen Elementen und vielfältigen, mitunter komplexen Beziehungen zwischen den Elementen handelt. Insofern wird der Begriff Distributionssystem den Gegebenheiten in der Praxis eher gerecht, da eine Unternehmung im Normalfall unterschiedliche Beziehungen zu zahlreichen anderen Wirtschaftssubjekten unterhält. Im Gegensatz zum Begriff System besteht bei der Verwendung des Begriffs Weg die Gefahr, dass darunter eine Abfolge von Institutionen mit ausschließlich gerichteten Beziehungen zwischen „benachbarten" Wirtschaftssubjekten verstanden wird. Marketing Channel, ein Begriff, der in der angloamerikanischen Literatur (vgl. Rosenbloom 2004; Coughlan/Anderson/Stern et al. 2006) weit verbreitet ist, wird von Coughlan, Anderson, Stern et al. (2006, S. 2) im gleichen Sinne wie Distributionssystem definiert und verwendet:

„A marketing channel is a set of interdependent organizations involved in the process of making a product or service available for use or consumption."

Im Folgenden werden die Begriffe Distributionskanal, Marketing Channel, Distribution Channel und Distributionssystem als gleichbedeutend angesehen, verwendet werden soll jedoch der Begriff Distributionssystem.

1.1.1 Mitglieder des Distributionssystems

Wie bereits erwähnt, besteht die zentrale Aufgabe der Distribution darin, dem Endverbraucher Produkte des Herstellers verfügbar zu machen. Die Verwendung des Begriffs Endverbraucher ist zwar nicht einheitlich, in den meisten Fällen – so auch im Folgenden – wird man darunter aber einen privaten Konsumenten oder Haushalt verstehen. Daneben gibt es aber auch gewerbliche Abnehmer, bei denen der Weg eines Produkts enden kann, weil es dort verbraucht oder aber verarbeitet wird. Neben Industrieunternehmen (Hersteller) sind hierzu beispielsweise Handwerker, Kantinen, Gaststätten, Hotels oder Krankenhäuser zu zählen. Sie sind von gewerblichen Abnehmern, die als Wiederverkäufer (Groß- und Einzelhändler) fungieren, zu unterscheiden. Da neben Händlern sowohl Hersteller als auch Endverbraucher Distributionsaufgaben übernehmen können und somit bei der Frage nach einer effizienten Aufteilung der Aufgaben zu berücksichtigen sind, ist es zweckmäßig, beide dem Distributionssystem zuzurechnen. Zu denken ist beispielsweise an die Entscheidung, ob der Endverbraucher den Transport zum Ort des Konsums übernimmt, wie das üblicherweise beim Kauf der Ware bei einem stationären Händler der Fall ist. Alternativ dazu kann der Transport vom Fuhrpark eines Händlers oder von einem Logistikdienstleister durchgeführt werden, wie beides im Falle des Versandhandels üblich ist.

Im einfachsten Fall – dem Direktvertrieb der Hersteller – besteht der Absatzweg nur aus zwei wirtschaftlichen Institutionen, dem Hersteller des Gutes und dem Verwender (z. B. einer anderen Unternehmung oder einem privaten Haushalt). Es wird auch vom direkten Vertrieb gesprochen. Bei der Übergabe der Verfügungsrechte handelt es sich in vielen Fällen um einen Verkauf bzw. einen

Kauf. Zunehmend wird die Verfügbarkeit des betreffenden Gutes aber auch über andere Vertragsformen gewährleistet, z. B. über Pacht- oder Leasingverträge. Bei direktem Vertrieb ist nicht nur an die bislang seltenen Fälle zu denken, in denen Konsumgüterhersteller ihre Produkte direkt an Endverbraucher absetzen, wie z. B.:

- Elektrogeräte (Vorwerk),
- Haushaltswaren (Tupperware),
- Kosmetik (Avon),
- landwirtschaftliche Produkte (selbstvermarktende Landwirte),
- Bücher und Zeitschriften (VNR Verlag für die Deutsche Wirtschaft AG).

Bei direktem Vertrieb ist auch an Hersteller von Produktionsgütern zu denken, also Gütern, die an die weiterverarbeitende Industrie abgesetzt werden. Dies wird entsprechend dem Sprachgebrauch von Backhaus und Voeth (2010) als Teil des Industriegütermarketings bezeichnet. Dabei ist zu beachten, dass der Direktabsatz nicht mit dem Verzicht auf stationäre Verkaufsstellen gleichzusetzen ist. Dies ist zwar bei vielen der genannten Unternehmungen der Fall (Avon, Vorwerk, Tupperware) und gilt auch für die elektronische Form der Distribution (z. B. Dell), es gibt aber auch Hersteller, die stationär über eigene Niederlassungen ihre Produkte verkaufen. So schalten beispielsweise BMW oder Mercedes-Benz nicht nur Vertragshändler ein, sondern betreiben auch eigene Niederlassungen. Nike oder HUGO BOSS verkaufen ihre Produkte außer über den selbständigen Handel auch über eigene Outlet-Stores. Gleiches gilt für Apple und seine Apple Stores. Auf den direkten Vertrieb entfallen im Konsumgütersektor momentan keine großen Marktanteile, jedoch öffnen neue Medien dieser Vertriebsform neue Möglichkeiten und Marktchancen. Die neuen Kommunikationstechnologien verstärken daher das Interesse an der Frage, ob ein Hersteller mit ihnen eher den direkten Weg zum Verbraucher finden kann.

Zwischen den Herstellern und den Verwendern eines Gutes können aber auch Unternehmungen treten, die als Handel im institutionellen Sinne bezeichnet werden. Handel im institutionellen Sinne – auch als Handelsunternehmung, Handelsbetrieb oder Handlung bezeichnet – umfasst jene Institutionen, deren wirtschaftliche Tätigkeit ausschließlich oder überwiegend dem Handel im funktionellen Sinne zuzurechnen ist. Sie zeichnen sich nach den meisten der noch zu behandelnden Definitionen dadurch aus, dass sie Eigentum an der Ware erwerben und diese im eigenen Namen und auf eigene Rechnung anbieten. Der institutionelle Handel wird häufig in Groß- und Einzelhandel unterschieden. Während der Einzelhandel Waren an private Endverbraucher absetzt, gehören zu den Abnehmern des Großhandels gewerbliche Abnehmer wie z. B. Einzelhändler, die die erworbenen Waren weiterverkaufen, Kantinen und Gaststätten, die die Waren verarbeiten, oder Handwerker, die die Produkte verwenden oder im Rahmen von Dienstleistungen verarbeiten. Die Tatsache, dass Hersteller unterschiedliche Absatzwege nutzen, führt zu einer ersten Fragestellung in Bezug auf die Institution Handel: Unter welchen Bedingungen wird zwischen Erzeuger und Verbraucher der Handel eingeschaltet? Welches sind die Voraussetzungen für die Existenz des Handels? Unter welchen Bedingungen wird sich ein selbständiger Handel etablieren? Diese Fragen werden in Kapitel 3 behandelt. Für die weiteren Ausführungen in dem vorliegenden Kapitel wird die Existenz von Handelsbetrieben als gegeben angesehen.

Distributionssysteme können, wie oben dargestellt, grundsätzlich danach unterschieden werden, ob mit dem Handel eine Zwischenstufe eingeschaltet wird oder nicht. Bei indirekten Formen der Distribution kann des Weiteren nach der Anzahl der Zwischenstufen differenziert werden (wie auch Abbildung 1.1 zeigt). Wird zwischen Hersteller und Konsument nur der Einzelhandel eingeschaltet, soll von einstufiger Distribution gesprochen werden. Werden zwei Handelsstufen eingeschaltet, soll der Begriff zweistufige Distribution verwendet werden. Hersteller und Großhändler können zugleich Mitglieder von Distributionssystemen mit einer unterschiedlichen Zahl von Stufen sein. So vertreibt der Hersteller in dem als zweistufig gekennzeichneten System seine Produkte einerseits über den Groß- und Einzelhandel an den privaten Endverbraucher (Konsument), andererseits erreicht er aber mit seinen Produkten auch gewerbliche Abnehmer (Hersteller oder weitere gewerbliche Abnehmer, wie Gaststätten, Hotels, Kantinen, Krankenhäuser usw.) direkt und über ein einstufiges System (Großhändler) auch indirekt. Dieser Großhändler nimmt in diesem Fall die Rolle eines Produktionsverbindungshändlers ein. Auch für den Großhändler gilt, dass er zugleich in einem zweistufigen und einem einstufigen Distributionssystem tätig ist. Es muss zudem betont werden, dass zwischen den in der Abbildung 1.1 dargestellten Wirtschaftssubjekten, die im Regelfall Eigentum an der Ware erwerben, häufig weitere Wirtschaftssubjekte eingeschaltet werden, die Dienstleistungsaufgaben wie Transport, Lagerung, Kommissionierung, aber auch Finanzierung oder Beratung übernehmen. Die Charakterisierung der Stufigkeit von Distributionssystemen bezieht sich stets auf Wirtschaftssubjekte, die Eigentum an den Produkten erwerben bzw. das Preisrisiko übernehmen. Die Einschaltung von sog. Distributionshelfern, wie Logistikdienstleistern, Banken oder Werbeagenturen, bleibt in der Abbildung unberücksichtigt.

Die bisherigen Überlegungen zeigen, dass neben den Herstellern und Endverbrauchern Intermediäre zu den Mitgliedern des Distributionssystems zu zählen sind. Auf der Intermediärebene kann zwischen unterschiedlichen Arten von Wirtschaftssubjekten differenziert werden. So gibt es Unternehmungen, die Eigentum an der Ware erwerben und somit das Preisrisiko tragen. Abhängig davon, an wen sie die Ware absetzen, kann man dabei zwischen Groß- und Einzelhändlern im klassischen Sinne unterscheiden. Während Großhändler an Wiederverkäufer und gewerbliche Abnehmer ihre Waren absetzen, handelt es sich bei den Abnehmern des Einzelhandels um private Konsumenten. Zu den Abnehmern des Großhandels zählen, wie die Abbildung 1.1 verdeutlicht, auch Produzenten – diese Form des Großhandels wird als Produktionsverbindungshandel bezeichnet; sie wird in Kapitel 2 ausführlich angesprochen.

Neben Unternehmungen, die das Preisrisiko tragen, gibt es Intermediäre, die in die Distribution eingeschaltet werden, ohne Eigentum an der Ware zu erwerben. Dies gilt beispielsweise für Handelsvertreter oder Kommissionäre. Sie fungieren als Vermittler, wobei auch hier, in Abhängigkeit davon, zwischen wem sie ihre Vermittlertätigkeit ausüben, zwischen einer Groß- und Einzelhandelsstufe unterschieden werden kann. Beide Gruppen von Intermediären, die mit Eigentumserwerb und jene, die kein Preisrisiko tragen, werden häufig als Distributionsmittler bezeichnet. Charakteristisch für Intermediäre beider Gruppen ist, dass sie Verhandlungsaufgaben im Distributionssystem übernehmen. Rosenbloom (2004, S. 8) spricht in diesem Zusammenhang von *negotiatory functions*.

Von diesen werden sog. Distributionshelfer, denen eine unterstützende Funktion zukommt, abgegrenzt. Sie übernehmen Transportaufgaben, gestalten den Geldfluss, sorgen für den Austausch

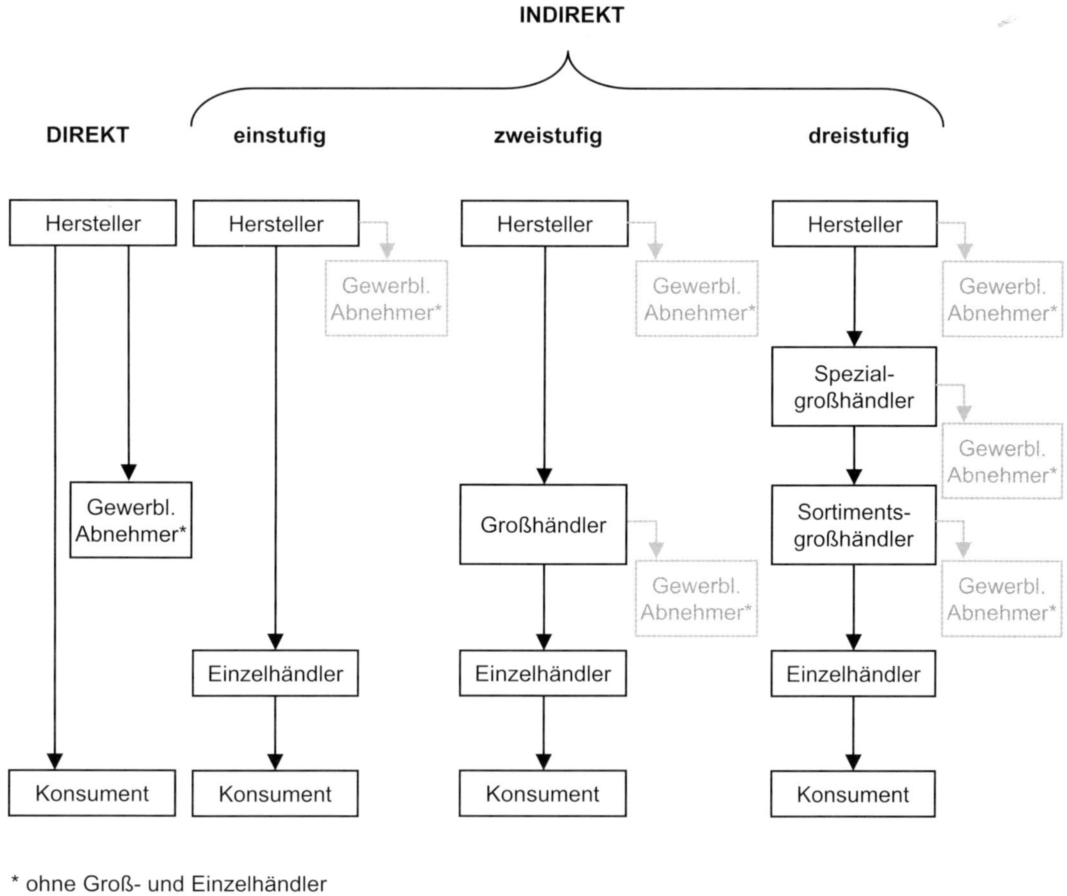

Quelle: in Anlehnung an Specht 1998, S. 16

Abb. 1.1: Grundtypen von Distributionssystemen nach Zahl der Zwischenstufen

von Informationen oder übernehmen Kommunikationsaufgaben. Hierzu zählen insbesondere Logistikdienstleister, Banken, Datenverarbeitungsspezialisten und Werbeagenturen.

Da es bei der Analyse von Distributionsproblemen letztendlich darum gehen muss, alle Optionen für die Ausgestaltung des Weges eines Produkts vom Hersteller bis zum Endverbraucher zu berücksichtigen und hinsichtlich ihrer Effizienz zu beurteilen, ist es zweckmäßig, alle Wirtschaftssubjekte, die Distributionsaufgaben erfüllen können, dem Distributionssystem zuzurechnen.

1.1.2 Aufgaben in einem Distributionssystem

Charakteristisch für das Konzept des Marketing Channel ist die Betrachtung einer Reihe von Strömen oder Flüssen (*flows*). Der Begriff Flüsse wird den Begriffen Funktionen oder Aktivitäten vorgezogen, um zu betonen, dass einzelne Prozesse an verschiedenen Stellen von verschiedenen Wirtschaftssubjekten durchgeführt werden, d. h. eine Bewegung im Gesamtsystem stattfindet (vgl. Coughlan/Anderson/Stern et al. 2006, S. 12–13). Eine solche Sichtweise unterstreicht zudem, dass die Arbeitsteilung im Distributionssystem zu den zentralen Entscheidungen gehört. Das Agieren und Interagieren von Wirtschaftssubjekten, zwischen denen Aufgaben aufgeteilt werden, steht ebenso im Mittelpunkt des Interesses. Es wird häufig zwischen acht Flüssen differenziert (vgl. Coughlan/Anderson/Stern et al. 2006, S. 12):

- Warenfluss (*physical possession*),
- Eigentumsfluss (*ownership*),
- Werbungsfluss (*promotion*),
- Verhandlungsfluss (*negotiation*),
- Finanzierungsfluss (*financing*),
- Risikofluss (*risking*),
- Orderfluss (*ordering*) und
- Zahlungsfluss (*payment*).

Aufgrund seiner Bedeutung wird dem Informationsfluss als neuntem Fluss eine Sonderstellung beigemessen. Kritisch anzumerken bleibt, dass eine klare Abgrenzung des Informationsflusses zu den übrigen Flüssen schwierig erscheint, da einige, wie zum Beispiel der Werbungs- und der Bestellorderfluss, den Charakter von Informationsflüssen haben.

Die Unterscheidung in acht Flüsse ist feiner als die häufig übliche Differenzierung zwischen Aufgaben der physischen und der akquisitorischen Distribution (vgl. Specht/Fritz 2005, S. 48). Ausschlaggebend für die Feinheit, mit der die Ströme differenziert werden, ist die Frage, wie gut sie sich separieren und von unterschiedlichen Wirtschaftssubjekten durchführen lassen. Zweck der Unterscheidung ist also letztendlich die Entscheidung darüber, wem die Erfüllung bestimmter Aufgaben übertragen wird, weil er diese effizienter als andere lösen kann. Die genannten Flüsse sollten nicht als Handelsfunktionen bezeichnet werden (auf Handelsfunktionen wird in Kapitel 3 eingegangen), da zuerst offen ist, ob sie vom Handel durchgeführt werden.

Da Distributionssysteme dazu dienen, bestimmte Güter für die Verwender verfügbar zu machen, und da es sich in den meisten Fällen um reale Güter handelt, wird auch vom Realgüterstrom gesprochen, dem man in einer gröberen Differenzierung noch zwei weitere Ströme, den Informations- und den Nominalgüterstrom (siehe Abbildung 1.2), hinzufügen kann, die jeweils eine räumliche, zeitliche, quantitative und qualitative Dimension aufweisen. Der Hinweis am Realgüterstrom (siehe * in Abbildung 1.2) bezieht sich darauf, dass dieser Strom zwischen einigen Wirtschaftssubjekten im Distributionskanal ausgeschaltet werden kann. Dies ist beispielsweise beim Streckengroßhandel der Fall, wo der Großhändler für den Kontakt, die Verhandlung und den Kaufabschluss, aber auch die Warendisposition verantwortlich ist, die Ware jedoch direkt zwischen einem Produzenten und einem Abnehmer fließt. Es ist zwischen dem *flow of physical possession* (Besitz des Gutes) und dem *flow of ownership* (Eigentum am Gut) zu unterscheiden. Kauft der Handelsbetrieb dem Hersteller die Güter ab und übernimmt er auch Lagerhaltungs- bzw. Transportfunktionen, spricht man vom Lagergeschäft. Läuft der physische Distributionsweg jedoch an einzelnen Stationen des Absatzkanals vorbei, indem ein Kunde den Kaufabschluss zwar beim Einzelhändler tätigt, die Ware jedoch direkt vom Großhändler bzw. Hersteller ausgeliefert wird, spricht man von einem Streckengeschäft.

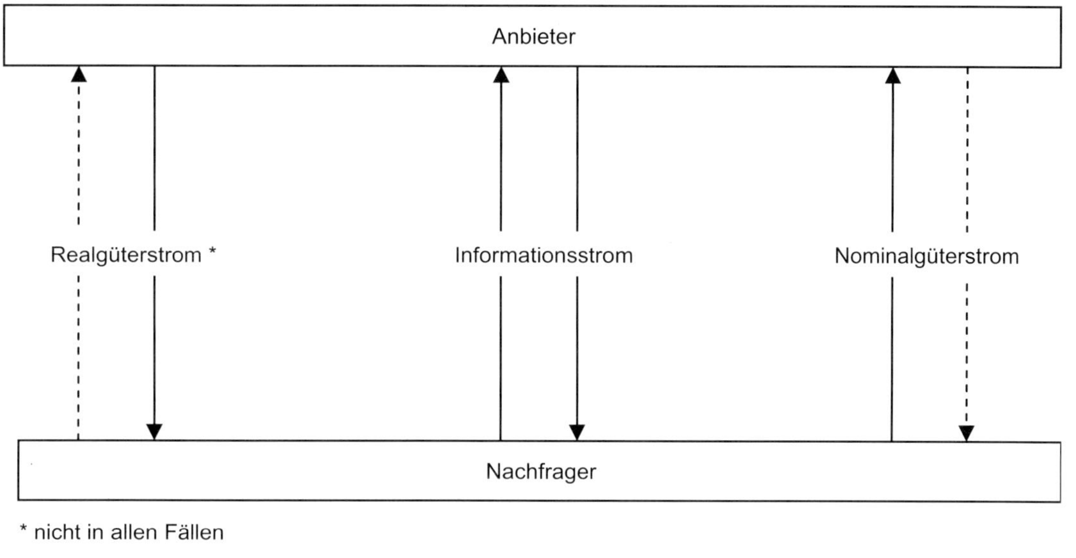

Abb. 1.2: Ströme zwischen Anbieter und Nachfrager

Der Realgüterstrom vom Nachfrager zum Anbieter umfasst jede Form der Redistribution (z. B. Pfandflaschen, Recycling). Ihre Bedeutung hat in den letzten Jahren stark zugenommen. Dies ist darauf zurückzuführen, dass der Gesetzgeber eine Reihe von Gesetzen und Verordnungen verabschiedet hat, in denen beispielsweise die Rücknahme von Verpackungen und Altgeräten geregelt ist (z. B. Elektro- und Elektronikgerätegesetz, Verpackungsverordnung).

Der Informationsstrom zwischen Anbieter und Nachfrager wird immer wichtiger. Wie in der Vergangenheit fordert der private Nachfrager auch heute vom Anbieter Informationen über Güter und Konditionen. Darüber hinaus fordert heute auch die Industrie Informationen vom Handel, so z. B. Abverkaufsdaten. Diese Informationen sollen die Produktentwicklung fördern, Nachfrageprognosen erleichtern und helfen, den Außendienst effizienter einzusetzen. Viele dieser Aufgaben sind Gegenstand des Efficient Consumer Response (ECR) Konzepts, auf das in Kapitel 23 eingegangen wird.

Der Nominalgüterstrom vom Anbieter zum Nachfrager erscheint zunächst paradox. Er beinhaltet aber zum Beispiel Werbekostenzuschüsse der Industrie an den Einzelhandel. In der Abbildung 1.3 sind die Dimensionen der einzelnen Ströme in Anlehnung an Ahlert (1996, S. 12) näher charakterisiert. Bezogen auf die Merkmale Raum, Zeit, Quantität und Qualität sind dort einzelne Aktivitäten genannt, die den Fluss von Real- und Nominalgütern sowie Informationen zwischen Anbieter und Nachfrager bewirken.

	Dimensionen			
	Raum	**Zeit**	**Quantität**	**Qualität**
Realgüterstrom	Transposition und Transformation der Handelsgüter vom Hersteller zum Verbraucher/Verwender			
	Bewegen von Ort zu Ort durch den Raum (phys. Übertragung der Ware)	Vorratshalten durch die Zeit	Sammeln, Aufteilen, Umpacken	Aussortieren, Manipulieren, Markieren, Sortimentieren, Ergänzen durch Zusatzleistungen
Nominalgüterstrom	Transposition und Transformation der Zahlungsmittel vom Verbraucher/Verwender zum Hersteller			
	Übermitteln der Zahlungsmittel von Ort zu Ort	Vorfinanzieren des Herstellers, Kreditieren des Verbrauchers	Sammeln, Aufteilen der Zahlungsbeträge	Umwandeln der Zahlungsmittel und der Sicherungsformen
Informationsstrom	Transposition und Transformation von Informationen vom Hersteller zum Verbraucher und umgekehrt			
	Übermitteln von Informationen von Ort zu Ort	Speichern, Vordisponieren	Sammeln von Informationen, Aufteilen von Kommunikationsmitteln	Verdichten, Kommentieren, Interpretieren, Ergänzen, Prognostizieren

Quelle: in Anlehnung an Ahlert 1996, S. 12

Abb. 1.3: Systematik der Ströme im Distributionssystem mit Beispielen für zugeordnete Aktivitäten

1.1.3 Zusammenfassung

Das Konzept des Distributionssystems bzw. Distributionskanals dient dazu, die zu erfüllende Gesamtaufgabe und die daraus resultierenden Teilaufgaben zu definieren sowie die Mitglieder des Systems bzw. Kanals zu benennen und zu charakterisieren. Die Differenzierung zwischen verschiedenen Strömen, die im Distributionskanal fließen, macht auf die Vielzahl der zu erfüllenden Aufgaben aufmerksam. Zudem wird deutlich, dass viele der Aufgaben separierbar sind und folglich von verschiedenen Wirtschaftssubjekten durchgeführt werden können. Zu diesen zählen Hersteller, Groß- und Einzelhändler sowie Endverbraucher. Bei den Abnehmern muss man zwischen privaten Haushalten (Konsumenten) und gewerblichen Abnehmern differenzieren. Logistik- und Finanzdienstleister sowie Werbeagenturen können einige der genannten Aufgaben übernehmen, so dass es zweckmäßig ist, sie in die Betrachtung einzubeziehen.

In den meisten Literaturquellen, die die genannten Begriffe definieren, werden Distributionsprobleme aus dem Blickwinkel eines Herstellerunternehmens analysiert. So lässt sich erklären, dass dem Handel bei dieser Analyse eine weitestgehend „passive" Rolle zugedacht wird. Zugleich wird der Hersteller als alleiniger Entscheidungsträger bezüglich der Einschaltung eines Intermediärs gesehen. Eine solche Sichtweise ist allerdings mit der heutigen Konstellation zwischen Industrie und Handel kaum noch vereinbar, treten doch Handelsunternehmungen als bewusst handelnde Geschäftspartner der Industrie gegenüber und legen ihre Geschäftsbeziehungen in Verhandlungen fest. Insbesondere große, international tätige Handelskonzerne sowie vertikalisierte Handelssysteme haben sich zu beherrschenden Akteuren in einem Distributionssystem entwickelt, so dass es an der Zeit ist, Distributionsentscheidungen nicht einseitig aus der Perspektive der Industrie zu analysieren. Die häufig in diesem Zusammenhang diskutierten Fragen nach der Aufteilung von Distributionsaufgaben auf unterschiedliche Wirtschaftssubjekte und nach der Vorteilhaftigkeit einzelner Lösungen sind nur vordergründig als Managementproblem eines Herstellerunternehmens zu deuten. Sie stellen zugleich Entscheidungstatbestände eines Handelsunternehmens dar, das über Sortimente, Beschaffungswege und Kontakte zum Endverbraucher zu entscheiden hat.

Die Frage, wie bestimmte Aufgaben auf einzelne Wirtschaftssubjekte aufgeteilt werden sollten, bleibt nicht auf den Bereich der Distribution beschränkt. Betrachtet man die Beziehungen zwischen Industrie, Handel und Dienstleistern und analysiert ihre Entwicklung in den letzten Jahren, so ist festzustellen, dass diese Entwicklung von einer Neuverteilung der Aufgaben in nahezu der gesamten Wertschöpfungskette beherrscht wird. So werfen beispielsweise Verantwortliche von Handelsunternehmungen die Frage auf, inwieweit es vorteilhaft sein kann, eine Rückwärtsintegration zu betreiben und klassische Aufgaben der Industrie zu übernehmen. Dies spiegelt sich unter anderem in dem starken Wachstum von Handelsmarken wider. Handelsunternehmungen übernehmen die Aufgabe, neue Produkte zu entwickeln und sogar zu produzieren. Umgekehrt ist aber auch eine Vorwärtsintegration der Industrie zu beobachten. Hersteller verzichten auf die Einschaltung der Handelsstufe und übernehmen selbst die Distribution bis zum Endverbraucher. Sichtbar werden solche Entwicklungen in Form von Flagship-Stores und eigenen Läden der Markenindustrie oder in Online-Shops der Hersteller.

1.2 Varianten des Begriffs Handel

Bei der Vorstellung von Distributionssystemen ist es unumgänglich gewesen, einige Begriffe zu verwenden, die sich auf den Handel beziehen, ohne sie explizit zu definieren und zu erläutern. Das wird jetzt nachgeholt, denn der Begriff Handel ruft sehr vielfältige Assoziationen hervor, wie z. B. Welthandel, Außenhandel, stationärer Handel, Versandhandel, Internethandel, Handel in der Innenstadt oder auf der „grünen Wiese", Großhandel, Handelsvertreter, Binnenhandelspolitik, Handel treiben usw. Diese Vielfalt der möglichen Inhalte eines einzigen Begriffs lässt deutlich werden, warum es zweckmäßig ist, sich zunächst der Definition des zu untersuchenden Phänomens zuzuwenden.

1.2.1 Abgrenzung des Handels in der betriebswirtschaftlichen Literatur

Mit dem Handel beschäftigen sich gleichermaßen die Betriebs- wie die Volkswirtschaftslehre. Während in der Betriebswirtschaftslehre untersucht wird, wie sich ein einzelner Betrieb verhält bzw. wie er sich verhalten sollte, richtet die Volkswirtschaftslehre ihren Blick vorwiegend auf aggregierte Größen. Daneben wird unterschieden, ob Probleme betrachtet werden, die sich aus der Überschreitung von nationalen Grenzen, von Währungsgrenzen oder den Grenzen von Wirtschaftsräumen ergeben; entsprechend wird von Binnen- und Außenhandel gesprochen. So können drei Teilgebiete des Handels unterschieden werden:

- der Außenhandel und die Außenhandelspolitik (in aggregierter Sicht),
- die Binnenhandelspolitik,
- die Geschäftspolitik (das Management) der Handelsunternehmungen (sowohl im nationalen Binnenhandel als auch international).

Im Rahmen der volkswirtschaftlich orientierten Theorien zum Außenhandel und zur Außenhandelspolitik werden jene wirtschaftlichen Aktivitäten untersucht, die über nationale Grenzen hinweg durchgeführt werden. Dabei hat man aber weniger das einzelne Unternehmen als vielmehr die Gesamtheit der in einzelnen Bereichen tätigen Unternehmen im Blick. Die folgenden Fragestellungen erhellen beispielhaft das Untersuchungsfeld: In welche Länder wird exportiert, aus welchen Ländern wird importiert? Um welche Güter handelt es sich dabei? Kommt es zur Gründung von Vertriebsniederlassungen oder werden Produktionsbetriebe errichtet, und welche Faktoren sind hierfür jeweils ursächlich (vgl. z. B. Rose/Sauernheimer 1995)? Fragen des Außenhandels zählten früher zu den Kerngebieten der Handelsbetriebslehre (siehe z. B. Hirsch 1925), heute sind sie in der wissenschaftlichen Diskussion eher in den Hintergrund getreten. Dennoch hat sich eine eigene Außenhandelsbetriebslehre entwickelt (siehe z. B. Meissner 1981; Wienholt 1989; Jahrmann 1994; Nolden 1996; Hartmann/Härter 2004). Einzelne Sachverhalte des Außenhandels haben auch heute eine hohe betriebswirtschaftliche Relevanz, stellen sie doch wichtige Rahmenbedingungen für unternehmerisches Handeln dar. In hohem Ausmaß werden insbesondere Konsumgüter nach Deutschland eingeführt, so dass es für die auf diesem Gebiet tätigen Unternehmen wichtig ist, die hier geltenden Vorschriften zu kennen.

Im Rahmen der Binnenhandelspolitik wird untersucht, wie die öffentliche Hand die Rahmenbedingungen für die Handelsbetriebe ausgestalten sollte. Herausragende Bedeutung haben Fragen des Wettbewerbsrechts (zur Fusionskontrolle, zum Verhalten marktbeherrschender Unternehmungen, zur vertikalen Preisbindung und -empfehlung, zu Vertriebsbindungen), der Verkehrspolitik, der Standortpolitik (Baunutzungsverordnung), der Ladenöffnungszeiten (Ladenschlussgesetz) und des Medienrechts, mit dem der Auftritt von Handelsbetrieben in den neuen Medien reguliert wird (vgl. Dichtl 1979; Tietz 1986; Dichtl/Brinkmann/Hardock et al. 1995; Liebmann/Zentes/Swoboda 2008). Während früher die Binnenhandelspolitik Entscheidungen auf Bundes-, Landes- und Gemeindeebene umfasste, haben in den letzten Jahren zunehmend Entscheidungen von Gremien der Europäischen Union an Bedeutung gewonnen (z. B. zum Wettbewerbsrecht, zu Franchising).

Das besondere Interesse des Handelsmanagements gilt der strategischen Planung, dem Marketing, Fragen der Beschaffung und Logistik sowie dem Controlling. Sie weisen sowohl eine nationale als auch eine internationale Dimension auf, betreffen folglich den Binnenhandel und die internationalen Aktivitäten eines Handelsunternehmens. Fragen der Internationalisierung werden meist unter den Begriffen Internationales Management (siehe z. B. Kutschker/Schmid 2008), Internationales Marketing (siehe z. B. Backhaus/Büschken/Voeth 2003; Zentes/Swoboda/Schramm-Klein 2010) und Internationales Marketing-Management (siehe z. B. Berndt/Fantapié Altobelli/Sander 2005) diskutiert, wenn dort auch überwiegend die Sichtweise eines Industriebetriebs mit internationalen Ambitionen angelegt wird. Insbesondere für Investitions- und Konsumgüterhersteller wird untersucht, auf welchen Auslandsmärkten sie aktiv werden sollten und wie sie diese bearbeiten können. Auch die Fragen, ob es vorteilhaft sei, die ausländischen Märkte mit den gleichen Produkten wie den Inlandsmarkt zu beliefern, und ob der werbliche Auftritt in allen Märkten übereinstimmen sollte, spielen eine große Rolle. Zunehmend sind diese Problemstellungen auch für Handelsunternehmungen bedeutend geworden. Handelsbetriebe, insbesondere Großhandelsbetriebe, sind traditionell auf internationalen Beschaffungsmärkten tätig. In den letzten Jahren haben aber Einzelhandelsunternehmungen ihre internationale Präsenz stark intensiviert. Infolgedessen haben Fragen nach der Auswahl von Märkten, der Form und dem Zeitpunkt des Markteintritts sowie der Standardisierung oder Differenzierung der absatzpolitischen Instrumente stark an Bedeutung gewonnen. Internationale Aspekte des Handelsmanagements werden in Kapitel 11 vertieft.

Nachdem verdeutlicht worden ist, aus welchen grundlegenden Perspektiven der Handel in der Forschung analysiert wird, soll im Folgenden untersucht werden, wie der Handel und insbesondere wie handeltreibende Institutionen abgegrenzt werden können. Die Zuordnung einer Unternehmung zum Handel fällt in vielen Fällen leicht, in manchen ist sie aber schwierig, da die Grenzlinie zu anderen Wirtschaftssektoren an mehreren Stellen gezogen werden kann. So besteht Einigkeit darüber, dass ein Textilkaufhaus zum Handel zu rechnen sei. Ob aber beispielsweise auch Tankstellen, Bäckereien, Niederlassungen der Automobilhersteller oder Großhandelsbetriebe, die oft die gehandelte Ware (z. B. Stahl) auch bearbeiten, zum Handel gezählt werden sollen, ist nicht auf den ersten Blick ersichtlich. Aus diesem Grund wird im Folgenden ausführlicher auf Möglichkeiten zur Abgrenzung des Handels eingegangen.

Die vielen Spielarten des Begriffs Handel lassen sich auf zwei grundlegende Sichtweisen zurückführen – die funktionelle und die institutionelle. Die Definition des Handelsbetriebs (Handel im institutionellen Sinne) fußt auf der Sicht des Handels im funktionellen Sinn, weshalb zunächst auf diesen Begriff eingegangen wird.

1.2.1.1 Handel im funktionellen Sinne

Der Ausschuss für Definitionen zu Handel und Distribution (2006, S. 27), der in definitorischen Fragen häufig zitiert wird, definiert Handel im funktionellen Sinne wie folgt:

„Handel im funktionellen Sinne liegt vor, wenn Marktteilnehmer Güter, die sie in der Regel nicht selbst be- oder verarbeiten (Handelsware), von anderen Marktteilnehmern beschaffen und an Dritte absetzen."

Handel im funktionellen Sinne kann aber auch anders definiert werden. Alternative Definitionen können abgeleitet werden, wenn man auf die unterschiedlichen Merkmale, mit denen die Tätigkeit

„Handel im funktionellen Sinne" gekennzeichnet werden kann, zurückgreift. Als solche Merkmale kommen in Frage:

1. die Art der Tätigkeit (Beschaffen, Absetzen, Mitwirken an der Beschaffung oder dem Absatz),
2. die Art der beteiligten Wirtschaftssubjekte (private Haushalte, Unternehmen bzw. Betriebe),
3. die Art der ausgetauschten Güter (Nominalgüter, Realgüter),
4. der Grad der Be- oder Verarbeitung der verkauften Güter durch den Verkäufer,
5. das Vorliegen eines Kaufs oder einer sonstigen vertraglichen Beziehung, durch die eine Leistung und eine Gegenleistung festgelegt werden.

Mit Hilfe dieser Merkmale können dann folgende Begriffsvarianten definiert werden (siehe auch Abbildung 1.4).

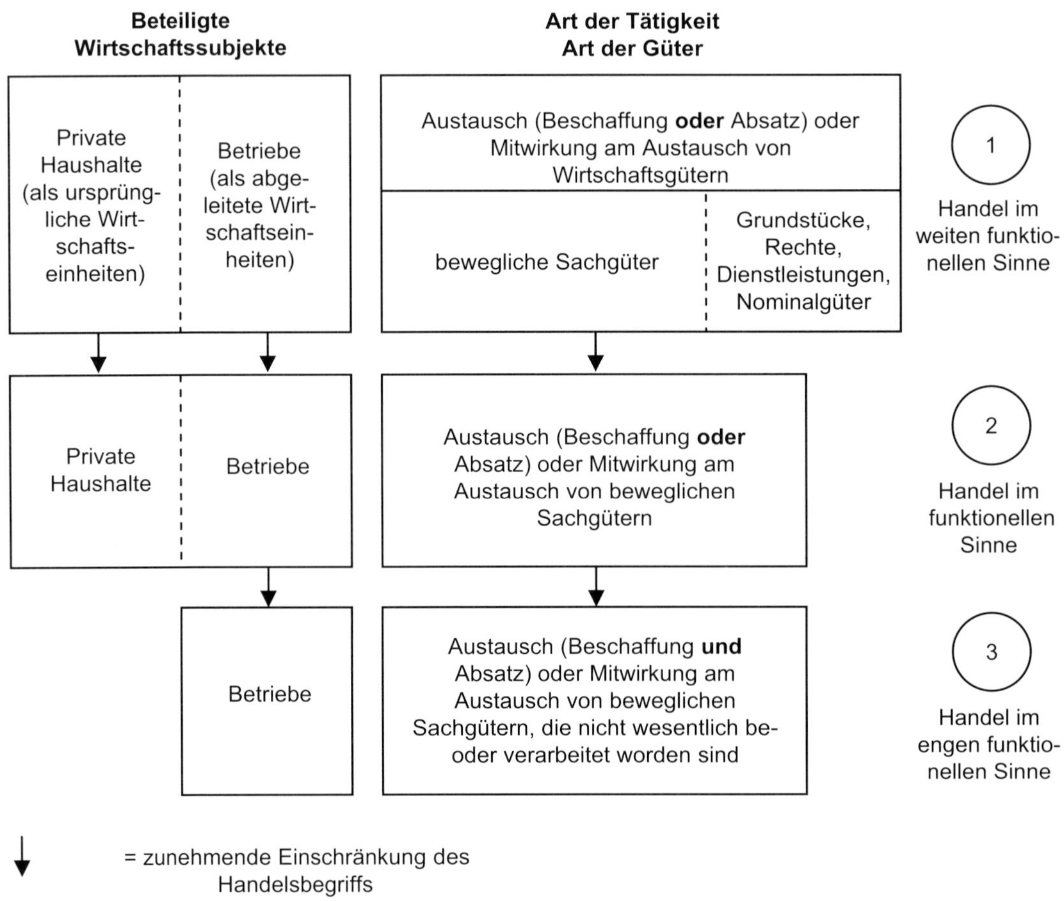

Abb. 1.4: Drei Sichtweisen von Handel im funktionellen Sinne

Eine erste Definition kann wie folgt lauten:

*In einem **weiten funktionellen Sinne** kann unter Handel jeder Austausch von Wirtschaftsgütern zwischen Wirtschaftssubjekten oder sogar nur die Mitwirkung an einem solchen Austausch verstanden werden. Unter Mitwirkung können dabei jene Aktivitäten von Handelsvertretern, Kommissionären und Maklern angesehen werden, die zum Austausch von Wirtschaftsgütern führen.*

Die Definition geht über die oben zitierte Definition des Ausschusses für Definitionen zu Handel und Distribution hinaus. Da hinsichtlich der Wirtschaftssubjekte keine Einschränkungen vorgenommen werden, treiben nach dieser Definition auch die privaten Haushalte Handel, wenn sie Güter ein- oder verkaufen, sowie die Produzenten, wenn sie die von ihnen benötigten Produktionsfaktoren beschaffen oder ihre Produkte verkaufen. Differenziert man lediglich zwischen gewerblichen und privaten Wirtschaftssubjekten, so kann je nach den beteiligten Wirtschaftssubjekten vom Handel der Unternehmungen, der privaten Haushalte oder dem Handel aller wirtschaftlichen Institutionen gesprochen werden. Bei den gehandelten Gütern kann es sich – einer Einteilung von Banse (1938, Sp. 732) folgend – um Nominalgüter (Geld, Wertpapiere) oder um Realgüter handeln (siehe Abbildung 1.5). Die erste Definition nimmt diesbezüglich keine Einschränkungen vor. Gegenstand des Austausches können also sehr verschiedenartige Dinge sein, Waren, aber auch Grundstücke, Devisen, Rechte, Dienstleistungen. Obwohl so beispielsweise auch vom Grundstücks- oder Devisenhandel gesprochen wird, ist der Gegenstand der Handelsbetriebslehre derzeit in der Regel enger abgegrenzt, weil er sich vor allem auf Umsatz- und Gebrauchsgüter beschränkt.

A. **Nominalgüter** (Ansprüche auf Realgüter, insbesondere Geld und Wertpapiere)

B. **Realgüter**

1. Materielle Güter (Sachgüter)
   a) Nutzungsgüter (Grundstücke)
   b) Gebrauchsgüter (Gebäude, Maschinen, Einrichtung usw.)
   c) Umsatzgüter (Rohstoffe, Hilfsstoffe, Materialien, Waren, Fertigfabrikate)
2. Rechte (Patente, Lizenzen, Wasserrechte, Berggerechtsame usw.)
3. Dienste (des Transports, der Spedition, der Lagerung, der Versicherung, der Vermittlung o. Ä.)

Quelle: Banse 1938, Sp. 732

Abb. 1.5: Güter, die Gegenstand von Austauschbeziehungen sein können

Beschränkt man die Sicht auf die Verkäufe bzw. Käufe von Sachgütern (Nutzungsgüter, Gebrauchsgüter und Umsatzgüter), wird von Handel im **funktionellen Sinne** gesprochen. Oft bezieht man sich sogar nur auf die beweglichen Sachgüter. Im Gegensatz zu dem früher üblichen Sprachgebrauch wird so der Handel mit Devisen, Wertpapieren oder Rechten nicht mehr mit dem Begriff „Handel im funktionellen Sinne betreiben" erfasst. Der Handel mit Geld und Wertpapieren wird heute vielmehr innerhalb der Bankbetriebslehre, der Handel mit Versicherungen innerhalb der Versicherungsbetriebslehre, der Handel mit Transportleistungen innerhalb der Verkehrsbetriebslehre behandelt. Es ist also nicht mehr angebracht zu sagen, die heutige Handelsbetriebslehre habe den Austausch wirtschaftlicher Güter zum Gegenstand. Nichtsdestoweniger ist im Auge zu behalten, dass in der Zukunft die Trennung in Handel mit Sachgütern, Rechten, Dienstleistungen und vielleicht sogar mit Nominalgütern wieder aufgehoben werden kann. So ist in den letzten Jahren zunehmend zu beobachten, dass Händler auch Reisen, Versicherungen oder Finanzdienstleistungen anbieten; so betreibt die REWE Group unter den Namen ATLASREISEN und DER Reisebüro ein umfangreiches Netz an Reisebüros. Es ist ersichtlich, dass sich die heutige Einteilung der Disziplinen auch an der Art der Güter orientiert. Dies ist mit den Unterschieden zu erklären, die mit dem Austausch der einzelnen Güter verbunden sind: unterschiedliche rechtliche Vorschriften, unterschiedliche Verhaltensgewohnheiten der Abnehmer, verschiedene Institutionen, die mit dem Vertrieb befasst sind, verschiedene Personen innerhalb einer Unternehmung, die entsprechende Beschaffungsprozesse durchführen. Jene Richtung, die die Besonderheit der Ware für die Analyse der Austauschbeziehungen betont, wird im Gegensatz zum Institutional Approach oder Functional Approach auch als Commodity Approach bezeichnet (vgl. Knoblich 1969, S. 21–22). In Abbildung 1.4 kommt folgendes Verständnis des Handels im funktionellen Sinne zum Ausdruck:

Als Handel im ***funktionellen Sinne*** *wird jener Fall bezeichnet, in dem Unternehmungen oder private Haushalte bewegliche Sachgüter erwerben oder veräußern, beziehungsweise am Erwerb oder der Veräußerung mitwirken.*

Charakteristisch für diese Definition von Handel im funktionellen Sinne ist auch, dass die Sichtweise nicht auf jene Sachgüter eingeengt wird, die von dem Anbieter nicht wesentlich be- oder verarbeitet worden sind, was zentrales Merkmal der dritten, im Folgenden zu behandelnden Definition von Handel im funktionellen Sinne ist. Später wird darauf eingegangen, dass es derzeit viele Hersteller gibt, die ihre Konsumgüter auch über eigene Shops oder Läden direkt an die Konsumenten absetzen (z. B. Apple, Gerry Weber). Da sie im *retail* tätig sind, werden sie zeitweilig auch dem Handel zugerechnet, was seine theoretische Basis in dem Umstand findet, dass sie Handel im funktionellen Sinne (nach der hier vorliegenden Definition) betreiben.

Würde man es dabei belassen, Handel als Austausch von beweglichen Sachgütern zu definieren, so wäre das Aufgabenfeld noch sehr weit. Es zählten dann nicht nur die Absatz- und Beschaffungstätigkeiten der Warenhandelsbetriebe, sondern auch die entsprechenden Tätigkeiten von Betrieben der Land- und Forstwirtschaft, des Baugewerbes, der Industrie und einiger anderer Wirtschaftszweige dazu, die alle bewegliche Sachgüter absetzen. Es hat sich eingebürgert, hierbei von Absatz oder Marketing zu sprechen. Als Gegenstand der Handelsbetriebslehre sollen aber nur jene Fälle angesehen werden, in denen bewegliche Sachgüter von Betrieben abgesetzt werden, die von diesen nicht wesentlich be- oder verarbeitet worden sind; dies soll dann als Handel im **engen funktionellen Sinne** bezeichnet werden. Durch die Einschränkung auf jene beweglichen Sachgüter, die von dem Verkäufer nicht wesentlich be- oder verarbeitet worden sind, entspricht die Definition der bereits weiter oben angeführten Definition von „Handel im funktionellen Sinne" durch die sog. Katalogkommission (Ausschuss für Definitionen zu Handel und Distribution 2006, S. 27), wo es heißt: „Handel im funktionellen Sinne liegt vor, wenn Marktteilnehmer Güter, die sie in der Regel nicht selbst be- oder verarbeiten (Handelsware), von anderen Marktteilnehmern beschaffen und an Dritte absetzen. In der Praxis wird der Begriff im Allgemeinen auf den Austausch von Sachgütern, noch häufiger auf den Austausch von beweglichen Sachgütern eingeschränkt." Diese Definition wird auch hier aufgegriffen, aber noch mit dem Zusatz versehen, dass Handel im engen funktionellen Sinne auch dann vorliegt, wenn das absetzende Wirtschaftssubjekt nicht Eigentümer der Handelsware ist, sondern als Makler, Kommissionär oder Handelsvertreter am Austausch mitwirkt. Beiden Definitionen gemein ist, dass auch Industriebetriebe, die ihr Sortiment um Produkte ergänzen, die sie selbst nicht herstellen, Handel treiben. Bei vielen Herstellern ist dieser Anteil fremdbezogener Waren stark angestiegen, was Tietz (1993a, S. 11–15) veranlasste, von der „Wiederkehr der Händlergesellschaft" zu sprechen. Die Definition lautet dann:

Handel im engen funktionellen Sinne liegt vor, wenn Marktteilnehmer Güter, die sie in der Regel nicht selbst be- oder verarbeiten (Handelsware), von anderen Marktteilnehmern beschaffen und an Dritte absetzen oder an der Beschaffung und dem Absatz mitwirken. In der Praxis wird der Begriff im Allgemeinen auf den Austausch von Sachgütern, noch häufiger auf den Austausch von beweglichen Sachgütern eingeschränkt.

Die Einschränkung auf Güter, die nicht selbst be- oder verarbeitet werden, bedeutet, dass implizit zwei Zeitpunkte betrachtet werden, zwischen denen keine materielle Veränderung stattfinden darf. Der erste Zeitpunkt liegt am Ende eines Beschaffungsprozesses, der zweite am Anfang eines Absatzprozesses. Während die Definitionen des Handels im weiten funktionellen Sinne und des Handels im funktionellen Sinne, die keine Einschränkung hinsichtlich der Be- oder Verarbeitung der Güter machen, auf Beschaffung **oder** Absatz (bzw. eine Mitwirkung an ihnen) Bezug nehmen, sind für die Definition des Handels im engen funktionellen Sinne beide (Beschaffung **und** Absatz) relevant. Daraus folgt, dass nach dieser Definition der Handel im engen funktionellen Sinne sowohl das Beschaffen als auch das Absetzen von Gütern umfasst.

1.2.1.2 Handel im institutionellen Sinne

Auch der Begriff des Handels im institutionellen Sinne lässt sich in mehreren Varianten konkretisieren. Eine Differenzierung (bzw. Einengung) kann insbesondere anhand folgender Merkmale erfolgen:

- der Handel erfolgt in eigenem oder fremdem Namen,
- der Handel erfolgt auf eigene oder fremde Rechnung,
- der Betrieb ist wirtschaftlich von einer Unternehmung in einem anderen Wirtschaftszweig (un)abhängig,
- der Betrieb trifft seine geschäftspolitischen Entscheidungen (nicht) autonom.

Mit Hilfe dieser Merkmale können dann folgende vier Begriffsvarianten definiert werden:

1. Handelt es sich um Betriebe, die ausschließlich oder überwiegend Waren beschaffen, um sie ohne Be- oder Verarbeitung (von branchenüblichen Manipulationen, wie z. B. Sortieren, Mischen, Verpacken, abgesehen) weiterzuveräußern, so spricht man von Handel im institutionellen Sinne. Die Katalogkommission (Ausschuss für Definitionen zu Handel und Distribution 2006, S. 26–27) formuliert wie folgt:

„Handel im institutionellen Sinne – auch als Handelsunternehmung oder Handelsbetrieb bezeichnet – umfasst jene Institutionen, deren wirtschaftliche Tätigkeit ausschließlich oder überwiegend dem Handel im funktionellen Sinne zuzurechnen ist. In der amtlichen Statistik wird eine Unternehmung oder ein Betrieb dann dem Handel zugeordnet, wenn aus der Handelstätigkeit eine größere Wertschöpfung resultiert als aus einer zweiten oder aus mehreren sonstigen Tätigkeiten."

Dabei handelt es sich um funktionellen Handel im engen Sinne der Abbildung 1.4. Da die Definition des institutionellen Handels auf den von der Katalogkommission definierten Begriff des funktionellen Handels Bezug nimmt, schließt sie Wirtschaftssubjekte, die am Austausch von Waren lediglich mitwirken, wie Makler, Kommissionäre und Handelsvertreter, aus.

Während die Definition des Ausschusses für Definitionen zu Handel und Distribution lediglich eine überwiegende Tätigkeit im Sinne des funktionellen Handels fordert, definierte Seÿffert (1972, S. 4) noch wie folgt:

„Überall wo dieser Austausch als alleinige Aufgabe vorliegt und nicht an sonstige wirtschaftliche Aufgaben, insbesondere die Produktionsaufgabe, angegliedert ist, ist der Fall der Handlung gegeben. Die Handlungen treiben mithin Handel als ausschließlichen Zweck. Sie sind die nur Handel treibenden Betriebe gegenüber den auch Handel treibenden Betrieben. Handlung ist institutionell, Handel funktionell zu verstehen."

Aus der Definition der Katalogkommission folgt, dass Industrie- und Handwerksbetriebe, die Waren in relativ geringem Umfang zukaufen und sie wieder veräußern, nicht zum Handel gezählt werden. Durch den Ausschluss jener Betriebe, die eine weitergehende Be- oder Verarbeitung vornehmen (also häufig auch Handwerksbetriebe wie Bäcker, Fleischer usw.), entstehen jedoch Schwierigkeiten, strukturelle Änderungen im Handel festzustellen. Bezieht man sich auf den institutionellen Warenhandel, fehlen Anteile des Umsatzes im engen funktionellen Sinne, wie etwa die Umsätze des Handwerks mit Handelswaren. Bezieht man dagegen auch die Betriebe, die nicht zum institutionellen Warenhandel gehören, mit ein, so müssten die Umsatzdaten der einzelnen Betriebe aufgespalten werden, indem festgestellt wird, welche der abgesetzten Güter zugekauft und welche selbst hergestellt wurden. Das Problem darf nicht unterschätzt werden, denn von vielen Handwerksbetrieben (z. B. Metzgereien) weiß man, dass ein Großteil der von ihnen verkauften Waren nicht aus eigener Produktion stammt. Auch in einigen Industriebetrieben ist zu beobachten, dass sie zwar oft noch den Namen „Fabrik" in ihrer Firma führen, einen großen Teil ihrer abgesetzten Waren jedoch zukaufen.

Warenhandelsbetriebe wären zudem realitätsfern definiert, wenn ihre Leistung ausschließlich auf den Umsatz von beweglichen Sachgütern beschränkt bliebe. In vielen Fällen ergänzt der Handelsbetrieb diese Funktion um Dienstleistungen (z. B. Zustellung, Reisebüro, Finanzierungshilfen, Reparaturdienst). Hier deutet sich schon an, dass Schwierigkeiten aufkommen, den Handelsbetrieb vom Dienstleistungsbetrieb abzugrenzen.

An dieser Stelle lässt sich eine erste Definition von Handelsbetrieben einführen:

Bei Handelsbetrieben handelt es sich um jene Betriebe, die überwiegend bewegliche Sachgüter beschaffen und absetzen, ohne diese im technischen Sinne zu bearbeiten (von handelsüblichen Manipulationen abgesehen) und dies häufig mit dem Angebot von Dienstleistungen verbinden. Die zu veräußernden

Sachgüter können dabei durch Kauf beschafft werden (Eigenhandel), sie können aber auch in eigenem Namen und auf fremde Rechnung (Kommissionshandel) oder in fremdem Namen und auf fremde Rechnung (Agenturhandel) vertrieben werden.

Anders als bei der Definition der Katalogkommission werden also Kommissionäre und Agenten zum institutionellen Handel gezählt. Makler bleiben hier wegen ihrer derzeit geringen Bedeutung beim Absatz von beweglichen Sachgütern außer Betracht. Zu beachten ist, dass durch die Forderung, ein Handelsbetrieb müsse Sachgüter beschaffen und absetzen, ohne sie zu bearbeiten, Fabrikläden oder Niederlassungen eines Herstellers nicht zum institutionellen Handel gezählt werden. Dies wäre grundsätzlich denkbar, stehen sie doch im Wettbewerb zum selbständigen Handel und werden vom Endverbraucher im Regelfall als „Händler“ wahrgenommen. Interpretationsbedürftig ist bei der Definition der Begriff „überwiegend“. Man kann darunter Umsatzanteile verstehen, sinnvoller dürfte aber in vielen Fällen die vom Statistischen Bundesamt gewählte Verfahrensweise sein, den Anteil an der Wertschöpfung zugrunde zu legen. Diese erste Sichtweise von Handel im institutionellen Sinne ist in Abbildung 1.6 unter der Nummer 1 aufgeführt.

Die dargelegte Definition vom Handelsbetrieb (= Handlung) scheint naheliegend. Ihre Problematik zeigt sich jedoch, wenn sie mit den Ausführungen anderer Autoren konfrontiert wird.

2. Gutenberg (1984, S. 142–143) engt die vorstehende Definition 1 von Handel im institutionellen Sinne ein, wenn er schreibt:

„Diejenigen Betriebe, die Waren kaufen, um sie wieder zu verkaufen, werden Handelsbetriebe genannt. Gewisse, im Interesse leichterer Verkäuflichkeit der Waren vorgenommene Manipulationen und Veredelungen heben den Charakter dieser Betriebe als Handelsbetriebe nicht auf. Dagegen müssen Handelsbetriebe nach der hier vertretenen Auffassung der Bedingung genügen, daß sie Waren im eigenen Namen und für eigene Rechnung und Gefahr einkaufen, um sie, ohne aus ihnen neue Erzeugnisse herzustellen, wieder für eigene Rechnung und Gefahr zu verkaufen. Handelsbetriebe tragen also das „Preisrisiko“. Da weder Handelsvertreter noch Kommissionäre, wenn man vom Selbsteintritt absieht, noch Makler Waren auf eigene Rechnung und eigenes Risiko kaufen und verkaufen, so tragen sie auch nicht das Preisrisiko. Sie sind also keine „Händler“, und ihre Unternehmungen sind keine „Handelsbetriebe“, sondern betriebsfremde Verkaufsorgane privater oder öffentlicher Unternehmungen.

Bei genauerer Betrachtung zeigt sich nun, dass die Übernahme des Preisrisikos noch nicht ausreicht, um die Trennungslinie zwischen Handelsbetrieben und Nichthandelsbetrieben scharf genug zu ziehen. Man kann zum Beispiel sagen, dass die rechtlich selbständige Verkaufsgesellschaft eines Unternehmens oder einer Gruppe von Unternehmungen das Risiko aus den Preisen trägt. Da aber eine solche Vertriebsgesellschaft in dem einen Falle durch Kapitalbesitz oder Organschaft, in dem anderen Falle durch Syndikatsverträge an andere Unternehmen gebunden ist, gehen die Gewinne oder Verluste aus der Preisgestaltung im Endeffekt zugunsten oder zu Lasten des Stammhauses oder der Syndikatsfirmen. Obwohl also eine solche Gesellschaft de jure das Preisrisiko trägt, bleibt sie doch immer im Grunde das unselbständige Verkaufsorgan eines Unternehmens oder mehrerer Unternehmungen. Da aber nach der hier vertretenen Auffassung für einen Handelsbetrieb gelten muss, dass die sich aus dem Warenumsatz ergebenden Gewinne oder Verluste endgültig auf eigene Rechnung und Gefahr gehen und nicht auf andere Unternehmungen übertragbar sind, so kann eine solche werksverbundene Vertriebsgesellschaft

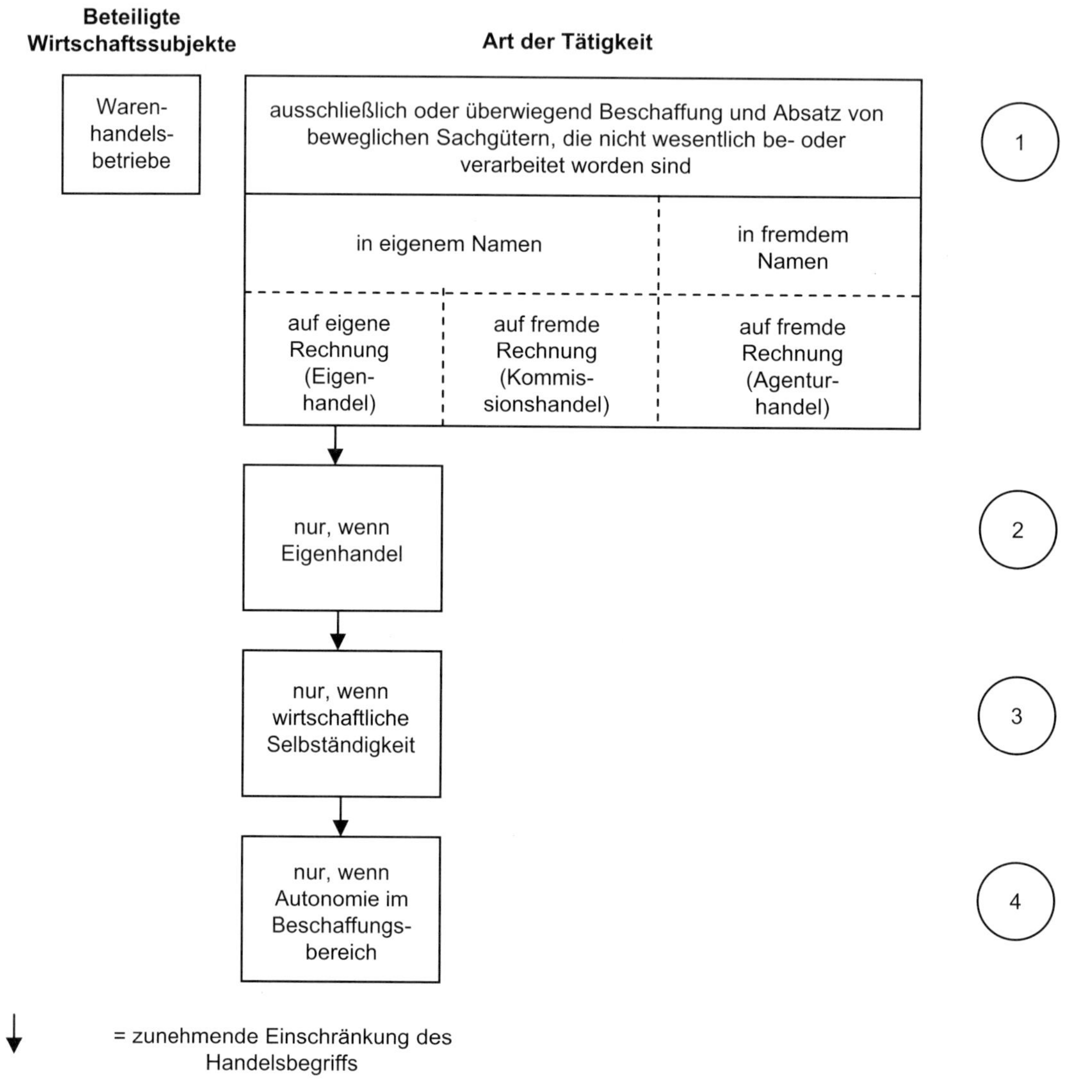

Abb. 1.6: Vier Sichtweisen von Handel im institutionellen Sinne

oder ein Verkaufssyndikat nicht als ein Handelsbetrieb im strengen Sinne des Wortes angesehen werden.

Aber auch dieses Kriterium der De-facto-Selbständigkeit genügt noch nicht, um den Begriff des Handelsbetriebes rein herauszuarbeiten. Es gibt Unternehmen, deren Gegenstand der Ankauf und der Verkauf von Waren ist und die nicht nur de facto das Preisrisiko, sondern auch alle Risiken tragen, die mit dem Betriebe eines Handelsgeschäftes verbunden zu sein pflegen. Sie sind aber nach der hier vertretenen Auffassung dennoch keine Handelsbetriebe. Gedacht wird dabei an solche Unternehmen, die

die Verpflichtung eingegangen sind, ihre Waren nur von einer bestimmten Herstellerfirma zu beziehen und nur die Erzeugnisse dieses Herstellers zu verkaufen; das ist der Fall bei den so genannten „autorisierten" oder auch „lizenzierten" oder auch „gebundenen" Händlern, wie man sie im Automobilhandel, in der Radioindustrie und in anderen Industriezweigen trifft. Obwohl diese Firmen nicht nur das Preisrisiko, sondern auch das ganze Unternehmensrisiko tragen, obwohl es das eigene Kapital ist, das in ihren Lägern, Reparaturwerkstätten, Ersatzteillägern investiert ist, kann man sie dennoch nicht als reinen Typ des Händlers oder eines Handelsbetriebes ansprechen. Hierzu sind die Abhängigkeiten zu groß, die sich aus der Beschränkung auf den Verkauf der Erzeugnisse eines Herstellerbetriebes ergeben. Es ist also die fehlende Dispositionsfreiheit, die diesen Firmen den Charakter reiner Handelsbetriebe nimmt. Sie stellen Zwischenformen zwischen Handelsbetrieben und Verkaufsorganen von Unternehmen dar. Nur von Fall zu Fall lässt sich entscheiden, ob sich die geschäftliche Struktur einer solchen „Handelsfirma" mehr dem Typ des reinen Handelsbetriebes oder mehr dem Typ des Verkaufsorgans annähert."

Gutenberg fordert, dass Handelsbetriebe der Bedingung genügen müssen, dass sie die Waren im eigenen Namen und für eigene Rechnung einkaufen, um sie – ohne aus ihnen neue Erzeugnisse herzustellen – wieder für eigene Rechnung und Gefahr zu verkaufen. Handelsbetriebe müssten also das „Preisrisiko" tragen. Da weder Handelsvertreter noch Kommissionäre, wenn man vom Selbsteintritt absieht, noch Makler Waren auf eigene Rechnung und eigenes Risiko kaufen und verkaufen, so trügen sie auch nicht das Preisrisiko. Sie seien also keine Händler, und ihre Unternehmungen seien keine Handelsbetriebe, sondern betriebsfremde Verkaufsorgane privater oder öffentlicher Unternehmungen. Die von Gutenberg formulierte Einengung (Erwerb von Eigentum an den zu veräußernden Waren) könnte man wie folgt in eine Definition von Handel überführen:

Handel im institutionellen Sinne umfasst Betriebe, deren wirtschaftliche Tätigkeit ausschließlich oder überwiegend aus der Beschaffung und dem Absatz von beweglichen Sachgütern besteht, die sie selbst nicht wesentlich be- oder verarbeiten und an denen sie Eigentum erworben haben.

Diese Sichtweise von Handel ist in Abbildung 1.6 unter 2 eingetragen.

3. Eine noch engere Abgrenzung von Handelsbetrieben ergibt sich, wenn ein Händler nicht nur de jure das Preisrisiko tragen muss, sondern wenn er auch das aus dem Preisrisiko erwachsende Erfolgsrisiko nicht auf ein Stammhaus überträgt. Damit soll ausgeschlossen werden, dass die von einem Produktionsbetrieb gegründete, rechtlich selbständige Vertriebsgesellschaft, die ihren eventuell eintretenden Verlust auf den Mutterkonzern übertragen kann, als Handelsbetrieb bezeichnet wird. Für einen Handelsbetrieb muss nach dieser Sicht also gelten, dass die sich aus dem Warenumsatz ergebenden Gewinne oder Verluste endgültig auf eigene Rechnung und Gefahr gehen und nicht auf andere Unternehmungen übertragbar sind. So wird eine werksgebundene Vertriebsgesellschaft oder ein Verkaufssyndikat nicht als ein Handelsbetrieb angesehen.

4. Eine vierte Sichtweise knüpft an der Autonomie eines Handelsbetriebs bei der Wahl seiner Lieferanten an. Immer wenn ein Betrieb auf den Verkauf der Produkte eines einzelnen Herstellerbetriebs beschränkt sei, so Gutenberg, mangele es ihm an Dispositionsfreiheit. Es handele sich, obwohl der

Betrieb de facto das Preisrisiko trüge und seine Gewinne oder Verluste nicht auf andere übertragen würde, nicht um Handelsbetriebe, sondern um eine Zwischenform zwischen Handelsbetrieben und den Verkaufsorganen von Unternehmen (vgl. Gutenberg 1984, S. 143). Diese Form des Handels begegnet uns heute insbesondere bei Franchisebetrieben und Vertragshändlern.

Es zeigt sich also, dass Handelsunternehmungen unterschiedlich weit abgegrenzt werden können. Da Definitionen nicht mit dem Prädikat richtig oder falsch belegt werden können, hat sich die Wahl einer Definition an dem Sachproblem auszurichten, das zu bearbeiten ist. Von daher kann nicht generell festgelegt werden, ob z. B. der Erwerb des Eigentums an den Waren ein konstituierendes Merkmal des Handels darstellt oder nicht. So ist z. B. zu beobachten, dass Hersteller Handelsbetriebe nur als Agenten in den Verkauf eingeschaltet haben, um u. a. auf diese Weise in einem weit verstreuten Handelsnetz die Preisstrukturen besser kontrollieren zu können. Telefunken bezeichnete seinerzeit die Betriebe, die seine Produkte vertrieben haben, als Telefunken-Vertragspartner; sie verkauften die Produkte im Namen von Telefunken. Je nach gewählter Definition konnten sie deshalb als Handelsbetriebe bezeichnet oder als Handelsagenten aus der Gruppe der Handelsbetriebe ausgesondert werden. Gegen das von Gutenberg eingeführte Kriterium, nach dem Gewinne oder Verluste nicht übertragen werden dürfen, spricht, dass es zahlreiche stark bzw. breit diversifizierte Unternehmen gibt, die im Laufe ihrer Geschäftspolitik ihren Schwerpunkt von der Industrie in den Handel verlagert haben, wobei die gegründeten oder gekauften Handelsunternehmen keineswegs immer nur den Verkauf der in den Industriebetrieben hergestellten Produkte erleichtern sollten. Sehr einengend ist das vierte Kriterium (Bezugszwang), weil in vertikalen Systemen, insbesondere in Franchising-Systemen, häufig langfristige Absprachen oder Verträge vorliegen. Der Verzicht auf Gestaltungsfreiheit kann auch Mittel zur Autonomie sein.

Ob eine weite oder enge Abgrenzung des institutionellen Handels bevorzugt wird, hängt von dem jeweiligen Erkenntnisziel ab. Dabei sind Definitionen so zu wählen, dass sie sich zur Behandlung der betrachteten Problemstellungen eignen. In einem Lehrbuch streuen die anzusprechenden Problemstellungen noch breit, mithin kann die Definition von Handelsbetrieb nicht auf bestimmte Fragestellungen ausgerichtet werden. Soll z. B. überprüft werden, ob der selbständige Handel durch den Direktvertrieb der Industriebetriebe verdrängt wird, so ist es nahe liegend, die Definition von Gutenberg zu wählen und etwa die werksgebundene Vertriebsgesellschaft, die Verkaufsniederlassung oder das Verkaufssyndikat nicht zu den Handelsbetrieben zu zählen, da hierin schon eine Form der Verdrängung des selbständigen Handels gesehen werden kann. Besteht dagegen das Problem darin, Werbemaßnahmen für einen Handelsbetrieb zu planen, so kann (!) es gleichgültig sein, ob es sich bei dem Betrieb um eine werksgebundene Gesellschaft oder um einen unabhängigen Handelsbetrieb handelt.

1.2.2 Der Handel in der Amtlichen Statistik

Aussagen über die Struktur und die Entwicklung des Handels werden oft auf Daten der Amtlichen Statistik gestützt. Es ist daher nützlich zu wissen, wie der Handel dort von anderen Wirtschaftszweigen abgegrenzt und in welche Sektoren er aufgeteilt wird.

Die Amtliche Statistik erfasst den Sektor Handel in einem differenzierten Berichtssystem. Grundlage hierfür ist das Gesetz über die Statistik im Handel und Gastgewerbe (Handelsstatistikgesetz – HdlStatG) vom 10. Dezember 2001. Ausgangspunkt für die Amtliche Statistik sind „wirtschaftliche Institutionen", worunter alle Arten von wirtschaftlich wichtigen Einheiten verstanden werden, z. B. rechtlich selbständige Einheiten, für die eine Bilanz und eine Gewinn- und Verlustrechnung (Unternehmen) oder eine Haushalts- und eine Vermögensrechnung (z. B. Gebietskörperschaften, Kirchen, Organisationen der freien Wohlfahrtspflege) aufgestellt werden, örtliche sowie fachliche Einheiten. Insgesamt werden drei große Gruppen von Institutionen (Sektoren) unterschieden:

1. die Unternehmen,
2. der Staat (die Gebietskörperschaften und die Sozialversicherungen),
3. die privaten Haushalte und die privaten Organisationen ohne Erwerbszweck.

Die hier zu betrachtenden Handelsunternehmungen – die Handelsstatistik bevorzugt den Begriff Handelsunternehmen – gehören zur ersten Gruppe.

Als Unternehmen werden alle diejenigen wirtschaftlichen Institutionen angesehen, deren Zweck vorwiegend darin besteht, Waren und Dienstleistungen zu produzieren und gegen ein Entgelt zu verkaufen, das in der Regel Überschüsse erbringt oder mindestens die Produktionskosten deckt. Die Unternehmen werden 18 Abschnitten zugeordnet (siehe Statistisches Bundesamt 2008):

A: Land- und Forstwirtschaft, Fischerei,
B: Bergbau und Gewinnung von Steinen und Erden,
C: Verarbeitendes Gewerbe,
D: Energieversorgung,
E: Wasserversorgung; Abwasser- und Abfallentsorgung und Beseitigung von Umweltverschmutzungen,
F: Baugewerbe,
G: Handel; Instandhaltung und Reparatur von Kfz und Gebrauchsgütern,
H: Verkehr und Lagerei,
I: Gastgewerbe,
J: Information und Kommunikation,
K: Erbringung von Finanz- und Versicherungsdienstleistungen,
L: Grundstücks- und Wohnungswesen,
M: Erbringung von freiberuflichen, wissenschaftlichen und technischen Dienstleistungen,
N: Erbringung von sonstigen wirtschaftlichen Dienstleistungen,
P: Erziehung und Unterricht,
Q: Gesundheits- und Sozialwesen,
R: Kunst, Unterhaltung und Erholung,
S: Erbringung von sonstigen Dienstleistungen.

Zum Handel werden alle Einheiten gezählt (vgl. Statistisches Bundesamt 2003, S. 26), deren wirtschaftliche Haupttätigkeit darin besteht,

- bewegliche Güter zu erwerben (im allgemeinen per Kauf) und

- ohne mehr als die im Handel übliche Behandlung (handelsübliche Manipulation) weiterzuverkaufen und/oder zwischen Verkäufern und Käufern von Waren zu vermitteln.

Dem Hinweis auf die wirtschaftliche Haupttätigkeit kommt eine große Bedeutung zu, denn in der Realität mischen Unternehmungen immer häufiger eine produzierende, händlerische oder eine sonstige Tätigkeit. So gibt es Produktionsunternehmen, die ihr eigenes Produktionsprogramm um zugekaufte Artikel ergänzen. Zu nennen sind beispielsweise Textilunternehmungen, die in Deutschland fertigen, solche, die eine eigene deutsche Auslandsfertigung im passiven Lohnveredelungsverkehr praktizieren, und solche, die im Ausland Ware zukaufen und unter ihrem eigenen Namen vertreiben. In der Amtlichen Statistik wird die wirtschaftliche Haupttätigkeit dann im Handel gesehen, wenn die Handelstätigkeit den größten Beitrag zur Wertschöpfung der betrachteten Unternehmung leistet.

Für die Zuordnung zum Handel ist es in der Amtlichen Statistik gleichgültig, ob die Waren in eigenem Namen für eigene Rechnung oder für fremde Rechnung (Kommissionsgeschäft) im engeren Wortsinn „gehandelt" oder ob sie nur vermittelt, d. h. in fremdem Namen für fremde Rechnung, abgesetzt werden. Der Eigentumserwerb stellt also keine Voraussetzung für das Vorliegen einer Handelsunternehmung dar. Dies kommt auch in den Definitionen zu den wichtigsten Sektoren des Handels zum Ausdruck, wenn es heißt (Statistisches Bundesamt 2009a, S. 2):

- *„Einzelhandel (ohne Kraftfahrzeughandel und ohne Handel mit Kraftstoffen) betreibt, wer Handelsware überwiegend an private Haushalte absetzt. Als Tätigkeiten des Einzelhandels zählen auch die der Apotheken, Augenoptik- und Hörgeräteakustikgeschäfte."*
- *„Großhandel (ohne Kraftfahrzeughandel) betreibt, wer Handelsware in eigenem Namen für eigene Rechnung oder für fremde Rechnung (Kommissionshandel) überwiegend an andere Abnehmer als private Haushalte (z. B. gewerbliche Betriebe, Einzelhändler) absetzt."*
- *„Handelsvermittlung betreibt, wer den An- und Verkauf von Handelsware in fremdem Namen und für fremde Rechnung vermittelt (Fremdgeschäft)."*

Wesentlich ist, dass der Schwerpunkt der wirtschaftlichen Tätigkeit durch den Handel mit Waren gegeben sein muss, die vom Verkäufer nicht verändert, d. h. nicht mehr als handelsüblich be- oder verarbeitet wurden (Handelswaren). Über die reine Vermittlertätigkeit hinaus wird von den Handelsbetrieben üblicherweise eine Reihe von Hilfstätigkeiten, wie Lagern, Transport, Finanzierung und „handelsübliche Manipulationen" (z. B. Sortieren, Mischen, Verpacken) ausgeübt, durch die der Absatz der Waren unterstützt oder erst ermöglicht wird. Im Wesentlichen werden die Waren jedoch fertig bezogen und unverändert weitergeleitet. Im Großhandel, insbesondere im technischen Handel, sind allerdings Tendenzen erkennbar, die technische Manipulationen als immer bedeutsamer erscheinen lassen.

Statistische Einheit ist das einzelne Unternehmen im Sinne der kleinsten rechtlichen Einheit, die aus handels- und/oder steuerrechtlichen Gründen laufend geordnete Geschäftsaufzeichnungen führt und Jahresabschlüsse erstellt. Bei Mehrbetriebsunternehmen werden auch solche Arbeitsstätten (Betriebe) mit eingeschlossen, in denen andere als Handelstätigkeiten ausgeübt werden. Beispielsweise gehören die von einigen Großbetriebsformen des Einzelhandels betriebenen Fleischwaren- und/oder Backwarenfabriken auch dann zu dem Erfassungsbereich des Handels auf der

Unternehmensebene, wenn es sich um örtliche Einheiten handelt, die – für sich genommen – Betriebe des Waren produzierenden Gewerbes darstellen.

Der Handel ist in der Amtlichen Statistik in drei Abteilungen untergliedert, die in den Berichtstabellen des Statistischen Bundesamtes mit zweistelligen Zahlen ausgewiesen werden. Seit dem Jahr 2008 sind es nach der Klassifikation der Wirtschaftszweige, Ausgabe 2008 (WZ 2008), die folgenden Zahlen[1] :

Abteilung 45: Kraftfahrzeughandel; Instandhaltung und Reparatur von Kraftfahrzeugen; Tankstellen,

Abteilung 46: Handelsvermittlung und Großhandel (ohne Handel mit Kraftfahrzeugen),

Abteilung 47: Einzelhandel (ohne Handel mit Kraftfahrzeugen und ohne Tankstellen), Reparatur von Gebrauchsgütern.

1.2.3 Zusammenfassung

Die Unternehmen des Handels sind nicht ohne Probleme von den Unternehmen anderer Wirtschaftszweige, insbesondere von jenen des verarbeitenden Gewerbes (Industrie) oder der Dienstleistung, abzugrenzen. Zuordnungsschwierigkeiten können sich ergeben, wenn festgestellt werden soll, ob eine Unternehmung:

- zum Handel oder zur Industrie gehört (z. B. in dem Fall, in dem ein Industriebetrieb zur Ergänzung seines Sortiments Waren zukauft oder den Vertrieb auslagert und rechtlich selbständige Verkaufsstellen einrichtet, die aber wirtschaftlich nur begrenzt autonom sind),
- zum Handel oder zum Handwerk gehört (z. B. in dem Fall, in dem ein Handwerksbetrieb nicht nur selbst erstellte Sachleistungen oder Dienstleistungen, sondern auch Handelswaren anbietet, wie z. B. bei einem Uhrmacher oder einem Metzger, der sein Sortiment selbsterstellter Waren durch Handelswaren ergänzt),
- zum Handel oder zum Banken- und Versicherungsbereich gehört (z. B. in dem Fall, in dem ein Einzelhandelsbetrieb auch Bankdienstleistungen und Versicherungen anbietet).

Die Amtliche Statistik hat das Problem zu bewältigen, dass viele Unternehmen ihre Leistungen mischen, also produzieren, mit fremd erstellten Waren handeln und Dienstleistungen erbringen (z. B. der Spedition, der Lagerhaltung, der Finanzierung). Sie versucht dem Rechnung zu tragen, indem zum einen die Betriebe nach ihrem wirtschaftlichen Schwerpunkt eingeordnet werden,

1 Grundlegend für die Darstellung des Handels in der Amtlichen Statistik ist die Systematik der Wirtschaftszweige. Nach der Wirtschaftszweigsystematik WZ 2008, die die Vorgaben der statistischen Systematik der Wirtschaftszweige in der Europäischen Gemeinschaft NACE (Nomenclature générale des activités économiques dans les Communautés Européennes) Rev. 2 berücksichtigt, werden Handelsbetriebe in Abschnitt G dargestellt. Die Struktur der NACE-Systematik ist niedergelegt in der Verordnung (EG) Nr. 1893/2006 des Europäischen Parlaments und des Rates vom 20. Dezember 2006. Nach der WZ 2008 ergibt sich eine neue Nummerierung der Abteilungen, in denen der Handel erfasst wird. Waren es bis zu der WZ 2003 Abteilungen 50, 51, 52, so sind es nun die Abteilungen 45, 46, 47.

wobei man sich für das Kriterium der Wertschöpfung entschieden hat, zum anderen Kombinationspositionen eingerichtet werden, die durch den Zusatz „ohne ausgeprägten Schwerpunkt" gekennzeichnet sind. Aus pragmatischen Gründen scheint dies unvermeidlich, führt jedoch dazu, dass es einerseits Betriebe außerhalb des Handels gibt, die ebensolchen Handel wie die eigentlichen Handelsbetriebe treiben, und dass es andererseits Handelsbetriebe gibt, die als Produzenten oder Dienstleister tätig sind.

Die Diskussion der Handelsbegriffe in der betriebswirtschaftlichen Literatur hat deutlich gemacht, dass zunächst unterschiedlich weite Sichtweisen von Handel im funktionellen und institutionellen Sinne entwickelt werden können. Zwar stellt die Übertragung fremd erstellter Leistungen auf Dritte einen Kern der handelsbetrieblichen Tätigkeit dar, aber dieser Kern bedarf der näheren Präzisierung.

Im Regelfall denkt man bei den Leistungen, die von Handelsbetrieben angeboten werden, an Sachleistungen (Waren), doch mehr und mehr bieten Handelsbetriebe auch Dienstleistungen an (z. B. die Vermittlung von Reisen, die Übernahme der Lagerhaltung und die Nachbestellung von Verbrauchsgütern für gewerbliche Kunden). Insofern kann sich im Zeitablauf herausstellen, dass die Praxis der Handelsbetriebe zu jenem früheren Verständnis von Handel zurückkehrt, nach dem Handelsbetriebe mit Gütern unterschiedlichster Art und nicht nur mit beweglichen Sachgütern Handel treiben.

Von besonderer Bedeutung ist auch der Hinweis, dass Betriebe in einem mehr oder minder starken Abhängigkeitsverhältnis zu einem herstellenden Unternehmen stehen können. In Anbetracht dessen, dass immer mehr Industriebetriebe den direkten Weg zum Verbraucher suchen, ist zu fragen, ob es sich hierbei um die Vertriebsabteilungen der Industrie oder um Handelsbetriebe handelt. Die Diskussion hat gezeigt, dass eine solche Frage am besten in eine Differenzierung der Institutionen einmündet.

Zwei Einsichten bleiben:

- Der Handel wird in unterschiedlicher Weise von anderen Wirtschaftssektoren abgegrenzt.
- Die Übernahme einer speziellen Definition hat sich an der zu bearbeitenden Problemstellung auszurichten.

2 Die Vielfalt der Erscheinungsformen von Handelsbetrieben

Handelsbetriebe treten in vielerlei Gestalt auf. Zunächst ist an die vielen Branchen zu denken, in denen Handelsbetriebe bestehen. Das Spektrum reicht u. a. vom Stahlhandel über den Pharmahandel, den Textilhandel und Lebensmittelhandel bis zum Briefmarkenhandel. Es kommt hinzu, dass über die Branchenzugehörigkeit hinaus jeder Betrieb mit zahlreichen weiteren Merkmalen beschrieben werden kann, z. B. mit seiner Größe, den Besitzverhältnissen (z. B. Personen- oder Kapitalgesellschaft), seinem Standort, seinem Grad der Internationalisierung, seinem Geschäftsvolumen usw. Deshalb soll mit dem vorliegenden Kapitel zunächst einmal ein Überblick über die Vielfalt der Handelsbetriebe gegeben werden, deren Managementprobleme dann im Weiteren behandelt werden. Unter den vielen Möglichkeiten, Gruppen von Handelsbetrieben zu bilden, sind die folgenden beiden von fundamentaler Bedeutung:

- die Unterteilung nach Betriebsformen: Unter einer Betriebsform werden solche Handelsbetriebe zusammengefasst, die sich in ihrer Marketingpolitik relativ ähnlich sind. Der Begriff der Betriebsform wird in Abschnitt 2.1 noch näher erläutert und differenziert. Außerdem werden wichtige Betriebsformen aus dem Groß-, dem Einzelhandel und der Handelsvermittlung vorgestellt. Auf die Frage, wie eine Unternehmung über die zu wählende Betriebsform zu entscheiden hat, wird in Kapitel 10 eingegangen.
- die Unterteilung nach der Zugehörigkeit zu Distributions- und Handelssystemen: Unter einem Handelssystem versteht man die Gesamtheit von Betrieben des Handels, die in einem auf Dauer angelegten System zur gemeinsamen Bewältigung einer Reihe von Aufgaben zusammenarbeiten (z. B. Betriebe, die sich einem Einkaufsverbund angeschlossen haben). Von einem Distributionssystem spricht man, wenn in ein solches System auch Industrieunternehmungen einbezogen sind (z. B. Franchisesysteme, in denen ein Hersteller die Distributionsaufgaben den Franchisenehmern auf Handelsebene überträgt). Dabei kann der Begriff Distributionssystem unterschiedlich breit gefasst werden. Er kann auf vertragliche Systeme begrenzt bleiben oder aber auch nicht vertraglich fixierte Formen der Kooperation, z. B. im Rahmen von Efficient Consumer Response, Relationship Management oder Jahresgesprächen, umfassen. Er muss auch nicht auf Handels- und Herstellerunternehmungen beschränkt bleiben, sondern kann auch Dienstleister, z. B. aus der Logistikbranche, mit einbeziehen. Der Abschnitt 2.2 geht auf unterschiedliche Formen von Distributions- und Handelssystemen ein.

Die beiden Einteilungskriterien sind nicht nur deswegen von so großer Bedeutung, weil sie für das Verständnis der realen Erscheinungsformen fundamental sind, sondern weil sie gleichzeitig zentrale Entscheidungsfelder des Handels andeuten: Handelsbetriebe müssen sich für eine bestimmte Betriebsform entscheiden, und sie haben darüber zu befinden, ob sie ihre Aufgaben in völliger Autonomie erbringen oder ob sie sich in ein kooperierendes System einbringen wollen.

Mit der zunehmenden Konzentration im Handel und dem Entstehen von großen, häufig weltweit tätigen Handelskonzernen ist zu den zwei genannten Entscheidungsfeldern ein weiterer Entscheidungsparameter hinzugekommen – die Zusammensetzung des Betriebsformenportfolios einer Handelsunternehmung. In diesem Zusammenhang wird von Vertriebsschienen oder Vertriebslinien gesprochen. Auf diesen Aspekt geht der Abschnitt 2.3 ein.

2.1 Betriebsformen des Handels

Obwohl klar ist, dass mit dem Begriff Betriebsform ähnliche Handelsbetriebe zu Gruppen zusammengefasst werden sollen, bedarf er näherer Ausführungen. Dies geschieht in Abschnitt 2.1.1. Anschließend werden in den Abschnitten 2.1.2 und 2.1.3 wichtige Betriebsformen aus dem Groß- und Einzelhandel sowie in 2.1.4 der Handelsvermittlung vorgestellt.

2.1.1 Zum Begriff der Betriebsform

Statt von Betriebsform wird stellenweise auch von Betriebstyp oder neuerdings verstärkt von Format gesprochen. Oft werden die drei Begriffe gleichgesetzt, manchmal aber auch unterschieden. So erfassen Barth, Hartmann und Schröder mit Betriebsform die Stellung eines Handelsbetriebs in der Distributionskette zwischen Urerzeugung und Konsument (z. B. als kollektierender Großhandelsbetrieb oder als Einzelhandelsbetrieb) und kennzeichnen erst mit dem Begriff Betriebstyp die Tätigkeit eines Handelsbetriebs auf einer solchen Wirtschaftsstufe (vgl. Barth/Hartmann/Schröder 2007, S. 43). Dies scheint allerdings nicht der vorwiegend anzutreffende Sprachgebrauch zu sein. Im Folgenden werden die Begriffe Betriebsform und Betriebstyp synonym verwendet. Bevor ausgewählte Definitionen des Begriffs vorgestellt und diskutiert werden, soll auf vier Aspekte eingegangen werden, die bei der Abgrenzung des Begriffs zu beachten sind:

1. Reichweite des Begriffs Betriebsform

Mit den Betriebsformen des Handels werden in einer engen Sicht nur Erscheinungsformen von Unternehmungen des institutionellen Handels typologisiert. Stellenweise werden in einer erweiterten Sicht aber auch Unternehmungen aus anderen Wirtschaftsbereichen einbezogen, indem auch Unternehmen aus der Industrie (z. B. Niederlassungen eines Automobilherstellers oder Fabrikverkauf über Factory-Outlets), der Landwirtschaft (Markthandel, Verkauf ab Hof) oder aus dem Handwerk, der sog. Handwerkshandel, als Betriebsformen des Handels angesehen werden.

2. Bezugsobjekte des Begriffs Betriebsform

Mit Hilfe der Betriebstypen werden Betriebe (und nicht Unternehmungen) typologisiert. Dabei bezeichnet die Unternehmung als Oberbegriff zu Betrieb jene Einheit, die rechtlich selbständig ihren Erfolg ermittelt und verantwortet. Betrieb dagegen bezieht sich auf einen räumlich abgegrenzten Teil der Unternehmung, im vorliegenden Zusammenhang sind es jedoch nur solche Teile, die Leistungen für den Markt anbieten und die den Kunden zugänglich sind (also z. B. keine Lagerhäuser). Es ist sozusagen die kleinste institutionelle Einheit innerhalb einer Handelsorganisation mit Kundenkontakt.

Es gibt aber auch einen davon abweichenden Sprachgebrauch. So charakterisiert Glöckner-Holme mit dem Begriff Betriebstypen die Struktur von Handelsorganisationen mit mehreren Verkaufsstellen, indem sie filialisierte, franchisierte und diversifizierte Organisationen unterscheidet (vgl. Glöckner-Holme 1988, S. 89–99). Manchmal ist mit einer Betriebsform nicht ein einzelner Betrieb gemeint, sondern eine Agglomeration von einzelnen Betrieben, beispielsweise ein Shopping-Center, eine Mall oder eine Einkaufspassage. So besteht ein Shopping-Center aus mehreren Betrieben, die durchaus auch mehreren Betriebsformen – im Sinne einer Bezeichnung für einzelne Betriebe – angehören können (z. B. Warenhaus, Fachgeschäft und Supermarkt). In diesem Fall sollte man folglich zwischen einzelbetrieblichen und agglomerativen Betriebsformen unterscheiden.

3. Merkmale zur Charakterisierung von Betriebsformen

Die Ähnlichkeit der Betriebe kann an vielfältigen Merkmalen festgemacht werden. In einem weiten Sinn können alle Merkmale einer unternehmenspolitischen Konzeption verwendet werden, in einem engeren Sinn werden nur jene Merkmale herangezogen, die das Erscheinungsbild gegenüber dem Nachfrager prägen, was durch den Einsatz der absatzpolitischen Instrumente bewirkt wird. Ein Überblick über verschiedene Merkmalskataloge findet sich unter anderem bei Glöckner-Holme (1988, S. 27–89). Algermissen (1976, S. 108–181) z. B. unterscheidet vier Arten von Merkmalen:

- Merkmale der gesamtwirtschaftlichen Einordnung („ökonomische Position der Abnehmer", Stufigkeit im Absatzweg, Stellung im Wirtschaftsablauf, räumliches Betätigungsfeld),
- Merkmale der Unternehmungs- bzw. Betriebsstruktur (Betriebsgröße, Rechtsform, Kostenstruktur, Abhängigkeit von außer- bzw. überbetrieblichen Entscheidungszentren, Zusammenschlussform),
- Merkmale der absatzwirtschaftlichen Funktionen (Qualität, Quantität, Zeitüberbrückung, Raumüberbrückung, Angebots- und Nachfrageermittlung, Angebots- und Nachfragelenkung, Preisermittlung, Zahlungsausgleich),
- Merkmale des absatzpolitischen Instrumentariums (Standort, Absatzorganisation, Sortiment, Preis, Absatz- und Konsumfinanzierung, Service, Werbung).

Überwiegend stellen Definitionen von Betriebstypen auf Merkmale der Absatzpolitik ab (z. B. die Größe der Verkaufsfläche, das geführte Sortiment, die Preispolitik, die Standortlage); insofern wird der Vorstellung gefolgt, dass der Betriebstyp durch das Erscheinungsbild eines Handelsbetriebs im Absatzmarkt gekennzeichnet ist (enge Sicht). Der Definition einzelner Betriebstypen wird dabei kein einheitlicher Satz von Merkmalen zugrunde gelegt, sondern es werden jeweils unterschiedliche Merkmale herangezogen. Gelegentlich werden die Merkmale, die als konstitutiv für einen Betriebstyp angesehen werden, um zusätzliche oder akzessorische Elemente ergänzt (vgl. Bidlingmaier 1974, S. 526–546). Schließlich können Konzeptionselemente, die in der Entstehungszeit eines Betriebstyps als konstitutiv angesehen wurden, im Zeitablauf in den Hintergrund treten und durch neue Merkmale abgelöst werden. Ein detaillierterer Überblick über die verwendeten Merkmale folgt weiter unten.

4. Differenzierungsgrad der Merkmale
Die Anzahl der unterschiedlichen Betriebstypen und damit ihre Ähnlichkeit hängen nicht nur von der Menge der verwendeten Merkmale ab, sondern auch davon, wie fein diese unterteilt werden (so kann z. B. der Betriebstyp Verbrauchermarkt anhand der Verkaufsfläche noch einmal in kleine, mittlere und große Verbrauchermärkte unterschieden werden). Bestimmend für den Differenzierungsgrad der Betrachtung ist vor allem der Sprachgebrauch der Praxis. So differenziert beispielsweise Nielsen (vgl. The Nielsen Company GmbH 2009, S. 78) zwischen kleinen Verbrauchermärkten (1 000–2 499 qm) und großen Verbrauchermärkten (≥ 2 500 qm). Wollte man zwischen den Begriffen Betriebsform und Betriebstyp differenzieren, so könnte man diese Unterformen einer Betriebsform auch als Betriebstypen bezeichnen.

Insgesamt kann eine Betriebsform als Menge jener Handelsbetriebe bezeichnet werden, die in einem oder in mehreren Merkmalen ähnlich sind. Dabei wird auf Merkmale zurückgegriffen, die für das Erscheinungsbild des Betriebs in besonderer Weise kennzeichnend sind und die von dem Betrieb im Regelfall über einen längeren Zeitraum beibehalten werden. Entsprechend definiert der Ausschuss für Definitionen zu Handel und Distribution (2006, S. 22):

„Als Betriebsform (Betriebstyp) bezeichnet man eine Gruppe von Handelsbetrieben mit gleichen oder ähnlichen Merkmalsausprägungen; innerhalb einer Betriebsform ähneln sich die einzelnen Betriebe relativ stark, zwischen den Betriebsformen liegen in einem oder in mehreren Merkmalen deutliche Unterschiede vor. Bei der Definition von Betriebstypen wird auf Merkmale zurückgegriffen, mit denen das Erscheinungsbild des Handelsbetriebes gegenüber den Abnehmern gestaltet wird."

Am Beispiel des Möbeleinzelhandels lässt sich veranschaulichen, wie versucht wird, die Vielzahl der Erscheinungsformen mit den Begriffen Betriebsform bzw. Betriebstyp zu erfassen, denn man spricht vom:

- Einrichtungshaus bzw. Möbelhaus,
- Wohnkaufhaus,
- dem Warengruppenspezialisten (z. B. Küchenstudio, Badstudio, Polstermöbel),
- dem Zielgruppenspezialisten (z. B. Biomöbel),
- dem Möbelmitnahmemarkt,
- dem Möbeldiscounter,
- der Möbel-Aktionshalle.

In der vorgestellten Definition von Betriebstyp kommt eine managementorientierte Sichtweise zum Ausdruck: Manager haben festzulegen, über welche Merkmale die Verkaufsstellen verfügen sollen; damit legen sie den Betriebstyp fest. Daneben ist aber auch eine nachfragerbezogene Sicht denkbar (vgl. auch Abbildung 2.1). Sie fragt, wie die Nachfrager die Vielfalt der Geschäfte ordnen und benennen. So sind beispielsweise die Begriffe Hard Discounter, Soft Discounter, Fachmarkt, SB-Warenhaus unter Händlern üblich, es ist aber fraglich, ob ein Nachfrager diese Begriffe verwendet. Purper (2007, S. 6–8) weist darauf hin, dass in der Literatur bei der Definition des Begriffs Betriebs-

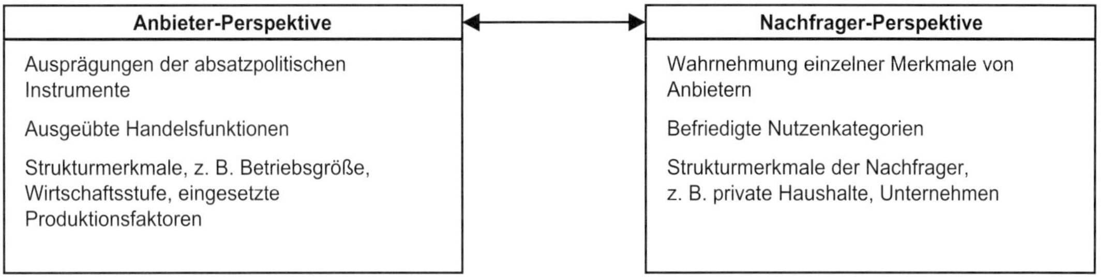

Abb. 2.1: Ansatzpunkte für die Definition von Betriebsformen

form eine Anbieterperspektive vorherrschend ist und plädiert für einen Betriebsformenbegriff aus Konsumentensicht. Auf Basis einer empirischen Untersuchung, in der er sich der Clusteranalyse bedient, identifiziert Purper vier unterschiedliche Betriebsformen, die in unterschiedlichem Maße geeignet sind, die Erlebnis-, Preis-, Service- und Auswahl-Motive der Konsumenten zu befriedigen. Er nennt sie Preisspezialisten, Erlebnis- und Servicespezialisten, Auswahl- und Erlebnisspezialisten sowie Notlösung (vgl. Purper 2007, S. 211; Purper/Weinberg 2007, S. 138). Auf der Grundlage der empirisch gestützten Erkenntnisse definiert Purper (2007, S. 212) den Begriff Betriebsform aus Nachfragersicht wie folgt:

„Unter einer Betriebsform aus Konsumentensicht wird eine vom Konsumenten mehr oder weniger bewusst vorgenommene Bündelung von Einkaufsstätten verstanden, die aufgrund ihrer subjektiv wahrgenommenen Eignung zur Befriedigung bestimmter Kaufmotive vom Konsumenten als ähnlich erlebt werden."

Nach den Ergebnissen Purpers differenzieren Konsumenten bei der Wahrnehmung von Erscheinungsformen des Handels weniger fein, als dies durch die Kombination der Ausprägungen der absatzpolitischen Instrumente durch die Anbieter beabsichtigt wird.

Bei der Ermittlung von Betriebsformen wird die typologische Methode angewendet, bei der reale Erscheinungen geordnet und überschaubar gemacht werden, indem das als wesentlich Erachtete zum Ausdruck gebracht wird (vgl. Tietz 1960). Der einzelne Typus repräsentiert eine Vielzahl von Erscheinungen, die ein oder mehrere gemeinsame Merkmale aufweisen. Dabei wird bei einzelnen Typen auf unterschiedliche Merkmale zurückgegriffen, ohne dass zwischen ihnen ein Subordinationsverhältnis gebildet wird. Damit unterscheidet sich die Bildung von Typen von der Bildung von Klassen (vgl. Barth/Hartmann/Schröder 2007, S. 78–80). Letztere entstehen, indem Stufe für Stufe ein weiteres Merkmal hinzugefügt wird, um durch seine Differenzierung eine Verfeinerung der auf der Stufe zuvor entstandenen Klassen zu erreichen. So können Klassen entstehen, die in der Realität leer bleiben, d. h. für die sich keine Objekte finden lassen. Durch die Orientierung „an dem als wesentlich Erachteten" entstehen bei der Typenbildung Entscheidungsspielräume. Hierin liegt der Grund, warum Listen von Betriebsformen oft wenig systematisch erscheinen.

2.1.2 Der Großhandel und seine Betriebsformen

Bevor auf die wichtigsten Betriebsformen des Großhandels eingegangen wird, soll zunächst der Großhandel definiert werden. Dabei werden die zentralen Merkmale, auf die die Definition Bezug nimmt, diskutiert.

2.1.2.1 Der Begriff Großhandel

Die Katalogkommission definiert den Großhandel im funktionellen Sinne wie folgt (Ausschuss für Definitionen zu Handel und Distribution 2006, S. 37):

„Großhandel im funktionellen Sinne liegt vor, wenn Marktteilnehmer Güter, die sie in der Regel nicht selbst be- oder verarbeiten (Handelswaren), vom Hersteller oder anderen Lieferanten beschaffen und an Wiederverkäufer, Weiterverarbeiter, gewerbliche Verwender (z. B. Behörden, Bildungsstätten) oder an sonstige Institutionen (z. B. Kantinen, Vereine), soweit es sich nicht um private Haushalte handelt, absetzen."

Darauf aufbauend wird der Großhandel im institutionellen Sinne wie folgt definiert (Ausschuss für Definitionen zu Handel und Distribution 2006, S. 38):

„Großhandel im institutionellen Sinne, auch als Großhandelsunternehmung, Großhandelsbetrieb oder Großhandlung bezeichnet, umfasst jene Institutionen, deren wirtschaftliche Tätigkeit ausschließlich oder überwiegend dem Großhandel im funktionellen Sinne zuzurechnen ist."

Bei Definitionen des Großhandels wird im Allgemeinen auf folgende drei Merkmale Bezug genommen:

1. Art der Abnehmer

In der Definition der Katalogkommission werden u. a. die Wiederverkäufer, die Weiterverarbeiter und die gewerblichen Verwender als Abnehmer aufgezählt, die privaten Haushalte jedoch ausgeschlossen. Es hat aber verschiedene Versuche gegeben, Großhandel so zu definieren, dass auch die Belieferung von privaten Haushalten mit eingeschlossen ist. Wie Ahlert (1987, S. 8) herausgearbeitet hat, handelt es sich bei den Wiederverkäufern (Groß- und Einzelhandel), den Weiterverarbeitern und jenen Verbrauchern, die die Handelsware als Produktionsfaktoren in einem Betrieb einsetzen, um gewerbliche Abnehmer. Er sieht auch die institutionellen Haushalte (z. B. Behörden, Krankenhäuser, Schulen und Verbände) sowie die freiberuflichen Kunden (z. B. Rechtsanwälte, Steuerberater und Architekten) als typische Kunden des Großhandels, weil auch hier ein abgeleiteter Bedarf vorliege, der sich aus dem Ziel dieser Organisationen, einen Fremdbedarf zu decken, ergebe. Ahlert schlägt vor, den Kundenkreis des Großhandels mit dem Merkmal „Professionalität der Nachfrager" zu kennzeichnen und führt damit eine auf die Qualifikation des Kunden abstellende Eigenschaft ein, die er bei allen Personen gegeben sieht, die regelmäßig mit dem Einkauf von Waren aus beruflichen Gründen betraut sind (oder die aus anderen Gründen mit der professionellen Denkweise vertraut seien). Ob nun in eine Definition ein engerer oder ein weiterer Abnehmerkreis aufgenommen wird, lässt sich nur vor dem Hintergrund der in der Praxis anstehenden Probleme beurteilen, insbesondere ob bestimmte Rechtsvorschriften (z. B. zur Preisauszeichnung, zur Entlohnung der Mitarbeiter eines bestimmten Unternehmens nach den Tarifen des Einzel- oder Großhandels, zur Geltung des Ladenschlussgesetzes) Anwendung finden (sollen).

2. Art der Lieferanten
Gelegentlich wird die Tätigkeit des Großhandels auch dadurch gekennzeichnet, dass er an einer bestimmten Stelle im Distributionskanal als Vermittler zwischen Hersteller und Verwender bzw. Verbraucher fungiert. Dabei wird auf seine Lieferanten Bezug genommen. Sie werden als Erzeuger- und Herstellerbereich, Produzenten, Händler, Fachleute oder Kaufleute benannt. Führt man sich vor Augen, dass sich in vielen Bereichen ein mehrstufiger Großhandel (Zentralgroßhandel, regionaler Großhandel) gebildet hat, ist jedenfalls ein Hinweis auf eine Belieferung durch Erzeuger oder Hersteller zu eng.

3. Kennzeichnung der Tätigkeit
Häufig wird auf die Mittlerrolle im Absatzweg hingewiesen, indem sowohl die Funktion des Einkaufens als auch die Funktion des Weiterveräußerns angesprochen werden („Beschaffung und Absatz von Waren" (Ahlert 1987, S. 9–12)). Stellenweise wird auf das Volumen abgestellt, indem vom „Handel im Großen" (Schuster 1938, Sp. 2149–2228), vom „Masseneinkauf und -verkauf" (Ruberg 1935), „Handel in größeren Einheiten" (Le Coutre 1950, S. 753) gesprochen wird. Es wurde auch vorgeschlagen, jenen Betrieben Großhandelsfunktion zuzusprechen, die private Haushalte in solchen Mengen beliefern, die die für Familienhaushalte übliche Bedarfsdeckung wesentlich übersteigen, sei es aufgrund eines ungewöhnlichen Hobbys oder zu bestimmten außergewöhnlichen Anlässen. Seltener findet sich, aber dies besonders in der juristischen Literatur, der Hinweis, dass es dem Großhandel eigen sei, seine Abnehmer zu beliefern. Soll der Großhandelsbetrieb vom Industriebetrieb abgegrenzt werden, kommt dem Kriterium „Beschaffung von Gütern, die in der Regel nicht selbst be- oder verarbeitet werden" zunächst eine große Trennschärfe zu. Allerdings zeigt sich, dass eine auf diesem Kriterium aufbauende idealtypische Unterscheidung von Betrieben immer weniger die Realität abbildet. Mehr und mehr mischen sich der Industrie-, Handels- und Dienstleistungssektor, so dass es schwieriger wird, das Spezifische des Großhandels auszumachen. Der oft verwendete Zusatz „von branchenüblichen Manipulationen abgesehen" nimmt neue Größenordnungen an.

Andere Merkmale wie Betriebsgröße, Standort, Rechtsform und insbesondere die Ausübung spezifischer Handelsfunktionen (z. B. Vordisposition, Abholung und Zulieferung, umfangreiche Lagerhaltung, Kreditgewährung an die Kunden) können fakultativ hinzutreten, werden aber in ihrer Summe weder als typisch noch als essentiell angesehen.

Definitionen des Großhandels dienen dazu, ihn von anderen Wirtschaftszweigen, insbesondere der Industrie, der Handelsvermittlung, dem Einzelhandel und einzelnen Dienstleistern, wie z. B. den Spediteuren, abzugrenzen. Schwierigkeiten der Abgrenzung ergeben sich immer dann, wenn Tätigkeiten mehrerer idealtypischer Betriebe ausgeübt werden, so z. B. wenn:

- ein Herstellerbetrieb auch fremdproduzierte Ware zukauft, um sein Vertriebsprogramm abzurunden,
- ein Großhandelsbetrieb die gekauften Waren auch veredelt,
- ein Großhandelsbetrieb auch Waren für private Zwecke verkauft.

Solche Mischungen der Tätigkeiten werden immer mehr zum Regelfall, so dass es immer schwerer fällt, den Großhandel von Betrieben aus anderen Wirtschaftszweigen abzugrenzen. Im Übrigen gelten die bei der Abgrenzung des institutionellen Handels allgemein erörterten Probleme auch hier. So könnte z. B. gefragt werden, ob die Unterschiede zwischen einer Werkhandelsunternehmung, die sich in Kapitalbesitz eines auch Waren liefernden Produktionsunternehmens befindet, und dem selbständigen Großhandel als so bedeutend angesehen werden, dass die beiden Betriebe unterschiedlichen Gruppen zugewiesen werden sollten.

Vor dem Hintergrund der Schwierigkeiten, den Großhandel von anderen Wirtschaftsbereichen, wie insbesondere der Industrie oder dem Einzelhandel, abzugrenzen, wird manchmal gefragt, ob solche Definitionsbemühungen und Abgrenzungsversuche überhaupt notwendig sind. Wie wichtig geeignete Definitionen sind, soll mit einigen Beispielen veranschaulicht werden:

1. Wenn ein Vergleich durchgeführt werden soll, in welchem Ausmaß der Großhandel in einzelnen europäischen Ländern in die Distribution eingeschaltet wird, muss eine einheitliche Sichtweise angelegt werden. Es dürfte dann beispielsweise nicht sein, dass in einem Land der sog. Werkshandel der Industrie (rechtlich und wirtschaftlich ausgegliederter Vertriebsbereich eines Industrieunternehmens, z. B. im Stahlhandel) zum Großhandel gezählt wird, während in einem anderen Land anders verfahren wird. Überhaupt setzt jede Statistik klar abgegrenzte Begriffe voraus, wenn sie interpretierbar sein soll.
2. Für Groß- und Einzelhandelsunternehmungen werden unterschiedliche Tarifverträge abgeschlossen. Insofern ist es sowohl für das Management als auch für die Beschäftigten von großer Bedeutung zu wissen, ob ihr Betrieb dem Groß- oder dem Einzelhandel zuzurechnen ist.
3. Teilweise gibt es für Betriebe des Groß- und des Einzelhandels unterschiedliche Vorschriften. So müssen beispielsweise Einzelhandelsunternehmungen die Preise inkl. der Mehrwertsteuer ausweisen, während dies im Großhandel nicht notwendig ist.
4. Auch für Zwecke der Forschung kann es sinnvoll sein, zwischen einzelnen Bereichen des Handels zu unterscheiden. So ist etwa zu prüfen, ob Aussagen, die für die Marketingpolitik eines Einzelhandelsbetriebs gemacht werden, in gleicher Weise auch für einen Großhandelsbetrieb gemacht werden können oder ob hier differenziert werden muss.

Insofern sind definitorische Ausführungen unverzichtbarer Bestandteil einer Auseinandersetzung mit dem Handel.

2.1.2.2 Einzelne Betriebsformen des Großhandels

Im Folgenden werden die wichtigsten Betriebsformen des Großhandels vorgestellt. Der Ausschuss für Definitionen zu Handel und Distribution (2006, S. 36–41) definiert die folgenden Varianten:

- Globalhandel,
- Sortimentsgroßhandlung,
- Cash-and-Carry-Betrieb,
- Großhandelszentrum,
- Streckengroßhandel,
- Werkhandelsunternehmung,

- Transithandel,
- Spezialgroßhandlung,
- Regalgroßhandlung (Rack Jobber),
- Trade Markt,
- Produktionsverbindungshandel,
- Aufkaufhandlung.

Die Unterschiede liegen vor allem:

1. in der Sortimentspolitik: So strebt der Sortimentsgroßhandel eine weitgehend vollständige Warenversorgung seiner Abnehmer an, während der Fach-(Spezial-)Großhandel sich in seiner Sortimentsbreite beschränkt;
2. in der Belieferungspolitik: Der Zustellgroßhandel stellt die Waren entweder vom eigenen Lager zu oder lässt sie direkt vom Hersteller dem Kunden zustellen (Streckengroßhandel), während beim Cash-and-Carry-Betrieb die Waren vom Kunden im Handelsbetrieb abgeholt werden;
3. im Marktgebiet: So wird einerseits in Binnengroßhandel, andererseits in Großhandelsbetriebe, die im Außenhandel tätig sind, unterschieden. Unter Transithandel versteht man die Lieferung von Waren aus einem Ursprungsland in ein Bestimmungsland über einen Händler (Transithändler, Transitär) in einem dritten Land (Durchfuhrland). Mit Globalhandel meint man Außenhandelsunternehmen, die mehr als die Hälfte ihres Handelsvolumens aus dem Ausland beziehen und gleichzeitig mehr als die Hälfte ihres Handelsvolumens in das Ausland absetzen.

Zwei Formen des Großhandels, die in der Praxis von Bedeutung sind, aber in der theoretischen Literatur nur selten näher betrachtet werden, sollen näher dargestellt werden, und zwar:

- der Produktionsverbindungshandel und
- der Technische Handel.

Der Produktionsverbindungshandel

Der Begriff des Produktionsverbindungshandels wird unterschiedlich verwendet, so dass zunächst auf die in der Literatur vorfindbaren Sichtweisen eingegangen werden muss. Seÿffert (1972, S. 148–149) unterteilt den Großhandel in

- Produktionswarengroßhandlungen und
- Konsumwarengroßhandlungen.

Der Begriff Produktionsverbindungshandel wird von ihm nicht verwendet, stattdessen wird von Produktionswarengroßhandlungen gesprochen. Die Produktionswarengroßhandlungen versorgen Landwirtschaft, Industrie, Handwerk und andere gewerbliche Verwender mit Rohwaren, Halb- und Teilfabrikaten, Maschinen und sonstigen Fertigwaren für Produktionszwecke, die Konsumwarengroßhandlungen beliefern Einzelhandlungen. In diesen Umschreibungen wird auf

- die Art der Güter,
- ihren Verwendungszweck beim Abnehmer und
- auf die Abnehmergruppen

Bezug genommen.

Nun werden viele Waren nicht nur als Konsumwaren an den Einzelhandel geliefert, sondern sie können gleichzeitig auch für Produktionszwecke abgesetzt werden. Bürobedarf und Autoersatzteile sind markante Beispiele hierfür. Selbst bei Nahrungs- und Genussmitteln ist zu beobachten, dass sie einerseits für den Konsum der privaten Haushalte bereitgestellt werden, dass sie aber andererseits an Fleischereibetriebe (z. B. Gewürze) oder an Kantinen ausgeliefert werden. Es ist deshalb nicht angebracht, bestimmte Waren einer ausschließlichen Verwendung für eine Produktion oder für den Konsum zuzuordnen. Der Versuch, aufgrund einer Warentypologie zu einer Typologie der Großhandlungen in Produktionswaren- und Konsumwarengroßhandlungen im oben definierten Sinne zu gelangen, scheitert deswegen. In verfeinerter Form greift Lerchenmüller die Einteilung Seÿfferts auf und unterscheidet ebenfalls nach dem Verwendungszweck der gehandelten Güter in Investitionsgüterhandlungen, Produktionswarenhandlungen, Gebrauchsgüterhandlungen (zum Gebrauch durch den Endverbraucher) und Verbrauchsgüterhandlungen, wobei bei den letzten beiden Formen sowohl Groß- als auch Einzelhandlungen vorkommen können (vgl. Lerchenmüller 2003, S. 23–24).

Tietz nennt den Rohstoff- und Produktionsverbindungshandel neben dem Konsumgütergroßhandel als Hauptform des Großhandels (vgl. Tietz/Schoof 1970, S. 31). Der Konsumgütergroßhandel setze schwerpunktmäßig an Einzelhandlungen und ausgewählte Dienstleistungsbetriebe ab, z. B. an das gastronomische Gewerbe. Der Rohstoff- und Produktionsverbindungshandel diene nach seiner Sicht als Bindeglied zwischen den verschiedenen Zweigen des produzierenden Gewerbes oder der Landwirtschaft. Als Gliederungskriterium wird hier eindeutig der Abnehmerkreis in den Vordergrund geschoben. Diese Einteilung findet sich auch in den Berichten des Ifo-Instituts (vgl. z. B. Batzer/Greipl/Meyerhöfer et al. 1974, S. 79–80; Batzer/Lachner/Täger 1991, S. 19–27).

Die Amtliche Statistik unterteilt den Großhandel in Produktionsverbindungshandel und Konsumtionsverbindungshandel, wenn auch in der Klassifikation der Wirtschaftszweige (WZ 2003) beide Begriffe nicht vorkommen (vgl. Statistisches Bundesamt 2003). Das Statistische Bundesamt schreibt in seinem Publikationsorgan Wirtschaft und Statistik (Kless/Wein 2007, S. 935–936):

„Der Produktionsverbindungshandel kauft Rohstoffe, Halb- und Fertigwaren oder Maschinen von Unternehmen und verkauft sie an Unternehmen zur Weiterverarbeitung bzw. Nutzung in der Produktion weiter. (...) Im Unterschied zum Produktionsverbindungshandel kauft der Konsumtionsverbindungshandel Waren von Unternehmen und liefert diese an in- und ausländische Einzelhändler, Restaurants und andere Unternehmen, die sie an den Endverbraucher weiterverkaufen."

In Abbildung 2.2 sind die von den verschiedenen Autoren bzw. Institutionen verwendeten Begriffe zur Einteilung des Großhandels noch einmal zusammengestellt. Es wird deutlich, wie vielfältig die verwendeten Begriffe sind und welche Mühe der Leser hat zu erkennen, ob hinter den Begriffen gleiche oder unterschiedliche Sachverhalte stehen.

Zwar unterscheiden sich die verwendeten Bezeichnungen beim Statistischen Bundesamt, dem Ifo-Institut und bei Tietz, es scheinen jedoch keine inhaltlichen Unterschiede vorzuliegen, denn der Abnehmerkreis wird zum konstituierenden Merkmal. Demgegenüber findet sich in den Einteilungen von Seÿffert und Lerchenmüller noch eine starke Orientierung an der Art der Güter. Wie gezeigt worden ist, lassen sich die Art der Güter und die Abnehmergruppe nicht eindeutig einander zuordnen. Eines der beiden Gliederungsprinzipien muss deswegen in den Vordergrund geschoben werden.

Autor	Hauptformen	
Seÿffert (1972)	Produktionswarengroßhandlungen	Konsumwarengroßhandlungen
Lerchenmüller (2003)	Investitionsgüterhandlungen Produktionswarenhandlungen	Gebrauchsgüterhandlungen Verbrauchsgüterhandlungen
Tietz/Schoof (1970); Batzer/Lachner/Täger (1991) (Ifo-Institut)	Rohstoff- und Produktions-verbindungshandel	Konsumgütergroßhandel
Kless/Wein (2007) (Stat. Bundesamt)	Produktionsverbindungshandel	Konsumtionsverbindungshandel

Abb. 2.2: Begriffliche Systeme für die Hauptformen des Großhandels

Bei Engelhardt und Kleinaltenkamp (1988, S. 5) findet sich folgende Definition, die auch hier zugrunde gelegt werden soll: Beim Produktionsverbindungshandel handelt es sich um

„(...) alle Unternehmen, die schwerpunktmäßig Güter beschaffen, um sie unverändert bzw. nach sog. „handelsüblichen Manipulationen" an Organisationen weiterzuveräußern, die damit ihrerseits Güter für die Fremdbedarfsdeckung erstellen oder die sie selbst wiederum unverändert bzw. nach „handelsüblichen Manipulationen" an solche Organisationen verkaufen. Dies gilt unabhängig davon, ob die genannten Aufgaben im Rahmen eines direkten oder indirekten Distributionssystems wahrgenommen werden."

Die Definition weist insgesamt drei Merkmale auf:

1. Im Vergleich zu den früher genannten Definitionen wird deutlich, dass jetzt eindeutig auf die Art der Abnehmer abgestellt wird. Als solche werden Organisationen genannt, die mit den erworbenen Gütern ihrerseits Güter erstellen oder sie mehr oder minder unverändert weiterveräußern. So liegt ein Wechsel von der ursprünglich an der stofflichen Substanz der gehandelten Waren orientierten Einteilung (Seÿffert; Lerchenmüller) über eine Betrachtung, die eine Brücke von der Art der Ware zu ihrer gedachten Verwendung schlägt (Statistisches Bundesamt; Tietz; Ifo-Institut), zu der abnehmer- bzw. verwendungsorientierten Betrachtung vor. Kennzeichen des Produktionsverbindungshandels ist also, dass es sich bei den Abnehmern um Organisationen handelt, die die erworbenen Güter im Rahmen ihres Geschäftsbetriebs verwerten. Mithin handelt es sich nicht nur bei den Rohstoffhändlern (z. B. Erze, Metalle, chemische Grundstoffe, Kaffee) um Produktionsverbindungshandel, sondern auch bei jenen Händlern, die in bedeutendem Maße andere Unternehmen z. B. mit Bürobedarf beliefern, also mit Gütern, die auch dem privaten Konsum dienen können. Die zunehmende Orientierung auf den Abnehmer einer Leistung findet ihre Rechtfertigung darin, dass die Gegebenheiten beim Abnehmer zu einem zentralen Gesichtspunkt zur Ausgestaltung der eigenen Unternehmenspolitik werden müssen. Sie ist getragen von der Vermutung, dass eine Geschäftspolitik für Produktionsverbindungshändler andere Gesichtspunkte einbeziehen muss als die für Konsumti-

onsverbindungshändler. So spiegelt sich in der Definition ein Stück Marketing wider, wenn man unter Marketing die Ausrichtung der eigenen Aktivitäten auf die Bedürfnisse des Kunden versteht.

2. Zum Zweiten weisen Engelhardt und Kleinaltenkamp in ihrer Definition darauf hin, dass die gehandelten Güter im Betrieb nicht verändert werden, es sei denn, es handele sich um handelsübliche Manipulationen. Dieses Merkmal wird generell als Kennzeichen des Handels und mithin auch des Großhandels herangezogen. Allerdings wird immer unklarer, wie weit die handelsüblichen Manipulationen reichen, denn die Grenzlinie zwischen Industrie und Handel wird immer unschärfer. Betriebspolitisch ist in der Tat zu fragen, ob die Grenzen einer bislang als handelsüblich angesehenen Manipulation nicht überschritten werden sollten und so das traditionelle Bild vom Produktionsverbindungshandel modifiziert werden sollte.
3. Schließlich wird in der obigen Definition davon abgesehen, die Selbständigkeit des Produktionsverbindungshandels zu einem bestimmenden Merkmal zu erheben. Bekanntlich gibt es Unternehmungen, die wirtschaftlich und rechtlich vollkommen selbständig sind, während andere in entsprechender Abhängigkeit von einigen zentralen Lieferanten stehen. Engelhardt und Kleinaltenkamp weisen darauf hin, wenn sie von der Einbettung eines Handelsbetriebs in ein direktes oder indirektes Distributionssystem sprechen. Bei einzelnen Fragestellungen wird es gerade darauf ankommen zu analysieren, welche Gründe für eine Selbständigkeit sprechen, warum also die Koordination über den Markt gewählt wird. Dies erfordert Definitionen, die zwischen abhängigen und unabhängigen Betrieben unterscheiden. Werden dagegen betriebspolitische Problemstellungen erörtert, wie z. B. zum Leistungsprogramm, zur Preispolitik oder zur Lagerhaltung, dann sind solche Überlegungen im Regelfall unabhängig davon, ob der Betrieb von einem Lieferanten abhängig ist oder nicht, und es kann mithin auf eine entsprechende Eingrenzung in der Definition verzichtet werden.

Einen umfassenden, empirisch gestützten Überblick über aktuelle Entwicklungen im Produktionsverbindungshandel geben Zentes, Hüffer, Pocsay et al. (2007, S. 72–108).

Der Technische Handel

Wegen der häufig zu beobachtenden Unklarheiten um die verschiedenen Segmente des Großhandels und der Gefahr, dass Produktionsverbindungshandel und Technischer Handel gleichgesetzt werden könnten, soll im Folgenden auch kurz auf den Technischen Handel eingegangen werden. Der Verband Technischer Handel e. V. (2007, S. 2) zählt etwa 500 Unternehmen zu diesem Bereich, den er als eigenständige Branche ansieht. Als Technische Handlungen werden jene Unternehmen angesehen (vgl. Verband Technischer Handel e. V. 2007, S. 9), die

- geschäftlich frei und ungebunden sind,
- unter fachkundiger Leitung stehen,
- ihre Geschäfte auf eigene Rechnung tätigen (also keine Handelsvertretertätigkeit ausüben),
- ihren Hauptabsatz mit technischen Bedarfsartikeln und persönlichen Schutzausrüstungen erzielen und
- ein angemessenes Lager unterhalten.

Im Vergleich zu den angeführten Definitionen zum Produktionsverbindungshandel zeigen sich Gemeinsamkeiten und Unterschiede. So hebt der Verband auf die Unabhängigkeit ab, auf das sog. Preisrisiko (Waren werden auf eigenes Risiko eingekauft und nicht nur vermittelt) und auf die Lagerhaltung. Im vorliegenden Zusammenhang kommt es, um die Abgrenzung zum Produktionsverbindungshandel zu verdeutlichen, darauf an, dass der Sortimentsschwerpunkt bei den technischen Bedarfsartikeln zu liegen hat. Zwar wird der Abnehmerkreis nicht explizit erwähnt, jedoch handelt es sich wie beim Produktionsverbindungshandel um Organisationen, also nicht um private Haushalte. Ihnen dienen die erworbenen Güter zur Weiterveräußerung oder als Produktionsmittel.

Zwar wird in den Statuten des Verbandes darauf abgestellt, dass die Mitglieder frei und ungebunden sein müssen, was aber nicht ausschließt, dass sich viele von ihnen zu einer engen Zusammenarbeit mit Lieferanten entschieden haben. Die in die selektiven Vertriebssysteme eingebundenen Händler werden als Schwerpunkthändler, Stützpunkthändler, Partnerhändler etc. bezeichnet. Nur bei Standardteilen und kundenspezifisch zu entwickelnden und zu fertigenden Produkten ist zu beobachten, dass der Händler seinen Lieferanten von Fall zu Fall auswählt.

2.1.3 Der Einzelhandel und seine Betriebsformen

Ähnlich wie bei der Definition des Großhandels sollte auch bei der Abgrenzung des Einzelhandels zwischen einer funktionellen und einer institutionellen Auffassung unterschieden werden. Darauf aufbauend werden Kriterien zur Systematisierung von Betriebstypen (Formaten) im Einzelhandel erörtert, bevor dann ausgewählte Betriebsformen vorgestellt werden. Abschließend wird auf die zunehmende Bedeutung bestimmter Agglomerationsformen des Einzelhandels eingegangen.

2.1.3.1 Der Begriff Einzelhandel

Der Ausschuss für Definitionen zu Handel und Distribution (2006, S. 46) definiert den Einzelhandel im funktionellen Sinne traditionell wie folgt:

„Einzelhandel im funktionellen Sinne liegt vor, wenn Marktteilnehmer Güter, die sie in der Regel nicht selbst be- oder verarbeiten, von anderen Marktteilnehmern beschaffen und an private Haushalte absetzen.“

Auf dieser Grundlage wird der Einzelhandel im institutionellen Sinne in folgender Form definiert (Ausschuss für Definitionen zu Handel und Distribution 2006, S. 46):

„Einzelhandel im institutionellen Sinne, auch als Einzelhandelsunternehmung, Einzelhandelsbetrieb oder Einzelhandlung bezeichnet, umfasst jene Institutionen, deren wirtschaftliche Tätigkeit ausschließlich oder überwiegend dem Einzelhandel im funktionellen Sinne zuzurechnen ist.“

Im Unterschied zum Großhandel sind es also keine gewerblichen Abnehmer, sondern private Haushalte, die den Kundenkreis des Einzelhandels ausmachen. Das ist ein allgemein akzeptiertes Abgrenzungskriterium, obwohl in der Realität auch Betriebe zu beobachten sind, die sowohl private Haushalte als auch gewerbliche Abnehmer beliefern (z. B. Schreibwarengeschäfte, die ihre Produkte auch an Schulen, Banken oder andere gewerbliche Unternehmungen absetzen). In diesem Fall kann man sich an den Umsatzanteilen oder an den Teilen der Wertschöpfung orientieren, um den Schwerpunkt der Tätigkeit zu ermitteln. Abgesehen von diesen Schwierigkeiten erscheint die Definition nahe liegend. Die wirtschaftliche Realität zeigt allerdings, dass viele Herstellerunternehmungen eigene Verkaufsstellen eröffnen (z. B. Gerry Weber-Shops, WMF, Villeroy & Boch, Zara, einige Automobilhersteller) – in der Textilwirtschaft spricht man von Vertikalisten. Sieht man sie als ausgelagerte Verkaufsstellen der Industrie, betreiben sie nach den obigen Definitionen weder Einzelhandel im funktionellen, noch im institutionellen Sinn. Will man diese Verkaufsstellen zum Einzelhandel zählen, sind Definitionen von Einzelhandel zugrunde zu legen, die primär auf den Abnehmerkreis, d. h. auf den Verkauf von Waren an private Endverbraucher abstellen (siehe z. B. Coughlan/Anderson/Stern et al. 2006, S. 425; Levy/Weitz 2009, S. 7). Solche Definitionen erscheinen dann sinnvoll, wenn Ausführungen über die Marketingpolitik solcher Verkaufsstellen erfolgen sollen. Im Hinblick auf die Kommunikationspolitik, Standortpolitik oder Preispolitik erscheint es dann nicht wichtig, ob die zu verkaufenden Waren selbst hergestellt worden oder fremdbezogen sind.

2.1.3.2 Kriterien zur Systematisierung einzelner Betriebsformen des Einzelhandels

In entwickelten Volkswirtschaften treten die Betriebe des institutionellen Einzelhandels in außerordentlicher Vielfalt auf. Diese Vielfalt wird so zu Typen zusammengefasst, dass die einem Betriebstyp zugeordneten, realen Erscheinungsformen eines Handelsbetriebs untereinander relativ ähnlich sind und sich gleichzeitig von anderen Betrieben deutlich unterscheiden. Wie beim Großhandel wird teilweise von Betriebstypen, teilweise von Betriebsformen (Formaten) gesprochen. Im Folgenden werden die beiden Begriffe im gleichen Sinne verwendet. Die Vielfalt der Erscheinungsformen des Einzelhandels wird schon in der Vielzahl der Merkmale deutlich, die bei der Definition der Betriebstypen des Einzelhandels herangezogen werden. Zu den häufig verwendeten Merkmalen zählen:

- die Sortimentspolitik: Durch die Sortimentspolitik werden der Sortimentsinhalt (und damit die Branchenzugehörigkeit) sowie die Sortimentstiefe und -breite festgelegt. Die Beschränkung auf eine Warenart kennzeichnet das Fachgeschäft, während Warenhäuser, Verbrauchermärkte und SB-Warenhäuser Artikel aus unterschiedlichen Warenarten anbieten.
- die Betriebsgröße: Obwohl zur Messung der Betriebsgröße grundsätzlich alle materiellen und immateriellen Produktionsfaktoren in Frage kommen, spielt bei der Abgrenzung von Betriebstypen die Größe der Verkaufsfläche eine besonders wichtige Rolle (z. B. bei der Abgrenzung eines Verbrauchermarkts von einem SB-Warenhaus). So differenzierte beispielsweise Nielsen bis 2007 zwischen Supermärkten, Verbrauchermärkten und SB-Warenhäusern (vgl. A.C. Nielsen 2007, S. 73). Die Grenze für den Übergang zwischen einem Supermarkt und einem kleinen Verbrauchermarkt lag bei 800 qm, zwischen einem kleinen und einem großen Verbrauchermarkt bei 1 500 qm und schließlich zwischen einem großen Verbrauchermarkt und einem SB-Warenhaus bei 5 000 qm (vgl. A.C. Nielsen 2007, S. 73). Seit 2008 unterscheidet Nielsen nur noch zwischen Supermärkten und Verbrauchermärkten, wobei die Grenze bei 1 000 qm angesetzt wurde. Bei beiden Betriebsformen gibt es die Differenzierung zwischen klein und groß – die Grenzen liegen bei 400 qm bzw. 2 500 qm (vgl. The Nielsen Company GmbH 2009, S. 78).

- das Bedienungsprinzip: Von Fremdbedienung wird gesprochen, wenn die Ware überwiegend von Verkaufspersonal an die Kunden ausgehändigt wird, Selbstbedienung liegt dagegen vor, wenn die Kunden die Ware selbst aus den Regalen oder den Warenträgern entnehmen; als Zwischenform wird von der Fremdbedienung mit Vorwahl gesprochen.
- die Art des Inkassos: Für den Automatenverkauf gilt, dass neben der Warenausgabe auch das Inkasso von einer technischen Anlage übernommen wird. Ansonsten nimmt im Regelfall das Personal des Handelsbetriebs Geld oder entsprechende Zahlungsmittel von den Kunden entgegen, wenn auch zunehmend Selbstzahlerkassen in Ladengeschäften getestet werden (vgl. z. B. Litfin/Wolfram 2006).
- der Ort des Kontakts zwischen einem Einzelhändler und seinen Kunden: Barth, Hartmann und Schröder (2007, S. 89) bezeichnen dieses Kriterium als Kontaktbeziehung und differenzieren zwischen dem Residenz-, Domizil-, Treff- und Distanzprinzip. Während beim Residenzprinzip (stationärer Handel) der Kunde den Anbieter aufsucht, ist es beim Domizilprinzip (z. B. Haustürverkäufe oder Heimdienste) umgekehrt. Beim Treffprinzip finden der Kontakt und die Transaktion außerhalb des Domizils und der Residenz (z. B. Wochenmärkte, Verkaufsfahrten, Verkaufsausstellungen oder Verkaufswagen) statt. Charakteristisch für das Distanzprinzip ist, dass kein physischer Kontakt zwischen Anbieter und Nachfrager stattfindet (z. B. Versandhandel oder elektronischer Handel).
- die Art der Preisstellung: Bei einer diskontierenden Preispolitik liegen die Preise für die Mehrzahl der angebotenen Waren ständig unter den von anderen Handelsbetrieben geforderten Preisen für gleiche oder ähnliche Waren. Eine solche Preispolitik ist kennzeichnend für Diskontbetriebe bzw. Discounter. Alternativen zur Niedrigpreisstrategie stellen eine Preispolitik auf dem Mittelpreis- oder Hochpreisniveau dar.
- die Integration eines Betriebs in eine Agglomeration: Während ein Teil der Handelsbetriebe in gewachsenen städtischen Agglomerationen oder isoliert am Stadtrand ansässig ist, werden etwa in den Shopping-Centern nach unterschiedlichen Geschäftsprinzipien arbeitende Einzelhandelsbetriebe verschiedener Branchen und Größenklassen sowie sonstige Dienstleistungsbetriebe (z. B. Banken, Kinos, Restaurants) integriert. In den letzten Jahren haben Bahnhöfe und Flughäfen als neue Standorte für Agglomerationen des Handels an Bedeutung gewonnen (vgl. z. B. Korn 2006, S. 56–66). Im Folgenden wird jedoch unter einer Betriebsform nur das Erscheinungsbild eines einzelnen Geschäfts verstanden; im Übrigen wird von Agglomerationsformen des Einzelhandels gesprochen.

2.1.3.3 Ausgewählte Betriebsformen des Einzelhandels im deutschsprachigen Raum

Es gibt eine Vielzahl von Ansätzen, um die unterschiedlichen Erscheinungsformen des Einzelhandels zu systematisieren. Eine Möglichkeit besteht darin, zuerst zwischen verschiedenen Branchen zu differenzieren. So ist es durchaus üblich, vom Lebensmitteleinzelhandel, Textileinzelhandel oder Elektroeinzelhandel zu sprechen. Allerdings ist eine solche Klassifikation zunehmend mit Problemen behaftet, weil sich Sortimente eines Einzelhändlers nicht mehr auf eine Branche beschränken, sondern meist einen Mix darstellen. Der Non-Food-Bereich von Lebensmitteleinzelhändlern ist zunehmend erweitert worden. Lebensmitteldiscounter zählen heute zu jenen Handelsformen, die in einem erheblichen Umfang auch Textilwaren absetzen (vgl. KPMG 2005). Möbelhäuser bieten nicht nur Möbel, sondern auch Lampen, Geschirr und Pflanzen an. Eine Systematisierung nach Branchen, also anhand der geführten Waren, fällt aufgrund der Branchenvermischung deshalb schwer und würde der Vielfalt des Einzelhandels auch nicht gerecht. Das gilt nicht nur für den deutschsprachigen Bereich. So orientiert sich beispielsweise das North American Industry Classification System (NAICS) bei seinem sechsstelligen Code vor allem an der Art der Produkte und Dienstleistungen (siehe North American Industry Classification System 2007).

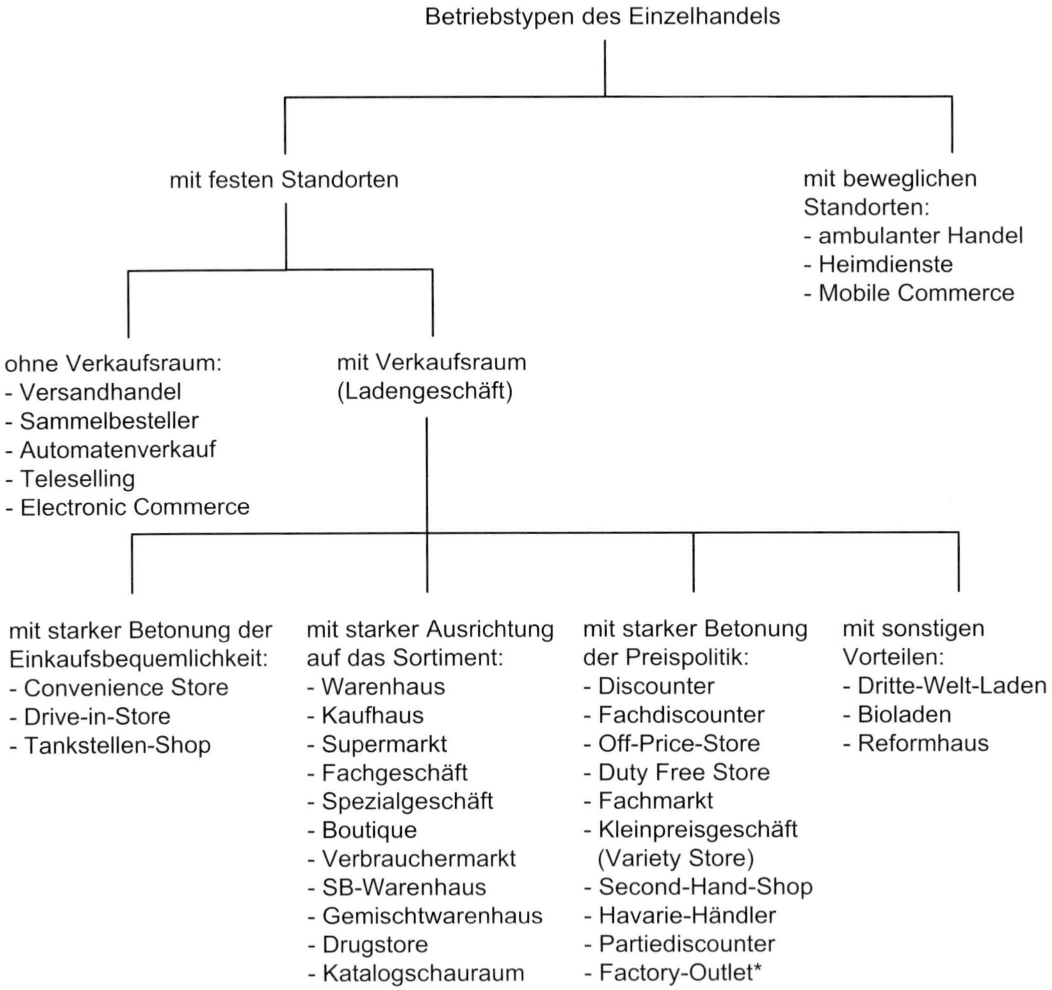

* kein institutioneller Handel

Abb. 2.3: Betriebstypen des Einzelhandels

Da bei der Definition einzelner Betriebstypen nicht auf alle Merkmale, sondern nur auf die jeweils konstituierenden zurückgegriffen wird, ist es wegen der sich ergebenden Überschneidungen nicht möglich, die derzeit bekannten Betriebstypen eindeutig in einem Diagramm darzustellen. Probleme bei der Typologisierung zeigen sich dort, wo ein Betriebstyp durch mehrere Merkmale gekennzeichnet wird. In vereinfachter Form gibt Abbildung 2.3 aber einen Überblick über bedeutende Betriebstypen. Dabei wird auf der ersten Ebene zwischen Einzelhandelsunternehmungen mit festen und beweglichen Standorten differenziert. Bei der ersten Gruppe wird weiter zwischen Händlern mit und ohne Verkaufsraum unterschieden. Bei den Händlern mit Verkaufsraum werden dann die Vorteile für den Endverbraucher als weiteres Unterscheidungskriterium herangezogen. Neben der für viele Betriebsformen typischen Betonung des Preisvorteils können Vorteile bezüglich der Breite oder der Tiefe des Sortiments und hinsichtlich der Einkaufsbequemlichkeit dazu genutzt werden, weitere Gruppen von Betriebsformen zu bilden. Bei den Betriebsformen ohne Verkaufsraum verdienen der Electronic Commerce und der Mobile Commerce besondere Beachtung. Es handelt sich um relativ junge Betriebstypen, deren Bedeutung stetig zunimmt und deren zukünftige Position von der weiteren technologischen Entwicklung abhängig sein dürfte. Zudem bildet Electronic Commerce häufig die Grundlage für die Entwicklung von konventionellen Händlern zu sog. Multichannel Händlern. Viele klassische Versender erweitern ihr Geschäftskonzept um einen Online-Versandhandel, teilweise auch um stationäre Geschäfte, so dass auf diesem Weg ebenfalls Multichannel Retailing entsteht.

Auf die Charakterisierung aller Betriebsformen wird hier verzichtet. Im Anhang dieses Kapitels werden ausgewählte, besonders bedeutende Betriebsformen kurz vorgestellt. Einen umfassenden Überblick über die zahlreichen Betriebsformen des Einzelhandel bieten der Katalog E (Ausschuss für Definitionen zu Handel und Distribution 2006), Barth, Hartmann und Schröder (2007, S. 90–105) sowie Liebmann, Zentes und Swoboda (2008, S. 394–420). Aber auch Marketing-Informationsunternehmen wie z. B. Nielsen, GfK, das Europäische Handelsinstitut (EHI) oder Deloitte Touche Tohmatsu bieten Informationen über die zu beobachtenden Erscheinungsformen des Einzelhandels und ihre Entwicklung.

2.1.3.4 Bezeichnungen für Betriebsformen im Ausland

Dass Definitionen von Betriebsformen mitunter eine starke nationale Prägung besitzen können, zeigt der Vergleich mit Definitionen in amerikanischen Lehrbüchern (siehe Abb. 2.4). Die dort verwendeten Begriffe wie *type of retailer* (Berman/Evans 2007, S. 137–138; Levy/Weitz 2009, S. 34–37), *retail format* (Berman/Evans 2007, S. 136; Levy/Weitz 2009, S. 36), *retailer type* (Coughlan/Anderson/Stern et al. 2006, S. 450), *kinds of retailers* (Rosenbloom 2004, S. 49) dienen dazu, die vielfältigen Erscheinungsformen insbesondere des amerikanischen Einzelhandels zu strukturieren. Bei den stationären Formen des Handels wird zwischen Lebensmittelhändlern (Food Retailers, Food-Oriented Retailers) und Gemischtwarenhändlern (General Merchandise Retailers) differenziert (Berman/Evans 2007, S. 136–151; Levy/Weitz 2009, S. 40–54). Die folgende Tabelle enthält die bedeutendsten stationären Betriebsformen im amerikanischen Einzelhandel.

Dass ähnliche Begriffe im internationalen Vergleich eine gänzlich unterschiedliche Bedeutung besitzen können, zeigt beispielsweise der (Full-line) Discount Store. Was auf den ersten Blick als

Food Retailer	General Merchandise Retailer
Conventional Supermarket	Discount Stores
Supercenter	Specialty Stores
Warehouse Club	Department Stores
Convenience Store	Off-price Stores
	Membership (Warehouse) Club

Abb. 2.4: Die bedeutendsten stationären Betriebsformen im amerikanischen Einzelhandel

Discounter deutscher Prägung interpretiert werden könnte, stellt sich in Wirklichkeit in den USA als eine gänzlich unterschiedliche Betriebsform heraus. Er wird aufgrund der Sortimentszusammensetzung zu den General Merchandise Retailern gezählt und ähnelt wegen der Sortimentsbreite einem Warenhaus. So werden die Handelsunternehmen Wal Mart und Target zu den Discount Stores gezählt. Zugleich findet man ALDI unter den Supermarkets, und zwar unter der Sonderform *limited assortment supermarkets* bzw. *extreme value food retailers* (Levy/Weitz 2009, S. 41). Darüber hinaus ist festzustellen, dass es hinsichtlich der Betriebsformen nationale Besonderheiten gibt. So ist der Membership (Warehouse) Club, dessen Mitglieder eine jährliche Gebühr entrichten müssen und der sowohl an private als auch an gewerbliche Kunden verkauft, in Deutschland unbekannt.

2.1.3.5 Agglomerationsformen des Einzelhandels

Charakteristisch für den Einzelhandel sind auch Agglomerationsformen, wie z. B. Shopping-Center. Auch sie werden gelegentlich als Betriebsformen des Einzelhandels bezeichnet, ein Sprachgebrauch, dem hier jedoch nicht gefolgt werden soll. Es ist aber klar, dass es sich bei der Standortwahl in einer Agglomerationsform des Einzelhandels um eine wichtige Option für das Handelsmanagement handelt.

Es gibt unterschiedliche Ansätze zur Systematisierung von Agglomerationsformen, man kann aber grundsätzlich zwischen geplanten und natürlich gewachsenen Formen differenzieren. Darüber hinaus kann man auch die isolierte Lage als Sonderausprägung der Agglomerationsform interpretieren. In der Abbildung 2.5 wird, ähnlich wie bei den Betriebsformen, zwischen Agglomerationen mit und ohne Verkaufsraum differenziert.

Im Folgenden soll nur auf ausgewählte Agglomerationsformen eingegangen werden. So wird zuerst das Einkaufszentrum vorgestellt, dann das Factory-Outlet-Center. Bei letzterem handelt es sich zwar um eine Agglomeration von Verkaufsstellen der Industrie, sie steht jedoch in Konkurrenz zum selbständigen Handel und wird vom privaten Endverbraucher auch als Handel wahrgenommen. Ergänzt wird die Betrachtung um die Electronic-Mall als Agglomerationsform des elektronischen Handels.

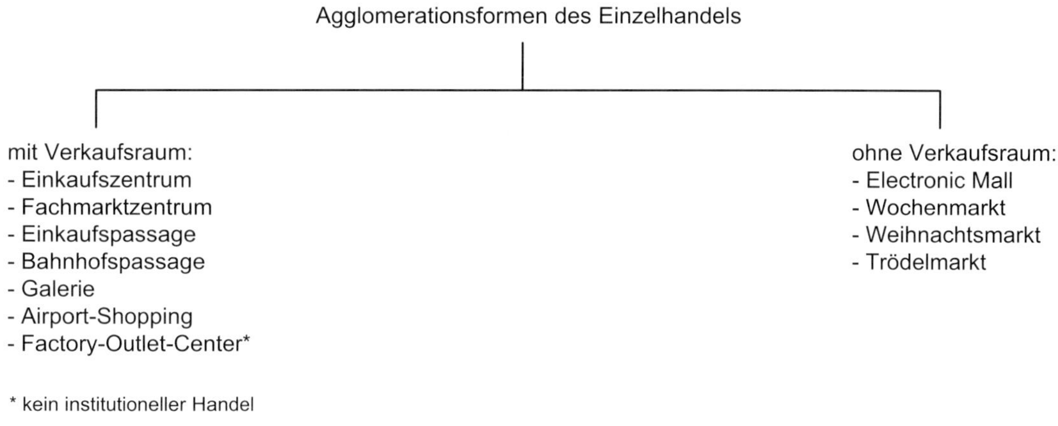

Abb. 2.5: Agglomerationsformen des Einzelhandels

Einkaufszentrum

Der Katalog E (Ausschuss für Definitionen zu Handel und Distribution 2006, S. 77) verwendet den Begriff Einkaufszentrum bzw. Shopping-Center, differenziert dann allerdings zwischen als Einheit geplanten und im Zeitablauf gewachsenen Formen und bezeichnet letztere als Geschäftszentrum:

„Ein Einkaufszentrum (engl. Shoppingcenter, auch als Mall bezeichnet) ist eine im Zeitablauf gewachsene (dann auch als Geschäftszentrum bezeichnet) oder als Einheit geplante Ansammlung von Einzelhandels- und Dienstleistungsbetrieben, die als zusammengehörig empfunden werden. Die als Einheit geplanten Einkaufszentren können in Wohn-, Gewerbe- oder Mischgebieten oder am Rande und außerhalb von Wohngebieten bzw. an sonstigen Standorten errichtet sein. Einheitlich geplante Einkaufszentren mit Nutzung vorhandener Frequenz im Innenstadtbereich sind große überdachte Gebäudekomplexe, Passagen und Galerien oder offene Ladenstraßen. Bei der Erweiterung von Wohn- oder Gewerbegebieten bzw. bei Stadtsanierungen werden Einkaufszentren als Teil eines Gesamtprojektes geschaffen."

Die Definition weist auf zwei zentrale Aspekte hin, zum einen auf die Unterscheidung zwischen gewachsenen und geplanten Agglomerationen, zum anderen auf die unterschiedlichen Standorte der Agglomerationen. Charakteristisch für geplante Einkaufszentren ist ein abgestimmter Außenauftritt. Dieser wird möglich, da die Verwaltung und Koordination in den Händen eines zentralen Managements (Center Management) liegt. Ihm obliegen insbesondere die Auswahl der Einzelhandels- und Dienstleistungsbetriebe sowie die Standortzuordnung. Darüber hinaus werden Gemeinschaftsaufgaben wahrgenommen, eine abgestimmte Kommunikationspolitik mit Werbung und Aktionen durchgeführt sowie Veranstaltungen organisiert.

Einkaufszentren sind an unterschiedlichen Standorten anzutreffen. So unterscheiden beispielsweise Berman und Evans (2007, S. 294–297) für die USA bei den natürlich gewachsenen Einkaufszentren zwischen Central Business District (CBD), Secondary Business District (SBD), Neighborhood Business District (NBD) und String. Die Unterscheidung bezieht sich zwar primär auf den

Standort, aus den verschiedenen Standorten resultieren jedoch weitere Unterschiede, so insbesondere hinsichtlich der Anzahl, der Größe und der Zusammensetzung der dort tätigen Händler. Bei den geplanten Einkaufszentren unterscheiden die Autoren zwischen Regional-Shopping-Center, Community-Shopping-Center und Neighborhood-Shopping-Center (Berman/Evans 2007, S. 300–303). Sie weisen eine Reihe von Unterschieden auf, die vor allem die Größe und das Einzugsgebiet betreffen. Während ein Regional-Shopping-Center mehr als 150 Geschäfte und eine Einzelhandelsfläche von mehr als 200 000 qm umfassen kann, liegt die Zahl der Geschäfte in einem Neighborhood-Shopping-Center zwischen 5 und 10 mit einer Einzelhandelsfläche von bis zu 10 000 qm (vgl. Berman/Evans 2007, S. 301). Zu den Sonderformen der Regional-Shopping-Center werden sog. Megamalls gezählt, die mehrere Hundert Fachgeschäfte, zahlreiche Kinos, Fitnessstudios, eine große Zahl von Restaurants und sonstige Einrichtungen der Freizeit- und Unterhaltungsbranchen beherbergen können (z. B. West Edmonton Mall). In den USA reicht die Geschichte von Shopping-Centern bis in das Jahr 1923 zurück. Das Country Club Plaza Center in Kansas-City (Missouri) wird in der Literatur als erstes Shopping-Center der Welt bezeichnet.

In Europa wird zwischen traditionellen und spezialisierten Centern differenziert. Im Hinblick auf die Größe des Einzugsgebiets wird bei den traditionellen Shopping-Centern zwischen Nachbarschaftszentren (Neighborhood Center), Gemeinde- bzw. Stadtteilzentren (Community Center) und Regionalen Centern (Regional Mall, Super Regional Mall) differenziert (vgl. Falk 2009, S. 23–31; vgl. auch Geßner 2001, S. 375). Zu den spezialisierten Centern werden u. a. Fachmarktzentren, Einkaufspassagen und Factory-Outlet-Center gezählt. Eine klare und eindeutige Systematik ist angesichts der dynamischen Entwicklung und der damit einhergehenden Entstehung innovativer Formen schwierig. Hierzu werden unter anderem Urban Entertainment Center, Specialty- und Themen-Center, Bahnhofs- und Airport-Center sowie sog. „Power-Center“ gezählt (vgl. Weinberg/Besemer 2001, S. 523–525). Urban Entertainment Center (UEC) zeichnen sich durch eine Kombination aus Unterhaltung, Gastronomie und Handel aus. Sie versuchen der Erlebnis- und Freizeitorientierung der Konsumenten gerecht zu werden.

Factory-Outlet-Center

Der Katalog E (Ausschuss für Definitionen zu Handel und Distribution 2006, S. 81–82) definiert wie folgt:

„Als Factory-Outlet-Center (FOC, Hersteller-Direktverkaufszentrum) werden mittel- bis großflächige Agglomerationen von Einzelhandelsgeschäften bezeichnet, in denen mehrere Herstellerunternehmen ihre Waren jeweils im Direktvertrieb und in separaten Ladeneinheiten Konsumenten anbieten.“

Auf die Problematik, die sich daraus ergibt, Factory-Outlets generell zum institutionellen Handel zu zählen, ist bereits weiter oben eingegangen worden. Gleiches gilt für das Factory-Outlet-Center als Agglomerationsform des Einzelhandels. FOC zeichnen sich dadurch aus, dass Hersteller Distributionsfunktionen wie Raumüberbrückung und Sortimentszusammenstellung übernehmen, so dass diese Vertriebsform Ähnlichkeiten mit Niederlassungssystemen der Industrie und dem Herstellerversandhandel aufweist (vgl. Lausberg 2002, S. 16). Im Vergleich zu der Standortwahl eines Factory-Outlets, die sich stark am Produktionsstandort orientiert, werden Factory-Outlet-Center an Standorten betrieben, deren Wahl sich in einem höheren Maße an den Bedürfnissen der Nachfrager orientiert. Eine wachsende Bedeutung kommt der Überlegung zu, dem Nachfrager eine Kopplung von Freizeit- und Einkaufsaktivitäten zu ermöglichen, so dass bei der Wahl des Standorts ein räumlicher Bezug zu Tourismuszentren erkennbar wird. Darüber hinaus ist bei der Wahl des Standorts die Konkurrenzbeziehung zum traditionellen Einzelhandel zu beachten. Um Konfliktpotenziale mit diesem zu reduzieren und Kannibalisierungseffekte für die eigenen Produkte zu begrenzen, kann es sinnvoll sein, die Nähe zu größeren Handelsstandorten zu meiden (vgl. Lausberg 2002, S. 19).

Im Juni 2001 wurden in Deutschland erst zwei Factory-Outlet-Center betrieben, die mehr als 10 000 qm Verkaufsfläche umfassen und ähnlich konzipiert sind wie jene in den USA und im europäischen Ausland – das „B5 Designer Outlet Center" in der Nähe von Berlin (Wustermark) und das Designer-Outlet in Zweibrücken (vgl. Lausberg 2002, S. 3). Gegenwärtig wird die Zahl der Factory-Outlet-Center in Deutschland mit 6 (vgl. ecostra 2010, S. 3) bzw. 7 (vgl. Gesellschaft für Markt- und Absatzforschung mbH 2009, S. 7) angegeben. Deutschland gehört im europäischen Vergleich aufgrund einer restriktiven Genehmigungspolitik zu den Ländern mit einer relativ schwachen Ausstattung an Factory-Outlet-Centern. Großbritannien, Italien, Spanien und Frankreich weisen eine deutlich höhere Zahl auf (vgl. ecostra 2010, S. 31).

Electronic Mall

Dem elektronischen Marktauftritt kleiner und mittlerer Handelsunternehmen stehen insbesondere zwei Probleme entgegen: Zum einen das Investitionsvolumen, zum anderen fehlt den kleinen und mittleren Unternehmen die Bekanntheit, um unter der Vielzahl an Informationsangeboten im Internet identifiziert und angewählt zu werden. Diesen Hindernissen begegnen die Einzelhandelsunternehmen, indem sie sich zu sog. „Electronic Malls" im Internet zusammenschließen. Dies sind mediale Einkaufszentren, in denen mehrere Handelsbetriebe unter einer gemeinsamen Adresse ihre virtuellen Geschäfte betreiben. Der Zusammenschluss kann z. B. unter regionalen oder unter branchenspezifischen Gesichtspunkten unter Führerschaft einer Verbundgruppe mit starkem Markennamen erfolgen.

2.1.4 Die Handelsvermittlung und ihre Formen

Für Groß- und Einzelhandelsbetriebe wird im Regelfall als konstitutiv angesehen, dass sie Eigentum an den von ihnen veräußerten Waren erwerben (Eigengeschäft) (vgl. dazu die Ausführungen in Kapitel 1). Dennoch gibt es in Distributionssystemen auch den Fall, dass Unternehmungen eingeschaltet sind, die mit der Anbahnung, Pflege und Fortentwicklung der Verbindungen zwischen Handelspartnern befasst sind, ohne Eigentum an den jeweiligen Waren zu erwerben. Darüber hinaus ist auch denkbar, dass Verträge über Waren abgeschlossen werden (Fremdgeschäft). Sie werden als Betriebe der Handelsvermittlung bzw. als Handelsvermittler bezeichnet. Durch seine Stellung zwischen einem Absatz- und einem Beschaffungspartner muss der Handelsvermittler bei seiner Tätigkeit die Interessen beider Handelspartner berücksichtigen. Zum Handel wird man sie nur dann zählen, wenn man den Eigentumserwerb nicht als ausschließendes Kriterium verwendet, sondern wenn man stattdessen in Handelsbetriebe mit und in solche ohne Eigentumserwerb unterscheidet. Formen der Handelsvermittlung lassen sich nach ihrer Rechtsform unterscheiden, wobei Handelsvertreter, Kommissionäre und Handelsmakler unterschieden werden können, und nach der Position und Aufgabe, die sie im Distributionskanal übernehmen. Zunächst sei auf ihre Kodifizierung hingewiesen.

Handelsvertreter

Handelsvertreter ist, wer als selbständiger Gewerbetreibender ständig damit betraut ist, für einen anderen Unternehmer Geschäfte zu vermitteln (Vermittlungsvertreter) oder in dessen Namen abzuschließen (Abschlussvertreter). Der Handelsvertreter ist in dem Sinne selbständig, dass er seine Tätigkeit im Wesentlichen frei gestalten und seine Arbeitszeit bestimmen kann. Es wird verlangt, dass die Vertragsbeziehung auf Dauer ausgerichtet ist. Die Pflichten und die Rechte sind in den §§ 84–92c HGB geregelt. Der Handelsvertreter kann für ein Unternehmen (Einfirmenvertreter) oder für mehrere Unternehmen (Mehrfirmenvertreter) tätig sein. Im Unterschied zum Handelsmakler steht der Handelsvertreter dabei in einem festen (auf Dauer angelegten) Vertragsverhältnis zu seinem Auftraggeber.

Handelsmakler

Als Handelsmakler wird derjenige bezeichnet, der gewerbsmäßig die Vermittlung von Verträgen über Gegenstände des Handelsverkehrs übernimmt, ohne dabei in einem ständigen Vertragsverhältnis zu seinem Auftraggeber zu stehen. Die Tätigkeit des Handelsmaklers erstreckt sich auf die Vermittlung und nicht auf den Abschluss oder lediglich den Nachweis von Gelegenheiten. Die rechtliche Regelung ist in den §§ 93–104 HGB und in den §§ 652–655 BGB niedergelegt.

Kommissionär

Beim Kommissionär (Kommissionsagent, Kommissionsvertreter) handelt es sich um einen Kaufmann, der ständig damit betraut ist, Waren (oder Wertpapiere) in eigenem Namen für Rechnung eines anderen zu kaufen oder zu verkaufen (§ 383 HGB); weitere Bestimmungen finden sich in den §§ 384–406 HGB.

Die Form der Einschaltung von verschiedenen Typen der Handelsvermittlung sei anhand von Abbildung 2.6 erläutert. Dort wird zunächst in *down-stream* und in *up-stream* unterschieden. Sucht der Handelsvermittler im Auftrag von Verkäufern einer Ware nach Käufern für diese Ware, erfolgt die Vermittlung der Ware *down-stream* (vgl. Batzer/Lachner/Meyerhöfer 1991, S. 234–235). Andererseits erfolgt eine Handelsvermittlung *up-stream*, wenn ein Handelsvermittler im Auftrag eines Unternehmens geeignete Lieferanten ermittelt. Im Handel sind häufig die Verbundgruppen und Einkaufsorganisationen des Handels (nähere Erläuterungen hierzu finden sich in Abschnitt 2.2.2.4) als Handelsvermittler *up-stream* tätig. Die Zentralen (z. B. Hagebau, Intersport, Garant) kaufen dann in fremdem Namen und auf fremde Rechnung für die ihnen angeschlossenen Einzelhändler ein; sie können dies allerdings auch im Eigengeschäft tun. Zu der *down-stream* Handelsvermittlung zählen zunächst die Versandhandelsvertreter und Agenturtankstellen, die auf der Einzelhandelsstufe tätig sind, d. h. Waren an den Endverbraucher vermitteln. Bei Versandhandelsvertretern handelt es sich um Vertreter von Versandhändlern (z. B. Quelle) vor Ort, zu den Agenturtankstellen zählen jene Tankstellen, die im Auftrag der großen internationalen Gesellschaften, wie z. B. Shell oder Aral, Kraftstoffe anbieten, weshalb sich dort auch der Hinweis findet „Im Namen und auf

Rechnung der ...“; dagegen verkaufen die freien Tankstellen die Kraftstoffe in eigenem Namen. Damit wird auch deutlich, dass eine Handelsvermittlung auf der Einzelhandelsebene (*business to consumer*) und auf der Geschäftsebene vorkommen kann (*business to business*).

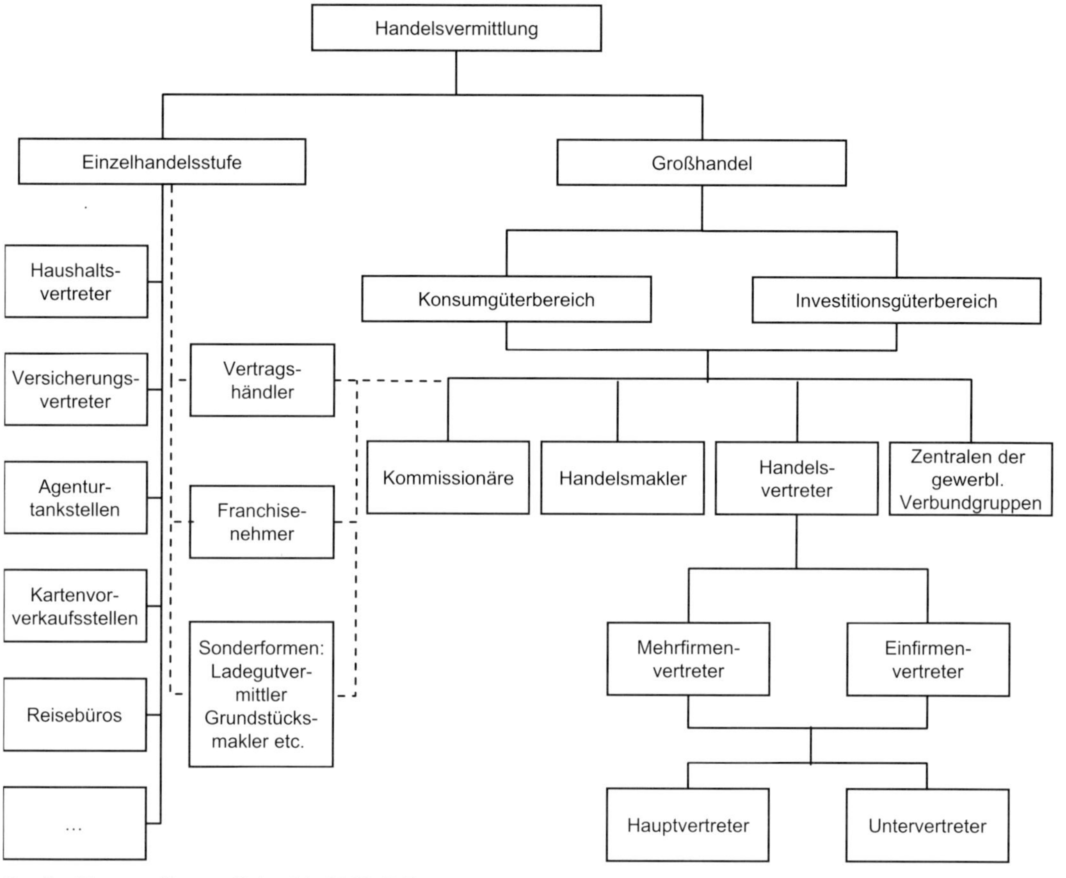

Quelle: Blettner/Knopp/Schmidt 1998, S. 7

Abb. 2.6: Formen der Handelsvermittlung

Handelsvertreter und Kommissionäre sind für die Wirtschaft nicht nur von Bedeutung, weil sie eine Alternative zu den Reisenden in der Industrie darstellen (vgl. dazu Kaapke/van Baal/Paffhausen et al. 2007), sondern weil sie Verkaufsfunktionen übernehmen können, ohne das Warenrisiko zu tragen. Dies ist traditionell bei den Verbundgruppen zu beobachten (vgl. Abschnitt 2.2.2.4), möglicherweise in verstärktem Maße auch bei traditionellen Händlern, die so das Warenrisiko auf die Hersteller zurückverlagern. Mit dem Eigentum gehen einerseits Dispositionsmöglichkeiten einher (z. B. in der Preissetzung), andererseits ist aber auch das zugehörige Risiko zu tragen. Es ist eine Frage von erheblicher Bedeutung, wer in einem Distributionskanal das Warenrisiko trägt, die Industrie oder der Handel. Traditionell liegt das Risiko beim Handel, denn es sind nur wenige Beispiele bekannt, in denen Einzelhändler als Handelsvertreter fungieren. Für die Zukunft ist aber nicht auszuschließen, dass das Risiko auf die Lieferanten der Einzelhandelsbetriebe übertragen wird, indem diese als Handelsvertreter oder Kommissionäre tätig werden.

2.1.5 Zusammenfassung

Der Abschnitt hat die Vielfalt der Handelsbetriebe vor Augen geführt, und das sowohl auf der Groß- als auch auf der Einzelhandelsebene.

Die definitorischen Darlegungen haben deutlich gemacht, dass eine Besonderheit des Großhandels darin liegt, dass er nicht an Endverbraucher verkauft, sondern gewerbliche Nachfrager zu seinen Kunden zählt. Zwar gibt es Gemeinsamkeiten im Verhalten von privaten und gewerblichen Nachfragern, aber doch auch viele Unterschiede, so dass im Management von Großhandelsunternehmungen Spezifika im Verhalten gewerblicher Kunden berücksichtigt werden müssen. Deshalb gewinnen im Vergleich zum Einzelhandel einige Instrumente an Bedeutung, z. B. Zahlungsbedingungen für Kunden, andere verlieren, z. B. die Standortlage. Die Abnehmer des Großhandels haben zudem in vielen Fällen ihren Standort im Ausland (vgl. Zentes/Swoboda/Morschett 2002). Zugleich ist festzustellen, dass der Großhandel nicht nur seine Abnehmer im Ausland sucht, sondern auch auf der Beschaffungsseite oft Kontakte zu ausländischen Partnern unterhält (zum Außenhandel vgl. Zentes/Morschett/Schramm-Klein 2004). Aus den unterschiedlichen Situationen und unternehmerischen Konzepten hat sich eine Vielzahl von Betriebsformen des Großhandels entwickelt, so der Produktionsverbindungshandel, der Abholgroßhandel, der Sortimentsgroßhandel usw. Weiterhin bedeutsam ist eine Unterscheidung nach Branchen, so etwa in den Pharmagroßhandel, in den Stahlgroßhandel, in den Pressegroßhandel und in den Großhandel für Maschinen. Die Abgrenzung zu benachbarten Sektoren, wie insbesondere dem Einzelhandel, der Industrie und der Logistik, erfordert genaue definitorische Festlegungen und fällt oft nicht leicht, weil sich die Tätigkeiten überschneiden. Obwohl mit dem Großhandel ein bedeutender Wirtschaftsbereich vorliegt, wird seine Situation in der wissenschaftlichen Literatur relativ selten aufgegriffen (siehe z. B. Russi 1993; Kysela 1994; Koster 1996; Dohet-Gremminger 1997; Hudetz 2000; Zentes/Swoboda/Morschett 2002; Zentes/Hüffer/Pocsay et al. 2007).

Noch differenzierter ist die Situation im Einzelhandel. Hier ist die Zahl der unterschiedlichen Betriebsformen noch größer und zudem in ständigem Wandel begriffen. Wer sich mit dem Einzelhandel beschäftigen will, muss diese Formen kennen, wiewohl es nicht leicht fällt, sie deutlich gegeneinander abzugrenzen. Die Gründe hierfür liegen auch in der dabei verwendeten Methode, der Typologisierung. Zu den klassischen Betriebsformen auf der Ebene einzelner Betriebe sind die sog. Agglomerationsformen des Einzelhandels hinzugetreten. Sie prägen mehr und mehr das Erscheinungsbild des Einzelhandels. In der Wahl einer marktgerechten Betriebsform ist im Einzelhandel eine bedeutende strategische Entscheidung zu sehen, weshalb hierauf in Kapitel 10 detailliert eingegangen wird.

Nicht so augenfällig, aber dennoch von erheblicher wirtschaftlicher Bedeutung sind auch die vielfältigen Formen der Handelsvermittlung.

In dem vorliegenden Kapitel wurden die verschiedenen Betriebsformen des Handels nur vorgestellt. Die Darstellung war auf die Erläuterung ihrer Formen und auf die Schwierigkeiten ihrer Definition begrenzt worden. Die mit ihrer Realisierung verbundenen Managementprobleme und weitere theoretische Probleme werden in späteren Kapiteln aufgegriffen. Einige Fragestellungen sollen aber schon hier angedeutet werden:

- Welchen Stellenwert nehmen einzelne Typen von Großhandelsbetrieben in der Wirtschaft ein, und ist im Zeitablauf zu beobachten, dass sie stärker oder schwächer in den Fluss der Güter vom Hersteller zum Verwender eingeschaltet werden? In einigen Bereichen hat der Großhandel an Bedeutung verloren, weil entweder die Industrie, der Einzelhandel oder Logistikdienstleister seine Funktionen übernommen haben, in anderen spielt er weiterhin eine wichtige Rolle (z. B. Sanitärgroßhandel, Baustoffhandel, Pressegroßhandel). Die These von der Ausschaltung des Großhandels ist für diesen von elementarer Bedeutung, muss er doch fortlaufend Konzepte entwickeln, mit denen er der Gefahr der Ausschaltung entgehen kann. Auf die Ausschaltungsgefahr und mögliche Positionierungskonzepte wird in Kapitel 3 eingegangen (vgl. auch z. B. Müller-Hagedorn/Spork 2000; Zentes/Morschett 2007; Zentes/Hüffer/Pocsay et al. 2007, zu den industriellen Tätigkeiten von Großhandelsunternehmungen vgl. Schmäh 1999).
- Die Theorie beschäftigt sich schon seit längerem mit der Frage, unter welchen Bedingungen die Einschaltung des Handels lohnend ist. Grundsätzlich ist nicht nur daran zu denken, dass der Großhandel ausgeschaltet wird, sondern in Anbetracht der modernen Kommunikationstechnologien wäre es vorstellbar, dass die Industrie die Direktbelieferung der Endabnehmer verstärkt.
- In entwickelten Volkswirtschaften findet man heute ein sehr differenziertes System von Betriebsformen. Trotzdem entstehen fortlaufend neue Betriebsformen und das insbesondere im Einzelhandel. Man muss sich auch vergegenwärtigen, dass jede Betriebsform ihre Geschichte hat. So kamen beispielsweise die Warenhäuser in der zweiten Hälfte des 19. Jahrhunderts auf, die Genossenschaften blühten Anfang des 20. Jahrhunderts auf, nach dem Zweiten Weltkrieg entwickelten sich u. a. nacheinander der Supermarkt, der Verbrauchermarkt, das SB-Warenhaus und der Fachmarkt; in den letzten Jahren sind Tankstellenshops und Internethändler entstanden (zur Geschichte einzelner Betriebsformen vgl. Nieschlag/Kuhn 1980). In der Theorie wird vom *wheel of retailing* (vgl. Dreesman 1968) gesprochen, nach dem fortlaufend neue Betriebsformen entstehen, die die etablierten Formen zur Anpassung ihrer Geschäftspolitik zwingen (Betriebsformenpolitik als Gegenstand der Evolutionstheorie).

2.2 Distributions- und Handelssysteme

Im vorausgegangenen Abschnitt wurden verschiedene Betriebsformen des Groß- und Einzelhandels sowie Formen der Handelsvermittlung vorgestellt. Aber Distributionssysteme sind nicht nur durch die Art der eingeschalteten Wirtschaftssubjekte (u. a. Groß- und Einzelhändler) charakterisiert, sondern zeichnen sich auch durch die Beziehungen der einzelnen Unternehmen zueinander aus. Unterschiedliche Systeme lassen sich durch die Art, Stärke und Dauer der Einbindung einzelner Betriebe in die Geschäftspolitik anderer Unternehmungen voneinander abgrenzen. Dabei sollten nicht nur langfristig angelegte Beziehungen, sondern auch die projektbezogene Zusammenarbeit beachtet werden. Bei der weiteren Analyse ist es zweckmäßig, zum einen Beziehungen zwischen Industrie und Handel, zum anderen zwischen verschiedenen Handelsstufen zu betrachten. Sind Herstell- und Handelsbetriebe beteiligt, kann man von Distributionssystemen sprechen, handelt es sich um Kooperationen, denen sich ausschließlich Handelsunternehmungen angeschlossen haben, spricht man von Handelssystemen.

Im Folgenden sollen zuerst verschiedene Schnittstellen in Distributions- und Handelssystemen analysiert werden, die in unterschiedlicher Form koordiniert werden können. Dabei haben sich bestimmte Koordinationssysteme entwickelt, auf die in Abschnitt 2.2.2 ausführlicher eingegangen werden soll.

2.2.1 Marktliche und hierarchische Formen der Koordination

Bei der Analyse von Distributions- bzw. Handelssystemen spielt die Frage nach den Koordinationsmechanismen zwischen den beteiligten Wirtschaftssubjekten eine zentrale Rolle. Insofern überrascht es nicht, dass das Markt-Hierarchie-Paradigma (vgl. z. B. Williamson 1990) genutzt wird, um die unterschiedlichen Systeme zu charakterisieren. Nach dem Markt-Hierarchie-Paradigma kann die Koordination zwischen einzelnen Wirtschaftssubjekten entweder über den Markt erfolgen, indem Partner gesucht und mit ihnen Verträge abgeschlossen werden, oder es können innerhalb einer Hierarchie Anweisungen gegeben werden; ergänzend treten Mischformen hinzu, sog. hybride Lösungen (zur Verwendung des Markt-Hierarchie-Paradigmas bei Vertriebssystemen vgl. Müller-Hagedorn 1995a). Eine solche Perspektive lenkt die Aufmerksamkeit darauf, dass die Aufgabenteilung im Distributionskanal nicht nur unter Effizienzgesichtspunkten, die insbesondere aus der Spezialisierung resultieren, vorgenommen wird, sondern dass auch solche Aspekte wie Kontrolle, Umwelt- und Verhaltensunsicherheit oder Erfordernisse für spezifische Investitionen bei der Aufgabenerfüllung berücksichtigt werden müssen. Dabei bietet das Theoriegebäude der Neuen Institutionenökonomik, insbesondere die Transaktionskostentheorie und die Principal-Agency-Theorie, eine Reihe von Ansätzen, mit denen existierende Koordinationsstrukturen erklärt werden können und die Vorteilhaftigkeit von Alternativen beurteilt werden kann (zu einem umfassenden Überblick über Theorien zur Erklärung von Kooperationen, d. h. von hybriden Formen, und ihre Anwendung in wissenschaftlichen Beiträgen siehe Swoboda 2005).

Orientiert man sich, wie in den folgenden Ausführungen, an dem Denkmuster marktlicher und hierarchischer Koordination, so darf ein Problem nicht außer Acht gelassen werden. Es sind häufig mehr als nur zwei Unternehmen oder zwei Stufen eines Distributionssystems, die koordiniert werden müssen. Folglich gibt es auch mehr als nur eine Schnittstelle, für die eine Koordinationsform aus dem Kontinuum zwischen Markt und Hierarchie gewählt werden kann. Das Gesamtsystem lässt sich deshalb nur selten eindeutig hinsichtlich der genannten Kategorien charakterisieren. Im Folgenden wird deshalb ganz bewusst idealtypisch zwischen Schnittstellen der Hersteller- und Handelsstufe und Schnittstellen innerhalb der Handelsstufe differenziert.

Koordination zwischen Hersteller und Handel

Betrachtet man zuerst die Schnittstelle zwischen einem Hersteller und der ihm nachgelagerten Distributionsstufe, so kann es sich bei dieser Stufe um ein Distributionsorgan des Herstellers oder um einen Groß- oder Einzelhändler handeln. Während das herstellereigene Distributionsorgan weisungsgebunden ist, entspricht es dem traditionellen Verständnis eines Handelsunternehmens, dass es seine Entscheidungen autonom trifft, also z. B. selbständig darüber entscheidet, wie das Sortiment zusammengestellt wird, welches Preisniveau gewählt wird und in welchem Umfang Werbung betrieben wird. Die Koordination mit den Lieferanten vollzieht sich für die Groß- und Einzelhändler in der Form von Marktbeziehungen. Dabei ist zu beachten, dass mit der Charakterisierung der Beziehungen zum Hersteller noch keine Aussage darüber getroffen wird, wie die Schnittstelle zur nachgelagerten Stufe des Distributionssystems koordiniert wird. Während also mit der Einschaltung eines unabhängigen Groß- oder Einzelhändlers zwischen Hersteller und Handel eine marktliche Koordinationsform entsteht, kann, wie noch gezeigt wird, gleichzeitig zwischen der Großhandelsstufe und der ihr folgenden Einzelhandelsstufe oder auch innerhalb der Einzelhandelsstufe eine völlig andere Abstimmungsform gewählt werden.

Die Abbildung 2.7 veranschaulicht die unterschiedlichen Möglichkeiten der Koordination zwischen verschiedenen Stufen des Distributionssystems und charakterisiert diese zugleich als marktliche, hierarchische oder hybride Abstimmungsformen. Ganz links in der Abbildung 2.7 findet sich ein nicht organisierter, d. h. in kein größeres System eingebundener Einzelhändler. Trifft er seine Entscheidungen gegenüber dem Lieferanten autonom, so handelt es sich um ein rein marktliches Koordinationssystem zwischen der Verkaufsstelle des Einzelhandels und dem Hersteller. Dem gänzlich entgegengesetzt – siehe den rechten Teil der Abbildung – ist der Fall, dass sich ein Hersteller über den Direktvertrieb selbst in die Distribution seiner Produkte bis zum Endverbraucher einschaltet. Zwar kann beobachtet werden, dass Hersteller eigene Verkaufsniederlassungen gründen – als Factory-Outlets, als Fachgeschäfte oder an exponierten Standorten als sog. Flagship-Stores –, allerdings hat diese Form der direkten Distribution derzeit noch eine vergleichsweise geringe Bedeutung. Eine größere Verbreitung hat die nichtstationäre Form des Direktvertriebs, bei dem Verkäufe in den Wohnräumen des Endverbrauchers stattfinden oder der Hersteller als Versender tätig ist. Dabei kann der Kontakt zum Endverbraucher per Katalog oder elektronisch erfolgen. Die Koordination zwischen der Einzelhandelsstufe – im Sinne einer Schnittstelle zum Endverbraucher – und der vorgelagerten Herstellerebene wird über Anweisungen vorgenommen, indem im stationären Fall dem Leiter der Verkaufsstelle Regeln für die Führung des Betriebs vorgegeben werden. Es wird deshalb auch von einer hierarchischen Koordination gesprochen.

Zwischen den beiden Polen der marktlichen und der hierarchischen Koordination zwischen einem Hersteller und der Verkaufsstelle gibt es Abstufungen, die im Folgenden näher betrachtet werden. So gibt es beispielsweise Vertragshändlersysteme, die in der Automobilbranche von zentraler Bedeutung sind. In einem solchen System geht der Vertragshändler eine Reihe von Verpflichtungen gegenüber dem Hersteller ein, indem er beispielsweise eine Mindestabnahmemengenklausel akzeptiert, auf Konkurrenzprodukte in seinem Sortiment verzichtet oder Kontrollmaßnahmen des Herstellers akzeptiert. Im Gegenzug partizipiert er von einer Reihe von Leistungen, zu denen sich der Hersteller verpflichtet. Trotz dieser Bindungen weist diese Koordinationsform eine Reihe von Merkmalen auf, die sie näher der marktlichen Lösung rücken als die ebenfalls zu den sog. hybriden

Koordinationslösungen zu zählende Form „Franchisevertrag". Franchiseverträge können sowohl der Koordination zwischen der Herstellerstufe und der Handelsstufe als auch der Abstimmung auf der Handelsstufe dienen. Franchising ist eine vertragliche, auf Dauer angelegte Zusammenarbeit zwischen rechtlich selbständig bleibenden Unternehmen. Dabei sollen Vorteile eines zentral geführten (integrierten) Systems mit der höheren Motivation eines rechtlich und wirtschaftlich selbständigen (desintegrierten) Systems kombiniert werden. Die Abstimmung zwischen Franchisegeber und Franchisenehmer, aber auch der Außenauftritt des Systems ähnelt stärker einem filialisierten Unternehmen als dies bei einem Vertragshändlersystem der Fall ist. Neben die klassischen Niederlassungen eines Herstellers ist in den letzten Jahren eine weitere Form der direkten Distribution getreten, die mit dem Begriff vertikalisiertes System oder Vertikalist versehen wird. Vertikalisten sind vor allem in der Textilbranche zu finden. Es fällt nicht ganz leicht, sie klar und eindeutig zu charakterisieren. Die Schwierigkeiten resultieren unter anderem daraus, dass ihre Entstehung, aber auch ihr heutiges Erscheinungsbild sowohl Elemente eine Vorwärtsintegration der Industrie als auch einer Rückwärtsintegration des Handels enthalten. Als charakteristisch für Vertikalisten wird häufig die von Anfang an geplante nahezu vollständige Integration von Produktions- und Distributionsaufgaben bezeichnet. Sie werden im Folgenden explizit angesprochen, sollen allerdings der allgemeinen Form der direkten Distribution subsumiert werden.

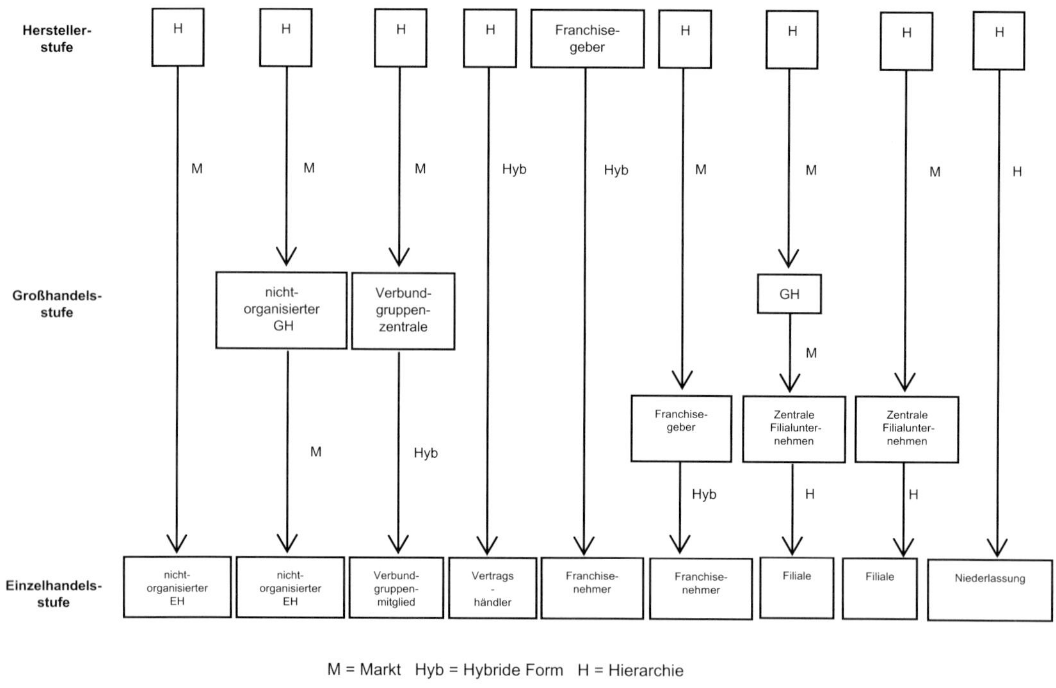

Abb. 2.7: Marktliche, hierarchische und hybride Koordinationsformen im Distributionskanal

Koordination auf der Handelsstufe

Während sich die bisherigen Ausführungen auf die Koordination zwischen einem Hersteller und der ihm nachgelagerten Stufe – im Normalfall Händler, im Falle der Integration herstellereigene Distributionsorgane – konzentrierten, soll im Folgenden diskutiert werden, welche Formen der Abstimmung auf der Handelsebene möglich sind. Auch diese lassen sich in das Kontinuum zwischen Markt und Hierarchie einordnen. Erschwert wird diese Aufgabe allerdings durch die Tatsachen, dass es mit dem Groß- und dem Einzelhandel zwei Handelsstufen gibt und der Großhandel selbst mehrstufig organisiert sein kann. Um die Einordnung zu erleichtern, ist es zweckmäßig, einige vereinfachende Annahmen zu treffen und die Aufgaben und die Rollen der betrachteten Wirtschaftssubjekte so zu interpretieren, dass sie sich weitestgehend einer Groß- und einer Einzelhandelsstufe zuordnen lassen. Betrachtet man die Abbildung 2.7, so ist dort als zweite Form von rechts ein Filialunternehmen zu finden, bei dem zwischen der Unternehmenszentrale und den Filialen differenziert wird. Abstrahiert man davon, dass die Unternehmenszentrale ihren Filialen ein unterschiedliches Ausmaß an Autonomie gewähren kann, kann man die Beziehung zwischen beiden als eine hierarchische Koordinationsform interpretieren. Die Zentrale ist nämlich gegenüber den Filialen prinzipiell weisungsbefugt. Die Unterscheidung zwischen Zentrale und Filialen eröffnet noch eine weitere Interpretationsmöglichkeit. Auch wenn es sich um ein Unternehmen auf der Einzelhandelsstufe handelt, erfüllt die Zentrale Aufgaben, die mit klassischen Aufgaben eines Großhändlers vergleichbar sind. Insofern kann man die Filialunternehmung auch als Integration der Groß- und Einzelhandelsstufe interpretieren. Dies schließt nicht aus, dass die Zentrale der Filialunternehmung selbst vom unabhängigen Großhandel beliefert wird, zu dem sie eine rein marktliche Beziehung unterhält – auf die Problematik der Mehrstufigkeit des Großhandels wurde bereits ebenso hingewiesen, wie auf die Tatsache, dass an verschiedenen Schnittstellen innerhalb eines Distributions- bzw. Handelssystems unterschiedliche Koordinationsformen existieren können. Am anderen Ende des Spektrums, als zweite Alternative von links in der Abbildung 2.7, finden sich ein nicht organisierter Einzelhändler und ein Großhändler. Diese Beziehung kann als eine rein marktliche Koordinationsform auf der Handelsstufe interpretiert werden.

Zwischen den beiden Polen Markt und Hierarchie sind erneut hybride bzw. kooperative Formen, diesmal als Koordinationsformen auf der Handelsstufe, zu finden. Die Verbundgruppe bildet nach der Definition des Katalog E (siehe Ausschuss für Definitionen zu Handel und Distribution 2006, S. 72) einen Sammelbegriff für unterschiedliche Formen der Kooperation zwischen rechtlich selbständigen Unternehmungen. Ein Sammelbegriff hat stets den Nachteil, dass die Heterogenität der Phänomene, die er umfasst, Missverständnisse verursachen kann. Um diese auszuräumen, sei darauf hingewiesen, dass Verbundgruppen sowohl Aspekte der horizontalen als auch der vertikalen Zusammenarbeit umfassen. Wenn hier vor allem die Abstimmung zwischen verschiedenen Stufen des Handels – im Regelfall des Groß- und des Einzelhandels – diskutiert wird, so steht im Mittelpunkt des Interesses die vertikale Form der Zusammenarbeit. Letztendlich sind jedoch beide Aspekte nicht gänzlich voneinander zu trennen. So werden zu den Verbundgruppen Einkaufsgemeinschaften des Groß- und Einzelhandels, des Handwerks und des Dienstleistungssektors gezählt, was zum Ausdruck bringt, dass eine horizontale Zusammenarbeit den beteiligten Unternehmungen dazu dient, Vorteile im Einkauf zu generieren. Zugleich taucht jedoch die Frage auf, in welcher organisatorischen Form die Einkaufsgemeinschaft tätig wird. Häufig ist es eine Verbundgruppenzentrale, die Waren für ihre Mitglieder beschafft. Handelt es sich bei den Mitgliedern um Einzelhändler, so erfüllt die Zentrale Aufgaben eines Großhändlers. Auch bei der zu beobachtenden Erweiterung des Aufgabenspektrums, das für die Einzelhändler erbracht wird, kann die Beziehung als Koordinationsform zwischen Groß- und Einzelhandel interpretiert werden. Klarer zum Ausdruck kommt es bei den freiwilligen Gruppen und freiwilligen Ketten, die beide zu den Verbundgruppen gezählt werden. Der Katalog E spricht in diesem Zusammenhang von jeweils rechtlich und wirtschaftlich selbständigen Groß- und Einzelhandelsunternehmungen (siehe Ausschuss für Definitionen zu Handel und Distribution 2006, S. 71). Die Zusammenarbeit enthält sowohl marktliche als auch hierarchische Elemente, im Vergleich zum Franchisesystem handelt es sich jedoch um ein System mit mehr marktlichen Koordinationsmechanismen. Auf Franchisesysteme wurde bereits weiter oben eingegangen. Wie an der Schnittstelle zwischen Hersteller und Handel ist auch auf der Handelsebene der Franchisevertrag dazu geeignet, Koordinationsaufgaben zwischen den beteiligten Wirtschaftssubjekten zu übernehmen.

Während sich die bisherigen Ausführungen vor allem mit der Darstellung des Koordinationsbedarfs in Distributions- und Handelssystemen beschäftigten und dabei eine grundsätzliche Einordnung der Koordinationsformen in das Markt-Hierarchie-Paradigma vorgenommen wurde, werden im Folgenden die einzelnen Koordinationsformen ausführlicher beschrieben. Dabei wird zwar zwischen vertikalen und horizontalen Koordinationsformen differenziert, der Schwerpunkt der Betrachtung liegt allerdings im ersten Bereich.

2.2.2 Einzelne vertikale Koordinationsformen

Die Einbettung der Verkaufsstelle in ein Distributions- und ein Handelssystem hat unterschiedliche vertikale Koordinationsformen hervorgebracht. Einige beziehen sich auf das Verhältnis zwischen der Hersteller- und der Handelsstufe. Dazu zählen Vertragshändlersysteme und Vertikalisten. Franchisesysteme können ebenfalls der Koordination zwischen Hersteller und Handel dienen. Sie können aber auch, wie Verbundgruppen und Filialsysteme, zur Abstimmung auf der Handelsebene eingesetzt werden.

2.2.2.1 Vertragshändlersysteme

Folgende Definition liefert der Katalog E (Ausschuss für Definitionen zu Handel und Distribution 2006, S. 74) für Vertragshändlersysteme:

„Vertragshändler ist, wer sich vertraglich als selbständiger Gewerbetreibender verpflichtet hat, im eigenen Namen und auf eigene Rechnung Güter eines Kontraktgebers zu vertreiben und dabei dessen Absatzkonzeptionen zu folgen. Neben der Verpflichtung zum Vertrieb geht der Vertragshändler dem Kontraktgeber gegenüber in der Regel weitere Absatzbindungen ein (z. B. die Verpflichtung zur Abnahme von Mindestmengen, zur Teilnahme an Schulungsmaßnahmen, zur Durchführung bestimmter Werbemaßnahmen, zur Unterhaltung eines Lagers zur Reparatur der abgesetzten Güter). Auch verpflichten sich die Vertragshändler in der Regel, keine Konkurrenzgüter aufzunehmen (Konkurrenzklausel bei Mehrunternehmensvertragshändlern) oder – noch weitergehend – ausschließlich für den

Kontraktgeber tätig zu sein (Ausschließlichkeitsbindung bei Einunternehmensvertragshändlern, Exklusivvertrieb)."

Vertragshändlersysteme spielen in der Automobilbranche eine herausragende Rolle. Alle bedeutenden Automobilhersteller bedienen sich dieser Option, um ihre Produkte zu vertreiben, wobei parallel dazu auch noch andere Alternativen, insbesondere der Vertrieb über eigene Niederlassungen, genutzt werden (vgl. Diez 2006, S. 269–300). Charakteristisch für die Automobilbranche ist, dass die Hersteller eine Selektion ihrer Partner nach quantitativen und qualitativen Kriterien vornehmen. Die Möglichkeiten bei der Ausgestaltung der Beziehungen zwischen dem Automobilhersteller und den Vertragshändlern werden in starkem Maße von rechtlichen Rahmenbedingungen bestimmt. So regelt die Gruppenfreistellungsverordnung (GVO) unter anderem, inwieweit den Vertragshändlern Marktverantwortungsgebiete zugewiesen werden können bzw. ihnen vorgeschrieben werden kann, an wen sie Neuwagen verkaufen dürfen (vgl. Kommission der Europäischen Gemeinschaften 2002). Hinsichtlich ihrer Vorteilhaftigkeit werden Vertragshändlersysteme häufig mit Niederlassungen, d. h. mit der direkten Distribution, und mit Franchisesystemen verglichen. Ein solcher Vergleich erstreckt sich für alternative Umweltbedingungen (z. B. hohe oder geringe Unsicherheit, Höhe und Art von notwendigen Investitionen) auf Produktions- und Transaktionskosten im jeweiligen System, wobei insbesondere die Auswirkungen auf die Motivation der Beteiligten und die Risikoteilung Beachtung finden.

2.2.2.2 Franchisesysteme

Franchisesysteme sind an unterschiedlichen Stellen des Distributionskanals zu finden. Zum einen können sie die Zusammenarbeit zwischen Industrie und Handel koordinieren, zum anderen werden sie auf der Handelsstufe eingesetzt. Während beispielsweise das Textilunternehmen Benetton oder das Kosmetikunternehmen Yves Rocher das Franchisesystem nutzen, um die selbst produzierten Waren zu vertreiben, handelt es sich bei dem Baumarktunternehmen OBI um ein Handelsunternehmen, dessen Märkte in der Form von unternehmenseigenen Niederlassungen, Joint Ventures, aber auch Franchisebetrieben geführt werden.

Franchisesysteme auf der Handelsebene haben eine gewisse Ähnlichkeit mit Verbundgruppen, die weiter unten analysiert werden. Während in Verbundgruppen die Bindung zwischen der Einzelhandels- und der Großhandelsstufe relativ schwach ist, lenken in Franchiseorganisationen die sog. Systemzentralen die Unternehmen der Einzelhandelsstufe in stärkerem Maße. Franchiseorganisationen sind expansiv, jedoch ist ihr Verbreitungsgrad in einzelnen Ländern sehr unterschiedlich, was teilweise auch damit zusammenhängt, dass Franchising sehr unterschiedlich definiert wird. Der Deutsche Franchise Verband e. V. (2008, S. 1) definiert Franchising allgemein (also unabhängig davon, ob ein Hersteller, ein Großhandels- oder ein Dienstleistungsunternehmen Träger des Systems ist) wie folgt:

„Franchising ist ein Vertriebssystem, durch das Waren und/oder Dienstleistungen und/oder Technologien vermarktet werden. Es gründet sich auf eine enge und fortlaufende Zusammenarbeit rechtlich und finanziell selbständiger und unabhängiger Unternehmen, den Franchise-Geber und seine Franchise-Nehmer. Der Franchise-Geber gewährt seinen Franchise-Nehmern das Recht und legt ihnen gleichzeitig die Verpflichtung auf, ein Geschäft entsprechend seinem Konzept zu betreiben. (...)"

Ähnlich ist die im Katalog E vorzufindende Definition (Ausschuss für Definitionen zu Handel und Distribution 2006, S. 67–68):

„Als Franchisesystem (Franchising) wird der Verbund eines kontraktgebenden und den Verbund führenden Betriebes (Franchisegeber) mit rechtlich selbständig bleibenden Kontraktnehmern (Franchisenehmer) bezeichnet. (...) Die Franchisegeber verlangen in der Regel von den Franchisenehmern die völlige (auch namensmäßige) Unterordnung unter das Systemkonzept."

Rang	System	Bereich	„Betriebe in Deutschland"
1	TUI/First	Reisebüros	1405*
2	McDonald's	Systemgastronomie	1334
3	Schülerhilfe	Nachhilfe	1023
4	Studienkreis	Nachhilfe	1040
5	Kamps Bakeries	Bäckereien	930
6	Subway	Systemgastronomie	755
7	Fressnapf	Einzelhandel	723
8	Apollo-Optik	Augenoptikgeschäfte	670
9	Burger King	Systemgastronomie	650
10	Foto Quelle	Fotohandel	560
11	Ad-Auto Dienst	Autoreparatur	550
12	DATAC	Buchhaltung	524
13	Reno	Schuhhandel	498
14	Musikschule Fröhlich	Musikpädagogik	475
15	Quick-Schuh	Schuhhandel	400
16	Sanifair	Sanitärservice	368
17	Topa Team	Schreinerfachbetriebe	340
18	Avis	Autovermietung	338
19	Holiday Land	Reisebüros	335
20	OBI	Heimwerkermärkte	333

* Franchise- und zentral geführte Betriebe. Stand: Juli 2009

Quelle: Deutscher Franchise Verband e. V. 2010, S. 5

Abb. 2.8: Die größten Franchise-Systeme in der Bundesrepublik Deutschland

Wie die Abbildung 2.8 verdeutlicht, sind mehrere bekannte Franchisesysteme dem Handel zuzurechnen, z. B. Foto Quelle, Fressnapf, Reno u. a. (zum Entwicklungsstand des Franchising im internationalen Vergleich siehe Ahlert/Evanschitzky/Wunderlich 2005).

In Franchiseorganisationen sind zahlreiche Rechtsvorschriften zu beachten. So ist das Verhältnis von Franchisegeber und -nehmer vertraglich zu regeln. Außerdem sind Bestimmungen aus dem nationalen (§ 1 GWB) und europäischen Wettbewerbsrecht (Art. 81 und 82 EWGV) zu beachten.

Die ökonomischen Herausforderungen bei der Beurteilung der Wettbewerbsfähigkeit von Franchisesystemen liegen in dem Erkennen der Auswirkungen von einzelnen Bestandteilen des Franchisevertrags auf das Verhalten der Beteiligten (allgemein bei Posselt 1999 und Ahlert 2001, speziell in Bezug auf die Höhe der Franchisegebühren bei Preißner 2005, im Hinblick auf die Motivation bei Küster 2000). Zu prüfen ist auch, inwieweit ein in Verträgen festgeschriebenes System in der Lage ist, sich an sich ändernde Umweltbedingungen anzupassen.

2.2.2.3 Vertikalisten

In der Textilbranche hat sich eine besondere Form der Zusammenarbeit zwischen Industrie und Handel herausgebildet, die als Vertikalisierung bezeichnet wird. In diesem Zusammenhang werden vor allem die Unternehmen H&M und Zara genannt. Der Begriff Vertikalist bringt zum Ausdruck, dass die Wertschöpfungskette von der Beschaffung über die Produktion bis zur Distribution in hohem Maße vertikal integriert ist. Es bedeutet allerdings nicht zwingend eine gesellschaftsrechtliche Integration, d. h. die genannten Prozesse müssen nicht innerhalb eines Unternehmens stattfinden. So beschäftigt beispielsweise H&M eigene Designer und Schnittzeichner und verfügt weltweit über Produktionsbüros, besitzt allerdings keine eigenen Produktionsstätten, sondern arbeitet mit ca. 700 Herstellern, vornehmlich in Asien und in Europa zusammen (H&M 2009). Die spanische Unternehmensgruppe Inditex mit insgesamt acht Vertriebsschienen, zu denen u. a. Zara gehört, unterscheidet sich hinsichtlich dieses Merkmals von H&M. Inditex verfügt einerseits über unternehmenseigene Fabriken, andererseits arbeitet man mit unabhängigen Lieferanten zusammen. Auch hinsichtlich der Integration der Verkaufsstellen sind Unterschiede zwischen beiden Unternehmen festzustellen. Während H&M lediglich für den Markteintritt im Mittleren Osten das Franchising als Markteintrittsform gewählt hat (H&M 2009), betreibt Inditex bei sieben der acht Vertriebsschienen neben den eigenen Filialen Franchisebetriebe (Inditex S.A. 2006; Burt/Dawson/Larke 2006). Die Komplexität einer solchen vertikal ausgerichteten Unternehmensgruppe verdeutlicht die Tatsache, dass Inditex mehr als 100 Unternehmen umfasst, die Design-, Produktions-, Logistik- und Distributionsaufgaben übernehmen.

Der Prozess der Vertikalisierung ist einerseits auf die zunehmende Einschaltung der Hersteller in die Distribution zurückzuführen. Andererseits ist sie das Ergebnis der zunehmenden Kontrolle der Produzenten durch den Handel. In beiden Fällen führt die Integration zu einer starken Ausrichtung aller Prozesse an den Wünschen der Konsumenten. Sie spiegelt sich in einem schnellen Wechsel von Sortimenten, zentral gelegenen Standorten und niedrigen Preisen für hochmodische Produkte wider. Diese Vorteile werden durch eine effiziente Abstimmung der Marketing-, der Produktions- und der Logistikprozesse zwischen den beteiligten Wirtschaftssubjekten erreicht. Als weiterer Indikator für die zunehmende Vertikalisierung kann die Einschaltung von Herstellern in die Distribution gewertet werden, die parallel zum Vertrieb über den Handel erfolgt. Das gilt vor allem für große Markenhersteller wie HUGO BOSS, Esprit oder s.Oliver, die die Zahl der Geschäfte, die sie in Eigenregie betreiben, in den letzten Jahren kontinuierlich erhöht haben (siehe HUGO BOSS 2008; Esprit 2008; s.Oliver 2008).

2.2.2.4 Verbundgruppen

Wie auch in Abbildung 2.7 dargestellt, sind als hybride Handelssysteme zunächst die Verbundgruppen (auch als Kooperationen i. e. S. bezeichnet) hervorzuheben, bei denen zwei Varianten zu erwähnen sind, und zwar Verbundgruppen

- mit identischen Eigentümern auf beiden Handelsstufen (also im Groß- und im Einzelhandel), manchmal auch als Einkaufsverbund bezeichnet,
- mit unterschiedlichen Eigentümern auf der Groß- und Einzelhandelsstufe („freiwillige Ketten").

Kooperationen (vgl. hierzu Müller-Hagedorn 2005a) finden sich entweder als Einkaufszusammenschlüsse oder als freiwillige Ketten seit Jahrzehnten in vielen Branchen des Handels. Heute wird oft zusammenfassend von Verbundgruppen gesprochen, wobei es sich um Organisationen handelt, die nicht nur wie ursprünglich zum Zwecke der gemeinsamen Beschaffung tätig sind, sondern sich mehr und mehr auch absatzwirtschaftlicher Fragen annehmen. Der Begriff „Einkaufsgenossenschaft" erinnert zum einen noch an den ursprünglich im Vordergrund der Zusammenarbeit stehenden Zweck, nämlich den gemeinsamen Einkauf, zum anderen an die Genossenschaft als die gewählte Rechtsform, die in heutigen Verbundgruppen häufig durch andere Rechtsformen, wie beispielsweise die Aktiengesellschaft, abgelöst worden ist. Von großer praktischer Relevanz sind die Leistungen, die die Zentralen der Verbundgruppen im Rahmen der Zahlungsabwicklung und der Haftung erbringen. Zentralregulierung bedeutet, dass ein Lieferant mit der Verbundgruppenzentrale abrechnen kann, auch dann, wenn die Ware von den einzelnen Mitgliedern der Verbundgruppe gekauft worden ist. Delkredere bedeutet, dass die Verbundgruppenzentrale für die Bezahlung von Warengeschäften ihrer Mitglieder haftet, wofür sie eine Delkrederegebühr in Anspruch nimmt. Im Warengeschäft kaufen die Verbundgruppenzentralen teilweise auf eigene Rechnung Ware von den Lieferanten ein (Abschlussgeschäft), teilweise stellen sie nur Sortimente zusammen, aus denen die Mitglieder dann ihre Auswahl treffen können (Empfehlungsgeschäft). Bei freiwilligen Ketten handelt es sich um die dauerhafte Zusammenarbeit von selbständigen Großhandelsunternehmungen mit Kapitaleignern, die nicht mit den Kapitaleignern der angeschlossenen Einzelhandelsunternehmungen identisch sind.

Nach Angaben der IBB (Internationale Betriebsberatung GmbH) gibt es in Deutschland ca. 600 Verbundgruppen (vgl. Abbildung 2.9), darunter ca. 150 Gruppen zweistufiger Verbände, wie beispielsweise die regionalen BÄKOs (Fachgroßhandel für Bäckereien und Konditoreien) (detaillierte Angaben finden sich beim Zentralverband Gewerblicher Verbundgruppen e. V. und der Union des Groupements de Detaillants Independants de L'Europe A.I.S.B.L (UGAL)). Über 80 000 mittelständische Unternehmen haben sich in Kooperationen mit überregionaler Bedeutung organisiert. Es wird somit deutlich, dass Verbundgruppen eine wichtige Säule des Handels in Deutschland darstellen. Eine Übersicht über die Verbundgruppen nach Branchen in Deutschland und in wesentlichen europäischen Ländern finden sich bei Dannenmaier, Saalfrank und Lindebner (2003, S. 86–127) und bei Zentes, Scheer und Lehnert (2007).

Regelmäßig ermittelt das Ifo-Institut die Marktanteile von Verbundgruppen am Umsatz des gesamten institutionellen Einzelhandels. Für den kooperierenden Einzelhandel wird der Marktanteil in Deutschland für 2005 mit 34 % geschätzt (Angaben zur Position der Verbundgruppen finden sich bei Batzer/Lachner/Meyerhöfer 1989; Tietz 1992; Lachner/Täger 1997, S. 21 und S. 26; Olesch 1998; Olesch/Ewig 2003).

Als Dachverband der Verbundgruppen im Bereich Handel und Handwerk ist in Deutschland der Zentralverband Gewerblicher Verbundgruppen e. V. (ZGV) tätig (vgl. Siebert/Veltman 2006). Verbundgruppen bzw. Kooperationen des Handels finden sich auch in anderen Ländern und haben sich in der Union des Groupements de Detaillants Independants de L'Europe A.I.S.B.L. organisiert.

Deutschland	
- Verbundgruppe im Handel:[1)]	328
- Verbundgruppe im Handel in zweistufigen Verbänden:[2)]	16
- Verbundgruppe im Handwerk[3)]	148
- Verbundgruppe im Handwerk in zweistufigen Verbänden	142
Frankreich	51
Italien	20
Niederlande	21
Österreich	39
Schweiz	29
Skandinavien	15
Spanien	69
UK	37
Supranationale Gruppen	26
Summe	**941**

1) Stand Dez. 2002, Landwirtschaftliche Genossenschaften in den Zahlen nicht enthalten

2) Zentralen zweistufiger Verbände sind in den Zahlen Verbundgruppen im Handel/ Verbundgruppen im Handwerk

3) Ungefährer Wert, kein Anspruch auf Vollständigkeit

Quelle: Dannenmaier/Saalfrank/Lindebner 2003, S. 72

Abb. 2.9: Von IBB erfasste Verbundgruppen in Europa

Seit einiger Zeit ist zu beobachten, dass zu den Einkaufskooperationen auf der nationalen Einzelhandels- und Großhandelsebene Einkaufskooperationen von Großhändlern auf europäischer Ebene hinzutreten. Internationale Einkaufskooperationen sind aber auch von den Einkaufsverbänden des Einzelhandels gegründet worden, wobei die Großunternehmen des Lebensmitteleinzelhandels eine Vorreiterrolle übernommen haben.

Die in Verbundgruppen anstehenden betriebswirtschaftlichen Probleme können hier nicht im Einzelnen behandelt werden; sie beziehen sich insbesondere auf (vgl. auch Olesch 1980; Olesch/ Ewig 2003):

- die Mitgliederselektion: Es geht insbesondere um die Frage, wie homogen die Mitglieder einer Verbundgruppe sein sollen, z. B. bezüglich der geführten Sortimente, der Größenordnung, des Tätigkeitsbereichs (z. B. reiner, sog. funktionsechter Großhandel versus einer gemischten Tätigkeit im Groß- und Einzelhandel).
- die Art des Warengeschäfts: Eine Verbundgruppe kann sich auf das Vermittlungsgeschäft beschränken, sie kann Abschlussgeschäfte realisieren (bleibt die bei einem Vertragslieferanten durch die Mitglieder georderte Ware hinter dem vom Verband zugesagten Volumen zurück, übernimmt dieser den Rest auf eigenes Risiko) oder kann sich im Eigengeschäft betätigen; auch das Ausmaß, in dem die Ware über ein eigenes Lager geführt wird, stellt einen wichtigen Gestaltungsparameter dar.
- das Ausmaß einer gemeinsamen Absatzpolitik und Leistungspolitik,
- die Art der Entscheidungsfindung, d. h. in welcher Form die einzelnen Mitglieder in den Entscheidungsprozess einbezogen werden, und die zugehörige interne Kommunikationspolitik sowie
- das Ausmaß, in dem eigene Verkaufsstellen, sog. Regiebetriebe, betrieben werden sollten.

In rechtlicher Hinsicht wird immer wieder diskutiert, ob durch Kooperationen der Wettbewerb behindert oder unterstützt wird. Mit der fünften Kartellgesetznovelle, die zum 1.1.1990 in Kraft getreten ist, war klargestellt worden, dass Einkaufskooperationen nicht gegen § 1 GWB verstoßen (generelles Verbot von Kartellen), wenn sie darauf verzichten, einen Bezugszwang für die beteiligten Unternehmen zu begründen (§ 5c GWB), wenn sie den Wettbewerb nicht wesentlich beeinträchtigen und wenn sie die Wettbewerbsfähigkeit kleiner und mittlerer Unternehmen verbessern (vgl. den Überblick über die Rechtslage bei Kooperationen bei Olesch 1992 oder Olesch 1995). Wenn das GWB auch inzwischen novelliert wurde, wobei auch der erwähnte § 5c GWB entfallen ist, sind Kooperationen weiterhin zulässig. Auch nach europäischem Recht können Einkaufsgemeinschaften dem Kartellverbot unterliegen. Allerdings fallen nur solche Wettbewerbsabreden unter Art. 85 EWGV, die quantitativ und qualitativ ein gewisses Gewicht erreichen (Bagatellbekanntmachung von 1986; vgl. zu einer juristischen Würdigung der mit Verbundgruppen verbundenen Probleme Olesch 1983; Schulte 2003; Zentes 2007). Heute stellen die Art. 81 und 82 EG-Vertrag die Basis für die wettbewerbsrechtliche Beurteilung dar.

In ökonomischer Sicht werden nicht nur die unterschiedlichen Kooperationsformen systematisiert, sondern es wird nach den Bedingungen ihrer Existenz bzw. Wettbewerbsfähigkeit gefragt (vgl. Mattmüller/Tunder 1996; Mattmüller 1997; Mandewirth 1997), und es wird diskutiert, ob den Verbundgruppenmitgliedern eher Freiraum bei ihren Entscheidungen eingeräumt werden sollte oder ob sie straff geführt werden sollten (vgl. Ahlert 2001, S. 23–32; Müller-Hagedorn 2005a).

2.2.2.5 Filialsysteme

Auch ohne zahlenmäßige Belege kann herausgestellt werden, dass filialisierte Handelsunternehmungen insbesondere im Einzelhandel eine bedeutende, wenn auch in einzelnen Branchen unterschiedliche Marktstellung haben. So sind sie aufgrund gesetzlicher Vorschriften im Apothekenbereich so gut wie (noch) nicht anzutreffen, bei Buchhandlungen sind sie nur in beschränktem Maße vorzufinden, wenn auch ihre Bedeutung dort steigt (Thalia-Gruppe, Weltbild). Von überragender Bedeutung sind Filialsysteme im Lebensmitteleinzelhandel, und zwar unabhängig von der Wahl der Betriebsform. So handelt es sich bei den Lebensmitteldiscountern wie ALDI, Lidl, Netto und Penny genauso um Filialbetriebe wie bei Verbrauchermärkten von EDEKA und REWE oder SB-Warenhäusern wie real,- oder Globus. Etwas differenzierter ist die Situation bei den Supermärkten zu sehen, da einige der wichtigsten Betreiber dieses Betriebstyps wie z. B. EDEKA und REWE genossenschaftliche Strukturen aufweisen, so dass neben den Filialbetrieben, die sich im Eigentum der Zentralen dieser Handelsunternehmungen befinden, eine große Zahl von Supermärkten von selbständigen Kaufleuten betrieben wird. Auch in der Textilbranche sind Filialbetriebe stark vertreten (z. B. SinnLeffers, C&A, Peek & Cloppenburg, im Discountbereich KiK). Filialisierte Strukturen sind, unabhängig von der Branche, sehr häufig bei der Betriebsform Fachmarkt zu finden – das gilt gleichermaßen für die Unterhaltungselektronik (Media Markt, Saturn, ProMarkt) wie für die Baumarktbranche (Praktiker, Großteil der Märkte von toom).

Die Koordination zwischen der Zentrale und den Verkaufsstellen erfolgt in Filialsystemen nicht durch vertragliche Beziehungen, sondern aufgrund von Eigentumsrechten. Eine bedeutende Rolle bei der Führung eines solchen Systems spielt die Entscheidung über das Ausmaß an Autonomie, die den Filialen gewährt werden soll. Das Problem der Zentralisierung bzw. Dezentralisierung von Entscheidungen, z. B. der Preissetzung, kann unter Zuhilfenahme der Neuen Institutionenökonomik, insbesondere der Prinzipal-Agenten-Theorie und der Spieltheorie, analysiert werden (vgl. Battenfeld 2005a). Dabei ist zu berücksichtigen, dass ein höherer Grad an Autonomie einerseits dazu genutzt werden kann, den Marktauftritt den lokalen Bedingungen besser anzupassen. Andererseits kann die zu erwartende Heterogenität innerhalb des Unternehmens die Effizienzvorteile, die ein Filialsystem durch die Multiplikation eines erprobten Konzepts erzielt, gefährden. Auch ist darüber zu entscheiden, ob die Filialen in allen Bereichen gleichartig sein sollen oder ob in gewissen Bereichen (z. B. der Sortiments- und Preispolitik) eine Anpassung an lokale Gegebenheiten erfolgen soll. Schließlich ist zu kontrollieren, inwieweit eine Kannibalisierung unter nahe gelegenen Filialen eintritt.

2.2.2.6 Weitere vertikale Koordinationsformen

Neben dem Direktvertrieb, der herstellergeführten Franchiseorganisation oder dem Vertragshändlersystem gibt es weitere Formen, nach denen Industrie und Handel ihre Aktivitäten in dauerhafter Form aufeinander abstimmen können. Dabei können folgende Formen beobachtet werden:

- die kapitalmäßige Verflechtung,
- das *shop-in-shop*-Prinzip (vgl. Grüger 2007) oder *rack jobbing*, bei dem der Handel der Industrie Flächen in seinen Verkaufsstellen zur Verfügung stellt,

- die abgestimmte Organisation (gemeinsame Arbeitsgruppen), insbesondere in Form von Mittelstands-, Dialog- oder Partnerschaftskreisen, in denen den Einzelhändlern gewisse Mitspracherechte bei der Produktgestaltung eingeräumt werden, sie exklusiv beliefert werden und durch Schulungen oder verkaufsfördernde Maßnahmen unterstützt werden,
- vielfältige Maßnahmen im Rahmen von sog. ECR-Projekten (Efficient Consumer Response); bei diesen Projekten geht es darum, insbesondere im Rahmen der Logistik, aber auch im Marketing, durch Standardisierungen (z. B. bei Artikelnummernsystemen, Datentransfer, Transportbehältnissen, Paletten) und durch abgestimmte Planungs- und Kontrollsysteme (z. B. gemeinsame Prognosen) zwischen Industrie und Handel Effizienzvorteile zu erzielen (vgl. Seifert 2002; Glavanovits/Kotzab 2002 und die Ausführungen in Kapitel 23),
- Jahresgespräche.

Die Vielfalt der Systemformen ergibt sich aber auch aus der Existenz vertraglicher Bindungen (absteigend als Abnehmerbindung, aufsteigend als Lieferantenbindung) (vgl. Ahlert/Schröder 1996, S. 91):

- Bindungen, die sich auf Beschaffung, Produktion oder Finanzierung des Gebundenen beziehen,
- Bindungen beim Bezug (Kopplungsverträge beim Bezug von Waren),
- Ausschließlichkeitsbezug beim Einkauf oder Ausschluss des Einkaufs bei konkurrierenden Anbietern,
- Bindungen, die sich auf Absatzprozesse des Gebundenen beziehen,
- Bindungen im Verkauf (Gebietsschutz bzw. Verbot des Verkaufs außerhalb des vereinbarten Gebiets oder an bestimmte Kundenkreise = Vertriebsbindung),
- Beschränkungen bei der Festlegung des Wiederverkaufspreises.

Die Gestaltung der Vertriebssysteme im Rahmen eines vertikalen Kontraktmarketing unterliegt Bestimmungen des deutschen und europäischen Wirtschaftsrechts (vgl. Olesch 1992). Absatz-, Bezugs- und Vertriebsbindungen sind nicht verboten, unterliegen jedoch der Missbrauchsaufsicht der Kartellbehörde. Das Absatzsystem muss sachgerechten und angemessenen Kriterien genügen, wozu die Rechtsprechung Grenzen quantitativer und qualitativer Selektion abgesteckt hat. Die Freiheit der Ausgestaltung kooperativer Absatzsysteme findet ihre Grenzen im Diskriminierungsverbot des § 26 Abs. 2 GWB, das marktstarke Unternehmen zu beachten haben und auf das sich seit der fünften Kartellgesetznovelle von 1990 kleine oder mittlere Unternehmen berufen können. Nach europäischem Recht ist Art. 81 EUV maßgeblich, sind marktbeherrschende Unternehmen beteiligt, auch Art. 82 EUV.

2.2.3 Zusammenfassung

Bei den oben dargestellten Koordinationssystemen handelt es sich um Formen, mit denen die Verkaufsstellen auf der Einzelhandelsebene an eine vorgeschaltete Systemeinheit angebunden sind. Die Vielfalt der Systemformen ergibt sich daraus, dass sich die Koordinationssysteme auf Unternehmungen unterschiedlicher Wirtschaftsstufen beziehen können, also

- zwischen der Industrie und dem Handel,
- innerhalb der Handelsstufe zwischen dem Groß- und dem Einzelhandel bzw. zwischen der Zentrale und den Verkaufsstellen des Einzelhandels.

Aufgrund der Mehrstufigkeit vieler Distributionskanäle können die Verhältnisse in noch differenzierterer Form dargestellt werden, wenn berücksichtigt wird, dass beispielsweise die Großhandelsstufe im Verhältnis zur Industrie mehr die marktliche Lösung bevorzugt, während sie zur Einzelhandelsebene hin mehr die hierarchische Lösung sucht. Im Verhältnis zur Industrie können sowohl die Verbundgruppen, die Franchisesysteme als auch die Massenfilialbetriebe die marktliche Lösung realisieren. Innerhalb ihrer eigenen Organisation werden die Zentralen in unterschiedlichem Maße die Koordination auf Anweisungen stützen wollen, am intensivsten die Filialbetriebe, abgeschwächter die Franchisesysteme, in noch geringerem Maße die Verbundgruppen mit den Einkaufsgemeinschaften und den freiwilligen Ketten.

Die vorgestellten Koordinationsformen werfen eine Reihe von Problemen auf, auf die an dieser Stelle nur hingewiesen werden kann. So ist in vielen Fällen die Frage zu beantworten, wie straff eine Kooperation geführt werden sollte. Gravierende theoretische und praktische Probleme bereitet die Antwort auf die Frage, wie die Kosten zwischen den Kooperationspartnern aufgeteilt werden sollten. Sowohl die Ermittlung des Kooperationsgewinns als auch seine Aufteilung bilden weitere zu lösende Probleme.

2.3 Existenz mehrerer Vertriebsschienen oder Koordinationsformen innerhalb einer Handelsorganisation

In den vorausgegangenen Abschnitten sind einzelne Betriebsformen des Handels und verschiedene Koordinationsformen zwischen den einzelnen Stufen des Distributionskanals vorgestellt worden. Dabei ist die große Vielfalt der Erscheinungsformen deutlich geworden. Diese Vielfalt wird zusätzlich dadurch gesteigert, dass Handelsunternehmungen sowohl Betriebsformen als auch Koordinationsformen kombinieren.

Charakteristisch für viele Handelsunternehmungen ist, dass sie mit mehreren Vertriebskonzepten im Markt vertreten sind. In diesem Zusammenhang wird häufig von Vertriebsschienen oder Vertriebslinien gesprochen. Sie zeichnen sich dadurch aus, dass sie einen eigenständigen Marktauftritt und einen eigenen Namen aufweisen. Man kann sie als strategische Geschäftseinheiten eines Gesamtportfolios interpretieren. Es ist festzustellen, dass hinsichtlich des Umfangs und der Zusammensetzung von Vertriebslinien unterschiedliche Strategien verfolgt werden. So gibt es einerseits Handelsunternehmungen, die ihre Aktivitäten auf eine einzige Vertriebslinie konzentrieren, andererseits gibt es aber auch Handelskonzerne, die eine Vielzahl von Vertriebslinien betreiben. Unternehmungen, die letzteres tun, können sich dabei auf eine Betriebsform beschränken, d. h. beispielsweise ausschließlich Supermärkte unter verschiedenen Namen führen, oder aber mit verschiedenen Betriebsformen, z. B. Supermärkten, Fachmärkten und SB-Warenhäusern, im Markt tätig sein.

Die Analyse der weltweit tätigen Handelsunternehmungen zeigt, dass es kein klares Muster bezüglich dieser Strategie gibt (siehe zu den folgenden Angaben Deloitte Touche Tohmatsu 2009, S. 6). So betreibt Wal-Mart, das mit Abstand größte Handelsunternehmen weltweit, mehrere Vertriebslinien mit unterschiedlichen Betriebsformen (Cash & Carry, Warehouse Club, Discount Department Store, Hypermarket, Supercenter, Superstore, Supermarket). Gleiches gilt für die Nummer zwei weltweit und zugleich den größten europäischen Händler Carrefour, der mit einer ähnlichen Palette von Vertriebsschienen im Markt vertreten ist (vgl. Dupuis/Choi/Larke 2006; Carrefour Group 2007; Zentes/Morschett/Schramm-Klein 2007, S. 20–30). Doch schon auf Platz fünf findet sich mit dem amerikanischen Baumarktunternehmen The Home Depot ein Händler, der lediglich eine Betriebsform betreibt.

Ein ähnliches Bild ergibt die Analyse des deutschen Marktes. Während die METRO AG, das größte deutsche Handelsunternehmen, mehrere Vertriebslinien betreibt und dabei sowohl auf der Großhandelsebene (Cash & Carry) als auch auf der Einzelhandelsebene (Warenhaus, SB-Warenhaus, Fachmarkt) vertreten ist, ist ALDI ausschließlich mit dem Lebensmitteldiscouter-Format im Markt präsent. Interessant ist dabei, dass es Handelsunternehmungen gibt, die mehrere Vertriebsschienen mit der gleichen Betriebsform und mit einem sehr ähnlichen Sortiment betreiben – so zum Beispiel die METRO AG mit den Elektro-Fachmärkten Media Markt und Saturn. Offensichtlich stellt der unternehmensinterne Wettbewerb zwischen den Vertriebsschienen aus der Sicht des Managements kein Problem für die strategische Ausrichtung des Unternehmens dar. Dies muss allerdings nicht grundsätzlich der Fall sein. So zeigt beispielsweise die Entscheidung der REWE Group, am 25.9.2006 den Marktauftritt zu bereinigen und 3 000 Märkte solcher Vertriebslinien wie miniMAL, HL, Stüssgen, Otto Mess oder Petz unter der Vertriebsmarke REWE zu integrieren, dass die Vorteilhaftigkeit einer solchen Strategie auch negativ beurteilt werden kann (vgl. REWE Group 2006).

Im Zusammenhang mit dem beschriebenen Phänomen, dass eine Handelsunternehmung mehrere Vertriebsschienen betreibt, werden auch die Begriffe Mehrkanalvertrieb oder Multichannel Retailing verwendet. Auf die Abgrenzung dieser Begriffe wird in Kapitel 12 ausführlich eingegangen. An dieser Stelle sei aber bereits angemerkt, dass an Multichannel Systeme häufig die Anforderung gestellt wird, dass zwischen den Kanälen ein wesentlicher Sortimentszusammenhang besteht, so dass die Ansprache gleicher oder aber auch unterschiedlicher Kundensegmente bzw. Zielgruppen möglich wird. Gelegentlich wird gefordert, dass ein Multichannel System einen elektronischen Kanal umfasst (zu den Kriterien, die für die Definition herangezogen werden, siehe z. B. Schramm-Klein 2006, S. 504–507; Schröder 2005, S. 1–10). Bei einer solchen Einengung der Begriffe würde es sich bei vielen der oben beschriebenen Handelsunternehmungen nicht um Mehrkanalsysteme handeln. Unabhängig davon hat aber ein Handelsunternehmen eine geeignete Auswahl und eine effizienten Koordination von Wegen, auf denen der Endverbraucher angesprochen werden soll, vorzunehmen.

Eine Handelsunternehmung, die sowohl einen Elektrofachmarkt als auch einen Baumarkt und ein SB-Warenhaus betreibt, hat alleine wegen der unterschiedlichen Branchen, in denen die Vertriebsschienen angesiedelt sind, vermutlich ein geringeres Koordinationsproblem, die Zielgruppen der drei Vertriebsschienen können weitestgehend unabhängig voneinander festgelegt und bearbeitet werden. Zudem stellen die drei Vertriebsschienen aus der Perspektive des Kunden keine Alternativen bezüglich der Beschaffung bestimmter Waren dar, die Sortimente sind weitestgehend überschneidungsfrei.

Die Koordinationsaufgabe stellt eine größere Herausforderung dar, wenn unterschiedliche Vertriebsschienen oder Kanäle dazu genutzt werden, die gleiche Zielgruppe zu erreichen. Betreibt also eine Handelsunternehmung verschiedene Supermärkte als getrennte Vertriebsschienen, so ist davon auszugehen, dass aufgrund der ähnlichen Sortimente ein größerer Koordinationsbedarf entsteht. Zudem stehen die Supermärkte in einer Konkurrenzbeziehung zueinander, da sie vergleichbare oder sogar gleiche Zielgruppen haben. Ähnlich intensiv oder gar intensiver sind die Wechselwirkungen zwischen Vertriebsschienen, die ein ähnliches bis identisches Sortiment aufweisen, dieses aber stationär, per Versand und online anbieten. Eine solche Konstellation gibt es beispielsweise bei dem bereits erwähnten Vertikalisten H&M. So verkauft H&M in den nordischen Ländern sowie in Deutschland und in Österreich auch über den Katalogversand und über einen Online-Shop (vgl. H&M 2009). Dies ist die Konflikt- oder Koordinationssituation, die häufig im Zusammenhang mit der engen Interpretation des Begriffs Multichannel Retailing genannt wird.

Neben der Vielzahl und Vielfalt von Vertriebsschienen verdient noch ein weiterer Aspekt Aufmerksamkeit, wenn es darum geht, die Vielfalt der Erscheinungsformen des Handels, insbesondere aber seiner vertikalen Struktur, zu analysieren. Es ist die Tatsache, dass Handelsunternehmungen simultan unterschiedliche Optionen nutzen, um ihre vertikalen Beziehungen im Distributionskanal zu gestalten. Die unter den Begriffen Handelssystem und Distributionssystem in Abschnitt 2.2 dargestellten Sachverhalte thematisieren die Frage, welche Koordinationsformen zwischen der Zentrale und den Verkaufsstellen eines Handelssystems bzw. zwischen der Industrie- und der Handelsstufe möglich sind.

So ist festzustellen, dass beispielsweise die Zentralen von Verbundgruppen einerseits ihren Mitgliedern, d. h. rechtlich selbständigen Unternehmen, bestimmte Leistungen anbieten (hybride Koordinationsform), andererseits eigene Filialen, sog. Regiebetriebe, unterhalten (hierarchische Koordinationsform).

Eine ähnliche Vielfalt an Koordinationsformen ist bei international tätigen Handelsunternehmungen zu beobachten. Die größte europäische Handelsunternehmung Carrefour bedient sich bei ihrer internationalen Expansion neben der Filialisierung auch des Franchisings (vgl. Carrefour Group 2007). Die bereits erwähnte spanische Unternehmensgruppe Inditex hat ebenfalls in mehreren Ländern das Franchising als Markteintrittsform gewählt, obwohl die Filialisierung die übliche Form des Geschäftskonzepts darstellt. Die Analyse der Länder und der zeitlichen Entwicklung von Internationalisierungsprozessen erhärtet die Vermutung, dass länderspezifische Faktoren oder aber die Phase der Expansion eine Rolle bei der Wahl der Koordinationsform spielt. So ist beispielsweise bei Inditex eine zeitliche Wandlung von Franchisebetrieben zu Filialen zu beobachten. Ebenso ist in Asien und im Mittleren Osten bei Unternehmungen, die sonst filialisieren, der Einsatz kooperativer Formen wie Joint Venture oder Franchising zu beobachten. So berichtet H&M von der Wahl des Franchisings für den Markteintritt im Mittleren Osten (vgl. H&M 2009).

In der Automobilbranche ist zu beobachten, dass sich Herstellerunternehmen zugleich eines Vertragshändlersystems und eigener Niederlassungen bedienen. Es ist zwar nicht ungewöhnlich, dass sich ein Hersteller unterschiedlicher Distributionsorgane bedient, allerdings ist in diesem Fall zu berücksichtigen, dass der Auftritt gegenüber dem Endverbraucher in beiden Fällen weitestgehend identisch ist, so dass dieser kaum in der Lage ist zu erkennen, ob es sich um ein Leistungsprodukt des Herstellers oder des eingeschalteten Intermediärs handelt. Die Wechselwirkungen zwischen beiden Systemen dürften deshalb besonders stark sein und entsprechend aufwendig dürfte auch die Koordination beider Systeme sein.

Die Beschreibung und Systematisierung der vielfältigen Erscheinungsformen des Handels, insbesondere aber die Hinweise auf die Kombinationen von einzelnen Formen, vermitteln einen Eindruck von der möglichen Komplexität einer modernen Handelsunternehmung. Die Ausführungen zeigen aber zugleich, dass die Beobachtung und Beschreibung der unterschiedlichen Vertriebsschienen und Koordinationsformen innerhalb einer Handelsunternehmung lediglich als Basis für weitere Überlegungen dienen können. Zu diesen Überlegungen gehören die Analyse von Ursachen für die Vielfalt und Komplexität der zu beobachtenden Formen, das Erarbeiten von Aussagen zur Vorteilhaftigkeit der Alternativen und die Bestimmung von Lösungen zur Koordination der gesamten Handelsunternehmung.

2.4 Zusammenfassung

Leider liest man immer noch, dass im Handel verschiedene Betriebsformen, wie beispielsweise das Warenhaus, der Verbrauchermarkt und die Verbundgruppen, anzutreffen seien. Die Ausführungen haben deutlich gemacht, dass es sich bei dem Warenhaus und Verbrauchermarkt auf der einen Seite und den Verbundgruppen auf der anderen Seite um ganz unterschiedliche Sachverhalte handelt. Warenhäuser und Verbrauchermärkte können als Betriebsformen bezeichnet werden, denn hierbei werden unterschiedliche Formen des Marktauftritts angesprochen. Mit dem Begriff „Verbundgruppen" wird dagegen die Form der Zusammenarbeit von Unternehmen der Groß- und der Einzelhandelsstufe angesprochen.

Die Vielfalt der Betriebsformen (Formate) gehört im Groß- und insbesondere im Einzelhandel zu den auffälligsten Erscheinungen. Immer wieder sind zu den existierenden Betriebsformen neue hinzugekommen. Vor mehr als 100 Jahren waren es die Warenhäuser, später Supermärkte und Verbrauchermärkte, dann Fachmärkte und Factory-Outlets. Insgesamt lässt sich eine Vielzahl von unterschiedlichen Betriebsformen aufführen. Daneben ist der Handel durch Agglomerationsformen gekennzeichnet, wie beispielsweise Shopping-Center. Mit den Ausführungen in Abschnitt 2.1 wurde über diese Vielfalt informiert. In Kapitel 10 wird es darum gehen, die Wahl der Betriebsform als zentrale strategische Entscheidung jeder Handelsunternehmung vorzustellen. Dort wird dann auch der Frage nachgegangen, warum es so viele unterschiedliche Betriebsformen gibt.

Auch der Wettbewerb zwischen den Organisationsformen bzw. Handelssystemen (Kooperationen, herstellerunabhängige Franchiseorganisationen, Filialbetriebe, unabhängiger Einzelhandel) ist von großer praktischer Relevanz und gehört zu den herausragenden absatzwirtschaftlichen Fragestellungen. Einzelwirtschaftliche Überlegungen beschäftigen sich u. a. mit der Frage, ob Filialbetriebe oder Franchiseorganisationen in die Märkte der Verbundgruppen oder des selbständigen Einzelhandels eindringen werden und dort deshalb das Entstehen intensiverer Kooperations- oder Zusammenschlussformen forciert wird. Die wettbewerbspolitische Diskussion befasst sich vor allem mit der Frage, ob es Verbundgruppen gestattet sein sollte, stärker in den Autonomiebereich ihrer

Mitglieder einzugreifen, insbesondere ob bestimmte Formen des Bezugszwangs zulässig sein sollten.

Zwar konkurriert jedes einzelne Handelsunternehmen gegen andere Anbieter, aber es ist wichtig zu erkennen, dass daneben auch Handelssysteme im Wettbewerb zueinander stehen. Sie bewegen sich zwischen den Polen der marktlichen und der hierarchischen Koordination. Die verschiedenen Systeme werfen rechtliche, wettbewerbspolitische und ökonomische Probleme auf.

2.5 Anhang: Ausgewählte Betriebsformen des Einzelhandels

Fachgeschäft

Die Katalogkommission (Ausschuss für Definitionen zu Handel und Distribution 2006, S. 48) definiert das Fachgeschäft wie folgt:

„*Das Fachgeschäft ist ein Einzelhandelsbetrieb, der ein branchenspezifisches oder bedarfsgruppenorientiertes Sortiment in großer Auswahl und in unterschiedlichen Qualitäten und Preislagen mit ergänzenden Dienstleistungen (z. B. Kundendienst) anbietet.*“

Ein Fachgeschäft bietet ein tief gegliedertes Sortiment an, das sich häufig auf eine Branche bezieht, z. B. Unterhaltungselektronik, Haushaltsgeräte, Möbel, Spielwaren, Sportartikel, Körperpflege, Textilien, Schuhe, aber auch Lebensmittel (Wein, Käse, Süßwaren). Das Sortiment wird um Dienstleistungen wie spezielle Beratung, Lieferung und Montage, und Reparatur ergänzt. Dies erfordert eine entsprechende Qualifikation beim Personal, was Auswirkungen auf die Kostenstruktur von Fachgeschäften hat. Das Preisniveau ist mittel bis hoch. Der Verkaufsraum ist so gestaltet, dass er das hohe Qualitätsniveau unterstreicht und damit das Image des Geschäfts positiv beeinflusst. Die Verkaufsfläche ist klein bis mittelgroß. Zu den typischen Standorten gehören Innenstadtlagen und Einkaufszentren.

Eng verwandt mit dem Fachgeschäft sind die Betriebsformen Spezialgeschäft und Boutique. Das Warenangebot eines Spezialgeschäfts beschränkt sich auf einen Ausschnitt des Sortiments eines Fachgeschäfts, ist dafür aber tiefer gegliedert (vgl. Ausschuss für Definitionen zu Handel und Distribution 2006, S. 56). Aufgrund der höheren Ansprüche der Kunden ist ein entsprechendes Angebot an Beratungs- und Serviceleistungen erforderlich (zu weiteren Merkmalen siehe Liebmann/Zentes/Swoboda 2008, S. 396–397). Die Boutique bietet ein begrenztes, auf eine spezielle Zielgruppe fokussiertes Sortiment. Meist handelt es sich um ein modisches Warenangebot in den Bereichen Bekleidung, Schmuck und Einrichtungsgegenstände. Boutiquen sind auch im Rahmen von Shop-in-Shop-Konzepten von Waren- und Kaufhäusern zu finden (vgl. Ausschuss für Definitionen zu Handel und Distribution 2006, S. 43).

Warenhaus

Der Ausschuss für Definitionen zu Handel und Distribution (2006, S. 62–63) definiert das Warenhaus wie folgt:

„Das Warenhaus ist ein großflächiger Einzelhandelsbetrieb, der in der Regel auf mehreren Etagen breite und überwiegend tiefe Sortimente mehrerer Branchen mit tendenziell hoher Serviceintensität und mittlerem bis hohem Preisniveau an Standorten in der Innenstadt oder in Einkaufszentren anbietet. Die Warensortimente umfassen überwiegend Nichtlebensmittel der Bereiche Bekleidung, Heimtextilien, Sport, Hausrat, Einrichtung, Kosmetik, Drogeriewaren, Schmuck, Unterhaltung. Dazu kommen Dienstleistungssortimente der Bereiche Gastronomie, Reisevermittlung und Finanzdienstleistungen."

Die Tiefe und Breite des Sortiments führen dazu, dass abhängig vom jeweiligen Standort in einem Warenhaus mehr als hunderttausend Artikel angeboten werden. In Deutschland ist die Bedeutung der Warenhäuser in den letzten Jahrzehnten deutlich zurückgegangen. Gab es Mitte der siebziger Jahre mit Karstadt, Kaufhof, Hertie, Horten und Neckermann noch fünf selbständige Warenhäuser, bestehen seit 1994 nur noch die ersten beiden, und auch sie stehen vor großen Herausforderungen (vgl. Frechen 1998).

Kaufhaus

Der Katalog E (Ausschuss für Definitionen zu Handel und Distribution 2006, S. 50) definiert das Kaufhaus wie folgt:

„Ein Kaufhaus ist ein größerer Einzelhandelsbetrieb, der überwiegend im Wege der Bedienung Waren aus zwei oder mehr Branchen, davon wenigstens aus einer Branche in tieferer Gliederung, anbietet."

Eine starke Verbreitung finden Kaufhäuser im Bereich Textilien, Bekleidung und verwandten Bedarfsrichtungen. Verglichen mit Warenhäusern konzentriert sich das Warenangebot auf ausgewählte Warengruppen, d. h. das Sortiment ist schmaler. Das Preisniveau ist ähnlich wie in Warenhäusern mittel bis hoch. Bevorzugt werden Innenstadtlagen. Zu den bekannten Kaufhäusern im Textilbereich zählen in Deutschland C&A, Peek & Cloppenburg und SinnLeffers.

Fachmarkt

Der Ausschuss für Definitionen zu Handel und Distribution (2006, S. 48) definiert den Fachmarkt folgendermaßen:

„Der Fachmarkt ist ein meist großflächiger Einzelhandelsbetrieb, der ein breites und oft auch tiefes Sortiment aus einem Warenbereich, einem Bedarfsbereich oder einem Zielgruppenbereich in übersichtlicher Warenpräsentation bei tendenziell niedrigem bis mittleren Preisniveau anbietet."

Das im Regelfall tief gegliederte Sortiment weist ein mittleres bis niedriges Preisniveau auf. Hinsichtlich der Standortwahl ist eine Autokundenorientierung zu beobachten, die sich sowohl in der verkehrsgünstigen Lage als auch in der großen Zahl von Parkplätzen niederschlägt. Fachmärkte sind häufig in Stadtrandlagen, auf der „grünen Wiese", aber auch in Einkaufszentren zu finden.

Zu den bedeutendsten Fachmärkten in Deutschland gehören im Elektronikbereich Media Markt, Saturn, im Textilbereich Adler.

Supermarkt
Im Katalog E (Ausschuss für Definitionen zu Handel und Distribution 2006, S. 56) wird der Supermarkt wie folgt definiert:

„Der Supermarkt ist ein Einzelhandelsbetrieb, der auf einer Verkaufsfläche von mindestens 400 qm Nahrungs- und Genussmittel einschließlich Frischwaren und ergänzend Waren des täglichen und des kurzfristigen Bedarfs anderer Branchen vorwiegend in Selbstbedienung anbietet."

Das wichtigste Abgrenzungskriterium des Supermarkts von anderen Formen des Lebensmitteleinzelhandels ist die Verkaufsfläche. Im Vergleich zu Verbrauchermärkten und SB-Warenhäusern weisen Supermärkte die kleinste Fläche auf – sie wird meist auf 400–800 qm beziffert. Zur sortimentspolitischen Profilierung gegenüber der Konkurrenz werden häufig Frischekonzepte eingesetzt. Neben dem vorherrschenden Selbstbedienungskonzept wird im Frischwarenbereich (Käsetheke, Wurst- und Fleischtheke) auch Fremdbedienung eingesetzt. Supermärkte sind meist wohnortnah angesiedelt und unterscheiden sich diesbezüglich von Verbrauchermärkten und SB-Warenhäusern. Supermärkte werden von REWE, Kaiser's Tengelmann und EDEKA betrieben.

Verbrauchermarkt
Die Katalogkommission (Ausschuss für Definitionen zu Handel und Distribution 2006, S. 60) definiert den Verbrauchermarkt wie folgt:

„Der Verbrauchermarkt ist ein großflächiger Einzelhandelsbetrieb, der ein breites und tiefes Sortiment an Nahrungs- und Genussmitteln und an Ge- und Verbrauchsgütern des kurz- und mittelfristigen Bedarfs überwiegend in Selbstbedienung anbietet."

Die Verkaufsfläche der Verbrauchermärkte liegt zwischen 800 und 5 000 qm, wobei häufig zwischen kleinen (< 1 500 qm) und großen (≥ 1 500 qm) Verbrauchermärkten differenziert wird. Das Sortiment umfasst meist wenig erklärungsbedürftige Waren aus dem Food- und Non-Food-Bereich. Die Preise sind tendenziell niedrig. Die aggressive Preispolitik äußert sich meist in einer ausgeprägten Sonderangebotspolitik. Bevorzugte Standorte sind Stadtrandlagen oder die „grüne Wiese", aber auch Einkaufszentren mit einer guten Verkehrsanbindung. Dazu gehört ein reichhaltiges Angebot an Parkplätzen. Zu den weiteren Vorteilen aus der Sicht des Konsumenten gehört die Möglichkeit des One-Stop-Shopping. Verbrauchermärkte werden in Deutschland von EDEKA und von REWE betrieben.

SB-Warenhaus
Die Definition eines SB-Warenhauses lautet im Katalog E (Ausschuss für Definitionen zu Handel und Distribution 2006, S. 55) folgendermaßen:

„Das Selbstbedienungswarenhaus ist ein großflächiger, meist ebenerdiger Einzelhandelsbetrieb, der ein umfassendes Sortiment mit einem Schwerpunkt bei Lebensmitteln ganz oder überwiegend in Selbstbedienung ohne kostenintensiven Kundendienst mit hoher Werbeaktivität in Dauerniedrigpreispolitik oder Sonderangebotspolitik anbietet."

Die Verkaufsfläche von SB-Warenhäusern wird von A.C. Nielsen (2007, S. 73) mit mindestens 5 000 qm beziffert. Die grundlegende Ausrichtung von SB-Warenhäusern ähnelt der von Verbrauchermärkten. Dies betrifft sowohl die Sortimentspolitik als auch die Preispolitik, die sich durch eine aggressive Niedrigpreisstrategie auszeichnet. Dem Konsumenten wird die Möglichkeit des One-Stop-Shopping geboten. Die Standorte sind auf Autokunden ausgerichtet, d. h. sie liegen verkehrsgünstig und verfügen über eine große Anzahl von Parkplätzen. Zu den SB-Warenhausbetreibern in Deutschland gehören Globus, Kaufland und real,-.

Drogeriemarkt

Der Ausschuss für Definitionen zu Handel und Distribution (2006, S. 45) definiert den Drogeriemarkt wie folgt:

„Ein Drogeriemarkt ist ein meist mittelflächiger Einzelhandelsbetrieb, der ein breites und stellenweise auch tiefes Sortiment im Körperpflege-, Reinigungsmittel- sowie Nahrungs- und Genussmittelbereich anbietet. Spezialisierungen erfolgen vorwiegend in den Bereichen Fotoartikel, Parfümeriewaren, freiverkäufliche Arzneimittel oder Reformwaren. Drogeriemärkte bieten in der Regel eine gut gegliederte, übersichtliche Warenpräsentation mit der Möglichkeit zur Vorwahl und Selbstbedienung. Bei Bedarf können sich Kunden fachlich beraten lassen. Als Nahversorger sind Drogeriemärkte überwiegend in integrierten, wohnortnahen Standortlagen angesiedelt."

Drogeriemärkte entwickelten sich zuerst parallel zu Drogerie-Fachgeschäften. Die günstigeren Preise und die größere Verkaufsfläche der Drogeriemärkte haben aber dazu beigetragen, dass die klassischen Drogerien kontinuierlich verdrängt wurden. In Deutschland gibt es mit Schlecker, dm-drogerie markt, Rossmann, Müller und Ihr Platz eine große Zahl von Filialisten mit teilweise mehr als 1 000 Verkaufsstellen.

Discounter

Der Discounter wird vom Ausschuss für Definitionen zu Handel und Distribution (2006, S. 44) wie folgt definiert:

„Discounter bieten ein enges, auf raschen Umschlag ausgerichtetes Sortiment zu niedrigen Preisen an. Da Discounter für diese Strategie große artikelspezifische Einkaufsvolumina und hohe Kundenfrequenzen benötigen, wird das Discountergeschäft fast ausschließlich von großen Einzelhandelsunternehmungen nach dem Filialprinzip betrieben."

Das enge und flache Sortiment umfasst in erheblichem Umfang Eigenmarken. Es werden zwar vorwiegend problemlose Waren angeboten, zugleich ist aber auch ein Trading-up im Sortimentsbereich zu beobachten. So gehören heute Frischwaren und auch Tiefkühlkost zum Sortiment von Lebensmitteldiscountern. Charakteristisch für die Sortimentspolitik von Discountern sind zeitlich begrenzte Warensortimente. Discounter verzichten weitestgehend auf Serviceleistungen oder eine anspruchsvolle Verkaufsraumgestaltung. Die Standorte sind meist verkehrsgünstig gelegen, wobei sowohl Stadtrandlagen als auch wohnortnahe Lagen gewählt werden (zur Anwendbarkeit des Discountprinzips vgl. Haas 2000). Die deutschen Lebensmitteldiscounter ALDI und Lidl nehmen nicht nur in Deutschland, sondern auch in vielen europäischen Ländern eine dominierende Position auf dem Discountmarkt ein. Daneben sind noch die von EDEKA bzw. REWE betriebenen Lebensmitteldiscounter Netto bzw. Penny zu nennen. Das Discountprinzip findet nicht nur im Lebensmittelbereich, sondern, wie die Beispiele KiK und Takko zeigen, auch im Textilbereich Anwendung.

Convenience-Store

Die Katalogkommission (Ausschuss für Definitionen zu Handel und Distribution 2006, S. 44) definiert den Convenience-Store wie folgt:

„Der Convenience-Store (Nachbarschaftsladen) ist ein kleinflächiger Einzelhandelsbetrieb, der ein begrenztes Sortiment an Waren des täglichen Bedarfs sowie Dienstleistungen bis hin zu einer kleinen Gastronomie zu einem eher hohen Preisniveau anbietet. Convenience-Stores zeichnen sich durch einen wohnungsnahen oder frequenzintensiven Standort aus. Wo es zulässig ist, sind lange Öffnungszeiten bis zu 24 Stunden üblich. In Deutschland können Tankstellenshops, Kioske, Bahnhofsmärkte und in eher seltenen Fällen auch Bäckereien und Metzgereien zu den Convenience-Stores gezählt werden."

Die Convenience-Stores betonen die Einkaufsbequemlichkeit durch längere Öffnungszeiten, verkehrsgünstige Standorte, die Nähe zum Wohnort usw. Das Begriffsverständnis, insbesondere im internationalen Zusammenhang, ist nicht einheitlich (vgl. Swoboda/Schwarz 2006). Zu den Convenience-Stores werden neben Kiosken insbesondere Tankstellen- und Bahnhof-Shops (vgl. Kohleisen 2001), darüber hinaus auch Bäckereien, gezählt. Neben den auf Convenience spezialisierten Anbietern betreibt in Deutschland EDEKA unter dem Namen SPAR Express Convenience-Shops an JET Tankstellen und an Flughäfen.

Kiosk

Der Katalog E (Ausschuss für Definitionen zu Handel und Distribution 2006, S. 51) definiert den Kiosk wie folgt:

„Der Kiosk ist ein kleinflächiger Einzelhandelsbetrieb, der ein enges Sortiment des kurzfristigen Bedarfs, wie Tabakwaren, Süßwaren, Getränke und Zeitungen/Zeitschriften, häufig in Kombination mit Getränkeausschank, Eisverkauf oder Imbissecke, anbietet. Je nach Sortiment wird diese Betriebsform auch als Trinkhalle oder Zeitungskiosk bezeichnet. Das Geschäftslokal ist für den Kunden vielfach nicht begehbar, der Kundenkontakt findet dann durch ein Fenster oder eine schalterähnliche Öffnung statt."

Kioske dienen meist der Befriedigung eines spontanen Bedarfs. Sie befinden sich in wohnortnahen Lagen und zeichnen sich durch ein relativ hohes Preisniveau aus.

Versandhandel

Der Versandhandel wird von der Katalogkommission (Ausschuss für Definitionen zu Handel und Distribution 2006, S. 61–62) folgendermaßen definiert:

„Versandhandel (Versandgeschäft) ist eine Form des Distanzhandels: Zwischen Anbietern und Nachfragern besteht eine räumliche Distanz, die medial zu überwinden ist. Als Medien setzt der Versandhandel Kataloge, Prospekte, Anzeigen, elektronische Medien, insbesondere das Internet, oder Außen-

dienstpersonen ein (meist Sammelbesteller oder Vertreter im Nebenberuf), um seine Angebote abzugeben. Die Käufer erhalten die schriftlich, telefonisch, elektronisch oder mündlich bestellten Waren durch die Post, sonstige Logistikdienstleister oder eigene Logistiksysteme."

Ähnlich der Differenzierung im Großhandel wird beim Versandhandel zwischen Sortimentsversandhandel (Universalversender) und Spezialversandhandel unterschieden. Während die erste Form ein Vollsortiment anbietet, das dem eines Warenhauses ähnelt, haben sich bei der zweiten Form Spezialisierungen auf bestimmte Sortimente, z. B. Mode/Textilien, Sport-/Hobbybedarf, technische Artikel, Sammelartikel (Münzen, Medaillen, Briefmarken), Bücher und viele andere entwickelt (vgl. z. B. Thieme 2006, S. 28–39). Durch das Aufkommen des Internet steht der Versandhandel vor einem neuen Aufschwung (vgl. Mattmüller 1999). Zu den größten Versendern in Deutschland gehören Quelle und die zahlreichen Unternehmen der OTTO Group.

Online-Shop (Electronic-Shop)
Der Ausschuss für Definitionen zu Handel und Distribution (2006, S. 52) definiert den Online-Shop wie folgt:

„*Unter einem Online-Shop (synonym auch: Electronic-Shop) versteht man eine elektronische Einkaufsstätte, bei der alle Funktionen eines Bestellvorgangs unterstützt werden. Analog zum Einkauf bei einem stationären Handelsbetrieb, können bei dieser Form des Distanzhandels Waren aus dem präsentierten Angebot ausgewählt und in einen so genannten Warenkorb aufgenommen werden. Der Bestellvorgang wird abgeschlossen, indem die Bestellung online übermittelt wird.*"

Der Umfang an Funktionen, den ein Online-Shop anbietet, kann stark variieren. Dies betrifft beispielsweise die Zahlungsmodalitäten – sie können sich auf konventionelle Formen wie Lieferung gegen Rechnung oder per Nachnahme beschränken, sie können aber auch neben der meist üblichen Regulierung per Kreditkarte die Bezahlung mit elektronischem Geld ermöglichen. Die Lieferform kann ebenfalls verschiedene Varianten umfassen, die sich bezüglich der Liefergeschwindigkeit, des Lieferorts und der Lieferflexibilität unterscheiden können. Online-Shops werden sowohl von Händlern betrieben, die über bereits etablierte alternative Kanäle verfügen, z. B. im stationären Handel (Galeria Kaufhof) oder im Katalogversand (OTTO, Conrad Electronic), als auch von Unternehmungen, die sich auf diesen Vertriebskanal (Amazon) spezialisiert haben.

Direct Response Television (DRTV), klassisches Homeshopping bzw. Teleshopping
Es kann von folgender Definition ausgegangen werden:

Zum sog. Direct Response Television (DRTV) zählen DRTV-Spots, Infomercials und das klassische Teleshopping. Alle drei Formen bedienen sich des Fernsehens als Medium für die Angebotspräsentation. Während der Sendung wird eine Telefonnummer zur Entgegennahme der Bestellung eingeblendet.

DRTV-Spots präsentieren 30 bis 60 Sekunden ein einziges Produkt, meist Produkte, deren Nutzwert bekannt oder leicht zu erklären ist. DRTV-Spots sind eine Mischung aus konventionellem Werbespot und Mini-Informercial und werden in der Regel als Werbesonderform in Voll- oder Spartenprogrammen innerhalb der Werbeblöcke geschaltet (vgl. Ridder 1995, S. 416). Infomercial ist eine

Wortschöpfung aus Information und Commercial. Die Palette der beworbenen Produkte ist relativ schmal. Den höchsten Anteil haben Verlage und Tonträgerproduzenten.

Als Infomercials werden Live-Verkaufsshows oder vorproduzierte Verkaufssendungen mit einer Länge von 20–30 Minuten bezeichnet. In dieser Zeit wird von einem oder mehreren Präsentatoren ebenfalls nur ein Produkt bzw. eine Produktlinie vorgestellt. Auch sie werden von herkömmlichen Fernsehsendern ausgestrahlt. Diese Sendeform bietet sich vor allem für höherwertige Produkte an oder für Produkte, die einen relativ hohen zeitlichen Erklärungsbedarf haben.

Beim klassischen Teleshopping wird bis zu 24 Stunden täglich ein breites Sortiment angeboten. Die Ausstrahlung erfolgt auf einer eigenen Frequenz. In meist halbstündigen Sendungen werden Produkte aus einer Warengruppe vorgestellt (zur Programmplanung vgl. Gruninger-Hermann 1999). Inzwischen haben sich mehrere Sender (z. B. QVC, HSE24, RTL SHOP oder 1-2-3.tv) auf diese Verkaufsmethode spezialisiert (vgl. Heimbüchel 2006; Gruninger-Hermann 1999).

Fabrikladen (Factory-Outlet)

Der Katalog E (Ausschuss für Definitionen zu Handel und Distribution 2006, S. 47) definiert den Fabrikladen wie folgt:

„Der Fabrikladen (Factory-Outlet) ist ein mittel- bis großflächiger Einzelhandelsbetrieb mit einfacher Ausstattung, über den ein Hersteller im Direktvertrieb insbesondere Waren zweiter Wahl, Überbestände und Retouren der Waren seines Produktionsprogramms oder seines Zukaufssortimentes meist in Selbstbedienung an fabriknahen oder verkehrsorientierten Standorten absetzt."

Es fällt auf, dass der Fabrikladen als institutioneller Händler gesehen wird, obwohl es sich um den Direktvertrieb eines Herstellers handelt.

Das Sortiment von Factory-Outlets besteht zum Großteil aus Waren zweiter Wahl und Modellen vergangener Saisons, die i. d. R. zu Preisen deutlich unter denen im übrigen Einzelhandel – geworben wird zum Teil mit Preisunterschieden von bis zu 70 % – verkauft werden. Der Schwerpunkt der Sortimente liegt häufig im Bereich Bekleidung (vgl. Lausberg 2002, S. 2). Die Standortwahl orientiert sich in starkem Maße am Produktionsstandort. So hat beispielsweise HUGO BOSS bereits in den 70er und 80er Jahren den Fabrikverkauf in Metzingen ausgebaut. Im Laufe der Zeit hat sich daraus eine Agglomeration von Factory Outlets entwickelt – die Outlet-City Metzingen – die heute über 70 Outlets mit über 60 000 qm Verkaufsfläche an mehreren Standorten umfasst (vgl. Outlet-City Metzingen 2007). In diesem Zusammenhang wird häufig der Begriff Factory-Outlet-Center verwendet, wenn auch zum Teil die Meinung vertreten wird, dass nur zentral von einem Center Management gesteuerte Agglomerationen von Outlets mit dem Begriff Center zu versehen seien. Da in Metzingen eine solche zentrale Steuerung fehlt, wird dieser Standort häufig nicht zu den Factory-Outlet-Centern gezählt (vgl. ecostra 2010, S. 1; Gesellschaft für Markt- und Absatzforschung mbH 2008, S. 2).

3 Zur Einschaltung des Handels

Der Handel wird häufig verdächtigt, zur Verteuerung der Waren beizutragen. Seine Einschaltung führe zu unerwünschten Konsequenzen, ein Direktvertrieb biete den Herstellern und den Verbrauchern Vorteile. Die vor diesem Hintergrund entwickelten Theorien zur Einschaltung des Handels bzw. zu seiner Disintermediation (Ausschaltung) sind nicht nur für die Wissenschaft von Bedeutung, sondern stoßen auch in der Praxis auf Interesse. Letzteres vor allem deshalb, weil sich die Zahl der Handelsunternehmungen, zumindest in einzelnen Bereichen, verringert. Insbesondere im Großhandel stellt sich die Frage, wie seine Existenz heute gerechtfertigt werden kann. Aber auch im Einzelhandel hat das Aufkommen von E-Commerce zur Entwicklung von Zukunftsszenarien geführt, in denen für den stationären Einzelhandel kaum noch Platz ist. In diesem Kapitel wird deshalb auf einschlägige Theorien zur Einschaltung des Handels eingegangen. Sowohl aus gesamt- wie aus einzelwirtschaftlicher Sicht ist es aufschlussreich zu fragen, unter welchen Bedingungen es sinnvoll ist, dass der Handel eingeschaltet wird. Die Frage, wer die Distributionsaufgaben am effizientesten ausführen kann, bezieht sich nicht nur auf die grundsätzliche Entscheidung zwischen dem direkten und dem indirekten Vertrieb, sondern auch auf Überlegungen, ob einzelne Funktionen von der Industrie auf den Handel oder umgekehrt verlagert werden sollten.

Die wissenschaftliche Diskussion um die Existenzberechtigung des Handels oder, wie man heute sagen würde, um die Effizienz des Handels, hat zu einer Reihe von theoretischen Überlegungen geführt. Hierzu zählen:

- der Handelsfunktionen-Ansatz (vgl. Buddeberg 1959, S. 21–40),
- die Verwendung der Theorie komparativer Kostenvorteile und der Theorie komparativer Nutzenvorteile (vgl. Gümbel 1985, S. 77–93; Weber 1966),
- mikroökonomische Ansätze, die die Vorteilhaftigkeit der Selbständigkeit von Handelsbetrieben analysieren (vgl. Niehans 1959; Griebel 1982),
- kontaktorientierte Ansätze (vgl. Baligh/Richartz 1964, 1967; Gümbel 1985, S. 110–120),
- die Transaktionskostentheorie (vgl. Schneider 1977; Gümbel 1985, S. 145–172; Picot 1986),
- spieltheoretische Ansätze, die die Konkurrenzsituation und das Machtgefüge zwischen Industrie und Handel mit Hilfe preispolitischer Überlegungen analysieren (vgl. McGuire/Staelin 1983),
- Ansätze, die Serviceleistungen eines Händlers gegenüber den Abnehmern als zentralen Grund für die Einschaltung eines Intermediärs diskutieren (vgl. Betancourt/Gautschi 1986, 1988, 1990).

Auf zentrale Elemente ausgewählter Theorien wird im Folgenden eingegangen.

3.1 Die Lehre von den Handelsfunktionen

In den ersten Jahrzehnten der Betriebswirtschaftslehre (also etwa von 1900 bis 1960) sind von zahlreichen Wissenschaftlern Kataloge von Handelsfunktionen entwickelt worden. Mit ihnen sollte deutlich werden, worin die Leistung von Handelsbetrieben besteht. Von den zahlreichen Katalogen wird hier nur derjenige von Buddeberg (1959) vorgestellt. Die Kataloge dienten auch dazu, die Einschaltung des Handels zu rechtfertigen, wie wohl im Laufe der Zeit die Zweifel lauter wurden, ob sie dies leisten können.

Die Handelsfunktionen dienen Buddeberg dazu, die Distributionsaufgabe in eine Reihe von Handelsfunktionen zu zerlegen, die näheren Aufschluss über die Art der Mitwirkung an der Bedürfnisbefriedigung vermitteln. Buddeberg (1959, S. 23) zieht den Vollkommenheitsgrad der Märkte heran, auf denen Handelsbetriebe agieren, um zwei Gruppen von Handelsfunktionen zu unterscheiden:

- Warenumschlagsaufgaben, die auch als Warenverteilung im körperlichen Sinne gekennzeichnet werden können, sowie
- Abstimmungsaufgaben, die den Ausgleich zwischen den Marktparteien beinhalten.

Aus diesen Funktionen, die im Folgenden vorgestellt werden, hat jeder Handelsbetrieb ein bestimmtes Bündel zu wählen:

1. Die **Kontaktfunktion** dient der Herstellung von Kontakten zwischen den vor- und nachgeschalteten Marktpartnern (Markterschließung) und deren Erhaltung. Handelsbetriebe tragen hiermit zur Verbesserung der Markttransparenz bei.

2. Die **Informationsfunktion** bezieht sich auf die Übertragung des Marktwissens und der Warenkenntnis auf die Marktpartner, wobei Lieferanten und Kunden gleichermaßen einbezogen werden. Die Informationsfunktion wird umso wichtiger, je spezifischer der betreffende Warenkreis ist. Die Informationen können in persönlicher Form (Verkaufsgespräch) oder in unpersönlicher Form (z. B. durch Werbung) weitergegeben werden.

3. Die **Beratungsfunktion** geht über die reine Information hinaus, da sie der Anpassung des Angebots an die persönlichen Bedürfnisse des Käufers dient. Die Beratung muss sich nicht nur auf die Ware beziehen. So könnte beispielsweise ein Großhändler einen Einzelhändler auch bei der innerbetrieblichen Organisation oder dem Rechnungswesen unterstützen, er könnte ihm Werbehilfen zur Verfügung stellen oder Unterstützung bei der Ausbildung oder Schulung von Personal leisten.

4. Die **Warenumgruppierungsfunktion** dient sowohl der Abstimmung zwischen den Marktparteien als auch dem Warenumschlag. Die Sortimentsbildung entwickelt sich von der Produktionsorientierung hin zu einer Bedarfsorientierung. Schon Schäfer (1981) hat hervorgehoben, dass die Wirtschaft eine Brücke zwischen der Natur- und der Kultursphäre bildet. Bei mineralischen Rohstoffen kann ein Land z. B. über Quarz, Kalk, Kohle, Eisen oder andere Metalle verfügen, bei pflanzlichen Rohstoffen über Holz, Baumwolle oder Kautschuk. An diese Erzeug-

nisse knüpfen zunächst diejenigen wirtschaftlichen Tätigkeiten an, die der Erschließung und ersten Aufbereitung dienen und die als Urproduktion bezeichnet werden. Auf dem anderen Pol findet man eine Ordnung nach menschlichen Bedürfnissen, z. B. Nahrungs-, Bekleidungs- und Wohnungsbedarf. Dies veranlasst Schäfer (1981, S. 17) dazu, die Aufgabe der Wirtschaft wie folgt zu umschreiben:

„Die Wirtschaft steht zwischen der Naturordnung und der von der Kultur geformten Bedarfsordnung. Sie hat die Aufgabe, die eine Ordnung in die andere zu überführen, das heißt aber, jene Welt der Naturgaben stufenweise umzubilden, bis sie sich der im Bedarfsgefüge herrschenden Ordnung einzureihen vermag.“

Bereits Buddeberg (1959, S. 23) hat dieser Funktion in der Begründung der Daseinsberechtigung von Handelsbetrieben eine herausragende Stellung zugewiesen. Bei der Sortimentsgestaltung hat der Handel zwei Möglichkeiten. Zum einen gibt es die Beschaffungsorientierung, bei der man sich auf eine stofflich einheitliche Basis spezialisiert, wie z. B. im Holzgroßhandel. Zum anderen kann das Sortiment aber auch am Bedarf ausgerichtet werden, d. h. der Betrieb führt alle Waren, die eine von ihm definierte Kundengruppe für bestimmte Zwecke benötigt, wie z. B. in einem Baumarkt.

5. Da sich die produzierten und die benötigten Gütermengen zu einem Zeitpunkt häufig nicht entsprechen, nimmt der Handel eine **Mengenumgruppierungsfunktion** wahr. Diese Aufgabe kann laut Buddeberg zwar im Grundsatz auch vom Produzenten selbst ausgeübt werden, oftmals ist die Mitwirkung des Handels jedoch zweckmäßig. Bei der mengenmäßigen Umgruppierung sind drei Formen denkbar, die jedoch selten in reiner Form vorgefunden werden: das Verteilen, das Sammeln und die Kombination von Sammeln und Verteilen. Diese drei Formen werden im Folgenden auch grafisch veranschaulicht (siehe Abbildung 3.1).

   Verteilen
   Hierbei werden große Mengen erzeugt, jedoch nur kleine Mengen konsumiert, wie es typischerweise bei industriellen Massenprodukten der Fall ist. Diese Funktion könnte jedoch auch von besonderen Organen der Hersteller ausgeübt werden.

   Sammeln
   Es werden nur kleine Mengen erzeugt, die zusammengenommen eine Verwendung finden, wie z. B. bei Arzneipflanzen, Honig, Häuten und Fellen etc. Auch hier gibt es häufig Beschaffungsorganisationen der gewerblichen Verwender, die an die Stelle des Handels treten.

   Kombination von Sammeln und Verteilen
   Es findet sowohl eine Erzeugung als auch eine Verwendung im Kleinen statt, was z. B. bei Naturkonsumprodukten und Erzeugnissen des Kleingewerbes der Fall ist. Hierbei sind meist mehrere Handelsstufen eingeschaltet, so dass eine Zuordnung des einzelnen Betriebs zu einer Verteilungs- oder einer Sammelfunktion vorgenommen werden kann.

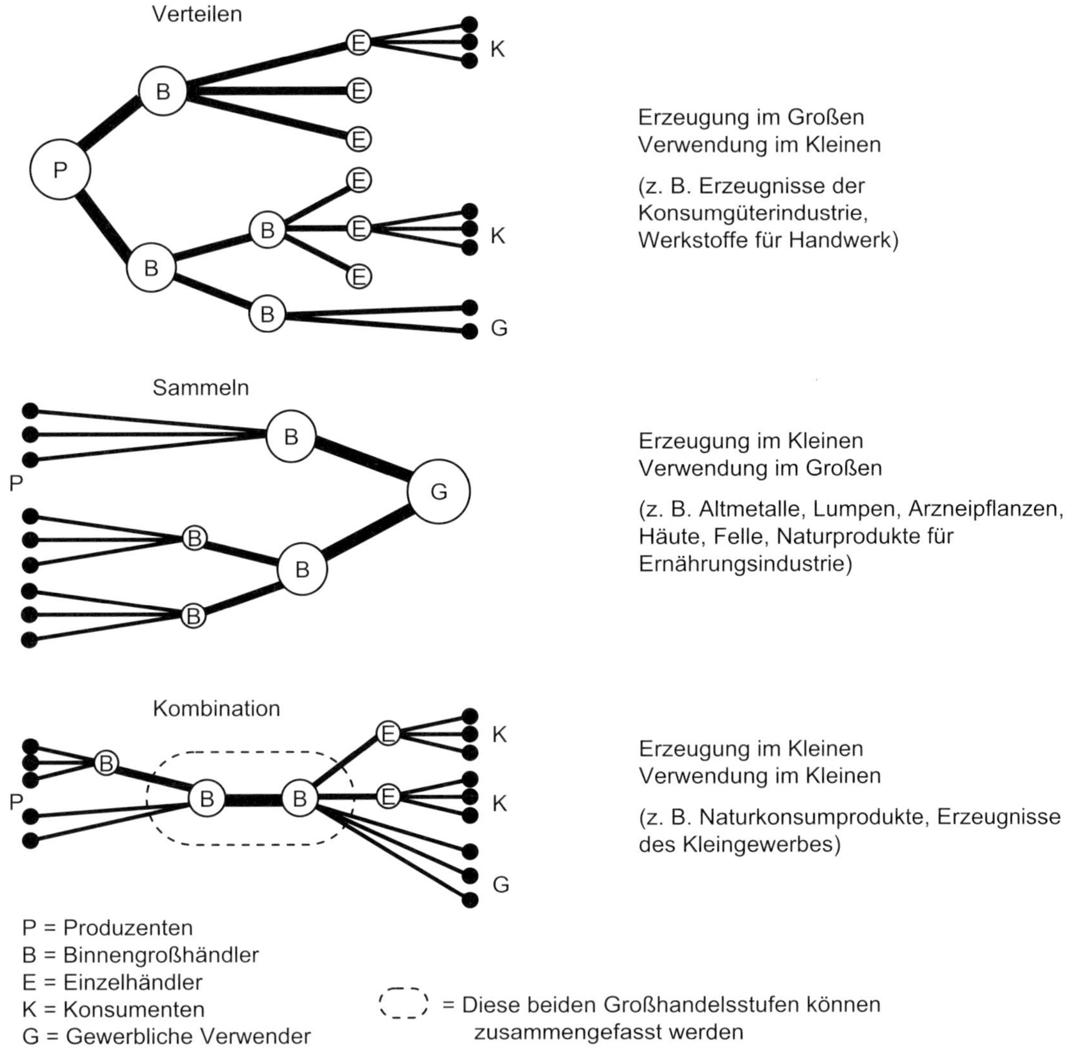

Quelle: Buddeberg 1959, S. 32

Abb. 3.1: Die Hauptfälle der mengenmäßigen Umgruppierung

6. Die **Raumausgleichsfunktion** dient der Überbrückung der zwischen Erzeugung und Verwendung liegenden Entfernungen. Hierin liegt jedoch nach Buddeberg (1959) keine spezielle Aufgabe des Handels, da sie z. B. auch von Institutionen des Transportgewerbes wahrgenommen werden kann. Trotzdem führen die Handelsbetriebe selbst in erheblichem Maße Transportaufgaben durch oder disponieren diese. Für den Handelsbetrieb bestehen drei Möglichkeiten zur Ausübung der Raumausgleichsfunktion, indem diese voll (vom Lager des Lieferanten bis zum Kunden), teilweise (z. B. vom Lager des Lieferanten bis zur Verkaufsstelle des Händlers) oder überhaupt nicht übernommen wird.

7. Die originäre **Zeitausgleichsfunktion** dient der Überwindung von naturgegebenen oder sonstigen unabdingbaren Unterschieden zwischen Erzeugungs- und Verwendungszeitpunkt. Ein klassisches Beispiel hierfür ist der Ernterhythmus der Landwirtschaft, dem ein kontinuierlicher Lebensmittelverbrauch gegenübersteht. Bei Industrieprodukten ist häufig das Gegenteil zu beobachten, wenn einer gleichmäßigen Erzeugung saisonale Nachfrageschwankungen gegenüberstehen. Der Ausgleich erfolgt über eine vorsorgliche Lagerhaltung, die nicht nur beim Händler, sondern auch beim Produzenten oder sogar beim Konsumenten vorgenommen werden kann. Ein derivativer Zeitausgleich findet statt, wenn der Zeitausgleich der Sicherung sonstiger Handelsfunktionen dient, z. B. zur Ausübung der Warenumgruppierungsfunktion, oder auch wenn durch Lagerung eine Qualitätsverbesserung eintritt.

8. Die **Veredelungsfunktion** bewirkt eine stoffliche oder substantielle Veränderung der Handelswaren. Sie stellt somit nicht wie die anderen Funktionen eine Dienstleistung, sondern eine Sachleistung des Handels dar. Klassische Beispiele sind das Kaffeerösten, das Schälen von Reis und Hülsenfrüchten sowie das Nachreifen von Südfrüchten, aber auch der Zusammenbau von Fahrradeinzelteilen oder das Einschmelzen von Altmetallen. Ein geringerer Grad der Veredelung liegt vor, wenn die Ware lediglich gemischt (z. B. Futtermittel) oder sortiert (z. B. Eier) wird.

Die Handelsfunktionen gehören zu den zentralen Erkenntnissen über den Handel. Heute werden sie vor allem in Überlegungen zur strategischen Positionierung von Handelsbetrieben verwendet. Sie werden jedoch nicht mehr herangezogen, um die Einschaltung des Handels zu rechtfertigen (zum Stellenwert der Theorie der Handelsfunktionen vgl. auch Barth 1982). Schon Buddeberg (1959) hatte bei der Vorstellung einzelner Funktionen mehrmals darauf hingewiesen, dass sie gegebenenfalls nicht nur durch einen Handelsbetrieb, sondern auch durch ein anderes Glied der Distributionskette erbracht werden können. Er meinte allerdings noch, dass die Existenz der Handelsbetriebe letztlich nicht durch eine einzelne der ausgeübten Funktionen erklärt werde, sondern nur durch ihre Kombination. Wie insbesondere Weber (1976) hervorgehoben hat, wird in den Katalogen nur beschrieben, was Handelsbetriebe tun, um Unvollkommenheiten des Markts in zeitlicher, räumlicher, qualitativer und quantitativer Hinsicht zu überwinden. Er hebt hervor, dass Handelsbetriebe nicht deshalb produktiv seien, weil sie räumliche, zeitliche, qualitative und quantitative Funktionen übernähmen und entsprechende Spannungen beseitigten oder abschwächten, sondern weil Wirtschaftssubjekte durch Tausch ihren Nutzen steigern könnten. Jede Tätigkeit spiele sich in den Kategorien Raum, Zeit, Quantität und Qualität ab (vgl. hierzu schon Lisowsky 1937, S. 30). Diese Kategorien erklärten in einem vordergründigen Sinne alles und damit nichts. Die Hoffnung, Funktionen zu finden, die konstituierend für Handelsbetriebe seien, könne sich nicht erfüllen, weil es auch nichts Kategoriales gäbe, was nur einem Industrie- oder Handwerksbetrieb eigen sei (vgl. Weber 1976). Handel ist zudem auch möglich, wenn die in der Funktionenlehre genannten Unterschiede nicht bestehen. Nach der allgemeinen Gleichgewichtstheorie kommt es dann zu einem Tausch zwischen zwei Wirtschaftssubjekten, und damit zu Handel (im funktionellen Sinne), wenn der Nutzenzuwachs bei beiden Tauschpartner größer ist als die mit dem Tausch verbundenen Kosten. Handelsfunktionenkataloge beschreiben dagegen lediglich, was Handelsbetriebe tun, nicht aber, wann es zu Tauschakten unter Beteiligung des Handels kommt.

3.2 Der Baligh-Richartz-Effekt

Baligh und Richartz (1964, 1967) wählen einen völlig anderen Zugang zu der Frage, wann Handelsbetriebe in Distributionssysteme eingeschaltet werden, als die Vertreter der Handelsfunktionenkataloge. Sie stellen auf die Kontakte (und die damit verbundenen Kosten) zwischen den Wirtschaftssubjekten ab, die in Austauschbeziehungen eintreten wollen. Das Modell hat eine außerordentliche Veranschaulichungskraft und ist in vielfältige Richtungen fortentwickelt worden, insbesondere von Gümbel (1985) und Toporowski (1999a).

3.2.1 Das Grundmodell

Baligh und Richartz vergleichen den Fall, dass Produzenten ihre Produkte den Konsumenten direkt anbieten wollen (und umgekehrt die Konsumenten sich bei den Produzenten direkt informieren wollen) mit dem Fall, dass ein Handelsbetrieb zwischengeschaltet wird. In einer Wirtschaft mit m Anbietern P_j (j = 1,..., m) und n Nachfragern K_i (i = 1,..., n) können die Kosten des Direktkontakts aller Partner in einer Matrix dargestellt werden (siehe Abbildung 3.2). Die Größe c_{ij} gibt dabei an, welche Kosten anfallen, wenn Nachfrager i und Anbieter j miteinander Kontakt aufnehmen.

Konsumenten \ Produzenten	P_1	...	...	P_j	...	...	P_m
K_1	c_{11}			c_{1j}			c_{1m}
.	.						
.	.						
K_i	c_{i1}	...	...	c_{ij}	...	...	c_{im}
.	.						
.	.						
K_n	c_{n1}	...	...	c_{nj}	...	...	c_{nm}

Quelle: Gümbel 1985, S. 111

Abb. 3.2: Kostenstruktur des Direktkontakts zwischen Produzenten und Konsumenten

Die Gesamtkosten C_{TK}, die der Ökonomie durch diese Kontakte entstehen, betragen:

$$C_{TK} = \sum_{j=1}^{m} \sum_{i=1}^{n} c_{ij} \tag{3.1}$$

Vereinfachend sei angenommen, dass alle c_{ij} gleich groß sind. So kann die Gleichung umgeformt werden zu:

(3.2) $$C_{TK} = c_{ij} \cdot m \cdot n$$

Setzt man den Kostenkoeffizienten $c_{ij} = 1$, so erhält man:

(3.3) $$C_{TK} = m \cdot n$$

Im Folgenden werden dieser Situation zwei Szenarien gegenübergestellt, zum ersten der Fall, dass nur ein Händler eingeschaltet wird, dann der Fall der Einschaltung mehrerer Händler.

Einschaltung eines Händlers

Die Vereinfachung, dass die Kosten eines Kontaktes mit 1 bewertet werden, läuft darauf hinaus, dass nur die Anzahl der Geschäftsbeziehungen betrachtet werden. Abbildung 3.3 verdeutlicht, wie durch die Einschaltung eines Handelsbetriebs die Anzahl der Geschäftsbeziehungen verringert wird.

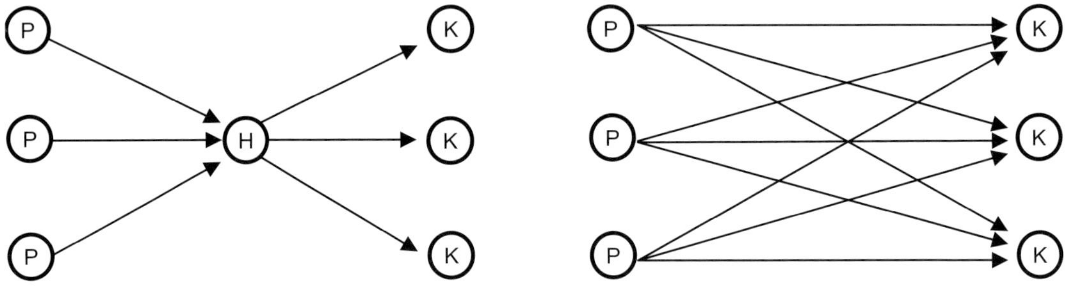

Quelle: Gümbel 1985, S. 112

Abb. 3.3: Geschäftsbeziehungen mit (m+n Kontakte) und ohne (m·n Kontakte) Handel

Wird unterstellt, dass bei Einschaltung eines Händlers die Kosten eines Kontaktes gleich 1 bleiben, so ergeben sich in diesem Falle Kontaktkosten von:

(3.4) $$C_{TK(H)} = m + n$$

Diese Reduktion der Kontaktkosten durch die Einschaltung des Handels wird auch **Baligh-Richartz-Effekt** (BR-Effekt) (vgl. Gümbel 1985, S. 111) genannt. Sie beläuft sich auf $m \cdot n - (m + n)$ bei Einschaltung eines einzelnen Händlers. Die Tabelle in Abbildung 3.4 zeigt das große Einsparungspotenzial bei einer wachsenden Anzahl von Marktpartnern.

Produzenten (m)	**Konsumenten (n)**	**m · n**	**m + n**	**Ersparnis (m · n) – (m + n)**
3	3	9	6	3
5	5	25	10	15
10	10	100	20	80
100	100	10 000	200	9 800

Quelle: Gümbel 1985, S. 113

Abb. 3.4: Numerische Illustration des Baligh-Richartz-Effekts

An diesem einfachen Beispiel wird deutlich, dass bei wachsender Anzahl der Marktteilnehmer (Produzenten und Konsumenten) das Ersparnispotenzial immer weiter ansteigt.

Einschaltung mehrerer Händler

Es kann nun erwartet werden, dass es nicht bei der Einschaltung eines einzelnen Händlers bleibt, sondern dass sich weitere Händler einschalten. Bei vollständiger Konkurrenz, bei der die Handelsbetriebe keine Gewinne erzielen, wird die Ressourcenersparnis durch die hinzu gekommenen Händler aufgezehrt. Die maximale Anzahl an Handelsbetrieben i_{max} ergibt sich aus der Bedingung, dass die Kosten ohne Handel den Kosten mit Handel entsprechen:

$$(3.5) \qquad m \cdot n = i_{max}(m + n) \text{ bzw. } m \cdot n - i_{max}(m + n) = 0 \,,$$

woraus folgt:

$$(3.6) \qquad i_{max} = \frac{m \cdot n}{m + n}$$

Wächst die Zahl der Händler auf i_{max} an, so ist die Höhe der Kontaktkosten (hier äquivalent zur Zahl der Kontakte) so groß wie ohne Einschaltung des Handels. Für den in der letzten Zeile der Abbildung 3.4 dargestellten Fall von jeweils 100 Produzenten und Konsumenten wäre in dem System maximal für 50 Händler Platz. In beiden Fällen würden dann Kosten in Höhe von 10 000 entstehen. Die Abbildung 3.5 veranschaulicht den Zusammenhang grafisch. Dabei wird davon abstrahiert, dass die Zahl der Händler eine natürliche Zahl ist.

Die Ersparnis an Kontaktkosten nimmt, wie die Abbildung 3.5 verdeutlicht, mit wachsender Zahl der Händler ab. Die Frage, wem die Kostenersparnis zugutekommt, wird dabei nicht thematisiert, da lediglich die Gesamtkosten des Systems betrachtet werden. Die Akzeptanz der maximalen Anzahl an Händlern im System, wodurch die gesamte Kostenersparnis aufgebraucht wird, deutet allerdings an, dass weder die Anbieter noch die Nachfrager an der Kostenersparnis partizipieren, sondern dass diese auf der Handelsebene verbleibt. Nun ist es denkbar, dass die Anbieter und Nachfrager den Verkauf über den Handel nur akzeptieren, wenn sie an den eingesparten Kosten beteiligt werden. Sie verlangen einen Anreiz. Schon Baligh und Richartz folgen der Argumentation von Bal-

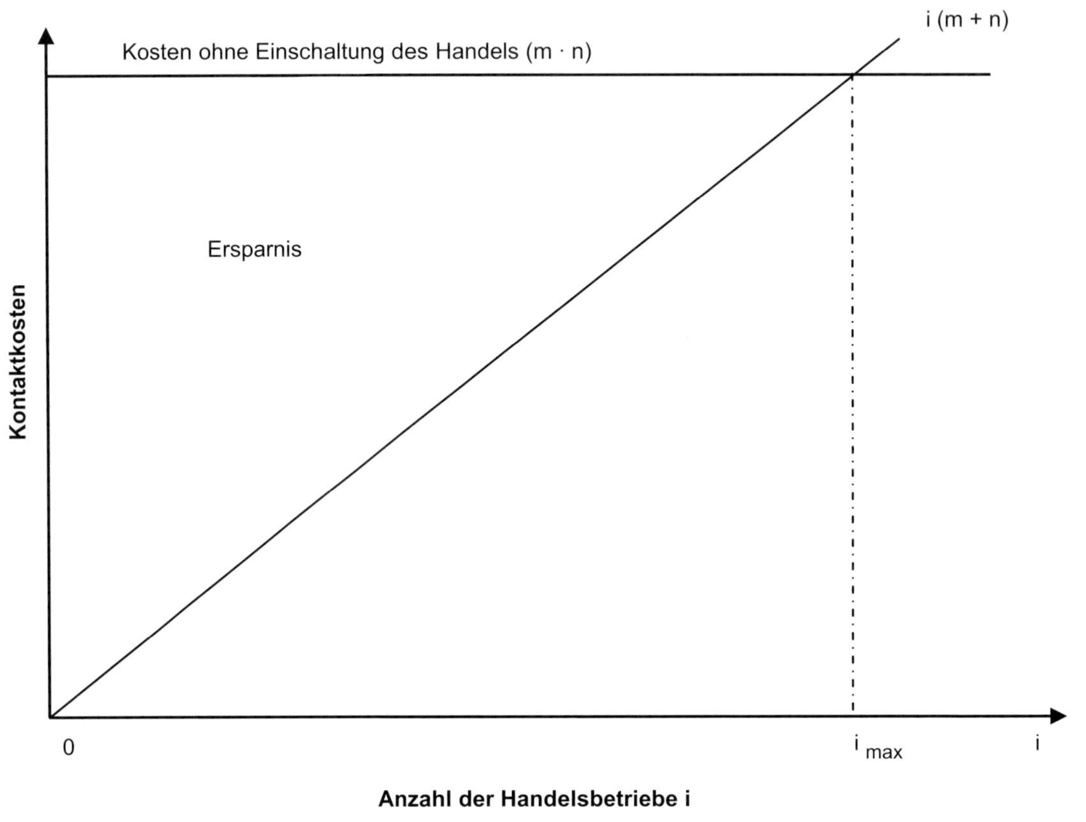

Abb. 3.5: Die Kontaktkostenersparnis in Abhängigkeit von der Zahl der Händler

derston (1958), dass Produzenten und Konsumenten nur dann an einer Einschaltung des Handels interessiert sind, wenn diese an der Ressourcenersparnis partizipieren können, und betrachten unterschiedliche Fälle. Zum einen kann unterstellt werden, dass der Betrag, den alle Händler den Produzenten und Konsumenten als Anreiz für die Teilnahme an dem neuen Koordinationssystem anbieten, konstant, d. h. unabhängig von der Zahl der Händler ist (Fall D in Abbildung 3.6).

Zum anderen kann angenommen werden, dass sich die Kontaktkostenersparnis, die an Produzenten und Konsumenten weitergegeben wird, mit der Zahl der Händler erhöht. Man kann dabei unterscheiden, ob die Höhe des Anreizes mit der Zahl der Händler überproportional (A), proportional (B) oder unterproportional (C) wächst. Der Abstand zwischen der Kontaktkostenersparnis und dem Anreiz für die Teilnahme an dem neuen Koordinationssystem repräsentiert das den eingeschalteten Händlern verbleibende Einkommen (*total profits for all middlemen*). Mit einer wachsenden Zahl von Händlern wird das Einkommen kleiner und es sinkt im Schnittpunkt beider Funktionen auf null. Der zugehörige Abschnitt auf der Abszisse gibt jene Anzahl von Handelsbetrieben (i_A, i_B, i_C oder i_D) an, die bei dem jeweils unterstellten Verlauf des Anreizes für die Teilnahme maximal existieren können.

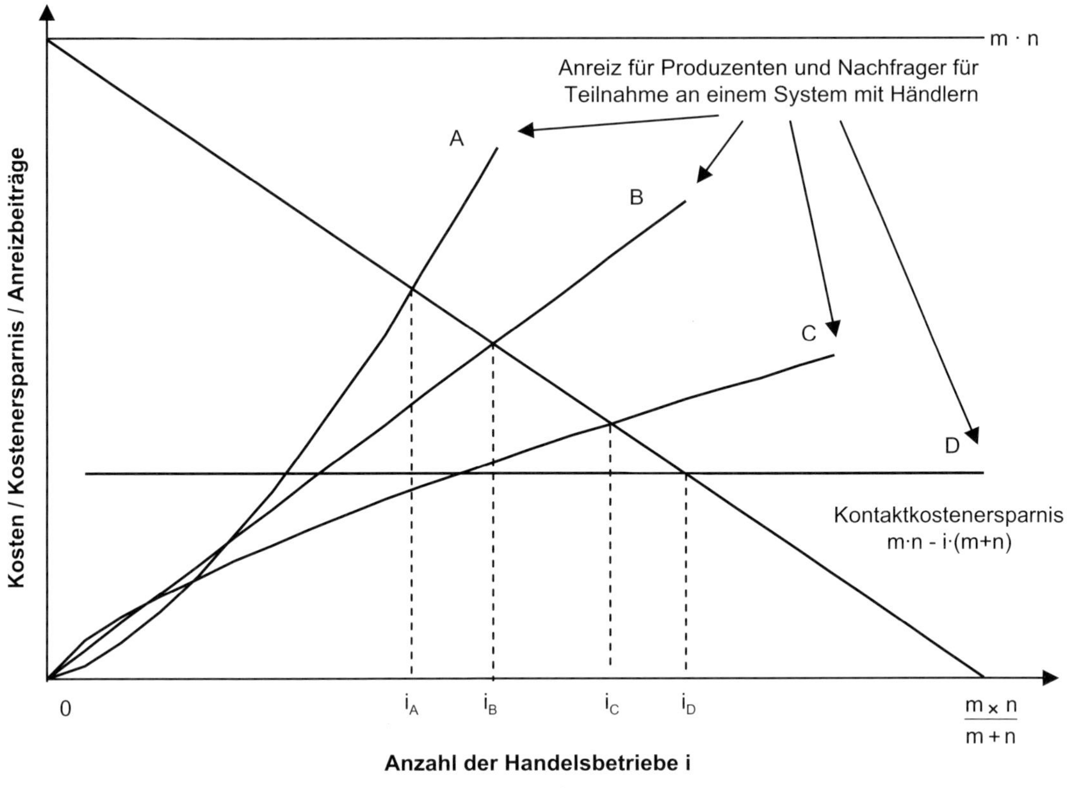

Quelle: Toporowski 1999a, S. 82

Abb. 3.6: Unterschiedliche Beteiligung von Produzenten und Nachfragern an der erzielten Ressourcenersparnis

Bezeichnet R(i) die Höhe des Anreizes in Abhängigkeit von der Zahl der Handelsbetriebe i, so erhält man für die maximale Anzahl von Handelsbetrieben die folgende implizite Gleichung:

(3.7) $$i_{opt} = \frac{m \cdot n - R(i_{opt})}{m + n}$$

Für den Fall, dass die Höhe des Anreizes proportional zur Zahl der eingeschalteten Händler ist, folgt:

(3.8) $$i_{opt} = \frac{m \cdot n - i_{opt} \cdot r}{m + n}$$

Nach i_{opt} aufgelöst, ergibt sich die Zahl der Handelsbetriebe in diesem Fall als:

(3.9) $$i_{opt} = \frac{m \cdot n}{m + n + r} \quad (= i_B)$$

Der Baligh-Richartz-Effekt zeigt auf einer modelltheoretischen Basis, welche Ersparnisse durch die Einschaltung des Handels erzielt werden können und wie groß die Zahl der eingeschalteten Handelsbetriebe maximal werden kann. Dabei ist jedoch zu beachten, dass die Aussagen unter einem Bündel von Annahmen abgeleitet worden sind. Dazu zählen:

1. Die n Abnehmer sind an Kontakten zu allen m Herstellern interessiert und umgekehrt.
2. Hersteller und Abnehmer sehen eine Reduktion der mit Kosten verbundenen Kontakte als wünschenswert an.
3. Alle Kontakte, gleichgültig ob zwischen Hersteller und Abnehmer, zwischen Hersteller und Händler oder zwischen Händler und Abnehmer, lösen die gleichen Kosten pro Kontakt aus.
4. Es sind nur Kosten relevant, die proportional zur Zahl der Kontakte sind. Das bedeutet auch, dass für die Etablierung der zwischengeschalteten Händler keine sog. Setup-Kosten anfallen, die in Bezug auf die Kontakte fix sind.

Durch Lockerung und Modifikation dieser Annahmen entstehen Varianten des Baligh-Richartz-Grundmodells. Auf einige der Modifikationen wird im folgenden Abschnitt eingegangen.

3.2.2 Modifikation der Annahmen des Baligh-Richartz-Modells

Bevor einige Annahmen variiert werden und überlegt wird, welche Konsequenzen sich daraus ergeben (vgl. hierzu Müller-Hagedorn/Spork 2000), sollte angemerkt werden, dass sich die bisherige Analyse allgemein auf ein System mit einer Anbieter- und einer Nachfragerstufe bezieht. Bezüglich der Nachfragerstufe sind keine weiteren Annahmen getroffen worden, d. h. es kann sich bei den Nachfragern um private Endverbraucher oder gewerbliche Abnehmer, z. B. Einzelhändler, handeln. Während im ersten Fall die Kontaktkostenersparnis durch die Einschaltung von Einzelhändlern realisiert wird, führen im zweiten Fall die gleichen Überlegungen zur Entstehung einer Großhandelsstufe. Insofern können sich die meisten der folgenden Modifikationen sowohl auf die Etablierung des Einzel- als auch des Großhandels beziehen. Es wird allerdings auch explizit auf die Fortführung der Grundüberlegungen des Baligh-Richartz-Modells für die Erklärung mehrstufiger Systeme eingegangen.

Die Existenz von Setup- und Fixkosten im Handel

Die Grundform des Baligh-Richartz-Modells berücksichtigt keine Fixkosten bzw. Setup-Kosten für die Errichtung eines Handelsbetriebs. Im Grundmodell bestehen die Kosten ausschließlich aus Kontaktkosten zwischen Hersteller, Händler und Abnehmern. Werden hingegen Setup-Kosten sowie kontaktunabhängige Fixkosten pro Handelsbetrieb (S) explizit miteinbezogen, so errechnet sich die maximale Händlerzahl wie folgt:

$$i_S = \frac{m \cdot n}{m + n + S} \tag{3.10}$$

Folglich verringert sich die Zahl möglicher Handelsunternehmungen, und zwar naturgemäß umso stärker, je höher die Setup-Kosten anzusetzen sind. In Abbildung 3.5 würde die Berücksichtigung von Fixkosten dazu führen, dass die Kostenkurve bei Einschaltung von i Händlern steiler verlaufen und sich der Schnittpunkt i_{max} somit nach links verschieben würde.

Differenzierung der Kostensätze auf den Stufen des Distributionssystems

Wenn in einem System die Anzahl der Kontakte reduziert wird, kann daraus eine Ressourcenersparnis folgen. Aus der Reduzierung der Anzahl der Kontakte folgt aber nicht automatisch eine Ressourcenersparnis, denn es kann sein, dass der Wegfall von Kontakten an einer Stelle des Systems zu Kontakten mit höheren Kosten an einer anderen Stelle des Systems führt. Somit empfiehlt es sich, unterschiedliche Kontaktkostenkoeffizienten für den Fall mit und für den Fall ohne Einschaltung von Händlern zu modellieren.

Dazu muss der recht abstrakte Begriff des Kontakts mit Inhalt gefüllt werden, denn Kosten werden sich nur ermitteln lassen, wenn umschrieben wird, welche Aktivitäten im Einzelnen einen Kontakt ausmachen. Die kontaktorientierten Ansätze thematisieren vor allem akquisitorische Prozesse. Die Überlegungen können aber um physische Prozesse ergänzt werden, wenn auch davon auszugehen ist, dass Modelle zur Standort- und Transportoptimierung besser dazu geeignet sind, die Zusammenhänge zu erfassen. Für viele der relevanten Prozesse werden die Kontaktkostenkoeffizienten nicht nur davon abhängig sein, ob der Handel eingeschaltet wird oder nicht, sondern auch die Zahl und die Größe der Händler werden eine Rolle spielen. Beispielweise sinkt mit steigender Anzahl an Händlern, die in der Fläche verteilt sind, die durchschnittliche Entfernung zu deren Abnehmern, was sich auf die Kosten eines Besuchs oder einer Anlieferung auswirken dürfte. Insofern wird mit der Frage nach der Einschaltung des Handels auch das Problem der optimalen Betriebsgröße eines Händlers im Hinblick auf dessen verschiedene Aufgaben aufgeworfen. Zum einen interessiert die Höhe der Kosten, die durch Outsourcing eingespart werden können, zum anderen ändert sich aber auch die Kostenstruktur bei Hersteller- und Nachfragerunternehmen, weil vormals fixe Kosten (z. B. Personalkosten im Vertrieb bzw. im Einkauf) in variable Kosten umgewandelt werden können.

Der Einfluss räumlicher und sonstiger Distanzen im Markt

Bei den kontaktorientierten Ansätzen bestimmt vor allem die Zahl der Anbieter und Nachfrager, wie viele Händler sich im System etablieren. Die Mächtigkeit dieser beiden Gruppen zählt zu den zentralen Bestimmungsfaktoren für die Höhe der Kosten, anhand derer die verschiedenen Systeme verglichen werden. Diese Sichtweise lässt sich um Überlegungen zum Standort der jeweiligen Akteure ergänzen, denn die Standorte der Hersteller, Händler und Nachfrager sind bestimmend für die Entfernungen zwischen den Wirtschaftssubjekten und mithin für die Höhe der Kontaktkosten (ein entsprechendes Modell wurde von Müller-Hagedorn/Spork 2002a formuliert).

Das Entstehen von Teilmärkten

Im Grundmodell wird angenommen, dass sich alle Hersteller wie auch alle Abnehmer jeweils allen im System befindlichen Händlern zuwenden. Dies führt zu einem vergleichsweise starken Kontaktkostenzuwachs mit jedem hinzukommenden Händler. Deshalb gewinnt die Frage an Bedeutung, ob alle Hersteller respektive alle Abnehmer an einer zunehmenden Anzahl von Händlern überhaupt interessiert sind. Dies gilt umso mehr, als es theoretisch bereits mit einem Händler möglich ist, mit der minimalen Kontaktzahl von (m + n) Kontakten vollständige Marktkenntnis zu erlangen und jeden Hersteller bzw. Abnehmer zu erreichen. Die Annahme, dass sowohl seitens der Hersteller als auch seitens der Abnehmer ein Interesse vorliegt, zu jedem der entstehenden Händler einen Kontakt aufzubauen, kann deshalb modifiziert werden. Das wird dazu führen, dass über einen von mehreren Händlern jeweils nur ein Teil der Abnehmer zu erreichen ist bzw. nur ein Teil des Herstellerangebots dort zu beziehen ist. Soll die Gesamtheit der jeweils anderen Marktstufe erreicht werden, ist der Kontakt zu mehreren Händlern erforderlich. Wollen allerdings nicht alle Hersteller und alle Abnehmer miteinander in Kontakt treten, kann theoretisch auch die Einschaltung mehrerer Händler die Kontaktzahl von (m + n) hervorbringen. Es bilden sich dann Teilmärkte. Müller-Hagedorn und Spork (2000) haben hierzu einen formalen Ansatz entwickelt.

Die Mehrstufigkeit von Distributionssystemen

Die bisherigen Überlegungen zum Baligh-Richartz-Effekt bezogen sich auf den Fall, dass zwischen einer Wirtschaftsstufe W_1 (z. B. die Hersteller) und einer Wirtschaftstufe W_2 (z. B. die Endverbraucher) eine Stufe mit Händlern eingeschaltet wird (H_1). Wenn es mehrere Händler auf dieser Stufe sind, kann es auf der Grundlage der Überlegungen zur Kontakt(kosten-)reduktion sinnvoll sein, einerseits zwischen Herstellerstufe W_1 und Handelsstufe H_1 weitere Händler einzuschalten (Handelsstufe H_{2a}), ebenso wie zwischen die Händler der Handelsstufe H_1 und die Endverbraucher (Handelsstufe H_{2b}). Es liegt dann schon ein fünfstufiges System mit insgesamt vier verschiedenen Typen von Wirtschaftssubjekten (Hersteller, Großhändler, Einzelhändler, Endverbraucher) vor, wobei auf drei Ebenen Händler tätig sind. Es könnte sich dabei beispielsweise um Importgroßhändler, Sortimentsgroßhändler und Einzelhändler handeln, eine Situation, die durchaus in der Praxis anzutreffen ist. In modelltheoretischen Überlegungen kann man prüfen, ob nicht eine weitere Einschaltung von Händlern sinnvoll ist, so zwischen W_1 und H_{2a}, zwischen H_{2a} und H_1, zwischen H_1 und H_{2b} und zwischen H_{2b} und W_2 (Endverbraucher). Das System wäre damit schon auf Wirtschaftssubjekte auf neun Ebenen angewachsen (mit sieben Ebenen für den Handel). Gümbel (1985) bezeichnet das Ergebnis als Großhandelstheorem, Baligh und Richartz (1967) sowie Toporowski (1999a) haben diesen Einschaltungsprozess formalisiert.

Das Baligh-Richartz-Modell zeichnet sich dadurch aus, dass die Effizienz eines Systems mit mehreren Wirtschaftsstufen und mehreren Wirtschaftssubjekten betrachtet wird. Für die Akzeptanz und Durchsetzung eines bestimmten Systems ist es aber erforderlich, dass die maßgeblichen Akteure auch individuelle Vorteile aus dem System ziehen können. So ist beispielsweise zu beachten, dass die Kosten, die für die Abwicklung der jeweiligen Transaktionen anfallen, zu unterschiedlichen Teilen von den Herstellern, den Händlern und den Abnehmern zu tragen sind. Damit es zur Einschaltung des Handels kommt, muss nicht nur eine Ressourcenersparnis im System insgesamt vorliegen, sondern gleichzeitig muss auch gewährleistet sein, dass sich durch die Einschaltung des Handels sowohl die Hersteller als auch die Abnehmer besser stellen. Der Ansatz macht auch deutlich, dass der Vorteilhaftigkeitsvergleich zwischen Direktvertrieb und Einschaltung des Handels von zahlreichen Faktoren abhängig ist und diese nicht leicht modelltheoretisch zu erfassen sind. Insgesamt kann der Handel nur dann eine wirtschaftlich attraktive Position einnehmen, wenn es ihm gelingt, sowohl dem Hersteller als auch dem Abnehmer die durch seine Einschaltung bewirkten Vorteile deutlich zu machen. Eine besondere Schwierigkeit, die in dem Baligh-Richartz-Modell überhaupt nicht diskutiert wird, liegt darin, dass sowohl für den Hersteller als auch für den Abnehmer ein Anreiz bestehen kann, systemwidrig zu handeln. So kann es in kurzfristiger Perspektive für einen Hersteller interessant sein, dem Direktbelieferungsansinnen eines (End-)Abnehmers zu entsprechen, denn zum einen kann er so ausschließen, dass er diesen Abnehmer an einen Konkurrenten verliert und zum anderen kann es sein, dass diese Form des Absatzes einen höheren Deckungsbeitrag generiert. Als kurzfristig wird diese Perspektive deshalb bezeichnet, weil die Vorteilhaftigkeit solcher Kaufabschlüsse daran gebunden sein kann, dass die Marktbearbeitung ansonsten von dem Händler übernommen wird, und die Vorteilhaftigkeit nicht mehr gegeben wäre, wenn es zum Ausscheiden des Handels käme.

Die Ausführungen machen deutlich, dass sich die Kontaktkostenansätze auf die Betrachtung ausgewählter distributionspolitischer Aspekte beschränken und dass für die Erklärung anderer Phänomene weitere Theorien herangezogen werden müssen.

3.3 Erklärungen mit Hilfe der Transaktionskostentheorie

Der Transaktionskostentheorie wird heute die bedeutendste Rolle bei der Erklärung der Existenz und der Vorteilhaftigkeit von Handelsunternehmungen beigemessen. Gümbel (1985, S. 145) bezeichnet die Handelsunternehmung als den Transaktionskostenspezialisten, weil durch die Einschaltung von Handelsbetrieben die in einer Volkswirtschaft anfallenden Transaktionskosten gesenkt werden können. Picot (1986, S. 10) spricht davon, dass Handelsunternehmungen ihre ökonomische Daseinsberechtigung der Existenz von Transaktionskosten verdanken. Trotz solcher Aussagen ist festzustellen, dass Coase (1937) als Begründer der Transaktionskostentheorie und Williamson als derjenige, der die Idee aufgegriffen und entscheidend zu ihrer Verbreitung und Weiterentwicklung beigetragen hat, in ihren Arbeiten kaum auf den Handel und seine Einschaltung in die Distribution eingehen (vgl. Williamson 1990, S. 117–148). Für beide steht die Erklärung der Existenz von Unternehmungen an sich im Fokus des Interesses. Sie machen darauf aufmerksam, dass Austauschprozesse unter bestimmten Bedingungen innerhalb von Unternehmungen effizienter abgewickelt werden können als auf Märkten (oder umgekehrt). Auch zwischen Wirtschaftssubjekten im Distributionskanal finden Austauschprozesse statt, so dass es nahe liegend erscheint, den Ansatz auf die Frage zu übertragen, wie und von welchen Institutionen Umsatzprozesse (also Beschaffung und Absatz) am effizientesten durchgeführt werden können. So wird in späteren Arbeiten der Versuch unternommen, den Ansatz auf die Frage nach der Vorteilhaftigkeit einzelner Koordinationsformen im Distributionskanal anzuwenden (siehe zu einem Überblick Rindfleisch/Heide 1997). Anfänglich wird die grundsätzliche Frage nach der Vorwärtsintegration eines Herstellers in die Distribution aufgeworfen, dann die Entscheidung zum Einsatz von Handelsvertretern (*manufactures' representative*) als indirekte und herstellereigenem Verkaufspersonal (*company sales people*) als direkte Form der Distribution (vgl. z. B. Anderson 1985; Anderson/Schmittlein 1984).

Der selbständige Handel wird in diesen Studien nur selten in die Betrachtung einbezogen (vgl. z. B. John/Weitz 1988; Müller-Hagedorn 1995a). Einige deutschsprachige Arbeiten beschäftigen sich mit unterschiedlichen Formen des Handels und greifen dabei auf die Argumentation der Transaktionskostentheorie zurück (vgl. Picot 1986; Fischer 1993; Mandewirth 1997; Posselt/Gensler 2000).

Den Ausgangspunkt der Transaktionskostentheorie bildet der Hinweis, dass neben Produktionskosten weitere Kosten – die Transaktionskosten – die Effizienz von Wirtschaftssystemen beeinflussen. Die Transaktionskosten seien in entwickelten Volkswirtschaften nicht nur in vielen Fällen schon höher als die Produktionskosten, sie hätten auch eine Tendenz, im Zeitablauf zu steigen. Insofern sei es von großer Bedeutung, Distributionsstrukturen so zu gestalten und zu wählen, dass sie (bei Konstanz der Produktionskosten) die Transaktionskosten senken. Dies gibt Anlass, im Folgenden die Transaktionskosten näher zu kennzeichnen, die auf sie einwirkenden Faktoren zu bestimmen und jede Distributionsstrukturen abzuleiten, die bei einer bestimmten Konstellation der Einflussfaktoren am effizientesten ist.

3.3.1 Transaktionskosten und ihre Elemente

Transaktionskosten werden durch eine Transaktion ausgelöst, wobei der Begriff Transaktion keinesfalls einheitlich definiert wird. So spricht Williamson (1990, S. 1) davon, dass eine Transaktion stattfindet, „wenn ein Gut oder eine Leistung über eine technisch trennbare Schnittstelle hinweg übertragen wird". Picot (1982, S. 269) definiert eine Transaktion als den „Prozess der Klärung und Vereinbarung eines Leistungsaustausches". Häufig wird betont, dass eine Transaktion mit der Übertragung von Verfügungsrechten gleichzusetzen sei. Dabei wird die Wahl der Koordinationsform für den Leistungsaustausch meist als Vertragsproblem interpretiert. Der Leistungsaustausch kann innerhalb eines Unternehmens stattfinden, so dass in diesem Fall arbeitsrechtliche Dienstverträge („Hierarchie") als Koordinationsmechanismus dienen. Alternativ dazu kann der Bezug/Vertrieb der Leistungen über den „Markt" erfolgen, wo auf Kauf- oder andere Verträge zurückgegriffen wird.

Transaktionskosten als Bewertung der Mühen im „Prozess der Klärung und Vereinbarung eines Leistungsaustausches" (*cost as disadvantages*) werden in mehrfacher Hinsicht differenziert:

1. Williamson unterscheidet ex-ante und ex-post Transaktionskosten. Der ersten Gruppe rechnet er Kosten für Entwurf, Verhandlungen und Absicherung einer Vereinbarung zu. Die zweite umfasst Fehlanpassungskosten, Kosten des Feilschens, Kosten der Errichtung und des Betreibens eines Beherrschungssystems sowie Sicherungskosten zur Durchsetzung von Zusagen (vgl. Williamson 1990, S. 22–25).
2. In der deutschsprachigen Literatur hat sich ein Kostenkatalog von Picot (1982, S. 270; vgl. auch Fuchs 1994, S. 32–37) etabliert. Dabei werden Transaktionskosten nach den Phasen ihres Entstehens unterschieden:

   - **Kosten der Anbahnung von Verträgen** (Such- und Informationskosten i. e. S.): Dabei handelt es sich um Kosten der Suche nach Geschäftspartnern auf der Beschaffungs- und der Absatzseite. Hierzu zählen z. B. die Kosten für Werbung und das Aufsuchen von Geschäftspartnern, der Besuch von Messen und Börsen, die hierfür anfallenden Post- und Telefongebühren, die Kosten für den Vergleich von Preisen verschiedener Anbieter, sowie die Kosten für die Prüfung der Qualität der Handelsobjekte.

- **Kosten des Abschlusses von Verträgen** (Verhandlungs- und Entscheidungskosten): Dazu gehören vor allem die Kosten für den Zeitaufwand, der mit dem Aushandeln der Verträge verbunden ist, möglicherweise auch Kosten der Rechtsberatung.
- **Kosten der Kontrolle und Durchsetzung von Leistungspflichten**: Sie entstehen z. B. durch die Überwachung von vereinbarten Lieferterminen, Qualitäten, Mengen, Preisen usw. Zusätzlich entstehen auch Kosten, die mit der Sicherung der Durchsetzbarkeit und der faktischen Durchsetzung von Forderungen auf dem Rechtswege verbunden sind.
- **Kosten der Anpassung**: Unter Umständen müssen auch nach einer Vereinbarung die geplanten Transaktionen modifiziert werden, z. B. weil sich Veränderungen in der Nachfrage ergeben haben, gesetzliche Bestimmungen geändert wurden oder bestellte Ware nicht pünktlich geliefert wurde. In allen Fällen müssen mit dem Transaktionspartner neue Vereinbarungen herbeigeführt werden.

3. Die Transaktionskosten können auch in Koordinationskosten innerhalb einer Organisation (auch als interne Transaktionskosten oder Organisationskosten bezeichnet) und Transaktionskosten zwischen zwei Wirtschaftssubjekten (externe Transaktionskosten) unterteilt werden.

Als grundsätzliche Ursachen für das Entstehen von Transaktionskosten werden mehrere Größen genannt. Sie lassen sich zwei Gruppen zuordnen:

- dem Verhalten der beteiligten Wirtschaftssubjekte (*human factors*),
- den Umwelteinflüssen (*environmental factors*).

Der ersten Gruppe werden die begrenzte Rationalität und der Opportunismus der Transaktionspartner, der zweiten die Unsicherheit und die Marktstruktur zugerechnet (vgl. z. B. Kaas/Fischer 1993, S. 687). Die begrenzte Rationalität (*bounded rationality*) wird mit einer begrenzten „Verfügbarkeit von Können, Wissen, Zeit sowie der Verarbeitungsfähigkeit von Informationen" (Picot 1982, S. 269) begründet. Entscheidungsträger sind demnach nicht in der Lage, alle verfügbaren Alternativen zu erfassen und zu beurteilen. Opportunistisches Verhalten beruht im Wesentlichen auf Informationsasymmetrien und meint das egoistische Ausnutzen der Abhängigkeitssituation zwischen den Transaktionspartnern (Williamson spricht von *self-interest seeking with guile*; siehe Williamson 1985, S. 47). Die Unsicherheit bezieht sich zum einen auf die Umwelt, zum anderen auf das Verhalten der beteiligten Wirtschaftssubjekte. Um sich gegen die Risiken abzusichern, werden Verträge und Kontrollinstrumente benötigt, die Kosten verursachen. Die Marktstruktur als Ursache für das Entstehen von Transaktionskosten kommt in der Wettbewerbsintensität zum Ausdruck, die sich vor allem durch die Anzahl der Marktpartner charakterisieren lässt. Eine „small numbers"-Situation, in der die Anzahl der Marktpartner gering ist, fördert das Entstehen von Transaktionskosten. Es besteht nämlich die Gefahr, dass einzelne Wirtschaftssubjekte die Tatsache, dass ihre Partner nur über wenige oder gar keine vergleichbaren Alternativen bei der Findung eines Tauschpartners besitzen, opportunistisch ausnutzen werden. Sich gegen diese Gefahr wirksam zu schützen erfordert Maßnahmen, die Transaktionskosten verursachen. Die vier Gründe (begrenzte Rationalität, Opportunismus, Unsicherheit, Marktstruktur) für das Entstehen von Transaktionskosten bilden das sog. *organizational failures framework* (vgl. z. B. Williamson/Ouchi 1981, S. 349).

Die Transaktionskostentheorie versucht nicht nur zu erklären, was die grundlegenden Ursachen für die Entstehung von Transaktionskosten sind, sondern zu erkennen, wovon die Höhe der Transaktionskosten abhängig ist. In Anlehnung an Williamson werden vor allem

- die Spezifität,
- die Unsicherheit und
- die Häufigkeit der Leistungserstellung

als Bestimmungsfaktoren der Höhe der Transaktionskosten genannt (vgl. z. B. Kaas/Fischer 1993, S. 688–689). Mit Spezifität ist der Umstand gemeint, dass ein Ressourceneinsatz (insbesondere Investitionen) entwertet wird, wenn er nicht für bestimmte Zwecke eingesetzt werden kann (so verlieren z. B. die Kosten für eine Schulung der Mitarbeiter des Handels über Eigenschaften einer ausgewählten Automarke ihren Gegenwert, wenn der Hersteller dem Händler die Vertriebsrechte entzieht). Williamson unterscheidet vier verschiedene Typen von spezifischen Investitionen:

- die Standortspezifität,
- die Spezifität von Sachkapital,
- die Spezifität von Humankapital und
- zweckgebundene Sachwerte.

Transaktionen werden in einer unsicheren Welt vorgenommen, wobei mehrere Quellen der Unsicherheit unterschieden werden können. Eine besonders wichtige Rolle ordnet Williamson der Verhaltensunsicherheit zu, mit der erfasst wird, dass sich die Transaktionspartner opportunistisch verhalten können. Daneben wird die Höhe der Transaktionskosten auch von der Umweltunsicherheit beeinflusst. Sie resultiert aus der Komplexität und Dynamik der Umwelt und führt dazu, dass aufgrund der begrenzten Rationalität der Partner nicht die optimale Koordinationsform gewählt wird. Die Kosten sind des Weiteren von der Häufigkeit abhängig, mit der die Transaktionen durchgeführt werden. Mit einer steigenden Häufigkeit können die fixen Kosten auf eine größere Anzahl von Transaktionen verteilt werden.

3.3.2 Effiziente Systeme der Beherrschung und Überwachung nach Williamson

Ein zentrales Anliegen der Transaktionskostentheorie besteht nicht nur darin zu erklären, welche grundlegenden Mechanismen für die Entstehung von Transaktionskosten verantwortlich sind, und festzustellen, welche Faktoren die Höhe der Transaktionskosten beeinflussen und wie die Zusammenhänge zwischen den Einflussfaktoren und den Transaktionskosten spezifiziert werden können, sondern abzuleiten, welche Form der Koordination bei gegebenen Ausprägungen der Faktoren die effizientere ist (unter der Annahme, dass die Produktionskosten konstant bleiben). Die Höhe der drei Faktoren Spezifität, Unsicherheit und Häufigkeit, so die zentrale Aussage der Transaktionskostentheorie, beeinflusst die Vorteilhaftigkeit unterschiedlicher Koordinationsformen, da der Verlauf der Transaktionskosten, die die Koordinationsformen verursachen, von den Faktoren unterschiedlich beeinflusst wird. Jeder Ausprägung von Spezifität und Häufigkeit wird, wie die Abbildung 3.7 zeigt, ein System der Beherrschung und Überwachung zugeordnet. „Markt" bedeutet, dass klassische (Kauf-)Verträge abgeschlossen werden, über die Waren ver- bzw. gekauft werden. Isolierte Transaktionen (die weder eine Beziehung in die Vergangenheit noch in die Zukunft aufweisen), die keine spezifischen Investitionen erfordern, werden am effizientesten über den Markt koordiniert. Wegen der fehlenden Spezifität können entsprechende Leistungsanbieter und -nachfrager problemlos auf Märkten gefunden werden, so dass die Häufigkeit keine Rolle spielt. Bei Transaktionen, die ein mittleres oder hohes Maß an spezifischen Investitionen erfordern, ist eine marktliche Koordination nachteilig. Eine Integration ist allerdings bei nur gelegentlich stattfindenden Transaktionen zu kostspielig, so dass stattdessen eine institutionelle Zwischenform gesucht wird, bei der man sich der Hilfe Dritter, z. B. in Form eines Schiedsverfahrens, bedient. Handelt es sich um wiederholte Transaktionen bei einem mittleren bis hohen Grad an Spezifität, so können die Kosten spezialisierter Verfahren gedeckt werden. Bei einem mittleren Grad werden zweiseitige Kontrollsysteme, bei denen die rechtliche Selbständigkeit der Partner erhalten bleibt, gewählt. Bei einem hohen Grad ist die vertikale Integration (vereinheitlichte Kontrolle) die effizienteste Koordinationsform. Die Unsicherheit ist in dem Schema nicht berücksichtigt, es lässt sich aber begründen, dass die Vorteile einer Integration mit der Verringerung der Unsicherheit zurückgehen.

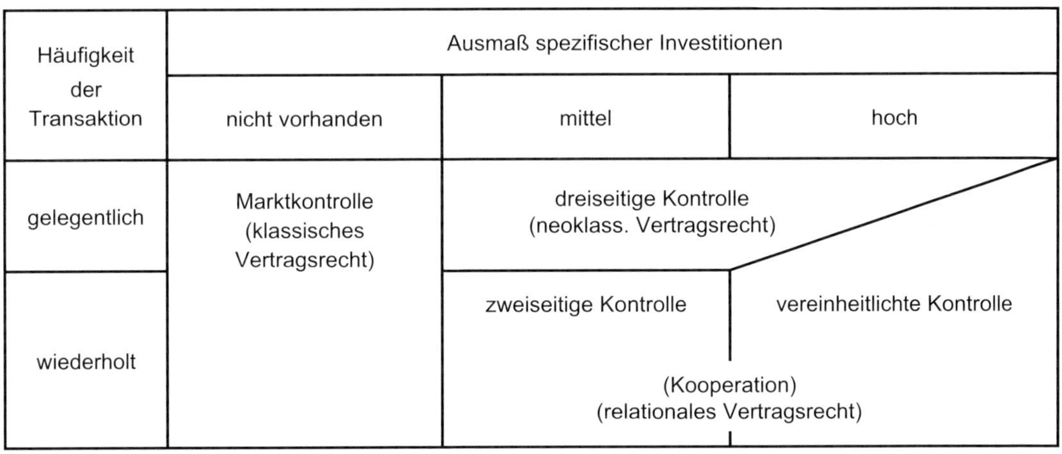

Quelle: in Anlehnung an Williamson 1990, S. 89

Abb. 3.7: Effiziente Beherrschung und Überwachung

3.3.3 Transaktionskosten im Distributionskanal nach Picot

Die Transaktionskostentheorie wurde zwar nicht für die Erklärung der Existenz oder der Vorteilhaftigkeit von Intermediären im Distributionskanal entwickelt, kann aber auf die Frage nach der Struktur von Distributionssystemen bezogen werden. Sie kann dazu dienen, die Vorteilhaftigkeit der Einschaltung eines Händlers mit der Alternative Direktdistribution zu vergleichen. In beiden Fällen handelt es sich im Verhältnis zum Konsumenten um eine marktliche Beziehung, da im Regelfall ein Leistungsaustausch mit dem Konsumenten über den Preismechanismus koordiniert wird. Aus einer einfachen Marktbeziehung (Hersteller-Konsument) im Falle der direkten Distribution wird eine doppelte (Hersteller-Händler und Händler-Konsument) im Falle der Einschaltung eines Händlers. Picot (1986) gehört zu den Ersten, die den Versuch unternahmen, mit den Wirkungsmechanismen der Transaktionskostentheorie die Vorteilhaftigkeit der direkten oder indirekten Distribution nachzuweisen. Die Abbildung 3.8 fasst seine Überlegungen zusammen. Ein zwischen einen Hersteller und einen Abnehmer geschalteter Händler besitzt die Fähigkeit, die Transaktionskosten, die bei einem direkten Kontakt zwischen den ersten beiden entstehen, zu reduzieren. Betragen die Transaktionskosten des Anbieters in dem dargestellten Beispiel bei direktem Kontakt 4 GE, so reduzieren sie sich bei Einschaltung eines Händlers um 1 GE (a) auf 3 GE. Gleiches gilt für den Nachfrager, dessen Transaktionskosten ebenfalls um 1 GE (b) von 2 GE auf 1 GE sinken. Die Transaktionskosten des eingeschalteten Händlers betragen 1,5 GE (c), so dass die Gesamtkosten des Systems bei Einschaltung des Handels um 0,5 GE (a + b - c) geringer sind als die Gesamtkosten des Systems ohne Einschaltung des Handels. Dies bringt auch die Aussage von Gümbel (1985, S. 168) zum Ausdruck, der Handel sei ein Transaktionskostenspezialist.

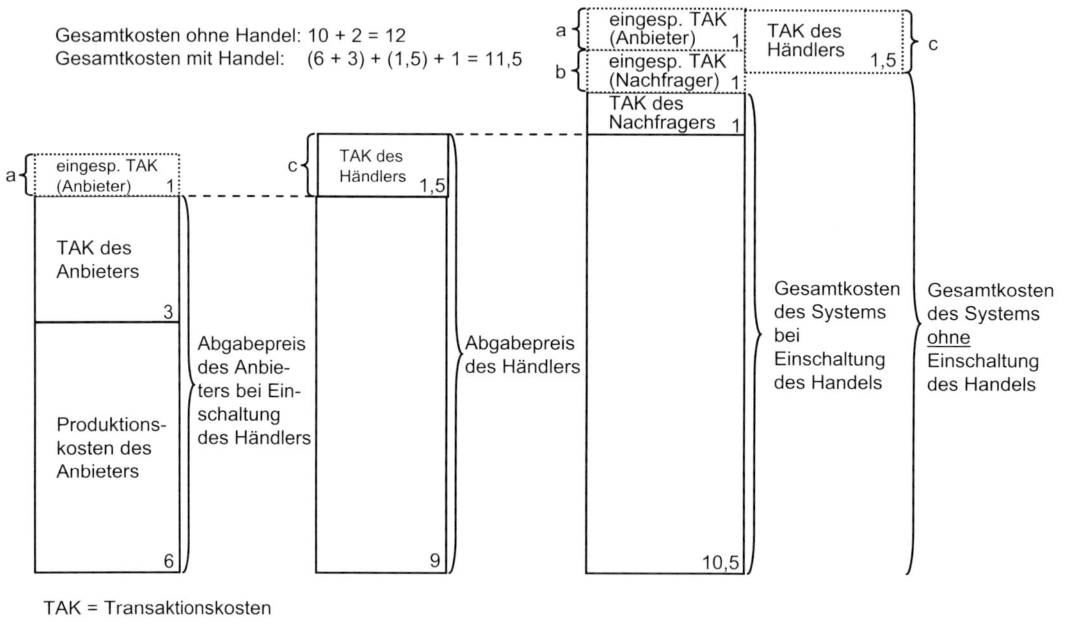

Quelle: in Anlehnung an Picot 1986, S. 4

Abb. 3.8: Einsparung von Transaktionskosten bei Einschaltung des Handels

Picot charakterisiert Bedingungen und führt plausible Argumente für die Vermutung an, dass die Einschaltung eines Händlers die Kosten in einem Distributionskanal senkt. Er nennt zehn Einflussfaktoren und erläutert, inwieweit sie tendenziell zu Direktvertrieb oder zur Einschaltung des Handels führen und inwieweit sie die Stufigkeit eines Distributionskanals erhöhen oder reduzieren (vgl. Abbildung 3.9), ohne dass allerdings das System deutlich würde, aus dem diese zehn Faktoren abgeleitet sind.

Tendenzielle Wirkung auf die Distribution

			Einflussgröße			
Handel	gering	←	Nachfrager-spezifität	→	hoch	Direktvertrieb
Handel (mehrstufig)	hoch	←	Zahl der Anbieter und Nachfrager	→	gering	Direktvertrieb
Handel	schwierig	←	zeitlich-mengenmäßige Abstimmung	→	einfach	Direktvertrieb
Handel (mehrstufig)	schwierig	←	Kommunikations-möglichkeit	→	einfach	Direktkontakt
Sortimentshandel	stark	←	Verbundnachfrage	→	schwach	Spezialhandel
Handel	gering	←	Wertgewicht	→	hoch	Direktkontakt
dezentralisierte Distribution (Stufung)	hohe Kosten	←	Transportwesen	→	preisgünstig	Abbau von Stufen
dezentralisierte Distribution (Stufung)	leistungsschwach	←	IuK-Technik	→	leistungsstark	Abbau von Stufen
Handel	starr	←	Produktionstechnik	→	flexibel	Direktkontakt
Handel	schwach	←	öffentliche Bildung und Information	→	stark	Abbau von Stufen

Quelle: Picot 1986, S. 11

Abb. 3.9: Bestimmungsfaktoren der Transaktionskosten und ihre Wirkungen auf die Ausgestaltung von Distributionswegen nach Picot

Einzelne Einflussfaktoren sind schon aus dem Baligh-Richartz-Modell bekannt, in dem sich bei Einschaltung eines Handelsbetriebs die Zahl der Kontakte umso mehr verringert, je größer die Zahl der Anbieter und Nachfrager ist. Andere Bestimmungsfaktoren treten hinzu. Picot (1986, S. 5) formuliert jeweils Tendenzaussagen, wie z. B.:

„Entspezialisierung und Standardisierung sorgen für die Entkoppelung zwischen Anbieter und individuellem Nachfrager. (…) Je weiter die Standardisierung von Erzeugnissen vorangetrieben wird, desto großbetrieblicher lässt sich der Handel organisieren.“

Diese Aussagen können auch als Hypothesen verstanden werden und, soweit sie nicht aus logischen Gründen zu verifizieren sind, einer empirischen Überprüfung zugeführt werden.

Der Spezifität wird eine besondere Rolle bei der Entwicklung der Transaktionskosten beigemessen. Die Abbildung 3.10 zeigt den Einfluss der Spezifität auf die Transaktionskosten von drei unterschiedlichen Koordinationsformen. Während bei niedriger Spezifität marktliche Koordinationsformen vorteilhaft sind, verursachen bei hoher Spezifität hierarchische Formen die geringsten Transaktionskosten. Bei mittlerer Ausprägung der Spezifität sind hybride Formen vorteilhaft.

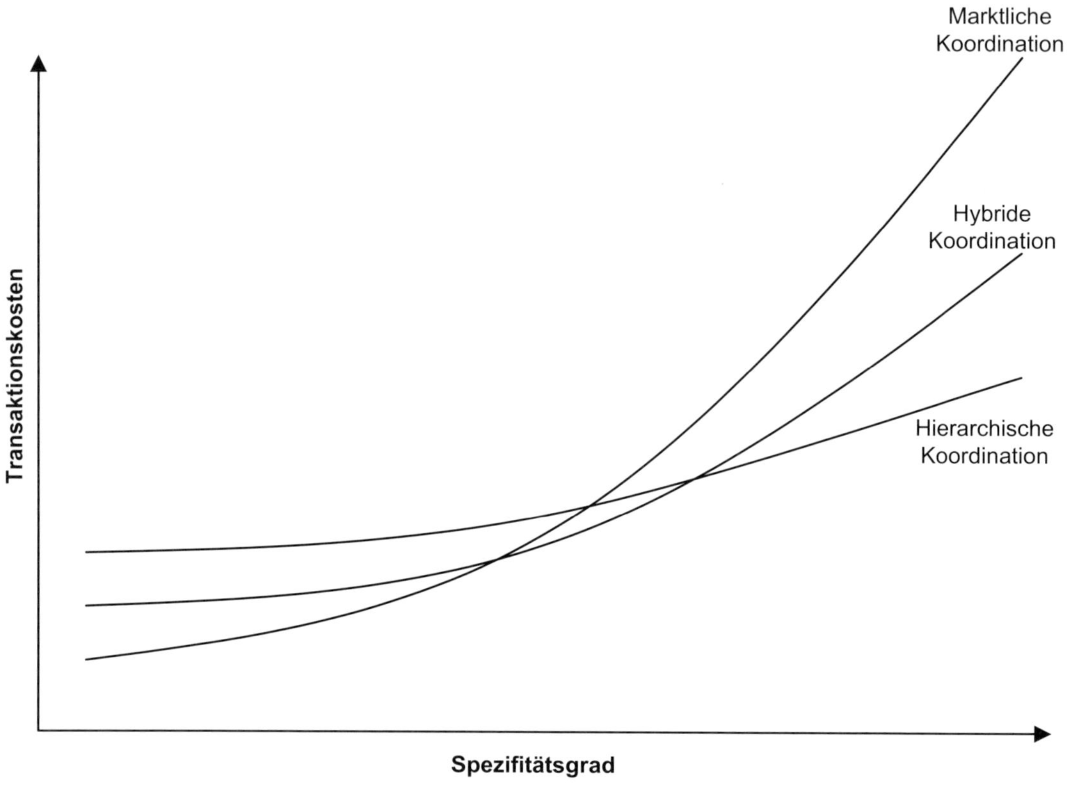

Quelle: in Anlehnung an Picot 1993, S. 732

Abb. 3.10: Einfluss der Spezifität auf die Transaktionskosten verschiedener Koordinationsformen

3.3.4 Diskussion der Annahmen und Beurteilung des TAK-Ansatzes

Die Transaktionskostentheorie trifft eine Reihe von Annahmen, unter denen die zentralen Aussagen hinsichtlich der Vorteilhaftigkeit des Handels abgeleitet werden. Sie sollen im Folgenden analysiert werden. Das Interesse gilt insbesondere der Frage, inwieweit die getroffenen Annahmen im Distributionskanal erfüllt sind.

Markt und Hierarchie als Alternativen

Aus der Perspektive eines Herstellers kann die Nutzung eigener Distributionsorgane als hierarchische und die Einschaltung eines Händlers als marktliche Koordinationsform bei der Realisierung von Distributionsaufgaben interpretiert werden. Dabei sind unterschiedliche Formen der Einschaltung des Handels als Alternative zu eigenen Distributionsorganen eines Herstellers (Hierarchie) denkbar, wenn diese Differenzierung auch in dem dargestellten Ansatz von Picot noch nicht vorgenommen wird. Neben dem selbständigen Händler (Markt) sind marktnahe oder hierarchische Vertriebssysteme (Hybridlösungen) als Koordinationsform zwischen Hersteller und Intermediär (z. B. Vertragshändler oder Franchisenehmer) möglich (vgl. Fischer 1993, S. 200), also alle in Kapitel 2 vorgestellten Distributions- und Handelssysteme. Dabei kann zwischen den Koordinationsformen selbständige Großhändler/selbständige Einzelhändler, Verbundgruppe, Franchisesystem und Filialsystem differenziert werden (vgl. Mandewirth 1997, S. 32).

Transaktionskosten als Kriterium für die Vorteilhaftigkeit eines Distributionssystems

Wenn die Vorteilhaftigkeit der Einschaltung des Handels anhand der jeweiligen Transaktionskosten (unter der Annahme konstanter Produktionskosten) analysiert wird, stellt sich die Frage, ob mit der Beschränkung auf Anbahnungs-, Vereinbarungs-, Kontroll- und Anpassungskosten nicht wesentliche Kostenelemente aus der Analyse ausgeblendet werden. So ist zu fragen, wie zum Beispiel Lager- und Transportkosten berücksichtigt sind, denn gerade Vorteile in diesem Bereich können die Einschaltung des Handels begründen (insbesondere im Großhandel). Picot (1986, S. 4) verwendet in diesem Zusammenhang den Begriff „Produktionskosten des Handels“ und nennt beispielhaft Lagerung, Umpackung und Veränderung von Waren. Er rechnet die Logistikkosten also zu den Produktionskosten. Die Einschaltung des Handels ist aus Sicht von Picot (1986, S. 4) nur dann sinnvoll, „wenn die Transaktionskosten von Anbieter, Handel und Nachfrager sowie die Produktionskosten des Handels zusammengenommen kleiner (im Grenzfall nicht höher) sind als die Transaktionskosten von Anbieter und Nachfrager vor Einschaltung des Handels“. Bei einem Vorteilhaftigkeitsvergleich müssen bei einer solchen Kostenabgrenzung also Produktions- und Transaktionskosten simultan berücksichtigt werden. Stellenweise hat sich eine Unterscheidung zwischen Produktionskosten im engeren und im weiteren Sinne durchgesetzt. Während Produktionskosten im engeren Sinne nur bei der Fertigung eines Gutes anfallen und von der Distributionsform weitgehend unabhängig sind, gehören zu den Produktionskosten im weiteren Sinne unter anderem auch Kosten für Lagerung und Transport (vgl. Fischer 1993, S. 170). Es kommt ebenfalls vor, dass die Logistikkosten den Transaktionskosten zugerechnet werden. Aussagen über die Effizienz eines Distributionssystems mit Hilfe von Produktions- und Transaktionskosten setzen also eindeutige Definitionen voraus, worüber allerdings oft keine einheitlichen Vorstellungen vorliegen.

Nach Picot sind bei einem Vorteilhaftigkeitsvergleich nicht nur die Transaktionskosten des Herstellers und des Distributionsorgans (herstellereigene Distributionsabteilung bei Eigenerstellung bzw. Intermediär bei Fremdbezug) miteinander zu vergleichen sind, sondern es sind auch die Transaktionskosten des Nachfragers einzubeziehen. So kann sich das Sortiment eines Herstellers bei Direktvertrieb von dem Sortiment eines Händlers, der in der Regel Produkte verschiedener Hersteller führt, deutlich unterscheiden. Je nach Sortimentsbreite und Sortimentstiefe eines Geschäftes muss ein Endverbraucher weitere Einkaufsstätten aufsuchen. Das hat Konsequenzen für seine Suchkosten, mithin für seine Transaktionskosten, wirkt sich aber auch auf seine Transportkosten aus. Neben dem Sortiment sind vor allem Unterschiede bezüglich der Standortpolitik von Hersteller- und Handelsunternehmungen zu berücksichtigen, wenn man Auswirkungen der verschiedenen Alternativen auf die Kosten des Endverbrauchers analysiert. Die Überlegungen zeigen, dass eine Reihe von Kostenkomponenten des Endverbrauchers davon abhängig ist, ob er einen Hersteller oder einen Händler kontaktiert (vgl. hierzu z. B. Posselt/Gensler 2000). Der Effizienzvergleich muss sich folglich auf die Transaktionskosten im gesamten System beziehen.

Picot analysiert, ob durch die Einschaltung des Handels (bei gleich bleibenden Produktionskosten) Transaktionskosten eingespart werden können. Wenn dies der Fall ist, kann die Frage nach der Aufteilung der Kostenersparnis auf die Beteiligten aufgeworfen werden. Bereits bei der Darstellung des Baligh-Richartz-Modells wurde erörtert, dass unterschiedliche Anreizsysteme eingeführt werden können, um einzelne Gruppen (Hersteller, Händler, Endverbraucher) zur Mitwirkung an dem betreffenden System zu bewegen. Für den Handel stellt die Handelsspanne das zentrale Steuerungsinstrument dar. Die Handelsspanne fungiert als Kompensation bestimmter Leistungen, z. B. der Überbrückung der Distanz zwischen Hersteller und Endverbraucher durch den Händler. Nur wenn sie hinreichend groß ist, besteht für den Handel ein Anreiz, sich einzuschalten. So mündet die Frage nach der (Dis-)Intermediation des Handels in die Frage nach der Höhe der Handelsspanne (vgl. Müller-Hagedorn/Spork 2000).

Einflussfaktoren auf die Höhe der Transaktionskosten

Williamson hat den Faktoren Spezifität, Unsicherheit und Häufigkeit einen zentralen Stellenwert zugewiesen. Es ist mithin zu diskutieren, welcher Stellenwert diesen Größen bei der Übertragung der Theorie auf Distributionssystem zuzusprechen ist. Außerdem ist zu prüfen, inwieweit bei der Frage nach vorteilhaften Distributionsstrukturen weitere Einflussgrößen in die Betrachtung einzubeziehen sind.

1. Spezifische Investitionen in Hersteller-Händler-Beziehungen
   Nach Williamson kommt spezifischen Investitionen eine zentrale Bedeutung bei der Wahl der optimalen Koordinationsform zu. Solche Investitionen haben das Potenzial, die Kosten in oft erheblichem Maße zu senken. Fehlende Möglichkeiten einer alternativen Verwendung der spezifischen Investition erhöhen allerdings die *hold-up* Gefahr für die beteiligten Wirtschaftssubjekte. Insofern ist zu vermuten, dass mit steigender Spezifität der Investitionen herstellereigene Distributionsorgane die Transaktionskosten reduzieren können. Zunächst ist zu fragen, ob es in Distributionssystemen Investitionen gibt, die als spezifisch bezeichnet werden können.

   - Bei den häufig zu beobachtenden Überkapazitäten in der Industrie werden alle Investitionen zu spezifischen Investitionen, wenn auf einzelne Nachfrager im Handel beträchtliche Anteile des Absatzes entfallen. So hat die Drogeriekette Schlecker, die mehrere tausend Drogeriemärkte betreibt, im Frühjahr 1993 den Hersteller von Kindernahrungsmitteln Hipp ausgelistet, was bei Hipp seinerzeit zu einer beträchtlichen Unterauslastung der Produktionskapazitäten führte. Großteile des produktiven Kapitals waren entwertet und sind mithin als spezifisch anzusehen. Die Höhe der spezifischen Investitionen eines Herstellers wäre nach einer solchen Sicht in bestimmten Marktformen und Kapazitätssituationen beträchtlich. Obwohl Investitionen also nicht im Hinblick auf einen bestimmten Händler hin realisiert worden sind, werden sie durch das Verhalten eines einzelnen Händlers entwertet.
   - Entsprechendes kann für die Investitionen eines Händlers gelten. Bei einer Einschränkung der Geschäftsbeziehungen durch einen Hersteller könnten sich die Investitionen eines Händlers entwerten, was z. B. bei ausbleibender Belieferung oder bei ausbleibenden Maß-

nahmen zur Unterstützung des Abverkaufs der Fall sein könnte. Auch in diesem Fall wären unter Umständen alle Investitionen des Händlers, z. B. in das Grundstück, in das Gebäude, in die Ladenausstattung und in die Werbung, spezifische Investitionen. So könnte beispielsweise ein Autohändler, dem das Recht entzogen wird, weiterhin eine bestimmte Marke zu führen, Schwierigkeiten haben, seine Immobilie anderweitig zu nutzen.
- Neben der dargestellten Art von spezifischen Investitionen gibt es einen zweiten Typ, und zwar Investitionen, die auf spezielle Absprachen zwischen den Beteiligten zurückzuführen sind. Im Handel sind das vor allem Ladenausstattungen, die dem Marketingkonzept eines Herstellers entsprechen. Solches ist z. B. im Textilhandel oder im Haushaltswarenhandel zu beobachten (Regalsysteme einzelner Porzellanhersteller). In verstärktem Maße sind solche Investitionen in Franchisesystemen vorzufinden. Umgekehrt gibt es aber auch den Fall, dass Hersteller die Ladenausstattung in bestimmten Handelsbetrieben finanzieren. Diese Gruppe von spezifischen Investitionen kann als durch Vertrag bestimmte spezifische Investitionen bezeichnet werden.

Die in den ersten beiden Punkten dargestellten Investitionen können mit der Marktkonstellation begründet werden, die im dritten Punkt beschriebenen Investitionen werden dagegen durch Absprachen und Verträge zwischen den Partnern verursacht. Insgesamt erscheint so der Sachverhalt der spezifischen Investitionen in Verbindung mit der möglichen Gefahr, erpresst zu werden, als wichtiger Bestimmungsfaktor für die Vorteilhaftigkeit eines direkten oder indirekten Distributionssystems.

2. Unsicherheit
Die Umweltunsicherheit lässt die Frage aufkommen, wer ihre negativen Folgen am effizientesten reduzieren kann. Unsicherheit wird von Williamson als eine Eigenschaft von Transaktionen hervorgehoben (vgl. Williamson 1990, S. 89–91). Es kommt ihm insbesondere darauf an herauszuarbeiten, dass mit wachsender Unsicherheit Beherrschungs- und Überwachungssysteme wie Kooperationen oder Hierarchien empfehlenswert sind. Es ist allerdings zu beachten, dass Händler und Hersteller in unterschiedlichem Maße von Unsicherheiten betroffen sind (vgl. auch die Systematisierung der Unsicherheit bei Williamson 1990, S. 64–68). Der Händler sieht sich vor allem der unsicheren Endverbrauchernachfrage gegenüber. Diese kann er mit einer entsprechenden Geschäftspolitik über seine eigene Nachfrage beim Hersteller auf diesen übertragen. Das Risiko kann somit zwischen Hersteller und Händler in unterschiedlichem Maße und in unterschiedlicher Form aufgeteilt werden:

- Wäre es z. B. dem Handel nur einmal in einer Periode möglich, Waren für eine Saison zu kaufen, trüge er das gesamte Risiko aus der ungewissen Nachfrage. Könnte er dagegen mehrmals bestellen und würde er hinreichend schnell beliefert, kann er Teile des Risikos aus der a priori unsicheren Nachfrage auf den Hersteller überwälzen. Nicht nur die Konditionengestaltung des Herstellers ist mithin ein Parameter, mit dem die Risikoaufteilung gestaltet werden kann, sondern auch die Bestellpolitik des Handels.
- Ginge der Handel dazu über, Teile seines Verkaufsraums an den Hersteller zu vermieten, damit dieser dort seine Waren auf sein Risiko hin anbieten kann (*shop-in-the-shop*-Systeme),

trüge der Hersteller das gesamte Warenrisiko und der Händler höchstens Teile des sonstigen Geschäftsrisikos. Insofern wird auch mit der Vertragsgestaltung über die Aufteilung der Risiken befunden.

Für Distributionssysteme stellt externe Unsicherheit im Regelfall ein reales Phänomen dar. Da sie als negativ empfunden wird, suchen Unternehmungen nach Möglichkeiten, sie zu verringern oder sie auf andere zu verlagern. Insofern kann die externe Unsicherheit als relevanter Bestimmungsfaktor für die Struktur von Distributionssystemen angesehen werden.

Neben Risiken, die aus Umweltentwicklungen resultieren (z. B. unsichere Nachfrage), gibt es auch Unsicherheit, die aus dem Verhalten der Beteiligten erwächst. So kann es sein, dass Vertragspartner Informationen verschweigen, verschleiern oder verzerren. Empirisch ist über diese Unsicherheiten wenig bekannt. Sie kann aber durch entsprechende Kontroll- und Überwachungsmechanismen begrenzt werden, was sich etwa darin äußert, dass Franchisenehmer zu einer Berichterstattung verpflichtet werden. Immer dann, wenn solche Informationen für die Geschäftspolitik sehr wichtig werden, ist ceteris paribus zu erwarten, dass zumindest Vereinbarungen zur Kooperation zwischen den Partnern in einem Distributionssystem getroffen werden, um den Informationsaustausch zu gewährleisten. Vertikale Systeme wie etwa bei Zara oder H&M stützen die Plausibilität dieser Überlegungen.

3. Eigenschaften der Wirtschaftssubjekte
   Schon in dem Baligh-Richartz-Modell kam der Anzahl der Wirtschaftssubjekte auf der Hersteller-, Händler- und Nachfragerebene eine wesentliche Bedeutung zu, weil sie die Basis für die Ermittlung der Kontaktkosten darstellten. Das gilt auch für die Transaktionskostentheorie, wie aus der Auflistung von Einflussgrößen in Abbildung 3.9 deutlich wird („Zahl der Anbieter und Nachfrager"). Darüber hinaus sind auf allen Wirtschaftsstufen die Größe und die räumliche Verteilung der Wirtschaftssubjekte von großer Bedeutung. Mit einer wachsenden Zahl von potenziellen Marktpartnern erhöht sich das Problem, die entscheidungsrelevanten Informationen zu beschaffen, auszuwerten und zu verarbeiten. Die begrenzte Rationalität der beteiligten Wirtschaftssubjekte (Endverbraucher, Händler, Hersteller) fördert die Entstehung von Transaktionskosten. Ein Weg, sie zu reduzieren, kann darin bestehen, die Informationsbeschaffung bzw. die Informationsbereitstellung einem Spezialisten zu übertragen. Die Größe des Markts kann zudem die Gefahren opportunistischen Verhaltens beeinflussen, insbesondere wenn die Zahl der potenziellen Marktpartner gering ist. Die räumliche Verteilung der Wirtschaftssubjekte beeinflusst nicht nur die Höhe der Transaktionskosten. Müller-Hagedorn und Spork (2002a) haben in einem integrierten Ansatz zur Berücksichtigung von Kontakt- und Logistikkosten gezeigt, wie sich bei einer bestimmten Verteilung von Produktionsstandorten der Hersteller und Standorten der Abnehmer im Raum Einschaltungsmöglichkeiten für Großhändler ergeben.

4. Eigenschaften der Transaktionsobjekte
   Die Transaktionsobjekte und ihre Eigenschaften sind unter mehreren Aspekten bedeutend für die Höhe der Transaktionskosten. Zum einen sind die Informationsprobleme in Abhängigkeit von dem Anteil an Such-, Erfahrungs- und Vertrauenseigenschaften unterschiedlich groß. Mit

einem wachsenden Anteil an Erfahrungs- und Vertrauenseigenschaften wächst die Gefahr opportunistischen Verhaltens. Die Produkteigenschaften beeinflussen auch die relative Bedeutung der Logistikkosten. Handelt es sich um Produkte, die häufig und in kleinen Mengen vom Endverbraucher nachgefragt werden, so ist es erforderlich, die endverbraucherspezifischen Warenströme zu bündeln, um die Transportkosten nicht überproportional ansteigen zu lassen.

5. Eigenschaften der Umwelt
Dem Bereich Umweltbedingungen lassen sich die rechtlichen und technologischen Rahmenbedingungen zuordnen. Der Einfluss der technologischen Entwicklung auf die Transaktionskosten wird damit begründet, dass neue Technologien die Informations- und Kommunikationskosten senken. Da dieser Effekt die verschiedenen Koordinationsformen unterschiedlich stark beeinflusst, ändert sich ihre relative Vorteilhaftigkeit (vgl. z. B. Picot 1993; Picot/Ripperger/Wolff 1996).

Die Annahme der gleich bleibenden Leistung

Die Transaktionskostentheorie beschränkt sich auf die Analyse der anfallenden Transaktionskosten. Der Kostenvergleich wird unter einer Reihe von Annahmen vorgenommen (vgl. Williamson 1990, S. 25–26). Die Transaktionskosten bilden aber nur dann ein geeignetes Kriterium für die Auswahl effizienter Organisationsstrukturen, wenn „Produktionskosten und -leistungen gegenüber einer Veränderung der Organisationsform invariant sind“ (Picot 1982, S. 271). Unterscheiden sich die Produktionskosten in unterschiedlichen Beherrschungssystemen, müssen sie in den Kostenvergleich aufgenommen werden. Darauf wurde bereits hingewiesen. Insbesondere muss aber hervorgehoben werden, dass die Annahme einer konstanten Leistung durch die realen Verhältnisse in den Distributionssystemen nur zum Teil gedeckt wird, da sich die einzelnen Akteure (z. B. die direkt vertreibenden Hersteller, die Verbundgruppen, die Filialbetriebe) in unterschiedlichem Maße der verschiedenen Betriebsformen bedienen. Unterschiedliche Betriebsformen bieten unterschiedliche Leistungen an. Beim selbständigen Fachhandel, oft in Verbundgruppen organisiert, findet man vor allem Fachgeschäfte. Filialisierte Unternehmungen betreiben dagegen oft Fachmärkte und Diskontgeschäfte. Von der Industrie betriebene Werkhandelsgesellschaften oder Großhandelsbetriebe bieten i. d. R. ein anderes Sortiment als „echte“ Sortiments-Großhändler an. Unterschiedliche Distributionssysteme bedienen sich also offensichtlich unterschiedlicher Betriebsformen, so dass zusätzlich zu den Kosten andere Gesichtspunkte einbezogen werden müssen, wenn es um die Ermittlung der Vorteilhaftigkeit einzelner Distributions- oder Handelssysteme geht. Zwar können alle qualitativen Unterschiede in der Leistung auch als Kosten interpretiert werden (z. B. als Kosten für den Verzicht auf die eigentlich gewünschte Leistung), aber dies stellt doch eine sehr abstrahierende Darstellung der von den Wirtschaftssubjekten gesehenen Vor- und Nachteile dar. Nicht immer ist die Brücke zwischen einer subjektiven Bewertung solcher Gesichtspunkte und den Transaktionskosten so leicht zu schlagen wie bei der zu überbrückenden Entfernung und den zugehörigen Transportkosten.

Neben der Prüfung der Annahmen ist die Frage nach der empirischen Bewährung der Transaktionskostentheorie zu stellen. Immer wieder wird der Transaktionskostentheorie der Vorwurf gemacht, dass sie sich kaum empirisch testen lässt, auch weil die Abgrenzung von Produktions- und

Transaktionskosten nicht hinreichend scharf sei. Dennoch ist ein Bemühen erkennbar, die Aussagen, die theoretisch hergeleitet werden, empirisch zu überprüfen.

Insgesamt zeigt die Diskussion, dass die Transaktionskostentheorie einen wichtigen Erklärungsbeitrag nicht nur zur Existenz, sondern auch zur Vielfalt des Handels leisten kann. Unterschiedliche Koordinationsformen zwischen Hersteller und Nachfrager verursachen Produktions- und Transaktionskosten in unterschiedlicher Höhe. Analysiert man die vielfältigen Formen der Distribution zwischen einem Hersteller und einem Nachfrager und stellt die Frage nach den Gründen für die Vielfalt, so gibt die Transaktionskostentheorie durchaus plausible Antworten. Bei direkt vertreibenden Herstellern wie Vorwerk, Tupperware oder Avon ist ein hohes Maß an spezifischen Investitionen erkennbar, die für eine Integration der Distributionsaufgaben sprechen. Betrachtet man die Automobilbranche, so lässt sich das hohe Maß an Kontrolle, das von den Automobilherstellern hinsichtlich der Distribution ausgeübt wird, ebenfalls mit Erklärungsmustern der Transaktionskostentheorie begründen. Sieht man zudem, dass der Grad der Integration im Premiumbereich tendenziell zunimmt, so ist dies ein weiterer Beleg für die Erklärungskraft der Theorie. Ebenso ist es plausibel, die Existenz von spezifischen Investitionen als treibende Kraft für die in der Praxis zu beobachtende wachsende Bedeutung von *shop-in-the-shop*-Aktivitäten, herstellergesteuerten Franchiseorganisationen und von der Industrie betriebenen eigenen Geschäften anzusehen (vgl. Grüger 2007). Kritisch ist der Umstand zu sehen, dass sich die Leistung unterschiedlicher Distributionssysteme in vielen Aspekten unterscheidet. Die Relevanz dieser Unterschiede für den Nachfrager ist mit dem Hinweis, dass für den Nachfrager unterschiedliche Transaktionskosten anfallen können, nur sehr eingeschränkt erfasst. Hier liefert die Marketingtheorie direktere Hinweise darauf, welche Wertschätzung Nachfrager einzelnen Systemen entgegen bringen.

3.4 Spieltheoretische Ansätze zum Einfluss der Konkurrenzsituation und der Machtkonstellation

Direkte und indirekte Distribution und damit die Vorteilhaftigkeit des Handels lassen sich auch mittels preistheoretischer Überlegungen vergleichen. Gegenstand preistheoretischer Analysen sind meist idealtypische Marktstrukturen, die mit Hilfe der Marktformen Monopol, Oligopol und Polypol charakterisiert werden. Preisanalysen in mehrstufigen Marktformen haben gerade in der deutschsprachigen Literatur eine inzwischen längere Tradition. Wird explizit der Handel analysiert, so werden meist zweistufige Systeme betrachtet (vgl. z. B. Krelle 1961, S. 507–535; Weber 1966, S. 114–239; Jacob 1971, S. 249–267).

Häufig wird das Zusammentreffen von zwei Monopolisten analysiert. Ein Monopolist auf der Herstellerebene schaltet einen mit Monopolmacht ausgestatteten Intermediär ein, um sein Produkt zu vertreiben (*successive monopoly model*). Untersucht werden die Preisentscheidungen des Herstellers und des Intermediärs, die daraus resultierende Nachfragemenge sowie die Gewinne beider Wirtschaftssubjekte. Verglichen werden diese Ergebnisse mit jenen, die sich im Falle der direkten Distribution des mit Monopolmacht ausgestatteten Herstellers ergeben. Dieser als „klassisch“ zu bezeichnende Fall, in dem ausschließlich der Preis als Entscheidungsparameter dient und den unter anderem Tirole (1999, S. 378–381) ausführlich beschreibt, führt unter den getroffenen Annahmen zu dem Ergebnis, dass für die Existenz einer Handelsunternehmung kein Platz ist (vgl. auch Bresnahan/Reiss 1985). Bei Einschaltung eines Intermediärs steigt nämlich der Preis – man spricht von einem doppelten Gewinnaufschlag – und die nachgefragte Menge wird kleiner. Aus der Sicht des Nachfragers ist die indirekte Distribution nachteilig. Das gleiche gilt für den Hersteller, dessen Gewinn durch die Einschaltung eines Intermediärs geringer wird.

Betancourt und Gautschi (1998) nehmen diese Erkenntnis zum Anlass, zu prüfen, ob eine Modifikation des klassischen Falls die Ergebnisse ändern kann. Sie machen unter anderem den Vorschlag, einen weiteren Entscheidungsparameter – den Service – in die Analyse einzubeziehen. Mit Hilfe des Serviceparameters und weiterer Modellmodifikationen lassen sich Bedingungen angeben, unter denen die Einschaltung des Handels vorteilhaft sein kann (vgl. Toporowski 2002).

Wegen der Monopolstruktur auf der Hersteller- und der Handelsstufe können in den genannten Märkten keine Wettbewerbsstrukturen untersucht werden. Diese Möglichkeit bieten Ansätze, die oligopolistische Strukturen analysieren. Um die interessierenden Effekte mit Hilfe modelltheoretischer Instrumente untersuchen zu können, bleibt die Analyse allerdings meist auf den Fall eines Dyopols beschränkt. Die gegenüber dem Monopol vorgenommene Erweiterung um zumindest einen weiteren Hersteller und einen weiteren Intermediär eröffnet die Möglichkeit, Interdependenzen zwischen Wirtschaftssubjekten der gleichen Stufe zu untersuchen. Da in der ökonomischen Realität meist von Konkurrenzbeziehungen sowohl auf der Hersteller- als auch auf der Handelsebene auszugehen ist, bietet die Analyse die wichtige Option, ihre Wirkung auf die Vorteilhaftigkeit einzelner Distributionsstrukturen, insbesondere auf die Einschaltung von Händlern, zu untersuchen.

Ein bedeutender Vorstoß in diese Richtung ist von McGuire und Staelin (1983) initiiert worden. Die Beiträge der beiden Autoren, in denen sowohl auf der Hersteller- als auch auf der Handelsebene zwei Wirtschaftssubjekte modelliert werden, haben das Entstehen einer Reihe von weiteren Arbeiten bewirkt, so dass sich innerhalb der Distributionsforschung ein auf dem Modell von McGuire und Staelin basierender Forschungszweig entwickelt hat.

Alternative Distributionsstrukturen

McGuire und Staelin betrachten ein Distributionssystem mit zwei Herstellern. Jeder produziert ein Produkt, das er entweder direkt oder über einen Händler vertreiben kann. Ein Händler in dem betrachteten System führt entweder das Produkt des einen oder des anderen Herstellers, d. h. es handelt sich um exklusiv vertreibende Händler. Die beiden Produkte unterscheiden sich voneinander, sind jedoch in einem bestimmten Maße substituierbar. McGuire und Staelin differenzieren zwischen drei Distributionsstrukturen (*industry structure*), die sich unter diesen Bedingungen herausbilden könnten:

- beide Hersteller vertreiben direkt (*pure integrated structure*),
- beide Hersteller schalten jeweils einen Intermediär ein, der exklusiv nur das Produkt eines Herstellers vertreibt (*pure decentralized structure*),
- ein Hersteller vertreibt direkt, der andere schaltet einen Intermediär ein, der exklusiv nur das Produkt dieses Herstellers vertreibt (*mixed structure*).

Die Abbildung 3.11 veranschaulicht die unterschiedlichen Strukturen.

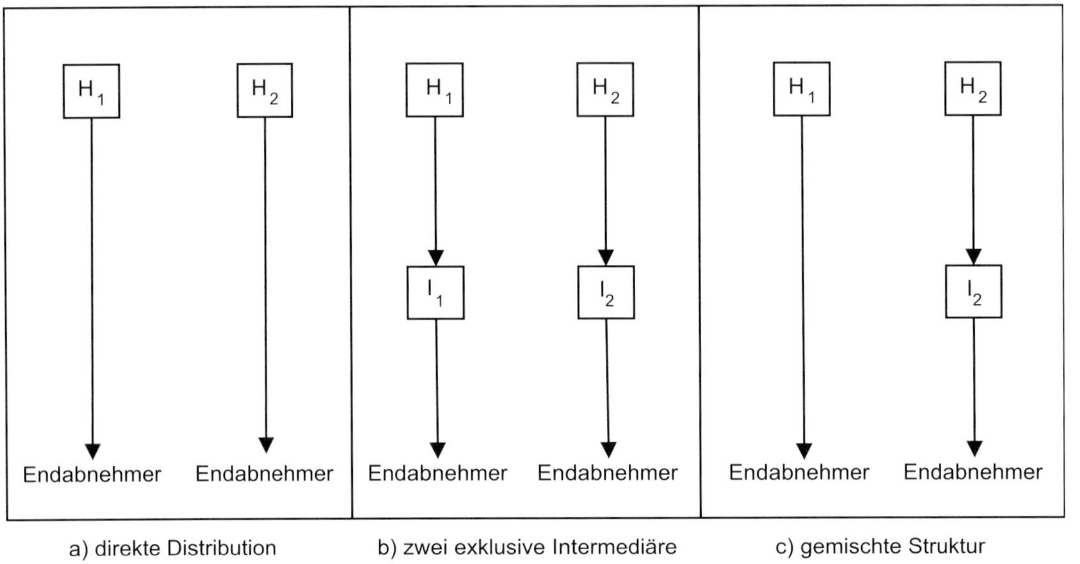

Abb. 3.11: Distributionsstrukturen in dem Modell von McGuire und Staelin

Für die Nachfragefunktionen nach den beiden Produkten wird der folgende Ansatz gewählt:

$$(3.11) \qquad q_j(p_j, p_k) = 1 - p_j + \theta p_k\,, \quad k = 3 - j, \quad j = 1, 2\,,$$

mit:

q_j = Nachfrage nach dem Produkt j

p_j, p_k = Preise der beiden Produkte gegenüber den Nachfragern

θ = Grad der Substituierbarkeit zwischen den beiden Produkten

Die Nachfrage nach einem Produkt hängt, so die Annahme des Modells, linear von dem Preis dieses Produkts und dem Preis des anderen Produkts ab. Die Stärke des Einflusses des anderen Produkts wird über den Parameter θ modelliert. Er beschreibt den Grad der Substituierbarkeit zwischen den beiden Produkten.

Wegen $\frac{\partial q_j}{\partial p_k} = \theta$ und $\frac{\partial q_j}{\partial p_j} = 1$ gilt:

$$(3.12) \qquad \theta = -\frac{\frac{\partial q_j}{\partial p_k}}{\frac{\partial q_j}{\partial p_j}},$$

d. h. der Parameter θ beschreibt das Verhältnis zwischen einer Änderung der Nachfrage nach dem ersten (zweiten) Produkt infolge einer marginalen Änderung des Preises des zweiten (ersten) Produkts und der Änderung der Nachfrage nach dem ersten (zweiten) Produkt infolge einer marginalen Änderung des Preises des ersten (zweiten) Produkts. Für den Wertebereich des Parameters θ wird $0 \leq \theta < 1$ gefordert.

Es wird des Weiteren angenommen, dass alle Wirtschaftssubjekte ihren eigenen Gewinn maximieren. Dabei bildet für jedes Wirtschaftssubjekt auf der Hersteller- und auf der Intermediärsebene der eigene Preis für das betreffende Produkt den einzigen Entscheidungsparameter.

1. Indirekte Distribution

Betrachtet man zuerst den Fall der indirekten Distribution, so gilt für den Gewinn des Herstellers j, der einen Intermediär einschaltet:

$$(3.13) \qquad G_{Hj}(w_j) = w_j q_j(p_j, p_k), \quad k = 3 - j, \quad j = 1, 2,$$

mit:

w_j = Preis des Herstellers j gegenüber seinem Intermediär

Dabei handelt es sich bei den Preisen p_1, p_2 und w_1, w_2 um Parameter, die aus einer Reparametrisierung eines Modells hervorgehen, das sowohl Produktions- als auch Vertriebskosten berücksichtigt (vgl. McGuire/Staelin 1983, S. 168–172). Der Gewinn des Herstellers hängt nach der Formel von der eigenen Entscheidung bezüglich des Preises w_j und von der Höhe der Nachfrage, die von den Preisen gegenüber den Nachfragern p_j und p_k beeinflusst wird, ab.

Die Gewinnfunktion des Intermediärs hat die folgende Form:

$$(3.14) \qquad G_{Ij}(p_j) = (p_j - w_j) q_j(p_j, p_k), \quad k = 3 - j, \quad j = 1, 2$$

Der Gewinn des Intermediärs hängt von seiner Wahl des Preises p_j sowie vom Preis des Herstellers w_j und der Höhe der Nachfrage ab. Letztere hängt von seiner Entscheidung bezüglich p_j und vom Preis des anderen Produkts p_k ab.

2. Direkte Distribution

Vertreibt der Hersteller direkt, so gilt für seine Gewinnfunktion:

$$(3.15) \qquad G_{Hj}(p_j) = p_j q_j(p_j, p_k), \quad k = 3 - j, \quad j = 1, 2$$

Er beeinflusst die Höhe des Gewinns durch die Wahl seines Preises p_j auf zwei Arten. Zum einen wirkt sich der Preis unmittelbar, zum anderen mittelbar über die Höhe der Nachfrage, die außerdem vom Preis des anderen Produkts p_k abhängt, auf seinen Gewinn aus.

Annahmen über das Verhalten der Wirtschaftssubjekte

Maßgeblich für die Beurteilung der Vorteilhaftigkeit eines Distributionskanals ist der Gewinn der beteiligten Wirtschaftssubjekte. Da in der Analyse vornehmlich die Perspektive eines Herstellers eingenommen wird, wird sein Gewinn als Kriterium für die Wahl der direkten oder der indirekten Distribution herangezogen. Die Form der Gewinnfunktionen macht allerdings deutlich, dass der Gewinn stets auch von den Entscheidungen der übrigen Wirtschaftssubjekte abhängig ist. Ein bedeutender Einfluss auf den Gewinn geht deshalb davon aus, ob der einzelne Entscheidungsträger die Preisentscheidungen der anderen als gegeben akzeptieren muss oder ob er sie mit der Wahl des eigenen Preises beeinflussen kann. Entscheidend ist auch die Frage, ob das Verhalten der übrigen Wirtschaftssubjekte beobachtet und folglich bei der eigenen Optimierung berücksichtigt werden kann.

Bei der Beurteilung der Vorteilhaftigkeit eines Distributionskanals können also unterschiedliche Verhaltensannahmen getroffen werden, die sich mit Hilfe spieltheoretischer Überlegungen abbilden lassen. McGuire und Staelin modellieren Hersteller, die in der Lage sind, die Reaktion der Händler auf die Preisentscheidungen auf der Herstellerebene zu beobachten und folglich bei der Optimierung der eigenen Gewinnfunktion zu berücksichtigen. Bezogen auf die Gewinnfunktionen (3.13), (3.14) und (3.15) bedeutet das, dass ein indirekt vertreibender Hersteller j die Gewinnfunktion G_{Ij} seines Händlers und dessen Optimierungskalkül hinsichtlich des Preises p_j kennt. Der Hersteller j nutzt die Kenntnis der Reaktionsfunktion des Händlers j auf seinen Preis w_j und berücksichtigt sie bei der Maximierung seiner Gewinnfunktion G_{Hj}. Von den Händlern wird dagegen angenommen, dass sie die Preisentscheidungen der Hersteller als gegeben betrachten. Ein Händler j maximiert also in Abhängigkeit von p_j seine Gewinnfunktion G_{Ij}, indem er den Preis w_j als gegeben ansieht. Ebenso ist für ihn der Preis p_k des anderen Händlers ein Fixum.

In diesen Annahmen spiegelt sich eine asymmetrische Machtverteilung zwischen der Hersteller- und der Handelsebene wider. In späteren Studien wird diese Verhaltensannahme als Manufacturer-Stackelberg-Szenario bezeichnet, weil der Hersteller die Position eines Stackelberg Leaders einnimmt. Um das Verhalten der Wirtschaftssubjekte in eindeutiger Weise zu charakterisieren, sind zusätzlich weitere Annahmen hinsichtlich der Beobachtbarkeit der Preise im jeweils anderen Distributionskanal erforderlich. Meist wird unterstellt, dass innerhalb einer gemischten Struktur der direkt vertreibende Hersteller den Preis des anderen Händlers und innerhalb der Struktur mit zwei Händlern jeder Hersteller die Preisentscheidung des anderen Herstellers und die Reaktion des Händlers beobachten kann.

Gewinn des Herstellers

Unter diesen Annahmen ergibt sich für den Gewinn des Herstellers in Abhängigkeit von dem Parameter θ das folgende Bild. Dabei kennzeichnen ii, dd, di und id die unterschiedlichen Distributionsstrukturen. So steht ii (dd) für den Gewinn des Herstellers der indirekt (direkt) vertreibt, wenn auch der andere Hersteller indirekt (direkt) vertreibt. Die Kombination di (id) steht für den Gewinn des Herstellers, der direkt (indirekt) vertreibt, wenn der andere Hersteller indirekt (direkt) distribuiert.

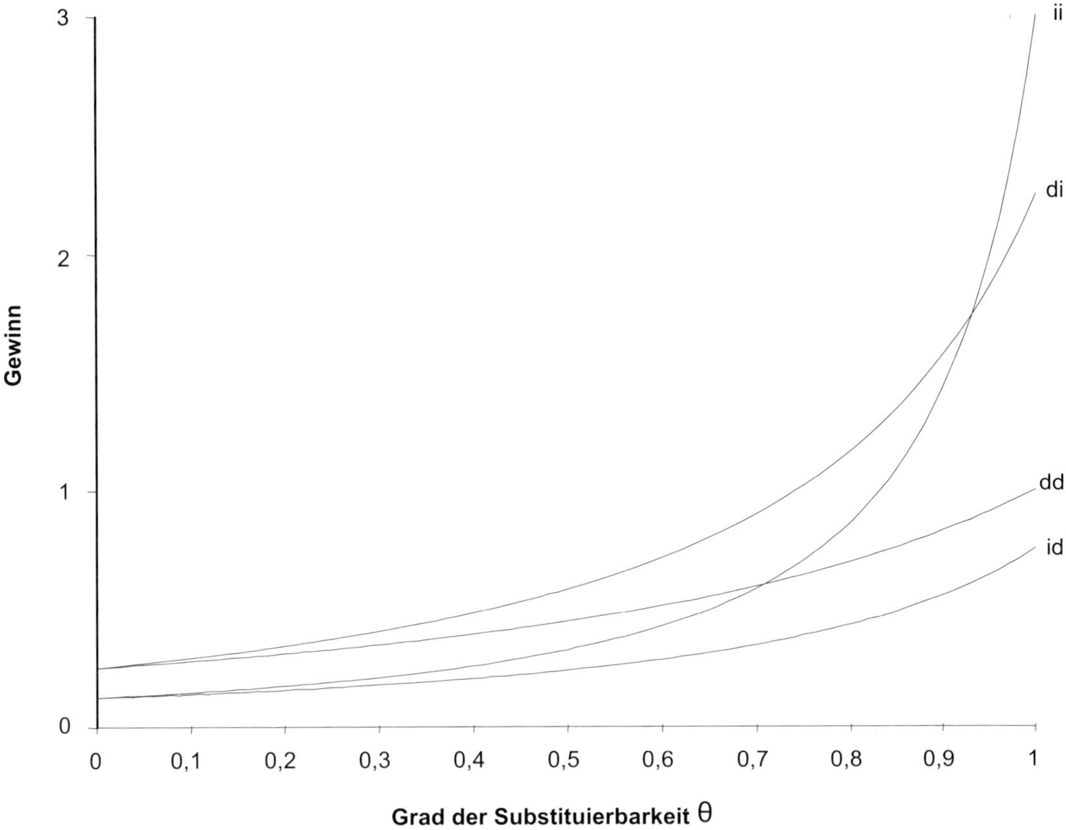

Quelle: McGuire/Staelin 1983, S. 178

Abb. 3.12: Gewinn des Herstellers in Abhängigkeit von θ und von dem gewählten Distributionskanal

Es wird deutlich, dass der indirekt vertreibende Hersteller in einem gemischten Distributionskanal stets den geringsten Gewinn realisiert. Zugleich erzielt der direkt vertreibende Hersteller in diesem System den höchsten Gewinn, solange der Parameter θ den Wert 0,9309 nicht überschreitet. Für größere Werte von θ stellt die indirekte Distribution beider Hersteller die gewinnmaximale Alternative dar. Werden die Gewinne des Herstellers in den Distributionskanälen verglichen, in denen beide Hersteller das gleiche Verhalten an den Tag legen, so zeigt die Abbildung, dass die direkte Distribution bis zu einem Wert von θ von 0,7078 einen höheren Gewinn induziert als die Einschaltung eines Intermediärs. Für Werte, die darüber liegen, kehrt sich die Relation um.

Die Aufnahme des gemischten Kanals – in dem beide Hersteller einen unterschiedlichen Gewinn realisieren – in die Analyse der Distributionskanäle wirft die Frage auf, welche der betrachteten Strukturen ein Gleichgewicht darstellen bzw. wann für eines der Wirtschaftssubjekte ein Anreiz besteht, die von ihm gewählte Form der Distribution zu wechseln. Betrachtet man die Abbildung 3.12, so stellt man fest, dass die Einschaltung eines Intermediärs bei gleichzeitiger direkter Distribution des anderen Herstellers durchgehend die schlechteste Alternative darstellt. Zugleich ist erkennbar, dass für $\theta < 0{,}9309$ die direkte Distribution für einen Hersteller die beste Alternative darstellt, solange der andere Hersteller einen Intermediär einschaltet. Für $\theta < 0{,}9309$ kann also die Einschaltung eines Intermediärs durch beide Hersteller kein Nash-Gleichgewicht darstellen. Vertreibt ein Hersteller direkt, so ist es für den anderen besser, ebenfalls direkt zu vertreiben als einen Intermediär einzuschalten. Das bedeutet, dass es sich bei einem gemischten System um kein Nash-Gleichgewicht handeln kann. Für $\theta < 0{,}9309$ bildet das System mit zwei direkt vertreibenden Herstellern das einzige Nash-Gleichgewicht. Für jeden Hersteller gilt nämlich, dass er seine Gewinnsituation durch einen Wechsel zum indirekten Vertrieb nicht verbessern kann, solange der andere Hersteller direkt vertreibt. Für $\theta \geq 0{,}9309$ gibt es zwei Nash-Gleichgewichte. Zum einen gilt für das System mit zwei direkt vertreibenden Herstellern, dass der Wechsel der Strategie keinen Vorteil bietet, solange der andere Hersteller beim Direktvertrieb bleibt. Zum anderen weist aber auch der Distributionskanal mit zwei Intermediären die Eigenschaft auf, dass ein Wechsel zum Direktvertrieb keine Verbesserung der Gewinnsituation bewirken kann, solange der andere Hersteller einen Intermediär einschaltet.

Die Erkenntnis, dass die Vorteilhaftigkeit eines Distributionskanals von der Substituierbarkeit der in dem Modell betrachteten Güter abhängt, stellt das zentrale Ergebnis des Beitrags von McGuire und Staelin dar. Besondere Bedeutung kommt der Aussage zu, dass bei einer hohen Substituierbarkeit der Güter, d. h. einer starken Abhängigkeit der Nachfrage des einen Gutes von dem Preis des anderen, beide Hersteller von der Einschaltung eines Intermediärs profitieren. McGuire und Staelin (1983, S. 175) sprechen von einem Puffer (*„buffer"*) in der Form eines Intermediärs, den jeder Hersteller zwischen die Hersteller- und die Nachfragerstufe einfügt, um sich vor der starken Konkurrenz auf dem Nachfragermarkt zu schützen.

Die Ergebnisse sind im starken Maße von den getroffenen Annahmen abhängig. So ändert sich mit der Machtverteilung zwischen den Herstellern und den Händlern die Vorteilhaftigkeit der Distributionskanäle. Wird eine gleich starke Position der Hersteller und der Händler (Vertical-Nash-Szenario) oder einen Vorteil der Händler (Retailer-Stackelberg-Szenario) unterstellt, so ist für alle θ der direkte Vertrieb das einzige Nash-Gleichgewicht. Auch die Modellierung der Nachfrage beeinflusst die Ergebnisse.

Es sind in der Folgezeit zahlreiche Varianten des Modells entwickelt worden. Die Erweiterungen beziehen sich unter anderem auf

- die Modellierung von Kosten, die von der Distributionsstruktur abhängen,
- die Modellierung nichtlinearer Nachfragefunktionen,
- die Einbeziehung weiterer Distributionsstrukturen in den Vergleich.

Insbesondere der letzte Punkt verdient Beachtung, da in dem Modell von McGuire und Staelin nur Händler betrachtet werden, die exklusiv das Produkt eines einzigen Herstellers vertreiben. Ein Modell mit einem gemeinsamen Händler (*common retailer*), der Produkte beider Hersteller vertreibt, ist von Choi (1991) präsentiert worden. Modelle mit zwei gemeinsamen Händlern sind von Choi (1996) und von Trivedi (1998) entwickelt worden.

3.5 Ansätze zum Einfluss des Serviceniveaus auf die Präferenzbildung gegenüber dem Handel

Die meisten der bisher vorgestellten Ansätze stellen darauf ab, dass sich jenes Distributionssystem durchsetzen wird, das eine bestimmte distributive Leistung zu geringeren Kosten erbringen kann. Das gilt gleichermaßen für den Baligh-Richartz-Effekt wie für die Transaktionskostentheorie. Die spieltheoretischen Ansätze, die im letzen Abschnitt diskutiert wurden, fokussieren ihr Interesse auf Wirkungen der Konkurrenzsituation und der Machtverteilung zwischen der Hersteller- und Handelsstufe auf die Vorteilhaftigkeit des Handels. Dabei wird der Preis als Entscheidungsparameter modelliert. Betancourt und Gautschi (1998) entwickeln zwar einen spieltheoretischen Ansatz, in dem neben dem Preis auch der Service (als aggregierte Größe) analysiert wird, doch insgesamt ist festzustellen, dass die meisten Modelle die Vorteilhaftigkeit von Distributionssystemen nicht unter dem Aspekt Service diskutieren. Jedenfalls wird der großen Zahl und Vielfalt von Serviceleistungen, die unterschiedliche Systeme anbieten, in den angesprochenen Modellen kaum Aufmerksamkeit geschenkt. Damit werden auch die unterschiedlichen Präferenzen von Konsumenten für diese Leistungen weitgehend aus der Analyse ausgeblendet. Diese Lücke wird durch die Arbeiten von Betancourt und Gautschi (1986, 1988, 1990) geschlossen, in deren Fokus die unterschiedlichen Leistungen, die durch verschiedene Distributionsformen erzeugt werden, stehen.

Betancourt und Gautschi interpretieren die Rolle des Handels wie folgt. Ein Händler bietet nicht nur Waren an, sondern er kombiniert dieses Angebot mit Distributionsleistungen. Diese Leistungen, die beim Händler Kosten verursachen, bestimmen die Höhe der vom Konsumenten zu tragenden Distributions- und Produktionskosten. Im Ergebnis bedeutet das, dass Kosten – zumindest bis zu einem gewissen Grad – zwischen einem Konsumenten und einem Händler umgeschichtet werden können. Eine Umschichtung erfolgt dadurch, dass ein Händler dem Konsumenten verschiedene Serviceleistungen anbietet, die die Kosten des Konsumenten reduzieren. Das Anbieten der Serviceleistungen verursacht zwar beim Händler einen Kostenanstieg, doch solange dieser geringer ausfällt als die Kostenreduktion beim Konsumenten, ist die Kostenumschichtung insgesamt vorteilhaft. Die Abbildung 3.13 veranschaulicht, zwischen welchen Kosten eines Konsumenten und Serviceleistungen eines Händlers Betancourt und Gautschi unterscheiden.

Die Wechselwirkungen zwischen den Kosten eines Nachfragers und den Leistungen eines Händlers lassen sich exemplarisch wie folgt charakterisieren. Die Erreichbarkeit eines Geschäfts wirkt sich auf die Zeit- und die Transportkosten des Nachfragers aus. Schlecht erreichbare Geschäfte führen zu relativ hohen Transportkosten, und außerdem muss mehr Zeit investiert werden. Hat ein Geschäft ein tiefes Sortiment, dann sind andererseits die Anpassungskosten eines Nachfragers gering. Der Kunde hat im Falle der Nichtverfügbarkeit eines bestimmten Artikels eine Reihe von Kaufalternativen. Die Breite des Sortiments kann dazu beitragen, sowohl Transport- als auch Zeitkosten zu reduzieren, weil dadurch das One-Stop-Shopping erleichtert wird. Das Ambiente eines Geschäfts wirkt sich vor allem auf die psychischen Kosten des Kunden aus. So können eine unübersichtliche Warenpräsentation oder der soziale Status von Kunden eines Geschäfts (unerwünschte soziale Kontakte) negative Auswirkungen auf die Attraktivität der Verkaufsstelle und damit die psychischen Kosten des Kunden haben. Mit einer steigenden Lieferbereitschaft oder höheren Waren-

Serviceleistungen eines Händlers	Kosten eines Nachfragers
Erreichbarkeit	Transportkosten
Sortimentspolitik	Zeitkosten
Ambiente	Anpassungskosten
Lieferbereitschaft	Psychische Kosten
Informationsdienste	Lagerkosten
	Informationskosten

Quelle: in Anlehnung an Betancourt/Gautschi 1990, S. 153

Abb. 3.13: Zentrale Größen in dem Modell von Betancourt und Gautschi

präsenz reduzieren sich die Transport- und Zeitkosten. Gleiches gilt für die Anpassungskosten, aber auch für die psychischen Kosten und Lagerkosten (erforderliche Vorratshaltung des Nachfragers). Informationen, die ein Händler zur Verfügung stellt, können sich auf Preise, Eigenschaften oder die Verfügbarkeit von Gütern beziehen. Sie reduzieren insbesondere die Zeit und die Informationskosten des Kunden.

Zwar denken Betancourt und Gautschi auch in der Kategorie Kosten, sie differenzieren diese jedoch so detailliert, dass die unterschiedlichen Serviceleistungen und die Präferenzen der Nachfrager für diese Leistungen sichtbar werden. Es wird deutlich, dass kein grundsätzlicher Unterschied zwischen einem kostenorientierten und einem service- bzw. präferenzgerichteten Ansatz vorliegt.

Die Arbeiten von Betancourt und Gautschi (zu einem umfassenden Gesamtüberblick siehe Betancourt 2004) folgen, auch nach ihrer eigenen Einschätzung (vgl. Betancourt/Gautschi 1988, S. 133), der grundsätzlichen Betrachtungsweise von Coase (1937). Die Autoren sehen allerdings das Konzept der Distributionskosten im Vergleich zum Konzept der Transaktionskosten als umfassender an (Betancourt/Gautschi 1988, S. 143–144). Eine Analyse der Servicefunktionen zeigt zudem Bezüge zu den Handelsfunktionen. Dennoch sind auch deutliche Unterschiede erkennbar. Der Ansatz macht darauf aufmerksam, dass die Perspektive des Konsumenten und die Berücksichtigung seiner Präferenzen für ein bestimmtes Serviceniveau zusätzliche Erkenntnisse hinsichtlich der Vorteilhaftigkeit des Handels liefern. Der Ansatz ist außerdem nicht nur in der Lage, die grundsätzliche Vorteilhaftigkeit, sondern auch die Erscheinungsvielfalt des Handels zu erklären. So können unterschiedliche Betriebsformen als Ausdruck differenzierter Serviceniveaus interpretiert werden. Damit rücken die Präferenzen der Nachfrager in den Mittelpunkt der Argumentation. Sie können sich nicht nur auf Kriterien beziehen, die in unterschiedlichem Maße von einzelnen Betriebsformen, sondern auch von bestimmten Produkten oder von Agglomerationsformen des Handels erfüllt werden. So kann der Einkauf von Fertiggerichten dazu führen, dass ein höherer Geldbetrag ausgegeben werden muss, dass aber im Vergleich zu dem Fall, in dem einzelne Artikel eingekauft und zubereitet werden (Eigenproduktion), Zeit gespart wird. Beim Besuch von Einkaufszentren, aber auch bei der

Wahl von größeren Geschäften, die One-Stop-Shopping ermöglichen, lässt sich im Vergleich zum Besuch mehrerer Fachgeschäfte ebenfalls Zeit sparen. So haben beispielsweise Messinger und Narasimhan (1997) ein Modell entwickelt, in dem sie die Dynamik des Handelssystems, hier den zu beobachtenden Trend zum One-Stop-Shopping, mit dem wachsenden Bedürfnis der Kunden, beim Einkauf Zeit zu sparen, erklären. In diesen Ansätzen wird geprüft, inwieweit unterschiedliche Betriebsformen (Formate) zu einer unterschiedlichen Zielerreichung bei den Nachfragern führen oder umgekehrt formuliert: Mit welcher Betriebsform kann ein Nachfrager am besten sein Ziel erreichen? Dieser Gedanke kommt auch in den von Betancourt und Gautschi verwendeten Größen (siehe Abbildung 3.13) zum Ausdruck.

Auch im Rahmen der sog. multiattributiven Einstellungstheorie, die in Kapitel 10 näher dargestellt wird, beurteilen Nachfrager unterschiedliche Geschäfte (Betriebstypen) hinsichtlich einer Reihe von einzelnen Eigenschaften. Häufig wird dabei auf die Preisgünstigkeit, die Erreichbarkeit (Entfernung und Parkmöglichkeiten), die Auswahl, das Vorhandensein bestimmter Marken, die Beratung, die Sauberkeit im Ladenlokal sowie dessen Ambiente abgestellt. Die Nachfrager gehen von den ihnen wichtigen Anforderungen an ein Geschäft aus, beurteilen die einzelnen Einkaufsmöglichkeiten hinsichtlich dieser Kriterien und entscheiden sich für das Geschäft, das ihren Anforderungen am nächsten kommt. Diese Ansätze sind von großer praktischer Bedeutung, weil sie zeigen, welche Anforderungen den Nachfragern wichtig sind, und weil sie deutlich machen, inwieweit die einzelnen Betriebsformen diesen entsprechen können.

Darüber hinaus zeigen formelle Analysen, die auf den Annahmen des Modells von Betancourt und Gautschi basieren, dass es für einen Händler Anreize gibt, eine Rückwärtsintegration zu betreiben, mehrere Produkte anzubieten und verschiedene Marktsegmente zu bearbeiten. Diese theoretischen Ergebnisse sind insbesondere vor dem Hintergrund der Entwicklung des Handels in den letzten Jahren interessant. Die wachsende Bedeutung von Handelsmarken, die Vertikalisierung von Distributionsstrukturen sowie Diversifikations- und Internationalisierungsentwicklungen scheinen die theoretischen Überlegungen zu bestätigen.

3.6 Zusammenfassung

Die Einschaltung von Intermediären in die Distribution beschäftigt die Wissenschaft seit langem. Die zahlreichen Handelsfunktionenkataloge, mit denen zum Teil versucht wurde, die Existenz des Handels zu begründen, vermitteln einen Eindruck davon, welche Aufgaben im Distributionskanal zu erfüllen sind. Die Handelsfunktionenkataloge vermögen allerdings nicht, den Nachweis zu erbringen, dass die genannten Funktionen von Handelsunternehmungen effizienter erbracht werden können als von anderen Wirtschaftssubjekten. Erst dieser Nachweis würde die Existenz der Handelsstufe begründen.

Die kontaktorientierten Ansätze, zu denen insbesondere der Baligh-Richartz-Effekt gehört, thematisieren vor allem die Notwendigkeit eines Kontaktes zwischen Wirtschaftssubjekten, die an einem Leistungsaustausch interessiert sind. Inhaltlich wird der Kontakt nicht weiter beleuchtet.

Stattdessen wird formal ein Vergleich zwischen der Zahl von Kontakten und den dadurch verursachten Kosten in einem Distributionssystem mit und ohne Handel vorgenommen. Charakteristisch für den Ansatz ist, dass Präferenzen und Wünsche, d. h. Aspekte des Konsumentenverhaltens, im Regelfall nur in sehr vereinfachter Form in die Analyse einbezogen werden, z. B. in der Form, dass Nachfrager zu allen Anbietern Kontakt aufnehmen möchten. Obwohl die Art der Betrachtung das Einbeziehen von Logistikkosten leicht machen würde, bezieht sich der Ansatz vor allem auf Aspekte der akquisitorischen Distribution, eine spezifische Modellierung der Logistikkosten unterbleibt zumeist. Anders als in Modellen, die Lagerhaltungs- und Transportprobleme untersuchen, geht es in dem Baligh-Richartz-Ansatz nämlich nicht um die Bestimmung eines Optimums, sondern um die grundsätzliche Begründung der Vorteilhaftigkeit mehrstufiger Systeme.

Die Transaktionskostentheorie ist anders als die zuvor vorgestellten Ansätzen nicht explizit für die Analyse von Distributionsstrukturen oder gar für die Begründung der Existenz von Handelsunternehmungen entwickelt worden. Ihr Interesse gilt vor allem Informationsproblemen und den daraus resultierenden Kosten. Ihre Erklärungsmuster nehmen Bezug auf die Umwelt- und Verhaltensunsicherheit sowie auf die Gefahr der Entwertung oder gar des Verlusts von spezifischen Investitionen infolge opportunistischen Verhaltens. Ein weiteres Problem resultiert daraus, dass die Einschaltung eines Händlers zu einem System mit zumindest drei Wirtschaftssubjekten (Hersteller, Händler, Endverbraucher) führt. Es gibt damit das Erfordernis, für die Beziehung zwischen dem Hersteller und dem Händler sowie dem Händler und dem Endverbraucher eine Koordinationsform zu finden, was mit dem einfachen Markt-Hierarchie-Paradigma der Transaktionskostentheorie nicht unmittelbar in Einklang zu bringen ist. Die Anwendung der Transaktionskostentheorie auf Fragen der Distribution erfordert einige Anpassungen. Zum einen erweist es sich als vorteilhaft, explizit Produktionskosten in den Vergleich zwischen der direkten und der indirekten Distribution einzubeziehen, zum anderen ist es zweckmäßig, alle Beziehungen zwischen den Akteuren im Distributionskanal und die von ihnen übernommenen Funktionen detailliert hinsichtlich ihrer Wirkungen auf die relevanten Kosten zu untersuchen. Gegenüber den zuvor diskutierten Erklärungsansätzen weist die Transaktionskostentheorie den Vorteil auf, das Verhalten der Wirtschaftssubjekte in einem Distributionssystem zu untersuchen. Nicht ganz befriedigen kann allerdings die Annahme, dass es ausreichend sei, die Analyse auf Kosten zu begrenzen. So ist zum einen festzustellen, dass sich die Leistungen unterschiedlicher Distributionssysteme, insbesondere in der Wahrnehmung durch den Endverbraucher, unterscheiden. Alleine auf der Handelsstufe gibt es zahlreiche Leistungs- oder Servicevarianten in Gestalt von Betriebsformen. Die Vorstellung, ihre Wahl durch die Endverbraucher sei alleine mit unterschiedlichen Transaktionskosten zu begründen, führt zu einer sehr abstrahierenden Betrachtung, deren empirische Überprüfung Schwierigkeiten aufwirft. Zum anderen ist die Entscheidung eines Kunden für einen bestimmten Kanal auch vom Preis, den er in diesem Kanal für das betreffende Produkt bezahlen muss, abhängig. Dieser Aspekt wird von der Transaktionskostentheorie nicht explizit thematisiert.

Die auf dem Beitrag von McGuire und Staelin (1983) basierenden spieltheoretischen Überlegungen werfen zwar ebenfalls die Frage nach der Vorteilhaftigkeit der indirekten Distribution auf, sie unterscheiden sich jedoch sowohl bezüglich der untersuchten Einflussfaktoren als auch hinsichtlich der gewählten Herangehensweise von den übrigen Modellen. So wird hier aus der Perspektive eines Herstellers die Frage diskutiert, inwieweit die Konkurrenzsituation – zum einen auf der Herstellerebene, zum anderen auf der Handelsebene – die Vorteilhaftigkeit des Handels beeinflusst. Somit werden Eigenschaften einer Branche als erklärender Faktor herangezogen. Zudem zeichnen sich die Ansätze dadurch aus, dass sie formal, mit Hilfe geeigneter Nachfrage- und Gewinnfunktionen, argumentieren. Eine Erweiterung der Wirkungsanalyse ist darin zu sehen, dass nicht nur Kosten, sondern auch Erlöse in den Vergleich unterschiedlicher Distributionsstrukturen integriert werden. Wenn auch mit dem Preis lediglich die Wirkungen eines absatzpolitischen Instruments modelliert werden und die Wirkungszusammenhänge keine verhaltenswissenschaftliche Begründung erfahren, macht dieser Ansatz deutlich, dass Marktreaktionen bei der Beurteilung von Distributions- und Handelssystemen berücksichtigt werden sollten.

Eine ähnliche Botschaft geht von den Beiträgen von Betancourt und Gautschi aus, wobei hier durch die Betonung des Service als Wirkungsparameter noch stärker auf die unterschiedlichen Leistungen verschiedener Distributionssysteme hingewiesen wird. Indem sie die möglichen Serviceleistungen eines Händlers konkretisieren und die Kosten eines Nachfragers differenzieren, nähern sie sich allerdings einer Betrachtung an, wie sie in den konsumentenverhaltenstheoretischen Untersuchungen üblich ist.

Insgesamt zeigt dieses Kapitel, dass sich die Handelsforschung intensiv mit der theoretischen Begründung der Vorteilhaftigkeit einer Handelsstufe beschäftigt. Die ausgewählten Modelle, die in diesem Kapitel vorgestellt worden sind, verdeutlichen die Vielfalt der wissenschaftlichen Ansätze, die einen Erklärungsbeitrag leisten können. Es wird zugleich aber auch klar, dass es kein umfassendes Modell gibt, in dem simultan mehrere Einflussfaktoren und Zielgrößen analysiert werden, sondern dass es tendenziell Ansätze sind, die einzelne Aspekte einer Wirkungskette untersuchen. Dabei sind auch methodisch große Unterschiede festzustellen.

B Der entscheidungsorientierte Ansatz als Denkrahmen für Managementprobleme im Handel

Kapitel 4

Zu Teil B gehört nur das Kapitel 4, dem allerdings im Rahmen dieses Buchs eine große Bedeutung zukommt. Es wird hier ein Denkrahmen vermittelt, der hilft, unterschiedliche Managementprobleme zu strukturieren. Er wird in vielen Kapiteln dieses Buchs herangezogen, liefert aber darüber hinaus auch für weitere Analysen eine Hilfestellung. Bei dem Denkrahmen handelt sich um eine Darstellung des entscheidungsorientierten Ansatzes in der Betriebswirtschaftslehre.

4 Der entscheidungsorientierte Ansatz

Wie generell in der Betriebswirtschaftslehre dominiert heute auch in der Handelsbetriebslehre der entscheidungsorientierte bzw. entscheidungstheoretische Ansatz. Unternehmerische Entscheidungen erstrecken sich einerseits auf strategische, andererseits auf taktische bzw. operative Fragen. Während strategische Entscheidungen Grundsatzcharakter besitzen und sich auf die Wahl eines Geschäftsmodells beziehen, wozu insbesondere die langfristige Festlegung des Leistungsbündels und des Zielmarkts gehören, geht es bei operativen Entscheidungen um tendenziell kurzfristige, bereits vorstrukturierte Handlungsoptionen. Anliegen der entscheidungsorientierten Betrachtungsweise ist es, vorteilhafte Handlungsmöglichkeiten zu erkennen und zu realisieren. Diese können sich auf mehrere oder auf einzelne Teilbereiche einer Handelsunternehmung beziehen, wobei vor allem die folgenden Teilbereiche zu nennen sind:

- der Absatzbereich,
- der Beschaffungs- und Logistikbereich und
- der Personal- und Organisationsbereich.

Eine solche Unterteilung ist für eine Analyse zwar hilfreich, es sollte allerdings nicht übersehen werden, dass sich viele Entscheidungen auf mehrere Funktionsbereiche, Unternehmungen oder gar Wirtschaftsstufen erstrecken können.

Auch diese Monographie ist nach dem entscheidungstheoretischen Ansatz konzipiert. Er wird deshalb im Folgenden näher charakterisiert. Die Ausführungen erläutern aber nicht nur die Konzeption des Buches, sondern sie sind auch als Leitfaden gedacht, nach dem jedes anstehende Managementproblem strukturiert werden kann. Ausgangspunkt soll der Hinweis sein, dass die wirtschaftliche Lenkung einer Unternehmung gedanklich in einzelne Phasen zerlegt werden kann:

- die Analyse des Ist-Zustands und die Prognose von zukünftigen Entwicklungen,
- die Planung von betrieblichen Maßnahmen,
- die Realisation der geplanten Maßnahmen und
- die Kontrolle.

Diese vier Phasen sind auch in Abbildung 4.1 dargestellt. Bei der Analyse des Ist-Zustands wird durch die Stichworte bereits auf wichtige Sachverhalte hingewiesen, indem vor allem auf jene Institutionen in der Umwelt verwiesen wird, von denen eigene Unternehmensentscheidungen und ihr Erfolg abhängen. „Analyse" bedeutet demnach, sich mit den Nachfragern, Lieferanten und Konkurrenten zu beschäftigen, darüber hinaus aber auch mit der Situation im eigenen Unternehmen, d. h. der bisherigen Geschäftspolitik und ihren Konsequenzen. Häufig ist auch eine Abhängigkeit von weiteren Institutionen in der sog. Aufgabenumwelt gegeben, z. B. von der öffentlichen Verwaltung, von politischen Instanzen, Interessenverbänden, der Presse oder sog. nichtstaatlichen Organisationen. Hinzu kommen gesamtwirtschaftliche, soziale, politische oder auch kulturelle Entwicklungen, die der sog. Globalumwelt zugerechnet werden. Die globalen Entwicklungen spiegeln sich allerdings

– zumindest teilweise – bereits im Verhalten der genannten Institutionen der Aufgabenumwelt wider.

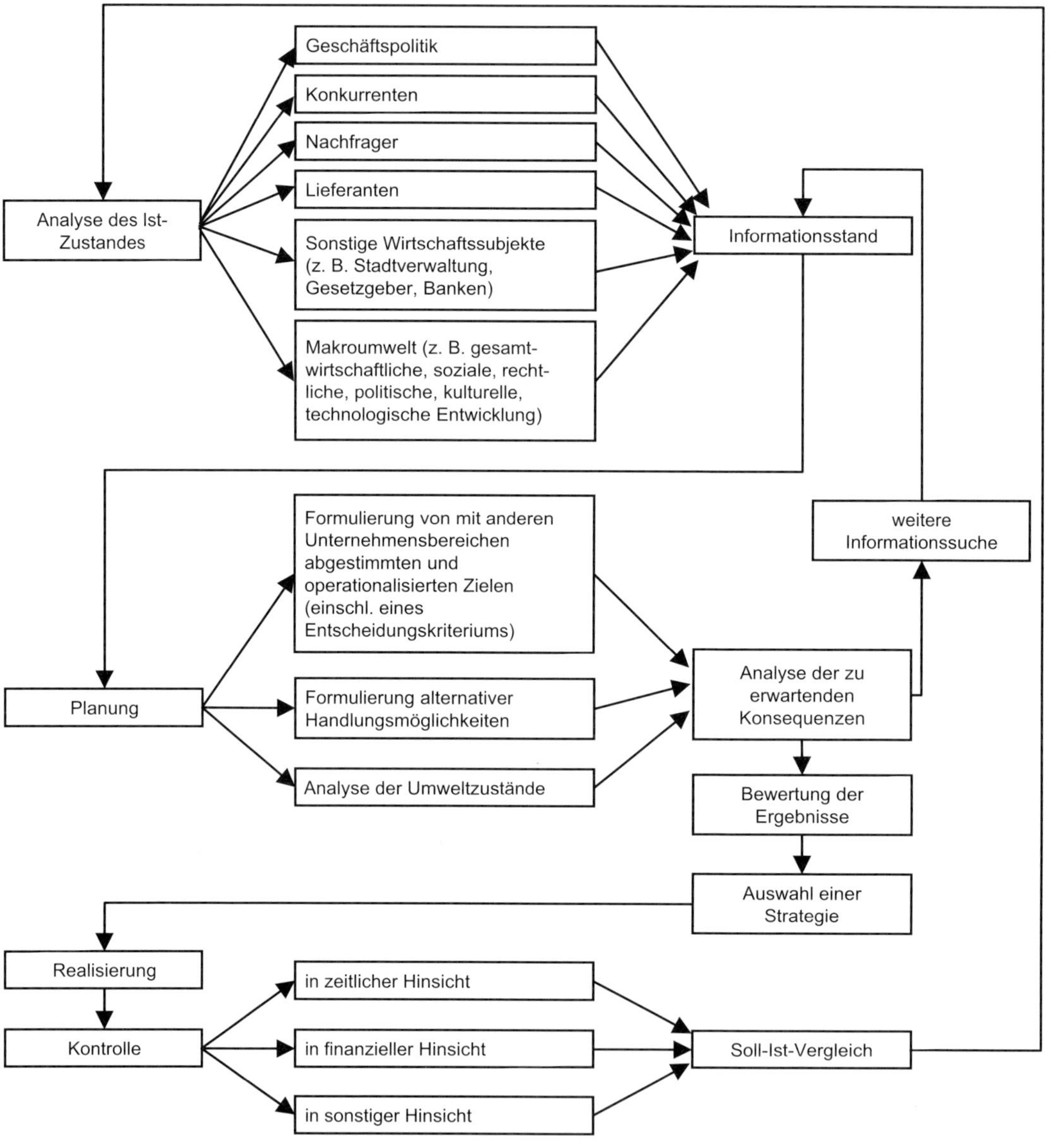

Abb. 4.1: Phasen der Unternehmensplanung

Am ausführlichsten wird im Folgenden auf den Planungsbereich eingegangen. Es wird gezeigt werden, dass bei jedem Planungsproblem mehrere Bestandteile identifiziert werden können. Sie stehen im Mittelpunkt des vorliegenden Kapitels. Eine erfolgreich durchgeführte Planung garantiert allerdings noch keinen Erfolg bei der Realisierung, denn hier können zahlreiche Faktoren verhindern, dass das Geplante auch umgesetzt wird, so z. B. die Unwilligkeit oder die Unfähigkeit der für diese Aufgaben vorgesehenen Personen, Informationsdefizite, Interessengegensätze oder Koordinationserfordernisse. Solche Probleme werden in der Literatur allerdings nur selten behandelt. Der Realisierung schließt sich die Kontrolle an.

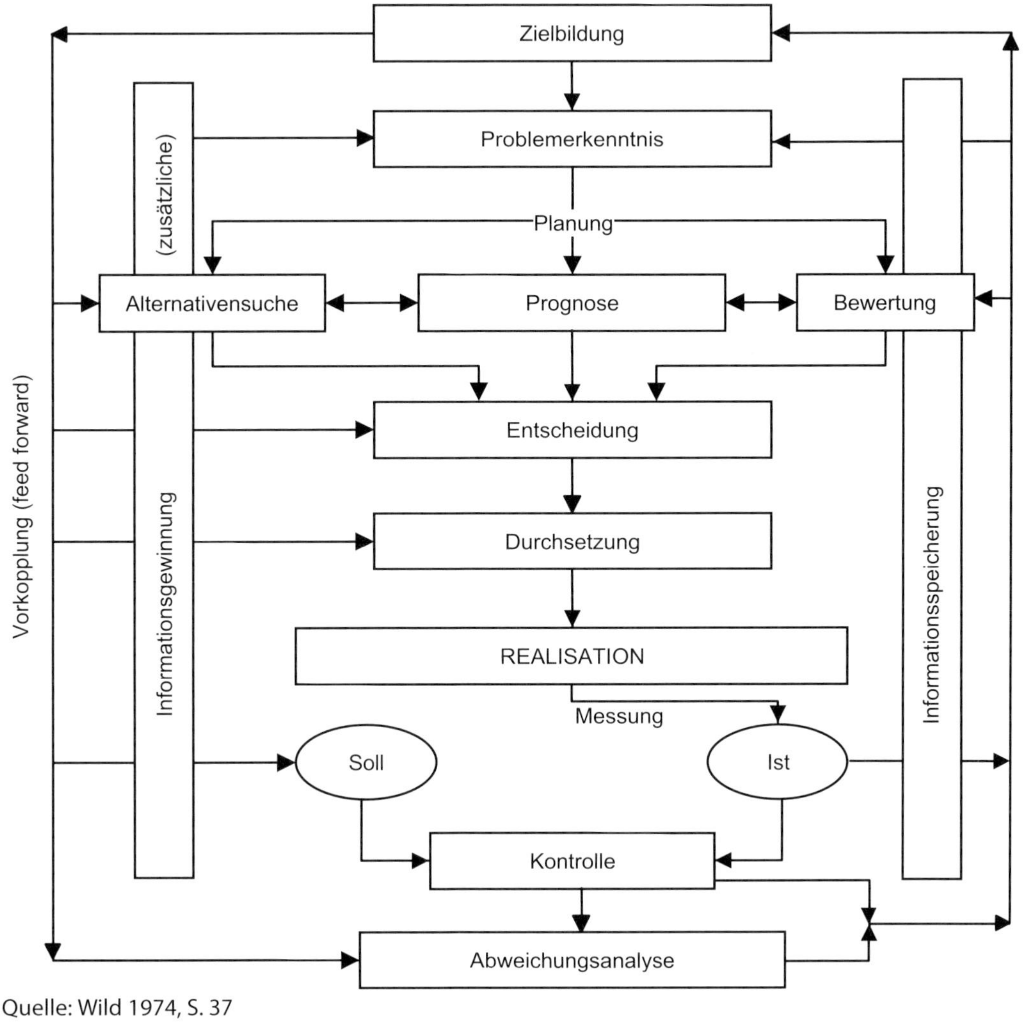

Quelle: Wild 1974, S. 37

Abb. 4.2: Der Management-Zyklus

Die genannten vier Phasen sind sehr abstrakt definiert, sie können konkretisiert und weiter unterteilt werden (vgl. z. B. Köhler 1993, S. 8; Hinterhuber 2004a). Wild (1974, S. 37) hat ein ähnliches Prozessschema entwickelt, das er als Management-Zyklus bezeichnet (vgl. Abbildung 4.2). Es wurde von Delfmann (1993) aufgegriffen und als Planungs- und Kontrollprozess im Kontext der gesamten

Unternehmensführung diskutiert, wobei er zwischen den folgenden drei Hauptfunktionen der Unternehmensführung differenziert:

- Organisation,
- Planung und Kontrolle sowie
- Mitarbeiterführung.

Die Funktionen lassen sich auch als Bestandteile eines Prozesses interpretieren (vgl. Schreyögg 2007). Den Ausgangspunkt bildet der Planungsprozess, dessen Aufgabe darin besteht, die hinsichtlich ausgewählter Ziele vorteilhafte Handlungsalternativen zu ermitteln und geeignete Maßnahmen abzuleiten. Der Willensbildung im Planungsprozess folgt die Willensdurchsetzung in Form der Organisation sowie des Einsatzes und der Führung von Personal. Den letzten Teilprozess bildet die Kontrolle, die sich auf den Soll-Ist-Vergleich konzentriert.

Gegenüber der Abbildung 4.1 sind insbesondere die Prognose und die Vor- und Rückkopplung ergänzt. Auch hier fehlt allerdings die Unterteilung in strategische und operative Planung. Außerdem sind die Grundelemente des entscheidungsorientierten Ansatzes nicht so detailliert wie in Abbildung 4.1 dargestellt. Phasenorientierte Schemata sind auch für die praktische Arbeit von großer Bedeutung und finden sich in vielen Varianten (in Kapitel 15 wird im Rahmen von Category Management auf den sog. 8-Schritte-Prozess eingegangen). Im Folgenden wird dem Schema nach Abbildung 4.1 gefolgt.

4.1 Die Analyse des Ist-Zustandes

Das Management im Handelsbetrieb kann sich mit sehr unterschiedlichen Sachverhalten beschäftigen. So kann es z. B. um die Frage gehen, ob das Unternehmen seine Internationalisierung verstärken oder seine Schwerpunkte im nationalen Bereich ausbauen will. Mit einer solchen Frage wird sich das Top-Management eines Unternehmens befassen. Andere Entscheidungen betreffen dagegen nur einzelne Bereiche, z. B. Ein- und Auslistungen von Artikeln im Rahmen der Sortimentspolitik oder die Steuerung der Sonderangebotspolitik. Entscheidungen dieser Art werden von nachgelagerten Entscheidungsträgern behandelt. Je nach Entscheidungsproblem wird eine entsprechend ausgerichtete Analyse der Ausgangssituation erforderlich sein. Dabei können unterschiedlich weit abgegrenzte Planungseinheiten Gegenstand der Analyse sein, so insbesondere ein Konzern oder eine Holding mit den zugehörigen Unternehmungen, eine Unternehmung mit ihren verschiedenen Vertriebsschienen (Betriebsformen) oder Verkaufsstellen, ein einzelner Betrieb mit den verschiedenen Abteilungen, unter Umständen nur eine einzelne Abteilung oder ein einzelner Funktionsbereich. Die im Folgenden genannten Gesichtspunkte gelten im Prinzip für alle Planungseinheiten, wenn sie sich auch unterschiedlich konkretisieren können. In erster Linie sei an die Analyse eines einzelnen Betriebs gedacht. Dabei hat sich die Analyse des Ist-Zustandes auf interne und externe Sachverhalte zu erstrecken.

4.1.1 Unternehmensinterne Sachverhalte

Bei den internen Sachverhalten handelt es sich um die in der Vergangenheit betriebene Geschäftspolitik und den dadurch erreichten Ist-Zustand des Unternehmens. Das Interesse gilt zunächst dem Zielsystem, dessen Inhalte durch folgende Fragen verdeutlicht werden sollen:

- Inwieweit liegt ein System von Zielen vor, das sachlich (z. B. finanz-, erlös-, kostenwirtschaftliche Ziele) und nach einzelnen Entscheidungsträgern differenziert ist (z. B. oberste Geschäftsleitung, Verkaufsstellenleiter, Abteilungsleiter, Verkäufer)?
- In welchem Verhältnis stehen die Ziele zueinander (konkurrierend, unabhängig voneinander, komplementär)?
- Wie kommt die Zielbildung zustande? Wer gibt den Anstoß dazu? Welchen Einfluss haben einzelne Personen auf den Zielbildungsprozess?

Erörterungen der Zielstruktur sind nicht nur Gegenstand der Analyse, sondern müssen auch im Rahmen der Planung vorgenommen werden, weil ohne eine Formulierung von Zielen keine zielgerichtete Politik betrieben werden kann. Auf mögliche Zielinhalte wird deshalb in Abschnitt 4.2.1 und in den folgenden Kapiteln explizit eingegangen.

Zur Analyse der internen Sachverhalte gehört auch eine Analyse der in der Unternehmung existierenden Input-Output-Beziehungen. Unter Input ist der Einsatz von Produktionsfaktoren zu verstehen. Dabei ist der Begriff Produktionsfaktoren bzw. Produktivfaktoren in einem weiten Sinn zu verstehen, indem er alle wirtschaftlichen Güter umfasst, die eingesetzt werden müssen, um die betriebliche Leistung zu erstellen. Es ist folglich zu fragen, wie der Bestand bzw. der Verbrauch an Produktionsfaktoren strukturiert ist. Darin können besondere Stärken, aber auch Schwächen der Unternehmung verborgen sein. Die Analyse wird sich auf alle Produktionsfaktoren erstrecken müssen. Als Beispiele seien die folgenden Fragen angeführt:

- In welchem Ausmaß verfügt der Betrieb über Raumkapazitäten, die für Verkaufs-, Lager-, Manipulations-, Verwaltungs- und Parkflächen geeignet sind?
- Wie ist die Unternehmung mit finanziellen Mitteln ausgestattet?
- Welche Struktur weist der Personalbestand auf?
- Über welche Erfahrungen und Know-how verfügt die Unternehmung?
- Kann sich die Unternehmung auf Lizenzen, Alleinverkaufsrechte, einen Gebietsschutz, Kooperationsverträge usw. stützen?

Unter Output ist sowohl die realisierte Geschäftspolitik (z. B. Filialstruktur, Internationalisierungsgrad, Sortimentsstruktur) als auch ihr Ergebnis zu verstehen (z. B. Umsatz, Marktanteil, Zahl der Kunden in einzelnen Segmenten, Zahl der Transaktionen). Wichtige Gesichtspunkte der Geschäftspolitik gehen aus den beispielhaft angeführten Fragen hervor:

- Mit welchen Betriebsformen (Formaten) ist die Unternehmung auf dem Markt tätig?
- Welche Güter und Dienstleistungen hat die Unternehmung bisher angeboten?
- Welche Zielgruppen hat die Unternehmung in der Vergangenheit angesprochen?
- Zu welchen Konditionen hat die Unternehmung ihre Leistungen angeboten und veräußert?
- Welche Werbemaßnahmen hat die Unternehmung in der Vergangenheit durchgeführt?

EXKURS: Der Handel aus produktionswirtschaftlicher Sicht

Bei der Betrachtung von Input und Output handelt es sich um eine Analyse, die sich auf die Frage bezieht, wie viel das Unternehmen insgesamt oder ein abgegrenzter Teil des Unternehmens an Ressourcen eingesetzt hat und wie viel an Leistungen es damit erzeugt hat. Dieser Ansatz kann fortgeführt werden, wenn er im Sinne der betriebswirtschaftlichen Produktionstheorie der Frage nachgeht, in welchem Verhältnis In- und Output zueinander stehen und ob sich Beziehungen erkennen lassen, die verallgemeinert werden können. Die produktionstheoretische Sichtweise wurde in Analogie zu der von Gutenberg angestoßenen Entwicklung einer Produktionstheorie für den Industriebetrieb auch für den Handelsbetrieb fortentwickelt. Erste Ansätze stammen von Buddeberg (1959); sie wurden in mehreren Beiträgen von Hedderich fortgeführt (siehe Hedderich 1986; Hedderich/ Hedderich 1987; ergänzend sei auf die Dissertation von Holler 1990 hingewiesen).

Die Produktionstheorie hat sich zu einem wichtigen Paradigma der Betriebswirtschaftslehre entwickelt, indem sie sich die Aufgabe gestellt hat, betriebliche Prozesse auf einer mengenmäßigen Basis zu analysieren. Die Produktionstheorie sieht einen Betrieb als Transformation von Input- zu Outputgrößen. Angeregt durch Gutenbergs Idee, die Besonderheiten des Industriebetriebs dadurch zum Ausdruck zu bringen, dass dieser als Kombinationsprozess von Produktionsfaktoren dargestellt wird, gibt es auch Überlegungen, Struktur und Abläufe im Handelsbetrieb zu erschließen, indem die drei folgenden Fragen aufgeworfen werden:

- Welche Produktionsfaktoren werden im Handelsbetrieb eingesetzt und inwieweit unterscheiden sich diese von den Produktionsfaktoren in anderen Wirtschaftszweigen?
- Worin bestehen Leistungen des Handelsbetriebs?
- Von welchen Einflussgrößen hängt es ab, in welchem Ausmaß Produktionsfaktoren eingesetzt werden müssen, um ein bestimmtes Ergebnis zu erzielen?

Zwar kann nicht von einem produktionstheoretischen Theoriegebäude für den Handelsbetrieb gesprochen werden, dazu sind die Beiträge zu vereinzelt, aber es finden sich einige Versuche in der betriebswirtschaftlichen Literatur, den Ansatz auf den Handel anzuwenden (vgl. Barth 1979). Zwar ist die Produktionstheorie etwas in den Hintergrund getreten, aber es darf nicht übersehen werden, dass ihre Grundüberlegungen unter anderen Begriffen immer noch aktuell sind. Dies gilt insbesondere für die Entwicklung von Kennzahlensystemen (vgl. Kapitel 29) und das Konzept der Wertschöpfungskette (vgl. hierzu Abschnitt 8.1.5).

Entsprechend den zuvor gestellten Fragen wird im Folgenden kurz auf die Elemente der Produktionstheorie eingegangen. Dabei wird zwischen den Produktionsfaktoren, den Leistungen und den Bestimmungsfaktoren, von denen der für eine bestimmte Leistung notwendige Faktoreinsatz abhängt, differenziert.

Arten von Produktionsfaktoren

Aus produktionswirtschaftlicher Sicht wird auch ein Handelsbetrieb als Input-Output-System gesehen. Dabei besteht der Input aus den Betriebsfaktoren bzw. den Produktionsfaktoren, unter denen alle Sachgüter oder Leistungen (soweit es sich um wirtschaftliche Güter handelt) verstanden werden, die in den Produktions- bzw. Kombinationsprozess einer Unternehmung eingehen und dort zur Hervorbringung anderer Sachgüter oder Leistungen dienen. Buddeberg (1959, S. 41–43) benennt für den Handelsbetrieb folgende Faktoren:

- die menschliche Arbeitsleistung,
- sachliche Betriebsmittel,
- den Regiefaktor Ware,
- den Sicherungsfaktor Kapital,
- den dispositiven Faktor.

Charakteristisch für den Handelsbetrieb ist der Regiefaktor Ware, den Buddeberg nicht mit dem im Hinblick auf die Verhältnisse in der Industrie vorgeschlagenen Faktor Werkstoffe gleichgesetzt sehen möchte, da die Waren nicht im gleichen Sinne in den Leistungsprozess eingingen. Buddeberg (1959, S. 42) schreibt:

„Die Handelswaren laufen durch den Betrieb und verbleiben dabei eine gewisse Zeitstrecke sozusagen in der Regie der Handelsbetriebe. In dieser Zeit erfahren sie zwar keine substantiellen Veränderungen, sie wirken jedoch durch den Tatbestand ihrer Vorrätigkeit als Betriebsfaktor.“

Den Sicherungsfaktor Kapital nimmt Buddeberg in den Faktorkatalog auf, weil sich vom Standpunkt der Kostenverursachung feststellen lasse, dass es Finanzierungskosten gebe, die nicht ohne Weiteres den übrigen Betriebsfaktoren zuzurechnen seien. Der Katalog der Produktionsfaktoren von Buddeberg ist später häufig übernommen, aber selten diskutiert worden. In Bezug auf seine Vollständigkeit ist zu überlegen, ob weitere Faktoren aufgenommen werden sollten, wobei an Informationen, Rechte, wie etwa Alleinvertriebsrechte, oder fremdbezogene Dienstleistungen zu denken ist. Auch ist zu fragen, ob die Produktionstheorie, die sich auf eine Transformation der Produktionsfaktoren, definiert als wirtschaftliche Güter, für deren Nutzung ein Entgelt bezahlt werden muss, beschränkt, nicht explizit um den externen Faktor Kunde ergänzt werden muss. Wie für andere Dienstleistungsbetriebe gilt nämlich auch für Handelsbetriebe häufig, dass eine Leistung nur unter Mitwirkung des Kunden erstellt werden kann (z. B. Verkauf einer Ware).

Produktionsfaktorenbezogene Analysen werden, vor allem wenn sie dazu dienen, den Erfolg eines Unternehmens zu erklären, auch unter dem Stichwort „ressourcenorientierte Unternehmensführung“ durchgeführt (vgl. Rasche/Wolfrum 1994; Marquardt 2003 und die in Kapitel 7 angegebene Literatur).

Worin bestehen die Leistungen des Handelsbetriebs?

Der Output, also das Ergebnis handelsbetrieblicher Tätigkeit, ist mengen- und wertmäßig nicht so einfach festzulegen wie die Produktionsleistung eines Industriebetriebs. Im Regelfall kann der Output des Handelsbetriebs als das Zustandekommen von Kaufverträgen mit den Kunden definiert werden. Dieser externen Handelsleistung gehen andere externe und interne Leistungen voraus. Betrachtet man die Tätigkeiten eines Handelsbetriebs aus den Augen eines potenziellen Kunden, dann können bei Verwendung eines ergebnisbezogenen Leistungsbegriffs

- die Ergebnisse der Warenprozesse (das Verfügbarmachen von Waren in sachlicher, zeitlicher, quantitativer, qualitativer und räumlicher Hinsicht),

- die Dienstleistungen, soweit sie sich nicht bereits in den Warenprozessen widerspiegeln, und
- die finanziellen Angebote (Preise, Zahlungskonditionen)

als Komponenten der Handelsleistung angesehen werden. Insofern bietet es sich an, zur Spezifizierung der Handelsleistung die Größen Waren, Service und Geld heranzuziehen, mit denen Hedderich (1986) die Handelsprozesse unterteilt. Die Leistungen des Handels werden somit als ein Bündel von warenbezogenen Leistungen, Dienstleistungen und finanziellen Konditionen gesehen (siehe auch Abbildung 4.3).

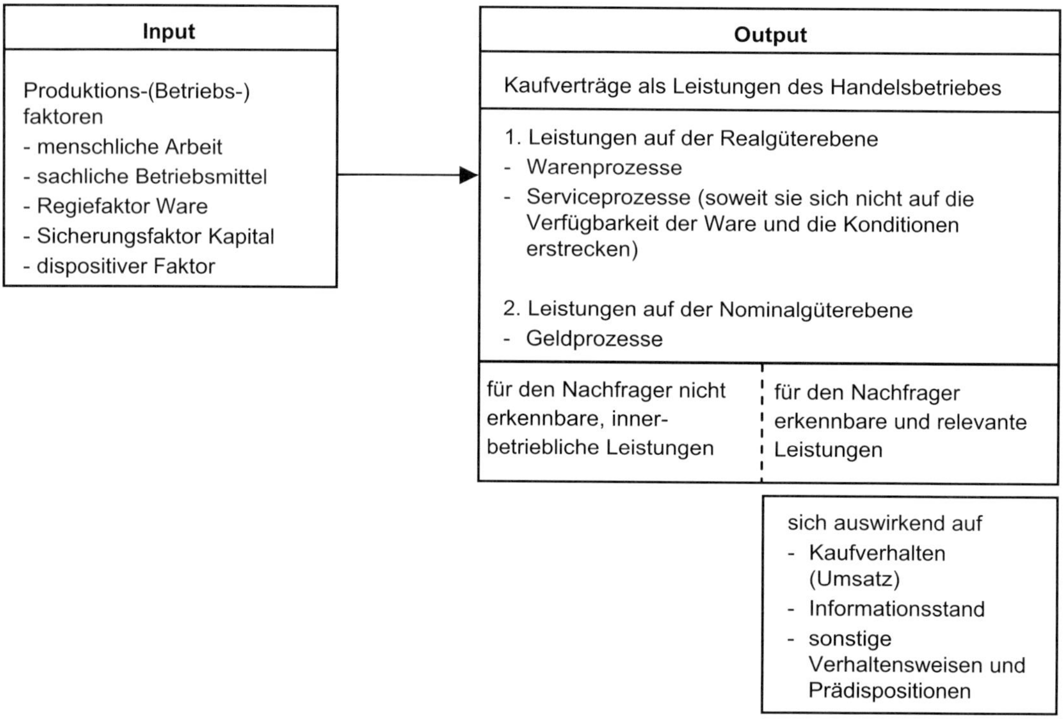

Abb. 4.3: Der Handelsbetrieb als Input-Output-System

Noch konkreter beantwortet Haas (1993) die Frage nach der Leistung des Handelsbetriebs, indem er aufzeigt, welche Vorteile einem Abnehmer in den einzelnen Stufen des Kaufentscheidungsprozesses geboten werden können. Er unterscheidet vier Leistungsbereiche:

1. Unterstützung bei der Kaufentscheidung, indem Informationen über die Handlungsalternativen und ihre Beurteilung geboten werden,
2. Gestaltung der Einkaufshandlung bezüglich des Ortes, der Zeit, der Zeitdauer und der Begleitumstände (z. B. Kinderbetreuung, Cafeteria, Planungshilfen),
3. Gestaltung der Waren- und Geldlogistik (Art der Waren, Verfügungsgrad bzw. Erhältlichkeit, Konditionen, Lieferservice),
4. Betreuung nach dem Kauf (z. B. Service, Umtausch, Ergänzungsmöglichkeiten).

Bestimmungsfaktoren für die Höhe des Faktoreinsatzes

Die Schwierigkeiten, die Zusammenhänge zwischen Input und Output zu spezifizieren und zu begründen, resultieren aus der Beobachtung, dass der für eine bestimmte Wirkung erforderliche Faktoreinsatz von zahlreichen Faktoren abhängt. Werden Faktoreinsatz (Input) und Handelsleistung (Output) aufeinander bezogen, dann sind im Vergleich zum Industriebetrieb bereits im Vorhinein einige Abweichungen zu erwarten (vgl. hierzu Tietz 1993b, S. 577–579):

- Während im Industriebetrieb in vielen Fällen mit verschiedenen Faktorkombinationen ein dem Abnehmer gleich erscheinendes Produkt erzeugt werden kann, wird im Handelsbetrieb ein unterschiedlicher Faktoreinsatz häufig zu unterschiedlichen Handelsleistungen führen (beschränkte Substitutionsmöglichkeit).
- Der Handelsbetrieb ist in seiner Leistungserstellung in starkem Maße von der Umwelt abhängig (Mitwirkung der Abnehmer), so wie es typisch für die Dienstleistungsproduktion ist.
- Die Handelsleistung wird häufig an vielen dezentralen Stellen erbracht.

Eine Produktionstheorie, die diesen Besonderheiten Rechnung trägt, wird folgende Fragen beantworten müssen:

- Soll sich die Formulierung einer Produktionsfunktion auf den Handelsbetrieb insgesamt erstrecken, oder soll der Handelsbetrieb als ein System von Produktionsfunktionen für einzelne Teilbereiche verstanden werden?
- In welchen Teilbereichen gelten limitationale bzw. substitutionale Einsatzverhältnisse?
- Welche Abhängigkeiten sind bei den Dispositionen über die Warenprozesse, die Serviceprozesse und die Geldprozesse zu beachten?
- Inwieweit lassen sich mengenmäßige Input-Output-Relationen mit Hilfe von Produktionsfunktionen darstellen? Inwieweit sollte die wertmäßige Bestimmung der Input-Output-Relation durch eine Bewertung des Faktoreinsatzes (z. B. in Form von Lohnkosten oder Mietzahlungen) erfolgen?

Es kann nicht behauptet werden, dass innerhalb der Handelsbetriebslehre eine eigenständige Produktionstheorie entwickelt worden ist. Dennoch finden sich entsprechende Überlegungen in mehreren Bereichen, wie z. B.

- in der Analyse von Kennzahlen (vgl. Kapitel 29) und
- in der Strukturierung des Handelsbetriebs als Wertkette, die durch die Abfolge einzelner wirtschaftlicher Prozesse gekennzeichnet ist (vgl. Kapitel 8).

4.1.2 Unternehmensexterne Sachverhalte

Wie Abbildung 4.1 verdeutlicht, hat sich die Analyse des Ist-Zustands auch auf externe Sachverhalte zu erstrecken. Dazu zählt vor allem die Analyse der Gegebenheiten bei den Nachfragern, den Konkurrenten und den Lieferanten. Nach dem sog. industrieökonomischen Ansatz, der auch als *market structure-conduct-performance*-Paradigma bezeichnet wird (siehe zu diesem Ansatz z. B. Scherer

1980, S. 4; Oberender 1984, 1989; Tirole 1999; Bester 2008; Wied-Nebbeling 2009), gilt das Augenmerk drei Bereichen:

- der Struktur (*structure*) der jeweiligen Branche oder Gruppe von Unternehmungen (Anzahl, Größe, Ausstattung mit Produktionsfaktoren),
- ihrem Verhalten (*conduct*) und
- dem von ihnen erzielten Ergebnis (*performance*).

Der Begriff Industrieökonomik („*industrial organization*") ergab sich als Übersetzung aus dem Englischen, wo mit „*industry*" eine bestimmte Branche bzw. ein bestimmter Markt und nicht wie im Deutschen Industrie bezeichnet werden. Es geht dabei auch um Beziehungen der Unternehmung zu relevanten Wirtschaftssubjekten, wie z. B. den Kunden und Lieferanten, aber auch Banken, Verbänden, Kooperationspartnern und öffentlichen Instanzen.

Von besonderer Bedeutung ist die Position einer Unternehmung auf dem Absatzmarkt. Es ist zu untersuchen, inwieweit sich die Erwartungen und Verhaltensweisen der aktuellen und potenziellen Nachfrager unterscheiden und zu welchem Segment die Käuferschaft der Unternehmung gehört (vgl. hierzu auch die Ausführungen bei Drexel 1981, S. 65–106). Nachfrager können mit soziodemographischen und psychographischen Merkmalen sowie mit Hilfe verschiedener Aspekte ihres Kaufverhaltens gekennzeichnet werden.

Die Situation auf dem Absatzmarkt wird nicht nur vom Verhalten der Konsumenten, sondern auch von den Wettbewerbsverhältnissen maßgeblich bestimmt. Die Konkurrenzanalyse erstreckt sich auf die Zahl der Konkurrenten, ihre Ausstattung mit Produktionsfaktoren, ihre Zielvorstellungen und ihre Absatzpolitik (vgl. hierzu Hoffmann 1979). Verfahren zur Nachfrager- und Konkurrenzanalyse stellen mithin wichtige Elemente der strategischen Planung (siehe Kapitel 6) und der Marketingplanung (siehe Kapitel 13 bis 21) dar.

Neben den Verhältnissen auf dem Absatzmarkt ist auch die Beschaffungssituation zu analysieren. So ist zum Beispiel zu klären, inwieweit der Zugang zu wichtigen Beschaffungsquellen offen bleibt und in welchem Maße Hersteller die direkte Distribution forcieren werden. Die Belieferung mit imageprägenden Marken kann für den Erfolg einer Handelsunternehmung von großer Bedeutung sein. In ausgewählten Produktbereichen, in denen Aspekte wie Umwelt, Gesundheit oder Ressourcenschonung relevant sind, ist die Zahl der Lieferanten begrenzt, so dass es für Handelsunternehmungen wichtig sein kann, sich diese Quellen zu sichern. Ebenso stellt sich die Frage nach der Bedeutung der internationalen Beschaffung, mit der einerseits Kostenvorteile generiert werden können, andererseits die Attraktivität des eigenen Sortiments gesteigert werden kann. Die Beschaffungssituation ist nicht nur hinsichtlich der zu beschaffenden Waren zu analysieren, sondern muss sich ebenso auf Ressourcen wie Kapital und Personal beziehen.

Zu den unternehmensexternen Sachverhalten, die im Rahmen der Ist-Analyse zu untersuchen sind, gehören nicht nur die Gegebenheiten in einer Branche, sondern auch die sog. Makroumwelt. Sie umfasst verschiedene Aspekte. Zum einen kommt Größen, in denen sich Strukturen, Einstellungen und Verhaltensweisen von Konsumenten in einer aggregierten Form widerspiegeln, eine hohe Bedeutung zu. So üben demografische Veränderungen (z. B. bezüglich der Altersstruktur) einen starken Einfluss auf das Kaufverhalten aus. Der Wertewandel einer Gesellschaft führt zu Verschiebungen bei den Konsumpräferenzen. Die zunehmende Bedeutung von Themen wie Gesundheitsorientierung, soziale Verantwortung, Umwelt- und Ressourcenschonung oder Nachhaltigkeit in einer Gesellschaft führt dazu, dass Produkte und Geschäfte präferiert werden, die diese Bedürfnisse erfüllen können. Zum anderen sind Entscheidungen im politischen und im rechtlichen Bereich wichtig, die meist von nationalen oder übernationalen Institutionen ausgehen. So können beispielsweise die Wirtschaftspolitik, das Steuerrecht oder die Ein- und Ausfuhrbestimmungen einzelner Länder oder Staatenverbünde die Rahmenbedingungen für unternehmenspolitische Maßnahmen verändern. Ebenso zu beachten sind technologische und infrastrukturelle Entwicklungen, aber auch Trends auf dem Kapital- und auf dem Arbeitsmarkt. Konkret kann es sich beispielsweise um Antworten auf folgende Fragen handeln, die mit der Ist-Analyse angestrebt werden:

- Werden die Ausgabenanteile der Haushalte für Information, Bildung und Unterhaltung weiter ansteigen?
- Gibt es einen Trend zu hochpreisigen und qualitativ hochwertigen Artikeln einerseits, zu niedrigpreisigen Waren andererseits, so dass von einem Verlust der Mitte gesprochen werden kann?
- Wird der Konzentrationsprozess im Handel anhalten, und wird sich im Handel immer deutlicher die Marktform des Oligopols herausbilden?
- In welchem Ausmaß werden neue Anbieter in den Markt eintreten?
- Ist mit weiteren regulierenden staatlichen Maßnahmen zu rechnen, z. B. zur Ansiedlung großflächiger Einzelhandelsbetriebe, so dass der Markteintritt oder die Expansion bestimmter Betriebsformen erschwert wird?

Die genannten Entwicklungen können durch Aktivitäten und Maßnahmen bestimmter Institutionen, z. B. Medien, Wissenschaft und Forschung oder Verbraucherschutzorganisationen, zusätzlich an Stärke gewinnen.

Zur Prognose solcher Sachverhalte können einerseits Theorien herangezogen werden, wie z. B. Theorien des Konsumentenverhaltens (vgl. Foscht/Swoboda 2007; Kuß/Tomczak 2007; Kroeber-Riel/Weinberg/Gröppel-Klein 2009; Trommsdorff 2009) oder Theorien aus dem Bereich der Industrieökonomik (vgl. Oberender 1989 und vor allem Porter 2008). Andererseits kommen bestimmte Prognosetechniken zum Einsatz, wie z. B. die Delphi-Methode (vgl. Geschka 1977; Mattmüller 1990; Fröhlich-Glantschnig 2005; Häder 2009) und Szenario-Techniken (vgl. Hüttner 1982). Als Basis für Prognosen ausgewählter Sachverhalte, beispielsweise im Bereich des Konsumentenverhaltens, kann die Trendforschung dienen. Sie beschäftigt sich mit grundsätzlichen, längerfristigen und nachhaltigen Veränderungen und Strömungen in einer Gesellschaft. Es ist zunehmend zu beobachten, dass die Dynamik des wirtschaftlichen Lebens über entsprechende Trenduntersuchungen erschlossen wird (vgl. Liebmann/Zentes 1996; BBE-Unternehmensberatung GmbH 1995, 1996; Müller-Hagedorn 1997; Liebmann/Friessnegg/Gruber et al. 2006; Sabel/Weiser 2008).

Besonders in der Praxis werden Ergebnisse der Ist-Analyse häufig in sog. Portfolio-Matrizen festgehalten. Diese wurden zunächst im Hinblick auf die Industrie entwickelt, dann aber auch auf den Handel übertragen (vgl. Drexel 1981). In der Folge sind zahlreiche Varianten entwickelt worden (vgl. zu einem Überblick Lange 1981 und Schulz 1988). Auf die wichtigsten Portfolios wird in dem Kapitel 6 zur strategischen Planung eingegangen.

4.2 Die Planung und Entscheidung

Unternehmensplanung lässt sich als systematische und vorausschauende, d. h. gedankliche Festlegung der Aktivitäten einer Unternehmung definieren. Diesen Gedanken übersetzt der entscheidungstheoretische Ansatz in sieben Elemente. Die ersten vier Elemente werden häufig auch als Grundmodell der Entscheidungstheorie bezeichnet (zur Entscheidungstheorie vgl. Mag 1977; Eisenführ/Weber 2003; Laux 2007; Bamberg/Coenenberg 2008). Es handelt sich um die folgenden Bestandteile:

1. die Ziele bzw. angestrebte Ergebnisse,
2. die dem Subjekt zur Verfügung stehenden Handlungsmöglichkeiten (Aktionen),
3. jene Einflussgrößen, die von dem Entscheidungssubjekt nicht festgelegt werden (Umweltzustände), die aber ergebnisrelevant sind,
4. die Wahrscheinlichkeiten, mit denen ein Entscheidungssubjekt an das Eintreten der einzelnen Umweltzustände glaubt,
5. die Präferenzen des Entscheidungssubjektes in Bezug auf die Ergebnisse (Bewertung der Ergebnisse),
6. ein Kriterium für die Wahl unter den Aktionen,
7. das Verfahren, mit dem die vorteilhafte Handlung ermittelt wird.

Wegen der für den Managementprozess notwenigen Vor- und Rückkopplungen ist es schwer, eine Reihenfolge zu begründen, in der die einzelnen Elemente behandelt werden sollen. Im Folgenden wird der Management-Zyklus mit der Zielbildung eingeleitet.

4.2.1 Ziele bzw. angestrebte Ergebnisse

Im Folgenden wird zuerst auf den Zielbildungsprozess und auf verschiedene Kriterien, nach denen Ziele systematisiert werden können, eingegangen. Anschließend wird das Zielsystem nach der Balanced Scorecard vorgestellt.

4.2.1.1 Bildung und Systematisierung von Zielen

Für den Anwender des entscheidungstheoretischen Ansatzes lautet der erste Schritt: Erkenne die für die vorliegende Problemstellung relevanten Ziele. An ihnen sollen die alternativen Handlungsmöglichkeiten beurteilt und gemessen werden. Neben dem Zielinhalt müssen Zielausmaß und Zeitbezug festgelegt werden. Werden mehrere Ziele gleichzeitig verfolgt, ist die Art der Beziehung der einzelnen Ziele zueinander zu klären. Als Einzelschritte des Zielbildungsprozesses lassen sich nennen (vgl. Wild 1974, S. 57):

- Zielsuche,
- Operationalisierung der Ziele,
- Zielanalyse und -ordnung,

- Prüfung auf Realisierbarkeit,
- Zielentscheidung (Selektion),
- Durchsetzung der Ziele,
- Zielüberprüfung und -revision.

Es ist sicherzustellen, dass sich die Ziele in eine hierarchische Ordnung aller Ziele in der Unternehmung einfügen, d. h. dass eine kompatible Zielbildung auf allen organisatorischen Ebenen gewährleistet ist. Zudem sind die Vollständigkeit und Transparenz, die Organisationskongruenz und die Widerspruchsfreiheit der Ziele zu prüfen. Zielpyramiden, in denen hierarchische Strukturen zwischen den Unternehmenszielen abgebildet werden, nennen auf der obersten Stufe allgemeine Wertvorstellungen, Unternehmensvision, Unternehmensleitbild, Unternehmensphilosophie, Unternehmenskultur, Unternehmenszweck oder Mission als Rahmen für die Ableitung strategischer und operativer Ziele auf den darunter liegenden Stufen. Das Zielsystem einer Unternehmung kann folglich unterteilt werden in übergeordnete Leitlinien der Unternehmenstätigkeit und sog. Handlungsziele (vgl. Benkenstein/Uhrich 2009, S. 88–109)

In jedem marktwirtschaftlichen System gibt es zwei Zielgrößen, die von herausragender Bedeutung sind, und zwar den Gewinn oder Deckungsbeitrag, der sich aus den Komponenten Umsatz (bzw. Erlös) und Kosten zusammensetzt, und die Liquidität (Cashflow). Aber neben Gewinn und Liquidität müssen weitere Zielgrößen für die Planung benannt werden. Erstens ist der Gewinn eine nach handels- oder steuerrechtlichen Vorschriften ermittelte Größe und somit auf andere Zwecke als die der Betriebssteuerung hin konzipiert, zweitens ist der Gewinn nicht in der Lage, alle wichtigen Ergebnisse widerzuspiegeln, und drittens ist es häufig unmöglich, die Auswirkungen einzelner Maßnahmen (z. B. Ausbildungsmaßnahmen) auf den Gewinn zu messen. So kommen je nach Problemstellung folgende Ziele in Frage (vgl. Gerth 1969; Becker 2009):

- Umsatz- oder Absatzsteigerungen bei einzelnen Artikeln, Warengruppen oder dem gesamten Sortiment,
- Erhöhung des Marktanteils,
- Erhöhung des Bekanntheitsgrads oder Images bei den Nachfragern,
- Steigerung der Zahl der Stammkunden bzw. der Kundenbindung,
- Erschließung neuer Märkte,
- Verringerung des in Lagerbeständen gebundenen Kapitals,
- Verbesserung der Liquidität,
- Unabhängigkeit,
- Verringerung der Umweltbelastung,
- Arbeitszufriedenheit,
- soziale Sicherheit der Mitarbeiter usw.

Die Ziele lassen sich nach verschiedenen Kriterien systematisieren:

1. nach der Art der Zieldimension in
- ökonomische Ziele,
- vor-/außerökonomische Ziele;

2. nach der Art der ökonomischen Rechengröße in
- finanzwirtschaftliche Ziele,
- erlöswirtschaftliche Ziele,
- kostenwirtschaftliche Ziele,
- gewinn- bzw. rentabilitätsorientierte Ziele;

3. nach den Wirtschaftssubjekten, auf die sich die Ziele beziehen, in
- betriebsinterne Ziele (z. B. Erhöhung des Lagerumschlages durch bessere Bestellpolitik) einschließlich der personalorientierten Ziele,
- konsumentenorientierte Ziele (z. B. Erhöhung des Bekanntheitsgrads oder der Kundenbindung),
- lieferantenorientierte Ziele (z. B. Vergrößerung oder Verringerung des Lieferantenstabs, Verbesserung der Konditionen),
- konkurrenzorientierte Ziele (z. B. Erreichung der Kostenführerschaft);

4. nach dem Zeitraum, auf den sich die Zielformulierungen erstrecken, in
- kurzfristige Ziele,
- langfristige Ziele.

Es sind Zielhierarchien zu erstellen, die zeigen, wie die Zielvorstellungen einzelner Entscheidungssubjekte (z. B. Vorstand, Bereichsleiter, Geschäftsstellenleiter, Abteilungsleiter, Verkäufer) untereinander verknüpft sind. Abbildung 4.4 veranschaulicht, wie vielfältig und differenziert ökonomische Ziele in einer Handelsunternehmung sein können. In der vertikalen Dimension werden einzelne Entscheidungsebenen und -bereiche dargestellt, in der horizontalen einzelne Sachzielbereiche. Es wird einerseits zwischen Zielen der obersten Unternehmungsebene, Zielen der strategischen Geschäftseinheiten und Betriebsbereiche differenziert, andererseits zwischen verschiedenen funktionalen Zielarten. Die ursprüngliche Einteilung von Drexel (1981, S. 143) in finanzwirtschaftliche, leistungswirtschaftliche und soziale Ziele, an die sich die Abbildung 4.4 anlehnt, wurde allerdings modifiziert.

Die größte Schwierigkeit bei der Erstellung solcher Zielpyramiden erwächst aus dem Umstand, dass die funktionale Beziehung zwischen einzelnen Teilzielen oft nicht klar abgeschätzt werden kann. So gilt zwar im Regelfall, dass die Erhöhung des Umsatzes einer Verkaufsstelle auch den Umsatz des Unternehmens erhöht, allerdings nur eingeschränkt, falls Verbundeffekte zwischen einzelnen Verkaufsstellen vorliegen und eine Verkaufsstelle ihren Umsatz zu Lasten einer anderen ausdehnt. Auch zwischen der Flächenproduktivität und der Rentabilität der Verkaufsstelle sind beispielsweise die Zusammenhänge nicht leicht abzuschätzen. So kann es sein, dass die Erhöhung der Flächenproduktivität durch hohe Abschriften oder erhöhte Werbung erkauft wurde und die Rentabilität sinkt, es kann aber auch sein, dass die höhere Flächenproduktivität kostenneutral durch attraktivere Sortimente ermöglicht wurde.

4.2.1.2 Einbettung der Ziele in die Balanced Scorecard

Als Hilfsmittel zur Formulierung von Zielsystemen hat sich die Balanced Scorecard bewährt (vgl. Kaplan/Norton 1996; Müller-Hagedorn/Büchel 1999; Weber/Schäffer 2000). Sie soll sicherstellen, dass einzelne Zielvorstellungen untereinander und mit der Gesamtstrategie des Unternehmens ver-

	Finanzwirtschaftliche Ziele	Erlöswirtschaftliche Ziele	Kostenwirtschaftliche Ziele	Gewinn- bzw. rentabilitätsorientierte Ziele
Oberste Unternehmensziele	- Cashflow - Gewinnausschüttung	- Gesamtumsatz - Marktanteil	- Gesamtkosten	- Reingewinn - Return on Investment
Strategische Subziele (z. B. für Betriebe bzw. Verkaufsstellen)	- Cashflow	- Umsatz, - Flächenproduktivität	- Fixkosten - Diebstahlquote	- Umsatz-, Kapital-, Flächenrentabilität
Funktionale Ziele:				
Marketingziele	- Volumen von Konsumenten-Krediten	- Umsatz der Warengruppe A	- Werbekosten	- Deckungsbeitrag der Warengruppe A
Beschaffungsziele	- Beschaffungsflexibilität	- Beschaffungssicherheit	- Einkaufskonditionen	- Abschlagsspanne der Warengruppe A
Logistische Ziele	- Kapitalbindung	- Warenpräsenz	- Transportkosten	- Umschlagshäufigkeit der Warengruppe A
Personalpolitische Ziele	- Auszahlungen für Personal	- Personalproduktivität	- Personalkosten	- Deckungsbeitrag je Mitarbeiter

Quelle: In Anlehnung an Drexel 1981, S. 143

Abb. 4.4: Beispiele für ökonomische Ziele in einer Handelsorganisation

knüpft sind. Dabei sollen unterschiedliche Perspektiven in ausgewogener Form berücksichtigt werden. Üblicherweise wird zwischen vier Perspektiven einer Balanced Scorecard differenziert – der Finanzperspektive, der Kundenperspektive, der Internen Perspektive sowie der Lern- und Entwicklungsperspektive (vgl. Kaplan/Norton 1996, S. 44). Es ist allerdings zu berücksichtigen, dass die Wahl der Perspektiven und der einzelnen Zielgrößen in Abhängigkeit von der spezifischen Situation eines Unternehmens vorgenommen werden kann. Dabei kann man sich insbesondere an den Erfolgsfaktoren des Unternehmens orientieren.

Die Finanzperspektive

Traditionelle finanzielle Ziele und die damit verbundenen Leistungskennzahlen wie Umsatz, Kosten, Betriebsergebnis, Deckungsbeitrag, Profitabilität, Cashflow, Shareholder Value, Return on Investment (ROI), Return on Capital Employed (ROCE), Economic Value Added (EVA) etc. sind auch im Rahmen der Balanced Scorecard unabdingbare Größen zur Beurteilung des Unternehmenserfolgs.

Die Kundenperspektive

Die Kundenperspektive wendet sich der Frage zu, wie das Unternehmen von seinen Kunden gesehen wird. Zunächst wird das Management durch diesen Teil der Scorecard angehalten, die Kunden- und Marktsegmente, auf die das Unternehmen abzielt bzw. künftig abzielen wird, zu analysieren. Die strategischen Ziele und Messgrößen sind festzulegen, und sie sind auf die entsprechenden Zielgruppen auszurichten. Diese Messgrößen können sich auf die Basisdimensionen eines Leistungsversprechens beziehen, wie

- Zeit: „Wie schnell stellt sich die Unternehmung auf die Bedürfnisse der Kunden ein?“,
- Qualität: „Welche Fehler sind im Umgang mit Kunden vorgekommen?“,
- Quantität: „In welchem Ausmaß generiert die Unternehmung mit ihren Produkten und Dienstleistungen Nutzen für ihre Kunden?“,
- Kosten: „Welche Kosten entstehen dem Kunden, wenn er den Anbieter nutzt?“.

Ausgehend von relativ abstrakten Leistungsbereichen können konkrete Messgrößen festgelegt werden. Häufig werden dabei die Steigerung der Kundenzufriedenheit und der Kundenrentabilität, die Neukundengewinnung, die Erhöhung des Marktanteils im anvisierten Zielsegment und die Steigerung der Kundenbindung als strategische Ziele definiert. Die E. Breuninger GmbH & Co. hat als Messgröße der Bedienungs- und Beratungsqualität den Happy Customer Index (HCI) entwickelt (vgl. Schuckel/Hußmann 2000). Viermal im Jahr beurteilen Testkaufkunden mittels eines standardisierten Fragebogens (sog. Mystery Shopping) die hierfür ausgewählten Abteilungen in den Bereichen Fachkompetenz, Freundlichkeit, Aufmerksamkeit/Engagement und Wunsch nach Wiederberatung. Auch wenn sich der Zusammenhang von Kundenzufriedenheit bzw. Dienstleistungsqualität und Kundenbindung in verschiedenen empirischen Studien bewährt hat (vgl. Zeithaml/Berry/Parasuraman 1996; Macintosh/Lockshin 1997; Bloemer/de Ruyter 1998; Sirohi/McLaughlin/Wittink 1998; Sivadas/Baker-Prewitt 2000; Homburg/Bucerius 2008 und die dort angegebene Literatur), darf die Messgröße Kundenzufriedenheit nicht überbewertet werden, denn sie führt nicht automatisch zu Kundenbindung. Lediglich besonders hohe Werte bei der Kundenzufriedenheit lassen den Schluss zu, dass solche Kunden wahrscheinlich auch loyale Kunden sind (vgl. Horstmann 1998; Homburg 1999; auf weitere Bestimmungsfaktoren der Kundenbindung gehen Goerdt 1999; Diller/Goerdt 2000; Olsen 2002; Olsen/Johnson 2003 ein).

Die Interne Perspektive

Im Rahmen der internen Geschäftsprozesse geht es darum, die Kernkompetenzen eines Unternehmens so auszubilden, dass die vom Kunden gewünschten Leistungen marktgerecht erfüllt werden können. Marktgerecht heißt auch, dass im Vergleich zu den Wettbewerbern attraktive Leistungen angeboten werden. Dabei ist es sinnvoll, sich auf die Leistungen zu konzentrieren, die einen großen Einfluss auf die Kundenzufriedenheit bzw. Kundenbindung haben und gleichzeitig zur Erreichung der finanziellen Ziele des Unternehmens, d. h. zum Shareholder Value, beitragen. Die Balanced Scorecard dient insbesondere dazu, effiziente Prozesse zu forcieren und zu implementieren. Einige Beispiele sollen verdeutlichen, was mit der Fokussierung auf die internen Geschäftsprozesse gemeint ist:

- Bei einem Handelsbetrieb, bei dem modische Textilien einen zentralen Bestandteil des Sortimentes ausmachen, kann dies die Fähigkeit sein, frühzeitig zu erkennen, welche Trends sich durchsetzen werden. Auch die Fähigkeit, die Zusammenarbeit mit den Herstellern so zu gestalten, dass kurzfristig reagiert werden kann, kann von besonderer Bedeutung sein. Diese Fähigkeit lässt sich beispielsweise mit den Messgrößen Orderzeit oder Anzahl von Sonderbestellungen erfassen.
- Bei einem Großhandelsbetrieb kann es die Fähigkeit sein, den Kunden schnell und zuverlässig zu beliefern. Sie kann sich im Servicegrad oder dem Anteil der nach dem Vendor Managed Inventory Konzept gelieferten Artikel widerspiegeln.
- Bei einem Einzelhandelsunternehmen, das auf überdurchschnittliche Beratungsqualität setzt, stellt der Anteil der Kundenberatungszeit an der gesamten Arbeitszeit eine Messgröße dar, in der eine Fokussierung auf den Beratungsprozess zum Ausdruck kommt.

Die Lern- und Entwicklungsperspektive

Für Unternehmungen, die sich in dynamischen Feldern bewegen, ist es besonders wichtig, über Fähigkeiten zu verfügen, sich mit Produkten, Leistungen und Prozessen an geänderte Anforderungen anpassen zu können. Dies geht mit der Fähigkeit einher, den Kunden neue Leistungen, die von diesen als Bereicherung empfunden werden, anzubieten. Bei einem Handelsbetrieb kann sich dies auf die Entwicklung von neuen Betriebsformen beziehen, im Großhandel auf neue Dienstleistungen, auf neue Lieferanten oder auch nur auf neue Sortimente. Es kann sich aber auch um die Entwicklung interner Ressourcen handeln. Die Qualifikation, Motivation und Zufriedenheit der Mitarbeiter gehören zu den wichtigen Aspekten der Personalentwicklung. In der Messgröße Mitarbeiterfluktuation spiegelt sich die Zufriedenheit der Mitarbeiter wider. Sie hat zudem für die Generierung und Erhaltung von Wissen und Erfahrung in der gesamten Unternehmung große Bedeutung.

Die vier dargestellten Perspektiven dürfen nicht zu eng interpretiert werden, sie können vielmehr der spezifischen Situation einer Unternehmung angepasst werden. Abbildung 4.5 verdeutlicht am Beispiel eines mittelständischen Großhandelsunternehmens eine solche Anpassung. Neben der finanzwirtschaftlichen, der kundenbezogenen und der internen Perspektive wird in dem vorliegenden Fall eine lieferantenbezogene Sichtweise gewählt. Die Abbildung veranschaulicht nicht nur die einzelnen Ziele, sondern auch die Ursache-Wirkungsbeziehungen zwischen den Zielen. Die Beziehungen werden grafisch durch Pfeile veranschaulicht. Bei der Gestaltung der Balanced Scorecard ist auf eine entsprechende Begründung der jeweiligen Zielbeziehungen zu achten.

Mit Hilfe der Balanced Scorecard wird eine mehrdimensionale Analyse der Leistungsfähigkeit eines Unternehmens angestrebt. Neu an der Balanced Scorecard ist nicht nur, dass traditionelle finanzwirtschaftliche Größen um weitere Größen ergänzt werden, sondern dass sog. Leistungstreiber mit einbezogen werden, also solche Größen, die im Wettbewerb als Schlüsselgrößen angesehen werden, um zukünftigen Erfolg zu sichern. Es wird deutlich, dass die Balanced Scorecard den Schwerpunkt eher auf Impulse für die künftige Rentabilität als auf vergangene Erfolge legt (vgl. Gentia Software 1998, S. 6).

Die einzelnen Perspektiven einer Balanced Scorecard existieren nicht unabhängig voneinander, sondern es bestehen logische und organisatorische Verknüpfungen zwischen ihnen. Definiert man beispielsweise im Bereich der Lern- und Entwicklungsperspektive als strategisches Ziel die Mitabei-

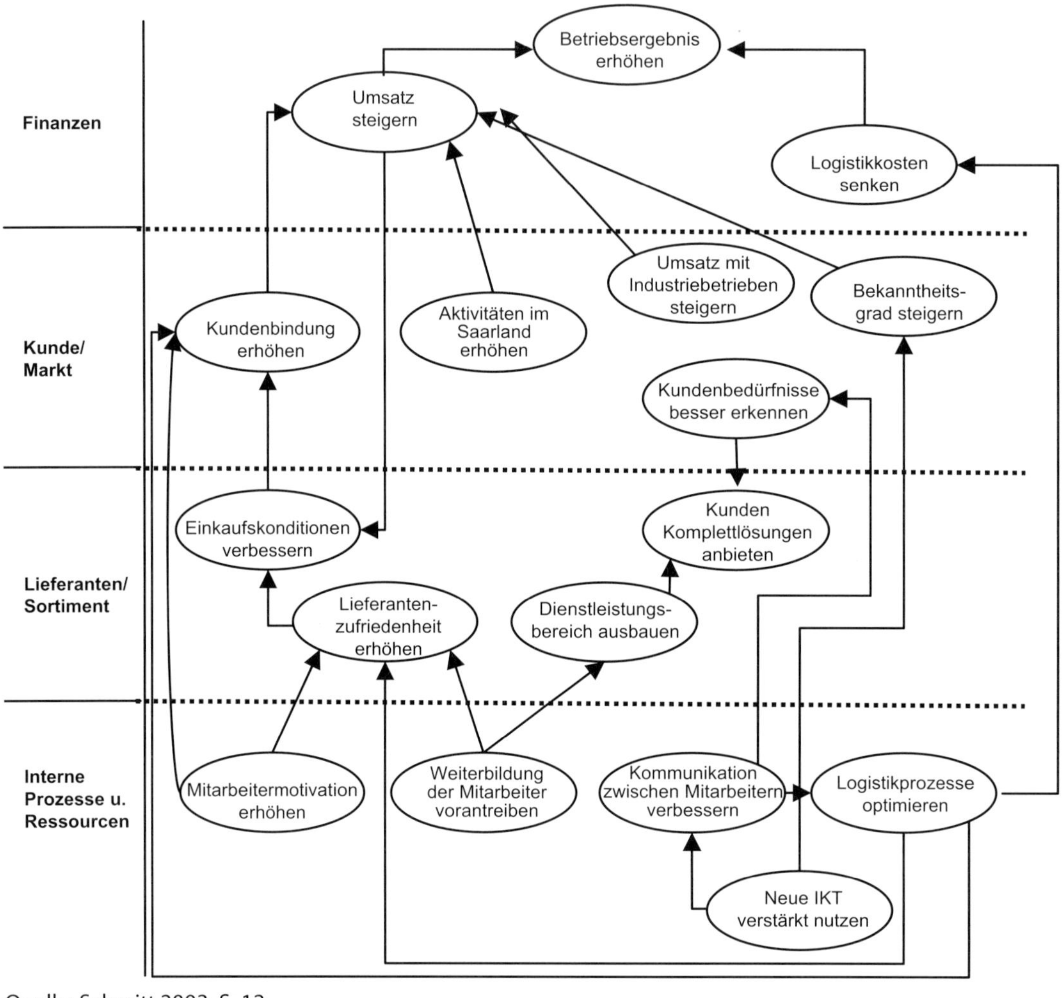

Quelle: Schmitt 2003, S. 12

Abb. 4.5: Beziehungen zwischen Elementen der Balanced Scorecard

terzufriedenheit, so wirkt sich dies auf die Kundenperspektive aus, wenn unterstellt wird, dass ein zufriedener Mitarbeiter die Kunden freundlicher bedient und somit die Kundenbindung positiv beeinflusst. Die erhöhte Kundenbindung wirkt sich durch einen steigenden Umsatz auf die Finanzperspektive aus. Bevor ein strategisches Ziel in die Scorecard aufgenommen wird, gilt es diese Verknüpfungen sorgfältig zu untersuchen und unter Wirtschaftlichkeitsgesichtspunkten zu hinterfragen. Die Zusammenhänge werden ebenfalls durch Abbildung 4.5 veranschaulicht.

Insgesamt wird deutlich, dass die Formulierung abgestimmter Ziele einen wichtigen Bestandteil betrieblicher Planung ausmacht. Die Balanced Scorecard kann dafür einen geeigneten Rahmen darstellen, der vom Planenden mit dem entsprechenden Inhalt gefüllt wird. So finden sich in der betrieblichen Praxis zahlreiche Varianten der Anwendung. Abbildung 4.6 zeigt exemplarisch auf, welche unterschiedlichen Perspektiven für die Balanced Scorecards jeweils gewählt wurden. Es wird deutlich, dass das Konzept der Balanced Scorecard unternehmensindividuell angepasst werden kann und muss.

Unternehmen	Verwendete Perspektiven
real,- (Biehl 2003)	Kunden, Finanzen, Mitarbeiter, Abläufe
OBI (Lux 2004, S. 90)	Kunden, Finanzen, Mitarbeiter, Lieferanten/Prozesse
Breuninger (Weber/Schäffer 2000, S. 74-77)	Kunden/Markt, Finanzen, Interne Prozesse/Ressourcen, Ware/Lieferanten

Abb. 4.6: Perspektiven einer Balanced Scorecard im Handel

4.2.2 Handlungsmöglichkeiten

Für den Anwender des entscheidungsorientierten Ansatzes lautet der zweite wichtige Schritt: Erkenne, welche Handlungsmöglichkeiten in einer bestimmten Situation zur Verfügung stehen, denn Entscheiden heißt, unter mehreren Handlungsmöglichkeiten bewusst eine auszuwählen. Dabei wird auch das Unterlassen einer bestimmten Handlung als eigene Handlungsmöglichkeit angesehen. In vielen Fällen wird sich das Entscheidungssubjekt erst Klarheit verschaffen müssen, welche Handlungen ergriffen werden können. Die Alternativensuche kann ein heuristisch-kreativer Prozess der Ideengenerierung oder ein stärker formalisierter Prozess der logisch determinierten Alternativenkonstruktion sein.

Eine Handlungsmöglichkeit wird in der Entscheidungstheorie meist als Aktion, aber auch als Strategie, Alternative oder Handlungsweise bezeichnet. Die Menge der zur Verfügung stehenden Aktionen heißt Aktionenraum bzw. Aktionsraum, Aktionsfeld, Alternativenmenge oder Entscheidungsraum. Es ist zweckmäßig, zwischen Aktionen und Aktionsparametern zu unterscheiden. Eine Aktion kann mit Hilfe einer Reihe von einzelnen Größen, den Aktionsparametern, charakterisiert werden. Als Aktionsparameter bezeichnet man dabei die einzelnen Variablen, über die der Entscheidende disponieren kann.

Beispiel: Ein Warenhaus erstellt den Schaufenster-Dekorationsplan für das nächste halbe Jahr. Festzulegen sind Aktionsparameter und mögliche Aktionen.
Zu den möglichen Aktionsparametern zählen:

- die Warengruppen, die für die Dekoration ausgewählt werden,
- die Häufigkeit, mit der die Dekorationen gewechselt werden,
- der materielle Aufwand.

Mögliche Aktionen können dann lauten:
- Dekorationswechsel alle vier Wochen, verschiedene Warengruppen, geringer Aufwand,

- Dekorationswechsel alle acht Wochen, verschiedene Warengruppen, hoher Aufwand,
- Dekorationswechsel alle vier Wochen, Konzentration auf Textilien, hoher Aufwand.

Bei der Ermittlung der Aktionen im Rahmen des Grundmodells der Entscheidungstheorie sind bestimmte Regeln einzuhalten:

- Die einzelnen Handlungsmöglichkeiten müssen sich gegenseitig ausschließen (Exklusionsbedingung). Von allen Aktionen ist also mindestens eine, aber auch höchstens eine auszuwählen.
- Um das Verhalten einer Person abbilden zu können, muss gefordert werden, dass in den Aktionsraum alle möglichen Handlungen eingehen. Wird das Grundmodell zur Entscheidungsfindung herangezogen, genügt die Annahme, dass alle nach Meinung des Entscheidungssubjektes möglichen Alternativen erfasst werden (Vollständigkeitsbedingung).

Bei der konkreten Benennung von Handlungsmöglichkeiten empfiehlt es sich, nach Entscheidungstypen zu unterscheiden. Entsprechend der hierarchischen Einordnung kann von

- strategischen Unternehmensentscheidungen,
- strategischen Bereichsentscheidungen, wie insbesondere den strategischen Marketing- und Beschaffungsentscheidungen, sowie
- laufenden operativen Entscheidungen über den Einsatz von absatz-, beschaffungs- und personalpolitischen Instrumenten

gesprochen werden.

Strategische Unternehmensentscheidungen
Strategische Unternehmensentscheidungen lassen sich wie folgt kennzeichnen:

- Sie legen einen Planungszeitraum von mehreren Jahren zugrunde, d. h. es wird abgeschätzt, welche Konsequenzen sich aus der Entscheidung für die Unternehmung in absehbarer Zukunft ergeben.
- Sie beziehen sich auf die sog. Erfolgspotenziale, auf die die Unternehmung in der Zukunft ihre Wettbewerbsfähigkeit stützen will (vgl. Pümpin 1992).
- Sie geben Bandbreiten für den Einsatz des betriebspolitischen Instrumentariums an, ohne dieses im Einzelnen zu fixieren.
- Sie werden von der obersten Geschäftsleitung getroffen.

Als Beispiele für strategische Unternehmensentscheidungen lassen sich Entscheidungen über die Wirtschaftsstufe, auf der eine Unternehmung tätig sein will (Großhandel, Einzelhandel, Aufnahme einer industriellen Tätigkeit), Entscheidungen über Fusionen oder Akquisitionen, Entscheidungen über die Internationalisierung, den Mehrkanalvertrieb oder die Diversifizierung einer Unternehmung anführen. Überlegungen zur Strategie eines Handelsunternehmens finden sich in allgemeiner Form in den Kapiteln 5 bis 8, zu speziellen Problemen in den Kapiteln 10 bis 12.

Strategische Bereichsentscheidungen

Strategische Bereichsentscheidungen können bezüglich der strategischen Optionen der Beschaffung, der Logistik, des Marketings, des Personalwesens sowie der Finanzierung getroffen werden.

Von besonderer Bedeutung sind die strategischen Marketingentscheidungen. Durch sie werden die Hauptkennzeichen des Verhaltens der Unternehmung gegenüber den Nachfragern und den Konkurrenten fixiert. Porter hat für alle Bereiche der Wirtschaft drei grundsätzliche Ansatzpunkte aufgezeigt (vgl. Porter 2010, S. 37–44):

1. Die Kostenführerschaft erlaubt es, bei gleichen oder niedrigeren Preisen als denen der Konkurrenz höhere Erträge zu erzielen.
2. Mit der Strategie der Differenzierung bemüht sich eine Unternehmung, in einigen, von den Abnehmern allgemein hoch bewerteten Dimensionen einmalig zu sein.
3. Bei der Konzentration auf Schwerpunkte wählt die Unternehmung ein Segment aus einer Branche aus und bedient es maßgeschneidert, wobei sie ebenfalls einen Kosten- oder Differenzierungsschwerpunkt setzen kann.

Porters Strategien sind fundamental, da sie sowohl an den beiden Komponenten des von Unternehmungen im Regelfall angestrebten Gewinns (Kosten und Umsatz) als auch an den beiden Basiselementen jeder Transaktion zwischen Unternehmung und Kunden (Preis und Leistung) anknüpfen. Sie lassen sich deswegen auch auf den Handel übertragen. Dort sind allerdings Klassifikationen der folgenden Art üblich:

- Erlebnishandel versus Versorgungshandel,
- Erlebnisorientierung versus Preisorientierung,
- Handel für den Luxusbedarf versus Handel für den Standardbedarf,
- oberer, mittlerer und unterer Markt.

Morschett, Swoboda und Schramm-Klein (2006) haben im Rahmen von zwei empirischen Studien im Lebensmitteleinzelhandel das Konzept von Porter überprüft. Sowohl die Perspektive von Handelsmanagern als auch die Sicht von Kunden führt zu dem Ergebnis, dass die strategische Position von Handelsunternehmungen in einem dreidimensionalen Raum wahrgenommen wird. Es handelt sich in beiden Fällen um Dimensionen, die im Wesentlichen die Qualität, das Preisniveau und die Bequemlichkeit charakterisieren. Ein zentrales Ergebnis sehen die Autoren darin, dass Preisvorteile und Leistungsvorteile nicht als Endpole einer einzigen strategischen Dimension zu interpretieren sind, sondern dass es drei weitgehend unabhängige Dimensionen gibt, bezüglich derer ein Handelsunternehmen positioniert werden kann.

Auf die inhaltliche Diskussion einzelner Unternehmens- oder Bereichsstrategien wird in späteren Kapiteln eingegangen (siehe insbesondere Kapitel 8).

Laufende operative Entscheidungen

Im Regelfall stellen Alternativen komplexe Bündel von Aktionsparametern dar, so dass insbesondere im Hinblick auf die laufenden Entscheidungen zu fragen ist, auf welche Aktionsparameter in den einzelnen Geschäftsbereichen zurückgegriffen werden kann. Es wird auch von Instrumenten gesprochen, im Einzelnen von

- den absatzpolitischen Instrumenten,
- den beschaffungspolitischen Instrumenten,
- den personalpolitischen Instrumenten.

Unter den absatzpolitischen Instrumenten (Marketing-Mix-Elementen) eines Handelsbetriebs werden jene Aktionsparameter in der Geschäftspolitik eines Handelsbetriebs verstanden, die die aktuellen und potenziellen Kunden in ihrem Einkaufsverhalten beeinflussen. Im Folgenden soll von sieben Aktionsbereichen ausgegangen werden:

- der Standortpolitik,
- der Sortimentspolitik,
- der Handelsmarkenpolitik,
- der Preispolitik,
- der Kommunikationspolitik,
- der Verkaufsraumgestaltung und
- der Service- und Beratungspolitik.

Jeder der Aktionsbereiche umfasst eine Vielzahl von konkreten Aktionsparametern. Auch wenn sie meist als operative Entscheidungsbereiche bezeichnet werden, beinhalten sie grundsätzlich auch strategische Elemente. Dies wird deutlich, wenn man berücksichtigt, dass die Ausgestaltung der absatzpolitischen Instrumente im Ergebnis die Betriebsform definiert. So stellt beispielsweise für einen Discounter der Umfang und die Form von Preisaktionen eine operative Entscheidung dar, die grundsätzliche Festlegung eines niedrigen Preisniveaus besitzt dagegen eine strategische Bedeutung. Gleiches gilt im Bereich der Sortimentspolitik für die Listung einzelner Artikel auf der einen und die grundlegende Festlegung der Sortimentsbreite und -tiefe auf der anderen Seite.

Entsprechend lassen sich beschaffungspolitische Aktionsparameter als jene Größen definieren, die eine Unternehmung im Rahmen ihrer Beschaffungspolitik selbst festlegen kann und die ihre beschaffungspolitischen Zielgrößen beeinflussen. Sie beziehen sich auf

- die Art der beschafften Güter (einige Güter bzw. Dienstleistungen könnten auch selbst erstellt werden),
- den Bezugsweg (z. B. Großhandel, Verbundgruppe, Hersteller) und die Auswahl der Lieferanten,
- die Disposition (Bestellmengen, Bestell- und Liefertermine),
- das Aushandeln von Konditionen (betreffend die Preise, die Lieferzeiten, die Transportmittel, die Verpackung, den Gefahrübergang),
- die Kommunikationspolitik gegenüber den Lieferanten.

Schließlich lassen sich im Rahmen der Personalpolitik folgende Aktionsparameter angeben:

- die Beschäftigungspolitik,
- die Entgeltpolitik,
- die Bildungspolitik,
- das Führungskonzept und der Führungsstil,
- die Aufgabenteilung.

Insgesamt stellt sich so die Unternehmenspolitik als die Disposition über die Aktionsparameter in den Bereichen der Unternehmung dar. Mit großem Einfallsreichtum werden zu jeder Zeit neue Handlungsmöglichkeiten generiert (z. B. neue Vertriebsformen, neue Produkte, neue Finanzierungsmöglichkeiten). Um verborgene Handlungsmöglichkeiten aufzuspüren, wurden Kreativitätstechniken entwickelt. Die Aktionen, unter denen zu wählen sein wird, werden sich häufig nicht über den gesamten Wertebereich einer Variablen erstrecken, sondern werden in vielen Fällen durch Nebenbedingungen auf einen bestimmten Bereich beschränkt. Beispiele für solche Beschränkungen können sein:

- Obergrenzen, bis zu denen Fremdkapital aufgenommen werden kann,
- vorhandener Lagerraum,
- verfügbare Verkaufsfläche,

d. h. jene Faktoren, die dem Betrieb nur begrenzt zur Verfügung stehen.

4.2.3 Umweltzustände

Für den Anwender des entscheidungsorientierten Ansatzes lautet der dritte Schritt: Prüfe, welche Bestimmungsfaktoren über die eigenen Aktionsparameter hinaus den Erfolg der ins Auge gefassten Maßnahmen beeinflussen. Ob das von dem Entscheidenden angestrebte Ziel erreicht wird oder nicht, hängt nicht nur davon ab, welche Handlung er ergreift, sondern auch von Einflussgrößen, deren Werte er selbst nicht festlegt. Diese Größen werden auch als Umweltvariablen bezeichnet. Jede Kombination bestimmter Werte der Umweltvariablen bildet einen Umweltzustand. Die Menge aller relevanten Umweltzustände wird Zustandsraum genannt. Die Ermittlung der Zustände der Umwelt, die die Ergebnisse einer Handlungsmöglichkeit beeinflussen, ist eine wichtige und schwierige Aufgabe. Sie setzt voraus, dass der Entscheidende erkennt, welche Bestandteile der Umwelt die Zielerreichung beeinflussen und bei welchen ein solcher Einfluss nicht zu vermuten ist. Eine qualitative Diskussion der Umweltzustände wird auf folgende Sachverhalte eingehen:

- das Verhalten von Nachfragern, z. B. deren Preisempfindlichkeit, deren Aufgeschlossenheit bzw. Abneigung gegenüber Werbung, deren Bereitschaft, Wartezeiten beim Kauf zu akzeptieren,
- das Verhalten von Konkurrenten, z. B. deren Neigung, auf Preisänderungen oder Sortimentsveränderungen zu reagieren (vgl. die detaillierte Untersuchung der Konkurrenzlage bei Hoffmann 1979),
- das Verhalten nachfolgender Handelsbetriebe (bei mehrstufigen Handelssystemen),
- das Verhalten von Lieferanten,
- das Verhalten sonstiger Institutionen (z. B. Presse, staatliche Organisationen),
- die Entwicklungen in der Makroumwelt (z. B. Konsumtrends, politisch-rechtliche Rahmenbedingungen, Technologien)
- das Eintreten sachlicher Faktoren, wie z. B. der Wetterlage, die das Verhalten der beteiligten Wirtschaftssubjekte bestimmen können.

Welche Variablen und welche Werte der Variablen für die Definition der Zustände relevant sind, kann nur für ein konkretes Entscheidungsproblem festgestellt werden. Die Analyse ihres Einflusses auf die Entscheidung kann mit Hilfe von Szenariotechniken vorgenommen werden. Dabei können auch Aspekte der Umweltunsicherheit berücksichtigt werden.

Die Planung wird nicht nur dadurch erschwert, dass unsicher ist, wie sich die Umwelt auf die Ziele der Unternehmung auswirkt, sondern auch dadurch, dass die Reaktionen der Wirtschaftssubjekte heterogen sein können. Auf eine bestimmte betriebliche Maßnahme reagieren verschiedene Konsumentengruppen bzw. verschiedene Konkurrenten unterschiedlich. Daraus wurde die Konsequenz gezogen, Wirtschaftssubjekte anhand ihrer Reaktionen in homogene Gruppen einzuteilen. Als besonders wichtig hat sich die Segmentierung von Nachfragern herausgestellt. Das Augenmerk der Unternehmung ist dann besonders darauf gerichtet, wie die von ihr ausgewählten Nachfragergruppen (Zielgruppen) reagieren werden (z. B. Nachfrager, die auf Service und Beratung Wert legen, gegenüber Nachfragern, die darauf gern verzichten).

4.2.4 Die Darstellung der Ergebnisse in einer Ergebnismatrix

Das betriebliche Ergebnis hängt einerseits von der ergriffenen Aktion, andererseits von dem eingetretenen Umweltzustand ab. Die Beziehungen zwischen den Ergebnissen e_{ij} und seinen bestimmenden Aktionen A_i und den Umweltzuständen Z_j werden formal mit Hilfe einer Ergebnisfunktion beschrieben:

(4.1) $$e_{ij} = f(A_i, Z_j) \quad \text{für } i = 1,\ldots, m; j = 1,\ldots, n$$

Die Zusammenhänge sollen an einigen Beispielen verdeutlicht werden (siehe Abbildung 4.7).

Für ein bestimmtes Planungsproblem lassen sich die prognostizierten Ergebnisse in der sog. Ergebnismatrix zusammenfassend darstellen. Bei der Ergebnismatrix (auch als „Konsequenzenmatrix“ bezeichnet) handelt es sich um jene Matrix, die für jede Aktion das erwartete Ergebnis bzw. die erwarteten Ergebnisse ausweist, wobei diese Ergebnisse von den eintreffenden Umweltzuständen abhängig sind. Es wird unterstellt, dass sich verschiedene Umweltzustände und auch verschiedene Aktionen gegenseitig ausschließen. Ist beispielsweise zwischen zwei Aktionen zu wählen, liegen zwei Umweltzustände vor und sind die Maßnahmen nur an einer Ziel- bzw. Ergebnisgröße zu beurteilen, stellt sich die Ergebnismatrix wie in Abbildung 4.8 dar.

Die Ergebnismatrix beinhaltet in dem vorliegenden Fall pro Zelle (Kombination aus Aktion und Umweltzustand) ein Ergebnis. Es kann sich dabei, wie die die Abbildung 4.7 veranschaulicht, um eine einzelne ökonomische Größe, wie zum Beispiel die Umsatzhöhe, handeln, mit der die Vorteilhaftigkeit eines Ergebnisses gegenüber einem anderen unmittelbar beurteilt werden kann. Es kommt allerdings häufig vor, dass die Konsequenz einer Handlungsalternative nicht nur durch eine, sondern durch mehrere Ergebnisgrößen (Ergebnisvektor), z. B. einen Gewinnbetrag, eine Umsatzzahl, eine bestimmte Anzahl von Arbeitsplätzen, gekennzeichnet ist. Selbst wenn die Konsequenzen aller Aktionen bekannt sind, erlaubt die Ergebnismatrix noch kein Urteil über die Vorteilhaftigkeit der einzelnen Aktionen. Das gilt nicht nur für den Fall, dass ein Ergebnisvektor vorliegt, sondern

Aktion	Umweltzustand, gekennzeichnet durch	Ergebnisse
Nach dem Tourenplan werden die drei Filialen in der Reihenfolge B, A, C angefahren	- Standorte der Filialen A, B, C - Verkehrsdichte auf den betreffenden Strecken	- Fahrstrecke in km - Fahrzeit in Minuten - Belieferungszeitpunkte A, B, C
Ein SB-Warenhaus wird mit Selbstzahlerkassen ausgestattet	- Stärke des Kundenzustroms - Erfahrungen von Kunden mit der neuen Technologie	- Zahl der abgerechneten Positionen/Zeiteinheit
In einer Warengruppe werden statt bisher fünf nun zehn Wahlmöglichkeiten angeboten	- Wertschätzung von Wahlmöglichkeiten durch Konsumenten - Preisniveau der Artikel in der Warengruppe	- Umsatz in der Warengruppe - Kosten für gebundenes Kapital - benötigte Regalfläche
Zahl der Besuche des Verkaufspersonals bei Kunden wird verdoppelt	- Wertschätzung von Kundenbesuchen durch die Kunden - Besuchsfrequenz der Konkurrenz	- Zahl der Aufträge - Umsatzhöhe der abgeschlossenen Aufträge - Zahl der von den Konkurrenten übergewechselten Kunden

Abb. 4.7: Verknüpfung von Aktionen, Umweltzuständen und Ergebnissen

	Umweltzustände	
Aktionen	Z_1	Z_2
A_1	9	81
A_2	16	49

Abb. 4.8: Beispiel für eine Ergebnismatrix

auch dann, wenn lediglich eine Ergebnisgröße ermittelt wurde. So muss es sich bei dem Ergebnis nicht zwingend um eine Größe auf ordinalem oder metrischem Messniveau handeln. Selbst bei einer ordinal oder metrisch skalierten Ergebnisgröße ist noch offen, ob größere oder kleinere Werte präferiert werden. Im nächsten Schritt ist deshalb zum einen zu überlegen, wie die Ergebnisse bewertet werden. Zum anderen ist zu klären, wie mit der Tatsache, dass verschiedene Umweltzustände eintreten können, umgegangen werden soll. Im folgenden Abschnitt wird zuerst auf den letzten Punkt eingegangen.

4.2.5 Die subjektiven Wahrscheinlichkeiten

Der Entscheidende wird in vielen Fällen nicht sicher sein können, welcher Umweltzustand tatsächlich eintreten wird. Dabei werden häufig zwei Arten von Ungewissheit analysiert. So kann man zwischen einer Unsicherheitssituation, in der die Eintrittswahrscheinlichkeiten unbekannt sind, und einer Risikosituation, in der sie beziffert werden können, unterscheiden. Im Folgenden soll beispielhaft nur der Risikofall untersucht werden. Aufgrund der Definition der Umweltzustände, nach der diese sich gegenseitig ausschließen und vollständig sein müssen, gilt:

$$(4.2) \qquad \sum_{j=1}^{n} p_j = 1$$

p_j soll dabei die Wahrscheinlichkeit angeben, mit der der Entscheidende an das Eintreffen des Umweltzustands j glaubt (subjektiver Wahrscheinlichkeitsbegriff). In der Entscheidungstheorie ist darüber hinaus auch an Situationen zu denken, in denen wie z. B. im Roulettespiel objektive Wahrscheinlichkeiten angegeben werden können oder in denen man es mit einem rational handelnden Gegenspieler zu tun hat (Spieltheorie). Am häufigsten dürfte in der Realität aber der Fall auftreten, in dem der Entscheidende die Festlegung von subjektiven Wahrscheinlichkeiten nur auf seine Vermutungen über die wirtschaftliche Situation und über das Verhalten der am Wirtschaftsprozess beteiligten Gruppen stützen kann.

Abbildung 4.9 zeigt eine Ergebnismatrix mit einer Ergebnisgröße, von der angenommen werden soll, dass sie von dem Entscheidenden für eine Beurteilung der Handlungsalternativen benutzt wird. Solange die Person glaubt, dass Umweltzustand Z_1 mit größerer Wahrscheinlichkeit eintritt als Z_2, wird sie eine Präferenz für die zweite Handlungsmöglichkeit haben. Wenn die Person dagegen gute Gründe hat, mit dem Eintritt des Umweltzustandes Z_2 eher zu rechnen als mit dem des Umweltzustandes Z_1, und ein höherer Wert der Ergebnisgröße besser als ein niedriger ist, dann ist offenbar A_1 vorzuziehen, denn A_1 bringt den höheren Erfolg, wenn Z_2 eintritt. Die Höhe der Wahrscheinlichkeiten, mit denen das Eintreffen der unsicheren Umweltzustände belegt wird, ist für die Auswahl einer Handlungsmöglichkeit von ausschlaggebender Bedeutung.

	Umweltzustände	
Aktionen	**Z_1**	**Z_2**
A_1	9	16
A_2	16	9

Abb. 4.9: Beispiel für ein Entscheidungsproblem

Für die Anwender des entscheidungsorientierten Ansatzes lautet der vierte Schritt mithin: Prüfe, ob denkbare Umweltzustände mit unterschiedlicher Wahrscheinlichkeit eintreten, und versuche, diese Wahrscheinlichkeiten abzuschätzen. In der Praxis wird das Problem, unterschiedliche Umweltzustände zu erkennen und ihnen Wahrscheinlichkeiten zuzuordnen, oft vereinfacht, indem der als am wahrscheinlichsten angesehene Zustand durch einen schlechtesten (*worst case*) und einen besten Fall (*best case*) ergänzt wird. Für diese drei Fälle werden dann die Ergebnisse ermittelt.

4.2.6 Die Bewertung möglicher Ergebnisse

Wie bereits ausgeführt, ist in vielen Fällen ein Vergleich der Ergebnisse nicht unmittelbar möglich. Vorher muss der Entscheidende noch die möglichen Ergebnisse bewerten. Dies erfolgt mit Hilfe einer Nutzenfunktion. Während die Ergebnisse selbst einen Vorteilhaftigkeitsvergleich nicht grundsätzlich erlauben, da es sich bei den Ergebnisgrößen nicht zwingend um Größen auf ordinalem Messniveau handelt, lassen Nutzenwerte einen solchen Vergleich zu. Zu diesem Zweck werden den Ergebnissen Nutzen zugeordnet, in denen sich die Bewertungskriterien des Entscheidenden widerspiegeln. Jedem einzelnen Ergebnis e_{ij} wird mit Hilfe einer Nutzenfunktion ein Nutzen $u(e_{ij})$ zugewiesen. Die Nutzenfunktion kann einen linearen Verlauf (z. B. $u(e_{ij}) = e_{ij}$) haben, kann aber auch so modelliert werden, dass beispielsweise ein abnehmender Grenznutzen zum Ausdruck kommt (z. B. $u(e_{ij}) = \sqrt{e_{ij}}$). Im ersten Fall hätte die Entscheidungsmatrix äußerlich die gleiche Form wie die Ergebnismatrix in Abbildung 4.8. Im zweiten Fall ergibt sich die in Abbildung 4.10. dargestellte Entscheidungsmatrix. Es zeigt sich, dass bei Eintritt des Umweltzustands Z_1 die Aktion A_2 $(4 > 3)$, bei Eintritt des Umweltzustandes Z_2 dagegen die Aktion A_1 $(9 > 7)$ vorteilhaft wäre. Da keine der beiden Aktionen dominant ist, ist eine Entscheidungsregel notwendig. In der Entscheidungstheorie sind mehrere Entscheidungsregeln entwickelt und auf ihre Übereinstimmung mit bestimmten Grundannahmen überprüft worden. Es gibt einerseits Entscheidungsregeln, die unter der Annahme der Unsicherheit, d. h. ohne Kenntnis der Eintrittswahrscheinlichkeiten, andererseits für den Fall des Risikos abgeleitet wurden. Im folgenden wird unterstellt, dass die subjektiven Eintrittswahrscheinlichkeiten ($p_1 = ¼$, $p_2 = ¾$) vorliegen.

	Umweltzustände	
Aktionen	**Z_1**	**Z_2**
	$p_1 = 1/4$	**$p_2 = 3/4$**
A_1	3	9
A_2	4	7

Abb. 4.10: Beispiel für eine Entscheidungsmatrix

Noch anspruchsvoller ist der Bewertungsprozess, wenn für jede Aktion und für jeden denkbaren Umweltzustand mehrere Ergebnisse ermittelt werden (z. B. Gewinn und Marktanteil). Eine solche mehrdimensionale Ergebnisermittlung ist häufig notwendig, führt aber dazu, dass die einzelnen Ergebnisse zu einer Nutzengröße aggregiert werden müssen.

4.2.7 Die Notwendigkeit eines Kriteriums für die Entscheidungsfindung

Führt die Alternativenbewertung dazu, dass eine dominante Handlungsoption gefunden wird, so schrumpft der Entscheidungsprozess auf einen einfachen Auswahlakt zusammen. Wenn sich jedoch eine Situation wie in Abbildung 4.10 ergibt, werden Überlegungen zu einem Entscheidungskriterium erforderlich.

So kann beispielsweise jene Aktion gewählt werden, deren erwarteter Erfolg (Nutzen) am größten ist. Der erwartete Erfolg errechnet sich aus der Summe der Nutzen $u(e_{ij})$, gewichtet mit den Wahrscheinlichkeiten p_j, die den Umweltzuständen Z_j zugeordnet sind:

(4.3) $$E(A_i) = \sum_{j=1}^{n} u(e_{ij}) \cdot p_j \quad \text{für } i = 1, \ldots, m$$

mit:

$E(A_i)$ = Erwartungswert des Erfolgs der Aktion A_i

$u(e_{ij})$ = Nutzen des Ergebnisses e_{ij} der Aktion A_i bei Umweltzustand Z_j

p_j = Wahrscheinlichkeit für den Eintritt des Umweltzustands Z_j

m = Anzahl der Aktionen

n = Anzahl der Umweltzustände

Richtet man sich nach den bewerteten Konsequenzen (Nutzen), hätte man im obigen Beispiel A_1 zu wählen, denn

(4.4) $$E(A_1) = 3 \cdot \frac{1}{4} + 9 \cdot \frac{3}{4} = 7{,}5$$

(4.5) $$E(A_2) = 4 \cdot \frac{1}{4} + 7 \cdot \frac{3}{4} = 6{,}25$$

In der Entscheidungstheorie werden für die verschiedenen Ungewissheitssituationen (Unsicherheit i. e. S., Risiko) weitere Entscheidungsregeln dargestellt und beurteilt. Darauf soll hier jedoch nicht eingegangen werden.

4.2.8 Die Verwendung mathematischer Methoden für die Suche nach vorteilhaften Aktionen

Die Beispiele, die bisher vorgestellt wurden, könnten den Eindruck aufkommen lassen, als seien betriebswirtschaftliche Planungsprobleme in wenigen Zeilen und Spalten einer Ergebnismatrix bzw. Entscheidungsmatrix abzubilden und als sei die vorteilhafteste Aktion mittels eines geeigneten Entscheidungskriteriums und einiger kleiner Nebenrechnungen leicht zu ermitteln. In vielen realen Problemen ist die Zahl der möglichen Aktionen sehr groß. Damit nehmen die an den Entscheidenden gestellten Anforderungen einen Umfang an, der von Hand kaum zu bewältigen ist. Dies soll das folgende Beispiel verdeutlichen: Eine Unternehmung habe sich entschlossen, in einem Zeitraum von zwölf Wochen acht ganzseitige Anzeigen zu veröffentlichen; es kommen hierfür 15 Zeitschriften in Frage; in einer Woche können mehrere Anzeigen erscheinen, in einer Zeitschrift soll pro Ausgabe jedoch nur eine Anzeige enthalten sein. Die Zahl der möglichen Kombinationen der genannten Parameter macht deutlich, dass sich der Planende einer sehr großen Zahl von möglichen Aktionen gegenübersieht. Die Konsequenzen aller Aktionen zu ermitteln, um die beste Alternative auszuwählen, erfordert deshalb den Einsatz geeigneter mathematischer Methoden. Dabei kommt exakten Verfahren, die nicht explizit alle Aktionen in die Berechnung einbeziehen, und Heuristiken eine große Bedeutung zu.

Zu den Verfahren des Operations Research, die die Ermittlung der vorteilhaften Aktionen erleichtern, gehören insbesondere die mathematische Optimierung mit ihren verschiedenen Spielarten, die lineare Programmierung, die ganzzahlige Optimierung, die parametrische Programmierung, die nicht-lineare Optimierung, weiterhin die Warteschlangentheorie, die Graphentheorie und die Simulation (vgl. Berens/Delfmann/Schmitting 2004; Domschke/Drexl 2007).

4.3 Die Durchsetzung und Realisation

Die Durchsetzung tritt als eigenständiges Problem zwischen Entscheidung und Realisation auf, wenn die Realisationsphase von der Entscheidungsphase personell getrennt ist. Die Arbeitsteilung zwischen einzelnen Personen oder Unternehmensbereichen macht eine gegenseitige Abstimmung erforderlich. Charakteristisch für die meisten Handelsunternehmen ist beispielsweise die Zentralisierung bestimmter Entscheidungen (z. B. Festlegung der Sortimente oder des Werbebudgets) und die dezentrale Durchführung des Verkaufs. Zwischen beiden Bereichen kann es zu Interessenkonflikten kommen, die entsprechend gelöst werden müssen. Dazu kann man sich unterschiedlicher Koordinationsinstrumente bedienen. Während in filialisierten Systemen eine hierarchische Form der Abstimmung gewählt wird, beinhalten z. B. Franchisesysteme als vertragliche Formen auch marktliche Koordinationselemente. Anreizsysteme bilden in diesem Zusammenhang ein wichtiges Instrument der Koordination. Bei der Analyse von Koordinationsproblemen und bei der Ermittlung von Lösungen bedient man sich häufig der Principal-Agenten-Theorie (vgl. Richter/Furubotn 2003, S. 173–182). Sie macht auf Informationsasymmetrien zwischen den beteiligten Partnern aufmerksam und gibt Hinweise, wie die Gefahr opportunistischen Verhaltens reduziert werden kann.

4.4 Der Kontrollprozess

Die von der Planung vorgegebenen (Soll-)Werte bilden die Bezugsgröße für den Vergleich mit den tatsächlich realisierten Ist-Werten. In der Überprüfung der Soll-Wert-Einhaltung besteht die Kernaufgabe der Kontrolle. So lässt sich die Kontrolle als laufender Vergleich von Plan- und Realisationsgrößen unter Einbeziehung der Abweichungsanalyse definieren. Die Kontrolle soll Fehler in der Planung oder in der Realisation aufdecken. Damit bildet der Kontrollprozess nicht den Abschluss, sondern das Komplement des Planungsprozesses (vgl. hierzu Delfmann 1993). Wenn die Kontrolle nicht nur vergangenheits-, sondern auch zukunftsorientiert ist, versucht sie Störgrößen anhand geeigneter Frühwarnindikatoren zu erfassen, um potenzielle Soll-Ist-Abweichungen zu prognostizieren. Damit lassen sich Planung und Kontrolle nicht mehr begrifflich scharf trennen. Diesem Umstand wird durch den englischen Begriff *control*, der die Funktionen Planung, Steuerung und Kontrolle umfasst, Rechnung getragen.

Auch der Kontrollprozess lässt sich in einzelne Phasen unterteilen:

- Festlegung der zu kontrollierenden Objekte,
- Messung der Kontroll-Werte,
- Durchführung des Vergleichs,
- Analyse von Abweichungen,
- Veranlassung von Steuerungsmaßnahmen.

Da die Kontrollkapazität einer Unternehmung begrenzt ist, müssen die zu kontrollierenden Objekte sinnvoll ausgewählt sein. Die Auswahl erfolgt zweckmäßigerweise anhand der Kriterien der Wertigkeit, der Beeinflussbarkeit und der Interdependenz der Objekte. Kontrollstandards (Normen) bilden die Anspruchsniveaus für die Kontrollobjekte. Zur Vermeidung von Widerständen gegen die Kontrolle empfiehlt es sich, die Mitarbeiter an der Festlegung der Standards zu beteiligen. Von zentraler Bedeutung bei der Messung der Kontroll-Werte ist die Objektivierbarkeit der Messungen. Durch eine Standardisierung der Messung kann dem Rechnung getragen werden. Aufgabe der Abweichungsanalyse ist es, die Ursachen der festgestellten Abweichungen zu erforschen. Es kommt dabei darauf an, die Abweichungen so weit wie möglich in Einzelursachen aufzuspalten. Abweichungen sind nicht von vornherein als negativ zu beurteilen. Sie können den Beginn neuer Planungsprozesse begünstigen. Es ist deshalb wichtig, Abweichungen nicht mit Sanktionen zu belegen, da dies die Gefahr erhöht, dass Messungen manipuliert und die Mitwirkung der Verantwortlichen erschwert werden. Wenn auch Kontrolle und Controlling nicht gleichzusetzen sind, so werden doch häufig die Aufgaben der Kontrolle von den Controlling-Verantwortlichen wahrgenommen (vgl. dazu die Kapitel 28 bis 31).

4.5 Organisatorische und zeitliche Aspekte der Planung

Es ist nicht nur wichtig zu erkennen, welche Bestandteile ein Entscheidungsproblem kennzeichnen, sondern es muss auch beachtet werden, dass in den Planungsprozess oft zahlreiche Personen einbezogen sind. So ist die Planung nicht nur eine Angelegenheit der obersten Geschäftsleitung, sondern auch der nachgeordneten Ebenen. Welche Planungsaufgaben den einzelnen Ebenen zugeordnet werden, hängt davon ab, für welche Form der Aufbauorganisation sich eine Unternehmung entschieden hat (vgl. zu einzelnen Formen Barth 1976, S. 44–70). Die Planung hat weiterhin eine zeitliche Dimension. So kann z. B. zwischen Plänen mit einem Planungshorizont, der kürzer als ein Jahr ist, Jahresplänen und Mehrjahresplänen differenziert werden. Die drei Dimensionen, die sachliche, die organisatorische und die zeitliche, werden in Abbildung 4.11 durch Beispiele verdeutlicht.

	Planungsorgan			
	Oberste Geschäftsleitung		Nachgeordnete Ebene	
Planungs-gegenstand	mit mehrjährigem **Planungshorizont**	mit kürzerem **Planungshorizont**	mit mehrjährigem **Planungshorizont**	mit kürzerem **Planungshorizont**
Verkaufs-stellennetz	Betriebsformen, Standorte		Aufteilung der Geschäftsflächen	
Sortiments-planung	Sortimentsbreite Sortimentstiefe	Warengruppen		Artikel
Preis- und Werbeplanung	Preisniveau	Sonderangebots-politik, Werbebudget		Preishöhe, Mediaselektion
Personal-planung	Personalbedarf	Personalstruktur	Personalkosten	Personaleinsatz

Abb. 4.11: Gegenstand, organisatorische Verantwortung und zeitliche Ausdehnung der Planung

4.6 Zusammenfassung

Das vorliegende Kapitel enthält Hinweise, wie Managementprobleme strukturiert werden können. Die Unternehmensplanung lässt sich in mehrere Phasen unterteilen. Den ersten Schritt bildet die Analyse des Ist-Zustandes. Sie erstreckt sich einerseits auf unternehmensinterne, andererseits auf unternehmensexterne Sachverhalte. Auf der Grundlage der Ist-Analyse erfolgt im zweiten Schritt der Planungsprozess. Dabei geht es um die Formulierung von Zielen, das Ermitteln von Handlungsmöglichkeiten und die Analyse von zukünftigen Umweltzuständen, die die Zielerreichung beeinflussen. Der sog. entscheidungsorientierte Ansatz betont die Aufgabe, aus den möglichen Entscheidungsalternativen jene auszuwählen, die bei den zu erwartenden Umweltbedingungen bezüglich der verfolgten Ziele das beste Ergebnis liefern wird. Wegen der unterschiedlichen Tragweite der zu treffenden Entscheidungen und der daraus resultierenden Konsequenzen für ihre organisatorische Verankerung und zeitliche Ausdehnung ist es zweckmäßig, zwischen strategischen Unternehmensentscheidungen, strategischen Bereichsentscheidungen und laufenden operativen Entscheidungen zu differenzieren. Die Formalisierung des Entscheidungsprozesses mit Hilfe der Ergebnis- und der Entscheidungsmatrix verdeutlicht die zu lösenden Probleme des Planungsprozesses. Sie macht zum einen darauf aufmerksam, dass sowohl die Zahl der Entscheidungsoptionen als auch die Zahl der

Umweltsituationen sehr groß sein können. Sie verdeutlicht des Weiteren, dass eine Unternehmung im Regelfall mehrere Ziele verfolgt, die entsprechend bewertet werden müssen. Sie weist schließlich darauf hin, dass zukünftige Umweltzustände mit Unsicherheit behaftet sind und dass Kriterien benötigt werden, wie bei der Entscheidungsfindung mit der Unsicherheit umgegangen werden soll. Die dritte Phase der Unternehmensplanung bilden die Durchsetzung und Realisation. In dieser Phase treten vor allem Probleme auf, die aus der Arbeitsteilung innerhalb eines Unternehmens resultieren und die mit Hilfe entsprechender Koordinationsinstrumente gelöst werden müssen. Schließlich bezieht sich die vierte und letzte Phase auf die Kontrolle.

C Strategien im Handel
Kapitel 5–12

Die strategische Planung bildet das Fundament aller Bereichsentscheidungen. Es wird zunächst geklärt, was die strategische Planung kennzeichnet und auf welche Entscheidungen sie sich erstreckt. Sie benötigt zahlreiche Informationen über das Unternehmen und seine Umwelt. Die Erfolgsfaktorenforschung macht insbesondere auf die für den künftigen Erfolg maßgeblichen Einflussgrößen aufmerksam. Die Beurteilung strategischer Optionen stellt neben der Zielgruppenplanung den zentralen Bereich strategischer Überlegungen dar. In den Kapiteln 10–12 werden besonders wichtige Einzelentscheidungen analysiert.

5 Strategische Unternehmensführung im Handel

Die strategische Unternehmensführung hat auch im Handel seit etwa 1980 einen zentralen Stellenwert gewonnen. Das hängt mit der zunehmenden Größe und Komplexität der zu steuernden Einheiten, den veränderten Wettbewerbsbedingungen und den schwerer zu erkennenden Veränderungen in den Erwartungen der Nachfrager zusammen. Nicht nur das Geschäftsvolumen vieler Handelsorganisationen ist immens angewachsen, sondern auch ihre Vielgestaltigkeit, was sich

- in der Ansprache zahlreicher verschiedenartiger Kundengruppen,
- in verschiedenen Betriebsformen,
- in ausgedehnten Sortimenten und
- in unterschiedlichen Märkten

äußert. Solche Faktoren sind ursächlich für Entwicklungen in der Betriebswirtschaftslehre, die sich mit der Kurzformel „Von der Planung zur strategischen Unternehmensführung" beschreiben lassen. Zu der um 1960 im Mittelpunkt stehenden kurzfristigen Planung kam eine längerfristige Planung hinzu, danach wurde die strategische Planung entwickelt (vgl. Hinterhuber 2004a; 2004b), schließlich haben sich die Begriffe strategische Unternehmensführung bzw. strategisches Management etabliert (vgl. Bea/Haas 2009, S. 11–16). Nicht nur Großunternehmen müssen strategisch denken, sondern auch kleinere und mittlere Unternehmungen, die im Handel in großer Zahl vorhanden sind, müssen sich dieser Aufgabe annehmen, weil auch sie im Wettbewerb eine klar definierte und vorteilhafte Positionierung benötigen.

Strategische Planung und strategische Unternehmensführung zählen zu den zentralen Managementaufgaben im Handel. Mit dem vorliegenden Kapitel wird in diesen Bereich eingeführt. Zunächst werden in Abschnitt 5.1 begriffliche Grundlagen geschaffen: Was ist jeweils unter Planung, strategischer Planung und strategischer Unternehmensführung zu verstehen? Es soll verdeutlicht werden, dass mit strategischer Planung ein Teilbereich des strategischen Managements erfasst wird. Während in Abschnitt 5.1 auf Konzepte eingegangen wird, die generell für die strategische Führung gelten, geht es in Abschnitt 5.2 um die spezifischen Felder der strategischen Planung im Handel. Anschließend wird in Abschnitt 5.3 dargestellt, welche Elemente die strategische Planung umfasst. Dabei werden zwei formale Aspekte der strategischen Planung diskutiert. Zum einen wird auf ihren Prozesscharakter eingegangen. Zum anderen wird die Frage nach den Objekten der strategischen Planung diskutiert. Es wird verdeutlicht, dass Gegenstand der Analyse, Planung und Kontrolle nicht immer das gesamte Unternehmen sein muss, sondern dass es hilfreich sein kann, hierfür strategische Geschäftsfelder bzw. strategische Geschäftseinheiten zu definieren. Bevor auf beide Begriffe detailliert eingegangen wird, soll darunter vereinfachend eine Kombination aus einem bestimmten Leistungsangebot und dem Adressaten dieser Leistung, d. h. einer bestimmten Zielgruppe, verstanden werden.

5.1 Begriffliche Abgrenzung

Planungsbegriffe, wie z. B. „Strategie" oder „strategisch", sind zu Modewörtern und damit unscharf und vieldeutig geworden. Es sind drei Begriffe, die in den folgenden Abschnitten erläutert werden sollen: Planung, strategische Planung, strategische Unternehmensführung.

5.1.1 Planung

Planen bedeutet, einen Grundriss bzw. ein Schema zu entwerfen, wie etwas zu tun oder auszuführen ist. Den Gegensatz zu Planen bildet das Improvisieren (ad hoc entscheiden, etwas dem Zufall überlassen, ohne Verarbeitung von Informationen entscheiden). Planen umfasst somit drei Merkmale:

1. die Beschäftigung mit der Zukunft (insbesondere das Vorausdenken von künftigen Nachfrage- und Konkurrenzsituationen),
2. das konkrete Prüfen von Handlungsalternativen im Hinblick auf ihre Wirkungen auf die Zielgrößen der Unternehmung bei künftigen Umweltsituationen,
3. das zielgerichtete Auswählen einer Handlungsalternative im Sinne einer Entscheidungsfestlegung.

Unschwer sind in diesen Merkmalen die allgemein gültigen Grundelemente der Entscheidungstheorie zu erkennen, wie sie in Kapitel 4 vorgestellt worden sind – die Handlungsmöglichkeiten, Ziele und Umweltzustände. Während die Begriffe „Planen" und „Planung" auf eine Tätigkeit abstellen, erfasst der Begriff „Plan" das Ergebnis dieser Tätigkeit.

Bei der Planung handelt es sich um die vorausschauende, gedankliche Festlegung von Handlungen unter Unsicherheit; sie erfordert, die Wirkungen von Handlungen auf die Zielgrößen innerhalb des Planungszeitraumes zu prognostizieren, wobei auch Erwartungen über relevante Umweltentwicklungen gebildet werden müssen.

Das in Abbildung 5.1 dargestellte System einer Planung im Handelsbetrieb, 1988 veröffentlicht, enthält zwar schon den Begriff „strategische Zielplanung", ist aber noch charakteristisch für die Zeit vor der strategischen Planung. Diese Zeit war geprägt von der Vorstellung, dass in einem Unternehmen mehrere betriebliche Teilpläne zu erstellen sind, deren Interdependenzen erkannt und bewältigt werden müssen. Die Abbildung macht auf solche Teilpläne, zu denen die Absatzplanung, Logistikplanung, Beschaffungsplanung, Verwaltungsplanung, Anlagenplanung und Personalplanung gehören, aufmerksam. Diese Teilpläne müssen auch heute gestaltet werden, wenn zum Teil andere Begriffe (z. B. Marketingplanung statt Absatzplanung) verwendet werden. Zum Zweiten zeigt das Schaubild, dass die Wirkungen dieser Maßnahmen auf das Rechnungswesen (kalkulatorisch, bilanziell und liquiditätsmäßig) ermittelt werden müssen. Schon von dem Raum her, der diesem Aspekt in der Abbildung zugewiesen wird, wird deutlich, welche Bedeutung diesem Sachverhalt zugeordnet wird. Die Abbildung weist drittens darauf hin, dass eine jahresbezogene Planung in Teilen durch eine längerfristige Planung zu ergänzen ist. Dies erkennt man an dem Hinweis auf die langfristige

Planung der Betriebsformen und der Sortimente. Schließlich finden sich in der Abbildung Hinweise auf eine Prozessorientierung, indem auf die Informationsphase, eine generelle Zielplanung, eine strategische Zielplanung, eine operative Zielplanung und eine Ergebnis- und Finanzplanung verwiesen wird. Damit werden vier wichtige Aspekte der Planung hervorgehoben: die Abstimmung von Teilplänen, die prospektive Ergebnisermittlung, der Zeithorizont von mehr als einem Jahr und die Prozessorientierung. So wichtig diese Gesichtspunkte auch sein mögen, so erfassen sie doch nicht – oder nicht sichtbar – die strategischen Elemente in der Planung.

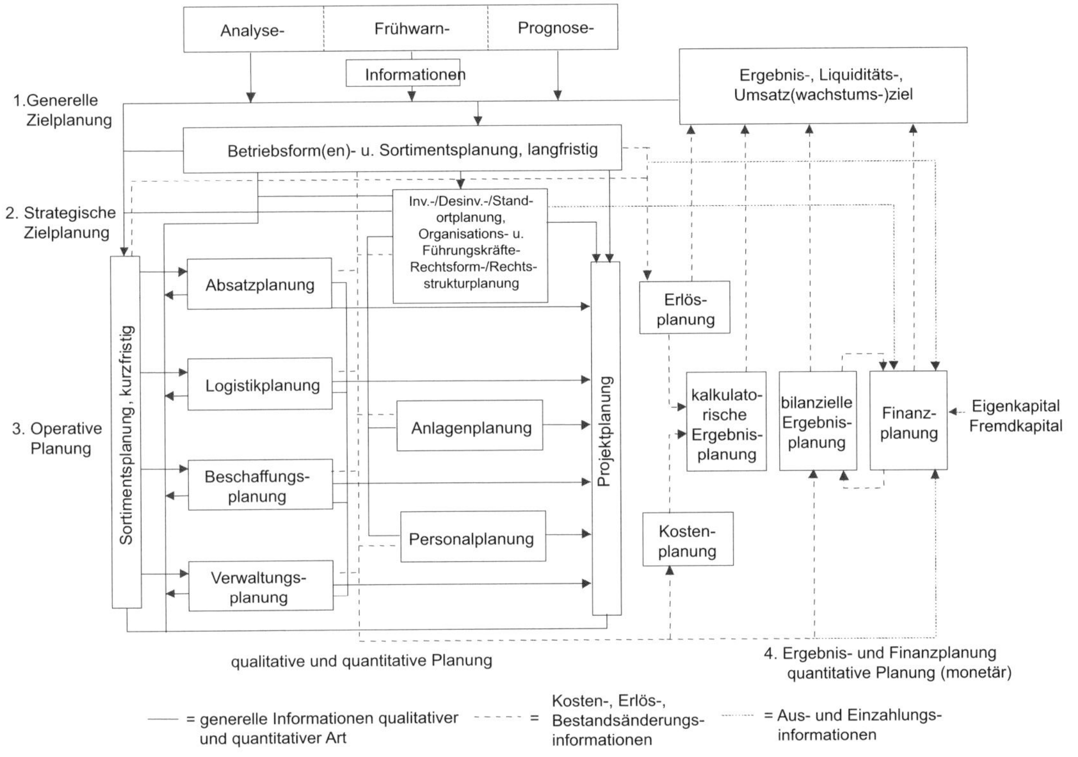

Quelle: Willers 1988a, S. 40

Abb. 5.1: Planungssystem für ein Handelsunternehmen mit primär funktionaler Aufbauorganisation

5.1.2 Strategische Planung

Mit dem Zusatz „strategisch“ werden bestimmte Formen der Planung angesprochen, die im Folgenden konkretisiert werden sollen. Ursprünglich wurde unter Strategie die Kunst der Heerführung, die geschickte Kampfplanung und Feldherrenkunst verstanden. In der Literatur zur strategischen Unternehmungsführung, die sich etwa ab 1980 in der Betriebswirtschaftslehre entwickelt hat, existieren unterschiedliche Begriffsauffassungen von Strategie, von denen einige in Abbildung 5.2

gegenübergestellt werden. Die Zitate machen deutlich, dass langfristig angelegte Konzepte zur Zukunftssicherung gesucht werden. Sie erfordern für die Zukunft folgende Fähigkeiten:

- die Ansprüche und Anforderungen der Umwelt zu erkennen,
- die eigenen Stärken mit denen der Konkurrenz zu vergleichen und
- Verfahren zum Aufbau von Erfolgspotenzialen zu entwickeln.

Man kann die strategische Planung (zu einem Überblick vgl. Voigt 1992, S. 6) wie folgt definieren:

Bei der strategischen Unternehmensplanung handelt es sich um einen willensbildenden, informationsverarbeitenden und systematisch-methodischen Entscheidungsprozess mit dem Ziel, den langfristigen Erfolg der Unternehmung zu sichern und die zum Erreichen dieser Zielsetzung möglichen Maßnahmen (= Strategien) festzulegen.

Autor	Definition
Kreikebaum (1997, S. 19)	„Unternehmensstrategien sind (...) »allgemeine Verhaltensrichtlinien«, die Aussagen darüber machen, wie ein Unternehmen seine vorhandenen und seine potentiellen Stärken einsetzt, um Veränderungen der Umweltbedingungen zielgerecht zu begegnen.“
Hofer/Schendel (1978, S. 25)	„(…) fundamental pattern of present and planned resource deployments and environmental interactions that indicates how the organization will achieve its objectives.“
Hentze/Brose (1985, S. 126)	„(...) wird als grundsätzliche Umschreibung, Charakterisierung und/oder Kennzeichnung von Verfahrensweisen verstanden, mit denen sich eine Unternehmung (bzw. Organisation) gegenüber seiner Umwelt (oder Teilen der Umwelt) zu behaupten versucht.“
Daft (2008, S. 242)	„The plan of action that prescribes resource allocation and other activities for dealing with the environment, achieving a competitive advantage, and attaining organizational goals.”
Welge/Al-Laham (2008, S. 16)	„(…) ein geplantes Maßnahmenbündel der Unternehmung zur Erreichung ihrer langfristigen Ziele.“
Bea/Haas (2009, S. 54)	„Strategien sind Maßnahmen zur Sicherung des langfristigen Erfolges eines Unternehmens.“

Abb. 5.2: Definitionen von Strategie

Aufbauend auf dem Begriff „Strategie“ definieren Bea und Haas (2009, S. 54) den Begriff „Strategische Planung“ wie folgt:

Strategische Planung ist ein informationsverarbeitender Prozess zur Abstimmung von Anforderungen der Umwelt mit den Potenzialen des Unternehmens in der Absicht, mit Hilfe von Strategien den langfristigen Erfolg eines Unternehmens zu sichern.

Abgesehen von den sehr knappen Definitionen von Bea und Haas sowie von Welge und Al-Laham in Abbildung 5.2, die vor allem die Zielsetzung einer Strategie (Sicherung des langfristigen Erfolgs) betonen, gehen die übrigen Definitionen detailliert darauf ein, wie diese Zielsetzung erreicht werden soll (Abstimmung zwischen Unternehmung und Umwelt).

Die folgenden Merkmale können als Kennzeichen einer strategischen Unternehmensplanung angesehen werden:

1. Sie ist zukunftsorientiert und basiert auf Erwartungen hinsichtlich der Entwicklung relevanter Umweltfaktoren, z. B. Verschiebungen der Käuferstruktur (z. B. Altersgruppen), Eintritt neuer Wettbewerber in den Markt (z. B. Zunahme des Direktvertriebs), Änderungen rechtlicher Rahmenbedingungen (z. B. Wegfall von Einfuhrbeschränkungen), Aufkommen neuer Technologien (z. B. Anwendungen im Mobile Commerce).
2. Sie legt die Aktivitätsfelder der Unternehmung fest.
3. Sie nimmt Bezug auf die Potenziale und Ressourcen eines Unternehmens, auf die Stärken und Schwächen im Verhältnis zur Konkurrenz.
4. Sie weist Prozesscharakter auf, d. h. eine systematische Phasenfolge, z. B. Zielbildung, Umwelt- und Unternehmensanalyse, Strategieentwicklung, Umsetzung, Strategieüberwachung (mit den dazugehörigen Vor- und Rückkopplungen).
5. Sie ist durch zielgerichtete Rationalität, also ein bewusstes Abwägen, gekennzeichnet.
6. Ihre zentrale Aufgabe besteht darin, eine Abstimmung zwischen Umwelt und Unternehmen zu erreichen und so den langfristigen Erfolg des Unternehmens zu sichern.
7. Sie ist ganzheitlich und gesamtunternehmensbezogen und kann deshalb nur aus der Kenntnis des Ganzen heraus erfolgen, weshalb sie nicht delegierbar ist. Die gesamtunternehmensbezogene Perspektive bedeutet, dass Beschaffungsplanung, Absatzplanung, Finanzplanung, Lager- und Fuhrparkplanung, Investitionsplanung und Personalplanung aufeinander abzustimmen sind.
8. Sie ist langfristig. Eine Präzisierung der Langfristigkeit kann allerdings nur im Rahmen der situativen Gegebenheiten vorgenommen werden. Albach weist darauf hin, dass die strategische Planung in den sechziger Jahren etwa 15 bis 20 Jahre umfasste, während Ende der siebziger Jahre die strategische Planung auf einen Zeitraum von etwa zehn Jahren bezogen war (vgl. Albach 1978, S. 703-704). Ähnlich sieht dies Hinterhuber, der den strategischen Planungshorizont auf fünf bis zehn Jahre festsetzt (vgl. Hinterhuber 2004a, S. 113). Unabhängig von der präzisen Festlegung des Planungshorizonts muss deutlich zwischen der strategischen Planung und der langfristigen Planung unterschieden werden. Die Langfristplanung beschränkt sich weitestgehend auf die Extrapolation bereits bekannter Trends und unterstellt damit kontinuierliche Weiterentwicklungspfade in stabilen Umwelten (vgl. Hax/Majluf. 1984, S. 13; Hax/Majluf 1991, S. 28–30). In der strategischen Planung sind auch diskontinuierliche Veränderungsprozesse in instabilen Umwelten aufzugreifen.

Im Zentrum strategischer Entscheidungen stehen Überlegungen zu den zukünftigen unternehmensspezifischen Erfolgspotenzialen, d. h. denjenigen Aktivitäten, die eine Erfolgsposition der Unternehmung begründen und die die Voraussetzung für einen dauerhaften zukünftigen Erfolg darstellen. Pümpin spricht daher von der strategischen Planung als dem Management strategischer Erfolgspositionen (vgl. Pümpin 1986). Die Frage, welche Voraussetzungen in einer Unternehmung geschaffen werden müssen, damit sie über einen Wettbewerbsvorteil verfügt und sich dauerhaft im

Markt behaupten kann, ist unterschiedlich beantwortet worden. Weite Teile der Erfolgsfaktorenforschung vergleichen unterschiedliche Formen der Geschäftspolitik (z. B. Discountstrategie vs. Erlebnisstrategie, zentraler vs. dezentraler Einkauf), in anderen Beiträgen wird auf Ressourcen, Kernkompetenzen und strategische Fähigkeiten sowie die Einbindung in soziale Netzwerke abgestellt (vgl. den Überblick bei Mühlbacher 1997). Auch im Handel wurde intensiv erörtert, was zentrale Erfolgsfaktoren sind. Darauf wird in Kapitel 7 eingegangen. Die Ausführungen in den Kapiteln 5 bis 12 gehen insgesamt auf Managementtheorien und -instrumente ein und prüfen dabei ihre Anwendbarkeit auf den Handel. In den letzten Jahren ist eine Vielzahl solcher Theorien und Instrumente entwickelt worden (zu einem Überblick vgl. Makridakis 1996).

Zusammenfassend sei noch einmal auf den antizipativen Charakter der Planung, die Sicht auf das ganze Unternehmen, die Abstimmung zwischen Unternehmen und Umwelt und die Sicherung der Wettbewerbsposition als zentrale Elemente einer strategischen Planung verwiesen.

5.1.3 Strategische Unternehmensführung

Bereits durch die Ausführungen zum Managementzyklus (siehe Kapitel 4) ist deutlich geworden, dass die Planungsphase von anderen Phasen umlagert ist, insbesondere der Analysephase, der Realisationsphase und der Kontrollphase. Des Weiteren ist zu beachten, dass Unternehmungen arbeitsteilige Systeme darstellen. Es muss demnach eine organisatorische Struktur geschaffen werden, in der die dort tätigen Mitarbeiter die Bereitschaft einbringen, die Unternehmung an die sich ändernden Umweltbedingungen anzupassen und sie fortzuentwickeln. Es ist sowohl eine Abstimmung der Unternehmung mit der Umwelt (System-Umwelt-Fit) als auch ein Intra-System-Fit herzustellen. McKinsey (vgl. Peters/Waterman 1982, S. 10) bildet den Gedanken des Intra-System-Fit mit dem 7S-Modell ab, nach dem sieben Subsysteme aufeinander abgestimmt sein müssen, und zwar

- als harte Faktoren die Struktur (*structure*), die Strategie (*strategy*), die Systeme (*systems*),
- als weiche Faktoren das Selbstverständnis (*shared values*), das Stammpersonal (*staff*), die Spezialkenntnisse (*skills*) und der Stil (*style*).

Auch Bea und Haas (2009, S. 19–23) heben die Notwendigkeit eines abgestimmten Vorgehens hervor, indem sie darauf hinweisen, dass

- jedes Subsystem in sich abgestimmt sein muss (z. B. Abstimmung von Zielen und Maßnahmen) (Intra-Subsystem-Fit),
- alle Subsysteme des Unternehmens aufeinander ausgerichtet sein müssen (Bea und Haas differenzieren zwischen sechs Teilsystemen: strategische Planung, strategische Kontrolle, Information, Organisation, Unternehmenskultur und strategische Leistungspotenziale) (Intra-System-Fit) und
- das System „Unternehmung" zu der Umwelt passen muss (System-Umwelt-Fit).

Die Ausführungen verdeutlichen, dass sich die Sicht auf Planungsprozesse in einem Unternehmen im Laufe der Zeit verändert hat. Nach einer von Gluck, Kaufman und Walleck (1980) vorgeschlagenen und von Henzler (1988) übernommenen und leicht modifizierten Systematik begann der Entwicklungspfad des strategischen Planungsinstrumentariums mit der reinen Finanzplanung (siehe Abbildung 5.3). Diese legt den Schwerpunkt der Planungsbemühungen auf Jahresbudgets und ist im Wesentlichen intern orientiert. Die Aufmerksamkeit der Planer richtet sich hierbei auf ein möglichst verlässliches Budget und seine Einhaltung. Der nächste Entwicklungsschritt bestand zuerst in der Erweiterung des betrachteten Zeithorizonts zu einer Mittel- und Langfristplanung. Charakteristika einer solchen Planung sind Mehrjahresbudgets. Zusätzlich wurden genauere Prognosen entwickelt, mit denen beispielsweise der Kapitalbedarf zuverlässiger prognostiziert werden konnte. Der Übergang von Phase I zu Phase II ist eher fließend. Der Sprung zur extern orientierten strategischen Planung der Stufe III ist deutlich größer. In dieser Phase werden alle Annahmen, auf denen die extrapolierende Planung basierte, in Frage gestellt. Wesentliche Merkmale der Planungsüberlegungen sind eine verstärkt auf die Umwelt-Kunden- und Wettbewerbsdynamik ausgerichtete Lagebeurteilung sowie die systematische Auslotung strategischer Freiheitsgrade. Die Mittelzuteilung erfolgt aus der individuellen Beurteilung der Möglichkeiten jeder strategischen Geschäftseinheit, zum Unternehmensgesamtziel beizutragen. Die dritte Phase (vgl. Gluck/Kaufman/Walleck 1980) zeichnet sich dadurch aus, dass dem Management mehrere Alternativen aufgezeigt werden, aus denen bewusst eine ausgewählt werden soll. Die vierte Phase, die als strategische Führung oder strategi-

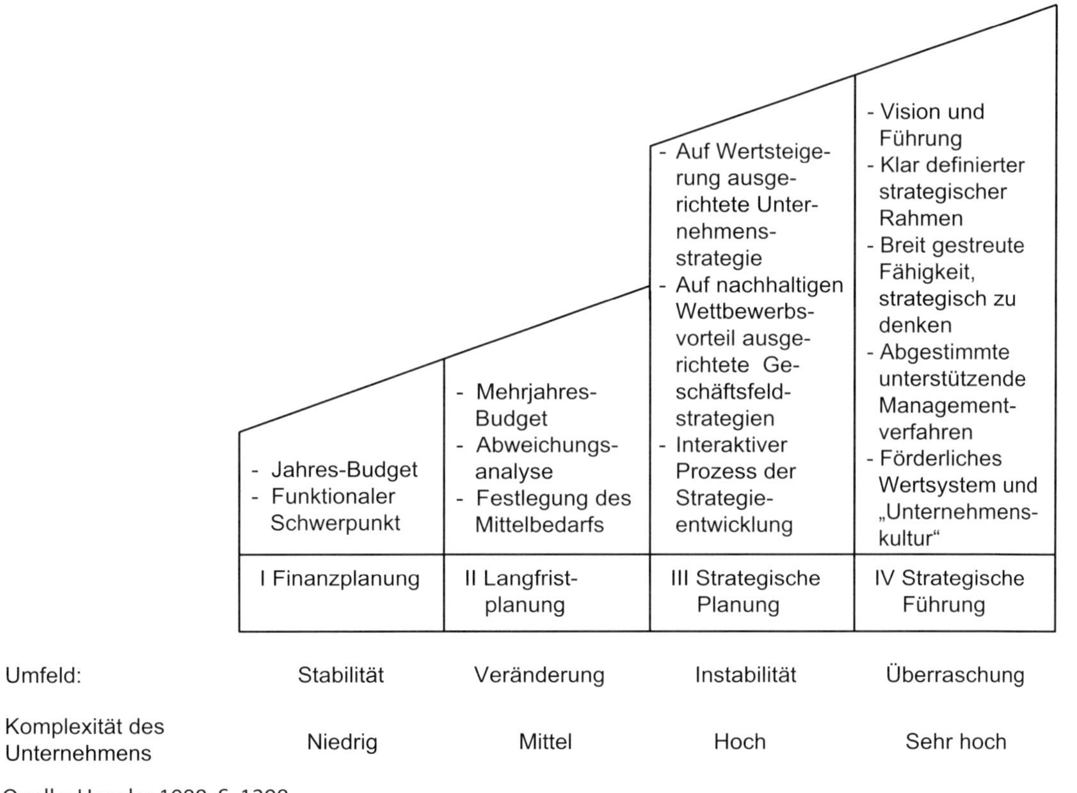

Quelle: Henzler 1988, S. 1298

Abb. 5.3: Entwicklungsstufen zur strategischen Führung

sches Management bezeichnet wird, betont die Schaffung von Wettbewerbsvorteilen als Ziel der Unternehmensführung. Zu diesem Zweck wird ein Planungsrahmen entwickelt, der sicherstellen soll, dass strategische Entscheidungen auf der operativen Ebene entsprechend umgesetzt werden. Darüber hinaus wird ein Planungsprozess eingeführt, mit dem unternehmerisches Denken stimuliert und ein Wertesystem etabliert werden soll, an dem sich das Handeln der Mitarbeiter ausrichtet.

Die entscheidenden Verbesserungen auf dem Weg zu einer strategischen Führung lagen also nicht in einer fortschreitenden Verfeinerung der Planungskonzepte, sondern wurden vielmehr in der Leistung der Führungsspitze gesehen, die gesamte Organisation darauf auszurichten, im Wettbewerb die Initiative zu ergreifen und Umfeldveränderungen zum eigenen Vorteil zu nutzen. In den letzten Jahren ist das Konzept der strategischen Führung weiterentwickelt worden. Fasst man die Überlegungen zusammen, so kann die strategische Führung bzw. das strategische Management heute wie folgt definieren werden (Bea/Haas 2009, S. 22):

„Das Strategische Management befasst sich mit der zielorientierten Gestaltung von Unternehmen unter strategischen, d. h. langfristigen, globalen, umweltbezogenen und entwicklungsorientierten Aspekten. Es umfasst die Gestaltung und gegenseitige Abstimmung von Planung, Kontrolle, Information, Organisation, Unternehmenskultur und Strategischen Leistungspotenzialen."

Die Definition macht deutlich, dass die strategische Planung nur ein Teilsystem des strategischen Managements darstellt und dass sich die Führung unter anderem auch auf Aspekte der Organisation und der Unternehmenskultur erstrecken muss. Wenn auch die Zielbildung zu den klassischen Aufgaben der Planung gehört und bereits in Kapitel 4 im Rahmen des Managementzyklus auf Ziele eines Unternehmens eingegangen worden ist, ist im Zusammenhang mit dem strategischen Management eine Ausweitung des Zielverständnisses sinnvoll. So ist festzustellen, dass eine Analyse von Zielen auf strategischer Ebene zunehmend mit Begriffen wie Vision, Mission, Unternehmensphilosophie und Unternehmenszweck beginnt. An der Spitze einer Zielhierarchie ist folglich eine grundsätzliche Vorstellung von der Rolle des Unternehmens in einer Gesellschaft zu finden. Dieser wird häufig ein Unternehmensleitbild untergeordnet, das sich im Gegensatz zu der Vision oder Mission in stärkerem Maße an die Mitarbeiter des Unternehmens richtet und eine Orientierungshilfe für deren Verhalten bildet. In diesem Zusammenhang spielt auch die Unternehmenskultur als Bestandteil des strategischen Managements eine bedeutende Rolle. Dabei handelt es sich um ein Bündel von Werten und Normen, die Entscheidungen und Verhaltensweisen von Mitgliedern einer Unternehmung beeinflussen.

Im Rahmen der Strategieforschung haben zwei Denkansätze eine herausgehobene Stellung erlangt – zum einen der marktorientierte Ansatz (*market-based-view*), der auf dem bereits angesprochenen industrieökonomischen Ansatz (*structure-conduct-performance*-Paradigma) basiert und der ressourcenorientierte Ansatz (*resource-based-view*). Während der marktorientierte Ansatz eine Outside-in-Perspektive wählt und die Strategie als Antwort auf die Anforderungen des Markts bzw. der Umwelt interpretiert, nimmt der ressourcenorientierte Ansatz die Inside-out-Perspektive ein und sieht die Ressourcen als Gründe für den Erfolg eines Unternehmens. Besonderes Interesse der Forschung, aber auch der Unternehmungen, gilt der Frage nach den relevanten Ressourcen und ihrem Erfolgsbeitrag. Hinsichtlich der Ressourcen wird häufig zwischen tangiblen und intangiblen

Faktoren differenziert. So können für den Handel einerseits besondere Standorte und Immobilien zu den zentralen Ressourcen gehören, andererseits können es aber auch das Image, die Kultur oder das Know-how des Unternehmens sein, von denen der Erfolg maßgeblich beeinflusst wird. In diesem Zusammenhang sind vor allem die Human-Ressourcen, d. h. das Personal des Unternehmens, zu nennen. Vertiefende Ausführungen zum markt- und ressourcenorientierten Ansatz finden sich in Kapitel 7.

5.2 Felder einer strategischen Planung im Handel

Nachdem die bisherigen Ausführungen sehr generell waren, indem darauf hingewiesen worden war, dass es Aufgabe der strategischen Planung sei, die Wettbewerbsfähigkeit des Unternehmens in der Zukunft zu sichern, sollen im Folgenden konkrete Sachverhalte aufgeführt werden, die im Rahmen einer strategischen Planung eines Handelsbetriebs zu analysieren sind. Es gibt unterschiedliche Möglichkeiten, strategische Entscheidungen zu systematisieren und die relevanten Entscheidungsbereiche zu strukturieren. Bea und Haas (2009, S. 180–181) versuchen verschiedene Strategiearten mit Hilfe geeigneter Kriterien zu systematisieren und kommen zu einer detaillierten Übersicht (siehe Abbildung 5.4).

Die Übersicht zeigt die Vielfalt von Dimensionen, hinsichtlich derer Strategien konzipiert und umgesetzt werden können. Einige davon werden in den folgenden Kapiteln aufgegriffen. Im Folgenden werden aber bereits jene strategischen Entscheidungsfelder benannt, die besonders bedeutsam erscheinen. Sie können unterschiedlichen Bereichen zugewiesen werden. So können sie

- das Erscheinungsbild des Handelsbetriebs gegenüber seinen Nachfragern betreffen, was insbesondere erfordert, eine Betriebsform zu gestalten, das zu bearbeitende Marktgebiet festzulegen (regional, national, international) und über das Ausmaß der Diversifikation zu entscheiden,
- die internen Strukturen und Prozesse ansprechen, wobei im Handel insbesondere an den Aufbau bestimmter Leistungspotenziale (z. B. Logistiksysteme, Informationssysteme) oder an die Ausgliederung bestimmter Funktionen (z. B. Transport, Lagerhaltung, Verkauf) sowie an die Zentralisierung oder Dezentralisierung von Entscheidungen zu denken ist,
- sich auf die Beziehungen zu den Lieferanten beziehen, wobei beispielsweise der Erwerb von Marktmacht, Kooperationen oder bestimmte Formen der Arbeitsteilung zwischen Industrie und Handel von großer Bedeutung sind.

Die genannten Sachverhalte werden in den folgenden Kapiteln behandelt. Für die hier anstehende Kurzübersicht über strategische Problemfelder im Handel wird die in Abbildung 5.5 dargestellte Struktur verwendet (zu einer Sicht auf handelsbetriebliche Probleme aus strategischer Perspektive vgl. auch Mattmüller/Tunder 2004).

I. Entwicklungsrichtung 1. Wachstumsstrategie 2. Stabilisierungsstrategie 3. Desinvestitionstrategie
II. Produkt-Markt-Kombinationen (Ansoff) 1. Marktdurchdringungsstrategie 2. Marktentwicklungsstrategie 3. Produktentwicklungsstrategie 4. Diversifikationsstrategie
III. Organisatorischer Geltungsbereich 1. Unternehmensstrategie (corporate strategy) 2. Geschäftsbereichsstrategie (business strategy) 3. Funktionsbereichsstrategie (functional strategy)
IV. Ansatzpunkte für Wettbewerbsvorteile (Porter) 1. Kostenführerstrategie (overall cost leadership) 2. Differenzierungsstrategie (differentiation) 3. Nischenstrategie (focus)
V. Geltungsbereich für Funktionen 1. Beschaffungsstrategie 2. Produktionsstrategie 3. Absatzstrategie 4. Finanzierungsstrategien 5. Personalstrategie 6. Technologiestrategie
VI. Regionaler Geltungsbereich 1. Lokale Strategie 2. Nationale Strategie 3. Internationale Strategie 4. Globale Strategie
VII. Grad der Eigenständigkeit 1. Autonomiestrategie 2. Kooperationsstrategie 3. Integrationsstrategie

Quelle: Bea/Haas 2009, S. 180–181

Abb. 5.4: Systematisierungskriterien und Arten von Strategien

Positionierung	Wachstum	Koordination/ Kooperation
- Segmentierung - Auswahl von Zielgruppen - Leistungsbündel	- Penetration - Neue Betriebsformen - Neue Märkte (national, international) - Diversifikation	Business to Business: - Integration - Vertikalisierung - Kooperation (ECR, CM, SCM) Business to Consumer: - Kundenbindung (CRM)

Abb. 5.5: Entscheidungsfelder der strategischen Planung im Handel

In Abbildung 5.5 wird zwischen Entscheidungen differenziert, die die Positionierung des Handelsunternehmens, seine Wachstumsstrategie und die Koordinations- bzw. Kooperationsform mit Lieferanten und Kunden betreffen. Dabei muss allerdings beachtet werden, dass zwischen den Entscheidungen in den drei Bereichen häufig Interdependenzen bestehen.

Positionierungsentscheidung

Die Positionierungsstrategie bezieht sich auf mehrere Aspekte, so zum Beispiel auf die Segmentierung des Markts, auf die Auswahl von Zielgruppen, die mit dem eigenen Leistungsbündel angesprochen werden sollen, und auf das Leistungsbündel selbst, das maßgeblich in der Wahl der Betriebsform zum Ausdruck kommt.

Eine Segmentierung des Markts kann nach verschiedenen Kriterien vorgenommen werden. Von großer Bedeutung sind soziodemografische, psychografische und das Kaufverhalten betreffende Merkmale. Ihre Verwendung weist unterschiedliche Vor- und Nachteile auf – einige lassen sich leichter erheben als andere, bei manchen liegt der Vorteil darin begründet, dass ihre Prognosekraft hinsichtlich der Reaktion auf unternehmenspolitische Maßnahmen größer ist als bei anderen Merkmalen. Insgesamt ist festzustellen, dass moderne Segmentierungsverfahren dem Problem von Stärken und Schwächen der verschiedenen Merkmale dadurch begegnen, dass sie an die Stelle von einzelnen Merkmalen oder Merkmalslisten übergeordnete Konstrukte setzen. Zunehmend wird versucht, durch die Erfassung und Berücksichtigung unterschiedlicher Faktoren Lebensstile von Personen zu extrahieren und für eine Segmentierung zu nutzen. Der Begriff Lebensstil ist relativ weit gefasst, so dass zahlreiche Attribute herangezogen werden können, um Lebensstile zu definieren. Sie erstrecken sich unter anderem auf Werte, Normen, Einstellungen, Lebenszyklen und Persönlichkeitsmerkmale (zu einer Übersicht siehe z. B. McGoldrick 2002, S. 169–170). So kann man beispielsweise bei Kleidung mit Hilfe der Modeorientierung zwischen einem konservativen, traditionellen und modebewussten Segment differenzieren (vgl. Levy/Weitz 2009, S. 136). Die Marktsegmentierung soll dazu beitragen, die Kundenbedürfnisse besser zu verstehen und zu strukturieren. Sie kann bereits erste Hinweise darauf geben, auf welchen Märkten ein Unternehmen den Wettbewerb aufnehmen möchte. Für einen Textilhändler stellt sich also die Frage, ob er alle Segmente bedienen oder sich auf einen Ausschnitt des Markts konzentrieren will und mit welchen Konzepten (Formaten) die Segmente bearbeitet werden sollen.

Die Bestimmung jener Segmente, die das Unternehmen bedienen möchte, wird als Zielgruppenauswahl bezeichnet. Mit dem Zielgruppenaspekt wird die personelle und räumliche Dimension des Markts angesprochen. Derzeit ist in der Praxis immer noch umstritten, inwieweit das Zielgruppenkonzept auch im Handel mit Nutzen eingesetzt werden kann. So könnte man die Meinung vertreten, dass sich das Leistungsangebot eines Händlers an alle potenziellen Kunden richtet. Es liegen jedoch inzwischen zahlreiche Beispiele vor, die belegen, dass sich die Ansprüche einzelner Verbrauchergruppen so ausdifferenziert haben, dass eine Marktsegmentierung sinnvoll geworden ist. Zugleich hat eine Spezialisierung der Händler stattgefunden, so dass sich ihre Fähigkeiten, die verschiedenen Kundenbedürfnisse zu befriedigen, unterscheiden. Zudem ist davon auszugehen, dass die Konkurrenzsituation bezüglich der einzelnen Segmente Unterschiede aufweist, was erwarten lässt, dass die Bearbeitung verschiedener Segmente unterschiedlich attraktiv ist. Die genannten Punkte unterstreichen die Sinnhaftigkeit einer bewussten Zielgruppenentscheidung.

Den Kern der Positionierungsstrategie bildet die Entscheidung darüber, mit welchem Leistungsbündel die ausgewählten Zielgruppen bearbeitet werden sollen. Dabei ist allerdings zu berücksichtigen, dass die Festlegung der Leistung nicht unabhängig von der Preispolitik, d. h. von dem geforderten Entgelt ist. Beide Aspekte bestimmen weitestgehend die Betriebsform, die vermutlich wichtigste strategische Entscheidung, die im Handel zu treffen ist. Porter, der grundsätzlich zwischen den Strategietypen umfassende Kostenführerschaft, Differenzierung und Konzentration auf Schwerpunkte unterscheidet (vgl. Porter 2008, S. 71–77), ist dann so zu interpretieren, dass sich bei der Wahl der Betriebsform die möglichen Alternativen auf

- die preisorientierte Politik, der im Handel vor allem die Betriebsform des Discounters entspricht, und
- die leistungsorientierte Politik, der im Handel jene Betriebsform entspricht, die „in der ganzen Branche als einzigartig angesehen wird" (Porter 2008, S. 74),

reduzieren. Es handelt sich um eine Vereinfachung, weil die Leistung im Handel sehr vielgestaltig sein kann. So ist zum einen die Sortimentspolitik zu nennen. Sie alleine bietet eine Vielzahl von Optionen, die existierende Produktvielfalt auf Herstellerebene zu Sortimenten zu bündeln und Angebotsmodalitäten auszugestalten. Zum anderen kann die Servicepolitik sehr stark variiert werden. Sie kann sich auf verschiedene Aspekte beziehen – zum Beispiel die Beratung, die Finanzierung, die Verfügbarkeit der Waren, ihre Zustellung oder die Öffnungszeiten. So unterscheiden sich die stationären Formen des Einzelhandels mitunter sehr stark vom Online-Handel oder vom Versandhandel im Hinblick auf die genannten Serviceaspekte. Mattmüller und Tunder (2004, S. 40) fassen die verschiedenen Aspekte zu drei Merkmalen zusammen und differenzieren zwischen Sortiment, Andienungssystem und Preisstrategie.

Anzumerken bleibt, dass die von Porter postulierte klare Entscheidung für eine Wettbewerbsstrategie zunehmend infrage gestellt wird. Eine Outpacing-Strategie (auch hybride Strategie) versucht der Forderung gerecht zu werden, gleichzeitig eine Kostenführerschafts- und Differenzierungsstrategie zu verfolgen, die unter bestimmten Bedingungen der reinen Strategie überlegen sein kann. Wegen der großen strategischen Bedeutung der Betriebsformenwahl wird diesem Problembereich ein eigenes Kapitel 10 gewidmet.

Wachstumsstrategie

Um die unterschiedlichen Wachstumsstrategien zu charakterisieren, wird häufig auf die Ansoff-Matrix Bezug genommen (siehe hierzu ausführlich Abschnitt 8.1.3). Danach bietet sich zum einen die Möglichkeit, auf aktuellen Märkten mit den bestehenden Betriebsformen eine Penetrationsstrategie zu betreiben. Zum anderen können auf aktuellen Märkten neue Betriebsformen entwickelt werden oder auf neuen Märkten bestehende Betriebsformen eingesetzt werden. Schließlich kann auf neuen Märkten mit neuen Formaten eine Diversifikationsstrategie betrieben werden. Neben der eher von formalen Gesichtspunkten beeinflussten Systematisierung der Wachstumsstrategien nach Ansoff zeigen Entwicklungen in der Praxis zwei zentrale Merkmale der Wachstumsüberlegungen im Handel auf. Die zu treffenden Entscheidungen beziehen sich einerseits auf die geografische Präsenz – in den letzten Jahren ist insbesondere die Internationalisierung in den Fokus des Interesses gerückt. Andererseits wird zwischen unterschiedlichen Formen der Expansion differenziert. Als Optionen stehen Direktinvestitionen (z. B. in der Form organischen Wachstums), Akquisitionen und Beteiligungen zur Verfügung. Darüber hinaus können Joint Ventures, Strategische Allianzen oder Franchisesysteme dazu genutzt werden zu expandieren.

Das Ausmaß der internationalen Präsenz unterscheidet sich zwischen einzelnen Handelsunternehmungen. Einige konzentrieren sich auf eine regionale Rolle, andere agieren im nationalen Bereich, wiederum andere sehen die Chancen und die Notwendigkeit einer internationalen Expansion. IKEA ist ein Beispiel für eine erfolgreiche Marktbearbeitung in vielen Ländern. Warenhäuser, wie Karstadt oder Kaufhof, haben vorwiegend eine auf den nationalen Markt ausgerichtete Politik betrieben. Inzwischen sind aber auch spektakuläre Misserfolge in der Internationalisierungspolitik zu beobachten. So mussten sich beispielsweise der Handelsgigant Wal-Mart und das britische Handelshaus Marks & Spencer wegen hoher Verluste wieder aus dem deutschen Markt zurückziehen. Wegen der besonderen Herausforderungen, die eine Internationalisierungspolitik an das Management stellt, wird auch diesem Problem mit Kapitel 11 ein eigenes Kapitel gewidmet.

Die Expansion und die Konzentration in der Branche führen dazu, dass das Bild des Handels von Unternehmungen geprägt wird, die häufig mit mehreren Vertriebsschienen auf internationalen Märkten tätig sind. Das bedeutet, dass sich die strategischen Überlegungen hinsichtlich der Positionierung eines Handelsunternehmens nicht nur, wie im letzten Abschnitt geschehen, auf die Wahl einer einzelnen Betriebsform beschränken, sondern dass häufig die Ausgestaltung eines ganzen Portfolios von Vertriebsschienen erforderlich ist. Die Entwicklung des Handelskonzerns METRO verdeutlicht die Bedeutung solcher Überlegungen. So ist die Zahl der Vertriebsschienen in den letzten Jahren deutlich reduziert worden – unter anderem sind das Modehaus Adler, das Baumarktunternehmen Praktiker, der Verbrauchermarkt Extra und der Computer-Fachmarkt Vobis veräußert worden.

Koordinations- und Kooperationsformen mit Lieferanten und Kunden

Bei den Koordinationsformen sind mehrere Aspekte zu beachten. Zum einen stellt sich für ein Handelsunternehmen die Frage nach dem Grad der vertikalen Integration. Die Vertikalisierung stellt ein Phänomen dar, das in den letzten Jahren sehr stark an Bedeutung gewonnen hat. Sie äußert sich nicht nur in der gewachsenen Präsenz von Handelsmarken, sondern auch in der Übernahme des gesamten Produktionsprozesses durch den Handel. Neben der Option der Vertikalisierung gibt es zahlreiche Kooperationsformen, die sich in Konzepten wie Efficient Consumer Response (ECR), Category Management (CM) oder Supply Chain Management (SCM) widerspiegeln. Zum anderen stellt sich die Frage nach der Form und dem Ausmaß von langfristigen Beziehungen zu den Kunden. Der Wandel von transaktionalen hin zu relationalen Kundenbeziehungen, der sich in Kundenbindungs- und Loyalitätsprogrammen oder Konzepten wie Consumer Relationship Management (CRM) äußert, zeigt die intensive Auseinandersetzung mit dieser Frage.

Kooperationskonzepte beziehen sich auf die Zusammenarbeit mit den Lieferanten. Hier geht es zum einen um die Art und Weise, wie der Warenfluss gestaltet werden soll (Logistik), zum anderen um die Abstimmung von Marketingentscheidungen. Dabei ist zu klären, welche Funktionen Industrie und Handel übernehmen sollen (z. B. bei der Lagerhaltung oder beim Transport) und welche Form die Zusammenarbeit bei der Bestell- und Lieferpolitik haben soll. Ebenso ist zu prüfen, wie zum Beispiel die Sortimentsgestaltung und die Sonderangebotspolitik zwischen den Partnern koordiniert werden können.

Der Erfolg der Koordinationsmaßnahmen wird in erheblichem Maße von der Verfügbarkeit und der Leistungsfähigkeit von Informations- und Kommunikationssystemen beeinflusst. Ebenso spielen organisatorische Aspekte, zum Beispiel die Frage, inwieweit Entscheidungsprozesse zentralisiert oder dezentralisiert werden, eine bedeutende Rolle für die Effizienz der Abstimmungsprozesse. Auch von der Personalpolitik geht Einfluss auf den Erfolg der Koordinationsmaßnahmen aus, wenn berücksichtigt wird, dass die Motivation der Mitarbeiter zu den Erfolgsfaktoren kooperativer Konzepte zählt. Insgesamt zeigen die Überlegungen, dass auch unternehmensinternen Maßnahmen eine große Bedeutung für den Erfolg unternehmensübergreifender Strategien zukommen kann.

5.3 Phasen der strategischen Planung

In Kapitel 4 ist betont worden, dass das Problem der Führung eines Unternehmens sinnvollerweise in einzelne Elemente zerlegt wird. Es wurde von Phasenmodellen bzw. dem Managementzyklus gesprochen. Auch für die strategische Planung sind Schrittfolgen entwickelt worden, die Ähnlichkeiten mit dem allgemeinen Phasenmodell der Entscheidungstheorie und dem in Kapitel 4 dargestellten Managementzyklus haben. In der Literatur sind zahlreiche Prozessmodelle vorgestellt worden, die auf die spezifischen Gegebenheiten in der Industrie (vgl. z. B. Abell/Hammond 1979, S. 9–10; Köhler 1993, S. 22; Kreikebaum 1997, S. 38), im Großhandel (vgl. z. B Willers 1988a; 1988b; Russi 1993; Hörschgen/Kirsch/Käßer-Pawelka et al. 1993) oder im Einzelhandel (vgl. z. B. Drexel 1981, 1983; Wehrle 1984) Bezug nehmen. Ehrmann (2007) weist auf Methoden hin, mit denen die Aufgaben in den einzelnen Phasen unterstützt werden können.

Ein Vergleich der Phasen in den verschiedenen Ansätzen zeigt viele Übereinstimmungen. Die Unterschiede beziehen sich zunächst auf die Weite des Konzepts. Nicht alle Autoren gehen darauf ein, dass ein strategisches Konzept auch die Anpassung der Organisationsstruktur oder der Personalpolitik einschließen kann. Hier wird möglicherweise der bereits angesprochene Unterschied zwischen der strategischen Planung und der strategischen Unternehmensführung sichtbar. Auch das

Problem der Rückkopplung einzelner Bearbeitungsschritte wird in unterschiedlicher Weise aufgegriffen. So weist z. B. Kreikebaum (1997) explizit darauf hin, dass der Zielbildungsprozess zweistufig erfolgen solle, indem in einer ersten Phase zunächst allgemeine Absichtserklärungen formuliert werden, während nach der Bestimmung der Strategien Aussagen über den quantifizierbaren Erfüllungsgrad der Ziele zu treffen sind. Auch ist auffallend, dass Aspekte des Auftretens gegenüber den Nachfragern – auch im Vergleich mit den Wettbewerbern – mehr Aufmerksamkeit erfahren als die Beziehungen zu den Lieferanten. Grundsätzlich sind die vorgestellten Phasen als sinnvolle Analyseeinheiten anzusehen, über deren relative Bedeutung jedoch im Einzelfall zu entscheiden ist. So kann beispielsweise die Portfolio-Analyse bei einem diversifizierten Unternehmen von großer Bedeutung sein, während sie bei einem Einbetriebunternehmen vernachlässigt werden kann.

Prinzipiell kann man zwischen folgenden Phasen differenzieren (siehe Russi 1993, S. 110; für einen Literaturüberblick vgl. Russi 1993, S. 75–109):

1. Formulierung der Unternehmensvision,
2. Bestimmung der strategischen Ziele,
3. Auswahl geeigneter Planungsinstrumente, Analyse des Informationsbedarfs, Festlegung der Informationsquellen,
5. Bestimmung der strategischen Position,
6. Strategieformulierung,
7. Strategiebewertung und Auswahl,
8. Strategische Realisationsplanung.

In der Vision kommt die Vorstellung von der künftigen Rolle eines Unternehmens zum Ausdruck. Auf diese Weise wird eine Grundposition formuliert, die für das zukünftige Handeln eine Orientierung bieten soll. So formuliert beispielsweise das schwedische Handelsunternehmen IKEA (2010) die folgende Vision:

„Es ist unsere Vision bei IKEA, den vielen Menschen einen besseren Alltag zu schaffen. Unsere Geschäftsidee unterstützt diese Vision, indem wir ein breites Sortiment formschöner und funktionsgerechter Einrichtungsgegenstände zu Preisen anbieten, die so günstig sind, dass möglichst viele Menschen sie sich leisten können.“

Die Vision bildet einen Rahmen für die Entwicklung und Formulierung strategischer Ziele. Diese können sich auf unterschiedliche Aspekte der Unternehmenspolitik beziehen, so zum Beispiel auf:

- die Form des Wachstums,
- den Grad der Zentralisierung von Entscheidungen,
- die gesellschaftliche Verantwortung,
- die Autonomie von Mitgliedern bei genossenschaftlichen Unternehmensstrukturen
- die Marktstellung.

Zu den zentralen Aspekten der Geschäftsstrategie, die die REWE Group 2007 erarbeitet hat (vgl. REWE Group 2010a) gehören unter anderem ein starkes organisches Wachstum in Deutschland, die weitere Internationalisierung und das Bekenntnis zum Prinzip der Nachhaltigkeit und zur gesellschaftlichen und ökologischen Verantwortung. Unter dem Begriff der strukturellen Modernisierung ist eine Bündelung des strategischen Einkaufs und die Bildung von strategischen Geschäftseinheiten vorgenommen worden. Es ist zu beachten, dass Unternehmensziele die Rolle von Vorgaben für einzelne Geschäftsbereiche und Funktionsbereich spielen.

Eine wichtige Komponente der strategischen Planung bildet jene Phase, in der Informationen gesucht und ausgewertet werden. Die Informationen beziehen sich zum einen auf die Umwelt, zum anderen auf das eigene Unternehmen. Wie bereits im Zusammenhang mit dem Managementzyklus diskutiert, lässt sich die Umwelt in die Mikro- und die Makro-Umwelt unterteilen. Bei der Analyse der Mikro-Umwelt geht es vor allem um die Beziehungen zum Absatz- und zum Beschaffungsmarkt sowie um die Konkurrenzsituation. Die strategische Dimension der Informationsbeschaffung und -auswertung kommt dadurch zum Ausdruck, dass ihre Zielsetzung vor allem darin besteht, den relevanten Markt abzugrenzen und seine Attraktivität zu bestimmen. Letzteres kann mit der Ermittlung von Chancen und Risiken des Markts gleichgesetzt werden. Die Analyse des eigenen Unternehmens steht unter dem Primat der Identifikation von Stärken und Schwächen. Die oben vorgestellte Systematik von Russi stellt darauf ab, den Prozess der Informationsbeschaffung zu strukturieren, indem auf die Feststellung des Informationsbedarfs, Quellen zu seiner Deckung und Instrumente zur Auswertung von Informationen Bezug genommen wird, bevor im Rahmen der Bestimmung der strategischen Position eine Umwelt- und eine Unternehmensanalyse durchgeführt werden.

Im Rahmen der Bestimmung der strategischen Position und der Formulierung von Strategien spielt die Zerlegung und Strukturierung der Unternehmung in steuerbare Einheiten eine zentrale Rolle. Unternehmungen stellen im Regelfall sehr facettenreiche Gebilde dar. Das hängt damit zusammen, dass unterschiedliche Tätigkeiten ausgeübt werden müssen (z. B. des Einkaufs, der Logistik, des Verkaufs), unterschiedliche Produktionsfaktoren eingesetzt werden, zahlreiche Waren und Dienstleistungen als Umsatzträger fungieren, unter Umständen mehrere Vertriebschienen betrieben werden, die Unternehmung in mehreren Verkaufsregionen tätig ist, unterschiedliche Zielgruppen bedient usw. Wie soll ein so vielfältiges Gebilde gesteuert und kontrolliert werden? Wie kann es in Planungseinheiten zerlegt werden? Die Überlegungen richten sich darauf, das gesamte Gebilde in selbständig steuerbare Einheiten zu zerlegen (vgl. zu einem umfassenden handelsbezogenen Überblick Mattmüller/Tunder 2004, S. 50–82). Es geht also darum, die Unternehmung als Struktur größerer Aggregate abzubilden (Aggregat-Struktur-Perspektive). Diese ursprünglich als Voraussetzung für die Anwendung der Portfolio-Konzepte vorgeschlagenen Aggregate (vgl. Voigt 1992, S. 357) werden üblicherweise als strategische Geschäftseinheiten bezeichnet. Mitunter wird zwischen den Begriffen „Strategisches Geschäftsfeld" (SGF) und „Strategische Geschäftseinheit" (SGE) differenziert, um zwei unterschiedlichen Perspektiven des Planungskonzeptes zum Ausdruck zu bringen (vgl. Bea/Haas 2009, S. 156; Welge/Al-Laham 2008, S. 464). Während bei den Geschäftsfeldern die Umweltorientierung vorherrscht, dominiert bei den Geschäftseinheiten die Binnenorientierung. Die in den Geschäftsfeldern sichtbare Segmentierung des Markts, mit der die Komplexität reduziert und die Marktbearbeitung erleichtert werden sollen, findet ihre organisatorische Entsprechung in Geschäftseinheiten, die für eine geeignete Arbeitsteilung und Ressourcenzuteilung sorgen sollen.

Es gibt eine Reihe von Kriterien, die bei der Bildung von strategischen Geschäftseinheiten angelegt werden, so zum Beispiel ihre Abgrenzbarkeit und Eigenständigkeit hinsichtlich der zu treffenden Entscheidungen, der Zuweisung von Ressourcen und der Messbarkeit von Leistungen. Vier wesentliche Abgrenzungskriterien für die Bildung von strategischen Geschäftseinheiten lassen sich als Schnittmenge der in der Literatur vorzufindenden Konzepte identifizieren (vgl. Russi 1993, S. 311–312):

1. Homogenität und Unabhängigkeit
Eine strategische Geschäftseinheit stellt ein in sich homogenes Cluster von Analyseobjekten dar, für das planungsrelevante Informationen erfasst und eigenständige Ziele und Maßnahmen definiert werden können. Implizit wird damit auch gefordert, dass Entscheidungen bezüglich eines Clusters die Situation in einem anderen Cluster möglichst wenig tangieren.

2. Ressourcenbindung
Entscheidungen über eine strategische Geschäftseinheit führen zu einem veränderten Ressourceneinsatz (Bindung oder Freisetzung).

3. Instrumentbezug
Für die definierten strategischen Geschäftseinheiten sollten sich Aussagen hinsichtlich des Einsatzes einzelner Instrumente ableiten lassen.

4. Organisationsadäquanz
Strategische Geschäftseinheiten müssen einen Bezug zu gegebenen organisatorischen Einheiten aufweisen oder zumindest nicht im Widerspruch zur Organisationsstruktur stehen. Eine von der Organisationsstruktur vollkommen gelöste Abgrenzung der strategischen Geschäftseinheit erscheint nicht sinnvoll.

Russi (1993, S. 34–35) sieht strategische Geschäftseinheiten durch eine Angebotsdimension (Produkt/Dienstleistung) und eine Nachfragedimension (Markt) gekennzeichnet. In diesem Sinne wird eine strategische Geschäftseinheit „für solche Produktbereiche/Märkte gebildet, die durch spezifische Wettbewerbsverhältnisse auf der Angebots- und/oder Nachfrageseite gekennzeichnet sind und daher eigene Strategien erfordern." (Link 1989, S. 398).

Beispiele für strategische Geschäftseinheiten sind folglich:

- einzelne Vertriebsschienen oder Betriebsformen,
- einzelne Verkaufsstellen, wenn diese auch über den gemeinsamen Einkauf nicht völlig unabhängig voneinander agieren können,
- einzelne Regionen,
- eventuell einzelne Sortimentsbereiche und Warengruppen.

REWE unterscheidet beispielsweise zwischen 14 Geschäftseinheiten, die sechs Geschäftsfeldern zugeordnet werden (siehe Abbildung 5.6).

Die Strukturierung zeigt, dass die Bildung von strategischen Geschäftseinheiten simultan auf der Ebene von Betriebsformen, einzelnen Vertriebsschienen, geografischen Regionen und Ländern sowie Branchen erfolgen kann.

Es ist erkennbar, wie durch die Bildung strategischer Geschäftseinheiten die Komplexität reduziert werden soll, indem nach Einheiten Ausschau gehalten wird, die untereinander nicht interde-

Geschäfts-felder	Vollsortiment National	Vollsortiment International	Discount	Fachmarkt	Groß-verbraucher	Touristik
Geschäfts-einheiten	Vollsortiment Deutschland	Vollsortiment Österreich Vollsortiment Italien Vollsortiment Osteuropa	Discount National Discount Westeuropa Discount Osteuropa	toom Baumarkt UE	Food Service Cash & Carry	Reisevertrieb Pauschal-touristik Baustein-touristik

Quelle: REWE Group 2010b

Abb. 5.6: Strategische Geschäftsfelder der REWE

pendent vernetzt sind. Dabei wird nicht auf den finanziellen Verbund innerhalb einer Unternehmung oder eines Konzerns abgestellt, der nicht aufzuheben ist, denn finanzielle Mittel, die an einer Stelle eingesetzt werden, stehen für eine anderweitige Verwendung nicht mehr zur Verfügung. So diente die auf den strategischen Geschäftseinheiten aufbauende Planung schon immer dazu, den Kapitalbedarf (Investitionsbedarf) bzw. das Ausmaß der Freisetzung von Kapital zu erkennen. Die Unabhängigkeit der strategischen Geschäftseinheiten soll vielmehr nur im Ressourceneinsatz und in der Marktwirkung gegeben sein. Das macht deutlich, dass nicht jede Unternehmensgliederung als eine solche angesehen werden kann, die zu unabhängig voneinander zu steuernden Geschäftseinheiten führt. So ist es z. B. nicht zweckmäßig, einzelne Warenbereiche in einem Warenhaus als Geschäftseinheiten zu bezeichnen, wenn Verbundwirkungen zwischen den Warenbereichen vorliegen oder wenn der Ressourcenverbrauch einer Einheit auch durch Entscheidungen über andere Einheiten beeinflusst wird.

Aus der Menge der möglichen Strategien soll diejenige ausgewählt werden, die geeignet ist, die strategischen Ziele am besten zu erreichen. Hierzu werden Instrumente benötigt, die in der Lage sind, zuverlässig die Wirkung der Strategien abzuschätzen. Zu nennen sind unter anderem Scoringmodelle und Simulationsverfahren.

Im Rahmen der Realisationsplanung sind solche Sachverhalte wie Organisations- und Personalplanung, Budgetierung und Terminierung zu klären.

In den Kapiteln 6 und 8 werden zwei Phasen der strategischen Planung vertieft behandelt, die Analysephase und die Phase der Formulierung von strategischen Alternativen. Es soll aufgezeigt werden, wie hierfür entwickelte Instrumente im Kontext der Planung eines Handelsbetriebs eingesetzt werden können.

5.4 Zusammenfassung

Die strategische Unternehmensführung hat sich als eigenständiger Bereich etabliert. Trotzdem ist zu klären, worin ihr spezifisches Aufgabenfeld besteht. Allgemein geht es darum, mit Hilfe der strategischen Unternehmensführung die Wettbewerbsfähigkeit der Unternehmung zu sichern. Im Handel erwachsen daraus insbesondere Gestaltungsaufgaben im Hinblick auf die Positionierung des Unternehmens, die Wahl von Wachstumsstrategien und die Koordination bzw. Kooperation mit Lieferanten und Kunden. Wie für die Planung allgemein wurden auch für die strategische Planung Prozessschemata entwickelt. Zu den zentralen Teilprozessen gehört dabei die Analyse der Umweltfaktoren, auf die in Kapitel 6 ausführlich eingegangen wird. Zusammen mit der Analyse der Erfolgsfaktoren in Kapitel 7, die stärker auf die Ressourcen des Unternehmens abstellen, entsteht so die Basis für die Entwicklung von strategischen Maßnahmen. Die Maßnahmen beziehen sich im Regelfall nicht auf das gesamte Unternehmen, sondern auf kleinere Einheiten, die als strategische Geschäftseinheiten bezeichnet werden. Einen Überblick über die Maßnahmen und über Instrumente, die die Entwicklung und Burteilung von Strategien unterstützen, gibt das Kapitel 8. Strategische Entscheidungen, denen im Handel eine besonders große Bedeutung zukommt – hierzu zählen insbesondere die Wahl der Betriebsform und die internationale Expansion – werden in den Kapiteln 10 und 11 analysiert. Auf weitere strategische Entscheidungsfelder geht das Kapitel 12 ein.

6 Informationen für die strategische Planung

In den Phasenschemata zur strategischen Planung wird vorgeschlagen, als Grundlage für jede strategische Planung eine Analyse der Situation zu erstellen. Dabei sollte der Blick zum einen auf unternehmensinterne, zum anderen auf unternehmensexterne Sachverhalte gerichtet werden. Bei den externen Sachverhalten kann man zwischen Faktoren der Mikroumwelt und der Makroumwelt differenzieren. Die Mikroumwelt umfasst Akteure, zu denen unmittelbare ökonomische Beziehungen bestehen. Die Abbildung 6.1 veranschaulicht die relevanten Teilmärkte. Hierzu gehören vor allem der Absatz- und der Beschaffungsmarkt. Darüber hinaus sind aber auch der Arbeits- und der Kapitalmarkt zu beachten.

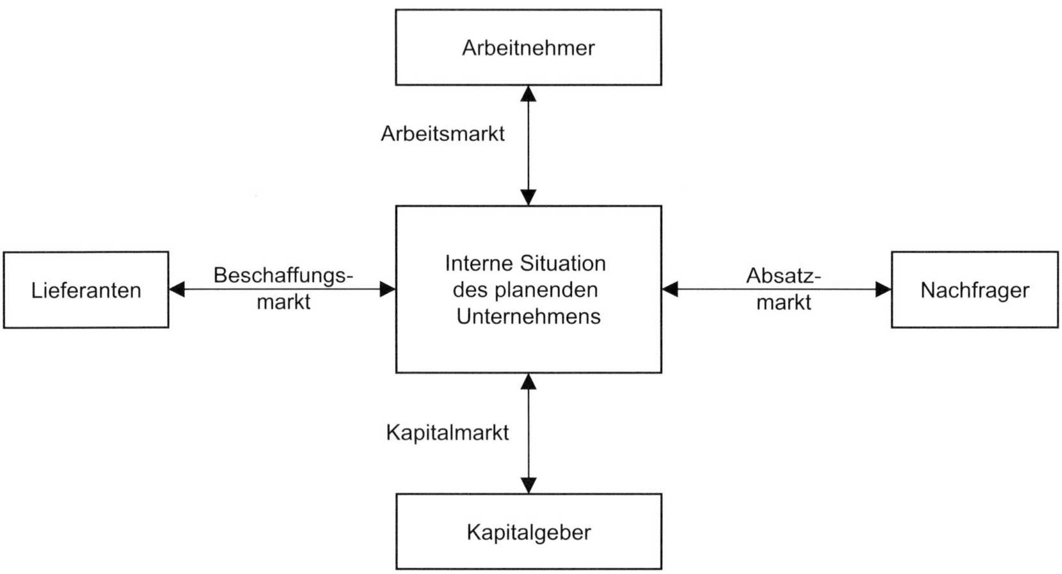

Abb. 6.1: Marktbeziehungen

Alle Märkte beeinflussen Entscheidungen und den Erfolg, d. h. die Erlöse und die Kosten des Unternehmens, so dass das betreffende Unternehmen Informationen über die eigene Position auf den genannten Märkten benötigt. Besondere Aufmerksamkeit verdient neben dem Absatzmarkt, auf den ausführlich in Abschnitt 6.2 eingegangen wird, der Beschaffungsmarkt. Dort ist beispielsweise zu prüfen, welche Schritte die Lieferanten erwägen, den Handel durch eine Direktbelieferung zu umgehen, die Ausstattung der Verkaufsstelle durch Forderungen an den Handel an ihre Vorstellungen anzupassen, die Konditionen zu verschlechtern oder Alleinvertriebsrechte zu vergeben. Neben den in Abbildung 6.1 aufgeführten Marktbeziehungen können auch Veränderungen bei Dritten, wie z. B. den Verkehrsträgern oder kommunalen Planungsträgern, von großer Bedeutung sein.

Es sollte beachtet werden, dass ein Unternehmen auf jedem dieser Märkte auf Konkurrenten trifft (den Fall des Monopols oder Monopsons ausgeschlossen). Besonders bedeutend ist dieser Gesichtspunkt auf dem Absatzmarkt, aber auch auf dem Beschaffungsmarkt wird um Belieferungskontrakte und Konditionen konkurriert. Stellenweise wird bei der Beschaffung von Mitarbeitern auch von einem Wettbewerb der Handelsunternehmen um die „besten Köpfe" gesprochen. Insbesondere bei der Verfolgung von Expansionsplänen kann der Zugang zu Kapitalquellen eine große Bedeutung für den Erfolg einer solchen Strategie haben. Die Bedeutung und der Einfluss der Wettbewerbssituation werden ausführlich in Abschnitt 6.2 analysiert.

Die Abbildung 6.2 zeigt Faktoren der Makroumwelt. Dabei wird zwischen politisch-rechtlichen, ökonomischen, technologischen und soziokulturellen Einflüssen differenziert.

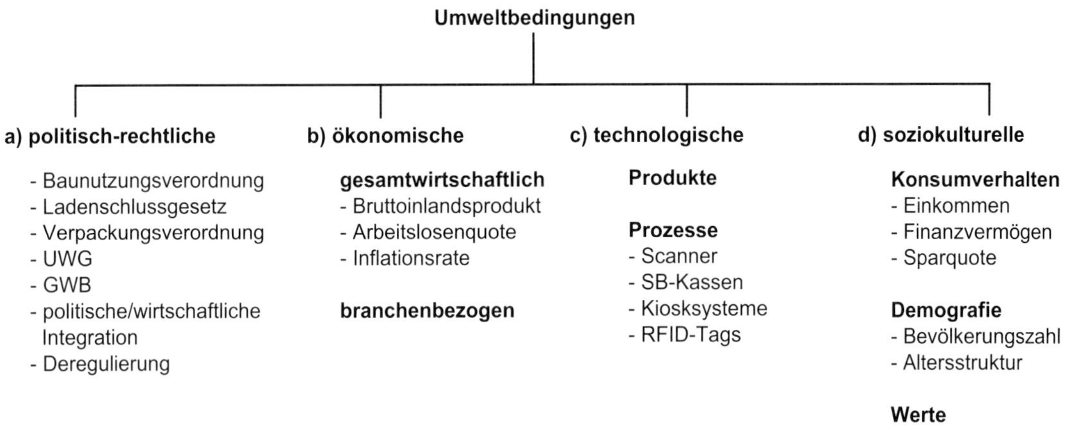

Abb. 6.2: Klassifizierung von Umweltbedingungen

Politisch-rechtliche Einflüsse

Zu den politisch-rechtlichen Faktoren, die auf den Entscheidungsspielraum eines Handelsunternehmens Einfluss ausüben, zählen zahlreiche Gesetze und Verordnungen.

Das Ladenschlussgesetz hat bis 2006 auf Bundesebene die Ladenöffnungszeiten geregelt. Seitdem liegen die Gesetzgebungskompetenzen in Sachen Ladenschluss bei den Bundesländern. Seit dem Inkrafttreten des Gesetzes 1957 wurden die Ladenöffnungszeiten in den folgenden fünfzig Jahren immer wieder gelockert. Gegenwärtig gibt es in den Bundesländern unterschiedliche Öffnungszeiten, es ist allerdings eine Tendenz zu unbegrenzten Öffnungszeiten an Werktagen (6 x 24-Regelung) zu erkennen. Lediglich Sonn- und Feiertage unterliegen, wie bereits früher auf Bundesebene, weiterhin Beschränkungen. Dabei gibt es allerdings zahlreiche Sonderregelungen. Im europäischen Vergleich liegt Deutschland im oberen Mittelfeld, was die maximale Ladenöffnungszeit pro Woche anbetrifft. Die Liberalisierung der Öffnungszeiten übt einen Einfluss auf die Wettbewerbssituation aus. Vorteile von nichtstationären Händlern mit „unbeschränkten Einkaufszeiten" oder von Händlern an Standorten oder mit Sortimenten, für die Sonderregelungen gegolten haben, haben sich nivelliert.

Es gibt zahlreiche weitere rechtliche Vorschriften, die zu beachten sind. Die Baunutzungsverordnung regelt, an welchen Orten sich Handelsunternehmungen – abhängig von ihrer Größe – ansiedeln dürfen. Relevant für den Handel ist auch die Verpackungsverordnung. Sie unterscheidet zwischen Verkaufs-, Um- und Transportverpackungen, wobei sie im Kern Rücknahme- und Verwertungspflichten für Verkaufsverpackungen regelt. Diese Pflichten haben in der Praxis zur Entstehung des Dualen Systems geführt, das für den Rückfluss und die Verwertung der Verpackungsabfälle sorgt. Ebenso relevant für den Handel ist die Pfandpflicht für Einwegverpackungen, die in der Verpackungsverordnung geregelt wird. Das Gesetz gegen den unlauteren Wettbewerb (UWG) nennt u. a. geschäftliche Handlungen, die unlauter und damit unzulässig sind. Das Gesetz gegen Wettbewerbsbeschränkungen (GWB) äußert sich zum Beispiel zum Missbrauch einer marktbeherrschenden Stellung. Preispolitische Maßnahmen, wie zum Beispiel der dauerhafte Verkauf unter Einstandspreis, werden dort geregelt (§ 20 Abs. 4 GWB). Die Preispolitik wird unter anderem auch von der Preisangabeverordnung geregelt. Das Rabattgesetz, das unter anderem den Preisnachlass bei Barzahlung auf maximal 3 % begrenzte, wurde 2001 abgeschafft. Auch andere Vorschriften z. B. über Jubiläums- und Sonderverkäufe (u. a. Sommer- und Winterschlussverkauf) und über die Räumungsverkäufe sind weggefallen.

Grundsätzlich wichtig für den Handel ist die Steuergesetzgebung – als Beispiel sei die Erhöhung des Mehrwertsteuersatzes auf 19 % im Jahr 2007 genannt. Von bestimmten gesetzlichen Regelungen werden nur ausgewählte Teile des Handels tangiert, so zum Beispiel Apotheken vom Apothekengesetz (ApoG).

Neben gesetzlichen Regelungen spielen politische Entscheidungen eine bedeutende Rolle für die Unternehmenspolitik eines Handelsunternehmens. Insbesondere die internationale Expansion wird von politischen und wirtschaftlichen Integrationsprozessen beeinflusst. Die Entstehung des Europäischen Binnenmarktes und die Umwälzungsprozesse im ehemaligen Ostblock haben den Internationalisierungsprozess des Handels auf der Absatzseite maßgeblich geprägt. Die Internationalisierung der Beschaffung wird durch Deregulierungsmaßnahmen, wie zum Beispiel den Wegfall von Handelsschranken und Zöllen, gefördert.

Ökonomische Einflüsse

Die ökonomische Entwicklung eines Landes übt einen signifikanten Einfluss auf den Konsum und damit den Handel aus. Zu den globalen Indikatoren, mit denen die wirtschaftliche Situation erfasst werden kann, zählen unter anderem die Entwicklung des Bruttoinlandsprodukts, die Arbeitslosenquote, die Anzahl erwerbstätiger Personen, die Inflationsrate, die Preisentwicklung in einzelnen Warenbereichen, die Wechselkurse oder auch die Entwicklung des Geschäfts- und Investitionsklimas. Die genannten Größen sind sowohl für Maßnahmen auf aktuellen als auch potenziellen Märkten relevant. So ist davon auszugehen, dass Expansionspläne, insbesondere Internationalisierungsstrategien auf der Grundlage dieser Kenngrößen bestimmt werden. Die makroökonomischen Größen verdienen deshalb eine hohe Aufmerksamkeit bei der strategischen Analyse der Umwelt.

Technologische Einflüsse

Die technologische Entwicklung wirkt sich mannigfaltig aus. Neue Technologien verändern bestehende Produkte und Prozesse, lassen aber auch gänzlich neue entstehen. So wirkt sich der technologische Wandel auf die Produkt- und Sortimentspolitik aus. Abhängig davon, wie gut es gelingt, auf der Grundlage neuer Technologien innovative Produkte zu entwickeln, können Wachstumsimpulse für einzelne Warengruppen oder sogar ganze Branchen ausgelöst werden. Die Telekommunikationsbranche und Unterhaltungselektronik können als Beispiele für derartige Entwicklungen genannt werden. Technologische Neuerungen werden aber auch eingesetzt, um verschiedene Prozesse im Handel zu rationalisieren oder neue zu konzipieren. Dabei kann es sich einerseits um Vorgänge handeln, die für den Kunden sichtbar und wahrnehmbar sind, andererseits um Abläufe, die im Hintergrund passieren. So wirkt der Einsatz von Scannern, Selbstzahlerkassen und Kiosksystemen in der Verkaufsstelle unmittelbar auf das Kaufverhalten. Die Verfügbarkeit von modernen Informations- und Kommunikationstechnologien in der Beschaffung oder in der Logistik beeinflusst die Zusammenarbeit mit Lieferanten und die Effizienz von Waren- und Informationsströmen. Von den Ergebnissen, z. B. in Form einer besseren Warenpräsenz oder niedrigerer Preise, können ebenfalls Wirkungen auf das Kaufverhalten ausgehen. Es gibt aber auch Technologien, die sowohl am Point of Sale als auch im Hintergrund eingesetzt werden, wie z. B. die RFID-Tags.

Technologische Entwicklungen können, wie das Internet zeigt, nicht nur einzelne Prozesse verändern, sondern neue Distributionskanäle und Betriebsformen entstehen lassen.

Soziokulturelle Einflüsse

Bei den soziokulturellen Einflussfaktoren sind zuerst Größen zu nennen, die einen ökonomischen Hintergrund besitzen. Hierzu zählen unter anderem das verfügbare Einkommen, das Finanzvermögen der Haushalte und die Sparquote. Anders als die oben bereits angesprochenen ökonomischen Faktoren beziehen sich diese Größen nicht auf die allgemeine wirtschaftliche Entwicklung eines Landes, sondern auf die ökonomische Situation und das Verhalten der Einwohner eines Landes. Ebenso als Einflussfaktor zu nennen ist die demografische Entwicklung. Zwei Änderungen stehen im Mittelpunkt des Interesses – zum einen die Bevölkerungszahl, zum anderen die Altersstruktur. In Deutschland, aber auch in anderen europäischen Ländern, dürften der Rückgang der Gesamtbevölkerung und die Verschiebung der Bevölkerungsstruktur zugunsten der Älteren von herausragender Bedeutung für den Handel sein.

Viele soziokulturelle Entwicklungen weisen einen engen Zusammenhang zum Absatzmarkt auf, da sie häufig als aggregierte Form des individuellen Konsumentenverhaltens interpretiert werden können. So ist der Wertewandel einer Gesellschaft z. B. in Richtung einer starken Umweltorientierung eine Einflussgröße, die einerseits unter dem Etikett soziokultureller Faktoren der Makroumwelt diskutiert werden kann, andererseits aber auch als Phänomen des Absatzmarkts und damit der Mikroumwelt interpretiert werden kann.

Ergänzend zur Analyse der externen Umweltbedingungen muss sich das Unternehmen einen Überblick über seine interne Situation verschaffen. Gegenstand sind im Wesentlichen die Wertvorstellungen der Führungskräfte, die vorhandenen Ressourcen sowie eine zusammengefasste Beurteilung der gegenwärtigen und zukünftigen Stärken und Schwächen des Unternehmens:

- Die Werte und Grundeinstellungen der Führungskräfte können in allen Phasen des Planungsprozesses wirksam werden. Sie erfüllen eine Filter-, Bewertungs- und Auswahlfunktion und stehen in engem Zusammenhang mit den grundlegenden Zielen der Unternehmung.
- Im Rahmen einer Potenzialanalyse werden die Ressourcen eines Unternehmens unter dem Gesichtspunkt ihrer Verfügbarkeit für strategische Entscheidungen analysiert. So können Mög-

lichkeiten für den Ausbau des Basisgeschäfts erkannt werden. Im Wesentlichen handelt es sich um eine Bestandsaufnahme der elementaren und dispositiven Faktoren eines Unternehmens. Die Potenzialanalyse wird üblicherweise funktionsbezogen durchgeführt. Mögliche Funktionsbereiche sind der Beschaffungsbereich, der Personalbereich, der Finanzbereich und der Absatzbereich.
- Mit der Lückenanalyse wird überprüft, inwieweit sich in der Zukunft eine Lücke zwischen der zu erwartenden Entwicklung und der geplanten Entwicklung des Unternehmens auftut.
- Unter einer Stärken- und Schwächenanalyse wird die Analyse und Bewertung der Ressourcen eines Unternehmens, insbesondere im Vergleich zu den wichtigsten Konkurrenten verstanden. Die Vorteile (Stärken) und Nachteile (Schwächen) werden für die gegenwärtige und die zukünftige Situation ermittelt. Aus dem Zusammenspiel von gegenwärtigen Stärken und Schwächen eines Unternehmens und zukünftigen Umweltentwicklungen, die mit Chancen und Risiken charakterisiert werden können, ergeben sich Optionen für das zukünftige Handeln eines Unternehmens. Ebenso wie bei der Potenzialanalyse hat es sich bei der Analyse der Stärken und Schwächen in der Praxis als zweckmäßig erwiesen, funktionsbezogen vorzugehen.

Im Folgenden wird auf wichtige Elemente einer Situationsanalyse eingegangen. In Abschnitt 6.1 wird auf Veränderungen des Absatzmarkts eingegangen. Dabei werden aber auch Aspekte der Makroumwelt eines Unternehmens angesprochen.

6.1 Veränderungen in der Nachfrage

Für einen Händler, der als Mittler zwischen Lieferanten und Abnehmern auftritt, ist es von zentraler Bedeutung zu erkennen, wie sich die Nachfrage darstellt, wie sie sich verändert und welche Faktoren auf sie einwirken. Dazu finden sich im Folgenden einige Hinweise, wiewohl Aspekte des Nachfrageverhaltens auch in späteren Kapiteln, so insbesondere im Kapitel 9 zur Zielgruppenwahl, im Kapitel 10 zur Wahl der Betriebsform und in sämtlichen Kapiteln zum Marketing, aufgegriffen werden.

6.1.1 Überblick über Facetten des Nachfrageverhaltens

Das Nachfrageverhalten und seine Veränderungen können hinsichtlich verschiedener Aspekte analysiert werden, wie auch Abbildung 6.3 zeigt. Sie gibt einen Überblick über solche Aspekte und dazugehörige Fragen, die für unternehmenspolitische Entscheidungen bedeutend sein können.

Der qualitative Aspekt umfasst unterschiedliche Fragen, z. B. inwieweit es einen Trend zu einem höheren Qualitätsbewusstsein gibt, ob eher markierte oder anonyme Waren, Waren im oberen oder im unteren Qualitäts- bzw. Preisbereich, ob etablierte Artikel oder Neueinführungen gekauft werden. Für den Einzelhandel ist es des Weiteren wichtig zu wissen, welche Standorte die Verbraucher

Aspekte des Kauf- und Konsumverhaltens	Einzelne Fragestellungen
Qualitativer Aspekt	Steigt das Qualitätsbewusstsein der Konsumenten? Nimmt die Bedeutung von Bio, Fair Trade, Nachhaltigkeit beim Produktkauf zu? Werden Markenartikel nicht markierten Produkten vorgezogen? Steigt der Bedarf nach Convenience Food?
Räumlicher Aspekt	Steigt die Präferenz für Einkäufe in Wohnortnähe? Gibt es einen Trend zum One-Stop-Shopping? Werden Online-Kanäle konventionellen Kanälen vorgezogen? Steigt die Bedeutung von Heimdiensten und Versandhandel im Vergleich zum stationären Handel?
Personeller Aspekt	Welche Mitglieder eines Haushalts führen Einkäufe durch? Welchen Einfluss üben einzelne Haushaltsmitglieder auf Kaufentscheidungen aus? Welche Rollen und welche Aufgaben übernehmen einzelne Personen?
Zeitlicher Aspekt	Ändert sich die Einkaufshäufigkeit? Welche Bedeutung kommt einzelnen Wochentagen für die Einkäufe zu? Werden Einkäufe auf die Abendstunden verlagert? Verkürzt sich die durchschnittliche Einkaufszeit?
Quantitativer Aspekt	Steigt der Anteil von Handelsmarken an den Konsumausgaben? Gibt es einen Rückgang der Ausgaben für Lebensmittel? Ist eine Ausgabenverschiebung zwischen verschiedenen Betriebsformen zu beobachten? Wächst der Anteil kleinerer Verpackungsgrößen am Absatz einzelner Produkte?

Abb. 6.3: Einzelne Aspekte des Konsum- und Kaufverhaltens

für ihre Einkäufe bevorzugen, z. B. solche in räumlicher Nähe zu ihrem Wohnort oder solche in Handelsagglomerationen außerhalb von Wohngebieten. Die Wahl der Einkaufsstätte umschließt zwei wichtige Teilaspekte, zum einen die bevorzugte Betriebsform, zum anderen die Frage, welche Entfernung der Käufer bei seinen Einkäufen zurücklegt bzw. zurückzulegen bereit ist. In personeller Hinsicht könnte es sein, dass sich der Einfluss und die Rollenverteilung in einzelnen Verbrauchsgemeinschaften (um nicht nur die traditionellen Formen der Familie oder des Haushaltes zu benennen) verschieben. Beim Einkaufsverhalten geht es auch darum, wer die Einkäufe durchführt. Mit dem zeitlichen Aspekt des Einkaufens wird erfasst, wann Einkäufe durchgeführt werden (in welchen Stunden eines Tages, an welchen Tagen innerhalb einer Woche oder eines Monats, in welchen Monaten). Der zeitliche Aspekt äußert sich aber auch in der Einkaufshäufigkeit und der Einkaufsdauer.

Nahezu alle genannten Aspekte können, zumindest bis zu einem gewissen Grad, quantifiziert werden. So lässt sich beispielsweise nicht nur feststellen, ob es einen grundsätzlichen Trend zum Kauf von Hersteller- oder Handelsmarken gibt, sondern es können häufig Absatz- und Umsatzzahlen von Markenprodukten in einzelne Warengruppen ermittelt werden. Ebenso können Marktanteile unterschiedlicher Agglomerationsformen oder Umsätze an verschiedenen Wochentagen gemessen werden, um die räumlichen bzw. zeitlichen Einkaufspräferenzen von Konsumenten zu quantifizieren.

Enger wird der quantitative Aspekt des Kaufverhaltens interpretiert, wenn lediglich nach der Absatz- oder Umsatzhöhe gefragt wird, ohne sie nach weiteren Aspekten zu differenzieren. Meist wird die Nachfrage in Form von Ausgaben erfasst. Dabei ist zu berücksichtigen, dass die Ausgaben auf verschiedenen Ebenen aggregiert werden können. Zudem kann zwischen Zahlen differenziert werden, die die absoluten und die relativen Ausgaben abbilden. Bei letzteren handelt es sich um Anteilsgrößen. Je nach Aggregationsebene lassen sich folgende Sachverhalte unterschieden:

- Höhe oder Anteil der gesamten Konsumausgaben am verfügbaren Einkommen,
- Höhe oder Anteil der Ausgaben für einzelne Bereiche, z. B. für Wohnen, Mobilität, Ernährung, Bekleidung, Freizeit, Unterhaltung und Kultur,
- Höhe oder Anteil der Ausgaben für einzelne Warengruppen, z. B. Getränke, Drogerieartikel, Tiefkühlkost,
- Höhe oder Anteil der Ausgaben für einzelne Artikelgruppen, z. B. Hemden, Kleider, Hosen, oder einzelne Artikel.

Es bleibt anzumerken, dass nicht nur die Ausgaben für verschiedene Artikel, sondern auch der Umstand, inwieweit diese Ausgaben simultan getätigt werden, Gegenstand von quantitativen Auswertungen sein können.

Gütergruppe / Wirtschaftszweig*	**Umsatz 2005 (in jeweiligen Preisen)**	**Umsatz 2009 (in jeweiligen Preisen)**	**Kettenindex 2009 (preisbereinigt, 2000 = 100)**
Erzeugnisse des Ernährungsgewerbes (GP15)	153,43 Mrd.	165,33 Mrd.	96,80
Textilien (GP17)	18,16 Mrd.	18,67 Mrd.	92,69
Bekleidung (GP18)	45,35 Mrd.	47,70 Mrd.	98,76
Büromaschinen, Datenverarbeitungsgeräte und -einrichtungen (GP30)	6,45 Mrd.	6,73 Mrd.	365,74
Möbel, Schmuck, Musikinstrumente, Sportgeräte, Spielwaren, Sonstiges (GP36)	42,66 Mrd.	44,88 Mrd.	91,15
Konsumausgaben der privaten Haushalte im Inland (VGRKPH)	1256,91 Mrd.	1338,25 Mrd.	103,38
Einzelhandel (ohne Handel mit Kfz und Tankstellen); Reparatur von Gebrauchsgütern (WZ 52)	446,69 Mrd.	474,89 Mrd.**	

* GKZ 2003
** Umsatz im Jahr 2008

Quelle: Angaben entnommen aus Statistisches Bundesamt 2007, 2010a, o. J.a

Abb. 6.4: Umsatzentwicklung einzelner Warenbereiche in Deutschland

Die Kenntnis der Nachfrageentwicklung in einer Warengruppe in der Vergangenheit stellt eine wichtige Information dar, weil sie helfen kann, die Frage nach der Entwicklung in der Zukunft zu beantworten (vgl. als Beispiel Abbildung 6.4). Angaben zur Nachfrageentwicklung in der Vergangenheit können der amtlichen Statistik, den Statistiken verschiedener Marktforschungsinstitute (z. B. GfK SE, The Nielsen Company) oder den Veröffentlichungen der Handelsverbände entnommen werden. Dabei ist zu klären, wie die jeweiligen Warengruppen abgegrenzt sind und inwieweit die Umsätze verschiedener Vertriebskanäle berücksichtigt wurden (so verkauft z. B. der Lebensmitteldiscounter ALDI auch zahlreiche Non-Food-Warengruppen und spielt dabei im Textilhandel eine herausgehobene Rolle).

6.1.2 Überblick über Bestimmungsfaktoren der Nachfrage

Um die Höhe der zukünftigen Nachfrage zu prognostizieren, müssen zuerst ihre Bestimmungsfaktoren ermittelt werden, wobei die folgenden Sachverhalte häufig von Bedeutung sind:

- die Entwicklung der Bevölkerung und ihrer Altersstruktur,
- Veränderungen in der Haushaltsstruktur,
- Trends im Ausgabeverhalten.

Während die Erfassung der ersten beiden Sachverhalte praktisch keine Spielräume offen lässt, ist die Quantifizierung des Ausgabeverhaltens keinesfalls eindeutig. Es ist zu klären, wie sich beispielsweise die Ausgaben für bestimmte Artikel oder Warengruppen zwischen Haushalten verschiedener Größe oder Personen verschiedenen Alters unterscheiden. Sie können aus dem Verhalten der betreffenden Haushalte oder Personen in der Vergangenheit auf empirischem Wege ermittelt werden. Die Ausgaben werden dann üblicherweise in Form von Durchschnittsbeträgen erfasst und ermöglichen Angaben zu den jeweiligen Marktvolumina. Eine solche Vorgehensweise bedeutet jedoch, dass nicht nach den Gründen für die Unterschiede zwischen den betreffenden Gruppen gefragt wird. Die Analyse des Konsumverhaltens kann aber auch dahingehend interpretiert werden, dass explizit auf seine Einflussfaktoren, z. B. die Einstellungen, das Freizeitverhalten oder die Mediennutzung, eingegangen wird. Das ist der Gegenstand von Konsumentenverhaltenstheorien, die im Marketing eine große Rolle spielen.

6.1.2.1 Die Entwicklung der Bevölkerung und ihrer Altersstruktur

Bevölkerungsprognosen hängen von den getroffenen Annahmen ab, insbesondere von Erwartungen über die künftige Geburtenrate und das Ausmaß der Bevölkerungswanderungen. Abbildung 6.5 zeigt eine Prognose, bei der eine Ober- und eine Untergrenze für die Entwicklung der Bevölkerung berechnet wurden.

Da viele Handelsunternehmungen nicht das gesamte Gebiet Deutschlands als ihren Markt ansehen, sondern regionale Aktivitäten entfalten, muss beobachtet werden, wie sich die Bevölkerung in einzelnen Teilen des Landes entwickelt. Hier kann festgestellt werden, dass die Bevölkerung in weiten Teilen der neuen Bundesländer zurückgeht, zum Teil aber auch in den alten Bundesländern; so hat z. B. Duisburg in den letzten 35 Jahren rund 100 000 Einwohner verloren.

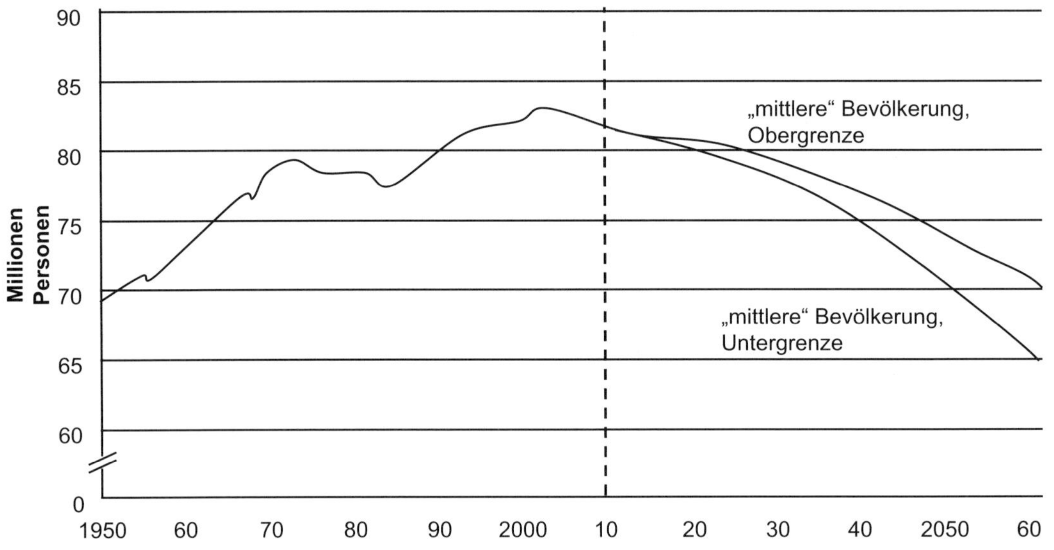

Quelle: Statistisches Bundesamt 2009b, S. 12

Abb. 6.5: Prognose der Bevölkerungsentwicklung in Deutschland bis 2060

Teilweise unterscheidet sich das Ausgabe- und Einkaufsverhalten bei einzelnen Ethnien. In diesen Fällen sind Informationen darüber hilfreich, wie groß die Bevölkerungsgruppen in den interessierenden Ethnien sind. Immerhin beträgt nach Angaben des Statistischen Bundesamtes (2010b, S. 33) der Anteil der Bevölkerung mit Migrationshintergrund rund 19 % (für das Jahr 2008), was übersehen wird, wenn ausschließlich die Staatsangehörigkeit beachtet wird.

Große Aufmerksamkeit hat der Umstand gefunden, dass die Anteile der Älteren in der Bevölkerung zunehmen. Für die Unternehmenspolitik ist es wichtig, die zukünftige Altersstruktur der Bevölkerung zu kennen, weil zu erwarten ist, dass sich das Konsumverhalten in Abhängigkeit vom Alter ändert. Für eine Prognose der Altersstruktur müssen bestimmte Annahmen getroffen werden, beispielsweise hinsichtlich der Geburtenrate, der Lebenserwartung und der zu erwartenden Bevölkerungswanderungen. Die Abbildung 6.6 zeigt eine Entwicklungsprognose des Statistischen Bundesamtes (2009a), bei der eine annähernd konstante Geburtenhäufigkeit, ein Anstieg der Lebenserwartung um etwa acht (Männer) beziehungsweise sieben Jahre (Frauen) und ein Wanderungssaldo von 200 000 Personen im Jahr angenommen wurden. Es ist erkennbar, dass bis 2020 insbesondere die Altersgruppen der 50- bis 64-jährigen und der 80-jährigen und Älteren wachsen werden. Für das Jahr 2060 ist nach dieser Prognose zu erwarten, dass mehr als die Hälfte der Bevölkerung älter als 50 Jahre sein wird.

Inzwischen ist in vielen Handelsunternehmungen zu erkennen, dass sie sich auf diese Veränderungen in der Altersstruktur einstellen, wenn auch die Konsequenzen meist in operativen Bereichen gezogen werden (Anpassung der Werbung und der Sortimente an die Bedürfnisse Älterer). Preißner (2002) hat schon 2002 darauf aufmerksam gemacht, dass auch weiter reichende Konsequenzen damit verbunden sein können, z. B. die Renaissance des wohnortnahen Einkaufs in Supermärkten.

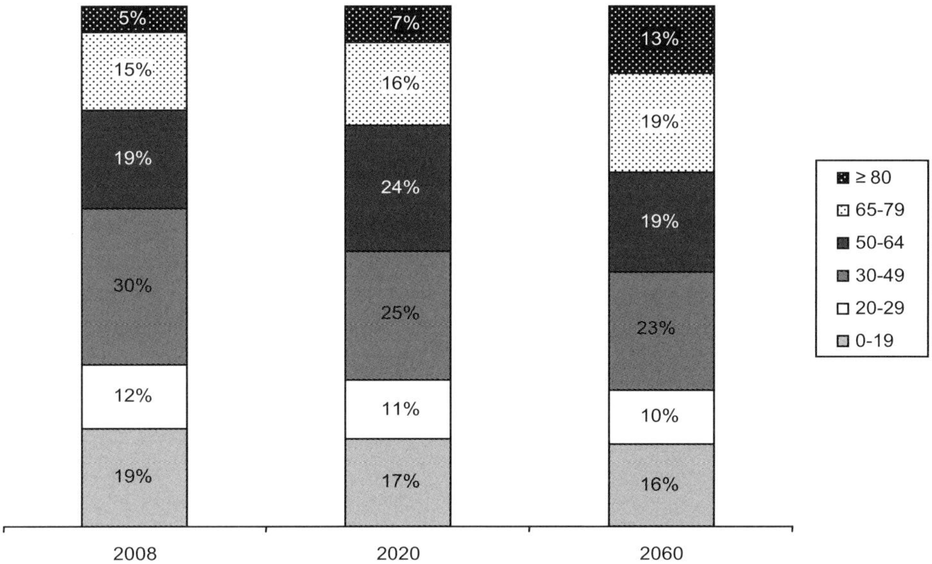

Quelle: Statistisches Bundesamt 2009b, S. 17

Abb. 6.6: Veränderung in der Altersstruktur der Bevölkerung Deutschlands

6.1.2.2 Veränderungen in der Haushaltsstruktur

Auch die Haushaltsstruktur in Deutschland hat sich auffallend geändert. Das macht Abbildung 6.7 deutlich. Die Zahl der Einpersonenhaushalte hat sehr stark zugenommen, und es ist klar, dass dies für alle Hersteller und Händler, die Einrichtungsgegenstände für Haushalte (z. B. Kühlschränke, Esstische, Lampen) anbieten, von großem Vorteil ist.

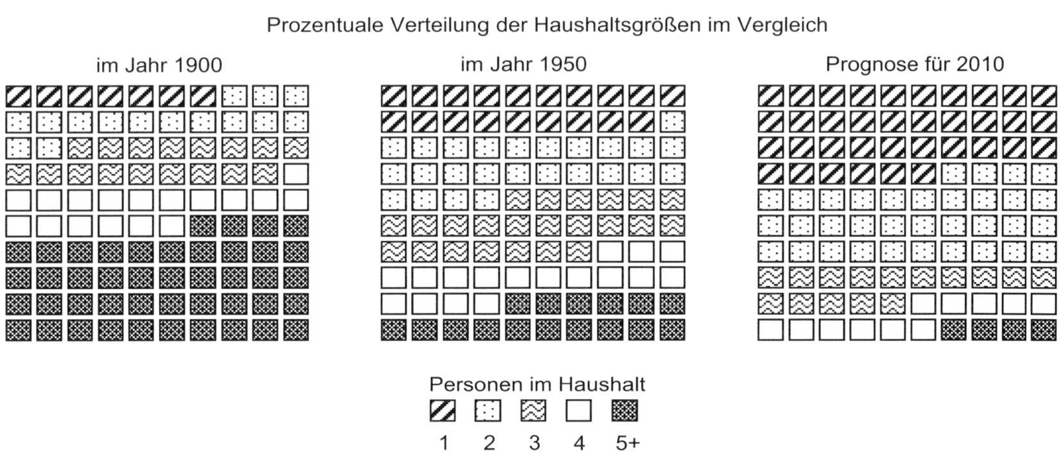

Quelle: Kaapke 2007, S. 46

Abb. 6.7: Veränderungen in der Haushaltsstruktur

Es wäre wünschenswert, wenn nicht nur mit plausiblen Hinweisen dargelegt werden könnte, dass einzelne Größen auf die Höhe des Marktvolumens (in der Vergangenheit) bzw. des Marktpotenzials (in der Zukunft) eines Warenbereiches einwirken, sondern wenn dieser Einfluss quantifiziert werden könnte. Plausibel sind etwa die folgenden Aussagen:

- Der Umsatz mit Spielwaren hängt vor allem von der Zahl der Kinder und Jugendlichen ab,
- der Umsatz mit frei verkäuflichen Arzneimitten wird durch die Zahl der Senioren bestimmt,
- die Nachfrage nach Möbeln hängt von der Anzahl der Haushalte ab.

Eine Quantifizierung würde erkennen lassen, ob die genannten Einflussgrößen tatsächlich einen Einfluss ausüben, wie groß er ist und inwieweit weitere Einflussgrößen in die Analyse einbezogen werden müssen. Quantifizierungen finden sich nur vereinzelt. In Abbildung 6.8 ist z. B. abgebildet, wie der Einzelhandelsumsatz mit Einrichtungsgegenständen (damals noch in Mrd. DM) von der Anzahl der Haushalte abhängt.

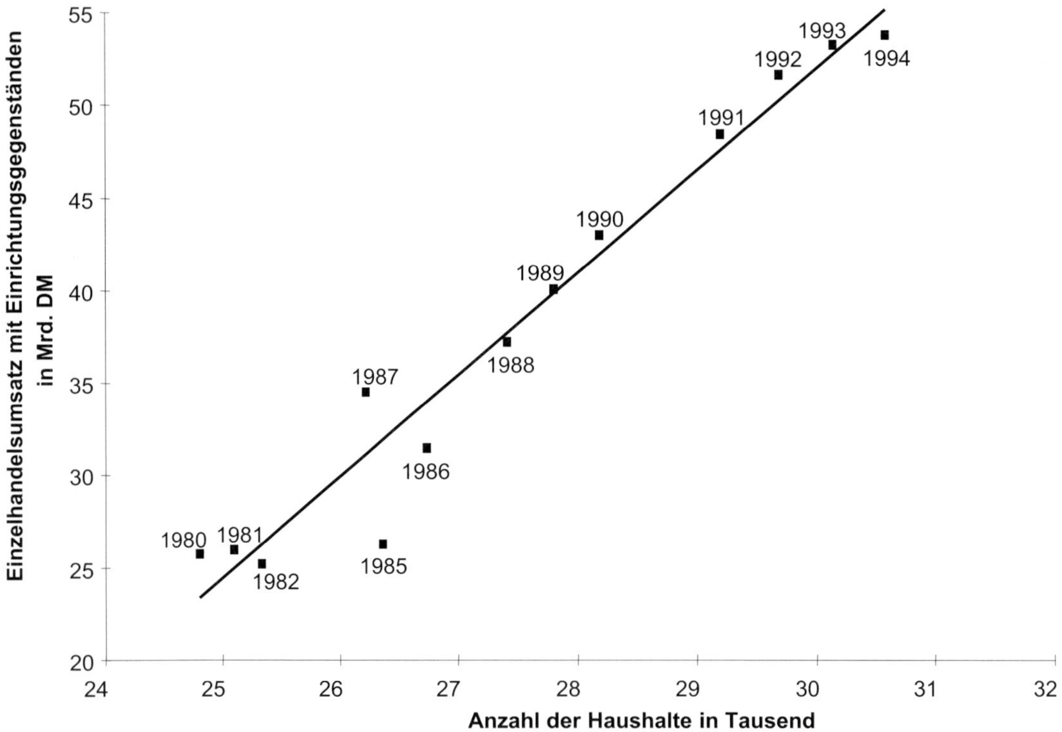

Quelle: Angaben entnommen aus Statistisches Bundesamt, Jahrgänge 1980–1996 (Umsatz mit Einrichtungsgegenständen nach Systematik Nr. 433)

Abb. 6.8: Zusammenhang zwischen Einzelhandelsumsätzen mit Einrichtungsgegenständen und der Anzahl der Privathaushalte in den alten Bundesländern in den Jahren 1980-1994

Die Linearität des Zusammenhanges ist beeindruckend. Das Bestimmtheitsmaß von 0,805 besagt, dass 80,5 % der Varianz des Einzelhandelsumsatzes mit Einrichtungsgegenständen mit der Anzahl der Haushalte erklärt werden können. Der Wert des F-Tests weist eine Überschreitungswahrscheinlichkeit von 0,2 % auf und bestätigt somit die Signifikanz des ermittelten Zusammenhangs auf einem Signifikanzniveau von 1 %. Dass sich aber ein solcher Zusammenhang ändern kann, zeigt die Tatsache, dass in dem Zeitraum 1994 bis 2007 zwischen der Zahl der Haushalte (vgl. Statistisches Bundesamt 2009c, S. 46) und dem Einzelhandelsumsatz mit Möbeln, Einrichtungsgegenständen und Hausrat (vgl. Statistisches Bundesamt 2009d, Umsatz in WZ 52.44 nach Klassifikation der Wirtschaftszweige, Ausgabe 2003) eine negative lineare Beziehung mit einem Bestimmtheitsmaß von 62,8 % festzustellen ist. Das macht deutlich, dass nicht nur die Anzahl der Haushalte die Nachfrage nach Möbeln bestimmt, sondern weitere Faktoren einwirken (z. B. das Preisniveau, der Erneuerungsbedarf).

Die Gesamtzahl und die Struktur der Haushalte wirken sich nicht nur auf die Nachfrage nach bestimmten Gütern, sondern ebenso auf die Präferenzen für bestimmte Einkaufsstätten aus. So legen Einpersonenhaushalte besonderen Wert auf Convenience, was sich einerseits in der Nachfrage nach entsprechenden Produkten, andererseits in der Wahl von bestimmten Betriebsformen widerspiegelt.

6.1.2.3 Trends im Ausgabeverhalten

Die Ausgabegewohnheiten der Hauhalte ändern sich im Zeitablauf. Die Ursachen dafür sind vielfältig. Sie können mit veränderten Einkommen zusammenhängen, mit veränderten Präferenzen einhergehen oder erzwungen sein, weil bestimmte Ausgaben praktisch unumgänglich sind. So war zu beobachten, dass die Energiepreise, Mieten oder die Kosten für Versicherungen angestiegen sind, was viele Haushalte gezwungen hat, zum Ausgleich Einsparungen an anderer Stelle vorzunehmen (z. B. bei Textilien). Veränderungen in der Ausgabenstruktur können angegeben werden, indem die Ausgaben für die jeweilige Warengruppe in Prozent der Gesamtausgaben ausgedrückt werden. Einen solchen Zusammenhang beschreibt z. B. das Engelsche Gesetz:

Die Ausgaben für Nahrungsmittel nehmen bei steigendem Einkommen des Hauhalts prozentual weniger stark zu als die Gesamtausgaben, womit ihr Ausgabenanteil sinkt.

Für Zwecke der Planung wird man mehr an absoluten Ausgaben interessiert sein. Hier sei das Beispiel der Ausgaben für Lebensmittel herangezogen, um zu zeigen, wie ein Ausgabenbereich über weite Zeiträume nahezu stagnieren kann. Nach IRI Information Resources (2004) beliefen sich die Ausgaben für Lebensmittel 1995 auf 102,05 Mrd. €, in 2000 auf 99,76 Mrd. € und in 2004 auf 100,2 Mrd. €. Die Entwicklung der Privaten Konsumausgaben und der Ausgaben für „Nahrungsmittel, Getränke, Tabakwaren u. Ä." in den Jahren von 2003 bis 2007 kann der Abbildung 6.9 entnommen werden.

	2003	2004	2005	2006	2007
Hochgerechnete Haushalte (in Tsd.)	35 373	35 528	35 555	35 887	36 105
Private Konsumausgaben je Haushalt und Monat (in €)	1 972	1 989	1 996	2 089	2 067
alle Haushalte pro Jahr (in Mrd. €)	837	848	852	900	896
davon für Nahrungsmittel, Getränke, Tabakwaren u. Ä. je Haushalt und Monat (in €)	273	273	268	287	297
alle Haushalte pro Jahr (in Mrd. €)	116	116	114	124	129
in Prozent der Privaten Konsumausgabe	13,9 %	13,7 %	13,4 %	13,8 %	14,4 %

Quelle: Angaben entnommen aus Statistisches Bundesamt 2009c, S. 26

Abb. 6.9: Ausgaben für Lebensmittel

6.1.2.4 Wirkung weiterer Einflussfaktoren auf das Nachfragevolumen

Aufschlussreich können auch jene Konsumtheorien sein, die den privaten Verbrauch in einzelne Warenbereiche auflösen. Um Aussagen über die Zusammensetzung des privaten Verbrauchs nach Ausgabearten und zugehörigen Gütergruppen (Lieferbereichen) zu ermöglichen, müssen die entsprechenden Daten disaggregiert werden. Hierfür veröffentlicht das Statistische Bundesamt im Rahmen der Input-Output-Rechnungen (als Bestandteil der Volkswirtschaftlichen Gesamtrechnung) Kosumverflechtungstabellen. Diese zeigen die Konsumausgaben der privaten Haushalte (im Inland) nach Gütergruppen und Verwendungszwecken (Döhrn 1988 S. 56; vgl. auch Statistisches Bundesamt 2010c, S. 28–29).

„Den Konsumverflechtungstabellen kommt (...) bei der Analyse struktureller Wandlungen insofern eine große Bedeutung zu, als sie den Übergang von der Entscheidungsebene der privaten Haushalte auf die Entscheidungsebene der Produktionssektoren abbilden, also den Übergang von Kategorien der Einkommensverwendung, den Ausgabearten, auf die Kategorien der Güterherkunft, die Lieferbereiche des privaten Verbrauchs."

Dabei werden 71 Gütergruppen in Anlehnung an das „systematische Verzeichnis der Einnahmen und Ausgaben der privaten Haushalte" 41 Ausgabearten gegenübergestellt (vgl. Statistisches Bundesamt 1998; Bleses 2007).

Nach Döhrn (1988) lag die Hauptursache für das nachlassende Wachstum des privaten Verbrauchs bis 1986 in den abnehmenden Zuwachsraten der verfügbaren Einkommen begründet. Diese These wird durch die Beobachtung gestützt, dass eine Sättigung der Konsumbereitschaft als möglicher Erklärungsgrund ausscheidet, da die Bereitschaft der privaten Haushalte zum Konsumieren im entsprechenden Zeitraum unverändert geblieben ist. Den Rückgang der Einkommen aus unselbständiger Arbeit führt Döhrn (1988, S. 68) dabei im Wesentlichen auf vier Faktoren zurück:

- niedrige Tarifabschlüsse,
- abnehmende Zahl der Beschäftigten,
- Verkürzung der Arbeitszeiten,
- überproportionale Zunahme der Steuern und Sozialabgaben.

Vor dem Hintergrund der Entwicklung des verfügbaren Einkommens liefert die Analyse der Konsumverflechtungstabellen Einblicke in die Wandlung der Konsumstruktur. So lassen sich durch die Trennung nach Ausgabearten folgende Trends bis 1986 erkennen (vgl. Döhrn 1988, S. 68–78):

- Rückgang des Ausgabenanteils für Verbrauchsgüter,
- konstante Entwicklung bei Gebrauchsgütern,
- Verschiebung des Anteils von Gütern des täglichen Bedarfs zu hochwertigen Gütern,
- wachsende Bedeutung der Bereiche Energie und Dienstleistung.

Der Anstieg des Dienstleistungsanteils ist dabei vor allem auf eine Einbeziehung der Wohnungsmieten und eine steigende Bedeutung von Finanz-, Kommunikations- und Transportdienstleistungen zurückzuführen. Waren- und personenbezogene Dienstleistungen haben dagegen vor allem an Wert verloren, weil die zunehmende Freizeit einen größeren zeitlichen Rahmen für die Haushaltsproduktion (Do-it-yourself) geschaffen hat und vermutlich ein Teil der Nachfrage in den Bereich der Schwarzarbeit verlagert worden ist.

Im Bereich des Handels ist zu beobachten, dass sich der Anteil des Handels am privaten Verbrauch im Inland im Laufe der Jahre deutlich reduziert hat. Ursache hierfür ist zum einen die rückläufige Bedeutung von Güterkäufen gegenüber Dienstleistungen und zum anderen die wachsende Bedeutung der nicht über den Handel vertriebenen Güter (Elektrizität, Gas etc.). Zum anderen hat sich der Teil des Umsatzes, der als Wertschöpfung beim Handel verbleibt (Handelsspanne), reduziert.

6.2 Die Dynamik der Anbieter

Insbesondere auf dem Absatzmarkt trifft ein Handelsunternehmen auf andere Anbieter, also auf Konkurrenten. Eine Konkurrenzanalyse im Handel wird dadurch erschwert, dass sich das Angebot heterogen darstellt. Unterschiedliche Betriebsformen (mit unterschiedlichen Sortimenten, unterschiedlichen Angebotsformen, unterschiedlichen Preisen) bieten ihre Leistungen an unterschiedlichen Orten an. Teilweise handelt es sich um überregionale Anbieter, teilweise aber auch um nur lokal auftretende Unternehmungen. Insofern ist es angebracht, von Konkurrenten mit unterschiedlicher Wettbewerbsintensität zu sprechen. So wird ein Textilkaufhaus (z. B. Peek & Cloppenburg) zunächst andere Textilkaufhäuser (z. B. C&A, SinnLeffers, Breuninger, Wöhrl) als seine Konkurrenten ansehen, dann andere spezialisierte Textilgeschäfte (z. B. H&M, GAP, Zara), des Weiteren andere Geschäfte mit bedeutendem Textilanteil (z. B. Kaufhof, Karstadt), zudem Textil-Fachgeschäfte und Boutiquen, schließlich Anbieter, die gelegentlich Textilien anbieten (z. B. Tchibo, ALDI, Lidl). Darüber hinaus sind aber auch direkt vertreibende Hersteller als Wettbewerber zu sehen. Im Rahmen der Wettbewerbskontrolle (geregelt durch Art. 81 und 82 EG-Vertrag und durch landesspezifische Gesetze, wie z. B. das Gesetz gegen Wettbewerbsbeschränkungen) wird von der Abgrenzung des relevanten Markts in sachlicher und räumlicher Hinsicht gesprochen. Dies wird auch für den Handel insbesondere in der wettbewerbstheoretischen und in der wettbewerbsrechtlichen Literatur eingehend diskutiert (vgl. z. B. Wendland 1989; Monopolkommission 1994; Bundeskartellamt, 2. Beschlussabteilung 2008).

Konkurrenzanalysen können

- sich auf Strukturmerkmale der jeweiligen Anbieter beziehen (z. B. deren Größe),
- die Verhaltensweisen der jeweiligen Anbieter erfassen (z. B. die Art der Preispolitik),
- das Ausmaß der Wirkungen von Maßnahmen einzelner Konkurrenten auf die Ergebnisse des eigenen Unternehmens ermitteln.

Eine nach diesem Denksystem aufgebaute Branchenstrukturanalyse entspricht dem theoretischen Fundament der Industrieökonomik. Im Rahmen des industrieökonomischen Ansatzes wird der Zusammenhang zwischen Marktstrukturvariablen, Verhaltensvariablen der Unternehmen und dem Marktergebnis untersucht (vgl. Bain 1967). Nach Bain (1968, S. 430) wird die Industriestruktur als zentrale Einflussgröße des Marktergebnisses gesehen:

„(...) the market structure of an industry determines or strongly influences the crucial aspects of its market conduct and thus indirectly determines certain strategic dimensions of its market performance."

Zu den zentralen Größen, mit denen die Struktur einer Branche charakterisiert werden kann, gehört der Grad ihrer Konzentration. Es ist davon auszugehen, dass sich die Konzentration in einzelnen Bereichen des Handels auf die Machtverhältnisse gegenüber seinen Lieferanten und seinen Abnehmern auswirkt. Ebenso ist zu vermuten, dass mit einer zunehmenden Konzentration und der damit einhergehenden Entstehung größerer Handelsunternehmungen die Beschaffungsvolumina steigen und damit Synergien genutzt und Lieferkonditionen verbessert werden können. Neben der Konzentration sind Wettbewerbskräfte in einer Branche dazu geeignet, die Struktur des Markts zu charakterisieren. Beide Aspekte werden in den folgenden Abschnitten aufgegriffen.

6.2.1 Die Konzentration

Es ist zwar in allen Teilen der Wirtschaft interessant, die Frage aufzuwerfen, ob dort Konzentrationsprozesse stattfinden, besonders aktuell ist diese Frage jedoch im Handel. Zum einen sind in den letzten Jahrzehnten nahezu weltweit starke Konzentrationstendenzen im Handel zu beobachten, zum anderen stellt sich die Frage, welche Konsequenzen diese Entwicklung für die Rolle von Industrie, Handel und Dienstleistern im Distributionssystem haben wird und wie sie sich auf die Endverbraucher auswirken wird. Folgende Aspekte sind dabei von Interesse:

- Was ist unter Konzentration zu verstehen?
- Mit welchen Maßzahlen kann die Konzentration gemessen werden?
- Wie stark ist der Handel derzeit konzentriert, und wie verändert sich die Konzentration im Zeitablauf?
- Welche Kräfte treiben den Konzentrationsprozess an?
- Nach welchen Kriterien ist die Konzentration zu beurteilen und welche unternehmenspolitischen Konsequenzen sind zu ziehen?

Um das Phänomen der Konzentration zu erfassen, ist es zunächst erforderlich, den Begriff der Konzentration zu definieren, ihn zu operationalisieren und das Ausmaß der Konzentration zu messen. Auf dieser Grundlage können die Ursachen und Auswirkungen des Konzentrationsprozesses analysiert und beurteilt werden.

6.2.1.1 Zur Definition von Konzentration

Ursprünglich wurde unter Konzentration nur die Konzentration der Produktion auf größere und kapitalintensive Unternehmen bei gleichzeitiger Ausschaltung kleinerer, insbesondere handwerklicher Betriebe verstanden. Heute wird Konzentration allgemeiner als Ballung ökonomischer Größen definiert. Statistisch gesehen drückt Konzentration einen Zustand oder Prozess aus, in dem eine kleine Gruppe von Merkmalsträgern (vor allem Unternehmungen) einen überproportional hohen Anteil einer Merkmalssumme (vor allem Umsatz) auf sich vereint bzw. ihren Anteil vergrößert. Schenk (1991, S. 426–427) definiert Konzentration folgendermaßen:

„Konzentration ist ein Zustand oder ein Prozeß, bei dem aufgrund von unterschiedlichem internen und/oder externen Wachstum und/oder nicht-fusionsbedingtem Per-Saldo-Ausscheiden von Unternehmen aus einer homogenen Gesamtheit die größten Unternehmen bzw. die Unternehmen der oberen Größenklasse(n) größere bzw. überproportional wachsende Anteile am Gesamtmerkmalsbetrag (in der Regel Gesamtumsatz) auf sich vereinen."

Die Analyse der Konzentration setzt voraus, dass der Bereich, für den die Analyse erfolgen soll, sinnvoll abgegrenzt wird. So ist es möglich, die Konzentration für den gesamten Handel, einen Teil des Handels, für eine einzelne Branche oder eine einzelne Betriebsform zu bestimmen. Schenk fordert die Begrenzung des Untersuchungsbereichs auf eine homogene Gesamtheit von Unternehmen. Mit dem Hinweis auf die Homogenität der Unternehmungen ist jedoch noch nicht das Problem gelöst, welche Unternehmen als homogen angesehen werden. Schenk (1991, S. 427) verweist aus pragmatischen Gründen auf die Gruppierung nach Wirtschaftsstufen, Wirtschaftszweigen und Umsatzgrößenklassen. Allerdings wird damit die Betrachtung anderer wichtiger Aspekte, wie z. B. Standortlagen oder Betriebsformen, außer Acht gelassen.

Als Hauptformen der Konzentration sind die absolute Konzentration und die relative Konzentration zu sehen:

- Bei der absoluten Konzentration wird festgestellt, welcher Anteil der Merkmalssumme auf eine bestimmte Anzahl der Merkmalsträger entfällt (z. B. drei Unternehmungen erwirtschaften 50 % des Umsatzes in einer Branche).

- Bei der relativen Konzentration wird ermittelt, welcher Anteil der Merkmalssumme auf alternative Anteile der Merkmalsträger entfällt (z. B. 15 % der Unternehmungen erwirtschaften 50 % des Umsatzes in einer Branche).

Als Merkmalsträger kommen rechtlich abgegrenzte Erhebungseinheiten, unter einheitlicher Leitung stehende bzw. kapitalmäßig verflochtene Einheiten oder örtliche Niederlassungen (Arbeitsstätten) in Frage. Als Untersuchungsmerkmal bieten sich Merkmale wie Umsatz, Grundkapital oder Anzahl der Beschäftigten an.

6.2.1.2 Die Messung der Konzentration

Als Vorstufen zu einer näheren Betrachtung der Konzentration lassen sich die beiden Bausteine, die Entwicklung der Merkmalsträger und die Entwicklung des Merkmals, betrachten.

Zur Entwicklung der Merkmalsträger

Im Mittelpunkt des Interesses steht die Frage „Wie hat sich die Zahl der Unternehmen verändert?". Informationen über die Zahl der Handelsunternehmungen, auch differenziert nach Warenbereichen, können der Amtlichen Statistik entnommen werden, wobei allerdings zwei Quellen in Frage kommen, die sog. Umsatzsteuerstatistik (Fachserie 14, Reihe 8) und die Unternehmensstatistik (Fachserie 6) (siehe Statistisches Bundesamt o. J.b, o. J.c). Aus mehreren Gründen stimmen die Angaben nicht überein (vgl. Müller-Hagedorn 2007), nichtsdestotrotz kann ihnen entnommen werden, dass

- die Zahl der Unternehmungen immer noch relativ groß ist (z. B. mehr als 400 000 Unternehmungen des Einzelhandels, mehr als 100 000 Unternehmungen des Großhandels in Deutschland),
- die Zahl der Unternehmungen rückläufig ist,
- vor allem die Zahl der umsatzstarken Unternehmungen angewachsen ist,
- die Zahl der Unternehmungen, die nicht einem einzelnen Warenbereich zugeordnet werden können, sondern zur Gruppe „Sonstige Waren" gerechnet werden, in weit überdurchschnittlichem Maße zunahm, was als Anzeichen für eine Branchenvermischung gedeutet werden kann.

Zur Entwicklung des Merkmals

Unter dem Begriff „Merkmal" kann Unterschiedliches verstanden werden – neben dem vorrangig betrachteten Umsatz auch die Zahl der Beschäftigten, die Zahl der Verkaufsstellen, der Gewinn, die Größe der Verkaufsfläche u. a. Vorwiegend wird auf den Umsatz abgestellt. Folgende Beobachtungen können im Handel gemacht werden. Es existieren nebeneinander sehr große und kleine Unternehmungen (so erzielt die EDEKA Group in Deutschland im Jahr 2009 rund 42 Mrd. € Umsatz, eine Apotheke etwa 2 Mio. €). Oft sind selbst in der gleichen Branche große Unterschiede zu beobachten. Die Umsätze in einzelnen Branchen entwickeln sich zudem sehr unterschiedlich. So ist z. B. der Umsatz im Einzelhandel mit elektrischen Haushaltsgeräten und elektrotechnischen Erzeugnissen in den letzten Jahren gestiegen, während der Lebensmitteleinzelhandel weitgehend stagnierte.

Konzentrationsmaße

Die Messung der Konzentration setzt nicht nur die genaue Bestimmung der Merkmalsträger und des Merkmals voraus, sondern auch die Wahl eines Verfahrens zur Darstellung der Konzentration. Diese sind danach zu unterscheiden, ob sie zur Messung der absoluten Konzentration oder der relativen Konzentration verwendet werden sollen (vgl. Bleymüller/Gehlert 1989, S. 378–384; Schenk 1991, S. 428–461).

Als Maß für die absolute Konzentration wird häufig die Konzentrationsrate (Concentration Ratio, CR) verwendet, die angibt, welcher Anteil am gesamten Merkmalsbetrag auf die m größten Merkmalsträger entfällt. Häufig wird diese Maßzahl herangezogen, um auszudrücken, welchen prozentualen Anteil die größte, die zwei größten, die drei größten usw. Handelsunternehmungen am Umsatz insgesamt oder innerhalb eines bestimmten Warenbereiches haben. Trägt man die Konzentrationsrate CR(m) in einem rechtwinkligen Koordinatensystem in Abhängigkeit von der Anzahl m der größten Merkmalsträger ein, dann wird der sich ergebende Linienzug als Konzentrationskurve bezeichnet. Neben der Konzentrationsrate werden der Konzentrationsindex nach Rosenbluth, der Herfindahl-Hirschman-Index und Entropie-Maße zur Messung der absoluten Konzentration verwendet (vgl. hierzu Schenk 1991, S. 428–434). Im Folgenden wird nur die Konzentrationsrate näher dargestellt. Die Konzentrationsrate CR(m) ist definiert als derjenige Anteil am gesamten Merkmalsbetrag, der auf die m größten Merkmalsträger entfällt:

$$CR(m) = \frac{\sum_{i=1}^{m} a_i}{S} = \sum_{i=1}^{m} p_i \qquad (6.1)$$

mit:

a_i = Merkmalswerte (i = 1,…, N) mit $a_1 \geq a_2 \geq \ldots \geq a_N$ (absteigende Reihenfolge)

S = Summe der Merkmalswerte mit $S = \sum_{i=1}^{N} a_i$

p_i = Anteile der einzelnen Merkmalsträger an der Summe der Merkmalswerte (gesamter Merkmalsbetrag) mit $p_i = \frac{a_i}{S}$ und $p_1 \geq p_2 \geq \ldots \geq p_N$, (i = 1,…, N)

m = Anzahl der größten betrachteten Merkmalsträger

N = Anzahl der Merkmalsträger (Unternehmungen)

Danach ist die Konzentration maximal, wenn CR(1) = 1, wenn also nur ein einziger Merkmalsträger den gesamten Merkmalsbetrag hält. Sie ist minimal, wenn $CR(m) = \frac{m}{N}$, also alle Merkmalsträger den gleichen Anteil an der Summe der Merkmalswerte aufweisen.

In Abbildung 6.10 ist die Konzentrationskurve dargestellt, die sich ergibt, wenn man alle Konzentrationsraten CR(m) in ein Koordinatensystem einträgt und ausgehend vom Punkt (0,0) durch einen Streckenzug verbindet.

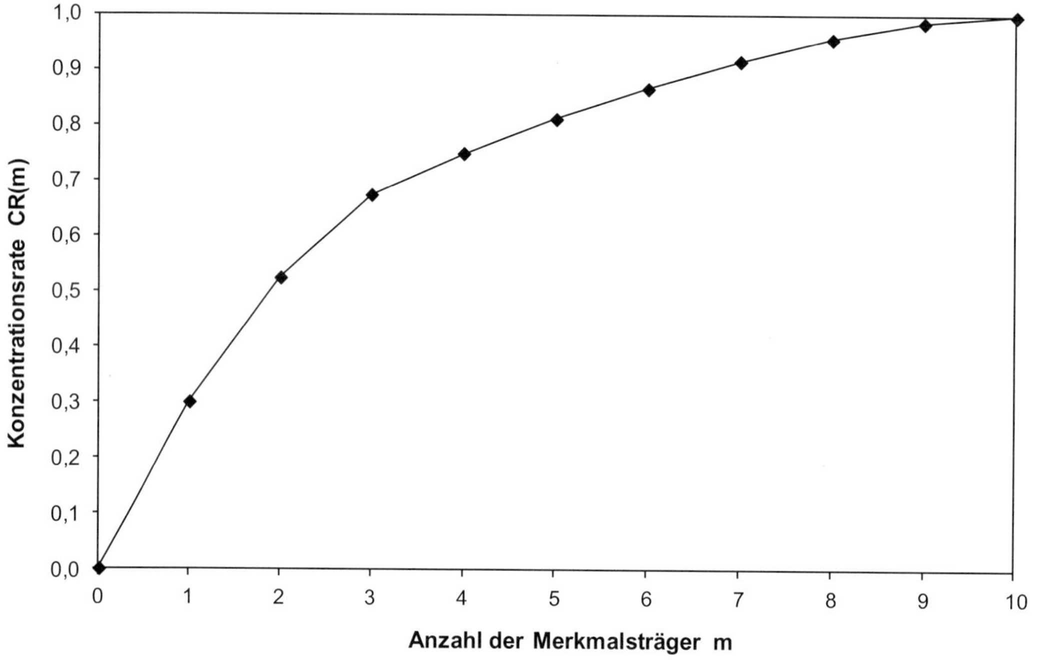

Abb. 6.10: Darstellung der Konzentrationsraten als Konzentrationskurve (N = 10)

Kritisch anzumerken ist, dass CR von der willkürlichen Wahl der Anzahl der Merkmalsträger abhängig ist. Je nachdem, wie viele Unternehmungen betrachtet werden, ist eine andere Konzentration (z. B. CR(5) oder CR(10)) feststellbar.

Mit der relativen Konzentration wird erfasst, in welchem Ausmaß ein großer Anteil des gesamten Merkmalsbetrags auf einen kleinen Anteil der Merkmalsträger entfällt. Keine relative Konzentration läge also vor, wenn auf alle Merkmalsträger ein gleich großer Anteil des gesamten Merkmalsbetrags entfiele. Die Messung der relativen Konzentration orientiert sich an der sog. Lorenzkurve, die angibt, welche Anteile des Merkmalsbetrags auf alternative Anteile der Merkmalsträger entfallen, wobei die Merkmalsträger in aufsteigender Reihenfolge entsprechend ihrem Merkmalsbetrag sortiert werden. Man erhält sie, wenn man den Anteilen (u_i) der i kleinsten Merkmalsträger an der Gesamtzahl der Merkmalsträger die Anteile (v_i) dieser i Merkmalsträger am gesamten Merkmalsbetrag zuordnet:

(6.2) $$u_i = \frac{i}{N} \quad \text{mit } i = 1,\ldots, N$$

$$(6.3) \qquad v_i = \frac{\sum_{j=1}^{i} a_j}{\sum_{j=1}^{N} a_j} = \sum_{j=1}^{i} p_j$$

Die Punkte (u_i, v_i) werden in ein Koordinatensystem eingetragen und ausgehend vom Punkt (0, 0) durch einen Streckenzug verbunden.

Je stärker die Konzentration ausgeprägt ist, desto bauchiger ist die Lorenzkurve. Herrscht keine Konzentration, fällt die Lorenzkurve mit der Diagonalen – auch Gleichverteilungslinie genannt – zusammen.

Abbildung 6.11 zeigt, wie die relative Konzentration im Einzelhandel (Einzelhandel (ohne Handel mit Kfz und Tankstellen); Reparatur von Gebrauchsgütern) zwischen 1992 und 2008 zugenommen hat.

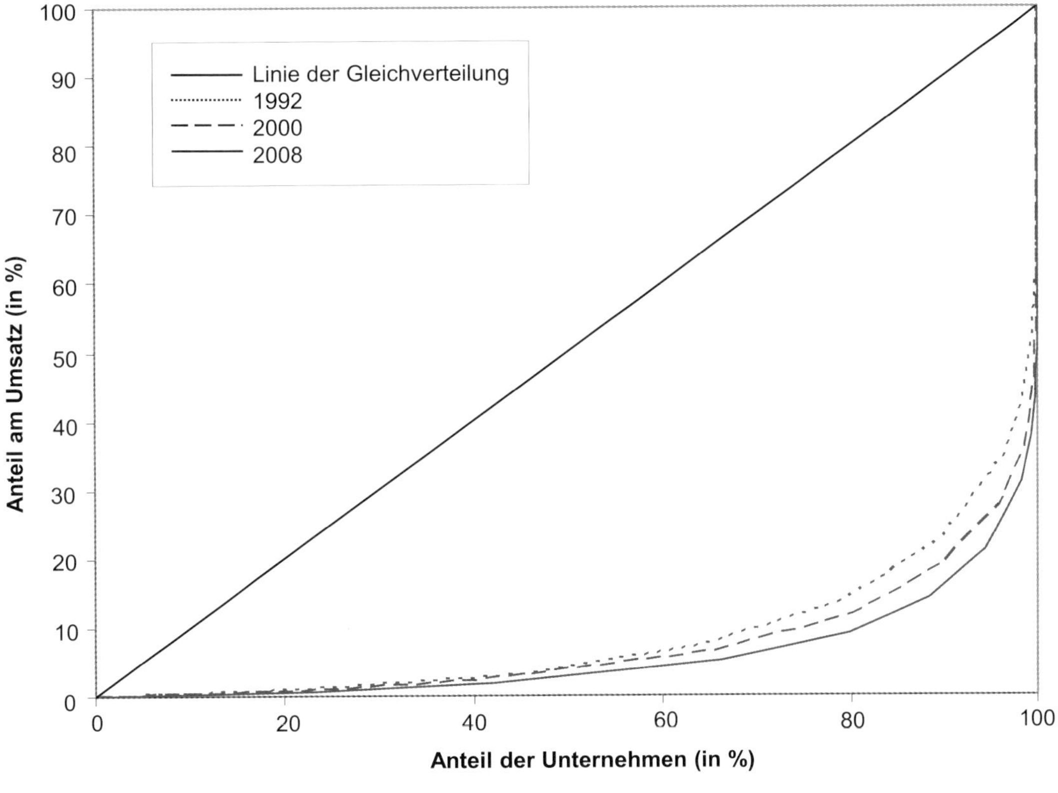

Quelle: Statistisches Bundesamt o. J.b

Abb. 6.11: Lorenz-Kurven für den Einzelhandel in der Bundesrepublik Deutschland

Es lässt sich beispielsweise ablesen, dass auf die – am Umsatz gemessenen – kleinsten 80 % der Unternehmen im Jahr 2008 nur ein Anteil von ca. 9,0 % des Umsatzes entfällt. In den Jahren 2000 bzw. 1992 waren es noch 11,8 % bzw. 13,7 %. Weiterhin gilt, dass im Jahr 2008, 15 % der Unternehmen, das sind insgesamt 616 Unternehmen, einen Anteil vom gesamten Umsatz des Einzelhandels in Höhe von 53,2 % auf sich vereinen konnten. Neben dem sehr stark aggregierten Bild des Einzelhandels (WZ 52 nach GKZ 2003) interessieren einzelne Teilbereiche des Einzelhandels. So stellt man beispielsweise für den Lebensmitteleinzelhandel fest, dass 2009 in Deutschland die fünf größten Handelsunternehmen 62,9 % des gesamten Food-Umsatzes erwirtschaftet haben (vgl. METRO AG 2010, S. 60). Damit liegt der deutsche Lebensmitteleinzelhandel im oberen europäischen Mittelfeld der Konzentrationsskala, wenn man beachtet, dass die fünf größten Handelsunternehmen in Schweden 88,0 % und in Polen 21,2 % des gesamten Food-Umsatzes auf sich vereinen. Die unterschiedlichen Verhältnisse im internationalen Vergleich kommen auch darin zum Ausdruck, dass sich unter den zehn größten Lebensmittelhändlern in Europa fünf deutsche, vier französische und ein britisches Unternehmen befinden (vgl. METRO AG 2010, S. 59).

Das Konzentrationsmaß von Lorenz-Münzer knüpft an der Fläche F zwischen der Lorenzkurve und der Gleichverteilungslinie an. Sie berechnet sich wie folgt:

$$F = \frac{N - 2V}{2N} \quad \text{mit} \quad V = \sum_{i=1}^{N} v_i - 0{,}5 \ , \tag{6.4}$$

wobei für die Extremwerte Folgendes gilt:

maximale Konzentration: $F = F_{max} = \dfrac{N-1}{2N}$

keine Konzentration: $F = 0$

Das Konzentrationsmaß von Lorenz-Münzer ist nun definiert als:

$$I_{LM} = \frac{F}{F_{max}} = \frac{N - 2V}{N - 1} = 1 - \frac{2V - 1}{N - 1} \tag{6.5}$$

Dabei gilt für den Fall

maximaler Konzentration: $I_{LM} = 1$

fehlender Konzentration: $I_{LM} = 0$

Setzt man die Fläche F ins Verhältnis zur Dreiecksfläche unter der Gleichverteilungslinie, so erhält man den Gini-Koeffizienten:

$$I_G = \frac{2\sum_{i=1}^{N} i \cdot a_i - (N+1)\sum_{i=1}^{N} a_i}{N\sum_{i=1}^{N} a_i} = \frac{\text{Fläche zwischen Diagonale und Lorenzkurve}}{\text{Fläche zwischen Diagonale und u-Achse}} \tag{6.6}$$

Bei der Vielzahl der Branchen im Groß- und Einzelhandel und den sich im Zeitablauf verändernden Verhältnissen ist es nicht möglich, das Ausmaß der Konzentration generell anzugeben. Zwischen einzelnen Branchen können erhebliche Unterschiede bestehen, wie Müller-Hagedorn und Spork (2002b, S. 79–86) für verschiedene Bereiche des Handels gezeigt haben, so z. B. zwischen dem Lebensmittelhandel und dem Holzhandel. Die Autoren wählen den Holzhandel als Beispiel, um zu zeigen, wie die Konzentration von 1980 (Gini-Koeffizient von 0,705) bis 1999 (Gini-Koeffizient von 0,805) angestiegen ist.

Probleme der Konzentrationsmessung

Die Güte der Angaben zur Konzentration hängt vor allem von der Eignung der verwendeten Daten ab. Dabei ist eine Reihe von Sachverhalten zu beachten. Da die Amtliche Statistik überschneidungsfrei sein muss, werden diversifizierte Unternehmen und Konzerne ihrem wirtschaftlichen Schwerpunkt entsprechend zugeordnet. Somit werden bei einer branchenbezogenen Konzentrationsmessung auch branchenfremde Umsätze erfasst. Bei einer Analyse der Konzentrationsveränderung im Zeitablauf begnügt man sich im Regelfall damit, im Rahmen einer komparativ-statischen Analyse die aufgeführten Konzentrationsmaße miteinander zu vergleichen. Solche Vergleiche können sich jedoch als problematisch erweisen, da die in der Realität zu beobachtenden Konzentrationsphänomene durch die zur Verfügung stehenden Statistiken oft nur ungenügend erfasst werden. So vollzieht sich beispielsweise die Zunahme der Unternehmenskonzentration nicht nur in Form von Fusionen, Übernahmen und Beteiligungen, sondern auch in verdeckter Form, wie etwa durch Minderheitsbeteiligungen, die Bildung von Einkaufsvereinigungen oder die Gründung von Franchise-Vertriebssystemen (vgl. Krockow 1988). Insofern unterschätzen die auf der Grundlage der Amtlichen Statistik ermittelten Konzentrationsziffern das Ausmaß der Konzentration, denn die Zahl der voneinander unabhängigen Entscheidungszentren ist geringer als die Zahl der in der Statistik ausgewiesenen Unternehmen.

Besondere Aufmerksamkeit im methodischen Bereich hat die Frage gefunden, ob bei Preissteigerungen die im Allgemeinen verwendete konstante Klasseneinteilung nicht durch eine Variable ersetzt werden sollte, weil sich ansonsten eine Zunahme der Konzentration schon allein daraus ergeben könnte, dass die Unternehmen aufgrund der Preissteigerungen tendenziell in höhere Umsatzklassen hineinwachsen (vgl. Böcker 1986; Dahrenmöller 1986; Müller-Hagedorn 1987). Olbrich und Buhr (2005) empfehlen, nicht nur aggregierte Daten zu analysieren, sondern die Entwicklung innerhalb einzelner Gruppen, z. B. der zehn größten Unternehmen, näher zu betrachten.

6.2.1.3 Ursachen und Bewertung der Konzentration im Handel

Eine Analyse des Konzentrationsprozesses zeigt, dass es zahlreiche Faktoren gibt, die als Ursachen der Konzentration interpretiert werden können. Schenk, Tenbrink und Zündorf (1984) haben sich bereits sehr früh mit dem Phänomen beschäftigt und zahlreiche Veränderungen in der Industrie, im Handel, bei den Nachfragern, aber auch in der Politik und bei den rechtlichen Rahmenbedingungen als Auslöser und Treiber der Konzentration identifiziert.

Betrachtet man die Machtverhältnisse zwischen Industrie, Handel und Endverbrauchern und ihre Entwicklung in den letzten Jahrzehnten, so ist zu vermuten, dass der Wandel vom Verkäuferzum Käufermarkt, d. h. die Stärkung der Position der Endverbraucher, den Druck auf den Handel erhöht hat, nach Effizienzpotenzialen zu suchen. Eine wesentliche Möglichkeit, Kosten zu senken, ist in der Verbesserung der Beschaffungskonditionen zu sehen, die wiederum vom Beschaffungsvolumen abhängig sind. Insofern können Konzentrationsprozesse im Handel als Antwort auf den Preisdruck der Kunden interpretiert werden. Der gestiegene Wettbewerbsdruck seitens der Konkurrenten entfacht eine ähnliche Wirkung – einen Zwang zum Wachstum, um Effizienzvorteile zu realisieren und so Wettbewerbsvorteile zur Sicherung der eigenen Existenz zu generieren. Die Tatsache, dass Konzentrationsprozesse in der Industrie früher einsetzten und sich der Handel lange Zeit mächtigen Verhandlungspartnern auf Seiten der Industrie gegenübersah, ist ebenso als Motiv für den Handel zu verstehen, die eigene Position mittels einer Wachstumsstrategie zu verbessern. Einmal in Gang gesetzt, entwickelt ein solcher Prozess eine zusätzliche Dynamik, da er das Ausscheiden kleinerer, nicht wettbewerbsfähiger Händler bewirkt.

Eine beachtliche Wirkung auf den Grad der Konzentration wird der wachsenden Internationalisierung des Handels zugesprochen. Die Erhöhung des Geschäftsvolumens, der Zugang zu wichtigen Ressourcen, die Steigerung des Know-how, um nur einige der positiven Effekte der Internationalisierung zu nennen, tragen dazu bei, dass sich die Marktposition einer international tätigen Unternehmung verbessert, woraus positive Effekte auf das Wachstum des Unternehmens resultieren. Im Ergebnis führt diese Entwicklung zu einer steigenden Konzentration.

Rechtliche Rahmenbedingungen, wie sie beispielsweise in der Baunutzungsverordnung, dem Ladenschlussgesetz oder dem Gesetz gegen unlauteren Wettbewerb im Handel sichtbar werden, beeinflussen die Wettbewerbssituation der Marktteilnehmer. Einerseits kann man argumentieren, dass ein hoher Grad der Reglementierung das Entstehen von neuen Angebotsformen und das Besetzen von Marktnischen behindert, was zu einer Stärkung und einem Wachstum etablierter Unternehmungen beiträgt. Andererseits kann aber die Kontrolle von Wettbewerbsregeln dazu führen, dass Zusammenschlüsse erschwert oder gar verhindert werden.

Es kann kein realistisches Ziel sein, den Einfluss einzelner Faktoren isolieren zu wollen. Die oben aufgegriffene Aufzählung von Einflussfaktoren aus den Bereichen Industrie, Handel, Nachfrager und Staat orientiert sich an den Elementen des Wirtschaftssystems. Konzentrationsprozesse werden dabei als Ergebnis von Entscheidungen der Wirtschaftssubjekte oder Veränderungen des Umsystems behandelt. Schenk (1991) wählt eine andere Perspektive. Er unterscheidet externes Wachstum, internes Wachstum oder per-Saldo-Ausscheiden als Ursachen der messbaren Konzentration. Die unzähligen Einzelgründe innerhalb und außerhalb des Handelsunternehmens sieht er damit auf drei, allerdings formale Faktorenbündel reduziert.

Eine Bewertung der Konzentration und ihrer Folgen setzt Bewertungsmaßstäbe und -kriterien voraus. Schenk (1991) hat versucht, Folgen der Konzentration zusammenzustellen und sie als „Vorteile" bzw. „Nachteile" zu etikettieren (siehe Abbildung 6.12). Das ist kein problemloses Unterfangen, denn zum einen ist fraglich, ob die vermuteten Konsequenzen tatsächlich eintreten, und zum anderen können sich die Vorstellungen, ob eine Wirkung positiv oder negativ zu werten ist, unterscheiden. So ist es beispielsweise keineswegs sicher, dass eine steigende Konzentration zur Verbesserung der Qualifikation des beschäftigten Personals führt, weil bei Großunternehmen häufig zu beobachten ist, dass wenigen sehr qualifizierten Mitarbeitern eine große Zahl von Mitarbeitern gegenübersteht, die überwiegend nur wenig anspruchsvolle Hilfstätigkeiten ausüben.

Vorteile der Konzentration

- Intensivierung des Wettbewerbs im Parallelprozess
  (größenbezogene Abhebungs- und Polarisierungsstrategie; Ansporn zur Verbundbildung für Klein- und Mittelbetriebe; Verbesserung des Informationswesens durch Warenwirtschaftssysteme; Gruppenwettbewerb)
- Intensivierung des Wettbewerbs im Austauschprozess
  (Nachfragemacht als "countervailing power")
- Verbesserung der volkswirtschaftlichen Bedarfsdeckung und Versorgung
  (Preisstabilisierung; Kostendeckung durch Rationalisierung und Ökonomisierung; „Demokratisierung des Konsums")
- Existenzgründungschancen für Kleinbetriebe mit differenzierter Leistungserstellung
  (Sortimentsindividualisierung; Standortsymbiose von Groß- und Kleinbetrieben)
- Förderung der volkswirtschaftlichen Arbeits- und Risikoteilung
- Beschleunigung des Kapitalumschlags (Massendistribution als Äquivalent zur Massenproduktion)
- Beschleunigung des technischen und wirtschaftlichen Fortschritts (technologische Innovationen in Großunternehmen u. Konzernen des Handels mit erheblichen Produktionsimpulsen)
- Erhöhung der Rationalisierung
  ("economies of scale", „Skalenerträge" der Großbetriebe)
- Erhöhung der internationalen Wettbewerbsfähigkeit (durch Internationalisierung, grenzübergreifende Diversifikation, Beteiligung und/oder Systeminstallation)
- Verbesserung der Unternehmer-, Manager- und Mitarbeiterqualifikation
  (systematisches Handelsmarketing und Personalentwicklung in Mittel- und Großbetrieben)

Nachteile der Konzentration

- Verzerrung/Beschränkung des Wettbewerbs im Parallelprozess
  (Entstehen struktureller Nachteile für Klein- und Mittelbetriebe; konzentrative Eigendynamik von Verbundzentralen; Wettbewerbsnachteile für leistungsintensive Betriebe; gezielter Einsatz der Mischkalkulation gegen KMB; Diskriminierung von Klein- und Mittelbetrieben)
- Verzerrung/Beschränkung des Wettbewerbs im Austauschprozess
  (Nachfragemacht gegenüber kleinen und mittleren Lieferern; exklusive vertikale Kontraktsysteme; Gefahr der wettbewerbsbeschränkenden Absprachen zwischen Industrie und Handelskonzernen und -gruppenzentralen)
- Existenzbedrohung für Kleinbetriebe (durch aggressive Standortsicherungspolitik von Großbetrieben, Konzernen und Verbundgruppen)
- Verlangsamung des Kapitalumschlags bei Klein- und Mittelbetrieben
  (Änderung auf Spezial-, Ergänzungs- und Randsortimente mit „Langsamdrehern")
- Beeinträchtigung der unternehmerischen Eigeninitiative und Innovationskraft
  (Verantwortungs- und Planungsdelegation an Systemzentralen)
- Verdrängung selbständiger Kleiner- und Mittelbetriebe aus Mietobjekten an Ia-Standorten (Fußgängerzonen, Shopping Center)
- Erschwerte Kapitalbeschaffung (insbesondere für Kleinbetriebe; kaum finanzierbare AnlagenInvestitionen)
- Erhöhte Gefahr der Ausschaltung, insbesondere von Großhandlungen und Handelsvertretungen
  (Übernahme von Großhandelsfunktionen durch Systemzentralen, Filialunternehmen und sonstige Großunternehmen des Einzelhandels)

Quelle: Schenk 1991, S. 454–455

Abb. 6.12: Beurteilung der Konzentration

In betriebswirtschaftlicher Sicht ist von besonderem Interesse die Antwort auf die Frage, welche Konsequenzen ein einzelner Betrieb aus der Beobachtung zu ziehen hat, dass Konzentrationstendenzen vorliegen. Einerseits könnte daraus der Schluss abgeleitet werden, Maßnahmen zu ergreifen, die das eigene Wachstum fördern. In diesem Fall muss zusätzlich geklärt werden, in welcher Form das geschehen soll. Andererseits könnte eine Ausweichstrategie, d. h. die Suche nach geeigneten Nischen, die Konsequenz sein.

6.2.2 Porters Denkrahmen zur Wettbewerbsanalyse

Ziel einer Branchenanalyse besteht darin, die Wettbewerbssituation innerhalb einer Branche aus der Sicht eines darin tätigen Unternehmens zu bestimmen. Porter (2008, S. 37) definiert eine Branche als:

„Gruppe von Unternehmen (…), die Produkte herstellen, die sich gegenseitig nahezu ersetzen können."

Dieser Gedanke ist, wenn der Begriff „Produkt" durch die zu erbringende Handelsleistung ersetzt wird, auf den Handel übertragbar. Zentrales Anliegen der Analyse ist es, zu erkennen, wie attraktiv die Branche und ihre Entwicklung für das Unternehmen sind. Porter (2008) hat auf der Grundlage des industrieökonomischen Ansatzes ein Branchenstrukturmodell entwickelt, mit dem die Wettbewerbssituation analysiert wird, indem systematisch auf ihre Einflussfaktoren eingegangen wird. Nach der Auffassung von Porter lässt sich der Wettbewerb und damit auch die Attraktivität einer Branche auf das Zusammenwirken von fünf Bestimmungsfaktoren (*five forces*) zurückführen, die wiederum von der zugrunde liegenden Branchenstruktur bestimmt werden. Die Stärke des Wettbewerbs lässt sich erschließen, indem die folgenden fünf Fragen beantwortet werden:

1. Besteht die Gefahr, dass neue Konkurrenten in die Branche eintreten, oder existieren Eintrittsbarrieren?

Das Eintreten von potenziellen Wettbewerbern in den Markt erhöht die Zahl der Anbieter, was tendenziell zu einem Rückgang des Preisniveaus führt. Damit sinkt die Profitabilität der bisher im Markt tätigen Unternehmungen und infolge dessen auch die Attraktivität der Branche. Die Gefahr durch neue Anbieter ist umso geringer einzuschätzen, je höher die Markteintrittsbarrieren sind. Bei den Eintrittsbarrieren handelt es sich beispielsweise um:

- Betriebsgrößenersparnisse; dies gilt insbesondere für die Bereiche Einkauf, Management und Logistik,
- starke Bindungen der Kunden an die bisherigen Anbieter,
- einen hohen Kapitalbedarf,
- einen begrenzten Zugang zu den Waren,
- einen begrenzten Zugang zu den Standorten,
- den Schutz existierender Betriebe durch den Staat (z. B. durch das Baurecht),
- die Erwartung aggressiver Machtkämpfe auf dem Markt.

Bezogen auf den Handel ist festzustellen, dass in den letzten Jahrzehnten die Zahl der potenziellen Konkurrenten vor allem durch die Internationalisierungstendenzen zugenommen hat. Dafür gibt es eine Reihe von Gründen. So haben Konzentrationsprozesse in vielen Ländern das Entstehen von großen, kapitalstarken, über entsprechendes Know-how verfügenden Handelsunternehmungen gefördert, die den Eintritt in fremde Märkte erleichtern. Gleichzeitig ist festzustellen, dass die weltweit zu beobachtenden Deregulierungsmaßnahmen den Zugang zu ausländischen Absatzmärkten für den Handel vereinfacht haben.

Schwerer zu überwinden dürften Barrieren sein, die aus Vorteilen etablierter Händler hinsichtlich des Zugangs zu Standorten und Waren resultieren. Ebenso ist zu vermuten, dass Betriebsgrößenersparnisse, die beispielsweise in der Logistik wegen eines größeren Verkaufsstellennetzes von existierenden Handelsunternehmungen realisiert werden können, nicht so leicht zu kopieren sind.

2. Droht das Auftauchen von Ersatzsortimenten, -diensten oder neuen Betriebsformen?

Zur Bestimmung der Substitutionsgefahr bietet sich die Analyse der Handelsleistung als Ausgangspunkt an. In Abhängigkeit von der Substitutionsneigung der Konsumenten besteht die Gefahr, dass alternative Betriebsformen oder Sortimente den existierenden vorgezogen werden. Insbesondere die Entwicklung neuer Technologien eröffnet zahlreiche Optionen für die Etablierung neuer Betriebsformen, wie die Bereiche E-Commerce und M-Commerce zeigen. Ihre Preis- und Leistungsvorteile gegenüber existierenden Formen des Handels und ihre Akzeptanz durch den Endverbraucher bestimmen den Grad der Bedrohung der etablierten Anbieter.

3. Wie steht es um die Verhandlungsstärke der Abnehmer?

Die Verhandlungsstärke der Abnehmer äußert sich in Forderungen nach günstigeren Preisen und besseren Leistungen. Beides wirkt negativ auf die Gewinnsituation des Anbieters. Die Verhandlungsposition der Abnehmer hängt von mehreren Faktoren ab. Tendenziell ist sie umso stärker,

- je größer ihre Anteile an den Gesamtumsätzen der Verkäufer sind,
- je mehr die Handelsleistung standardisiert ist (leichtes Ausweichen auf andere Händler),
- je besser die Käufer über die Produkte informiert sind,
- je besser die Käufer über die Marktlage informiert sind.

Der Informationsstand der Käufer hat sich durch technologische Entwicklungen, insbesondere durch das Internet, stark verbessert. Die Transparenz der Angebote und der Preise führt tendenziell zu einer Stärkung der Verhandlungsposition der Abnehmer.

4. Wie steht es um die Verhandlungsstärke der Lieferanten?

In den Jahren nach 1950 standen einem vorwiegend mittelständisch organisierten und kleinbetrieblichen Handel bereits großbetriebliche Hersteller gegenüber (z. B. Henkel, Procter & Gamble, Unilever), weshalb zeitweilig vom Handel als dem „Erfüllungsgehilfen“ der Industrie gesprochen wurde. Die Verhältnisse änderten sich nach 1975, als die Preisbindung der zweiten Hand in Deutschland aufgehoben wurde, als sich neu entwickelte Betriebsformen (Verbrauchermärkte, SB-Warenhäuser) schnell ausbreiteten, als Filialisten wie ALDI starkes Wachstum aufwiesen und die Konzentration in einem vorher noch nie beobachteten Maße zunahm. Die Marktmacht kann sich auf zwei unterschiedliche Verhältnisse beziehen:

- die Position einzelner Anbieter oder Nachfrager (Handelsunternehmungen) auf dem gesamten relevanten Markt,
- das Verhältnis einzelner Anbieter oder Nachfrager gegenüber einem einzelnen Marktpartner, womit auf eine Beziehung zwischen zwei Wirtschaftssubjekten abgestellt wird.

Beide Aspekte sind auch Gegenstand wettbewerbstheoretischer Überlegungen (vgl. Monopolkommission 1977 und 1994, Competition-Commission 2006).

Coughlan, Stern, El-Ansary et al. (2006, S. 197) sehen Macht als ein Instrument, um die Aktivitäten der Wirtschaftssubjekte in einem Distributionskanal zu koordinieren. Sie schreiben:

„Power is the ability of one channel member (A) to get another channel member (B) to do something it otherwise would not have done."

Diese Definition lässt sich zurückführen auf Schopler (1965), der seinerseits auf frühere Definitionen von March (1955) und Dahl (1957) Bezug nimmt. Schopler (1965, S. 187) definiert wie folgt:

„A's power over B is defined as the net increase in the probability of B's enacting a behaviour after A has made an intervention, compared to the probability of B's enacting the behaviour in the absence of A's intervention."

Diese Definitionen zeigen, dass die Macht auf das Verhältnis zweier Wirtschaftssubjekte bezogen wird, also relativer Natur ist, und dass der Machtbegriff zunächst wertneutral dargestellt wird, sogar mit einer positiven Konnotation, indem ausgeführt wird, dass anderenfalls die Mitglieder eines Distributionskanals unwillig sind, ihre Aktivitäten zu koordinieren.

Die Wissenschaft hat sich umfassend mit Fragen der Machtverteilung zwischen Industrie und Handel beschäftigt (zu einem Überblick vgl. z. B. Ailawadi/Borin/Farris 1995 und Collins 2002). Zu den zentralen Anliegen gehört die Klärung der Ursachen und der Erscheinungsformen von Macht. Das Konzept der Macht stellt meist auf die Abhängigkeit eines Partners vom anderen ab. Diese Abhängigkeit kann unterschiedliche Gründe haben. So kann für ein beschaffendes Unternehmen die Struktur des Beschaffungsmarkts, insbesondere die Zahl der potenziellen Lieferanten, zu einer hohen Abhängigkeit führen. Es kann aber auch sein, dass die Abhängigkeit erst durch das Eingehen einer Beziehung entsteht. So erhöhen beispielsweise spezifische Investitionen den Grad der Abhängigkeit, da sich ihr Wert reduzieren würde, wenn die Beziehung beendet werden würde (vgl. Heide/John 1988). Die Macht des Handels kann sich in unterschiedlicher Form äußern. So kann beispielsweise analysiert werden, welchen Einfluss der Handel auf die Produktpolitik der Industrie ausüben kann. Ebenso interessant ist die Frage, wie stark der Handel die Margen der Industrie zu beeinflussen vermag. Letzteres hat mit der Fähigkeit, den Hersteller- bzw. Markenwettbewerb zu forcieren, zu tun.

Eine quantitative Methode für den Nachweis von Partnermacht hat Eger (1995) in Anlehnung an Stützel (1976) vorgeschlagen. Dabei wird gefragt, wie groß das Interesse von Hersteller und Händler ist, einen Vertrag abzuschließen. Dazu wird für jeden Wirtschaftspartner das jeweilige mögliche Vertragsangebot mit den alternativen Handlungsmöglichkeiten verglichen. Für Hersteller und

Händler ergibt sich ein Betrag, der das Interesse an dem abzuschließenden Vertrag ausdrückt. Ist dieses konkrete Vertragsinteresse des Herstellers bei einer bestimmten vertraglichen Beziehung größer als das konkrete Vertragsinteresse des Händlers, so ist der Hersteller stärker abhängig von dem Vertrag als der Händler. Dieser Ansatz berücksichtigt zwar nicht alle Gesichtspunkte einer Macht, gibt aber doch Hinweise auf ein Verfahren, das abstrakt erscheinende Phänomen der Macht in Verhandlungssituationen zu quantifizieren, indem er auf den Wert alternativer Verwertungsmöglichkeiten hinweist. Ihr Wert wird abhängen von Eigenschaften des Produkts, von den Marktanteilen, von der Umstellungsflexibilität, von spezifischen Investitionen, von Bezugsanteilen und von den Kosten eines Wechsels, wobei danach differenziert werden kann, ob man den Zeitpunkt vor den ersten Vertragsverhandlungen, Zeitpunkte während der Vertragslaufzeit oder am Ende eines Vertrags (und vor neuen Jahresgesprächen) betrachtet.

Im Gesetz gegen Wettbewerbsbeschränkungen (GWB) kommt der Begriff Macht nicht vor. Hier ist vielmehr von einer marktbeherrschenden Stellung und ihrer missbräuchlichen Ausnutzung die Rede. Dabei kann sich die Marktbeherrschung sowohl auf einen Anbieter als auch einen Nachfrager beziehen. In § 19 Abs. 2 GWB werden Bedingungen genannt, die auf eine marktbeherrschende Stellung schließen lassen, wobei auf die folgenden Sachverhalte hingewiesen wird:

- Der Anbieter bzw. der Nachfrager ist ohne Wettbewerber oder er ist keinem wesentlichen Wettbewerb ausgesetzt.
- Der Anbieter bzw. der Nachfrager hat eine im Verhältnis zu den Wettbewerbern überragende Marktstellung, wobei zu berücksichtigen sind:
  - der Marktanteil,
  - die Finanzkraft,
  - der Zugang zu den Beschaffungs- oder Absatzmärkten,
  - Verflechtungen mit anderen Unternehmungen,
  - rechtliche oder tatsächliche Schranken für den Marktzutritt anderer Unternehmen,
  - der tatsächliche oder potenzielle Wettbewerb durch innerhalb oder außerhalb von Deutschland ansässigen Unternehmen,
  - die Fähigkeit, sein Angebot oder seine Nachfrage auf andere Waren oder gewerbliche Leistungen umzustellen,
  - die Möglichkeit der Markgegenseite, auf andere Unternehmen auszuweichen.

Zu den Bestimmungsfaktoren der marktbeherrschenden Stellung bzw. allgemeiner der Macht zählen neben den im GWB genannten Faktoren:

- die Marktstruktur, insbesondere die Anzahl und die relative Größe der Unternehmungen,
- die Kostenstruktur in der Industrie,
- die Kostenstruktur im Handel,
- die Organisationsstruktur im Handel, insbesondere der Zentralisierungsgrad der Beschaffung,
- die Erwartungen der Kunden, insbesondere an das Sortiment,
- logistische Sachverhalte.

Als Folgewirkungen der Macht lassen sich nennen:

- die Gefährdung der Existenz von Unternehmen auf der Marktgegenseite,
- das Ausmaß an Ausweichmöglichkeiten für Unternehmen auf der Marktgegenseite,
- die Innovationskraft dieser Unternehmungen,
- das Preisniveau für die Nachfrager,
- die Verteilung des sog. *channel profit.*

Aus den oben genannten Zusammenhängen lassen sich Hypothesen formulieren, wobei Wirkungsketten zwischen Bestimmungsfaktoren der Macht, der Machtverteilung und ihren Folgewirkungen postuliert werden können. Eine Hypothese könnte dann wie folgt lauten:

Je höher der Konzentrationsgrad auf einer Wirtschaftsstufe, umso höher ist ihr Anteil am Gesamtgewinn eines Distributionskanals.

Ein Beispiel für ein Modell, in dem eine Reihe von Hypothesen zum Zusammenhang zwischen bestimmten Einflussfaktoren und der Verhandlungsmacht eines Händlers formuliert und empirisch überprüft worden ist, findet sich in Abbildung 6.13.

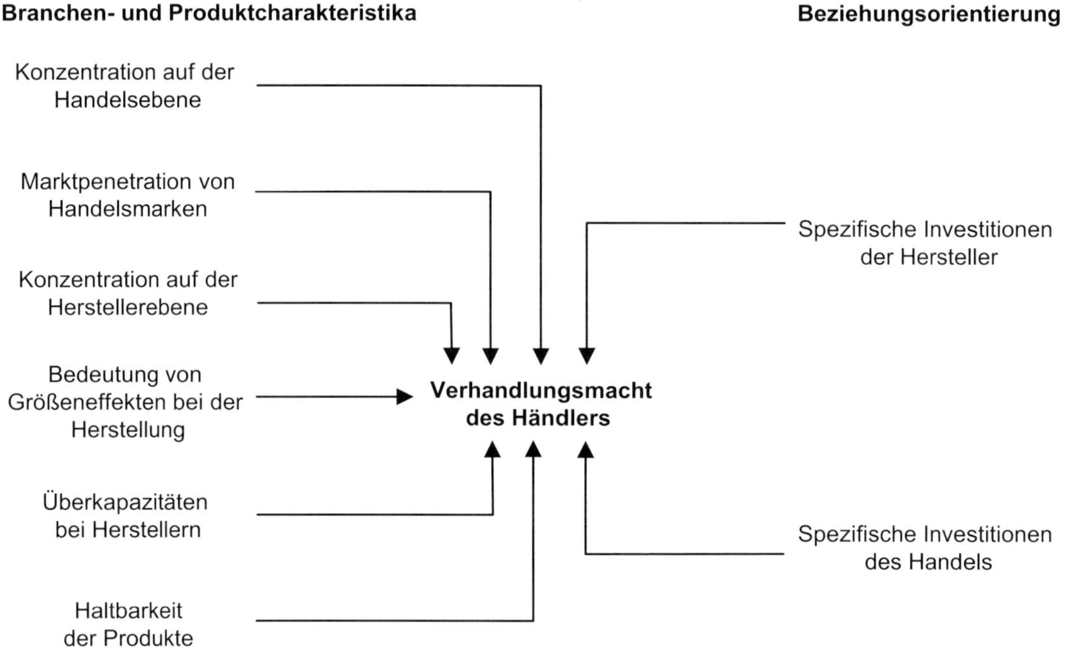

Quelle: in Anlehnung an Collins 2002, S. 173

Abb. 6.13: Bestimmungsfaktoren der Verhandlungsmacht eines Händlers

Das Modell postuliert den Einfluss unterschiedlicher Arten von Faktoren. So ist erstens der Einfluss der Branchenstruktur, erfasst mit Hilfe der Konzentration auf der Hersteller- und der Handelsebene, erkennbar. Zweitens spielen Aspekte, die mit den Produkten und der Produktion zu tun haben, eine wichtige Rolle. Insbesondere die Produktionskapazitäten, ihre Verwendung (Hersteller- versus Handelsmarken) und ihre Auslastung beeinflussen die Verhandlungsmacht des Händlers. Drittens wirkt sich die Beziehungsorientierung, die in den spezifischen Investitionen beider Partner sichtbar wird, auf das Machtverhältnis aus.

5. Wie stark ist die Rivalität unter den bestehenden Wettbewerbern?

Mögliche Rückschlüsse auf das Wettbewerbsverhalten der Anbieter innerhalb einer Branche können durch die Beantwortung folgender Fragen gewonnen werden:

- Welche Erwartungen über das Verhalten der Konkurrenten liegen vor? Reagieren die Wettbewerber auf die eigenen Maßnahmen?
- Liegt ein langsames Wachstum in der Branche vor und führt dies zu Verdrängungsmaßnahmen?
- Liegen hohe Fixkosten vor?
- Sind die Marktaustrittsbarrieren hoch (z. B. spezifische Investitionen)?

Es ist zu beobachten, dass klassische Branchengrenzen im Handel an Bedeutung verloren haben. Häufig konkurrieren unterschiedliche Betriebsformen miteinander (so können z. B. Spielwaren im Spielwarenfachgeschäft, im Warenhaus oder im Verbrauchermarkt gekauft werden). Dies erschwert eine Konkurrenzanalyse im Handel.

Der auf insgesamt fünf Wettbewerbskräfte ausgerichtete Bezugsrahmen ermöglicht eine strukturelle Analyse und Erklärung der Wettbewerbssituation und damit des Gewinnpotenzials einer Branche. Gleichzeitig werden die Hebel für eine Verbesserung der Wettbewerbssituation erkennbar.

Kritisch anzumerken ist, dass einige inhaltliche Aussagen noch den Charakter von mehr oder minder plausiblen Hypothesen haben, die weder schlüssig aus Modellen abgeleitet noch durch empirische Untersuchungen gestützt werden. Insofern wird dieser Bereich die Handelsforschung noch weiter beschäftigen.

6.3 Die Analyse einzelner Geschäftsfelder mit Hilfe von Portfolio-Methoden

Um die bei einer Analyse der Ausgangssituation ermittelten Daten über einzelne Geschäftsfelder (SGF) zusammenzuführen, kann man sich sog. Portfolios bedienen. Das sind im Realfall zweidimensionale Darstellungen, in denen die betrachteten Objekte mit insgesamt drei Merkmalen (neben den Dimensionen des Portfolios die Größe der Objekte) dargestellt werden (zu einem umfassenden Überblick über unterschiedliche Portfolio-Konzepte vgl. Welge/Al-Laham 2008, S. 461–508). Die strategische Portfolio-Methode beinhaltet die Suche nach der für die Gesamtunternehmung vorteilhaftesten Mischung einzelner Geschäftsfelder. Ausgangspunkt der Portfolio-Analyse ist die Abgrenzung der strategischen Geschäftsfelder. Darauf wurde bereits in Kapitel 5 ausführlich eingegangen. Ein zweiter wichtiger Schritt besteht darin, die Dimensionen des Portfolios festzulegen. Die meisten Portfolios zeichnen sich dadurch aus, dass die Lage der strategischen Geschäftsfelder einerseits hinsichtlich ihrer Marksituation (Chancen und Risiken), andererseits bezüglich ihrer Stärken und Schwächen charakterisiert wird. Man kann deshalb die beiden Dimensionen auch als Kombination einer externen, umweltbezogenen und einer internen, unternehmensbezogenen Perspektive interpretieren.

Die Grundidee des Portfolios stammt aus dem finanzwirtschaftlichen Bereich, wo unter einem Portfolio die optimale Mischung mehrerer Investitionsmöglichkeiten verstanden wird. Das Anliegen, eine möglichst vorteilhafte Mischung verschiedener einzelner Investitionen zu schaffen, wird auch in der strategischen Portfolio-Analyse verfolgt. Dabei spielen Überlegungen hinsichtlich eines Finanz- und eines Risikoausgleichs eine zentrale Rolle. Im Folgenden werden zwei Portfolio-Konzepte näher erläutert: das Marktwachstum-Marktanteil-Portfolio und das Marktattraktivität-Wettbewerbsvorteil-Portfolio (zu einem Überblick über weitere absatzmarktorientierte Portfolio-Konzepte siehe Welge/Al-Laham 2008, S. 476). Darüber hinaus wird das Betriebstypenportfolio von Drexel (1981) als spezifische Variante des Marktattraktivität-Wettbewerbsvorteil-Portfolios im Handel vorgestellt.

6.3.1 Das Marktwachstum-Marktanteil-Portfolio

Nach dem Marktwachstum-Marktanteil-Portfolio (MMP), das von der Boston Consulting Group entwickelt wurde, werden die einzelnen Geschäftsfelder nach ihrem Marktwachstum und ihrem relativen Marktanteil beurteilt. Dabei wird der relative Marktanteil als Verhältnis zwischen dem eigenen Marktanteil und dem des stärksten Konkurrenten definiert. Das Marktwachstum und der Marktanteil werden jeweils in niedrig und hoch eingeteilt, so dass eine aus vier Feldern bestehende Matrix entsteht. Für jedes Geschäftsfeld werden Überlegungen angeschlossen, wie hoch der zu erwartende Cashflow sein wird. Untersucht wird der Einfluss des Marktanteils und des Marktwachstums auf das Cashflow-Gleichgewicht der Unternehmung (siehe Abbildung 6.14).

Den Geschäftsfeldern in den vier Quadranten sind bildhafte Namen zugeordnet worden. So soll der Name „Cash Cows“ anzeigen, dass es sich um Aktivitäten handelt, bei denen das Unternehmen einen hohen relativen Marktanteil aufweist, mithin bedeutende Umsatzerlöse erzielt, aber wegen der niedrigen Wachstumsrate voraussichtlich nur niedrige Beträge reinvestieren wird (bzw. sollte), so dass hier relativ hohe Zahlungsüberschüsse anfallen werden. „Stars“ sind jene Geschäftsfelder, deren Markt sich im Wachstum befindet, was hohe Investitionen erforderlich macht, wenn dieses Segment bearbeitet werden soll. „Question Marks“ (auch als „Wild Cats“ bezeichnet) befinden sich noch in der Entwicklungsphase und erfordern nachhaltige Investitionen. Aufgrund des geringen Marktanteils ist allerdings zu überprüfen, ob die Unternehmung diesen Markt auf Dauer ertragreich bearbeiten kann. Für die „Poor Dogs“, die auf einem Markt mit einem geringen Wachstum einen geringen Marktanteil aufweisen, lohnen sich Investitionen zur Ertragssteigerung voraussichtlich nicht. Die Formulierungen zeigen, dass Erwartungen und Annahmen über Umsatz, laufende Kosten, Investitionen und deren künftige Entwicklung von grundlegender Bedeutung für die Charakterisierung der Position der Geschäftsfelder sind.

Aus der Position der Geschäftsfelder werden im Regelfall Normstrategien abgeleitet, die sich darin unterscheiden, ob und in welchem Ausmaße in ihre Weiterentwicklung investiert werden soll.

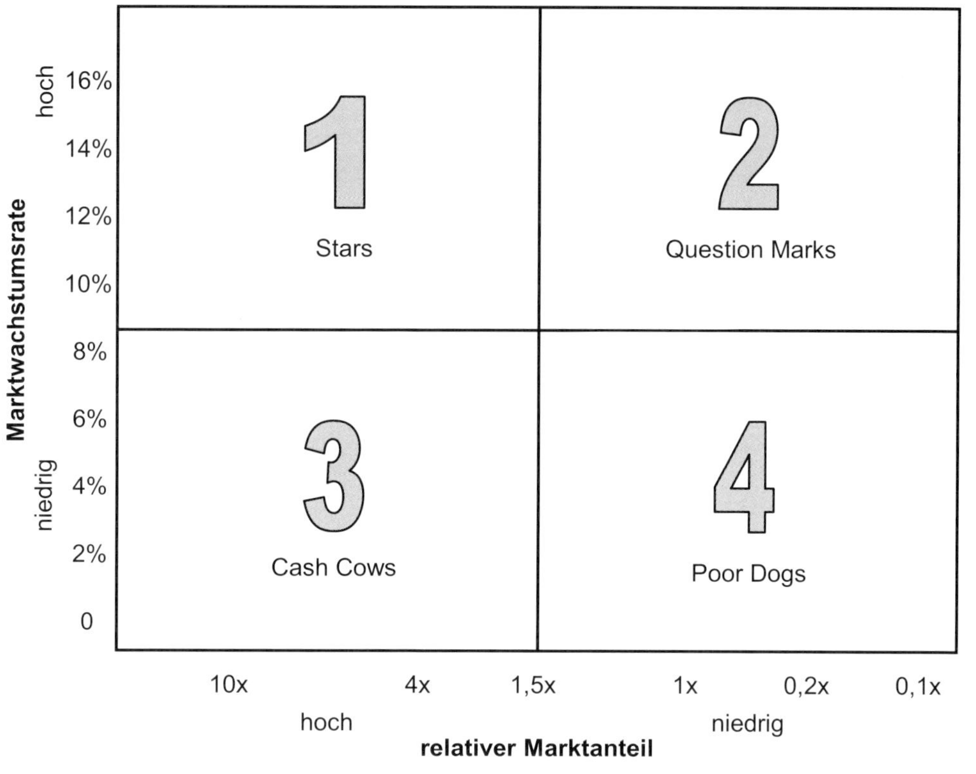

Abb. 6.14: Das Marktwachstum-Marktanteil-Portfolio der Boston Consulting Group

Die Gründe für eine solche Vorgehensweise sind zum einen darin zu sehen, dass sich die Geschäftsfelder jeweils in einer unterschiedlichen strategischen Situation befinden und schon von daher unterschiedlich gesteuert werden müssen. Zum anderen soll das Gesamt-Portfolio daraufhin geprüft werden, ob ein finanzielles Gleichgewicht von Cashflow-Erzeugung und Cashflow-Bedarf besteht. Die Geschäftsfelder der Kategorien 3 und 4 sollen die Geschäftsfelder der Kategorien 1 und 2 finanzieren. Die postulierten Konsequenzen beruhen auf bestimmten Annahmen, wobei zwei Hypothesen von besonderem Interesse sind:

Ceteris paribus führt eine Marktanteilserhöhung zu einer potenziellen Senkung der Stückkosten und damit zu einer Erhöhung der Gewinnspanne und des Cashflows des SGF.

Marktwachstum erfordert Investitionen seitens des Unternehmens (Cashflow-Verbrauch). Die erwartete Marktwachstumsrate gilt als Indikator für den Finanzmittelbedarf.

Die Begründung für die erste der beiden Hypothesen wird im folgenden Abschnitt vorgestellt. Sie beruht auf dem Konzept der Erfahrungskurve. Die Analyse des Marktwachstums knüpft an den Lebenszyklus eines Produkts bzw. eines Markts an. So ist in den Phasen der Einführung und des

Wachstums mit einem hohen Kapitalbedarf zu rechnen, während in den Phasen der Reife und der Sättigung kaum finanzielle Mittel benötigt werden.

Das Konzept der Erfahrungskurve

Die Erfahrungskurve beschreibt zunächst für den Industriebetrieb den Zusammenhang zwischen der insgesamt produzierten Menge eines Produkts und den realen Stückkosten. Die grundlegende Aussage lautet: Mit jeder Verdoppelung der kumulierten Ausbringungsmenge gehen die auf die Wertschöpfung bezogenen, preisbereinigten Stückkosten tendenziell um einen konstanten Prozentsatz, z. B. 20–30 %, zurück (hyperbolische Funktion). Im Einzelnen werden vor allem vier Ursachen für eine solchermaßen kontinuierliche Kostenabnahme hervorgehoben:

1. Aufgrund wiederholter Arbeitstätigkeit stellen sich Lerneffekte ein. Die Theorie der Lernkurve besagt, dass ein Mensch seine Fertigkeiten vervollkommnet und damit sog. Übungsgewinne realisiert.
2. Mit einer höheren Ausbringungsmenge werden Größendegressionseffekte (*economies of scale* = Skaleneffekte) erzielt, wobei zwischen zwei Wirkungsmechanismen differenziert werden kann. Mit einer wachsenden Betriebsgröße können leistungsfähigere Technologien eingesetzt werden und damit die Stückkosten reduziert werden (Betriebsgrößendegression). Mit einer wachsenden Ausbringungsmenge nehmen die auf eine Einheit bezogenen fixen Kosten ab, wenn von einer konstanten Kapazität ausgegangen wird (Fixkostendegression).
3. Durch technischen Fortschritt, worunter Produktinnovationen und vor allem Verfahrensinnovationen zu verstehen sind, ergeben sich Effizienzsteigerungen.
4. Durch Rationalisierungsmaßnahmen wird die Wirtschaftlichkeit betrieblicher Strukturen und Prozesse verbessert (Rationalisierungseffekte).

Die graphische Darstellung der Erfahrungskurve kann auf zweifache Weise erfolgen. Zum einen ergibt sich als Beziehung zwischen Stückkosten und kumulierter Produktmenge (Erfahrung) eine Kurve in Form einer fallenden Hyperbel. Zum anderen kann eine doppelt logarithmierte Darstellungsform (die kumulierte Produktmenge und die Stückkosten werden logarithmiert) gewählt werden, in der der Stückkostenrückgang aus dem Steigungsmaß der dann linear verlaufenden Kurve unmittelbar abgelesen werden kann.

Für eine empirische Untersuchung der Erfahrungskurveneffekte müssen an die zentralen Größen bestimmte Anforderungen gestellt werden:

1. Produkt: Die produzierten Einheiten sollten im Zeitablauf möglichst identisch sein. Wird das Produkt dagegen im Zeitablauf geändert, erschwert dies den Kostenvergleich.
2. Kosten: Erfahrungskurveneffekte können sich auf die gesamten Wertschöpfungskosten (Wertschöpfung = Unternehmensleistung –Vorprodukte und Fremdleistungen) sowie die Materialkosten beziehen.
3. Erfahrung: Sie wird mit Hilfe der kumulierten Menge erfasst, wobei entscheidend ist, ob die Kosteneinflussfaktoren einen Bezug zur kumulierten Menge aufweisen.
4. Deflationierung der Daten: Es ist notwendig, die Kosten zu deflationieren, da sich die Erfahrungskurvenhypothese auf reale Kosten bezieht.

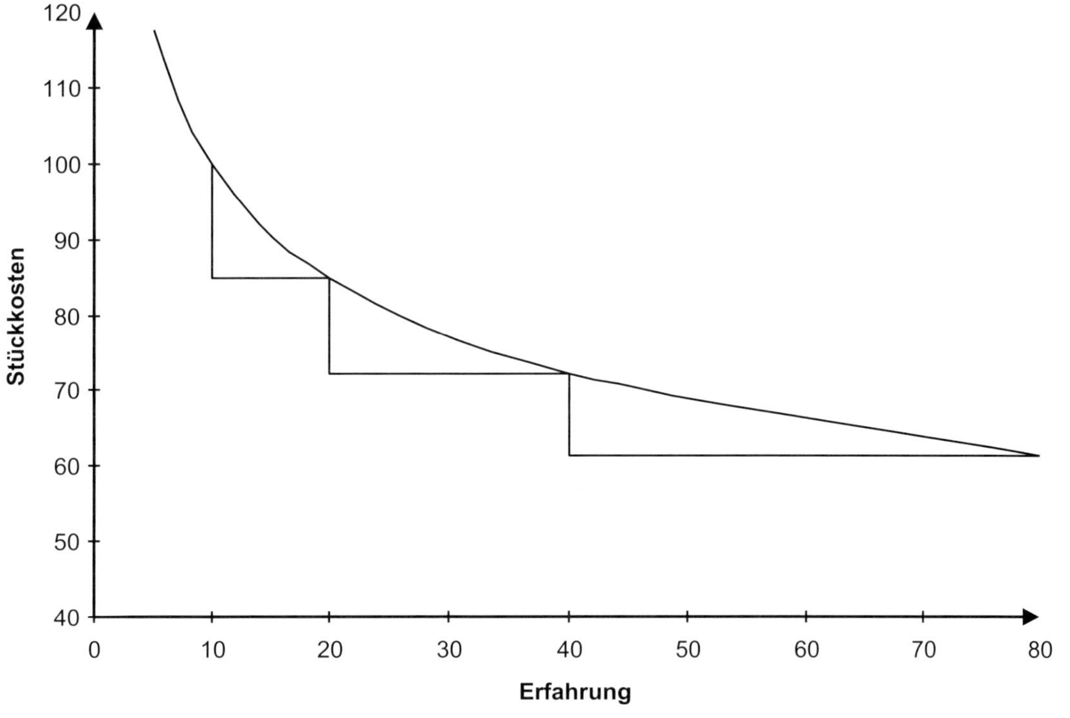

Abb. 6.15: Die Erfahrungskurve (Beispiel für eine 15 % Erfahrungskurve)

Durch das Abstellen auf Kostensenkungspotenziale ist die Erfahrungskurvenhypothese nicht falsifizierbar: Ausbleibende Kostensenkungen wären damit zu begründen, dass die Potenziale durch das Management nicht genutzt werden. Vorhandene empirische Untersuchungen beziehen sich aus Praktikabilitätsgründen auf Preisdaten (Branchenpreisentwicklung). In empirischen Untersuchungen hat sich gezeigt, dass industrielle Vor- und Zwischenprodukte höhere Erfahrungsraten aufweisen als Konsum- bzw. Gebrauchsgüter.

Zur Bedeutung der Erfahrungskurve für die strategische Unternehmensplanung

Die Bedeutung der Erfahrungskurve für die strategische Planung ergibt sich aus dem Zusammenhang von Kostenhöhe und Preispolitik. Bei niedrigeren Kosten kann eine Unternehmung eine andere unterbieten und bei fehlenden oder als gering eingeschätzten Leistungsunterschieden die Nachfrage auf sich ziehen. Mit wachsendem Erfolg vergrößert sich der Vorsprung vor den Konkurrenten. Es kann sogar sein, dass nachfolgende Anbieter (mit kleineren Marktanteilen und somit geringerer Erfahrung in der Produktion des betreffenden Produkts) keine Chance mehr sehen, den Kostenvorsprung des Marktführers aufzuholen, und auf einen Markteintritt verzichten oder aus dem Markt austreten. Aus dieser Grundvorstellung entwickelten sich Faustformeln wie diejenige, dass man in einem Massenmarkt nur tätig sein sollte, wenn es gelingt, zu den drei größten Anbietern zu zählen.

Beurteilung der Erfahrungskurve

1. Annahmen über den Zusammenhang zwischen Marktanteil, kumulierte Ausbringungsmenge und Kostenposition: Bei der Postulierung eines Zusammenhangs zwischen dem Marktanteil, der kumulierten Ausbringungsmenge und den Kosten werden implizit einige Annahmen getroffen:
   - Mit der Gleichsetzung von „kumulierter Menge“ und „Marktanteil“ wird unterstellt, dass sich die kumulierten Mengen wie die Marktanteile verhalten. Dies ist annähernd dann der Fall, wenn Unternehmen und Wettbewerber ungefähr zur gleichen Zeit in den Markt eingetreten sind und die Marktanteile wie der Markt gewachsen sind.
   - Es wird vorausgesetzt, dass bei einheitlichem Marktpreis die Produkt-/Problemlösungen der Anbieter weitgehend homogen sind. Erfordern bestimmte Segmente unterschiedliche Produktions- und/oder Absatzleistungen, so können neue segmentspezifische Erfahrungskurven entstehen.
   - Es wird unterstellt, dass sich die Erfahrungskurveneffekte innerhalb einer Branche gleichen. Die Erfahrungskurven der Wettbewerber können sich aber hinsichtlich der Einstiegskosten (Kosten der ersten Einheit) und/oder hinsichtlich der Elastizität der Stückkosten (Steigung der Erfahrungskurve) unterscheiden. So ist es denkbar, dass der Imitator mit niedrigeren Kosten als der Innovator startet.

2. Mess- und datentechnische Probleme: Bei der Ermittlung der Kosten und der Abgrenzung des Produkts treten mess- und datentechnische Probleme auf:
   - Bezugsgröße in der Lernkurve sind die Kosten der Wertschöpfung; es sollte allerdings berücksichtigt werden, dass auch bei den Vor- und Fremdleistungen Kostensenkungspotenziale bestehen.
   - Die Zurechnung einzelner Kosten, insbesondere der Gemeinkosten, zu den Stückkosten ist problematisch.
   - Es muss ein geeigneter Deflator zur Berechnung der realen Stückkosten bestimmt werden.
   - Die Produkte können sich im Zeitablauf in ihrer physikalischen Beschaffenheit ändern.
   - Aufgrund von Angebotsverbunden ist die kumulierte Menge nicht immer ein geeigneter Indikator für die Produkterfahrung (*shared-experience-effect*).
   - Es ist bedenklich, die Preisentwicklung, die als das Ergebnis vieler Einflussfaktoren zu sehen ist, monokausal auf die Kostenentwicklung durch das Konzept der Erfahrungskurve zurückzuführen.

Anwendung im Handel

Publikationen, die Erfahrungsvorteile für den Handel empirisch quantifizieren, sind nicht bekannt. Obwohl davon auszugehen ist, dass in der Fertigung (insbesondere bei komplexen und arbeitsintensiven Produktionsprozessen) steilere Erfahrungskurven als im Einkauf und Vertrieb auftreten, spricht nichts gegen die grundsätzliche Übertragung auf den Handel. Im Handel hat bekanntlich eine starke Konzentration stattgefunden. Einigen Unternehmen ist es gelungen, ihre Marktanteile zu erweitern, so dass sich die Frage aufdrängt, inwieweit diese Unternehmungen Erfahrungskurveneffekte nutzen konnten bzw. inwieweit die beobachtete Konzentrationswelle auch darauf zurückzuführen ist, dass Lernkurveneffekte erwartet wurden.

Erfahrungskurveneffekte beruhen auf der Abhängigkeit der Kosten von der Erfahrung, so dass im Handel gefragt werden muss, bei welchen Kostenarten eine solche Abhängigkeit bestehen kann. Es können mehrere Bereiche identifiziert werden, in denen derartige Effekte auftreten können:

- Bei einem höheren Marktanteil in einer Verkaufsregion sinken bei vielen Werbemaßnahmen die Kosten pro Kunde, weil die Streuverluste einer Anzeige oder einer Plakataktion zurückgehen. Insofern kann unterstellt werden, dass die Kosten der Werbung (pro Kopf) mit steigendem Marktanteil sinken.
- Im Lager und im Fuhrpark lassen sich mit wachsendem Volumen effizientere technische Verfahren realisieren. Zudem kann davon ausgegangen werden, dass sich die zu überbrückenden Entfernungen verringern, wenn in einem Verkaufsgebiet ein dichteres Netz von Verkaufsstellen zu beliefern ist.
- Bekanntlich betreiben viele Unternehmungen des Handels eine ausgedehnte Filialisierungspolitik, die manchmal zu einem Netz von mehreren hundert, in einigen Fällen sogar von mehreren tausend von Verkaufsstellen führt. Die mit der Errichtung dieser Filialen verbundenen Kosten (für die Standortsuche, für die Beurteilung von Standorten, für den Entwurf von Ladenkonzepten usw.) können mit wachsender Erfahrung sinken (dieser Sachverhalt wird in Abbildung 6.16 dargestellt).

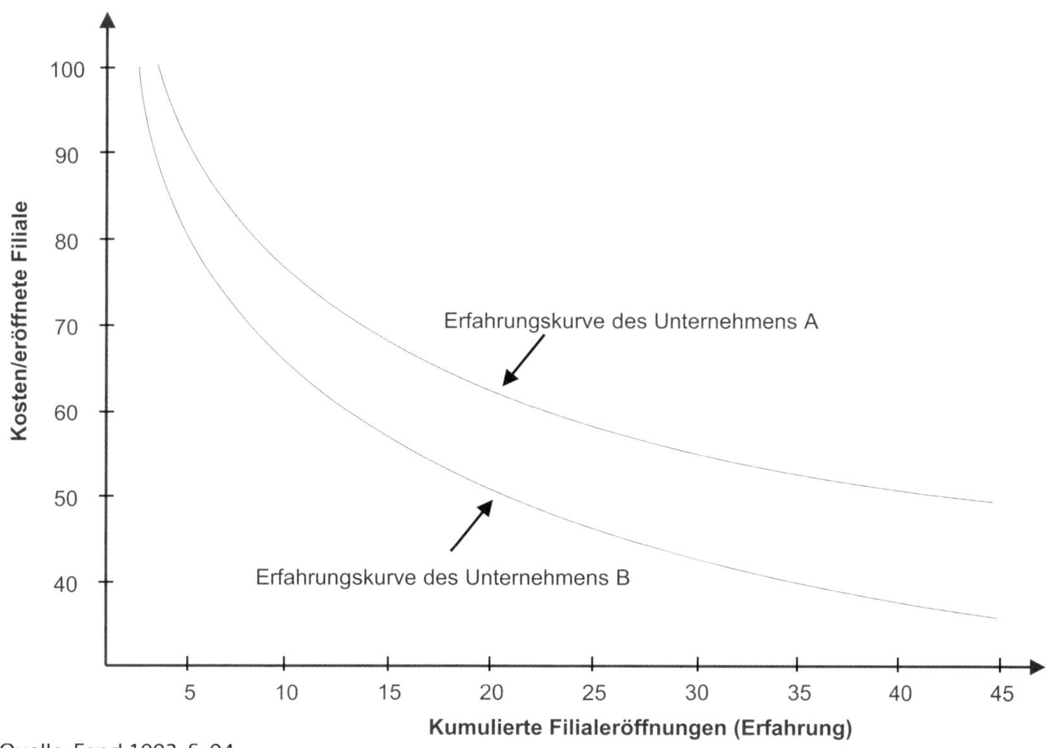

Quelle: Fend 1993, S. 94

Abb. 6.16: Fiktive Erfahrungskurven zweier Handelsunternehmungen

Insgesamt kann davon ausgegangen werden, dass Marktanteilsvorsprünge tatsächlich zu Kostenvorsprüngen führen können, so dass die Frage, wie Unternehmungen ihre Marktanteile ausdehnen können, auch eine kostenwirtschaftliche Begründung erfährt.

6.3.2 Das Marktattraktivität-Wettbewerbsvorteil (bzw. -stärken)-Portfolio

Das Marktattraktivität-Wettbewerbsvorteil-Portfolio (MWP) von McKinsey ist aus der Kritik an der relativ einfachen und sehr groben Feldeinteilung und an den wenig aussagefähigen Dimensionen der Marktwachstum-Marktanteil-Matrix entstanden. Die der Beurteilung der Geschäftsfelder zugrunde gelegten Kriterien werden im McKinsey-Portfolio in

- externe, unternehmensunabhängige Faktoren, die die Marktattraktivität charakterisieren und mit den Größen Marktwachstum, Marktgröße, Marktrisiko, Markteintrittskosten, Konkurrenzsituation usw. erfasst werden, und in
- interne, unternehmensbezogene Faktoren, die die Wettbewerbsstärke beschreiben und mit den Größen relativer Marktanteil, relatives Produktionspotenzial, relative Qualifikation der Führungskräfte usw. abgebildet werden,

getrennt. Durch die Unterteilung beider Kriterien in drei Kategorien erhält man eine 9-Felder-Matrix (vgl. Abbildung 6.17).

Auf der Abszisse werden die relativen Wettbewerbsvorteile und damit die Wettbewerbsstärke einer Unternehmung und auf der Ordinate die Marktattraktivität abgebildet. Beide Variablen setzen sich aus einer Vielzahl von Einzeldimensionen zusammen, wie die folgende Tabelle veranschaulicht (vgl. Abbildung 6.18 sowie Antoni/Riekhof 1989, S. 175–177; Hinterhuber 1996, S. 150–153). Die Einzeldimensionen weisen ein unterschiedliches Skalenniveau auf. Ihre Ausprägungen müssen transformiert, gewichtet und zu einem Gesamtwert zusammengefasst werden (vgl. Welge/Al-Laham 2008, S. 485), was problematisch sein kann.

Anwendung im Handel

Die Indikatoren in dem von McKinsey entwickelten Portfolio sind auf die Verhältnisse in der Industrie ausgerichtet und müssen für die Zwecke der strategischen Planung im Handel zunächst angepasst werden. Es ist zu prüfen, wie attraktiv die Märkte sind, in denen eine Handelsunternehmung agiert. Folgende Sachverhalte spielen dabei eine Rolle:

- Wie hoch ist das derzeitige Marktpotenzial und wie wird es sich in der Zukunft verändern?
- In welcher Lebenszyklusphase befindet sich der Markt?
- Wie groß ist das aktuelle Markvolumen und welche Bedeutung haben einzelne Teilmärkte?
- Wie konjunkturempfindlich ist das Verhalten der Nachfrager in dem betreffenden Markt?
- Handelt es sich um einen stabilen oder einen von Veränderungen geprägten Markt?

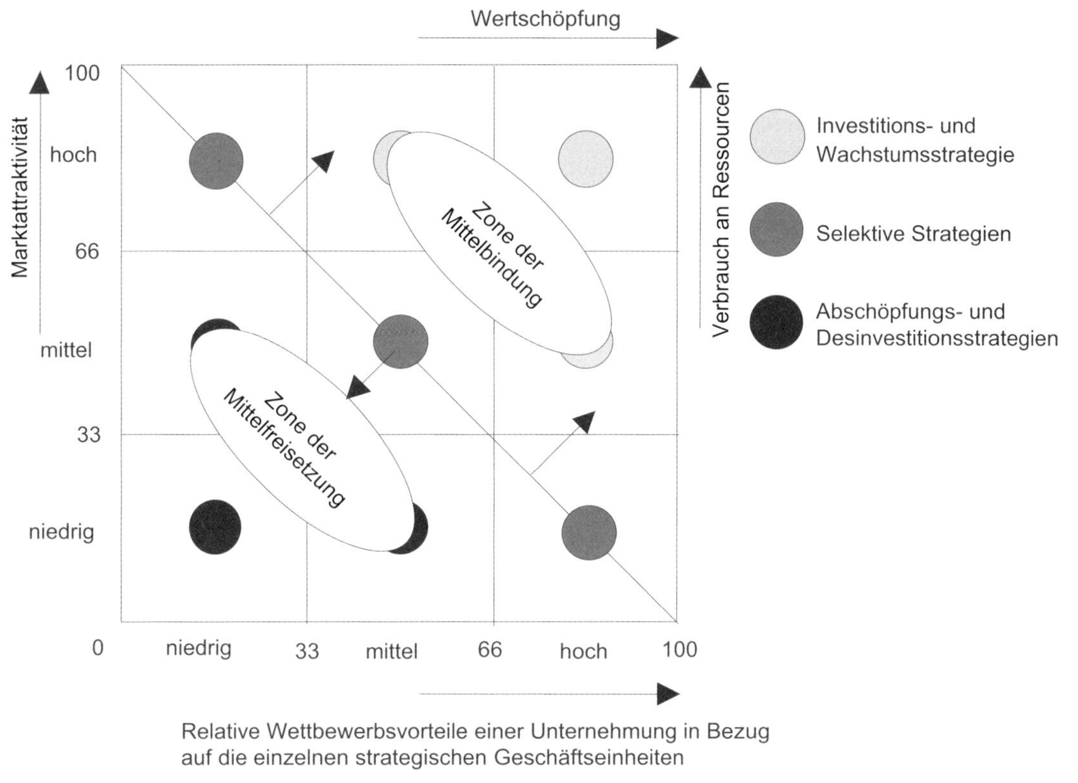

Quelle: Kreikebaum 1997, S. 79

Abb. 6.17: Das Marktattraktivität-Wettbewerbsvorteil-Portfolio

Die Energie- und Rohstoffversorgung ist im Handel im Regelfall im Vergleich zur Industrie von geringer Bedeutung, weil es Handelsbetrieben meist problemlos gelingt, die benötigten Produktionsfaktoren zu beschaffen. Allerdings können sich Schwierigkeiten ergeben, wenn Waren ins Sortiment aufgenommen werden sollen, deren Hersteller selektive Vertriebssysteme nutzen. Auch Standorte für Verkaufsstellen können sich als Engpass erweisen.

Nach der Marktanalyse steht die Frage an, inwieweit es einer Unternehmung möglich ist, das vorhandene Marktpotenzial für sich zu erschließen. Dies hängt von der eigenen Wettbewerbsstärke ab. Im Handel kann die relative Wettbewerbsfähigkeit z. B. von den Standorten, der Größe der Verkaufsfläche, der Sortimentstiefe oder der Qualität der Beratungsleistung abhängen.

Mit der Portfolio-Methode kann auch geprüft werden, ob in attraktive Geschäftsfelder investiert bzw. ob mit neuen Geschäftsfeldern in attraktive Segmente eingetreten werden soll. Dabei ist die Wettbewerbssituation keine exogen vorgegebene Größe, sondern kann in bestimmten Grenzen als gestaltbar angesehen werden, was zu der Frage führt, inwieweit durch den Einsatz der Ressourcen der Unternehmung die Wettbewerbsposition und damit der Markterfolg beeinflusst werden können.

Wettbewerbsstärke		Marktattraktivität	
in der Industrie	**im Handel**	**in der Industrie**	**im Handel**
Relative Marktposition		**Marktwachstum und -größe Marktqualität**	
- Marktanteil - Größe - Rentabilität	- Marktanteil - Größe - Rentabilität	- Rentabilität - Lebenszyklusphase - Technologisches Niveau - Preisspielraum - Abnehmerverhalten - Anzahl der Abnehmer	- Rentabilität - Lebenszyklusphase - Preisspielraum - Abnehmerverhalten - Anzahl der Abnehmer
Relatives Produktionspotential		**Energie und Rohstoffversorgung**	
- Hardware - Energie und Rohstoffe - Prozesswirtschaftlichkeit - Personal	- Standort - Handelsmarken - Prozesswirtschaftlichkeit - Personal	- Störungsanfälligkeit - Preissituation	- Bezugssicherheit - Preissituation
Relatives Forschungs- und Entwicklungspotential		**Umweltsituation**	
- Grundlagenforschung - Innovationspotential	- Informationstechnologie	- Konjunktur - Inflation - Staatliche Eingriffe	- Konjunktur - Inflation - Staatliche Eingriffe

Abb. 6.18: Anpassung der Dimensionen Wettbewerbsstärke und Marktattraktivität an die Gegebenheiten im Handel

Die Kritik an dem Portfolio-Modell setzt vor allem an der Auswahl der Indikatoren und ihrer Verdichtung zu zwei Dimensionen an. Auch ist fraglich, ob sich generell aus einer bestimmten Position in der Matrix aus Marktattraktivität und relativen Wettbewerbsvorteilen ein Hinweis auf den Bedarf oder die Freisetzung von liquiden Mitteln ableiten lässt.

6.3.3 Weitere Portfolio-Varianten

Wie schon angedeutet worden ist, lässt sich das ursprünglich für Industriebetriebe konzipierte Marktattraktivität-Wettbewerbsvorteil-Portfolio relativ leicht auf den Handel übertragen. Auch Drexel (1981, S. 169–224) hat sich des Instrumentariums bedient, um die Situation eines Unternehmens mit mehreren Betriebsformen (Vertriebsschienen) zu erfassen. Als Planungsobjekte sieht er die einzelnen Betriebsformen, die Achsen der Matrix bezeichnet er als Betriebstyp-Attraktivität und relativen Wettbewerbsvorteil (siehe Abbildung 6.19). Auch in diesem Ansatz werden Attraktivität und Wettbewerbsvorteile mit Hilfe von Einzelfaktoren ermittelt. Der Begriff Betriebstyp-Attraktivität könnte fälschlicherweise den Eindruck aufkommen lassen, dass es sich hierbei um die Fähigkeit einzelner Verkaufsstellen handelt, vorhandene Marktpotenziale im Vergleich zu Konkurrenzbetrieben auf sich zu ziehen. Mit Betriebstyp-Attraktivität ist jedoch die von den Verkaufsstellen eines einzelnen Unternehmens losgelöste Analyse der für einen Betriebstyp allgemein geltenden Umweltbedingungen gemeint.

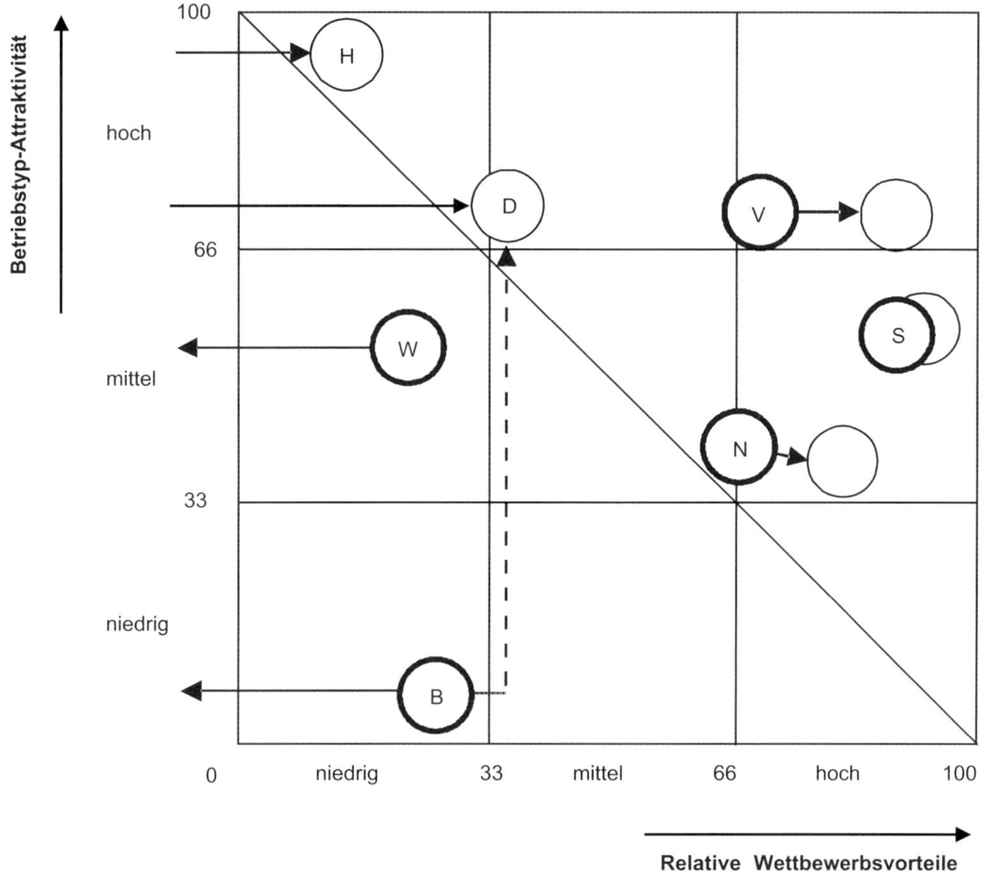

SGF (Betriebstyp):	Mögliche strategische Stoßrichtungen:
V = „Verbrauchermärkte"	Expansionsstrategie
S = „Supermärkte"	Erneuerungs- und Revitalisierungsstrategie
N = „Nachbarschaftsgeschäfte"	Selektive Wachstumsstrategie (Profilierung durch Frischprodukte-Orientierung)
W = „Warenhäuser"	Desinvestitions- oder Mutationsstrategie (Umwidmung in Hobby- und Freizeitmärkte)
B = „Bedienungsgeschäfte"	Desinvestitions- oder Mutationsstrategie (Umwidmung)
H = Geplante „Hobby- und Freizeitmärkte"	horizontale Diversifikationsstrategie (z. T. über Mutation von Warenhäusern)
D = Geplante „Delikatess-Märkte"	horizontale Diversifikationsstrategie (z. T. über Mutation von Bedienungsgeschäften)

Quelle: Drexel 1981, S. 177

Abb. 6.19: Das Ist-und-Ziel-Betriebstypen-Portfolio einer Handelsorganisation

Das Portfolio in Abbildung 6.19 kann als eine dynamische Form eines Portfolios interpretiert werden, da es auf die Frage eingeht, wie ein bestehendes Ist-Portfolio verändert und in ein Ziel-Portfolio transferiert werden kann. Dies kann insbesondere über eine Veränderung der Ressourcenzuweisung, aber auch über die Hinzunahme oder Elimination von strategischen Geschäftseinheiten erfolgen.

Auf den ersten Blick scheint es naheliegend zu sein, dass sich einzelne Betriebsformen Märkten mit einer bestimmten Attraktivität gegenübersehen. Dabei bleibt aber zu beachten, dass die Attraktivität für Verkaufsstellen derselben Betriebsform in einer erheblichen Bandbreite streuen kann. Die Ursachen können hierfür in unterschiedlichen örtlichen Gegebenheiten liegen, z. B. unterschiedlicher Kaufkraft oder unterschiedlichen Wettbewerbsverhältnissen. So kann die eine Region einen attraktiveren Markt für die Betriebsform Warenhaus darstellen, während eine andere Region einem Warenhaus kaum positive Entwicklungsmöglichkeiten bietet. Bei den Positionen in der Attraktivität-Wettbewerbsvorteil-Matrix handelt es sich also um Durchschnittswerte, von denen die Werte für die eigentlichen Planungsobjekte, also die einzelnen Verkaufsstellen, deutlich abweichen können. Es kommt hinzu, dass der Begriff Attraktivität sehr unterschiedlich gedeutet werden kann. So kann er sich auf die vorhandene Kaufkraft, auf das Umsatzpotenzial oder auf das erzielbare Betriebsergebnis beziehen. Es bleibt zu beachten, dass auch in Märkten mit vergleichsweise kleinem Nachfragepotenzial gute Betriebsergebnisse erzielt werden können (z. B. bei schwachem Wettbewerb).

Portfolio-Modelle dienen dazu, die Analyse von Planungsobjekten zu erleichtern und den Boden für die Ableitung von Wettbewerbsstrategien zu bereiten. Im Handel wird der allgemeine Begriff „Planungsobjekt“ häufig als Betriebsform oder als Sortimentsgruppe konkretisiert.

Am Beispiel des Elektrofachgroßhandels zeigt Russi (1993, S. 311–312), wie die Portfolio-Technik auf weitere Objekte übertragen werden kann. Er unterscheidet zwischen

- Abnehmer-Portfolio,
- Lieferanten-Portfolio,
- Warengruppen-Portfolio,
- Filial-Portfolio,
- Dienstleistungs-Portfolio und
- Konkurrenz-Portfolio.

Die Struktur dieser Portfolios wird am Beispiel des Abnehmer-Portfolios in Abbildung 6.20 verdeutlicht. Es bringt zum Ausdruck, dass die vorhandenen und potenziellen Abnehmer (eventuell nach Gruppen geordnet) sowohl bezüglich ihrer Attraktivität als auch nach der Bedeutung, die die betrachtete Unternehmung für sie hat, charakterisiert werden können.

6.3.4 Beurteilung der Portfolio-Methoden

Bei den Portfolio-Methoden handelt es sich um eine hilfreiche Technik zur verdichteten Darstellung von Informationen. Die vorhergehenden Ausführungen haben bereits deutlich gemacht, dass es nicht zweckmäßig ist, mechanisch bestimmte Sachverhalte in einem zweidimensionalen Raum darzustellen. Ihre sinnvolle Anwendung ist vielmehr an eine Reihe von Voraussetzungen gebunden, auf die im Folgenden hingewiesen wird.

Typ	Planungsobjekt	Dimension	Matrixdarstellung	Norm-Strategie
Abnehmer-portfolio	Abnehmer/-gruppen Beispiele: - Handwerk - Industrie - Einzelhandel - Öffentl. Hand	Attraktivität der Abnehmer mit den möglichen Ausprägungen: - Größe - Entwicklungspotential - Anzahl der Konkurrenten - Qualität des Managements - Branchenkonjunktur Bedeutung der Großhandlung bei den Abnehmern mit den möglichen Ausprägungen: - Dauer der Geschäftsbeziehungen - Erfüllung der Erwartungen der Abnehmer - Einschaltquote - Image bei den Abnehmern - Besondere Stärken aus Sicht der Abnehmer hinsichtlich Preis, Service etc.	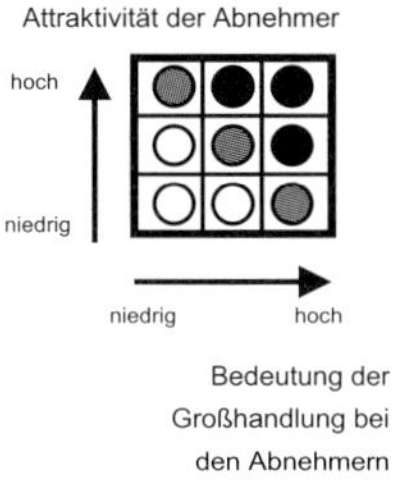	Ausbau der Geschäftsbeziehungen Ausbau oder Aufgabe der Geschäfts-Beziehung Aufgabe der Geschäftsbeziehung

Quelle: Russi 1993, S. 326

Abb. 6.20: Abnehmer-Portfolio im Großhandel

Die Problematik der Prämissen

Bei allen Portfolio-Ansätzen sind die Prämissen, die die Basis für die Positionierung der SGF und die Ableitung der Normstrategien bilden, zu beachten. In Abbildung 6.21 werden die fünf wichtigsten Prämissen dargestellt und gewürdigt.

Zusätzlich zu den schon oben erwähnten Prämissen der Portfolio-Technik sind bei einer Würdigung folgende Sachverhalte zu beachten (vgl. hierzu Russi 1993, S. 336–338).

Die Problematik der Normstrategien

Die Portfolio-Technik verdichtet in vereinfachender Weise einen umfangreichen Informationsbestand und stellt ihn visuell dar. Als alleiniges strategiebezogenes Analyseinstrument erscheint sie allerdings zu einseitig. Die Portfolio-Technik unterstellt in nicht generell zutreffender Weise, dass die höchsten Ergebnisverbesserungen mit jenen Objekten erzielt werden können, die in den Feldern mit hoher Marktattraktivität und deutlichen (derzeitigen) Wettbewerbsvorteilen angesiedelt sind.

Die Problematik der Strategieabstimmung

Bei der isolierten Betrachtung einzelner Planungsobjekte besteht die Gefahr, dass die konzeptionelle Gesamtsicht, die ja gerade eines der wesentlichen Kennzeichen der strategischen Planung darstellt, verloren geht und eine Zersplitterung der Unternehmensaktivitäten erfolgt. So schreibt z. B. Pümpin (1986, S. 33):

Prämisse	Kritische Anmerkung
Der Marktanteil hat einen direkten Einfluss auf die Profitabilität.	Es wurde zwar ein positiver Zusammenhang beobachtet, aber der Beitrag des Marktanteils ist so gering, dass nicht von einem Haupterfolgsfaktor gesprochen werden kann.
Wachstumsmärkte sind am attraktivsten, da eine Marktanteilsausweitung am leichtesten und billigsten möglich ist.	Entscheidend sind die Erwartungen der Marktteilnehmer bezüglich der künftigen Umsätze. Wenn alle Marktteilnehmer denselben Markt bearbeiten, sind Preiskämpfe zu erwarten.
Es besteht ein systematischer Zusammenhang zwischen dem Netto-Cash-Flow eines SGF und seiner Position in der Matrix.	Empirisch hat sich gezeigt, dass Marktwachstum und Marktanteil nur ca. 10 % der Cash-Flow-Varianz erklären und eine Vielzahl anderer Variablen existiert, die insgesamt eine größere Bedeutung besitzen.
Unternehmen lassen sich in voneinander unabhängige SGF zerlegen; die einzigen Interdependenzen sind lediglich finanzieller Natur.	Es können Absatzmarktinterdependenzen vorliegen, nämlich dann, wenn sich die Zielgruppen verschiedener SGF überschneiden.
Ziel des Portfoliomanagements ist ein Finanzmittelausgleich zwischen den SGF.	Unterstellt wird eine Abkoppelung des Unternehmens von Geld- und Kapitalmärkten, die es erforderlich macht, die zum Ausbau eines SGF benötigten finanziellen Ressourcen durch andere SGF verdienen zu müssen. Wer dagegen über Rentabilität verfügt, erhält auch Liquidität.

Abb. 6.21: Prämissen der Portfolio-Ansätze und kritische Anmerkungen

„Das Portfolio-Management fordert für die verschiedenen SGEs unterschiedliche Normstrategien. So sollen beispielsweise „Stars“ massiv gefördert, „Cash Cows“ gemolken und „Dogs“ desinvestiert werden. Diese Forderungen können zu einer völligen Zersplitterung der unternehmerischen Aktivitäten, zu Konflikten und zu Orientierungslosigkeit führen. Die Umsetzung derart unterschiedlicher Teilstrategien ist nicht nur äußerst schwierig, sondern geradezu gefährlich.“

Es wird nur eine Abstimmung in formeller Hinsicht vorgenommen. Es besteht die Gefahr, dass beispielsweise Warengruppen als isoliert planbare Objekte angesehen werden, obwohl realiter Verbundeffekte bestehen. So sollte eine Portfolio-Empfehlung „Herauslösen einer Warengruppe aus dem Sortiment“ nicht realisiert werden, wenn mit erheblichen negativen Effekten in anderen Warengruppen zu rechnen wäre.

Mangelnde Dokumentation der Erwartung zukünftiger Entwicklungen

Portfolio-Methoden sind der Gefahr ausgesetzt, nur gegenwärtige Zustände abzubilden. Für eine strategische Planung ist dagegen wichtig, die Veränderung wichtiger Größen im Zeitablauf zu erfassen und darzustellen.

Portfolio-Technik als Visualisierungsinstrument
Portfolio-Techniken visualisieren in einfacher Weise Informationen. Gerade im strategischen Bereich gilt es, eine Fülle von Informationen schnell wahrzunehmen, zu verarbeiten und mit Hilfe geeigneter Techniken die Engpässe der kognitiven Informationsverarbeitung möglichst zu minimieren. Gerade dies vermag die Portfolio-Technik in hervorragender Weise zu leisten.

6.4 Zusammenfassung

Eine strategische Planung, mit der eine Unternehmung ihre Situation analysiert, die Zukunft antizipiert und sich im Wettbewerbsumfeld positioniert, bedarf geeigneter Informationen. Im vorliegenden Kapitel wird in drei Schritten vorgegangen:

- Zunächst werden Hinweise auf die Entwicklung der Nachfrage und deren Bestimmungsfaktoren gegeben. Veränderungen in der Bevölkerungsstruktur (z. B. Alter, Ethnien), in der Haushaltsstruktur und im Ausgabeverhalten sind bedeutende Einflussgrößen auf künftige Marktpotenziale und das Nachfragevolumen. Insgesamt erweist sich die Analyse des Nachfrageverhaltens in seinen vielfältigen Facetten als wichtige Inputgröße für eine strategische Planung.
- Auch die Angebotsseite ist von Dynamik gekennzeichnet. Bei der heterogenen Struktur des Handels ist zunächst der relevante Markt abzugrenzen. In fast allen Branchen ist eine zunehmende Konzentration festzustellen, die aber in einzelnen Bereichen unterschiedlich weit fortgeschritten ist. Porter hat mit seinem Konzept der fünf Wettbewerbskräfte ein hilfreiches Instrument entwickelt, um anhand von objektiven Gegebenheiten die Intensität des Wettbewerbs in einzelnen Bereichen abzuschätzen.
- Im dritten Schritt werden mit Hilfe von Portfolio-Matrizen Informationen über die Stärken und Schwächen einer einzelnen Unternehmung in ihrem Wettbewerbsfeld sowie die Chancen und Bedrohungen des jeweiligen Markts zusammengeführt. Solche Darstellungen haben eine hohe Veranschaulichungskraft, allerdings ist zu bedenken, dass den Portfolio-Techniken zum Teil Annahmen über die Relevanz einzelner Faktoren für die Wettbewerbsfähigkeit zugrunde liegen, die im konkreten Fall einer eingehenden Prüfung bedürfen.

Mit den Portfolio-Matrizen wird ein Sachverhalt angesprochen, der für die strategische Planung häufig äußerst bedeutsam ist – das Erkennen von Erfolgsfaktoren. Auf diesen Themenbereich geht das folgende Kapitel ein.

7 Erfolgsfaktoren im Handel

Zu den zentralen Herausforderungen der strategischen Unternehmensführung gehört die Frage nach den zentralen Ursachen für den Erfolg eines Handelsbetriebs bzw. nach Voraussetzungen, die erfüllt sein müssen, damit ein Handelsbetrieb erfolgreich ist. Bereits in den Portfolio-Darstellungen (vgl. hierzu Kapitel 6) sind Hinweise enthalten, die erste Antworten auf diese Fragen liefern könnten. So basiert das Marktwachstum-Marktanteil-Portfolio auf der Einschätzung, dass dem Marktanteil eine entscheidende Bedeutung für den Erfolg zukommt. In der Folge des sog. PIMS-Programms (Profit Impact of Market Strategies), einer von General Electric initiierten und dann von der Harvard Business School fortgeführten Studie (vgl. Buzzell/Gale 1989), in der bereits mehr als 25 für die Rentabilität wichtige Einflussfaktoren identifiziert worden waren, wurde nach weiteren Schlüsselfaktoren gesucht (vgl. Hildebrandt 1992, 2003; Buzzell 2004), wobei sich auch für den Handel eine Erfolgsfaktorenforschung etablierte.

Ausgangspunkt der Erfolgsfaktorenforschung ist die Beobachtung, dass es erfolgreiche und weniger erfolgreiche Unternehmungen gibt. Die Erfolgsfaktorenforschung ist insbesondere im Top-Management auf großes Interesse gestoßen, weil es um die Frage nach den zentralen Faktoren geht, die den langfristigen Erfolg eines Unternehmens sichern und um die Gründe dafür, dass es erfolgreiche und weniger erfolgreiche Unternehmen gibt. Insofern kann die Erfolgsfaktorenforschung als Beitrag zur strategischen Planung gesehen werden. Die Erfolgsfaktorenforschung will aus der Vielzahl denkbarer Einflussgrößen jene Bestimmungsfaktoren extrahieren, die einen signifikanten Einfluss auf den Erfolg ausüben. Ihre Kenntnis ist ein wichtiger Schritt, um das Funktionieren des Wettbewerbs zu verstehen. Im Folgenden wird die Erfolgsfaktorenforschung zunächst nach ihren Bestandteilen (Variablen, Theorien und Methoden) näher gekennzeichnet. Anschließend wird ein Überblick über vorliegende Erfolgsfaktorenstudien und ihre Probleme sowie über die aktuellen Herausforderungen der Erfolgsfaktorenforschung gegeben.

7.1 Formales Konzept der Erfolgsfaktorenforschung

Um die Erfolgsfaktorenforschung zu charakterisieren, soll noch einmal auf ihren Ausgangspunkt Bezug genommen werden, also die Beobachtung, dass der Erfolg der Handelsunternehmen in einem weiten Bereich streut. Das gilt selbst für Unternehmen, die strukturell sehr ähnlich sind. So zeigt z. B. Abbildung 7.1 am Beispiel des Schuhfacheinzelhandels, in welch großer Bandbreite sich der Erfolg von Fachgeschäften bewegt. In der Abbildung sind zwei Erfolgsmaße ausgewiesen, das absolute Betriebsergebnis (als Differenz der Betriebshandelsspanne und den gesamten Handlungskosten) und das Betriebsergebnis in Prozent des Umsatzes. Die letzte Kennzahl wird im Handel oft herangezogen, um den Erfolg von Unternehmungen unterschiedlicher Größenordnung oder aus

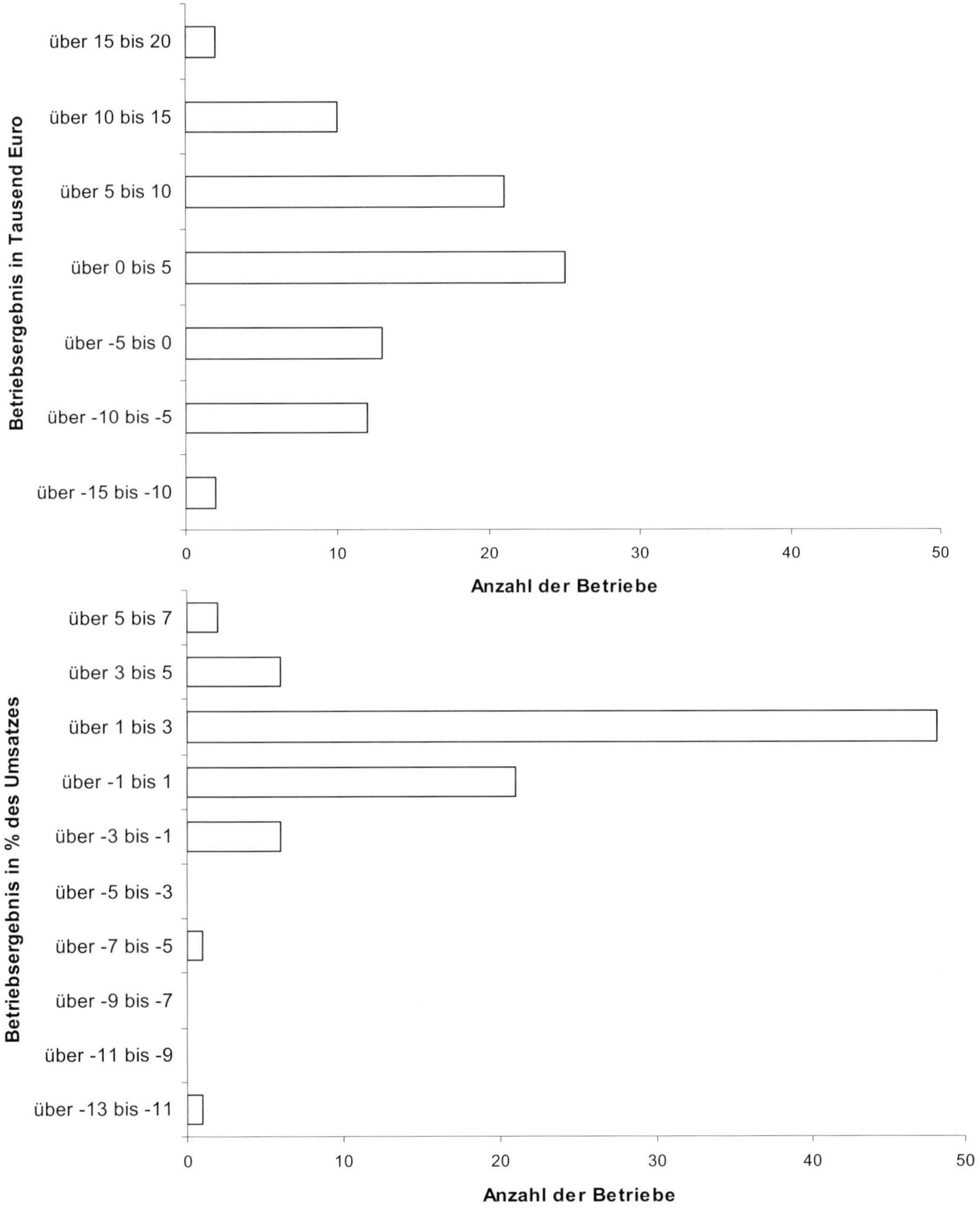

Quelle: Daten des Betriebsvergleichs des Instituts für Handelsforschung an der Universität zu Köln

Abb. 7.1: Betriebsergebnisse von Unternehmungen des Schuhfacheinzelhandels – absolut und in Prozent des Umsatzes (im Jahr 2006)

unterschiedlichen Branchen miteinander zu vergleichen. Die Abbildung zeigt zunächst, dass etwa 40 % der Unternehmungen ein negatives Ergebnis erzielen, einige wenige Unternehmungen erzielen dagegen ein Ergebnis von mehr als 5 % Umsatzrendite (Umsatzrenditen von mehr als 3 % werden im Einzelhandel bereits als überdurchschnittlich angesehen). Wenn auch später noch ausgeführt werden wird, dass der Erfolg eines Handelsunternehmens auch an anderen Größen festgemacht werden kann, so kann die Streuung des Betriebsergebnisses doch als Ausgangspunkt für die Frage verwendet werden, wovon der Erfolg eines Handelsunternehmens abhängig sein kann (vgl. auch Müller-Hagedorn 1993). So könnten Unterschiede im Einsatz der absatzpolitischen Instrumente für den unterschiedlichen Erfolg maßgebend sein, wie die folgenden Fragen verdeutlichen:

- Erfordert das Betreiben eines (überdurchschnittlich) erfolgreichen Geschäfts eine bestimmte Mindestverkaufsfläche? So könnte es sein, dass es sich bei den Händlern mit negativem Betriebsergebnis um Geschäfte mit einer kleineren Fläche handelt.
- Setzen erfolgreiche Geschäfte einen überdurchschnittlich oder einen unterdurchschnittlich hohen Warenbestand ein?
- Ist bei Geschäften mit einem negativen Ergebnis der Personaleinsatz zu hoch?
- Zeichnen sich erfolgreiche Geschäfte durch überdurchschnittliche Werbeausgaben aus?
- Ist die Standortlage maßgeblich für das positive Ergebnis verantwortlich?

Die Fragen lenken die Aufmerksamkeit auf Parameter der Marketingpolitik. Die Abbildung 7.2 stellt den mit Hilfe einer Regressionsanalyse ermittelten Zusammenhang zwischen dem Umsatz und dem Personaleinsatz im Schuheinzelhandel, der hier im Regelfall den größten Kostenblock ausmacht, für 207 (Jahr 2005) und 199 (Jahr 2006) Betriebe grafisch gegenüber. Die hohen Bestimmtheitsmaße von 96 % zeigen, dass sich die Betriebe relativ eng um die Regressionsgerade scharen. Die Regressionsanalyse postuliert zwar einen kausalen Zusammenhang zwischen den betrachteten Variablen, inhaltlich bleibt allerdings offen, ob der Umsatz so hoch ist, weil in entsprechendem Maße Personal eingesetzt wurde, oder ob der Personaleinsatz an den jeweiligen Umsatz angepasst wurde. Es wäre folglich voreilig, einem bestimmten Umsatz kausal einen bestimmten Personaleinsatz zuzuordnen.

Die Ursachen für den unterschiedlichen Erfolg können aber auch in anderen Bereichen der Unternehmenspolitik liegen. So ist es denkbar, dass schlechte Einkaufskonditionen oder hohe Logistikkosten für ein negatives Betriebsergebnis verantwortlich sind. Die Ursachen für den Unternehmenserfolg können also in unterschiedlichen Bereichen liegen, woraus die große Bandbreite der Erfolgsfaktoren resultiert. Sie wird weiter erhöht, wenn der Begriff Erfolgsfaktor nicht nur auf einzelne Unternehmensbereiche oder absatzpolitische Instrumente angewandt wird, sondern auf komplexere Konstrukte ausgeweitet wird, in denen sich beispielsweise die Führungsprinzipien des Unternehmens oder die Ausrichtung an bestimmten Interessengruppen widerspiegeln. So können die starke Verankerung der Innovationsfähigkeit in der Unternehmenskultur, die Flexibilität der Organisation oder die Markt- oder Mitarbeiterorientierung zu Faktoren entwickelt werden, auf denen der Wettbewerbsvorteil der Unternehmung basiert.

Wenn den Erfolgsfaktoren eine strategische Bedeutung beigemessen werden soll, so ist an die konstituierenden Merkmale von Wettbewerbsvorteilen zu erinnern. Sie müssen insbesondere selten, wertvoll und schwer imitierbar sein. Wenn folglich über den Einfluss einzelner Instrumente, z. B.

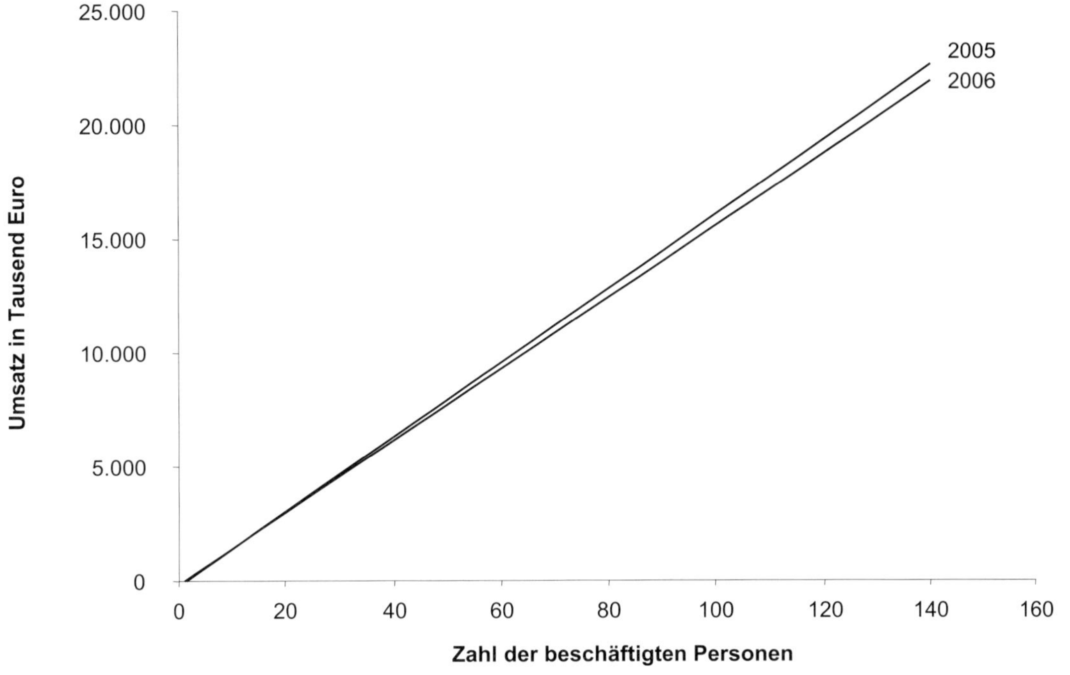

2005: Umsatz = -212 089 + 162 958 · Zahl der beschäftigten Personen (R^2 = 0,96)
2006: Umsatz = -174 978 + 157 501 · Zahl der beschäftigten Personen (R^2 = 0,96)

Quelle: Daten des Betriebsvergleichs des Instituts für Handelsforschung an der Universität zu Köln

Abb. 7.2: Die Beziehung zwischen Personaleinsatz und Umsatz im Schuheinzelhandel in den Jahren 2005 und 2006

der Verkaufsfläche oder der Zahl der Mitarbeiter, auf den ökonomischen Erfolg des Unternehmens diskutiert wird, ist im Zusammenhang mit Erfolgsfaktoren die Frage aufzuwerfen, inwiefern es sich um Instrumente handelt, die diesen Kriterien genügen. Des Weiteren ist zu berücksichtigen, dass bei Überlegungen zu konkurrenzbezogenen Maßnahmen nicht die absolute, sondern die relative Höhe der einzelnen Instrumente relevant ist.

Seit Beginn der achtziger Jahre folgten auf die industriebezogenen Untersuchungen verschiedene Studien, die handelsspezifische Aspekte zum Gegenstand haben (vgl. die zusammenfassenden Übersichten bei Kube 1991; Müller-Hagedorn/Greune 1992; Schröder 1994; Burmann 1995; vgl. zu einzelnen Aspekten auch Kalka 1996; Ortmann 1999; Janz 2004). Seit der umfassenden Studie von Patt (1988) im Bekleidungsfachhandel stehen aber nicht nur Großunternehmen des Einzelhandels im Mittelpunkt der Untersuchungen, sondern verstärkt auch mittelständische Betriebe, für die strategische Überlegungen zunehmend an Bedeutung gewinnen.

In der Erfolgsfaktorenforschung können die folgenden Elemente unterschieden werden:

- Erfolgsgrößen und Erfolgsfaktoren,
- Theorien, die erklären, welche Wirkungen von einzelnen Erfolgsfaktoren auf die Erfolgsgrößen ausgehen,
- Methoden, mit denen die Wirksamkeit einzelner Erfolgsfaktoren überprüft wird.

Auf diese Elemente wird im Folgenden eingegangen.

7.1.1 Erfolgsgrößen und Erfolgsfaktoren

Die Erfolgsfaktorenforschung betrachtet den Erfolg als abhängige Variable und wirft die Frage auf, von welchen Bestimmungsgrößen (Erfolgsfaktoren) dieser abhängig ist. Als Bestimmungsgrößen lassen sich zum einen Maßnahmen der Unternehmung (Aktionsparameter), zum anderen aber auch Umweltvariablen (z. B. eine bestimmte Marktstruktur oder bestimmte Verhaltensweisen der Konkurrenz) ansehen.

Der Erfolg

Nur auf den ersten Blick scheint es klar, was mit „Erfolg" (*performance*) gemeint ist. Nach einem formalen Kriterium lassen sich zunächst absolute und relative Erfolgsgrößen unterscheiden. Bei absoluten Größen ist etwa an den Umsatz, den Deckungsbeitrag, den Jahresüberschuss, den Bilanzgewinn, das betriebswirtschaftliche oder das steuerliche Betriebsergebnis zu denken. Bei relativen Erfolgsgrößen kann zum einen auf dieselben Größen aus einer Vorperiode Bezug genommen werden (z. B. Höhe des Betriebsergebnisses im Vergleich zum Vorjahr), oder es können andere Größen herangezogen werden (z. B. Umsatz bezogen auf die Verkaufsfläche). Auch wenn verschiedene Erfolgsgrößen zum Teil Abhängigkeiten aufweisen (z. B. Umsatz, Betriebsergebnis und Bilanzgewinn), so darf doch nicht grundsätzlich davon ausgegangen werden, dass sich einzelne Erfolgsfaktoren im Hinblick auf alle Erfolgsgrößen als relevant erweisen. Vielmehr ist es zweckmäßig, von Erfolgsfaktoren bezüglich einer bestimmten Erfolgsgröße zu sprechen. Die bisher vorliegenden Erfolgsfaktoren-Studien sind diesbezüglich noch wenig spezifiziert. Es ist allerdings zu beobachten, dass in der Erfolgsfaktorenforschung sehr unterschiedliche Erfolgsgrößen identifiziert werden. So lassen sich Studien etwa danach unterscheiden, ob sie rein umsatzbezogene Größen verwenden (absoluter Umsatz, Umsatzsteigerung, Marktanteil, Umsatz mit Neu-/Altkunden usw.) oder ob sie auch berücksichtigen, dass einzelne Maßnahmen mit unterschiedlichen Kosten verbunden sein können und folglich ergebnisbezogene Größen verwenden (z. B. Betriebsergebnis, Cashflow, Bilanzgewinn). Neben diesen finanzwirtschaftlichen Größen, die dem Rechnungswesen der Unternehmungen zu entnehmen sind, können aber auch Größen aus der Marktforschung herangezogen werden, wie z. B. das Image bei den Kunden, die Geschäftstreue, die Absicht, das jeweilige Geschäft in der Zukunft als bevorzugte Einkaufsstätte zu nutzen. Ebenso ist es denkbar, dass zunächst prozessbezogene Erfolgsgrößen (z. B. die Effizienz einzelner Logistikprozesse) als abhängige Variablen gewählt werden (vgl. Gautam/Barnay/Muhanna 2004). Das Spektrum der Erfolgsgrößen reicht also von wirtschaftlichen Erfolgsgrößen (z. B. Umsatz, Gewinn, Umsatzrendite) über markterfolgsbezogene (z. B. Zahl der Kunden, Kundenfrequenz, Kundendurchdringung) und psychologische Erfolgsgrößen (z. B. Bekanntheit, Einstellung, Zufriedenheit) bis hin zu prozessbezogenen Größen. In Anbetracht der Vielfalt der Erfolgsgrößen ist zu prüfen, ob die postulierten Erfolgsfaktoren alle oder nur einzelne Erfolgsgrößen beeinflussen. Insofern ist die Wahl der Erfolgsgrößen eine für die strategische Erfolgsfaktorenforschung wichtige Entscheidung.

Aktionsparameter und Umweltgrößen als Erfolgsfaktoren

Wenn die Frage aufgeworfen wird, wovon der Erfolg eines Handelsbetriebs abhängt, dann lassen sich leicht zahlreiche Einflussgrößen nennen, z. B. der richtige Standort, eine zielgruppenspezifische Werbepolitik, ein hinreichend tiefes Sortiment, eine konkurrenzfähige Preispolitik, geringer Konkurrenzdruck, ein ausreichendes Marktpotenzial, eine positive Konjunkturentwicklung, ein für die Branche günstiges politisches Umfeld, eine gute Zusammenarbeit mit der Industrie, fähiges und motiviertes Personal, eine moderate Lohnkostenentwicklung usw. Auf der einen Seite gewinnt man den Eindruck, dass ein erfolgreicher Handelsmanager alle Parameter beherrschen muss, auf der anderen Seite ist es plausibel, nicht allen Faktoren die gleiche Bedeutung beizumessen, sondern jene Faktoren zu erkennen, die unter bestimmten Rahmenbedingungen (z. B. in einer bestimmten Branche, einer bestimmten Betriebsform) einen starken Einfluss auf die Zielerreichung ausüben. Der Begriff Erfolgsfaktor wird häufig synonym mit einer Vielzahl anderer Begriffe verwendet. Es wird von strategischen Schlüsselfaktoren, strategischen Erfolgspositionen, Erfolgsdeterminanten oder kritischen Erfolgsfaktoren gesprochen. Trotz der begrifflichen Vielfalt ähnelt sich die dahinter stehende inhaltliche Intention, wie die beispielhaft ausgewählten Definitionen in Abbildung 7.3 zeigen. Die Autoren gehen bei der Definition von zentralen Einflussgrößen aus, die den Erfolg des Unternehmens entscheidend beeinflussen.

Quelle	Definition
Grimm (1983)	„Als strategische Faktoren werden diejenigen Elemente, Determinanten oder Bedingungen bezeichnet, die den Erfolg oder Misserfolg unternehmerischen Handelns (...) entscheidend beeinflussen“ und „die in der Umwelt des Unternehmens, aber auch im Unternehmen selbst wirksam sind.“
Patt (1988)	„Unter qualitativen strategischen Erfolgsfaktoren sind inhaltlich beschriebene und verallgemeinerte Unternehmensgrundsätze bzw. Grundtugenden unternehmerischen Handelns zu verstehen, die überdurchschnittliche Unternehmen von anderen unterscheiden. (...) Als quantitative strategische Erfolgsfaktoren werden hingegen Situationen, Elemente, Strukturen oder Leistungsfaktoren bezeichnet, die einen signifikanten Einfluß auf den Erfolg einer Unternehmung oder einer strategischen Geschäftseinheit ausüben.“
Müller-Stewens/ Lechner (2003)	„(...) einige wenige globale für jedes Unternehmen, jedes Geschäftsfeld gültige Einflussgrößen (...), die den Erfolg oder Misserfolg entscheidend mitbestimmen. Es sind quasi Gesetze über Zusammenhänge zwischen strategischen Alternativen und ihren Erfolgsaussichten.“

Abb. 7.3: Definitionen von Erfolgsfaktoren

Wie die Zitate belegen, stimmen die Definitionen weitgehend überein. Es geht jeweils um die Frage, was die erfolgreichen Unternehmen von anderen unterscheidet. Dabei verwenden die Autoren Begriffe, die es erlauben, eine Vielzahl von konkreten Sachverhalten dem verwendeten Oberbegriff zuzuordnen. Grimm (1983) weist zum Beispiel auf „Elemente, Determinanten oder Bedingungen" hin, womit er praktisch keinen denkbaren Einflussfaktor ausschließt. Grundsätzlich können sowohl Aktionsparameter als auch Umweltgrößen zu den Erfolgsfaktoren zählen. Die Wissenschaft nimmt sich der Frage an, welche Bedeutung einzelnen Faktoren zukommt, indem sie

- denkbare Einflussgrößen sammelt und systematisiert und
- ihren Einfluss auf den Erfolg zu ermitteln versucht.

Die Abbildung 7.4 vermittelt einen Überblick über denkbare Erfolgsfaktoren, wobei von zwei Hauptgruppen ausgegangen wird – Faktoren, die ein Handelsbetrieb über seine Geschäftspolitik selbst steuern kann, und sog. Umweltfaktoren. Bei den Elementen der Geschäftspolitik, die zu den Erfolgsfaktoren gezählt werden, wird zwischen den zwei Funktionsbereichen Marketing sowie Beschaffung und Logistik unterschieden. Wie bereits angesprochen, können darüber hinaus abstraktere Prinzipien zum Erfolgsfaktor werden, z. B. die Dezentralisierung von Entscheidungen oder die Schnelligkeit der Anpassung an Umweltveränderungen. Des Weiteren wird in Abbildung 7.4 darauf hingewiesen, dass Umweltfaktoren Erfolgsfaktoren darstellen können. So ist anzunehmen, dass ein eingeschränkter Wettbewerb oder schwache Konkurrenten zu hohen Renditen führen. Beiträge zur Marktstrukturanalyse haben bereits darauf aufmerksam gemacht, dass der Unternehmenserfolg von den Marktseitenverhältnissen abhängen kann. So ist es für einen großen Nachfrager bei den Konditionsverhandlungen von Vorteil, wenn er sich kleinen Anbietern gegenüber sieht.

Insgesamt werden einerseits sehr abstrakte, andererseits auch konkrete Größen zu den Erfolgsfaktoren gezählt. Meffert (1987, 1988b) nennt beispielsweise die folgenden relativ abstrakten Begriffe:

- Kreativität
- Systematik,
- Kontinuität,
- Flexibilität,
- Managementqualität,
- Mitarbeiter-Qualifikation und -Motivation und
- Unternehmenskultur.

Als Fortführung bzw. als Konkretisierung sind die von Eickhoff (1997, S. 225) empirisch im Bekleidungseinzelhandel ermittelten Faktoren anzusehen. Er nennt:

1. Flexibilität,
2. Eingehen von (Trend-)Risiken im Sortimentsbereich,
3. Sortiments- und Prognosekompetenz,
4. Entwicklung und Durchsetzung einer Vision,
5. Überbrückung vertikaler Schnittstellen zwischen Einkauf und Verkauf,
6. Überwindung beschaffungsseitiger Restriktionen,
7. Effizienz,

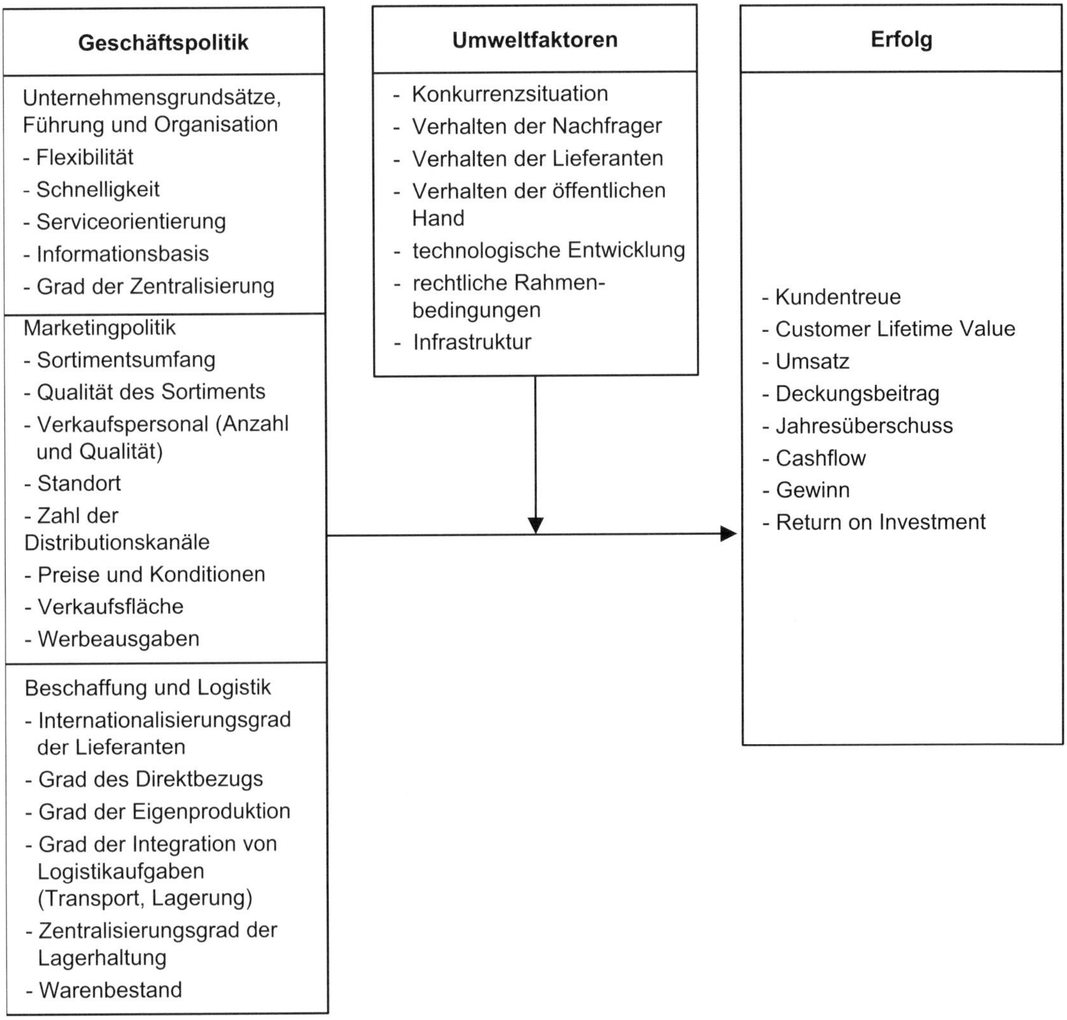

Abb. 7.4: Mögliche Bestimmungsfaktoren des Erfolgs im Handelsbetrieb

8. Systematik und Kontinuität,
9. Überwindung horizontaler Schnittstellen zwischen absatzpolitischen Funktionsbereichen,
10. Personifizierung und Entanonymisierung des Unternehmens.

Auch wenn bei der Geschäftspolitik in Abbildung 7.4 zwischen drei Bereichen differenziert wird, kommt den Unternehmensgrundsätzen eine besondere Bedeutung zu. Es ist davon auszugehen, dass sich die Unternehmensgrundsätze, denen eine starke strategische Rolle beizumessen ist, auf die zum Teil operativen Maßnahmen auswirken. So kann sich beispielsweise die Flexibilität als Unternehmensgrundsatz auf die Logistikstrukturen und -prozesse auswirken. Die Kundenorientierung als strategische Ausrichtung wird ihren Niederschlag in einzelnen absatzpolitischen Instrumenten finden.

7.1.2 Theorien der Erfolgsfaktorenforschung

Weiten Teilen der Erfolgsfaktorenforschung ist eigen, dass sie theorielos ablaufen. Das ist immer dann der Fall, wenn nur plausibel erscheinende Daten gesammelt werden und durch geeignete Auswertungen festgestellt wird, ob sich signifikante Zusammenhänge zeigen (statistische Zusammenhangsanalysen). Theoriebezogene Ansätze gehen weiter, indem sie nicht nur statistische Zusammenhänge aufzeigen, sondern indem sie substantielle Erklärungen liefern wollen. Wer Erfolgsfaktoren auf theoretischem Weg sucht, wird zu der Frage geführt, warum es überhaupt Unternehmungen gibt und unter welchen Umständen sie dauerhaft existieren können bzw. einen *sustained competitive advantage* erzeugen können. Es gibt zahlreiche theoretische Ansätze, mit denen der Erfolg erklärt werden kann. Sie konzentrieren sich auf unterschiedliche Einflussfaktoren (vgl. Jenner 1999), von denen drei sehr häufig aufgegriffen werden. Als erster ist die Koordinationsform mit Alternativen wie Markt, Hierarchie oder Netzwerk zu nennen. Die Diskussion wird häufig unter dem Begriff „Governance“ geführt. Eine zweite Gruppe von Beiträgen konzentriert sich auf die Einflüsse des Markts, auf dem das Unternehmen tätig ist. Drittens wird häufig die Ausstattung mit Ressourcen als Grundlage für den Erfolg diskutiert (vgl. Osterloh 2007).

Die Governance-Perspektive

1937 hat Coase (1937) den allerdings erst ab 1970 stark beachteten Beitrag „The Nature of the Firm“ veröffentlicht, in dem er die Frage nach dem zunächst vielleicht selbstverständlich erscheinenden Sachverhalt aufwirft, warum es überhaupt Unternehmungen gibt. Er macht darauf aufmerksam, dass in einem Wirtschaftssystem neben den Produktionskosten auch Transaktionskosten anfallen, also Kosten, die aufgewendet werden müssen, damit einzelne Wirtschaftssubjekte untereinander Kontakt aufnehmen können, Vereinbarungen treffen können, die Einhaltung dieser Vereinbarungen überwachen sowie gegebenenfalls anpassen können. Transaktionskosten erweisen sich in vielen Fällen als zentrale Bestimmungsgröße des Gewinns. Aus der Beobachtung, dass in Unternehmungen Produktions- und Transaktionskosten anfallen, folgen mithin zwei Basishypothesen für den Erfolg auch von Handelsunternehmungen. Jene Unternehmungen werden erfolgreich sein, denen es gelingt, die Höhe der Transaktionskosten zu reduzieren. Und jene Unternehmungen werden sich behaupten, denen es gelingt, die Produktionskosten zu senken. Beide Basishypothesen sind noch sehr abstrakt und bedürfen der Konkretisierung. Dabei ist zu fragen, welche Kosten konkret in einem Betrieb zu den Produktions- und welche zu den Transaktionskosten zu zählen sind (vgl. Toporowski 2000) und von welchen Kostenbestimmungsfaktoren (bzw. -treibern) beide Kostengruppen abhängen. Wie auch immer Transaktionskosten abgegrenzt werden, klar ist, dass im Handel den Transaktionskosten besondere Aufmerksamkeit zukommen muss (vgl. zur Einschaltung des Handels Kapitel 3). Einige Beispiele sollen verdeutlichen, wie aus dem Transaktionskostenansatz konkrete Hypothesen für eine Erfolgsfaktorenforschung im Handel abgeleitet werden können:

- Je zentralistischer Verbundgruppen und Franchisesysteme geführt werden, umso geringer sind die Transaktionskosten.
- Mit der Dauer der Kooperation zwischen Industrie und Handel sinken die Transaktionskosten spürbar.

- Transaktionskosten sind für den Erfolg einer Handelsunternehmung umso bedeutender, je zahlreicher die Lieferanten und Kunden sind.

Dennoch ist nur vereinzelt zu beobachten, dass das Gedankengebäude der Transaktionskostentheorie zur Ableitung von Hypothesen für die Erfolgsfaktorenforschung genutzt wird (vgl. Mattmüller/Tunder 1999). Häufig wird dabei auf die sog. Vertikalisten (wie z. B. das spanische Textilunternehmen Inditex mit der Vertriebsschiene Zara) verwiesen, die mehrere Stufen der Wertschöpfungskette steuern und so vermutlich in der Lage sind, Transaktionskosten einzusparen. Auch von Discountern wie ALDI ist bekannt, dass sie mit vielen Lieferanten langfristige Verträge unterhalten und damit ebenfalls Einfluss auf die Höhe der Transaktionskosten nehmen. Abgesehen von der Schwierigkeit, die Transaktionskosten im konkreten Fall zu ermitteln, liegt ein zentrales Problem der Transaktionskostentheorie in dem Umstand, dass die Unterschiedlichkeit der erstellten Leistung nicht explizit erfasst wird (vgl. die Ausführungen in Kapitel 3).

Der market-based-view

Die Transaktionskostentheorie betrachtet die Beziehungen einer Unternehmung zu ihren Partnern unter einer Kostenperspektive und vergleicht dabei die Optionen der marktlichen und der hierarchischen Koordinationsform miteinander. Werden die Marktgegebenheiten als Einflussgröße analysiert, so wird auch vom *market-based-view* gesprochen. Hier ist der Ansatz von Porter (2008) zu nennen, der fünf Faktoren der Wettbewerbsintensität in einer Branche besonders hervorhebt:

- Verhandlungsstärke der Abnehmer,
- Verhandlungsstärke der Lieferanten,
- Konkurrenz zwischen den derzeitigen Wettbewerbern,
- Bedrohung durch das Eintreten neuer Konkurrenten in den Markt,
- Bedrohung durch Ersatzprodukte bzw. -leistungen.

Nur mit einer günstigen Positionierungspolitik des Unternehmens gegenüber seinen Konkurrenten ist nachhaltiger Erfolg möglich. Wichtige Quellen für Erfolg können Leistungsdifferenzierung und Marktmacht sein (vgl. Stoelhorst/Raaij 2004).

Der ressourcenorientierte Ansatz

Während eine Analyse nach dem *market-based-view* die Gegebenheiten außerhalb einer Unternehmung in den Fokus der Betrachtung rückt, lenkt die Kompetenzperspektive den Blick auf die unternehmensspezifischen Ressourcen (*resource-based-view*). Unternehmen sind nicht deshalb erfolgreich, weil sie in Branchen oder auf Märkten mit bestimmten Eigenschaften agieren, sondern weil sie über einzigartige und wertvolle Ressourcenbündel verfügen (vgl. Barney 1997). Erfolgsunterschiede zwischen Unternehmungen werden folglich mit Unterschieden in der Ressourcenausstattung erklärt (zu einer Darstellung des Ansatzes, insbesondere zu einem Überblick über Ressourcen, vgl. Bongartz 1997). Ressourcen werden dabei wie folgt definiert (Barney 2007, S. 133):

„Firm resources are all assets, capabilities, competencies, organizational processes, firm attributes, information, knowledge, and so forth, that are controlled by a firm and that enable the firm to conceive of and implement strategies designed to improve its efficiency and effectiveness."

Erfolgsbestimmende Ressourcen haben folgende Eigenschaften. Sie sind nicht handelbar oder können nur mit hohen Kosten von einem Unternehmen auf ein anderes transferiert werden, ergeben sich durch die jeweiligen Entwicklungspfade eines Unternehmens und können leichter erworben werden, wenn bereits ein gewisser Bestand dieser Ressourcen im Unternehmen existiert. Andere (vgl. Barney/Wright/Ketchen 2001, S. 625; Müller-Stewens/Lechner 2003, S. 223) weisen darauf hin, dass Ressourcen dann den Erfolg ermöglichen können, wenn

- sie schwer zu imitieren sind,
- nicht substituiert werden können,
- selten (knapp) und
- wertvoll sind.

Bamberger und Wrona (1996) greifen die Einteilung der Ressourcen in physische, intangible und finanzielle Ressourcen auf und charakterisieren sie nach Kapazität, Flexibilität und Abnutzbarkeit. Barney (2001) hat das Grundmodell um die Rolle der Organisation erweitert, weshalb er vom VRIO-Modell (Value, Rarity, Imitation, Organization) spricht.

Es liegt bislang kein geschlossenes System von Aussagen vor, mit denen abgeleitet werden könnte, wann Handelsunternehmungen mit einzelnen Ressourcen besonders erfolgreich sein können. Beispiele sollen die Plausibilität dieses Ansatzes belegen:

- Je intensiver der Wettbewerb und je komplexer die Kundenstruktur ist, desto erfolgreicher sind jene Unternehmungen, die über wissensbasierte Systeme zur Steuerung der Geschäftspolitik verfügen.
- Kaufhäuser mit 1a-Standorten werden sich mit der wachsenden Bedeutung des Standorts für die Imagebildung beim Kunden gegen andere Kaufhäuser durchsetzen, die nicht über solche Standorte verfügen.

Der ressourcenbasierte Ansatz betont, dass der Erfolg eines Unternehmens in seiner Fähigkeit begründet liegt, die ihm zur Verfügung stehenden Ressourcen, Fertigkeiten und Fähigkeiten marktgerecht zu koordinieren. Die formulierten Hypothesen bringen also zum Ausdruck, dass die Ressourcenausstattung für den Erfolg verantwortlich sein kann. Auch das Wissen der Mitarbeiter (z. B. über Besonderheiten der Kunden) oder gute Beziehungen zu Wirtschaftspartnern werden als Beispiele für sog. immaterielle Wirtschaftsgüter (*intangible assets*) genannt (vgl. Hoffman 2000). Der ressourcenbasierte Ansatz stellt also nicht auf alle in einer Unternehmung benötigten Ressourcen (Produktionsfaktoren) ab, sondern nur auf jene, mit denen sich eine Unternehmung von anderen unterscheiden kann und die die oben genannten weiteren Eigenschaften aufweisen. Die eingesetzten Ressourcen müssen sich an der Konfiguration der Beschaffungs- und Absatzmärkte ausrichten (vgl. Rasche/Wolfrum 1994, S. 503). Da diese doppelte Orientierung für den Handel von herausragender Bedeutung ist, vermuten Möhlenbruch und von Wichert (2001, S. 58), dass der ressourcenorientierte Ansatz für den Handel in besonderer Weise geeignet sein könnte, Wettbewerbsvorteile abzuleiten. Allerdings wurde auch der Vorwurf formuliert, bei dem *resource-based-view* handele es sich um eine Tautologie, denn wenn Ressourcen nicht substituiert werden könnten, knapp und wertvoll seien, dann müssten sie logischerweise Wettbewerbsvorteile verschaffen. Eine empirische Überprüfung sei nicht angezeigt, denn die Folge sei schon in ihrer Definition vorausgesetzt (vgl.

Priem/Butler 2001). Bei der Verwendung des ressourcenorientierten Ansatzes ist mithin darauf zu achten, dass die Aussagen so formuliert werden, dass sie auch falsifizierbar sind (vgl. Barney 2001; Lüdeke/Biedermann/Thiele et al. 2006). Im Handel ist es durchaus vorstellbar, dass der Erfolg an einzelne Ressourcen gekoppelt ist, so z. B. bestimmte Standortlagen oder bestimmte Managementfähigkeiten (vgl. Abschnitt 7.2). Von besonderer Relevanz kann dieser Ansatz auch in der Internationalisierungspolitik eines Unternehmens werden. Denn dort ist zu fragen, warum ein Unternehmen aus einem fremden Land erfolgreicher sein sollte als ein Unternehmen, das auf seinem Heimatmarkt agiert.

Es verwundert nicht, dass beide Ansätze inzwischen auch integriert werden. Eine Erweiterung stellen auch jene Ansätze dar, die die Zusammenhänge zwischen Potenzialen, Prozessen und den Ergebnissen modellieren (vgl. Nachum 1999). Auch in diesem Ansatz wird den Differenzen in den Leistungen der einzelnen Unternehmungen wenig Aufmerksamkeit geschenkt.

In dem Ansatz von Feurer und Chaharbaghi (1994) werden sowohl Kunden als auch Kapitalgeber explizit berücksichtigt. Dabei wird die Wettbewerbsfähigkeit auch durch die Bewertung der Unternehmensleitung aus Kundensicht und durch die Einschätzung der Gewinnpotenziale aus der Sicht möglicher Anteilseigner (*shareholder*) bestimmt. Die Marktorientierung wird deutlich, wenn Feurer und Chaharbaghi (1994, S. 50) schreiben:

„*An organization is competitive in the eyes of its customers if it is able to deliver a better value when compared with its competitors.*“

Der Customer Value wird dabei durch das Verhältnis von empfundenem Nutzen und den aufzuwendenden Kosten bestimmt.

Die Ansätze der Erfolgsfaktorenforschung lenken die Aufmerksamkeit auf unterschiedliche Einflussgrößen. Trotz der Vielfalt ist zu fragen, ob nicht bestimmte Faktoren, die sich in Erhebungen nur begrenzt messen lassen (z. B. die Fähigkeiten der Mitarbeiter) in zu geringem Maße beachtet worden sind. Auch ist nicht zu übersehen, dass die Operationalisierung einzelner abstrakter Größen, wie z. B. Marktorientierung, Unternehmergeist, Verantwortung, trotz intensiver Bemühungen um Validität und Reliabilität, weiterhin ein Problem darstellt. Auch kann man nicht davon ausgehen, dass die einzelnen Faktoren additiv wirken, sondern es ist vielmehr plausibel, dass der Einsatz einzelner Faktoren in bestimmter Kombination Synergieeffekte auslösen kann. Schließlich ist zu berücksichtigen, dass sich im Zeitablauf viele Größen ändern können und sich somit auch die Bedeutung einzelner Faktoren ändern kann. Trotzdem bleibt der Eindruck, dass einzelne Faktoren eine herausragende Bedeutung für den Erfolg eines Unternehmens besitzen.

7.1.3 Methoden der Erfolgsfaktorenforschung

In der Erfolgsfaktorenforschung kommen unterschiedliche Methoden zum Einsatz. So können einerseits fallstudienartig ausgewählte Unternehmungen untersucht werden, andererseits können auf der Basis von internen oder externen Daten systematisch grundlegende Zusammenhänge analysiert werden. Dabei ist der Einsatz unterschiedlicher Instrumente möglich. Auf die wichtigsten Methoden wird im Folgenden eingegangen.

7.1.3.1 Analyse einzelner erfolgreicher Unternehmungen

Bei einer historisch induktiven Verfahrensweise wird gefragt, was einzelne, als sehr erfolgreich bekannte Unternehmen von anderen Unternehmen unterscheidet. So wird z. B. bei ALDI auf die Reduktion der Komplexität, bei IKEA auf die neuartige Sortimentsidee und das neuartige Vertriebskonzept hingewiesen. Diese Vorgehensweise ist durch die Untersuchung von Peters und Waterman (2003) bekannt und populär geworden, deren Buchtitel „Auf der Suche nach Spitzenleistungen: Was man von den bestgeführten US-Unternehmen lernen kann" das Untersuchungsprogramm prägnant zum Ausdruck bringt. Zwar versuchen die Autoren aus den einzelnen Beispielen generelle und allen erfolgreichen Unternehmen gemeinsame Erfolgsfaktoren abzuleiten, aber der Nachweis der Erfolgswirksamkeit kann theoretisch nicht befriedigen. Der Katalog von acht Erfolgsfaktoren (vgl. Peters/Waterman 2003, S. 36–39) zeigt, wie umfassend ihre Sicht angelegt ist, wenn sie folgende Merkmale fordern:

- Primat des Handelns,
- Nähe zum Kunden,
- Freiraum für Unternehmertum,
- Produktivität durch Menschen,
- sichtbar gelebtes Wertsystem,
- Bindung an das angestammte Geschäft,
- einfacher, flexibler Aufbau,
- straff-lockere Führung.

Die Geschichte hat allerdings gezeigt, dass sich bei einigen der von Peters und Waterman angeführten Unternehmungen ernsthafte wirtschaftliche Schwierigkeiten ergeben haben.

7.1.3.2 Regressionsanalysen auf der Basis von Daten aus dem Rechnungswesen

Eine zweite Gruppe von Studien, die sich mit der Frage nach Treibern des Unternehmenserfolgs beschäftigen, greift auf relativ leicht quantifizierbare Daten zurück, die vor allem dem Rechnungswesen der Unternehmen entstammen, und versucht, auf der Grundlage von Plausibilitätsüberlegungen Aussagen zur Wirksamkeit einzelner Faktoren zu gewinnen. Die Studien gehen z. B. der Frage nach, inwieweit mit einer Erhöhung des Werbebudgets oder der Verkaufsfläche der Umsatz gesteigert werden kann. Dabei bedient man sich der einfachen oder multiplen Regressionsanalyse. Müller-Hagedorn und Bekker (1994) wenden die Regressionsanalyse an und zeigen, wie die Daten aus Betriebsvergleichen von Handelsunternehmen genutzt werden können, um Informationen über die Wirksamkeit einzelner Parameter zu erhalten. Es handelt sich um Größen, die im Rechnungswesen der Unternehmung verankert sind, wie z. B.:

- Größe der Verkaufsfläche,
- Warenbestand,
- Werbungskosten und
- Einsatz von Verkaufspersonal.

Die Frage, wie sich die Variation eines absatzpolitischen Instruments auswirkt, sei am Beispiel des Zusammenhangs zwischen Verkaufsfläche und Umsatz im Sortimentsbuchhandel dargestellt (vgl. Müller-Hagedorn/Greune 1992). Dabei sind mehrere Fragen zu beantworten: Gibt es eine Mindestgröße für erfolgreiche Betriebe? Steigt der Umsatz mit der Betriebsgröße kontinuierlich an, oder entspricht die Umsatzentwicklung dem von Porter (2008, S. 79–82) für den Zusammenhang von Marktanteil und Rentabilität formulierten u-förmigen Kurvenverlauf? Zwei Fragen sind also von großem Interesse, und zwar inwieweit sich solche Aussagen empirisch bestätigen lassen und wie sie theoretisch zu erklären sind. Die positive Beziehung zwischen Fläche und Umsatz wird überwiegend damit begründet, dass bei größer werdender Verkaufsfläche die Wahrscheinlichkeit steigt, dass der Verbraucher den von ihm gesuchten Artikel im Sortiment vorfinden wird. Dem steht allerdings entgegen, dass damit der zeitliche Aufwand für die Suche des gewünschten Artikels steigen kann. Auch wird sich das Interesse der Verbraucher, unter mehreren Varianten eines Produkts wählen zu können, unterscheiden, was wahrscheinlich wiederum von der Produktgruppe abhängt. Zudem ist der Zusammenhang zwischen Verkaufsfläche und Sortimentsbreite/-tiefe nicht zwingend. Insgesamt sind die theoretischen Begründungen nicht eindeutig, so dass das Interesse meist empirischen Wirkungsanalysen gilt, ohne dass die theoretischen Gründe für bestimmte Verlaufsformen detailliert dargelegt werden.

Obwohl die empirischen Untersuchungen in verschiedenen Branchen, in verschiedenen Regionen und in verschiedenen Betriebsformen durchgeführt wurden, weisen die Ergebnisse in die gleiche Richtung und stützen die Hypothese, dass die Betriebsgröße (Geschäftsfläche bzw. Verkaufsfläche) einen positiven Einfluss auf den Umsatz hat. Kube (1991, S. 115) hat in übersichtlicher Form die Ergebnisse vorliegender Untersuchungen im Rahmen eine Metaanalyse zusammengestellt. Er registriert in den Studien Bestimmtheitsmaße von 0,60 bis 0,88, die sich im Regelfall als hochsignifikant erweisen. Die Regressionsanalyse sei im Folgenden an einer eigenen Auswertung von Daten aus dem Betriebsvergleich für Sortimentsbuchhandlungen erläutert.

Abbildung 7.5 verdeutlicht in graphischer Form am Beispiel von 411 Buchhandlungen, welche Verkaufsfläche sie einsetzen und welchen Umsatz sie auf ihrer Fläche erzielen. So gibt es z. B. eine Buchhandlung mit rund 960 qm Verkaufsfläche und einem Umsatz von rd. 9,5 Mio. DM, eine andere erzielt auf 230 qm Verkaufsfläche etwas mehr als 2 Mio. DM Umsatz. Die in der Abbildung 7.5 enthaltenen zahlreichen Einzelwerte lassen sich mit Hilfe der Korrelations- und Regressionsanalyse auswerten. Die ermittelten Werte stellen sich wie folgt dar:

Korrelationskoeffizient:	$R = 0{,}77$
Bestimmtheitsmaß:	$R^2 = 0{,}59$
Regressionsfunktion:	Umsatz = 450 750 + 9 310 · Verkaufsfläche

Der Korrelationskoeffizient weist auf einen relativ engen Zusammenhang zwischen Verkaufsfläche und Umsatz hin. Dies weckt Zweifel an der verschiedentlich geäußerten Behauptung, die Situation sei bei jedem Betrieb anders. Die Regressionsgerade ist einfach zu interpretieren – der Regressionskoeffizient von 9 310 besagt, dass sich durchschnittlich mit jedem zusätzlichen Quadratmeter Verkaufsfläche der Sockelumsatz von 450 750 DM um 9 310 DM erhöht.

Allerdings sind die zweidimensionalen Betrachtungen der einfachen Regressionsanalyse mit Problemen behaftet. So erfasst die einfache Regression nur den Einfluss einer unabhängigen Variablen

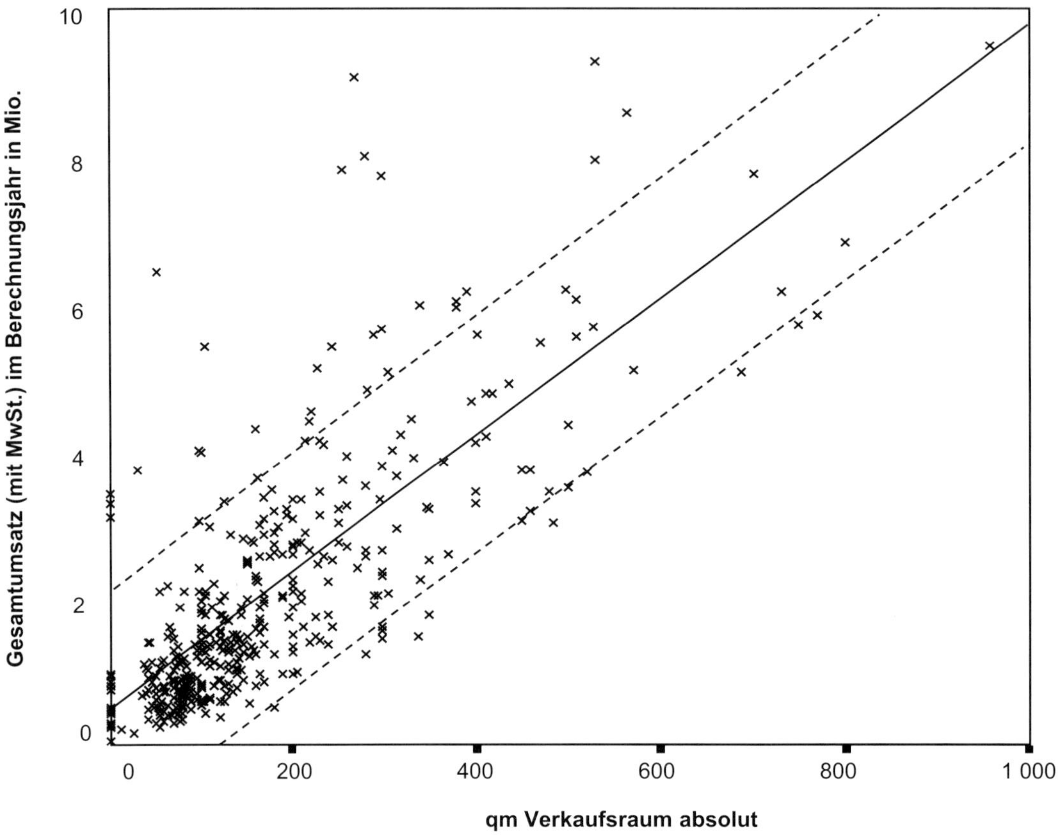

Quelle: Müller-Hagedorn/Greune 1992, S. 126

Abb. 7.5: Der Umsatz von Sortimentsbuchhandlungen in Abhängigkeit von der Verkaufsfläche

und blendet die mögliche Wirkung weiterer Größen aus. Es ist nicht auszuschließen, dass es Variablen gibt, die eine stärkere Wirkung ausüben. Führt man eine multiple Regressionsanalyse durch, um dies zu überprüfen, besteht die Gefahr von Multikollinearität, was die Interpretation der Ergebnisse erschwert.

Die interessierende Erfolgsgröße ist im Realfall nicht additiv von einzelnen Einflussgrößen abhängig, sondern die Einflussgrößen interagieren in ihrer Wirkung. Formal lässt sich eine paarweise Multikollinearität an den Korrelationskoeffizienten der Einflussgrößen ablesen. In der untersuchten Branche sind die Korrelationen zwischen den einzelnen Variablen, die den Einsatz der absatzpolitischen Instrumente widerspiegeln, beträchtlich (vgl. Abbildung 7.6). Da die Preispolitik wegen der im Buchhandel vorherrschenden vertikalen Preisbildung vernachlässigt werden kann, werden Angaben zu fünf Bereichen herangezogen. Die Größe des Verkaufsraums wird in Quadratmetern angegeben, der Personaleinsatz wird mit Hilfe der Gesamtzahl der in der Buchhandlung beschäftigten Personen repräsentiert, wobei unterstellt wird, dass diese Personen überwiegend im Verkauf tätig sind, die Sortimentstiefe und -breite werden näherungsweise mit dem Warenbestand angegeben (zu Bilanzwerten), als Werbung zählen einschlägige Ausgaben während eines Jahres und schließlich wird das Niveau der Geschäftsausstattung über die Abschreibungen auf das Inventar erfasst.

Die Multikollinearität, die durch die Korrelationen in Abbildung 7.6 bestätigt wird, verbietet es, die Regressionsfunktion so zu interpretieren, als ob der einzelne Regressionskoeffizient die zu erwartende Umsatzsteigerung angäbe, die sich bei einer partiellen Veränderung der Einflussgröße voraussichtlich einstellen würde. Vielmehr ist davon auszugehen, dass auch die anderen Einflussgrößen verändert werden müssen, um eine Umsatzveränderung erzielen zu können. Da sich die Betriebskonzepte der Buchhandlungen zu ähneln scheinen, kann wahrscheinlich von komplementären Beziehungen zwischen den Instrumenten ausgegangen werden. Das hieße dann z. B., dass mit einer Erweiterung der Verkaufsfläche auch der Warenbestand ansteigt und sich die Zahl der eingesetzten Personen erhöht. Aber andererseits sind auch substitutive Beziehungen denkbar, etwa derart, dass mit anwachsender Verkaufsfläche die Werbeausgaben oder der Personaleinsatz im Verkaufsbereich reduziert werden können. In jedem Fall erscheint es sinnvoll, die Betriebspolitik als Vektor zu verstehen und zu prüfen, wie sich der Erfolg verändert, wenn von einer Vektorkonstellation zu einer anderen übergegangen wird.

Dennoch sind multiple Regressionsanalysen auch bei Vorliegen von Multikollinearität nicht nutzlos, zeigen sie doch, inwieweit die Varianz der abhängigen Variablen durch die unabhängigen Variablen erklärt werden kann. Auswertungen der Daten der Sortimentsbuchhandlungen offenbaren eine überraschend hohe Varianzaufklärung. Mit dem Umsatz als abhängige Variable und dem Personaleinsatz und der Werbung als unabhängigen Variablen ergeben sich folgende Werte:

Multipler Korrelationskoeffizient: $R = 0{,}96$
Bestimmtheitsmaß: $R^2 = 0{,}92$
Regressionsfunktion: Umsatz = 81 147 + 186 502 · beschäftigte Personen + 7,92 Werbeausgaben

	Verkaufs-raum	Personal-einsatz	Waren-bestand	Werbung	Geschäfts-ausstattung
Verkaufs-raum	-	0,78	0,78	0,63	0,62
Personal-einsatz	-	-	0,87	0,70	0,61
Waren-bestand	-	-	-	0,61	0,56
Werbung	-	-	-	-	0,60
Geschäfts-ausstattung	-	-	-	-	-

Signifikanz für alle Koeffizienten: 0,001
Geringste Zahl der Fälle bei paarweiser Korrelation: 292

Quelle: Müller-Hagedorn/Greune 1992, S. 127

Abb. 7.6: Korrelationen zwischen Indikatoren der Absatzpolitik im Sortimentsbuchhandel

Einfache Regressionsgleichungen können zu weiteren Interpretationen genutzt werden, die als vertikale und horizontale Analyse bezeichnet werden. Die vertikale Analyse bezieht sich auf Betriebe mit gleicher, die horizontale Analyse auf solche mit unterschiedlicher Ausprägung der unabhängigen Variablen.

Die vertikale Analyse (Kontrolle)

Mit Hilfe der vertikalen Analyse kann jeder Betrieb feststellen, ob es Betriebe mit einer vergleichbaren Verkaufsfläche, aber deutlich anderen Umsätzen gibt. In diesem Sinne sind in Abbildung 7.5 drei Zonen gebildet worden: In der obersten Zone befinden sich die Betriebe, die auf ihrer Verkaufsfläche besonders gute Ergebnisse erreichen, in der unteren Zone sind die Betriebe angesiedelt, die auf ihrer Verkaufsfläche vergleichsweise schwache Ergebnisse erzielen. Um die eingezeichnete Mittellinie herum befinden sich Betriebe mit einem mittleren Ergebnis. Insofern liefert die Darstellungsmethode verkaufsflächenspezifische Soll-Umsätze, die im Rahmen der Kontrolle verwendet werden können.

Die horizontale Analyse (Planung)

Durch eine horizontale Analyse werden sog. *what-if*-Prognosen ermöglicht, also Schätzungen, wie sich der Umsatz voraussichtlich ändert, wenn die Verkaufsfläche vergrößert oder verkleinert würde. Bei horizontalen Analysen richtet sich das Interesse folglich auf die Verhältnisse bei andersartigen Betrieben. So erlaubt die Abbildung 7.5 auch der Frage nachzugehen, ob Betriebe mit relativ großer Verkaufsfläche überproportional hohe Umsätze erzielen oder ob umgekehrt Betriebe mit vergleichsweise kleiner Verkaufsfläche deutlich schlechter abschneiden.

Wenn ein Betrieb mit der vertikalen Analyse feststellt, dass seine Ergebnisse im Vergleich mit anderen relativ ungünstig sind, wird er fragen, ob die Ursachen hierfür in seiner Betriebspolitik liegen und ob er mit einer Variation seiner Parameter, z. B. dem Warenbestand oder der Werbung, imstande sein wird, das Ergebnis zu verbessern. Hierzu wird er dann weitere Beziehungen der oben dargestellten Art, also Umsatz in Abhängigkeit vom Personaleinsatz, Umsatz in Abhängigkeit von den Werbekosten, Umsatz in Abhängigkeit vom Warenbestand, analysieren.

Abbildung 7.5 kann folglich als einfaches und schnell zu erfassendes Diagnoseinstrument genutzt werden, weil sie – nachdem der eigene Betrieb identifiziert ist – schnell erkennen lässt, wie gut der eigene Betrieb relativ zu vergleichbaren Betrieben dasteht und welche Beziehung zwischen dem Parameter des Betriebs und der Erfolgsgröße besteht (lineare, degressive, progressive Beziehung).

Allerdings sind mit dem verwendeten Verfahren der Regressionsanalyse auch Probleme verbunden. Insbesondere ist der Frage nachzugehen, ob Veränderungen der abhängigen Größe tatsächlich kausal einer Einflussgröße zugerechnet werden dürfen. Ein signifikanter linearer Zusammenhang zwischen dem Marketing-Instrument Verkaufsfläche und der Erfolgsgröße Umsatz macht deutlich, mit welchen Wirkungen bei einer Erhöhung der Verkaufsfläche gerechnet werden kann. Gleiches gilt für die multiple Regressionsanalyse mit weiteren unabhängigen Variablen, wie z. B. „beschäftigte Personen“ und „Werbeausgaben“. Damit erhält ein Handelsmanager den Hinweis, dass er mit den genannten Instrumenten den Umsatz des Handelsunternehmens signifikant beeinflussen kann. Ob die untersuchten unabhängigen Variablen als Erfolgfaktoren im engen Sinne zu interpretieren sind, hängt auch davon ab, ob der Umsatz als geeigneter Indikator des Erfolgs anzusehen ist. Die

Erfolgsfaktorenforschung bezieht sich häufig auf Rentabilitätsziele. In dem vorliegenden Fall müsste folglich zumindest geprüft werden, welche Kostenwirkungen von einer Veränderung der unabhängigen Variablen ausgehen. Zum anderen ist die Frage zu diskutieren, inwieweit es sich bei den Instrumenten um knappe und wertvolle Ressourcen handelt, die nicht auch von den Konkurrenten eingesetzt werden können. So ist die Größe des Verkaufsraums hinsichtlich ihres Beitrags zum Wettbewerbsvorteil eines Unternehmens unterschiedlich zu beurteilen, je nachdem, ob die Ressource Verkaufsfläche knapp ist oder nicht. So ist es einerseits denkbar, dass ein Unternehmen über eine große Verkaufsfläche in einer entsprechenden Standortlage verfügt und zugleich der Konkurrenz der Zugang zu vergleichbaren Flächen verwehrt bleibt. Andererseits ist es aber auch denkbar, dass entsprechende Verkaufsflächen zugänglich sind und von jedem interessierten Unternehmen angemietet werden können. Während im ersten Fall die Knappheit der Ressource zu einem dauerhaften Wettbewerbsvorteil führen kann und damit die Verkaufsfläche einen zentralen Erfolgsfaktor darstellt, lässt sich im zweiten Fall der Vorteil seitens der Konkurrenz leicht nivellieren.

7.1.3.3 Komplexe Ansätze der Erfolgsfaktorenforschung

Schließlich ist in einigen Ansätzen versucht worden, auch Einflussfaktoren einzubeziehen, die selbst nur über mehrere Indikatoren abgebildet werden können und untereinander und zu der oder den abhängigen Größen in einer vernetzten Beziehung stehen. Untersuchungen dieser Art werden in der Form von Strukturgleichungsmodellen konzipiert und mit Hilfe der Programme LISREL (vgl. Patt 1988; Burmann 1995) oder AMOS gelöst. Der Übergang von der einfachen zur multiplen Regressionsanalyse macht deutlich, dass die einem Einflussfaktor zugeordneten Wirkungskoeffizienten auch davon abhängen können, welche weiteren Einflussfaktoren in die Analyse einbezogen werden. Solche Überlegungen führen zu komplexen Modellen (vgl. beispielhaft das in Abbildung 7.7 dargestellte Modell von Patt).

Es kommt hinzu, dass sowohl der Erfolg als auch seine Bestimmungsfaktoren als Konstrukte definiert sein können, d. h. als Größen, deren Messung mehrerer Indikatoren bedarf, weil ein Indikator allein den Sachverhalt nicht hinreichend oder nicht fehlerfrei abbildet. So ist es relativ problemlos, die Flächenproduktivität als Umsatz pro qm Verkaufsfläche zu messen, eine Größe wie z. B. „Qualität des persönlichen Verkaufs" bedarf aber mehrerer Indikatoren. Berücksichtigt man, dass im Regelfall jede einzelne in Abbildung 7.7 aufgeführte Größe durch mehrere Messgrößen erfasst wird, ergibt sich ein komplexes System von Beziehungen.

Bei dem zur Berechnung der Koeffizienten häufig herangezogenen LISREL-Verfahren werden verschiedene Typen von Beziehungen unterschieden (vgl. Backhaus/Erichson/Plinke et al. 2006, S. 337–424); sie werden im Folgenden anhand eines konstruierten Beispiels (vgl. dazu Abbildung 7.8) erläutert:

1. Hypothesen des sog. Strukturmodells: Diese Hypothesen entsprechen den in Abbildung 7.8 vermuteten Wirkungsbeziehungen zwischen den abhängigen Erfolgsgrößen und ihren Bestimmungsfaktoren, z. B.:

H_1: *Je niedriger das Preisniveau, desto höher ist der Umsatz.*

H_2: *Je wirtschaftlicher der Personaleinsatz, desto besser ist das wirtschaftliche Ergebnis.*

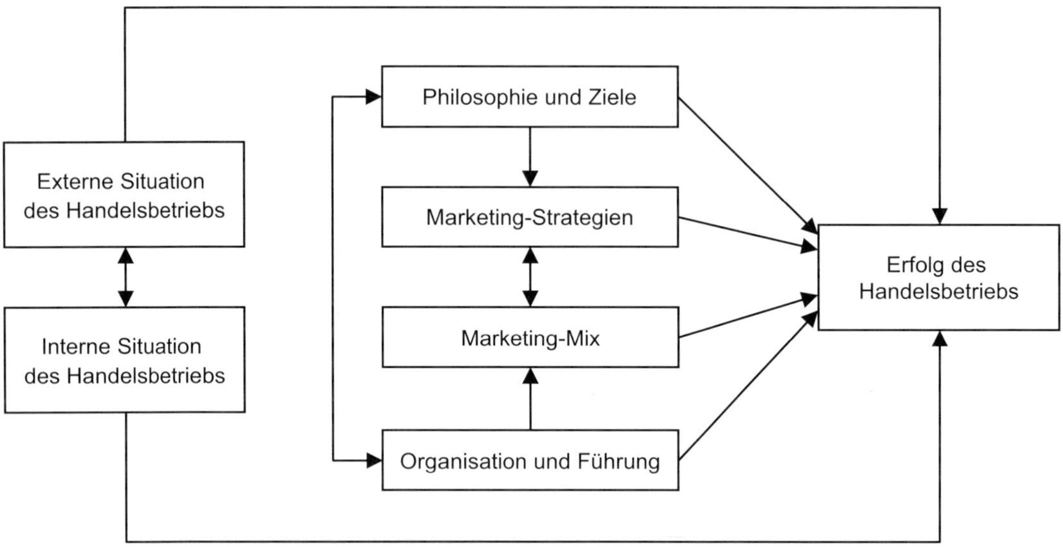

Quelle: in Anlehnung an Patt 1988, S. 36

Abb. 7.7: Modell der Erfolgsfaktorenforschung nach Patt

Dabei werden die abhängigen Größen auch als latente endogene Variablen bezeichnet und mit dem Variablennamen η (Eta) versehen. Die unabhängigen Größen werden auch latente exogene Variablen genannt und mit ξ (Ksi) bezeichnet.

2. Hypothesen zum Zusammenhang zwischen den latenten exogenen Variablen und den ihnen zugeordneten Indikatoren: Bei der Einflussgröße Preisniveau handelt es sich um ein hypothetisches Konstrukt, das aus mehreren Indikatoren zu erschließen ist. Als Indikatoren kommen z. B. die Zahl der Sonderangebote, die Zahl der Artikel mit Dauerniedrigpreisen und die durchschnittliche Kalkulationsspanne in Frage. Die Indikatoren (Messvariablen) werden mit dem Symbol x versehen.

3. Hypothesen zum Zusammenhang zwischen den latenten endogenen Variablen und den ihnen zugeordneten Indikatoren: Auch bei den abhängigen Variablen des Strukturmodells kann es sich um Konstrukte handeln, die über mehrere Indikatoren erfasst werden müssen. So kann das wirtschaftliche Ergebnis durch das Betriebsergebnis, das Umsatzwachstum und durch den Cashflow abgebildet werden. Der Umsatz als abhängige Variable lässt sich dagegen direkt anhand des im Betrieb angefallenen Umsatzes messen. Die Indikatoren (Messvariablen) für die endogenen Variablen werden mit dem Symbol ψ bezeichnet.

Insgesamt ergibt sich so ein System mit drei Gruppen von Gleichungen:

- den Gleichungen im Strukturmodell (mit den Pfadkoeffizienten γ (Gamma) für die kausalen Beziehungen zwischen einer latenten endogenen (η) und einer latenten exogenen Variablen (ξ), und den Koeffizienten β (Beta) für kausale Beziehungen zwischen zwei endogenen Variablen),

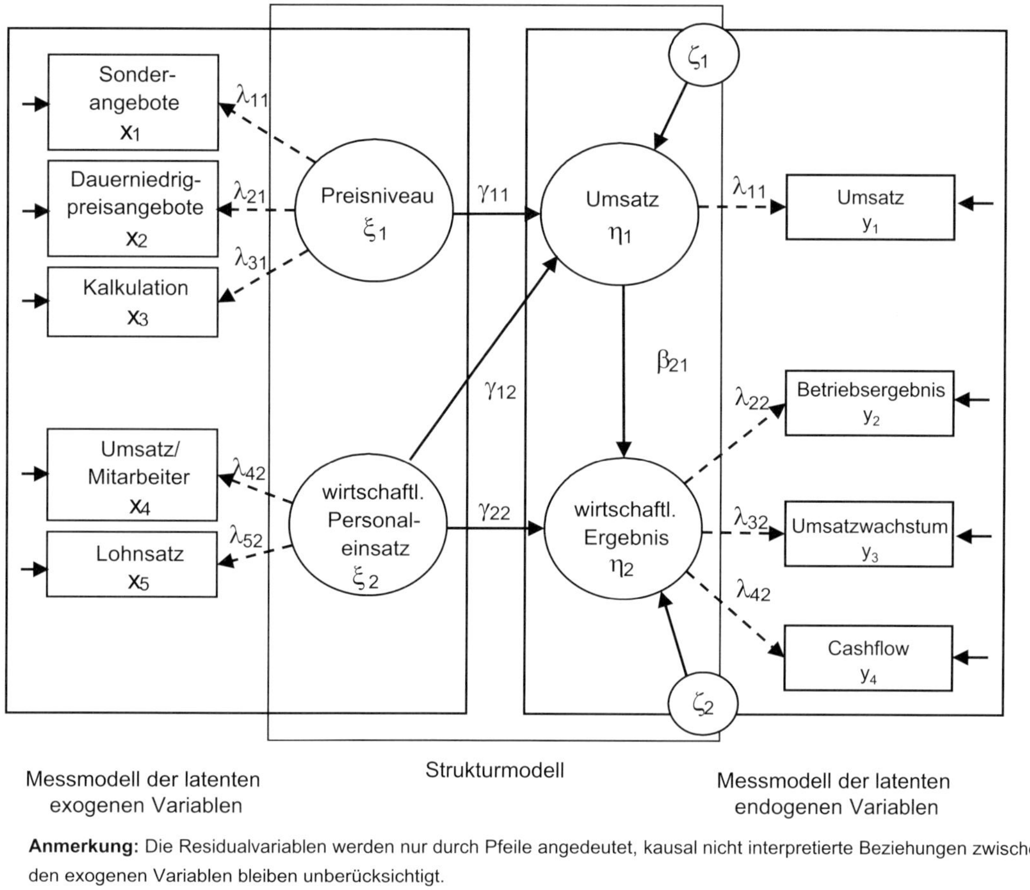

Abb. 7.8: Beispiel für die Anwendung eines Strukturgleichungsmodells in der Erfolgsfaktorenforschung

- den Gleichungen im Messmodell der latenten endogenen Variablen (mit den Koeffizienten λ (Lambda)),
- den Gleichungen im Messmodell der latenten exogenen Variablen (ebenfalls mit den Koeffizienten λ).
- Es können einige weitere Beziehungen hinzukommen, so z. B. kausal nicht interpretierte Beziehungen zwischen exogenen Variablen, die mit ϕ (Phi) bezeichnet werden.

Das in Abbildung 7.8 dargestellte Modell ist durch reflektive Indikatoren gekennzeichnet, d. h. die latente Variable spiegelt sich in mehreren Indikatoren wider. Entsprechend soll sich in dem obigen Modell die Größe „Preisniveau" in Vorstellungen über das Ausmaß der Sonderangebote, das Vorhandensein von Dauerniedrigangeboten und die Kalkulation widerspiegeln. Wenn also ein Verbraucher zum Ausdruck bringen will, dass ein Geschäft ein günstiges Preisniveau aufweist, dann äußert er die Meinung, die Preise seien niedrig kalkuliert, in dem Geschäft gebe es Sonderangebote und viele Artikel zu dauerhaft niedrigen Preisen. Die latente Variable „Preisniveau" ist kausal für die Werte der Indikatoren verantwortlich. Damit verknüpft ist die Vorstellung, dass eine Änderung der latenten Variablen zu einer Änderung bei allen beobachteten Indikatoren gleichermaßen führen wird. Damit sind die Indikatoren auch austauschbar. Im Gegensatz zum reflektiven Messmodell unterstellt das formative Modell die umgekehrte Wirkungsrichtung. Hier verursachen die beobachteten Indikatoren das latente Konstrukt. Das bedeutet, dass die Indikatoren nicht austauschbar sind – die Änderung eines einzelnen Indikators führt zu einer Änderung des latenten Konstrukts. Eine formative Spezifikation von Konstrukten ist im Rahmen von Multiple Indikators and Multiple Causes (MIMIC) Modellen und Partial Least Squares (PLS) Modellen möglich (vgl. z. B. die Konstruktion eines Indexes mit Hilfe von PLS, mit dem Eindrücke von Konsumenten von Handelsunternehmungen erfasst werden können, bei Arnett/Laverie/Meiers 2003). Es ist oft nicht einfach zu entscheiden, ob die Spezifikation einer latenten Variablen formativer oder reflektiver Natur ist (vgl. Burke/Mackenzie/Podsakoff 2003; Albers/Hildebrandt 2006; Herrmann/Huber/Kressmann 2006; Fassott 2006).

7.2 Einzelne Studien

Wie bereits angesprochen worden ist, wurde die Erfolgsfaktorenforschung 1960 mit dem PIMS-Programm angestoßen (zu einem Rück- und Ausblick vgl. Farris/Moore 2004). Es fällt allerdings nicht leicht, sie von Wirkungsanalysen, die allgemein ein intensives Forschungsfeld insbesondere im Marketing darstellen, abzugrenzen. Wirkungsanalysen versuchen wie die Erfolgsfaktorenforschung Aussagen über den Einfluss einzelner oder mehrer Variablen auf eine abhängige Variable zu ermitteln. Dies vorausgeschickt, wird im Folgenden über Fragestellungen, Anlage und Ergebnisse einiger Studien berichtet, wobei zunächst summarisch auf ältere, anschließend auf einzelne jüngere Beiträge hingewiesen wird. Dabei wird zwischen Einzelstudien und Meta-Analysen unterschieden.

7.2.1 Ältere Erfolgsfaktorenstudien zum deutschen Handel

In Abbildung 7.9 ist ein Überblick über ältere Studien, die sich auf den deutschen Handel beziehen, angegeben. Er zeigt Strukturmerkmale dieser Untersuchungen, ohne im Einzelnen auf die Hypothesen und Ergebnisse einzugehen.

Abbildung 7.9 weist auf wichtige Merkmale der Untersuchungen hin, so auf das zentrale Anliegen, die untersuchte Branche und das verwendete Auswertungsverfahren. Weitere Übersichten über durchgeführte Studien finden sich bei Schröder (1994), der auf 26 Studien zur Erfolgsfaktorenforschung im Handel hinweist und dabei auch inhaltliche und methodische Sachverhalte erörtert. Zu den Problemen gehören die folgenden Sachverhalte:

Untersuchung / Kriterien	Bierbaum (1979)	Patt (1988)	Wahle (1991)	Kube (1991)	Falter (1992)	Wölk (1992)
Anliegen	Untersuchung des betrieblichen Leistungszusammenhangs	Strategische Planung (Analyse der Erfolgsfaktoren von Fachgeschäften)	Strategische Planung (branchenübergreifend, branchenspezifisch und regionalmarktspezifisch)	Strategische Planung (Analyse von Erfolgsfaktoren, Entwicklung eines Filial-Portfolios)	Strategische Planung (Analyse von Wettbewerbsvorteilen von Filialbetrieben)	Strategische Planung (u.a. Ableitung von Hinweisen zur Strategieentwicklung für den EH)
Branche	Fachgeschäfte des Bekleidungs- und Textil-EH	Fachgeschäfte des Bekleidungs- und Textil-EH	Fachgeschäfte des Radio- / Fernseh-EH (und des Schuh-, Textil-, Möbel-EH)	Gaststättenfilialsystem einer Brauerei	Filialbetriebe des Non-Food-EH	Fachgeschäfte aus sechs EH-Branchen
Fallzahl	24	55	6 und 127	77	90	450
Auswertungsverfahren	Befragung von Experten	Befragung von Experten, internes Sekundärverfahren (Beobachtung)	Befragung von Experten (16) und Konsumenten (434)	Befragung von Experten und schriftl. Befragung	Mündl. Befragung von Experten (24), schriftliche Befragung (90)	Befragung
Instrumentendarstellung	Nein	Ja	Ja	Ja	Ja	Nein
Erfolgsgrößen/ -maße	relative, flächenbezogene Wertschöpfung	Gewinn, Umsatzwachstum, subj. Erfolgsbewertung	Ergebnis, Handelsspanne, Gesamtkosten und andere	Erfolg, Ertrag, Absatz, Wettbewerbsintensität, Stammgästeanteil	keine	Gewinn, Umsatzentwicklung, Zukunftschancen, Wettbewerbssituation

Quelle: Müller-Hagedorn/Greune 1992, S. 123

Abb. 7.9: Erfolgsfaktorenuntersuchungen im deutschen Handel

- Die Studien sind häufig explorativ angelegt und verzichten auf die explizite Formulierung von Hypothesen und ihre empirische Überprüfung.
- Es werden Erfolgsgrößen zugrunde gelegt, deren empirische und theoretische Relevanz offen ist; so wird z. B. wenig auf die erzielte Rentabilität abgestellt.
- Es dominieren Größen, die mit einem Indikator gemessen werden; qualitative Variablen, deren Messung schwierig ist, werden weitgehend ausgeklammert.

7.2.2 Neuere Untersuchungen

Neuere Untersuchungen, die die Frage nach Einflussgrößen auf den Erfolg von Handelsunternehmungen aufwerfen, zeichnen sich dadurch aus, dass sowohl bei den Einflussvariablen als auch bei den Erfolgsvariablen eine größere Bandbreite festzustellen ist und dass die Einflussfaktoren in einem höheren Maße den Charakter von strategischen Grundprinzipien der Unternehmenspolitik aufweisen. Im Folgenden wird auf ausgewählte Studien eingegangen, die das breite Spektrum der Analysen verdeutlichen sollen.

Qualität der Leitung und ihre Wirkung auf die Einkaufsstättentreue

Das Modell von Odekerken-Schröder, de Wulf, Kasper et al. (2001) untersucht nicht die Wirkung einzelner Aktionsparameter der Geschäftspolitik, sondern stellt ein Prinzip der Geschäftspolitik auf den Prüfstand: Kann mit einer Steigerung der Leistungsqualität eines Geschäfts der Erfolg gesteigert werden? Dabei wird der Erfolg nicht mit Hilfe von Rentabilitätsgrößen, sondern mittels der Loyalität gemessen. Das Modell (siehe Abbildung 7.10) ist relativ einfach, indem als abhängige Größe die Einkaufsstättentreue (*store loyalty*) und als unabhängige Größe die Gesamtqualität des Geschäfts (*total quality*) gewählt werden. Die Einkaufsstättentreue wird dabei in zwei Aspekte aufgelöst, zum einen in die psychische Gebundenheit eines Nachfragers an ein Geschäft (*store commitment*) und zum anderen in das beobachtbare Kaufverhalten (*buying behavior*). Die Gesamtqualität umfasst drei Teilaspekte – den technischen, den funktionalen und den relationalen Aspekt. Die Kundentreue ist abhängig von den verschiedenen Qualitätsurteilen. Die entsprechenden Hypothesen lauten:

H_1: Je besser die technische Qualität (im Sinne von Auswahl und Warenverfügbarkeit), desto höher ist die Kundentreue.

H_2: Mit zunehmender funktionaler Qualität (im Sinne von Höflichkeit, Freundlichkeit, Hilfsbereitschaft und Fachkenntnis der Mitarbeiter) wächst die Kundentreue.

H_3: Je besser die relationale Qualität (die Fähigkeit, zwischenmenschliche Beziehungen zu fördern), desto höher ist die Kundentreue.

Zwischen den beiden Aspekten der Einkaufsstättentreue wird ebenfalls ein Zusammenhang vermutet. Es wird angenommen, dass die psychologische Komponente das Kaufverhalten positiv beeinflusst. Zusätzlich wird geprüft, ob die postulierten Zusammenhänge zwischen den Qualitätsaspekten und der Loyalität von drei Moderatorvariablen beeinflusst werden – dem Alter, dem Geschlecht und der Geschäftsgröße.

Eine Überprüfung des Modells bestätigte die Relevanz der relationalen Qualität für das Gefühl der Gebundenheit, das wiederum auf das Kaufverhalten wirkt. Ein Einfluss der technischen und funktionalen Qualität konnte dagegen nicht nachgewiesen werden, was vielleicht damit zusammenhängt, dass sich die erfassten Aspekte in einem nahezu selbstverständlichen Bereich bewegen. Aufschlussreich ist auch, dass sich der Einfluss der beziehungsfördernden Qualität bei Frauen als stärker im Vergleich zu Männern erweist. Bei älteren Kunden spielt dagegen die technische Qualität eine vergleichsweise größere Rolle.

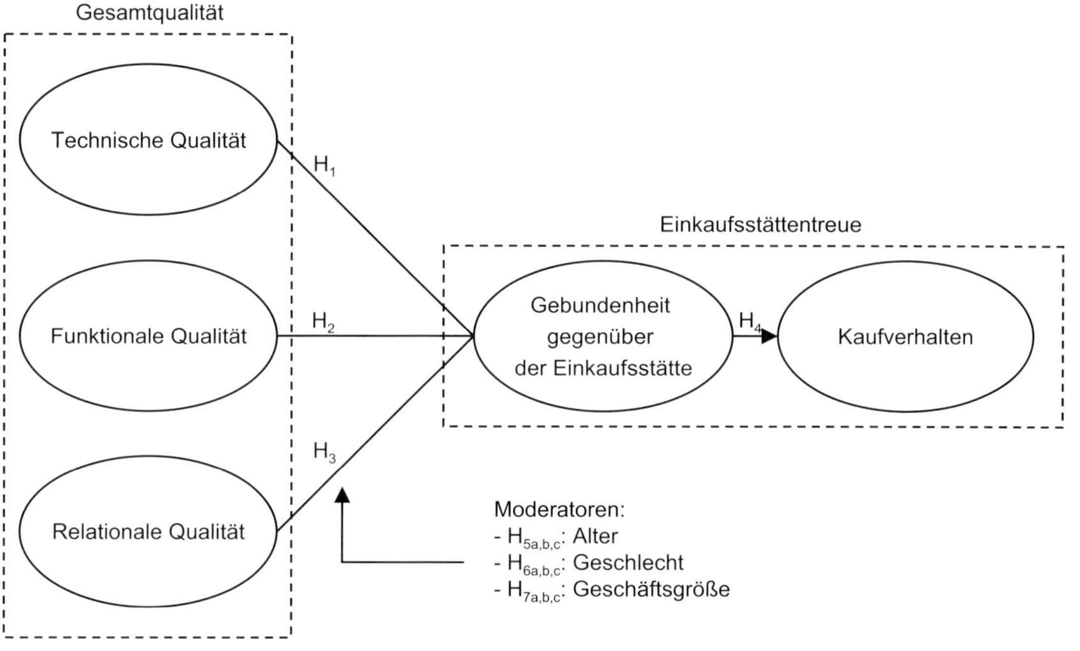

Quelle: in Anlehnung an Odekerken-Schröder/de Wulf/Kasper et al. 2001, S. 309

Abb. 7.10: Wirkungsbeziehungen in dem Modell von Odekerken-Schröder, de Wulf, Kasper et al.

Serviceorientierung als Erfolgsfaktor

Handelsunternehmungen bieten Waren zusammen mit verschiedenen Serviceleistungen an. Ihre Leistung kann deshalb als eine Kombination von Sach- und Dienstleistungen gesehen werden. Der Kreis der angebotenen Dienstleistungen ist unterschiedlich weit, was sich auch in den Unterschieden zwischen den Betriebsformen widerspiegelt. In einer Situation, in der das Warenangebot einzelner Anbieter zunehmend ähnlicher wird, ist es allerdings sinnvoll zu prüfen, ob die Differenzierung zum Wettbewerb über die Services vorgenommen werden sollte. Sowohl dem Großhandel (vgl. Müller-Hagedorn 2001a) als auch dem Einzelhandel stehen zahlreiche Ansatzpunkte für eine aktive Servicepolitik zur Verfügung, so z. B. die Produktberatung, die Zustellung, der Umtausch, die Installation, die Inspektion und Wartung, das Anbieten von Ersatzgeräten, die Schulung, die Unterstützung von Betriebsprozessen, die Kreditgewährung (vgl. die ausführliche Auflistung bei Gerstung 1978, S. 114). Nachdem in der älteren Literatur vor allem dargestellt worden ist, welche Services eingesetzt werden können und wie diesbezügliche Entscheidungen strukturiert werden können, wird im Rahmen der Erfolgsfaktorenforschung versucht empirisch zu ermitteln, unter welchen Bedingungen die Serviceorientierung zu überdurchschnittlichen Erfolgen führt (vgl. Homburg/Hoyer/Fassnacht 2002; Fassnacht 2003a). Die Serviceorientierung kann sich einerseits auf das Personal, andererseits auf die Unternehmung beziehen. Auf der unternehmensbezogenen Ebene geht es einerseits um interne organisatorische Gegebenheiten (z. B. Struktur, Klima, Kultur), anderseits um das Ausmaß, in dem die Serviceorientierung Teil der Unternehmensstrategie wird. Bei letzterem setzt die Studie von Homburg, Hoyer und Fassnacht (2002) an. Die Serviceorientierung lässt sich an folgenden Kriterien festmachen: Welche Services werden angeboten? Werden die Services allen Nachfragern angeboten, oder wird die Servicepolitik differenziert? Welches Gewicht wird der Servicepolitik zugeordnet? In der empirischen Untersuchung zeigte sich, dass die so erfasste Serviceorientierung der befragten Einzelhandelsunternehmungen in einem weiten Bereich streute. Dies führt zu der Frage, unter welchen Bedingungen die Unternehmungen eher eine servicearme oder eine servicestarke Politik realisieren. Wie auch Abbildung 7.11 zeigt, werden verschiedene Eigenschaften der Umwelt, des jeweiligen Geschäfts und der Kunden näher betrachtet. Als Beispiele seien einige der untersuchten Hypothesen angeführt (vgl. Homburg/Hoyer/Fassnacht 2002, S. 90–92):

Je höher die Wettbewerbsintensität im lokalen Markt, desto höher ist die Serviceorientierung des Unternehmens.

Je höher das relative Qualitätsniveau der angebotenen Waren, desto höher ist die Serviceorientierung des Unternehmens.

Je höher die Auswahl, desto geringer ist die Serviceorientierung des Unternehmens.

Je stärker die Preisorientierung der Kunden, desto geringer ist die Serviceorientierung des Unternehmens.

Die genannten Einflussfaktoren machen darauf aufmerksam, dass eine Serviceorientierung nur in bestimmten Situationen zweckmäßig ist.

Im Rahmen der Erfolgsfaktorenforschungen kommt der Frage, ob mit einer bestimmten Politik ein überdurchschnittlicher Erfolg erzielt werden kann, eine zentrale Bedeutung zu. Die Autoren formulieren folgende Hypothesen (vgl. Homburg/Hoyer/Fassnacht 2002, S. 92):

Je höher die Serviceorientierung eines Unternehmens, desto größer ist die Marktstärke (performance in the market).

Je größer die Marktstärke des Unternehmens, desto höher ist die Profitabilität des Unternehmens.

Die Marktstärke wird dabei als ein Bündel von einzelnen Indikatoren gesehen, zu denen die Kundenzufriedenheit, das Erreichen eines angestrebten Marktanteils und einer gewünschten Wachstumsrate, die Kundenbindung, die Gewinnung neuer Kunden und der Aufbau eines positiven Geschäftsimages zählen. Den positiven Zusammenhang zwischen Serviceorientierung und Marktstärke begründen die Autoren insbesondere damit, dass durch den Kundenkontakt nützliche Informationen gewonnen werden können, dass für den Nachfrager ein Nutzen geschaffen werden kann und dass persönliche Beziehungen entstehen können.

Die Daten wurden gewonnen, indem Filialleiter im Bekleidungseinzel- und im Möbelhandel befragt wurden (in Deutschland und USA). Bis auf die erstgenannte Hypothese wurden alle Hypothesen gestützt. Es wurde zudem festgestellt, dass mit der Serviceorientierung der Geschäftsstrategie 57 % der Varianz der Marktstärke erklärt werden können.

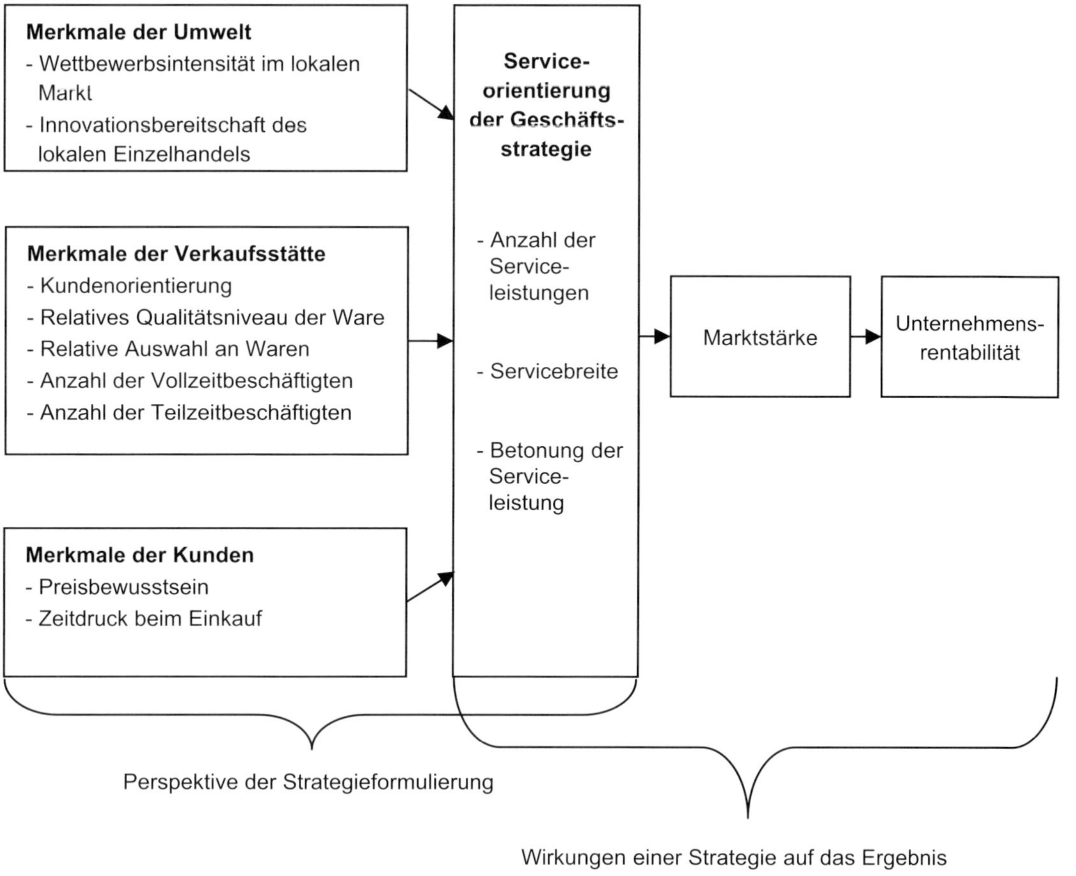

Quelle: in Anlehnung an Homburg/Hoyer/Fassnacht 2002, S. 88

Abb. 7.11: Der Untersuchungsrahmen von Homburg, Hoyer und Fassnacht

Eine finanzwirtschaftlich orientierte Erfolgsfaktorenstudie im Online-Handel

Die Studie von Min und Wolfinbarger (2005) hebt sich von den zuvor genannten Untersuchungen in mehrfacher Hinsicht ab. Als Erfolgsgrößen werden der Marktanteil, die Marge und die Marketingeffizienz verwendet. Dabei wird die Marge als Verhältnis der Differenz zwischen Umsatz und Wareneinstand auf der einen und Umsatz auf der anderen Seite definiert. Die Marketingeffizienz wird als Quotient aus Umsatz und Summe von Marketing- und Vertriebskosten operationalisiert. Damit wird nicht nur die Wirkung der Marketingmaßnahmen berücksichtigt, sondern auch deren Kosten. Als Datenmaterial verwenden sie veröffentlichte Daten zur Geschäftsentwicklung börsennotierter Unternehmen in den USA. Die Untersuchung unterscheidet sich in diesem Punkt also von vielen anderen, die Konsumentendaten verwenden. Als Einflussgrößen auf den Erfolg werden der Zeitpunkt des Markteintritts in den Online-Handel (*early mover* versus *later entrants),* der Grad der Spezialisierung (*specialists* versus *generalists*) und die Zahl der Distributionskanäle (*pure-player* versus *bricks and clicks*) untersucht. Für alle Erfolgsgrößen wird geprüft, ob die genannten Faktoren einen signifikanten Einfluss ausüben. Aus der Vielzahl von einzelnen Analysen und Ergebnissen sind folgende hervorzuheben. Für keine der Erfolgsgrößen wurde ein *early mover advantage* festgestellt. Auch konnte nicht beobachtet werden, dass sich die Kombination von stationärem und elektronischem Kanal positiv auf die Marge auswirkt. Allerdings gibt es positive Wirkungen bezüglich der anderen beiden Erfolgsgrößen. Im Gegensatz dazu können die Spezialisten einen signifikanten Vorteil gegenüber den Generalisten hinsichtlich der Marge erzielen.

Kooperation zwischen Industrie und Handel als Erfolgsfaktor

Im Zuge der ECR-Diskussion wird vorgeschlagen, die Zusammenarbeit zwischen Industrie und Handel auf dem Gebiet der Verwaltung (z. B. einheitliche Standards für den Datentransfer), der Logistik (z. B. filialspezifische Gebindeeinheiten) und des Marketings (z. B. gemeinsame Prognosen bei verkaufsfördernden Aktionen) zu vertiefen (zu verschiedenen Formen der Kooperation vgl. auch Xavier/Krishnan/Borin 2005). In vielen Bereichen des Handels (z. B. im Lebensmittelhandel, im Textilhandel) müssen große Warenmengen bewegt werden, was mit hohen Logistikkosten verbunden ist. Diese Erfahrung haben Magnus, Nienaber, Schewe et al. (2008) zum Ausgangspunkt einer Studie genommen und fragen, inwieweit der Supply-Chain-Erfolg durch Kooperationen auf dem Gebiet des Informationsaustauschs und/oder durch gemeinsame Prozesse gesteigert werden kann (siehe Abbildung 7.12). Die Zusammenarbeit zwischen Industrie und Handel kann sich aber auch auf andere Bereiche beziehen und die Grundlage für Wettbewerbsvorteile beider Partner bilden (vgl. Meyer 2005).

Den Supply-Chain-Erfolg messen die Autoren durch eine Kennzahl, in der drei Größen zusammengefasst werden: die durchschnittliche Regalverfügbarkeit als Anteil der im Regal des Händlers verfügbaren Produkte in Prozent aller gelisteten Artikel, die Logistikkosten des Händlers in Prozent des Umsatzes und die Höhe der gesamten Warenbestände in den Lägern des Handels. Diese drei Größen werden in äquivalente monetäre Größen überführt, bevor sie in der Kennzahl zusammenfließen. In Bezug auf diese Erfolgskennzahl werden zwei zentrale Hypothesen formuliert (Magnus/Nienaber/Schewe et al. 2008, S. 245–246):

„Je intensiver die Kooperation durch Informationsaustausch, desto höher ist der logistikbezogene Erfolg des Händlers.“

„Intensive Kooperation durch gemeinsame Prozesse beeinflusst den logistikbezogenen Erfolg des Händlers.“

Des Weiteren wird gefragt, von welchen Determinanten die Kooperationsintensität abhängig ist. Dabei greifen die Autoren auf verschiedene Theorien zurück:

- So empfiehlt die Neue Institutionenökonomik, bei der Zusammenarbeit zwischen zwei Wirtschaftsstufen nicht nur die Extrema der marktlichen Abstimmung oder der Integration zu bedenken. Bei Leistungen mittlerer Spezifität, Umweltunsicherheit (hier Nachfrageschwankungen) und Komplexität (hier Anzahl von Artikeln und Prozessen) ist die hybride Lösung in Form von Kooperationen vorteilhaft (vgl. Williamson 1999).
- Nach dem *relational view* können Unternehmen Wettbewerbsvorteile generieren, indem sie ihre Ressourcen und Kompetenzen zusammenlegen (vgl. Dyer/Singh 1998; Duschek 2002). In sol-

chen Kooperationen spielen Vertrauen und persönliche Kontakte eine wichtige Rolle. Sie bedürfen keiner detaillierten Verträge oder Sanktionen und können dennoch die Opportunismusneigung beschränken.
- Schließlich macht der Situative Ansatz auf jeweils geltende Rahmenbedingungen und Strukturen in einer Organisation aufmerksam, die Beachtung finden sollten.

So liefern verschiedene Theorien eine Reihe von Faktoren, von denen es abhängt, ob es zu einer Kooperation durch Informationsaustausch oder durch gemeinsame Prozesse zwischen Handel und Industrie kommt. Die Neue Institutionenökonomik weist auf Governanceaspekte und auf Informationsasymmetrien, der *relational view* auf das Vorhandensein eines sozialen Netzwerks und die Kooperationskompetenz der beteiligten Wirtschaftssubjekte und schließlich der Situative Ansatz auf solche Aspekte wie die Sortimentskomplexität hin.

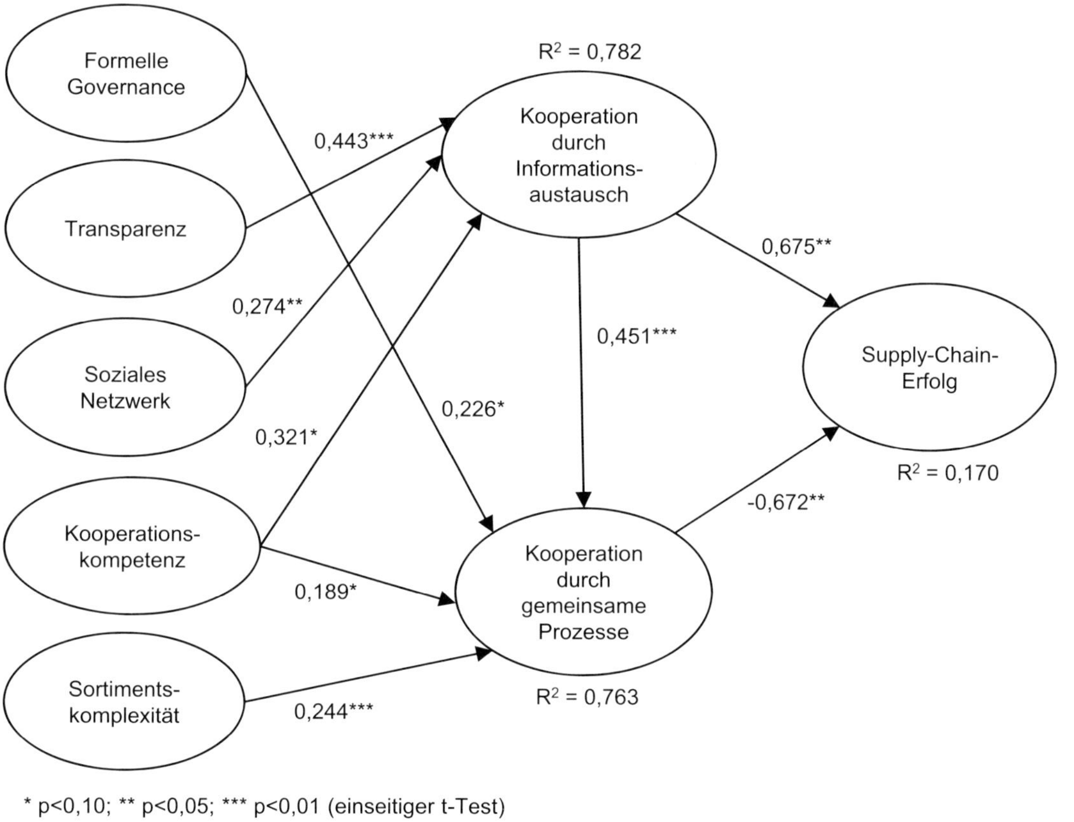

Quelle: Magnus/Nienaber/Schewe et al. 2008, S. 261

Abb. 7.12: Einfluss der Kooperationen auf den Supply-Chain-Erfolg

Die Analyse kann gut erklären, von welchen Faktoren das Ausmaß der Kooperation abhängt. Allerdings gelingt es nur einen relativ kleinen Anteil – das Bestimmtheitsmaß beträgt 0,17 – der Varianz des Supply-Chain-Erfolgs des Händlers zu erklären. Bemerkenswert an den Ergebnissen ist, dass die Kooperation durch Informationsaustausch einen erheblichen positiven Einfluss auf den Supply-Chain-Erfolg zeigt, während gemeinsame Prozesse sich umgekehrt deutlich negativ auswirken.

Erfolgsfaktoren im Beschaffungsbereich

Die zuvor angesprochene Zusammenarbeit zwischen Handel und Industrie berührt im Handel insbesondere die Bereiche Beschaffung, Einkauf und Logistik (Warenwirtschaft). Hier geht es nicht nur um Formen der Kooperation, sondern um den Einsatz des gemeinsamen beschaffungspolitischen Instrumentariums, beispielsweise das Outsourcing der Logistik, die Verantwortung für die Steuerung der logistischen Prozesse, Direktlieferungen, Lieferungen über ein Zentrallager oder den Einsatz von Cross-Docking. Aber auch der Einsatz technologischer Neuerungen, wie Radio Frequency Identification (RFID), können hier neben den klassischen Problemen der Lieferantenwahl diskutiert werden. Dazu zählt insbesondere die Entscheidung über die Zahl der Beschaffungsquellen (*Single Sourcing* versus *Multiple Sourcing*) und über den Grad der Integration von Beschaffungsaufgaben (z. B. Produktion von Handelsmarken). Für den Beschaffungsbereich liegen auch Erfolgsfaktoren-Studien aus dem Handel vor (vgl. Janz 2004; Thonemann/Behrenbeck/Küpper et al. 2005). So hat Janz (2004) einerseits den Einfluss der Beschaffungsführung, andererseits den des Beschaffungs- und des Absatzmarkts auf den ökonomischen Beschaffungserfolg untersucht. Er differenziert bei der Beschaffungsführung zwischen den Dimensionen Beziehungsorientierung, Absatzmarktorientierung, Mitarbeiterorientierung, Objektleistungs-/Innovationsorientierung und Kosten- bzw. Konditionenorientierung. Die vorliegenden Daten veranlassen den Autor dazu, eine Zusammenfassung von zwei Größen (Beziehungsorientierung und Absatzmarktorientierung) und die Entfernung einer weiteren Größe (Objektleistungs-/Innovationsorientierung) vorzunehmen. Die verbleibenden Faktoren üben eine hochsignifikante Wirkung auf den ökonomischen Beschaffungserfolg aus. Der Beschaffungsmarkt wird mit fünf Determinanten charakterisiert – der Lieferantensicherheit, der eigenen Abhängigkeit, der Abhängigkeit des Lieferanten, der Beschaffungsmarktkomplexität und der Beschaffungsmarktdynamik. Während die ersten drei Faktoren einen signifikanten Einfluss auf den ökonomischen Beschaffungserfolg ausüben, lässt sich die Wirkung der beiden letzten nicht nachweisen. Von den untersuchten Eigenschaften des Absatzmarkts erweist sich nur die Absatzmarktdynamik als signifikant für der Erfolg. Einzelne Aspekte der Beschaffung werden in Kapitel 22 vertieft.

Neben den in diesem Abschnitt explizit genannten und kurz charakterisierten Studien gibt es eine Reihe weiterer Untersuchungen, die sich mit Erfolgsfaktoren im Handel beschäftigen. Dabei gilt das Interesse vor allem ausgewählten Branchen (z. B. Textilhandel) und aktuellen Entwicklungen (z. B. Online-Handel, Internationalisierung), in denen der unternehmerische Erfolg eine hohe Bandbreite aufweist (vgl. zum Beispiel Olderog 2003, Hogg/Medway/Warnaby 2003; Wigley/Moore/Birtwistle 2005; Evans/Mavondo/Bridson 2008).

7.2.3 Meta-Analysen

Jede Erfolgsfaktorenstudie ist durch einen bestimmten Rahmen gekennzeichnet, der insbesondere durch die folgenden Merkmale gekennzeichnet ist: das Land, in dem die Studie durchgeführt worden ist, die Branche (bei Studien über den Handel auch die Betriebsform), der Zeitpunkt der Untersuchung, die Art der Daten (Daten aus dem Rechnungswesen, Einschätzungen von Experten, Äußerungen von Kunden), die Art der Erhebung (schriftlich, mündlich, Beobachtung), die Größe der Stichprobe, die eingesetzten Auswertungsinstrumente (z. B. Chi-Quadrat Tests, Varianzanalysen, Korrelationsanalysen, Regressionsanalysen, Strukturgleichungsmodelle). Wegen der großen Zahl von Studien und der teilweise unterschiedlichen Ergebnisse kam das Bedürfnis auf, die einzelnen Studien miteinander zu vergleichen. Daraus erwuchsen sog. Meta-Studien, also Studien über Studien. Nachdem Kube (1991) bereits früh eine solche Studie vorgelegt hatte, folgten inzwischen weitere Untersuchungen (vgl. z. B. Campbell-Hunt 2000; Cano/Carillat/Jaramillo 2004; Kirca/Jayachandran/Bearden 2005).

Die Studie von Kirca, Jayachandran und Bearden (2005) stellt die Marktorientierung einer Unternehmung in den Mittelpunkt, eine Größe, die nicht nur für den Handel, sondern für alle auf Märkten tätigen Unternehmungen von potenzieller Bedeutung ist. Allerdings gab es widersprüchliche Hinweise zu ihrer Bedeutung für den Erfolg einer Unternehmung (positiv: Jaworski/Kohli 1993, in Frage stellend: Agarwal/Erramilli/Dev 2003; Sandvik/Sandvik 2003). Kirca, Jayachandran und Bearden (2005) bedienen sich eines auf Jaworski und Kohli (1993) zurückgehenden Strukturplans zur Überprüfung der Wirkung einer Marktorientierung (vgl. Abbildung 7.13), der deutlich macht, wie die Studien aufgebaut sind und wie unterschiedlich die verknüpften Variablen sein können.

Die Abbildung 7.13 weist im linken Teil zunächst auf drei Faktoren hin, von denen die Marktorientierung eines Unternehmens abhängt. Den ersten Faktor bildet das Top-Management, das die Werte und die Ausrichtung einer Organisation vorgibt und damit auch die Bedeutung der Marktorientierung für das Unternehmen festlegt. Als zweiter Faktor wird die Zusammenarbeit zwischen einzelnen Abteilungen genannt. Kontakte zwischen den Abteilungen, insbesondere der Informationsaustausch können dazu führen, dass abgestimmt auf die Bedürfnisse des Markts reagiert wird. Die Marktorientierung kann aber auch behindert werden, wenn es zu Konflikten zwischen den Abteilungen kommt. Im Rahmen der Gestaltung der Organisation, die den dritten Faktor bildet, können insbesondere von der Zentralisierung der Entscheidungen und vom Grad der Formalisierung Einflüsse auf die Marktorientierung ausgehen. Darüber hinaus sind die Belohnungssysteme und eine marktgerichtete Ausbildung zu beachten.

Der rechte Teil der Abbildung 7.13 macht deutlich, wie breit das Feld der Wirkungen sein kann. Es werden vier Bereiche dargestellt, in denen sich Konsequenzen einer Marktorientierung zeigen können:

- Entsprechend dem ursprünglichen Anliegen der Erfolgsfaktorenforschung wird zunächst auf finanzwirtschaftliche Erfolgsgrößen hingewiesen (*organizational performance*), wobei gewinnorientierte und umsatzbasierte Größen verwendet werden. Die Größen unterscheiden sich darin, ob die Kosten der jeweiligen Maßnahmen miteinbezogen werden. Neben den Größen aus dem Rechnungswesen der Unternehmungen wird in einigen Studien auch auf die subjektiven Urteile von befragten Managern abgestellt.
- In einer zweiten Gruppe von Konsequenzen werden die Urteile und Verhaltensweisen der Kunden erfasst. Hier geht es um Images, Zufriedenheiten und Kundentreue.

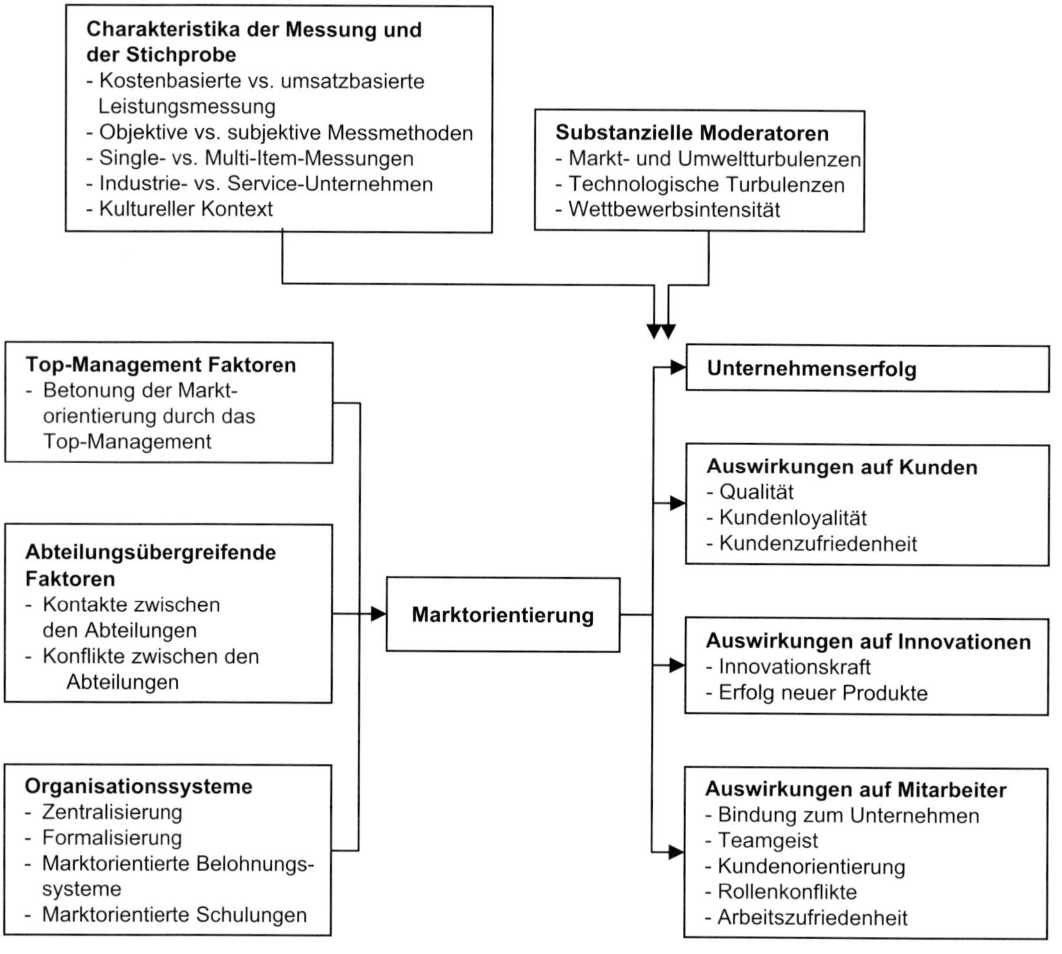

Quelle: in Anlehnung an Kirca/Jayachandran/Bearden 2005, S. 26

Abb. 7.13: Theoretischer Rahmen für Erfolgsstudien zur Marktorientierung

- Einige Studien überprüfen, ob eine Marktorientierung zu einer verstärkten Innovationsleistung (neue Produkte, neuartige Gestaltung von Prozessen) und damit zu erfolgreichen Produkten führt.
- Schließlich wird der Frage nachgegangen, ob sich Konsequenzen auf der Mitarbeiterebene zeigen, z. B. eine größere Zufriedenheit mit der Tätigkeit, Teamgeist oder eine Verbundenheit mit der Organisation.

Bei der dritten Gruppe von Einflussfaktoren handelt es sich um solche Größen, die die Beziehung zwischen der Marktorientierung und den aufgeführten Konsequenzen moderieren. So lassen sich die ermittelten Wirkungsbeziehungen danach unterscheiden, ob es sich um herstellende Unternehmen oder um Unternehmungen aus dem Servicesektor handelt, ob die Größen mit einem einzigen oder mit mehreren Items gemessen werden, in welchem kulturellen Kontext die Beziehung analysiert wird, ob es sich um Märkte mit hoher Wettbewerbsintensität und starken Veränderungen auf wirtschaftlichem oder technologischem Gebiet handelt.

Die Verfasser der Meta-Studie haben 114 Studien ausfindig gemacht, die bis zum Jahr 2004 erstellt worden waren, in deren Zentrum die Begriffe *market orientation*, *customer orientation* oder *consumer orientation* standen und die bei der Datenauswertung Korrelationsanalysen oder ihre Varianten einsetzten. Dabei wurden 418 Effekte in 130 unabhängigen Stichproben identifiziert.

Die Autoren stellen fest, dass die Studien Beziehungen bestätigen, die erwartet worden sind. So mindern Konflikte zwischen den Abteilungen die Marktorientierung (mittlerer gewichteter Korrelationskoeffizient $R = -0{,}28$). Entsprechendes Training ($R = 0{,}54$), erfolgsbezogene Entlohnungssysteme ($R = 0{,}41$) und ein Engagement des Top-Managements ($R = 0{,}44$) erhöhen die Marktorientierung. In Bezug auf die vorwiegend untersuchten Auswirkungen liefert die Meta-Analyse einen Zusammenhang von $R = 0{,}32$ zwischen der Marktorientierung und dem Unternehmenserfolg (*performance*). Die mittleren Korrelationskoeffizienten zwischen der Marktorientierung und den übrigen Indikatoren für die Konsequenzen liegen betragsmäßig zwischen $R = 0{,}25$ und $R = 0{,}71$ und sind alle auf einem Niveau von 5 % signifikant.

7.3 Probleme und Perspektiven der Erfolgsfaktorenforschung

Wie gezeigt worden ist, handelt es sich bei der Erfolgsfaktorenforschung im Handel um einen Forschungszweig mit einer etwa dreißigjährigen Historie. Sie findet ein anhaltendes Interesse (vgl. Hildebrandt 2003; Wolff/Herrmann/Niggemann 2004). Wie anhand einiger Studien belegt worden ist, konnten relativ enge Beziehungen zwischen einzelnen Inputfaktoren und dem Erfolg beobachtet werden, wobei die Ergebnisse zur Kontrolle und Planung verwendet werden können. Bei der Beurteilung der Erfolgsfaktorenforschung sind folgende Aspekte zu berücksichtigen (vgl. auch die Darstellung und Beurteilung bei Krechting 2000):

1. Erfolgsfaktorenforschung ist ein überwiegend positiv besetzter Begriff. Viele Wissenschaftler sehen in der Erfolgsfaktorenforschung eine zentrale Aufgabe. Da die Untersuchungen empirisch angelegt sind, beziehen sie ihre Anerkennung aus der statistisch ermittelten Erklärungskraft. Anhänger verweisen auf bislang gewonnene Erkenntnisse, während Kritiker auf widersprüchliche Ergebnisse aufmerksam machen und den Nutzen des Forschungszweiges bezweifeln. Das hat zu intensiven Kontroversen geführt (vgl. Nicolai/Kieser 2002; Haenecke 2002; Kieser/Nicolai 2003; Bauer/Sauer 2004; Fritz 2004; Homburg/Krohmer 2004).
2. Das Verständnis von Erfolgsfaktoren kann sich stark unterscheiden. So kann einerseits untersucht werden, welche Wirkungen von der Variation einzelner absatzpolitischer Instrumente (Wirkungsanalysen) ausgehen. Solche Erkenntnisse helfen einem Handelsmanager, Entscheidungen hinsichtlich des Marketing-Mix zu treffen. Ob sie die Grundlage für die Generierung von Wettbewerbsvorteilen bilden können, bleibt offen. Zu Aussagen über die Wirkung der

absatzpolitischen Instrumente sind deshalb Aussagen zu einzelnen strategischen Konzepten und generellen Verhaltensweisen, wie z. B. der Marktorientierung, Kreativität, Flexibilität usw., hinzugekommen. Umfang und Detaillierungsgrad der zur Erklärung herangezogenen Faktoren bedürfen deshalb weiterer Untersuchungen.

3. Wie Abbildung 7.13 verdeutlicht, ergibt sich allein um die Größe Marktorientierung eine Vielzahl von Beziehungen, die selbst bei Vernachlässigung von Interaktionseffekten zu einer Schar von Hypothesen führt. Aufgrund der Interdependenzen zwischen einzelnen Sachverhalten (z. B. zwischen betrieblichen Teilplänen, zwischen Führung und Verhalten, zwischen Realebene und Finanzebene) wird die Analyse zwangsläufig immer komplexer, was nicht nur für die Datenbeschaffung, sondern auch für die Datenauswertung große Probleme aufwirft (zu den Zusammenhängen zwischen einzelnen Dimensionen einer betriebswirtschaftlichen Theorie vgl. Küpper 2007; zur Entwicklung der Auswertungstechniken und ihrem Einfluss auf die Ergebnisse Hildebrandt 2003; zu statistischen Problemen Shugan 2006).
4. Die konzeptionellen Probleme werden durch die Probleme der Operationalisierung ergänzt. Schon der Begriff Erfolg signalisiert die Vielschichtigkeit eines möglichen Verständnisses. Der Erfolg kann sowohl mit Hilfe des Umsatzes oder des Deckungsbeitrags als auch mittels der Gesamtkapitalrentabilität, der Flächenleistung oder der Umsatzrentabilität gemessen werden. Es können aber auch qualitative Größen, wie z. B. das Image, herangezogen werden, um den Unternehmenserfolg zu erfassen. Das Problem der Operationalisierung trifft ebenso auf die Erfolgsfaktoren zu. Insbesondere bei komplexen Größen, wie z. B. der Marktorientierung, dem Erlebnischarakter einer Verkaufsstelle oder der Qualität des Verkaufspersonals, ist zu klären, wie sie erfasst und gemessen werden sollen.
5. Nach welchen Regeln sollten Betriebe ausgewählt werden, deren Werte untereinander verglichen werden? Welche Betriebe sind für einen Vergleich geeignet? Werden nur die Filialen einer Filialunternehmung miteinander verglichen, stimmen viele Merkmale überein, z. B. das strategische Konzept, der Führungsstil, die Sortimentsstruktur. Unterschiede liegen nur in einzelnen Bereichen vor, z. B. in der Größe der Verkaufsfläche. Fehlt es einem Merkmal an Varianz, kann über seinen Einfluss keine Erkenntnis abgeleitet werden. Insofern liegt es nahe, Betriebe in die Untersuchung einzubeziehen, die sich hinsichtlich Größe, Branchenzugehörigkeit, Standortlage, Betriebskonzepten usw. unterscheiden. Zugleich kommen aber auch Zweifel auf, ob so übergreifende Erfolgsfaktoren abgeleitet werden können. Auf jeden Fall wird davor gewarnt, Erkenntnisse, die unter bestimmten Rahmenbedingungen gewonnen wurden, vorschnell zu verallgemeinern (vgl. Schröder 1994).
6. Wie sind die beobachteten Beziehungen inhaltlich zu begründen? Allgemein wird in der Erfolgsfaktorenforschung beklagt, dass die der Untersuchung zu Grunde gelegten Hypothesen zu wenig begründet werden. Vielmehr dominiert das induktive Auswerten von verfügbaren Daten. Inzwischen wird zumindest auf die explizite Formulierung von Hypothesen großen Wert gelegt, wenn diese auch häufig als additive ad-hoc Hypothesen erscheinen.
7. Wie stabil sind die Erkenntnisse aus der Erfolgsfaktorenforschung im Zeitablauf? Gelten die ermittelten Werte jeweils nur für eine kurze Periode, oder kann von einer längerfristigen Gültigkeit gesprochen werden? Unterschiedliche konjunkturelle Lagen, Verschiebungen in den Präferenzen der Nachfrager, neue Betriebsformen und veränderte soziodemographische Struk-

turen machen darauf aufmerksam, dass einmal identifizierte Erfolgsfaktoren ihre Bedeutung verlieren können.

Obwohl es auch in der Wissenschaft Modethemen und Modewellen gibt, erscheint die Erfolgsfaktorenforschung als ein dauerhaft wichtiges Aufgabenfeld, weil sie von unternehmenspolitischen Fragestellungen ausgeht, die ihre Aktualität nie einbüßen. Einerseits wird deutlich, wie sich die Wissenschaft diesen Problemen nähert, welche Ergebnisse erzielt werden können und welche Schwierigkeiten zu bewältigen sind. Andererseits ist aber auch offensichtlich, dass die Wissenschaft auf diesem Feld nur in Kooperation mit der Praxis erfolgreich sein kann. Das betrifft vor allem die Datenbereitstellung durch die Handelsunternehmungen.

7.4 Zusammenfassung

Das Anliegen der Erfolgsfaktorenforschung kann wie folgt charakterisiert werden. Auf der Grundlage empirischer Analysen gilt es zu erkennen, von welchen Faktoren der Erfolg eines Unternehmens abhängig ist. Dabei kann einerseits vor allem auf die Wirkung der absatzpolitischen Instrumente auf ausgewählte Erfolgsgrößen abgestellt werden. Andererseits kann sich das Interesse auf komplexe strategische Grundsätze der Unternehmenspolitik, z. B. die Marktorientierung oder die Serviceorientierung, oder auf bestimmte Marktgegebenheiten, z. B. die Wettbewerbsintensität, erstrecken. Zugleich können aber auch die Erfolgsgrößen eine große Vielfalt aufweisen. So ist – vor allem bei den absatzpolitischen Instrumenten – die Wirkung auf den Umsatz oder den Deckungsbeitrag von großem Interesse. Noch mehr interessiert aber die Frage, wie sich die Erfolgsfaktoren auf die Rentabilität oder auf das Image eines Unternehmens auswirken. Die Ausführungen zeigen, welche Größen als mögliche Erfolgsfaktoren ins Blickfeld der Forschung gerückt worden sind. Als Theorien, die einerseits erlauben sollen, Erfolgsfaktoren zu identifizieren, andererseits aufzeigen sollen, wie diese wirken, werden die Neue Institutionenökonomik, der *market-based-view* und der *resource-based-view* herangezogen. Die Erfolgsfaktorenforschung basiert überwiegend auf empirischen Daten, so dass auf einschlägige statistische Methoden hingewiesen wurde. Eine besondere Bedeutung kommt hierbei der einfachen und multiplen Regressionsanalyse sowie kausalanalytischen Modellen zu. Ein Überblick über ausgewählte Studien verdeutlicht die Bandbreite der untersuchten Erfolgsfaktoren und eingesetzten Methoden.

8 Strategische Optionen und ihre Bewertung

Gestützt auf eine Analyse der Ausgangssituation (Kapitel 6) und das Erkennen der zentralen Erfolgsfaktoren in einer Branche (Kapitel 7) hat jede Unternehmung im Feld der Anbieter und Nachfrager ihren Standort zu bestimmen – sie muss sich für eine bestimmte Strategie entscheiden. In dem folgenden Kapitel werden strategische Alternativen abgeleitet, und es wird darauf hingewiesen, wie ihre Vorteilhaftigkeit bestimmt werden kann. In Kapitel 5 wurden bereits Merkmale aufgezeigt, die generell strategische Entscheidungen kennzeichnen. Außerdem wurde mit Abbildung 5.5 dargestellt, dass strategische Maßnahmen in verschiedene Richtungen entwickelt werden können:

- Im Rahmen der Positionierungsentscheidung ist eine Segmentierung des Markts vorzunehmen und es sind Zielgruppen auszuwählen, die mit dem eigenen Leistungsbündel angesprochen werden sollen. Außerdem ist über das Leistungsbündel selbst zu entscheiden, das sich vor allem in der Wahl der Betriebsform widerspiegelt.
- Die Wahl der Wachstumsstrategien bedeutet, dass über die Fortentwicklung der Leistungsbündel (Betriebsformen) und der Märkte, auf denen man tätig ist oder tätig werden möchte, entschieden werden muss. In diesem Zusammenhang wird meist auf die Ansoff-Matrix Bezug genommen und einerseits zwischen aktuellen und neuen Betriebsformen, andererseits zwischen aktuellen und neuen Märkten differenziert. Große Bedeutung kommt dabei der Internationalisierung zu.
- Der Abstimmung eines Handelsunternehmens mit seinen Lieferanten und seinen Kunden kommt ebenfalls eine strategische Bedeutung zu. Insbesondere Entscheidungen über die Aufgabenteilung zwischen Industrie und Handel können die Wettbewerbssituation eines Händlers maßgeblich beeinflussen. Dazu zählen sowohl Integrations- und Vertikalisierungsmaßnahmen als auch Kooperationsentscheidungen im Bereich des Marketings oder der Logistik. Auf der Absatzseite sind das Ausmaß und die Form der Kundenbindung bedeutend für die strategische Ausrichtung des Unternehmens. Die Koordination erstreckt sich ebenso auf unternehmensinterne Sachverhalte, so dass auch Fragen der Organisation, der Personalpolitik und der Informations- und Kommunikationspolitik eine strategische Dimension besitzen.

Die in diesem Überblick genannten strategischen Maßnahmen einer Handelsunternehmung werden in den folgenden Kapiteln vertieft. Zuvor wird in Abschnitt 8.1 auf Ansätze eingegangen, mit denen systematisch einzelne strategische Optionen entwickelt werden können. In Abschnitt 8.2 folgen Hinweise, wie strategische Optionen zu bewerten sind.

8.1 Die Ableitung von strategischen Optionen

Von Unternehmensberatungen und in der Wissenschaft sind verschiedene Ansätze entwickelt worden, mit denen strategische Optionen systematisch abgeleitet werden können. Diese Ansätze sind im Regelfall in allen Wirtschaftsbereichen anwendbar. Im Folgenden werden sie auf den Handel bezogen.

8.1.1 Arenen, Hauptstärken und Wettbewerbsrollen

Nach Emans (1987, S. 299) helfen vier Fragen, das Selbstverständnis einer Unternehmung zu formulieren (vgl. Abbildung 8.1):

1. Welche übergeordneten Unternehmensziele werden verfolgt?
   Hier sind nicht nur monetäre, sondern auch nicht-monetäre Ziele festzulegen, so wie sie schon in Kapitel 4 aufgeführt worden sind. Es leuchtet ein, dass strategische Konzepte im Hinblick auf die zentralen ökonomischen Zielgrößen, Rentabilität und Liquidität, und die zugehörigen Umsätze und Kosten beurteilt werden müssen. Dabei kann eine Relativierung der absoluten Größen anhand von Marktgrößen (z. B. Marktanteil) aufschlussreich sein. In sehr dynamischen Märkten wird es darüber hinaus darauf ankommen, sich schnell an neue Situationen anpassen zu können (Flexibilität). Eine wachsende Bedeutung kommt der Formulierung eines Leitbilds oder einer Vision zu, weil sie den Mitarbeitern in Entscheidungssituationen vor Augen führen, welchen Gesichtspunkten ein hohes Gewicht beigemessen wird, z. B.

   - „Mode und Qualität zum besten Preis" den Kunden anzubieten (H&M),
   - „vielen Menschen einen besseren Alltag zu schaffen" (IKEA),
   - „Lifestyle und lustvolles Erlebnis" den Kunden anzubieten (Ludwig Beck, Kaufhaus der Sinne, in München).

   Diese Beispiele stellen auf die zentralen Leistungen der Unternehmung gegenüber den Nachfragern ab. Es können aber auch Visionen und strategische Ziele formuliert werden, die vorwiegend einen Konkurrenzbezug haben, z. B. Marktführer zu werden.

   Die Frage, ob ein Unternehmen vorrangig oder ausschließlich die Interessen der Kapitalgeber zu verfolgen hat (Shareholder-Value) oder ob es seine Aktivitäten auch auf die Interessen anderer Gruppen (Stakeholder) auszurichten hat, wird in Abschnitt 8.2 vertieft.

2. Welchen Arenen (Tätigkeitsfeldern) sollte sich die Unternehmung zuwenden?
   Im Handel können die Tätigkeitsfelder charakterisiert werden, indem auf die Warenbereiche oder Dienstleistungen Bezug genommen wird, die den Nachfragern angeboten werden sollen (z. B. nur Waren oder auch Dienstleistungen, wie z. B. Reisen, Bankdienstleistungen oder Versicherungen). Wie noch in Abschnitt 8.1.4 gezeigt werden wird, können aber auch Bedürfnisdimensionen der Nachfrager zur Abgrenzung der Tätigkeitsfelder herangezogen werden. Neben diesen sachlichen Komponenten sind die Tätigkeitsfelder durch eine räumliche Komponente

gekennzeichnet, also die Entscheidung, ob ein Anbieter regional, national oder international auftreten will.

3. Welche Rolle soll im Wettbewerb gespielt werden?
Eine Reihe erfolgreicher Unternehmen hat ihre Wettbewerbsrolle im Markt besonders klar umrissen. So strebt ALDI konsequent die Kostenführerschaft an. Mit der „Rolle im Wettbewerb" wird umschrieben, welche Leistungsvorteile eine Unternehmung ihren Kunden im Vergleich zu Wettbewerbern bieten will. Ziel ist es, sich Wettbewerbsvorteile gegenüber der Konkurrenz zu verschaffen, die

   - vom Kunden wahrgenommen werden,
   - eine für die Kunden wichtige Leistung darstellen und
   - von der Konkurrenz nicht schnell einholbar sind.

   Dieser Sachverhalt wird anschaulich in der Frage „Warum sollte ein Kunde bei der eigenen Unternehmung und nicht bei der Konkurrenz kaufen?" zum Ausdruck gebracht. Aufschlussreich ist auch die Frage, inwieweit die Rolle eines Innovators übernommen werden soll. Innovationen können in unterschiedlichen Bereichen entwickelt werden. Im Handel kommt vor allem der Entwicklung von neuen Betriebsformen eine große Bedeutung zu. Oft sind die Innovatoren sehr erfolgreich gewesen, z. B. ALDI mit der Einführung von Lebensmitteldiscountbetrieben, IKEA mit einem Konzept, das der Selbstabholung und der unmittelbaren Verfügbarkeit von Möbeln einen großen Stellenwert eingeräumt hat, Fressnapf mit der Entwicklung von Fachmärkten für Tiernahrungsmittel. Andere Unternehmen verfolgen eine Strategie der weitgehenden Imitation. Sie können dabei allerdings oft von den Erfahrungen des Innovators profitieren, können aber auch Gefahr laufen, dass der Markt bereits besetzt ist. Insofern ist die Frage, ob dem Innovator ein Pioniergewinn zukommt und ob Nachfolger überhaupt noch Zutritt zum Markt bekommen werden, von großem Interesse.

4. Welche Stärken sollen die Basis für eine erfolgreiche Tätigkeit darstellen?
Die Eigenschaften, die eine Unternehmung als ihre traditionellen Hauptstärken ansieht, bieten nicht immer die besten Differenzierungsmöglichkeiten im Wettbewerb. So ist zu fragen, ob ein Händler in Zukunft vorrangig funktionale Stärken aufbauen soll (beispielsweise im Einkauf) oder ob funktionsübergreifende Faktoren wie etwa Flexibilität eine zentrale Rolle spielen werden. Die in Kapitel 7 analysierten Erfolgsfaktoren sind hier von ausschlaggebender Bedeutung. Es muss sichergestellt werden, dass eine Unternehmung mit ihren Ressourcen und ihrer Organisationsstruktur in der Lage ist, die unter 3. formulierten Marktleistungen zu erbringen. Dies ist der Fokus des ressourcenorientierten Ansatzes.

Mit den vier Begriffen Unternehmensziele, Arenen, Hauptstärken und Wettbewerbsrollen hat Emans einen Denkrahmen vorgegeben, der Sachverhalte aufgreift, die auch in der Erfolgsfaktorenforschung relevant sind und jeweils einen Eckpunkt des sog. strategischen Dreiecks, nämlich die Nachfrager (Arenen), die Konkurrenten (Wettbewerbsrollen) und das eigene Unternehmen (Hauptstärken) besonders betonen.

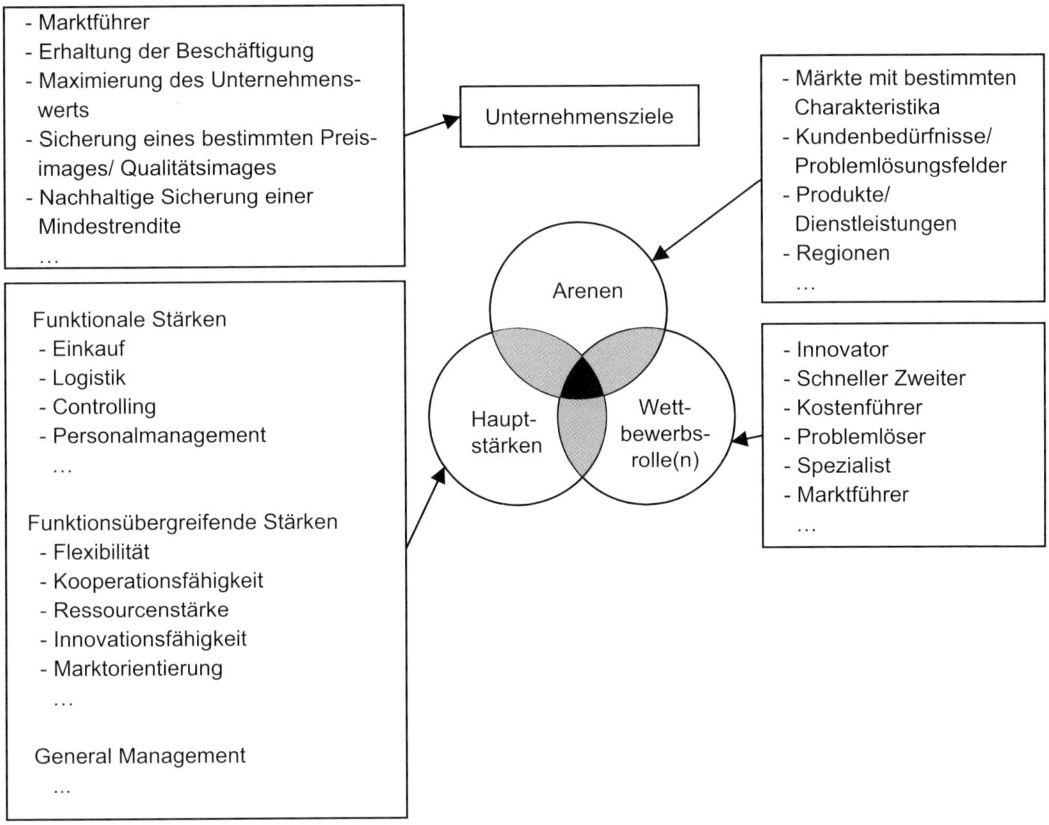

Quelle: in Anlehnung an Emans 1987, S. 299

Abb. 8.1: Komponenten des Selbstverständnisses: Ziele, Arenen, Stärken, Rollen

8.1.2 Porters Basisstrategien

Porter (2010, S. 37–44) weist darauf hin, dass Unternehmungen die folgenden Strategien zur Verfügung stehen, um sich auf Dauer im Wettbewerb zu behaupten:

- die Kostenführerschaft (Generieren von Kostenvorteilen und Anbieten niedriger Preise),
- die Differenzierungsstrategie (Anbieten einer überlegenen Leistung),
- die Konzentration auf Schwerpunkte (Ausrichtung des Unternehmens auf Marktsegmente).

Im Folgenden soll zunächst ein Überblick über diese Strategien gegeben werden.

8.1.2.1 Die Kostenführerschaft im Handel

Eine Strategie der niedrigen Kosten wirkt sich zum einen unmittelbar aus, da niedrigeren Kosten ceteris paribus ein höherer Gewinn entspricht, zum anderen wird sie – wenn sie zum Kostenvorsprung innerhalb der Branche führt – zum Wettbewerbsvorteil, weil damit eine für den Kunden attraktive Preispolitik möglich wird. Je vollkommener die Märkte, desto enger ist das Verhältnis zwischen Kosten- und Preisführerschaft, weil der Preis für die Höhe des Absatzes dann umso bedeutsamer wird. Porter (2008, S. 72) schreibt, dass bei der Kostenführerschaft niedrigere Kosten im Vergleich zu den Konkurrenten zum roten Faden der gesamten Strategie werden.

Wie in der Industrie ist auch im Handel in fast jeder Branche ein Anbieter auszumachen, der sich dieser Strategie mit Erfolg bedient. Im Lebensmitteleinzelhandel kann ALDI als Musterbeispiel für die Strategie der Kostenführerschaft angesehen werden. Es stellt sich die Frage, wie man zum Kostenführer wird. In manchen Fällen hat es ausgereicht, eine einzige Kostenart merklich senken zu können. Gottlieb Duttweiler in der Schweiz hat vor dem zweiten Weltkrieg Wege ausfindig gemacht, einzelne Waren aus anderen Erdteilen direkt zu importieren und so seine Wareneinstandskosten zu senken. Die Ersparnis von Miet- und Einrichtungskosten hat den Discountern einen Kostenvorteil gegenüber dem etablierten Handel verschafft. Der Kostenvorteil lässt sich erzielen

- durch niedrige Personalkosten, indem auf einzelne Personalleistungen verzichtet wird oder diese auf sonstige Leistungsträger (z. B. Kunden) übertragen werden, ohne dass der Kunde darin einen nicht akzeptablen Qualitätsverlust sieht,
- durch niedrige Geschäftsraumkosten,
- durch eine kostengünstige Logistik,
- durch niedrige Warenkosten usw.

Aber nicht nur die Perspektive der Kostenarten bietet einen Ansatzpunkt, um die Idee der niedrigen Kosten im gesamten Unternehmen zu verankern, sondern es kann geprüft werden, wie einzelne Funktionsbereiche im Unternehmen entsprechend der Strategie der niedrigen Kosten eingerichtet werden können:

- Für die Logistik kann das bedeuten, sie auszugliedern und die Aufgaben einem Logistikdienstleister zu übertragen.
- Im Marketing kann die Strategie es erfordern, das Sortiment zu straffen und sich auf schnell drehende Artikel zu beschränken.
- In der Beschaffung kann es sinnvoll sein, sich auf das Senken von Einstandspreisen zu konzentrieren (z. B. durch Marktmacht oder durch Rückwärtsintegration, indem eigene Produktionsanlagen betrieben werden).

Ein Unternehmen wird folglich alle relevanten Kostenarten und Funktionsbereiche analysieren und prüfen, inwieweit sich dort Kostenersparnisse realisieren lassen. Ein solcher Prozess setzt zum Teil einen hohen Grad an Kreativität voraus. Dass das Ergebnis dieser Überlegungen geeignet ist, Wettbewerbsvorteile zu generieren, zeigen zahlreiche Beispiele. So wurde z. B.

- im Großhandel erkannt, dass die Möglichkeit besteht, den klassischen Zustellgroßhandel durch Cash & Carry Betriebe zu ergänzen,

- im Lebensmittelhandel ein Weg gefunden, Waren in Vorwahl oder im Selbstbedienungsprinzip zu verkaufen; überhaupt können viele erfolgreiche Entwicklungen im Einzelhandel in den letzten Jahrzehnten mit der zunehmenden Anwendung des SB-Prinzips erklärt werden.

Bei allen Kostenüberlegungen ist zu prüfen, inwieweit niedrigere Kosten auch die Leistungen der Unternehmung gegenüber ihren Abnehmern verändern werden und wie die Abnehmer dies bewerten. Insofern stellt die Gegenüberstellung von Kosten- und Differenzierungsstrategie eine Vereinfachung dar, denn auch bei Verfolgung einer Kostenstrategie werden gewisse Differenzierungen der Leistung vorgenommen. Das zeigen schon Unterschiede zwischen den Märkten von Lebensmitteldiscountern wie ALDI, Lidl oder PENNY, ebenso wie zwischen den Drogeriemärkten von Schlecker und Rossmann, obwohl alle genannten Anbieter jeweils mit diskontierenden Betriebsformen im jeweils gleichen Markt agieren.

Im Handel ist mit der Strategie der niedrigen Kosten die Wahl einer entsprechenden Betriebsform aufs Engste verbunden. Man kann von Betriebsformen sprechen, die vorwiegend auf niedrige Preise abstellen (kosten- bzw. preisorientierte Betriebsformen), und von Betriebsformen, die andere Merkmale hervorheben (leistungsorientierte Betriebsformen). Bei vielen Gütern zeigt sich, dass der Verbraucher die Preisgünstigkeit als besonders wichtiges Einkaufskriterium ansieht. Dementsprechend haben sich Betriebstypen gebildet, die den preisorientierten Verbraucher ansprechen. Wem es gelingt, aufgrund bestimmter Faktoren einen Wettbewerbsvorteil in der Preispolitik zu erringen, der wird es im Regelfall leicht haben, nennenswerte Marktanteile zu gewinnen. So ist in einzelnen Branchen schubweise ein Vordringen preisaggressiver Betriebsformen zu beobachten. Ausgehend vom Lebensmittelbereich drängen preisaggressive Anbieter auch in den Baumarktbereich, den Brillenmarkt, den Drogeriebereich usw. ein. Branchen, in denen es noch keine Discounter gibt, sind der Gefahr ausgesetzt, dass entsprechende Betriebsformen auftauchen, weil ein neuer Konkurrent die jeweiligen Artikel SB-gerecht anbietet (und so Personalkosten spart), sich neue Bezugswege erschließt oder andere Rationalisierungsmöglichkeiten entdeckt. So war etwa der Aufstieg der REWE Leibbrand OHG von Schritten begleitet, die jeweils zu Kostenvorteilen geführt haben:

- Durch die entworfenen Betriebstypen wurden zunächst gegenüber den etablierten Anbietern Personalkosten gespart (PENNY).
- Durch die Multiplikation der konzipierten Betriebstypen in viele Verkaufsstellen waren die Planungskosten für weitere Filialen relativ gering.
- Durch die Politik, bestimmte Verkaufsgebiete engmaschig mit Verkaufsstellen zu bestücken, wurden Logistikkosten gespart.
- Durch den Aufbau von Nachfragemacht wurden vermutlich die Wareneinstandskosten erheblich gesenkt.
- Die Ausführungen machen deutlich, dass zum einen Ansatzpunkte für eine Kostensenkung identifiziert werden müssen. Zum anderen muss erkannt werden, was die zentralen Bestimmungsfaktoren für die Höhe der jeweiligen Kosten sind bzw. welche Voraussetzungen erfüllt sein müssen, damit Kostenvorsprünge realisiert werden können. Ansatzpunkte liegen in einzelnen Kostenarten, in der Effizienz einzelner Prozesse oder in der Wahl geeigneter Betriebsformen. Zentrale Bestimmungsfaktoren sind vor allem im Marktanteil eines Unternehmens, in der Konzentration einer Branche, im Bestreben, Kosten zu senken, und in der Bedeutung niedriger

Preise für die Kaufentscheidung zu sehen. Vor allem Klaus Wiegandt, in den Jahren nach 1980 Generalbevollmächtigter der REWE Handelsgesellschaft Leibbrand OHG, Bad Homburg, hat die Rolle der Größe veranschaulicht, indem er darauf hingewiesen hat, dass Marktanteilsvorsprünge Kostenvorsprünge sind. Er sagt: „Eine zweite, für mich äußerst bedeutsame Bemerkung zu diesen beiden Bereichen ist, dass der Markt der Massenverteilung gleichsam nach Konzentration ‚schreit', im Grunde die Konzentration fordert (...)" (Wiegandt 1989, S. 112). Er führt aus, dass größere Unternehmungen im rückwärtigen Bereich die Kosten um 4 bis 4,5 Prozentpunkte senken könnten. Allerdings sind die Zusammenhänge zwischen Betriebsgröße und Kostenstruktur in der Literatur nur wenig systematisch erfasst und dokumentiert.

Die Kostenvorteile können auch als Ergebnis des Erfahrungskurvenkonzepts gedeutet werden. Voll zum Tragen kommen Kostenvorteile erst dann, wenn die Verbraucher nach niedrigen Preisen verlangen und der Wettbewerb die Anbieter dazu zwingt, diesem Verlangen nachzukommen. Es ist festzustellen, dass der Preis als Kriterium für die Wahl der Einkaufsstätte oft im Vordergrund steht. Dass dies kein neuer Befund ist, zeigt die Abbildung 8.2, die die Ergebnisse einer bereits 1984 von Müller-Hagedorn und Lenzen durchgeführten Untersuchung wiedergibt. Sie zeigt, wie groß der Anteil jener Nachfrager sein kann, die ein Interesse an Einkäufen in Geschäften mit diskontierender Preispolitik haben.

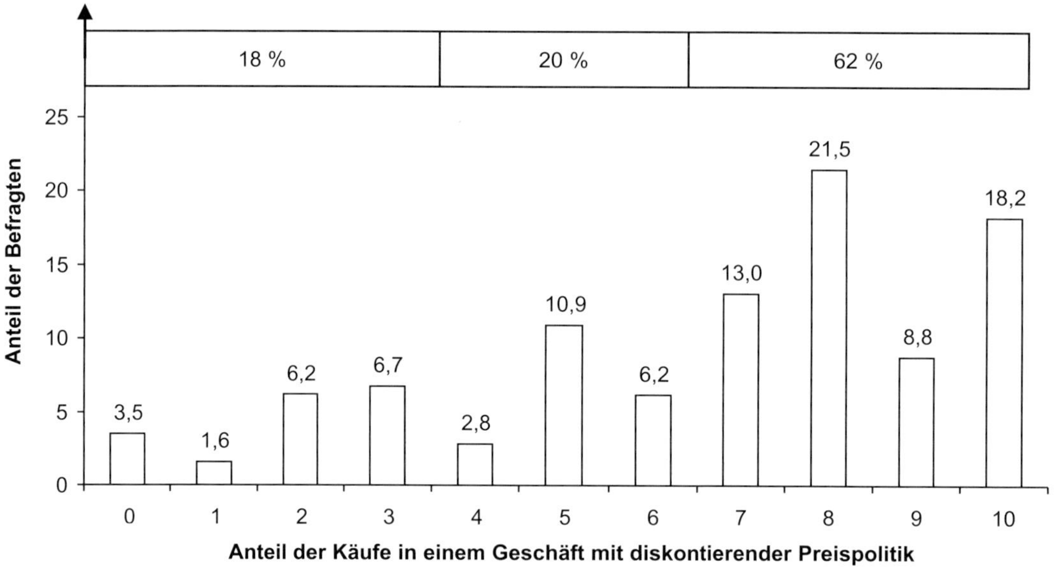

Anmerkung: Die Befragten hatten anzugeben, wie viele von insgesamt zehn Käufen sie in einem Geschäft vornehmen würden, das die Preise so niedrig wie möglich hält, dabei an der Innenausstattung und am Bedienungspersonal spart und nur die gängigen Artikel führt.

Quelle: Müller-Hagedorn/Lenzen 1984, S. F 16

Abb. 8.2: Das Interesse der Verbraucher an Einkäufen in Geschäften mit diskontierender Preispolitik

Preisunterschiede zwischen einem Verbrauchermarkt, einem Supermarkt und einem Discounter können bei gleichem Warenkorb ca. 10 bis 20 % ausmachen (vgl. z. B. Deutsches Institut für Service-Qualität 2009). Auch wenn mit höheren Preisen eine bessere Leistung assoziiert wird, ist zu fragen, welche Preislagen die Nachfrager bevorzugen. Gelegentlich wird von einem Verlust der mittleren Preislagen gesprochen, womit gemeint ist, dass Nachfrager die extremen Positionen suchen – entweder die preisgünstige Alternative oder die besondere Leistung in den hohen Preisklassen. Jedrowiak (2008) kommt jedoch aufgrund der Analyse des Kaufverhaltens in zahlreichen Warengruppen (Ge- und Verbrauchsgüter) zu dem Ergebnis, dass von einem generellen Verlust der Mitte nicht gesprochen werden kann, zumindest in dem von ihr untersuchten Zeitabschnitt zwischen 2000 und 2005. Das Erkennen von vorherrschenden und künftigen Bedürfnislagen ist für die Positionierung des Handelsbetriebs von großer Bedeutung. Dies wird ganz deutlich, wenn aus dem angeblichen Verlust der Mitte oder der angeblichen Polarisierung des Konsumentenverhaltens gefolgert wird, Warenhäuser müssten sich zum gehobenen Markt mit hohen Preis-/Qualitätslagen hin orientieren (vgl. Meffert 1988a).

Da auch für die Zukunft erwartet werden kann, dass es Kostenführer geben wird, ist damit zu rechnen, dass diese ihre Vorteile über eine diskontierende Preispolitik ausnutzen werden. Wer solche Kostenvorteile nicht aufweist, aber dennoch in der Absatzpolitik auf den Preiswettbewerb setzt, wird auf dem Markt auf Dauer nicht bestehen können.

8.1.2.2 Leistungsorientierte Strategien im Handel

Aus der Gleichung Gewinn = Umsatz – Kosten ergibt sich der Ansatzpunkt für eine zweite Strategie, die Porter die Differenzierungsstrategie nennt und die darin besteht, das Produkt oder die Dienstleistung des Unternehmens zu differenzieren und damit „etwas zu schaffen, was in der ganzen Branche als einzigartig angesehen wird" (Porter 2008, S. 74). Die Einzigartigkeit der Leistung gewährt Schutz vor Konkurrenten. Das Finden der Einzigartigkeit ist teils ein Akt der Kreativität, teils Ergebnis einer systematischen Suche. Die Einzigartigkeit muss sich auf etwas beziehen, was den Nachfragern oder anderen Wirtschaftssubjekten, mit denen die Unternehmung in Geschäftsbeziehung steht, als wertvoll und nützlich erscheint. Für die Nachfrager können dies sein:

- ein attraktives Sortiment,
- Produkte, deren Qualität den Eindruck vermitteln, mit ihrem Kauf kein Risiko einzugehen,
- eine kompetente Beratung,
- ein kürzerer Anfahrtsweg,
- eine kürzere Suchzeit.

Grundsätzlich kann somit jeder Faktor, den der Verbraucher bei der Wahl seiner Einkaufsstätte berücksichtigt, zum Wettbewerbsvorteil ausgebaut werden.

Oft führen Händler die „Beratung" als ihren Wettbewerbsvorteil an, ohne dass aber jeweils sichergestellt wäre, dass diese Beratungsleistung besser als von der Konkurrenz erbracht wird oder dass der Verbraucher hierin einen besonderen Vorteil sieht. In vielen Fällen wird auch die Erlebnisorientierung als besonderes Leistungsmerkmal eines Handelsbetriebs hervorgehoben. Häufig wird versucht, die Erlebnisorientierung mit allgemeinen gesellschaftlichen Wandlungen oder Verweisen auf andere Wirtschaftsbereiche (Erlebnistourismus, Erlebnisgastronomie, Erlebnisbäder) plausibel erscheinen zu lassen. Die Diskussion leidet darunter, dass die Wissenschaft oft noch auf der Suche nach einer präzisen begrifflichen Fassung ist. Silberer (1989, S. 61) definiert Erlebnishandel als jene Form der Distribution von Gütern,

„(...) die bei den Besuchern, Interessenten oder potenziellen Abnehmern relativ intensive und zwar angenehme Wahrnehmungen und Empfindungen erzeugt".

Ähnlich weit ist auch die Definition von Weinberg (1992, S. 3), der schreibt:

„Unter einem Erlebniswert versteht man den subjektiv erlebten, durch das Produkt, die Dienstleistung, das Verkaufsgespräch oder die Einkaufsstätte vermittelten Beitrag zur Lebensqualität der Konsumenten. Es handelt sich dabei um sinnliche Erlebnisse, die in der Gefühls- und Erfahrungswelt der Konsumenten verankert sind und einen realen Beitrag zur Lebensqualität der Konsumenten leisten."

Eine Differenzierung über die „einmalige Leistung" beeinträchtigt in vielen Fällen die Kostenposition, weil Kundenbetreuung, eine aufwendige Ausstattung der Geschäftsräume und weitere Leistungen teuer sind.

Die Einmaligkeit der Leistung kann auch über eine Dienstleistung erzielt werden. Dabei darf nicht nur an die individualisierte Dienstleistung gedacht werden, sondern es muss auch geprüft werden, inwieweit sich Dienstleistungen standardisieren lassen. Einen wichtigen Ansatzpunkt, um dieses Ziel zu erreichen, bildet die Verwendung geeigneter Informations- und Kommunikationstechnologien (vgl. Schmitz/Dietz 2010). So kann zum Beispiel der Einsatz von Planungssoftware einem Küchenhändler die Möglichkeit eröffnen, seinen Kunden individuelle Lösungen anzubieten. Eine personifizierte Ansprache von Kunden per E-Mail kann ebenfalls mit entsprechender technischer Unterstützung quasi standardisiert erfolgen.

Porter weist noch darauf hin, dass sowohl die Kosten- als auch die Differenzierungsstrategie entweder auf dem Gesamtmarkt oder auf einem Teilmarkt (Nische) angewandt werden kann, was allerdings an dieser Stelle nicht weiter vertieft werden soll. Auf die Möglichkeiten, einen Markt zu segmentieren, wird in Kapitel 9 eingegangen. Porter empfiehlt eindringlich, sich für eine der genannten Strategien zu entscheiden und diese konsequent umzusetzen. Der Versuch, sowohl die Kosten- als auch die Leistungsführerschaft anzustreben, führe zum Misserfolg (*stuck in the middle*). Meffert (1988a, 1988b) hat angeregt, ausgewählte Betriebsformen des Einzelhandels in einem Diagramm zu positionieren, das durch die Porterschen Begriffspaare Kostenvorteil versus Leistungsvorteil und Gesamtmarkt versus Teilmärkte gekennzeichnet ist. Wie Abbildung 8.3 zeigt, befinden sich die Warenhäuser nahe dem kritischen Bereich, der mit „Verlust der Mitte" gekennzeichnet wird. Meffert sieht das Dilemma der Warenhäuser darin, dass sie unter einem Dach sowohl Grund- als auch Zusatznutzensortimente anbieten. Für ersteres fehle ihnen jedoch die adäquate Kostenstruktur, für letzteres die spezifische Orientierung an Kundengruppen. Er empfiehlt deshalb für kleinere und mittlere Warenhäuser eine Entwicklung gemäß dem obersten Pfeil in Abbildung 8.3, also die Stärkung von Leistungsvorteilen. Für große Häuser sieht er die Möglichkeit entsprechend dem mittleren Pfeil eine Schwerpunktsetzung auf lukrative Teilsegmente. Eine Veränderung des Warenhauses zum Fachhandelsgeschäft (z. B. Textilkaufhaus, Sporthaus, Möbelhaus) sieht er als kaum gegeben.

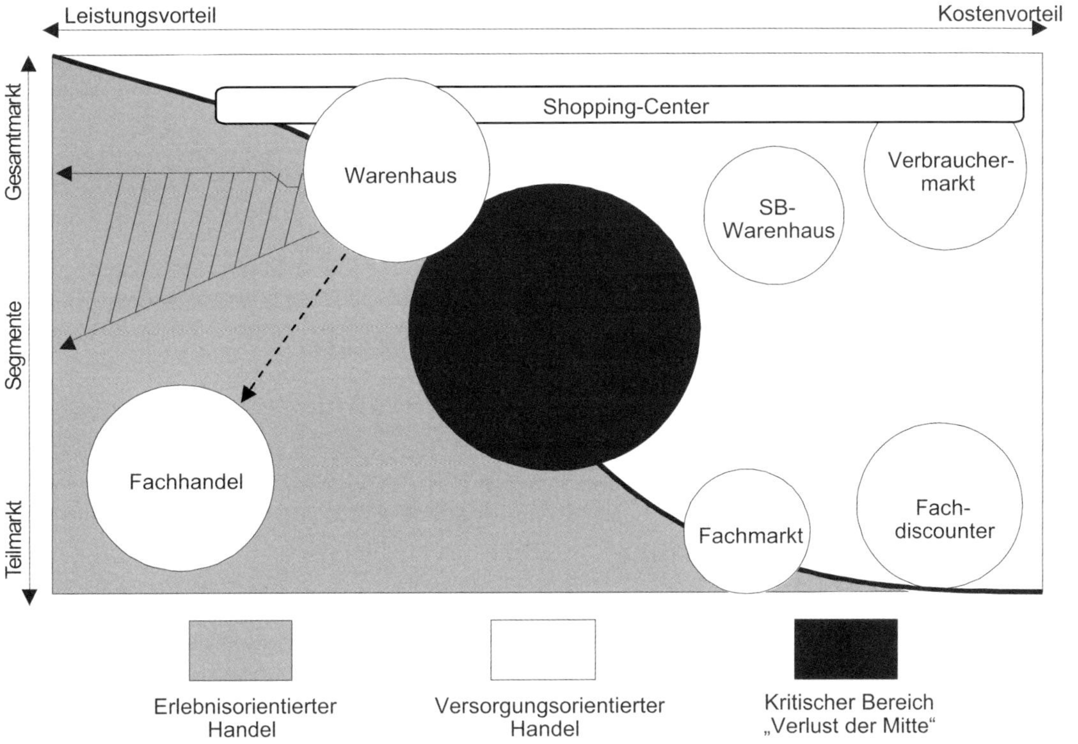

Quelle: Meffert 1988a, S. 232

Abb. 8.3: Positionierung und Profilierung einzelner Betriebsformen im wettbewerblichen Umfeld

Ob in der vorgeschlagenen Profilierung tatsächlich ein Erfolgsfaktor zu sehen ist, wurde vorwiegend in der Industrie, nur selten im Handel untersucht (zur Übertragung der Porterschen Überlegungen auf den Handel und zu ihrer Beurteilung vgl. auch Gröppel-Klein 1998, S. 39–76). Es ist folgendes zu berücksichtigen:

1. Die Positionierung der Betriebsformen in dem dargestellten Raum ist schwierig, weil sich die Positionen nur bedingt quantifizieren lassen. Da sich ein Leistungsvorteil aus sehr vielen unterschiedlichen Komponenten zusammensetzt und die einzelnen Betriebsformen unterschiedliche Bündel von Leistungen anbieten, fällt ein summarisches Urteil über das Ausmaß der insgesamt angebotenen Leistungsvorteile schwer. Aber auch der Kostenvorteil ist schwer zu quantifizieren. Zwar lässt sich ermitteln, wie hoch die Kosten einzelner Betriebsformen sind, aber wegen der unterschiedlichen Größenordnungen werden sie zumeist am Umsatz relativiert; der Umsatz resultiert jedoch aus unterschiedlichen Leistungen. Von daher erscheint nur eine ordinale Einstufung möglich. Des Weiteren ist die Dimension „Leistungsvorteil" nicht klar von der Dimension „Gesamtmarkt – Teilmarkt" abgegrenzt, weil sich beide Dimensionen auch auf die Breite der angebotenen Sortimente beziehen.

2. Der Zusammenhang zwischen Erfolg und Positionierung wird oft nur anhand von ausgewählten Beispielen als plausibel belegt. So ordnet Meffert (1988b, S. 210) beispielsweise in einem ähnlichen Diagramm wie in Abbildung 8.3, das aber die Dimensionen Preisorientierung und Versorgungsorientierung versus Erlebnisorientierung nutzt, die Warenhäuser Hertie, Horten, Karstadt, Neckermann und Quelle in der Mitte ein, Unternehmungen, die beinahe alle aus dem Markt ausgeschieden sind. In den systematisch angelegten PIMS-Studien sind Handelsunternehmungen kaum vertreten. Es wird häufig nur fallstudienartig von einzelnen Unternehmungen berichtet (vgl. z. B. Krulis-Randa/Ergenzinger 1990).

8.1.3 Kombinationen von Leistungsbereichen und Märkten

Im Produktmarketing kommt häufig eine Systematisierung von strategischen Handlungsalternativen zur Anwendung, die ursprünglich von Ansoff (1957, 1966) entwickelt worden ist. Ansoff verwendet die beiden Dimensionen Markt und Produkt und differenziert bei beiden zwischen den Ausprägungen „alt" und „neu". Durch eine Kombination der Ausprägungen entstehen vier Handlungsbereiche (vgl. auch Abbildung 8.4):

1. Die Marktdurchdringung: Die Unternehmung bemüht sich, den Absatz des oder der einzelnen Produkte des bisherigen Vertriebsprogramms auf dem bereits bearbeiteten Markt zu steigern. Hierfür kommen Maßnahmen in Frage, die für das Produkt neue Verwendungsmöglichkeiten erschließen, die auf einen erhöhten Verbrauch durch die Nachfrager zielen oder die zu Lasten der Konkurrenz gehen. Kennzeichen einer solchen Politik ist, dass die Maßnahmen auf die bisherigen Nachfrager ausgerichtet sind.
2. Die Produktentwicklung: Auch hier zielen die Maßnahmen auf die bisherigen Abnehmer. Ihnen werden jedoch nicht nur die bisherigen Produkte angeboten, sondern auch neu entwickelte.
3. Die Marktentwicklung: Hier richten sich die Bemühungen darauf, das traditionelle Produktions- bzw. Vertriebsprogramm an neue Abnehmer (neue Zielgruppen, neue Verkaufsgebiete) abzusetzen.
4. Die Diversifikation: Bei einer Strategie der Diversifikation engagiert sich die Unternehmung auf neuen Feldern, die in horizontaler Sicht die traditionelle Produktpalette erweitern und an neue Kundenkreise gerichtet sind, die sich aber in vertikaler Sicht auch auf vorgelagerte oder nachgelagerte Wirtschaftsstufen beziehen können.

	Bisherige Märkte	**Neue Märkte**
Bisherige Produkte	Marktdurchdringung	Marktentwicklung
Neue Produkte	Produktentwicklung	Diversifikation

Abb. 8.4: Produkt-Markt-Kombinationen nach Ansoff

Zwar wirft das Schema von Ansoff einige Abgrenzungsprobleme auf, die den Neuigkeitsgrad von Produkt und Markt betreffen, insgesamt können aus den vier Feldern dieses Schemas jedoch zahlreiche strategische Optionen abgeleitet werden. Seine Verwendung im Handel erfordert jedoch, die beiden Dimensionen anzupassen. So empfiehlt es sich, im Handel statt von Produkten von Leistungen zu sprechen (vgl. Knee/Walters 1985, S. 11) und die Einteilung in alte und neue Märkte zu konkretisieren. Das führt dann zu der in Abbildung 8.5 dargestellten Strategiematrix.

	Bisherige Kundensegmente in bisherigen Regionen	**Neue Kundensegmente in bisherigen Regionen**	**Kundensegmente in neuen Regionen**
Sortiment, Services und Dienstleistungen in bisherigem Ausmaß	Marktdurchdringung	Markterweiterung (neue Segmente)	Multiplikation (regional, international)
Sortimentsänderung	Marktgerechte Anpassung der Sortimente	Kombinierte Markt- und Sortimentserweiterung	Multiplikation mit Sortimentsanpassung
Änderung der Services	Leistungserweiterung durch neue Services	Betriebstypenvariation	Multiplikation mit Betriebstypenvariation
Änderung der selbständigen Dienstleistungen	Leistungserweiterung durch neue Dienstleistungen	Kombinierte Markt- und Leistungserweiterung	Multiplikation mit neuen Dienstleistungen

Abb. 8.5: Anpassung der Produkt-Markt-Matrix an die Gegebenheiten im Handel

Zu den Marktdurchdringungsstrategien zählen alle Maßnahmen (vgl. Dobler/Jacobs 1989, S. 6), die zu einem erhöhten Absatz der im Sortiment geführten Artikel oder Dienstleistungen im bisherigen Verkaufsgebiet führen. Dazu zählen alle absatzpolitischen Maßnahmen, also z. B. auch preispolitische Maßnahmen. Oft geht mit dieser Strategie die Definition differenzierter Markt- bzw. Zielgruppensegmente einher.

Eine Änderung der bisherigen Angebotspolitik kann am Sortiment, an den Serviceleistungen oder an den selbständigen Dienstleistungen ansetzen. Serviceleistungen können eingeführt oder eliminiert werden. So haben z. B. viele Lebensmittelhändler die Bedienungstheke für Fleisch und Wurst durch eine Selbstbedienungstheke ersetzt. Es können aber auch neue Dienstleistungen angeboten werden, z. B. der Verkauf von Versicherungen oder Bahntickets durch einen Handelsbetrieb.

Der Fall, dass ein Unternehmen mit dem bisherigen Leistungsprogramm in neue Märkte eintritt, äußert sich im Handel entweder im Erschließen neuer Kundengruppen oder in der Ausdehnung des Marktgebiets. So kann aus einem regionalen Anbieter ein überregionaler oder nationaler Anbieter werden, aus einem nationalen ein internationaler oder sogar globaler. Die Ansprache neuer Zielgruppen erfordert meistens eine Modifikation des Leistungsangebots, so dass hier eher der Fall der Diversifikation vorliegt (z. B. Verkauf von Schreib- und Bürowaren nicht nur an private Haushalte, sondern über ein Zustellgeschäft auch an gewerbliche Organisationen).

Treten die neuen Leistungen zu den alten Leistungen hinzu (z. B. Fachmärkte zu den Warenhäusern, Discountgeschäfte zu den Fachgeschäften), kann von Diversifikation gesprochen werden, wenn hierdurch neue Segmente angesprochen werden. Dabei ist denkbar, dass sogar die bisherige Wirtschaftsstufe verlassen wird, indem ein Eintritt in den Großhandel oder in den Bereich der Industrie vorgenommen wird.

Es wird deutlich, dass sich aus dem modifizierten Abell-Schema systematisch zahlreiche strategische Handlungsmöglichkeiten ableiten lassen. Weitergehende Ausführungen zum Entwicklungsstand und zur Beurteilung der Internationalisierung finden sich in Kapitel 11, zur Diversifikation in Kapitel 12.

8.1.4 Bestimmung des Tätigkeitsbereichs mit Hilfe des Abell-Schemas

Abell hat zur Bestimmung des Tätigkeitsbereiches einer Unternehmung ein dreidimensionales Schema entwickelt. Er geht von der Annahme aus, dass es unzureichend sei, Betätigungsfelder nur durch die Angabe von Produkten (Objekten) auf der einen Seite und Märkten auf der anderen Seite abzugrenzen, und unterscheidet daher zwischen Abnehmergruppen (Zielgruppen), geäußerten Bedürfnisarten (angebotenen Funktionen) und verwendeten Technologien (vgl. Abell 1980, S. 17; Hansen 1990, S. 555; Köhler 1993, S. 25–26). Insofern kann das Schema von Abell als Weiterentwicklung der Ansoff-Matrix angesehen werden.

Abnehmergruppen (Zielgruppen)

Eine Unterteilung der Abnehmer ist gleichbedeutend mit der Marktsegmentierung und umfasst somit die Bestimmung bzw. Abgrenzung von Marktsegmenten anhand nachfrage- bzw. kaufrelevanter Kriterien. Bekanntlich gibt es zahlreiche Merkmale, anhand derer Nachfragergruppen unterschieden werden können, z. B.:

- nach der Art der Wirtschaftssubjekte: z. B. private Haushalte, Unternehmungen, nicht erwerbswirtschaftliche Organisationen,
- nach soziodemographischen Merkmalen: z. B. Geschlecht, Alter, Beruf, Bildung, Einkommen,
- nach psychographischen Merkmalen: z. B. vorrangige Bedürfnisse (Hinwendung zur Preisorientierung oder zum Marken- oder Qualitätsbewusstsein), Einstellungen, Ansichten,
- nach beobachtbaren Verhaltensweisen: z. B. Nichtverwender, seltene, häufige Verwender.

Das Abell-Schema liefert keine unmittelbaren Hinweise, wie die Märkte in einer bestimmten Situation segmentiert werden sollen oder welche Segmente eine Unternehmung zu Zielgruppen erklären sollte, es will jedoch zur differenzierten Sicht auf heterogene Nachfragestrukturen anregen. Auf Möglichkeiten der Marktsegmentierung wird ausführlich in Kapitel 9 eingegangen.

Art der geäußerten Bedürfnisse bzw. angebotenen Funktionen

Einzelne Nachfragergruppen können unterschiedliche Bedürfnisse aufweisen, denen eine anbietende Unternehmung mit einzelnen Funktionen entsprechen kann. Informieren über vorhandene Angebote, Verfügbarmachen der entsprechenden Waren, Zustellung, Wartung und Reparatur sind typische Beispiele für die angebotenen Funktionen. Zwar beschränken sich viele Verkaufsstellen des Einzelhandels darauf, den Nachfragern die Möglichkeit zu eröffnen, einzelne Waren direkt zu erwerben, dies sollte aber nicht den Blick darauf verstellen, dass die Funktionsübernahme des Handels ausgedehnt werden kann.

Technologien

Für die gegenüber den einzelnen Zielgruppen zu erbringenden Funktionen können in vielen Fällen unterschiedliche Technologien eingesetzt werden, wie die folgenden Beispiele verdeutlichen:

- Technologien, mit denen über das Sortiment informiert wird: Ausstellungen, traditionelle Kataloge, elektronische Medien,
- Technologien der Beratung: durch das Verkaufspersonal, durch entsprechende Präsentation der Produkte, durch elektronische Terminals (Kiosksysteme),
- Technologien der Zustellung: Abholung im Geschäft, Anlieferung nach Hause.

Das dreidimensionale Raster unterstützt die strategische Planung, da die Suche nach neuen Konzepten strukturiert wird. Hierzu liefern neue Ausprägungen auf den Achsen oder neue Kombinationen bereits vorhandener Achsenausprägungen vielfältige Ansatzpunkte (vgl. Müller-Stewens 1990, S. 77). Durch das zunächst bewusst grob gehaltene Raster bleibt auch Raum für unkonventionelle Zukunftsüberlegungen. Das Abell-Schema stellt somit eine stufenweise zu vertiefende Denkhilfe dar, die kreative Ausgestaltungsüberlegungen anregt. Es wird in Abbildung 8.6 am Beispiel von Apotheken veranschaulicht.

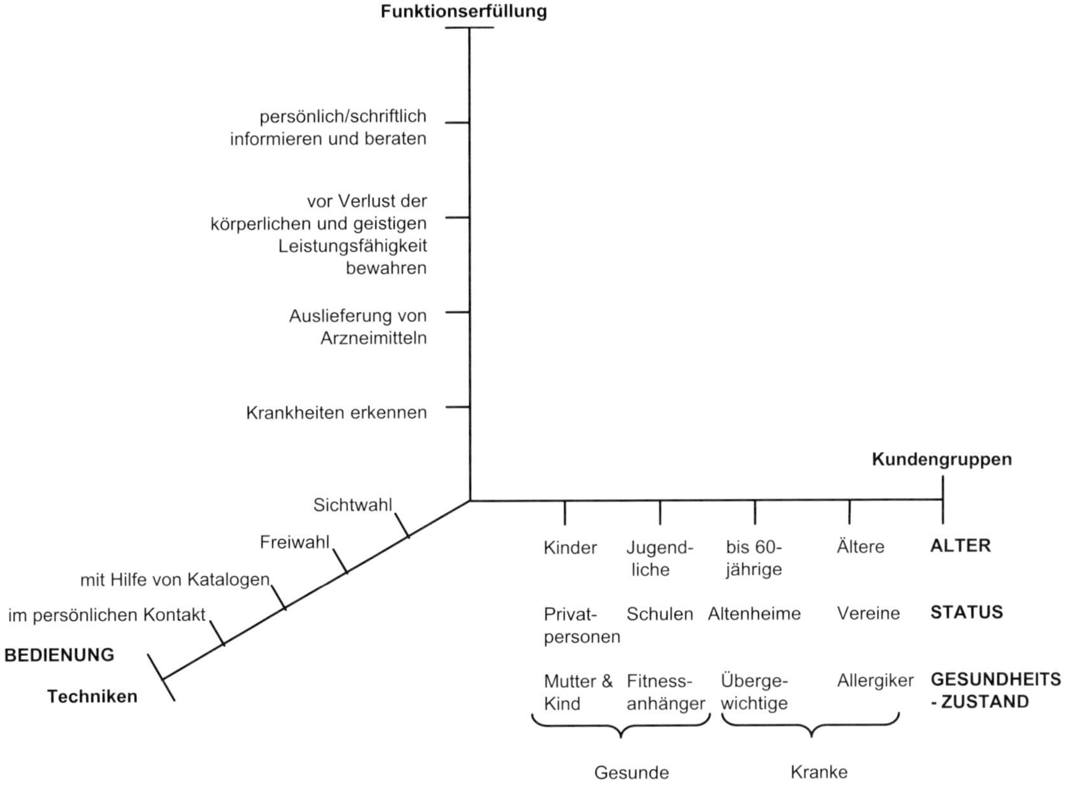

Abb. 8.6: Anwendung des Abell-Schemas für Apotheken

8.1.5 Identifikation von Wettbewerbsvorteilen mit Hilfe der Wertkette

Die Wertkette ist ein Denkansatz zur Suche und Sicherung nachhaltiger Wettbewerbsvorteile für das Unternehmen. Das Konzept der Wertkette ist auf Porter zurückzuführen und wurde u. a. von Esser auf den Handel bzw. die Distribution angewendet. (vgl. Porter 2010, S. 63–93; Esser 1989, S. 199).

Kennzeichen erfolgreicher Unternehmen ist die Erzielung nachhaltiger Wettbewerbsvorteile. Wettbewerbsvorteile entstehen im Wesentlichen aus dem Wert, den ein Unternehmen für seine Abnehmer schaffen kann, soweit dieser die Kosten der Wertschöpfung für das Unternehmen übersteigt. Wettbewerbsvorteile können aus vielen einzelnen Teilaktivitäten (Wertaktivitäten) erwachsen, wie z. B. der Beschaffung, der Logistik oder der Informationsversorgung. Die Wertkette hilft, folgende Fragen zu beantworten:

- In welchen Teilprozessen der Leistungserstellung sind Wettbewerbsvorteile zu erlangen?
- Kann das eigene System der Leistungserstellung besser auf die Leistungssysteme der vor- und nachgelagerten Marktstufen (Hersteller, Großhändler und Konsumenten) abgestimmt werden?

Die Wertkette des einzelnen Unternehmens ist in ein System vor- und nachgelagerter Wertketten der Lieferanten, Großhändler und Abnehmer eingebettet. Gemeinsam bilden diese Wertketten das Wertschöpfungssystem innerhalb einer Branche bzw. eines Markts.

Primäre Aktivitäten	Beschaffung von Rohmaterial	Herstellung	Montage	Transport	Showroom	Lieferzeit	Anlieferung
Herkömmliche Möbelanbieter	je nach Material: geringe bis hohe Kosten	kleine Mengen: hohe Kosten	arbeitsintensiv: hohe Kosten	Luft: hohe Kosten	zentrale Lage: hohe Kosten	kleines Lager: lang	Luft: hohe Kosten
IKEA	geringe Kosten	große Mengen: geringe Kosten	durch Kunden: keine Kosten	kompakt zerlegt: geringe Kosten	außerhalb: geringe Kosten	großes Lager: kurz	Abholung durch Kunden: keine Kosten

Quelle: Esser 1989, S. 199

Abb. 8.7: Vergleich von zwei Wertketten – Teilprozesse und generierte Wettbewerbsvorteile

Bei der Wertkette handelt es sich um ein Instrument zur Suche von Wettbewerbsvorteilen in einzelnen Aktivitäten und Prozessen der Unternehmenstätigkeit. Eine Wertkette gliedert die Aktivitäten und Prozesse der Leistungserstellung in jene strategisch relevanten Tätigkeiten (Wertaktivitäten), die Kosten- oder Differenzierungsvorteile gegenüber den Wettbewerbern bieten können. Neben den primären Aktivitäten, die sich auf die die Ware betreffenden Prozesse (Einkauf, Logistik, Verkauf) beziehen, können auch die unterstützenden Aktivitäten und die dafür benötigte Infrastruktur (z. B. Personalwirtschaft, Unternehmensinfrastruktur, Technologien, Führungs- und Informationssysteme) Gegenstand strategischer Überlegungen sein (vgl. auch Abbildung 8.8).

Das in Abbildung 8.7 dargestellte Beispiel weist zwar mehrere Mängel auf (die Herstellung von Möbeln und die Beschaffung des hierfür benötigten Rohmaterials gehören meistens nicht zu den Aktivitäten eines herkömmlichen Möbelhändlers, die Lieferzeit stellt keine Aktivität dar), aber dennoch wird deutlich, dass es hilfreich sein kann, verschiedene Geschäftskonzepte anhand des in einzelnen Aktivitäten eingesetzten Aufwands und des damit erzeugten (Zwischen-)Ergebnisses zu vergleichen. So wird z. B. deutlich, dass sich IKEA durch eine neuartige Gestaltung der Montage und des Transports von anderen Anbietern unterscheidet.

Quelle: in Anlehnung an McGee 1987, S. 98

Abb. 8.8: Suche nach Ansatzpunkten zur Strategiebestimmung im Handelsunternehmen mit Hilfe der Wertkette

Je nach Branche können die Wertaktivitäten von unterschiedlicher Bedeutung für die Erlangung und Sicherung nachhaltiger Wettbewerbsvorteile sein. Demzufolge ist eine branchentypische Wertkette adäquat zu definieren, zu analysieren und zu vergleichen. Bei der Definition einer Wertkette können die primären und unterstützenden Aktivitäten in weitere Unteraktivitäten unterteilt werden. Das Ausmaß der Aufgliederung ist abhängig von

- dem wirtschaftlichen Zusammenhang der Aktivitäten,
- dem Differenzierungspotenzial der Aktivitäten und
- dem Aufwand bei der Abgrenzung einzelner Aktivitäten.

Die Ableitung einer unternehmensspezifischen Wertkette erfolgt in mehreren Schritten. Im ersten Schritt erweist es sich häufig als zweckmäßig, sich an der aufbau- und ablauforganisatorischen Gestaltung des Unternehmens zu orientieren. Geschäftsbereiche, Hauptabteilungen und Abteilungen eines Unternehmens spiegeln dabei die einzelnen Leistungsbereiche und ihre Bedeutung für die Wertaktivitäten im Unternehmen wider. Zur Definition der Wertkette empfiehlt es sich zunächst, die primären Aktivitäten zu unterteilen und schematisch darzustellen, wobei der Grundsatz „Vollständigkeit vor Detailliertheit" gilt.

Im zweiten Schritt ist die gegenwärtige Schwerpunktbildung herauszuarbeiten. Je nach Informationsbasis und Rechenaufwand kann ein Unternehmen hierzu einen qualitativen oder quantitativen Ansatz wählen. Bei einem mehr qualitativen Ansatz wird die Bedeutung einzelner Glieder der Wertkette beispielsweise durch den Grad an Aufmerksamkeit im Unternehmen (wie Bindung von Managementkapazität) gemessen. Bei einem mehr quantitativen Ansatz wird der relative Anteil der einzelnen Wertaktivitäten am gesamten Ressourcenbedarf bzw. an der Wertschöpfung des Unternehmens ermittelt. Voraussetzung hierfür sind Informationen über Ressourcenverzehr und Leistungen der einzelnen Glieder der Wertkette sowie ihre Aufbereitung zu Kennzahlen. Die Definition und Beurteilung der einzelnen Kategorien der Wertkette entspricht dabei einer Rekonstruktion der bisherigen strategischen Ausrichtung des jeweiligen Unternehmens.

Im dritten Schritt ist die Struktur der Wertketten der Wettbewerber zu rekonstruieren. Hierdurch erhält man Hinweise darauf, durch welche eigenen Wertaktivitäten man sich vom Wettbewerb abheben kann. Auch wenn sich die Datenbeschaffung als problematisch erweist, ist dieser Schritt zur Suche und Sicherung von eigenen Wettbewerbsvorteilen notwendig. Die Art und Weise, wie konkurrierende Unternehmen die Aktivitäten der Leistungserstellung innerhalb ihrer Wertketten verknüpfen, entscheidet über mögliche Wettbewerbsvorteile bzw. -nachteile. Bei einer Strategie des Kostenvorsprungs stehen die Kostenwirkungen der einzelnen Wertaktivitäten im Vordergrund, bei einer Differenzierungsstrategie sind es die Leistungsmerkmale, mit denen eine Unterscheidung vom Wettbewerb angestrebt wird. Hieraus resultieren je nach Grundstrategie unterschiedliche Gewichte und Gestaltungsformen der einzelnen Aktivitäten innerhalb der Wertketten.

Entscheidend für den Erfolg bei der Suche nach Wettbewerbsvorteilen ist die Abstimmung der eigenen Wertkette mit den Anforderungen der Abnehmer. Hierzu sind die einzelnen Kaufkriterien der Kunden und ihre Bedeutung im definierten Marktgebiet zu ermitteln. Um die einzelnen Kaufkriterien mit der eigenen Wertkette abzugleichen, sind diese einander gegenüberzustellen. Hieraus lässt sich unmittelbar der strategische Handlungsbedarf ableiten.

Ob es einem Unternehmen gelingt, in der eigenen Wertkette die strategisch erfolgreichen Schwerpunkte zu setzen, hängt eng mit der Beziehung des eigenen Unternehmens zu den vor- und nachgelagerten Wertketten zusammen, so dass einer optimalen Abstimmung der eigenen Wertkette mit den Markt- und Wertschöpfungsstufen der Branche eine große Bedeutung beizumessen ist. In diesem Sinne kann die eigene Marktposition durch strategische Kooperationen und Allianzen gestärkt werden, indem die eigene Leistungserstellung besser auf die vor- oder nachgelagerten Wertschöpfungsstufen abgestimmt wird.

Die Wertkette ist nicht nur dazu geeignet, Wettbewerbsvorteile gegenüber Konkurrenten innerhalb einer Branche zu analysieren. Sie kann auch helfen, die Konkurrenzverhältnisse gegenüber anderen Branchen zu erkennen. Albers und Peters (1997) haben das Aufkommen des Electronic Commerce zum Anlass genommen, die Wertschöpfungskette des Handels zu untersuchen. Sie differenzieren, wie der Abbildung 8.9 zu entnehmen ist, zwischen fünf Elementen, die jeweils eine Reihe von Aktivitäten umfassen.

Albers und Peters (1997) diskutieren die Frage, inwieweit der Electronic Commerce eine Entbündelung der wertschöpfenden Aktivitäten des Handels bewirken kann und welche Konsequenzen sich daraus für den Handel ergeben können. Sie zeigen auf, dass infolge der Entbündelung Wirtschaftssubjekte aus anderen Branchen (z. B. Logistikdienstleister, Makler, Finanzdienstleister, Marktforschungsunternehmen) die Funktionen übernehmen können und damit zu einer Bedrohung für den Handel werden können. Peters, Albers und Schäfers (2008) greifen die Überlegungen aus dem Jahr 1997 auf und prüfen, in welcher Form und in welchem Ausmaß sich die prognostizierten Entwicklungen bestätigt haben. Sie stellen fest, dass die Entbündelung von weiteren Einflussfaktoren (neue Technologien, geändertes Konsumentenverhalten) verstärkt wurde, was dazu beigetragen hat, dass einzelne wertschöpfende Aktivitäten des Handels von branchenfremden Infomediären

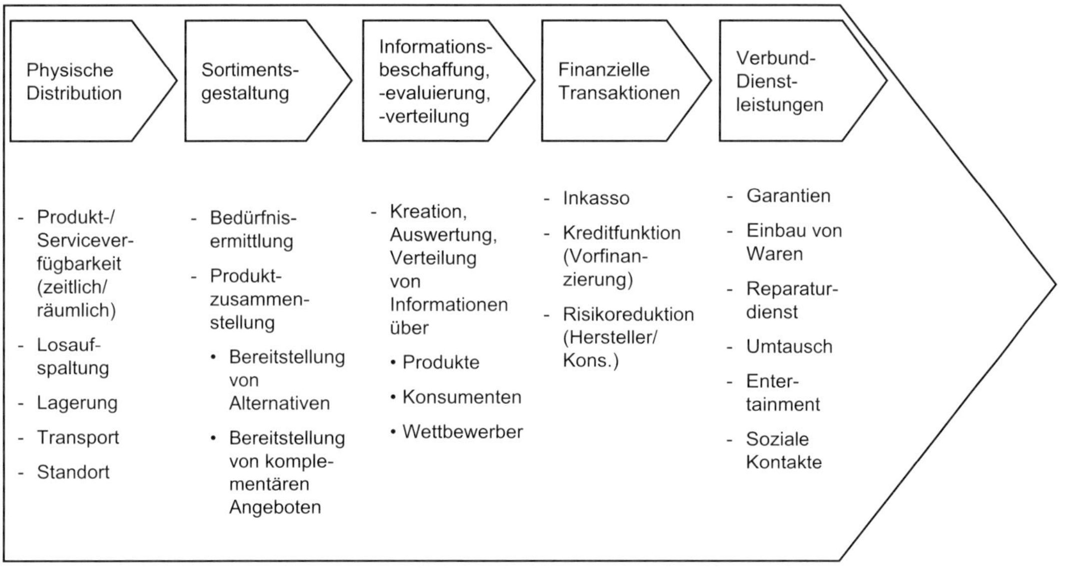

Quelle: Albers/Peters 1997, S. 70

Abb. 8.9: Die Wertschöpfungskette des Handels nach Albers und Peters

übernommen wurden. Die Untersuchungen zeigen die strategische Bedeutung des Instrumentariums Wertkette. Handelsunternehmungen können auf diese Weise erkennen, bei welchen Aktivitäten ernstzunehmende Konkurrenten zu erwarten sind und welche Implikationen daraus für die eigene Geschäftstätigkeit zu ziehen sind.

8.1.6 Ausgewählte strategische Optionen

Die in den Abschnitten 8.1.1 bis 8.1.5 dargestellten Instrumente sollen dazu dienen, strategische Optionen eines Handelsunternehmens zu generieren und zu beurteilen. Einige sind für den Handel so wichtig, dass sie in eigenen Kapiteln behandelt werden:

(1) Von herausragender Bedeutung ist sowohl für den Groß- als auch für den Einzelhandel die Entwicklung marktgerechter Betriebsformen (Formate). Durch die Festlegung der Betriebsform (z. B. Discounter, Fachmärkte, Warenhäuser, SB-Warenhäuser) wird ein Rahmen für viele Einzelentscheidungen geschaffen, z. B. für die Preis- und Sortimentspolitik. Mit der Wahl der Betriebsform beschäftigt sich ausführlich das Kapitel 10.

(2) In Kapitel 2 ist bereits hervorgehoben worden, dass auch die Wahl eines Handels- bzw. eines Distributionssystems, also die Form der Zusammenarbeit mit anderen Unternehmungen auf der gleichen, auf der vorgelagerten oder der nachgelagerten Stufe, von ausschlaggebender Bedeutung für die Generierung von Wettbewerbsvorteilen sein kann. Filialisierung und Franchising stellen diesbezüglich wichtige Alternativen dar.

(3) In Kapitel 11 wird die Internationalisierung in ihren verschiedenen Formen diskutiert werden. Sie spielt in den Wachstumsüberlegungen vieler Handelsunternehmungen eine zentrale Rolle.
(4) Für viele Formen des stationären Handels kann der Standort als strategische Variable angesehen werden. Insbesondere Entscheidungen darüber, ob Verkaufsstellen in Innenstadtlagen, in Stadtrandlagen oder in Wohnortnähe bevorzugt werden sollten, sind für das Bild eines Unternehmens prägend. Standortentscheidungen werden in Kapitel 14 behandelt.
(5) In Kapitel 12 werden zwei weitere Optionen vertieft, denen ebenfalls eine strategische Bedeutung zukommt. Zum einen ist festzulegen, ob ein Unternehmen diversifiziert sein sollte oder ob es sich auf ein bestimmtes Feld spezialisieren sollte. Des Weiteren geht es um die Frage, welcher Stellenwert sog. Mehrkanalsystemen eingeräumt werden soll, also der gleichzeitigen Präsenz beispielsweise im Internet, im klassischen Versandhandel und im stationären Handel.
(6) Neben den genannten Entscheidungsfeldern, die mit gutem Grund als strategische Entscheidungsbereiche bezeichnet werden können, gibt es Entscheidungen, deren Stellenwert schwerer zu beurteilen ist, die aber für die Positionierung eines Unternehmens gegenüber dem Wettbewerb eine große Bedeutung haben. Zu ihnen zählt eine Politik, die auf Kundenbindung ausgerichtet ist und die auch als Customer Relationship Management (CRM) bezeichnet wird. Darauf wird ebenfalls in Kapitel 12 eingegangen.

8.2 Die Bewertung von strategischen Optionen

Die Bewertung und Auswahl strategischer Alternativen ist mit besonderen Schwierigkeiten verbunden, weil komplexe Maßnahmen in komplexen Umweltsituationen beurteilt werden müssen, z. B. die Eröffnung eines Filialsystems in einem bisher nicht bearbeiteten Auslandsmarkt. Dabei ist über alle Bereiche der Unternehmenspolitik zu befinden, und unter Umständen müssen für das Untenehmen völlig neue Nachfrage- und Konkurrenzsituationen analysiert werden. Will man den Erfolg strategischer Maßnahmen beurteilen, so benötigt man Zielgrößen. Hierbei wird häufig zwischen ökonomischen und vorökonomischen Größen differenziert, wobei das Hauptinteresse den ökonomischen Zielgrößen gilt (vgl. Abschnitt 8.2.1). In der Wissenschaft wie in der Öffentlichkeit wird aber auch eine andere Perspektive eingenommen und die Frage aufgeworfen, an wessen Zielen sich eine Unternehmung orientieren soll. Dabei wird zwischen einem Ansatz, der sich auf die Anteilseigner (Shareholder) konzentriert, und einem Ansatz, der eine Vielzahl von Anspruchsgruppen (Stakeholder) umfasst, unterschieden (vgl. die Abschnitte 8.2.2 und 8.2.3).

8.2.1 Ökonomische Zielgrößen als Beurteilungskriterien

Da es sich bei Strategien um Maßnahmen handelt, die Auswirkungen über mehrere Perioden zeigen, besitzen sie den Charakter von Investitionen. Für diese sind die Ein- und Auszahlungen in den Perioden des Planungszeitraums zu ermitteln. Im Regelfall können die anfallenden Auszahlungen relativ genau beziffert werden, schwieriger sind die zu erwartenden Einzahlungen anzugeben. Bei letzteren wird man in vielen Fällen zunächst das vorhandene Marktpotenzial abschätzen und dann unter Berücksichtigung der Konkurrenz ermitteln, wie sich mögliche Strategien auf den Umsatz auswirken. Mit Hilfe der ermittelten Ein- und Auszahlungen wird man Kapitalwerte ermitteln. Positive Kapitalwerte geben an, um welchen Betrag sich das Kapital vermehrt, wenn die Maßnahme durchgeführt wird. Dies entspricht dem Interesse der Anteilseigner (Shareholder).

Ergänzend zu den Investitionsrechnungen sind Kalkülformen entwickelt worden, die den Schwierigkeiten, die Ein- und Auszahlungen über mehrere zukünftige Perioden zu ermitteln, Rechnung tragen. Auf solche Instrumente soll im Folgenden eingegangen werden.

Die Bewertung der in Frage kommenden Strategien kann auf der Basis eines **Scoring-Modells** erfolgen. Hierzu werden die Ausprägungen der einzelnen Bewertungskriterien ermittelt und mit Hilfe einer Ratingskala bewertet. Die sich hierbei ergebenden Punktwerte werden mit Gewichtungsfaktoren versehen und können anschließend zu einem Gesamtscore zusammengefasst werden. Scoring-Modelle haben den Vorteil, dass sie eine Vielzahl unterschiedlicher qualitativer und quantitativer Informationen zur Entscheidungsfindung heranziehen, das Entscheidungsergebnis aber dennoch transparent und nachvollziehbar bleibt. Probleme von Scoring-Modellen liegen insbesondere in subjektiven Elementen bei der Bewertung und Gewichtung der Kriterien sowie in der kompensatorischen Verknüpfungsregel, die K.O.-Kriterien ausschließt.

Die Auswahl von Zielen und die Beurteilung der Zielerreichung sind in Abhängigkeit von der internen und der externen Situation des Unternehmens vorzunehmen. Beide lassen sich mit Hilfe der **SWOT-Analyse** (Strengths, Weaknesses, Opportunities, Threats) charakterisieren. Die Ansätze zur SWOT-Analyse verknüpfen Umweltanalysen mit den entsprechenden Analysen der Stärken und Schwächen des Unternehmens und prüfen den Fit zwischen der Umweltentwicklung und der strategischen Ausrichtung des Unternehmens (vgl. Abbildung 8.10). Fallen die prognostizierten Umweltentwicklungen eher mit den Stärken des Unternehmens (Strengths) zusammen, so kann dies als Chance für das Unternehmen gewertet werden. Betreffen die Umweltentwicklungen dagegen eher diejenigen Bereiche des Unternehmens, die als Schwäche erkannt worden sind (Weaknesses), so geht man von einer Bedrohung für das Unternehmen aus (Threats). Geht ein Händler beispielsweise davon aus, dass die Verarbeitung von Informationen in Zukunft im Handel immer wichtiger wird (Umweltentwicklung), und verfügt er über moderne Informationstechnologien und gut ausgebildetes Personal in diesem Bereich (Stärke), so kann dies als Chance im Sinne der SWOT-Analyse verstanden werden. Die Ressource Personal passt in diesem Fall gut zur Entwicklung in der Unternehmensumwelt.

Insgesamt sind bei der Bewertung einer Strategie möglichst alle relevanten kosten- und erlösbestimmenden Einflussfaktoren zu berücksichtigen. Besondere Bedeutung kommt dabei auch der Frage zu, inwieweit das strategische Konzept auf sog. Erfolgsfaktoren zugeschnitten ist. In Kapitel 7 ist dargestellt worden, auf welche Faktoren die Erfolgsfaktorenforschung ausgerichtet ist, welche Methoden sie verwendet und welche Ergebnisse erzielt worden sind. Insofern sei hier auf diesen Bereich nur kurz verwiesen (vgl. hierzu z. B. Hildebrandt 1986; Hildebrandt/Trommsdorff 1989; Patt 1988; Schröder 1994; Kalka 1996). In der Erfolgsfaktorenforschung wird versucht, jene Elemente zu isolieren, die besonders erfolgreiche Unternehmen von weniger erfolgreichen unterscheiden. Das deuten die Titel folgender Studien an:

Umweltentwicklung bzw. Trend	Beurteilung der vorhandenen Ressourcen	Fit zwischen Umwelt und Ressource	Konsequenz
Stärkere Durchdringung mit Technologie, zunehmende Automatisierung	gut ausgebildetes Personal steht zur Verfügung	gut	Chance
Zunehmende Macht der Herstellerunternehmen	geringer Anteil Handelsmarken	schlecht	Bedrohung
Zunehmende Bedeutung der Innenstädte für den Einzelhandel	attraktive Standorte in 1a-Lagen vorhanden	gut	Chance
Zunehmende (Niedrig-) Preisorientierung der Kunden	große Beschaffungskompetenz (z. B. in Asien)	gut	Chance
Wachsende Ansprüche der Kunden	ausgeprägte Kundenorientierung der Unternehmensprozesse	gut	Chance
	geringe Marktforschungs-kompetenz	schlecht	Bedrohung

Abb. 8.10: Beispiele für das Verhältnis von Umweltentwicklungen zu den vorhandenen Ressourcen

- Erfolgsdeterminanten im Einzelhandel (Wahle 1991),
- Erfolgsfaktoren in Filialsystemen (Kube 1991),
- Erfolgsfaktoren im Lebensmitteleinzelhandel (Olbrich 1991),
- Fläche und Personalintensität als Erfolgsfaktoren im Einzelhandel (Burmann 1995),
- Erfolgskonzepte und Profilierungsstrategien im Automobilhandel (Ahlert/Kohlenbach/Korte 1996),
- Marketingerfolgsfaktoren im Facheinzelhandel (Kalka 1996),
- Erfolgsforschung im Bekleidungseinzelhandel (Eickhoff 1997),
- Erfolgsfaktoren von SB-Warenhäusern (Ortmann 1999),
- Erfolgsfaktoren der Beschaffung im Einzelhandel (Janz 2004).

Die Erfolgsfaktoren werden im Einsatz der absatzpolitischen Instrumente gesucht, zum Teil aber auch in allgemeineren Faktoren, wie z. B. der Managementqualität oder der Kreativität. Gegebenenfalls können die Ergebnisse solcher Studien herangezogen werden, um die eigenen Strategien zu beurteilen.

8.2.2 Beurteilung aus der Perspektive von Stakeholdern

Nach klassischer Sicht sollen strategische Optionen dann verwirklicht werden, wenn dadurch das Vermögen der Anteilseigner – der Unternehmenswert (Shareholder-Value) – erhöht wird. Dies wird damit gerechtfertigt, dass durch die Realisierung einer solchen Strategie in einem marktwirtschaftlichen System auch den Interessen Dritter gedient wird. Die Wahlfreiheit der Nachfrager, der Kapitalgeber und der Arbeitnehmer beschränke das Verhalten eines einzelnen Unternehmens und zwinge es, auch auf die Bedürfnisse dieser Gruppen Rücksicht zu nehmen. Außerdem seien vielerlei staatliche Gebote und Verbote zu beachten. Als Dritte können mannigfache Gruppen genannt werden, wobei jedoch insbesondere die folgenden hervorzuheben sind:

- die Nachfrager, im Speziellen die Konsumenten,
- die Arbeitnehmer,
- die Lieferanten,
- das Management,
- der Staat,
- die Gesellschaft,
- die öffentliche Verwaltung,
- die Anwohner,
- die Umweltschützer.

Die Ansprüche dieser Gruppen können sehr vielfältiger Natur sein. Arbeitnehmer wünschen sich den Erhalt ihrer Arbeitsplätze auch in Zeiten der Rezession, Nachfrager wünschen Informationen und die Einhaltung bestimmter Regeln bei den ihnen angebotenen Produkten. Die Ressourcen der Natur sollen geschont werden usw. Wie in Abbildung 8.11 veranschaulicht wird, gibt es zahlreiche Beispiele dafür, wie die Interessen einzelner Stakeholder verletzt werden können.

Stakeholder	Verletzung von Interessen
Arbeitnehmer	Daten über die Art der Erkrankung von Arbeitnehmern werden vom Arbeitgeber gesammelt.
	Ladenpersonal wird heimlich von Kameras und Sicherheitspersonal überwacht.
Gesellschaft	Durch die Emission von umwelt- und gesundheitsschädlichen Stoffen werden die Lebensbedingungen nachhaltig verschlechtert.
Arbeitnehmer im Ausland	Produkte werden von Kindern gefertigt.
Lieferanten im Ausland	Lieferanten in Entwicklungsländern werden zu niedrige Preise für ihre Produkte gezahlt.
Staat	Staatlichen Zuschüssen oder Steuererleichterungen werden unter falschen Voraussetzungen in Anspruch genommen.
Nachfrager	Mindesthaltbarkeitsdaten werden gefälscht.
	Gesundheitsschädliche oder -gefährdende Produkte werden angeboten.

Abb. 8.11: Verletzung von Interessen verschiedener Stakeholder

Bei einem Teil dieser Vorfälle ist klar, dass sie gegen Rechtsnormen verstoßen und gravierende negative Folgen für das Unternehmen nach sich ziehen können. So wurde bekannt, dass ein Handelsunternehmen Hackfleisch über die zulässige Zeit gelagert und in den Verkauf gebracht hatte. Es kam nicht nur zu gerichtlichen Klagen, sondern auch zu einer erheblichen Abwanderung von Kunden. Einen erheblichen Imageschaden hat ein Lebensmitteldiscounter erlitten, als bekannt wurde, dass die eigenen Mitarbeiter systematisch überwacht wurden. Rechtsverstöße können nicht nur empfindliche Strafen nach sich ziehen, sondern können auch beträchtliche Auswirkungen auf das Kundenverhalten und mithin auf den ökonomischen Erfolg haben. Daneben ist zu berücksichtigen, dass Geschäftsbeziehungen dauerhaft beeinträchtigt, die Regulierung zeitaufwendig und die Kosten für den Rechtsstreit erheblich sein können. Insofern ist jeweils zu prüfen, welche rechtlichen Vorschriften vorliegen, wenn einzelne Maßnahmen durchgeführt werden. Die Verstöße können vielfältiger Art sein, so Bestechung/Korruption, Unterschlagung/Betrug, Untreue, Falschbilanzierung, Geldwäsche, Produktpiraterie, Industriespionage, Scheingeschäfte, Preisabsprachen, Urkundenfälschung, IT-Manipulation, Steuer- und Insiderdelikte. Man spricht von „*fraud*" und meint damit beabsichtigte Handlungen einer oder auch mehrerer Personen aus dem Kreis der gesetzlichen Vertreter, der Mitglieder des Aufsichtsorgans, der Mitarbeiter oder Dritter, um sich durch diese Handlungen ungerechtfertigte oder rechtswidrige Vorteile zu verschaffen. Um solches zu vermeiden, sind Maßnahmen vorzusehen, die ein entsprechendes Verhalten verhindern, z. B. ein entsprechendes Commitment des Managements, Handbücher für die Mitarbeiter, ein Verhaltenskodex (Code of Conduct), Ombudsleute. Hierfür wird auch der Begriff Corporate Compliance verwendet.

Beurteilungskriterien für Maßnahmen eines Unternehmens können aber auch über die rechtlichen Regelungen hinausragen. So stellt sich etwa die Frage, ob ein Unternehmen von Kindern gefertigte Waren importieren sollte, auch wenn Kinderarbeit in dem jeweiligen Land zulässig sein sollte, ob Holz aus einem Land importiert werden sollte, in dem die Verödung der Landschaft droht usw. Fragen dieser Art werden unter dem Stichwort Corporate Social Responsibility (CSR) diskutiert. Es wird die Frage aufgeworfen, inwieweit das Gewinnstreben der Unternehmungen nicht nur durch gesetzliche Vorgaben geregelt werden soll, sondern inwieweit es zu freiwilligen Maßnahen der Unternehmungen kommen soll, die im Interesse bestimmter Gruppen liegen. Konkret geht es um Maßnahmen, die auf die Situation der Mitarbeiter abzielen (z. B. Arbeitsbedingungen, Weiterbildung, Chancengleichheit und Vielfalt am Arbeitsplatz), auf die Umwelt (z. B. Klimaschutz), die Kunden (z. B. Produktsicherheit, Qualität), die Lieferanten und die Beschaffungssituation (keine Kinderarbeit, keine Verletzungen von Menschenrechten, lokale Beschaffung) oder die Gesellschaft (z. B. Bildungsinitiativen, Unterstützung gemeinnütziger Vereine). Diese Erwartungen (vgl. Sen/Bhattacharya 2001), die fast alle Lebensbereiche betreffen, betonen die umfassende Verantwortung der Unternehmungen. Die Weite der Forderungen kommt auch in der Definition von CSR als „a company's commitment to minimizing or eliminating any harmful effects and maximizing its long-run beneficial impact on society" (Mohr/Webb/Harris 2001, S. 47) zum Ausdruck (zu einem Überblick über den CSR-Begriff und seine Dimensionen vgl. Dahlsrud 2008). Promotoren dieser Diskussion sind Organisationen wie

- Transparency International (TI), eine gemeinnützige, parteipolitisch unabhängige Bewegung von Menschen aus aller Welt, die auf globaler Ebene gegen Korruption kämpft,
- Deutsches Netzwerk Wirtschaftsethik (DNWE), eine Plattform, die eine Förderung des interkulturellen Austauschs von Gedanken und Ideen zum Thema Wirtschafts- und Unternehmensethik anstrebt,

- United Nations Global Compact (GC), eine Initiative, die durch Zusammenführung von Vertretern der Privatwirtschaft mit Einrichtungen der Vereinten Nationen Arbeitnehmern und der Zivilgesellschaft eine Förderung universeller Sozial- und Umweltprinzipien herbeizuführen versucht.

An einigen Hochschulen wurden sogar Lehrstühle für Wirtschaftsethik eingerichtet. In der Praxis gibt es viele Beispiele, wie freiwillige Leistungen im Sinne bestimmter Anspruchsgruppen erbracht werden, wie die folgende Auswahl zeigt:

- Die Unternehmensgruppe OTTO ist auf mehreren Feldern des Umweltschutzes und der sozialen und gesellschaftlichen Verantwortung tätig. Unter anderem bietet OTTO Produkte aus „Cotton made in Africa"-Baumwolle an. Dabei handelt es sich um Baumwolle, die unter Berücksichtigung ökologischer, ökonomischer und sozialer Aspekte in Afrika produziert wird.
- Die EDEKA-Gruppe fördert maßgeblich die bundesweit rund 800 „Tafel"-Initiativen, die Lebensmittel an mittellose Menschen verteilen. Außerdem werden durch die EDEKA-Kaufleute verschiedenste Projekte auf lokaler Ebene unterstützt. Auch Aspekte der Nachhaltigkeit spielen für die Unternehmenspolitik eine wichtige Rolle, was sich vor allem in der Unterstützung von Fischereien mit umweltschonenden und bestandserhaltenden Fangmethoden zeigt.
- H&M leistet Soforthilfe in Katastrophenfällen und spendet regelmäßig Kleidung an Opfer von Kriegen und Naturkatastrophen sowie an andere bedürftige Menschen. Darüber hinaus wird durch eine Kooperation mit UNICEF im Rahmen des Projekts „All for Children" der Schutz der Rechte von Kindern in baumwollproduzierenden Regionen in einem Bundesstaat Südindiens propagiert.

8.2.3 Shareholder-Value als zulässiges und sinnvolles Beurteilungskriterium?

Mit dem Begriff „Shareholder-Value" wird der Unternehmenswert aus der Sicht der Anteilseigner bezeichnet. Damit steht er in enger Beziehung zu dem Kapitalwert von Investitionen, da auch dieser die Vorteilhaftigkeit von Investitionen aus der Perspektive von Eigentümern und unter Vernachlässigung von nicht-finanziellen Zielen wie Macht oder Prestige beurteilt. Danach sind Investitionen dann durchzuführen, wenn sie einen positiven Nettokapitalwert erzeugen. Diese Regel wurde damit gerechtfertigt, dass es sich unter der Annahme eines idealen Kapitalmarkts bei dem Nettokapitalwert um einen Vermögenszuwachs handelt. Da es insofern zwingend ist, sich bei Investitionsentscheidungen am Nettokapitalwert zu orientieren, war es naheliegend, die Idee vom individuellen Investor, der seinen Konsumstrom optimieren will, auf die Unternehmung, in der sich die Interessen verschiedener Investoren bündeln, zu übertragen. Manager sollten den Shareholder-Value im Sinne des Unternehmenswerts für die verschiedenen Eigentümer maximieren. Investoren, die in naher Zukunft konsumieren wollen, profitieren ebenso wie Investoren, die erst in späteren Perioden konsumieren wollen, weil sie bei einem Verkauf ihrer Anteile höhere Preise erzielen. Dennoch ist die Beurteilung von Maßnahmen am Shareholder-Value unterschiedlicher Kritik ausgesetzt.

So ist zunächst zu beachten, dass die theoretische Rechtfertigung des Shareholder-Values einen idealen Kapitalmarkt unterstellt, auf dem die Beteiligten ihre Anteile zu einem Einheitszinssatz für

Kapitalaufnahme und -anlage und ohne Transaktionskosten veräußern können. Außerdem wird von Anspruchsgruppen, Interessengegensätzen, Anreizen, Abstimmungsprozessen und Kontrollen abstrahiert (zum Überblick vgl. Ballwieser 2009). Auch wird darauf hingewiesen, dass Vertreter der Wirtschaft, die grundsätzlich für ein Shareholder-Value-Konzept eintreten, dieses nicht sinnvoll anwenden, wenn sie eine relativ hohe Verzinsung des Eigenkapitals anstreben (z. B. 25 %) oder wenn sie Maßnahmen vorsehen, die kurzfristig das Betriebsergebnis verbessern, langfristig sich jedoch negativ auswirken (zur Kritik an der Anwendung des Shareholder-Value-Prinzips vgl. Knoll/ Wenger 2007). Im ersten Fall ist zu fragen, ob die Maximierung der Rentabilität ein sinnvolles unternehmerisches Ziel darstellt, im zweiten Fall wird darauf abgestellt, dass die Planungsperiode nicht zu kurz gewählt werden darf. Dies zeigt das folgende Beispiel: Wenn ein Handelsunternehmen seine Immobilien verkauft und das freigesetzte Kapital an anderer Stelle einsetzt, dann kann in dem Handelsunternehmen die Eigenkapitalrentabilität auch dann gesteigert werden, wenn die im Anschluss zu zahlenden Mieten höher sind als die zuvor kalkulatorisch verrechneten Mieten. Langfristig kann es dazu kommen, dass nach Auslaufen der Mietverträge die Kündigung droht oder deutlich höhere Mieten gezahlt werden müssen. Das Beispiel zeigt, dass es einerseits sinnvoll sein kann, im Unternehmen vorhandene Ressourcen zu veräußern, damit stille Reserven aufzudecken, außerordentliche Erträge zu generieren und die benötigten Ressourcen auf anderem Weg bereitzustellen, dass es andererseits jedoch zu Belastungen in der Zukunft kommen kann. Ein sinnvoll angewendetes Shareholder-Value-Konzept hat auch die langfristigen Wirkungen in Rechnung zu stellen. Je höher die erfolgsabhängigen Zahlungen an das Management sind, umso größer ist die Gefahr, dass nur auf kurzfristige Erfolge abgestellt wird.

Weitergehend ist jene Kritik, in der bemängelt wird, dass wichtige Anspruchsgruppen (z. B. Anwohner, Bürger, Vertreter des Naturschutzes usw.) nicht an den Entscheidungen im Unternehmen beteiligt werden. In diesem Zusammenhang wird oft auch gefordert, dass Manager nicht nur ökonomische, sondern auch ethische Gesichtspunkte bei ihren Entscheidungen zu berücksichtigen hätten. So fordern z. B. Steinmann und Löhr (1995) eine „dialogische Verständigung" zwischen den Betroffenen. Hax (1993, 1995) z. B. bezweifelt, dass eine solche unvoreingenommene, zwanglose und nicht-persuasive Verständigung zwischen den sachverständigen Gesprächspartnern überhaupt möglich sei. Er verweist darauf, dass in einer Marktwirtschaft die Unternehmungen auf ein Gewinnstreben setzen müssten und dass ihr Handeln von unterschiedlichen gesellschaftlichen Gruppen beobachtet würde und sie auf Vertrauen bei diesen Gruppen angewiesen seien. Er weist auf das Gefangenendilemma hin, wo das beste Ergebnis für alle dann eintritt, wenn sich alle an ethische Normen halten; mithin regele auch hier ein Eigennutzstreben das Verhalten in erwünschter Weise. Sollten die Koordinationsmechanismen der arbeitsteiligen Wirtschaft dennoch Mängel aufweisen, müssten besser geeignete Rahmenbedingungen gesucht werden. Es gibt viele Beispiele, die zeigen, wie Handelsunternehmungen ihre Rolle in einer pluralen Welt definieren, z. B.

- der Nachhaltigkeitsbericht 2009 der OTTO Group,
- der Bericht der METRO AG zur Nachhaltigkeit 2009,
- der Nachhaltigkeitsbericht 2008 der REWE Group.

Die Bedeutung von CSR-Maßnahmen für Handelsunternehmen verdeutlichen auch Zentes und Schramm-Klein (2009).

Bezogen auf die Diskussion, wessen Ziele eine Unternehmung verfolgen sollte, weist Ballwieser (2009, S. 95) darauf hin, dass ein Stakeholder Value kein operationales Ziel sei, an dem der Erfolg gemessen werden könne und dass nur die Eigentümer das Residualrisiko trügen, während die anderen Anspruchsgruppen sich vertraglich schützen könnten. Gleichzeitig weist er auch darauf hin, dass zwar häufig von den Unternehmungen behauptet würde, sie wollten den Shareholder-Value steigern, dass daran jedoch Zweifel aufkämen, wenn diese auch schwer zu belegen seien.

8.3 Zusammenfassung

Handelsunternehmungen müssen in unterschiedlichen Situationen über ihre strategische Vorgehensweise nachdenken. Oft kommt in Zeiten der Stagnation des Umsatzes die Frage auf, welche strategischen Optionen realisiert werden können, um auf Erfolgskurs zu bleiben. Aber auch offensiv handelnde Unternehmungen stehen vor der Aufgabe, vorteilhafte Strategiepfade zu wählen. Dazu ist es notwendig, sich das Spektrum möglicher Strategien vor Augen zu führen. Im ersten Teil des Kapitels wurden fünf verschiedene Denkkonzepte vorgestellt, mit denen systematisch mögliche Strategien entwickelt werden können, und zwar

- das Konzept der Arenen, Hauptstärken und Wettbewerbsvorteile,
- die Basisstrategien nach Porter, angepasst auf den Handel,
- die im Hinblick auf die Gegebenheiten im Handel erweiterte „Produkt-Markt-Matrix“,
- das Schema von Abell mit Nachfragersegmenten, Bedürfnissen und Erfüllungstechnologien,
- die Wertkettenanalyse.

Um vorgeschlagene Strategien bewerten zu können, muss überlegt werden, welche Kriterien bei der Beurteilung angelegt werden sollen. Die Überlegungen im zweiten Teil des Kapitels konzentrieren sich auf Zielgrößen und Interessengruppen, deren Ziele verfolgt werden sollen. Über die ökonomischen Kriterien hinaus wurde auf Anforderungen aus den Bereichen Corporate Compliance und Corporate Social Responsibility hingewiesen. Darüber hinaus wurde auf die beiden Perspektiven der Stakeholder und der Shareholder und mögliche Konflikte zwischen beiden eingegangen.

9 Die Zielgruppenplanung

Marktsegmentierung und Zielgruppenplanung gehören im Konsumgütermarketing zu den selbstverständlichen Planungsinstrumenten. Im Handel wurde der Begriff Zielgruppenkonzept dagegen lange Zeit kaum verwendet, es galt: „Verkauf an jedermann", d. h. keiner der potenziellen Bedarfsträger sollte aus dem Kundenkreis ausgeschlossen werden. Man bot bestimmte Waren oder Leistungen an und hoffte, dass sich durch die Selbstselektion der Nachfrager hinreichend viele Kunden finden würden. Um 1975 finden sich dann zunehmend Formulierungen der folgenden Art (Moser 1974, S. 266):

„Genügte für den Erfolg des Warenhauses und des Versandhauses noch die Bildung von Zielmarktsegmenten wie ›Stadtbevölkerung‹ bzw. ›Landbevölkerung‹, so ist bei der Entstehung des Discounthauses und des Einkaufszentrums festzustellen, dass die Zielgruppen wesentlich spezifizierter und damit auch kleiner geworden sind. Dies trifft in verstärktem Maße auf eine Reihe anderer neuer Betriebsformen zu (Boutiquen, Drugstores u. ä.), deren zugrunde liegende Marktsegmente noch kleiner und noch schärfer voneinander abgegrenzt sind."

In der Folge sind verschiedene Monographien und Beiträge zu Zielgruppenkonzepten für den Handel entstanden (z. B. Müller-Hagedorn 1987a; Büttner 1986; Diller 1990; Gröppel 1990). Die Frage, ob im Handel Marktsegmente unterschieden werden sollten und wie Zielgruppen definiert werden können, ist heute noch aktueller geworden, weil sich das Verkaufsflächenangebot stetig vergrößert hat. Bevor die Nützlichkeit von Zielgruppenkonzepten diskutiert wird, soll zunächst auf die Möglichkeit, Marktsegmente zu bilden, eingegangen werden. Bei der Marktsegmentierung geht es um die Identifizierung von homogenen Teilmärkten innerhalb eines abgegrenzten Gesamtmarkts. Wie die Marktabgrenzung kann auch die Marktsegmentierung nach unterschiedlichen Kriterien vorgenommen werden. Sie kann u. a. sachlich, räumlich, güterbezogen, anbieterbezogen und nachfragerbezogen erfolgen. Im Mittelpunkt der folgenden Überlegungen steht die nachfragerbezogene Marktsegmentierung. Nachfragersegmente lassen sich dann wie folgt definieren (Steffenhagen 2008, S. 41):

„Nachfragersegmente sind Teilgruppen einer Gesamt-Nachfragerschaft in einem Markt. Diese Teilgruppen sind bezüglich kaufverhaltensrelevanter Merkmale (Segmentierungskriterien) in sich weitgehend homogen (ähnlich) untereinander, d. h. im Teilgruppenvergleich jedoch weitgehend heterogen (unähnlich)."

Marktsegmente können grundsätzlich bei den Nachfragern des Großhandels wie des Einzelhandels unterschieden werden. Bevor entschieden werden kann, wie viele und welche der identifizierten Segmente als Zielgruppe der Unternehmung angesehen werden sollen, muss geprüft werden, inwieweit diese Segmente auch zu der Zielgruppe anderer Anbieter gehören.

9.1 Die Identifikation von Marktsegmenten

Inwieweit lässt sich ein heterogener Gesamtmarkt in homogene Teilmärkte aufteilen? Das ist die für eine Marktsegmentierung grundlegende Frage. Segmente können dabei mit Hilfe einer Vielzahl von Merkmalen gebildet werden. Diese werden im Folgenden zunächst vorgestellt, bevor dann auf ausgewählte Segmentierungskonzepte eingegangen wird.

9.1.1 Merkmale für die Marktsegmentierung

Welche Merkmale kommen für eine Unterscheidung von Kundensegmenten in Frage? Es gibt unterschiedliche Ansätze, mit denen die Segmentierungskriterien strukturiert werden. Im Folgenden soll zwischen drei Gruppen von Merkmalen differenziert werden.

1. Soziodemographische (sozioökonomische) Merkmale
Mit den soziodemographischen Merkmalen wird die Einordnung eines Nachfragers in das gesellschaftliche und ökonomische System abgebildet. Meist wird dabei zwischen drei Unteraspekten differenziert, indem demographische, geographische und ökonomische Sachverhalte erörtert werden. Mit Hilfe des Alters lassen sich Gruppen wie Kinder, Jugendliche, Erwachsene unterschiedlicher Altersklassen oder Senioren unterscheiden. Weitere häufig verwendete demographische Merkmale sind das Geschlecht, der Familienstand oder die Zahl der Kinder. Insbesondere das Alter spielt als Segmentierungsvariable eine wichtige Rolle, wenn spezifische Zielgruppenstrategien für bestimmte Altersgruppen entwickelt werden sollen (z. B. für Senioren; vgl. Kölzer 1995). Große Bedeutung kommt auch dem Wohnort zu. Bereits in dem einführenden Zitat von Moser (1974) war auf den Wohnort hingewiesen worden, indem sehr grob zwischen einer Stadt- und einer Landbevölkerung unterschieden wurde. Gerade für den großflächigen Einzelhandel sind Überlegungen anzustellen, aus welchen Regionen er seine Nachfrage gewinnen will. Zu den ökonomischen Merkmalen sind insbesondere das verfügbare Einkommen, der Bildungsstand und der Beruf zu zählen. Sie können mit den geographischen Merkmalen kombiniert werden. Hierzu kann die Bevölkerung in bestimmten Regionen anhand der genannten Merkmale charakterisiert werden (z. B. Regionen mit über- oder unterdurchschnittlichem Einkommen bzw. über- oder unterdurchschnittlicher Kaufkraft). Großhandelsunternehmen können ihre Kunden nach Strukturmerkmalen, wie z. B. der Zahl der Beschäftigten, dem Umsatz oder der Branche segmentieren.

2. Psychographische Merkmale
Bei den psychographischen Merkmalen handelt es sich um die zahlreichen Merkmale, mit denen das sog. Insystem eines Nachfragers gekennzeichnet werden kann. Diese Variablen werden häufig auch als hypothetische Konstrukte bezeichnet, weil sie nicht unmittelbar beobachtet werden können. Folglich werden geeignete Messinstrumente benötigt, um sie zu erfassen (vgl. Kapitel 13). Zu den psychographischen Merkmalen zählen unter anderem Bedürfnisse und Motive, Interessen und das Involvement, das Wissen der Kunden, ihre Einstellung gegenüber bestimmten Verhaltensweisen

oder Sachverhalten, ihre Zufriedenheit und ihre Verhaltensabsichten. So wird z. B. behauptet, es gäbe preisorientierte Nachfrager auf der einen und erlebnisorientierte Nachfrager auf der anderen Seite. Diese Unterscheidung setzt bei den Motiven der Kunden an, die auf eine effiziente Versorgung mit Gütern (utilitaristische Motive) oder auf den Wunsch nach Stimulation (hedonistische Motive) ausgerichtet sein können.

3. Aspekte des Verhaltens

Das Verhalten der Nachfrager kann sich in zahlreichen Aspekten äußern, z. B. in der von ihnen bevorzugten Betriebsform, in der Häufigkeit, mit der Einkäufe erledigt werden, in ihrer Einkaufsstätten- und Markentreue, in der Menge, die von einzelnen Gütern nachgefragt wird usw. Jedes dieser Merkmale kann herangezogen werden, um die Nachfrager zu segmentieren. So können Stammkunden, Gelegenheitskunden und Nichtkunden unterschieden werden, oder es können Nachfrager betrachtet werden, die ihre Einkäufe auf ein Geschäft konzentrieren, während andere sich in zahlreichen Geschäften informieren bzw. dort einkaufen. Diese Überlegungen kommen auch in Vorschlägen zum Ausdruck, Kunden entsprechend ihrer Kontaktsequenzen zu segmentieren (vgl. Steinmann/Silberer 2009; Steinmann 2010). Eine Segmentierung nach Kontaktsequenzen kann insbesondere dann hilfreich sein, wenn Kunden verschiedene Kanäle für Aktivitäten in der Vorkauf-, Kauf- und Nachkaufphase nutzen. Auch sonstige Aktivitäten können zum Bezugspunkt einer Segmentierung werden, z. B. die Nutzung des Internets oder das Betreiben bestimmter Sportarten.

9.1.2 Kriterien zur Auswahl einzelner Merkmale

Es ist leicht einzusehen, dass die Kunden nach zahlreichen Merkmalen segmentiert werden können. Die Eignung einzelner Merkmale kann nach verschiedenen Kriterien beurteilt werden.

Verfügbarkeit

Zunächst ist zu klären, inwieweit Informationen über die Segmentierungskriterien im Unternehmen vorliegen bzw. welcher Aufwand notwendig ist, um ein bestimmtes Merkmal zu erheben. Unternehmen mit Kundenkartenprogrammen verfügen in der Regel über Angaben zum sozioökonomischen Status ihrer Kunden, die sie mit Daten zum Kaufverhalten verknüpfen können. So nutzt beispielsweise der britische Lebensmitteleinzelhändler Tesco Kundenkarten- und Warenkorbdaten, um Kundensegmente zu identifizieren und segmentspezifisch anzusprechen (vgl. Zentes/Morschett/Schramm-Klein 2007, S. 245–252). Ebenso lässt sich der Wohnort der Kunden beim Kassiervorgang leicht über die Postleitzahl erfragen. Mühevoller ist es, Alter oder Einkommen zu erheben. Bedeutende Schwierigkeiten tun sich auf, wenn psychographische Merkmale ermittelt werden sollen. Hierzu sind in der Regel aufwendige Marktforschungsstudien notwendig. Darüber hinaus sind für solche Größen im Regelfall umfangreiche Item-Batterien zu entwickeln, die hinsichtlich ihrer Validität zu prüfen sind (vgl. die Ausführungen zur Messbarkeit). Die Verfügbarkeit der erforderlichen Daten ist folglich auch unter Kostenaspekten zu beurteilen.

Zeitliche Stabilität

Auch wird daran zu denken sein, wie stabil die Merkmalsausprägungen im Zeitablauf sind. Bekanntlich ändert sich das Alter stetig, allerdings langsam. Stimmungen dagegen können von einer Minute auf die andere umschlagen, und es ist einsichtig, dass es im Rahmen einer Marketingplanung nicht sinnvoll wäre, solche Merkmale zur Basis einer Segmentierung zu machen, die nur eine geringe Konstanz im Zeitablauf zeigen. Ebenso sind insbesondere Aspekte des Verhaltens hinsichtlich ihrer Stabilität zu prüfen, da das Verhalten häufig von situativen Einflussfaktoren abhängig ist. So kann es beispielsweise vorkommen, dass ein Jugendlicher in einem Online-Shop eine Musikantenstadl-CD bestellt. Da diese als Geschenk für seine Großmutter gedacht war, ist davon auszugehen, dass durch den Kauf ausgelöste Produktempfehlungen aus dem Bereich der Volksmusik erfolglos bleiben werden und der Jugendliche bei seinen künftigen Bestellungen einen anderen Musikstil präferieren wird. Dies wäre ein Beispiel für eine Segmentierung auf Basis instabiler Verhaltensweisen. Das Beispiel verdeutlicht darüber hinaus, wie wichtig es ist, die zur Segmentierung herangezogenen Verhaltensweisen erklären zu können. Hierbei bietet es sich an, beobachtetes Verhalten mit psychographischen Variablen zu verknüpfen, die eine höhere Stabilität aufweisen.

Messbarkeit

Weiterhin ist daran zu denken, dass einige Merkmale in unterschiedlichem Grade reliabel und valide gemessen werden können. So scheuen einige Nachfrager davor zurück, ihr Einkommen exakt anzugeben, aber auch die dem Verhalten zugrunde liegenden Bedürfnisse werden nicht in allen Fällen aufgedeckt. Bestimmte Bedürfnisse könnten den Kunden nicht bewusst sein oder sie werden auf Grund der sozialen Erwünschtheit nicht korrekt angegeben. So ist es denkbar, dass Befragte nur ungern ihre Preisorientierung als Grund für den Einkauf in Discountern angeben. Bei sämtlichen psychographischen Variablen kommt das bereits angesprochene Problem hinzu, dass umfangreiche Item-Batterien erforderlich sind, um sie zu messen. In der Wissenschaft werden solche Batterien mit großem Aufwand entwickelt und validiert (vgl. hierzu Churchill 1979; Homburg/Giering 1996; Rossiter 2002). Für eine Vielzahl von Konstrukten sind solche validierten Skalen in sog. Skalenhandbüchern zusammengefasst (vgl. z. B. Bearden/Netemeyer 1999).

Kaufverhaltensrelevanz

Die Kaufverhaltensrelevanz zeigt an, in welchem Ausmaß Verhaltensunterschiede mit einer Variation des betreffenden Merkmals einhergehen. Abbildung 9.1 zeigt ein fiktives Beispiel zum Zusammenhang zwischen verschiedenen Altersklassen und der Bevorzugung von Discountern, wobei drei Stufen der Bevorzugung unterschieden werden (geringe, mittlere und hohe Ausgabenanteile im Discounter). Inhaltlich wird die Frage aufgeworfen, inwieweit das Alter die Wahl der Einkaufsstätte erklären kann.

Insgesamt wird in dem Beispiel das Verhalten von 600 Personen analysiert. Das Beispiel ist so konstruiert, dass auch ohne statistische Tests deutlich wird, dass ein Zusammenhang zwischen dem Alter und der Bevorzugung von Discountern besteht. Die mittlere Altersgruppe bevorzugt augenscheinlich den Discounter stärker als die anderen beiden Altersgruppen. Wären bei der gegebenen Altersverteilung die beiden Variablen nicht voneinander abhängig, wäre zu erwarten, dass von den Personen in der mittleren Altersgruppe nur $(360 \cdot 160)/600$, also 96 und nicht 160 Personen ihre

Bevorzugung von Discountern (Anzahl Personen)				
Altersklasse	geringe Anteile	mittlere Anteile	hohe Anteile	∑
unter 25	100	50	0	150
25 – 60	10	190	160	360
über 60	40	50	0	90
∑	150	290	160	600

Abb. 9.1: Beispiel zur Diskriminierungsfähigkeit von zwei Merkmalen

Einkäufe zu hohen Anteilen bei Discountern decken würden. Man kann die Differenz zwischen der bei Unabhängigkeit beider Merkmale zu erwartenden Anzahl von Personen und der tatsächlich beobachteten Anzahl für alle Zellen der Häufigkeitstabelle ermitteln. In dem vorliegenden Beispiel sind die Differenzen verhältnismäßig groß, was als Indiz für eine Abhängigkeit der beiden Merkmale interpretiert werden kann. Würden dagegen alle Altersklassen in gleicher Weise Discounter bevorzugen, dann wäre kein Anlass zur Marktsegmentierung bezüglich des Alters gegeben. Im vorliegenden Fall verdient die mittlere Altersgruppe jedoch die besondere Aufmerksamkeit des Unternehmens. Würde eine ähnliche Analyse für Convenience-Stores durchgeführt werden, könnte es sein, dass andere Altersklassen bei hohen Ausgabenanteilen überrepräsentiert sind. Um zu prüfen, ob ein Zusammenhang zwischen einem Merkmal und einer Verhaltensweise vorliegt, kann auf statistische Tests zurückgegriffen werden. Im vorliegenden Fall bietet sich ein Chi-Quadrat-Test an.

Eignung für die Marketingplanung

Die Merkmale sind auch daraufhin zu prüfen, welche Hinweise sie auf die Ausgestaltung der Marketingpolitik erlauben. Nutzt es einem Unternehmen zu wissen, dass einzelne Merkmale, wie das Alter, mit bestimmten Aspekten des Verhaltens in einem Zusammenhang stehen? An dieser Stelle ist es aufschlussreich, sich an die Entstehung des Denkens in Segmenten und Zielgruppen zu erinnern. Die Wurzeln liegen in der Mediaplanung der Konsumgüterindustrie. Schon immer stand die Werbeträgerplanung vor der Aufgabe, aus den zahlreichen Werbeträgern jene auszuwählen, die den Verkauf des beworbenen Produkts unterstützen. Wenn es beispielsweise darum geht, die Käufer einer Sektmarke an diese Marke zu binden, dann muss festgestellt werden, über welche Medien (z. B. Zeitungen, Zeitschriften, Fernsehen) diese Käufer erreicht werden können. Haben die Käufer ihren Schwerpunkt in einer bestimmten Alters- oder Einkommensklasse, dann muss ermittelt werden, welche Medien diese Alters- oder Einkommensklasse benutzt, um sie zu erreichen. Das Zielgruppenkonzept steuerte die Werbeträgerauswahl. Die Belegung jener Medien, die von der Altersgruppe genutzt werden, zu der die Käufer der beworbenen Marke gehören, erhöht die Wahrscheinlichkeit, dass diese Käufer werblich erreicht werden und die erhoffte Bindungswirkung eintritt. Dieses Beispiel macht deutlich, dass die Segmentierungsvariablen nur eine Mediatorenrolle spielen, indem sie es ermöglichen, den Einsatz der absatzpolitischen Instrumente so zu steuern, dass die erwünschten Reaktionen der Nachfrager eintreten. Segmentierungskonzepte sind also aus betriebswirtschaftlicher Sicht daran zu messen, inwieweit sie Hinweise auf den erfolgreichen Einsatz der absatzpolitischen Instrumente erlauben. Sie haben ihre Berechtigung dann, wenn die Reaktionen einzelner Nachfragergruppen auf den Einsatz unterschiedlich ausfallen. Eine Marktsegmentierung erweist sich mithin dann als fruchtbar, wenn sie es erlaubt, die Reaktionen der Nachfrager auf bestimmte betriebliche Maßnahmen besser zu prognostizieren oder wenn sie umgekehrt Hinweise auf einen erfolgreichen Einsatz dieser Maßnahmen ermöglicht.

Die teilweise mangelnde oder falsch praktizierte Anwendung der Marktsegmentierung ist auf Lücken im Verständnis des Zielgruppenkonzepts zurückzuführen. So ist beispielsweise der Einwand, dass in einer bestimmten Unternehmung eine Segmentierung nach dem Alter nicht in Frage kommt, weil man beobachtet habe, dass in der Vergangenheit Kunden aus den unterschiedlichsten Altersschichten dort eingekauft hätten, zurückzuweisen. Zum einen vernachlässigt der Einwand nämlich die unterschiedlichen Anteile der einzelnen Altersklassen. Es kann durchaus der Fall sein, dass einzelne Altersklassen deutlich überproportional vertreten sind. Zum anderen vernachlässigt er, dass die einzelnen Altersklassen in unterschiedlicher Weise auf absatzpolitische Maßnahmen reagieren können. Richtig ist, dass ein Zielgruppenkonzept nicht mechanisch auf einzelne, leicht beobachtbare Merkmale zurückgreifen darf, sondern dass hierfür nur Merkmale in Frage kommen, die sich in der Theorie des Konsumentenverhaltens als diskriminierungsfähige Variablen erwiesen haben und aus denen betriebspolitische Schlüsse gezogen werden können.

9.1.3 Ausgewählte Segmentierungskonzepte

Im Handel gibt es einige Beispiele für Unternehmen, die explizit Zielgruppenkonzepte formuliert haben und damit von dem Anspruch, allen potenziellen Nachfragern ihre Leistungen anbieten zu wollen, abgerückt sind. In der Möbelbranche hat sich IKEA bei dem Eintritt in den deutschen Markt zunächst auf die Bearbeitung des Segments der jüngeren Nachfrager beschränkt, während ansonsten bis zu diesem Zeitpunkt fast alle Möbelhäuser den Gesamtmarkt abzudecken versuchten. Die Ausrichtung von IKEA auf diese Zielgruppe äußerte sich nicht nur in der besonderen werblichen Ansprache, sondern auch in der Sortimentsgestaltung und dem Verkaufssystem.

Auch klassische Möbelhäuser haben versucht, ihre Sortimente nach Zielgruppen zu gliedern. Ein klassisches Möbelhaus (Möbel Franz) hat beispielsweise vor einigen Jahren in seinem Katalog die folgenden Segmente unterschieden:

- die weltoffenen Ästheten,
- die innovativen Kunstfreunde,
- die kultivierten Stilsicheren,
- die jugendlichen Zeitgeistigen,
- die gemütlich Harmonischen,
- die verwöhnten Repräsentativen,
- die designorientierten Avantgardisten,
- die modern Klassischen.

Hier werden zwei Sachverhalte deutlich. Zum einen ist es nicht unmittelbar ersichtlich, wie die einzelnen Segmente voneinander abgegrenzt werden. Nicht nur für den Externen ist unklar, wie der weltoffene Ästhet von dem kultivierten Stilsicheren abgegrenzt ist, sondern auch dem Kunden wird die Zuordnung schwer fallen. Zum anderen ist ersichtlich, dass das Unternehmen mit acht Segmenten den Markt relativ fein unterteilt hat und sich zudem an ein breites Spektrum von Nachfragern wendet. Zwar ist im vorliegenden Fall unbekannt, wie viele Segmente der Markt insgesamt aufweist, jedoch handelt es sich bei der Ansprache von acht Segmenten ohne Zweifel nicht mehr um die Ausrichtung auf eine eng definierte Zielgruppe.

Die beiden Beispiele IKEA und Möbel Franz verdeutlichen noch einen weiteren wichtigen Aspekt der Segmentierung. Wenn es stimmt, dass sich IKEA beim Markteintritt auf jüngere Nachfrager konzentrierte, so erfolgte hier eine A-priori-Segmentierung, d. h. die Aufteilung des Gesamtmarkts, vorab gezielt anhand eines vorgegebenen Segmentierungsmerkmals. Bei Möbel Franz sind die Segmente dagegen das Ergebnis eines Segmentierungsverfahrens, in das mehrere Merkmale eingegangen sind und bei dem die Zuordnung eines Nachfragers zu einem Segment vor Anwendung des Verfahrens noch nicht bekannt war. In diesem Fall spricht man von einer Post-hoc-Segmentierung (vgl. Baier/Brusch 2008, S. 776–777).

In der Theorie sind einzelne Konzepte zur Segmentierung von Nachfragern untersucht worden, ohne dass es jedoch zu intensiveren vergleichenden Analysen gekommen wäre. Vielmehr sind einzelne Merkmale eher beispielhaft herangezogen worden, um Möglichkeiten zur Zielgruppenbildung aufzuzeigen. Im Folgenden werden exemplarisch ausgewählte Ansätze vorgestellt, die sich deutlich voneinander unterscheiden. Die Unterschiede liegen in den einbezogenen Merkmalen, der Anzahl der gebildeten Gruppen und der betriebspolitischen Verwertbarkeit (zu einem weiteren Überblick über handelsrelevante Segmentierungsansätze vgl. auch Schmitz/Kölzer 1996, S. 142–251; Kesting/Rennhak 2008, S. 67–74).

Segmentierung nach Lebenszyklusphasen

Lebenszykluskonzepte kombinieren verschiedene soziodemographische (sozioökonomische) Merkmale von Kunden zu Lebenszyklusphasen. Lebenszyklusphasen sind Lebensabschnitte, in denen sich Nachfrager befinden. Die Phasen werden häufig auf Basis der Merkmale Alter, Familienstand, Zahl der Kinder und Berufstätigkeit definiert. Wells und Gubar (1966) sprechen beispielsweise vom „Junggesellenstadium“, „frisch verheirateten Paaren“, „dem vollen Nest“, „dem leeren Nest“ und „alleinstehenden Überlebenden“.

Müller-Hagedorn (1978a, 1984a) hat eine Segmentierung nach Lebenszyklusphasen vorgeschlagen, die Unterschiede in der Betriebsformwahl erklären soll. Hierzu wurden insgesamt 12 Lebenszyklusphasen gebildet (vgl. Abbildung 9.2). Es konnte für eine Vielzahl von Warengruppen gezeigt werden, dass einzelne Betriebsformen Kunden in bestimmten Lebenszyklusphasen in unterschiedlichem Maße erreichen. Zwar finden die einzelnen Betriebsformen im Regelfall Kunden in allen definierten Lebenszyklusphasen, jedoch sind einzelne Segmente in geringerem Maße, andere in stärkerem Maße unter den Kunden vertreten. Abbildung 9.3 veranschaulicht dies am Beispiel der Warengruppe Lebensmittel.

Aus Abbildung 9.3 ist zunächst zu erkennen, dass die für die Abbildung ausgewählten vier Betriebsformen (Discounter, Supermarkt, Verbrauchermarkt, Warenhaus) in unterschiedlichem Maße die für den Einkauf von Lebensmitteln bevorzugten Geschäfte darstellen („Nennen Sie uns die Geschäfte, in denen Sie in den letzten drei Monaten das meiste Geld für Lebensmittel ausgege-

18-34 Jahre	35-54 Jahre	55-64 Jahre	≥ 65 Jahre
1 Einpersonen-Haushalte, ledig/geschieden, keine Kinder **2** ohne eigenen Haushalt, mit oder ohne Kinder **3** Mehrpersonen-Haushalte, verheiratet, keine Kinder **4** Mehrpersonen-Haushalte, verheiratet, mit 1-2 Kindern	**6** Mehrpersonen-Haushalte, verheiratet, keine Kinder **7** Mehrpersonen-Haushalte, verheiratet, mit 1-2 Kindern **8** Mehrpersonen-Haushalte, verheiratet, mit mehr als drei Kindern	**10** Mehrpersonen-Haushalte, verheiratet, mit oder ohne Kinder	**11** Mehrpersonen-Haushalte, verheiratet, keine Kinder **12** Einpersonen-Haushalte, ledig/verwitwet, keine Kinder

Anmerkung: Die ursprünglich vorgesehenen Phasen 5 und 9 haben sich als empirisch unbedeutend erwiesen.

Quelle: in Anlehnung an Müller-Hagedorn 1984a, S. 566

Abb. 9.2: Definition von Lebenszyklusphasen

ben haben. Welches Geschäft steht an erster Stelle?"). Auf diese vier Betriebsformen entfallen rund 75 % der Nennungen. Rund 30 % der befragten Personen bevorzugen den Verbrauchermarkt, rund 15 % das Warenhaus (in der Abbildung 9.3 jeweils durch die gestrichelte Linie gekennzeichnet). Diese über alle Lebenszyklusphasen hinweg durchschnittliche Bevorzugung einer Betriebsform entspricht gleichzeitig dem Wert, den man erwarten würde, wenn sich die Bevorzugung einer Betriebsform in einer Lebenszyklusphase nur auf Basis der Randverteilungen ergäbe – jeweils in Prozent der Mitglieder einer Lebenszyklusphase (zur Herleitung dieser Werte vgl. Müller-Hagedorn 1978a, S. 116–119). Die Breite der Rechtecke in Abbildung 9.3 bringt zum Ausdruck, wie viele Mitglieder die einzelnen Lebenszyklusphasen umfassen (so gehören z. B. viele Personen zu der Lebenszyklusphase 7). Deutlich ist zu erkennen, dass die Verbrauchermärkte in überdurchschnittlichem Ausmaß Verbraucher aus den mittleren Lebenszyklusphasen ansprechen, während die Warenhäuser (bei Lebensmitteln) ihre Kunden in überdurchschnittlichem Ausmaß in den jüngeren und älteren Phasen rekrutieren, denn der Anteil der Personen in den angeführten Lebenszyklusphasen, die das meiste Geld für Lebensmittel in der betreffenden Betriebsform ausgegeben haben, ist größer als der Durchschnittswert bzw. der auf Grund der Randverteilungen erwartete Wert. Die Untersuchungen belegen auch auf einer statistischen Basis, dass das Ausmaß, in dem einzelne Betriebsformen bevorzugt werden, tatsächlich mit Hilfe des Lebenszykluskonzepts diskriminiert werden kann. Darüber hinaus zeigen sie, wie die Erkenntnisse aus der Segmentierung betriebspolitisch genutzt werden

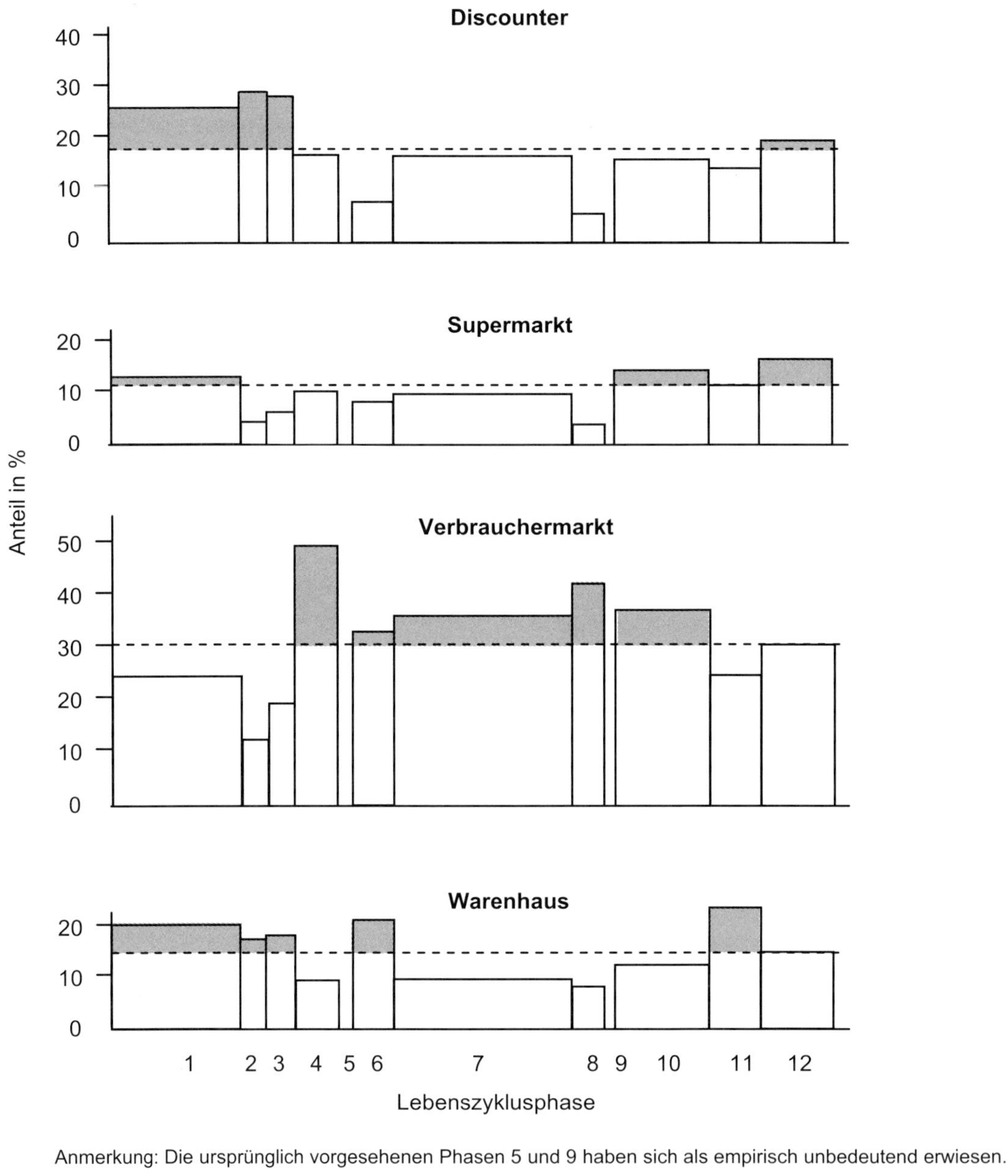

Quelle: in Anlehnung an Müller-Hagedorn 1984a, S. 567

Abb. 9.3: Bedeutung der Lebenszyklusphasen in vier unterschiedlichen Betriebsformen beim Einkauf von Lebensmitteln können. So stellte sich beispielsweise heraus, dass die Angehörigen der einzelnen Lebenszyklusphasen unterschiedliches Interesse an einzelnen Angebotsvarianten, wie z. B. Selbstbedienung, hatten. Näher wird auf die Zusammenhänge zwischen Lebenszyklusphase und Betriebsformenpräferenz in Kapitel 10 eingegangen.

Neben dem hier dargestellten Ansatz von Müller-Hagedorn sind weitere Lebenszykluskonzepte entwickelt worden. So kombinieren andere Ansätze beispielsweise die Abfolge der Familienformen (Lebenszyklen) mit dem aus der Art der Berufstätigkeit resultierenden Sozialstatus (vgl. Kleining/Prester 1999; Kleining/Prester/Frank 2006). Die sich hieraus ergebenden Segmente werden als Lebenswelten bezeichnet. Diese Segmentierung erlaubt es, beispielsweise „Mittelschichtfamilien mit Kindern" von „Arbeiterfamilien mit Kindern" zu unterscheiden.

Segmentierung nach Erwartungen und Verhaltensaspekten

Während das Lebenszykluskonzept an sozioökonomischen Merkmalen ansetzt, soll nun ein Ansatz vorgestellt werden, der auf verhaltensnahen psychographischen Merkmalen und Aspekten des Verhaltens basiert. So hat Diller (1990) für den Textilhandel vier Verbrauchergruppen benannt:

- die Hedonisten (30,1 %),
- die Preisorientierten (25,1 %),
- die Alles-Forderer (26,5 %),
- die angepassten Gleichgültigen (18,3 %).

Diese vier Gruppen sind aus einer Cluster-Analyse hervorgegangen. Die Clusteranalyse, die zu den multivariaten statistischen Verfahren gehört, fasst Objekte (z. B. Personen) anhand von Merkmalsausprägungen zu Gruppen (Clustern) zusammen. Die Merkmalsausprägungen sollen innerhalb der Gruppen möglichst homogen und zwischen den Gruppen möglichst heterogen sein (vgl. z. B. Backhaus/Erichson/Plinke et al. 2008). Um eine Clusteranalyse durchführen zu können, müssen also die zu segmentierenden Kunden anhand bestimmter Merkmale beschrieben werden. In der Studie von Diller haben Befragte hierzu ihr Verhalten und ihre Erwartungen beim Kauf von Textilien anhand von zehn Merkmalen charakterisiert. Hierbei haben sie die folgenden Aussagen auf einer Skala von 1 (stimme überhaupt nicht zu) bis 7 (stimme voll und ganz zu) bewertet:

1. Ich kaufe Kleidung meistens zu ganz bestimmten Gelegenheiten (anlassbezogener Kauf).
2. Bevor ich ein schönes Kleidungsstück kaufe, schaue ich mich erst in anderen Geschäften um (Rationalkauf).
3. Mir sind Geschäfte sehr sympathisch, in denen ich ehrliche und umfassende Beratung erhalte (Beratungsbedarf).
4. Mir macht es nichts aus, in preiswerten Geschäften wie C&A einzukaufen (Preisorientierung).
5. Exklusive Geschäfte schrecken mich eher ab (Luxusscheu).
6. Ich besuche in der Regel solche Geschäfte, in denen ich meinen eigenen Stil wiederfinde (Individualität).
7. Wenn ich mir Kleidung kaufen will, achte ich im Allgemeinen sehr auf die Marke (Markenorientierung).
8. Ich kaufe am liebsten dort ein, wo es meistens die allerneueste Mode gibt (Modeorientierung).

9. Ich kaufe meine Kleidung dort ein, wo es mir gefällt, egal, was andere denken (Emanzipation).
10. Ich bevorzuge vor allem solche Geschäfte, in denen es einfach Spaß macht, einzukaufen (Spaß am Einkaufen).

Es ist erkennbar, dass es sich bei den Merkmalen um eine Mischung von Angaben zum Kaufverhalten (Ich kaufe Kleidung meistens zu ganz bestimmten Gelegenheiten) und zur Bedeutung einzelner Sachverhalte bei der Auswahl der Geschäfte handelt, die auch als Erwartungen bezeichnet werden können (Mir sind Geschäfte sehr sympathisch, in denen ich ehrliche und umfassende Beratung erhalte).

Mit Hilfe der zehn Merkmale werden nicht nur die vier genannten Käufertypen clusteranalytisch ermittelt, sondern auch beschrieben. Abbildung 9.4 zeigt die Gesamtmittelwerte der einzelnen Merkmale sowie exemplarisch ihre Ausprägung für die Cluster „Hedonisten" (Typ 1) und „Preisorientierte" (Typ 2).

	Gesamt	Typ 1 *	Typ 2 **
Anlassbezogener Kauf	3,4	2,1	3,4
Rationalkauf	5,0	4,6	5,5
Beratungsbedarf	5,7	5,8	5,5
Preisorientierung	5,7	5,4	6,5
Luxusscheu	3,8	2,3	4,8
Individualität	5,5	6,1	4,4
Markenorientierung	3,3	3,3	2,2
Modeorientierung	4,1	4,7	2,4
Emanzipation	6,3	6,7	6,7
Spaß am Einkaufen	5,5	6,4	4,6

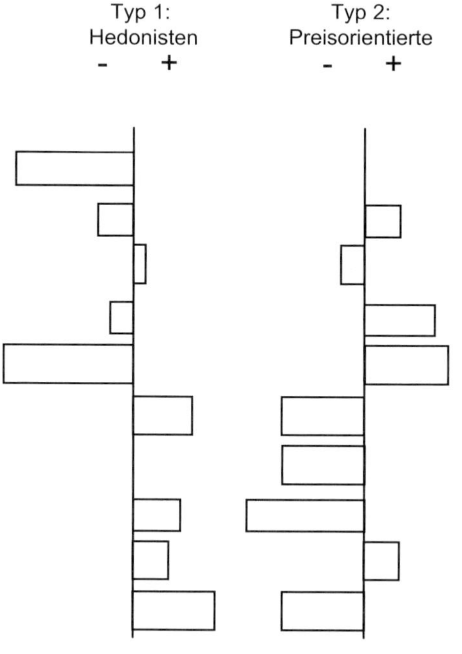

* Hedonisten ** Preisorientierte

Quelle: in Anlehnung an Diller 1990, S. 151–152

Abb. 9.4: Erwartungen und Verhaltensaspekte bei zwei Käufertypen

Aus den Profilen ist beispielsweise zu ersehen, dass der Hedonist der Aussage, dass Kleidung zu bestimmten Gelegenheiten gekauft wird, nur unterdurchschnittlich zustimmt, während der Spaß am Einkaufen eine überdurchschnittliche Bedeutung hat. Anders ist das bei dem Preisorientierten: Der Spaß am Einkaufen ist nur unterdurchschnittlich ausgeprägt, bezüglich des Kaufanlasses denkt er wie der Durchschnitt aller Befragten.

Die Untersuchung von Diller macht deutlich, dass Nachfrager sich sowohl in ihrem Kaufverhalten als auch in ihren Erwartungen an ein Geschäft unterscheiden. Es bleibt zwar unklar, nach welchem Kriterium die genannten Merkmale ausgewählt worden sind, aber augenscheinlich sind die Nachfrager heterogen, wobei sich in der Vielfalt der Erwartungen und Verhaltensweisen Typen ausmachen lassen. Da die gebildeten Typen nicht zu einer abhängigen Variable in Beziehung gesetzt werden, lässt sich ihr Erklärungswert nur schwer beurteilen. Die Merkmale dienen nur der Beschreibung der Verbraucher und liefern insofern Angaben über ihre Heterogenität. Andererseits weisen die Merkmale selbst bereits einen starken Verhaltensbezug auf.

Betriebspolitisch können die Erkenntnisse für Marktpotenzialanalysen genutzt werden, indem aus der Größe der Cluster Hinweise auf die Höhe der Nachfrage abgeleitet werden. Die Brücke zur Gestaltung einzelner absatzpolitischer Instrumente lässt sich nur in einem sehr allgemeinen Sinn schlagen. So wird beispielsweise das Ausmaß der Markenorientierung angesprochen. Wenn aber im Rahmen der Sortimentspolitik zu entscheiden ist, welche Marken im Sortiment geführt werden und welchen Stellenwert einzelne Marken einnehmen sollten, werden weitergehende Informationen benötigt. Ähnliches ließe sich in Bezug auf die übrigen verwendeten Merkmale sagen, wiewohl Beziehungen zu den einzelnen absatzpolitischen Instrumenten bestehen, wie die folgende Zuordnung in Abbildung 9.5 deutlich machen soll.

Merkmale	Absatzpolitische Instrumente
Beratungsbedarf	Service- und Beratungspolitik
Preisorientierung	Preispolitik
Luxusscheu	Verkaufsraumgestaltung
Individualität	Sortimentspolitik, Verkaufsraumgestaltung
Markenorientierung	Sortimentspolitik
Modeorientierung	Sortimentspolitik
Spaß am Einkaufen	Verkaufsraumgestaltung, Kommunikationspolitik

Abb. 9.5: Betriebspolitische Relevanz einzelner Erwartungen und Verhaltensaspekte

Segmentierung nach Persönlichkeitsmerkmalen

Während in der zuvor dargestellten Studie von Diller die der Gruppenbildung zugrunde gelegten Merkmale noch relativ nahe an das beobachtbare Kaufverhalten bzw. die Erwartungen der Kunden an ein Textilgeschäft angelehnt waren, holt Gröppel (1990, 1991) weiter aus, indem sie auch Merkmale heranzieht, die nicht unmittelbar auf das Einkaufen bezogen sind, z. B. das Kulturinteresse, den Wunsch nach Geselligkeit oder die Suche nach Entspannung. Es werden nicht mehr nur Kauf- oder Erwartungstypen gebildet, sondern Persönlichkeits- oder Lebensstiltypen:

- die Indolenten, die Reizen aus zahlreichen Bereichen gleichgültig bis ablehnend gegenüberstehen,

- die Sensualisten, die gegenüber vielfältigen Aktivitäten aufgeschlossen sind und neue und ungewohnte Dinge erleben möchten,
- die jungen Extremen, die sich in einer Zwitterstellung befinden und einzelnen Aussagen entweder euphorisch zustimmen oder sie gänzlich ablehnen.

Der verhaltenswissenschaftliche Wert dieser Typologie ergibt sich aus ihrer Erklärungskraft. Hier konnte Gröppel zeigen, dass sensualistische Kundinnen ein erlebnisorientiert gestaltetes Textilhaus bezüglich des emotionalen Eindrucks, bezüglich der Sortimentsbeurteilung, bezüglich des Preis-Leistungs-Verhältnisses und bezüglich bestimmter Stimmungsbilder signifikant besser beurteilen als die anderen Kundengruppen. Die Ergebnisse im Einzelnen enthält Abbildung 9.6.

unabhängige / abhängige	Mittelwert Cl. 1 Indolent.	Mittelwert Cl. 2 Sensual.	Mittelwert Cl. 3 Extreme	Anzahl Cl. 1	Anzahl Cl. 2	Anzahl Cl. 3	Signifikanz Vergleich Cl. 1 - Cl. 2	Signifikanz Vergleich Cl. 2 - Cl. 3
Emotionaler Eindruck	-0,15	0,29	-0,26	101	91	57	0,002	0,001
Sortiments-beurteilung	-0,24	0,29	-0,14	106	95	59	0,000	0,007
Preis-Leistungs-Verhältnis	-0,16	0,35	-0,28	106	95	59	0,000	0,000
Stimmungsbilder:								
Vertrauen	1,90	2,78	2,12	108	95	60	0,000	0,003
Freude/Spaß	1,94	3,11	2,50	108	95	60	0,000	0,005
Aktivität	2,48	3,07	2,60	107	95	60	0,002	0,034

Cl. = Cluster

Quelle: Gröppel 1990, S. 129

Abb. 9.6: Ergebnisse der Untersuchung von Gröppel

Schwächen der Segmentierungsmethode könnten in fehlenden Ansatzpunkten für die Marketingpolitik vermutet werden, denn aus den Merkmalen kann nur in sehr allgemeiner Form auf den erfolgreichen Einsatz der absatzpolitischen Instrumente geschlossen werden. Dennoch konnte Gröppel zeigen, dass sensualistische Kundinnen an einem persönlichen Verkaufsgespräch, einem individuellen Sortiment, einer kontextbezogenen Warendekoration, Verbundpräsentationen und Sonderaktionen signifikant interessierter waren als indolente Kundinnen. Darüber hinaus ist hervorzuheben, dass der Segmentierungsansatz auf ein bewährtes verhaltenswissenschaftliches Modell zurückgeführt werden kann. So unterscheiden Mehrabian und Russell (1974) in ihrem umweltpsychologischen Modell zwischen Reizabschirmern und Nichtabschirmern (vgl. hierzu auch Kapitel 20). Die indolenten Kundinnen könnten als Reizabschirmer charakterisiert werden, während die sensualistischen Kundinnen Merkmale von lustbetonten Nichtabschirmern aufweisen.

Segmentierung nach Einkaufsmotiven
In vielen empirischen Studien werden Einkaufsmotive herangezogen, um Kundensegmente zu bilden und um Unterschiede in Kundenreaktionen auf absatzpolitische Instrumente zu erklären (vgl. z. B. Westbrook/Black 1985; Arnold/Reynolds 2003; Morschett/Swoboda/Foscht 2005). Häufig wird hierbei zwischen utilitaristischen und hedonistischen Einkaufsmotiven unterschieden. Während sich utilitaristische Motive auf eine effiziente Abwicklung der Einkäufe beziehen, kommt in hedonistischen Motiven der Wunsch nach Spaß am Einkaufen zum Ausdruck. Dies verdeutlichen auch die folgenden Definitionen von Babin, Darden und Griffin (1994, S. 646):

„Perceived utilitarian shopping value might depend on whether the particular consumption need stimulating the shopping trip was accomplished."

„Hedonic value is more subjective and personal than its utilitarian counterpart and results more from fun and playfulness than from task completion."

Der von Babin, Darden und Griffin verwendete Begriff *shopping value* weist einen unmittelbaren Bezug zu Motiven auf, da er angibt, in welchem Ausmaß utilitaristische oder hedonistische Einkaufsmotive befriedigt werden. Eine Segmentierung nach utilitaristischen und hedonistischen Einkaufsmotiven lässt sich auf die Frage zuspitzen, ob sich ein Unternehmen auf Versorgungs- oder Erlebnishandel spezialisieren möchte. Es lässt sich auch ein Bezug zur Typologie von Gröppel herstellen, wenn angenommen wird, dass bei indolenten Kundinnen utilitaristische Motive dominieren, während bei sensualistischen Kundinnen hedonistische Motive stärker ausgeprägt sind. Ähnliche Überlegungen könnten auch für die Typologie von Diller angestellt werden. Insofern leistet die Motivforschung auch einen Erklärungsbeitrag für die bisher vorgestellten Segmentierungsansätze.

Arnold und Reynolds (2003) haben verschiedene Typen hedonistischer Einkaufsmotive identifiziert und darauf aufbauend eine Kundensegmentierung vorgeschlagen. Bei den Motiven handelt es sich um:

- *adventure shopping* (Suche nach Unterhaltung und Stimulation),
- *social shopping* (Freude am Einkaufen mit Freunden),
- *gratification shopping* (Stressbewältigung und Selbstbelohnung),
- *idea shopping* (Information über Trends und neue Produkte),
- *role shopping* (Freude am Einkaufen für andere Personen) und
- *value shopping* (Freude über Sonderangebote und besondere Schnäppchen).

Ähnlich wie in den vorherigen Studien können mit Hilfe einer Clusteranalyse Segmente mit spezifischen Ausprägungen der Motive identifiziert werden. Arnold und Reynolds (2003) verweisen auf fünf Segmente, die sie als Minimalisten, Sammler, Versorger, Enthusiasten und Traditionalisten bezeichnen. Versorger weisen beispielsweise sehr hohe Ausprägung bei *role shopping* und *value shopping* auf.

Aus den identifizierten Motiven und Kundensegmenten lassen sich unmittelbar betriebspolitische Konsequenzen ableiten. Beispielsweise können die einzelnen Motive direkt über die Kommunikationspolitik angesprochen werden. Weiterhin stellt sich die Frage, ob ein Unternehmen die Positionierung auf einzelne Motive ausrichten soll oder ob die Motive in ihrer gesamten Breite angesprochen werden sollen. Eine Fokussierung auf *adventure shopping* ist beispielsweise bei dem Outdoor-Händler Globetrotter zu beobachten. So ist die Filiale in Köln mit einem Wassersportbecken, einem Quallen-Aquarium, einer Kältekammer und einem Klettertunnel ausgestattet. Eine Fokussierung auf *role shopping* und *idea shopping* findet sich bei Händlern wie Nanu-Nana oder Butlers. IKEA befriedigt dagegen die oben genannten Motive in ihrer gesamten Breite.

Segmentierung nach Reaktionen auf einzelne absatzpolitische Instrumente

Neben den bisher vorgestellten Typologien sind auch Ansätze entwickelt worden, die Kunden bezüglich der zu erwartenden Reaktion auf einzelne absatzpolitische Instrumente segmentieren. Diller und Stamer haben Preissegmente bei schnell drehenden Konsumgütern untersucht, um Zielgruppen für die Preispolitik zu bilden (vgl. Diller/Stamer 2004; Stamer/Diller 2006; Stamer 2006). Auf Basis von Merkmalen zum Preis- und Qualitätsinteresse, zur Preisbereitschaft und zum Preisverhalten haben sie mit Hilfe der Clusteranalyse fünf Segmente identifiziert:

- Optimierer (28,4 %),
- Billigkäufer (18,6 %),
- Preisbequeme (19,1 %),
- Markenfans (20,9 %) und
- Hochpreiszahler (13,0 %).

Diller und Stamer erläutern, wie sich die Segmente hinsichtlich der Preis- und Qualitätsorientierung, der Preisbereitschaft und Aspekten des Verhaltens unterscheiden. Optimierer weisen zum Beispiel eine ähnlich starke Preis- und Qualitätsorientierung auf, sie haben Interesse an Bonusprogrammen und am Feilschen, und sie bevorzugen mittlere Preislagen von Warenhäusern, Super- und Verbrauchermärkten. Billigkäufer sind dagegen stark preisorientiert, was auch in einer geringen Preisbereitschaft zum Ausdruck kommt. Dieses Segment bevorzugt ähnlich wie das Segment der Preisbequemen Discounter. Markenfans sind stark qualitätsorientiert und weisen eine Preisbereitschaft in moderater Höhe auf; sie bevorzugen Fachgeschäfte. Hochpreiszahler weisen eine extrem hohe Preisbereitschaft auf und kaufen in Fachgeschäften und Warenhäusern.

Der Segmentierungsansatz von Diller und Stamer liefert unmittelbare Hinweise für die Preis- und Sortimentspolitik. Gleichzeitig zeigen die Autoren aber auch, dass sich die Zuordnung von Kunden zu einem der oben beschriebenen Segmente zwischen Warengruppen unterscheiden kann. Kunden können in der einen Warengruppe den Hochpreiszahlern angehören, während sie in einer anderen Warengruppe zu den Billigkäufern zählen. Insofern hängt die Stabilität der Segmentierung davon ab, für welche Sortimentseinheiten die Segmente gebildet werden.

Weitere Überlegungen zur Definition von Marktsegmenten im Handel

Schon wegen der Vielgestaltigkeit des Handels fällt es schwer, die Notwendigkeit und die Eignung von Zielgruppenkonzepten für den Handel zu beurteilen. Im Hinblick auf die eigentliche Zielsetzung, die mit der Ausrichtung auf Zielgruppen verfolgt wird, lässt sich jedoch festhalten:

- Bei der Definition von Zielgruppen handelt es sich auch um ein innerbetriebliches Koordinationsinstrument. Je mehr also die Tätigkeit von unterschiedlichen Einkäufern, von Category

Managern, von Ladengestaltern koordiniert werden muss, desto wichtiger ist es, dass den Aktivitäten eine einheitliche Vorstellung zu Grunde liegt, welche Nachfrager die Unternehmung ansprechen will.

- Je heterogener die Erwartungen der Nachfrager an ein Geschäft sind und je weniger die Unternehmung in der Lage ist, allen Erwartungen gleichzeitig zu entsprechen, umso notwendiger ist ein Zielgruppenkonzept. Aber selbst wenn eine Unternehmung in der Lage wäre, beispielsweise das gesamte Warensortiment einer Branche anzubieten, ist es doch fraglich, ob dann den Nachfragern der Suchaufwand nicht zu hoch erscheint. Ebenso könnten solche Entscheidungen das Profil eines Handelsunternehmens verwässern.
- Zielgruppenkonzepte sind nur dann sinnvoll, wenn die absatzpolitischen Instrumente auf die Zielgruppen ausgerichtet werden können. Es muss also möglich sein, Selektionsentscheidungen zu treffen, also z. B. zu entscheiden, welche Artikel in das Sortiment aufgenommen werden sollen.
- In den wenigsten Fällen werden Handelsbetriebe eigene Segmentierungsstudien vornehmen können, insbesondere wenn auch psychographische Variablen zur Segmentierung herangezogen werden sollen. In diesen Fällen kann auf Studien zurückgegriffen werden, die von Verlagen oder Marktforschungsinstituten angeboten werden. Hierzu zählen in Deutschland beispielsweise die Outfit-Studie des Spiegel-Verlags, die Typologie der Wünsche der Burda Community Network GmbH oder die Allensbacher-Werbeträger-Analyse des Instituts für Demoskopie Allensbach.
- In der Praxis finden sich häufig Zielgruppendefinitionen, die unmittelbar auf dem Einsatz der Marketing-Instrumente aufbauen, also z. B. Nachfrager, die mittlere Preislagen bevorzugen, die sich modisch kleiden, die Spaß am Einkaufsbummel haben usw. Der Nachteil solcher Definitionen ist darin zu sehen, dass ohne weitere empirische Untersuchungen nicht ersichtlich ist, wie viele Nachfrager tatsächlich diese Festlegungen präferieren. Ebenso ist unklar, warum Kundengruppen in einer bestimmten Art und Weise auf den Einsatz der absatzpolitischen Instrumente reagieren.

Segmentierungsverfahren

Die Diskussion der unterschiedlichen Segmentierungskonzepte hat bereits deutlich gemacht, dass häufig auf statistische Verfahren zurückgegriffen werden muss, um die Segmente, ihre Größe und Charakteristika zu bestimmen. Es sind vor allem Verfahren der multivariaten Statistik wie Clusteranalyse, Diskriminanzanalyse, Regressionsanalyse, aber auch Kreuztabellen und loglineare Modelle, die dabei zur Anwendung kommen. Wie bei der Auswahl von Segmentierungsmerkmalen können auch bei der Auswahl von Segmentierungsverfahren bestimmte Kriterien angelegt werden. Hierzu zählen u. a. die Fähigkeit, Segmente zu extrahieren, die Fähigkeit zur Reaktionsprognose und die Verfügbarkeit von Software (vgl. Baier/Brusch 2008, S. 778–779).

9.2 Die Zielgruppenauswahl

Wenn Informationen vorliegen, in welche Segmente der Markt aufgeteilt werden kann, ist zu entscheiden, welche Marktsegmente ein Unternehmen als Zielgruppe ansehen will. Die Alternativen lassen sich analog zum Konsumgütermarketing der Industrie angeben, wo darauf abgestellt wird, welche Nachfragersegmente angesprochen werden und wie groß die Zahl der angebotenen Leistungsbereiche (Warengruppen) ist. Die Leistungsbereiche können dabei weiter in Warensegmente unterteilt werden:

1. Markt- und Leistungsspezialisierung: Ein ausgewähltes Segment wird mit einem relativ eng begrenzten Leistungsbereich angesprochen (z. B. ein Möbelhändler bietet nur Polstermöbel der oberen Qualitätsstufe an oder ein Buchhändler spezialisiert sich auf Fachbücher für Studenten).
2. Vollständige Marktabdeckung: Sie ist sowohl durch die Ansprache unterschiedlicher Nachfragersegmente als auch durch das Angebot zahlreicher Leistungsbereiche gekennzeichnet. Diese Politik verfolgten vor allem die Warenhäuser, als sie noch von dem Verständnis „Alles unter einem Dach" getragen waren. Inzwischen wird dieser Anspruch nicht mehr aufrechterhalten. Auch bei den SB-Warenhäusern ist trotz ihrer oft außerordentlich großen Verkaufsfläche zu beobachten, dass sie nicht mehr alle Segmente ansprechen wollen und sich auch in der Auswahl der Leistungsbereiche beschränken.
3. Marktspezialisierung: Einem ausgewählten Segment von Nachfragern werden unterschiedliche Leistungen angeboten. So ist im Handel mit Einrichtungsgegenständen zu beobachten, dass sich Geschäfte etabliert haben, die designorientierten Kunden Angebote aus unterschiedlichen Warenbereichen offerieren, z. B. Kleinmöbel, Elektroartikel oder Haushaltswaren. Warenhauskonzepte, die sich auf bestimmte Zielgruppen fokussieren, stellen ebenfalls ein Beispiel für die Marktspezialisierung dar. So experimentierte seinerzeit die Kaufhof Warenhaus AG mit spezifischen Konzepten für junge Kunden (Lust for Life) und Frauen (Emotions).
4. Leistungsspezialisierung: Eine solche Konzeption findet man z. B. im Sortimentsbuchhandel, der sich auf Bücher beschränkt, dort aber sowohl Käufer für Fachliteratur als auch für Schulbücher, Belletristik oder andere Buchbereiche anspricht.
5. Pick-Strategie: Einige Handelsunternehmen lösen sich von dem traditionellen Denken in Spezialisierungsmöglichkeiten, indem sie sich sehr heterogene Kundensegmente und Leistungsbereiche „herauspicken". Dies findet sich in ausgeprägter Form bei Tchibo, wo Waren aus unterschiedlichsten Warenbereichen in einem ständigen Wechsel für unterschiedliche Bevölkerungsgruppen angeboten werden.

Die einzelnen Alternativen sind auch in Abbildung 9.7 graphisch veranschaulicht. Die Auswahl einer Strategie der Marktabdeckung hat eine Reihe von Gesichtspunkten zu berücksichtigen. Von besonderer Bedeutung sind hierbei die Präferenzen der Nachfrager. Einige Warenbereiche werden zweckmäßigerweise gemeinsam angeboten, weil der Verbraucher ein Interesse an einem gemeinsamen Angebot hat. Für andere Warenbereiche gilt das weniger (z. B. für das gemeinsame Angebot von Möbeln und Bekleidung). Allerdings ist zu beobachten, dass traditionelle Sortimentseinteilungen, die vor allem warenorientiert sind (z. B. Bekleidung, Spielwaren, Bücher, Lebensmittel), an

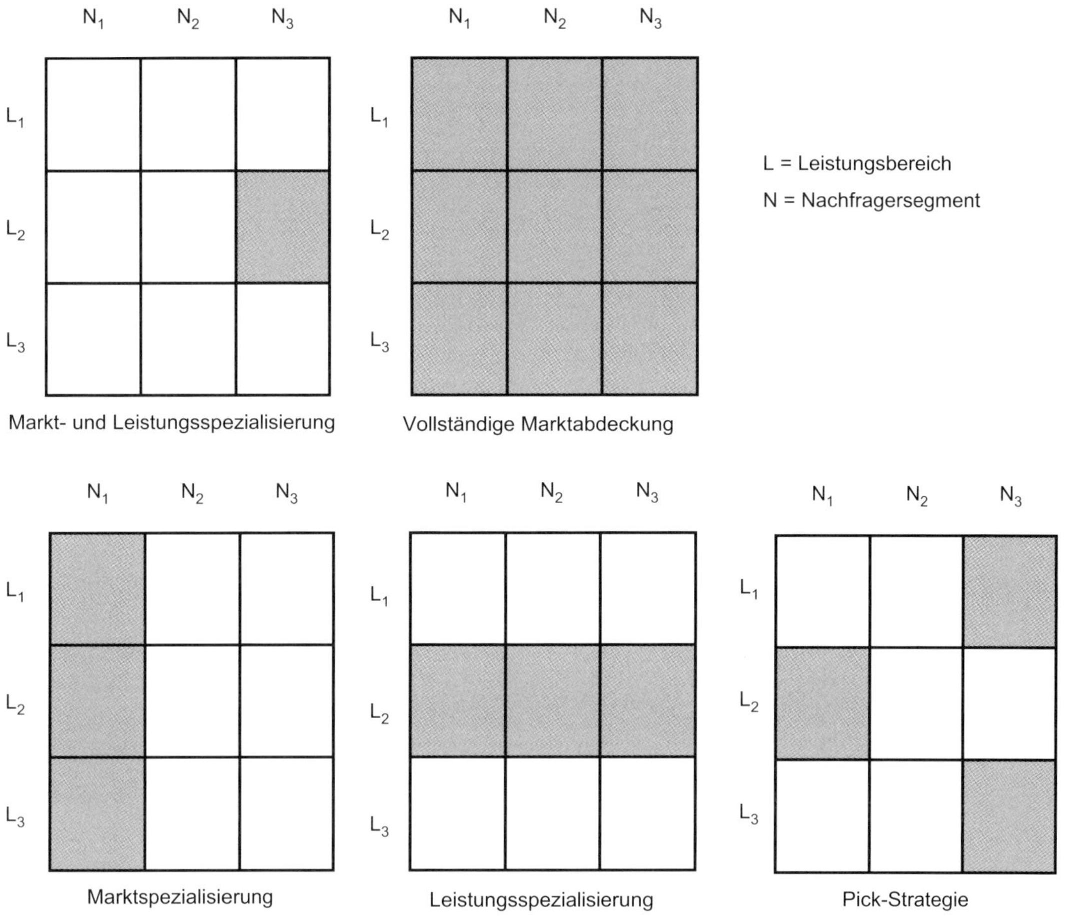

Quelle: in Anlehnung an Kotler/Bliemel 2006, S. 454

Abb. 9.7: Fünf Muster der Marktabdeckung

Bedeutung verlieren. So werden Spielwaren natürlich im Spielwarenfachgeschäft angeboten, daneben aber auch in Warenhäusern, Supermärkten, Verbrauchermärkten oder an Tankstellen. Dies gilt für viele weitere Warenbereiche. Die Zahl der sinnvollen Kombinationen scheint zu steigen. Insofern ist es zweckmäßig, Überlegungen zur Kombinierbarkeit einzelner Warenbereiche anzustellen. Dabei ist darauf zu achten, dass durch die Kombination unterschiedlicher Warenbereiche die Auswahl nicht so beschränkt wird, dass der Nachfrager die Sortimentstiefe als unzureichend ansieht. Bei beschränkten Raumkapazitäten ist diese Gefahr groß. Generell ist festzustellen, dass bei dem stetig wachsenden Angebot der Industrie an Produktvarianten und Produktneuerungen sowie dem starkem Wettbewerb der Handelsunternehmen die Anforderungen an eine nachfragergerechte Auswahl steigen. Insofern ist die Bedeutung der Sortimentstiefe als absatzpolitisches Instrument gestiegen.

Die Spezialisierung auf einen Leistungsbereich oder sogar ein Leistungs- und Kundensegment kann Vorteile eröffnen. Die Unternehmung kann bei den Nachfragern aus dem jeweiligen Segment Präferenzen schaffen, indem sie ein Angebot offeriert, das von ihnen besser beurteilt wird als das anderer Anbieter, und sie kann die notwendigen Prozesse kostengünstiger gestalten. Die Zahl der Lieferanten, zu denen Geschäftsbeziehungen unterhalten werden, ist überschaubarer und die Konkurrenzanalyse kann sich auf relativ wenige Anbieter beschränken. Spezialisierungsstrategien eröffnen also häufig sowohl Präferenzvorteile beim Nachfrager als auch Kostenvorteile.

Allerdings kann auch die Bearbeitung mehrerer Leistungsbereiche und Kundensegmente Vorteile eröffnen. Dabei wird von *economies of scope* gesprochen, womit jene Wettbewerbsvorteile gemeint sind, die sich durch die Abgrenzung des Geschäftsfelds ergeben. Kenntnisse aus der Marktforschung, seien sie nun kunden- oder lieferantengerichtet, Erfahrungen in der Verkaufsraumgestaltung oder Verbundkäufe der Kunden können den Übergang von der Bearbeitung einzelner Segmente zur Bearbeitung mehrerer Segmente forcieren. So stellt sich die Positionierung zwischen den Polen der reinen Spezialisierung und der totalen Marktabdeckung als wichtiges und gleichzeitig schwieriges Problem dar, bei dem kundengerichtete, lieferantengerichtete und konkurrenzgerichtete Gesichtspunkte beachtet werden müssen, wobei die Auswirkungen auf die Kosten- und Erlössituation oft nicht leicht abzuschätzen sind.

9.3 Auf dem Weg zur Mikrosegmentierung

Bei der Marktsegmentierung handelt es sich um die Aufspaltung der Gesamtheit der potenziellen Nachfrager in Gruppen. Während früher gefragt wurde „Wie reagiert der Markt?", ohne die Antwort nach Segmenten zu differenzieren, wurde in der Folgezeit zunehmend die Frage gestellt, welche Anforderungen einzelne Gruppen von Nachfragern stellen. Es ist bereits ausgeführt worden, dass eine Unterteilung in Gruppen nur insoweit sinnvoll ist, wie damit unterschiedliche Reaktionen auf einzelne Maßnahmen der Unternehmung erklärt werden können. Es ist aber auch vorstellbar, dass die Nachfrager in immer feinere Gruppen unterteilt werden, bis im Extremfall jeder Nachfrager als eigene Gruppe angesehen wird. Damit soll ihm ermöglicht werden, seine individuellen Präferenzen zu befriedigen. Es wird in diesem Zusammenhang auch von One-to-one-Marketing bzw. Individualmarketing gesprochen.

Grundsätzlich kann davon ausgegangen werden, dass sich Anbieter umso eher den differenzierten Bedürfnissen einzelner Gruppen zuwenden, je intensiver der Wettbewerb ist. Henry Ford wird auf die Frage, in welcher Farbe man das Ford-T-Modell haben könne, die Antwort zugeschrieben, dass der Kunde jede Farbe erhalten könne, solange er schwarz wünsche. Eine solche Antwort ist heute schwer vorstellbar. Insofern ist eine zentrale ökonomische Frage, wie stark sich das Angebot differenziert. Entweder indem sich für spezielle Segmente eigene Geschäfte herausbilden oder indem in einem Geschäft auf verschiedene Segmente ausgerichtete Angebote gemacht werden. Grundsätzlich ist es denkbar, dass auch One-to-one-Lösungen angeboten werden. Werden die individualisierten Produkte mit einer Massenproduktionstechnologie hergestellt, wird auch von Mass

Customization gesprochen (vgl. Piller 2006). Individualisierte Produkte finden sich traditionell z. B. bei der Konfiguration von Fahrzeugen im Automobilhandel oder bei der individuellen Zusammenstellung einer Einbauküche im Möbelhandel. Auch bauen viele Online-Händler ihr Geschäftskonzept auf der Idee des Customizing auf. So bietet mymuesli.com den Kunden die Möglichkeit, eigene individuelle Müslimischungen zusammenzustellen. Mymuesli hat für dieses Geschäftskonzept mehrere Gründerpreise erhalten.

Wie bereits ausgeführt worden ist, finden sich Marktsegmentierungsgedanken nicht nur auf der strategischen Ebene, sondern auch auf der Ebene einzelner Instrumente. Hierbei ist darauf zu achten, dass die generelle Zielgruppenauswahl für ein Unternehmen und die zur Planung einzelner Instrumente geschaffenen Segmente sich überdecken. Wie zunächst in der Theorie der Preisdifferenzierung nachgewiesen wurde, können durch eine differenzierende Politik Kunden gewonnen werden, die ansonsten nicht gekauft hätten. Es besteht so die Möglichkeit, den Gewinn des anbietenden Unternehmens zu steigern. Dieser Gedanke wird aufgegriffen, wenn für bestimmte Instrumente eine Differenzierung oder sogar Individualisierung empfohlen wird, insbesondere bei Coupons und Direct-Mail-Aktionen (vgl. hierzu auch Kapitel 18). Der Gedanke der Individualisierung findet sich auch in Überlegungen zur Differenzierung der Kundenansprache im persönlichen Verkaufsgespräch.

Insbesondere wenn Unternehmen über Kundenkartendaten verfügen, können sie ihre Marketingaktivitäten spezifischer auf einzelne Kunden und deren Bedürfnisse ausrichten. Hierbei sind zwei Ansätze denkbar (vgl. Ziliani/Bellini 2004). Erstens können Händler Kundenkartendaten nutzen, um die Marketingpolitik in einzelnen Filialen stärker auf die vorhandene Kundenstruktur auszurichten, indem aus dem aggregierten Individualverhalten (Mikro-Sichtweise) Maßnahmen für die ansonsten gegenüber den einzelnen Nachfragern einheitliche Geschäftspolitik (Makro-Sichtweise) abgeleitet werden (Mikro-Makro-Ansatz). Auf diese Weise können sich Handelsunternehmen von ihren Wettbewerbern differenzieren. Zweitens können die Daten der Mikroebene genutzt werden, um beispielsweise durch individualisierte oder sogar personalisierte Promotions (Mikro-Sichtweise) Kunden stärker an das Unternehmen zu binden; der Auftritt der Unternehmung unterscheidet sich dann gegenüber den einzelnen Nachfragern (Mikro-Mikro-Ansatz). So wird von dem britischen Einzelhändler Tesco berichtet, es würden vierteljährlich vier Millionen Varianten von Direct Mails an Kundenkartenbesitzer verschickt, die aus einem personalisierten Anschreiben, Gutscheinen und Coupons bestehen (vgl. Zentes/Morschett/Schramm-Klein 2007, S. 249).

Aber auch ohne das Vorhandensein von Kundenkartendaten können Einzelhändler ihre Aktivitäten auf eine Vielzahl eng definierter Segmente ausrichten. Dies geschieht zum Beispiel im Rahmen der mikrogeographischen Segmentierung. Hierbei werden fein gegliederte Raumeinheiten, wie zum Beispiel Straßen oder Wahlbezirke, mit Hilfe von Merkmalen der dort wohnenden Bevölkerung und des Wohnumfelds klassifiziert. Solche Merkmale sind beispielsweise Anteile von Kfz-Modellgruppen, Stimmenanteile für Parteien, Art und Alter der Bebauung oder Anteile verschiedener Berufs- und Altersgruppen (vgl. Froböse 1995). Diese Informationen können im Handel zur Standortplanung, zur Differenzierung absatzpolitischer Maßnahmen zwischen verschiedenen Filialen oder Filialclustern oder zur Streuung der Werbung (z. B. Prospektverteilung oder Plakatwerbung) genutzt werden.

9.4 Zusammenfassung

Die Definition von Zielgruppen ist für den Handel wichtig, um sich gegenüber Wettbewerbern abzugrenzen und um Kundenbedürfnisse gezielter zu befriedigen. Zur Bildung von Segmenten können soziodemographische (sozioökonomische) Merkmale, psychographische Merkmale und Aspekte des Verhaltens herangezogen werden. Bei der Auswahl der Merkmale sind verschiedene Kriterien zu beachten. Hierzu zählen die Verfügbarkeit von Informationen bezüglich der Merkmalsausprägungen, die zeitliche Stabilität der Merkmalsausprägungen, die Validität und Reliabilität ihrer Messung, die Kaufverhaltensrelevanz der Merkmale und ihre Eignung für die Marketingplanung.

In der Literatur finden sich verschiedene Ansätze zur Marktsegmentierung im Handel. Das Lebenszykluskonzept basiert auf einer Kombination von Merkmalen zum soziodemographischen (sozioökonomischen) Status, während andere Konzepte vorwiegend psychographische Variablen zur Segmentbildung verwenden. Hierzu zählen unter anderem Erwartungen an einzelne absatzpolitische Instrumente, Persönlichkeitsmerkmale und Einkaufsmotive. Teilweise werden auch wie in dem Ansatz von Diller (1990) psychographische Variablen mit Verhaltensaspekten kombiniert. Insgesamt verdeutlichen die vorgestellten Segmentierungsansätze, wie vielfältig die Möglichkeiten zur Definition von Zielgruppen im Handel sind. Insofern ist es eine große Herausforderung, aus den unzähligen Möglichkeiten einen sinnvollen Segmentierungsansatz für ein Unternehmen auszuwählen.

Ebenso schwierig ist die Entscheidung, welche Zielgruppen angesprochen werden sollen. Einerseits lässt eine Markt- und Leistungsspezialisierung Präferenzvorteile durch eine bessere Befriedigung von Kundenbedürfnissen erwarten. Andererseits können durch eine breitere Marktabdeckung Verbundeffekte realisiert werden. In den meisten Fällen wird es daher zu einer Positionierung zwischen den Polen der reinen Spezialisierung und der totalen Marktabdeckung kommen. Eine zu starke Spezialisierung ist häufig allein auf Grund der begrenzten Marktgröße problematisch. So finden sich Anbieter mit einer starken Markt- und Leistungsspezialisierung in der Regel nur in Großstädten oder im Internet.

Die Mikrosegmentierung bildet die konsequente Fortsetzung des Denkens in Zielgruppen. Im Rahmen einer Mikrosegmentierung werden die absatzpolitischen Instrumente individualisiert eingesetzt, so dass im Extremfall jeder Kunde auf eine andere Art und Weise angesprochen wird. In der Praxis erfolgt dies am häufigsten durch individualisierte Produkte oder eine individualisierte Kundenansprache im Rahmen von Promotions und Direct-Mail-Aktionen. Ebenso kann das Verkaufsgespräch oder die Preisverhandlung als eine Form der Individualisierung verstanden werden. In Zukunft wird es im Handel verstärkt darauf ankommen, mit Hilfe von Informationstechnologien vorhandene Kundeninformationen zu nutzen, um eine stärker individualisierte Kundenansprache zu gewährleisten.

10 Die Wahl der Betriebsform

Die Wahl einer marktgerechten Betriebsform zählt zu den wichtigsten strategischen Entscheidungen im Handel. In Kapitel 2 wurde bereits auf die Vielfalt der im Handel vorfindbaren Betriebsformen, wie z. B. Fachmarkt, Fachgeschäft, Discounter, Verbrauchermarkt oder SB-Warenhaus hingewiesen. Es kann vom Wettbewerb der Betriebsformen um die Zuwendung der Nachfrager gesprochen werden, denn fast in allen Warenbereichen können die jeweiligen Produkte in mehreren Betriebsformen gekauft werden. Dies wird in Abbildung 10.1 am Beispiel von Sportartikeln veranschaulicht, indem tendenzielle Schwerpunkte der Leistungspolitik verschiedener Betriebsformen aufgezeigt werden. So kann beobachtet werden, dass Lebensmittel-Discounter wie ALDI zu bestimmten Zeiten Sportartikel als Aktionsware anbieten, dabei jedoch auf Beratung oder weitere Zusatzleistungen verzichten. In Sportspezialgeschäften werden dagegen Sportartikel ganzjährig angeboten, oft mit zahlreichen Zusatzleistungen, wie z. B. einer Kältekammer für den Test von Kleidung und Ausrüstung.

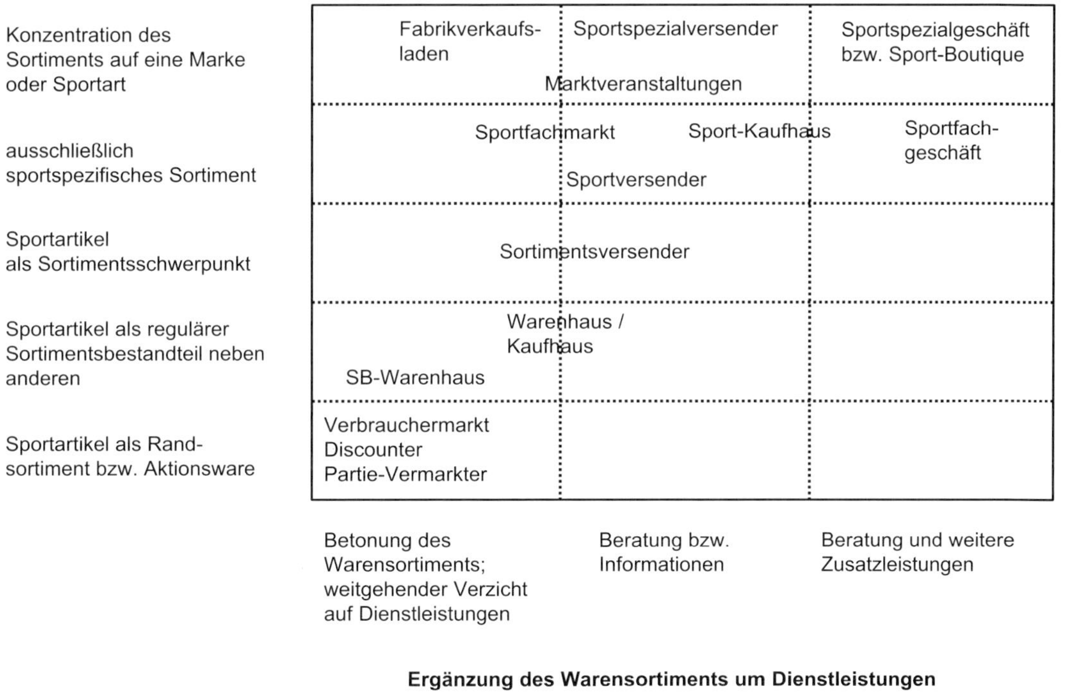

Quelle: Müller-Hagedorn/Preißner 2001, S. 498

Abb. 10.1: Betriebsformen im Handel mit Sportartikeln

Das Beispiel führt zu der Frage, wie sich in der Zukunft die Marktanteile der einzelnen Betriebsformen auf dem Sportartikelmarkt entwickeln werden und welche Gewinne die einzelnen Betriebsformen erzielen können.

In den in Kapitel 2 vorgestellten Definitionen der Betriebsform bzw. des Formats (siehe Ausschuss für Definitionen zu Handel und Distribution 2006, S. 22; Purper 2007, S. 212) wird einerseits die Anbieterperspektive, andererseits die Nachfragersicht thematisiert. In beiden wird auf das Erscheinungsbild des Handelsbetriebs gegenüber den Abnehmern Bezug genommen. Während in der ersten Sichtweise die Parameter im Vordergrund stehen, mit denen das Bild einer Verkaufsstelle aktiv gestaltet werden kann, betont die zweite Definition die Wahrnehmung durch den Konsumenten. Da im vorliegenden Kapitel der gestaltende Aspekt im Vordergrund steht, soll von folgender Definition von Betriebsform ausgegangen werden:

Unter einer Betriebsform (einem Format) wird der spezifische Marktauftritt eines Handelsbetriebs verstanden, wie er sich im Einsatz der absatzpolitischen Instrumente äußert und mit dem das Bild des Betriebs gegenüber dem Kunden geprägt wird. Handelsbetriebe mit einem ähnlichen Marktauftritt werden zu Typen gebündelt.

Es wird damit eine Herangehensweise gewählt, die an speziellen Merkmalen der Marketingpolitik des Anbieters ansetzt, wobei diese in unterschiedlichem Maße differenziert werden können. Zu den zentralen Dimensionen, mit denen üblicherweise die Position einer Betriebsform festgelegt wird, zählen vor allem die Sortimentspolitik, das Andienungssystem und die Preispolitik (vgl. Mattmüller/Tunder 2004, S. 40). Abhängig vom Sortimentsumfang kann zwischen Voll-, Fach- und Spezialsortiment unterschieden werden. Bezüglich des Andienungssystems kann vereinfachend zwischen Fremdbedienung, Selbstbedienung und einer medialen Andienung, hinsichtlich der Preispolitik zwischen Hoch-, Mittel- und Niedrigpreispolitik differenziert werden.

Mit den üblicherweise verwendeten Betriebsformen wird lediglich ein Rahmen für die konkrete Ausgestaltung der absatzpolitischen Instrumente eines Händlers abgesteckt. Obwohl es sich z. B. bei ALDI, Lidl, PENNY und Netto um Lebensmitteldiscounter handelt, da sie gleichermaßen eine Niedrigpreispolitik betreiben, auf Selbstbedienung setzen, die Sortimente beschränken und die Warendarbietung relativ einfach gestalten, gibt es dennoch zahlreiche Unterschiede, z. B. im Umfang der Handelsmarken im Sortiment, in den geführten Herstellermarken oder im Umfang und in der Struktur der geführten Artikel. Der Spielraum innerhalb eines Betriebsformen-Rahmens ist also noch erheblich. Gleiche Betriebsformen können sich auch deutlich hinsichtlich ihrer Standorte unterscheiden, wobei sich die Unterschiede sowohl auf die Erreichbarkeit als auch die Einbettung in eine Agglomeration beziehen können. Es gibt keinen allgemein üblichen Begriff, um innerhalb einer Betriebsform noch weitere Varianten zu unterscheiden; es könnte vom Betriebstyp gesprochen werden. Der unterschiedliche ökonomische Erfolg gleicher Betriebsformen stützt die Vermutung, dass die konkrete Umsetzung des Konzepts der jeweiligen Betriebsform stark variieren kann. In zahlreichen empirischen Untersuchungen, die die Frage nach der Vorteilhaftigkeit einer bestimmten Positionierung eines Handelsunternehmens aufwerfen, wird nicht die Zuwendung von Kunden zu Betriebsformen, sondern zu Einkaufsstätten analysiert. Im Rahmen dieser Studien werden weitere Attribute von Handelsunternehmungen als Einflussfaktoren auf die Zuwendung untersucht. Sie sind meist weitaus detaillierter und spezifischer als die abstrakteren Merkmalsausprägungen einer Betriebsform oder eines Betriebstyps.

Neue und erfolgreiche Betriebsformen stellen häufig Meilensteine in der Entwicklung des Handels dar. Das gilt etwa für die in der zweiten Hälfte des 19. Jahrhunderts aufgekommenen Warenhäuser, die Etablierung von Supermärkten mit Selbstbedienung in den Jahren nach dem Zweiten Weltkrieg, die explosionshafte Ausbreitung von Verbrauchermärkten nach 1965, das Aufkommen von Fachmärkten im Drogeriewarenbereich, der Aufstieg von Electronic-Commerce-Unternehmen in einigen Warenbereichen, z. B. Buecher.de (Bücher und Medien) oder Delticom (Autoreifen). Heute ist die Betriebsformenwahl in vielen Bereichen aktuell, wie die folgenden Beispiele zeigen:

- Welche Zukunft haben die verbliebenen Warenhäuser Karstadt und Kaufhof, nachdem Hertie, Horten, Quelle und Neckermann aus diesem Sektor ausgeschieden sind?
- Werden sich im Buchhandel die großen Buch-/Medienkaufhäuser weiter durchsetzen oder kann der Fachhandel seine Position behaupten?
- Welche Chancen haben die im Lebensmittelhandel entwickelten Bio-Läden, z. B. TEMMA von REWE?
- Gelingt es METRO die Ertragskraft seiner SB-Warenhäuser zu stärken? Liegen die Schwächen im operativen Bereich oder im Format?
- Lässt sich die im Elektrobereich (z. B. Saturn, Media Markt) und im Heimtierbedarf (z. B. Fressnapf) erfolgreiche Idee von Fachmärkten auf weitere Bereiche übertragen?
- Werden Betriebsformen, wie sie in Frankreich im Unterhaltungsbereich (Bücher, Tonträger Unterhaltungselektronik) z. B. bei Fnac zu beobachten sind, auch in Deutschland Fuß fassen?
- Wie werden sich auf der Ebene der Agglomerationen die inner- und außerstädtischen Shopping-Center und Factory-Outlet-Center entwickeln?

Bereits in Kapitel 2 ist darauf hingewiesen worden, dass im Zuge von Konzentrationsprozessen große Handelskonzerne mit mehreren Vertriebsschienen und unterschiedlichen vertikalen Koordinationsformen entstanden sind. Insofern gehören nicht nur die Wahl der einzelnen Betriebsform zu den zentralen strategischen Entscheidungen, sondern ebenso ihre Zusammensetzung zu einem Portfolio von Vertriebsschienen sowie ihre Koordination im Rahmen von Distributions- bzw. Handelssystemen.

Die folgenden Ausführungen sollen deutlich machen, mit welchen Methoden die Lösung der genannten Probleme unterstützt werden kann. Dazu wird zunächst in Abschnitt 10.1 die Wahl einer Betriebsform als Investitionsentscheidung charakterisiert. Anschließend wird in Abschnitt 10.2 gezeigt, wie Betriebsformen beurteilt werden können, wobei vor allem die Einkaufsstättenwahl durch Konsumenten thematisiert wird. Es wird aber auch auf die unterschiedlichen Kostenstrukturen von Betriebsformen hingewiesen. Schließlich wird in Abschnitt 10.3 auf evolutorische Aspekte bei der Entwicklung von Betriebsformen eingegangen.

10.1 Ein Rahmen für die Ermittlung der finanziellen Attraktivität einzelner Betriebsformen

Wie in Kapitel 2 gezeigt worden ist, stehen sowohl im Großhandel als auch im Einzelhandel und in der Handelsvermittlung unterschiedliche Betriebsformen zur Verfügung. Das Handelsmanagement hat zu entscheiden, welche Betriebsform realisiert werden soll. Die Entscheidung für eine bestimmte Betriebsform stellt betriebswirtschaftlich gesehen ein Investitionsproblem dar, denn eine solche Entscheidung bindet im Regelfall größere Geldbeträge und entfaltet Folgen, die sich über mehrere Perioden erstrecken. Die Vorteilhaftigkeit einzelner Betriebsformen kann mithin im Rahmen einer Investitionsrechnung ermittelt werden. Zieht man hierzu die Kapitalwertmethode heran, so gilt folgender Zusammenhang:

$$(10.1) \qquad K^b = -A_0^b + \sum_{t=1}^{T}(E_t^b - A_t^b)\frac{1}{(1+i)^t}$$

mit:

K^b = Kapitalwert der Errichtung der Verkaufsstelle vom Betriebstyp b

A_0^b = Auszahlungen zur Errichtung der Verkaufsstelle vom Betriebstyp b in der Periode 0

A_t^b = Auszahlungen für die Verkaufsstelle von Betriebstyp b in der Periode t (t = 1,..., T)

E_t^b = Einzahlungen (insbes. Umsätze) der Verkaufsstelle vom Betriebstyp b in der Periode t (t = 1,..., T)

i = Kalkulationszinsfuß

T = Ende des Planungshorizonts

Die Kapitalwertmethode ist trotz der mit ihrer Anwendung verbundenen Schwierigkeiten, wie etwa der Bestimmung der Höhe des Kalkulationszinsfußes und einiger Probleme der Zurechnung von Aus- und Einzahlungen, als Strukturierungshilfe zu sehen. Sie lenkt die Aufmerksamkeit auf die Höhe der Ein- und Auszahlungen, die eine Betriebsform verursacht. Sie lässt zudem die Frage nach den Ursachen für die Ein- und Auszahlungen aufkommen. Bei der Analyse werden einerseits die unmittelbare Wirkung der Unternehmenspolitik auf die Auszahlungen, andererseits der mittelbare (über die Wirkung der absatzpolitischen Instrumente auf den Kunden) Einfluss auf die Einzahlungen deutlich. Diese werden wesentlich von der wahrgenommenen Attraktivität einer Einkaufsstätte und den daraus folgenden Einkäufen eines Kunden bestimmt.

Nach Gleichung (10.1) sind Betriebsformen dann erfolgreich, wenn sie eine entsprechend hohe Verzinsung des eingesetzten Kapitals bieten, wobei die Höhe dieser Verzinsung von vier Einflussfaktoren abhängt:

1. von den heutigen und zukünftigen Auszahlungen,
2. von den erwarteten Umsätzen (i. S. v. Einzahlungen),

3. von dem Kalkulationszinsfuß i, der die Rendite alternativer Anlagemöglichkeiten und die Kosten der Kapitalbeschaffung widerspiegelt und
4. von der Länge des Planungszeitraums.

Die Kostenstrukturen einzelner Betriebsformen sind im Regelfall bekannt, obwohl sie sich natürlich in der Zukunft ändern können. Bedeutende Kostenunterschiede zwischen einzelnen Betriebsformen können vor allem bei den Personalkosten vorliegen, können sich aber auch auf Grund unterschiedlicher Betriebsgrößen oder unterschiedlicher Standortlagen bei den Raumkosten ergeben. Schließlich sei noch auf unterschiedlich hohe Werbekosten verwiesen. Die zukünftigen Personalkosten oder die zukünftigen Werbebudgets können nur geschätzt werden (vgl. zu einer Prognose der von der Betriebsform abhängigen Kosten Müller-Hagedorn 2005b, S. 88). Die Wahl einer Betriebsform ist also gleichzeitig die Wahl einer bestimmten Kosten- bzw. Auszahlungsstruktur, wie die Abbildung 10.2 deutlich macht.

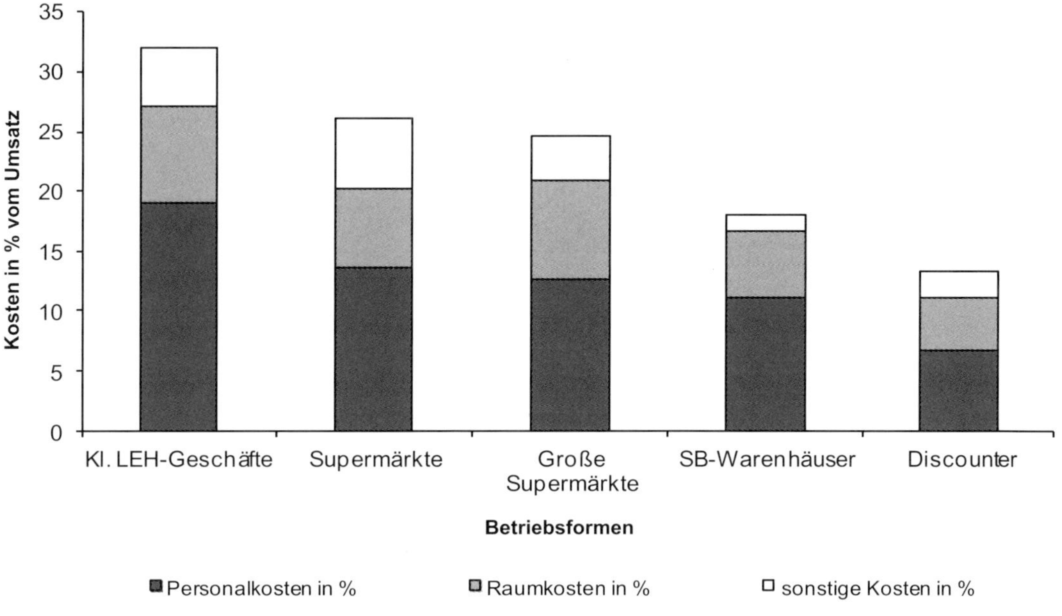

Quelle: EHI Retail Institute 2009, S. 299

Abb. 10.2: Kostenstrukturen verschiedener Betriebsformen

Abbildung 10.2 zeigt, dass die Kosten (ohne Wareneinstand) in einem Bereich von 13,4 % (Discounter) bis 32 % (kl. LEH-Geschäfte) des Umsatzes liegen. Die Zahlen verdeutlichen den für die Wahl einer Betriebsform wichtigen Umstand, dass sich die Höhe und die Struktur der Kosten bei einzelnen Betriebsformen in bedeutender Weise unterscheiden. Kostenvorteile erreichen der Discounter, aber auch das SB-Warenhaus, vor allem auf Grund der relativ niedrigen Personalkosten. Bei der Wahl einer Betriebsform sind nicht nur die derzeitigen Kostenunterschiede zu berücksichtigen, sondern es ist zu prüfen, ob und inwieweit sich solche Kostenunterschiede in der Zukunft verstärken werden, z. B. durch die Entwicklung der Personalkosten.

Schwieriger wird es sein, die zukünftigen Umsätze anzugeben, denn hierbei entsteht ein doppeltes Prognoseproblem:

- Wie werden sich die Ausgaben der Verbraucher auf die in der jeweiligen Betriebsform geführten Waren aufteilen?
- In welcher Betriebsform werden die Verbraucher ihre Einkäufe tätigen?

Verschiebungen in der Ausgabestruktur privater Haushalte werden hier nicht näher betrachtet. Sie soll im vorliegenden Zusammenhang als gegeben betrachtet werden. Es bleibt dann die Frage zu beantworten, in welchem Ausmaß die einzelnen Betriebsformen fähig sind, die vorhandene Kaufkraft auf sich zu ziehen. Im Mittelpunkt der Überlegungen steht dabei die Attraktivität eines Geschäfts aus der Perspektive eines Kunden. Um sie zu ermitteln und zu erklären, sind zahlreiche Theorien und Methoden entwickelt worden, auf die im folgenden Abschnitt eingegangen wird.

10.2 Methoden und Theorien zur Beurteilung der Attraktivität von Betriebsformen für Nachfrager

Über den ökonomischen Erfolg einer Betriebsform, aber auch einer einzelnen Einkaufsstätte entscheiden letztendlich in wesentlichem Ausmaß die Kunden mit ihrem Kaufverhalten. Für ein Handelsunternehmen ist es folglich von elementarer Bedeutung zu verstehen, wovon die Zuneigung der Nachfrager zu einer Einkaufsstätte beeinflusst wird. Der Begriff Zuneigung stellt eine relativ abstrakte Charakterisierung des Kundenverhaltens dar. Es gibt Vorschläge, bei der Konkretisierung des Verhaltens zwischen drei Konstrukten, und zwar

- *retail patronage* (im Allgemeinen bevorzugtes Geschäft),
- *retail choice* (Einkaufsstättenwahl in einer konkreten Situation) und
- *retail preference* (Wertschätzung)

zu differenzieren (vgl. Spiggle/Sewall 1987). Während das erste Konstrukt auf langfristige Beziehungen zwischen einem Kunden und einem Geschäft abstellt, bezieht sich das zweite Konstrukt auf eine Entscheidung in einer bestimmten Situation bzw. bei einer günstigen Gelegenheit, und das dritte auf die Wertschätzung gegenüber einem Geschäft (vgl. Dawson/Bloch/Ridgway 1990).

10.2.1 Überblick über Einflussfaktoren

In Abbildung 10.3 wird die abhängige Variable zunächst sehr allgemein mit „Zuwendung zu einer Betriebsform/Einkaufsstätte" bezeichnet, um so einen Begriff einzuführen, der in unterschiedlicher Form konkretisiert werden kann. So könnte beispielsweise von einer Zuwendung gesprochen werden, wenn Konsumenten mehr als 50 % ihrer Einkäufe in einer bestimmten Warengruppe in einem bestimmten Geschäft oder in einer bestimmten Betriebsform tätigen. Entsprechend dem Kaufverhalten könnte man von loyalen oder nicht loyalen Kunden sprechen. Die Zuwendung könnte aber auch an Äußerungen der Kunden festgemacht werden, inwieweit sie sich als treue Kunden sehen. Unabhängig davon, wie die Zuwendung definiert wird, geht es im Folgenden um die Frage, wovon ihr Ausmaß abhängt. Dies soll mit den unabhängigen Variablen erklärt werden, über die Abbildung 10.3 ebenfalls einen Überblick gibt.

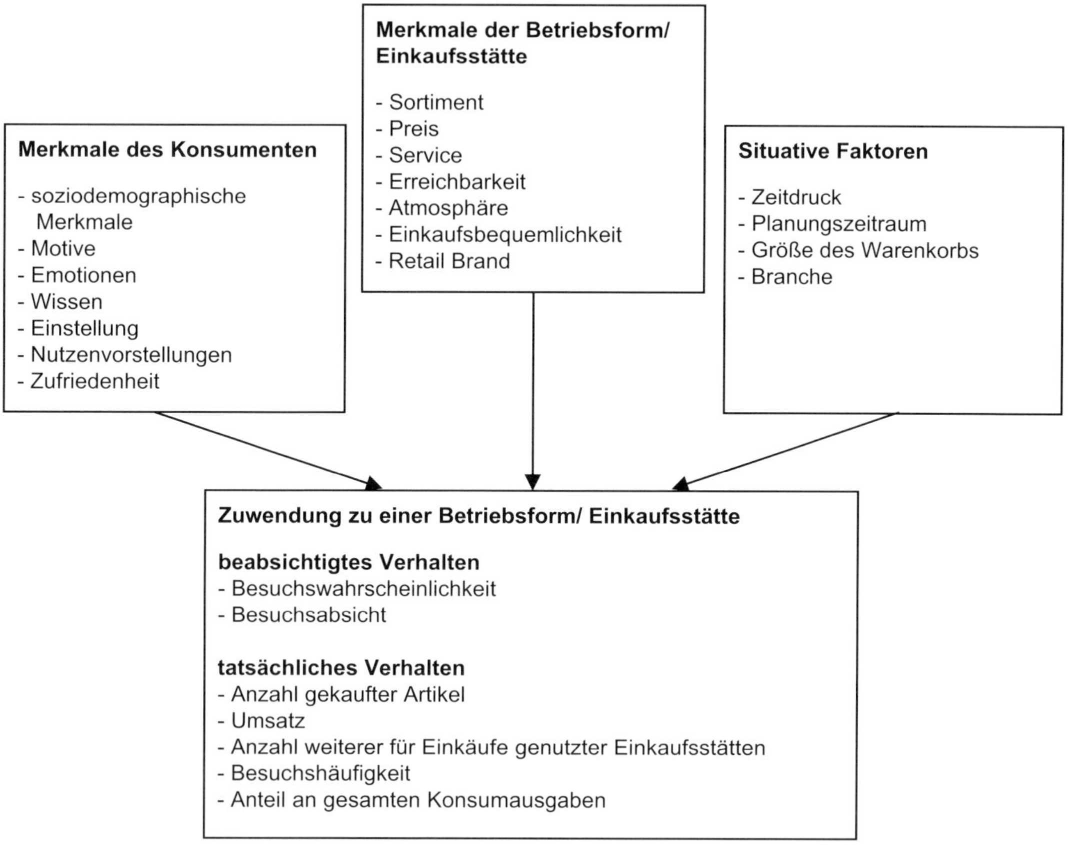

Abb. 10.3: Zentrale Größen zur Erklärung der Zuwendung von Konsumenten zu einzelnen Betriebsformen, Einkaufsstätten oder Handelsagglomerationen

Merkmale des Konsumenten

Abbildung 10.3 weist zunächst den „Merkmalen der Konsumenten" eine wichtige Rolle in der Erklärung der Betriebsformen- bzw. Einkaufsstättenpräferenz zu. Als erstes wird auf die soziodemographischen Merkmale (z. B. Geschlecht, Alter, Einkommen, Familienstand, Zahl der Kinder) verwiesen. Diesen Merkmalen wird bei der Planung des gesamten Marketing-Mix sowohl in der Praxis als auch in der Wissenschaft eine sehr hohe Bedeutung beigemessen. Andererseits gibt es Bedenken hinsichtlich ihrer Erklärungskraft. Im folgenden Abschnitt wird dargestellt, welchen Erklärungsbeitrag sie und das aus ihnen abgeleitete (Familien-)Lebenszykluskonzept hinsichtlich der Zuneigung zu bestimmten Betriebsformen leisten können.

Eine zentrale Bedeutung kommt auch der Untersuchung von einzelnen Einkaufsmotiven zu. Diese Untersuchungen hängen eng mit der Analyse von Merkmalen eines Geschäfts zusammen. Die Wahl einer Einkaufsstätte lässt sich mit Hilfe von Merkmalen des Geschäfts erklären, die geeignet sind, die Wünsche und Bedürfnisse des Kunden zu befriedigen. Da es zwischen verschiedenen Kunden hinsichtlich ihrer Motive und der empfundenen relativen Bedeutung der Motive deutliche Unterschiede geben kann, sind in der Literatur zahlreiche Versuche einer Kundensegmentierung zu beobachten. Auf Einkaufsmotive, Merkmale eines Geschäfts zur Befriedigung dieser Motive und die Segmentierung des Markts auf der Grundlage der Motive wird näher in Abschnitt 10.2.3 eingegangen.

Es sind zahlreiche Modelle entwickelt und empirisch getestet worden, die einzelne Faktoren oder aber Aggregationen mehrerer Größen umfassen (vgl. zu einem Überblick Pan/Zinkhan 2006, S. 241). Unter diesen kommt solchen Ansätzen, die den Einfluss der Einstellung auf die Wahl der Einkaufsstätte postulieren, eine besonders große Bedeutung zu. Dies ist damit zu erklären, dass die Einstellung grundsätzlich eine große Erklärungskraft für das Konsumentenverhalten besitzt. Mit der Einstellung zu einer Betriebsform werden Eindrücke der Konsumenten von einer Einkaufsstätte und Urteile über ihre Eignung für Einkäufe erfasst. Auf verschiedene Modellvarianten der Einstellung geht der Abschnitt 10.2.4 ein.

In einem engen Bezug zu dem Konstrukt der Einstellung steht das Image einer Einkaufsstätte. Meist wird Image mit Einstellung gleichgesetzt, manchmal werden aber auch weitere Vorstellungen hinzugenommen. In diesem Zusammenhang verdient die Tatsache, dass in den letzten Jahren zahlreiche Handelsunternehmungen oder deren einzelne Vertriebsschienen zu Händlermarken (*retail brands*) entwickelt worden sind, Beachtung. Auf diese Weise versucht ein Händler, sich von der Konkurrenz zu differenzieren und die Attraktivität gegenüber dem Kunden zu erhöhen. Auf die Bedeutung des Phänomens für die Wahl der Einkaufsstätte geht der Abschnitt 10.2.5 ein.

Die Wahl eines Geschäfts kann auch als das Ergebnis einer Nutzenbewertung der Eigenschaften dieses Geschäfts interpretiert werden. Mit Hilfe der Conjoint-Analyse lässt sich aus Präferenzurteilen von Kunden gegenüber Einkaufsstätten ermitteln, welchen Nutzen einzelne Merkmalsausprägungen dem Kunden stiften und welche relative Bedeutung den verschiedenen Merkmalen zukommt. In Abschnitt 10.2.6 werden die Vorgehensweise des Verfahrens und die Informationen, die es liefert, erläutert.

Bei der Entscheidung für ein Geschäft handelt es sich im Regelfall nicht um ein einmaliges, isoliertes Ereignis, sondern um sich wiederholende Transaktionen, die in eine Beziehung zwischen Kunde und Händler einmünden können. Ein wichtiger Treiber einer solchen Beziehung ist die Zufriedenheit mit der Einkaufsstätte. Auf das Konstrukt der Zufriedenheit wird ausführlich in Kapitel 31 eingegangen. Mit dem Konstrukt Zufriedenheit mit einer Einkaufsstätte hat sich Westbrook (1981) intensiv auseinandergesetzt. Aus insgesamt 24 Items hat er 8 Zufriedenheitsfaktoren extrahiert, die ihrerseits mehr als 50 % (Bestimmtheitsmaß der Regressionsanalyse) der Gesamtzufriedenheit (*overall retail satisfaction*) erklären konnten. Dabei ist der Einfluss der Zufriedenheit mit dem Verkaufspersonal, mit Sonderangeboten, mit Waren und Dienstleistungen, mit dem Verkaufsraum und mit dem Preis-Leistungs-Verhältnis auf die Gesamtzufriedenheit am größten. Bloemer und de Ruyter (1998) haben im Zusammenhang mit der Wahl bzw. der Loyalität zu einer Einkaufsstätte die Rolle der Zufriedenheit untersucht. Sie weisen darauf hin, dass neben dem unterschiedlichen Verständnis von Loyalität, das sich einerseits auf das tatsächliche Verhalten (wiederholte Käufe), andererseits auf seine Gründe (Bindung, Mangel an Alternativen) beziehen kann, auch ein differenziertes Verständnis von Zufriedenheit erforderlich ist. So sprechen sie einerseits von einer manifesten, andererseits von einer latenten Zufriedenheit, abhängig davon, ob der Kunde willens und in der Lage ist, einen elaborierten Vergleich zwischen der erwarteten und der erlebten Leistung im Sinne des Confirmation/Disconfirmation-Paradigmas vorzunehmen.

Typologien von Kunden

Insbesondere die Tatsache, dass Konsumenten bei ihren Einkäufen von unterschiedlichen Motiven geleitet werden, hat dazu geführt, dass in der Forschung zahlreiche Versuche unternommen wurden, Typologien von Kunden zu entwickeln (vgl. zu einem Überblick Westbrook/Black 1985). Sie sollen helfen, den Markt zu strukturieren und systematisch zu bearbeiten. Da die Motive nicht direkt beobachtet werden können, wird stattdessen häufig auf soziodemographische Merkmale der Kunden zurückgegriffen, um unterschiedliche Segmente zu bilden. Untersuchungen zeigen, dass Kunden einzelnen Attributen von Einkaufsstätten eine unterschiedliche Bedeutung beimessen, abhängig davon, welche Betriebsform sie präferieren. Zugleich wird deutlich, dass soziodemographische Merkmale einen signifikanten Beitrag zur Erklärung der Präferenzen leisten (vgl. Carpenter/Moore 2006). Zu den interessantesten Fragen gehört die nach der Charakterisierung von treuen Kunden. Reynolds und Beatty (1999) haben für ein hochpreisiges Segment des Textilhandels versucht, eine Typologie von Kunden zu entwickeln, die auf der Verkäufer-Kunde-Beziehung basiert. Dabei spielten Motive wie Zeitknappheit, Einkaufsvergnügen, Einkaufserfahrung und soziale Bedürfnisse eine zentrale Rolle für die Bildung der genannten Beziehung. Auf der Grundlage von Faktorwerten der vier Motive haben die Autoren im Rahmen einer Clusteranalyse sechs Gruppen von Käufern identifiziert. Es stellt sich heraus, dass das Einkaufsvergnügen am stärksten für Unterschiede zwischen den Clustern verantwortlich ist. Verknüpft mit ökonomischen Aspekten des Kaufverhaltens lassen sich diese Erkenntnisse dazu nutzen, die für ein Unternehmen wichtigsten Zielgruppen zu identifizieren und zu bearbeiten.

Situative Faktoren

Die Entscheidung für eine bestimmte Betriebsform bzw. Einkaufsstätte kann auch von der jeweiligen Einkaufssituation und dem Einkaufsanlass abhängen. So können beispielsweise der Zeitdruck, unter dem ein benötigtes Produkt erworben wird, oder die Tatsache, dass es sich um einen Wocheneinkauf mit einer geplanten, umfassenden Einkaufsliste oder einen spontanen Kauf eines einzelnen Artikels handelt, einen Einfluss auf die Wahl des Geschäfts ausüben. Van Kenhove, de Wulf und van Waterschoot (1999) unterscheiden im DIY-Bereich zwischen fünf verschiedenen Einkaufssituationen (*urgent purchase, large quantities, difficult job, regular purchase, get ideas*), die sie mit dem Begriff *task definition* versehen. Sie werfen die Frage auf, inwieweit sich die Bedeutung von Merkmalen eines Geschäfts in Abhängigkeit davon, in welcher Einkaufssituation sich ein Kunde befindet, unterscheidet. Sie stellen signifikante Unterschiede fest. So wird beispielsweise bei einem hohen

Zeitdruck den Eigenschaften Nähe des Geschäfts, schneller Service und Warenverfügbarkeit eine besonders hohe Bedeutung beigemessen. Preis, Auswahl und Qualität spielen in einer solchen Situation dagegen eine nachrangige Rolle. Die Autoren gehen auch auf die Frage ein, wie sich Kunden in unterschiedlichen Situationen auf sieben untersuchte Geschäfte verteilen. Die signifikanten Unterschiede stützen die Hypothese, dass die Wahl des Geschäfts von der Situation abhängig ist. Die Ergebnisse verdeutlichen, dass bei der Entscheidung über die Positionierung eines Händlers die typischen Einkaufssituationen in einer Branche analysiert und entsprechend berücksichtigt werden sollten. Darüber hinaus weisen van Kenhove, de Wulf und van Waterschoot (1999) darauf hin, dass die unterschiedliche Bedeutung von Merkmalen eines Geschäfts in verschiedenen Einkaufssituationen dazu führen kann, dass auch die Loyalität zu einem Geschäft mit einer Änderung der Einkaufssituation stark variieren kann. Wissenschaftliche Studien zeigen, dass die Bedeutung der einzelnen Aspekte von der Branche abhängig sein kann, sich also beispielsweise beim Kauf von Lebensmitteln und beim Kauf von Kleidung unterscheiden kann (vgl. Arnold/Ma/Tigert 1978). In diesem Fall kann man allerdings nur von einem situativen Faktor im weitesten Sinne sprechen.

Verhaltensmuster

Untersuchungen zeigen zudem, dass bestimmte Verhaltensmuster der Kunden die Präferenzen für einzelne Betriebsformen erklären können. So haben Bell und Lattin (1998) festgestellt, dass Kaufgewohnheiten, wie die durchschnittliche Größe des Warenkorbs pro Einkauf und die Einkaufshäufigkeit, die unterschiedlichen Präferenzen für Einkaufsstätten mit einer Dauerniedrigpreispolitik (*every day low pricing* – EDLP) und einer Sonderangebotspolitik (*Hi-Lo pricing*) erklären können. Auf der Grundlage von Scannerdaten konnten die Autoren mit Hilfe eines Logit-Modells nachweisen, dass Geschäfte mit einer EDLP-Strategie einen höheren Anteil von Kunden mit einem größeren Warenkorb besitzen und Anbieter mit einer Hi-Lo-Preispolitik einen überdurchschnittlichen Anteil von Kunden mit einem kleinen Warenkorb aufweisen. Das bedeutet, dass Kunden mit einem größeren Warenkorb relativ preisunelastisch hinsichtlich der Käufe innerhalb einer Warengruppe und preiselastisch hinsichtlich der Wahl eines Geschäfts reagieren. Für eine entsprechende Bearbeitung der relevanten Zielgruppen ist es für ein Handelsunternehmen wichtig zu wissen, wie sich die Käufer mit großen und mit kleinen Einkaufskörben anhand soziodemographischer Merkmale charakterisieren lassen. Bell und Lattin (1998, S. 83) haben im Rahmen einer Regressionsanalyse nachweisen können, dass es sich bei den Kunden mit einem kleinen Warenkorb um ältere Käufer mit geringerem Einkommen und einer kleineren Haushaltsgröße handelt. Derartige Informationen helfen Handelsunternehmungen, die Adressaten ihrer absatzpolitischen Entscheidungen zu erreichen. Bei der Beurteilung der Ergebnisse der Studie ist, wie die Autoren selbst anmerken, die Frage zu diskutieren, inwieweit von einer Eindeutigkeit der postulierten Richtung des Zusammenhangs auszugehen ist. So ist es auch umgekehrt denkbar, dass die Kunden in Abhängigkeit der Preispolitik eines Geschäfts ihr Einkaufsverhalten, z. B. die Größe des Warenkorbs, anpassen.

Anwendung auf Agglomerationsformen des Handels

Die genannten Theorien (und mithin die Strukturierung in Abbildung 10.3) können auch auf Agglomerationsformen des Handels (Einkaufszentren, Shopping-Center, Innenstädte) angewendet werden. Eine große Zahl von Einkäufen findet im Rahmen von Einkaufstrips statt. Ein Kunde sucht dabei mehrere Geschäfte auf, nimmt Dienstleistungen in einer Bank oder bei einem Friseur in Anspruch, besucht ein Restaurant, ein Café oder ein Kino. Viele Einkäufe dienen folglich nicht nur einem Zweck, sondern sind als Mehrzweckeinkäufe zu interpretieren. Die Gründe dafür sind nicht zuletzt in der Entwicklung des Handels selbst zu sehen. So haben mit der gewachsenen Vielfalt und Anzahl von Handelsagglomerationen (z. B. in Form von Einkaufzentren auf der „Grünen Wiese", in Innenstädten, an Bahnhöfen und Flughäfen) für den Kunden die Möglichkeiten, Einkäufe zu kombinieren, zugenommen. Ebenso ist zu berücksichtigen, dass in einem Einkaufstrip der Kauf von Waren mit der Inanspruchnahme von Dienstleistungen und mit Freizeitverhalten kombiniert wird.

Die Attraktivität einer Einkaufsstätte resultiert bei einem solchen Verhalten nicht nur aus den Attributen dieser Einkaufsstätte, sondern auch aus ihrer Einbettung in eine Agglomeration von Handelsunternehmungen, Dienstleistungs- und Freizeitanbietern. Insofern überrascht es nicht, dass sich die Forschung bereits sehr früh nicht nur mit der Wahl einer einzelnen Einkaufsstätte und ihren Motiven beschäftigt hat, sondern ebenso mit der Attraktivität von Handelsagglomerationen wie Einkaufszentren (vgl. Bellenger/Robertson/Greenberg 1977; Gentry/Burns 1977). Zu beachten ist dabei allerdings, dass die Attraktivität nicht allein aus den Möglichkeiten des Cross Shopping resultieren muss, sondern auch andere Ursachen, zum Beispiel die Präsenz eines speziellen Händlers, haben kann (vgl. Bodkin/Lord 1997). Die Bedeutung von Mehrzweckeinkäufen und die Relevanz von Handelsagglomerationen für die Wahl der Einkaufsstätte spiegeln sich in der zunehmenden Zahl von Publikationen zu diesen Themen wider (vgl. Dellaert/Arentze/Bierlaire et al. 1998). Sie weisen methodisch eine große Bandbreite auf und bedienen sich unterschiedlicher statistischer Verfahren.

Prinzipiell spielen auch bei Einkaufszentren Motive und andere psychische Determinanten sowie Merkmale zu ihrer Befriedigung eine zentrale Rolle bei der Erklärung des Einkaufsverhaltens (vgl. Müller-Hagedorn/Schuckel/Viehöver 2003). Die Bandbreite der Begriffe Motiv und Merkmal ist jedoch im Zusammenhang mit Agglomerationen größer (vgl. Germelmann 2003). So können beispielsweise die wahrgenommene Attraktivität eines Einkaufszentrums und das Ausmaß der Zuwendung zu einem solchen von der Präsenz wichtiger Dienstleister und dem Branchenmix abhängig sein (vgl. Wakefield/Baker 1998). Wegen der größeren Anzahl von Motiven, die für die Entscheidung relevant sein können, ist davon auszugehen, dass die Bildung von Zielgruppen auf der Ebene eines Einkaufszentrums zu anderen Ergebnissen führen wird als auf der Ebene eines einzelnen Geschäfts. Bloch, Ridgway und Dawson (1994) haben im Rahmen einer empirischen Studie Aktivitäten in einer Shopping-Mall untersucht und mit Hilfe der Faktorenanalyse vier Kategorien des Verhaltens (*consumption of the mall, consumption of services, passing of time, consumption of tangible products*) extrahiert. Die Analyse zeigte, dass der Kauf von Waren nur eine von mehreren Beschäftigungen bildete, was für das Verständnis des Kaufverhaltens in Einkaufszentren und für Standortentscheidungen von Handelsunternehmungen von großer Bedeutung ist. Im Zuge der gleichen Untersuchung zeigten Ergebnisse einer Clusteranalyse, dass sich die Kunden einer Shopping-Mall in vier Gruppen unterteilen lassen (*mall enthusiasts, traditionalists, grazers, minimalists*). Die umfassenderen Motive und Aktivitäten im Vergleich zu einzelnen Einkaufsstätten führten zu anderen Segmenten als sie üblicherweise bezogen auf einzelne Geschäfte ermittelt werden, was die Notwendigkeit einer expliziten Beschäftigung mit Kaufverhaltensmustern in Agglomerationen unterstreicht.

Abbildung 10.4 veranschaulicht Ergebnisse einer empirischen Untersuchung von LeHew, Burgess und Wesley (2002), die das Loyalitätskonzept auf Shopping-Malls übertragen haben. Sie stellen zum einen die Frage, inwieweit sich Kundengruppen mit unterschiedlich ausgeprägter Loyalität identifizieren lassen, zum anderen analysieren sie deren Beurteilung von Shopping-Malls hinsichtlich einer Reihe von Merkmalen.

Merkmal	Beurteilung des Merkmals	Treue Kunden	Nicht treue Kunden	Gesamt
		Anzahl (%)	Anzahl (%)	Anzahl (%)
Wettbewerbsfähigkeit der Preise	schlecht	18 (38,3)	29 (61,7)	47 (31,5)
	neutral	20 (43,5)	26 (56,5)	46 (30,9)
	ausgezeichnet	34 (60,7)	22 (39,3)	56 (37,6)
Allgemeines Preisniveau	unfair	11 (36,7)	19 (63,3)	30 (20,3)
	neutral	17 (37,8)	28 (62,2)	45 (30,4)
	fair	43 (58,9)	30 (41,1)	73 (49,3)
Preis-Leistungs-Verhältnis	niedrig	9 (52,9)	8 (47,1)	17 (11,5)
	neutral	15 (33,3)	30 (66,7)	45 (30,4)
	hoch	47 (54,7)	39 (45,3)	86 (58,1)
Vorhandensein eines Bonusprogramms	unwichtig	18 (51,4)	17 (48,6)	35 (24,1)
	neutral	8 (22,2)	28 (77,8)	36 (24,8)
	wichtig	43 (58,1)	31 (41,9)	74 (51,0)

Quelle: Angaben entnommen aus LeHew/Burgess/Wesley 2002, S. 31

Abb. 10.4: Zusammenhänge zwischen der Loyalität gegenüber einer Shopping-Mall und der Beurteilung einzelner Merkmale der Shopping-Mall

Alle Merkmale stehen in einem signifikanten Zusammenhang zum Treuestatus der Kunden. Die Untersuchung hat zwar mit rund 150 Befragten nur einen kleinen Umfang, alle Chi-Quadrat-Tests im Rahmen von Kontingenzanalysen zeigen aber, dass zwischen der Beurteilung jedes einzelnen Merkmals und der Zugehörigkeit zu den loyalen und nicht-loyalen Kunden auf einem 5 %-Niveau ein signifikanter Zusammenhang besteht. Untersuchungen dieser Art zeigen also, bezüglich welcher Merkmale Kunden ein Einkaufszentrum als unterschiedlich wahrnehmen und inwieweit diese Unterschiede im Zusammenhang mit ihrem Verhalten stehen.

Zum Nutzen einer verhaltenswissenschaftlichen Analyse

Die Vielfalt der in der Realität anzutreffenden Betriebsformen ist auf unterschiedliche Ansprüche der Nachfrager zurückzuführen. Insofern ist es wichtig festzustellen, ob mit einer bestimmten Betriebsform den Erwartungen einer hinreichend großen Anzahl von Nachfragern entsprochen wird. Es wird nachvollziehbar, dass die Einkaufsstättenwahl häufig Gegenstand wissenschaftlicher

Untersuchungen geworden ist (siehe z. B. Arend-Fuchs 1995; Kreller 2000; Kousek 2002). Auch im Folgenden wird auf Konstrukte aus der Konsumentenverhaltenstheorie eingegangen, mit denen erklärt werden soll, in welchem Ausmaß sich die Konsumenten den einzelnen Betriebsformen (hier des Einzelhandels) zuwenden. Dabei kommt den Motiven der Nachfrager, den Einstellungen zu einzelnen Betriebsformen und dem Nutzen einzelner Merkmale einer Betriebsform große Bedeutung zu. Die Betriebsformen bzw. einzelne Einkaufsstätten weisen eine Reihe von unterschiedlichen Merkmalen auf, die dazu beitragen sollen, die Motive der Kunden zu befriedigen, die Einstellung positiv zu beeinflussen oder die Zufriedenheit zu steigern. Sie wirken sich folglich auf das Ausmaß der Zuwendung zu einem Geschäft aus. Schließlich ist zu berücksichtigen, dass sich abhängig von situativen Faktoren die Bedeutung einzelner Motive, die Rolle der Einstellung oder auch der Einfluss der bisherigen Zufriedenheit auf das Verhalten verändern können.

Die verschiedenen Konstrukte, mit denen der Konsument in Abbildung 10.3 charakterisiert wird, können in unterschiedlichen Phasen und unterschiedlicher Form wirksam werden. So setzt beispielsweise Zufriedenheit voraus, dass der Kunde Erfahrungen mit einer Einkaufsstätte gemacht hat. Das bedeutet, dass Zufriedenheit vor allem bei Wiederholungskäufen an Relevanz gewinnt. Emotionen können einerseits der Aktivierung dienen und einen Erstkauf auslösen, andererseits aber auch nach einem Kauf, z. B. durch Ärger, die Meidung eines Geschäfts bewirken. Von den vielfältigen Wirkungszusammenhängen, die zwischen den angesprochenen Größen möglich sind, soll hier abstrahiert werden.

Ziel der folgenden Ausführungen ist es nicht, ein Totalmodell der Betriebs- bzw. Einkaufsstättenwahl zu entwerfen (vgl. dazu die Modellübersicht bei Laaksonen 1993, S. 133–140), die Darstellung beschränkt sich auf die Analyse der Wirkung einzelner Größen im Rahmen von Partialanalysen. Die Schwierigkeit, die Beziehungen in einer Gesamtübersicht darzustellen, ist unter anderem darin begründet, dass es eine Vielzahl von zeitlich verschachtelten und rückgekoppelten Vorgängen gibt, die dann letztendlich zu der Wahl einer Einkaufsstätte führen können.

Die genannten verhaltenswissenschaftlichen Theorien zeigen, aus welchen Gründen eine bestimmte Betriebsform eine hohe oder eine geringe Akzeptanz findet. Solche Erkenntnisse können Hinweise für die Ausgestaltung der Marketingpolitik liefern. Außerdem unterstützen sie in den Fällen, in denen neue Betriebsformen zu einem Zeitpunkt in den Markt eingeführt werden sollen, in dem noch keine Erfahrungen mit entsprechenden Betriebsformen vorliegen, die Entscheidung. In solchen Fällen ist es hilfreich, über Informationen zu verfügen, wie die Nachfrager einzelne Merkmale der verschiedenen Betriebsformen (z. B. eine große Auswahl) bewerten.

Auf bestimmte Aspekte des Verhaltens gegenüber Einkaufsstätten kann an dieser Stelle nur hingewiesen werden, ohne dass sie im Folgenden vertieft werden. Dazu gehört beispielsweise die Analyse der Geschäftswahl im Zeitverlauf, insbesondere des Wechselverhaltens zwischen verschiedenen Geschäften und seiner Motive (vgl. Popkowski Leszczyc/Timmermans 1997). Ebenfalls dazu zu zählen ist das Wechselverhalten zwischen Betriebsformen des stationären Handels, des Distanzhandels und des Onlinehandels (vgl. Reardon/McCorkle 2002).

10.2.2 Betriebsformenwahl und das Lebenszykluskonzept

Das Konzept der Lebenszyklusphasen von Personen oder Familien ist seit 1955 bekannt (vgl. dazu den Überblicksartikel von Wells und Gabor 1966; im deutschsprachigen Raum Wiswede 1972 und Müller-Hagedorn 1978a, 1984a). Nach dem Lebenszykluskonzept werden die Konsumenten danach unterschieden, in welcher Lebensphase sie sich befinden. Die Lebensphasen werden mit Hilfe von mehreren soziodemografischen Variablen, insbesondere dem Familienstand, dem Alter und der Zahl der Kinder, definiert und in einen inhaltlichen Zusammenhang gestellt. So wird etwa von dem „Junggesellenstadium", der Phase des „vollen Nestes" und von dem „alleinstehenden Überlebenden" gesprochen. Die einzelnen Lebenszyklusphasen können als „soziodemographische Konstrukte" bezeichnet werden. Die zentrale Hypothese lautet:

Personen in unterschiedlichen Lebenszyklusphasen bevorzugen bei ihren Einkäufen unterschiedliche Betriebsformen.

Es lassen sich mehrere Gründe anführen, die es plausibel erscheinen lassen, dass die Lebenszyklusphase die Wahl der Betriebsform beeinflusst. Zum Ersten ist darauf hinzuweisen, dass Personen in einzelnen Lebenszyklusphasen über unterschiedlich hohe Einkommensbeträge verfügen. Junge Menschen, die sich in der Ausbildung befinden, müssen im Regelfall mit kleinen Geldbeträgen auskommen. Nach dem Eintritt in das Berufsleben steigt das Einkommen mitunter beträchtlich. Rentner verfügen dagegen wieder über ein verringertes Einkommen. Zum Zweiten ändern sich mit den Lebenszyklusphasen die Bedürfnisse auf Grund der Lebensumstände, da in bestimmten Phasen eine Wohnung eingerichtet werden muss, Kinder versorgt werden müssen usw. Zum Dritten ändern sich mit den Lebenszyklusphasen auch die Präferenzen: Es werden andere Produkte bevorzugt, der Stil von Kleidung und Wohnungseinrichtung wird gewechselt, Preis und Qualität werden in anderen Relationen gesehen.

Neben dem Lebenszykluskonzept gibt es weitere Möglichkeiten, soziodemographische Variablen zu Konstrukten zu verbinden; hier ist vor allem das Konzept der sozialen Schicht zu erwähnen (vgl. dazu Leven 1979). Weiter unten wird noch auf das in der Marktforschung verbreitete Konzept der Lebenswelten eingegangen.

Die Erfahrungen mit dem Lebenszykluskonzept zur Erklärung von Betriebsformen-Präferenzen, über die im Folgenden berichtet wird, basieren auf einer Erhebung von Müller-Hagedorn (1978a, 1984a), bei der die Nachfrager zwölf Lebenszyklusphasen zugeordnet wurden, von denen sich zehn als empirisch bedeutend erwiesen haben (vgl. Abbildung 9.2). Die zehn Phasen wurden festgelegt, indem eine Reihe inhaltlicher und formaler Kriterien berücksichtigt wurde, z. B. dass ein hinreichend großer Anteil der Bevölkerung einer Phase zugewiesen werden kann, die Phasen aber auch in ihrer Zusammensetzung nicht zu heterogen werden.

Der ermittelte Zusammenhang zwischen der Lebenszyklusphase und der bevorzugten Betriebsform wird in Abbildung 10.5 für zahlreiche Warengruppen ausgewiesen (vgl. Müller-Hagedorn 1978a, S. 117).

Als Maß für den Zusammenhang zwischen den Variablen „bevorzugte Betriebsform" und „Lebenszyklusphase" wird der Kontingenzkoeffizient herangezogen, der anhand von Mehrfeldertafeln berechnet wird. Die Mehrfeldertafeln enthalten für jede Warengruppe (z. B. Kosmetik- und

Warengruppe	**Bevorzugte Betriebsformen**									**Kontingenz-koeffizient**	
										C	C korr
1. Fleisch und Wurst	VM	WH			FG					0,33	0,36***
2. Frischartikel ohne Fleisch	VM	WH					NG	M		0,31	0,33***
3. Haltbare Lebensmittel	VM			DIS			NG			0.27	0,30***
4. Kosmetik- und Drogeriewaren	VM	WH		DIS	FG					0,35	0,38***
5. Damenoberbekleidung (DOB)		WH	KH		FG					0,23	0,25*
6. Herrenoberbekleidung (HOB)		WH	KH		FG						n.s.
8. Stoffe		WH	KH		FG						n.s.
10. Möbel		WH	KH		FG					0,32	0,36***
11. Teppiche und Gardinen		WH	KH		FG						n.s.
12. Elektrogeräte		WH	KH		FG	VS			GH	0,27	0,30**
13. Uhren und Schmuck		WH			FG						n.s.
14. Spielwaren		WH	KH		FG						n.s.
15. Sportartikel		WH	KH								n.s.

VM = Verbrauchermarkt
WH = Warenhaus
KH = Kaufhaus
DIS = Discounter
FG = Fachgeschäft
VS = Versandhandel
NG = Nachbarschaftsgeschäft
M = Markt
GH = Großhandel

* = signifikant auf dem Niveau von 0,1
** = signifikant auf dem Niveau von 0,05
*** = signifikant auf dem Niveau von 0,01
n.s. = nicht signifikant

Quelle: Müller-Hagedorn 1978a, S. 117

Abb. 10.5: Höhe des Kontingenzkoeffizienten bei verschiedenen Warengruppen

Drogeriewaren) die zehn Lebenszyklusphasen sowie diejenigen Betriebsformen, die die entsprechenden Waren anbieten (z. B. für Kosmetik und Drogeriewaren den Verbrauchermarkt, das Warenhaus, den Discounter und das Fachgeschäft). Es wird analysiert, ob in den Zellen dieser Matrix die tatsächlich beobachtete Häufigkeit mit der Häufigkeit übereinstimmt, die zu erwarten wäre, wenn kein Zusammenhang zwischen der Zugehörigkeit zu einer Lebenszyklusphase und der Bevorzugung einer Betriebsform bestände. In einem solchen Fall ergäbe sich ein Kontingenzkoeffizient von null. Sein Wert steigt an, wenn ein Zusammenhang zwischen den Variablen vorliegt. Der Kontingenzkoeffizient ist ähnlich zu beurteilen wie ein Korrelationskoeffizient für metrische Daten.

Die Abbildung 10.5 zeigt zunächst, dass bei einzelnen Warengruppen unterschiedliche Betriebsformen bevorzugt werden und dass die korrigierten Kontingenzkoeffizienten, die sich als signifikant erwiesen haben, zwischen 0,25 und 0,38 liegen. Diese Werte liegen deutlich über jenen Werten, die sich ergeben, wenn die Bevorzugung bestimmter Betriebsformen nur in einen Zusammenhang mit dem Alter und dem Haushaltseinkommen gebracht wird, wenn also einzelne soziodemographische Variablen verwendet werden. Beispielsweise gilt für die Warengruppe der Lebensmittel, dass die Betriebsformen bei unterschiedlichen Zyklusphasen die Durchschnittswerte übersteigen. Überdurchschnittliche Werte erreichen:

- der Discounter in den Phasen 1, 2 und 3,
- der Supermarkt in den Phasen 1, 10 und 12,
- der Verbrauchermarkt in den Phasen 4, 6, 7, 8, 10 und
- das Warenhaus in den Phasen 1, 2, 3, 6, 11.

Die Untersuchung stützt sich auf inzwischen ältere Daten (vgl. Müller-Hagedorn 1978a, 1984a). Ob die gleichen Werte auch heute noch gelten, wäre an aktuellen Daten zu überprüfen. Die Untersuchung belegt aber, dass es nicht richtig ist, davon auszugehen, dass in einer bestimmten Betriebsform grundsätzlich Personen aus allen Gruppen entsprechend der Stärke dieser Gruppe einkaufen. Einzelne Betriebsformen haben Schwerpunkte in einzelnen Nachfragersegmenten und sind in anderen nur schwach oder überhaupt nicht vertreten.

Das Lebenszykluskonzept hat den Vorteil, dass sich die für seine Anwendung benötigten Daten relativ problemlos beschaffen lassen. Angaben zum Alter, zum Familienstand, zu den bevorzugten Geschäften (und den zugehörigen Betriebsformen) lassen sich kostengünstig und zuverlässig ermitteln. Gegen die Verwendung soziodemographischer Merkmale (die auch dem Lebenszykluskonzept zugrunde liegen, wenn auch in einer bestimmten Verknüpfung) wird häufig eingewendet, dass solche Merkmale unterschiedliche Verhaltensweisen nicht hinreichend diskriminieren könnten. Diese Aussage ist jedoch jeweils zu überprüfen, im vorliegenden Fall konnten, wie oben gezeigt, durchaus bemerkenswerte Zusammenhänge aufgezeigt werden.

Das Konzept lässt sich verfeinern. Kleining und Prester (1999) erweitern die traditionellen Lebenszykluskonzepte über die Art der Erwerbstätigkeit des Haupteinkommensbeziehers. Die Autoren sprechen nicht mehr von Lebenszyklen, sondern von Lebenswelten, die sich zum einen durch die Abfolge der Familienformen, zum anderen durch den mit der Berufstätigkeit verbundenen Sozialstatus charakterisieren lassen. Entsprechende Zahlen werden von dem Marktforschungsinstitut GfK zur Verfügung gestellt. So ist z. B. zu erfahren, in welchem Ausmaß Güter einzelner Art (z. B. bestimmte Teesorten) von den Haushalten in einzelnen Lebenswelten gekauft werden. Das macht deutlich, dass mit dem Konzept gewisse Hinweise für die Steuerung der Unternehmenspolitik abgeleitet werden können, hier z. B. für die Sortimentsentscheidungen.

10.2.3 Einkaufsmotive als Ursachen für die Wahl von Einkaufsstätten

Bevor auf die Bedeutung von Motiven für die Wahl von Einkaufsstätten eingegangen wird, ist die grundlegende Rolle von Motiven für das menschliche Verhalten zu klären. Die Forschung differenziert zwischen primären und sekundären Motiven (vgl. Kroeber-Riel/Weinberg/Gröppel-Klein 2009, S. 170). Bei den primären Motiven handelt es sich um angeborene Bedürfnisse, während sekundäre Motive das Ergebnis eines Sozialisierungsprozesses darstellen. Die Bedürfnispyramide von Maslow (1954) gehört zu den bekanntesten Klassifikationen von Motiven. Dabei wird zwischen fünf Klassen von Bedürfnissen unterschieden. Es sind physiologische Bedürfnisse, Sicherheitsbedürfnisse, soziale Bedürfnisse, das Bedürfnis nach Wertschätzung und das Bedürfnis nach Selbstverwirklichung, die wie die Stufen einer Pyramide angeordnet sind. Dies soll zum Ausdruck bringen, dass nach der Bedürfnisbefriedigung auf einer Stufe die nächste Stufe in den Fokus rückt. Motive stellen den Versuch dar, die Frage nach den Gründen für menschliches Verhalten zu beantworten, indem nach den generellen Zielen gefragt wird, die Menschen mit ihrer Lebensgestaltung erreichen möchten. Das gilt auch für das Verhalten von Kunden und von Konsumenten. Die Handelsforschung interessiert sich vor allem für Einkaufsmotive, also jene Kriterien, die beim Einkauf angelegt werden und die als einkaufsbezogene Manifestationen der generellen Motive gesehen werden können. Gröppel-Klein (1998, S. 107) definiert Einkaufsmotive

„*(…) als fundamentale, zielorientierte innere Kräfte (…), die durch Einkaufsaktivitäten befriedigt werden können.*“

Ihre Rolle, insbesondere bei der Entscheidung für eine Betriebsform oder eine Einkaufsstätte, soll im Folgenden analysiert werden.

Arten von Einkaufsmotiven

Einkaufsmotive lassen sich unterschiedlich strukturieren. Eine grundlegende Untersuchung zu Einkaufsmotiven stammt von Tauber (1972). Auf der Grundlage von Tiefeninterviews hat er zwei Gruppen von Motiven identifiziert – persönliche und soziale Motive. Zu den persönlichen Motiven zählen die Rollenerfüllung, die Zerstreuung, die Selbstbelohnung, das Kennenlernen neuer Trends, die physische Aktivität und die sensorische Stimulation. Bei den sozialen Motiven unterscheidet er zwischen sozialen Erfahrungen außerhalb des Heims, der Kommunikation mit Personen mit gleichen Interessen, der Anziehungskraft einer Peer Group, dem Status und der Autorität sowie der Freude am Verhandeln. Heute ist es üblich, zwischen utilitaristischen und hedonistischen Motiven zu unterscheiden (zur Abgrenzung und Messung vgl. Babin/Darden/Griffin 1994). Die erste Gruppe konzentriert sich auf funktionale oder auch produktorientierte Motive, die zweite auf das Einkaufsvergnügen oder Einkaufserlebnis.

Westbrook und Black (1985) haben in einer empirischen Studie unter Zuhilfenahme der Faktorenanalyse folgende sieben Dimensionen der Einkaufsmotivation extrahiert:

1. Erwarteter Nutzen des Einkaufs (*anticipated utility*),
2. Rollenerfüllung (*role enactment*),
3. Preisverhandlungen (*negotiation*),

4. Kaufoptimierung (*choice optimization*),
5. Zugehörigkeit zu einer Referenzgruppe (*affiliation*),
6. Macht und Autorität (*power and authority*),
7. Stimulierung (*stimulation*).

Der Nutzen des Einkaufs kann beispielsweise daraus resultieren, dass der Käufer durch einen frühen Besitz neuester Technologien oder das Tragen modischer Artikel soziale Anerkennung (*power and authority*) erfährt. Die Rolle einer verantwortungsvollen Mutter kann durch einen Einkauf schadstofffreier Lebensmittel ausgefüllt werden (*role enactment*). Die Optimierung kann Aspekte wie das Finden eines passenden Geschenks oder das Minimieren der Einkaufszeit betreffen (*choice optimization*).

Einkaufsmotiven wird eine große Bedeutung bei der Erklärung des Kundenverhaltens beigemessen (vgl. Sheth 1983). Motive und ihre unterschiedliche Bedeutung für die Kunden machen plausibel, wieso verschiedene Personen auf gleiche Stimuli unterschiedlich reagieren (vgl. Morschett/Swoboda/Foscht 2005).

Im Zusammenhang mit der Analyse von Motiven stellt sich die Frage nach ihrer universellen Bedeutung. So zeigen einzelne Studien signifikante Unterschiede zwischen Ländern und Kulturkreisen (vgl. Arnold/Oum/Tigert 1983; Kuskova 2009). Derartige Erkenntnisse sind für die Expansionspolitik eines Handelsunternehmens aufschlussreich, weil sie deutlich machen, dass einer räumlichen Multiplikation eines Formats Grenzen gesetzt sind. So können das günstige Preisniveau oder die gute Erreichbarkeit eines Geschäfts in einer Region oder in einem Land von großer Bedeutung für die Wahl der Einkaufsstätte sein, in anderen Regionen oder Ländern dagegen kaum eine Rolle spielen.

Merkmale einer Einkaufsstätte zur Befriedigung der Motive

Ob und in welchem Maße Einkaufsmotive befriedigt werden können, hängt im Wesentlichen von den Merkmalen einer Einkaufsstätte ab. So kann das Bedürfnis nach Anerkennung aufgrund eines modebewussten Kleidungsstils von einer Modeboutique mit einer starken modischen Orientierung besser befriedigt werden als von der Textilabteilung eines Kaufhauses. Die Rolle einer verantwortungsvollen Mutter wird durch Einkäufe in einem Naturkostladen, der sich durch ein Sortiment mit streng kontrollierten Produkten auszeichnet, besser erfüllt als in einem konventionellen Supermarkt.

Unter den Merkmalen einer Einkaufsstätte, die in zahlreichen Untersuchungen analysiert worden sind, finden sich laut Kreller (2000, S. 58) vor allem die Faktoren Sortiment, Personal, Service, Erreichbarkeit, Atmosphäre und institutionelle Gegebenheiten. Die Größe Sortiment beinhaltet auch Komponenten der Preispolitik. Die Atmosphäre erstreckt sich sowohl auf Elemente der Außengestaltung als auch der Verkaufsraumgestaltung. Der Begriff „institutionelle Gegebenheiten" ist relativ diffus und umfasst solche Aspekte wie Modernität, Reputation und Bekanntheit eines Geschäfts. Es gibt andere Systematiken, die die einzelnen Aspekte weniger stark aggregieren. Bei nahezu allen fällt auf, dass zu den Merkmalen einer Einkaufsstätte einerseits Faktoren gezählt werden, die einen engen Bezug zu einem einzelnen absatzpolitischen Instrument aufweisen, andererseits aber auch Größen, die sich über mehrere Marketing-Mix-Instrumente erstrecken. Letzteres gilt beispielsweise für die bereits genannte Einkaufsatmosphäre, aber auch für die Einkaufsbequemlichkeit, die man als Ergebnis u. a. der Standortpolitik, der Öffnungszeiten und der Verfügbarkeit von Parkplätzen interpretieren kann. Zu beachten ist, dass die Zahl der Merkmale, die der Charakterisierung einer Einkaufsstätte dienen können – insbesondere, wenn diese aus der Perspektive eines Händlers vorgenommen wird – sehr groß ist. Die Wahrnehmung der Kunden konzentriert sich dagegen im Regelfall auf wenige Attribute, die allerdings das Ergebnis einer Vielzahl von Aktionsvariablen darstellen. Für Handelsunternehmungen ist es wichtig zu erkennen, welcher Zusammenhang zwischen den gestaltbaren Variablen und den Wahrnehmungsdimensionen besteht (vgl. Louviere/Gaeth 1987).

Da für die Wahl eines Geschäfts die Perspektive des Kunden entscheidend ist, ist davon auszugehen, dass nicht die objektiven Merkmale, sondern die subjektive Wahrnehmung ihrer Eignung durch den Kunden maßgeblich für das Einkaufsverhalten ist. Die Wahrnehmung wird von Hinweisen (*cues*), die der Kunde bekommt, beeinflusst. So haben beispielsweise Grewal, Baker, Levy et al. (2003) die Erwartung der Kunden hinsichtlich der Wartezeit als abhängig von der Zahl der Angestellten und der Zahl der Kunden im Geschäft modelliert. Die Wahrnehmungen unterschiedlicher Merkmale können sich auch gegenseitig beeinflussen (vgl. Sirohi/McLaughlin/Wittink 1998). Kerin, Jain und Howard (1992) weisen insbesondere darauf hin, dass die Einkaufserfahrung (*perceived store shopping experience*) die Wahrnehmung der Preise und der Qualität in einem Geschäft beeinflusst.

Die Wahl einer Einkaufsstätte kann auch unter Kostengesichtspunkten analysiert werden, also den Kosten, die einem Kunden durch seine Einkäufe in einer bestimmten Einkaufsstätte entstehen. Auch hierzu sind verschiedene Modelle entwickelt worden. Obwohl dem Kostenaspekt eine gesonderte Rolle zugeschrieben wird, können Modelle, in denen Kosten das Hauptkriterium der Entscheidung bilden, prinzipiell jenen Ansätzen zugerechnet werden, die Motive thematisieren, wobei in diesem Fall die Kostenminimierung das Motiv darstellt. So haben Bhatnagar und Ratchford (2004) Präferenzen für drei unterschiedliche Betriebsformen vor allem mit der Frage verknüpft, welche Kosten Einkäufe in den drei Betriebsformen verursachen. Dabei differenzieren sie hinsichtlich der Kosten zwischen den Preisen in den betrachteten Geschäften, den Lagerhaltungskosten und den Fahrtkosten des Kunden (vgl. auch Tang/Bell/Ho 2001). Bei den beiden letzteren folgen sie einer breiten Interpretation des Kostenbegriffs, indem sie unter anderem auf solche Aspekte wie Kapazität des Kühlschranks, Größe der Wohnung, Fahrzeit zum Geschäft und Zeit für den Einkauf im Geschäft eingehen. Die Autoren weisen darauf hin, dass sich das Verhältnis zwischen den verschiedenen Kostenblöcken mit der Entwicklung neuer Technologien (z. B. im Transportbereich oder bei der Lagerung), die der Kunde nutzen kann, verändern kann (vgl. auch Messinger/Narasimhan 1997). Ebenso können sich die Wahrnehmung und Beurteilung der „Zeitkosten", die ein Einkauf verursacht, beispielsweise infolge eines soziokulturellen Wandels (Freizeitverhalten, Berufstätigkeit) verändern. Von solchen Änderungen gehen Konsequenzen für die Nutzung einzelner Betriebsformen aus, die ein Handelsunternehmen sorgfältig beobachten muss und gegebenenfalls mit der Entwicklung von neuen Formaten beantworten kann.

Was auf Beiträge zutrifft, die sich mit Kostenaspekten eines Einkaufs beschäftigen, gilt auch für Forschungsarbeiten, die die Rolle des Risikos für die Wahl eines Geschäfts betonen (vgl. Mitchell/Kiral 1999). Trotz der besonderen Bedeutung des Risikos, die sich in der eigenständigen Behandlung des Themas in der betriebswirtschaftlichen Forschung äußert, kann auch hier von einem Motiv des Kunden gesprochen werden – dem Motiv, sein Risiko zu reduzieren. Zusätzliche Bedeutung im Zusammenhang mit der Wahl von Einkaufsstätten bekam der Risikoaspekt mit dem Aufkommen des Online-Handels (vgl. van den Poel/Leunis 1999).

Während sich die meisten Untersuchungen auf Eigenschaften konzentrieren, von denen eine unmittelbare positive Wirkung auf die Attraktivität von Geschäften ausgeht, gibt es nur wenige Studien, die sich mit der Frage beschäftigen, bei welchen Eigenschaften anzusetzen ist, um mögliche Vorbehalte gegenüber einem Geschäft zu reduzieren. Ziel solcher Studien ist es, zu erkennen, was Kunden als störend empfinden und was sie davon abhält, in einem Geschäft einzukaufen. In qualitativen Untersuchungen sind zahlreiche Stressfaktoren ermittelt worden (vgl. Aylott/Mitchell 1998), die sich auf die Wahl der Einkaufsstätte auswirken. Zu den wichtigsten zählen die Enge eines Geschäfts und das Schlangestehen. Es sind aber auch Größen wie fehlende Parkplätze, überhitzte Räume, Probleme an der Kasse oder eine veränderte Warenplatzierung, die von Kunden als relevant für die Wahl des Geschäfts angesehen werden.

10.2.4 Einstellungen gegenüber Betriebsformen

Die Theorie der Einstellung geht davon aus, dass sich Personen eine Einstellung gegenüber einem bestimmten Sachverhalt bilden und diese ihr Verhalten gegenüber diesem Sachverhalt prägt. Es dürfte sich bei dieser sog. Einstellung-Verhalten-Hypothese (EV-Hypothese) um die am häufigsten herangezogene Hypothese im sozialwissenschaftlichen Bereich handeln. Sie wurde auch verwendet, um die Zuwendung zu einer Betriebsform zu erklären (vgl. Korgaonkar/Lund/Price 1985). Die EV-Hypothese kann im Hinblick auf die Betriebsformenwahl wie folgt formuliert werden:

Je positiver die Einstellung eines Nachfragers zu einer Betriebsform, desto eher wird er seine Einkäufe in einer Einkaufsstätte dieses Typs tätigen.

Es wird also vermutet, dass sich eine positive Einstellung zu einer Einkaufsstätte beispielsweise auf die Wiederbesuchsabsicht, den Anteil des in diesem Geschäft gedeckten Bedarfs oder die Bereitschaft, höhere Preise zu akzeptieren, positiv auswirkt. Einstellung kann dabei als das Urteil einer Person definiert werden, in welchem Ausmaß sie das Einstellungsobjekt als geeignet ansieht, die persönlichen Ziele zu erreichen. Abbildung 10.6 veranschaulicht die EV-Hypothese an einem Beispiel, in dem die Befragten (keine repräsentative Stichprobe) anzugeben hatten, welche Einstellung sie zu einzelnen Textilgeschäften haben (auf einer Skala von –3 bis +3) und außerdem, wie sich ihr tatsächliches oder ihr beabsichtigtes Kaufverhalten darstellt. Es zeigt sich ein relativ enger Zusammenhang zwischen Einstellung und Verhalten.

Die Auseinandersetzung mit dieser Hypothese hat sich insbesondere auf folgende Aspekte bezogen: Wie ist das Konstrukt Einstellung begrifflich zu präzisieren und von anderen Konstrukten (wie z. B. der Zufriedenheit oder dem Image) abzugrenzen? Von welchen Faktoren hängt die Einstellung gegenüber einzelnen Betriebsformen bzw. Einkaufsstätten ab und wie können diese Zusammenhänge modelliert werden? Inwieweit konnte in der Realität der Zusammenhang zwischen Einstellung und Wahl der Betriebsform beobachtet werden?

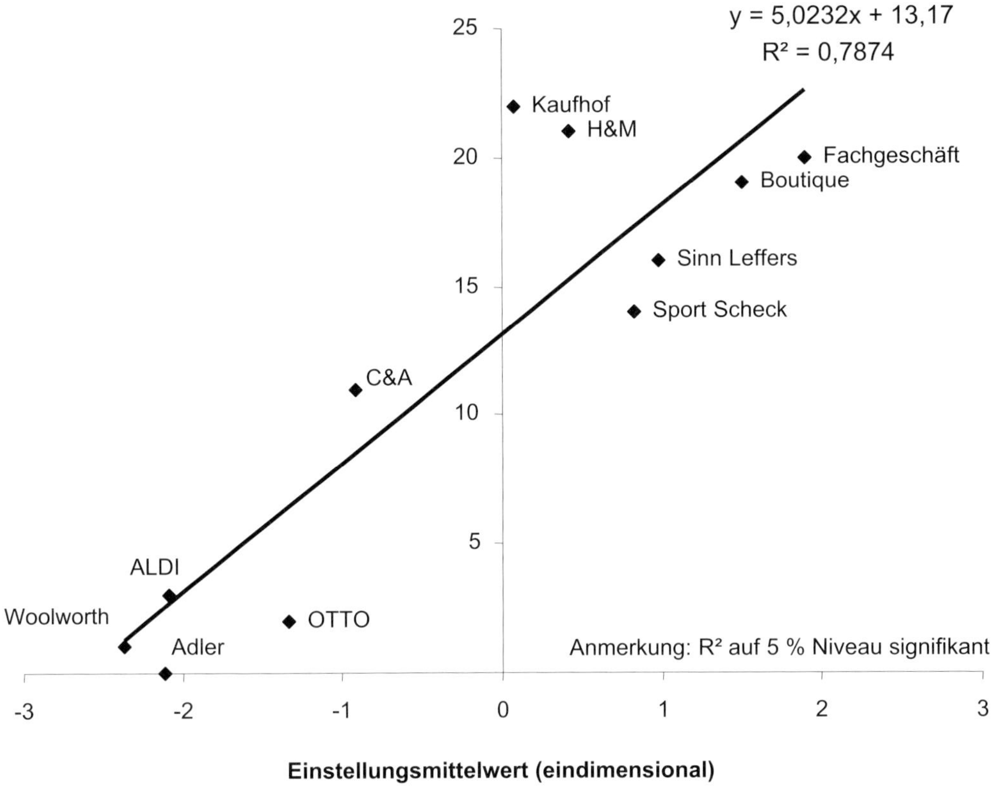

Abb. 10.6: Zum Zusammenhang von Einstellung und Verhalten beim Einkauf von Textilien

Als Vorstufe der Einstellungsbildung kann das sog. semantische Differential (vgl. Osgood 1952; Mindak 1961) bzw. Polaritätenprofil angesehen werden. Hierbei werden Eigenschaftspaare mit gegensätzlicher Bedeutung (z. B. bekannt – unbekannt, nah – entfernt) dazu benutzt, ein Objekt zu charakterisieren. Auf einer meist siebenstufigen Skala können Befragte ein Urteil zu den Eigenschaften abgeben. Werden die Ausprägungen verbunden, so erhält man ein Profil des betreffenden Objekts. Auf diese Weise können Verbraucher mehrere Betriebsformen hinsichtlich einzelner Merkmale miteinander vergleichen (vgl. Abbildung 10.7).

Ein Polaritätenprofil macht deutlich, bezüglich welcher Merkmale die Nachfrager Unterschiede zwischen einzelnen Betriebsformen oder Geschäften sehen. Polaritätenprofile werden aber im Regelfall nicht zu einem beobachtbaren Verhalten in Beziehung gesetzt. So besteht die Gefahr, dass in die Untersuchung Merkmale einfließen, die nicht verhaltenswirksam sind. Hierin liegt die Bedeutung von Hypothesen, mit denen ausgedrückt werden kann, in welchem Ausmaß einzelne oder mehrere Merkmale zu einer abhängigen Größe in Beziehung stehen. Mit dem folgenden Beispiel wird der Zusammenhang zwischen der Wahl eines Geschäfts und der Beurteilung dieses Geschäfts hinsichtlich eines bestimmten Merkmals verdeutlicht:

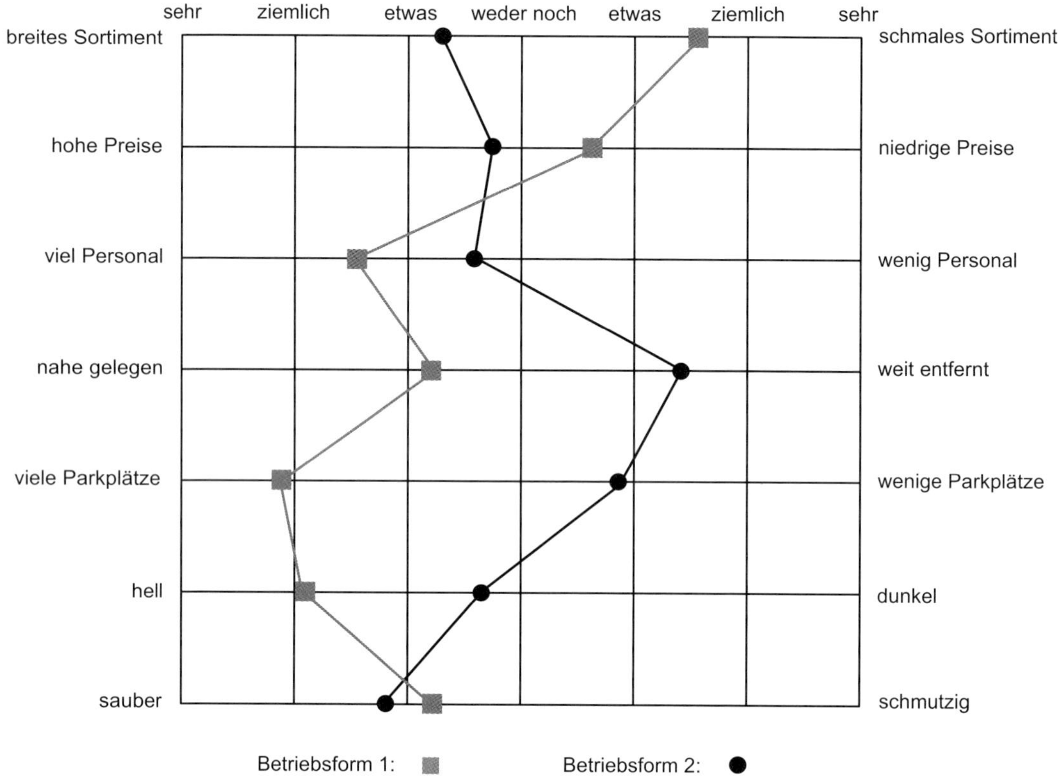

Abb. 10.7: Beispielhafte Profile von zwei Betriebsformen im Urteil der Verbraucher

Die Wahrscheinlichkeit für die Nutzung eines Geschäfts steigt mit der Sortimentstiefe.

Im Vergleich zu der auf Hypothesen ausgerichteten Einstellungstheorie verzichtet ein semantisches Differential darauf, die Einschätzung mit dem Verhalten zu verknüpfen und damit auch auf die Ermittlung der relativen Bedeutung einzelner Eigenschaften. Darstellungen der genannten Art (vgl. Kelly/Stephenson 1967; Lindquist 1974; Hallsworth 1987) sind zwar sehr anschaulich, bringen auch Unterschiede in der Wahrnehmung der Verbraucher zum Ausdruck, werfen aber dennoch die folgenden Probleme auf:

1. Es ist fraglich, ob alle Merkmale, die der Verbraucher für seine Einkaufsstättenentscheidung heranzieht, berücksichtigt worden sind. Aus diesen Gründen werden verschiedene Methoden eingesetzt, um die relevanten Vorstellungen der Verbraucher zu einem Geschäft oder einem Einkaufszentrum zu ermitteln, so z. B. Fokusgruppen (vgl. Dennis/Murphy/Marsland et al. 2002) oder die Repertory-Grid-Technik (vgl. Hallsworth 1987; Mitchell/Kiral 1999).
2. Ein Merkmalskatalog kann zu umfangreich werden. Dies ist der Fall, wenn ein Verbraucher zwar Unterschiede zwischen zwei Betriebsformen angeben kann, diese jedoch für seine Entscheidung unerheblich sind. Es handelt sich dann um nicht saliente Kriterien.

3. Bei den vorgegebenen Merkmalen kann es sich um unterschiedliche Sachverhalte handeln: zum einen um Eigenschaften (z. B. Größe der Verkaufsfläche, Anzahl der Parkplätze, Preisniveau), zum anderen um sog. Zielerreichungsfähigkeiten. Bei letzteren prüft der Kunde die Einkaufsalternativen hinsichtlich der Ziele, die ihm bei einem Einkauf wichtig sind. So kann einem Verbraucher beispielsweise daran gelegen sein, die Einkäufe zeitsparend zu erledigen, und er beurteilt eine bestimmte Betriebsform deshalb positiv, weil er sie leicht erreichen kann (geringe Entfernung), er dort Parkplätze vorfindet und das Sortiment gut strukturiert ist. Zwar sind die Zielerreichungsfähigkeiten nicht unabhängig von den genannten Eigenschaften eines Geschäfts, sie können aber denen nicht eindeutig zugeordnet werden.
4. Ein reines Polaritätenprofil lässt offen, ob und wie die Teilurteile zu einem Gesamturteil zusammengefasst werden und für welche abhängige Variable die Einzelurteile als Bestimmungsfaktoren angesehen werden können. Es findet keine Verknüpfung mit einer bestimmten Verhaltensweise statt.

Im Gegensatz zum semantischen Differential liefern Einstellungstheorien einen Rahmen dafür, wie einzelne Merkmale ausgewählt, aggregiert und zu einem Verhaltensaspekt in Beziehung gesetzt werden können. Einstellung kann wie folgt definiert werden:

Einstellung bezeichnet eine organisierte und erlernte Bereitschaft relativ dauerhafter Natur, in einer spezifischen Weise auf ein Einstellungsobjekt zu reagieren. Oft wird die Einstellung auch als Index der wahrgenommenen Instrumentalität bezeichnet; er drückt aus, inwieweit ein Einstellungsobjekt von einem Subjekt als geeignet angesehen wird, die persönlichen Ziele zu erreichen.

Im Folgenden werden die Zusammenhänge zwischen einer so definierten Einstellung, den Urteilen über einzelne Eigenschaften von Betriebsformen und Aspekten des beobachteten Verhaltens behandelt. Dies ist Gegenstand der sog. multiattributiven Einstellungsmodelle.

Neben dem Konstrukt Einstellung wird häufig auch das Image einer Einkaufsstätte als Einflussgröße auf die Nutzung eines Geschäfts untersucht. Häufig werden Image- und Einstellungsanalyse gleichgesetzt. Teilweise wird die Betrachtung aber auch erweitert. Ähnlich wie bei der Einstellung wird unterstellt, dass das Image zahlreiche Komponenten umfasst, in denen sich vor allem die absatzpolitischen Maßnahmen eines Händlers widerspiegeln (zu einer Abgrenzung des Begriffs Store Image vgl. Morschett 2002, S. 116–130 und die dort angegebene Literatur). Zum Teil wird postuliert, dass die Sortiments- und die Servicequalität Einflussfaktoren des Images darstellen und dass Rückschlüsse auf die beiden Qualitätsaspekte insbesondere von der Gestaltung des Verkaufsraumes beeinflusst werden (vgl. Baker/Grewal/Parasuraman 1994). Im Folgenden werden multiattributive Einstellungsmodelle vorgestellt, die die theoretische Basis für solche Imageanalysen bilden.

10.2.4.1 Modellvarianten

Den verschiedenen multiattributiven Einstellungsmodellen ist gemeinsam, dass sie die Einstellung als subjektives Gesamturteil über die Eignung eines Objekts, eines Geschäfts, einer Betriebsform oder einer Verhaltensweise zu differenzierten Vorstellungen über den beurteilten Gegenstand in Beziehung setzen (vgl. Trommsdorff 1975, S. 48–80). Bei den differenzierten Vorstellungen kann es sich um die sog. Eindruckskomponente handeln, also wie der Gegenstand subjektiv wahrgenommen wird, und um die sog. Gewichtungskomponente, mit der zum Ausdruck gebracht wird, wie wichtig der einzelne Aspekt im Hinblick auf das Gesamturteil angesehen wird. Die beiden Gesichtspunkte werden häufig multiplikativ verknüpft und die Produkte werden aufaddiert. Die zentrale Hypothese lautet, dass der Summenwert aus den differenzierten Vorstellungen mit der getrennt erhobenen affektiven Gesamtreaktion (Einstellung) kovariiert, d. h. dass die gefühlsmäßige Reaktion einer Person mit ihren kognitiven und motivationalen Einzelvorstellungen einhergeht.

Das Modell von Rosenberg

In Abbildung 10.8 ist das Modell von Rosenberg (1956) dargestellt. Rosenberg geht von der Grundvorstellung aus, dass sich Personen bei der Beurteilung eines Gegenstands von ihren Zielen (Motiven, Werten) leiten lassen, die sie erreichen wollen. Aus den generellen Motiven einer Lebensführung werden die im Hinblick auf einen konkreten Gegenstand relevanten Beurteilungskriterien abgeleitet. Die zentrale Frage im vorliegenden Kontext lautet also, welche Ziele ein Konsument mit der Auswahl einzelner Betriebsformen erreichen möchte, z. B. gesunde Lebensmittel erwerben zu können, aus einem großen Angebot wählen zu können, billig einkaufen zu können usw. Die Größen y_{ijk} auf der rechten Seite des in Abbildung 10.8 dargestellten Modells kann auch als das kognitive Gerüst der Einstellungen nach Rosenberg bezeichnet werden. Außerdem wird angegeben, wie wichtig das Erreichen einzelner Ziele ist, was auch als motivationale Komponente bezeichnet wird, weil hiermit die Bedeutung der einzelnen Einkaufsmotive zum Ausdruck gebracht wird. Auf der linken Seite steht ein Gesamturteil, das als eindimensionale affektive Reaktion des Subjekts zu verstehen ist (Einstellung im affektiven Sinn) und das ausdrückt, inwieweit ein Subjekt das Einstellungsobjekt mag bzw. das jeweilige Objekt im Hinblick auf seine eigenen Bedürfnisse gut oder schlecht findet.

$$E_{ij} = \sum_{k=1}^{n} y_{ijk} \cdot x_{ik}$$

mit

E_{ij} = Einstellung der Person i zu einem Objekt j, bspw. zu einer Einkaufsstätte

y_{ijk} = durch Person i wahrgenommene Instrumentalität (Eignung) von Objekt j bezüglich Ziel (Motiv, Wert) k (*perceived instrumentality*)

x_{ik} = Wichtigkeit des Ziels k für Person i (*value importance*)

Beispiel zur Messung:

Bei einem Besuch des Geschäfts xy wird...

das Ziel Einkaufsbequemlichkeit vollständig verfehlt |—|—|—|—| das Ziel Einkaufsbequemlichkeit vollständig erreicht

Das Ziel Einkaufsbequemlichkeit ist für mich...

wichtig |—|—|—|—| unwichtig

Abb. 10.8: Das Einstellungsmodell von Rosenberg

Charakteristisch für diesen Modelltyp ist also, dass das affektive Urteil in einer konsistenten Beziehung zur Summe der kognitiven Vorstellungen steht. Ein hoher Wert auf der rechten Seite sollte nach der Hypothese mit positiven Werten auf der linken Seite einhergehen.

Nach dem Modell sind insgesamt 2n + 1 Fragen zu beantworten: Für alle n Ziele muss ermittelt werden, inwieweit das Ziel durch einen Besuch der Betriebsform gefördert wird (*perceived instrumentality*) und wie das jeweilige Ziel beurteilt wird (*value importance*). Außerdem ist die (affektive) Einstellung E zu erheben, was meist eindimensional geschieht.

Das Modell von Fishbein

In Abbildung 10.9 ist das Modell von Fishbein (1963, 1967a) dargestellt. Formal ist das Fishbein-Modell dem Rosenberg-Modell sehr ähnlich. Es weist ebenfalls zwei Faktoren aus, die multipliziert und deren Produkte anschließend addiert werden. Die Unterschiede sind jedoch an dem Summationsindex zu erkennen. Während im Rosenberg-Modell über Ziele (Werte, Motive) summiert wird, addiert das Fishbein-Modell über Sachverhalte (Eigenschaften). Dieser Unterschied führte zu der Bezeichnung Durchschnittstheorie kontra Summentheorie (vgl. Trommsdorff 1975, S. 57). Die Begriffe erklären sich wie folgt: Jedes Ziel kann mittels mehrerer Eigenschaften erreicht werden. Da bei Rosenberg jedes Ziel nur einmal genannt wird, muss also angegeben werden, inwieweit alle Eigenschaften eines Objekts zusammen zur Erreichung dieses Ziels beisteuern. Bei Fishbein wird dagegen bezüglich aller gewichteten Sachverhalte (Eigenschaften) aufsummiert, was zu dem Begriff Summentheorie führt.

$$E_{ij} = \sum_{k=1}^{n} B_{ijk} \cdot a_{ik}$$

mit

E_{ij} = Einstellung der Person i zu einem Objekt j, bspw. zu einer Einkaufsstätte

B_{ijk} = Wahrscheinlichkeit, dass die Person i das Objekt der Einstellung j mit einem anderen Sachverhalt (Objekt, Konzept) k in Verbindung bringt (*strength of belief*)

a_{ik} = Bewertung des Sachverhalts k durch die Person i (*evaluative aspect of belief*)

Beispiel zur Messung:

Dass das Geschäft eine umfassende Beratung anbietet, ist...

wahrscheinlich |—|—|—|—| unwahrscheinlich

Umfassende Beratung ist...

gut |—|—|—|—| schlecht

Abb. 10.9: Das Einstellungsmodell von Fishbein

Auf dem hier zugrunde gelegten Abstraktionsniveau mag der Unterschied zwischen Sachverhalten und Zielen einleuchten. Schwieriger wird jedoch die Abgrenzung, wenn konkrete Fälle zu bearbeiten sind.

Fishbein spricht sehr allgemein von anderen Sachverhalten, Objekten und Konzepten, die mit dem Objekt der Einstellung in Verbindung gebracht werden. Er unterscheidet sechs Typen von Vorstellungen (*beliefs*) über ein Objekt (vgl. Fishbein 1967b, S. 259):

- Vorstellungen in Bezug auf Bestandteile des Objekts,
- Vorstellungen über Eigenschaften, Qualitätsmerkmale oder Attribute des Objekts,
- Vorstellungen über die Beziehung des Objekts zu anderen Objekten,
- Vorstellungen darüber, ob das Objekt das Erreichen verschiedener Ziele (*goals, valued states*) fördert oder verhindert,
- Vorstellungen, was in Bezug auf das Objekt getan werden sollte und
- Vorstellungen, was dem Objekt gestattet werden sollte zu tun und was nicht.

Die Auflistung zeigt, dass keineswegs nur Produkteigenschaften in die Überlegungen einbezogen werden. Im Übrigen enthält der Katalog auch jene Ziele, die konstituierend für das Rosenberg-Modell sind.

Insgesamt hat sich in einer langjährigen Forschung bestätigt, dass Einstellungen und Verhalten eng miteinander verknüpft sind (vgl. z. B. die Meta-Analyse zum erweiterten Fishbein-Modell bei Sheppard/Hartwick/Warshaw 1988).

Das Modell von Trommsdorff

Andere Einstellungsmodelle setzten die affektive Gesamtreaktion (Einstellung) mit (absoluten) Differenzen von idealen und wahrgenommenen Merkmalen des Einstellungsobjekts in Beziehung. Bei Einkaufsstätten können dies Differenzen von erwünschten und wahrgenommenen Ausprägungen absatzpolitischer Instrumente sein. Solche Einstellungsmodelle werden als Idealpunktmodelle bezeichnet. Beispielhaft ist das Modell von Trommsdorff (1975) in Abbildung 10.10 dargestellt. Eine Besonderheit dieses Modells stellt der Verzicht auf Gewichtungsfaktoren dar. Solche Modelle gehen von der Grundidee aus, dass Konsumenten eine ideale Vorstellung von einem Objekt (hier ihrer idealen Betriebsform) ausgebildet haben und vorliegende Alternativen daran messen, wie nahe die Objekte dem Idealbild in den einzelnen Dimensionen kommen.

Abbildung 10.11 verdeutlicht graphisch, wie zwei Objekte (Betriebsformen) in einem zweidimensionalen Wahrnehmungsraum positioniert sein können und in welcher Beziehung sie zu einem Idealpunkt stehen.

Gelegentlich werden solche Räume in der Literatur auch als *joint spaces* bezeichnet. Abstrahiert man zuerst von dem Idealpunkt I und dem um ihn gezeichneten Kreis, so macht das Schaubild deutlich, dass die erste Betriebsform (Objekt 1) bezüglich des Merkmals 1 (z. B. der Preisgünstigkeit) relativ schwach beurteilt wird, dafür aber hinsichtlich des Merkmals 2 (z. B. der Anzahl der geführten Artikel) besser abschneidet. Umgekehrt verhält es sich bei der zweiten Betriebsform (Objekt 2). Inzwischen sind zahlreiche Modellvarianten entwickelt worden (vgl. den Überblick bei Theis 1992).

$$E_{ij} = \sum_{k=1}^{n} \left| B_{ijk} \cdot I_{ik} \right|$$

mit

E_{ij} = Einstellung von Person i zu einem Objekt j, bspw. zu einer Einkaufsstätte

B_{ijk} = die von Person i wahrgenommene Ausprägung des Merkmals k (von Objekt j)

I_{ik} = die von Person i als ideal empfundene Ausprägung des Merkmals k

Beispiel zur Messung:

Wie schätzen Sie die Modeorientierung des Geschäfts xy ein?

klassisch |——|——|——|——| trendy

Welche Ausprägung des Merkmals Modeorientierung empfinden Sie als ideal?

klassisch |——|——|——|——| trendy

Abb. 10.10: Das Idealpunktmodell von Trommsdorff

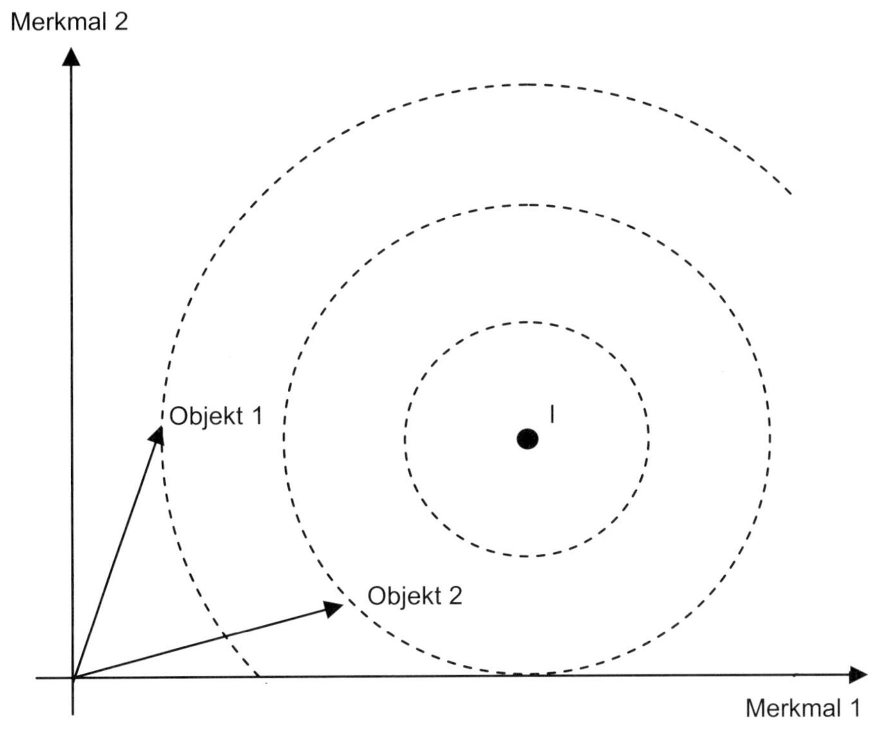

Abb. 10.11: Die Position zweier Betriebsformen im zweidimensionalen Raum

10.2.4.2 Beurteilung der Einstellungsmodelle

Die multiattributiven Einstellungsmodelle stellen eine bewährte Methode dar, um die Vorstellungen der Verbraucher über einzelne Betriebsformen oder Einkaufsstätten abzubilden und so Unterschiede zu den jeweiligen Konkurrenten deutlich zu machen. Wenn die Modelle Gewichtungsfaktoren verwenden, liefern sie wichtige Informationen, auf welche Sachverhalte die Nachfrager besonderen Wert legen, und geben Hinweise, an welcher Stelle die Leistungen des eigenen Unternehmens vorrangig verbessert werden sollen. Sie fungieren als theoretische Basis für Imageanalysen. Unter bestimmten Modellannahmen können sogar die Marktanteile einer neuen Betriebsform in einem Markt bestimmt werden (vgl. dazu Müller-Hagedorn/Natter 2011, S. 123–126). Prägend für die Modelle ist der Umstand, dass die Vorstellungen und ggf. die Gewichtungsfaktoren direkt von Verbrauchern erfragt werden.

Die multiattributiven Einstellungsmodelle erfassen allerdings nur den mittleren Ausschnitt aus der Wirkungskette in Abbildung 10.12.

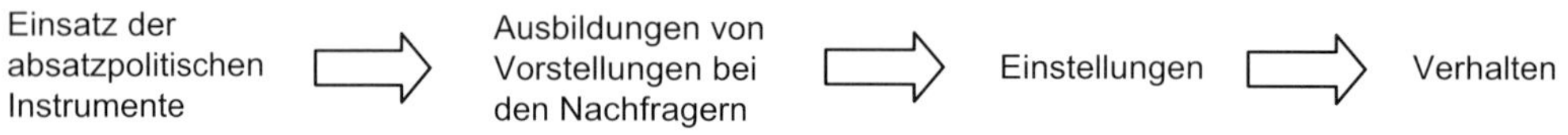

Abb. 10.12: Wirkungskette der absatzpolitischen Instrumente

Moderne statistische Verfahren machen es möglich, die Wirkungsbeziehungen zwischen dem Einsatz der absatzpolitischen Instrumente und dem Verhalten umfassender darzustellen und zu testen. Es handelt sich um einstellungsähnliche Ansätze, die allerdings Strukturgleichungsmodelle verwenden.

Bei der Beurteilung der vorgestellten Modelle ist Folgendes zu beachten:

- Das Verhalten wird häufig nicht nur durch Einstellungen, in denen das persönliche Urteil einer Person über die Eignung eines Objektes erfasst wird, gesteuert. Dies gilt gerade für die Wahl einer Betriebsform. So werden viele Einkäufe zusammen mit anderen Personen (Familienmitgliedern, Kindern, Freunden) durchgeführt, so dass es naheliegt, die soziale Determiniertheit als situativen Faktor zu berücksichtigen. Außerdem kann es Hindernisse geben, ein Geschäft der gewünschten Betriebsform aufzusuchen, z. B. weil das präferierte Geschäft bereits geschlossen ist, so dass man entgegen den eigenen Präferenzen für einen Supermarkt oder ein SB-Warenhaus einen Convenience-Shop aufsuchen muss. Zwischen Einstellung und Verhalten werden also weitere Einflussfaktoren wirksam, die sich aus der spezifischen Situation ergeben.
- An den Wahrnehmungsräumen zur Darstellung der Position einzelner Betriebsformen wird kritisiert, dass sie die klassischen Variablen der Haushaltstheorie, nämlich die Preisverhältnisse und die Begrenztheit des Budgets der Nachfrager, nicht hinreichend berücksichtigen. Es stellt sich folglich die Frage, ob die Preisgünstigkeit wie andere Merkmale als eigene Dimension in die Konstruktion von Wahrnehmungsräumen aufgenommen werden kann oder ob dieser Faktor eine andere Behandlung erfordert. Die Höhe des Budgets der Nachfrager wird in den Wahrnehmungsmodellen nicht berücksichtigt, es sei denn, dass der Einfluss des Budgets indirekt über die Gewichtung einzelner Dimensionen erfasst wird.

- Es handelt sich um kompensatorische Modelle, d. h. der Konsument ist bereit, eine Schwäche in einem Merkmal durch eine Stärke in einem anderen Merkmal zu kompensieren.
- Die Modelle unterstellen eine simultane Berücksichtigung aller Aspekte. Sie sehen den Konsumenten als eine Person, die alle Gesichtspunkte in systematischer Weise berücksichtigt.
- Problematisch sind insbesondere die multiplikativen Modelle, wenn sie Messfehler aufweisen und diese Messfehler gegebenenfalls miteinander multipliziert werden.

Entscheidend ist darüber hinaus, dass nur die Merkmale in die Betrachtung aufgenommen werden, die verhaltenswirksam (salient) sind. Man könnte vermuten, dass nur Merkmale wie die Preisgünstigkeit, die Auswahl, die Sauberkeit oder die Freundlichkeit des Personals relevant sind, stellt aber fest, dass auch zahlreiche andere Aspekte eine Wirkung entfalten können. So ist die Literatur von vielen Bemühungen gekennzeichnet, die relevanten Merkmale zu bestimmen. Zu nennen ist z. B. Deppisch (1997, S. 107–110), der auf der Grundlage einer eingehenden Literaturanalyse eine vergleichende Übersicht erstellt hat. Er nennt zusammenfassend die folgenden Beurteilungskriterien: Sortiment, Preisaspekte, Beratung/persönliche Interaktion, Erreichbarkeit, tangibles Umfeld, Zuverlässigkeit, Zusatzleistungen, Werbung. Swoboda (2000, S. 154) hat 29 Faktoren zu acht Faktoren verdichtet: Anmutung/Präsentation, Zusatzleistungen, Qualität des Angebotes, Zeitdauer des Einkaufs, Preisniveau, Sortiment, Bedienung und Öffnungszeiten.

10.2.5 Einfluss der Retail Brand auf die Wahl der Einkaufsstätte

Die zuvor behandelten multiattributiven Einstellungsmodelle haben gezeigt, wie Betriebsformen als Positionen in einem Beurteilungsraum (*joint space*) dargestellt werden können. Es wird deutlich, inwieweit die Nachfrager die Verkaufsstellen einzelner Unternehmungen als gleich oder unterschiedlich empfinden. Oft ist allerdings zu hören, dass die Verbraucher keine wesentlichen Unterschiede zwischen einzelnen Warenhäusern, Supermärkten oder Fachgeschäften sehen, die Geschäfte seien zu wenig profiliert. Es wurde deshalb vorgeschlagen, die Techniken der Markenführung, wie sie aus dem Produktmarketing der Industrie bekannt sind, auch auf die Betriebsformen des Handels zu übertragen. Das Ergebnis wird Betriebstypenmarke, Store Brand oder Händlermarke genannt. Es wurden Konzepte entwickelt, die Händler bzw. ihre einzelnen Vertriebsschienen als Marken (*retail brand*) interpretieren (vgl. die Literaturübersicht bei Hälsig 2008, S. 30–32). Wenn es gelingt, einen Händler als Marke im Bewusstsein der Kunden zu verankern, beeinflusst das die Präferenzen gegenüber den Händlern im Evoked Set der Kunden und damit die Wahl einzelner Geschäfte. Mit dieser Vorstellung ist die Entwicklung und Pflege von Händlermarken zu einem zentralen Thema bei der Analyse von Betriebsformen geworden.

Der Begriff Händlermarke unterscheidet sich nicht grundsätzlich von dem Begriff der Marke, der im Zusammenhang mit einem Produkt verwendet wird. Zum einen wird die Marke als Zeichen (Symbol), zum anderen als die markierte Leistung verstanden. Die Markierung soll der Abgrenzung bzw. Differenzierung von Wettbewerbern dienen und bei Adressaten der Maßnahme bestimmte Assoziationen und Empfindungen auslösen. Die Bezugsobjekte einer Händlermarke können unterschiedlich sein. So kann sich die Markierung auf die gesamte Handelsunternehmung, eine Vertriebsschiene oder eine einzelne Verkaufsstelle beziehen. Wer eine Betriebstypenmarke schaffen will, hat zwei Sachverhalte ins Auge zu fassen,

- die Marke ist rechtlich zu schützen und
- die Marke muss bei den relevanten Gruppen verhaltenswirksam verankert werden.

Marken sind geschützte Zeichen. Ahlert, Kenning und Schneider (2000, S. 105) heben diesen Gesichtspunkt hervor, wenn sie definieren:

„Unter einer Betriebstypenmarke soll im folgenden eine Marke verstanden werden, die sich im rechtlichen Eigentum einer Handelsunternehmung befindet und mit der die jeweilige Handelsunternehmung ihre Betriebstypen kennzeichnet."

Es kommt aber ein zweites Element hinzu. Mit einem Hinweis auf die Handelsunternehmung müssen Vorstellungen, die die angesprochenen Kreise mit dem betreffenden Warenzeichen verbinden sollen, ausgelöst werden. Dies bringt auch Meffert (2000, S. 847) in seiner häufig zitierten Definition zum Ausdruck, wenn er die Marke „als ein in der Psyche der Konsumenten verankertes, unverwechselbares Vorstellungsbild" bezeichnet. Mit dieser Definition wird hervorgehoben, dass es sich erstens bei der Marke um subjektive Vorstellungen handelt (die bei einzelnen Personen unterschiedlich sein können), dass zweitens eine unverwechselbare Identität vorliegen soll und dass es sich drittens um ein Vorstellungsbild mit unter Umständen mehreren Facetten handelt. So könnte es sein, dass ALDI beispielsweise folgende Attribute zugeordnet werden:

- „Wenn ich dort einkaufe, bekomme ich gute Qualität für mein Geld."
- „Die würden sich nicht trauen, schlechte Ware zu verkaufen."
- „Ich habe das Gefühl, dort Zeit zu sparen."

Solche Vorstellungsbilder werden von Meffert, Burmann und Kirchgeorg (2008, S. 364–367) auch als Markenimage bezeichnet, das sie in drei Komponenten unterteilen:

- das subjektive Wissen der Nachfrager um Attribute der Marke,
- Assoziationen, welche Persönlichkeitseigenschaften sie der Marke zuschreiben, und
- sämtliche Nutzendimensionen, wie einen funktional-utilitaristischen Nutzen (z. B. nah), einen ökonomischen Nutzen (z. B. preiswert), einen sozialen Nutzen (z. B. von einem exklusiven Anbieter), einen sinnlich-ästhetischen Nutzen (z. B. eine schöne Ladenausstattung) und einen hedonistischen Nutzen (z. B. stimulierende Erlebnisse).

Eine Marke zu gestalten, bedeutet also, erwünschte Vorstellungen und Reaktionen (Ziele) auszulösen. Diese gilt es zunächst zu konkretisieren. Des Weiteren sind die Maßnahmen zu benennen, mit denen eine Zielerreichung angestrebt wird, wobei die einzelnen absatzpolitischen Instrumente im Mittelpunkt stehen werden, und schließlich ist der Einfluss dieser Instrumente auf die ausgewählten Ziele zu quantifizieren. Hierfür sind zwischenzeitlich Modellvarianten entwickelt worden, die in ihrer Komplexität über die Einstellungsmodelle hinaus gehen, was an einem Modell von Morschett (2002) gezeigt werden soll.

Morschett (2002, S. 327) zählt zu den Zielen, die bei der Etablierung einer Händlermarke zu beachten sind und die letztendlich dem ökonomischen Erfolg (Umsatzentwicklung, Gewinnentwicklung, Markanteilsentwicklung, Flächenproduktivität) dienen sollen, den psychographischen Erfolg, der mehrere Aspekte aufweist:

- die Bekanntheit,
- das Vertrauen,
- die Sympathie,
- die Treue der Kunden zum Unternehmen,
- die Wahrnehmung als einzigartig/nicht austauschbar und
- ein festes Gedächtnisbild/feste Assoziationen.

Diese Größen stehen in enger Beziehung zu einem Konstrukt, das „Markenwertschätzung" genannt wird, allerdings in reflektiver Form (zur Verwendung reflektiver Indikatoren vgl. Rossiter 2010). Wie auch Abbildung 10.13 zeigt, ist diese zentrale Größe von mehreren Faktoren abhängig. So bestimmt die „subjektive" Wahrnehmung des Marketing-Mix, die eine dreidimensionale Struktur aufweist (Leistungsqualität, Bequemlichkeit/Leistungsumfang, Preisniveau) zusammen mit der Marktpräsenz (Bekanntheit von Outlets und mediale Präsenz) den Markenwert. Daneben ist auch die Markenbekanntheit als Einflussgröße anzusehen. Zusätzlich zu der Gestaltung der einzelnen Instrumente wird ihrer Integration (Fit) und der Fokussierung des Marketings auf bestimmte Schwerpunkte eine besondere Bedeutung beigemessen. Es wird deutlich, dass zur internen Repräsentanz einer Einkaufsstätte oder einer Betriebsform mehr Größen herangezogen werden, als dies in den multiattributiven Einstellungsmodellen der Fall ist. Außerdem sind die einzelnen Größen in komplexerer Weise untereinander verknüpft.
Zur Erreichung der psychographischen Ziele dienen im Wesentlichen die absatzpolitischen Instrumente eines Handelsunternehmens, die bekanntlich unterschiedlich detailliert dargestellt werden können. Swoboda, Morschett und Foscht (2004) schlagen eine Einteilung in die Leistungsbereiche Preis, Service, Problemlösung, Lifestyle, Werte, Inszenierung, Sortimentsqualität und Auswahl vor und zeigen an Beispielen, dass einzelne Unternehmungen hier unterschiedliche Schwerpunkte setzen.

Es zeigt sich, dass die Markenwertschätzung zu einem erheblichen Anteil ($r^2 = 0{,}530$) durch die drei Dimensionen der Marketing-Mix-Wahrnehmung erklärt werden kann. Ebenso groß ist dabei die Erklärungskraft der Integration der absatzpolitischen Instrumente ($r^2 = 0{,}662$). Schließlich wird die Wirkung des Markenwertes auf die Erfolgsgröße Kaufverhalten ermittelt, die mit Hilfe der beiden Indikatoren Ausgabenanteil und Kaufhäufigkeit gemessen wird. Es ist festzustellen, dass der Erfolg zu einem nennenswerten Anteil ($r^2 = 0{,}373$) mit Hilfe der Markenwertschätzung und der Markenbekanntheit erklärt werden kann, wobei der Wertschätzung eine deutlich größere Bedeutung bei der Varianzerklärung zukommt. Im Vergleich zu der Markenbekanntheit spielt die Wertschätzung einer Marke eine deutlich größere Bedeutung für das Verhalten der Kunden. Die Analyse einzelner Gestaltungsoptionen eines Händlers zeigt, dass die Handelsmarkenpolitik und eine tendenziell konstante Preispolitik für den Aufbau einer Handelsmarke wichtig sind.

Eine prinzipiell ähnliche Struktur weist das Modell von Hälsig (2008, S. 101) auf, der einen branchenübergreifenden Ansatz präsentiert. Danach wird die *retail brand equity* von den wahrgenommenen Dimensionen der Handelsmarketinginstrumente, der wahrgenommenen Marktpräsenz und dem wahrgenommenen Fit der Handelsmarketinginstrumente beeinflusst. Eine moderierende Wir-

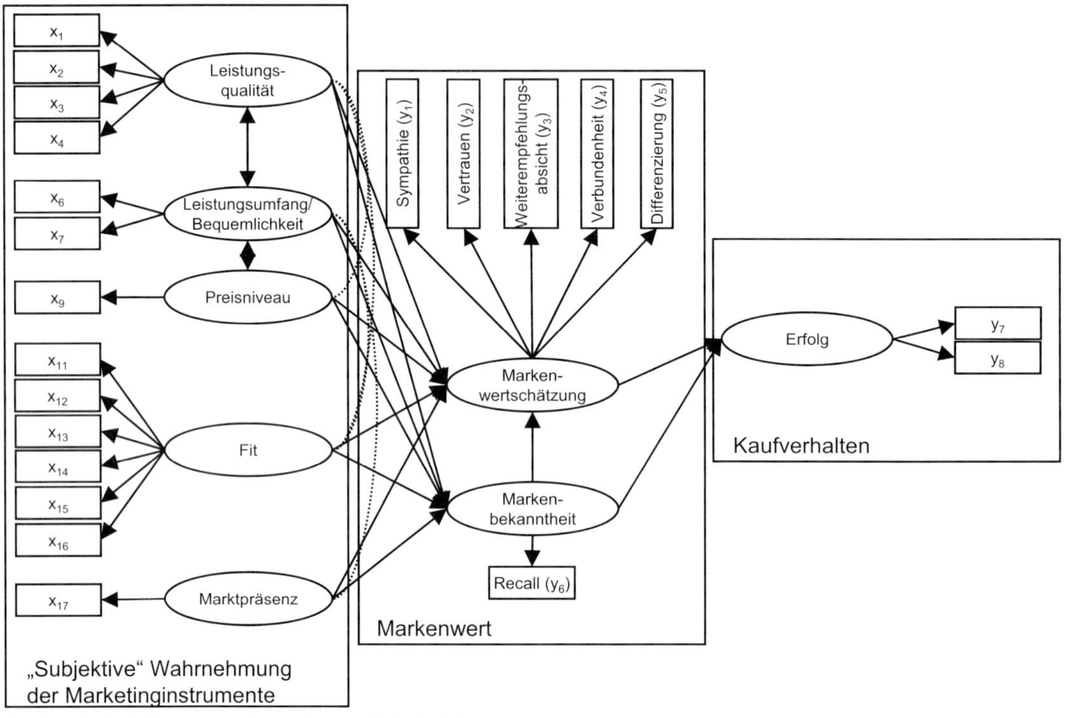

Quelle: in Anlehnung an Morschett 2002, S. 472

Abb. 10.13: Zusammenhang zwischen der „subjektiven" Wahrnehmung des Marketing-Mix, dem Markenwert und dem Kaufverhalten

kung üben dabei die Branche, die Einkaufsmotive und das Involvement der Konsumenten aus. Die *retail brand equity* beeinflusst ihrerseits den Erfolg. Hälsig kommt zu einer etwas anderen Strukturierung des wahrgenommenen Marketing-Mix, indem er zwischen fünf Faktoren – dem Service, dem Preis-Leistungs-Verhältnis, der Kommunikation, dem Sortiment und der Ladengestaltung – unterscheidet. Die *retail brand equity* wird mit insgesamt fünf Dimensionen (Vertrauenswürdigkeit, Weiterempfehlungsabsicht, Verbundenheit, Differenzierungskraft, Sympathie) erfasst. Schließlich wird der Erfolg mit den Größen zukünftige Kaufabsicht und bisheriger Ausgabenanteil abgebildet. Die meisten der postulierten Zusammenhänge erweisen sich als signifikant, lediglich die mangelnde Diskriminanzvalidität zwischen der Marktpräsenz und einzelnen Aspekten des Marketing-Mix verhindert die Überprüfung der Wirkung, die von der Marktpräsenz ausgeht. Die Ergebnisse der Untersuchung zeigen, dass dem Service eine hohe Bedeutung beim Aufbau einer starken Händlermarke zukommt. Ebenso weist der Fit der Handelsmarketinginstrumente eine große Bedeutung auf.

Hupp und Schuster (2000) sowie Hupp und Petke (2005) stellen eine Größe in den Mittelpunkt ihrer Überlegungen, die sie Brand Potenzial Index (BPI) nennen. Es handelt sich um ein Konglomerat unterschiedlicher Sachverhalte (aus Identifikation, Bekanntheit, Uniqueness, Mehrpreisakzeptanz, Markensympathie, Markenvertrauen, Absicht zur Weiterempfehlung, Markenloyalität, Kaufabsicht), bei dem offenbleibt, inwieweit es sich um unterschiedliche Konstrukte handelt und wie sie zusammenwirken. Aaker (1997) will die Markenpersönlichkeit erfassen, indem sie die Befragten einem Geschäft menschliche Eigenschaften zuordnen lässt. Sie definiert Markenpersönlichkeit als „the set of human characteristics associated with a brand“ (Aaker 1997, S. 347). In die Klasse der Strukturgleichungsmodelle gehört auch das Modell von Baker, Parasuraman, Grewal und Voss (2002), das hier weniger deswegen angeführt wird, weil es eine Beziehung zwischen verschiedenen Teilurteilen und der beabsichtigten Geschäftstreue bzw. der Sortimentsattraktivität herstellt, sondern weil die Teilurteile als Ergebnis verschiedener vereinfachender Beurteilungsprozesse gesehen werden (zu einer weitergehenden Darstellung der genannten Ansätze vgl. auch Müller-Hagedorn/Natter 2011, S. 134–136).

Es gibt mehrere Theorien, die die Bedeutung der Marke für das Konsumentenverhalten thematisieren (vgl. Aaker 2002). Nach dem Self-Expression-Model wünschen Konsumenten bestimmte Marken, um ihrem angestrebten Lebensstil nahezukommen. Sie suchen eine größtmögliche Übereinstimmung zwischen der von ihnen angestrebten Persönlichkeit und der Persönlichkeit der Marke (Kongruenzhypothese). Nach dem Relationship Basis Model (vgl. Fournier 1998) wird die Marke nicht nur als Instrument der Selbstinszenierung gesehen, sondern als Beziehungspartner. Es entsteht eine freundschaftsähnliche Beziehung, die auf Vertrauen, Zuverlässigkeit, Verständnis und Fürsorge beruht (z. B. fröhliche Marken, ernste Marken, *brand like a friend*). Nach dem Functional Benefit Model können mit der Marke funktionale Markenattribute strukturiert werden.

Untersuchungen zeigen, dass die Bildung von Marken nicht nur auf einzelne Einkaufsstätten, Vertriebsschienen oder Handelsunternehmungen beschränkt bleiben muss, sondern auch auf Einkaufszentren übertragen werden kann (vgl. Dennis/Murphy/Marsland et al. 2002).

10.2.6 Der Beitrag der Conjoint-Analyse zur Bestimmung des Nutzens von Einkaufsstätten und ihren Merkmalen

Zu einem besonders wichtigen Instrument, mit dem Gründe für Präferenzen gegenüber bestimmten Objekten und ihre Bedeutung bestimmt werden können, haben sich Conjoint-Analysen entwickelt (vgl. Backhaus/Erichson/Plinke et al. 2008, S. 451–499; Teichert/Sattler/Völckner 2008). Ursprünglich als ein dekompositionelles Verfahren entwickelt, das auf der Grundlage von Präferenzurteilen Teilnutzenwerte einzelner Merkmalsausprägungen und die relative Wichtigkeit der betrachteten Merkmale für die Bildung des Gesamturteils bestimmt, hat sich im Laufe der Zeit unter dem Begriff Conjoint-Analyse eine Palette von Verfahren etabliert (neben den klassischen Ansätzen die Hybrid-Conjoint-Analyse, die Adaptive-Conjoint-Analyse und die Choice-Based-Conjoint-Analyse), die teilweise auch kompositionelle Elemente enthalten (vgl. zu einem Überblick Backhaus/Erichson/Plinke et al. 2008, S. 492–495; Völckner/Sattler/Teichert 2008). Die klassische Variante der Conjoint-Analyse (vgl. Green/Srinivasan 1978, S. 103–105) bestimmt aus den Präferenzurteilen einer oder mehrerer Testpersonen für eine Menge von Objekten die Parameter (Teilnutzenwerte) eines vorher festgelegten Präferenzmodells. Bei den Objekten handelt es sich meist um Produkte oder Dienstleistungen. Im vorliegenden Fall sollen unterschiedliche Betriebsformen analysiert werden. Sie werden dabei durch systematische Variation und Kombination diskreter Ausprägungsstufen relevanter Merkmale konstruiert. Ginge man z. B. von fünf Merkmalen aus (Größe des

Geschäfts, Erreichbarkeit, Sortimentsbreite, Service, Preisniveau) und würde man für jedes Merkmal nur zwei Ausprägungen vorsehen, käme man auf $2^5 = 32$ Betriebsformen (Profile).

Das große Interesse an Conjoint-Analysen ist damit zu erklären, dass ihre Ergebnisse Angaben darüber machen, welchen Beitrag die Ausprägungen einzelner Eigenschaften des betrachteten Objekts zu der Präferenz (zu dem Nutzen) eines Subjekts leisten. Dabei werden die Teilnutzenwerte auf Intervallskalenniveau dargestellt. Es wird also nicht nur mit einem kardinalen Nutzenbegriff zum Ausdruck gebracht, welche Wertschätzung ein Objekt insgesamt bei einem Subjekt genießt, sondern daneben werden auch den einzelnen Teileigenschaften dieses Objekts Teilnutzen zugeordnet. Grundlage der Conjoint-Analyse ist zumeist ein additives Nutzenmodell. Der einem Stimulus zugeordnete Nutzen ergibt sich aus der Summe der Teilnutzen der relevanten Merkmale ($n = 1,\dots, N$) mit ihren spezifischen Merkmalsausprägungen ($m = 1,\dots, M$). Mit der Formel (10.2) wird in einem ersten Schritt dargestellt, dass jede einzelne Eigenschaft einer Betriebsform einen (Teil-)Nutzen stiften kann, der davon abhängt, welche Ausprägung der jeweiligen Eigenschaft betrachtet wird:

$$(10.2) \qquad U_{sn} = \sum_{m=1}^{M} \beta_{nm} \cdot x_{snm}$$

mit:

U_{sn} = ermittelter Teilnutzenwert für Merkmal n der Betriebsform s

β_{nm} = geschätzter Teilnutzenwert für Ausprägung m von Merkmal n

x_{snm} = binäre Dummy-Variable mit Ausprägung 1, falls bei der Betriebsform s das Merkmal n die Ausprägung m aufweist, sonst 0

Der einer Betriebsform s zugeordnete Nutzen (U_s) ergibt sich, wenn die Teilnutzen aller Eigenschaften einer Betriebsform addiert werden:

$$(10.3) \qquad U_s = \sum_{n=1}^{N} U_{sn}$$

Betriebsformen können als Bündel einzelner Eigenschaften interpretiert werden. So lässt sich z. B. ein SB-Warenhaus als ein Geschäft mit einer großen Auswahl in den zentralen Warengruppen, mit Food- und Non-Food-Artikeln, mit einer moderaten Preispolitik und als ein Geschäft mit vorwiegend Selbstbedienung charakterisieren. Andere Geschäfte haben andere Ausprägungen in diesen Eigenschaften, wobei im Regelfall kein Geschäft für sich in Anspruch nehmen kann, in allen Eigenschaften für alle Konsumenten Ausprägungen mit den höchsten Nutzenwerten aufzuweisen. Manchen Kunden genügt eine beschränkte Auswahl, andere legen großen Wert auf eine breite Auswahl. So werden einige das Angebot von Non-Food-Artikeln in Kombination mit Lebensmitteln präferieren, andere kritisieren die dadurch bedingte Größe des Verkaufsraums. Die Conjoint-Analyse macht deutlich, welchen Nutzen die Befragten einzelnen Eigenschaftsausprägungen zuordnen. Im Gegensatz zur Einstellungstheorie haben die Befragten im Rahmen der klassischen Conjoint-Analyse nicht anzugeben, wie sie einzelne Eigenschaften bewerten, sondern sie haben einzelne Betriebsformen in ihrer Gesamtheit miteinander zu vergleichen. Dies könnte etwa in folgender Form geschehen:

- Wenn Sie für geschäftliche Zwecke (Business) neue Kleidung zu kaufen hätten, welches der beiden Geschäfte würden Sie bevorzugen, ein Textilkaufhaus, wie z. B. Peek & Cloppenburg, oder eine Boutique für Damen-/Herrenbekleidung? (anschließend weitere Paarvergleiche)
- Wenn Sie auf einer Skala von 0 bis 100 Punkte vergeben sollten, wie viele Punkte bekäme dann ein Textilkaufhaus, wie z. B. Peek & Cloppenburg, in dem Fall, dass sie für geschäftliche Zwecke neue Kleidung einkaufen wollten?

Während mit der ersten Frage, die Präferenz für eine Betriebsform als ordinalskalierte Größe erhoben wird, misst die zweite Frage diese Größe intervallskaliert. Für beide Fälle gibt es Varianten der Conjoint-Analyse, die es erlauben, die Teilnutzenwerte zu ermitteln. Conjoint-Analysen stellen ohne Zweifel eine Form der Präferenzanalyse dar, die die höchste praktische Relevanz gefunden hat, wenn die Anwendungen sich auch vorwiegend auf Probleme der Produkt- und Preispolitik beziehen. Anwendungen im Bereich der Betriebsformenanalyse sind dagegen eher selten (vgl. Tantiwong/Wilton 1985; Swoboda 2000; Schaupp/Bélanger 2005). Einen wichtigen Beitrag kann die Conjoint-Analyse bei der Entwicklung neuer Betriebsformen leisten. Schaupp und Bélanger (2005) haben mit Hilfe der Conjoint-Analyse die Bedeutung einzelner Online-Shop-Attribute für die Kundenzufriedenheit untersucht. Sie differenzieren zwischen drei Gruppen von Faktoren (*technology, shopping, product*) mit je drei Attributen. Die mit Abstand größte Bedeutung kommt nach dieser Untersuchung dem Datenschutz zu, gefolgt vom Sortiment. Auf der Basis solcher Erkenntnisse lässt sich ein Online-Shop den Bedürfnissen der Kunden besser anpassen und damit seine Attraktivität erhöhen.

Beispielhaft sei eine Studie vorgestellt, mit der untersucht werden sollte, wie Konsumenten zu alternativen Formen des Automobilhandels stehen (vgl. Zielke/Preißner/Wierich 2002). In einem ersten Schritt legten die Autoren fest, welche Merkmale für die Wahl einer Automobilhandlung für den Nachfrager wichtig sein können. Nach einer Befragung und Verrechnung der erhobenen Daten kamen sie zu der in Abbildung 10.14 dargestellten Liste.

Die Liste zeigt zum einen die Ausprägungen (Spalte 2) der betrachteten Merkmale (Spalte 1) einzelner Betriebsformen, zum anderen die Teilnutzenwerte (Spalte 3), die so standardisiert sind, dass sie pro Merkmal in der Summe Null ergeben. Ein negativer Wert zeigt an, dass durch die dazugehörige Merkmalsausprägung der Nutzen der jeweiligen Betriebsformenalternative abgesenkt wird, positive Werte erhöhen ihn. So ist z. B. zu erkennen, dass die Ausprägung „keine Werkstattleistungen", also reiner Handel, einen negativen Nutzenbeitrag von –45,05 leistet. Für die Ausprägungen der Preispolitik sind die Ergebnisse in Abbildung 10.15 auch graphisch dargestellt.

Die Abbildung 10.15 verdeutlicht, dass der Nutzen des Preisnachlasses wahrscheinlich nicht linear ansteigt. Obwohl die Abstände zwischen den Ausprägungen der Preisnachlässe mit 5 % durchgehend gleich sind, verändert sich der Nutzen unterschiedlich stark. Der stärkste Anstieg ist zwischen den Stufen „5 % Nachlass" und „10 % Nachlass" zu beobachten. Das bedeutet, dass ein Händler den Nutzen eines Nachfragers durch die Erhöhung des Rabatts auf den Listenpreis von 5 % auf 10 % stärker steigern kann als mit einer Erhöhung von 10 % auf 15 %.

Merkmal	Ausprägung	Wert
Markenvielfalt	Angebot, das auf eine Marke beschränkt ist	-14,90
	Angebot mehrerer in Frage kommender Marken	14,90
Variantenvielfalt	Auswahl zwischen 3 bis 5 Varianten je Modell (sofort lieferbar)	-2,38
	Individuelle Variantenauswahl (Bestellung beim Hersteller)	2,38
Werkstattleistungen	Keine Werkstattleistungen	-45,05
	Herstellergebundene Werkstattleistungen (keine Original-Inspektion, keine Original-Ersatzteile)	14,92
	Herstellergebundene Werkstattleistungen (Original-Inspektion, Original-Ersatzteile)	30,13
Kaufergänzende Dienstleistungen	Keine Fachberatung, keine Finanzierung, keine Zulassung des Fahrzeugs durch den Händler	-55,57
	Fachberatung, Finanzierung, Zulassung	55,57
Preis	Listenpreis, d. h. kein Nachlass	-83,61
	5 % Nachlass auf den Listenpreis	-30,43
	10 % Nachlass auf den Listenpreis	36,36
	15 % Nachlass auf den Listenpreis	77,68

Quelle: Zielke/Preißner/Wierich 2002, S. 141

Abb. 10.14: Merkmale, Ausprägungen und ihre Teilnutzenwerte

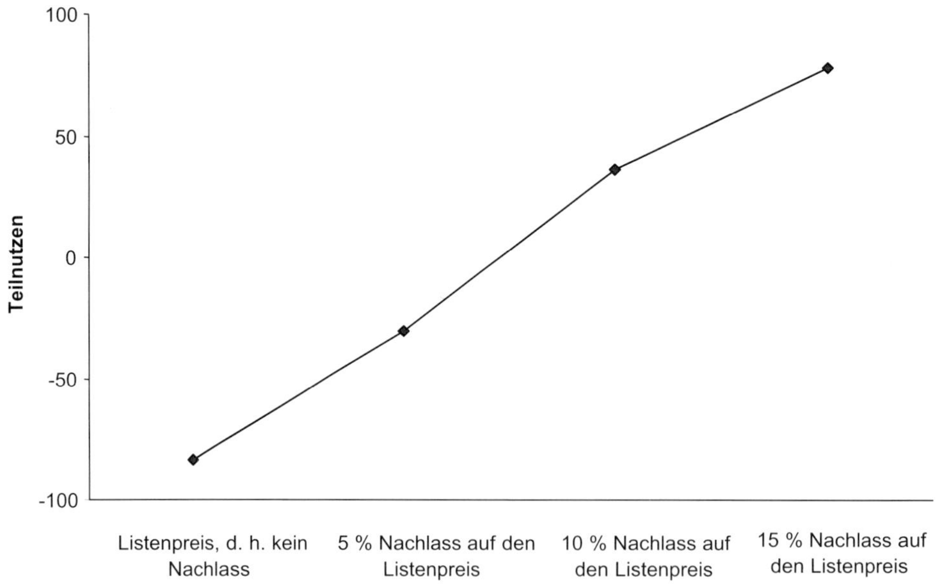

Quelle: Zielke/Preißner/Wierich 2002, S. 141

Abb. 10.15: Teilnutzenfunktion für das Merkmal Preis

Aus den Ergebnissen einer Conjoint-Analyse lassen sich über die Teilnutzen hinaus folgende Ergebnisse ermitteln:

- die Wichtigkeit einzelner Eigenschaften (als Verhältnis zwischen der Spannweite der Teilnutzen einer Eigenschaft und der Summe der Spannweiten aller Eigenschaften),
- der Gesamtnutzen unterschiedlicher Betriebsformen (als Summe der Teilnutzenwerte ihrer Eigenschaftsausprägungen),
- die Marktanteile einzelner Betriebsformen, was Vorstellungen über den Zusammenhang zwischen Präferenzwert und Kaufverhalten voraussetzt.

Die Conjoint-Analyse kann in verschiedenen Varianten durchgeführt werden. Dabei sind die folgenden Annahmen von besonderer Bedeutung:

- Es wird unterstellt, dass Befragte in der Lage sind, ihre Präferenzen gegenüber einzelnen Stimuli (Betriebsformen) valide und reliabel zu äußern.
- Die Wirkung einzelner Merkmale muss entweder unabhängig voneinander sein oder die Interaktionseffekte müssen ermittelt werden (vgl. Tantiwong/Wilton 1985).
- Die relevanten Eigenschaften der Betriebsformen müssen Eingang in die Präferenzermittlung gefunden haben.
- Da im Regelfall nicht alle Eigenschaftskombinationen in die Befragung eingehen können (dies würde die Befragten überfordern), muss sichergestellt sein, das eine sinnvolle Auswahl getroffen wurde, was über geeignete Erhebungsdesigns gewährleistet werden kann.
- Es wird davon ausgegangen, dass die additive Verrechnung der Teilnutzenwerte angemessen ist und dass Interaktionseffekte entweder nicht bestehen oder zuverlässig geschätzt werden können.

Trotz der Vorzüge der bei der Untersuchung verwendeten adaptiven Conjoint-Analyse, die vor allem den Beurteilungsaufwand für den Probanden reduziert, weisen Zielke, Preißner und Wierich (2002, S. 141) darauf hin, dass das Verfahren in der Literatur zum Teil kritisch beurteilt wird. Hinsichtlich seiner Validität zeigt Hensel-Börner (2000, S. 186), dass andere Verfahren sich hinsichtlich bestimmter Validitätsmaße als überlegen erweisen. Auch Voeth (2000, S. 125–127) nennt eine Reihe von Kritikpunkten, verweist aber auch auf die hohe Verbreitung des Verfahrens, insbesondere in der Praxis. Vor allem die mangelnde Dokumentation der Methode und damit einhergehend die schwierige Überprüfbarkeit der Ergebnisse sind als problematisch zu bezeichnen. Zudem stellt das Befragungsverfahren hohe kognitive Anforderungen an die Probanden. Ein weiteres Beispiel für die Verwendung der Conjoint-Analyse zur Messung von Einkaufsstättenpräferenzen legt Swoboda (2000) vor. Auch Oppewal (1995) und Beck (2004) bedienen sich der Conjoint-Analyse.

10.2.7 Die Rolle von Emotionen bei der Betriebsformenwahl

Häufig wird in Untersuchungen zur Wahl der Einkaufsstätte darauf abgestellt, inwieweit von den Betriebsformen jene Kriterien erfüllt werden, die sich auf die Breite und Tiefe des Sortiments, das Preisniveau, die Ladengestaltung, die Freundlichkeit des Personals, die Wartezeiten an der Kasse und ähnliche funktionale Leistungskomponenten beziehen. Zu diesen funktionalen Kriterien können aber weitere hinzutreten. So kann es sein, dass Menschen jene Handlungsmöglichkeiten bevorzugen, die ihnen am meisten „Lust" vermitteln. Auch Emotionen, Stimmungen, Gefühle und ähnliches können das Verhalten beim Einkauf lenken. In der Marketingpraxis stoßen solche Überlegungen auf Interesse, weil es in vielen Fällen schwerfällt, gegenüber der Konkurrenz Vorteile zu schaffen, die der Verbraucher in funktionalen Kriterien nachvollziehen kann. Emotionen finden deswegen Beachtung, weil sie als plausible Einflussfaktoren auf die Präferenzen der Konsumenten gegenüber einzelnen Betriebsformen erscheinen. So bezieht etwa Kreller (2000) Gefühle mit ein, um die Präferenzen gegenüber Einkaufszentren zu erklären.

Emotionen werden von Fischer und Brauns (2002, S. 23) als eher kurzfristige Zustände einer Person definiert, die sich auf konkrete Objekte oder Ereignisse beziehen und die durch folgende Merkmale gekennzeichnet sind:

1. das Erleben der Person wird durch ein Gefühl getönt (Erlebenskomponente der Emotion), z. B. das bewusste Gefühl von Interesse, Freude, Überraschung, Ärger;
2. es treten physiologische Veränderungen auf (z. B. bei der Atmung oder beim Herzschlag);
3. die Person zeigt spezifische Verhaltensweisen, insbesondere Veränderungen des mimischen Ausdrucks, der Gestik, der Körperbewegung und der Vokalisation.

Auch Silberer (1999, S. 133) spricht von „objektzentrierten Gefühlen", da sie sich auf etwas (Gegenstände, Personen und/oder Situationen) beziehen. Emotionen können auch durch Gedanken ausgelöst werden, die im Zusammenhang mit bestimmten externen Gegebenheiten stehen. Häufig stimmen die Definitionen darin überein, dass Emotionen zeitlich begrenzte Zustände sind, die sich aufgrund unterschiedlicher Bewertung (Freude, Ärger) und Intensität der Erregung unterscheiden lassen. Nach Schachter und Singer (1962) setzt sich der emotionale Zustand zusammen aus der Erregung (physiologische Aktivierung) und der Erklärung, die man sich selbst für diese Erregung gibt. Emotionen enthalten mithin kognitive Elemente, da sie eine Bewertung der Person-Umwelt-Beziehung darstellen. Uneinigkeit herrscht über die Reihenfolge der kognitiven Bewertung und des emotionalen Empfindens. Kroeber-Riel, Weinberg und Gröppel-Klein (2009, S. 100) konstatieren:

„Vielen Definitionen ist gemeinsam, dass eine Emotion ein subjektives Ereignis darstellt, also eine innere Erregung ist, die mehr oder weniger bewusst als angenehm oder unangenehm erlebt wird (...)."

In dieser Definition kommt zusätzlich zum Ausdruck, dass das Bewusstsein, also der kognitive Anteil, wie man einen Erregungszustand erlebt und deutet, in seiner Stärke unterschiedlich sein kann.

In Abgrenzung zu Emotionen werden Stimmungen als momentane, subjektiv erfahrene Befindlichkeiten eines Menschen definiert, die auf der Dimension Wohlsein – Unwohlsein einzuordnen sind (Schwarz 1987, S. 2). Charakteristisches Merkmal ist die Ungerichtetheit. Stimmungen sind nicht auf ein bestimmtes Objekt bezogen. Sie sind atmosphärisch diffuse, ungegliederte Zustandserlebnisse von geringer Intensität (vgl. Silberer/Jaekel 1996, S. 19). Der kognitive Anteil ist, sofern überhaupt vorhanden, sehr schwach ausgeprägt. Obwohl angenommen werden kann, dass es für jede Stimmungslage Ursachen gibt, sind diese dem Individuum in der Regel nicht bewusst.

Zusammenfassend sollen Emotionen als innere Erregungszustände verstanden werden, die positiv oder negativ, mehr oder weniger kontrolliert und bewusst wahrgenommen und bewertet werden, einen Objektbezug haben, von unbestimmter Dauer, jedoch zeitlich begrenzt sind.

Emotionen werden unterschiedlich eingeteilt. Häufig wird auf eine Dreiteilung verwiesen, und zwar auf die Emotionsdimensionen *arousal* (Erregung), *pleasure* (Lust, Valenz) und *dominance* (Dominanz). Die Lust stellt eine positive oder negative Bewertung des Gefühlszustandes dar. Lust bedeutet, dass man vergnügt, glücklich oder zufrieden ist. Lust drückt sich in offenen, anderen Menschen und Dingen zugewandten Reaktionen aus. Unlust dagegen äußert sich in Gefühlszuständen wie unglücklich, genervt, schwermütig oder verzweifelt. Die durch die Lust ausgelösten Reaktionen münden in Annäherungs- oder Meidungsverhalten, hier konkret die Wiederbesuchsabsicht. Daneben gibt es aber weitere Einteilungen von Emotionen. Izard (1994) spricht von Interesse, Freude, Überraschung, Kummer, Zorn, Ekel, Geringschätzung, Furcht, Scham/Schüchternheit und Schuldgefühl. Diese Aufzählung macht deutlich, dass für Marketingzwecke nur eine geringe Anzahl dieser Emotionen näher betrachtet werden muss und es sich andeutet, dass die hier relevanten Emotionen weiter differenziert werden müssen. Richins (1997) hat das Consumption-Emotion-Set (CES) entwickelt, nach dem 16 Emotionsarten unterschieden werden, darunter *anger*, *discontent*, *worry*, *sadness*, *loneliness*, *contentment*, *optimism*, *joy*, *excitment* und *surprise* (zu einem Überblick über Kataloge von Emotionen und ihre Messung de Teffé 2007, S. 44–50).

Zu den bekanntesten Ansätzen zum Einfluss von Emotionen auf das Verhalten gehört der umweltpsychologische Ansatz von Mehrabian und Russell (1974), der von Donovan und Rossiter (1982) auf Einkaufsstätten übertragen wurde (vgl. auch Donovan/Rossiter/Marcoolyn et al. 1994). Gröppel (1991) hat diesen Ansatz aufgegriffen und weiterentwickelt (vgl. auch Gröppel-Klein 1998). Die Analyse bezieht sich zwar vor allem auf Wirkungen auf das Verhalten in einem Geschäft (siehe Kapitel 20), die Überlegungen lassen sich aber prinzipiell auch auf die Wahl einer Einkaufsstätte übertragen. Anders als bei den im nächsten Abschnitt vorgestellten Einstellungstheorien, die ein stärker kognitiv geprägtes Verhalten postulieren, wird hier einem anderen Menschenbild gefolgt: Menschen bevorzugen jene Handlungsmöglichkeiten, die ihnen am meisten „Lust“ vermitteln; danach leiten Emotionen, Stimmungen, Gefühle und ähnliches das Verhalten auch beim Einkauf.

Müller-Hagedorn, Schuckel und Viehoever (2003) haben anhand von unterschiedlich gestalteten Shopping-Center untersucht, welchen Beitrag Emotionen im Vergleich zu Einstellungen leisten können, die Präferenz für solche Einkaufsstätten zu erklären. Sie ließen sich in Übereinstimmung mit dem Modell von Mehrabian und Russel (1974) von der Hypothese leiten:

Je höher das mit dem Besuch eines Geschäftes verbundene Lustempfinden, desto größer ist die Wiederbesuchsabsicht.

Sowohl die Einstellung als auch die Emotionen werden von Faktoren beeinflusst, die in der unterschiedlichen Persönlichkeit einzelner Menschen beruhen. Einstellungen unterscheiden sich, weil Menschen unterschiedliche Kriterien zu Grunde legen, wenn sie ein Objekt beurteilen. Dies ist der Fall, weil ihr Handeln von unterschiedlichen Motiven bestimmt wird. In Bezug auf das mit einem Objekt empfundene Lustempfinden unterscheiden Mehrabian und Russell (1974) zwischen (Reiz-)Abschirmern und Nichtabschirmern. Gröppel-Klein (1991, S. 129–132) identifizierte u. a.

sensualistische (reizaufgeschlossene) und indolente (durch Desinteresse und Verschlossenheit gekennzeichnete) Konsumenten. Grundsätzlich können also sowohl bei Einstellungen als auch bei der empfundenen Lust große intersubjektive Unterschiede vorliegen. Insofern ist es auch möglich, dass einzelne Personengruppen sich eher von ihren Einstellungen leiten lassen, während andere eher auf ihr Lustempfinden reagieren.

Die Emotionsdimensionen werden von Mehrabian und Russell (1974) verbal erfasst, indem anhand von jeweils sechs Adjektiv-Gegensatzpaaren der Gefühlszustand in Form des semantischen Differenzials angegeben wird. Im Bereich der Emotions- bzw. Stimmungsmessung hat aber auch der Einsatz von Bildvorlagen weite Anwendung gefunden (vgl. Gröppel-Klein 1991). Zur Messung der drei Emotionsdimensionen Erregung, Lust und Dominanz kann auch die von Lang (1980) entwickelte Bilderskala, die sog. Self-Assessment-Manikin (SAM)-Skala, verwendet werden. SAM stellt die drei Dimensionen durch jeweils fünf graphische Figuren entlang einer neunstufigen Skala dar. Abbildung 10.16 zeigt die SAM-Skala zur Messung der Dimension „Lust".

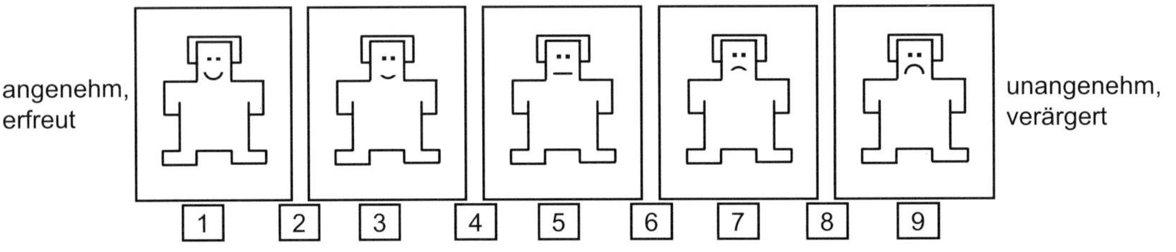

Quelle: Müller-Hagedorn/Viehöver 2004, S. 151

Abb. 10.16: Die SAM (Self-Assessment-Manikin)-Skala zur Messung der Lustdimension

Unterteilt man die Shopping-Center Besucher entsprechend der von ihnen beim Besuch der Center empfundenen Lust in drei Kategorien, zeigen sich signifikante Mittelwertunterschiede bezüglich der Wiederbesuchsabsicht zwischen denen, die niedrige (1) und mittelmäßige (2) Lustwerte aufweisen, und denen der Kategorie „hohe Lust" (3). Das zeigen im Einzelnen die in Abbildung 10.17 ausgewiesenen Werte.

Lust	1	2	3
Wiederbesuchsabsicht	3,64 *	4,02 **	4,54

* Mittelwerte signifikant verschieden auf dem Niveau von 0,05

** Mittelwerte signifikant verschieden auf dem Niveau von 0,01

Quelle: Müller-Hagedorn/Viehöver 2004, S. 154

Abb. 10.17: Mittelwerte der Wiederbesuchsabsicht in Abhängigkeit von „Lust"

In der Gesamtheit der Konsumenten lassen sich nach der Bedeutung von kognitiven und emotionalen Gesichtspunkten für das Verhalten unterschiedliche Gruppen ausmachen (siehe Abbildung 10.18). Mit 198 Personen ist jene Gruppe am größten, deren Wiederbesuchsabsicht weder in einem engen Verhältnis zur Einstellung, noch zur Lust steht (zu Einzelheiten dieser Gruppenbildung vgl. Müller-Hagedorn/Viehöver 2004, S. 157). Die zweitgrößte Gruppe bilden die „Einstellungs- und Lustorientierten", bei denen sowohl die Einstellung als auch die Lust Erklärungsbeiträge liefern, gefolgt von den „Einstellungsorientierten" und den „Lustorientierten". Regressionsanalysen für die Mitglieder in diesen vier Gruppen liefern die in Abbildung 10.18 dargestellten Ergebnisse.

	Einstellung			Lust			Einstellung und Lust			
Gruppe	R^2	b_0	b_E	R^2	b_0	b_L	R^2	b_0	b_E	b_L
1	0,708	2,825	0,240**	0,728	2,425	0,288**	0,823	2,343	0,132**	0,171**
2	0,663	2,593	0,275**	0,394	5,298	-0,180**	0,708	3,453	0,228**	-0,073*
3	0,242	5,409	-0,009**	0,605	2,281	0,312**	0,611	2,558	-0,018	0,291**
4	0,011	3,557	0,07	0,002	3,695	0,004	0,012	3,528	0,079	0,002

Gruppe 1 = Einstellung und Lust (93 Personen)
Gruppe 2 = Einstellung (69 Personen)
Gruppe 3 = Lust (44 Personen)
Gruppe 4 = weder noch (198 Personen)

R^2 = Bestimmtheitsmaß
b = Regressionskoeffizienten
* signifikant auf dem Niveau von 0,05
** signifikant auf dem Niveau von 0,01

Quelle: in Anlehnung an Müller-Hagedorn/Viehöver 2004, S. 158

Abb. 10.18: Gruppenspezifische Ergebnisse der Regressionsanalyse für die abhängige Variable „Wiederbesuchsabsicht"

Die Segmentierung führt dazu, dass zum Teil sehr hohe Varianzanteile erklärt werden können. In Gruppe 1 beläuft sich R^2 bei einer multiplen Regressionsanalyse mit Lust und Einstellung als unabhängigen Variablen auf 0,823. Auch der Regressionskoeffizient für die Einstellung in Gruppe 2 ist signifikant, die Lust weist dagegen erwartungsgemäß einen sehr geringen signifikant negativen Koeffizienten auf. Die Regressionsfunktion der Gruppe 3 wird dagegen lediglich durch die Lust bestimmt. Für Gruppe 4 konnte weder ein Einfluss der Einstellung noch der Lust auf die Wiederbesuchsabsicht festgestellt werden.

Obwohl die Ergebnisse plausibel erscheinen, ist das angewandte Segmentierungsverfahren kritisch zu betrachten. Mit einer Gruppierung der Personen kann der Erklärungsgehalt angehoben werden (zur Problematik des Gruppierungsverfahrens vgl. Müller-Hagedorn/Viehöver 2004, S. 156–157). Andererseits war im Vorhinein nicht bekannt, wie groß die gebildeten Gruppen und wie hoch die erklärten Varianzanteile sein würden. Es wurden Hinweise gewonnen, dass es augenscheinlich Konsumenten gibt, für die die „Lust" einen wesentlichen Einfluss auf die Wiederbesuchsabsicht ausübt, während bei anderen sowohl die „Lust" als auch die Einstellung als Einflussfaktoren zu beachten sind.

Es ist davon auszugehen, dass es emotionale Gründe für die Wahl eines Geschäfts geben kann – beispielsweise die Entspannung, die Freude oder die Lust beim Einkaufen. Man kann allerdings ein solches Verhalten auch als Befriedigung bestimmter Wünsche und Bedürfnisse interpretieren und somit auf Motive der Kunden als Erklärung zurückgreifen. So hat beispielsweise Mano (1999) einen positiven Einfluss von Kummer und Langeweile auf das Kaufverhalten nachgewiesen, was damit begründet werden kann, dass Konsumenten so ihre Stimmung verbessern wollen. Es gibt aber auch Studien, in denen eine Wirkung von Einkaufsmotiven auf Emotionen postuliert und nachgewiesen wurde (vgl. Dawson/Bloch/Ridgway 1990). Darüber hinaus können Emotionen, wie auch sonst üblich, als Aktivierungsvorgänge interpretiert werden, die das Kaufverhalten, zum Teil über die Einstellung, beeinflussen.

10.3 Veränderungen von Betriebsformen im Zeitablauf

Während bisher gefragt worden ist, wie attraktiv einzelne Gruppen von Nachfragern die verschiedenen Betriebsformen finden, was einer zeitpunktbezogenen Analyse entspricht, muss darüber hinaus beachtet werden, dass Veränderungen in der Umwelt das Entwickeln von neuen oder das Anpassen von vorhandenen Betriebsformen erforderlich machen können. Die Umweltdynamik äußert sich in neuen Technologien (z. B. zur Unterstützung der Selbstbedienung), in neuen gesetzlichen Vorschriften (z. B. Einschränkungen des privaten Autoverkehrs), in veränderten Präferenzen der Verbraucher (z. B. Einkaufen rund um die Uhr) oder in veränderten Verhaltensweisen der Lieferanten (z. B. Übergang zum Direktvertrieb).

10.3.1 Zur Entwicklung neuer Betriebsformen

Wenn meistens auch auf die derzeit bedeutenden Betriebsformen Bezug genommen wird, so soll doch nicht übersehen werden, dass durch Kombination einzelner Merkmale auch Betriebsformen generiert werden können, die zwar derzeit nicht real, aber denkbar sind. Zwei Instrumente sollen vorgestellt werden, die die Suche nach neuen Betriebsformen erleichtern können, erstens das Bilden von neuartigen Kombinationen ausgeübter Handelsfunktionen, zweitens die Verwendung eines produktionsorientierten Modells von Woratschek.

10.3.1.1 Betriebsformen in morphologischer Sicht

Wie in Kapitel 3 dargestellt worden ist, üben Handelsbetriebe zahlreiche Handelsfunktionen aus. In Abbildung 10.19 wird daran noch einmal erinnert, wobei zusätzlich ausgeführt wird, wie diese Handelsfunktionen in unterschiedlicher Form realisiert werden können. Jeder Handelsbetrieb lässt sich so durch die von ihm gewählte Kombination von Handelsfunktionen beschreiben. Je nachdem, wie fein die möglichen Ausprägungen der wahrgenommenen Handelsfunktionen unterteilt werden, ergeben sich sehr viele Betriebsformen. Über die Jahrzehnte hinweg ist ein immer reicherer Katalog von Merkmalen erarbeitet worden, der zur Differenzierung von Betriebsformen dienen kann, wie die Zusammenstellung von Glöckner-Holme (1988, S. 27–115) zeigt.

Solche Schemata können auch verwendet werden, um Kombinationen von Handelsfunktionen zu finden, die bislang noch nicht praktiziert werden, indem von Übersichten ausgegangen wird, in die zum einen die einzelnen Handelsfunktionen eingetragen werden, zum anderen die verschiedenen Möglichkeiten, diese Handelsfunktionen zu erbringen. Jeder Linienzug durch ein solches Gitter stellt eine Betriebsform dar. So können auch neue Betriebsformen abgeleitet werden (vgl. Meyer 1963). Es handelt sich um eine Kreativitätstechnik, deren Ergebnisse einer ökonomischen Bewertung unterzogen werden müssen.

1. Überbrückung räumlicher Spannungen
1.1 Art, wie das Angebot dargeboten wird (Beschreibung, Bemusterung, Ware)
1.2 Art, wie das Angebot an den Abnehmer herangetragen wird (am Abnehmerdomizil, am Ort der Abnehmeragglomeration)
1.3 Warenübermittlung (zum Kundendomizil, Abholung durch den Kunden)
2. Überbrückung zeitlicher Spannungen
2.1 Vorratshaltung (mit und ohne Lagerhaltung)
2.2 Vordisposition (durch Vorabschlüsse und nach Bedarfsauftritt)
2.3 Finanzierung (kreditgebend und nicht kreditgebend)
3. Überbrückung quantitativer Spannungen
3.1 Bedarfszusammenfassung (durch Kettenbildung, durch Einzelbetrieb)
3.2 Markterschließung (Abnehmer aufsuchend, erwartend)
3.3 Empfehlung der Ware (persönlich, unpersönlich)
4. Überbrückung qualitativer Spannungen
4.1 Warengruppierungen (nach Bedarfsarten, nach Warenarten)
4.2 Warenanpassung an Bedarf (mit und ohne Kundendienst)
4.3 Preisanpassung an Kaufkraft (freie und feste Preisstellung)

Abb. 10.19: Betriebsformen auf der Grundlage wahrgenommener Handelsfunktionen

10.3.1.2 Betriebsformen im Technologieraum

Ein Modell von Woratschek (1992) kann herangezogen werden, um einzelne Alternativen der Betriebsformenpolitik zu erkennen (vgl. Abbildung 10.20). Woratschek lässt sich von dem produktionstheoretischen Gedanken leiten, dass Betriebsformen unterschiedliche Möglichkeiten (Prozesse)

darstellen, eine Handelsleistung, nämlich die Versorgung der Nachfrager mit Gütern, zu erstellen. Betriebsformen stellen deshalb Betriebsvektoren (V_1, V_2) in einem (Technologie-)Raum dar, der durch den Einsatz unterschiedlicher Produktionsfaktoren (z. B. Personal und Raum) oder die Verwirklichung einzelner Handelsfunktionen (z. B. Erreichbarkeit und Beratung) aufgespannt wird (f_1, f_2). Von diesen Betriebsvektoren können Nachfrager in unterschiedlichem Ausmaß Gebrauch machen, indem sie entweder nur einen Betrieb nutzen oder mehrere Betriebe miteinander kombinieren.

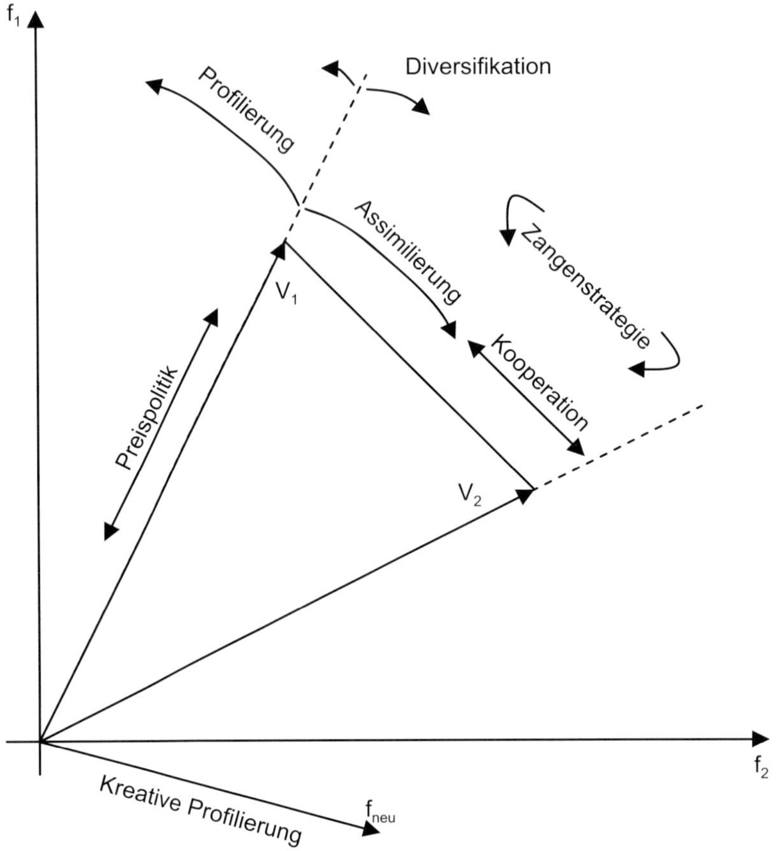

Quelle: in Anlehnung an Woratschek 1995, S. 50

Abb. 10.20: Strategische Optionen der Betriebsformenpolitik

Das Modell kann dazu verwendet werden, unterschiedliche Strategien eines Handelsunternehmens abzubilden:

1. Preispolitische Maßnahmen: Durch preispolitische Maßnahmen lässt sich die Inanspruchnahme einer Betriebsform verteuern oder verbilligen. Preissenkungen führen dazu, dass Konsumenten von dem betreffenden Betriebsvektor in größerem Ausmaß Gebrauch machen werden.
2. Politik der Profilierung: Im Modell werden die einzelnen Betriebsformen durch Betriebsvektoren gekennzeichnet. Ihre Kombinationen bilden den Aktivitätenraum (innerer Bereich des in Abbildung 10.20 von V_1 und V_2 aufgespannten Raumes). Von einer Profilierung einer Betriebsform kann gesprochen werden, wenn eine Umpositionierung in den Bereich außerhalb des bisherigen Aktivitätenraums vorgenommen wird. In diesem Fall könnte es sein, dass die Einsatzverhältnisse der Produktionsfaktoren noch extremer gestaltet werden, wenn beispielsweise eine bislang schon flächenintensive Betriebsform mit geringem Personaleinsatz die pro Person eingesetzte Fläche noch weiter ausdehnt.
3. Politik der Assimilierung: Zahlreiche Betriebsformen stellen gemäßigte Varianten der extremen Formen (dargestellt durch die Betriebsvektoren V_1 und V_2) dar. Sie werden formal durch den Aktivitätenraum dargestellt. Assimilierung bedeutet, dass man sich einer anderen Betriebsform annähert, z. B. indem der Personaleinsatz, der bisher vergleichsweise hoch war, verringert wird.
4. Kreative Profilierung: Der aufgespannte Raum kann durch weitere Dimensionen (neben f_1 und f_2 auch noch f_{neu}) erweitert werden. Würde der Raum durch die eingesetzten Produktionsfaktoren aufgespannt, so wäre zu fragen, ob es denkbar ist, dass auf bislang noch nicht eingesetzte Produktionsfaktoren zurückgegriffen wird. Das könnten z. B. Automaten in Branchen, in denen bislang noch keine Automaten eingesetzt worden sind oder neue Kommunikationstechnologien sein.
5. Die Diversifikation: Die Betriebsformenentscheidung muss nicht nur in der Wahl der optimalen Betriebsform bestehen, sondern kann auch in die Frage münden, welche Betriebsformen parallel betrieben werden sollten. Eine Kombination von Betriebsformen (Streuung von Betriebsvektoren in der Abbildung 10.20) kann vorteilhaft sein, wenn es Nachfrager mit unterschiedlichen Präferenzen gibt oder wenn die Präferenzen situationsspezifisch wechseln. Die Betrachtung mehrerer Betriebsformen erlaubt die Entwicklung weiterer Strategien, auf die hier nicht weiter eingegangen werden soll (Kooperation, Zangenstrategie).

Bei Wettbewerb kann davon ausgegangen werden, dass sich die Nachfrager für die von ihnen jeweils am höchsten präferierte Betriebsform entschieden haben. Die realisierten Umsätze bzw. Marktanteile zeigen an, in welchem Ausmaß die Angebote der Präferenzstruktur entsprechen. Dabei lassen sich in Bezug auf die Gleichartigkeit der Präferenzen bei den Nachfragern zwei Fälle unterscheiden:

- die Präferenzen der Nachfrager sind heterogen (polarisierend): In diesem Fall gibt es Gruppen mit unterschiedlichen Erwartungen,
- die Präferenzen der Nachfrager stimmen weitgehend überein (konvergierend).

Bei heterogenen Präferenzen wird sich ein breiter Kegel von Angebotsformen im Markt behaupten können oder sogar die Tendenz zu einer Verbreiterung aufweisen. Bei homogenen Präferenzen kommt es dagegen darauf an, zu erkennen, welche Angebotsform bevorzugt wird. In diesem Fall bietet sich eine Assimilierungsstrategie an.

Angebotsstruktur / Präferenzen	Wenige Angebotsvarianten	Viele Angebotsvarianten
Polarisierend	Neue Betriebsformen	Preis- und Qualitätswettbewerb
Konvergierend	Kreative Profilierung	Ausscheiden von Betriebsformen

Abb. 10.21: Strategieempfehlungen in Abhängigkeit von der Angebotsstruktur und von Nachfragerpräferenzen

Die Tabelle in Abbildung 10.21 ordnet verschiedenen Angebotsstrukturen und verschiedenen Entwicklungspfaden in den Präferenzen der Nachfrager Strategieempfehlungen zur Entwicklung von Betriebsformen zu. Relativ einfach ist die Empfehlung, wenn das Angebot noch wenig differenziert ist, die Nachfrage sich jedoch polarisiert. In diesem Fall ist zu erwarten, dass sich in dem betreffenden Marktgebiet neue Betriebsformen etablieren lassen. Polarisiert sich jedoch die Nachfrage (z. B. in preisbewusste und Beratung suchende Nachfrager) und liegt bereits ein differenziertes System von Betriebsformen vor, dann wird sich das Angebot auf diese Strukturen ausrichten, wobei jene Betriebsformen zurückgedrängt werden, die keine klare Positionierung besitzen, sich also in der Mitte des Aktivitätenraums angesiedelt haben.

Die aktivitätsanalytische Darstellung der Betriebsformen, wie sie von Woratschek (1992) entwickelt worden ist und wie sie in modifizierter Form den obigen Darlegungen zugrunde liegt, übersetzt die Vielfalt der Betriebsformen in ein System, das Unterschiede in der Faktorstruktur deutlich macht. Das Modell zeigt, welche Betriebsformen in der Vergangenheit präferiert worden sind. Es hat jedoch nur sehr beschränkte Fähigkeiten zu zeigen, welche Betriebsformen in der Zukunft bei den Verbrauchern Anklang finden werden. Dazu wird es notwendig sein, die Präferenzen der Verbraucher (und nicht nur das in der Vergangenheit praktiziertes Kaufverhalten) explizit in das Modell einzuführen. Es ist zu zeigen, wie die Nachfrager einzelne Faktorkombinationen und die mit ihnen realisierbaren Leistungen (Handelsfunktionen) bewerten und warum sie einzelne Angebotsformen unterschiedlich beurteilen. Zum anderen ist zu zeigen, wie sich die Anspruchniveaus der Nachfrager im Zeitablauf verschieben. Mit dem ersten Bereich beschäftigt sich die Einstellungstheorie, mit dem zweiten die Forschung zum Wertewandel.

10.3.2 Evolutorische Ansätze der Betriebsformentheorie

Der Wettbewerb spielt sich im Handel nicht nur zwischen den einzelnen Betrieben ab, sondern auf einer allgemeineren Ebene auch zwischen den Betriebsformen. So wird sehr genau verfolgt, welche Betriebsformen Marktanteile gewinnen, welche verlieren, vor allem aber auch, ob neue Betriebsformen aufkommen (vgl. Lebensmittel Zeitung 2009; EHI Retail Institute 2009; The Nielsen Company GmbH 2010; Lerchenmüller/Vochezer/Vogler 2011). Die Erfahrung lehrt, dass vor allem jene Handelsorganisationen erfolgreich waren, die neue erfolgreiche Betriebsformen schnell adaptiert haben. Wie unterschiedlich sich einzelne Betriebsformen entwickelt haben, verdeutlichen die Abbildung 10.22 und Abbildung 10.23, die die Anzahl der Verkaufsstellen und den Umsatz ausgewählter Betriebsformen in Deutschland vergleichen.

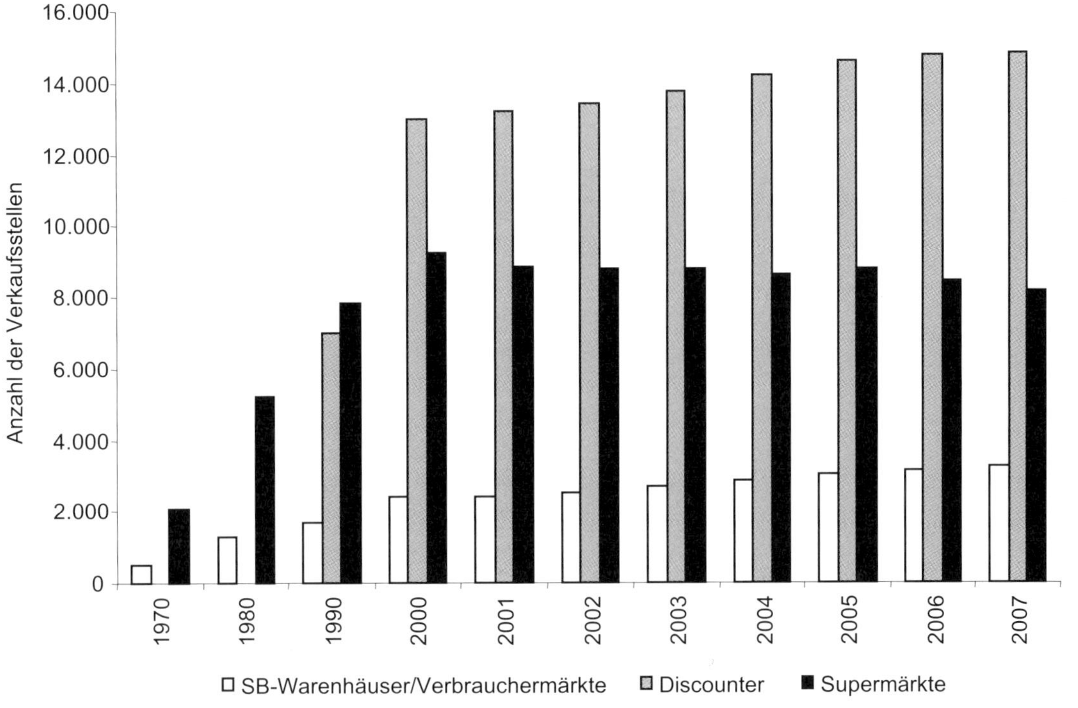

Anmerkung: Stichtag jeweils 31.12.

Quelle: EHI Retail Institute 2008a, S. 194

Abb. 10.22: Zahl der Lebensmittelgeschäfte nach Betriebsformen

So waren beispielsweise in Deutschland die Jahre nach 1965 durch eine explosionsartige Zunahme der Verbrauchermärkte gekennzeichnet. Zwischen 1970 und 2000 nahm die Zahl der Supermärkte kontinuierlich zu, um in der Folgezeit leicht, aber stetig abzunehmen. In den Jahren nach 1990 nahm die Zahl der Discountbetrieb sprunghaft zu.

Die Entwicklung von Agglomerationsformen wird exemplarisch durch das Anwachsen der Shopping-Center, zunächst auf der grünen Wiese, dann in den Innenstädten, veranschaulicht. Gab es 1964 mit dem Main-Taunus-Zentrum und dem Ruhr-Park Einkaufszentrum gerade mal zwei, so waren es 1990 93, 1995 179 und 2003 insgesamt 352 Einkaufszentren. Die gesamte Verkaufsfläche hat sich in den letzten zehn Jahren mehr als verdoppelt und beträgt mittlerweile mehr als 11 Mio. qm (vgl. HAHN-Immobilien-Beteiligungs AG 2006, S. 28).

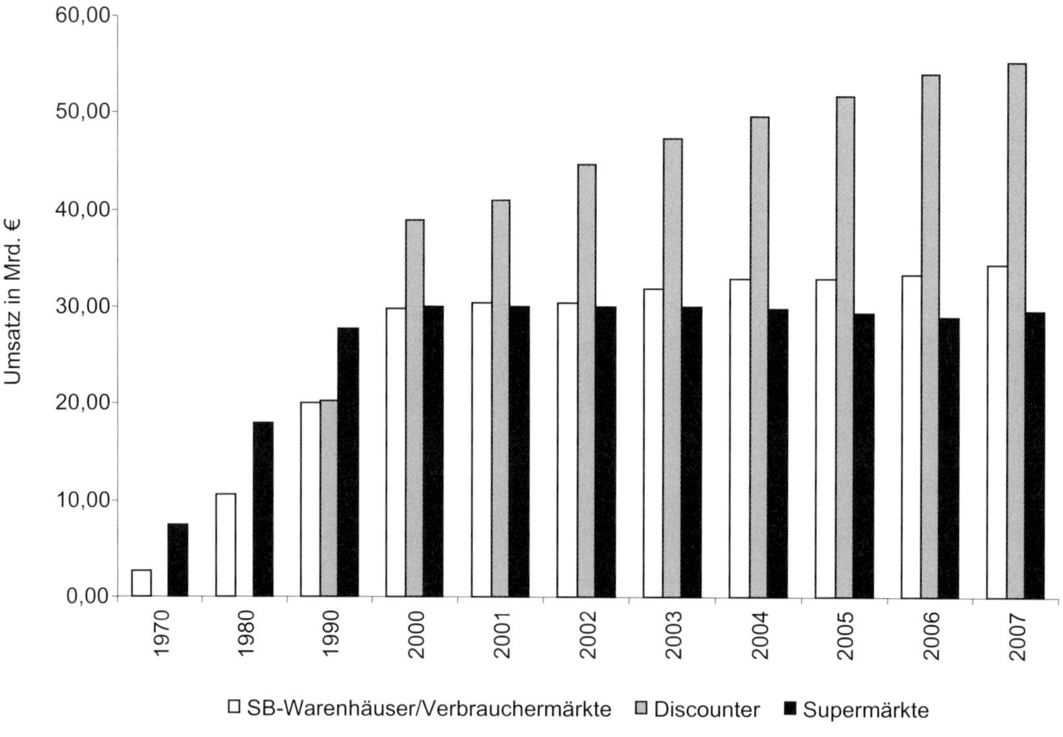

Quelle: EHI Retail Institute 2008a, S. 193

Abb. 10.23: Umsatz im Lebensmitteleinzelhandel nach Betriebsformen

Die Verschiebungen in der Marktbedeutung einzelner Betriebsformen lassen die Frage aufkommen, welche Faktoren hierfür ursächlich sind. Wie ist es zu erklären, dass neue Betriebsformen aufkommen, dass einige Betriebsformen ihren Marktauftritt im Zeitablauf verändern und dass einige dennoch vom Markt verdrängt werden. Betriebsformenplanung wird hier als optimierende Anpassung an sich verändernde Gegebenheiten, als Evolution, gesehen. In der Betriebswirtschaftslehre sind mehrere Theorien entwickelt worden, die sich mit der Dynamik der Betriebsformen beschäftigen (vgl. zur Darstellung und Beurteilung Glöckner-Holme 1988, S. 60–89; Böhler 1993, S. 9–35; Meyer-Ohle 1995, S. 5–19), so

- der anpassungstheoretische Ansatz,
- der verdrängungstheoretische Ansatz,
- der lebenszyklustheoretische Ansatz,
- der marktlückentheoretische Ansatz,
- der gegenmachttheoretische Ansatz,
- der polarisierungstheoretische Ansatz und
- der makroanalytische Ansatz.

Die Ansätze rücken jeweils einzelne Gesichtspunkte in den Vordergrund. So ähneln die anpassungstheoretischen Ansätze der Darwinschen Lehre, nach der die Fähigkeit zur Anpassung an die sich wandelnde Umgebung Voraussetzung zum Überleben ist. Die verdrängungstheoretischen Ansätze heben den Wettbewerb durch neu aufkommende preisaggressive Anbieter hervor. Das *wheel of retailing* bzw. das Gesetz von der Dynamik der Betriebsformen wurden häufig diskutiert (vgl. Nieschlag/Kuhn 1980, S. 85–98; Müller-Hagedorn 1985; Marzen 1986a; Potucek 1987; Brown 1990; Köhler 1990). Es weist darauf hin, dass die etablierten Handelsbetriebe immer wieder Raum lassen für neue Betriebe, die kostengünstige Verfahrensweisen finden und damit eine Niedrigpreispolitik ermöglichen, die die schon im Markt befindlichen Betriebe zu Anpassungsmaßnahmen zwingt. Diese werden den Erfolg oft in einem *trading-up* suchen, mit dem sie jedoch ihre Kostenposition weiter verschlechtern.

In Analogie zum Lebenszyklus von Produkten wird auch vom Lebenszyklus von Betriebsformen gesprochen. Danach durchlaufen die Betriebe verschiedene Entwicklungsphasen: die Phase der Einführung, die Phase des Wachstums, die Phasen der Reife und die der Degeneration. Abbildung 10.24 zeigt den idealtypischen Lebenszyklus eines Betriebstyps anhand der Umsatz- und Deckungsbeitragskurve. Als Gründe für eine Laden- bzw. Standortentwertung oder einen Verschleiß der Leistungskomponenten eines Einzelhandelsbetriebs (Store Erosion) sind u. a. veränderte Nachfrage- und Konkurrenzbedingungen sowie die wirtschaftliche Entwicklung anzuführen (vgl. Glöckner-Holme 1988, S. 69–73).

So deuten in Anlehnung an Berger das relative oder absolute Absinken des Umsatzes und eine damit einhergehende Ergebnisverschlechterung auf einen stark fortschreitenden Verschleiß eines Betriebstyps hin. Dieser Verschleißprozess beginnt zunächst nur schwach in der Wachstumsphase und wird in der Reifephase stärker. Zu Beginn der zweiten Wirkungsphase sind Gegenmaßnahmen zu ergreifen (vgl. Berger 1977, S. 9, 192–197, 220–233; Kuhlmeier 1980, S. 42–45; Glöckner-Holme 1988, S. 71–72), z. B. durch die Planung und Einführung eines innovativen Betriebstyps (vgl. Berger 1977, S. 226–232).

Da der Lebenszyklus jeder Einkaufsstätte individuell variieren kann (vgl. Berger 1977, S. 161, 197, 234–263; Nagel 1986, S. 243; Hartmann 1992, S. 102) und die einzelnen Phasen in gewissen Grenzen durch Revitalisierung und Relaunch im Sinne von Lebenszyklus verlängernden Maßnahmen beeinflussbar sind, handelt es sich bei der Lebensdauer eines Betriebstyps um keine generell gültige Größe. Die Überlebensfähigkeit verschiedener Betriebstypen erweist sich vielmehr als sehr unterschiedlich. So kann sich der s-förmige Kurvenverlauf dahingehend verändern, dass mehrere Wendepunkte oder Intervalle möglich sind. Streng genommen handelt es sich nach Umpositionierungsmaßnahmen um einen anderen Betriebstyp (vgl. Böhler 1993, S. 16; Kreikebaum 1997, S. 109–112).

Der Lebenszyklus eines Betriebstyps besitzt grundsätzlich ex-post-Charakter, so dass sich definitive Kurvenverläufe erst nach Erfassung realer Daten ergeben (vgl. Böhler 1993, S. 16). Die Aussagekraft des Ansatzes wird auch dadurch eingeschränkt, dass die zahlreichen Einflussgrößen nicht explizit erfasst werden (vgl. Hartmann 1992, S. 87, 102). Die einzige unabhängige Variable ist die Zeit, wobei es allerdings bei Betriebstypen gleichen Alters sowohl erfolgreiche als auch erfolglose gibt. Im Hinblick auf die Auswahl der Kriterien Umsatz und Deckungsbeitrag ist festzustellen, dass bei einer Beurteilung der Umsatzentwicklung Preisveränderungen zu berücksichtigen sind. Außer-

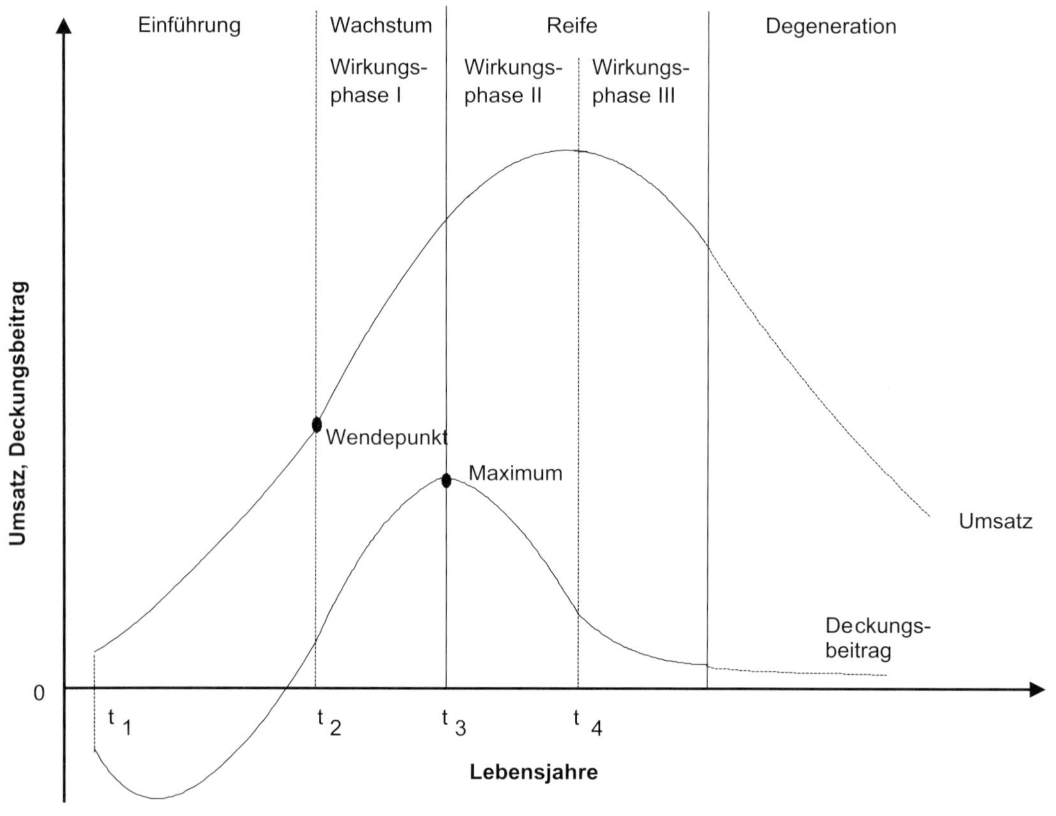

Quelle: Berger 1977, S. 194

Abb. 10.24: Darstellung der Wirkungsphasen der Store Erosion im Rahmen des idealtypischen Lebenszyklus

dem signalisieren sinkende Umsatzzahlen nicht automatisch einen Verschleiß des Betriebstyps. So kann z. B. eine Umsatzschwäche in der Führung begründet sein. Als Mangel des Lebenszykluskonzepts ist anzusehen, dass es auf groben empirischen Beobachtungen fußt und die Gründe für die zunächst zunehmende und dann abnehmende Akzeptanz einer Betriebsform nicht explizit untersucht werden.

Obwohl das Lebenszykluskonzept keine normative Aussagekraft besitzt und der Verlauf der Phasen nicht gesetzmäßig vorgegeben ist, liefert es auf aggregierter Ebene eine Typologisierung strategisch relevanter Situationen. Basierend auf Vergangenheits- und Gegenwartswerten sowie auf Analogien zu vergleichbaren Betriebstypen können gewisse Tendenzen im Hinblick auf die Bedeutung einzelner Betriebstypen in Zukunft abgeleitet werden (vgl. Nagel 1986, S. 244). Böhler (1993, S. 16–17) steht der Prognosemöglichkeit weiterer Zyklusverläufe skeptisch gegenüber, da die Determinanten seiner Meinung nach nicht detailliert genug untersucht werden und die bestehenden Wirkungszusammenhänge interner und externer Daten nicht geliefert werden. In aggregierter Form implizieren die vier Stadien Veränderungen in der Struktur und den Wirkungen der Wettbewerbskräfte in einer Branche, so dass anhand der Lebenszykluskurve Szenarien für die zukünftige Wettbewerbsstruktur entwickelt werden können (vgl. Müller-Stewens 1990).

10.4 Zusammenfassung

Die Wahl der Betriebsform gehört zu den zentralen strategischen Entscheidungen eines Handelsunternehmens. Die Ausführungen machen deutlich, dass der Erfolg einzelner Betriebsformen, Vertriebsschienen oder Einkaufsstätten davon abhängt, wie attraktiv sie für den Kunden sind. Daneben spielt die Kostenstruktur eine Rolle, denn positive Kapitalwerte erfordern entsprechend positive Differenzen zwischen Ein- und Auszahlungen. Es zeigt sich, dass sich die Kostenstrukturen der einzelnen Betriebsformen wesentlich voneinander unterscheiden.

Um die Attraktivität von Betriebsformen für die Nachfrager zu erkennen, wird eine Beschäftigung mit der Einkaufsstättenwahl durch Nachfrager notwendig. Hierbei spielen die Lebenszyklusphase der Konsumenten, ihre Motive, Einstellungen und Nutzenempfindungen eine wesentliche Rolle. Die Kenntnis von Einkaufsmotiven hilft Entscheidungsträgern im Handel, Einkaufsstätten so zu konzipieren, dass diese von Kunden gegenüber anderen präferiert werden. Dies kann mit der Ausgestaltung einzelner Merkmale eines Geschäfts, insbesondere mit Hilfe der absatzpolitischen Instrumente, geschehen. Da für die Wahl einer Einkaufsstätte die Wahrnehmung der Merkmale ausschlaggebend ist, ist es erforderlich zu verstehen, wie sich latente Größen wie Einstellungen, Nutzen oder Zufriedenheit bilden und wie diese das Verhalten von Konsumenten beeinflussen. Ein besonders großes Interesse gilt dabei der Einstellung, die mit Hilfe unterschiedlicher Modellvarianten gemessen werden kann. Die wachsende Wettbewerbsintensität erhöht den Druck auf Handelsunternehmungen, sich von der Konkurrenz zu differenzieren. Dies erfolgt zunehmend durch die Etablierung von *retail brands*. Auf diese Weise sollen unter anderem Bekanntheit, Vertrauen, Sympathie und ein festes Gedächtnisbild gestärkt werden. Kumuliert zu einem Markenwert besteht die Zielsetzung darin, auf diesem Wege das Kaufverhalten positiv zu beeinflussen. Unter den Verfahren, mit denen die Wertigkeit einzelner Eigenschaftsausprägungen von Betriebsformen quantifiziert werden kann, ist die Conjoint-Analyse hervorzuheben, die auf der Grundlage von Präferenzurteilen metrische Nutzenwerte berechnet. Überlegungen, die einzelnen Betriebsformen, Vertriebsschienen oder Einkaufsstätten gelten, lassen sich auch auf Agglomerationsformen des Handels übertragen, wobei entsprechende Merkmale von Einkaufszentren und ihre Bedeutung für das Kaufverhalten zu berücksichtigen sind.

Verfolgt man die Struktur des Handels im Zeitablauf, wird die wechselnde Bedeutung der einzelnen Betriebsformen deutlich. Es wird deswegen von der Dynamik der Betriebsformen oder auch vom *wheel of retailing* gesprochen. Es gilt, Betriebsformen an Marktentwicklungen anzupassen oder sogar neue Betriebsformen zu entwickeln.

11 Die Internationalisierung

Der Handel, insbesondere der Großhandel, ist bekanntlich immer schon international ausgerichtet gewesen. Seit dem Altertum zogen Kaufleute über Fernstraßen und segelten über die Meere. Dennoch wird erst in jüngster Zeit von einer verstärkten Internationalisierung des Handels gesprochen. Das mag daran liegen, dass die für viele Handelsunternehmungen seit langem selbstverständliche internationale Beschaffungspolitik nicht als Internationalisierung des Handels wahrgenommen wurde. Erst mit der zunehmenden Präsenz von Verkaufsstellen außerhalb des Heimatmarkts wurde dem Einzelhandel attestiert, dass er international ausgerichtet sei. Vor allem seit den 1980er Jahren ist zu beobachten, dass eine immer größere Zahl von Handelsunternehmungen Verkaufsstellen auch im Ausland betreibt und dass das Auslandsgeschäft einen immer höheren Anteil am Umsatz dieser Händler gewinnt. Diese Entwicklung hat sich in mehreren Phasen abgespielt. Dabei haben politische und wirtschaftliche Integrationsprozesse, wie die Schaffung des Gemeinsamen Europäischen Markts, oder politische Entwicklungen, wie der Fall des Eisernen Vorhangs, eine besonders starke Schubwirkung auf die Internationalisierung des Handels ausgeübt.

Die Entwicklung in der Praxis hat dazu geführt, dass auch in der Forschung das Interesse an der Internationalisierung des Handels sehr stark zugenommen hat (vgl. zu einem Überblick über die Literatur z. B. Burt 1991; Akehurst/Alexander 1995; Alexander/Doherty 2009). In der Zwischenzeit liegen mehrere Monografien und Herausgeberwerke vor, die sich umfassend mit der Internationalisierung des Handels beschäftigen (vgl. Hollander 1970; McGoldrick/Davies 1995; Lingenfelder 1996; Alexander 1997; Anderer 1997; George 1997; Ferring 2001; Swoboda 2002; Ahlert/Olbrich/Schröder 2004; Dawson/Larke/Mukoyama 2006; Sternquist 2007; Schwarz 2009; Alexander/Doherty 2009). Viele wissenschaftliche Beiträge fokussieren auf die Internationalisierung einzelner Unternehmungen oder einzelner Betriebsformen (vgl. zu einem Überblick z. B. Arnold/Fernie 2000). Sie weisen häufig einen stark deskriptiven Charakter auf. Ein ganzer Forschungszweig beschäftigt sich mit den Gründen für die Internationalisierung des Handels (vgl. hierzu Abschnitt 11.2). Viel Platz in der Literatur nehmen Versuche ein, Verhaltensmuster von international tätigen Unternehmen zu typologisieren. Das Fehlen prognostischer und theoretisch basierter Aussagen wird von einigen Autoren explizit beklagt (vgl. Evans/Treadgold/Mavondo 2000, S. 374).

Auch wenn die letzten beiden Jahrzehnte des 20. Jahrhunderts als Beginn der Internationalisierung im Einzelhandel wahrgenommen werden, gründeten einige Einzelhandelsorganisationen schon vor 1980 außerhalb ihres Heimatlandes Verkaufsstellen, wie die Beispiele in Abbildung 11.1 belegen (vgl. hierzu Hollander 1970, S. 14–15).

Wie einer Studie der Corporate Intelligence Group über „Cross-Border-Retailing in Europe" zu entnehmen ist, beschleunigte sich die Internationalisierung des Handels vor allem in der zweiten Hälfte der 80er Jahre (vgl. The Corporate Intelligence Group 1991; vgl. auch die Zusammenstellung der Direktinvestitionen europäischer Einzelhandelsunternehmen in den USA und amerikanischer Handelsorganisationen bei Kacker 1985; des Weiteren die Angaben bei Tietz 1990). Ein eindrucksvolles Zeugnis für die Globalisierung des Handels liefert das französische Unternehmen Carrefour.

- Mitte des 19. Jahrhunderts waren in Frankreich, den USA und Belgien die ersten Warenhäuser gegründet worden, etwa 1870 exportierten französische Warenhausbetreiber diesen Betriebstyp in die Niederlande (vgl. Berekoven 1986).
- C&A stieß 1911 von den Niederlanden aus nach Deutschland vor.
- Leonhard Tietz, einer der Warenhauspioniere in Deutschland, Gründer der heutigen Kaufhof AG, eröffnete kurz nach der Jahrhundertwende auch Niederlassungen im benachbarten Belgien, belgische Warenhausunternehmen investierten wiederum in Spanien.
- Das seinerzeit tschechoslowakische Unternehmen Bata errichtete Fabrikfilialen in mehreren europäischen Ländern.
- Nachdem die Gebrüder Albrecht 1962 den ersten Lebensmitteldiskontbetrieb unter dem Namen ALDI eröffnet hatten, übernahmen sie kurze Zeit später den Filialbetrieb Hofer in Österreich und expandierten 1975 in die Niederlande, 1976 nach Belgien und 1977 nach Dänemark.
- Große Beachtung fand die Kapitalbeteiligung von Tengelmann an der Great Atlantic & Pacific Tea Comp., Inc. im Jahr 1978.
- Internationale Aktivitäten entfalteten vor allen Dingen auch die Versandhandelsunternehmen Quelle und OTTO. So war die OTTO-Gruppe 1992 in den USA, in Kanada, Japan und zehn europäischen Ländern vertreten.
- Benetton, Stefanel und Laura Ashley als im Ausland gegründete Franchiseorganisationen gehören schon seit längerem mit ihren Verkaufsstellen zum vertrauten Erscheinungsbild in vielen deutschen Städten.

Abb. 11.1: Frühe Beispiele für Internationalisierungsaktivitäten im Handel

Nachdem zunächst auf die Bedürfnisse der französischen Verbraucher zugeschnittene Verbrauchermärkte (Hypermarchés) entwickelt worden waren, erschloss sich das Unternehmen zahlreiche Märkte außerhalb seines Stammlandes. Nach Spanien in den siebziger Jahren und Lateinamerika in den siebziger und achtziger Jahren wurde in den neunziger Jahren Asien zum neuen Gebiet für die internationale Entwicklung von Carrefour (vgl. Dupuis/Choi/Larke 2006). Heute ist Carrefour mit Verkaufsstellen in 33 Ländern in Europa, Lateinamerika, Asien, im Nahen und Mittleren Osten sowie Nordafrika vertreten, darunter z. B. Spanien, Italien, Griechenland, Türkei, Thailand und China (vgl. Carrefour Group 2009). Trotz der hohen internationalen Präsenz des Unternehmens gab es im Internationalisierungsprozess auch Rückschläge – eine Reihe von Märkten (unter anderem Großbritannien, USA und Japan) wurde wieder aufgegeben. Die Analyse der Expansion zeigt, dass Carrefour neben der weiterhin dominanten Betriebsform Verbrauchermarkt weitere Betriebsformen (Supermärkte, Hard Discounter) im Rahmen der Internationalisierung nutzt.

Abbildung 11.2 veranschaulicht die internationale Präsenz der größten Handelsunternehmen weltweit. Es fällt auf, dass die anhand der Länderzahl gemessene internationale Präsenz der europäischen, insbesondere der deutschen Unternehmen, überdurchschnittlich hoch ist. Das gilt auch für weitere unter den 100 größten Handelsunternehmen platzierte deutsche Händler. So waren im Jahr 2007 Tengelmann in 13, die OTTO Group in 27, Arcandor in 25 und Schlecker in 13 Ländern vertreten (vgl. Deloitte & Touche GmbH 2009, S. 6–15).

Handelsunternehmen	Umsatz 2007 (in Mio. US $)	Internationalisierungsgrad	
		Länder	Anzahl
Wal-Mart Stores, Inc. (US)	378,799	AR, BR, CA, CN, CR, GT, HN, JP, MX, NI, PR, SV, UK, US	14
Carrefour S.A. (FR)	114,177	AR, BE, BR, CN, CO, DO, DZ, EG, FR, GP, GR, ID, IT, JP, KW, MQ, MY, OM, PF, PL, PT, QA, RE, RO, SA, SG, TH, TN, TR, TW, UK, US	33
Tesco plc (UK)	94,740	CN, CZ, HU, IE, JP, KR, MY, PL, SK, TH, TR, UK, US	13
METRO AG (DE)	88,189	AT, BE, BG, CH, CN, CS, CZ, DE, DK, ES, FR, GR, HR, HU, IN, IT, JP, LU, MA, MD, NL, PK, PL, PT, RO, RU, SE, SK, TR, UA, UK, VN	32
The Home Depot, Inc. (US)	77,349	CA, CN, GU, MX, PR, US, VI	7
The Krogers Co. (US)	70,235	US	1
Schwarz Unternehmenstreuhand KG (DE)	69,346	AT, BE, BG, CZ, DE, DK, ES, FI, FR, GR, HR, HU, IE, IT, LU, NL, NO, PL, PT, RO, SE, SI, SK, UK	24
Target Corp. (US)	63,367	US	1
Costco Wholesale Corp. (US)	61,400	CA, JP, KR, MX, PR, TW, UK, US	8
ALDI GmbH & Co. oHG (DE)	58,487	AT, AU, BE, CH, DE, DK, ES, FR, IE, LU, NL, PT, SI, UK, US	15
Walgreen Co. (US)	53,762	PR, US	2
REWE-Zentral AG (DE)	61,820	AU, BG, CH, CZ, DE, FR, HR, HU, IT, PL, RO, RU, SK, UA	14
Sears Holdings Corp. (US)	50,703	CA, GU, PR, US, VI	5
Groupe Auchan SA (FR)	50,327	CN, ES, FR, HU, IT, LU, PL, PT, RO, RU, TW	11
Lowe's Companies, Inc. (US)	49,816	CA, US	2

Quelle: Angaben entnommen aus Deloitte & Touche GmbH 2009, S. 6-7

Abb. 11.2: Zum Internationalisierungsgrad der 15 weltweit größten Handelsunternehmen (Stand: 2007)

Noch plastischer wird das Bild der Internationalisierung, insbesondere ihre Dynamik, wenn man die historische Entwicklung der Unternehmungen nachzeichnet. Der zeitliche Vergleich von Indikatoren wie der Anzahl der Auslandsmärkte und dem Anteil des im Ausland erwirtschafteten Umsatzes verdeutlicht die dynamische Entwicklung (vgl. Swoboda/Foscht/Schwarz 2005, S. 56).

Bei der Analyse der Internationalisierung im Einzelhandel ist zu berücksichtigen, dass sich die Handelsstrukturen in den letzten dreißig Jahren stark verändert haben. Konzentrationsprozesse im Handel haben dazu geführt, dass die strategische Planung an Bedeutung gewonnen hat und auch das Management-Know-how in den Unternehmungen stark zugenommen hat. Große Handelsunternehmungen verfügen heute über finanzielle und personelle Ressourcen, die sie in die Lage versetzen, die Internationalisierung als eine zentrale Wachstumsstrategie (vgl. Pellegrini 1994) zu nutzen.

Im Zusammenhang mit der Internationalisierung des Handels gibt es eine Reihe von Forschungsfragen, denen in der Literatur nachgegangen wird (vgl. z. B. Vida 2000, S. 458–459; Palmer/Quinn 2005, S. 28). Hierzu zählen zum einen die Gründe und Motive für die Internationalisierung. So stellt sich die Frage nach der Bedeutung von internen und von externen Einflussfaktoren. Welche Rolle spielen spezifische Kenntnisse eines Unternehmens, z. B. bezogen auf eine Betriebsform, auf Beschaffungsprozesse oder Handelsmarken? Welche Bedeutung kommt der Unternehmenskultur oder der Einstellung des Managements zu? Wie wichtig sind die Eigenschaften des Heimat- und des Gastmarkts? Zum anderen sind Managemententscheidungen, wie die Wahl der Markteintritts- und Marktbearbeitungsform, die Auswahl der Zielmärkte und das Timing des Markteintritts, von zentraler Bedeutung für den Internationalisierungsprozess. Da bei weitem nicht alle internationalen Aktivitäten erfolgreich waren, nimmt zudem das Interesse an den Gründen für das Scheitern von Internationalisierungsvorhaben zu.

11.1 Zur Strukturierung des Problems

Die Internationalisierung der Geschäftspolitik einer Handelsunternehmung stellt eine komplexe Aufgabe dar. Sie lässt sich strukturieren, indem auf die Phasen hingewiesen wird, in die eine solche Aufgabe zerlegt werden kann, und indem die zentralen Elemente eines jeden Entscheidungsproblems, insbesondere die Handlungsmöglichkeiten, die Ziele und die Umweltbedingungen (vgl. hierzu ausführlich Kapitel 4), analysiert werden. Abbildung 11.3 benennt Phasen eines Internationalisierungsprozesses und ordnet ihnen einzelne Fragen zu.

Die mit der Internationalisierung verbundenen Probleme ähneln zunächst jenen einer Expansionsstrategie im Heimatland, stellen jedoch ungleich höhere Anforderungen an das expandierende Unternehmen. Grundsätzlich kann dem entscheidungsorientierten Ansatz folgend zwischen Zielen, Umweltfaktoren und Entscheidungsoptionen der Internationalisierung differenziert werden, um einen Rahmen für die Analyse von einzelnen Teilproblemen aufzuspannen (vgl. Lingenfelder 1996, S. 54). Die im Zusammenhang mit der Internationalisierung zu treffenden Basisentscheidungen lassen sich unterschiedlich strukturieren (vgl. z. B. Kutschker/Schmid 2008, S. 835). Im Folgenden soll zwischen

- der Zielmarktstrategie (Auswahl von Zielmärkten),
- der Markteintrittsstrategie (Form und Timing),
- der Marktbearbeitungsstrategie (einschließlich der Wettbewerbsstrategie) und
- der organisatorischen Orientierung und Führungskonzeption

differenziert werden. Die Zielmarktstrategie betrifft die Wahl der zu bearbeitenden Märkte. Die Markteintrittsstrategie stellt vor allem auf die Koordinationsform bzw. das institutionelle Arrangement zwischen Stamm- und Gastland ab. Dabei kann zwischen hierarchischen und marktlichen Formen differenziert werden. Die Wahl der Koordinationsform wirkt sich insbesondere auf Kontrollmöglichkeiten seitens der Unternehmenszentrale, auf die Höhe der transferierten Ressourcen,

Phase	Ausgewählte Fragestellungen
1. Erste Überlegungen zur Internationalisierung	- Wer übernimmt die Rolle des Initiators? - Welche Gründe sind für eine Internationalisierung ausschlaggebend? - Welche Ziele sollen verfolgt werden?
2. Generelle Prüfphase	- Welche grundsätzlichen Möglichkeiten stehen für eine Internationalisierung zur Verfügung? - Welche Faktoren sind als Erfolgsfaktoren für eine Internationalisierungspolitik anzusehen? - Inwieweit verfügt die Unternehmung über erforderliche Ressourcen?
3. Auswahl von Zielmärkten	- Wie ist die Attraktivität der einzelnen Märkte zu beurteilen? - Welche Auslandsmärkte kommen grundsätzlich in Frage?
4. Wahl einer Markteintrittsstrategie	- Welche Formen des Markteintritts stehen zur Verfügung? - Wie sind die Strategiealternativen zu beurteilen? - Wann soll der Markteintritt erfolgen?
5. Marktbearbeitung	- Sollen die Märkte standardisiert oder differenziert bearbeitet werden? - Welche Länder- bzw. Nachfragersegmente können gebildet werden?
6. Erfolgskontrolle	- In welchem Ausmaß sind die angestrebten Ziele erreicht worden? - Worauf sind Zielabweichungen zurückzuführen? - Soll desinvestiert werden?

Abb. 11.3: Phasen eines Internationalisierungsprozesses und zugeordnete Fragen

das Risiko und die Flexibilität aus. Die Timingstrategie erfasst die zeitliche Dimension der Internationalisierung. Die Marktbearbeitungsstrategie bezieht sich auf den Grad der Standardisierung bzw. Differenzierung der internationalen Aktivitäten. Die in diesem Zusammenhang festzulegende Wettbewerbsstrategie betrifft die Positionierung zwischen einer Preis- und Qualitätsorientierung. Auch wenn die einzelnen Entscheidungsbereiche nacheinander analysiert werden, sind sie im Regelfall nicht unabhängig voneinander. So ist davon auszugehen, dass die Wahl der Markteintrittsstrategie und die Form der Marktbearbeitung zahlreiche Wechselwirkungen aufweisen. Bestimmte Handelskonzepte erfordern ein höheres Maß an Kontrolle als andere. So ist zu erwarten, dass preisorientierte Formate (z. B. Lebensmitteldiscounter), deren Wettbewerbsvorteile meist auf standardisierten, kosteneffizienten Prozessen basieren, besser in hierarchischen Strukturen international multipliziert werden können. Ein Filialsystem dürfte folglich häufiger zum Einsatz kommen als ein Franchise-System. Auch bei der Wahl der Zielmarktstrategie und der Markteintrittsform sind Abhängigkeiten zu erwarten. So spricht einiges dafür, dass bei geografischer und kultureller Nähe des Gastlandes organisches Wachstum präferiert wird.

Während die Zielmarkt-, die Markteintritts- und die Marktbearbeitungsstrategie mit Hilfe bestimmter Merkmale bis zu einem gewissen Grad quantifiziert werden können, handelt es sich bei der organisatorischen Orientierung und Führungskonzeption um eine Größe, die qualitativer Natur ist und deshalb schwerer zu erfassen ist. In ihr spiegeln sich vor allem die Werte, Erfahrungen und Gewohnheiten von Führungskräften, die für die Internationalisierung eines Unternehmens verantwortlich sind, wider.

Die Internationalisierungsstrategie umfasst neben Entscheidungen hinsichtlich einer Expansion auch Entscheidungen über den Rückzug von bestimmten Märkten. In diesem Zusammenhang interessiert vor allem die Frage nach Gründen für das Scheitern in einzelnen Märkten. Sie können helfen, die Erfolgsfaktoren der Internationalisierung zu erkennen.

Im Folgenden werden einzelne der genannten Probleme diskutiert. Im nächsten Abschnitt wird zuerst auf Gründe der Internationalisierung eingegangen, bevor in Abschnitt 11.3 grundlegende Formen der Internationalisierung und ihre theoretische Basis vorgestellt werden. In Abschnitt 11.4 werden die Basisdimensionen der internationalen Expansion analysiert und anschließend in Abschnitt 11.5 die Gründe für einen Rückzug von ausländischen Märkten untersucht.

11.2 Gründe für die Internationalisierung

Der kontinuierliche Anstieg der Internationalisierungsaktivitäten vieler Handelsorganisationen in den letzten Jahren hat das Interesse an den Gründen für diese Entwicklung geschärft. Zwingen Veränderungen in der Umwelt die Unternehmungen zu diesen Schritten? Sind Unternehmungen, die sich der Internationalisierung verweigern, auf Dauer in ihrer Existenz gefährdet? Sind die internationalen Erfahrungen und die internationale Ausrichtung der Handelsmanager für den Schritt ins Ausland verantwortlich?

Die Suche nach Gründen, Anreizen, Motiven und Antriebskräften der Internationalisierung hat in der Forschung eine große Aufmerksamkeit erfahren (vgl. z. B. Alexander 1990; Williams 1992; Quinn 1999; Alexander/Myers 2000; Hutchinson/Alexander/Quinn et al. 2007). Dabei wird häufig zwischen Push- und Pull-Faktoren differenziert. Während die Push-Faktoren Nachteile oder Gefahren im Inland thematisieren, die ein Unternehmen aus dem inländischen Markt ins Ausland „drängen", handelt es sich bei den Pull-Faktoren um Vorteile und Chancen des ausländischen Markts, die auf ein Unternehmen anziehend wirken. Rechtliche Restriktionen, Marktsättigung und starke Konkurrenz im Stammland zählen häufig zu den negativen Rahmenbedingungen im Inland und damit zu den Push-Faktoren. Umgekehrt werden ein höheres Absatzpotenzial im Gastland oder ein geringeres Maß an Wettbewerb zu den Pull-Faktoren gerechnet. Es kann aber auch das verfügbare Know-how bezüglich einer auf dem ausländischen Markt bisher unterentwickelt gebliebenen Betriebsform sein, das ein Unternehmen dazu veranlasst, in diesen Markt einzutreten. Die internationale Expansion von IKEA mit der Betriebsform Möbelfachmarkt oder von Carrefour mit Hypermärkten wird beispielsweise so erklärt. Ebenso kann die Stärke und Bekanntheit der *retail brand* den Internationalisierungsprozess forcieren.

Es zeigt sich, dass das Urteil über die Attraktivität der Internationalisierungsoption meist auf dem relativen Vergleich zwischen dem Heimatmarkt und dem potenziellen Gastmarkt basiert. Für die Entscheidung einer Unternehmung kann es allerdings einen Unterschied ausmachen, ob die Push-Faktoren so stark ausgeprägt sind, dass dringend nach Wachstumsmöglichkeiten außerhalb des Heimatmarkts gesucht werden muss, oder ob es lediglich Pull-Faktoren gibt, ohne dass das Unternehmen dem Druck ausgesetzt ist, sie nutzen zu müssen. So wird die Vermutung geäußert, dass sich die Bedeutung der beiden Arten von Faktoren im Laufe des Internationalisierungsprozesses eines Handelsunternehmens ändern kann. Die Wahrnehmung von Chancen, die die Pull-Faktoren zum Ausdruck bringen, gewinnt vor allem dann an Relevanz, wenn das Unternehmen bereits mit Internationalisierungsprozessen vertraut ist, während die Push-Faktoren für eine frühe Phase der Internationalisierung verantwortlich sind. Es gibt aber auch frühe Untersuchungen zu den Motiven der Internationalisierung, in denen sich die Chancen, die der Eintritt in einen neuen Markt eröffnet, als deutlich wichtiger herausgestellt haben als z. B. die Sättigungserscheinungen auf dem Heimatmarkt (vgl. Alexander 1990; Williams 1992). Andererseits wird aber betont, dass rechtliche Restriktionen in Ländern wie Belgien, Frankreich und Großbritannien die internationale (teilweise transatlantische) Expansion insbesondere großflächiger Betriebsformen in den 1970er und 1980er Jahren forciert hätten.

Der Schritt zur Internationalisierung wird also durch mehrere Faktoren ausgelöst. Die wichtigsten seien im Folgenden noch einmal detaillierter aufgeführt:

1. Attraktivität einzelner Regionen

Die unterschiedliche Attraktivität einzelner Regionen als Antriebskraft der Internationalisierung wird vor allem durch die Kaufkraft und das bereits vorhandene Handelsangebot geprägt. Wichtige Einflussfaktoren auf die Kaufkraft und ihre Entwicklung bilden die Bevölkerung und ihre Altersstruktur, die Arbeitslosenquote und die Konsumneigung. Wie in Kapitel 6 gezeigt wurde, stagniert in Deutschland schon seit einigen Jahren der private Verbrauch. Steigende Abgaben, Mieten und Ausgaben für Reisen senken den Anteil des Einzelhandels am privaten Verbrauch. Auch die Prognosen deuten darauf hin, dass die Anteile der Ausgaben für Nahrungsmittel, für Kleidung und Schuhe und für viele andere Konsumbereiche am privaten Verbrauch zukünftig nicht steigen werden. Gleichzeitig hat sich die Verkaufsfläche in vielen Bereichen stark ausgedehnt, so dass auch unter dem Konkurrenzaspekt die Attraktivität des deutschen Markts geringer geworden sein dürfte. All das könnte das steigende Engagement deutscher Handelsunternehmen im Ausland erklären.

2. Verzahnung mit den Lieferanten

In vielen Fällen sieht sich der Handel Lieferanten gegenüber, die ihre Absatzgebiete ausweiten. Davon geht ein doppelter Effekt aus. Zum einen resultieren daraus ein wirtschaftliches Wachstum und damit auch eine Zunahme an Verhandlungsmacht der Industriepartner, denen der Handel aus strategischen Erwägungen heraus begegnen muss. Zum anderen trägt die Internationalisierung der Industrie dazu bei, dass es für Händler leichter wird, im Ausland Lieferanten zu finden, da sie zunehmend auf die im Inland aufgebauten Beziehungen zurückgreifen können. Die Internationalisierung der Industrie ist folglich eine treibende Kraft für die Internationalisierung des Handels.

3. Gleichschritt mit den Konkurrenten

Die Internationalisierung wird auch von der Entwicklung innerhalb der Handelsbranche selbst beeinflusst. Die Befürchtung zurückzufallen, wenn nicht entsprechenden Schritten der Konkurrenz gefolgt bzw. ihnen zuvorgekommen wird, erhöht den Druck, über die nationalen Grenzen hinaus nach Wachstumsmöglichkeiten zu suchen.

4. Zwang zur Auslastung von vorhandenen Potenzialen

Es sind nicht nur die Chancen, zusätzliche Umsätze zu generieren, die sich dem Handelsmanagement aufgrund der Unterschiedlichkeit einzelner Regionen bieten, sondern auch die Kostenstrukturen zwingen zur Expansion, die in den nationalen Grenzen nicht hinreichend realisiert werden kann. Je höher die Fixkosten eines Unternehmens (in Bezug auf den Umsatz des Unternehmens) sind und je mehr zentrale Potenziale aufgebaut werden (z. B. Warenwirtschaftssysteme, Systeme zur Auswertung von Scannerdaten), desto stärker ist der Druck, diese Potenziale einer erweiterten Nutzung zuzuführen.

5. Internationale Orientierung des Managements

Ein wichtiges Motiv für die Internationalisierung des Handels ist die internationale Erfahrung und die daraus resultierende Einstellung von Handelsmanagern. Strategische Entscheidungen, zu denen die Internationalisierung gehört, werden maßgeblich von Personen, die an der Spitze des Unternehmens stehen, beeinflusst.

6. Politische und wirtschaftliche Integrationsprozesse

Zu den treibenden Kräften der Internationalisierung sind auch politische und wirtschaftliche Integrationsprozesse zu zählen. In Europa ist es die Entstehung des europäischen Binnenmarkts und die damit einhergehende verstärkte Freizügigkeit im Waren-, Personen- und Kapitalverkehr, die bessere Voraussetzungen für eine Internationalisierung geschaffen hat (vgl. Lingenfelder 1996, S. 259–260). Ein wichtiger Impuls für die internationalen Aktivitäten ging von dem Zusammenbruch der kommunistischen Systeme in Osteuropa aus. Wirtschaftliche Integrationsprozesse bleiben nicht auf Europa beschränkt. Das North American Free Trade Agreement (NAFTA) mit den Mitgliedsstaaten USA, Mexiko und Kanada hat Internationalisierungsprozesse zwischen diesen Ländern positiv beeinflusst (vgl. z. B. Sternquist 2007). Neben der Marktöffnung, die die Möglichkeit einer Betätigung in diesen Märkten erst schuf, waren es die unterentwickelten Handelsstrukturen in diesen Ländern, die zur Attraktivität dieser Märkte entscheidend beigetragen haben. Die politische Öffnung blieb nicht auf den europäischen Markt beschränkt, sondern betraf eine Reihe weiterer Länder – zu nennen ist insbesondere die Entwicklung in China. In diesem Zusammenhang ist auch ein Wandel hinsichtlich der Zielmarktstrategien zu beobachten. Das Interesse an Entwicklungsländern mit hohen Wachstumsraten in Asien und in Südamerika nimmt zu, da sich die politischen, rechtlichen und ökonomischen Rahmenbedingungen gewandelt haben (vgl. z. B. Alexander/de Lira e Silva 2002). Allerdings sind bessere politische und rechtliche Rahmenbedingungen und ökonomischer Erfolg voneinander zu trennen. Von daher kommt der Frage, welche ökonomischen Aufgaben bei einer Internationalisierung zu bewältigen sind und unter welchen Voraussetzungen dies erfolgreich geschehen kann, besonderes Interesse zu.

7. Technologische Entwicklungen

Bedeutend für den Internationalisierungsschub sind zudem technologische Entwicklungen. Insbesondere die Verfügbarkeit von leistungsfähigen Informations- und Kommunikationstechnologien ist für die Bearbeitung größerer und komplexerer Wirtschaftsräume unerlässlich. Die gleiche

Bedeutung ist infrastrukturellen Entwicklungen zuzuschreiben – das gilt ebenso für Finanzdienstleistungen von Kapitalmärkten wie für Transportleistungen der Logistikbranche.

In der wissenschaftlichen Auseinandersetzung mit dem Phänomen der Internationalisierung im Handel spielt die theoretische Fundierung ihrer Ursachen eine zentrale Rolle. Lingenfelder (1996) hat in einer umfassenden Form vorhandene Erklärungsansätze hinsichtlich ihrer Erklärungskraft für die Internationalisierung des Einzelhandels untersucht. Auf ihrer Grundlage wird von ihm eine Reihe von Hypothesen formuliert, die anschließend „an beobachtbaren Fakten gespiegelt werden" (Lingenfelder 1996, S. 459). Es wird deutlich, dass eine Integration der verschiedenen Ansätze zu einer Internationalisierungstheorie des Einzelhandels nicht zu erwarten ist. Stattdessen ist davon auszugehen, dass für verschiedene Ursachen und Aspekte der Internationalisierung unterschiedliche Ansätze herangezogen werden müssen. Es zeigt sich zudem, dass viele der Theorien, die die Internationalisierung auf Länderebene erklären oder für produzierende Unternehmungen entwickelt worden sind, nur bedingt auf die Gegebenheiten im Handel übertragbar sind.

11.3 Grundlegende Formen der Internationalisierung und ihre theoretische Begründung

Für eine Internationalisierung stehen unterschiedliche Formen zur Verfügung. So unterscheidet Burt (1991) zwischen:

- dem grenzüberschreitenden Transfer von Handelskonzepten, wie Betriebsformen (z. B. Diffusion von Warenhäusern oder Convenience Shops) oder Bedienungsprinzipien (Selbstbedienung),
- dem Transfer von Managementfunktionen (Beschaffungsprinzipien, Personalpolitik) und
- dem Transfer von betrieblichen Prozessen, die sich zwischen einem kapitalmäßigen Engagement und der Präsenz mit eigenen Verkaufsstellen im Ausland bewegen können.

Moore und Fernie (2004) differenzieren dagegen bei den Formen der Internationalisierung zwischen:

- Finanzinvestitionen im Ausland,
- grenzüberschreitenden Verkäufen infolge von Cross-border Shopping,
- grenzüberschreitenden Know-how-Transfers,
- internationaler Beschaffung und
- der Präsenz von Verkaufsstellen im Ausland.

Sie weisen darauf hin, dass sich die verschiedenen Formen hinsichtlich ihrer Sichtbarkeit unterscheiden. Das Interesse der Forschung konzentriert sich vor allem auf die sichtbare Form der Verkaufsstellenpräsenz auf ausländischen Märkten. Sie soll auch hier im Mittelpunkt der Diskussion stehen. Dabei ist allerdings anzumerken, dass diese sichtbare Form der Internationalisierung am

Ende eines Internationalisierungsprozesses stehen kann, der die anderen Formen durchlaufen hat. Zudem ist festzuhalten, dass der internationalen Beschaffung im Handel eine ebenfalls große Bedeutung in Wissenschaft und Praxis zukommt. Die integrierte Betrachtung von Beschaffungs-, Produktions- und Distributionsprozessen spiegelt sich in dem Supply Chain Konzept und der Analyse der gesamten Wertschöpfungskette wider – ihre internationale Dimension rückt ebenfalls in den Fokus der Forschung (vgl. Swoboda/Foscht/Cliquet 2008).

In theoretischer Hinsicht wirft die Internationalisierung des Handels eine Reihe von Fragen auf. Die Facetten einer Internationalisierungspolitik von Handelsunternehmen sind außerordentlich zahlreich. Sie umfassen die grundsätzliche Entscheidung, im internationalen Raum tätig zu sein, betreffen den Prozess, in dem man zu dieser Entscheidung und den folgenden Schritten kommt, schließen die Markteintritts- und die Marktbearbeitungsstrategie, die Art der Organisation und personalwirtschaftliche Aspekte ein. Bei dieser Vielzahl von Verhaltensweisen von Unternehmen ist es nicht erstaunlich, dass in der Volks- wie in der Betriebswirtschaftslehre die Internationalisierung mit unterschiedlicher Blickrichtung thematisiert worden ist. Lingenfelder (1996, S. 65–218) unterscheidet zwischen drei Gruppen von Ansätzen:

1. Volkswirtschaftliche Erklärungsansätze (die Außenhandelstheorie, die Mikroökonomik, Wettbewerbstheorien, die Industrieökonomik),
2. Betriebswirtschaftliche Erklärungsansätze (die Lehre von den Handelsfunktionen, Theorien des Wandels der Marktstellung von Handelsunternehmen, Gatekeeper- und Interaktionstheorien, die Transaktionskostentheorie, die Erfolgsfaktorenforschung, die Entscheidungstheorie) und
3. Strategische Konzepte (das Global Sourcing, Economies of large scale- und Erfahrungskurveneffekt, strategische Netzwerke und strategische Allianzen, das EPRG-Konzept, die Globalisierungskonzepte von Ohmae und Porter, der Strategic-Fit-Approach).

Mögen diese Einteilungen auch problematisch sein, so zeigen sie doch, wie vielfältig die Sichtweisen sind. Während in dieser Einteilung die Herkunft der Theorien als Unterscheidungskriterium dient, lassen sich die Beiträge zur Internationalisierung des Handels auch nach der gewählten Vorgehensweise strukturieren. So differenziert Vida (2000, S. 456) zwischen einem Forschungszweig, in dem beobachtbares Verhalten von international tätigen Unternehmungen analysiert und zu Verhaltensmustern bzw. -klassen zusammengefasst wird, einer Forschungsrichtung, die auf etablierten Theorien fußt, und einer Strömung, die das Ziel verfolgt, verschiedene Ansätze zu integrieren.

Hilfreich für die grundsätzliche Entscheidung über die Internationalisierungsaktivitäten einer Handelsunternehmung ist die Frage, inwieweit benötigte Ressourcen zur Verfügung stehen oder beschafft werden können (vgl. zu einem Überblick Simon 2007). In diesem Zusammenhang werden Ansätze, die dem *resource-based-view*, dem *competence-based-view* und dem *knowledge-based-view* zugerechnet werden, im Hinblick auf ihre Erklärungskraft für die Internationalisierung geprüft.

In der Außenhandelstheorie ist insbesondere die Frage aufgeworfen worden, unter welchen Umständen es einem ausländischen Anbieter gelingen kann, die einem inländischen Anbieter zuzuschreibende größere Vertrautheit mit den Marktgegebenheiten durch monopolistische Vorteile (unternehmensspezifisches Know-how) auszugleichen (vgl. Kindleberger 1969; Hymer 1976).

Auch die Erfolgsfaktorenforschung ist auf die Internationalisierungspolitik anwendbar. Viele Beiträge aus der Erfolgsfaktorenforschung müssen allerdings hinsichtlich ihrer Übertragbarkeit von der Industrie auf den Handel geprüft werden. Müller (1991, S. 70) hat im Rahmen einer Metaanalyse Export-Erfolgsfaktorenstudien ausgewertet und kommt zu folgenden (stellenweise allerdings sehr allgemeinen) Erkenntnissen, wovon der Erfolg von Internationalisierungsbemühungen unterstützt wird:

- Konzentration auf das Auslandsgeschäft und positive Einstellung des Managements gegenüber diesen Aktivitäten,
- Vorgabe eindeutiger Ziele für die Internationalisierung,
- Existenz einer die Internationalisierung fördernden Organisationsstruktur,
- Vorhandensein einer bestimmten Unternehmensgröße,
- Aufbau von persönlichen Kontakten und vertrauensbildenden Maßnahmen und
- Vorhandensein eines auslandsmarktbezogenen Informationsverhaltens.

Zielgerichtete Planung und Kontrolle, ein geeignetes Informationssystem und eine geeignete Organisationsstruktur erweisen sich auch hier als wichtige Bestimmungsfaktoren des Erfolgs. Porter empfiehlt in seinem Globalisierungskonzept, die sekundären Aktivitäten der Wertkette auf ihre Zentralisierbarkeit hin zu überprüfen (vgl. Porter 1989, S. 17–68). In den Sektoren Verwaltung, Planung, Organisation, Personal, Technologie und Beschaffung seien die Geschäftsprozesse in relativ hohem Ausmaß zu standardisieren. Für die primären Aktivitäten (z. B. Marketing und Verkauf) gelte dagegen, dass diese marktnah gestaltet werden sollten. Lingenfelder (1996) kommt auf 122 zentrale Wirkungshypothesen. Sie beziehen sich nicht nur auf die Ursachen und Formen der Internationalisierung, sondern auch auf ihre Erfolgswirkungen. Dies sei an zwei Beispielen verdeutlicht (Lingenfelder 1996, S. 246):

„International tätige Handelsbetriebe besitzen ein höheres Gewinnpotenzial und bessere Möglichkeiten zur Risikodiversifikation als ausschließlich in einem Land aktive Unternehmen."
„Eine volumenbedingte Kosteneinsparung, die Erzielung von Lerneffekten und die Nutzung von Synergie auf der Ebene des internationalen Managements führen zu einem Erfolg der Internationalisierungsstrategie eines Einzelhandelsunternehmens."

Nachdem Lingenfelder die vielfältigen Gesichtspunkte einer Internationalisierung des Handels theoretisch aufbereitet und geordnet sowie eine Vielzahl von Hypothesen formuliert hat, steht ihre empirische Überprüfung in vielen Fällen noch aus. Es gibt bisher nur wenige Studien, in denen die im Zusammenhang mit der Internationalisierung des Handels entwickelten Hypothesen statistisch überprüft worden sind (vgl. Vida 2000; Vida/Reardon/Fairhurst 2000). Die meisten Untersuchungen beschränken sich auf eher episodenhafte Berichte über die Internationalisierung einzelner Unternehmungen. Die Aussage von Evans, Treadgold und Mavondo (2000, S. 387) „However, the internationalisation literature on the retail industry has been generally bereft of coherent theoretical frameworks" hat in vielen Bereichen auch heute noch ihre Gültigkeit behalten.

11.4 Die Basisdimensionen der Internationalisierung

Im Folgenden werden Basisentscheidungen, die im Rahmen der Internationalisierung einer Handelsunternehmung zu treffen sind, analysiert. Dabei wird zuerst die Auswahl von Zielmärkten diskutiert. Anschließend werden Aspekte des Markteintritts (mit den Unteraspekten Markteintrittsform und Timing) und der Marktbearbeitung untersucht. Schließlich werden Fragen der Führungskonzeption und der Organisation angesprochen.

11.4.1 Die Auswahl von Zielmärkten

Bei der Vielzahl der möglichen Zielmärkte kommt es darauf an, eine überlegte Auswahl zu treffen. Zum einen müssen Kriterien für die Auswahl von Ländern festgelegt werden, zum anderen benötigt man Methoden, mit deren Unterstützung eine Selektionsentscheidung getroffen werden kann. Die Kriterien umfassen Aspekte wie Marktattraktivität, Marktrisiken und Markteintrittsbarrieren.

Die Attraktivität eines Markts wird beispielsweise von der Marktgröße, dem Marktwachstum, der Kaufkraft der Bevölkerung, der geografischen und kulturellen Nähe und der vorhandenen Infrastruktur beeinflusst (vgl. z. B. Arnold/Fernie 2000). Die kulturelle Nähe oder psychische Distanz (vgl. Evans/Treadgold/Mavondo 2000; Alexander/Rhodes/Myers 2007), die sich in der Landessprache, dem politischen und rechtlichen System sowie dem Wertesystem der Menschen widerspiegeln, spielen insbesondere in der frühen Phase der Internationalisierung eine bedeutende Rolle. Untersuchungen bestätigen, dass auf diese Art und Weise die mit dem Eintritt in einen fremden Markt verbundenen Probleme reduziert und die Erfolgschancen gesteigert werden können. Zugleich ist zu beobachten, dass die Auswahl häufig auf kleinere Märkte mit geringer ausgeprägter Konkurrenz fällt, um dort schnell wettbewerbsfähig zu werden (vgl. Alexander/Rhodes/Myers 2007). Es wird klar, dass eine solche Strategie langfristig Gefahren in sich birgt, da davon auszugehen ist, dass der Wettbewerb in solchen Märkten zunehmen wird und zudem der Erfahrungszuwachs und die Entwicklung von interkulturellen Fähigkeiten unter einer solchen Politik leiden werden.

Marktrisiken können von der politischen, rechtlichen oder sozialen Stabilität eines Landes abhängen. Markteintrittsbarrieren können aus Restriktionen hinsichtlich des Waren- und Kapitaltransfers resultieren. Auch können sie sich auf rechtliche Bestimmungen zu den zulässigen Markteintrittsformen für ausländische Unternehmungen beziehen. Markteintrittsbarrieren können sich aber auch aus dem Verhalten der im Gastland tätigen Handelsunternehmungen ergeben. So ist bei einem hohen Grad der Handelskonzentration, die zu einer wirtschaftlichen Abhängigkeit der Lieferanten von ihren wenigen Handelspartnern führen kann, die Gefahr groß, dass auf die Lieferanten Druck ausgeübt wird, Unternehmungen, die in den Markt eintreten wollen, nicht zu beliefern. Dies kann auch bei geringer Konzentration auf der Handelsstufe passieren, wenn zwischen Industrie und Handel in einem Land historisch bedingt enge Bindungen bestehen. So wird beispielsweise im Zusammenhang mit dem 1991 erfolgten Markteintritt von TOYS"R"US in den zu diesem Zeitpunkt stark fragmentierten japanischen Markt berichtet, dass auf die Lieferanten Druck ausgeübt wurde, das Unternehmen nicht zu beliefern (vgl. Bartlett/Ghoshal/Birkinshaw 2004, S. 104–119).

Die genannten Kriterien werden oft in Checklisten vergleichend aufgeführt und mit Hilfe von Scoring-Modellen zusammengefasst (vgl. z. B. Berndt/Fantapié Altobelli/Sander 2005, S. 102–120). Die benötigten Informationen sind oft nicht leicht zu beschaffen, da für die jeweiligen Landesstatistiken andere Modalitäten gelten (oder gar keine Statistiken vorliegen) und Sprachbarrieren den Zugang erschweren.

Die Auswahl von Märkten muss als ein dynamischer Prozess gesehen werden. Die Bedeutung der einzelnen Kriterien für die Zielmarktstrategie kann sich folglich ändern. Es ist davon auszugehen, dass bei den ersten Internationalisierungsschritten die psychologische Nähe einen starken Einfluss ausüben kann, während sie für ein Unternehmen mit starker internationaler Präsenz kaum noch eine Rolle spielt. Es überrascht deshalb nicht, dass zahlreiche Phasenmodelle entwickelt worden sind, die die Auswahl von Märkten zu erklären versuchen (vgl. z. B. Waarts/van Everdingen 2006).

Deutschland nimmt in räumlicher Hinsicht in Europa eine zentrale Position ein. Da trotz schneller Verkehrsmittel, guter Verkehrsinfrastruktur und moderner Kommunikationsmöglichkeiten Entfernungen nicht unbedeutend geworden sind (insbesondere für Warentransporte und sonstige logistische Prozesse), überrascht es nicht, dass sich deutsche Handelsorganisationen zunächst den benachbarten Ländern zugewandt haben, also Österreich, Frankreich, Belgien, Italien, später den osteuropäischen Ländern, wie insbesondere Ungarn, der Tschechischen Republik und Polen. Fallen hierbei grenzüberschreitende Warentransporte an und sind die Transportkosten signifikant, so kann sich die geografische Lage des Stammlandes als Wettbewerbsvorteil oder als Wettbewerbsnachteil erweisen. So verfügen Unternehmen aus Deutschland gegenüber jenen aus Frankreich vermutlich über einen logistischen Vorteil, wenn sie ein Verkaufsstellennetz in Polen aufbauen, haben jedoch einen Nachteil, wenn der spanische Markt bearbeitet werden soll.

Von besonderer Bedeutung bei der Auswahl von Ländern als Zielsegment ist jedoch, inwieweit das expandierende Unternehmen über Fähigkeiten verfügt, die Bedürfnisse der Nachfrager besser zu befriedigen als die gegenwärtigen oder potenziellen Anbieter.

11.4.2 Die Wahl einer Markteintrittsstrategie

Ein Unternehmen, das sich entschlossen hat, in einen oder mehrere ausländische Märkte einzutreten, hat im Rahmen seiner Markteintrittsstrategie zwei Basisentscheidungen zu treffen, und zwar

- welcher Form des Eintritts es sich bedienen will und
- wann der Eintritt erfolgen soll.

11.4.2.1 Formen des Markteintritts

Dem expansionswilligen Handelsunternehmen stehen mehrere Möglichkeiten zur Verfügung, in einen anderen Markt einzutreten. Neben dem generischen Wachstum in Form selbst errichteter Verkaufsstellen – gegebenenfalls kombiniert mit der Gründung einer Tochtergesellschaft im Ausland – kommen insbesondere die Akquisition oder die Beteiligung an einem bestehenden Handelsunternehmen, ein Joint Venture, ein Franchisevertrag oder eine lose Form der Kooperation in Frage (vgl. Abbildung 11.4). Das generische Wachstum wird in der Literatur häufig mit dem Begriff „Filialisierung" versehen, was allerdings missverständlich ist, da sich auch die meisten anderen Formen, wie z. B. die Akquisition oder das Joint Venture, auf filialisierte Handelsunternehmungen beziehen können.

Formen des Markteintritts	**Mittelwert der Bedeutung (Skala: 1 = überhaupt keine Bedeutung, 5 = von höchster Bedeutung)**	
	LEH	Non-Food
Filialisierung	4,4	3,8
Akquisition	2,7	3,0
Beteiligung	2,7	2,6
Joint-Venture	2,2	2,2
Franchising	1,8	2,2
Lose Kooperation mit einheimischen Unternehmen	2,3	2,4
Lose Kooperation mit internationalen Unternehmen	1,6	2,1

Quelle: George 1997, S. 179

Abb. 11.4: Bedeutung von Markteintrittsformen

Wie aus Abbildung 11.4 hervorgeht, kommt nach empirischen Erhebungen dem Aufbau von eigenen Filialen eine herausragende Bedeutung zu (vgl. zu ähnlichen Ergebnissen für britische Unternehmungen Burt 1993, S. 396). Allerdings sind solche Informationen für die individuelle Entscheidung nur von sehr begrenztem Wert. So haben Liebmann und Jungwirth (1994, S. 15) bei einer Analyse des Eintritts in osteuropäische Märkte festgestellt, dass dort neben der Gründung von Tochterunternehmen Joint Ventures eine herausragende Bedeutung haben. Dawson (2001) kommt bei der Analyse der Internationalisierungsstrategien von fünf westeuropäischen Händlern (IKEA, METRO, Tesco, Jeronimo Martins, Ahold) in Polen zu dem Schluss, dass die Vielfalt der beobachteten Markteintrittsformen so groß ist, dass sie kaum das Ergebnis systematischer, strategischer Entscheidungen sein können. Dawson (2001, S. 253) schreibt:

„It is proposed that consideration of opportunism may be a better way to gain understanding of retailer activity than trying to fit activity into deterministic strategic models."

Burt und Sparks (2003) berichten, dass Tesco in verschiedenen Ländern unterschiedliche Formen des Markteintritts gewählt hat – organisches Wachstum in Taiwan, Joint Ventures in Südkorea und Malaysia und Akquisitionen in Thailand sowie in einigen europäischen Ländern. Auch innerhalb des europäischen Markts kann es große Unterschiede geben, wie das Beispiel Marks & Spencer zeigt – das Unternehmen bediente sich in den 1970er bis 1990er Jahren in verschiedenen Ländern unternehmenseigener Verkaufsstellen, des Franchising und des Joint Venture (vgl. Alexander/Quinn 2002).

Die Untersuchungen zeigen, dass die Wahl der Markteintrittsform von vielen verschiedenen Faktoren abhängig sein kann. Denkbar ist der Einfluss des Zielgebiets. Des Weiteren kann die Struktur der Unternehmen die Entscheidung beeinflussen, denn für große, kapitalstarke Unternehmen können sich andere Eintrittsstrategien als vorteilhaft erweisen als für kleinere Unternehmen, für Unternehmen aus dem Textilhandel andere als für solche aus anderen Branchen. So wird zum Beispiel in zahlreichen Studien die große Bedeutung des Franchising in der Modebranche nachgewiesen (vgl. z. B. Doherty/Alexander 2004, 2006; Doherty 2007). Wichtig ist es deshalb, diejenigen Faktoren zu beachten, auf die es im jeweiligen Kontext besonders ankommt. Das sind einerseits die benötigten Ressourcen (Kapital, Standorte, Personal) und die hierfür anfallenden Kosten, die Aufteilung des Risikos, die Möglichkeiten, vorhandene Umsatzpotenziale zu erschließen, die Autonomie und Flexibilität bei Planung und Kontrolle, andererseits aber auch die Zeit, die benötigt wird, um in einen Markt einzutreten. Es gibt eine Reihe von wissenschaftlichen Beiträgen, die die Frage nach den Einflussfaktoren auf die Wahl der Markteintrittsform diskutieren (vgl. zu einem umfassenden Überblick Picot-Coupey 2006; Schwarz 2009, S. 28–31).

Erklärungen mit der Transaktionskostentheorie und der Prinzipal-Agenten-Theorie

Die Wahl des institutionellen Arrangements kann als Trade-off-Entscheidung zwischen dem Ausmaß an Kontrolle auf der einen und den erforderlichen Ressourcen, der Risikohöhe und der zeitlichen Flexibilität auf der anderen Seite interpretiert werden. Zu den theoretischen Ansätzen, mit denen die Form des Markteintritts erklärt wird, gehört die Transaktionskostentheorie (vgl. z. B. Anderson/Gatignon 1986) und die Prinzipal-Agenten-Theorie (vgl. z. B. Doherty 1999; Doherty/Quinn 1999). In Abhängigkeit von

- den erforderlichen spezifischen Investitionen,
- der internen und der externen Unsicherheit und
- dem Free-Riding-Potenzial

sind, so die Argumentationskette der Transaktionskostentheorie, Markteintrittsformen mit einem unterschiedlichen Ausmaß an Kontrolle effizient. Dabei kann die Höhe der spezifischen Investitionen von dem für das Betreiben des Handelskonzepts benötigten Know-how, seinem Reifegrad oder auch den Anpassungserfordernissen im Ausland abhängig sein. Die interne Unsicherheit, die sich vor allem auf das im Gastland eingesetzte Management bezieht, kann von der sozio-kulturellen Distanz zwischen den Ländern oder der Vertrautheit des Gastlands mit den Managementmethoden des Heimatlands beeinflusst werden. Die externe Unsicherheit bezieht sich unter anderem auf die Volatilität der wirtschaftlichen Entwicklung des Gastlands. Schließlich wird das Free-Riding-Potenzial im Wesentlichen von dem „Markenwert" des Handelskonzepts abhängig sein.

Erklärungen mit ad-hoc-Einflussgrößen

Während die Transaktionskostentheorie mit spezifischen Investitionen, Risiken und Opportunismuspotenzialen Einflussfaktoren nennt, die einen relativ abstrakten Charakter aufweisen, gibt es Ansätze, die Größen wie die Sortiments-, Standort- oder Betriebstypenpolitik, d. h. die absatzpolitischen Instrumente, als Einflussvariablen identifiziert haben. Darüber hinaus wird die Frage aufgeworfen, inwieweit die Branche einen Einfluss auf die Markteintrittsform ausüben kann. Sind beispielsweise die Anforderungen hinsichtlich der Kenntnis des lokalen Markts an einen Lebensmittelhändler höher als an einen Textilhändler, so dass für ihn der Wissenserwerb in Form einer Akquisition oder einer Beteiligung eine höhere Attraktivität besitzt als für den Textilhändler? Picot-Coupey (2006) klassifiziert auf der Grundlage einer Untersuchung in der Textilbranche die Vielzahl von Einflussfaktoren in drei Gruppen. Er differenziert dabei zwischen:

- der Marketingstrategie des Unternehmens,
- den Merkmalen des Unternehmens und
- den Merkmalen des Gastmarkts.

Bei der Marketingstrategie wird vor allem die Rolle der Positionierung, der Markenpolitik und der Standortstrategie betont. Zu den zentralen Merkmalen des Unternehmens werden sein Alter, seine internationale Erfahrung, seine Finanzstruktur und die im Heimatmarkt gewählte Koordinationsform gezählt. Bei den Charakteristika des Markts wird dem Marktpotenzial, der Wettbewerbsstruktur, der geografischen und der sozio-kulturellen Distanz sowie den rechtlichen Rahmenbedingungen ein Einfluss auf die Wahl der Markteintrittsform attestiert. Neben den drei Gruppen von direkten Einflussfaktoren werden zwei weitere Gruppen von moderierenden Variablen ermittelt – zum einen das formelle und informelle Beziehungsgeflecht zu den Stakeholdern, zum anderen die Motive der Internationalisierung.

Erklärungen mit dem „eklektischen Paradigma"

Zur Erklärung der Markteintrittsform eines Handelsunternehmens wird auch das von Dunning (1988, 2000) für ein Industrieunternehmen entwickelte eklektische Paradigma herangezogen. Danach hängt die Form des Markteintritts von verschiedenen Vorteilskategorien ab. Die Internationalisierung setzt das Vorhandensein von sog. **Eigentumsvorteilen** voraus. Sie können aus Größen- oder Spezialisierungsvorteilen, dem Zugang zu bestimmten Ressourcen oder aus Innovationen und Technologievorsprüngen resultieren. Neben den Eigentumsvorteilen kann ein Unternehmen **Internalisierungsvorteile** besitzen, d. h. bestimmte Aktivitäten effizienter durchführen als der Markt. Schließlich kann die Durchführung von Aktivitäten an einem bestimmten Standort vorteilhaft im Vergleich zu anderen Standorten sein (**Standortvorteile**). Nur wenn alle drei Vorteilskategorien vorliegen, so Dunning, sind Direktinvestitionen im Ausland vorteilhaft. Liegen nur Eigentums- und Internalisierungsvorteile vor, so wird der Export als Markteintrittsform gewählt. Besitzt ein Unternehmen lediglich Eigentumsvorteile, fällt die Wahl auf Formen der vertraglichen Ressourcenübertragung. Das Modell wird von Sternquist (2007) aufgegriffen und um Elemente weiterer Ansätze ergänzt. Das Ergebnis ist das Model of Strategic International Retail Expansion (SIRE), in dem zwischen einem standardisierten (*global expansion*) und einem adaptiven Markteintritt (*multinational expansion*) differenziert wird. Die erste Strategie nutzt vor allem die Eigentumsvorteile, die zweite konzentriert sich auf die Standortvorteile. Die Lerneffekte beider Strategien unterscheiden sich stark voneinander. Da im ersten Fall ein erfolgreiches Konzept im Gastmarkt weitestgehend reproduziert wird, ist der Lerneffekt gering, während im zweiten Fall der Anpassungsprozess organisatorisches Lernen voraussetzt. Für beide Strategien gibt es – so die Argumentation – geeignete Optionen des

Markteintritts, wobei bei der Eignung sehr stark der Risikoaspekt betont wird. In einer Fortführung dieser Überlegungen entwickeln Park und Sternquist (2008) eine Reihe von Hypothesen, die Zusammenhänge zwischen Eigentums-, Internalisierungs- und Pioniervorteilen auf der einen und der Entscheidung zwischen generischem Wachstum und Franchising auf der anderen Seite postulieren. Dabei gehen von der Verfügbarkeit von Ressourcen und von Internationalisierungserfahrungen des Unternehmens moderierende Effekte aus.

Die Analyse der von einzelnen Unternehmungen gewählten Markteintrittsformen macht deutlich, dass viele Unternehmungen parallel unterschiedliche Formen nutzen, mit denen sie verschiedene Ziele verfolgen sowie Synergien zwischen den gewählten Koordinationsformen erzielen wollen. So können eigene Filialen in Form von Flagship-Stores dem Imageaufbau dienen und das Franchising für eine schnelle zahlenmäßige Expansion im Auslandsmarkt sorgen (vgl. zur Bedeutung des Franchising im Rahmen der Internationalisierung Quinn/Alexander 2002).

Die bisherigen Überlegungen konzentrierten sich auf die Analyse der Markteintrittsform. Dabei ist zu berücksichtigen, dass in der Folgezeit darüber entschieden werden muss, mit welchem institutionellen Arrangement die Entwicklung des Markts vorangetrieben wird. Dieser Phase der Internationalisierung wird in der Literatur verhältnismäßig wenig Aufmerksamkeit geschenkt. Es sollte zumindest beachtet werden, dass die Koordinationsform nach dem Markteintritt verändert werden kann. So können Ziele hinsichtlich der zeitlichen Dimension der Internationalisierung für ein Franchisekonzept beim Markteintritt sprechen und in der Folgezeit der Wunsch nach einem höheren Maß an Kontrolle den Wechsel zu einem organischen Wachstum in Form von eigenen Filialen auslösen. Es ist deshalb zu vermuten, dass Phasenmodelle eher in der Lage sein werden, die Wahl von Koordinationsformen auf Auslandsmärkten zu erklären. Dafür spricht auch die Erkenntnis, dass die internationale Erfahrung, die sich in der Dauer des internationalen Engagements, aber auch in der Anzahl der Länder, in denen ein Unternehmen präsent ist, widerspiegeln kann, die Wahl der Markteintrittsform beeinflusst. Dabei ist nicht zwingend davon auszugehen, dass der Zusammenhang zwischen der Erfahrung und dem gewählten Grad der Kontrolle linear verlaufen muss; er kann auch u-förmig sein (vgl. Erramilli 1991).

Grundsätzlich gilt für alle Formen der Kooperation und Beteiligung bei der internationalen Expansion, bei denen eine Kapitalmehrheit nicht gegeben ist, dass es zu einer Übernahme des Know-how kommen kann und der ehemalige Partner zum Konkurrenten werden kann.

11.4.2.2 Das Timing

Die Timingstrategie einer Unternehmung bezieht sich zum einen auf die Wahl des Eintrittszeitpunkts im Verhältnis zum Eintrittszeitpunkt der Wettbewerber. Zum anderen betrifft sie die Entscheidung über die Abfolge der Eintrittszeitpunkte einer Unternehmung in verschiedene Länder. Der erste Aspekt wird als länderspezifische, der zweite als länderübergreifende Timingstrategie bezeichnet (vgl. Kutschker/Schmid 2008, S. 984–995). Bei der länderspezifischen Strategie kann zwischen der Pionier- und der Folgerstrategie differenziert werden, während bei der länderübergreifenden Strategie die Optionen Sprinkler- und Wasserfallstrategie zur Verfügung stehen. Darüber hinaus ist aber auch zu entscheiden, ob ein neuer Markt Zug um Zug erschlossen werden soll oder ob auf einen Schlag das gesamte Marktgebiet eines Landes besetzt werden soll.

Pionier- oder Folgerstrategie

Bei der Pionierstrategie, auch First-Mover-Strategie genannt, tritt ein Unternehmen früher als seine Konkurrenten (Konkurrenten, für die dieser Markt nicht den Heimatmarkt darstellt) in einen ausgewählten Ländermarkt ein. Gegebenenfalls kann man noch differenzieren, ob es ein Markt ist, auf dem die nationalen Konkurrenten eine vergleichbare Leistung anbieten, oder ob es ein Markt ist, auf dem eine solche Leistung noch nicht etabliert ist. Danach wäre der Markteintritt eines Discounters in einen Markt, auf dem bereits nationale Discounter tätig sind, anders zu bewerten als der Markteintritt in einen Markt, auf dem das Discountprinzip noch nicht etabliert ist. Bei der Folgerstrategie, auch Follower-Strategie genannt, entscheidet sich ein Unternehmen zu einem Zeitpunkt, zu dem bereits Konkurrenten auf dem Markt tätig sind, in den Markt einzutreten. Betrachtet man den Markteintritt der deutschen Hard Discounter ALDI und Lidl in den schweizerischen Markt, so werden die unterschiedlichen Strategien sichtbar. Während ALDI bereits im Jahr 2005 die erste Filiale in der Schweiz eröffnete, hat Lidl erst vier Jahre später, im März 2009, seine erste Verkaufsstelle in Betrieb genommen. Zu diesem Zeitpunkt verfügte ALDI bereits über ein Netz von ca. 100 Filialen. Beide Varianten der länderspezifischen Timingstrategie weisen unterschiedliche Vor- und Nachteile auf. Für die Pionierstrategie spricht die Möglichkeit, sich wichtige Ressourcen wie Standorte, Immobilien und Mitarbeiter zu sichern. Der frühere Markteintritt kann dazu beitragen, dass sich die Unternehmung einen dauerhaften Vorsprung hinsichtlich des Bekanntheitsgrads und der Kundenbindung erarbeitet. Zu den Nachteilen der First-Mover-Strategie ist das höhere Risiko eines Misserfolgs zu zählen. Dieses Risiko ist darin begründet, dass fehlende Erfahrungswerte Prognosen erschweren bzw. bestimmte Probleme gänzlich übersehen werden. Verfolgt ein Unternehmen eine Follower-Strategie, so kann es aus den Erfahrungen eines Pioniers lernen. Das Risiko lässt sich so reduzieren. Nachteilig an dieser Strategie ist der Rückstand gegenüber dem Pionier im Hinblick auf Größe, Erfahrungen und Bekanntheit. Es kann nicht ausgeschlossen werden, dass es dem Pionier gelingt, Markteintrittsbarrieren aufzubauen, die der Folger überwinden muss.

Sprinkler- oder Wasserfallstrategie

Die Optionen Sprinkler- und Wasserfallstrategie nehmen Bezug darauf, ob der Markteintritt in einem kurzen Zeitraum in mehrere ausländische Märkte erfolgt oder ob die Märkte sukzessive erschlossen werden. Die Sprinklerstrategie erfordert hohe finanzielle und personelle Ressourcen, kann aber andererseits einem Unternehmen einen wichtigen zeitlichen Vorsprung gegenüber der Konkurrenz sichern. Der sukzessive Eintritt in ausländische Märkte hilft, Erfahrungen, die in einem Land gesammelt worden sind, im nächsten zu nutzen. Im Laufe des Internationalisierungsprozesses kann sich die Strategie auch ändern. Dies zeigt beispielsweise die internationale Expansion des schwedischen Handelsunternehmens H&M, das in dem Zeitraum zwischen 1976 und 1998 im Durchschnitt alle zwei Jahre einen neuen Markt erschlossen hatte. Im Jahr 2000 sind dann in zwei und in den Jahren 2003 bis 2007 in jeweils zwei bis fünf ausländischen Märkten Verkaufsstellen (im Mittleren Osten Franchisebetriebe) eröffnet worden (vgl. H&M 2009, S. 21).

Sukzessiver Markteintritt oder Markteintritt auf einen Schlag

Für ein Handelsunternehmen ist auch das zeitliche Muster des Markteintritts von besonderer Bedeutung. Das betrifft nicht nur den Zeitpunkt, zu dem in einen Markt eingetreten werden soll, sondern auch die Geschwindigkeit und den Umfang, mit dem dieses geschehen soll. Der Markteintritt kann vorsichtig erfolgen, indem zunächst nur eine Testfiliale eröffnet wird, um die lokalen Gegebenheiten zu erkennen, oder er kann schlagartig mit einem Netz von Verkaufsstellen realisiert werden. Drei Sachverhalte sind bei dieser Entscheidung besonders wichtig:

- Je nach Branche können die Logistikkosten stark vom Umsatzvolumen in dem jeweiligen Land abhängen. Bei geringem Umsatzvolumen, ausgelöst durch eine kleine Anzahl von Verkaufsstellen, können die Kosten für die logistischen Prozesse beträchtlich höher sein, als sie bei einem dichteren Verkaufsstellennetz wären. Man erkennt, dass bei einer Internationalisierungsstrategie dynamische Aspekte besonders wichtig werden, d. h. mit welcher Geschwindigkeit und mit welchem Ziel Potenziale aufgebaut werden sollen.
- Auch die Kommunikation mit dem Kunden kann von der Größenordnung abhängig sein, mit der Aktivitäten in einem Land entfaltet werden. Die Entwicklung von länderspezifischen Werbemitteln führt bei kleinen Auflagen zu relativ hohen Stückkosten, auch können Streuverluste anfallen.
- Schließlich ist zu beachten, dass die einheimische Konkurrenz bei einem Eintritt mit Testcharakter selektiv reagieren kann. So kann sie am Standort des neu eintretenden Anbieters die Preise senken und den Werbedruck erhöhen, wodurch die Kunden gebunden und der Eindringling in seinen Erwartungen enttäuscht wird.

Diesen Nachteilen eines zögerlichen Markteintritts steht der Vorteil gegenüber, dass vor Ort Informationen über die Bedürfnisse des regionalen Markts gewonnen werden können (z. B. zur Sortimentspolitik) und das Risiko des Kapitalverlusts begrenzt wird.

11.4.3 Die Wahl einer Marktbearbeitungsstrategie

Die Marktbearbeitungsstrategie bezieht sich zum einen auf strategische, zum anderen auf operative Aspekte. Die strategischen Alternativen der Handelsunternehmung stellen sich vor allem in den Betriebsformen dar. Einzelne Organisationen weisen eine spezifische Kompetenz zum Betreiben von einzelnen Betriebsformen auf, so z. B.

- für Hard Discounter: ALDI, Lidl, Netto, PENNY, NORMA,
- für Hypermarchés: Auchan, Carrefour, Intermarché,
- für C&C-Betriebe: METRO,
- für Fachmärkte in einzelnen Branchen: TOYS"R"US (Spielwaren),
- für Supermärkte: REWE.

Es drängt sich der Eindruck auf, dass einzelne Länder bei der Entwicklung und Internationalisierung von speziellen Betriebsformen eine Vorreiterfunktion übernommen haben. So haben deutsche Lebensmittel-Discounter maßgeblich zu einer Verbreitung dieser Betriebsform in Europa beigetragen. Der Beginn der Internationalisierung von Hard Discountern (vgl. Zentes/Morschett/Schramm-Klein 2007) liegt über vierzig Jahre zurück. ALDI hat 1967 die ersten Filialen in Österreich eröffnet und seitdem die internationale Expansion auf zwischenzeitlich 18, gegenwärtig 17 Länder ausgedehnt (aus dem griechischen Markt hat sich das Unternehmen im Jahr 2010 wieder zurückgezogen). Lidl hat erst 1988 mit dem Eintritt in den französischen Markt die Internationalisierung begonnen, das Unternehmen spielt aber mittlerweile zusammen mit ALDI eine führende Rolle im Hard Discount Bereich in Europa. Es wäre theoretisch reizvoll, der Frage nachzugehen, auf welche Umstände es zurückzuführen ist, dass bestimmte Länder die Entwicklung und Verbreitung einzelner Betriebsformen maßgeblich beeinflusst haben.

Differenzierung oder Standardisierung

Die Diskussion um die Ausgestaltung der operativen Absatzpolitik wird im internationalen Marketing von der Frage beherrscht, inwieweit der Einsatz der verschiedenen absatzpolitischen Instrumente länderspezifisch differenziert werden sollte (vgl. zu einer Darstellung der Praxis und zu Hinweisen auf zu beachtende Bestimmungsfaktoren bei der Planung der Sortimentspolitik, der Handelsmarkenpolitik, der Preispolitik, des In-Store-Marketing und der Kommunikationspolitik Lingenfelder 1996, S. 388–435). Standardisierung und Differenzierung sind die Pole, zwischen denen auch gemischte Systeme angesiedelt werden können. So ist es z. B. bei der Sortimentspolitik denkbar, dass Teile des Sortiments in gleicher Weise in den verschiedenen Ländern angeboten werden (Kernsortiment), während andere länderspezifisch hinzugefügt werden (Zusatzsortiment).

Eine differenzierte Politik erlaubt im Regelfall eine bessere Anpassung an die nationalen Gegebenheiten als eine standardisierte. Es gilt also zu prüfen, inwieweit sich Nachfragerpräferenzen (z. B. Ansprüche an die Sortimentstiefe, Zahlungsbereitschaft, Qualitätsansprüche) und Konkurrenzsituation unterscheiden. Andererseits geht eine differenzierte Politik mit erhöhten Kosten einher. Eine geringere Standardisierung des Sortiments kann zu Verlusten bei den Konditionen führen, die Transaktionskosten erhöhen und einen höheren Bedarf an Mitarbeitern nach sich ziehen, die in der Lage sind, die jeweiligen Entscheidungen selbst zu treffen. Die Mehrkosten einer differenzierenden Politik sind gegen die zu erwartenden erlöswirtschaftlichen Vorteile aufzurechnen. Befürworter einer Standardisierung der Marketingpolitik argumentieren mit der Konvergenz wirtschaftlicher, politischer und ökonomischer Rahmenbedingungen in größeren Absatzgebieten, wie dem europäischen Markt, woraus eine Homogenisierung des Konsumentenverhaltens resultieren würde. Eine Angleichung des verfügbaren Einkommens, die Nutzung gleicher Medien und die rasante Entwicklung von neuen Informations- und Kommunikationstechnologien sprechen dafür, dass sich Konsumentenwünsche und -bedürfnisse, Lebensstile, Werte und Einstellungen weltweit annähern werden. Andererseits gibt es empirische Untersuchungen, die deutlich machen, dass sich insbesondere kulturelle Unterschiede auf das Verhalten von Endverbrauchern auswirken und dass eine Standardisierung des Marketing-Mix problematisch sein kann (vgl. z. B. de Mooij/Hofstede 2002; White/Absher 2007).

Jedes Land weist seine Besonderheiten auf. Dennoch wird es Regionen geben, die sich stärker ähneln als andere. So kann beispielsweise vereinfachend von der mediterranen Zone und dem osteuropäischen Raum gesprochen werden. Damit werden Überlegungen aufgegriffen, die im internationalen Marketing als Ansätze zur Marktsegmentierung entwickelt worden sind. Es wurde dabei vor allem überprüft, inwieweit das Konsum- und das Einkaufsverhalten der privaten Haushalte in einzelnen Ländern übereinstimmen. Wie bei nationalen Untersuchungen werden zahlreiche Aspekte erhoben, verdichtet und geclustert. So unterscheidet die Lebensstilforschung der GfK-

Gruppe gegenwärtig zwischen acht Euro-Socio-Styles, in denen sich bestimmte Werte und Bedürfnisse der Konsumenten widerspiegeln (vgl. zum Überblick über die auf „Lebensstilen" aufbauenden Segmentbildungen Lingenfelder 1995; vgl. auch Anders 1991). Solche Untersuchungen dienen vor allem der Industrie als Grundlage zur Planung von Konsumgütern, erlauben aber auch dem Handelsunternehmen, die psycho-soziale Distanz der Bevölkerung in einzelnen Ländern zu den vertrauten Gegebenheiten im Heimatmarkt zu erkennen. Es wird behauptet, dass einerseits die in einem Land zu beobachtenden Gruppen immer weiter auseinander streben (Polarisierung) (vgl. Winkler 1993, S. 94) und dass andererseits von einer Konvergenz der Verhaltensweisen in den verschiedenen Ländern ausgegangen werden kann (vgl. Levitt 1983). Noch gilt allerdings, dass sich selbst innerhalb eines nationalen Raums erhebliche Unterschiede im Konsum-, Informations- und Einkaufsverhalten ergeben können (vgl. Herrmann 1994). Dies zwingt die Handelsunternehmen oft zu einem standortspezifischen Marketing. Einen umfassenden Überblick über die zahlreichen Segmentierungsansätze geben Swoboda, Schwarz und Hälsig (2007).

Im Mittelpunkt der Überlegungen zum Einsatz der einzelnen Marketing-Mix-Elemente in verschiedenen Ländern steht die Frage, ob die Nachfrager in den einzelnen Ländern unterschiedlich auf den Einsatz dieser Instrumente reagieren. Kuskova (2009) hat dies exemplarisch am Beispiel von Handelsmarken untersucht, indem sie gefragt hat, ob eine Handelsmarkenstrategie, die sich in Deutschland bewährt hat, auf den russischen Markt übertragen werden kann, oder ob russische Konsumenten Handelsmarken anders beurteilen als deutsche. Zu diesem Zweck wurde eine Reihe von Hypothesen formuliert, die einerseits Zusammenhänge zwischen den Persönlichkeitsmerkmalen Kaufrisikovermeidung, Qualitätsbewusstsein, Preisbewusstsein und Preis-Qualitätsassoziationen postulierten, andererseits einen Einfluss der Persönlichkeitsmerkmale auf die Markeneinstellung vermuteten. Darüber hinaus wurden Wirkungen der Einstellung auf die Kaufabsicht und die Weiterempfehlung (EV-Hypothesen) überprüft. Bezüglich der Persönlichkeitsmerkmale wurde beispielsweise vermutet, dass in Deutschland das steigende Qualitätsbewusstsein die Markeneinstellung nicht negativ beeinflusst (H 12), in Russland wurde dagegen erwartet, dass ein solcher negativer Zusammenhang besteht (H 13). Ebenso wurde für Deutschland die Erwartung formuliert, dass die Kaufrisikovermeidung die Einstellung nicht negativ beeinflussen würde (H 14), während für Russland ein solcher Zusammenhang postuliert wurde (H 15). Für das Preisbewusstsein (H 8 und H 9) und die Preis-Qualitäts-Assoziation (H 10 und H 11) wurden für beide Länder die gleichen Einflüsse auf die Markeneinstellung erwartet – im ersten Fall eine positive, im zweiten eine negative Wirkung. Hinsichtlich der Verhaltenswirksamkeit postuliert das Modell in beiden Ländern eine positive Wirkung der Einstellung auf das Verhalten gegenüber Handelsmarken (H 16a und H 16b). Abbildung 11.5 zeigt das gesamte Hypothesengeflecht.

Abbildung 11.5 zeigt, dass in beiden Ländern kein negativer Zusammenhang zwischen dem Qualitätsbewusstsein und der Einstellung zu Handelsmarken besteht (H 12 und H 13). Da Handelsmarken offensichtlich als preisgünstige Alternativen zu Herstellermarken wahrgenommen werden, ist eine positive Korrelation zwischen dem Preisbewusstsein der Verbraucher und ihrer Zuneigung zu Handelsmarken zu beobachten (H 8 und H 9). Die Verbraucher mit einer stark ausgeprägten Preis-Qualitäts-Assoziation verbinden den niedrigen Preis von Handelsmarken mit der schlechten Qualität dieser Produkte und vermeiden deren Kauf (H 10 und H 11). Auch die EV-Hypothese wird durch die Ergebnisse untermauert. Es besteht für die untersuchten Marken ein positiver Zusam-

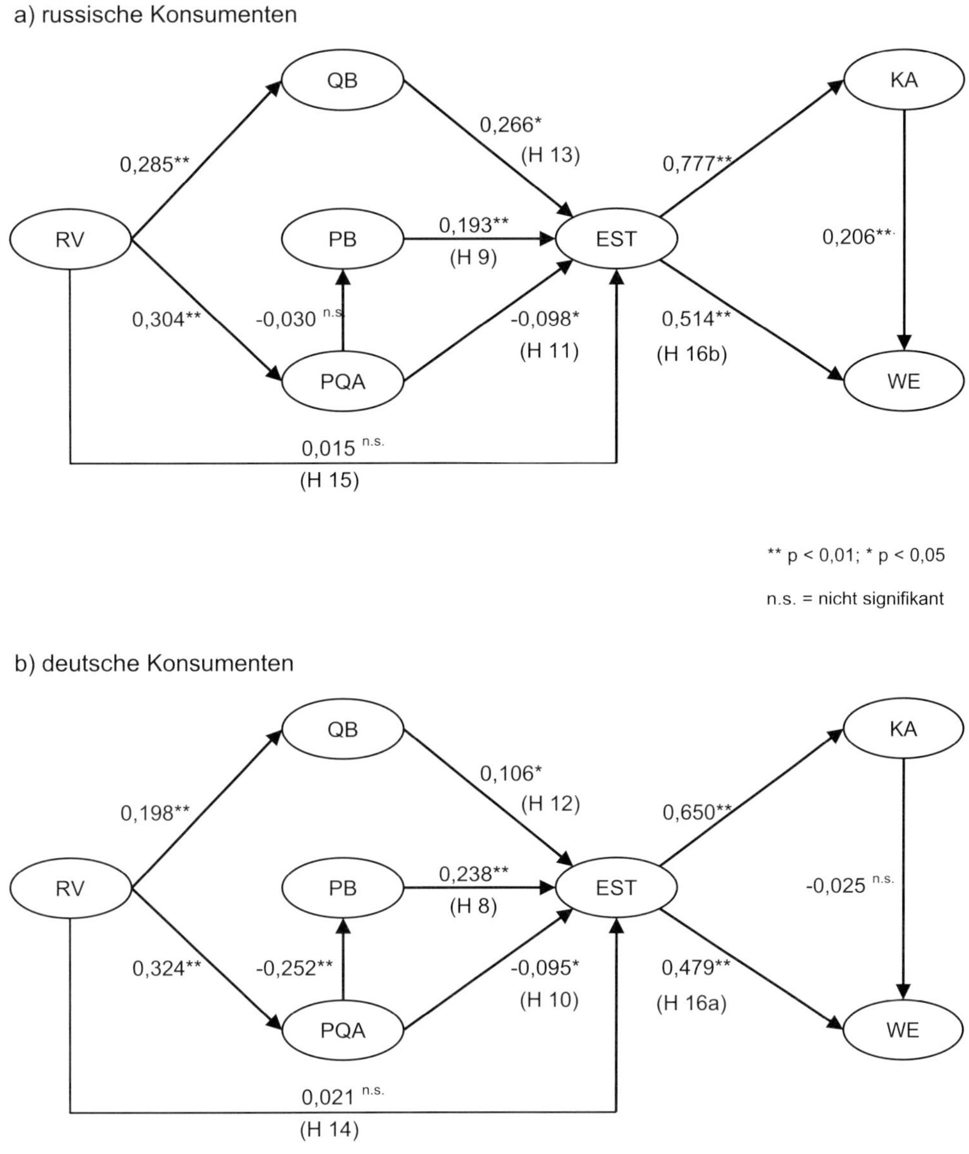

RV	Kaufrisikovermeidung	EST	Markeneinstellung	** p < 0,01; * p < 0,05
QB	Qualitätsbewusstsein	KA	Kaufabsicht	n.s. = nicht signifikant
PB	Preisbewusstsein	WE	Weiterempfehlung	
PQA	Preis-Qualitäts-Assoziation			

Quelle: Kuskova 2009, S. 189, 193

Abb. 11.5: Zusammenhänge zwischen ausgewählten Persönlichkeitsmerkmalen und der Einstellung zu Handelsmarken menhang zwischen der Markeneinstellung auf der einen und der Kaufabsicht und dem Weiterempfehlungsverhalten auf der anderen Seite. Die erklärte Varianz des Modells ist allerdings teilweise schwach. Für deutsche (russische) Konsumenten beträgt sie bei der Einstellung 0,080 (0,114), bei der Weiterempfehlung 0,213 (0,471), bei der Kaufabsicht allerdings 0,421 (0,604) (vgl. Kuskova 2009, S. 192, 195). Wie die Abbildung zeigt, unterscheiden sich die Pfadkoeffizienten. Qualitäts- und Preisbewusstsein spielen also bei russischen und deutschen Konsumenten eine unterschiedliche Rolle, wenn Handelsmarken beurteilt werden. Die Gründe hierfür sieht Kuskova darin, dass sich die Werte, die bei Konsumentscheidungen eine Rolle spielen, in einzelnen Regionen unterscheiden können und diese wiederum von noch allgemeineren Wertvorstellungen abhängen. Hofstede (2006) hat hierfür sog. Kulturdimensionen abgeleitet, mit denen er Unterschiede zwischen Personen in einzelnen Regionen darstellen möchte. Er nennt hierbei Machtdistanz, Individualismus, Maskulinität und Unsicherheitsvermeidung. Die von ihm für Russland und Deutschland ermittelten Indexwerte unterscheiden sich diametral (vgl. Abbildung 11.6).

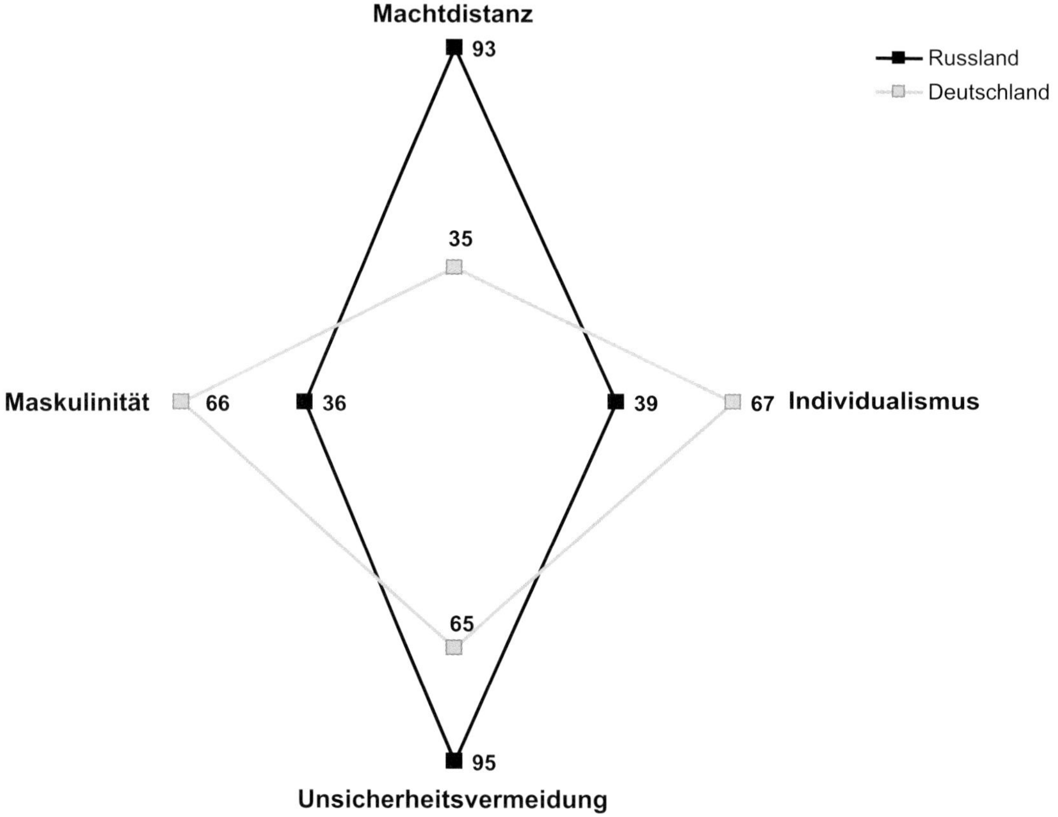

Quelle: Werte nach Hofstede 2006, S. 56, 105, 166, 234

Abb. 11.6: Die von Hofstede für Russland und Deutschland ermittelten Indexwerte (Skala von 0 bis 100)

11.4.4 Die organisatorische Orientierung und Führungskonzeption

Durch ein Organisationssystem wird festgelegt, welche organisatorischen Einheiten gebildet werden, welche Aufgaben sie zu erbringen haben, wie sie in den Kommunikationsfluss eingebunden werden und nach welchen Regeln sie zu verfahren haben. Die Untersuchungen hierzu bewegen sich vor allem auf beschreibendem Niveau. Es wird versucht, die relevanten Einflussfaktoren zu erkennen und die Richtung ihres Einflusses anzugeben. Dies sei an einigen Hypothesen verdeutlicht, die nähere Beachtung gefunden haben (vgl. Anderer 1997, S. 134–195):

- Bei niedrigem prozentualen Auslandsumsatz und hoher Betriebstypendiversifikation im Ausland operieren international tätige Unternehmen mit einer nach Betriebstypen gegliederten divisionalen Organisationsstruktur.
- Unsicherheit und Zentralisation stehen in einer negativen Beziehung zueinander. Mit zunehmender perzipierter Gastlandunsicherheit sinkt der Zentralisationsgrad im Verhältnis Zentrale zur Auslandsgesellschaft.
- Für Handelsunternehmen, die im Rahmen ihrer internationalen Tätigkeit eine Strategie der Kostenführerschaft verfolgen, führt ein höherer Zentralisationsgrad zu einem größeren Erfolg als ein geringer Zentralisationsgrad.
- Je höher der Internationalisierungsgrad eines Handelsunternehmens, ausgedrückt durch den prozentualen Auslandsumsatz, ist, desto größer ist die Formalisierung und Intensität des Planungssystems.

Um die internationale Tätigkeit von Unternehmen beschreiben zu können, hat Perlmutter das sog. EPRG-Konzept entwickelt (vgl. Perlmutter 1969, S. 9–18; Heenan/Perlmutter 1979; eine Darstellung des Konzepts von Perlmutter findet sich auch bei Perlitz 2004, S. 121–122). Er unterscheidet vier Formen, in denen sich eine grenzüberschreitende Führungsphilosophie und die zugehörige Organisationsstruktur äußern können, und zwar als Ethnozentrierung, Polyzentrierung, Regionenzentrierung und Geozentrierung (vgl. auch die Angaben in Abbildung 11.7).

Perlmutter formuliert einen Entwicklungspfad, den die Unternehmen bei der Umsetzung ihrer Internationalisierungsaktivitäten beschreiten und der nach seiner Meinung in die regio- oder geozentrische Organisationsstruktur einmünden muss. In Ergänzung hierzu unterscheiden Cateora, Gilly und Graham (2009, S. 22–23) zwischen folgenden drei Phasen bzw. Konzepten, die sie in der Literatur identifizieren konnten.

Aspekte der Unternehmung	Orientierung			
	Ethnozentrisch	**Polyzentrisch**	**Regiozentrisch**	**Geozentrisch**
Organisations-komplexität	Komplex im Heimatland, einfach bei den Tochter-gesellschaften	Unterschiedlich und voneinander unabhängig	Hohe gegenseitige Abhängigkeit auf regionaler Ebene	Zunehmende Komplexität und weltweit eine hohe gegenseitige Abhängigkeit
Autorität, Treffen von Entscheidungen	Stark auf die Mutter-gesellschaft konzentriert	Gering von Seiten der Muttergesellschaft	Große regionale Head-quarters und/oder große Zusammenarbeit zwischen den Tochtergesellschaften einer Region	Weltweite Zusammen-arbeit zwischen der Muttergesellschaft und den Tochtergesellschaften
Auswertung und Kontrolle	Standards des Heimat-landes werden auf Leistungs- und Personen-beurteilung angewendet	Lokale Bestimmungen	Regionale Bestimmungen	Universale und lokale Standards
Anreizsystem und Sanktionen	Hoch bei der Mutter-gesellschaft, gering in den Tochtergesellschaften	Sehr unterschiedlich, Tochtergesellschaften erhalten Belohnung unterschiedlicher Höhe	Belohnung für das Erreichen regionaler Zielvorgaben	Belohnung internationaler und lokaler Führungskräfte für das Erreichen internationaler und lokaler Zielvorgaben
Kommunikation, Informationsfluss	Hohe Anzahl von Aufträgen, Weisungen und Ratschlägen an die Tochtergesellschaften	Geringe (mit der Muttergesellschaft und den anderen Tochtergesellschaften)	Gering mit der Muttergesellschaft, u.U. hoch mit den regionalen Headquarters und hoch zwischen den einzelnen Ländern	Beide Wege, sowohl mit der Muttergesellschaft als auch zwischen den Tochtergesellschaften
Geographische Identifikation	Nationalität der Muttergesellschaft	Nationalität des Gastlandes	Regionales Unternehmen	Weltweites Unternehmen unter Wahrung nationaler Interessen
Fortlaufende Management-aufgaben (Personalrekrutie-rung, -ausstattung, -entwicklung)	Mitarbeiter der Mutter-gesellschaft werden für weltweite Schlüssel-positionen ausgebildet	Mitarbeiter des Gastlandes werden für Schlüssel-positionen im eigenen Land ausgebildet	Regionale Mitarbeiter werden für Schlüssel-positionen in der ganzen Region ausgebildet	Die besten Mitarbeiter auf der ganzen Welt werden für weltweite Schlüssel-positionen ausgebildet

Quelle: Perlitz 2004, S. 121-122

Abb. 11.7: Das EPRG-Modell von Perlmutter

1. Ausweitung des Heimatmarkts (Domestic Market Extension Concept):
Unternehmen sichern ihr inländisches Geschäft ab. Sie streben nach Umsatzausweitung und transferieren ihre Leistungen weitgehend unverändert in Auslandsmärkte. Sie wählen folglich Märkte aus, die dem Heimatmarkt ähnlich sind und auf denen man davon ausgehen kann, dass die unveränderten Leistungen akzeptiert werden. Anpassungen bei den absatzpolitischen Instrumenten werden als nicht erforderlich angesehen.

2. Multinationale Marktbearbeitung (Multidomestic Market Concept):
Die Unternehmen erkennen, dass sich die Auslandsmärkte vom Heimatmarkt unterscheiden. Das bedeutet, dass die Marketingpolitik den Gegebenheiten im Ausland angepasst werden muss, um erfolgreich zu sein. Die in den Ländern tätigen Organisationseinheiten sind für ihren Erfolg selbst verantwortlich und agieren weitgehend unabhängig voneinander.

3. Globale Marktbearbeitung (Global Marketing Concept):
Die Gesamtheit der nationalen Märkte, die von der Unternehmung bearbeitet werden, wird als eine Einheit gesehen. Das Anliegen einer solchen Sichtweise ist es, auf dem Gesamtmarkt attraktive Zielgruppen zu identifizieren und zu bearbeiten. Durch eine länderübergreifende Standardisierung sollen Erfahrungskurveneffekte genutzt werden. Ein solches Konzept hat auch Folgen für die Rekrutierung von Mitarbeitern. Die nationale Herkunft der Mitarbeiter spielt bei der Besetzung praktisch aller Stellen im Unternehmen keine Rolle.

11.5 Gründe für den Rückzug von ausländischen Märkten

Die Tatsache, dass es zahlreiche Fälle gibt, in denen sich Handelsunternehmungen von den zuvor bearbeiteten Märkten gänzlich zurückgezogen haben oder ihr Engagement zumindest deutlich reduziert haben, hat das Interesse der Forschung auf diese Entwicklungen gelenkt (vgl. zu einem Überblick z. B. Alexander/Quinn 2002; Burt/Mellahi/Jackson et al. 2002). Der im Jahr 2006 erfolgte Rückzug von Wal-Mart aus Deutschland nach nur neunjähriger Präsenz zeigt, dass auch Handelsunternehmungen mit einer enormen Wirtschaftskraft und großen Erfahrungen im nationalen und internationalen Geschäft ihre Internationalisierungsstrategie, zumindest in einzelnen Ländern, als Misserfolg verbuchen müssen.

Das Interesse der Wissenschaft konzentriert sich vor allem auf die Ursachen des Scheiterns. Dabei ist allerdings zu beobachten, dass häufig anekdotenhaft über die Entwicklungen einzelner Unternehmungen berichtet wird, ohne der Frage nachzugehen, ob die Erkenntnisse verallgemeinert werden können. Burt, Dawson und Sparks (2003) haben den Versuch unternommen, die in den zahlreichen Veröffentlichungen angesprochenen Ursachen zu strukturieren und erste Hypothesen in Hinblick auf diese Ursachen zu formulieren. Die Autoren machen zuerst darauf aufmerksam, dass im Zusammenhang mit den Misserfolgen der Internationalisierung unterschiedliche Begriffe verwendet werden. Sie betreffen verschiedene Maßnahmen, die infolge der Nichterreichung der angestrebten Ziele ergriffen werden und eine Reduzierung der Präsenz (*divestment*) in dem betreffenden Markt bedeuten. Dies kann sich darin äußern, dass die Zahl der Verkaufsstellen durch Schließungen reduziert wird, die Koordinationsform und damit die Ressourcenbindung verändert wird, indem z. B. eigene Verkaufsstellen durch Franchisebetriebe ersetzt werden, oder ein vollständiger Rückzug aus dem Markt vollzogen wird. Bei der Analyse der Ursachen für den Misserfolg eines Markteintritts wird auf zwei unterschiedliche Perspektiven hingewiesen. Während in der Industrieökonomik auf die Umwelt verwiesen wird, d. h. auf externe Einflussfaktoren aufmerksam gemacht wird, wird in der Organisationstheorie der Einfluss des Managements, d. h. interne Faktoren, betont (vgl. Mellahi/Jackson/Sparks 2002). Zu den externen Faktoren werden unter anderem die Nachfrageentwicklung, die Wettbewerbssituation und die politisch-rechtlichen Rahmenbedingungen gezählt. Die internen Faktoren betreffen vor allem Managementfähigkeiten und strukturelle Hindernisse innerhalb des Unternehmens, auf neue Entwicklungen adäquat zu reagieren. Die Wirkung der internen und externen Faktoren ist nicht unabhängig voneinander. So können unterschiedliche Entwicklungen im In- und Ausland dazu führen, dass sich die strategische Ausrichtung der Mutter- und der Tochtergesellschaft immer weiter voneinander entfernen. Ob sich die dadurch ausgelösten Konflikte lösen lassen, hängt im starken Maße von den Managementfähigkeiten und den organisatorischen Strukturen des Unternehmens ab.

Burt, Dawson und Sparks (2003, S. 365) entwickeln auf Basis eines Beitrags von Benito (1997) einen Denkrahmen, in dem zwischen vier Gruppen von Quellen eines Misserfolgs differenziert wird:

- *market failure*,
- *competitive failure*,
- *operational failure* und
- *business failure*.

Der *market failure* resultiert aus einer mangelnden Stabilität der Umwelt oder einem Wechsel der ökonomischen, politischen und sozialen Rahmenbedingungen. Als Ergebnis haben sich die Erwartungen und Prognosen, mit denen ein Unternehmen in einen ausländischen Markt eingetreten ist, nicht erfüllt. Der *competitive failure* nimmt Bezug auf Wettbewerbskräfte, die dazu führen, dass die angestrebten ökonomischen und finanziellen Ziele des Unternehmens nicht erreicht werden. Der *operational failure* umfasst Probleme beim Transfer der inländischen Konzepte und Instrumente in den betreffenden Markt. Er bezieht sich auch auf kulturelle Konflikte zwischen den Ländern und die mangelnde Fähigkeit, sie zu lösen. Schließlich geht der *business failure* auf wirtschaftliche Probleme auf dem Heimatmarkt ein, die sich auf die Auslandsaktivitäten auswirken können. Die vier Bereiche beeinflussen die Entscheidung eines Unternehmens, seine Aktivitäten in einem fremden Markt einzuschränken. Die Autoren entwickeln insgesamt zehn Hypothesen, die sich den vier Bereichen zuordnen lassen und die aus ihrer Sicht überprüft werden sollten. In ihnen werden unter anderem die Rolle der kulturellen und psychischen Distanz beim Auftreten des *market failure*, der Einfluss der Branche, der Betriebsform oder der Markteintrittsform auf den *competitive failure*, die Bedeutung der Internationalisierungserfahrungen für den *operational failure* und die Wichtigkeit der Managementkompetenz auf dem Heimatmarkt für den *business failure* thematisiert.

Die geforderte Erforschung der Ursachen für ein Scheitern auf ausländischen Märkten soll dazu beitragen, Unternehmungen vor Fehleinschätzungen zu bewahren, auf notwendige Fähigkeiten und Ressourcen aufmerksam zu machen sowie Instrumente zu entwickeln, mit denen die aufgezeigten Probleme schneller erkannt und gelöst werden können.

11.6 Zusammenfassung

Handelsunternehmungen haben ihre internationalen Aktivitäten in bedeutendem Maße verstärkt. Das gilt nicht nur für Beschaffungsaktivitäten, sondern auch für das Betreiben von Verkaufsstellen. Daraus ergeben sich zahlreiche Managementprobleme, so zuerst die Frage, ob die Voraussetzungen für eine erfolgreiche Auslandsmarktbearbeitung gegeben sind. Zielmärkte müssen festgelegt werden, und es ist zu entscheiden, welche Markteintrittsstrategie gewählt werden soll. Letztere umfasst zwei Aspekte– die Form der Koordination zwischen Stamm- und Gastland (z. B. Gründung eigener Verkaufsstellen oder der Aufbau eines Franchisesystems) sowie das Timing des Markteintritts. Bei der Wahl einer Marktbearbeitungsstrategie muss für alle Marketing-Mix-Elemente eine geeignete Position auf dem Kontinuum zwischen Standardisierung und Differenzierung gefunden werden. Von zentraler Bedeutung für den Erfolg sind zudem die Führungskonzeption und die organisatorische Orientierung der international agierenden Unternehmung. Da nicht alle Internationalisierungsvorhaben von Erfolg gekrönt sind, kann die Analyse von Gründen für einen Rückzug von ausländischen Märkten Aufschluss darüber geben, von welchen Faktoren der Erfolg abhängig ist.

12 Weitere strategische Entscheidungen

In den vorhergehenden Kapiteln wurde dargestellt, dass es Entscheidungen gibt, die für den Fortbestand und den Erfolg einer Handelsunternehmung von besonderer Bedeutung sind. Ausführlich wurde auf die generischen Wettbewerbsalternativen, auf die Wahl der Betriebsform (des Formats) und auf die Internationalisierung eingegangen. Daneben gibt es weitere Maßnahmen, die abhängig von der spezifischen internen Situation eines einzelnen Unternehmens oder in Folge besonderer Umweltbedingungen als strategisch angesehen werden können. So ist z. B. bei einem Versandhandelsunternehmen eine effiziente Logistik von strategischer Bedeutung, da sie der Profilierung gegenüber der Konkurrenz dienen kann. Bei einem stationären Einzelhandelsgeschäft kommt dem Logistikaspekt im Regelfall ein geringerer Stellenwert zu. Es gibt folglich keinen abgeschlossenen Katalog von strategischen Entscheidungen. In diesem Kapitel werden drei weitere Entscheidungsbereiche vorgestellt, die strategischen Charakter haben:

- die Frage, ob sich ein Handelsunternehmen mit seinen Aktivitäten spezialisieren oder ob es diversifizieren sollte,
- die Frage, ob das parallele Betreiben mehrerer Kanäle, insbesondere die Ergänzung um einen Online-Kanal, vorteilhaft ist, und
- die Frage, inwieweit Kundenbindungsmaßnahmen einen positiven Effekt haben.

12.1 Die Diversifikation im Handel

Handelsunternehmen können nicht nur wachsen, indem sie ihr Stammgeschäft forcieren, mit Wettbewerbern fusionieren oder ihr Marktgebiet ausdehnen, sondern auch indem sie diversifizieren. Unter Diversifikation ist eine unternehmenspolitische Strategie der gezielten Ausweitung des bisherigen Tätigkeitsbereichs einer Unternehmung auf angrenzende oder völlig neue Leistungsbereiche zu verstehen. Dies kann geschehen, indem intern neue Leistungsfelder entwickelt werden (interne Diversifikation) oder einschlägige Anbieter übernommen bzw. mit ihnen kooperiert wird (externe Diversifikation). Die praktische Bedeutung sowohl der internen als auch der externen Diversifikation wird durch die folgenden Beispiele veranschaulicht:

- Buchhandlungen führen auch Hörbücher, CDs, DVDs, Musikalien und Schreibwaren, Tankstellen zeichnen sich durch die Ausweitung ihres Lebensmittelangebots aus.
- Ehemalige Kaffeeanbieter wie Tchibo (vor der Übernahme durch Tchibo auch Eduscho) haben sich zunächst zum Partievermarkter, später zu einem Konzern, der auch Reisen, Finanzdienstleistungen, Versicherungen und Mobilfunkleistungen anbietet, gewandelt. Gleichzeitig wurde

die Zahl der genutzten Vertriebssysteme ausgebaut – neben der stationären Präsenz in Form von Filialen und Depots werden heute der Katalog- und der Onlineversand genutzt.
- Die Geschichte von Karstadt, der Wandel zu KarstadtQuelle, dann zu Arcandor und schließlich zur Karstadt Warenhaus GmbH zeigt unterschiedliche Entwicklungsstufen der Diversifikation. Als Warenhausunternehmen gestartet, hat Karstadt bereits 1977 den Versandhandel von Neckermann übernommen, fusionierte dann mit Quelle und hat auch Textilkaufhäuser wie SinnLeffers oder Wehmeyer eingegliedert. Mit Neckermann und Reisen (NUR), Thomas Cook sowie MyTravel gab es Investitionen im Tourismusbereich, darüber hinaus Engagements in der Finanzdienstleister- und Versicherungsbranche. Im Zuge der Insolvenz 2009 wurden die meisten Sparten veräußert oder zerschlagen.
- Die REWE Group betreibt nach eigenen Angaben zwei Kerngeschäftsfelder – den Handel und die Touristik. Beide Bereiche werden über unterschiedliche Vertriebsschienen mit zahlreichen *retail brands* abgedeckt. Dabei erstreckt sich die Tätigkeit sowohl auf die Groß- als auch auf die Einzelhandelsebene und umfasst zudem auch eigene Produktionsstätten (Backwaren, Fleisch und Wurstwaren).

Die Beispiele zeigen die Vielfalt der Diversifikationsmöglichkeiten, machen aber auch deutlich, dass es hilfreich wäre zu präzisieren, welche Fälle der Diversifikation zugerechnet werden sollten. Es ist allerdings nicht nur wichtig, das weite Feld der Diversifikationsmöglichkeiten zu erkennen und zu charakterisieren, sondern auch beurteilen zu können, unter welchen Umständen solche Maßnahmen zum gewünschten Erfolg führen. Dies ist zum einen Aufgabe von entsprechenden Theorien, zum anderen aber auch Aufgabe von empirischen Studien. Auf beide Bereiche wird im Folgenden eingegangen.

12.1.1 Formen der Diversifikation

Diversifikation bezeichnet die Ausdehnung der bisherigen Aktivitäten einer Unternehmung auf neue Tätigkeitsbereiche. So definiert Jacobs (1992, S. 7) Diversifikation als

„(…) eine unternehmenspolitische Strategie der planmäßigen Ausdehnung der bisherigen Schwerpunkttätigkeit eines Unternehmens auf angrenzende oder völlig neue Märkte und Leistungsbereiche."

Gegenüber der Produkt-Markt-Matrix von Ansoff, in der nur das Bearbeiten neuer Märkte mit neuen Produkten als Diversifikation bezeichnet wird (in Gegenüberstellung zur Marktentwicklung und zur Produktentwicklung), fällt auf, dass sich Jacobs von der Produktdimension löst und stattdessen von der Leistungsdimension spricht. Dies ist auch aus der Perspektive von Handelsunternehmungen der passende Begriff, denn die Leistung des Handelsbetriebs setzt sich aus einer Kombination von Sach- und Dienstleistungen zusammen. Insofern können Erweiterungen des Sortiments um Dienstleistungen, wie beispielsweise Reparaturen, Änderungen und Vermittlungen, eine Ausdehnung des Leistungsbereichs darstellen. Aber auch neue Betriebsformen stellen neue Leistungen dar. Sie können als Dienstleistungsbündel interpretiert werden, mit denen der Absatz bestimmter Objekte bewirkt werden soll.

Wenn in der obigen Definition von angrenzenden oder völlig neuen Leistungsbereichen gesprochen wird, sollen damit die bisherigen Leistungsbereiche ausgeschlossen werden. Dies ist nicht immer eindeutig möglich. So kann es sich bei einem Schuheinzelhandelsunternehmen, das bisher nur Haus- und Straßenschuhe angeboten hat, um eine Form der Diversifikation handeln, wenn Sportschuhe in das Sortiment aufgenommen werden. Man wird jedoch kaum den Begriff Diversifikation verwenden, wenn lediglich eine Erweiterung der Sortimentstiefe vorgenommen wird. Der Verweis darauf, dass es sich um „eine unternehmenspolitische Strategie" handeln soll, hilft, bestimmte Maßnahmen, die einen operativen Charakter aufweisen, von der Diversifikation abzugrenzen. Bezüglich der Leistungsbereiche bezeichnet das Adjektiv „neu" nicht Marktneuheiten (Leistungen, die zuvor auf dem Markt noch von keinem Anbieter angeboten worden sind), sondern Betriebsneuheiten (Leistungen, die für den betreffenden Anbieter neu sind). Der Hinweis auf „neue Märkte" bedeutet, dass die Unternehmung neuen Nachfragern gegenübertritt. Dies kann geschehen, indem sie in neuen Regionen tätig wird. Allerdings sollen weder die nationale Ausdehnung noch die Internationalisierung im vorliegenden Zusammenhang als Diversifikation bezeichnet werden. Neue Nachfrager können auch im bisherigen Absatzgebiet angesprochen werden, indem neue Zielgruppen definiert werden. Im Regelfall setzt dies aber voraus, dass neue Sachleistungen oder neue Dienstleistungen zur Vermittlung dieser Sachleistungen in das Leistungsprogramm aufgenommen werden. Insofern bietet es sich an, auf den Definitionsbestandteil „angrenzende oder völlig neue Märkte" zu verzichten und wie folgt zu definieren:

Diversifikation stellt eine unternehmenspolitische Strategie der planmäßigen Ausdehnung des bisherigen Leistungsprogramms einer Unternehmung auf angrenzende oder völlig neue Leistungsbereiche dar.

Die Diversifikation kann in unterschiedliche Richtungen erfolgen (vgl. Drexel 1981, S. 186–190; Hansen 1990, S. 563–565; Köhler 1992, S. 124–125; Dyckhoff 1993, S. 18–23). Eine horizontale Diversifikation zeichnet sich dadurch aus, dass die bisherige Wirtschaftsstufe nicht verlassen wird und vorhandene Unternehmenspotenziale auch im neuen Tätigkeitsfeld genutzt werden können. Bei einer vertikalen Diversifikation wird der Tätigkeitsbereich auf vor- oder nachgelagerte Wirtschaftsstufen erweitert. Bei der konglomeraten (lateralen) Diversifikation erschließt sich die Unternehmung ein Leistungsprogramm, das mit dem bisherigen Leistungsprogramm in keinem unmittelbaren Zusammenhang steht. In Abbildung 12.1 sind die verschiedenen Richtungen der Diversifikation noch einmal gegenübergestellt.

Eine geplante Diversifikation kann auf unterschiedliche Weise realisiert werden (vgl. Müller-Stewens 1988; Gomez/Ganz 1992). Bei der internen Entwicklung werden eigene Ressourcen und Fähigkeiten eingesetzt. Die neuen Leistungsbereiche werden selbständig entwickelt und entweder in das bestehende Unternehmen eingegliedert oder als Tochtergesellschaften ausgegliedert. Bei der Akquisition, Fusion oder Beteiligung werden bereits im Markt befindliche Einheiten erworben. Schließlich ist an verschiedene Formen der Kooperation zu denken, wie z. B. das Joint Venture.

Da nach § 39 GWB (bis 1998 § 23 GWB) Unternehmenszusammenschlüsse ab einer gewissen Größenordnung anzumelden sind, kann aus den Aufzeichnungen des Bundeskartellamts abgelesen werden, in welchem Ausmaß Zusammenschlüsse angemeldet worden sind. Explizite Angaben darüber, wie viele Handelsbetriebe an den Zusammenschlüssen beteiligt waren, liegen nur bis zum Jahr 2004 vor. Die allgemeine Entwicklung von Zusammenschlussaktivitäten wird durch die beim Bun-

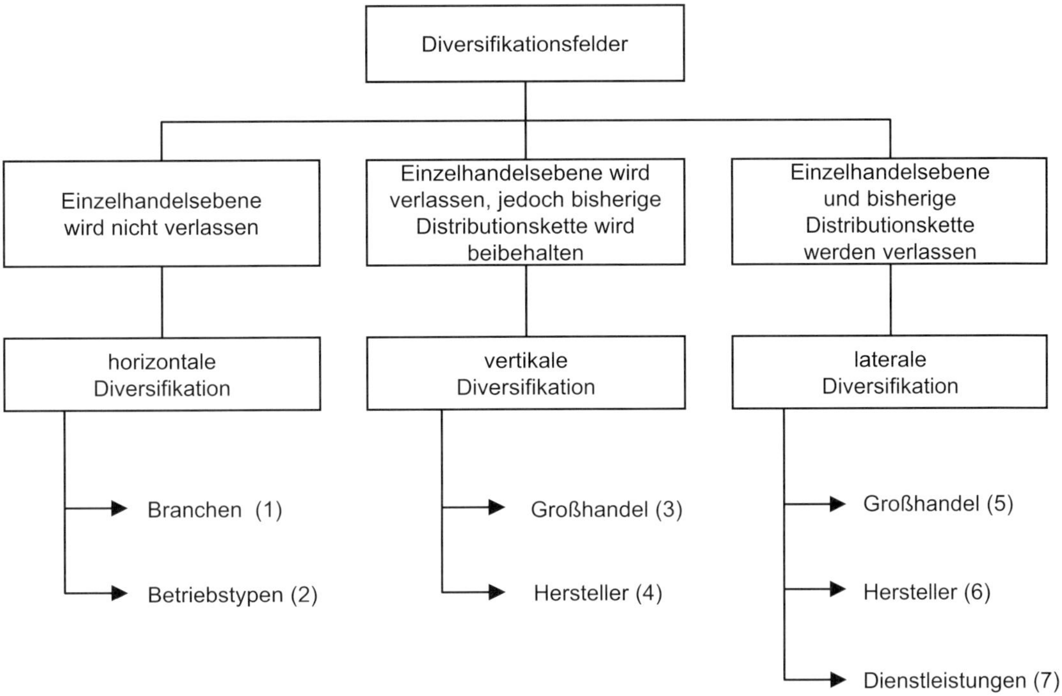

Quelle: in Anlehnung an Köhler 1992, S. 125

Abb. 12.1: Diversifikationsrichtungen von Handelsunternehmen

deskartellamt angemeldeten und angezeigten Zusammenschlüsse wiedergegeben. Während die Anmeldung im Vorfeld eines geplanten Zusammenschlusses erforderlich ist und eine Prüfung nach sich ziehen kann, erfolgt die Anzeige nach einem tatsächlich durchgeführten Zusammenschluss. Seit 2005 wird nur noch die Anmeldung erfasst.

Abbildung 12.2 zeigt, dass die Zahl der Zusammenschlüsse, an denen Handelsunternehmungen beteiligt waren, im Jahr 1991 einen Höhepunkt erreichte. Nach einem Rückgang in der Folgezeit ist ein weitestgehend gleich bleibender Verlauf zu beobachten.

Abbildung 12.2 vermittelt einen Eindruck von dem Ausmaß der Zusammenschlüsse, an denen Handelsunternehmen beteiligt waren, gibt aber nur eingeschränkt Hinweise auf die Diversifikationspolitik der deutschen Handelsunternehmen. Es ist zu beachten, dass alle internen Diversifikationen außer Acht bleiben, dass nur Zusammenschlüsse berücksichtigt worden sind, die den vom Gesetz gegen Wettbewerbsbeschränkungen festgelegten Schwellenwert übersteigen und dass auch solche Zusammenschlüsse ausgewiesen werden, die das gleiche Tätigkeitsfeld erfassen. Trotzdem kann davon ausgegangen werden, dass in nicht unbeträchtlichem Maße Sortiments- und Betriebsformendiversifikationen vorliegen. Viele Großunternehmen im Handel sind in bedeutendem Maße diversifiziert.

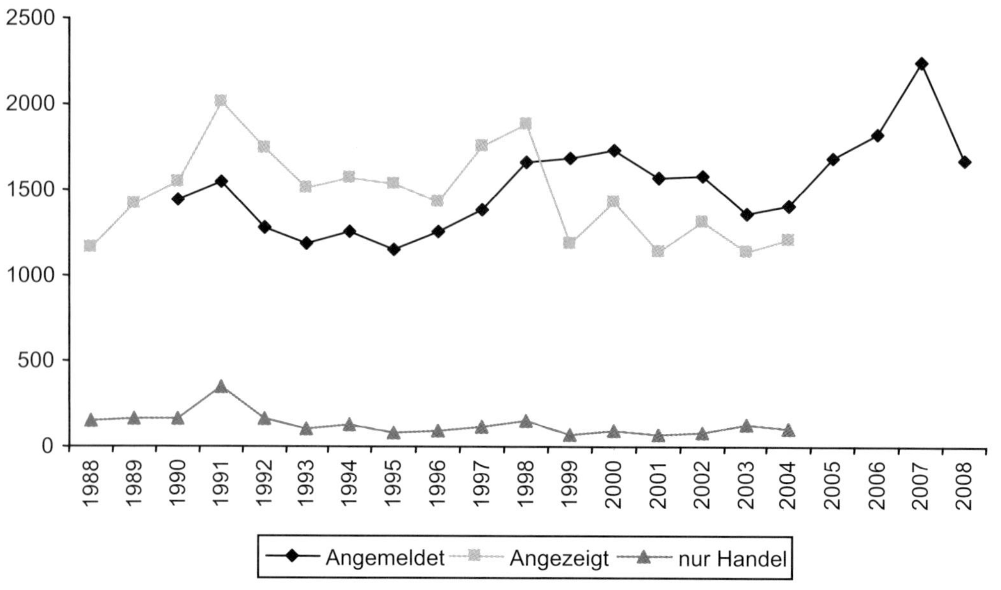

Jahr	1988	1989	1990	1991	1992	1993	1994	1995	1996	1997
Angemeldet			1445	1541	1282	1185	1254	1154	1257	1387
Angezeigt	1159	1414	1548	2007	1743	1514	1564	1530	1434	1751
nur Handel	152	157	158	347	166	105	123	82	97	116

Jahr	1998	1999	2000	2001	2002	2003	2004	2005	2006	2007	2008
Angemeldet	1667	1687	1735	1568	1584	1366	1412	1687	1829	2242	1675
Angezeigt	1888	1182	1429	1138	1317	1135	1206				
nur Handel	153	75	91	75	84	130	106				

Quelle: Deutscher Bundestag (verschiedene Jahrgänge)

Abb. 12.2: Zusammenschlüsse von Unternehmen in Deutschland

12.1.2 Zur theoretischen Begründung von Diversifikationen

Diversifikationsstrategien erleben wechselnde Phasen der Zustimmung und der Ablehnung. Es gibt Zeiträume, in denen darauf hingewiesen wird, dass eine Diversifikation wie die Zusammenstellung eines Portefeuilles von Wertpapieren das Unternehmensrisiko mindert. Es gibt aber auch Phasen, in denen hervorgehoben wird, dass Unternehmungen erfolgreicher sind, wenn sie sich auf ihr Kerngeschäft konzentrieren. Welchen Beitrag die Diversifikation zum Unternehmenserfolg leisten kann, ist Gegenstand zahlreicher Theorien (vgl. den Überblick bei Greune 1997, S. 43–108). Besonders häufig wird auf die Nutzung von Synergieeffekten verwiesen, weshalb darauf bevorzugt eingegangen werden soll.

Synergie liegt vor, wenn durch die Kombination von zwei Aktivitäten ein besseres Ergebnis erzielt wird, als wenn diese isoliert durchgeführt würden. Anschaulich wird von dem „2 + 2 = 5 Effekt" gesprochen. Synergieeffekte liegen mithin vor, wenn gilt:

$$E(y_1, y_2) > E(y_1) + E(y_2) \qquad (12.1)$$

mit:

$E(y_i)$ = Erfolg der Aktivität y_i bei isolierter Durchführung

$E(y_1, y_2)$ = Erfolg der Aktivitäten y_1 und y_2 bei gemeinsamer Durchführung

Der Erfolg kann sich im Prinzip auf alle Komponenten der Zielfunktion erstrecken, von besonderem Interesse sind aber die Wirkungen einer Diversifikation auf die Kosten, den Umsatz und auf das Risiko.

Besondere Beachtung findet die Frage nach Gründen dafür, dass die Kosten bei einer Bündelung der Aktivitäten geringer als bei getrennter Durchführung ausfallen werden. Erste Hinweise gab bereits Penrose (1959), indem sie ausführte, dass sich die Produktionskapazität eines Unternehmens nach dem Engpassfaktor richten müsse und aufgrund der begrenzten Teilbarkeit der Ressourcen nur selten alle Kapazitäten maximal ausgeschöpft seien. Dabei gelte: „(…) so long as any resources are not used fully in current operations, there is an incentive for a firm to find a way of using them more fully" (Penrose 1959, S. 67). Überschüsse können dabei insbesondere auf der Ebene der Unternehmensleitung anfallen. Es ist aber auch denkbar, dass Lagerhallen, Kommissionierstraßen oder der Fuhrpark nicht durchgehend ausgelastet sind. Starke Nachfrageschwankungen können ebenfalls dazu führen, dass vorhandene Kapazitäten ungenutzt bleiben und den Anstoß geben, nach weiteren Nutzungsmöglichkeiten zu suchen. Wenn eine Ausdehnung des bisherigen Geschäfts nicht zu einer besseren Auslastung der vorhandenen Potenziale beitragen kann, bleibt bei nicht anpassbaren Ressourcen nur die Diversifikation.

Diese Überlegungen decken sich mit dem Konzept der *economies of scope*. Hiernach sind die Gesamtkosten der aufgrund einer gemeinsamen Nutzung von Produktionsfaktoren verbundenen Herstellung von zwei Produkten niedriger als die Summe der Kosten einer getrennten Produktion. Baumol, Panzar und Willig (1988) untersuchten in diesem Zusammenhang die Frage, unter welchen Bedingungen es ökonomisch gerechtfertigt ist, die Produktion verschiedenartiger Produkte anstatt in zwei oder mehr getrennt operierenden Unternehmen in nur einem Mehrproduktunternehmen durchzuführen (vgl. auch Arnold 1985, S. 269–273). Die Gründe sehen sie darin, dass ein Teil der Produktionsfaktoren, ohne hierfür in größeren Mengen beschafft zu werden, auch für die Herstellung anderer Produkte genutzt werden kann; es handelt sich um „öffentliche Produktionsfaktoren". Teece (1980, 1982) nennt technologisches Know-how, Management-Know-how, Organisations-Know-how und Goodwill als Beispiele. Es kommen „quasi-öffentliche Produktionsfaktoren" hinzu, womit jene Faktoren gemeint sind, die nicht in solchen Quanten beschafft werden können, wie sie benötigt werden (*excess capacities*).

Aber auch *economies of scale*, (d. h. mit einem gesteigerten Geschäftsvolumen kann ein höherer Wirkungsgrad erreicht werden), sind für die Diversifikation nicht unbedeutend, wenn unterschiedliche Geschäftsbereiche die gleichen innerbetrieblichen Prozesse erfordern. In diesem Fall kann das größere Geschäftsvolumen aufgrund des Gesetzes der Massenproduktion (fixe Kosten verteilen sich auf eine größere Stückzahl), aufgrund der Möglichkeit, kostengünstigere Technologien einzusetzen oder aufgrund eines Lerneffekts zu niedrigeren Stückkosten erzeugt werden. So ist es denkbar, dass bei Ausdehnung des Geschäftsvolumens günstigere Technologien im Lager- und Kommissionierbereich eingesetzt werden können, die Marktforschung ähnliche Fragestellungen zu beantworten hat und der Fuhrpark für den Transport unterschiedlicher Waren genutzt werden kann. Die Beispiele machen deutlich, dass trotz unterschiedlicher Leistungen (Felder der Diversifikation) gleiche Prozesse bewältigt werden müssen, die somit Potenziale für *economies of scale* bieten. Sollte also eine Ausdehnung des Stammgeschäfts nicht sinnvoll sein (weil entsprechende Nachfragepotenziale nicht vorhanden sind oder weil die Konkurrenz zu stark ist), besteht die Möglichkeit, das Volumen der bisher anfallenden Prozesse zu steigern, indem in Diversifikationsbereiche eingedrungen wird, in denen gleiche Prozesse durchzuführen sind. Greune (1997, S. 74–84) hat das Konzept der Wertkette herangezogen, um die Situation in verschieden strukturierten Unternehmen auf Synergiepotenziale hin zu untersuchen. Er unterscheidet Synergien auf der Grundlage von

- Beschaffungsverflechtungen: Gesteigerte Volumina erlauben bessere Konditionen und senken die Transaktionskosten,
- Logistik/Technologieverflechtungen: Technologien können gemeinsam genutzt werden,
- Marktverflechtungen: Es ist denkbar, dass die Werbemedien Mengenrabatte einräumen oder Handelsmarken gemeinsam entwickelt werden,
- Infrastrukturverflechtungen: Dies betrifft nicht nur das Führungssystem, sondern auch Steuervorteile aufgrund von Verlustvorträgen.

Vertikale Diversifikation kann insbesondere zu Ersparnissen bei den Transaktionskosten beisteuern. Im Rahmen der Neuen Institutionenökonomik wurde analysiert, unter welchen Voraussetzungen sich Unternehmen, die auf hintereinander geschalteten Wirtschaftsstufen tätig sind, zweckmäßigerweise zusammenschließen (vgl. Williamson 1990). Von besonderer Bedeutung ist dabei die Frage, inwieweit der Schutz erforderlicher spezifischer Investitionen die vertikale Integration zu einer ökonomisch vorteilhaften Koordinationsform macht. Als spezifisch werden Investitionen bezeichnet, wenn sie außerhalb der Geschäftsbeziehung, für die sie getätigt worden sind, an Wert einbüßen.

Eine Diversifikationspolitik ist jedoch nicht nur unter Kostengesichtspunkten zu betrachten. Grundsätzlich ist es denkbar, dass ein diversifizierendes Unternehmen sein akquisitorisches Potenzial von einem Tätigkeitsfeld auf ein anderes übertragen kann. Im Konsumgütermarketing gibt es viele Beispiele dafür, wie mit einer Dachmarkenpolitik ein vorhandenes Image auf andere Produkte übertragen werden konnte. Häufig operieren diversifizierte Unternehmen allerdings so, dass den Kunden die Verbindung zwischen den einzelnen Unternehmen nicht deutlich wird.

12.1.3 Der empirische Erfolg von Diversifikationen

Wenn die im vorhergehenden Abschnitt genannten Synergiepotenziale im Einzelfall gegeben wären und nicht durch Übernahmekosten oder Anlaufschwierigkeiten aufgezehrt würden, müssten Diversifikationen einen großen Erfolg in der Praxis aufweisen. Eine empirische Überprüfung setzt allerdings zunächst voraus, dass das Maß konkretisiert wird, anhand dessen der Erfolg im Einzelfall bestimmt wird. Als solches kommen in Frage:

- jahresabschlussbezogene Größen,
- die Häufigkeit, mit der gestartete Diversifikationsprojekte fortgeführt wurden,
- absatzmarktorientierte Größen,
- die Einschätzung durch Experten,
- die Bewertung durch den Kapitalmarkt (Aktienmarktreaktionen).

Bei den jahresabschlussbezogene Größen kann es sich beispielsweise um den Jahresüberschuss vor oder nach Steuern oder die Eigenkapitalrentabilität handeln. Greune (1997, S. 113) hat gegenübergestellt, wie sich diese drei Größen bei der Karstadt AG vor und nach der Übernahme der Neckermann AG entwickelt haben (vgl. Abbildung 12.3). Obwohl die ausgewiesenen Zahlen durch zahlreiche Bilanzierungswahlrechte beeinflusst sind und ein Bezug zur Entwicklung anderer Warenhäuser oder des Handels insgesamt fehlt, was die Beurteilung ihre Validität erschwert, zeigen sie dennoch einen Verlauf, der an dem Erfolg der Diversifikation Zweifel aufkommen lässt.

Jahr	-5 1972	-4 1973	-3 1974	-2 1975	-1 1976	**t = 0 1977**	1 1978	2 1979	3 1980	4 1981	5 1982
Jahresüberschuss (in Mio. DM)	284	256	302	382	300	**219**	148	124	200	139	161
Jahresüberschuss nach Steuern (in Mio. DM)	122	106	120	144	122	**70**	64	43,2	77,6	43,2	58,2
Eigenkapitalrentabilität*	0,31	0,27	0,30	0,32	0,24	**0,18**	0,12	0,10	0,16	0,11	0,12

*Eigenkapitalrentabilität = Jahresüberschuss vor Steuern/Eigenkapital

Quelle: Greune 1997, S. 113

Abb. 12.3: Jahresüberschuss und Eigenkapitalrentabilität der Karstadt AG fünf Jahre vor und fünf Jahre nach der Übernahme der Neckermann AG im Jahre 1977

Um ein recht einfaches Erfolgsmaß handelt es sich, wenn erfasst wird, wie viele der Diversifikationsprojekte nach einer bestimmten Zeit noch fortgeführt bzw. wie viele wieder eingestellt oder veräußert worden sind. Allerdings wird hierbei gänzlich vernachlässigt, wie hoch die jeweiligen Erfolge oder Verluste sind. Auch absatzmarktbezogene Größen, wie z. B. Umsatzveränderungen oder Marktanteilsverschiebungen geben nur eingeschränkt Auskunft über den Erfolg. Von daher ist es nicht verwunderlich, dass in empirischen Erfolgsstudien vor allem auf kapitalmarktbezogene Größen abgestellt wurde, wiewohl diese nur anwendbar sind, wenn es sich um börsennotierte Unternehmungen handelt. Für diese Vorgehensweise spricht, dass auch künftige Auswirkungen eines Diversifikationsprojekts berücksichtigt werden und dass es sich um die „objektive" Beurteilung des Markts handelt. Es wird dabei ermittelt, wie sich der Aktienkurs einer diversifizierenden Unternehmung im Vergleich zu einem Referenzwert entwickelt hat (sog. abnormale Rendite).

Die durch die Diversifikation ausgelöste abnormale Rendite ergibt sich als Differenz der tatsächlichen Rendite der Aktie der diversifizierenden Unternehmung im Vergleich zu der für diese Unternehmung erwarteten Rendite:

(12.2) $$AR_{it} = R_{it} - E(R_{it})$$

mit:

AR_{it} = Abnormale Rendite der Unternehmung i im Zeitraum t

R_{it} = Rendite der Aktie der Unternehmung i im Zeitraum t

$E(R_{it})$ = erwartete Rendite der Aktie der Unternehmung i im Zeitraum t

Die tatsächliche Rendite wird folglich mit einer erwarteten Rendite verglichen. Nach dem Marktmodell wird unterstellt, dass die Rendite eines einzelnen Unternehmens in einer linearen Beziehung zum relevanten Gesamtmarkt steht (vgl. Fama 1976, S. 63–98). Damit wird berücksichtigt, dass die Entwicklung der diversifizierenden Unternehmung auch von Faktoren beeinflusst wird, die in gleicher Weise auf andere im Markt befindliche Unternehmen einwirken, wie z. B. konjunkturelle Einflüsse. Ein Ansteigen oder ein Absinken der Rendite der diversifizierenden Unternehmung aufgrund solcher Faktoren darf nicht der Diversifikation zugeschrieben werden. Für einen vor der Diversifikation liegenden Zeitraum wird mit Hilfe der Regressionsanalyse ermittelt, welche Beziehung zwischen der individuellen Unternehmensrendite und der Rendite des relevanten Markts besteht. Die mit Hilfe dieser Regressionsgeraden ermittelten Werte werden als die normalerweise von der Unternehmung erzielbare Rendite interpretiert. Der Vergleich von tatsächlicher Rendite und der normalerweise zu erwartenden Rendite ergibt eine positive oder eine negative Differenz (abnormale Rendite), die der Diversifikation zugeschrieben wird:

(12.3) $$R_{it} = \alpha_i + \beta_i R_{mt} + \varepsilon_{it}$$

mit:

α_i = Aktienspezifische Konstante (Schätzparameter der Regression)

β_i = Maß für die Sensitivität der Aktienrendite gegenüber Schwankungen der Marktrendite (Schätzparameter der Regression)

R_{mt} = Rendite des Aktienmarkts m im Zeitraum t

R_{it} = Rendite der Aktie i im Zeitraum t,

ε_{it} = Residualgröße, d. h. nicht durch die unabhängige Variable erklärte Abweichung des Beobachtungswerts von dem entsprechenden Schätzwert.

Werden die Koeffizienten $\alpha_i = 0$ und $\beta_i = 1$ gesetzt, d. h. wird die Rendite der Aktie mit der Rendite des Aktienmarkts gleich gesetzt und mit der erwarteten Rendite verglichen, so erhält man die abnormale marktbereinigte Rendite. Die abnormale Rendite wird für einzelne Zeiträume ermittelt. Wird sie kumuliert, so wird von der kumulierten abnormalen Rendite gesprochen (*cumulative abnormal return* (*CAR*)).

Greune (1997) hat die Zusammenschlüsse von 33 deutschen Handelsunternehmen im Zeitraum von 1976 bis 1992 untersucht, soweit dabei eine Diversifikation (44 Fälle) unterstellt werden konnte. Es ergab sich, dass die Mehrzahl der Diversifikationsprojekte vom Kapitalmarkt negativ bewertet wurde. Im Untersuchungszeitraum von zwölf Monaten vor bis zwölf Monate nach der Diversifikation (der Zeitpunkt der Diversifikation wird als t = 0 bezeichnet) betrugen die kumulierten abnormalen Renditen nach der Methode der Marktbereinigung –7,53 % bzw. nach der Methode des Marktmodells sogar –13,9 % (vgl. auch Abbildung 12.4).

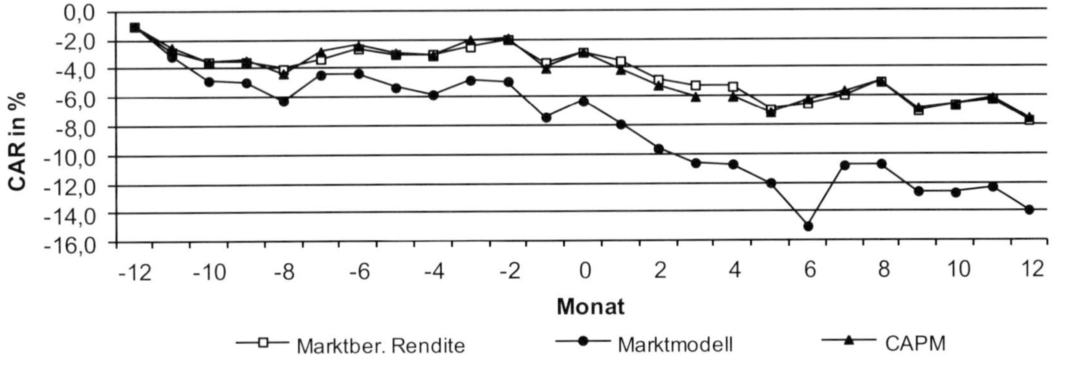

Quelle: Greune 1997, S. 172

Abb. 12.4: Kumulierte abnormale Renditen übernehmender Handelsunternehmen bei Verwendung unterschiedlicher Analysemodelle und des Deutschen Aktien-Forschungsindex (DAFOX) (N=44)

Horizontale Diversifikationen wurden schlechter als vertikale bewertet, Diversifikationsprojekte von Unternehmungen mit reichhaltiger Akquisitionserfahrung wurden besser beurteilt als Diversifikationsprojekte von anderen Unternehmen. Zwar handelt es sich um Durchschnittsbetrachtungen, aber dennoch wird deutlich, dass Diversifikationen in vielen Fällen nicht mit dem erhofften Erfolg einhergehen. Zu beachten ist allerdings, dass die Ergebnisse auch durch die Auswertungsmethode, die ausgewählten Unternehmen, den verwendeten Aktienkursindex, das für den Vergleich zugrunde gelegte Modell mit seinen als normal erwarteten Renditen, die Dauer des betrachteten

Zeitraums und den zugrunde gelegten Zeitpunkt des Zusammenschlusses bestimmt werden. Immerhin hat Greune (1997) auch festgestellt, dass die Strategie der externen Diversifikation bei den untersuchten Handelsbetrieben in 43 % der Fälle mit einer Erhöhung des Unternehmenswerts verbunden war.

12.2 Mehrkanalsysteme des Einzelhandels

Das Aufkommen des Internets hat Herstellern und Händlern, aber auch Privatpersonen, neue Möglichkeiten eröffnet, Abnehmer für die eigenen Produkte und Leistungen zu finden. Dies hat mittlerweile zu zahlreichen Formen der Online-Distribution geführt. Mit der wachsenden Präsenz von Unternehmungen im Internet und der steigenden Akzeptanz dieser Vertriebsform seitens der Endverbraucher nahm der Druck auf etablierte Formen des Einzelhandels (stationäre Händler und Katalogversender) zu, sich der Entscheidung zu stellen, ob sie ihre traditionellen Distributionskanäle um einen Online-Kanal erweitern sollten. Zugleich stellte sich aber auch für reine Online-Anbieter (Pure Player) die Frage, inwieweit es für sie vorteilhaft sein kann, einen Katalogvertrieb einzuführen oder ein stationäres Geschäft zu betreiben. Die Entwicklung wird unter Begriffen wie Mehrkanalsysteme, Mehrkanalvertrieb, Mehrwegabsatz oder Multichannel Retailing diskutiert. Wie die Ausführungen im nächsten Abschnitt zeigen werden, ist das Phänomen, dass ein Anbieter über verschiedene Wege seine Kunden zu erreichen versucht, nicht neu. Durch das Aufkommen des Internets hat die Diskussion um Vorteilhaftigkeit eines solchen Systems neue Aktualität und auch neue Facetten erhalten. Bevor in den folgenden Abschnitten auf Mehrkanalsysteme eingegangen wird, soll der Abschnitt 12.2.1 in die definitorischen Grundlagen und die spezifischen Entscheidungen eines Online-Händlers einführen, da die meisten Mehrkanalsysteme einen Online-Kanal umfassen. Da die Entscheidung, als Online-Händler den Markt zu bearbeiten, in den wesentlichen Punkten Parallelen zur Wahl einer Betriebsform aufweist, die in Kapitel 10 analysiert wurde, soll sich die Aufmerksamkeit auf die Besonderheiten des Online-Kanals konzentrieren.

12.2.1 Der Online-Handel

Im Folgenden soll auf zwei Aspekte des Online-Handels eingegangen werden – zum einen auf die Entwicklung des Internets und die Konsequenzen für den Handel, zum anderen auf die Entscheidungssituation eines Online-Händlers, d. h. seine Ziele, Gestaltungsoptionen und Rahmenbedingungen.

12.2.1.1 Die Bedeutung des Internets für den Handel

Das Internet hat wie viele andere Bereiche der Gesellschaft und der Wirtschaft auch den Handel maßgeblich beeinflusst, wenn nicht gar verändert. Die Anfänge des Internets reichen zwar bis in das Jahr 1969 zurück, doch erst Mitte der 90er Jahre des letzten Jahrhunderts hat das Internet stark an

Bedeutung gewonnen und zu einen Gründungsboom bei internetbasierten Unternehmungen geführt. Zugleich wurden für den stationären Handel dramatische Zukunftsszenarien gezeichnet. Für viele der Internet-Startups bedeutete allerdings das Zerplatzen der Dotcom-Blase im Jahr 2000 das Ende der Geschäftstätigkeit. Die weitere Entwicklung wurde dadurch zwar gebremst, dennoch haben die neuen technischen Möglichkeiten den Handel in der Folgezeit grundlegend verändert. Bevor die daraus resultierenden Fragen diskutiert werden, soll kurz auf begriffliche Grundlagen eingegangen werden.

Unter dem Internet versteht man ein weltweites Netz von Computern, die über standardisierte Kommunikationswege miteinander verbunden sind. Es sind unterschiedliche Dienste, die im Internet zur Verfügung gestellt werden, wobei den folgenden drei eine besondere Bedeutung zukommt:

- World Wide Web,
- Electronic Mail und
- File Transfer.

Im World Wide Web (WWW) wird das Hypertext Transfer Protocol (HTTP) zur Übertragung von Internetseiten, die mittels der Hypertext Markup Language (HTML) erstellt worden sind, benutzt. Der Austausch von Dateien und Programmen über das Internet, der sog. File Transfer, wird über das File Transfer Protocol (FTP) geregelt (vgl. Hudetz/Kaapke 2009, S. 153–154). Das Internet erlaubt vielfältige Aktivitäten, die unterschiedlich strukturiert werden können. Kollmann (2007, S. 23–24) differenziert zwischen vier Schlüsselbereichen:

- E-Information (z. B. Nachrichten, Börsenkurse, Wetter),
- E-Kommunikation (z. B. E-Mail, Chats, Diskussionsforen),
- E-Commerce (verschiedene Phasen einer wirtschaftlichen Transaktion) und
- E-Entertainment (z. B. Musik, Filme, Online-Spiele).

Die weitere Diskussion soll sich auf den Bereich E-Commerce konzentrieren. Nach dem Katalog E (Ausschuss für Definitionen zu Handel und Distribution 2006, S. 24) werden unter Electronic Commerce (E-Commerce)

„diejenigen Transaktionen auf einem Markt verstanden, durch die der Austausch von wirtschaftlichen Gütern gegen Entgelt (z. B. Kauf, Miete, Pacht) begründet wird und bei denen nicht nur das Angebot elektronisch offeriert, sondern auch die Bestellung bzw. die Inanspruchnahme elektronisch unter Verwendung eines computergesteuerten Netzwerks (insbesondere des Internets) erfolgt.“

Hinsichtlich der beteiligten Institutionen kann es sich bei dem E-Commerce um Transaktionen

- zwischen Unternehmen: Business-to-Business (B2B) Electronic Commerce,
- zwischen Unternehmen und Konsumenten: Business-to-Consumer (B2C) Electronic Commerce,
- zwischen Konsumenten: Consumer-to-Consumer (C2C) Electronic Commerce

handeln. In diesem Feld finden sich zahlreiche Begriffe, wie z. B. Online-Handel, Electronic Retailing, E-tailing, E-Shopping, auf deren mögliche Unterschiede hier nicht eingegangen werden soll.

Das Internet hat eine Reihe von Fragen aufkommen lassen, deren Beantwortung sowohl für die Unternehmenspolitik eines Herstellers als auch die eines Händlers von zentraler Bedeutung ist:

- In welchem Ausmaß werden private Nachfrager das Internet für Einkäufe nutzen? Welches Marktpotenzial ist danach den elektronischen Vertriebskanälen (B2C) zuzuschreiben?
- Inwieweit wird das Internet die Beschaffung (B2B) und die damit verbundenen Verwaltungsvorgänge (z. B. Austausch von Lieferdaten, Tracking, Rechnungsabwicklung) verändern?
- Welche Bedeutung haben institutionelle Voraussetzungen für den Verkaufserfolg im Internet? Sind die auf das Internet spezialisierten Händler im Vorteil? Oder können die aus dem stationären Bereich oder dem traditionellen Katalog-Versand bekannten Händler, die ihre bisherigen Distributionskanäle erweitern (Multichannel Retailer), erfolgreicher agieren?
- Können Hersteller über das Internet einen direkten Zugang zu den Verwendern ihrer Produkte finden, d. h. auf die Einschaltung des Handels verzichten (Desintermediation)
- Welche Faktoren beeinflussen den Erfolg des Online-Handels?

Doherty und Ellis-Chadwick (2006) weisen die vielfältigen Beiträge zu Internet und Handel drei Bereichen zu:

1. Aus der Perspektive einer Handelsunternehmung wird gefragt, welches Marktpotenzial das Internet bietet, von welchen Faktoren der Erfolg im Online-Handel abhängt und welche Managementaspekte mit dem Online-Handel verbunden sind.
2. Aus der Perspektive der Konsumenten wird untersucht, wie die Internetangebote wahrgenommen werden und wie Erfahrungen das weitere Verhalten beeinflussen (vgl. Wolfinbarger/Gilly 2003).
3. Zu einer technisch orientierten Perspektive gehören Untersuchungen, die sich mit dem Website-Design, Software-Tools und der notwendigen E-Commerce-Infrastruktur beschäftigen.

Im Folgenden wird zuerst die Frage nach dem Marktpotenzial des Online-Handels diskutiert. Diese Frage ist sowohl für den stationären Handel als auch für die Industrie und sonstige Anbieter von großem Interesse, da das Marktpotenzial als wesentlicher Indikator für die Attraktivität eines Markts gilt. Als Basis für Schätzungen des Marktpotenzials dienen häufig Angaben zum derzeitigen Marktvolumen und seiner Entwicklung in der Vergangenheit. In Abbildung 12.5 ist dargestellt, wie sich der Online-Handel in Deutschland entwickelt hat.

Der Umsatz ist in den vergangenen Jahren stetig angestiegen. Für 2008 ist ein Online-Umsatz von 20 Mrd. Euro angegeben. Bezieht man ihn auf den insgesamt in diesem Jahr im Einzelhandel erzielten Umsatz von 561,3 Mrd. Euro (Hauptverband des Deutschen Einzelhandels 2009, incl. Einzelhandel mit Kfz, Tankstellen, Brennstoffen und Apotheken), so erhält man einen Anteil von nur rund 3,5 %. Dabei bleibt allerdings offen, inwieweit die Güterabgrenzung in den beiden Umsatzgrößen übereinstimmt. Häufig werden Umsatzzahlen genannt, ohne dass genaue Angaben zur Marktabgrenzung oder zur Methode, mit der sie ermittelt worden sind, gemacht werden. So äußert sich der Vorstandvorsitzende von Ebay, John Donahoe, in einem Interview (Schmidt 2010) wie folgt:

„Wir sind der Marktplatz, auf dem die Unternehmen ihre überschüssige Produktion verkaufen können. Dieser Sekundärmarkt ist ein 500-Milliarden-Dollar-Markt."

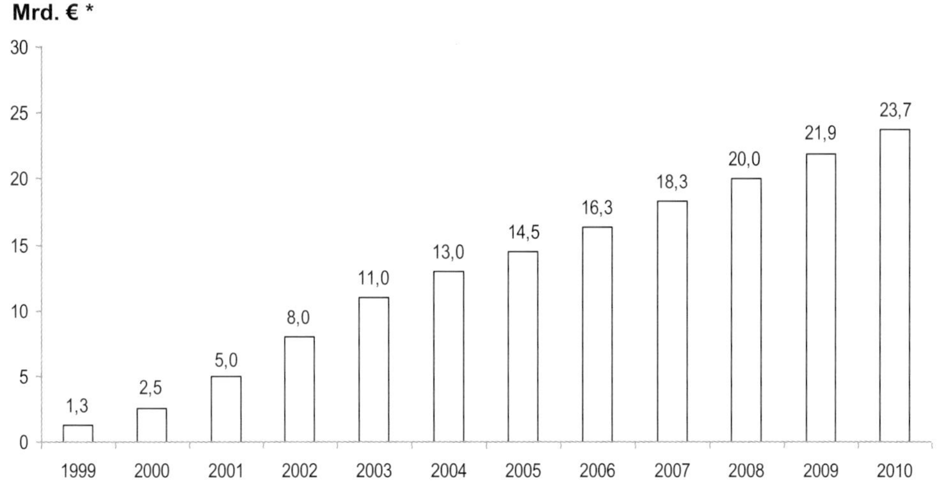

* Enthalten sind Transaktionen über materielle Güter, Dienstleistungen (z. B. Lieferservices), Nutzungsrechte (z. B. Reisen, Eintrittskarten) und Informationen (z. B. kostenpflichtige Downloads).

Quelle: Hauptverband des Deutschen Einzelhandels 2010

Abb. 12.5: Entwicklung des Online-Handels in Deutschland

„Wir glauben, dass der Online-Handel in den kommenden fünf bis sieben Jahren 15 bis 20 Prozent des stationären Handels ausmachen wird.“

Die Aussagen zeigen, dass dem Online-Handel ein weiteres Wachstum zugetraut wird.

Wissenschaftlich basierte Prognosen (vgl. auch Rowley 1996; Levenburg 2005) gehen nicht nur von vorliegenden Zeitreihen aus, sondern berücksichtigen, dass es sich bei dem Online-Handel gegenüber dem stationären Handel um eine Innovation handelt. In der Diffusionsforschung wird untersucht, von welchen Faktoren es abhängt, ob sich Innovationen durchsetzen. Rogers (2003, S. 219–266) hat die in Abbildung 12.6 dargestellten Einflussfaktoren auf die Adoption von Innovationen identifiziert. Sie lassen sich auf den E-Commerce insgesamt, aber auch auf Teilaspekte wie Mobile Commerce oder elektronische Bezahlsysteme beziehen (vgl. die Literaturhinweise zur Diffusionsforschung im Bereich des Online-Handels bei Doherty/Ellis-Chadwick 2006, S. 418).

12.2.1.2 Ziele, Gestaltungsoptionen und Einflussfaktoren des Online-Handels

Wie bei Betriebsformen des stationären Handels und des klassischen Distanzhandels stellt auch bei Online-Händlern der ökonomische Erfolg die zentrale Zielgröße dar. Die Entscheidung, Online-Handel zu betreiben, kann als Investitionsproblem interpretiert werden. Zu prüfen ist folglich, ob ein hinreichend großes Marktpotenzial vorliegt, welchen Umsatz die Unternehmung erzielen könnte, wie groß die Investitionen sein werden und welche laufenden Kosten zu erwarten sind. Im Mittelpunkt der Überlegungen hinsichtlich der Vorteile, die der Online-Handel bieten kann, steht der Informationsaustausch. Er bildet die Basis für eine Reduzierung der Kosten, Verbesserung der

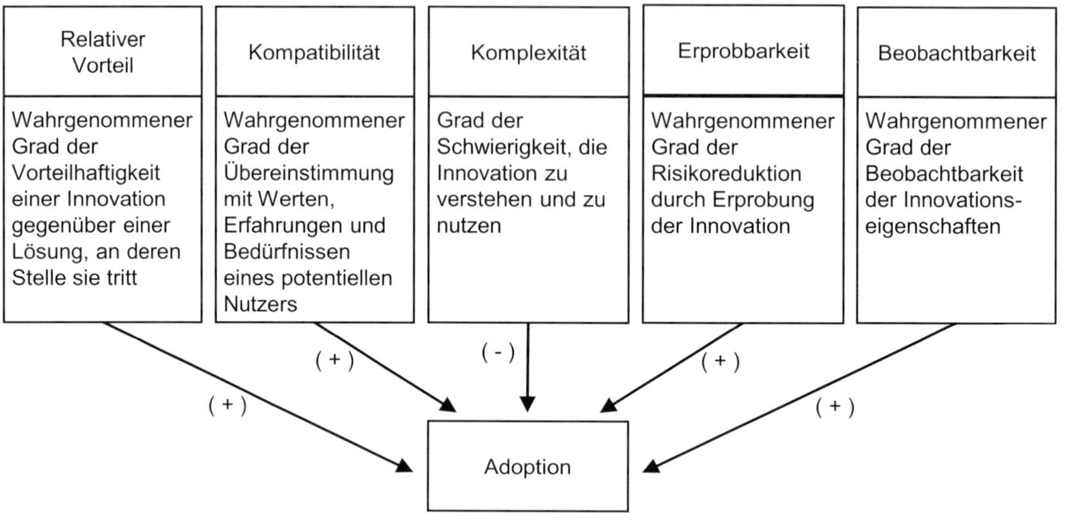

Quelle: in Anlehnung an Clement/Litfin 1998, S. 100

Abb. 12.6: Innovationsspezifische Adoptionsfaktoren nach Rogers

Leistungen, Erhöhung der Schnelligkeit und Steigerung der Flexibilität. Die Beurteilung der Vorteilhaftigkeit wird davon abhängen, welche Gestaltungsoptionen zur Verfügung stehen und realisiert werden können und unter welchen Rahmenbedingungen der Online-Handel betrieben wird. Die Entscheidung entspricht im Kern der Wahl einer Betriebsform, wie sie in Kapitel 10 analysiert worden ist, so dass im Folgenden vor allem auf das Spezifische des Online-Handels eingegangen werden soll.

Gestaltungsparameter

Bevor konkrete Gestaltungsoptionen im Online-Handel analysiert werden können, ist es hilfreich, zuerst in kompakter Form auf die Grundlagen von Internet-Geschäftsmodellen einzugehen. Zu den besonderen Merkmalen der neuen Technologie werden die Virtualität, Multimedialität, Interaktivität und Individualität gezählt (vgl. Kollmann 2009, S. 21–27). Durch das Internet entsteht neben der realen eine virtuelle Geschäftswelt, deren Basis Informationen und ihr Austausch bilden. Sie zeichnet sich durch eine weitgehende Unabhängigkeit von Ort und Zeit aus, d. h. Transaktionen werden über einen elektronischen Netzzugang von jedem Ort und zu jeder Zeit möglich. Der Kontakt zwischen einem Anbieter und einem Kunden erfolgt über mehrere integrierte Medien. So können Daten, Text, Ton und Bilder simultan ausgetauscht werden. Die Interaktivität spricht die bidirektionale Kommunikationsrichtung an und weist auf die Möglichkeit hin, dass der Kunde sich die benötigten Informationen selbst beschaffen kann. Zugleich ist eine Vermischung der Rollen eines Informationsanbieters und -empfängers zwischen den beteiligten Wirtschaftssubjekten zu beobachten. Schließlich bietet das Medium eine Individualisierung und Personalisierung von Informationen, Produkten und sonstigen Leistungen an.

Bei internetbasierten Geschäftskonzepten wird häufig zwischen vier Typen unterschieden – Content, Commerce, Context und Connection (vgl. Kollmann 2009, S. 42–44). Während bei Content das Sammeln, Systematisieren und Anbieten von Inhalten die Basis des Konzepts bildet, geht es bei Commerce um die Anbahnung und Abwicklung von Geschäftstransaktionen. Grundlage des Context-Konzepts stellt das Zusammenführen von im Netz verfügbaren Informationen und die damit einhergehende Reduktion der Komplexität und des Aufwands für den Nutzer. Schließlich bildet die Schaffung einer Verbindung oder einer Kommunikationsplattform den Kern des Connection-Konzepts. In dem hier vorliegenden Kontext beschränkt sich das weitere Interesse auf den Bereich Commerce.

Elektronische Geschäftsprozesse können sich einerseits auf die Beschaffung, andererseits auf den Verkauf von Produkten erstrecken. Auf Aspekte der elektronischen Beschaffung (E-Procurement) wird in Kapitel 22 eingegangen. Im Folgenden sollen deshalb nur die absatzseitigen Gestaltungsmöglichkeiten diskutiert werden. Dabei kann zwischen einem Individualauftritt (zumeist mit den Begriffen Online-Shop oder E-Shop versehen) und der Einbettung in eine elektronische Agglomeration, die als Marktplatz (E-Marketplace) bezeichnet wird, differenzieren. Elektronische Marktplätze können sowohl auf der Absatz- als auch auf der Beschaffungsseite genutzt werden.

Die Entscheidungsparameter eines Online-Händlers beziehen sich auf mehrere Sachverhalte. So sind zum einen Entscheidungen hinsichtlich der eingesetzten Technik zu treffen – Kollmann (2009) spricht in diesem Zusammenhang von dem Baustein „Systeme". Eng damit verbunden ist die Gestaltung von „Prozessen", die in seinem Verständnis einen starken technischen Bezug aufweisen. Zum anderen sind inhaltliche Entscheidungen auf strategischer und operativer Ebene zu treffen („Management" und „Marketing") sowie der Prozess der „Implementierung" zu gestalten.

Zu den zentralen Systemanforderungen eines Kunden an einen E-Shop gehören die Benutzbarkeit (*usability*) und die Barrierefreiheit (*accessibility*). Für das Vertrauen der Kunden ist zudem die Frage der Sicherheit von großer Bedeutung. Insbesondere an die Zahlungsfunktion werden hohe Sicherheitsanforderungen gestellt. Darüber hinaus ist der Datenschutz für die Kunden wichtig.

Die Funktionalität des Systems hängt von einer Reihe von Elementen ab, die der Präsentation der angebotenen Waren und der Abwicklung des Einkaufs dienen. Die angebotenen Produktkataloge, die Art der Präsentation der Produkte, der Prozess der Generierung eines Warenkorbs, die Durchführung der Bestellung und die Bezahlung bilden die wichtigsten für den Nutzer wahrnehmbaren Gestaltungsparameter des Online-Auftritts. Hinzu kommt der Prozess der Lieferung, der, abgesehen von digitalen Produkten, logistische Dienstleistungen erfordert. Neben Fragen der Ausgestaltung der einzelnen Prozesse ist bei allen Prozessen auch die Frage nach der Eigen- oder Fremderstellung zu beantworten (Betreiber-, Dienstleister-, Partner-Modell). Gleichzeitig ist über die technische Infrastruktur zu entscheiden. Die Systeme sind so zu gestalten, dass einerseits die Anforderungen der Kunden erfüllt werden, wozu insbesondere die Einfachheit der Bedienung, die Zuverlässigkeit, Sicherheit, Verfügbarkeit und Schnelligkeit gehören, und dass andererseits die Kosten des Anbieters reduziert werden. Im Vergleich zu einem stationären Händler resultieren die Einsparungsmöglichkeiten insbesondere daraus, dass keine physische Verkaufsfläche benötigt wird, Lagerbestände zentralisiert werden können, Personal durch elektronische Systeme substituiert wird und die Zahl der Schnittstellen zwischen manuellen und maschinellen Prozessen verringert wird.

Um die Erfolgschancen eines elektronischen Kanals zu beurteilen, ist die Attraktivität eines solchen Kanals aus der Perspektive des Nachfragers zu analysieren. Der bisherige Vergleich zwischen dem stationären Handel und dem Online-Handel zeigt, dass sich beide nicht nur hinsichtlich der eingesetzten Technologie unterscheiden, unter Umständen auch hinsichtlich der Preise für die angebotenen Produkte, sondern dass sie auch verschiedene Leistungen anbieten. Die Unterschiede zwischen dem Einkauf in den beiden Distributionskanälen treten deutlich zum Vorschein, wenn die Phasen, die bei einem extensiven Kaufprozess voneinander abgegrenzt werden können, betrachtet werden. Dabei kann man zwischen folgenden Phasen unterscheiden:

- das Entstehen eines Bedürfnisses,
- die Suche nach Alternativen, um das Bedürfnis zu befriedigen,
- die Beurteilung der Alternativen,
- der Einkauf,
- die Bezahlung,
- die Überführung des gekauften Gutes zum Ort des Konsums,
- der Konsum,
- Aktivitäten in der Nach-Kauf-Phase (z. B. Wartung, Reparatur, Entsorgung).

Ihre Analyse liefert einem Anbieter Ansatzpunkte für eine entsprechende Gestaltung des E-Shops. In der Suchphase bietet die Technologie gänzlich neue Optionen. So empfehlen beispielsweise Software-Programme beim Kauf von Büchern, Musik-CDs, Film-DVDs, aber auch anderen Produkten – gestützt auf das bisherige Kaufverhalten oder auf sonstige Merkmale der Besteller – weitere Produkte (Recommender Systeme). Bei umfangreichen Sortimenten können die einzelnen Produkte nach verschiedenen Kriterien sortiert werden oder es können Bewertungen durch Konsumenten in die Präsentation der Produkte einbezogen werden. Der Einkauf kann zu einem beliebigen Zeitpunkt von einem beliebigen Ort aus durchgeführt werden und die Waren werden, wie bei klassischen Formen des Distanzhandels, dem Kunden zugestellt. Einen wichtigen Teilprozess bildet die Bezahlung, die den Aspekt Sicherheit umfasst. Es wird vermutet, dass eingeleitete Kaufprozesse im Internet abgebrochen werden, wenn der Händler Zahlungsmodalitäten anbietet, die vom Kunden nicht akzeptiert werden. Das Spektrum der zur Verfügung stehenden Zahlungsmöglichkeiten ist groß und reicht von der Vorauskasse über Nachnahme, Kreditkarte, Bankeinzug, Lastschrift bis hin zu Zahlungsmöglichkeiten, die eigens für das Internet entwickelt worden sind (z. B. Cash-Ticket als Prepaid-System, „Sofortüberweisung" von der Payment-Network AG, Paypal). Bei der Wahl der akzeptierten Zahlungsverfahren hat der Anbieter zwischen den Kosten, seinem Risiko und den Kosten der Rückabwicklung einerseits und der Reaktion der Nachfrager andererseits abzuwägen.

Für den Online-Händler stellen Retouren, wie für den traditionellen Versandhandel, eine besondere Herausforderung dar. Sie können sehr kostenintensiv sein, weswegen ihnen unter Umständen mit einer entsprechenden Gebührengestaltung oder mit einer geeigneten Kundenauswahl entgegen gewirkt werden muss. Parallelen zum Versandhandel gibt es auch hinsichtlich der Möglichkeit, kundenbezogene Informationen für die Gestaltung der Prozesse zu nutzen.

Die dargestellten spezifischen Eigenschaften der Systeme und die daraus resultierenden Möglichkeiten bei der Gestaltung der Prozesse haben Konsequenzen für strategische und operative Entscheidungen eines Online-Händlers. Es ist auf strategischer Ebene insbesondere über die Wettbewerbspositionierung und über Zielgruppen zu entscheiden, d. h. darüber, welche Leistungen wem angeboten werden sollen. Kollmann (2009, S. 280–282) unterscheidet zwischen folgenden Positionierungen:

- Cost-Leader,
- Quality-Leader,
- Topical-Leader und
- Speed-Leader.

Während die ersten beiden Optionen dem klassischen Porter-Schema entsprechen, gehen die letzen beiden auf die Besonderheiten des Online-Handels ein. Der Topical-Leader zeichnet sich durch einen höheren Umfang und eine bessere Qualität, der Speed-Leader durch eine schnellere Verfügbarkeit von Informationen aus.

Operative Probleme sind in allen Funktionsbereichen wie der Beschaffung, der Logistik, insbesondere aber im Marketing, wo alle absatzpolitischen Instrumente ausgestaltet werden müssen, zu lösen. Ihre gegenseitige Abstimmung ist für den Erfolg des Online-Handels von großer Bedeutung (vgl. z. B. Wirtz 2008; Bauer/Große-Leege/Rösger 2008).

Besonderheiten sind insbesondere in der Kommunikationspolitik zu berücksichtigen, wo sich neuartige Möglichkeiten der Kundenansprache und Kundengewinnung herausgebildet haben (vgl. Kollmann 2007, S. 175–193):

- Suchmaschinen-Marketing,
- Banner-Marketing,
- E-Mail-Marketing,
- Viral-Marketing,
- Affiliate-Marketing und
- Permission-Marketing.

Beim Suchmaschinen-Marketing geht es um sämtliche Maßnahmen, die für eine vordere Platzierung bei den Suchergebnissen von Suchmaschinen sorgen. Über das Banner-Marketing werden Werbebotschaften auf unternehmensfremden Internet-Seiten platziert. Mit Hilfe von E-Mails werden Kunden direkt und persönlich angesprochen und zu einem Dialog aufgefordert. Das Viral-Marketing verfolgt das Ziel, andere Internet-Nutzer dazu zu bewegen, die eigene Werbebotschaft kostenlos zu verbreiten. Es basiert auf dem Prinzip der Mund-zu-Mund-Propaganda. Grundlage des Affiliate-Marketing ist eine Partnerschaft und die Vereinbarung, dass Partner (*affiliate*) Produkte des Kooperationspartners auf ihren Internetseiten bewerben oder auf ihn verweisen. Im Gegenzug erhalten sie für jede Transaktion, die auf diese Art abgeschlossen wird, eine vereinbarte Vergütung. Schließlich bezeichnet Permission-Marketing eine auf der Erlaubnis (*permission*) des Empfängers basierende Versendung von Werbebotschaften.

Bei der Ausgestaltung der unterschiedlichen Optionen spielen stets Überlegungen hinsichtlich der vom Kunden empfundenen Vorteilhaftigkeit gegenüber dem stationären Handel eine zentrale Rolle. Dabei sind allerdings bestimmte Vorteile des stationären Handels gegenüber dem Online-Handel systemimmanent. Dazu gehören die sofortige Verfügbarkeit der gekauften Ware, die Möglichkeit eines realen sozialen Kontakts und eine nicht nur virtuelle Form der Beurteilung des Produkts. Dies macht deutlich, dass die Entscheidung des Konsumenten durch mehrere Kriterien bestimmt sein wird. Gestützt auf Ausführungen von Alba, Lynch, Weitz et al. (1997) hat Dach (1999, 2002a) analysiert, inwieweit mit einstellungsbasierten Modellen die Wahl des Distributionskanals erklärt werden kann. Im Mittelpunkt solcher Modelle steht die Beurteilung der einzelnen Kanäle anhand von verschiedenen Kriterien. Dabei diskutiert Dach, inwieweit die folgenden Kriterien jeweils durch den stationären Handel und den Online-Handel erfüllt werden:

- Sortiment,
- Beratung bzw. Information,
- Lieferzeit,
- Preis,
- Bequemlichkeit (Convenience),
- Erlebniswert,
- soziale Interaktion,
- persönliche Sicherheit.

Dach sieht die Vorteile des elektronischen Handels insbesondere im Sortiment, in der Beratung, in der Bequemlichkeit und in der persönlichen Sicherheit, die des stationären Handels in der Lieferzeit, im Erlebniswert und in der sozialen Interaktion. Die Preisvorteile sind seiner Meinung nach davon abhängig, um welche Güter es sich handelt, wobei er vier Gruppen unterscheidet:

- digitalisierbare Güter (Logistikklasse 1),
- unverderbliche, kompakte, leichte Güter (Logistikklasse 2),
- verderbliche, sperrige oder schwere Güter (Logistikklasse 3) und
- sehr sperrige oder sehr schwere Güter (Logistikklasse 4).

Die Beurteilung der Leistungsfähigkeit einzelner Kanäle wird sich bei einzelnen Personen unterscheiden, die Urteile werden also subjektiv sein. Dies gilt auch für die Gewichte, mit denen einzelne Verbraucher die einzelnen Gesichtspunkte versehen, um zu einem Gesamturteil zu kommen. Die Bedeutung einzelner Betriebsformenleistungen wird davon abhängen, auf welche Art von Produkten sich der Kaufwunsch richtet, was Anlass für den Kauf ist und um welche Verbraucher es sich handelt. Nach einer qualitativen Abwägung der relevanten Gesichtspunkte kommt Dach zu dem Ergebnis, dass der elektronische Handel bedeutende Marktanteile auf sich ziehen wird und der stationäre Handel nur bei Gütern der Logistikklasse 2 und 3 und dort insbesondere bei Gütern des täglichen Bedarfs, bei Verbrauchern, die oft erlebnisorientiert einkaufen, und bei konservativen Verbrauchern seine Position wird behaupten können. Eine zusammenfassende Darstellung des Modells findet sich in Abbildung 12.7.

Das Modell stellt die Beurteilung der verschiedenen Einkaufsmöglichkeiten durch den Verbraucher in den Mittelpunkt (zu einer weitergehenden Betrachtung vgl. Dach 2000 und Dach 2002a). Dach (2002a, S. 54–101) geht sehr ausführlich darauf ein, inwieweit Einstellungen dazu geeignet sind, die Bevorzugung des stationären Handels gegenüber dem Online-Handel oder umgekehrt zu erklären.

Bei der Wahl von Zielgruppen muss vor allem der Frage nachgegangen werden, welche Konsumenten das Internet für Einkäufe nutzen. Um zu erkennen, welche Gruppen von Konsumenten

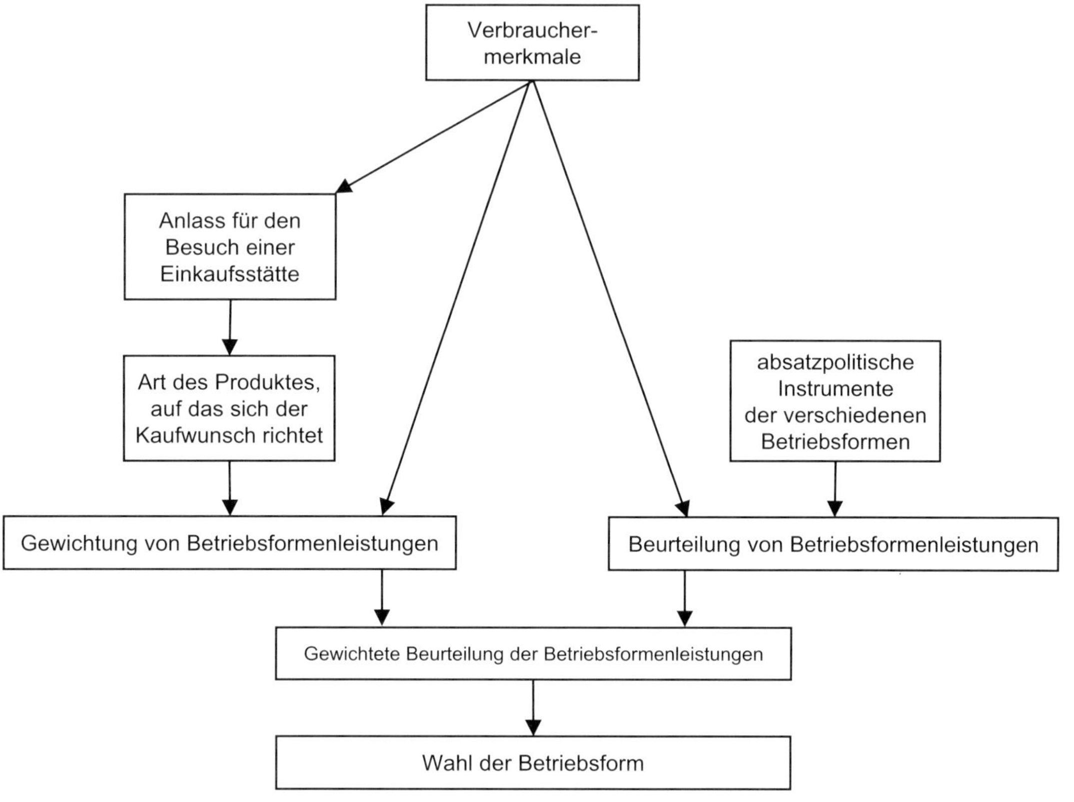

Quelle: in Anlehnung an Dach 1999, S. 51

Abb. 12.7: Ein Modell zur Wahl der Betriebsform aus Konsumentensicht

geneigt sind, im Internet einzukaufen, wurden alle Variablen überprüft, die auch ansonsten zur Marktsegmentierung herangezogen werden, also sozio- und psychodemographische Angaben sowie Merkmale des Kaufverhaltens. Swinyard und Smith (2003, S. 568–569) präsentieren eine Übersicht, in der die Ergebnisse einer Reihe von Studien zusammengefasst werden. Die Studien analysieren Merkmale von Online-Käufern und kommen unter anderem zu den folgenden Ergebnissen. Im Vergleich zu Nicht-Online-Käufern weisen Online-Käufer folgende Merkmale auf. Sie

- verfügen über einen höheren Grad an Bildung und Erfahrung sowie eine bessere Kenntnis der Online-Kanäle,
- haben eine größere Erfahrung im Umgang mit dem Internet, nutzen häufiger weitere nicht-traditionelle Kanäle, sind positiver gegenüber technischen Neuerungen eingestellt und risikofreudiger,
- sind älter, wohlhabender, stärker convenience-orientiert, weniger risikoavers und weniger marken- und preisbewusst.

Darauf aufbauend formulieren die Autoren eine Reihe von Hypothesen und kommen zum Teil zu abweichenden Ergebnissen. Online Shopper

- sind jünger, wohlhabender und weisen einen höheren Bildungsgrad auf,
- besitzen bessere Computerkenntnisse und verbringen mehr Zeit am PC und im Internet,
- bewerten Online-Shopping als einfacher und unterhaltsamer,
- haben weniger Angst wegen finanzieller Verluste durch Online-Transaktionen.

Swinyard und Smith (2003, S. 586-591) identifizieren sowohl im Segment der Online-Käufer als auch im Segment der Nicht-Online-Käufer weitere Untersegmente, die entsprechend ihren Gewohnheiten und Präferenzen unterschiedlich bearbeitet werden müssen.

Einen methodisch neuen Ansatz präsentieren Steinmann und Silberer (2009). Auf der Grundlage einer multidimensionalen Sequenzanalyse, in der Kundenkontakte mit verschiedenen Kanälen erfasst und ausgewertet werden, identifizieren sie vier Cluster von Mehrkanalnutzern. Die Autoren machen deutlich, dass eine Segmentierung alleine auf der Grundlage von demografischen oder psychografischen Variablen Schwächen aufweist, die eine Analyse der Kundenkontakte ansatzweise beheben kann.

Einflussfaktoren

Zu den wesentlichen Einflussfaktoren auf den Erfolg des Online-Handels gehört das Verhalten der Konsumenten. Ein Online-Kauf setzt zunächst den Zugang zum Internet voraus. Diese Voraussetzung ist inzwischen für weite Teile der Bevölkerung erfüllt. So konzentriert sich das Interesse auf die Frage, ob die Konsumenten in der Nutzung des Internets beim Einkauf einen Vorteil sehen. Dieser kann einerseits in der Informationsphase, andererseits in der Kaufphase entstehen. Dabei spricht nicht nur die Bequemlichkeit für das Internet, sondern auch die Tatsache, dass Preisvergleiche relativ leicht durchgeführt, Angebote sortiert werden können und dass auf Erfahrungen und Bewertungen anderer Kunden zurückgegriffen werden kann. Auf der anderen Seite fehlen die für den stationären Einzelhandel typische Atmosphäre und die persönliche Beratung durch einen Verkäufer. Ausschlaggebend für die Nutzung eines Online-Kanals ist folglich die Bedeutung, die Konsumenten den genannten Funktionen beimessen. Zu beachten sind aber auch die Bereitschaft und die Fähigkeit der Konsumenten, die wahrgenommenen technischen Herausforderungen, die mit der Nutzung des Internets verbunden sind, zu lösen. Abhängig davon, wie sehr Kunden mit dem Internet vertraut sind, welche Risiken sie ihm beimessen, wie aufgeschlossen sie gegenüber neuen Technologien sind, wird sich die Bereitschaft ändern, den Online-Handel zu nutzen. Neben den bereits angesprochenen Einstellungen werden weitere Größen herangezogen, um das Kaufverhalten der Konsumenten zu erklären, wobei insbesondere das Vertrauen eine wichtige Rolle spielt (vgl. Bauer/Neumann/Huber et al. 2004).

Neben den Aspekten des Konsumentenverhaltens kommt der technologischen Entwicklung eine große Bedeutung zu. Je leichter, bequemer und sicherer die Nutzung des Internets wird, desto höher dürfte die Akzeptanz des Online-Handels ausfallen. Vor allem die wachsenden Möglichkeiten der mobilen Nutzung des Internets verleihen dem elektronischen Handel zusätzliche Impulse. Darüber hinaus ist der technischen Weiterentwicklung der Zahlungsfunktion eine wichtige Rolle beizumessen.

Schließlich ist die Anpassung des rechtlichen Rahmens an die veränderten Geschäftsprozesse im Internet als wichtiger Einflussfaktor auf die Entwicklung und Nutzung des Online-Handels zu sehen. Dabei ist auch den zahlreichen rechtlichen Vorschriften zur Gestaltung von Internetseiten Rechnung zu tragen, z. B. dem Hinweis auf das Widerrufsrecht, einer vorgeschriebenen Produktdarstellung und den Vorschriften zur Preisauszeichnung.

Zu den Treibern der weiteren Entwicklung des Online-Handels sind auch Vorteile der neuen Technologie aus der Sicht eines Anbieters zu zählen. So sind die Markteintrittsbarrieren im Online-Handel im Vergleich zum stationären Handel deutlich niedriger, da der Markteintritt geringere Investitionen erfordert. Gleiches gilt für die Marktaustrittsbarrieren, so dass die Risken eines Online-Händlers geringer ausfallen. Als weiterer Vorteil ist der Wegfall von Kapazitätsbegrenzungen bezüglich der Regalfläche zu sehen. Mit einer wachsenden Sortimentsbreite und -tiefe auf Herstellerebene sowie mit einer stärkeren Differenzierung der Konsumentenwünsche steigt der Vorteil eines Online-Händlers.

12.2.2 Formen des Mehrkanalvertriebs

Der Begriff Distributionskanal bzw. Distributionssystem ist bereits in Kapitel 1 ausführlich analysiert worden. Danach handelt es sich bei einem Distributionskanal (*marketing channel*) um die Gesamtheit von Unternehmen, die daran beteiligt sind, Waren in den Verfügungsbereich des Nachfragers gelangen zu lassen (vgl. auch Ausschuss für Definitionen zu Handel und Distribution 2006, S. 185). Ein Distributionskanal dient insbesondere dazu, potenzielle Verwender für das betreffende Produkt zu finden (akquisitorische Komponente) und Raum und Zeit zwischen Produktion und Konsumtion zu überbrücken (logistische Komponente). Sowohl für Hersteller als auch für Händler stellt sich die Aufgabe, ihre Distributionskanäle zu gestalten. Wird der Konsument von einem Anbieter auf unterschiedlichen Wegen erreicht und lassen sich diese Wege hinreichend differenzieren, so wird dies meist als ein Mehrkanalsystem bezeichnet. Es gibt allerdings zahlreiche weitere Begriffe, die für die parallele Nutzung von mehreren Distributionskanälen verwendet werden – Multichannel Retailing, Mehrkanalvertrieb, Mehrwegabsatz u. Ä. Dabei ist zu berücksichtigen, dass es unterschiedliche Perspektiven gibt, aus denen der parallele Einsatz von mehreren Kanälen betrachtet werden kann. So kann einerseits die Sicht eines Herstellers, andererseits die Perspektive eines Händlers eingenommen werden.

Mehrkanalsysteme eines Herstellers

Aus der Sicht eines Herstellers kann der gleichzeitige Vertrieb über den Großhandel, Einzelhandel und den eigenen Internetshop als Mehrkanalsystem interpretiert werden. Charakteristisch für diese Form des Mehrkanalsystems ist, dass es sich bei den vom Hersteller in den verschiedenen Kanälen unmittelbar angesprochenen Nachfragern um gänzlich unterschiedliche Zielgruppen handelt, die zudem auf verschiedenen Wirtschaftsstufen liegen. In allen drei Fällen erreichen die Produkte des Herstellers letztendlich den Endverbraucher. Im Regelfall unterscheiden sich aber die drei Alternativen hinsichtlich des Ausmaßes, in dem der jeweilige Kanal kontrolliert und gesteuert werden kann. Aus der Sicht eines Herstellers kann aber auch die Einschaltung unterschiedlicher Intermediäre auf einer Wirtschaftsstufe, z. B. auf der Einzelhandelsebene, als Mehrkanalsystem interpretiert werden. Dabei kann es Unterschiede bezüglich der Art und der Anzahl der Händler geben. So ist einerseits denkbar, dass unterschiedliche Betriebsformen eingeschaltet werden, andererseits kann sich die Distribution auf eine homogene Gruppe von Intermediären (z. B. Drogerien) beschränken. Als Beispiel für ein Mehrkanalsystem eines Herstellers kann die Distribution des Taschenherstellers BREE genannt werden. Das Unternehmen setzt seine Produkte zwar vorwiegend über den selbständigen Fachhandel ab, bedient sich aber darüber hinaus auch der folgenden Optionen

- eigene Filialen,
- Factory-Outlet-Store (Fabrikverkauf),
- Franchise-Unternehmen,
- Flächenpartnerschaften,
- Shop-in-Shop-Systeme und
- Online-Shop.

Unabhängig davon, wie unterschiedlich die gewählten Kanäle sind, machen die Beispiele deutlich, dass aus Sicht eines Herstellers die Gesamtheit der Kanäle als Mehrkanalsystem interpretiert werden kann und dass eine wesentliche Aufgabe darin besteht, das System zu gestalten und zu koordinieren. Allerdings sind bei der Einschaltung einer Handelsstufe die Kontroll- und Steuerungsmöglichkeiten eines Herstellers häufig sehr begrenzt. Lediglich in vertraglichen Vertriebssystemen, wie Franchise- oder Vertragshändlersystemen, verfügt der Hersteller über Rechte, die es ihm erlauben, seine Vorstellungen weitestgehend durchzusetzen. Nimmt man in den Mehrkanalsystemen der Industrie die Perspektive des Endkunden ein, so ist es für seine Kaufentscheidung durchaus bedeutend, wo die Produkte des Herstellers erhältlich sind. Unterschiedliche Formen des selektiven oder exklusiven Vertriebs zeigen, dass damit z. B. das Image einer Marke und die Preisbereitschaft des Konsumenten beeinflusst werden können. Da in dem vorliegenden Kapitel Managemententscheidungen eines Handelsunternehmens analysiert werden sollen, wird auf die Perspektive eines Herstellers hinsichtlich seiner Distributionskanäle nicht weiter eingegangen.

Mehrkanalsysteme eines Händlers

Unter einem Mehrkanalsystem eines Einzelhändlers kann beispielsweise das parallele Betreiben eines Online-Shops, eines Katalog-Versandhandels und eines stationären Verkaufsstellennetzes verstanden werden. Im Unterschied zu der Perspektive des Herstellers wird in diesem Fall unmittelbar die gleiche Kundengruppe angesprochen. Für den Händler als Betreiber der Kanäle bedeutet dies, dass er das Gesamtergebnis der Distributionsbemühungen steuern und kontrollieren kann.

Es ist ebenso möglich, das in der Praxis häufig zu beobachtende parallele Betreiben von unterschiedlichen Vertriebsschienen oder *retail brands* durch einen Händler als Mehrkanalsystem zu bezeichnen (vgl. auch Abbildung 12.8). Dabei können die Ähnlichkeit und die Interdependenzen zwischen den Kanälen stark differieren. So kommt es einerseits vor, dass Handelsunternehmungen, insbesondere Handelskonzerne, weitestgehend unabhängig voneinander agierende Vertriebsschienen betreiben – zu nennen ist beispielsweise die METRO Group, zu deren Portfolio heute neben den C&C-Märkten Galeria Kaufhof, real,-, Media Markt und Saturn gehören. Hier ist es für den Endverbraucher häufig überhaupt nicht erkennbar, dass es zwischen den Vertriebsschienen einen

Zusammenhang gibt. Andererseits gibt es Händler, die ihren Marktauftritt in einer Branche, z. B. in der Lebensmittelbranche, dadurch differenzieren, dass sie unterschiedliche Betriebsformen unter dem gleichen Namen betreiben, so dass die Kanäle vom Endverbraucher als zusammengehörig wahrgenommen werden. Als Beispiel sei EDEKA genannt – das Unternehmen differenziert unter anderem zwischen den Vertriebslinien EDEKA center, EDEKA neukauf und EDEKA aktiv markt, die alle als Lebensmittel-Vollsortimenter mit unterschiedlichen Betriebsformen (SB-Warenhaus, Verbrauchermarkt und Supermarkt) betrieben werden. Daneben werden auch noch das SB-Warenhaus Wertkauf und der Discounter Netto betrieben. Bei den letzten beiden ist für den Endverbraucher die Zugehörigkeit zum Mehrkanalsystem der EDEKA nicht erkennbar. Ähnlich ist die Unternehmenspolitik der REWE zu charakterisieren – einerseits werden unter den Namen REWE CITY, REWE und REWE CENTER unterschiedliche Betriebsformen im Lebensmittelbereich betrieben, andererseits ist die Zugehörigkeit des SB-Warenhauses Toom und der als Nachbarschaftsgeschäft charakterisierten Vertriebsschiene nahkauf zum Mehrkanalsystem von REWE für den Kunden ebenfalls nicht erkennbar.

	Betriebsformen	**Beispiele**
EDEKA-Gruppe	SB-Warenhaus/Verbrauchermarkt Supermarkt Discountmarkt Cash+Carry	Marktkauf, E center, E neukauf, Aktiv Discount E aktiv markt Netto, NP, Diska, Treff 3000 E C+C Großmarkt
REWE Group	SB-Warenhaus/Verbrauchermarkt Supermarkt Discountmarkt Baumarkt Elektrofachmarkt Cash+Carry	Toom, REWE Center, Akzenta REWE, Temma, REWE City, Standa, Perfetto, Kaufpark PENNY Toom, B1 ProMarkt Fegro/Selgros, SB-Handelshof
METRO Group	Cash+Carry SB-Warenhaus Elektrofachmarkt Warenhaus	Metro Cash & Carry, C+C Schaper real,- Media Markt, Saturn Galeria Kaufhof
Schwarz-Gruppe	SB-Warenhaus/Verbrauchermarkt Discountmarkt	Kaufland, KaufMarkt, Handelshof Lidl
Tengelmann-Gruppe	Supermarkt Baumarkt/Gartencenter Textilmarkt	Kaiser's Tengelmann OBI Markt, OBI Gartenparadies KiK

Quelle: in Anlehnung an METRO AG 2010, S. 35-37

Abb. 12.8: Mehrkanalsysteme im deutschen Handel

Mehrkanalsysteme werden nicht zwingend in Kombination mit dem Online-Kanal entwickelt. So hat beispielsweise TOYS"R"US im stationären Bereich eine Sortimentsstrukturierung mit der Entwicklung von parallelen Kanälen vorgenommen – mit BABIES"R"US werden eigenständige Babyfachmärkte betrieben. Das Beispiel der DOUGLAS HOLDING zeigt, dass ein Mehrkanalsystem auch dazu dienen kann, unterschiedliche Bedürfnisse der Konsumenten zu befriedigen. So differenziert das Unternehmen zwischen den Geschäftsbereichen Parfümerien, Bücher, Schmuck, Mode, Süßwaren und bedient die Kundenwünsche hinsichtlich dieser Warenbereiche über die Vertriebslinien Parfümerie Douglas, Thalia, CHRIST, AppelrathCüpper und HUSSEL. Wenn auch die zuletzt genannten Beispiele Mehrkanalsysteme darstellen, so ist festzustellen, dass sie nur in einem geringen Umfang Wechselwirkungen aufweisen und damit auch vom Endkunden eher als unabhängig wahrgenommen werden.

Das gesteigerte Interesse an Mehrkanalsystemen in der Forschung und in der Praxis in den letzten Jahren lässt sich mit diesen Formen paralleler Distributionswege eines Händlers nicht erklären. Das große Interesse an der Thematik resultiert vor allem aus dem Aufkommen von Online-Händlern. Waren es am Anfang sog. *pure player*, d. h. Unternehmungen, die ausschließlich online vertreten waren, hat sich das Bild in den letzten Jahren gewandelt. Die Vorstellung, dass der Online-Handel den stationären Handel in großem Ausmaß substituieren könnte, ist der Einsicht gewichen, dass sich Online-Kanäle neben den konventionellen Wegen etablieren und dass sie zunehmend parallel betrieben werden. Online-Händler haben ihre Präsenz auf die stationäre Form ausgedehnt, stationäre Händler vertreiben auch online und klassische Katalogversender sind mit Online-Shops und zunehmend auch stationär vertreten. Bezüglich der Entwicklung von Mehrkanalsystemen sind folglich unterschiedliche Pfade zu beobachten. Zudem ist festzustellen, dass die Bedeutung einzelner Kanäle innerhalb eines Mehrkanalvertriebs im Zeitverlauf schwanken kann und dass auch Kombinationen mit anderen Systemen denkbar sind. So betreibt Zweitausendeins, ein Anbieter von Tonträgern und Büchern, einerseits einen Online-Shop, andererseits ist das Unternehmen sowohl mit eigenen Verkaufsstellen als auch über ein Shop-in-Shop-Konzept in Kooperation mit lokalen Buchhändlern im stationären Bereich präsent. Dabei wurde die stationäre Präsenz zuerst zeitweise stark reduziert, bevor dann in Form des Shop-in-Shop-Konzepts eine Expansion erfolgte.

Diese Entwicklungen haben die Frage nach der Vorteilhaftigkeit solcher Systeme aufkommen lassen. Eine besondere Bedeutung kommt in der Diskussion der Frage zu, ob etablierte stationäre Händler ihr Angebot um einen Online-Kanal erweitern sollten. Dabei ist vor allem nach Synergieeffekten und nach positiven Wirkungen auf den stationären Kanal zu fragen.

Bevor die Vorteilhaftigkeit von Mehrkanalsystemen im Folgenden diskutiert wird, ist es, zweckmäßig, den Begriff Mehrkanalsystem im Einzelhandel zu definieren. Dies umso mehr, als dass die Ausführungen gezeigt haben, dass das Begriffsverständnis sehr unterschiedlich sein kann.

12.2.3 Abgrenzung des Begriffs Mehrkanalhändler

Das definitorische Problem ist in der Literatur bereits umfassend diskutiert worden. So hat beispielsweise Schramm-Klein (2003, S. 17) einen Katalog von fünf Kriterien vorgestellt, anhand derer sie den Begriff Multichannel Retailing definiert. Schröder (2005, S. 9) bezeichnet drei Merkmale als konstitutiv für Mehrkanalsysteme. Versucht man aus den genannten Analysen Schlüsse für die Charakterisierung von Mehrkanalsystemen ziehen, so können folgende Eigenschaften genannt werden:

- Kontaktprinzip: Jeder Kanal lässt sich anhand des Ortes, an dem der Kontakt zwischen dem Anbieter und dem Nachfrager stattfindet, charakterisieren. Ist es der Standort des stationären Händlers, so spricht man vom Residenzprinzip. Sucht der Anbieter den Kunden auf, so handelt es sich um das Domizilprinzip. Treffen sich Anbieter und Kunde außerhalb des Domizils und der Residenz, so wird diese Form des Kontaktes als Treffprinzip bezeichnet. Kommen Anbieter und Kunde physisch nicht zusammen, so spricht man vom Distanzprinzip. Innerhalb jeder dieser vier Kontaktformen gibt es weitere Varianten. So kann man beispielsweise bei dem Distanzprinzip zwischen dem Katalogversand und dem Online-Handel unterscheiden. Die Definition eines Mehrkanalsystems kann an der Forderung nach der Unterschiedlichkeit der Kanäle hinsichtlich der Kontaktform anknüpfen.
- Betriebsform: Jeder Kanal besitzt eine bestimmte Betriebsform. Die Definition eines Mehrkanalsystems kann unter dem Aspekt der Vielfalt von Betriebsformen erfolgen. So kann beispielsweise an ein Mehrkanalsystem die Forderung gestellt werden, dass sich die Betriebsformen der Kanäle unterscheiden.
- Markierung: Die Kanäle eines Anbieters können eine einheitliche Markierung (*retail brand*) aufweisen oder aber unterschiedliche Namen tragen und damit für den Kunden nicht als Kanäle des gleichen Anbieters wahrnehmbar sein. Das Merkmal der Markierung verdeutlicht die unterschiedlichen Perspektiven, die bezüglich des Mehrkanalsystems eingenommen werden können. Für einen Anbieter dürfte ein System von mehreren Kanälen auch dann im Kern den Charakter eines Mehrkanalsystems besitzen, wenn für den Kunden nicht erkennbar ist, dass zwischen den Kanälen Wechselwirkungen bestehen, sei es nur, weil sie von dem gleichen Anbieter betrieben werden. Aus der Perspektive des Kunden kann der Sachverhalt dagegen anders gesehen werden.
- Sortiments- und Zielgruppenzusammenhang: In den verschiedenen Kanälen können Sortimente vertrieben werden, die im Extremfall überschneidungsfrei sind, oder aber es kann zwischen den Sortimenten einen mehr oder weniger stark ausgeprägten Zusammenhang geben. Ähnlich verhält es sich hinsichtlich der Zielgruppen der verschiedenen Kanäle – sie können disjunkt sein oder Überlappungen aufweisen. Die Definition eines Mehrkanalsystems kann bei diesen Merkmalen ansetzen und einen Sortiments- bzw. Zielgruppenzusammenhang fordern. Die Grundüberlegung zielt dabei auf Konkurrenzbeziehungen zwischen den Kanälen ab. Aus der Sicht eines Anbieters werden über unterschiedliche Kanäle zum Teil gleiche Kunden angesprochen, aus der Perspektive eines Kunden können unterschiedliche Kanäle der Beschaffung gleicher Produkte dienen.
- Integration von Funktionen und Prozessen: Einerseits können über mehrere Kanäle hinweg unternehmensinterne Prozesse und Funktionen integriert werden, so z. B. im Bereich der Logistik und der Warenwirtschaft. Andererseits können kundenbezogene Prozesse integriert werden. So kann dem Kunden die Möglichkeit gegeben werden, im Rahmen des Kaufprozesses zwischen den Kanälen zu wechseln und beispielsweise die Information in einem, den Kauf dagegen in einem anderen Kanal vorzunehmen. Für das Vorliegen eines Mehrkanalsystems kann gefordert

werden, dass zwischen den Kanälen eine Integration von Prozessen oder Funktionen (z. B. Einsatz von Kundenkarten) stattfindet.
- Organisatorisch-rechtliche Integration: Das Ausmaß der Koordination zwischen den einzelnen Kanälen kann im Wesentlichen davon abhängig sein, ob sie organisatorisch oder rechtlich integriert sind. Setzt die Definition eines Mehrkanalsystems an dem Grad der Koordination an, so kann die organisatorisch-rechtliche Integration zu einer Voraussetzung für das Vorliegen eines Mehrkanalsystems werden.

Insgesamt zeigt die große Zahl von Merkmalen, dass Mehrkanalsysteme unterschiedlich breit definiert werden können. Die Wahl einer Definition hängt von dem verfolgten Zweck ab. An dieser Stelle soll deshalb keine Einengung vorgenommen werden. So können sowohl Handelsunternehmungen, die parallel mehrere Vertriebsschienen mit der gleichen oder unterschiedlichen Betriebsform unter verschiedenen Namen betreiben, als auch Handelsunternehmungen, die unter dem gleichen Namen einen Online-Kanal, einen Katalogversand und ein stationäres Verkaufsstellennetz mit einem identischen Sortiment betreiben, als Mehrkanalsysteme bezeichnet werden. Alle Varianten können als Ausdruck unternehmerischer Entscheidungen interpretiert werden. Die Herausforderungen hinsichtlich der erforderlichen Koordination können allerdings sehr unterschiedlich sein. Insofern überrascht es nicht, dass sowohl in wissenschaftlichen Studien als auch in der Praxis meist einer engen Definition gefolgt wird, bei der Probleme der Koordination im Fokus der inhaltlichen Diskussion stehen.

12.2.4 Zur Strukturierung von Entscheidungsproblemen eines Mehrkanalhändlers

Die Entstehung von Mehrkanalsystemen wirft eine Reihe von Fragen auf. Zu klären ist, welche Ziele mit der Einführung eines Mehrkanalsystems angestrebt werden, welche Gestaltungsalternativen zur Verfügung stehen und von welchen Faktoren der Erfolg einzelner Optionen abhängig ist. Die Fragen betreffen zum einen strategische, zum anderen operative Aspekte, die sich beispielsweise auf die Einrichtung, die Integration und die Autonomie von einzelnen Kanälen oder die Koordination der absatzpolitischen Instrumente zwischen den Kanälen beziehen können (vgl. dazu z. B. Wirtz 2008; Bauer/Große-Leege/Rösger 2008). Neben theoretischen Überlegungen gibt es Versuche, auf empirischem Weg im Rahmen der Erfolgsfaktorenforschung Regeln für ein Multichannel-Management abzuleiten (vgl. z. B. Wirtz/Büttner/Schwarz 2003). Im Folgenden sollen zuerst die Entscheidungsprobleme eines Multichannel Retailers strukturiert werden.

12.2.4.1 Ziele von Mehrkanalsystemen

Jede Kanalform hat ihre spezifischen Vorteile (vgl. z. B. Berman/Thelen 2004, S. 149), so dass die Verfügbarkeit von mehreren Kanälen die Möglichkeit bietet, ihre jeweiligen Vorteile optimal zu nutzen. So können sperrige Güter, die einerseits viel Verkaufsfläche beanspruchen, andererseits den Kunden mit Transportproblemen konfrontieren, kostengünstiger und aus der Sicht des Abnehmers bequemer in einem Online-Shop oder in einem Katalog angeboten werden als in einem stationären Geschäft. Produkte, deren haptische Eigenschaften für die Kaufentscheidung besonders wichtig sind, lassen sich dagegen besser stationär verkaufen, weil dort die Unsicherheit des Kunden am besten reduziert werden kann. Das Ziel eines Mehrkanalsystems kann also darin gesehen werden, das Leistungsangebot so zu erweitern, dass damit zusätzliche Kunden attrahiert werden. Das parallele Betreiben von mehreren Kanälen, insbesondere die Erweiterung um einen Online-Kanal, kann zur Profilierung des Anbieters beitragen. Im Rahmen der ökonomischen Ziele sind vor allem die Erschließung neuer Zielgruppen und die Erhöhung der Marktabdeckung zu nennen. In mehreren Studien ist mittlerweile gezeigt worden, dass Kunden, die mehrere Kanäle eines Anbieters nutzen, profitabler sind als jene, die nur einen Kanal in Anspruch nehmen (vgl. zu einer Übersicht Berman/Thelen 2004, S. 150).

Zu den vorökonomischen Zielen gehört insbesondere die Intensivierung der Kundenloyalität. Ihr wird angesichts der intensiven Konkurrenzsituation und der geringen Wechselkosten zwischen verschiedenen Online-Anbietern eine große Bedeutung beigemessen. Zudem weisen loyale Kunden wichtige Vorteile auf – sie kaufen mehr und zeichnen sich durch eine höhere Preisbereitschaft aus.

Es ist davon auszugehen, dass mit einer größeren Anzahl und Vielfalt von Kontaktmöglichkeiten, die ein Unternehmen seinen Kunden bietet, deren Zufriedenheit gesteigert wird. Für den Kunden bedeutet ein Mehrkanalsystem einen höheren Servicegrad, da im Regelfall das Sortiment erweitert, die Einkaufszeiten ausgedehnt und der Umfang der Dienstleistungen erhöht werden. Über die Zufriedenheit kann die Loyalität beeinflusst werden und damit eine Wirkung auf den Umsatz erzielt werden.

Neben den genannten marktgerichteten Zielen kann das Betreiben mehrerer Kanäle Synergieeffekte bei internen Prozessen auslösen. Beschaffungsaktivitäten und Logistikprozesse in mehreren Kanälen bieten die Chance für die Realisierung von *economies of scale* und *economies of scope*.

12.2.4.2 Einflussfaktoren

Bei der Diskussion von Faktoren, die den Erfolg eines Mehrkanalsystems beeinflussen, kann zwischen Merkmalen des Unternehmens und der Umwelt differenziert werden. Die Ressourcen eines Unternehmens können sich maßgeblich auf seine Fähigkeit auswirken, Technologien, die für den Betrieb eines neuen Kanals häufig benötigt werden, einzuführen. Sie sind ebenso bedeutend, wenn zu erwarten ist, dass die Zeitdauer bis zur Gewinnerzielung verhältnismäßig lang ist. So ist beispielsweise die Frage aufgeworfen worden, ob die Größe, die Machtposition und die Erfahrung eines Unternehmens den Erfolg einer Erweiterung des Vertriebs um einen Online-Kanal positiv beeinflussen können (vgl. Geyskens/Gielens/Dekimpe 2002; Pentina/Pelton/Hasty 2009). Die Entstehung eines Mehrkanalsystems kann unterschiedliche Richtungen aufweisen. Meistens ist es zwar eine Entwicklung von einem stationären Geschäft oder einem Katalog-Versand zu einem Online-Kanal, zunehmend wird aber auch die umgekehrte Richtung beobachtet. So stellt sich die Frage, ob die Richtung der Erweiterung bzw. die ursprüngliche Form der Handelstätigkeit den Erfolg beeinflusst. Ebenso ist zu klären, inwieweit die Produktart oder die Warengruppe die Präferenzen von Kunden für bestimmte Kanäle beeinflussen (vgl. Levin/Levin/Heath 2003). Die Vorteilhaftigkeit von Mehrkanalsystemen könnte in diesem Fall von der Branchenzugehörigkeit eines Händlers abhängig sein.

Neben unternehmensinternen Faktoren wird der Einfluss von Umweltfaktoren auf die Ausgestaltung und den Erfolg von Mehrkanalsystemen untersucht. So wird z. B. der Einfluss der Marktentwicklung auf den Erfolg diskutiert (vgl. Geyskens/Gielens/Dekimpe 2002) – sind die Erfolgsaussichten größer, wenn der betreffende Produktmarkt wächst und der Online-Kanal als Vertriebskanal an Bedeutung gewinnt? Eine große Aufmerksamkeit kommt auch der Konkurrenzsituation zu. Der Druck, über mehrere Wege für den Kunden erreichbar zu sein, erhöht sich, wenn in einer Branche Mehrkanalsysteme an Bedeutung gewinnen. Da in diesem Zusammenhang Online-Kanäle im Mittelpunkt der Überlegungen stehen, geht von der technischen Entwicklung ein starker Einfluss auf die Einführung von Mehrkanalsystemen aus. Insbesondere kleinere Unternehmungen sind auf einfache und preiswerte Lösungen angewiesen (z. B. in der Gestaltung der Web-Seiten, der Logistik und beim Inkasso). Prinzipiell können die benötigten Lösungen entweder selbst erstellt oder fremdbezogen werden. Die Wahrnehmung der zweiten Option hängt von dem Marktangebot solcher Leistungen ab, so dass die Einführung von Mehrkanalsystemen auch von der Entwicklung spezialisierter Dienstleister abhängig ist.

Schließlich ist der rechtliche Rahmen zu beachten, da der Vertrieb über Online-Kanäle einer Reihe von gesetzlichen Restriktionen unterliegt. So wurde beispielsweise zum 11.6.2010 im Online-Handel eine Änderung der Widerrufsbelehrung erforderlich (siehe Anhang zu Art. 246 § 2 Abs. 3 Satz 1 EGBGB). Bei internationaler Tätigkeit ist zu beachten, dass sich die Gesetzgebung und die Bedeutung von Datenschutz, Datensicherheit und Persönlichkeitsrechten im internationalen Vergleich unterscheiden (vgl. Rudraswamy/Vance 2001).

12.2.4.3 Entscheidungsoptionen

Nach der prinzipiellen Entscheidung für ein Mehrkanalsystem muss ein Anbieter die Zahl und die Vielfalt der Kanäle festlegen. Daneben sind vor allem Fragen zum Grad der Integration der Kanäle und zur Standardisierung von Prozessen in einem Mehrkanalsystem zu klären (vgl. Schramm-Klein 2003; Berman/Thelen 2004) sowie Entscheidungen über den zeitlichen Ablauf der Erweiterung von Kanälen zu treffen.

Zahl und Vielfalt der Kanäle

Die Zahl und die Vielfalt der Kanäle bestimmen den Umfang eines Mehrkanalsystems. Die Vielfalt kann insbesondere anhand der Kontaktprinzipien und der Betriebsformen, die in Abschnitt 12.2.1 angesprochen worden sind, charakterisiert werden. Für ein Handelsunternehmen stellt sich damit die Frage, wie umfassend das angebotene Leistungsprofil sein soll. Dabei kann es die Beschränkung auf ein Kontaktprinzip und eine Betriebsform geben, wenn beispielsweise unter zwei verschiedenen *retail brands* ausschließlich Supermärkte geführt werden. Es kann aber auch eine umfassende Abdeckung von Kontaktprinzipien geben, wenn Ladengeschäfte parallel zu einem Katalogversand und einem Online-Shop betrieben werden.

Integrationsgrad

Bereits bei der Analyse des Begriffs Mehrkanalsystem wurde deutlich, dass der Integrationsgrad eines solchen Systems unterschiedlich stark ausgeprägt sein kann. So kann ein Händler parallel mehrere Kanäle betreiben, ohne dass sie einheitlich markiert und damit für den Endverbraucher als ein Mehrkanalsystem erkennbar sind. In einer solchen Form des Mehrkanalsystems spiegelt sich die

Entscheidung des Anbieters wider, auf eine für den Kunden wahrnehmbare Integration der Kanäle zu verzichten. Eine solche Entscheidung bedeutet nicht zwangsläufig, dass auch interne Prozesse, beispielsweise im Einkauf, in der Beschaffung oder in der Logistik unabhängig voneinander gestaltet werden. Ein Handelsunternehmen kann aber auch bewusst alle Kanäle einheitlich markieren und dem Kunden die Möglichkeit bieten, während seines Kaufprozesses zwischen den Kanälen zu wechseln. So ist es denkbar, dass ein Katalogversender, der auch stationär vertreibt, dem Kunden die Möglichkeit bietet, Retouren über die stationären Verkaufsstellen abzuwickeln. Hinweise im Internet auf nahe gelegene Standorte eines Ladengeschäftes können die Aufteilung des gesamten Kaufprozesses auf mehrere Kanäle bewusst forcieren – der Kunde sucht online nach Produkten und informiert sich über Preise, probiert das Produkt aus und kauft es dann in einem Ladenlokal. Schröder und Zaharia (2007, S. 97–98) weisen darauf hin, dass vor allem bei extensiven Kaufentscheidungen der Grad der Informationsintegration eine positive Wirkung auf das Kaufverhalten ausübt. Von einer mangelnden Integration der absatzpolitischen Instrumente kann ein negativer Einfluss auf den Unternehmenserfolg ausgehen (vgl. Ahlert/Blut/Michaelis 2007).

Standardisierung oder Differenzierung

Zu den wichtigsten Entscheidungen in einem Mehrkanalsystem gehört die Frage nach der Standardisierung oder Differenzierung der absatzpolitischen Instrumente. Im Mittelpunkt stehen dabei die Sortiments- und die Preispolitik. Gegenüber einem stationären Marktauftritt bietet ein Online-Shop im Regelfall die Möglichkeit, das Sortiment auszudehnen, da es prinzipiell keine räumlichen Restriktionen bezüglich der Warenpräsentation gibt. Andererseits ist zu fragen, welche Wirkung auf den Kunden von der Entscheidung ausgeht, dass nicht das gesamte Sortiment in allen Kanälen angeboten wird. Bei preispolitischen Entscheidungen spielt die Tatsache, dass die Distribution über verschiedene Kanäle unterschiedliche Kosten verursachen kann, eine bedeutende Rolle. Zu klären ist, ob der Kunde Preisunterschiede zwischen den Kanälen akzeptiert oder sogar erwartet.

Timing

Wie bei der Einführung von neuen Technologien üblich, ist zu klären, ob es vorteilhaft ist, zu den Pionieren bei der Einführung und Nutzung neuer Kanäle zu gehören (vgl. Min/Wolfinbarger 2005). Viele Unternehmungen haben sich in einer frühen Phase des Internetbooms dazu entschlossen, einen Online-Kanal zu betreiben, was häufig keinen Erfolg nach sich zog. So drängt sich die Frage auf, ob eine Pionier-Strategie vorteilhaft ist oder ob eine spätere Erweiterung um einen Online-Kanal und damit die Möglichkeit, von den Fehlern anderer zu lernen, die bessere Strategie darstellt. Es liegen Erkenntnisse vor, dass ein zu früher und ein zu später Eintritt Nachteile mit sich bringen (vgl. Geyskens/Gielens/Dekimpe 2002). Eine differenziertere Analyse (vgl. Pentina/Pelton/Hasty 2009) zeigt, dass eine frühe Adoption eines Online-Kanals einen negativen Einfluss auf den langfristigen Marktanteil und den Gewinn hat. Es wird allerdings auch deutlich, dass der negative Wirkungszusammenhang nicht für große Händler gilt. Die bessere Ressourcenausstattung (Kapital, Personal) wird als Grund dafür gesehen, dass sie eher in der Lage sind, neue Technologien auszuprobieren und mehr für das Marketing in einem Mehrkanalsystem aufzuwenden. Zudem wird vermutet, dass die finanzielle Ausstattung eines größeren Unternehmens die Möglichkeiten einer Outsourcing-Lösung verbessern. Der Zugang zu neuen Technologien wird auf diese Weise erleichtert.

Die Untersuchung zeigt auch, dass Händler mit einer langen Historie im stationären Bereich tendenziell weniger erfolgreich mit einer frühen Adoption eines Online-Kanals sind. Die theoretische Basis der Studie bilden Erkenntnissen der Kontingenztheorie und des *resource-based-view* Ansatzes.

12.2.5 Theoretische und empirische Erkenntnisse zur Vorteilhaftigkeit von Mehrkanalsystemen

Es gibt zahlreiche Ansätze, mit denen die Vorteilhaftigkeit von Mehrkanalsystemen begründet werden kann. Im Folgenden wird zum einen auf verhaltenswissenschaftliche Ansätze und auf Beiträge der Neuen Institutionenökonomik eingegangen, die sich vorwiegend auf die Beurteilung von Mehrkanalsystemen durch den Konsumenten konzentrieren. Darüber hinaus wird auf kostenwirtschaftliche Aspekte, die aus der Perspektive des Anbieters relevant sind, eingegangen. Dabei wird vor allem die Frage diskutiert, inwieweit Vorteile in der Logistik erzielt werden können.

12.2.5.1 Verhaltenswissenschaftliche Ansätze

Um zielführende Entscheidungen hinsichtlich der Ausgestaltung von Mehrkanalsystemen zu treffen, ist es erforderlich, das Verhalten der Konsumenten zu verstehen. In diesem Zusammenhang ist eine ganze Reihe von Fragen zu klären, so zum Beispiel:

- Welche Kunden nutzen Mehrkanalsysteme?
- Aus welchen Gründen nutzen die Kunden Mehrkanalsysteme?
- Wovon hängt die Zeitdauer von der Nutzung eines bis zur Nutzung mehrerer Kanäle eines Anbieters ab?
- Wirkt das Image eines etablierten Kanals auf die Imagebildung eines neuen Kanals?
- Erhöhen Mehrkanalsysteme die Zufriedenheit des Kunden?
- Tragen Mehrkanalsysteme dazu bei, die Loyalität des Kunden zu steigern?
- Werden durch Mehrkanalsysteme Zusatzkäufe eines Kunden generiert?
- Welche Produkte werden in welchem Kanal bevorzugt gekauft?
- Für welche Phasen des Kaufprozesses werden welche Kanäle bevorzugt genutzt?
- Welche Kriterien legen Kunden bei der Beurteilung einzelner Kanäle an?
- Beeinflusst die Nutzung von mehreren Kanälen die Profitabilität des Kunden?

Einige der genannten Fragen sind Gegenstand theoretischer und empirischer Untersuchungen gewesen.

Von den deutschsprachigen Beiträgen zu Mehrkanalsystemen ist die Arbeit von Schramm-Klein (2003) hervorzuheben. In dieser Untersuchung wird nach der Wirkung von Mehrkanalsystemen auf die Loyalität und das Nutzungsverhalten gefragt. Die Abbildung 12.9 zeigt die Grundstruktur des Modells.

Die Wahrnehmung und Beurteilung des Mehrkanalsystems beeinflussen das Vertrauen und die Einstellung, die ihrerseits auf die Loyalität und das Nutzungsverhalten wirken. Die Wirkungsstärke

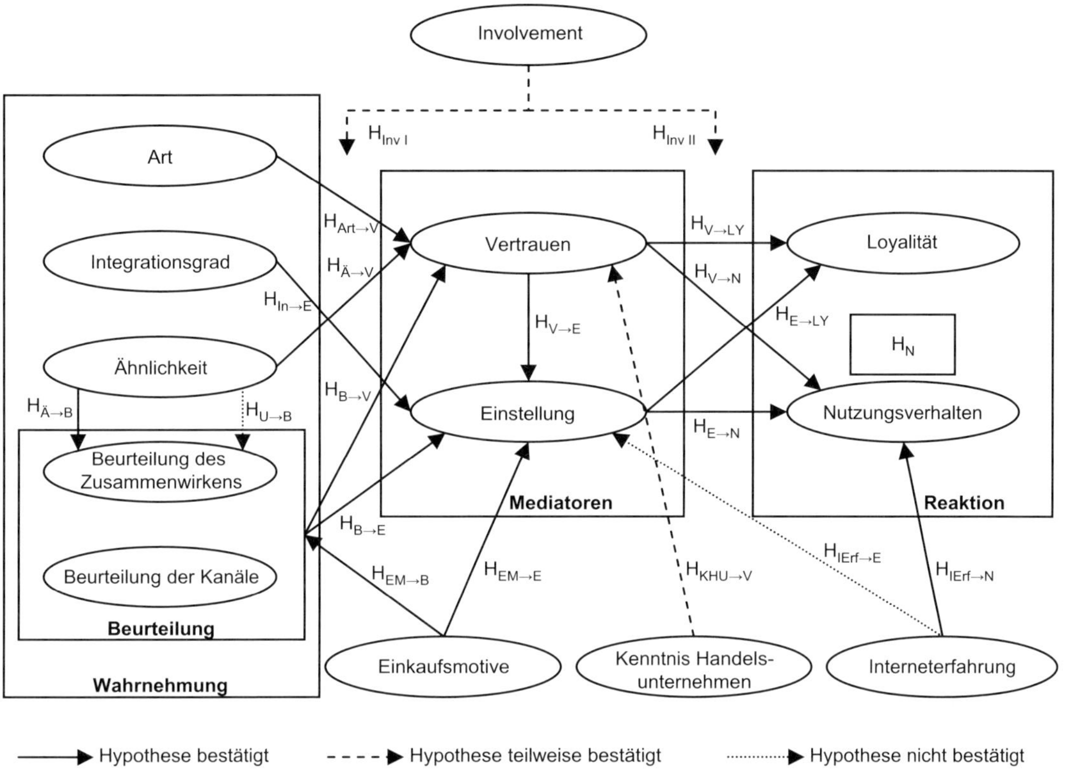

Quelle: Schramm-Klein 2003, S. 326

Abb. 12.9: Hypothesen zur Wirkung von Multichannel-Systemen nach Schramm-Klein

zwischen den genannten Konstrukten wird – so die modellierte Hypothese – vom Involvement beeinflusst. Zudem wird unterstellt, dass die Einstellung und das Vertrauen von den Einkaufsmotiven bzw. von der Kenntnis des Handelsunternehmens beeinflusst werden. Die unterschiedlichen Kennzeichnungen der Beziehungen verdeutlichen, ob die geäußerten Vermutungen empirisch nachgewiesen werden konnten. Die Bedeutung des Involvements für das Kaufverhalten in Mehrkanalsystemen ist in weiteren Studien bestätigt worden (vgl. Schröder/Zaharia 2007, S. 93–98).

Das Modell von Schramm-Klein zeichnet sich durch eine hohe Komplexität aus, was an der großen Zahl von Kausalbeziehungen erkennbar ist. Bei den Einflussfaktoren konzentriert sich das Interesse auf die Aspekte Ähnlichkeit und Integration der verschiedenen Kanäle eines Mehrkanalsystems. Die signifikanten Wirkungen unterstreichen die Bedeutung, die einem zwischen den Kanälen abgestimmten Marketing zukommt (vgl. auch von der Oelsnitz 2007). Auch die Integration von Prozessen und Funktionen, die für den Kunden sichtbar und relevant sind, weil sie beispielsweise die kombinierte Nutzung der Kanäle erlauben, stellt sich als erfolgswirksam heraus. Es bleibt zum einen anzumerken, dass Konstrukte wie Einstellung, Vertrauen und Involvement den verhaltenswissenschaftlichen Charakter des Modells und der Erkenntnisse unterstreichen. Zum anderen ist zu betonen, dass es sich bei den untersuchten Einflussfaktoren nicht um die objektive Integration und Ähnlichkeit, sondern um ihre Wahrnehmung durch den Kunden handelt.

Venkatesan, Kumar und Ravishanker (2007) haben sich einerseits mit dem Adoptionsprozess eines Mehrkanalsystems, andererseits mit seiner Profitabilität beschäftigt. Das Verständnis des Adoptionsprozesses ist deshalb wichtig für einen Anbieter, weil es zum einen helfen kann, seine Ressourcen effizient auf die verschiedenen Kanäle aufzuteilen, zum anderen können Marketingmaßnahmen gezielt bei den Kunden eingesetzt werden, bei denen der Prozess der Akzeptanzbildung weit fortgeschritten ist. Darüber hinaus erlaubt das Prozessverständnis eine bessere Prognose der in den einzelnen Kanälen benötigten Ressourcen. Zu denken ist insbesondere an die Lager-, Kommissionier- und Transportkapazitäten. Die Ergebnisse der Untersuchung zeigen, dass die Adoption eines Mehrkanalsystems von einer Reihe von Einflussfaktoren abhängig ist. Venkatesan, Kumar und Ravishanker analysieren eine Vielzahl von Faktoren, die die Kanäle, das Verhalten der Konsumenten und das Verhalten der Anbieter charakterisieren. Sie fassen sie zu drei Blöcken zusammen, die sie mit den Begriffen *channel-related, purchase-related* und *frequency-related attributes* versehen. Sie prüfen zudem, ob von bestimmten Eigenschaften der Kunden ein Einfluss ausgeht, beschränken ihre Untersuchung in diesem Punkt aber nur auf das Geschlecht und das Einkommen. Zu den untersuchten Einflussgrößen gehören u. a. die Größe des Warenkorbs, die Zahl der unterschiedlichen Warenkategorien, die in einem Einkaufsvorgang gekauft werden, Einkaufshäufigkeit, Häufigkeit von Kommunikationsmaßnahmen in einem Kanal, Grad der sofortigen Warenverfügbarkeit in einem Kanal. Die Autoren formulieren und überprüfen eine Reihe von Hypothesen, so z. B. die folgende (vgl. Venkatesan/Kumar/Ravishanker 2007, S. 117):

Zwischen der Größe des Warenkorbs und der Adoptionsdauer eines neuen Kanals besteht ein umgekehrt u-förmiger Zusammenhang.

Alle vermuteten Zusammenhänge erweisen sich als signifikant. Dies gilt zwar zuerst nur für die untersuchte Warengruppe aus der Textilbranche, dennoch ist zu vermuten, dass die meisten Ergebnisse generalisierbar sind. Sie geben den handelnden Unternehmungen Hinweise darauf, durch welche Eigenschaften und Verhaltensweisen sich Kunden auszeichnen, die eine höhere Neigung aufweisen, Mehrkanalsysteme zu nutzen. Diese Informationen erlauben einen effizienteren Einsatz der Unternehmensressourcen.

Wallace, Giese und Johnson (2004) haben ein Modell entwickelt, in dessen Mittelpunkt die Wirkung von Mehrkanalsystemen auf die Zufriedenheit und der Einfluss der Zufriedenheit auf die Loyalität stehen. Dabei wird die Zufriedenheit einerseits mit Hilfe des Verhaltens, andererseits mittels der Einstellung erfasst. Für einen Anbieter ist es besonders wichtig zu erkennen, welche Rolle bestimmte Serviceleistungen in den einzelnen Kanälen bei der Bildung der Zufriedenheit und der Loyalität spielen. Die betrachteten Kanäle besitzen eine große Zahl von Merkmalen. Diese weisen unterschiedliche Ausprägungen in den verschiedenen Kanälen auf. Um die Komplexität zu reduzieren und die Präferenz für einzelne Kanäle besser zu verstehen, ist es sinnvoll, die hinter den Merkmalen liegenden grundlegenden Dimensionen der vom Kunden wahrgenommenen Leistungen zu beleuchten. McGoldrick und Collins (2007) haben in einer empirischen Studie mit Hilfe der Hauptkomponentenanalyse vier Faktoren extrahiert, die sie mit *product value, risk reduction, ease of shopping* und *experiential* bezeichnen. Es überrascht nicht, dass sich die Wahrnehmungen der untersuchten Kanäle hinsichtlich dieser Dimensionen unterscheiden, interessanter ist die Erkenntnis, dass die Bedeutung der Dimensionen in verschiedenen Kaufsituationen differiert. Ebenso hervorzuheben ist die Feststellung, dass der gleiche Service in verschiedenen Kanälen unterschiedliche Wirkungen auf die Zufriedenheit und die Loyalität ausüben kann (vgl. Shankar/Smith/Rangaswamy 2003).

Eine zentrale Frage für Betreiber von Mehrkanalsystemen ist die nach der Gefahr von Kannibalisierungseffekten – wird der Umsatz in einem neuen Kanal auf Kosten eines anderen Kanals generiert? Insbesondere die Einführung eines Online-Kanals durch einen stationären Händler oder einen Versandhändler führt zudem zu der Frage, ob die zusätzlichen Erlöse die Kosten rechtfertigen. Das E-Commerce-Center Handel (ECC Handel), das am Institut für Handelsforschung der Universität zu Köln angesiedelt ist, hat sich unter anderem mit den Wechselwirkungen zwischen verschiedenen Kanälen eines Mehrkanalsystems intensiv beschäftigt. Die Abbildung 12.10 gibt einen Überblick über die zentralen Ergebnisse von drei Studien (Dach 2002b; van Baal/Hudetz 2004, 2006), in denen Wechselwirkungen zwischen den verschiedenen Kanälen untersucht worden sind. Bei der Beurteilung der Vorteilhaftigkeit eines Mehrkanalsystems sind folgende Effekte zu berücksichtigen:

- Ein neuer Kanal generiert einen bestimmten Umsatz, der unterteilt werden kann, in einen Anteil, der in den bisherigen Kanälen nicht realisiert worden wäre (Zusatzumsatz), und einen Anteil, um den sich der Umsatz in den bisherigen Kanälen infolge der Einführung eines neuen Kanals verringert (kannibalisierter Umsatz).
- Neben den unmittelbaren Effekten eines neuen Kanals sind auch mittelbare Wirkungen zu berücksichtigen, wenn man die Vorteilhaftigkeit einer Kanalerweiterung beurteilen will. So kann die Erweiterung eine positive Wirkung auf die Käufe in den bisherigen Kanälen haben, wenn sich dadurch beispielsweise das Image des Anbieters insgesamt vorteilhaft verändert hat.
- Es kann einen kanalübergreifenden Effekt geben – die erweiterten Optionen für einen Kontakt zu dem betreffenden Anbieter können zu einer insgesamt höheren Nachfrage eines Kunden führen.

Die Untersuchungen zeigen, dass die mittelbaren Effekte nicht vernachlässigt werden dürfen, da es offensichtlich bei einem nennenswerten Anteil von Kunden kanalübergreifende Informationsverhaltensmuster und Kaufimpulse gibt. Es sind allerdings branchenspezifische Unterschiede zu beachten (vgl. van Baal 2004). So informieren sich beispielsweise Käufer von Tonträgern und Büchern vor dem Kauf in einem Ladengeschäft in einem nennenswerten Umfang im Internet, allerdings nutzen sie dabei vor allem generelle Informationen und nicht die Internetseiten des betreffenden Händlers. Anders stellt sich die Situation bei PC-Zubehör/Hardware, Unterhaltungselektronik und Möbeln dar, wo die Informationsbeschaffung über die Internet-Seiten des jeweiligen Händlers einen deutlich höheren Anteil erreicht (vgl. Hudetz/van Baal 2007, S. 562). Daraus könnte gefolgert werden, dass in bestimmten Branchen die eigene Internet-Präsenz bedeutender ist als in anderen. Die Untersuchungen gehen zwar, anders als die zuvor vorgestellten Studien, nicht auf Vorgänge in der Psyche des Kunden ein, um bestimmte Verhaltensweisen zu erklären, folgen also nicht dem SOR-Paradigma, dennoch wird auch hier an Verhaltensmuster angeknüpft, die im Rahmen von mehreren empirischen Erhebungen quantifiziert worden sind. So ist der Abbildung 12.10 zu entnehmen, dass

	„Wechselwirkungen im Multichannel-Vertrieb“ (2006)	„Multichannel-Effekte im Handel“ (2004)	„Vorteile einer Multichannel-Strategie: Eine nüchterne Betrachtung“ (2002)
Kaufvorbereitende Informationssuche in Online-Shops (2006) bzw. im Internet (2002/2004), Kauf im stationären Handel	20,9 % der Käufe im stationären Handel	26,5 % der Käufe im stationären Handel	28,5 % der Käufe im stationären Handel
Kaufvorbereitende Informationssuche im stationären Handel, Kauf in Online-Shops (2006) bzw. im Internet (2002/2004)	31,3 % der Bestellungen in Online-Shops	22,7 % der Bestellungen im Internet	28,5 % der Bestellungen im Internet
Kaufanbahnung im Online-Shop (2006) bzw. im Internet (2002/2004), Kauf in einer stationären Niederlassung desselben Händlers	9,3 % der Käufe im stationären Handel	8,8 % der Käufe im stationären Handel	10,7 % der Käufe im stationären Handel
Kaufanbahnung in einer stationären Niederlassung, Kauf im Online-Shop desselben Händlers	4,8 % der Bestellungen in Online-Shops	3,1 % der Bestellungen im Internet	2,6 % der Bestellungen im Internet
Kannibalisierung von Käufen in stationären Niederlassungen durch den Online-Shop desselben Händlers	26,7 % der Bestellungen in Online-Shops	37,3 % der Bestellungen in Online-Shops	--
Stichprobe	1.000 Internetnutzer, repräsentativ quotiert (2.662 Käufe)	932 Online-Shopper, Convenience Sample (1.864 Käufe)	1.239 Internetnutzer, repräsentativ quotiert (1.125 Käufe)
Erhebungszeitraum	April 2006	April/Mai 2004	November 2001

Quelle: Hudetz/van Baal 2007, S. 574

Abb. 12.10: Zentrale Ergebnisse der Multichannel-Studien des ECC Handel

der von traditionellen Händlern in Online-Shops erzielte Umsatz zu etwa einem Drittel (2004: 37,3 % der Bestellungen in Online-Shops, 2006: 26,7 % der Bestellungen in Online-Shops) den Umsatz in den bisherigen Kanälen kannibalisiert. Die Kunden hätten die Käufe in den Läden des betreffenden Händlers getätigt, wenn dieser keinen Online-Shop gehabt hätte. Der im Internet erzielte Umsatz ist also kein reiner Mehr-Umsatz. Von dem Online-Shop geht aber auch eine positive Wirkung auf die anderen Distributionskanäle (insbesondere den stationären Handel, aber auch das Kataloggeschäft) aus, indem sich viele Kunden vor einem Kauf in dem stationären Geschäft eines Händlers in dessen Online-Shop informieren. Hudetz und van Baal (2007, S. 573) führen aus, dass dies für 38,9 % der Käufe im stationären Handel gilt. Bei 9,3 % (2006) der Käufe im stationären Handel liefert ein Besuch im Online-Shop desselben Anbieters den Impuls, bei diesem Anbieter zu kaufen. Bei 4,8 % (2006) der Käufe in Online-Shops wurde vor dem Kauf eine Filiale desselben Anbieters aufgesucht. Diese Sachverhalte sind in Abbildung 12.11 dargestellt.

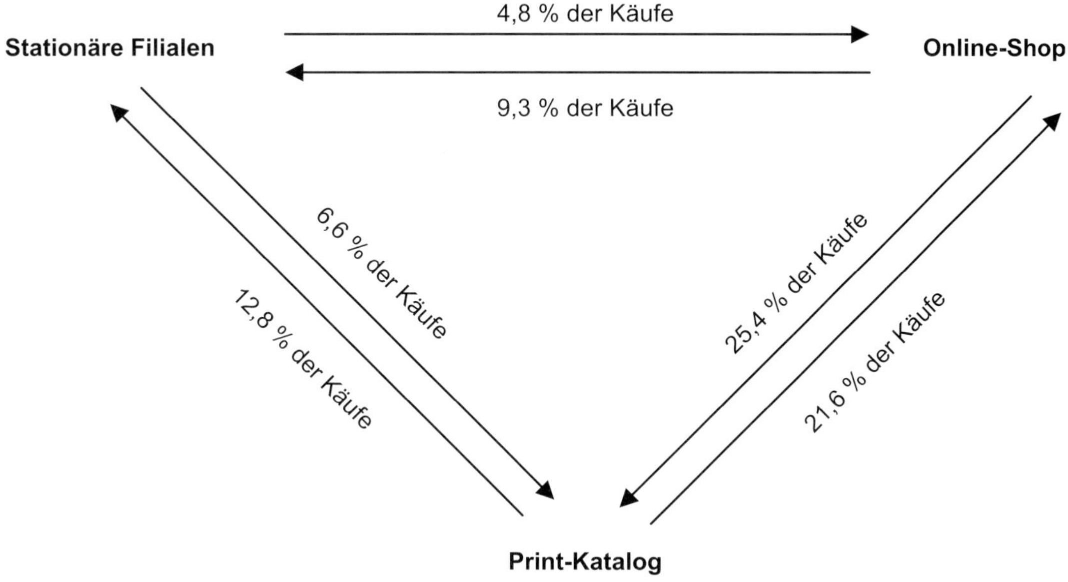

Lesebeispiel:
Bei 4,8% der Käufe in Online-Shops wurde vor dem Kauf eine stationäre Filiale desselben Anbieters aufgesucht, um weitere Informationen zum Produkt einzuholen.

Quelle: van Baal 2007, S. 55

Abb. 12.11: Interdependenzen zwischen Distributionskanälen eines Mehrkanalsystems

Zu den zentralen Entscheidungen bei der Einführung eines neuen Kanals gehört der Grad seiner Integration in das bestehende System. Diese Entscheidung hängt maßgeblich davon ab, ob zwischen den Kanälen ein Imagetransfer stattfindet und wenn ja, wie stark er ist. Für einen stationär tätigen Händler mit einem hohen Bekanntheitsgrad und positiven Image könnten Erkenntnisse hinsichtlich dieser Frage bei der Einführung eines Online-Kanals sehr wichtig sein. Mit diesem Sachverhalt beschäftigt sich der Beitrag von Kwon und Lennon (2009). Sie formulieren und überprüfen ein Strukturgleichungsmodell, in dem sie Zusammenhänge zwischen *brand beliefs*, *brand attitudes* und *purchase intention* bezüglich eines Online- und eines Offline-Kanals postulieren. Die Ergebnisse verdeutlichen die Bedeutung der Integration beider Kanäle.

Einen wichtigen Platz in der Forschung nimmt die Frage nach den Treibern für die Wahl einzelner Kanäle (vgl. Balasubramanian/Raghunathan/Mahajan 2005) und nach den Motiven zur Nutzung von Mehrkanalsystemen ein. In diesem Zusammenhang ist zu vermuten, dass unterschiedliche Phasen des Kaufprozesses in verschiedenen Kanälen stattfinden (vgl. van Baal/Hudetz 2005), weil diese die Fähigkeit besitzen, die Motive des Kunden in unterschiedlichem Maße zu befriedigen. Bei der Analyse der Motive kann zwischen verschiedenen Formen von Bequemlichkeit (*convenience*) differenziert werden. So bieten Online-Kanäle folgende Vorteile (vgl. Kaufman-Scarborough/Lindquist 2002): der Kunde kann sich von zu Hause aus informieren und von dort aus seine Käufe durchführen (*place convenience*), er muss keine Rücksicht auf Öffnungszeiten nehmen (*scheduling convenience*), er muss in geringerem Maße physische Mühen aufwenden (*energy convenience*), er kann Zeit sparen (*time convenience*) und er kann leichter Produktvergleiche durchführen (*comparison convenience*). Die Entscheidung für den Online-Kanal dürfte von der Wahrnehmung der verschiedenen Bequemlichkeitsaspekte abhängig sein. Berücksichtigt man, dass in Mehrkanalsystemen nicht der gesamte Kaufprozess in einem Kanal stattfinden muss, so ist zu erwarten, dass die einzelnen Aspekte in unterschiedlichen Phasen auch unterschiedlich bewertet werden. Damit lässt sich beispielsweise erklären, dass viele Kunden in Online-Kanälen Informationen sammeln, den Kauf dann allerdings im stationären Handel tätigen. Kaufman-Scarborough und Lindquist (2002) haben fünf Kundensegmente identifiziert, die sich hinsichtlich der Durchführung der Informations- und der Kaufphase in Offline- und in Online-Kanälen unterscheiden. Die Studie zeigt unter anderem, dass es häufig nicht gelingt, die Nicht-Käufer im Online-Kanal von den Vorteilen dieses Kanals zu überzeugen.

Verhoef, Neslin und Vroomen (2007) bezeichnen die Neigung des Konsumenten, sich in einem Kanal zu informieren und in einem anderen den Kauf zu tätigen, als das *research-shopper-phenomenon* (auch Channel-Hopping genannt, vgl. Ahlert/Blut/Michaelis 2007, S. 280). Sie sehen dafür drei Gründe, die sie auf Basis der *theory of reasoned action* (vgl. Fishbein/Ajzen 1975) entwickeln. Zum einen wird die Überlegenheit eines Kanals gegenüber einem anderen hinsichtlich bestimmter Merkmale (*attribute-based decision-making*) genannt. Des Weiteren wird das Fehlen einer Wechselwirkung zwischen der Einstellung zu der Suchfunktion eines Kanals auf der einen und seiner Kauffunktion auf der anderen Seite (lack of channel lock-in) als Ursache ausgemacht. Schließlich sehen die Autoren positive Effekte, die aus der Nutzung des einen Kanals für die Nutzung des anderen Kanals folgen (cross-channel synergy), als Grund für eine Wechselneigung an. Für viele Handelsunternehmungen dürfte es interessant sein zu verstehen, wann aus einem Besucher einer Internetseite auch ein Online-Käufer wird und wie man diesen Prozess aktiv steuern kann.

Hilfreich für die Ausgestaltung eines Mehrkanalsystems sind Informationen darüber, ob sich die Gesamtheit der Kunden segmentieren lässt und anhand welcher Merkmale eine solche Segmentierung vorgenommen werden kann. Hinter der Zielsetzung, Segmente zu bilden, steht die Annahme, dass sich verschiedene Kundengruppen im Hinblick auf die Suche von Informationen und die Kaufentscheidung unterschiedlich verhalten und dass die verschiedenen Kanäle dazu genutzt werden können, segmentspezifische Bedürfnisse zu erfüllen. Das Verhalten in Mehrkanalsystemen kann von einer Reihe von Konsumentenmerkmalen abhängig sein (vgl. Kumar/Venkatesan 2005; McGoldrick/Collins 2007). Konuş, Verhoef und Neslin (2008) zeigen im Rahmen ihrer Untersuchung, wie auf Basis von Einstellungen zu verschiedenen Kanälen eine Segmentierung vorgenommen werden kann, mit welchen psychografischen Variablen die Zugehörigkeit zu den einzelnen Segmenten prognostiziert werden kann und wie sich die Segmente bei verschiedenen Warengruppen unterscheiden. Sie extrahieren drei Segmente – die Mehrkanal-Enthusiasten (*multichannel enthusiasts*), die Ladenorientierten (*store-focused consumers*) und die Desinteressierten (*uninvolved shoppers*). Für Händler sind die branchenspezifischen Unterschiede interessant. So zeigt die Studie beispielsweise, dass bei Unterhaltungselektronik 56 % der Kunden dem Segment der Mehrkanal-Enthusiasten zuzurechnen sind, während es bei Kleidung lediglich 13 % sind. Dies könnte für einen Anbieter von Unterhaltungselektronik, der über mehrere Kanäle vertreibt, bedeuten, dass er besonders sorgfältig die Sortimente und die Preise in den verschiedenen Kanälen abstimmen muss, da seine Kunden sonst irritiert und verunsichert werden könnten.

Gründe für den Wechsel zwischen verschiedenen Kanälen, deren Kenntnis bei der Einführung eines neuen Kanals von hoher Bedeutung ist, werden von Ansari, Mela und Neslin (2008) analysiert. Sie diskutieren unter anderem Gründe für den Wechsel zu einem Online-Kanal, die Bedeutung der Erfahrungen mit einem Kanal für seine Nutzung (*channel loyalty*) und den Einfluss des Marketings auf die Wahl und die Nachfrage in einem Kanal. Bei der Analyse der Wechselmotive wird zudem gefragt, inwieweit sie von bestimmten Kundenmerkmalen abhängig sind (vgl. Dholakia/Zhao/Dholakia 2005). Der Grund für die Auseinandersetzung mit den genannten Fragen ist darin zu sehen, dass es für ein Unternehmen einerseits vorteilhaft sein kann, einen Kunden dazu zu bewegen, von einem stationären Kanal zu einem Online-Kanal zu wechseln, da auf diese Weise Kosten reduziert werden können. Andererseits kann aber der Wechsel negative Wirkungen auf die Loyalität des Kunden zu einem Unternehmen und die Höhe der Nachfrage haben.

12.2.5.2 Ansätze der Neuen Institutionenökonomik

Um zu klären, wann Nachfrager verschiedene Kanäle nebeneinander nutzen, können neben verhaltenswissenschaftlich basierten Ansätzen weitere Theorien herangezogen werden, insbesondere jene, die der Neuen Institutionenökonomik zuzurechnen sind. So wirft die Informationsökonomik die Frage auf, ob Anbieter und Nachfrager vor einem Tauschakt das Bedürfnis nach weiteren Informationen haben und wie sie sich diese Informationen beschaffen. Nach Nelson (1970) können die auszutauschenden Güter verschiedene Eigenschaften aufweisen:

- Sucheigenschaften – sie können vor dem Kauf auf der Grundlage einer Inspektion mit Sicherheit beurteilt werden,
- Erfahrungseigenschaften – bei ihnen weiß der Nachfrager erst nach dem Erwerb, wie sie zu beurteilen sind, und
- Vertrauenseigenschaften – ihre Beurteilung ist selbst nach dem Kauf nicht möglich.

Wie Weiber und Adler (1995a, 1995b) dargelegt haben, lässt sich jedes Leistungsangebot mit Hilfe dieser drei Eigenschaften charakterisieren bzw. in einem „informationsökonomischen Dreieck“ positionieren. Entsprechend kann bei Dominanz eines Merkmals von Such-, Vertrauens- und Erfahrungskäufen gesprochen werden. Die verschiedenen Kanäle eines Mehrkanalsystems sind in unterschiedlichem Maße geeignet, die empfundenen Informationsdefizite zu beseitigen oder zu reduzieren. Dabei kann zwischen zwei Mechanismen differenziert werden – zum einen können die Nachfrager bei der Informationssuche (*screening*) unterstützt werden, zum anderen kann den Anbietern die Möglichkeit eröffnet werden, die Nachfrager besser zu informieren (*signaling*). Die einzelnen Informationswege (Kanäle) verursachen unterschiedlichen Aufwand und führen zu einer unterschiedlichen Beurteilungssicherheit (vgl. Billen/Weiber 2007). Unterteilt man das Informationsbedürfnis der Nachfrager in die drei Kategorien „Kenntnis des verfügbaren Alternativenspektrums", „Kenntnis der Leistungsqualität" und „Kenntnis des Preisniveaus" und geht davon aus, dass sich die Nachfrager an den beiden Kriterien Informationsaufwand und Beurteilungssicherheit ausrichten, so lassen sich nach Billen und Weiber (2007, S. 70) die verschiedenen Kanäle wie folgt beurteilen:

- Beim Online-Shop ist der Informationsaufwand in Bezug auf alle drei Kriterien (Alternativenspektrum, Leistungsqualität, Preisniveau) gering, aber die Qualität der zu erwerbenden Leistungen kann nur relativ schlecht beurteilt werden.
- Beim stationären Handel ist die Beurteilungssicherheit bezüglich der Leistungsqualität hoch, während der Informationsaufwand durchgängig als hoch und damit negativ anzusehen ist.
- Der traditionelle Katalog-Versandhandel nimmt eine mittlere Position bezüglich des Informationsaufwands ein (z. B. mit einem mittleren Informationsaufwand in Bezug auf Alternativenspektrum und Preisniveau und einem relativ geringen Aufwand in Bezug auf die Leistungsqualität). Die Beurteilungssicherheit bezüglich der Leistungsqualität ist als gering einzustufen.

Durch eine Kombination aus stationärem Handel und Online-Shop lässt sich ein Mehrwert für den Nachfrager erreichen, weil er die spezifischen Vorteile der einzelnen Kanäle nutzen und diese miteinander kombinieren kann. Dies gilt vor allem für Güter, die vorwiegend Sucheigenschaften aufweisen. Bei Gütern mit einem überwiegenden Anteil von Vertrauenseigenschaften treten andere Gesichtspunkte, wie z. B. die Reputation des Herstellers oder des Händlers, in den Vordergrund. Damit werden vor allem Risikoaspekte eines Kaufs angesprochen, die bei der Kombination von verschiedenen Kanälen ebenfalls wichtig sind. Das wahrgenommene Kaufrisiko wird von den oben angesprochenen informationsökonomischen Produkteigenschaften beeinflusst, so dass die Wahl von einzelnen oder kombinierten Kanälen als risikoreduzierende Maßnahme interpretiert werden kann (vgl. Schröder/Bohlmann 2007).

Der informationsökonomische Ansatz dient vor allem der Strukturierung des Problems. Anders als in der verhaltenswissenschaftlich ausgerichteten Forschung wird mit plausiblen Wirkungen argumentiert, ohne dass explizite Hypothesen formuliert und empirisch überprüft werden, obwohl dies möglich wäre. Zusammenhänge zwischen der Wahl von Kanälen und dem Informationsbedarf werden allerdings auch in den verhaltenswissenschaftlichen Ansätzen thematisiert. Es wird analysiert, mit welcher Intensität bei einzelnen Typen von Kaufentscheidungen Informationen gesucht und verarbeitet werden und welche Kanäle für die Deckung des Informationsbedarfs genutzt werden. Als erklärende Größen werden dabei allerdings Konstrukte wie Vertrauen, Einstellung und Involvement modelliert (vgl. z. B. Schröder/Zaharia 2007).

Auch die Transaktionskostentheorie wird herangezogen, um die Wahl von unterschiedlichen Kanälen zu erklären. Wie bei der Informationsökonomik wird an die Eigenschaften der Produkte angeknüpft, um die Vorteile der verschiedenen Kanäle zu begründen (vgl. Liang/Huang 1998). Anders als dort werden gemäß der Argumentation der Transaktionskostentheorie die Unsicherheit und die spezifischen Investitionen, die bei der Vermarktung der Produkte entstehen, als Treiber für die Akzeptanz eines Online-Kanals gesehen. So kann die Vorteilhaftigkeit von Mehrkanalsystemen (oder zumindest von bestimmten Formen von Mehrkanalsystemen) damit begründet werden, dass abhängig von den angebotenen Waren unterschiedliche Kanäle am besten geeignet sind, die Transaktionskosten zu reduzieren.

12.2.5.3 Kostenorientierte Ansätze

Mehrkanalsysteme besitzen das Potenzial, interne Prozesse effizienter durchzuführen, als dies bei nur einem Kanal der Fall wäre. So kann ein Versandhändler, der über ein bewährtes Logistiksystem verfügt, dieses auch für den Betrieb eines Online-Shops einsetzen und dabei Effizienzvorteile im Vergleich zu einem Pure Player erzielen. Auch bei stationären Händlern, die ihre Tätigkeit auf den Online-Kanal ausdehnen, sind Erfahrungen im Logistikbereich als Vorteil gegenüber reinen Online-Händlern zu werten. Dieser Vorteil spiegelt sich einerseits in den Kosten der physischen Prozesse wider, andererseits wird er in den Serviceleistungen sichtbar. In einigen Studien werden die Vorteile eines Mehrkanalsystems hinsichtlich der Logistik beleuchtet (vgl. Gurău/Ranchhod/Hackney 2001; Maltz/Rabinovich/Sinha 2004). Zu klären ist dabei die Frage, wie die Leistungen erfasst und verglichen werden können. Xing und Grant (2006) haben auf Basis einer Studie von Rabinovich und Bailey (2004) vier Dimensionen vorgeschlagen, bezüglich derer die Serviceleistungen eines reinen Online-Kanals und eines Mehrkanalsystems mit einem Online-Kanal verglichen werden können. Bei genauerer Betrachtung sind die Dimensionen *timeliness*, *availability*, *condition* und *return* keinesfalls spezifisch für einen elektronischen Kanal, sondern grundsätzlich im Distanzhandel anwendbar. Die Autoren machen Vorschläge bezüglich Items, mit denen die einzelnen Dimensionen erfasst werden können, und geben Hinweise darauf, in welchen Schritten weiter vorgegangen werden sollte, um die Eignung dieser Kriterien zu überprüfen. Die dabei gewonnenen Informationen können helfen, die logistischen Leistungen eines Mehrkanalsystems besser an die Bedürfnisse des Konsumenten anzupassen.

Zentes und Schramm-Klein (2007) beschäftigen sich explizit mit der Ausgestaltung von Logistiksystemen innerhalb von Mehrkanalsystemen. Sie sehen die wesentlichen Effizienzsteigerungspotenziale (vgl. Zentes/Schramm-Klein 2007, S. 469) vor allem in

- der kanalübergreifenden Bündelung der Distributionsprozesse bzw. -systeme,
- der kanalübergreifenden Steuerung bzw. Koordination der Distributionsprozesse bzw. -systeme und
- der Standardisierung der Distributionsprozesse bzw. -systeme.

Überlegungen zur Optimierung der Logistik betreffen häufig sowohl die Absatz- als auch die Beschaffungsseite. Da zwischen beiden Wechselwirkungen bestehen, gibt es Bemühungen um eine integrative Lösung, die den Interdependenzen gerecht wird. Idealtypisch kann man zwischen drei Gestaltungsoptionen des Supply Chain Managements im Rahmen von Mehrkanalsystemen unterscheiden (vgl. Eßig 2007, der die Begriffe Integration und Koordination allerdings vertauscht verwendet):

- die SCM-Kanalnetzkonfiguration, die die Struktur des Netzwerks auf der Absatz- und Beschaffungsseite festlegt,

- das SCM-Koordinationsmanagement, das entscheidet, wie intensiv einzelne Beziehungen in dem Netzwerk koordiniert werden, und
- die SCM-Kanalprozessintegration, die den Grad der Integration der Kanäle festlegt.

Die vorgestellten theoretischen Ansätze weisen auf unterschiedliche Vorteile hin, die Mehrkanalsysteme inne haben können. Analysiert man die Entwicklung von Mehrkanalsystemen in den letzten Jahren, so ist erkennbar, dass, anders als ursprünglich vermutet, Unternehmungen mit einem traditionellen Kanal (Stationär- oder Versandhandel) häufig ihre Stärken dazu nutzen konnten, sich gegenüber den reinen Online-Händlern durchzusetzen. Der hohe Bekanntheitsgrad einer *retail brand*, die Erfahrung und Effizienz bei der Abwicklung von logistischen Prozessen und das Vertrauen der Kunden in die Leistungsfähigkeit bekannter Händler haben häufig dazu geführt, dass sie gegenüber neuen Markteilnehmern von Kunden den Vorzug erhielten. Die in der Anfangsphase der Entwicklung von Online-Systemen geäußerte Behauptung, die Möglichkeit, mit dem Endkunden direkt zu kommunizieren, würde die Transaktionskosten so stark reduzieren, dass ein Intermediär, dem sonst diese Aufgabe zukam, seine Existenzberechtigung verlieren könnte, hat sich nur zum Teil bewahrheitet. Die Anonymität des Internets und die große Zahl von Anbietern, deren Qualität nur schwer beurteilt werden kann, führen dazu, dass die Überwindung von Informationsasymmetrien mit teilweise erheblichen Kosten verbunden ist. Hier können die in anderen Kanälen bereits etablierten Händler ihren Vorteil bezüglich Bekanntheit und Vertrauen ausspielen.

12.3 Customer Relationship Management

Anders als auf B2B-Märkten, auf denen meist die Zahl der Geschäftsbeziehungen, die ein Unternehmen unterhält, begrenzt ist, die Kunden bekannt sind und die Geschäftsbeziehung nicht auf eine einzelne Transaktion beschränkt bleibt, sondern langfristiger Natur ist, wenden sich Unternehmen auf B2C-Märkten im Regelfall an einen anonymen Massenmarkt. Das gilt auch für weite Teile des Einzelhandels und führte dazu, dass seine Marketingpolitik lange Zeit auf die einzelne Kundentransaktion konzentriert blieb. Dazu trug auch die Tatsache bei, dass es kaum technische Möglichkeiten gab, die Anonymität des Markts mit vertretbarem Aufwand zu überwinden. Erst mit dem Einsatz von Kundenkarten gelang es, personalisierte Kundeninformationen zu gewinnen und sie dann für gezielte Kundenbindungsmaßnahmen, d. h. für die Entwicklung von längerfristigen Beziehungen zu nutzen. Unter den Namen Kundenbeziehungsmanagement, relationales Marketing, Relationship Marketing oder Customer Relationship Management (vgl. Diller/Kusterer 1988; Grönroos 1994a) hat sich ein Ansatz entwickelt, dem auch im Handel eine strategische Bedeutung zukommt. Die Erkenntnis, dass es häufig kostspielig ist, immer wieder neue Kunden zu gewinnen, lenkt die Aufmerksamkeit verstärkt auf Maßnahmen, mit denen bisherige Kunden mittel- und langfristig gebunden werden können. Gefördert wird diese Entwicklung von neuen technischen Möglichkeiten, Kunden individuell anzusprechen.

Kundenbindung und Kundenbindungsmanagement

In der Literatur gibt es unterschiedliche Ansätze, um den Begriff Kundenbindung zu definieren. Dabei kann zwischen einer kaufverhalten- und einer managementbezogenen Sichtweise differenziert werden. Die das Kaufverhalten betonende Perspektive kommt in der folgenden Definition von Meffert (2003, S. 129) zum Ausdruck. Bei Kundenbindung handelt es sich um den

„(…) Grad, zu dem private oder institutionelle Nachfrager aufgrund faktischer oder emotionaler Bindungen beim Wiederkauf eine identische Entscheidung bei der Wahl einer Leistung, einer Marke, eines Anbieters oder einer Geschäftsstätte treffen."

Diese Definition knüpft an die tatsächliche Kaufentscheidung an. Andererseits kann die Kundenbindung auch als eine positive Einstellung eines Nachfragers gegenüber diesem Anbieter interpretiert werden (*commitment*). Sie kann aber auch mittelbare Verhaltenswirkungen zeigen, wenn über Weiterempfehlungen gebundener Kunden neue Käufer gewonnen werden. Die Kundenbindung umfasst also sowohl verhaltensbezogene als auch psychologische Aspekte (zu den verschiedenen Facetten der Kundenbindung und zu den Möglichkeiten ihrer Messung vgl. Dick/Basu 1994; Müller-Hagedorn 2005b, S. 68–70).

Die managementorientierte Sichtweise betont nicht das Kundenverhalten, sondern die Maßnahmen des Unternehmens, mit denen Kundenbindung erreicht werden soll. Nach Homburg und Bruhn (2010, S. 8) stellt das Kundenbindungsmanagement

„(…) die systematische Analyse, Planung, Durchführung sowie Kontrolle sämtlicher auf den aktuellen Kundenstamm gerichteten Maßnahmen dar, mit dem Ziel, dass diese Kunden auch in Zukunft die Geschäftsbeziehungen aufrechterhalten oder intensiver pflegen."

Dazu ist ein Kundenbeziehungsmarketing (Customer Relationship Marketing) zu entwickeln, bei dem alle Aktivitäten des Unternehmens integriert eingesetzt werden, um die Erwartungen der Kunden besser kennen zu lernen und sie so zu erfüllen, dass ein ökonomisch sinnvoller Grad an Kundenbindung erreicht wird.

Fasst man beide Perspektiven zusammen, so kann Kundenbindung aus Kundensicht als eine positive Einstellung, als Verhaltensabsicht und als tatsächliches Verhalten (in Form von wiederholten Transaktionen) gegenüber einem Leistungsanbieter interpretiert werden. Kundenbindung aus Unternehmenssicht umfasst alle Aktivitäten, die auf die Herstellung, Stabilisierung und Intensivierung der Beziehungen zu den Kunden gerichtet sind.

Der Begriff Customer Relationship Management wird einerseits synonym mit dem Begriff Kundenbindungsmanagement oder Kundenbeziehungsmanagement verwendet, andererseits wird häufig die Informationstechnologie, die für die Erfassung und Verarbeitung von Kundendaten eingesetzt wird, besonders betont.

Das Customer Relationship Management fokussiert sich auf drei Funktionen:

- Kundengewinnung (*recruitment*),
- Kundenbindung (*retention*) und
- Kundenrückgewinnung (*recovery*).

Damit werden auch drei verschiedene Nachfragergruppen (vgl. auch Abbildung 12.12) angesprochen:

- bisherige Nicht-Kunden, die als Neu-Kunden gewonnen werden sollen,
- aktuelle Kunden und
- abgewanderte Kunden.

Das primäre Interesse konzentriert sich allerdings auf Personen, die zu den aktuellen oder früheren Kunden zu zählen sind. Die Rückgewinnung abgewanderter Kunden wird unter dem Begriff *recovery management* diskutiert (vgl. Büttgen 2003; Thomas/Blattberg/Fox 2004).

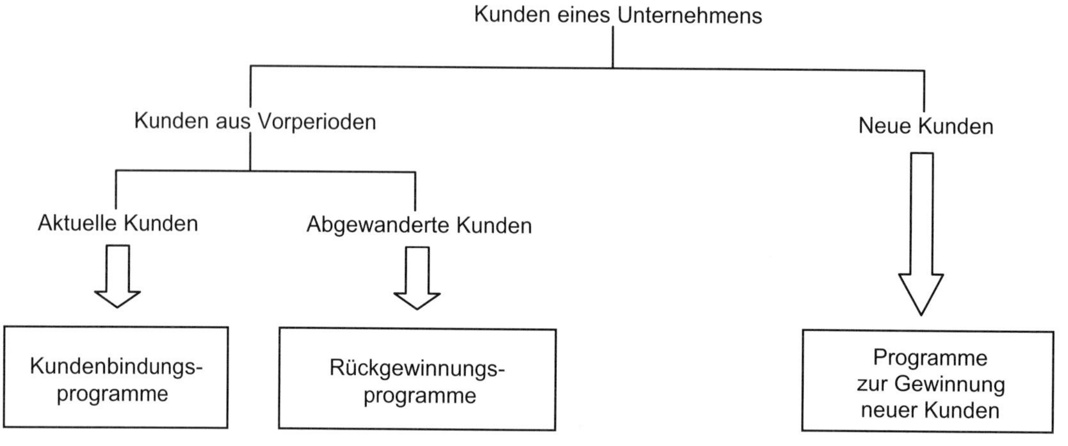

Abb. 12.12: Kundengruppen und zugeordnete Maßnahmen

Bei der Analyse von Vorteilen langfristiger Beziehungen wird zwischen umsatz-, kosten- und stabilitätsbezogenen Wirkungen unterschieden (vgl. Homburg/Krohmer 2009, S. 502). Höhere Umsätze können sowohl durch höhere Absatzmengen als auch durch höhere Preise erzielt werden. So ist davon auszugehen, dass im Verlauf einer Geschäftsbeziehung ein besseres Verständnis der Kundenbedürfnisse und -wünsche entwickelt wird, was dazu führen kann, dass der Kunde seine Käufe auf diesen Händler konzentrieren wird. Es ist zu vermuten, dass die Einkaufshäufigkeit zunimmt oder der Warenkorb pro Einkauf größer wird. Zugleich sind im Rahmen einer gestärkten Kundenbeziehung Verkäufe von weiteren Produkten (*cross selling*) zu erwarten. Preiseffekte sind infolge einer verminderten Preissensitivität der Kunden zu vermuten. Positive Kosteneffekte können daraus resultieren, dass im Laufe der Zeit der Informations- und Kommunikationsaufwand sinkt. Außerdem zeigen Erfahrungen, dass die Neukundenakquisition meist mit höheren Kosten verbunden ist als die Pflege des Kundenstamms. Es ist allerdings zu beachten, dass Loyalitätsprogramme zum Teil auch sehr kritisch bezüglich ihrer Kostenwirkung (vgl. Shugan 2005) und hinsichtlich ihrer Leistungsfähigkeit (vgl. Uncles/Dowling/Hammond 2003) beurteilt werden. Indirekte Wirkungen sind infolge von Mund-zu-Mund-Propaganda zu vermuten. Stabilitätsbezogene Effekte resultieren daraus, dass gebundene Kunden weniger sensibel auf externe Einflüsse reagieren, was zu einem gleichmäßigeren Geschäftsverlauf führt. Die positiven Wirkungen der Kundenbindung im Zeitverlauf verdeutlicht auch die Abbildung 12.13.

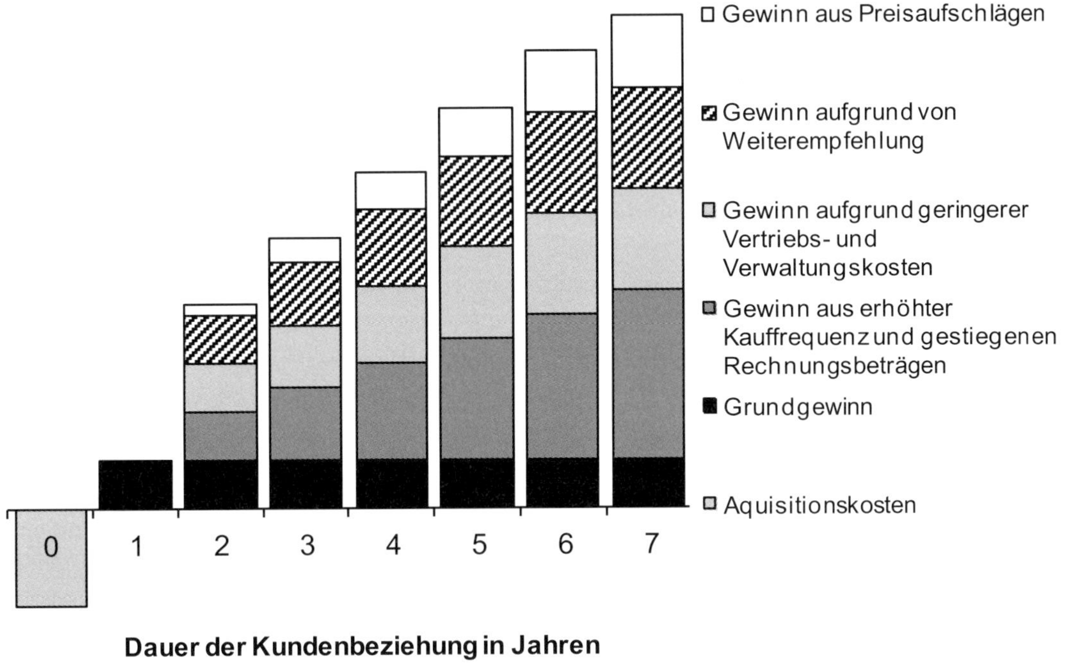

Quelle: Reichheld/Sasser 1990, S. 108

Abb. 12.13: Positive Effekte der Kundenbindung im Zeitverlauf

Bei der aktiven Gestaltung von Kundenbindungsmaßnahmen sind folgende Fragen (vgl. Homburg/Krohmer 2009, S. 503) zu beantworten:

- An welche Objekte soll der Kunde gebunden werden?
- Welche Kunden bzw. Kundengruppen sollen gebunden werden?
- Was soll die Basis der Kundenbindung sein?
- Mit welchen Instrumenten soll die Bindung erreicht werden?
- Wann und wie intensiv sollen die Instrumente eingesetzt werden?
- Mit welchen Partnern sollen die Maßnahmen durchgeführt werden?

Hinsichtlich der Objekte der Bindung stellt sich für ein Handelsunternehmen die Frage, ob es bestimmte Produkte (z. B. Handelsmarken), Serviceleistungen, Einkaufsstätten, eine Vertriebsschiene (*retail brand*) oder auch das Verkaufspersonal sein sollen.

Kundenbindungsmanagement kann undifferenziert eingesetzt werden, oder es kann nach Kundengruppen oder sogar nach einzelnen Kunden differenziert werden. Die Frage, welche Kunden gebunden werden sollen, ist deshalb wichtig, weil die Kundenbindungsmaßnahmen den Charakter von Investitionen haben, d. h. Kosten, die sie häufig kurzfristig verursachen, erst mit einer deutlichen zeitlichen Verzögerung Erträge gegenübergestellt werden können (vgl. Hansotia/Rukstales 2002). Die Herausforderung besteht darin zu prognostizieren, bei welchen Kundengruppen sich die Investitionen lohnen werden. Hierbei spielt der Kundenwert (*customer value*) eine besondere Rolle, mit dem erfasst wird, welche diskontierten Einzahlungsüberschüsse ein Kunde voraussichtlich im gesamten Verlauf seiner potenziellen Kundenbeziehung für das Unternehmen erzeugt (vgl. Bechwati/Eshghi 2005).

Kundenbindung ist nur denkbar, wenn der Anbieter seinem Kunden, den er dauerhaft an sich binden will, einen besonderen Anreiz bietet, damit dieser seine Freiheit, die Bequemlichkeit und die Vorzüge des Markts zu nutzen, für eine bestimmte Zeit bzw. zu bestimmten Zeitpunkten ganz oder teilweise aufgibt. Kundenbindungsmanagement heißt also Vorteilsmanagement für den Kunden. Aus der Sicht des Kunden ist folglich zu fragen, warum er sich auf eine Bindung einlassen soll bzw. unter welchen Umständen er den Vorteil einer Bindung höher schätzt als die damit einhergehenden Einschränkungen. Die Gründe für Kundenbindung sind unterschiedlich systematisiert worden, so z. B. von Meyer/Oevermann (1995) in situative, vertragliche, ökonomische, technisch-funktionale und psychologische Bindungsursachen. Bezüglich der Bindungsform kann zwischen harten und weichen Bindungen unterschieden werden. Von harten Bindungen spricht man, wenn die ökonomischen Beziehungen durch Kapitalmehrheiten oder durch entsprechende Verträge abgesichert werden. Während bei gewerblichen Kunden eine solche Form der Bindung üblich ist, kann man im Einzelhandel im Regelfall seine Kunden weder vertraglich noch durch Kapitalbeteiligungen binden. Im Folgenden sollen deshalb ausschließlich die sog. weichen Formen der Bindung thematisiert werden. Parallel dazu werden Hinweise gegeben, mit welchen Instrumenten (zu einer Strukturierung von Loyalitätsprogrammen vgl. Reinartz 2010, S. 411–415), die jeweilige Bindung erreicht werden kann. Man kann zwischen drei Formen der Bindung unterschieden:

1. Bindungen durch Leistungsvorteile
   Die Gründe der Bindung werden im Erhalt besonderer Vorteile, in verminderten Transaktionskosten oder einem verringerten Risiko gesehen (vgl. Janowski 2003). Die Leistung eines Unternehmens äußert sich in den einzelnen absatzpolitischen Instrumenten. Kundenbindung umfasst somit den kundengerechten Einsatz des Marketing-Mix (vgl. Cuthbertson/Laine 2004). Es sind darüber hinaus Leistungen zu identifizieren, die im Hinblick auf eine einzelne Transaktion als unrentabel erscheinen, die jedoch bezogen auf eine längerfristige Geschäftsbeziehung lohnend sind.

2. Bindungen durch Preisvorteile
   Preisvorteile sind ein wichtiges Kundenbindungsinstrument. Rabattmarken erleben in der modernen Form der Kundenkarte (z. B. Payback, HappyPoints) eine Renaissance. So untersucht Kaapke (2001) neben den Vor- und Nachteilen von Kundenkarten aus Betreiber- und Nachfragersicht den ökonomischen Nutzen von Kundenkarten für ein Handelsunternehmen. Auch Heemann (2001) befasst sich mit der Frage, wie Kundenkarten nutzenorientiert gestaltet werden können, damit diese ihr Bindungspotenzial optimal entfalten können. Er zieht die Conjoint-Analyse heran und leitet aus den Ergebnissen der Analyse Handlungsempfehlungen für

die konkrete Gestaltung von Kundenkarten ab (vgl. zum Einsatz von Kundenkarten im Kundenbeziehungsmanagement auch Rowley 2004; Homburg/Krohmer 2009, S. 906-909). Als weiteres Instrument neben der Kundenkarte kann auch die Bestpreis-Garantie als Maßnahme zur Kundenbindung verstanden werden.

3. Emotionale Bindungen
Bindungen können auch psychologisch begründet sein, z. B. dadurch, dass ein Kunde eine positive Einstellung gegenüber einem Händler entwickelt hat. Einen wichtigen Einflussfaktor auf die Einstellung und auf die Präferenzen bildet die Kundenzufriedenheit, so dass ein Anbieter bei der Ausgestaltung seiner absatzpolitischen Instrumente diese im Fokus haben muss. Ein Unternehmen kann solche persönlichen, emotionalen Bindungen zu seinen Kunden beispielsweise dadurch fördern, dass es ausgewählte Kunden zu besondere Events (z. B. Sport- oder Kulturveranstaltungen) einlädt.

Grundsätzlich können alle absatzpolitischen Instrumente dazu genutzt werden, die Kundenbindung zu fördern. Eine besondere Aufmerksamkeit kommt allerdings sog. Loyalitätsprogrammen zu, die häufig auf Kundenkarten beruhen. Dabei kann zwischen unternehmensbezogenen und unternehmensübergreifenden Kundenkarten differenziert werden. Im ersten Fall ist die Nutzung auf ein Unternehmen beschränkt, im zweiten Fall kann die Kundenkarte bei mehreren Partnerunternehmungen eingesetzt werden (zur Implementierung und Nutzung vgl. das Beispiel Tesco Clubcard bei Zentes/Morschett/Schramm-Klein 2007, S. 245–252). Insbesondere für Händler, die Sortimente mit einer niedrigen Kauffrequenz führen und deren Karten deshalb für den Kunden weniger attraktiv wären, ist die zweite Form vorteilhaft. Es kommt hinzu, dass Kundenkarten, die unternehmensübergreifend eingesetzt werden, eine breitere Datenbasis generieren und ihre Kosten auf mehrere Partner verteilt werden können. Es gibt zahlreiche Beispiele für unternehmensübergreifende Loyalitätsprogramme, die zumeist national eingesetzt werden (vgl. Zentes/Morschett/Schramm-Klein 2007, S. 239). Ein zentrales Anliegen der teilnehmenden Unternehmungen besteht darin, aus den verfügbaren Daten Erkenntnisse zu gewinnen, mit denen die eigenen absatzpolitischen Entscheidungen optimiert werden können. Dazu zählt eine Segmentierung der Kunden, die aufzeigen kann, auf welche Kundengruppen sich bestimmte Maßnahmen konzentrieren sollten. Aus den Daten können einerseits Folgerungen abgeleitet werden, die sich auf ganze Kundengruppen beziehen, andererseits können auch Konsequenzen für das Marketing gegenüber einzelner Kunden (One-to-one-Marketing) gezogen werden.

Was den zeitlichen Einsatz der Bindungsinstrumente anbetrifft, so kann prinzipiell zwischen einem kontinuierlichen Einsatz und Sonderaktionen differenziert werden. Die Frage der Intensität ist beispielsweise im Rahmen des Beschwerdemanagements zu beantworten. So ist zu entscheiden, ob lediglich der beanstandete Fehler behoben wird oder ob zusätzlich eine weitere Leistung als Wiedergutmachung angeboten wird.

Üblicherweise werden bei Kundenkarten Partnerschaften zwischen verschiedenen Unternehmungen eingegangen. Dabei bedienen sich Händler meist eines auf Kundenkarten spezialisierten Dienstleisters. Da viele Kundenkarten (z. B. Payback) bei mehreren Anbietern eingesetzt werden können, entstehen auf diese Weise Partnernetzwerke, zu denen Händler und Dienstleister aus dem stationären und dem Online-Bereich gehören. Die Zusammenarbeit mit entsprechenden Dienstleistern kann sich allerdings auch auf andere Maßnahmen der Kundenbindung beziehen. Die über Kundenbindungsprogramme generierten Daten können zudem für die Zusammenarbeit zwischen Händlern und Lieferanten genutzt werden (vgl. Ziliani/Bellini 2004).

Wirkungsanalysen

Die Vorteilhaftigkeit von speziellen Kundenbindungsmaßnahmen hängt von ihren Kosten und ihrer Effizienz ab. Um letztere beurteilen zu können, kann versucht werden, direkt abzuleiten, welchen Beitrag bestimmte Maßnahmen zur Kundenbindung leisten. Es kann aber auch hilfreich sein zu verstehen, warum ein Kunde sich durch bestimmte Maßnahmen binden lassen wird. Dazu sind verschiedene Konstrukte eingeführt worden, so

- die Zufriedenheit des Kunden,
- sein Vertrauen in den Anbieter,
- das Ausmaß, in dem ihm die besonderen Anstrengungen eines Anbieters bewusst sind.

Am häufigsten sind Zusammenhänge zwischen Kundenzufriedenheit (*customer satisfaction*) und Kundenbindung untersucht worden (vgl. hierzu auch die Ausführungen in Kapitel 31; Bloemer/de Ruyter 1998; Fischer/Hermann/Huber 2001). Der Zusammenhang zwischen beiden Größen ist keineswegs trivial, denn aus Kundenzufriedenheit folgt keineswegs in allen Fällen Kundenbindung (vgl. Zentes/Morschett/Schramm-Klein 2007, S. 234–236). Auch umgekehrt ist es denkbar, dass – beispielsweise bei fehlenden Alternativen – ein Kunde bei dem gleichen Anbieter einkauft, ohne zufrieden zu sein. Dennoch ist die Kundenzufriedenheit zunehmend als wichtiges unternehmerisches Zwischenziel deklariert worden (vgl. Anderson/Fornell/Rust 1997; Homburg 1999). Dies ist insbesondere darauf zurückzuführen, dass positive Zusammenhänge zwischen der Kundenzufriedenheit, Kundenbindung und dem ökonomischen Erfolg vermutet wurden. Folgerichtig gilt das Interesse vor allem der Frage, wie Kundenzufriedenheit definiert und gemessen werden kann und ob sich die Vermutung, dass ökonomischer Erfolg Kundenzufriedenheit voraussetzt, tatsächlich nachweisen lässt. Kundenzufriedenheit wird häufig als Ergebnis eines Soll-Ist-Vergleichs zwischen der Erfahrung eines Nachfragers mit einer erlebten Leistung (Ist) und seiner Erwartung (Soll) gesehen. Bestätigte Erwartungen führen zu Zufriedenheit, unbestätigte zu Unzufriedenheit (Confirmation-Disconfirmation-Paradigma).

Wie das Modell in Abbildung 12.14 zeigt, gibt es Überlegungen, die keinen unmittelbaren Einfluss von Kundenbindungsmaßnahmen auf die Kundentreue postulieren, sondern auf zahlreiche weitere Bestimmungsfaktoren aufmerksam machen. Im Mittelpunkt des Beitrags von Too, Souchon und Thirkell (2001) steht die Vermutung, dass die Kundenbindung mehr durch die Wahrnehmung des Kunden als durch die Implementierung des Relationship Marketing selbst beeinflusst wird. Zu diesem Zweck differenzieren die Autoren zwischen beiden Größen, äußern aber die Vermutung, dass zwischen beiden ein positiver Zusammenhang besteht (Hypothese H1a). Sie erwarten dabei eine moderierende Wirkung der Größe eines Geschäftes – je kleiner das Geschäft, desto stärker der Zusammenhang (H1b). Zudem vermuten sie, dass der Erfolg von Kundenbindungsmaßnahmen davon abhängig ist, inwieweit es einem Anbieter gelingt, bei den Nachfragern Vertrauen in seine Leistungen zu schaffen (vgl. auch Morgan/Hunt 1994). Gerade Vertrauen erscheint als wichtige Erklärungsgröße dafür, dass die Nachfrager darauf verzichten, die Vorteile eines Marktvergleichs zu nutzen und sich stattdessen an einen einzelnen Anbieter binden. Die Hypothesen des Modells zeigen, dass die Autoren zahlreiche Beziehungen zwischen den von ihnen betrachteten Größen sehen. So gehen sie von positiven Zusammenhängen zwischen der Wahrnehmung des Relationship Marketing und dem Vertrauen (H2), zwischen dem Vertrauen und dem Commitment (H3) sowie dem Commitment und der Kundentreue (H5) aus. Darüber hinaus enthält das Modell direkte Wirkungszusammenhänge zwischen der Wahrnehmung und dem Commitment (H4) sowie der Wahrnehmung und der Kundentreue (H6).

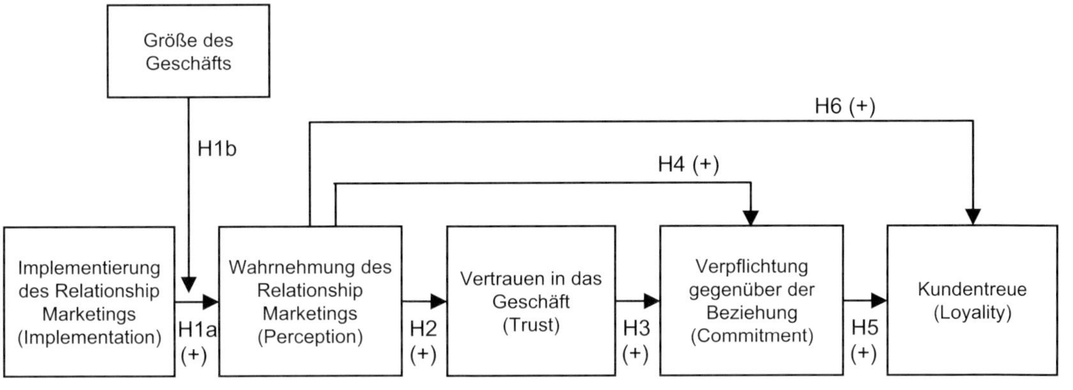

Quelle: in Anlehnung an Too/Souchon/Thirkell 2001, S. 297

Abb. 12.14: Bestimmungsfaktoren der Kundentreue in dem Modell von Too, Souchon und Thirkell

Die empirische Überprüfung der Hypothesen im Textilhandel ergab folgende Ergebnisse:

1. Es besteht kein Zusammenhang zwischen den Wahrnehmungen des Relationship Marketings der Anbieter durch die Kunden und den tatsächlich durchgeführten Maßnahmen.
2. Vertrauen hat einen signifikanten Einfluss auf das Commitment und kann 26,8 % von dessen Varianz erklären.
3. Die Wahrnehmung des Relationship Marketings (H4) und das Vertrauen in das Geschäft (H3) erklären 43,1 % der Varianz der Größe Commitment.
4. Das Commitment hat einen signifikanten Einfluss auf die Kundentreue und erklärt 40,8 % ihrer Varianz.

Die festgestellte große Diskrepanz zwischen der Implementierung und der Wahrnehmung des Relationship Marketings bilden eine wichtige Erkenntnis der Studie. Wahrnehmung und Vertrauen spielen eine große Bedeutung für das Commitment des Kunden und für die daraus folgende Loyalität. Das Modell zeigt, wie komplex das Zusammenspiel verschiedener Größen sein kann, um die Wirkung von Relationship Maßnahmen auf eine langfristige Kundenbindung nachzuweisen.

Es gibt zahlreiche weitere Studien, in denen einzelne Kundenbindungsmaßnahmen und ihre Effekte untersucht worden sind. So hat Meyer-Waarden (2007) im Rahmen einer empirischen Analyse die Wirkung von Loyalitätsprogrammen auf die Dauer einer Kundenbeziehung (*customer lifetime duration*) und auf seine Ausgaben in einer Einkaufsstätte (*share of wallet*) untersucht und positive Wirkungen festgestellt. In einer Untersuchung von Adjei, Griffith und Noble (2009) wurde die Frage aufgeworfen, inwieweit situative Faktoren den Erfolg von Customer Relationship Maßnahmen beeinflussen. Für kleinere Händler spielt die Marktdynamik eine wichtige Rolle – ist sie hoch, so können sich stark ausgeprägte Beziehungen negativ auswirken. Dass auch zeitliche Aspekte von Kundenbindungsmaßnahmen (z. B. sofortige Erstattung eines bestimmten Betrags oder spätere Einlösung eines Gutscheins) ihre Wirksamkeit beeinflussen und dass die Wirkungsstärke von weiteren moderierenden Größen bestimmt wird (z. B. der Zufriedenheit des Kunden zu dem Zeitpunkt, zu dem er einer solchen Maßnahme ausgesetzt wird), zeigte eine Studie von Keh und Lee (2006).

12.4 Zusammenfassung

Neben den in eigenen Kapiteln diskutierten Entscheidungen bezüglich der Wahl einer Betriebsform und der Internationalisierung gibt es eine Reihe weiterer Fragen, denen im Handel eine strategische Bedeutung zukommt. Hierzu zählen auch Diversifikationsentscheidungen. Sie können auf unterschiedlichen Ebenen angesiedelt sein. Folgt man der gewählten Definition von Diversifikation, so geht es darum, neue Produkte bzw. Leistungen auf neuen Märkten anzubieten. Für ein Handelsunternehmen geht es bei der Leistungsebene meist um Vertriebsschienen, Betriebsformen oder neue Geschäftsfelder. In Abschnitt 12.1 ist auf die Grundlagen der Diversifikation und ihrer Erfolgsmessung eingegangen worden.

Der Abschnitt 12.2 ging ausführlich auf die Entwicklung von Mehrkanalsystemen im Handel ein, die auch als eine besondere Form der Diversifikation interpretiert werden können. Die rasante Entwicklung von Kommunikations- und Informationstechnologien in den letzten Jahrzehnten, insbesondere die Etablierung des Internets im geschäftlichen und im privaten Bereich, haben dazu geführt, dass sich im Distributionsbereich zunehmend Mehrkanalsysteme durchgesetzt haben. Sie werden sowohl von Industrieunternehmungen als auch von Händlern eingesetzt. Ihr Aufkommen hat dazu geführt, dass zahlreiche Begriffe entstanden sind, mit denen versucht wird, das Phänomen zu beschreiben. Hier wird einem weiten Verständnis des Begriffs Mehrkanalsystem gefolgt. Er kann sich einerseits auf Maßnahmen eines Herstellers beziehen, der auf unterschiedlichen Wegen seine Kunden zu erreichen versucht. Andererseits kann eine Handelsunternehmung den Ausgangspunkt der Betrachtung bilden. Dabei sind unterschiedliche Varianten von Mehrkanalsystemen zu unterscheiden. So kann das parallele Betreiben mehrerer Vertriebsschienen mit unterschiedlicher Markierung als Mehrkanalsystem interpretiert werden, obwohl in diesem Fall weder ein Zielgruppen- noch ein Sortimentszusammenhang zwischen den Kanälen gegeben sein muss. Bedeutender für die wissenschaftliche Diskussion und für das Handelsmanagement ist der Fall, in dem für den Endverbraucher die Zusammengehörigkeit der verschiedenen Kanäle erkennbar ist. Insbesondere Systeme, die einen Online-Kanal beinhalten, sind Gegenstand zahlreicher Untersuchungen. Dabei zeigt sich, dass Mehrkanalsysteme in der Lage sind, die Loyalität der Kunden zu erhöhen, ihr Verhalten hinsichtlich ökonomischer Ziele des Anbieters positiv zu beeinflussen und Synergieeffekte bei internen Prozessen und Funktionen zu generieren. Um diese Ziele zu erreichen, ist es offensichtlich wichtig, das Marketing kanalübergreifend zu koordinieren und die für den Kaufprozess eines Kunden relevanten Teilprozesse zu integrieren. Das Management von Handelsunternehmungen muss bei der Einführung von Mehrkanalsystemen zahlreiche Probleme lösen (vgl. Neslin/Grewal/Leghorn et al. 2006). Aufschluss darüber, welche Bedeutung einzelnen Aspekten zukommt, geben vor allem verhaltenswissenschaftliche Studien, die sich einerseits auf das beobachtbare oder mittels Befragung erfasste Verhalten beziehen, andererseits auf die Analyse latenter Konstrukte zurückgreifen. Die Vorteilhaftigkeit von Mehrkanalsystemen kann auch unter Zuhilfenahme von Ansätzen der Neuen Institutionenökonomik diskutiert werden. Insbesondere die Informationsökonomik und die Transaktionskostentheorie liefern Begründungen für die Existenz von Händlern, die über mehrere Kanäle distribuieren. Schließlich zeigt auch die Untersuchung von logistischen Prozessen, dass Mehrkanalsysteme Effizienzvorteile aufweisen können.

Der Abschnitt 12.3 verdeutlicht die strategische Bedeutung von Kundenbindungsmaßnahmen. Eine transaktionale Sichtweise des Marketings wird von einer beziehungsorientierten Perspektive abgelöst, da diese eine Reihe von Vorteilen bietet. Sie beziehen sich auf umsatz-, kosten- und stabilitätsbezogene Aspekte. Um sie zu realisieren, ist eine Vielzahl von Entscheidungen zu treffen. Es ist insbesondere festzulegen, welche Kunden bzw. Kundensegmente gebunden werden sollen, auf welcher Basis die Bindung aufgebaut und mit welchen Instrumenten sie erreicht werden soll. Dabei zeigt sich, dass die Beziehungen zwischen den Maßnahmen und den Erfolgen der Kundenbindung von zahlreichen Faktoren beeinflusst werden.

D Marketing
Kapitel 13–21

Marketing bestimmt den Auftritt einer Handelsunternehmung gegenüber den Nachfragern, was zuerst ein Verständnis von Marketing voraussetzt (Kapitel 13). Auf dieser Grundlage werden die verschiedenen absatzpolitischen Instrumente (Marketing-Instrumente) analysiert (Kapitel 14–21).

13 Die zentralen Elemente des Handelsmarketings

Traditionell werden im Handel die Begriffe Einkauf und Verkauf verwendet. Sie weisen auf die zentralen Funktionsbereiche in einem Handelsbetrieb hin, der im Regelfall insbesondere dadurch gekennzeichnet ist, dass von Dritten produzierte Waren eingekauft und anschließend verkauft werden. Etwa ab 1970 wurde der in amerikanischen Publikationen bereits Anfang des letzten Jahrhunderts verwendete Begriff Marketing auch in Deutschland heimisch und wurde Stück um Stück auch im Handel verwendet, wobei er jedoch in unterschiedlicher Weise zu den traditionellen Begriffen Ein- und Verkauf hinzutrat. Einige sahen ihn als die moderne Variante von Verkauf, andere folgten einer Dreiergliederung von Einkauf, Verkauf und Marketing, noch andere blieben bei Einkauf und Verkauf und sahen Marketing als die übergeordnete Idee, nach der das ganze Unternehmen geführt werden solle (zu einem Überblick über die Entwicklung des Marketingverständnisses siehe z. B. Meffert/Burmann/Kirchgeorg 2008, S. 7–12). Um diese begrifflichen Unklarheiten zu beseitigen, wird im Folgenden auf eine Definition von Marketing hingearbeitet, indem zentrale Elemente des Marketings vorgestellt werden. Der Begriff Marketing ist von *„market"* (englisch für Markt bzw. vertreiben) abgeleitet. Dabei steht vor allem der Absatzmarkt im Fokus der Betrachtung. Insofern kann Marketing in einem noch allgemeinen Sinne wie folgt definiert werden:

Bei Marketing handelt es sich um die nachfragergerichteten Maßnahmen einer Unternehmung, wobei den Marktgegebenheiten Rechnung getragen wird.

Diese Definition umfasst zwei Perspektiven. Zum ersten wird entsprechend dem entscheidungsorientierten Ansatz hervorgehoben, dass Maßnahmen zu ergreifen sind (was eine Analyse, Planung, Realisation und Kontrolle beinhaltet), wobei jedoch nicht auf alle Maßnahmen eines Unternehmens abgestellt wird, sondern nur auf die nachfragergerichteten. Im Mittelpunkt steht die Absicht, das Verhalten von Kunden zu beeinflussen, was als Gestaltung von Märkten interpretiert werden kann – dieser Aspekt wird im folgenden Abschnitt diskutiert. Zum zweiten wird betont, dass Unternehmungen sich in Märkten bewegen und deshalb den Gegebenheiten auf diesen Märkten Rechnung getragen werden muss – dies wird im zweiten Abschnitt näher konkretisiert. Neben den beiden Perspektiven, die auf den Markt Bezug nehmen – einerseits als Gestaltungsobjekt, andererseits als Handlungsrahmen – gibt es zahlreiche weitere Aspekte, an denen sich die Sichtweise des Marketings ausrichten kann (zu einem Überblick siehe z. B. Homburg/Krohmer 2009, S. 11–16; Meffert/Burmann/Kirchgeorg 2008, S. 32–44). So können beispielsweise die unternehmensinterne organisatorische Verankerung des Marketings (Implementierung), das Postulat der Marktorientierung bei allen unternehmerischen Entscheidungen (marktorientierte Unternehmensführung) oder der Aufbau und Pflege von langfristigen Kundenbeziehungen (Relationship Marketing) die Basis eines spezifischen Marketingverständnisses bilden. Einige dieser Aspekte werden in weiteren Unterabschnitten aufgegriffen.

13.1 Die Instrumentalkomponente von Marketing

Stellenweise gibt es auch heute noch eine Sichtweise, nach der Marketing auf einige spezielle Maßnahmen, insbesondere die Gestaltung der Werbung einer Unternehmung, vielleicht auch die Gestaltung von Regeln für die Preispolitik, und die Bereitstellung von Informationen über den Absatzmarkt (insbesondere über Preise und Werbemaßnahmen der Konkurrenz), eingeengt ist. Dieser engen Sicht wird hier nicht gefolgt, stattdessen werden alle Maßnahmen eingeschlossen, über deren Realisierung eine Unternehmung entscheiden kann und die geeignet sein können, das Verhalten der Nachfrager zu beeinflussen. Traditionell wird vom Einsatz der absatzpolitischen Instrumente (Marketing-Mix) des Handelsbetriebs gesprochen. Diese Instrumentalkomponente steht im Mittelpunkt der folgenden Definition:

Marketing umfasst die Analyse, Planung, Realisierung und Kontrolle der einer Unternehmung zur Verfügung stehenden absatzpolitischen Instrumente (Marketing-Mix-Elemente). Unter den absatzpolitischen Instrumenten werden jene Größen verstanden, die durch die Unternehmung festgelegt werden können (Aktionsparameter) und die Einfluss auf das Einkaufsverhalten der Nachfrager ausüben.

Die absatzpolitischen Instrumente des Handelsbetriebs sind in der Vergangenheit vielfältig systematisiert worden. Dabei wurde auch diskutiert, inwieweit sie sich von den absatzpolitischen Instrumenten der Unternehmungen in anderen Sektoren, insbesondere der Industrie, unterscheiden.

In der Literatur finden sich unterschiedliche Einteilungen der absatzpolitischen Instrumente einer Handelsunternehmung (vgl. die Übersicht in Abbildung 13.1). Während Barth, Hartmann und Schröder (2007) drei absatzpolitische Instrumentalbereiche unterscheiden, nennt Berekoven (1995) zehn einzelne Instrumente. Die Kataloge der absatzpolitischen Instrumente unterscheiden sich bei den einzelnen Autoren nicht fundamental. Es sei darauf verzichtet, sie explizit miteinander zu vergleichen, wobei sich ein Vergleich vor allem auf die Vollständigkeit, die Überschneidungsfreiheit, die Verständlichkeit, die Detailliertheit und die Übersichtlichkeit zu beziehen hätte. Stellenweise kommen in den Systematisierungen auch die Vorlieben der einzelnen Autoren zum Ausdruck. So hat sich Hansen (1990) intensiv mit den Beschwerden von Kunden und ihrer Behandlung durch die Unternehmen beschäftigt, und es erscheint nicht verwunderlich, dass sie diese Form der Beziehung zwischen Unternehmung und Kunden in der Gliederung besonders hervorhebt. Berekoven (1995) hat sich ausführlich mit dem Markenartikel beschäftigt und nennt wahrscheinlich deshalb die Handelsmarkenpolitik als eigenständiges Instrument neben der Sortimentspolitik. Eine besondere Bedeutung der Markenpolitik kommt mitunter aber auch bei der Strukturierung der absatzpolitischen Maßnahmen eines Industrieunternehmens zum Ausdruck (vgl. Esch/Herrmann/Sattler 2008).

Neben den in Abbildung 13.1 genannten Quellen gibt es zahlreiche weitere Monografien, die sich ausführlich mit Fragen des Handelsmarketings beschäftigen und zum Teil eigene Systematiken der absatzpolitischen Instrumente verwenden (vgl. z. B. Theis 2007, Mattmüller/Tunder 2004; Sullivan/Adcock 2002).

Autor	Absatzpolitische Instrumente	
Hansen (1990)	Standortpolitik Sortimentspolitik Produktpolitik, insbesondere Eigenmarkenpolitik Verkaufsgestaltungspolitik	Preispolitik Absatzfinanzierung Absatzwerbung Kundenservice Beschwerdepolitik
Tietz (1993b)	Waren- und dienstleistungsbezogene Instrumente (Produktgestaltung, Markierung, Sortimentsprogramm, Mengengestaltung) Entgeltbezogene Instrumente (Preis, leistungsbezogene Konditionen, finanzielle Konditionen) Nebenleistungsbezogene Instrumente (Kundendienst) Informations- und kommunikationsbezogene Instrumente (Sachwerbung, persönliche Werbung, Public Relations, Kontaktintensität und Präsentation, zeitliche Kontaktbereitschaft)	Institutionenorientierte Instrumente (Handelswege) Warenprozessinstrumente als waren- und dienstleistungsgebundene Instrumente der Zeitverfügbarkeit (Lagerhaltung) und der Raumverfügbarkeit (Transport), und zwar Liefertermin, Lieferhäufigkeit, Bestell- und Liefermenge, Leistungsbereitschaft und Leistungsservice
Berekoven (1995)	Sortimentspolitik Handelsmarkenpolitik Qualitäts- und Qualitätssicherungspolitik Servicepolitik Preispolitik	Werbepolitik Verkaufsförderungspolitik Verkaufsraumgestaltung und Warenpräsentation Verkaufspersonalpolitik Standortpolitik
Schröder (2002)	Standortpolitik Sortimentspolitik Preispolitik Politik der Verkaufsraumgestaltung und der Warenplatzierung	Kommunikationspolitik außerhalb der Einkaufsstätte Kommunikationspolitik innerhalb der Einkaufsstätte Kundendienstpolitik Handelsmarkenpolitik
McGoldrick (2002)	Retail Location Product Selection and Buying Retailers' Own Brands Retail Pricing	Advertising and Promotion Selling Environment Retail Service
Barth/ Hartmann/ Schröder (2007)	Leistungspolitik (Sortimentspolitik, Quantitätspolitik, Überbrückungspolitik, Sicherungspolitik, Umsatzdurchführungspolitik, Sachgüteraufbereitungs- bzw. Komplettierungspolitik)	Entgeltpolitik (Preispolitik, Rabattpolitik, Konditionenpolitik) Beeinflussungspolitik (Präsentationspolitik, Werbepolitik, Öffentlichkeitsarbeit)
Ahlert/ Kenning (2007)	Betriebstypenpolitik Markenpolitik Standortpolitik Sortimentspolitik	Personalpolitik Präsentationspolitik Kommunikationspolitik
Liebmann/ Zentes/ Swoboda (2008)	Sortimentspolitik Standortpolitik Markenpolitik Servicepolitik	Preispolitik Verkaufsraumgestaltung (In-Store Management) Kommunikationspolitik Kundenpolitik
Levy/ Weitz (2009)	Location Merchandise Assortments Pricing	Communication Mix Store Design and Display Customer Service

Abb. 13.1: Systematisierung der absatzpolitischen Instrumente einer Handelsunternehmung bei verschiedenen Autoren

Es fällt auf, dass gegenüber der klassischen Gliederung der absatzpolitischen Instrumente eines Industrieunternehmens, den „4 Ps“ – *product, price, place, promotion*, die absatzpolitischen Instrumente eines Handelsunternehmens eine Erweiterung erfahren. So werden häufig die Verkaufsraumgestaltung, Verkaufspersonalpolitik und Servicepolitik neben den üblichen Instrumenten zu den absatzpolitischen Optionen des Handels gezählt.

In den folgenden Kapiteln wird zwischen sieben absatzpolitischen Instrumenten des Handels differenziert:

- der Standortpolitik,
- der Sortimentspolitik,
- der Handelsmarkenpolitik,
- der Preispolitik,
- der Kommunikationspolitik,
- der Verkaufsraumgestaltung und
- der Service- und Beratungspolitik.

Es handelt sich um Oberbegriffe, unter denen jeweils eine Reihe einzelner Maßnahmen zusammengefasst wird. An dieser Stelle soll ein kompakter Überblick über die einzelnen Maßnahmen gegeben werden, bevor sie in den folgenden Kapiteln ausführlicher analysiert werden.

Standortpolitik

Ein Standort kann als geographischer Ort charakterisiert werden, an dem Handelsunternehmungen Produktionsfaktoren einsetzen, um ihre Leistungen zu erstellen. Dabei muss allerdings bedacht werden, dass nicht von allen Standorten eine direkte absatzpolitische Wirkung ausgeht. So können zwar die Lagerstandorte eines Versandunternehmens die Belieferungszeit, von der eine akquisitorische Wirkung ausgehen dürfte, beeinflussen, dennoch konzentriert sich die Standortpolitik auf die geographischen Orte von Verkaufsstellen. Dabei ist zum einen über die Regionen eines Landes oder einzelne Länder, in denen agiert werden soll, zu entscheiden. Zum anderen muss über die Art der Geschäftlage und schließlich über den Mikrostandort eines Geschäfts entschieden werden. Angesicht der Tatsache, dass es sich bei vielen Unternehmungen um Filialbetriebe handelt, besteht eine wichtige Aufgabe der Standortpolitik darin, die Entwicklung eines ganzen Netzes von Standorten zu koordinieren.

Sortimentspolitik

Die Sortimentspolitik umfasst die Festlegung aller Absatzobjekte eines Handelsunternehmens. Dabei wird zwischen den beiden Dimensionen Sortimentsbreite (Anzahl der additiven Kaufmöglichkeiten zur Befriedigung unterschiedlicher Bedürfnisse) und Sortimentstiefe (Anzahl der additiven Kaufmöglichkeiten zur Befriedigung eines bestimmten Bedürfnisses) unterschieden.

Handelsmarkenpolitik

Die Handelsmarkenpolitik kann zwar auch der Sortimentspolitik zugerechnet werden, andererseits kommt ihr mittlerweile eine so große Bedeutung zu, dass sie als ein eigenständiges Instrument interpretiert werden kann. Im Rahmen der Handelsmarkenpolitik ist eine Reihe von Entscheidungen zu treffen, so z. B. über den Anteil von Handelsmarken im Sortiment, die Warenbereiche, in denen Handelsmarken angeboten werden, die Bezugsquellen für Handelsmarken oder das Ausmaß der Integration von Herstellerfunktionen.

Preispolitik
Eine zentrale preispolitische Entscheidungsgröße eines Handelunternehmens bildet die Handelsspanne (Kalkulation). Dabei muss ein Händler unter anderem die Streubreite der Kalkulationssätze, die Häufigkeit einzelner Sätze sowie die Höhe des höchsten und des niedrigsten Satzes festlegen. Ebenso charakteristisch für den Handel ist die Bezugnahme auf die Häufigkeit, mit der Preise im Zeitablauf geändert werden – dabei wird zwischen einer Dauerniedrigpreispolitik und einer Sonderangebotspolitik unterschieden. Zahlreiche weitere Aktionsparameter können der Preispolitik zugerechnet werden, so zum Beispiel das Gewähren von Rabatten, die Preisgestaltung (gebrochene versus glatte Preise, Bevorzugung bestimmter Ziffern) oder das Festlegen der Zahlungsbedingungen.

Kommunikationspolitik
Von besonderer Bedeutung im Handel ist die Werbepolitik. Zu beachten ist allerdings, dass die Kommunikationspolitik neben der Werbung eine Reihe weiterer Gestaltungsoptionen umfasst, so zum Beispiel Sponsoring, Public Relations oder auch Events. Im Bereich Werbung geht es unter anderem um die Entscheidung, welche Aussagen in den Mittelpunkt der werblichen Maßnahmen gerückt werden sollten (Werbebotschaft). Darüber hinaus ist festzulegen, welche Geldbeträge für Werbemaßnahmen bereitgestellt (Werbebudget), welche Werbemittel eingesetzt (z. B. Anzeigen) und welche Werbeträger (z. B. Publikumszeitschriften) eingeschaltet werden sollten. Auch die Zeitpunkte bzw. Zeiträume, in denen Werbung erfolgen sollte, stellen wichtige Entscheidungsparameter dar.

Verkaufsraumgestaltung
Bei der Verkaufsraumgestaltung ist zum einen der Stil des Verkaufsraums festzulegen. Im Einzelnen können Licht, Musikuntermalung und Farbe dazu genutzt werden, die Atmosphäre des Verkaufsraums zu gestalten. Zum anderen sind Platzierungseinheiten zu bilden und anzuordnen sowie die Verkaufsfläche auf die verschiedenen Warenbereiche und Sonderzonen aufzuteilen. Auch die Aufteilung des Regalplatzes auf einzelne Artikel kann der Verkaufsraumgestaltung zugerechnet werden. Dafür stehen zahlreiche Optimierungsmethoden zur Verfügung.

Service- und Beratungspolitik
Sowohl dem Groß- als auch dem Einzelhandel stehen zahlreiche Ansatzpunkte für eine aktive Servicepolitik zur Verfügung. Sie können in unterschiedlichen Phasen des Kaufprozesses angeboten werden. In der Vorkaufsphase kommt der Beratung eine wichtige Rolle zu. Die Bedienung in der Kaufphase umfasst beispielsweise die Abwicklung des Kassiervorgangs, der manuell oder automatisiert erfolgen kann. Zu den Serviceleistungen in der Nachkaufphase gehören Installation und Montage, Inspektion und Wartung, Versorgung mit Ersatzteilen. Im Rahmen der Servicepolitik ist aber auch an den Lieferservice und die Verfügbarkeit von Waren zu denken. Einen wichtigen Aspekt der

Servicepolitik bildet die Beratung. Dabei kommt dem Verkaufsgespräch eine zentrale Bedeutung als Gestaltungsparameter zu. Für ein Handelsunternehmen stellt sich vor allem die Frage, wie die Kunden- oder Verkaufsorientierung des Verkaufspersonals beeinflusst werden können.

Hinter jedem Oberbegriff stehen, wie die Ausführungen zeigen, weitere Entscheidungsparameter. Ein solcher Überblick kann nicht den Anspruch erheben, alle Beeinflussungsmöglichkeiten aufgeführt zu haben. Umweltentwicklungen können dazu führen, dass bestehende oder neue Entscheidungsparameter der Unternehmenspolitik den Charakter von absatzpolitischen Instrumenten bekommen. So hat sich z. B. nach der Liberalisierung des Ladenschlussgesetzes gezeigt, dass auch die Ladenöffnungszeiten als absatzpolitisches Instrument genutzt werden können. Auch Services vor, während oder nach dem Kauf, können als beeinflussende Instrumente angesehen werden. Nichtsdestoweniger weist der Überblick auf die im Regelfall zentralen Entscheidungsfelder hin.

Die Erfahrung zeigt, dass absatzpolitische Instrumente häufig nicht isoliert, sondern gemeinsam und abgestimmt eingesetzt werden. Teilweise kann von Bündeln einzelner Instrumente gesprochen werden, die den Charakter eines neuen absatzpolitischen Instruments bekommen. So treffen Handelsunternehmungen beispielsweise Entscheidungen über die Sonderangebotspolitik, die auch als Kombination von Sortiments-, Preis-, Kommunikations- und Platzierungspolitik interpretiert werden kann. Der Einsatz von Kundenkarten bedeutet meist eine Kombination von Preis- und Kommunikationspolitik, Maßnahmen der Kundenbindung, Verkaufsförderungsaktionen und die Handelsmarkenpolitik umfassen ebenfalls mehrere Entscheidungsparameter. Während in der Theorie vorwiegend einzelne absatzpolitische Instrumente betrachtet werden, erstrecken sich die Überlegungen in der Praxis häufig auf solche Maßnahmenbündel. Eine Systematik hat sich für sie allerdings noch nicht etabliert.

Auch die Wahl der Betriebsform kann als Bündelung verschiedener Marketing-Instrumente verstanden werden, wenn auch auf einem noch höher aggregierten Niveau als bei den zuvor erwähnten Maßnahmen. Durch die unterschiedliche Gestaltung der absatzpolitischen Instrumente ergeben sich unterschiedliche Betriebsformen.

Die Tatsache, dass im Regelfall mehrere absatzpolitische Instrumente gleichzeitig und aufeinander abgestimmt eingesetzt werden, und die zunehmende Bedeutung von wirtschaftsstufenübergreifenden Maßnahmen, wie sie bereits in Kapitel 1 angesprochen worden sind, machen es lohnenswert, die einzelnen absatzpolitischen Instrumente unter einem veränderten Blickwinkel zu betrachten. Die Analyse von Distributionssystemen hat darauf aufmerksam gemacht, dass es zweckmäßig sein kann, verschiedene Flüsse bzw. Ströme zum Gegenstand der Betrachtung zu machen. Aufgabe der Wirtschaftssubjekte in einem Distributionskanal ist es unter anderem, den Warenstrom, den Zahlungsstrom und den Informationsstrom zu gestalten. Sie alle besitzen eine quantitative, qualitative, zeitliche und räumliche Dimension. Um die verschiedenen Ströme hinsichtlich dieser Dimensionen zu gestalten, kann man sich der einzelnen absatzpolitischen Instrumente bzw. der Maßnahmen, die ihnen subsumiert werden, bedienen (siehe Abbildung 13.2). So ist beispielsweise bei der Gestaltung des Warenstroms die Sortimentspolitik von zentraler Bedeutung. Die Sortimentsbreite und -tiefe bestimmen die quantitative Dimension des Warenstroms. In den Preislagen spiegelt sich die qualitative Zusammensetzung des Sortiments und damit die qualitative Dimension des Warenstroms wider. Der qualitative Aspekt wird ebenso von der Verkaufsraumgestaltung, der Warenplatzierung und dem Verhältnis zwischen Hersteller- und Handelsmarken beeinflusst. Die quantitative Dimension wird neben der Sortimentspolitik unter anderem auch von dem Verkaufsstellennetz und der Größe der Verkaufsflächen bestimmt. Die Öffnungszeiten, aber auch die Preispolitik (Dauerniedrigpreispolitik oder Sonderangebotspolitik), wirken sich auf die zeitliche Ausgestaltung des Warenstroms aus. Der räumliche Aspekt wird vor allem von den Standorten der Verkaufsstellen bestimmt.

In ähnlicher Form lassen sich auch den übrigen Strömen, wie Abbildung 13.2 zeigt, einzelne Instrumente zuordnen. Anliegen der Darstellung ist es nicht, eine eindeutige und vollständige Zuordnung zwischen Instrumenten, Dimensionen und Strömen vorzunehmen – dafür sind die Verhältnisse in verschiedenen Branchen oder Betriebsformen zu unterschiedlich. Die Abbildung soll stattdessen dazu anregen darüber nachzudenken, wie einzelne absatzpolitische Instrumente abgestimmt werden müssen, um gewünschte Wirkungen auf den Fluss von Waren, Zahlungsmitteln und Informationen auszuüben. Dabei wird auch deutlich, dass die Zahl und die Vielfalt der Maßnahmen, die unter den Oberbegriffen der absatzpolitischen Instrumente entwickelt worden sind, sehr groß sind.

	Quantitative Aspekte	**Qualitative Aspekte**	**Zeitliche Aspekte**	**Räumliche Aspekte**
Warenstrom	Sortimentsbreite und -tiefe Verkaufsstellennetz	Preislage Verkaufsraum-gestaltung Hersteller- vs. Handelsmarken	Öffnungszeiten Preispolitik (insbesondere Sonderangebots-politik)	Standorte der Verkaufsstellen
Zahlungsstrom	Preisniveau Rabattsysteme	Akzeptierte Zahlungsformen	Zahlungsziele Finanzierungs-angebote	Standorte der Verkaufsstellen
Informations-strom	Werbebudget Anzahl von Verkaufsmitarbeitern	Werbemittel Beratungssystem Qualifikation der Verkaufsmitarbeiter	Zeitlicher Einsatz von Kommunika-tionsmaßnahmen Öffnungszeiten	Streugebiet der Kommunikations-maßnahmen Standorte der Verkaufsstellen

Abb. 13.2: Einsatz von absatzpolitischen Instrumenten bei der Gestaltung verschiedener Ströme im Distributionskanal

Im Mittelpunkt des in diesem Abschnitt vorgestellten Verständnisses von Marketing bzw. Handelsmarketing stehen Maßnahmen eines Unternehmens, mit denen das Kauf- bzw. Konsumverhalten beeinflusst werden soll. Ein solches Verständnis ist im doppelten Sinne als einseitig zu bezeichnen. Zum einen werden die Ziele und Wünsche der Konsumenten nicht weiter analysiert, zum anderen wird von Konkurrenzbeziehungen abstrahiert. Marketing – gleichgesetzt mit der Gestaltung von absatzpolitischen Instrumenten – wird zwar der Vorstellung gerecht, dass der Markt ein Gestaltungsobjekt darstellt, es vernachlässigt aber die Tatsache, dass der Markt zugleich auch den Gestaltungsrahmen bildet. Im nächsten Abschnitt soll deshalb schrittweise ein erweitertes Marketingverständnis vorgestellt werden.

13.2 Erweitertes Verständnis von Marketing

Bei der Erweiterung des Begriffs Marketing können verschiedene Aspekte aufgegriffen werden. In der Literatur gibt es zahlreiche Systematiken, mit denen die unterschiedlichen Perspektiven charakterisiert werden. Im Folgenden wird zuerst auf die Bedeutung der Marktorientierung eingegangen, wobei das Interesse vor allem dem Absatzmarkt gilt. Anschließend wird die Entwicklung von einer auf einzelne Transaktionen bezogenen Sichtweise zu einer beziehungsorientierten Perspektive des Marketings vorgestellt. Schließlich wird als Folge der zunehmenden Bedeutung wirtschaftsstufenübergreifender Ansätze und der Forderung nach einer gesellschaftspolitischen Verantwortung des Marketings aufgezeigt, wodurch sich eine ganzheitliche, netzwerkorientierte Perspektive auszeichnet.

13.2.1 Marktorientierung

Die Instrumentalsicht im letzten Abschnitt vermittelt den Eindruck, dass eine Unternehmung autonom handeln könnte, d. h. Gegebenheiten ihrer Umwelt nicht berücksichtigen müsste. Eine solche Perspektive entspricht nicht einem modernen Verständnis von Marketing. Sie vernachlässigt nämlich die große Bedeutung, die Bedürfnisse, Wünsche und Verhaltensweisen von Konsumenten für den Erfolg eines Unternehmens haben. Abhängig davon, wie gut es einem Unternehmen gelingt, den Bedürfnissen, Wünschen und Verhaltensweisen gerecht zu werden, werden seine Produkte und Leistungen nachgefragt. So kann das Bedürfnis nach einem schnellen und bequemen Einkauf durch eine geeignete Kombination von Maßnahmen der Standortpolitik und der Ladenöffnungszeiten befriedigt werden. Betriebsformen wie Tankstellenshops oder Agglomerationen wie Bahnhofspassagen können daraus Wettbewerbsvorteile ziehen. Die Berücksichtigung von Kundenbedürfnissen bedeutet auch, dass sich das Verständnis der absatzpolitischen Instrumente verändert. Die Sortimentspolitik beschränkt sich dann nicht auf die Zusammenstellung existierender Produkte, sondern beinhaltet auch Überlegungen zur Entwicklung neuer, z. B. im Rahmen der Handelsmarkenpolitik. Die Konsequenz aus diesen Erkenntnissen muss lauten, die Wünsche und Verhaltensweisen von Konsumenten wahrzunehmen, zu antizipieren und zu beeinflussen. Der Einsatz der absatzpolitischen Instrumente sollte sich folglich am Absatzmarkt orientieren, will er dem Ziel gerecht werden, den Erfolg eines Unternehmens positiv zu beeinflussen. Doch nicht nur die Nachfragesituation, sondern auch die Konkurrenzverhältnisse beeinflussen die Wirksamkeit der absatzpolitischen Instrumente. So ist die Reaktion auf die Preispolitik eines Händlers auch von den Preisen der Konkurrenten abhängig. Stellenweise wird mit Marketing die Vorstellung verknüpft, die Erwartungen der jeweiligen Nachfrager seien „kompromisslos" zu erfüllen. Dieser Ausdruck erscheint jedoch missverständlich, da in einem marktwirtschaftlichen System mit Eigeninteressen der Anbieter jeder Anbieter dem Nachfrager nur jeweils so weit entgegenkommen wird, wie ihn die Marktverhältnisse dazu „zwingen". Ziel kann es beispielsweise nicht sein, so preiswert wie möglich eine Leistung anzubieten, obwohl es vermutlich im Sinne des Nachfragers wäre, sondern preiswerter als die Konkurrenz. Marketing kann so also nicht mit maximaler Befriedigung der Bedürfnisse der Nachfrager gleichgesetzt werden. Bei Wettbewerb ist jeder Anbieter jedoch angehalten, die Bedürfnisse der Nachfrager zu erkennen und ihnen unter den gegebenen Umständen möglichst weitgehend zu entsprechen, da er ansonsten befürchten muss, dass sie zu den Konkurrenten abwandern.

Die Überlegungen zeigen, dass sich eine erste Erweiterung des Marketingverständnisses auf die Marktorientierung bei der Ausgestaltung der absatzpolitischen Instrumente beziehen kann, wobei vor allem der Absatzmarkt und die Konkurrenz berücksichtigt werden (vgl. Kohli/Jaworski 1990; Jaworski/Kohli 1993; Hult/Ketchen Jr./Slater 2005). Die Berücksichtigung des Absatzmarkts bedeutet, dass die Zufriedenheit des Kunden in den Mittelpunkt des Interesses gerückt wird – Aufgabe des Marketings wäre es demnach, den Kunden im Hinblick auf seine Bedürfnisse zufriedenzustellen. Es kann dann wie folgt definiert werden:

Marketing ist ein Managementprozess, dessen Ziel darin besteht, Leistungen zu generieren und auszutauschen, um so die Wünsche und Bedürfnisse der beteiligten Wirtschaftssubjekte wirksamer und wirtschaftlicher zu befriedigen als die Wettbewerber.

13.2.2 Beziehungsorientierung

Während die beschriebene Marktorientierung auf den einzelnen Austauschakt Bezug nimmt, wird die Perspektive des Marketings zusätzlich verbreitert, wenn nicht mehr die einzelne Transaktion, sondern ihre Abfolge zum Gegenstand der Betrachtung wird. Diese Abfolge lässt sich als Austauschbeziehung interpretieren – an die Stelle eines transaktionalen tritt ein beziehungsorientiertes bzw. relationales Marketingverständnis. Eine solche Sichtweise wird auch unter dem Begriff Relationship Marketing diskutiert (vgl z. B. Grönroos 1990; Grönroos 1994b; Backhaus 1998; Bruhn 2009a).

Es kann sowohl für einen Anbieter als auch einen Nachfrage vorteilhaft sein, langfristige Beziehungen zu knüpfen. Auf diese Weise kann der Aufwand bei der Suche eines Austauschpartners und der Beurteilung seiner Leistung reduziert werden. Mit der Zeit steigt das Wissen über den Partner, das Vertrauen erhöht sich und das empfundene Risiko kann reduziert werden. Im Ergebnis kommt es zu einer Reduktion von Transaktionskosten. Die Erkenntnis, dass die meisten Handelsunternehmungen darauf angewiesen sind, über einen Kundenstamm zu verfügen, der im Zeitablauf wiederholt das betreffende Geschäft als Einkaufsstätte nutzt, hat in den letzten Jahren zu intensiven Überlegungen geführt, wie eine solche Kundenbindung erreicht werden kann. Die beziehungsorientierte Sicht des Marketings kommt in der folgenden Definition zum Ausdruck:

Marketing ist das Management von Austauschbeziehungen mit dem Ziel, die Wünsche und Bedürfnisse der beteiligten Wirtschaftssubjekte wirksamer und wirtschaftlicher zu befriedigen, um so profitable Kunden langfristig an das Unternehmen zu binden.

13.2.3 Netzwerkorientierung

Sowohl die transaktionale als auch die beziehungsorientierte Sicht des Marketings knüpft an die Vorstellung von zwei Wirtschaftssubjekten an, zwischen denen eine einzelne Transaktion stattfindet oder eine Austauschbeziehung entsteht. Bereits die Analyse von Distributionssystemen in Kapitel 1 hat deutlich gemacht, dass die meisten Wirtschaftssubjekte in ein Netz von Beziehungen zu einer Vielzahl von Partnern eingebettet sind. Die Erkenntnis, dass die Anforderungen der Nachfrager zum Bestimmungsfaktor des Handelns der Mitarbeiter eines Handelsunternehmens werden müssen, findet folglich ihre Fortsetzung in der Forderung, dass die gesamte Wertschöpfungskette so angelegt sein muss, dass die Erwartungen der Nachfrager hinreichend Berücksichtigung finden (vgl. Schmickler/Rudolph 2002). Dies schließt auch ein, dass eine Handelsunternehmung ihre Zusammenarbeit mit Lieferanten nachfragergerecht gestalten muss. Insofern lässt sich das Verständnis von Marketing auf ein Netzwerk von Beziehungen innerhalb und außerhalb eines Unternehmens erweitern. Konzepte wie Efficient Consumer Response, Category Management oder Supply Chain Management beinhalten die Idee, dass erst das koordinierte Zusammenspiel von Marketingmaßnahmen aller beteiligten Wirtschaftssubjekte in der Lage ist, die Leistung des gesamten Systems zu optimieren (vgl. Seifert 2006a). Solche unternehmensübergreifenden Überlegungen beziehen sich nicht nur auf das Marketing, sondern auch auf benachbarte Bereiche, von denen ebenfalls eine akquisitorische Wirkung auf die Konsumenten ausgehen kann:

- auf die Logistik in der gesamten Versorgungskette, die unter anderem die Aufgabe hat, Fehlmengen im Handel (*out-of-stock*) zu vermeiden und die Lager-, Bestands- und Handlingkosten zu senken (vgl. hierzu auch die Ausführungen zur Logistik in Kapitel 23),
- auf die Verwaltung, deren Ziel auch darin bestehen muss, den Informationsfluss zu beschleunigen, von Fehlerquellen zu bereinigen und seine Kosten zu reduzieren (etwa durch standardisierte Artikelstammdaten und elektronische Standards für den Informationsaustausch).

Solche Überlegungen werden häufig – besonders in der Praxis – mit dem Motto „*win-win*-Situation" versehen, womit gemeint ist, dass sich durch eine vertiefte Kooperation von Handel und Industrie Vorteile für beide Partner ergeben. Wenn die Vorteile für den Verbraucher hervorgehoben werden sollen, wird sogar von „*win-win-win*" gesprochen.

Das angesprochene Netz von Beziehungen, das in den Konzepten zum Ausdruck kommt, muss nicht auf Wirtschaftssubjekte beschränkt bleiben, sondern kann sich auch auf das Verhältnis zu der Gesellschaft, in der die Wirtschaftssubjekte agieren, erstrecken. So wird zunehmend die Frage diskutiert, inwiefern die Befriedigung von Konsumwünschen die Lebensqualität zukünftiger Generationen beeinträchtigen kann. Die Gesellschaft fordert die Verantwortung der Unternehmungen, die sich ihrerseits darum bemühen, deutlich zu machen, dass ihr Handeln der Forderung nach Nachhaltigkeit genügt (vgl. Kotler/Armstrong 2010, S. 606–633; Jobber 2010, S. 180–203). Diese Sichtweise kann als ganzheitliches Marketingkonzept bezeichnet werden.

Eine Erweiterung des Marketingverständnisses kann sich auch auf die generierte Leistung beziehen. So zeichnen sich Austauschbeziehungen dadurch aus, dass Leistung und Gegenleistung ausgetauscht werden. Jede Partei hat nur dann Grund, einen solchen Tauschakt einzugehen, wenn zwischen der Leistung, die sie erhält, und ihrer Gegenleistung eine – zumindest subjektiv gesehen – positive Nutzen- oder Wertdifferenz existiert (vgl. z. B. Kotler/Keller/Bliemel 2007, S. 42–46). Ein solches Leistungsverständnis ist insbesondere mit der Idee der Wertschöpfungskette vereinbar, die sich in der ganzheitlichen Perspektive des Marketings widerspiegelt. Werden beide Erweiterungen zusammengefasst, so kann das Marketing wie folgt definiert werden:

Marketing ist das Management von Austauschbeziehungen in einem System von Lieferanten, Händlern und Konsumenten mit dem Ziel, Wertzuwächse effizienter zu generieren als in alternativen Distributionssystemen, wobei auch gesellschaftspolitische Wirkungen der Handlungen zu berücksichtigen sind.

Es gibt zahlreiche weitere Aspekte, um die das Marketingverständnis erweitert werden kann. So wird beispielsweise gefordert, Marketing nicht als nach außen gerichtet zu interpretieren, sondern auch die Wirkungen nach innen zu berücksichtigen, d. h. die Organisationsstruktur und die Mitarbeiter in das Konzept einzubeziehen (vgl. Homburg/Workman Jr./Jensen 2000). Es wird behauptet, dass nur zufriedene Mitarbeiter auch die Kunden zufrieden stellen könnten (vgl. Homburg/Stock 2001). In diesem Zusammenhang wird darauf verwiesen, dass Mitarbeiter aus verschiedenen Bereichen eines Unternehmens in Kontakt mit den Kunden kommen können (nicht nur im Verkauf, sondern auch im Rechnungswesen, in der Warenauslieferung, im Service) und dass von diesen Kundenkontakten eine direkte Wirkung auf das Verhalten dieser Nachfrager ausgehen kann. Mitarbeiter in anderen Bereichen erbringen in indirekter Weise Leistungen für den Kunden. Insbesondere im Einkauf muss erwartet werden, dass kundengerechte Leistungen erbracht werden und dass die Einkäufer ein realitätsgerechtes Bild von den Nachfragern haben, ihre Erwartungen kennen und über Vorstellungen verfügen, wie diese auf einzelne Maßnahmen reagieren werden. Insofern muss die Ausrichtung auf den Absatzmarkt viele Bereiche des Unternehmens durchdringen, was zu Überlegungen geführt hat, wie die Serviceorientierung einer Unternehmung gemessen und wie ihr Erfolgsbeitrag nachgewiesen werden kann (vgl. Homburg/Hoyer/Fassnacht 2002). Ob allerdings eine Zufriedenheit der Kunden auch eine Zufriedenheit der Mitarbeiter voraussetzt, bleibt getrennt zu diskutieren (vgl. dazu Zentes 1997).

Die verschiedenen Definitionen sind zwar als schrittweise Erweiterungen des Begriffsverständnisses zu interpretieren, dennoch ist es in den folgenden Kapiteln nicht zweckmäßig, durchgehend auf die letzte Begriffsvariante zurückzugreifen. So wird sich beispielsweise bei der Analyse der absatzpolitischen Instrumente das Interesse vor allem auf Austauschprozesse, teilweise aber auch auf Austauschbeziehungen zwischen zwei Parteien - einem Händler und seinen Kunden - konzentrieren. Es wäre auch falsch, davon auszugehen, dass die Beziehungsorientierung dem transaktionalen Verständnis stets überlegen sei. Für bestimmte Unternehmungen kann in Abhängigkeit von den Rahmenbedingungen der Fokus auf isolierte Austauschakte vorteilhaft sein.

13.3 Messung und Erklärung von Kundenreaktionen

Sowohl bei der Analyse einzelner Transaktionen als auch bei der Beschäftigung mit Austauschbeziehungen ist die Frage nach den Reaktionen von Konsumenten auf die geplanten bzw. getroffenen Maßnahmen von zentralem Interesse für den Anbieter. Die Frage, wie der Nachfrager sein Angebot und das der Konkurrenten wahrnimmt und beurteilt, wird zum Ausgangspunkt für die Gestaltung der eigenen absatzpolitischen und sonstigen betrieblichen Maßnahmen. Die Orientierung am Absatzmarkt – zum einen als Gestaltungsobjekt, zum anderen als Handlungsrahmen – äußert sich im Einzelnen in folgenden Fragen:

- Ist die Gesamtmenge der potenziellen Nachfrager in Segmente zu unterteilen, und wie kann dies geschehen (Marktsegmentierung)?
- Welches Bild haben die Nachfrager von den Angeboten einzelner Anbieter (Imageanalyse, Analyse des Verhaltens der Konsumenten und anderer Nachfrager)?
- Welche Anbieter sind entsprechend der Sichtweise der Nachfrager als Konkurrenten anzusehen (Konkurrenzanalyse)?
- Wie reagieren Nachfrager voraussichtlich auf den Einsatz einzelner absatzpolitischer Instrumente (Wirkungsanalyse)?

Marktsegmentierung, Zielgruppendefinition, Bedürfnisanalyse, Konkurrenzanalyse, Kundenzufriedenheit, Marktpotenzial, Marktvolumen sowie Elastizitäten stellen zentrale Begriffe einer Marketingpolitik im Sinne einer marktorientierten Unternehmenspolitik dar, weil die Verhaltensweisen der Marktpartner zum zentralen Bestimmungsfaktor der eigenen Maßnahmen werden.

Die Auseinandersetzung mit dem Verhalten der Nachfrager hat auf wissenschaftlichem Gebiet dazu geführt, dass Theorien zum Verhalten der Nachfrager, insbesondere zum Verhalten der Konsumenten, in bedeutendem Maße weiter entwickelt worden sind (vgl. für einen umfassenden Überblick Kroeber-Riel/Weinberg/Gröppel-Klein 2009). Theorien zum Konsumentenverhalten erweisen sich als unverzichtbares Element einer Marketingpolitik. Zwei Fragen sind besonders wichtig:

- Wer zählt zu den Nachfragern der angebotenen Leistungen?
- Wie reagieren die anzusprechenden Personen auf einzelne betriebliche Maßnahmen?

Beide Fragen machen deutlich, dass Marketing eine intensive Auseinandersetzung mit der Situation der aktuellen und potenziellen Kunden erfordert. Im nächsten Abschnitt wird kurz auf Typen von Nachfragern eingegangen, bevor in den beiden folgenden Abschnitten grundsätzliche Überlegungen zur Ermittlung von Kundenreaktionen vorgestellt werden.

13.3.1 Typen von Nachfragern

Das Bemühen um eine Systematisierung und Strukturierung von Kaufentscheidungen hat zu zahlreichen Gliederungen von Nachfragern mit Hilfe unterschiedlicher Kriterien geführt. So kann zuerst danach differenziert werden, ob sich die Unternehmung an private Haushalte bzw. an Endverbraucher wendet oder ob sie Organisationen als Abnehmer für ihre Leistungen gewinnen will. Das Spektrum der Organisationen ist sehr vielfältig. Es zählen hierzu beispielsweise Industrieunternehmungen, die ihren Bedarf an benötigten Betriebsmitteln decken wollen (z. B. Fahrzeuge, Computer, Büromaterial), was dazu geführt hat, dass sich ein spezielles Industriegütermarketing etabliert hat (vgl. z. B. Backhaus/Voeth 2010), aber auch Handelsunternehmungen und öffentliche Institutionen können zu den Kundenkreisen eines Anbieters zählen. Abbildung 13.3 macht noch auf eine zweite Dimension aufmerksam, die Anzahl der Personen, die an der Kaufentscheidung beteiligt sind.

In privaten Haushalten werden zahlreiche Entscheidungen nach individuellen Präferenzen des Einzelnen getroffen, ohne dass Dritte unmittelbar beteiligt sind. Es kann aber auch anders sein, so

Anzahl der beteiligten Personen	Art von Kunden	
	Private Haushalte	**Organisationen**
eine	*Fall 1* Konsumentenentscheidung	*Fall 2* Einkäuferentscheidung
mehrere	*Fall 3* Familienentscheidung, Entscheidung einer Bedarfsgemeinschaft	*Fall 4* Gremienentscheidung (Buying Center)

Abb. 13.3: Typen von Kaufentscheidungen in Abhängigkeit von der Art und der Zahl der Entscheider

z. B. wenn gemeinsam beraten wird, welche Möbel oder welches Auto angeschafft werden soll. Auch beim Einkauf von Textilien kann häufig beobachtet werden, dass mehrere Personen beteiligt sind. Bei vielen Anschaffungen beeinflussen Kinder Entscheidungsprozesse der Eltern (vgl. Foxman/Tansuhaj/Ekstrom 1989). Ähnlich kann in Organisationen zwischen zwei Typen von Entscheidungen differenziert werden. In einigen Fällen entscheidet der Einkäufer allein, bei wem und was gekauft wird, in anderen Fällen ist eine Vielzahl von Personen direkt oder indirekt beteiligt (vgl. Helm 2009, S. 100–113). Die Gesamtheit der Personen, die eine Beschaffungsentscheidung in einer Unternehmung anregen, Informationen beisteuern, am Auswahlprozess beteiligt sind oder an der Beschaffung mitwirken, wird als Buying Center bezeichnet (siehe Brinkmann 2006). Mehrpersonenentscheidungen finden sich also im privaten wie im gewerblichen Bereich, wobei folgende Rollen der beteiligten Personen beobachtet werden können (vgl. Webster/Wind 1972, S. 17; Bonoma 1982, S. 113–114):

- die Rolle des Initiators,
- die Rolle des Beeinflussers, der mit seiner Meinung und mit seinem Urteil in bedeutendem Maße Einfluss auf die Wahlentscheidung nimmt,
- die Rolle des Entscheiders,
- die Rolle des Käufers und
- die Rolle des Verwenders oder Nutzers.

Während diese Rollen, die ursprünglich für den gewerblichen Bereich entwickelt worden sind, auch im privaten Bereich ihre Entsprechung finden, trifft die Rolle des Informationsselektierers, die Webster und Wind (1972, S. 17) nennen, vor allem auf Entscheidungsträger in Unternehmungen zu. Für den Bereich der organisationalen Beschaffung sind zahlreiche Modelle entwickelt worden (zu einem Überblick vgl. z. B. Backhaus/Voeth 2010, S. 89–102), die nicht nur dazu beitragen, die Beschaffungsentscheidungen eines Handelsunternehmens zu verstehen und zu optimieren, sondern deren Kenntnis für Marketingentscheidungen eines Großhändlers von zentraler Bedeutung sind, weil sie helfen, die Beschaffungsprozesse seiner Kunden zu verstehen.

Das Wissen um die Rolle einzelner Personen kann Hinweise auf die Ausgestaltung einzelner absatzpolitischer Instrumente geben, z. B. bei der Produktgestaltung oder in der Kommunikationspolitik.

Neben der Identifikation von potenziellen und aktuellen Abnehmern besteht eine wichtige Aufgabe des Marketings darin, ihre Reaktionen auf die absatzpolitischen Maßnahmen zu beschreiben, zu erklären und zu prognostizieren. Auf der Grundlage dieser Erkenntnisse kann eine gezielte Beeinflussung mit Hilfe der absatzpolitischen Instrumente vorgenommen werden. Bei der Modellierung der Konsumentenreaktionen kann zwischen zwei grundsätzlich unterschiedlichen Vorgehensweisen differenziert werden. Die erste beschränkt sich auf die Analyse von direkt beobachtbaren Sachverhalten. Da Vorgänge im Insystem des Konsumenten nicht explizit betrachtet werden, wird in diesem Fall von Stimulus-Response-Modellen (SR) gesprochen. Die zweite Vorgehensweise zeichnet sich dadurch aus, dass latente Vorgänge im Insystem eines Konsumenten analysiert werden. Es handelt sich um sog. Stimulus-Organism-Response-Modelle (SOR). Im Folgenden wird zuerst kurz auf die Modellierung von Stimulus-Response-Zusammenhängen eingegangen, bevor anschließend etwas ausführlicher die Grundlagen verhaltenswissenschaftlich fundierter SOR-Modelle vorgestellt werden.

13.3.2 Reaktionsmessung mit Responsefunktionen

Für ein Unternehmen gilt es zu erkennen, wie die anzusprechenden Personen auf einzelne absatzpolitische Maßnahmen reagieren. Das klassische Instrument um abzubilden, wie Kunden auf die eigene Politik reagieren, ist die Marktreaktionsfunktion (z. B. Preisabsatzfunktion). Sie kann definiert werden als

die funktionale Verknüpfung zwischen einer absatzwirtschaftlichen Zielgröße der planenden Unternehmung (insbesondere Absatz, Umsatz und Marktanteil) und den Aktionsparametern der Unternehmung, d. h. dem absatzpolitischen Instrumentarium, wobei der funktionale Zusammenhang auch von Umweltgrößen abhängig sein kann, die die Unternehmung nicht unmittelbar beeinflussen kann (z. B. Maßnahmen der Konkurrenz, Konsumneigung der Verbraucher, Konjunkturlage).

In der abhängigen Größe spiegelt sich das Verhalten der Kunden wider. Allgemein kann die Marktreaktionsfunktion (*market response funktion*) wie folgt dargestellt werden:

(13.1) $Z = f(a_1, a_2, \ldots, a_m; u_1, u_2, \ldots, u_n)$

mit:

Z = absatzwirtschaftliche Zielgröße

a_i = Aktionsparameter i der Unternehmung (i = 1, …, m)

u = Umweltgröße j (j = 1, …, n)

j = Index

m = Zahl der Aktionsparameter

n = Zahl der Umweltgrößen

Die Methoden zur Ermittlung dieser für das Marketing fundamentalen Funktion unterscheiden sich hinsichtlich des Entwicklungszeitpunkts:

1. In einer Frühphase, die auch dadurch gekennzeichnet war, dass Erkenntnisse der mikroökonomischen Theorie übernommen wurden, begnügten sich viele Theoretiker mit der Annahme, Marktreaktionsfunktionen seien bekannt. Der Praktiker wurde darauf verwiesen, sich Informationen über die Zusammenhänge zu beschaffen, ohne dass dieser Ermittlungsprozess mit den dabei auftretenden Problemen selbst thematisiert wurde.

2. In einer zweiten Phase richtete sich das Interesse darauf, Absatzfunktionen anhand von empirischem Datenmaterial aus den Unternehmensstatistiken zu ermitteln. Da in vielen Unternehmungen Daten über Absatzmengen, Umsatz oder Marktanteile einerseits und über durchgeführte Maßnahmen andererseits (Preise, die Zahl der Verkaufsstellen, in denen das Produkt gekauft werden kann, Werbebudget) entweder aus eigenen Statistiken oder aus Erhebungen der Marktforschungsinstitute vorliegen, war es naheliegend, dieses Datenmaterial auszuwerten, indem Aktionsparameter und Ergebnisgrößen gegenübergestellt werden. Abbildung 13.4 macht am Beispiel der Schokoladenmarke Toblerone deutlich, welche Marktanteile (mengenmäßig) in verschiedenen Regionen mit unterschiedlichen Preisdifferenzen zum Durchschnittspreis für Schokolade erreicht wurden. Es wird eine lineare und eine nicht-lineare Regressionsfunktion ausgewiesen. Die ermittelte Beziehung wird als Preis-Absatz-Funktion gedeutet. Analysen dieser Art sind bis heute von großer Bedeutung für das Marketing. Zur Beurteilung dieser Methode ist zu prüfen:

   - welche Daten zur Verfügung stehen,
   - wie gut die Daten durch einzelne Funktionen wiedergegeben werden können,
   - inwieweit die als relevant erscheinenden Einflussfaktoren erfasst sind,
   - inwieweit die aus Vergangenheitsdaten ermittelten Beziehungen auch auf die Zukunft übertragen werden können.

   Marktreaktionsfunktionen werden insbesondere mit Angaben zur Preis- und Werbepolitik ermittelt, weil sich hier die Politik einer Unternehmung relativ gut mit intervallskalierten Daten wiedergeben lässt. Bei anderen absatzpolitischen Instrumenten spielen sie eine geringere Rolle.

3. Zu den Verfahren, die Konsumentenreaktionen mittels Responsefunktionen anhand vorliegender Daten schätzen, sind verhaltenswissenschaftlich ausgerichtete Untersuchungen getreten. Sie beziehen sich nicht nur auf beobachtbare Einflussgrößen (z. B. Preise, Werbeausgaben) und beobachtbare Verhaltensweisen (z. B. Einkaufsmengen), sondern greifen zusätzlich auf Einstellungen, Motive, Kaufabsichten, Interessen, Involvement, Zufriedenheit der Kunden und ähnliche Variablen zurück (zu einer Abgrenzung der zentralen Begriffe des Käuferverhaltens vgl. Kroeber-Riel/Weinberg/Gröppel-Klein 2009, S. 51–409; Meffert/Burmann/Kirchgeorg 2008, S. 100-137; Homburg/Krohmer 2009, S. 29–102). Die genannten Größen, die als hypothetische Konstrukten bezeichnet werden, sollen helfen, die Wirkung der absatzpolitischen Instrumente zu erklären. Es wird vom SOR-Ansatz gesprochen. Auf diese verhaltenswissenschaftlich ausgerichtete Forschung wird im Folgenden näher eingegangen.

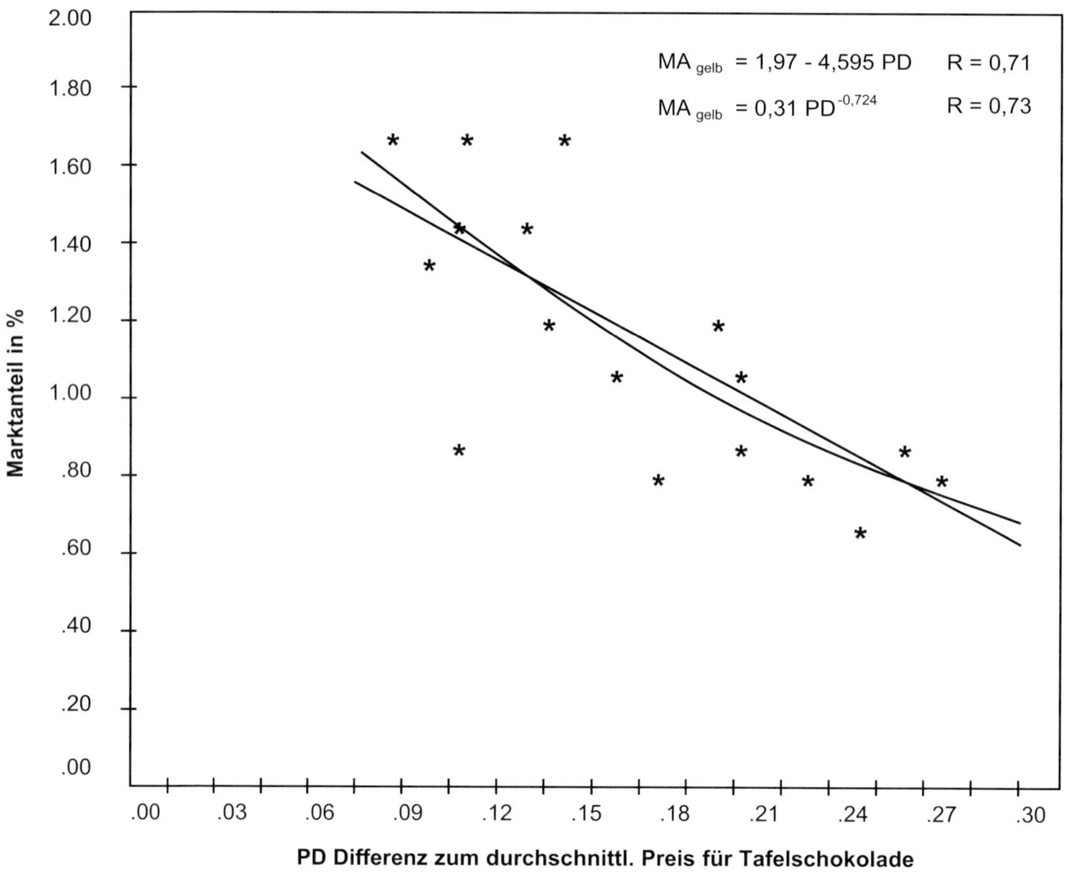

Abb. 13.4: Gegenüberstellung von alternativen Preisen und Absatzmengen (Beispiel: Schokoladenmarke Toblerone gelb)

13.3.3 Verhaltenswissenschaftlich ausgerichtete Konsumentenforschung

Das Anliegen der verhaltenswissenschaftlichen Forschung besteht zunächst darin, das Verhalten der Wirtschaftssubjekte detailliert zu beschreiben. Dabei geht es nicht nur darum offenzulegen, welche Produkte, in welchen Einkaufsstätten und in welchen Mengen gekauft werden, sondern das Interesse richtet sich auch auf viele andere Aspekte des Kundenverhaltens, z. B. welche Informationsquellen genutzt werden, welche Einkaufstage bevorzugt werden, ob Markentreue im Zeitablauf zu beobachten ist usw. Des Weiteren soll das Verhalten erklärt und dabei die Fülle der Einflussfaktoren explizit sichtbar gemacht werden. Grundbausteine solcher Erklärungen sind generelle (von Zeit und Raum unabhängige) Aussagen über das Zusammenwirken einzelner Größen. Es handelt sich um Hypothesen, deren Richtigkeit sich in der Realität erweisen muss und die deshalb empirisch zu überprüfen sind. Erklärungen erlauben es auch, Prognosen über das Verhalten der Wirtschaftssubjekte zu erstellen. Die drei Anliegen, zu beschreiben, zu erklären und zu prognostizieren, werden als Entdeckungs-, Begründungs- und Verwendungszusammenhang bezeichnet. Für die Unternehmenspolitik ist es wichtig, dass die Erkenntnisse der Forschung einen Beitrag zur Lösung von Entscheidungsproblemen eines Unternehmens leisten. Inzwischen haben sich in der Forschung verschiedene Bereiche und auch verschiedene Begriffe herausgebildet:

1. In der Konsumentenverhaltensforschung geht es um das Verhalten der Letztverbraucher. Gelegentlich wird auch der Begriff Käuferverhalten verwendet. Dabei ist allerdings zu berücksichtigen, dass die Rollen des Käufers und des Konsumenten nicht identisch sein müssen. So ist zum einen zu beachten, dass die Nutzung von Gütern nicht zwingend ihren Kauf voraussetzt (so werden z. B. viele Güter über einen Leasingvertrag erworben). Zum anderen gibt es zahlreiche Fälle, in denen Güter erworben werden, um verschenkt zu werden. Es gibt auch Fälle, in denen Konsumenten die Rolle des Käufers nicht einnehmen können. Zu denken ist beispielsweise an den Kauf von Babynahrung oder an den Bedarf von älteren Personen, die nicht in der Lage sind, sich selbst zu versorgen. In solchen Fällen ist zu klären, ob die Kenntnis des Käufer- oder des Konsumentenverhaltens für die Marketingpolitik bedeutender ist. Mitunter wird aber auch vereinfachend unterstellt, dass beim „Konsumenten" die Rollen des Entscheiders, Zahlers und Verbrauchers in einer Person vereinigt sind (vgl. Trommsdorff 2009, S. 15). Bei der Verwendung des Begriffs „Käufer" wird zudem auch der Nachfrager im organisatorischen Sektor erfasst, so dass nicht mehr zwischen dem privaten Konsumenten und dem gewerblichen Nachfrager unterschieden wird. Außerdem kann gegen die Verwendung des Begriffs Käufer eingewendet werden, dass der Kaufakt nur einen Teilausschnitt des Konsumprozesses darstellt.
2. Als spezielle Gruppe von Nachfragern werden die in Industrie-, Dienstleistungs- und Handelsbetrieben mit Beschaffungsaufgaben betrauten Personen angesehen; es wird allgemein vom Beschaffungsverhalten gewerblicher Organisationen gesprochen.

Im Folgenden wird auf verhaltenswissenschaftliche Ansätze des Konsumentenverhaltens eingegangen. Dies kann an dieser Stelle nur knapp erfolgen. Einen umfassenden Überblick über den Stand der verhaltenswissenschaftlichen Forschung geben u. a. die Monografien von Kroeber-Riel, Weinberg und Gröppel-Klein (2009), Trommsdorff (2009), Foscht und Swoboda (2007), Kardes, Cline, und Cronley (2011), Schiffman, Kanuk und Hansen (2008), Blackwell, Miniard und Engel (2006) sowie Solomon, Bamossy, Askegaard und Hogg (2006).

In der Konsumentenverhaltensforschung spielen drei Größen eine wichtige Rolle: die Maßnahmen der Unternehmungen (Einsatz des Marketing-Mix), das unmittelbar beobachtbare Verhalten der Konsumenten und die sich intern im Insystem der Konsumenten abspielenden Vorgänge. Auf die letzten beiden Größen wird im Folgenden eingegangen.

13.3.3.1 Aspekte des Konsumentenverhaltens in einzelnen Phasen des Kaufprozesses

Häufig wird behauptet, die Analyse des Konsumentenverhaltens erstrecke sich auf das Verhalten von Personen im Zusammenhang mit dem Kauf und Konsum von Waren und Dienstleistungen. Dies ist richtig, öffnet aber noch nicht den Blick auf die zahlreichen weiteren Aspekte des Verhaltens, zumal dem Kauf und Konsum weitere Aktivitäten vorangehen (insbesondere das Informationsverhalten) oder folgen (z. B. das Beschwerdeverhalten) können. Insofern kann das Konsumentenverhalten als eine Kette von Handlungen gesehen werden, wobei sich Handlungen

- in der Vorkauf-Phase,
- beim Erwerb des Gutes (meist ein Kauf),
- bei Konsum oder Nutzung des Gutes und
- in der Nach-Konsum-Phase

unterscheiden lassen. Im Zentrum steht zwar häufig die Erwerbs-(Kauf-)Phase, aber auch die übrigen Phasen können von Bedeutung sein. Im Folgenden werden, in Anlehnung an das Consumer Decision Process (CDP) Modell von Blackwell, Miniard und Engel (2006, S. 70–85) sieben Phasen unterschieden:

1. **Bewusstwerden eines Bedürfnisses** – die Person erkennt, dass zwischen dem wahrgenommenen und dem gewünschten Zustand eine Lücke klafft, und zwar in einem solchen Ausmaß, dass ein Entscheidungsprozess in Gang gesetzt wird. Für Anbieter von Produkten und Dienstleistungen ist es wichtig zu erkennen, ob diese geeignet sind, existierende Bedürfnisse zu befriedigen. Zugleich macht diese Phase deutlich, dass Händler neue Trends und den Wandel von Bedürfnissen sorgfältig beobachten müssen. Insbesondere Entwicklungen in der Makroumwelt verdienen eine hohe Aufmerksamkeit. Werden sie rechtzeitig wahrgenommen und befriedigt, so lassen sich auf diesem Wege Wettbewerbsvorteile generieren. Dabei ist zu beachten, dass es nicht nur darum geht, vorhandene Wünsche zu befriedigen, sondern ebenso latente Bedürfnisse bewusst zu machen und bis zu einem gewissen Grad neue zu wecken.

2. **Suche nach Informationen** – die Person sucht nach Informationen, die ihr helfen könnten, das unbefriedigte Bedürfnis zu stillen. Interne Informationssuche bedeutet, dass die im Gedächtnis gespeicherten Informationen überprüft werden. Alternativ dazu sucht die Person in ihrem Umfeld nach externen Informationen. Bei den Informationen kann zwischen Informationen, die ein Anbieter bewusst und kontrolliert dem Konsumenten zur Verfügung stellt, und Informationen, die sich seiner Kontrolle entziehen, differenziert werden (z. B. Informationen von Verbraucherschutzorganisationen). Untersuchungen haben gezeigt, dass die Bereitschaft, Informationen zu sammeln, bei einzelnen Personen sehr unterschiedlich ausgeprägt ist. Für einen Händler ist es deshalb wichtig zu erkennen, welches Informationsverhalten charakteristisch für seine Zielgruppe ist, um z. B. zu entscheiden, in welchem Ausmaße das Verkaufspersonal die Beratungsfunktion übernehmen soll.

3. **Bewertung von alternativen Handlungsmöglichkeiten** – eine Person kann die einzelnen Handlungsmöglichkeiten unter Zugrundelegung unterschiedlicher Kriterien beurteilen. Welche Kriterien es sind und welche Bedeutung ihnen zukommt, hängt unter anderem von den Merkmalen der beurteilenden Person und den Umweltbedingungen, unter denen eine Beurteilung vorgenommen wird, ab. Für ein Handelsunternehmen sind nicht nur Kriterien, die bei der Wahl eines Produkts herangezogen werden, wichtig, sondern mindestens das gleiche Interesse kommt Kriterien zu, die für die Wahl der Einkaufsstätte relevant sind. So können aus den Erkenntnissen beispielsweise zum einen Konsequenzen für die Gestaltung der Sortimentspoli-

tik, zum anderen aber auch Schlussfolgerungen hinsichtlich der Öffnungszeiten, der angestrebten Warenpräsenz oder der Verfügbarkeit von Parkplätzen gezogen werden. Die Überlegungen zeigen, dass streng genommen zwischen Handlungsmöglichkeiten auf zwei Ebenen zu unterscheiden ist – einerseits auf der Produktebene, andererseits der Einkaufsstättenebene. Auch wenn es für die Analyse hilfreich ist, beide Ebenen zu separieren, ist bei konkreten Entscheidungen nicht davon auszugehen, dass es sich bei den Bewertungsprozessen stets um nacheinander stattfindende Prozesse handelt.

4. **Kauf** – die Bewertung der verschiedenen Produkt- und Einkaufsstättenalternativen dient dazu, die jeweils beste Option auszuwählen. Idealtypisch kann zwischen zwei Phasen unterscheiden werden – zuerst der Wahl der Einkaufsstätte und dann dem Entscheidungsverhalten innerhalb der Einkaufsstätte. Das tatsächliche Verhalten hängt von einer Vielzahl von Faktoren, insbesondere von Eigenschaften des Käufers und von situativen Faktoren, ab. Das Kaufverhalten selbst kann, wie in Kapitel 6 bereits näher ausgeführt worden ist, hinsichtlich mehrerer Aspekte erfasst werden. Dazu zählen insbesondere:

   - der qualitative Aspekt – mit ihm wird erfasst, welche Güter erworben werden (Warenbereiche, Marken),
   - der quantitative Aspekt – hier wird auf die Mengen abgestellt, die von einzelnen Artikeln oder innerhalb einzelner Warenbereiche gekauft werden,
   - der örtliche Aspekt – dieser berücksichtigt, dass Einkäufe an unterschiedlichen Orten vorgenommen werden können,
   - der personelle Aspekt – damit wird festgehalten, dass verschiedene Mitglieder eines Haushalts die Einkäufe durchführen können.

Für die Marketingplanung ist der Zusammenhang zwischen den Einflussfaktoren und den Aspekten des Kaufverhaltens von besonderer Bedeutung.

5. **Konsum** – Nach dem Erwerb eines Produkts folgt die Phase des Konsums. Abhängig vom Charakter des erworbenen Gutes wird das Produkt verbraucht oder über einen längeren Zeitraum genutzt. Insbesondere bei Gebrauchsgütern sind Informationen über das Nutzungsverhalten wichtig, weil Letzteres einen großen Einfluss auf die Bewertung des Gutes haben kann.

6. **Ergebnisbewertung** – die Person bewertet nach dem Konsum, inwieweit die realisierte Alternative tatsächlich die Bedürfnisse und die Erwartungen erfüllt hat. Hier spielt die Zufriedenheit eine große Rolle, die entscheidend für das zukünftige Konsumverhalten sein kann, insbesondere für die Wahl eines Produkts oder einer Einkaufsstätte. Sowohl die Kenntnis kognitiver als auch emotionaler Aspekte bei der Ergebnisbewertung kann dem Anbieter wertvolle Hinweise darauf geben, wie die Zufriedenheit oder die Loyalität der Kunden erhöht werden können. In bestimmten Fällen kann die Analyse des Beschwerdeverhaltens nützliche Hinweise liefern.

7. **Entsorgung/Veräußerung des Konsumgutes** – die letzte Phase bezieht sich auf die Beendigung des Konsums, die in unterschiedlicher Form erfolgen kann. Ein Gut kann verbraucht werden, es kann aber auch veräußert oder entsorgt werden. Letzteres ist insbesondere bei Gebrauchsgütern von Bedeutung. Die Entsorgung kann sich aber auch auf Verpackungen

beziehen. Bei Mehrwegverpackungen ist der Rückfluss in den Verpackungskreislauf wichtig. Zunehmend sind Rücknahmepflichten bezüglich bestimmter Güter und das daraus resultierende Verhalten der Konsumenten von großem Interesse für Industrie und Handel.

Ob und in welchem Umfang alle sieben Phasen durchlaufen werden, kann in einzelnen Situationen beträchtlich variieren. Das Problemlösungsverhalten kann deshalb in einem Kontinuum variieren, das von „ausgedehntem Problemlösungsverhalten" (*extended problem solving*) auf der einen Seite des Kontinuums bis zum „begrenzten Problemlösungsverhalten" (*limited problem solving*) auf der anderen Seite reicht (vgl. Blackwell/Miniard/Engel 2006, S. 88–90). In manchen Fällen werden bestimmte Verhaltensweisen wiederholt, es wird auf Verhaltensgewohnheiten zurückgegriffen, um die Komplexität des Problemlösungsprozesses zu vereinfachen und zu reduzieren, in anderen Fällen wird impulsiv gehandelt.

Die Zerlegung des Konsumprozesses in mehrere Teilprozesse ist charakteristisch für eine Reihe von Modellen zum Konsumentenverhalten. Neben einer solchen Strukturierung, die hilfreich für die Analyse einzelner Aspekte des Verhaltens ist, geben die Modelle Hinweise darauf, von welchen Faktoren das Verhalten beeinflusst wird und welche Wirkungszusammenhänge vermutet werden. Zu den Einflussfaktoren zählen einerseits Maßnahmen eines Unternehmens, das damit die Erreichung seiner Absatzziele fördern möchte. Andererseits wird das Verhalten von Faktoren beeinflusst, die ihren Ursprung außerhalb von Unternehmungen haben, wie zum Beispiel dem Erfahrungsaustausch mit anderen Konsumenten. Diese Faktoren werden als Stimuli bezeichnet. Das Verhalten wird darüber hinaus von Persönlichkeitsmerkmalen des Konsumenten beeinflusst, bei denen zwischen latenten Größen im Insystem und äußeren Merkmalen differenzieren werden kann. Schließlich weisen die Modelle darauf hin, dass eine Reihe von Umweltvariablen das Verhalten beeinflussen kann. Im folgenden Abschnitt wird auf solche Faktoren eingegangen.

13.3.3.2 Überblick über Variablen zur Erklärung des Konsumentenverhaltens

Nachfrager verhalten sich häufig sehr unterschiedlich. Sie bevorzugen unterschiedliche Marken, kaufen in Geschäften unterschiedlicher Betriebsformen ein, informieren sich vor einem Kauf in unterschiedlichem Maße, kaufen unterschiedliche Mengen von bestimmten Produkten usw. Es war Aufgabe des vorhergehenden Abschnittes aufzuzeigen, in welchen Bereichen sich das Verhalten von Konsumenten unterscheiden kann. Im Marketing werden die Unterschiede berücksichtigt, indem Segmente von potenziellen oder tatsächlichen Nachfragern (Marktsegmente) ausgewiesen werden, so z. B. die Nicht-Verwender, die Verwender der betreffenden Produktgruppe, die in relativ geringen Mengen konsumieren (*light user*), und jene Personen, die ein Produkt in relativ großen Mengen verwenden (*heavy user*), oder die Impulskäufer und die Plankäufer (zur Bildung von Segmenten vgl. beispielsweise Kotler/Armstrong 2010, S. 216–233; Jobber 2010, S. 259–284). Im Folgenden wird der Frage nachgegangen, von welchen Faktoren es abhängt, dass Nachfrager sich in so unterschiedlicher Weise verhalten. Es hat sich gezeigt, dass die „klassischen" Variablen der Konsumökonomik:

- das Einkommen,
- die Preise und
- die subjektiven Präferenzen (Nutzen)

nicht ausreichen, um Unterschiede im Verhalten einzelner Personen zu erklären. Insbesondere der Begriff der „subjektiven Präferenzen" bedarf der Konkretisierung und Detaillierung, weil ansonsten nicht deutlich wird, warum ein Käufer die Marke A bevorzugt, ein anderer hingegen die Marke B, obwohl beide ähnlich viel kosten. Es geht also im Folgenden darum, die Faktoren, die das Konsum- und Kaufverhalten privater Konsumenten beeinflussen können, systematisch zusammenzustellen, bevor sie in den folgenden Kapiteln im Rahmen ausgewählter Theorien mit den zu erklärenden Verhaltensweisen verknüpft werden.

Im Rahmen der verhaltenswissenschaftlichen Theorien zum Konsumentenverhalten wurde inzwischen auf zahlreiche Einflussgrößen aufmerksam gemacht. Im Folgenden soll zunächst diese Vielfalt möglicher Einflussgrößen geordnet werden, indem sie in folgende fünf Gruppen eingeteilt werden:

1. **Stimuli (Reize):** Da es bei der Analyse des Konsumentenverhaltens im Kontext des Marketings vor allem um Verhaltensreaktionen auf Maßnahmen einer Unternehmung geht, stehen dabei die absatzpolitischen Instrumente im Fokus der Betrachtung. Darüber hinaus werden auch weitere Impulse, die nicht von einem Unternehmen kontrolliert werden, zu den Stimuli gezählt. Die Quelle solcher Impulse können Freunde, Familie oder Medien sein. Meinungen oder Berichte sind in diesem Fall in der Lage, bestimmte Verhaltensweisen auszulösen. Da die absatzpolitischen Instrumente bereits oben vorgestellt worden sind und zudem in den folgenden Kapiteln im Einzelnen analysiert werden, sollen sie hier nicht weiter diskutiert werden.

2. **Insystem des Konsumenten:** Eine zweite Gruppe von Einflussfaktoren bilden Merkmale, die die Struktur und die Abläufe im Insystem eines Menschen beschreiben. Es handelt sich dabei um Sachverhalte, die nicht direkt beobachtbar sind, die dennoch das Verhalten maßgeblich beeinflussen können (z. B. Motive oder Einstellungen). Ihnen gilt das besondere Interesse der verhaltensorientierten Konsumentenforschung.

3. **Äußere Konstitution des Konsumenten:** Zu einer dritten Gruppe von Einflussgrößen können Merkmale zusammengefasst werden, die eine formale Kennzeichnung der Konsumenten erlauben (z. B. Alter oder Geschlecht).

4. **Strukturvariablen der Umwelt:** Zu der vierten Gruppe von Einflussvariablen sind Umweltfaktoren zu zählen. Bei diesen kann zwischen Aspekten der Makroumwelt und Merkmalen der Mikroumwelt differenziert werden (vgl. z. B. Kotler/Armstrong 2010, S. 90-115). Die Merkmale der Mikroumwelt können weiter unterteilt werden in Größen, die das unmittelbare Umfeld des Konsumenten beschreiben und tendenziell einen objektiven Charakter aufweisen, und Variablen, die subjektiver Natur sind, da sie das Wertesystem der Personen, mit denen der Konsument Umgang hat, charakterisieren.

5. **Verhaltensvariablen der Umwelt:** Die strukturelle Betrachtung, die in den bisherigen Variablen zum Ausdruck kommt, kann um eine fünfte Gruppe ergänzt werden, in der Aspekte des eigenen Verhaltens in der Vergangenheit und des Verhaltens von Wirtschaftssubjekten in der betrachteten Umwelt des Konsumenten zusammengefasst werden.

Merkmale zur Kennzeichnung der Struktur und der Abläufe im Insystem

Eine Hauptgruppe von Einflussfaktoren auf das Konsum- und Kaufverhalten bezieht sich auf die Struktur des Insystems der Konsumenten und auf die sich dort abspielenden Vorgänge. Es wird dabei mitunter auch zwischen Zuständen und Prozessen differenziert (vgl. Trommsdorff 2009). Es handelt sich um Sachverhalte, die zwar das Verhalten des Menschen beeinflussen, aber nicht unmittelbar beobachtet werden können. Sie werden als hypothetische Konstrukte bezeichnet, weil es sich um latente Größen handelt, mit denen erklärt werden soll, warum Personen unter gleichen Umweltbedingungen unterschiedlich handeln. Sie erfassen die Individualität eines Menschen. Wenn sie auch nicht unmittelbar beobachtet werden können, so ist es doch ein Anliegen, diese Größen mit Hilfe sog. Korrespondenzregeln zu messen, womit Messvorschriften gemeint sind, die die theoretischen Größen mit Hilfe empirisch beobachteter Größen erfassen. Beispielsweise handelt es sich bei der „Intelligenz" um ein typisches hypothetisches Konstrukt. Der Intelligenztest mit seinen einzelnen Aufgaben stellt den zugeordneten Messapparat dar, mit dem die zuvor definierte (und nicht unmittelbar beobachtbare) Größe gemessen werden soll. Entsprechend werden auch in der Theorie des Konsumentenverhaltens hypothetische Konstrukte definiert, gemessen, und es wird überprüft, ob zwischen den erhobenen Variablen und dem Verhalten ein signifikanter Zusammenhang besteht. Im Mittelpunkt der Diskussion stehen dabei (vgl. Trommsdorff 2009; Kroeber-Riel/Weinberg/Gröppel-Klein 2009):

- das Involvement und die Aktiviertheit,
- die Gefühle und Emotionen,
- das Wissen,
- die Motive, Wünsche und Bedürfnisse,
- die Einstellungen,
- die Zufriedenheit,
- die Werte und Normen,
- die Kaufabsichten und
- die Lebensstile der Konsumenten.

Merkmale zur Kennzeichnung der äußeren Konstitution von Konsumenten

Das Verhalten von Konsumenten wird von Merkmalen wie Alter, Geschlecht, Volkszugehörigkeit, Nationalität, aber auch Kleidergröße beeinflusst, die als äußere Eigenschaften eines Konsumenten bezeichnet werden können. So ist beispielsweise davon auszugehen, dass die Einstellung zum Kauf von Gütern im Internet vom Alter des Konsumenten abhängig ist und die Einstellung die tatsächlichen Konsumausgaben in einem solchen Distributionskanal beeinflusst. Ähnliche altersbedingte Effekte sind beim Konsum von bestimmten Produkten, z. B. Cola-Getränken oder Alkohol, festzustellen. Zu den Eigenschaften, die die Konstitution eines Konsumenten charakterisieren, können auch Merkmale zählen, die er erworben bzw. sich erarbeitet hat, wie z. B. den Bildungsgrad und den Beruf.

Strukturelle Aspekte der Umwelt

Die Makroumwelt umfasst eine Vielzahl von Aspekten. Sie sind ausführlich in Kapitel 6 analysiert worden. Sie beeinflussen nicht nur Entscheidungen von Unternehmungen, sondern ebenso das Verhalten von Konsumenten. So wirken sich beispielsweise rechtliche Vorschriften zu den Ladenöffnungszeiten oder zu Mehrwegverpackungen auf das Verhalten von Konsumenten aus. Technologische Entwicklungen, die die Risiken eines Online-Kaufs reduzieren, den Grad der Selbstbedienung im stationären Einzelhandel erhöhen oder die Kommunikation mit dem Endverbraucher erleichtern, können die Wahl der Einkaufsstätte oder der Produkte beeinflussen. Die gesamtwirtschaftliche Entwicklung eines Landes, die sich in Größen wie Arbeitslosenquote, Bruttoinlandsprodukt oder Investitionsquote widerspiegelt, beeinflusst die Konsumneigung von Verbrauchern, die sich bei verschiedenen Warengruppen unterschiedlich stark auswirken kann.

Zu den objektiven Merkmalen der unmittelbaren Umwelt, in der das Entscheidungssubjekt handelt, gehören beispielsweise die Höhe des verfügbaren Haushaltseinkommens, die Haushaltsstruktur, die Zahl der Kinder bzw. die Zahl der Erwachsenen im Haushalt, die Art des Wohnortes, der Besitz von Gütern usw.

Unter den subjektiven Aspekten der Mikroumwelt werden vor allem wichtige Bezugsgruppen des Konsumenten verstanden. Dazu werden Familie, Freunde, Nachbarn, Vereine und sonstige Gruppen, denen der Konsument angehört oder mit denen er interagiert, gezählt. Ebenso können die Kultur, Subkultur oder soziale Schicht, der der Konsument zugehört, als Kennzeichen der subjektiven Mikroumwelt interpretiert werden (vgl. Kroeber-Riel/Weinberg/Gröppel-Klein 2009, S. 578–597; Blackwell, Miniard und Engel 2006; S. 424–474). Im Fokus der Überlegungen steht dabei das Wertesystem von Personen, mit denen das Entscheidungssubjekt Umgang hat. Im Einzelnen kann es sich darin äußern, wie diese Personen einzelne Sachverhalte (z. B. neue Produkte) beurteilen oder was sie für nützlich und wichtig erachten (z. B. eine gesunde Ernährung, eine heile Umwelt oder den Besitz von exklusiven Gütern). Meinungsführer, d. h. Personen, die einen großen Einfluss auf die Meinungsbildung ihrer Mitmenschen ausüben, sind in diesem Zusammenhang besonders wichtig.

Verhaltensaspekte in der Umwelt eines Konsumenten

Die strukturelle Analyse kann um Verhaltensaspekte erweitert werden, die sich auf Wirtschaftssubjekte im Umfeld des Konsumenten beziehen. Dazu zählen:

1. das Verhalten des Konsumenten selbst, welches u. a. folgende Aspekte beinhaltet:
   - sein Freizeitverhalten (z. B. die Häufigkeit der Kino- und Konzertbesuche, die Anzahl der in einem Monat gelesenen Bücher, die Zahl der Restaurantbesuche),
   - der Kauf bestimmter Gebrauchsgegenstände,
   - der Kauf bestimmter Marken,
   - das Ausmaß der Markentreue,
   - die Art der bevorzugten Einzelhandelsgeschäfte,
2. das Verhalten von Personen aus der persönlichen Umwelt, das sich auf die gleichen Aspekte beziehen kann, die bei dem eigenen Verhalten genannt wurden,
3. das Verhalten von Unternehmungen, Medien, Verbänden und sonstigen Institutionen.

Es wird damit unterstellt, dass die bisherigen Verhaltensmuster des Konsumenten seine Reaktion auf bestimmte Stimuli, insbesondere auf den Einsatz von absatzpolitischen Instrumenten, beeinflussen. Eine solche Interpretation ist zwar zulässig, andererseits kann man aber auch behaupten, dass diese Verhaltensmuster letztendlich das Ergebnis der Motive, Einstellungen oder Werte des Konsumenten, d. h. der Strukturen im Insystem des Konsumenten sind.

Insgesamt werden im Rahmen der Konsumentenverhaltenstheorie die in Abbildung 13.5 zusammengestellten Variablen zueinander in Beziehung gesetzt. Es ist üblich, das beobachtbare Verhalten mit **R** (für Response) abzukürzen, die aus der Umwelt auf den Konsumenten einwirkenden Reize mit **S** (für Stimulus) und die ein Individuum kennzeichnenden Werte für die einzelnen hypothetischen Konstrukte mit **O** (für Organismus) oder mit **I** als Abkürzung für „intervenierende Variablen", also für Größen, die zwischen die auf das Subjekt wirkenden Reize und sein Verhalten treten. Hypothesen, in denen das beobachtbare Verhalten nur zu den unmittelbar beobachteten Reizen der Umwelt in Beziehung gesetzt wird, werden als Untersuchungen nach dem SR-Konzept bezeichnet, Untersuchungen, die zusätzlich hypothetische Konstrukte einbeziehen, als solche nach dem SOR-Konzept (bzw. SIR-Konzept).

Die vorausgegangene Analyse und ihre Zusammenfassung in Abbildung 13.5 vermitteln zwar den Eindruck, dass sich die angesprochenen Bestimmungsfaktoren den einzelnen Gruppen eindeutig zuordnen lassen, dennoch darf nicht übersehen werden, dass es zahlreiche Konzepte gibt, die Aspekte verschiedener Gruppen zu neuen Einflussfaktoren des Konsumentenverhaltens zusammenfassen. So werden beispielsweise ausgewählte Variablen des Insystems und Aspekte des Konsumentenverhaltens zu dem Konstrukt Lebensstil (Lifestyle) zusammengefasst, von dem angenommen wird, dass er das Verhalten maßgeblich beeinflusst. Ähnlich verhält es sich bei der Größe Persönlichkeit, die ebenfalls als Aggregat verschiedener Aspekte interpretiert werden kann.

Versucht man das Phasenmodell des Konsumentenverhaltens mit der Perspektive des SOR-Konzepts zu verknüpfen, so kann das Ergebnis jeder Phase als Reaktion auf bestimmte Stimuli interpretiert werden, wobei die Reaktion von den vorgestellten Faktoren beeinflusst wird.

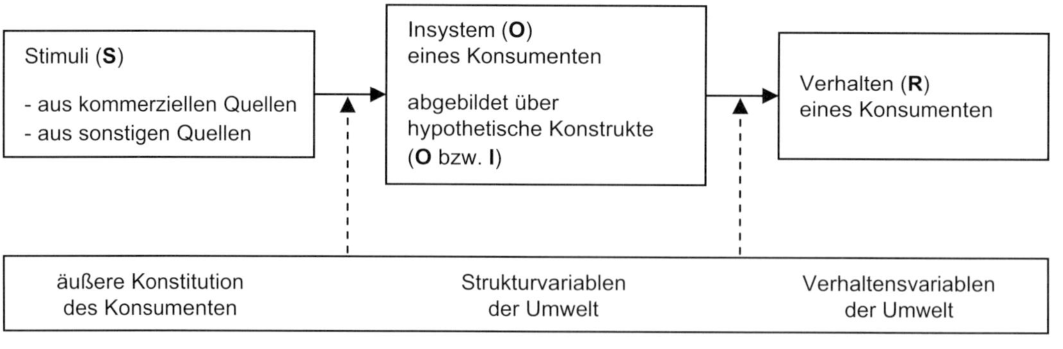

Abb. 13.5: Bestimmungsfaktoren des Konsumentenverhaltens

13.3.3.3 Hypothesen als zentrale Elemente verhaltenswissenschaftlicher Erklärungen

Anliegen der Theorien des Konsumentenverhaltens ist es nicht nur, die Vielfalt des Verhaltens aufzuzeigen und zu beschreiben sowie mögliche Einflussfaktoren zu benennen, sondern es soll auch erklärt werden, warum es zu einem bestimmten Verhalten kommt. Solche Erklärungsversuche kristallisieren sich in Hypothesen heraus (vgl. Hildebrandt 2008). Dabei handelt es sich um Aussagen, die versuchen, eine generelle, d. h. eine von Zeit und Raum unabhängige Beziehung zwischen mindestens einer Wirkung und mindestens einer Ursache herzustellen. Zwei Beispiele sollen dies verdeutlichen:

- Wenn Konsumenten die Qualität einzelner Artikel vor dem Kauf nicht kennen, bevorzugen sie bekannte Markenartikel, um das Risiko eines Fehlkaufs zu vermeiden.
- Das Image, das einzelne Marken bei den Konsumenten haben, unterscheidet sich in Abhängigkeit von den vorrangigen Motiven der Konsumenten.

Die erste Hypothese versucht zu erklären, warum ein Teil der Konsumenten bekannte Herstellermarken bevorzugt (z. B. beim Kauf einer Sonnenmilch), während andere Handelsmarken wählen, Dritte schließlich zu einem weithin unbekannten Produkt greifen. Die Hypothese sieht die Ursachen hierfür in vermuteten Qualitätsunterschieden und der unterschiedlich ausgeprägten Abneigung der Konsumenten, ein Qualitätsrisiko einzugehen. Die zweite Hypothese nimmt ihren Ausgangspunkt von einer internen Reaktion des Verbrauchers: Warum wird dasselbe Produkt (z. B. ein bestimmtes Off-Road-Fahrzeug) von dem einen positiv, von einem anderen negativ beurteilt? Die Ursachen werden in unterschiedlichen Motiven vermutet. Während in der ersten Hypothese ein Zusammenhang zwischen einer latenten Größe aus dem Insystem des Kunden und einer Verhaltensvariablen postuliert wird, bezieht sich die zweite Hypothese auf den Zusammenhang zwischen zwei Konstrukten. Die beiden Hypothesen deuten an, dass es risikotheoretische und motivtheoretische Ansätze zur Erklärung von Konsumentenverhalten gibt (siehe Abbildung 13.6).

Hypothese	Unabhängige Variable	Abhängige Variable
1	Empfundenes Risiko	Bevorzugung von Herstellermarken
2	Motivstruktur	Image einzelner Marken

Abb. 13.6: Zwei Beispiele für erklärende Größen zum Konsumentenverhalten

Hypothesen stellen den Kern der verhaltenswissenschaftlich ausgerichteten Konsumentenforschung dar. Allgemein lassen sie sich als Zusammenhang zwischen mindestens zwei Variablen kennzeichnen. Ihnen wird ein so hoher Stellenwert zugeordnet, weil sie die Basis einer Erklärung darstellen. Nach dem sog. Hempel-Oppenheim-Schema wird ein zu erklärender Sachverhalt geschlussfolgert, indem aus einer All-Aussage (also einer sich bislang bewährenden Hypothese) in Verbindung mit einer singulären Zustandsbeschreibung ein konkretes Ergebnis abgeleitet wird. Für die erste Hypothese stellt sich das wie folgt dar:

All-Aussage: Je mehr Risiko Konsumenten bei der Wahl zwischen unterschiedlichen Marken empfinden, desto eher bevorzugen sie bekannte Herstellermarken.

Situative Gegebenheiten: In Region A ist das subjektiv empfundene Risiko bei den Konsumenten relativ gering.

Schlussfolgerung: In Region A ist der Marktanteil der Herstellermarken relativ gering.

Das Beispiel zeigt die Besonderheiten dieser Vorgehensweise. Bei den Hypothesen handelt es sich um Aussagen, deren Richtigkeit nicht zu beweisen ist, sondern um Aussagen über die Realität, die sich dort allerdings bewähren müssen. Die Realität (und nicht die Logik) stellt den Prüfstein für die Richtigkeit solcher Aussagen dar. Durch Überprüfung an der Realität kann getestet werden, ob sich eine Hypothese bewährt hat oder ob sie als falsifiziert angesehen werden muss. Im letzteren Fall ist zu prüfen, ob der Aussagenbereich eingeschränkt werden muss und/oder ob weitere Variablen mit in die Hypothese einbezogen werden müssen. Es empfiehlt sich, Hypothesen nicht beliebig und unbegründet zu formulieren, sondern nach Argumenten zu suchen, die sie stützen und plausibel erscheinen lassen.

Die Überprüfung von Hypothesen erfolgt im Regelfall auf der Grundlage von empirischen Untersuchungen. Für die Auswertung der Daten werden zahlreiche statistische Verfahren eingesetzt, die Aussagen zur Signifikanz der vermuteten Zusammenhänge erlauben (vgl. z. B. Backhaus/Erichson/Plinke et al. 2008; Herrmann/Homburg/Klarmann 2008; Hair/Black/Babin et al. 2010; Tabachnick/Fidell 2007). Zum einen sind Verfahren hervorzuheben, die tendenziell der Überprüfung von SR-Zusammenhängen dienen, wozu insbesondere der Mittelwertvergleich, die Varianzanalyse und die Regressionsanalyse zu zählen sind. Zum anderen sind Strukturgleichungsmodelle zu nennen, die vor allem mit Hilfe von LISREL, AMOS und PLS gelöst werden und der Analyse von latenten Zusammenhängen im Rahmen von SOR-Modellen dienen. Daneben sind strukturentdeckende Verfahren wie die Cluster- und die Faktorenanalyse zu erwähnen, denen häufig eine unterstützende Aufgabe zukommt, wenn die analysierte Gesamtheit zu heterogen ist oder zwischen den untersuchten Variablen hohe Korrelation besteht.

13.4 Zusammenfassung

Das Verständnis von Marketing hat sich in den letzten Jahrzehnten stark gewandelt. An die Stelle der ursprünglichen engen Auffassung, die mit dem heutigen Verständnis von Absatz gleichzusetzen wäre, sind zahlreiche Varianten getreten, die sich durch eine umfassendere Perspektive auszeichnen. Auch die Gleichsetzung des Marketings mit der Gestaltung der absatzpolitischen Instrumente ist als eng zu bezeichnen, da bei dieser Auffassung der Orientierung an den Bedürfnissen des Markts noch keine ausreichende Bedeutung beigemessen wird. Dennoch spielt der Marketing-Mix, der unterschiedliche absatzpolitische Instrumente umfasst, auch bei den Erweiterungen des Marketingbegriffs eine zentrale Rolle. Während die Analyse der Marketingpolitik eines Industrieunternehmens im

Regelfall zwischen vier absatzpolitischen Instrumenten differenziert, zeichnen sich Systematisierungsansätze, die auf den Handel bezogen sind, dadurch aus, dass sie weitere Instrumente beinhalten. In den folgenden Kapiteln werden sieben absatzpolitische Instrumente detailliert behandelt – die Standortpolitik, die Sortimentspolitik, die Handelsmarkenpolitik, die Preispolitik, die Kommunikationspolitik, die Verkaufsraumgestaltung sowie die Service- und Beratungspolitik. Die Erweiterungen des Marketingverständnisses stellen keinesfalls in Frage, dass es zu den zentralen Aufgaben des Marketings gehört, die genannten Instrumente einzusetzen, sie machen aber darauf aufmerksam, dass sie so zu gestalten sind, dass zum einen den Bedürfnissen der Absatzmärkte entsprochen wird, zum anderen die Konkurrenzverhältnisse in geeigneter Weise berücksichtigt werden. Neben der Marktorientierung wird betont, dass sich der Fokus des Marketings zunehmend von der Betrachtung der einzelnen Transaktion in Richtung einer Analyse von langfristigen Austauschbeziehungen verschoben hat. Darüber hinaus wird das moderne Marketingverständnis der Tatsache gerecht, dass die dem Kunden angebotene Leistung im Regelfall das Ergebnis eines komplexen Prozesses ist, an dem mehrere Unternehmungen beteiligt sind. Die Qualität und die Kosten der Leistung hängen maßgeblich davon ab, wie gut es gelingt, die Prozesse zu koordinieren. Der Erfolg eines Unternehmens hängt somit nicht nur von den eigenen Maßnahmen ab. Zudem konkurriert das einzelne Unternehmen nicht mit anderen einzelnen Unternehmungen, sondern der Wettbewerb spielt sich zwischen verschiedenen Distributionssystemen ab, an denen mehrere Unternehmungen mitwirken. Diese Herausforderungen kommen in der Netzwerkorientierung des Marketings zum Ausdruck.

Sowohl bei der auf einzelne Transaktionen bezogenen Sichtweise als auch bei der Gestaltung von Austauschbeziehungen steht der Kunde im Mittelpunkt des Interesses, da sein Kaufverhalten letztendlich über den Erfolg der unternehmerischen Tätigkeit entscheidet. Insofern gehört es zu den zentralen Anliegen des Marketings, Kundenreaktionen zu beschreiben, zu erklären und zu prognostizieren. Dabei bedient sich das Marketing zweier grundlegend unterschiedlicher Vorgehensweisen. Auf der einen Seite gibt es Ansätze, die sich auf die Analyse von beobachtbaren Sachverhalten beschränken (SR-Modelle), auf der anderen Seite gibt es Konzepte, die sich explizit mit Vorgängen im Insystem von Konsumenten beschäftigen (SOR-Modelle). Letztere bilden den Kern der verhaltenswissenschaftlich ausgerichteten Konsumentenforschung. Für das Handelsmarketing ist zum einen die Analyse des gesamten Kaufprozesses interessant, um zu erkennen, in welchen Phasen der Konsument beeinflusst werden kann. Zum anderen ist die Frage nach den Möglichkeiten einer Einflussnahme zu beantworten. Hierzu ist es erforderlich, die Bestimmungsfaktoren des Konsumentenverhaltens zu kennen und die Zusammenhänge zwischen den relevanten Größen zu verstehen. Eine zentrale Bedeutung kommt dabei den Vorgängen im Insystem des Konsumenten zu, die als Konstrukte bezeichnet werden. Sie bilden das Bindeglied zwischen den Stimuli, insbesondere dem Marketing-Mix, auf der einen und den Verhaltensreaktionen der Konsumenten auf der anderen Seite. Das Verständnis dieser latenten Vorgänge bildet die Basis für eine effektive Gestaltung der absatzpolitischen Instrumente, die in den nächsten Kapiteln ausführlich analysiert werden. Dabei ist zu berücksichtigen, dass die Wirkungszusammenhänge, die durch das SOR-Modell beschrieben werden, von weiteren Größen, zum Beispiel der äußeren Konstitution von Konsumenten und Umweltfaktoren, beeinflusst werden. Um die Zusammenhänge einer wissenschaftlichen Analyse zugänglich zu machen, werden sie in der Form von Hypothesen formuliert und mit Hilfe geeigneter Methoden überprüft.

14 Die Wahl des Standorts für Verkaufsstellen

Die Wahl eines Standorts gehört für die meisten Handelsunternehmen zu den zentralen Erfolgsfaktoren. Mit einem Standort ist dabei der geographische Ort gemeint, an dem sie Ressourcen (Produktionsfaktoren) einsetzen, um ihre Leistungen zu erstellen. Die folgenden Beispiele zeigen, dass einige Standortentscheidungen fast ausschließlich unter Kostengesichtspunkten getroffen werden können:

- die Entscheidung eines Versandhandelsunternehmens über den Ort der Lagerhaltung und der Auslieferung,
- die Entscheidung eines Lebensmitteldiscounters über die Standorte von Regionallägern, von denen aus die einzelnen Verkaufsstellen in einer Region beliefert werden,
- die Entscheidung, wo ein Callcenter betrieben werden soll, um Kundenanfragen zu bearbeiten oder neue Kunden zu akquirieren.

Wegen der vorrangigen Kostenwirkungen werden die genannten Probleme im Rahmen der Logistikplanung einer Unternehmung behandelt.

Bei Standortentscheidungen für Verkaufsstellen sind die Kostengesichtspunkte um Überlegungen zu ergänzen, inwieweit durch die Standortentscheidung das Kaufverhalten der Nachfrager und damit der Umsatz beeinflusst werden. Sie sind Gegenstand des vorliegenden Kapitels. In diesen Fällen wird der Standort auch als absatzpolitisches Instrument und damit als Teil der Marketingpolitik gesehen. So ist es etwa im Großhandel denkbar, dass Handwerker die Entscheidung, wo sie einkaufen, auch von der Nähe eines Anbieters abhängig machen. Von herausragender Bedeutung sind Standortentscheidungen jedoch vor allem im stationären Einzelhandel. Nachteile hinsichtlich des Standorts lassen sich auch durch überdurchschnittliche Leistungen bei den übrigen absatzpolitischen Instrumenten kaum ausgleichen. Anders als bei der Sortiments- oder der Preispolitik, bei denen geplante Änderungen schnell umgesetzt werden können, ist die Standortpolitik langfristig angelegt. Fehlentscheidungen bei der Standortwahl lassen sich in vielen Fällen nicht mehr korrigieren und können wegen der eingegangenen Bindungen durch Mietverträge und Investitionen schwerwiegende Folgen haben. Zugleich sind Standortentscheidungen häufig das Ergebnis eines langen und aufwendigen Planungsprozesses. Umgekehrt kann ein geeigneter Standort die Grundlage für einen Wettbewerbsvorteil bilden, der sich auch langfristig gegenüber der Konkurrenz verteidigen lässt. Die strategische Bedeutung von Standortentscheidungen ist auch daran zu erkennen, dass viele Unternehmungen unter starkem Wettbewerbsdruck neue Standorte finden und entwickeln müssen. Die wachsenden Miet- und Immobilienkosten erhöhen zusätzlich die Tragweite der Standortpolitik.

Standortentscheidungen sind zwar grundsätzlich auf der Ebene eines einzelnen Ladenlokals zu treffen, die zunehmende Filialisierung im Einzelhandel führt allerdings dazu, dass Handelsunternehmungen Standortpolitik für ihr gesamtes Filialnetz betreiben müssen. Dabei ist zum einen die Unternehmensstrategie zu beachten, zum anderen sind die Wechselwirkungen zwischen den verschiedenen Standorten zu berücksichtigen. Teilweise eröffnen große Filialunternehmen in einem Jahr mehr als 100 neue Standorte, weshalb sich in solchen Unternehmungen spezialisierte Standortplaner finden. Das vorliegende Kapitel zeigt, wie Standorte beurteilt werden können. Auf die rein kostenorientierte Wahl von Standorten (insbesondere für Läger) wird hier nicht eingegangen, sie wird meist im Rahmen logistischer Überlegungen behandelt.

Im Folgenden wird eine einzelwirtschaftliche Perspektive eingenommen, indem gefragt wird, wie eine einzelne Unternehmung feststellen kann, ob ein bestimmter Standort für ein Geschäftslokal geeignet ist. Standortentscheidungen sind aber auch in anderen Zusammenhängen relevant:

- Planer und Betreiber von Shopping-Centern werfen die Frage auf, inwieweit Shopping-Center am Stadtrand oder in der Innenstadt erfolgreich betrieben werden können.
- Flughafenbetreiber analysieren, ob Standorte für Handelsbetriebe an Flughäfen in der Zukunft wachsende Bedeutung haben werden.
- kommunale Stadtplaner fragen nach der Bedeutung des Einzelhandels für die Attraktivität ihrer Städte, insbesondere der Innenstädte, und diskutieren dabei Verkehrs- und Parkprobleme.
- Regionalplaner streiten darum, ob ein Wettbewerb zwischen einzelnen Städten auf dem Gebiet des Einzelhandels zugelassen oder verhindert werden soll.

Insofern überrascht es nicht, dass sich mit den Standortentscheidungen des Einzelhandels auch Stadtplaner, Juristen, Soziologen und Geographen beschäftigen (vgl. z. B. die „Berichte des Arbeitskreises Geographische Handelsforschung" herausgegeben vom Geographischen Institut der Humboldt-Universität zu Berlin, Abt. Wirtschaftsgeographie). Im Folgenden wird die entscheidungsorientierte Perspektive eines einzelnen Handelsunternehmens angelegt, indem nach den Alternativen in der Standortwahl, den Zielen und den Umweltvariablen gefragt wird. Dabei wird deutlich gemacht, welche Planungsmethoden zum Einsatz kommen können und inwieweit auf Theorien zurückgegriffen werden kann, um Standortentscheidungen zu erklären und zu optimieren.

14.1 Die zentralen Elemente einer Standortentscheidung

Wie bei den übrigen absatzpolitischen Instrumenten lassen sich auch bei Standortproblemen die üblichen Elemente des entscheidungsorientierten Ansatzes unterscheiden, indem überlegt wird, welche Alternativen zur Verfügung stehen, auf welche Ziele die Entscheidung ausgerichtet werden soll und welche Umwelteinflüsse zu beachten sind. Bei Letzteren sind in der Standortplanung neben den Verhaltensweisen der Konsumenten vor allem die zahlreichen rechtlichen Regelungen zu beachten.

14.1.1 Die Standortalternativen

Es ist zweckmäßig, zuerst zu klären, über welche Alternativen zu entscheiden ist. Das kann zum einen die Wahl einer Region innerhalb eines Landes sein (die Wahl eines Landes wird als Teil der Internationalisierungsstrategie gesehen), die Wahl einer Standortlage innerhalb einer Stadt (z. B. nur 1a-Lagen innerhalb der Innenstadt) oder die Wahl eines konkreten Standorts für ein Geschäftslokal. Die Aufzählung macht deutlich, dass Standortentscheidungen von strategischer Bedeutung (zu den Merkmalen strategischer Entscheidungen vgl. Kapitel 5) sein können, insbesondere, wenn Entscheidungen darüber getroffen werden,

- welche Regionen eines Landes mit Standorten besetzt werden sollen,
- ob Standorte in verschiedenen Lagen denkbar sind oder nur solche in Lagen mit bestimmten Wertigkeiten.

Viele Handelsunternehmungen haben nicht nur über einen einzelnen Standort, sondern über ein ganzes Netz von Standorten zu entscheiden. Das gilt sowohl für Filialunternehmungen als auch für Franchise- und Vertragshändlersysteme (zu den Besonderheiten der Standortpolitik in Franchisesystemen vgl. Ghosh/Craig 1991). Im Falle der Planung eines Standortnetzes gibt es neben den oben angesprochenen Entscheidungsparametern eine Reihe weiterer Größen, die zum Gegenstand der Standortpolitik gezählt werden können. Bei einer Filialunternehmung, die über eine Vielzahl von Filialen zu entscheiden hat, stellen sich insbesondere die folgenden Fragen:

- Wie groß soll das Filialnetz sein?
- Wie soll eine Filialexpansion in räumlicher Hinsicht gestaltet werden?
- Welche zeitliche Entwicklung des Filialnetzes ist anzustreben?
- Soll eine geplante Expansion in der Form eines generischen Wachstums oder mittels Akquisitionen erfolgen?

Neben der Expansion stellt auch die Kontraktion eine Option der Standortpolitik dar. In diesem Fall ist zu entscheiden, welche Standorte aufgegeben werden sollen und in welcher Form (z. B. Verkauf oder Schließung) der Rückzug erfolgen soll. Diese Aspekte der Standortpolitik sollen an dieser Stelle nicht weiter vertieft werden.

In enger Verbindung zur Standortpolitik steht die Entscheidung hinsichtlich der Koordinationsform neuer Standorte. So kann die Frage aufgeworfen werden, welche Standorte als Filialen betrieben werden sollen und wo der Einsatz eines Franchisesystems sinnvoll ist. Ebenso kann für ein Handelsunternehmen, das mehrere Vertriebsschienen oder eine Differenzierung innerhalb einer Vertriebsschiene betreibt, die Entscheidung über die abgestimmte räumliche Präsenz der verschiedenen Betriebsformen Gegenstand der Standortpolitik sein.

Da schon wegen seiner unterschiedlichen geographischen Koordinaten kein Standort dem anderen völlig gleicht und somit die Zahl der Alternativen praktisch unendlich groß ist, reduziert man die Komplexität der Standortentscheidung häufig, indem man sich vorab für bestimmte Standortlagen festlegt. So ist zu beobachten, dass Warenhäuser meist die am stärksten frequentierten Innenstadtlagen von Großstädten bevorzugen. Möbelgeschäfte bevorzugen Stadtrandlagen, einige Drogeriemärkte (z. B. dm-drogerie markt) präferieren hoch frequentierte Lagen in Innenstädten und

Vorortzentren, andere (z. B. Schlecker) ziehen Randgebiete vor. Um die Standortsuche und die Bewertung zu erleichtern, wird die Vielfalt der Standortlagen typologisiert. Hierfür gibt es eine Vielzahl von Einteilungen, wobei die Definition der einzelnen Standortlagen oft unterbleibt oder unscharf ist. Besonders häufig spricht man von den Lagen, die mit Bezug auf die Passantenfrequenz voneinander abgegrenzt werden (TOP A-Lage = Punkt/Bereich mit der höchsten Passantenfrequenz (95–100 %) im Stadtgebiet, A-Lage: 75–95 % der Frequenz der TOP A-Lage, vgl. Gesellschaft für Immobilienwirtschaftliche Forschung e. V. (GIF) 2000, S. 21). Darüber hinaus kann aber auch zwischen Lagen im Zentrum einer Stadt bzw. Gemeinde, im Nebenzentrum, in einem Wohngebiet oder außerhalb der geschlossenen Besiedlung differenziert werden (Handels- und Gaststättenzählung 1993). Das Institut für Handelsforschung an der Universität zu Köln unterscheidet im Rahmen des Betriebsvergleiches zwischen Hauptgeschäftslage in der Innenstadt/im Ortszentrum, Nebengeschäftslage in der Innenstadt/im Ortszentrum, Hauptgeschäftslage in einem Stadtteil/Vorort, Nebengeschäftslage in einem Stadtteil/Vorort, „Grüne Wiese“ und Sonderlagen (z. B. Bahnhof oder Flughafen). Die wirtschaftliche Bedeutung der einzelnen Standortlagen und ihre Veränderung im Zeitablauf sind für Handelsmanager und Immobilienbetreiber von höchstem Interesse. In Abschnitt 14.1.3 wird auf einige Entwicklungen hingewiesen.

14.1.2 Ziele der Standortplanung

In betriebswirtschaftlicher Sicht stellt die Wahl eines Standorts ein Investitionsproblem dar. Jener Standort ist vorzuziehen, der sich im Rahmen einer Investitionsrechnung als vorteilhaft erweist. Dies impliziert zwei wichtige Sachverhalte.

Als erstes ist zu beachten, dass die Auswirkungen einer Standortwahl in langfristiger Perspektive zu beurteilen sind. Bekanntlich erfordern Investitionsrechnungen die Abschätzung zukünftiger Einzahlungen (insbesondere die Umsätze) und Auszahlungen. Die Prognose der zukünftigen Auszahlungen erweist sich dabei im Regelfall als nicht problematisch. Es sind zum einen Grundstück-, Immobilien- und Mietkosten zu berücksichtigen, zum anderen sind aber auch Kosten, die das Betreiben eines Geschäftes an einem Standort verursacht, heranzuziehen. Dazu zählen insbesondere die Personalkosten, die Energiekosten, aber auch Transportkosten vom eigenen Auslieferungslager oder den Standorten der Lieferanten. Es gibt eine Reihe weiterer Kostenkomponenten, die zu beachten sind. So können beispielsweise an Standorten mit erhöhter Kriminalität Versicherungskosten, Diebstahlkosten oder Kosten für Sicherheitsmaßnahmen einen maßgeblichen Einfluss auf die Standortkosten ausüben. Schwieriger gestaltet sich die Prognose der an einem Standort zu erzielenden Umsätze. Filialisierte Handelsunternehmungen, die ihr Filialnetz um eine weitere Verkaufsstelle erweitern wollen, haben darüber hinaus die Auswirkungen einer neuen Filiale auf das gesamte Filialnetz zu berücksichtigen (vgl. z. B. Zeller/Achabal/Brown 1980; Achabal/Gorr/Mahajan 1982; Drezner 1994). Eine Beurteilung eines Standorts, die nur auf die derzeitige Situation abstellt, könnte wichtige Veränderungen auf der Kosten- oder Erlösseite übersehen. Alle Größen (die Ziele und ihre Einflussgrößen) unterliegen einer dynamischen Entwicklung. Deshalb ist es bei der Standortwahl, deren Konsequenzen sich über einen längeren Zeitraum erstrecken, zu überlegen, wie sich diese Merkmale in der Zukunft entwickeln werden. Die soziodemografische Struktur im Einzugsgebiet kann sich verändern, große Bauprojekte können auf Jahre hinaus die Verkehrsverhältnisse beeinträchtigen, geplante Maßnahmen der Konkurrenz oder das Entstehen von Shopping-Center können die Wettbewerbssituation grundlegend verändern, schließlich können Ansiedlungen fremder Branchen die Nachfrage nach Immobilien und Arbeitskräften steigern und damit ihre Kosten erhöhen. Bei der Bewertung von Standorten müssen folglich solche Entwicklungen und ihre Auswirkungen antizipiert werden. Dem wird Rechnung getragen, indem Standortentscheidungen als Investitionsprobleme behandelt werden. Eine Möglichkeit, den Einfluss von unsicheren Entwicklungen zu quantifizieren, besteht darin, Szenariotechniken einzusetzen (vgl. z. B. Ghosh/McLafferty 1982).

Zum zweiten wird deutlich, dass als Ziel- bzw. Ergebnisgröße die aus der Investitionsplanung bekannten Zielgrößen heranzuziehen sind, wobei dem Kapitalwert eine besondere Bedeutung zukommt. Alternative Standortlagen werden folglich wie Verkaufsstellen einer bestimmten Betriebsform (siehe Kapitel 10) anhand ihrer Kapitalwerte verglichen. Der Kapitalwert für eine Verkaufsstelle an einem konkreten Standort ergibt sich als:

$$K = \sum_{t=0}^{T} (E_t - A_t) \frac{1}{(1+i)^t} \qquad (14.1)$$

mit:

K	=	Kapitalwert
A_t	=	Auszahlungen in Periode t (t = 1,..., T)
E_t	=	Einzahlungen in der Periode t (t = 1,..., T)
i	=	Kalkulationszinsfuß
T	=	Ende des Planungshorizonts

Für die Güte eines Standorts, erfasst über seinen Kapitalwert, sind also vier Faktoren maßgeblich:

- die Höhe der an einem Standort zu erzielenden Einzahlungen (insbesondere Umsätze),
- die Höhe der durch einen Standort induzierten Auszahlungen (bzw. Kosten),
- die Länge des Zeitraums, der der Standortplanung zu Grunde gelegt wird,
- die Höhe des anzusetzenden Kalkulationszinsfußes.

Dabei ist allerdings zu beachten, dass strategische Überlegungen eines Handelsunternehmens dazu führen können, dass die Wahl von Standorten auch unter anderen Gesichtspunkten getroffen wird. So kann die Präsenz an bestimmten Standorten für das Image des Unternehmens bedeutend sein. Sowohl Markenhersteller als auch Handelsunternehmungen eröffnen zunehmend in exklusiven Lagen Verkaufsstellen, die sich durch eine besondere Architektur, überdurchschnittliche Ausstattung oder umfassendes Sortiment auszeichnen (Flagship-Stores). Zu nennen ist beispielsweise das Upper Eastside Berlin, in dem unter anderem Flagship-Stores von Douglas, Zara, Esprit und Marc O´Polo zu finden sind. Das Erreichen eines bestimmten Marktanteils oder die Blockade eines Standorts gegenüber der Konkurrenz können weitere Zielgrößen der Standortpolitik sein.

14.1.3 Rahmenbedingungen der Standortplanung

Die Wahl eines Standorts wird von einer Vielzahl von Faktoren beeinflusst. Hierzu zählen sowohl unternehmensinterne als auch -externe Größen. Unter den unternehmensinternen Einflussfaktoren ist insbesondere an

- das strategische Konzept der Unternehmung zu denken, aber auch
- an die Kapitalausstattung, da von der Wahl eines Standorts eine starke und meist langfristige Kostenwirkung ausgeht.

Unter den unternehmensexternen Faktoren ragen drei Einflussgrößen heraus:

- die Bevölkerung im Umfeld des zu beurteilenden Standorts,
- die Konkurrenzsituation und
- die zu beachtenden rechtlichen Rahmenbedingungen.

Ein besonders starker Einfluss geht von der strategischen Ausrichtung des Unternehmens, vor allem von der Wahl der Betriebsform (siehe Kapitel 10), aus. Betriebsformen erfordern unterschiedliche Verkaufsflächen. Bei den externen Einflussfaktoren ist an erster Stelle die Bevölkerung im Einzugsgebiet einer Verkaufsstelle, insbesondere ihr Konsum- und Kaufverhalten, zu nennen. Die Präferenzen der Kunden hinsichtlich von Standorten spiegeln sich in den Eigenschaften einzelner Standortalternativen, z. B. in Passantenfrequenzen, Einbettungen in Agglomerationen und Einzugsgebieten. Diese Merkmale sind deshalb relevant, weil Konsumenten in unterschiedlichem Maße Einkäufe planen, Mehrzweckeinkäufe durchführen und bereit sind, größere Entfernungen bis zum Einkaufsort zurückzulegen. Die Standortplanung hängt zudem vom Verhalten der Konkurrenz ab. So können Präferenzen von Konkurrenten für bestimmte Standorte oder Agglomerationen Einfluss auf die eigenen standortpolitischen Entscheidungen ausüben. Schließlich sind die rechtlichen Rahmenbedingungen zu den zentralen Einflussgrößen auf die Standortplanung zu zählen. In diesem Zusammenhang ist insbesondere die Baunutzungsverordnung (BauNVO) zu nennen, die unter anderem die Zulässigkeit großflächiger Handelsbetriebe in einzelnen Baugebieten regelt.

14.1.3.1 Strategische Ausrichtung des Unternehmens

Die strategische Ausrichtung eines Handelsunternehmens kommt vor allem in der Wahl der Betriebsform zum Ausdruck. Betriebsformen können sich insbesondere hinsichtlich der Verkaufsfläche, der Sortimentsbreite und -tiefe und des Preisniveaus stark unterscheiden (siehe Kapitel 2). Daraus resultieren unterschiedliche Anforderungen an den Standort. Handelsunternehmungen, die eine Kostenführerstrategie gewählt haben, haben andere Ansprüche an die Standortlage als Händler, die eine Differenzierungsstrategie verfolgen. Ein Handelsunternehmen, das seinen Wettbewerbsvorteil aus einer effizienten Logistik bezieht, muss großen Wert auf eine gute Anbindung an das Verkehrsnetz legen. Anbieter von Sortimenten, die tendenziell ungeplant gekauft werden, benötigen Standorte mit einer hohen Passantenfrequenz. Händler, die Ergänzungssortimente anbieten, setzen auf die räumliche Nähe zu anderen Händlern.

Für Filialbetriebe stellt sich zusätzlich die Frage nach der Abstimmung der Standortentscheidungen für verschiedene Filialen. So ist die Standortwahl für eine weitere Filiale von der grundsätzlichen Filialnetzpolitik abhängig. Sie kann sich einerseits auf die Absatzseite beziehen (Kannibalisierung), andererseits aber auch die eigene Logistik betreffen. Bei den absatzpolitischen Überlegungen sind vor allem die angestrebte Filialnetzdichte, das Setzen von regionalen Schwerpunkten oder die Präsenz an bedeutenden Standorten von Relevanz. Bei der räumlichen Expansion von Filialunternehmungen kann das zeitnahe Eröffnen von mehreren Verkaufsstellen in einem Marktgebiet von großer Bedeutung für die Effizienz der Kommunikationspolitik sein. Das bedeutet, dass abhängig von der Unternehmenspolitik simultan über die Eignung von mehreren Standorten zu entscheiden ist.

Insgesamt wird deutlich, dass die Standortpolitik in hohem Maße von der Strategie des Unternehmens beeinflusst wird. Ziel muss es sein, einen Fit zwischen der Unternehmensstrategie und den gewählten Standorten herzustellen.

14.1.3.2 Die Nachfrager und ihr Einkaufsverhalten

Standortpolitische Entscheidungen sind so zu treffen, dass sie den Einkaufsgewohnheiten der Kunden gerecht werden. Insofern besteht kein Zweifel daran, dass vom Einkaufsverhalten ein starker Einfluss auf die Standortpolitik eines Handelsunternehmens ausgeht. Dabei geht der Einfluss nicht nur von räumlichen Präferenzen für Standorte des stationären Handels aus, sondern betrifft zunächst grundsätzlich auch die Affinität gegenüber unterschiedlichen Vertriebsformen. In den letzten Jahrzehnten hat sich die relative Bedeutung des stationären Handels im Vergleich zu nichtstationären Formen wie dem traditionellen Versandhandel, dem E-Commerce oder dem ambulanten Handel verändert. Bevor also über die Auswahl einzelner Standorte nachgedacht wird, ist es für einen Händler wichtig zu erkennen, welche Bedeutung den einzelnen Kanälen zukünftig zukommen wird. Einiges spricht dafür, dass sich der Trend zu einer abnehmenden Bedeutung des stationären Handels weiter fortsetzen wird.

Bevölkerung im Einzugsgebiet

Die Bevölkerung im Einzugsgebiet gehört zu den wichtigsten Größen, mit denen ein Standort charakterisiert wird. Die Bevölkerung lässt sich anhand verschiedener Merkmale beschreiben. Neben der Zahl der Einwohner sind vor allem die Altersstruktur, die Verteilung der Haushaltsgröße, die Einkommensverteilung, Bildungs- und Beschäftigungsgrad, Wohnverhältnisse, Lebensstile sowie die ethnische, religiöse und kulturelle Zugehörigkeit von Bedeutung. Es gibt aber zahlreiche weitere Kriterien, anhand derer die potenziellen Kunden im Einzugsgebiet charakterisiert werden können. Die genannten Größen sind deshalb von Interesse, weil angenommen wird, dass sie das Konsum- und Kaufverhalten in starkem Maße bestimmen. Für Handelsunternehmungen, die zu entscheiden haben, an welchem Standort sie ein Geschäft eröffnen sollen, ist die Verfügbarkeit solcher Informationen wichtig. Mittlerweile gibt es nicht nur öffentliche Quellen, sondern zahlreiche gewerbliche Anbieter von raumbezogenen Daten. Es sind sog. Geographische Informationssysteme (GIS), die zur Erfassung, Bearbeitung, Analyse und Präsentation von raumbezogenen Daten eingesetzt werden (vgl. zu einem Überblick McGoldrick 2002, S. 249–255; Müller-Hagedorn/Natter 2011, S. 217–

229). Sie bestehen aus einer Vielzahl von Soft- und Hardware-Komponenten (vgl. Kappas 2001, S. 44–46), die schnell und effizient relevante Daten verknüpfen, komplexe Zusammenhänge visualisieren und vereinfachen und so die Auswahl von Standorten unterstützen (vgl. z. B. www.infas-geodaten.de). So wird zum Beispiel für einzelne Straßenabschnitte ausgewiesen, wie viele Personen aus einzelnen Einkommensklassen dort wohnen und welche Ausgaben sie tätigen. Inzwischen hat sich auch die Ermittlung der Standorte konkurrierender Anbieter vereinfacht, seitdem digitale Karten auch um Angaben zu den Standorten von Anbietern unterschiedlicher Art ergänzt werden (vgl. z. B. www.gfk-geomarketing.de). Das Kernproblem der Standortplanung liegt damit immer weniger in der Datenbeschaffung als in der Beurteilung, inwieweit sich Nachfrager, die mittels dieser Daten charakterisiert werden, einzelnen Standorten zuwenden. Für diese Aufgabe sind vielfältige Methoden entwickelt worden. Auf sie und die damit verbundenen Theorien wird in Abschnitt 14.2 eingegangen. Angaben zur Kaufkraft und zum Ausgabenverhalten kann man dagegen vor allem der Amtlichen Statistik entnehmen.

Es ist darüber hinaus erforderlich, die Motive und Ziele der Nachfrager, die zur Zielgruppe eines Händlers gehören, zu verstehen, um daraus geeignete Maßnahmen hinsichtlich der Standortwahl abzuleiten. Kunden schätzen in einem unterschiedlichen Maße Merkmale wie Bequemlichkeit, große Auswahl oder niedrige Preise, was sich auf die Wahl der Einkaufsstätte auswirkt. Abhängig von dem Vorteil, den das Unternehmen den Kunden bieten möchte, was in der strategischen Positionierung des Unternehmens zum Ausdruck kommt, sind unterschiedliche Standorte zur Erreichung des Ziels geeignet (vgl. Davies/Clarke 1994).

Erreichbarkeit des Standorts

Die Erreichbarkeit eines Standorts ist für die meisten Kunden bei der Wahl eines Geschäftes von großer Bedeutung und somit ein wichtiger Aspekt bei der Charakterisierung von Standortalternativen. Die Erreichbarkeit umfasst eine Reihe von Teilaspekten. So ist zum Beispiel zu berücksichtigen, dass Kunden ein Geschäft zu Fuß, mit dem eigenen PKW oder mit Hilfe des öffentlichen Nahverkehrs aufsuchen können. Insofern kann ein Standort anhand der durchschnittlichen Anzahl von Passanten, der durchschnittlichen Zahl von vorbeifahrenden PKW oder der Anzahl von Pendlern, die mit Bussen, Straßen-, U- und S-Bahnen den Standort passieren, beschrieben werden. Eine Reihe weiterer Aspekte ist ebenso geeignet, die Erreichbarkeit zu erfassen, so z. B. die Zahl und die Kosten von Parkhäusern und Parkplätzen, Mautgebühren oder die Fahrzeiten mit privaten und öffentlichen Verkehrsmitteln. Unter dem Stichwort Erreichbarkeit kann auch der Aspekt der Sichtbarkeit eines Geschäftes an einem potenziellen Standort analysiert werden. Neben der Perspektive des Endverbrauchers ist zudem die Erreichbarkeit für das Personal und den Lieferverkehr zu berücksichtigen.

Die Bedeutung der einzelnen Faktoren für die Vorteilhaftigkeit und damit die Wahl eines Standorts hängt stark vom Kundenverhalten ab. So geht von einer guten Anbindung an den öffentlichen Nahverkehr kein positiver Effekt aus, solange die Zielgruppe vor allem aus Personen besteht, die für den Einkauf ihren eigenen PKW nutzen. Ebenso muss eine starke Konkurrenz, z. B. ausgedrückt durch die Zahl von Konkurrenzbetrieben in einem bestimmten Umkreis, kein negativer Faktor sein, wenn der Kunde die räumliche Ballung von Geschäften einer Branchen (z. B. Möbel) als sehr attraktiv bewertet.

Die Bevorzugung einzelner Standortlagen durch die Konsumenten

Die Dynamik des Handels äußert sich auch in den von den Konsumenten bevorzugten Standortlagen. Von andauernder Aktualität ist die Frage, welchen Stellenwert die historisch bedeutsamen Standorte in den zentralen Innenstadtlagen und die Standortlagen in Wohnortnähe einnehmen werden. Umstritten ist, welche Expansionsmöglichkeiten Factory-Outlet-Centern in Standortlagen außerhalb der Zentren eingeräumt werden sollten. Allerdings gestattet es die Datenlage nicht, die derzeitige Bedeutung einzelner Standortlagen und ihre Veränderung zahlenmäßig genau anzugeben. Es lassen sich jedoch einige punktuelle Hinweise angeben:

1. Die einzelnen Standortlagen haben in einzelnen Städten Deutschlands eine sehr unterschiedliche Bedeutung. So gibt es Städte, in denen weiterhin der Handel in der Innenstadt dominiert, während in anderen Städten der Handel in den peripheren Zonen eine dominierende Rolle einnimmt (vgl. Schuckel 1997, S. 98). Exakte Angaben sind allerdings nur auf der Grundlage der Handels- und Gaststättenzählung (HGZ) möglich, die zuletzt im Jahr 1993 durchgeführt wurde, oder durch spezielle ortsspezifische Erhebungen, die im Regelfall von den Kommunen in Auftrag gegeben werden (vgl. Schuckel 2001). In der HGZ werden für insgesamt sieben Standortlagen für jeden Wirtschaftszweig die Anzahl der Ladengeschäfte, der von ihnen erzielten Umsatz, die Anzahl der Beschäftigten und die Größe der Verkaufs- und Parkfläche ausgewiesen.
2. Den Innenstadtstandortlagen wurden sinkende Marktanteile vorausgesagt. Insbesondere durch die Motorisierung breiter Bevölkerungsschichten, die steigenden Mieten in der City und die Parkplatznot in den Innenstadtbezirken bedingt, verlagerten sich die Einkäufe der Verbraucher insbesondere in den Jahren nach 1970 von den traditionellen Standorten auf die sog. „grüne Wiese". Tietz und Rothhaar (1991, S. 177) haben 1991 die Bedeutung einzelner Standortlagen prognostiziert und dabei zwischen einem primären (Innenstädte und Wohnsiedlungen, ergänzt um innenstadtorientierte Shopping-Centers), sekundären (an Autokunden orientierte Standorte am Rande oder außerhalb von Siedlungsgebieten), tertiären (Versandhandel und Direktvertrieb) und quartären (Handel mit Energie und mit Automobilen) Einzelhandelsnetz differenziert. Bereits damals wurde ein Rückgang des primären Netzes zugunsten des sekundären und des tertiären Netzes geschätzt. In den Jahren nach 2000 wurden allerdings wieder zahlreiche Shopping-Center in den Innenstädten errichtet.

Im Folgenden wird auf die Bedeutung einzelner Lagen für das Kaufverhalten im stationären Einzelhandel eingegangen.

Unter den in einer Stadt oder Gemeinde vorzufindenden Zentren kommt der Innenstadt als Hauptzentrum eine besondere Bedeutung zu. Insbesondere Warenhäuser, aber auch großflächige Textilgeschäfte investieren oft erhebliche Mittel in Geschäfte, die in der Innenstadt gelegen sind. Wichtige Informationen über die Bedeutung des Handels in den Innenstädten liefert die sog. Kundenverkehrsanalyse. Es handelt sich um eine 1965 begonnene und zumeist im vierjährigen Abstand durchgeführte Zeitreihenuntersuchung der Bundesarbeitsgemeinschaft der Mittel- und Großbetriebe des Einzelhandels e. V. (BAG) zum Einkaufsverhalten in den Stadtzentren (zuletzt 2004 und 2008). Die Ergebnisse der BAG-Untersuchungen sind auch in einige wissenschaftliche Beiträge eingeflossen (vgl. hierzu Klein-Blenkers 1989; Achenbach 1989; Schuckel/Sondermann 1998; eine

Längsschnittanalyse der Erhebungen bis 2005 findet sich bei Schuckel/Sondermann/Pangels 2005; Sondermann/Lindstädt 2009). Die Untersuchungen werden an den Standorten der Mitgliedsbetriebe der BAG durchgeführt, die sich an der Erhebung beteiligen.

Die Kundenverkehrsuntersuchung umfasst drei voneinander unabhängige Erhebungen: die Besucherzählung, die Besucherbefragung und die Befragung der teilnehmenden Unternehmen. Die Besucherzählung und die Besucherbefragung finden jeweils an drei Tagen (Donnerstag, Freitag und Samstag) im Oktober statt. Während es sich bei der Besucherzählung um eine Vollerhebung handelt, bei der alle Personen beim Betreten des Betriebs gezählt werden, werden die Fragen zum Einkaufsverhalten nur einem Teil der Besucher beim Verlassen der Einkaufsstätte gestellt. Bei der Nutzung der zahlreichen Ergebnisse der Kundenverkehrsanalyse für die Entscheidungsfindung ist zu beachten, dass die Daten nur für Einzelhandelsbetriebe in Zentren, überwiegend in den Innenstädten, und in einem sehr kurzen Zeitraum erhoben werden. Sowohl der Monat als auch die besonderen Bedingungen an den Tagen, an denen die Erhebung stattfindet, können die Ergebnisse beeinflussen (z. B. das Wetter). Die Repräsentativität der Ergebnisse wird darüber hinaus dadurch eingeschränkt, dass die Befragung nicht bei einer nach dem Zufallsverfahren ausgewählten Stichprobe erfolgt. Da Doppelzählungen nicht auszuschließen sind, besteht die Gefahr, dass die Zahl der Besucher der Zentren zu hoch ausgewiesen wird. Es werden keine Informationen über das Einkaufsverhalten potenzieller Kunden gewonnen. Ein intertemporaler Vergleich der Ergebnisse wird dadurch erschwert, dass sich die Teilnehmer der Untersuchung in den verschiedenen Jahren unterscheiden. Nichtsdestoweniger handelt es sich um die zentrale Erhebung zur Entwicklung der Kundenströme im Zeitablauf, die belegen,

- dass der Handel in der Innenstadt seine früher dominierende Bedeutung verloren hat und um seine Zukunft kämpfen muss,
- dass die Innenstadt nicht ohne den motorisierten Individualverkehr auskommt, aber auch von einem guten öffentlichen Personennahverkehr (ÖPNV) profitiert (vgl. Achenbach 1989; Schuckel/Sondermann 1998; Schuckel/Sondermann/Pangels 2005; Sondermann/Lindstädt 2009).

Die Attraktivität von Shopping-Center

Shopping-Center üben eine beträchtliche Anziehungskraft auf Konsumenten aus. Sie finden sich sowohl in den Stadtrandlagen (z. B. Main-Taunus-Zentrum (MTZ) in Sulzbach westlich von Frankfurt am Main) als auch in Innenstädten (z. B. Limbecker Platz in der Innenstadt von Essen). Bei Shopping-Centern handelt es sich um geplante Agglomerationen von verschiedenen Einzelhandelsunternehmungen, häufig kombiniert mit weiteren Dienstleistungsunternehmen, die von einem professionellen Center-Management koordiniert werden. Die Bedeutung von Shopping-Centern hat in Deutschland explosiv zugenommen (vgl. Blank 2004, S. 184–208), was folgende Zahlen belegen. Im Jahr 1964 begann die Entwicklung mit dem MTZ bei Frankfurt, 1980 gab es etwa 60 Center (mit jeweils mehr als 15 000 qm Verkaufsfläche), 1990 hat sich die Zahl leicht auf etwa 80 Center erhöht, 2000 wuchs die Zahl bereits auf etwa 250 Center und 2005 ist die Anzahl auf etwa 310 Center gestiegen (vgl. Falk/Falk 2006). Unabhängig davon, ob sie am Stadtrand oder in der Innenstadt liegen, handelt es sich nicht um wohnortnahe Einkäufe. Von daher kommt die Frage auf, ob die Konsumenten bereit sind, die entsprechenden Entfernungen zu überwinden und von welchen Faktoren dies abhängt. Für die USA wurde ermittelt, dass 1987 70 % der Amerikaner in einer bestimmten Woche eine große Shopping Mall besucht haben (vgl. Engel/Blackwell/Miniard 1995, S. 240). In Deutschland wurden in den letzten Jahren viele Shopping-Center auch in Innenstadtlagen eröffnet, die zur Belebung des innerstädtischen Handels beigetragen haben (vgl. zu einem umfassenden Überblick über den Entwicklungsstand von Shopping-Centern Falk/Bays 2009). Augenscheinlich schätzen die Nachfrager die von ihnen gebotenen Vorteile: Vielfalt der Geschäfte (vgl. Brown 1992), Parkmöglichkeiten, wetterunabhängiges Einkaufen, Möglichkeit zum *one-stop-shopping*. Es liegen zahlreiche empirische Untersuchungen vor, in denen analysiert wurde, von welchen Faktoren die Wahl eines Shopping-Centers abhängig ist (vgl. Frasquet/Gil/Mollá 2001, S. 27–29). Zugleich ist die Expansion von Shopping-Centern aber auch Gegenstand kontroverser Diskussionen über ihre Wirkungen insbesondere auf den angestammten innerstädtischen Einzelhandel (vgl. zu einer umfassenden Wirkungsanalyse Lademann 2011).

Die Bedeutung von Business Improvement Districts

Da Handelsbetriebe oft in ein Zentrum (Innenstadt, Stadtteilzentrum, „Grüne Wiese“) eingebettet sind, hängt ihr Erfolg auch von der Attraktivität des gesamten Gebiets ab. Wahrscheinlich ist der Erfolg der Shopping-Center auch darauf zurückzuführen, dass hier vielfältige Center-bezogene Maßnahmen durchgeführt werden, an denen sich der einzelne Mieter beteiligen muss. In natürlich gewachsenen Agglomerationen sind zwar auch vielfältige freiwillige Maßnahmen zu beobachten (z. B. straßenbezogene Weihnachtsdekoration, Marketing-Aktionen für einzelne Stadtteile oder ganze Gemeinden), aber ein koordiniertes Vorgehen ist sehr erschwert. Die Probleme solcher horizontaler Kooperationen erwachsen zum einen aus der Unsicherheit, welchen Erfolg einzelne Maßnahmen für die Beteiligten erbringen, und zum anderen aus der Kostenaufteilung. Insofern haben solche Maßnahmen nur eine begrenzte Reichweite. In jüngster Zeit ist zu beobachten, dass die interne Bindung erhöht wird, indem Business Improvement Districts (BID) eingerichtet werden (zur Entwicklung in den USA siehe z. B. Garodnick 2000; Mitchell 2001). Der Ausschuss für Definitionen zu Handel und Distribution (2006, S. 200) definiert BIDs wie folgt:

„Ein Business Improvement District (BID) bezeichnet einen räumlich begrenzten Bereich, in dem sich die Grundstückseigentümer und Gewerbetreibenden selbstverpflichtend zusammenschließen. Die Ziele liegen in der Standortverbesserung und Attraktivitätssteigerung für innerstädtische Bereiche, Stadtteilzentren oder einzelne Geschäftsstraßen durch die Umsetzung konkreter Maßnahmen. Nach einem Abstimmungsprozess mit festgelegten Mehrheiten bzw. Vetorechten für Minderheiten verpflichten sich alle Grundstücks- und Immobilieninhaber zu einem finanziellen, zweckgebundenen Beitrag, der durch die Stadt oder Gemeinde eingezogen und an einen privaten Aufgabenträger weitergeleitet wird. Es handelt sich folglich um eine Form des Public Private Partnership (PPP). (…) Ein BID ist zumeist auf drei bis fünf Jahre begrenzt. In Deutschland müssen die Bundesländer den gesetzlichen Rahmen für die Einrichtung von BIDs schaffen.“

Noch sind die Erfahrungen mit BIDs in Deutschland sehr begrenzt (zu ersten Berichten und Analysen vgl. Geographisches Institut der Humboldt-Universität zu Berlin, Abt. Wirtschaftsgeographie 2007; Heinze 2007).

14.1.3.3 Rechtliche Rahmenbedingungen

Die Wahl eines Standorts ist rechtlich stark reglementiert. Oft scheitert der Wunsch einer Handelsunternehmung, an einem bestimmten Standort einen Betrieb zu eröffnen, an den Vorschriften. Von besonderer Relevanz sind hierbei

1. die Raumordnungsplanung des Bundes und der Länder (Raumordnungsgesetz (ROG), Landesraumordnungsprogramme (LROP), Landesentwicklungsprogramme (LEPro), Landesentwicklungspläne (LEP)) sowie einzelner Regionen und Gemeinden,
2. das Bauplanungsrecht, insbesondere das Baugesetzbuch (BauGB) mit seinen begleitenden Vorschriften und Verordnungen, wobei insbesondere die Baunutzungsverordnung (BauNVO), vor allem § 11, zu erwähnen ist,
3. und Einzelhandelserlasse der Länder, wie z. B.
   - für Berlin: Ausführungsvorschriften über großflächige Einzelhandelseinrichtungen für das Land Berlin (AV Einzelhandel),
   - für Nordrhein-Westfalen: Ansiedlung von Einzelhandelsgroßbetrieben; Bauleitplanung und Genehmigung von Vorhaben (Einzelhandelserlass).

Die Raumordnungsplanung ist durch das auf Christaller (1933) zurückgehende Konzept der zentralen Orte beeinflusst. Nach dem Konzept der überörtlichen Zentrenhierarchie werden Oberzentren, die der Deckung des spezialisierten höheren Bedarfs, Mittelzentren, die der Deckung des gehobenen Bedarfs, und Unter- und Kleinzentren, die der Deckung der Grundversorgung dienen, unterschieden. Dieses Konzept führt stellenweise zu Konflikten, weil einzelne Orte die ihnen zugewiesene Rolle nicht akzeptieren und durch eine umfassende Ausstattung mit Einzelhandelsgeschäften aus dem Zentrenkonzept ausbrechen. Dies zeigt sich beispielsweise darin, dass relativ kleine Orte der Ansiedlung von Factory-Outlet-Centern, die ihre Kunden aus einem großen Einzugsbereich anziehen, zustimmen. Das Interesse der Gemeinden an der Ansiedlung von großflächigen Einzelhandelsbetrieben, die über den lokalen Bedarf hinausgehen, resultiert aus dem Wunsch, vorhandene Flächen zu nutzen, Arbeitsplätze zu schaffen und die Steuereinnahmen der Gemeinde zu erhöhen.

Nach der Baunutzungsverordnung (BauNVO) sind bestimmte Erscheinungsformen des Handels außer in Kerngebieten nur in für sie festgesetzten Sondergebieten zulässig. Betroffen sind Einkaufszentren und Handelsbetriebe mit einer Geschossfläche über 1 200 qm, da vermutet wird, dass von diesen Handelsformen schädliche Umweltwirkungen, Auswirkungen auf die infrastrukturelle Ausstattung, auf die Entwicklung zentraler Versorgungsbereiche in der Gemeinde oder in anderen Gemeinden, auf das Orts- und Landschaftsbild und auf den Naturhaushalt ausgehen können. Dies führt dazu, dass etwa dem Wunsch von Supermärkten, auch in Wohngebieten Waren auf einer Verkaufsfläche um 1 200 qm anzubieten, entgegengetreten wird (vgl. Winkler/Küssner 2002 und § 11, Abs. 3 BauNVO). Bei Möbelhäusern in Stadtrandlage wird geprüft, welche Sortimente sie führen und ob dadurch der innerstädtische Handel beeinträchtigt wird („zentrenrelevante Sortimente"). Factory-Outlet-Center werden in Deutschland kaum genehmigt.

Die Ausführungsvorschriften der Bundesländer (Einzelhandelserlasse) liefern Investoren, Grundstückseigentümern und Einzelhändlern unverzichtbare Informationen für die Ansiedlung:

- Sie weisen auf die verschiedenen rechtlichen Bestimmungen hin, so die Baunutzungsverordnung, den Landesentwicklungsplan für den engeren Verflechtungsraum, die definierten Zentren (Zentrumsbereiche, Hauptzentren, besondere und sonstige Stadtteilzentren, Ortsteilzentren und Nahversorgungszentren bzw. Wohngebietszentren).
- Sie machen deutlich, welche Fälle geregelt sind (z. B. die Errichtung und Erweiterung von Einkaufszentren, großflächigen Handelsbetrieben im Sinne von § 11 Abs. 3 BauNVO, die Erweiterung bestehender Einzelhandelsbetriebe zu einem großflächigen Einzelhandelsbetrieb oder die Änderung eines in der Baugenehmigung festgeschriebenen Warensortiments).

In bestimmten Fällen ist zu prüfen, ob ein bestimmtes Sortiment seiner Art nach zentrenrelevant ist, d. h. Auswirkungen auf den Einzelhandel in einem Zentrum hat. Dazu sind Sortimentslisten festgelegt worden, die sich in den Anhängen zu den Ausführungsbestimmungen finden. Des Weiteren finden sich dort Hinweise, wie einzelne Flächenbegriffe, insbesondere Geschossfläche und Verkaufsfläche, auszulegen sind. Insgesamt wird deutlich, dass die Ansiedlung von Einzelhandelsbetrieben vielfältig reguliert ist und jeder Standortplaner sich mit den gesetzlichen Restriktionen beschäftigen muss.

14.1.3.4 Konkurrenz

Die Standortplanung wird auch von der Konkurrenzsituation beeinflusst. Meistens beeinträchtigen Konkurrenzbetriebe die Rentabilität einer neuen Verkaufsstelle, in manchen Fällen können sie allerdings auch von Vorteil sein. So ist z. B. im Möbel- oder Textilhandel zu beobachten, dass sich an einem Standort mehrere Geschäfte finden, was die Anziehungskraft des Gebiets erhöhen kann. Wegen der im Handel zu beobachtenden Branchenvermischung und der unterschiedlichen Betriebskonzepte fällt es oft nicht leicht, das Ausmaß der Konkurrenzbeziehung zu beurteilen. So könnte man aufgrund der Zugehörigkeit zur gleichen Branche vermuten, dass Lebensmitteldiscounter und Supermärkte in starker Konkurrenzbeziehung zueinander stehen und deshalb Verkaufsstellen in unmittelbarer Nähe zueinander meiden sollten. Es ist allerdings festzustellen, dass in der Praxis ein solches Verhalten nicht zu beobachten ist. Handelsunternehmungen stehen folglich vor der Aufgabe, genau zu prüfen, welche Sortimente und welche Preislagen an dem betrachteten Standort bereits angeboten werden, um die Konkurrenzbeziehung zu beurteilen.

Bei der Analyse der Wettbewerbssituation und ihres Einflusses auf die Vorteilhaftigkeit eines Standorts ist zu beachten, dass Konkurrenten üblicherweise auf standortpolitische Maßnahmen anderer Unternehmungen reagieren können. Das bedeutet, dass bereits in der Planungsphase solche Reaktionen antizipiert werden müssen. Dies lässt sich leichter tun, wenn die grundsätzlichen Expansionspläne der Konkurrenz bekannt sind. Bei Knappheit geeigneter Standorte, z. B. wegen der Größe der benötigten Verkaufsfläche oder der Passantenströme, ist eine frühzeitige Sicherung von Standorten gegenüber der Konkurrenz eine wichtige Maßnahme der Standortpolitik.

Für jeden zu beurteilenden Standort ist folglich zu ermitteln, welche anderen Betriebe, von denen Wirkungen auf den eigenen Erfolg ausgehen können, dort ansässig sind (oder ansässig werden könnten). Sie sind zu erfassen und zu charakterisieren, wobei auf das Grundmuster des Industrial-Organization-Ansatzes Bezug genommen werden kann und folgende Aspekte beachtet werden:

- die Struktur der Betriebe (insbesondere Verkaufsfläche, Betriebstyp, Zahl von Parkplätzen, geographische Lage, Erreichbarkeit),
- ihr laufendes Verhalten (insbesondere der Einsatz der einzelnen Marketing-Mix-Elemente),
- ihr Erfolg (z. B. Anzahl der Kunden, Umsatz).

Einige Informationen liefern moderne Kartensysteme (z. B. Google Maps) oder Informations- und Medienunternehmen (z. B. Planet Retail, The Nielsen Company), in vielen Fällen ist aber eine Begehung des Gebiets unverzichtbar. Der schwierigste Teil der Konkurrenzanalyse liegt in der Frage, in welchem Ausmaß die festgestellten Betriebe den Erfolg des an einem bestimmten Standort befindlichen oder geplanten Betriebs beeinflussen werden. Die in Abschnitt 14.2 dargestellten Theorien und Methoden versuchen diese Wirkung darzustellen.

14.2 Methoden und Theorien

Zur Bewertung und Auswahl einzelner Standorte sind zahlreiche Modelle und Methoden entwickelt worden, mit denen die Vielfalt der zu beachtenden Gesichtspunkte in systematischer Weise berücksichtigt wird (vgl. Greiner 1997; McGoldrick 2002, S. 236–265; Müller-Hagedorn/Natter 2011, S. 174–229). Während traditionelle Modelle meist einen makroanalytischen Charakter haben, versuchen neuere Ansätze, das Konsumentenverhalten in die Modellierung zu integrieren (zu einem Überblick vgl. z. B. Craig/Ghosh/McLafferty 1984)

Ausgangspunkt für die Bewertung von Standorten – insbesondere auch im Hinblick auf die erzielbaren Umsätze – sind Listen, in denen eine Vielzahl von Eigenschaften des betreffenden Standorts zusammengestellt wird (z. B. Kaufkraft in dem relevanten Marktgebiet, örtliche Konkurrenzverhältnisse, Passantenfrequenz, Größe der verfügbaren Verkaufsfläche usw.). Diese Informationen werden in unterschiedlicher Weise zu einem Urteil bezüglich der Umsatzkraft des Standorts zusammengefasst. Zu den wichtigsten Verfahren (zu einem umfassenden Überblick über ihre Anwendung vgl. Hernández/Bennison 2000) zählen:

- die Checklistenmethode,
- die Profilmethode,
- Punktbewertungs- bzw. Scoringmodelle,
- die Analogmethode,
- die Regressionsanalyse,
- Gravitationsmodelle,
- Neuronale Netze,
- die Portfolioanalyse.

Allen Verfahren gemeinsam ist, dass sie in systematischer Weise versuchen, relevante Einflussgrößen auf die Vorteilhaftigkeit eines Standorts zu benennen und darzustellen. Einige versuchen darüber hinaus die Stärke und die Richtung des Einflusses zu quantifizieren. Obwohl sie zum Teil relativ einfach in ihrer Konzeption und Anwendung sind, fanden sie, wie zumindest ältere Untersuchungen zeigen, nur zögerlich Eingang in die Praxis, wo Erfahrungen und der Intuition eine große Bedeutung beigemessen wird (vgl. Hernández/Bennison 2000 und die dort genannten Studien). Die zunehmende Verfügbarkeit der benötigten Daten und Technologien für ihre Auswertung erleichtert die stärkere Nutzung der genannten Verfahren. Gleichzeitig werden aber auch Ansätze entwickelt, die die Erfahrungen und die Intuition von Entscheidungsträgern in die Beurteilung von Standorten einbeziehen (vgl. z. B. Durvasula/Sharma/Andrews 1992; Clarke/Horita/Mackaness 2000; Clarke/Mackaness/Ball 2003).

Auf die vier erstgenannten Verfahren wird im Folgenden nur kurz eingegangen. Während die Checklisten- bzw. die Profilmethode die relevanten Standortmerkmale lediglich auflistet bzw. grafisch veranschaulicht, werden bei der Punktbewertungsmethode Merkmalsausprägungen zu einem Gesamturteil zusammengefasst. Die Analogmethode bildet ebenfalls ein Gesamturteil, allerdings auf der Grundlage einer Ähnlichkeit zu einem Standort mit bekannter Leistung. Die Regressionsanalyse und die Gravitationsanalyse werden ausführlicher vorgestellt, da bei ihnen theoretische Überlegungen integriert werden. Hinweise auf den Einsatz von Neuronalen Netzen finden sich beispielsweise bei Coates, Doherty, French und Kirkup (1995). Auf die prinzipielle Vorgehensweise bei der Anwendung der Portfolioanalyse und ihre Vorteile gegenüber anderen Methoden gehen Mahajan, Sharma und Srinivas (1985) ein.

14.2.1 Checklisten-, Profil-, Punktbewertungs- und Analogmethode

Ausgangspunkt der folgenden Verfahren sind Listen von Merkmalen, die in unterschiedlicher Form dargestellt oder zu einem Gesamturteil verknüpft werden können.

Die Checklistenmethode

In der Wissenschaft und in der Praxis wurden immer länger werdende Kataloge von Faktoren zusammengetragen und dann geordnet und systematisiert. Solche Kataloge von Standortfaktoren stammen u. a. von

- Seÿffert (1972), der die einzelnen Faktoren unter den Oberbegriffen Konsum, Verkehr, Konkurrenz und Raum zusammenfasst, und
- Behrens (1961, 1965), der Faktoren unterscheidet, die die Zusammenhänge von Absatz und Standort sowie von Gütereinsatz und Standort betreffen.

Nauer (1970, S. 44–46) zählt bereits mehr als 50 Standortfaktoren auf. Als Standortfaktoren werden dabei Merkmale bezeichnet, die Einfluss auf die Güte eines Standorts ausüben. Häufig werden in diesem Zusammenhang Eigenschaften der potenziellen Nachfrager im Einzugsgebiet, die Erreichbarkeit des Standorts, die Konkurrenzsituation, die Eigenschaften des vorgesehenen Ladenlokals und die Kosten genannt (vgl. McGoldrick 2002, S. 239–246). Der Nutzen einer Checkliste hängt im Wesentlichen davon ab, inwieweit die Kriterien vollständig und relevant sind. Das Hauptproblem der Merkmalskataloge liegt darin, dass nichts über die Bedeutung einzelner Faktoren ausgesagt wird.

Die Profilmethode

Bei der Profilmethode (vgl. Uphoff 1978) werden die im Hinblick auf die Beurteilung eines Standorts als wichtig angesehene Merkmale in Form von Profilen grafisch veranschaulicht. Dabei werden zuerst die Ausprägungen der einzelnen Merkmale in Zahlenwerte auf einer einheitlichen Ratingskala transformiert und anschließend verbunden. Die Abbildung 14.1 veranschaulicht beispielhaft die Profile von zwei Standorten.

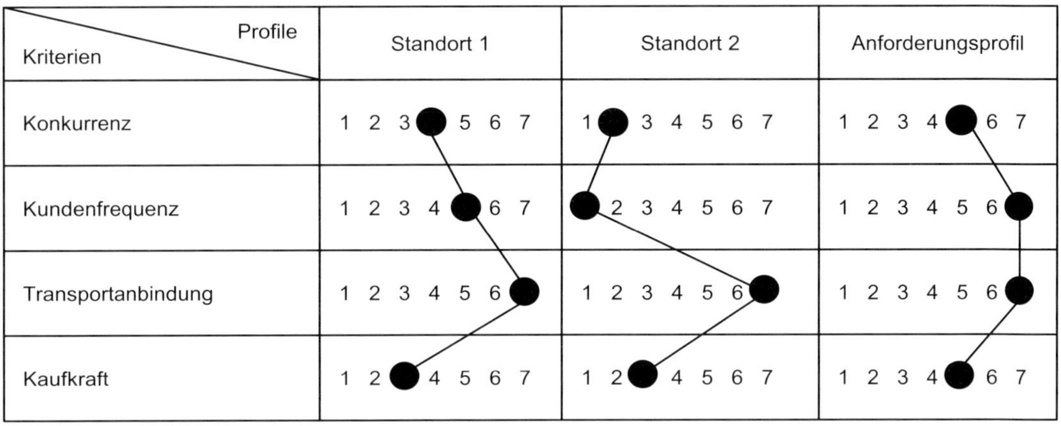

Quelle: in Anlehnung an Bankhofer 2001, S. 151

Abb. 14.1: Standortprofile

In dem dargestellten Beispiel wurden die jeweiligen Ausprägungen der vier Beurteilungskriterien in Zahlenwerte auf einer Skala zwischen 1 und 7 transformiert. Die Abbildung enthält außerdem das Anforderungsprofil. Soll festgestellt werden, wie ähnlich die beobachteten Standortprofile dem Anforderungsprofil sind, genügt es nicht, auf die Gleichsinnigkeit des Profils abzustellen (weswegen die Errechnung eines Korrelationskoeffizienten nicht sinnvoll ist, vgl. Wotzka 1970, S. 136), sondern es ist ein Distanzmaß, wie etwa die City-Block-Metrik oder die Euklidische Distanz, heranzuziehen. Je kleiner die Distanz ist, desto ähnlicher ist ein Standort dem Anforderungsprofil. Nach der Profilmethode wird folglich der Standort mit der geringsten Distanz zum Anforderungsprofil ausgewählt.

Punktbewertungs- bzw. Scoringmethode

Im Rahmen der Punktbewertungs- bzw. Scoringmethode wird die unterschiedliche Bedeutung einzelner Sachverhalte subjektiv über Gewichtungsfaktoren zum Ausdruck gebracht. Die Ausprägungen der Bewertungskriterien bezüglich aller Standorte werden zuerst in Zahlenwerte (Scoringwerte) auf einer einheitlichen Skala transformiert. Sie werden dann mit den Gewichtungsfaktoren multipliziert und zu einem Gesamtscore aufsummiert. Ausgewählt wird der Standort mit dem höchsten Wert.

Die Probleme dieses Verfahrens liegen insbesondere darin, einen vollständigen Katalog relevanter Einflussgrößen zusammenzustellen, der zudem überschneidungsfrei sein soll oder bei dem zumindest die Abhängigkeiten zwischen den einzelnen Faktoren bekannt sein sollen. Deshalb empfiehlt es sich, die einzelnen Bestimmungsfaktoren systematisch abzuleiten (vgl. Müller-Hagedorn/Natter 2011, S. 189–190). Auch die Anzahl der Abstufungen bei der verwendeten Skala stellt ein nicht zu unterschätzendes Problem dar, weil hierbei auf das Differenzierungsvermögen des Beurteilers Bezug genommen werden muss. Die Faktoren, mit denen die einzelnen Aspekte gewichtet werden, sollten nach objektiv nachprüfbaren Gesichtspunkten festgelegt werden, wiewohl den einzelnen Kriterien häufig ein Bedeutungsgewicht zugeordnet wird, bei dem sich der Beurteilende des Mangels einer objektiven Grundlage für die Bemessung der Gewichtungsfaktoren bewusst ist. Er weiß, dass die Gewichtungsfaktoren das Ergebnis beeinflussen können, ohne jedoch ihre Höhe nach einem objektiven Verfahren bemessen zu können.

Die Analogmethode

Bei der Analogmethode wird nach einem für den zu beurteilenden Standort ähnlichen Standort, an dem schon ein Geschäft betrieben wird, Ausschau gehalten. Die dort erzielten Umsätze bilden die Basis für die Umsatzprognose an dem zu analysierenden Standort, wobei Abweichungen in der Bevölkerungsdichte und im Ausgabeverhalten berücksichtigt werden (vgl. Applebaum 1966, S. 134–141; McGoldrick 2002, S. 255–257; Müller-Hagedorn/Natter 2011, S. 190–193). Die Abbildung 14.2 veranschaulicht die Vorgehensweise der Analogmethode. Sind die durchschnittlichen Umsätze pro Einwohner in den unterschiedlichen Einzugsbereichen (Spalte 1) eines vergleichbaren Standorts bekannt (Spalte 3) und kennt man die Einwohnerzahlen (Spalte 2) in den entsprechenden Entfernungszonen des zu beurteilenden Standorts, so lässt sich daraus der zu erwartende Gesamtumsatz an diesem Standort ableiten. Dabei wurde unterstellt, dass in den vier Zonen bis zu einer Entfernung von einer Meile, für die die Einwohnerzahlen explizit angegeben werden konnten, insgesamt nur 85 % des Umsatzes generiert werden. Für die Prognose des Gesamtumsatzes wurde folglich eine entsprechende Korrektur vorgenommen.

Einzugsbereich (in Meilen)	Bevölkerung in dieser Zone	Geschätzter Umsatz in $ pro Kopf (Werte von analogen Verkaufsstellen)	Geschätzter Umsatz in $ pro Woche	
			absolut	in %
(1)	(2)	(3)	(4) = (2) x (3)	(5)
0 - 0,25	4 700	2	9 400	28 %
0,25 - 0,50	12 900	0.76	9 804	29 %
0,50 - 0,75	23 000	0,22	5 060	15 %
0,75 - 1,00	36 300	0,12	4 356	13 %
über 1 Meile			5 051	15 %
			33 671	100 %

Quelle: Applebaum 1966, S. 140

Abb. 14.2: Umsatzprognose mit Hilfe der Analogmethode

Das Verfahren ist leicht umzusetzen, wenn Daten aus vergleichbaren Verkaufsstellen zur Verfügung stehen. Mit der Auswahl der analogen Verkaufsstelle sind jedoch erhebliche Probleme verbunden, weil hierfür keine Regeln vorgegeben werden. Es ist zu vermuten, dass unterschiedliche Planer verschiedene Verkaufsstellen auswählen und mithin auch zu unterschiedlichen Prognosen gelangen werden. Die Anpassung der zum Vergleich herangezogenen Daten an die Gegebenheiten am neuen Standort erfordert vom Planer, dass er kausale Beziehungen zwischen dem Umsatz und den Standortfaktoren aufdeckt. Hierfür haben Rogers und Green (1979) statistische Analysemethoden vorgeschlagen, die die Suche nach analogen Verkaufsstellen unterstützen sollen.

14.2.2 Regressionsanalytische Verfahren

Bei der Regressionsanalyse wird versucht, die Stärke des Einflusses einzelner Faktoren auf den Umsatz quantitativ zu bestimmen. Mathematisch kann der Umsatz als Funktion der Standortfaktoren S_j ($j = 1, \ldots, J$) wie folgt modelliert werden:

$$\text{Umsatz} = b_0 + b_1 S_1 + b_2 S_2 + \ldots + b_J S_J \quad (14.2)$$

mit:

b_0 = konstantes Glied

b_j = Regressionskoeffizient der j-ten unabhängigen Variablen

S_j = j-te unabhängige Variable ($j = 1, \ldots, J$)

So könnte beispielsweise ermittelt werden, welchen Einfluss die Anzahl der Ärzte ausgewählter Fachrichtungen in festgelegten Distanzzonen, die Zahl der konkurrierenden Apotheken in einem bestimmten Umkreis sowie die Zahl der Haltestellen auf den Umsatz einer Apotheke an einem bestimmten Standort haben.

Die Regressionsanalyse hat den Vorteil, dass über die ermittelten Regressionskoeffizienten empirische Hinweise auf die Bedeutung der einzelnen Standortfaktoren gewonnen werden. Diese müssen folglich nicht mehr subjektiv geschätzt werden, sondern eine Unternehmung kann ihre Erfahrungen mit bestehenden Verkaufsstellen nutzen, um den Einfluss ausgewählter Faktoren auf den Erfolg an einem Standort empirisch zu ermitteln. Die so berechneten Regressionsfaktoren können herangezogen werden, um die Erfolgschancen an einem neuen Standort zu beurteilen (vgl. Cottrell 1973; Weber 1979; Hise/Kelly/Gable et al. 1983; Smith/Sanchez 2003). Durch entsprechende Transformationen der Variablen können auch nichtlineare Zusammenhänge modelliert und geschätzt werden (vgl. Simkin 1989).

Bei der Anwendung der Regressionsanalyse sind die formalen und inhaltlichen Bedingungen der Methode zu berücksichtigen, z. B. die Unabhängigkeit der erklärenden Faktoren (vgl. Rogers 1992, S. 6). Inhaltlich geht es um die Auswahl der zur Erklärung heranzuziehenden Variablen, die Bestimmung des Marktgebiets (vgl. Lord/Lynds 1981, S. 13–19) und die Bestimmung der Wettbewerbsintensität (vgl. Craig/Ghosh/McLafferty 1984, S. 23). Häufig ist die Anwendung der Regressionsanalyse von weitgehend induktiver Natur, indem bestimmte Sachverhalte für bestehende Verkaufsstellen erhoben werden und dann im Rahmen des Verfahrens festgestellt wird, wie wichtig die einzelnen Sachverhalte sind. Hypothesen werden dabei nicht formuliert. Im Folgenden wird dargestellt, wie in einem konkreten Fall mit Hilfe der Regressionsanalyse Hinweise auf die Bedeutung einzelner Faktoren gefunden wurden. Man könnte dies auch als Erfolgsfaktorenforschung in der Standortplanung bezeichnen. Das Anwendungsbeispiel zeigt, wie eine formale Methode (hier die Regressionsanalyse) mit inhaltlichen Überlegungen verknüpft werden kann.

Theoretische Überlegungen zur Funktion eines Standorts

Die Vorgehensweise soll unter Bezug auf ein Fallbeispiel (vgl. Müller-Hagedorn/Urbach/Urbach 1991) erläutert werden. Ein Kaminofenhersteller arbeitet auf dem deutschen Markt mit Fachhändlern unterschiedlicher Größe zusammen. Teilweise liegen die Geschäfte in den frequentierten Innenstadtbereichen, teilweise an Ausfallstraßen, teilweise in abseits gelegenen Gebieten. Viele Händler scheuen den Umzug in bessere Standortlagen, weil sie unsicher sind, ob die Mehrkosten durch einen entsprechenden Mehrumsatz ausgeglichen oder sogar übertroffen würden. Auf welche Eigenschaften eines Standorts sollte besonderer Wert gelegt werden? Welche Bedeutung kommt beispielsweise einer hohen Passantenfrequenz zu, wie wichtig ist eine hohe Kfz-Frequenz? Es wird nach den Erfolgsfaktoren eines Standorts gefragt.

Die Relevanz einzelner Faktoren könnte zum einen ermittelt werden, indem anhand der Daten bestehender Verkaufsstellen die Regressionskoeffizienten einzelner Standortfaktoren bestimmt werden. Dem steht eine Vorgehensweise gegenüber, nach der zunächst theoretische Vorüberlegungen anzustellen sind, welche Faktoren bedeutsam sein könnten, bevor empirisch überprüft wird, ob sich die aufgestellten Hypothesen bewähren. So kann z. B. der Vorteil eines bestimmten Standorts darin liegen, dass er bei den regelmäßig anstehenden Einkäufen leicht zu erreichen ist. In anderen Fällen kann es bedeutend sein, dass dem Kunden die Existenz eines Geschäftes bekannt wird. In einem weiteren Fall soll der Standort Impulskäufe auslösen. Oder es kann besonders darauf ankommen mit der Wahl des Standorts, Präferenzen für bestimmte Produkte zu schaffen. Je nach Sortiment und Käufertyp sind also Standorte unterschiedlich zu bewerten. In Abbildung 14.3 werden zwei Fälle unterschieden, für die idealtypisch dargestellt wird, welche zentrale Funktion der Standort übernehmen soll. Dabei wird zwischen den Funktionen „Zeitersparnis“ und „Information“ unterschieden. Im Fall eines Kaminofengeschäftes scheint die Informationsfunktion des Standorts im Vordergrund zu stehen, d. h. der Hinweis auf die Existenz eines bestimmten Fachgeschäftes. Viele potenzielle Kunden kennen das Kaminofensortiment nicht und wissen auch nicht, dass es hierfür spezielle Fachgeschäfte gibt.

Die Überlegungen führen zu der Hypothese, dass in den Fällen, in denen Produkte selten gekauft werden und die Konsumenten die in Frage kommenden Geschäfte nicht kennen, die „Informationsfunktion“ eines Standorts besonders wichtig ist.

In Abbildung 14.4 sind vier Faktoren ausgewählt, die im vorliegenden Fall den Erfolg an einem Standort determinieren: die Kaufkraft (das Absatzpotenzial), der an einem Standort vorhandene Konkurrenzdruck, die Erreichbarkeit des Standorts und der Beitrag des Standorts zur Geschäftsbekanntheit. Jedem Bestimmungsfaktor sind mehrere Indikatoren zugeordnet. Von Interesse ist die Frage nach der empirischen Relevanz der einzelnen Faktoren.

Häufigkeit, mit der Produkte nachgefragt werden	
Produkte werden regelmäßig gekauft, z. B. Lebensmittel	Produkte werden selten, im Extremfall nur einmal gekauft, z. B. Kaminöfen
Kenntnisse der Käufer hinsichtlich der auf dem Markt angebotenen Produkte	
Käufer kennen die Produkte gut	Käufer verfügen über geringe Kenntnisse über die Produkte
Kenntnisse der Käufer hinsichtlich der Existenz von Einkaufsstätten	
Käufer kennen die Einkaufsstätte	Käufer verfügen über geringe Kenntnisse der Einkaufsstätte

↓ ↓

Funktion des Standortes	
„Zeitersparnis" Durch Kundennähe soll der Einkauf erleichtert werden	„Information" Der Käufer soll über Produkte und Einkaufsstätten informiert werden

Abb. 14.3: Einfluss von Produkt- und Käufermerkmalen auf die von einem Standort zu erfüllende zentrale Funktion

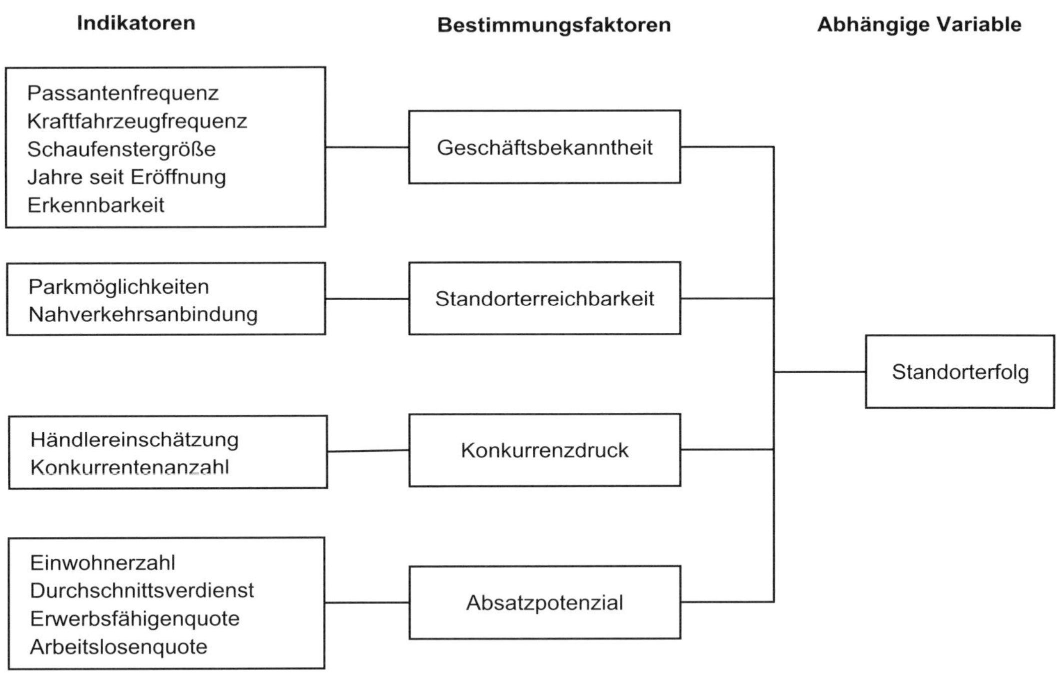

Abb. 14.4: Potenzielle Einflussgrößen auf den an einem Standort erzielten Umsatz

Der Standorterfolg kann an zahlreichen Größen festgemacht werden, so z. B. am Gewinn oder am Deckungsbeitrag, an der Anzahl der verkauften Produkteinheiten, an der Zahl der Kunden oder an der Zahl der Besucher. Im Folgenden sei die Betrachtung auf den „Umsatz mit Kaminöfen" eingeengt.

Abbildung 14.5 verdeutlicht, dass der Umsatz an den ausgewählten Standorten in einem weiten Band streut. Das Fachgeschäft am Standort E erzielte in dem untersuchten Jahr nur einen Umsatz in der relevanten Produktgruppe von 66 Tsd. €, während am Standort H 500 Tsd. € erzielt werden konnten. Die große Bandbreite der Umsätze an den verschiedenen Standorten schärft das Interesse an der Frage, ob der Erfolg mit bestimmten Eigenschaften der Standorte einhergeht.

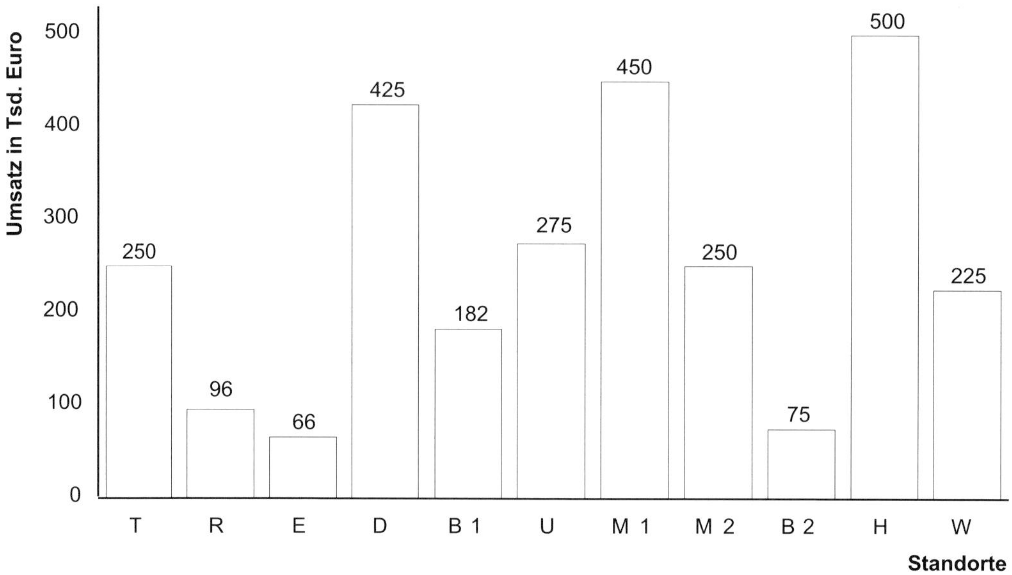

Abb. 14.5: Umsätze ausgewählter Fachhändler mit Kaminöfen

Die Bedeutung der Geschäftsbekanntheit

Nach den oben dargelegten Überlegungen handelt es sich bei Kaminöfen um eine Produktgruppe, die den potenziellen Käufern in hohem Maße unbekannt ist. Viele Nachfrager wissen nicht, wo es Geschäfte gibt, in denen solche Produkte angeboten werden. Solche Überlegungen wurden in der Hypothese verdichtet, dass bei selten gekauften Produkten der Geschäftsbekanntheit eine hohe Bedeutung zukommt. In Analogie zur Markenbekanntheit sei Geschäftsbekanntheit definiert als das Wissen der Nachfrager um den Standort jener Geschäfte, die die interessierende Produktgruppe führen. Da es im Rahmen der durchgeführten Untersuchung zu aufwendig gewesen wäre, die Geschäftsbekanntheit direkt beim Nachfrager zu erheben, wurden verschiedene Ersatzgrößen gemessen:

- die Kraftfahrzeugfrequenz,
- die Passantenfrequenz,

- die Größe der Schaufenster des betreffenden Fachgeschäftes,
- die Zeit, seit der das betreffende Geschäft bereits besteht,
- die Erkennbarkeit des Geschäftes als ein Fachgeschäft für Kaminöfen.

Diese Ersatzgrößen wurden gewählt, weil sich zwischen ihnen und der Geschäftsbekanntheit ein plausibler Zusammenhang herstellen lässt und sie einfach zu erheben sind. Dennoch sind Messprobleme zu bewältigen. So kann z. B. die Kraftfahrzeugfrequenz im Verlauf eines Tages oder zwischen verschiedenen Tagen erheblich schwanken.

Alle Indikatoren weisen einen starken Zusammenhang zu dem am Standort erzielten Umsatz auf. Zwischen der Kraftfahrzeugfrequenz und dem Umsatz besteht eine Korrelation von $r = 0{,}84$, zwischen der Passantenfrequenz und dem Umsatz von $r = 0{,}66$, zwischen der Größe des Schaufensters und dem Umsatz von $r = 0{,}62$. Die zuerst theoretisch begründete Vermutung, dass es bei Kaminofengeschäften in besonderer Weise darauf ankommt, die Existenz des Geschäftes bekannt zu machen, erfährt damit eine Bestätigung. Die Frequenzkennzahlen als Indikatoren der Bekanntheit weisen einen starken direkten Zusammenhang zum Umsatz auf. Alternativ zu einer Analyse der Korrelationen zwischen den Frequenzgrößen und dem Umsatz hätte man, wie Abbildung 14.4 andeutet, die Geschäftsbekanntheit als latente Variable definieren können, die mit Hilfe von geeigneten Indikatoren gemessen wird, um dann ihren Einfluss auf den Umsatz zu prüfen.

Die Bedeutung des Absatzpotenzials

Der Kauf vieler Produkte hängt von dem verfügbaren Einkommen der Nachfrager ab. Im Vorhinein ist es oft nicht leicht abzuschätzen, welchen Einfluss das verfügbare Einkommen auf den Absatz eines bestimmten Produkts haben wird, denn es gibt einerseits Produkte, die gerade dann gekauft werden, wenn das Einkommen knapp ist, und andererseits Produkte, die vorwiegend von Personen mit höherem Einkommen gekauft werden. Des Weiteren ist es im Regelfall nicht einfach, das in einer Region verfügbare Einkommen zu ermitteln, da die Einkünfte der Haushalte viele verschiedene Quellen haben können: selbständige Tätigkeit, Transferzahlungen, Mieteinnahmen, Zinseinkünfte usw. Über die Einkommensverhältnisse in einzelnen Regionen stellen verschiedene Marktforschungsinstitute Informationen zur Verfügung (z. B. GfK, BBE Retail Experts). Im Regelfall handelt es sich um eine grobe Annäherung, wenn im Folgenden für jeden betrachteten Standort die verfügbaren Einkommen geschätzt werden, indem auf

- die Einwohnerzahl in dem jeweiligen Marktgebiet,
- den Durchschnittsverdienst in der Industrie in der jeweiligen Raumordnungsregion,
- die Erwerbsfähigenquote in der jeweiligen Raumordnungsregion und
- die dort geltende Arbeitslosenquote

zurückgegriffen wird. Als besonders schwer handhabbares Problem erweist sich dabei die Abgrenzung des Marktgebiets.

Die so ermittelte Kaufkraft unterscheidet sich an den einzelnen Standorten erheblich. Die Kaufkraft in M1 ist beispielsweise etwa siebenmal so hoch wie die in R. Der Zusammenhang zwischen Kaufkraft und Umsatz der Ofenfachgeschäfte kommt in einem Korrelationskoeffizienten von $r = 0{,}74$ zum Ausdruck.

Ein Standort-Güteindex

Nachdem sich im vorliegenden Fall in den quantitativen Analysen vier Größen als relevant erwiesen haben, und zwar

- die Kraftfahrzeugfrequenz,
- die Passantenfrequenz,
- die Fenstergröße sowie
- die Kaufkraft in dem betreffenden Marktgebiet,

kann versucht werden, diese Größen nicht nur isoliert und sukzessiv bezüglich ihres Einflusses auf den Umsatz am jeweiligen Standort zu betrachten, sondern sie gemeinsam dem Umsatz gegenüberzustellen. Hierfür kommen eine multiple Regressionsanalyse oder die Verschmelzung der Faktoren zu einem Standort-Güteindex in Frage.

Ein Index erfordert Gewichtungsfaktoren für die einzelnen Elemente, deren Höhe nach Plausibilitätsgesichtspunkten festgelegt werden muss, wobei als Anhaltspunkte jedoch die Ergebnisse der Regressionsanalyse zugrunde gelegt werden können. Im vorliegenden Fall wurde wie folgt vorgegangen:

- Kaufkraft: 40 %
- Kraftfahrzeugfrequenz: 30 %
- Passantenfrequenz: 20 %
- Schaufenstergröße: 10 %.

Diese Gewichtungsfaktoren wurden mit den für die einzelnen Standorte erhobenen Merkmalswerten multipliziert, wobei die Merkmale zuvor auf einer von eins (sehr schlecht) bis fünf (sehr gut) reichenden Skala bewertet worden waren. Abbildung 14.6 macht deutlich, dass es drei nach dem Standort-Güteindex schlechte Standorte gibt.

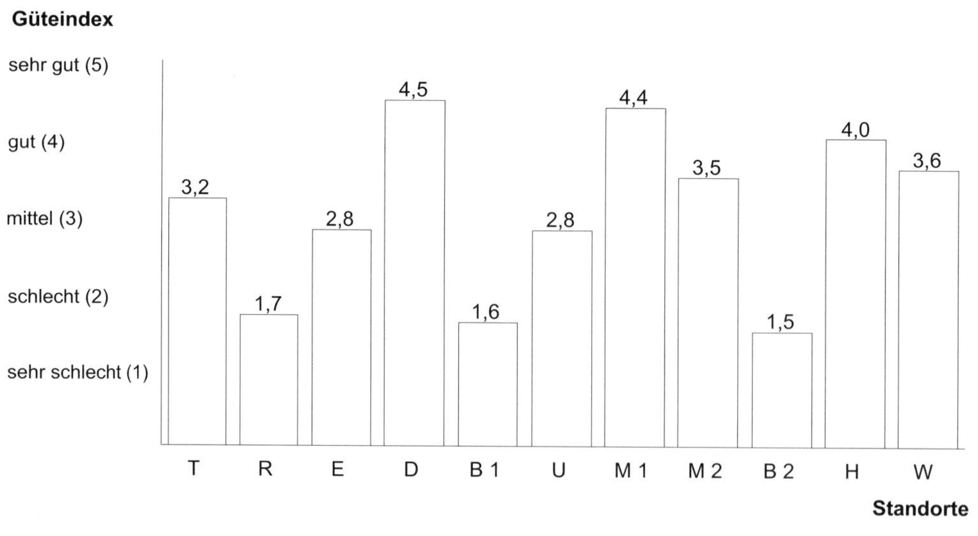

Abb. 14.6: Kennzeichnung der Standorte mit einem Güteindex

Betrachtet man den Zusammenhang zwischen dem Standort-Güteindex und dem Umsatz am Standort, lassen sich leicht drei Gruppen von Standorten unterscheiden: Es gibt eine Dreiergruppe mit hohem Standort-Güteindex und gleichzeitig hohem Standorterfolg. Eine zweite Dreiergruppe besteht aus Händlern mit einem niedrigen Umsatz bei gleichzeitig niedrigem Güteindex. Als dritte Gruppe lassen sich vier mittelmäßige Standorte ausmachen (vgl. Abbildung 14.7). Da die Kfz-Frequenz mit einem hohen Anteil in den Index eingeht, kann das Ergebnis als Bestätigung dafür interpretiert werden, dass der mittels Kfz-Frequenz erfassten „Informationsfunktion des Standorts" eine große Bedeutung für den Standorterfolg zukommt.

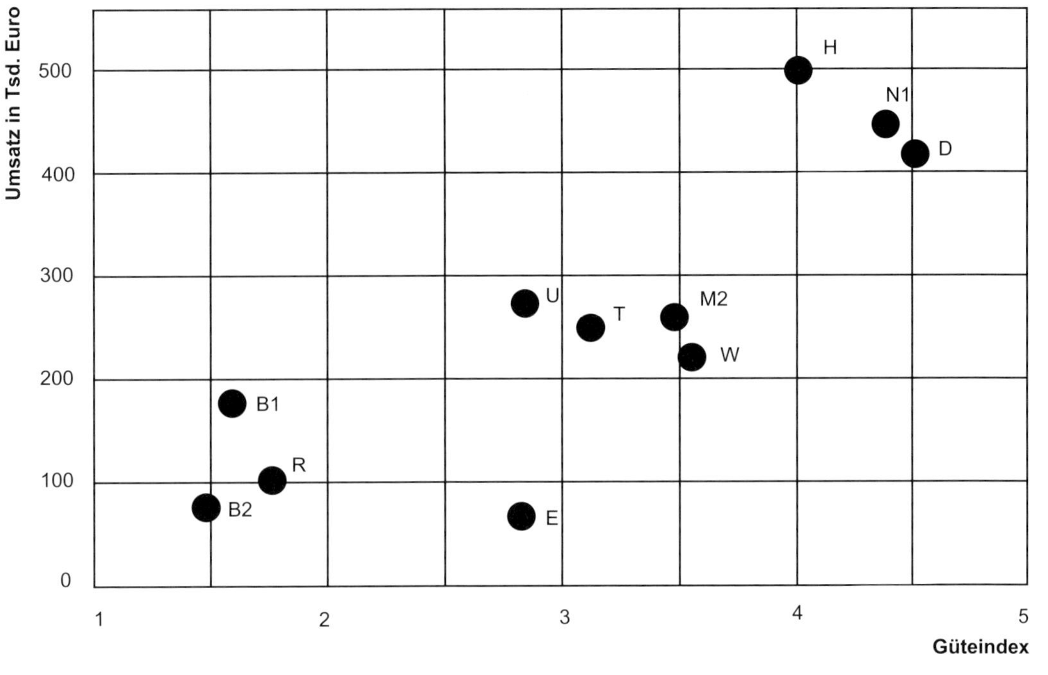

Abb. 14.7: Gegenüberstellung von Standort-Güteindex und Umsatz

14.2.3 Prognose des Umsatzes mit Hilfe gravitationstheoretischer Ansätze

Von besonderer Bedeutung für die Bestimmung des Umsatzes an einem Standort sind die gravitationstheoretischen Modelle, die auch als Spatial-Interaction-Modelle bezeichnet werden (vgl. Ghosh/McLafferty 1987; Brown 1993, S. 191–195). Sie stellen den Nutzen, den ein Verbraucher empfindet, wenn er ein bestimmtes Einkaufszentrum aufsucht, in Abhängigkeit von der empfundenen Attraktivität und den Mühen, die Distanz bis zu diesem Zentrum zu überwinden, dar. In der Geographie und Ökonomie wurden zur Bestimmung und Abgrenzung von Marktgebieten verschiedene Modelle entwickelt (die Ausführungen in diesem Abschnitt basieren auf Müller-Hagedorn/Schuckel 1995a, 1995b). Dabei kann man mikroanalytische Modelle unterscheiden, die das Verhalten eines einzelnen Subjektes im Raum darstellen, und makroanalytische Modelle, die sich auf das Verhalten ganzer Gruppen beziehen (vgl. zur Systematik der Ansätze Klein 1992, S. 29–34). Weite Verbreitung in der Standortplanung von Handelsbetrieben haben die zu den heuristischen Verfahren zählenden gravitationstheoretischen Modelle gefunden (vgl. zu einem umfassenden Überblick Hartmann 2005). Zu nennen sind hier die deterministischen Ansätze von Reilly (1929, 1931) und Converse (1943; 1949) sowie das probabilistische Modell von Huff. Als weitere probabilistische Ansätze sind das Umsatzerwartungsmodell von Fickel (1979) und die Modifikation des Huff-Modells von Löffler/Klein (1989) zu nennen.

14.2.3.1 Das Gesetz der Einzelhandelsgravitation nach Reilly

Reillys (1929, 1931) Gesetz der Einzelhandelsgravitation bestimmt die Relation der Umsatzerwartungen zweier Angebotsorte mit den Kunden aus einem dritten Ort. Diese verhält sich proportional zum Verhältnis der Bevölkerungszahlen als Ausdruck der Attraktivität eines Einkaufsortes und umgekehrt proportional zum gewichteten Verhältnis der Distanzen:

(14.3) $$\frac{U_1}{U_2} = \frac{B_1}{B_2} \cdot \left(\frac{d_{i2}}{d_{i1}} \right)^{\lambda}$$

mit:

U_j = Umsatz eines Verbrauchsortes i, der in Einkaufsort j, j = 1, 2, verausgabt wird

B_j = Bevölkerungszahl in Einkaufsort j, j = 1, 2

d_{ij} = Distanz zwischen Verbrauchsort i und Einkaufsort j, j = 1, 2

λ = Gewichtungsparameter für das Distanzverhältnis

Das Verfahren nach Reilly lässt nur Paarvergleiche zwischen Einkaufsorten zu. Eine Festlegung bzw. Abgrenzung der Einzugsbereiche ist in dieser Form nicht möglich. Es wird deswegen im Weiteren nicht näher diskutiert.

Converse (1943, 1949) hat ausgehend von Reillys Gravitationsgesetz den Punkt bestimmt, in dem die Einflüsse der konkurrierenden Einkaufsorte gleich sind (*breaking point*). In diesem Fall muss das Verhältnis der Umsätze nach Formel (14.3) den Wert 1 annehmen. Für den Gewichtungsparameter $\lambda = 2$ ergeben sich daraus die folgenden Distanzen zum *breaking point*:

(14.4) $$d_{b1} = \frac{d_{12}}{1 + \sqrt{\frac{B_2}{B_1}}}$$

(14.5) $$d_{b2} = \frac{d_{12}}{1 + \sqrt{\frac{B_1}{B_2}}}$$

mit:

d_{bj} = Distanz zwischen Einkaufsort j, j = 1, 2, und dem *breaking point* b

d_{12} = Distanz zwischen Einkaufsort 1 und Einkaufsort 2

Nach dem deterministischen Ansatz von Reilly und Converse werden alle Wohnorte zwischen dem Einkaufsort 1 und dem *breaking point* b dem Ort 1 zugeordnet. Entsprechend sind die Wohnorte zwischen Einkaufsort 2 und dem *breaking point* b dem Marktgebiet des Ortes 2 zuzurechnen. Gegen diese eindeutige Abgrenzung der Einzugsgebiete ist einzuwenden, dass sich Marktgebiete einzelner Einkaufsorte in unterschiedlichem Ausmaß überlappen können, da sich die Konsumenten eines Wohnorts zumeist mehreren Einkaufszentren zuwenden (Polyorientierung).

Die Aufteilung des Käufer- bzw. Kaufkraftpotenzials eines Wohnorts auf mehrere Einzelhandelsstandorte wird mit Hilfe des probabilistischen Ansatzes von Huff (1964) möglich. Das Potenzialmodell von Huff scheint daher besonders geeignet, die zu erwartenden Umsätze und das voraussichtliche Einzugsgebiet eines neuen Einzelhandelsstandorts sowie die Auswirkungen auf konkurrierende Angebotsorte zu prognostizieren. Im Folgenden wird daher das Modell von Huff dargestellt. Anschließend wird gezeigt, wie dieses Modell im Fall der Standortentscheidung „Neue Mitte Oberhausen" des Textilkaufhauses C eingesetzt werden konnte, mit welchen Problemen die Anwendung verbunden war und zu welchen Prognoseergebnissen die Modellrechnungen geführt haben. Den Abschluss bildet eine kritische Würdigung des Verfahrens.

14.2.3.2 Darstellung des probabilistischen Potenzialansatzes von Huff

Während Reilly und Converse die Konsumenten eines Wohnorts im Rahmen eines Paarvergleiches eindeutig einem der beiden betrachteten Einzelhandelsstandorte zuordnen, bestimmt Huff in seinem probabilistischen Modell die Wahrscheinlichkeit, mit der die Bewohner eines Versorgungsortes alternative Einkaufsorte aufsuchen (vgl. Huff 1964). Die Wahrscheinlichkeit hängt analog zu den deterministischen Ansätzen von der Distanz zwischen dem Wohnort und den Einkaufsorten sowie von der Attraktivität der Einkaufsorte ab. Die formale Schreibweise des probabilistischen Potenzialmodells von Huff ist in Gleichung (14.6) wiedergegeben:

$$w_{ij} = \frac{A_j \cdot d_{ij}^{-\lambda}}{\sum_{j=1}^{n} A_j \cdot d_{ij}^{-\lambda}} \qquad (14.6)$$

mit:

w_{ij} = Wahrscheinlichkeit, dass ein Einwohner des Wohnorts i den Einkaufsort j aufsucht

A_j = Attraktivität des Einkaufsortes j

d_{ij} = Distanz des Wohnorts i zum Einkaufsort j

λ = Distanzparameter

Die Wahrscheinlichkeit w_{ij}, mit der Einwohner des Wohnorts i den Einkaufsort j aufsuchen, kann auch als der Anteil der Einwohner des Wohnorts i interpretiert werden, die im Einkaufsort j einkaufen oder als der Anteil der Kaufkraft des Wohnorts i, der Einkaufsort j zufließt (vgl. Müller-Hagedorn 2005b, S. 163). Abbildung 14.8 veranschaulicht die Überlegung. Um die Kunden- bzw. Umsatzanteile auf der Grundlage des probabilistischen Ansatzes von Huff zuverlässig bestimmen zu können, ist es erforderlich, alle relevanten Einkaufsalternativen j (j = 1,..., n) der Einwohner des jeweiligen Wohnorts i in die Modellrechnungen einzubeziehen.

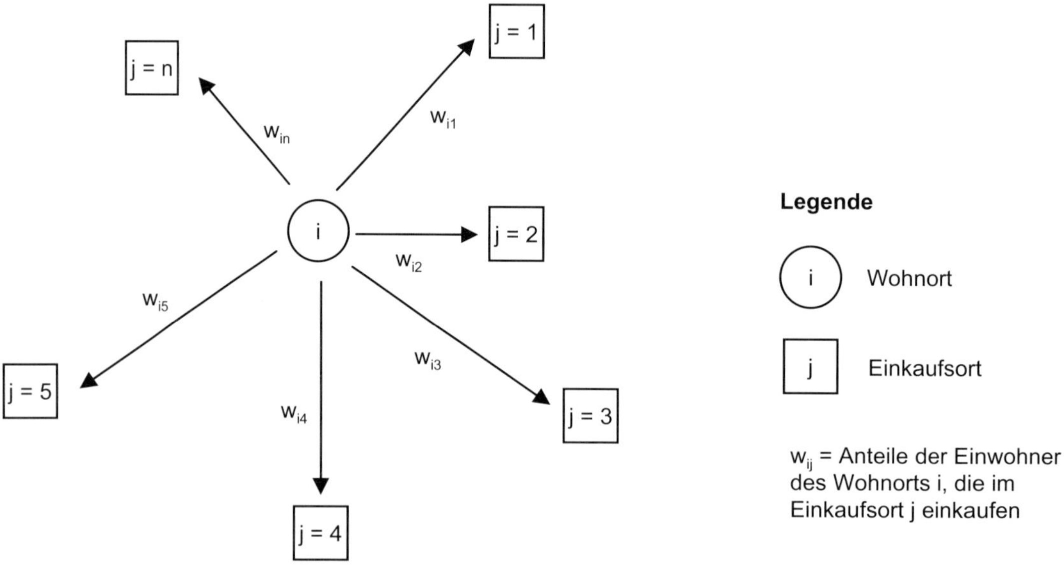

Abb. 14.8: Anteile (w_{ij}) der Einwohner des Wohnorts i, die in den Einkaufsorten j (j = 1,…, n) einkaufen, bzw. Anteile der Kaufkraft, die den Einkaufsorten zufließen

Die Zahl der Kunden eines Einkaufszentrums j aus einem Wohnort i lässt sich ermitteln, indem man die mit dem Huff-Modell berechnete Wahrscheinlichkeit mit der Einwohnerzahl des Wohnorts i multipliziert. Entsprechend erhält man den Umsatz, den das Zentrum j mit Einwohnern des Wohnorts i tätigt, durch Multiplikation der Zahl der Kunden des Zentrums j aus dem Wohnort i mit der Kaufkraft der Einwohner des Wohnorts i.

(14.7) $$Z_{ij} = w_{ij} \cdot E_i$$

(14.8) $$U_{ij} = Z_{ij} \cdot K_i$$

mit:

Z_{ij} = Zahl der Kunden des Einkaufsorts j aus dem Wohnort i

E_i = Einwohnerzahl des Wohnorts i

U_{ij} = Einzelhandelsumsatz im Einkaufsort j mit Einwohnern des Wohnorts i

K_i = Kaufkraft der Einwohner des Wohnorts i

Die gesamte Kundenzahl eines Einkaufsortes lässt sich dann durch Addition aller Kunden aus den Wohnorten des Einzugsbereichs bestimmen. In gleicher Weise ist der zu erwartende Einzelhandelsumsatz zu berechnen. Zum Einzugsbereich gehören nach dem Huff-Modell alle Wohnorte mit einer Einkaufswahrscheinlichkeit $w_{ij} > 0$.

(14.9) $$Z_j = \sum_{i=1}^{m} w_{ij} \cdot E_i$$

(14.10) $$U_j = \sum_{i=1}^{m} w_{ij} \cdot E_i \cdot K_i$$

mit:

Z_i = Zahl der Kunden in Einkaufsort j

U_j = Einzelhandelsumsatz in Einkaufsort j

m = Zahl der Wohnorte im Einzugsbereich von j

Die Abbildung 14.9 veranschaulich die Überlegungen. Der Gesamtumsatz des Einkaufsortes j ergibt sich aus den Einzelumsätzen, die mit den Einwohnern der Wohnorte 1 bis m gemacht werden. Die grau gekennzeichneten Beziehungen deuten an, wie sich die Kaufkraft der m Wohnorte, die zum Einzugsgebiet von j gehören, auf verschiedene Einkaufsorte verteilen.

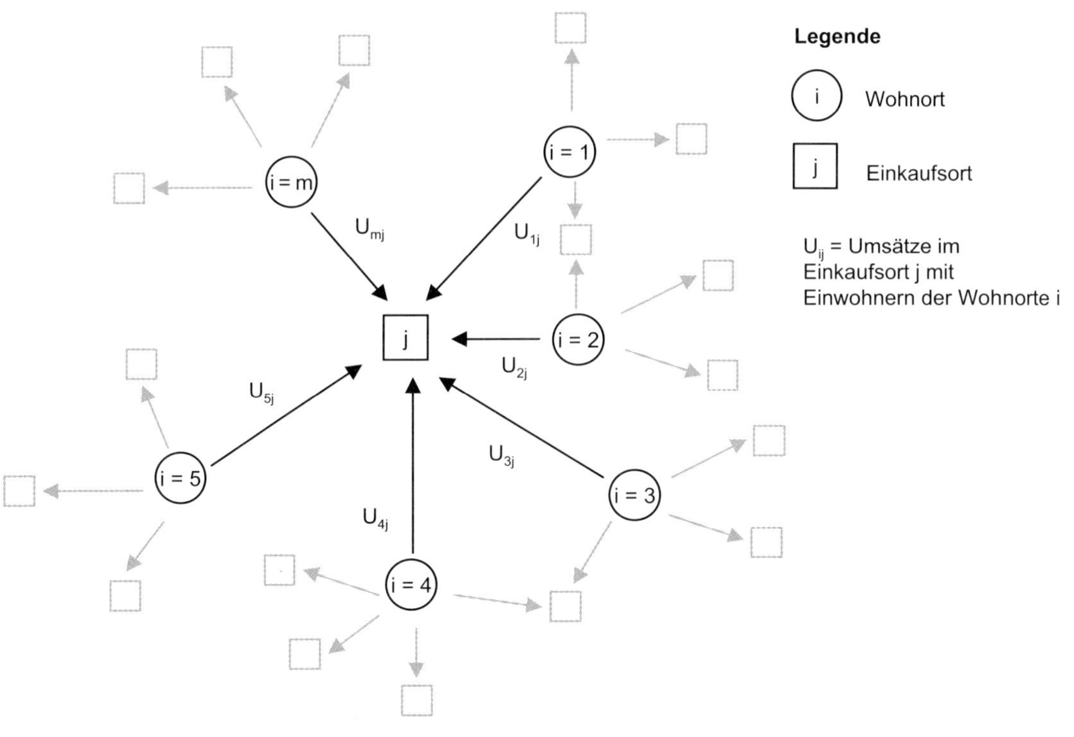

Abb. 14.9: Umsätze (U_{ij}) im Einkaufsort j mit Einwohnern der Wohnorte i (i = 1,…, m)

Das Huff-Modell berechnet auf diese Weise das Umsatzpotenzial einer Einzelhandelsagglomeration. Die Prognose des Umsatzes eines einzelnen Handelsbetriebs an diesem Standort erfordert zusätzlich Informationen über den Anteil am gesamten berechneten Einzelhandelsumsatz, der auf den betrachteten Einzelhandelsbetrieb entfällt.

Die praktische Anwendung des Modells erfordert die Operationalisierung der Variablen. Huff selbst schlägt als Wert für die Attraktivität eines Einkaufszentrums die Verkaufsfläche der Einzelhandelsbetriebe vor, die die interessierenden Waren im Sortiment führen. Das Maß für die Distanz ist die erforderliche Reisezeit von Wohnort i zum Einkaufszentrum j. Der Distanzparameter λ gibt die Bedeutung an, die die Reisezeit für den Konsumenten beim Einkauf bestimmter Waren hat. Er ist empirisch zu bestimmen und variiert je nach betrachteter Warenart. Huff ermittelte beispielsweise für den Kauf von Möbeln einen Wert von 2,723, für den Kauf von Textilien einen Wert von 3,191 (vgl. Huff 1964, S. 37).

Das probabilistische Potenzialmodell von Huff erlaubt damit die Berechnung und Prognose der Einzelhandelsumsätze eines Einkaufszentrums, die Bestimmung der Umsatzanteile einzelner Wohnorte und somit die Ermittlung des Einzugsgebiets und, als Konsequenz daraus, die Auswirkungen auf benachbarte, konkurrierende Einzelhandelsstandorte. Für die Anwendung des Modells werden die folgenden Informationen benötigt:

- die Zahl der relevanten Wohnorte i und damit die Größe des Einzugsgebiets des Einkaufszentrums,
- die Zahl der konkurrierenden Einkaufsorte j,
- die Distanzen d_{ij} zwischen den relevanten Wohn- und Einkaufsorten,
- die branchenspezifischen Verkaufsflächen A_j der Einkaufsorte j,
- der Wert des Distanzparameters λ für die betrachtete Warengruppe,
- die Einwohnerzahlen E_i der Wohnorte i,
- die einzelhandelsrelevante Kaufkraft K_i in den Wohnorten i und
- der Anteil des betrachteten Einzelhandelsbetriebs am Gesamtumsatz im Einkaufsort j.

14.2.3.3 Vorgehensweise und Probleme bei der Anwendung des Huff-Modells in einem Beispiel

Die Anwendung des Huff-Modells lässt sich am besten an einem praktischen Fall darstellen. Das folgende Beispiel veranschaulicht nicht nur das Huff-Modell, sondern macht darüber hinaus auf mehrere Probleme aufmerksam, die mit der Anwendung des Modells verbunden sind. Als Beispiel wird auf das im Herbst 1996 eröffnete Einkaufszentrum in Oberhausen Bezug genommen, die sog. „Neue Mitte Oberhausen“. Für ein Textilunternehmen, das sich mit dem Gedanken trägt, in diesem Standort eine Filiale zu eröffnen, soll der voraussichtliche Umsatz ermittelt werden (vgl. Müller-Hagedorn/Schuckel 1995a, 1995b). Wahrscheinlich wird kein Modell häufiger als das Huff-Modell angewendet, trotzdem kann seine empirische Erklärungskraft nur eingeschränkt beurteilt werden, weil Details der Durchführung und Ergebnisse der meisten Studien nicht veröffentlicht werden. Insofern handelt es sich bei dem folgenden Beispiel um eine Ausnahme.

Zunächst sind die Grenzen des Marktgebiets festzulegen. Dieses umfasst das Einzugsgebiet des neuen Zentrums ebenso wie die relevanten Konkurrenzstandorte. Weiterhin sind die Variablen des Modells, also die Attraktivität, die Distanz, die Einwohnerzahl und die einzelhandelsrelevante Kaufkraft zu operationalisieren und die entsprechenden Daten zu beschaffen. Außerdem muss der Distanzparameter geschätzt werden. Schließlich ist zur Bestimmung des Umsatzes der neuen C-Filiale der Anteil dieser Verkaufsstelle am gesamten Umsatz des neuen Einkaufszentrums zu bestimmen.

Größe des relevanten Marktgebiets

Um das Marktgebiet eines Einkaufszentrums zu bestimmen, ist einerseits das Gebiet zu ermitteln, aus dem die potenziellen Nachfrager stammen, also das Einzugsgebiet, und andererseits die Zahl der konkurrierenden Angebotsstandorte. Da das Huff-Modell alle Einkaufsalternativen berücksichtigt, die den Einwohnern eines Wohnorts i zur Wahl stehen, sind alle Einzelhandelsstandorte in das Modell einzubeziehen, deren Distanz zum Wohnort i nicht größer ist als die Distanz zwischen Wohnort i und zu untersuchendem Einkaufszentrum j. Die Größe des Einzugsgebiets determiniert somit Lage und Zahl der relevanten Konkurrenzstandorte.

Da sich neue Zentren zum Zeitpunkt der Prognose noch in der Planung befinden, kann ihr Einzugsgebiet nicht empirisch ermittelt werden. Es ist daher vor Anwendung des Huff-Modells zu prognostizieren. Das Einzugsgebiet könnte mit Hilfe des Huff-Modells bestimmt werden, indem man jeden Wohnort mit einer vermuteten Einkaufswahrscheinlichkeit $w_{ij} > 0$ einbezieht. Dies erfordert ein iteratives Vorgehen, wobei mit der Prüfung jedes neuen Wohnorts entsprechend neue Einkaufsorte dem Modell hinzuzufügen sind. Je nach Lage und Bedeutung des betrachteten Einkaufszentrums führt dies zu einem schnellen Anwachsen der erforderlichen Daten. Der Informationsbedarf und damit die Kosten der Informationsbeschaffung steigen deutlich an. Im Fall des Textilkaufhauses C wurde daher das Einzugsgebiet in Analogie zu ähnlichen Einkaufszentren bestimmt, welche etwa 86 % ihrer Umsätze mit dem unmittelbaren Nahbereich, d. h. den direkt angrenzenden Wohngebieten tätigen (vgl. Stadt Oberhausen 1992, S. 25). Das Einzugsgebiet des Zentrums „Neue Mitte Oberhausen" umfasst demnach den Nahbereich der Stadt Oberhausen mit den Städten und Gemeinden Oberhausen, Bottrop, Gladbeck, Gelsenkirchen, Essen, Mülheim, Duisburg, Moers, Rheinberg, Voerde, Dinslaken und Hünxe. Der so umschriebene Raum entspricht in etwa einem Kreis um Oberhausen mit einem Radius von 20 km.

Aus dem festgelegten Einzugsgebiet ergeben sich entsprechend die relevanten Einzelhandelsstandorte. Die durchschnittliche Entfernung eines Wohnorts innerhalb des Einzugsgebiets zum Einkaufszentrum Oberhausen beträgt ca. 10 km. Der Radius des Einzugsgebiete wird daher zur Erfassung der Konkurrenzstandorte um 10 km ausgedehnt. Zusätzlich zu den schon genannten Wohnorten, die gleichzeitig Einzelhandelsstandort sind, werden die Einzelhandelszentren in Dorsten, Marl, Herten, Recklinghausen, Herne, Bochum, Hattingen, Velbert, Heiligenhaus, Ratingen, Düsseldorf, Meerbusch, Krefeld, Neukirchen-Vluyn, Kamp-Lintfort, Alpen, Wesel, Hamminkeln, Raesfeld und Schermbeck berücksichtigt.

Als Wohnorte werden hier die jeweiligen Städte oder Gemeinden verstanden, als Einkaufsorte die Innenstädte der betrachteten Städte und Gemeinden. Zusätzlich werden die Einkaufszentren Mülheim-Heißen, Gelsenkirchen-Buer und Bochum-Ruhrpark betrachtet, da aufgrund der Größe und der Nähe der Einkaufszentren Konkurrenzbeziehungen zu Oberhausen zu vermuten und auch in diesen Zentren Filialen des Textilkaufhauses C zu finden sind. Bei zwölf betrachteten Wohnorten sind bereits 36 Einkaufsorte in die Analyse einzubeziehen.

Operationalisierung der Modellvariablen und Datenbeschaffung

Als Maß für die Attraktivität eines Einkaufszentrums verwendet Huff sortimentsspezifische Verkaufsflächen. Es ist also im vorliegenden Fall zunächst festzulegen, welche Einzelhandelsflächen in den betrachteten Einkaufsorten in das Modell eingehen sollen, wofür mehrere Operationalisierungen in Frage kommen, beispielsweise

- die Verkaufsfläche aller Handelsbetriebe, die Bekleidung anbieten,
- eine Beschränkung auf die unmittelbaren Konkurrenten,
- bei Handelsbetrieben, die gemischte Sortimente führen, eine Beschränkung auf die für Textilien bereitgestellte Fläche.

Hinter diesen Überlegungen steht die Frage, welche Größen das Verhalten der Kunden beeinflussen. Damit ist auch die Frage verbunden, wie die Attraktivität eines Einkaufsortes operationalisiert werden kann. Wählt ein Konsument, der Bekleidung einkaufen möchte, den Einzelhandelsstandort mit dem, gemessen an der Verkaufsfläche, größten Gesamtangebot an Textilien, oder ist nur die Existenz großer Anbieter für ihn von Bedeutung? Im vorliegenden Fall wurde nur die Verkaufsfläche der großflächigen Konkurrenten einschließlich der Warenhäuser mit ihrem gesamten Sortiment berücksichtigt. Dies geschah auch im Hinblick auf die Beschaffbarkeit der entsprechenden Daten (vgl. Abbildung 14.10).

Auch für die Distanzen zwischen Wohn- und Einkaufsort bieten sich mehrere Operationalisierungsmöglichkeiten an, insbesondere die Entfernungen in Straßenkilometern oder der benötigte Zeitbedarf. Zahlreiche Aspekte, wie z. B. die Kosten, die Flexibilität, die Art des benutzten Verkehrsmittels und seine Bequemlichkeit, spielen eine Rolle. Sie werden in der von Huff vorgeschlagenen Reisezeit aber nicht oder nur teilweise erfasst. Eine Überprüfung des Modells ergab, dass die Berücksichtigung von Entfernungsdaten im Vergleich zu den Reisezeiten zu einer besseren Anpassung der Modellwerte an die realen Daten führte. Aus diesem Grunde wurden den weiteren Berechnungen die Entfernungen in km als Distanzmaß zugrunde gelegt.

Als Indikator für die durchschnittlich in einem Ort zurückzulegende Entfernung wurde die Fläche der jeweiligen Gemeinde herangezogen. Nimmt man vereinfachend an, dass die Fläche einer Gemeinde einem Kreis um den Ortskern entspricht, dann kann die durchschnittlich zurückzulegende Entfernung zum Zentrum als halber Radius des Kreises angegeben werden. Dies führt zur Berechnung der innerörtlichen Distanzen nach folgender Formel:

$$(14.11) \qquad d_i = \frac{1}{2} \cdot \sqrt{\frac{Fl_i}{\pi}}$$

mit:

Fl_i = Fläche des Wohnorts i

Die ermittelten Distanzen stellen gemeinsam mit den Daten zur Verkaufsfläche die Basis für die Berechnungen der Wahrscheinlichkeiten dar.

Die Einwohnerzahlen wurden dem Statistischen Jahrbuch deutscher Gemeinden von 1992 (vgl. Deutscher Städtetag 1993) entnommen. Informationen zur Kaufkraft lagen in Form von Kaufkraftkennziffern je Einwohner der GfK vor (vgl. Abbildung 14.11). Die durchschnittliche Kaufkraft in

Einkaufsorte	Verkaufsfläche in qm	Einkaufsorte	Verkaufsfläche in qm
Neue Mitte	30 000	Schermbeck	0
Oberhausen	15 940	Dorsten	10 500
Mülheim	21 870	Marl	2 890
Duisburg	55 200	Herten	2 000
Dinslaken	8 500	Recklinghausen	30 835
Bottrop	6 980	Heme	16 208
Essen	98 750	Bochum	34 800
Moers	9 690	Hattingen	3 770
Rheinberg	0	Verlbert	8 160
Voerde	0	Heiligenhaus	2 000
Hünxe	0	Ratingen	4 500
Gladbeck	2 100	Bochum Ruhrpark	25 700
Gelsenkirchen	42 900	Gelsenkirchen Buer	10 000
Neukirchen-Vluyn	0	Mülheim-Heißen	43 700
Kamp-Lintfort	7 290	Krefeld	45 136
Alpen	0	Düsseldorf	132 694
Wesel	8 820	Meerbusch	1 700
Hamminkeln	0	Raesfeld	0

Abb. 14.10: Verkaufsfläche großflächiger Textil- und Warenhaus-Betriebe

der Bundesrepublik Deutschland wird dabei gleich 100 gesetzt. Die Berechnung von Umsätzen erfordert Kenntnisse über den durchschnittlichen Einkaufsbetrag der Bundesbürger, den diese für Bekleidung im Jahr ausgeben. Nach Erfahrungswerten lag dieser Betrag, bezogen auf das hier relevante Sortiment, bei etwa 1 272 DM.

Die für Textilien relevante Kaufkraft eines Wohnorts ergibt sich dann durch Multiplikation von Einwohnerzahl (E_i), Kaufkraftkennziffer (k_i) und durchschnittlichem, sortimentsspezifischen Einkaufsbetrag je Einwohner:

(14.12) $$K_i = E_i \cdot k_i \cdot 1/100 \cdot 1272$$

Schätzen der Modellparameter

Der Distanzparameter λ bringt zum Ausdruck, welche Bedeutung die Entfernung zum Einkaufsort für den Konsumenten im Rahmen seiner Wahl des Einkaufsortes hat, wenn er den Kauf einer bestimmten Ware oder Warengruppe beabsichtigt. Er beschreibt somit einen Aspekt des Konsu-

Wohnorte	Einwohnerzahl	Kaufkraft	Fläche in qm
Oberhausen	223 840	89,6	77,03
Mülheim	177 681	112,4	91,26
Duisburg	535 447	92,5	232,82
Dinslaken	65 313	103,3	47,68
Bottrop	118 936	86,2	100,6
Essen	626 973	100,8	210,35
Moers	104 595	98,5	67,68
Rheinberg	27 886	93,6	75,15
Voerde	36 415	94,6	53,48
Hünxe	12 959	108,3	106,8
Gladbeck	80 267	85,8	35,9
Gelsenkirchen	293 714	85,4	104,85

Abb. 14.11: Einwohnerzahlen, Kaufkraft und Fläche der Wohnorte

mentenverhaltens und ist daher für die betreffende Warengruppe und das jeweilige Untersuchungsgebiet empirisch zu ermitteln. Derartige Daten liegen für die Region Oberhausen und das Verhalten der Konsumenten beim Einkauf von Textilien nicht vor. Eine Schätzung des Distanzparameters ist jedoch möglich, wenn man versucht, die auf der Grundlage des Huff-Modells errechneten Modellumsätze für die Filialen des Textilkaufhauses C den tatsächlich erzielten Umsätzen durch Variation von λ anzupassen. Die Optimierung mit Hilfe des Programmmoduls Microsoft Excel Solver ergibt ein λ von 1,174. Dieser relativ geringe Wert für λ bringt zum Ausdruck, dass die Konsumenten im Einzugsgebiet der betrachteten Filialen der Distanz zwischen Wohnort und Einkaufsort bei der Wahl eines Einkaufsortes nur geringe Bedeutung beimessen. Dies erscheint im vorliegenden Fall plausibel, da einerseits nur der Nahbereich betrachtet wird, andererseits das Ruhrgebiet als Ballungsraum nur geringe Entfernungen zwischen den Standorten aufweist und darüber hinaus als verkehrsmäßig gut erschlossen gelten kann.

Die Anpassung der Modellwerte an die realen Umsatzwerte ergibt die in Abbildung 14.12 dargestellten Ergebnisse. Die erheblichen Abweichungen zwischen Modell- und Realumsätzen der Filiale Duisburg wurden vom Textilkaufhaus C auf bauliche Maßnahmen zurückgeführt. Die Modellumsätze für die Standorte in Gelsenkirchen werden zu niedrig ausgewiesen, weil deren Einzugsgebiete nur unvollständig erfasst wurden. Die Modellwerte konnten damit als brauchbare Annäherung an die reale Situation gewertet werden.

Anpassung der Modellwerte an die realen Umsatzwerte für die Textil- und Warenhäuser					
Einkaufsort	Duisburg	Mülheim	Essen	Gelsenkirchen	GE-Buer
Umsatz Modell	471	176	845	286	67
Umsatz real	450	170	830	340	88
Differenz	21	6	15	-54	-21
Anpassung der Modellwerte an die realen Umsatzwerte für die C-Filialen					
Einkaufsort	Duisburg	Mülheim	Essen	Gelsenkirchen	GE-Buer
Umsatz Modell	66	42	74	33	23
Umsatz real	78	42	75	43	35
Differenz	-12	0	-1	-10	-12

Abb. 14.12: Anpassung der Modellwerte an die realen Umsätze

Mit dem vorhandenen Datenmaterial ist es möglich, die Umsätze der großflächigen Textil- und Warenhäuser im neuen Einkaufszentrum insgesamt zu prognostizieren. Die Höhe des Umsatzes der C-Filiale ergibt sich als Umsatzanteil am gesamten prognostizierten Umsatz. An den bereits vorhandenen Standorten liegt der Umsatzanteil der jeweiligen Filialen zwischen 9 % und 40 %, im Mittel erreichen die C-Filialen einen Anteil von 21 %. Da im Sinne der Überlegungen von Huff die Verkaufsfläche der Filiale vermutlich ein wichtiger Einflussfaktor auf den Umsatzanteil ist, wird im folgenden davon ausgegangen, dass der Umsatzanteil der neuen Filiale ihrem Verkaufsflächenanteil entspricht.

Ergebnisse der Modellrechnungen

Das Modell liefert zwei zentrale Ergebnisse – zum einen den am Standort zu erwartenden Umsatz und zum anderen Hinweise auf Kaufkraftabflüsse aus den Konkurrenzorten.

Umsatzhöhe und Einzugsgebiet der neuen Filiale

Insgesamt ergeben die Berechnungen nach dem Huff-Modell für die großflächigen Textilbetriebe und Warenhäuser einen Umsatz von 218 Mio. DM mit Bewohnern aus dem Nahbereich. Da dies voraussichtlich etwa 86 % des gesamten Umsatzes ausmachen wird, ist von einem Umsatzvolumen von insgesamt 253 Mio. DM auszugehen. Auf die Filiale des Textilkaufhauses C entfallen davon 84 Mio. DM. Dies entspricht einem Umsatz von 8 400 DM pro Quadratmeter Verkaufsfläche. Die Umsätze fließen dem neuen Einkaufszentrum gemäß Abbildung 14.13 aus den Wohngemeinden des betrachteten Einzugsgebiets zu. Die höchsten Umsätze werden mit Bewohnern der Städte Oberhausen, Duisburg und Essen erzielt, was zu der Frage nach den Umsatzeinbußen insbesondere dieser Einzelhandelsstandorte führt. Aus Vertraulichkeitsgründen haben die Autoren einige unternehmensbezogene Daten verfremdet (vgl. Müller-Hagedorn/Schuckel, 1995b, S. 602).

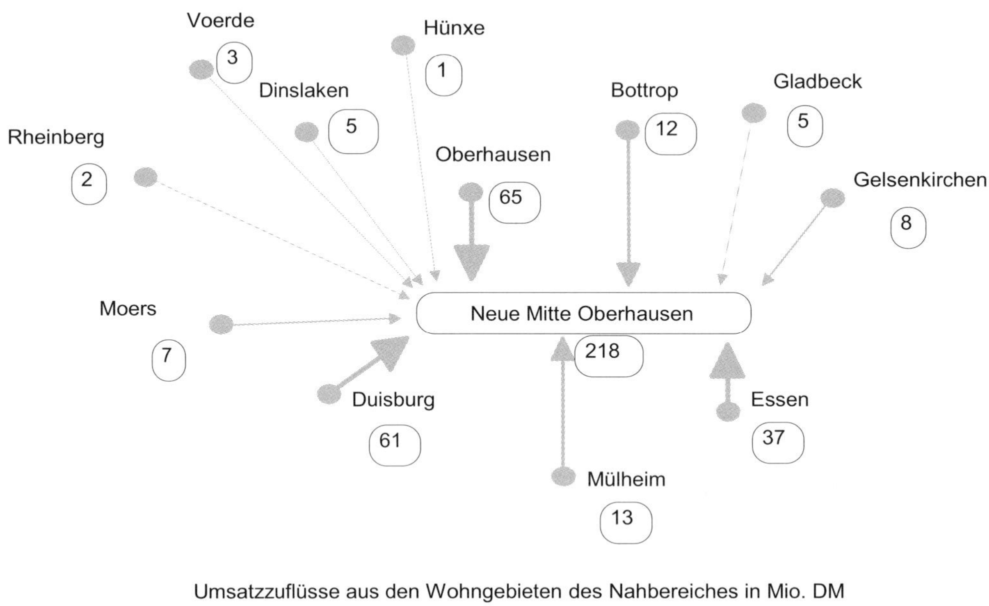

Abb. 14.13: Einzugsgebiet des neuen Einkaufszentrums

Kaufkraftabflüsse der Konkurrenzstandorte

Die Kaufkraftabflüsse in den Konkurrenzstandorten werden ermittelt, indem die Modellumsätze, die für die Ausgangssituation, d. h. ohne die „Neue Mitte Oberhausen", ermittelt wurden, den unter Berücksichtigung der neuen Verkaufsflächen im neuen Einkaufszentrum prognostizierten Umsätzen gegenübergestellt werden. Die Kaufkraftabflüsse werden in Abbildung 14.14 dargestellt. Nach den Berechnungen mit dem Huff-Modell haben insbesondere die Textilkaufhäuser und Warenhäuser in Duisburg, Essen und Mülheim starke Umsatzeinbußen hinzunehmen. Die C-Filialen sind selbst von Umsatzrückgängen in Höhe von 8 (Duisburg), 4 (Mülheim), 6 (Essen) und 2 Mio. DM (Gelsenkirchen und Gelsenkirchen-Buir) betroffen. Auf weiter entfernte Einkaufszentren, insbesondere im östlichen Teil des Ruhrgebiets, scheint sich die „Neue Mitte Oberhausen" jedoch weniger auszuwirken.

Reaktion auf Variationen des Distanzparameters

Die der Umsatzprognose zugrunde gelegten Daten können, sieht man von der grundsätzlichen Problematik der Operationalisierung einmal ab, als sichere und zutreffende Werte angesehen werden. Lediglich der Distanzparameter ist mit Unsicherheit behaftet, da er im vorliegenden Fall nicht empirisch bestimmt, sondern mittels einer Näherung geschätzt wurde. Um die Ungewissheit über die Höhe des Distanzparameters angemessen zu berücksichtigen, ist es erforderlich, den funktionalen Zusammenhang zwischen der Höhe des prognostizierten Umsatzes als abhängiger und der Größe des Distanzparameters als unabhängiger Variablen zu untersuchen. Dieser Zusammenhang wird durch die Gleichungen (14.10), (14.11) und (14.12) beschrieben und führt zu dem in Abbildung 14.15 dargestellten Funktionsverlauf. Daraus geht hervor, dass der prognostizierte Umsatz für die C-Filiale in Oberhausen in Abhängigkeit vom Distanzparameter einen minimalen Wert von 48 Mio.

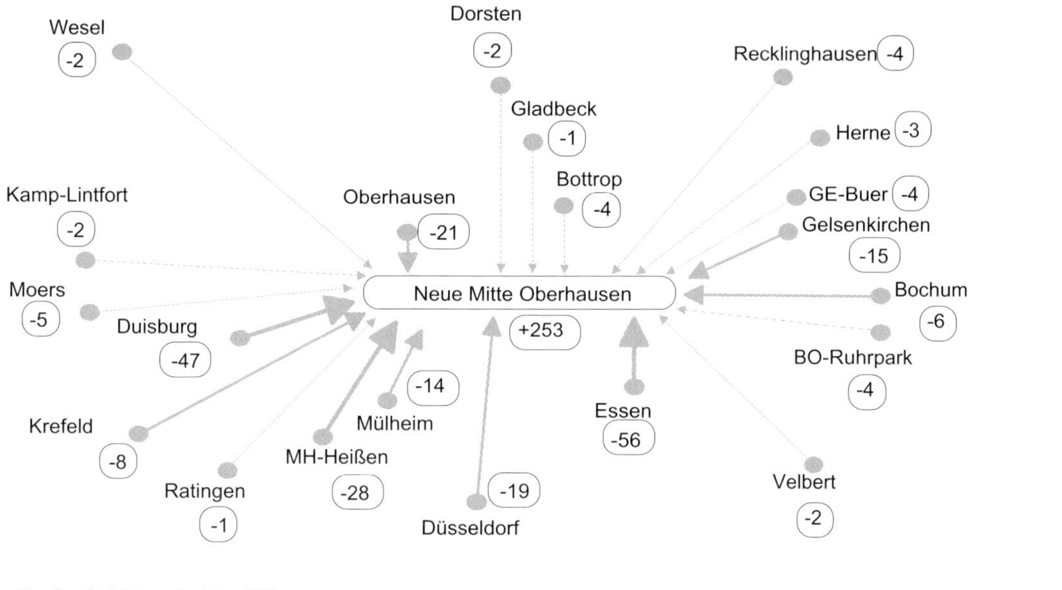

Abb. 14.14: Kaufkraftabflüsse in den konkurrierenden Standorten

DM erreicht (für $\lambda = 0$) und einen Maximalwert in Höhe von 96 Mio. DM ($\lambda \approx 2{,}2$). Für große λ strebt der Prognosewert gegen einen Umsatz von 65 Mio. DM.

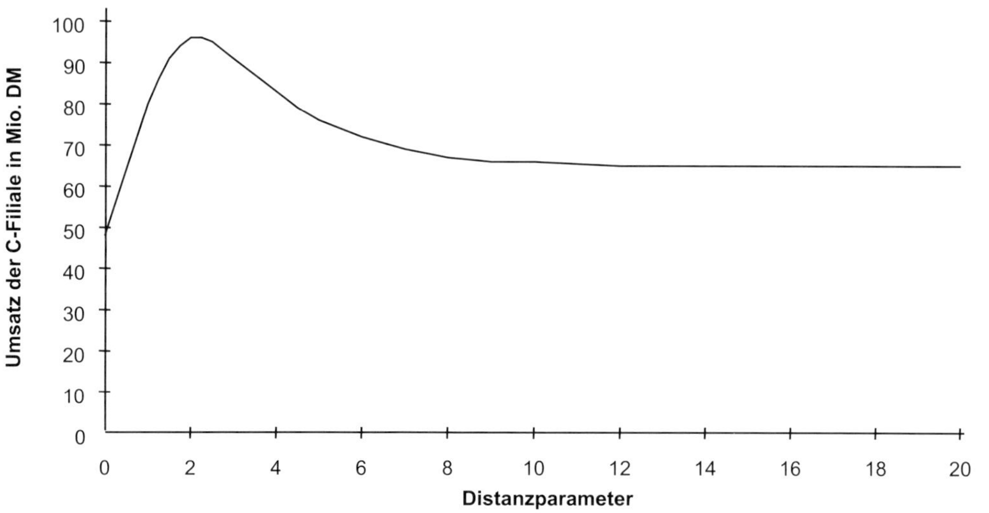

Abb. 14.15: Zusammenhang zwischen Distanzparameter λ und Umsatzhöhe

Ein $\lambda < 0$ bedeutet, dass die Wahrscheinlichkeit, einen Einkaufsort aufzusuchen mit zunehmender Entfernung steigt. Ein negativer Distanzparameter ist damit auszuschließen. Gilt $\lambda = 0$, so hat die

Entfernung keinen Einfluss auf die Besuchswahrscheinlichkeit. Allein die Attraktivität beeinflusst dann die Wahl eines Einkaufsortes.

Der der Prognose zugrunde gelegte Wert für λ (= 1,174) führt somit zu einem mittleren Prognoseergebnis. Bei kleinerem λ fällt der prognostizierte Umsatz deutlich bis zum Minimum von 48 Mio. DM ab. Liegt λ dagegen über dem Wert von 1,174, so steigt der Umsatz bis zum Maximum und fällt dann allmählich wieder ab. Für $\lambda = 3{,}8$ wird die gleiche Umsatzhöhe prognostiziert wie für $\lambda = 1{,}174$. Alle höheren λ-Werte führen zu einem schlechteren Ergebnis. Die vorgetragenen Überlegungen lassen eine vor dem Hintergrund der Unsicherheit hinsichtlich des Distanzparameters angemessene Beurteilung des Prognoseergebnisses zu. Nimmt man an, dass der ohnehin schon relativ niedrige Wert für λ von 1,174 in der Untersuchungsregion nicht noch unterschritten wird, und hält man weiterhin einen Distanzparameter mit einem Wert größer als vier für unwahrscheinlich, so kann die Umsatzprognose von 84 Mio. DM als vorsichtige Schätzung gelten.

Die Höhe des Distanzparameters hat auch erheblichen Einfluss auf das Einzugsgebiet des Zentrums. Je höher der Distanzparameter, desto mehr nehmen die Kaufkraftzuflüsse aus den Wohngebieten mit der Entfernung zum Einkaufszentrum ab. Überschreitet λ einen bestimmten Wert, so wird der Umsatz eines Zentrums fast ausschließlich mit Bewohnern des eigenen Wohnorts getätigt. Die Einkaufswahrscheinlichkeit beträgt für das Wohngebiet des betrachteten Ortes 1, für alle anderen 0. Dies ist im vorliegenden Beispiel etwa bei $\lambda = 11$ der Fall, erkennbar an dem konstanten Verlauf der in Abbildung 14.15 dargestellten Funktion. Er entspricht dem Umsatz mit den Bewohnern des Ortes 1.

14.2.3.4 Erweiterungsmöglichkeiten des Modells

Das Huff-Modell ist der Kritik ausgesetzt, dass mit der Verkaufsfläche eine Größe für die Attraktivität eines Einkaufszentrums gewählt wurde, die qualitativen Unterschiede nicht erfasst (vgl. z. B. Gautschi 1981). Einkaufsorte mit gleicher Verkaufsfläche werden zudem gleich bewertet, unabhängig davon, ob beispielsweise ein Zentrum mehr überdachte Passagen, ein vielfältigeres Angebot, mehr Ruhezonen und Gastronomiebetriebe oder ein schöneres Stadtbild aufweist. Diese qualitativen Merkmale könnten erfasst werden, indem die Verkaufsfläche einzelner Zentren gewichtet wird. Problematisch ist dabei die Festlegung der einzelnen Gewichtungen. Sie könnten subjektiv vom jeweiligen Entscheidungsträger festgelegt oder alternativ mit Hilfe eines Punktbewertungsverfahrens festgelegt oder im Rahmen einer Kundenbefragung aus Konsumentensicht erhoben werden. Letzteres ist mit großem Aufwand verbunden und führt letztlich zu dem Versuch, die Attraktivität durch andere Größen als die Verkaufsfläche zu operationalisieren.

Die Bedeutung der Attraktivität eines Einzelhandelsstandorts für das Einkaufsverhalten der Konsumenten kann darüber hinaus gegenüber der Distanz eine andere Gewichtung erfahren, wenn man auch für die Variable „Attraktivität“ einen warenspezifischen Gewichtungsparameter einführt. Vermutlich ist die Attraktivität eines Einkaufsortes für den Kauf von Textilien von größerer Bedeutung als beispielsweise für den Kauf von Lebensmitteln.

Werden die Attraktivitätsgewichte für die Einkaufszentren und den Attraktivitätsparameter in das Huff-Modell integriert, so führt dies zu folgender Gleichung:

$$(14.13) \qquad w_{ij} = \frac{\left(g_j \cdot A_j\right)^{\gamma} \cdot d_{ij}^{-\lambda}}{\sum_{j=1}^{n} \left(g_j \cdot A_j\right)^{\gamma} \cdot d_{ij}^{-\lambda}}$$

mit:

g_j = Gewichtungsfaktor für die Attraktivität des Einkaufsortes j

γ = Attraktivitätsparameter

Im Huff-Modell werden die Attraktivitätsgewichte g_j und der Attraktivitätsparameter γ gleich 1 gesetzt. Ob eine Variation dieser Werte eine Verbesserung des Modellansatzes darstellt, wäre zu überprüfen. In Formel (14.13) wird ein einzelner Einkaufsort (einzelnes Einkaufszentrum) durch zwei Größen beschrieben, die Attraktivität und die Entfernung, die Konsumenten von einem einzelnen Wohnort i zurückzulegen haben, um ihn zu erreichen. Beide Einflussgrößen werden mit einem Parameter gewichtet. Wird die Zahl der Einflussgrößen erweitert, indem die Größe Attraktivität in einzelne Faktoren aufgelöst wird, gelangt man zu einer Verallgemeinerung des Huff-Modells (zu einem Überblick über Weiterentwicklungen des Modells vgl. Craig/Ghosh/McLafferty 1984, S. 14–19; Müller-Hagedorn/Natter 2011, S. 206–209), die im Marketing eine große Beachtung gefunden hat und dort Multiplicative Competitive Interaction Model genannt wird. Nakanishi und Cooper (1974) schlagen die folgende Generalisierung vor:

$$(14.14) \qquad w_{ij} = \frac{\prod_{k=1}^{q} x_{kij}^{\beta_k}}{\sum_{j=1}^{n} \prod_{k=1}^{q} x_{kij}^{\beta_k}}$$

mit:

w_{ij} = Wahrscheinlichkeit, dass ein Konsument in der i-ten Situation das Objekt j wählt

x_{kij} = die k-te Variable, mit der das Objekt j in der Entscheidungssituation i beschrieben wird

β_k = Parameter für die Sensitivität der Wahrscheinlichkeit w_{ij} in Bezug auf die Variable k

Bezieht man die Erweiterung auf die Entscheidung eines Bewohners, in einem bestimmten Einkaufsort einzukaufen, so sind die Entscheidungssituation als Wohnort i und das Objekt als Einkaufsort j zu interpretieren. Mit dieser Erweiterung ist ein Dilemma verbunden. Zwar scheint es zunächst so, dass durch die detailliertere Abbildung plausibler Einflussgrößen und damit vorhandener Unterschiede zwischen einzelnen Einkaufsorten die Prognosegüte verbessert werden kann, aber auf der anderen Seite muss berücksichtigt werden, dass die jeweiligen Größen auch ermittelt und dass vor allem die zugehörigen Parameter geschätzt werden müssen.

14.2.3.5 Kritische Würdigung des Modells

Die Prognoseergebnisse des Huff-Modells sind im Hinblick auf ihren Wert für die Standortentscheidung zu beurteilen. Damit geht es insbesondere um die Frage nach der Prognosegenauigkeit bzw. der Zuverlässigkeit der Ergebnisse. Dazu lieferte das vorliegende Beispiel einige Informationen. Darüber hinaus kann das Modell beurteilt werden, indem seine Annahmen betrachtet werden:

1. Das Modell erlaubt eine Schätzung des an einem Standort erzielbaren Umsatzes, womit eine für praktische Zwecke sehr aufschlussreiche abhängige Größe gewählt ist.

2. Das Modell verwendet mehrere Einflussgrößen, so die Zahl der Nachfrager an einzelnen Ausgangsorten (Wohnorten), ihre durchschnittlichen Ausgaben in einzelnen Bereichen, die von ihnen zu bewältigenden Entfernungen, um einzelne Einzelhandelszentren zu erreichen, und die den Einkaufzentren zugeordnete Attraktivität. Grundsätzlich ist es möglich, Werte für diese Parameter zu ermitteln. Dabei besteht sogar die Möglichkeit, die Nachfrager zu segmentieren. Ein ernsthaftes Problem ist darin zu sehen, dass Attraktivität und Distanz unterschiedlich operationalisiert werden können. Die Verkaufsfläche als Maß für die Attraktivität zu verwenden stellt dann eine kritische Vereinfachung dar, wenn sich die einzelnen Einkaufsalternativen darüber hinaus in anderen Merkmalen unterscheiden. Entsprechend kann es sein, dass auch die Luftlinienentfernung zwischen Wohnort und Einkaufszentrum nur unzureichend die Mühen wiedergibt, um ein Zentrum zu erreichen (z. B. wegen der örtlichen Verkehrsverhältnisse oder der Schwierigkeiten und Kosten, einen Parkplatz zu finden). Die Verwendung subjektiver Urteilsgrößen an Stelle objektiver Messwerte erhöht den Erhebungsaufwand erheblich (u. a. treten dabei Mess- und Stichprobenprobleme auf). Schließlich ist anzumerken, dass es sich insbesondere bei der Attraktivität um eine hoch verdichtete Größe handelt, hinter der zahlreiche einzelne Aspekte stehen können (z. B. Auswahl, Preisgünstigkeit, Atmosphäre).

3. Ein besonderes Problem ist in der Verwendung des Distanzparameters Lambda λ zu sehen. Eine Differenzierung zwischen branchenspezifischen Distanzparametern lässt sich zunächst mit der Beobachtung rechtfertigen, dass Entfernungen beim Einkauf verschiedener Güter eine unterschiedliche Rolle spielen können. Beim häufig anfallenden Einkauf von Lebensmitteln wird eine bestimmte Entfernung als unangenehmer empfunden als bei einer größeren Anschaffung (z. B. Möbel). Es können also warenspezifische Gegebenheiten berücksichtigt werden. Es gibt aber insgesamt nur wenige Studien zum Zusammenhang von Prognosegüte und Höhe des Distanzparameters. Auf diese Problematik wird im nächsten Abschnitt noch näher eingegangen.

4. Eine Besonderheit des Modells von Huff ist in dem verwendeten Funktionsgesetz zu sehen. Positiv ist hervorzuheben, dass für die Nachfrager an einem bestimmten Wohnort jeweils die für sie aktuellen Einkaufsorte berücksichtigt werden. Wie weiter unten noch angemerkt werden wird, handelt es sich bei dieser Modellstruktur um eine inzwischen im Marketing sehr verbreitete Modellstruktur. Es wird vom Multiplicative Competitive Interaction Model gesprochen, wodurch zum Ausdruck gebracht wird, dass die relevanten konkurrierenden Standorte in die Bewertung miteinbezogen werden.

5. Das Modell scheint geeignet, Einkaufszentren zu beurteilen. Für die Beurteilung der Standorte für einzelne Geschäfte innerhalb eines Zentrums, wie z. B. einer Innenstadt, scheint es dagegen weniger geeignet zu sein, weil die in Ansatz gebrachten Distanzen zwar die Erreichbarkeit des Zentrums insgesamt gut erfassen können, nicht jedoch die der Mikrostandorte innerhalb eines solchen Zentrums.

6. Das Modell ist auf den Kauf eines Produkts ausgerichtet. Es spielt keine Rolle, ob mehrere Güter eingekauft werden sollen, ob mit dem Einkauf andere Zwecke verfolgt werden und ob unter Umständen mehrere Geschäfte aufgesucht werden sollen.

Insgesamt scheint das Huff-Modell für die Beurteilung von Einkaufszentren unentbehrlich. Leider werden die mit ihm ermittelten Prognosewerte meist nicht veröffentlicht, so dass eine nachträgliche Beurteilung seiner Prognosegüte meist nicht möglich ist. Die Empfindlichkeit des Modells gegenüber Parameterveränderungen und die Möglichkeiten zur Weiterentwicklung des Modells werden in den folgenden Abschnitten untersucht.

14.2.4 Logit-Modelle

Das Huff-Modell ist dadurch charakterisiert, dass die Wahrscheinlichkeit für das Aufsuchen eines Einkaufsortes davon abhängt, wie der jeweilige Einkaufsort im Vergleich zu allen anderen relevanten Einkaufsorten bewertet wird. Eine Variante dieses Verfahrens stellen Multinomiale Logit-Modelle dar. Sie nehmen als Ausgangspunkt eine Nutzenfunktion, die angibt, welchen Nutzen ein Konsument einem bestimmten Einkaufsort oder einem Einkaufszentrum zuordnet:

(14.15) $$U_{ij} = V_{ij} + \varepsilon_{ij}$$

mit:

U_{ij} = Nutzen eines Haushalts i beim Besuch des Geschäfts j

V_{ij} = deterministische Komponente des Nutzens

ε_{ij} = erratische Komponente des Nutzens

Der Nutzen beim Besuch eines Geschäfts kann nun von zahlreichen Faktoren abhängen, so von der zu überbrückenden Distanz (wie bei Huff), aber auch von nachfragerspezifischen Größen, wie der Höhe der zu tätigenden Ausgaben, der Haushaltsgröße oder dem Einkommen. Aus solchen Größen lässt sich eine multiplikativ verknüpfte Nutzenfunktion aufstellen (vgl. Popkowski Leszczyc/Sinha/Sahgal 2004, mit Bezug auf Ho/Tang/Bell 1998):

(14.16) $$V_{ij} = \alpha_{0ij}(\mathrm{Dist}_{ij})^{\alpha_{1i}}(\mathrm{Rate}_i)^{\alpha_{2ri}} \cdot (\mathrm{Income}_i)^{\alpha_{3i}}(\mathrm{hhsize}_i)^{\alpha_{4i}}(\mathrm{Expen}_i)^{\alpha_{5i}}$$

mit:

V_{ij} = Nutzen, den der Haushalt i einem Einkauf im Geschäft j zuordnet

α_{0ij} = absolutes Glied für Haushalt i und Geschäft j

$Dist_{ij}$ = Entfernung zwischen Haushalt i und Geschäft j,

$Rate_i$ = Einkaufshäufigkeit des Haushalts i,

$Income_i$ = Einkommen des Haushalts i,

$hhsize_i$ = Anzahl der Mitglieder des Haushalts i,

$Expen_i$ = durchschnittliche Ausgaben des Haushalts i pro Einkauf,

r = Betriebsform (Format) des Geschäfts j,

α = Sensitivitätsparameter der jeweiligen Variablen in Bezug auf den Nutzen V_{ij}.

Bei den erklärenden Variablen handelt es sich überwiegend um haushaltsbezogene Angaben, wie sie aus den Haushaltspanels der Marktforschungsinstitute vorliegen. Durch Logarithmierung kann (14.16) in eine lineare Form überführt werden.

(14.17)
$$\begin{aligned} V_{ij}^* &= \beta_{ij} + \alpha_{1i}\ln(Dist_{ij}) + \alpha_{2ri}\ln(Rate_i) + \alpha_{3i}\ln(Income_i) \\ &\quad + \alpha_{4i}\ln(hhsize_i) + \alpha_{5i}\ln(Expen_i) \end{aligned}$$

mit :

$\beta_{ij} = \ln(\alpha_{0ij})$

Popkowski Leszczyc, Sinha und Sahgal unterstellen, dass β_{ij} die Präferenz für ein Geschäft bzw. die Unterschiedlichkeit der einzelnen Geschäfte erfasst. Dabei wird die Präferenz für ein bestimmtes Geschäft β_{ij} (eine Betriebsmarke bzw. ein Filialunternehmen) in zwei Komponenten zerlegt:

(14.18) $$\beta_{ij} = \lambda_j \omega_i + \eta_i$$

mit:

β_{ij} = Präferenz des Haushalts i für das Geschäft j

λ_j = ein (1 x n)-Vektor, der für das Geschäft j angibt, welche Werte (Position) das Geschäft in einem gemeinsamen Merkmalsraum (Faktorenraum) annimmt

ω_i = ein (n x 1)-Vektor, der die Gewichte enthält, die der i-te Haushalt den gemeinsamen Faktoren zuordnet

η_i = Präferenz des i-ten Haushalts gegenüber den spezifischen Eigenschaften eines Geschäfts

Es sind folglich Merkmale eines Geschäftes, die einen Einfluss auf die Präferenz ausüben – einerseits allgemeine, andererseits spezifische Eigenschaften, wobei die allgemeinen Eigenschaften haushaltsspezifisch gewichtet werden. Es gibt Ansätze, die eine weitere Differenzierung der Merkmale eines Geschäfts vornehmen. So unterscheiden beispielsweise González-Benito, Muñoz-Gallego und Kopalle (2005) zwischen einer Komponente, die sich auf die Betriebsform bezieht, und einer, die das Filialnetz charakterisiert.

Setzt man die zwei Komponenten der Präferenz in die Formel ein, so ergibt sich für einen Haushalt i der Nutzen, den er durch den Besuch eines Geschäfts j erlebt, als:

$$V_{ij}^{*} = \lambda_j \omega_i + \eta_i + \alpha_{1i} \ln(Dist_{ij}) + \alpha_{2ri} \ln(Rate_i) + \alpha_{3i} \ln(Income_i)$$
$$+ \alpha_{4i} \ln(hhsize_i) + \alpha_{5i} \ln(Expen_i) \quad (14.19)$$

Die Funktion gibt an, welchen Beitrag geschäftsbezogene Eigenschaften auf der einen Seite und haushaltsbezogene Eigenschaften auf der anderen Seite zum Nutzen beisteuern, den ein Haushalt i erfährt, wenn er ein Geschäft j aufsucht. Wenn dieser Nutzen nach (14.19) als Exponent einer Exponentialfunktion verwendet wird und dieser Ausdruck zu der Summe der entsprechenden Exponentialfunktionen der Nutzenbeiträge aller zur Auswahl anstehenden Geschäfte in Bezug gesetzt wird (wie beim Huff-Modell), ergibt sich ein Quotient, der als Wahrscheinlichkeit interpretiert werden kann, mit der ein Haushalt i ein Geschäft j aufsucht. Auf die von den Autoren vorgenommene Differenzierung dieses Ansatzes in Ein-Zweck-Einkaufstrips und Mehr-Zweck-Einkaufstrips wird hier verzichtet (vgl. hierzu auch Dellaert/Arentze/Bierlaire et al. 1998).

Dieses Logit-Modell hat einerseits Gemeinsamkeiten mit dem Huff-Modell, andererseits gibt es Unterschiede. Ein wichtiger Unterschied zu dem Modell von Huff liegt darin, dass die Nachfrager nicht nur nach ihrem Wohnort (und der daraus resultierenden Distanz) differenziert werden, sondern nach einer Vielzahl von weiteren Eigenschaften. Auch besteht die Möglichkeit, mehrere geschäftspolitische Merkmale in die Ermittlung der Einkaufswahrscheinlichkeiten einfließen zu lassen. Ebenso kann im Rahmen der Modellierung eine Segmentierung der Kunden vorgenommen werden (vgl. Frasquet/Gil/Mollá 2001). Während Huff den Quotienten zur Ermittlung der Einkaufswahrscheinlichkeiten definiert, indem die Merkmalswerte eines Geschäfts unmittelbar den Werten aller Geschäfte gegenübergestellt werden, gehen bei der Logit-Analyse die Werte zunächst in Exponentialfunktionen ein (zur Logit-Analyse vgl. Urban 1993; Train 2009). Lademann (2007) hat im Rahmen einer empirischen Untersuchung die Vorhersagegenauigkeit des Huff-Modells mit der eines Logit-Modells verglichen. Für das untersuchte Beispiel konnte Lademann eine Überlegenheit des Logit-Modells feststellen.

14.2.5 Verhaltenswissenschaftliche Ansätze

Den Konsumenten stehen vielfältige Einkaufsmöglichkeiten zur Verfügung. Selbst wenn man nur den stationären Einzelhandel betrachtet, ist hier an den wohnortnahen Einkauf zu denken (vor allem in Supermärkten), an den Einkauf in den Innenstädten (dort teilweise auch in Shopping-Centern), in peripher gelegenen Einkaufszentren (teilweise Shopping-Center, teilweise Agglomerationen, die nicht unter einer einheitlichen Leitung stehen) und den überregional ausgelegten Einkaufszentren (einschließlich der Factory-Outlet-Center). Vor allem, wenn der Konsument Einkäufe in mehreren Bereichen plant oder wenn er mit dem Einkauf andere Aktivitäten verbinden will (z. B. Besuch eines Arztes oder eines Cafés), wird er nicht nur den Standort einzelner Geschäfte gegeneinander abwägen, sondern verschiedene Standortlagen hinsichtlich komplexerer Eigenschaften miteinander vergleichen (vgl. z. B. Ghosh 1986). Es liegt nahe, für diesen Vergleich Einstellungen heranzuziehen. Einstellungen werden üblicherweise definiert als subjektive Bewertungen von verschiedenen Objekten (hier: Standortlagen oder einzelne Geschäfte) hinsichtlich ihrer Eignung, die von dem Bewertenden als wichtig angesehenen Ziele zu erreichen. Aus Abbildung 14.16 ist ersichtlich, dass bei der Wahl einer Standortlage die zu bewältigende Entfernung als ein Kriterium der Einstellung zu den verschiedenen Standortlagen (Einkaufsstätten) anzusehen ist. Die restlichen Kriterien werden unter dem Begriff „wahrgenommene Attraktivität" zusammengefasst. Hier können sich geschäftsbezogene Aspekte finden (wie z. B. Auswahl oder Preisgünstigkeit), aber auch solche, die unabhängig von einem einzelnen Geschäft sind (z. B. Erreichbarkeit mit dem öffentlichen Personennahverkehr (ÖPNV) oder das Vorhandensein von öffentlichen Parkplätzen). Die Abbildung verdeutlicht auch, dass die einzelnen Kriterien sich aus generellen Lebenszielen (Motiven) ableiten und deshalb bei einzelnen Gruppen von Menschen unterschiedlich sein können. Dies ist auch der Grund für die große Zahl an empirischen Untersuchungen, die gezielt das Einkaufsverhalten einzelner Gruppen (z. B. von Älteren, Mittelschicht-Angehörigen, Angehörigen bestimmter Ethnien, vgl. z. B. Aygün 2005) analysieren.

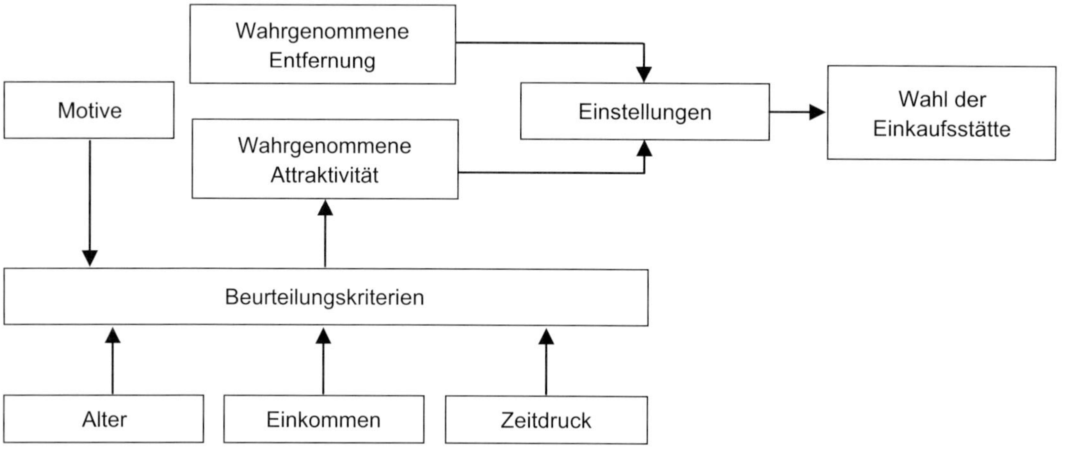

Abb. 14.16: Ausgewählte Bestimmungsfaktoren für die Einkaufsstättenwahl der Nachfrager

Die wahrgenommene Attraktivität einer Standortlage (z. B. Innenstadt) kann dabei von der Attraktivität des Einzelhandels in dieser Standortlage wie von der Attraktivität des Standortumfelds (z. B. attraktive Gebäude, Versorgungseinrichtungen, Events, Parks, Cafés) beeinflusst werden. Ähnliches gilt für die wahrgenommene Entfernung. Insbesondere für die Innenstädte ist von großer Bedeutung, wie sie mit privaten und öffentlichen Verkehrsmitteln erreicht werden können. Dies hat teilweise zu erbitterten politischen Streitigkeiten geführt, wenn z. B. gefordert wurde, die Erreichbarkeit der Innenstädte mit dem privaten PKW zu erschweren. Die Befürworter behaupteten, damit würde die Attraktivität der Innenstädte erhöht, während die Gegner argumentierten, ohne eigenen PKW blieben gerade die zahlungskräftigen Einkommensschichten der Innenstadt fern, was deren Untergang bedeute (vgl. z. B. Müller-Hagedorn/Schuckel 1993).

Solche Diskussionen belegen, wie notwendig entsprechende Wirkungsanalysen sind. Am umfangreichsten wurde von Ziehe (1998) unter Einsatz der Kausalanalyse untersucht, wie sich einzelne Faktoren der Attraktivität und der Erreichbarkeit auf die Beurteilung einzelner Standortlagen auswirken. In ihrem Strukturmodel stehen die Urteile über die Attraktivität der Innenstadt und die Erreichbarkeit im Mittelpunkt. Sie bestimmen das Einkaufsverhalten. Das Urteil über die Erreichbarkeit hängt von der Beurteilung der PKW-Erreichbarkeit und von der Beurteilung des ÖPNV ab. Auf die Attraktivität der Innenstadt wirken ebenfalls zwei Faktoren ein: das Urteil über den dortigen Einzelhandel und das Urteil über das dortige Einzelhandelsumfeld. Die einzelnen Bestimmungsfaktoren werden jeweils über mehrere (reflektive) Messgrößen operationalisiert. Ziehe ermittelte, dass die Erreichbarkeit ein ebenso wichtiger Faktor wie die Attraktivität des jeweiligen Zentrums ist. Die Attraktivität eines einzelnen Standorts hängt also auch von der Attraktivität des Zentrums ab, in das der einzelne Standort eingebettet ist. Hier setzen kooperative Maßnahmen von einzelnen Einkaufsstraßen oder Zentren an, wobei neben der Frage, wie die Kosten aufzuteilen sind, zu klären ist, welche Wirkung mit einzelnen Maßnahmen erzielt werden kann. Hier liefern Modelle, die ähnlich wie die Überlegungen in Abbildung 14.16 strukturiert sind, wertvolle Hilfen (vgl. hierzu auch Ziehe 1998).

14.3 Zusammenfassung

Der Standortpolitik kommt im Handel eine große strategische Bedeutung zu. Zum einen geht von ihr eine starke akquisitorische Wirkung auf den Kunden aus, zum anderen ist sie nicht kurzfristig revidierbar. Mietverträge haben häufig lange Laufzeiten, Investitionen in die Erschließung von Standorten und die Ausgestaltung von Verkaufsstellen amortisieren sich nur langsam, und das Finden neuer Standorte setzt häufig einen langen Planungsprozess voraus. Standortpolitische Entscheidungen sind aber nicht nur aus der Sicht eines Handelsunternehmens bedeutend, sondern beschäftigen zunehmend Betreiber von Shopping-Centern, Flughäfen und Bahnhöfen. Regionalplaner sowie kommunale Stadtplaner befassen sich ebenfalls mit der Frage, welche Wirkungen von standortpolitischen Entscheidungen des Handels auf die Attraktivität des jeweiligen Planungsraums ausgehen und mit welchen rahmenpolitischen Maßnahmen sie gesteuert werden können.

Im Zuge der voranschreitenden Filialisierung im Einzelhandel sind Standortentscheidungen deutlich komplexer geworden, da nicht nur die Güte eines einzelnen Standorts zu beurteilen ist, sondern auch die Wechselwirkungen zwischen verschiedenen Standorten abgeschätzt werden müssen. Doch auch die Beurteilung und Auswahl eines einzelnen Standorts weisen eine hohe Komplexität auf. Um sie zu reduzieren, werden Standortlagen typologisiert oder mit Hilfe ausgewählter Merkmale charakterisiert. Hierzu zählen vor allem Eigenschaften, die sich auf die Bevölkerung im Einzugsgebiet eines Standorts beziehen, die Erreichbarkeit betreffen, die Wettbewerbssituation beschreiben und die Kosten der Errichtung und des Betreibens einer Verkaufsstelle abbilden.

Standortentscheidungen lassen sich wie die übrigen absatzpolitischen Instrumente mit Hilfe des entscheidungsorientierten Ansatzes strukturieren, indem zwischen Alternativen, Zielen und

Umwelteinflüssen differenziert wird. Bei Letzteren sind vor allem das Konsumentenverhalten und die zahlreichen rechtlichen Regelungen zu beachten.

Zur Bewertung und Auswahl einzelner Standorte sind zahlreiche Modelle und Methoden entwickelt worden. Verfahren wie die Checklisten- und die Profilmethode versuchen in systematischer Form relevante Einflussgrößen auf die Vorteilhaftigkeit eines Standorts zu benennen und zu veranschaulichen. Die Profilmethode und das Punktbewertungsverfahren versuchen darüber hinaus die Stärke und die Richtung des Einflusses zu quantifizieren und die Teilaspekte bzw. Teilurteile zu einem Gesamturteil zusammenzufassen. Die Analogmethode geht einen Schritt weiter, indem sie den an einem neuen Standort erzielbaren Umsatz prognostiziert. Dabei dient ein vergleichbarer Standort der Abschätzung der Pro-Kopf-Umsätze in unterschiedlichen Einzugsgebieten der neuen Verkaufsstelle. Auch die Regressionsanalyse und die gravitationstheoretischen Ansätze, insbesondere das Huff-Modell, verfolgen das Ziel, den Umsatz an einem neuen Standort zu prognostizieren. Sie unterscheiden sich von den zuvor genannten Methoden darin, dass sie theoretisch fundiert sind und auf der Grundlage theoretischer Überlegungen eine Quantifizierung des Umsatzes vornehmen. Eine Fortentwicklung der Verfahren erfolgt mit dem Ziel, weitere Einflussfaktoren zu integrieren bzw. ihre Wirkung differenzierter abzubilden. Unterstützt wird diese Entwicklung von der zunehmenden Verfügbarkeit von detaillierten raumbezogenen Daten und von neuen Technologien, die in der Lage sind, die Daten zu verarbeiten.

15 Warengruppenmanagement als Prozess

Die Entwicklung eines Marketingkonzepts macht es zunächst erforderlich, einen strategischen Rahmen zu entwerfen. Hierbei können einzelnen Sortimentsteilen strategische Rollen zugewiesen werden, aus denen sich anschließend spezifische Strategien und Taktiken ableiten lassen. Ein solcher strategischer Rahmen soll sicherstellen, dass die einzelnen absatzpolitischen Instrumente so aufeinander abgestimmt werden, dass ein schlüssiges und aus Kundensicht konsistentes Gesamtkonzept für die Marketingpolitik entsteht.

Um die Marketingpolitik an einem strategischen Rahmen auszurichten, empfiehlt es sich, auf den in Kapitel 4 vorgestellten Managementzyklus zurückzugreifen. Die einzelnen Prozessphasen (Analyse der Ist-Situation, Planung, Realisation und Kontrolle) sind entsprechend auf die Marketingpolitik zu übertragen. Über einige Entscheidungsparameter ist nur in größeren Zeitabständen zu befinden (insbesondere über den Standort, das Bediensystem, die Ladenöffnungszeiten), während andere Instrumente fortlaufende Entscheidungen erfordern (insbesondere Sortimentspolitik und Preispolitik). Ihr Einsatz wird im Warengruppenmanagement koordiniert.

In der Praxis wird das strategische Warengruppenmanagement auch als Category Management bezeichnet. Dieser Begriff hat sich im Handel mit schnelllebigen Konsumgütern, sog. Fast Moving Consumer Goods (FMCGs), durchgesetzt, wurde aber auch auf andere Branchen, wie beispielsweise Bekleidung und Textilien übertragen (vgl. Dewsnap/Hart 2004). In Anlehnung an den Managementzyklus ist der sog. Category Management-Prozess entwickelt worden (vgl. ECR Europe 1997; Centrale für Coorganisation 2001; Schröder/Rödl 2006; Lingenfelder/Kreipl 2007). Dieses Prozessschema dient dazu, die zu treffenden Entscheidungen über das Sortiment, die Preispolitik, die Werbung und Verkaufsförderung sowie die Regalplatzierung zu unterstützen und im Sinne des strategischen Gesamtkonzepts aufeinander abzustimmen. Ziel dieses Abschnitts ist es, den Category Management-Prozess vorzustellen, bevor in den folgenden Kapiteln einzelne absatzpolitische Instrumente behandelt werden (vgl. zu den folgenden Ausführungen auch Müller-Hagedorn/Zielke 2007).

Oft wird im Zusammenhang mit Category Management-Prozessen auch hervorgehoben, dass Hersteller und Handel stärker kooperieren sollten, indem sie nicht nur Normen vereinheitlichen (z. B. für Palettengrößen, Artikelnummern, Nachrichten im elektronischen Datenaustausch), sondern auch den Informationsaustausch verstärken und ihre Planungssysteme abstimmen, z. B. bei verkaufsfördernden Maßnahmen. Die damit verbundenen Probleme sind nicht Gegenstand der folgenden Ausführungen (vgl. hierzu z. B. Magnus/Nienaber/Schewe et al. 2008; Wicht/Hopp/Arminger 2008).

15.1 Überblick über den Category Management-Prozess

Für den Category Management-Prozess wird in der Praxis der in Abbildung 15.1 dargestellte Acht-Schritte-Prozess empfohlen (vgl. ECR Europe 1997). Er orientiert sich an der allgemein üblichen Struktur von Prozessschemata und unterteilt den gesamten Managementprozess von der Analyse der Ausgangssituation über einzelne Etappen der Planung und der Realisation bis hin zur Kontrolle in einzelne Schritte (Teilprozesse).

Den ersten Schritt des Category Management-Prozesses bildet die Definition von Kategorien. Mit diesem Schritt wird das Sortiment in Sortimentseinheiten zerlegt, die für die Planung und Kontrolle geeignet sind. Die Artikel innerhalb einer Kategorie, so die Zielsetzung, sollen von den Konsumenten als zusammengehörig betrachtet werden. Die Kategorie wird weiterhin in Untergruppen (Subkategorien) unterteilt. Zur Veranschaulichung sei die Kategorie „Babybedarf" genannt, der neben Babynahrung auch Windeln und Babybekleidung angehören können, also Artikel, die nach einer traditionellen, herkunftsorientierten Unterteilung nicht in einer Sortimentseinheit zusammengefasst waren (traditionell wären die Artikel den Sortimentseinheiten Nahrungsmittel, Hygienepapiere und Bekleidung zugeordnet worden).

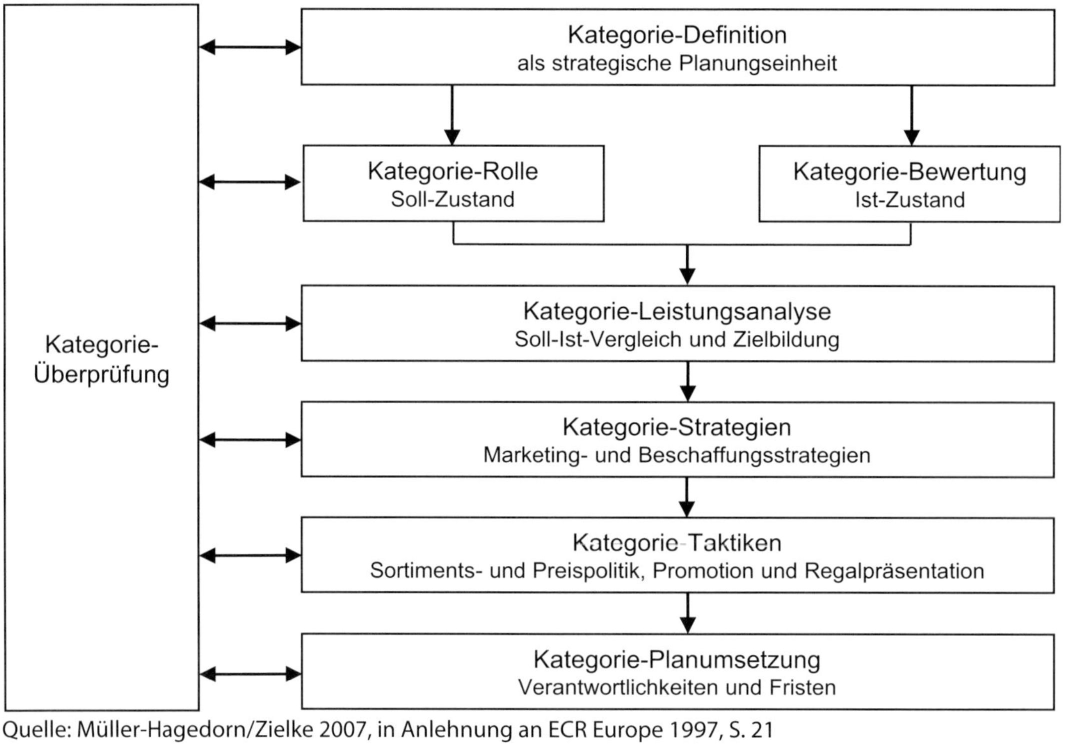

Quelle: Müller-Hagedorn/Zielke 2007, in Anlehnung an ECR Europe 1997, S. 21

Abb. 15.1: Der Category Management-Prozess nach ECR Europe

In der zweiten Phase wird den Kategorien eine Rolle zugewiesen. Die Rolle legt fest, welche Funktionen einer Kategorie für das Erreichen der Unternehmensziele des Händlers zugeschrieben werden. In der Praxis wird häufig zwischen Profilierungskategorien, Pflichtkategorien, Impuls- bzw. Saisonkategorien und Ergänzungskategorien unterschieden. Da die Kategorie-Rolle den gesamten weiteren Category Management-Prozess beeinflusst, indem sie die Verteilung der Ressourcen auf die Kategorien bestimmt, ist der Rollenzuweisung große Aufmerksamkeit zu schenken. So werden Profilierungs- und Impulskategorien umfangreiche Ressourcen zugeteilt (z. B. Regalfläche), während Kategorien oder Segmente mit Pflicht- oder Ergänzungscharakter in geringerem Ausmaß Ressourcen erhalten und über hohe Margen für Ertrag sorgen sollen (vgl. Zielke 2002, S. 203). Kriterien für die Rollenzuweisung sind die Bedeutung der Kategorie für die Zielgruppe des Händlers, die Bedeutung der Kategorie für die Umsetzung des strategischen Konzepts sowie die allgemeine Marktentwicklung für die Kategorie.

Im dritten Schritt werden die Leistungen der Kategorie bewertet. Die Kategorie-Bewertung erfolgt auf Basis von Händler-, Hersteller-, Konsumenten- und Marktdaten. Eine wichtige Voraussetzung für die Kategorie-Bewertung sind Erkenntnisse über das Such- und Entscheidungsverhalten von Kunden innerhalb der Kategorie. Zahlreiche Marktforschungsstudien geben Aufschluss über Verhaltensmuster von Kunden (vgl. die Beispiele aus der Marktforschungspraxis bei Johnson/Pinnington 1998; Johnson/Felice 1998). Von besonderer Bedeutung sind hierbei die Analyse von Panel- (vgl. Feller 2001) und Scannerdaten (vgl. Olbrich/Grünblatt 2001; Grünblatt 2004) sowie der Einsatz moderner Data-Mining-Techniken, die auf diesen Daten aufbauen (vgl. Schröder/Feller 2000; Rühl/Steinicke 2001). Da Ergebnisse der Kategorie-Bewertung auch Konsequenzen für die Rollenzuweisung haben können, sollten beide Schritte nicht sukzessive sondern parallel zueinander durchgeführt werden.

In der Kategorie-Leistungsanalyse werden aus der Kategorie-Rolle (Soll) und der Kategorie-Bewertung (Ist) Leistungskriterien und -vorgaben entwickelt. Ziel der Leistungsanalyse ist es, Verbesserungspotenziale hinsichtlich der Größen Umsatz, Gewinn und Gesamtkapitalrentabilität aufzuzeigen. Die Leistungsvorgaben beziehen sich insbesondere auf Umsatz- und Marktanteilssteigerungen (bei Profilierungs- und Impulskategorien) oder auf Ertragssteigerungen (bei Pflicht- und Ergänzungskategorien).

Mit Hilfe der Kategorie-Strategien sollen die formulierten Leistungsvorgaben erreicht werden. Die Strategien werden differenziert für Warenuntergruppen, Segmente, Marken und Artikel entwickelt. Die Strategien beziehen sich zwar schwerpunktmäßig auf das Absatzmarketing, können aber auch den Beschaffungsbereich einbeziehen. Beispiele für Marketingstrategien sind geplante Maßnahmen zur Förderung der Kundenfrequenz, zur Erhöhung des Transaktionswertes von Käufen innerhalb der Kategorie oder zur Erzielung von Gewinn und Cashflow. Die Beschaffungsstrategien beziehen sich auf die effiziente Gestaltung von Prozessen zwischen Händler und Hersteller und beinhalten für die Profilierungskategorien in der Regel eine effiziente Warenversorgung (Efficient Replenishment), wenn das Handelsunternehmen sich zur Kooperation mit dem Hersteller entschlossen hat (hierauf wird in Kapitel 23 näher eingegangen).

Mit Hilfe der Kategorie-Taktiken sollen die entwickelten Strategien durch konkrete Maßnahmen in den Bereichen Sortimentspolitik, Preispolitik, Verkaufsförderung und Regalpräsentation umgesetzt werden. Die Kategorie-Planumsetzung regelt Verantwortlichkeiten und Fristen für die Realisation des Category Management-Plans. Dieser bedarf einer periodischen Prüfung und gegebenenfalls einer Anpassung (Kategorie-Überprüfung).

Die Darstellung macht deutlich, dass bei dem Category Management-Prozess Bausteine, die generell zur Gestaltung von Planungs- und Kontrollprozessen herangezogen werden, in den Bereich der Marketingplanung von Handelsunternehmen übertragen werden. Neben dem vorgestellten Acht-Schritte-Prozess sind in der Literatur weitere Prozessschemata vorgeschlagen worden, die sich ebenfalls an dem Managementzyklus orientieren (vgl. z. B. Nielsen Marketing Research 1992). Mit dem Begriff der Kategorie-Rolle, wird sichergestellt, dass das strategische Konzept, mit dem ein Handelsbetrieb den Wettbewerb bestehen will, in die Marketingpolitik übersetzt wird. Die Kategorie-Rolle stellt demnach die Konkretisierung des strategischen Konzepts für die Marketingebene dar.

Beim Category Management-Prozess handelt es sich um einen Rahmen für Planung und Kontrolle, der allerdings noch sehr abstrakt ist und durch geeignete Methoden ausgefüllt werden muss. So ergibt sich die Frage, anhand welcher Kennzahlen eine Kategorie zu bewerten ist. Es ist zu entscheiden, wie die Preislagen zu besetzen sind, wie die Sortimentstiefe dimensioniert sein soll und wie die Regale gestaltet werden sollten, damit gleichermaßen die Plankäufe bequem abgewickelt werden können und Impulskäufe angeregt werden. Im Folgenden wird auf die Ausgestaltung der einzelnen Prozessschritte näher eingegangen, wobei auch methodische Aspekte (z. B. Methoden des Sortimentscontrollings) angesprochen werden.

15.2 Zur Definition von Kategorien

Der Category Management-Prozess startet mit der Definition von Kategorien. Es handelt sich dabei um die Zusammenfassung von einzelnen angebotenen Leistungen zu Gruppen (Clustern), die als Dispositionseinheiten im Category Management-Prozess gesehen werden. Da Handelsunternehmen oft eine große Zahl von Produkten anbieten (hinzu kommen teilweise noch zahlreiche selbständig zu vermarktende Dienstleistungen), empfiehlt es sich, nicht nur einzelne Artikel, sondern auch Aggregationen von Artikeln zum Gegenstand von Überlegungen zu machen. Die Vorgehensweise ähnelt zunächst jener der strategischen Unternehmensplanung, in der ebenfalls einzelne Unternehmensaktivitäten zu strategischen Geschäftsfeldern zusammengefasst werden. Den Kategorien fehlt allerdings im Regelfall hinsichtlich der Absatzpolitik die Unabhängigkeit der strategischen Geschäftsfelder, denn sie haben weder unterschiedliche Zielgruppen, noch unterschiedliche Konkurrenten.

Traditionell hat der Handel immer schon in Sortimentseinheiten gedacht und dabei auf Begriffe der sog. Sortimentspyramide zurückgegriffen, indem er zum Beispiel von Artikelgruppen, Warengruppen, Warengattungen oder Warenbereichen gesprochen hat. Abbildung 15.2 zeigt beispielhaft, wie das Lebensmittel- und Textilsortiment eines Warenhauses mit Hilfe von Sortimentspyramiden beschrieben werden kann. Das Sortiment eines Warenhauses lässt sich in unterschiedliche Warenbereiche gliedern, beispielsweise Lebensmittel und Textilien. Die nächst kleinere Sortimentseinheit ist die Warengattung (z. B. Getränke), gefolgt von der Warengruppe (z. B. alkoholische Getränke), Artikelgruppe (z. B. Bier) und dem einzelnen Artikel (z. B. Bitburger Pils). Die kleinste Sortimentseinheit stellt die Sorte dar. Sie berücksichtigt beispielsweise unterschiedliche Verpackungs- und Konfektionsgrößen (z. B. Bitburger Pils 24er Kasten, 0,33 l). Die einzelnen Begriffe werden jedoch in der Literatur nicht einheitlich verwendet und interpretiert. So unterscheidet der Ausschuss für Definitionen zu Handel und Distribution (2006) beispielsweise Warenart, Warenbereich, Artikelgruppe, Artikel und Sorte, während der Begriff Warengruppe dort nicht benutzt wird. Schröder (2003a) verwendet zusätzlich den Begriff der Warenuntergruppe. Daneben gibt es viele weitere Varianten der Sortimentspyramide (vgl. z. B. Seÿffert 1972, S. 65; Berekoven 1995, S. 74; Ahlert/Kenning 2007, S. 196; Liebmann/Zentes/Swoboda 2008, S. 463). In jedem Falle gilt, dass die Waren umso konkreter definiert sind, je niedriger die Sortimentsebene und je höher die Position in der Sortimentspyramide ist. Überlegungen zur Strukturierung von Sortimenten sind für die gesamte Marketingpolitik von Bedeutung. Sie beziehen sich nicht nur auf die Auswahl einzelner Artikel, sondern betreffen oft auch Entscheidungen, ob Sortimentsteile gefördert, reduziert oder eliminiert werden sollen. Eine generelle Festlegung, mit Hilfe welcher Merkmale die Gruppierung vorgenommen werden soll und wie die Merkmale den einzelnen Ebenen zugeordnet werden, wird wegen der branchenbedingten Besonderheiten nicht möglich sein. Festzuhalten bleibt aber, dass sich die Einteilung in vielen Fällen traditionell an stofflichen Merkmalen orientiert.

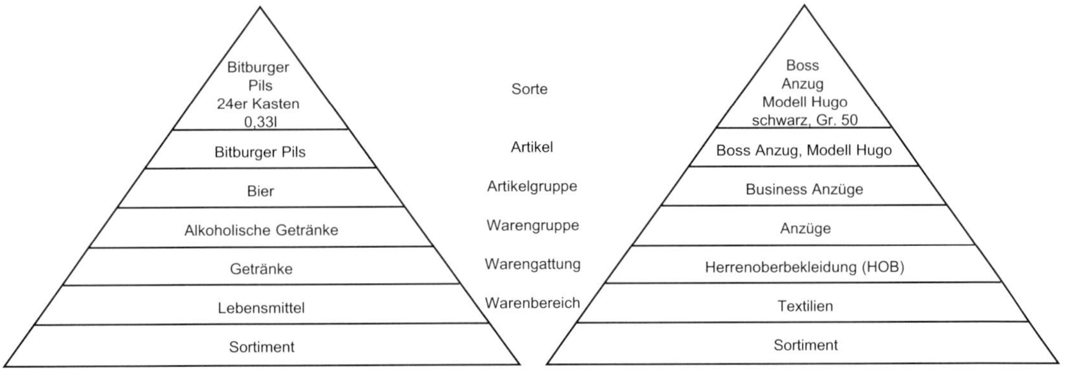

Abb. 15.2: Beispiele für Sortimentspyramiden

Im Rahmen des Category Managements wird heute jedoch betont, dass bei der Bildung von Sortimentseinheiten nicht nur die physische Ähnlichkeit der Artikel berücksichtigt werden sollte, sondern dass zudem Vorstellungen der Nachfrager über die Zusammengehörigkeit von Artikeln zu beachten sind. Während früher zur Einteilung von Sortimentsteilen meist Kriterien herangezogen wurden, die sich an der stofflichen Beschaffenheit der Ware orientierten, drängen heute andere Begrifflichkeiten und Kriterien in den Vordergrund. Die alten Prinzipien zur Gliederung der Warenwelt äußern sich noch in Begriffen wie Trockensortiment, Obst und Gemüse, Hartwaren, Frischfleisch, Konserven, alkoholische Getränke oder Tiefkühlkost. Sie zeigen den Bezug zur Stofflichkeit der Waren (z. B. Hartwaren), zur Art der Verpackung (z. B. Konserven) oder zur Art ihrer Behandlung (z. B. Tiefkühlkost). An ihre Stelle tritt zunehmend eine stärkere Orientierung an den

Vorstellungen der Nachfrager, die mit dem Begriff der „Categories“ transportiert werden soll. Den dahinter stehenden Gedanken der Nachfragerorientierung hat Schäfer bereits vor vielen Jahren zum Ausdruck gebracht (Schäfer 1981, S. 41):

„Die Wirtschaft steht zwischen der Naturordnung und der von der Kultur geformten Bedarfsordnung. Sie hat die Aufgabe, die eine Ordnung in die andere zu überführen, das heißt aber, jene Welt der Naturgaben stufenweise umzubilden, bis sie sich der im Bedarfsgefüge herrschenden Ordnung einzureihen vermag.“

Warenbereiche sollen – so wird heute gefordert – durch Kategorien (Categories) ersetzt werden, die der Sichtweise der Konsumenten, der „im Bedarfsgefüge herrschenden Ordnung“, Rechnung tragen. Hierauf wird im Folgenden näher eingegangen. Der Begriff Kategorie betont im Unterschied zu traditionellen Warengruppen, dass die gebildeten Sortimentseinheiten kundengerecht zusammengestellt werden sollen. Kategorien (Categories) werden wie folgt definiert (ECR Europe 1997, S. 38):

Eine Warengruppe (Category) ist eine abgrenzbare, eigenständig steuerbare Gruppe von Produkten und/oder Dienstleistungen, welche die Konsumenten als unterschiedlich und/oder austauschbar in der Befriedigung ihrer Bedürfnisse erkennen.

Die Definition weist darauf hin, dass es sich bei Kategorien um Dispositionseinheiten handelt (Gruppe von Produkten oder Dienstleistungen). Das Verhältnis der Kategorien zu der traditionellen Einteilung nach der Sortimentspyramide ist offen. In vielen Fällen dürften die ehemals nach Warengruppen benannten Sortimentseinheiten jetzt in Kategorien oder Categories umbenannt worden sein. Hierbei sind folgende Besonderheiten zu berücksichtigen:

- Die Artikel innerhalb einer Kategorie dienen der Befriedigung eines bestimmten Bedürfnisses. Bedürfnisse können aber auf unterschiedlichen Konkretisierungsniveaus definiert werden (z. B. „Babybedarf“ ist umfassender als „Baby wickeln“). Außerdem gibt es unterschiedliche Möglichkeiten, Bedürfnisse zu systematisieren. Insofern bleibt die Bildung von Kategorien eine Gestaltungsaufgabe. Wenn der traditionellen Einteilung der Süßwaren in Schokolade (z. B. Tafeln, Riegel, Pralinen) und Zuckerwaren (z. B. Kaugummi, Pfefferminz, Fruchtgummi) eine Einteilung in „Kindersüßigkeiten“, „Geschenke“, „Snacks/Picknick“, „Stimulation“, oder „in der Familie teilen“ gegenüber gestellt wird, dann verweist dieses Beispiel vor allem auf Verwendungszwecke (vgl. Kracklauer/Mills/Seiffert et al. 2002).
- Die Mächtigkeit einer Kategorie bzw. des ihr zugrunde liegenden Bedürfnisses wird auch dadurch bestimmt, welche Aufgaben ein einzelner Mitarbeiter erledigen kann, denn die mit der Führung einer Kategorie verbundenen Aufgaben sollen einem Mitarbeiter übertragen werden (Category Manager).
- Die eigenständige Steuerung wird erschwert, wenn kosten- oder erlösmäßige Abhängigkeiten zwischen einzelnen Kategorien vorliegen, wenn z. B. der Umsatz in einer Kategorie wesentlich durch Maßnahmen in anderen Kategorien bestimmt wird. Insofern ist es problematisch, Kategorien mit strategischen Geschäftsfeldern gleichzusetzen. Einerseits sollen zwar wie bei strategischen Geschäftsfeldern Einheiten definiert werden, über die getrennt disponiert werden kann, andererseits ist bei den einzelnen Teilen eines Sortiments nur schwer zu erkennen, inwieweit sie sich gegenseitig in ihrem Erfolg beeinflussen.

Kundenansprüche an die Sortimentsgliederung können sich z. B. auf das schnelle Finden gesuchter Artikel, die Erleichterung von Entscheidungsprozessen, die Anregung zum Kauf bestimmter Artikel oder den ästhetischen Gesamteindruck der Warenanordnung beziehen. Entsprechend ist bei der Bildung von Kategorien zu fragen, welche Wirkungen von einzelnen Gruppierungsalternativen ausgehen (vgl. Zielke 2001, 2002):

- Wie groß ist der Suchaufwand der Verbraucher, um einen zum Kauf geplanten Artikel zu finden?
- Inwieweit erleichtert die Bildung von Platzierungsgruppen (Kategoriebildung) den Vergleich von Einkaufsalternativen?
- Wie groß ist die Wahrscheinlichkeit, dass Artikel, deren Kauf nicht geplant war, in das Wahrnehmungsfeld des Verbrauchers rücken?
- Wie beurteilen Kunden den ästhetischen Gesamteindruck der Warenplatzierung, wenn sich diese an unterschiedlichen Gliederungskriterien orientiert?

Ein herausragendes Kriterium dürfte dabei in vielen Fällen sein, dass der Suchaufwand der Kunden herabgesetzt wird. Es ist aber auch denkbar, dass sich in Abhängigkeit von der Größe des Geschäfts oder von dem Anteil an Stammkunden bzw. Laufkunden unterschiedliche Kategoriebildungen als sinnvoll erweisen. Auf jeden Fall erfordert eine kundengerechte Sortimentsgliederung, dass Handelsunternehmen sich mit dem Ablauf des Einkaufsprozesses bei ihren Kunden und dessen Bestimmungsfaktoren beschäftigen.

Das Problem, einzelne Artikel zu Kategorien zusammenzufassen, ist sowohl für den Hersteller- als auch für den Handelsbetrieb von Relevanz. In den meisten Fällen obliegt die Bildung von Kategorien dem Handelsbetrieb. Aber auch Hersteller können sich unter Umständen mit dem Problem konfrontiert sehen, Kategorien zu bilden und zu segmentieren, und zwar in jenen Fällen, in denen sie als Category Consultants (Captains) das Regallayout einer Abteilung planen (vgl. Hahne 1998). Definiert der Handel die Kategorien, so sieht es zunächst so aus, als brauche die Industrie nur auf die Kategoriebildung des Handels zu reagieren und ihr Produkt in die jeweilige Kategorie des Handelsunternehmens einzufügen. Dies setzt dann lediglich die Kenntnis der vom Handel gebildeten Kategorien voraus. In einigen Fällen wird die Zuordnung einzelner Produkte zu den Kategorien eindeutig sein, in anderen Fällen sind mehrere Zuordnungen möglich. Im letzteren Fall hat die Industrie Überlegungen anzustellen, in welchem Umfeld sich das eigene Produkt besser verkaufen wird. Das wird davon abhängen, wie viel Regalplatz zur Verfügung stehen wird, welche Aufmerksamkeit das Produkt in dem jeweiligen Kategorieumfeld auf sich ziehen wird, welchen Stellenwert der Handel der betreffenden Kategorie zuweisen wird. Ebenso davon, wie das Produkt in der Beurteilung des Verbrauchers im Vergleich zu den nahe platzierten Konkurrenzprodukten abschneiden wird. Darüber hinaus kann das Umfeld, in dem ein Produkt präsentiert wird, auch die Wichtigkeit bestimmter Attribute beeinflussen, die Kunden bei der Produktwahl heranziehen (vgl. Desrochers/Nelson 2006). Das Problem der Zuordnung eines Produkts zu einer Kategorie kann insbesondere bei neuen Produkten aktuell werden. Unter Umständen kann es auch das Ziel eines Herstellers sein, mit seinen Produkten eine neue Kategorie oder ein neues Segment zu etablieren. Dies setzt voraus, dass sowohl bei den Verbrauchern als auch beim Handel Lernprozesse initiiert werden. Neue

Begriffe müssen erlernt werden, um einzelne Marken identifizieren und einordnen zu können, beispielsweise probiotische Joghurts oder durch Fermentation hergestellte Limonade (z. B. Bionade).

Auch der Handel muss Überlegungen anstellen, wie neue Kategorien etabliert werden können. Die zunehmende Nachfrage nach Bio-Produkten könnte zum Beispiel die Frage aufwerfen, ob eine eigene Bio-Kategorie geschaffen werden sollte. Alternativ könnte das Bio-Sortiment aber auch eine sog. Cross-Category bilden. Hierbei werden Bio-Produkte den klassischen Warengruppen (z. B. Molkereiprodukte, Tiefkühlprodukte usw.) zugeordnet. Auf übergeordneter Ebene wäre jedoch ein Manager für die Betreuung des Bio-Sortiments verantwortlich. Eine dritte Möglichkeit bestünde in der Definition von Kategorien, in denen Bio-Produkte einen wesentlichen Bestandteil darstellen. Beispiele hierfür wären die Kategorien „Fit & Vital", „Aus der Region", „Gesunde Kinder" oder „Familienprodukte" (vgl. Kunz/Reuter 2006).

Die Beispiele zeigen, dass die Bildung von Kategorien auch einen kreativen Akt darstellt. Bedürfnisstrukturen sind einerseits einem Wandel unterzogen, andererseits unterscheiden sich die Bedürfnisse einzelner Kundengruppen. So finden sich in der Praxis immer wieder neue Angebote, z. B. Textilien mit den zugehörigen Schuhen, um dem Bedürfnis, in einem einheitlichen Stil gekleidet zu sein, zu entsprechen.

15.3 Die Festlegung von Kategorie-Rollen

Mit der Kategorie-Rolle wird die strategische Bedeutung einer Warengruppe im Rahmen des Marketingkonzepts festgelegt. Die Rollenzuteilung hat weitreichende Konsequenzen, da sie die Verteilung von Ressourcen, wie z. B. die Regalfläche oder das Werbebudget, bestimmt. Zunächst sei der Begriff Rolle wie folgt definiert:

Unter der „Rolle" versteht man allgemein die Erwartungen, die an eine Person oder an ein Objekt (d. h. eine Kategorie) gerichtet werden. Eine Kategorie-Rolle legt dementsprechend die erwarteten Zielbeiträge der Kategorie im Rahmen des Marketing- bzw. Geschäftskonzepts eines Handelsunternehmens fest.

Die Definition weist darauf hin, dass die Zielbeiträge einzelner Warengruppen entsprechend ihrer Rolle von unterschiedlicher Natur sein können. Einzelne Warengruppen werden wesentlich zum Gesamtumsatz des Unternehmens beitragen, während andere Warengruppen vorwiegend Deckungsbeitrag generieren sollen. Warengruppen können aber nicht nur „Umsatzbringer" oder „Erzeuger von Deckungsbeitrag" sein, sondern auch „Frequenzbringer", „Festiger der Kundenbindung", „Helfer der Neukundengewinnung" oder „Imageverbesserer". Die Beispiele zeigen, dass das Rollenkonzept eine weitere Ausdifferenzierung des bekannten Prinzips der Mischkalkulation darstellt (vgl. zur Mischkalkulation Müller-Hagedorn 1998a).

In der Praxis ist insbesondere die von ECR Europe (1997, S. 42–48) vorgeschlagene Rollentypologie weit verbreitet. Diese Typologie unterscheidet zwischen Profilierungs-, Pflicht-, Impuls-/Saison- und Ergänzungskategorien:

- Profilierungskategorien (ca. 5–7 % aller Kategorien) definieren das Image des Händlers, der bei seiner Zielgruppe als Primäranbieter für die Kategorie wahrgenommen werden möchte. Deshalb soll die Warengruppe bei dem Händler führend im Hinblick auf Umsatz, Marktanteil, Kundenzufriedenheit, Service und Effizienz sein.
- Pflichtkategorien (ca. 55–60 % aller Kategorien) bauen ebenfalls das Image des Händlers auf. Durch ihren hohen Anteil am Gesamtsortiment kommt ihnen eine wesentliche Rolle für die Generierung von Ertrag, Cashflow und Gesamtkapitalrendite zu. Da der Margendruck in diesen Kategorien allerdings auch sehr hoch sein kann, sind effiziente Geschäftsprozesse von großer Bedeutung.
- Impuls-/Saisonkategorien (ca. 15–20 % aller Kategorien) steigern die Sortimentsattraktivität und verbessern hierdurch das Image des Händlers. Aus diesem Grund kommt diesen Kategorien eher eine sekundäre Rolle bei der Generierung von Ertrag, Cashflow und Gesamtkapitalrendite zu.
- Ergänzungskategorien (ca. 15–20 % aller Kategorien) runden das Sortiment ab. Dies hat positive Auswirkungen auf die Sortimentskompetenz des Händlers. Da Ergänzungskategorien auch langsam drehende Produkte enthalten können, müssen sie zumindest über eine entsprechende Kalkulation zur Margenverbesserung beitragen.

Die Festlegung von Kategorie-Rollen ist eine anspruchsvolle Aufgabe, weil es notwendig wird, zu erkennen, wie Nachfrager Sortimente wahrnehmen und beurteilen. Dabei müssen auch die Interdependenzen zwischen einzelnen Warengruppen beachtet werden. Im Einzelnen sind die folgenden Aspekte bei der Rollenzuweisung zu berücksichtigen:

- Im Hinblick auf die Angebote der Konkurrenz ist zu entscheiden, in welchen Kategorien eine überlegene Leistung anzustreben ist. Wenn sich beispielsweise ein Drogeriemarkt über Babypflege profiliert, könnten andere Drogeriemärkte eine Profilierung über andere Sortimentsbereiche anstreben (z. B. Kosmetik oder Rotationssortimente).
- Der Bedeutung, die die Nachfrager der Kategorie bei der Wahl der Einkaufsstätte zuordnen, kommt eine besondere Wichtigkeit zu. Warengruppen, die eine zentrale Bedeutung für die Einkaufsstättenwahl besitzen, sollten für eine Profilierungsfunktion in Erwägung gezogen werden (z. B. die Obst- und Gemüseabteilung in einem Supermarkt). Warengruppen, die saisonal eine hohe Bedeutung für die Einkaufsstättenwahl haben, stellen dagegen typische Saisonkategorien dar (z. B. Grillbedarf im Sommer).
- Ebenso ist zu berücksichtigen, welche Kundensegmente in einer Kategorie einkaufen. So sollten Profilierungskategorien insbesondere solche Kundensegmente ansprechen, die große und/oder sehr profitable Warenkörbe aufweisen. Insofern ist die Babypflege ein gutes Beispiel für eine Profilierungskategorie, da Familien mit Kindern in der Regel größere Warenkörbe einkaufen als Singlehaushalte. In ähnlicher Weise könnte es für einen Baumarkt sinnvoll sein, sich über Bastelbedarf zu profilieren.
- Auch die Substitutionsbereitschaft der Kunden hinsichtlich der Artikel innerhalb einer Warengruppe ist ein wichtiger Einflussfaktor. Wenn Kunden nämlich einzelne Angebote als austauschbar ansehen, entfällt ein Grund, sich über die Auswahl profilieren zu müssen. Insofern handelt es sich bei Profilierungskategorien häufig um Warengruppen, in denen sich mehrere starke Marken mit unterschiedlichen Produktvarianten etabliert haben.

Die Hinweise machen deutlich, dass nachfragerbezogene, konkurrenzbezogene und innerbetriebliche Einflussfaktoren auch bei der Festlegung der Kategorie-Rollen von Bedeutung sind. ECR Europe (1997, S. 44–47) empfiehlt zur Rollenfestlegung eine sog. Cross-Category-Analyse durchzuführen. Hierzu wird die relative Bedeutung der Warengruppe aus Sicht der Kunden und des eigenen Unternehmens analysiert. Darüber hinaus werden die eigene Position im Wettbewerbsumfeld und die allgemeine Marktentwicklung für die Kategorie berücksichtigt. Wichtige Kennzahlen zur Bedeutung einer Kategorie aus Kundensicht sind z. B. die Durchschnittsausgaben pro Haushalt, die Käuferreichweite oder die Einkaufshäufigkeit. Die Bedeutung aus Händlersicht lässt sich dagegen durch Kennzahlen, wie z. B. Umsatz, Handelsspanne oder Deckungsbeitrag abbilden. Die Position im Wettbewerbsumfeld lässt sich über Marktanteilsanalysen bestimmen. Auf einige dieser Kennzahlen wird im Folgenden noch näher eingegangen. Eine Profilierungskategorie sollte bei möglichst vielen dieser Kennzahlen besser bewertet werden als die übrigen Kategorien (ECR Europe nimmt eine Einstufung in die oberen 20 %, die mittleren 60 % und die unteren 20 % aller Kategorien vor).

Abbildung 15.3 zeigt beispielhaft, wie das Ergebnis der Rollenzuteilung in einem Baumarkt aussehen könnte, der sich über ein großes Gartencenter und eine besondere Sortimentskompetenz im Bereich Bastelbedarf bei Kunden profilieren will.

Profilierung	Pflicht	Impuls/Saison	Ergänzung
Bastelbedarf	Holz und Bauen	Saisondekoration	Berufsbekleidung
Gartenbedarf	Leuchten und Elektro	Camping und Grillen	Kleinmöbel
	Sanitär und Fliesen	Süßigkeiten und Eis	
	Eisenwaren		
	Maschinen		
	Heizen und Klima		

Abb. 15.3: Beispiel für Kategorie-Rollen in einem Baumarkt

15.4 Die Kategorie-Bewertung und Kategorie-Leistungsanalyse

Im Folgenden wird auf die Kategorie-Bewertung und die Kategorie-Leistungsanalyse eingegangen. Zunächst werden einzelne Kenzahlen und Methoden vorgestellt, die in den Gegenstandsbereich des Sortimentscontrollings fallen. Anschließend wird erläutert, wie im Rahmen der Leistungsanalyse Ziele für das strategische und operative Category Management abgeleitet werden können.

15.4.1 Klassische Kennzahlen zur Beurteilung von Sortimentsteilen

Traditionell wird im Handel die Vorteilhaftigkeit einzelner Sortimentsteile mit Hilfe von absoluten und relativen Kennzahlen beurteilt. Heidel (1990, S. 64–68) hat an empirischen Daten überprüft, inwieweit einzelne Kennzahlen zu übereinstimmenden Beurteilungen führen und hat dabei drei Gruppen unterschieden:

1. **Absatz- und umsatzbezogene Kennzahlen:** Hierzu zählen neben der Entwicklung des Absatzes (mengenmäßig) und des Umsatzes (wertmäßig) eine Reihe von relativen Größen, wie beispielsweise der Absatz (bzw. Umsatz) pro Kunde, der Absatz (bzw. Umsatz) pro Frontstück, der Umsatzanteil eines Artikels oder einer Warengruppe am Gesamtumsatz sowie der Marktanteil.
2. **Deckungsbeitragsbezogene Kennzahlen:** Zu nennen sind insbesondere Größen wie der absolute Deckungsbeitrag einer Sortimentseinheit, der Deckungsbeitrag pro Kunde, der Deckungsbeitrag pro Frontstück, der Deckungsbeitrag in Relation zum Gesamtumsatz und Kalkulationswerte (Eingangskalkulation, erzielte Kalkulation, jeweils als Aufschlags- oder als Abschlagskalkulation).
3. **Rentabilitätskennzahlen:** Hierzu gehören der Lagerumschlag, der Kapitalumschlag, die Bruttorentabilität, die Nettorentabilität und die Direkte Produkt-Rentabilität (DPR).

Obwohl die Gruppen nicht vollständig überschneidungsfrei sind (ein relativer Deckungsbeitrag kann bereits eine Rentabilitätskennziffer darstellen), bilden sie einen sinnvollen Rahmen zur Strukturierung von Kennzahlen.

Abbildung 15.4 gibt einen Überblick über die wichtigsten Kennzahlen, die in Handelsunternehmen verwendet werden (vgl. dazu insbesondere Barth 1980a; des Weiteren Heyde 1969, S. 11–116; Bürkler 1977, S. 320; Villiger 1981, S. 31–83; Centrale für Coorganisation 2001).

Ausgangspunkt einer Sortimentsanalyse wird im Regelfall die Analyse der **Umsatzstruktur und -entwicklung** sein. Sie offenbart, welche Sortimentsteile starke bzw. schwache Umsatzträger sind. Aufschlussreich kann es sein zu prüfen, inwieweit sich der Umsatz eines Unternehmens auf einige wenige Artikel konzentriert. Dazu dient die Lorenzkurve, mit der dargestellt wird, welchen Anteil die einzelnen Sortimentsteile (z. B. die Warengruppen) an der Zahl der Artikel und am Umsatz haben (vgl. hierzu Müller-Hagedorn/Natter 2011, S. 272–273). Ohne eine Absatzmengenstatistik ist jedoch nicht zu erkennen, inwieweit Umsatzstrukturen und -veränderungen auf die Mengen- oder Preiskomponente zurückzuführen sind. Eine Umsatzanalyse berücksichtigt nicht, dass einzelne Sortimentsteile unterschiedliche Handelsspannen bzw. Deckungsbeiträge haben und dass die Sortimentsteile die Kapazitäten der Unternehmung (z. B. den Verkaufsraum) in unterschiedlichem Maße in Anspruch nehmen.

Die **Spanne** kann in verschiedenen Versionen (absolut als Betragsspanne und relativ als Abschlags- oder Aufschlagsspanne) zur Beurteilung einzelner Sortimentsteile herangezogen werden. Der Vorteil einer solchen Analyse ist darin zu sehen, dass dabei die Einstandskosten der Ware berücksichtigt werden. Ein Nachteil liegt darin, dass die variablen Kosten der Warenbewegung und die Inanspruchnahme von fixen Kapazitäten außer Acht bleiben. Vernachlässigt werden zudem die Mengenkomponenten und die Ausstrahlungseffekte von einem Sortimentsteil auf ein anderes.

Kennzahl	Definition	Andere Bezeichnung
Umsatz	= Absatzmenge × Verkaufspreis	Umsatzkraft
Betragsspanne	= Umsatz (bereinigt um MwSt) – Wareneinsatz	Rohertrag, Bruttoertrag
Abschlagsspanne	$= 1 - \frac{\text{Einkaufspreis (EK-Preis)}}{\text{Verkaufspreis (VK-Preis)}} = \frac{\text{VK-Preis} - \text{EK-Preis}}{\text{VK-Preis}}$	
Aufschlagsspanne	$= \frac{\text{Verkaufspreis}}{\text{Einkaufspreis}} - 1 = \frac{\text{VK-Preis} - \text{EK-Preis}}{\text{EK-Preis}}$	
Deckungsbeitrag	= Umsatz – Wareneinsatz – weitere direkt zurechenbare Kosten	
Direkte Produkt-Profitabilität	= Deckungsbeitrag – durch Umlage zugeordnete Kosten	DPP
Lagerumschlag	$= \frac{\text{Umsatz (zu EK-Preisen)}}{\text{Ø Warenbestand (bew. zu EK-Preisen)}}$	Umschlags-geschwindigkeit, Lagerumschlag
Kapitalumschlag	$= \frac{\text{Umsatz (zu VK-Preisen)}}{\text{Ø Warenbestand (bew. zu EK-Preisen)}}$	
Bruttorentabilität	$= \frac{\text{Aufschlagsspanne} \times \text{Umsatz (zu EK-Preisen)}}{\text{Ø Warenbestand (bew. zu EK-Preisen)}}$ $= \frac{\text{Beitragsspanne}}{\text{Ø Warenbestand (bew. zu EK-Preisen)}}$ = Aufschlagsspanne × Lagerumschlag $= \frac{\text{Beitragsspanne}}{\text{Umsatz (zu EK-Preisen)}} \times \frac{\text{Umsatz (zu EK-Preisen)}}{\text{Ø Warenbestand (bew. zu EK-Preisen)}}$	Brutto-rentabilitätskraft, Bruttonutzen
Nettorentabilität	$= \frac{\text{Deckungsbeitrag}}{\text{Ø Warenbestand}}$ oder $= \frac{\text{Deckungsbeitrag}}{\text{beanspruchte Verkaufsfläche}}$	
Direkte Produkt-Rentabilität	$= \frac{\text{Direkte Produkt-Profitabilität}}{\text{Ø Warenbestand (bew. zu EK-Preisen)}}$	DPR

Abb. 15.4: Klassische Kennzahlen zur Beurteilung der Vorteilhaftigkeit einzelner Sortimentsteile

Der **Deckungsbeitrag** unterscheidet sich von der Betragsspanne (auch Rohertrag oder Bruttoertrag) dadurch, dass neben dem Wareneinsatz weitere der Sortimentseinheit zurechenbare Kostenpositionen abgezogen werden. Hierbei handelt es sich um entscheidungsrelevante Kosten, die sich der Sortimentseinheit direkt ohne Schlüsselung zurechnen lassen. Dieses Prinzip führt dazu, dass umso mehr Kosten berücksichtigt werden können, je höher die betrachtete Sortimentseinheit in der Sortimentshierarchie angesiedelt ist. Während bei einem einzelnen Artikel nur wenige Kosten in Abzug zu bringen sind, können auf der Ebene ganzer Filialen sogar Personal- und Raumkosten berücksichtigt werden, wenn diese entscheidungsrelevant sind (d. h. bei einer möglichen Filialschließung wegfallen würden). Auf diese Weise entsteht ein System aufeinander folgender Deckungsbeiträge. Man spricht deshalb auch von der mehrstufigen Deckungsbeitragsrechnung (vgl. hierzu Gümbel/Brauer 1969; Müller-Hagedorn/Divé 1970; Müller-Hagedorn/Toporowski 1997 sowie Kapitel 28).

Bei der **Direkten Produkt-Profitabilität (DPP)** werden auch nicht entscheidungsrelevante Kosten in Abzug gebracht. Aus der Erkenntnis, dass einzelne Sortimentseinheiten in unterschiedlichem Maße bestimmte Prozesse auslösen und in unterschiedlichem Maße Kapazitäten in Anspruch nehmen (insbesondere Lager- und Verkaufsraum sowie Kapital), resultierte das Ziel, eine Kennzahl zu entwickeln, die den notwendigen Faktoreinsatz möglichst gut erfasst. Als eine solche Kennzahl wurde die Direkte Produkt-Profitabilität (DPP) konzipiert, bei der dem Verkaufspreis eines Artikels neben dem Wareneinstandspreis auch Prozesskosten gegenübergestellt werden. Es zeigte sich jedoch, dass die für die Schlüsselung notwendigen Parameter aufwendige Erhebungen erforderten, so dass die Kennzahl wieder an praktischer Relevanz verloren hat (vgl. hierzu auch Schröder 1990; Müller-Hagedorn/Toporowski 1997).

Rentabilitätskennziffern ziehen den Faktoreinsatz (Inputfaktor) nicht ab, sondern sie stellen einen Outputfaktor (z. B. Umsatz) in Relation zu einem Inputfaktor (z. B. Warenbestand, Verkaufsfläche oder Personaleinsatz). Bei dem **Lagerumschlag** (Umschlagshäufigkeit) wird der Umsatz zu Einkaufspreisen (Outputfaktor) dem durchschnittlichen Warenbestand – bewertet zu Einkaufspreisen (Inputfaktor) – gegenübergestellt. Beim **Kapitalumschlag** wird der Umsatz zu Verkaufspreisen in Relation zu dem durchschnittlichen Warenbestand gestellt. Insofern gibt der Lagerumschlag Auskunft über die Kapitalbindung, während der Kapitalumschlag die Kapitalfreisetzung abbildet. Es ist zu beachten, dass der durchschnittliche Warenbestand nicht nur vom Kaufverhalten der Nachfrager, sondern auch von der Vorrats-(Lager-)Politik der Unternehmung abhängt, die ihrerseits durch die Bestellpolitik beeinflusst wird.

Die **Bruttorentabilität** ergibt sich aus dem Verhältnis von Betragsspanne und dem durchschnittlichen Warenbestand (bewertet zu Einkaufspreisen). Neben dem Umsatz werden somit zwei Einsatzfaktoren berücksichtigt. Zunächst wird in Rechnung gestellt, dass sich die Wareneinstandskosten unterscheiden können, was im Zähler des Quotienten über die Spanne (Betragsspanne = Umsatz – Wareneinsatz) erfasst wird. Des Weiteren wird berücksichtigt, dass in unterschiedlichem Maße Warenbestände vorrätig gehalten werden, die insbesondere Kapitalbindungskosten verursachen. Gegenüber dem Lagerumschlag wird damit berücksichtigt, dass neben den Kosten für gebundenes Kapital auch die Einstandskosten wichtig für die Beurteilung eines Sortimentsteils sein können. Es ist jedoch offensichtlich, dass die mit der Umsatzerzielung verbundenen Kosten auch nur zum Teil erfasst werden.

Die **Nettorentabilität** weitet die Betrachtung auf weitere Inputfaktoren aus. Im Zähler des Quotienten wird nicht von der Betragsspanne, sondern vom Deckungsbeitrag der betrachteten Sortimentseinheit ausgegangen. Im Nenner des Quotienten können weitere Inputfaktoren berücksichtigt werden. In Abbildung 15.4 ist z. B. neben dem durchschnittlichen Warenbestand die für die Erzielung eines bestimmten Deckungsbeitrags benötigte Verkaufsfläche als Inputfaktor genannt. Es handelt sich damit um einen kapazitätsbezogenen Deckungsbeitrag, der mit Hilfe der Kostenrechnung ermittelt werden kann.

Die **Direkte Produkt-Rentabilität (DPR)** setzt schließlich die Direkte Produkt-Profitabilität in Relation zu einem Inputfaktor (z. B. den durchschnittlichen Warenbestand).

15.4.2 Nachfragerbezogene Kennzahlen

Die in Abschnitt 15.4.1 dargestellten Kennzahlen erfassen die Reaktionen der Nachfrager auf das Angebot einer Handelsunternehmung in stark aggregierter Form. So wird der Umsatz nicht in seine Preis- und seine Mengenkomponente aufgelöst, und es wird bei letzterer nicht berücksichtigt, wie viele und welche Nachfrager die entsprechenden Mengen gekauft haben. Hieran knüpfen die folgenden Kennzahlen an, die sich an dem Parfitt-Collins-Modell (vgl. Parfitt/Collins 1968) orientieren. Der in einer Kategorie erzielte Marktanteil wird in seine Definitionsbestandteile aufgelöst (vgl. Schröder 2003a):

- **Käuferreichweite einer Kategorie bei einem Händler:** Anteil der Käufer (Haushalte), die mindestens einmal pro Periode Artikel einer Kategorie (z. B. Haarpflege) bei einem Händler gekauft haben, an der Gesamtzahl potenzieller Käufer der Kategorie (z. B. 60 %),
- **Bedarfsdeckungsrate einer Kategorie bei einem Händler:** Anteil der Kategorieausgaben bei einem Händler an den Gesamtausgaben der Kunden für eine bestimmte Kategorie. Geben die Kunden bei einem Händler beispielsweise 7,00 € für Haarpflege aus, und betragen ihre Gesamtausgaben für diese Kategorie 15,20 €, so liegt die Bedarfsdeckungsquote bei 46 %,
- **Ausgabenintensität:** Durchschnittliche Kategorieausgaben der Kunden eines Händlers in Relation zu den durchschnittlichen Kategorieausgaben aller potenziellen Kunden. Geben die Kunden eines Händlers im Durchschnitt 15,20 € aus, alle aktuellen und potenziellen Kunden dagegen 16,00 €, so liegt die Ausgabenintensität bei 95 %.

Durch eine Multiplikation von Käuferreichweite, Bedarfsdeckungsrate und Ausgabenintensität lässt sich der Marktanteil des Händlers leicht errechnen (0,60 x 0,46 x 0,95 = 26,2 %). Dies ist jedoch nur eine von vielen Möglichkeiten, den Marktanteil in seine Bestandteile zu zerlegen. Eine Variante zur Zerlegung des Umsatzes zeigt Helnerus (2003) auf. Der Umsatz ergibt sich hiernach durch Multiplikation der folgenden Größen:

- Anzahl der Konsumenten (Haushalte), die Artikel einer Kategorie kaufen,
- durchschnittlicher Kaufbetrag pro Einkauf (Bedarf pro Konsument),
- durchschnittliche Anzahl von Einkäufen eines Kunden in einem bestimmten Zeitraum.

Die Zerlegungen des Marktanteils und des Umsatzes machen deutlich, wo die Ursachen eines hohen oder niedrigen Marktanteils bzw. Umsatzes liegen können. Bei der Zerlegung des Marktanteils lässt sich beispielsweise erkennen, dass in dem gewählten Beispiel die Ausgabenintensität der Kunden wenig vom Durchschnitt abweicht, die Kunden jedoch nur einen Teil ihres Bedarfs bei dem Händler decken.

Insbesondere die Käuferreichweite und die Bedarfsdeckungsrate stellen wichtige nachfragerorientierte Kennzahlen dar. Daneben werden in der Praxis noch weitere Kennzahlen verwendet, über die Abbildung 15.5 einen Überblick gibt (vgl. auch die umfangreiche Auflistung in Centrale für Coorganisation 2001).

Kennzahl	Definition
Käuferreichweite	Anteil der Haushalte, die mindestens einmal pro Periode Artikel aus einer Kategorie gekauft haben, an der Gesamtzahl der Haushalte (Käuferreichweite insgesamt). Mögliche Variante: Anteil der Haushalte, die mindestens einmal pro Periode Artikel aus dieser Kategorie in einer bestimmten Vertriebslinie gekauft haben, an der Gesamtheit der Haushalte (Käuferreichweite einer Vertriebslinie).
Wiederkaufrate	Anteil der Haushalte, die innerhalb einer Periode mindestens zweimal Artikel aus einer Kategorie in einer bestimmten Vertriebslinie oder einem bestimmten Geschäft gekauft haben, an der Gesamtzahl von Haushalten, die Artikel aus der Kategorie in der Vertriebslinie oder dem Geschäft gekauft haben.
Einkaufshäufigkeit/ Kauffrequenz	Häufigkeit, mit der ein Haushalt Artikel aus einer Kategorie in einer Periode einkauft.
Durchschnittsausgaben pro Haushalt	Durchschnittliche Gesamtausgaben eines Haushalts für Artikel aus einer Kategorie innerhalb einer Periode. Mögliche Variante: Durchschnittliche Ausgaben eines Haushalts für Artikel aus einer Kategorie in einem Geschäft oder einer Vertriebslinie innerhalb einer Periode.
Ausgabenintensität	Durchschnittliche Kategorieausgaben der Käuferhaushalte eines Händlers insgesamt (bei allen Händlern) in Relation zu den durchschnittlichen Kategorieausgaben aller Haushalte.
Bedarfsdeckungsrate	Anteil der Kategorieausgaben der Käuferhaushalte in einem Geschäft oder einer Vertriebslinie, an den gesamten Kategorieausgaben der Käuferhaushalte. Mögliche Variante: Anteil der Artikelausgaben der Haushalte an den gesamten Kategorieausgaben.
Marktvolumen, Marktgröße	Umsatz zu Verkaufspreisen, den alle Anbieter im definierten Markt innerhalb einer Periode erzielen.
Marktabdeckung, Marktanteil	Anteil eines Anbieters am gesamten Marktvolumen.
Stammkäuferanteil	Anteil der Käufer einer Kategorie in einer Einkaufsstätte, für die diese Einkaufsstätte die präferierte Einkaufsstätte ist.

Abb. 15.5: Nachfragerbezogene Kennzahlen

Es ist zu beachten, dass die **Käuferreichweite** in Abbildung 15.5 allgemein und nicht wie oben dargestellt in Bezug auf ein Handelsunternehmen definiert wird. Mit der allgemeinen Käuferreichweite wird demnach erfasst, wie viele Haushalte mindestens einmal in einer Periode einen Kauf in einer Kategorie tätigen. So ist es beispielsweise denkbar, dass 80 % der Haushalte Haarwaschmittel kaufen, während nur 30 % Tiernahrungsmittel erwerben. Bei der Käuferreichweite handelt es sich im Regelfall um einen Quotienten. Es gibt unterschiedliche Varianten der Käuferreichweite, so dass im konkreten Fall die betrachteten Subjekte festgelegt werden müssen. Oft werden die Haushalte als Verbrauchseinheiten analysiert, es ist aber auch denkbar, dass es sich um Einzelpersonen, also Erwachsene, Jugendliche oder Senioren handelt. Des Weiteren ist festzulegen, ob sich die Käuferreichweite auf die Käufer insgesamt oder nur die Käufer in einer bestimmten Betriebsform, einer Vertriebslinie oder einem einzelnen Geschäft bezieht. Erfolgen die Angaben relativ, muss eine Bezugsgröße angegeben werden. Dies kann beispielsweise die Gesamtzahl der Haushalte in einem Gebiet sein. Aus dem Umstand, dass es sich bei der Käuferreichweite um einen Quotienten handelt, können also zahlreiche Varianten generiert werden, indem Zähler und/oder Nenner variiert werden.

Mit der **Wiederkaufrate** wird darauf abgestellt, dass Käufer, die zur Käuferreichweite zählen, nicht nur einmal, sondern auch mehrmals in der Vertriebslinie eines Unternehmens oder in einem einzelnen Geschäft gekauft haben können. Mit der Wiederkaufrate wird gemessen, wie groß der Anteil von Haushalten ist, die innerhalb einer Periode Artikel einer bestimmten Kategorie in einer bestimmten Häufigkeit in der ausgewählten Einkaufsstätte gekauft haben. Auch diese Größe lässt sich für den gesamten Markt, für die Käufer einer bestimmten Vertriebslinie oder eines bestimmten Geschäftes angeben.

Die **Einkaufshäufigkeit** erfasst, wie häufig ein Haushalt Artikel aus einer Kategorie in einer Periode kauft. Auch hier ist es wichtig, zwischen der allgemeinen Einkaufshäufigkeit und der Einkaufshäufigkeit in einer bestimmten Vertriebslinie, einem bestimmten Unternehmen oder einem bestimmen Geschäft zu differenzieren. So könnte es beispielsweise sein, dass die Käufer von Artikeln einer bestimmten Kategorie diese Artikel durchschnittlich achtmal in einer Periode kaufen, während sie diese in dem ausgewählten Unternehmen nur zweimal kaufen. Daraus lässt sich schließen, dass es für das Unternehmen Potenziale für eine Steigerung der Einkaufshäufigkeit gibt.

Die **Durchschnittsausgaben eines Haushalts** geben an, wie hoch die durchschnittlichen Ausgaben eines Haushalts für Artikel einer bestimmten Kategorie insgesamt oder in einer bestimmten Vertriebslinie in einer Periode sind. Damit wird neben der Anzahl der Käufer auch berücksichtigt, wie hoch die Ausgaben innerhalb einer Periode sind. Liegen die Durchschnittsausgaben der eigenen Kunden weit unter den für den Markt insgesamt geltenden Durchschnittsausgaben, kann dies ein Indiz für eine geringe Kundenbindung sein.

An den Durchschnittsausgaben pro Haushalt setzt auch die **Ausgabenintensität** an. Sie erfasst die durchschnittlichen Kategorieausgaben der Kunden eines Händlers insgesamt (d. h. bei allen Händlern) in Relation zu den durchschnittlichen Kategorieausgaben aller potenziellen Kunden.

Mit der **Bedarfsdeckungsrate** wird zum einen erfasst, welchen Anteil die Kategorieausgaben der Haushalte in einem Geschäft oder in einer Vertriebslinie an den Gesamtausgaben der Haushalte in einer Kategorie ausmachen. Zum anderen wird gemessen, wie groß der Anteil der Ausgaben für einen Artikel an den Gesamtausgaben in der Kategorie ist. Letztere der beiden Kennzahlen kann als Loyalität der Haushalte zu dem betrachteten Artikel interpretiert werden.

In der Übersicht sind außerdem noch das **Marktvolumen**, der **Marktanteil** und eine Definition für den **Stammkäuferanteil** angegeben. Diese Kennzahlen sind selbsterklärend und bedürfen deshalb keiner weiteren Erläuterung.

Bei der Vielzahl der genannten Kennzahlen erscheint es wichtig, die Zusammenhänge zwischen den einzelnen Größen zu beachten. So zeigt Abbildung 15.6, wie nachfragerorientierte Kennzahlen miteinander, aber auch mit betriebswirtschaftliche Kennzahlen, verknüpft werden können. Hiermit weist die Abbildung Bezüge zum Ansatz der Marktanteilszerlegung auf, der zu Beginn dieses Abschnitts vorgestellt wurde. Zu beachten ist, dass die Bedarfsdeckungsrate und die Käuferreichweite in der Abbildung auf Artikelebene definiert sind (Bedarfsdeckungsrate: Anteil der Ausgaben für den betrachteten Artikel an den Gesamtausgaben in der Warengruppe; Käuferreichweite: Anteil der Käufer, die mindestens einmal den Artikel gekauft haben, an allen Käufern der Warengruppe).

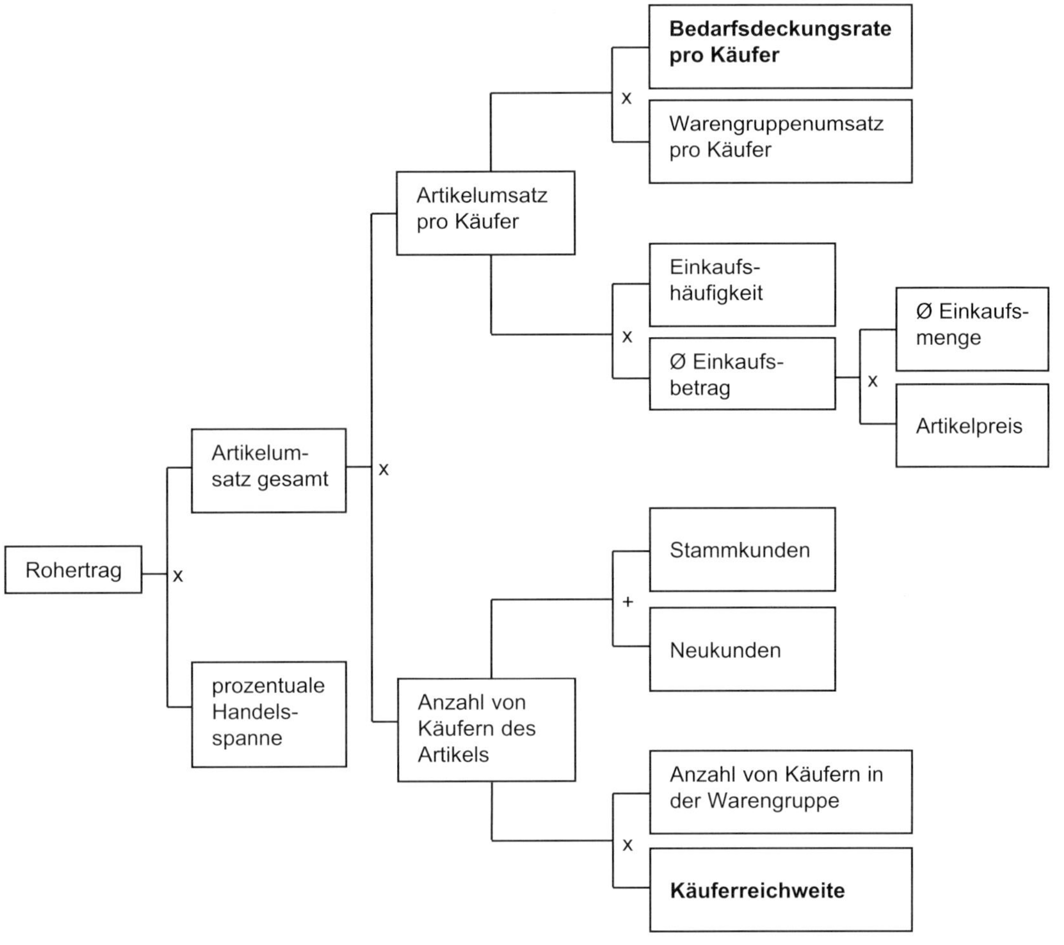

Abb. 15.6: Zusammenhänge zwischen einzelnen nachfragerorientierten und betriebswirtschaftlichen Kennzahlen

Eine weitere Möglichkeit zur Verknüpfung der Kennzahlen stellen Portfolios dar. Es handelt sich hierbei um grafische Veranschaulichungen, für die jeweils zwei oder drei Merkmale (Kennzahlen) ausgewählt werden (vgl. z. B. das Image-Ertragskraft-Portfolio bei Barth/Theis 1988 oder das Raumleistungs-Marktanteils-Portfolio bei Marzen 1986b, S. 89–92). Abbildung 15.7 zeigt beispielhaft ein Portfolio, das auf Basis der Käuferreichweite und der Bedarfsdeckungsrate gebildet wurde.

Die Ausgabenintensität lässt sich zusätzlich durch die Größe der Kreise berücksichtigen. Warengruppe A verfügt über eine Käuferreichweite von 60 %, eine Bedarfsdeckungsquote von 45 % und eine Ausgabenintensität von 95 % (siehe Beispiel zur Markanteilszerlegung). Demgegenüber ist bei Warengruppe B zu erkennen, dass diese nur über eine Käuferreichweite von 30 % verfügt, die Bedarfsdeckungsquote mit 80% und die Ausgabenintensität mit 120 % dagegen überdurchschnittlich sind. Offensichtlich spricht diese Warengruppe ein sehr kleines Kundensegment an, das jedoch sehr loyal ist und überdurchschnittlich hohe Ausgaben in der Kategorie tätigt. In ähnlicher Weise lässt sich auch eine ausgewählte Warengruppe bei unterschiedlichen Händlern darstellen (vgl. Schröder 2003a). Eine solche Analyse ist aus Herstellersicht von besonderer Relevanz. Dem Portfolio-Gedanken folgend, ließen sich in der Abbildung auch noch (auf Basis der durchschnittlichen Käuferreichweite und der durchschnittlichen Bedarfsdeckungsrate) Quadranten bilden, für die spezifische Maßnahmen abgeleitet werden könnten.

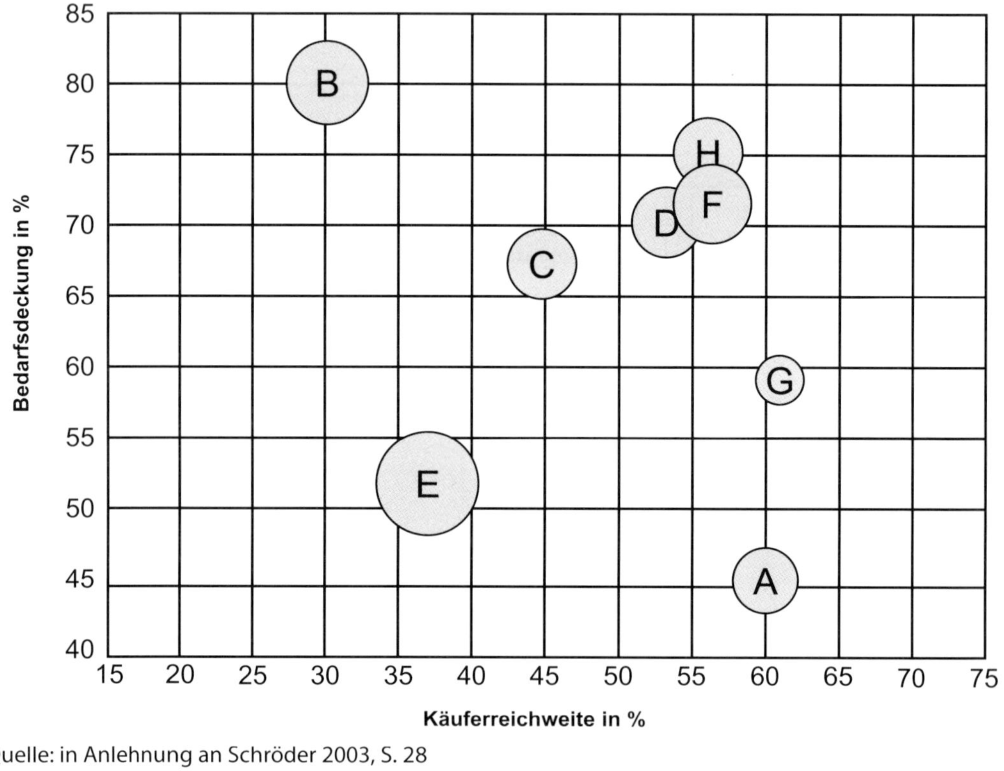

Quelle: in Anlehnung an Schröder 2003, S. 28

Abb. 15.7: Käuferreichweite-Bedarfsdeckungsrate-Portfolio

Portfolios, die die Eigenschaft haben, dass jeweils einzelne Merkmale aus der Vielfalt der grundsätzlich wichtigen Charakteristika herausgegriffen werden, weisen wegen ihrer Anschaulichkeit einen hohen Kommunikationswert auf. Allerdings ist die Anwendung der Portfolio-Technik auch mit verschiedenen Problemen verbunden (vgl. zur Beurteilung auch Möhlenbruch 1994, S. 149–157).

Ein Hauptproblem liegt in den Verbundbeziehungen zwischen einzelnen Sortimentsteilen. Verbundphänomene erschweren die Erfolgsermittlung von Sortimentsteilen, denn der Erfolg bei einem bestimmten Sortimentsteil kann von Maßnahmen abhängen, die sich auf andere Sortimentsteile beziehen. Beispielsweise kann eine Sortimentsstraffung in einer Profilierungskategorie über Verbundeffekte negative Auswirkungen für das gesamte Warenangebot eines Handelsbetriebs haben. Der erlöswirtschaftliche Verbund geht darauf zurück, dass einzelne Aktivitäten des Nachfragers miteinander verknüpft sind. Das ist beispielsweise der Fall, wenn der Nachfrager im Rahmen eines Einkaufsgangs mehrere Güter in einem Geschäft kauft. Daneben kann es auch einen kostenwirtschaftlichen Verbund geben.

Cachon und Kök (2007) haben mit Hilfe eines spieltheoretischen Modells gezeigt, dass Category Management bei Vernachlässigung von Verbundeffekten, zu einer geringeren Auswahl, höheren Preisen und niedrigeren Deckungsbeiträgen führen kann. Einerseits können Verbundeffekte zwar über die unterschiedlichen Warengruppen-Rollen berücksichtigt werden. Andererseits ist das Category Management aber auch anfällig für die Vernachlässigung von Verbundeffekten, da die Verantwortung für die Warengruppe häufig einem Category Manager übertragen wird. Der Category Manager könnte bestrebt sein, den Deckungsbeitrag der Kategorie zu optimieren, ohne dabei mögliche negative Konsequenzen für andere Kategorien zu berücksichtigen. Insofern ist es Aufgabe des Controllings, geeignete Kennzahlen zu entwickeln, die solche Verbundeffekte berücksichtigen (z. B. sog. Warenkorb-Deckungsbeiträge; vgl. Recht/Zeisel 1998; Chen/Hess/Wilcox et al. 1999). Auf die unterschiedlichen Arten von Verbundeffekten, ihre Analyse und ihre Berücksichtigung im Rahmen des Sortimentscontrollings wird in Kapitel 16 näher eingegangen.

15.4.3 Die Ableitung von Zielen im Rahmen der Leistungsanalyse

Im Anschluss an die Kategorie-Bewertung soll für jede Kategorie eine Leistungsanalyse durchgeführt werden. ECR Europe (1997, S. 56–58) sieht als Aufgabe der Leistungsanalyse die Festlegung von Zielen. Um Ziele festlegen zu können, müssen die Potenziale einer Kategorie bestimmt werden, so dass anstatt von Leistungsanalyse auch von Potenzialanalyse gesprochen werden kann. Es ist davon auszugehen, dass sich die Bedeutung einzelner Ziele zwischen den Kategorien unterscheidet. Während bei einer Profilierungskategorie Umsatz- und Marktanteilsziele von großer Bedeutung sind, spielen bei Ergänzungskategorien eher Margenziele eine Rolle. Bevor entschieden werden kann, wie anspruchsvoll die Ziele sein sollen, sind folgenden Fragen zu klären:

- Ist mit einer günstigen Entwicklung des Kaufverhaltens in der betreffenden Kategorie zu rechnen?
- Wie gut kann der planende Händler sich gegenüber seinen Konkurrenten durchsetzen?
- Ist mit erhöhten Anstrengungen der Hersteller in dieser Kategorie zu rechnen?
- Ist das planende Unternehmen in der Lage, notwendige Faktoren (z. B. Raum oder Personal) bereitzustellen?

ECR Europe (1997) schlägt vor, einen Businessplan für die Kategorie zu entwickeln, der Zielvorgaben in den Bereichen Kunde (nachfragerorientierte Kennzahlen), Finanzen (Umsatz- und Margenziele), Markt (Marktanteilsziele) und Produktivität (insbesondere Ziele aus den Bereichen des Bestandsmanagements sowie der Rentabilität) enthält. Diese Vorgehensweise lässt eine unmittelbare Verbindung zur Balanced Scorecard erkennen, die sich als hilfreiches Instrument zur Unternehmenssteuerung erwiesen hat. Bekanntlich hat die Balanced Scorecard die Aufgabe, aus übergeordneten ökonomischen Zielen nachgeordnete Ziele, auch kundenbezogener Art, abzuleiten (vgl. Kaplan/Norton 1992; siehe hierzu auch Kapitel 4 und Kapitel 32).

Insofern ist es auch für die Leistungsanalyse von Bedeutung, Beziehungen zwischen den einzelnen Zielgrößen zu berücksichtigen. Ziele, die tendenziell einen allgemeinen Charakter aufweisen, und Ziele, die eher konkret sind, sind in sinnvoller Weise zu kombinieren. So kann z. B. ein Marktanteilswachstum durch Steigerung der Kundenfrequenz oder durch Gewinnung neuer Kunden ereicht werden. Es gehört zu den zentralen Aufgaben eines Unternehmens, sinnvolle Zielhierarchien zu entwickeln. Es kommt hinzu, dass zu entscheiden ist, wie Ziele in Abhängigkeit von bestimmten Merkmalen der Kategorie, z. B. Preistransparenz, Kauffrequenz, Transaktionswert, Kundentreue oder Impulskaufanteil, differenziert werden sollen.

15.5 Kategorie-Strategien, Kategorie-Taktiken und weitere Planungsschritte

Im Anschluss an die Kategorie-Bewertung und die Leistungsanalyse werden Strategien und Taktiken entwickelt. ECR Europe (1997, S. 59–64) unterscheidet verschiedene Strategien. Hierzu zählen das „Verteidigen des Territoriums", die „Steigerung der Kundenfrequenz", die „Erhöhung des Transaktionswerts", die „Gewinnerzielung" oder das „Wecken von Aufmerksamkeit". Es ist erkennbar, dass die von ECR Europe vorgeschlagenen Strategien eigentlich den Charakter von Zielgrößen besitzen. Dennoch soll der Sprachregelung von ECR Europe gefolgt und von Strategien gesprochen werden. Die Bedeutung der Strategien unterscheidet sich zwischen Warengruppe-Rollen. So spielt z. B. die Steigerung der Kundenfrequenz vor allem bei Profilierungs- und Impulskategorien eine Rolle, während die Gewinnsteigerung bei Pflicht- und Ergänzungskategorien wichtig ist. Über die von ECR Europe vorgeschlagenen Strategien hinaus lassen sich weitere Beispiele für Strategien nennen. Dies können etwa die größte Auswahl im regionalen Markt, die Profilierung über Marken oder die Preisführerschaft sein.

Über die Listungsentscheidung hinaus hat jeder Category-Manager im Handel die Aufgabe, die Kategorie bzw. die einzelnen Subkategorien zu führen. Dazu zählen Entscheidungen über die Platzierungspolitik, Werbemaßnahmen und Promotionaktivitäten und die Festlegung von Preisen. Entsprechend müssen den einzelnen Strategien spezifische Taktiken für den Einsatz der absatzpolitischen Instrumente zugeordnet werden (ECR Europe 1997, S. 65–73). Abbildung 15.8 verdeutlicht dies beispielhaft für die Preispolitik.

Bei der Entwicklung von Taktiken ist zu berücksichtigen, dass einzelne Maßnahmen nicht in allen Kategorien das gleiche Ergebnis erzielen können. Es gilt folglich, jene Warengruppen festzulegen, in denen ein besonders hoher Erfolg erwartet werden kann. Um diese zu erkennen, gibt es

Warengruppen-Strategie	Pricing-Taktik
Verteidigen des Territoriums	Insgesamt sollten die Preise nicht über denen des Wettbewerbs liegen.
Steigerung der Kundenfrequenz	Artikel mit hoher Kundentreue sollten besonders niedrig kalkuliert werden. Artikel mit hoher Preiselastizität sollten unter dem Preisniveau der Wettbewerber liegen.
Erhöhung des Transaktionswertes	Einzelne Artikel können besonders niedrig kalkuliert werden, wenn dies Verbundkäufe teurer Artikel nach sich zieht.
Gewinnerzielung	Hier kann mit höheren Margen gearbeitet werden, wobei darauf zu achten ist, dass die Wettbewerbsfähigkeit erhalten bleibt.
Wecken von Aufmerksamkeit	Sonderangebote, Durchführung von Preisaktionen

Quelle: Zielke 2005, S. 190, in Anlehnung an ECR Europe 1997

Abb. 15.8: Zuordnung von Warengruppen-Taktiken im Bereich der Preispolitik zu Warengruppen-Strategien

Ansätze, die Kategorien in vier Gruppen zu unterteilen, die sich zum einen danach unterscheiden, wie häufig Artikel in dieser Kategorie gekauft werden, und zum anderen, wie viel Prozent der Haushalte Artikel aus der betreffenden Kategorie einkaufen (vgl. Dhar/Hoch/Kumar 2001). Es ergeben sich die vier in Abbildung 15.9 dargestellten Kategoriearten.

		Anteil der Käufer an der Anzahl der Haushalte	
		Hohe Penetration	**Geringe Penetration**
Anzahl der Käufer pro Periode	**Hohe Einkaufsfrequenz**	Konsumgüter mit einem geringen Differenzierungsgrad (Staples)	Nischenprodukte (Niches)
	Niedrige Einkaufsfrequenz	Güter zur Steigerung der Abwechslung (Variety Enhancers)	Ergänzungsprodukte (Fill-Ins)

Quelle: in Anlehnung an Dhar/Hoch/Kumar 2001, S. 170

Abb. 15.9: Einteilung von Kategorien nach Einkaufsfrequenz und Penetration

Diese Abbildung nach Dhar, Hoch und Kumar (2001, S. 170) basiert ihrerseits auf einer Untersuchung von Fader und Lodish (1990), die auf Grundlage einer Clusteranalyse die vorliegende Einteilung anhand der Kennzahlen Einkaufsfrequenz (Einkaufshäufigkeit) und Penetration (Käuferreichweite) empfehlen. Sie definieren die einzelnen Gruppen wie folgt:

1. **Hohe Einkaufsfrequenz und hohe Penetration:** Es sind Güter, die von vielen Haushalten regelmäßig gekauft werden. Es handelt sich um Konsumgüter, die wenig Differenzierung aufweisen, wie beispielsweise Kaffee, Milch oder Küchenpapier.
2. **Niedrige Einkaufsfrequenz und hohe Penetration:** Diese Güter werden nicht regelmäßig, jedoch mindestens einmal im Verlauf eines Jahres von vielen Haushalten gekauft. Ein Beispiel hierfür sind Gewürze.
3. **Hohe Einkaufsfrequenz und geringe Penetration:** Es sind Güter, die von einer begrenzten Gruppe von Haushalten regelmäßig nachgefragt werden, wie z. B. Tierfutter oder Babynahrung.
4. **Niedrige Einkaufsfrequenz und geringe Penetration:** Dabei handelt es sich um Güter, die sehr selten und nur von einer kleinen Gruppe der Haushalte gekauft werden. Ein Beispiel sind Hundehalsbänder.

Es wird vermutet, dass sich die Gründe der Verbraucher, Güter aus den vier Gruppen zu kaufen, unterscheiden, so dass nicht erwartet werden kann, dass bestimmte Maßnahmen die gleichen Wirkungen auslösen werden. So zeigen auch die empirischen Ergebnisse von Dhar, Hoch und Kumar, dass sich beispielsweise Preisreduktionen besonders positiv bei Staples auswirken, während eine Steigerung der Sortimentstiefe eher in den anderen Gruppen positive Effekte erwarten lässt. Diese und weitere Beispiele für die unterschiedliche Wirkung verschiedener Maßnahmen sind in der Abbildung 15.10 zusammengefasst.

Über die Effizienz der oben genannten Maßnahmen muss nicht nur der Handel informiert sein. Auch für Hersteller sind solche Informationen hilfreich, weil sie mit entsprechenden Vorschlägen an den Handel herantreten können.

Kategorie-typ / Maßnahmen	Hohe Frequenz, hohe Penetration	Niedrige Frequenz, hohe Penetration	Hohe Frequenz, geringe Penetration	Niedrige Frequenz, geringe Penetration
Zeitungs- und Prospektwerbung	+	+	+	n. s.
Display-Aktivitäten	+	+	n. s.	+
Tieferer regulärer Preis	+	+	+	+
Temporäre Preis-reduktion	+	n. s.	n. s.	n. s.
Starkes Handels-markenprogramm	+	+	+	+
Steigerung der Sortimentstiefe	-	+	+	+

+: positiver Effekt; -: negativer Effekt; n. s.: Effekt nicht signifikant für $p < 0{,}05$

Quelle: in Anlehnung an die Ergebnisse von Dhar/Hoch/Kumar 2001, S. 178

Abb. 15.10: Absatzwirkungen unterschiedlicher Maßnahmen in verschiedenen Kategorie-Typen

Der Category Management-Prozess wird mit der Planumsetzung und der Überprüfung abgeschlossen. Die Planumsetzung setzt voraus, dass die Pläne für unterschiedliche Kategorien untereinander abgestimmt sind, was die Genehmigung durch das übergeordnete Management voraussetzt. Es sind Verantwortlichkeiten für die Durchführung der vorgesehenen Maßnahmen festzulegen, und es ist schließlich ein Terminplan zu entwickeln. Die Überprüfung bezieht sich auf die Ermittlung der erreichten Ziele und die Abweichungsanalyse.

15.6 Zusammenfassung

Die Ausführungen verdeutlichen, wie ein strategischer Rahmen für die Entwicklung eines Marketingkonzepts und die Ausgestaltung der Marketingpolitik entwickelt werden kann. Hierzu ist mit dem Category Management-Prozess ein geeignetes Schema vorgestellt worden, und es wurden die einzelnen Prozessschritte systematisch beschrieben. Die Kategorie-Rolle nimmt eine Schlüsselfunktion innerhalb des Category Management-Prozesses ein, da die Festlegung der Rolle Konsequenzen für alle weiteren Stufen in dem Prozessschema hat. Das gilt insbesondere für die Auswahl und Gewichtung der Ziele im Rahmen der Leistungsanalyse, die Wahl der Warengruppen-Strategien und die Ableitung von Warengruppen-Taktiken. Darüber hinaus wurden wichtige Kennzahlen zur Steuerung der Marketingpolitik erläutert. Hierbei wurde betont, dass es sinnvoll sein kann, betriebswirtschaftliche Kennzahlen mit nachfragerbezogenen Kennzahlen zu verknüpfen.

Häufig arbeiten Handels- und Herstellerunternehmen im Rahmen des Category Managements eng zusammen. Hierbei kann es zu Konflikten und Koordinationsproblemen kommen, die in der Literatur intensiv beschrieben und diskutiert wurden (vgl. z. B. Holzkämper 1999; Steiner 2007; Lietke 2009). Auf diesen Aspekt des Category Managements wurde in diesem Kapitel nicht eingegangen. Insbesondere in der englischsprachigen Literatur werden Koordinationsprobleme auch mit Hilfe spieltheoretischer Modelle untersucht. Im Mittelpunkt solcher Modelle steht häufig die Frage, wie sich Category Management auf die Preise, die Sortimentstiefe, Deckungsbeiträge und Marktanteile auswirkt (vgl. z. B. Basuroy/Mantrala/Walters 2001; Cachon/Kök 2007; Gajanan/Basuroy/Beldona 2007). Darüber hinaus sind verschiedene Arbeiten entstanden, die das Category Management-Konzept auf einzelne Marketinginstrumente beziehen, so beispielsweise die Sortimentspolitik (vgl. Helnerus 2003), die Handelsmarkenpolitik (vgl. Olbrich/Braun 2001), die Verkaufsförderung (vgl. Kotschi 2003; Möhlenbruch/Kotschi 2004) oder das Preismanagement (vgl. Zielke 2005, 2006a).

16 Sortimentspolitik

Die Sortimentsplanung stellt das Kernstück der Planung im Handelsbetrieb dar, denn hier ist festzulegen, welche Leistungen den Nachfragern angeboten werden sollen. Bei den Leistungen kann es sich um beschaffte oder selbsterstellte Sachleistungen sowie um selbständig verwertbare Dienstleistungen (z. B. Verkauf von Eintrittskarten, Kosmetikberatung, Bankdienstleistungen, Mobilfunk- und Internet-Dienstleistungen, Foto-Service) handeln. Dies bringt auch die folgende Definition zum Ausdruck (angelehnt an Gümbel 1963, S. 59):

Bei einem Sortiment handelt es sich um die Summe aller Absatzobjekte (Sachgüter, Dienstleistungen, Rechte), die ein anbietendes Handelsunternehmen in einer bestimmten Zeitspanne (z. B. Tag, Woche, Saison) physisch oder auf andere Weise den Nachfragern im Absatzmarkt anbietet.

Diese Definition macht auf verschiedene Dimensionen aufmerksam, in denen der Sortimentsbegriff verankert ist. Sie zeigt, welche Varianten eines Sortiments zu unterscheiden sind, und zwar nach

- dem Zeitraum, in dem ein Handelsbetrieb das Sortiment anbietet, wonach sich z. B. Tagessortimente, Saisonsortimente, Aktionssortimente und permanente Sortimente unterscheiden lassen,
- der physischen Verfügbarkeit in Lager- bzw. Präsenzsortimente und in Bestellsortimente,
- der Vielfalt und der Anzahl der Absatzobjekte in breites bzw. tiefes und schmales bzw. flaches Sortiment.

Weitere Varianten sind denkbar, z. B. die Unterscheidung in Testsortiment, Auslaufsortiment, Pflichtsortiment oder Ergänzungssortiment. Ebenso kann nach dem Stand der Planerfüllung zwischen geplanten und realisierten Sortimenten differenziert werden. Diese Varianten resultieren daraus, dass die im Sortiment geführten Waren und Dienstleistungen nach zahlreichen stofflichen, organisatorischen und absatzwirtschaftlichen Gesichtspunkten gekennzeichnet und unterteilt werden können.

Im Folgenden werden in Abschnitt 16.1 zunächst die zentralen Elemente der Sortimentspolitik vorgestellt. Anschließend wird in den Abschnitten 16.2 bis 16.4 auf einzelne Entscheidungsbereiche eingegangen.

16.1 Die zentralen Elemente der Sortimentspolitik

Im Zentrum obiger Definition stehen die Absatzobjekte. Um die in vielen Betrieben umfangreichen Angebote an Sachgütern (Waren) strukturieren zu können, ist in Kapitel 15 die sog. Sortimentspyramide vorgestellt worden. Hierbei stellten die Sorte bzw. der Artikel die kleinsten disponierbaren Einheiten dar. Diese können wiederum zu Artikelgruppen, Warengruppen, Warengattungen und

Warenbereichen aggregiert werden. Die Sortimentspyramide kann als Bezugspunkt dienen, um wichtige sortimentspolitische Entscheidungen zu verdeutlichen. Es lassen sich die folgenden Entscheidungsbereiche nennen:

- **Entscheidungen zur Sortimentsbreite:** Vor allem Entscheidungen über die zu führenden Warenbereiche, Warengattungen und Warengruppen verändern die Sortimentsbreite (Sortimentsexpansion oder -kontraktion). Unter der Sortimentsbreite wird die Anzahl der additiven Kaufmöglichkeiten verstanden, die unterschiedliche Bedürfnisse befriedigen (komplementäre Kaufmöglichkeiten). In einem Betrieb mit einer umfangreichen Sortimentsbreite, wie z. B. in einem Warenhaus, kann der Nachfrager zahlreiche unterschiedliche Waren und Dienstleistungen erwerben. In der Praxis lassen sich sowohl Erweiterungen als auch Einschränkungen der Sortimentsbreite beobachten. So haben beispielsweise Baumärkte häufig Gartenmärkte angegliedert, während die Warenhäuser sich von dem Angebot von Möbeln oder weißer Ware (z. B. Kühlschränke oder Waschmaschinen) getrennt haben. Auf die Breite eines Angebots, die sich in der Zahl der geführten Warengruppen (bzw. der anderen Sortimentsaggregate) äußert, wird in Abschnitt 16.2 eingegangen.
- **Entscheidungen zur Sortimentstiefe:** Unter der Sortimentstiefe wird die Anzahl der alternativen Kaufmöglichkeiten verstanden, die einem Nachfrager zur Befriedigung eines bestimmten Bedürfnisses angeboten werden (substitutive Kaufmöglichkeiten). Obwohl es sich bei dem Bedürfnis um eine subjektive Vorstellung handelt, die sich bei einzelnen Individuen unterscheiden kann, wird der Begriff Sortimentstiefe oft auf pragmatisch abgegrenzte Artikelgruppen bezogen. Es handelt sich darum, wie viele verschiedene Artikel in einzelnen Artikelgruppen angeboten werden sollten. Dies wird in Abschnitt 16.3 analysiert.
- **Entscheidungen über die Sortimentszugehörigkeit einzelner Artikel:** Insbesondere der Category Manager hat darüber zu befinden, welche einzelnen Artikel (unterschieden nach Marke, Packungsgröße, Packungsart) in das Sortiment aufgenommen werden sollten. Hierfür liefert der in Kapitel 15 vorgestellte Category Management-Prozess Hinweise. Insbesondere die dort vorgestellten Kennzahlen dienen als Grundlage für die Aufnahme oder Auslistung einzelner Artikel. Darüber hinaus sind bei solchen Entscheidungen Verbundeffekte von großer Bedeutung. Hierauf geht Abschnitt 16.4 ein.
- **Entscheidungen zur qualitativen Struktur von Sortimenten:** Bei der qualitativen Struktur handelt es sich um einen vielschichtigen Begriff. Für viele Branchen gilt, dass Waren in zahlreichen Stilrichtungen angeboten werden. Dies ist beispielsweise bei Möbeln, Einrichtungsgegenständen oder Textilien zu beobachten. Die qualitative Ausgestaltung eines Sortiments bezieht sich auf die angebotenen Stilrichtungen, was in vielen Fällen mit dem Führen bestimmter Marken einhergeht. Dies kann nur unter Rückgriff auf die Zielgruppenplanung der Handelsunternehmung geschehen (vgl. Kapitel 9). Qualität kann sich aber auch auf das Preissegment beziehen, in dem die geführten Artikel vorwiegend angesiedelt sind. So lassen sich z. B. ein Premiumsegment, eine obere und untere Mitte sowie ein Niedrigpreissegment unterscheiden. Hierauf wird im Rahmen der Preispolitik näher eingegangen (vgl. Kapitel 18). Veränderungen der qualitativen Sortimentsstruktur können auch aus der Einführung von Handelsmarken resultieren. Es stellt sich die Frage, ob und in welchem Ausmaß das Angebot von Herstellermarken durch Handelsmar-

ken ersetzt oder ergänzt werden sollte. Wegen ihrer besonderen Bedeutung wird die Handelsmarkenpolitik in einem eigenen Kapitel aufgegriffen (vgl. Kapitel 17).

Die genannten Entscheidungen können unter einem strategischen und einem operativen Blickwinkel analysiert werden. In jedem Fall sind Ziele festzulegen, und es sind bei der Formulierung von einzelnen Alternativen und ihrer Bewertung die relevanten Umweltbedingungen zu beachten. Im Einzelnen ist an Folgendes zu denken:

- Bei den Zielgrößen der Sortimentspolitik können Wirkungen auf das Kundenverhalten und daraus resultierende Absatz-, Umsatz- und Deckungsbeitragseffekte, Wirkungen auf das Insystem der Kunden, wie die Wahrnehmung des Geschäftsimages, und Wirkungen auf die Kosten- und Kapazitätssituation unterschieden werden.
- Sortimentspolitische Entscheidungen sind eng mit anderen Entscheidungsbereichen verbunden. Sie berühren zunächst einmal die Verkaufsflächenaufteilung. Erweiterungen einzelner Warengruppen erfordern ebenso wie die Aufnahme weiterer Warengruppen eine entsprechende Fläche, weshalb die Ausweitung der Sortimentstiefe und Sortimentsbreite im Konflikt zueinander stehen. Auch die Verkaufsraumgestaltung und die Werbung werden von der Sortimentspolitik beeinflusst.
- Die Sortimentspolitik hat sich in das strategische Konzept einer Handelsunternehmung einzufügen. Dies wird erreicht, indem die Ziele der Sortimentspolitik mit den Zielen der strategischen Planung verknüpft werden, wobei die Balanced Scorecard (vgl. Kapitel 4) helfen kann. Außerdem sind die festgelegten Zielgruppen und die vorhandenen strategischen Konzepte zu berücksichtigen. Gleichzeitig ist zu beachten, welche Sortimente von den Konkurrenten geführt werden. Abbildung 16.1 zeigt beispielhaft, wie einzelne Anbieter von den Nachfragern hinsichtlich der Dimensionen Moderichtung und Preislage gesehen werden. Sie verdeutlicht damit die Positionierungsaufgabe des Managements, die durch entsprechende Sortimente umgesetzt werden muss. Insofern hat ein Textilkaufhaus wie SinnLeffers andere Sortimente zu führen als andere Anbieter, was zu einem Angebot unterschiedlicher Marken führt.
- In einigen Fällen sind bei der Sortimentszusammenstellung auch Vorstellungen der Lieferanten zu berücksichtigen. Teilweise formulieren die Lieferanten Erwartungen in Bezug auf den Einsatz verschiedener Marketing-Mix-Instrumente, teilweise bewirtschaften sie Teile der Verkaufsfläche selbst (*shop-in-the-shop*).

Wie auch bei anderen Entscheidungen muss der eigentlichen Planung eine Analyse der internen und externen Einflussfaktoren (insbesondere in Bezug auf die Nachfrager und die Konkurrenten) vorausgehen (vgl. zu einer detaillierten Darstellung unterschiedlicher Einflussfaktoren auf die Sortimentsgestaltung Möhlenbruch 1994, S. 35–66). Unter den externen Faktoren kommt den Präferenzen der Nachfrager und ihrem Wandel eine herausragende Bedeutung zu. Die Relevanz einzelner Ausgabenbereiche ändert sich im Zeitablauf, der Wertewandel führt auch zu einem Wandel im Kaufverhalten. So haben Bioprodukte im Lebensmittelhandel stark an Bedeutung gewonnen. Im Textilhandel ist zu beobachten, dass auf preiswerte Alltagskleidung erhebliche Marktanteile entfallen. Angestoßen wird der Sortimentswandel auch durch technologische Neuerungen, die Aufnahme in das Sortiment finden.

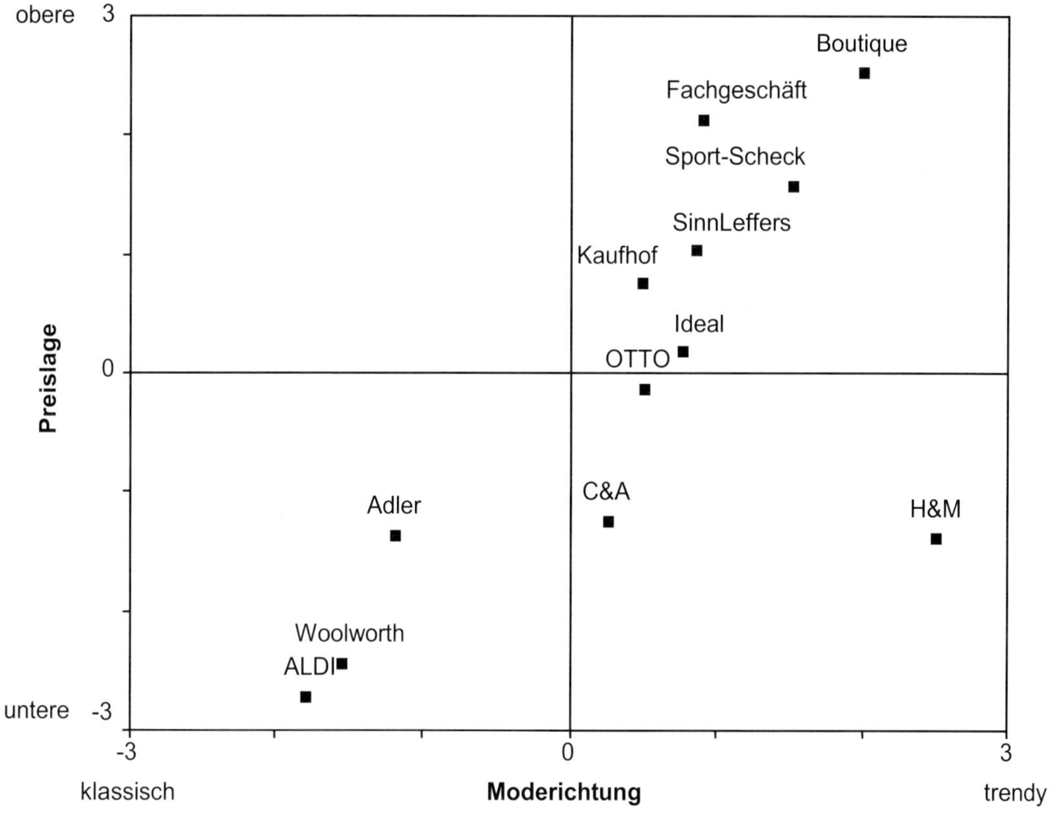

Quelle: Müller-Hagedorn 1998b, S. 142

Abb. 16.1: Beispiel zur wahrgenommenen Positionierung einzelner Textilanbieter

16.2 Die Sortimentsbreite

Entscheidungen über die Veränderung der Sortimentsbreite (Sortimentsexpansion oder -kontraktion) beziehen sich auf die Festlegung der zu führenden Warenbereiche, Warengattungen und Warengruppen. Um Aussagen über die Breite eines Sortiments zu treffen, ist es zunächst erforderlich, den betrachteten Markt abzugrenzen. So verfügen Elektronikfachmärkte wie Saturn oder Media Markt über ein schmales Sortiment, wenn der gesamte Markt für Konsumgüter zu Grunde gelegt wird. Wird jedoch nur der Markt für Unterhaltungselektronik und Haushaltsgeräte betrachtet, kann das Sortiment von Saturn oder Media Markt als sehr breit charakterisiert werden.

16.2.1 Ansatzpunkte für die Gestaltung der Sortimentsbreite

Entscheidungen über die Sortimentsbreite prägen das Erscheinungsbild einer Handelsunternehmung gegenüber den Abnehmern in erheblicher Weise, weshalb sie in enger Abstimmung mit der strategischen Positionierung erfolgen müssen. Einige Beispiele sollen die Bedeutung dieses Planungsbereichs unterstreichen:

- Im Rahmen der Branchenvermischung denken viele Unternehmen darüber nach, inwieweit traditionell nicht im Sortiment vertretene Warenbereiche aufgenommen werden sollten. Hierzu zählen z. B. Elektroartikel in einem Möbelhaus, Bücher in einem Baumarkt, Schuhe in einem Textilkaufhaus oder Textilien bei einem Lebensmitteldiscounter.
- Warenhäuser warben früher mit dem Slogan „Alles unter einem Dach". Um 1980 sind sie dann dazu übergegangen, ganze Warenbereiche aus ihrem Sortiment zu entfernen, z. B. Möbel oder Orientteppiche. Andere Bereiche haben sie neu aufgenommen oder zumindest verstärkt, wie etwa Sportartikel.
- Einige Handelsunternehmen erweitern ihre Sortimentsbreite um sog. Rotationssortimente. Hierbei handelt es sich um häufig branchenfremde Artikel, die im Rahmen von Aktionen über einen zeitlich begrenzten Zeitraum angeboten werden. ALDI bietet beispielsweise im Rahmen von Rotationssortimenten Fahrräder, Computer, Fernseher und auch Kleinmöbel an. Auch selbständige Dienstleistungen können Gegenstand von Rotationssortimenten sein. So hat Tchibo sogar ein dreijähriges BWL-Studium an der Privaten Fachhochschule Göttingen angeboten.
- Das Problem der Veränderung der Sortimentsbreite äußert sich aber auch in Entscheidungen, die näher an dem bisherigen Sortimentsrahmen liegen, wie z. B. die Entscheidung von Discountern, auch Tiefkühlkost oder Obst und Gemüse in das Sortiment aufzunehmen.

Oft werden den bisherigen Sortimenten weitere Warenbereiche hinzugefügt, aber es kann auch, wie einzelne Beispiele zeigen, zu Eliminationsentscheidungen kommen.

Eliminationsentscheidungen sind einfacher zu treffen als Entscheidungen über die Erweiterung des Sortiments, weil bereits Kennzahlen aus der Vergangenheit vorliegen, insbesondere Informationen über den Umsatz, den Deckungsbeitrag und über den Einsatz von Produktionsfaktoren (z. B. die zur Verfügung gestellte Verkaufsfläche). In Kapitel 15 wurde bereits verdeutlicht, wie Kennzahlen im Rahmen von Portfolios miteinander verknüpft werden können. Abbildung 16.2 zeigt ein weiteres Beispiel für ein Portfolio, in dem Umsätze und Deckungsbeiträge für zwölf Warengruppen ausgewiesen werden. Bei dem Deckungsbeitrag handelt es sich um den Warenrohertrag (Umsatz – Wareneinsatz) vermindert um direkt zurechenbare Kosten (detaillierte Ausführungen hierzu finden sich in den Kapiteln 15 und 28). Abszisse und Ordinate liegen jeweils bei den durchschnittlichen Werten der beiden Kennzahlen, so dass erkennbar ist, welche Sortimentseinheiten über- bzw. unterdurchschnittliche Werte erbringen. Die Abbildung 16.2 verdeutlicht, dass in dem dargestellten Fall Umsatz und Deckungsbeitrag in einem festen Verhältnis zueinander stehen. In dem Beispiel unterscheidet sich der Umsatz der Warengruppen stark, und die Kalkulation ist relativ einheitlich. In anderen Fällen können einzelne Warengruppen aber auch sehr unterschiedliche Handelsspannen aufweisen.

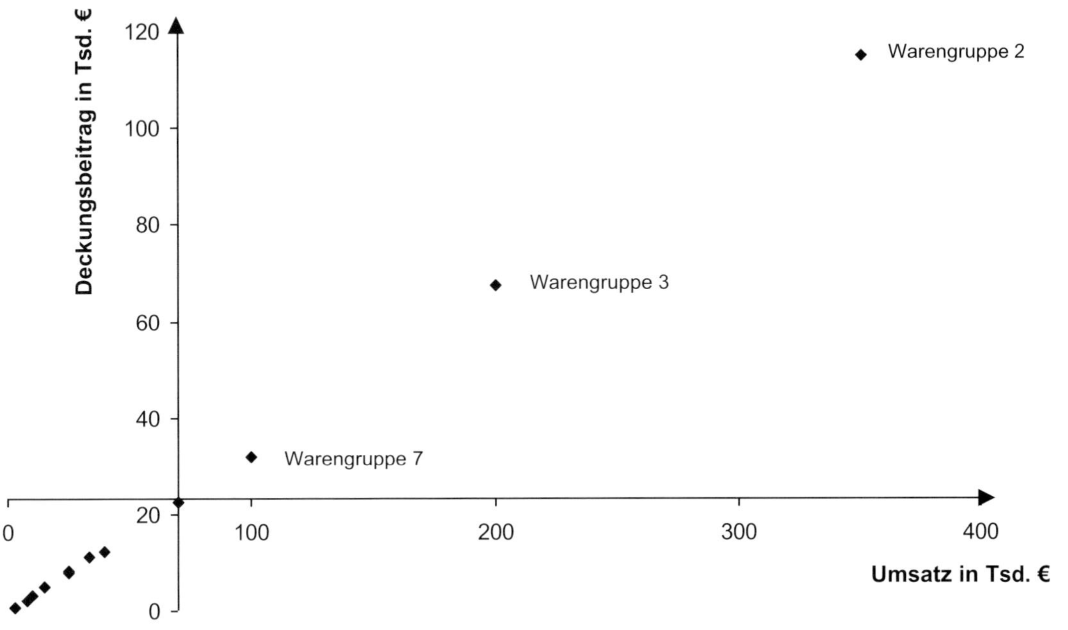

Abb. 16.2: Umsatz und Deckungsbeitrag einzelner Warengruppen

Einige Warengruppen weisen sehr niedrige Werte in Bezug auf den Umsatz und den Deckungsbeitrag auf. Wenn eine solche Analyse in die Planung überführt werden soll, sind insbesondere die folgenden Fragen zu stellen:

- Wie haben sich Umsatz und Deckungsbeitrag in der Vergangenheit entwickelt? Können Ursachen für das schlechte Abschneiden von Warengruppen benannt werden (z. B. Aktivitäten der Konkurrenz oder eine nachlassende Attraktivität der Warengruppen)?
- Wie stellt sich das Marktpotenzial für die einzelnen Warengruppen dar und wie entwickelt es sich im Zeitablauf (Wachstum, Stagnation oder Rückgang)? In welchem Ausmaß kann die planende Unternehmung in Anbetracht vorhandener Konkurrenten von dem vorhandenen Marktpotenzial profitieren?
- Welche Rolle spielen die Warengruppen im Rahmen des strategischen Marketingkonzepts? Insbesondere Ergänzungskategorien können trotz unterdurchschnittlicher Umsätze wichtig für die Sortimentskompetenz eines Unternehmens sein. In diesem Zusammenhang ist auch die Frage nach Verbundeffekten zu stellen.
- In welchem Ausmaß binden die einzelnen Warengruppen Ressourcen und wie können die durch eine Eliminationsentscheidung freigesetzten Ressourcen anderweitig genutzt werden? Dabei kommt der Verkaufsfläche, die in vielen Fällen als eine nur begrenzt verfügbare und zumindest kurzfristig nicht veränderbare Ressource anzusehen ist, eine besondere Bedeutung zu. Für ihre Verwertung gilt der für die gesamte Ökonomie zentrale Lehrsatz, dass eine Ressource der Verwendung zuzuführen ist, in der sie den größten Nutzen stiftet. Dieser Sachverhalt wird im Folgenden näher erläutert.

Grundsätzlich kann davon ausgegangen werden, dass eine Warengruppe innerhalb einer bestimmten Betriebsform einen umso höheren Umsatz bzw. Deckungsbeitrag generieren wird, je mehr Verkaufsfläche dieser Warengruppe zugewiesen wird. Die Ware kann dann besser präsentiert werden und es kann ein tieferes Sortiment mit mehr Auswahlmöglichkeiten angeboten werden. Umsatz und Deckungsbeitrag werden aber vermutlich nicht durchgehend linear anwachsen, sondern eher eine degressive Steigung aufweisen. Abbildung 16.3 veranschaulicht dies für die Warengruppen 2, 3 und 7, die in Abbildung 16.2 die größten Umsatzanteile auf sich vereinigen konnten.

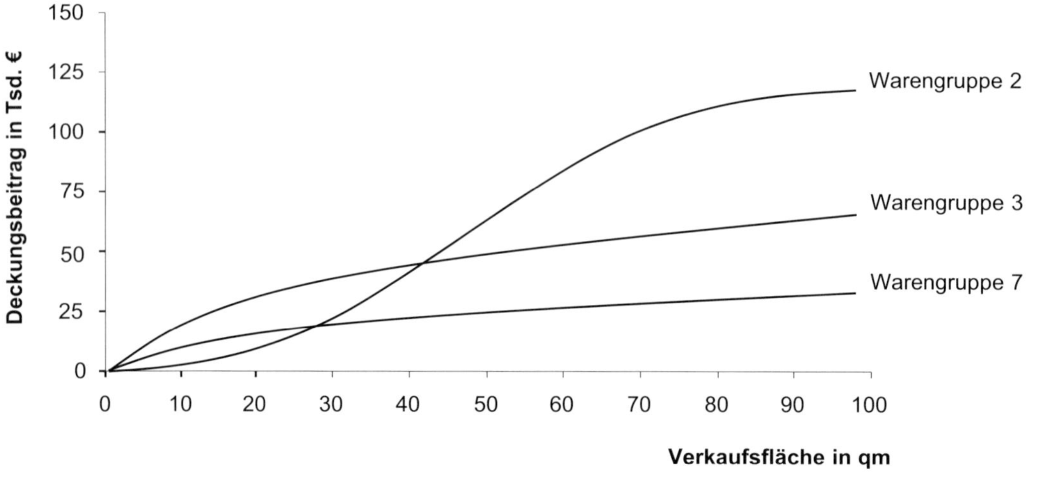

Abb. 16.3: Erfolg von Warengruppen in Abhängigkeit von der zugewiesenen Verkaufsfläche

Der Abbildung 16.3 ist zu entnehmen, dass die drei Warengruppen unterschiedlich auf eine Erweiterung der Verkaufsfläche reagieren. Am wenigsten steigt der Erfolg in der Warengruppe 7. Es wird auch deutlich, dass die drei Warengruppen über ein unterschiedlich hohes Marktpotenzial verfügen. Verallgemeinernd kann von Marktreaktionsfunktionen gesprochen werden, die angeben, wie sich die ausgewählte Erfolgsgröße verändert, wenn die Unternehmung vor dem Hintergrund einer bestimmten Konkurrenz- und Nachfragersituation ihre Anstrengungen auf dem jeweiligen Feld (z. B. Einsatz von Verkaufsfläche) intensiviert. Auf der Grundlage solcher Funktionen kann ein Entscheidungsmodell entwickelt werden.

16.2.2 Ein Entscheidungsmodell

Bei begrenzter Verkaufsfläche wird es das Ziel der Unternehmung sein, die Verkaufsfläche so auf die einzelnen Warengruppen (allgemein: die Sortimentseinheiten) aufzuteilen, dass die Summe der daraus resultierenden Deckungsbeiträge maximiert wird:

(16.1) $$DB = \max_{VK_1,\ldots,VK_N} \sum_{i=1}^{N} f_i(VK_i)$$

unter der Nebenbedingung:

(16.2) $$\sum_{i=1}^{N} VK_i \leq VK$$

mit:

DB = gesamter Deckungsbeitrag

VK = Gesamtverkaufsfläche

VK_i = Verkaufsfläche der Warengruppe i (i = 1,…, N)

f_i = funktionaler Zusammenhang zwischen dem Deckungsbeitrag der Warengruppe i und der ihr zugewiesenen Verkaufsfläche

Bei bekannten Funktionen lässt sich leicht eine Lösung finden, indem die ersten Einheiten der knappen Verkaufsfläche zunächst jener Warengruppe zugeteilt werden, die über den steilsten Anstieg der Responsefunktion verfügt. Die weiteren Einheiten werden entsprechend verteilt, d. h. die Warengruppe erhält die nächsten Einheiten der Verkaufsfläche, bei der der Anstieg des Deckungsbeitrags gegenüber der bereits zugewiesenen Verkaufsfläche am höchsten ausfällt. Hierbei kann es dazu kommen, dass einzelnen Warengruppen mit sehr flachen Responsefunktionen keine Verkaufsfläche zur Verfügung gestellt wird, was einer Auslistungsentscheidung entspricht.

Inwieweit sich ein solches Modell in der Praxis sinnvoll anwenden lässt, hängt von verschiedenen Annahmen ab. Insbesondere die folgenden Voraussetzungen sind von Bedeutung:

- Für die einzelnen Warengruppen müssen sich Responsefunktionen ermitteln lassen, die angeben, wie sich der Umsatz und der daraus folgende Deckungsbeitrag in Abhängigkeit von der Verkaufsfläche verändern.
- Die Responsefunktionen müssen auch Interdependenzen mit anderen absatzpolitischen Instrumenten berücksichtigen (z. B. Preispolitik, Kommunikationspolitik und Warenplatzierung).
- Interdependenzen zwischen den einzelnen Sortimentseinheiten können vernachlässigt werden, d. h. der Umsatz einer Warengruppe ist unabhängig davon, welcher Raum einer anderen Warengruppe zugewiesen wird.

Die Annahmen führen auch zu der Frage, ob das dargestellte Entscheidungsmodell mit den Theorien und Beobachtungen aus der Konsumentenverhaltensforschung vereinbar ist. Hierbei ist zu beachten, wie sich die Sortimentsbreite und der Umfang einzelner Sortimentsteile auf die Entscheidung des Konsumenten für eine bestimmte Einkaufsstätte auswirken. Wie in Kapitel 10 bereits dargestellt wurde, eignen sich zur Erklärung der Einkaufsstättenwahl insbesondere die Einstellungstheorien. Kunden werden der Sortimentsbreite dann ein großes Gewicht beimessen, wenn sie an einem One-Stop-Shopping großes Interesse haben. Es sind mithin jene verhaltenswissenschaftlichen Theorien von Interesse, die das One-Stop-Shopping mit dem Besuch mehrerer Geschäfte vergleichen.

16.3 Die Sortimentstiefe

Bei der Sortimentstiefe handelt es sich um die Auswahlmöglichkeiten (Artikel), die ein Handelsunternehmen seinen Kunden anbietet und welche diese als geeignet ansehen, um ein bestimmtes Bedürfnis zu befriedigen. Ermittlungen zur Sortimentstiefe auf der Basis einer solchen Definition stoßen jedoch auf die Schwierigkeit, dass einzelne Nachfrager ihre Bedürfnisse unterschiedlich weit definieren. Deshalb wird im Folgenden der Praxis gefolgt, die Sortimentstiefe auf die Anzahl unterschiedlicher Artikel in einer Artikel- oder Warengruppe zu beziehen. Im Regelfall wird sich die Sortimentstiefe in einzelnen Geschäften deutlich unterscheiden. Dies gilt insbesondere für unterschiedliche Betriebsformen. Während der Discounter sein Sortiment im Regelfall auf wenige Artikel innerhalb einer Artikelgruppe beschränkt, bieten andere Betriebsformen, wie z. B. das SB-Warenhaus, eine sehr viel größere Auswahl an.

Selbst bei einem vorgegebenen Sortimentsrahmen (Sortimentsbreite) hat jedes Handelsunternehmen fortlaufend aus dem oft riesigen Angebot der Industrie ein Sortiment auszuwählen. Einerseits werden von der Industrie stetig neue Produkte entwickelt und dem Handel angeboten, andererseits stehen Handelsunternehmen auch permanent vor der Frage, ob sie ihr Sortiment aus Kostengründen reduzieren sollten. Die Entscheidung, wie viele Auswahlmöglichkeiten den Kunden in den einzelnen Artikel- oder Warengruppen angeboten werden sollen, ist daher von großer Bedeutung. Im Folgenden wird daher untersucht, inwieweit theoretisch und empirisch zu erwarten ist, dass mit einer Zunahme der Sortimentstiefe der Absatzerfolg der Unternehmung beeinflusst wird.

16.3.1 Die Struktur des Problems

In Abbildung 16.4 sind mögliche Wirkungen einer Zunahme oder Verringerung der Sortimentstiefe dargestellt. Veränderungen der Sortimentstiefe können unmittelbar absatz- bzw. umsatzwirksam werden (vgl. Punkt A), sie können zunächst nur Einfluss auf das Insystem der Verbraucher haben und vielleicht später absatz- bzw. umsatzwirksam werden (vgl. Punkt B), und sie können schließlich die Kostenseite der Unternehmung berühren, indem sie z. B. die Kosten für in Warenbeständen gebundenes Kapital verändern (vgl. Punkt C).

Im Folgenden wird näher darauf eingegangen, welche Wirkungen Entscheidungen über die Sortimentstiefe in einer Warengruppe auf den Absatz (bzw. den Umsatz) dieser Warengruppe haben. Es wird vor allem der Frage nachgegangen, ob sich bei einer Ausweitung der Sortimentstiefe auch der Absatz (bzw. der Umsatz) in dieser Warengruppe ausdehnt oder ob der Mehrabsatz (-umsatz) durch die neu hinzugenommenen Artikel zu Lasten der bereits im Sortiment geführten Artikel geht.

Kostenwirkungen alternativer Sortimentstiefen werden nicht näher untersucht, obwohl sie von großer Bedeutung sein können. So ist zu erwarten, dass mit größerer Sortimentstiefe die Kosten für gebundenes Kapital anwachsen, dass unter Umständen die Kosten für Verderb oder Veralterung der Ware zunehmen und dass schließlich größere Regal- und Raumkapazitäten benötigt werden. Wie auch in Abbildung 16.5 ersichtlich ist, kann unterstellt werden, dass die Kosten ab einem bestimm-

Handlungs-möglichkeiten	Mögliche Konsequenzen
1. Zunahme der Sortimentstiefe (Erweiterung der Anzahl der Artikel)	A. Wirkungen auf das Verhalten der Konsumenten (Besuch und Kauf): - zusätzlicher Absatz (Umsatz) mit neuem(n) Artikel(n) bzw. Wegfall des Absatzes (Umsatzes) bei gestrichenem(/n) Artikel(n), - Veränderungen des Absatzes (Umsatzes) bei anderen Artikeln der Artikelgruppe (Verbundeffekte im engen Sinn), - möglicher Mehr- oder Minderabsatz (-umsatz) bei Artikeln außerhalb der betreffenden Artikelgruppe (Verbundeffekte im weiten Sinn). B. Wirkungen auf das Insystem der Konsumenten: - Veränderung des Images der Verkaufstelle. C. Wirkungen auf die Kosten- und Kapazitätssituation: - Kapitalkosten für Warenbestände, - Inanspruchnahme von Verkaufsfläche.
2. Verringerung der Sortimentstiefe (Reduzierung der Anzahl der Artikel)	

Quelle: Müller-Hagedorn/Heidel 1986, S. 39

Abb. 16.4: Handlungsmöglichkeiten und Wirkungen der Sortimentstiefenpolitik

ten Punkt progressiv mit der Sortimentstiefe anwachsen werden. Das Beispiel der Discounter zeigt, dass mit einer reduzierten Sortimentstiefe in so erheblichem Maße Kosten eingespart werden können, dass damit eine Preisführerschaft ermöglicht wird.

Schwieriger ist es, die Erlöswirkungen alternativer Sortimentstiefen abzuschätzen. In Abbildung 16.5 ist ein degressiver Verlauf gewählt worden, der einer Erweiterung der Sortimentstiefe zunächst eine starke Wirkung zuweist. Mit zunehmender Sortimentstiefe werden dagegen nur noch geringe Umsatzzuwächse erzielt. Es sind jedoch auch andere Verläufe denkbar. Der Verlauf der Umsatz-

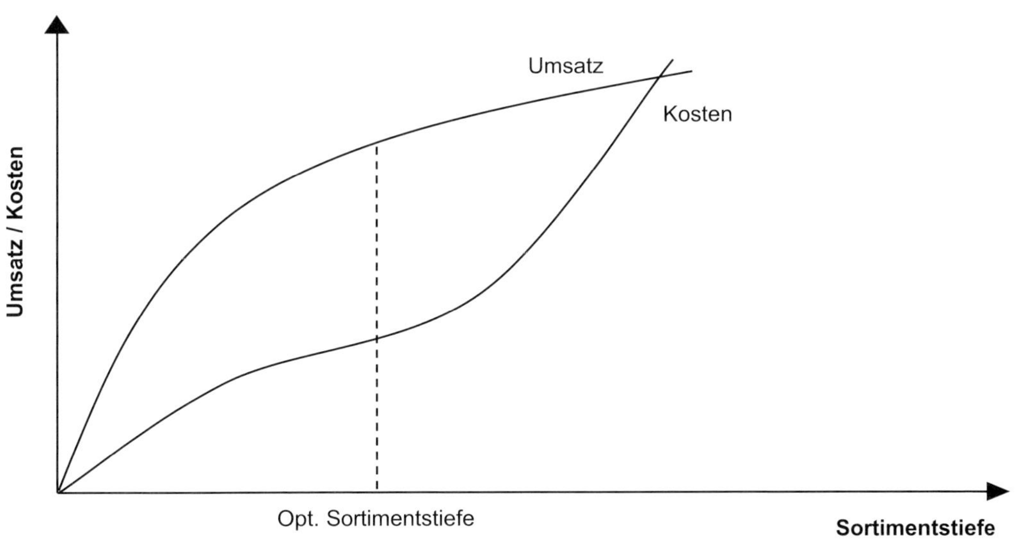

Abb. 16.5: Bestimmung der optimalen Sortimentstiefe

funktion wird von verschiedenen Gegebenheiten (Umweltfaktoren) beeinflusst. Zu nennen sind beispielsweise die Betriebsform, die Konkurrenzsituation, die Bedeutung, die der jeweiligen Artikel- oder Warengruppe vom Nachfrager zugeordnet wird, sein Bedürfnis nach Auswahl und seine Markenbindung.

Mit den folgenden Ausführungen soll geklärt werden, in welchem Zusammenhang Sortimentstiefe und Umsatz stehen.

16.3.2 Analyse des Zusammenhangs von Sortimentstiefe und Kaufverhalten

In der Literatur haben sich verschiedene Autoren mit den Wirkungen der Sortimentstiefe auf das Kaufverhalten der Kunden befasst. Einige ältere Arbeiten haben diese Wirkungen zunächst theoretisch diskutiert (vgl. Baumol/Ide 1956; Sabel 1971; Gist 1968; Hansen 1976). Da diese Arbeiten plausible Hinweise für die Ableitung von Funktionen zum Zusammenhang von Sortimentstiefe und Absatz liefern, sollen sie zunächst vorgestellt werden. Anschließend wird auf Studien eingegangen, die auch empirische Ergebnisse enthalten.

16.3.2.1 Theoretische Ansätze zur Wirkung der Sortimentstiefe

Zunächst wird ein Überblick über die theoretischen Ansätze von Baumol und Ide (1956), Sabel (1971) sowie Gist (1968) und Hansen (1976) gegeben.

Das Modell von Baumol und Ide

Baumol und Ide (1956) nehmen in ihrem Modell zur Bestimmung des optimalen Sortimentsumfangs an, dass ein Verbraucher seine Einkaufsstättenwahl von zwei Faktoren abhängig macht. Zunächst wird mit der Anzahl der angebotenen Artikel die Anziehungskraft der Verkaufsstelle zunehmen, weil für die Nachfrager damit die Wahrscheinlichkeit steigt, dass der von ihnen gewünschte Artikel in dem betreffenden Sortiment geführt wird. Weiter berücksichtigen die Nachfrager die Kosten des Einkaufs. Es handelt sich dabei um die Fahrtkosten, die von der Entfernung zwischen Wohnort und Verkaufsstelle abhängig sind, die Kosten, die Nachfrager dafür ansetzen, dass sie wegen des Einkaufs in einer bestimmten Verkaufsstelle ihre Zeit nicht anders verwenden können (Opportunitätskosten) und die Kosten für die Suche der gewünschten Artikel im Geschäft. Von letzteren, die in dem Ansatz besonders bedeutsam sind, wird angenommen, dass sie mit der Quadratwurzel der Anzahl der geführten Artikel ansteigen.

Große Sortimente haben danach eine doppelte Wirkung. Sie ziehen den Verbraucher an, weil er hofft, dass die gewünschten Artikel in der Verkaufsstelle vorhanden sind, sie stoßen ihn aber auch ab, weil er relativ viel Mühe aufwenden muss, sie in der Verkaufsstelle ausfindig zu machen. Diese beiden Effekte wird nach dem Ansatz von Baumol und Ide jeder Verbraucher gegeneinander abwägen. Er wird eine Verkaufsstätte nur dann aufsuchen, wenn der erwartete Nutzen (als Differenz aus der gewichteten Wahrscheinlichkeit, die gewünschten Artikel zu finden, und den gewichteten Kosten des Einkaufs) für ihn insgesamt positiv ist. Werden solche Angaben über alle potenziellen Nachfrager in einem Geschäft aggregiert, so kann bestimmt werden, wie viele Nachfrager sich bei alternativer Sortimentstiefe für den Kauf in einer bestimmten Einkaufsstätte entscheiden werden.

Die Überlegungen von Baumol und Ide lassen sich wie folgt charakterisieren:

- Der Ansatz soll zeigen, wie sich unterschiedlich große Sortimente auf die Entscheidung des Konsumenten, eine bestimmte Einkaufsstätte für seine Einkäufe auszuwählen, auswirken. Die zu erklärende Variable heißt also „Zahl der Kunden, die sich dafür entscheiden, eine bestimmte Einkaufsstätte aufzusuchen". Der Ansatz erklärt jedoch nicht, ob unterschiedlich umfangreiche Sortimente das Kaufverhalten auch dann noch beeinflussen, wenn sich der Konsument bereits in der Verkaufsstelle befindet. Dieser Aspekt kann aber bedeutsam sein, denn Sortimentsbereiche mit großer Sortimentstiefe können Impulskäufe auslösen (im Sinne von Käufen, die vor dem Betreten der Einkaufsstätte nicht geplant waren), oder es kann der Fall eintreten, dass ein Teil der Käufer die Marke wechselt, wenn die ursprünglich zum Kauf beabsichtigte Marke nicht vorhanden ist. Baumol und Ide fragen nur nach der Wirkung des Sortimentsumfangs auf die Einkaufsstättenwahl und nicht nach den Wirkungen auf das Kaufverhalten der Konsumenten insgesamt. Wertvoll ist, dass sie versuchen, das Kalkül eines Verbrauchers mit Verhaltensannahmen abzubilden.
- Baumol und Ide betrachten die Wirkungen des Sortimentsumfangs insgesamt, sie differenzieren ihre Betrachtungen nicht nach einzelnen Sortimentseinheiten. Ein Handelsmanager kann aber gerade daran interessiert sein zu wissen, wie groß die Sortimentstiefe in einzelnen Warengruppen sein soll. Andererseits entsteht durch den Übergang der Betrachtung vom gesamten Sortimentsumfang auf die Sortimentstiefe in einzelnen Artikel- oder Warengruppen das Problem, die Ausstrahlungseffekte einer Sortimentseinheit auf eine andere zu erfassen.
- Den Zusammenhang zwischen Sortimentsumfang und Zahl der Kunden aus personenindividuellen Angaben empirisch zu ermitteln ist schwierig und aufwendig. Es müssten auch Verfahren entwickelt werden, die die vom Verbraucher empfundenen Kosten und den Nutzen aus dem Besuch einer Einkaufsstätte valide messen.
- Ein wichtiger Beitrag des Ansatzes liegt darin, dass er darauf aufmerksam macht, dass eine große Sortimentstiefe von Kunden auch negativ bewertet werden kann, da sie die Suche nach einem bestimmten Artikel aufwendiger erscheinen lässt.

Der Ansatz von Sabel

Sabel geht von der Grundüberlegung aus, dass umfangreichere Sortimente dem Kunden Vorteile bringen. Er nennt die größere Wahrscheinlichkeit, etwas zu finden (vgl. Sabel 1971, S. 175–178). Dies wird seiner Meinung nach dazu führen, dass jedes neu hinzukommende Produkt auch den Absatz der bereits im Sortiment befindlichen Produkte um einen bestimmten Betrag erhöhen wird. Die Umsatzfunktion kann dann wie folgt modelliert werden:

$$(16.3) \qquad U(N) = \sum_{i=1}^{N} \left(x_i + \sum_{j=i+1}^{N} a_{ij} \cdot x_j \right) p_i$$

mit:

$U(N)$ = Gesamtumsatz in Abhängigkeit von der Artikelzahl N

p_i = Preis des Artikels i (i = 1,…, N)

x_i, x_j = Absatz des Artikels i (i = 1,..., N) bzw. j (j = i+1,..., N)

a_{ij} = Koeffizient, der angibt, um welchen Anteil die Absatzmenge von Artikel i zunimmt, wenn Artikel j ins Sortiment aufgenommen wird

Der formale Ansatz macht auf drei Fragen aufmerksam:

1. Wie groß werden die Absatzmengen des jeweils zuletzt neu in das Sortiment aufgenommenen Artikels sein? Werden die positiven Effekte auf die Absatzmengen der bereits im Sortiment befindlichen Produkte bis auf Null abnehmen?
2. Um wie viel wird der jeweils zuletzt neu in das Sortiment aufgenommene Artikel den Absatz der schon im Sortiment vorhandenen Artikel verändern?
3. Ist die Absatzänderung der schon im Sortiment vorhandenen Artikel positiv oder negativ? Positive Effekte könnten durch eine Steigerung der Sortimentsattraktivität hervorgerufen werden, während negative Effekte durch Substitution entstehen können.

Sabel selbst geht auf diese Fragen inhaltlich kaum ein, er begnügt sich mit dem formalen Hinweis, dass die neu hinzukommenden Produkte den Absatz der übrigen forcieren werden, dass die Steigerungsraten aber mit zunehmendem Sortimentsumfang abnehmen werden, unter Umständen sogar negativ werden können, wenn ein zu umfangreiches Sortiment den Verbraucher verwirre. Positiv ist hervorzuheben, dass über das Vorzeichen von a_{ij} sowohl Komplementär- als auch Substitutionseffekte abgebildet werden können. Insofern kann der Ansatz auch Wirkungen einer Veränderung der Sortimentsbreite erklären. Problematisch dürfte an dem Ansatz jedoch sein, dass der Koeffizient a_{ij} nicht unabhängig von dem bereits angebotenen Sortiment ist.

Die Ansätze von Gist und von Hansen

Hansen weist darauf hin, dass jeder Artikel einer Artikelgruppe eine Popularität besitzt (vgl. Hansen 1990, S. 228–234; Gist 1968, S. 257–265). Ex post lässt sich die Popularität eines Artikels als sein Anteil am Absatz oder Umsatz einer Artikelgruppe bestimmen. Aus der Popularitätsverteilung (vgl. Abbildung 16.6) lassen sich, wenn die Anteile fallend sortiert werden, Sortimentstiefen-Absatzanteil-Funktionen für einzelne Artikelgruppen bilden. Die durchgezogene Linie in Abbildung 16.7 gibt den Verlauf einer solchen Funktion wieder, wobei anzumerken ist, dass es sich bei der Sortimentstiefe um ein diskretes Merkmal handelt, das im Folgenden aber als stetiges betrachtet wird.

Der Ansatz geht von der Vorstellung aus, dass jeder Kunde jeweils eine feste Bindung an einen Artikel hat. Es sind jedoch viele Produktbereiche denkbar, in denen Konsumenten zwischen verschiedenen Artikeln wählen und unter Umständen auch die Marke wechseln. In diesen Fällen erfordern Aussagen über die Wirkung einer veränderten Sortimentstiefe Kenntnisse über die Bereitschaft der Konsumenten, von einer Marke zu einer anderen zu wechseln.

Aufgrund der vorliegenden Beiträge ist es nicht möglich, eine Funktion zum Zusammenhang von Sortimentstiefe und Absatzerfolg abzuleiten, weil die Autoren die Auswirkungen jeweils nur partiell untersuchen. Bei Baumol und Ide werden das Verhalten jener Kunden, die sich erst in der Einkaufsstätte entschließen, einen Kauf zu tätigen, und das Verhalten der zum Markenwechsel bereiten Kunden nicht untersucht. Sabel benennt zwar das Problem, untersucht es jedoch nicht verhaltenswissenschaftlich. Gist bzw. Hansen beschränken sich schließlich auf das Verhalten jener

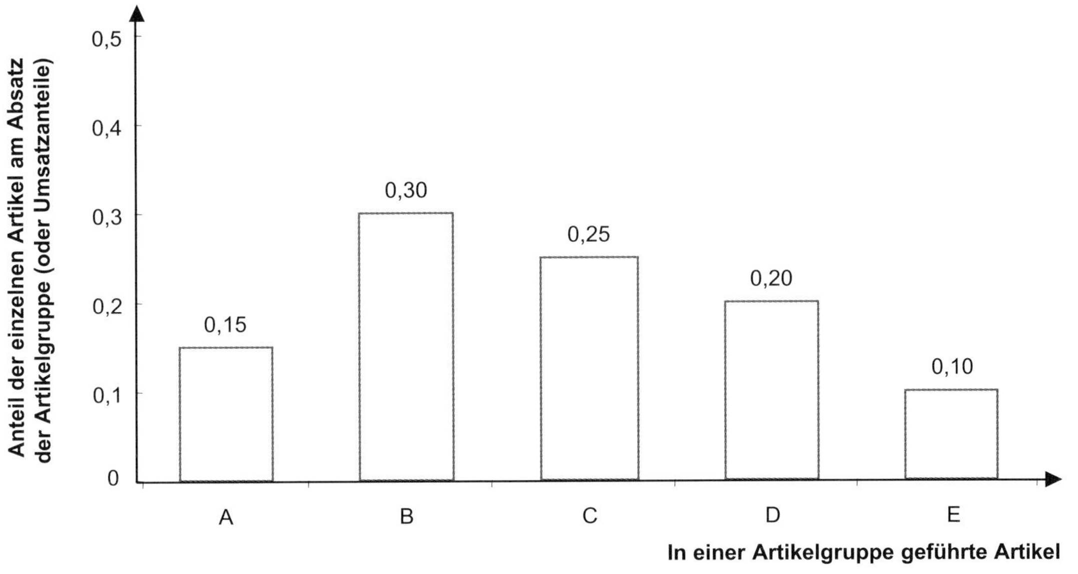

Quelle: Müller-Hagedorn/Heidel 1986, S. 43

Abb. 16.6: Popularitätsverteilung in einer Artikelgruppe mit fünf Artikeln

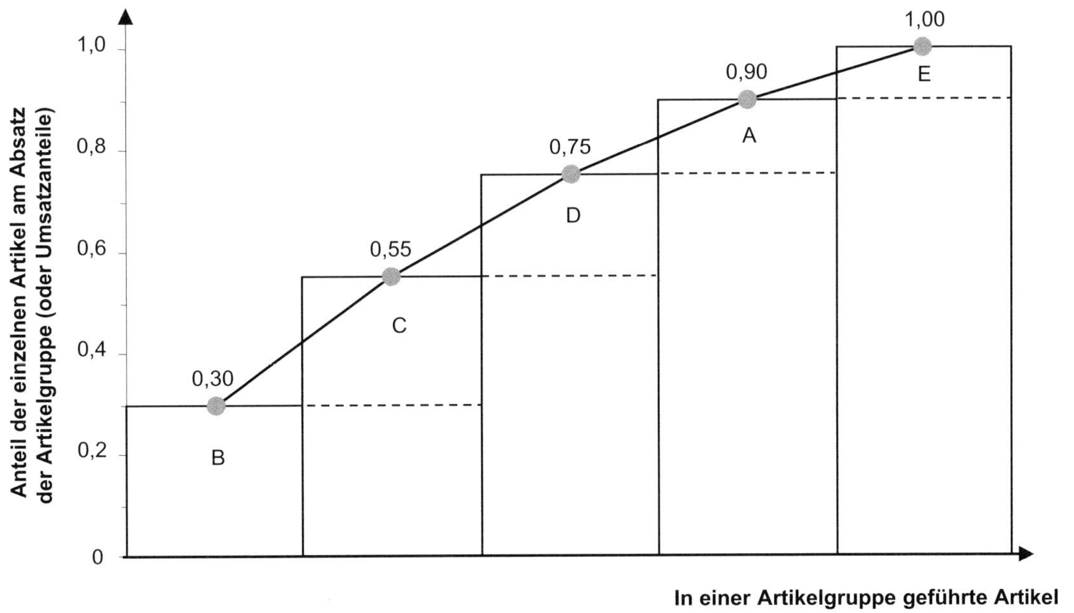

Quelle: Müller-Hagedorn/Heidel 1986, S. 43

Abb. 16.7: Kumulierte Popularitätsverteilung einer Artikelgruppe mit fünf Artikeln

Kunden, für die nur ein einziger Artikel zum Kauf in Frage kommt. Die zum Markenwechsel bereiten und die auf Auswahlmöglichkeit Wert legenden Konsumenten werden nicht in die Analyse einbezogen. Aus diesem Grund wird im Folgenden eine Systematik vorgestellt, mit der die Wirkungen verschiedener Sortimentstiefen bei einzelnen Kundentypen aufgezeigt werden.

16.3.2.2 Die Wirkung der Sortimentstiefe im Rahmen von Black-Box-Analysen

Bei Black-Box-Analysen werden Beziehungen zwischen einem Reiz (Stimulus) und einer Reaktion (Response) untersucht. Im vorliegenden Fall geht es um den Zusammenhang von Sortimentstiefe und Absatz. Es wird untersucht, inwieweit sich Sortimentstiefe-Absatz-Funktionen (in Analogie zur Preis-Absatz-Funktion) ermitteln lassen. Dazu können verschiedene Verfahren herangezogen werden. Müller-Hagedorn und Heidel (1986) verwenden Daten aus Handelspanels, in denen ausgewiesen wird, welche Sortimentstiefe und welchen Absatzerfolg einzelne Verkaufsstellen haben. Sie prüfen, ob sich der Umsatzzuwachs bei steigender Artikelzahl verflacht oder ob der Umsatz sogar zurückgeht. In anderen Studien wurden Experimente durchgeführt, bei denen die Sortimentstiefe reduziert wird, um anschließend zu beobachten, ob der Absatz zurückgeht.

Die Untersuchung von Müller-Hagedorn und Heidel

Müller-Hagedorn und Heidel (1986) untersuchen die Wirkung unterschiedlich tiefer Sortimente empirisch. Ihre Studie verdeutlicht, welche aufschlussreichen Erkenntnisse sich aus Stimulus-Response-Analysen gewinnen lassen, die auf Handelspaneldaten basieren. Sie zeigt aber auch die damit verbundenen Probleme. Obwohl die Studie nicht auf den Test von Hypothesen ausgerichtet ist, stellen die Verfasser der empirischen Auswertung theoretische Überlegungen voran, mit denen sie den erwarteten Verlauf der Sortimentstiefe-Absatz-Funktion begründen.

Theoretische Überlegungen

Wirft man die Frage auf, wie sich eine Variation der Sortimentstiefe auf den Absatzerfolg eines Handelsbetriebs auswirken wird, so lässt sich dieses Problem in zwei Teilfragen zerlegen:

1. Inwieweit fördern die Vorstellungen eines Verbrauchers über die Sortimentstiefe eines Handelsbetriebs den Entschluss, eine bestimmte Verkaufsstelle aufzusuchen? Hierbei ist zu fragen, inwiefern der Verbraucher sein Urteil nach einzelnen Produktbereichen differenziert und inwieweit das Urteil der Verbraucher mit den tatsächlichen Verhältnissen im Handelsbetrieb übereinstimmt.
2. Inwieweit hängt das Kaufverhalten der Konsumenten, die eine bestimmte Verkaufsstelle betreten haben, von der Sortimentstiefe ab, die sie in bestimmten Warengruppen in dieser Verkaufsstelle vorfinden?

Im Hinblick auf die zweite Frage werden vier Typen von Konsumenten unterschieden, für deren Reaktionen auf unterschiedlich tiefe Sortimente plausible Erklärungen gegeben werden. Dabei wird auf den Planungsgrad der Einkäufe Bezug genommen.

- Konsumenten der ersten Gruppe planen den Kauf eines bestimmten Artikels bereits vor Betreten der Verkaufsstelle und haben eine derart starke Bindung an eine Marke, dass mit einem Präferenzwechsel in der Verkaufsstelle nicht zu rechnen ist. Ihre Reaktion auf unterschiedlich tiefe Sortimente ergibt sich entsprechend der kumulierten Popularitätsverteilung (degressiver Funktionsverlauf).

- Konsumenten der zweiten Gruppe beabsichtigen zwar vor Betreten der Verkaufsstelle den Kauf eines bestimmten Artikels, werden aber auch bereit sein, auf einen anderen Artikel auszuweichen. Dafür werden insbesondere die im Geschäft vorgefundenen aktuellen Preisrelationen, Sonderangebote oder die Nicht-Verfügbarkeit bestimmter Artikel ausschlaggebend sein. Ein Teil der Konsumenten in der Gruppe wird den gewünschten Artikel finden und kaufen, andere werden auf eine andere Marke ausweichen, wenn sie die von ihnen präferierte Marke nicht vorfinden. Das wird zu einem steileren Anstieg der degressiven Funktion führen. Mit kleinen Sortimenten kann die Nachfrage umso mehr ausgeschöpft werden, je stärker die Präferenz für die wenigen im Sortiment geführten Artikel gegenüber den ursprünglich zum Kauf geplanten gesteigert werden kann (z. B. durch günstige Preise) oder je austauschbarer die Artikel von den Nachfragern angesehen werden.
- Eine dritte Gruppe von Konsumenten wird zwar den Kauf eines Artikels aus einer Artikelgruppe planen, dabei jedoch noch keinen bestimmten Artikel ins Auge fassen, teils weil keine Artikel namentlich bekannt sind, teils weil die Beschäftigung mit den Einkaufsalternativen erst beim Einkauf erfolgen soll. Ein Teil wird schon bereit sein zu kaufen, wenn nur ein einziger Artikel vorhanden ist, andere werden größere Erwartungen bezüglich der Auswahl haben. Hier wird angenommen, dass diese Erwartungen normalverteilt sind, wobei der Mittelwert der Verteilung jedoch von Produktgruppe zu Produktgruppe verschieden sein kann, was insbesondere davon abhängt, welche Bedeutung der Konsument dem gewählten Artikel zuordnet.
- Schließlich gilt für eine vierte Gruppe von Konsumenten, dass sie den Kauf eines Artikels in einer Produktgruppe vor Betreten der Verkaufsstelle nicht geplant hatten. Durch den visuellen Kontakt mit einer Produktgruppe kann der Wunsch aufkommen, einen Artikel aus dieser Gruppe zu kaufen. Man wird annehmen können, dass dies umso eher geschieht, je intensiver der Reiz ist. Die Intensität des Reizes kann über eine große Artikelzahl, über eine großzügige Darbietung weniger Artikel oder attraktive preisliche Angebote erreicht werden. Bestimmend ist lediglich, wie stark die Produktgruppe die Aufmerksamkeit der Konsumenten auf sich zieht. Ein Teil dieser Konsumenten wird eine bestimmte Marke präferieren und diese suchen, ein anderer Teil wird ohne Präferenzen an den Auswahlprozess herangehen. Die Konsumenten in Gruppe 4 werden sich also wie jene verhalten, deren Reaktion auf alternative Sortimentstiefen zuvor beschrieben worden ist. Es sind deshalb keine weiteren Verhaltensannahmen erforderlich.

Um den Totaleffekt alternativer Sortimentstiefen ableiten zu können, sind die Nachfragemengen der einzelnen Kundengruppen zu addieren. Die Gesamtnachfrage hängt dabei erstens von der Zahl der Konsumenten in den einzelnen Gruppen ab, zweitens von der Menge, die ein einzelner Konsument durchschnittlich kaufen wird und drittens von seiner Reaktion auf alternative Sortimentstiefen. Diese Werte können von Artikelgruppe zu Artikelgruppe und von Betriebsform zu Betriebsform verschieden sein. So kann z. B. ein Discounter in einer bestimmten Artikelgruppe vor allem Kunden aus Gruppe 2 (mit Bereitschaft zum Markenwechsel) anziehen, während ein Nachbarschaftsgeschäft vor allem Kunden aus Gruppe 1 anspricht, die bestimmte Marken präferieren und zu einem Markenwechsel nicht bereit sind. Da in allen Gruppen mit einer größeren Sortimentstiefe ein höherer Absatz einhergeht, erwarteten Müller-Hagedorn und Heidel insgesamt positive Effekte der Sortimentstiefe auf den Absatz.

Operationalisierung der Variablen

Um den Zusammenhang von Sortimentstiefe und Absatz empirisch zu überprüfen, müssen diese Größen zunächst operationalisiert werden. Für die Operationalisierung der Sortimentstiefe in einer Artikelgruppe bieten sich zwei Möglichkeiten an. Erstens kann die Sortimentstiefe über die absolute Zahl der in einer Verkaufsstelle zu einem Zeitpunkt geführten Artikel erfasst werden. Dies ist die einfachste Art der Operationalisierung. Sie besitzt den Vorteil, dass Handelsmanager ebenfalls häufig in absoluten Sortimentstiefen denken. Die zweite Möglichkeit besteht in einer Operationalisierung über relative Größen. Hierbei wird die Anzahl der in einer Verkaufsstelle zu einem Zeitpunkt geführten Artikel zu anderen Größen in Beziehung gesetzt, beispielsweise zur Anzahl der durchschnittlich in der Betriebsform geführten Artikel (mit oder ohne Berücksichtigung der eigenen Sortimentstiefe) oder zur größten Sortimentstiefe, die von einem der Konkurrenzbetriebe angeboten wird. Relative Operationalisierungen enthalten mehr Informationen als die absolute Sortimentstiefe, weil sie auch Angaben über die Sortimentstiefe anderer Handelsbetriebe einbeziehen. Es ist einsichtig, dass Konsumenten Sortimente beurteilen, indem sie die aktuelle Sortimentstiefe einer Verkaufsstelle mit ihren Erfahrungen vergleichen.

Zur Operationalisierung des Absatzes können ebenfalls sowohl absolute als auch relative Größen herangezogen werden. Beim relativen Absatz wird der absolute Absatz einer Verkaufsstelle in einer Artikelgruppe zu folgenden Größen ins Verhältnis gesetzt (analog dazu lassen sich auch entsprechende Umsatzzahlen bilden):

- Gesamtabsatz der betreffenden Verkaufsstelle (mit oder ohne Berücksichtigung der betreffenden Artikelgruppe),
- durchschnittlicher Absatz der Artikelgruppe innerhalb einer Betriebsform und
- Anzahl der Kunden, die innerhalb einer Periode die Verkaufsstelle aufsuchen.

Da umsatzbezogene Größen aufgrund von Preisränderungen und Preisunterschieden zwischen den Artikeln und Betriebsformen zu Verzerrungen führen können, beziehen sich die nachfolgenden Auswertungen auf den absoluten Absatz sowie den Absatz in Relation zum durchschnittlichen Absatz aller Geschäfte innerhalb einer Betriebsform.

Den Auswertungen liegen Daten aus dem Einzelhandelspanel des Unternehmens A.C. Nielsen zugrunde. Im Rahmen dieses Panels wurden in regelmäßigen Abständen bei ca. 1 000 Einzelhandelsbetrieben Absatzmengen und Preise bestimmter Artikel aus dem Food- und Non-Food-Bereich erhoben. Für die folgenden Auswertungen wurden Daten für die Artikelgruppen Zahnpasta, Haarwaschmittel und Geschirrspülmittel (für Geschirrspülmaschinen) verwendet. Die Daten beziehen sich auf drei Perioden und 116 Betriebe aus fünf Betriebsformen (je 15 SB-Warenhäuser, 15 große Verbrauchermärkte, 15 kleine Verbrauchermärkte, 15 Discounter und 56 Nachbarschaftsgeschäfte bzw. Supermärkte).

Ergebnisse
Im Folgenden wird das Datenmaterial zunächst anhand einiger deskriptiver Statistiken für die Variablen Sortimentstiefe und Absatz beschrieben. Bei der Sortimentstiefe handelt es sich um eine stichtagsbezogene Variable. Der Sortimentsumfang in den einzelnen Betrieben wird demnach jeweils am Ende der Erfassungsperiode festgehalten. Dies kann unter Umständen zu Verzerrungen führen, wenn z. B. am Stichtag normalerweise vorrätige Artikel nicht im Lager vorhanden waren.

Die Sortimentstiefe unterscheidet sich sowohl bei den drei betrachteten Artikelgruppen als auch bei den untersuchten Betriebsformen relativ stark. Im Hinblick auf die Artikelgruppen ist bei Haarwaschmitteln eine größere durchschnittliche Sortimentstiefe zu beobachten (ca. 19 Artikel) als bei Zahnpasta und Geschirrspülmittel (ca. 12 bis 13 Artikel). In allen Fällen führen die SB-Warenhäuser das jeweils größte durchschnittliche Sortiment (z. B. bei Haarwaschmitteln ca. 100 Artikel) und die Discounter das kleinste.

Der Absatz weist, ebenso wie die Sortimentstiefe, sowohl bei den Artikelgruppen als auch den Betriebsformen große Unterschiede auf. Der größte durchschnittliche Absatz wird von den SB-Warenhäusern erzielt, während die Betriebsform Nachbarschaftsgeschäft/Supermarkt den geringsten Absatz aufweist. Das SB-Warenhaus verkauft in allen drei Artikelgruppen jeweils mehr als die Hälfte aller abgesetzten Packungseinheiten. Es ist allerdings anzumerken, dass die Bandbreiten innerhalb der einzelnen Betriebsformen relativ groß sind (vgl. Abbildung 16.8). Innerhalb der Artikelgruppen konzentriert sich der Absatz auf eine relativ geringe Zahl von Artikeln. So erzielt beispielsweise ein SB-Warenhaus bei Zahnpasta mit 30 % der Artikel ca. 70 % seines Absatzes.

Im Folgenden wird dargestellt, welche Zusammenhänge zwischen der Sortimentstiefe und dem Absatz eines Handelsbetriebs bestehen und ob sich dieser Zusammenhang mit bestimmten Funktionstypen abbilden lässt. Dabei werden die bereits dargestellten Operationalisierungsmöglichkeiten zugrunde gelegt und zunächst die folgenden Funktionen getestet:

1. Absatz = f(Sortimentstiefe),
2. Absatz = f(Sortimentstiefe/durchschnittliche Sortimentstiefe),
3. Absatz = f(Sortimentstiefe/maximale Sortimentstiefe),
4. Absatz/durchschnittlicher Absatz = f(Sortimentstiefe),
5. Absatz/durchschnittlicher Absatz = f(Sortimentstiefe/durchschnittliche Sortimentstiefe) und
6. Absatz/durchschnittlicher Absatz = f(Sortimentstiefe/maximale Sortimentstiefe).

Es zeigte sich, dass die relativen Größen in den insgesamt 45 möglichen Fällen (3 Warengruppen, 5 Betriebsformen, 3 Perioden) nicht zu merklich besseren korrigierten Bestimmtheitsmaßen führen als die unter 1. dargestellte Funktion mit absoluten Größen. Weil die lineare Anpassung insgesamt keine besonders hohen korrigierten Bestimmtheitsmaße lieferte (sie liegen zwischen 0,08 und 0,63, wobei 40 % unter 0,10 liegen), wurden die folgenden nicht-linearen Anpassungen geschätzt:

- die halblogarithmische Anpassung der Sortimentstiefe: Absatz = f(ln(Sortimentstiefe)),
- die halblogarithmische Anpassung des Absatzes: ln(Absatz) = f(Sortimentstiefe),
- die doppellogarithmische Anpassung: ln(Absatz) = f(ln(Sortimentstiefe)) und
- die s-förmige Anpassung (Polynom dritten Grades): $Absatz = a_0 + a_1ST + a_2ST^2 + a_3ST^3$ mit ST = Sortimentstiefe.

Waren-gruppe	Betriebsform	Periode 1 - 3 im Durchschnitt pro Periode				Periode 3			
		Anzahl der Betriebe	Absatz			Anzahl der Betriebe	Absatz		
			Durch-schnitt	Minimum	Maximum		Durch-schnitt	Minimum	Maximum
Zahn-pasta	SB-Warenhaus	3 * 15	6 658	1 895	16 120	15	7 085	2 543	14 403
	Gr. V-Markt	3 * 15	2 399	769	7 246	15	2 297	842	6 057
	Kl. V-Markt	3 * 15	722	183	3 063	15	781	292	3 063
	Discounter	3 * 15	581	188	1 152	15	542	214	1 152
	Nachbarschafts-geschäft/Superm.	3 * 56	165	1	803	56	162	1	598
Haar-wasch-mittel	SB-Warenhaus	3 * 15	4 676	1 307	10 958	15	4 787	2 176	9 623
	Gr. V-Markt	3 * 15	1 748	543	4 341	15	1 719	849	3 402
	Kl. V-Markt	3 * 15	498	84	2 129	15	572	215	2 129
	Discounter	3 * 15	305	127	659	15	313	132	580
	Nachbarschafts-geschäft/Superm.	3 * 56	97	0	603	56	99	2	505
Geschirr-spülmittel	SB-Warenhaus	3 * 15	3 839	1 455	8 044	15	3 828	1 868	7 843
	Gr. V-Markt	3 * 15	1 616	473	6 723	15	1 497	492	3 159
	Kl. V-Markt	3 * 15	633	265	1 661	15	647	265	1 661
	Discounter	3 * 15	549	160	1 027	15	506	160	1 027
	Nachbarschafts-geschäft/Superm.	3 * 56	182	2	825	56	174	3	482

Quelle: Müller-Hagedorn/Heidel 1986, S. 56

Abb. 16.8: Durchschnittlicher, minimaler und maximaler Absatz in den Warengruppen Zahnpasta, Haarwaschmittel und Geschirrspülmittel in fünf Betriebsformen

Die Ergebnisse der Berechnungen für die unterschiedlichen Anpassungsvarianten sind in Abbildung 16.9 dargestellt. Sie können wie folgt zusammengefasst werden: In 32 von 45 Fällen liegt das korrigierte Bestimmtheitsmaß über 0,10 (auf den Ausweis niedrigerer Werte wurde in der Abbildung verzichtet). Die Spannweite der Bestimmtheitsmaße ist mit Werten von bis zu 0,79 beträchtlich. In 26 Fällen erwies sich die gesamte Regression als signifikant ($\alpha = 0{,}05$). Dies stärkt die Vermutung, dass die Sortimentstiefe für den Handelsbetrieb ein wichtiges Instrument darstellen kann, um den Absatz zu beeinflussen. Die lineare und die halblogarithmische Anpassung der Sortimentstiefe haben sich allerdings als weniger geeignet erwiesen. Die drei übrigen nicht-linearen Funktionstypen führen dagegen abwechselnd zu den besten korrigierten Bestimmtheitsmaßen, wie aus Abbildung 16.9 zu ersehen ist.

Die Funktionsverläufe der drei Artikelgruppen weisen innerhalb der Betriebsformen eine ziemlich große Ähnlichkeit auf. Bei kleinen Verbrauchermärkten und Nachbarschaftsgeschäften bzw. Supermärkten führt die doppellogarithmische Anpassung häufig zu den besten Ergebnissen, während in SB-Warenhäusern und großen Verbrauchermärkten neun von elf Anpassungen einen s-för-

Warengruppe	Betriebsform	Periode 1		Periode 2		Periode 3	
		r^2_{korr}	Verlauf	r^2_{korr}	Verlauf	r^2_{korr}	Verlauf
Zahnpasta	SB-Warenhaus	-	-	0,25	Pol. 3. Gr.	-	-
	Gr. V-Markt	0,20	Pol.3. Gr.	0,24*	doppelln	0,29*	Pol. 3. Gr.
	Kl. V-Markt	0,24*	doppelln	0,20	halbln	0,31*	doppelln
	Discounter	0,20	halbln	0,20	halbln	-	-
	Nachbarschafts-geschäft/Superm.	0,68*	doppelln	0,74*	doppelln	0,75*	doppelln
Haarwasch-mittel	SB-Warenhaus	-	-	-	-	0,35*	Pol. 3. Gr.
	Gr. V-Markt	0,21*	halbln	0,40*	Pol. 3. Gr.	0,46*	Pol. 3. Gr.
	Kl. V-Markt	0,76*	doppelln	0,57*	doppelln	0,56*	halbln
	Discounter	-	-	-	-	0,28*	Pol. 3. Gr.
	Nachbarschafts-geschäft/Superm.	0,77*	doppelln	0,78*	doppelln	0,79*	doppelln
Geschirrspül-mittel	SB-Warenhaus	-	-	-	-	-	-
	Gr. V-Markt	0,64*	Pol. 3. Gr.	0,25	Pol. 3. Gr.	0,35*	Pol. 3. Gr.
	Kl. V-Markt	-	-	-	-	-	-
	Discounter	0,36*	Pol. 3. Gr.	0,39*	halbln	0,24*	halbln
	Nachbarschafts-geschäft/Superm.	0,50*	doppelln	0,65*	doppelln	0,66*	doppelln

* = die gesamte Regressionsfunktion ist signifikant ($\alpha = 0{,}05$)
halbln = halblogarithmische Anpassung des Absatzes: ln(Absatz) = f(Sortimentstiefe)
doppelln = doppellogarithmische Anpassung: ln(Absatz) = f(ln(Sortimentstiefe))
Pol. 3. Gr. = s-förmige Anpassung (Polynom dritten Grades): $\text{Absatz} = a_0 + a_1 ST + a_2 ST^2 + a_3 ST^3$
mit ST = Sortimentstiefe

Quelle: Müller-Hagedorn/Heidel 1986, S. 58

Abb. 16.9: Bestimmtheitsmaße für Sortimentstiefen-Absatz-Funktionen der Warengruppen Zahnpasta, Haarwaschmittel und Geschirrspülmittel

migen Verlauf besitzen. Abbildung 16.10 zeigt beispielhaft die Funktionsverläufe für die Warengruppe Zahnpasta.

Zusammenfassend kann man feststellen, dass die geschätzten Funktionen bei keiner Betriebsform einen degressiven Verlauf aufweisen. Außer bei der Betriebsform Discounter steigen sie vom Ursprung oder ab einer bestimmten Sortimentstiefe mit wachsenden Zuwächsen an. Dies deutet darauf hin, dass bei keiner der Betriebsformen (mit Ausnahme der Discounter) in dem Untersuchungsintervall eine Sättigungsgrenze zu erkennen ist. Das Absatzmaximum fällt daher bei diesen Betriebsformen mit der maximal möglichen Artikelzahl, die in einem Einzelhandelsbetrieb geführt werden kann, zusammen.

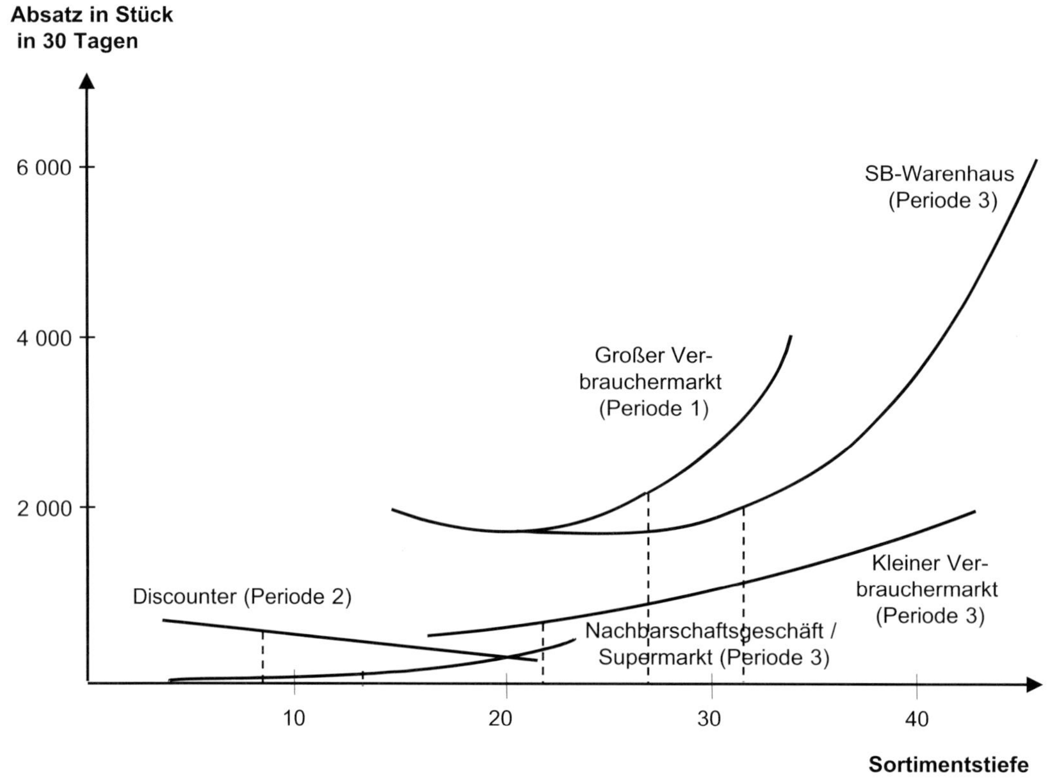

Die mittlere Sortimentstiefe ist für einige Betriebsformen durch die gestrichelten Linien gekennzeichnet

Quelle: Müller-Hagedorn/Heidel 1986, S. 59

Abb. 16.10: Beispiele für den Verlauf der Sortimentstiefen-Absatz-Funktionen für die Artikelgruppe Zahnpasta

Empirische Analyse der Wirkungen von Sortimentstiefenveränderungen im Zeitablauf

Die zuvor dargestellten Ergebnisse hatten gezeigt, welche Mengen Betriebe mit unterschiedlicher Sortimentstiefe abgesetzt haben. Das entspricht einer Querschnittsanalyse. Darüber hinaus kann es aufschlussreich sein zu untersuchen, wie sich der Absatz verändert, wenn die Sortimentstiefe im Zeitablauf verändert wird. Vor dem Hintergrund, dass Sortimente dazu neigen, immer umfangreicher zu werden, fragen viele Betriebe, ob sie Sortimente auch straffen können, ohne allzu starke Umsatzeinbußen hinnehmen zu müssen. Deshalb wird im Folgenden im Rahmen einer dynamischen Betrachtung untersucht, ob bei jenen Betrieben, die die Sortimentstiefe verringert oder erweitert haben, auch Veränderungen im Absatz eingetreten sind. Dazu wurden jeweils die relativen Veränderungen zwischen Periode 1 und Periode 2 sowie zwischen Periode 2 und Periode 3 berechnet.

Bei den oben angegebenen Warengruppen hatten einige Betriebe ihr Sortiment reduziert, andere hatten ihr Sortiment ausgebaut. In Abbildung 16.11 sind für die drei Artikelgruppen die relativen

Veränderungen der Sortimentstiefe und des Absatzes angegeben. Theoretisch wurde erwartet, dass sich die Werte in die Quadranten I und III einfügen und die Quadranten II und IV unbesetzt bleiben. Dies ist bei den Artikelgruppen Zahnpasta und Haarwaschmittel weitgehend der Fall, nicht so eindeutig ist das Ergebnis in der Artikelgruppe Geschirrspülmittel. Erhöhungen der Sortimentstiefe haben also tatsächlich häufig zu einer Erhöhung des Absatzes geführt, verringerte Sortimentstiefen zu einem Absatzrückgang. Extreme Steigerungen der Sortimentstiefe können auch extreme Absatzsteigerungen nach sich ziehen. Entsprechendes gilt auch für die Reduktion der Sortimentstiefe. Analysiert man die in Abbildung 16.11 dargestellten Werte für die relativen Veränderungen von einer Periode zur nächsten, erhält man für Zahnpasta ein korrigiertes Bestimmtheitsmaß von 0,38. Für Haarwaschmittel ergibt sich ein Wert von 0,50, für Geschirrspülmittel ein Wert von 0,08. Der Zusammenhang zwischen Sortimentstiefe und Absatz lässt sich auch an den Elastizitäten ablesen, die den Erwartungen gemäß überwiegend positiv sind.

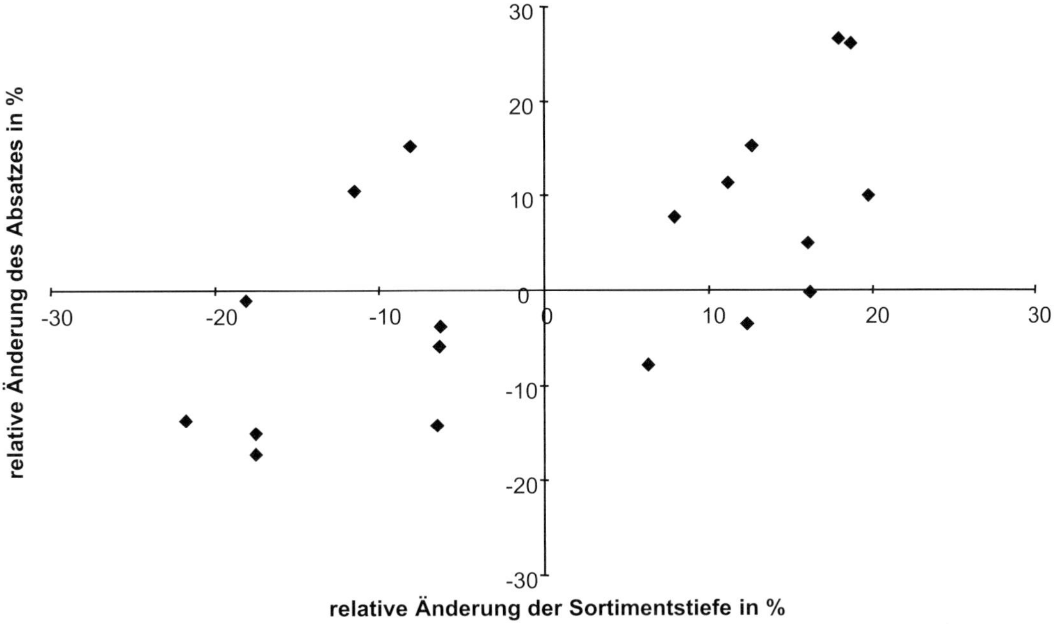

Quelle: Müller-Hagedorn/Heidel 1986, S. 62

Abb. 16.11: Relative Sortimentstiefen- und Absatzänderungen in der Artikelgruppe Zahnpasta für die Perioden 1/2 und 2/3

Würdigung der Ergebnisse

Zusammenfassend kann festgestellt werden, dass die Ergebnisse der statischen und dynamischen Analyse des Datenmaterials aus dem Handelspanel darauf hindeuten, dass sich Erweiterungen in der Artikelzahl bei den meisten Betrieben in der Erhöhung des Absatzes niederschlagen. Dabei sind allerdings Kostenaspekte unberücksichtigt geblieben. Darüber hinaus hat die Untersuchung eine Reihe von Fragen aufgeworfen:

- Inwieweit lassen sich aus Querschnittsdaten sortimentspolitische Ergebnisse ablesen, und inwieweit verzerrt die Aggregation der Betriebe zu Betriebsformen die Ergebnisse? Obwohl es sich jeweils um Betriebe mit gleicher Betriebsform handelt, ist es nicht unproblematisch, die Ergebnisse eines anderen Betriebs auf den eigenen Betrieb zu übertragen, weil sich die Betriebe in weiteren relevanten Merkmalen unterscheiden können.
- In welchem Ausmaß beeinflussen andere absatzpolitische Instrumente, die mit der Sortimentstiefe korrelieren können (z. B. der Preis oder die Werbung) die ermittelten Funktionen? So könnte z. B. der negative Zusammenhang zwischen Sortimentstiefe und Absatz bei Discountern darin begründet sein, dass Discounter mit extrem geringer Sortimentstiefe günstigere Preise verlangen als Discounter mit einer etwas höheren Sortimentstiefe.
- Inwieweit benachteiligt die isolierte Betrachtung einzelner Artikelgruppen andere Artikelgruppen? Eine höhere Sortimentstiefe in einer Artikelgruppe kann aus Platzgründen zu einer Artikelreduktion in einer anderen Artikelgruppe und damit zu Erlösausfällen führen. Andererseits könnte die Erhöhung der Sortimentstiefe die Erlössituation bei komplementären Artikelgruppen verbessern.
- Trifft es zu, dass Konsumenten bei der Wahl einer Einkaufsstätte tatsächlich in Sortimentstiefen „denken"? Welche Bedeutung messen sie den Auswahlmöglichkeiten bei der Einkaufsstättenwahl bei?

Weitere Untersuchungen

Die von Müller-Hagedorn und Heidel beobachtete positive Wirkung der Sortimentstiefe auf den Absatz wurde auch in weiteren Untersuchungen bestätigt. Koelemeijer und Oppewal (1999) haben mit Hilfe eines Discrete-Choice-Modells (hier multinominales Logit-Modell) untersucht, wie sich die unterschiedliche Sortimentszusammenstellung neben anderen Aspekten auf die Kaufwahrscheinlichkeit in einem Blumengeschäft auswirkt. Solche Modelle operationalisieren die Kaufwahrscheinlichkeit einer Alternative mit Hilfe eines Quotienten, in dessen Zähler der Nutzen der Alternative und im Nenner die Summe der Nutzen aller anderen Kaufmöglichkeiten stehen. Der im Zähler dargestellte Nutzen einer Alternative ist eine Funktion verschiedener Einflussfaktoren. Die Ergebnisse von Koelemeijer und Oppewal bestätigen die Hypothese, dass es bei wachsender Sortimentstiefe mit zunehmender Wahrscheinlichkeit zu einem Kauf kommen wird, wenn unterstellt wird, dass die Nachfrager sich bereits in der Verkaufsstelle befinden. Wegen des Substitutionseffekts wächst dabei die Kaufwahrscheinlichkeit degressiv. Discrete-Choice-Modelle erlauben jedoch nicht nur die Bestimmung der optimalen Sortimentstiefe. Durch Kenntnis der Substitutionseffekte zwischen den einzelnen Artikeln lässt sich auch die optimale Sortimentszusammenstellung bestimmen, und es lassen sich weitere Entscheidungsparameter (z. B. Artikelpreise) in das Optimierungskalkül einbeziehen.

Es gibt auch Studien, die sich mit der Frage beschäftigen, inwieweit eine Reduktion der Sortimentstiefe für Handelsunternehmen von Vorteil sein kann. Hierbei ist beispielsweise zu berücksichtigen, dass eine Reduktion der Sortimentstiefe nicht nur zu Kosteneinsparungen führt, sondern dass der frei werdende Regalplatz auch anderweitig genutzt werden kann. So könnte umsatz- und margenstarken Artikeln mehr Regalplatz zur Verfügung gestellt werden. Die Aufmerksamkeit der Kunden wird damit stärker auf diese Artikel gelenkt, und die Wahrscheinlichkeit von *out-of-stock*-Situationen wird verringert. Dréze, Hoch und Purk (1994) haben in einem Feldexperiment die zugeteilte Regalfläche anhand historischer Abverkaufsdaten angepasst, indem einige langsam drehende Artikel entfernt wurden und der frei werdende Platz besser verkauften Artikeln zur Verfügung gestellt wurde. Es wurde also die Sortimentstiefe reduziert, um schnell drehenden Artikeln mehr Regalfläche zur Verfügung zu stellen. Im Vergleich zu Kontrollgeschäften, in denen die bisherige Flächenzuteilung beibehalten wurde, konnten je nach Kategorie Umsatzveränderungen zwischen –2,0 % und 8,4 % (im Durchschnitt 3,9 %) erzielt werden. Diese Ergebnisse zeigen, dass auch eine Reduktion der Sortimentstiefe zu Erlössteigerungen führen kann.

Boatwright und Nunes (2001) beschäftigten sich mit den Effekten einer Verringerung der Sortimentstiefe, wobei sie der Frage, welche Artikel ausgelistet werden, besondere Aufmerksamkeit widmeten. Eine Reduktion der Sortimentstiefe kann nämlich Auswirkungen auf die Ausprägungen bestimmter Attribute in einer Kategorie haben (z. B. die Anzahl der Marken, Packungsgrößen oder Geschmacksrichtungen). Es stellt sich daher die Frage, ob die Wirkung einer Sortimentstiefenreduktion davon abhängt, inwieweit hierdurch die Anzahl der Marken, Packungsgrößen oder Geschmacksrichtungen innerhalb der Warengruppe reduziert wird. Um die aufgeworfenen Fragen zu beantworten, führten sie ein Experiment bei einem Online-Lebensmittelhändler durch. Dabei wurde das Sortiment für einen Teil der Kunden um 54 % reduziert (in der Regel langsam drehende Produkte). Durch die Reduktion der Sortimentstiefe konnte der Umsatz des Händlers mit Kunden der Testgruppe im Vergleich zur Kontrollgruppe um 11 % erhöht werden. Die Mehrheit der Nachfrager kaufte größere Mengen, einige Nachfrager stellten allerdings auch ihre Einkäufe bei dem Anbieter ein oder kauften seltener. Das Experiment lieferte aber auch wertvolle Hinweise, von welchen Faktoren die Stärke der Wirkung abhängt. So zeigte sich beispielsweise, dass eine geringfügige Reduktion der verfügbaren Marken und Geschmacksrichtungen zu positiven Umsatzeffekten führt, während eine stärkere Reduktion Umsatzrückgänge auslöst. Der Verzicht auf bestimmte Kombinationen von Marken und Packungsgrößen hat dagegen positive Effekte (d. h. jede Marke muss nicht in jeder Packungsgröße vorhanden sein). Eine Reduktion der Sortimentstiefe hat also dann positive Effekte, wenn die Anzahl der Marken und Geschmacksrichtungen weitgehend konstant gehalten wird, beispielsweise indem lediglich bestimmte Packungsgrößen einer Marke ausgelistet werden.

Bei der Bestimmung der Sortimentstiefe ist auch zu beachten, dass eine zu große Auswahl die Kunden überfordern kann, so dass sie Kaufentscheidungen aufschieben oder von einem Kauf absehen. Iyengar und Lepper (2000) berichten beispielsweise von einem Experiment, bei dem Kunden im Eingangsbereich eines Supermarkts eine Auswahl von Marmeladen verkosten konnten. Im Anschluss an die Verkostung erhielten die Kunden einen Coupon über 1 $, den sie für eine der angebotenen Marmeladensorten einlösen konnten. Mit Hilfe des Experiments sollte herausgefunden werden, welchen Einfluss die Sortimentstiefe (sechs vs. vierundzwanzig Marmeladensorten) auf die Einlösung des Coupons hat. Es zeigte sich, dass die Einlöserate bei dem kleinen Sortiment 30 % betrug, während sie bei dem großen Sortiment lediglich bei 3 % lag. Insgesamt lässt sich allerdings feststellen, dass die empirischen Ergebnisse zur Existenz solcher *choice-overload*-Effekte nicht einheitlich sind (vgl. Scheibehenne/Greifeneder/Todd 2010). Dennoch sollten sie Handelsmanager sensibilisieren, die Sortimentstiefe nicht über die Maßen auszudehnen. Eine übermäßige Sortimentsausdehnung kann insbesondere für Online-Händler verlockend sein, da hier keine bzw. allenfalls geringe Raumrestriktionen vorliegen.

Insgesamt verdeutlichen die Untersuchungen, dass ein tieferes Sortiment prinzipiell zu höheren Umsätzen führen kann, während bei einer Reduktion der Sortimentstiefe mit möglichen Umsatzeinbrüchen zu rechnen ist. Dennoch sind die Ergebnisse uneinheitlich (vgl. hierzu beispielhaft die in Abbildung 16.12 dargestellten Ergebnisse von Campo/Gijsbrecht/Nisol 2004; Borle/Boatwright/Kadane et al. 2005; Kotuc 2006; Zhang/Krishna 2007). Die negativen Umsatzeffekte können beispielsweise vermieden werden, wenn bestimmte Aspekte bei der Auslistung von Artikeln beachtet werden. Im günstigsten Fall kann eine Reduktion der Sortimentstiefe dann sogar zu Umsatzsteigerungen führen. Es zeigt sich, dass vor dem Hintergrund von Forderungen, die Sortimente aus Kostengründen zu beschränken, verstärkt nach Wegen zu suchen ist, ein tieferes Verständnis von den Entscheidungen der Nachfrager beim Einkauf zu entwickeln. Insofern ist es angebracht, auf die Struktur des Sortiments (etwa nach Marken, Packungsgrößen, Preislagen) zu achten und das Ausmaß der Bindung der Nachfrage an einzelne Artikel zu berücksichtigen. Die Analyse sollte nicht auf die Veränderung der Umsätze beschränkt bleiben, sondern sowohl die Veränderung von Deckungsbeiträgen als auch die Gewinne bzw. Verluste aus verbundenen Käufen berücksichtigen. Im ungünstigsten Fall könnte es sein, dass mit dem Verlust des Umsatzes bei einem bestimmten Artikel auch Käufer verloren gehen. Vereinfachend kann, solange keine differenzierten Daten zur Verfügung stehen, mit dem Verlust des Deckungsbeitrags eines durchschnittlichen Käufers gerechnet werden. Noch vermitteln die Untersuchungen also ein sehr uneinheitliches Bild. Allerdings sind die Untersuchungen dadurch sehr erschwert, dass sowohl die Auswirkungen auf das Kaufverhalten in allen Warengruppen untersucht werden müssen als auch langfristige Effekte zu berücksichtigen sind.

Autoren	Form und Gegenstand der Untersuchung	Ausgewählte Ergebnisse
Campo/Gijsbrechts/Nisol (2004)	Befragung von Käufern zum Verhalten, wenn das gekaufte Produkt nicht vorhanden gewesen wäre (Vergleich der Reaktion bei out-of-stock und einer permanenten Auslistung)	Permanente Auslistung führt zum Wechsel der Einkaufsstätte
Borle/Boatwright/Kadane (2005)	Experiment im Online-Lebensmittelhandel mit Sortimentsreduktion von 24% bis 91%	Sortimentsreduktionen führen in einzelnen Warengruppen zu Umsatzrückgängen auf der Betriebsebene
Kotouc (2006)	Experiment im Online-Lebensmittelhandel mit Sortimentsreduktion von 14% bis 28%	Keine negativen Wirkungen auf Warengruppenumsatz und durchschnittlichen Bon
Zhang/Krishna (2007)	Paneldaten eines Online-Lebensmittelhändlers mit Sortimentsreduktion von 18% bis 32%	Sowohl Umsatzrückgänge (z. B. bei Margarine) als auch Umsatzsteigerungen (z. B. bei Pastasauce) – letzteres in Warengruppen mit sehr großer Sortimentstiefe

Abb. 16.12: Ergebnisse ausgewählter Studien zur Sortimentstiefe

16.3.2.3 Verhaltenswissenschaftlich ausgerichtete Studien zur Wirkung der Sortimentstiefe

Die Wirkung, die von einer Erweiterung oder einer Verkürzung der Sortimentstiefe ausgeht, kann auch untersucht werden, indem mit Hilfe verhaltenswissenschaftlicher Konstrukte festgestellt wird, wie unterschiedlich tiefe Sortimente von den Nachfragern wahrgenommen und beurteilt werden. Des Weiteren kann analysiert werden, wie diese Urteile auf das Kaufverhalten wirken. Inzwischen liegen mehrere Studien dieser Art vor.

Broniarczyk, Hoyer und McAlister (1998) weisen darauf hin, dass die positiven Effekte nur kurzfristig eintreten können, da eine Reduktion der Sortimentstiefe zu negativen Einstellungseffekten führen kann, die erst langfristig wirksam werden. Sie führten zwei Experimente durch, um Antworten auf die folgenden Fragen zu geben:

- Welchen Einfluss hat die Sortimentstiefe (Anzahl der Artikel bzw. *stock keeping units*) auf die Sortimentswahrnehmung der Kunden?
- Kann die Sortimentswahrnehmung neben der Sortimentstiefe durch bestimmte Schlüsselreize verändert werden (z. B. durch die Verfügbarkeit der bevorzugten Marke oder die Regalfläche, die der Warengruppe insgesamt zugeteilt wird)?
- Wie wirkt sich die Sortimentswahrnehmung auf die Einkaufsstättenwahl aus?

Die Forschungsfragen sind auch in Abbildung 16.13 graphisch dargestellt. Es wird untersucht, welchen Einfluss die Sortimentstiefe, die Verfügbarkeit des bevorzugten Artikels und die Regalfläche der Kategorie auf die Sortimentswahrnehmung haben und wie sich diese wiederum auf die Einkaufsstättenwahl auswirkt. Hierzu werden drei Hypothesen formuliert:

Bei einer Verringerung der Sortimentstiefe wird die Wahrscheinlichkeit, dass sich die Wahrnehmung des Sortiments durch die Nachfrager verschlechtert, geringer sein, wenn Artikel mit niedriger Präferenz (Popularität) entfernt werden (im Vergleich zu dem Fall, dass Artikel mit hoher Präferenz entfernt werden).

Bei einer Verringerung der Artikelzahl wird die Wahrscheinlichkeit, dass sich die Wahrnehmung des Sortiments durch die Nachfrager verschlechtert, geringer sein, wenn der Regalplatz konstant gehalten wird (im Vergleich zu dem Fall, dass er verkleinert wird).

Bei einer Verringerung der Artikelzahl wird sich die Wahrscheinlichkeit, dass das Geschäft als Einkaufsstätte ausgewählt wird, nur dann verringern, wenn sich die Wahrnehmung des Sortiments verschlechtert.

Die Hypothesen werden in zwei Experimenten getestet. Das erste Experiment zeigt, dass eine Reduktion der Sortimentstiefe um 25 % keine Auswirkung auf die Sortimentswahrnehmung hat, wenn wenig favorisierte Artikel entfernt werden. In einem zweiten Experiment wird untersucht, wie stark die Sortimentstiefe reduziert werden kann, ohne dass es zu negativen Wirkungen auf die Sortimentswahrnehmung kommt (wobei lediglich wenig favorisierte Artikel entfernt wurden). Auch in dem zweiten Experiment bestätigt sich, dass eine 25 %ige Reduktion der Sortimentstiefe ohne negative Konsequenzen möglich ist, während eine Verringerung um 50 % oder sogar 75 % zu negativen Effekten führt. Weiterhin bestätigt sich, dass die negativen Effekte zumindest abgeschwächt werden

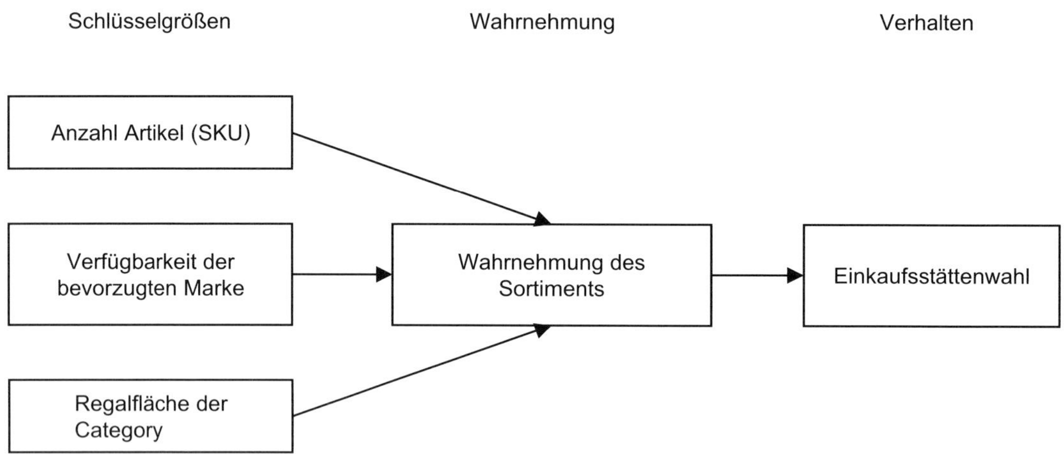

Quelle: in Anlehnung an Broniarczyk/Hoyer/McAlister 1998, S. 168

Abb. 16.13: Ein Zwei-Stufen-Modell zur Sortimentswahrnehmung und Einkaufsstättenwahl

können, wenn die Regalfläche konstant gehalten wird. Wenn die favorisierte Marke nach einer 25 %igen Reduktion noch im Sortiment war und die Regalfläche konstant gehalten wurde, hat sich die Sortimentswahrnehmung sogar geringfügig verbessert. Weiterhin zeigt sich, dass die Sortimentswahrnehmung die Einkaufsstättenwahl signifikant beeinflusst. Die Verfasser halten somit eine 25%ige Reduktion der Sortimentstiefe für möglich, ohne dass die Wahrnehmung der Verbraucher bezüglich des Sortiments wesentlich beeinträchtigt wird. Eine solche Reduktion der Sortimentstiefe würde auch die Einkaufsstättenwahl nicht negativ beeinflussen. Sie stützen sich dabei insbesondere auf die Aussage, dass erst Veränderungen ab einer bestimmten Größenordnung bei Verbrauchern Beachtung finden.

Die Ergebnisse stützen die Beobachtungen aus dem Feldexperiment von Dréze, Hoch und Purk (1994). Da diese Autoren die Zuteilung der Regalfläche in Abhängigkeit von historischen Absatzdaten vorgenommen haben, wurden in ihrem Experiment vor allem langsam drehende Artikel ausgelistet. Darüber hinaus wurde die gesamte Regalfläche konstant gehalten. Dies erklärt, warum sogar positive Umsatzeffekte beobachtet wurden. Bei der Übertragung der Ergebnisse auf die Praxis ist jedoch zu beachten, dass es sich um Laborexperimente handelt. Außerdem besteht die Gefahr, dass die Bedeutung der Nachfrager, deren favorisierte Marke entfernt wird, unterschätzt wird. Selbst wenn nur die langsam drehenden Artikel aus dem Sortiment entfernt werden, besteht die Gefahr, dass zumindest eine kleine Gruppe von Kunden diese Artikel vermisst. So konnten die Autoren beobachten, dass bei einer 25 %igen Reduktion der Artikelzahl etwa 7 % der Kunden ihre favorisierten Artikel vermissen. Gerade diese Gruppe bedarf besonderer Aufmerksamkeit, da in diesem Fall der Verlust von Kunden droht, so dass nicht nur der Umsatz des betreffenden Artikels, sondern möglicherweise auch der Umsatz der im Verbund gekauften Artikel verloren geht. Die Studie von Broniarczyk, Hoyer und McAlister (1998) beschränkt sich auf die Aussage, dass bei einer Reduktion der Sortimentstiefe vor allem langsam drehende Produkte ausgelistet werden sollten, bei denen zu vermuten ist, dass sie nur ein geringer Teil der Kunden favorisiert.

Verhaltenswissenschaftliche Modelle dienen vor allem dazu, Einblicke in den Wahrnehmungs- und Beurteilungsprozess von Konsumenten zu erhalten. Heidemann (2010) hat hierfür ein detailliertes Rahmenmodell entworfen, indem sie Hypothesen formuliert und überprüft, inwieweit Sortimentsreduktionen (und gegebenenfalls realisierte Ordnungssysteme für die Präsentation der Artikel im Regal) interne kognitive und emotionale Reaktionen auslösen und wie diese wiederum das tatsächliche Kaufverhalten beeinflussen. Ihr Modell ist in Abbildung 16.14 dargestellt.

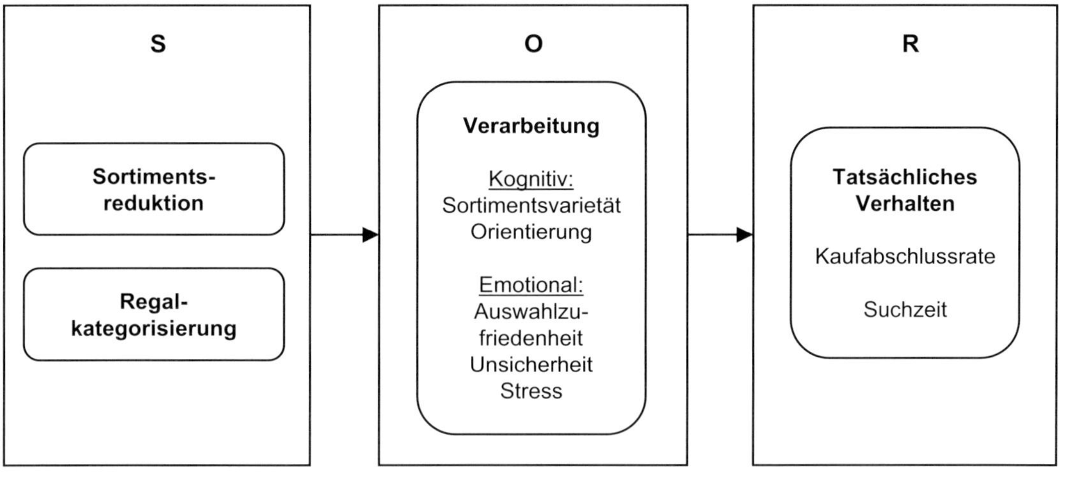

Quelle: Heidemann 2010, S. 60

Abb. 16.14: Das Modell von Heidemann zum Einfluss von Sortimentsreduktionen

Außerdem werden als moderierende Variablen situative und persönliche Einflussfaktoren, wie die Erfahrung des Kunden, sein Risikoempfinden, der Zeitdruck, die Dringlichkeit des Bedarfs und der Planungsgrad, berücksichtigt.

Das Modell zeigt plausible Kategorien, in denen Konsumenten Sortimente beurteilen können. So können sehr tiefe Sortimente Stress auslösen, sehr schmale Sortimente können als solche wahrgenommen werden (wahrgenommene Varietät) und zu mangelnder Auswahlzufriedenheit führen. Die Verfasserin entwickelt ein Messinstrumentarium, mit dem die einzelnen Größen gemessen werden können. Hier können nur einige wenige ihrer Hypothesen zitiert werden (Heidemann 2010, S. 62–64):

„Eine Sortimentsreduktion senkt die wahrgenommene Sortimentsvarietät der Konsumenten nicht." (Solange nicht die am häufigsten benötigten oder diejenigen Artikel eliminiert werden, die auf hohe Fachkompetenz schließen lassen.)

„Eine Sortimentsreduktion erhöht die Orientierung der Konsumenten."

„Eine Sortimentsreduktion hat keinen negativen Einfluss auf die Kaufabschlussrate."

Alle Hypothesen werden empirisch gestützt. Bei der Beurteilung der Ergebnisse, die tendenziell darauf hinweisen, dass im vorliegenden Fall (Schrauben und Nägel in einem Baumarkt) die Sortimente erheblich eingeschränkt werden können (um 25%), ohne negative Reaktionen der Kunden befürchten zu müssen, ist jedoch folgendes zu beachten. Wenn nur „Spezialitäten" ausgelistet werden, die nur selten und von wenigen Kunden gekauft werden, werden die Urteile dieser Kunden in Befragungsergebnissen nur einen kleinen Raum einnehmen. Signifikante Verschlechterungen der Urteile sind dann bereits im Vorhinein nicht zu erwarten. Trotzdem ist zu fragen, wie bedeutsam gerade diese Kunden für das Unternehmen sind, d. h. wie groß ihre Warenkörbe insgesamt sind und welche Wirkungen ihre Beobachtungen auf das zukünftige Kaufverhalten haben. Dies ist insbesondere dann zu beachten, wenn der Sortimentstiefe eine zentrale Bedeutung im Rahmen der Unternehmensstrategie (z. B. „Der Baumarkt, in dem Sie alles erhalten, was Sie suchen") zukommt.

16.4 Entscheidungen über die Sortimentszugehörigkeit einzelner Artikel

Sortimente sind stets von der Gefahr bedroht, über Maßen ausgedehnt zu werden. Stellenweise wird sogar beklagt, dass die Vielfalt der angebotenen Artikel so groß sei und sie die Orientierung erschwere. Es wird bezweifelt, dass es notwendig sei, ein Produkt in so vielen Varianten anzubieten, wie das in vielen Fällen beobachtet werden kann. Die Schwierigkeit eines Sortimentsplaners, geeignete Artikel auszuwählen, wird durch Abbildung 16.15 verdeutlicht. Sie zeigt am Beispiel von Jogurt, wie stark sich die Erwartungen von Verbrauchern an „ihr" Lebensmittelgeschäft unterscheiden können. Einige wenige Kunden erwarten überhaupt kein Angebot von Jogurt-Marken, andere erwarten 5, wieder andere 10, einige sogar 20 verschiedene Marken. Das Planungsproblem wird dadurch erschwert, dass die Nachfrager unterschiedliche Marken präferieren.

Die Aufnahme von einzelnen Artikeln in ein Sortiment oder ihre Elimination kann sich auf Kennzahlen stützen. Hierzu zählen:

- die Zahl der abgesetzten Einheiten oder die Höhe des Umsatzes,
- die Absatz- bzw. Umsatzveränderungen in vergangenen Perioden,
- die Handelsspanne (Betragsspanne, Abschlags- oder Aufschlagsspanne),
- der Deckungsbeitrag,
- die Direkte Produkt-Rentabilität,
- der Lagerumschlag,
- der Deckungsbeitrag in Relation zur beanspruchten Verkaufsfläche,
- die Anzahl der Warenkörbe, in denen der betreffende Artikel enthalten ist, und
- die Reichweite.

Diese und weitere Kennzahlen wurden bereits in Kapitel 15 ausführlich erläutert. Für die Elimination kommen jene Artikel in Frage, die bei mehreren Kriterien keine zufriedenstellenden Werte erreichen. Bei einer Betrachtung der Kennzahlen wird jedoch deutlich, dass mit Ausnahme der

	Jogurt-Marken																								
Kunde	Zott	Weihenstephan	REWE	Yakult	Weidenglück	Campina	Nestlé	Müller	Mövenpick	Milram	Landliebe	Ja!	Fruttis	Frischli	Emmi	Dr. Oetker	Danone	Becel	Bauer	Alpro Soya	Ehrmann	ALDI	Weight-Watchers	Sonstige Handelsm.	Sonst. Marken	Summe Erwartung
1		1					1	1	1	1	1					1	1		1		1					10
2		1					1	1			1						1									5
3																										0
4	1			1						1	1			1												5
5																										0
6																								1	1	2
7					1			1			1															3
8			1		1													1		1			1	1		6
9	1	1						1	1		1					1			1	1	1			1		10
10	1							1			1		1								1					5
11			1		1					1		1			1			1		1				1	1	9
12	1	1					1	1			1		1	1		1	1		1		1		1			12
13																										0
14	1		1					1													1				1	5
15	1					1	1	1	1	1	1					1	1		1		1					11
16																										0
17	1	1	1	1		1	1	1	1	1	1	1	1		1	1	1	1		1	1	1	1			20
18																										0
19																										0
20																										0
Summe	7	5	4	2	3	2	5	8	5	5	9	2	3	2	2	5	5	3	4	4	7	1	3	3	2	

Quelle: Auszug aus Institut für Handelsforschung/BBE Retail Experts (2009), S. LXII

Abb. 16.15: Jogurt-Marken, die von Kunden in „ihrem" Geschäft erwartet werden

Anzahl von Warenkörben, in denen ein Artikel enthalten ist, Verbundbeziehungen nicht betrachtet werden. Aus diesem Grund bestehen oft Bedenken, Artikel auszulisten, weil vermutet wird, dass gerade diese Artikel für ein abgerundetes Sortiment insgesamt unverzichtbar seien oder dem Handelsunternehmen ein positives Image verschaffen. Ebenso wird die Vermutung geäußert, dass sie ihren Beitrag zum Abverkauf anderer Artikel mit besseren Handelsspannen liefern Diese Überlegungen lassen einzelartikelbezogene Kennzahlen als ungenügend erscheinen.

Die Theorie hat sich zunächst der Frage angenommen, welche Formen des Nachfrageverbunds unterschieden werden können. Engelhardt (1976) trennt den zeitpunkt- und den zeitraumbezogenen Nachfrageverbund. Beim zeitpunktbezogenen Verbund nennt er den hier nicht relevanten

Mengenverbund (von einem Artikel werden größere Mengen gekauft, d. h. ein Artikel wird im Verbund mit sich selbst gekauft, was auch reflexiver Verbund genannt wird), den Einkaufsverbund (Kauf verschiedener Güter) und den Auswahlverbund (Substitutionseffekte zwischen Gütern einer Gattung). Ein zeitraumbezogener Verbund äußert sich in Markentreue, Lieferanten- bzw. Ladentreue oder dem Wechsel der Preisklasse in einer Güterkategorie.

Müller-Hagedorn (1978b) zeigt weitere Formen der Verbundenheit von Produkten auf. Hierzu zählt der Umstand, dass der Kauf zweier Güter aus dem gleichen Problem des Nachfragers resultieren kann, der Kauf des einen Gutes mit der Informationssammlung zu einem anderen Gut verknüpft wird, Güter nach den gleichen Kriterien beurteilt werden, Güter zusammen eingekauft werden, sie zusammen verwendet werden oder Erfahrungen mit einem Gut auf die Beurteilung eines anderen übertragen werden.

Die Entwicklung von Scanner-Kassen hat mit dazu beigetragen, dass sich das Interesse auf den Einkaufs- bzw. Kaufverbund konzentriert hat und die übrigen Formen des Verbunds in den Hintergrund getreten sind. Hierbei kann zwischen dem zeitpunktbezogenen und dem zeitraumbezogenen Kaufverbund unterschieden werden:

Bei einem zeitpunktbezogenen Kaufverbund handelt es sich um die Menge aller von einem Individuum bzw. einem Haushalt anlässlich eines Einkaufsganges in einem Geschäft gekauften Güter.

Bei einem zeitraumbezogenen Kaufverbund handelt es sich um die Menge aller Güter, die von einem Individuum bzw. einem Haushalt innerhalb eines bestimmten Zeitraumes gekauft werden.

Der zeitpunktbezogene Kaufverbund befasst sich folglich mit der Analyse von Warenkörben, während bei der Analyse des zeitraumbezogenen Verbunds Aspekte der Kundentreue untersucht werden können.

16.4.1 Ansätze zur Messung des Kaufverbunds

Die Messung des zeitpunktbezogenen Kaufverbunds hat eine längere Historie. Wichtige Pionierarbeiten hierzu stammen von Eckhardt (1976), Böcker (1974, 1975, 1978) und Merkle (1981). Im Vordergrund steht in der Regel die Frage, mit welchen Kennzahlen die Stärke der Kaufverbundenheit gemessen, weniger wie sie begründet werden kann. Neuere Beiträge befassen sich auch damit, wie Verbundbeziehungen durch geeignete Algorithmen aus umfangreichen Warenkorbdaten extrahiert werden können. Im Folgenden soll auf einige ausgewählte Verfahren zur Messung des Kaufverbunds eingegangen werden (vgl. zu einem detaillierteren Überblick Boztuğ/Silberhorn 2006).

Kreuzpreiselastizitäten

Die Ermittlung von Kreuzpreiselastizitäten zählt zu den mikroökonomischen Ansätzen (vgl. zu weiteren aus der Mikroökonomie entnommenen Verbundbeziehungen Müller-Hagedorn 1978b). Kreuzpreiselastizitäten geben an, inwieweit sich der Absatz eines Gutes verändert, wenn bei einem anderen Gut der Preis verändert wird. Gegen die Ermittlung von Kreuzpreiselastizitäten lässt sich vorbringen, dass es bei großen Sortimenten zweifelhaft ist, zwischen welchen Artikeln Abhängigkeiten untersucht werden sollen. Außerdem erweist sich der Sortimentsverbund in diesen Fällen in der Regel als nicht signifikant (vgl. Schmalen/Pechtl 1995). So scheint das Kreuzpreiselastizitätenkonzept im Handel nur dann von Bedeutung zu sein, wenn innerhalb einer Artikelgruppe Beziehungen zwischen ausgewählten Artikeln untersucht werden sollen.

Assoziationsmaße

Assoziationsmaße bringen zum Ausdruck, in welchem Ausmaß je zwei Artikel oder Artikel aus je zwei Warengruppen zusammen gekauft worden sind. Ausgangspunkt für die Berechnung von solchen Assoziationsmaßen stellen Vierfeldertafeln dar (vgl. hierzu insbesondere Merkle 1981, S. 45–51). Dies soll an einem Beispiel von Decker und Schimmelpfennig (2002) verdeutlicht werden. Abbildung 16.16 zeigt die Rohdaten einer Warenkorbanalyse. Die Tabelle enthält Angaben über das Vorkommen von acht Artikeln in fünfzehn Warenkörben. Es ist jeweils angegeben, ob sich mindestens eine Einheit des betreffenden Artikels i in dem jeweiligen Warenkorb WK befindet. Warenkorb 1 enthält beispielsweise die Artikel 2, 3, 5, 7 und 8.

Artikel / Warenkorb	i_1	i_2	i_3	i_4	i_5	i_6	i_7	i_8	Σ
WK_1	0	1	1	0	1	0	1	1	5
WK_2	0	0	1	0	1	1	1	1	5
WK_3	0	0	0	0	1	0	1	0	2
WK_4	1	0	0	0	0	1	0	1	3
WK_5	0	0	0	0	1	0	0	1	2
WK_6	0	0	0	0	1	0	1	0	2
WK_7	0	1	1	0	1	0	0	1	4
WK_8	1	0	0	0	0	1	0	1	3
WK_9	1	0	0	1	1	0	0	0	3
WK_{10}	1	0	0	0	1	1	0	1	4
WK_{11}	1	1	0	0	1	1	1	0	5
WK_{12}	0	0	0	1	1	1	0	1	4
WK_{13}	1	1	1	0	0	0	0	1	4
WK_{14}	1	0	0	0	0	1	0	1	3
WK_{15}	0	0	0	1	0	0	1	0	2
Stück	7	4	4	3	10	7	6	10	51

Quelle: Decker/Schimmelpfennig 2002, S. 197

Abb. 16.16: Ausgangsdaten für eine Verbundanalyse

Für eine Verbundanalyse ist die Tabelle mit den Ausgangsdaten in eine Proximitätsmatrix (Ähnlichkeitsmatrix) zu überführen, welche die Verbundenheit einzelner Artikelpaare erfasst. Hierzu ist zunächst für jedes Artikelpaar (i, j) eine Vierfeldertafel zu berechnen, die Auskunft über einzelne und gemeinsame Käufe der Artikel gibt (vgl. Abbildung 16.17).

	Kauf von i	**Nichtkauf von i**	Σ
Kauf von j	a	b	a+b
Nichtkauf von j	c	d	c+d
Σ	a+c	b+d	a+b+c+d

Quelle: Decker/Schimmelpfennig 2002, S. 198

Abb. 16.17: Vierfeldertafel als Datenbasis für Verbundkoeffizienten

Mit Hilfe der Vierfeldertafel können verschiedene Assoziationsmaße berechnet werden. Im Folgenden werden beispielhaft der Tanimoto-Koeffizient und bedingte Wahrscheinlichkeiten vorgestellt. Bedingte Wahrscheinlichkeiten haben hierbei den Vorteil, dass sie auch asymmetrische Verbundbeziehungen erfassen.

Tanimoto-Koeffizient:

$$(16.4) \qquad V_{ij}^{T} = \frac{a}{a+b+c}$$

Bedingte Wahrscheinlichkeiten:

$$(16.5) \qquad V_{i|j} = \frac{a}{a+b} \qquad V_{j|i} = \frac{a}{a+c}$$

Mit Hilfe der Assoziationsmaße lässt sich eine Proximitätsmatrix konstruieren, die als Grundlage für weiterführende Analysen dient (vgl. Abbildung 16.18). So können die Sortimentseinheiten mit der multidimensionalen Skalierung (MDS) in einem niedrigdimensionalen Raum so abgebildet werden, dass Artikel mit starkem Verbund nahe beieinander liegen. Abbildung 16.19 zeigt die Ergebnisse einer MDS auf Basis von Verbundbeziehungen, die durch Tanimoto-Koeffizenten (links) und bedingte Wahrscheinlichkeiten (rechts) ermittelt wurden. Weiterhin ist es möglich, mit Hilfe der Clusteranalyse verbundene Artikel zu Sortimentseinheiten zusammenzufassen.

Data Mining Verfahren

Aus dem Bereich der Wirtschaftsinformatik stammen Verfahren, die in der Lage sind, aus großen Datenbeständen besonders starke Verbundbeziehungen zu extrahieren (vgl. z. B. Agrawal/Imielinski/Swami 1993; Agrawal/Mannila/Srikant et. al. 1996). Diese Verfahren besitzen eine große praktische Relevanz, da Handelsunternehmen oft Tausende von Artikeln führen, zwischen denen Verbundbeziehungen bestehen können. Hinzu kommt, dass in filialisierten Handelsunternehmen täglich Tausende von Warenkörben generiert werden, die im Hinblick auf Verbundbeziehungen untersucht werden können.

	i_1	i_2	i_3	i_4	i_5	i_6	i_7	i_8
i_1	1	$\frac{2}{9}$	$\frac{1}{10}$	$\frac{1}{9}$	$\frac{3}{14}$	$\frac{5}{9}$	$\frac{1}{12}$	$\frac{5}{12}$
i_2	$\frac{2}{9}$	1	$\frac{3}{5}$	$\frac{0}{7}$	$\frac{3}{11}$	$\frac{1}{10}$	$\frac{2}{8}$	$\frac{3}{11}$
i_3	$\frac{1}{10}$	$\frac{3}{5}$	1	$\frac{0}{7}$	$\frac{3}{11}$	$\frac{1}{10}$	$\frac{2}{8}$	$\frac{4}{10}$
i_4	$\frac{1}{9}$	$\frac{0}{7}$	$\frac{0}{7}$	1	$\frac{2}{11}$	$\frac{1}{9}$	$\frac{1}{8}$	$\frac{1}{12}$
i_5	$\frac{3}{14}$	$\frac{3}{11}$	$\frac{3}{11}$	$\frac{2}{11}$	1	$\frac{4}{13}$	$\frac{5}{11}$	$\frac{6}{14}$
i_6	$\frac{5}{9}$	$\frac{1}{10}$	$\frac{1}{10}$	$\frac{1}{9}$	$\frac{4}{13}$	1	$\frac{2}{11}$	$\frac{6}{11}$
i_7	$\frac{1}{12}$	$\frac{2}{8}$	$\frac{2}{8}$	$\frac{1}{8}$	$\frac{5}{11}$	$\frac{2}{11}$	1	$\frac{2}{14}$
i_8	$\frac{5}{12}$	$\frac{3}{11}$	$\frac{4}{10}$	$\frac{1}{12}$	$\frac{6}{14}$	$\frac{6}{11}$	$\frac{2}{14}$	1

	i_1	i_2	i_3	i_4	i_5	i_6	i_7	i_8
i_1	1	$\frac{2}{4}$	$\frac{1}{4}$	$\frac{1}{3}$	$\frac{3}{10}$	$\frac{5}{7}$	$\frac{1}{6}$	$\frac{5}{10}$
i_2	$\frac{2}{7}$	1	$\frac{3}{4}$	$\frac{0}{3}$	$\frac{3}{10}$	$\frac{1}{7}$	$\frac{2}{6}$	$\frac{3}{10}$
i_3	$\frac{1}{7}$	$\frac{3}{4}$	1	$\frac{0}{3}$	$\frac{3}{10}$	$\frac{1}{7}$	$\frac{2}{6}$	$\frac{4}{10}$
i_4	$\frac{1}{7}$	$\frac{0}{4}$	$\frac{0}{4}$	1	$\frac{2}{10}$	$\frac{1}{7}$	$\frac{1}{6}$	$\frac{1}{10}$
i_5	$\frac{3}{7}$	$\frac{3}{4}$	$\frac{3}{4}$	$\frac{2}{3}$	1	$\frac{4}{7}$	$\frac{5}{6}$	$\frac{6}{10}$
i_6	$\frac{5}{7}$	$\frac{1}{4}$	$\frac{1}{4}$	$\frac{1}{3}$	$\frac{4}{10}$	1	$\frac{2}{6}$	$\frac{6}{10}$
i_7	$\frac{1}{7}$	$\frac{2}{4}$	$\frac{2}{4}$	$\frac{1}{3}$	$\frac{5}{10}$	$\frac{2}{7}$	1	$\frac{2}{10}$
i_8	$\frac{5}{7}$	$\frac{3}{4}$	$\frac{4}{4}$	$\frac{1}{3}$	$\frac{6}{10}$	$\frac{6}{7}$	$\frac{2}{6}$	1

Quelle: Decker/Schimmelpfennig 2002, S. 199

Abb. 16.18: Verbundmatrizen auf Basis des Tanimoto-Koeffizienten (links) und auf Basis bedingter Wahrscheinlichkeiten (rechts)

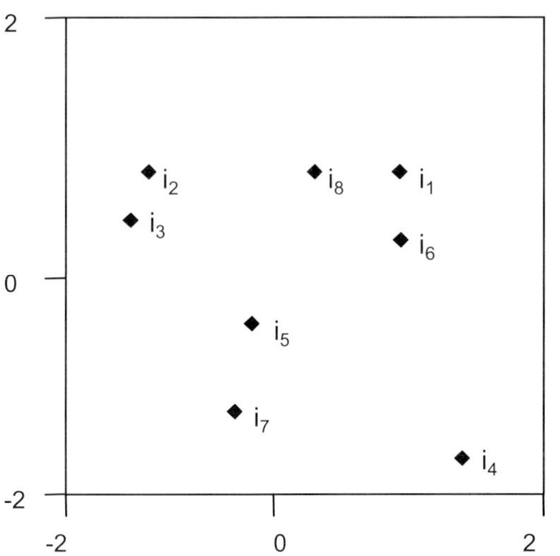

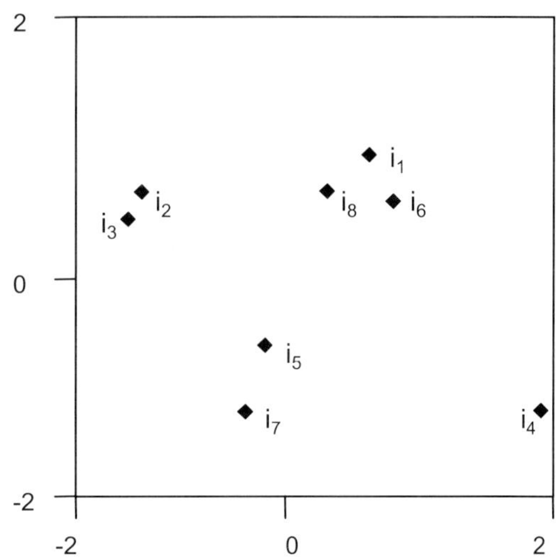

Quelle: Decker/Schimmelpfennig 2002, S. 201

Abb. 16.19: Ergebnisse einer multidimensionalen Skalierung auf Basis des Tanimoto-Koeffizienten (links) und auf auf Basis bedingter Wahrscheinlichkeiten (rechts)

Die Begriffe Support und Confidence stellen wichtige Bausteine entsprechender Analysen dar (vgl. Hettich/Hippner/Wilde 2000):

- Der Support gibt an, wie häufig der gleichzeitige Kauf von zwei verschiedenen Sortimentseinheiten in einer Menge von Transaktionen (Warenkörben) beobachtet werden kann. So kann es beispielsweise sein, dass in 5 % aller Warenkörbe sowohl Windeln als auch Bier gekauft worden sind. Der Support hat also die Gesamtmenge aller Transaktionen (Warenkörbe) als Basis.
- Die Größe Confidence bezieht den gleichzeitigen Kauf von zwei verschiedenen Sortimentseinheiten in einer Menge von Transaktionen auf die Zahl der Käufe einer der beiden Sortimentseinheiten. Die Größe Confidence nimmt also den Kauf einer der Sortimentseinheiten zur Basis.

Der Support lässt sich auf Basis der in Abbildung 16.17 dargestellten Vierfeldertafel berechnen, indem der gemeinsame Kauf beider Artikel (a) in Relation zur Gesamtzahl der Warenkörbe (a+b+c+d) gesetzt wird. Die Confidence entspricht bedingten Wahrscheinlichkeiten. Die Data Mining Verfahren extrahieren aus den möglichen Verbundbeziehungen eines Sortiments nur solche, die bestimmte Schwellenwerte bei Support und Confidence überschreiten. Insbesondere auf Basis eines Mindestsupports kann die Anzahl relevanter Verbundbeziehungen stark eingeschränkt werden. Dies ist insbesondere dann von Bedeutung, wenn Verbundbeziehungen zwischen mehr als zwei Artikeln untersucht werden sollen.

Logit- und Probit-Modelle

Assoziationsmaße und darauf aufbauende Data Mining Verfahren dienen lediglich dazu, Verbundbeziehungen im Sortiment zu identifizieren. Sie erlauben aber noch keine Aussage darüber, inwieweit Marketingaktivitäten in einer Warengruppe Auswirkungen auf die Kaufwahrscheinlichkeit einer anderen Produktkategorie, eines Warenkorbs oder Warenbündels haben. Dies ist mit Hilfe von Discrete-Choice-Modellen möglich, zu denen Logit- und Probit-Modelle zählen. Die Ansätze beruhen auf dem Prinzip der Nutzenmaximierung, wobei sich der Nutzen einer Alternative aus einer deterministischen und einer zufälligen Nutzenkomponente zusammensetzt. In der jüngeren Literatur finden sich verschiedene Anwendungen solcher Modelle (vgl. z. B. Hruschka 1991a; Hruschka/Lukanowicz/Buchta 1999; Russell/Petersen 2000; Boztuğ/Hildebrand 2008).

Für die Analyse des Kaufverbunds spricht vor allem, dass der Kaufverbund im Rahmen eines Kaufakts objektiv erfasst werden kann und moderne Kassensysteme die Erfassung und Speicherung der Daten erleichtern. Die Ermittlung von Ursachen ist allerdings mit zusätzlichen Problemen verbunden. Prinzipiell ist es in allen Handelsunternehmen möglich, Kaufdaten kundenanonym auszuwerten (d. h ohne Kenntnis, wer die ausgewerteten Warenkörbe gekauft hat). In vielen Fällen ist es auch möglich, die Warenkörbe identifizierten Nachfragern zuzuweisen. Dies bietet sich im Großhandel an, wenn die Ware gegen Rechnung abgegeben wird, aber auch im Einzelhandel, wenn Kundenkarten eingesetzt werden oder wenn die Daten aus Haushaltspanels ausgewertet werden. Solche Daten bieten auch die Möglichkeit, zeitraumbezogene Verbundbeziehungen zu analysieren.

16.4.2 Berücksichtigung des Kaufverbunds bei sortimentspolitischen Entscheidungen

Verbundbeziehungen erschweren die Erfolgsermittlung von einzelnen Sortimentsteilen, denn ihr Erfolg kann von Maßnahmen abhängen, die sich auf andere Sortimentsteile beziehen. Daher sollten Verbundeffekte bei der Aufnahme und der Elimination von Sortimentsteilen stets berücksichtigt werden. In der Regel reicht eine Form der Ermittlung von Verbundeffekten jedoch noch nicht aus, um beispielsweise eine Entscheidung über die Auslistung eines Artikels zu treffen.

Würde der fragliche Artikel stets allein gekauft werden oder befände er sich nur in Warenkörben, die insgesamt negative Erfolgsbeiträge liefern, würde die Entscheidung zur Elimination leicht fallen. Es ist aber vielmehr zu erwarten, dass sich der betreffende Artikel in der Mehrzahl der Fälle in Warenkörben wieder finden wird, die insgesamt einen positiven Deckungsbeitrag bzw. Rohertrag beisteuern. Es ist dann fraglich, welchen Beitrag der zu beurteilende Artikel dazu geliefert hat, dass die übrigen Artikel, die zu dem positiven Deckungsbeitrag geführt haben, gekauft wurden.

Recht und Zeisel (1998) haben vorgeschlagen, den Deckungsbeitrag eines Warenkorbs entsprechend den Umsatzanteilen (bzw. Artikelpreisen) auf die einzelnen Artikel aufzuschlüsseln. Die Berechtigung sehen sie darin, dass sich sowohl in dem Warenkorbpreis wie auch in den Einzelverkaufspreisen die Akzeptanz des jeweiligen Preis-Leistungsverhältnisses offenbart. Der verwendete Schlüssel ist somit kundenindividuell. Bei einem Kunden, der nur einen *loss-leader*, dagegen mehrere hoch kalkulierte Artikel gekauft hat, wird dem *loss-leader* eine entsprechend hoch ausfallende Gutschrift erteilt. Kauft ein anderer Kunde dagegen den *loss-leader* nur im Verbund mit wenigen hoch kalkulierten Artikeln, fällt die Gutschrift entsprechend niedriger aus. Insgesamt ergibt sich so eine artikelbezogene Erfolgskennziffer, die von den ursprünglichen Deckungsbeiträgen oder absoluten Handelsspannen abweicht, weil die erzielten Bruttoerträge entsprechend dem vorgestellten Verfahren neu auf die einzelnen Artikel aufgeteilt werden.

Die Umverteilung vollzieht sich in folgenden Schritten:

1. Für jeden Kunden wird der Deckungsbeitrag (bzw. der Rohertrag) des von ihm gekauften Warenkorbs ermittelt.
2. Für jeden Warenkorb wird festgestellt, wie hoch der wertmäßige Anteil der in ihm enthaltenen Artikel ist. Diese Größe wird später als Schlüsselgröße für die Umverteilung der Deckungsbeiträge gewählt.
3. Für jeden Kunden wird entsprechend der für ihn nach 2. ermittelten Schlüsselgrößen der Warenkorbdeckungsbeitrag auf die einzelnen Artikel aufgeteilt.
4. Der Gesamtertrag für jeden Artikel ergibt sich aus der Addition des Ertrags dieses Artikels nach der Schlüsselung über alle Warenkörbe, in denen er enthalten ist.

Das vorgeschlagene Verfahren kann zunächst anhand seiner Wirkung beurteilt werden. Gegenüber der einzelproduktbezogenen Bewertung führt es dazu, dass als ertragsschwach angesehene Artikel dann als ertragsstark (auf der Grundlage des Verbundertrags) angesehen werden, wenn sie häufig in solchen Warenkörben enthalten waren, in denen sich auch hoch kalkulierte Artikel finden. Sie kommen mithin in geringerem Maße als Auslistungskandidaten in Frage. Der Auslistung wird somit ein weiteres Prüfkriterium vorgeschaltet. Auf der anderen Seite werden andere Artikel herabgestuft.

Von ausschlaggebender Bedeutung ist jedoch die Frage, inwieweit es berechtigt ist, den Deckungsbeitrag des Warenkorbs entsprechend dem vorgeschlagenen Schlüssel (Umsatzanteil des Artikels am Warenkorb) auf die im Warenkorb enthaltenen Anteil aufzuteilen. Dies führt zu der Frage, ob der Käufer eines Warenkorbs diesen Kauf insgesamt als preiswürdig ansieht und welchen Beitrag die einzelnen Artikel zu diesem Preiswürdigkeitsurteil liefern. Hierzu liegen nur wenige Erkenntnisse vor. Lenzen (1984) hat Hinweise geliefert, dass Konsumenten überraschend gut das Preisniveau verschiedener Geschäfte für Lebensmittel einstufen können. Das spricht dafür, dass niedrig kalkulierte Artikel tatsächlich ihren Beitrag dazu erbringen, dass der Verbraucher seine Einkäufe in einem bestimmten Geschäft tätigt. Letztlich kann es aber nur als plausibel und nicht als nachgewiesen angesehen werden, dass ein Verbraucher weniger gekauft hätte, wenn keine Artikel angeboten worden wären, die niedrig kalkuliert sind oder niedrige Deckungsbeiträge aufweisen. Die entscheidende Frage nach den Reaktionen des Nachfragers auf eine andere betriebliche Politik (hier Auslistung von ertragsschwachen Artikeln) kann nur durch verhaltenswissenschaftliche Untersuchungen geklärt werden. Sie bilden folglich das Fundament für das hier dargestellte Schlüsselverfahren.

16.5 Zusammenfassung

Wichtige sortimentspolitische Entscheidungen betreffen die Sortimentsbreite und die Sortimentstiefe. Der Überblick über empirische Studien zur Wirkung der Sortimentstiefe hat gezeigt, dass pauschale Aussagen über eine optimale Sortimentstiefe nicht möglich sind. Einerseits scheint ein positiver Zusammenhang zwischen Sortimentstiefe und Absatzerfolg zu bestehen. Andererseits kann beobachtet werden, dass Handelsunternehmen nach einer Reduktion der Sortimentstiefe ihren Absatz steigern konnten. Diese Ergebnisse unterstreichen die Bedeutung der Frage, auf welche Art und Weise die Sortimentstiefe verändert werden sollte (d. h. welche Artikel gegebenenfalls ausgelistet werden sollen). Die Ausführungen zu Verbundeffekten haben verdeutlicht, dass Auslistungsentscheidungen auf Basis der üblicherweise verwendeten Einzelkennzahlen (z. B. Umsatz, Deckungsbeitrag, Lagerumschlag) zu falschen Entscheidungen führen können, wenn starke Verbundbeziehungen im Sortiment vorliegen. Es wurden deshalb Methoden zur Analyse von Verbundbeziehungen vorgestellt, und es wurde erläutert, wie sich Verbundbeziehungen im Rahmen der Sortimentserfolgsrechnung berücksichtigen lassen.

Ergebnisse von Verbundanalysen sind nicht nur für die Sortimentspolitik bedeutsam, sie können für die Ausgestaltung des gesamten absatzpolitischen Instrumentariums genutzt werden (z. B. im Rahmen der Preispolitik zur Mischkalkulation, der Auswahl von Artikeln für Preispromotions und für die Warenplatzierung). Im Rahmen des Category Managements sind Verbundanalysen aber auch zur Festlegung von Warengruppen-Rollen relevant. Im Electronic Commerce haben Verbundanalysen an Bedeutung gewonnen, weil ihre Ergebnisse genutzt werden können, um anderen Kunden beim Kauf eines der verbundenen Güter entsprechende Vorschläge unterbreiten zu können.

17 Handelsmarken

Auswertungen der Marktforschungsinstitute belegen, dass die Handelsmarken ihre Marktanteile in den letzten zwanzig Jahren stetig ausdehnen konnten. Die Umsatzanteile unterscheiden sich je nach Land, Betriebsform, Unternehmen und Warengruppe in einem beträchtlichen Maße (hierüber berichten insbesondere die Marktforschungsinstitute A.C. Nielsen und GfK). Diese Werte ändern sich fortlaufend, weshalb hier nur einige Hinweise gegeben werden sollen, die belegen, dass es sich bei der Handelsmarkenpolitik um ein Wettbewerbsinstrument von zentraler Bedeutung handelt:

- Die Marktanteile (wertmäßig) von Handelsmarken liegen in der Schweiz im Lebensmittelhandel bei etwa 46 %, in Deutschland bei ca. 32 %. Hohe Marktanteile haben Handelsmarken auch in Großbritannien (ca. 44 %) und Spanien (ca. 29 %), während sie in Ländern wie Polen (ca. 12 %) oder Griechenland (ca. 11 %) weniger bedeutsam sind (vgl. METRO AG 2009, S. 61). Die höchsten Anteile erzielen Handelsmarken in Europa und Nordamerika. Asien und der Pazifische Raum sowie Lateinamerika liegen noch zurück. Die Analyse der einzelnen Länder zeigt einen starken Zusammenhang zwischen dem Marktanteil von Handelsmarken und der Handelskonzentration. In neun von zehn Ländern mit dem höchsten Handelsmarkenanteil vereinen die fünf größten Händler mehr als 60 % des Umsatzes auf sich (vgl. A.C. Nielsen 2005, S. 10).
- Unter den Betriebsformen weisen einige Discounter (z. B. ALDI) sehr hohe Umsatzanteile mit Handelsmarken auf. Es folgen dann Supermärkte, Verbrauchermärkte und SB-Warenhäuser. Im internationalen Vergleich sind teilweise große Unterschiede bezüglich der Positionierung der Handelsmarken durch die Handelsunternehmungen zu beobachten. Während Unternehmen wie Tesco in Großbritannien oder Carrefour in Frankreich erfolgreich eigene Premium-Marken etablieren konnten, sind vergleichbare Entwicklungen bei deutschen Händlern erst seit einiger Zeit zu beobachten (z. B. Einführung der Handelsmarke REWE Feine Welt im Jahr 2009).
- Der Marktanteil der Handelsmarken streut sehr stark zwischen den Kategorien. Hohe Anteile (von mehr als 30 %) liegen vor bei den Kategorien Kühlkost (*refrigerated food*) und Haushaltseinwickler (*paper products, plastic bags & wraps* (PPW)), relativ geringe (unter 5 %) bei Körperpflegeprodukten, Kosmetik und Babynahrung (vgl. A.C. Nielsen 2005). Interessant ist dabei die Erkenntnis, dass es keine erkennbare Korrelation zwischen der Preisdifferenz zwischen Handels- und Herstellermarken in einer Kategorie und dem Marktanteil der Handelsmarken in dieser Kategorie gibt.

Schon die oben genannten Zahlen machen deutlich, welche Bedeutung der Handelsmarkenpolitik im Rahmen des Handelsmanagements zukommt. Der Aufschwung der Handelsmarken hat der Diskussion um das Verhältnis von Hersteller- zu Handelsmarken neuen Auftrieb gegeben. Mit großem Interesse wird gefragt, ob sich die Marktanteile in der Zukunft weiter verschieben werden. Als plausibel werden folgende Entwicklungen bezeichnet:

- Es kann erwartet werden, dass die Handelsmarken ihren Marktanteil weiter steigern werden. Dies ergebe sich aus der wichtiger gewordenen Position des Handels gegenüber der Industrie, aus seinen gewachsenen Fähigkeiten, aus seinem Streben nach Führerschaft im Distributionskanal, aus seinem Streben, der Vergleichbarkeit zu entgehen, den Verhältnissen in einigen anderen Ländern usw. Solche Überlegungen stützen sich auch auf entsprechende Hinweise von Managern aus dem Handel, die einen weiteren Anstieg für anstrebenswert halten. So hat REWE Anfang 2006 erklärt, den Handelsmarkenanteil von 15 % auf 40 % erhöhen zu wollen. Ein Grund für das Interesse des Handels an Eigenmarken kann auch darin begründet sein, dass mit Handelsmarken in der Regel höhere prozentuale Spannen erzielt werden (was allerdings nicht zwangsläufig auch für die absoluten Spannen gelten muss; vgl. Ailawadi/Harlam 2004).
- Ebenso kann die Ansicht vertreten werden, dass Handelsmarken höchstens ihren derzeitigen Marktanteil werden halten können. Wahrscheinlich würden sie Marktanteile abgeben. Dies wird mit Hinweisen auf die sog. erste Renaissance der Handelsmarke in den achtziger Jahren begründet (vgl. Meffert/Bruhn 1984). Die damalige Entwicklung habe gezeigt, dass die Handelsmarke das Instrument des Handels sei, die Hersteller zu niedrigeren Preisen zu zwingen und diese zu veranlassen, Kostenreduktionsprogramme durchzuführen. Handelsmarken seien mit einer Eingreiftruppe vergleichbar, die von Zeit zu Zeit eingesetzt werde, um Kostensenkungsprogramme in der Industrie zu initiieren. Danach könne es wieder „in die Ecke Besen, sei's gewesen" heißen. Warum sollte der Handel sich die Probleme der Industrie aufhalsen? Seine Kernkompetenz läge im günstigen Ein- und Verkauf. Außerdem habe sich gezeigt, dass der Handel nicht in allen Bereichen in der Lage ist, vom Verbraucher akzeptierte und wettbewerbsfähige Marken zu entwickeln und zu führen.

Die Begründungen sind hier jeweils verkürzt wiedergegeben, aber sie machen deutlich, dass eine Prognose schwer fällt, weil die Marktgeltung der Handelsmarke von zahlreichen Faktoren abhängt und es schwierig ist, das Verhalten der beteiligten Subjekte zu prognostizieren. Im Folgenden wird zunächst ein Überblick über die verschiedenen Formen der Handelsmarke (in Abgrenzung zu der Herstellermarke und der nicht markierten (anonymen) Ware) gegeben. Anschließend wird untersucht, welche ökonomischen Faktoren die Marktposition von Handels- und Herstellermarken determinieren. Damit soll gleichzeitig ein Denkschema entwickelt werden, mit dem überprüft werden kann, inwieweit sich einzelne Artikel als Handelsmarke eignen.

17.1 Begriffliche Grundlagen von Hersteller- und Handelsmarken

Nach § 3 des Gesetzes über den Schutz von Marken und sonstigen Kennzeichen (MarkenG) können als Marke alle Zeichen geschützt werden, die geeignet sind, Waren oder Dienstleistungen eines Unternehmens von denjenigen anderer Unternehmen zu unterscheiden. Es kann sich dabei insbesondere um Wörter einschließlich Personennamen, Abbildungen, Buchstaben, eine Zahl, Hörzeichen, dreidimensionale Gestaltungen einschließlich der Form einer Ware oder ihrer Verpackung sowie sonstige Aufmachungen einschließlich Farben und Farbzusammenstellungen handeln. Zu einer Marke wird ein Zeichen dadurch, dass es in das Register des Deutschen Patent- und Markenamts eingetragen wird, dass es sich auch ohne Eintragung im „Verkehr" durchsetzt oder dass es nach der Pariser Verbandsübereinkunft über „notorische Bekanntheit" verfügt (§ 4 MarkenG). Marken sind also geschützte Zeichen. Es ist zwischen der Marke und dem Markenartikel zu unterscheiden.

Hersteller- und Handelsmarken können heute als Unterformen der Markenware gesehen werden, indem danach unterschieden wird, bei wem das Eigentum an der Marke liegt und damit das Recht, die Marke zu verwenden, sie zu bewerben und die Eigenschaften der zugehörigen Produkte auszugestalten. In diesem Sinne definiert der Ausschuss für Definitionen zu Handel und Distribution (2006, S. 130) wie folgt:

„Herstellermarken, auch als Fabrik- oder Industriemarken bezeichnet, sind Waren- oder Firmenkennzeichen, mit denen eine Herstellerunternehmung ihre Waren versieht. In der Praxis ist mit der Herstellermarke häufig nicht nur das Kennzeichen selbst gemeint, sondern auch der Artikel, der damit versehen ist und der als Herstellermarkenartikel (Markenartikel) bezeichnet wird."

„Handelsmarken, auch als Händler- oder Hausmarken bezeichnet, sind Waren- oder Firmenkennzeichen, mit denen eine Handelsunternehmung, eine Verbundgruppe oder eine Franchiseorganisation Waren markiert oder markieren läßt, um die so gekennzeichneten Waren exklusiv und im allgemeinen nur in den eigenen Verkaufsstätten zu vertreiben. Oft wird auch der Begriff Eigenmarke synonym für Handelsmarke verwendet. In der Praxis ist mit der Handelsmarke häufig nicht nur das Kennzeichen selbst gemeint, sondern auch der Artikel, der damit versehen ist und der als Handelsmarkenartikel bezeichnet wird."

In die gleiche Richtung weist auch die Definition von Bruhn (2001, S. 10):

„Handelsmarken sind Waren- oder Firmenkennzeichen, mit denen Handelsbetriebe Waren versehen oder versehen lassen und somit als Eigner oder Dispositionsträger der Marke auftreten."

Der Hinweis auf den Träger des Eigentums an der Marke und die damit verbundenen Rechte der Ausgestaltung und der Nutzung stellt das wesentliche Kennzeichen zur Unterscheidung von Handels- bzw. Herstellermarken dar. In der englischsprachigen Literatur werden unterschiedliche Begriffe für Handelsmarken verwendet, so zum Beispiel *private labels* oder *store brands*. Für die Herstellermarke wird meist der Begriff *national brand*, aber auch die Bezeichnung *manufacturer brand* verwendet.

Im Handel ist eine Markenpolitik auf zwei Feldern bedeutend. Neben der bereits angesprochenen Markierung einzelner Artikel oder Sortimentsteile kann sich die Markenpolitik auch auf das Unternehmen oder einzelne Vertriebslinien beziehen. So versuchen viele Händler das ganze Unternehmen (z. B. IKEA) oder einzelne Vertriebsschienen (z. B. Galeria Kaufhof als Vertriebsschiene der METRO Group) als Marke zu etablieren. Eine Institution wird mithin zur Marke gestaltet. Gleiches ist bei Franchiseorganisationen (z. B. Fressnapf), Verbundgruppen und freiwilligen Ketten zu beobachten. Den letzten beiden Gruppen fällt dies jedoch wegen der Autonomie der einzelnen Eigentümer schwerer. In der englischsprachigen Literatur wird für solche Händlermarken auch der Begriff *retailer brand* oder *retail brand* verwendet (siehe z. B. Ailawadi/Keller 2004). Der in der deutschen Literatur mitunter verwendete Begriff *store brand* erscheint wenig geeignet, da die angelsächsische Literatur *store brand* eindeutig im Sinne einer Bezeichnung für ein Produkt verwendet. Der Gebrauch des Begriffs Marke im Zusammenhang mit der Einkaufsstätte oder der Vertriebsschiene eines Händlers weist eine große Nähe zum Image der gesamten Handelsunternehmung oder eines Geschäfts auf, bei dessen Bildung die Handelsmarkenpolitik im Sinne einer Sortimentspolitik eine bedeutende Rolle spielen kann. Auf *retail branding* wurde in Kapitel 10 im Zusammenhang mit der Einkaufsstättenwahl näher eingegangen, es ist daher nicht Gegenstand der folgenden Ausführungen.

Vorwiegend findet sich die Markenpolitik jedoch im Sortimentsbereich, wobei zwischen Individualmarken für ein Produkt, Warengruppenmarken für eine Warengruppe und Sortimentsmarken für mehrere Warengruppen unterschieden werden kann. Bei einer Individual-, Mono-, Solitär- oder Einzelmarke wird ein einzelner Artikel markiert (z. B. bei ALDI das Waschmittel Tandil oder der Kaffee Amaroy). Bei Warengruppenmarken (z. B. elkos bei EDEKA) und bei Sortimentsmarken (z. B. ja! bei REWE, TIP bei real,- oder GUT&GÜNSTIG bei EDEKA) wird eine größere Anzahl von Artikeln unter einer Marke zusammengefasst.

Handelsmarken unterscheiden sich auch in ihrer Positionierung (vgl. z. B. Bruhn 2001, S. 14; Dobbelstein/Zielke 2007, S. 70), und zwar als Gattungs- oder Discountmarke, als klassische Handelsmarke und als Premium-Handelsmarke. Große Aufmerksamkeit zogen Handelsmarken um 1980 auf sich, als einige Handelsorganisationen sog. No-Name-Produkte, Weiße Produkte, *generic brands* oder Gattungsmarken einführten. Beispiele sind A&P (Tengelmann) und Die Sparsamen (Spar). Es handelt sich um Sortimentsmarken in betont schlichter Aufmachung. Wie der Name schon sagt, wird auf die bei einer Marke ansonsten üblichen Gestaltungselemente weitgehend verzichtet. Entsprechend sind diese Handelsmarken in den untersten Preislagen positioniert, wo sie insbesondere eine Alternative zu den Angeboten der Discounter darstellen. Die klassische Handelsmarke mit eigener Namensgebung und in einer den Herstellermarken ähnlichen Aufmachung findet sich sowohl im Food- als auch im Non-Food-Bereich. Sie ist als die Alternative zu den klassischen Herstellermarken positioniert, insbesondere zu den Zweit- und Dritt-Herstellermarken. Häufig werden klassische Handelsmarken mit Preisabschlägen zwischen 10 % und 30 % gegenüber führenden Herstellermarken angeboten (vgl. Baltas 1997). Premium-Handelsmarken sind dagegen qualitativ und preislich wie führende Herstellermarken oder höher positioniert (z. B. REWE Feine Welt).

Handelsmarkenpolitik umfasst nicht nur die Auswahl der Objekte, insbesondere der Artikel, die mit einem bestimmten Zeichen versehen werden sollen, sondern bedeutet darüber hinaus:

- alle absatzpolitischen Instrumente für die betreffenden Objekte festzulegen (bei Artikeln also insbesondere Qualitätseigenschaften, Preisniveau, Präsentation, Verpackungsgestaltung, Kommunikationspolitik),
- die Art der Beschaffung festzulegen (Eigenproduktion, Lohnfertigung, Beschaffung von Markenartikelherstellern, Beschaffung von Herstellern, die auf Handelsmarken spezialisiert sind),
- Zielvorstellungen zu entwickeln, die sich nicht nur auf ökonomische Erfolgsgrößen (z. B. Absatzmengen, Marktanteile, Deckungsbeiträge) beschränken, sondern vor allem auch die bei den Nachfragern gewünschten Vorstellungen kognitiver und emotionaler Art einschließen (oft auch als Image bezeichnet).

17.2 Die zentralen Elemente der Handelsmarkenpolitik

Eine Handelsmarkenpolitik erfordert von einem Handelsunternehmen zahlreiche Entscheidungen. Im Folgenden soll auf wichtige Entscheidungsbereiche und ihre Determinanten eingegangen werden.

17.2.1 Die Handlungsalternativen der Handelsmarkenpolitik

Entscheidungen im Bereich der Handelsmarkenpolitik beziehen sich auf die Frage, ob Handelsmarken eingeführt werden sollen, in welchen Warengruppen dies geschehen soll, ob Individual-, Warengruppen- oder Sortimentsmarken angeboten werden sollen, wie die Marken positioniert sein sollen, wie ihre Marketingpolitik auszugestalten ist und wer sie liefern soll:

- **Grundsatzentscheidung über den Einsatz von Handelsmarken:** Zunächst ist zu entscheiden, ob ein Handelsunternehmen überhaupt von dem Instrument der Handelsmarkenpolitik Gebrauch machen soll. Über viele Jahrzehnte hinweg hat eine strenge Arbeitsteilung zwischen Industrie und Handel bestanden. Die Industrie hat die Produkte entwickelt und hergestellt, der Handel hat sie eingekauft und an die Abnehmer abgesetzt. Inwiefern ist es sinnvoll, dass der Handel Aufgaben übernimmt, die früher fast ausschließlich von der Industrie durchgeführt wurden? Was spricht dafür, die traditionelle Arbeitsteilung zu ändern? Wie soll die Aufgabenteilung zwischen Industrie und Handel zukünftig erfolgen? Auf diese Fragen soll vor allem der effizienztheoretische Ansatz in Abschnitt 17.3.2 Antworten geben.
- **Sortimentsbereiche:** Häufig wird es nicht sinnvoll sein, Handelsmarken in allen Warengruppen in gleichem Ausmaß einzuführen. In welchen Bereichen sollte also eine Handelsmarkenpräsenz angestrebt werden? Welche Warengruppen sind hierfür geeignet, welche nicht? Früher war zu beobachten, dass sich Handelsmarken nur auf bestimmte Warengruppen konzentrierten (z. B. Küchentücher oder Toilettenpapier). Andererseits gibt es aber auch Handelsunternehmungen, deren Sortiment vollständig oder nahezu vollständig aus Handelsmarken besteht (dies gilt zum Beispiel für die großen Textilhändler wie H&M, C&A und Zara, aber auch für den Lebensmitteldiscounter ALDI).
- **Individual-, Warengruppen- oder Sortimentsmarke:** Mit jeder eigenen Marke sind Risiken verbunden, die zu Imageschäden führen können. Solche Imageschäden können auf das gesamte Unternehmen ausstrahlen. Zudem kann es sein, dass man einzelne Artikel, die als Handelsmarken geführt werden sollen, in unterschiedlichen Preis-Qualitätsbereichen positionieren will. Insofern ist die Frage wichtig, ob eine Handelsmarkenpolitik unter einer einzigen Dachmarke (Sortimentsmarke) betrieben werden soll oder ob eine differenzierende Handelsmarkenpolitik realisiert werden soll, die im Extremfall eigene Marken für einzelne Artikel vorsieht (Individualmarken). Auf der anderen Seite verursacht eine Markenpolitik auch Kosten, die tendenziell umso höher sein werden, je mehr Marken bei den Nachfragern bekannt gemacht und positiv verankert werden sollen.

- **Positionierung:** Für jede Marke ist eine Positionierungsstrategie festzulegen, die eine Aussage über das Leistungsversprechen macht und das Preissegment festlegt. Lange Zeit lag der Schwerpunkt der Handelsmarkenpolitik bei den No-Name-Produkten und den unteren Preislagen, während sich die Aufmerksamkeit heute verstärkt der Frage zuwendet, inwiefern und unter welchen Bedingungen die Positionierung von Handelsmarken im mittleren und sogar oberen Bereich Erfolg versprechend ist. Die preisliche Positionierung der Handelsmarke ist in Relation zum Preis der Herstellermarke zu sehen. Die Positionierungsentscheidung beinhaltet zugleich eine Entscheidung über die Zielgruppe der Handelsmarkenpolitik.
- **Einsatz von begleitenden Marketinginstrumenten:** Wie für jedes Produkt ist auch für Handelsmarken die Gesamtheit der absatzpolitischen Instrumente auszugestalten. So ist einer Studie über die Handelsmarkenpolitik in Deutschland zu entnehmen, dass mehr als die Hälfte der Unternehmen Marketingkampagnen und verkaufsfördernde Aktionen durchführt, um den Abverkauf ihrer Handelsmarken zu unterstützen (vgl. Ahlert/Kenning/Schneider 2001). Neben dem Leistungsversprechen und der Preislage, die wesentlich die Positionierung der Handelsmarke beeinflussen, ist über die Regalplatzierung zu entscheiden – soll sie neben der stärksten Herstellermarke oder neben einer Zweit- oder Drittmarke Platz finden? Soll, unabhängig von der Preislage, eine Dauerniedrigpreispolitik betrieben werden oder soll die Handelsmarke in Preisaktionen einbezogen werden? In welchem Ausmaß sollen Handelsmarken beworben werden? Bei diesen Überlegungen wird deutlich, dass es nicht nur um Entscheidungen bezüglich der Handelsmarken geht, sondern um ihre Einbettung in die gesamte Absatzpolitik eines Handelsunternehmens. Ein wesentlicher Aspekt in diesem Zusammenhang ist die Preispolitik, insbesondere der Preisabstand zwischen Handels- und Herstellermarken. Dabei wird beobachtet, dass der Preisabstand über eine Erhöhung der Preise der Herstellermarken hoch gehalten wird, was insbesondere bei steigender Qualität von Handelsmarken nicht erforderlich wäre und für den Gewinn des Händlers nicht optimal ist (vgl. Pauwels/Srinivasan 2004). Andererseits ist aber auch zu erkennen, dass Konsumenten in vielen Fällen bereit sind, ein Preispremium für eine Herstellermarke zu bezahlen, so dass der Preisabstand nicht zu klein sein darf (vgl. Sethuraman 2000). Insofern hat die Frage Beachtung gefunden, welche Preise Konsumenten für Handelsmarken zu zahlen bereit sind (vgl. z. B. Zielke/Dobbelstein 2007; Nies 2009, S. 56–86).Es kann festgehalten werden, dass alle mit der Vermarktung eines Produkts anstehenden Entscheidungen auch bei Handelsmarken relevant sind.
- **Bezugsquellen:** Eine wichtige strategische Entscheidung ist die Frage, wer die Handelsmarke liefern soll. Je nachdem, ob die Handelsmarke von einem führenden Markenartikelhersteller oder von einem (kleineren) auf die Produktion von Handelsmarken spezialisierten Hersteller bezogen wird, ergeben sich unterschiedliche Konsequenzen für die Machtverhältnisse im Distributionssystem und die mögliche Positionierung der Handelsmarke.

17.2.2 Ziele und Einflussfaktoren der Handelsmarkenpolitik

Auch für Entscheidungen über eine Handelsmarkenpolitik ist die Festlegung von Ziel- und damit von Entscheidungskriterien von großer Bedeutung. Abbildung 17.1 gibt einen Überblick über ausgewählte Zielgrößen, wobei zwischen finanziellen, kundenbezogenen und strategischen Zielen unterschieden wird.

Finanzielle Perspektive	Kundenbezogene Perspektive	Strategische Perspektive
- Umsatzsteigerung - Spannenverbesserung (absolut und relativ) - Gewinnsteigerung - Reduzierung der Kosten der Markenpolitik - Kostenreduzierung im Einkauf	- Vertriebsschienenprofilierung - Verbesserung des Preisimages - Steigerung der Kundenzufriedenheit und Kundenbindung - Steigerung des Markenwerts aus Kundensicht	- Gewinnsteigerung - Sicherung von Marktanteilen - Verbesserung der Verhandlungsposition gegenüber Lieferanten - Steigerung der preispolitischen Wettbewerbsfähigkeit (Abwehr von Discountern) - Differenzierung gegenüber Konkurrenten - Reduktion von Qualitätsrisiken

Abb. 17.1: Überblick über Zielgrößen der Handelsmarkenpolitik

Der Erfolg einer Handelsmarkenpolitik ist zunächst an den üblichen finanziellen Zielgrößen, wie dem Umsatz, insbesondere aber dem Rohertrag und den Deckungsbeiträgen festzumachen. Eine Beurteilung nach der Handelsspanne hat entsprechend sowohl die absolute als auch die relative Spanne zu berücksichtigen. Bei Befragungen zu den mit einer Handelsmarkenpolitik vorrangig verfolgten Zielen wurde auch durchweg auf die Gewinnsteigerung bzw. „Ertragsverbesserung" verwiesen (vgl. z. B. Berekoven 1995; Zellekens/Horbert 1996; Peters 1998; Kenning/Markmann 1999). Unter finanziellen Aspekten sind auch die Kosten zu berücksichtigen, die durch die eigene Markenpolitik ausgelöst werden (z. B. durch eigene Design-Abteilungen bei einem Textilhandelsunternehmen). Kostenwirkungen können aber auch im Einkauf beobachtet werden, wenn die Handelsmarkenpolitik in die Konditionenverhandlungen mit den Herstellern eingebracht werden kann. Insofern weisen die finanziellen Ziele auch Bezüge zu den strategischen Zielen auf.

Erkenntnisse über die finanzielle Vorteilhaftigkeit der Handelsmarkenpolitik in der Praxis liegen kaum vor. Festzustehen scheint, dass mit Handelsmarken höhere prozentuale Spannen erzielt werden als mit Herstellermarken (vgl. Ailawadi/Harlam 2004). Insgesamt fällt es schwer zu beurteilen, ob mit der Aufnahme von Handelsmarken in das Sortiment ein größerer finanzieller Erfolg erzielt werden kann. Zum einen ist im Rahmen der Handelsmarkenpolitik selbst eine Vielzahl von Entscheidungsparametern festzulegen. Zum anderen ist mit der Einführung von Handelsmarken eine Abstimmung mit der gesamten Sortimentspolitik oder sogar der gesamten Marketingpolitik des Unternehmens vorzunehmen. Die Vielzahl der Entscheidungsparameter und die Komplexität der Wechselbeziehungen zwischen ihnen machen die Einführung von Handelsmarken zu einem aufwendigen Optimierungsproblem. Es gibt allerdings eine Reihe von spieltheoretischen Ansätzen, die der Frage nachgehen, wie sich eine bestimmte Positionierung der Handelsmarke und die dazugehörige optimale Preispolitik für die Hersteller- und die Handelsmarke auf den ökonomischen Erfolg eines Händlers auswirken (vgl. z. B. Raju/Sethuraman/Dhar 1995; Sayman/Hoch/Raju 2002; Choi/Coughlan 2006).

Zu den kundenbezogenen Zielen zählen insbesondere die Vertriebsschienenprofilierung, die Verbesserung des Preisimages sowie Kundenzufriedenheit und Kundenbindung. So wird z. B. gefragt, in welchem Ausmaß die Handelsmarkenpolitik zur Profilierung einer Vertriebsschiene dienen kann (Einfluss der *store brand* auf die *retail brand*). Ailawadi und Keller (2004) integrieren in ihrem Beitrag Forschungsergebnisse zur Imagebildung eines Geschäfts (*store image*) und Erkenntnisse zum Aufbau einer *retail brand*. Dabei beleuchten sie intensiv die Rolle von Handelsmarken. Es wird ebenso analysiert, welche Form der Handelsmarkenpolitik das Preisgünstigkeits- oder das Preiswürdigkeitsimage der Einkaufsstätte positiv beeinflussen kann (vgl. Gröppel-Klein 2005). Bei der Zielentwicklung kann gefragt werden, inwieweit mit einer Handelsmarkenpolitik neue Kunden gewonnen, alte Kunden gebunden oder ein Beitrag zur Zufriedenheit der Kunden geleistet werden können. Stellenweise wird auch der ansonsten bei Herstellermarken verwendete Markenwert herangezogen, um die Vorteilhaftigkeit der Handelsmarkenpolitik zu beurteilen (vgl. Sattler 1998; Lingenfelder/Lauer 2000; Gröppel-Klein 2005).

Die strategischen Zielgrößen sind unmittelbar mit den finanziellen und den kundenbezogenen Zielen verknüpft. So ist zum Beispiel die Gewinnsteigerung sowohl unter den finanziellen als auch unter den strategischen Zielen zu finden, wobei bei den strategischen Zielen auf die langfristigen Wirkungen im Sinne einer nachhaltigen Gewinnsteigerung abgestellt wird. Allerdings zeigen einige Untersuchungen auch, dass sich Händler im Rahmen ihrer Handelsmarkenpolitik stärker auf den Marktanteil als Zielgröße konzentrieren und dem Gewinn zu wenig Beachtung schenken (vgl. Chintagunta 2002). Ebenso wird häufig auf die Verbesserung der Macht- bzw. der Verhandlungsposition des Handels gegenüber seinen Lieferanten verwiesen. Entsprechend ist in theoretischen (vgl. Mills 1995; Narasimhan/Wilcox 1998) und empirischen (vgl. Ailawadi/Harlam 2004) Untersuchungen der Frage nachgegangen worden, inwieweit eine solche machtpolitische Wirkung von Handelsmarken zu erwarten bzw. zu beobachten ist. Die Analysen stützen die Vermutung, dass in Produktgruppen mit einem hohen Anteil von Handelsmarken, die Margen bei den Herstellermarken höher sind. Weitere strategische Ziele sind wettbewerbsfähigere Preise (insbesondere als Reaktion auf Angebote der Discounter), die Differenzierung gegenüber Konkurrenten durch individuellere Sortimente sowie die bessere Kontrolle von Qualitätsrisiken.

Die möglichen Zielgrößen für eine Handelsmarkenpolitik sind nicht nur zu definieren, es gilt auch geeignete Indikatoren zu entwickeln, anhand derer ihr Ausmaß festgestellt werden kann. Es ist auch zu berücksichtigen, dass sie im Regelfall nicht alle in die gleiche Richtung weisen werden. So ist denkbar, dass die Handelsmarkenpolitik in einer Warengruppe zwar eine gute Rendite nach sich zieht, jedoch keinen Beitrag zur Profilierung der Vertriebsschiene leistet, während dies bei Handelsmarken in einer anderen Warengruppe umgekehrt sein kann. Es ist mithin zu klären, welcher Stellenwert einzelnen Zielgrößen in bestimmten Situationen eingeräumt werden soll.

Neben den Zielgrößen ist auch nach den Einflussfaktoren der Handelsmarkenpolitik zu fragen. Ob mit einer bestimmten Handelsmarkenpolitik die genannten Ziele erreicht werden können, hängt vor allem von den Prädispositionen der Nachfrager ab. Insofern kommt hier verhaltenswissenschaftlichen Überlegungen zum Konsumentenverhalten neben den konkurrenzorientierten Untersuchungen eine ausschlaggebende Bedeutung zu. Entsprechende Theorien versuchen eine Antwort auf die Frage zu geben, wann Konsumenten (Nachfrager) Handelsmarken akzeptieren oder sogar vorziehen. Ebenso ist von Bedeutung, wie effizient der Handel klassische Aufgaben der Industrie übernehmen kann. Dies wird unter anderem von der jeweiligen Warengruppe abhängig sein. Auch die Ähnlichkeit bzw. Substituierbarkeit der Artikel innerhalb einer Warengruppe ist ein wichtiger Einflussfaktor der Handelsmarkenpolitik. Auf die genannten Aspekte wird im Folgenden eingegangen.

17.3 Erklärung der Existenz von Handelsmarken

Bei der Analyse der Handelsmarkenpolitik stellt sich zunächst die Frage, warum der Handel überhaupt Funktionen der Industrie übernehmen und eigene Marken führen sollte. Im Folgenden sollen einige ausgewählte Erklärungsansätze vorgestellt werden (vgl. zu einem umfassenderen Überblick auch Bruhn 2001, S. 18–25; Ahlert/Kenning/Schneider 2001). In Abschnitt 17.3.1 wird ein kurzer Überblick über Perspektiven gegeben, unter denen die Markenpolitik des Handels gesehen werden kann. In Abschnitt 17.3.2 wird etwas ausführlicher auf den sog. effizienztheoretischen Ansatz eingegangen.

17.3.1 Überblick über verschiedene Erklärungsansätze

Nach dem machttheoretischen Ansatz wird die Arbeitsteilung zwischen Industrie und Handel durch die jeweilige Machtposition beider Parteien determiniert (machttheoretische Begründung). Jeder der Beteiligten sei im Prinzip daran interessiert, seinen Wertschöpfungsanteil zu erhöhen und müsse diesen gegenüber Angriffen Dritter verteidigen. Bei einer solchen Sicht ist allerdings zu fragen, ob nicht ökonomische Gründe dafür ausschlaggebend sind, dass im Zuge des Wettbewerbs eine bestimmte Aufgabenteilung „erzwungen" wird. Durch Macht erzwungene Lösungen können nämlich ineffiziente Lösungen darstellen und sind der Gefahr ausgesetzt, im Wettbewerb zu Nachteilen zu führen. Ökonomisch nicht zu rechtfertigende Strategien von Handelsorganisationen auf dem Gebiet der Markenpolitik könnten dazu führen, dass Marken entwickelt werden, die die Nachfrager nicht akzeptieren oder unvertretbar hohe Kosten verursachen. Aus einer übergeordneten Perspektive ist also zu fragen, unter welchen Bedingungen Dispositionen über die Führung einer Marke von der Industrie oder dem Handel getroffen werden sollten.

Die treibende Kraft für die wachsende Bedeutung von Handelsmarken wird auch in dem Wunsch gesehen, dem starken horizontalen Wettbewerb auf der Einzelhandelsebene zu entgehen (wettbewerbstheoretische Begründung). Bekannte Herstellermarken sind zwar sehr gut geeignet, die Preisgünstigkeit einer Handelsunternehmung im Vergleich zu den Konkurrenten zu demonstrieren, sie erhöhen aber gleichzeitig auch die Markttransparenz und steigern so den Wettbewerb. Handelsmarken sind dagegen nur in einer Handelsorganisation erhältlich. Ein unmittelbarer Preisvergleich ist somit erschwert. Allerdings bedeutet das nicht, dass sich mit Handelsmarken höhere Preise als mit Herstellermarken durchsetzen lassen. Außerdem muss in Rechnung gestellt werden, dass von niedrigen Preisen für Herstellermarken ein Anlockeffekt ausgehen kann, der sich über Verbundkäufe positiv auswirken kann. Unter Umständen kann auch die Geschäftstreue über Handelsmarken gestärkt werden.

Einige Autoren sehen auch einen Zusammenhang zwischen der Entwicklung der Konjunktur und der Einkommen, der damit einhergehenden Veränderung der Preissensibilität der Verbraucher und dem Erfolg von Handelsmarken (konjunkturelle Begründung, vgl. z. B. Eisenmann 1997).

Eine weitere Begründung bezieht sich auf das Bestreben, durch eine stärkere Integration die Kosten im Wertschöpfungsprozess zu minimieren (transaktionskostenorientierte Begründung). Inwieweit und unter welchen Bedingungen solche Kostenersparnisse bei Handelsmarken zu erwarten sind, wird im folgenden Abschnitt erläutert (vgl. dazu auch Müller-Hagedorn 2001b).

17.3.2 Der effizienztheoretische Ansatz zur Aufgabenteilung zwischen Industrie und Handel

Ein wichtiger Entscheidungsbereich im Rahmen der Handelsmarkenpolitik betrifft die Arbeitsteilung im Distributionssystem. Wer soll die Marke konzipieren, positionieren, bewerben und damit die gewünschten Assoziationen und Vorstellungen festlegen? In Abbildung 17.2 sind die wichtigsten, mit der Markenpolitik verbundenen Aktivitäten aufgelistet. Bei einer Herstellermarke hat ein Industrieunternehmen die Rechte an der Marke und führt die einzelnen Aktivitäten auch selbst aus; davon ist im Regelfall nur der Abverkauf ausgenommen, weil dieser dem Handel überantwortet wird. Bei einer Handelsmarke übernimmt der Handel entweder alle oder einen Teil der Aktivitäten. Hier sind unterschiedliche Formen der Arbeitsteilung denkbar: Bei einer „schlanken" Handelsmarkenpolitik sichert sich der Handel nur die Rechte an der Marke und übernimmt die Bewerbung und den Abverkauf, während alle anderen Aktivitäten anderen Unternehmungen übertragen werden (Fall 1 in Abbildung 17.2). Es ist aber auch denkbar, dass eine Handelsunternehmung die Produktion selbst durchführt (Fall 2). Es lassen sich hierfür viele Beispiele anführen, wie z. B. jene Handelsunternehmungen, die eigene Fleisch- und Wurstfabriken, eigene Schokoladenfabriken, eigene Kafferöstereien betrieben haben bzw. betreiben. Schließlich kann eine Handelsunternehmung alle Funktionen übernehmen, die sonst bei einem Hersteller verankert sind (Fall 3). Neben den vorgestellten Beispielen sind verschiedene Zwischenformen denkbar. So wird der Händler in vielen Fällen in die Marktforschung einbezogen sein, auch wenn der Hersteller die Produktion übernimmt. Ebenso können Händler und Hersteller auch in den einzelnen Bereichen kooperieren, beispielsweise bei der Produktentwicklung.

Durch die Auflistung der in Abbildung 17.2 beispielhaft genannten Formen der Handelsmarkenpolitik wird deutlich, dass die Begriffe Herstellermarke und Handelsmarke die vielfältigen Möglichkeiten der Arbeitsteilung zwischen Industrie und Handel nur sehr eingeschränkt wiedergeben. Deshalb soll näher darauf eingegangen werden, inwieweit effizienztheoretische Überlegungen Hinweise zur optimalen Aufgabenteilung zwischen Industrie und Handel geben können.

Die Führung einer Marke, sei es durch die Industrie oder durch den Handel, setzt voraus, dass eine Abfolge einzelner Aktivitäten (Prozesse) durchlaufen wird, wie sie in Abbildung 17.2 dargestellt werden. Im Folgenden wird diskutiert, bei welchen Aktivitäten es plausibel erscheint, dass Industrie oder Handel sie effizienter ausführen können. Die Effizienz bemisst sich vor allem an den anfallen-

	Aktivitäten					
Fälle	Markt-analyse	Entwicklung von Produkten	Produkt-tests	Produktion	Kommunikation (Imagebildung)	Verkauf
1					X	X
2				X	X	X
3	X	X	X	X	X	X

Quelle: Müller-Hagedorn 2001b, S. 103

Abb. 17.2: Varianten der Handelsmarkenpolitik (nach übernommenen Funktionen)

den Kosten, um eine bestimmte Leistung zu erbringen, aber auch an eventuell vorhandenen Zeitunterschieden (Zeit, die benötigt wird, um auf Veränderungen im Umfeld zu reagieren) sowie dem Ausmaß und der Verteilung der Risiken.

Analyse der Nachfrage (Marktanalyse)

Gibt es Gesichtspunkte, die es dem Handel leichter als der Industrie machen, den Markt zu analysieren? Bekanntlich stehen vielen Handelsorganisationen aktuelle Abverkaufsdaten zur Verfügung, die Aufschluss darüber geben, wie sich einzelne Artikel bei bestimmten Preisen im Abverkauf entwickelt haben. Diese Daten können auch dazu genutzt werden zu erkennen, wie sich das Verhalten der Nachfrager entwickelt hat, z. B. ob sich die bevorzugten Preissegmente verschieben, ob bestimmte Qualitätsausprägungen (z. B. Verzicht auf Konservierungsmittel) bevorzugt werden oder ausgewählte Packungsgrößen und -modalitäten präferiert werden.

Solche Möglichkeiten zur Gewinnung von Informationen geben Anlass, von der Informationshoheit des Handels zu sprechen. Entsprechende Daten stehen aber auch der Industrie zur Verfügung, sei es aus Handels- oder aus Verbraucherpanels. Zu beachten ist, dass die Abverkaufsdaten zunächst aufbereitet werden müssen, um die genannten Informationen zu gewinnen, was das Vorhandensein entsprechender Fähigkeiten voraussetzt. Das Auffinden von Marktlücken und das Feststellen eines Anspruchswandels bei den Verbrauchern setzen darüber hinaus fundierte methodische Analysen voraus, die über die reine Beobachtung hinausgehen und sich mit Konstrukten des Insystems (z. B. Einstellungen, Absichten, Motiven, dem Involvement oder der Zufriedenheit) beschäftigen. Das Denken in Sortimentseinheiten und der Einsatz von Category Managern stärken zwar die Fähigkeiten des Handels, Informationen aus den Märkten aufzunehmen und zu nutzen (vgl. Feld 1996), generell sind aber größere Vorteile gegenüber der Industrie nicht erkennbar.

Entwicklung von Produkten

Die Kostenvorteile bei der Entwicklung neuer Produkte werden im Regelfall bei der Industrie liegen. Diese Einschätzung gründet sich nicht nur auf die aus der Vergangenheit akkumulierten Erfahrungen, sondern auch auf das Fehlen von besonderen Vorteilen auf Seiten des Handels. Damit wird nicht in Frage gestellt, dass auch eine Handelsorganisation in der Lage wäre, Produktneuentwicklungen zu realisieren, also z. B. ein Forschungs- oder Designlabor für Streichfette oder Schreibgeräte einzurichten. Es ist aber nicht erkennbar, warum der Handel dabei einen Kostenvorteil gegenüber der Industrie generieren sollte. Es sind einzelne Fälle bekannt, in denen Handelsorganisationen nicht nur eine eigene Produktion aufgebaut, sondern diese auch durch eine eigene Produktentwicklung und -kontrolle begleitet haben. Aus der größeren Sortimentsvielfalt, die der Handel gegenüber der Industrie aufweist, werden aber im Regelfall keine besonderen Kostenvorteile bei der Produktentwicklung erwachsen, zumal auch die Industrie solche nutzen könnte, wenn sich erweisen würde, dass es günstig ist, die Entwicklung von bislang getrennten Produktbereichen zu bündeln (z. B. von Lampen und Möbeln, weil beide ähnlichen modischen Strömungen unterliegen).

Unter bestimmten Bedingungen kann aber eine Produktentwicklung durch den Handel sinnvoll sein. Bei der Frage, welches Glied in einer Wirtschaftskette bestimmte Aufgaben übernehmen sollte, kommt es nicht nur auf die anfallenden Kosten an, sondern es können auch Zeitvorteile bedeutend sein. So wäre es beispielsweise vorstellbar, dass ein Möbelhaus ein Designbüro integriert, weil es so die im Absatzmarkt gewonnenen Erfahrungen bei der Entwicklung neuer Produkte nutzen kann. Im Vergleich dazu kann die Reaktion der Möbelindustrie auf derartige Erkenntnisse mehr Zeit in Anspruch nehmen. Ähnliche Bedingungen sind auch im Bekleidungshandel gegeben, wo die Vertikalisierung eine bedeutende Rolle spielt (vgl. Burt/Dawson/Larke 2006; Grüger 2007). Bei Produkten, deren Entwicklung durch eine Technologie getrieben ist, kommt Zeitvorteilen ebenfalls eine wichtige Bedeutung zu. Dennoch wäre hier wahrscheinlich eine Produktentwicklung durch die Industrie effizienter, da dem Handel hohe Kosten entstehen würden, um das erforderliche technische Know-how aufzubauen. Insofern ist die Vorteilhaftigkeit bei Produkten, die durch eine Technologie getrieben sind, anders zu beurteilen als bei Produkten, deren Marktgeltung vor allem durch einen geschmacklichen und modischen Wandel bestimmt wird.

Produkttests

Das zu entwickelnde Produkt ist in verschiedenen Entwicklungsstufen zu testen. Hierbei können der Konzepttest, der Produkttest im engeren Sinne und der Markttest unterschieden werden (vgl. Freter 2004, S. 71–73). Bei einem Konzepttest werden Kaufbereitschaften für verschiedene Produktkonzepte ermittelt. Bei Produkttests im engeren Sinne werden die Produkte von Testpersonen verwendet oder konsumiert und anschließend beurteilt. Beide Arten von Tests können sowohl von Hersteller- als auch von Handelsunternehmen durchgeführt werden. In vielen Bereichen erweisen sich allerdings Markttests als notwendig, um Gestaltungsalternativen und Preisstrategien im Feld zu testen. Hier bieten sich dem Handel Vorteile gegenüber der Industrie.

Produktion

Von besonderer Bedeutung ist die Frage, ob ein Produkt unter der Regie des Handels kostengünstiger als durch die Industrie produziert werden kann. Zunächst scheint es so, dass die Höhe der Produktionskosten unabhängig davon ist, ob die Fabrik zum Verfügungsbereich einer Handels- oder einer Industrieunternehmung gehört. Dennoch sind Fälle denkbar, in denen Kosten- und Effizienzunterschiede auftreten können. Dies sei an einigen Sachverhalten verdeutlicht:

- Wenn Kostenstrukturen vorliegen, die durch einen hohen Fixkostenanteil geprägt sind, d. h. die Stückkosten mit wachsender Ausbringung immer niedriger werden, ist ein Hersteller, der die größeren Mengen herstellen und absetzten kann, im Vorteil. Wenn die Produktion in einer Branche sehr zersplittert ist, könnten durch eine Produktion unter der Regie des Handels Skaleneffekte erzielt werden. In vielen Fällen wird jedoch die Industrie über die notwendigen Kapazitäten zur Produktion von Handelsmarken verfügen. Insbesondere bei einem hohen Fixkostenanteil wird es für die Industrie attraktiv sein, ihre Anlagen durch die Produktion von Handelsmarken besser auszulasten, um zu günstigeren Stückkosten zu kommen. Im Regelfall werden in den Fabrikationsstätten mehrere Produkte hergestellt, was ebenfalls bestimmend für die Kostenstruktur ist. Sowohl das Ausgliedern der Produktion einzelner Produkte als auch die Integration anderer Produkte können zu günstigeren Kostenstrukturen führen.

- Zwischen der Fabrik und den Verkaufsstellen (bzw. dem Lager des Handels) besteht ein ständiger Warenfluss, der aufgrund saisonaler Nachfrageschwankungen, preis- und werbepolitischer Maßnahmen sowie individueller Vereinbarungen an- und abschwellen kann. Dies erfordert Anpassungen in der Produktions- und in der Lagerpolitik. Durch eine bessere Kooperation z. B. im Rahmen von Efficient Consumer Response Konzepten können bedeutende Kostenersparnisse erzielt werden (vgl. Coca-Cola Retailing Research Group/GEA Consulenti Associata di gestione aziendale 1994). Es ist zu vermuten, dass die erforderliche Abstimmung eher in einem System herbeigeführt werden kann, in dem dem Handel die Führungsrolle zukommt. Es ist aber auch nicht ausgeschlossen, dass die Industrie über eine geeignete Konditionengestaltung den Handel zu einem Verhalten veranlassen wird, welches entsprechende Kostenersparnisse ermöglicht. Insgesamt scheint dieser Weg allerdings schwerer realisierbar zu sein.
- Es ist bereits darauf hingewiesen worden, dass bei einer Produktentwicklung durch den Handel gegebenenfalls schneller auf Entwicklungen im Absatzmarkt reagiert werden kann. Gleiches kann auch für die Produktion gelten, so dass eine Herstellung unter der Regie des Handels bei modischen Artikeln sinnvoll sein kann.
- Neben der Höhe der Kosten ist auch das Risiko von Kostensteigerungen zu beachten. Während bei der Produktion durch die Industrie die Preise vereinbart und in bestimmten zeitlichen Abständen überprüft werden, die Signale des Markts also als Steuerungsinstrument genutzt werden können, muss die Handelsunternehmung bei einer Eigenfertigung selbst die Aufgabe der Kostenkontrolle lösen.

Es wird deutlich, dass es sich bei der Frage nach der Produktion der Handelsmarke um eine klassische Make-or-Buy-Entscheidung handelt (vgl. Picot 1991). Es sei aber auch darauf hingewiesen, dass neben der Fertigung in eigenen Fabriken und der Produktion durch etablierte Hersteller Zwischenformen existieren. So kann der Handel die Handelsmarken auch von dritten Unternehmen nach seinen Vorgaben herstellen lassen. Solche Unternehmen sind häufig auf die Produktion von Handelsmarken spezialisiert. Teilweise handelt es sich um wirtschaftlich abhängige Unternehmen, die fast ausschließlich für ein Handelunternehmen produzieren.

Kommunikation und Verkauf

Während es bei den bisher diskutierten Funktionen nicht immer eindeutig war, ob sie effizienter von einem Hersteller- oder einem Handelsunternehmen erbracht werden, ergibt sich für die Kommunikation und den Verkauf ein eindeutiges Bild. Beide Funktionen werden in der Regel von Handelsunternehmen übernommen. Der Verkauf zählt zu den ureigensten Aufgaben des Handels. Die Kommunikation wird insbesondere dann kostengünstiger durch den Handel durchgeführt, wenn Sortimentsmarken beworben werden, deren Produkte von unterschiedlichen Herstellern produziert werden. Zudem lässt sich die Werbung durch die Handelsunternehmen gezielter streuen.

Insgesamt ist die Kommunikation bei Handelsmarken von hoher strategischer Bedeutung, was sich auch in den Kommunikationskosten niederschlagen kann. Die Ursachen für die hohen Kosten liegen darin, dass bei den meisten Gütern die Qualität nicht durch Inspektion vor dem Kauf beurteilt werden kann. Es handelt sich um Erfahrungs- oder sogar Vertrauensgüter. Hinzu kommt, dass sich die Qualität in Kategorien des Zusatznutzens niederschlägt, d. h. nicht an physischen Eigenschaften festgemacht werden kann. Nicht alle Produkte bedürfen jedoch der werblichen Unterstützung. Inwieweit der Verkauf eines Produkts durch Werbung unterstützt werden sollte, hängt von vielen Faktoren ab, insbesondere von dem Involvement, von dem Wissen, über das die Nachfrager verfügen bzw. das sie für notwendig halten, von dem Preisniveau des betreffenden Produkts, von der Bereitschaft der Zielgruppe, sich gegenüber einer werblichen Ansprache zu öffnen und von der „sozialen" Rolle des Produkts. Die Bedeutung der Werbung lässt sich nur unter Rückgriff auf verhaltenswissenschaftliche Theorien beurteilen (zu einem Überblick vgl. Wiswede 1992, S. 71–95). Insbesondere wurde vermutet, dass Markenartikel dann von den Verbrauchern bevorzugt werden, wenn sie unsicher sind, die Qualität der einzelnen Produkte selbst zu beurteilen, weshalb sie bei Risikoscheue den bekannteren Markenartikel wählen, um ihr Risiko zu begrenzen. In diesem Fall sind für Handelsmarken hohe Kommunikationsanstrengungen und damit einhergehende Ausgaben erforderlich. Neben diesen Kostenaspekten ist weiterhin zu beachten, dass Handelsmarken eine besondere strategische Bedeutung zukommt, da sie das Image und die Wahrnehmung der *retail brand* nachhaltig beeinflussen können (vgl. Ailawadi/Keller 2004). Insofern werden Handelsunternehmen allein aus strategischen Gründen ein starkes Interesse daran haben, die Kommunikation zu kontrollieren.

Transaktionskosten zwischen Industrie und Handel

Die Frage, in welchem Umfang der Handel einzelne Aufgaben der Industrie übernehmen sollte, lässt sich auch mit Hilfe der Transaktionskostentheorie beantworten (zu einer detaillierten Darstellung und Diskussion der Transaktionskostentheorie siehe Kapitel 3). Transaktionskosten erfassen Kosten, die entstehen, wenn selbständige Wirtschaftseinheiten ihre Aktivitäten koordinieren. Kosten fallen an, um Wirtschaftspartner ausfindig zu machen, Verträge mit ihnen zu schließen und ihre Einhaltung zu kontrollieren. Es werden zwei extreme Möglichkeiten der Koordination unterschieden, zum einen die Hierarchie, zum anderen die Abstimmung auf Märkten. In einem hierarchischen System können Anweisungen erteilt werden, während es bei einer marktlichen Koordination dagegen zur freiwilligen Einwilligung des jeweils anderen Marktpartners kommen muss. Aus der Praxis wird berichtet, dass sich Verhandlungen zwischen Industrie und Handel oft schwierig gestalten. In hierarchischen Systemen gestaltet sich die Koordination einfacher, wenn dort auch die Gefahr aufkommt, dass zur Steuerung keine Marktsignale zur Verfügung stehen.

Im Hinblick auf Handelsmarken kann umso eher von einem hierarchischen System gesprochen werden, je stärker das Handelsunternehmen Aufgaben der Industrie integriert. Ein hierarchisches

System bzw. eine Integration von Aufgaben ist nach der Transaktionskostentheorie besonders dann zu bevorzugen, wenn hohe spezifische Investitionen und hohe Unsicherheit vorliegen. Hohe spezifische Investitionen gibt es beispielsweise, wenn für die Produktion der Handelsmarken spezifische Anlagen angeschafft oder Kapazitäten erweitert werden müssen. Mit einer hohen Umweltunsicherheit ist beispielsweise in der Modebranche auf Grund der schwierigen Nachfrageprognose zu rechnen.

Zusammenfassung

Unter dem begrifflichen Dach der Handelsmarke sind je nach Leistungsumfang verschiedene Varianten zusammengefasst. Im einfachsten Fall sichert sich die Handelsorganisation die Rechte an der Marke und unterstützt ihren Verkauf durch geeignete kommunikative Maßnahmen. Der Industrie bleibt es in diesem Fall überlassen, das Produkt zu entwerfen und die Produktion zu organisieren. Es ist aber auch denkbar, dass die Handelsorganisation selbst die Produktion übernimmt. Schließlich kann sie alle Funktionen durchführen, die im Rahmen der Markenpolitik geleistet werden müssen.

Es ist dargestellt worden, wie die Aufgabenteilung zwischen Industrie und Handel davon abhängen kann, wer die einzelnen Funktionen effizienter ausführen kann. Das vorgestellte Schema kann genutzt werden, um zu entscheiden, welche der genannten Varianten der Handelsmarke gewählt werden sollte. Prinzipiell kann das Schema aber auch dazu dienen, zu entscheiden, ob eine Handelsmarke in einer bestimmten Produktgruppe überhaupt eingeführt werden soll. Die Einführung einer Handelsmarke ist nach diesem Schema dann sinnvoll, wenn die Handelsorganisation die Voraussetzungen hat, vergleichbare Leistungen zu niedrigeren Kosten zu erbringen. Um dies zu beurteilen, sind die Kosten für die Ausübung der einzelnen Funktionen gegenüberzustellen. Abbildung 17.3 zeigt ein entsprechendes Prüfschema.

	Kosten für Handelsmarken in Relation zu den Kosten der Industrie		
	niedriger	gleich	höher
Kosten der Marktanalyse		x	
Entwicklungskosten			x
Kosten für Produkttests		x	
Produktionskosten			x
Kommunikationskosten		x	
Transaktionskosten	x		

Quelle: in Anlehnung an Müller-Hagedorn 2001b, S. 111

Abb. 17.3: Beispielhaftes Ergebnis des Prüfschemas für die Aufgabenteilung zwischen Industrie und Handel

Ist der Linienzug für ein bestimmtes Produkt überwiegend in der linken Hälfte des Prüfschemas angesiedelt, so spricht dies für die Einführung einer Handelsmarke. Liegt er größtenteils in der rechten Hälfte, ist eine Herstellermarke unter Kostengesichtspunkten vorteilhaft. Bei vielen Produkten wird sich kein eindeutiges Profil ergeben, so dass zusätzlich berücksichtigt werden muss, welche relative Bedeutung die Kosten in den einzelnen Phasen haben. Beispielhaft ist in Abbildung 17.3 das Profil eines Produkts dargestellt, bei dem die Entwicklungs- und die Produktionskosten höher wären, wenn eine Handelsorganisation es als Handelsmarke etablieren wollte. Andererseits wären die Transaktionskosten relativ niedrig. Veranschlagt man bei dem betrachteten Artikel insbesondere die Produktionskosten als bedeutend, empfiehlt sich dieser als Herstellermarkenartikel. Auch die Entwicklungskosten werden in der Praxis häufig als Einflussfaktor auf die Einführung einer Handelsmarke genannt. Häufig wird postuliert, dass die Industrie besonderen Wert auf innovative Problemlösungen legen müsse, während der Handel in jenen Produktbereichen Handelsmarken einführen könne, in denen Artikel problemlos imitiert werden können. Solche Vorschläge sind von der Vorstellung geprägt, dass die Industrie dem Handel in der Produktforschung nicht nur gegenwärtig, sondern auch zukünftig überlegen sein wird.

17.4 Studien zu Handelsmarkenpolitik und ihrem Erfolg

Die Marktanteile von Handelsmarken wachsen zwar seit Jahren, sind aber in einzelnen Ländern, Betriebsformen und Warengruppen sehr unterschiedlich (vgl. A.C. Nielsen 2005). Die Unterschiede stärken das Interesse an den Gründen für diese Entwicklungen, vor allem an der Frage, unter welchen Bedingungen Handelsunternehmungen mit Handelsmarken erfolgreich sein können. Die Antworten müssen differenziert erfolgen, wobei insbesondere die verschiedenen Aspekte der Handelsmarkenpolitik und die verschiedenen Zielgrößen zu berücksichtigen sind. Die vorliegende große Zahl von Studien lässt sich in partialanalytische Ansätze und Totalmodelle einteilen. Partialanalytische Ansätze untersuchen den Erfolg einzelner Aspekte der Handelsmarkenpolitik im Hinblick auf ausgewählte Erfolgsgrößen. Hierzu zählen vorwiegend Studien mit Ausrichtung auf die Preispolitik, darüber hinaus Studien mit Ausrichtung auf weitere Entscheidungsbereiche, wie z. B. die Positionierung und Beschaffung von Handelsmarken, sowie Studien mit Ausrichtung auf Merkmale der Nachfrager und Warengruppen. Die Totalmodelle versuchen dagegen, die Bestimmungsfaktoren des Handelsmarkenerfolgs vollständig zu erfassen und den Erfolg umfassender zu operationalisieren.

17.4.1 Partialanalytische Ansätze

Im folgenden Abschnitt werden ausgewählte partialanalytische Ansätze, nach ihrer inhaltlichen Ausrichtung gegliedert, dargestellt. Darüber hinaus unterscheiden sich diese Ansätze jedoch auch in ihrer Methodik. Einige Ansätze verwenden preis- oder spieltheoretische Modelle ohne empirische

Analysen, während andere Ansätze einen empirischen Fokus haben. Die empirischen Studien können direkt eine Beziehung zwischen Geschäftspolitik und Erfolg herstellen, oder sie können vermittelnde Größen einbeziehen (z. B. das Verhalten von Wettbewerbern und Nachfragern). Zu den letzteren zählen insbesondere Studien aus dem Bereich der verhaltenswissenschaftlichen Konsumforschung, die einzelne Merkmale von Konsumenten daraufhin prüfen, inwieweit sie zu dem Kauf von Handelsmarken in Beziehung gesetzt werden können. Darüber hinaus wird aber auch untersucht, welchen Einfluss die Handelsmarkenpolitik auf die Konsumentenreaktionen hat. Die folgenden Hypothesen verdeutlichen beispielhaft mögliche Ergebnisse partialanalytischer Ansätze:

Je stärker die Preis-Leistungs-Orientierung der Kunden ist und je geringer ihre Preis-Qualitäts-Assoziationen sind, desto eher werden Handelsmarken bevorzugt.

Je größer das empfundene Risiko bei der Einschätzung wichtiger Qualitätsmerkmale von Handelsmarken ist, desto eher werden Herstellermarken bevorzugt.

Je größer die Preisdifferenz zwischen Herstellermarke und Handelsmarke ist, desto eher werden Handelsmarken bevorzugt.

Je näher Handelsmarken an führenden Herstellermarken positioniert sind, desto eher werden sie bevorzugt.

Im Folgenden werden zunächst Studien mit vorwiegender Ausrichtung auf die Preispolitik vorgestellt. Anschließend wird auf Studien zu weiteren Entscheidungsbereichen sowie auf Studien zu Merkmalen der Nachfrager und Warengruppen eingegangen.

17.4.1.1 Studien mit vorwiegender Ausrichtung auf die Preispolitik

Handelsmarken können aus einer einzelbetrieblichen und aus einer gesamtwirtschaftlichen Sicht beurteilt werden. Das einzelne Handelsunternehmen ist bestrebt, mit einer Handelsmarkenpolitik die bereits aufgeführten finanzwirtschaftlichen, kundenbezogenen und strategischen Ziele zu erreichen. In gesamtwirtschaftlicher Sicht interessiert, inwieweit Handelsmarken:

- die Nachfragemacht eines Händlers stärken (*bargaining power*),
- Einfluss auf die Preissetzung eines oder mehrerer Hersteller nehmen, also z. B. zu einer Preissenkung bei den Herstellermarken führen,
- die Vielfalt des Angebots gegenüber den Endverbrauchern bereichern,
- die Ausgaben der Endverbraucher verringern,
- Absatzchancen für kleine und mittlere Unternehmen schaffen,
- helfen, Überkapazitäten in der Industrie abzubauen,
- lediglich Marktanteilsverschiebungen auslösen oder aber zu einer erhöhten Nachfrage führen.

Aus gesamt- und einzelwirtschaftlicher Sicht ist es demnach von großer Bedeutung, den Einfluss von Handelsmarken auf den Wettbewerb und die Marktpreise zu untersuchen. Solche Wirkungen werden vorwiegend in preistheoretische Analysen von mehrstufigen Märkten eingebettet. Die preistheoretischen Modelle werden für unterschiedliche Situationen formuliert, die insbesondere durch die Marktform auf der Herstellerebene und auf der Händlerebene gekennzeichnet sind. Darüber hinaus sind aber auch empirische Ergebnisse zum Einfluss von Handelsmarken auf Marktpreise dokumentiert. Ebenso ist in der Literatur die Frage diskutiert worden, wie der Preisabstand zwischen Hersteller- und Handelsmarken gewählt werden sollte.

Handelsmarken als Motor des Wettbewerbs

Steiner (1985) hat in den USA Beispiele aus den letzten Jahrzehnten gesammelt, die zeigen, dass Handelsmarken die Produzenten von Herstellermarken veranlasst haben, ihre Preise zu senken. So habe beispielsweise die Einführung von Handelsmarken im Bereich von Glühbirnen dazu geführt, dass der ursprüngliche Preis für einen Viererpack von $ 3,40 bis $ 3,60 in vielen Märkten auf ca. $ 2 zurückgegangen sei (vgl. Steiner 1985). In Washington wären in Supermärkten für die Herstellermarke $ 1,99 verlangt worden, für die Handelsmarke $ 1,49. In Märkten, in denen keine Handelsmarke eingeführt worden sei, hätte der Preis weiterhin $ 3,49 betragen. Steiner vergleicht drei Situationen, die auf Konsumentenmärkten vorliegen können:

- Märkte, auf denen Herstellermarken dominieren,
- Märkte, auf denen Handelsmarken dominieren und
- Märkte mit einer Mischung aus Hersteller- und Handelsmarken.

Steiner (2004) sieht durch gemischte Märkte gewährleistet, dass mit starken Herstellermarken und etablierten Handelsmarken großer Unternehmen im Allgemeinen die soziale Wohlfahrt auf den Konsumgütermärkten maximiert werden kann. Er sieht die absoluten und relativen Spannen, die dem Händler und dem Hersteller zukommen, weitgehend durch zwei Größen bestimmt, nämlich die Bereitschaft der Konsumenten, das Geschäft oder innerhalb eines Geschäfts die Marke zu wechseln.

In Märkten, die durch Herstellermarken dominiert seien, kämen den Herstellern hohe und dem Handel niedrige Margen zu, in Märkten, die durch Handelsmarken dominiert seien, wäre es umgekehrt. In Produktgruppen, die durch Herstellermarken dominiert seien, könnten die Verbraucher über die Geschäfte hinweg Preisvergleiche durchführen. Viele Konsumenten würden das Geschäft wechseln, wenn sie die von ihnen gewünschten Marken nicht vorfänden, denn ihnen widerstrebe ein Markenwechsel. Daraus resultiert ein intensiver Intrabrand-Wettbewerb, der die Handelsspannen der Händler schmelzen lässt. Sie gehen in die Preisverhandlungen mit dem Hersteller mit dem Wissen, dass sie die jeweiligen Marken in das Sortiment aufnehmen müssen (*must-stock-products*). Wenn dagegen die Herstellermarken kein hohes akquisitorisches Potenzial besitzen, werden die Konsumenten seltener das Geschäft wechseln, sondern eher eine Marke durch eine andere substituieren, wenn Preisunterschiede vorliegen. Der Interbrand-Wettbewerb nimmt zu, der Intrabrand-Wettbewerb verliert an Bedeutung.

Steiner zeigt, dass eine Situation mit einer Mischung von Hersteller- und Handelsmarken eine optimal ausgeglichene Machtsituation schafft. In einer gemischten Situation müssen die Margen und die Fabrikabgabepreise der führenden Herstellermarken begrenzt bleiben, damit sie keine bedeutenden Marktanteile an die Handelsmarken verlieren. Das würde geschehen, wenn ihre Preise so weit über denen der Handelsmarken lägen, dass die Preisdifferenz nicht mehr durch den Qualitätsunterschied gerechtfertigt wäre. Der Wettbewerb zwischen den Marken sorgt für niedrige Handelsspannen im Handel. Die Handelsmarken müssen sich entsprechend ihrer Reputation einordnen.

Handelsmarken in preistheoretischen Modellen

In preistheoretischen Untersuchungen zu mehrstufigen Märkten dient die Situation, in der sowohl der Hersteller als auch der Händler auf ihren Absatzmärkten jeweils die Rolle eines Monopolisten einnehmen, als Bezugspunkt. Es wird für den Hersteller, der annahmegemäß ein qualitativ hochwertiges Produkt anbietet, ein optimaler Preis ermittelt, zu dem er an den Händler liefert, der ebenfalls seinen Absatzpreis optimiert. Beide Preise liegen oberhalb der Grenzkosten, was den jeweiligen Gewinn maximal werden lässt, jedoch nicht die „*social welfare*". Wenn in einer solchen Situation der Händler überlegt, eine Handelsmarke einzuführen, dann wird er ein niedrigeres Qualitätsniveau als der Hersteller wählen, und er wird einen Produzenten suchen, der ihm das Produkt zu Grenzkosten zur Verfügung stellt. In einem solchen Fall

- kann der Produzent der Herstellermarke einen Fabrikabgabepreis in der Höhe vorschlagen, die der Situation ohne Handelsmarke entspricht,
- den Fabrikabgabepreis so weit absenken, dass der Händler keinen Anreiz mehr hat, die Handelsmarke einzuführen,
- bei der Festlegung des Fabrikabgabepreises die Existenz der Handelsmarke in Rechnung stellen.

Welcher Fall eintreten wird, hängt von den jeweiligen Produktionskosten ab und von den Qualitäten, die die Endverbraucher dem Herstellermarkenartikel und der Handelsmarke zuordnen. Mills (1995) untersucht den Fall, dass die Kosten für die Produktion der Hersteller- und der Handelsmarke gleich sind. Wenn dann die Qualität der Handelsmarke in der subjektiven Wahrnehmung der Verbraucher über einer gewissen Schwelle liegt, erkennt der Hersteller, dass er die Einführung dieser Handelsmarke nicht mit einer Anpassung seines Abgabepreises verhindern kann und er besser die Existenz dieser Handelsmarke bei seiner Preissetzung berücksichtigt. In der Folge sind beide Marken im Angebot. Je höher die Qualität der Handelsmarke, desto niedriger wird der Abgabepreis für die Herstellermarke sein. Auch ohne modellhafte Analyse ist zu erkennen, dass die Einführung einer Handelsmarke oder auch nur die Drohung mit der Einführung einer Handelsmarke die Gewinnsituation eines Herstellers verschlechtert, die des Händlers verbessert und dass die Endverbraucher davon profitieren (es sei denn, die hier als fix angesehenen Kosten erhöhen sich beträchtlich). Dies liegt vor allem daran, dass sich der Hersteller ursprünglich in der Rolle eines Monopolisten befand, während er sich nach Einführung der Handelsmarke den Markt mit dieser teilen muss.

Die Situation wurde auch für veränderte Modellannahmen analysiert. So wurde untersucht, welche Wirkungen von unterschiedlich hohen Grenzkosten für die Produktion der Hersteller- und der Handelsmarke ausgehen, wie sich nicht-lineare Tarife auswirken (das sind Formen der Preissetzung, bei denen der insgesamt zu entrichtende Preis nicht ausschließlich linear mit der Bezugsmenge steigt) und welche Konsequenzen mit einer unterschiedlich ausgeprägten Markentreue einhergehen. Bemerkenswert ist, dass sich die Situation der Verbraucher in allen Fällen verbessert, sich der Gewinn der Händler durch die Einführung von Handelsmarken erhöht und der der Hersteller sinkt (vgl. hierzu z. B. den Literaturüberblick bei Bergès-Sennou/Bontems/Réquillart 2004).

Die preistheoretischen Ansätze machen deutlich, dass sich die Folgen einer Einführung von Handelsmarken modelltheoretisch untersuchen lassen und dass dabei die Konsequenzen für Hersteller, Händler und die Konsumentenwohlfahrt ermittelt werden können. Die Ergebnisse hängen von den getroffenen Annahmen ab, und es wird deutlich, dass weitere Modellvarianten untersucht werden können. Hierbei kann vor allem auf andere Marktstrukturen, insbesondere das Oligopol, auf den Mehrproduktfall und auf Unsicherheit abgestellt werden.

Empirische Befunde zur Wirkung von Handelsmarken auf den Preiswettbewerb

Verschiedene Studien untersuchen den Preiswettbewerb zwischen Hersteller- und Handelsmarken im Zeitablauf auf Basis empirischer Daten. Es wird gefragt, ob sich aufgrund der Einführung von Handelsmarken die Preise für Herstellermarken verringern, ob die Hersteller ihre Werbemaßnahmen ausdehnen und ob sie sich mit ihren Marken deutlicher von den Handelsmarken differenzieren.

Ward, Shimshack, Perloff et al. (2002) verwenden in den von ihnen durchgeführten Zeitreihenanalysen Monatsdaten aus den USA zu Preisen, Werbeausgaben und Marktanteilen für 34 Produktkategorien. Für jede Kategorie analysieren sie, wie die Herstellermarken auf die Handelsmarken reagieren. Sie zeigen, dass ein Anwachsen des Marktanteils der Handelsmarken begleitet wird von:

- einem Anstieg der Preise der Herstellermarken (oder keinem Einfluss),
- einem sinkenden Preis der Handelsmarken (oder keinem Einfluss),
- einem negativen oder keinem Einfluss auf die durchschnittlichen Preise,
- einem Rückgang der Werbeaktivitäten für die Herstellermarken.

Gabrielsen, Steen und Sørgard (2002) untersuchen die mit der Einführung von Handelsmarken verbundenen Effekte in Norwegen. Dabei vergleichen sie für 83 Produkte die Preise der Herstellermarken vor und nach der Einführung von Handelsmarken. Wenn die Wirkung überhaupt signifikant ist, dann erhöhen sich in den meisten Fällen die Preise der Herstellermarken nach der Einführung der Handelsmarken, wobei dieser Effekt für führende und national distribuierte Marken größer ist. Preiserhöhungen für Herstellermarken werden auch durch eine spätere Studie von Gabrielsen und Sørgard (2007) belegt. Sie zeigen, dass die Wirkung vor allem davon abhängt, wie die Endverbrauchernachfrage strukturiert ist, wie groß der Anteil jener Konsumenten ist, die ihrer Herstellermarke treu bleiben und wie viele Kunden wechselbereit sind. Die Markentreue wirkt sich dabei preiserhöhend aus.

Andere Autoren beobachten dagegen sinkende Preise für Herstellermarken. Chintagunta, Bonfrer und Song (2002) zeigen, dass die Einführung von Handelsmarken bei Cerealien zu einem Rückgang der Preise und Werbeaktivitäten für die Herstellermarken führt. Sckokai und Soregaroli (2008) schätzen für Milchprodukte im italienischen Markt Regressionsfunktionen, in denen der Herstellermarkenpreis als abhängige Variable, die Marktanteile der Hersteller- und Handelsmarken als unabhängige Variable modelliert werden. Auch hier sinken die Preise für viele Herstellermarken, wenn der Marktanteil der Handelsmarken steigt. Bei einigen marktführenden traditionellen Käsemarken sind jedoch auch steigende Preise zu beobachten.

Die zunächst widersprüchlich erscheinenden Ergebnisse lassen sich durch verschiedene Wirkmechanismen erklären. Die Preiserhöhungen bei Herstellermarken können damit erklärt werden, dass die Qualität der Herstellermarken unter Umständen erhöht wurde, um so einen größeren Abstand zu der Qualität der Handelsmarken herzustellen. Ebenso könnten die Preise für Herstellermarken erhöht werden, da für Kunden mit niedrigen Zahlungsbereitschaften nun durch Handelsmarken preisgünstige Alternativen angeboten werden. Bei den verbleibenden markentreuen Kunden können entsprechend höhere Zahlungsbereitschaften abgeschöpft werden. Die sinkenden Preise lassen sich dagegen durch einen erhöhten Preiswettbewerb erklären.

Die Wahl des Preisabstands zwischen Hersteller- und Handelsmarken

Während die bisher dargestellten Ergebnisse aus gesamtwirtschaftlicher Sicht von hoher Relevanz sind, kommt der Frage nach dem richtigen Preisabstand zwischen Hersteller- und Handelsmarken aus einzelwirtschaftlicher Sicht Bedeutung zu. Ebenso ist der Preisabstand ein wichtiger Faktor der Akzeptanz von Handelsmarken. Empirische Ergebnisse zeigen, dass der Umsatz und der Marktanteil von Handelsmarken mit zunehmendem Preisvorteil gegenüber Herstellermarken ansteigen (vgl. Hoch 1996; Dhar/Hoch 1997). Dieser Zusammenhang ist auch unmittelbar einsichtig, da der Markenwert und damit die Zahlungsbereitschaft für Handelsmarken im Vergleich zu Herstellermarken oft geringer sind (vgl. Sattler 1998; Koppe 2003; Reutterer/Sicking 2005). Es gibt jedoch auch Hinweise, dass der Einfluss des Preises bzw. des Preisabstands auf die Kaufbereitschaft einer Handelsmarke nicht linear ist und von Kontexteffekten abhängt (vgl. z. B. Sheinin/Wagner 2003). Ergebnisse von Zielke und Dobbelstein (2007) deuten darauf hin, dass ein mittlerer Preisabstand, der weder besonders hoch noch besonders niedrig ist, zu den geringsten Kaufbereitschaften führt. Dies kann dadurch erklärt werden, dass bei einem mittleren Preisabstand bereits negative Preis-Qualitäts-Assoziationen wirksam werden, der Preisvorteil aber nicht hoch genug ist, um einen Markenwechsel zur Handelsmarke zu bewirken. Handelsmarken sollten also entweder einen großen Preisabstand aufweisen oder preislich knapp unterhalb der Herstellermarken angesiedelt sein, wodurch die Qualitätswahrnehmung positiv beeinflusst werden kann. Inwieweit die Strategie eines niedrigen Preisabstands aufgeht, wird auch in starkem Maße von dem Markenwert der Handelsmarke abhängen.

In diesem Zusammenhang kann auch gefragt werden, unter welchen Umständen nennenswerte Preisabstände überhaupt möglich sind. Gründe können in der Marktstruktur liegen, z. B. in den Möglichkeiten eines Handelsunternehmens, kostengünstige Produktionsstätten zu erschließen, in der Marktmacht des Handels oder in der Preispolitik des Herstellers, der eine Hochpreispolitik beibehält. Weiterhin ist zu beachten, dass der Preisabstand in starkem Maße von der Art und der Positionierung der Handelsmarke abhängig ist.

17.4.1.2 Studien mit Ausrichtung auf weitere Entscheidungsbereiche

Zu den wichtigsten Entscheidungen im Bereich der Handelsmarkenpolitik zählt die Positionierung, insbesondere in Relation zu den vorhandenen Herstellermarken. Darüber hinaus müssen Handelsunternehmen Entscheidungen treffen, bei welchen Lieferanten sie ihre Handelsmarken beschaffen wollen. Auf beide Aspekte wird im Folgenden eingegangen.

Die Positionierung und Qualität von Handelsmarken

Studien zur Positionierung von Handelsmarken sind häufig modelltheoretisch angelegt. Die wissenschaftlichen Beiträge zu diesem Thema zeigen, dass es nicht immer ganz leicht fällt, exakt zu beschreiben, was mit der Positionierung inhaltlich gemeint ist. So bedienen sich beispielsweise einige modelltheoretische Beiträge der Substituierbarkeit, um die unterschiedliche Positionierung von zwei Produkten formal abzubilden (vgl. Raju/Sethuraman/Dhar 1995; Sayman/Hoch/Raju 2002; Choi/Coughlan 2006). Sind Handels- und Herstellermarke „voll substituierbar" so bedeutet dies, dass der Händler mit der Positionierung seiner Handelsmarke die Herstellermarke angreift. Inhaltlich ist es wohl die Ähnlichkeit der Produkte, die mit dem Begriff Substituierbarkeit charakterisiert wird. Allerdings ist die Frage zu klären, was Ähnlichkeit konkret bedeuten soll – ist es eine ähnliche Qualitätswahrnehmung, sind es ähnliche Produktmerkmale, ähnliche Verpackungen? Die Ähnlichkeit kann zudem mit Hilfe ausgewählter absatzpolitischer Maßnahmen (Regalplatzierung neben der Herstellermarke, gleiche Position im Werbeprospekt) positiv beeinflusst werden. In den bereits genannten modelltheoretischen Beiträgen wird häufig die Vorteilhaftigkeit einer Positionierung nahe der stärksten Herstellermarke postuliert. Zu beachten ist dabei allerdings, dass die Autoren sehr klare und präzise Bedingungen angeben und modellieren, unter denen solche Ergebnisse abgeleitet werden konnten. So darf die Frage nach den Kosten, die eine solche Positionierung verursachen kann, nicht vernachlässigt werden. Darüber hinaus gibt es aber auch neuere theoretische Analysen, in denen die Frage aufgeworfen wird, ob es für einen Händler, unabhängig von der Kostenproblematik, vorteilhaft sein kann, auf eine Positionierung nahe der Herstellermarke bewusst zu verzichten. Sethuraman (2003) zeigt mit Hilfe spieltheoretischer Analysen, dass dies möglich ist, wenn die Handelsmarke ein nennenswertes Marktsegment erreichen kann, das von der Herstellermarke bisher nicht bedient worden ist. Dies kann auch dann sinnvoll sein, wenn sich die Herstellermarke in einer frühen Phase des Lebenszyklus befindet und der Hersteller in hohem Maße in Werbung investiert, um das Produkt bekannt zu machen. Eine Positionierung nahe der Herstellermarke kann den Hersteller zu Preisreduktionen und einer Einschränkung der Werbemaßnahmen zwingen, worunter die gesamte Nachfrage und damit auch der Händler leiden würden (vgl. zu alternativen Positionierungsstrategien auch Du/Lee/Staelin 2005; Choi/Coughlan 2006).

In der Literatur wird auch diskutiert, inwieweit sich mit einer Positionierung von Handelsmarken im unteren, mittleren oder oberen Preisbereich unterschiedliche Ziele realisieren lassen. Corstjens und Lal (2000) zeigen, dass Einkaufsstättentreue eher mit qualitativ guten bis hochwertigen Handelsmarken erreicht werden kann. Die im Einstiegspreissegment positionierten Handelsmarken (manchmal als „Aldinative" bezeichnet) fördern den Preiswettkampf zwischen Handelsunternehmen, ohne zu Einkaufsstättentreue zu führen. Eine Handelsmarkenpolitik mit qualitativ guten bis hochwertigen Handelsmarken ist jedoch nur dann für das Handelsunternehmen profitabel, wenn ein signifikanter Anteil der Kunden weiterhin zur Herstellermarke greift. Dadurch wird die komplementäre Rolle von Handels- und Herstellermarken ersichtlich. Auch die Ergebnisse von Ailawadi und Harlam (2004) deuten darauf hin, dass ein ausgewogenes Verhältnis von Handels- und Herstellermarken sinnvoll ist. Ebenso können unter bestimmten Bedingungen sogar Herstellermarken von Handelsmarken im Sortiment profitieren (vgl. Pauwels/Srinivasan 2004; Wu/Wang 2005; Soberman/Parker 2006).

Mit der Positionierung ist auch unmittelbar die Frage nach der Qualität der angebotenen Handelsmarken verbunden. Nies (2009, S. 31–55) geht diesbezüglich der wichtigen Frage nach, inwieweit mit der Qualität von Handelsmarken in bestimmten Warengruppen die Einkaufsstättentreue gestärkt werden kann. Sie untersucht drei Aspekte der Qualitätspolitik bei Handelsmarken:

- Beeinflusst der Eindruck, den Konsumenten von der Qualität der Handelsmarken in einzelnen Warengruppen haben, die Wahl der Einkaufsstätte?
- Kommt dabei den einzelnen Warengruppen eine unterschiedliche Bedeutung zu?
- Beeinflussen die Qualitätsurteile die Einkaufsstättenwahl direkt oder wirken sie über das Geschäftsimage?

Die Auswertung von Daten aus rund 1000 Interviews mit 2263 Bewertungen von Handelsmarken zeigt in der weitaus größten Zahl von Warengruppen, dass das Qualitätsurteil über Handelsmarken sowohl direkt als auch indirekt (über das Geschäftsimage) die Einkaufsstättenwahl beeinflusst.

Die Beschaffung von Handelsmarken

Zu den wichtigen Aktionsparametern der Handelsmarkenpolitik gehört auch die Frage, welche Lieferanten die Marke herstellen sollen. Diese Frage hat einen unmittelbaren Bezug zur Marketingpolitik, da die Art des Lieferanten einen Einfluss auf die mögliche Positionierung der Handelsmarke sowie die Margen und Preise innerhalb der betreffenden Warengruppe haben kann. Dies soll im Folgenden anhand eines spieltheoretischen Modells verdeutlicht werden (vgl. dazu auch Toporowski/Zielke 2011). Das Modell zeigt, welche Konsequenzen sich für die Geschäftspolitik eines Händlers und für die Erfolge von Herstellern und Händlern ergeben. Insofern wird ein Beitrag zur Handelsmarkenpolitik aus strategischer Perspektive geleistet.

Das Modell geht von einem Distributionssystem mit zwei Herstellern (M1 und M2) und einem Händler (R) aus. Es wird unterstellt, dass der Händler versucht, die Handelsmarke so nah wie möglich an der Marke des führenden Herstellers (M1) zu positionieren. Für die Beschaffung der Handelsmarke sind dann die folgenden Alternativen denkbar:

- Der Händler lässt die Handelsmarke durch den führenden Markenartikelhersteller (M1) produzieren. Diese Situation ist jedoch problematisch, da der Hersteller eine Handelsmarke produzieren soll, die seine Herstellermarke kannibalisiert (Szenario 1).
- Der Händler lässt die Handelsmarke durch den zweiten Markenartikelhersteller (M2) produzieren. Dieser liefert dann eine Handelsmarke, die seinen Konkurrenten (M1) direkt angreift (Szenario 2).
- Der Händler sucht einen kleinen regionalen bzw. auf die Produktion von Handelsmarken spezialisierten Hersteller (M3). Auch dieser Hersteller versucht die führende Herstellermarke zu imitieren, jedoch gelingt ihm das unter Umständen nur bis zu einem gewissen Grad (Szenario 3).

Die Szenarien sind neben der Situation vor Einführung der Handelsmarke (Basisszenario) in Abbildung 17.4 dargestellt. Die Herstellerabgabepreise sind in der Abbildung mit w_j, die Endverbraucherpreise mit p_j gekennzeichnet. Die Artikel 1 und 2 sind Herstellermarken, Artikel 3 ist die Handelsmarke.

Ein Vergleich der Alternativen führt zu der Erkenntnis, dass jedes der Szenarien mit bestimmten Vor- und Nachteilen verbunden ist. Vergleicht man die Szenarien 1 und 2, so lässt sich feststellen, dass Szenario 2 einerseits vorteilhaft ist, weil die Hersteller gegeneinander ausgespielt werden. Andererseits besteht die Gefahr, dass die Geschäftsbeziehung zu M1 gefährdet wird. Die Szenarien 1 und 2 sind gegenüber Szenario 3 vorteilhaft, da die Markenartikelhersteller eher oder zu geringeren

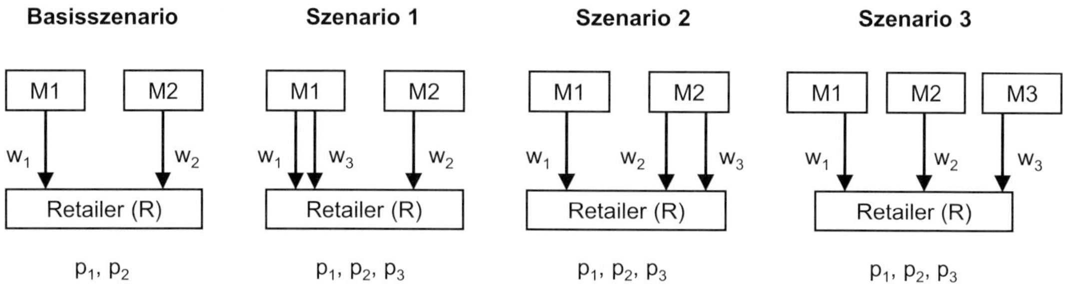

Quelle: Toporowski/Zielke 2011

Abb. 17.4: Szenarien für die Beschaffung von Handelsmarken

Kosten in der Lage sind, eine Handelsmarke herzustellen, die ähnlich wie die führende Herstellermarke wahrgenommen wird. Andererseits kann der Eintritt eines dritten Lieferanten positive Effekte auf den Wettbewerb unter den Lieferanten ausüben. Da eine qualitative Sammlung der Argumente nicht zu einer eindeutigen Lösung führt, soll im Folgenden gezeigt werden, wie mit Hilfe spieltheoretischer Modelle die Vorteilhaftigkeit der Szenarien untersucht werden kann.

Ein spieltheoretisches Modell erfordert zunächst die Formulierung von Gewinn- und Nachfragefunktionen. Hierbei kann unterstellt werden, dass die Gewinne der Hersteller jeweils den Umsätzen entsprechen, während sich der Gewinn des Handels aus den Roherträgen der einzelnen Produkte ergibt. Dies führt beispielsweise für Szenario 1 zu den folgenden Gewinnfunktionen:

(17.1) $$PM_1 = q_1 w_1 + q_3 w_3$$

(17.2) $$PM_2 = q_2 w_2$$

(17.3) $$PR = q_1(p_1 - w_1) + q_2(p_2 - w_2) + q_3(p_3 - w_3)$$

mit:

PM_i = Gewinn von Hersteller i (i = 1, 2)

PR = Gewinn des Händlers

q_j, w_j, p = Nachfragemenge, Herstellerabgabepreis, Einzelhandelspreis für Produkt j (j = 1, 2, 3)

Die Nachfragefunktionen nach den drei Produkten können in Anlehnung an Sayman, Hoch und Raju (2002) wie folgt formuliert werden:

(17.4) $$q_1 = \frac{1}{a_1 + a_2 + a_3} \cdot \left[a_1 - p_1 + \frac{1}{2}\left\{ \theta(p_2 - p_1) + \delta_1(p_3 - p_1) \right\} \right]$$

(17.5) $$q_2 = \frac{1}{a_1 + a_2 + a_3} \cdot \left[a_2 - p_2 + \frac{1}{2}\left\{ \theta(p_1 - p_2) + \delta_2(p_3 - p_2) \right\} \right]$$

(17.6) $$q_3 = \frac{1}{a_1 + a_2 + a_3} \cdot \left[a_3 - p_3 + \frac{1}{2}\left\{ \delta_1(p_1 - p_3) + \delta_2(p_2 - p_3) \right\} \right]$$

Hiernach ist die Nachfrage nach einem Produkt von seinem Preis und den Preisunterschieden gegenüber den anderen Artikeln abhängig, wobei der Einfluss der Preisdifferenzen mit Hilfe von Sensitivitätsparametern (θ, δ_1, δ_2) gewichtet wird. Der Parameter θ repräsentiert beispielsweise die Kreuzsensitivität zwischen den Herstellermarken. Dieser und die anderen Sensitivitätsparameter werden durch die Positionierung der Produkte im Wahrnehmungsraum der Kunden bestimmt. Sind sich die Herstellermarken sehr ähnlich, dann ist auch ein hoher Wert für θ zu erwarten. Weiterhin ist die Formel so aufgebaut, dass sich die Nachfrage nach einem Produkt entsprechend der Höhe der Parameter a_j aufteilt, wenn alle Produkte verschenkt werden würden. Der Parameter a_j stellt also die Basisnachfrage nach einem Produkt dar.

Der nächste Baustein eines spieltheoretischen Modells ist die Festlegung der Entscheidungsreihenfolge. Für Szenario 1 wäre die folgende Entscheidungssequenz denkbar:

1. Der Händler bestimmt die Marge der Handelsmarke.
2. Hersteller M1 legt seinen Abgabepreis für die Handelsmarke in Abhängigkeit der vorgegebenen Marge fest (womit auch der Einzelhandelspreis der Handelsmarke feststeht). Gleichzeitig bestimmen die Hersteller die Abgabepreise für ihre Markenartikel.
3. Der Händler legt die Einzelhandelspreise für die beiden Herstellermarken fest.

Die vorgeschlagene Entscheidungssequenz ist insofern interessant, als dass der Händler sich bezüglich der Handelsmarke in einer Führer-Position befindet, während er für die Herstellermarken eine Folger-Position einnimmt. Die Annahme, dass es sich bei dem dritten Produkt um eine Handelsmarke handelt, wird also über die Entscheidungsreihenfolge abgebildet.

Der letzte Baustein des Modells sind Annahmen über die Werte einzelner Parameter in der Nachfragefunktion. Sie beziehen sich auf den Zusammenhang zwischen Positionierung und Preissensitivität, die Fähigkeit der einzelnen Hersteller die Marke von M1 zu kopieren sowie die Basisnachfrage nach der Handelsmarke im Vergleich zu den Herstellermarken. So könnte unterstellt werden, dass es dem spezialisierten Hersteller M3 nicht vollständig gelingt, die Herstellermarke von M1 zu kopieren oder dass die Basisnachfrage der Handelsmarke im Vergleich zu den Herstellermarken nur halb so groß ist.

Nachdem die Bausteine festgelegt sind, kann der Gewinn des Händlers in den einzelnen Szenarien berechnet werden. Hierbei werden die Gewinnfunktionen durch Rückwärtsintegration entsprechend der festgelegten Entscheidungsreihenfolge maximiert. Die Ergebnisse zeigen, dass die Höhe der Gewinne in den einzelne Szenarien von der Ähnlichkeit der Herstellermarken bzw. ihrer Kreuzsensitivität θ abhängt. Vergleicht man Szenario 1, Szenario 3 und das Basisszenario ohne Handelsmarken, so lässt sich feststellen, dass aus Händlersicht für kleine Werte von θ die Beschaffung bei einem Markenartikelhersteller vorteilhaft ist, bei mittleren Werten sollte er die Handelsmarke bei einem spezialisierten Hersteller beschaffen. Bei hohen Werten von θ sollte er auf die Einführung von Handelsmarken verzichten.

Die Erklärung für dieses Ergebnis liegt darin begründet, dass bei kleinen Werten von θ (also bei sehr unähnlichen Herstellermarken) die fehlende Fähigkeit zur Imitation der führenden Herstellermarke besonders stark durchschlägt. Bei hohen Werten von θ (also bei sehr ähnlichen Herstellermarken) ist der Wettbewerb unter den Markenartikelherstellern so hoch, dass eine Handelsmarke aus strategischen Gründen nicht mehr erforderlich ist. Somit belegt auch dieses Beispiel, dass die Handelsmarkenpolitik nach Warengruppen differenziert werden muss.

Bei der Interpretation der Ergebnisse muss jedoch beachtet werden, dass das Modell auf bestimmten Annahmen basiert. So stellt sich die bereits oben diskutierte Frage, ob eine Handelsmarke grundsätzlich die führende Herstellermarke imitieren sollte. Unter bestimmten Umständen können auch andere Positionierungsstrategien vorteilhaft sein (vgl. Sethuraman 2003; Du/Lee/Staelin 2005; Choi/Coughlan 2006).

17.4.1.3 Studien mit Ausrichtung auf Merkmale der Nachfrager und Warengruppen

In der Literatur ist auch untersucht worden, durch welche Merkmale sich Käufer von Handelsmarken charakterisieren lassen. Zu diesen Merkmalen zählen insbesondere die Preis- und Qualitätsorientierung der Kunden sowie das empfundene Risiko. Gleichzeitig können sich diese Größen zwischen Warengruppen unterscheiden, indem zum Beispiel in bestimmten Warengruppen höhere Risiken empfunden werden als in anderen. Im Hinblick auf Eigenschaften der Warengruppen ist insbesondere der Einfluss des empfundenen Risikos untersucht worden. Weiterhin sind Studien durchgeführt worden, die die Attraktivität von Handelsmarkenkäufern analysieren.

Die Preis- und Qualitätsorientierung der Kunden

Verschiedene Studien beschäftigen sich mit den Eigenschaften von Handelsmarkenkäufern im Vergleich zu Promotionkäufern, d. h. solchen Kunden, die Herstellermarken im Rahmen von Promotionaktionen zu reduzierten Preisen kaufen. Ailawadi, Neslin und Gedenk (2001) zeigen, dass der Kauf von Handelsmarken insbesondere mit einer starken Preisorientierung, einer geringen Qualitätsorientierung sowie einer höheren Einkaufsstättentreue verbunden ist. Ebenso haben finanzielle und zeitliche Restriktionen sowie der Wunsch nach Abwechslung (*variety seeking*) einen positiven Einfluss auf den Kauf von Handelsmarken.

Garretson, Fisher und Burton (2002) untersuchen den Einfluss verschiedener Konstrukte auf die Einstellung zu Handelsmarken und Herstellermarken-Promotions. Dabei stellen sie u. a. fest, dass Konsumenten, die eine starke Preis-Leistungs-Orientierung haben, eine positive Einstellung zu Handelsmarken aufweisen. Anders dagegen Konsumenten, die den Preis als Indikator für Qualität werten. Sie sehen in dem geringeren Preis der Handelsmarke einen Qualitätsnachteil. Die sog. Smart Shopper wenden sich ebenso eher reduzierten Herstellermarken zu, da sie nicht nur daran interessiert sind, Geld zu sparen, sondern auch daran, wie sie es sparen. Ein weiteres Ergebnis der Studie ist, dass Konsumenten mit starker Preis-Leistungs-Orientierung weniger markentreu und daher eher bereit sind, zu Handelsmarken zu wechseln.

Im Mittelpunkt der genannten Studien steht die Frage nach den charakteristischen Merkmalen von Konsumenten, die sich von Handelsmarken besonders angesprochen fühlen. In diesem Zusammenhang stellt sich die grundsätzliche Frage, ob die Affinität zu Handelsmarken eher konsumenten- oder produktgruppenspezifisch ist. Nach Ergebnissen von Hoch und Banerji (1993) erreichen Handelsmarken tendenziell eine höhere Bedeutung in umsatzstarken, weniger stark beworbenen Warengruppen mit einer geringen Anzahl von Marken. Zudem gehen von der Höhe und einer geringen Varianz der wahrgenommenen Qualität von Handelsmarken positive Effekte aus. Diese

Befunde weisen auf die Bedeutung des wahrgenommenen Risikos hin, auf das im Folgenden eingegangen werden soll.

Das empfundene Risiko beim Kauf von Handelsmarken

Der Einfluss des empfundenen Risikos auf die Beurteilung und das Kaufverhalten von Handelsmarken konnte in verschiedenen Studien nachgewiesen werden (vgl. z. B. Richardson/Jain/Dick 1996b; Batra/Sinha 2000; Semeijn/van Riel/Ambrosini 2004; Dobbelstein/Zielke 2007; Zielke/Dobbelstein 2007). Das empfundene Risiko stellt eine in der Konsumentenverhaltenstheorie wichtige Größe dar, die häufig in verschiedene Risikoarten unterteilt wird, so beispielsweise in das funktionale, das finanzielle oder das soziale Risiko. In Bezug auf den Kauf von Handelsmarken können diese Risiken wie folgt definiert werden (vgl. z. B. Dobbelstein/Zielke 2007):

- Das finanzielle Risiko bezieht sich auf den finanziellen Verlust, der aus einem Fehlkauf resultieren könnte. Es wird umso stärker sein, je hochpreisiger die Artikel in einer Warengruppe sind. Beim Kauf eines Shampoos ist das finanzielle Risiko entsprechend geringer als beim Kauf eines Fernsehgeräts.
- Das funktionale Risiko bezieht sich auf mögliche Folgen, die aus einer mangelnden Funktionalität der Produkte entstehen können. Solche Risiken bestehen bei Standardprodukten wie z. B. Butter oder Milch kaum. Bei Waschmittel könnte jedoch das Risiko bestehen, dass die Wäsche nicht sauber wird. Das funktionale Risiko kann auch als Qualitätsrisiko bezeichnet werden.
- Das soziale Risiko kennzeichnet den Image- oder Prestigeverlust, der durch den Kauf oder Konsum bestimmter Produkte entstehen kann. Solche Risiken sind besonders bei Produkten zu erwarten, die in der Öffentlichkeit konsumiert oder Gästen angeboten werden. So könnte das soziale Risiko bei Sekt oder Wein besonders hoch sein.

Das funktionale Risiko weist einen engen Zusammenhang zur Qualitätswahrnehmung der Produkte auf. Es hat nach dem effizienztheoretischen Ansatz auch Konsequenzen für die Eignung einer Warengruppe als Handelsmarke, weil die Kommunikationskosten für Handelsmarken hoch sein können, wenn Qualitätsbedenken ausgeräumt werden müssen. Deshalb kann es aufschlussreich sein, der Frage nachzugehen, wann Nachfrager unsicher in Bezug auf die Einschätzung der Qualität von Handelsmarken sind. Hier kann eine Differenzierung nach Such-, Erfahrungs- und Vertrauenseigenschaften der Produkte weiterhelfen (vgl. Nelson 1970; Darby/Karni 1973). Einige Produkte sind leicht zu beurteilen, weil sie über einen hohen Anteil von Sucheigenschaften verfügen (die Qualität kann vor dem Kauf festgestellt werden), andere dagegen verfügen über einen hohen Anteil von Erfahrungseigenschaften oder sogar Vertrauenseigenschaften, die ein Urteil über die Produktqualität erschweren. Als Beispiel sei Zahnpasta angeführt, deren geringer Handelsmarkenanteil zu dem Umstand passt, dass die Qualität von Zahnpasta nur eingeschränkt beurteilt werden kann. Aber auch die Bekanntheit von Testergebnissen kann als Einflussgröße auf die empfundene Unsicherheit angeführt werden.

Richardson, Jain und Dick (1996a) haben neben anderen Einflussfaktoren die Rolle des wahrgenommenen Qualitätsrisikos beim Kauf von Handelsmarken untersucht. Sie können einen negativen Einfluss auf das wahrgenommene Preis-Leistungs-Verhältnis von Handelsmarken und ihre Kaufhäufigkeit nachweisen. Die befragten Personen empfinden jedoch ein geringeres Risiko, je stärker sie mit Handelsmarken vertraut sind. Diese Ergebnisse zeigen, dass es vor allem darauf ankommt, dass Kunden Handelsmarken ausprobieren, um damit die wahrgenommenen Qualitätsrisiken zu reduzieren.

Ebenso haben Batra und Sinha (2000) den Einfluss des empfundenen Risikos auf die Bevorzugung von Handelsmarken innerhalb einer Warengruppe untersucht. Sie unterscheiden in ihrer Studie drei Determinanten des wahrgenommenen Risikos:

- die Konsequenzen eines Fehlkaufs,
- das Ausmaß von Qualitätsunterschieden zwischen den Produkten in der Warengruppe sowie
- das Ausmaß von Such- versus Erfahrungseigenschaften der Produkte in der Warengruppe.

Weiterhin vermuten sie Beziehungen zwischen diesen Determinanten. Die Autoren testen verschiedene Produktkategorien in Bezug auf diese Risikofaktoren und stellen zunächst fest, dass das Ausmaß von Sucheigenschaften die wahrgenommen Qualitätsunterschiede und die Gefahr eines Fehlkaufs reduziert. Die wahrgenommenen Qualitätsunterschiede steigern die Konsequenzen eines Fehlkaufs. Während die Gefahr eines Fehlkaufs einen direkten Einfluss auf die Bevorzugung von Handelsmarken in einer Warengruppe hat, beeinflussen die beiden anderen Determinanten diese Größe indirekt. Ebenso können sie zeigen, dass die Preisorientierung der Kunden in der Warengruppe einen Einfluss auf die Bevorzugung von Handelsmarken hat. Die Studie zeigt somit, dass die Bevorzugung von Handelsmarken durch Größen des Konsumentenverhaltens erklärt werden kann, diese jedoch in einzelnen Warengruppen verschieden ausgeprägt sein können.

Auch Zielke und Dobbelstein (2007) haben den Einfluss der spezifischen Risiken einer Warengruppe auf die Kaufbereitschaft von Handelsmarken untersucht. Sie können für soziale Risiken die stärksten Effekte beobachten, gefolgt von funktionalen und finanziellen Risiken. Die hohe Bedeutung sozialer Risiken äußerte sich auch darin, dass bei Produkten, die häufig Gästen angeboten werden, die geringsten Kaufbereitschaften zu beobachten waren (Sekt und Kartoffelchips). Auch diese Ergebnisse zeigen, dass Handelsmarkenstrategien spezifisch für einzelne Warengruppen entwickelt werden müssen. Während bei Warengruppen mit geringen Risiken Handelsmarken im Preiseinstiegssegment geeignet erscheinen, versprechen in Warengruppen mit hohen sozialen Risiken eventuell Premium-Handelsmarken Erfolg.

Die Attraktivität von Handelsmarkenkäufern

Forschungsergebnisse von Ailawadi und Harlam (2004) zeigen, dass starke Handelsmarkenkäufer nicht notwendigerweise die für das Unternehmen profitabelsten Kunden sind. Sie haben im Durchschnitt kleinere Warenkörbe und tragen so weniger zum Unternehmenserfolg bei. Am profitabelsten sind solche Kunden, die zwar Handelsmarken kaufen, jedoch nur zu einem geringen Anteil Handelsmarken in ihrem Warenkorb haben (< 35 %). Sie kaufen im Durchschnitt mehr Artikel ein und tragen so mehr zur Gesamtprofitabilität des Unternehmens bei. Die Untersuchungen unterstreichen, dass bei der Beurteilung der Handelsmarkenpolitik nicht nur der Erfolg der Handelsmarken selbst als Kriterium dienen darf, sondern dass Auswirkungen auf das gesamte Unternehmen zu berücksichtigen sind.

17.4.2 Das Totalmodell von Lauer

Schon die große Unterschiedlichkeit im Einsatz von Handelsmarken lässt den Verdacht aufkommen, dass Handelsmarken nur unter sehr spezifischen Bedingungen zum Erfolg führen. Diese gilt es zu identifizieren. Lauer (2001) hat ein Modell entwickelt, in dem der Einfluss zahlreicher Variablen thematisiert wird. Er unterscheidet dabei:

- markenmanagementbezogene Determinanten,
- wettbewerbsbezogene Determinanten,
- produktbezogene Determinanten und
- konsumentenbezogene Determinanten.

Damit nimmt er Bezug auf die Möglichkeiten, den Absatz von Handelsmarken durch entsprechende Maßnahmen zu unterstützen (z. B. Präsentations- und Werbepolitik), berücksichtigt die Wettbewerbssituation und die Art des jeweiligen Produkts, und stellt schließlich in Rechnung, dass die Neigung, Handelsmarken zu erwerben, bei einzelnen Personen unterschiedlich ausgeprägt sein kann. Dies ist ein beachtenswerter Versuch, die vielfältigen Einflussfaktoren zu ordnen, wiewohl die folgenden Ausführungen zeigen werden, dass sich vielfältige Zuordnungsprobleme ergeben. Lauer nennt nicht nur mögliche Einflussfaktoren, sondern er bettet sie in theoretische Zusammenhänge ein, um so ihren Einfluss theoretisch zu begründen. Er verwendet dabei den ressourcenorientierten Ansatz, die Industrieökonomik, die Informationsökonomik und einzelne Partialansätze der Konsumentenverhaltensforschung. Insgesamt entwickelt er zwei Modelle, und zwar

- zur Erklärung des Handelsmarkenerfolgs durch die oben genannten Determinanten und
- zur Erklärung der Vertriebsschienenprofilierung durch den Handelsmarkenerfolg.

Bestimmungsfaktoren des Handelsmarkenerfolgs

Unter Handelsmarkenerfolg versteht Lauer den Marktanteil, den Käuferanteil, die Markentreue und den von den Konsumenten beim Kauf einer Handelsmarke empfundenen Nutzen. Auf die Indikatoren, mit denen diese Erfolgsgrößen gemessen werden, soll hier nicht eingegangen werden, vielmehr soll die Komplexität des Modells mit einem Blick auf die insgesamt 26 Hypothesen zum ersten Modell deutlich gemacht werden. Diese sind der Abbildung 17.5 zu entnehmen.

Die Vorzeichen in der Abbildung 17.5 geben jeweils die Richtung des Zusammenhangs an. So lautet beispielsweise Hypothese 1:

„Je größer die Anzahl der Artikel unter einer Handelsmarke (Breite des Markendaches), desto kleiner der Erfolg eines mit dieser Marke versehenen Handelsmarkenartikeln."

Die Hypothese bezieht sich auf eine **markenmanagementbezogene Determinante** des Handelsmarkenerfolgs. Damit wird in der Hypothese ein Aktionsparameter des Handelsmanagements thematisiert, da das Handelsmanagement entscheiden kann, für wie viele Artikel eine Marke verwendet wird (von der Individualmarke bis zur Dachmarke). Lauer postuliert einen negativen Einfluss der Breite des Markendachs auf den Handelsmarkenerfolg, weil er in Handelsunternehmungen nur eine begrenzte Markenführungskompetenz vermutet. Es ist zunächst plausibel, den ressourcenorientier-

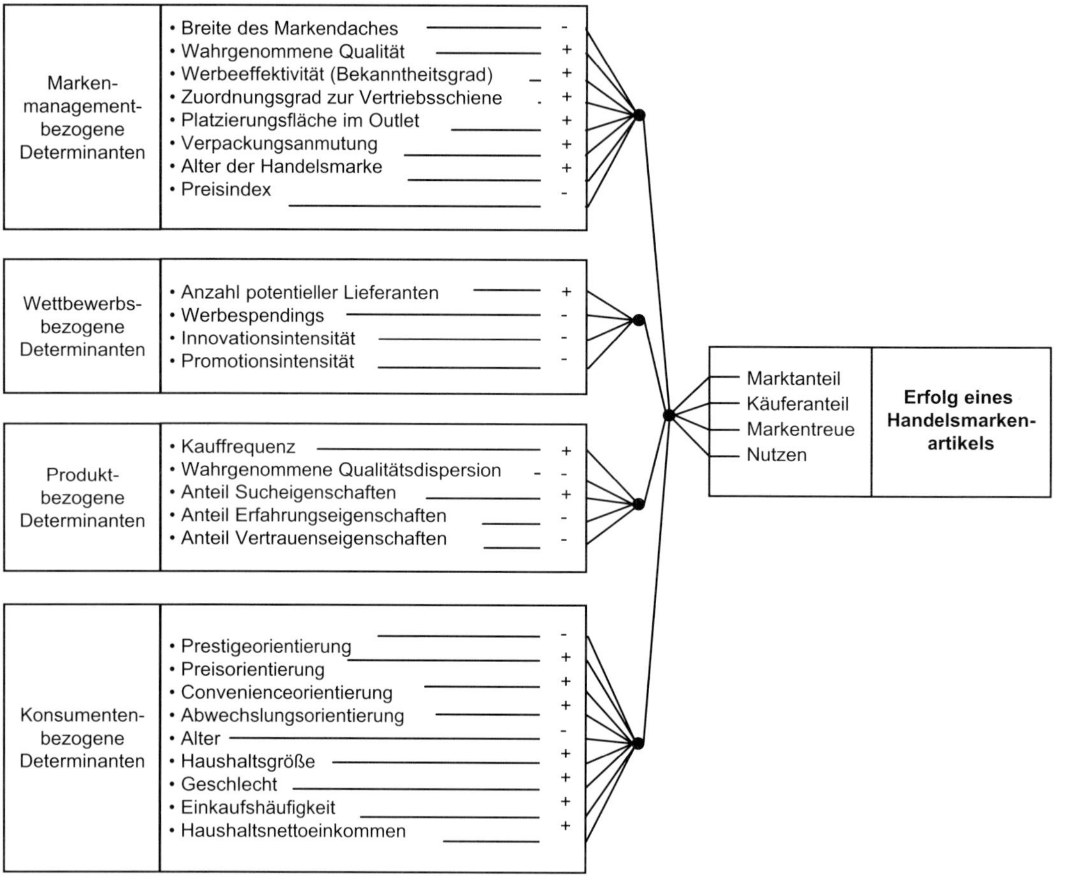

Quelle: Lauer 2001, S. 134

Abb. 17.5: Determinanten des Handelsmarkenerfolgs

ten Ansatz als Quelle für diese Hypothese anzuführen, wenn auch andererseits die negative Wirkung eines breiten Markendaches aus dem Zweifel der Konsumenten an so breit gestreuten Kompetenzen eines Anbieters abgeleitet werden könnte. Insofern wird deutlich, dass zwischen den vier genannten theoretischen Bezugspunkten enge Verbindungen bestehen können. Deutlich wird aber, dass es sich im ersten Hypothesenblock jeweils um Aktionsparameter der anbietenden Handelsunternehmung handelt.

Die **wettbewerbsbezogenen Determinanten** lassen sich mit Hilfe der Industrieökonomik begründen. Der industrieökonomische Ansatz stellt auf die Struktur in einem Markt und auf das Verhalten der Anbieter ab, und er verknüpft diese mit deren Erfolg. In der Tat unterscheidet sich etwa der Konzentrationsgrad des Handels in einzelnen Ländern und in einzelnen Branchen. Schon im Vorhinein wird man vermuten, dass beispielsweise der hohe Konzentrationsgrad im Einzelhandel der Schweiz nicht zufällig mit der regen Handelsmarkentätigkeit der dortigen Marktführer

(Migros und Coop) und entsprechenden Erfolgen einhergeht. Aber nicht nur die Verhältnisse im Handel selbst, sondern auch das Verhältnis der Handelsunternehmungen zu den jeweiligen Lieferanten können zu den Bestimmungsfaktoren eines Handelmarkenerfolgs gezählt werden, denn starke Handelsunternehmungen werden leicht Lieferanten für Handelsmarken finden, wenn diese nur über geringe Angebotsmacht und gleichzeitig über hohe (unausgelastete) Kapazitäten verfügen. Andererseits kann es durchaus auch im Interesse der Hersteller liegen, zum einen Herstellermarkenartikel und zum anderen ein ähnliches Produkt als Handelsmarke anzubieten, weil so eine Preisdifferenzierung realisiert wird, die sich auch für den Hersteller als vorteilhaft erweisen kann. Es ist aber auch denkbar, dass die Konkurrenzbeziehung auf Industrieebene Auswirkungen auf die Vorteilhaftigkeit der Einführung von Handelsmarken hat. So haben Raju, Sethuraman und Dhar (1995) in einem spieltheoretischen Modell gezeigt, dass bei einem intensiven Preiswettbewerb zwischen Herstellermarken der Verzicht auf die Einführung einer Handelsmarke und statt dessen das Ausnutzen der starken Konkurrenz zwischen den Herstellern für den Händler vorteilhaft sein kann. Neben der modelltheoretischen Herleitung des Ergebnisses bieten die Autoren auch eine empirische Bestätigung ihrer Hypothese.

Bei der Erklärung der **produktbezogenen Determinanten** spielt die Informationsökonomik eine zentrale Rolle. Die Informationsökonomik stellt die Informationslage der beteiligten Wirtschaftssubjekte in den Mittelpunkt. Auch im Hinblick auf den Erfolg von Handelsmarken erscheint es aufschlussreich zu berücksichtigen, dass es Güter mit Such-, Erfahrungs- und Vertrauenseigenschaften gibt, dass also die Qualität einzelner Artikel in unterschiedlichem Grad von den Konsumenten beurteilt werden kann, wenn auch hier die Überlappung zwischen der Informationsökonomik und den Theorien des Konsumentenverhaltens deutlich wird (Risikoempfindung). Entsprechend haben Batra und Sinha (2000) festgestellt, dass Handelsmarken bei jenen Produkten überdurchschnittlich erfolgreich sind, bei denen aus Sicht der Konsumenten Sucheigenschaften dominieren.

Unter den **konsumentenbezogenen Determinanten** nehmen die soziodemographischen Angaben, wie Alter, Geschlecht, Familienstand, Haushaltsgröße, Einkommen, trotz aller immer wieder geäußerten Bedenken, einen festen Platz ein. Darüber hinaus lässt sich vermuten, dass bestimmte Persönlichkeitsmerkmale, wie insbesondere die Preis- und die Prestigeorientierung, Einfluss darauf nehmen, in welchem Ausmaß Handelsmarken gekauft werden. Zum Einfluss nachfragerbezogener Merkmale gibt es eine Reihe von Untersuchungen. Interessant ist die Erkenntnis, dass, anders als vielleicht vermutet, es keinen negativen Zusammenhang zwischen dem Haushaltseinkommen und der Neigung, Handelsmarken zu kaufen, gibt. Untersuchungen zeigen vielmehr, dass es einen nicht monotonen Zusammenhang gibt – während Haushalte mit niedrigem und hohem Einkommen eine geringere Affinität zu Handelsmarken aufweisen, sind es Haushalte mit einem mittleren Einkommen, die Handelsmarken stärker präferieren (vgl. Sethuraman/Cole 1999). Erklärt wird dieses Phänomen damit, dass Haushalte mit niedrigen Einkommen tendenziell weniger gebildet sind, so dass ihnen die Kenntnis von Handelsmarken und die Fähigkeit, deren Qualität zu beurteilen, fehlt. Das Verhalten der Haushalte mit hohen Einkommen wird damit erklärt, dass sie es sich leisten können, den höheren Preis der Herstellermarken zu bezahlen.

Es bleibt anzumerken, dass es trotz der Vielzahl von Einflussfaktoren, die Lauer untersucht, eine Reihe von Beiträgen gibt, in denen der Einfluss weiterer Größen bestätigt werden konnte (vgl. hierzu auch die Ergebnisse der partialanalytischen Ansätze). Auf die Wechselwirkungen zwischen den vier Blöcken von Einflüssen und die Problematik einer eindeutigen Zuordnung der einzelnen Größen wurde bereits hingewiesen.

Die empirischen Ergebnisse von Lauer sind sehr differenziert, da der Handelsmarkenerfolg anhand mehrerer Indikatoren festgestellt wurde und die einzelnen Gruppen von Einflussgrößen in jeweils separaten multiplen Regressionsanalysen zu den einzelnen Erfolgsgrößen in Beziehung gesetzt wurden. Folgende Aussagen sollen das Spektrum verdeutlichen (vgl. Lauer 2001, S. 267–272):

- Die vom Management kontrollierten Variablen haben einen erheblichen Einfluss auf den Erfolg. Dazu zählen vor allem die wahrgenommene Qualität, die Werbeeffektivität, die Platzierungsfläche und der Preisindex. Diese Variablen tragen den größten Anteil zur Erklärung der Varianz der Erfolgsgrößen bei.
- Die Variablen zur Struktur der Branche liefern nur einen mäßigen Erklärungsbeitrag. Als bedeutsam erweist sich die Zahl der potenziellen Lieferanten.
- Unter den aus der Informationsökonomik abgeleiteten Variablen erweist sich die wahrgenommene Qualitätsdispersion als bedeutendste Einflussgröße.
- Die konsumentenbezogenen Größen tragen nur wenig zur Varianzerklärung bei. Den stärksten Einfluss haben Preis- und Prestigeorientierung.

Handelsmarken und Vertriebsschienenprofilierung

Die von Lauer verwendeten Erfolgsgrößen messen den Erfolg auf der Ebene der einzelnen Handelsmarke. Es sollte allerdings nicht übersehen werden, dass der Erfolg der Handelsmarkenpolitik auch auf einer übergeordneten Ebene beurteilt werden muss. So stellt sich beispielsweise die Frage, welchen Einfluss die Handelsmarkenpolitik auf die Vertriebsschienen- bzw. Einkaufsstättenprofilierung hat.

In einem zweiten Modell untersucht Lauer deshalb Zusammenhänge zwischen der Prädisposition für den Handelsmarkenkauf und der Profiliertheit einer Vertriebsschiene bzw. Einkaufsstätte. Die Kaufprädisposition kann als Oberbegriff für das Ausmaß des Handelsmarkenerfolgs auf individueller Ebene verstanden werden, wie er sich in Konstrukten aus dem Insystem (z. B. Image oder empfundener Nutzen) als auch in Verhaltensindikatoren (z. B. Kaufhäufigkeit oder Treue) äußert. Die Vertriebsschienenprofilierung kann über Vertriebsschienenpräferenzen und die Vertriebsschienentreue erfasst werden. Wichtige Hypothesen in dem Modell von Lauer lauten:

„Je größer die Kaufprädisposition eines Konsumenten bei einem Handelsmarkenartikel, desto höher der Grad der Einkaufsstättenprofiliertheit."

„Der Effekt der Handelsmarkenkaufprädisposition auf den Grad der Einkaufsstättenprofiliertheit ist größer als der Effekt der Herstellermarkenkaufprädisposition auf den Grad der Einkaufsstättenprofiliertheit."

Unterstellt man, dass in der Profiliertheit einer Einkaufsstätte ein erstrebenswertes Ziel für ein Handelsunternehmen zu sehen ist, dann wird mit den aufgeführten Hypothesen eine Antwort auf die Frage gegeben, ob mit Handelsmarken ein positiver Beitrag zur Profilierung erbracht werden kann und wie groß dieser ist – auch im Vergleich zum Angebot von Herstellermarkenartikeln. Die Profiliertheit wird aber auch von anderen Größen abhängen. Lauer nennt hier soziodemographische und psychografische Merkmale (z. B. Preis- und Prestigeorientierung), Standortfaktoren (Entfernungsnachteil gegenüber anderen Einkaufsstätten) und die Einkaufsstättenzufriedenheit. Mit Hilfe eines Strukturgleichungsmodells kommt Lauer zu folgendem Ergebnis. Nichts wirkt sich so stark auf die Profiliertheit aus wie ein Standortnachteil, gefolgt von der Einkaufsstättenzufriedenheit. Die Prädisposition zum Kauf von Handelsmarken hat zwar einen signifikanten, aber deutlich niedrigeren Effekt. Ein stärkerer Effekt der Prädisposition zum Kauf von Handels- gegenüber Herstellermarken konnte nicht nachgewiesen werden.

Insgesamt vermitteln die Modelle von Lauer einen guten Überblick über die Bestimmungsfaktoren und die Vielfalt der Erfolgsgrößen einer Handelsmarkenpolitik. Weitere Überlegungen können sich darauf beziehen, das Verhältnis der einzelnen theoretischen Ansätze zu den Bestimmungsfaktoren noch weitergehend zu klären. Ebenso bedarf die Untersuchung der Rolle von Handelsmarken zur Vertriebsschienenprofilierung weiterer Forschungsarbeiten mit gegebenenfalls weiterentwickelten Mess- und Strukturmodellen. Die bisherigen Befunde in der Literatur sind diesbezüglich noch widersprüchlich (vgl. auch Corstjens/Lal 2000; Sudhir/Talukdar 2004; Hansen/Singh 2008).

17.5 Weitere Aspekte des Handelsmarkenmanagements

Neben den angesprochenen Entscheidungsproblemen und den vorgestellten Lösungsansätzen gibt es eine Reihe weiterer Fragen bezüglich der Handelsmarkenpolitik, die eine theoretische und eine empirische Auseinandersetzung verdienen (vgl. hierzu auch Ailawadi/Keller 2004):

- Inwieweit lässt sich das Konzept der Markenpersönlichkeit (vgl. Aaker 1996) auf Handelsmarken anwenden?
- In welchen Warengruppen kann mit Hilfe von Handelsmarken besonders effektiv eine starke *retail brand* aufgebaut werden? Für einen Händler wäre es beispielsweise wichtig zu wissen, ob es vorteilhaft ist, in verschiedenen Betriebsformen unterschiedliche Warengruppen für die Entwicklung von Handelsmarken auszuwählen. Da zu beobachten ist, dass Konsumenten unterschiedliche Betriebsformen mit unterschiedlichen Warengruppen assoziieren (vgl. Inman/Shankar/Ferraro 2004), stellt sich die Frage, ob Handelsmarken vor allem in jenen Warengruppen eingeführt werden sollen, mit denen die betreffende Betriebsform in Verbindung gebracht wird.
- Wie sollen unterschiedliche Typen von Handelsmarken (Preiseinstiegsmarken, klassische Handelsmarken, Premium-Handelsmarken) zu einem Handelsmarkenportfolio zusammengefügt werden (vgl. hierzu auch Hilt 2009)? Wie beeinflussen Handelsmarkenportfolios die Wahrnehmung der *retail brand*?
- Ist es vorteilhaft den Namen des Händlers in die Handelsmarke einzubeziehen? Dhar und Hoch (1997) konnten für eine solche Entscheidung positive Effekte auf den Marktanteil von Handelsmarken beobachten. Andererseits ist zu beobachten, dass Unternehmen wie z. B. ALDI eine strikte Trennung zwischen dem Geschäftsnamen und den Namen der Handelsmarken vorneh-

men. Es ist also zu klären, welche Chancen und welche Gefahren aus einer Namensidentität von Geschäft und Handelsmarke resultieren. Hierbei sind insbesondere auch Konsequenzen für die *retail brand* zu beachten.
- Inwieweit kann eine einzige Handelsmarke eine Vielzahl unterschiedlicher Produktkategorien abdecken? In welchem Ausmaß sind Markenerweiterungen bzw. Markendehnungen bei Handelsmarken möglich? Welche Größen beeinflussen den Erfolg einer Markendehnung bei Handelsmarken (vgl. hierzu auch Swoboda/Samadi/Foscht 2005)?
- Wie sollen Hersteller auf eine mögliche Bedrohung durch Handelsmarken reagieren? Welche Konsequenzen haben diese Reaktionen (vgl. zu einem ausführlichen Überblick über mögliche Herstellerstrategien Kumar/Steenkamp 2007), z. B. das Eröffnen von eigenen Verkaufsstellen, für den Handel?

Es wird deutlich, dass in Bezug auf Handelsmarken noch ein großer Forschungsbedarf besteht. Weiterhin zeigt sich, dass insbesondere die Verknüpfung zwischen Handelsmarkenpolitik und *retail branding* ein wichtiges Forschungsfeld darstellt.

17.6 Zusammenfassung

In dem vorliegenden Kapitel wurde der Begriff der Handelsmarke definiert, und es wurden Aktionsparameter, Ziele und Einflussfaktoren der Handelsmarkenpolitik vorgestellt. Für Handelsunternehmen ist es wichtig zu entscheiden, in welchen Warengruppen Handelsmarken eingeführt werden sollen und wie die Arbeitsteilung mit den Herstellern der Handelsmarke erfolgen kann. Um solche Entscheidungen zu unterstützen, wurde ein effizienztheoretischer Ansatz vorgestellt. Entsprechend diesem Ansatz können die Alternativen bezüglich der Marktforschungskosten, Produktentwicklungskosten, Kosten für Markttests, Produktionskosten, Kommunikationskosten und allgemeinen Transaktionskosten analysiert und verglichen werden.

Weiterhin wurden Studien zur Handelsmarkenpolitik und ihrem Erfolg vorgestellt. Hierbei wurde auf die Auswirkungen von Handelsmarken auf Marktpreise und den Wettbewerb sowie die Wahl des Preisabstands zwischen Handels- und Herstellermarken eingegangen. Ebenso wurden Positionierungsentscheidungen diskutiert, wobei auch verdeutlicht wurde, wie Beschaffungsentscheidungen für Handelsmarken mit Positionierungsentscheidungen verknüpft sind und wie hieraus Konsequenzen für Preise, Margen und Gewinne bei Herstellern und Händlern resultieren können. Weiterhin wurde darauf eingegangen, inwieweit sich der Erfolg von Handelsmarken zwischen einzelnen Nachfragern und Warengruppen unterscheiden kann. So wurde erläutert, welche Kundengruppen zum Kauf von Handelsmarken neigen (z. B. in Abhängigkeit der Preis-Leistungs-Orientierung) und welche Warengruppen für Handelsmarken besonders geeignet sind (z. B. in Abhängigkeit spezifischer Risiken). Mit dem Totalmodell von Lauer wurde ein Ansatz vorgestellt, der versucht, den Erfolg von Handelsmarken ganzheitlich zu erklären.

18 Preispolitik

Die Preispolitik stellt einen zentralen Erfolgsfaktor von Handelsbetrieben dar. Dies wird eindrucksvoll am Beispiel der Lebensmitteldiscounter deutlich, die ihren Marktanteil in Deutschland zwischen 1997 und 2009 von etwa 30 % auf knapp 42 % erhöht haben (vgl. METRO AG 2007, S. 26; METRO AG 2010, S. 32). Bei Discountern stellt zwar die Preispolitik das zentrale Element der Marketing- und Positionierungsstrategie dar, aber auch bei allen anderen Betriebsformen hat sie einen bedeutenden Einfluss auf den Umsatz und den Gewinn. Dies wird häufig anhand eines konstruierten Beispiels verdeutlicht. Ausgehend von dem aktuellen Verkaufspreis für einen Artikel wird die Frage aufgeworfen, wie sich die Umsatzrendite (Gewinnanteil am Umsatz) verändert, wenn der Händler den Preis um einen bestimmten Prozentsatz erhöht. Unterstellt man, dass ein Handelsunternehmen bei einem aktuellen Preis von 100 € eine Umsatzrendite von 3 % erzielt, so führt eine Preiserhöhung um 5 % (von 100 € auf 105 €) zu einer Umsatzsteigerung über die Preiskomponente von ebenfalls 5 % (bei gleicher Absatzmenge). Bei gleich bleibenden Handlungskosten erhöht sich der Gewinn von 3 € auf 8 € und damit die Umsatzrendite von 3 % auf 7,6 %, was mehr als einer Verdoppelung entspricht. Das Rechenbeispiel verdeutlicht zwar in beeindruckender Form die Wirkung der Preisänderung auf die Umsatzrendite, vernachlässigt allerdings, dass eine Preisänderung im Regelfall auch die Absatzmenge beeinflusst. Damit wird eine zentrale Frage der handelsbetrieblichen Preissetzung angesprochen: Wie wirken Preisänderungen auf den Absatz?

Die Preispolitik im Handelsbetrieb hat branchenspezifische Besonderheiten zu bewältigen. Zu ihnen zählen folgende Faktoren:

- Die Zahl der Artikel, für die Preise festgelegt werden müssen, ist häufig sehr hoch (ein SB-Warenhaus führt z. B. im Durchschnitt rund 50 000 Artikel).
- Die Zahl der festzulegenden Preise ist noch höher, wenn sich Sortimente im Laufe eines Jahres ändern (z. B. Saisonsortimente, Wochensortimente, Tagessortimente) oder – selbst bei konstanten Sortimenten – Preisanpassungen vorgenommen werden.
- Für Filialunternehmungen kann es sinnvoll sein, Preise an die lokale Konkurrenzsituation anzupassen. Diese Form der Preisdifferenzierung kann über zentral festgelegte Preise für Gruppen von Filialen oder individuell für jede einzelne Filiale erfolgen.
- Der Handel ist häufig auf Märkten mit unterschiedlich reagierenden Nachfragern bzw. Kundengruppen tätig. Um die Zahlungsbereitschaft der potenziellen Kunden möglichst optimal abzuschöpfen, ist es sinnvoll, verschiedene Formen der Preisdifferenzierung einzusetzen.

In Anbetracht der Vielgestaltigkeit der Preispolitik eines Handelsunternehmens ist es erforderlich, ihre Entscheidungsparameter zu strukturieren. Hierauf wird im Folgenden eingegangen. Anschließend werden einzelne Bereiche der Preispolitik näher beleuchtet.

18.1 Die zentralen Elemente der Preispolitik

Auch bei der Preispolitik ist es zweckmäßig, auf die Elemente des entscheidungstheoretischen Ansatzes zurückzugreifen. Dabei werden insbesondere die Aktionsparameter (Handlungsmöglichkeiten), die Zielgrößen und die Umweltvariablen analysiert.

18.1.1 Der preispolitische Handlungsspielraum

Im Rahmen der Preispolitik ist ein Verkaufs- oder Absatzpreis festzulegen, bei dem es sich um einen Quotienten handelt, der im einfachsten Fall die Menge des Geldes angibt, die ein Käufer entrichten muss, um eine bestimmte Menge eines Gutes zu erhalten:

$$(18.1) \qquad p = \frac{\text{Menge an Geld, die der Käufer an den Verkäufer übertragen soll}}{\text{Menge eines Gutes, die der Käufer erhalten soll}}$$

Der Quotient macht deutlich, dass mit dem Preis die Leistung des Verkäufers und die Gegenleistung des Käufers festgelegt werden. Der im Zähler festgelegte Geldbetrag bezieht sich auf eine bestimmte Leistung, die im Nenner des Quotienten angegeben wird. Häufig ist unmittelbar klar, auf welche Leistung sich der im Zähler angegebene Betrag bezieht, so dass der Eindruck entsteht, die Preispolitik würde sich nur auf die Festlegung eines Geldbetrags beschränken. Wenn aber z. B. bei Möbeln Abholpreise genannt werden, werden die zwei Facetten der Preispolitik sichtbar. So können grundsätzlich Veränderungen am Zähler (Geldbetrag) und am Nenner des Quotienten (Menge, die eine Abholung voraussetzt bzw. eine Lieferung umfasst) als preispolitische Maßnahmen verstanden werden. Das Beispiel verdeutlicht zudem, dass die Leistungen eines Handelsbetriebs aus einer Sachgüterkomponente (Ware) und einer Dienstleistungskomponente bestehen, die allerdings in vielen Fällen nur als Bündel angeboten werden. Beide Komponenten können aber auch separat im Konditionensystem eines Händlers verankert werden, wenn beispielsweise für die Ware und für die Dienstleistung einzelne Preise ausgewiesen werden. Der Preis kann über den Nenner des Quotienten auch dadurch verändert werden, dass verschiedene Angebotsmengen oder Packungsgrößen festgelegt werden.

Diller (2008, S. 31–32) weist darauf hin, dass der Preis neben der Anbieterperspektive auch aus kundenorientierter Sicht definiert werden kann. Danach umfasst der Preis alle subjektiv relevanten Kosten, die mittelbar oder unmittelbar mit dem Kauf eines Produkts verbunden sind. Hierin können beispielsweise auch Kosten des Gütererwerbs (z. B. Einkaufsfahrten, Parkgebühren) oder Folgekosten des Produktkaufs (z. B. Kosten für Ersatzteile und Zubehör oder Energiekosten) enthalten sein. So wird z. B. beim Kauf eines PKW davon ausgegangen, dass Käufer dem zu entrichtenden Preis weitere Komponenten hinzurechnen, wie z. B. Versicherungs- und Reparaturkosten. Es wird von den *cost-of-ownership* gesprochen (vgl. Kierdorf 2010). Ähnliche Überlegungen sind beim Kauf von Haushaltsgeräten z. B. hinsichtlich der Energiekosten zu erwarten.

18.1.1.1 Preispolitik als Handelsspannenpolitik

Im Handel wird nur teilweise von Preispolitik gesprochen, oft wird der Begriff der Wareneingangskalkulation verwendet, wenn Verkaufspreise festgelegt werden sollen. Aufgabe der Wareneingangskalkulation ist es, ausgehend vom Einkaufspreis (EK) oder vom Einstandspreis, jenen prozentualen Aufschlag h zu bestimmen, der zum Verkaufspreis (VK) führt:

(18.2) $$EK \cdot (1 + h) = VK$$

Bei einer solchen Sichtweise fungiert die Handelsspanne h als Aktionsparameter der handelsbetrieblichen Preispolitik. Der Einkaufs- bzw. Einstandspreis bildet die Grundlage der Preiskalkulation. Beide Begriffe können wie folgt definiert und voneinander abgegrenzt werden (vgl. hierzu, wenn auch abweichend, Schneider 1982, S. 29):

	Warenpreis, d. h. Listenpreis des Lieferanten
./.	zurechenbare Rabatte, Skonti und sonstige Preisnachlässe
+	Warennebenkosten wie Zölle, Verpackungskosten, Versicherungs- und Gefahrtragungskosten (wenn vom Abnehmer getragen)
=	Einkaufspreis
+	zurechenbare Bezugskosten wie Frachten, Speditionsgebühren (wenn vom Abnehmer getragen)
=	Einstandspreis

Rabatte der Hersteller und Skonti sind entsprechend den §§ 253 und 255 HGB als Anschaffungspreisminderungen anzusehen und gehen mithin in die Kalkulation ein. Demgegenüber werden von Herstellern nachträglich vergütete Boni (z. B. Umsatzbonus, der am Ende eines Jahres gezahlt wird) in der Regel nicht unmittelbar kalkulationswirksam (vgl. Laker/Zielke 2003). Die Frage nach der Kalkulationswirksamkeit und der Zurechnung von Rabatten und Boni ist auch aus kartellrechtlicher Sicht von großer Bedeutung. So wurde dem Drogeriemarktunternehmen Rossmann vorgeworfen, im Jahr 2005 in mehr als 250 Fällen Produkte unter Einstandspreis verkauft zu haben. Die Kartellbehörden argumentierten damit, dass erhaltene Werbekostenzuschüsse auf das Gesamtsortiment verteilt und als Rabatte vom Einstandspreis abzuziehen seien. Rossmann hielt dagegen, dass die Werbekostenzuschüsse nur auf diejenigen Artikel verteilt werden dürften, für die sie tatsächlich verwendet wurden. Letztendlich behielt Rossmann in dem Verfahren Recht.

In der Eingangskalkulation kommt der Handelsspanne die zentrale Rolle im Rahmen der Preisfindung zu. Der Ausschuss für Definitionen zu Handel und Distribution (2006, S. 147) definiert die Handelsspanne wie folgt:

„Handelsspanne ist die Differenz zwischen Verkaufspreisen und Einkaufs- oder Einstandspreisen der abgesetzten Waren eines Handelsbetriebes, mit der die Handlungskosten gedeckt und Gewinne erzielt werden sollen; dabei werden auch Warenverluste (z. B. Diebstahl, Verderb) berücksichtigt."

Während beim Listenpreis des Lieferanten vom Preis ohne Mehrwertsteuer ausgegangen wird, wird in die Handelsspanne der für die Mehrwertsteuer anzusetzende Betrag einbezogen. Zeitweilig wird mit der Handelsspanne aber auch der Netto-Verkaufspreis, d. h. der Verkaufspreis (VK) ohne Mehrwertsteuer, kalkuliert. Der Begriff der Handelsspanne wird in zahlreichen Unterformen verwendet:

1. **Absolute oder relative Spanne:** Die absolute Spanne wird auch als Betragsspanne oder Rohertrag bezeichnet. Die prozentuale Angabe (auch Prozentspanne oder Marge) kann auf **unterschiedlichen Bezugsgrößen** basieren. In der Form

(18.3) $$h = \frac{VK - EK}{EK}$$

ergibt sich die Handelsspanne h (Aufschlagsspanne), die auf den Einkaufspreis (EK) bezogen wird. In der Form

(18.4) $$a = \frac{VK - EK}{VK}$$

ergibt sich die Handelsspanne a (Abschlagsspanne), die auf den Verkaufspreis (VK) bezogen wird. Zwischen beiden besteht der folgende Zusammenhang:

(18.5) $$a = \frac{h}{1 + h}$$

2. **Sortimentsebene:** Die Differenz zwischen Verkaufspreis und Einkaufspreis kann sich auf die Verkäufe eines einzelnen Artikels in einem bestimmten Zeitraum beziehen, des Weiteren aber auch auf alle Ebenen der Sortimentspyramide, so dass schließlich auch von einer Betriebshandelsspanne gesprochen werden kann. Bei solchen periodenbezogenen Berechnungen müssen Lagerbestandsveränderungen berücksichtigt werden.
3. **Realisationsgrad:** Nach dem Realisationsgrad kann zwischen der (realisierten) **Ist-Spanne** und der **Soll-Spanne** unterschieden werden. Da in vielen Fällen die ursprünglich kalkulierten Spannen nicht realisiert werden können, korrigiert der Handel diese über sog. Abschriften oder Entwertungen. Die erzielte Spanne wird als Kalkulation 2 oder als Bruttoertragskalkulation bezeichnet (vgl. Kapitel 29).

Aus theoretischer Sicht macht es keinen Unterschied, ob der Verkaufspreis oder die Handelsspanne optimiert wird, weil bei gegebenem Einkaufspreis beide Größen rechnerisch eindeutig miteinander verknüpft sind.

18.1.1.2 Preispolitische Aktionsparameter

Wegen der häufig großen Anzahl von Artikeln fällt es schwer, die Preispolitik einer Handelsunternehmung eindeutig zu charakterisieren. Es wird deshalb im Folgenden zunächst aufgezeigt, welche Stellhebel der Preispolitik zur Verfügung stehen:

- **Die durchschnittliche Höhe der Handelsspanne:** Die durchschnittliche Handelsspanne (Kalkulation) ist das wichtigste, aber nicht das einzige Kennzeichen der Preispolitik eines Handelsbetriebs. Sie kann in Mehrbranchengeschäften nicht nur für den gesamten Handelsbetrieb

(Betriebshandelsspanne), sondern auch für einzelne Warenbereiche ausgewiesen werden. Die durchschnittliche Handelsspanne unterscheidet sich im Regelfall nach Warengruppen und Betriebsformen und reicht etwa von 20 % vom Verkaufspreis bei Lebensmitteln bis zu mehr als 50 % bei hochwertigem Schmuck. Zwei Betriebe, die die gleiche durchschnittliche Spanne ausweisen, können trotzdem eine sehr unterschiedliche Preispolitik betreiben. Deshalb werden weitere Kenngrößen benötigt, um die Handlungsfelder einer aktiven Preispolitik aufzuzeigen.

- **Differenzierung der Kalkulationssätze:** Neben der durchschnittlichen Höhe der Kalkulation ist auch die Streubreite unterschiedlicher Kalkulationssätze von Interesse. An einem Ende des Entscheidungsspektrums ist die Verwendung eines einzigen Kalkulationssatzes, am anderen der Einsatz zahlreicher verschiedenartiger Sätze, d. h. eine extreme Mischkalkulation. Die Streuung der Kalkulationssätze kann mit Hilfe verschiedener Kennzahlen beschrieben werden, beispielsweise mit der Anzahl der unterschiedlichen Kalkulationssätze, der Anzahl der Artikel, die mit dem durchschnittlichen Satz kalkuliert werden sowie dem höchsten und dem niedrigsten Kalkulationssatz.
- **Preislagenbestückung:** Bei der Preislagenbestückung geht es um die Entscheidung, wie viele und welche Preis- und Qualitätsstufen innerhalb einer Artikelgruppe angeboten werden. Die Preislagenpolitik ist in engem Zusammenhang mit der Sortimentspolitik zu sehen, da eine breite Abdeckung von Preislagen eine entsprechende Sortimentstiefe voraussetzt. So haben sich beispielsweise Discounter auf untere Preislagen spezialisiert, Super- und Verbrauchermärkte decken häufig untere bis mittlere Preislagen ab, während die Lebensmittelabteilung des KaDeWe in Berlin auch Artikel in obersten Preislagen anbietet.
- **Abstände zu den Konkurrenzpreisen:** In Branchen mit starkem Wettbewerb spielen Preisvergleiche mit den Konkurrenten eine wichtige Rolle. Einige Supermärkte achten beispielsweise darauf, bei bestimmten Artikeln des täglichen Bedarfs Handelsmarken auf dem Preisniveau der Discounter anzubieten. Die Discounter sind ihrerseits darauf bedacht, von anderen Handelsunternehmen nicht unterboten zu werden. So reagierte ALDI beispielsweise auf den Markteintritt von Walmart mit deutlichen Preissenkungen. Die Preisvergleiche können auf der Ebene von Einzelartikeln oder Warenkörben vorgenommen werden. Für die Preispolitik bedeutet dies, die Abstände der eigenen Preise zu den Preisen von Konkurrenten festzulegen.
- **Preisveränderungen im Zeitablauf:** Bedeutsam ist auch die zeitliche Variation der Preise, insbesondere dic Entscheidung zwischen einer Sonderangebots- und einer Dauerniedrigpreispolitik. Bei der Dauerniedrigpreispolitik (*every day low price*) werden alle Artikel des Sortiments dauerhaft günstig kalkuliert. Preisvorteile gegenüber den Konkurrenten können dabei durch den Verzicht auf Sonderangebote und Preispromotions erzielt werden. Bei der Sonderangebotspolitik ist das Gesamtsortiment tendenziell etwas höher kalkuliert, wobei einzelne Artikel zeitlich begrenzt unterhalb der Dauerniedrigpreise der Konkurrenten angeboten werden. In der Praxis ist zu beobachten, dass sich einige Unternehmen zu einer Dauerniedrigpreispolitik bekennen (z. B. Hornbach in Deutschland oder Walmart in den USA), während andere durch eine ausgedehnte Sonderangebotspolitik und spektakuläre Preispromotions Aufmerksamkeit auf sich ziehen (z. B. das Baumarktunternehmen Praktiker mit seinem Slogan „20 % auf alles – außer Tiernahrung“). Bei einer Sonderangebotspolitik sind nicht nur die Höhe der Preissenkung, sondern auch die Dauer, die Art der Artikel und das Ausmaß der werblichen Unterstützung festzulegen.

- **Abschriften:** Einen Sonderfall der Preisvariation in zeitlicher Hinsicht stellen Preisabschriften dar (*markdown pricing*). Hierbei handelt es sich um dauerhafte Preisreduktionen für bereits im Angebot befindliche Waren, z. B. bei Textilien im Rahmen von Schlussverkäufen oder im Elektronikbereich bei Auslaufmodellen. Insbesondere in den modeorientierten Branchen des Handels kommt der Abschriftenpolitik eine große Bedeutung zu. Hier ist zu entscheiden, wann und in welchen Schritten die Absatzpreise reduziert werden sollen (vgl. Arendt/Herrmann 2005; Müller-Hagedorn/Natter 2011, S. 353–355).
- **Preisdifferenzierung:** Neben der zeitlichen Variation der Preise bestehen weitere Möglichkeiten der Preisdifferenzierung, beispielsweise nach Regionen oder Kundengruppen. Aus der Theorie der Preisdifferenzierung ist bekannt, dass mit Preisdifferenzierung der Gewinn gesteigert werden kann. So stellt sich auch für den Handel die Frage, inwieweit er bei den möglicherweise sehr heterogenen Teilmärkten die Preise differenzieren sollte (vgl. Fassnacht 1998). Eine im Handel häufig anzutreffende Sonderform der Preisdifferenzierung stellt die Preisbündelung dar. Hierbei werden mehrere technisch trennbare Einheiten zu einem Leistungsangebot zusammengeschnürt, auf das sich dann der Preis bezieht (z. B. Komplettpreis für eine Küche, der von der Summe der Einzelpreise für Möbelelemente und Elektrogeräte abweicht).
- **Preisoptik:** Es müssen auch Entscheidungen getroffen werden, wie die Preise dargestellt und gegenüber den Kunden kommuniziert werden sollen. Diese Entscheidungen betreffen unter anderem die Bevorzugung bestimmter Preisziffern (z. B. 0,99 € oder 1,99 €), die Verwendung von Preisbrechersymbolen (z. B. Preishammer), die Bezugnahme auf externe Referenzpreise (Herstellerpreisempfehlungen oder frühere Preise) sowie die Art und das Ausmaß der Preiswerbung.
- **Finanzierungsmöglichkeiten:** Handelsunternehmen müssen entscheiden, welche Finanzierungsmöglichkeiten den Kunden angeboten werden sollen. Attraktive Finanzierungsmöglichkeiten können zum zeitlichen Vorziehen von Käufen führen. Sie dienen darüber hinaus der Profilierung gegenüber den Wettbewerbern. Nicht selten wirbt der Handel im Rahmen von Promotionaktionen mit 0 %-Finanzierungsangeboten.

18.1.2 Ziele und Einflussfaktoren der Preispolitik

Für die Formulierung preispolitischer Ziele gelten ähnliche Hinweise wie für die Ziele anderer absatzpolitischer Instrumente. Oft sollen ökonomische Zielgrößen positiv beeinflusst werden, wie die folgenden Beispiele veranschaulichen:

- Veränderungen der Handelsspanne sollen die Rendite verbessern,
- Sonderangebote sollen einem Warenverderb oder einer Warenveralterung zuvorkommen,
- Preisabschriften sollen Liquidität schaffen.

Umsätze, Kosten und Liquidität stellen also auch auf dem Feld der Preispolitik Basisgrößen dar. Daneben spielen aber auch hier Größen aus dem Insystem der Nachfrager eine große Rolle. So befürchten manche Unternehmungen, sie würden als teuer gelten, und überlegen, wie sie ihr Preisgünstigkeitsimage verbessern können. Anderen geht es darum, die Nachfrager von dem guten Preis-Leistungs-Verhältnis zu überzeugen. Sie stellen das Preiswürdigkeitsimage in den Vordergrund.

In der mikroökonomischen Preistheorie und im Marketing werden die Reaktionen der Nachfrager, der Konkurrenten und der Lieferanten als zentrale Einflussfaktoren auf die Höhe des Absatzpreises behandelt. Daneben spielen auch Kosten und andere interne Gegebenheiten eine Rolle. Diese Faktoren sind auch bei den Überlegungen zur Preiskalkulation im Handel zu berücksichtigen.

Das Verhalten der Nachfrager äußert sich in ihrer Preissensitivität und damit im Verlauf der Preis-Absatz-Funktionen für die einzelnen Artikel. Darüber hinaus kann für die Preispolitik aber auch relevant sein, inwieweit Kunden Sonderangebote erwarten, wie ihre Preiskenntnisse und ihr Preiswissen ausgeprägt sind und welche Artikel oder Schlüsselgrößen sie heranziehen, um das Preisniveau eines Geschäfts zu beurteilen. Das Verhalten der Konkurrenten beeinflusst direkt das Verhalten der Nachfrager. In Märkten mit vielen Konkurrenten ist in der Regel die Preissensitivität der Nachfrager höher, was unmittelbare Auswirkungen auf die Preis-Absatz-Funktionen hat. Das Verhalten der Lieferanten ist wichtig, da ihre Abgabepreise an den Handel die Basis der Eingangskalkulation bilden. Aus interner Sicht stellt sich insbesondere die Frage, inwieweit die Kostenstrukturen eine Preisführerschaft erlauben oder inwieweit z. B. der Standort oder das Serviceniveau ein höheres Preisniveau rechtfertigen.

Zeitweilig werden einzelne Eigenschaften der Artikel als Bestimmungsfaktoren für die Preiskalkulation hervorgehoben. Diller (2008, S. 515–516) nennt unter anderem die Umschlagsgeschwindigkeit, den Umsatz pro Regal- oder Verkaufsflächeneinheit oder die Lockkraft bestimmter Artikel, die aus Verbundkennzahlen abzulesen ist. Solche Bestimmungsfaktoren erscheinen durchaus plausibel (z. B. „Je höher die Umschlagsgeschwindigkeit, desto niedriger der Aufschlag"), es darf jedoch nicht übersehen werden, dass diese Kennzahlen durch die Preispolitik beeinflusst werden können und somit auch als Zielgrößen der Preispolitik anzusehen sind. So könnte durch die Preissenkung eines Artikels auch seine Umschlagsgeschwindigkeit erhöht werden.

Bei der Preisbildung ist eine Reihe rechtlicher Vorschriften zu beachten (vgl. den Überblick bei Diller 2008, S. 66–70; Simon/Fassnacht 2009, S. 19–22). Die Regelungen schränken die Gestaltungsfreiheit bei der Preissetzung ein, um den Wettbewerb in horizontaler und vertikaler Hinsicht sowie die Nachfrager zu schützen. Einige besonders wichtige Regelungen sollen kurz vorgestellt werden:

- Auf europäischer Ebene verbietet Art. 81 des EG-Vertrags Vereinbarungen und Verhaltensweisen von Unternehmen, die den Handel zwischen den Mitgliedsstaaten der Europäischen Union beeinträchtigen und den Wettbewerb behindern können. Art. 82 untersagt die missbräuchliche Ausnutzung einer marktbeherrschenden Stellung. Diese Regelungen (bzw. die gleich lautenden Bestimmungen in den Artikeln 101 und 102 des Vertrags über die Arbeitsweise der Europäischen Union – AEUV) haben unmittelbare Auswirkungen auf die Preispolitik, beispielsweise hinsichtlich der Absprache von Preisen und Konditionen oder bezüglich von Rabattsystemen marktbeherrschender Unternehmen, die darauf abzielen, die Wahl zwischen alternativen Anbietern zu erschweren (z. B. Alleinbezugsrabatte). Für vertikale Marketingsysteme gelten die Bestimmungen der sog. Vertikal-Gruppenfreistellungsverordnung der Europäischen Kommission (Vertikal-GVO – Verordnung EU Nr. 330/2010 der Kommission vom 20.4.2010).

- Das Gesetz gegen Wettbewerbsbeschränkungen in Deutschland (GWB) ist dem Europäischen Recht inzwischen weitgehend angeglichen. Dies betrifft insbesondere auch die Regelungen bezüglich verbotener Vereinbarungen und Verhaltensweisen (§§ 1-3 GWB) sowie die Ausnutzung einer marktbeherrschenden Stellung (§§ 19, 20 GWB). Hier sind unter anderem die Bedingungen angegeben, unter denen ein Verkauf unter Einstandspreis verboten ist (§ 20 Abs. 4 GWB). Danach dürfen Unternehmen ihre überlegene Marktmacht nicht dazu ausnutzen, Produkte ohne sachliche Rechtfertigung unter Einstandspreis anzubieten. Das Bundeskartellamt hat dazu Auslegungsgrundsätze formuliert (Bundeskartellamt 2003). Aufgrund der komplexen Konditionensysteme im Handel ist der Einstandspreis in der Praxis jedoch oft schwierig zu bestimmen (Einzelheiten bezüglich der Zurechnung von Werbekostenzuschüssen wurden 2009 durch das OLG Düsseldorf in dem sog. Rossmann-Urteil geklärt). Die früher weithin praktizierte Preisbindung des Handels durch die Industrie wurde 1973 durch eine Novellierung des GWB weitgehend eingeschränkt und gilt nur noch in Ausnahmefällen, beispielsweise für Verlagserzeugnisse (§ 30 GWB) oder wenn bestimmte Effizienzwirkungen belegt werden können. Zulässig unter bestimmten Bedingungen können nach dem Wettbewerbsrecht „unverbindliche Preisempfehlungen" oder Höchstverkaufspreise sein. Die Zulässigkeit vertikaler Preisbindungen (*resale price maintenance* – RPM) ist weiterhin im wissenschaftlichen wie im politischen Bereich in der Diskussion.
- Das Gesetz gegen unlauteren Wettbewerb (UWG) regelt unlautere Preissetzungen (Preisunterbietungen, überhöhte Preisforderungen) sowie insbesondere auch irreführende Preiswerbung (Lockvogelangebote). So darf beispielsweise nicht mit der Reduzierung eines Preises geworben werden, wenn der ursprüngliche Preis nur für kurze Zeit gefordert wurde (§ 5 UWG).
- Die Verordnung über Preisangaben (PAngV) legt fest, dass Preisangaben der Preisklarheit und Preiswahrheit entsprechen und gut wahrnehmbar sein müssen. Insbesondere sind Preise einschließlich der Umsatzsteuer und sonstiger Preisbestandteile auszuweisen (§ 1 PAngV).

Neben diesen generellen Regelungen gibt es eine Vielzahl weiterer spezieller Vorschriften, beispielsweise für die Preisgestaltung bei landwirtschaftlichen Erzeugnissen (EG-Marktordnungen).

18.2 Preispolitische Wirkungsanalysen

Eine sinnvolle Preispolitik ist nicht möglich, wenn keine Vorstellungen vorliegen, wie die Nachfrager und gegebenenfalls die Konkurrenten auf eigene preispolitische Maßnahmen reagieren werden. Um die Reaktionen der Nachfrager zu analysieren, sind grundsätzlich zwei Arten von Analysen möglich, die im Folgenden vorgestellt werden:

- Black-Box-Analysen stellen preispolitische Maßnahmen und beobachtbare Verhaltensweisen der Konsumenten gegenüber. Bei den Verhaltensweisen ist zunächst an die gekauften bzw. abgesetzten Einheiten, darüber hinaus aber auch an Umsätze, die Zahl der Kunden oder ihren durchschnittlichen Einkaufsbetrag zu denken. Analysen dieser Art werden auch als SR-Analysen (Stimulus-Response) bezeichnet.

- Verhaltenswissenschaftliche Analysen, die der Frage nachgehen, inwieweit Konsumenten Preise wahrnehmen und von welcher Bedeutung die Preiswahrnehmung für ihr Kaufverhalten ist. Ansätze dieser Art werden auch als SOR-Analysen (Stimulus-Organism-Response) bezeichnet.

18.2.1 Die Wirkung der Preispolitik im Rahmen von Black-Box-Analysen

Black-Box-Analysen zur Preispolitik orientieren sich einerseits am Einsatz der preispolitischen Aktionsparameter, andererseits an dem beobachtbaren Verhalten der Nachfrager. Bestimmten preispolitischen Maßnahmen werden Ergebnisse gegenübergestellt, wobei vor allem auf den Absatz bzw. den Umsatz abgestellt wird. Je nach Aggregationsniveau lassen sich Untersuchungen unterscheiden, die sich auf einzelne Artikel oder größere Sortimentseinheiten beziehen. Abbildung 18.1 zeigt einige Untersuchungsvarianten.

Art und Aggregationsniveau der Einflussgrößen	Ergebnisgrößen
Preis oder Handelsspanne eines Artikels	Absatzmenge oder Umsatz des Artikels Absatz oder Umsatz anderer Artikel (Verbundeffekte)
Durchschnittliche Handelsspanne einer Sortimentseinheit (z. B. Artikelgruppe)	Absatzmenge oder Umsatz der Sortimentseinheit Umsatz anderer Sortimentseinheiten (Verbundeffekte) Umsatz des Geschäfts
Durchschnittliche Handelsspanne eines Warenkorbs	Umsatz des Geschäfts Anzahl der Kunden

Abb. 18.1: Varianten preispolitischer Wirkungsanalysen nach dem SR-Schema

Da Preise für einzelne Artikel, erzielte Umsätze und in vielen Fällen auch die abgesetzten Stückzahlen durch die Scanner-Technologie leicht verfügbar sind, überrascht es nicht, dass Analysen zur Preispolitik diese Informationen heranziehen. In Deutschland hat Heidel (1990) eingehend untersucht, wie Abverkaufsdaten für preispolitische Zwecke genutzt werden können und welche Schwierigkeiten dabei zu überwinden sind. Er geht auf folgende Sachverhalte ein:

- Wie soll die Preispolitik eines Betriebs erfasst und abgebildet werden – z. B. durch absolute Preise, durch Differenzen einzelner Artikelpreise zu durchschnittlich in der Artikelgruppe oder von Konkurrenten geforderten Preisen, wobei gewichtete oder ungewichtete Durchschnittspreise gebildet werden können?
- Wie sollte die Erfolgsgröße erfasst werden? Sollten Absatzmengen oder Umsätze einzelner Artikel, der Absatz oder Umsatz pro Kunde oder die Marktanteile der Artikel herangezogen werden?
- Mit welcher Funktion sollten abhängige und unabhängige Variablen verknüpft werden?

18.2.1.1 Artikelbezogene Analysen

Zunächst wird der Fall betrachtet, dass Preise für einzelne Artikel festzulegen seien. Zu diesem Zweck werden artikelspezifische Preis-Absatz-Funktionen ermittelt. Anschließend wird die Preisbildung für ganze Warengruppen (Category Pricing) betrachtet.

Die Ableitung einer artikelbezogenen Preis-Absatz-Funktion an einem Beispiel

Das folgende Beispiel zur Ableitung von Preis-Absatz-Funktionen stammt aus der Erhebung von Heidel (1990; vgl. dazu auch Müller-Hagedorn 1988). Abbildung 18.2 zeigt zunächst am Beispiel eines untersuchten Geschäfts, welche Preise für sechs ausgewählte Zahnpastasorten über einen Zeitraum von drei Monaten verlangt bzw. realisiert wurden.

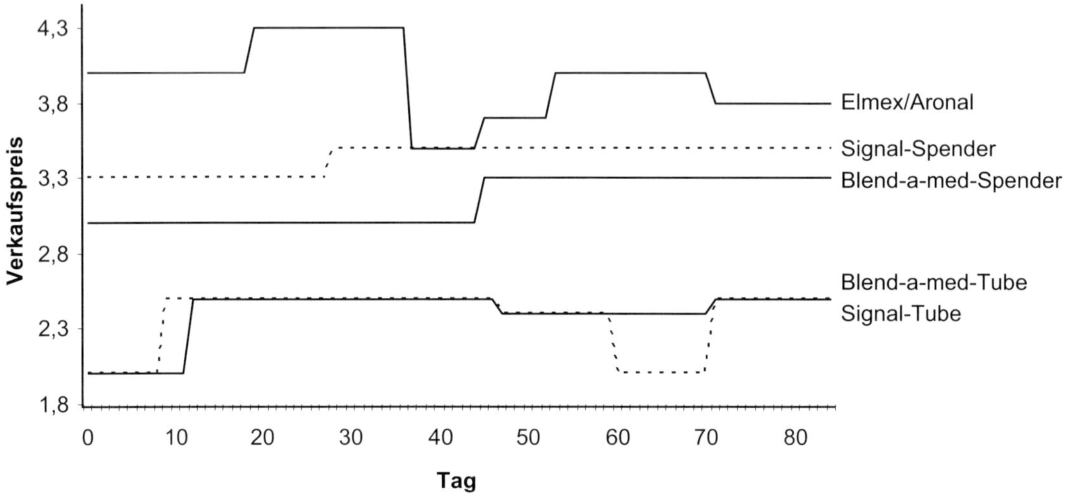

Quelle: Heidel 1990, S. 155

Abb. 18.2: Verkaufspreise für sechs Zahnpastasorten in einer Warenhausfiliale

Die Preispolitik des Geschäfts lässt sich für die Artikelgruppe Zahnpasta wie folgt charakterisieren:

- in zeitlicher Hinsicht: bei zwei Artikeln (Aronal und Elmex) wurden die Preise häufig geändert, bei Signal (Spender) und Blend-a-med (Spender) einmal, zu konstanten Preisen wurde kein Artikel verkauft;
- bezüglich der Streubreite der Preisveränderungen: die höchste absolute Preisveränderung belief sich auf 0,80 GE die kleinste auf 0,20 GE (relatives Maximum: 25 %; relatives Minimum: 5 %);
- bezüglich des Preisniveaus: das absolute Preisniveau wurde im Zeitablauf nur leicht angehoben (für die Gesamtheit der Artikel, deren Preis verändert wurde, von 18,24 auf 19,34; in der gesamten Abteilung stieg der durchschnittliche Verkaufspreis von 3,37 auf 3,44 GE);
- in Bezug auf die Kalkulationssätze: im Durchschnitt betrug der Kalkulationssatz 11,33 % (als Abschlag vom VK).

Damit liegt eine Basis vor, von der aus überlegt werden kann, ob und in welcher Weise die Preise geändert werden sollten. Es ist zu fragen, ob dabei die Instrumente der Preiselastizität und der Preis-Absatz-Funktion genutzt werden können.

In Abbildung 18.3 sind neben den Preisänderungen auch die zugehörigen Mengenänderungen angegeben. Sie zeigen, um wie viel Prozent sich die abgesetzte Stückzahl in der auf den Tag der Preisänderung folgenden Woche gegenüber dem Absatz in der dem Tag der Preisänderung vorangegangenen Woche geändert hat. So wurde z. B. der Preis für Aronal am 18. Tag von 3,99 auf 4,29 GE, also um 8 % angehoben, woraufhin der Absatz um 21 % zurückging. Die Preiselastizität ist mit – 2,63 erwartungsgemäß negativ.

Artikel		**Preis- und Mengenveränderungen**										**negativ zu positiv**
		1		2		3		4		5		
			Vz.		Vz.		Vz.		Vz.		Vz.	
Aronal	Δp/p Δx/x	+ 8 % - 21 %	-	- 19 % + 14 %	-	+ 6 % - 31 %	-	+ 8 % + 42 %	+	- 5 % - 14 %	+	3:2
Elmex	Δp/p Δx/x	+ 8 % + 4 %	+	- 19 % - 14 %	+	+ 6 % 0 %		+ 8 % + 33 %	+	- 5 % + 41 %	-	1:3
Signal-Spender	Δp/p Δx/x	+ 6 % + 100 %	+									0:1
Blend-a-med Spender	Δp/p Δx/x	+ 10 % - 29 %	-									1:0
Signal-Tube	Δp/p Δx/x	+ 25 % - 72 %	-	- 8 % + 171 %	-	+ 9 % - 25 %	-					3:0
Blend-a-med Tube	Δp/p Δx/x	+ 25 % - 72 %	-	- 8 % - 12 %	+	- 13 % + 2 %	-	+ 25 % - 46 %	-			3:1

Abb. 18.3: Die Vorzeichen der ermittelten Preiselastizitäten

Es wird zwar eine negative Preiselastizität erwartet, dennoch kann bei empirischem Datenmaterial nicht erwartet werden, dass sich solche Ergebnisse in allen Fällen ergeben. Hierbei besteht insbesondere das Problem, dass beobachtete Absatzänderungen nicht allein auf die Preisänderung des betreffenden Artikels zurückgeführt werden können (Problem der Scheinkausalität). Beispielsweise können die empirisch beobachteten Preiselastizitäten durch die folgenden Faktoren beeinflusst worden sein:

- von dem Bedarfs- und Einkaufsrhythmus: Einzelne Produkte werden zu bestimmten Zeiten eher benötigt und mit größerer Wahrscheinlichkeit gekauft als zu anderen Zeiten;
- vom Einsatz der übrigen absatzpolitischen Instrumente: Eine Preissenkung kann wirkungslos sein, wenn sie nicht ausreichend durch Werbung kommuniziert wird;

- von Preisen substitutiver und komplementärer Artikel: Eine Preiserhöhung kann mit positiven Mengeneffekten einhergehen, wenn gleichzeitig der Preis komplementär verbundener Artikel reduziert wird;
- von Maßnahmen der Konkurrenz: Eine Preiserhöhung kann mit positiven Mengeneffekten einhergehen, wenn die Konkurrenten die Preise um einen größeren Betrag erhöht haben;
- von grundlegenden Absatzentwicklungen bei dem betreffenden Artikel: Wenn ein Händler einen Absatzrückgang erwartet, könnte er als Gegenmaßnahme den Preis reduzieren; der Preissenkung folgt dennoch ein Mengenrückgang.

Daneben können die beobachteten Preiselastizitäten auch von der Verrechnung der Rohdaten abhängig sein. So können die Abverkaufsdaten auf unterschiedliche Perioden bezogen werden (z. B. auf Tage, Wochen, Monate oder andere Zeiträume), es können Stückzahlen, relative Anteile oder Käufe pro 1 000 Kunden genutzt werden, der Preis kann absolut, als Preisdifferenz oder als Preisverhältnis zu unterschiedlichen Bezugsgrößen verrechnet werden.

Die Ergebnisse in Abbildung 18.3 verdeutlichen das Problem. Es zeigt sich überraschenderweise in einigen Fällen, dass der Absatz nach Preiserhöhungen gestiegen bzw. nach Preissenkungen gefallen ist. Die Auswertung ist jedoch insofern sinnvoll, als dass sie in systematischer Form die Reaktionen des Markts erfasst und ausweist. Langfristig lassen sich dann vielleicht Verallgemeinerungen beobachten, wie beispielsweise die, dass bei bestimmten Produkten umso eher mit negativen Preiselastizitäten zu rechnen ist, je größer ihr mengenmäßiger Marktanteil ist (die Artikel Signal-Tube und Blend-a-med-Tube wiesen in der Untersuchung mit Abstand die höchsten mengenmäßigen Marktanteile auf).

Die vorliegenden Werte für Preise und Absatzmengen können auch in ein Diagramm zur Darstellung von Preis-Absatz-Funktionen übertragen werden. Dies ist in Abbildung 18.4 für den Artikel Blend-a-med (Tube) vorgenommen worden. Bei aller gebotenen Vorsicht bei der Interpretation legt das Datenmaterial nahe, dass bei einem Preis von 1,99 GE ein sehr viel höherer Umsatz erzielt werden kann als bei einem Preis von 2,29 oder 2,49 GE, nämlich rund 970 GE (1,99 x 486) im Vergleich zu 410 bzw. 240 GE. Es bleibt jedoch zu bedenken, dass der umsatzmaximale Preis nicht zwangsläufig auch den höchsten Deckungsbeitrag verspricht.

Durch die Verfügbarkeit von Scanner- und Paneldaten besteht in Handelsunternehmen großes Interesse, dieses Datenmaterial trotz der bestehenden Probleme für die Berechnung von Preis-Absatz-Funktionen zu nutzen.

Die einfachste Methode zur Ableitung von Preis-Absatz-Funktionen stellt die Regressionsanalyse dar. Nichtlineare Funktionsverläufe können durch Transformationen der Variablen abgebildet werden, beispielsweise indem man die Daten logarithmiert und diese in der linearen Regressionsfunktion verwendet (vgl. Heidel 1990). Daneben gibt es Verfahren zur nichtlinearen Regressionsanalyse. Zu den moderneren Methoden zählen Discrete Choice Modelle und Neuronale Netze (vgl. Hruschka 1991b, 2001; Gaul/Decker/Wartenberg 1994). Insbesondere für Discrete Choice Modelle sind in der Literatur zahlreiche Varianten entwickelt worden (vgl. Fleps 2003; Train 2009).

Unabhängig von der Wahl des Verfahrens stößt die Ableitung von Preis-Absatz-Funktionen auf Basis von Scannerdaten aber an Grenzen. Neben dem bereits erwähnten Kausalitätsproblem sind folgende Punkte zu nennen:

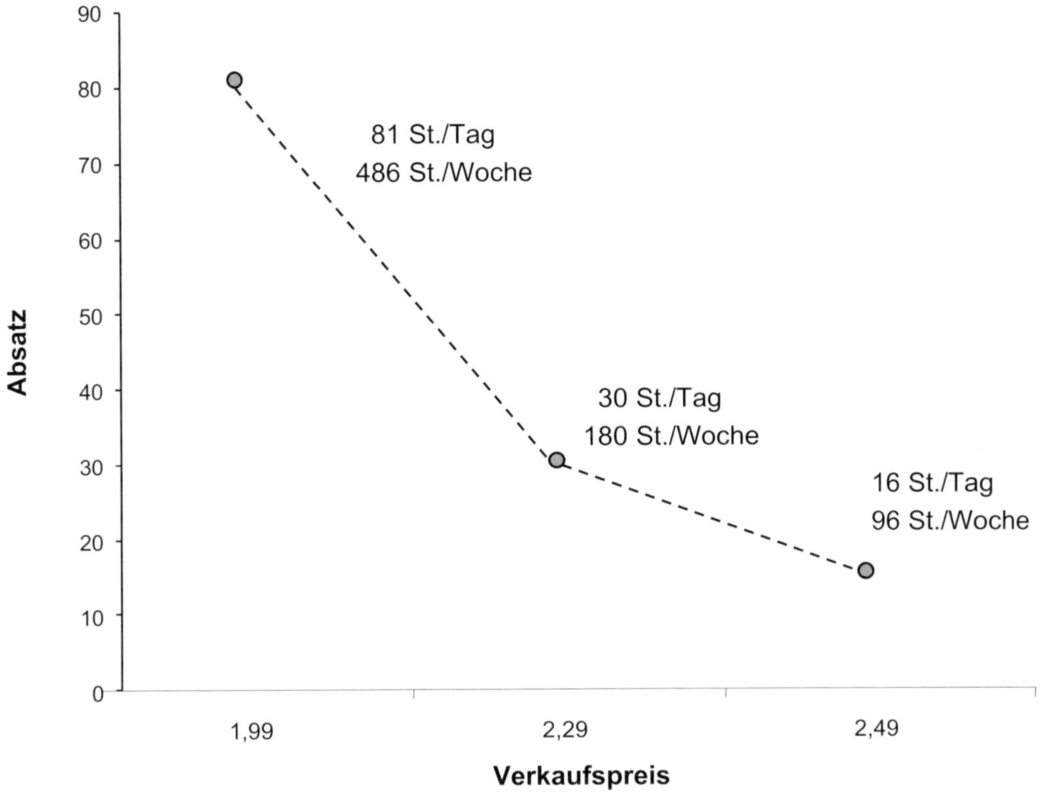

Abb. 18.4: Konstruktion einer Preis-Absatz-Funktion aus Abverkaufsdaten

- Es muss gewährleistet sein, dass die erklärenden Variablen (insbesondere der Absatzpreis bzw. die Kalkulation) eine ausreichende Varianz aufweisen (entweder im Zeitablauf oder in verschiedenen Geschäften).
- Es muss entschieden werden, nach welchem Modell die Auswertung angelegt sein soll. Ein Modell ist zunächst durch die einbezogenen Variablen gekennzeichnet. In einfachen Fällen wird der Absatz eines Artikels (oder einer Artikelgruppe) nur zu dem Preis für den jeweiligen Artikel in Beziehung gesetzt, in anspruchsvolleren Fällen werden zusätzlich zahlreiche weitere Variablen berücksichtigt. Dazu können Preise der Vergangenheit gehören (um time-lag-Wirkungen zu erfassen), Preise für andere Produkte (um dem Nachfrageverbund Rechnung zu tragen), Preise bei Konkurrenten oder der Einsatz anderer absatzpolitischer Instrumente (z. B. Sonderplatzierungen). Insbesondere die Platzierung und Werbemaßnahmen haben sich als Größen erwiesen, die die Höhe der Preiselastizität beeinflussen.
- Die Modellvariablen müssen operationalisiert werden. Es ist bereits darauf hingewiesen worden, dass die Preise durch absolute oder relative Größen operationalisiert werden können. Auch die abhängigen Variablen lassen sich unterschiedlich operationalisieren. Hier kommen insbeson-

dere absolute und relative Absatzmengen bzw. Umsätze oder Marktanteile in Betracht. Die Abverkaufsdaten können auch auf unterschiedliche Perioden bezogen werden.

- Des Weiteren sind Modelle durch die Art und Weise gekennzeichnet, wie die Variablen verknüpft werden (Funktionsgesetz). Im einfachsten Fall geht man von einer linearen Verknüpfung aus, daneben werden verschiedene Formen nichtlinearer Reaktionsfunktionen verwendet. Wie insbesondere Simon (1992a, S. 89–108) dargestellt hat, erwies sich allerdings bislang kein Funktionstyp in der empirischen Prüfung als generell überlegen.
- Die Wahl eines Funktionstyps ist eng mit der Wahl eines Verfahrens zur Datenauswertung verbunden. Während die Regressionsanalyse ein leicht handhabbares Verfahren darstellt, erfordern die modernen Methoden ein größeres Anwendungs- und Erfahrungswissen. Insbesondere bei den Discrete Choice Modellen ist eine sinnvolle Auswahl zwischen den zahlreichen Verfahrensvarianten zu treffen. Bei Neuronalen Netzen erfordert die Spezifikation der Netzstruktur und der Netzfunktionen ein entsprechendes Erfahrungswissen.

Auf der Suche nach Verallgemeinerungen

In den ersten Jahren der Scannerforschung wurden vor allem Preiselastizitäten für einzelne Artikel oder Artikelgruppen ermittelt und verschiedene Formen der Datenauswertung entwickelt. Oft lagen dabei die Preiselastizitäten zwischen -0,5 und -5,0. Bijmolt, van Heerde und Pieters (2005) haben die in amerikanischen Zeitschriften veröffentlichten Werte für Preiselastizitäten zusammengestellt. Gestützt auf 1851 Preiselastizitäten aus 81 Studien kamen sie auf eine durchschnittliche Preiselastizität von -2,62 bei einem Median von -2,22. Die weitaus meisten Elastizitäten lagen in einem Bereich von 0 bis -6. Eine bestimmte relative Preisänderung bewirkt demnach bei vielen Produkten eine mehr als doppelt so hohe relative Absatzänderung. Diese Ergebnisse beziehen sich allerdings auf schnell drehende Konsumgüter, bei denen Kunden besonders preissensibel reagieren. Eine breiter angelegte Untersuchung von Simon Kucher & Partners zeigt dagegen Elastizitäten, die im Mittel bei -1,75 bei einem Median von -1,29 liegen (vgl. Simon/Fassnacht 2009, S. 105).

In Anbetracht der vielen zu bepreisenden Artikel erscheint es allerdings mühselig, für jeden einzelnen Artikel die Höhe der Preiselastizität zu ermitteln. Es wurde deshalb versucht, die Höhe der Preiselastizität selbst zu erklären. Es sollte also nicht nur bestimmt werden, ob für einen bestimmten Artikel die Höhe der Preiselastizität eher hoch oder eher niedrig ist, sondern es sollte ermittelt werden, unter welchen Umständen eine Preiselastizität bestimmte Werte annimmt. Auf einige Bestimmungsfaktoren der Preiselastizität wurde bereits eingegangen (z. B. Einsatz der übrigen absatzpolitischen Instrumente, Preise substitutiver und komplementärer Artikel oder Maßnahmen der Konkurrenz). Bei diesen Größen handelt es sich jedoch vorwiegend um situative Faktoren, deren Ausprägung sich zwischen verschiedenen Handelsunternehmen unterscheiden kann. Darüber hinaus können auch stärker generalisierbare Bestimmungsfaktoren genannt werden. Hierzu zählen beispielsweise die Bedarfs- und Einkaufshäufigkeit, die Lagerfähigkeit der Produkte oder der Umstand, ob es sich um eine Handelsmarke oder um eine Herstellermarke handelt.

18.2.1.2 Category Pricing

Die auf Basis von SR-Analysen ermittelten Wirkungszusammenhänge können als Grundlage für die Preisoptimierung dienen. Aufgrund der umfangreichen Sortimente in vielen Handelsunternehmen konzentriert sich die Preisoptimierung häufig auf das Category Pricing. Darunter ist eine an der strategischen Rolle einer Warengruppe ausgerichtete Abstimmung sämtlicher preispolitischer Aktivitäten zu verstehen (vgl. Zielke 2005). Quantitative Ansätze, mit denen die Preise der Artikel innerhalb eines gesetzten strategischen Rahmens optimal aufeinander abgestimmt werden können, werden auch als Category Pricing Modelle bezeichnet (vgl. Zielke 2006a). Die Modelle unterscheiden sich hinsichtlich:

- der Datengrundlage (z. B. Scannerdaten, anonyme Transaktionsdaten, Paneldaten),
- der Modellierung der Markenwahl (z. B. Regressionsfunktionen, Discrete Choice Modelle, Neuronale Netze),
- der Perspektive der Optimierung (Category Pricing aus Händlersicht vs. Preislinienoptimierung aus Herstellersicht),
- der erfassten Preiseffekte (z. B. Substitutionseffekte, Expansionseffekte, Kosteneffekte, dynamische Effekte).

Category Pricing Modelle unterscheiden sich von der einzelproduktorientierten Preisoptimierung insbesondere dadurch, dass in den Reaktionsfunktionen nicht nur direkte Preiseffekte abgebildet werden. Insofern kommt der Art der erfassten Preiseffekte eine besondere Bedeutung zu. Geht man von einer eng abgegrenzten Warengruppe mit hauptsächlich substitutiven Artikeln aus, so ist an die folgenden Preis- bzw. Verbundeffekte zu denken (vgl. Zielke 2006a, S. 112):

- Substitutionseffekte, die sich ergeben, wenn Kunden innerhalb der Warengruppe auf Preisänderungen durch die Wahl einer anderen Marke reagieren.
- Expansionseffekte, die entstehen, indem durch Preisänderungen innerhalb einer Warengruppe mehr Artikel verkauft werden.
- Substitutive Expansionseffekte, die entstehen, wenn Expansionseffekte innerhalb einer Warengruppe auf Kosten anderer Warengruppen erzielt werden.
- Komplementäre Expansionseffekte, die ausdrücken, inwieweit Expansionseffekte innerhalb einer Warengruppe dazu führen, dass Verbundkäufe in anderen Warengruppen stattfinden.
- Kosteneffekte, die entstehen, wenn beispielsweise durch Marktanteilsverschiebungen günstigere Konditionen erzielt oder die Bestandsführung verbessert werden können.
- Zeiteffekte, die Auswirkungen von Preisänderungen in dynamischer Hinsicht betreffen. Sie spielen besonders dann eine Rolle, wenn die Planung von Promotions in das Category Pricing Modell integriert ist. In diesem Fall können Zeiteffekte abbilden, inwieweit Käufe auf Grund von Promotions vorgezogen oder verschoben werden.

Die wenigsten in der Literatur dokumentierten Category Pricing Modelle berücksichtigen alle dargestellten Preiseffekte. Insbesondere die Effekte auf andere Warengruppen dürften in großen Sortimenten schwierig zu modellieren sein. Unverzichtbar ist dagegen die Berücksichtigung von Substitutionseffekten innerhalb der Warengruppe. In jedem Einzelfall sollte sorgfältig abgewogen werden, welche Kosten und welcher Nutzen mit einer Berücksichtigung einzelner Preiseffekte verbunden sind. Andererseits sind in der Literatur Modellvarianten vorgeschlagen worden, die beispielsweise Entscheidungskalküle des Herstellers in die Optimierung einbeziehen (vgl. Zenor 1994), die eine filialspezifische Preisdifferenzierung ermöglichen (vgl. Montgomery 1997) oder Heterogenität zwischen Haushalten berücksichtigen (vgl. Chintagunta 2002). Andere Modelle streben eine simultane Optimierung der Preis- und Bestellpolitik an (vgl. Hall/Kopalle/Krishna 2010). Insbesondere bei sehr komplexen Modellen lassen sich optimale Preiskonfigurationen nur noch numerisch oder mit Hilfe von Heuristiken bestimmen. So hat beispielsweise Zielke (2003) gezeigt, wie sich Preispolitik, Sortimentspolitik und Warenplatzierung simultan mit Hilfe evolutionärer Algorithmen optimieren lassen.

18.2.2 Die Wirkung von Preisen im Rahmen verhaltenswissenschaftlicher Modelle

Untersuchungen nach dem Black-Box-Modell dokumentieren als Querschnitts- oder als Zeitreihenanalysen Zusammenhänge zwischen preispolitischen Maßnahmen und Erfolgsgrößen. Sie helfen damit, eine Vorstellung von der Wirkungsstärke preispolitischer Maßnahmen zu entwickeln, ohne dabei aber vorschnell auf kausale Beziehungen zu schließen. Die gewonnenen Informationen über die Höhe der Preiselastizität sollen nicht nur das Festlegen eines geeigneten regulären Preises unterstützen, sondern sie dienen auch der Auswahl von Sonderangebotsartikeln. Ebenso können Warenkorbanalysen durchgeführt werden, um festzustellen, in welchem Ausmaß Käufer nur Sonderangebote gekauft haben und welchen Deckungsbeitrag Warenkörbe von Sonderangebotskäufern aufweisen.

Black-Box-Analysen zeigen allerdings nicht, aus welchen Gründen heraus sich die Verbraucher in einer bestimmten Weise verhalten. Es ist nicht zu erkennen, inwieweit Käufer von Sonderangeboten andere Artikel kaufen, weil sie glauben, auch diese seien preisgünstig. Ebenso bleibt offen, ob beim Einkauf mehr preisliche oder mehr qualitative Faktoren den Ausschlag geben. Maßnahmen zur Verbesserung des betrieblichen Erfolgs erfordern aber, die Gründe eines bestimmten Verhaltens zu kennen. Hinzu kommt, dass Feldexperimente zur Ermittlung von Reaktionen auf bestimmte Maßnahmen dann ausscheiden, wenn die Kosten hierfür zu hoch sind oder sich negative absatzwirtschaftliche Folgen einstellen können.

Im Folgenden wird deshalb auf verhaltenswissenschaftliche Beiträge zur Rolle des Preises bei Einkaufsentscheidungen eingegangen. Preis-Absatz-Funktionen stellen eine Beziehung zwischen den Aktionsparametern (hier den Preisen) und den Ergebnisgrößen (hier den Absatzmengen) her. Sie decken allerdings nicht auf, warum es zu diesen Beziehungen kommt. Bekanntlich werden in der Mikroökonomie Nachfragefunktionen eines Haushalts aus dessen Präferenzsystem, aus der Zielvorstellung (meist Nutzenmaximierung), dem zur Verfügung stehenden Budget und den Preisen abgeleitet. Wenn es nicht praktikabel ist, Preis-Absatz-Funktionen direkt zu messen, kann es vorteilhaft sein, sich Kenntnisse über die Art und Weise, wie Reaktionen entstehen werden, zu verschaffen. Insofern wird im Folgenden ein Weg beschritten, der dem Anliegen der Mikroökonomie ähnelt, sich jedoch an der verhaltenswissenschaftlichen Forschung orientiert.

18.2.2.1 Das TREP-Modell als verhaltenswissenschaftlicher Rahmen

Die verhaltenswissenschaftliche Preisforschung (*behavioral pricing*) hat sich in den letzten Jahrzehnten sehr ausdifferenziert. Es ist deshalb hilfreich, sich an dem bereits um 1983 von Müller-Hagedorn (1983) und Lenzen (1984) entwickelten sog. TREP-Modell zu orientieren. Das Modell zeigt, wie der Kauf einzelner Artikel und die Wahl der Einkaufsstätte von den Wahrnehmungen und Beurteilungen der Preise durch die Nachfrager abhängen.

Inzwischen gibt es zahlreiche Untersuchungen zu sehr detaillierten Aspekten. Das in Abbildung 18.5 dargestellte Modell TREP (Trierer Modell zum Zusammenhang von Einkaufsstättenwahl und Preisbeurteilung) hat Zusammenhänge zwischen verschiedenen Konstrukten aufgezeigt (vgl. Müller-Hagedorn 1983; Lenzen 1984), die auch heute im Mittelpunkt der modernen verhaltenwissenschaftlichen Preisforschung stehen (vgl. Zielke 2007). Das TREP-Modell integriert diese Konstrukte, indem es aufzeigt, wann Konsumenten Informationen über Preise aufnehmen, wie sie diese verarbeiten und wie die Urteile das Verhalten beeinflussen. Im Mittelpunkt des Modells stehen die folgenden Konstrukte:

- die Wahrnehmung von Preisen,
- das Preisinteresse,
- die Preiskenntnisse,
- Urteile über die Preisgünstigkeit,
- Urteile über die Preiswürdigkeit (im Modell Günstigkeit des Einkaufs).

Diese Konstrukte spielen in der verhaltenswissenschaftlich ausgerichteten Preisforschung eine zentrale Rolle. Darüber sind aber auch weitere Konstrukte in die wissenschaftliche Diskussion eingeführt worden, wie z. B. die Preisunsicherheit (empfundenes Risiko) und das Vertrauen in die Angemessenheit von Preisen (vgl. Müller-Hagedorn/Preißner/Wilke 2006; Diller 2008, S. 162–164), die empfundene Preisehrlichkeit und Preisfairness (vgl. Diller 1997; Xia/Monroe/Cox 2004; Diller 2008, S. 164–168), die Preiszufriedenheit (vgl. Diller 2008, S. 157–162; Zielke 2008a) sowie Preiserlebnisse und Preisemotionen (vgl. Diller 2008, S. 95–101; Zielke 2009a).

Das Modell hat, wie aus dem rechten Bildteil zu ersehen ist, zwei abhängige Variablen: Auf der Ebene eines einzelnen Artikels wird analysiert, ob es bei einem Einkaufsstättenbesuch zum Kauf des Artikels kommt; zum zweiten geht es um die Einkaufsstättenwahl und den Einfluss der Preispolitik auf sie.

Preiswahrnehmung und Preisinteresse

Wahrnehmung ist ein Prozess, der die Transformation eines physikalischen Reizes in neuronale Aktivität, die Bildung einer internen Repräsentation des Reizes und die Klassifikation der gebildeten Repräsentation umfasst (vgl. z. B. Zimbardo/Gerrig 1999, S. 106–110). Preiswahrnehmung bedeutet demnach, dass Preisinformationen aufgenommen und als solche interpretiert werden. Die Beurteilung und das Übertragen eines Preises in das Langzeitgedächtnis sollen als Prozesse definiert werden, die nicht mehr zur Wahrnehmung gehören, sondern sich an diese anschließen.

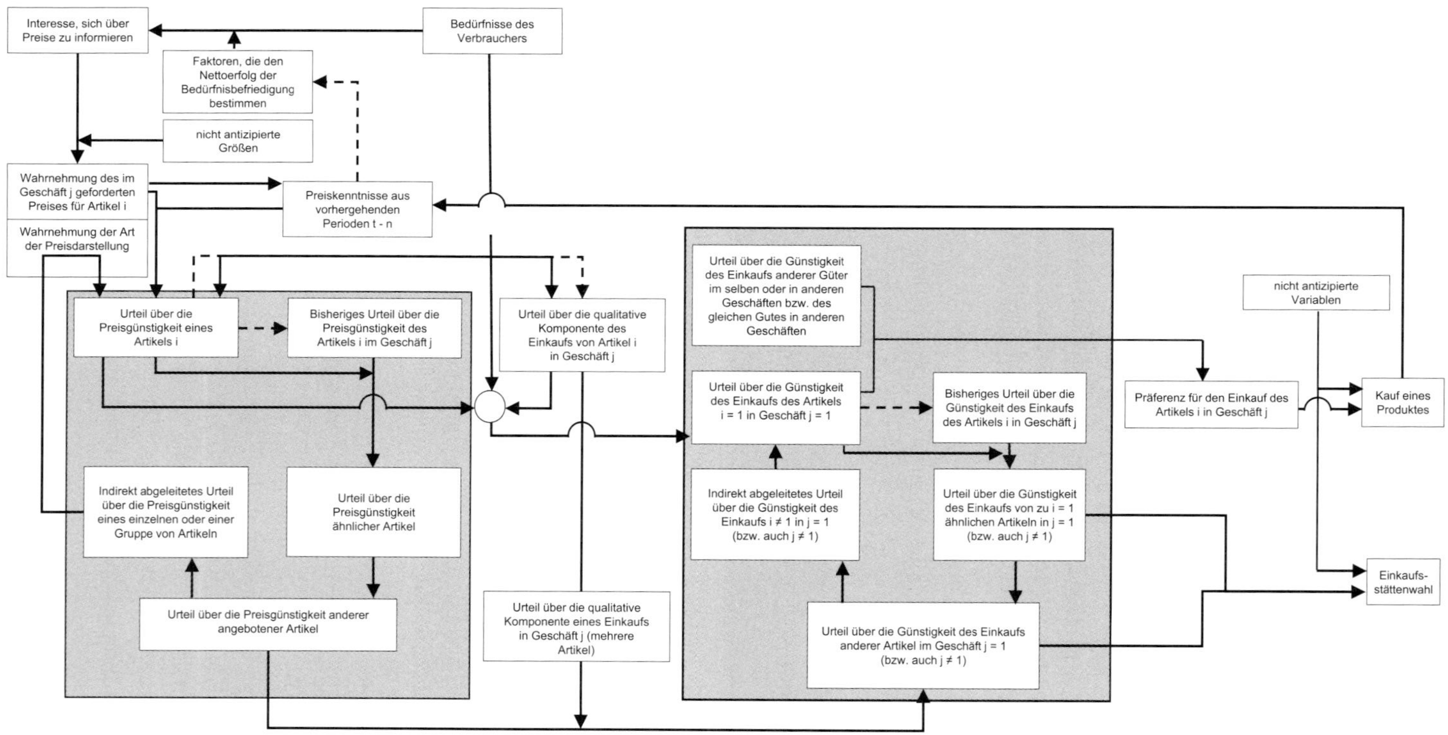

Quelle: Müller-Hagedorn 1983, S. 942–943

Abb. 18.5: Trierer Modell zum Zusammenhang von Einkaufsstättenwahl und Preisbeurteilung – TREP

Die Möglichkeiten, Preise wahrzunehmen, sind im Regelfall sehr zahlreich. Als Quellen für Informationen über Preise lassen sich unterscheiden:

- vor dem Einkauf genutzte Quellen (insbesondere Anzeigen, Handzettel und Prospekte),
- beim Einkauf (in der Einkaufsstätte) vorfindbare Quellen (insbesondere Preisetiketten, Preisschilder, Plakate),
- nach dem Einkauf verfügbare Quellen (insbesondere Kassenzettel).

Die Wahrnehmung kann sich dabei sowohl auf Preisziffern als auch auf andere Aspekte, z. B. auf die Art der Preisdarstellung (wie übergroße Preisschilder) oder auf das sonstige Erscheinungsbild der Verkaufsstelle erstrecken. Es stellt sich die Frage, wovon es abhängt, ob Personen Preise oder Faktoren, die das Urteil über Preise bestimmen, wahrnehmen. Dabei kann auf zwei Arten von Einflussgrößen hingewiesen werden.

Die Wahrscheinlichkeit, dass ein Preis (bzw. ein sonstiger Reiz) wahrgenommen wird, hängt von der Art des Reizes (z. B. Höhe des Preises, Veränderung des Preises gegenüber früher geltenden Preisen, Art der Herausstellung des Preises) und der Art der Umwelt ab, in der sich eine Person informiert (z. B. allgemeine Hinweise auf Preisgünstigkeit des Geschäfts). Theoretisch sind diese Aspekte unter anderem in der Psychophysik verankert, die den Zusammenhang zwischen physikalischen Reizen und subjektiven Empfindungsstärken untersucht (vgl. Behrens 2001). So hängt es beispielsweise vom Preisniveau eines Artikels ab, ob eine Preisveränderung wahrgenommen wird. Eine Preiserhöhung um 50 Cent wird bei einer Weinflasche, die sonst 1,99 € gekostet hat, mit höherer Wahrscheinlichkeit wahrgenommen als bei einer Weinflasche mit einem ursprünglichen Preis von 18,99 € (vgl. zu einem ähnlichen Beispiel Diller 2008, S. 122).

Die Wahrscheinlichkeit, dass ein Preis (bzw. ein sonstiger Reiz) wahrgenommen wird, hängt auch von spezifischen Eigenschaften der wahrnehmenden Person ab. Hier ist insbesondere an das Preisinteresse zu denken. Hierbei handelt es sich um das „Bedürfnis eines Nachfragers (…), bei Kaufentscheidungen den Preis sowie alle verfügbaren Kaufalternativen hinreichend zu berücksichtigen und entsprechend nach geeigneten Preisinformationen zu suchen“ (Diller 2008, S. 101). Nach dieser Definition sind Preisgewichtung, Alternativenbewusstsein und Preissuche wichtige Aspekte des Preisinteresses. In der englischsprachigen Literatur wird häufig der Begriff Price Consciousness (Preisbewusstsein) verwendet (vgl. z. B. Lichtenstein/Ridgway/Netemeyer 1993). Die Wirkungen des Preisinteresses sind allerdings nicht nur auf die Wahrnehmung beschränkt.

Denkbar sind auch Einflussfaktoren aus dem soziodemografischen Bereich, wie z. B. das Einkommen, die Zugehörigkeit zu einer sozialen Schicht, einem Milieu oder einer Lebenszyklusphase. Darüber hinaus stellt sich die Frage, ob besonders preisorientierte Kundensegmente identifiziert werden können (vgl. Zielke 2007). So wird in der Literatur der Smart Shopper genannt, der in größerem Umfang Zeit und Anstrengungen in die Suche von Informationen über Promotions investiert, um hierdurch Preisersparnisse zu erzielen (vgl. Mano/Elliott 1997). Empirische Ergebnisse zeigen jedoch, dass sich Kunden nicht immer eindeutig einem Segment mit einer bestimmten Preisorientierung zuordnen lassen und dass sich das Preisinteresse zwischen Warengruppen unterscheiden kann (vgl. Diller/Stamer 2004; Stamer/Diller 2006; Stamer 2006).

Preiskenntnisse der Verbraucher

Preiskenntnisse können als das in der Vergangenheit erworbene und in der aktuellen Periode noch verfügbare Wissen des Verbrauchers über die für einzelne Artikel oder Warenkörbe in den Verkaufsstellen geforderten Preise definiert werden. Hierbei ist zu beachten, dass die Preiskenntnisse nicht zwangsläufig auf einem metrischen Skalenniveau, sondern auch auf einem ordinalen oder nominalen Niveau codiert sein können (vgl. Diller 1988). Die Größe Preiskenntnis kann auch in mehreren Dimensionen verankert werden, und zwar bezüglich:

- der Höhe des Preises,
- der Verkaufsstelle, die dem Preis zugeordnet wird,
- des erinnerten Zeitpunkts, zu dem die Preisinformation erworben wurde,
- der Häufigkeit, mit der einzelne Preise beobachtet worden sind.

Die Definition von Preiskenntnissen macht darüber hinaus deutlich, dass sich das Wissen nicht ausschließlich auf Preise einzelner Artikel beziehen muss, sondern auch das Preisniveau ganzer Geschäfte zum Gegenstand haben kann. Brown (1969) untersuchte, inwieweit Kunden in der Lage sind, Geschäfte bezüglich ihrer Preisgünstigkeit in eine Rangfolge zu bringen, die der Rangfolge des über einen Warenkorb-Index gemessenen Preisniveaus entspricht. Die Ergebnisse zeigten, dass sich die subjektive Preiseinschätzung der Kunden von den objektiv verlangten Preisen unterscheiden kann. Bei der Interpretation dieser Ergebnisse ist jedoch zu beachten, dass die Konstruktion eines Warenkorb-Index mit verschieden Problemen verbunden ist (vgl. zu Problemen, die mit Preisvergleichen verbundenen sind, Schenk 1981). Im Einzelnen können folgende Aspekte genannt werden:

- Wie viele und welche Produkte sollen in den Warenkorb eingehen?
- Werden die ausgewählten Artikel in allen Geschäften geführt? Wie ist zu verfahren, wenn der betreffende Artikel nicht geführt wird, wenn ähnliche Artikel angeboten werden oder wenn der Artikel vorübergehend nicht verfügbar ist?
- Sind die Artikel für die Befragten von gleicher Bedeutung? In welchem Ausmaß belasten sie ihr Haushaltsbudget?
- Ist die Zeitperiode, in der die Preise erhoben werden, repräsentativ für die Preispolitik des Geschäfts?

Empirische Ergebnisse zeigen, dass die Fähigkeit der Kunden, Preise korrekt zu erinnern und wiederzugeben recht gering ist (vgl. Dickson/Sawyer 1990). Demgegenüber ist aber ein größerer Teil der Kunden in der Lage anzugeben, ob ein vorgegebener Preis hoch, normal oder niedrig ist (vgl. Vanhuele/Dréze 2002). Zieht man ein Resümee aus den Ergebnissen, so scheint es, dass Kunden weniger gut in der Lage sind, bei der Einkaufsstättenwahl auf explizites Preiswissen über Produkte in verschiedenen Einkaufsstätten zurückzugreifen. Innerhalb eines Geschäfts scheinen sie jedoch Preise als teuer oder günstig einstufen zu können (vgl. Zielke 2007). Die Ergebnisse von Vanhuele und Dréze (2002) verdeutlichen auch, dass Aussagen über Preiskenntnisse der Kunden vor dem Hintergrund zu bewerten sind, wie das Preiswissen im Einzelfall operationalisiert und gemessen wurde. Dies erklärt auch die unterschiedlichen empirischen Befunde in Bezug auf das Preiswissen der Kunden (vgl. zu einem Überblick über verschiedene Studien Evanschitzky/Kenning/Vogel 2004).

Aus Sicht der Praxis ist von Interesse, bei welchen Warengruppen und Kundensegmenten die Preiskenntnisse besonders hoch oder niedrig ausgeprägt sind. Solche Erkenntnisse können beispielsweise im Rahmen einer Mischkalkulation oder Preisdifferenzierung nach Kundengruppen genutzt werden. Hierzu liegen folgende empirische Ergebnisse vor:

- Preiskenntnisse sind tendenziell höher bei Herstellermarken im Vergleich zu Handelsmarken (vgl. Evanschitzky/Kenning/Vogel 2004). Eine hohe Preisvolatilität verursacht durch Preispromotions hat ebenfalls positive Effekte auf das Preiswissen, während von der Sortimentstiefe und der Preisspanne der Produkte einer Warengruppe negative Effekte ausgehen (vgl. Vanhuele/Drèze 2002). Ebenso hat die Kaufhäufigkeit der Produkte einer Warengruppe einen positiven Einfluss (vgl. Estelami/De Maeyer 2004).
- In Bezug auf individuelle Unterschiede zwischen Kunden konnte gezeigt werden, dass das Preisbewusstsein und die Suche nach Preisinformationen einen positiven Einfluss auf die Preiskenntnisse haben (vgl. Mägi/Julander 2005). Der Bildungsstand hat ebenfalls einen positiven Effekt, obwohl Kunden mit höherer Bildung tendenziell weniger nach Preisinformationen suchen. In Bezug auf das Alter und Geschlecht konnten die meisten Studien keine Effekte beobachten, während die Ergebnisse in Bezug auf das Einkommen uneinheitlich sind (vgl. Wakefield/Inman 1993; Vanhuele/Drèze 2002; Mägi/Julander 2005).

In einer feineren Unterteilung können vier Einflussfaktoren identifiziert werden, die erklären, warum die Preiskenntnisse hoch bzw. niedrig sind:

- Preiskenntnisse sind abhängig von der Absatzpolitik des Anbieters (z. B. je häufiger ein Produkt beworben wird, desto höher ist die Preiskenntnis),
- Preiskenntnisse sind abhängig vom Verhalten der Verbraucher (z. B. je häufiger ein Produkt gekauft oder eine Einkaufsstätte besucht wird, desto höher ist die Preiskenntnis),
- Preiskenntnisse sind abhängig von individuellen Ausprägungen bestimmter psychischer Konstrukte (z. B. je stärker das Preisbewusstsein der Kunden ausgeprägt ist, desto höher ist die Preiskenntnis),
- Preiskenntnisse sind abhängig von soziodemografischen Merkmalen (z. B. je höher der Bildungsstand, desto höher ist die Preiskenntnis).

In Abbildung 18.5 ist der Einfluss dieser Bestimmungsfaktoren exemplarisch für den Zusammenhang von Einkaufshäufigkeit (Kauf eines Produkts) und Preiskenntnis eingezeichnet.

Urteile über die Preisgünstigkeit

In dem Modell in Abbildung 18.5 wird postuliert, dass Verbraucher sich Urteile über die Preisgünstigkeit bilden. Bei Preisgünstigkeitsurteilen handelt es sich um subjektive Urteile über die Höhe der Preise, gleichgültig, ob die Preise bewusst wahrgenommen werden oder nicht. Preisgünstigkeitsurteile beziehen sich nicht auf das Verhältnis von zu zahlendem Preis zur Qualität der Ware oder zu den Mühen, das Gut zu kaufen, sondern ausschließlich auf die Beurteilung des nach Meinung des Verbrauchers zu zahlenden Preises. Es handelt sich um eine zeitpunktbezogene Größe, wobei sich der Verbraucher seines Urteils mehr oder weniger sicher ist. Nach den zu beurteilenden Objekten wird unterschieden, ob sich ein Preisgünstigkeitsurteil auf einzelne Artikel oder auf Artikelgesamtheiten (Artikelgruppen, Warengruppen, Abteilungen, Geschäfte, Betriebsformen) bezieht. Für Preisgünstigkeitsurteile auf Geschäftsebene wird in der Literatur häufig auch der Begriff Preisimage verwendet (vgl. z. B. Nyström 1970; Zeithaml 1984; Desai/Talukdar 2003).

- Der hohe Stellenwert, welcher der Preisgünstigkeit in dem Modell zugeordnet wird, kommt schon optisch darin zum Ausdruck, dass dieser Größe im linken Bereich der Abbildung insgesamt fünf Variablen zugeordnet sind. Ob der Einkauf eines Artikels in einer Einkaufsstätte als preisgünstig angesehen wird, hängt von aktuellen Wahrnehmungen ab, insbesondere von dem Vergleich des wahrgenommenen Preises mit den Preiskenntnissen. Daneben werden Preisgünstigkeitsurteile aber auch durch Übertragung von Urteilen über die Preisgünstigkeit anderer Artikel oder Artikelgesamtheiten gewonnen (vgl. in Abbildung 18.5 die verschiedenen Beziehungen innerhalb des Blocks zur Preisgünstigkeit).

Urteile über die Preisgünstigkeit einzelner Artikel

Für Handelsunternehmungen ist von großem Interesse, inwieweit die Preise einzelner Artikel oder Artikelgesamtheiten als preisgünstig beurteilt werden. Dazu kann die Marktforschung Antworten liefern. Tendenziell ist zu vermuten, dass ein Preis umso günstiger beurteilt wird, je niedriger er ist. Diese Vermutung konnten Lenzen und Müller-Hagedorn für alle zehn in ihre empirische Untersuchung einbezogenen Produkte bestätigen (vgl. Lenzen 1983, 1984; Müller-Hagedorn 1984b). Bei den Verbrauchern, denen ein höherer Preis vorgegeben wurde, waren die Preisgünstigkeitsurteile, ungünstiger als bei jenen, denen ein niedrigerer Preis genannt worden war. Das deutet darauf hin, dass Preisgünstigkeitsfunktionen (PG(p)) negativ geneigt sind.

Darüber hinaus hat die Frage nach den Bestimmungsfaktoren der Preisgünstigkeit und nach der Art und Weise, wie ein Preisgünstigkeitsurteil zustande kommt, große Aufmerksamkeit gefunden. So wurde beispielsweise Helsons (1964) Adaptionsniveau-Theorie auf die Preiswahrnehmung übertragen (vgl. Emery 1970; Monroe 1973). Hiernach ist die Preisgünstigkeitswahrnehmung von verschiedenen Kontextinformationen abhängig, zu denen insbesondere Referenzpreise zählen. Die Theorie besagt, dass ein Preisgünstigkeitsurteil zu Stande kommt, indem der wahrgenommene Preis mit einem Referenzpreis verglichen wird. In diesem Referenzpreis spiegeln sich in der Vergangenheit beobachtete Preise und der Einfluss sonstiger Eindrücke, die für die Beurteilung eines Preises maßgeblich sind.

Der Referenzpreis kann unterschiedlich operationalisiert werden. Zunächst kann zwischen internen und externen Referenzpreisen unterschieden werden. Externe Referenzpreise werden während der Kaufentscheidung, also während des Besuchs eines Geschäfts oder eines Internet Shops wahrgenommen. Hierbei kann es sich um Herstellerpreisempfehlungen, in der Vergangenheit verlangte Preise oder Preise anderer Artikel handeln (vgl. Mayhew/Winer 1992). Der interne Referenzpreis wird dagegen auf Basis von Preiserfahrungen gebildet und häufig über eine exponentielle Glättung in der Vergangenheit bezahlter oder wahrgenommener Preise operationalisiert (vgl. Briesch/Krishnamurthi/Mazumdar et al. 1997; Mazumdar/Raj/Sinha 2005). Außer Referenzpreisen, die auf durchschnittlichen Preisen basieren, könnten aber auch die dem Verbraucher bekannten extremen Preise von besonderer Bedeutung für die Beurteilung eines vorgefundenen Preises sein (zu einem detaillierten Überblick über Referenzpreiseffekte siehe Wierich 2007).

Empirische Ergebnisse zum Zusammenhang zwischen Preisgünstigkeitsurteilen und Referenzpreisen finden sich bereits bei Müller-Hagedorn (1984). Dort konnten enge Beziehungen zwischen direkt erfragten und auf Basis von Referenzpreisen rechnerisch ermittelten Preisgünstigkeitsurteilen festgestellt werden. Die rechnerisch ermittelte Preisgünstigkeit ergab sich aus dem Abstand des objektiven Preises zu der Vorstellung der Verbraucher von einem „normalen Preis" für das betreffende Produkt. Die dabei verwendete Preisgünstigkeitsfunktion lautete:

$$rPG_i(p) = 3{,}5 + b(p - eNP_i) \qquad (18.1)$$

mit:

$rPG_i(p)$ = rechnerisch ermitteltes Urteil über die Preisgünstigkeit eines Produkts i zum Preis p

$3{,}5$ = Mitte einer Ratingskala mit den extremen Werten 1 und 6

b = Spannweite der Ratingskala (5), geteilt durch die Differenz von niedrigstem und höchstem Wert von eNP_i

eNP_i = empirisch ermittelter Wert über die Vorstellung eines Verbrauchers, welchen Wert er als Normalpreis für ein Produkt i ansieht.

Die Prospect-Theorie (vgl. Kahneman/Tversky 1979) liefert zusätzliche Erkenntnisse über die Wirkung von wahrgenommenen Preisen, die über oder unter dem Referenzpreis (RP) liegen. Nach der Prospect-Theorie können negative Abweichungen vom Referenzpreis ($p < RP$) als Gewinne und positive Abweichungen ($p > RP$) als Verluste interpretiert werden. In Abbildung 18.6 ist zu erkennen, dass die Bewertungsfunktion im Verlustbereich eine größere Steigung aufweist. Demnach wirken sich hohe Preise stärker als günstige Preise auf das Preisgünstigkeitsurteil aus. Diese asymmetrische Reaktion des Konsumenten wird auch als Verlustaversion (*loss aversion*) bezeichnet, d. h. das Bestreben, Verluste zu vermeiden, ist in stärkerem Maße handlungsrelevant als die Aussicht, Gewinne zu erzielen. Weiterhin ist zu erkennen, dass die Steigung der Funktionen mit zunehmender Entfernung vom Referenzpreis abnimmt. Entsprechend haben Preisunterschiede in der Nähe des Referenzniveaus besonders starke Effekte. Diese nichtlinearen Eigenschaften der Preisbewertungsfunktion sind insbesondere für die Mischkalkulation und die Zusammenfassung bzw. Separierung von Preisbestandteilen von Bedeutung.

Das Urteil über die Preisgünstigkeit eines Artikels kann verschiedene Konsequenzen auslösen, auf die im Folgenden näher eingegangen wird:

- die Korrektur des bisherigen Urteils über die Preisgünstigkeit des Artikels,
- das Übertragen des Urteils über die Preisgünstigkeit eines Artikels auf andere Artikel, Sortimentsteile oder Sortimente,
- das Schließen vom Preis auf die Qualität des Artikels.

Zunächst kann das bisherige Preisgünstigkeitsurteil des Artikels korrigiert werden. Bei einer Reihe von Artikeln wird der Käufer vor der Wahrnehmung des Preises eine Vorstellung davon besitzen, ob der betreffende Artikel in diesem Geschäft preisgünstig eingekauft werden kann. Aktuelle Preisbeobachtungen können dann zu einem Urteil führen, das von dem bisherigen abweicht. Bei Abwei-

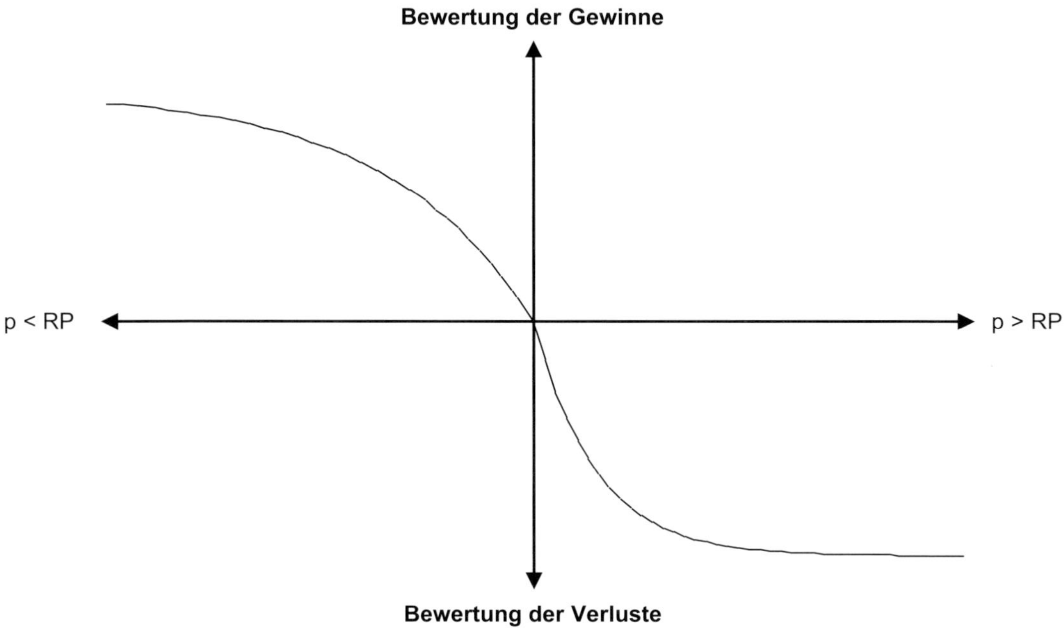

Quelle: Diller 2008, S. 146

Abb. 18.6: Operationalisierung der Preisgünstigkeitsfunktion

chungen zwischen beiden Größen kann der Kunde entweder sein Urteil revidieren oder er passt seinen Referenzpreis an (vgl. Mazumdar/Raj/Sinha 2005).

Weiterhin können Urteile über die Preisgünstigkeit eines Artikels auf andere Artikel, Sortimentsteile oder Sortimente übertragen werden. In vielen Fällen wird der Käufer über keine Preiskenntnisse verfügen. In solchen Fällen wird er ersatzweise auf andere Informationen zurückgreifen, beispielsweise auf sein Urteil über die Preisgünstigkeit anderer Artikel oder Artikelgruppen, ferner auf die Art der Preisdarstellung und schließlich vielleicht auf Informationen nichtpreislicher Art, wie etwa die Verkaufsraumgestaltung oder die Lage des Geschäfts. Für die Übertragung eines Preisgünstigkeitsurteils auf einen anderen Artikel kann als Erklärung die Theorie der Reizgeneralisation herangezogen werden. Mit Reizgeneralisation wird in der Lerntheorie der Fall bezeichnet, dass gleiche Reaktionen nicht nur dann zu beobachten sind, wenn der gleiche Reiz wiederholt wird, sondern dass sie sich auch bei ähnlichen Reizen einstellen. Auf die Beurteilung von Preisen übertragen, könnte der Sachverhalt mit Hilfe folgender Hypothese formuliert werden: „Je ähnlicher einzelne Artikel vom Verbraucher angesehen werden, desto eher überträgt er ein Preisgünstigkeitsurteil von einem Artikel auf einen anderen". So werden Urteile über die Preisgünstigkeit durch Generalisierung gewonnen, und es kommt zu Urteilen über die Preisgünstigkeit von Artikelgruppen, Warengruppen oder Geschäften. Diese generalisierten Preisgünstigkeitsurteile werden auch als Preisimage im engeren Sinne bezeichnet (vgl. zur Generalisierung von Preisurteilen auch Nyström 1970; Nyström/Thamsons/Thams 1975).

Preisgünstigkeitsurteile können sich auch auf die Qualitätswahrnehmung auswirken. Es gibt eine ganze Reihe von Studien, die überprüft haben, inwieweit Verbraucher vom Preis auf die Qualität eines Produkts schließen. Der Preis wird vom Käufer nicht nur als Kostenbestandteil angesehen, sondern häufig auch als Indikator für die Qualität. Dies ist dann wahrscheinlich, wenn der Verbraucher unsicher ist, wie er die Qualität eines Produkts zu beurteilen hat, oder wenn ein hoher Preis aus sozialen Gründen positiv beurteilt wird (Snob-Effekt). Völckner (2006) hat gezeigt, dass Preis-Qualitäts-Assoziationen von personen- und produktbezogenen Einflussfaktoren abhängen. So schließen Kunden umso eher vom Preis auf die Qualität, je höher ihr Qualitätsinteresse, ihr Exklusivitätsstreben und ihr Prestigebedürfnis ist, je weniger sie nach Sparsamkeit streben, je komplexer sie die Einkaufsaufgabe wahrnehmen, je höher die wahrgenommenen Qualitätsunterschiede in der Produktkategorie sind und je geringer ihr Kenntnisstand in der Produktkategorie ist. Gleichzeitig macht die Studie darauf aufmerksam, dass sich die Bedeutung dieser Einflussfaktoren zwischen Kundengruppen unterscheiden kann. Weitere Einflussfaktoren haben Völckner und Hofmann (2007) in einer Metaanalyse identifiziert. Demnach schließen Kunden bei relativ teuren und selten gekauften Produkten eher vom Preis auf die Qualität. Darüber hinaus hängen die in der Literatur dokumentierten Zusammenhänge zwischen der Preis- und der Qualitätsbeurteilung auch vom experimentellen Design der jeweiligen Studie ab.

Urteile über die Preisgünstigkeit von Artikelgesamtheiten

Für den Handel sind Urteile über die Preisgünstigkeit von Artikelgesamtheiten, wie z. B. Artikelgruppen, Warengruppen, Abteilungen oder Geschäften, von besonderer Bedeutung. Häufig wird für Preisgünstigkeitsurteile von Artikelgesamtheiten auch der Begriff Preisimage verwendet (vgl. z. B. Nyström 1970; Zeithaml 1984; Desai/Talukdar 2003). Aufgabe der Marktforschung ist es, geeignete Methoden zur Ermittlung solcher Preisimages zu entwickeln. Der Theorie kommt die Aufgabe zu, die Bestimmungsfaktoren von Preisimages zu erkennen.

So stellt sich beispielsweise die Frage, inwieweit Preisgünstigkeitsurteile einzelner Artikel in das Preisimage eines Geschäfts eingehen. In dem in Abbildung 18.5 dargestellten TREP-Modell wird dies über den Zusammenhang zwischen Urteilen über die Preisgünstigkeit einzelner Artikel und dem Urteil über die Preisgünstigkeit anderer angebotener Artikel berücksichtigt. Teilweise wird, davon ausgegangen, dass eine geringe Zahl von Artikeln die Basis für die Beurteilung der Preisgünstigkeit des gesamten Sortiments bildet. Dies wird auch als die Eckartikelhypothese bezeichnet. So wird behauptet, in einem Baumarkt mit 100 000 Artikeln käme es nur auf die Preise von rund 250 Artikeln an, um das Preisgünstigkeitsurteil zu beeinflussen, in einem Supermarkt auf die Preise von 30 bis 50 Artikeln.

Lenzen (1984, S. 227–234) hat Konsumenten Listen mit je 10 Artikeln und ihren Preisen vorgelegt, auf deren Basis sie die Preisgünstigkeit eines neu eröffneten Geschäfts beurteilen sollten. Liste 1 mit durchschnittlichen Preisen wurde mit einem Mittelwert von 3,5 (auf einer Skala von 1 bis 6) beurteilt. Die Liste mit einem reduzierten Preis führte ebenfalls zu einem Preisgünstigkeitsurteil von 3,5. Bei Liste 3 mit zwei weiteren reduzierten Preisen verbesserte sich die Preisgünstigkeitswahrnehmung des Geschäfts jedoch signifikant auf einen Wert von 4,3. Wegen der mit der Erhebung verbundenen Operationalisierungsprobleme spricht er nicht von einer Annahme der Hypothese, aber von Hinweisen, dass die Generalisierungshypothese (von einzelnen Artikeln auf die Preisgünstigkeit eines ganzen Geschäfts) gilt. Später haben verschiedene Studien untersucht, welche Artikel die Wahrnehmung der Preisgünstigkeit eines Geschäfts am stärksten beeinflussen. Ahlert, Kenning und Vogel (2003) konnten beobachten, dass insbesondere die Preisgünstigkeitsurteile bei Milchprodukten, Fleisch und Wurst, Getränken und Hygieneartikeln stark mit der wahrgenommenen Preisgünstigkeit eines Lebensmittelgeschäfts korrelieren. Müller (2003) konnte zeigen, dass Warengruppen mit hoher Kauffrequenz einen überdurchschnittlich starken Einfluss auf das Preisgünstigkeitsurteil des Einkaufs haben. Nach Ergebnissen von Desai und Talukdar (2003) haben insbesondere Produkte mit geringer Konsumdauer und hohem Preisniveau ein starkes Gewicht (z. B. Bier, Cerealien, Kaffee).

Eckartikel mögen einen wichtigen Einfluss bei der Bildung von Preisimages haben. Daneben können jedoch verschiedene weitere Größen das Preisimage eines Handelsunternehmens beeinflussen. Hierbei ist insbesondere die Frage interessant, inwieweit Kunden bestimmte Schlüsselinformationen zur Preisbeurteilung heranziehen. So berichten Zielke und Toporowski (2009) davon, dass Händler oft befürchten, eine zu exklusive Architektur der Geschäfte würde sich negativ auf die Preiswahrnehmung der Kunden auswirken. Diese Befürchtungen können durch Ergebnisse von Laborexperimenten gestützt werden (vgl. Baker/Parasuraman/Grewal/u. a. 2002). Demgegenüber konnten die Feldexperimente von Zielke und Toporowski (2009) keine negativen Effekte einer exklusiven Architektur auf die Wahrnehmung der Preisgünstigkeit nachweisen, während sogar positive Wirkungen auf das wahrgenommene Preis-Leistungs-Verhältnis und die Einkaufsabsichten der Kunden zu beobachten waren. Die widersprüchlichen Ergebnisse können dadurch erklärt werden, dass Befragte in Laborstudien auf die Architektur als Schlüsselreiz zurückgreifen müssen, während ihnen in realen Kaufsituationen mehr Informationen zur Verfügung stehen. Insgesamt machen die Studien jedoch darauf aufmerksam, dass die Preiswahrnehmung auch von Größen beeinflusst werden kann, die zunächst weniger wichtig erscheinen.

Wenn Kunden zur Beurteilung der Preisgünstigkeit eines Geschäfts nur einzelne Eckartikel und Schlüsselinformationen heranziehen, liegt es nahe, dass das subjektive Preisempfinden der Kunden nicht den tatsächlich verlangten Preisen entsprechen muss. Simon und Fassnacht (2009, S. 476) präsentieren ein Beispiel, in dem das durch einen Warenkorbindex erfasste objektive Preisniveau von vier französischen Handelsunternehmungen und die von den Konsumenten wahrgenommene Preisgünstigkeit nicht übereinstimmen. So liegt z. B. Intermarché bei der wahrgenommenen Preisgünstigkeit deutlich vor Carrefour und Auchan, obwohl das Preisniveau des erfassten Warenkorbs höher ist. Demgegenüber hatte sich in den von Müller-Hagedorn und Lenzen durchgeführten Befragungen gezeigt, dass die Konsumenten das objektive Preisniveau relativ genau einschätzen können (vgl. Lenzen 1984, S. 235–238; Müller-Hagedorn 1984b).

Das Urteil über die Preiswürdigkeit (Günstigkeit des Einkaufs)

Im Regelfall wird ein Einkauf nicht nur unter preislichen, sondern auch unter qualitativen Gesichtspunkten beurteilt. Hierzu zählen Aspekte, die mit dem Produkt oder mit den Umständen des Einkaufs in einer bestimmten Verkaufsstelle verbunden sind. Letztere sind zu einem großen Teil durch die Absatzpolitik des Handelsbetriebs bestimmt, z. B. durch seine Standortwahl, durch das Bereitstellen von Parkplätzen, durch das Bedienungssystem oder durch die Auswahl. Die Umstände des Einkaufs werden aber auch durch Faktoren bestimmt, die einzelne Geschäfte nicht kontrollieren können. In Abbildung 18.5 wird durch zwei Größen zum Ausdruck gebracht, dass sich das Urteil über die Qualität eines Einkaufs (i. w. S.) auf unterschiedliche Objekte beziehen kann, indem einmal auf das „Urteil über die qualitative Komponente des Einkaufs von Artikel i" und zum andern auf das „Urteil über die qualitative Komponente des Einkaufs in Geschäft j" hingewiesen wird.

Fügt man die Urteile über die preisliche und die qualitative Komponente des Einkaufs eines Artikels i in der Einkaufsstätte j zusammen, so ergibt sich das Urteil über die Günstigkeit des Einkaufs dieses Artikels in der betreffenden Einkaufsstätte, was auch als Preiswürdigkeitsurteil oder Preis-Leistungs-Verhältnis bezeichnet werden kann. Preiswürdigkeitsurteile nehmen in dem in Abbildung 18.5 dargestellten Modell im rechten Teil einen breiten Raum ein, denn auch hier wird das Objekt, auf das sich das Preiswürdigkeitsurteil bezieht, variiert. Zum einen kann es ein ausgewählter Artikel sein, zum andern ein anderer Artikel, auf dessen Preiswürdigkeit im Sinne der Generalisierungstheorie geschlossen wird, oder eine Artikelgesamtheit.

In das Preiswürdigkeitsurteil fließen also Urteile über die Preisgünstigkeit und über die gebotene Qualität (der Waren und der Umstände des Einkaufs) ein. Zeithaml (1988) weist darauf hin, dass Kunden den Begriff Preiswürdigkeit (*value*) sehr unterschiedlich interpretieren, beispielsweise im Sinne eines niedrigen Preisniveaus, eines hohen Produktnutzens, der Qualität in Relation zum Preis oder als das Ergebnis eines komplexen Trade-off-Prozesses zwischen abstrakten Nutzen- und Opferkomponenten. Andere Autoren haben gezeigt, dass die relative Bedeutung des Preises im Vergleich zur Qualität bei einzelnen Produktkategorien und Betriebsformen sehr unterschiedlich sein kann. So zeigen Befunde von Zielke (2010a), dass das Preisgünstigkeitsurteil bei Discountern und Supermärkten mit einem stärkeren Gewicht in das Preiswürdigkeitsurteil eingeht als bei Bioläden oder Verkaufsständen auf dem Wochenmarkt. Diller (2008, S. 115) verweist unter Bezug auf Daten der GfK darauf, dass beispielsweise bei Matratzen und Elektrogroßgeräten die Mehrheit der Kunden auf Qualität achtet, während bei Heimtextilien oder Schreibgeräten die Mehrheit den Preis stärker gewichtet (vgl. zu Unterschieden zwischen Produktkategorien auch Stern 1981).

Zur Messung der Preiswürdigkeit sind in der Literatur unterschiedliche Verfahren vorgeschlagen worden. Sweeney und Soutar (2001) haben eine Skala entwickelt, welche die Preiswürdigkeit (*value*) über die vier Dimensionen Qualität, Preis, emotionaler Nutzen und sozialer Nutzen erfassen soll. Der emotionale Nutzen wird durch das Ausmaß bestimmt, mit dem ein Artikel oder der Einkauf in einem Geschäft positive Emotionen auslösen kann, während der soziale Nutzen davon abhängt, ob der Gebrauch des Produkts oder der Einkauf in einem Geschäft mit einem positiven Sozialprestige verbunden ist. Der Ansatz von Sweeney und Soutar verdeutlicht, dass das Konstrukt Preiswürdigkeit auch sehr weit ausgelegt werden kann.

Ein sehr einfaches Verfahren zur Messung der Preiswürdigkeit hat dagegen Emery (1970) vorgeschlagen (vgl. Abbildung 18.7). Das Verfahren unterstellt, dass ein Verbraucher zunächst sowohl den Preis (a) als auch die Qualität (d) eines Produkts bestimmten Kategorien (b und c) zuweist und dann beurteilt, ob der Preis der Qualität entspricht. Hat die Linie, die (b) und (c) verbindet, eine negative Steigung, dann wird das Gut als zu teuer im Verhältnis zur Qualität eingestuft, bei positiver Steigung hält der Verbraucher das Gut für preiswert bzw. preiswürdig (vgl. zu dem Verfahren auch Monroe 1973).

Wie bei der Größe Preisgünstigkeit sind auch bei Preiswürdigkeitsurteilen Generalisierungen denkbar. Ein Konsument, der der Ansicht ist, ein bestimmtes Produkt in der Einkaufsstätte j zu einem guten Preis-Leistungs-Verhältnis einkaufen zu können, kann diesen Eindruck auf andere Produkte übertragen. Er bildet sich so ein Urteil über die Preiswürdigkeit von ganzen Warenkörben in einem bestimmten Geschäft. Von diesem Urteil macht er bei der Einkaufsstättenwahl Gebrauch, aber auch bei der Beurteilung einzelner Artikel, zu denen ihm keine spezifischen Informationen zur Verfügung stehen.

Bei einem Vergleich mehrerer Produkt- und/oder Geschäftsalternativen ergibt sich eine Rangfolge für die Preiswürdigkeit, die auch als Präferenz interpretiert werden kann. Mit der Präferenz kann unter Berücksichtigung der nicht antizipierten Faktoren (z. B. unerwartete Zeitknappheit) der Kauf eines Produkts oder der Einkauf in einem Geschäft vorhergesagt werden.

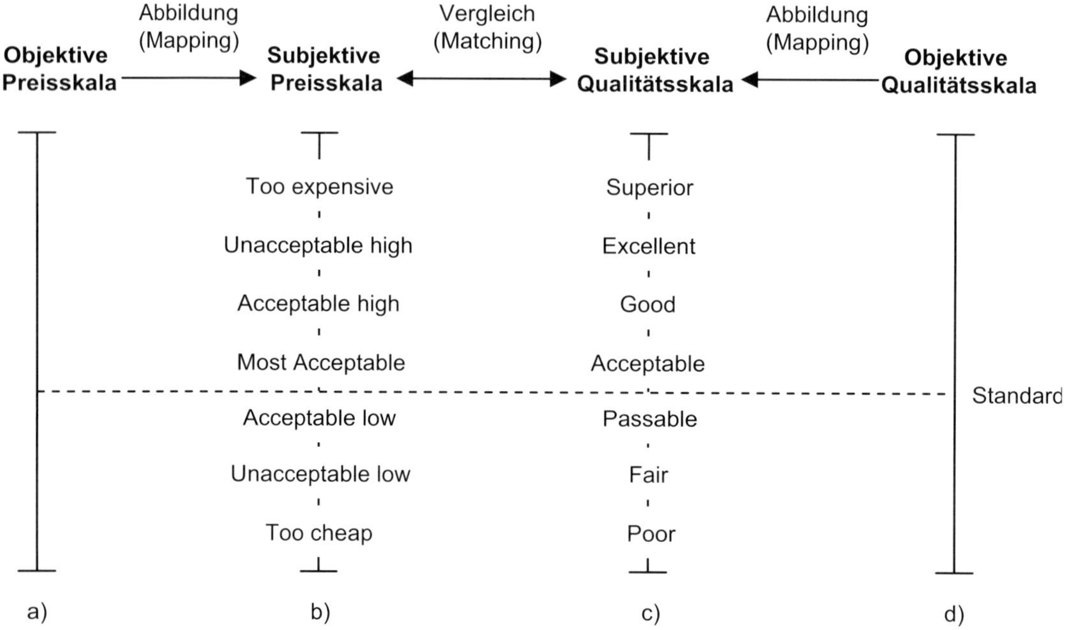

Quelle: Monroe 1973, S. 74, in Anlehnung an Emery 1970

Abb. 18.7: Vergleich der Preis- und Qualitätseinstufung nach Emery

Beurteilung des Modells

Das vorgestellte TREP-Modell ordnet wichtige Konstrukte aus der verhaltenswissenschaftlichen Preisforschung in einen Rahmen ein. Im Mittelpunkt stehen die Größen Preisgünstigkeit und Preiswürdigkeit. Beide können sich auf bestimmte Artikel beziehen, aber auch auf Artikelgesamtheiten, wie das Angebot in einzelnen Abteilungen oder das gesamte Warenangebot. Das Modell weist auch auf weitere Konstrukte hin, so insbesondere das Ausmaß der Preiskenntnisse, das Ausmaß, in dem Preise überhaupt wahrgenommen werden, und das Preisinteresse. Weitere Konstrukte könnten näher betrachtet werden, so das Involvement, die kognitiven Fähigkeiten eines Nachfragers, Preisinformationen zu verarbeiten, seine Zahlungsbereitschaft oder seine finanziellen Verhältnisse (vgl. hierzu auch Kierdorf 2010). Auch wurden die Zusammenhänge zwischen den einzelnen Konstrukten überwiegend nur graphisch durch Pfeile in Abbildung 18.5 angesprochen, auf eine explizite Formulierung von Hypothesen und die Darstellung der entsprechenden empirischen Befunde wurde weitgehend verzichtet (zu einer ausführlicheren Darstellung vgl. Müller-Hagedorn 2005b, S. 275–294). Das Modell verdeutlicht aber, wie im Rahmen von verhaltenswissenschaftlichen Analysen Konstrukte entwickelt werden, die anschließend untereinander und mit dem Kaufverhalten verknüpft werden. Im vorliegenden Fall steht am Ende der Wirkungskette die Hypothese, dass die Einkaufsstättenwahl von dem Urteil über die Preiswürdigkeit eines Geschäfts (Urteil über die Günstigkeit des Einkaufs anderer Artikel in Geschäft j) und nicht antizipierten Variablen (z. B. der Nachfrager befindet sich im Moment des Einkaufs in der Nähe eines anderen Geschäfts) abhängig ist. Dies entspricht im Kern der Einstellungstheorie.

18.2.2.2 Mehrdimensionale Ansätze zur Messung von Preisimages

In dem TREP-Modell kommt den Begriffen Preisgünstigkeit und Preiswürdigkeit eine zentrale Bedeutung bei der Erklärung von Kundenreaktionen auf die Preispolitik eines Handelsunternehmens zu. Preisgünstigkeitsurteile auf Einkaufsstättenebene wurden auch als Preisimages bezeichnet. In den letzten Jahren ist ein Forschungszweig entstanden, der Preisimages als komplexe mehrdimensionale Konstrukte ansieht (vgl. Diller 1991; Wrobbel/Tietz 1998; Müller 2003; Zielke 2006b). Zunächst haben diese Ansätze neben der Preisgünstigkeit weitere Imagedimensionen einbezogen. So weist Diller (1997) auf die Bedeutung der Preisehrlichkeit und der Preisfairness hin, während Müller (2003) zwischen den Dimensionen Preis-Leistungs-Image, Sonderangebotsimage und Preis-Kommunikations-Eindruck unterscheidet. Hierauf aufbauend hat Zielke (2006b) sieben Imagedimensionen identifiziert: die Preisgünstigkeit, die Preiswürdigkeit, die Preisfairness, die Preiserkennbarkeit, die Preisvergleichbarkeit, die Urteilssicherheit über die Preise sowie einen emotionalen Faktor. Er hat darüber hinaus gezeigt, dass die Wahrnehmung dieser Dimensionen die Einkaufsstättenwahl beeinflussen kann, wobei sich die Bedeutung einzelner Dimensionen zwischen Betriebsformen unterscheidet (vgl. Zielke 2010a):

- Die wahrgenommene Preisgünstigkeit hat bei Supermärkten und SB-Warenhäusern die stärksten Effekte, während das wahrgenommene Preis-Leistungs-Verhältnis bei Discountern größere Wirkungen als in allen anderen Betriebsformen hat.
- Preiserkennbarkeit und Preisvergleichbarkeit spielen insbesondere bei Wochenmärkten, aber auch bei Supermärkten und SB-Warenhäusern eine wichtige Rolle.
- Die Urteilssicherheit hat bei Discountern und Bioläden einen stärkeren Einfluss als in anderen Betriebsformen.

Die Untersuchung der Verhaltensrelevanz der Imagedimensionen wird jedoch dadurch erschwert, dass sie nicht unabhängig voneinander sind. So fließen alle Imagedimensionen in die Wahrnehmung des Preis-Leistungs-Verhältnisses ein, und die Preiserkennbarkeit beeinflusst die Preisvergleichbarkeit und die Urteilssicherheit. Auch kann vermutet werden, dass die Preisgünstigkeit einen positiven Einfluss auf die Urteilssicherheit hat, da niedrige Preise leichter zu beurteilen sind als hohe Preise, die durch eine bessere Produkt- oder Servicequalität zu rechtfertigen sind. Dies verdeutlicht auch das Untersuchungsmodell in Abbildung 18.8. Insofern tritt zu den direkten Effekten einzelner

Imagedimensionen eine Reihe indirekter Effekte hinzu. Bei den oben dargestellten Ergebnissen handelt es sich entsprechend um die Totaleffekte, d. h. die Summe aus direkten und indirekten Wirkungen.

Ebenso ist zu berücksichtigen, dass die Wirkungen der einzelnen Imagedimensionen asymmetrischer Natur sein können. Zielke (2008a) hat solche asymmetrischen Wirkungen mit Hilfe des Kano-Modells untersucht, das häufig in der Kundenzufriedenheitsforschung zum Einsatz kommt (vgl. hierzu auch Kapitel 31). Es zeigte sich, dass beispielsweise die Preiserkennbarkeit, die Preisvergleichbarkeit und die Preisfairness sog. Basisanforderungen darstellen, von denen bei Nichterfüllung der Kundenerwartungen eine negative Wirkung ausgeht, wohingegen positive Ausprägungen keine zusätzlichen positiven Effekte versprechen. Preisgünstigkeit und Preiswürdigkeit stellen dagegen sog. Leistungsanforderungen dar, von denen sowohl positive als auch negative Effekte ausgehen können. Weiterhin zeigte die Untersuchung, dass sich das Auftreten asymmetrischer Effekte zwischen Kundengruppen unterscheidet.

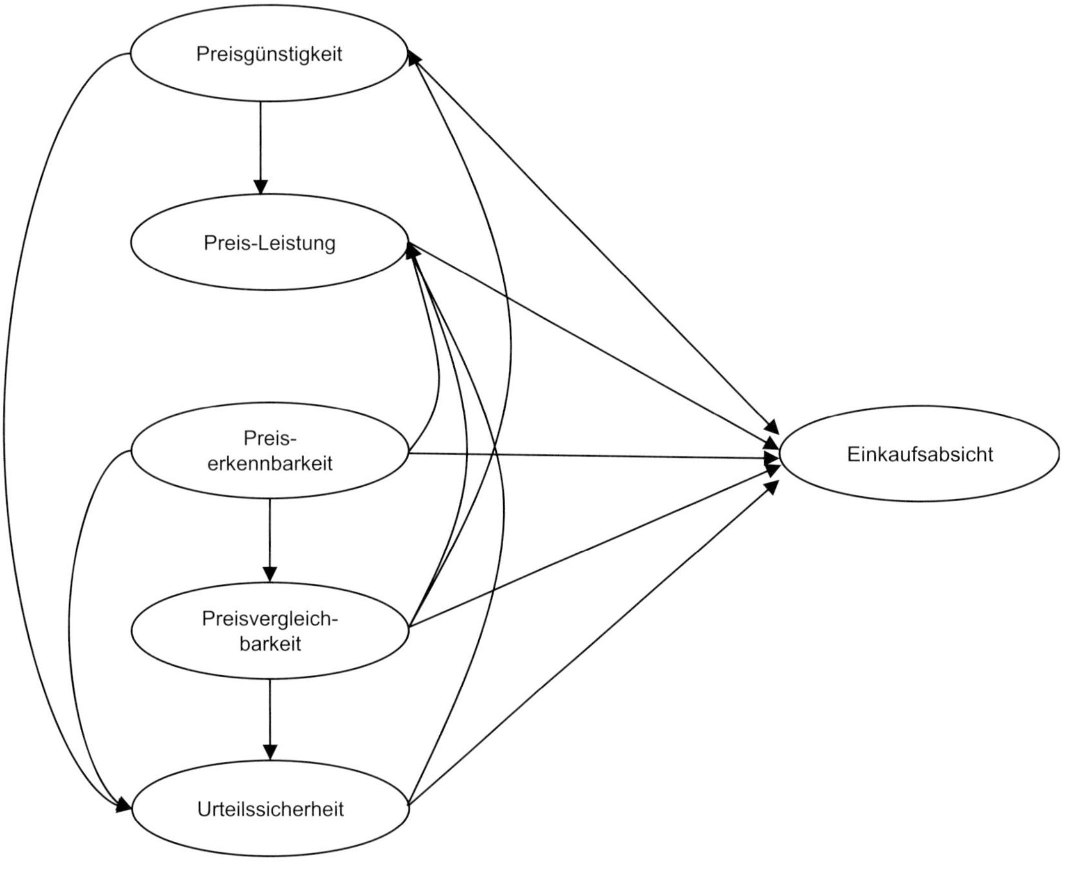

Quelle: Zielke 2010a, S. 755

Abb. 18.8: Modell zur Verhaltensrelevanz der Preisimage-Dimensionen

Zielke (2009b) plädiert für eine noch weitere Definition von Preisimages, die über die genannten Imageelemente hinausgeht:

„Preisimages sind mehrdimensionale Konglomerate von Vorstellungen über die Preise in einem Geschäft, von Emotionen, die mit den Preisen assoziiert werden, von Erinnerungen an preisbezogene Ereignisse in der Vergangenheit und die aus ihnen resultierende Preiszufriedenheit oder Unzufriedenheit sowie von vermuteten Ursachen hoher oder niedriger Preise.“

Demnach lassen sich verschiedene Typen von Imageelementen unterschieden. Preisimages beinhalten:

- Vorstellungen über einzelne Wahrnehmungsdimensionen, die nicht zwangsläufig auf konkrete Erfahrungen zurückzuführen sein müssen (z. B. Preisgünstigkeit, Preiswürdigkeit, Preisfairness etc.; vgl. Zielke 2006b, 2010a),
- Emotionen, die mit den Preisen in einem Geschäft assoziiert werden (z. B. Freude, Ärger, Scham, Schuld etc.; vgl. Zielke 2009a, 2011),
- Erinnerungen an konkrete Situationen, die in der Vergangenheit zu Zufriedenheit oder Unzufriedenheit mit den Preisen geführt haben (z. B. Preiserhöhungen, Preissenkungen, erhaltene Rabatte etc.; vgl. Zielke 2008a, 2008b),
- Vorstellungen über Ursachen hoher oder niedriger Preise, die auch als Preisattributionen bezeichnet werden (z. B. schlechte Qualität, unfaires Verhalten gegenüber Mitarbeitern und Lieferanten oder ein effizientes Geschäftsmodell als mögliche Ursachen günstiger Preise in Discountern; vgl. Zielke 2010b).

Diese weite Sichtweise macht darauf aufmerksam, dass neben der Preisgünstigkeit eine Reihe weiterer preisbezogener Konstrukte das Kundenverhalten beeinflussen können. Händler sollten diese Konstrukte entsprechend berücksichtigen. Sie sollten versuchen, das Kundenverhalten nicht nur über die Preisgünstigkeitswahrnehmung, sondern auch über die anderen genannten Konstrukte zu beeinflussen. Beispielsweise kann es sinnvoll sein, nicht die Preisgünstigkeitswahrnehmung, sondern die Vorstellungen der Kunden über Ursachen hoher oder niedriger Preise zu verändern. Ebenso ist zu beachten, inwieweit die Vorstellungen von der Preisgünstigkeit und Preiswürdigkeit eines Geschäfts bei Kunden emotionale Reaktionen hervorrufen, die verhaltenswirksam werden können.

18.3 Diskussion ausgewählter preispolitischer Maßnahmen

Im Folgenden werden preispolitische Maßnahmen angesprochen, denen besondere Relevanz zukommt. Hierzu zählen die Entscheidung über eine Dauerniedrigpreis- oder eine Sonderangebotsstrategie, die Besetzung von Preislagen, die Verwendung bestimmter Preisziffern und Maßnahmen der Preisdifferenzierung.

18.3.1 Dauerniedrigpreise versus Sonderangebote

Eine Niedrigpreispolitik einzelner Anbieter stellt sowohl für diese als auch für die Konkurrenten eine große Herausforderung dar. Reicht dem Niedrigpreisanbieter die niedrige (absolute) Handelsspanne, um die Kosten zu decken? Welchen Kunden- bzw. Umsatzverlust haben die jeweiligen Konkurrenten? Niedrigpreise sind nicht nur als ein konjunkturelles Phänomen anzusehen, sie stellen auch bei guter Konjunktur eine preispolitische Alternative dar. Bei steigenden Kosten und verhaltener Nachfrage sind die Preise und damit die Handelsspannen jedoch besonders starkem Druck ausgesetzt. Strukturelle Gegebenheiten stützen die permanente Existenz von Niedrigpreisen:

- Im Handel haben sich Betriebsformen etabliert, die die Niedrigpreispolitik zu ihrem konstituierenden Merkmal erklärt haben (insbesondere Discounter und Fachmärkte).
- Im Handel gibt es Überkapazitäten. Nicht ausgelastete Kapazitäten üben Druck auf die Preise aus.
- Auch in der Industrie gibt es stellenweise nicht ausgelastete Kapazitäten. Dies wird die Industrie veranlassen, den Handel zu Preisaktionen zu bewegen, um das Absatzvolumen zu erhöhen.
- Neue Technologien werden voraussichtlich den Einstieg von neuen Anbietern in den Markt über niedrige Preise erleichtern.
- Durch die leichte Vergleichbarkeit von Preisinformationen im Internet ist auch der stationäre Handel einem verstärkten Preisdruck ausgesetzt.

Wenn in diesem Kapitel die Frage nach Dauerniedrigpreisen oder Sonderangeboten gestellt wird, geht es jedoch weniger darum, ob überhaupt eine Politik niedriger Preise betrieben werden soll, sondern um die Form, in der dies geschieht (vgl. hierzu z. B. Bell/Lattin 1998, S. 67; Müller-Hagedorn 2004, S. 173). Dabei werden häufig zwei konkurrierende preispolitische Konzepte unterschieden: Erstens die **EDLP**-Strategie (**e**very **d**ay **l**ow **p**rice strategy), bei der auf Preis-Promotions verzichtet wird und Waren dauerhaft, d. h. über einen längeren Zeitraum, zu niedrigen Preisen (Dauerniedrig- bzw. Dauertiefpreise) verkauft werden, und zweitens die **Hi**-**Lo**-Strategie (**hi**gh-**lo**w promotion strategy), die durch zeitlich befristete Preis-Promotions (Sonderangebote, Aktionspreise, Rabatte, Coupons usw.) gekennzeichnet ist (vgl. zu EDLP- und Hi Lo-Strategien u. a. Hoch/Drèze/Purk 1994; Lal/Rao 1997; Bell/Lattin 1998; Gedenk 2002, S. 21–24; Pechtl 2004, S. 223–224, Pechtl 2005, S. 292–294). Zu den Preis-Promotions im Rahmen einer Hi-Lo-Strategie zählen sämtliche Maßnahmen, bei denen ein Einzelhändler für einen begrenzten Zeitraum einen Abschlag vom regulären Verkaufspreis vornimmt und diesen Abschlag bzw. den entsprechenden Aktionspreis gegenüber den Kunden kommuniziert (z. B. durch Werbemaßnahmen oder durch die Preisauszeichnung in der Einkaufsstätte). Die Höhe der Aktionspreise liegt im Regelfall unterhalb der Preishöhe, die ein Einzelhändler wählt, der eine EDLP-Strategie verfolgt. Die außerhalb des Zeitraums einer Preis-Promotion geforderten „regulären" Preise liegen in der Regel oberhalb der Dauertiefpreise bei einer EDLP-Strategie. Abbildung 18.9 veranschaulicht das Verhältnis, in dem Sonder- bzw. Aktionspreise (*low prices*), Dauertiefpreise (EDLP) und „reguläre" Preise (*high prices*) im Regelfall zueinander stehen. In dem Beispiel liegt der Dauertiefpreis in den ersten Wochen bei 1,99 €. Bei der Sonderangebotspolitik liegt der reguläre Preis von 2,39 € über dem Dauertiefpreis, der Aktionspreis von 1,59 € jedoch deutlich darunter. Gleichzeitig veranschaulicht die Abbildung, dass auch bei einer Dauerniedrigpreispolitik Anpassungen möglich sind. Dies kann z. B. bei einer wettbewerbsorientierten Dauerniedrigpreispolitik vorkommen, wenn auf Preissenkungen der Konkurrenten reagiert werden muss.

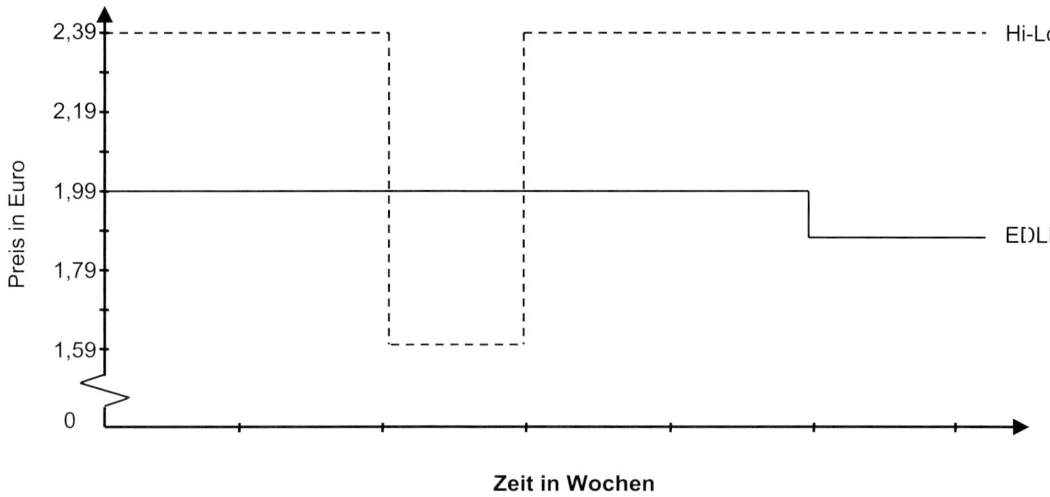

Abb. 18.9: Preisverläufe einer Dauerniedrigpreis- versus Sonderangebotspolitik

Dauerniedrigpreise und Sonderangebote müssen sich nicht ausschließen und werden in vielen Fällen auch miteinander kombiniert. Häufig wird bei einer Dauerniedrigpreispolitik nicht völlig auf Sonderangebote verzichtet. Eine Möglichkeit, die Vorteile beider Strategien zu nutzen, ist bei den Discountern zu beobachten. Während für das reguläre Sortiment eine Dauerniedrigpreispolitik praktiziert wird, werden Werbeeffekte der Sonderangebotspolitik über Rotationssortimente und Saisonartikel genutzt.

Eine Beurteilung der beiden preispolitischen Strategien anhand der in einem realen Markt erzielten Ergebnisse (z. B. dem Betriebserfolg) erscheint jedoch schwierig. Zum einen ist der Betriebserfolg von einer Reihe weiterer Faktoren abhängig, so dass es kaum möglich ist, den Erfolgsbeitrag der Preisstrategien zu ermitteln. Darüber hinaus betreiben viele Handelsunternehmen eine gemischte Strategie, die Dauerniedrigpreise und Sonderangebote kombiniert. Feldexperimente scheiden ebenfalls aus, weil eine Unternehmung auch in verschiedenen Geschäften kaum zwei Strategien parallel betreiben kann; auch würde ein solcher Vergleich voraussetzen, dass die Strategien über einen längeren Zeitraum verfolgt werden. Von daher bietet sich eine verhaltenswissenschaftliche Analyse an.

Sonderangebote dienen nicht nur dem verstärkten Abverkauf einzelner Artikel, sondern sie sollen vor allem, und hierin ähneln sie den Dauerniedrigpreisen, ein positives Bild von der Preisgünstigkeit des Geschäfts schaffen. Es ist interessant zu beobachten, dass sich die Zahl der beworbenen Sonderangebotsartikel bei einzelnen Handelsorganisationen deutlich unterscheidet. Dies führt zu der Frage, ob die Zahl der Sonderangebote das Preisgünstigkeitsurteil der Verbraucher beeinflusst oder ob ein Geschäft ceteris paribus auch dann als preisgünstig angesehen wird, wenn die Prospekte und Anzeigen weniger Sonderangebotsartikel beinhalten. Bereits Lenzen (1983) hatte beobachtet, dass ein Geschäft umso eher als zu günstig (im Vergleich zu seinem tatsächlichen Preisniveau) beurteilt wird, je größer die Zahl der in Anzeigen herausgestellten Sonderangebote ist. Diese Ergebnisse waren der Ausgangspunkt für eine Untersuchung von Müller-Hagedorn und Preißner (2006), die das in Abbildung 18.10 dargestellte Modell zugrunde legten, um Auswirkungen der beiden preispolitischen Strategien zu erfassen. Wie Abbildung 18.10 deutlich macht, wird dabei besonders die Auswirkung auf das Urteil über die Preisgünstigkeit, und zwar zum einen auf die Preisgünstigkeit der beworbenen Artikel und zum anderen auf die Preisgünstigkeit der werbenden Geschäfte, untersucht. Des Weiteren werden die folgenden Konstrukte einbezogen:

- die Preisrelevanz,
- die Preiskenntnisse und
- die Unsicherheit in der Einschätzung der Preisgünstigkeit einzelner Preise.

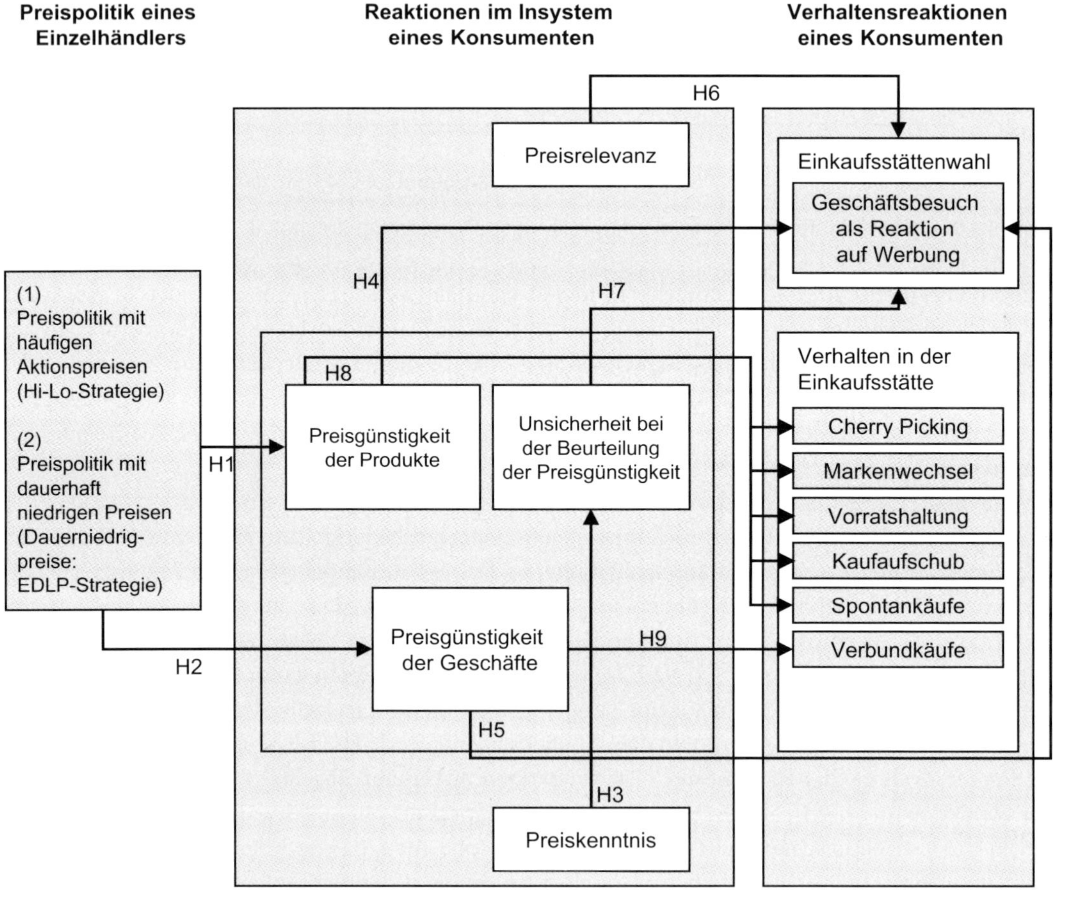

Quelle: in Anlehnung an Müller-Hagedorn/Preißner 2006, S. 8

Abb. 18.10: Modell zur Wirkung von Sonderangeboten und Dauerniedrigpreisen

Auf das Konstrukt der Preisgünstigkeit wurde bereits intensiv eingegangen. Mit der Preisrelevanz wird erfasst, welche relative Bedeutung die Preisgünstigkeit generell für das Kaufverhalten von Konsumenten hat. Die Preiskenntnisse spiegeln wider, wie gut sich die Konsumenten bei den Produkten, die sie kaufen, mit den Preisen auskennen. Auch auf dieses Konstrukt wurde bereits eingegangen. Die Unsicherheit über die Einschätzung der Preisgünstigkeit ähnelt der Imagedimension Urteilssicherheit bei Zielke (2006b).

Um den Nutzen alternativer preispolitischer Konzepte zu beurteilen, ist zu untersuchen, welche Wirkungen diese im Hinblick auf die Einkaufsstättenwahl der Konsumenten sowie deren Verhalten in der Einkaufsstätte entfalten und welche Beziehungen zwischen den oben angeführten Größen (z. B. Preisgünstigkeitsurteile), der Einkaufsstättenwahl und dem Verhalten in der Einkaufsstätte bestehen. Das in Abbildung 18.10 dargestellte Modell ist durch eine Vielzahl von Hypothesen gekennzeichnet, von denen im Folgenden nur drei aufgegriffen werden:

H_1: Aktionspreise und Dauertiefpreise führen bei den beworbenen Produkten gleichermaßen zu einer positiven Beurteilung der Preisgünstigkeit.

H_2: Aktionspreise und Dauertiefpreise führen gleichermaßen zu einer positiven Beurteilung der Preisgünstigkeit von Geschäften insgesamt.

H_4: Je positiver Konsumenten die Preisgünstigkeit preislich beworbener Produkte beurteilen, desto eher suchen sie die werbenden Geschäfte auf.

Hypothese 1 beinhaltet die Vermutung, dass sowohl Aktionspreise als auch Dauertiefpreise bei beworbenen Produkten gleichermaßen zu einer positiven Beurteilung der Preisgünstigkeit der Produkte führen. Die empirischen Ergebnisse zeigen, dass beide Varianten bei vielen Konsumenten (57 % der Konsumenten bei EDLP und 58 % bei Hi-Lo) zu dem Eindruck führen, dass die durch die Werbung herausgestellten Produkte sehr preisgünstig sind. Die Hypothese konnte nicht widerlegt werden.

Hypothese 2 unterstellt, dass Aktionspreise und Dauertiefpreise auch entsprechend gleichermaßen zu einer positiven Beurteilung der Preisgünstigkeit von Geschäften insgesamt führen. Diese Hypothese musste abgelehnt werden, weil sich ergab, dass Konsumenten Geschäfte mit einer EDLP-Strategie in größerem Maße als insgesamt preisgünstig einstuften als Geschäfte mit einer Hi-Lo-Strategie (45 % im Vergleich zu 36 %). Andererseits konnte aber auch festgestellt werden, dass mit einer Sonderangebotspolitik in größerem Maße der Besuch einer Einkaufsstätte angeregt werden kann als mit einer EDLP-Strategie (40 % im Vergleich zu 36 %).

Zum Zusammenhang zwischen der Preisgünstigkeit beworbener Produkte und der Einkaufsstättenwahl wurde die Hypothese 4 formuliert und durch eine positive Korrelation zwischen beiden Größen gestützt.

Die Ergebnisse zeigen, dass mit jeder der beiden Strategien Vor- und Nachteile verbunden sind. Tendenziell dürfte eine Dauerniedrigpreisstrategie in stärkerem Maße zur Kundenbindung geeignet sein (da sie das Preisimage nachhaltig verbessert), während die Sonderangebotsstrategie die Kundenfrequenz erhöhen kann, indem sie zum Besuch der Einkaufsstätte anregt. Vor diesem Hintergrund ist es auch plausibel, dass beide Strategien in der Praxis häufig kombiniert werden. So bindet ALDI beispielsweise Kunden über ein durchgehend niedriges Preisniveau, während über Aktionsware Kundenfrequenz generiert wird. Das Beispiel ist allerdings insofern ein Sonderfall, als dass die Aktionsware in der Regel keine Artikel aus dem regulären Sortiment beinhaltet.

18.3.2 Preislagenpolitik

Es ist mitunter überraschend zu sehen, wie vielfältig die Preise der in einer Kategorie angebotenen Produkte sind. Daraus erwächst für jedes Unternehmen die Aufgabe festzulegen, wie stark die einzelnen Preislagen besetzt sein sollten. Abbildung 18.11 zeigt am Beispiel zweier Handelsunternehmen, wie unterschiedlich einzelne Preisklassen besetzt sein können. Während die Preislagen in Geschäft 1 eher gleichmäßig besetzt sind, ist bei Geschäft 2 eine klare Trennung in eine niedrige, eine mittlere und eine obere Preislage zu erkennen.

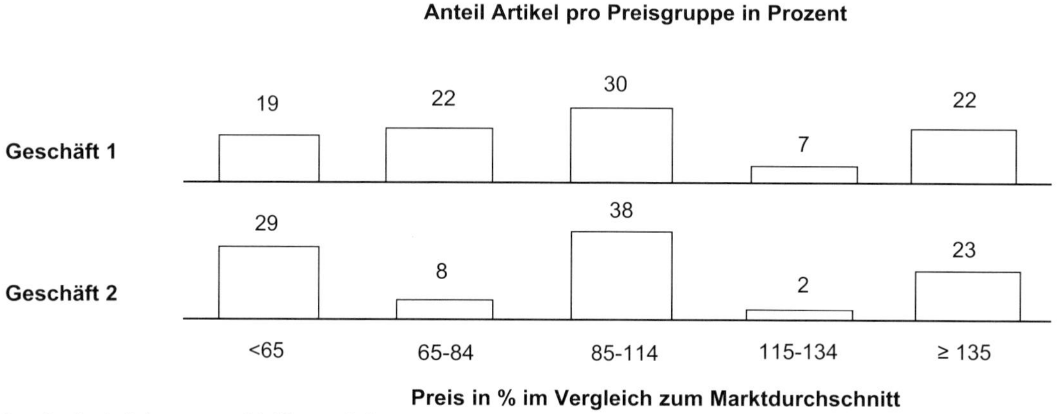

Quelle: in Anlehnung an McKinsey & Company (2004), S. 9

Abb. 18.11: Beispiel zur Preislagenbesetzung in zwei Geschäften

Die Optimierung der Preislagenbesetzung umfasst zwei Teilbereiche. Zunächst muss ermittelt werden, in welchen Preislagen die Nachfrager ihren Bedarf befriedigen möchten (Bedeutung einzelner Preislagen), danach muss entschieden werden, welchen Teil der Marktnachfrage eine Unternehmung durch ihr Angebot ansprechen will. Die folgenden Ausführungen wenden sich dem ersten Problem zu. Der zweite Aspekt ist Gegenstand der Zielgruppenplanung (Kapitel 9)

Angaben über Umsatzanteile einzelner Preislagen werden von der Marktforschung auf der Grundlage von Paneldaten gewonnen. Dabei handelt es sich um Angaben, welche Mengen die zum Haushaltspanel gehörenden Nachfrager von einzelnen Marken zu bestimmten Preisen (Preis pro definierte Menge) in einem bestimmten Zeitraum erworben haben. Abbildung 18.12 stellt eine entsprechende Verteilung der Umsätze auf einzelne Preisklassen für Zahnpasta dar. In der Regel entsprechen solche Verteilungen nicht der Normalverteilung, weil die Artikel zu niedrigen Preisen häufiger gekauft werden als die Artikel zu hohen Preisen, oft sogar häufiger als die Artikel in den mittleren Preislagen.

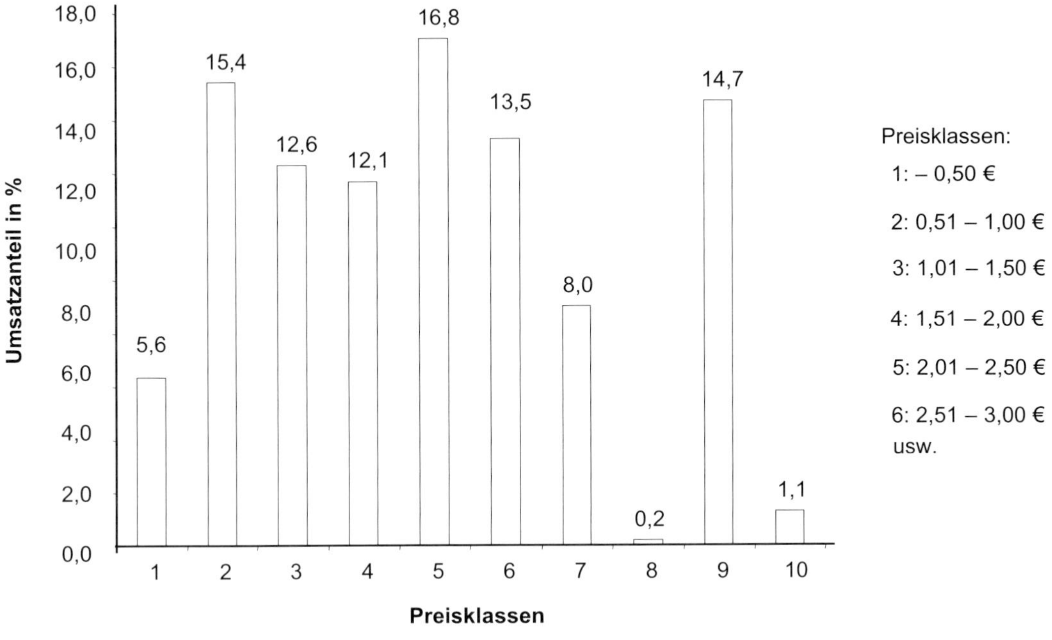

Abb. 18.12: Die Nachfrage in einzelnen Preislagen am Beispiel von Zahnpasta

Wenn auch die in Abbildung 18.12 dargestellte Situation für eine starke „Mitte" zu sprechen scheint, so wird in der Wissenschaft wie in der Praxis doch häufig darauf hingewiesen, dass die Mitte abschmelze und sich die Anbieter in den extremen Bereichen positionieren sollten. Häufig wird in diesem Zusammenhang auch auf die Schwierigkeiten der Warenhäuser hingewiesen, die vor allem Artikel in mittleren Preislagen anbieten. Als Gründe für den Verlust der Mitte werden folgende Argumente genannt:

- Verbraucher würden sich polarisieren (vgl. Becker 1986, 1988, 1996). Entweder folgten sie einer Prestigeorientierung (wegen Hedonismus und Individualisierung) oder sie suchten das Einfache (aus Rationalität und Sparsamkeit).
- Auch das Phänomen, dass sich Verbraucher hybride verhalten, spricht für einen Verlust der Mitte. Verbraucher können bei einem Artikel die preisgünstige Alternative suchen, während sie bei einem anderen Produkt auch einen teuren Artikel erwerben würden (vgl. Dethloff 2004; Gierl 1991; Schmalen 1994). Von Einfluss sei dabei auch das unterschiedliche Involvement, das die Verbraucher einzelnen Produkten entgegenbrächten.
- Zu einer Polarisierung der Märkte führe aber auch ein entsprechendes Verhalten auf der Angebotsseite. Sowohl die Industrie als auch der Handel suchten extreme Positionen, weil sie Schwierigkeiten sehen, eine mittlere Position argumentativ zu verankern. Für die mittlere Position können weder die Qualitätsführerschaft noch die Preisführerschaft beansprucht werden.

- Mit dem Wachstum der Discounter werde der Absatz von Produkten in unteren Preislagen gefördert. Außerdem zielten die Angebote der Discounter auf den mittleren Bereich, so dass hier preisliche Zugeständnisse erfolgten, die die Mitte weiter schwächten.

Die These vom Verlust der Mitte wurde von Jedrowiak (2008) zum Anlass für die Durchführung einer empirischen Untersuchung genommen. Sie hat die These vom Verlust der Mitte auf Basis von Daten aus den Jahren 2001 bis 2005 untersucht. Hierbei hat sie die Preislagen nach unterschiedlichen Regeln eingeteilt: Nach dem Verfahren I „Absatzmenge" wird die Mitte so definiert, dass innerhalb der ermittelten Preisgrenzen jeweils ein Drittel der insgesamt abgesetzten Menge liegt; bei dem Verfahren II mit Hilfe von standardisierten Preisen zählen alle Artikel zur mittleren Preislage, deren standardisierte Preise um eine halbe Standardabweichung über oder unter dem Durchschnittspreis liegen; bei Verfahren III wird die Preisspanne zwischen niedrigstem und höchstem Preis in drei Bereiche geteilt.

Wie Abbildung 18.13 am Beispiel von Non-Food-Artikeln verdeutlicht, konnte mit keinem der Verfahren für die Jahre 2001 bis 2005 ein generell geltender Verlust der Mitte nachgewiesen werden.

Verfahren / Produktart	Verfahren I (Absatzmenge)			Verfahren II (Standardabweichung)			Verfahren III (Drittelung)		
	Verlust der Mitte			Verlust der Mitte			Verlust der Mitte		
	ja	unklar	nein	ja	unklar	nein	ja	unklar	nein
Fernseher			X		X		X		
Digitalkamera			X			X			X
Notebook			X			X			X
Staubsauger		X				X	X		
Kaffeemaschine	X			X			X		
Telefon		X		X					X
Waschmaschine			X			X	X		
Kühlschrank	X			X					X
Gesamt	2	2	4	3	1	4	4	0	4
in Prozent	25,0 %	25,0 %	50,0 %	37,5 %	12,5 %	50,0 %	50,0 %	0,0 %	50,0 %

Quelle: Jedrowiak 2008, S. 86

Abb. 18.13: Ergebnisse gegen die These vom Verlust der Mitte

Bei der Würdigung dieses Befundes muss berücksichtigt werden, dass die Daten aus dem Zeitraum von 2001 bis 2005 stammen und dass es in anderen Zeiträumen durchaus zu einem Verlust der Mitte gekommen sein kann. Ebenso ist zu beachten, dass die Ergebnisse bei den unterschiedlichen Verfahren zur Abgrenzung der „Preismitte" nicht völlig übereinstimmen und dass zwischen Verlust der Mitte und schwacher Mitte unterschieden werden muss. Auf der Grundlage der Marktnachfrage müssen Vorstellungen entwickelt werden, inwieweit diese Struktur auch für den Markt der jeweiligen Unternehmung gilt und inwieweit man den Anforderungen einzelner Segmente entsprechen will. Damit wird die Brücke zur strategischen Positionierung geschlagen, indem gefordert wird, dass die strategische Positionierung und die Besetzung einzelner Preislagen sich entsprechen sollen (vgl. zur Preislagenpolitik auch Gierl 2003).

18.3.3 Bevorzugte Preisziffern

Es ist fraglich, ob es für die Kaufentscheidung eines Konsumenten eine Rolle spielt, ob der Verkaufspreis auf 9 endet oder ob er stattdessen glatt ist. Diller und Brielmeier (1996) haben am Beispiel eines Drogeriemarktunternehmens folgende Rechnung aufgemacht. Durchschnittlich kauft ein Kunde fünf Artikel bei einem Einkauf, durchschnittlich hat ein Markt 2 500 Kunden in der Woche, das Jahr hat 52 Wochen, das Unternehmen hat 170 Filialen. Wenn das Unternehmen den Mut hätte, von den derzeitig üblichen gebrochenen Preisen (meistens mit der Endziffer 9) zu runden Preise überzugehen (also z. B. von 0,59 € auf 0,60 € oder von 3,79 € auf 3,80 €), dann stiege der Gewinn um rund 1,2 Mio. €. Das Rechenbeispiel zeigt die Verlockung, aber auch die Gefahr: Wird der Kunde nicht doch die Preisgünstigkeit in Frage stellen? Diller und Brielmaier raten zu Experimenten. In ihrer eigenen empirischen Untersuchung haben sie die Werte zu folgenden Größen aus Test- und Kontrollmärkten miteinander verglichen:

- Erinnerung an den Wechsel zu runden Preisen, um so die Auffälligkeit runder Preise festzustellen,
- die Preisbeachtung während des Kaufentscheidungsprozesses,
- die Preisbeurteilung des gekauften bzw. eines intensiv betrachteten Produkts,
- den Kauf und den Umsatz,
- die Genauigkeit der Preiserinnerung,
- das Preisimage des Geschäfts.

Die Ergebnisse zeigen, dass die positive Wirkung gebrochener Preise wesentlich geringer ist als vom Handel häufig angenommen wird. Nach der Studie bevorzugen Konsumenten generell runde Preise.

Die empirischen Befunde zu gebrochenen Preisen sind jedoch keineswegs eindeutig. Verschiedene Autoren fanden in empirischen Studien Ergebnisse, die für die Verwendung gebrochener Preise sprechen, während andere Autoren keine entsprechenden Effekte beobachten konnten (vgl. den Überblick bei Gedenk/Sattler 1999 sowie einige jüngere Befunde in Abbildung 18.14). Gedenk und Sattler (1999) haben auf Basis einer theoretischen Analyse versucht zu zeigen, dass der Deckungsbeitragsverlust geringer ist, wenn gebrochene Preise verlangt werden, obwohl keine Preisschwellen existieren, im Vergleich zu einer Situation, in der runde Preise verlangt werden, obwohl Preisschwellen vorhanden sind. Insofern empfehlen sie, von der Existenz von Preisschwellen auszugehen. Dem trägt auch die empirische Beobachtung Rechnung, dass gebrochene Preise im Preissetzungsverhalten der Handelsbetriebe eine wichtige Rolle spielen (vgl. z. B. Müller-Hagedorn/Zielke 1997, 1998). Spätere Untersuchungen von Müller-Hagedorn und Wierich (2005a) haben jedoch gezeigt, dass die Ergebnisse von Gedenk und Sattler von bestimmten Annahmen abhängig sind, die nicht zwangsläufig die Verhältnisse im Handel abbilden müssen. Insofern bedarf es doch verhaltenswissenschaftlicher Studien, um die Existenz von Preisschwellen zu untersuchen.

Autoren	Ø Höhe der untersuchten Preise (in GE)	Ergebnis
Gendall/ Holdershaw/ Garland 1997	4,90-110,00	Keine signifikanten Effekte der 9er Preise, aber die Richtung der Effekte ist plausibel.
Gendall/ Fox/ Wilton 1998	3,90-54,50	Finden in einem Experiment für zwei Artikel einen signifikanten Effekt der 99er-Endung, aber keinen Effekt der 95-Endung. Für einen Artikel ergibt sich das umgekehrte Bild.
Coulter 2001	8,95-20,10	Kein Effekt hinsichtlich der Erinnerung, aber bei bestimmter Reihenfolge der Ziffernpräsentation kann ein Effekt in Bezug auf die Produktwahl nachgewiesen werden.
Schindler/ Kirbarian 2001	12,00-500,00	Finden signifikante Effekte der 99-Endung auf Preis- und Qualitätsimage. Die Effekte sind jedoch sehr klein.
Bizer/Petty 2002	unklar	Signifikanter Effekt der 99er-Preise.
Anderson/ Simester 2003	48,25-89,99	Effekt der 9 signifikant, größerer Effekt für Artikel, die neu im Sortiment sind.
Schindler/ Chandrashekaran 2004	34,50-89,99	9er-Endungen führen zu besserer Preiserinnerung, mehr Sicherheit an das Erinnerte und einer höheren Qualitätswahrnehmung.
Thomas/ Morwitz 2005	2,79-4,00	Gemischter Befund, Schwelle bei Wechsel der linken Ziffer, d. h. beispielsweise beim Übergang von 0,99 auf 1,00. Auftreten der Schwelle hängt von der Entfernung des Preises zum verwendeten Referenzniveau ab.
Müller-Hagedorn/ Wierich 2005a, 2005b	0,95-1,04	Keine Hinweise auf Preisschwellen.

Quelle: Müller-Hagedorn/Wierich 2005c, S. 215

Abb. 18.14: Ergebnisse aktueller Studien der Preisschwellenforschung

Theoretisch gesehen handelt es sich bei der Wahl einer Preisziffer um die Frage, ob absolute Preisschwellen existieren, wobei eine Preisschwelle als jene Ziffer definiert ist, bei der sich eine Reaktionsgröße (z. B. Wahrnehmung, Kauf, Image) deutlich gegenüber den benachbarten Ziffern ändert. Es wird versucht diese Veränderung mit Hilfe verschiedener Theorien zu erklären. Es können vier, sich teilweise ergänzende, aber auch ausschließende, theoretische Begründungen für die Existenz von Preisschwellen angeführt werden (vgl. Coulter 2001):

1. Konsumenten runden die wahrgenommenen Preise ab.
2. Konsumenten verarbeiten die Preisziffern von links nach rechts, je weiter rechts eine Ziffer liegt, desto schlechter wird sie erinnert, auch weil ihre Bedeutung für die Konsumenten vergleichsweise gering ist.

3. Konsumenten speichern aus Gründen der kognitiven Vereinfachung nur die wichtigsten Ziffern eines Preises.
4. Konsumenten verbinden mit 9er-Endungen bestimmte Assoziationen, wie z. B. „besonders günstig", „schlechte Qualität" oder „Aktionspreis" (vgl. Schindler 1991).

Es ist zu beachten, dass der vierte Aspekt im Kontrast zu den anderen drei Ansätzen steht, da von einer besonders exponierten Stellung der Preisendziffer ausgegangen wird. Auch die Neuropsychologie hat sich mit dem Phänomen der Verarbeitung von Zahlen intensiv befasst, kann aber bislang keinen unumstrittenen Erklärungsansatz liefern (vgl. für einen Überblick Coulter 2001, S. 285–287). Es lassen sich jedoch auch Argumente dafür finden, dass es keine Preisschwellen gibt. So wird ein rational handelnder Konsument Preisunterschiede – gleich welcher Höhe – stets richtig beurteilen können. Danach ist ein zusätzlich geforderter Cent ein zusätzlicher wahrgenommener Cent. Auch könnten Verbraucher im Rahmen vereinfachender Informationsverarbeitungsprozesse dazu neigen, auf 9 endende Preise aufzurunden. Eine Entscheidung darüber, ob Preisschwellen zu beachten sind oder nicht, kann nur getroffen werden, indem empirische Indizien gesammelt werden, die für oder gegen eine solche Schwelle sprechen können.

Müller-Hagedorn und Wierich (2005a, 2005b, 2005c) haben in einem umfangreichen Experiment geprüft, ob Preisschwellen bei niedrigpreisigen Konsumgütern zu beobachten sind. Die Befragten mussten für bestimmte Preise eines Artikels die Preisgünstigkeit angeben. Dabei wurde zehn Gruppen von Befragten je ein Preis zwischen 0,95 € und 1,04 € vorgelegt, so dass Preisgünstigkeitsurteile für jeden einzelnen Punkt dieser Preisspanne vorlagen. Als Produkt wurde die Zahnpasta „Dentagard 75 ml" ausgewählt. Die Festlegung der Preisspanne erfolgte zum einen über die Orientierung an den Marktpreisen, zum anderen daran, dass die Literatur dort, wo sich die Euro-Stelle ändert (von 0,99 € auf 1,00 €), eine besonders stark ausgeprägte Schwelle vermutet. Für die Auswertung wurden drei Gruppen von Konsumenten unterschieden: solche, die Dentagard häufig kaufen, solche, für die Dentagard als Marke bei einem Kauf in Frage kommt (Dentagard ist im sog. Evoked Set) und alle Zahnpasta-Käufer. Eine erste Auswertung prüft, ob bei der Gesamtheit der Befragten (n = 1208) Preisschwellen feststellbar sind. Abbildung 18.15 zeigt die entsprechenden Ergebnisse.

Betrachtet man die Gruppenmittelwerte, so wird deutlich, dass die Preisbeurteilung bei Personen, die die Marke häufig kaufen, am schlechtesten ist. Auch für Personen, die die Marke gelegentlich kaufen, ist die Preisbeurteilung schlechter im Vergleich zu allen Befragten. Die zu beurteilenden Preise sind zwar relativ niedrig und liegen im Bereich der für Dentagard real verlangten Preise, jedoch oberhalb des in einer Vorstudie erhobenen Mittelwerts. Dies mag erklären, warum Käufer der Marke die Preisgünstigkeit tendenziell schlechter beurteilen. Auffallend ist, dass der Preis 0,99 € von allen Befragten ähnlich beurteilt wird, die drei Punkte liegen fast übereinander. Falls beim Übergang von 0,99 € auf 1,00 € eine Preisschwelle vorliegt, muss sich das Preisgünstigkeitsurteil bei diesem Schritt signifikant verschlechtern. Mit einseitigen t-Tests wird geprüft, inwieweit ein signifikanter Unterschied bei der Wahrnehmung dieser beiden Preise vorliegt, d. h. das Preisgünstigkeitsurteil des 1,00 €-Preises sich gegenüber dem des 0,99 €-Preises signifikant verschlechtert (H1: $\mu_1 < \mu_2$). Da die Wahrscheinlichkeit, signifikante Effekte zu finden, auch von der Stichprobengröße abhängig ist und da die Stichprobengröße sich zwischen den Kundengruppen unterscheidet, wurden zusätzlich die jeweiligen Effektstärken berechnet. Sie machen die Mittelwertunterschiede vergleichbar.

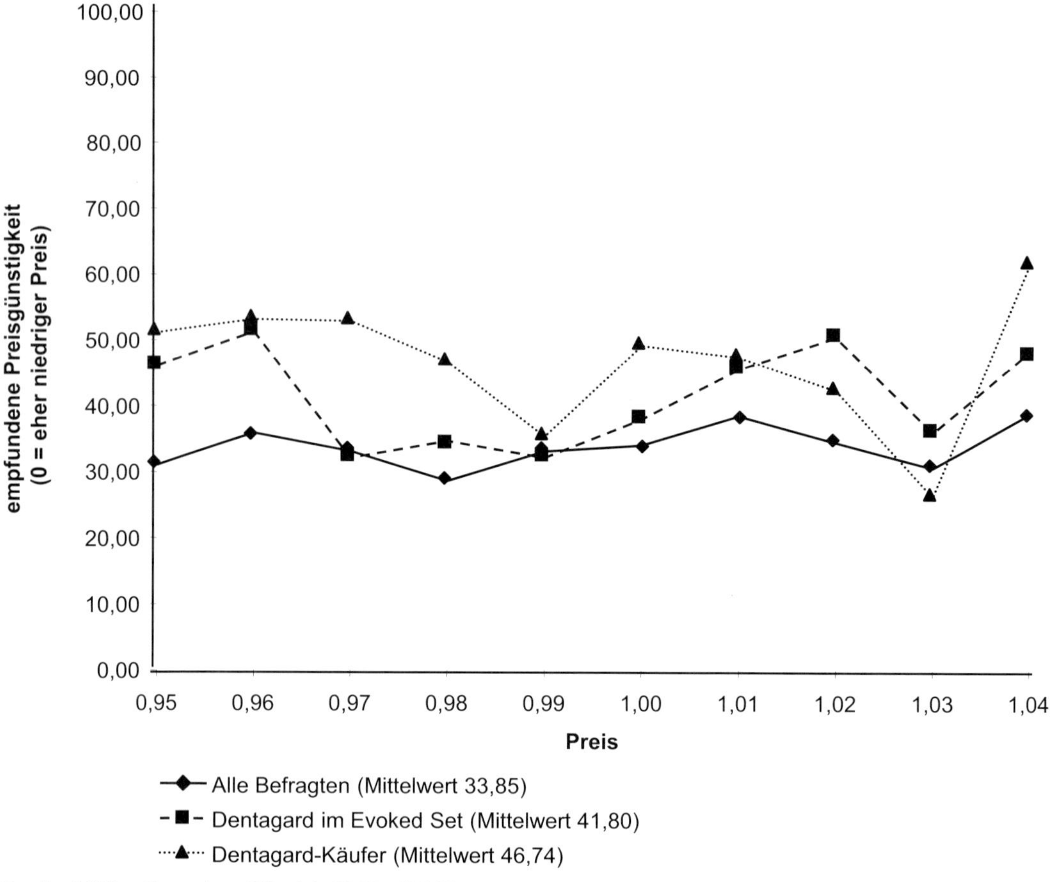

Quelle: Müller-Hagedorn/Wierich 2005c, S. 218

Abb. 18.15: Gruppenmittelwerte der Preisgünstigkeitsurteile für unterschiedliche Preisforderungen

Die Ergebnisse in Abbildung 18.16 zeigen relativ geringe Mittelwertunterschiede, die für keine der Kundengruppen signifikant sind. Ebenso sind die berechneten Effektstärken gering. Vergleicht man diese mit den Empfehlungen aus der Literatur, so könnte selbst bei Signifikanz nicht von relevanten Effekten ausgegangen werden. Lediglich im Fall der Dentagard-Käufer würde sich ein schwacher Effekt zeigen.

Zusätzlich lässt sich mit Poweranalysen prüfen, wie hoch die Wahrscheinlichkeit der Aufdeckung unterschiedlicher Effektstärken ist (Power oder Teststärke). Abbildung 18.17 zeigt die Wahrscheinlichkeit, mit der mittlere (0,5) und hohe Effektstärken (0,8) in den Gruppenvergleichen aufgedeckt worden wären. Es ist zu erkennen, dass diese Wahrscheinlichkeit für die ersten beiden Gruppenvergleiche relativ hoch ist. Dies kann als Beleg gesehen werden, dass keine Preisschwellen vorliegen.

Gruppe	Preisgünstigkeit (Preis: 0,99)	Preisgünstigkeit (Preis: 1,00)	Signifikanz (1-seitig)	Effektstärke
Alle Befragten	33,13	34,02	0,390	0,03
Evoked Set	32,16	37,94	0,251	0,16
Käufer	35,33	49,17	0,192	0,32

Quelle: Müller-Hagedorn/Wierich 2005c, S. 219

Abb. 18.16: Preisgünstigkeitsurteile und Ergebnisse der t-Tests

Das Ergebnis für die dritte Gruppe der Dentagard-Käufer muss mit Bedacht interpretiert werden. Geringe und stark unterschiedliche Gruppengrößen lassen Verletzungen der Anwendungsvoraussetzungen vermuten, die Teststärke ist sehr gering. Das bedeutet, dass auf Basis der vorliegenden Stichprobe selbst bei großen Effektstärken nur mit einer relativ geringen Wahrscheinlichkeit ein Effekt tatsächlich nachgewiesen werden kann. In einer weiteren Untersuchung wären die Analysen daher mit größerem Stichprobenumfang durchzuführen.

Gruppe	Effektstärke	
	mittel (0,5)	groß (0,8)
Alle Befragten	0,986	1,000
Evoked Set	0,495	0,833
Käufer	0,259	0,481

Quelle: Müller-Hagedorn/Wierich 2005c, S. 219

Abb. 18.17: Teststärken der durchgeführten t-Tests

Nach den Ergebnissen von Müller-Hagedorn und Wierich sind bei kleinen Beträgen (bis 1 €) keine Preisschwellen zu beobachten. Insbesondere für größere Beträge können sie jedoch nicht ausgeschlossen werden. Insofern sind weitere verhaltenswissenschaftliche Studien notwendig.

18.3.4 Preisdifferenzierung und Preispromotions

Preisdifferenzierung bedeutet, dass ein Handelsunternehmen für das gleiche Produkt unterschiedliche Preise verlangt, um die Zahlungsbereitschaft der Kunden besser abzuschöpfen. Es gibt viele verschiedene Möglichkeiten, die Preise zu differenzieren. In der Literatur werden diese Möglichkeiten üblicherweise in die Preisdifferenzierung ersten, zweiten und dritten Grades eingeteilt (vgl. Pigou 1929; Diller 2008, S. 229):

- Bei der Preisdifferenzierung ersten Grades zahlt jeder Kunde den Preis, der exakt seiner Zahlungsbereitschaft entspricht. Dies kann im Handel zumindest näherungsweise durch individuelle Preisverhandlungen oder Auktionen erfolgen.
- Bei der Preisdifferenzierung zweiten Grades wird das Produkt zu verschieden Konditionen oder in verschiedenen Preis-Leistungs-Kombinationen angeboten, wobei es dem Nachfrager frei steht, zu welchem Preis er das Produkt erwirbt (Selbstselektion). Beispiele hierfür sind Lieferkonditionen (Liefer- vs. Abholpreise), eine Preisdifferenzierung über Preislagen (Abdeckung des Preiseinstiegs über Handelsmarken), Mengenrabatte oder die Preisbündelung.
- Bei der Preisdifferenzierung dritten Grades teilt das Handelsunternehmen die Kunden selbst bestimmten Gruppen zu, von denen unterschiedliche Preise verlangt werden. Beispiele hierfür sind vor allem die personelle (Personalverkauf, Firmenkundenrabatt, Rabatte für Kundenkartenbesitzer), die räumliche (filial- und länderspezifische Preise) und die zeitliche Preisdifferenzierung (Sonderangebote, Preisverfall bei technischen Innovationen). Prinzipiell könnte jedoch insbesondere bei der zeitlichen Preisdifferenzierung argumentiert werden, dass Kunden selbst wählen, zu welchem Zeitpunkt sie einkaufen. Ebenso können sie frei entscheiden, welche Filiale sie aufsuchen oder ob sie sich eine Kundenkarte zulegen. Diese Entscheidungen können jedoch einen gewissen Aufwand nach sich ziehen, so dass Barrieren zum Wechsel zwischen den Alternativen bestehen.

Im Handel erfolgt eine Preisdifferenzierung häufig im Rahmen von Verkaufsförderungsaktionen oder Preispromotions. Nach Gedenk (2002, S. 11) sind unter Promotions

„zeitlich befristete Maßnahmen mit Aktionscharakter zu verstehen, die andere Marketing-Maßnahmen unterstützen und den Absatz bei Händlern und Konsumenten fördern sollen."

Ein wichtiges Merkmal der Definition ist die zeitliche Befristung, die beispielsweise Sonderangebotsaktionen von permanenten Preissenkungen unterscheidet. Der Aktionscharakter äußert sich darin, dass sich Promotions häufig nicht auf die Preispolitik beschränken, sondern ein Bündel verschiedener absatzpolitischer Maßnahmen beinhalten. So werden Sonderangebote häufig intensiv beworben und durch Zweit- oder Sonderplatzierungen im Geschäft herausgestellt. Beispiele für Promotions mit Betonung der Preispolitik sind:

- Sonderangebote (zeitlich begrenzte Preisreduktion einzelner Artikel),
- Sortimentspromotions (zeitlich begrenzte Rabatte auf das gesamte Sortiment – „20 Prozent auf Alles"),
- Sonderpackungen (hierzu zählen Packungen mit erhöhtem Inhalt, Multipacks und „BOGOs" – „Buy One, Get One Free"),
- Bündelpreise (für mehrere zusammengehörige Artikel wird ein Paketpreis festgelegt, der unter der Summe der Einzelpreise liegt; im Unterschied zu den Sonderpackungen handelt es sich um unterschiedliche, häufig komplementäre Artikel),
- Treuerabatte (der Preisnachlass wird nach wiederholtem Kauf gewährt, wobei Rabattmarken oder Bonuspunkte gegen einen Preisnachlass eingelöst werden können),
- Coupons (werden z. B. über Zeitungen, Direct Mail oder im Geschäft distribuiert und gegen einen Preisnachlass eingelöst).

Preisdifferenzierung mit Hilfe von Coupons

Die Preisdifferenzierung mit Hilfe von Coupons soll im Folgenden anhand eines Beispiels erläutert werden. Wie in Abbildung 18.18 dargestellt, wird von der Beobachtung ausgegangen, dass die Zahlungsbereitschaft der Nachfrager für Mineralwasser vom Alter abhänge. Je älter, desto höher sei die Zahlungsbereitschaft, so die Annahme. Bei einem bestimmten Preis (beispielsweise 4 €) kaufen nun alle Nachfrager, deren Zahlungsbereitschaft damit nicht überschritten wird. Im Beispiel gelte das für die Nachfrager aus den Altersklassen III und IV. Viele Nachfrager aus diesen Gruppen werden eine höhere Zahlungsbereitschaft aufweisen.

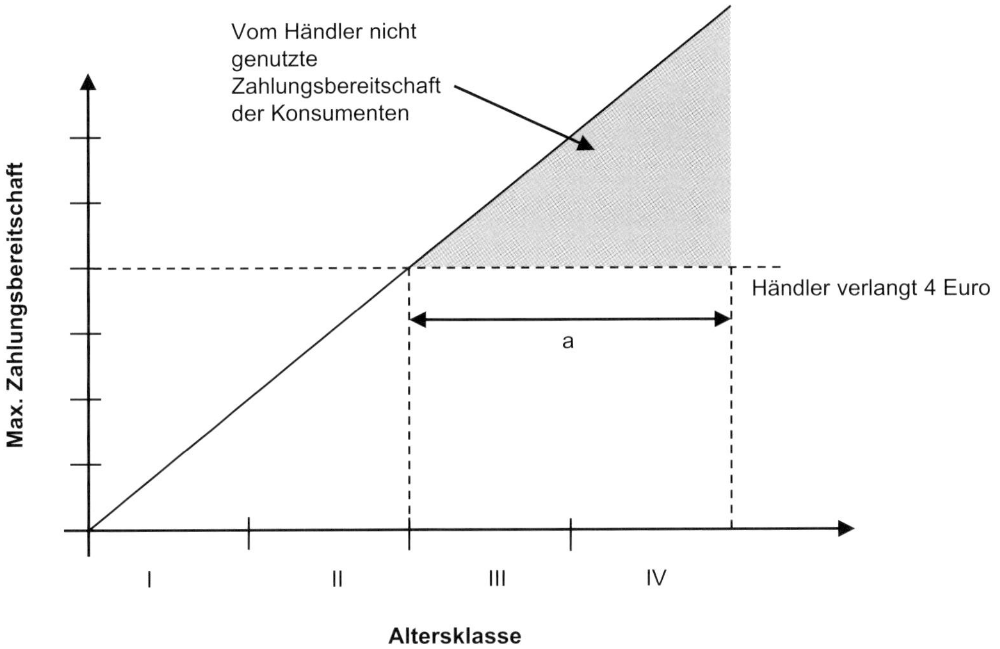

Abb. 18.18: Zusammenhänge zwischen der Zahlungsbereitschaft und einem soziodemographischen Merkmal (Alter)

Aus der Absatzmenge (a) und der Marge (m) für das betreffende Produkt ergibt sich der Rohertrag (a · m). Dieser Rohertrag ließe sich steigern, wenn es gelänge, entweder die vorhandenen Käufer dazu zu bewegen, entsprechend ihrer Zahlungsbereitschaft auch höhere Entgelte zu entrichten oder wenn durch Preissenkungen weitere Kunden gewonnen werden könnten. Durch die Ausgabe eines Coupons an die Mitglieder der Altersklasse II ließe sich der Absatz steigern, ohne dass durch eine allgemeine Preissenkung der Rohertrag in den Altersklassen III und IV gesenkt würde. Das veranschaulicht auch Abbildung 18.19.

Die Abbildung zeigt, dass nach Ausgabe des Coupons mit einem Rabatt von c Geldeinheiten die Absatzmenge auf a + b gesteigert werden kann; der Rohertrag erhöht sich auf (a · m) + b (m – c). Dies ist günstiger, als wenn allen Nachfragern gleichermaßen ein Vorteil von c eingeräumt worden wäre (von den mit der Differenzierung verbundenen Kosten sei abgesehen); die höhere Zahlungsbereitschaft der Nachfrager in den Segmenten III und IV ist ausgenutzt worden. Der gegenüber einer generellen Preissenkung vermiedene Margenverlust wird in der Abbildung als „geretteter" Umsatz des Händlers bezeichnet.

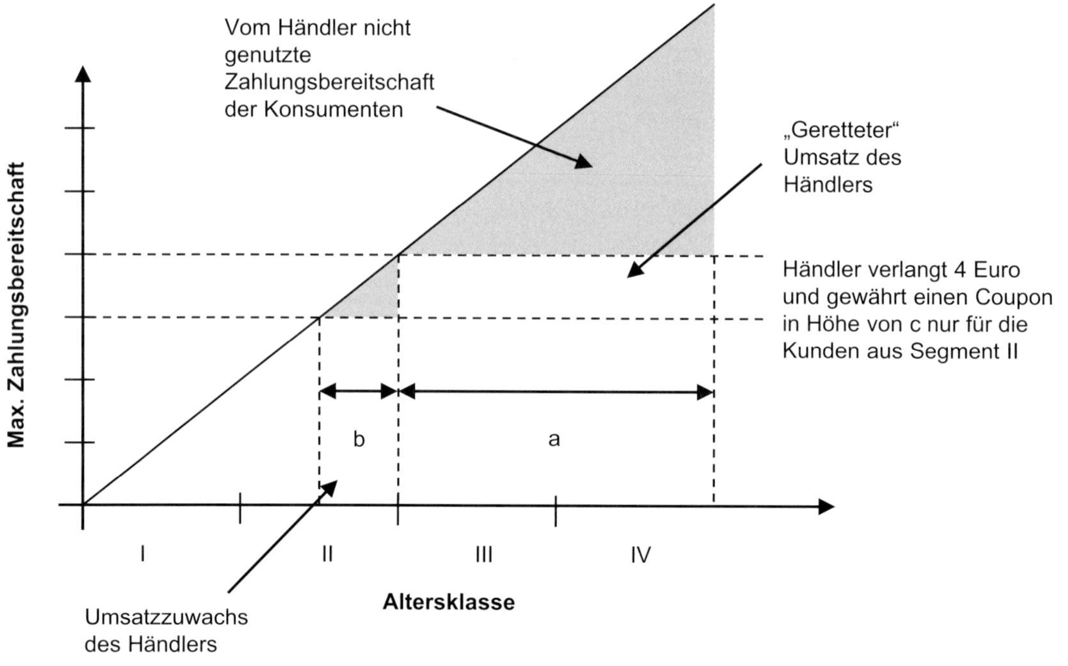

Abb. 18.19: Rohertragszuwachs bei selektiv gewährten Rabatten

Mit dem Beispiel sollte verdeutlicht werden, dass in Analogie zu den Theorien der Preisdifferenzierung die Marketingpolitik in unterschiedlichen Graden differenziert werden kann. In dem Beispiel wurde die sog. Preisdifferenzierung dritten Grades realisiert, indem die Coupons nur an vordefinierte Segmente ausgegeben wurden. Gleichzeitig stellt das Beispiel den Fall einer personenbezogenen Preisdifferenzierung dar. Entscheidend für die Vorteile, die einem Handelsunternehmen aus der Ausgabe von Coupons an Kunden in bestimmten Altersklassen erwachsen können, ist in dem Beispiel die Hypothese, dass die Zahlungsbereitschaft von der Zugehörigkeit zu einer Altersklasse abhängig ist. Im Regelfall kann mit einer einzelnen Variablen (wie hier mit dem Alter) eine abhängige Variable (hier die Zahlungsbereitschaft) nur eingeschränkt erklärt werden, weshalb weitere Merkmale zur Differenzierung einzelner Nachfragergruppen herangezogen werden. Rossi, McCulloch und Allenby (1996, S. 336) haben gezeigt, in welchem Ausmaß die Umsätze gesteigert werden können, wenn mehrere Merkmale zur Definition von Nachfragersegmenten herangezogen werden, um die Ausgabe von Coupons zu steuern.

Eine Couponpolitik kann so von der Definition von relativ klein definierten Marktsegmenten profitieren, im Extrem von vollkommen individualisierten Coupons. Es bleibt die Aufgabe zu überdenken, inwieweit sich dieser Sachverhalt auch auf den Einsatz anderer Instrumente übertragen lässt. Anregungen zur theoretischen Fundierung können dabei insbesondere der Literatur zur (Preis-)Differenzierung entnommen werden, vor allem jener Literatur, die sich auf den Dienstleistungsbereich bezieht (vgl. Fassnacht 1998, 2003b).

Preisdifferenzierung durch Bundling

Eine weitere im Handel häufig vorkommende Preispromotion stellen Bündelangebote dar. Preisbündelung bedeutet, dass die Preise nicht mehr nur für einzelne Artikel festgelegt werden, sondern dass mehrere selbständige Absatzleistungen zu einem neuen Angebot mit einem eigenen Preis zusammengeschnürt werden. Bündelangebote stellen eine Preisdifferenzierung zweiten Grades dar, da Kunden wählen können, ob sie den Bündelpreis oder die Einzelpreise für Teile des Bündels bezahlen. Abbildung 18.20 enthält beispielhaft ein Bündelangebot für eine HiFi-Anlage.

HiFi-Paket	
Verstärker 45W + 45W (6 Ohm, 1kHz, 0,5% THD)	289,00 EUR
CD/MP3-Player Wiedergabe von CD, CD-R, CD-RW, MP3	219,00 EUR
Tuner FM/KW/UKW-Empfang mit RDS-System	119,00 EUR
2 x Lautsprecher 50W Belastbarkeit, 6 Ohm Impedanz, 86dB	189,00 EUR
Summe der Einzelpreise	816,00 EUR
Paketpreis	749,00 EUR

Abb. 18.20: Preisbündelung am Beispiel eines HiFi-Pakets

Das Beispiel zeigt, welche Preise der Hersteller für die vier Komponenten der Anlage empfiehlt, wobei sich die Einzelpreise für alle Teile auf 816 € addieren. Tatsächlich verlangt die Handelsunternehmung für das gesamte Paket nur 749 €. Dem Kunden gegenüber wird kommuniziert, er spare 67 €. Die Wirkung der Bündelung besteht darin, dass Kunden, denen ein einzelnes Teil vielleicht zu teuer wäre oder die ein Teil nicht benötigen (im Beispiel vielleicht der Tuner für 119 €), dieses dennoch kaufen, weil ihnen der Paketpreis hinreichend attraktiv erscheint. Insofern können mit Preisbündelungsmaßnahmen Zusatzkäufe ausgelöst werden. Dabei müssen jedoch bestimmte Bedingungen gegeben sein (vgl. Herrmann/Bauer 1996). So darf nicht generell erwartet werden, dass Umsatz und Gewinn eines Unternehmens steigen, wenn es Artikel bündelt und den Preis unterhalb der Summe der Einzelpreise festlegt. Vielmehr muss gelten, dass die Preise für einzelne Artikel über dem Betrag liegen, den ein Verbraucher zu verausgaben bereit ist, während sie für andere Artikel unter diesem Betrag liegen. Nicht ausgenutzte Zahlungsbereitschaften können dann von einem Artikel auf einen anderen übertragen werden.

Neben der Einzelpreisauszeichnung und der reinen Preisbündelung (Artikel werden ausschließlich als Bündel verkauft), sind häufig auch Mischformen anzutreffen, bei denen es sowohl Preise für einzelne Artikel als auch Bündelpreise gibt (gemischte Preisbündelung). Wie Simon (1992b) gezeigt hat, ist es im Einzelfall nicht leicht zu entscheiden, welches Preissetzungsverfahren optimal ist. Die Anwendung setzt Kenntnisse der kundenspezifischen Maximalpreise voraus, erfordert die Anwendung eines Optimierungsverfahrens und kann wettbewerbsrechtliche Probleme aufwerfen. Preisbündelung ist inzwischen in vielen Bereichen zu beobachten, bei Dienstleistungen (Flug plus Hotel), in Restaurants (Menüpreis) oder bei der Belegung von Anzeigen in mehreren Zeitschriften. Im Handel finden sich Bündelpreise beispielsweise für komplette Computeranlagen oder für Autos mit einem Sonderausstattungspaket. Die Preisbündelung findet ihre Begründung in der Möglichkeit, die Konsumentenrente besser abzuschöpfen, indem eine größere Zahlungsbereitschaft für ein Produkt auf ein anderes übertragen wird. Daneben kann mit einer Preisbündelung vermieden werden, dass Ankerpreise abgesenkt werden. Die tatsächlichen Einzelpreise können verschleiert werden, und schließlich können Preissteigerungen verdeckt werden (zu weiteren Wirkungen vgl. Soman/Gourville 2001; Priemer 2003; Roth 2005).

Es kann jedoch auch sinnvoll sein, Preise zu entbündeln, d. h. die Beratung als Dienstleistung von dem Warengeschäft abzukoppeln. Dies wird immer dann gewünscht, wenn der Verbraucher sich im Fachhandel beraten lässt und die Ware dann an anderer Stelle ohne Beratung zu einem niedrigeren Preis kauft. Insofern hat die Frage nach der Entbündelung insbesondere durch den Online-Handel an Bedeutung gewonnen. Tatsächlich ist eine Entbündelung von Dienstleistungen jedoch nur stellenweise gelungen, z. B. dort, wo Kosmetik- oder Farb-(Typ-)beratung isoliert werden und dem Kunden ein eigener Pass mit den Beratungsergebnissen ausgestellt wird oder in jenen Möbelgeschäften, die die Transportleistung vom Warengeschäft getrennt haben.

Preisbündelung und Entkopplung stellen also gleichermaßen sinnvolle Formen der Preisstellung dar.

18.4 Zusammenfassung

Handelsunternehmen sehen sich bei der Formulierung ihrer Preispolitik einer komplexen Aufgabe gegenüber. Wegen der Größe der Sortimente, der Vielzahl und Heterogenität der Nachfrager sowie der oft vielfältigen Konkurrenz brauchen sie Regeln, wie die Preise festzulegen sind. Im Mittelpunkt stehen die Aufschlagsätze auf die Einkaufs- oder Einstandspreise. Es wurde jedoch auch verdeutlicht, dass es viele weitere Sachverhalte gibt, die die Preispolitik einer Handelsunternehmung kennzeichnen, so der Einstiegspreis, der höchste Kalkulationssatz, das Ausmaß der Sonderangebote, die Preislagenpolitik, die bevorzugte Verwendung von bestimmten Ziffern, die Beachtung von Preisschwellen usw. Aus diesen Aktionsparametern der Preispolitik lassen sich Preisstrategien ableiten, worunter der Dauerniedrigpreispolitik (EDLP) einerseits und einer forcierten Sonderangebotspolitik (Hi-Lo) andererseits besondere Bedeutung zukommt.

Eine zielgerichtete Preispolitik setzt voraus, dass die Reaktion der Nachfrager auf preispolitische Maßnahmen zutreffend eingeschätzt werden kann. Im Rahmen von SR-Analysen werden Abverkaufsdaten den jeweiligen Preisen gegenüber gestellt, um so Vorstellungen über Preiselastizitäten oder Preis-Absatz-Funktionen zu gewinnen. Verhaltenswissenschaftliche Analysen nach dem SOR-Modell versuchen dagegen, den Wahrnehmungs- und Beurteilungsprozess der Nachfrager zu rekonstruieren. Preisgünstigkeit und Preiswürdigkeit zählen zu den zentralen Konstrukten.

Die Diskussion von vier ausgewählten Strategien, und zwar Dauerniedrigpreispolitik versus Sonderangebotspolitik, der Preislagenpolitik, der Verwendung von gebrochenen Preisen und der Methode der Preisbündelung, macht deutlich, welchen zentralen Stellenwert verhaltenswissenschaftliche Analysen im Rahmen der Preispolitik einnehmen.

19 Kommunikationspolitik

Der Handel gibt mehr Geld für Werbung aus als jede andere Branche. So meldet der Zentralverband der deutschen Werbewirtschaft, dass im Jahr 2009 Handelsorganisationen Bruttowerbeinvestitionen in Höhe von 2,99 Mrd. € getätigt haben, gefolgt vom Versandhandel mit 1,66 Mrd. € auf Platz 2 und Pkw mit 1,44 Mrd. € auf Platz 3. Aus betriebswirtschaftlicher Sicht ist die Höhe des Werbebudgets einzelner Handelsunternehmungen noch eindrucksvoller. So verausgabten Media Markt und Saturn im Jahr 2009 für Werbung 481,7 Mio. €. Damit waren sie Deutschlands werbeintensivstes Unternehmen. ALDI folgt mit 398,3 Mio. € auf Platz 3, Lidl mit 346,5 Mio. € auf Platz 4 vor EDEKA mit 219,5 Mio. € auf Platz 9; als erster Textilhändler findet sich C&A auf Platz 30 mit 99,9 Mio. € (alle Angaben aus Zentralverband der deutschen Werbewirtschaft, ZAW 2010, S. 20, 178). Auch wenn man an die Mehrzahl der Unternehmungen mit kleinerem Umsatz und Werbebudget denkt, zeigen diese Zahlen doch, welche betriebswirtschaftlichen Herausforderungen hinter den Dispositionen so großer Beträge stehen: Welche Beträge sollten für ein Werbebudget eingeplant werden, welche Medien sollten genutzt werden, und wie sollten die Maßnahmen inhaltlich ausgestaltet sein?

Im Folgenden wird auf die für die Werbeplanung im Handelsbetrieb wichtigen Aspekte eingegangen. Nach notwendigen begrifflichen Klärungen wird das Problem entscheidungsorientiert strukturiert. Anschließend werden zwei für den Handel besonders wichtige Probleme aufgegriffen, die Festlegung des Werbebudgets und die Gestaltung von Prospekten und Anzeigen.

Während früher von der Reklame des Kaufmanns gesprochen wurde, dominierte in den Jahren nach 1950 zunächst der Begriff der Werbung bzw. der Absatzwerbung. Etwa ab 1980 wurde neben Begriffen wie Public Relations, Sponsoring und Corporate Identity auch der Begriff der Kommunikationspolitik üblich, allerdings mit einer gegenüber der Absatzwerbung erweiterten Bedeutung. Mit dem Begriff Kommunikationspolitik werden alle Formen der Beeinflussung gegenüber den verschiedenen Gruppen, mit denen eine Unternehmung interagiert, erfasst. Das können neben den aktuellen und potenziellen Abnehmern der angebotenen Leistungen auch Lieferanten, Kapitalgeber, die Öffentlichkeit und schließlich auch die eigenen Mitarbeiter sein. Dies kommt auch in der folgenden Definition von Bruhn (2009, S. 2) zum Ausdruck:

„Die Kommunikation eines Unternehmens umfasst die Gesamtheit sämtlicher Kommunikationsinstrumente und -maßnahmen eines Unternehmens, die eingesetzt werden, um das Unternehmen und seine Leistungen den relevanten internen und externen Zielgruppen der Kommunikation darzustellen und/oder mit den Zielgruppen eines Unternehmens in Interaktion zu treten.“

Diese sehr allgemeine Definition von Bruhn unterstreicht die Vielfältigkeit von Instrumenten und Adressaten der Kommunikation, die es zu konkretisieren gilt. Die folgenden Abschnitte gehen insbesondere auf die Absatzwerbung ein. Werbung umfasst hierbei meistens nur jene Maßnahmen kommunikativer Art, die auf die Abnehmer gerichtet sind und für deren Einsatz die Unternehmung ein Entgelt bezahlen muss. Diese Einengung kommt allerdings in der folgenden Definition des Ausschusses für Definitionen zu Handel und Distribution (2006, S. 179) nicht zum Ausdruck, in der ähnlich der Definition von Bruhn in allgemeiner Form von der Zielgruppe gesprochen wird:

„Werbung – im Sinne von Absatzwerbung als dem bedeutendsten Teil der Werbung – soll durch den Einsatz spezieller Kommunikationsinstrumente, der Werbemittel, die Zielgruppe (Werbeadressaten) über den Werber (den Werbungstreibenden) und sein Angebot informieren und insbesondere die Umworbenen veranlassen, sich im Sinne der Ziele des Werbers zu verhalten."

Im Folgenden sollen unter Werbung nur jene betrieblichen Maßnahmen verstanden werden, die die aktuellen und potenziellen Nachfrager veranlassen, die Leistungen der Handelsunternehmung zu erwerben.

Die Beeinflussung der Nachfrager kann in unterschiedlicher Form durch Werbemittel erfolgen. So können von der Gebäudegestaltung oder vom Erscheinungsbild und Auftreten der Mitarbeiter im Verkaufsbereich Wirkungen ausgehen. Insbesondere ist aber an die Werbemaßnahmen im engeren Sinne zu denken. Auch hier verwendet der Ausschuss für Definitionen zu Handel und Distribution (2006, S. 179) eine relativ weite Abgrenzung, wenn er Werbemittel definiert. Darüber hinaus wird in der folgenden Definition auch auf den Begriff des Werbeträgers eingegangen:

„Werbemittel sind für die Werbung geschaffene persönliche und sachliche Gestaltungsformen von Werbebotschaften. Beispiele sind die Anzeige, das Plakat, der Werbefernsehspot."

„Werbeträger sind Medien, die der Verbreitung (Streuung) der Werbemittel dienen. Sie werden auch als Streumedien bezeichnet. Durch sie werden die Werbemittel an die Werbeadressaten herangetragen. Beispiele für Werbeträger sind die Zeitung, die Plakatsäule und das Fernsehen."

In der Definition von Werbemittel werden persönliche und sachliche Werbebotschaften angesprochen. Das Verkaufsgespräch zählt dabei ebenso zu den Werbebotschaften wie die Verkaufsraumgestaltung. Trotzdem soll im Folgenden die personale Kommunikation ausgeschlossen bleiben, weil sie wegen ihres oft interaktiven Charakters eine eigenständige Betrachtung benötigt. Auch die Gebäudearchitektur und die Verkaufsraumgestaltung einschließlich der Schaufenstergestaltung sollen außer Acht bleiben. Hierauf wird in gesonderten Kapiteln eingegangen (vgl. Kapitel 20 und 21).

Die in der Literatur vorzufindenden Definitionen von Werbung stellen in fast vollständiger Übereinstimmung darauf ab, dass es sich um auf bestimmte Ziele ausgerichtete und bewusst eingesetzte Maßnahmen handelt. Entsprechend kann Werbung dann wie folgt definiert werden:

Werbung umfasst den Einsatz von nicht-personalen Kommunikationsmaßnahmen der Unternehmung unter Verwendung bestimmter Werbemittel und -träger mit dem Ziel, die aktuellen und potenziellen Kunden so zu beeinflussen, dass die Werbeziele der Unternehmung erreicht werden.

Eine genaue Abgrenzung der Werbung ist nicht nur wichtig, um das zu behandelnde Arbeitsfeld abzustecken, sondern auch um zu erkennen, welchen Stellenwert die Werbung im Handel einnimmt. Über die Höhe der Werbeausgaben der Handelsunternehmen in den einzelnen Branchen unterrichten die verschiedenen Betriebsvergleiche, die beispielsweise durch das Institut für Handelsforschung in Köln durchgeführt werden (vgl. z. B. Sondermann 2009). Informationen über die Ausgestaltung der Werbung können auch Verbandsberichten oder speziellen Untersuchungen entnommen werden. Oft stehen Handzettel (Prospekte), Anzeigen in Tageszeitungen, Radio-Spots,

Großflächenplakate, Verkehrsmittelwerbung und Sponsoring im Vordergrund. Über empirische Sachverhalte berichtet auch der Zentralverband der deutschen Werbewirtschaft e. V. (vgl. ZAW 2010). Entwicklungen in der Vergangenheit sind bei Klein-Blenkers (1970), Klein-Blenkers und Hillesheim (1986) sowie Barth und Theis (1991) dokumentiert. Müller-Hagedorn und Zielke (1999) stellen die Dynamik der Werbung im Handel in der zweiten Hälfte des 20. Jahrhunderts dar.

19.1 Die zentralen Elemente der Werbeplanung

Gemäß dem entscheidungstheoretischen Ansatz sind auch bei der Werbeplanung drei Elemente von zentraler Bedeutung:

- die im Rahmen der Werbeplanung festzulegenden Maßnahmen (Aktionsparameter),
- die anzustrebenden Ziele (Werbeziele) und
- die zu beachtenden Ausgangsbedingungen (Umweltvariablen).

Die einzelnen Elemente werden im Folgenden analysiert.

19.1.1 Die Handlungsalternativen der Werbeplanung

Wichtige Aktionsparameter im Rahmen der Werbeplanung sind die Festlegung des Werbebudgets, die Auswahl der Werbemittel und Werbeträger sowie die Gestaltung der Werbebotschaft. Hierauf wird im Folgenden näher eingegangen.

Zunächst stellt sich die Frage nach der Höhe des **Werbebudgets** einer Unternehmung bzw. eines einzelnen Betriebs. Der für Werbung vorgesehene Betrag geht nicht nur als absoluter Betrag in die Finanzplanung der Unternehmung ein, sondern wird häufig auch in Prozent des erwarteten Umsatzes fixiert. Im Schuheinzelhandel lagen die Werbeausgaben beispielsweise im Jahr 2008 bei 2,1 % des Umsatzes (vgl. Sondermann 2009). Der Anteil der Werbeausgaben variiert jedoch zwischen einzelnen Branchen, Betriebsformen und Betrieben beträchtlich. So ist der Anteil der Werbeausgaben im Textil- und Möbeleinzelhandel überdurchschnittlich hoch. Betrachtet man jedoch einzelne Textilhändler, so wird man wahrscheinlich feststellen, dass beispielsweise Peek & Cloppenburg einen höheren Anteil des Umsatzes für Werbung ausgibt als kleine Boutiquen. Diese Beispiele zeigen, dass es einzelwirtschaftlicher Überlegungen bedarf, um einen angemessenen Wert für das Werbebudget festzulegen. Insgesamt sind die Werbeausgaben im Zeitablauf gestiegen (vgl. Müller-Hagedorn/Zielke 1999, S. 191).

Ist das Werbebudget festgelegt, muss es auf die einzelnen **Werbemittel** und **Werbeträger** aufgeteilt werden. Es stehen zahlreiche Werbemittel zur Verfügung, die von Klein-Blenkers und Hillesheim (1984, S. 7) wie folgt strukturiert werden, wobei sich in jeder Gruppe weitere Varianten unterscheiden lassen:

- Anzeigen- und Beilagenwerbung,
- Außenwerbung,

- Fernseh-, Rundfunk-, Film- und Multimediawerbung,
- Direktwerbung mit graphischen Werbemitteln,
- Wertwerbung (z. B. Werbeartikel, Kundenzeitschriften),
- Schauwerbung (z. B. Schaufensterwerbung oder Werbung im Verkaufsraum),
- Werbeveranstaltungen (z. B. Messen und Ausstellungen).

Die Werbeträger reichen von den verschiedenen Printmedien, wie Tageszeitungen, Anzeigenblättern, Kundenzeitschriften und Adressbüchern, über die Kinos, Funk- und Fernsehanstalten, über die Medien der Außenwerbung, die Medien der Direktwerbung (Verteilerorganisationen) bis zu den innerbetrieblichen Medien (Point-of-Sale-Medien). Es ist nicht nur über den Werbeträger-Mix zu entscheiden, sondern auch über die Zeiträume, in denen diese Werbeträger belegt werden sollen. Traditionell steht im Handel die Anzeigen- und Beilagenwerbung im Vordergrund, aber auch Außen- und Rundfunkwerbung sind relativ verbreitet. Zunehmend nutzen Handelsunternehmen auch die Fernsehwerbung. Zudem kommt seit einigen Jahren dem Auftritt im Internet eine hohe Bedeutung zu.

Die meisten der genannten Werbemittel und Werbeträger sind aus der Werbung der Industrie bekannt. So können Anzeigen gleichermaßen durch Hersteller wie durch Handelsunternehmen genutzt werden, wiewohl jeweils andere Gestaltungsprinzipien gelten können. So werden Prospekte der Industrie vor allem produktbezogen gestaltet, während Prospekte des Handels (Handzettel) meist breiter im Sortiment verankert sind. Daneben gibt es aber auch Werbemaßnahmen, die im Verkaufsraum oder in der Nähe der Verkaufsräume des stationären Handels platziert sind und deshalb handelsspezifisch sind. In diesem Zusammenhang wird auch von Point-of-Sale (POS)-Medien gesprochen. Nagel und Unterbusch (2008) geben einen Überblick über solche Medien, informieren über ihre Belegungsmodalitäten (z. B. Tausenderkontaktpreise), und diskutieren Stärken, Schwächen und Einsatzmöglichkeiten. Im Folgenden sollen einige dieser Medien vorgestellt werden:

- Großflächenplakate sind großformatige Plakatierungen im Außenbereich von Verkaufsstellen. Sie werden beispielsweise auf Parkplätzen, in Zufahrten oder an den Außenwänden der Verkaufsstellen angebracht.
- Über Instore-Radio wird der Verkaufsraum mit einem Radioprogramm beschallt. Bei dem Programm kann auf öffentliche Radiosender zurückgegriffen werden, es können einzelne Werbespots ohne Rahmenprogramm gesendet werden, oder es kann ein auf den jeweiligen Händler zugeschnittenes Instore-Radio-Programm erstellt werden.
- Über Instore-TV werden analog zum Instore-Radio neben dem Ton bewegte Bilder präsentiert. Eine Sonderform ist das Impuls-TV, bei dem das Abspielen eines Werbespots durch den Kontakt zu einem in einem Einkaufswagen platzierten Chip ausgelöst wird. Über Theken-TV erhalten Kunden beispielsweise an der Fleischtheke Rezeptideen und Zubereitungstipps.
- Als Digital Signage werden elektronische Displays bezeichnet, die einen Ersatz für klassische Beschilderungssysteme wie Plakate oder Preisschilder darstellen sollen. Auch hier gibt es verschiedene Varianten. Eine Sonderform sind Displays zur elektronischen Regalbeschilderung, die es erlauben, neben dem elektronisch angezeigten Preis weitere Informationen, wie z. B. die Anzahl der noch im Regal befindlichen Produkte anzuzeigen. Die Systeme können auch mit

einem Mechanismus verbunden sein, der die Ware nach vorne schiebt, nachdem ein Produkt entnommen wurde.
- Kiosksysteme sind vom Kunden selbst zu bedienende interaktive Informationsterminals, die im Handel auch als elektronische Berater bezeichnet werden. Insofern weisen sie auch Bezüge zur Service- und Beratungspolitik auf (vgl. Kapitel 21).
- Personal Shopping Assistants sind am Einkaufswagen montierte Computer, die die Produkt- und Informationssuche der Kunden unterstützen sollen. Sie können auch kundenindividuelle Daten erfassen und beispielsweise Einkaufslisten oder ergänzende Produktvorschläge erstellen (vgl. hierzu auch Kapitel 21).
- Zu den klassischen POS-Medien im Einzelhandel zählen Plakate und Pappaufsteller. Eine Variante stellen Inflatables dar. Es sind aufblasbare Kunststofffiguren, die in nahezu jeder Größe und Form hergestellt werden können.
- Schließlich können der Fußboden (*floor graphics*), die Einkaufswagen, das Kassenband und die Kassentrenner sowie Coupons zu Werbezwecken genutzt werden.

Bei der Gestaltung der **Werbebotschaft** steht je nach Werbemittel eine große Zahl von Gestaltungsparametern zur Verfügung. Von genereller Bedeutung ist jedoch die Frage, ob einzelne Produkte oder Leistungen beworben werden sollen oder ob die Werbemaßnahmen ohne Warenbezug als reine Firmenwerbung gestaltet werden sollen. Insofern lassen sich die folgenden Varianten unterscheiden:

- firmenbezogene Werbung ohne Bezug zu bestimmten Artikeln,
- sortimentsbezogene Werbung (mit dem Hinweis auf die Verfügbarkeit von bestimmen Sortimentsbereichen),
- preisorientierte Werbung für ausgewählte Artikel (artikelbezogene Werbung mit dominant herausgestellten Preisen),
- atmosphärische Artikelwerbung.

Darüber hinaus stehen bei jedem Werbemittel zahlreiche Gestaltungsvarianten zur Verfügung. Wie später noch dargestellt wird, kann bei der Gestaltung von Prospekten zwischen großen und kleinen Abbildungen gewählt werden, zwischen einer großen und kleinen Zahl der beworbenen Artikel usw. Entsprechendes gilt auch für andere Werbemittel. Für jedes einzelne Werbemittel sind Kriterien erfolgreicher Werbung entwickelt worden, die jedoch nicht als Faustregeln, sondern als Elemente verstanden werden sollen, mit denen in einer bestimmten Situation (insbesondere bei der jeweiligen Zielgruppe und einer bestimmten Konkurrenzsituation) die Zielerreichung besonders gefördert wird. Ein Werbemittel sollte also immer nur in Bezug auf bestimmte Werbeziele beurteilt werden.

19.1.2 Ziele der Werbeplanung

Die Festlegung der Werbeziele gehört zu den zentralen Aufgaben der Werbeplanung. Bekanntlich sind aus den Unternehmenszielen spezifische Werbeziele abzuleiten. Sie bilden den Bezugspunkt für die Beurteilung aller Werbemaßnahmen. Da Werbemaßnahmen das Verhalten der Nachfrager beeinflussen sollen, ist jeweils zu prüfen, inwieweit eine solche Zielerreichung wahrscheinlich erscheint. Dies kann durch folgende Fragen erschlossen werden:

- Wie groß ist die Wahrscheinlichkeit, dass es zu einem Kontakt zwischen dem Werbeträger und den Mitgliedern der Zielgruppe kommt (Werbeträgerkontakt)?
- Wie groß ist die Wahrscheinlichkeit, dass es zu einem Kontakt mit dem Werbemittel kommt (Werbemittelkontakt)?
- Welche Wirkungen werden von dem Werbemittel im Insystem der umworbenen Personen ausgelöst?
- Inwieweit werden durch die Werbemaßnahmen sichtbare Verhaltensweisen ausgelöst (z. B. Aufsuchen einer Einkaufsstätte, Anfordern von Prospekten, Käufe)?

In Bezug auf den **Werbeträgerkontakt** setzt die Wirksamkeit von Plakatwerbung beispielsweise voraus, dass die umworbenen Personen in die Nähe von Plakatanschlagstellen kommen, um die Möglichkeit zu haben, das Plakat wahrzunehmen. Bei Zeitungsanzeigen stellt sich die Frage, wie viele Personen die jeweilige Ausgabe in die Hand nehmen, bei Rundfunkwerbung, wie viele sich im Umkreis eines eingeschalteten Gerätes befinden usw. Die Kontaktwahrscheinlichkeiten werden über ein differenziertes System von Kontaktgrößen erschlossen (vgl. z. B. Müller-Hagedorn/Schuckel 2003, S. 250–256). Dazu zählen:

- die (Netto-)Reichweite als Zahl der mit einem Werbeträger mindestens einmal erreichten Personen (Leser pro Nummer oder Leserschaft pro Ausgabe), bei mehrmaliger Belegung von Werbeträgern auch kumulierte Reichweite,
- die Kontakthäufigkeit als Angabe, wie häufig die Mitglieder der Zielgruppe bei einer mehrmaligen Belegung von Werbeträgern erreicht werden, und
- die Kontaktsumme als Gesamtsumme der mit einem Medienplan erreichten Kontakte.

Die Kontaktmaße bilden die zentrale Grundlage für die zielgerichtete Auswahl der Werbeträger, wobei es einmal um einen Intermediavergleich geht (z. B. Anzahl der Kontakte bei Plakatwerbung im Vergleich zu der Anzahl der Kontakte bei Anzeigenwerbung), zum anderen um einen Intramediavergleich, bei dem einzelne Organe (z. B. einzelne Zeitungen) innerhalb einer Gruppe von Werbeträgern verglichen werden.

Ein Werbeträgerkontakt garantiert noch keinen **Werbemittelkontakt**. So wird eine Person, die eine Tageszeitung durchblättert, nicht zwangsläufig eine dort abgedruckte Anzeige wahrnehmen oder die Prospektbeilagen lesen. Das Werbemittel muss die Aufmerksamkeit auf sich ziehen. Teilweise wird die einem Werbemittel zukommende Aufmerksamkeit durch Umstände bedingt, die dem zugehörigen Werbeträger eigen sind. So wird beispielsweise die abgedunkelte Atmosphäre dazu führen, dass Kinowerbung von einem größeren Teil der Anwesenden beachtet wird als Anzeigenwerbung in Zeitungen, die während des Frühstücks durchgeblättert werden. Teilweise kann die

Aufmerksamkeit aber auch durch die Gestaltung der Werbemittel beeinflusst werden. Bei der Vielzahl der Werbereize, der fast jede Person ausgesetzt ist, kommt diesen Maßnahmen eine große Bedeutung bei der Werbemittelgestaltung zu (vgl. z. B. Kroeber-Riel/Esch 2011).

Die Beschäftigung mit dem Werbemittel führt zu **Reaktionen im Insystem der Kunden**, die sich in der Dauer der Auseinandersetzung, in ersten Eindrücken, in einstellungsrelevanten Aspekten und in Gedächtniswirkungen äußern. Aufgabe der Werbeplanung ist es, die gewünschten Reaktionen zu benennen (z. B. Auslösen der Vorstellung, dass es sich um eine preisgünstige Einkaufsstätte handelt) und jene Mittel auszuwählen, die das Hervorrufen der gewünschten Wirkung unterstützen. So kann die Verwendung von bestimmten Symbolen (z. B. Preissterne), sprachlichen Etikettierungen (z. B. Preishit oder Hammerpreis) oder aktivierenden Farben (z. B. rot oder gelb) die Preisgünstigkeitswahrnehmung der Kunden beeinflussen. Andere Gestaltungselemente können zur Wiedererkennung und Identifikation des Unternehmens beitragen. Hierzu zählen die Platzierung des Firmennamens, die Verwendung eines Firmenlogos, die Verwendung einer der Unternehmung zugeordneten Figur sowie ein eigenständiges Format. Häufig basiert die Gestaltung der Werbemittel auf Erfahrungswissen, zum Teil stehen aber auch psychologische Theorien zur Wirkung einzelner Elemente zur Verfügung.

Die eigentlich interessierenden Zielgrößen sind jedoch häufig **Verhaltensweisen**, die sich in sog. ökonomischen Werbezielen, wie beispielsweise Umsatzsteigerungen, äußern. In der Regel wird es jedoch notwendig sein, die Reaktionen im Insystem zu verstehen, um das Verhalten der Kunden erklären und prognostizieren zu können, insbesondere, wenn es sich um ein langfristiges Verhalten handelt.

In der Literatur gibt es eine Reihe weiterer Vorschläge, um Zielgrößen der Werbeplanung zu strukturieren. Reiss und Steffenhagen (2007) schlagen beispielsweise vor, bei den Wirkungen von Prospektbeilagen zwischen finalen Verhaltenswirkungen, dauerhaften Gedächtniswirkungen und momentanen Wirkungen zu unterscheiden. Mit den finalen Verhaltenswirkungen sprechen sie zunächst die Abverkaufswirkung an. Neben der Abverkaufswirkung könnten Kundenfrequenzeffekte und Veränderungen der Preisempfindlichkeit betrachtet werden. Zu den dauerhaften Gedächtniswirkungen zählen Vorstellungen über das Angebot, aber auch die häufig untersuchten Vorstellungen über die Höhe der Preise (Preiskenntnisse und Preisimages). Mit den „momentanen Wirkungen" stellen sie darauf ab, ob Prospekte überhaupt angenommen werden, ob sie beachtet werden oder ob sie sogar aufbewahrt werden.

Es kann auch eine Unterscheidung in artikelorientierte, werbemittelorientierte und geschäftsorientierte Größen vorgenommen werden, wie dies in Abbildung 19.1 dargestellt ist (vgl. hierzu auch Müller-Hagedorn/Allexi/Helnerus 2006; Müller-Hagedorn/Helnerus/Allexi 2007). Zwischen den in der Abbildung dargestellten Zielgrößen bestehen Beziehungen, die in vielfältiger Form Gegenstand der gegenwärtigen Forschung sind (z. B. zwischen Vertrauen und Einkaufshäufigkeit, zwischen Markenerinnerung und Absatz der Marke, zwischen dem wahrgenommenen Informationsgehalt und der beim Betrachten empfundenen Lust und der Kundenfrequenz).

Je nach Problemstellung (z. B. Wahl des Werbemittels, Wahl des Werbeträgers, Wahl einer Gestaltungsalternative) stehen andere Werbeziele im Vordergrund. Auf jeden Fall ist es von großer Bedeutung für die Werbeplanung, ein System von Teilzielen zu entwerfen, das in sich stimmig ist und das mit den sonstigen Zielen der Unternehmung in Harmonie steht. Insofern sind die Werbe-

Artikel-orientierte Zielgrößen	Verhaltensbezogene Zielgrößen	- Absatz bei beworbenen Artikeln - Absatz bei nicht beworbenen Artikeln
	Psychographische Zielgrößen	- Einstellung zu den beworbenen Marken - Kaufabsicht bzgl. der beworbenen Artikel - Anzahl wahrgenommener Marken - Anzahl erinnerter Marken
Werbemittel-orientierte Zielgrößen	Verhaltensbezogene Zielgrößen	- Anzahl Leser (Leserreichweite)
	Psychographische Zielgrößen	- empfundene Eignung der Abbildungen - empfundene Kosten der Gestaltung - empfundener Informationsgehalt - empfundener Unterhaltungswert - empfundenes Anregungspotenzial - empfundene Lust - empfundene Attraktivität der abgebildeten Personen - Bereitschaft zu künftiger Betrachtung - Einstellung zum Werbemittel insgesamt - Prospekterinnerung
Geschäfts-orientierte Zielgrößen	Verhaltensbezogene Zielgrößen	- Anzahl der Kunden - Käuferreichweite - Kundenfrequenz - Einkaufshäufigkeit - Umsatz
	Psychographische Zielgrößen	- empfundene Bedarfsdeckung - empfundenes Sparpotenzial - Preisgünstigkeitsurteil über das Geschäft - empfundene Qualität des Sortiments - Vertrauen in das Geschäft - Besuchsabsicht bzgl. des Geschäfts - Einstellung zum Geschäft (Image)

Abb. 19.1: Zielgrößen der Beurteilung von Handelswerbung

ziele über die Balanced Scorecard mit den übergeordneten Zielen der Unternehmung abzustimmen (vgl. zur Balanced Scorecard auch Kapitel 32).

19.1.3 Einflussfaktoren der Werbeplanung

Das strategische Konzept einer Unternehmung stellt die wichtigste Bedingung dar, die bei der Planung von Werbemaßnahmen zu beachten ist. Ein strategisches Konzept enthält Aussagen über die Zielgruppe der Unternehmung, ihr zentrales Leistungsversprechen und ihre Abgrenzung zur Konkurrenz. Diese Festlegungen müssen auch als Orientierung für die Ausgestaltung der Werbeplanung dienen. Insofern sind alle Werbemaßnahmen daraufhin zu prüfen, ob sie

- der Zielgruppe entsprechen,
- zur Profilierung gegenüber den Konkurrenten beitragen,
- mit dem übrigen Auftritt der Unternehmung (z. B. ihrer Preispolitik) harmonieren.

Neben dem strategischen Konzept sind die verfügbaren Ressourcen und die Kostenstruktur des Unternehmens weitere wichtige innerbetriebliche Einflussfaktoren. Darüber hinaus hat sich die Werbeplanung an den externen Gegebenheiten auszurichten, die insbesondere durch die Reaktionen der Nachfrager auf Werbung und durch die Konkurrenzsituation geprägt sind. Wenig werbeelastische Kunden erfordern andere Werbemaßnahmen als Kunden die gegenüber Werbung offen sind. Die Reaktion der Nachfrager wird damit zu einem bestimmenden Faktor für alle Entscheidungen im Bereich der Werbung.

Um die Reaktionsbereitschaft der Nachfrager zu ermitteln, werden auch in der Werbeplanung statistische (ökonometrische) und verhaltenswissenschaftliche Analysen herangezogen. Da ein Werbebudget in vielfältiger Weise auf einzelne Allokationseinheiten (Verkaufsstellen, Werbemittel, Werbeträger) aufgeteilt werden kann, kommt der Frage besondere Bedeutung zu, inwieweit sich die Werbewirkung in verschiedenen Verwendungsarten unterscheidet. Dies ist das Feld der ökonometrischen Werbewirkungsmessung, bei der Einflussgrößen zu Erfolgsgrößen in Beziehung gesetzt werden. Dies soll im Folgenden am Beispiel einer Studie aus dem Computermarkt verdeutlicht werden. Barzen und Richter (1989) untersuchten den Werbeerfolg in einem Unternehmen der Computerbranche, das sein Budget auf verschiedene Kommunikationsmittel aufteilen konnte: Seminare, Messen und Printwerbung. Gestützt auf die hierfür in den vergangenen Perioden getätigten Ausgaben und den in diesen Perioden erzielten Umsätzen, testeten sie vier Modelle:

1. Ein statisches, additiv-lineares Modell:

(19.1) $$U_t = a_0 + a_1\,sem_t + a_2\,mes_t + a_3\,print_t$$

mit:

U_t = Umsatz in der Periode t (t = 1,…, K/N)

a_0, a_i = Regressionsparameter für Maßnahme i (i = 1,…, K/N)

sem_t = Ausgaben für Seminare in der Periode t (t = 1,…, K/N)

mes_t = Ausgaben für Messen in der Periode t (t = 1,…, K)

$print_t$ = Ausgaben für Printwerbung in der Periode t (t = 1,…, K)

Der Umsatz einer Periode wird durch die Ausgaben in der jeweiligen Periode beeinflusst. Es werden lineare Beziehungen unterstellt.

2. Ein statisches, nicht-lineares Modell:

$$(19.2) \qquad \log U_t = \log a_0 + a_1 \log sem_t + a_2 \log mes_t + a_3 \log print_t$$

Die Logarithmierung der Ausgangsdaten erlaubt es, nicht-lineare Beziehungen zwischen den Ausgangsdaten mit Hilfe der linearen Regression zu ermitteln. Hierdurch kann berücksichtigt werden, dass der Grenzumsatz mit zunehmenden Ausgaben für ein Kommunikationsmittel abnimmt. Auch in diesem Modell werden nur die Daten der jeweiligen Perioden gegenübergestellt.

3. Ein dynamisches, additiv-lineares Modell:

$$(19.3) \qquad U_t = a_0 + a_1 \overline{sem} + a_2 \overline{mes} + a_3 \overline{print}$$

mit:

$\overline{sem}$ = geometrisch gewichteter Durchschnitt der Ausgaben für Seminare

$\overline{mes}$ = geometrisch gewichteter Durchschnitt der Ausgaben für Messen

$\overline{print}$ = geometrisch gewichteter Durchschnitt der Ausgaben für Printwerbung

Das dynamische Modell erfasst nicht nur die Wirkung von Werbemaßnahmen der Periode, in der der Umsatz erzielt worden ist, sondern auch Maßnahmen in den vorhergehenden Perioden. Dies wird in der Form berücksichtigt, dass für jede Periode ein Ausgabenbetrag für Seminare, Messen und Printwerbung ermittelt wird, der sich aus den tatsächlichen Ausgaben der jeweiligen Periode und den früheren Ausgaben ergibt, wobei diese in einer von den Verfassern festgelegten Art gewichtet werden. Dabei ist die Gewichtung umso geringer, je weiter die Maßnahme zeitlich zurückliegt (z. B. für Messen 0,5 für die vorhergehende Periode, 0,25 ($0{,}5^2$) für die Periode t–2 und 0,125 ($0{,}5^3$) für die Periode t–3). Die Gewichtungsparameter können empirisch bestimmt werden. Hierbei werden die Werte so gewählt, dass das Bestimmtheitsmaß der Regressionsfunktion maximiert wird.

4. Ein dynamisches, nicht-lineares Modell:

$$(19.4) \qquad \log U_t = \log a_0 + a_1 \log \overline{sem} + a_2 \log \overline{mes} + a_3 \log \overline{print}$$

	Erklärte Varianz (R^2)	**Signifikanz**
statisch, additiv-linear	0,17	nicht signifikant ($\alpha = 0{,}05$)
statisch, logarithmiert	0,42	signifikant ($\alpha = 0{,}05$)
dynamisch, additiv-linear	0,56	signifikant ($\alpha = 0{,}05$)
dynamisch, logarithmiert	0,76	signifikant ($\alpha = 0{,}05$)

Quelle: in Anlehnung an Barzen/Richter 1989, S. 103–109

Abb. 19.2: Erklärungskraft verschiedener Werbewirkungsfunktionen

Die Ergebnisse in Abbildung 19.2 zeigen, dass komplexere Modelle bessere und durchaus zufriedenstellende Ergebnisse erzielen. Sie weisen eine deutlich höhere erklärte Varianz auf.

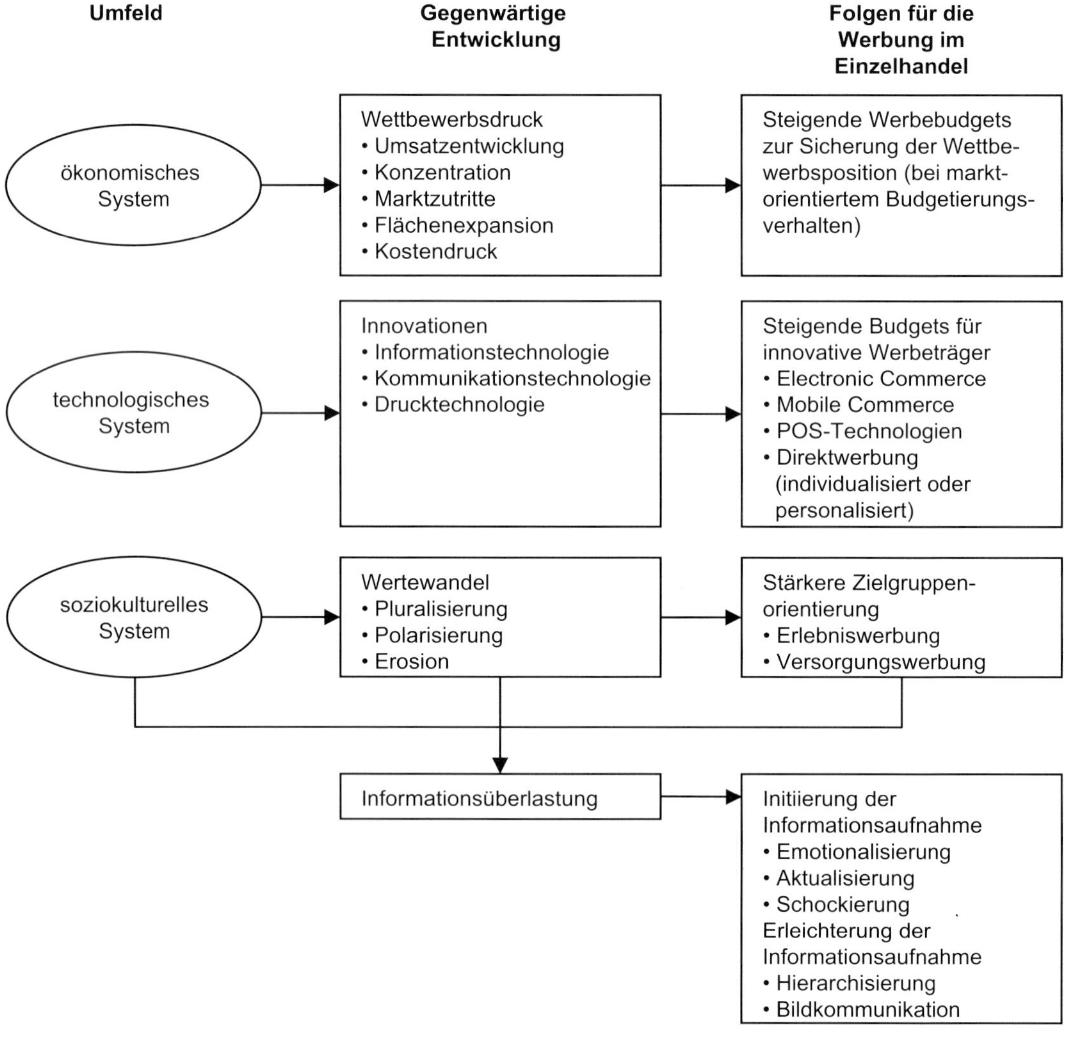

Quelle: in Anlehnung an Müller-Hagedorn/Zielke 1999, S. 189

Abb. 19.3: Zusammenhänge zwischen Umsystem und Werbeplanung im Einzelhandel

Die Studie liefert über die Regressionskoeffizienten Hinweise, inwieweit mit einer Intensivierung der verschiedenen Werbemaßnahmen Einfluss auf die Zielgröße (hier den Umsatz) genommen werden kann. Im vorliegenden Fall zeigt sich, dass die Wirkung der Seminare am höchsten war, die der Printwerbung am niedrigsten (etwa im Verhältnis 4:1). Allerdings resultieren statistische Probleme aus dem Umstand, dass die unabhängigen Variablen untereinander korreliert sein können, so dass eine Interpretation einzelner Regressionskoeffizienten problematisch ist. In den dynamischen Modellen ist die Schwierigkeit zu bewältigen, geeignete Werbeverzögerungskoeffizienten zu verwenden, d. h. anzugeben, wie viel von der Werbekraft einer Maßnahme in den folgenden Perioden noch wirksam ist. Insbesondere bei der Gestaltung der Werbemittel kann jedoch nicht mit statistischen Daten gearbeitet werden. Hier sind verhaltenswissenschaftliche Theorien erforderlich.

Neben dem Verhalten der Nachfrager sind weitere externe Einflussfaktoren für die Werbeplanung relevant (vgl. Müller-Hagedorn/Zielke 1999). Abbildung 19.3 verdeutlicht, welche Konsequenzen Entwicklungen im ökonomischen, technologischen und soziokulturellen Bereich für die Werbeplanung im Handel haben. Die Abbildung weist auf wichtige Entwicklungen hin, so etwa die stetig steigenden Werbebudgets, die zunehmende Bedeutung der Werbung in neuen Werbeträgern, wie etwa dem Internet oder die zunehmende Zielgruppenorientierung. Auch ist deutlich zu erkennen, dass die Informationsüberlastung der Verbraucher Konsequenzen für die Werbemittelgestaltung hat. Diesbezüglich ist insbesondere auf die Emotionalisierung der Werbung, die Hierarchisierung von Informationen und die Bildkommunikation (bildbetonte Werbung) zu verweisen.

19.2 Die Gestaltung von Prospekten und Anzeigen

Printwerbung stellt für die meisten Handelsbetriebe die wichtigste Werbeform dar. Dies resultiert auch aus ihrer hohen Akzeptanz bei den Konsumenten. Urbany, Dickson und Sawyer (2000) haben ermittelt, dass ca. 80 % der Konsumenten Anzeigen und Prospekte des Handels beachten und nutzen. Für Österreich gibt Rametsteiner (2008, S. 46) an, dass im Lebensmitteleinzelhandel 57 % der Bevölkerung „den ganzen Prospekt bis zum Ende gründlich durchsehen“, bei Möbeln 46 % und bei Schuhen 39 %. Für die USA konnte auch gezeigt werden, dass mit jedem zusätzlichen Dollar an Werbeausgaben der Umsatz deutlich steigt (vgl. Marquardt/Murdock 1984, S. 59). Damit sich die hohen Investitionen auszahlen, muss die Handelswerbung zielgerichtet gestaltet werden. Bei der Gestaltung von Prospekten und Anzeigen hat der Handel insbesondere über die folgenden Parameter zu entscheiden:

- die Anzahl der beworbenen Artikel,
- die Größe der Abbildungen,
- die Art der beworbenen Artikel,
- die Artikelpreise,
- die Größe bzw. das Format und die Farbgebung der Werbemittel,
- die Art des Prospektpapiers,
- die Position des Handelslogos,
- den Schrifttyp,
- die Schriftgröße,
- die Art der Abbildungen,
- das Druckverfahren,

- die Art der ergänzenden Zusatzinformationen,
- die Werbeträger,
- den Zeitpunkt der Verbreitung und
- die Frequenz der Schaltungen.

In der Literatur wurde vor allem die Wirkung der in Anzeigen und Prospekten angegebenen Artikelpreise und ihre Darstellungsart analysiert (vgl. Cox/Cox 1990; Gierl/Eleftheriadou 2004; Jedrowiak/Kohnen/Helnerus et al. 2007). Demgegenüber haben sich Müller-Hagedorn und seine Mitarbeiter den folgenden Fragen näher zugewandt (vgl. Müller-Hagedorn/Schuckel/Helnerus 2005; Müller-Hagedorn/Allexi/Helnerus 2006; Müller-Hagedorn/Helnerus/Allexi 2007; Allexi/Franz/Helnerus 2007):

- Wie viele Artikel sollen in einer Anzeige oder einem Prospekt beworben werden?
- In welcher Größe sollen die Artikel jeweils abgebildet werden?
- Welche Artikel sollen beworben werden?
- Welche Form der Abbildung ist vorteilhaft (reine Sachabbildung, Abbildung im Verwendungszusammenhang oder Hybridform)?

Von diesen Gestaltungsparametern ist zu erwarten, dass sie Kosten und Nutzen der Handelswerbung erheblich beeinflussen. Im Folgenden soll deshalb detaillierter auf die Ergebnisse der oben genannten Studien eingegangen werden, wobei insbesondere die Abbildungsgröße und die Artikelanzahl angesprochen werden.

19.2.1 Theoretische Grundlagen zur Wirkung der Abbildungsgröße und Zahl der Artikel in einer Prospektbeilage

Um die Wirkung einzelner Gestaltungsparameter abschätzen zu können, ist es hilfreich auf entsprechende Theorien zurückzugreifen. Schon bei Seÿffert (1929, S. 165–200) sind Angaben darüber zu finden, wie sich die Erinnerung an beworbene Produkte oder Unternehmen erhöht, wenn die Anzeigengröße ausgedehnt wird. Wurden diese Erfahrungswerte zunächst nur tabellarisch und graphisch aufbereitet, ging man später zu statistischen Auswertungen über, um funktionale Zusammenhänge zu ermitteln. In der Tendenz zeigt sich bei größeren Anzeigen eine höhere Werbewirkung (vgl. z. B. den Überblick bei Finn 1988), wobei häufig auf die von Starch (1925) eingeführten Größen, wie z. B. die Beachtung der Anzeige oder die Erinnerung an einen beworbenen Artikel Bezug genommen wird. Die Größe einer Anzeige oder eines Flyers kann ebenso positive Umsatzeffekte nach sich ziehen (vgl. Gijsbrechts/Campo/Goossens 2003). Inwieweit diese Ergebnisse auch für die Größe der Abbildungen innerhalb einer Anzeige gelten, ist dagegen fraglich (vgl. Pieters/Wedel 2004).

Da sich die meisten Studien auf die Wirkung der Größe von Anzeigen beziehen, kann nicht von umfangreichem Erfahrungswissen in Bezug auf Prospekte gesprochen werden. Zudem konzentrieren sich viele Studien auf Aufmerksamkeits- und Erinnerungswirkungen, während andere psychographische Zielgrößen, wie z. B. die Einstellung zum werbenden Unternehmen, weniger beachtet werden (vgl. auch den Überblick über weitere Zielgrößen in Abbildung 19.3). Bevor hierzu empirische Ergebnisse vorgestellt werden, soll zunächst ein Überblick über Theorien gegeben werden, die positive Effekte der Abbildungsgröße erklären können (vgl. hierzu auch Müller-Hagedorn/Allexi/Helnerus 2007).

Erkenntnisse aus der Psychophysik

Zur Wirkung der „Größe einer Artikelabbildung" oder der „Zahl der in einem Prospekt beworbenen Artikel" liefert die Psychophysik Erkenntnisse, denn beide Größen können als Variation eines physikalischen Reizes gesehen werden. In der Psychophysik – zurückgehend auf den Physiker Gustav Fechner (1860) – wird beispielsweise untersucht, wie sich die Intensität eines Reizes auf die Empfindungsstärke auswirkt (vgl. Behrens 2001). Im vorliegenden Zusammenhang geht es zwar nicht um die Wahrscheinlichkeit, mit der ein Reiz (hier eine Abbildung in einem Prospekt) wahrgenommen werden kann, aber grundsätzlich kann vermutet werden, dass die Wirkung ebenfalls mit wachsender Intensität des Reizes zunimmt. So könnte es sein, dass ein Artikel umso eher erinnert wird, je größer er dargestellt ist, oder dass sich mit steigender Artikelzahl in einem Prospekt der Eindruck verstärkt, dass in dem werbenden Geschäft große Anteile des persönlichen Bedarfs gedeckt werden können und infolgedessen die Absicht, dieses Geschäft aufzusuchen, wächst.

Im Rahmen der Psychophysik wurde auch beobachtet, dass Unterschiede zwischen zwei unterschiedlich großen Reizen nur dann wahrgenommen werden, wenn die Differenz, bezogen auf den Ausgangswert, ein bestimmtes Niveau übersteigt („gerade noch wahrnehmbarer Unterschied"). Dieser Effekt könnte dazu führen, dass die Beeindruckungswirkung nur degressiv mit der Reizintensität, hier der Abbildungsgröße oder der Zahl der in einem Prospekt enthaltenen Artikel, zunimmt. Das bedeutet, dass die Reizunterschiede immer größer werden müssen, um gegenüber der jeweils kleineren Variante überhaupt wahrgenommen zu werden.

Allerdings werden die von der Psychophysik postulierten Wirkungszusammenhänge in Abhängigkeit von den Zielgrößen zu bewerten sein. So ist es plausibel anzunehmen, dass mit wachsender Größe einer Artikelabbildung die Erinnerung an diesen Artikel steigt, dass auch das Betrachten einer größeren Abbildung als angenehmer empfunden wird als das Anschauen einer kleinen Abbildung, wobei jedoch nicht mit einer stetigen Zunahme zu rechnen ist. Fraglicher wird die Wirkung der Größe der Artikelabbildung bei geschäftsorientierten Zielen, wie z. B. bei Besuchsabsichten oder der Einstellung zu einem Geschäft, weil bei solchen Größen schon im vorhinein davon auszugehen ist, dass sie von vielen weiteren Größen beeinflusst werden. Die „Abbildungsgröße eines Artikels" oder die „Anzahl der in einem Prospekt beworbenen Artikel" werden solche geschäftsorientierten Ziele im Vergleich zu Größen wie vorhandener Bedarf, Vertrautheit mit dem Geschäft, Einschätzung des Preisniveaus, Freundlichkeit des Personals usw. nur nachrangig beeinflussen. Gegen eine ausschließliche Verwendung der Erkenntnisse der Psychophysik spricht auch, dass hierbei der Aufwand des Betrachters, sich mit dem Prospekt zu beschäftigen, nicht berücksichtigt wird.

Erkenntnisse aus der Nutzentheorie

Sieht man den Konsumenten als ein Nutzen maximierendes Individuum, muss neben den positiven Empfindungen auch der Aufwand berücksichtigt werden, der mit dem Lesen des Prospekts verbunden ist. Sind die Abbildungen im Prospekt sehr klein, können einzelne Elemente (z. B. Produktname, Geschmacksrichtung, Mengenangabe) nur schwer wahrgenommen werden. Andererseits erfordern größere Abbildungen mehr Fixationen, und sie führen dazu, dass bei einer gegebenen Artikelzahl der Gesamtumfang des Prospekts wächst, wodurch eine insgesamt größere Fläche betrachtet werden muss.

Das menschliche Auge nimmt optische Reize wahr, indem es einzelne Punkte aus dem Gesichtsfeld fixiert (vgl. Löhr 1976, S. 29–32; Birbaumer/Schmidt 2010, S. 376–389). Werden Prospekte und Zeitungen mit Anzeigen in einem Abstand von ca. 30–60 cm vor das Auge gehalten, können bei einem Blickwinkel von 2° mit einer Fixation Abbildungen und Text bis zu einem Durchmesser von etwa 2 cm scharf gesehen werden. Elemente, die größer abgebildet sind, müssen mit mehreren Fixationen erfasst werden. Mehrere Fixationen bedeuten für den Betrachter einen höheren Aufwand. Aufgrund dieser Überlegungen kann davon ausgegangen werden, dass der Zusammenhang zwischen der Abbildungsgröße und dem Wahrnehmungsaufwand u-förmig verläuft. Dem Betrachter bereitet es Mühe, Informationen von sehr großen und auch sehr kleinen Abbildungen aufzunehmen. Da zu vermuten ist, dass Konsumenten beim Studium eines Prospekts nicht allzu viel Aufwand treiben wollen, scheint ein mittleres Niveau der Abbildungsgröße optimal zu sein, auch wenn nur bedingt angegeben werden kann, welche Abbildungsgröße genau als mittleres Niveau bezeichnet werden kann. Von daher könnte vermutet werden, dass eine Vergrößerung sehr kleiner Abbildungen zu einer besseren Erinnerung an Artikel führt und dass dabei die Lust beim Betrachten der Abbildungen steigt.

Entsprechend würde auch bei einer Steigerung der Zahl der beworbenen Artikel der empfundene Informationsgehalt steigen, jedoch nicht stetig, da umfangreichere Prospekte wiederum größere Mühen erfordern. Das Blickverhalten beim Betrachten von Prospekten unterscheidet sich vom Blickverhalten beim konventionellen Lesen (vgl. Rayner 1998, S. 398). Zum einen bildet jede Abbildung in einem Prospekt eine abgeschlossene Informationseinheit, die nicht notwendigerweise in einem Kontext zu einer anderen Abbildung stehen muss. Zum anderen muss beim Betrachten einer Anzahl von Abbildungen nicht, wie beim Lesen, eine vordefinierte Bewegungsrichtung der Augen eingehalten werden. Das kann dazu führen, dass der Betrachter seinen Blick kreuz und quer über den Prospekt wandern lässt und mehrmals denselben Punkt fixiert. Die Beschaffenheit des Kurzzeitgedächtnisses hat zudem zur Folge, dass das Auge während der Fixationen, insbesondere bei einer großen Anzahl von Artikeln, immer wieder zu bereits betrachteten Artikeln zurückspringt, weil der Betrachter sich nicht mehr an diese erinnert oder weil er ein weiterführendes Informationsbedürfnis hat (vgl. Lohse 1993, S. 356–357; Rayner 1998, S. 398). Dies führt dazu, dass der Aufwand der Informationsaufnahme, d. h. die Anzahl an Fixationen pro Prospekt, progressiv mit einer zunehmenden Anzahl von Artikeln steigt. Dies kann auch dazu führen, dass eine sehr starke Erhöhung der Artikelanzahl keine höhere Besuchsabsicht nach sich zieht, weil das Prospektstudium aufgrund des hohen Aufwands frühzeitig abgebrochen wird.

Im Hinblick auf die Frage, wie unterschiedliche Produktabbildungen, beispielsweise reine Sachabbildungen, Abbildungen im Verwendungszusammenhang oder eine Kombination beider Darstellungsformen auf ausgewählte Werbeziele wirken, könnte neben den Mühen, die beworbenen Produkte zu identifizieren, die Größe „Komplexität“ eine Rolle spielen. Werden Produkte ausschließlich im Verwendungszusammenhang abgebildet (also ohne Abbildung der Verkaufsverpackung), so wird das Wiedererkennen gesuchter Marken erschwert (vgl. Kroeber-Riel/Esch 2011), womit der Aufwand des Konsumenten tendenziell steigt. Andererseits kann eine solche Darstellungsart die Anmutungsqualität steigern und den Konsumenten zu Käufen anregen. Nach Berlyne (1960) wird eine Person von Objekten, die gegenüber der Umwelt, in der sich die Person aufhält, neuartiger, komplexer oder ungewöhnlicher sind, stärker aktiviert, was dazu führt, dass die Person die Quelle der Erregung erkunden will. In der Werbeforschung hat diese Theorie dazu geführt, dass mehrmals untersucht wurde, inwieweit mit der größeren Komplexität einer Abbildung auch die Betrachtungszeit und in der Folge auch die Erinnerung anwächst (vgl. Morrison/Dainoff 1972). Bei allzu hoher Komplexität wird allerdings befürchtet, dass die Kommunikationseffizienz wieder nachlässt (vgl. Geissler/Zinkhahn/Watson 2006). Da Abbildungen in Prospekten jedoch in der Regel keine allzu hohe Komplexität aufweisen, erscheint eine Kombination von Sachabbildungen und Abbildungen im Verwendungszusammenhang besonders geeignet. Für solche hybriden Darstellungen sprechen gegenüber der reinen Sachabbildung die höhere Komplexität, die zu längeren Betrachtungszeiten führen kann, die größere Gefälligkeit und die leichte Wiedererkennbarkeit des zu verkaufenden Artikels.

Derzeit fällt es noch schwer, die einzelnen Theorie-Bausteine zu einem geschlossenen System von Hypothesen zu integrieren, um die Wirkung einzelner Gestaltungsvarianten abzuleiten. Hinzu kommt, dass neben den beiden vorgestellten Erklärungsansätzen weitere Theorien herangezogen werden können (z. B. das Heuristic Semantic Model; vgl. Zuckerman/Chaiken 1998; Chen/Duckworth/Chaiken 1999). Tendenziell weisen die Theorien jedoch darauf hin, dass eine Erhöhung der Abbildungsgröße, der Zahl der Artikel und der Komplexität der Abbildungen positive Effekte auslösen kann, dass aber auch damit zu rechnen ist, dass bei einer zu starken Erhöhung Sättigungseffekte oder sogar negative Wirkungen eintreten können.

19.2.2 Empirische Ergebnisse zur Wirkung der Abbildungsgröße und Zahl der Artikel in einer Prospektbeilage

In einem umfangreichen Experiment mit zahlreichen Prospektvarianten konnten Müller-Hagedorn, Helnerus und Allexi (2007) feststellen, wie sich beispielsweise die Anzahl erinnerter Artikel oder die Einstellung zum werbenden Geschäft mit der Abbildungsgröße und mit der Zahl der in dem Prospekt abgebildeten Artikel verändern.

Die in den Abbildung 19.4 und Abbildung 19.5 angegebenen Mittelwerte wurden jeweils paarweise für zwei benachbarte Abbildungsgrößen verglichen und auf Signifikanz getestet (für weitere Ausführungen siehe z. B. Müller-Hagedorn/Helnerus/Allexi 2007). In Abbildung 19.4 ist zu erkennen, dass die Anzahl der erinnerten Artikel mit der Abbildungsgröße steigt. Der Effekt ist jedoch nur bei umfangreicheren Prospekten signifikant (32 oder 64 Artikel). Allerdings lieferte die Studie auch Anhaltspunkte, dass die Erinnerungswirkung bei einer noch stärkeren Ausweitung der Artikelanzahl wieder abnehmen kann.

In Bezug auf die Einstellungswirkung zeigt sich in Abbildung 19.5, dass größere Abbildungen in Prospekten mit relativ wenigen Artikeln keine bessere Beurteilung des Geschäfts auslösen (die Einstellung verschlechtert sich sogar, jedoch ist diese Verschlechterung nicht signifikant). In umfang-

		Artikelanzahl der Prospekte			
		8 Artikel	16 Artikel	32 Artikel	64 Artikel
Abbildungsgröße	groß 1/2	5,81			
	1/4	5,74	6,15		
	1/8		6,12	6,51***	
	1/16			5,46***	6,67**
	klein 1/32				6,06**

** signifikant auf dem Niveau von α = 0,05
*** signifikant auf dem Niveau von α = 0,01

Quelle: Müller-Hagedorn/Helnerus/Allexi 2007, S. 27

Abb. 19.4: Die Anzahl erinnerter Artikel im paarweisen Vergleich

reicheren Prospekten können größere Abbildungen dagegen die Einstellung verbessern, wobei der Unterschied jedoch nur für einen Umfang von 32 Artikeln signifikant ist.

		Artikelanzahl der Prospekte			
		8 Artikel	16 Artikel	32 Artikel	64 Artikel
Abbildungsgröße	groß 1/2	4,07			
	1/4	4,15	4,33		
	1/8		4,52	4,50*	
	1/16			4,26*	4,62
	klein 1/32				4,46

* signifikant auf dem Niveau von α = 0,10

Quelle: Müller-Hagedorn/Helnerus/Allexi 2007, S. 28

Abb. 19.5: Die Einstellung zum werbenden Geschäft im paarweisen Vergleich

Neben den in den Abbildungen dargestellten Ergebnissen konnte festgestellt werden, dass die Anzahl der in einem Prospekt insgesamt beworbenen Artikel Einfluss auf den Kommunikationserfolg hat. Der Eindruck der Konsumenten, dass das Geschäft viele Artikel anbietet, die dem persönlichen Bedarf entsprechen, erhöhte sich, wenn die Artikelzahl von 8 auf 16 und von 16 auf 32 Artikel erhöht wurde. Eine noch weitere Erhöhung brachte keine signifikante Steigerung. Ähnliches gilt für das Urteil über den Informationsgehalt des Prospekts. Es zeigten sich keine überzeugenden Belege, dass mit einer Erhöhung der Artikelzahl die Besuchsabsicht gesteigert werden kann.

Insgesamt verdeutlichen die Ergebnisse, dass Veränderungen der Abbildungsgröße und der Artikelanzahl Wirkungen auf zentrale Zielgrößen der Prospektwerbung ausüben können. Ob solche Wirkungen erwartet werden können, hängt jedoch davon ab, in welchen Wertebereichen die beiden Aktionsparameter variiert werden. Dabei ist davon auszugehen, dass die Wirkungen der Abbildungsgröße und Artikelanzahl nicht unabhängig voneinander sind. Insbesondere zeigen sich bei sehr großen Abbildungen in sehr umfangreichen Prospekten Sättigungseffekte.

Neben der Wirkung von Abbildungsgröße und Artikelanzahl wurde in der Studie auch die Frage untersucht, welche Wirkungen von der Form der Abbildung ausgehen (reine Sachabbildung, Abbildung im Verwendungszusammenhang oder Hybridform). Hierbei zeigte sich, dass Prospekte mit Abbildungen im Verwendungszusammenhang bzw. in Hybridform besser beurteilt werden als Prospekte mit reinen Sachabbildungen. Andererseits sind reine Sachabbildungen im Hinblick auf das empfundene Sparpotenzial und die Anzahl erinnerter Marken vorteilhaft, so dass die Wahl der Abbildungsform von den jeweiligen Werbezielen abhängig ist.

19.3 Personalisierung und Individualisierung durch Direktwerbung

Bei der Direktwerbung wird durch Einzelansprache ein direkter Kontakt zum Werbeadressaten hergestellt. Zur Direktwerbung zählen Postwurfsendungen und Werbebriefe, Werbefaxe, E-Mails, SMS und MMS im Bereich des Mobile Marketing. Insbesondere technologische Entwicklungen im Bereich des Datenmanagements und die Einführung von Kundenkarten haben dem Handel in den letzten Jahren neue Möglichkeiten des Direktmarketings eröffnet. So nutzt beispielsweise der britische Lebensmittelhändler Tesco Kunden- und Transaktionsdaten der Besitzer einer Tesco Clubcard für eine individualisierte und personalisierte Kundenansprache. Es wird davon berichtet, dass Tesco 150 000 Varianten des Clubcard Magazins und vier Millionen Varianten von Quartalsaussendungen, bestehend aus einem personalisierten Brief, Gutscheinen und Coupons, versendet (vgl. Zentes/Morschett/Schramm-Klein 2007, S. 249). Ebenso nutzen Online-Händler wie Amazon die Möglichkeit, Kaufempfehlungen zu geben, die auf bisherigen Kaufhistorien basieren.

Durch eine individualisierte und personalisierte Kundenansprache kann die Werbewirkung in beträchtlichem Maße erhöht werden. So haben Rossi, McCulloch und Allenby (1996) auf Basis von Scannerdaten gezeigt, dass individualisierte Coupons gegenüber herkömmlichen Coupons einen deutlichen Zusatzumsatz generieren. Die Coupons waren hinsichtlich der ausgewählten Produkte und der angebotenen Rabatte individualisiert. Positive Effekte einer persönlichen Kundenansprache sind sowohl aus dem Bereich der Verkaufsgesprächsführung (vgl. Howard/Gengler/Jain 1995) als auch aus der Direktwerbung bekannt (vgl. Gwinner/Gremler/Bitner 1998; Howard/Kerin 2004; Bell/Ledolter/Swersey 2006). Sie lassen sich mit Hilfe der Selbstreferenz-Theorie begründen, die besagt, dass eine Aktivierung des Selbstkonzepts durch personalisierte Informationen zu einer intensiveren Informationsverarbeitung und besseren Erinnerung des Stimulus führt (vgl. Rogers/Kuiper/Kirker 1977). Darüber hinaus können affektive und kognitive Einstellungskomponenten positiv beeinflusst werden (vgl. z. B. Romeo/Debevec 1992; Burnkrant/Unnava 1995; Martin/Lee/Yang 2004).

Wierich (2008) hat in einem Experiment untersucht, wie sich personalisierte und individualisierte Coupons auf die Kundenloyalität zu einem Händler auswirken. In dem Experiment wurden das Vorhandensein einer persönlichen Ansprache, die Höhe eines individualisierten Mindesteinkaufsbetrags und die Rabatthöhe variiert. Der Mindesteinkaufsbetrag wurde individualisiert, indem er auf den üblichen Einkaufsbetrag jedes Befragten bezogen wurde (z. B. 100 % oder 150 % der üblichen Ausgaben). Die Datenerhebung erfolgte in zwei Schritten. Zunächst sollten die Probanden neben einigen soziodemografischen Angaben ihren Namen sowie ihren durchschnittlichen Einkaufsbetrag für Lebensmittel angeben. Anschließend erhielten die Befragten eine Einladung für die eigentliche Befragung, in der sie einen zufällig ausgewählten und auf Basis ihrer vorherigen Angaben gegebenenfalls personalisierten und individualisierten Coupon bewerten sollten. Abbildung 19.6 zeigt Beispiele für die zu bewertenden Coupons. Die Ergebnisse der Studie können wie folgt zusammengefasst werden:

- Die Personalisierung beeinflusst über den Selbstreferenz-Effekt und die daraus resultierenden positiven Emotionen die Loyalität zur Einkaufsstätte. Dieser Effekt ist unabhängig von der kognitiven Beurteilung des Coupons und der Einlöseabsicht.
- Ein individualisierter Mindesteinkaufsbetrag, der die üblichen Ausgaben der Kunden übersteigt, bewirkt eine wahrgenommene Freiheitsbedrohung, führt zu negativen Emotionen und verschlechtert die kognitive Beurteilung des Coupons. Diese wirkt sich wiederum über eine niedrigere Einlöseabsicht indirekt auf die Loyalität zum Händler aus. Darüber hinaus mindert ein hoher Mindesteinkaufsbetrag die positiven Effekte der Personalisierung.
- Die Rabatthöhe wirkt sich positiv auf die kognitive Beurteilung des Coupons aus, hat aber keine emotionalen Wirkungen (was u. U. auf die eher geringe Rabatthöhe zwischen 3 % und 10 % zurückgeführt werden kann).
- Bei einer Betrachtung der Totaleffekte auf die Loyalität zeigt sich, dass der positive Effekt der Personalisierung dreimal so hoch ist, wie der Effekt eines Rabattunterschieds zwischen 3 % und 10 %. Die Individualisierung wirkt sich insgesamt negativ auf die Loyalität aus.

Die Studie von Wierich ist aus mehreren Gründen wertvoll. So zeigt die Studie, dass personalisierte Kommunikation zu positiven Kundenbindungswirkungen führen kann, die durch kostspielige Rabattgewährungen nicht erreicht werden. Auf diese Weise eröffnet der technologische Fortschritt im Bereich des Datenbankmanagements und der Drucktechnik neue Möglichkeiten, um vergleichsweise kostengünstig Kundenbindungswirkungen zu erzielen. Die Ergebnisse zeigen darüber hinaus, dass die positiven Kundenbindungseffekte nicht zwangsläufig mit unmittelbar beobachtbaren Kundenreaktionen (hier die Einlösung des Coupons) einhergehen müssen. Weiterhin zeigen die Ergebnisse, dass die Wirkung individualisierter Kommunikation davon abhängig ist, welche Inhalte bzw. Elemente des Stimulus variiert werden. Im vorliegenden Fall hatte ein hoher individualisierter Mindesteinkaufsbetrag einen negativen Effekt, der jedoch wahrscheinlich weniger auf die Individuali-

Quelle: Wierich 2008, S. 144

Abb. 19.6: Beispiele für die verwendeten Stimuli in der Studie von Wierich

sierung als auf den Mindesteinkaufsbetrag selbst zurückzuführen ist. Insofern wäre es von Interesse, in zukünftigen Studien beide Effekte zu entkoppeln.

19.4 Optimierende Allokation eines Werbebudgets

Handelsunternehmungen haben darüber zu entscheiden, wie sie ein bestimmtes Werbebudget verwenden sollen. Hierfür bieten sich zahlreiche Möglichkeiten an, wie die folgenden Fragen andeuten:

- Welcher Anteil des Werbebudgets soll einzelnen Verkaufsstellen zur Verfügung gestellt werden, damit diese in einem festgelegten Gebiet Werbung betreiben können?
- In welchem Ausmaß sollen einzelne Warenbereiche in die Werbung einbezogen werden?
- Wie weit soll das Einzugsgebiet abgesteckt werden, innerhalb dessen Werbeaktivitäten erfolgen sollen?
- Wie soll das Werbebudget auf einzelne Werbemittel oder Werbeträger aufgeteilt werden?
- Mit welcher Intensität sollen einzelne Kundengruppen umworben werden?

Bei allen Fragestellungen handelt es sich um Spielarten des in der Ökonomie sehr häufig anzutreffenden Allokationsproblems. Es ist dadurch gekennzeichnet, dass eine knappe Ressource auf verschiedene Verwendungsmöglichkeiten, allgemein als Allokationseinheiten bezeichnet, aufzuteilen ist. Während in der Theorie die Regel vorherrscht, dass ein knappes Budget so auf die einzelnen Einheiten aufzuteilen ist, dass sich der Grenzertrag in den einzelnen Verwendungseinheiten entspricht, werden in der Praxis kennzahlenorientierte Regeln verwendet, wie z. B. diejenige, nach der das Budget entsprechend dem bisher erzielten Umsatz aufgeteilt wird. Auf beide Verfahren wird im Folgenden eingegangen (vgl. hierzu auch Albers 1998).

19.4.1 Mikroökonomische Optimierungsverfahren

Mikroökonomische Optimierungsverfahren gehen von der Vorstellung aus, dass erhöhte Werbeaufwendungen zu einem Anstieg des Umsatzes führen, wobei der Grenzumsatz ab einer gewissen Größenordnung abnehmen wird. So wird im Regelfall ein höherer Umsatz erzielt werden, wenn Prospekte nicht nur alle sechs Wochen, sondern alle vier Wochen oder sogar alle 14 Tage verteilt werden. Der Umsatz wird auch steigen, wenn die Prospekte nicht nur in unmittelbarer Nähe der Verkaufsstelle, sondern auch in weiter entfernten Gebieten zugestellt werden. Es wird also von der Existenz einer Marktreaktionsfunktion ausgegangen, die die Abhängigkeit des Umsatzes in der Allokationseinheit i von den auf diese Einheiten bezogenen Werbeanstrengungen angibt. Es wird unterstellt, dass die einzelnen Allokationseinheiten voneinander unabhängig sind. Sollten sich die Handelsspannen in einzelnen Verkaufsstellen unterscheiden (z. B. aufgrund unterschiedlicher Sortimente oder unterschiedlicher Kalkulationssätze), wäre nicht der Umsatz, sondern der Bruttoertrag zu maximieren. Beispielhaft sei im Folgenden betrachtet, wie ein vorgegebenes Werbebudget auf einzelne Verkaufsstellen aufgeteilt werden soll, um dort Werbemaßnahmen in Form von Prospekten oder Anzeigen zu ermöglichen. Die optimale Aufteilung ergibt sich dann aus dem folgenden Optimierungsmodell. Der Bruttoertrag des Unternehmens ist unter der Annahme, dass das vorgegebene Werbebudget nicht überschritten wird, zu maximieren.

(19.5) $$B = \sum_{i \in I} s_i U_i(x_i) \rightarrow \max!$$

unter den Nebenbedingungen:

(19.6) $$\sum_{i \in I} x_i = R$$

(19.7) $$x_i \geq 0 \quad \text{für alle} \quad i \in I$$

mit:

B = Bruttoertrag aller Verkaufsstellen

I = Indexmenge der Verkaufsstellen

s_i = erzielte Spanne (in Prozent des Umsatzes) in der Verkaufsstelle i, $i \in I$

x_i = der Verkaufsstelle i für Werbezwecke zur Verfügung gestellter Geldbetrag

$U_i(x_i)$ = Marktreaktionsfunktion: Abhängigkeit des Umsatzes der Verkaufsstelle i vom Werbeaufwand der Verkaufsstelle

R = Gesamtes Werbebudget

Unterstellt man stetige Reaktionsfunktionen, die durch den Ursprung gehen, so dass (19.7) automatisch erfüllt ist, erhält man eine Lösung dieses Problems durch Aufstellen einer Lagrange-Funktion. Im Regelfall wird jedoch eine Verkaufsstelle auch dann einen gewissen Umsatz erzielen, wenn sie auf den Einsatz von Werbemitteln verzichtet, was bedeutet, dass nicht erwartet werden kann, dass die Umsatzfunktion durch den Ursprung geht. Diese formale Bedingung kann jedoch durch geeignete Formulierung der Reaktionsfunktion erfüllt werden, indem z. B. in die Reaktionsfunktion nur jene Umsätze einbezogen werden, die sich als Mehrumsatz gegenüber einem hypothetischen Werbeeinsatz von Null ergeben. Die Lagrange-Funktion lautet dann:

$$(19.8) \qquad L = \sum_{i \in I} s_i U_i(x_i) - \lambda \cdot \left(\sum_{i \in I} x_i - R \right) \rightarrow \max!$$

Differenziert man diese Funktion partiell nach den Budgets der einzelnen Allokationseinheiten und setzt man die Ableitungen gleich Null, so erhält man folgende Optimalitätsbedingungen:

$$(19.9) \qquad \frac{\partial L}{\partial x_i} = s_i \cdot \frac{\partial U_i}{\partial x_i} - \lambda \overset{!}{=} 0 \quad \text{für alle} \quad i \in I$$

bzw.

$$(19.10) \qquad s_i \cdot \frac{\partial U_i}{\partial x_i} = \lambda$$

Daraus lässt sich schließen, dass bei einer optimalen Allokation des Werbebudgets die Grenz-Bruttoerträge aller Verkaufsstellen gleich sein müssen. Nur bei vergleichsweise einfachen Reaktionsfunktionen, wie z. B. der semilogarithmischen Funktion, kann man eine analytische Lösung bestimmen. In anderen Fällen müssen Algorithmen entwickelt werden, mit denen das Problem numerisch gelöst werden kann (vgl. Albers 1998 sowie die dort zitierte Literatur).

Kritisiert wird an diesem Verfahren, dass es den Unternehmen kaum möglich ist, die benötigten Reaktionsfunktionen anzugeben, zumal Beobachtungen nur zu einem kleinen Ausschnitt des Funktionsverlaufs vorliegen, für den viele Funktionstypen fast gleich hohe Anteile der erklärten Varianz liefern. Aus unterschiedlichen Funktionstypen folgen unterschiedliche Allokationsempfehlungen, was dazu geführt hat, dass kennzahlengestützte Verfahren weiterhin eine große Bedeutung in der Praxis haben.

19.4.2 Kennzahlengestützte Verfahren zur Allokation

Eine Kennzahl, die plausibel erscheint, um ein Budget auf die einzelnen Verkaufsstellen aufzuteilen, ist der bisherige Umsatz der Verkaufsstellen. Danach würde eine Verkaufsstelle, die einen doppelt so hohen Umsatz wie eine andere erzielt hat, auch ein doppelt so hohes Werbebudget erhalten. Werbeaufwand und Umsatz der Verkaufsstellen hätten also in einem festen und gleichen Verhältnis zueinander zu stehen (z. B. 4 % vom Umsatz). Dieses Verfahren berücksichtigt gegenüber einer Gleichverteilung der Mittel, dass Verkaufsstellen mit einem vergleichsweise hohen Umsatz auch eine größere Zahl von anzusprechenden Kunden aufweisen. Mit einer umsatzproportionalen Zuweisung soll zum einen das bisher erreichte Umsatzniveau gehalten werden. Zum anderen wird häufig vermutet, dass sich bei einem bereits hohen Umsatzniveau mit bestimmten Werbeaufwendungen ein absolut höherer Umsatzzuwachs erzielen lässt als in einer umsatzschwächeren Verkaufsstelle. Ein gravierender Nachteil dieses Verfahrens ist darin zu sehen, dass keine expliziten Vorstellungen über den Einfluss alternativer Werbebudgets auf den Umsatz vorliegen. Vereinfachend wird unterstellt, dass die Umsatzwirkung jeweils in einem proportionalen Verhältnis zum Werbeeinsatz erfolgt. Des Weiteren wird eingewendet, dass die Orientierung an den bisher erzielten Umsätzen eine rückwärtsgerichtete Betrachtung sei. Aufgrund vielfältiger Faktoren (z. B. Eintritt neuer Konkurrenten) könnten für die Planungsperiode andere Umsatzerwartungen gelten als für die Vergangenheit. Da für die Erzielung der Planumsätze ein bestimmter Werbeaufwand notwendig sei, habe sich die Aufteilung des Werbebudgets an den aktuellen Planwerten zu orientieren. Umsatzplanwerte haben gegenüber den realisierten Umsatzwerten den Vorteil, dass sie zukünftige Gegebenheiten berücksichtigen. Aber auch hier wird – in wahrscheinlich unzulässiger Weise – eine lineare Beziehung zwischen Umsatz und Budget unterstellt.

Kennzahlengestützte Verfahren werden, da sie von keinen expliziten, realistisch erscheinenden Wirkungsfunktionen ausgehen, nicht zu einer optimalen Allokation der Werbemittel führen. Auf der anderen Seite haben aber auch die mikroökonomischen Optimierungsmodelle ihre Nachteile, da nicht davon ausgegangen werden kann, dass hinreichend zuverlässige Informationen über die geltenden Marktwirkungsfunktionen vorliegen. In Anbetracht dieser Sachlage hat Albers (1998) vorgeschlagen, eine heuristische Allokationsregel zu verwenden, die sich an der Optimalitätsbedingung des mikroökonomischen Ansatzes orientiert.

19.4.3 Heuristische Allokationsregel nach Albers

Wegen der einfachen Handhabbarkeit von Kennzahlen ist Albers (1998) der Frage nachgegangen, ob sich eine Kennzahl ableiten lässt, die bei wiederholter Anwendung dem optimalen Punkt der mikroökonomischen Optimierungstheorie nahe kommt. Ausgangspunkt ist die in (19.10) angegebene Optimalitätsbedingung, die um einen Term aus optimalem Umsatz und optimalem Budget erweitert wird. Es ergibt sich somit:

$$(19.11) \qquad s_i \cdot \frac{\partial U_i}{\partial x_i} \cdot \frac{x_i^{opt}}{U_i^{opt}} \cdot \frac{U_i^{opt}}{x_i^{opt}} = \lambda \quad (i \in I)$$

Verwendet man ε_i als Ausdruck für die Umsatzelastizität, so kann (19.11) nach einer Substitution auch in der folgenden Form geschrieben werden:

$$(19.12) \qquad s_i \cdot \varepsilon_i^{opt} \cdot \frac{U_i^{opt}}{x_i^{opt}} = \lambda \quad \text{mit: } \varepsilon_i^{opt} = \frac{\partial U_i}{\partial x_i} \cdot \frac{x_i^{opt}}{U_i^{opt}} \quad (i \in I)$$

Löst man (19.12) nach dem optimalen Budget auf, erkennt man, dass dieses im Optimum dem Produkt aus Bruttoertrag und Elastizität geteilt durch den Lagrange-Multiplikator entspricht.

$$(19.13) \qquad x_i^{opt} = \frac{1}{\lambda} \cdot s_i \cdot U_i^{opt} \cdot \varepsilon_i^{opt} \quad (i \in I)$$

Summiert man die optimalen Beträge für die einzelnen Verkaufsstellen, so erhält man gemäß der Nebenbedingung das Gesamtbudget:

$$(19.14) \qquad R = \sum_{i \in I} x_i^{opt} = \frac{1}{\lambda} \cdot \sum_{i \in I} s_i \cdot U_i^{opt} \cdot \varepsilon_i^{opt}$$

Setzt man das Budget für eine individuelle Verkaufsstelle zum Gesamtbudget in Beziehung, gilt:

$$(19.15) \qquad \frac{x_i}{R} = \frac{\frac{1}{\lambda} \cdot s_i \cdot U_i^{opt} \cdot \varepsilon_i^{opt}}{\frac{1}{\lambda} \cdot \sum_{j \in I} s_j \cdot U_j^{opt} \cdot \varepsilon_j^{opt}} \quad (i \in I)$$

Aus (19.15) lässt sich durch Umformen die Optimalitätsbedingung für das Budget einer einzelnen Verkaufsstelle ableiten:

$$(19.16) \qquad x_i = \frac{s_i \cdot U_i^{opt} \cdot \varepsilon_i^{opt}}{\sum_{j \in I} s_j \cdot U_j^{opt} \cdot \varepsilon_j^{opt}} \cdot R \quad (i \in I)$$

Die Optimalitätsbedingung lässt erkennen, dass eine Bemessung der Werbeausgaben entsprechend dem Umsatz oder dem Bruttoertrag nicht zum Optimum führt. Vielmehr muss zusätzlich auch berücksichtigt werden, inwieweit der Bruttoertrag durch Budgetänderungen beeinflusst werden kann, was sich in der Elastizität ausdrückt. Da nun die Elastizität im optimalen Punkt nicht bekannt ist, schlägt Albers vor, hilfsweise statt des optimalen Umsatzes den Umsatz der Vorperiode zu verwenden und statt der im Optimum geltenden Elastizität die Elastizität einzusetzen, die sich aus den jüngsten Werten der Werbeausgaben und des zugehörigen Umsatzes entsprechend ermitteln lässt:

$$(19.17) \qquad \varepsilon_{i,t-1} = \frac{\ln\left(\frac{U_{i,nachher}}{U_{i,vorher}}\right)}{\ln\left(\frac{x_{i,nachher}}{x_{i,vorher}}\right)}$$

Die Allokationsregel lautet dann, wie folgt:

$$(19.18) \qquad x_{i,t} = \frac{s_i \cdot U_{i,t-1} \cdot \varepsilon_{i,t-1}}{\sum_{j \in I} s_j \cdot U_{j,t-1} \cdot \varepsilon_{j,t-1}} \cdot R$$

Da diese Allokationsregel nur eine Heuristik darstellt, hat Albers in Simulationsstudien untersucht, ob sie bei wiederholter Anwendung zu der optimalen Lösung konvergiert und wie stark ihr Grad an Suboptimalität ist. Dabei hat er die Simulationsläufe variiert, indem er unterschiedliche Marktwirkungsfunktionen unterstellt hat, die Marktwirkungsfunktionen für die einzelnen Allokationseinheiten in mehr oder minder großem Ausmaß unterschiedliche Werte annehmen ließ und unterschiedlich suboptimale Werte als Ausgangslösungen wählte. Insgesamt stellt Albers (1998, S. 229) fest:

„Folglich stellt die Allokationsregel ›Deckungsbeitrag · Elastizität‹ für reale Probleme mit beliebig konkaven Reaktionsfunktionen eine hervorragende Regel dar, die bereits bei einmaliger Anwendung, selbst bei stark suboptimalen Ausgangslösungen, zu einer drastischen Lösungsverbesserung führt und zudem bei mehrmaliger Anwendung zum wahren Optimum konvergiert.“

Die Simulationsergebnisse ermutigen also dazu, aus der Mikroökonomie übernommene Lösungsmuster für die Allokation von Werbebudgets fortzuentwickeln, wiewohl man sich darüber klar sein muss, dass die Regel auf der Annahme basiert, dass die verwendeten Schätzgrößen für die Elastizitäten die tatsächliche Reaktion des Markts auf Veränderungen des Werbebudgets angeben. Dies ist insbesondere deswegen problematisch, weil die zur Berechnung der Elastizität herangezogenen Umsatzzahlen auch durch weitere Faktoren beeinflusst wurden (z. B. Änderungen im Sortiment).

19.5 Werbung als Element der Unternehmenskommunikation

Die bisherigen Ausführungen haben sich vor allem auf die Absatzwerbung der Handelsunternehmen bezogen. In dem einleitenden Abschnitt dieses Kapitels wurde jedoch darauf hingewiesen, dass die Absatzwerbung lediglich einen Teilaspekt der Kommunikationspolitik eines Handelsunternehmens darstellt. Die Kommunikationspolitik wendet sich demnach nicht nur an die aktuellen und potenziellen Kunden des Unternehmens, sondern auch an andere Anspruchsgruppen, wie z. B. Mitarbeiter, Lieferanten, Anteilseigner oder Städte und Gemeinden.

So zählt auch die **Öffentlichkeitsarbeit** (Public Relations) zur Kommunikationspolitik. Das Ziel der Öffentlichkeitsarbeit besteht darin, bei ausgewählten externen und internen Zielgruppen des Unternehmens Verständnis zu erreichen und Vertrauen zu schaffen (vgl. Bruhn 2009b, S. 398). Von großer Bedeutung ist in diesem Zusammenhang auch das Krisenmanagement, um beispielsweise auf negative Presseberichte zum Umgang mit Mitarbeitern und Lieferanten oder bei Lebensmittelskandalen und Produktkrisen zu reagieren (vgl. Standop/Grunwald 2009). Wenn sich in der Öffentlichkeit die Vermutung durchsetzen würde, dass Discounter die niedrigen Preise durch Ausbeutung von Mitarbeitern und Lieferanten oder durch Abstriche bei der Produktqualität realisieren würden, so hätte dies negative Konsequenzen für die Wahrnehmung der Discounter und die Absichten, dort einzukaufen (vgl. Zielke 2010b). Ebenso haben in den letzten Jahren Aspekte der Nachhaltigkeit und Corporate Social Responsibility Bedeutung im Handel erlangt (vgl. Jones/Comfort/Hillier 2005; Gupta/Pirsch 2008; Wiese/Kellner/Lietke et al. 2012).

Weiterhin umfasst die Kommunikationspolitik auch Maßnahmen, die das Kundenverhalten eher mittelbar beeinflussen und deren Wirkung schwierig zu messen ist. Hierzu zählen unter anderem das **Sponsoring** und das **Eventmarketing**. Beim Sponsoring werden Personen, Organisationen oder Veranstaltungen finanziell oder auf andere Art unterstützt, um hierdurch kommunikationspolitische Ziele zu erreichen. Wenn die Spieler des 1. FC Köln beispielsweise den Namen REWE auf dem Trikot tragen, kann dies positive Wirkungen auf die Bekanntheit und Aktualität der *retail brand* REWE haben. Darüber hinaus erhoffen sich Unternehmen vom Sponsoring häufig einen Imagetransfer auf das eigene Unternehmen. Gelingt es, eine positive Einstellung der Kunden zum Sponsoringengagement zu erzeugen, so kann diese über das Unternehmensimage die Kaufabsicht und Loyalität der Kunden erhöhen (vgl. Tomczak/Mühlmeier/Brexendorf et al. 2008). Aufgrund der mittelbaren Wirkungen von Sponsoring und Marketingevents ist eine Erfolgskontrolle jedoch schwierig.

Zur Kommunikationspolitik eines Handelsunternehmens werden mithin auch die Verkaufsraumgestaltung, die Verkaufsförderung sowie Beratungs- und Verkaufsgespräche gezählt (vgl. Liebmann/Zentes/Swoboda 2008, S. 577). Diesbezüglich sei auf das Kapitel zur Verkaufsraumgestaltung, die Ausführungen zur Verkaufsförderung im Kapitel zur Preispolitik sowie den Abschnitt zur Führung von Verkaufsgesprächen in Kapitel 21 verwiesen.

19.6 Zusammenfassung

Handelsunternehmen investieren große Beträge in die Kommunikationspolitik, wobei der Absatzwerbung eine besondere Bedeutung zukommt. Aus diesem Grund wurde zunächst auf Aktionsparameter, Ziele und Umweltgrößen der Werbeplanung eingegangen. Bezüglich der Aktionsparameter sind Entscheidungen über die Festlegung des Werbebudgets, die Auswahl von Werbemitteln und Werbeträgern sowie die Gestaltung der Werbebotschaft zu treffen. Die Werbeziele können sich auf Werbemittel- und Werbeträgerkontakte, Größen im Insystem der Kunden sowie ihre Verhaltensreaktionen beziehen. Zu den relevanten Umweltgrößen zählen unter anderem das strategische Konzept des Unternehmens sowie die Reaktionen der Nachfrager.

Da die Printwerbung für die meisten Handelsunternehmen die wichtigste Werbeform darstellt, wurde auf die Gestaltung von Prospekten und Anzeigen näher eingegangen, wobei insbesondere die Wirkung der Zahl der beworbenen Artikel und der Größe der Abbildungen diskutiert wurde. Ebenso wurde der Direktwerbung ein eigener Abschnitt gewidmet, da technologische Entwicklungen im Bereich des Datenmanagements und der Drucktechnologie neue Möglichkeiten der Direktwerbung eröffnen. Am Beispiel personalisierter Coupons wurde gezeigt, wie mit einfachen Mitteln nicht zu vernachlässigende Werbewirkungen entfaltet werden können.

Weiterhin wurden verschiedene Verfahren zur Allokation des Werbebudgets diskutiert. Am Beispiel der Allokationsregel von Albers wurde gezeigt, wie mit vergleichsweise einfachen Verfahren eine gute Allokation des Werbebudgets vorgenommen werden kann. Schließlich wurde auf weitere Instrumente der Kommunikationspolitik eingegangen, die im Handel eine Rolle spielen. Hierbei sind insbesondere die Öffentlichkeitsarbeit und das Krisenmanagement, aber auch Sponsoring und Eventmarketing zu nennen.

20 Verkaufsraumgestaltung und Platzierungspolitik

Zu den absatzpolitischen Instrumenten des Einzelhandels, die aufgrund des Bestrebens, Personalkosten einzusparen, immer bedeutender werden, zählt die Verkaufsraumgestaltung. Sie kann maßgeblich dazu beitragen, Selbstinformation und Selbstbedienung des Kunden zu erleichtern und damit Kosten zu reduzieren. Außerdem wird in einer erlebnisorientierten Verkaufsraumgestaltung auch ein Mittel gesehen, um sich gegenüber den Wettbewerbern zu differenzieren, insbesondere, wenn eine Differenzierung über die angebotenen Waren nur bedingt möglich ist. Die Möglichkeiten zur Gestaltung eines Verkaufsraums sind äußerst vielfältig und sie können nicht nur wegen der benötigten Fläche, sondern auch wegen der Einbauten hohe Investitionen und damit Kosten auslösen. Dies wirft die Frage auf, welche Möglichkeiten es gibt, einen Verkaufsraum zu gestalten, welche Wirkungen davon ausgehen und wie dieses Instrument ökonomisch zu beurteilen ist.

Zunächst soll ein Überblick über die zentralen Elemente der Verkaufsraumgestaltung und Platzierungspolitik gegeben werden, bevor anschließend auf einzelne Entscheidungsbereiche eingegangen wird. Der weiteren Analyse soll das folgende Verständnis des Verkaufsraums zugrunde gelegt werden:

Unter Verkaufsraum sind Räumlichkeiten zu verstehen, in denen Waren präsentiert und zum Verkauf angeboten werden sowie Transaktionen mit Kunden durchgeführt werden.

Bei der Planung von Verkaufsräumen des stationären Handels können sich die Überlegungen auf ein einzelnes Outlet beziehen, aber auch auf ein Shopping-Center, bei dem zusätzlich zu überlegen ist, wie die einzelnen Geschäfte innerhalb des Shopping-Centers angesiedelt werden sollten (zur Gestaltung des Verkaufsraums einzelner Geschäfte vgl. z. B. McGoldrick 2002, S. 453–497; Berman/Evans 2007, S. 508–520; Liebmann/Zentes/Swoboda 2008, S. 598–614; Levy/Weitz 2009, S. 506–534; Homburg/Krohmer 2009, S. 988–994, zu einzelnen Aspekten der Gestaltung von Shopping-Centern vgl. z. B. Foxall/Hackett 1992; Chebat/Michon 2003; Germelmann 2003; Müller-Hagedorn/Schuckel/Viehöver 2003; Müller-Hagedorn/Viehöver 2004; Gröppel-Klein/Bartmann/Germelmann 2006).

20.1 Die zentralen Elemente der Verkaufsraumgestaltung und Platzierungspolitik

Die Verkaufsraumgestaltung umfasst zahlreiche Entscheidungsparameter. Neben den architektonischen Gestaltungsmöglichkeiten, auf die hier nicht eingegangen wird, lassen sich die folgenden Planungsbereiche unterscheiden (vgl. Abbildung 20.1, sowie alternativ auch den Überblick bei Gröppel 1995):

- die Gestaltung der Einkaufsatmosphäre (Welche Wirkungen lassen sich mit den Gestaltungselementen Stoff, Form, Farbe, Licht, Ton und Duft erzielen? Soll einer erlebnisorientierten im Vergleich zu einer versorgungsorientierten Verkaufsraumgestaltung der Vorzug gegeben werden?),
- die Bildung und Anordnung von Platzierungseinheiten (Nach welchen Kriterien sollen einzelne Artikel zu Warenbereichen zusammengefasst werden?),
- die Aufteilung der Verkaufsfläche (Wie soll die vorhandene Verkaufsfläche auf verschiedene Funktionszonen, insbesondere die Warenfläche für die Platzierungseinheiten und die Kundenfläche, aufgeteilt werden, und wie sollen die Verkehrswegewege gestaltet werden?),
- die Aufteilung der Regalkapazität (Welche Anteile sollen einzelne Artikel an der vorhandenen Regalkapazität erhalten, und wo sollen sie innerhalb der Warenträger platziert werden?),
- eine Vielzahl von Einzelmaßnahmen, die dem Point-of-Sale-Marketing (POS-Marketing) zuzurechnen sind. Hierzu zählen unter anderem die Verwendung von Displaymaterial oder der Einsatz von Multimedia-Technologien (vgl. dazu ausführlicher Gröppel-Klein 2006). Diese Maßnahmen sind an der Schnittstelle zwischen Verkaufsraumgestaltung und Kommunikationspolitik anzusiedeln.

Zum Teil werden auch die Gestaltung der Ladenöffnungszeiten und die Gestaltung des Ladenumfelds zu den Planungsbereichen der Verkaufsraumgestaltung gezählt (vgl. Liebmann/Zentes/Swoboda 2008, S. 610–611; Homburg/Krohmer 2009, S. 993).

Bei der Festlegung der Gestaltungsparameter ist eine Vielzahl von Einflussgrößen zu beachten, die wie folgt systematisiert werden können (vgl. Abbildung 20.1):

- innerbetriebliche Bestimmungsfaktoren (insbesondere Ziele und Strategien sowie Restriktionen hinsichtlich Raum, Personal, Liquidität und Sortiment),
- das Verhalten der Konkurrenten (insbesondere, wenn die Verkaufsraumgestaltung einer Differenzierung gegenüber den Wettbewerbern dienen soll),
- das Verhalten der Lieferanten (z. B. Präsentationsvorgaben, Packungsgrößen oder zur Verfügung gestelltes POS-Material),
- das Verhalten der Konsumenten (z. B. inwieweit Kunden an einem bequemen Einkauf oder an einer stimulierenden Atmosphäre interessiert sind),
- gesetzliche Regelungen (z. B. im Bereich des Baurechts).

Maßnahmen zur Verkaufsraumgestaltung zeigen zum einen Wirkungen, die sich im betrieblichen Rechnungswesen dokumentieren (z. B. Umsatz insgesamt, Umsatz in einzelnen Warenbereichen, Warengruppen oder bei einzelnen Artikeln, Deckungsbeiträge usw.), zum anderen solche, die das Verhalten der Konsumenten widerspiegeln, ohne dass dabei die ökonomischen Wirkungen betrachtet werden (z. B. die Verweildauer der Konsumenten in einer Verkaufsstelle, die Häufigkeit, mit der sie eine Verkaufsstelle aufsuchen usw.) und schließlich in Größen, die das Insystem der Verbraucher charakterisieren (z. B. die Zufriedenheit der Verbraucher mit der Ausgestaltung einer Verkaufsstelle; vgl. Abbildung 20.1).

Eine zielgerichtete Verkaufsraumgestaltung erfordert vor allem Kenntnisse über das Verhalten der Verbraucher und seine Bestimmungsfaktoren. So ist beispielsweise zu fragen, ob Verbraucher dazu neigen, bestimmte Regalzonen zu bevorzugen, ob sich die Anordnung der Waren im Verkaufs-

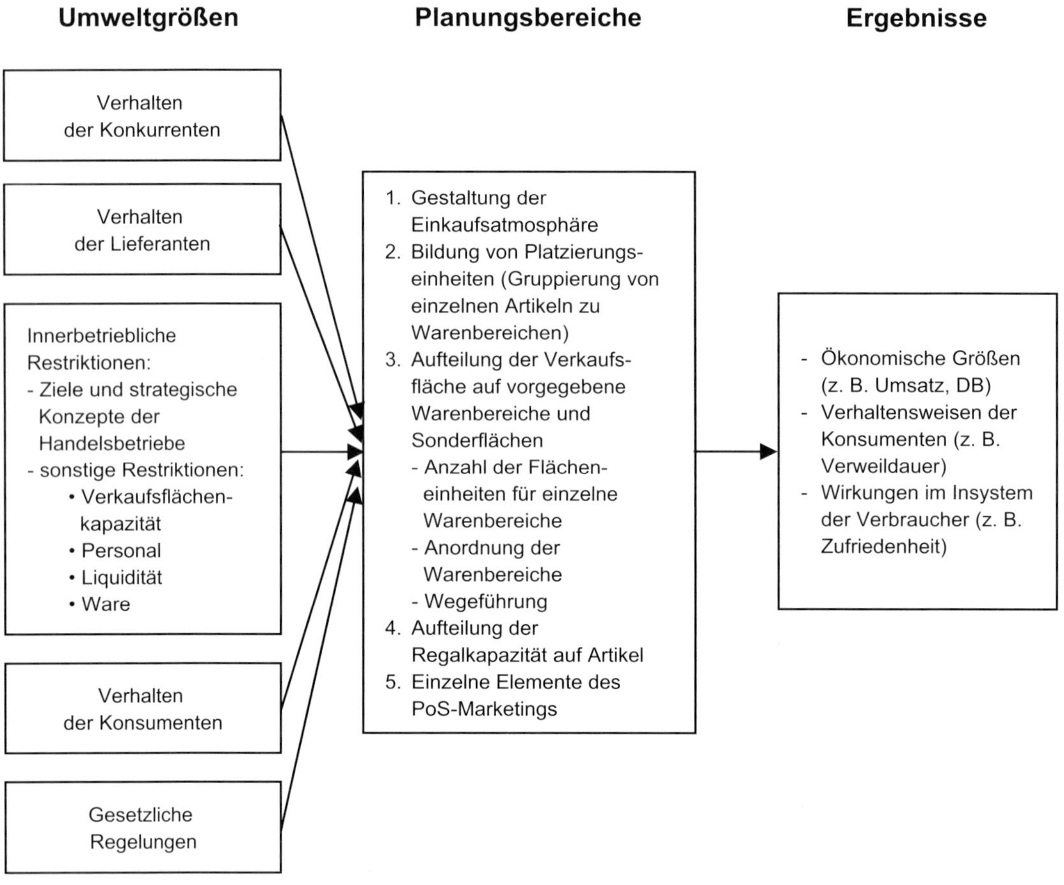

Quelle: in Anlehnung an Heidel/Müller-Hagedorn 1989, S. 20

Abb. 20.1: Umweltgrößen, Planungsbereiche und Ergebnisse der Ladengestaltung im Einzelhandel

raum auf das Verhalten der Kunden auswirkt oder ob eine Platzierungsanordnung von verwendungsverbundenen Artikeln den Absatz der Produktgruppe beeinflusst. Im Sinn der Marketingkonzeption ist zu fragen, welche Anforderungen ein Verbraucher an die Ausgestaltung einer Verkaufsstelle stellt.

Die Verkaufsraumgestaltung muss sich in das Marketingkonzept der Unternehmung einfügen. Durch die Wahl einer Zielgruppe, durch die Sortimentspolitik und durch den Einsatz der übrigen absatzpolitischen Instrumente werden wichtige Rahmenbedingungen festgelegt. In der Forderung nach einer Corporate Identity (CI) kommt das Bestreben zum Ausdruck, Elemente des äußeren Erscheinungsbildes einer Handelsunternehmung (Gebäudefassade, Schaufenster, Personal, Verkaufsraumgestaltung, Werbemittel) aufeinander abzustimmen (vgl. zum Gegenstand von Corporate Identity Birkigt/Stadler 2002).

Da eine Unternehmung über die Gestaltung der Fassade und des Verkaufsraums mit ihren Kunden kommuniziert, könnte die Verkaufsraumgestaltung auch als spezielles Kommunikationsinstrument gesehen werden. Aber es zeigt sich, dass trotz mancher Gemeinsamkeiten andere Aktionsparameter zu betrachten und unterschiedliche Kundenreaktionen zu erwarten sind. Einige Autoren (vgl. Schröder 2005, S. 168–169) ziehen Parallelen zwischen der Verkaufsraumgestaltung und der Gestaltung des Katalogs eines Versandhändlers und der Internetseiten eines Online-Händlers. Wegen der angesprochenen Unterschiede soll aber nicht davon ausgegangen werden, dass es sich bei dem Katalog eines Versandhändlers oder den Webseiten eines Online-Händlers um deren Verkaufsraum im engeren Sinne handele. Die Gestaltung von virtuellen Verkaufsräumen stellt mittlerweile ein bedeutendes Forschungsfeld dar (vgl. Childers/Carr/Peck et al. 2001; Diehl 2002; Vrechopoulos/O'Keefe/Doukidis et al. 2004; Ballantine 2005; Weinberg/Diehl 2006). Prinzipiell sind viele Erkenntnisse der Verkaufsraumgestaltung im engeren Sinne auch auf virtuelle Verkaufsräume übertragbar. Dennoch ergeben sich wichtige Unterschiede:

- die Gestaltung virtueller Verkaufsräume unterliegt in geringerem Maße Kostenrestriktionen,
- durch fehlende Raumrestrestriktionen können die Sortimente beliebig (auch auf Nischenprodukte) ausgedehnt werden (sog. Long Tail Phänomen; vgl. Anderson 2006; Brynjolfsson/Hu/Smith 2006), ebenso können einzelne Artikel beliebig häufig platziert werden,
- der fehlende physische Produktkontakt und die fehlende persönliche Beratung müssen durch geeignete Gestaltungselemente substituiert werden (z. B. Videos, Kaufempfehlungen, Bewertungen anderer Käufer oder sonstige interaktive Elemente),
- es stellt sich die Frage, inwieweit Online Shops in der Lage sind, ähnliche Einkaufserlebnisse wie im stationären Handel zu erzeugen,
- virtuelle Verkaufsräume können für verschiedene Zielgruppen unterschiedlich gestaltet oder sogar individualisiert werden.

Weiterhin ist anzumerken, dass zwischen der Außen- und Innengestaltung von Verkaufsräumen viele Gemeinsamkeiten, aber auch wesentliche Unterschiede bestehen. So kann die Außenarchitektur die Aufmerksamkeit der Kunden auf das Geschäft lenken, und sie liefert wichtige Schlüsselinformationen für eine erste Beurteilung der Verkaufsstelle (vgl. Zielke/Toporowski 2009). Über die Innengestaltung lässt sich dagegen eher das Einkaufsverhalten der Kunden beeinflussen (z. B. Erhöhung der Verweildauer oder Anregung zu ungeplanten Käufen). Die Literatur hat sich vorwiegend mit der Innengestaltung von Verkaufsräumen befasst, was wohl darauf zurückzuführen ist, dass diese von den Händlern stärker beeinflusst werden kann. Deshalb soll sie auch in den folgenden Ausführungen im Mittelpunkt stehen. Hierbei wird auf vier Bereiche eingegangen – die Wahl eines Stils für den Verkaufsraum, die Bildung von Platzierungsgruppen, die Aufteilung der Verkaufsfläche auf vorgegebene Warenbereiche sowie die Aufteilung der Regalkapazität.

20.2 Die Gestaltung der Einkaufsatmosphäre

Die Einkaufsatmosphäre wurde bereits von Kotler (1973/1974) als Marketing-Tool beschrieben, weil durch die Gestaltung der Ladenumwelt spezifische emotionale Reaktionen ausgelöst werden können, die zu höheren Kaufwahrscheinlichkeiten bei den Kunden führen. Welche Elemente neben der Architektur des Gebäudes können die Atmosphäre des Verkaufsraums beeinflussen? Hier können drei Herangehensweisen unterschieden werden.

Der elementaristische Ansatz

Nach dem elementaristischen Ansatz wird die Gestaltung in ihre einzelnen Elemente aufgelöst. Koppelmann systematisiert diese Ansatzpunkte, indem er u. a. auf die Vielfalt der verwendeten Stoffe (Metalle, Nichtmetalle, organische Naturstoffe), die Formgebung (Erscheinungsformen, Formelemente, Formproportionen, Formdimensionen, Formkonturen, Formstrukturen), die Farbwahl (nach Farbphysik, Farbphysiologie, Farbparameter, der zugehörigen Sprache, Farbsystem), die Zeichenwahl, die Oberflächengestaltung, die Funktionsprinzipienwahl, die Konstruktionsprinzipienwahl und die Produktteilewahl hinweist (vgl. Koppelmann 2001, S. 359–429). Die Aufzählung lässt die Vielfalt der Gestaltungsmöglichkeiten erkennen. Folglich gibt es auch zahlreiche Studien, die die Wirkungen einzelner Elemente untersuchen, so die im Verkaufsraum verwendeten Farben (vgl. Bellizzi/Crowley/Hasty 1983; Crowley 1993; Babin/Hardesty/Suter 2003), die Beleuchtung (vgl. Areni/Kim 1994; Summers/Hebert 2001; Park/Farr 2007), die Hintergrundmusik (vgl. Milliman 1982; Bost 1987; Schmitz/Bühlmann 1998; Dubé/Morin 2001; Morin/Dubé/Chebat 2007) oder Düfte (vgl. Stöhr 1998; Bone/Ellen 1999; Chebat/Michon 2003; Michon/Chebat/Turley 2005).

Der kombinative Ansatz

Nach dem kombinativen (integrierten) Ansatz werden Bündel von Gestaltungsparametern, die in einem interpretierbaren Zusammenhang stehen, betrachtet (vgl. Koppelmann 2001, S. 431–447). Da jedes Objekt eine Vielzahl von Gestaltungsmerkmalen aufweist, lassen sich bei simultaner Betrachtung mehrerer Merkmale typologisierende Stile ermitteln. Solche Stile lassen sich beispielsweise mit Hilfe der Clusteranalyse ermitteln. Küthe (1980) hat einen Katalog von Verkaufsstellenlooks erstellt. Er unterscheidet u. a. den Avantgarde-Look, den Antik-Look, den Nobel-Look usw. Dodt (1980) fasst noch einmal verschiedene Looks anhand zentraler Dimensionen zusammen und kommt so zu den Dimensionen Natur (mit Natur-, Rustikal- und Exotik-Look), Artifizielles (mit Improvisations-, Pop- und Formalästhetik-Look), Modernität (mit Future-, Technik- und Transparenz-Look), Tradition (mit Englisch- und Western-Look) und Wert (mit Discount-, Nobel- und Usual-Look). Weinberg (1986, 1992) unterscheidet verschiedene Erlebniswerte, wie z. B. Jugendlichkeit, Rustikalität oder Avantgarde.

Der prinzipienorientierte Ansatz

Nach dem prinzipienorientierten Ansatz werden Regeln aufgelistet, nach denen die Alternativen zu gestalten sind. Vorbilder für dieses Vorgehen finden sich in der Erfolgsfaktorenforschung, in der Prinzipien wie Flexibilität, Primat des Handelns und andere Regeln diskutiert werden, die selbst keine unternehmerischen Aktionen darstellen, aber auf solche angewendet werden können. Eine solche Vorgehensweise ist auch möglich, wenn Alternativen der Verkaufsraumgestaltung zu diskutieren sind. So wird beispielsweise das Design der Apple Stores als den Prinzipien *transparency, community* und *service* folgend charakterisiert (vgl. Berman/Evans 2007, S. 512). Müller-Hagedorn und Seifert (2005) haben den Ansatz nach Feng Shui in handhabbare Regeln übersetzt und ihn am Beispiel einer Buchhandlung auf seine Wirkungen untersucht.

Viele Untersuchungen zur Verkaufsraumgestaltung stellen Wirkungsanalysen dar, die entweder nach dem SR-Modell oder dem SOR-Modell angelegt sind (vgl. den Überblick bei Turley/Milliman 2000). So vergleichen Diller und Kusterer (1986), gestützt auf die relativ allgemeine Vermutung, dass preisdominante Marketingstrategien für den deutschen Einzelhandel an Attraktivität verloren haben und mithin eine erlebnisbetonte Ladengestaltung erfolgreich sein müsse, zwei Buchhandlungen und zwei HiFi-Geschäfte, von denen jeweils ein Geschäft als „erlebnisorientiert" angesehen wird. Bei dem „erlebnisorientiert" gestalteten Geschäft ermitteln sie im Rahmen einer SR-Analyse bessere Leistungskennzahlen bezüglich der Verweildauer der Kunden im Geschäft, der Anzahl der Produktkontakte, des Käuferanteils und der Anzahl der durchschnittlich gekauften Produkte. Angesichts dieser Ergebnisse ist man geneigt, die Erlebnisbetonung als wirksames Instrument einzuschätzen. Folgendes muss jedoch beachtet werden:

- Zur endgültigen Beurteilung der Sachkonzepte müssen neben den genannten Größen der Umsatz und die Kosten mit einbezogen werden.
- Es ist zwischen kurzfristigem und langfristigem Erfolg zu unterscheiden. Wenn die Erlebnisorientierung auf Überraschungen aufbaut, kann die Anziehungskraft schnell nachlassen.
- Es ist wichtig zu wissen, inwieweit ein Konzept breite Schichten der potenziellen Käufer oder nur eine kleine Gruppe anspricht. Dies ist eng mit der Frage verbunden, warum Konsumenten eine bestimmte Ladengestaltung besser als eine andere beurteilen und weist Bezüge zur Zielgruppenplanung des jeweiligen Handelsunternehmens auf.

20.2.1 Ansätze aus der Umweltpsychologie

Der SR-Studie von Diller und Kusterer folgten im deutschen Sprachraum stärker verhaltenswissenschaftlich orientierte Arbeiten von Bost (1987), Weinberg (1986, 1992), Weinberg und Gröppel (1988), Gröppel (1990, 1991) und Gruber (2004). Im englischen Sprachraum legten Donovan und Rossiter (1982) den Grundstein für die verhaltenswissenschaftliche Analyse erlebnisorientierter Verkaufsräume. Die Studie von Donovan und Rossiter nimmt deshalb eine exponierte Stellung ein, weil die Autoren das umweltpsychologische Modell von Mehrabian und Russell (1974) aufgreifen und auf Probleme der Verkaufsraumgestaltung übertragen. Mit Umweltpsychologie ist jener Teil der Psychologie gemeint, der Wirkungen der Umwelt auf das Verhalten von Menschen untersucht (vgl. Ittelson/Proshansky/Rivlin et al. 1977).

20.2.1.1 Darstellung des Mehrabian-Russell-Modells

Die zentrale Idee des Modells von Mehrabian und Russell (1974) besteht darin, dass Menschen bestimmte Teile der Umwelt meiden oder sich ihnen annähern, je nachdem wie sie auf die jeweilige Umwelt bzw. die Informationsrate, womit die die Umwelt charakterisierende Reizstärke gemeint ist, kognitiv und emotional reagieren. Die Informationsrate kennzeichnet die aus der Umwelt wirkenden Reize in ihrer Gesamtheit. Es handelt sich dabei um die Menge an Informationen, die von einem Beobachter verarbeitet werden müssen. Die Informationsrate lässt sich durch verschiedene Dimensionen, wie beispielsweise Neuartigkeit und Komplexität charakterisieren. Die emotionalen Reaktionen werden bezüglich der Dimensionen Lust, Erregung und Dominanz unterschieden. Lust beschreibt Gefühle wie Glück, Vergnügen, Befriedigung oder „sich einfach wohl fühlen", Erregung bedeutet, wie aktiv, angeregt, aufgeregt, überdreht man ist, und Dominanz meint das Gefühl der Überlegenheit, das Gefühl, eine Situation unter Kontrolle zu haben und sich frei entscheiden zu können. Eine unmittelbare Beziehung besteht hierbei zwischen der Informationsrate und der Erregungsdimension, die in Kombination mit Lust und Dominanz zu einer Annäherungs- oder Meidungsreaktion gegenüber der Umwelt führt. So wird argumentiert, dass eine Erhöhung der Erregung in lustbetonten Umwelten ein Annäherungsverhalten bewirkt, während eine starke Erregung in unlustbetonten Umwelten zu Meidungsreaktionen führt (vgl. hierzu auch Donovan/Rossiter/Marcoolyn et al. 1994). Die Stärke des Zusammenhangs zwischen Informationsrate und emotionaler Reaktion kann individuell unterschiedlich sein. Während Reizabschirmer das Reizvolumen der Umwelt durch eine strukturiertere Wahrnehmung reduzieren können und deshalb auch weniger stark erregbar sind, ist bei Nichtabschirmern das Gegenteil der Fall. Das Modell ist in Abbildung 20.2 dargestellt.

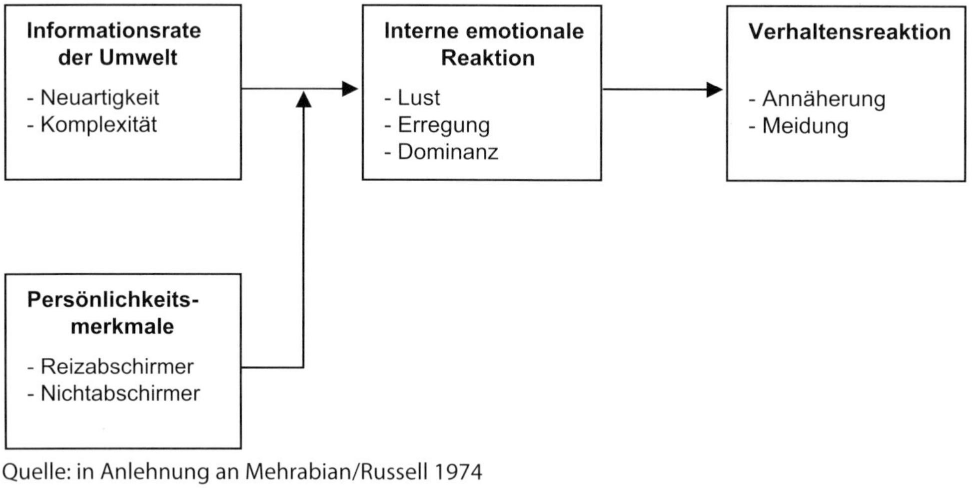

Quelle: in Anlehnung an Mehrabian/Russell 1974

Abb. 20.2: Das umweltpsychologisches Modell von Mehrabian und Russell

20.2.1.2 Anwendung des Mehrabian-Russell-Modells

Müller-Hagedorn hat das Modell von Mehrabian und Russell mehrfach verwendet, um die Bevorzugung bestimmter Einkaufsstätten zu erklären. In einer Studie zu den Präferenzen von Shopping-Center Besuchern wurde der Frage nachgegangen, ob die Wiederbesuchsabsicht eher über Einstellungen oder eher über das mit dem Besuch empfundene Lustempfinden gesteuert wird (vgl. Müller-Hagedorn/Viehöver 2004, S. 144, 146). Zwei Hypothesen standen im Mittelpunkt:

Je positiver die (globale) Einstellung gegenüber dem Shopping-Center, desto höher ist die Wiederbesuchsabsicht.

Je höher das mit dem Besuch eines Shopping-Centers verbundene Lustempfinden, desto höher ist die Wiederbesuchsabsicht.

Mit beiden Variablen konnten nur sehr geringe Anteile der Varianz erklärt werden. Dies wurde darauf zurückgeführt, dass verschiedene Gruppen von Nachfragern existieren, bei denen kognitive Orientierung und Lustorientierung unterschiedlich ausgeprägt sind. Entsprechend ergaben sich aus einer gruppenspezifischen Auswertung Hinweise, dass das Verhalten einiger Kunden mehr durch Einstellungen, das Verhalten anderer mehr durch Emotionen gesteuert wird. Darüber hinaus konnte beobachtet werden, dass die einzelnen Shopping-Center in der Vielfalt, der Ordnung und der Neuartigkeit als den drei zentralen Dimensionen der Informationsrate deutlich unterschiedlich erlebt wurden.

Insgesamt lenkt die Studie Aufmerksamkeit auf die Frage, welche Bedeutung kognitiven und emotionalen Größen bei der Erklärung von Kundenverhalten zukommt und wie sie zusammenwirken. Dieser Frage sind auch Chebat und Michon (2003) nachgegangen. Sie haben untersucht, wie kognitive und emotionale Größen zusammenwirken und das Ausgabeverhalten in einem Shopping-Center erklären. Hierbei konnten sie beobachten, dass kognitive Größen (Wahrnehmung des Einkaufszentrums und Wahrnehmung der Qualität der dort erhältlichen Produkte) die Dimensionen Lust und Erregung beeinflussen. Diese Beobachtung zeigt, dass kognitive und emotionale Größen keine voneinander unabhängigen Variablen darstellen.

Sehr gut hat sich das Modell von Mehrabian und Russell in einer Studie bewährt, in der die Wirkung einer Verkaufsraumgestaltung nach Feng-Shui-Regeln untersucht wurde (vgl. Müller-Hagedorn/Seifert 2005, 2007). In der Studie wurden zwei Buchhandlungen miteinander verglichen. Bei der einen Buchhandlung handelte es sich um eine traditionell gestaltete Buchhandlung, bei der anderen um eine nach Feng-Shui-Regeln konzipierte Buchhandlung (vgl. hierzu auch die Abbildung 20.3).

Die Ergebnisse lassen sich wie folgt zusammenfassen:

- Die Verkaufsräume der beiden Buchhandlungen werden als unterschiedlich komplex empfunden. Die nach Feng Shui gestaltete und näher untersuchte Buchhandlung wurde weniger „komplex" eingestuft als die Vergleichsbuchhandlung.
- Die Komplexität erweist sich als bedeutende Einflussvariable auf die durch den Ladenbesuch ausgelösten Emotionen Lust und Erregung. Eine hohe Komplexität führt zu einem geringeren Lustempfinden und einem höheren Erregungsniveau.

Quelle: Müller-Hagedorn/Seifert 2007, S. 144 (Foto: Müller-Hagedorn)

Abb. 20.3: Buchhandlung Gondrom – Lesezone mit Wasserbassin

– Lustempfinden und Erregungsniveau besitzen einen deutlichen Einfluss auf die Einstellungen und Verhaltensweisen. Ein hohes Lustempfinden und ein mittleres Erregungsniveau gehen mit positiven Reaktionen auf das Geschäft einher (z. B. Gesamtbeurteilung der Buchhandlung, Wiederbesuchsabsicht, Einkaufsbetrag oder ungeplante Ausgaben). Dies belegen auch die in Abbildung 20.4 dargestellten Ergebnisse. Es zeigt sich zwar ein nicht signifikanter negativer Effekt der Erregungsdimension, eine zusätzlich durchgeführte nichtlineare Regressionsanalyse bestätigt jedoch einen quadratischen Zusammenhang, der insbesondere für ein mittleres Erregungsniveau positive Reaktionen erwarten lässt.

Die Zusammenhänge, die sich als bedeutsam erwiesen haben, sind auch in Abbildung 20.5 hervorgehoben. Die vorliegende Erhebung wurde zwar mit einer relativ kleinen Stichprobe durchgeführt, aber dennoch zeigten sich einige bemerkenswerte signifikante Ergebnisse, die auf eine starke Wirkung der Verkaufsraumgestaltung hindeuten.

	Gesamt		Lust		Erregung	
	R^2 (korr.)	Sig.	Beta	Sig.	Beta	Sig.
Gesamturteil	0,499	0,000	0,691	0,000	-0,091	0,211
Wiederbesuchsabsicht	0,474	0,000	0,692	0,000	-0,019	0,803
Einkaufsbetrag in €	0,125	0,010	0,336	0,010	-0,123	0,201
Ungeplanter Einkaufsbetrag in €	0,140	0,000	0,388	0,000	-0,040	0,674

Quelle: Müller-Hagedorn/Seifert 2007, S. 147

Abb. 20.4: Regressionswerte zwischen Lust, Erregung und Verhalten

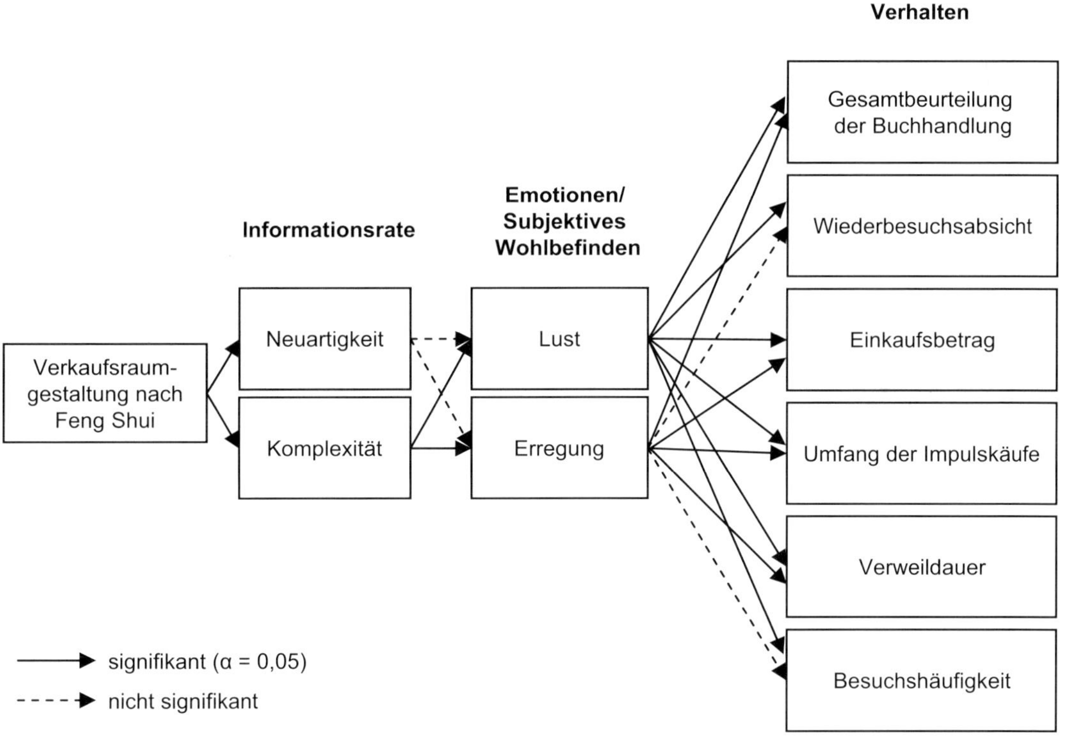

Quelle: Müller-Hagedorn/Seifert 2007, S. 152

Abb. 20.5: Die empirischen Ergebnisse im graphischen Überblick

Ordnung und Komplexität des Geschäftsumfelds stehen im Mittelpunkt der Untersuchung von Gilboa und Rafaeli (2003). Sie untersuchten mit Hilfe von vorgelegten Fotos, in welchem Ausmaß Komplexität und Ordnung auf die Emotionen und in der Folge auf das Näherungs- und Meidungsverhalten wirken. Auch nach ihren Ergebnissen geht Komplexität mit einem Meidungsverhalten einher, während Ordnung positiv wirkt.

Insgesamt stellt das Modell von Mehrabian und Russell einen bewährten Rahmen dar, um Wirkungen der Einkaufsatmosphäre zu messen. Dies belegt auch die Häufigkeit, mit der es in empirischen Studien verwendet wurde. Allerdings ist das Modell in seiner Grundform auch mit Problemen verbunden. So ist beispielsweise kritisiert worden, dass die Einkaufsatmosphäre durch die Informationsrate nur auf einem globalen Niveau erfasst wird, so dass sich die Frage nach den Ursachen für eine hohe oder niedrige Informationsrate stellt, die für eine Ableitung konkreter Gestaltungsmaßnahmen beantwortet werden muss (vgl. Baker/Levy/Grewal 1992). Ebenso ist darauf hingewiesen worden, dass neben der Informationsrate auch die Orientierungsfreundlichkeit der Ladenumwelt einen Einfluss auf die Stimmung hat (vgl. Bost 1987). Ein weiteres Problem liegt in der Kausalität der angenommenen Zusammenhänge zwischen den Emotionsdimensionen und den Annäherungs- bzw. Meidungsreaktionen. So ist ein positiver Einfluss der Emotionsdimension Lust auf die Geschäftsbeurteilung ebenso denkbar, wie eine positive Geschäftsbeurteilung, die das emotionale Befinden der Kunden anheben kann. Ebenso muss darauf hingewiesen werden, dass sich die Dominanzdimension in empirischen Untersuchungen nicht immer bewähren konnte (vgl. Russell/Pratt 1980; anders dagegen Gröppel-Klein 1998). Schließlich hat Mau (2009) gezeigt, dass differenzielle Emotionen, also z. B. Begeisterung, Zufriedenheit oder Überraschung, im Vergleich zu den Dimensionen des Modells von Mehrabian und Russell eine stärkere Erklärungskraft besitzen. Wenngleich Emotionen einen wesentlichen Einfluss auf die Einkaufsstättenwahl ausüben können, ist doch zu bedenken, dass daneben die traditionellen Größen wie insbesondere die Preisgünstigkeit und Preiswürdigkeit nicht vernachlässigt werden dürfen. Dabei kann es sein, dass auch sie von den durch die Verkaufsraumgestaltung ausgelösten Emotionen beeinflusst werden. So lieferten Gröppel-Klein und Germelmann (2010) Hinweise auf Zusammenhänge zwischen der empfundenen Dominanz und dem Preiswürdigkeitsimage sowie der Wiederbesuchsabsicht einer Einkaufsstätte.

20.2.2 Beiträge aus der positiven Psychologie

Pieper (2009) hat sich an Überlegungen der „positiven“ Psychologie orientiert, die sich mit der Analyse positiver psychologischer Phänomene beschäftigt (vgl. Pfister 2002). Sein Ansatz geht auf den aus Ungarn stammenden amerikanischen Psychologen Mihaly Csikszentmihalyi zurück, der sich seit 1963 mit dem Thema Freude beschäftigt (vgl. Csikszentmihalyi 2005, 2008, 2010). Der Autor geht vorrangig der Frage nach, wann sich Menschen am glücklichsten fühlen. Er bezeichnet Tätigkeiten, die ein Glücksgefühl vermitteln, als autotelische Tätigkeiten. Im Rahmen seines sog. Flow-Ansatzes beschreibt er „Flow“ als einen dynamischen Zustand des holistischen Gefühls beim völligen Aufgehen in einer Tätigkeit. Handeln wird dabei als ein einheitliches „Fließen“ von einem Augenblick zum nächsten erlebt, und es wird kaum eine Trennung zwischen der eigenen Person und der Umwelt, zwischen Stimulus und Reaktion oder zwischen Vergangenheit, Gegenwart und Zukunft verspürt (vgl. Csikszentmihalyi 2005, S. 58–59). Pieper modifiziert den von Csikszentmihalyi übernommenen Katalog von Voraussetzungen, der gegeben sein sollte, damit sich das mit dem Flow verbundene Glücksgefühl einstellt, und überträgt ihn auf den Einkauf in einem Einzelhandels-

Latente exogene Variablen/ Merkmale der Freude am Einkaufen	Formative Indikatoren
Neues	Außergewöhnlichkeit des Anbieters Außergewöhnlichkeit der Produkte Neues entdecken Neues ausprobieren Überraschungen während des Einkaufs
Sozialer Kontakt	Intensität des Kontakts mit den Mitarbeitern Persönlichkeit des Kontakts mit den Mitarbeitern Zufriedenheit mit den Mitarbeitern
Klare Handlungsstruktur	Ordnung im Laden Intuitive Orientierung Übersichtlichkeit des Warenangebots
Klare Zielsetzung	Sich besser fühlen durch den Kauf Kaufwahrscheinlichkeit bei Betreten des Ladens Klarheit der Kaufabsicht
Potenzielle Kontrolle	Fehlkaufrisiko Kontrollverlustrisiko
Konzentration auf die Aufgabe	Alltagssorgenfreiheit Konzentration auf den Einkauf
Spannung und Entspannung	Entspannung Spannendes Wechselspiel zwischen Spannung und Entspannung
Wohlfühlen	Beurteilung der Atmosphäre Beurteilung der Ladengestaltung Aufgehen in den Interessen Losgelöstheit beim Einkauf Selbstsicherheit beim Einkauf
Selbstbelohnung	Ansehen des Händlers Gefühl der Selbstbelohnung Stellenwert des Produktes
Leistungszufriedenheit auf hohem Niveau	Fit zwischen Kenntnissen und Anforderungen an die Auswahlentscheidungen Niveau der Entscheidung Zufriedenheit mit dem Einkaufsverhalten
Feedback	Mitarbeiterbestätigung Bestätigung des Selbstbewusstseins Sonstige Bestätigung
Vorfreude	Bewusstsein des Kaufanlasses Erwartung positiver Reaktion Freude an der Nutzung des gekauften Gutes Freude an der Präsentation des gekauften Gutes

Quelle: Pieper 2009, S. 167-168

Abb. 20.6: Formative Indikatoren der Erlebnisqualität (Freude am Einkaufen) im Modell von Pieper geschäft. Die Ergebnisse seiner Überlegungen sind in Abbildung 20.6 dargestellt. Weiterhin untersucht er, inwieweit die Größen (z. B. „Neues“ oder „Sozialer Kontakt“) sowohl bei Käufern in einem Geschäft als auch bei Nicht-Käufern einen Beitrag zur Freude am Einkaufen leisten.

In dem Käufermodell kommt von den insgesamt 12 Merkmalen der Freude am Einkaufen den Größen „Vorfreude“, „Neues“, „Selbstbelohnung“, „Wohlfühlen“ und „Sozialer Kontakt“ eine relativ hohe Bedeutung zu. Die Indikatoren geben Hinweise, wie die Freude am Einkaufen gesteigert werden kann, was insofern wichtig ist, als Pieper auch ermittelt hat, dass die Freude zentrale ökonomische Zielgrößen des Einzelhändlers positiv beeinflusst.

Der Flow-Ansatz ist mittlerweile in verschiedenen betriebswirtschaftlichen Zusammenhängen getestet worden, so zur Erklärung impulsiver Kaufentscheidungen (vgl. Engelhardt/Weihe/Wandt et al. 2004), beim Eventmarketing (vgl. Drengner/Zanger 2003) und insbesondere für Aktivitäten im Internet (vgl. Novak/Hoffman/Yung 2000; Diehl 2002; Smith/Sivakumar 2004).

20.3 Die Bildung und Anordnung von Platzierungseinheiten

Im Rahmen der Verkaufsraumgestaltung ist festzulegen, welche Artikel gemeinsam platziert werden sollen. Die einzelnen Artikel lassen sich nach verschiedenen Kriterien zu Platzierungsgruppen zusammenfassen und anordnen. Je nachdem, in welcher Reihenfolge diese Kriterien herangezogen werden, um Sortimente in Platzierungsgruppen aufzugliedern, ergeben sich andere Abteilungs- und Regalstrukturen. Teilweise scheinen die Anordnungssysteme vorgegeben zu sein, teilweise ergeben sich aber auch immer wieder neue Systeme. So hat das Warenhaus Globus in Zürich vor vielen Jahren Aufmerksamkeit erregt, als es alle Artikel für das Bad, also Duschmittel, Handtücher, Rasierspiegel, Badezimmerschränke usw., in einer Abteilung präsentiert hat, nachdem diese zuvor in völlig verschiedenen Abteilungen geführt worden waren. Dieses Beispiel zeigt, dass die Bildung von Platzierungsgruppen eng mit der Frage verbunden ist, wie einzelne Artikel im Rahmen des Category Managements zu Kategorien zusammengefasst werden können (vgl. Kapitel 15). Im Folgenden wird zunächst ein Überblick über mögliche Gliederungskriterien gegeben, anschließend wird auf Verfahren und Entscheidungskriterien zur Bildung von Platzierungsgruppen eingegangen.

20.3.1 Möglichkeiten zur Bildung von Platzierungsgruppen

Fast in jeder Branche gibt es traditionelle Methoden, um Platzierungsgruppen zu bilden. So wird beispielsweise in einem Möbelhaus zwischen Schlaf- und Wohnzimmermöbel unterschieden, worin sich eine Einteilung nach dem Verwendungszweck der Möbel äußert. In Supermärkten finden sich unter anderem Abteilungen für Obst und Gemüse und für Backwaren, worin eine Einteilung nach der Substanz gesehen werden kann. Auch bei der Bildung von Platzierungsgruppen empfiehlt es sich, zunächst die möglichen Alternativen zu analysieren.

20.3.1.1 Die Bildung von Platzierungsgruppen nach Produktmerkmalen

Eine Möglichkeit, Platzierungsgruppen zu bilden, stellt die Zusammenstellung von Artikeln mit gleichen Produktmerkmalen dar, wobei die Merkmale einzeln oder in Kombination verwendet werden können (vgl. auch die Kataloge zur Typologisierung von Waren bei Knoblich 1969), und zwar entsprechend:

- dem Verwendungszweck,
- dem Verkaufspreis,
- der Größe der Produkte,
- der Zusammensetzung der Produkte,
- der technischen Behandlung der Produkte,
- der Bekanntheit der Produkte,
- der gemeinsamen Werbung und
- dem Hersteller.

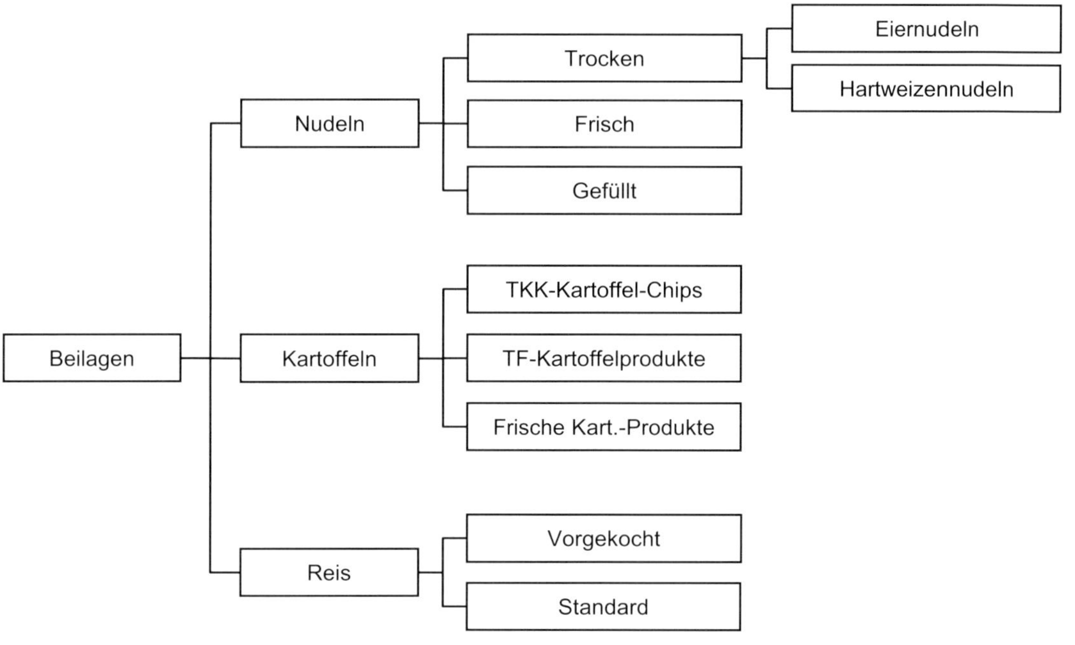

Quelle: Müller-Hagedorn/Jedrowiak/Mirza 2006, S. 141

Abb. 20.7: Nudeln als Teilmenge der Warengruppe Beilagen

Am weitesten verbreitet ist die Orientierung am Hersteller, dem Verwendungszweck und an der Zusammensetzung der Artikel. Bei der Herstellerorientierung erfolgt die Zusammenfassung der Artikel eines Herstellers in Herstellerblöcken. So finden sich im Lebensmittelhandel Regale für Produkte von Coca-Cola oder von Maggi. Auch im Textilhandel präsentieren viele Geschäfte die Waren nach Marken (z. B. HUGO BOSS oder Armani). Eine Sonderform der Warengliederung nach Her-

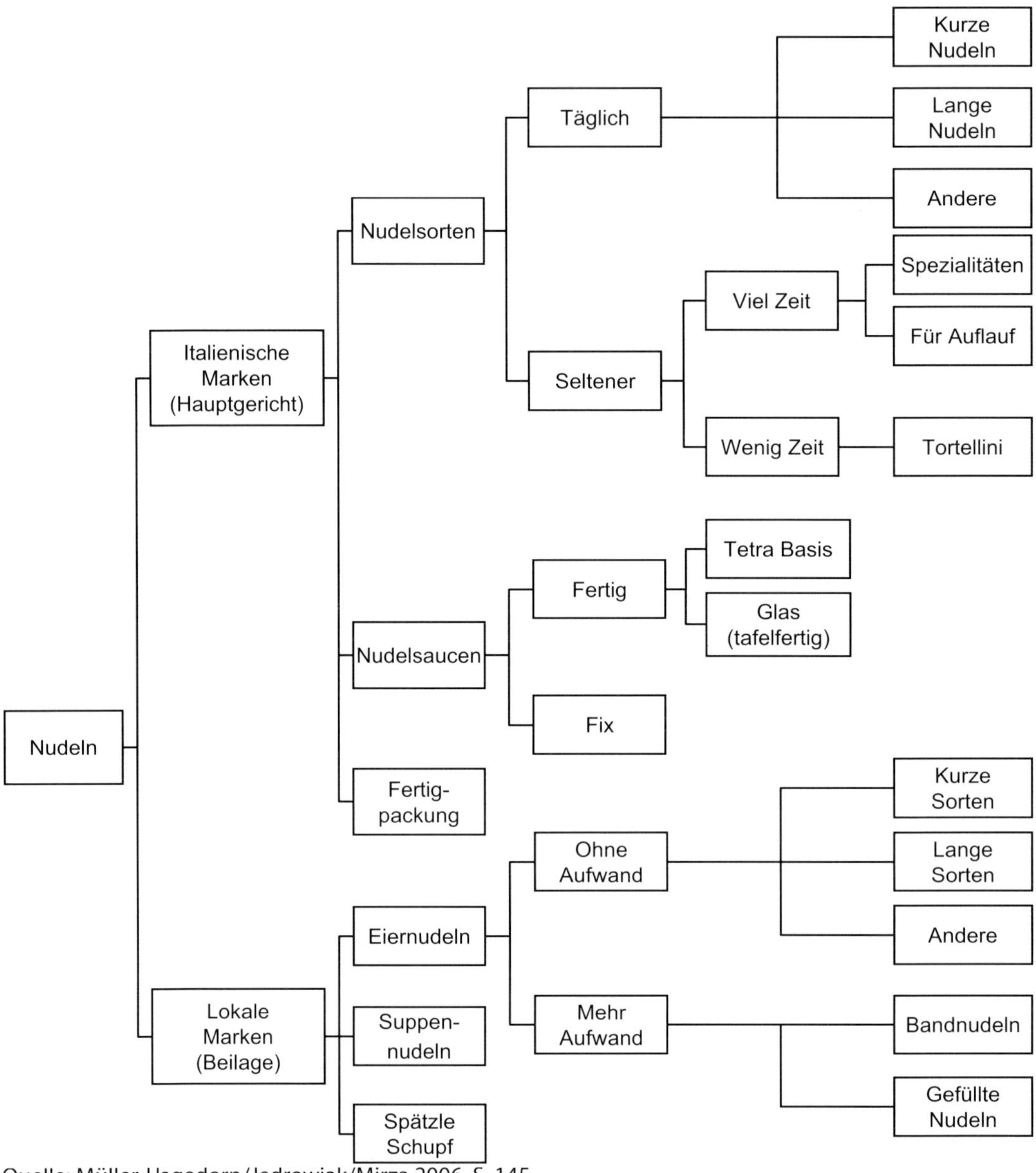

Quelle: Müller-Hagedorn/Jedrowiak/Mirza 2006, S. 145

Abb. 20.8: Platzierungsgruppen innerhalb der Gruppe Nudeln

stellern stellen *shop-in-the-shop*-Konzepte dar. Hierbei werden Sortimente führender Hersteller akquisitorisch und räumlich als Spezialabteilungen herausgehoben, wobei teilweise auch eine Vermietung der Verkaufsfläche an die Hersteller erfolgt (vgl. Ausschuss für Definitionen zu Handel und

Distribution 2006, S. 48). Bei einer Orientierung am Verwendungszweck oder der Zusammensetzung der Artikel ergäben sich völlig andere Platzierungsanordnungen.

Ein Beispiel für die Strukturierung eines Sortiments nach unterschiedlichen Kriterien zeigen Abbildung 20.7 und Abbildung 20.8. Dort ist dargestellt, wie die Einordnung von Nudeln in übergeordnete Systeme vorgenommen werden kann und wie eine weitere Unterteilung von Nudeln gestaltet werden kann. Während in der in Abbildung 20.7 dargestellten Strukturierung eine Einteilung gewählt wird, die sich an der Substanz orientiert (trocken, frisch, gefüllt), kommt in Abbildung 20.8 auch eine Orientierung an der Herkunft zum Ausdruck, indem italienische und regionale Nudeln unterschieden werden.

Die Strukturierungen in Abbildung 20.7 und Abbildung 20.8 mögen plausibel sein, sie vermitteln aber auch einen Eindruck davon, wie andere Gliederungssysteme entworfen werden könnten. Im Folgenden wird auf die Bildung von Platzierungsgruppen nach Verhaltensmustern von Konsumenten eingegangen.

20.3.1.2 Die Bildung von Platzierungsgruppen nach Verhaltensmustern von Konsumenten

Platzierungsgruppen können auch nach Verhaltensmustern von Konsumenten gebildet werden. Hierfür bieten sich die folgenden Kriterien an:

- die Einteilung der Produkte in Impuls- und Gewohnheitsprodukte,
- die Einteilung der Produkte in *convenience, shopping* und *specialty goods*,
- die Einteilung der Produkte nach der Art ihres Verbunds,
- die Einteilung der Produkte nach ihrer Zusammengehörigkeit in der Wahrnehmung der Konsumenten.

Impuls- und Gewohnheitsprodukte

Bei Impulsprodukten handelt es sich um Artikel, die häufig ungeplant gekauft werden und bei denen der Kaufwunsch erst durch einen Reiz, der von der Ware ausgeht, ausgelöst wird. In der Literatur wird der Begriff Impulskauf unterschiedlich abgegrenzt (vgl. Weinberg 1981; Baun 2003). Eine Gleichsetzung von Impulskäufen mit ungeplanten Käufen erscheint zwar aus verhaltenswissenschaftlicher Sicht fraglich, ist jedoch aus Sicht der Managementpraxis pragmatisch (vgl. Kroeber-Riel/Weinberg/Gröppel-Klein 2009). Zur Messung der Impulsrate eines Produkts können die Merkmale „geringer Zeitbedarf für die Kaufentscheidung", „kein Vergleich zwischen Alternativen" und „latenter Bedarf" herangezogen werden. Bei Gewohnheitsprodukten wird die Kaufentscheidung routinemäßig getroffen. Die Gewohnheitsrate lässt sich mit Hilfe der Variablen „Kaufhäufigkeit", „Kaufmuster" und „Bekanntheitsgrad" von Artikeln bestimmen. Impulsartikel werden gerne in der Kassenzone oder auf Aktionsflächen präsentiert.

Convenience, shopping und speciality goods

In einem engen Zusammenhang zu der Unterscheidung zwischen Impuls- und Gewohnheitsprodukten steht die Aufteilung nach *convenience, shopping* und *specialty goods* (vgl. Copeland 1923). Unter *convenience goods* werden Güterarten verstanden, die Konsumenten relativ häufig, gewohnheitsmäßig und mit möglichst geringem Aufwand einkaufen. Die Konsumenten kennen innerhalb einer solchen Produktgruppe Substitutionsprodukte und können diese entsprechend beurteilen. Es handelt sich hierbei überwiegend um Güter des täglichen Bedarfs (z. B. Milch und Brot, aber auch Impulsartikel wie z. B. Schokoladenriegel an der Kasse). Bei den Artikeln des „periodischen Bedarfs", den sog. *shopping goods*, besitzen die Konsumenten keine genauen Vorstellungen über die Eigenschaften. Sie vergleichen verschiedene Produkte desselben Warenbereichs vor dem Kaufakt (z. B. bei Bekleidung und Schuhen). Bei den *specialty goods* handelt es sich um Güter, bei denen sich die Konsumenten bereits vor dem eigentlichen Kauf intensiv über die Eigenschaften vergleichbarer Produkte informieren. Kunden nehmen einen großen Aufwand in Kauf, um solche Produkte zu finden, wobei die Bedeutung des Preises häufig in den Hintergrund rückt (z. B. beim Kauf einer Luxusarmbanduhr oder einer besonderen Käsesorte). In der Literatur wird teilweise auch die Auffassung vertreten, dass *speciality goods* eine Sonderform von *convenience* und *shopping goods* darstellen. Nach dieser Sichtweise handelt es sich bei *speciality goods* um *convenience* und *shopping goods*, die nur in ausgewählten Geschäften erhältlich sind und deshalb einen größeren Einkaufsaufwand erfordern (vgl. Holton 1958).

Verbundbeziehungen

Unter Verbund wird allgemein das Beziehungsgeflecht, das zwischen Artikeln eines Sortiments besteht, verstanden. Diese Beziehungen können symmetrisch oder asymmetrisch, substitutiv oder komplementär sein. Auf verschiedene Arten von Verbundbeziehungen und ihre Messung wurde bereits in Kapitel 16 zur Sortimentsplanung intensiv eingegangen. Im Handel werden Kenntnisse über Verbundbeziehungen häufig zur Verbundplatzierung genutzt. Die Wirkungen solcher Verbundplatzierungen sind Gegenstand verschiedener empirischer Untersuchungen gewesen. Am Beispiel von Ketchup und Nudeln haben Heidel und Müller-Hagedorn (1989, S. 19-26) getestet, welche Folgen sich aus einer Verbundplatzierung für den Absatz ergeben. Gröppel (1991, 1992) hat Wirkungen kontextbezogener Verbundkonzepte untersucht, bei denen Verbundpräsentationen durch themenbezogene Dekorationsgegenstände ergänzt wurden.

Vorstellungen von der Zusammengehörigkeit einzelner Artikel

Erfahrungen und Vorstellungen von der Zusammengehörigkeit bestimmter Artikel steuern das Suchverhalten der Kunden im Geschäft. So werden Kunden beispielsweise einen Bleistiftspitzer zunächst in der Schreibwarenabteilung und dann in der Nähe der Bleistifte suchen. Allgemein kann man von kognitiven Indikatoren sprechen, mit deren Hilfe sich Kunden ein inneres Bild von der Aufteilung eines Geschäfts machen. Kundenorientierung äußert sich auch darin, inwieweit Verkaufsstellen kundengerecht gestaltet sind. Es ist deshalb zweckmäßig, die Vorstellungen der Verbraucher hinsichtlich einer Verkaufsstätte zu ermitteln. Hierzu sind einzelne Verfahren entwickelt worden. Auf diese wird im folgenden Abschnitt eingegangen.

20.3.2 Theorien und Verfahren zur Ermittlung der Kundenvorstellungen

Sowohl die Anordnung einzelner Artikel in einem Regal wie auch die Anordnung der einzelnen Warengruppen auf einer Verkaufsfläche können darüber bestimmen, wie lange ein Kunde sich in dem Geschäft aufhält, welche Teile des Geschäfts er aufsucht und welche Artikel er kauft. Darüber hinaus können sich interne Reaktionen einstellen, die das künftige Verhalten bestimmen, wie etwa Einkaufsstress, Unterhaltung oder Auswahlvereinfachung. Diese Zusammenhänge werden in unterschiedlichen Theorien behandelt (vgl. zu einem Überblick auch Heidemann 2010, S. 40–60). In der kognitiven Umweltpsychologie wird untersucht, inwieweit Konsumenten Bilder der räumlichen Umwelt, sog. *„mental maps"*, in ihren Köpfen abspeichern (vgl. Ittelson/Proshansky/Rivlin et al. 1977, S. 133). Das Wissen um die Lage von Geschäften, Sortimentseinheiten, Serviceeinrichtungen usw. konnte in mehreren Studien als Erfolgsfaktor für die wahrgenommene Einkaufsbequemlichkeit der Kunden nachgewiesen werden (vgl. zusammenfassend Gröppel-Klein/Bartmann/Germelmann 2005). In der Wahrnehmungstheorie wird die Frage analysiert, inwieweit Konsumenten vereinfachende Strategien (Heuristiken) benutzen, um die Realität abzubilden (vgl. Kroeber-Riel/Weinberg/Gröppel-Klein 2009, S. 321). Umwelt-Stress-Theorien gehen der Frage nach, wo die Reizschwelle liegt, ab der ein Konsument den in einer bestimmten Umwelt ausgelösten Aktivierungsgrad nicht mehr als angenehm empfindet oder bis zu der sich Reizmonotonie einstellt (vgl. Johnson/Russo 1984; Huffman/Kahn 1998; Boyd/Bahn 2009). Nach der von Bartlett (1932) begründeten Schematheorie werden Informationen auf eine vorbestimmte Art und Weise verarbeitet. Die gebildeten Schemata können sich auf Gegenstände oder auf Ereignisse beziehen. Nach der Schematheorie werden Stimuli mit den internen Schemata abgeglichen und dann in die entsprechende Schemastruktur eingeordnet. Diese Strukturen sind hierarchisch aufgebaut, wobei die nachgeordneten Schemata jeweils spezifischer definiert werden. Das oben dargestellt Beispiel zur Unterteilung von Beilagen kann als ein solches Schema angesehen werden. Schema-inkonsistente Informationen lösen einen erhöhten kognitiven Aufwand zur Verarbeitung solcher Informationen aus.

Heidemann (2010) hat Elemente dieser Theorien herangezogen, um Hypothesen für die Anordnung der Artikel in Regalen zu formulieren. Sie weist auf bestimmte Auswirkungen von Platzierungsmaßnahmen hin und leitet daraus eine Reihe von Hypothesen ab. So werden positive Zusammenhänge zwischen einer schemagerechten Regalgestaltung (Regalkategorisierung) auf der einen sowie der Orientierung des Konsumenten und seiner empfundenen Auswahlzufriedenheit auf der anderen Seite postuliert. Gleichzeitig werden negative Wirkungen der Regalkategorisierung auf die Unsicherheit, den Stress und die Suchzeit erwartet. Die Verfasserin hat in einem Baumarkt untersucht, wie sich ein schemagerecht aufgebautes Regal für Schrauben und Nägel auf diese Größen auswirkt. Sie konnte signifikante Zusammenhänge zwischen der Regalgestaltung und der Orientierung sowie der Suchzeit feststellen, jedoch keinen verringerten Stress oder eine reduzierte Unsicherheit. Unabhängig von dieser empirischen Überprüfung lässt sich aber festhalten, dass mit den genannten Größen spezifische Wirkungsgrößen für die Beurteilung unterschiedlicher Belegungspläne vorliegen. Außerdem scheinen schemagerechte Belegungspläne erfolgswirksam zu sein, weshalb im Folgenden näher dargestellt wird, auf welche Weise ermittelt werden kann, wie Konsumenten die Gesamtheit der Artikel gruppieren.

Auch Zielke (2001, 2002) hat Elemente der oben genannten Theorien herangezogen, um Verfahren zur kundenorientierten Anordnung von Artikeln zu entwickeln. Zur Bildung und Segmentierung von Produktkategorien werden im Folgenden zwei Ansätze vorgestellt, wobei der eine auf hierarchischen Entscheidungsstrukturen basiert, während der andere an kognitiven Strukturen ansetzt, in denen die wahrgenommene Ähnlichkeit von Artikeln zum Ausdruck kommt (vgl. hierzu auch Müller-Hagedorn/Zielke 2007).

20.3.2.1 Ordnungssysteme auf Basis hierarchischer Entscheidungsstrukturen

Wenn in der Literatur zum Category Management von der Definition einer Kategorie die Rede ist, wird meistens auf hierarchische Ordnungsstrukturen abgestellt. Kaufentscheidungen kommen demnach durch Top-Down-Prozesse innerhalb von Produkthierarchien zu Stande. Benötigt ein Kunde z. B. Mineralwasser, dann wendet er sich nach dieser Denkweise der Abteilung für alkoholfreie Getränke zu, entscheidet sich dort zwischen stillen Wassern und Wassern mit Kohlensäure, bevor er schließlich zwischen verschiedenen Marken und Gebindegrößen wählt. Dies lässt sich in sog. Entscheidungsbäumen darstellen, die eine Kategorie in Warenuntergruppen, Segmente und Untersegmente gliedern. Oft gehen diese Entscheidungsbäume von bereits festgelegten Kategorien aus, wobei in der Regel auf Verwendungsbereiche (Bedürfnisse) der Verbraucher Bezug genommen wird. Solche Verwendungsbereiche können beispielsweise Frühstück, Körperpflege oder Haustierpflege sein. Die Entscheidungsbäume liefern Hinweise, welche Artikel in besonders hohem Maße als substitutiv angesehen werden und für welche Artikel das nicht zutrifft. In Abbildung 20.9 ist dargestellt, wie ein Weinregal aus der Sicht eines Kunden zu gliedern ist, der zuerst die Farbe, dann die Anbauregion und schließlich die Rebsorte als Entscheidungskriterium heranzieht.

Weine												← Warengruppe (Sub-Category)
Weißwein						Rotwein						← Warenuntergruppe
Deutschland			Europa/ Übersee			Deutschland			Europa/ Übersee			← Segment
1	2	3	1	2	3	1	2	3	1	2	3	← Untersegment

Quelle: Müller-Hagedorn/Zielke 2007, S. 922

Abb. 20.9: Beispiel für die Gliederung der Warengruppe Wein

Zur Konstruktion von Entscheidungsbäumen kann auf Prozessverfolgungstechniken zurückgegriffen werden. So lassen sich beispielsweise „*decision nets*" durch Protokollanalysen konstruieren, indem Testpersonen aufgefordert werden, während eines Entscheidungsproblems „laut zu denken" (vgl. Bettman 1979, S. 229–265). Die Protokollanalysen sind jedoch mit dem Problem verbunden, dass erhebliche Spielräume bei der Auswertung und Interpretation der Protokolle bestehen. Ein weiteres Verfahren ist die Information Monitoring Methode. Hier wird eine Testperson vor ein Entscheidungsproblem gestellt, welches in Form einer sog. Informationsdisplaymatrix präsentiert wird. Dabei handelt es sich um eine Matrix, deren Zellen jeweils verdeckt die Attributausprägungen verschiedener Alternativen beinhalten, die von der Testperson abgerufen werden können (vgl. Bettman 1979, S. 196–197). Aus der Reihenfolge des Informationsabrufs lässt sich ein Entscheidungsbaum konstruieren.

Bei beiden Prozessverfolgungstechniken stellt sich die Frage, wie aus der Vielzahl individuell gemessener Entscheidungsprozesse eine homogene Kategoriestruktur konstruiert werden kann. Darüber hinaus sind zwei Probleme zu beachten:

- Erstens unterstellt das Entscheidungsbaumverfahren die Existenz sequentiell hierarchischer Entscheidungsprozesse. Tatsächlich gibt es aber eine Vielzahl denkbarer Entscheidungsheuristiken, so dass nicht zwangsläufig von hierarchisch sequentiellen Prozessen auszugehen ist (vgl. Bettman 1979, S. 179).
- Zweitens sind die Kriterien, nach denen Entscheidungsbäume gebildet werden, bei unterschiedlichen Personen und Kaufsituationen nicht homogen (vgl. Möhlenbruch 1997, S. 118; Mollá/Múgica/Yagüe 1998, S. 229).

20.3.2.2 Ordnungssysteme auf Basis von Ähnlichkeitsvorstellungen

Dem Entscheidungsbaumverfahren ist eigen, dass es sich an Entscheidungsprozessen von Kunden orientiert. Alternativ können Kategorien aber auch auf der Basis kognitiver Strukturen von Kunden definiert werden (vgl. Zielke 2001, 2002). Kognitive Strukturen werden häufig in Form von semantischen Netzwerken dargestellt, in denen Wissenselemente durch Knoten symbolisiert und durch Linien zu einem Netzwerk verbunden sind (vgl. Collins/Loftus 1975; Schermer 2006). Kognitive Strukturen können das Suchverhalten im Geschäft steuern, indem Artikel, die in dem semantischen Netzwerk nah beieinander liegen, auch in räumlicher Nähe zueinander gesucht werden.

Kognitive Strukturen lassen sich durch verschiedene Erhebungstechniken ermitteln. Wenn es darum geht, einer Kategorie Artikel zuzuordnen und diese anschließend hierarchisch zu gliedern, bieten sich insbesondere Assoziationsverfahren an. So könnte sich beispielsweise die Frage stellen, welche Artikel mit der Kategorie „Frühstück“ assoziiert werden und wie diese in Untergruppen, Segmente und Untersegmente aufgeteilt werden können.

Bei Assoziationsverfahren werden Probanden gebeten, innerhalb einer vorgegebenen Zeit möglichst viele Artikel zu assoziieren, die innerhalb einer Kategorie angeboten werden können. Ausgehend von der Hypothese, dass in der Reihenfolge, in der die Artikel assoziiert werden, ihre Nähe in den kognitiven Strukturen der Probanden zum Ausdruck kommt (vgl. hierzu Grunert 1990, 1991), lässt sich eine Distanzmatrix konstruieren, aus der mit Hilfe der Clusteranalyse und multidimensionalen Skalierung Sortimentsstrukturen abgeleitet werden können (vgl. Zielke 2001, 2002). Abbildung 20.10 und Abbildung 20.11 zeigen die Ergebnisse einer solchen Vorgehensweise am Beispiel einer Schreibwarenabteilung. Das Dendrogramm der Clusteranalyse verdeutlicht, dass sich die Schreibwaren-Kategorie zunächst in zwei Untergruppen aufteilen lässt. Während die erste Untergruppe Schreibgeräte (z. B. Füller), Schreibmaterial (z. B. Hefte) und Hilfsmittel (z. B. Anspitzer) umfasst, werden der zweiten Untergruppe Artikel zum Versand/Schriftverkehr (z. B. Briefpapiere) und zur Ablage (z. B. Ordner) zugeordnet. Da die Überführung komplexer kognitiver Netzwerke in eine hierarchische Sortimentsstruktur auch mit Fehlzuordnungen einzelner Artikel einhergehen kann, empfiehlt es sich, die Artikel zusätzlich mit Hilfe der multidimensionalen Skalierung in einem zweidimensionalen Wahrnehmungsraum darzustellen. Je näher die Artikel dort beieinander liegen, desto stärker werden sie miteinander assoziiert.

```
  C A S E      0         5        10        15        20        25
Label     Num  +---------+---------+---------+---------+---------+

Bleistifte      -+
Kugelschreiber  -+---+
Füller          -+   +-----+
Buntstifte      -----+     +---+
Anspitzer       -+---------+   I
Radiergummis    -+             +---------------------------------+
Schreibblöcke   -+-----+       I                                 I
Hefte           -+     +-------+                                 I
Lineale         ---+---+                                         I
Tinte           ---+                                             I
Ordner          -+-----------+                                   I
Schnellhefter   -+           I                                   I
Briefpapier     -+-+         +-----------------------------------+
Briefumschläge  -+ +-----+   I
Papier          ---+     +---+
Druckerpapier   -+-+     I
Karten          -+ +-----+
Locher          ---+
```

Quelle: Zielke 2001, 2002

Abb. 20.10: Ergebnis einer Clusteranalyse für die Kategorie Schreibwaren

Neben den Assoziationsverfahren können auch Sortierverfahren herangezogen werden, die auf Ähnlichkeitsurteilen basieren. Im Unterschied zu dem Assoziationsverfahren müssen hierzu allerdings im Vorfeld konkrete Testartikel vorgegeben werden. Die Ähnlichkeit der Testartikel kann dann durch Paarvergleiche oder durch hierarchisches Sortieren erhoben werden (vgl. Kinateder 1989; Zielke 2001, 2002). Auch multiattributive Verfahren können herangezogen werden, wobei allerdings im Vorfeld die relevanten Kategorisierungsmerkmale bekannt sein müssen. Ebenso wie die durch das Assoziationsverfahren gemessenen Sequenzen lassen sich auch die Ähnlichkeitsurteile in einer Distanzmatrix darstellen und durch Clusteranalyse und multidimensionale Skalierung auswerten. Werden die Ähnlichkeitsurteile multiattributiv erhoben, kann statt der multidimensionalen Skalierung auch eine Korrespondenzanalyse herangezogen werden, um den Wahrnehmungsraum der Probanden darzustellen (vgl. hierzu Scharf 1991).

Die vorgestellten Methoden zur Sortimentsgliederung auf Basis kognitiver Strukturen sind mit verschiedenen Problemen verbunden:

- Es stellt sich die Frage, inwieweit eine Sortimentsgliederung auf Basis kognitiver Strukturen tatsächlich kundenorientiert ist, indem sie z. B. Suchprozesse erleichtert. Dies wird davon abhän-

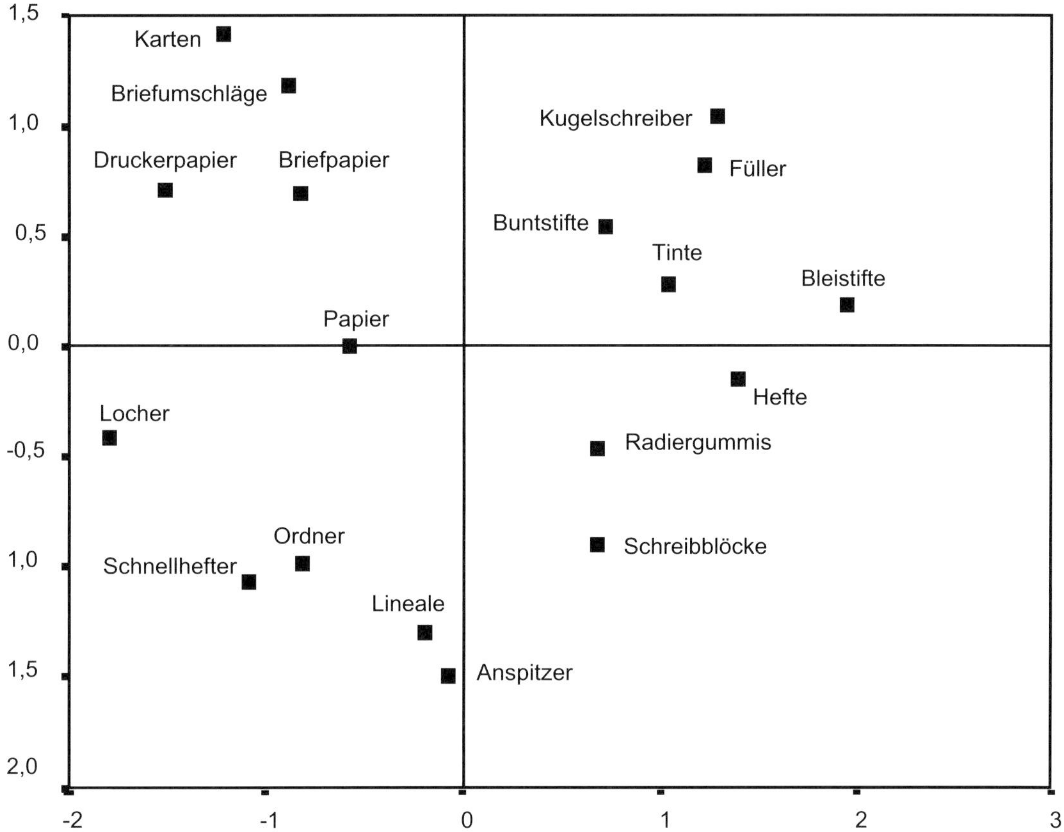

Quelle: Zielke 2001, 2002

Abb. 20.11: Ergebnis einer multidimensionalen Skalierung für die Kategorie Schreibwaren

gen, ob die Kunden bei der Suche nach Artikeln auf ihr allgemeines Kategorisierungswissen oder beispielsweise auf Erfahrungen zurückgreifen.

- Auch wenn kognitive Strukturen als relativ stabil angesehen werden können, werfen die Ergebnisse die Frage nach ihrer Reliabilität auf (vgl. hierzu auch Grunert 1990, S. 95).
- Gegenüber dem Assoziationsverfahren erfordern die Sortierverfahren die Vorgabe ausgewählter Testartikel. In die Auswahl der Testartikel können bereits implizite Annahmen über die Kategoriestruktur einfließen, die sich später im Ergebnis niederschlagen.
- Probleme kann auch die Interpretation des ermittelten Wahrnehmungsraums und des Cluster-Dendrogramms bereiten.

Ist die Struktur einer Kategorie festgelegt, stellt sich die Frage, welchen Kategoriesegmenten einzelne Artikel zugeordnet werden sollen. Diese Zuordnung ist keineswegs unproblematisch, handelt es sich doch bei Kategorien oder Kategoriesegmenten häufig um Fuzzy Sets, d. h. einzelne Artikel sind als mehr oder weniger typische Vertreter mehrerer Kategorien oder Segmente anzusehen. In bestimmten Fällen ist es deshalb erforderlich, Typizitätsmaße für die Zugehörigkeit von Artikeln zu unterschiedlichen Kategorien bzw. Kategoriesegmenten zu ermitteln (vgl. Viswanathan/Childers 1999).

20.3.3 Ansprüche des Kunden an die Platzierungsanordnung

Die Frage, ob ein Sortiment endverbraucherorientiert gegliedert ist, kann in vielen Fällen nur schwer beantwortet werden. Hierzu muss einerseits bekannt sein, welche Ansprüche die Kunden an eine Sortimentsgliederung stellen (vgl. hierzu auch Kapitel 15 zum strategischen Warengruppen-Management) und andererseits, wie diesen Ansprüchen durch die Bildung und Anordnung von Platzierungseinheiten entsprochen werden kann.

Die Ansprüche der Kunden und die aus ihnen abgeleiteten Regalgestaltungsprinzipien können vielfältig sein (vgl. hierzu Zielke 2001, 2002):

- Die Anordnung von Platzierungsgruppen kann den physischen Suchaufwand, d h. die vom Kunden zurückzulegenden Laufwege im Verkaufsraum reduzieren, indem häufig gemeinsam gekaufte Artikel in räumlicher Nähe zueinander platziert werden.
- Die Sortimentsgliederung kann auch an dem psychischen Suchaufwand der Kunden ansetzen. Hierunter wird der kognitive Aufwand verstanden, der erforderlich ist, um einen oder mehrere gesuchte Artikel im Verkaufsraum zu finden. Dieser Aufwand kann reduziert werden, indem solche Artikel gemeinsam platziert werden, die in den kognitiven Strukturen der Kunden stark miteinander assoziiert sind und deshalb als zusammengehörig erachtet werden.
- Nachdem Kunden eine gesuchte Platzierungseinheit gefunden haben, müssen sie unter Umständen eine Auswahlentscheidung treffen. Der hierzu erforderliche Aufwand kann erleichtert werden, indem Artikel, die in starkem Maße als Substitute angesehen werden, in einer gemeinsamen Platzierungsgruppe zusammengefasst werden. Machen Kunden Gebrauch von hierarchischen Entscheidungsheuristiken, indem sie z. B. beim Kauf von Wein erst die Farbe, dann das Anbaugebiet, die Rebsorte und als letztes schließlich den Preis heranziehen, können die Regalstrukturen an diese Heuristiken angepasst werden.
- Schließlich kann dem Wunsch nach Stimulation nachgekommen werden, indem häufig gemeinsam gekaufte oder verwendete Artikel zu Sortimentseinheiten zusammengefasst werden.

Die aus den unterschiedlichen Ansprüchen abgeleiteten Regalgestaltungsprinzipien können zu teilweise widersprüchlichen Ergebnissen führen. So ließe sich aus der Beobachtung, dass Bier und Windeln häufig gemeinsam gekauft werden schlussfolgern, Bier und Windeln gemeinsam zu platzieren. Dies würde vielleicht den Aufwand der Kunden reduzieren, weil sie beim Kauf des einen Artikels (Windeln) an den Kauf des anderen Artikels (Bier) erinnert werden und diesen Artikel auch ohne weitere Wegstrecken vorfinden, aber ein solches Platzierungssystem wird den Vorstellungen der meisten Verbraucher widersprechen. Dies verdeutlicht, dass es erforderlich ist, die Vorstellungen der Verbraucher zu erkennen und Prioritäten für die unterschiedlichen Regalgestaltungsprinzipien festzulegen. Zielke (2001, 2002) empfiehlt für SB-Warenhäuser und Verbrauchermärkte, die Sortimentsgliederung an den kognitiven Strukturen der Verbraucher auszurichten, wobei er sich auf folgende Argumente stützt:

- Die Entlastung von Suchprozessen wird in SB-Warenhäusern und Verbrauchermärkten von den Kunden für bedeutsamer erachtet als die Entlastung von Entscheidungsprozessen oder die Anregung zu zusätzlichen Kaufmöglichkeiten.
- Das Platzierungswissen der Kunden ist in SB-Warenhäusern und Verbrauchermärkten häufig gering. Dies gilt insbesondere für zentrale Bereiche der Geschäfte, in denen markante Orientierungspunkte fehlen (vgl. Sommer/Aitkens 1982; Esch/Billen 1996).
- Entscheidungsheuristiken und Einkaufsverbünde sind weder homogen noch stabil. Sie können sich sowohl bei unterschiedlichen Personen als auch bei einer Person in Abhängigkeit von situativen Faktoren unterscheiden.

Zur Beurteilung der Gliederungsmethoden sollte zunächst geprüft werden, inwieweit sie tatsächlich zu Sortimentsstrukturen führen, die die Orientierung der Kunden unterstützen. Hierbei kann beispielsweise festgestellt werden, ob eine bestimmte Sortimentsgliederung die Suche nach Artikeln erleichtert, so dass sich die Kunden besser im Geschäft zurechtfinden. Um kognitive Prozesse am Point of Sale zu untersuchen, bieten sich insbesondere Prozessverfolgungstechniken wie Methoden der Blickaufzeichnung (vgl. Leven 1992; Berghaus 2005; Schröder/Berghaus 2005; Schröder/Möller/Zimmermann 2007a; von Keitz/Groepler 2007) oder videogestützte Gedankenrekonstruktionen an (vgl. Silberer 2005; Büttner 2009). Einen umfassenden Überblick über diese und weitere Methoden der Verhaltensforschung am Point of Sale gibt Silberer (2009).

Kinateder (1989) konnte zeigen, dass eine auf der Basis von Sortierexperimenten ermittelte Sortimentsstruktur für die Kategorie Süßgebäck tatsächlich dazu führte, dass sich Kunden in der Abteilung besser orientieren konnten. Allerdings gingen von der neuen Sortimentsstruktur keine direkten Umsatzeffekte aus.

Es ist auch zu prüfen, inwieweit aus den erleichterten Suchprozessen ein entsprechender Kundenbindungsnutzen resultiert. Ein hoher Bindungsnutzen wird insbesondere in solchen Branchen oder Betriebsformen erwartet werden können, in denen Versorgungsmotive gegenüber hedonistischen Einkaufsmotiven dominieren. In anderen Branchen, beispielsweise im Textileinzelhandel, in denen auch hedonistischen Einkaufsmotiven ein gewisser Stellenwert zukommt, können sich andere Gliederungsprinzipien als sinnvoll erweisen. Dies können beispielsweise kontextbezogene Präsentationskonzepte (vgl. Gröppel 1991, 1992) oder *shop-in-shop*-Systeme (vgl. Medla 1987) sein.

20.4 Die Aufteilung der Verkaufsfläche auf vorgegebene Platzierungseinheiten und Funktionszonen

Nachdem die Platzierungseinheiten gebildet wurden, stellt sich die Frage, welchen Anteil an der Verkaufsfläche sie erhalten sollen und wie sie angeordnet werden können. Dabei wird nicht nur über die Anordnung der Platzierungseinheiten zueinander, sondern auch über die Aufteilung der

Verkaufsfläche in Funktionszonen und ihre Anordnung zu entschieden sein. Gegenstand der Planung auf der Ebene der Platzierungseinheiten sind zunächst in der Regel Warenbereiche oder Warengattungen. Im Folgenden wird vereinfachend von Warenbereichen gesprochen.

Entscheidungen über die Größe der Fläche für einzelne Warenbereiche

Die Fläche für einzelne Warenbereiche wird auch davon abhängen, ob sie einfach oder mehrfach platziert werden. Durch Mehrfachplatzierungen steigt die Verkaufschance der Ware, da sich die Wahrscheinlichkeit eines Kontaktes zwischen den Nachfragern und der Ware erhöht. So bietet sich die mehrfache Platzierung solcher Warenbereiche an, die einen hohen Bruttoertrag bzw. Deckungsbeitrag erwirtschaften. Gleichzeitig muss aber beachtet werden, dass die Nutzung des Instruments „Mehrfachplatzierung" aus Kundensicht zu einer unübersichtlichen Gliederung des Sortiments führen kann. Insofern kommen Mehrfachplatzierungen ganzer Warenbereiche eher selten vor. Ausnahmen sind Sonderplatzierungen von Sortimentseinheiten mit starkem Impulscharakter (z. B. Eis in der Kassenzone) oder ein erweitertes Angebot von Getränken in einem angegliederten Getränkemarkt.

Die Überlegung, wie oft Warenbereiche platziert werden, ist eng verbunden mit der Frage, welche Verkaufsflächenanteile bestimmte Warenbereiche erhalten sollen, um „optimal" akquisitorisch zu wirken. Dabei kann die Vergabe als Raum- oder Flächenanteil erfolgen. Die Entscheidung, welche Anteile der Verkaufsfläche einzelnen Sortimentseinheiten zugeteilt werden, ist auf das Engste mit der Sortimentspolitik verknüpft, denn tendenziell wächst der Raumbedarf mit der Sortimentstiefe. Die Auswirkungen unterschiedlicher Raumzuweisungen können in vielen Fällen nur geschätzt werden. Durch den unmittelbaren Zusammenhang zwischen Raumzuweisung und möglicher Sortimentstiefe könnte hierzu auf Untersuchungen zur Wirkung unterschiedlicher Sortimentstiefen zurückgegriffen werden (vgl. Kapitel 16). Für die Praxis eignen sich auch Decision-Calculus-Verfahren, bei denen Experten angeben sollen, um wie viel der Umsatz voraussichtlich ansteigt, wenn die Fläche gegenüber einer bestimmten Bezugsgröße um beispielsweise 10 % ausgedehnt bzw. um 10 % reduziert wird. Die Schätzungen werden als Punkte einer Response-Funktion gesehen, die den Umsatz der Sortimentseinheit mit der zugewiesenen Fläche verknüpft. Es versteht sich, dass bei solchen Schätzungen von Flächen einer bestimmten Qualität ausgegangen werden muss. Prinzipiell lassen sich jedoch auch die Verfahren heranziehen, die zur Aufteilung der Regalfläche auf einzelne Artikel verwendet werden. Diese Verfahren werden in Abschnitt 20.4 vorgestellt.

Abbildung 20.12 zeigt die Grundidee eines einfachen marginalanalytischen Verfahrens, das auch auf Basis von Expertenschätzungen durchgeführt werden kann. Auf zwei Warenbereiche (WB 1 und WB 2) soll eine beschränkt verfügbare Fläche von 100 qm aufgeteilt werden. Die Flächeneinheiten sind jeweils jener Verwendung zuzuführen, bei der der Grenzertrag am höchsten ist. So werden dem Warenbereich 1 zunächst 30 qm zugeteilt, bevor Warenbereich 2 die ersten 10 qm erhält. Bei der optimalen Aufteilung erhält Warenbereich 1 eine Fläche von 60 qm, Warenbereich 2 dagegen eine von nur 40 qm. Bei dieser Aufteilung ergibt sich ein prognostizierter Deckungsbeitrag von 227 000 € für Warenbereich 1 und 125 000 € für Warenbereich 2.

qm	DB WB 1 (in 1000 €)	Anstieg (in 1000 €)	DB WB 2 (in 1000 €)	Anstieg (in 1000 €)
10	**42**	**42 (1.)**	**40**	**40 (4.)**
20	**84**	**42 (2.)**	**75**	**35 (6.)**
30	**126**	**42 (3.)**	**105**	**30 (8.)**
40	**165**	**39 (5.)**	**125**	**20 (10.)**
50	**199**	**34 (7.)**	134	9
60	**227**	**28 (9.)**	142	8
70	242	15	149	7
80	250	8	154	5
90	254	4	158	4
100	256	2	160	2

Abb. 20.12: Verwendung der knappen Fläche entsprechend dem Grenzertrag

Die Anordnung der Warenbereiche und Wegeführung

Bei der Anordnung der Warenbereiche und der Wegeführung (vgl. Berman/Evans 2007, S. 516–517; Levy/Weitz 2009, S. 512–515) stellt sich zum einen die Frage, wo ein Warenbereich innerhalb der Verkaufsfläche, zum anderen in welcher Nachbarschaft einzelne Warenbereiche zu den anderen Warenbereichen platziert werden sollen. Falls sich der Ort, an dem Warenbereiche platziert werden, auf den ökonomischen Erfolg auswirkt, können die Warenbereiche so angeordnet werden, dass ein gewinnmaximales Ergebnis erzielt wird. Die Entwicklung von Verfahren zur Berechnung einer gewinnoptimalen Platzierung hat sich aber in der Praxis aufgrund der großen Zahl von Nebenbedingungen als schwierig erwiesen.

Die Frage, wo ein Warenbereich zu platzieren ist, wird von dem akquisitorischen Potenzial einzelner Bereiche des Verkaufsraums abhängig sein. Es werden deshalb Kundenlaufstudien durchgeführt, die zum Beispiel die Frequenz in einzelnen Teilen des Verkaufsraums ermitteln. Ein Beispiel für die Umsetzung der Ergebnisse von Kundenlaufstudien findet sich bei Bufe (1981), der aufzeigt, wie sich die Kundenströme innerhalb eines Geschäfts verteilen. Als verkaufsstarke Zonen werden Wand- und Auflaufflächen, Gondelenden und die Kassenzone genannt. Ein geringeres akquisitorisches Potenzial zeigt sich dagegen für links vom Kundenlauf liegende Flächen, die Mitte des Verkaufsraums, die häufig schnell passierten Flächen im Eingangsbereich sowie Ecken, die keine Auflaufflächen darstellen (Bufe bezieht sich hierbei auf einen Supermarkt mit Kundenlauf im Uhrzeigersinn). Muss- und Magnetartikel werden deswegen häufig in verkaufsschwachen Zonen angeboten, während Impulsartikel in verkaufsstarken, werbewirksamen Raumzonen platziert werden. Bei einer kundenorientierten Sichtweise ist jedoch auch hier zu beachten, inwieweit Kunden Wert auf kurze Suchzeiten oder die Anregung zu Impulskäufen legen (vgl. Zielke 2002). Bei der Interpretation von Kundenlaufstudien muss berücksichtigt werden, dass die beobachteten Frequenzen von der Art der Platzierung abhängen. In jüngerer Zeit haben sich durch die RFID-Technik neue Möglichkeiten ergeben, den Kundenlauf in Supermärkten zu verfolgen (vgl. Larson/Bradlow/Fader 2005; Schröder/Möller/Zimmermann 2007b).

Bei der Platzierung von Warenbereichen sollten auch bestehende Verbundbeziehungen berücksichtigt werden. Hierbei kann ebenso wie bei der Bildung von Platzierungsgruppen der Frage nachgegangen werden, welche Warenbereiche Kunden als ähnlich oder zusammengehörig ansehen. Auf diese Weise lassen sich u. a. Orientierungsfreundlichkeit und *mental convenience* der Einkaufsstätte verbessern (vgl. Esch/Billen 1996).

Abbildung 20.13 zeigt mögliche Anordnungen von Warenbereichen unter Berücksichtigung substitutiver und komplementärer Verbundbeziehungen. Hier wird von Wernien (1966) der Versuch unternommen, einige Warengruppen in einer dreistufigen Rangordnung zueinander zu platzieren. Wenn beispielsweise die komplementäre Platzierungsnachbarschaft von Waschmittel zu Kosmetika bzw. Non-Foods nicht realisiert werden kann (1. Rang), sollte diese Warengruppe in der Nähe zu dem Non-Food-Bereich Papier und Schreibwaren platziert werden (2. Rang). Diese Erkenntnisse basieren auf Erfahrungswerten der Praxis, die aber in dem Beitrag von Wernien nicht näher erläutert werden. Prinzipiell lassen sich die dargestellten Rangwerte aus Assoziationsmaßen ableiten, die beispielsweise durch Analysen des Kaufverbunds ermittelt wurden. Ebenso lassen sich entsprechende Assoziationsmaße aus den bereits vorgestellten Assoziations- und Sortierverfahren zur Ermittlung kognitiver Strukturen ableiten.

Bei der Anordnung der Warenbereiche ist auch die Wegeführung zu berücksichtigen. Das Ziel besteht hierbei darin, eine optimale „Kundenspirale“ durch eine gezielte Lenkung und Führung der Kunden innerhalb des Verkaufsraums zu erreichen und somit die Frequenz an bestimmten Orten innerhalb der Verkaufsstelle zu erhöhen. Die Warenbereiche können dabei so angeordnet werden, dass die Kunden, ohne Zwang zu empfinden, einen möglichst langen Einkaufsweg wählen und damit die Aufenthaltsdauer im Geschäft verlängern. Dies kann sich positiv auf den Absatz auswirken.

Bei der Warenanordnung ist auch zu beachten, ob die Wegeführung zu einem Kundenlauf mit oder gegen den Uhrzeigersinn führt. Gröppel-Klein und Bartmann (2009) konnten zeigen, dass eine Wegeführung im Uhrzeigersinn positive Effekte auf die empfundene Einkaufsbequemlichkeit, Orientierungsfreundlichkeit und Ausgabebereitschaft hat. Diese Effekte lassen sich dadurch erklären, dass Kunden sowohl eine Tendenz zur Rechtsorientierung als auch eine Tendenz zur Wandorientierung haben. Dies führt bei einem Layout im Uhrzeigersinn dazu, dass Produkte auf der linken und rechten Gangseite gleichermaßen wahrgenommen werden, während bei einer Orientierung gegen den Uhrzeigersinn die rechte Seite der Wandseite entspricht, so dass die linke Seite weniger stark wahrgenommen wird.

Da mit einer steigenden Anzahl von Regalen die Zwischengänge schmaler werden, kann es bei hoher Kundenfrequenz zu Verkehrsstauungen bzw. Bewegungsschwierigkeiten kommen. Durch die räumliche Einengung können bei Kunden Stresszustände erzeugt werden, die auch als Crowding bezeichnet werden und das Kundenverhalten negativ beeinflussen können (vgl. Eroglu/Machleit 1990; Machleit/Eroglu/Mantel 2000). Zu breite Gänge führen hingegen zu dem sog. „Rennbahn-Effekt“, das heißt, die Kunden laufen zu schnell durch den Verkaufsraum.

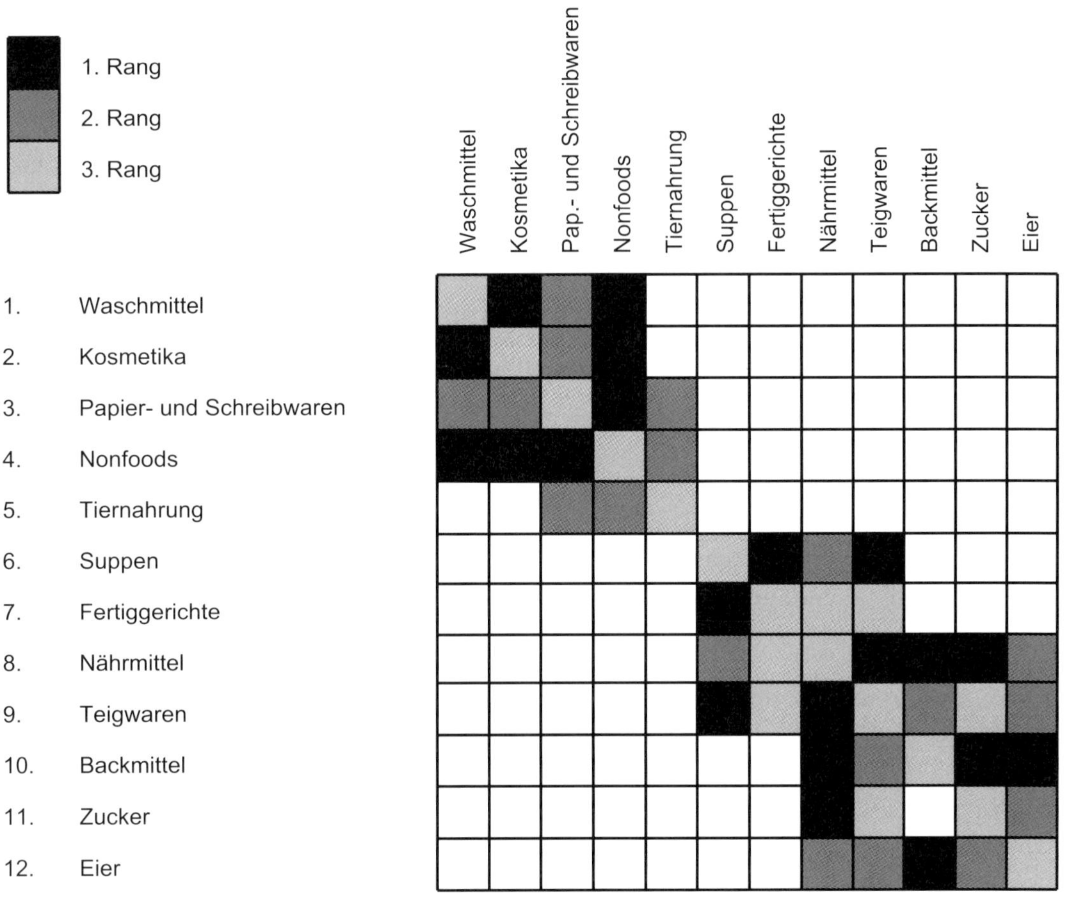

Quelle: in Anlehnung an Wernien 1966, S. 39

Abb. 20.13: Die Platzierungsnachbarschaften einiger ausgewählter Warengruppen

20.5 Die Zuteilung von Regalkapazitäten

Insbesondere im Lebensmittelhandel kommt der Entscheidung über die Zuordnung der Artikel zu einzelnen Plätzen im Regal eine große Bedeutung zu. Nachdem die Platzierungsgruppen gebildet wurden, müssen die folgenden Entscheidungen getroffen werden:

- Den einzelnen Platzierungseinheiten sind Plätze im Regal zuzuweisen (Wahl des Regalbodens, Platzierung auf der linken oder rechten Seite).
- Es ist festzulegen, wie viele Regalfrontstücke (Facings) den einzelnen Artikeln zugewiesen werden sollen.

Man spricht auch von der Regalgestaltung oder Regalbelegung. Bei der Verteilung der Regalkapazitäten auf die einzelnen Platzierungseinheiten ist zu fragen, welche Wirkungen auf verschiedene Zielgrößen, beispielsweise den Absatz oder den Marktanteil einer Platzierungseinheit, aber auch auf Sichtkontakte, Wegkontakte oder Handlingkosten ausgehen. Einen Überblick über Untersuchungen zur Regalgestaltung geben Höller (1987), Heidel (1990) oder Zielke (2002). Auch wenn die Ergebnisse einiger Untersuchungen widersprüchlich sind, hat sich tendenziell gezeigt, dass

- Regalorte in Greif- und Sichthöhe eine besonders hohe Wertigkeit aufweisen,
- zwischen zugeteilten Frontstücken einer Platzierungseinheit und deren Absatz ein positiver, aber degressiv steigender Zusammenhang besteht,
- Platzierungseinheiten unterschiedlich stark auf veränderte Kapazitätsverteilungen reagieren.

Im Folgenden sollen zuerst Erkenntnisse zu der Wertigkeit verschiedener Regalzonen zusammengefasst werden, bevor dann auf ausgewählte Verfahren, mit denen die Zuordnung von Regalkapazitäten bestimmt werden kann, eingegangen wird.

Die Wertigkeit unterschiedlicher Regalzonen

Ebenso wie verschiedene Bereiche der Verkaufsfläche ein unterschiedliches akquisitorisches Potenzial besitzen, weisen auch unterschiedliche Regalzonen verschiedene Wertigkeiten auf. Das größte akquisitorische Potenzial besitzen Regalorte in Griff- und Sichthöhe (vgl. Wieland 1977, S. 59; Höller 1987, S. 39). In einer Studie von Dréze, Hoch und Purk (1994) wurden Zahnbürsten vom obersten Regalboden auf Augenhöhe umplatziert, während Zahnpasta, die vorher in Augenhöhe platziert war, auf den obersten Regalboden gestellt wurde. Bei den Zahnbüsten war eine signifikante Umsatzsteigerung von 8 % zu verzeichnen, der Umsatz der Zahnpasta stieg geringfügig um 1 %. In einer anderen Untersuchung der Autoren zeigte sich, dass eine Position in Augenhöhe zwischen 51 und 53 Inches (1,30 bis 1,35 m) das höchste Absatzpotenzial aufweist. Durch Umplatzierung eines Artikels von der besten in die schlechteste Regalzone ergeben sich auf Basis der empirisch ermittelten Nachfragefunktionen Absatzeffekte von durchschnittlich 59 %.

Die Wertigkeit unterschiedlicher Regalzonen wurde auch mit Hilfe von Methoden der Blickregistrierung untersucht. Von Keitz und Groepler (2007) fassen die Erkenntnisse einer im Auftrag von Unilever durchgeführten Studie wie folgt zusammen:

- Der erste Blick fällt beim Betreten eines Gangs entsprechend der Laufrichtung meistens auf den oberen vorderen Regalbereich.
- Es existieren Schwerpunkte der Aufmerksamkeit, wobei die Fixationshäufigkeit eher durch die Regalgestaltung beeinflusst wird, während die Fixationsdauer eher die Artikelwertigkeit widerspiegelt. Die höchsten Fixationshäufigkeiten zeigen sich im oberen Regalbereich (jedoch nicht auf den obersten Regalplätzen). Vordere und mittlere Bereiche werden häufiger fixiert als Bereiche am Ende des Gangs.
- Systematische Blickbewegungen finden eher in vertikaler Richtung statt, so dass Blockplatzierungen vorteilhaft erscheinen.

- Blickbewegungen in Laufrichtung sind oszillierend. Aus diesem Grund werden die unteren Regalplätze am Ende des Gangs etwas stärker bevorzugt als im vorderen Bereich. Dieser Effekt ist jedoch nicht so stark wie der Effekt der Regalhöhe.
- Insgesamt ist der Blickverlauf verschiedener Personen sehr heterogen, so dass es sich bei den Ergebnissen immer um idealtypische Verallgemeinerungen handelt.

Verhaltenswissenschaftliche Grundüberlegungen bei der Zuteilung von Regalkapazitäten

Die meisten Studien zur Wirkung unterschiedlicher Kapazitätszuteilungen (Frontstücke oder Facings) gründen auf dem SR-Konzept. Zielke (2002, 2003) hat demgegenüber einen stärker verhaltenswissenschaftlich orientierten Zugang gewählt, indem er erst untersucht hat, wie sich die Zuteilung von Regalkapazitäten auf die zur Suche von Artikeln benötigte Zeit (Suchzeit) sowie auf die Wahrscheinlichkeit, dass Artikel ohne Suche wahrgenommen werden (Wahrnehmungswahrscheinlichkeit), auswirkt. Hierbei konnte empirisch gezeigt werden, dass mit zunehmender Sichtfläche einer Platzierungseinheit deren Suchzeit sinkt und die Wahrnehmungswahrscheinlichkeit ansteigt. Gleichzeitig führt die sinkende Suchzeit nach einem Artikel dazu, dass die Wahrscheinlichkeit, dass andere Artikel wahrgenommen werden, abnimmt. Mit Hilfe der Wahrnehmungswahrscheinlichkeiten lassen sich Absatzeffekte unterschiedlicher Platzierungsalternativen erklären. Inwieweit eine erhöhte Wahrnehmungswahrscheinlichkeit zu einer Absatzsteigerung führt, hängt dabei unter anderem davon ab, ob die Kunden eine Kaufabsicht für die wahrgenommenen Artikel entwickeln und ob sie bereit sind, die für die Artikel verlangten Preise zu bezahlen.

Das Wissen um die Zusammenhänge zwischen Platzierungsparametern und Zielgrößen der Warenplatzierung bildet die Grundlage zur Ermittlung optimaler Kapazitätsverteilungen. Zur Optimierung stehen unterschiedliche Verfahren zur Verfügung, auf die im Folgenden eingegangen wird (vgl. auch den Überblick bei Barth 1975; Müller 1982; Höller 1987; Heidel 1990; Zielke 2002).

Kennzahlorientierte Verfahren

Kennzahlorientierte Modelle basieren darauf, dass die Verkaufs- oder Regalfläche aufgrund einer einfachen Kennzahl (z. B. Umsatz- oder Absatzanteil) oder einer Kombination von Kennzahlen (z. B. Deckungsbeitrag, Lagerumschlag, ROI) vergeben wird. Bei einigen Verfahren werden mehrere Kennzahlen multiplikativ miteinander verknüpft (vgl. Müller 1982, S. 198–203). Die Verwendung von Kennzahlen zur Vergabe von Regal- oder Verkaufsfläche bringt allerdings die folgenden Probleme mit sich (vgl. Müller 1982, S. 203):

- Dynamische Aspekte bleiben unberücksichtigt.
- Die Multivalenz der Regale (unterschiedliche Wertigkeit einzelner Regalzonen) wird außer Acht gelassen, wobei allerdings nicht sicher ist, ob solche Multivalenzen tatsächlich in allen Fällen bestehen.
- Kostenaspekte wie Nachfüll- und Fehlmengenkosten bleiben unberücksichtigt, es sei denn, sie werden geschlüsselt, was aber zu ungenauen Ergebnissen führt.
- Verbundeffekte zwischen Artikeln bzw. zwischen Warenbereichen bleiben ausgeblendet.
- Regionale und lokale Unterschiede in den Verkaufsstellen erschweren die Übertragbarkeit von Kennzahlen.

Kennzahlverfahren wurden schon in den 1950er Jahren in den USA entwickelt (vgl. z. B. die Foodtown-Studie, Super Valu-Studie, Dillon-Studie und die Studie von McKinsey, dargestellt bei Curhan 1973). Die Verfahren erfreuen sich aber nach wie vor großer Beliebtheit und haben Eingang in Planungssysteme gefunden. Viele der in der Praxis verbreiteten Computerprogramme (Spacemanagementsysteme) basieren auf kennzahlorientierten Verfahren. Beispiele für solche Systeme sind Spaceman von The Nielsen Company, Apollo von PictureBox Retail Consulting oder Software der Firma Intactix. Abbildung 20.14 vermittelt einen Eindruck von der Struktur eines Spacemanagementsystems. Eines der zentralen Probleme dieser Systeme ist darin zu sehen, dass den Artikeln Regalkapazitäten auf Grund ihrer historischen Performance zugewiesen werden, wobei die tatsächlichen Wirkungszusammenhänge zwischen Platzierung und Performance unberücksichtigt bleiben. Insofern können kennzahlorientierte Verfahren zu suboptimalen Lösungen führen (vgl. zur Diskussion der Möglichkeiten und Grenzen von Spacemanagementsystemen Möhlenbruch/Meier 1993; Günther/Mattmüller 1993; Zielke 1999).

E	**Eingabedaten**	- Artikeldaten (Performance, Abmessungen), Warenträgerdaten (Abmessungen), historische Planogramme - Wirkungen von Marktentwicklung und geplanten Verkaufsförderungsaktionen - Prioritäten für Frontstücke und Wirkung von Duplikationen (Listing substitutiver Artikel) - Minimum-/ Maximumrestriktionen (unter Berücksichtigung von Bestandsanforderungen) - Repräsentationsanforderungen (Mindestanzahl von Listings in einer Warengruppe)
V	**Optimierungsvariable**	- Anzahl der Frontstücke
	Optimierungskriterien	- Performance-Index (gebildet aus gewichteten Kennzahlen unter Berücksichtigung von Trends und geplanten Promotions) - Minimum-/ Maximumrestriktionen, Repräsentationsanforderungen
	Optimierungsregel	- Berücksichtigung der Minimumrestriktionen - Berücksichtigung der Repräsentationsanforderungen - Zuteilung von Facings nach Maßgabe des Performance-Index (dabei Korrektur der Index-Werte auf Basis von Frontstückprioritäten und Wirkungen von Duplikationen) - Berücksichtigung der Maximumrestriktion
A	**Ausgabedaten**	- Listingmatrix - Planogramm

Quelle: Zielke 2002, S. 200

Abb. 20.14: Die Struktur eines modernen Spacemanagementsystems

Analytische Verfahren

Zu den analytischen Verfahren zählen verschiedene Varianten der mathematischen Programmierung sowie marginalanalytische Ansätze. Die meisten der vor 1990 publizierten theoretischen Ansätze, aber auch einige neuere Arbeiten, sind dieser Verfahrensklasse zuzuordnen (vgl. z. B. Anderson/Amato 1974; Anderson 1979; Corstjens/Doyle 1981, 1985; Hansen/Heinsbroek 1979; Wieland 1977, 1979, 1985; Zufryden 1986; Bultez/Naert 1988; Bultez/Gijsbrechts/Naert et al. 1989; Preston/Mercer 1990; Yang/Chen 1999).

Ein Beispiel für ein solches Verfahren ist der Ansatz von Anderson und Amato (1974). Diese Autoren unterteilen die erwartete Nachfrage in:

- markentreue Nachfrage,
- Nachfrage aufgrund von Markenwechsel und
- Nachfrage, die sich aufgrund der Präsentation eines Produkts ergibt.

Ziel des Verfahrens ist es, den Deckungsbeitrag eines Regals unter Berücksichtigung der vorhandenen Regalkapazität zu maximieren. Mathematisch gesehen handelt es sich um einen Spezialfall des sog. Knapsack-Problems, bei dem in Anlehnung an das zweite Gossensche Gesetz der Grenznutzen einzelner Regaleinheiten abnimmt, wenn weitere Einheiten desselben Artikels platziert werden. Der Regalplatz ist dann optimal aufgeteilt, wenn der Grenznutzen der Regaleinheiten für alle Artikel gleich ist. Die Verfasser treffen die folgenden Annahmen:

- Das Regal besitzt keine unterschiedlichen Platzwertigkeiten.
- Für jedes platzierte Produkt wird ein ausreichendes Lager unterhalten, so dass die Nachfrage nach jedem platzierten Artikel befriedigt werden kann.
- Handlingkosten, Verkaufspreise und Handelsspannen sind konstant.
- Die platzierten Artikel sind von derselben Größe und weisen dieselbe Frontlänge auf.
- Die gesamte Frontstückzahl ist ein Vielfaches der einzelnen Frontstücke pro Artikel, wobei der Faktor ganzzahlig ist.

Die Lösung erfolgt iterativ, wobei neben der Frontstückzuordnung simultan auch die Sortimentsplanung erfolgt.

Am Beispiel des Verfahrens von Anderson und Amato wird deutlich, welche Probleme häufig mit analytischen Verfahren verbunden sind. Folgende Aspekte erscheinen besonders problematisch:

- Die Unterteilung in markentreue Nachfrage, Nachfrage aufgrund von Markenwechsel und Nachfrage, die sich aufgrund der Zahl der Frontstücke ergibt, ist nur sehr schwer mit Daten zu belegen.
- Die vereinfachende Annahme, dass alle Artikel dieselbe Größe besitzen und dass Regale univalent sind, erscheint unrealistisch.
- Die Autoren weisen selbst darauf hin, dass das Verfahren nur für Artikelgruppen mit einer geringen Zahl von Artikeln anwendbar ist.

Insgesamt bleibt festzuhalten, dass die analytischen Verfahren (insbesondere Verfahren der mathematischen Programmierung) lediglich bei einfachen Entscheidungsproblemen unter sehr restriktiven Annahmen zu optimalen Lösungen führen.

Naturadaptive Verfahren

Naturadaptive Verfahren lösen Optimierungsprobleme in Analogie zu Phänomenen, die in der Natur beobachtet werden. Solche Phänomene sind z. B. physikalische Abkühlungsprozesse, aus denen das Simulated Annealing abgeleitet wurde oder biologische Evolutionsmechanismen, auf denen Evolutionäre Algorithmen basieren. Beide Verfahren sind in der Literatur auf Probleme der Warenplatzierung angewendet worden (vgl. Borin/Farris/Freeland 1994; Borin/Farris 1995; Urban 1998; Zielke 2002, 2003; Lim/Rodriguez/Zhang 2004; Hwang/Choi/Lee 2005; Hansen/Raut/Swami 2010). Auf den Ansatz von Zielke soll im Folgenden beispielhaft eingegangen werden.

Zielke (2002, 2003) hat gezeigt, wie mit Hilfe evolutionärer Algorithmen die Zuteilung von Regalkapazitäten für unterschiedliche Zielgrößen optimiert werden kann. Hierzu wurde ein Simulationsmodell vorgeschlagen, das für jede mögliche Platzierungslösung die mittlere Suchzeit der Kunden, den Regalumsatz und den Regaldeckungsbeitrag angeben kann. Hierbei setzt sich der Absatz einer Platzierungseinheit aus geplanten und ungeplanten Käufen zusammen, wobei die ungeplanten Käufe von Wahrnehmungswahrscheinlichkeiten während der Suche anderer Artikel sowie Impulskauf- und Zahlungsbereitschaften der Kunden abhängen.

Theoretisch ließen sich auf Basis des Simulationsmodells Zielfunktionswerte für alle denkbaren Parameterkonstellationen berechnen. Dies erscheint bei einer größeren Anzahl von Artikeln und Warengruppen sowie durch das Zusammenwirken einer Vielzahl von Parametern in einem komplexen Responsemodell nicht praktikabel. Aus diesem Grund werden evolutionäre Algorithmen herangezogen, mit denen zunächst für eine beschränkte Menge von Ausgangslösungen Zielfunktionswerte ermittelt werden, um dann mit Hilfe intelligenter Suchalgorithmen bessere Lösungen zu finden. Entsprechend werden bei evolutionären Algorithmen ausgehend von einer Lösungsmenge (Startpopulation), über Operatoren, die wie in der biologischen Evolutionstheorie als Selektion, Mutation und Crossover bezeichnet werden, neue Lösungsgenerationen erzeugt, die mit fortschreitendem Iterationsprozess immer bessere Zielfunktionswerte aufweisen (vgl. Nissen/Biethahn 1995; Nissen 1997).

Abbildung 20.15 zeigt, wie mit Hilfe eines evolutionären Algorithmus optimale Platzierungslösungen für unterschiedliche Zielkonstellationen ermittelt wurden. Es ist jeweils angegeben, wie viele Platzierungseinheiten einzelnen Warengruppen zugeteilt werden sollten (die im Originalmodell ermittelten Raumzuteilungen für einzelne Artikel wurden auf Warengruppenebene zusammengefasst). Bei Zielkonstellation 1 erfolgt die Optimierung im Hinblick auf den Deckungsbeitrag. Dies führt dazu, dass insbesondere Warengruppen mit hohen Impulskaufbereitschaften (WG 1, 3, 5, 7) und hohen Spannen (WG 5 und 7) viele Regalkapazitäten erhalten. Bei Zielkonstellation 2 erfolgt die Optimierung im Hinblick auf den Umsatz. Auch hier erhalten die Warengruppen mit hohen Impulskaufbereitschaften viele Regalkapazitäten, wohingegen die mit hohen Spannen keine Rolle spielen. Bei Zielkonstellation 3 wird die Suchzeit der Kunden als Zielkriterium gewählt. Hierbei erhalten insbesondere solche Warengruppen Regalkapazitäten, die oft Gegenstand von Suchkäufen sind (WG 1, 2, 5, 6).

Die Ergebnisse veranschaulichen auch, dass eine suchfreundliche Warenplatzierung offensichtlich mit Deckungsbeitragseinbußen erkauft wird. Der Deckungsbeitrag der suchfreundlichen Lösung liegt um 6,4 % unterhalb des Deckungsbeitragsoptimums. Demgegenüber liegt der Suchaufwand der Kunden bei der Lösung mit dem höchsten Deckungsbeitrag um 18 % über dem Suchzeitoptimum. Hieraus erwächst die Frage, inwieweit Deckungsbeitragsverluste einer suchfreundlichen Warenplatzierung durch Kundenbindungseffekte ausgeglichen werden können.

Warengruppe (WG)	Zielkonstellation 1: Max. Deckungsbeitrag	Zielkonstellation 2: Max. Umsatz	Zielkonstellation 3: Min. Suchzeit
1	11	17	14
2	4	3	14
3	17	21	8
4	4	4	8
5	23	18	14
6	4	3	14
7	23	21	9
8	4	3	8
9	10	10	11
Deckungsbeitrag	14.825,15 (Optimum)	13.128,82 (-11,4 %)	13.868,37 (-6,4 %)
Umsatz	29.421,91 (-7,3 %)	31.745,54 (Optimum)	27.158,04 (-14,5 %)
Mittlere Suchzeit	4,62 (+17,9 %)	4,82 (+23,0 %)	3,92 (Optimum)

Quelle: Zielke 2004, S. 394

Abb. 20.15: Zuteilung von Regalkapazitäten nach unterschiedlichen Zielkriterien

Abschließend stellt sich die Frage, wie die unterschiedlichen Verfahren zu bewerten sind. Zu den kennzahlorientierten Verfahren kann angemerkt werden, dass sie zwar einfach anzuwenden sind, aber in der Regel zu suboptimalen Lösungen führen. Die analytischen Verfahren erlauben zwar die Ermittlung optimaler Lösungen, jedoch bestehen bei komplexen Platzierungsproblemen Zweifel am effizienten Einsatz dieser Verfahren. Die naturadaptiven Verfahren führen nicht zwangsläufig zur optimalen, sondern häufig nur zu einer „guten" Lösung. Sie sind allerdings sehr gut bei komplexen Platzierungsproblemen einsetzbar. Aus diesem Grund sind sie auch in der Lage, Regale im Hinblick auf verschiedene absatzpolitische Instrumente zu optimieren. So wurde in dem Originalmodell von Zielke nicht nur die Warenplatzierung, sondern auch die Sortiments- und Preispolitik optimiert, wobei auch Interdependenzen zwischen den Instrumenten Berücksichtigung fanden. Insofern lassen sich die naturadaptiven Verfahren auch auf andere Anwendungen, wie beispielsweise das Category Pricing, übertragen.

20.6 Zusammenfassung

Im Rahmen der Verkaufsraumgestaltung sind insbesondere Entscheidungen über die Gestaltung der Einkaufsatmosphäre des Verkaufsraums, die Bildung von Platzierungseinheiten, die Aufteilung der Verkaufsfläche auf einzelne Warenbereiche und die Verteilung der Regalkapazitäten auf einzelne Artikel zu treffen. Der Stil der Verkaufsraumgestaltung bestimmt die Einkaufsatmosphäre. Häufig wird die Einkaufsatmosphäre mit dem Modell von Mehrabian und Russell untersucht, in dem die Dimensionen Lust und Erregung eine wichtige Rolle spielen. Neuere Arbeiten leiten aus dem Flow-Ansatz wichtige Einflussfaktoren der Freude am Einkaufen ab.

Zur Bildung von Platzierungsgruppen können unterschiedliche Kriterien und Verfahren herangezogen werden. Es wurden zwei Verfahren vorgestellt, mit denen Ordnungssysteme auf Basis hierarchischer Entscheidungsstrukturen oder auf Basis von Ähnlichkeitsvorstellungen der Kunden ermittelt werden können. Bei der Auswahl der Verfahren sollten die Ansprüche berücksichtigt werden, die Kunden an die Warenplatzierung stellen. Hierbei kommt insbesondere der Reduzierung des Suchaufwands eine wichtige Bedeutung zu.

Zur Aufteilung der Verkaufsfläche müssen Entscheidungen über die Größe der Fläche für einzelne Warenbereiche getroffen werden, die Warenbereiche müssen angeordnet werden, und es ist die Wegeführung festzulegen. Bei der Anordnung der Warenbereiche sind insbesondere Verbundbeziehungen zu berücksichtigen.

Zur Zuteilung von Regalkapazitäten sind verschiedene Verfahren entwickelt worden, wobei naturadaptive Ansätze besonders vielversprechend erscheinen. Weiterhin erscheint es sinnvoll, die Optimierung für unterschiedliche Zielkonstellationen vorzunehmen.

21 Service- und Beratungspolitik

Das vorliegende Kapitel beschäftigt sich mit der Servicepolitik und der Ausgestaltung von Verkaufs- und Beratungsgesprächen. Häufig wird darauf hingewiesen, dass dem Service in entwickelten Volkswirtschaften eine besondere Bedeutung zukommt. Im Großhandel ist zu beobachten, dass viele Händler umfassende Dienstleistungsportfolios entwickelt haben, um sich im Wettbewerb zu behaupten. Es sind aber auch gegenläufige Entwicklungen zu beobachten, so z. B. die Fortentwicklung der Selbstbedienung durch Drive-in-Konzepte im Baustoffhandel. Im Einzelhandel versuchen Fachhändler, sich durch das Angebot verschiedener Serviceleistungen von preisgünstigeren Wettbewerbern zu differenzieren und auf diese Weise Zusatzumsätze zu erzielen. So bieten beispielsweise Küchenstudios vor Ort Beratung und Planung an, entwerfen Zeichnungen, liefern die Küche aus und führen die Montage durch. Zugleich ist aber auch festzustellen, dass preisorientierte Händler auf Serviceleistungen weitgehend verzichten oder sie nur optional gegen Entgelt anbieten. IKEA stellt Software zur Verfügung, mit deren Hilfe die Kunden ihre Küche zu Hause selbst planen können. Die Kunden holen ihre Möbelteile bei IKEA ab, transportieren sie nach Hause und bauen sie dort selbst auf. Zunehmend werden im Handel Selbstbedienungstechnologien, wie z. B. Selbstzahlerkassen und Informationsterminals (Kiosksysteme), eingesetzt.

Manche Unternehmen bieten so umfangreiche Serviceleistungen an, dass es schwer fällt zu entscheiden, ob es sich um einen Handelsbetrieb oder um ein Dienstleistungsunternehmen handelt. In den Filialen von Autoteile Unger (A.T.U.) erhalten Kunden beispielsweise ein umfangreiches Sortiment von Autoteilen und Autozubehör. So lässt schon der Firmenname vermuten, dass es sich um einen Handelsbetrieb handelt. A.T.U. unterhält aber auch einen Werkstattbetrieb, aus dem ein großer Teil der Wertschöpfung des Unternehmens resultiert.

Service stellt sowohl für Groß- als auch für Einzelhandelsunternehmungen ein potenziell wichtiges Instrument dar, wiewohl im Einzelfall zu entscheiden ist, ob der Service zu einem Kernelement der Leistungspolitik ausgebaut werden soll oder ob auf die im Regelfall teuren Serviceleistungen verzichtet werden soll. Im Folgenden wird zunächst ein Überblick darüber gegeben, welche Ansatzpunkte es für die Servicepolitik gibt (Abschnitt 21.1). Anschließend wird dargestellt, welchen Beitrag die Servicepolitik zum Erfolg der Unternehmung (Erfolgsfaktorenforschung) leisten kann (Abschnitt 21.2). Im Mittelpunkt einer Servicepolitik stehen die Ware und ihre Präsenz sowie das Verkaufspersonal. Deshalb wird im Folgenden darauf eingegangen, wie Serviceleistungen im Rahmen der Warenwirtschaft ausgestaltet (Abschnitt 21.3) und Verkaufsgespräche erfolgreich gesteuert werden können (Abschnitt 21.4). Schließlich wird der Frage nachgegangen, inwieweit moderne Technologien, wie Selbstzahlerkassen oder Informationsterminals, nicht nur als Mittel zur Senkung der Personalkosten zu interpretieren sind, sondern auch als Instrumente nutzbar sind, mit denen das Verhalten der Kunden beeinflusst werden kann.

21.1 Die zentralen Elemente der Servicepolitik

Sowohl im Groß- als auch im Einzelhandel bieten sich zahlreiche Handlungsmöglichkeiten für eine aktive Servicepolitik. Wie Abbildung 21.1 zeigt, können Services in unterschiedlichen Phasen des Kaufprozesses angeboten werden. Dabei ist es zweckmäßig, zwischen Kaufprozessen im stationären Handel und im Distanzhandel (Versandhandel, Online-Handel) zu differenzieren. Charakteristisch für den Kauf im Distanzhandel ist, dass der Käufer nicht unmittelbar nach dem Abschluss des Kaufvertrages in den physischen Besitz der Ware gelangt, sondern dass dem Kauf im engen Sinne eine Phase folgt, die hier als Erfüllungsphase bezeichnet werden soll. In diesem Punkt weist der Kaufprozess im Distanzhandel Parallelen zum stationären Kauf von Produkten auf, die erst nach den individuellen Wünschen und Bedürfnissen des Kunden gefertigt werden müssen, wie z. B. Möbel, Autos oder Brillen. Ähnliches gilt für den Kauf von sperrigen Gütern, deren Transport vom Händler oder einem Dienstleister durchgeführt wird. Auch hier folgt auf den Kaufakt eine Erfüllungsphase. In Abbildung 21.1 werden diese Kaufprozesse bewusst berücksichtigt. Bei einem klassischen Kauf im stationären Handel, bei dem der Kunde die erworbene Ware unmittelbar mitnehmen kann, fällt diese Phase weg.

In der Vorkauf- und der Kaufphase kommt insbesondere der Bedienung und Beratung eine wichtige Rolle zu. Die Bedienung umfasst beispielsweise das Abwiegen und Einpacken von Wurst und Käse an der Theke oder die Abwicklung des Kassiervorgangs. Die Beratungsleistungen können unterschiedlich umfangreich sein. Sie reichen von der Hilfestellung bei der Produktauswahl bis hin zur Entwicklung komplexer Problemlösungsvorschläge sowie der Betreuung und Umsetzung von Projekten, die der Erstellung individualisierter Produkte dienen, wie dies oben am Beispiel des Küchenstudios verdeutlicht wurde. Ebenso sind Lieferungen zur Probe als Dienstleistungen in der Vorkaufphase zu interpretieren. Ein Beispiel hierfür ist der Service von Universitätsbuchhandlungen, die den Lehrstuhlbibliotheken Neuerscheinungen zur Ansicht schicken. Schließlich stellen viele Händler den Kunden Informationsmaterial (z. B. Kataloge) zur Verfügung. In der Kaufphase ist der Einfluss von Zahlungsmodalitäten und Finanzierungsangeboten (vgl. hierzu McGoldrick 2002, S. 508–516) auf die Kaufentscheidung zu beachten.

In der Erfüllungsphase kommt dem Lieferservice eine große Bedeutung zu. Der Lieferservice umfasst die Lieferzeit, aber auch die Lieferzuverlässigkeit, die Lieferbeschaffenheit und die Lieferflexibilität. Der Lieferservice ist zwar geeignet, die Leistungen eines Versandhändlers oder eines Online-Shops, allerdings nur bedingt die Leistungen eines stationären Händlers gegenüber seinen Kunden zu charakterisieren, da von diesen in den meisten Fällen die unmittelbare Verfügbarkeit der Waren in der Verkaufsstelle erwartet wird. Ausnahmen bilden, wie bereits oben angesprochen, individuell gefertigte Produkte wie Möbel oder Autos. Die Warenverfügbarkeit kann aber dem Lieferservice zugerechnet werden, da sie unmittelbar mit den übrigen Größen verbunden ist. Was ihre Zuordnung zu den in Abbildung 21.1 genannten Phasen anbetrifft, kann die Warenverfügbarkeit auch als Dienstleistung in der Vorkaufphase angesehen werden. Ebenso weist sie Beziehungen zur Sortimentspolitik auf, da *out-of-stock*-Situationen die Auswahl der Kunden beschränken.

Zu Serviceleistungen in der Nachkaufphase zählen die Installation und Montage, Inspektion und Wartung, Ersatzteilversorgung, das Stellen von Ersatzgeräten, das Einräumen von Umtauschrechten und Garantien sowie die Durchführung von Schulungen.

Bei dem Service handelt es sich mithin um ein vielgestaltiges Phänomen (vgl. hierzu z. B. McGoldrick 2002, S. 498–535, und die Übersicht bei Levy/Weitz 2009, S. 541). Grundsätzlich kann außer der angebotenen Ware und dem Preis jede Leistung des Handelsbetriebs als Service bezeichnet werden. Im Folgenden werden die Ausführungen jedoch auf ausgewählte Arten des Service beschränkt.

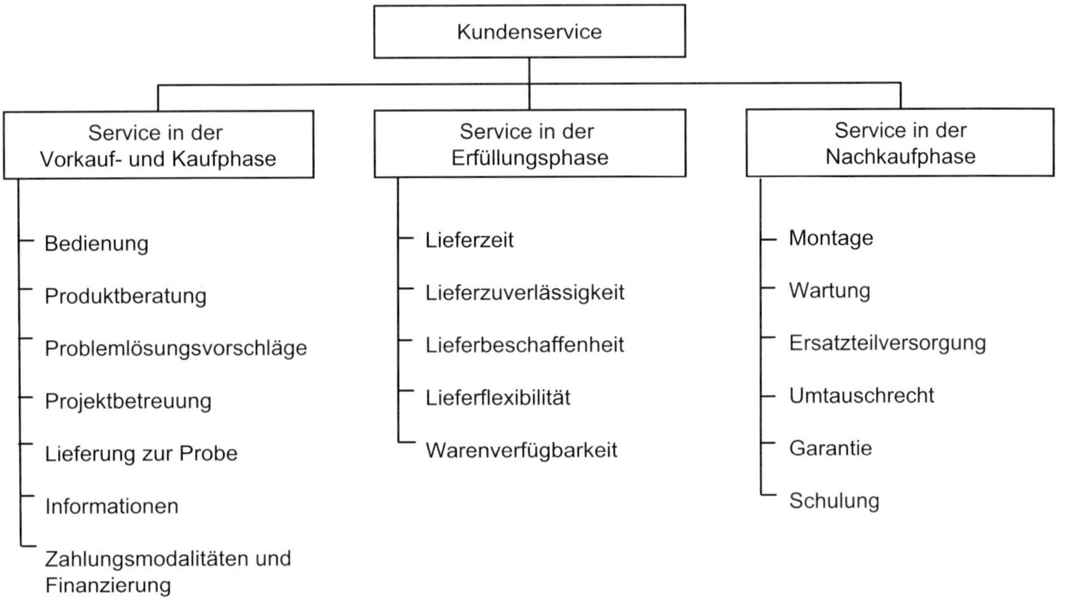

Quelle: in Anlehnung an Specht/Fritz 2005, S. 122

Abb. 21.1: Bereiche des Kundenservice

Die verschiedenen Servicearten werden in einzelnen Branchen des Handels von unterschiedlicher Bedeutung sein. In Küchenstudios kommt in der Vorkaufphase der Beratung und der Projektbetreuung eine große Bedeutung zu. Ähnliches kann auch in Gartencentern der Fall sein. Im Textilhandel oder im Einrichtungshandel kann sich eine Beratung mit Problemlösungsvorschlägen als wichtiges Marketinginstrument erweisen.

Der Lieferservice stellt einerseits eine zentrale Größe für die Logistik dar und ist andererseits aber auch für den Einzelhandel von Relevanz. Im Versandhandel wird ein Kennziffernsystem benötigt, um feststellen zu können, wie gut es gelungen ist, die eingegangenen Aufträge zu erfüllen. Im stationären Einzelhandel ist festzustellen, inwieweit dem Sortiment zugehörige Waren auch tatsächlich vorhanden sind (bzw. ob *out-of-stock*-Situationen vorliegen). Ergänzend sei noch darauf hingewiesen, dass in bestimmten Branchen auch in der Nachkaufphase Serviceaspekte wichtig sein können, z. B. im Möbelhandel der Aufbau der ausgelieferten Möbel oder beim Verkauf von Telefonanlagen an Unternehmen die Installation und Montage, die Einweisung der Mitarbeiter im Umgang mit der Anlage, die Wartung der Geräte und die schnelle Lieferung von Ersatzteilen oder Ersatzgeräten beim Ausfall der Anlage.

Auf die Ziele und Einflussfaktoren der Servicepolitik wird in dem folgenden Abschnitt eingegangen. Dort wird dargestellt, unter welchen Bedingungen sich eine Serviceorientierung auf verschiedene Erfolgsgrößen auswirken kann.

21.2 Zum Erfolgsbeitrag von Services

Während in älteren Literaturbeiträgen vor allem dargestellt wird, welche Services grundsätzlich eingesetzt und wie diesbezügliche Entscheidungen strukturiert werden können, wird in jüngeren Untersuchungen im Rahmen der Erfolgsfaktorenforschung versucht, empirisch zu ermitteln, unter welchen Bedingungen der Einsatz von Services zu überdurchschnittlichen Erfolgen führt (vgl. Homburg/Hoyer/Fassnacht 2002; Fassnacht 2003a). Hierbei kann die Serviceorientierung sowohl auf der individuellen als auch auf der unternehmensbezogenen Ebene analysiert werden. Auf der individuellen Ebene wird die Serviceorientierung einzelner Personen betrachtet (vgl. hierzu auch die Ausführungen in Abschnitt 21.4 zur Steuerung von Verkaufsgesprächen). Auf der unternehmensbezogenen Ebene geht es einerseits um organisatorische Gegebenheiten innerhalb einer Unternehmung (z. B. Dezentralisierung, Arbeitsklima, Unternehmenskultur), andererseits um die Frage, inwieweit eine Serviceorientierung als Teil der Unternehmensstrategie anzusehen ist. Mit Letzterem ist eng die Frage verbunden, in welchem Ausmaß die Unternehmungen von einer Serviceorientierung Gebrauch machen, was sich an folgenden Kriterien festmachen lässt:

- Wie viele und welche Serviceleistungen werden angeboten (Anzahl der Serviceleistungen)?
- Werden die Serviceleistungen allen Kunden oder nur einem ausgewählten Kundenkreis angeboten (Breite des Serviceangebots)?
- Werden die Serviceleistungen den Kunden aktiv oder nur auf Nachfrage angeboten (Betonung der Serviceleistungen)?

In der empirischen Untersuchung von Homburg, Hoyer und Fassnacht (2002) zeigte sich, dass die so erfasste Serviceorientierung der befragten Einzelhandelsunternehmungen in einem weiten Bereich streute. Dies führt zu der Frage, unter welchen Bedingungen die Unternehmungen eher eine servicearme oder eine servicereiche Politik realisieren. Wie auch Abbildung 21.2 zeigt, werden verschiedene Eigenschaften der Umwelt, des jeweiligen Geschäfts und der Kunden als Einflussfaktoren näher betrachtet. Als Beispiele seien einige der untersuchten Hypothesen genannt (siehe Homburg/Hoyer/Fassnacht 2002, S. 90–92):

Je höher die Wettbewerbsintensität im lokalen Markt ist, desto höher ist die Serviceorientierung der Unternehmensstrategie.

Je höher das relative Qualitätsniveau der angebotenen Waren ist, desto höher ist die Serviceorientierung der Unternehmensstrategie.

Je größer die relative Auswahl der angebotenen Waren ist, desto geringer ist die Serviceorientierung der Unternehmensstrategie.

Je stärker die Preisorientierung der Kunden ist, desto geringer ist die Serviceorientierung der Unternehmensstrategie.

Die genannten Einflussgrößen machen auf jene Bedingungen aufmerksam, die für den Einsatz von Services bedeutsam sind. Es wird damit betont, dass Services in Anbetracht der mit ihnen verbundenen Kosten keinesfalls in allen Fällen herausgestellt werden sollten, sondern nur in bestimmten Situationen.

Im Rahmen der Erfolgsfaktorenforschung kommt der Frage, ob mit einer bestimmten Politik ein überdurchschnittlicher Erfolg erzielt werden kann, eine entscheidende Bedeutung zu. Nach diesem Muster ermitteln die Autoren, welcher Erfolg mit einer bestimmten Servicepolitik einhergeht, wobei sie sich von den folgenden Hypothesen leiten lassen (siehe Homburg/Hoyer/Fassnacht 2002, S. 92):

Je höher die Serviceorientierung einer Unternehmensstrategie ist, desto höher ist das Marktergebnis.

Je höher das Marktergebnis einer Unternehmung ist, desto höher ist auch die Profitabilität der Unternehmung.

Das Marktergebnis wird dabei als ein Bündel von einzelnen Indikatoren gesehen, zu denen die Kundenzufriedenheit, das Erreichen eines angestrebten Marktanteils und der gewünschten Wachstumsrate, Kundenbindung, Gewinnung neuer Kunden und der Aufbau eines positiven Geschäftsimages zählen. Den positiven Zusammenhang zwischen Serviceorientierung und Marktergebnis begründen die Autoren insbesondere damit, dass durch den Kundenkontakt nützliche Informationen gewonnen werden können, dass für den Nachfrager ein Nutzen geschaffen werden kann und dass persönliche Beziehungen entstehen können. Bis auf die erstgenannte Hypothese zur Wettbewerbsintensität wurden alle oben wiedergegebenen Hypothesen empirisch gestützt.

Mit dem Modell ist ein Rahmen geschaffen, mit dem Überlegungen zum Einsatz von Services strukturiert werden können, indem relevante Bedingungen und ihr Einfluss auf angestrebte Ergebnisse aufgezeigt werden. Allerdings wird mit diesen Untersuchungen nur die derzeitige Politik der Unternehmen erfasst (siehe auch die Diskussion der Erfolgsfaktorenforschung in Kapitel 7). Hinweise darauf, was ein einzelnes Unternehmen tun sollte, lassen sich nur in begrenzter Weise ableiten. Im Einzelhandel ist das Ausmaß der Servicepolitik eng mit der Wahl der Betriebsform verknüpft (vgl. hierzu Kapitel 10).

Von besonderer Bedeutung erscheinen Services für den Großhandel. Er ist in der Lage, eine Vielzahl von Dienstleistungen zu erbringen, die sich vorteilhaft auf die Prozesse der Kunden auswirken können. Dabei ist beispielsweise an Tätigkeiten der Anarbeitung zu denken (wie das z. B. im Stahlhandel zu beobachten ist), an die Finanzierung oder an die Zustellung von Waren. Dies hat dazu geführt, dass in Abhängigkeit von der Art der übernommenen Services verschiedene Typen von Großhandlungen unterschieden werden (vgl. Schmäh 1999; Müller-Hagedorn 1999, 2001).

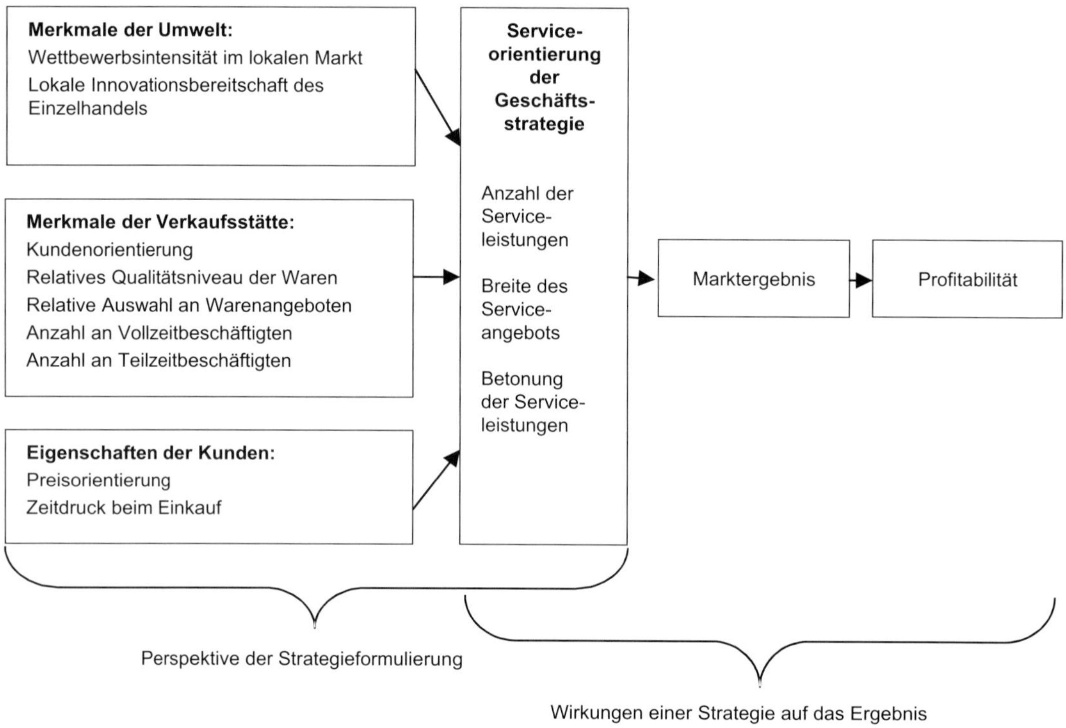

Quelle: in Anlehnung an Homburg/Hoyer/Fassnacht 2002, S. 88

Abb. 21.2: Der Untersuchungsrahmen von Homburg, Hoyer und Fassnacht

21.3 Service im Rahmen der Warenwirtschaft

Die zentrale Leistung eines Handelsbetriebs besteht im Regelfall darin, dass die Nachfrager dort bestimmte Waren erwerben können. Die Verfügbarkeit bestimmter Waren wird wesentlich von zwei Faktoren bestimmt. Zum einen resultiert sie aus der Sortimentspolitik, die die grundsätzliche Entscheidung trifft, welche Waren gelistet werden sollen. Zum anderen ist sie das Ergebnis der Logistik, die sicherstellen soll, dass die Waren physisch verfügbar sind. Dabei lassen sich die folgenden Situationen unterscheiden:

- Im Zustellhandel, der insbesondere im Großhandel anzutreffen ist, aber auch im Versand- und im Online-Handel stellt sich die Frage, wie gut einzelne Servicekomponenten erbracht werden und welches Serviceniveau erreicht werden soll. Die verschiedenen Komponenten können mit Hilfe zahlreicher Kennzahlen erfasst und beurteilt werden.

- Im Abholhandel, der häufig im Einzelhandel aber auch im Cash-and-Carry-Großhandel anzutreffen ist, muss kontrolliert werden, inwieweit die angebotenen Artikel tatsächlich verfügbar sind. Es geht um die Vermeidung von *out-of-stock*-Situationen. In diesem Fall wird folglich auf das Ergebnis der Bemühungen im Bereich der Warenwirtschaft abgestellt.

Auf beide Bereiche wird im Folgenden eingegangen.

21.3.1 Servicedimensionen und zugehörige Kennzahlen im Zustellhandel

Ein Zustellhandel ist vor allem im Großhandel anzutreffen, z. B. im Stahlhandel, im Obst- und Gemüsegroßhandel, im Catering-Bereich usw. Der Lieferservice im Zustellhandel kann mit Hilfe mehrerer Dimensionen charakterisiert werden. Dabei kann weitgehend auf jene Servicedimensionen zurückgegriffen werden, die auch in der Logistik verwendet werden. Häufig werden vier Servicekomponenten unterschieden (vgl. auch Abbildung 21.3 sowie Schulte 2005, S. 6–8):

- Lieferzeit,
- Lieferzuverlässigkeit (Liefergenauigkeit),
- Lieferflexibilität und
- Lieferungsbeschaffenheit.

Prümper (1979, S. 64–72) zählt im Handel auch die Lieferhäufigkeit zu den Elementen des Lieferservice. Brauer und Krieger (1991, S. 77) nennen darüber hinaus noch die Lieferbereitschaft und die Auftrags- und Liefermodalitäten. Diese Aspekte lassen sich jedoch den oben genannten allgemeineren Servicekomponenten zuordnen. So können die Modalitäten beispielsweise als ein Aspekt der Lieferflexibilität angesehen werden.

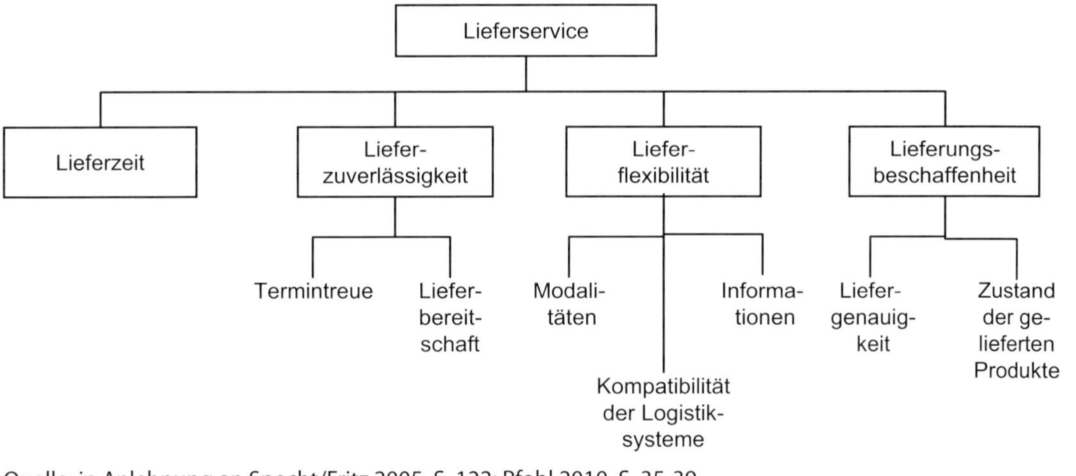

Quelle: in Anlehnung an Specht/Fritz 2005, S. 122; Pfohl 2010, S. 35-39

Abb. 21.3: Die Komponenten des Lieferservice

Lieferzeit

Die Lieferzeit stellt die Zeit dar, die zwischen der Erteilung des Auftrags durch den Kunden und dem Erhalt der Ware liegt. Dabei ist zu unterscheiden zwischen der distributionsabhängigen Lieferzeit, d. h. der Zeit, deren Länge von der Logistik zu verantworten ist, und der Lieferzeit, für die andere Gründe verantwortlich sind. Solche Gründe können vorliegen, wenn die Produkte erst beim Hersteller bestellt und dort produziert werden müssen, wie dies häufig bei Möbeln oder Autos der Fall ist, aber auch bei Brautkleidern, die entsprechend den Maßen der Kundin in einem Atelier genäht werden müssen. Die distributionsabhängige Lieferzeit ist eng mit der Lieferhäufigkeit verbunden, beispielsweise wenn Händler die Ware nur an bestimmten Wochentagen ausliefern bzw. bestimmte Gebiete nur an bestimmten Wochentagen anfahren.

Lieferzuverlässigkeit

Die Lieferzuverlässigkeit bezieht sich auf die Termintreue und Lieferbereitschaft. Die Termintreue bezeichnet die Wahrscheinlichkeit, mit der eine angekündigte Lieferzeit eingehalten wird. Die Lieferbereitschaft kann durch den Anteil der Aufträge gekennzeichnet werden, die direkt befriedigt werden können.

Lieferflexibilität

Die Lieferflexibilität bezeichnet die Fähigkeit des Auslieferungssystems, besondere Kundenwünsche zu erfüllen. Zu den Einflussfaktoren auf die Lieferflexibilität zählen:

- die Auftrags- und Liefermodalitäten,
- die Versorgung der Kunden mit Informationen und
- die Kompatibilität der Logistiksysteme.

Bei der Festlegung der Auftragsmodalitäten sind die Abnahmemengen, der Zeitpunkt der Auftragserteilung und die Art der Auftragsübermittlung zu berücksichtigen. Zu den Liefermodalitäten zählen die Art der Verpackung, Transportvarianten oder die Möglichkeit der Lieferung auf Abruf. Die für den Kunden relevanten Informationen sind Informationen über Liefermöglichkeiten, den Stand des Kundenauftrags und die Behandlung von Lieferbeschwerden. Die Kompatibilität der Logistiksysteme bezieht sich auf die Abstimmung des eigenen Distributionslogistik-Systems mit den Beschaffungslogistik-Systemen der Kunden.

Lieferungsbeschaffenheit

Die Lieferungsbeschaffenheit lässt sich in zwei Elemente aufgliedern:

- die Liefergenauigkeit und
- den Zustand der Lieferung.

Die Liefergenauigkeit spiegelt die Übereinstimmung der Lieferung mit dem Auftrag nach Art und Menge wider. Die Beschreibung des Lieferzustands bezieht sich auf mögliche Beschädigungen, so dass diese Größe stark von der Verpackung abhängig ist. Prümper (1979, S. 69) zählt im Handel zusätzlich die Auszeichnung der gelieferten Ware zu den Elementen der Lieferbeschaffenheit. Dieser Aspekt lässt sich jedoch in der hier vorgestellten Systematik auch den Liefermodalitäten zurechnen.

Der Lieferservice kann mit Hilfe verschiedener Kennzahlen operationalisiert werden. Es handelt sich um Varianten des Servicegrads, auf die in Kapitel 24 näher eingegangen wird. Eine mögliche Variante des Servicegrads ist das Verhältnis der unmittelbar nach Bestellung ausgelieferten Produkte in Relation zur nachgefragten Menge.

Die absatzpolitische Wirkung und Optimierung des Lieferservice

Da alle absatzpolitischen Instrumente gemeinsam auf die Nachfrage Einfluss nehmen, ist es schwierig, die Auswirkungen des Lieferservice zu messen. Plausibel ist die Hypothese, dass die Nachfrage in Abhängigkeit vom Lieferserviceniveau s-förmig verläuft, wie dies in Abbildung 21.4 dargestellt ist (vgl. zu den folgenden Ausführungen auch Specht/Fritz 2005, S. 125–126). Solange ein Handelsunternehmen einen schlechteren Lieferservice anbietet als seine Konkurrenten, führt eine Erhöhung des Lieferservice nur zu geringen Umsatzzuwächsen. Erst ab einem bestimmten Serviceniveau steigt die Nachfrage stärker an (Bereich, der in der Abbildung mit K gekennzeichnet ist). Verbessert das Unternehmen ein überdurchschnittliches Lieferserviceniveau noch weiter, so ist die Nachfragewirkung ebenfalls gering, da alle Kunden, die sehr großen Wert auf Lieferservice legen, bereits gewonnen wurden.

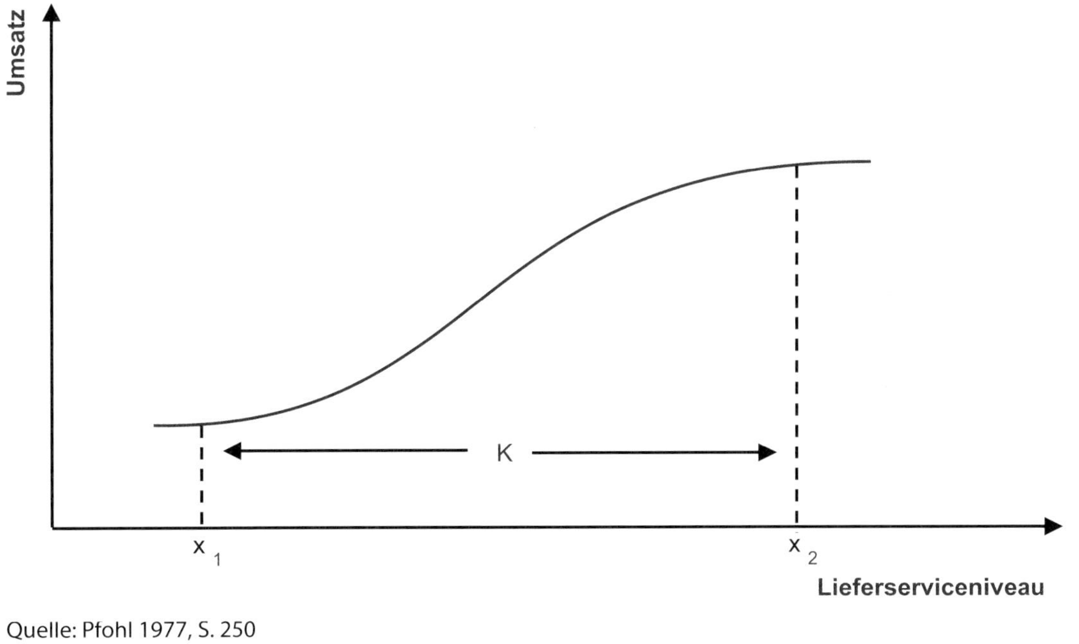

Quelle: Pfohl 1977, S. 250

Abb. 21.4: Hypothese über die Abhängigkeit der Nachfrage vom Lieferserviceniveau

Die Nachfragefunktion bildet die Grundlage für die Optimierung des Lieferservice. Wie aus Abbildung 21.5 hervorgeht, impliziert ein höheres Lieferserviceniveau normalerweise auch höhere Kosten. Das optimale Lieferserviceniveau liegt dort, wo die Differenz zwischen Umsatz und Kosten am größten ist. Da sich die Nachfrage asymptotisch einem Sättigungsniveau annähert, fällt die Differenz zwischen Umsatz und Kosten ab einem bestimmten Lieferserviceniveau wieder.

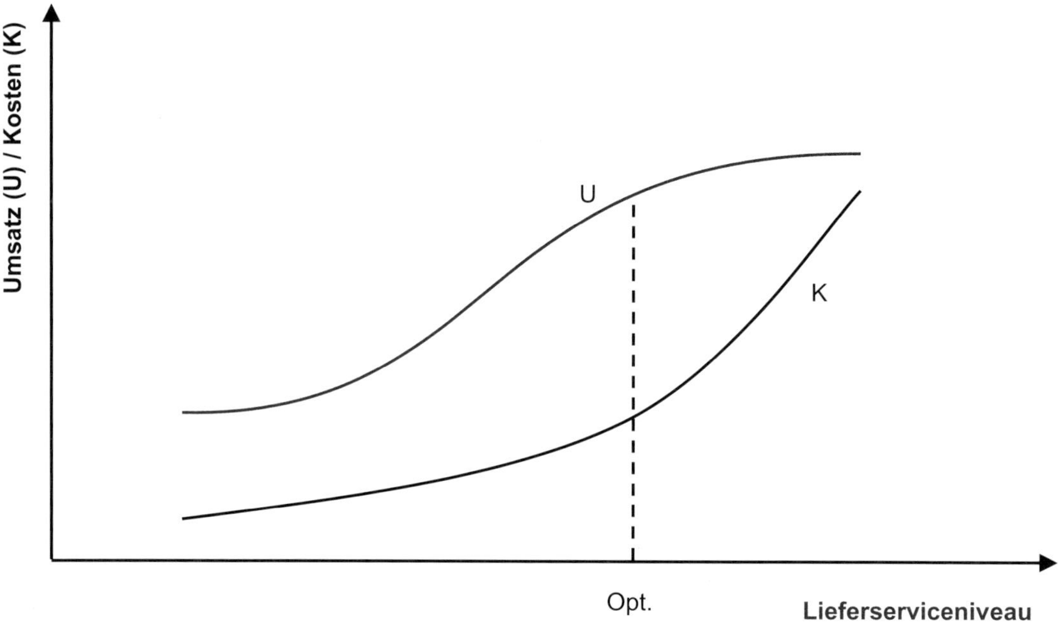

Quelle: Pfohl 1977, S. 254

Abb. 21.5: Nachfrage- und Kostenwirkung des Lieferserviceniveaus

Der in Abbildung 21.5 dargestellte Verlauf regt dazu an, die folgenden Fragen zu diskutieren:

- Mit welchen Aktionsparametern ist ein bestimmtes Lieferserviceniveau zu erreichen?
- Lassen sich die eingezeichneten Kurvenverläufe plausibel (theoretisch) begründen?
- Mit welchen Methoden können Lieferservice-Umsatz-Funktionen empirisch ermittelt werden?
- An welche Bedingungen sind entsprechende Funktionsverläufe gebunden (z. B. Verhalten der Konkurrenz, Bedürfnisse der Nachfrager)?

Weitere Ausführungen zum Lieferservice finden sich in Kapitel 24, in dem Methoden der Logistik behandelt werden.

21.3.2 Warenverfügbarkeit im Abholhandel

In weiten Teilen des Groß- und Einzelhandels suchen die Kunden die Verkaufsstelle in der Erwartung auf, dass sie die gewünschte Ware sofort mitnehmen können. Ziel des Handelsunternehmens muss es folglich sein, die Warenpräsenz bzw. die Warenverfügbarkeit sicherzustellen. Stellenweise werden hierfür auch die Begriffe Servicelevel, Lieferservice oder Regalverfügbarkeit verwendet. Ist das betreffende Produkt gelistet, aber in der Verkaufsstelle nicht verfügbar, wird von einer *out-of-stock*-Situation gesprochen. Synonym werden die Begriffe Fehlmengen, Präsenzlücken, Regallücken, Bestandslücken und Fehlverkäufe benutzt. Helnerus (2007, S. 9) definiert *out-of-stock* (OOS) wie folgt:

„Mit Out-of-stock werden Situationen bezeichnet, in denen Artikel, die gemäß der Planung des Handelsunternehmens vorrätig sein sollen, an dem ihnen zugewiesenen und von den Kunden erwarteten Regalplatz nicht vorrätig sind, aber nachgefragt werden."

Sowohl aus Sicht des Handels als auch der Industrie besteht ein großes Interesse daran zu erkennen, in welchem Ausmaß es zu *out-of-stock*-Situationen kommt. Hierfür werden Kennzahlen verwendet, die den Kennzahlen des Lieferservice ähneln, sich aber auf Grund von Besonderheiten des Abholhandels unterscheiden. Helnerus (2007, S. 18) weist unter anderem auf folgende Kennzahlen für das *out-of-stock*-Controlling hin:

- der Artikelanteil mit einer *out-of-stock*-Situation, d. h. die Zahl der Artikel mit einer *out-of-stock*-Situation zu einem bestimmten Zeitpunkt, relativiert an der Gesamtzahl der kontrollierten Artikel,
- die Periodenanzahl, in der eine *out-of-stock*-Situation vorliegt, bezogen auf die Gesamtzahl der Perioden, in denen Kontrollen durchgeführt wurden,
- die Anzahl der beabsichtigten Käufe mit einer *out-of-stock*-Situation relativiert an der Gesamtzahl der beabsichtigten Käufe,
- die Anzahl der nachgefragten Mengeneinheiten, die aufgrund von *out-of-stock*-Situationen nicht vorrätig waren an der Gesamtzahl der nachgefragten Artikel,
- der Umsatzanteil, der aufgrund einer *out-of-stock*-Situation nicht realisiert werden kann,
- der Deckungsbeitragsanteil, der aufgrund von *out-of-stock*-Situationen gefährdet ist.

Während die ersten beiden Kennzahlen auf Basis von Kontrollen am Regal berechnet werden können, beziehen die dritte und die vierte Kennzahl die Kundenperspektive mit ein, indem sie auf den unbefriedigten Nachfrageanteil abstellen. Die vierte Kennzahl unterscheidet sich von der dritten, indem sie auch die Nachfragemengen nach einem Artikel berücksichtigt. Die Kennzahlen zum Umsatz- und Deckungsbeitrag erfassen dagegen auch Informationen über Preise und zurechenbare Kosten. Helnerus (2007, S. 11–21) stellt diese Kennzahlen nicht nur isoliert dar, sondern zeigt, wie sie miteinander verknüpft sind.

Empirische Untersuchungen haben gezeigt, dass *out-of-stock*-Raten bei schnell drehenden Konsumgütern Werte von bis zu zehn Prozent und mehr annehmen können und mithin Beachtung verdienen (vgl. Corsten/Gruen 2003; Thonemann/Behrenbeck/Küpper et al. 2005, S. 20). Allerdings kann ihre Höhe von verschiedenen Bestimmungsfaktoren abhängig sein. Zu denken ist hierbei an die Betriebsform, den Wochentag, die Warengruppe, die Art des Artikels, die Region, die Definition der *out-of-stock*-Rate und die Erhebungsmethode (vgl. Helnerus 2007, S. 21).

Im Rahmen der Planung von Gegenmaßnahmen zu *out-of-stock*-Situationen (höhere Bestände, häufigere Kontrolle, schnellere Nachlieferung) kommt es vor allem darauf an, zu erkennen, wie die Kunden auf die Nichtverfügbarkeit eines bestimmten Artikels reagieren werden, wobei sich einerseits sofortige und langfristige Reaktionen unterscheiden lassen, anderseits Verhaltensreaktionen und Reaktionen im Insystem (vgl. Helnerus 2007, S. 31). Zu den sofortigen Verhaltensreaktionen eines Kunden, die aus Sicht eines Händlers relevant sind, zählen der Kaufverzicht, die Verschiebung des Kaufs, der Geschäftswechsel, der Artikelwechsel innerhalb der Marke oder der Markenwechsel. Langfristig kann es sein, dass *out-of-stock*-Situationen zur Bevorzugung anderer Einkaufsstätten führen. Zu den Reaktionen im Insystem zählen unmittelbare Reaktanz und Unzufriedenheit sowie langfristige Einstellungsänderungen gegenüber dem Geschäft. Inzwischen liegen Ergebnisse mehrerer Untersuchungen vor, in denen ermittelt wurde, mit welcher Häufigkeit es zu verschiedenen Reaktionen auf *out-of-stock*-Situationen kommt (vgl. Abbildung 21.6).

	Kaufverzicht	Verschiebung des Kaufs	Geschäftswechsel	Artikelwechsel innerhalb der Marke	Markenwechsel
Walter/Grabner 1975 bzw. Walter/La Londe 1975	-	2,50	14,10	19,30	64,10
Schary/Christopher 1979	18,70	11,10	47,90	4,80	17,40
Emmelhainz/ Emmelhainz/Stock 1991 bzw. Emmelhainz/Stock/ Emmelhainz 1991	-	13,10	13,70	41,40	32,00
Campo/Gijsbrechts/Nisol 2000 (Cerealien)	3,70	49,00	3,30	44,00	
Campo/Gijsbrechts/Nisol 2000 (Margarine)	2,00	30,00	2,00	66,00	
Verbeke/Farris/Thurik 1995	-	20,00	25,00	65,00	
Verbeke/Thurik/Franses 1997	-	20,30	21,20	56,80	
Sloot/Verhoef/Franses 2002	26,75		19,25	18,75	35,25
Angerer 2004	9,00	15,00	31,00	19,00	26,00
Zinn/Liu 2001	-	15,10	22,90	62,00	
Corsten/Gruen 2004	9,00	15,00	31,00	19,00	26,00

Quelle: Helnerus 2007, S. 36

Abb. 21.6: Häufigkeiten einzelner Verhaltensreaktionen in *out-of-stock*-Situationen (in Prozent)

Die Werte für die einzelnen Verhaltensweisen streuen in den Untersuchungen beträchtlich. Dies steigert das Interesse, die Gründe für ein bestimmtes Verhalten zu erkennen. Helnerus (2007, S. 43–47) weist darauf hin, dass die einzelnen Verhaltensweisen verschiedene negative Konsequenzen für die Konsumenten haben. Sie können finanzieller Art sein, wenn z. B. ein teureres Geschäft aufgesucht oder ein teurerer Artikel gekauft werden müssen. Sie können aber auch physischer oder psychischer Natur sein, wenn gegebenenfalls mehr Zeit in die Suche eines Artikels investiert werden muss. Darüber hinaus haben die Verhaltensweisen Konsequenzen in Bezug auf den Nutzen, der aus dem Konsum des jeweiligen Produkts und aus dem Besuch der jeweiligen Einkaufsstätte resultiert.

Für die Konsequenzen der einzelnen Verhaltensweisen stellt Helnerus Einflussfaktoren zusammen und formuliert entsprechende Hypothesen. Dies sei für die Verhaltensweise „Geschäftswechsel" durch zwei ausgewählte Hypothesen veranschaulicht (Helnerus 2007, S. 47–53):

„Je positiver das Preisgünstigkeitsurteil der Kunden über das betrachtete Geschäft ausfällt, desto höher ist der wahrgenommene finanzielle Aufwand eines Geschäftswechsels, so dass diese OOS-Reaktion unattraktiver wird."

„Je größer die Mobilität eines Kunden ist, desto niedriger ist der wahrgenommene zeitliche Aufwand eines Geschäftswechsels, so dass diese OOS-Reaktion attraktiver wird."

Von 22 untersuchten Einflussfaktoren besitzen zehn einen direkten signifikanten Einfluss auf einzelne Verhaltensreaktionen: die benötigte Einkaufsmenge, das Preisgünstigkeitsurteil über das Geschäft, die Mobilität der Kunden, die Artikelloyalität innerhalb einer Marke, die Markenloyalität, der Eigenbedarf (versus Fremdbedarf), die Attraktivität des Artikels, die Heterogenität der Artikel innerhalb einer Marke, die Heterogenität der Marken, die Dringlichkeit des Einkaufs (vgl. Helnerus 2007, S. 80).

Die Reaktionen der Kunden sind für die Zielerreichung eines Handelsunternehmens von unterschiedlicher Bedeutung. Wird z. B. der Kauf nur aufgeschoben, verliert das Untenehmen keinen Umsatz. Auch ein Markenwechsel berührt das ökonomische Ergebnis eines Händlers kaum (dagegen stark das Ergebnis eines Herstellers). Weitgehend neutral können Hersteller und Händler einen Artikelwechsel innerhalb der Marke beurteilen. Dagegen führt der Kaufverzicht bei beiden zu Umsatzverlusten. Um die Höhe des Umsatzverlustes eines Händlers zu beziffern, muss die *out-of-stock*-Rate mit der Wahrscheinlichkeit multipliziert werden, mit der es bei Vorliegen einer *out-of-stock*-Situation zu einem Kaufverzicht oder Geschäftswechsel kommt. Corsten und Gruen (2003, S. 608) geben zum Beispiel an, dass der Handel bei Windeln 49 % der Nachfrager verliert, wenn eine *out-of-stock*-Situation vorliegt. Bei einer *out-of-stock*-Rate von etwas weniger als 8 % ergibt sich so ein rechnerischer Umsatzverlust von etwa 3,8 %.

Ebenso wie bei dem Lieferservice ist auch für *out-of-stock*-Situationen zu beachten, dass eine erhöhte Warenverfügbarkeit mit Kosten verbunden ist. Insofern ist das in Abbildung 21.5 grafisch veranschaulichte Grundmodell für die Optimierung des Lieferservice auch auf *out-of-stock*-Situationen anwendbar. *Out-of-stock*-Situationen werden vor allem auf (unterbliebene) Maßnahmen in den Verkaufsstellen zurückgeführt, insbesondere falsche Dispositionen, verspätete Regalnachfüllung, falsche Prognosen und ungeeignete Sicherheitsbestände. In geringerem Maße werden Maßnahmen im Zentrallager oder beim Hersteller als Ursachen angesehen (vgl. Angerer 2004; Stölzle/Placzek 2004). Diese Parameter sind zu optimieren, wobei die anfallenden Kosten entsprechend zu berücksichtigen sind. Helnerus hat ein Modell zur Bestellmengenoptimierung entwickelt, das sich auf die genannten Größen konzentriert (vgl. Helnerus 2007, S. 141–228).

21.4 Steuerung des Verkaufsgesprächs

Die Beratung stellt einen wichtigen Bestandteil des Kundenservices dar, so dass hierauf in einem gesonderten Abschnitt eingegangen werden soll. Wenn sich eine Handelsunternehmung entschieden hat, mit Hilfe des Verkaufspersonals Beratungsdienstleistungen zu erbringen, dann sind der Personaleinsatz zu optimieren und die Qualität des Verkaufsgesprächs sicherstellen. Dies kann mit Hilfe verschiedener Maßnahmen geschehen:

- durch die Auswahl der Personen, die im Verkauf eingesetzt werden,
- durch die Schulung des Verkaufspersonals,
- durch ein Anreizlohnsystem oder andere Mittel der Motivation,
- durch den Führungsstil bzw. die Unternehmenskultur und
- durch Kontrollen.

Da Beratung eine Dienstleistung darstellt, können die zentralen Dienstleistungsdimensionen herangezogen werden, um die Verkaufssituation zu analysieren und zu optimieren. Danach müssen geeignete Ressourcen bereitgestellt werden, der Prozess der Dienstleistungsproduktion muss optimiert werden und es sind geeignete Ziel- bzw. Ergebnisgrößen auszuwählen. Ältere Untersuchungen zur Optimierung des Verkaufsgesprächs richteten ihre Aufmerksamkeit vor allem auf Eigenschaften des Verkäufers, wie beispielsweise sein Alter, sein Erscheinungsbild, seine Aggressivität, seinen Optimismus oder seine Redegewandtheit. In der Folge wurde nicht nur auf das passende Verhältnis zwischen Verkäufer und Käufer geachtet, sondern es wurde der Prozess der Beratung zwischen beiden beachtet, ebenso wie die Frage, welche Faktoren das Verhalten dieser beiden Personen steuern (vgl. den Überblick über ältere Untersuchungen bei Davis/Silk 1972 sowie den Literaturüberblick bei Schuchert-Güler 2001 und Haas 2006, 2009). Mit der Transaktionsanalyse wurden sogar psychotherapeutische Ansätze auf die Analyse von Verkaufssituationen übertragen (vgl. Hansen/Schulze 1990; Angerer 2003). Aus praktischer Sicht sind insbesondere Aspekte der Verkaufspsychologie und Verkaufstechniken von Bedeutung (vgl. hierzu Bänsch 2006).

Knappe Hinweise darauf, wie das Verhalten von Verkäufern und Käufern analysiert werden kann, enthält Abbildung 21.7. In der mittleren Spalte werden einzelne Phasen unterschieden, die beim Zusammenwirken von Verkäufer und Käufer von Bedeutung sind. Hierbei handelt es sich um die Kontaktaufnahme, die Bedürfnisermittlung, die Beurteilung einzelner Güter, den Kauf und die Nachkaufphase (vgl. hierzu auch die Prozessmodelle des Konsumentenverhaltens in Kapitel 13). Im rechten Teil der Abbildung sind einzelne Fragen aufgeführt, die dazu dienen, verschiedene Aspekte des Verhaltens von Konsumenten in den jeweiligen Phasen aufzudecken. So wird z. B. gefragt, wann ein Kunde den Kontakt zu einem Verkäufer sucht bzw. wann er andere Informationsquellen bevorzugt (vgl. Meffert 1979; Raffée/Silberer 1981). Es sind weiterhin einige Faktoren aufgeführt, die das Verhalten des Konsumenten bestimmen können, z. B. seine Einstellung gegenüber der persönlichen Beratung bzw. seine Meinung darüber, welchen Nutzen ihm ein Gespräch mit einem Verkäufer stiftet oder welche Bindung er damit eingeht (vgl. Hummel 1975). Es ist jedoch nicht nur das Verhalten des Kunden, sondern auch das Verhalten des Verkäufers zu untersuchen. Abbildung 21.7 verdeutlicht im linken Teil, welche Aktivitäten der Verkäufer im Verkaufsgespräch erbringen kann und welche Faktoren das Verkäuferverhalten beeinflussen.

<table>
<tr><th colspan="2">Verkäufer</th><th rowspan="2">Phasen der Interaktion zwischen Käufer und Verkäufer</th><th colspan="2">Käufer</th></tr>
<tr><th>Bestimmungsfaktoren für das Verhalten des Verkäufers in einzelnen Phasen</th><th>Mögliche Aktivitäten des Verkäufers</th><th>Fragestellungen zum Verhalten des Käufers</th><th>Bestimmungsfaktoren für das Verhalten des Käufers in einzelnen Phasen</th></tr>
<tr><td rowspan="5">Individualpsychologische Faktoren:
- Neigung zur Kommunikation
- Motivation
- Wahrnehmung des Kunden
- Kenntnisse
- Verkaufs- oder Kundenorientierung

Einflüsse aus der Umgebung:
- Arbeitsbelastung
- Aufgabenzuweisung nach Organisationsplan
- Ziele der Organisation</td><td>Ansprache des Kunden, Begrüßung</td><td>Kontakt</td><td>Wann sucht ein Konsument den Kontakt zum Verkaufspersonal?</td><td rowspan="5">Individualpsychologische Faktoren:
- Einstellung gegenüber der persönlichen Beratung
- Wahrnehmung des Verkäufers (z.B. dessen Glaubwürdigkeit)
- Bedeutung, die dem Kauf zugerechnet wird
- empfundenes Risiko

Einflüsse aus der persönlichen und sachlichen Umwelt:
- Einflussnahme von Familienangehörigen
- Verfügbarkeit von finanziellen Mitteln</td></tr>
<tr><td>Fragen zur Klärung der Bedürfnislage</td><td>Bedürfnisermittlung</td><td>Wie konkret ist der Kaufwunsch bereits ausgeformt? (Der Kunde hat z. B. die Warengruppe, die Produktgruppe, den Artikel festgelegt)</td></tr>
<tr><td>Darstellung einzelner Merkmale</td><td>Beurteilung einzelner Güter</td><td>Wie bildet sich der Kunde ein Urteil über alternative Artikel?</td></tr>
<tr><td>Anregung und Abwicklung des Kaufs und u. U. Angebot von Zusatzartikeln</td><td>Kauf</td><td>Unter welchen Umständen entschließt sich der Kunde zum Kauf?</td></tr>
<tr><td>Bestätigung der Vorteilhaftigkeit des Kaufs, Hinweise auf künftige Kontakte</td><td>Nachkaufphase</td><td>Wie beurteilt der Kunde den getätigten Kauf?</td></tr>
</table>

Abb. 21.7: Bestimmungsfaktoren für das Verhalten von Verkäufern und Käufern in den einzelnen Phasen ihrer Interaktion

Ein wichtiges Element bei der Optimierung des Verkaufsgesprächs sind die zu erreichenden Ziele. Hierzu zählt zunächst der von einem Verkäufer erzielte Umsatz bzw. Rohertrag. Darüber hinaus sind aber auch beziehungsorientierte Ziele, wie beispielsweise die Zufriedenheit des Käufers mit dem Verkäufer und dem Geschäft, die Intensität der Kundenbindung und die Weiterempfehlungsabsicht, von Relevanz.

Der Erfolg eines Verkaufsgesprächs ist von verschiedenen Bestimmungsfaktoren abhängig, die beispielhaft mit Hilfe einiger Hypothesen verdeutlicht werden sollen. Die ersten beiden Hypothesen beziehen sich auf die Ähnlichkeit zwischen Käufer und Verkäufer und ihre Wirkung auf das Kaufverhalten (vgl. hierzu z. B. auch Evans 1963; Schoch 1969; Woodside/Davenport 1974; Schuchert-Güler 2001):

Je mehr sich Verkäufer und Käufer ähneln, desto höher ist die Kaufwahrscheinlichkeit.

Wenn junge Käufer von jungen Verkäufern bedient werden, dann führt dies zu einer höheren Kaufwahrscheinlichkeit gegenüber einer Situation, in der die Bedienung durch ältere Verkäufer erfolgt.

Weitere Hypothesen lassen sich zur Wirkung bestimmter Verhaltensweisen der Verkäufer formulieren:

Wenn ein Verkäufer die Vorteile eines Produkts demonstriert und sich rückversichert, dass es dem Käufer zusagt, bevor der Preis genannt wird, dann führt dies zu einer höheren Kaufwahrscheinlichkeit gegenüber einer Situation in der er den Preis zuerst nennt.

Wenn ein Verkäufer nach der Begrüßung zunächst die Bedürfnisse des Kunden ermittelt, dann führt dies zu einer höheren Kaufwahrscheinlichkeit gegenüber einer Situation, in der er die Bedürfnisse nicht erfragt.

Ebenso lassen sich Hypothesen zu Einflussfaktoren auf beziehungsorientierte Zielgrößen entwickeln. Im Zusammenhang mit dem Einsatz von Verkaufspersonal wurde häufig untersucht, welchen Einfluss die Mitarbeiterzufriedenheit auf die Kundenzufriedenheit hat. Es wird also auf organisatorische und personelle Voraussetzungen der Kundenzufriedenheit abgestellt (vgl. z. B. Zentes 1997; Schwetje 1999; Meffert/Schwetje 2000; Homburg/Stock 2001; Stock-Homburg 2009):

Je höher die Mitarbeiterzufriedenheit ist, desto höher ist auch die Kundenzufriedenheit.

Die vorangegangenen Ausführungen machen deutlich, dass ein Verkaufsgespräch, das einerseits den Kunden zufriedenstellt und andererseits mit ökonomischem Erfolg einhergeht, von zahlreichen Bestimmungsfaktoren (Erfolgsfaktoren) abhängig ist. Diese Feststellung führt zu den folgenden Fragen, auf die in den nächsten Abschnitten eingegangen werden soll:

- Welche Bestimmungsfaktoren beeinflussen die wahrgenommene Beratungsqualität und damit die Zufriedenheit mit der Beratung?
- Welche Rolle spielen Kunden- und Verkaufsorientierung im Verkaufsprozess, und welche Erfolgswirkungen gehen von ihnen aus?
- Was kennzeichnet ein kundenorientiertes Verkaufsgespräch?

21.4.1 Analyse der Beratungsqualität

Die Zufriedenheit eines Kunden mit der Beratung ist eng mit der wahrgenommenen Beratungsqualität verbunden. Insofern ist es sinnvoll, Bestimmungsfaktoren der Beratungsqualität zu identifizieren und den Zusammenhang zwischen Beratungsqualität und Kaufverhalten zu untersuchen. Schuckel (1999a, 1999b) hat diese Aspekte in einem übersichtlichen Modell zur Bedienungsqualität im Einzelhandel zusammengeführt. Das Modell ist in Abbildung 21.8 dargestellt.

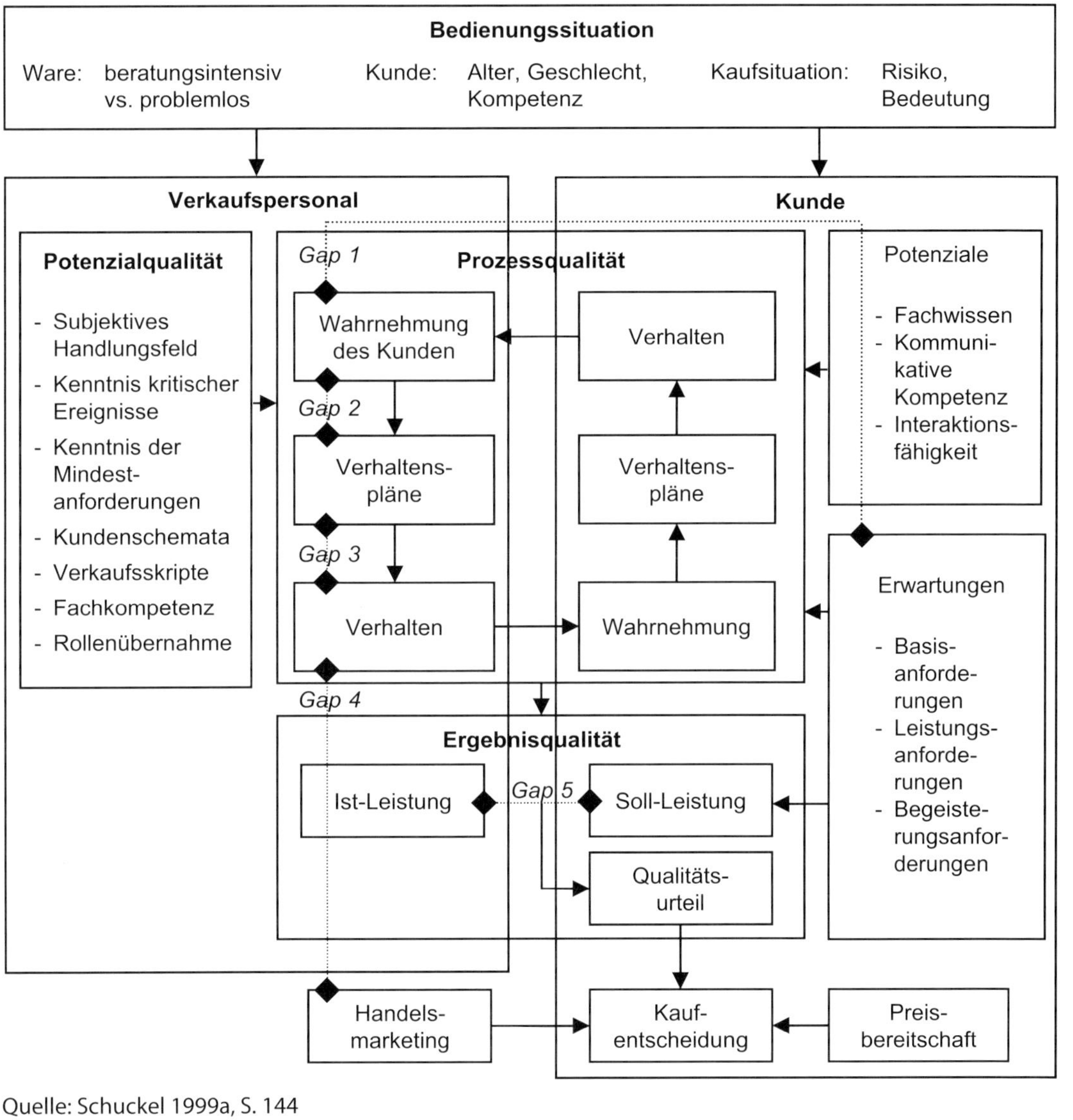

Quelle: Schuckel 1999a, S. 144

Abb. 21.8: Gesamtmodell zur Bedienungsqualität

Das Modell rückt die Qualität der Bedienung in den Mittelpunkt der Analyse und stellt das Verkaufsgespräch als Interaktion von Verkäufer (Verkaufspersonal) und Kunde dar. In Übereinstimmung mit den Ergebnissen der Diskussion um die Qualität von Dienstleistungen werden drei Dimensionen der Bedienungsqualität unterschieden:

- Die **Potenzialqualität** stellt darauf ab, welche Kenntnisse und Fähigkeiten Verkäufer und Käufer in das Verkaufsgespräch einbringen, darüber hinaus aber auch die räumliche und technische Ausstattung.
- Die **Prozessqualität** stellt auf die Interaktion zwischen Verkäufer und Käufer, d. h. auf die wechselseitige Beziehung zwischen mindestens zwei Personen, ab. Sie erfasst die Güte des Leitungserstellungsprozesses, d. h. das „Wie?" einer Leistung.
- Die **Ergebnisqualität** geht unmittelbar aus dem Interaktionsprozess hervor und ist als subjektives multiattributives Gesamturteil über die Bedienungsqualität zu verstehen. Sie stellt ein Urteil über das „Was?" einer Leistung dar.

Die drei Komponenten der Bedienungsqualität sind untereinander verknüpft: Die Potenzialqualität beeinflusst die Prozessqualität, welche wiederum die Ergebnisqualität bestimmt. Die Potenzialqualität des Verkäufers hängt von der Fachkompetenz und von der Sozialkompetenz ab, die beim Verkäufer als die Fähigkeit verstanden wird, sich den Bedürfnissen und Erwartungen des Kunden anzupassen. Der Kunde reagiert auf die Verhaltensweisen des Personals und beeinflusst somit den Verlauf und das Ergebnis der Bedienung bzw. Beratung.

Das Modell ist, abgesehen von den drei Qualitätsdimensionen, durch weitere Variablengruppen gekennzeichnet, und zwar durch:

- die Erwartungen der Kunden,
- die Bedienungssituation und
- die Bereitschaft, für eine qualifizierte Beratung mehr zu bezahlen (Preisbereitschaft).

Die Erwartungen sind von Bedeutung, da sich die Ergebnisqualität aus dem Vergleich von Erwartungen (Soll-Leistung) und aktuellen Wahrnehmungen (Ist-Leistung) ergibt. Die Erwartungen des Kunden werden somit als zentrale Schlüsselgrößen angesehen. Entsprechend dem Kano-Modell (vgl. Kano/Seraku/Takahashi et al., 1984) werden Basisanforderungen, Leistungsanforderungen und Begeisterungsanforderungen unterschieden (vgl. hierzu Kapitel 31). Ob die Ist-Leistung des Bedienungspersonals bzw. die vom Kunden wahrgenommene Leistung den Erwartungen entspricht, hängt davon ab:

- inwieweit das Verkaufspersonal die Erwartungen des Kunden korrekt wahrnimmt (Gap 1),
- inwieweit das Verkaufspersonal diesen Erwartungen entsprechend Verhaltenspläne entwirft (Gap 2) und
- inwieweit es dem Verkaufspersonal gelingt, die Verhaltensabsichten in das erforderliche Verhalten umzusetzen (Gap 3).

Steht das Verhalten nicht im Einklang mit dem Einsatz der übrigen absatzpolitischen Instrumente, kann sich auch diese Abweichung (Gap 4) negativ auf die vom Kunden wahrgenommene Bedienungsleistung auswirken. Stimmen Erwartungen und Wahrnehmungen nicht überein (Gap 5), so führt dies zu einer schlechteren Ergebnisqualität.

Der Bedienungsprozess und die resultierende Bedienungsqualität sind auch von situativen Faktoren abhängig. Hierbei kann zwischen Merkmalen der Ware, allgemeinen Kennzeichen der Kaufsituation und Kundenmerkmalen unterschieden werden. Merkmale der Ware sind beispielsweise der Preis, die Neuartigkeit, der Technisierungsgrad und die Komplexität, also Merkmale, die die Beratungsintensität der Ware kennzeichnen. Die Merkmale der Ware stehen in unmittelbarem Zusammenhang mit dem empfundenen Risiko, welches mit der Bedeutung des Kaufs in der jeweiligen Situation das Involvement bzw. das Ausmaß der kognitiven Steuerung des Kaufentscheidungsprozesses bestimmt. Güter, bei denen ein hohes Ausmaß an kognitiver Steuerung aufgebracht wird, sind beispielsweise Autos, Fotoartikel, Computer und Unterhaltungselektronik. Als Beispiele für Güter mit geringer kognitiver Steuerung können Lebensmittel und Bücher bzw. Zeitschriften angeführt werden. Die kognitive Steuerung wirkt sich auf den Beratungsbedarf des Kunden aus. Daneben können die Präferenzstrukturen und Kompetenzen der Kunden die Bedeutung der Beratung beeinflussen, ebenso wie ihr Alter und Geschlecht.

Die Bedeutung, die der Kunde der Beratung zumisst, tritt neben die Bereitschaft, für ein Produkt auf Grund einer qualifizierten Beratung mehr zu bezahlen (Preisbereitschaft). Nur wenn der Kunde einen entsprechend höheren Preis für die in Anspruch genommene Beratungsleistung zu bezahlen bereit ist, können die mit dem Personaleinsatz verbundenen Kosten gedeckt werden.

Das Modell von Schuckel lässt sich in 16 Hypothesen übersetzen, die einer empirischen Überprüfung unterzogen wurden. Viele der Hypothesen konnten vollständig oder zumindest teilweise bestätigt werden. Beispielhaft seien einige Hypothesen, die sich bewährt haben, genannt (vgl. den Überblick bei Schuckel 1999a, S. 247–248):

„Die Wahrnehmung der Kauf- bzw. Bedienungssituation unterscheidet sich je nach Geschlecht und Alter der Kunden."

„Je höher der Preis, je geringer die Bedarfshäufigkeit, je neuartiger die Produkte und je höher der Technisierungsgrad, umso höher ist das vom Kunden wahrgenommene Kaufrisiko und umso bedeutender ist für den Kunden die Bedienung durch Verkaufspersonal."

„Die Erwartungen des Kunden und deren Kategorisierung hängen vom wahrgenommenen Kaufrisiko und der individuellen Bedeutung des Kaufs für den Kunden ab."

„Bei extensiven Kaufentscheidungen sind die Erwartungen an fachliche bzw. sachzielbezogene Fähigkeiten des Verkaufspersonals höher als in limitierten oder habitualisierten Kaufsituationen."

„Je höher das Risiko (…) und je geringer die Kompetenz des Kunden, umso höher ist dessen Preisbereitschaft."

Mit dem Modell liegt ein Rahmen vor, in den wichtige Gesichtspunkte für den Erfolg einer auf Beratung abzielenden Politik eingeordnet sind. So wird deutlich, dass Qualitätsmessungen in drei Dimensionen anzusiedeln sind und dass unter einem ökonomischen Blickwinkel die Preisbereitschaft der Nachfrager besondere Beachtung verdient.

21.4.2 Verkaufs- und Kundenorientierung

Es ist bereits darauf hingewiesen worden, dass der Erfolg eines Verkaufsgesprächs unterschiedlich definiert werden kann und dass er von zahlreichen Faktoren abhängig ist. Untersuchungen zum Verkaufsgespräch lösten lange Zeit den Eindruck aus, dass es vorrangig darum ginge, Kaufwiderstände zu brechen und den Kunden zu einem Kaufabschluss zu bewegen. Demgegenüber rücken andere Beiträge die Beratungsqualität und die Kundenzufriedenheit in den Mittelpunkt. Die Diskussion beider Sichtweisen läuft parallel zu der allgemeinen Diskussion im Marketing, inwieweit eine Verkaufs- oder eine Kundenorientierung anzustreben ist bzw. welches Gewicht beiden Aspekten zukommen sollte. Bei Saxe und Weitz (1982) findet sich diese Polarität in den Begriffen *selling orientation* und *customer orientation* (SOCO). Bei einem verkaufsorientierten Vorgehen steht das Ziel im Vordergrund, den Auftrag zu erhalten und an jeden Nachfrager soviel wie möglich zu verkaufen. Bei einem kundenorientierten Vorgehen spielen dagegen die Bedürfnisse und Wünsche des Kunden eine besondere Rolle. Beide Denkweisen können bei einem Verkäufer anzutreffen sein. Boles, Babin, Brashear et al. (2001) haben die Verkaufs- und Kundenorientierung von Verkäufern im Einzelhandel untersucht (vgl. hierzu auch Brown/Widing II/Coulter. 1991; Goff/Boles/Bellenger et al. 1997). Die Verkaufs- und Kundenorientierung wurde in Anlehnung an Saxe und Weitz (1982) wie folgt gemessen:

Verkaufsorientierung:

- Ich versuche, eher soviel wie möglich zu verkaufen, als einen Nachfrager zufrieden zu stellen.
- Auch wenn ich nicht sicher bin, dass ein Produkt für einen Nachfrager das richtige ist, werde ich versuchen, mit Druck den Kauf herbeizuführen.
- Ich wähle die anzubietenden Produkte mehr danach aus, von welchem Produkt ich den Nachfrager eher überzeugen kann, als danach, was ihm langfristig am meisten nutzen wird.
- Ich verwende mehr Zeit darauf, den Kunden zum Kauf zu überreden, als seine Bedürfnisse zu erkennen.
- Es ist unausweichlich, die Wahrheit etwas zu dehnen, wenn dem Nachfrager ein Produkt vorgestellt wird.

Kundenorientierung:

- Ich versuche, den Kunden mehr über Informationen als über Druck zu beeinflussen.
- Ich biete das Produkt an, das für das Problem des Kunden am besten geeignet ist.
- Ich beantworte Fragen des Kunden so korrekt, wie es mir möglich ist.
- Ich versuche, dem Kunden jenes Produkt vorzustellen, das sein Problem am besten löst.

Boles, Babin, Brashear et al. (2001) konnten zeigen, dass es sich bei der Verkaufs- und Kundenorientierung um zwei separate Dimensionen handelt. Darüber hinaus gingen sie den folgenden Fragen nach:

- Wie kann die Kunden- oder Verkaufsorientierung der Verkaufspersonen durch das Unternehmen beeinflusst werden?

- Sind jene Verkäufer, die stärker kundenorientiert oder verkaufsorientiert sind, erfolgreicher als andere?

Die Autoren untersuchen drei Größen, mit denen die Orientierung des Verkaufspersonals im Einzelhandel beeinflusst werden kann: die Kundenorientierung der Unternehmung, die Zentralisierung des Unternehmens und die Unterstützung, die Verkaufspersonen aus ihrer betrieblichen Umwelt erfahren. Sie analysieren also, inwieweit sich organisatorische Gegebenheiten auf das Verhalten der Verkaufspersonen auswirken. Die Kundenorientierung des Unternehmens wird hierbei in Anlehnung an Narver und Slater (1990) über fünf Items erfasst:

Meine Unternehmung hält es für wichtig,

- dass Kundenwert geschaffen wird,
- dass die Bedürfnisse des Kunden verstanden werden,
- dass die zentralen Bestimmungsfaktoren der Kundenzufriedenheit erfüllt werden,
- dass auch nach dem Kauf Service zur Verfügung steht,
- dass die Kundenzufriedenheit gemessen wird.

Die Struktur des Modells geht aus Abbildung 21.9 hervor.

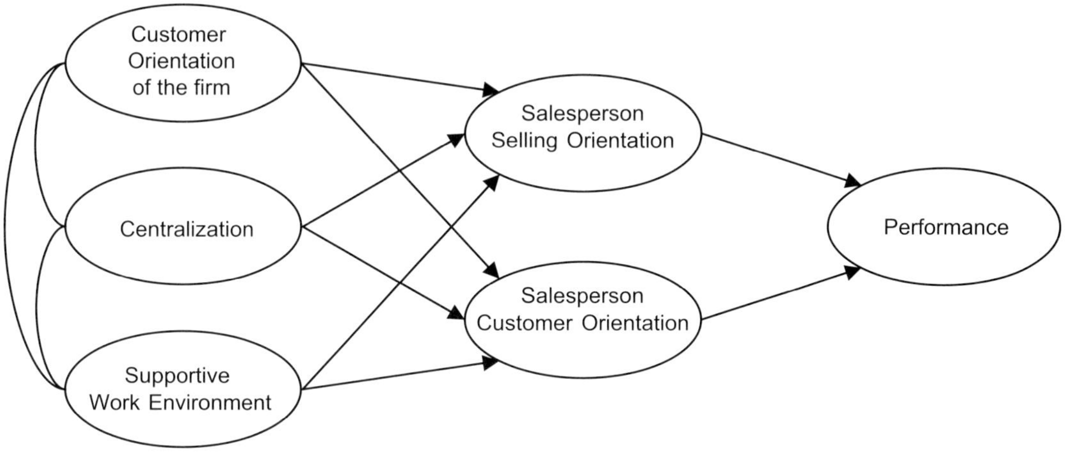

Quelle: Boles/Babin/Brashear et al. 2001, S. 4

Abb. 21.9: Ein Modell zur Kunden- und Verkaufsorientierung

Mit dem Modell konnte nachgewiesen werden, dass die Kundenorientierung der Einzelhandelsunternehmungen in einem positiven Verhältnis zur Kundenorientierung des Verkaufspersonals steht. Damit weisen die Ergebnisse darauf hin, dass ein kundengerechter Auftritt einer Unternehmung an organisatorische und personelle Voraussetzungen gebunden ist. Die interne Unternehmenskultur erweist sich somit im Hinblick auf die externe Marketingpolitik als wichtig (vgl. zum Überblick über die Marktorientierung einer Unternehmung Kirca/Jayachandran/Bearden 2005). Es konnte auch belegt werden, dass sich eine Kundenorientierung positiv auf den Erfolg auswirkt, wobei allerdings zu beachten ist, dass der Erfolg als subjektive Wahrnehmung der einzelnen Verkaufspersonen gemessen wurde.

21.4.3 Merkmale kundenorientierter Verkaufsgespräche

Wenn kundenorientiertes Verhalten des Verkaufspersonals sich positiv auf die Ziele des Unternehmens auswirkt, dann ist es wichtig, zu konkretisieren, worin sich Kundenorientierung äußert. Haas (2006) bettet diese Fragestellung in die Informationsökonomie ein und sieht die Inanspruchnahme von Beratung als Strategie zur Reduktion der empfundenen Unsicherheit. Um sie zu reduzieren, kann der Verkäufer *screening*- oder *signaling*-Aktivitäten durchführen. Der Verkäufer besitzt einen Informationsvorsprung in Bezug auf Produkteigenschaften, aber ein Informationsdefizit in Bezug auf die Bedürfnisse und Lebensbedingungen des Kunden. Die folgende Hypothese bildet den Kern des Modells (vgl. Haas 2006, S. 645–647):

Die Vermittlung von Auswahlinformationen, von Produktinformationen und die Gewinnung von Kundeninformationen haben jeweils einen positiven Einfluss auf die Beratungszufriedenheit.

Daneben werden verschiedene moderierende Effekte berücksichtigt. So können die jeweiligen Wirkungen von kundenbezogenen Größen (Alter und Geschlecht) und von geschäftsbezogenen Größen (Art der Produktpräsentation und Produktauswahl) abhängig sein. Haas (2006) ließ verschiedene *mystery shopper* sechsundzwanzig Geschäfte aufsuchen und in sechzig Verkaufsgesprächen die Beobachtungen festhalten, wie ihr Wunsch, sich über Waschmaschinen informieren zu lassen, behandelt wurde. Es zeigte sich, dass vor allem die Vermittlung von Produktinformationen und die Gewinnung von Kundeninformationen einen Einfluss auf die Beratungszufriedenheit haben. Bei weiblichen Kunden erwiesen sich Auswahlinformationen als zielführend, während dies bei männlichen Kunden nicht der Fall war. Die Untersuchung von Haas hat den Vorteil, dass sie das Verkaufsgespräch aus der Perspektive potenzieller Kunden analysiert, wenn auch einschränkend darauf hingewiesen werden muss, dass es sich dabei um instruierte *mystery shopper* gehandelt hat. Immerhin leitet die Studie zu einer vertieften Auseinandersetzung mit den Erwartungen und Bedürfnissen der Kunden an. Zuletzt hat Haas (2009) die Kundenorientierung von Verkäufern daran festgemacht, inwieweit sie dem Kunden eine Entscheidungsunterstützung liefern, ein positives Gesprächsklima aufbauen und Abschlussdruck vermeiden.

21.5 Substitution von Bedienung durch moderne Technologien

Die hohe Belastung durch Personalkosten führt im Einzelhandel zu der Überlegung, Beratung durch Selbstbedienung zu ersetzten. Entsprechend ist seit vielen Jahren ein Trend zur Selbstbedienung zu beobachten. So hat die Einführung von Verbrauchermärkten und SB-Warenhäusern die Struktur des Lebensmitteleinzelhandels in Deutschland tiefgreifend verändert (vgl. Müller-Hagedorn/Preißner 1999). Gegenwärtig ist zu beobachten, dass Backshops mit Selbstbedienung mit den traditionellen Bäckereien konkurrieren.

Der Trend zur Selbstbedienung äußert sich jedoch nicht nur in der Entstehung neuer und der Verdrängung herkömmlicher Betriebsformen. Im Handel werden zunehmend Technologien eingesetzt, die Bedienungs- oder Beratungsfunktionen übernehmen. Dazu zählen im Einzelhandel beispielsweise Selbstzahlerkassen oder Kiosksysteme. Häufig argumentieren Händler, dass diese Technologien kein Personal ersetzen, sondern die Bedienungs- und Beratungsqualität erhöhen sollen. Dies ist unmittelbar einsichtig, wenn z. B. Außendienstmitarbeiter Multimedia-Anwendungen einsetzen, um die angebotenen Produkte im Verkaufsgespräch transparenter, übersichtlicher und realistischer darzustellen (vgl. Silberer/Kretschmar 1999). Inwieweit jedoch auch Selbstbedienungstechnologien im Einzelhandel aus Kundensicht nutzenstiftend sind, soll im Folgenden diskutiert werden.

Selbstzahlerkassen

Insbesondere im Lebensmitteleinzelhandel sind Technologien entwickelt worden, um den Bezahlvorgang in Selbstbedienung abzuwickeln. Hierbei wird der Begriff *self-checkout* als Oberbegriff für verschiedene Technologien verwendet (vgl. Loderhose 2008; Boslau 2009, S. 13–16):

- mobile Lösungen, bei denen die Artikel bereits beim Einkauf erfasst werden,
- stationäre Lösungen, bei denen lediglich der Bezahlvorgang in Selbstbedienung erfolgt,
- stationäre Lösungen, bei denen sowohl der Scan- als auch der Bezahlvorgang vom Kunden in Selbstbedienung übernommen werden.

Zu den mobilen Lösungen zählen persönliche Einkaufsberater oder Personal Shopping Assistants (PSA). Hierbei handelt es sich um mobile Lesegeräte, mit denen Kunden während des Einkaufs die Artikel einscannen. Am Ende des Einkaufs gibt der Kunde das Lesegerät an der Kasse ab, um zu bezahlen. Die zu zahlende Summe kann direkt aus dem PSA abgelesen werden, ohne dass ein erneuter Erfassungsvorgang stattfinden muss. Darüber hinaus haben persönliche Einkaufsberater weitere nützliche Funktionen. So können nach Identifikation mit der Kundenkarte auf Basis vergangener Einkäufe Einkaufslisten erstellt werden, Kunden werden auf Sonderangebote aufmerksam gemacht, und sie erhalten Informationen über die Standorte gesuchter Artikel.

Bei den stationären Lösungen erfolgt der Scan- und Bezahlvorgang nach Abschluss des Einkaufs an der Kasse. Neben Lösungen, bei denen lediglich der Bezahlvorgang in Selbstbedienung an einem Bezahlautomaten erfolgt, werden zunehmend Selbstbedienungskassen eingesetzt, bei denen sowohl der Scan- als auch der Bezahlvorgang in Selbstbedienung vorgenommen werden. Hierbei ist lediglich Aufsichtspersonal erforderlich, um bei Störungen zu reagieren und die Alterskontrolle, beispielsweise bei alkoholischen Getränken und Tabakwaren, vorzunehmen. Üblicherweise wird eine Aufsichtsperson für vier Kassen eingesetzt. Solche Selbstbedienungskassen werden in Deutschland beispielsweise bei real,- oder IKEA eingesetzt.

Verschiedene Studien haben sich mit der Wahrnehmung und Wirkung solcher Selbstbedienungskassen befasst (vgl. z. B. Anselmsson 2001; Dabholkar/Bobbit/Lee 2003; Marzocchi/Zammit 2006; Toporowski/Boslau 2007; Weijters/Rangarajan/Falk et al. 2007; Zielke/Lietke/Toporowski et al.

2008; Boslau 2009). Die Ergebnisse zeigen, dass Selbstzahlerkassen nicht nur zu Personaleinsparungen führen, sondern auch einen positiven Kundennutzen stiften.

Abbildung 21.10 verdeutlicht, wie traditionelle und Selbstzahlerkassen von ihren Nutzern bezüglich verschiedener Aspekte wahrgenommen werden. Die Wahrnehmung der Aspekte wurde auf Basis 7-stufiger Skalen erhoben, wobei hohe Werte auf eine starke Ausprägung hinweisen. Bei den untersuchten Aspekten handelt es sich um die von Dabholkar (1996) vorgeschlagenen Attribute zur Untersuchung von Selbstbedienungstechnologien. Hierzu zählen Schnelligkeit, Kontrolle, leichte Anwendung, Zuverlässigkeit und Spaß (wobei leichte Anwendung und Kontrolle aus Gründen der Diskriminanzvalidität zusammengefasst wurden). Die Aspekte „Entgegenkommen" und „das tangible Umfeld" sind dem SERVQUAL-Ansatz entnommen (vgl. Parasuraman/Zeithaml/Berry 1985, 1988). Das „Entgegenkommen" erfasst, inwieweit das Servicepersonal Kunden bei auftretenden Problemen behilflich ist. Das „tangible Umfeld" bezieht sich auf die Gesamtheit des physischen Umfelds der Dienstleistung (z. B. das Design und das äußere Erscheinungsbild der Kasse).

Die Ergebnisse in Abbildung 21.10 zeigen, dass Selbstzahlerkassen in Bezug auf Schnelligkeit, Kontrolle, Spaß und das tangible Umfeld besser als traditionelle Kassen wahrgenommen werden. Demgegenüber sind die Urteile der Kunden zum „Entgegenkommen" bei der traditionellen Kasse besser. Allerdings ist der Unterschied lediglich auf einem Niveau von 10 % signifikant. In Bezug auf die Leichtigkeit der Anwendung und die Zuverlässigkeit ließen sich keine signifikanten Differenzen feststellen. Unterscheidet man jedoch bei den Nutzern der Selbstzahlerkassen zwischen erfahrenen Nutzern und Erstnutzern, so zeigt sich, dass erfahrene Nutzer die Schnelligkeit, leichte Anwendung und Zuverlässigkeit der Selbstzahlerkasse signifikant höher einschätzen als Erstnutzer. Ebenso zeigen sich deutliche Unterschiede in der Bedeutung der einzelnen Aspekte für die Zufriedenheit mit der Kasse. So hat beispielsweise bei Erstnutzern der Spaß der Benutzung einen deutlich stärkeren Einfluss auf die Zufriedenheit als dies bei erfahrenen Nutzern der Fall ist.

	Traditionelle Kasse (n=322)	Selbstzahler-Kasse (n=292)	Mittelwert-Differenz	Signifikanz (einseitig)
Schnelligkeit	5,05	5,43	-0,38	0,003
Kontrolle	4,70	5,74	-1,04	0,000
Leichte Anwendung/ Zuverlässigkeit	5,76	5,73	0,03	0,389
Spaß	4,34	4,91	-0,57	0,000
Entgegenkommen	5,12	4,91	0,21	0,053
Tangibles Umfeld	3,91	4,32	-0,41	0,001

Quelle: Zielke/Lietke/Toporowski et al. 2008, S. 31

Abb. 21.10: Vergleich von traditionellen Kassen und Selbstzahlerkassen

Die Untersuchung verdeutlicht, wie die Wahrnehmung von Selbstbedienungstechnologien untersucht werden kann und welche Aspekte dabei eine Rolle spielen. Boslau (2009) setzt an diesen Überlegungen an, um den Erklärungsbeitrag verschiedener Theorien für die Zufriedenheit mit Selbstzahlerkassen zu untersuchen. Bei den untersuchten Theorien handelt es sich um das Technology Acceptance Modell (vgl. Davis/Bagozzi/Warshaw 1989), die Innovation Diffusion Theory (vgl. Rogers 1962), den SERVQUAL-Ansatz (vgl. Parasuraman/Berry/Zeithaml 1985, 1988) und die Transaktionskostentheorie (vgl. Williamson 1979). Hierbei konnten das Technology Acceptance Modell und die Transaktionskostentheorie den größten Erklärungsbeitrag leisten, indem sie jeweils mehr als 90 % der Varianz der Zufriedenheit erklären konnten. Auf das Technology Acceptance Modell wird im Zusammenhang mit Kiosksystemen noch näher eingegangen.

Kiosksysteme

Kiosksysteme sind interaktive multimediale Informationsterminals, die im Handel innerhalb oder außerhalb eines Ladengeschäfts aufgestellt werden. Rowley und Slack (2003) unterscheiden hierbei vier Typen von Kiosksystemen:

- Informationssysteme stellen Informationen über angebotene Produkte und Services zur Verfügung, beispielsweise über den Standort im Geschäft oder über Verwendungsmöglichkeiten,
- Interaktionssysteme erfordern eine stärkere Interaktion zwischen Nutzer und Terminal, beispielsweise um auf Basis angegebener Präferenzen Kaufvorschläge zu erstellen oder Produkte zu konfigurieren,
- Transaktionsterminals erlauben auch Transaktionen, wie beispielsweise die Bestellung von Produkten,
- Kundenbindungsterminals sind in ein Kundenkartenprogramm eingebettet; Kunden identifizieren sich mit ihrer Kundenkarte, um ihren Punktestand abzurufen, Wertschecks und Coupons auszudrucken oder weitere Informationen zu erhalten.

Die Beispiele zeigen, dass Kiosksysteme die persönliche Beratung nicht nur substituieren, sondern auch einen Zusatznutzen stiften können. Dies wird insbesondere am Beispiel der Kundenbindungsterminals deutlich. Ebenso ist es denkbar, dass Kunden es bevorzugen, ihre Küche alleine an einem Interaktionsterminal bei IKEA zu konfigurieren, anstatt sich durch einen Verkäufer beeinflussen zu lassen. Die Benutzung eines Kiosksystems kann auch einen Mehrwert stiften, indem sie unterhaltsam ist und Spaß bereitet. Diese Überlegungen führen zu der Frage, durch welche Bestimmungsfaktoren die Akzeptanz und Zufriedenheit mit einem Kiosksystem erklärt werden kann. Swoboda (1996, 1998) hat sich umfassend mit den verhaltenswissenschaftlichen Grundlagen der Wirkung multimedialer Kiosksysteme befasst, wobei er insbesondere die Bedingungen des Medienkontakts und die Prozesse der Informationsverarbeitung betrachtet hat.

Abbildung 21.11 zeigt, wie die Akzeptanz eines Kiosksystems mit Hilfe des Technology Acceptance Modells erklärt werden kann. Das ursprüngliche Modell nimmt an, dass der wahrgenommene Nutzen und die Leichtigkeit der Anwendung einer Technologie die Einstellung gegenüber der Technologie, die Nutzungsabsicht und schließlich auch das Nutzungsverhalten beeinflussen (vgl. Davis/Bagozzi/Warshaw 1989). Das in der Abbildung dargestellte Modell ist gegenüber dem ursprünglichen Modell modifiziert worden, indem z. B. die wahrgenommene Freude als emotionale Komponente integriert wurde (vgl. hierzu z. B. auch van der Heijden 2004). Die in der Abbildung dargestellten Ergebnisse von Zielke, Toporowski und Kniza (2011) zeigen, dass insbesondere der wahrgenommene Nutzen die Akzeptanz beeinflusst, während die Wirkungen der leichten Anwendung und der Freude geringer, aber dennoch signifikant sind. Die Stärke der Zusammenhänge im Modell unterscheidet sich zwischen verschiedenen Kundengruppen. So ist der Einfluss der Freude bei denjenigen Kunden besonders hoch, die wenig Erfahrung mit Informationstechnologien besitzen oder wenig Interesse an den Informationsinhalten haben. Demgegenüber ist der Einfluss der leichten Anwendung besonders hoch, wenn Kunden den Informationsinhalten hohe Relevanz beimessen. Bei dem untersuchten Kioskterminal handelte es sich um einen interaktiven Rezeptberater, der im Lebensmitteleinzelhandel eingesetzt wird.

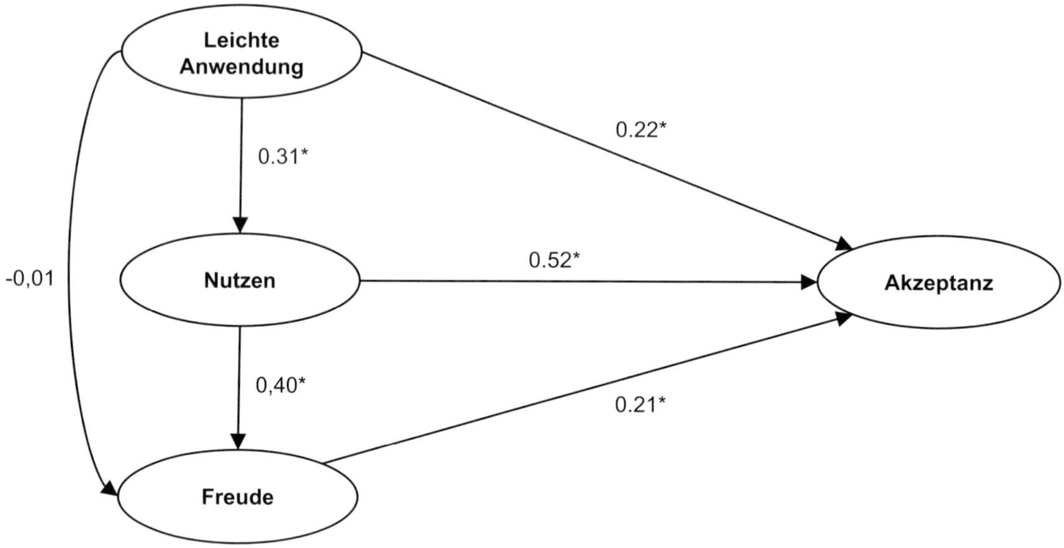

Quelle: in Anlehnung an Zielke/Toporowski/Kniza 2011

Abb. 21.11: Modifiziertes Technology Acceptance Modell zur Erklärung der Akzeptanz eines interaktiven Kiosksystems

Mit Hilfe des erweiterten Technology Acceptance Modells kann das Zusammenwirken grundlegender kognitiver und affektiver Variablen bei der Entstehung von Akzeptanz einer Selbstbedienungstechnologie untersucht werden. Hierbei ist insbesondere auch von Interesse, welche relative Bedeutung den kognitiven und affektiven Variablen in bestimmten Kundensegmenten zukommt. Aus Managementsicht ist jedoch auch wichtig zu wissen, wie die leichte Anwendung verbessert oder die empfundene Freude gesteigert werden können. So haben beispielsweise Childers, Carr, Peck et al. (2001) am Beispiel von Webseiten untersucht, welchen Einfluss die Wahrnehmung der Navigation, die Einkaufsbequemlichkeit und die Substitution physischer Produktkontakte auf die Variablen des Technology Acceptance Modells haben.

21.6 Zusammenfassung

Das Kapitel zur Service- und Beratungspolitik schließt den Überblick über die absatzpolitischen Instrumente des Handels ab. Da häufig auf die gestiegene Bedeutung der Services in entwickelten Volkswirtschaften hingewiesen wird, wurde dargestellt, welche Services in Handelsbetrieben eingesetzt werden können und wie festgestellt werden kann, welche Erfolgsbeiträge sich mit ihnen erzielen lassen. Es wurde auch darauf hingewiesen, dass die Verfügbarkeit von Ware als Service aufgefasst werden kann. Im Zustellhandel werden die Servicekomponenten Lieferzeit, Lieferzuverlässigkeit, Lieferflexibilität und Lieferungsbeschaffenheit unterschieden. Im Abholhandel kommt der Vermeidung von *out-of-stock*-Situationen eine besondere Bedeutung zu. Verbesserungen des Lieferservice lassen nicht nur Umsatz-, sondern auch Kostensteigerungen erwarten. Insofern sind Modelle zur Bestimmung des optimalen Lieferservice erforderlich. Ebenso müssen Kundenreaktionen auf Veränderungen des Lieferservice bestimmt werden. Mögliche Kundenreaktionen auf *out-of-stock*-Situationen sind beispielsweise der Kaufverzicht, die Verschiebung des Kaufs, der Geschäftswechsel, der Artikelwechsel innerhalb der Marke oder der Markenwechsel. Aus Händlersicht führen insbesondere der Kaufverzicht und der Geschäftswechsel zu Umsatzverlusten.

Eine wichtige Serviceleistung des Handels liegt auch in der Bedienung und Beratung. Zwar dominiert in weiten Bereichen des Einzelhandels die Selbstbedienung, dennoch kommt dem Verkaufsgespräch weiterhin eine große Bedeutung zu (z. B. im Möbel- und teilweise auch im Textilhandel, im Großhandel oder im Autoteilehandel). Käufer und Verkäufer interagieren und vom Ablauf dieser Interaktion kann es abhängen, ob es zu einem Kaufabschluss und zur Festigung der Kundenbeziehung kommt. Dies wurde auf Basis eines Modells zur wahrgenommenen Bedienungsqualität im Einzelhandel veranschaulicht. Ebenso wurden Bestimmungsfaktoren und Wirkungen von kunden- versus verkaufsorientierten Beratungsgesprächen diskutiert.

Schließlich wurde der zunehmenden Bedeutung des Selbstbedienungsprinzips Rechnung getragen, wobei beispielhaft auf Selbstzahlerkassen und auf Kiosksysteme eingegangen wurde. Im Zusammenhang mit den Kiosksystemen wurde das Technology Acceptance Modell vorgestellt, das als Grundlage zur Untersuchung der Akzeptanz neuer Technologien im Handel verwendet werden kann.

E Beschaffung und Logistik
Kapitel 22–24

Mit Entscheidungen in den Bereichen Beschaffung und Logistik werden vor allem die Beziehungen einer Handelsunternehmung zu ihren Lieferanten gestaltet. Die Handelsunternehmung ist Teil zahlreicher Supply Chains, in denen verschiedene Sachverhalte mit den Partnern abgestimmt werden müssen.

22 Beschaffung

Die zentrale Aufgabe eines Handelsbetriebs besteht darin, von Dritten produzierte Sachgüter in Kombination mit Dienstleistungen an Abnehmer abzusetzen. Dies setzt voraus, dass diese Sachgüter (und gegebenenfalls auch Dienstleistungen) beschafft und mit Hilfe der Logistik physisch verfügbar gemacht werden. Dabei kann sich der Begriff Beschaffung auf unterschiedliche wirtschaftliche Güter beziehen. Während zum Teil auch Personal, finanzielle Mittel, Informationen und Anlagegüter als zu beschaffende Objekte in Analysen zur Beschaffung einbezogen werden, soll die Betrachtung im vorliegenden Zusammenhang auf Waren, d. h. Güter, die wieder veräußert werden, beschränkt bleiben. Des Weiteren werden unter dem Begriff Beschaffung manchmal alle akquisitorischen und physischen Funktionen von der Bedarfsermittlung über die Lieferantensuche bis hin zum Wareneingang subsumiert (vgl. für einen Überblick über das Begriffsverständnis in der Literatur Brettschneider 2000, S. 23). Im Folgenden werden zur Beschaffung nur jene Prozesse gezählt, die zu einer Vereinbarung mit Lieferanten führen, während für die physische Übertragung der Waren in den Verfügungsbereich der Unternehmung der Begriff Logistik gebraucht wird. Häufig wird auch der Begriff Einkauf verwendet, wenn es um die Versorgung eines Unternehmens mit erforderlichen Ressourcen geht. Auch die Interpretationen dieses Begriffs variieren hinsichtlich der Frage, inwieweit zum einen operative bzw. strategische, zum anderen akquisitorische bzw. logistische Sachverhalte mit einbezogen werden sollen. In der englischsprachigen Literatur werden vor allem die Begriffe *purchasing*, *procurement* und *sourcing* verwendet, um die Versorgungsaufgaben in einem Unternehmen zu charakterisieren.

Die Bedeutung der Beschaffung im Handel hat sich sehr stark gewandelt (vgl. Rudolph/Loos 2003, S. 14). Wesentliches Merkmal des Wandels ist die geänderte Rolle des Handels im Distributionskanal (vgl. Toporowski/Zielke 2007). Wie bereits in Kapitel 1 angesprochen, entspricht die Vorstellung von der Einschaltung des Handels durch die Industrie heute meist nicht mehr den realen Verhältnissen. Infolge der Konzentration und der Entstehung großer internationaler Handelskonzerne steuert häufig der Handel die gesamte Distributionskette. In vielen Fällen ist nicht der Hersteller in der Position, seine Distributionskanäle zu bestimmen, sondern der Händler wählt seine Beschaffungskanäle aktiv aus. Dies führt dazu, dass der Handel zunehmend mit dem Vorwurf konfrontiert wird, Nachfragemacht auszuüben. Die veränderte Machtposition versetzt ein Handelsunternehmen in die Lage, die Beschaffung als strategisches Instrument gegenüber der Industrie einzusetzen. Nachfrage- bzw. Angebotsmacht werden zwar vor allem im Rahmen der Wettbewerbspolitik erörtert, sind jedoch auch von betriebswirtschaftlicher Bedeutung (für einen Literaturüberblick vgl. Janz 2004, S. 160–169; Ahlert/Kenning/Olbrich et al. 2011). Die im Rahmen der Beschaffung zu treffenden Entscheidungen werden im folgenden Abschnitt näher vorgestellt.

In weiten Teilen gibt es im Handel Verhältnisse, die durch Ausführungen zur Beschaffungspolitik im Rahmen der Allgemeinen Betriebswirtschaftslehre gut abgedeckt werden (vgl. Hansen 1990; Koppelmann 2004). Die folgenden Ausführungen sollen sich deshalb vor allem auf Spezifika der Beschaffung im Handel konzentrieren. Die Beschaffungssituation eines Handelsunternehmens wird dabei durch folgende Unterschiede gegenüber einem Industrieunternehmen charakterisiert (vgl. Hansen/Skytte 1998, S. 278):

- ein Handelsunternehmen beschafft Fertigprodukte und kombiniert sie mit bestimmten Serviceleistungen,
- die Beschaffungsentscheidungen beeinflussen nicht nur die Kostenseite, sondern in einem hohen Maße auch die Erlösseite,
- die Beschaffungsentscheidungen werden nicht unter Produktions-, sondern unter Marketing- und Logistikgesichtspunkten getroffen,
- mit einer Zunahme von Handelsmarken im Sortiment verschiebt sich das Aufgabengebiet der Beschaffung in Richtung Marktanalyse und Produktentwicklung,
- mit der Entwicklung von neuen Informations- und Kommunikationstechnologien verfügt der Handel über ausgefeilte Analyse- und Entscheidungsinstrumente, mit denen Beschaffungsentscheidungen optimiert werden können.

22.1 Zur Strukturierung der Beschaffungspolitik

Die beschaffungspolitischen Sachverhalte lassen sich unterschiedlich strukturieren. So kann zum einen auf einzelne Phasen des Beschaffungsprozesses Bezug genommen werden. Koppelmann (2004) differenziert dabei zwischen folgenden Phasen:

- Situationsanalyse,
- Bedarfsanalyse,
- Marktanalyse und -auswahl,
- Lieferantenanalyse und -auswahl,
- Lieferantenverhandlung,
- Beschaffungsabwicklung und
- Support (Marktforschung, Früherkennung, Kontrolle, Benchmarking).

Die Abbildung 22.1 veranschaulicht den Prozessablauf. Es wird deutlich, dass die Methoden, die dem Support zugeordnet werden, dazu dienen, eine Rückkopplung zwischen den verschiedenen Phasen zu ermöglichen.

Die Phasen geben Hinweise auf die zu gestaltenden Bereiche. Die hier zu treffenden Entscheidungen können näher strukturiert werden, indem zum anderen auf die zentralen Begriffe des entscheidungsorientierten Ansatzes (vgl. Kapitel 4) zurückgegriffen wird, so dass Zielgrößen, Handlungsmöglichkeiten und Einflussgrößen analysiert werden. Hierauf wird im Folgenden näher eingegangen.

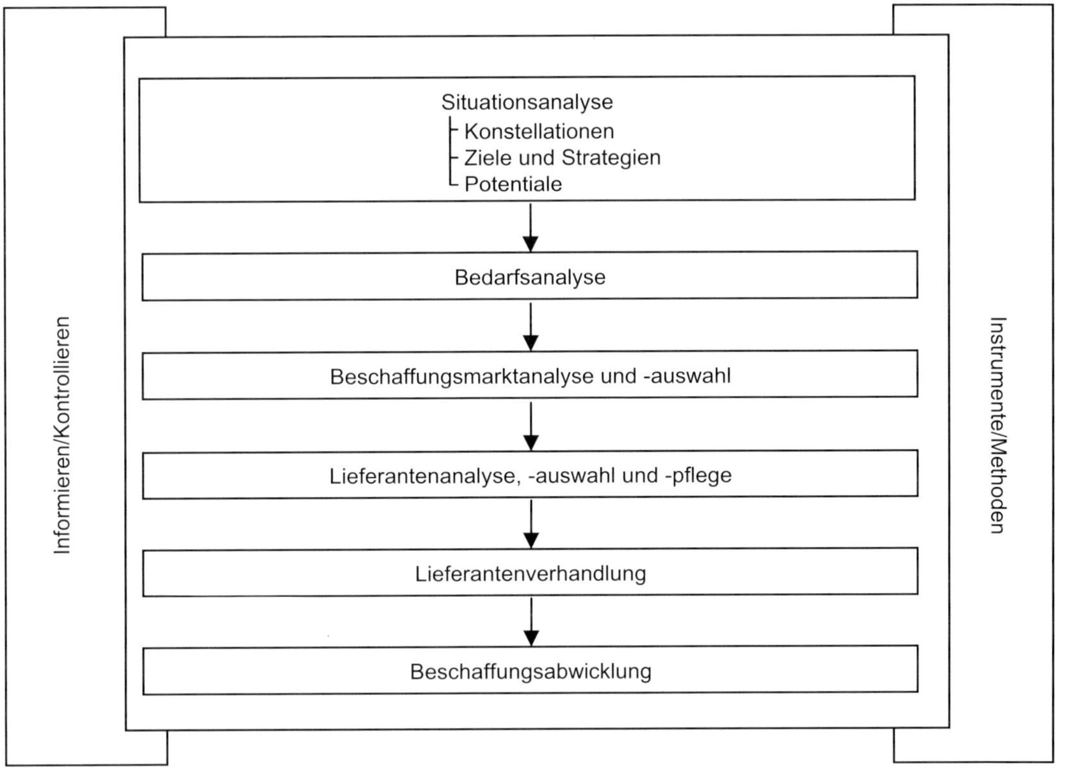

Quelle: Koppelmann 2004, S. 42

Abb. 22.1: Phasen des Beschaffungsprozesses

22.1.1 Beschaffungsziele

Es gibt in der Literatur zahlreiche Ansätze zur Systematisierung von Beschaffungszielen (vgl. Janz 2004, S. 142). Bezug nehmend auf Meyer (1986) differenziert Janz (2004) zwischen den folgenden vier Zieldimensionen:

- Beschaffungskosten,
- Beschaffungsqualität,
- Beschaffungssicherheit und
- Beschaffungsflexibilität.

Angesichts der Bedeutung der Preispolitik im Rahmen des Handelsmarketings überrascht es nicht, dass den **Beschaffungskosten** eine hohe Aufmerksamkeit bei der Optimierung der Beschaffung zukommt. Bei der Betrachtung der Beschaffungskosten muss zwischen den Einstandspreisen der beschafften Waren und den Kosten des Beschaffungsprozesses differenziert werden. So können niedrige Produktionskosten in Fernost günstige Einstandspreise nach sich ziehen, zugleich verursacht die

Entfernung jedoch hohe Transport-, Lagerungs- und Koordinationskosten. Der Begriff **Beschaffungsqualität** kann unterschiedlich breit interpretiert werden. Er kann sich primär auf stoffliche Eigenschaften der beschafften Produkte beziehen oder aber auch die Qualität des Beschaffungsvorgangs umfassen, wobei im zweiten Fall eine Abgrenzung zu weiteren Zieldimensionen der Beschaffung schwierig sein kann. Die **Beschaffungssicherheit** umfasst ebenfalls mehrere Teildimensionen. Von zentraler Bedeutung ist dabei die Sicherheit der Versorgung und zwar hinsichtlich quantitativer, zeitlicher und räumlicher Anforderungen. Darüber hinaus können Aspekte der preislichen und qualitativen Stabilität zu den Sicherheitszielen gezählt werden. Im Zusammenhang mit den unterschiedlichen Formen der Sicherheit sind die engen Beziehungen zum Informationsverhalten der Lieferanten zu betonen. Umfassende Informationen können den Grad der Sicherheit erhöhen. Als vierte Zielgröße wird die **Beschaffungsflexibilität** genannt. Angesichts der Dynamik bei vielen Umweltparametern gehört es zu den elementaren Interessen eines Handelsunternehmens, auf ungeplante und unerwartete Entwicklungen reagieren zu können. Um die jeweilige Zielerreichung messen zu können, sind zahlreiche Kennzahlen entwickelt worden. Um Beziehungen zwischen einzelnen Teilzielen erfassen zu können und um die Beschaffungspolitik in den Dienst der strategischen Gesamtplanung der Unternehmung zu stellen, haben Müller-Hagedorn/Wierich (2003) das Instrument der Balanced Scorecard auf den Einkauf angewendet (vgl. hierzu Kapitel 32). Dabei konnten für die Beurteilung des Bereichs „Einkauf" Kennzahlen zu den Ressourcen dieses Bereichs, den durchzuführenden Prozessen und den finanziellen und kundenbezogenen Ergebnissen abgeleitet werden.

Die genannten Zielgrößen sind nicht unabhängig voneinander. Bereits die zu Beginn angesprochenen Kosten- und Qualitätsziele lassen Interdependenzen erwarten. Auch die Sicherheits- und Flexibilitätsziele sind im Regelfall abhängig von den Kostenzielen. Eine weitere Herausforderung bilden die Messung und die Darstellung von Beschaffungsleistungen (vgl. Buchholz 2002).

22.1.2 Handlungsmöglichkeiten der Beschaffung

In Analogie zu den absatzpolitischen Instrumenten werden die Handlungsmöglichkeiten der Beschaffung als beschaffungspolitische Instrumente systematisiert (ein solcher Katalog beschaffungspolitischer Instrumente findet sich in Abbildung 22.2).

Hansen geht dabei von einem Verständnis der Beschaffung aus, das auch logistische Aspekte mit einbezieht. Sie unterscheidet insgesamt sieben beschaffungspolitische Instrumente (in Abbildung 22.2 sind Sortiments- und Produktpolitik zusammengefasst), wobei die Analogie zu den absatzpolitischen Instrumenten augenfällig ist.

Als eines der beschaffungspolitischen Instrumente ist zunächst die Produktpolitik zu nennen. Traditionell gehört diese in den Gestaltungsbereich der Industrie. Dennoch besitzt auch der Handel eine Reihe von Gestaltungsmöglichkeiten. Dies gilt zunächst für den wachsenden Anteil der selbst erstellten Produkte (Eigenmarken, Handelsmarken), des Weiteren auch für kooperative Maßnahmen zwischen Industrie und Handel, die sich auf Qualitätseigenschaften der Produkte und der Verpackung erstrecken können. In den letzten Jahren haben solche Abstimmungen unter dem Stichwort Efficient Consumer Response (ECR) besondere Bedeutung erlangt (vgl. Kurt Salmon Associates, Inc. Management Consultants 1993; Coca-Cola Retailing Research Group 1994; Seifert

Beschaffungspolitische Instrumente	Aktionsparameter
Beschaffungsseitige Sortiments- und Produktpolitik	- Auswahl der Produkte/Produktgruppen (Hier ist die Interdependenz zur absatzseitigen Sortimentspolitik so stark, dass ausschließlich beschaffungsseitig ausgerichtete Aktionsparameter kaum zu isolieren sind.)
Einkaufsgestaltung	- Auswahl der Lieferanten - Kontaktanbahnung mit dem Lieferanten - Vertragliche Gestaltung des Beschaffungsweges - Auswahl personeller Einkaufsorgane • Selbsterfüllung • Delegation an Beschaffungshelfer - Ggf. Auswahl von Kooperationspartnern
Preis- und Bestellmengenpolitik	Preisbezogene Aktionsparameter - Einflussnahme auf Preisforderungen/Verhandlungsstrategien - Wahl zwischen verschiedenen Preisen (starke Interdependenz zu Lieferantenwahl und Sortimentsplanung) - Rabattvereinbarungen Bestellmengenbezogene Aktionsparameter - Bestellhäufigkeit - Bestelltermine - Sicherheitsbestand
Beschaffungsseitige Finanzierungspolitik	- Kredithöhe - Kassa-/Kreditfristen - Rückzahlungsmodalitäten - Kreditentgelte - Besicherung
Beschaffungswerbung	- Auswahl der Werbeobjekte und -subjekte - Gestaltung der Werbeaussage - Einsatz von Werbemitteln und -trägern
Lieferantenservice	- Angebot von Nebenleistungen, z. B. Wartung von Produkten - Versorgung der Lieferanten mit Informationen über die Marktentwicklung

Quelle: zusammengestellt nach Hansen 1990, S. 464–546

Abb. 22.2: Beschaffungspolitische Instrumente

2002; Schmickler/Rudolph 2002; Glavanovits/Kotzab 2002). Die Überlegungen erstrecken sich auf gemeinsame Aktivitäten bei der Entwicklung von Produkten, verkaufsfördernden Maßnahmen, Werbeaktionen und der Gestaltung logistischer Prozesse. Die Einhaltung von Qualitätsnormen kann entweder unter der alleinigen Verantwortung des Lieferanten stehen oder arbeitsteilig geregelt werden. Zu den besonderen Herausforderungen der beschaffungsseitigen Sortimentspolitik im Handel gehört die große Zahl von Artikeln, die viele Handelsunternehmungen führen. Daraus resultieren nahezu permanente Ein- und Auslistungsentscheidungen, ein hoher Steuerungs- und Kontrollaufwand bei den gelisteten Artikeln und eine aufmerksame Beobachtung des Absatzmarkts, um auf wichtige Trends zeitnah mit adäquaten beschaffungspolitischen Maßnahmen zu reagieren.

Im Zentrum der Verhandlungen der Handelsunternehmungen mit den Lieferanten stehen die Konditionen. Sie erstrecken sich nicht nur auf die Preise der Waren, sondern betreffen häufig zahlreiche Rabatte (z. B. Mengenrabatt, Frühdispositionsrabatt, Treuerabatt, Einführungsrabatt). Darüber hinaus werden in den Verträgen zahlreiche Lieferungsbedingungen geregelt (z. B. zum Gefahrenübergang, zu den Zahlungs- und Anlieferungsbedingungen, zu Vertragsstrafen, zu Maßnahmen, die den Abverkauf der Ware unterstützen). Dabei gilt es, das Konditionensystem so auszugestalten, dass die jeweiligen Ziele erreicht werden (zur Gestaltung von Konditionensystemen vgl. Steffenhagen 1995). In sog. Jahresgesprächen werden Vereinbarungen getroffen, die den Rahmen für die innerhalb eines Jahres stattfindenden Transaktionen abstecken. Die Höhe der vereinbarten Konditionen wird durch eine Vielzahl von Bestimmungsfaktoren beeinflusst, vor allem durch die objektiven Marktverhältnisse, durch singuläre Bedingungen beim Lieferanten und beim Abnehmer (z. B. Liquiditätslage), gegebenenfalls aber auch durch subjektive Faktoren (z. B. Sympathie gegenüber dem Verhandlungspartner oder Verhandlungsgeschick).

Von besonderer Bedeutung ist die Frage, ob die Ware direkt beim Hersteller beschafft oder ob ein Intermediär eingeschaltet werden sollte. In Verbundgruppen beteiligen sich die Zentralen in unterschiedlicher Form an der Beschaffung, entweder nur vermittelnd oder im Eigengeschäft. Die Bezugsquote gibt an, welchen Anteil ihrer Beschaffung die Mitglieder der Verbundgruppe über ihre Zentrale beziehen. Diese Größe steht in enger Beziehung zu dem Problem der Lieferantenauswahl. Der Kauf einzelner Waren wird oft eingebettet in ein System von dauerhaft angelegten Geschäftsbeziehungen. Es entstehen Bindungen zwischen Lieferanten und einkaufendem Handelsbetrieb. Weitere beschaffungspolitische Instrumente sind der Abbildung 22.2 zu entnehmen.

Für den Einkauf – dieser Begriff wird ebenfalls verwendet, wenn die Beschaffung von Waren gemeint ist – wird ein finanzieller Rahmen festgelegt, der als Limit (*Open-to-Buy*) bezeichnet wird. Der Limitplan enthält Angaben, in welchem Umfang innerhalb der einzelnen Dispositionszeiträume (z. B. Monate oder Haupt- und Nebensaison) eines meist unterjährigen Planungszeitraums (z. B. Saison) Waren in einzelnen Sortimentsgruppen eingekauft werden können. Der Limitplan erweist sich so als wichtiges Koordinationsinstrument zur Steuerung der Liquidität und des Warenflusses der Unternehmung. Wichtigste Bestimmungsfaktoren für die Limitplanung sind die Umsatzprognose und Vorstellungen über das Ausmaß an Warenverfügbarkeit im Verkaufsraum (vgl. zu einer ausführlichen Darstellung der Limitplanung Ebert 1986, S. 222–231).

Über die inhaltliche Ausgestaltung der Transaktionsbeziehung zu den Lieferanten hinaus ist auch die Frage von Bedeutung, wer in einer Handelsunternehmung für die Einkaufsaktivitäten verantwortlich sein sollte. Dies betrifft zum einen die Frage, ob Einkaufsentscheidungen zentral oder dezentral getroffen werden sollten (vgl. hierzu die Ausführungen in Kapitel 26), zum anderen die Frage, wie die Entscheidungen innerhalb der Organisation abgestimmt werden. Insbesondere bei der Entscheidung über die Aufnahme neuer Produkte werden häufig Einkaufsgremien eingeschaltet (vgl. die verhaltenswissenschaftlichen Darlegungen von Bauer 1980, insb. S. 341–394).

In Abbildung 22.3 findet sich eine weitere Zusammenstellung von beschaffungspolitischen Entscheidungsparametern, in der ergänzend zu der Auflistung in Abbildung 22.2 auf strategische und operative Aspekte hingewiesen wird. Die beschaffungspolitischen Entscheidungsparameter sind so angeordnet, dass erkennbar ist, in welchem Maße strategische bzw. operative Aspekte dominieren.

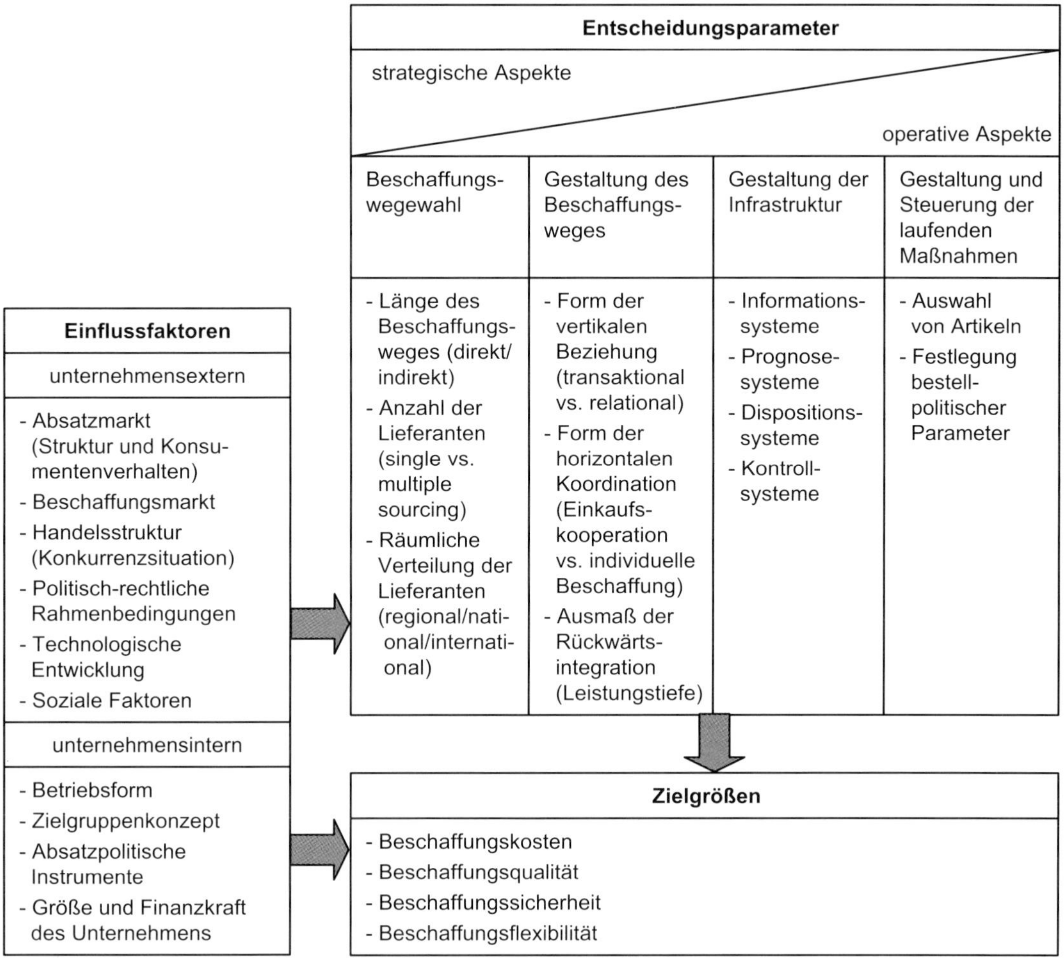

Quelle: in Anlehnung an Müller-Hagedorn/Wierich 2003, S. 228

Abb. 22.3: Entscheidungsfelder der Beschaffungspolitik

Die Beschaffungswegewahl hat eine ausgeprägte strategische Bedeutung. Sie nimmt Bezug auf die Stufigkeit sowie die Anzahl und räumliche Verteilung der Lieferanten. Die Gestaltung des Beschaffungsweges wirft vor allem Fragen nach der Form und Intensität der Kooperation im Rahmen der Beschaffung auf. Die Gestaltung der Infrastruktur schafft entsprechende Voraussetzungen für einen Informationsaustausch mit den Lieferanten und die Festlegung der operativen Parameter.

Die strategische Dimension der Beschaffung hat an Bedeutung gewonnen (vgl. hierzu Arnold 1995; Cox 2003; Large 2009). Die Analyse der strategischen Unternehmensführung in Kapitel 5 hat deutlich gemacht, dass zu den zentralen Aufgaben einer Strategie der Aufbau von Erfolgspotenzialen gehört, aus denen Wettbewerbsvorteile abgeleitet werden können. Betrachtet man erfolgreiche Handelsunternehmungen und stellt die Frage nach dem Einfluss der Beschaffung auf den Unternehmenserfolg, so deuten eine Reihe von Anhaltspunkten auf die Möglichkeit hin, mit der Beschaffung Erfolgspotenziale aufzubauen. So ist die erfolgreiche Expansion der sog. Vertikalisten in der Textilbranche (z. B. Zara und H&M) unter anderem auf die effiziente Ausgestaltung der Beschaffung zurückzuführen. Neben logistischen Aspekten wirken sich Entscheidungen über den Grad der Integration von Beschaffungs- und Produktionsprozessen maßgeblich auf die Flexibilität und Reagibilität des Unternehmens auf Marktentwicklungen aus. In einer Branche mit starken modischen Schwankungen ist dies ein zentraler Erfolgsfaktor. Die hohen, in der Vergangenheit stark gewachsenen Marktanteile von Lebensmitteldiscountern haben zwar eine Vielzahl von Gründen, dennoch ist davon auszugehen, dass die Fähigkeit, kostengünstige Lieferanten zu finden und sie zu steuern, einen maßgeblichen Einfluss auf die Generierung des Kostenvorteils ausübt. Die den preiswerten Produkten häufig bescheinigte hohe Qualität spiegelt unter anderem die beschaffungspolitische Effizienz der Händler wider. Insbesondere im Fachhandel, der im Regelfall auf eine Differenzierungsstrategie setzt, ist die Belieferung mit entsprechenden Markenprodukten von hoher Relevanz für die Positionierung des Unternehmens und damit für eine positive Abhebung von der Konkurrenz wichtig. Die Sicherung der relevanten Beschaffungsquellen wird in diesem Fall zum zentralen Erfolgsfaktor des Unternehmens. Die Beispiele machen deutlich, dass der Beschaffung im Handel auch eine strategische Bedeutung zukommt.

In den Kapiteln 23 und 24 werden einzelne beschaffungspolitische und die sich anschließenden logistischen Entscheidungen vertieft, wobei in Kapitel 23 insbesondere auf die Gestaltung der Verhältnisse zwischen Industrie und Handel und in Kapitel 24 auf die Bestellpolitik eingegangen wird.

22.1.3 Einflussgrößen

Die Ausgestaltung der beschaffungspolitischen Instrumente und der Einsatz der oben angesprochenen Beschaffungskonzepte hängen von einer Reihe von Einflussfaktoren ab (vgl. dazu den linken Teil der Abbildung 22.3). Ihre Bedeutung und ihre Wirkung unterscheiden sich zwischen verschiedenen Bereichen des Einzelhandels. Die Rahmenbedingungen in der Lebensmittelbranche, im Bekleidungshandel oder in der Unterhaltungselektronik sind zu unterschiedlich, als dass erwartet werden könnte, dass die Wirkungsmechanismen und die Konsequenzen für die Beschaffungskonzepte gleich wären. Folglich sind im konkreten Fall für jeden Bereich eigene Analysen erforderlich. Die folgenden Punkte gehen deshalb nur allgemein auf die Wirkungen bestimmter Faktoren ein:

Einflüsse der Absatzpolitik

Der Einfluss absatzpolitischer Maßnahmen auf Beschaffungsentscheidungen ist im Handel besonders stark, da die beschafften Produkte ohne wesentliche Be- oder Verarbeitung wieder veräußert werden. Da die Absatzpolitik in starkem Maße von den Wünschen, Zielen und Verhaltensmustern des Endverbrauchers beeinflusst wird, sind zuerst diese zu analysieren. Die in vielen Bereichen dominierende Rolle des Preises bei Kaufentscheidungen des Endverbrauchers führt dazu, dass der Handel nach kostengünstigen Beschaffungsquellen suchen muss. Darüber hinaus sind viele weitere Entwicklungen im Konsumentenverhalten zu berücksichtigen. So wirkt sich beispielsweise die zunehmende Bedeutung von Umwelt- und Gesundheitsaspekten sowie sozialen Gesichtspunkten für das Kauf- und Konsumverhalten von Endverbrauchern auf das Beschaffungsverhalten von Handelsunternehmungen aus.

Entwicklungen im politischen und gesellschaftlichen Bereich

Insbesondere das starke weltweite Gefälle zwischen den Produktionskosten forciert die internationale Beschaffung. Die große Bedeutung der asiatischen Beschaffungsmärkte lässt sich weitestgehend mit Kostenvorteilen erklären. Unterstützt wird diese Entwicklung durch die Veränderung der politischen und rechtlichen Rahmenbedingungen in diesen Ländern. Das Ergebnis ist das Aufkommen neuer Beschaffungsmärkte für eine breite Palette von Produkten. Die Liberalisierung und Deregulierung von Märkten haben zudem dazu geführt, dass internationale Warenbewegungen erleichtert werden. Der Wegfall von Zöllen und die Reduktion von Transport- und Informationskosten unterstützen diese Entwicklung zusätzlich. Wie bereits bei der Diskussion der Internationalisierung auf der Absatzseite festgestellt (vgl. Kapitel 11), haben die Entstehung größerer Wirtschaftsräume und die Deregulierung (im Textil- und Bekleidungshandel z. B. das Ende des Welttextilabkommens der Welthandelsorganisation WTO) wesentlich dazu beigetragen, dass grenzüberschreitende Warenströme stark zugenommen haben. Auf der Beschaffungsseite kommt diese Entwicklung im Global Sourcing zum Ausdruck.

Die Marktstrukturen im Handel haben auch sog. Nichtregierungsorganisationen (*non-governmental organisations*) dazu veranlasst, Forderungen an den Handel zu richten, die sich insbesondere auf die Einhaltung sozialer und ökologischer Standards in der gesamten Lieferkette beziehen (vgl. z. B. die Supermarkt-Initiative, unter: www.supermarktmacht.de). Sie beklagen die zunehmende Einkaufsmacht einer kleinen Zahl von großen Händlern, die dazu führe, dass den Lieferanten häufig nichts anderes übrig bleibe, als die Preis-, Qualitäts- und Liefervorgaben des Einzelhandels zu akzeptieren. Kleinbauern in Entwicklungsländern seien aufgrund dieser Vorgaben kaum mehr in der Lage, ihre Produkte zu auskömmlichen Bedingungen abzusetzen. Aber auch andere Anbieter seien der Gefahr ausgesetzt, mit unfairen Konditionen konfrontiert zu werden, z. B. rückwirkend geltenden Vertragsänderungen oder verspäteten Zahlungen.

Machtverhältnisse zwischen Industrie und Handel

Eine große Bedeutung für die Beschaffungsprozesse kommt der jeweiligen Macht von Anbietern und Händlern zu, was zu Konflikten führen kann. Zur Regelung von Konflikten zwischen Industrie und Handel kann zunächst auf das Zivilrecht zurückgegriffen werden. Dabei ist an das BGB und das Gesetz zur Regelung des Rechts der Allgemeinen Geschäftsbedingungen (AGB-Gesetz) sowie die umfangreiche Rechtsprechung zu denken (vgl. hierzu die Ausführungen bei Schulze 1998, S. 101–170). Schulze kommt zu dem Ergebnis, dass das AGB-Gesetz die eigentlichen Probleme aus den Beziehungen zwischen den von ihm betrachteten Lebensmittelherstellern und Händlern nicht erfasst. Die Höhe der Rabatte und die Preisfestsetzung gehörten zur Hauptleistung und fielen deshalb nicht unter das AGB-Gesetz. Die meisten Lieferkonditionen werden individuell in den Jahresgesprächen ausgehandelt, so dass die Bestimmungen des AGB-Gesetzes auf diese Verträge nicht anzuwenden sind. Zudem stellten sich ex-post-Verhaltensweisen als zentrale Konflikte dar, das AGB-Gesetz erfasse jedoch nur Ex-ante-Klauseln (vgl. Schulze 1998, S. 168). Im Hinblick auf die Gestaltung des Wettbewerbs ist deshalb im nationalen Rahmen vorrangig hinzuweisen auf:

- das für die Fusionskontrolle und die Missbrauchsaufsicht maßgebende Gesetz gegen Wettbewerbsbeschränkungen,
- Regelungen der Zusammenarbeit von Industrie und Handel, die in Vereinbarungen zwischen den Wirtschaftsbeteiligten einmünden (freiwillige Selbstverpflichtungen, Code of Conduct), und
- betriebliche Maßnahmen, die der zwischenbetrieblichen Effizienzsteigerung auf den Gebieten Logistik, Marketing und Verwaltung dienen und die etwa ab 1995 unter dem Stichwort Efficient Consumer Response entwickelt wurden.

Von besonderer Bedeutung für das Verhältnis von Industrie und Handel in Deutschland ist das Gesetz gegen Wettbewerbsbeschränkungen (GWB). Das GWB bietet eine vorwiegend ex ante vorgesehene Marktstrukturkontrolle und eine ex post orientierte Verhaltenskontrolle. Nach § 19 Abs. 1 GWB (in früheren Fassungen § 22 GWB a. F.) ist die missbräuchliche Ausnutzung einer marktbeherrschenden Stellung verboten. Ein Unternehmen ist nach § 19 Abs. 2 marktbeherrschend, soweit es als Anbieter oder Nachfrager einer bestimmten Art von Waren oder gewerblichen Leistungen auf dem sachlich und räumlich relevanten Markt ohne Wettbewerber ist oder keinem wesentlichen Wettbewerb ausgesetzt ist oder eine im Verhältnis zu seinen Wettbewerbern überragende Marktstellung hat. Nach § 19 Abs. 3 wird vermutet, dass ein einzelnes Unternehmen marktbeherrschend ist, wenn es einen Marktanteil von mindestens einem Drittel hat. Auch für eine Gruppe von Unternehmungen benennt das Gesetz entsprechende Werte. Nach § 36 GWB ist ein Zusammenschluss, von dem zu erwarten ist, dass er eine marktbeherrschende Stellung begründet oder verstärkt, vom Bundeskartellamt zu untersagen, es sei denn, die beteiligten Unternehmen weisen nach, dass durch den Zusammenschluss auch Verbesserungen der Wettbewerbsbedingungen eintreten und dass diese Verbesserungen die Nachteile der Marktbeherrschung überwiegen (vgl. zum Stand der aktuellen Diskussion Bundeskartellamt 2008). Das Urteil „Coop-Wandmaker“ hat deutlich gemacht, dass Nachfragemacht einzelner Handelsunternehmen oder eines Handelsoligopols auf den Beschaffungsmärkten des Handels bei der Fusionskontrolle nur dann als Argument angeführt werden kann, wenn eine marktbeherrschende Stellung vorliegt (vgl. Deutscher Bundestag 1987, S. 8–9; Kirschner 1987). Für 2007 wird von der METRO AG (2008, S. 19) angegeben, dass die fünf führenden Unternehmungen des Lebensmittelhandels 69,2 % des (Absatz-)Markts auf sich vereinen. Nach § 20 GWB (in früheren Fassungen § 26 GWB a. F.) dürfen marktbeherrschende Unternehmen ein anderes Unternehmen in einem Geschäftsverkehr, der gleichartigen Unternehmen üblicherweise zugänglich ist, weder mittelbar noch unmittelbar unbillig behindern oder gegenüber gleichartigen Unternehmen ohne sachlich gerechtfertigten Grund unmittelbar oder mittelbar unterschiedlich behandeln.

In Deutschland gibt es seit Jahrzehnten Versuche der Industrie, das Einkaufsverhalten des Handels als wettbewerbswidrig darzustellen. Die Diskussionen führten dazu, dass das Bundeswirtschaftsministerium bereits im Jahr 1974 einen Katalog von Verhaltensweisen veröffentlicht hat, der in der Folge als „Sündenregister“ bezeichnet wurde (vgl. Abbildung 22.4).

Die Diskussion um die in Abbildung 22.4 genannten Verhaltensweisen besteht weiterhin, wobei heute davon gesprochen wird, es sei ein „Code of Conduct“ notwendig, um wettbewerbswidriges Verhalten zu vermeiden. Einige der in Abbildung 22.4 aufgeführten Punkte (z. B. Werbekostenzuschüsse) werden inzwischen als übliche Konditionenbestandteile angesehen, was zeigt, dass ihre Beurteilung nicht immer offensichtlich ist und einer eingehenden Analyse bedarf. So hat sich auch

1 Eintrittsgelder für Erstaufträge	10 Darlehen zu nicht marktgerechten Preisen	19 Besonders lange Zahlungsziele
2 Regalmieten	11 Investitionszuschüsse	20 Abwälzung von Kosten org. Betriebsumstellungen auf Lieferanten
3 Werbekostenzuschüsse	12 Beteiligung an Geschäftseinrichtungen	21 Lieferverpflichtungen in ungewisser Höhe
4 Sonderleistungen bei Neueröffnungen	13 Buß- und Strafgelder	22 Ausschuss der Kreditsicherung durch Forderungsabtretung
5 Verlagerung der Regalpflege	14 Fordern eines „Bündels" von Sonderleistungen mittels Fragebögen	23 Gespaltener Abonnementpreis
6 Verlagerung der Preisauszeichnung	15 Preisfallklausel	24 Gespaltener Anzeigenpreis
7 Inventurhilfe	16 Jederzeitige Kontrolle des Abnehmers im Betrieb des Herstellers	25 Kostenlose Werbeexemplare über längeren Zeitraum
8 Listungsgebühren	17 Rabattkumulierung	
9 Deckungsbeiträge für Umsatzausfälle	18 Nachträgliche Erhöhung der vereinbarten Rückvergütungsumsätze für die Umsatzprämie	

Quelle: in Anlehnung an o. V. 1975, S. 24

Abb. 22.4: Das „Sündenregister" von 1974

die Monopolkommission (1977) anlässlich ihres Sondergutachtens 7 mit den in Abbildung 22.4 aufgelisteten und als missbräuchlich bezeichneten Verhaltensweisen beschäftigt. Die Diskussion führte zu der „Gemeinsamen Erklärung von Organisationen der gewerblichen Wirtschaft" zur Sicherung des Leistungswettbewerbs (vom 7.10.1975 und ihrer Fortschreibung von 1984; vgl. o. V. 1976a, S. 17–18; Hinz 1976, S. 9–10) und den seinerzeit nach § 28 GWB beim Bundeskartellamt eingetragenen Wettbewerbsregeln des Markenverbands (vgl. o. V. 1976b, S. 576–580). In letzteren wurde ein „Gegenleistungsprinzip" eingeführt, das sich auf das unmittelbare Warengeschäft bezog (zur Kritik vgl. Lademann 1986). Schließlich ist noch an die Berliner Erklärungen (Gelöbnisse) von 1983 und 1984 zu erinnern, mit denen sich führende Hersteller- und Handelsunternehmen der Lebensmittelbranche bereit erklärten, auf den missbräuchlichen Verkauf von Waren unter Einstandspreis zu verzichten und keine Rabatte zu gewähren, die nicht leistungsgerecht seien (vgl. o. V. 1984, S. 852). Lademann (1986) hat die verschiedenen Tatbestände in eine strukturierte Tabelle übertragen und bereits 1986 zahlreiche Einwände gegen diese Festlegungen vorgetragen. Bei der Beurteilung dieser Verhaltensweisen wird aus heutiger Sicht vermehrt auf ökonomische Aspekte abgestellt, indem (auch modelltheoretisch) analysiert wird, inwieweit einzelne Konditionenbestandteile geeignet sind, das Verhalten der Partner im Distributionskanal zu steuern und somit zu einer Absatzkanalkoordination beizutragen (zur Gestaltung von anreizkompatiblen Konditionensystemen vgl. Spork 2006, insbesondere S. 40–58). Auch das Problem der Aufteilung des Risikos zwischen Handel und Industrie wird dabei näher analysiert.

Technologische Entwicklungen
Eine bedeutende Rolle bei den zu beobachtenden Veränderungen spielen technologische Entwicklungen (vgl. Johansson 2001). Sie erleichtern die Kommunikation mit potenziellen Lieferanten und erhöhen die Flexibilität der beschaffenden Unternehmungen. Insbesondere das Internet hat die Möglichkeiten bei der Suche und der Auswahl von Lieferanten erweitert. Darüber hinaus tragen neue Technologien dazu bei, dass zahlreiche Vorgänge automatisiert werden können, was eine Reduktion von Prozesskosten nach sich zieht. Basierend auf einer verbesserten Datengrundlage können komplexe Modelle und Verfahren der Lieferantenbewertung und -auswahl eingesetzt werden (vgl. Janker 2004; Irlinger 2012).

Veränderungen auf der Handelsebene
Für eine Reihe von Entwicklungen im Beschaffungsbereich sind Veränderungen auf der Handelsebene selbst verantwortlich. So hat die zunehmende Konzentration im Handel die Machtverhältnisse zwischen Industrie und Einzelhandel in einigen Bereichen verschoben. Auf Märkten mit einer geringen Handelskonzentration wird häufig über Kooperationen eine ähnliche Wirkung auf die Machtverhältnisse erzielt. Die wachsenden Beschaffungsvolumina der Einzelhändler führen häufig unter anderem dazu, dass auf die Einschaltung der Großhandelsstufe verzichtet wird. Infolgedessen kommt es zu einer Verkürzung der Beschaffungswege. Handelsunternehmungen verfügen außerdem zunehmend über Know-how in der Markenführung, was sich in einem wachsenden Anteil von Handelsmarken am Gesamtsortiment und damit der Integration von Aufgaben, die früher von der Industrie durchgeführt wurden, widerspiegelt.

Neben Veränderungen, die das Verhältnis zwischen Industrie und Handel betreffen, üben auch innerbetriebliche Entwicklungen im Handel Einfluss auf das Beschaffungsverhalten von Händlern aus. Die Verfügbarkeit umfangreicher Daten, mit denen die Kosten und Leistungen einzelner Unternehmensprozesse erfasst werden können, sowie der zunehmende Einsatz von modernen Entscheidungs- und Steuerungsinstrumenten (vgl. Bevilacqua/Petroni 2002) versetzen den Handel in die Lage, Beschaffungsprozesse zu optimieren. Zu nennen ist in diesem Zusammenhang die wachsende Bedeutung des Category Managements.

22.2 Aktuelle Problemfelder

Die Beschaffung von Waren (oder Dienstleistungen) erfordert die Suche von Lieferanten, die Kontaktaufnahme, Verhandlungen und schließlich den Abschluss von Verträgen sowie deren Abwicklung. Seit einigen Jahren gibt es allerdings eine Reihe von Entwicklungen, die diese Aufgaben in einem neuen Licht erscheinen lassen und den Handel vor neue Herausforderungen stellen. Die zunehmende Konzentration auf der Handelsebene hat Unternehmungen entstehen lassen, deren Beschaffungsvolumina es erlaubt, auf die Einschaltung von Intermediären zu verzichten. Die Frage nach effizienten Beschaffungswegen oder -kanälen hat folglich stark an Bedeutung gewonnen. Dabei ist auch die Frage nach der optimalen Koordination zwischen Industrie und Handel neu zu beantworten. Der Wandel von transaktionalen zu relationalen Beziehungen, der in Ansätzen des Supplier Relationship Managements sichtbar ist, macht darauf aufmerksam. Eine ähnliche Wirkung geht von dem zunehmenden Anteil von Handelsmarken am Gesamtsortiment aus. Handelsunternehmungen müssen Entscheidungen über das Ausmaß der Integration von vorgelagerten Funktionen treffen. Im Kontext der Konzentration sind zwei weitere Fragen zu nennen – die Entscheidungen über das Ausmaß und die Form der Beschaffung auf Auslandsmärkten sowie über horizontale Kooperationsformen im Einkauf. Die Entwicklung neuer Technologien, insbesondere die Präsenz vieler Anbieter auf Internetplattformen, wirft für den Handel die Frage nach der Bedeutung der Elektronischen Beschaffung (E-Procurement) auf. Dabei ist zu beachten, dass sich auch dort neue Formen der Koordination zwischen Industrie und Handel, z. B. bestimmte Typen von Auktionen, entwickelt haben (vgl. Kaufmann 2003; Bichler/Pikovsky/Setzer 2005; Eichstädt 2008). Auf die genannten Aspekte der Beschaffung soll im Folgenden ansatzweise eingegangen werden.

Elektronische Beschaffung

Bedingt durch die technologische Entwicklung der letzten Jahre hat die Elektronische Beschaffung eine große Bedeutung für den Handel erlangt. Unter dem Begriff Elektronische Beschaffung werden zahlreiche Instrumente und Verfahren diskutiert, u. a. Electronic-Sourcing, Electronic-Catalogs, Electronic-Collaboration oder auch Lieferantenbewertungssysteme (vgl. Bundesverband Materialwirtschaft, Einkauf und Logistik 2009). Unter E-Sourcing selbst wird eine Reihe von EDV-gestützten Verfahren subsumiert, die die Suche und Auswahl von Lieferanten erleichtern. Hierzu zählen Ausschreibungen, die in einer strukturierten Form die potenziellen Lieferanten über den Bedarf des Händlers informieren und zur Abgabe eines Angebots auffordern (*request for quotation*). Zu nennen sind auch Einkaufsauktionen, bei denen die Angebote der interessierten Unternehmungen für alle Beteiligten sichtbar sind und somit der einzelne Anbieter auf das Verhalten seiner Konkurrenten reagieren kann (*reverse auctions*). Elektronische Kataloge bieten die Möglichkeit, die angebotenen Produkte mit Hilfe von Multimedia-Instrumenten zu präsentieren, sie können aber auch Bestellprozesse unterstützen. Die genannten Instrumente dienen dem Tausch von Gütern und Dienstleistungen, so dass im Ergebnis häufig Handelsplattformen entstehen, die auch als Elektronische Marktplätze bezeichnet werden (vgl. zu den unterschiedlichen Varianten Ausschuss für Definitionen zu Handel und Distribution 2006, S. 80–81). Die Bedeutung und die Akzeptanz der einzelnen Instrumente der Elektronischen Beschaffung sind unterschiedlich stark ausgeprägt (vgl. zu empirischen Ergebnissen Bundesverband Materialwirtschaft, Einkauf und Logistik 2009). Erhebliche Anteile befragter Dienstleister und Händler prognostizieren einen weiteren Anstieg, teils sogar einen starken Anstieg, des mit Instrumenten wie Elektronischen Katalogsystemen, Ausschreibungen und Auktionen realisierten Beschaffungsvolumens (vgl. Bundesverband Materialwirtschaft, Einkauf und Logistik 2009, S. 6). Die Nutzung der Instrumente hängt auch von der Größe der Unternehmungen ab. Zu den zentralen Motiven für den Einsatz der genannten Instrumente gehört die Reduktion von Prozesskosten und Einstandspreisen (vgl. Hütter 2007). Zugleich sollen die Beschaffungszeiten verringert, die Transparenz der Abläufe erhöht und die Qualität der beschafften Produkte verbessert werden. Für Handelsunternehmungen stellt sich die Frage, unter welchen Bedingungen der Einsatz elektronischer Beschaffungsinstrumente besonders vorteilhaft sein kann. Hudetz und van Baal (2005) haben empirisch erhoben, inwieweit mit Electronic-Procurement die für die Beschaffung wichtigen Ziele erreicht werden. Sie stellten fest, dass nach Ansicht der befragten Unternehmen Einkaufsprozesse beschleunigt und die Produkt- und Lieferantenauswahl erhöht werden, jedoch die Ziele Prozesskostenreduktion, Produktkostenreduktion, Reduktion eines unkoordinierten Einkaufs und Bündelung von Nachfragemacht nur zu einem geringeren Teil erreicht werden (vgl. Hudetz/van Baal 2005, S. 83).

Internationale Beschaffung und Multichannel Sourcing

Die Globalisierung der Wirtschaft hat nicht nur auf den Absatzmärkten zu einer verstärkten Präsenz von Handelsunternehmungen geführt (siehe Kapitel 11), sondern ebenso auf der Beschaffungsseite (vgl. PricewaterhouseCoopers 2008). Obwohl die internationale Beschaffung eine jahrtausendelange Geschichte hat, hat sie in den letzten Jahrzehnten zusätzlich an Bedeutung gewonnen. Die ökonomische Entwicklung von Ländern wie China und Indien hat diese zu wichtigen Beschaffungsmärkten für den Handel werden lassen. Häufiges Motiv für die wachsende Nutzung ausländischer Beschaffungsquellen ist ihr Kostenvorteil. Produzenten in Ländern mit niedrigen Produktionskosten werden deshalb als Lieferanten bevorzugt. Allerdings ist zu beachten, dass neben den Einstandskosten weitere Kosten, insbesondere Logistikkosten, anfallen, die in die Kalkulation einbezogen werden müssen. Darüber hinaus ist zu berücksichtigen, dass neben den Kosten auch die Lieferzeit einen wichtigen Indikator für die Vorteilhaftigkeit eines Lieferanten darstellt. Für Handelsunternehmungen ist es wichtig zu erkennen, für welche Sortimentsteile die Kostenvorteile der globalen Beschaffung besonders bedeutsam sind (vgl. Zentes/Hilt/Domma 2007). Die Internationalisierung der Beschaffung, die häufig unter dem Begriff Global Sourcing diskutiert wird, bringt eine Reihe von Herausforderungen mit sich. Dabei wird vor allem das Fehlen eines ganzheitlichen Konzepts kritisiert. Diese Lücke zu schließen ist die Aufgabe des Multichannel Sourcing Konzepts (vgl. Rudolph/Loos 2006). Eng verknüpft mit dem darin enthaltenen Aspekt der Internationalisierung ist die Frage nach dem Ausmaß der Konzentration bei der Auswahl von Lieferanten (vgl. Chatterjee/Hyvönen/Anderson 1995). Bei dieser Entscheidung spielen strategische Erwägungen eine Rolle, die sich vor allem auf Abhängigkeits- und Risikoaspekte beziehen.

Supplier-Relationship-Management (SRM)

In den letzten Jahren haben vertikale Kooperationen, die das Ziel verfolgen, die gesamte Supply Chain zu optimieren, eine große Bedeutung erlangt (vgl. Magnus 2007). Sie haben sich in der Praxis unter verschiedenen Namen etabliert, wobei dem Efficient Consumer Response Konzept (ECR) eine herausgehobene Rolle zu bescheinigen ist. Es sind vor allem einzelne Funktionsbereiche, z. B. Marketing oder Logistik, die im Rahmen solcher Konzepte koordiniert werden. Darüber hinaus ist aber auch die Frage nach dem Management der Beziehungen zwischen den beteiligten Wirtschaftssubjekten zu beantworten. In Anlehnung an den Begriff Customer-Relationship-Management (CRM), der die strategische Bedeutung der Beziehungen auf der Kundenseite zum Ausdruck bringt, wird ein strategisches Lieferantenmanagement auch als Supplier-Relationship-Management (SRM) bezeichnet (vgl. zu einem umfassenden Überblick über die unterschiedlichen Aspekte von SRM Appelfeller/Buchholz 2011). Charakteristisch für das SRM ist ein selektives, partnerschaftliches, häufig EDV-unterstütztes Lieferantenmanagement. Es erstreckt sich auf den Aufbau, die Ausgestaltung und die Kontrolle von Lieferantenbeziehungen im Sinne einer langfristigen Geschäftsbeziehung (vgl. zu einer Diskussion der Merkmale Toporowski/Zielke 2006). Im Mittelpunkt des Interesses stehen dabei zwei Aspekte – zum einen, die Frage, wie bestimmte Aufgaben zwischen Händler und Lieferant aufgeteilt werden, zum anderen, welche Form der vertraglichen Steuerung gewählt wird. Für ein Handelsunternehmen ist vor allem die Frage zu beantworten, mit welchen Lieferanten eher eine transaktionale und mit welchen eine partnerschaftliche Beziehung anzustreben ist (vgl. Lusch/Brown 1996). Zu den Gründen für letztere kann der Zugang zu bestimmten Produkten zählen, die die Sortimentskompetenz des Händlers erhöhen. So könnte es beispielsweise für ein Warenhaus wichtig sein, Uhren renommierter Schweizer Hersteller zu führen. Für Textilkaufhäuser kann die Belieferung mit Designermarken eine besondere Relevanz haben. Mit Hilfe des SRM können solche strategisch wichtigen Lieferanten an das Unternehmen gebunden werden. Zielsetzung des Konzepts kann aber auch die Optimierung logistischer Prozesse oder die Entwicklung und Führung von Handelsmarken sein.

Einkaufskooperationen

Ein bedeutender Grund für die zunehmende Konzentration im Handel ist in der Verbesserung der Einkaufskonditionen zu sehen. Ein ähnlicher Effekt lässt sich erzielen, wenn unternehmensübergreifend Beschaffungsvolumina gebündelt und Beschaffungsprozesse koordiniert werden. Dieses Bestreben wird in Form von Einkaufskooperationen sichtbar. Zu den klassischen Formen des kooperativen Einkaufs gehören Verbundgruppen, wobei das Aufgabenspektrum der meisten Verbundgruppen heute deutlich über die Beschaffungsfunktion hinausgeht. Es sind vor allem mittelständische Unternehmen, die die Vorteile der Verbundgruppen nutzen. Davon zu differenzieren sind Einkaufsallianzen großer, meist international tätiger Filialisten. Zu den bedeutendsten europäischen Einkaufsverbünden in diesem Bereich zählen der Associated Marketing Service (AMS), die European Marketing Distribution (EMD), Coopernic und Alidis/Agenor. Für ein Handelsunternehmen stellt sich die Frage, welche Einkaufsvorteile auf der einen und welche Koordinationsprobleme auf der anderen Seite mit der Mitgliedschaft in einer Einkaufsallianz verbunden sind (vgl. Zentes/Hilt/Domma 2007, S. 24). Eine wichtige Rolle bei der Entstehung von unternehmensübergreifenden Netzwerkstrukturen spielt die Entwicklung entsprechender Technologien, die die Kommunikation zwischen den beteiligten Partnern unterstützt (vgl. Zentes/Swoboda 2000).

Direktbezug

Das wachsende Beschaffungsvolumen von einzelnen Handelsunternehmungen führt zunehmend dazu, dass auf Intermediäre in der Beschaffung verzichtet wird. Es findet eine Disintermediation statt. So wird zum Beispiel die Großhandelsstufe ausgeschaltet und die Ware direkt beim Hersteller bezogen. Das gilt sowohl für den Bezug von Waren, die im Inland hergestellt wurden, als auch für ausländische Produkte. Während man im zweiten Fall früher häufig auf Importeure zurückgegriff, wird heute zunehmend direkt bei ausländischen Herstellern eingekauft, was eine entsprechende Organisation der Beschaffung erforderlich macht.

Beschaffung von Handelsmarken

Während bei dem angesprochenen Direktbezug eine Disintermediation stattfindet, kann die zunehmende Aufnahme von Handelsmarken in das Sortiment als Rückwärtsintegration des Handels interpretiert werden. Die klassische Aufgabenteilung zwischen einem Hersteller und einem Händler wird aufgehoben. Der Händler selbst übernimmt einige, im Extremfall sogar alle Aufgaben eines Herstellers. Die Beschaffung von Handelsmarken stellt ein Handelsunternehmen vor gänzlich neue Aufgaben, da über die eigene Leistungstiefe entschieden werden muss (siehe dazu auch Kapitel 17).

Corporate Social Responsibility (CSR) in der Beschaffung

Der hohe Internationalisierungsgrad in der Beschaffung, insbesondere die wichtige Rolle von Entwicklungs- und Schwellenländern bei der Wahl von Beschaffungsquellen, ist dafür verantwortlich, dass das Thema soziale Verantwortung (siehe dazu auch Kapitel 8) eine große Bedeutung bei der Auswahl von Lieferanten erlangt hat. Menschenwürdige Arbeitsbedingungen, ausreichende Löhne und Sozialleistungen sowie umweltverträgliche Produktionsprozesse sind nur einige der Anforderungen, die in diesem Zusammenhang genannt werden (vgl. zu einem Kriterienkatalog der Nachhaltigkeit Koplin 2006, S. 96–108). Für Handelsunternehmungen besteht die Gefahr, vom Bekanntwerden von Missständen bei ihren Lieferanten hart getroffen zu werden. Vor allem Umweltorganisationen und Medien haben den Druck auf Unternehmungen, sich sozial zu verhalten, stark erhöht. Für die beschaffenden Händler bedeutet dies, dass sie Standards setzen und für ihre Einhaltung sorgen müssen. Bei der Auswahl von Lieferanten kommt folglich der Erfüllung von Sozialstandards, der Transparenz von Beschaffungs- und Produktionsprozessen sowie der Bereitschaft, sich Audits zu stellen, eine immer größere Bedeutung zu. Häufig wird unabhängigen Organisationen die Aufgabe übertragen, die Einhaltung der von den beschaffenden Unternehmungen definierten Regeln und Bestimmungen zu überprüfen. In den letzten Jahren hat sich beispielsweise eine Vielzahl von Labels und Standards etabliert, die die Sicherheit von Lebensmitteln garantieren sollen und bei Beschaffungsentscheidungen eine bedeutende Rolle spielen können (vgl. zu einem Überblick csr-food.com/index.php?id=288). In vielen Bereichen wird an der Entwicklung eines nachhaltigen Produkt-Fußabdrucks (Product Sustainable Footprint) gearbeitet, der als internationaler Maßstab für die Nachhaltigkeit eines Produkts angesehen wird. In bestimmten Branchen, z. B. in der Textil- oder Möbelbranche, spielt die umweltgerechte Beschaffung von Rohstoffen eine besondere Rolle. Die Zertifizierungen von Baumwoll- oder Holzlieferanten gehört deshalb häufig zu den Anforderungen, die vom Handel definiert werden. Unternehmensinterne Qualitätssicherungssysteme sorgen ebenfalls dafür, dass produkt- und verpackungsbezogene Standards, insbesondere bei Eigenmarken, eingehalten werden. Um die Einhaltung von grundlegenden Menschenrechten in der Produktions- und Lieferkette sicherzustellen, werden Initiativen gegründet, deren Mitglieder ihr Verhalten an einem gemeinsam verabschiedeten Kodex ausrichten (z. B. die Business Social Compliance Initiative (BSCI)). Im Zusammenhang mit dem Themenkomplex CSR wird häufig auch das Thema Rückverfolgbarkeit genannt. An Handelsunternehmungen wird zunehmend die Forderung gestellt, eine durchgängige und lückenlose Warenrückverfolgung zu gewährleisten. Insbesondere Lebensmittelskandale der letzten Jahre haben die Verbraucher und damit auch die Handelsunternehmungen diesbezüglich sensibilisiert. Eine Konsequenz ist die Implementierung von Tracking & Tracing-Systemen, die sich positiv auf die Einhaltung von Qualitäts- und Sicherheitsstandards auswirken. Für Handelsunternehmungen ist die Kooperationsbereitschaft von Lieferanten auf diesem Gebiet ein wichtiges Kriterium für eine Geschäftsbeziehung. Die Bedeutung, die viele Handelsunternehmungen den angesprochenen Aspekten im Rahmen der Beschaffungspolitik beimessen, wird in Nachhaltigkeitsberichten sichtbar, die von zahlreichen Handelsunternehmungen veröffentlicht werden.

22.3 Theoretische Ansätze

Es gibt in der Literatur eine Reihe von Versuchen, das Beschaffungsverhalten von Handelsunternehmen zu modellieren (zu einem Überblick siehe Hansen/Skytte 1998). Die Modelle unterscheiden sich unter anderem hinsichtlich der zu erklärenden Größen. So gibt es Ansätze, deren Zielsetzung darin besteht, die Wahl der zu beschaffenden Produkte und die Auswahl von Lieferanten zu erklären (vgl. Glantschnig 1994). Es gibt Modelle, die die Frage nach dem Beschaffungserfolg und seinen Determinanten aufwerfen. Ein wachsendes Interesse ist an der Frage nach der Dauer und der Intensität der Beziehungen zwischen Lieferanten und Abnehmern festzustellen. Im Folgenden sollen ausgewählte Ansätze kurz vorgestellt werden.

Das Modell von Sheth

Eine herausgehobene Rolle bei der Erklärung der Wahl des Produkts und des Lieferanten kommt dem Modell von Sheth zu (vgl. Sheth 1981; Fairhurst/Fiorito 1990). Die zu erklärenden Größen werden nach diesem Ansatz von den Anforderungen an die zu beschaffenden Produkte und der Verfügbarkeit von Lieferanten beeinflusst. Dabei resultieren die Produktanforderungen einerseits aus Faktoren, in denen sich die äußeren Unterschiede zwischen verschiedenen Händlern widerspiegeln, andererseits aus Größen, die einen unternehmensinternen Charakter aufweisen. Zu der ersten Gruppe von Faktoren zählen z. B die Größe, die Betriebsform und der Standort des Handelsunternehmens. Die zweite Gruppe umfasst Faktoren wie Produktpositionierung, Kontroll- und Entscheidungssystem. Die Verfügbarkeit von Lieferanten hängt von der Wettbewerbsstruktur auf dem Beschaffungsmarkt, dem Image der Lieferanten und ihrer Marketingpolitik ab. Die beiden zentralen Einflussgrößen Produktanforderungen und Lieferantenverfügbarkeit werden beurteilt und aus dem Urteil eine ideale Wahl von Produkten und Lieferanten abgeleitet. Diese unterscheidet sich von der tatsächlichen Wahl, da es intervenierende Größen gibt, die das Ergebnis beeinflussen. Sheth führt diese Größen separat auf, da sie nicht explizit modelliert und antizipiert werden können. Er differenziert dabei zwischen den Größen Geschäftsverhandlungen, Marktstörungen, Geschäftsklima und Finanzsituation des Handelsunternehmens. Das Modell und seine einzelnen Komponenten sind in zahlreichen Beiträgen untersucht und erweitert worden. Hansen und Skytte (1998) geben einen umfassenden Überblick über den Stand der Forschung zu diesem Ansatz. In empirischen Untersuchungen wurde mit Hilfe des Modells unter anderem festgestellt, dass kleinere Händler Lieferanten präferieren, die einen umfassenden Service anbieten und dass die Güterart die Anforderungen an die Lieferantenleistungen beeinflusst (vgl. Hansen und Skytte 1998, S. 282–283).

Der Ansatz von Janz

Janz (2004) untersucht theoretisch und empirisch die Zusammenhänge zwischen bestimmten beschaffungspolitischen Maßnahmen bzw. Verhaltensweisen und dem Beschaffungserfolg.

Den Beschaffungserfolg zerlegt Janz in „Beschaffungsresultate" und „Kenngrößen des ökonomischen Beschaffungserfolgs". Zu den Resultaten zählt er die Beschaffungssicherheit, die Flexibilität der Beschaffung, die erreichten Konditionen, die Kosten der Beschaffungsabteilung und die Qualität der beschafften Güter. Der ökonomische Beschaffungserfolg ergibt sich aus den Beschaffungsprozesskosten, dem Beitrag zum Umsatz und der Bruttomarge des jeweiligen Produkts (vgl. Janz 2004, S. 153, 255–258).

Um zu erklären, warum einzelne Handelsunternehmungen einen unterschiedlich hohen Beschaffungserfolg erzielen, hat Janz auf Basis des Ressourcenansatzes, der Wettbewerbstheorie und der Transaktionskostentheorie ein Hypothesensystem entwickelt und getestet. Hierbei wird die Beschaffungsführung als zentrale Einflussgröße auf den Beschaffungserfolg modelliert. Dabei unterscheidet Janz vier Dimensionen der Beschaffungsführung im Einzelhandel:

- die Mitarbeiterorientierung,
- die Kosten-/Konditionenorientierung,
- die Objektleistungs-/Innovationsorientierung sowie
- die Marktorientierung.

Es wird angenommen, dass die Wirkung der Beschaffungsführung auf den Erfolg von situativen Faktoren beeinflusst wird, die einerseits einen beschaffungsmarkt-, andererseits einen absatzmarktbezogenen Charakter haben. Hierzu zählen unter anderem die Komplexität und die Dynamik des Beschaffungsmarkts, die Abhängigkeit vom Lieferanten sowie die Komplexität und Bedeutung der Beschaffungsobjekte für den Abnehmer. Diese Konstrukte werden unter Zuhilfenahme der Transaktionskostentheorie und der Ressourcenabhängigkeitsperspektive in dem Modell verankert. Schließlich wird das Modell um eine vierte Komponente ergänzt, die Janz mit dem Begriff Beschaffungsressourcen versieht. Diese Ressourcen üben, so die Erwartung, einen Einfluss auf den Erfolg aus, wobei der Einsatz und die Wirkung der Ressourcen von der Beschaffungsführung abhängig sind. Janz differenziert zwischen physischen, immateriellen und organisatorischen Ressourcen. Die Ausführungen machen jedoch deutlich, dass nicht die Verfügbarkeit von Ressourcen im Mittelpunkt der Argumentation steht, sondern bewusste beschaffungspolitische Entscheidungen bzw. Ergebnisse dieser Entscheidungen, die ihrerseits den Beschaffungserfolg beeinflussen. So werden beispielsweise die Beschaffungskanäle als physische Ressource bezeichnet. Letztendlich ist es aber die unternehmerische Entscheidung darüber, welche Art von Kanälen (direkte, indirekte, kooperative) genutzt wird, die sich auf den Erfolg auswirkt. Gleiches gilt für die Entscheidungen über die Zahl der Lieferanten (Single Sourcing versus Multiple Sourcing) oder den Radius der Beschaffung (regional, national, international). Weitere physische Ressourcen bilden in diesem Modell Entscheidungen über die Auswahl von Informations- und Nachschubversorgungssystemen. Zu den immateriellen Ressourcen werden Beschaffungskompetenzen von Mitarbeitern sowie Informationsquellen und ihre Nutzung gezählt. Schließlich erstrecken sich die organisationalen Ressourcen auf die interne Organisation des Beschaffungsbereichs (Zentralisationsgrad der Entscheidungsfindung, Projektorganisation, Outsourcing) und die Gestaltung von Schnittstellen des Beschaffungsbereichs.

Im Rahmen des Modells werden zwischen den einzelnen Aspekten der Beschaffungsführung, der Situation, der Beschaffungsressourcen und des Beschaffungserfolgs zahlreiche Hypothesen formuliert und empirisch überprüft, z. B. (Janz 2004, S. 186, 199):

„Eine hohe Transaktionshäufigkeit wirkt sich positiv auf den Beschaffungserfolg aus."

„Insbesondere eine proaktive, systematische Nutzung internationaler Beschaffungsquellen wirkt sich positiv auf den Beschaffungserfolg aus."

Auf Basis der Ergebnisse werden Managementimplikationen abgeleitet und Entscheidungsunterstützungsinstrumente entwickelt, mit denen der Beschaffungserfolg positiv beeinflusst werden kann. Zu den zentralen Resultaten gehört die grundlegende Erkenntnis, dass die Beschaffungsführung eine stärkere Wirkung auf den Erfolg ausübt als die Situationsdeterminanten. Es konnte aber auch gezeigt werden, dass von den Macht- und Abhängigkeitsverhältnissen ein starker Einfluss auf den Beschaffungserfolg ausgeht.

Das Markt-Hierarchie-Paradigma

Eine ganz entscheidende Frage für das beschaffende Unternehmen ist die Intensität der Zusammenarbeit mit einem Lieferanten, wie sie bereits im Zusammenhang mit dem SRM diskutiert wurde. Wie auf der Distributionsseite kann auch hier das Markt-Hierarchie-Paradigma herangezogen werden, um die unterschiedlichen Formen der Koordination zu beschreiben und zu erklären. Die rein marktliche Koordinationsform beschränkt ihren Fokus auf die einzelne Transaktion, so dass sie auch als transaktionale Beziehung bezeichnet wird. Die hierarchische Form ist beispielsweise bei der Eigenproduktion von Handelsmarken zu beobachten. Hohe Aufmerksamkeit ziehen in der wissenschaftlichen Analyse hybride Formen auf sich, die als relationale Beziehung zum Lieferanten bezeichnet werden (vgl. Bowlby/Foord 1995; Homburg/Werner 1998). Intensiv wird die Frage diskutiert, unter welchen Bedingungen eine relationale Beziehung den anderen vorzuziehen ist. Zur Erklärung des Verhältnisses zwischen Händler und Lieferant werden unterschiedliche Theorien herangezogen – unter anderem die Transaktionskostentheorie, der Ressourcenansatz des strategischen Managements und die Theorie relationaler Verträge (vgl. Toporowski/Zielke 2006; Magnus 2007). Die Transaktionskostentheorie weist darauf hin, dass Leistungen, die mit hohen spezifischen Investitionen und Unsicherheit verbunden sind, selbst durchgeführt werden sollten, während andere Leistungen über den Markt beschafft werden können (vgl. Williamson 1979). Insbesondere der Know-how-Transfer kann im Rahmen einer kooperativen Zusammenarbeit zwischen Industrie und Handel eine erhebliche spezifische Investition darstellen. Ebenfalls für eine Integration würde die Unsicherheit bezüglich des Verhaltens des Lieferanten sprechen, d. h. die Gefahr, dass er die Erweiterung seiner Entscheidungskompetenz dazu nutzt, sich opportunistisch zu verhalten. Entgegen den Empfehlungen der Transaktionskostentheorie lassen sich in der Realität aber auch Fälle beobachten, bei denen trotz hoher spezifischer Investitionen und Unsicherheit keine hierarchische Lösung gewählt wird. Stattdessen wird eine gemeinsame Aufgabenerfüllung angestrebt, oder die Aufgabe wird sogar vollständig an den Lieferanten delegiert. Diese Beobachtung lässt sich mit dem Ressourcenansatz des strategischen Managements begründen. Der Ansatz geht ursprünglich auf Penrose (1959) zurück, wurde von Wernerfelt (1984) in seiner heutigen Form geprägt und durch verschiedene Autoren weiterentwickelt. Die Kernaussage lautet, dass die unterschiedliche Ausstattung mit Ressourcen als Ursache für den unterschiedlichen Erfolg von Unternehmen angesehen werden kann. Auf Basis des Ressourcenansatzes kann empfohlen werden, vorhandene Kernkompetenzen durch die Integration der entsprechenden Aktivitäten zu sichern, neue Kernkompetenzen im Rahmen von Kooperationen zu entwickeln und die übrigen Aktivitäten gegebenenfalls durch den Lieferanten ausführen zu lassen. Die Transaktionskostentheorie argumentiert, dass die Umweltunsicherheit es schwierig macht, einen Vertrag zu entwerfen und zu überwachen, der alle zukünftigen Ereignisse antizipiert. Ähnlich zur Transaktionskostentheorie argumentiert die Theorie relationaler Verträge (vgl. Macneil 1978, 1980). Statt detailliert und explizit Rechte und Pflichten zu vereinbaren, werden implizite, auf gemeinsamen Normen und Werten basierende Vereinbarungen getroffen.

Die Argumentationsketten der angesprochenen Theorien zeigen, dass die Entscheidung für eine bestimmte Beziehungsform zwischen einem Händler und seinen Lieferanten von verschiedenen, teilweise abstrakten Faktoren abhängig ist. Für die Praxis müssen auf dieser Grundlage Entscheidungskriterien und Handlungsempfehlungen entwickelt werden, die in konkreten Situationen anwendbar sind.

In den zuvor genannten Modellen sollte das Verhalten der in den Beschaffungsabteilungen der Handelsunternehmungen handelnden Personen erklärt werden, indem analysiert wird, von welchen Faktoren ihr Verhalten abhängt und zu welchem Erfolg es führt. Stellvertretend für diese verhaltenswissenschaftlichen Ansätze wurde das Modell von Janz (2004) angesprochen. Zahlreiche Theorien, wie z. B. die Transaktionskostentheorie oder der Ressourcenansatz, legen den Schwerpunkt auf die Begründung dieser Aussagen. Von anderer Natur wiederum sind jene Modelle, die dazu dienen, einzelne Entscheidungsparameter im Hinblick auf eine formulierte Zielfunktion zu optimieren. In diese Gruppe gehören die Modelle zur Optimierung der Bestellmenge, wie sie eingehend in Kapitel 24 dargestellt und diskutiert werden.

22.4 Zusammenfassung

Die Ausführungen zeigen, dass der Beschaffung eine große Bedeutung innerhalb des Handels zukommt. Der Hauptgrund dafür ist in dem starken Einfluss beschaffungspolitischer Entscheidungen auf den Erfolg eines Unternehmens zu sehen. Die veränderten Rahmenbedingungen, unter denen in der Beschaffung Entscheidungen getroffen werden, haben dazu geführt, dass eine Reihe neuer Beschaffungskonzepte entstanden ist. So ist zum einen eine starke Internationalisierung der Beschaffung zu beobachten, die vor allem in den wirtschaftspolitischen Entwicklungen und dem Kostendruck im Handel begründet ist. Zum anderen ist festzustellen, dass die Form und die Intensität der Zusammenarbeit mit den Lieferanten einen hohen Stellenwert in der Beschaffungspolitik des Handels einnehmen. Das zeigt sich sowohl in der zunehmenden Nutzung elektronischer Kanäle als auch in kooperativen Konzepten, die sich sowohl auf der horizontalen Ebene zwischen mehreren Händlern entwickelt haben als auch die vertikale Zusammenarbeit zwischen Lieferanten und Abnehmern betreffen. Die in der Praxis zu beobachtenden Entwicklungen werden in der Handelsforschung mit unterschiedlichen Ansätzen erklärt. Bei der Beantwortung der Frage nach der Intensität der Zusammenarbeit spielen vor allem die Verfügbarkeit von Ressourcen, Kosten- und Qualitätsaspekte sowie zunehmend soziale Rahmenbedingungen, unter denen Waren produziert und beschafft werden, eine wichtige Rolle.

23 Logistik und Supply Chain Management

Die Analyse der Aufgaben in einem Distributionssystem in Abschnitt 1.2 verdeutlichte, dass es eine Reihe von materiellen und immateriellen Flüssen gibt, die von den Mitgliedern des Distributionssystems zu gestalten sind. Hierzu gehört auch der Warenfluss. Er stellt sicher, dass dem Kunden die nachgefragte Ware zur Verfügung gestellt wird. Die Gestaltung des Warenflusses und des dazugehörigen Informationsflusses gehört zu den klassischen Aufgaben der Logistik. Der Begriff Logistik ist allerdings im Laufe der letzten Jahre zunehmend durch den Begriff Supply Chain Management ersetzt worden. So erscheint es sinnvoll, zuerst das Verhältnis beider Begriffe zueinander zu klären, bevor auf Entscheidungen, die im Rahmen der Handelslogistik zu treffen sind, eingegangen wird. In Abschnitt 23.1 werden deshalb beide Konzepte zuerst vorgestellt. Anschließend soll im gleichen Abschnitt auf Schlüsselbegriffe eingegangen werden, die wichtige Aspekte der Logistik und des Supply Chain Managements charakterisieren. Der Abschnitt 23.2 geht kurz auf Besonderheiten logistischer Entscheidungen im Handel ein. Mit Hilfe des entscheidungsorientierten Ansatzes werden dann in Abschnitt 23.3 Supply Chain Probleme einer Handelsunternehmung vorgestellt, bevor in Abschnitt 23.4 auf ausgewählte Kooperationskonzepte zwischen Industrie und Handel eingegangen wird.

23.1 Merkmale der Logistik und des Supply Chain Managements

Die Definition und das Verständnis der Logistik (vgl. Weber 1990) sind kontinuierlich der Entwicklung in der Praxis, aber auch der Diskussion logistischer Probleme in der Forschung angepasst worden (zu einem historischen Überblick siehe z. B. Stock/Lambert 2001, S. 11–19). Dies spiegelt sich auch in den Änderungen der Definition der Logistik wider, die vom Council of Supply Chain Management Professionals (CSCMP) – vormals Council of Logistics Management (CLM) – vorgenommen wurden. In der zuletzt veröffentlichten Fassung wird Logistik wie folgt definiert (CSCMP 2009):

„Logistics management is that part of supply chain management that plans, implements, and controls the efficient, effective forward and reverses flow and storage of goods, services and related information between the point of origin and the point of consumption in order to meet customers' requirements."

Eine solche Definition wirft eine Reihe von Fragen auf. So ist zum Beispiel die Abgrenzung zum Begriff Supply Chain Management zu klären. Das CSCMP definiert Supply Chain Management wie folgt (CSCMP 2009):

„Supply chain management encompasses the planning and management of all activities involved in sourcing and procurement, conversion, and all logistics management activities. Importantly, it also includes coordination and collaboration with channel partners, which can be suppliers, intermediaries, third party service providers, and customers. In essence, supply chain management integrates supply and demand management within and across companies."

Die Abgrenzung zwischen den Begriffen Logistik und Supply Chain Management ist nicht ganz einfach. Das zeigen bereits die beiden Definitionen des CSCMP, die sich nur wenig voneinander unterscheiden (siehe zu einer Diskussion der Abgrenzung Jonsson 2008, S. 3–5). Es überrascht deshalb nicht, dass die Unterschiede zwischen beiden Begriffen in der wissenschaftlichen Literatur umfassend diskutiert werden (siehe unter anderem Cooper/Ellram 1993; Cooper/Lambert/Pagh 1997; Lambert/Cooper/Pagh 1998; Mentzer/DeWitt/Keebler et al. 2001). Dabei fällt auf, dass häufig auf zwei Merkmale Bezug genommen wird. Es ist zum einen die Länge der Beschaffungs- und Distributionskette und zum anderen der Umfang der Aufgaben und Funktionen, die koordiniert werden sollen.

So kann bezüglich des ersten Merkmals die Logistik als ein Konzept interpretiert werden, das neben dem eigenen Unternehmen nur die Schnittstellen zu den unmittelbaren Lieferanten und Abnehmern umfasst. Im Gegensatz dazu kann dem Supply Chain Management die Aufgabe zugeschrieben werden, die gesamte Wertschöpfungskette – von den Herstellern von Rohstoffen bis zum Endverbraucher – zu koordinieren.

Bezüglich der zweiten Dimension wird der Logistik klassischerweise die Verantwortung für Güter- und Informationsströme zugeschrieben (vgl. Meyer 1993). Dem Supply Chain Management wird dagegen auch die Koordination mit Entscheidungen in anderen Bereichen, insbesondere in den Bereichen Marketing, Beschaffung, Vertrieb und Finanzen, übertragen.

Dagegen lässt sich einwenden, dass eine moderne, integrierte Sichtweise der Logistik durchaus eine wirtschaftsstufenübergreifende Perspektive einnimmt und keinesfalls an den Grenzen des Unternehmens halt macht. Zudem erfolgt auch die Optimierung der Logistik im Bewusstsein ihrer Wechselwirkungen mit den übrigen Unternehmensbereichen, insbesondere dem Marketing (vgl. Schramm-Klein/Morschett 2006).

Trotz der Gemeinsamkeiten hinsichtlich der beiden Merkmale lassen sich zwischen Logistik und Supply Chain Management weiter Unterschiede erkennen. So sind sich die meisten Autoren (siehe z. B. Coughlan/Anderson/Stern et al. 2006, S. 560–563) darin einig, dass für das Supply Chain Management die strategische Bedeutung der Kooperation und Koordination zwischen den beteiligten Wirtschaftssubjekten von zentraler Bedeutung ist. Alle Parteien sind gemeinsam für die Leistung der Supply Chain verantwortlich. Eine solche Sichtweise lässt die Frage aufkommen, wer die Führungsrolle bei der Koordination übernehmen soll. Es wird erkennbar, dass das Konzept sehr eng mit der Frage verbunden ist, ob und in welchem Maße die Industrie oder der Handel Nutznießer der sich ändernden Strukturen im Distributionskanal sein werden. Zugleich wird betont, dass es die Leistung gegenüber dem Endverbraucher, d. h. gegenüber der letzten Stufe der Supply Chain ist, an der alle Mitglieder und somit die Supply Chain als Ganzes gemessen werden. Es fällt auf, dass bei dieser Leistungsdefinition keine Logistikziele im engen Sinne (z. B. Lieferzeit oder Warenpräsenz) relevant sind, sondern zum einen die Kundenzufriedenheit, zum anderen die Kosten. Insbesondere die Ausrichtung an der Kundenzufriedenheit verdeutlicht noch einmal, dass Supply Chain Management ein gegenüber der Logistik umfassenderes Konzept darstellt.

Im Folgenden soll auf zentrale Merkmale eingegangen werden, mit denen die Gemeinsamkeiten und Unterschiede zwischen Logistik und Supply Chain Management charakterisiert werden können. Dabei wird vor allem zu analysieren sein, welche Güter, Entscheidungsfelder und Ziele Gegenstand der beiden Konzepte sind und wo die Grenzen der logistischen Flüsse zu ziehen sind. Darüber hinaus werden weitere Dimensionen vorgestellt, bezüglich derer die Konzepte charakterisiert werden können.

Art der Güter

Frühe Definitionen der Logistik konzentrierten sich vor allem auf die Art der Güter, über die im Rahmen der Logistik disponiert wird, wobei das Augenmerk – von der Perspektive des Industriebetriebs bestimmt – vor allem auf Material, Bauteile und Fertigprodukte gerichtet war. Bezogen auf den Handel könnte davon gesprochen werden, dass sich die Logistik damit beschäftigt, den Fluss der Waren vom Lieferanten zum gewünschten Verwendungspunkt zu gestalten. Andere Faktoren, wie Betriebsmittel, Energie, Personen, Dekorationsmittel oder finanzielle Mittel werden damit zunächst aus dem Betrachtungsfeld ausgeklammert, wiewohl Transport und Lagerung von Waren auch Dispositionen über Betriebsmittel erfordern können. Insbesondere sollte berücksichtigt werden, dass im Handel auch der Rück- bzw. Abtransport der Transportmittel und des Verpackungsmaterials geplant und organisiert werden muss. Das zentrale Objekt der Logistik im Handel kann also mit „Waren und den für ihren Transport benötigten Verpackungsmitteln und Transporthilfsmitteln“ angegeben werden.

Erweiterungen und Modifikationen des Begriffs Logistik heben vor allem die Bedeutung der Informationen, die innerhalb eines Unternehmens und zwischen dem betroffenen Unternehmen sowie seinen Lieferanten und Abnehmern ausgetauscht werden, für die Gestaltung der Logistik hervor. Zudem wird der Service als Größe interpretiert, die zwischen den betroffenen Wirtschaftssubjekten „fließt“.

Hinsichtlich der Güter unterscheidet sich das Verständnis von Supply Chain Management nicht wesentlich von dem der Logistik. Charakteristisch für das Supply Chain Management ist allerdings die simultane Einbeziehung von Rohstoffen, Bauteilen und Fertigprodukten in die Analyse, da nach dem Selbstverständnis des Konzepts der gesamte Fluss von der Rohstofferzeugung bis zum Konsumenten des Fertigprodukts betrachtet wird. Die Analyse der Supply Chain einer Handelsunternehmung bedeutet, dass sich der Blick nicht nur auf die unmittelbaren Lieferanten richtet, von denen die Waren bezogen werden, sondern ebenso auf die gegebenenfalls mehrstufige Kette deren Zulieferer. Da auf diesem Weg unterschiedliche Transformationsprozesse stattfinden, die nicht nur das Produkt, sondern auch seine Verpackung betreffen, erstreckt sich beispielsweise die Betrachtung der Supply Chain eines Waschmittels unter anderem auf Güter wie Kunststoffe, Chemikalien, Papier, Zellulose und Nutzholz. Die in die Analyse einbezogenen Informationen sind zudem umfassender als die im Rahmen der Logistik einzubeziehenden, da eine größere Anzahl von Aktivitäten und Prozessen koordiniert werden muss.

Entscheidungsfelder

Zur Logistik werden nicht alle Dispositionen gezählt, die in Bezug auf die Waren getroffen werden. Bekanntlich wird die Entscheidung, welche Waren im Sortiment geführt und von welchen Lieferanten sie bezogen werden sollen, außerhalb der Logistik, also entweder im Rahmen der Sortimentsplanung oder des Einkaufs, getroffen. Für die Logistik stellen diese Entscheidungen exogene Größen dar. Die Dispositionen der Logistik beziehen sich dagegen auf die folgenden Entscheidungsfelder und -parameter (vgl. Toporowski 1996a, S. 117):

- das Lagerhausmanagement (Lagerstruktur und -ausstattung),
- das Bestandsmanagement (Lagerbestände in den Lägern i. e. S. und in den Verkaufsstellen),
- das Transportmanagement,
- die Auftragsabwicklung und
- sonstige Entscheidungstatbestände (wie z. B. Verpackung und Warenauszeichnung).

Die in der Literatur präsentierten Kataloge von Entscheidungsfeldern bzw. Funktionsbereichen der Logistik unterscheiden sich hinsichtlich ihrer Struktur und ihres Differenzierungsgrads, inhaltlich stimmen sie jedoch weitgehend überein (vgl. z. B. Pfohl 2010, S. 10; Bowersox/Closs/Cooper 2007, S. 26–30; Ballou 1999, S. 8–10; Stock/Lambert 2001, S. 19–25).

Diese konkreten Entscheidungsfelder werden manchmal durch allgemeine Hinweise ersetzt, nach denen es im Rahmen der Logistik darum ginge, Güter- und die sie begleitenden Informationsflüsse zu gestalten, wobei die Flüsse Transformationen hinsichtlich des Orts, der Menge, der Zeit und der Handhabungseigenschaften des Materials bzw. der Ware umfassten. Dies sind zwar zutreffende Umschreibungen der logistischen Aufgabe, die wegen ihrer Abstraktheit jedoch noch nicht deutlich machen, über welche alternativen Aktionsparameter bzw. Strategien zu entscheiden ist.

Die oben genannten Aktionsparameter der Logistik sind nicht nur zu planen, sondern zu den Aufgaben der Logistik gehört auch, die geplanten Maßnahmen zu realisieren und ihre Durchführung und den Erfolg zu kontrollieren. Insofern kann von der Logistik als der Planung, Realisation und Kontrolle der logistischen Aktionsparameter gesprochen werden.

Im Rahmen des Supply Chain Managements steht die Koordination von Aktivitäten zwischen den beteiligten Wirtschaftssubjekten im Mittelpunkt des Interesses. Einzelne Aktivitäten werden zu Prozessen zusammengefasst. So differenzieren Lambert, Cooper und Pagh (1998, S. 11) zwischen folgenden Prozessen: *customer relationship management*, *customer service management*, *demand management*, *order fulfillment*, *manufacturing flow management*, *procurement* und *product development and commercialization* (vgl. auch Stock/Lambert 2001, S. 67–73). Wird die Perspektive eines einzelnen Unternehmens eingenommen (fokales Unternehmen), so ist zu entscheiden, mit welchen vor- und nachgelagerten Partnern zusammengearbeitet und in welchem Ausmaß die Zusammenarbeit koordiniert werden soll (vgl. Stock/Lambert 2001, S. 65–67). Dabei kann sich das Ausmaß der Koordination zwischen den einzelnen Prozessen unterscheiden. Es wird deutlich, dass zum einen über die Struktur der Supply Chain, zum anderen über die Art der Beziehungen, vor allem über die Aufgabenteilung, zwischen den Mitgliedern zu entscheiden ist. Dabei sind auch Prozesse zu gestalten, die Entscheidungsfelder der Logistik betreffen. So wird beispielsweise im Rahmen des Vendor Managed Inventory Konzepts die Verantwortung für das Bestandsmanagement des Händlers dem Lieferanten übertragen. Der Collaborative Planning, Forecasting, and Replenishment Ansatz zeichnet sich dadurch aus, dass Industrie und Handel die gemeinsame Verantwortung für die Generierung von Nachfrageprognosen tragen. Auf diese und weitere Konzepte, die die Entscheidungsfelder des Supply Chain Managements betreffen, wird in Abschnitt 23.4.2 eingegangen.

Der Vergleich zwischen den Entscheidungsfeldern der Logistik und des Supply Chain Managements macht zum einen den stärker ausgeprägten strategischen Charakter des zweiten Konzepts deutlich. Zum anderen unterstreicht der Umfang der genannten Prozesse den Koordinationsaufwand, der mit dem Ziel, den Kunden zufriedenzustellen, zu leisten ist. Die zu treffenden Entscheidungen sind zudem eingebettet in einen Rahmen, der die strategische Bedeutung des Supply Chain Managements verdeutlicht. Sie sollen sich an den folgenden Zielen bzw. Prämissen orientieren (vgl. Mentzer/DeWitt/Keebler et al. 2001, S. 7):

- Interpretation der Supply Chain als Ganzes,
- Management des gesamten Warenflusses von den Zulieferern bis zum Endverbraucher,
- Koordination und Kooperation innerhalb und zwischen Unternehmungen,
- Kundenorientierung mit der Zielsetzung, Kundenzufriedenheit zu schaffen.

Für die oben genannten Entscheidungsfelder folgen aus den Prämissen bestimmte Verhaltensweisen bzw. Aktivitäten, die vor allem auf ein abgestimmtes, kooperatives Verhalten der Partner in der Supply Chain Bezug nehmen. Hierzu zählen beispielsweise die Bildung gemeinsamer Ziele, der Informationsaustausch oder der Risikoausgleich zwischen den Partnern (siehe ausführlich Mentzer/DeWitt/Keebler et al. 2001, S. 8–10).

Ziele (Gütekriterien)

Teilweise werden in die Definitionen auch die Ziele mit aufgenommen, auf die die logistischen Aktivitäten ausgerichtet sein sollen. So heißt es beispielsweise (Sussams 1969, S. 1):

„(…) logistics is the science of ensuring that the right things – or people – are in the right places at the right times and in the right quantities.“

Definitionen dieser Art haben dazu geführt, dass immer mehr r-Vorgaben als Gütekriterien für die Logistik herausgestellt wurden, so insbesondere in der Forderung,

- die richtigen Güter,
- am richtigen Ort,
- zur richtigen Zeit,
- in der richtigen Menge und
- in der richtigen Beschaffenheit

zu den dafür minimalen Kosten bereitzustellen.

Gütekriterien dieser Art sind nur wenig hilfreich, da sie offenlassen, wann beispielsweise die Güter in den richtigen Mengen bereitgestellt sind. Um die richtige Menge (Bestellmenge) zu ermitteln, müssen aus dem übergeordneten Zielsystem der Unternehmung geeignete Subziele abgeleitet werden, wie z. B. die Höhe der Kosten für gebundenes Kapital, die Höhe der Bestellkosten oder ein bestimmter Servicegrad. Auch ist es nicht in allen Fällen unmittelbar ersichtlich, welches der richtige Ort ist, an den die Ware geliefert oder an dem sie gelagert werden soll. Ob Waren zentral oder dezentral gelagert werden sollen, kann nur entschieden werden, wenn die ökonomischen Konsequenzen dieser alternativen Lagerstrukturen detailliert und explizit abgeleitet worden sind. Die Bedeutung, die einzelnen Teilzielen dabei zukommt, bestimmt sich auch aus dem strategischen Konzept, das die Unternehmung verfolgt (vgl. hierzu beispielsweise Pfohl 2004, S. 81–196). Die Formulierung von geeigneten Subzielen für die Planung und Kontrolle der Logistik stellt eine wichtige Aufgabe des Managements dar, die jedoch nicht in Definitionen von Logistik einbezogen werden müssen, abgesehen von einem allgemeinen Hinweis, dass auch die hier zu treffenden Entscheidungen wie in allen anderen Bereichen der Unternehmenspolitik auf das Zielsystem der Unternehmung ausgerichtet sein müssen.

Die Definitionen von Logistik und des Supply Chain Management verdeutlichen, dass die damit verbundenen Maßnahmen dazu dienen sollen, Kundenbedürfnisse zu befriedigen. Insofern ist das Ziel der Kundenorientierung für beide Konzepte charakteristisch. In den meisten Fällen werden die Ergebnisse der logistischen Aktivitäten einer Unternehmung für den Kunden wahrnehmbar sein. Für den Einzelhandelskunden sind es die Warenpräsenz, die Frische der Waren oder die Breite des Sortiments, die er als Output der Logistik interpretieren kann. Für den Einzelhändler, der seine Ware bei einem Großhändler beschafft, sind es die Verfügbarkeit der Ware, die Schnelligkeit der Belieferung oder die Anpassung an Sonderwünsche. Sie können die Basis für langfristige Kundenbeziehungen bilden. Die strategische Bedeutung der Logistik ist allerdings nicht nur unter dem Aspekt der Kundenorientierung zu beurteilen, zumal ein Trade-off zu den Kosten bestehen kann. Andererseits versprechen die neuen Logistikkonzepte sowohl eine Verbesserung der Serviceleistung als auch eine Verringerung der Logistikkosten.

Im Rahmen des Supply Chain Managements werden Ziele entsprechend der strategischen Ausrichtung des Konzepts allgemeiner und abstrakter definiert. Diese Ziele richten sich auf die Generierung von Wettbewerbsvorteilen, die einerseits durch niedrigere Kosten oder andererseits durch eine höhere Kundenzufriedenheit entstehen können. Ungeachtet der strategischen Bedeutung des Supply Chain Managements sollte nicht übersehen werden, dass eine bestimmte Ausgestaltung des Konzepts primär dazu genutzt wird, die strategische Positionierung des Unternehmens zu unterstützen. So dürfte für einen Discounter mit einem schmalen, sich schnell umschlagenden Sortiment und niedrigen Preisen ein anderes Supply Chain Konzept geeignet sein als für ein Warenhaus mit einem breiten und tiefen Sortiment in unterschiedlichen Preislagen.

Grenzen der logistischen Flüsse

Der im Rahmen logistischer Überlegungen zu konzipierende Güterfluss kann zwischen verschiedenen Quell-(Liefer-) und Ziel-(Empfangs-)punkten betrachtet werden. Vereinfachend kann von innerbetrieblichen, zwischenbetrieblichen und überbetrieblichen Güterströmen gesprochen werden. Entsprechende Angaben finden sich auch in der oben zitierten Definition des CSCMP. In dieser Definition wird mit dem *point of origin* und dem *point of consumption* eine überbetriebliche Sichtweise eingenommen, denn beide Punkte können möglicherweise außerhalb des Einflussbereiches der planenden Unternehmung liegen. Das Verständnis der beiden Punkte, insbesondere des *point of origin*, kann sehr unterschiedlich sein. Für einen Einzelhändler, der Konsumwaren anbietet, kann damit sein unmittelbarer Lieferant gemeint sein, wobei es sich dabei sowohl um den Hersteller der Ware als auch um einen Großhändler, z. B. einen Importeur, handeln kann. Im zweiten Fall wäre es aber auch denkbar, dass, obwohl die Ware von einem Großhändler bezogen wird, der Hersteller der Ware als Quellpunkt interpretiert wird. Während im ersten Fall die unmittelbare Schnittstelle zum Beschaffungsmarkt für die Definition des Lieferpunkts herangezogen wird, orientiert sich die zweite Interpretation an dem Konsumgut und dem Ort, an dem es seine endgültige Form erhalten hat. In beiden Fällen findet zwischen dem Quell- und dem Zielpunkt keine physische Veränderung des Produkts statt.

Im Gegensatz dazu beschafft ein Hersteller Rohstoffe oder Bauteile, verarbeitet diese im Rahmen seines Produktionsprozesses, um anschließend das fertige Produkt an einen Abnehmer zu veräußern. Zwischen dem Liefer- und Empfangspunkt findet also eine physische Veränderung statt bzw. das abgesetzte ist mit dem beschafften Gut nicht mehr identisch.

Die Orientierung am unmittelbaren Lieferanten oder am Produktionsort eines Konsumguts kann sinnvoll sein. So wird möglicherweise ein Textileinzelhändler nicht den Transport der Wolle aus Australien in eine Spinnerei oder von dort zum Hersteller von Textilien analysieren wollen, sondern wird seine Überlegungen auf den Warenfluss vom Bekleidungshersteller zu seinem Unternehmen beschränken. Unter bestimmten Umständen kann es jedoch auch unter einzelbetrieblichen Gesichtspunkten sinnvoll sein, eine überbetriebliche Perspektive einzunehmen, insbesondere dann, wenn durch eine Änderung der institutionellen Gegebenheiten (vertikale Diversifikation) oder durch kooperative Maßnahmen Verbesserungen in der Logistik erreicht werden können. Meist wird das Untersuchungsfeld jedoch durch die Übergabepunkte der Ware begrenzt. Für einen stationären Händler beginnt dann die Analyse beim Lieferanten der Ware und endet in der Verkaufsstelle. Bei Gütern, die vom Verbraucher in der Verkaufsstelle abgeholt werden, reicht der logistische Strom des Einzelhändlers bis in die Verkaufsstelle und nicht bis zum Ort des Konsums, da der Verbraucher den Transport der Ware von der Verkaufsstelle zu seinem Konsumort übernimmt.

Die Weiterentwicklung des Logistikverständnisses, insbesondere die Etablierung des Supply Chain Management Konzepts, hat die traditionellen Grenzen der Logistik deutlich verschoben. Eines der Charakteristika des neuen Ansatzes ist die Ausweitung der Betrachtung auf die gesamte Wertschöpfungskette, die im Extremfall beim Hersteller von Grundstoffen beginnt. So kann es für einen Textilhändler durchaus wichtig sein, zu wissen, ob die Schafe, die die Wolle für jene Stoffe geliefert haben, aus denen die Textilien in seinem Sortiment hergestellt worden sind, umweltgerecht gehalten werden. Die Gründe dafür sind vielfältig. So ist in den letzten Jahren in vielen Bereichen eine Desintegration der Wertschöpfung infolge einer Spezialisierung zu beobachten. Das Aufteilen von Aufgaben auf mehrere Wirtschaftssubjekte bedeutet, dass der Koordinationsbedarf über die Grenzen des eigenen Unternehmens hinweg zunimmt. Ebenso ist ein zunehmendes Interesse von Konsumenten an Themen wie Umweltschutz, Gesundheit oder sozialer Verträglichkeit zu beobachten. Sie werden als Kriterien für die Beurteilung und Akzeptanz von Produkten und Unternehmungen herangezogen. Produzenten und Händler haben infolgedessen ein gesteigertes Interesse daran entwickelt, ihre Supply Chain zu kontrollieren und zu koordinieren. Da jedes Unternehmen Gefahr läuft, in den Augen der Konsumenten für Unzulänglichkeiten oder Fehler im Hinblick auf diese Kriterien verantwortlich zu sein, obwohl die Verantwortung dafür bei Partnern in der Supply Chain liegt, nimmt das Bewusstsein für die gegenseitige Abhängigkeit zu.

Neben den ausführlich diskutierten, in vielen Definitionen explizit angesprochenen Merkmalen der Logistik und des Supply Chain Managements, wie Güter, Aufgabenbereiche, Ziele und Grenzen des Konzepts, gibt es eine Reihe weiterer Charakteristika, auf die im Folgenden kurz eingegangen werden soll.

Die Querschnittsorientierung

Logistische Maßnahmen stellen innerhalb eines Unternehmens das Bindeglied zwischen Einkauf, Disposition und Verkauf dar. Darin spiegelt sich die Querschnittsorientierung der Logistik wider. Die Erfolge im Bereich Verkauf sind oft in hohem Maße davon abhängig, ob die Ware verfügbar ist. Gleichzeitig kann die Höhe der Logistikkosten zu einem bedeutenden Wettbewerbsfaktor werden. Insbesondere die Lagerressourcen entscheiden darüber, in welchen Mengen Ware von den Lieferanten abgerufen werden kann, und bestimmen damit maßgeblich das Dispositionsverhalten. Durch die Festlegung der Zahl und der Art der Lieferanten wird das logistische Entscheidungsfeld in bedeutender Weise geprägt. So wie der Handel insgesamt die Aufgabe hat, zwischen Herstellern und Verwendern zu vermitteln und diese Abstimmung zu harmonisieren, kommt innerbetrieblich der Logistik die Aufgabe zu, Einkauf und Verkauf in effizienter Weise zu verknüpfen. Die Querschnittsfunktion der Logistik erfordert eine geeignete organisatorische Einbindung.

Der Systemcharakter

Auf der Grundlage des Systemansatzes lassen sich Systemabgrenzungen, Strukturierungen des logistischen Systems in Teilsysteme und Steuerungs- und Verhaltensregeln formulieren (vgl. zur Einführung des Systemdenkens in die Betriebswirtschaftslehre Ulrich 1970). Dabei sind in besonderer Weise auch Systemeinheiten außerhalb der Unternehmung zu beachten, wie die logistischen Systeme der Lieferanten und die der sog. Distributionshelfer (Logistikdienstleister, Spediteure). Die am Arbeitsprozess beteiligten Institutionen und Individuen bilden Knoten eines Netzwerks, dessen Kanten alle Arten von Leistungsflüssen darstellen (vgl. Delfmann 1989, S. 87–113). Unterschiedliche Systemeinheiten führen zu Schnittstellen, die technischer oder organisatorischer Art sein können. An organisatorischen Schnittstellen können Konflikte aufgrund unterschiedlicher Zielsetzungen für die einzelnen Bereiche das Zusammenwirken erschweren. Die Weiterentwicklung des Begriffs Logistik in Richtung Supply Chain Management macht deutlich, dass sich die heute vorherrschende Sichtweise durch eine integrierte Betrachtung mehrerer Wirtschaftssubjekte und Funktionen auszeichnet. Sie bringt zum Ausdruck, dass die Verantwortung dafür, dass das richtige Produkt, am richtigen Ort, zum richtigen Zeitpunkt, in der richtigen Menge und in der richtigen Form dem Nachfrager zur Verfügung gestellt wird, von allen Mitgliedern eines Distributionskanals übernommen werden muss. Der Systemcharakter des Supply Chain Managements ist somit sehr stark ausgeprägt. Eine bedeutende strategische Frage in diesem Zusammenhang ist die nach der Führungsrolle: Wer soll die Supply Chain führen und steuern?

Die Prozessorientierung

In einem Unternehmen sowie über mehrere Unternehmen hinweg wird disponiert, gelagert, transportiert, umgeschlagen – es findet also eine Reihe von Aktivitäten statt. Zudem ist es üblich, innerhalb eines Unternehmens zwischen verschiedenen Funktionsbereichen zu differenzieren, z. B. der Beschaffung, der Produktion, der Finanzierung oder dem Vertrieb. Eine solche Sichtweise auf eine Unternehmung oder auf eine Abfolge von Unternehmungen, wie sie die Supply Chain darstellt, birgt die Gefahr, dass die erforderliche Koordination zwischen den Aktivitäten oder Funktionen vernachlässigt wird. Redundante Tätigkeiten, die dem Endkunden keinen zusätzlichen Nutzen stiften, und Reibungsverluste wegen mangelnder Abstimmung sind die Folge. Um solche unerwünschten Effekte zu vermeiden, hat sich zunehmend eine prozessorientierte Sichtweise auf das, was innerhalb eines Unternehmens oder zwischen verschiedenen Unternehmungen passiert, durchgesetzt. Unter einem Prozess kann eine strukturierte Abfolge von Aktivitäten verstanden werden, die das Ziel verfolgen, eine bestimmte Leistung (Prozessoutput) zu erzeugen. Charakteristisch für einen Prozess ist, dass er sich in weitere Teilprozesse zerlegen lässt und dass sowohl die Outputs der Teilprozesse als auch der Output des Gesamtprozesses messbar und kontrollierbar sind. Mit Prozessorientierung ist demnach gemeint, dass das betriebliche Handeln als Abfolge von Entscheidungen und einzelnen Aktivitäten interpretiert wird. Für jede einzelne Aktivität gilt, dass bei ihrer Ausführung Ressourcen eingesetzt und verbraucht werden und dass ein bestimmtes Ergebnis als Output erzeugt wird. Besonders für das Logistikmanagement im Handelsbetrieb erweist es sich als notwendig, die Vielfalt der Einzelaktivitäten und ihre Verknüpfungen zu erkennen, Input und Output zu ermitteln und zu prüfen, ob auf einzelne Aktivitäten verzichtet werden kann, sie durch andere Teilprozesse ersetzt werden können oder ob diese auf andere Systemeinheiten übertragen werden können. Die genannten Aktivitäten können in einem unterschiedlichen Maße zusammengefasst werden, so dass dabei Prozesse mit unterschiedlicher Reichweite entstehen können (vgl. z. B. Hewitt 1994). Dies wird an der in Abbildung 23.1 dargestellten Prozesskette Auftragsabwicklung verdeutlicht. Die einzelnen Teilprozesse können unterschiedlich gestaltet werden. So ist es denkbar, dass eine Unternehmung die Tätigkeit „Auftragsannahme" bislang manuell durchgeführt hat, für die Zukunft jedoch plant, diese automatisch per Electronic Data Interchange (EDI) zu empfangen. Eine solche Umstellung hat nicht nur Einfluss auf die verbrauchten Ressourcen, sondern wirkt sich auch auf die benötigte Zeit und die Genauigkeit der Auftragsabwicklung aus. Von zentraler Bedeutung für die prozessuale Sichtweise ist, dass im Falle einer elektronischen Auftragsübermittlung die in elektronischer Form vorliegenden Daten für die weiteren Teilprozesse genutzt werden und kein Medienbruch stattfindet. Ebenso wichtig ist die Erkenntnis, dass die Genauigkeit und Geschwindigkeit der einzelnen Teilprozesse die Qualität des gesamten Prozessoutputs bestimmt, der letztendlich entscheidend für die Zufriedenheit des Kunden sein dürfte.

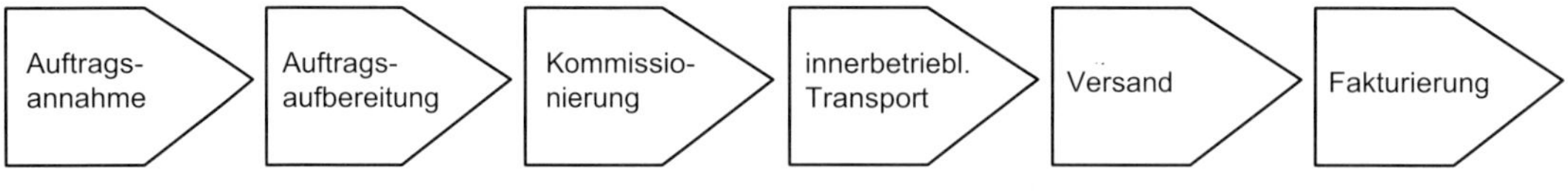

Abb. 23.1: Beispiel für eine Strukturierung der Prozesskette Auftragsabwicklung

Nach den allgemeinen Ausführungen zum Verständnis und zur Rolle von Logistik und Supply Chain Management sollen im nächsten Abschnitt die Besonderheiten logistischer Entscheidungen im Handel diskutiert werden, bevor dann in Abschnitt 23.3 Supply Chain Probleme eines Händlers mit Hilfe des entscheidungsorientierten Ansatzes strukturiert werden. Im Anschluss werden in Abschnitt 23.4 ausgewählte kooperative Konzepte vorgestellt und die Frage diskutiert, welche Herausforderungen für Wissenschaft und Praxis mit ihnen verbunden sind. Alle Konzepte zeichnen sich dadurch aus, dass sie wirtschaftsstufenübergreifender Natur sind, d. h. der Abstimmung zwischen mehreren Wirtschaftssubjekten in der Supply Chain eine besondere Bedeutung zukommt.

23.2 Besonderheiten logistischer Entscheidungen im Handel

Die Logistik eines Handelsunternehmens weist einige Besonderheiten auf. Sie erschweren die unmittelbare Übertragung von Logistikkonzepten, die für Industrieunternehmungen entworfen worden sind, auf die Situation eines Händlers. Auf diese Besonderheiten muss eingegangen werden, bevor die einzelnen Bausteine des entscheidungsorientierten Ansatzes aus der Perspektive eines Handelsunternehmens analysiert werden können.

Das Logistiksystem eines stationären Einzelhandelsunternehmens ist im Regelfall mehrstufig – es gibt ein zentrales oder mehrere regionale Läger, von denen aus die Verkaufsstellen beliefert werden. Seltener werden die Verkaufsstellen direkt von den Lieferanten versorgt. Die Mehrstufigkeit stellt noch keine Besonderheit des Handels dar. Charakteristisch für den stationären Einzelhandel ist allerdings, dass die logistische Leistung des gesamten Unternehmens gegenüber seinen Kunden im Wesentlichen in Form der Warenpräsenz im Regal der Verkaufsstelle gemessen werden kann (vgl. Helnerus 2007; Hofer 2009). Für den Kunden spielt es keine Rolle, wie diese Warenpräsenz zustande kommt. Sie kann das Ergebnis unterschiedlicher Bestell- und Bestandspolitiken in einem oder in mehreren vorgeschalteten Lägern, unterschiedlicher Transportverfahren oder unterschiedlicher Belieferungsrhythmen sein. Der Lieferservice oder die Lieferflexibilität der vorgeschalteten Läger dürfte dem Kunden ebenfalls gleichgültig sein, solange die von ihm gewünschte Ware in der Verkaufsstelle zu finden ist. Diese Tatsache verdeutlicht, dass anders als bei Industrieunternehmungen der Lieferservice, der solche Komponenten wie Lieferzeit, Lieferflexibilität oder Lieferzuverlässigkeit beinhaltet, nicht dazu geeignet ist, die logistische Leistung eines stationären Einzelhandelsunternehmens vollständig zu charakterisieren. Auf der Ebene der Verkaufsstelle sind andere Leistungsindikatoren notwendig. Die klassischen Größen sind aber durchaus in der Lage, die Leistungen eines Handelslagers gegenüber den Verkaufsstellen zu beschreiben.

Was für den stationären Handel gilt, stellt sich im Versand- oder Onlinehandel völlig anders dar. Beide versorgen ihre Kunden von einem Lager aus, so dass die logistische Leistung dieser Händler durchaus mit den klassischen Komponenten des Lieferservice gemessen werden kann. Der stationäre Handel zeichnet sich dadurch aus, dass Warenbestände auch in den Verkaufsstellen – hier meist ausschließlich in den Verkaufsregalen – vorgehalten werden. Das heißt, dass für die Beurteilung der Bestandspolitik eines Handelsunternehmens nicht nur die Warenbestände in den Lägern, sondern auch in den Verkaufsstellen herangezogen werden müssen. Die Versorgung der Verkaufsstellen durch ein Zentrallager bedeutet, dass sowohl in den Verkaufsstellen als auch im Zentrallager Prognosen erstellt sowie Bestellmengen- und Bestandsentscheidungen getroffen werden müssen. Zudem müssen zum einen Transporte zwischen den Lieferanten und dem Zentrallager, zum anderen zwischen dem Zentrallager und den Verkaufsstellen durchgeführt werden. Der Frage nach dem

Ausmaß der Koordination zwischen diesen beiden Bereichen kommt eine große Bedeutung im Rahmen der Handelslogistik zu.

Eine weitere Besonderheit und zugleich Herausforderung der Handelslogistik resultiert daraus, dass Handelsunternehmungen zunehmend über mehrere Kanäle ihre Waren anbieten. Multichannel Retailing ist zu einer zentralen Erscheinungsform des Einzelhandels geworden, was dazu führt, dass ein Händler zum Teil sehr heterogene logistische Leistungen erbringen muss. Bei der Belieferung von Verkaufsstellen sind größere Transportmengen an gleichbleibende Zielorte unter der Maßgabe einer möglichst effizienten Bündelung von Warenströmen zu liefern. Werden dagegen die Kunden eines Online-Kanals oder eines klassischen Versandkanals beliefert, so besteht die Aufgabe meist darin, kleine Sendungsgrößen mit häufig geringem Warenwert in der Form von Paketen oder Päckchen an eine große Zahl variierender Empfangspunkte zu transportieren. In beiden Fällen werden verschiedene Kommissioniersysteme eingesetzt, da die Zahl der Positionen pro Auftrag, die Mengen und die Versandeinheiten gänzlich unterschiedlich sind. Während im stationären Einzelhandel Rücksendungen keine große Bedeutung zukommt, sind sie im Online-Handel und im Versandhandel integraler Bestandteil des Logistiksystems (vgl. zu den Herausforderungen der Logistik im Online-Handel Köcher 2006). Neben der Komplexität, die aus der Unterschiedlichkeit der Logistiksysteme resultiert, ist die Multichannel Logistik mit einer Reihe weiterer Herausforderungen verbunden. Zum einen ist es für den Kunden häufig wichtig, dass die verschiedenen Kanäle auch unter logistischen Gesichtspunkten integriert werden. Das kann sich beispielsweise darin äußern, dass die Retourenabwicklung von Bestellungen, die über einen Online-Kanal vorgenommen worden sind, in den stationären Verkaufsstellen erfolgt. Zum anderen ist es für einen Multichannel Retailer bedeutend, dass bei der Durchführung logistischer Prozesse in verschiedenen Kanälen Synergiepotenziale genutzt werden (vgl. Hertel/Zentes/Schramm-Klein 2011, S. 231–240).

Die Vorüberlegungen machen deutlich, dass die Position der Handelsunternehmung in der Supply Chain an der Schnittstelle zum Endkunden besondere Konsequenzen nach sich zieht. Sie machen zudem deutlich, dass die Entscheidungsbausteine der Handelslogistik differenziert analysiert werden müssen – sie betreffen einerseits das Handelslager, andererseits die Verkaufsstelle.

23.3 Strukturierung von Supply Chain Problemen einer Handelsunternehmung

Wird bei der Analyse und der Koordination der Supply Chain die Perspektive eines Handelsunternehmens eingenommen und versucht, die allgemeine, branchenunabhängige Definition der Logistik auf den Handel zu übertragen, so ist eine Reihe von Besonderheiten zu berücksichtigen, auf die im letzten Abschnitt eingegangen worden ist. Dem entscheidungsorientierten Ansatz folgend kann auch bei logistischen Problemstellungen zwischen Aktionsparametern, Zielgrößen und Umweltgrößen unterschieden werden. Logistische Maßnahmen haben zum einen Einfluss auf die verschiedenen Kosten, zum anderen beeinflussen sie den Leistungsbereich. Sobald diese Leistungen für den Kunden wahrnehmbar werden, ist es gerechtfertigt, von der Logistik als einem absatzpolitischen

Instrument zu sprechen. Im Rahmen des Controllings sind für die einzelnen Elemente der Logistikleistung, wie die Lieferzeit, die Lieferzuverlässigkeit, die Lieferflexibilität und die Lieferbeschaffenheit, zahlreiche Kennzahlen entwickelt worden (vgl. Weber 1995).

Bei logistischen Entscheidungen müssen zahlreiche Bedingungen berücksichtigt werden, die in der Entscheidungstheorie als Umweltgrößen bezeichnet werden und die im Gegensatz zu den Aktionsparametern nicht als zu disponierende Größe angesehen werden. Dabei kann es sich auch um innerbetriebliche Sachverhalte handeln, die in einem anderen Kontext durchaus zur Disposition stehen. So wird z. B. unter Umständen von einer bestehenden Filialstruktur oder einem feststehenden Lieferantennetz ausgegangen, wenn ein Standort für ein neues Zentrallager zu wählen ist.

Die Entscheidungen der Logistik sind eingebettet in Entscheidungen hinsichtlich der Supply Chain. Letztere betreffen häufig die Form und das Ausmaß der Kooperation mit anderen Unternehmungen in der Supply Chain. Sie können ebenfalls mit Hilfe des entscheidungsorientierten Ansatzes strukturiert werden. Wenn auch das einzelne Unternehmen nicht über die Gestaltung der gesamten Supply Chain entscheiden kann, so ist es doch nützlich zu analysieren, welche Größen aus der Perspektive dieses Unternehmens relevant sind.

Im vorliegenden Abschnitt wird zunächst in allgemeiner Form auf logistische Probleme eines Handelsunternehmens eingegangen und dabei die Struktur des entscheidungsorientierten Ansatzes angelegt. Während im Rahmen dieser Analyse vor allem unternehmensindividuell zu treffende Entscheidungen betrachtet werden, beziehen sich die Überlegungen in Abschnitt 23.4 auf kooperative Managementkonzepte zwischen Industrie und Handel.

23.3.1 Entscheidungsparameter des Supply Chain Managements und der Logistik aus der Perspektive eines Handelsunternehmens

Die Analyse des Begriffs Supply Chain Management hat zum einen die strategische Dimension, zum anderen die Weite (vom Rohstofferzeuger bis zum Endverbraucher) des Konzepts verdeutlicht. Der erste Aspekt bedeutet, dass die zu treffenden Entscheidungen aus der Unternehmensstrategie abgeleitet werden müssen. Ein Handelsunternehmen, das auf eine Kostenstrategie setzt und sich gegenüber seinen Kunden über Preisvorteile profilieren will, benötigt eine andere Supply Chain als ein Handelsunternehmen, das eine Differenzierungsstrategie gewählt hat, die sich im Umfang, der Frische oder den ökologischen Eigenschaften des Sortiments widerspiegelt. Im Rahmen des Supply Chain Managements ist als erstes die Struktur der Supply Chain festzulegen. Sie lässt sich mit Hilfe der beiden Dimensionen Länge (horizontale Dimension) und Breite (vertikale Dimension) beschreiben (vgl. Lambert/Cooper/Pagh 1998, S. 6). Während mit der Länge die Anzahl der Lieferantenebenen zum Ausdruck kommt, charakterisiert die Breite die Anzahl von Lieferanten auf jeder Ebene. Beide Dimensionen weisen einen relativ hohen Abstraktionsgrad auf, da damit noch keine Aussage über die räumliche Verteilung der Lieferanten getroffen wird. Die Zahl der Schnittstellen und ihre Anordnung dürften aber dennoch einen Einfluss auf die relevanten Merkmale der strategischen Positionierung eines Händlers haben. Innerhalb einer gegebenen Struktur ist bezogen auf unterschiedliche Prozesse das Ausmaß an Koordination und Kontrolle festzulegen. So differenzieren Lambert, Cooper und Pagh (1998) zwischen *„managed"*, *„monitored"*, *„not-managed"* und

„non-member" Prozessen. Die Koordination und die Kontrolle der Prozesse erfordern eine Reihe von Methoden und Strukturen. Diese zu entwickeln und zu etablieren kann als weitere Entscheidung im Rahmen von Supply Chain Management interpretiert werden. Insgesamt können demnach die Entscheidungsparameter des Konzepts als Grundsatzentscheidungen verstanden werden, die einen Rahmen für weitere Entscheidungen bilden, die dann tendenziell einen operativen Charakter aufweisen. Hierzu können auch Logistikentscheidungen gezählt werden.

In Anlehnung an allgemeine Überlegungen von Pfohl (2010) zu Entscheidungsfeldern der Logistik lassen sich im Handel mehrere Problembereiche der Logistik unterscheiden, die in Abbildung 23.2 unter der Überschrift Entscheidungsparameter genannt sind (vgl. Toporowski 1996a).

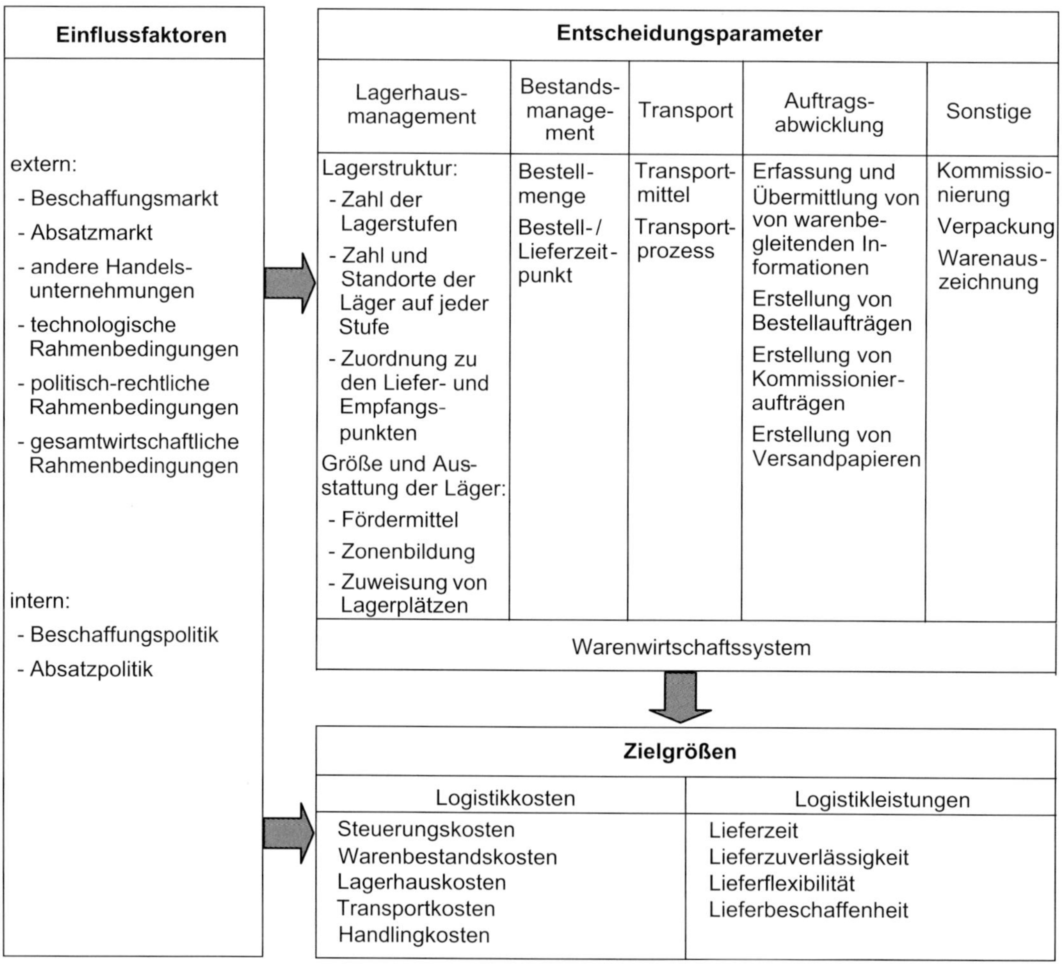

Quelle: Toporowski 1996b, S. 45

Abb. 23.2: Entscheidungsparameter, Einflussfaktoren und Zielgrößen bei der Gestaltung eines Logistiksystems

Lagerhausmanagement

Bevor einzelne Entscheidungen über die Lagerstruktur und -ausstattung getroffen werden, hat ein Handelsunternehmen die Entscheidung zu treffen, ob überhaupt ein eigenes Lager unterhalten werden soll. So ist es denkbar, die Ware direkt von den Lieferanten in die Verkaufsstellen liefern zu lassen. Eine solche Entscheidung hängt von einer Reihe von Faktoren ab, z. B. den Eigenschaften der Waren, den Charakteristika der Nachfrage oder den Standorten der Lieferanten. Hinzu kommt, dass aufgrund der Heterogenität der Sortimente vieler Händler für verschiedene Warenbereiche unterschiedliche Lagerstrukturen und -ausstattungen erforderlich sind. Soll grundsätzlich ein Lager im Verantwortungsbereich des Handelsunternehmens betrieben werden, so ist zu entscheiden, ob dies im Unternehmen erfolgen soll oder ob die Aufgabe einem Logistikdienstleister übertragen wird. Letzteres bedeutet, dass der Händler in unterschiedlichem Maße Einfluss auf die Struktur und die Ausstattung der Läger nehmen kann, abhängig davon, ob es sich um eine individuelle Lösung handelt oder eine Integration der Lageraufgaben in ein bestehendes Lagersystem des Dienstleisters. Derartige Überlegungen betreffen die Struktur der Supply Chain und die Koordination der darin stattfindenden Prozesse. Zugleich bilden sie einen Rahmen für weitere Entscheidungen.

Entscheidungen über die Lagerstruktur beziehen sich zunächst auf die Zahl der unterschiedlichen Lagerstufen. So werden in Filialunternehmen zeitweilig dreistufige Systeme, bestehend aus einem Zentrallager, mehreren Regionallägern und sog. Filialverbundlägern, betrieben. Aber auch zwei- und einstufige Lagerstrukturen sind vorzufinden. Für jede Struktur sind die Standorte festzulegen und eine Zuordnung der Liefer- und Empfangsorte vorzunehmen. Für jedes einzelne Lager ist die Gesamtfläche des Lagers in Funktionszonen einzuteilen (insbesondere für die Warenannahme, die Lagerung, die Kommissionierung und den Warenausgang). Bezüglich einzelner Güter muss entschieden werden, nach welchem Prinzip und wo ihnen ein Lagerplatz zugewiesen werden soll. Dabei kann zwischen einer festen und einer dynamischen (chaotischen) Zuordnung differenziert werden. Hinsichtlich der Ausstattung ist unter anderem über die zu verwendenden Regalsysteme, innerbetriebliche Fördermittel (z. B. Gabelstapler, Bänder, fahrerlose Transportfahrzeuge), Kommissioniersysteme und Verpackungsmaschinen zu entscheiden. Abhängig von den primär zu erfüllenden Funktionen des Lagers (Umschlagen, Verteilen, Vorräte bereithalten) unterscheidet sich seine technische Ausstattung.

Entscheidungen über die Stufigkeit des Lagersystems und die konkreten Standorte zählen zu den intensiv in der betriebswissenschaftlichen Literatur behandelten Problemen (vgl. z. B. Tempelmeier 1983, insbesondere S. 29–113; Domschke/Drexl 1996), Fragen der Lagerhausarchitektur, der Lagerhilfs- und Transportmittel werden dagegen vorwiegend in den Ingenieurwissenschaften behandelt (vgl. ten Hompel/Schmidt/Nagel 2007; ten Hompel/Schmidt 2010). In Kapitel 24 finden sich Hinweise auf Ansätze zur Optimierung der Lagerhausstruktur aus ökonomischer Sicht.

Bestandsmanagement

Wie bereits erwähnt, besteht eine zentrale Zielsetzung der logistischen Überlegungen im Handel darin, die Präsenz der Waren in den Verkaufsstellen sicherzustellen. Das Bestandsmanagement spielt dabei eine entscheidende Rolle. Es umfasst eine Reihe von Entscheidungen. So ist zu entscheiden, wann und wie viel bestellt werden soll. Ebenso sind Sicherheitsbestände in den Lägern und in den Verkaufsstellen festzulegen. Da Bestellentscheidungen auf der Grundlage von Nachfrageprognosen zu treffen sind, müssen geeignete Prognoseinstrumente entwickelt werden.

Diese Entscheidungen sind nicht unabhängig vom Lagerhausmanagement, da die Struktur und die Ausstattung der Läger einen maßgeblichen Einfluss darauf ausüben, wo Bestände vorgehalten, Nachfrageprognosen erstellt und Bestellentscheidungen getroffen werden. Das Vorhalten von Warenbeständen wirkt sich einerseits auf die Kosten, andererseits auf die Leistungen (insbesondere die Warenpräsenz) des Logistiksystems aus. In den Warenbeständen wird oft in hohem Maße Kapital gebunden, das Vorhalten von Lagerraum verursacht Lagerkosten, die Warendisposition bindet personelle Ressourcen und eine Bestellung zieht Transportprozesse und damit Transportkosten nach sich. Da den genannten Kosten als Leistung eine bestimmte Warenverfügbarkeit gegenüberzustellen ist, ist es verständlich, dass zahlreiche Modelle zur Optimierung der Lagerbestände bzw. der Bestellmengen entwickelt worden sind (vgl. z. B. Silver/Pyke/Peterson 1998; Chopra/Meindl 2007, S. 261–382). Auf Ansätze zur Optimierung der Bestellmenge bzw. der Bestände wird in Kapitel 24 eingegangen.

Für Handelsunternehmungen stellt das Bestandsmanagement in mehrfacher Hinsicht eine Herausforderung dar. Zuerst ist die häufig große Unsicherheit bei der Nachfrage zu nennen. Sie wird von einer Vielzahl von Faktoren beeinflusst. Dazu zählen neben den absatzpolitischen Maßnahmen des Handelsunternehmens die Maßnahmen der Konkurrenz, die Reaktionen der Konsumenten, aber auch gesamtwirtschaftliche oder sozialpolitische Entwicklungen. Angesichts der Vielzahl von Einflussfaktoren fällt es schwer, zuverlässige Prognosen zu erstellen. Die Schwierigkeit wird zusätzlich dadurch erhöht, dass ein Händler im Regelfall eine große Zahl von Artikeln, häufig mit unterschiedlichen Nachfrageprofilen, führt, die Prognose auf Artikelebene benötigt wird und der Bedarf streng genommen für jede einzelne Verkaufsstelle ermittelt werden muss. Die Zahl der Zeitreihen, die erfasst und ausgewertet werden müssen, ist deshalb sehr groß. Ein weiteres Problem ist darin zu sehen, dass die Warenpräsenz in der Verkaufsstelle sowohl vom Bestandsmanagement in der Verkaufsstelle als auch im Lager abhängig ist. Folglich bedeutet eine ganzheitliche Optimierung auf Unternehmensebene, dass beide Bereiche koordiniert werden müssen, was die Komplexität der Entscheidungen weiter erhöht. Zielsetzung muss es deshalb sein, die Datenbasis für Bestellentscheidungen zu verbessern. Die Steigerung der Genauigkeit, Aktualität und Verfügbarkeit der relevanten Daten gehört damit zu den Aufgaben des Bestandsmanagements. Ebenso zählt die Entwicklung von leistungsfähigeren Instrumenten, mit denen Prognosen erstellt und Bestellentscheidungen getroffen werden, zu den zentralen Herausforderungen in diesem Bereich.

Transportmanagement

Entscheidungen zum Transport können einerseits unternehmensinterne, andererseits unternehmensübergreifende Prozesse betreffen. Unternehmensinterne Transportvorgänge können sich gegebenenfalls ausschließlich auf den innerbetrieblichen Bereich eines Lagers beschränken. In diesem Fall lassen sie sich als Teil des Lagerhausmanagements interpretieren. Transporte außerhalb eines Lagers stellen dagegen einen eigenständigen Entscheidungsbereich dar. Dies betrifft zum einen die Transporte zwischen den Lieferanten und einem Handelslager. Zum anderen gehören hierzu die Transporte zwischen einem Handelslager und den Verkaufsstellen sowie bei mehrstufigen Lagerstrukturen zwischen einem Handelslager und den nachgeschalteten Lägern. Von grundlegender

Bedeutung ist die Entscheidung darüber, ob die Transporte zwischen den Lieferanten und dem Lager im Verantwortungsbereich des Händlers liegen sollen, was die Übernahme der Ware ab dem Lager des Herstellers bedeuten würde, oder ob der Hersteller dem Händler die Ware in dessen Lager zustellen soll. Da sich für Hersteller und Händler unterschiedliche Möglichkeiten ergeben, einzelne Transporte zu bündeln (ein Hersteller beliefert mehrere Händler, ein Händler holt die Waren bei mehreren Herstellern ab), können daraus unterschiedlich hohe Transportkosten resultieren. Die Überlegungen hinsichtlich der Bündelungsmöglichkeiten von Warenströmen und ihrer Konsequenzen für die Transportkosten können auch den Rücktransport (*backhauling*) umfassen. In diesem Fall werden Auslieferungsfahrten mit Abholfahrten „gebündelt“. So kann beispielsweise nach der Belieferung der Verkaufsstellen von einem Zentrallager aus die Rückfahrt dazu genutzt werden, Waren bei einem Lieferanten abzuholen. Die Frage, in wessen Verantwortungsbereich der Transport liegen soll, ist im Falle der Übernahme der Transportaufgabe um die Frage zu ergänzen, ob dafür ein eigener Fuhrpark genutzt oder ein Logistikdienstleister eingeschaltet werden soll.

Neben ökonomischen Gründen ist bei der Entscheidung, ob der Lieferant oder der Händler eine Bündelung durchführen soll, auch nach ihrer strategischen Bedeutung zu fragen, verleiht sie doch demjenigen, der für die Bündelung verantwortlich ist, die machtvolle Position, die Transporte nach seinen Vorstellungen zu gestalten.

Darüber hinaus ist zu entscheiden, welche Transportmittel (Bahn, Schiff, LKW) eingesetzt werden und auf welche Transporthilfsmittel (z. B. Paletten, Gitterboxen, Mehrwegbehältnisse) zurückgegriffen wird (vgl. z. B. Stock/Lambert 2001, S. 311–387; Chopra/Meindl 2007, S. 383–413).

Auftragsabwicklung

Die Auftragsabwicklung erstreckt sich zunächst auf den notwendigen Informationsfluss. Die von den Verkaufsstellen im Lager eingegangenen Aufträge müssen in Kommissionieraufträge umgesetzt werden. Dabei handelt es sich um Listen, aus denen das Lagerpersonal ersehen kann, welche Waren von einzelnen Verkaufsstellen bestellt worden sind. Die Listen sind so aufbereitet, dass sie dem Lagerpersonal das Zusammenstellen der Aufträge (Kommissionieren) erleichtern, indem die Positionen entsprechend ihrem Lagerplatz aufgelistet sind (vgl. zu einem umfassenden Überblick über Kommissioniersysteme ten Hompel/Sadowsky/Beck 2011). Gleichzeitig werden für die Transportplanung die Volumina und die Gewichte ermittelt. Für den Transport werden Lieferscheine erstellt. Im Rahmen der Auftragsabwicklung sind allerdings die genannten Teilprozesse nicht nur zu dokumentieren, sondern es sind auch betriebswirtschaftliche Überlegungen zur Struktur und zum Gesamtablauf der Auftragsabwicklung anzustellen. Die Qualität der Auftragsabwicklung kann bezüglich mehrerer Dimensionen beurteilt werden. Hierzu gehört insbesondere die Geschwindigkeit, mit der eingehende Aufträge bearbeitet werden. Diese wird maßgeblich von den Kapazitäten in der Warenannahme, im Kommissionierbereich und in der Auslieferung beeinflusst. Die Qualität der Auftragsabwicklung hängt eng mit den Eigenschaften des Warenwirtschaftssystems zusammen. Seitdem im Verkauf eine artikelgenaue Erfassung möglich ist, können geschlossene Warenwirtschaftssysteme realisiert werden. Mit ihrer Hilfe wird der Warenfluss von der Bestellung bis zum Abverkauf lückenlos erfasst (vgl. Zentes 1985; Hertel 1999; Hertel/Zentes/Schramm-Klein 2011).

Sonstige Entscheidungstatbestände

In einigen Branchen müssen die in einem Lager eingetroffenen Waren aufgearbeitet werden.

Im Textilbereich müssen die Waren nach Farben und Größen sortiert und gegebenenfalls mit Namens-, Preisetiketten und Sicherungssystemen ausgestattet werden. Die Frage, wer für die Auszeichnung der Ware die Verantwortung übernehmen soll, muss zwischen Industrie und Handel entschieden werden.

Insbesondere im Distanzhandel spielt die Gestaltung der Redistribution eine große Rolle, da die Kaufgewohnheiten der Kunden und die rechtlichen Rahmenbedingungen eine hohe Retourenquote nach sich ziehen. Für Online- und Versandhändler ist es deshalb sowohl unter absatzpolitischen Gesichtspunkten als auch Kostenaspekten wichtig, das Retourenmanagement effizient zu gestalten (vgl. Pollmeier 2007; Breitschuh 2008).

Bedingt durch die Verpackungsverordnung (VerpackV) haben auch die Verpackungsmittel verstärkt Aufmerksamkeit im Bereich der Logistik gefunden. Für zahlreiche Branchen sind Mehrwegtransportbehälter entwickelt worden. Darüber hinaus sind zahlreiche Methoden zum Recycling von Verpackungsmaterial eingeführt worden. Insgesamt ist unter dem Begriff Entsorgungslogistik eine Reihe von Verfahren entwickelt worden, die Probleme der Wiederverwendung oder Wiederverwertung von Verpackungen lösen sollen.

Die dargestellten Entscheidungsbereiche sind nicht unabhängig voneinander (vgl. Toporowski 1996b, insbesondere S. 19–29). So hängen z. B. der optimale Lagerbestand ebenso wie die in einem Lager einzusetzenden technischen Hilfsmittel auch von der Stufigkeit des Lagerhaussystems ab.

Abbildung der physischen Prozesse in einem Warenwirtschaftssystem

Die oben vorgestellten Entscheidungen beziehen sich zum einen auf die Struktur des Logistiksystems, zum anderen auf die Ausgestaltung der darin fließenden Waren- und Informationsströme. Diese müssen gesteuert und koordiniert werden. Zu diesem Zweck werden die Geschäftsprozesse eines Handelsunternehmens in einem informationstechnischen Modell abgebildet, das als Warenwirtschaftssystem (WWS) bezeichnet wird. Dabei wird häufig zwischen mehreren Teilprozessmodellen differenziert. So unterscheiden Hertel, Zentes und Schramm-Klein (2011):

- das Warenprozess-Modell,
- das Dispositionsprozess-Modell,
- das Abrechnungsprozess-Modell und
- das Business-Intelligence-Prozessmodell.

Das Warenprozess-Modell bildet die Teilprozesse des physischen Warenflusses ab, zu denen unter anderem das Einlagern, Kommissionieren und Transportieren gezählt werden. Das Dispositionsprozess-Modell umfasst Tätigkeiten, die von Warenprozessen ausgelöst werden oder ihrerseits Warenprozesse auslösen. Hierzu zählen beispielsweise Warenbestellung, Rechnungsprüfung und Inventur. Das Abrechnungsprozess-Modell stellt eine Verknüpfung zu den Finanzströmen her, indem die Waren- und Dispositionsprozesse wertmäßig abgebildet werden. Schließlich fasst das Business-Intelligence-Prozessmodell die Informationen der übrigen Prozessmodelle zusammen, um sie dann den Planungs-, Steuerungs- und Kontrollsystemen des Unternehmens zur Verfügung zu stellen. Das WWS erstreckt sich einerseits auf Vorgänge innerhalb des Handelsunternehmens, andererseits wird aber auch die Verankerung innerhalb der Supply Chain deutlich, da bei allen Teilprozessmodellen Schnittstellen zu den vor- und nachgelagerten Stufen eine zentrale Rolle spielen. Insbesondere die sog. vollintegrierten WWS zeichnen sich dadurch aus, dass sie Informationen zwischen verschiedenen Systemen verknüpfen. Für filialisierte Handelsunternehmen bedeutet das zunächst, dass das WWS der Zentrale und die WWS der Filialen integriert werden. In einem weiteren Schritt werden die Schnittstellen zu den Lieferanten so ausgestaltet, dass die relevanten Informationen ohne Medienbrüche ausgetauscht werden können. Die Auswahl eines WWS (vgl. Schütte/Vering 2004) kann zu den Entscheidungsparametern der Logistik gezählt werden.

Bei der Charakterisierung und Analyse von Warenwirtschaftssystemen werden häufig auch die Begriffe Handelsinformationssysteme (vgl. zu einem umfassenden Überblick Becker/Schütte 2004) und Enterprise-Resource-Planning-Systeme (ERP-Systeme) genannt, die jedoch weiter gefasst sind als die Warenwirtschaftssysteme (vgl. hierzu Hertel/Zentes/Schramm-Klein 2011, S. 241–243).

Wie bereits oben erwähnt, bezieht sich die Darstellung der Entscheidungsparameter in diesem Abschnitt vornehmlich auf die Perspektive und den Entscheidungsbereich eines einzelnen Handelsunternehmens. Bezüglich aller Parameter ist im Rahmen des Supply Chain Managements vor allem die Frage zu analysieren, inwieweit eine abgestimmte Vorgehensweise für die Mitglieder der Supply Chain vorteilhaft sein kann. Zu den zentralen Entscheidungen in diesem Zusammenhang gehören die Auswahl der Partner, mit denen kooperiert werden soll, und das Ausmaß der Kooperation. Zugleich ist zu entscheiden, auf welche Aktivitäten bzw. Prozesse sich die Zusammenarbeit beziehen soll. Auf ausgewählte Managementkonzepte, die dem Supply Chain Management zuzurechnen sind, wird in Abschnitt 23.4 eingegangen.

23.3.2 Zielgrößen des Supply Chain Managements und der Logistik

Zielsetzung des Supply Chain Managements ist es, Wettbewerbsvorteile zu generieren. Dies soll einerseits durch eine Verbesserung der Leistungen, andererseits durch eine Reduktion der Kosten erfolgen. Aus der Sicht eines Handelsunternehmens geht es darum, durch eine geeignete Struktur der Supply Chain und durch eine Koordination und Kontrolle der Prozesse die eigene Wettbewerbsposition zu verbessern. Für den Lebensmitteleinzelhandel kann dies beispielsweise eine Steigerung der Frische, eine Reduktion von Abschriften infolge der Gefahr der Überschreitung der Mindesthaltbarkeit oder eine Verringerung von Rücktransporten bedeuten. Für einen Textileinzelhändler kann dies einen schnelleren Wechsel von saisonalen Sortimenten, eine Erhöhung des Warenumschlags oder eine Verringerung von Abschriften beinhalten. Es wird deutlich, dass Größen, mit denen derartige Effekte gemessen werden, nicht alleine der Logistik zuzurechnen sind.

Auch für die Logistik ist es sinnvoll, Kosten und Erlöse als Kriterien für die Güte der Logistikentscheidungen heranzuziehen. Eine solche Vorgehensweise folgt aus dem Zielsystem des Unternehmens, in dessen Mittelpunkt diese beiden Größen stehen. In den letzten Jahren ist allerdings ein weiterer Aspekt hinzugekommen, dem zunehmend Beachtung geschenkt wird. Es handelt sich dabei um die Frage nach der Nachhaltigkeit (*sustainability*) logistischer Maßnahmen (vgl. z. B. Carter/Rogers 2008; Seuring/Müller 2008). Diskussionen um den CO_2-Ausstoß der eingesetzten Transportmittel, Leerfahrten oder durch Kleinstmengentransporte verstopfte Straßen sind nur einige Beispiele dafür, dass der Output der Logistik auch an der Umweltverträglichkeit der Maßnahmen gemessen wird. Dies umso mehr, je stärker diese Eigenschaften in das Bewusstsein des Endverbrauchers dringen und für sein Konsumverhalten relevant werden. Auch die sozialen Wirkungen werden zunehmend als Beurteilungskriterien des Logistiksystems herangezogen, z. B. Arbeitsbedingungen, unter denen logistische Leistungen erbracht werden. Der Versuch, diese nicht einfach zu erfassenden globalen Wirkungen zu quantifizieren, erfolgt immer häufiger im Rahmen von Ökobilanzen.

Die Leistungen einer einzelnen Logistikeinheit, z. B. eines Lagers, werden mit einer Reihe von Kennzahlen gemessen. Häufig werden folgende Größen genannt:

- bearbeitete Kommissionierzeilen,
- Kommissionierzeilen pro Mitarbeiter,
- Umschlagshäufigkeit,
- durchschnittlicher Lagerbestand.

Es besteht die Gefahr, dass einzelnen Kennziffern eine so große Bedeutung beigemessen wird, dass sie die Optimierung der Unternehmensziele behindern. Um dieser Gefahr vorzubeugen, ist der Beitrag der einzelnen Subziele, die mit Hilfe der genannten Kennzahlen gemessen werden, zur Erreichung der übergeordneten Ziele zu klären. Alle Maßnahmen im Logistikbereich sind folglich im Hinblick auf ihre Kosten zu beurteilen. Es sind in Abhängigkeit von der jeweiligen Problemstellung unterschiedliche Kostenarten betroffen. Von besonderer Bedeutung sind Zinskosten (für das in den Warenbeständen gebundene Kapital), Abschreibungen auf Waren, Raum- (Gebäude- und Regalsysteme) und Betriebsmittelkosten, Transportkosten und schließlich Personalkosten (in der Disposition, im Wareneingang, im Kommissionierbereich und im Warenausgang). Es werden allerdings nicht nur Kostenziele verfolgt. Zentrales Ziel logistischer Maßnahmen im Handel bildet die Warenpräsenz in der Verkaufsstelle. So klar die Zielsetzung ist, so wenig eindeutig ist, wie die Warenpräsenz gemessen werden soll. Soll sie sich auf das gesamte Sortiment einer Verkaufsstelle oder den einzelnen Artikel beziehen? Soll im ersten Fall die Zahl der vorhandenen Artikel ins Verhältnis zu der Zahl der gelisteten Artikel gesetzt werden? Hinsichtlich der ökonomischen Wirkung der Warenpräsenz ist zu berücksichtigen, dass im Regelfall nur dann eine negative Wirkung von nicht vorhandenen Artikeln ausgeht, wenn sie auch nachgefragt worden sind. Dies spricht gegen eine solche Messung der Warenpräsenz. Wird die Warenpräsenz bezogen auf den einzelnen Artikel gemessen, so stellt sich die Frage, ob die Zeit (Anteil der Tage mit Warenpräsenz an einem Gesamtzeitraum) oder die Menge (Anteil der befriedigten Nachfrage an der Gesamtnachfrage) als Messgrößen herangezogen werden sollten. Häufig wird im Zusammenhang mit der Warenpräsenz der Begriff Servicegrad verwendet, ohne dass geklärt wird, wie er definiert worden ist.

Wie bereits oben verdeutlicht, muss bei der Analyse logistischer Aufgaben im Handel zum einen die Verkaufsstelle, zum anderen das Lagersystem, das für die Belieferung der Verkaufsstellen verantwortlich ist, berücksichtigt werden. Das gilt auch für die Analyse der Ziele. Während in der Verkaufsstelle die Warenpräsenz im Mittelpunkt des Interesses steht, kann die logistische Leistung eines Lagers mit Hilfe mehrerer Größen erfasst werden. Es handelt sich dabei um die Dienstleistung gegenüber einer Verkaufsstelle, die bezüglich mehrerer Dimensionen erfasst werden kann. Dazu zählen (vgl. auch Schulte 2009, S. 7–10):

- die Lieferzeit; sie bezieht sich zum einen auf die Zeit zwischen Bestelleingang und Verfügbarkeit der Ware am Ort des Auftraggebenden, zum anderen auf den Zeitpunkt der Anlieferung,
- die Lieferbeschaffenheit; sie bezieht sich auf die Genauigkeit, mit der die bestellte Menge ausgeliefert wird, und auf die Qualität der Ware (Unversehrtheit),
- die Lieferflexibilität; sie erfasst den Grad, mit dem sich der Liefernde an spezielle Wünsche des Auftraggebenden anpasst (in Bezug auf die Liefermenge, den Zeitpunkt der Anlieferung, die Lieferzeit, die Art des Transportmittels, die Avisierung, die begleitenden Dienstleistungen),
- die Lieferzuverlässigkeit; sie charakterisiert den Grad, mit dem Zusagen bezüglich der Liefermodalitäten eingehalten werden.

Für alle Servicekomponenten sind Kennzahlen entwickelt worden, auf die hier jedoch nicht näher eingegangen werden soll (vgl. Reichmann 1993).

23.3.3 Rahmenbedingungen bei der Optimierung des Supply Chain Managements und der Logistik

Zu den zentralen Entscheidungsparametern des Supply Chain Managements gehört die Wahl der Struktur der Supply Chain und der Beziehungen innerhalb der gewählten Struktur. Von entscheidender Bedeutung für die Freiheitsgrade bei dieser Wahl dürfte die Machtposition des Handelsunternehmens sein und damit seine Fähigkeit, die Supply Chain zu führen. Die in den letzten Jahren zu beobachtende Konzentration im Handel hat dazu geführt, dass die Führungsrolle zunehmend von Handelsunternehmungen übernommen wird. Durch ihre Nähe zum Endverbraucher verfügen Handelsunternehmungen häufig über einen Informationsvorsprung gegenüber anderen Institutionen und sind in der Lage, diese Informationen für eine effiziente Steuerung der Supply Chain zu nutzen. Die relative Stärke des Unternehmens gegenüber seinen potenziellen Partnern, aber auch die Supply Chain Orientierung aller Beteiligten, die sich in solchen Größen wie Vertrauen, Bindung, Abhängigkeit, Gemeinsamkeit von Zielen und Visionen widerspiegelt, üben einen Einfluss auf die Entscheidungsparameter des Supply Chain Managements. Auch die Konkurrenz (auf der Ebene von Supply Chains) beeinflusst die Entscheidungen in einer Supply Chain.

Während für die Gestaltung der Supply Chain die relevanten Rahmenbedingungen tendenziell nur vage charakterisiert werden können, lassen sie sich für die Optimierung logistischer Prozesse konkretisieren. Die Optimierung logistischer Prozesse erfolgt in jedem Unternehmen unter Rahmenbedingungen, die einerseits einen unternehmensexternen Charakter aufweisen, andererseits aber auch durch die anderen Funktionsbereiche vorgegeben sind. Obwohl eine simultane Planung aller betrieblichen Prozesse nicht ausgeschlossen ist (z. B. die gemeinsame Planung des Verkaufsstellennetzes und der Logistik oder die gemeinsame Planung der Sortimentspolitik und der Logistik), werden die Probleme häufig separiert (vgl. zu den Wechselwirkungen zwischen Sortimentspolitik und Logistik Stassen/Waller 2002). Bei der Planung der Logistik wird davon ausgegangen, dass nicht nur solche Größen als Umweltgrößen angesehen werden, die außerhalb des Entscheidungsbereiches der Handelsunternehmung liegen, wie z. B. die Standorte der Lieferanten oder die Zinssätze für Kapital, sondern auch unternehmensinterne Größen.

Zu den unternehmensexternen Umweltgrößen zählen zunächst die Lieferanten. Es ist von großer Bedeutung, mit wie vielen Lieferanten eine Unternehmung zusammenarbeitet, welche Mengen sie von ihnen bezieht, wo diese ihre Läger betreiben und wie diese ihre Belieferungspolitik angelegt haben (z. B. Mindestbestellmengen, Lieferzeiten). Aber auch die Transportsätze der Speditionen spielen eine wichtige Rolle. Die Konkurrenzbetriebe sind insofern wichtig, als dass sie mit ihrer Politik Maßstäbe im Lieferservice setzen können.

Zu den unternehmensinternen Größen zählen insbesondere die Verkaufsstellen. Welche Standorte nehmen sie ein, wie sind sie mit einzelnen Verkehrsmitteln zu erreichen, welchen Bedarf haben sie an einzelnen Waren? Aber auch die Geschäftsführung setzt im Rahmen ihrer strategischen Planung wichtige Eckpunkte für die Logistik.

Die Umwelt, in der sich eine logistische Planung vollzieht, ist durch die Struktur und das Verhalten verschiedener Institutionen geprägt. Auf diese wirken ökonomische, infrastrukturelle, technologische, politisch-rechtliche und gesellschaftliche Faktoren ein. Gesetzliche Anforderungen z. B. bezüglich der Rückverfolgbarkeit von Lebensmitteln (EU-Verordnung 178/2002) oder der Rücknahme und Entsorgung von Elektro- und Elektronikgeräten (Elektro- und Elektronikgerätegesetz) haben Konsequenzen für logistische Strukturen und Prozesse des Handels. Entscheidungen über den Ausbau des Schienen- oder Straßennetzes, die Einführung einer LKW-Maut oder die Liberalisierung des LKW-Fahrverbots beeinflussen die Vorteilhaftigkeit unterschiedlicher Transportsysteme. Auch die Entwicklung von Energiekosten übt einen starken Einfluss auf die Vorteilhaftigkeit unterschiedlicher Transportmittel und -prozesse aus. In bedeutendem Maße wird die logistische Planung durch die Fortentwicklung der EDV und einzelner Technologien in der Lagerbewirtschaftung beeinflusst. Regelungen zur Tarifpolitik wirken sich ebenso auf die Vorteilhaftigkeit verschiedener Konzepte aus. Im Bereich der gesellschaftlichen Faktoren ist insbesondere das Thema Nachhaltigkeit (*sustainability*), das ökonomische, ökologische und soziale Aspekte umfasst, von großer Bedeutung. Es beeinflusst die Entscheidung, welche Logistiksysteme von einem Unternehmen präferiert werden, weil diese für die Positionierung des Unternehmens und die Kommunikation der Positionierung gegenüber den Kunden wichtig sind.

23.4 Kooperative Managementkonzepte zwischen Industrie und Handel

Die Analyse des Begriffs Supply Chain Management machte deutlich, dass die Kooperation zwischen den Mitgliedern einer Supply Chain das zentrale Anliegen des Konzepts darstellt. Insofern überrascht es nicht, dass verschiedene Managementkonzepte entwickelt wurden, in deren Mittelpunkt die Koordination und Kooperation zwischen Herstellern, Händlern und Dienstleistern steht. Hierzu gehören Efficient Consumer Response (ECR), Vendor Managed Inventory (VMI), Quick Response, Collaborative Planning, Forecasting, and Replenishment (CPFR) und Cross Docking. Es gibt eine Reihe weiterer Konzepte, wie z. B. Continuous Replenishment (CR) oder Automatic Replenishment (AR), die für den Handel relevant sind. Die Ansätze beinhalten sowohl Managementkomponenten als auch Optimierungsinstrumente. So geht es beispielsweise im Rahmen von VMI sowohl um die Schaffung von Verhaltensanreizen als auch um die Bestimmung optimaler Lieferzeitpunkte und -mengen. Wegen der individuellen Interessen der beteiligten Unternehmen sind in den Kooperationen Konflikte zu erwarten, die mit geeigneten Instrumenten gelöst werden müssen (vgl. Toporowski/Zielke 2006). Den Rahmen für ihre Entwicklung bildet häufig die Neue Institutionenökonomik. Bevor in Abschnitt 23.4.2 ausgewählte kooperative Managementkonzepte vorgestellt werden, soll deshalb in Abschnitt 23.4.1 auf ihre theoretische Fundierung eingegangen werden. Der Abschnitt 23.4.3 dient dazu, die technologischen Voraussetzungen für die Umsetzung unernehmensübergreifender Managementansätze zu analysieren.

23.4.1 Theoretische Grundlagen der kooperativen Managementkonzepte

Bei der Lösung logistischer Probleme werden vornehmlich Verfahren und Instrumente zur Optimierung von Lagerstandort-, Transport- und Bestellentscheidungen eingesetzt (siehe Kapitel 24). Demgegenüber wird bei der Analyse des Supply Chain Managements auf Modelle und Theorien zurückgegriffen, die dem strategischen Management oder der Neuen Institutionenökonomik zuzurechnen sind. Insbesondere die Wertkettenanalyse, der ressourcenbasierte Ansatz, die Netzwerktheorie, die Transaktionskostentheorie oder die Prinzipal-Agenten-Theorie werden genutzt, um Phänomene des Supply Chain Managements zu erklären (vgl. hierzu Fernie/Fernie/Moore 2004, S. 183–186). Bei vielen der vorgestellten Managementkonzepte spielt die Frage nach der Eigen- oder Fremderstellung bestimmter Logistikleistungen eine zentrale Rolle. In diesem Fall wird meist die Transaktionskostentheorie herangezogen, um die Vorteilhaftigkeit der beiden Optionen zu beurteilen. Darüber hinaus wird häufig auf die Überlegungen der Prinzipal-Agenten-Theorie zurückgegriffen, wenn im Rahmen der kooperativen Konzepte bestimmte Aufgaben von einem Partner auf den anderen Partner übertragen werden. In einem solchen Fall dient meist ein Vertrag dazu, eine Beziehung zwischen zwei Parteien zu begründen, die sich dadurch auszeichnet, dass Macht und Informationen in der Beziehung asymmetrisch verteilt sind. In der Sprache der Prinzipal-Agenten-Theorie delegiert der Prinzipal eine Aufgabe an einen Agenten. Der Prinzipal ist nur bedingt in der Lage, die Motive, Absichten und Handlungen des Agenten zu beobachten. Aufgrund der im Regelfall unterschiedlichen Ziele beider Parteien resultiert daraus die Gefahr opportunistischen Verhaltens. Insbesondere das ECR-Konzept weist häufig eine solche Konstellation auf, wobei die Rollen des Prinzipals und des Agenten nicht immer eindeutig dem Hersteller bzw. dem Händler zugewiesen werden können (vgl. hierzu Lietke 2009, S. 52–53). Die Abbildung 23.3 veranschaulicht, welchen Beitrag die Ansätze der Neuen Institutionenökonomik leisten können, um die Ausgestaltung kooperativer Beziehungen zu erklären.

Insbesondere die Prinzipal-Agenten-Theorie, die einerseits als formales Instrumentarium, andererseits als Basis für empirische Untersuchungen dienen kann, erweist sich als nützlich bei der Analyse kooperativer Beziehungen in der Supply Chain.

Autor	Theoretischer Rahmen	Fokus
Kaas 1998	Transaktionskostentheorie	Verbal-argumentative und teilweise formalisierte Analyse der Ökonomik einer ECR-Kooperation
Holzkämper 1999	Transaktionskostentheorie (Make-or-Buy)	Verbal-argumentative Analyse der Make-or-Buy-Entscheidung im Category Management
Schmitz Whipple/Frankel/ Anselmi et al. 1999	Transaktionskostentheorie (Governance)	Verbal-argumentative Analyse der Effizienz verschiedener Überwachungs- und Durchsetzungssysteme im ECR
Cansier 2001a, 2001b, 2001c	Prinzipal-Agent-Theorie	Formale Modellierung der ECR-Kooperation zur Ableitung des optimalen Herstellerabgabepreises
Braun 2002	Transaktionskostentheorie	Verbal-argumentative Analyse alternativer Formen der Arbeitsteilung zwischen Handelsmarkenträger und -produzent
Kotschi 2003	Theoretischer Pluralismus, unter anderem Transaktionskostentheorie	Verbal-argumentative Analyse der transaktionskostenbeeinflussenden Aspekte einer Verkaufsförderungskooperation
Schröder 2003b, 2004	Prinzipal-Agent-Theorie	Verbal-argumentative Analyse der Category Management-/ Category-Captain-Situation
Rungtusanatham/ Rabinovich/ Ashenbaum et al. 2007	Prinzipal-Agent-Theorie	Verbal-argumentative Analyse verschiedener Ansätze des Vendor-Owned Inventory Management (VOIM)

Quelle: Lietke 2009, S. 46

Abb. 23.3: Studien zu kooperativen Managementkonzepten und ihre theoretische Fundierung

23.4.2 Ausgewählte Kooperationsansätze

Im Folgenden werden ausgewählte Konzepte vorgestellt, deren Ziel darin besteht, Effizienzvorteile durch eine enge Zusammenarbeit zwischen den Partnern in der Supply Chain zu generieren. Die meisten zeichnen sich dadurch aus, dass sie Elemente der physischen Distribution mit Entscheidungsparametern des Marketings abstimmen.

23.4.2.1 Efficient Consumer Response

Die Grundidee des Efficient Consumer Response Konzepts besteht darin, dass Industrie und Handel durch eine Koordination ihrer Marketing- und Logistikpolitik die Bedürfnisse des Endverbrauchers besser befriedigen können. Dabei profitieren alle beteiligten Parteien, d. h. der Hersteller, der Händler und der Endverbraucher, von der Kooperation. Das Konzept wurde als Antwort auf den zunehmenden Erfolg von Discountern entwickelt. Analysen von Beratungsunternehmen, die

Anfang der 1990er Jahre durchgeführt wurden, kamen zu dem Ergebnis, dass eine zwischen Industrie und Handel abgestimmte Gestaltung der Supply Chain hohe Kosteneinsparungspotenziale aufweist (vgl. KSA 1993; GEA 1994; Coopers & Lybrand 1996). Das aus den Erkenntnissen der Untersuchungen abgeleitete Modell für eine Zusammenarbeit zwischen Industrie und Handel umfasst vier Aufgabenbereiche, die auch als ECR-Basisstrategien bezeichnet werden – die Sortimentsgestaltung (Efficient Store Assortment), die Verkaufsförderung (Efficient Promotion), die Neuprodukteinführung (Efficient Product Introductions) und den Warennachschub (Efficient Replenishment). Charakteristisch für das Konzept ist die Konsumentenorientierung und damit das Interesse an der Frage, in welcher Reihenfolge einzelne Prozesse in der Supply Chain stattfinden und von wem sie ausgelöst werden. Das vorherige Push-Prinzip wird von einem Pull-Prinzip abgelöst, bei dem die Konsumwünsche und die Nachfrage des Endverbrauchers als Auslöser für Distributions- und Produktionsprozesse in Industrie und Handel gesehen werden. Bei der Analyse der vier Basisstrategien fällt auf, dass die ersten drei dem Marketing, die letzte der Logistik zugerechnet werden können. Das Konzept zeichnet sich folglich durch eine Integration der beiden Funktionsbereiche aus, wobei zusätzlich eine wirtschaftsstufenübergreifende Perspektive bei der Optimierung gewählt wird.

Erfahrungen bei der Implementierung des Konzepts haben die Aufmerksamkeit darauf gelenkt, dass bestimmte Voraussetzungen erfüllt sein müssen, damit die geplante Form der Kooperation erfolgreich sein kann. Zu nennen sind vor allem Standards für die Gestaltung logistischer Prozesse und für den Einsatz von Instrumenten, mit denen der Informationsaustausch effizient durchgeführt werden kann. Diese sog. Enabler oder Ergänzungsstrategien wurden mit den Begriffen Efficient Operating Standards (EOS) und Efficient Administration and Systems (EAS) versehen. Im Laufe der letzten Jahre sind weitere Ergänzungsstrategien hinzugekommen, die das heutige Verständnis des ECR-Konzepts sehr nah an das Supply Chain Management rücken. Im Folgenden sollen überblicksartig die Probleme der Basisstrategien charakterisiert werden. Auf die Bedeutung von Standards für den Informationsaustausch wird in Abschnitt 23.4.3.2 eingegangen.

Efficient Store Assortment

Das Anliegen der Teilstrategie wurde ursprünglich wie folgt formuliert (KSA 1993, S. 4):

„Optimize the productivity of inventories and store space at the consumer interface".

Der Fokus dieser Teilstrategie hat sich in der Zwischenzeit von Beständen und Ladenflächen in Richtung Sortimentsstruktur verschoben. Die aus Sicht des Endverbrauchers optimalen Sortimente sind das gemeinsame Ziel von Herstellern und Handel. Dabei profitieren beide Wirtschaftsstufen davon, dass die Sortimentskomplexität verringert wird, der Warenumschlag zunimmt und der Absatz durch eine gestiegene Attraktivität des Sortiments erhöht wird. Eine gemeinsame Optimierung des Sortiments setzt einen Informationsaustausch voraus, was für den Händler dann zum Problem werden kann, wenn der Hersteller aus diesen Informationen Vorteile hinsichtlich der Konditionspolitik ziehen kann. Ebenso problematisch kann das Übertragen der Entscheidungskompetenz bezüglich der Sortimentszusammensetzung an den Hersteller sein, da diesem so die Möglichkeit gegeben wird, sich opportunistisch zu verhalten.

Efficient Promotion

Zielsetzung der Teilstrategie ist eine Abstimmung von verkaufsfördernden Maßnahmen beider Partner. Für den Hersteller ist es wünschenswert, Preisaktionen des Handels und die daraus resultierenden starken Nachfrageschwankungen, aber auch Imageschäden, zu verringern. Andererseits wird damit die unternehmerische Entscheidungsfreiheit des Handels eingeschränkt, so dass Konflikte zwischen den Partnern zu erwarten sind.

Efficient Product Introduction

Die Teilstrategie wird in bis zu drei Bereiche untergliedert – die Einführung neuer Produkte, die Entwicklung neuer Produkte und die Entwicklung und Produktion von Handelsmarken. Sie unterscheiden sich hinsichtlich des Koordinationsbedarfs. Stimmen Hersteller und Handelsunternehmen lediglich die Produkteinführung miteinander ab, so ist zu erwarten, dass der Händler den Regalplatz und aktuelle Informationen dem Hersteller zur Verfügung stellt. Wenn sich die Kooperation auf die Entwicklung von Neuprodukten erstreckt, muss der Hersteller unter Umständen vertrauliche Informationen über Produktideen an den Händler weitergeben. Der Handelspartner bringt seinerseits Kenntnisse der Konsumentenbedürfnisse ein. Für beide wird der Spielraum für opportunistisches Verhalten größer. Die engste Form der Kooperation im Rahmen von Efficient Product Introductions bildet die gemeinsame Entwicklung von Handelsmarken. Im Extremfall verliert der Hersteller einen Großteil seiner wirtschaftlichen Autonomie, da er sich den Vorstellungen des Händlers stark anpassen muss.

Efficient Replenishment

Das heutige Verständnis der Teilstrategie erstreckt sich auf die Zusammenarbeit in weiten Bereichen der Logistik und des Informationsaustauschs. Viele der in den nächsten Abschnitten diskutierten Ansätze werden unter dieser Teilstrategie subsumiert.

23.4.2.2 Vendor Managed Inventory

Das Vendor Managed Inventory (VMI) Konzept verfolgt das Ziel, die Effizienz der Prozesse zwischen einem Lieferanten und einem Händler dadurch zu erhöhen, dass die Verantwortung für das Bestandsmanagement des Händlers dem Lieferanten übertragen wird. Dies setzt voraus, dass der Händler seine Abverkaufs- und Bestandsdaten dem Lieferanten regelmäßig bereitstellt. Durch die Übertragung der Dispositionshoheit an den Lieferanten kann dieser sein Wissen über seine Produkte, Produkt- und Marktentwicklungen sowie absatzpolitische Entscheidungen bei der Disposition berücksichtigen. Zu den zentralen Zielen, die mit VMI gleichzeitig verfolgt werden, gehören die Reduktion von Bestandskosten und die Steigerung der Warenpräsenz (vgl. Waller/Johanson/Davis 1999, S. 184). Es geht folglich darum, neben einem Kostenvorteil auch eine Serviceverbesserung gegenüber dem Endverbraucher zu erzielen. Zu den Herausforderungen, die Distributionssysteme bewältigen müssen, gehören Nachfrageschwankungen. Die negativen Wirkungen der schwankenden Konsumentenachfrage auf Bestände und Service können weiter verstärkt werden, wenn Lieferanten und Händler verschiedene Ziele verfolgen, diese unterschiedlich messen und bewerten, unkoordiniert absatzpolitische Maßnahmen ergreifen und den jeweiligen Partner nicht über die eigene Unternehmenspolitik informieren. Ein Lieferant, der sich mit der Unsicherheit des Bestellverhaltens eines Handelsunternehmens konfrontiert sieht, versucht die negativen Folgen, insbesondere die Gefahr einer Lieferunfähigkeit, durch höhere Sicherheitsbestände und zusätzliche Produktionskapazitäten zu reduzieren. Das Ergebnis sind Überbestände in der Distributionskette, die infolge des sog. Bullwhip-Effekts entstehen (vgl. Lee/Padmanabhan/Whang 1997). VMI kann dazu beitragen, die Nachfrageschwankungen und ihre negativen Folgen für den Lieferanten zu reduzieren (vgl. Disney/Towill 2003). Darüber hinaus eröffnet die Übertragung der Dispositionsentscheidung an den Lieferanten diesem die Möglichkeit, Transporte zu verschiedenen Abnehmern zu koordinieren und so Transportkosten zu sparen.

Ein Händler verfolgt mit seiner Bestellpolitik zum einen das Ziel, die Warenpräsenz im Regal zu sichern, zum anderen die Warenbestände, soweit es geht, zu reduzieren. Die beiden konkurrierenden Ziele lassen sich leichter erreichen, wenn die Unsicherheit über die Lieferfähigkeit des Lieferanten reduziert werden kann. VMI kann dazu einen Beitrag leisten. Wichtige Wirkungen, die von VMI ausgehen, sind eine höhere Frequenz von Bestellungen und geringere Bestellmengen. Dies eröffnet die Möglichkeit, vorhandene Kapazitäten gleichmäßiger auszulasten, Kapazitätsreserven zu reduzieren und Sicherheitsbestände zu verringern. Eine erfolgreiche Umsetzung des Konzepts hängt davon ab, ob entsprechende Technologien zur Verfügung stehen, die vor allem den erforderlichen Informationsaustausch sicherstellen können. Dazu zählen auch Datenstandards, die den Automatisierungsgrad der Datenerfassung und -weitergabe fördern.

Der Erfolg des VMI ist von zahlreichen Einflussfaktoren abhängig. So stellt sich die Frage, ob beispielsweise das Ausmaß der Nachfrageschwankungen einen Einfluss auf die Vorteilhaftigkeit des VMI-Konzepts ausübt (vgl. Waller/Johanson/Davis 1999). Ebenso können bestimmte Produkteigenschaften wie die Höhe der Kapitalbindung oder die Verderblichkeit relevant für die Kosten- und Servicevorteile sein. Aber auch die Häufigkeit, mit der Sortimente oder Sortimentsteile in Werbeaktionen einbezogen werden, kann die Eignung für die Anwendung des VMI-Konzepts beeinflussen. Häufig wird die Frage aufgeworfen, inwieweit die Verfügbarkeit und Qualität von relevanten Daten einen Einfluss auf den Erfolg von VMI haben können (vgl. Angulo/Nachtmann/Waller 2004).

Des Weiteren ist zu klären, in welchem Ausmaß die Industrie und wie stark der Handel von dem Konzept profitieren können. In diesem Zusammenhang sind die Konfliktpotenziale zwischen den beteiligten Partnern zu beleuchten. Die Übertragung einer zentralen Aufgabe des Handels an die Industrie erfordert ein hohes Maß an Vertrauen. Der Gefahr opportunistischen Verhaltens des Lieferanten ist deshalb mit geeigneten Instrumenten vorzubeugen.

Auf eine weitere interessante Wirkung des VMI-Konzepts machen Mishra und Raghunathan (2004) aufmerksam, indem sie mit einem modelltheoretischen Ansatz zeigen, dass VMI unter bestimmten Bedingungen die Konkurrenz zwischen den Lieferanten erhöhen kann, wovon der Händler profitiert. Das Ergebnis bestätigt die Beobachtung, dass Handelsunternehmungen tendenziell ein größeres Interesse an VMI haben als Hersteller. Da die Nachfragedaten für den Hersteller wertvolle Informationen beinhalten können, kann ihre Übertragung als Anreiz des Händlers gegenüber dem Hersteller interpretiert werden, sich an VMI zu beteiligen. Daneben kann davon ausgegangen werden, dass die Übernahme der Dispositionsaufgabe dazu geeignet ist, den Händler stärker an sich zu binden (Lock-in-Effekte), was im Interesse des Lieferanten ist.

Die Anwendung des VMI-Konzepts erfordert die Entwicklung geeigneter Instrumente, mit denen Entscheidungen in verschiedenen Funktionsbereichen (z. B. Disposition, Transport, Lagerung) und zwischen verschiedenen Unternehmen koordiniert werden (vgl. z. B. Cetinkaya/Lee 2000; Achabal/McIntyre/Smith et al. 2000). Ein Zweig der wissenschaftlichen Forschung beschäftigt sich folglich mit der Entwicklung operativer Verfahren, mit denen Prognosen, Bestellentscheidungen und die Bündelung von Transporten optimiert werden können.

23.4.2.3 Quick Response

Das Quick Response Konzept verfolgt im Kern das Ziel, die Wiederbeschaffungszeit zu verkürzen. Eine kürzere Wiederbeschaffungszeit hat den Vorteil, dass der Zeitraum, für den eine Bedarfsprognose erstellt werden muss, näher rückt. Dies bedeutet wiederum, dass die Prognosegenauigkeit erhöht werden kann. Die Wirkung, die von einer Verkürzung der Wiederbeschaffungszeit auf die Prognosequalität ausgeht, dürfte vor allem bei modischen Artikeln besonders groß sein. Häufig muss der gesamte Bedarf einer Saison weit im Voraus bestellt werden. Wenn es gelingt, diesen Zeitraum zu verkürzen, reduziert sich die Gefahr, zu viel oder zu wenig zu ordern. Gelingt es sogar, die Beschaffungszeit so weit zu reduzieren, dass während der Saison eine weitere Bestellung vorgenommen werden kann, so können die Abverkaufszahlen am Anfang der Saison dazu genutzt werden, eine deutlich verbessert Prognose für den gesamten Saisonzeitraum zu erstellen. Die Gefahr von Überbeständen und Abschriften oder von Bestandslücken am Ende der Saison lässt sich auf diese Weise verringern.

Die Antwort auf die Frage, wie sich die Wiederbeschaffungszeit reduzieren lässt, kann einen starken Einfluss auf die Struktur der Supply Chain und die Steuerung der Prozesse ausüben. Es ist zu beobachten, dass das Konzept vor allem in der Textilbranche zur Anwendung kommt. Die Umsetzung des Quick Response Konzepts wird häufig von einer Vertikalisierung der Supply Chain begleitet. Es findet demnach eine rückwärtsgerichtete Integration oder Quasiintegration statt. Als Beispiele sind die Geschäftskonzepte von ZARA, Hennes&Mauritz oder Benetton zu nennen. Nicht nur das erhöhte Ausmaß an Kontrolle und Steuerung infolge der Integration sind dabei zu beachten, sondern ebenso die Auswirkungen auf die geografische Auswahl der Lieferanten oder der eigenen Produktionsstandorte. Die notwendige Reagibilität führt dazu, dass tendenziell die geografische Nähe zu den Absatzmärkten präferiert wird.

Die bereits genannten Vorteile des Konzepts sind in der Literatur sowohl theoretisch (vgl. z. B. Larson/Lusch 1990) als auch empirisch (vgl. z. B. Kincade/Vass/Cassill 2001; Brown/Buttross 2008) untersucht worden. Die Ergebnisse sind gemischt. Insbesondere die Studie von Brown und Buttross (2008) wirft eine Reihe von Fragen auf, da bezüglich der Rentabilität, Kosteneffizienz und Bestandshöhe zwischen Anwendern und Nichtanwendern des Verfahrens keine signifikanten Unterschiede festgestellt werden konnten.

Bei der Analyse des Verfahrens interessiert unter anderem die Frage, zu welchen Teilen die zu erwartenden Vorteile des Verfahrens auf der Hersteller- bzw. auf der Handelsebene anfallen (vgl. z. B. Iyer/Bergen 1997; Birtwistle/Siddiqui/Fiorito 2003; Birtwistle/Moore/Fiorito 2006). Dabei ist zu berücksichtigen, dass auf beiden Stufen entsprechende Investitionen in Informations- und Kommunikationstechnologien erforderlich sind. Tendenziell sind kleinere Produktionslose und Transportmengen zu erwarten, was die Kosten, insbesondere für den Lieferanten erhöhen kann. Für den Händler stellt sich die Frage nach der Auswahl von Partnern, mit denen das Konzept umgesetzt werden soll, und nach Anreizen, die erforderlich sind, um sie für die Zusammenarbeit zu gewinnen (vgl. z B. Giunipero/Fiorito/Pearcy et al. 2001).

23.4.2.4 Collaborative Planning, Forecasting, and Replenishment (CPFR)

Zentrales Anliegen des CPFR-Ansatzes ist es, die Genauigkeit der Nachfrageprognose durch eine strukturierte Zusammenarbeit zwischen einem Lieferanten und einem Abnehmer, im Regelfall einem Händler, zu erhöhen. Eine gemeinsame Verantwortung der beteiligten Partner für die Prognosewerte soll ihre Qualität erhöhen, so dass Ineffizienzen in der Supply Chain reduziert werden können. Durch den Austausch von Informationen sollen die beteiligten Unternehmungen ihre Warenverfügbarkeit erhöhen, die Bestände reduzieren und dabei die benötigten Ressourcen effizienter einsetzen (vgl. Seifert 2006b). Eine Ursache für Abweichungen zwischen Prognosen des Lieferanten und des Abnehmers – obwohl sie auf gleichen Absatzdaten der Vergangenheit basieren – besteht darin, dass beide nicht über die absatzpolitischen Maßnahmen des jeweiligen Partners informiert sind. Führte der Händler in der Vergangenheit Werbeaktionen durch und sind für die nahe Zukunft keine geplant, so wird im Normalfall die Prognose des Lieferanten die des Händlers übersteigen. Gab es in der Vergangenheit keine solchen Maßnahmen, sind sie aber für die Zukunft geplant, so wird es sich mit dem Verhältnis der beiden Prognosen umgekehrt verhalten. Die Zusammenarbeit im Rahmen von CPFR umfasst verschiedene Aktivitäten, die sich in vier Bereiche untergliedern lassen (vgl. Chopra/Meindl 2007, S. 519). An oberster Stelle steht die Entwicklung einer gemeinsamen Strategie. Der Umfang der Zusammenarbeit, die Rollenverteilung und die Verantwortlichkeit müssen zwischen dem Händler und Lieferanten festgelegt werden. Zudem werden zentrale absatzpolitische Maßnahmen wie Werbeaktionen, Neuprodukteinführungen oder Änderungen beim Verkaufsstellennetz identifiziert, die Einfluss auf Angebot und Nachfrage haben. Der zweite Bereich beinhaltet die Erstellung einer gemeinsamen Prognose und die Ableitung einer adäquaten Bestellpolitik. Der dritte Bereich erstreckt sich auf die Umsetzung der Bestellpolitik, der vierte auf die Analyse von Ergebnissen und Ausnahmen.

Das Konzept geht auf die Voluntary Interindustry Commerce Standard (VICS) Association zurück, die 1998 ein formales Prozessmodell veröffentlichte, in dem in neun Schritten die Zusammenarbeit zwischen einem Verkäufer und einem Käufer definiert wird (siehe z. B. VICS 2002). Die neun Schritte werden zu drei Phasen – Planning, Forecasting und Replenishment – zusammengefasst. In der Planungsphase, die die Schritte 1 und 2 umfasst, werden eine Kooperation vereinbart und ein gemeinsamer Geschäftsplan entwickelt. Die Prognosephase beinhaltet die Schritte 3 bis 8. Nachdem eine Nachfrageprognose erstellt worden ist (3), werden Ausnahmen identifiziert (4), ihre Ursachen geklärt und gemeinsam bearbeitet (5). Es folgt eine Bestellprognose (6), für die ebenfalls Ausnahmen identifiziert (7) und ihre Ursachen gemeinsam bearbeitet werden (8). Die daraus resultierende Bestellung bildet den Schritt 9 und zugleich die dritte Phase des Prozessmodells.

CPFR kann auf unterschiedliche Bereiche der Zusammenarbeit zwischen Industrie und Handel angewandt werden (vgl. Chopra/Meindl 2007, S. 520–521). Es kann sich auf die Bestellpolitik eines Zentrallagers, aber auch einer einzelnen Verkaufsstelle beziehen. Es kann sich auf bestimmte absatzpolitische Maßnahmen des Handels erstrecken, die die Nachfrage beeinflussen. Oder aber es unterstützt eine flexible Sortimentsplanung, insbesondere bei saisonalen Artikeln.

Zu den Vorteilen des Konzepts gehören eine Verbesserung der Warenpräsenz bei gleichzeitiger Reduktion der Bestände, Verkürzung der Lieferzeiten und Senkung der Produktionskosten. Zu den Nachteilen wird die Gefahr des Missbrauchs der übermittelten Daten gezählt. So ist in vielen Fällen davon auszugehen, dass ein Lieferant auch Lieferbeziehung zu einem Wettbewerber seines Handelspartners unterhält. Darüber hinaus sind entsprechende organisatorische und technologische Lösungen notwendig. Sie erfordern ihrerseits Investitionen, die noch weiter steigen können, weil Änderungen bei einem Partner Änderungen bei dem anderen nach sich ziehen. Analysen von Praxisprojekten zeigen, dass unterschiedliche Typen von CPFR Kooperationen existieren. Danese (2007) bedient sich der Kontingenztheorie, um die Unterschiede zu erklären. Ursächlich für die Entstehung unterschiedlicher Formen von CPFR sind unter anderem die Ziele von CPFR, die Merkmale von Produkten und Märkten, auf denen sie verkauft werden, die Struktur der Supply Chain und das Entwicklungsstadium von CPFR. Die Intensität der Zusammenarbeit kann mit Hilfe der Transaktionskostentheorie begründet werden (vgl. Skjoett-Larsen/Thernøe/Andresen 2003). Ebenso interessant ist die Frage nach Bedingungen, unter denen CPFR besonders vorteilhaft ist. Attaran und Attaran (2007) nennen in diesem Zusammenhang die Nachfrageschwankungen, die Regelmäßigkeit von Käufen und die Markierung bzw. Differenzierung von Produkten. Die Vorteile der gemeinsamen Prognose lassen sich auch mit formalen Modellen aufzeigen (vgl. z. B. Aviv 2001).

23.4.2.5 Cross Docking

Eine wichtige Aufgabe eines handelseigenen Distributionslagers (Zentrallager) besteht darin, als Umschlagspunkt für die Verteilung der von den Herstellern angelieferten Waren an die Verkaufsstellen zu dienen. Der aggregierte Bedarf aller Verkaufsstellen wird in der Regel zentral disponiert, im Zentrallager angeliefert, dort gelagert und anschließend von den einzelnen Verkaufsstellen in kleineren Mengen abgerufen. Das Zentrallager entkoppelt die vor- und nachgelagerten Prozesse in zeitlicher und mengenmäßiger Hinsicht, so dass sie unabhängig voneinander gestaltet werden können.

Die Idee des Cross Docking besteht darin, die Anlieferung von Waren in einem Distributionslager der Handelsunternehmung (Cross-Docking-Punkt) und die Auslieferung an die Verkaufsstellen zeitlich und mengenmäßig so zu koordinieren, dass eine Einlagerung und damit ein Vorhalten von Beständen im Distributionslager entfallen können. Zielsetzung ist folglich ein bestandsloser Warenumschlag bei gleichzeitig hoher Auslastung der Transportkapazitäten. Das Konzept kann außerdem dazu beitragen, die Warendurchlaufzeiten in der Supply Chain und den Platzbedarf im Lager zu verringern. Gleichzeitig werden Ein- und Auslagerungsprozesse vermieden, was die Handlingkosten im Lager reduziert. Die Handlingkosten in den Verkaufsstellen können gegenüber einer Direktbelieferung ebenfalls verringert werden, da sich die Zahl der Anlieferungen durch den Bündelungseffekt verringern dürfte.

Es ist üblich, zwischen zwei Varianten des Cross Docking zu differenzieren. Einstufiges Cross Docking bedeutet, dass die logistischen Einheiten unverändert über einen Cross-Docking-Punkt – meist ein Zentrallager oder Transitterminal des Handels – weitergeleitet werden. Das führt dazu, dass die für den Empfangspunkt bestimmten logistischen Einheiten bereits vom Lieferanten vorkommissioniert werden. In diesem Fall muss der Lieferant den spezifischen Bedarf der Verkaufsstelle kennen. Zweistufiges Cross Docking bedeutet, dass erst am Cross-Docking-Punkt eine outletspezifische Kommissionierung erfolgt. Dort entstehen folglich neue logistische Einheiten. In beiden Fällen wird eine Einlagerung der Waren vermieden.

Die Anwendbarkeit von Cross Docking hängt sehr stark von den Eigenschaften eines Produkts ab. So sind die Nachfrageschwankungen auf der einen und die Kosten einer out-of-stock-Situation auf der anderen Seite relevant für den Einsatz des Verfahrens (vgl. Apte/Viswanathan 2000, S. 297–298). Eine gleichmäßige Nachfrage und geringe Kosten einer Bestandslücke bilden die besten Voraussetzungen für die Anwendung des Konzepts. Es ist folglich davon auszugehen, dass Cross Docking nicht grundsätzlich bei allen Produkten eines Lieferanten angewendet werden kann, sondern, dass differenziert werden muss. Im Ergebnis werden mit dem gleichen Lieferanten unterschiedliche Formen der Anlieferung vereinbart. Die Anwendung von Cross Docking kann vor allem dann sinnvoll sein, wenn die Lagerung von Waren mit hohen Kosten verbunden ist oder die Waren besonders kurzlebig sind. Da Cross Docking besondere Anforderungen an die Form und räumliche Aufteilung des Lagers in Funktionszonen stellt, werden in der Literatur auch Optimierungsüberlegungen hinsichtlich dieser beiden Aspekte angestellt (vgl. z. B. Bartholdi/Gue 2004; Berthold/Günther/Spiekermann 2005).

23.4.3 Technologische Voraussetzungen

Der Erfolg der im letzten Abschnitt vorgestellten Kooperationskonzepte hängt von einer Reihe von Voraussetzungen ab. Eine besondere Bedeutung kommt dabei den technischen Möglichkeiten der Datenerfassung und des Datenaustauschs zu. Darauf wird in Abschnitt 23.4.3.1 eingegangen. Alle Konzepte basieren darauf, dass Informationen schnell und zuverlässig erfasst und zwischen den beteiligten Parteien ausgetauscht werden. Sie müssen für alle Beteiligten lesbar und interpretierbar sein. Eine wesentliche Voraussetzung dafür stellt die Standardisierung der Informationsform und -inhalte dar. Sie sollen in Abschnitt 23.4.3.2 überblicksartig vorgestellt werden. Neben den Erfordernissen einer Standardisierung des Informationsflusses gibt es auch bezüglich des Warenflusses Standardisierungsbemühungen, die die wirtschaftsstufenübergreifende Optimierung erleichtern sollen. Sie betreffen vor allem Transporthilfsmittel und Transportverpackungen. Sie werden in Abschnitt 23.4.3.3 vorgestellt. Eine besondere Bedeutung kommt im Rahmen der Identifikation der RFID-Technologie zu, die deshalb gesondert in Abschnitt 23.4.3.4 dargestellt werden soll.

23.4.3.1 Informations- und Kommunikationstechnologien

Im Bereich der Logistik und des Supply Chain Managements werden zahlreiche Informations- und Kommunikationssysteme eingesetzt. Ziel ist es, mit ihrer Hilfe die Datenerfassung und den Informationsaustausch effizient zu gestalten. Eine wichtige Rolle bei der Optimierung der Logistik spielt die automatische Erfassung der Warenzugänge und -abgänge. Diese erfolgt an verschiedenen Stellen der Supply Chain und wird meist mittels der Scanning-Technologie vorgenommen. Zum einen werden Verkaufsvorgänge am Point of Sale (mit Hilfe von Scannerkassen), zum anderen Warenbewegungen in und zwischen den Lägern erfasst. Die Abverkaufsdaten bilden die Grundlage für die Steuerung der Bestell- und Bestandspolitik einer Handelsunternehmung (siehe Kapitel 24). Mobile Datenerfassungsgeräte werden sowohl in den Verkaufsstellen als auch in Lägern eingesetzt, um Warenbestellungen, Wareneingänge, Kommissioniervorgänge oder Inventuren durchzuführen. Der Vorteil der mobilen Datenerfassung (MDE) besteht darin, dass die Daten sofort verfügbar sind und von entsprechenden Entscheidungssystemen genutzt werden können. Eine solche Form der Datenerfassung reduziert die Fehlerquote, erhöht die Datenqualität und trägt zu einer Beschleunigung der auf die Datenerfassung folgenden Prozesse bei.

Die Lagerabläufe können durch Lagerverwaltungssysteme optimiert werden. Sie sind ebenfalls geeignet, die erforderlichen Prozesse zu beschleunigen und Fehler zu reduzieren. Darüber hinaus können sie die Lagerbestände reduzieren. Auf der Grundlage der lückenlosen Erfassung von Warenbeständen und -bewegungen lassen sich IT-gestützte Prognose- und Dispositionssysteme einsetzen. Letztere zeichnen sich zunehmend dadurch aus, dass sie automatisch – durch entsprechende Parameter gesteuert – Bestellentscheidungen auslösen (vgl. Toporowski/Herrmann 2003).

Eine wichtige Basis für die Optimierung der Logistik bilden Datenbanken, in denen die entscheidungsrelevanten Informationen gespeichert werden. Unter dem Begriff Data Warehouse hat sich eine spezielle Form von Datenbanken etabliert, die sich zum einen durch eine Integration der gesamten Unternehmensdaten auszeichnet, was übergreifende Analysen und eine ganzheitliche Sicht auf das Unternehmen ermöglicht. Zum anderen ermöglicht das Konzept eine Separation der Daten für unterschiedliche Aufgaben, so z. B. für die Berichterstattung, Entscheidungsunterstützung oder Kontrolle.

Neben den genannten Softwarelösungen werden, insbesondere in den Lägern, zahlreiche Maschinen und Geräte genutzt, um die Kommunikationsprozesse zu unterstützen. Hierzu zählen u. a. Etikettiermaschinen, Kommissioniersysteme, Barcodescanner, Datenfunkanlagen oder MDE-Geräte (vgl. Connolly 2008).

Die genannten Technologien werden häufig an Schnittstellen zwischen verschiedenen Teilbereichen der Supply Chain eingesetzt. Ihre effiziente Überwindung hängt maßgeblich davon ab, inwieweit Branchenstandards entwickelt und etabliert worden sind. Auf diese soll im Folgenden eingegangen werden.

23.4.3.2 Standards für den Informationsfluss

Der für die Optimierung des Warenflusses erforderliche Informationsaustausch wird wesentlich erleichtert, wenn die Datenerfassung und der Datenfluss standardisiert erfolgen. Es haben sich deshalb in mehreren Bereichen Standards herausgebildet. So kann zwischen Standards für die Identifikation von Objekten, z. B. Waren oder Betrieben, für die Kommunikation innerhalb eines Unternehmens und zwischen Unternehmungen sowie für die Speicherung von Daten differenziert werden.

Identifikationsstandards

Identifikationssysteme dienen dazu, ein Objekt an jedem Punkt der Supply Chain eindeutig erkennbar zu machen. Die wichtigsten Objekte, die in der Supply Chain transferiert werden, sind die Waren. International haben sich unterschiedliche Identifikationssysteme entwickelt. Sie werden zunehmend integriert. So sind die Europäische Artikelnummer (EAN) und der Universal Product Code (UPC) unter dem Namen Global Trade Item Number (GTIN) zusammengeführt worden. Die Internationale Lokationsnummer (ILN), auch als Global Location Number (GLN) bezeichnet, dient der Identifikation von Unternehmen bzw. Betrieben. Neben einzelnen Objekten wie Produkten oder Betriebsstätten werden auch zusammengesetzte Einheiten, z. B. Transportgebinde wie Paletten, Kartons oder Pakete, mit einer Identifikationsnummer – Nummer der Versandeinheit (NVE) – versehen.

Die EAN besteht aus 13 (EAN-13) oder 8 (EAN-8) numerischen Zeichen. Der Code ist so strukturiert, dass die ersten beiden Ziffern das Herstellerland, die nächsten fünf den Hersteller und die folgenden fünf die Artikelnummer des Herstellers beinhalten. Die letzte Ziffer dient als Prüfziffer. Meist wird die EAN in Form eines Strich- und Zahlencodes direkt auf dem Produkt bzw. der Verpackung angebracht. Für die Kennzeichnung von logistischen Einheiten wie z. B. Bestell- oder Transporteinheiten, wird die EAN-128, eine Erweiterung der üblichen EAN, benutzt. Auch die ILN kann mit Hilfe des EAN-128 Strichcodes dargestellt werden. Neben Strichcodes wird für die Kennzeichnung zunehmend die RFID-Technologie verwendet, auf die in Abschnitt 23.4.3.4 eingegangen wird.

Kommunikationsstandards

Für die elektronische Übermittlung von Daten, für die sich der Begriff Electronic Data Interchange (EDI) etabliert hat, sind ebenfalls Standards entwickelt worden. Sie beziehen sich auf Nachrichtenarten, die zwischen den Partnern in der Supply Chain ausgetauscht werden. Den wichtigsten Standard stellt Electronic Data Interchange for Administration, Commerce and Transport (EDIFACT) dar. Für einzelne Branchen sind branchenspezifische EDIFACT-Subsets entwickelt worden. EANCOM ist beispielsweise das EDIFACT-Subset der Konsumgüterbranche. Es umfasst unterschiedliche Nachrichtenarten, wie zum Beispiel Bestellung, Rechnung oder Zahlungsavis. Insgesamt wird zwischen ca. 200 Nachrichtenarten differenziert. Um auch kleineren und mittleren Unternehmungen den Zugang zu dieser Form der Standardisierung zu erleichtern, ist in den letzten Jahren eine webbasierte und damit kostengünstigere Variante von EDI entstanden. In Deutschland wird die Entwicklung von Standards von GS1 Germany betrieben. Das Unternehmen ist aus der Centrale für Coorganisation (CCG) hervorgegangen und gehört heute zu einem Netz von mehr als 100 Länderorganisationen, die unter dem Dach GS1 Global weltweit tätig sind.

Standards für die Speicherung von Daten

Eine wichtige Voraussetzung für die Kommunikation in der Supply Chain ist nicht nur die Festlegung von Standards, sondern auch die Verfügbarkeit von Daten, die nach solchen Standards gebildet werden. Die Verfügbarkeit wird durch entsprechende Datenpools sichergestellt. Zu den wichtigsten Daten, die an verschiedenen Stellen des Distributionskanals benötigt werden, gehören Informationen über Produkte. Es handelt sich dabei um sog. Artikel-Stammdaten, die z. B. die EAN, aber auch weitere Angaben über den Artikel, z. B. Abmessungen, Gewicht, Preis oder Verfallsdatum, beinhalten. Damit die Daten allen beteiligten Unternehmen zur Verfügung stehen und nicht bilateral ausgetauscht werden müssen, werden sie zentral in einem Stammdatenpool vorgehalten. Zu den bekanntesten und wichtigsten Artikel-Stammdatenpools gehört der SINFOS-Stammdatenpool (vgl. Glavanovits/Kotzab 2002).

Wie bereits im letzten Abschnitt dargestellt, ist der effiziente Informationsaustausch zwischen den beteiligten Unternehmen eine zentrale Voraussetzung für die Umsetzung der kooperativen Managementkonzepte in der Supply Chain. Um den Informationsaustausch zu erleichtern, werden Standards für die Erfassung, Übermittlung und die Speicherung von Daten entwickelt. Neben technischen Herausforderungen, die mit der Einführung und Nutzung von Standards verbunden sind, sind dabei Probleme zu lösen, die aus dem Verhalten der beteiligten Wirtschaftssubjekte resultieren. Eine Ursache dafür ist darin zu sehen, dass die Nutzung der beschriebenen Standards mit Investitionen in IT-Strukturen und -Prozesse verbunden ist. Daraus resultieren Hard- und Software-, aber auch Organisations- und Personalkosten. Vorhandene Strukturen und Abläufe müssen im Regelfall angepasst oder durch neue ersetzt werden. Von den beteiligten Partnern wird deshalb die Frage aufgeworfen, wer diese Kosten tragen soll. Es ist zu vermuten, dass die Antwort auf die Frage, davon abhängig ist, welche Erwartungen die beteiligten Unternehmungen hinsichtlich des Nutzens der Standardisierung haben. Es besteht die Gefahr, dass der Nutzen unterschiedlich eingeschätzt wird und dass er sich ungleichmäßig zwischen den Partnern aufteilt. Daraus können Konflikte folgen, die sich noch weiter verstärken, wenn zwischen den beteiligten Unternehmen ein Machtungleichgewicht herrscht und eine der Parteien Druck auf die anderen ausüben kann (vgl. z. B. Hart/Saunders 1997).

Der Einsatz von Standards kann als Mittel interpretiert werden, die Transaktionskosten zwischen Herstellern, Händlern und Dienstleistern zu reduzieren. Bilaterale technische Lösungen für den Austausch von Daten haben den Nachteil, dass sie spezifisch für diese Beziehung sind und nicht anderweitig genutzt werden können. Es besteht folglich die Gefahr, dass Investitionen wertlos werden, wenn die Geschäftsbeziehung beendet wird. Allein die Androhung einer der Parteien, die Beziehung zu beenden, kann, insbesondere bei asymmetrischer Machtverteilung, als opportunistisches Verhalten gedeutet werden. Die Errichtung von Branchenstandards reduziert das Entwertungsrisiko der eigenen Investitionen.

23.4.3.3 Standards für den Warenfluss

Nicht nur der Informationsaustausch, sondern auch der Warenfluss wird von Standards positiv beeinflusst. Sie beziehen sich vor allem auf Transporthilfsmittel und Verpackungen. So wurden Transportpaletten genormt, so dass sie im Rahmen von Tauschsystemen eingesetzt werden können. Auch Container weisen häufig standardisierte Abmessungen auf, was den intermodalen Verkehr (Einsatz verschiedener Verkehrsträger) erleichtert. Auch bei kleineren Verpackungseinheiten (z. B. Schachteln) sind Standardisierungsbemühungen von Verpackungsherstellern und ihren Verbänden (z. B. FEFCO oder ESBO) erkennbar. Unter dem Begriff Efficient Unit Loads (EUL) werden in Abstimmung zwischen Industrie, Handel und Dienstleistern Standards für Transport- und Ladeeinheiten entwickelt. Die Entwicklung von Efficient Unit Loads bezieht sich sowohl auf Einwegtransportverpackungen (ETV) als auch auf Mehrwegtransportverpackungen (MTV). An Einwegtransportverpackungen wird vom Handel eine Reihe von Anforderungen gestellt, die sich nicht nur auf den Transportprozess, sondern auch auf die Arbeitsprozesse der Warenverräumung und Regalbestückung in den Verkaufsräumen beziehen. Zu den funktionalen Anforderungen zählen die Eigenschaften „leicht zu identifizieren", „leicht zu öffnen", „leicht zu entsorgen", „leicht ins Verkaufsregal zu packen", „leicht zu kaufen" (vgl. ECR Europe/GS1 Germany GmbH 2007). Sie werden unter dem Begriff shelf ready packaging (SRP) zusammengefasst. Auf der Grundlage dieser Anforderungen sind ETV-Empfehlungen erarbeitet worden, die sich in fünf Grundtypen von Verpackungen niedergeschlagen (vgl. EHI Retail Institute 2008b). Diese sollen sowohl das Handling in den Verkaufsstellen und im Lager als auch die Präsentation der Waren erleichtern. Im Bereich der MTV sorgen standardisierte Abmessungen dafür, dass Flächen auf Paletten im Rahmen von Lager- und Transportprozessen optimal genutzt werden. Auch in diesem Bereich ist GS1 Germany für den Abstimmungsprozess verantwortlich. Auf der Basis eines Grundmaßes von 600 x 400 mm (Modulordnung ISO 3394) werden Multimodule und Untermaße definiert, die eine effiziente Zusammenfassung von Einzelprodukten und Versandeinheiten zu logistischen Einheiten erlauben. In der Getränkebranche ist aufgrund der von den Getränkeabfüllern genutzten Vielfalt von Flaschen und Kisten eine Klassifizierung erforderlich, bei der vor allem auf die Kriterien Pfandbetrag und Stapelbarkeit zurückgegriffen wird. In vielen Bereichen des Lebensmitteleinzelhandels werden genormte Mehrwegtransportverpackungen von Systemdienstleistern (z. B. IFCO SYSTEMS, Interseroh oder Euro Pool System) in Form eines Poolsystems angeboten. Von großer Bedeutung für die Effizienz solcher Systeme sind die Zentralisierung der Steuerung, die Standardisierung der Softwarelösungen und eine verursachergerechte Verrechnung der Kosten (vgl. zu den Erfahrungen der Migros in der Schweiz Knolmayer/Dedopoulos 2006).

Ebenso wie die Standards für den Informationsfluss, haben auch Standards, die den Warenfluss betreffen, das Potenzial, die Kosten der Supply Chain zu senken. Auch hierbei ist die Frage zu klären, von wem die Standardisierung forciert wird und wem sie besonders nützt.

23.4.3.4 RFID

Der Begriff Radio Frequency Identification (RFID) steht für eine Technologie, die mit Hilfe von elektromagnetischen Wellen eine automatische Identifizierung und Lokalisierung von Gegenständen oder Lebewesen ermöglicht. Zu den charakteristischen Merkmalen aller RFID-Systeme gehört die elektronische Identifikation, d. h. die eindeutige Kennzeichnung eines Objektes durch elektronisch gespeicherte Daten, die kontaktlose Übertragung der Daten und das Senden von Daten auf Abruf. Ein RFID-System besteht aus einem Transponder und einem Lesegerät. Der Transponder – auch Tag genannt – enthält einen Mikrochip auf dem Daten, insbesondere eine Kennung, gespeichert werden können, und eine integrierte Antenne. Die Daten werden an das Lesegerät übertragen, sobald sich der Transponder in der Reichweite des Lesegerätes befindet. Bei sog. passiven Tags versorgt das Lesegerät den Transponder mit Energie, die für die Datenübertragung benötigt wird. Es gibt eine große Zahl unterschiedlicher technischer Varianten von RFID-Systemen, die sich unter anderem hinsichtlich der Übertragungsfrequenz, der Energieversorgung, der Reichweite, der Speicherkapazität und der Beschreibbarkeit unterscheiden können (vgl. Finkenzeller 2008). Für logistische Zwecke ist heute vor allem die Kennzeichnung von Transportverpackungen (Container, Paletten, Kartons) bedeutend. Es wird allerdings zunehmend auch die Kennzeichnung einzelner Artikel zumindest geprüft oder getestet. Zu den Vorreitern eines flächendeckenden Einsatzes von RFID-Tags auf seinen Produkten gehört das Textilunternehmen Gerry Weber, das seit Januar 2011 alle seine Kleidungsstücke mit einem RFID-Etikett versieht.

Zu den zentralen technischen Vorteilen der RFID-Tags gegenüber Strichcodes gehören das größere Datenvolumen, das gespeichert werden kann, die Möglichkeit, Daten zu aktualisieren, zu ergänzen oder zu verändern, und das einfachere Handling. Letzteres resultiert daraus, dass für die Datenübertragung kein Sichtkontakt erforderlich ist, die Identifikation schneller erfolgt und weniger fehleranfällig ist. Aus den technischen Vorteilen lässt sich eine Reihe ökonomischer Vorteile generieren. Dabei ersetzen die RFID-Tags nicht die Funktionalität von Strichcodes, sondern erweitern sie im Regelfall. Bei der Diskussion der Vorteile werden vor allem folgende Aspekte genannt (vgl. z. B. Levy/Weitz 2009, S. 301; Angeles 2005; Jones/Clarke-Hill/Shears et al. 2004; CCG 2003):

- Durch den geringeren Aufwand bei der Identifizierung von Paletten, Kisten, Kartons oder einzelnen Artikeln im Rahmen von Transport-, Lager- und Kommissionierprozessen lassen sich Arbeitskosten im Logistikbereich sparen.
- Durch den geringeren Aufwand bei der Identifizierung von Artikeln lassen sich Arbeitskosten in den Verkaufsstellen reduzieren. Inventuren und manuelle Bestellprozesse lassen sich weitestgehend vermeiden, Kassierzeiten lassen sich reduzieren, so dass die Effizienz des Kassenpersonals gesteigert werden kann. Eine Automatisierung des Check-out-Vorgangs kann einen weitgehenden Verzicht auf das Kassenpersonal nach sich ziehen. Die leichtere Identifizierbarkeit von Produkten kann zudem das Handling beim Umtausch und bei Reklamationen vereinfachen.
- Die erhöhte Verfügbarkeit und Genauigkeit von Warenbestandsdaten infolge der automatischen Erfassung mittels RFID-Tag schaffen Voraussetzungen für eine bessere Prognose und Bestellpolitik. Auf diese Weise lassen sich die Warenbestandskosten reduzieren. Zugleich lassen sich die Bestandlücken (out-of-stock) verringern, wovon ein positiver Effekt auf den Umsatz ausgehen kann.
- Die Anbringung eines RFID-Tags reduziert das Diebstahlrisiko. Dadurch, dass die Bewegungen der Ware durch die Supply Chain automatisch verfolgt werden können, lassen sich sowohl die Diebstahlgefahr während der Lager- und Transportprozesse als auch die Ladendiebstähle verringern.
- Bei Frischeprodukten lässt sich das Mindesthaltbarkeits- bzw. Verfallsdatum leichter kontrollieren, so dass der Anteil von Abschriften oder unverkäuflichen Waren reduziert werden kann (vgl. Kärkkäinen 2003).
- Die RFID-Tags können dazu benutzt werden, die Echtheit von Produkten zu gewährleisten. So lässt sich die Produktpiraterie, die sowohl Hersteller als auch Endverbraucher schädigt, verhindern oder zumindest eindämmen.
- Das erhöhte Speichervolumen kann dazu dienen, dem Endverbraucher zusätzliche Informationen zur Verfügung zu stellen. Sie können Zusatz- oder Verbundkäufe forcieren und somit den Umsatz des Händlers erhöhen.

Die genannten Vorteile können als Hypothesen interpretiert werden, deren Gültigkeit empirisch überprüft werden muss. Hierzu gibt es zahlreiche Studien (vgl. zu einem Überblick z. B. Hingley/Taylor/Ellis 2007).

Zu den bedeutendsten Hindernissen bei der Einführung von RFID gehören die verhältnismäßig hohen Kosten, die mangelnde Standardisierung (vgl. Loebbecke/Huyskens 2008), die ungelösten technischen Probleme sowie die zum Teil zögerliche Akzeptanz dieser Technologie beim Endverbraucher. Die hohen Kosten lassen gegenwärtig den Einsatz auf Artikelebene nur in Ausnahmefällen wirtschaftlich erscheinen. Die Akzeptanzprobleme können nur bedingt durch technische Lösungen (vgl. Berthold/Günther/Spiekermann 2005) beseitigt werden.

Von zentraler Bedeutung ist die Frage nach dem ökonomischen Erfolg der Einführung und Nutzung von RFID sowie nach den Bestimmungsfaktoren des Erfolgs (vgl. White/Johnson/Wilson 2008).

23.5 Zusammenfassung

Die Gestaltung von Waren- und Informationsströmen innerhalb und zwischen Unternehmungen hat in den letzten Jahrzehnten kontinuierlich an Bedeutung gewonnen. Ursprünglich unter dem Begriff Logistik, zunehmend unter der Bezeichnung Supply Chain Management werden zahlreiche Aufgaben analysiert, deren grundsätzliches Ziel darin besteht, potenzielle und tatsächliche Kunden mit Waren zu versorgen. Beide Konzepte sind nicht identisch, sondern lassen sich hinsichtlich mehrerer Merkmale voneinander abgrenzen. Diese Merkmale und ihre Ausprägungen wurden im ersten Abschnitt des vorliegenden Kapitels analysiert. Fasst man die Ergebnisse zusammen, so ist festzustellen, dass das Supply Chain Management insbesondere den wirtschaftsstufen- und funktionenübergreifenden Charakter des Ansatzes unterstreicht. Die Ausweitung der Perspektive auf die gesamte Kette von den Zulieferern bis zu den Endverbrauchern hat zur Folge, dass der Koordination über die Grenzen eines einzelnen Unternehmens hinweg ein hoher Stellenwert beigemessen wird. Ebenso bedeutend ist die Abstimmung zwischen verschiedenen Unternehmens- bzw. Funktionsbereichen. Dem Supply Chain Management wird bescheinigt, dass es in der Lage ist, Wettbewerbsvorteile zu generieren, und daher von strategischer Bedeutung für die beteiligten Unternehmen ist. Nach der begrifflichen Abgrenzung wurden unter Zugrundelegung der Struktur des entscheidungsorientierten Ansatzes die Supply Chain Probleme eines Handelsunternehmens untersucht. Dabei wurde auch auf die Besonderheiten der Handelslogistik eingegangen. Zum einen ist festzustellen, dass die Position des Handels an der Schnittstelle zum Endverbraucher besondere Konsequenzen nach sich zieht. So ist z. B. hinsichtlich der Definition der Logistikleistungen zu berücksichtigen, dass für den Konsumenten die Warenpräsenz von zentraler Bedeutung ist. Zum anderen wird deutlich, dass sich logistische Entscheidungen im Handel einerseits auf die Verkaufsstelle, andererseits auf das Handelslager beziehen und dass beide Bereiche deutliche Unterschiede aufweisen. Die wirtschaftsstufenübergreifende Perspektive des Supply Chain Managements hat das Entstehen zahlreicher Managementkonzepte bewirkt, in deren Mittelpunkt die Kooperation zwischen Herstellern,

Händlern und Dienstleistern steht. Hierzu gehören insbesondere Efficient Consumer Response (ECR), Vendor Managed Inventory (VMI), Quick Response, Collaborative Planning, Forecasting, and Replenishment (CPFR) und Cross Docking. Sie wurden dargestellt und hinsichtlich ihrer theoretischen Fundierung analysiert. Schließlich wurde im letzten Abschnitt geprüft, inwieweit technologische Entwicklungen die Optimierung der Supply Chain unterstützen und fördern. Dabei wird neben den Informations- und Kommunikationstechnologien vor allem der Entwicklung von Standards für den Informations- und den Warenfluss eine große Bedeutung beigemessen.

24 Modelle zur Optimierung der Lagerstruktur und der Bestell- und Bestandspolitik

Die Darstellung der Grundlagen der Logistik und des Supply Chain Managements sowie der Überblick über die kooperativen Managementkonzepte im letzten Kapitel haben deutlich gemacht, dass für die Ausgestaltung der Waren- und Informationsströme geeignete Methoden und Instrumente benötigt werden. In den folgenden Abschnitten soll auf zentrale Entscheidungsbereiche der Logistik eingegangen werden. Dabei wird aufgezeigt, welche quantitativen Ansätze geeignet sind, die Entscheidungsfindung zu unterstützen. Gegenstand des Abschnitts 24.1 ist die Optimierung der Lagerstruktur. Der Abschnitt 24.2 beschäftigt sich mit Instrumenten, die der Optimierung der Bestände und der Bestellpolitik dienen. Dabei wird zum einen auf Prognosemethoden (Abschnitt 24.2.1), zum anderen auf Verfahren der Bestellmengenoptimierung (Abschnitt 24.2.2) eingegangen.

24.1 Optimierung der Lagerstruktur

Charakteristisch für das heutige Erscheinungsbild des Handels ist seine zunehmende Filialisierung. Das bedeutet, dass Handelsunternehmungen meist vor der Aufgabe stehen, ein weites Netz von Verkaufsstellen effizient mit Waren zu versorgen. Gleiches gilt für genossenschaftlich organisierte Händler, die als Mitglieder von Verbundgruppen der Verbundzentrale häufig die Aufgabe der Warenversorgung übertragen. Eine Handelsorganisation hat folglich zu entscheiden, auf welchem Wege die Belieferung erfolgen und von wem sie durchgeführt werden soll. So ist es einerseits denkbar, dass die Verkaufsstellen direkt von den Lieferanten beliefert werden. Andererseits können auch ein handelseigenes Lager in Form eines Zentrallagers bzw. eines Warenverteilzentrums oder aber ein mehrstufiges Lagersystem betrieben werden. Zugleich mit Lagerstrukturentscheidungen sind Standortentscheidungen zu treffen. Bevor im Folgenden auf einzelne Entscheidungen eingegangen wird, soll im nächsten Abschnitt ein kompakter Überblick über Ziele, Rahmenbedingungen und Entscheidungsfelder der Lagerstruktur gegeben werden.

24.1.1 Ziele, Rahmenbedingungen und Entscheidungsoptionen der Lagerstruktur

In Kapitel 23 wurden bereits die Entscheidungsparameter eines Logistiksystems vorgestellt und erläutert. Bezüglich der Lagerstruktur wurde dabei zwischen drei Aspekten differenziert – der Zahl der Lagerstufen, der Zahl und den Standorten auf jeder Stufe sowie der Zuordnung der Läger zu den Liefer- und Empfangspunkten. Die Entscheidungen hinsichtlich der Lagerstruktur weisen, wie im Folgenden noch deutlich werden wird, in hohem Maße Wechselwirkungen zu Entscheidungen im

Bereich des Transports auf. Sie werden meist mit Unterstützung mathematischer Modelle getroffen. Formal besteht die Zielsetzung der meisten Modelle darin, die kostenminimale Lösung zu bestimmen. Andererseits werden von Standortentscheidungen nicht nur Kosten, sondern auch Leistungen beeinflusst. Zwischen beiden besteht im Regelfall eine Trade-off-Beziehung, so dass es üblich ist, die angestrebte Leistung, z. B. in Form eines bestimmten Servicegrads, vorzugeben und unter dieser Nebenbedingung die Kosten zu minimieren. Mit der Operationalisierung des Servicegrads sind einige Probleme verbunden. So ist bei der großen Zahl der von einem Lagersystem zu liefernden Waren zu überlegen, ob der Servicegrad für einzelne Artikel festgelegt werden soll oder ob eine aggregierte Servicegröße benutzt werden kann. Die Kosten bestehen zum einen aus Kosten für das Errichten und Betreiben des Lagersystems, die wegen unterschiedlicher Grundstückskosten, Personalkosten sowie Abgaben und Steuern von Standort zu Standort variieren können. Zum anderen verursachen verschiedene Lagerstrukturen unterschiedlich hohe Bestandskosten. Des Weiteren sind Transportkosten zu berücksichtigen, die vor allem von den Entfernungen zu den Verkaufsstellen und den zu transportierenden Mengen bestimmt werden. Hier wird deutlich, dass zwischen den Standort- und Transportentscheidungen Wechselbeziehungen bestehen. Im Folgenden wird darauf verzichtet, Verfahren zur Lösung von Transportproblemen zu diskutieren. Ein umfassender Überblick über solche Verfahren findet sich beispielsweise bei Domschke (2007) und bei Domschke/ Scholl (2010). Formal schlagen sich die Abhängigkeiten zwischen beiden Bereichen in den Transportkostensätzen der Standortoptimierungsmodelle nieder, die von der Wahl der Transportmittel und der Gestaltung der Transportprozesse abhängig sind. Inhaltlich werden die Abhängigkeiten erkennbar, wenn man berücksichtigt, dass sich die Wahl der Lagerstruktur auf die Möglichkeiten der Bündelung von Warenströmen auswirkt, woraus Kostendegressionseffekte resultieren. Hat die Handelsunternehmung die Transportkosten vom Hersteller zum Zentrallager oder den Regionallägern des Händlers zu tragen, sind auch diese in die Überlegungen zu der Standortplanung einzubeziehen. In die zu minimierende Zielfunktion gehen also die Transportkosten von den Lieferanten zu den Handelslägern, die Transportkosten von den Handelslägern zu den Verkaufsstellen und die ortsabhängigen Kosten für das Errichten und Betreiben der Handelsläger ein.

Bei der Bestimmung der optimalen Standorte sind zahlreiche Nebenbedingungen zu berücksichtigen. Hierzu zählen die Verfügbarkeit relevanter Ressourcen (z. B. Grundstücke, qualifizierte Mitarbeiter), eine geeignete Infrastruktur (z. B. Anbindung an das Straßen- oder Schienennetz) und rechtliche Rahmenbedingungen (z. B. Umweltschutz- und Lärmschutzbestimmungen, Arbeitszeitregelungen).

Die optimalen Standorte können ermittelt werden, indem die Kosten für diskrete, vorgegebene Standorte bestimmt und miteinander verglichen werden. Sie können aber auch, wenn beliebige Orte als Lösung zulässig sind, durch die Optimierung von Standortkoordinaten gefunden werden (vgl. Tempelmeier 1983, S. 29–113). Im Regelfall wird dabei von folgenden Annahmen ausgegangen:

- Die Nachfrage der einzelnen Verkaufsstellen ist bekannt,
- die Verkaufsstellenstruktur ist gegeben und somit nicht Gegenstand der Optimierung,
- die Transportkosten sind proportional zur Entfernung und zum Gewicht der Güter und
- das Zielkriterium besteht ausschließlich aus Kosten für das Errichten und Betreiben der Läger sowie den Transportkosten.

Jede dieser Annahmen muss hinsichtlich ihrer Realitätsnähe geprüft werden. Die meisten Handelsunternehmen betreiben eine aktive Standortentwicklung, so dass von einem ständigen Wechsel im Bereich der Verkaufsstellen auszugehen ist. Dabei muss nicht nur an die Ausdehnung des Absatzgebiets vieler Unternehmen gedacht werden, sondern auch an Fusionen von Gesellschaften, Neueröffnungen und die Schließung unrentabler Verkaufsstellen, die zu Änderungen im Verkaufsstellennetz führen. Die zunächst sehr plausibel erscheinende Annahme, dass die Transportkosten mengen- und entfernungsabhängig seien, muss dann nicht zutreffen, wenn die Einzellieferung von einer Tourenlieferung abgelöst wird. Schließlich können neben Kostengesichtspunkten auch andere Größen, wie insbesondere die Lieferschnelligkeit, ausschlaggebend für die Wahl eines Standorts sein.

Die formalen Modelle der Standortoptimierung thematisieren zwar nicht explizit die Frage, von wem die Lager- und Transportaufgaben durchgeführt werden, dennoch darf im Zusammenhang mit der Lagerstrukturentscheidung diese Frage nicht unberücksichtigt bleiben. Zum einen ist davon auszugehen, dass sich die angesprochenen Rahmenbedingungen, z. B. die Verfügbarkeit entsprechender Ressourcen, bei den in Frage kommenden Wirtschaftssubjekten (Hersteller, Händler, Logistikdienstleister) unterscheiden. Zum anderen können die Kostenparameter zwischen ihnen variieren, da sie über unterschiedliche Möglichkeiten verfügen, Warenströme zu bündeln und entsprechende technologische Lösungen einzusetzen. Der Frage nach dem Träger der Logistikaufgaben kommt allerdings nicht nur eine operative Bedeutung zu. Es kann sich dabei auch um eine strategische Entscheidung handeln, insbesondere dann, wenn die Entscheidung dazu geeignet ist, langfristig Kosten- oder Leistungsvorteile gegenüber den Wettbewerbern zu generieren.

24.1.2 Zentral- und/oder Regionallagerstruktur

Bei der Entscheidung für eine Lagerstruktur mit einem Zentrallager ist ein einziger Standort zu bestimmen. Einfache Modelle formulieren ein Optimierungsproblem, bei dem als Zielfunktion lediglich die mit den Nachfragemengen der Verkaufsstellen gewichteten Entfernungen zwischen dem Zentrallager und den Verkaufsstellen minimiert werden (vgl. Thonemann 2010, S. 95):

(24.1) $$\min_{x,y} Z(x,y) = \min_{x,y} \sum_{j=1}^{J} w_j d_j (x,y)$$

mit:

(x, y) = Koordinaten des gesuchten Lagerstandorts

d_j = Entfernung zwischen Zentrallager und Verkaufsstelle j (j = 1,…, J)

w_j = Nachfragemenge der Verkaufsstelle j (j = 1,…, J)

Wird das Zentrallager durch Regionalläger ergänzt oder durch ein System von Regionallägern ersetzt, verkürzen sich die zu überbrückenden Entfernungen zwischen den Auslieferungslägern und den Verkaufsstellen. Mit einer wachsenden Anzahl von Lägern in einem Lagersystem sinken die Transportkosten zwischen den Lägern und den Verkaufsstellen, es steigen aber die Kosten der

Bewirtschaftung der Läger (Lagerkosten), die Lagerbestände und damit die Bestandskosten. Abbildung 24.1 veranschaulicht die grundsätzliche Wirkung, die von einer wachsenden Anzahl von Auslieferungslägern auf die unterschiedlichen Kostenarten ausgeht. Sie macht zugleich deutlich, dass wegen der zum Teil entgegengesetzten Wirkungsrichtung zu erwarten ist, dass bezüglich der Gesamtkosten eine optimale Anzahl von Lägern existiert. Hinsichtlich der Wirkung auf die Transportkosten ist zu beachten, dass der Verlauf auch davon abhängig sein dürfte, ob vom Handel die Kosten der Belieferung der Regionalläger zu tragen sind.

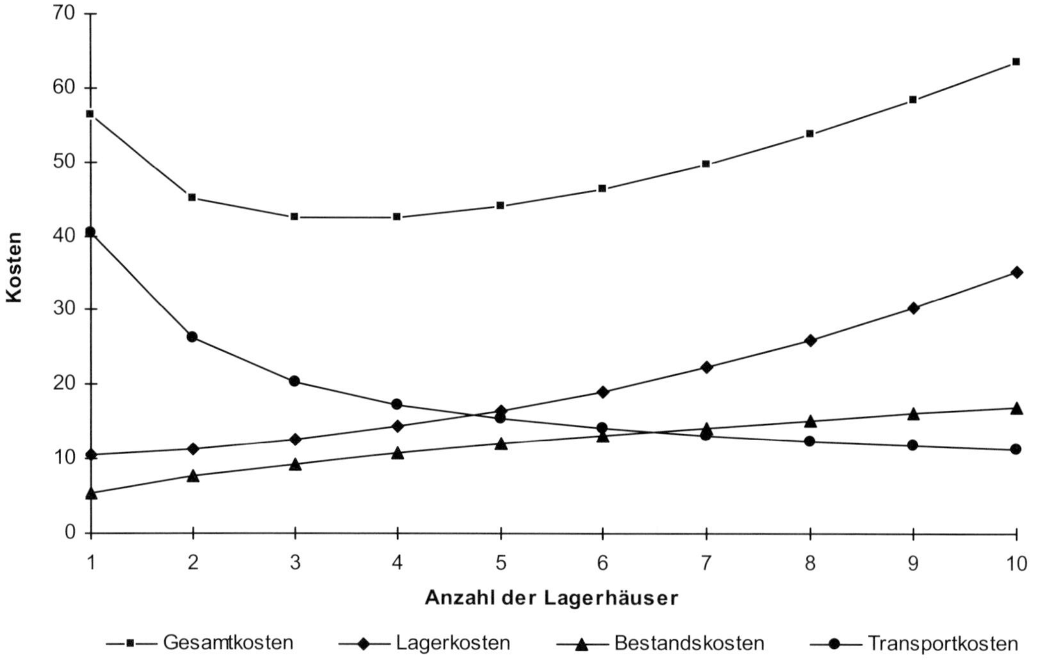

Quelle: Toporowski 1996b, S. 104

Abb. 24.1: Die Wirkung einer alternativen Zahl von Auslieferungslägern auf die Höhe der Logistikkosten

Die Frage, inwieweit in einer Filial- oder Verbundorganisation die Lagerhaltung zentralisiert werden soll, wird durch eine Vielzahl von Gesichtspunkten bestimmt, die in Abbildung 24.2 zusammengefasst worden sind (vgl. dazu auch Liebmann 1991). Zunächst steigen mit einer wachsenden Anzahl von Lägern die Errichtungskosten für diese Läger. Zu erwarten ist, dass die Kosten für das Betreiben größerer Läger niedriger sind, weil dort effizientere Technologien eingesetzt werden können. Außerdem sind in einem System dezentraler Läger größere Sicherheitsbestände notwendig, wenn die gleiche Lieferbereitschaft wie in einem Zentrallager gewährleisten werden soll (vgl. Müller-Hagedorn/Toporowski 1993, S. 128).

	Filiallager (FL)	Regionallager (RL)	Zentrallager (ZL)
Lagerkosten	keine weiteren Lagerstufen (+) FL notwendig (hohe Mieten im Stadtzentrum) (-) kein ausgebildetes Lagerpersonal (-) einfache Lagertechnik (-)	kein FL erforderlich (+) geringerer Flächenbedarf (+) Bündelung von Lagertätigkeiten in größeren Einheiten möglich (+) besser ausgebildetes Personal, bessere Lagertechnik (+)	kein FL erforderlich (+) minimaler Flächenbedarf (+) Bündelung von Lagertätigkeiten im ZL (+) besser ausgebildetes Personal, bessere Lagertechnik (+) einziger Lagerort (+)
Bestandskosten	hohe Bestände bei Mindestbestellmengen (-) Sicherheitsbestände an verschiedenen Orten (-)	Sicherheitsbestände an verschiedenen Orten (-)	gesamter Sicherheitsbestand an einem Ort (+)
Transportkosten	kürzere Transportstrecken zwischen Lieferant und Filiale (Direkttransport) (+) große Zahl von kleineren Transportmengen (-)	Bündelung von Transportströmen möglich (Strecke Lieferant-Lager: Ware für mehrere Filialen; Strecke Lager-Filiale: Waren verschiedener Lieferanten für eine Filiale) (+) längere Transportstrecken zwischen Lieferant und Filialen (indirekter Weg über RL) (-)	Bündelung von Transportströmen möglich (Strecke Lieferant-ZL: Ware für alle Filialen; Strecke ZL-Filiale: Waren verschiedener Lieferanten für eine Filiale) (+) längere Transportstrecken zwischen Lieferant und Filialen (indirekter Weg über ZL) (-)
Handling-Kosten	keine zusätzlichen Umschlagtätigkeiten (Ein- bzw. Auslagern, Kommissionieren, Verpacken) (+)	Umschlagtätigkeiten im RL erforderlich (-)	Umschlagtätigkeiten im ZL erforderlich (-)
Zeit	längere Zeiträume zwischen zwei (festen) Lieferterminen (-) geringe zeitliche Flexibilität (-)	aufgrund der größeren Bestellmengen (mehrere Filialen) kann der Lieferrhythmus im RL verkürzt werden (+) größere zeitliche Flexibilität (+)	aufgrund der großen Bestellmengen (alle Filialen) ist ein kurzer Lieferrhythmus im ZL möglich (+) größere zeitliche Flexibilität (+)
Quantität	geringer Spielraum für Zwischendispositionen (-)	größerer Spielraum für Zwischendispositionen (+)	größter Spielraum für Zwischendispositionen (+)
Qualität	keine Zwischenstufen, auf denen Warenmanipulationen erforderlich sind (+)	Warenmanipulation im RL erforderlich (-) Entlastung der Filiale von logistischen Tätigkeiten (+)	Filialgerechte Warenmanipulation an einem zentralen Ort (+) Entlastung der Filiale von logistischen Tätigkeiten (+) Warenmanipulation im ZL erforderlich (-)

Abb. 24.2: Vergleich von zentralen und dezentralen Lösungen der Lagerhaltung

Bei der Optimierung einer einstufigen Regionallagerstruktur muss das Lösungsverfahren zum einen die Lagerstandorte, zum anderen die Zuordnung der Verkaufsstellen zu den Lagerstandorten bestimmen. Einfache Optimierungsmodelle beschränken sich auch in diesem Fall auf die Minimierung der mit den Nachfragemengen der Verkaufsstellen gewichteten Entfernungen zwischen Verkaufsstellen und Lägern. Das Optimierungsproblem ist dennoch relativ komplex, so dass zu seiner Lösung häufig Heuristiken eingesetzt werden, die keine optimale Lösung garantieren, allerdings einfacher zu implementieren sind. Im vorliegenden Fall werden die simultan zu lösenden Probleme der Standortbestimmung und Zuordnung separiert und abwechselnd iterativ gelöst. Das bedeutet, dass zuerst eine Anfangslösung für die Lagerstandorte bestimmt wird. Für die gegebenen Standorte werden die optimalen Zuordnungen der Verkaufsstellen zu den Lägern vorgenommen. Für die so bestimmten Zuordnungen werden die optimalen Lagerstandorte ermittelt. Die beiden letzten Schritte werden so lange abwechselnd durchgeführt, wie sich die Lagerstandorte und Zuordnungen ändern (vgl. hierzu Thonemann 2010, S. 107–108). Realitätsnäher als Modelle, in denen Standortkoordinaten bestimmt werden, sind Auswahlentscheidungen aus einer vorgegebenen Menge von Standorten. Darüber hinaus sollten nach Möglichkeit fixe und variable Lager- und Transportkosten, die beim Betreiben eines Lagers anfallen, berücksichtigt werden. Bei Modellen, die diese Wirkungen erfassen, handelt es sich um gemischt-ganzzahlige oder rein ganzzahlige Probleme (vgl. Thonemann 2010, S. 113–114), die meist mit einem Branch-and-Bound-Algorithmus gelöst werden. Überlegungen bezüglich eines einstufigen Lagersystems lassen sich auch auf ein zweistufiges System mit einem Zentrallager und mehreren Regionallägern übertragen (vgl. Thonemann 2010, S. 121–122). Viele Modelle analysieren den Einprodukt-Fall. Ein umfassender Überblick über zahlreiche Modellvarianten, in denen unter anderem auch der Mehrprodukt-Fall gelöst wird, der für den Handel von zentraler Bedeutung ist, findet sich bei Tempelmeier (1980).

24.1.3 Lagern und Transportieren unter der Regie von Herstellern, Händlern oder Logistikdienstleistern

Logistische Fragestellungen beziehen sich nicht nur auf die Anzahl und die Standorte von geplanten Lägern, sondern auch auf die Frage, wer die Lager- und die Transportfunktion wahrnehmen soll. Dies betrifft die Arbeitsteilung im Distributionskanal. Für die Aufgaben kommen im Prinzip drei Arten von Institutionen in Frage: Hersteller, Händler oder Distributionshelfer (Logistikdienstleister). Die theoretische Diskussion um eine wirtschaftstufenübergreifende Optimierung der Logistik hat in den letzten Jahren sehr stark zugenommen. Müller-Hagedorn und Toporowski (1993) haben für einige Modellvarianten untersucht, wer die Distributionsfunktion vorteilhaft durchführen kann. In einem ersten Modell unterstellen sie, dass ein Hersteller eine größere Zahl von Händlern mit je einer Verkaufsstelle in einem relativ engen Gebiet zu beliefern hat. Es wird geprüft, ob die Belieferung direkt vom Zentrallager des Herstellers erfolgen soll oder ob weitere Auslieferungsläger hinzugenommen werden sollen. Außerdem wird geprüft, ob der Hersteller, ein Distributionshelfer oder der Händler Lagerhaltung und Transport übernehmen sollte. Bezüglich der Anzahl der Läger gelten die oben genannten Argumente, nach denen ein Zentrallager günstiger ist als ein System mit zusätzlichen Regionallägern. Ein solches Zentrallager wird vom Hersteller selbst am effizientesten bewirtschaftet, es sei denn, es gelten folgende Sachverhalte:

- Ein selbständiger Logistikdienstleister verwaltet auch die Lagerbestände anderer Hersteller und kann wegen der umfangreicheren Lagerhaltung kostengünstigere Technologien einsetzen.
- Die Nachfrage nach den Produkten eines einzelnen Herstellers unterliegt starken Schwankungen im Zeitablauf. Führt dies zu einer ungleichmäßigen Auslastung der Lagerkapazitäten, kann durch die Bündelung der von mehreren Herstellern zu lagernden Mengen eine gleichmäßigere Auslastung erreicht werden.
- Es ist einem Logistikdienstleister möglich, die Lagerprozesse kostengünstiger durchzuführen, entweder weil er über besseres Know-how verfügt oder weil für seine Beschäftigten niedrigere Tariflöhne gelten.

Entsprechendes gilt für die Übernahme der Transportaufgaben. Hier hat zunächst ein Hersteller die Möglichkeit, mehrere Händler in einer Tour oder in Einzellieferung zu beliefern. Wenn die Transportkapazitäten nicht durch die bei einer Einzellieferung zu transportierende Menge ausgelastet werden, wird die gleichzeitige Belieferung mehrerer Händler im Rahmen einer Tour günstiger sein. Würde umgekehrt jeder Händler seine Ware bei diesem Hersteller abholen, ohne dies mit dem Transport von Waren anderer Hersteller bündeln zu können, würde eine solche Einzellieferung zu keinen Vorteilen gegenüber der Belieferung durch den Hersteller führen. Erst wenn die Möglichkeit bestünde, die Waren mehrerer Hersteller, die an benachbarten Standorten produzieren, zu bündeln, könnten sich in Abhängigkeit von der zu transportierenden Menge und der Kapazität der Fahrzeuge Transportkostenvorteile ergeben. Diese Konstellation oder die Möglichkeit, die Waren für mehrere Händler bündeln zu können, schafft die Voraussetzung für die Einschaltung eines Logistikdienstleisters. Mehrere Hersteller an einem Standort und die sich daraus ergebende Möglichkeit, die Transportkapazitäten auszulasten, bieten die Option, die Transportaufgabe vom Hersteller auf den Handel oder auf einen Logistikdienstleister zu übertragen. In weiteren Modellen werden die Annahmen gelockert. Dabei wird davon ausgegangen, dass ein Händler Lieferbeziehungen zu mehreren Herstellern unterhält, dass umgekehrt auch die Hersteller mehrerer Händler beliefern, die Hersteller in der Nähe der Verkaufsstellen des Handels angesiedelt sind oder von ihnen weiter entfernt liegen und die Lieferungen gleichmäßig oder mit Schwankungen erfolgen.

24.2 Optimierung der Bestell- und Bestandspolitik

Eines der zentralen Probleme der Warenwirtschaft ist in der Optimierung der Bestellmenge zu sehen. In der Praxis kommt den Disponenten die Aufgabe zu, im Rahmen des festgelegten Sortiments und der gelisteten Lieferanten Waren abzurufen, indem sie entsprechende Bestellungen aufgeben. Während in der Theorie meist von der Optimierung der Bestellmenge gesprochen wird, entspricht es der Denkweise der Praxis, den Zeitraum festzulegen, für den der erwartete Bedarf gedeckt werden soll. Dem Disponenten liegen zum Zeitpunkt der Entscheidung Informationen darüber vor, welche Lagerbestände verfügbar sind und wie hoch der Bestellbestand ist, d. h. die Warenmenge, die bestellt, jedoch noch nicht im Lager eingegangen ist. Aus den Prognosewerten und dem Lager- und Bestellbestand wird ermittelt, über wie viele Perioden die künftige Nachfrage aus dem Bestand befriedigt werden kann.

Es ist sinnvoll, einen Mindestzeitraum (Sollreichweite) festzulegen, der stets durch den Lager- und Bestellbestand abgedeckt sein soll (vgl. Abbildung 24.3). Er muss so gewählt werden, dass bei Unterschreitung der Sollreichweite genügend Zeit bleibt, die Ware wiederzubeschaffen. Die Sollreichweite übernimmt somit die Funktion eines zeitlichen Sicherheitspuffers, mit dem das Vorkommen von Fehlmengen nach Möglichkeit ausgeschlossen wird. Wird die Sollreichweite unterschritten, so ist zu entscheiden, wie groß die Bestellmenge bzw. der Zeitraum, für den der Bedarf durch die Bestellmenge gedeckt wird (Bestellgrenze), sein soll.

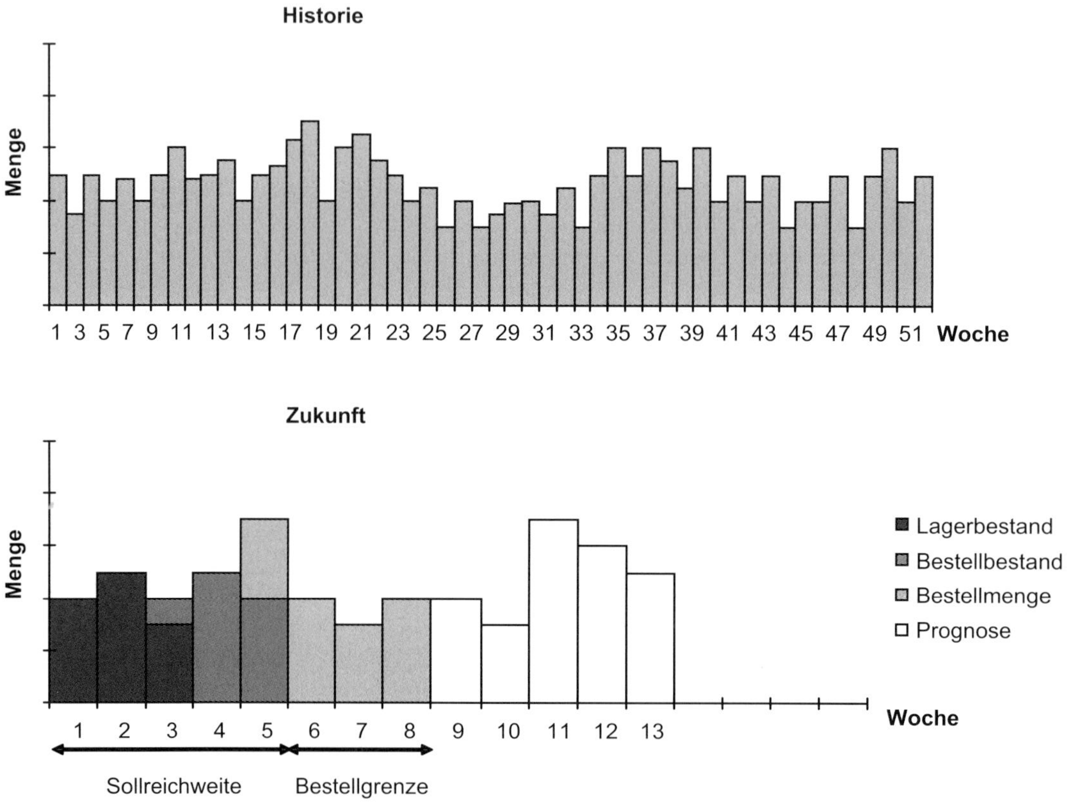

Abb. 24.3: Graphische Darstellung der historischen sowie der künftigen Nachfrage und ihre Abdeckung durch Lager- und Bestellbestand

Bestellmenge und Bestellgrenze stehen in einer wechselseitigen Beziehung zueinander: Je größer die Bestellmenge, desto größer der abgedeckte Zeitraum. Je länger also die Bestellgrenze sein soll, desto größer muss die Bestellmenge sein.

Beim Bestandsmanagement geht es zum einen um die optimale Bestellmenge (bzw. Bestellgrenze), zum anderen um die Optimierung der Sollreichweite. Der Optimierung hat eine Analyse der derzeitigen Situation vorauszugehen, die deutlich machen soll, wie gut die Bestände in der Vergangenheit gemanagt worden sind. Hierzu ist es zweckmäßig, die Lagerbestandsentwicklung für jede einzelne Bestellposition graphisch zu veranschaulichen. Die in Abbildung 24.4 dargestellte Bestandsentwicklung deckt auf, dass in dem betrachteten Zeitraum beide Fehler, die bei einem Bestandsmanagement vorkommen können, eingetroffen sind. Die Darstellung (mit ihrem typisch sägezahnförmigen Verlauf) zeigt, dass in einigen Perioden überhaupt keine Ware verfügbar war (Fehlbestände), in anderen Perioden augenscheinlich zu hohe Lagerbestände gehalten worden sind. So sind beispielsweise in den Perioden 59 und 70 Warenzugänge erfolgt, obwohl der Bestand zu diesen Zeitpunkten den Bedarf von mehreren Wochen abgedeckt hat.

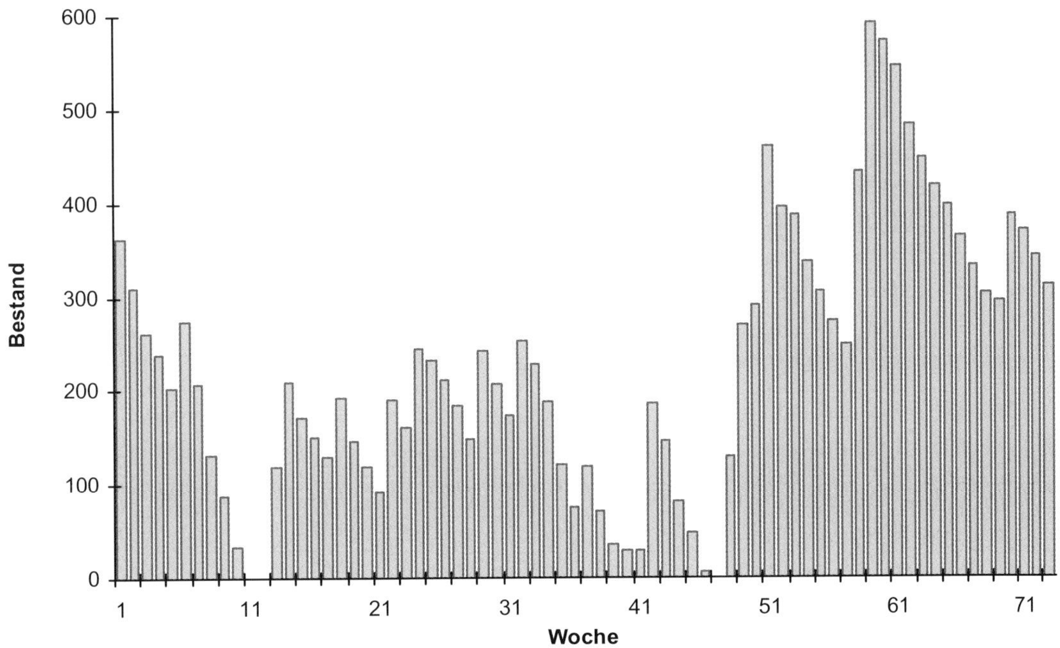

Abb. 24.4: Beispiel für die Entwicklung des Lagerbestands einer Bestellposition

Bei einer eingehenden Analyse – unter Hinzuziehung des Bedarfs in den einzelnen Perioden – lassen sich mehrere Kennzahlen zur Charakterisierung des Bestandsmanagements ausweisen:

- **Die Lagerreichweite:** Auf Artikelbasis gibt sie an, für wie viele Perioden der Bestand in einer Periode bei einem bestimmten prognostizierten Bedarf ausreicht. Die Lagerreichweite eines Artikels wird ihren Wert von Periode zu Periode verändern und vorwiegend innerhalb eines bestimmten Wertebereichs, z. B. vier bis neun Wochen, schwanken. Beträgt ihr Wert für eine bestimmte Periode null, liegen bei vorhandenem Bedarf Fehlmengen vor. Betrachtet man die Lagerreichweite für eine Artikelgruppe, so lässt sich angeben, wie viel Prozent der Artikel eine durchschnittliche Lagerreichweite von x Perioden oder weniger haben. Spiegelbildlich dazu kann ausgewiesen werden, bei wie viel Prozent der Artikel die Lagerreichweite länger als x Perioden ist. Die Kennzahl Lagerreichweite macht darauf aufmerksam, dass Bestände zu hoch sein können (die Lagerreichweite ist zu groß), dass sie aber auch zu gering sein können und infolgedessen zu häufig Bestellungen ausgelöst oder gar Fehlmengen verursacht werden.
- **Der Liefergrad bzw. der Fehlmengengrad:** Auf Basis eines einzelnen Artikels lässt sich angeben, wie groß der Anteil der Wochen mit Fehlmengen an dem insgesamt betrachteten Zeitraum ist. Für eine Abteilung lässt sich wiederum der Zusammenhang zwischen dem kumulierten Anteil von Artikeln und dem Anteil von Wochen mit Fehlmengen darstellen. So könnte sich beispielsweise ergeben, dass bei 20 % der Artikel nie Fehlmengen vorkamen. Bei 35 % der Artikel könnte der Anteil der Wochen mit Fehlmengen unter 5 % liegen. Diese Größen lassen sich auch als Liefergrad interpretieren. Sie geben beispielsweise an, dass bei 90 % der Artikel der Anteil der Wochen mit Fehlbestand unter 12 % lag.
- **Vergleich des empirischen Lieferrhythmus mit dem vorgesehenen Lieferrhythmus:** Oft legen Handelsunternehmen mit ihren Lieferanten einen Lieferrhythmus fest. Es ist jener Zeitraum, für den im Durchschnitt Ware bestellt werden soll (Bestellgrenze bei einer einzelnen Bestellung). Er entspricht dem Zeitraum zwischen zwei Lieferungen. Der empirische Lieferrhythmus kann hiervon abweichen. Ist der empirische Lieferrhythmus länger als der vorgesehene, dann bedeutet dies, dass Ware für längere Zeiträume bestellt wurde als ursprünglich geplant. Dafür können entsprechende Gründe vorliegen, es kann aber auch ein Indikator für Überbestände sein.

Eine Optimierung der Sollreichweite und der Bestellmenge bzw. des Lieferrhythmus erfordert eine Reihe von Informationen, insbesondere über:

- den Zeitraum zwischen Bestellaufgabe und Verfügbarkeit der Ware im Lager (Wiederbeschaffungszeit),
- die Höhe der Transportkosten,
- die Höhe der Kosten für den Einlagerungsprozess und die Höhe der Lagerkosten sowie
- die Kosten für die Aufgabe einer Bestellung.

Von besonderer Bedeutung ist aber die Höhe des zukünftigen Bedarfs. Es ist daher unabdingbar, zunächst zu prüfen, mit welchem Prognoseverfahren dieser vorhergesagt werden kann. In Abschnitt 24.2.1 wird deshalb zunächst auf das Prognoseproblem eingegangen, bevor anschließend Verfahren zur Optimierung der Bestellmenge vorgestellt werden.

24.2.1 Verfahren zur Prognose des Bedarfs

Einzelne Artikel können einen sehr unterschiedlichen Nachfrageverlauf haben. Die Ursachen hierfür sind vielfältig und liegen insbesondere in dem im Zeitablauf schwankenden Konsum der Verbraucher, in Unstetigkeiten des Einkaufsverhaltens der Nachfrager, in der Geschäftspolitik des Handelsunternehmens (insbesondere Werbe- und Preispolitik) oder in der von Konkurrenzbetrieben (z. B. Sonderangebote) begründet. Es sind unterschiedliche Nachfrageverläufe bzw. aus Sicht einer anbietenden Unternehmung gesehen unterschiedliche Absatzraten (abgesetzte Mengeneinheiten pro Zeiteinheit) zu erkennen. Eine Typologie der Nachfrageverläufe setzt an Eigenschaften der Zeitreihe an, so z. B. an den Fragen:

- ob der Absatz einen kontinuierlichen, gleichmäßigen Verlauf besitzt oder ob es im Zeitablauf Phasen gibt, in denen der Absatz bei null liegt,
- ob wiederkehrende saisonale Schwankungen zu beobachten sind und
- von welcher Art der langfristige Trend ist.

In der Praxis wird häufig die Art der Güter als Einteilungskriterium verwendet, für die dann eigene Prognose- und darüber hinaus eigene Warenwirtschaftssysteme entwickelt werden. Vorliegende Zeitreihen sind zuerst auf ihre Verlaufsstruktur hin zu überprüfen. Als Hilfsmittel hierzu kann der Variationskoeffizient verwendet werden, der die Standardabweichung der Nachfrage zum Mittelwert der Nachfrage in Beziehung setzt. Je kleiner der Variationskoeffizient ist, umso stabiler stellt sich der Bedarf im Zeitablauf dar. Einzelne Werte gehen in die Berechnung des Variationskoeffizienten jedoch mit einem relativ geringen Gewicht ein, so dass nicht erkennbar ist, inwieweit Ausreißer aufgetreten sind. Als weitere Kennzahl kann deswegen zur Charakterisierung eines Bedarfsverlaufs die „Ausreißertendenz" herangezogen werden, die als Verhältnis von maximaler Nachfrage zu der durchschnittlichen Nachfrage definiert ist.

Prognoseverfahren sind Gegenstand einer eingehenden wissenschaftlichen Diskussion gewesen (vgl. Brockhoff 1977; Bruckmann 1978; Lewandowski 1974, 1980; Schwarze 1980; Scheer 1983; Hüttner 1986; Mertens/Rässler 2005). Inzwischen liegt ein breites Spektrum an Prognoseverfahren vor, bei denen man zunächst nach dem Prognosezeitraum kurz- bis mittelfristige und mittel- bis langfristige Prognosezeiträume unterscheiden kann. Für die Warenwirtschaft ist insbesondere die erste Gruppe von Interesse, wobei sich hier die Gruppe jener Verfahren, die ausschließlich Absatzdaten der Vergangenheit verwendet, von jener abgrenzen lässt, die zusätzlich weitere erklärende Reihen heranzieht. Abbildung 24.5 vermittelt einen Überblick über die für die Warenwirtschaft wichtigen Prognoseverfahren (vgl. Scheer 1983, beigelegte Falttafel).

Am häufigsten werden im Handel Absatzwerte einer geeigneten Vorperiode dazu genutzt, eine Prognose durchzuführen. Dabei werden die Werte der Vergangenheit auf den Prognosezeitraum übertragen, gegebenenfalls korrigiert und um aktuelle Entwicklungen ergänzt. Bei der verwendeten Vorperiode kann es sich um den entsprechenden Vorjahreszeitraum oder den Vormonat handeln. Dabei gilt es, den Einfluss einzelner Bestimmungsfaktoren, wie insbesondere von Feiertagen, Ferien und Zahltagen, zu berücksichtigen. Diese Vorgehensweise stützt sich darauf, dass für viele Warengruppen saisonale Einflüsse beobachtet werden konnten.

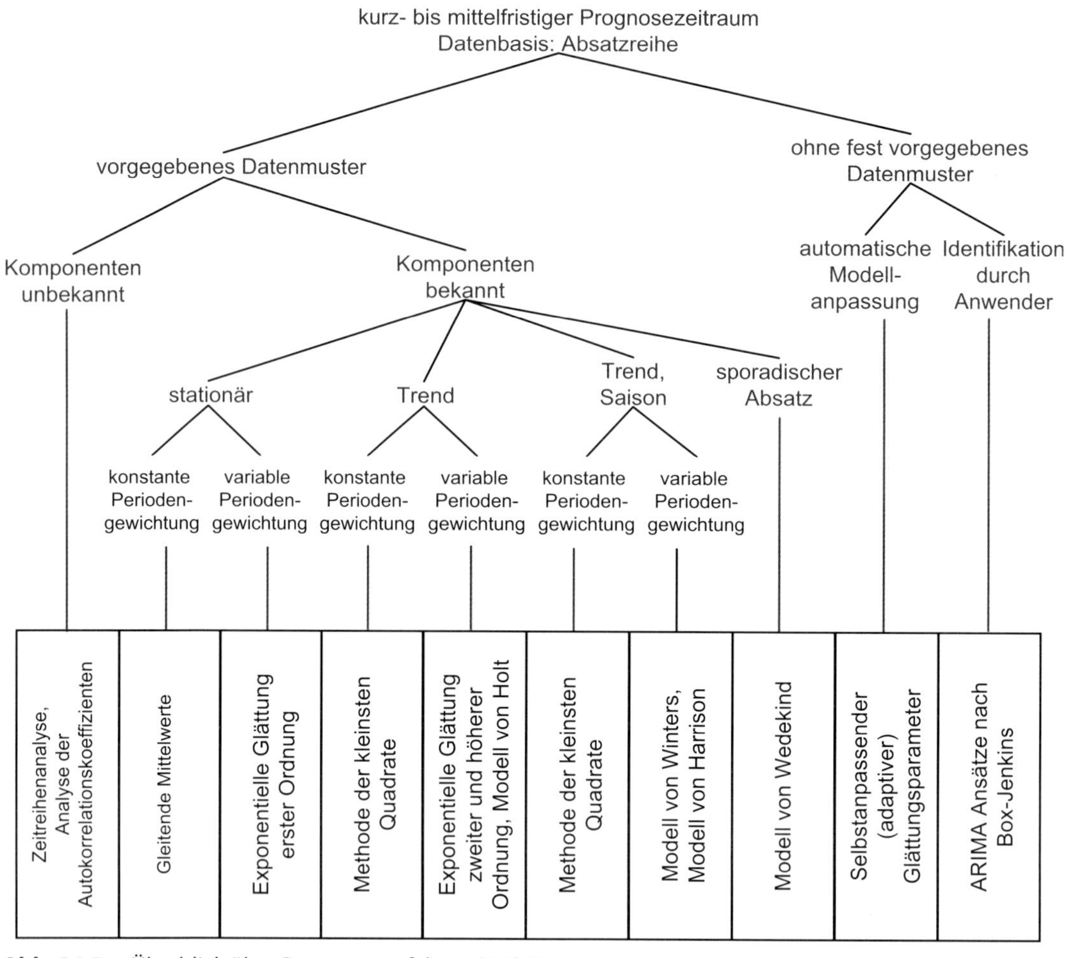

Abb. 24.5: Überblick über Prognoseverfahren (Teil 1)

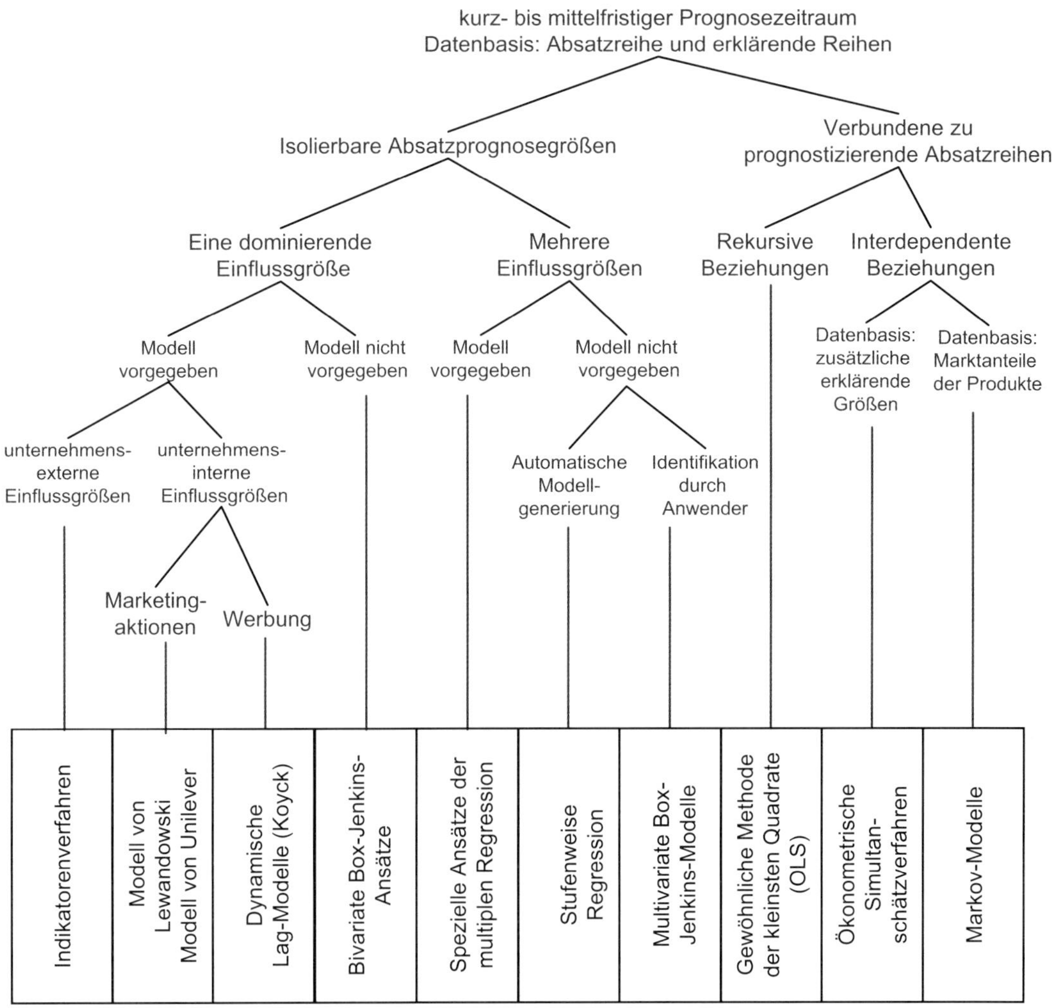

Abb. 24.5: Überblick über Prognoseverfahren (Teil 2)

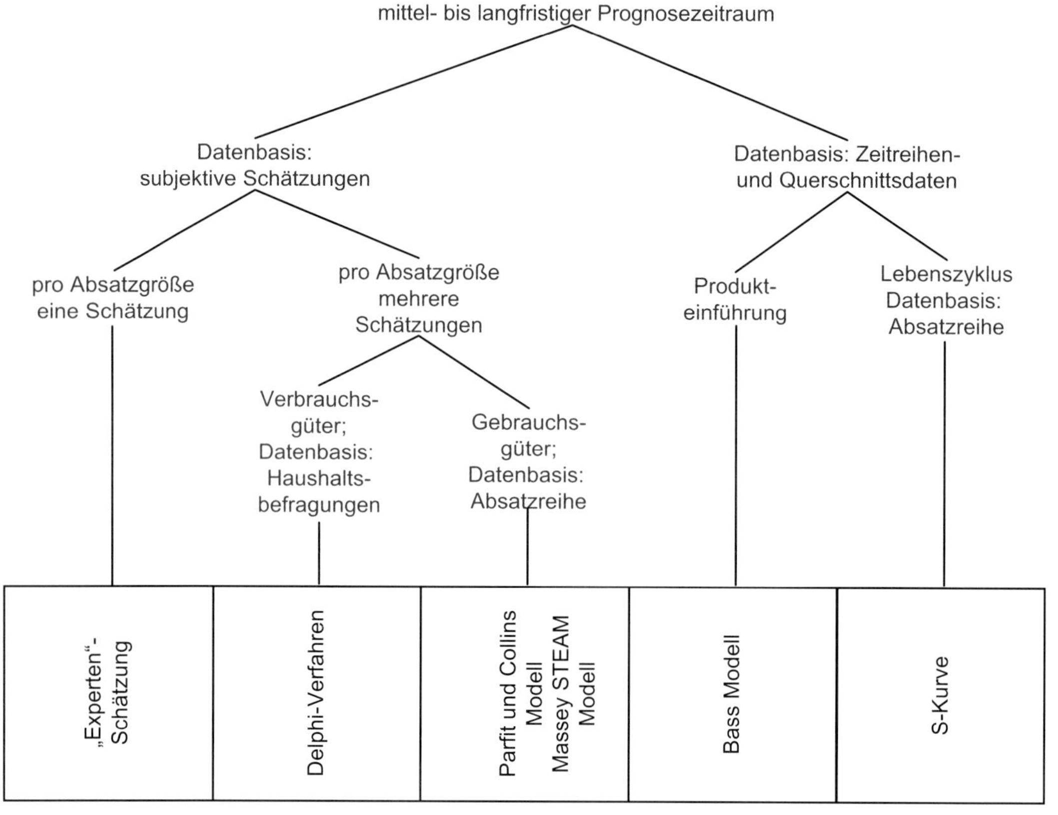

Quelle: Scheer 1983, beigelegte Falttafel

Abb. 24.5: Überblick über Prognoseverfahren (Teil 3)

Verfahren, die ausschließlich die Daten der Absatzreihe nutzen, lassen sich auch danach unterscheiden, ob sie sich geeigneter Durchschnittswerte bedienen oder ob sie einen regressionsanalytischen Ansatz wählen. In Warenwirtschaftssystemen überwiegt die erste Gruppe von Verfahren, die wegen der Verwendung von Durchschnittswerten eine relativ einfache Struktur aufweisen. Die Absatzwerte der Vergangenheit können dabei ungewichtet oder gewichtet in die Berechnung der Durchschnittswerte eingehen. Die Gewichtungsfaktoren werden als externe Größen vorgegeben und sollen zum Ausdruck bringen, dass einige Vergangenheitswerte für die Prognose von größerer Bedeutung als andere sind. Auch die Anzahl der für die Berechnung der Durchschnittswerte herangezogenen Vergangenheitswerte ist vorwiegend nach sachlichen Gesichtspunkten festzulegen. Beispielsweise danach, ob länger zurückliegende Werte für die Prognose eines zukünftigen Wertes noch als relevant angesehen werden.

Bevor einzelne Prognoseverfahren erklärt und beurteilt werden, ist es zweckmäßig, die den Verfahren zugrundeliegenden Modelle vorzustellen. Sie unterscheiden sich hinsichtlich des unterstellten Nachfrageverlaufs. Dabei kann man zwischen drei idealtypischen Verlaufsformen differenzieren –

einem konstanten Verlauf, einer linearen Trendentwicklung und einem saisonalen Muster. Für alle Modelle wird die folgende Annahme getroffen: Die Nachfragewerte y_t in den einzelnen Perioden t sind stochastische Größen, die von der Zeit t und von einer Zufallsvariable ε_t abhängen. Formal haben die Modelle die folgende Form:

(24.2) Konstantes Modell: $y_t = a + \varepsilon_t$

(24.3) Trendmodell: $y_t = a + bt + \varepsilon_t$

(24.4) Saisonmodell: $y_t = a + bt + s_t + \varepsilon_t$ oder

(24.5) $y_t = (a + bt)s_t + \varepsilon_t$

mit:

a = Niveau der Nachfrage

b = Trend der Nachfrage

s_t = saisonaler Faktor

ε_t = Zufallsvariable mit $E(\varepsilon_t) = 0,\ \ Var(\varepsilon_t) = \sigma^2$

Aufgabe der Prognoseverfahren ist es, die unbekannten Modellparameter auf Grundlage von Beobachtungswerten aus der Vergangenheit zu schätzen und mit Hilfe des Modells die zukünftige Nachfrage zu prognostizieren. In den folgenden Abschnitten wird auf ausgewählte Verfahren eingegangen, mit denen die unterschiedlichen Nachfrageverläufe prognostiziert werden können.

24.2.1.1 Konstantes Modell

Der Parameter a des konstanten Modells kann mit Hilfe unterschiedlicher Verfahren geschätzt werden. Zuerst soll auf das Verfahren des einfachen gleitenden Durchschnitts eingegangen werden. Es wird unterstellt, dass zum Zeitpunkt t mindestens n Bedarfswerte $y_t, y_{t-1}, \dots, y_{t-n+1}$ aus der Vergangenheit vorliegen. Der einfache gleitende Durchschnitt $\hat{a}_t$, der zum Zeitpunkt t berechnet wird und als Prognosewert p_{t+1} für die Nachfrage in der folgenden Periode t+1 dient, wird wie folgt definiert:

(24.6) $$\hat{a}_t = \frac{1}{n}\left(y_t + y_{t-1} + y_{t-2} + \ldots + y_{t-n+1}\right) = \frac{1}{n}\sum_{i=t-n+1}^{t} y_i = p_{t+1}$$

Er besitzt die Eigenschaft, die Summe der quadrierten Abweichungen zwischen den Beobachtungswerten in der Vergangenheit und dem Prognosewert zu minimieren. Da das Modell einen konstanten Verlauf im Zeitablauf unterstellt, dient zum Zeitpunkt t der gleitende Durchschnitt $\hat{a}_t$ ebenso als Prognosewert für jede weitere zukünftige Periode t+n:

(24.7) $$p_{t+n} = \hat{a}_t\,.$$

Die Formel (24.6) lässt sich auch wie folgt darstellen:

(24.8) $$\hat{a}_t = \frac{1}{n}\sum_{i=t-n+1}^{t} y_i = \frac{1}{n}y_t + \frac{1}{n}\sum_{i=(t-1)-n+1}^{t-1} y_i - \frac{1}{n}y_{(t-1)-n+1} = \hat{a}_{t-1} + \frac{1}{n}(y_t - y_{t-n})$$

Das bedeutet, dass der Prognosewert der zum Zeitpunkt t berechnet wird, gleich dem in der Vorperiode ermittelten Wert ist, korrigiert um einen Betrag, der inhaltlich das Hinzufügen des jüngsten und das Entfernen des ältesten Beobachtungswerts bedeutet. Diese Darstellung hat den Vorteil, dass bei einer Aktualisierung der Prognose neben der Länge des Zeitraums n lediglich drei Werte benötigt werden.

Der einfache gleitende Durchschnitt gewichtet jede Beobachtung der Vergangenheit mit dem gleichen Gewicht 1/n. Alternativ dazu ist eine Gewichtung denkbar, bei der jüngere Beobachtungen stärker gewichtet werden als weiter zurückliegende Werte. Eine häufig in der Praxis verwendete Gewichtung hat die folgende Form:

(24.9) $$y_t^{(1)} = \alpha y_t + \alpha(1-\alpha)y_{t-1} + \alpha(1-\alpha)^2 y_{t-2} + \ldots + \alpha(1-\alpha)^{n-1} y_{t-(n-1)} = \sum_{i=t-n+1}^{t} \alpha(1-\alpha)^{t-i} y_i$$

Abbildung 24.6 veranschaulicht die Gewichte für ausgewählte Werte von α, wobei $0 < \alpha < 1$. Da α und 1-α kleiner als 1 sind, werden die Beobachtungswerte mit Gewichten versehen, die exponentiell abnehmen. Der gewogene Mittelwert wird daher als exponentielle Glättung mit dem Glättungsparameter α bezeichnet. Die Mittelwertbildung erfolgt – im Gegensatz zu dem weiter unten vorgestellten Verfahren – auf Grundlage der Beobachtungswerte der Vergangenheit und wird deshalb mit dem Begriff der exponentiellen Glättung erster Ordnung versehen.

Das Verfahren hat die vorteilhafte Eigenschaft, dass die Berechnung des gewichteten Mittelwerts vereinfacht werden kann, indem statt auf die zurückliegenden realisierten Werte auf den in der Vorperiode berechneten Mittelwert zurückgegriffen wird. Es lässt sich zeigen, dass der folgende Zusammenhang gilt:

(24.10) $$y_t^{(1)} = \alpha y_t + (1-\alpha)y_{t-1}^{(1)}$$

Das bedeutet, dass der zum Zeitpunkt t berechnete exponentiell gewichtete Mittelwert erster Ordnung als gewogener Mittelwert zwischen dem Bedarfswert der Periode t und dem zum Zeitpunkt t–1 berechneten exponentiell gewichteten Mittelwert erster Ordnung interpretiert werden kann. Während der erste Wert mit einem Gewicht von α in die Berechnung eingeht, wird der zweite Wert mit 1-α gewichtet. Der Mittelwert erster Ordnung, der in der Periode t berechnet wird, dient als Prognosewert für die Periode t+1, d. h.:

(24.11) $$p_{t+1} = y_t^{(1)} = \alpha y_t + (1-\alpha)y_{t-1}^{(1)}$$

Da $y_{t-1}^{(1)}$ dem Prognosewert p_t für die Periode t entspricht, lässt sich der Prognosewert für die Periode t+1 auch wie folgt darstellen:

(24.12) $$p_{t+1} = p_t + \alpha(y_t - p_t)$$

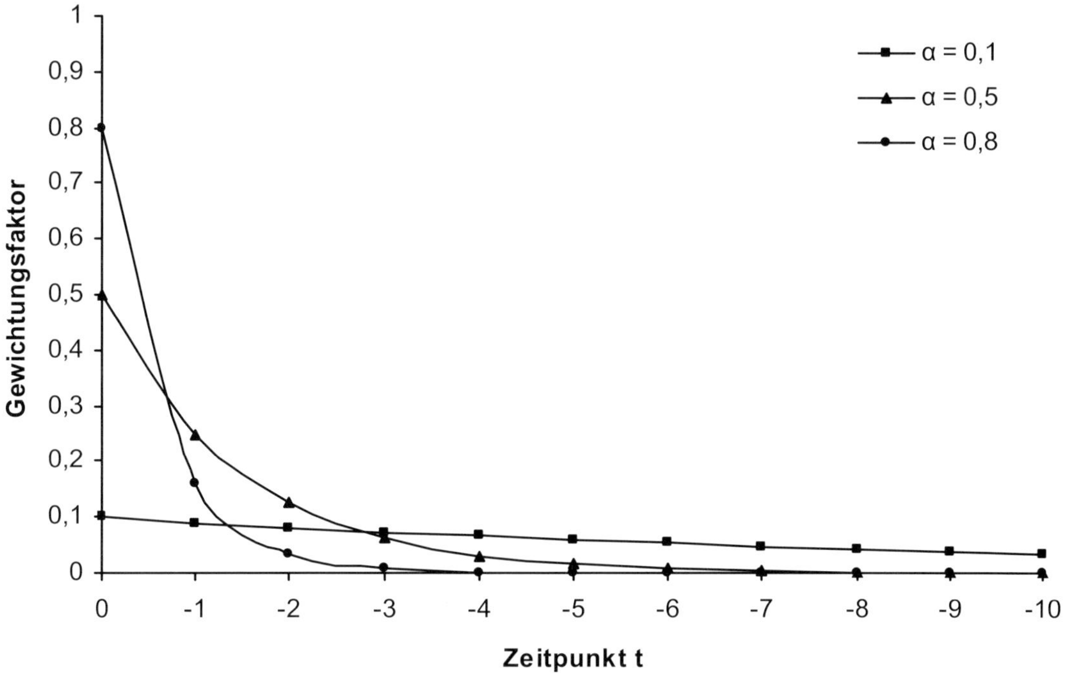

Abb. 24.6: Gewichtungsfaktoren der exponentiellen Glättung erster Ordnung

Die Prognose für die Periode t+1 ist folglich gleich der Prognose für die Periode t korrigiert um den mit α gewichteten Prognosefehler in der Periode t. Der Vorteil der Darstellungsform (24.11) bzw. (24.12) besteht darin, dass für die Berechnung des aktuellen Prognosewerts neben dem Glättungsparameter α lediglich zwei Werte benötigt werden – der aktuelle Beobachtungswert und der Prognosewert der Vorperiode. Gegenüber der Darstellungsform (24.9) wird der Speicherbedarf folglich sehr stark reduziert. Andererseits muss beachtet werden, dass bei der Darstellungsform (24.11) bzw. (24.12) ein Startwert benötigt wird, um das Prognoseverfahren zu initialisieren. Hierbei ist ein weiteres Schätzproblem zu lösen.

Da von einem konstanten Verlauf ausgegangen wird, wird am Ende der Periode t für jede zukünftige Periode t+n der gleiche gewogene Mittelwert $y_t^{(1)}$ als Prognosewert verwendet:

(24.13) $$p_{t+n} = y_t^{(1)}$$

Abbildung 24.7 veranschaulicht Prognoseergebnisse, die einerseits mit Hilfe des einfachen gleitenden Durchschnitts, andererseits mittels exponentieller Glättung erster Ordnung mit dem Glättungsparameter α = 0,3 bestimmt worden sind. Die Durchschnittsbildung erstreckt sich jeweils auf einen Zeitraum von 10 Perioden.

Es lässt sich nachweisen, dass unter der Bedingung eines konstanten Niveaus des Bedarfsverlaufs der Prognosewert die Summe der gewichteten Abweichungen der prognostizierten Werte von den realisierten minimiert, wenn diese Gewichte für zurückliegende Perioden exponentiell abnehmen

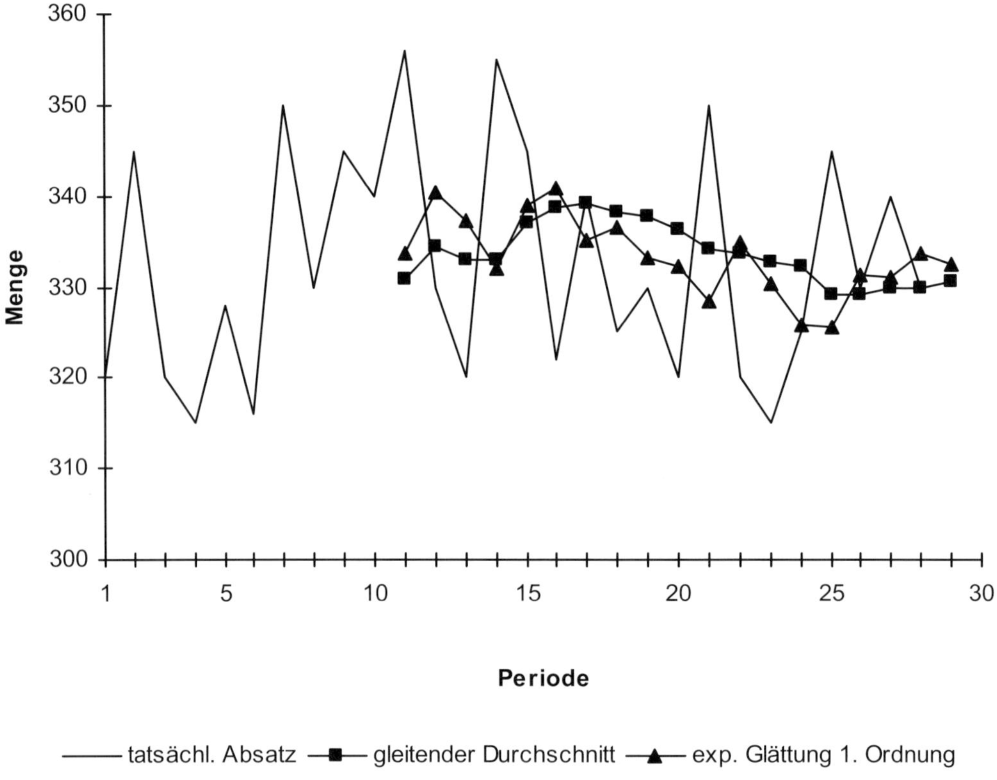

Abb. 24.7: Bedarfsentwicklung und Prognose bei einem konstanten Modell

(vgl. Tempelmeier 2008, S. 43–46). Eine wichtige Frage bezieht sich auf die Größenordnung von α. Es gilt, dass die jüngere Vergangenheit umso stärker den Prognosewert beeinflusst, je größer α gewählt wird. Im Grenzfall von α = 1 würde sich die Prognose sogar ausschließlich an dem letzten Verbrauchswert orientieren, die weiter zurückliegende Vergangenheit bliebe unberücksichtigt. Der Einfluss unterschiedlicher Werte für α auf die Prognose wird auch in der Abbildung 24.8 und der Abbildung 24.9 verdeutlicht (vgl. Mertens 1983).

Bei einer plötzlich auftretenden starken Abweichung eines realisierten Wertes von den früheren Werten (Störung, Impuls) reagiert die Prognose bei großen Werten für α heftiger und braucht länger, bis sie sich wieder an das normale Niveau angepasst hat. Ein kleineres α hätte in diesem Fall die Störung weitgehend überspielt. Umgekehrt erweist sich im zweiten Fall ein großer Wert von α schneller in der Lage, das neue Niveau für den zu prognostizierenden Prozess anzusteuern. Formale Darstellungen der einzelnen Prognoseverfahren gehören zum Standard der einschlägigen Monographien (vgl. Tempelmeier 2008, S. 31–98). Leider ist wenig über Erfahrungen mit ihnen beim Einsatz im Handelsbetrieb bekannt.

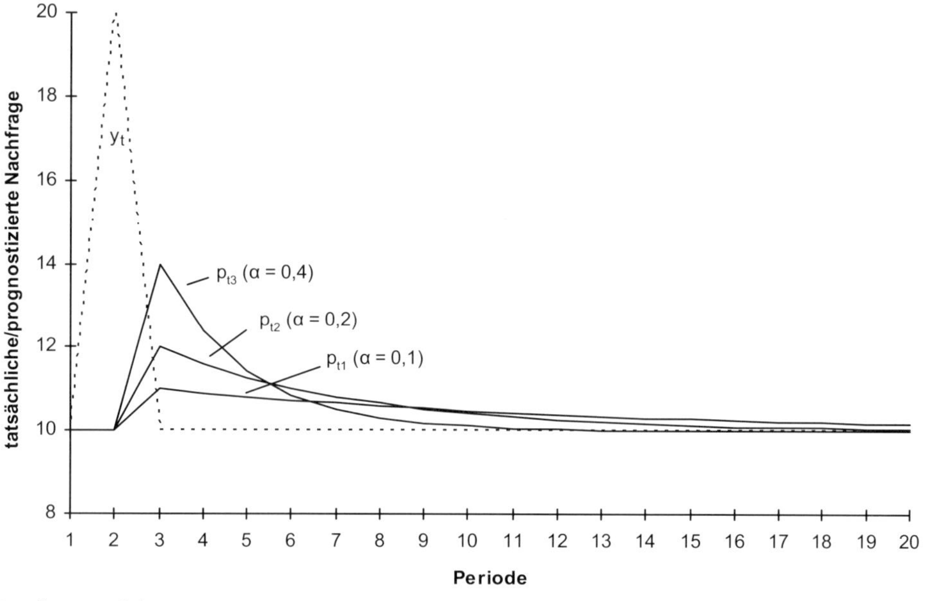

Quelle: in Anlehnung an Mertens 1983, S. 473

Abb. 24.8: Reaktion des Verfahrens der exponentiellen Glättung erster Ordnung auf eine Störung

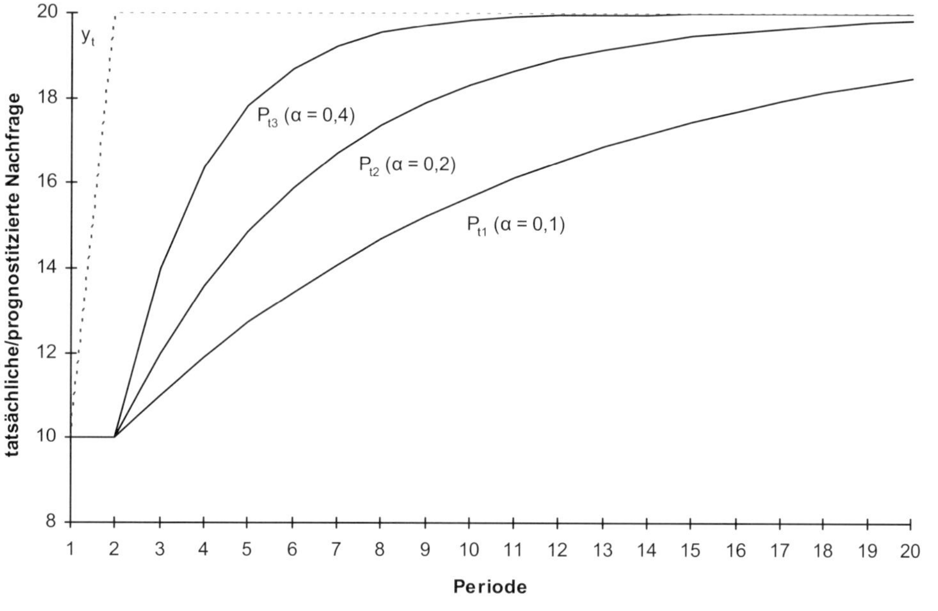

Quelle: in Anlehnung an Mertens 1983, S. 473

Abb. 24.9: Reaktion des Verfahrens der exponentiellen Glättung erster Ordnung auf eine Niveauänderung

24.2.1.2 Trendmodell

Auch die Parameter a und b des Trendmodells können mit unterschiedlichen Verfahren geschätzt werden. Zum einen besteht die Möglichkeit, mit Hilfe der einfachen linearen Regressionsanalyse, die auf die Zeitreihe der Beobachtungswerte der Vergangenheit angewandt wird, die beiden Parameter nach dem Prinzip der Minimierung der Summe der quadrierten Abweichungen zu schätzen (vgl. z. B. Tempelmeier 2008, S. 51–57; Thonemann 2010, S. 40–43). Zum anderen bietet die exponentielle Glättung zweiter Ordnung die Option, die gesuchten Parameter zu bestimmen. Es gibt unterschiedliche Varianten der exponentiellen Glättung zweiter Ordnung. Die erste Variante wird aus der exponentiellen Glättung erster Ordnung abgeleitet. Wird dieses für das konstante Modell entwickelte Verfahren auf eine trendförmig verlaufende Nachfrage angewandt, so kommt es bei der Prognose zu einem systematischen Fehler, der von dem Trendparameter b und dem Glättungsparameter α abhängig ist. Bei einem positiven Trend wird die tatsächliche Nachfrage systematisch unter-, bei einem negativen Trend überschätzt. Der systematische Fehler ist umso größer, je kleiner der Glättungsparameter α ist (vgl. Tempelmeier 2008, S. 59). Um den Fehler zu korrigieren, wird auf die Mittelwerte erster Ordnung die gleiche Glättung angewandt wie auf die Beobachtungswerte bei der Bildung der Mittelwerte erster Ordnung (siehe Formel (24.10)). Als Ergebnis erhält man die Mittelwerte zweiter Ordnung:

(24.14) $$y_t^{(2)} = \alpha y_t^{(1)} + (1-\alpha) y_{t-1}^{(2)}$$

Zusammen mit den Mittelwerten erster Ordnung lassen sich in der Periode t die beiden Parameter a und b des Trendmodells (24.3) wie folgt schätzen:

(24.15) $$\hat{a}_t = 2 \cdot y_t^{(1)} - y_t^{(2)} = \text{aktueller Achsenabschnitt}$$

(24.16) $$\hat{b}_t = \frac{\alpha}{1-\alpha}\left(y_t^{(1)} - y_t^{(2)}\right) = \text{aktuelle Steigung der Geraden}$$

Die Nachfrage in einer zukünftigen Periode t+j wird dann zum Zeitpunkt t in der folgenden Form prognostiziert:

(24.17) $$p_{t+j} = \hat{a}_t + \hat{b}_t \cdot j$$

Wie bei der Prognose mittels exponentieller Glättung erster Ordnung ist auch hier das Problem der Startwerte für die geglätteten Mittelwerte zu lösen.

Abbildung 24.10 veranschaulicht Prognoseergebnisse, die mittels exponentieller Glättung zweiter Ordnung mit dem Glättungsparameter $\alpha = 0{,}3$ bestimmt worden sind. Der erste Prognosewert ist in der Periode 10 für die Periode 11 bestimmt worden. Die Startwerte sind in der Periode 10 mittels Regressionsanalyse auf der Grundlage der ersten 10 Beobachtungswerte bestimmt worden.

An der dargestellten Form der exponentiellen Glättung zweiter Ordnung wird kritisiert, dass die Verwendung lediglich eines Glättungsparameters die Flexibilität des Verfahrens zu stark einschränke. In einer weiteren Variante der exponentiellen Glättung zweiter Ordnung, die auf Holt

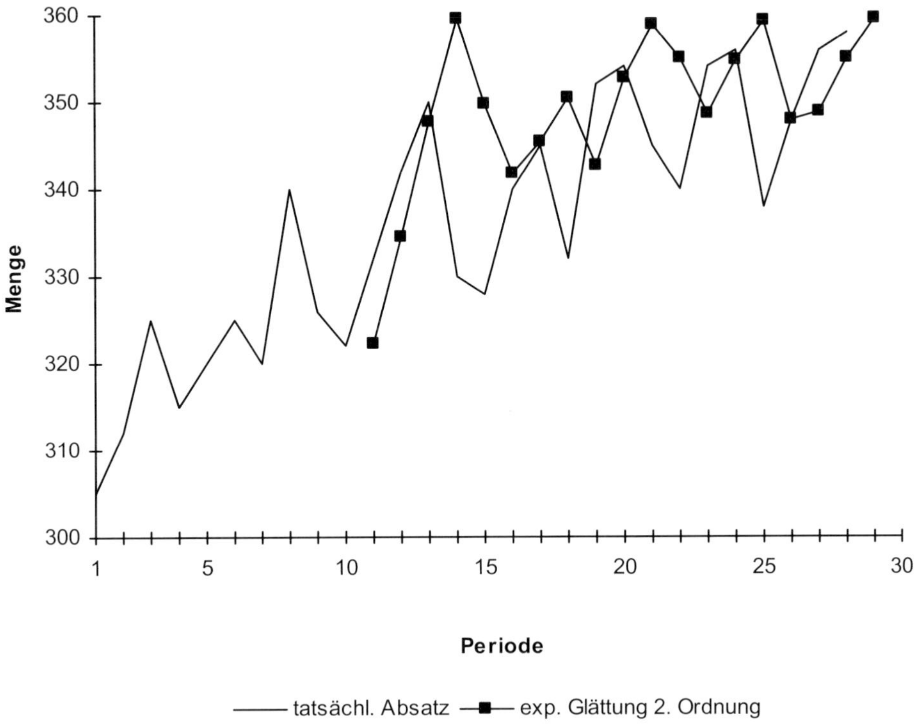

Abb. 24.10: Bedarfsentwicklung und Prognose bei einem Trendmodell

(1957) zurückgeht, werden mit Hilfe von zwei Glättungsparametern in jeder Periode aktuelle Werte für die beiden Parameter des Trendmodells berechnet.

24.2.1.3 Saisonmodell

Bei regelmäßig wiederkehrenden Nachfragebewegungen in einem festen Zeitintervall ist es zweckmäßig, ein Saisonmodell für die Prognose zu verwenden. Im Folgenden soll von einer multiplikativen Verknüpfung des Trends und der saisonalen Faktoren ausgegangen werden (siehe Formel (24.5)), d. h. für die Nachfrage in der Periode t gilt:

(24.18) $$y_t = (a + b \cdot t)s_t + \varepsilon_t \quad .$$

Die Darstellung zeigt, dass neben den Parametern a und b, die das Niveau und den Trend charakterisieren, für jede Periode der Saisonfaktor s_t geschätzt werden muss. Die Vorgehensweise soll anhand eines Beispiels verdeutlicht werden (vgl. Tempelmeier 2008, S. 69–75). Für einen Zeitraum von 7 Jahren liegen Bedarfsmengen eines Produkts in Quartalswerten vor. Die 28 Werte sind in Abbildung 24.11 in der Spalte y_{jm} wiedergegeben.

Der Verlauf der Zeitreihe (vgl. Abbildung 24.12) zeigt, dass sowohl ein (positiver) Trend als auch ein saisonales Muster zu erwarten sind.

t	j	m	y_{jm}	tc_{jm}	si_{jm}	si_m	y_{jm}^{sb}
1	1	1	289			0,8123	355,80
2	1	2	410			1,1848	346,04
3	1	3	301	293,63	1,0251	1,0880	276,66
4	1	4	213	279,13	0,7631	0,9149	232,81
5	2	1	212	283,38	0,7481	0,8123	261,00
6	2	2	371	307,50	1,2065	1,1848	313,13
7	2	3	374	332,63	1,1244	1,0880	343,75
8	2	4	333	351,50	0,9474	0,9149	363,96
9	3	1	293	364,88	0,8030	0,8123	360,72
10	3	2	441	373,25	1,1815	1,1848	372,21
11	3	3	411	380,88	1,0791	1,0880	377,76
12	3	4	363	387,38	0,9371	0,9149	396,75
13	4	1	324	386,00	0,8394	0,8123	398,89
14	4	2	462	374,25	1,2345	1,1848	389,93
15	4	3	379	369,38	1,0261	1,0880	348,35
16	4	4	301	379,50	0,7931	0,9149	328,99
17	5	1	347	406,88	0,8528	0,8123	427,20
18	5	2	520	454,50	1,1441	1,1848	438,89
19	5	3	540	486,25	1,1105	1,0880	496,33
20	5	4	521	499,75	1,0425	0,9149	569,44
21	6	1	381	513,13	0,7425	0,8123	469,06
22	6	2	594	515,13	1,1531	1,1848	501,34
23	6	3	573	520,88	1,1001	1,0880	526,66
24	6	4	504	528,50	0,9536	0,9149	550,86
25	7	1	444	528,00	0,8409	0,8123	546,62
26	7	2	592	528,13	1,1209	1,1848	499,65
27	7	3	571			1,0880	524,82
28	7	4	507			0,9149	554,14

Abb. 24.11: Prognose bei saisonalen Schwankungen der Nachfrage

Um die Trendkomponente (glatte Komponente) zu isolieren, wird ein zentrierter gleitender Durchschnitt der Nachfrage in z aufeinander folgenden Perioden berechnet. Der Durchschnitt der Nachfragemengen in den Perioden k+1 bis k+z liefert die geglättete Nachfrage für die Periode k+(z+1)/2. Für ein ungerades z ist der Wert der Periode ganzzahlig, d. h. es handelt sich um eine existierende Periode. Für ein gerades z liegt der Wert der Periode zwischen k+z/2 und k+z/2+1, d. h. der Nachfragedurchschnitt wird einer nicht existierenden Periode zugeordnet. Um diesen unerwünschten Effekt zu korrigieren, wird in diesem Fall das Mittel der Nachfragedurchschnitte der Perioden k+1 bis k+z und k+2 bis k+z+1 gebildet, das der Periode k+z/2+1 zugeordnet werden kann. Die folgende Gleichung gibt an, wie die Durchschnittswerte berechnet werden können:

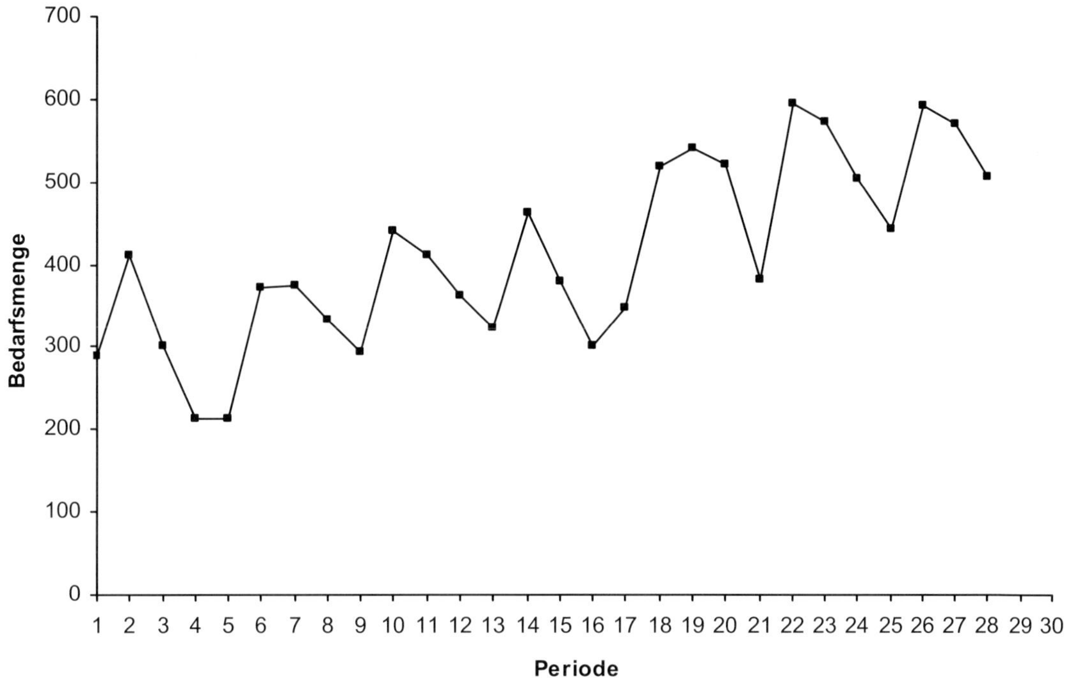

Quelle: Tempelmeier 2008, S. 71

Abb. 24.12: Bedarfsentwicklung im Zeitablauf

(24.19) $$d_t = \begin{cases} \frac{1}{z}\left[\frac{y_{t-z/2}}{2} + \frac{y_{t+z/2}}{2} + \sum_{k=t-z/2+1}^{t+z/2-1} y_k\right] & \text{für z gerade} \\ \frac{1}{z}\sum_{k=t-(z-1)/2}^{t+(z-1)/2} y_k & \text{für z ungerade} \end{cases}$$

Für Quartalswerte, d. h. für z = 4, ist für die Periode t der zentrierte gleitende Durchschnitt wie folgt zu bestimmen:

(24.20) $$d_t = \frac{0,5y_{t-2} + y_{t-1} + y_t + y_{t+1} + 0,5y_{t+2}}{4}$$

Unter Berücksichtigung der Doppelindizierung für das entsprechende Jahr und Quartal werden nach Formel (24.20) die Werte der glatten Komponente ermittelt (siehe Spalte tc_{jm} in Abbildung 24.11). Die Quotienten

(24.21) $$si_{jm} = \frac{y_{jm}}{tc_{jm}}$$

ergeben dann die Saisonindizes (siehe Spalte si_{jm} in Abbildung 24.11), die noch durch irreguläre Einflüsse überlagert sind. Um diese zu eliminieren, wird für jedes Quartal m ein Durchschnitt der si_{jm}-Werte berechnet:

$$si^*_m = \frac{1}{T}\sum_{t=1}^{T} si_{jm} \tag{24.22}$$

Damit die Saisonfaktoren bei Quartalswerten in der Summe 4 ergeben, müssen diese Werte standardisiert werden. Allgemein ergibt sich bei M Werten:

$$si_m = si^*_m \cdot \frac{M}{\sum_{m=1}^{M} si^*_m}, \tag{24.23}$$

so dass gilt:

$$\sum_{m=1}^{M} si_m = M \tag{24.24}$$

	Quartal m				
Jahr j	**1**	**2**	**3**	**4**	
1			1,0251	0,7631	
2	0,7481	1,2065	1,1244	0,9474	
3	0,8030	1,1815	1,0791	0,9371	
4	0,8394	1,2345	1,0261	0,7931	
5	0,8528	1,1441	1,1105	1,0425	
6	0,7425	1,1531	1,1001	0,9536	
7	0,8409	1,1209			
Summe	4,8268	7,0407	6,4653	5,4369	**Summe**
Durchschnitt	0,8045	1,1734	1,0775	0,9061	3,9616
Durchschnitt (standardisiert)	0,8123	1,1848	1,0880	0,9149	4,0000

Quelle: Tempelmeier 2008, S. 75

Abb. 24.13: Bestimmung der Saisonfaktoren

Abbildung 24.13 veranschaulicht die Berechnung der standardisierten Saisonfaktoren.

Werden die Beobachtungswerte durch die Saisonfaktoren dividiert, so resultieren daraus die Werte der saisonbereinigten Zeitreihe:

$$y^{sb}_{jm} = \frac{y_{jm}}{si_m} \tag{24.25}$$

Auf diese Reihe kann die lineare Regressionsanalyse angewandt werden, um die Parameter a und b des Saisonmodells zu berechnen. Abbildung 24.14 veranschaulicht die Ergebnisse.

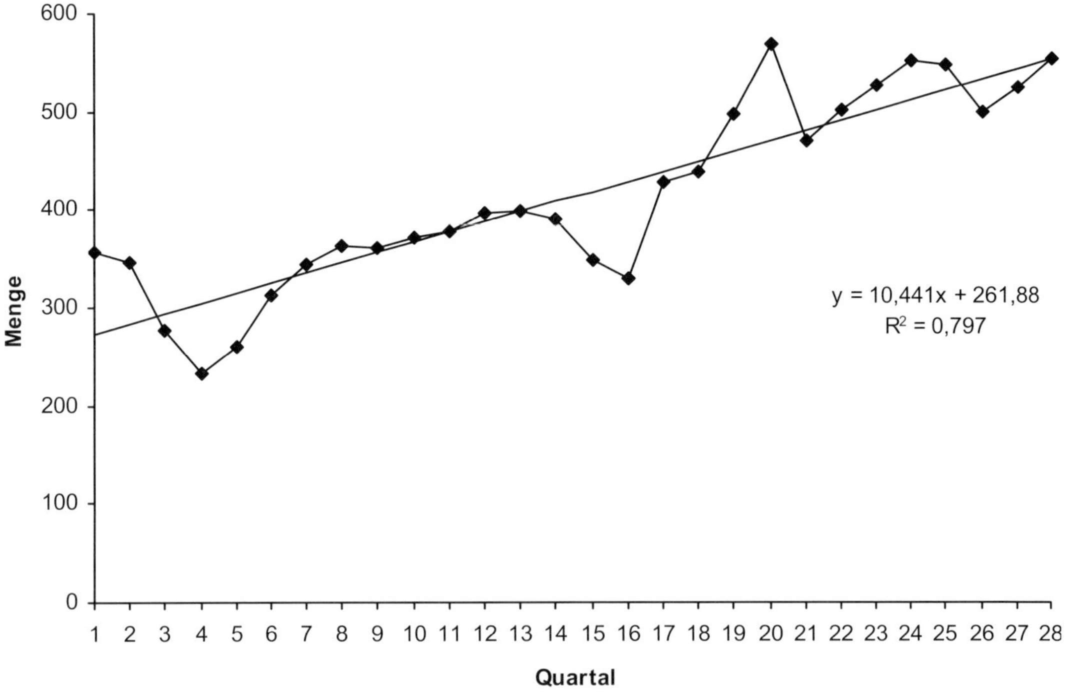

Abb. 24.14: Bestimmung des Trends mit Hilfe der linearen Regressionsanalyse

Die Werte der Regressionsgleichung und die standardisierten Saisonfaktoren liefern dann folgende Prognosewerte für die Perioden 29 bis 32:

$p_{29} = (261{,}88 + 10{,}441 \cdot 29)\ 0{,}8123 = 458{,}68$

$p_{30} = (261{,}88 + 10{,}441 \cdot 30)\ 1{,}1848 = 681{,}39$

$p_{31} = (261{,}88 + 10{,}441 \cdot 31)\ 1{,}0880 = 637{,}08$

$p_{32} = (261{,}88 + 10{,}441 \cdot 32)\ 0{,}9149 = 545{,}27$

24.2.1.4 Beurteilung der Prognosequalität

Um die Güte der Prognose zu beurteilen, bietet es sich vor allem an,

- den mittleren absoluten Prognosefehler (MAP),
- den mittleren Prognosefehler (MP) und
- die Standardabweichung des mittleren Prognosefehlers (s)

zu bestimmen (vgl. Scheer 1983, S. 20–24). Diese sind wie folgt definiert:

(24.26) $$MAP = \frac{1}{n}\sum_{i=1}^{n}\left|p_t - b_t\right|$$

(24.27) $$MP = \frac{1}{n}\sum_{i=1}^{n}\left(p_t - b_t\right)$$

(24.28) $$s = \sqrt{\frac{1}{n}\sum_{i=1}^{n}\left(\left(p_t - b_t\right) - MP\right)^2}$$

mit:

p_t = Prognose des Bedarfs für die Periode t (t = 1,…, n)

b_t = tatsächlicher Bedarf in der Periode t

Eine gute Prognose sollte einen mittleren Prognosefehler nahe null aufweisen. In diesem Fall gleichen sich positive und negative Abweichungen der Prognose von dem tatsächlichen Bedarf im Zeitablauf aus. Ist der Prognosefehler positiv, so wird der Bedarf systematisch überschätzt, ist er negativ, so wird er unterschätzt. Abbildung 24.15 zeigt einen typischen Verlauf des Mittelwerts und der Standardabweichung des Prognosefehlers sowie des Mittelwerts der Nachfrage im Zeitablauf.

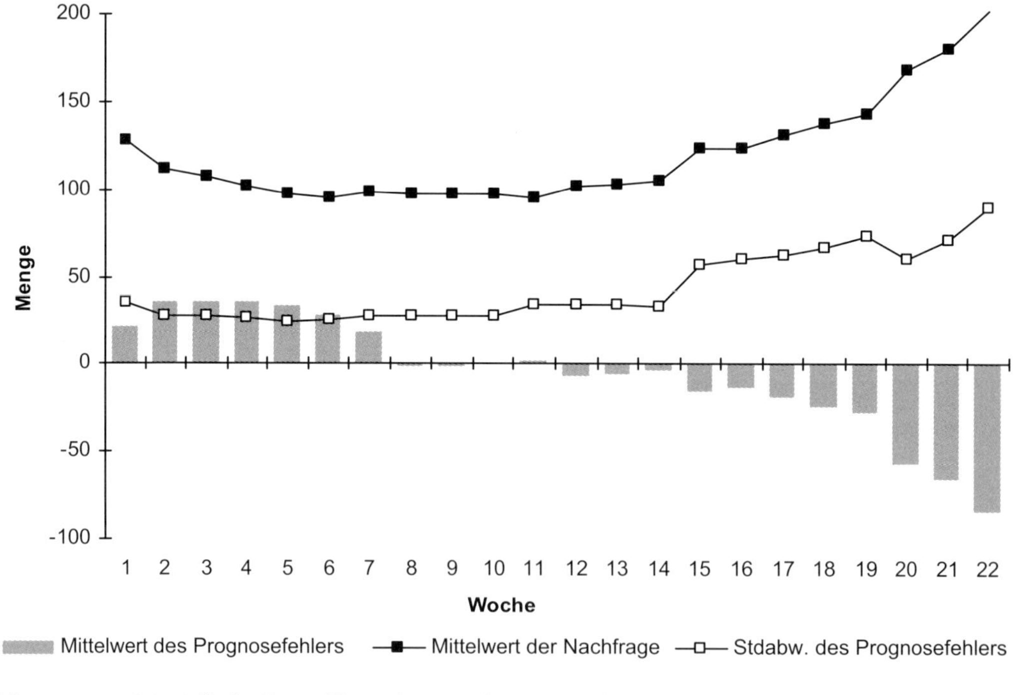

Abb. 24.15: Beispielhafte Entwicklung des Mittelwerts und der Standardabweichung des Prognosefehlers sowie des mittleren Bedarfs

Die gewünschte Eigenschaft des mittleren Prognosefehlers, Werte nahe null anzunehmen, ist nur eingeschränkt gegeben. Der Annäherung an den gewünschten Wert von null folgen nach einigen Perioden zunehmend negative Abweichungen.

24.2.1.5 Grenzen der Zeitreihenmodelle und Lösungsansätze

Die vorgestellten Prognosemethoden vermitteln einen groben Überblick über die grundsätzlichen Lösungsmöglichkeiten, die einem Unternehmen bei der Aufgabe, den Warenbedarf zu prognostizieren, zur Verfügung stehen. Die präsentierten Verfahren modellieren Nachfrageverläufe, die als idealtypisch zu bezeichnen sind. Das gilt insbesondere für die Annahme eines im Zeitablauf linearen Verlaufs. Bei allen postulierten Nachfrageverläufen stellt sich die Frage nach der zeitlichen Stabilität der Modellparameter. So sind z. B. Strukturbrüche denkbar, die durch unterschiedliche unternehmensinterne oder -externe Faktoren ausgelöst werden und die aus den Vergangenheitsdaten allein nicht abgeleitet werden können. Alle Verfahren setzen zudem voraus, dass historische Daten in entsprechendem Umfang und geeigneter Qualität verfügbar sind, um die Modellparameter zu schätzen. Dies ist häufig nicht der Fall (vgl. zum Problem der mangelnden Datenqualität z. B. DeHoratius/Raman 2008; DeHoratius/Mersereau/Schrage 2008; Nachtmann/Waller/Rieske 2010). Auf die genannten Probleme soll im Folgenden in knapper Form eingegangen werden.

Die in den letzten Abschnitten analysierten Prognoseverfahren schätzen die Modellparameter auf Basis einer Zeitreihe der vergangen Bedarfswerte. Das hat einerseits den Vorteil, dass für die Prognose lediglich eine Zeitreihe benötigt wird, was bei der häufig großen Zahl von Artikeln im Sortiment eines Handelsunternehmens von großer Bedeutung für den Speicherbedarf und den Rechenaufwand sein kann. Andererseits besitzen diese Verfahren nicht die Möglichkeit, die Wirkung sonstiger Einflussgrößen explizit zu berücksichtigen. Bei diesen Größen kann es sich um unternehmensexterne Faktoren handeln oder um Parameter der eigenen Unternehmenspolitik, von denen eine Wirkung auf den zu erwartenden Absatz ausgehen kann (vgl. Silver/Pyke/Peterson 1998, S. 124). Zu den externen Wirkungsfaktoren zählen unter anderem:

- gesamtwirtschaftliche Größen wie die Inflationsrate, die Arbeitslosenquote oder das Zinsniveau,
- rechtliche Restriktionen, die sich beispielsweise auf Umwelt- oder Sicherheitsstandards beziehen können,
- absatzpolitische Maßnahmen von Konkurrenzbetrieben und
- Konsumentenpräferenzen.

Änderungen dieser Größen können die zukünftige Nachfrage entscheidend verändern, so dass aus der Entwicklung der Absatzmenge in der Vergangenheit falsche Schlüsse gezogen werden könnten. Interne Faktoren umfassen vor allem die absatzpolitischen Instrumente des Unternehmens, wie z. B.:

- preispolitische Maßnahmen,
- kommunikationspolitische Maßnahmen, wie Werbeaktionen und Promotions,
- sortimentspolitische Entscheidungen, insbesondere die Listung von Produkten mit einem substitutiven Charakter und

– standortpolitische Maßnahmen, wie Schließungen bestehender oder Eröffnungen neuer Standorte.

Einige der Größen wirken sich auf die zu erwartende Absatzmenge in einzelnen Verkaufsstellen, andere auf die aggregierte Absatzmenge des ganzen Unternehmens aus. Aus der Existenz derartiger Wirkungen müssen entsprechende Konsequenzen gezogen werden. Die häufig automatisch generierten Prognoseergebnisse dürfen nicht unreflektiert für bestellpolitische Entscheidungen genutzt werden. Sie erfordern eine Prüfung, gegebenenfalls auch eine Anpassung und Freigabe der Prognosezahlen durch die für die Warendisposition verantwortlichen Mitarbeiter (vgl. zu Lösungsansätzen der automatischen Disposition Angerer 2006). Zum anderen können die Faktoren explizit in ein Prognosemodell integriert werden. Das bedeutet allerdings, dass Zeitreihenmodelle durch Kausalmodelle ersetzt werden müssen. In diesem Fall können beispielsweise regressionsanalytische Ansätze mit mehreren unabhängigen Variablen die Aufgabe übernehmen, die Wirkung der entsprechenden Größen abzubilden. Dabei sind allerdings mehrere Probleme zu lösen. Dazu gehören einerseits die Beschaffung, Speicherung und Aufbereitung der benötigten Daten. Andererseits sind Schätzprobleme, die zum Beispiel aus der Multikollinearität der erklärenden Variablen resultieren können, zu nennen.

Da sich die Nachfrage häufig weder konstant noch linear im Zeitablauf entwickelt, sind die vorgestellten Modelle nur eingeschränkt in der Lage, die tatsächlichen Absatzverläufe zu prognostizieren. Ähnlich wie bei der Anwendung der linearen Regressionsanalyse ist es auch bei der Zeitreihenanalyse möglich, durch eine geeignete Transformation der Daten eine Linearisierung zu bewirken und nach einer Schätzung der Parameter mit Hilfe eines linearen Modells eine Rücktransformation vorzunehmen.

Zu den vorgestellten Prognosemodellen, die auf Basis einer Zeitreihe die zukünftige Nachfrage schätzen, aber auch zu den angesprochenen Erweiterungen z. B. in Form von Regressionsanalysen ist anzumerken, dass sie im Regelfall für die zukünftigen Perioden einzelne Nachfragewerte prognostizieren. Es handelt sich um sog. Punktschätzungen. Die Analyse der Bestell- und Bestandspolitik bei stochastischer Nachfrage in Abschnitt 24.2.2.3 wird verdeutlichen, dass insbesondere für die Festlegung der Sicherheitsbestände und damit die Entscheidung über den Zeitpunkt einer Bestellung Konfidenzintervalle benötigt werden. Diese werden mit Hilfe von Intervallschätzungen bestimmt. Insofern bedarf es auch in diesem Punkt einer geeigneten Erweiterung und Anpassung der eingesetzten Prognosemethoden.

Die Verfahren der Zeitreihenanalyse dienen der Schätzung von Nachfragemengen in einzelnen Perioden, bei denen es sich meist um Tage oder Wochen handelt. Neben dieser kontinuierlichen Prognoseaufgabe kann es auch erforderlich sein, den aggregierten Bedarf in einem längeren Planungszeitraum im Vorhinein zu schätzen. So ist nicht auszuschließen, dass bei Saisonartikeln mit einem kurzen Lebenszyklus der Gesamtbedarf in einem Bestellvorgang geordert werden muss, was eine andere Art von Prognose erforderlich macht. Für Versandunternehmen ist es beispielsweise wichtig, den erwarteten Absatz, der von einem neuen Katalog ausgelöst wird, im Vorhinein zu schätzen. In diesem Fall wird häufig auf der Grundlage eines Testkatalogs und der Bestellentscheidungen einer ausgewählten Gruppe von Testkunden eine Prognose der zu erwartenden Nachfrage vorgenommen.

Bei der Beurteilung der Qualität der vorhandenen Daten sind mehrere Punkte zu berücksichtigen. Es ist zu beachten, dass insbesondere im Handel zwischen Absatz- und Nachfragemengen differenziert werden muss. Die Zahlen aus dem Warenwirtschaftssystem, auf denen die Nachfrageprognosen meist basieren, erfassen im Regelfall die abgesetzten Mengen. Gibt es Perioden mit Bestandslücken in der Verkaufsstelle, so kann die gegebenenfalls vorhandene Nachfrage nicht befriedigt werden. Die Zeitreihe weist in dieser Periode eine Absatzmenge von null auf, was unter Umständen zu einer Unterschätzung der zukünftigen Nachfrage führen kann. Denkbar ist auch ein umgekehrter Effekt einer Bestandslücke. So kann eine mangelnde Warenpräsenz bei einem Artikel zu einem erhöhten Absatz bei einem anderen Artikel führen, der als Substitut von den Nachfragern wahrgenommen wird. Eine auf einer solchen Zeitreihe beruhende Nachfrageprognose kann die tatsächliche Nachfrage in der Zukunft überschätzen.

Ein weiteres Problem ist darin zu sehen, dass es in einigen Branchen zahlreiche Artikel gibt, die eine sporadische Nachfrage aufweisen. So ist beispielsweise in der Textilbranche zu beachten, dass Prognosen auf Artikelebene eine Differenzierung nach Konfektionsgröße und Farbe erfordern. Die artikelbezogenen Abverkaufsdaten reichen in diesem Fall meist nicht aus, um die klassischen Verfahren der Zeitreihenanalyse einzusetzen. Einen Lösungsansatz stellt die verkaufsstellen- und artikelübergreifende Aggregation der Absatzdaten dar, wobei anschließend die aggregierten Prognosegrößen in geeigneter Form wieder aufgeschlüsselt werden müssen. Ein ähnliches Datenproblem ergibt sich für Artikel, die neu in das Sortiment aufgenommen wurden und zu denen es keine Referenzartikel gibt, an denen man sich bei der Prognose orientieren könnte.

Insbesondere bei modischen Artikeln sind Nachfrageverläufe zu beobachten, die den Charakter eines Lebenszyklus aufweisen. Da die letzte Lebenszyklusphase häufig von preispolitischen Maßnahmen, vor allem Abschriften, begleitet wird, um einen vollständigen Abverkauf des Artikels zu erreichen, sind besondere Modelle erforderlich, die diese Entwicklung abbilden.

Die Überlegungen zeigen, dass es zahlreiche Probleme bei der Modellierung und Prognose der zukünftigen Nachfrage gibt, die mit Standardverfahren nicht zufriedenstellend gelöst werden können. Deshalb werden neben klassischen Methoden zunehmend Verfahren wie Neuronale Netze für Prognose und Dispositionsentscheidungen eingesetzt (vgl. Crone 2010). Darüber hinaus versuchen die für den Einsatz im Handel entwickelten Verfahren viele seiner Besonderheiten entsprechend zu berücksichtigen (vgl. z. B. Arminger 2003). Zu den Herausforderungen gehört die große Anzahl der zu prognostizierenden Artikel, die eine weitgehende Automatisierung der Prognoseprozesse vorteilhaft erscheinen lässt.

24.2.2 Optimierung der Bestellpolitik

Bei der Optimierung der Bestellpolitik eines Handelsunternehmens handelt es sich um eine komplexe Aufgabe. Zum einen resultiert aus der häufig großen Anzahl von Artikeln und der Heterogenität des Gesamtsortiments eine Vielzahl von Einzelentscheidungen, bei denen unterschiedliche Rahmenbedingungen und Restriktionen zu beachten sind. Zum anderen weisen viele Entscheidungen Interdependenzen auf. So werden von einzelnen Lieferanten im Regelfall mehrere Artikel bezogen. Die durch Bestellungen ausgelösten Warenströme können folglich in Abhängigkeit von der

Bestellpolitik in unterschiedlichem Maße gebündelt werden. Verschiedene Artikel beanspruchen gemeinsam die verfügbaren Transport- und Lagerkapazitäten. Darüber hinaus ist zu beachten, dass bei handelseigenen Lägern Bestellentscheidungen einerseits in den Verkaufsstellen (vgl. zu Problemen der Filiallogistik insbesondere Hofer 2009), andererseits in den sie versorgenden Lägern zu treffen sind. Sie wirken sich gemeinsam auf die Warenbestände im System und damit auf die Warenverfügbarkeit in den Verkaufsstellen aus. Insofern ist eine abgestimmte Bestellpolitik anzustreben, die die Komplexität der Entscheidungen weiter erhöht. Lässt man die Abhängigkeiten zuerst außer Acht und beschränkt die Analyse auf einen einzelnen Artikel, so sind im Wesentlichen zwei Entscheidungen zu treffen:

- Welche Menge von einem Artikel soll bestellt werden?
- Wann soll die Bestellung erfolgen?

Um die beiden Fragen zu beantworten, werden entsprechende Optimierungsverfahren eingesetzt. Sie basieren auf unterschiedlichen Modellen, die sich vor allem hinsichtlich der getroffenen Annahmen unterscheiden. Der Prämissenrahmen betrifft insbesondere die Art des Bedarfs. Dabei lassen sich folgende Fälle unterscheiden:

- der Bedarf ist bekannt (deterministisch) und verteilt sich konstant über die Perioden,
- der Bedarf ist bekannt (deterministisch) und entwickelt sich schwankend im Zeitablauf oder
- der Bedarf ist stochastisch.

Die weitere Darstellung orientiert sich an dieser Einteilung.

24.2.2.1 Bestellmengenmodelle bei konstanter, deterministischer Nachfrage

Für die im Folgenden behandelten Bestellmengenmodelle gilt, dass sie von einer bekannten Nachfrage ausgehen. Zum anderen wird unterstellt, dass der Bedarf innerhalb des Planungszeitraums gleichmäßig anfällt, d. h. die Bedarfsrate konstant ist. Die meisten Modelle weisen darüber hinaus eine Reihe weiterer Annahmen auf. So wird angenommen, dass:

- keine Lieferzeiten zu berücksichtigen sind,
- die Planung für die einzelnen Artikel isoliert vorgenommen werden kann, d. h. keine Interdependenzen vorliegen und
- keine finanziellen oder räumlichen Restriktionen zu beachten sind.

Zunächst wird davon ausgegangen, dass mit größeren Bestellmengen kein günstigerer Einkaufspreis realisiert werden kann, anschließend werden die Auswirkungen von Rabatten untersucht.

Die Klassische Losgrößenformel

Das Modell, aus dem die klassische Losgrößenformel resultiert, ist zwar durch einengende Prämissen gekennzeichnet, es hat dennoch für die gesamte Diskussion der Bestellmengenoptimierung eine grundlegende Bedeutung. Sie ist nicht nur darin begründet, dass das Modell historisch am Anfang der Entwicklung zahlreicher weiterer Modelle steht, sondern weil es in einfacher Form die wichtigen Grundgedanken der Optimierung deutlich macht:

- Welche Kostenwirkungen gehen von einer Änderung der Bestellmenge aus?
- Inwieweit führt eine Reduktion der Kosten in einem Bereich zu einer Steigerung in einem anderen Bereich?

Das Modell soll dazu dienen, die optimale Bestellmenge zu bestimmen. Da ein bestimmter Planungszeitraum zugrunde gelegt wird (z. B. ein Jahr), wird mit der Höhe der Bestellmenge gleichzeitig über die Anzahl der Bestellungen im Planungszeitraum entschieden. Schließlich ließe sich bei bekannter Länge des Planungszeitraums angeben, in welchen zeitlichen Abständen (Lieferrhythmus) Bestellungen ausgelöst werden. Der Aktionsparameter des Modells tritt also in unterschiedlicher Gestalt auf.

Als Zielgröße wird die Minimierung der als relevant erachteten Kosten im Planungszeitraum unterstellt. Das Modell prüft die Auswirkungen auf die Lagerhaltungskosten, die Bestellkosten und die Warenkosten. Da letztere jedoch unabhängig von der Bestellmenge sind (auf größere Bestellmengen werden keine Rabatte gewährt), sind sie nicht entscheidungsrelevant und können bei der Analyse vernachlässigt werden. Zu den Umweltgrößen des Modells zählen der als bekannt unterstellte Bedarf bzw. die Bedarfsrate (benötigte Menge pro Zeiteinheit) und verschiedene Kostenkoeffizienten. Ohne Beschränkung der Allgemeinheit soll im Folgenden von einem Planungszeitraum von einem Jahr ausgegangen werden. Ansonsten muss der unten verwendete Lagerkostensatz L auf den entsprechenden Planungszeitraum bezogen werden.

Die drei Kostengrößen der Zielfunktion, auf die hin die Wirkung unterschiedlicher Bestellmengen geprüft werden soll, sind wie folgt definiert:

(24.29) Lagerkosten: $$K_L = \frac{x}{2} pL$$

(24.30) Bestellkosten: $$K_B = \frac{B}{x} A$$

(24.31) Warenkosten: $$K_W = Bp$$

mit:

$x =$ Bestellmenge [ME]

$p =$ Stückpreis [GE]

$L =$ Lagerkostensatz als Prozentsatz des gebundenen Kapitals pro Jahr

$A =$ Kosten eines Bestellvorgangs [GE]

$B =$ Bedarf im Planungszeitraum [ME]

$\frac{B}{x} =$ Anzahl der Bestellungen im Planungszeitraum

Die Zielfunktion ergibt sich dann als Summe der Lager-, Bestell- und Warenkosten. Zu minimieren sind die Gesamtkosten:

(24.32) $$K_G = K_L + K_B + K_W = \frac{x}{2}pL + \frac{B}{x}A + Bp$$

Die Abbildung 24.16 zeigt, in welcher Form die Bestellmenge x auf die einzelnen Kostenblöcke der Zielfunktion einwirkt. Sie veranschaulicht, dass die Lagerkosten linear mit der Bestellmenge ansteigen, während die Bestellkosten mit steigender Bestellmenge hyperbolisch sinken. Die Warenkosten, die von der Bestellmenge unabhängig sind, werden nicht abgebildet. Für die Gesamtkosten resultiert aus den gegenläufigen Kostenentwicklungen die Existenz eines Minimums.

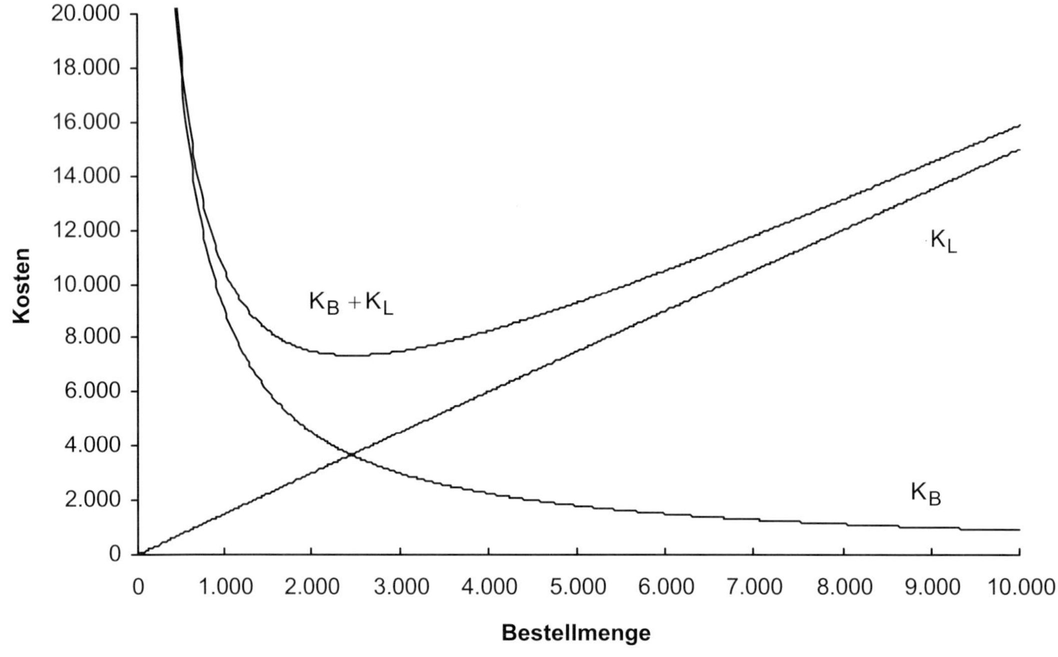

Abb. 24.16: Gesamtkosten, Bestellkosten und Lagerkosten im Grundmodell

Um die optimale Bestellmenge zu bestimmen, ist die Zielfunktion nach dem Aktionsparameter x zu differenzieren:

(24.33) $$\frac{dK_G(x)}{dx} = \frac{pL}{2} - \frac{BA}{x^2}$$

Setzt man die Ableitung der Gesamtkostenfunktion gleich null, so folgt daraus:

(24.34) $$x_{opt} = \sqrt{\frac{2BA}{pL}}$$

Eingesetzt in die Kostenfunktion ergibt sich für die minimalen Gesamtkosten (ohne Warenkosten):

(24.35) $$K_G(x_{opt}) = \sqrt{2BApL}$$

Weicht die Bestellmenge x von der optimalen Bestellmenge x_{opt} ab, so führt die Abweichung zum folgenden relativen Kostenanstieg:

(24.36) $$\frac{K_G(x) - K_G(x_{opt})}{K_G(x_{opt})} = \frac{\frac{x_{opt}}{x} + \frac{x}{x_{opt}} - 2}{\frac{2}{L}\frac{B}{x_{opt}} + 2}$$

Abbildung 24.17 veranschaulicht den relativen Kostenanstieg grafisch. Offensichtlich führt die Unterschreitung der optimalen Bestellmenge zu einem deutlich stärkeren Kostenanstieg als ihre Überschreitung.

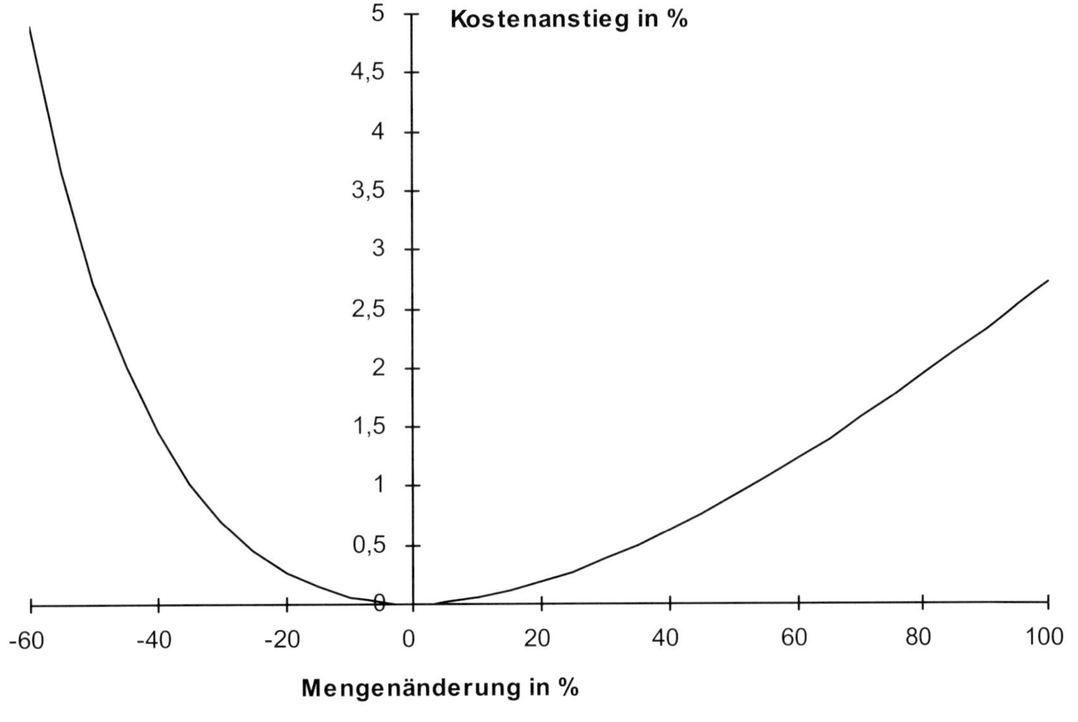

Abb. 24.17: Kostenanstieg bei Abweichungen von der optimalen Bestellmenge

In der Nähe der optimalen Bestellmenge steigen die Kosten nur unerheblich an.

Optimierung bei Rabatten

Im Grundmodell zur Bestimmung der optimalen Bestellmenge wurde unterstellt, dass größere Bestellmengen nicht zu einer Reduzierung des Beschaffungspreises führen. Diese Annahme soll nun gelockert werden. Es sind zwei Rabattarten zu unterscheiden:

- Der Rabatt wird auf alle gelieferten Mengeneinheiten gewährt, wenn eine bestimmte Abnahmemenge überschritten wird. Auf diesen Fall wird im Folgenden eingegangen (vgl. Silver/Pyke/Peterson 1998, S. 159-164).
- Nur auf die Menge, die eine bestimmte Abnahmemenge überschreitet, wird Rabatt gewährt (vgl. Hadley/Whitin 1963, S. 66-68).

Weist die Rabattstaffel nur zwei Stufen auf, so verhalten sich die nun variablen Warenkosten pro Mengeneinheit wie folgt:

$$(24.37) \qquad p = \begin{cases} p_0 & \text{für} \quad 0 \le x < x_b \\ p_0(1-r) & \text{für} \quad x_b \le x \end{cases}$$

Dabei gibt p_0 den Grundpreis ohne Rabatt an, r den Rabattsatz, der gewährt wird, wenn die Bestellmenge eine festgelegte Menge erreicht oder übersteigt. Die Warenkosten steigen dann mit der Bestellmenge, wie das in Abbildung 24.18 für eine Rabattstaffel mit drei Stufen dargestellt ist. An den Rabattgrenzen x_{b1} und x_{b2} hat die Funktion der Warenkosten jeweils eine Sprungstelle.

Während es bei der Bestimmung der optimalen Bestellmenge im Grundmodell entbehrlich gewesen wäre, die Warenkosten in die Zielfunktion einzubeziehen, müssen sie in der vorliegenden Situation berücksichtigt werden. Dabei müssen die Gesamtkosten bis zur Rabattgrenze ($x < x_b$) und ab der Rabattgrenze berechnet werden.

Bis zur Rabattgrenze gilt:

$$(24.38) \qquad K_G = K_L + K_B + K_W = \frac{x}{2} pL + \frac{B}{x} A + Bp$$

Ab der Rabattgrenze gilt:

$$(24.39) \qquad K_G = K_L + K_B + K_W = \frac{x}{2} p(1\text{-}r)L + \frac{B}{x} A + Bp(1\text{-}r)$$

Zwar gelten die beiden Kostenfunktionen für Bereiche von x, die sich nicht überlappen, dennoch ist es zweckmäßig, die beiden Kostenfunktionen miteinander zu vergleichen. Ein solcher Vergleich offenbart, dass die Gesamtkosten nach der Zielfunktion mit Rabatt (24.39) für alle Werte von x niedriger sind. Wenn der niedrigste Punkt auf dieser Funktion zulässig ist, d. h. die für den Rabatt notwendige Mindestmenge übersteigt, liegt hier das Optimum. Dieser Fall ist in Abbildung 24.19 als Fall a gekennzeichnet.

Es ist aber ebenfalls denkbar, dass sich eine kostenminimale Bestellmenge ergibt, die links von der für den Rabatt notwendigen Mindestmenge liegt. In diesem Fall stellt sich die Frage, ob eine

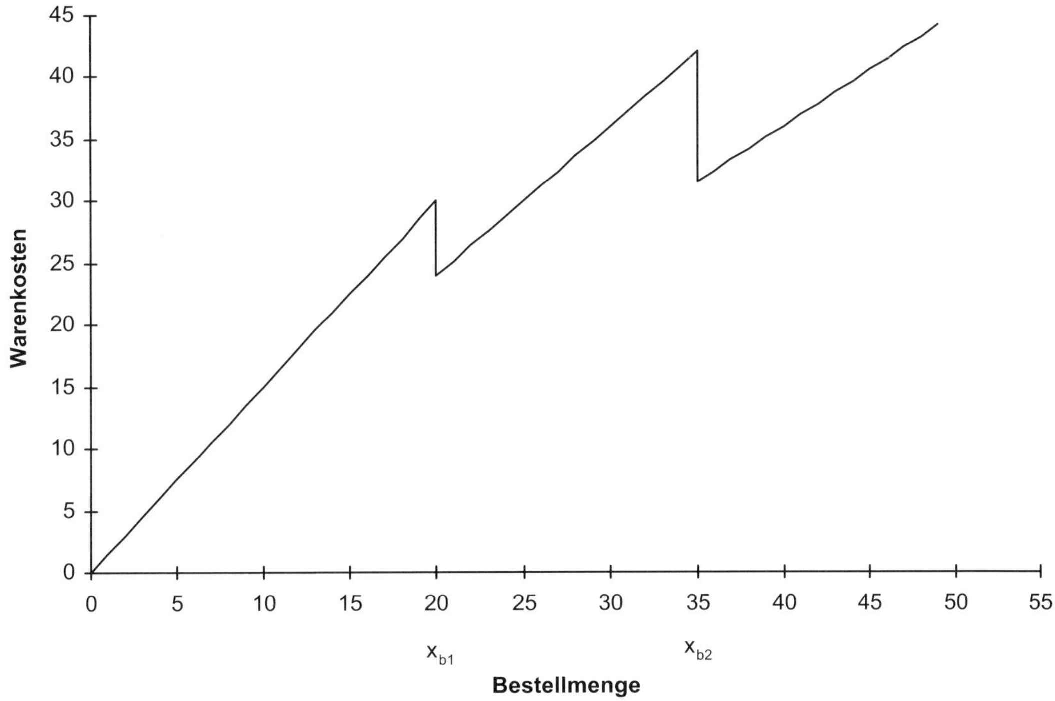

Abb. 24.18: Anstieg der Warenkosten in Abhängigkeit von der Bestellmenge bei einer Rabattstaffel

Erhöhung der Bestellmenge bis zu der Mindestmenge, bei der der Rabatt in Anspruch genommen werden kann, vorteilhaft ist. Mit einer höheren Bestellmenge steigt die Summe aus Bestellkosten und Lagerkosten. Abhängig davon, wie stark der Anstieg im Vergleich zu der aus der Inanspruchnahme des Rabatts resultierenden Reduktion der Warenkosten ist, kann eine Erhöhung der Bestellmenge lohnend sein. Im Fall a liegt das Minimum beider Kostenfunktionen links von der für den Rabatt notwendigen Mindestbestellmenge. Es ist jedoch vorteilhaft, die nach der ersten Kostenfunktion ermittelte optimale Bestellmenge auf x_b zu erhöhen, da der Kostenanstieg relativ gering ausfällt. Steigen dagegen die Lagerkosten bei einer Erhöhung der Bestellmenge stark an, können die niedrigeren Warenkosten und die sinkenden Bestellkosten dies, wie Fall b verdeutlicht, nicht ausgleichen. Die optimale Bestellmenge entspricht dem Minimum der ersten Kostenfunktion.

Aus der Tatsache, dass die Kostenfunktion mit Rabatt (24.39) für jede Bestellmenge niedrigere Kosten ausweist als die Kostenfunktion (24.38), leiten Silver, Pyke und Peterson (1998, S. 162) den folgenden Algorithmus zur Bestimmung des optimalen Werts für die Bestellmenge ab:

Schritt 1: Bestimmung der optimalen Bestellmenge nach der Kostenfunktion mit Rabatt (24.39). Sie ergibt sich als:

$$(24.40) \qquad x_{opt}^{r} = \sqrt{\frac{2AB}{p(1-r)L}}$$

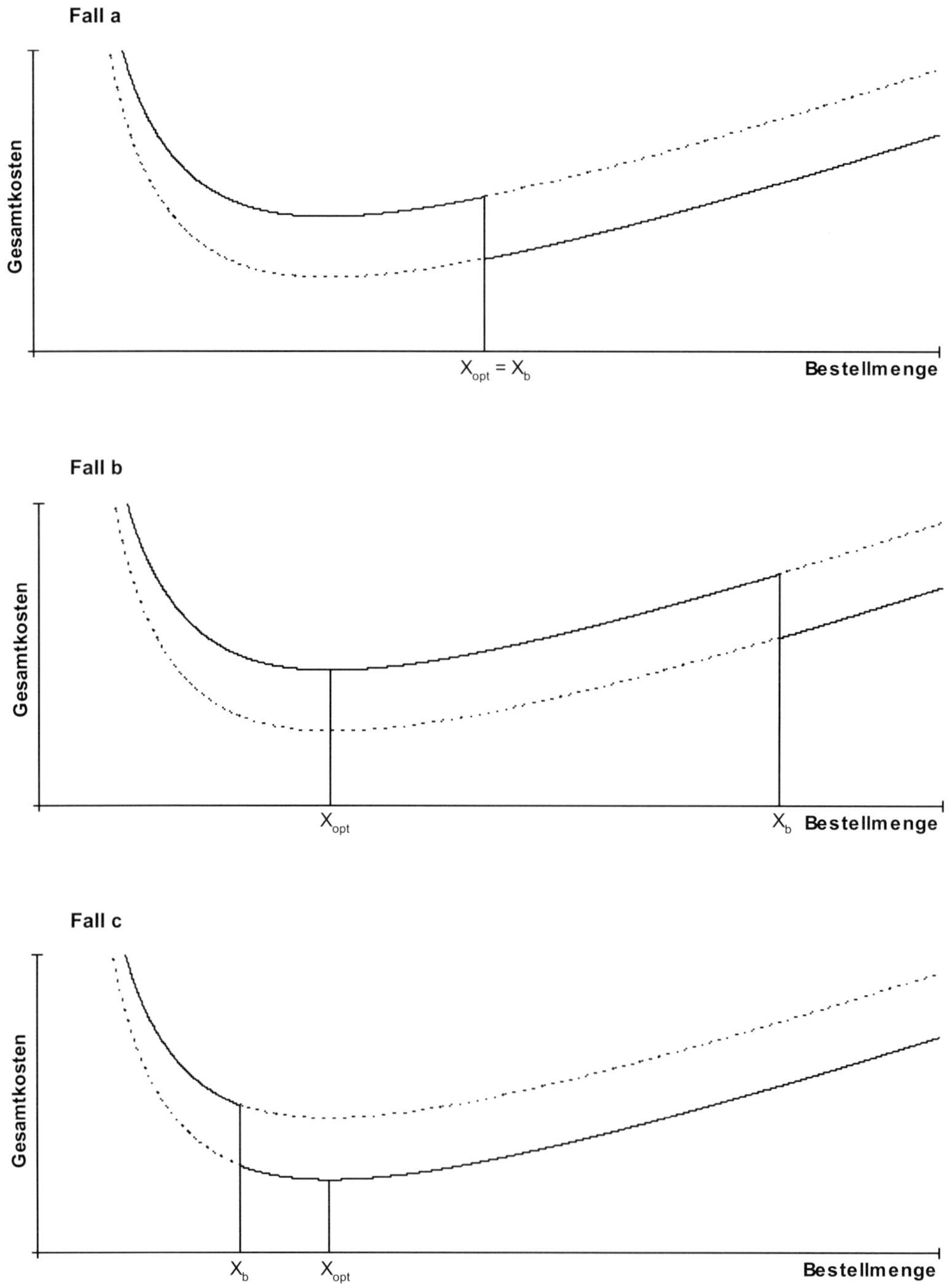

Quelle: in Anlehnung an Silver/Pyke/Peterson 1998, S. 161

Abb. 24.19: Die Gesamtkosten in Abhängigkeit von der Bestellmenge im Rabattfall

Schritt 2: Vergleich der errechneten Bestellmenge mit der für den Rabatt erforderlichen Mindestbestellmenge. Ist sie größer, handelt es sich bei dieser Menge um die optimale Bestellmenge (Fall c in Abbildung 24.19). Andernfalls Fortsetzung mit Schritt 3.

Schritt 3: Vergleich der Kosten der nach der Kostenfunktion (24.38) als optimal ausgewiesenen Bestellmenge (einschließlich der Warenkosten) mit den Kosten, die anfallen, wenn der Rabatt in Anspruch genommen wird und x_b bestellt wird. Sind sie kleiner, wird die optimale Bestellmenge nach der Kostenfunktion (24.38) bestellt (Fall b in Abbildung 24.19). Sind sie größer, wird die Menge x_b bestellt (Fall a in Abbildung 24.19).

Das vorgestellte Verfahren kann leicht auf den Fall ausgedehnt werden, dass die Rabattstaffel mehrere Stufen umfasst. Die vorteilhafte Bestellmenge liegt entweder an einer Rabattstufe oder entspricht dem Wert einer zulässigen optimalen Bestellmenge.

Mindestrabatt

Es kann auch aufschlussreich sein, jenen Mindestrabatt zu ermitteln, bei dem es vorteilhaft wäre, die Bestellmenge gegenüber jener Bestellmenge, die ohne Rabatt ermittelt worden ist, zu erhöhen. Um den Mindestrabatt zu ermitteln, müssen die Gesamtkosten $K_G(x_{opt}, p)$ bei Vorliegen der optimalen Bestellmenge x_{opt} und des Preises p mit den Gesamtkosten $K_G(x_r, p_r)$ bei Vorliegen der Mindestbestellmenge x_r und des Rabattpreises p_r gleichgesetzt werden:

(24.41) $$K_G(x_r, p_r) = K_G(x_{opt}, p) \quad \text{wobei } p_r = p(1-r)$$

Es folgt:

(24.42) $$\frac{x_r}{2} p(1-r)L + \frac{B}{x_r} A + Bp(1-r) = \frac{x_{opt}}{2} pL + \frac{B}{x_{opt}} A + Bp$$

Nach einigen Umformungen ergibt sich der gesuchte Mindestrabattsatz:

(24.43) $$AB\left(\frac{1}{x_r} - \frac{1}{x_{opt}}\right) + \frac{pL}{2}(x_r - x_{opt}) = \frac{x_r pL}{2} r + Bpr$$

(24.44) $$\frac{pL}{2} x_{opt}\left(\frac{x_{opt}}{x_r} + \frac{x_r}{x_{opt}} - 2\right) = \frac{r\,p}{2}(Lx_r + 2B)$$

(24.45) $$r = \frac{Lx_{opt}}{Lx_r + 2B}\left(\frac{x_{opt}}{x_r} + \frac{x_r}{x_{opt}} - 2\right)$$

(24.46) $$r = \frac{L}{(Lx_r + 2B)\,x_r}\,(x_{opt} - x_r)^2$$

Der Mindestrabatt fällt umso höher aus, je stärker die Mindestrabattmenge von der optimalen Bestellmenge abweicht.

Überblick über weitere Modelle

Selbst wenn die Basisannahme der vorgestellten Modellgruppe beibehalten wird, dass nämlich von einem bekannten Bedarf im Planungszeitraum ausgegangen werden kann, der im Zeitablauf gleichmäßig verteilt ist, ergeben sich zahlreiche Ansatzpunkte für Modellerweiterungen. Wichtige Modellerweiterungen beziehen sich darauf, dass:

- der Lieferant dem Abnehmer ein längeres Zahlungsziel einräumt (Lieferantenkredit),
- im Zeitablauf mit Preisänderungen auf dem Beschaffungsmarkt gerechnet wird,
- Ware nur in bestimmten Mengeneinheiten bezogen werden kann,
- eine Beschaffung von Waren im Verbund Vorteile mit sich bringen kann.

Im Handel kann gelegentlich – insbesondere bei Artikeln mit einem hohen Lagerumschlag – beobachtet werden, dass der Lieferant so lange Zahlungsziele einräumt, dass die Ware (zumindest teilweise) bereits verkauft ist und dem Handelsbetrieb die Erlöse zugeflossen sind, bevor er die Ware bezahlen muss. Es stellt sich die Frage, ob dieser Sachverhalt, der die finanzielle Ebene betrifft, bei der Festlegung von Bestellmengen berücksichtigt werden muss. Im Grundmodell der Bestellmengenoptimierung werden die Lagerkosten in Form von Kapitalbindungskosten erfasst. Die Kosten der Lagerung werden folglich auf den Preis und die Menge der beschafften Ware bezogen. Implizit geht das Grundmodell von der Annahme aus, dass die Waren beim Lagerzugang bezahlt werden, die Kosten der Lagerung also proportional zum physischen Warenbestand anfallen. Gilt dagegen, dass die Waren erst später bezahlt werden müssen, löst sich die Kapitalbeanspruchung von der Warenbewegung und die Kosten für die gelagerten Waren sinken. Bei niedrigeren Lagerkosten gewinnen die Bestellkosten ein höheres Gewicht bei der Ableitung der Bestellmenge. Je mehr also die Lagerkosten sinken, desto größer wird ceteris paribus die Bestellmenge. Verlängerte Zahlungsziele führen folglich zu größeren Bestellmengen.

Die Zusammenhänge lassen sich auch quantitativ darstellen. Die Valutierung des Rechnungsbetrags auf einen zukünftigen Zeitpunkt kann im Vergleich zu der sofortigen Fälligkeit für den beschaffenden Handelsbetrieb als eine Ersparnis angesehen werden:

(24.47) $$\text{Ersparnis} = \text{Rechnungsbetrag} \cdot \text{Zinssatz} \cdot \text{Zeitraum}$$

Als Kostenersparnis gegenüber dem Fall, dass bei Warenzugang bezahlt wird, ergibt sich:

(24.48) $$K_E = \frac{pxzt}{365}$$

mit:

x = Bestellmenge

p = Stückpreis

z = Zinssatz pro Jahr

t = Zahlungsziel in Tagen

Die Zielfunktion zur Ermittlung der optimalen Bestellmenge hat dann die folgende Form:

(24.49) $$K_G = K_L + K_B + K_W - K_E = \frac{xp}{2}L + \frac{B}{x}A + Bp - \frac{pxzt}{365}$$

Differenziert man die Kostenfunktion nach x und setzt die Ableitung gleich null, so ergibt sich:

(24.50) $$\frac{dK_G(x)}{dx} = \frac{pL}{2} - \frac{BA}{x^2} - \frac{pzt}{365} = 0$$

Als optimale Bestellmenge folgt daraus:

(24.51) $$x = \sqrt{\frac{BA}{p\left(\frac{L}{2} - \frac{zt}{365}\right)}}$$

Aufgrund des eingeräumten Lieferantenkredits verringert sich der ursprüngliche Lagerkostensatz, und der Wert im Nenner wird insgesamt kleiner, was zu einer größeren Bestellmenge führt.

Nachdem gezeigt worden ist, dass die Zahlungskonditionen über die Kosten für in Warenbeständen gebundenes Kapital einen Einfluss auf die Bestellpolitik haben, stellt sich allgemein die Frage nach dem Zusammenhang zwischen Finanzierung und Warenwirtschaft. Bei der obigen Analyse wurde allgemein ein Zinssatz z verwendet, ohne dass ausgeführt worden wäre, welcher Zinssatz hierfür gewählt werden sollte. Grundsätzlich kommen hierfür kalkulatorisch festgelegte Zinssätze, aktuelle Fremdkapitalzinssätze oder Anlagezinssätze in Frage. Die Wahl eines geeigneten Zinssatzes hängt auch von der individuellen Situation ab, in der sich ein Unternehmen befindet. Ein Unternehmen, das weitere Kredite aufnehmen müsste, um ceteris paribus eine größere Bestellmenge zu finanzieren, wird den für diesen Kredit zu entrichtenden Zinssatz verwenden. Ein Unternehmen dagegen, das über hohe liquide Bestände verfügt, aus denen es einen erhöhten Warenbezug finanzieren könnte, wird jenen Zinssatz verwenden, zu dem es seine liquiden Mittel angelegt hat. Eine solche Verfeinerung könnte allerdings dazu führen, dass eine Unternehmung je nach aktueller Finanzierungssituation fortlaufend andere Zinssätze zu verwenden hätte.

Die Kapitalkosten für in Warenbeständen gebundenes Kapital ergeben sich nicht nur aus dem Zinssatz, sondern auch aus der Höhe des gebundenen Kapitals und der Zeitdauer, für die es gebunden ist. Im Regelfall werden die Modelle so formuliert, dass der Kapitalbedarf proportional zum physischen Warenbestand ist. Da die Ware aber im Regelfall zu einem höheren Preis verkauft wird, als sie eingekauft wurde, ist auch vorgeschlagen worden, die jeweiligen Zahlungsströme zur Basis der Kapitalbindung zu machen. Das kann dazu führen, dass für eine Ware kein Kapitalbedarf mehr anfällt, obwohl noch Ware auf Lager liegt (vgl. zu Bestellmengenmodellen auf finanzwirtschaftlicher Basis Müller-Hagedorn/Biethahn 1975).

24.2.2.2 Bestellmengenmodelle bei veränderlicher, deterministischer Nachfrage

Für eine Reihe von Waren mag es zutreffend sein, dass sie innerhalb eines Planungszeitraums mit gleicher Rate abgesetzt werden. Für andere Güter hingegen kann sich der Bedarf von Periode zu Periode ändern. In diesem Fall liegen Bedarfsangaben für die diskreten Teilperioden des Planungszeitraums vor, wie dies beispielhaft die Prognosewerte in Abbildung 24.20 für einen Planungszeitraum von 10 Perioden verdeutlichen.

Woche	1	2	3	4	5	6	7	8	9	10
Bedarf in ME	240	110	190	120	200	110	250	100	180	200

Abb. 24.20: Prognosewerte für eine veränderliche Nachfrage

Für diese Situation sind mehrere Algorithmen entwickelt worden, unter denen dem Wagner-Whitin-Algorithmus eine besondere Bedeutung zukommt (vgl. Wagner/Whitin 1958).

Das Wagner-Whitin-Verfahren

Selbst bei einer begrenzten Anzahl von künftigen Perioden ergeben sich zahlreiche Möglichkeiten, um den Bedarf für diese Perioden zu decken. Bei vier Perioden gibt es bereits insgesamt acht verschiedene Bestellpolitiken:

1. In der ersten Periode wird der Bedarf für alle vier Perioden gedeckt.
2. In der ersten Periode wird der Bedarf der ersten drei Perioden gedeckt, der Bedarf für die vierte Periode zu Beginn der vierten Periode.
3. In der ersten Periode wird der Bedarf der ersten zwei Perioden gedeckt,
   a) der Bedarf für die Perioden 3 und 4 wird zu Beginn der dritten Periode eingekauft,
   b) der Bedarf für die dritte Periode wird am Anfang der dritten, der für die vierte zu Beginn der vierten Periode eingekauft.
4. In der ersten Periode wird nur der Bedarf für die erste Periode eingekauft,
   a) in der zweiten Periode wird für diese und alle folgenden gekauft,
   b) in der zweiten Periode wird für die zweite und dritte Periode gekauft, der Bedarf für die vierte Periode wird in der vierten Periode gedeckt,
   c) in der zweiten Periode wird nur für die zweite, in der dritten für alle restlichen Perioden eingekauft,
   d) in der zweiten Periode wird nur für die zweite, in der dritten nur für die dritte und in der vierten für die vierte Periode eingekauft.

Die genannten Handlungsmöglichkeiten werden durch die Abbildung 24.21 illustriert. So veranschaulicht der Pfeil 4 die Bestellung in Periode 1 für alle vier Perioden, der Pfeil 2 die Bestellung des Bedarfs der Perioden 1 und 2 in Periode 1. Die Kombination der Pfeile 2 und 9 stellt die Bestellpolitik für den Gesamtzeitraum von vier Perioden dar, bei der in Periode 1 für die Perioden 1 und 2 und in Periode 3 für die Perioden 3 und 4 bestellt wird. Bei einer Vollenumeration sind folglich acht

Bestellpolitiken miteinander zu vergleichen, um das Optimum zu finden. Bei größeren Planungszeiträumen ist eine solche Vorgehensweise nicht effizient.

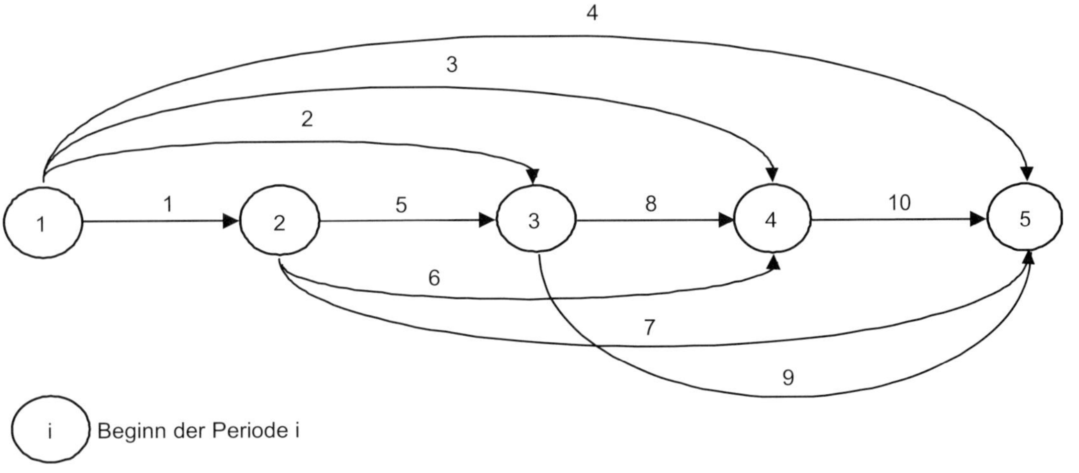

Abb. 24.21: Handlungsmöglichkeiten für die Bestellpolitik im 4-Perioden-Fall

Der Wagner-Whitin-Algorithmus reduziert die Anzahl der zu überprüfenden Alternativen mittels einer Rekursion. Für jede Periode wird die bis zu dieser Periode optimale Bestellpolitik bestimmt. Nimmt man an, dass bis zur Periode t−1 alle optimalen Bestellpolitiken ermittelt worden sind, so kann sich die Suche nach der optimalen Bestellpolitik bis zur Periode t darauf beschränken, Strategien zu vergleichen, die aus einer Kombination der optimalen Bestellpolitik bis zur Periode i−1, i = 1,…, t, und einer Bestellung in i für die Perioden i bis t bestehen. Die Rekursionsgleichung hat die folgende Form:

(24.52) $$F_t = \min_{1 \le i \le t} \left(F_{i-1} + A + Lp \sum_{j=i}^{t} (j-i) b_j \right)$$

mit:

F_i = Kosten der optimalen Bestellpolitik bis zur Periode i, i = 0,…, t, ($F_0 = 0$)

A = Kosten eines Bestellvorgangs

L = Lagerkostensatz als Prozentsatz des gebundenen Kapitals pro Periode

b_j = Bedarf der Periode j

p = Stückpreis

Die Zielfunktion lässt erkennen, dass wie im Grundmodell (siehe Formel (24.32)) die Summe aus Bestellkosten und Lagerkosten minimiert wird. Die Warenkosten sind nicht entscheidungsrelevant, da unterstellt wird, dass die Waren in allen Perioden zu den gleichen Preisen beschafft werden können und keine Fehlmengen zugelassen sind. Das Modell geht von folgenden Annahmen aus:

1. Die Höhe des Bedarfs ist für alle Perioden des Planungszeitraums bekannt.
2. Die Ware geht jeweils zu Beginn einer Periode zu und ab.
3. Die Bestellkosten sind proportional zur Zahl der Bestellungen.
4. Es kann in jeder Periode bestellt werden.
5. Die Lagerhaltungskosten sind proportional zum Bestand am Ende der Periode t.
6. Es gibt keine finanziellen und räumlichen Restriktionen.
7. Die Lieferzeit beträgt null Perioden; sollte sie größer sein, kann dies berücksichtigt werden, indem der Bestellzeitpunkt um die entsprechende Frist gegenüber der Berechnung mit einer Lieferfrist von null Perioden vorverlegt wird.
8. Der Lagerbestand beläuft sich zu Beginn und am Ende des Planungszeitraums auf null; bei anders lautenden Werten kann dies leicht berücksichtigt werden.

Das Rechenverfahren macht sich zunutze, dass es nicht vorteilhaft sein kann, in einer Periode eine Bestellung auszulösen, wenn noch ein Lagerbestand vorhanden ist. In einem solchen Fall hätte man nämlich zweckmäßigerweise in der Vorperiode vermieden, den Lagerbestand aufzubauen und hätte die betreffende Menge durch eine Bestellung in der Periode t gedeckt. Daraus ergibt sich, dass immer genau der Bedarf künftiger Perioden bestellt wird (vgl. zur Darstellung des Wagner-Whitin-Algorithmus auch Berens/Delfmann/Schmitting 2004, S. 387–392).

Der Algorithmus bedient sich einer sog. „Vorwärtsrekursion", mit der die minimalen Kosten F_i, $i = 1,\ldots, T$ (T = Planungshorizont), sowie die Bestellzeitpunkte, die zu diesen Kosten führen, bestimmt werden. Als Ergebnis erhält man eine Folge von Bestell- bzw. Lieferzeitpunkten (z. B. 1., 4., 7.,…, 51. Woche), eine Folge von dazugehörigen Bestellmengen (z. B. 20, 30, 25,…, 30 Mengeneinheiten) und die Gesamtkosten der Bestellpolitik im Planungszeitraum T. Das Verfahren wird zweckmäßigerweise an einem Beispiel erläutert. Für prognostizierte Nachfragewerte, die in Abbildung 24.20 dargestellt werden, soll die optimale Bestellpolitik bestimmt werden. Dabei werden die in Abbildung 24.22 angegebenen Parameter unterstellt.

Bestellkosten A = 50 GE
Lagerkostensatz L = 0,2 % pro Woche (= 10,4 % pro Jahr)
Stückpreis p = 30 GE

Abb. 24.22: Daten eines Beispiels zum Wagner-Whitin-Verfahren

Zur Ermittlung einer kostengünstigen Beschaffungspolitik wird eine Tabelle (siehe Abbildung 24.23) angelegt, bei der die Spalte m angibt, in welcher Periode eine Bestellung ausgelöst werden kann, und die Zeile n, bis zu welcher Periode der Bedarf durch eine Bestellung gedeckt werden soll. Das Element in der Spalte m und der Zeile n gibt die gesamten Bestell- und Lagerkosten an, wenn in Periode m der Bedarf bis zur Periode n bestellt wird und bis zum Ende der Periode m–1 die bis dahin kostenminimale Bestellpolitik betrieben wurde.

Im ersten Schritt (Zeile 1) werden die Kosten einer Bestellpolitik bestimmt, nach der in der ersten Periode der Bedarf dieser Periode gedeckt werden soll. Die Kosten belaufen sich in diesem Fall auf 50 GE, da nur Bestellkosten, aber keine Lagekosten anfallen. Dieser Wert ist in die Zelle (1;1) eingetragen. In der Zelle (1;2) sind die Kosten eingetragen, die anfielen, wenn in der ersten Periode auch der Bedarf der zweiten Periode gedeckt würde. Die Kosten belaufen sich auf Bestellkosten von 50 GE und Lagerkosten für 110 ME von 6,60 GE, insgesamt also 56,60 GE. Würde dagegen für jede der beiden Perioden getrennt bestellt, fielen zweimal die Bestellkosten von 50 GE, also insgesamt Kosten von 100 GE an, die in der Zelle (2;2) zu finden sind.

m / n	1	2	3	4	5	6	7	8	9	10
10	*508,4*	*470,8*	*396,4*	*349,6*	*308,8*	*295,2*	268,2	272,4	**267,6**	282,2
9	*400,4*	*374,8*	*312,4*	*277,6*	248,8	247,2	**232,2**	248,4	255,6	
8	*314,0*	*299,2*	*247,6*	*223,6*	**205,6**	214,8	210,6	237,6		
7	*272,0*	*263,2*	*217,6*	199,6	**187,6**	202,8	204,6			
6	*182,0*	*188,2*	157,6	**154,6**	157,6	187,8				
5	149,0	161,8	**137,8**	141,4	151,0					
4	**101,0**	125,8	113,8	129,4						
3	**79,4**	111,4	106,6							
2	**56,6**	100,0								
1	**50,0**									

Abb. 24.23: Tabelle zur Berechnung der optimalen Bestellpolitik nach dem Wagner-Whitin-Algorithmus

Die zweimalige Bestellung ist folglich der einmaligen in Periode 1 unterlegen. Dies wird festgehalten, indem der Wert von 56,6 GE fett gesetzt wird. Entsprechend wird für einen Planungszeitraum von drei Perioden (Zeile 3) berechnet, wie hoch die Kosten wären, wenn in der ersten Periode für drei Perioden bestellt würde (Kosten von 79,4 GE), in der ersten Periode für die Periode 1 (optimale Bestellpolitik bis zum Ende der ersten Periode) und in der zweiten Periode für die Perioden 2 und 3 (was zu Kosten von zweimal 50 GE und den Lagerkosten für die Ware der dritten Periode, also insgesamt von 111,4 GE, führen würde) oder wenn der Bedarf unter Rückgriff auf die für die ersten beiden Perioden vorteilhafte Politik nur für die dritte Periode gedeckt würde, wofür sich Kosten von 56,6 GE plus Bestellkosten von 50 GE, also 106,6 GE, ergäben. Von allen drei Möglichkeiten weist die erste die niedrigsten Kosten auf. Es ist also vorteilhaft, den Bedarf der ersten drei Perioden durch eine Bestellung in der ersten Periode zu decken. Der Wert von 79,4 GE wird deshalb als Zeilenminimum fett gesetzt. In Zeile 5 zeigt sich erstmalig, dass es nicht mehr vorteilhaft ist, den Bedarf bis zum Ende des Planungszeitraums durch eine Bestellung in der ersten Periode zu decken. Kostengünstiger ist eine Politik, nach der in der dritten Periode eine zweite Bestellung ausgelöst wird, mit der der Bedarf der dritten bis fünften Periode gedeckt wird.

Findet man ein Minimum in der Spalte m und Zeile n, so ist es nicht mehr erforderlich, die Kosten von Bestellpolitiken, die bereits in einer früheren Periode als m den Bedarf der Perioden n´>n decken, zu bestimmen. Es kann nämlich nicht optimal sein, den Bedarf dieser Perioden früher als in m zu decken. Das bedeutet, dass die kursiv gesetzten Elemente in der Abbildung 24.23 nicht berechnet werden müssen.

Die insgesamt optimale Strategie orientiert sich an den Zeilenminima. Die minimalen Gesamtkosten für den zehnperiodigen Planungszeitraum ergeben sich entsprechend Zeile 10 bei einer Politik, nach der der Bedarf für die neunte und zehnte Periode in der neunten Periode gedeckt wird. Die optimale Bestellpolitik bis zur Periode 8 (siehe Zeile 8) ergibt sich, wenn in der Periode 5 eine Bestellung aufgegeben wird, die den Bedarf der fünften bis zur achten Periode sicherstellt. Der Bedarf der ersten vier Perioden wird durch einen Einkauf in Periode 1 gedeckt. Die Tableauelemente der optimalen Strategie sind entsprechend fett gekennzeichnet. Die Ergebnisse sind auch in Abbildung 24.24 zusammengefasst.

Bestellperiode	1	5	9
Bestellmenge in ME	660 (Bedarf der Wochen 1-4)	660 (Bedarf der Wochen 5-8)	380 (Bedarf der Wochen 9-10)

Abb. 24.24: Die optimale Bestellpolitik im Beispiel

Die Gesamtkosten dieser Bestellpolitik betragen 267,60 GE. Der Wagner-Whitin-Algorithmus ist inzwischen in vielfältiger Form implementiert worden (vgl. Evans 1985; Saydam/McKnew 1987; Baker 1989; Gupta/Keung 1990; Heady/Zhiwei 1994; Höter 1994).

Weitere Verfahren

Da an dem Wagner-Whitin-Algorithmus die hohen Rechenzeiten kritisiert worden sind, wurden in der Folgezeit zahlreiche Näherungsverfahren (Heuristiken) entwickelt (vgl. zum Überblick Zoller/Robrade 1987; Leinz 1996; Tempelmeier 2008, S. 153–162). Zu ihnen zählen:

- das Part-Period-Verfahren (Stückperiodenausgleichsverfahren) (vgl. DeMatteis 1968; Mendoza 1968),
- das Verfahren der gleitenden wirtschaftlichen Losgröße (Least-Unit-Cost-Regel) (vgl. Love 1979),
- das Groff-Verfahren und seine Modifikationen (vgl. Groff 1979; Leinz/Bossert/Habenicht 1995),
- das Verfahren nach der Silver-Meal-Regel (vgl. Silver/Meal 1969, 1973) und
- das Verfahren nach der Incremental Order Quantity (vgl. Boe/Yilmaz 1983).

24.2.2.3 Bestellmengenmodelle bei stochastischer Nachfrage

Bei deterministischen Modellen ist der nächste Lieferzeitpunkt durch die Reichweite der vorhergegangenen Liefermenge bereits festgelegt. Die Lieferung erfolgt genau zu dem Zeitpunkt, zu dem der Lagerbestand auf null gesunken ist. Bei stochastischen Modellen dagegen muss kontinuierlich oder in bestimmten Zeitabständen geprüft werden, ob der aktuelle Bestand es erlaubt, die nächste Bestellung aufzuschieben. Dabei werden dem aktuellen Bestand die prognostizierten Bedarfsmengen gegenübergestellt. Da Prognosen das Risiko bergen, dass der tatsächliche Bedarf höher ausfällt als der prognostizierte, werden Sicherheitsbestände gehalten, die das Risiko einer Fehlmenge reduzieren.

In der Handelspraxis führen häufig Saison- und Modeeinflüsse sowie der zeitlich variierende Einsatz absatzpolitischer Instrumente dazu, dass sich der mittlere Bedarf, meist auch die Stärke der Bedarfsschwankungen, im Zeitablauf ändern. Man spricht von instationären Bedarfsverläufen. Bestellmengenmodelle unterstellen dagegen meist einen stationären Bedarf, d. h. Mittelwert und Varianz des Bedarfs bleiben im Zeitablauf konstant. Diese Annahme gilt auch für die Modelle, die im Folgenden diskutiert werden. Überlegungen, die ihnen zugrunde gelegt werden, lassen sich aber auf instationäre Bedarfsverläufe übertragen. Während bei stationären Bedarfsverläufen der Bedarf als Zufallsvariable interpretiert wird, deren Schwankungen durch Sicherheitsbestände abgesichert werden müssen, gilt bei instationären Bedarfsverläufen diese Interpretation dem Prognosefehler.

Bedarf in stochastischen Modellen

In stochastischen Modellen wird angenommen, dass die Bedarfsmengen in bestimmten Zeiträumen Zufallsvariablen mit bekannten Wahrscheinlichkeitsverteilungen sind. Häufig wird unterstellt, dass es sich dabei um eine Normalverteilung handelt, die durch die beiden Parameter Mittelwert μ und Standardabweichung σ eindeutig charakterisiert wird. Es ist aber ebenso möglich, den Bedarf mit Hilfe anderer theoretischer Wahrscheinlichkeitsverteilungen (z. B. Gammaverteilung) zu modellieren oder aus vorhandenen Daten die empirische Verteilungsfunktion zu bestimmen.

Von großer Bedeutung für die Optimierung der Bestellpolitik ist der Bedarf in der Wiederbeschaffungszeit, d. h. zwischen dem Bestellzeitpunkt und dem Zeitpunkt, zu dem die Ware verfügbar ist. Die Bestellentscheidung hängt häufig davon ab, wie groß die Sicherheit ist, dass der gegenwärtige Bestand den Bedarf in dem Zeitraum bis zur frühestmöglichen Nachschublieferung, d. h. in der Wiederbeschaffungszeit, decken kann. Die Länge der Wiederbeschaffungszeit wird meist in Tagen oder Wochen angegeben und ist demnach das Vielfache einer bestimmten Grundperiode (z. B. Tag). Um den Bedarf in der Wiederbeschaffungszeit zu bestimmen, wird daher häufig der Bedarf in der Grundperiode modelliert. Für den Bedarf D einer Grundperiode wird unterstellt, dass er normalverteilt ist:

(24.53) $$D \sim N\left(\mu_D, \sigma_D\right)$$

Sind die Bedarfsmengen in verschiedenen Grundperioden unabhängig voneinander, so gilt für den Bedarf in der Wiederbeschaffungszeit der Länge w (in Grundperioden):

(24.54) $$Y \sim N\left(\mu_Y, \sigma_Y\right)$$

mit:

(24.55) $$\mu_Y = w\mu_D$$

(24.56) $$\sigma_Y = \sqrt{w}\sigma_D$$

w = Länge der Wiederbeschaffungszeit (in Grundperioden)

Für den Bedarf X in einem Bestellzyklus der Länge r (in Grundperioden) gilt entsprechend:

(24.57) $X \sim N(\mu_x, \sigma_x)$

mit:

(24.58) $\mu_X = r\mu_D$

(24.59) $\sigma_X = \sqrt{r}\sigma_D$

r = Länge des Bestellzyklus (in Grundperioden)

Für die Parameter zweier normalverteilter Zufallsvariablen $Y \sim N(\mu_Y, \sigma_Y)$ und $X \sim N(\mu_X, \sigma_X)$, die den Bedarf in den Zeiträumen der Länge w und r beschreiben, ergibt sich folglich aus den Formeln (24.58) und (24.55) bzw. (24.59) und (24.56):

(24.60) $\sigma_X = \sqrt{\frac{r}{w}}\sigma_Y$

(24.61) $\mu_X = \frac{r}{w}\mu_Y$

Das bedeutet, dass in einem doppelt bzw. dreifach so langen Zeitraum der Bedarf im Mittel auf das Doppelte bzw. Dreifache ansteigt. Die Standardabweichung des Bedarfs wächst dagegen im Verhältnis $\sqrt{2}$ bzw. $\sqrt{3}$, also unterproportional, an.

Servicegrade

In Anknüpfung an das Auftreten einer Fehlmengensituation bzw. die Höhe der Fehlmenge wird in der Literatur zwischen einem α- und einem β-Servicegrad differenziert (vgl. Silver/Pyke/Peterson 1998, S. 245; Robrade 1991, S. 84–91).

Der α-Servicegrad gibt die Wahrscheinlichkeit an, dass der Bedarf vollständig aus dem Lagerbestand befriedigt werden kann, d. h. zwischen zwei Lieferungen (in einem Bestellzyklus) keine Fehlmengensituation auftreten wird. Der α-Servicegrad wird als ereignisorientierte Kennziffer bezeichnet. Er stellt nur auf das Vorkommen einer Fehlmengensituation ab. Die Höhe der Fehlmenge und die Dauer der Lieferunfähigkeit bleiben unberücksichtigt.

Die Zahl der Bestellzyklen in einem Planungszeitraum ergibt sich als Quotient aus dem Gesamtbedarf im Planungszeitraum und der Bestellmenge. Multipliziert mit dem α-Servicegrad liefert er die mittlere Zahl von Bestellzyklen im Planungszeitraum, in denen der Bedarf vollständig befriedigt wird. So ist beispielsweise bei einer wöchentlichen Bestellung und einem α-Servicegrad von 90 % im Durchschnitt in 5,2 Wochen im Jahr eine Fehlmengensituation zu erwarten. Bei einer monatlichen Bestellung und dem gleichen α-Servicegrad von 90 % ist im Durchschnitt einmal (genauer 1,2 mal) im Jahr mit einer Fehlmengensituation zu rechnen.

Der β-Servicegrad stellt eine mengenorientierte Kennziffer dar. Nicht nur die Wahrscheinlichkeit für das Auftreten einer Fehlmenge, sondern auch ihre Höhe gehen in die Definition des β-Servicegrads ein. Er wird wie folgt definiert:

$$(24.62) \qquad \beta = 1 - \frac{E(\text{Fehlmenge})}{E(\text{Bedarf})},$$

wobei E den Erwartungswert bezeichnet. β kann auch als die Wahrscheinlichkeit dafür interpretiert werden, dass eine beliebige Mengeneinheit des Bedarfs aus dem Lagerbestand befriedigt werden kann.

Beträgt der Bedarf pro Jahr 520 Stück und wird wöchentlich bestellt (d. h. zehn Stück pro Bestellung), dann beträgt bei einem β-Servicegrad von 90 % die erwartete Fehlmenge pro Bestellzyklus ein Stück.

Ausgewählte stochastische Bestellmengenmodelle

Im Folgenden sollen ausgewählte stochastische Bestellmengenmodelle (vgl. zu einem Überblick über weitergehende Modelle Toporowski 1999b, 1999c) dargestellt werden. Im Rahmen dieser Modelle ist zum einen über den Bestellzeitpunkt („Wann soll bestellt werden?"), zum anderen über die Bestellmenge („Wie viel soll bestellt werden?") zu entscheiden. Hierzu bedient man sich üblicherweise der folgenden Entscheidungsparameter:

s = Bestellpunkt (Bestand, bei dessen Erreichen oder Unterschreiten eine Bestellung ausgelöst wird)
r = Bestellzyklus
Q = Bestellmenge und
S = Bestandsniveau (Menge, auf die der Lagerbestand aufgefüllt wird)

Werden die Parameter kombiniert, so kann man zwischen den in Abbildung 24.25 angegebenen Politiken unterscheiden. Während bei der (s, Q)- und (s, S)-Politik eine Bestellung dann ausgelöst wird, wenn der disponible Bestand (physischer Bestand + Auftragsbestand) den Bestellpunkt s unterschritten hat, wird bei der (r, Q)- und (r, S)-Politik unabhängig vom Lagerbestand in zeitlichen Abständen von r Perioden Ware bestellt. Die (s, Q)- und (r, Q)- bzw. die (s, S)- und (r, S)-Politiken weisen Gemeinsamkeiten bezüglich der Bestellmenge auf. Während bei den ersten beiden Politiken stets eine konstante Menge Q bestellt wird, hängt bei den letzten beiden die Bestellmenge von dem aktuellen Lagerbestand ab. Die Bestellmenge wird so gewählt, dass der disponible Lagerbestand auf das Bestandsniveau S aufgestockt wird.

Zusätzlich zu diesen vier Bestellpolitiken wird in der Literatur zuweilen eine fünfte diskutiert, die aus einer Kombination der (s, S)- und (r, S)-Politik entsteht und als (r, s, S)-Politik bezeichnet wird. Bei Anwendung dieser Politik wird in einem Abstand von r Perioden der Bestand überprüft. Eine

Bestellzeitpunkt \ Menge	Q	S
s	(s, Q)	(s, S)
r	(r, Q)	(r, S)

Abb. 24.25: Alternativen in der Bestellpolitik

Bestellung wird nur dann ausgelöst, wenn der Bestand den Bestellpunkt s erreicht oder unterschritten hat. Der Bestand wird dann auf das Bestandsniveau S aufgestockt.

Die Wahl der Modellparameter beeinflusst zum einen die Kosten der Lagerhaltung, zum anderen den Servicegrad. In der Literatur gibt es zahlreiche Modelle, in denen die Kostenfunktion, die nur Bestell- und Lagerkosten berücksichtigt, um sog. Fehlmengenkosten ergänzt wird (vgl. z. B. Silver/Pyke/Peterson 1998). Hierbei kann zwischen Fehlmengenkosten differenziert werden, die unabhängig von der Höhe und Dauer der Fehlmengen, d. h. pro Fehlmengenfall fix sind, und solchen, die proportional zum Wert der Fehlmenge sind. Aufgrund der Schwierigkeit, Fehlmengenkosten zu quantifizieren, wird in der Praxis auf ihre Modellierung häufig verzichtet. Es ist stattdessen üblich, den gewünschten Servicegrad vorzugeben und unter dieser Nebenbedingung die Summe der Bestell- und Lagerkosten zu minimieren. Die folgende Darstellung folgt diesem Ansatz. Sie beschränkt sich dabei auf das Einhalten des ß-Servicegrads. Es werden zwei Varianten der Bestellpolitik näher vorgestellt – die (s, Q)- und die (r, S)-Politik. Während im ersten Fall der Bestellzeitpunkt variabel ist und in Abhängigkeit von dem gegenwärtigen Warenbestand entschieden wird, ob eine Bestellung vorgenommen wird oder nicht, ist im zweiten Fall der Bestellrhythmus fix. Die Präferenz für die Anwendung eines der beiden Verfahren kann von organisatorischen Gegebenheiten in einem Unternehmen beeinflusst sein. So ist es beispielsweise denkbar, dass in einem Filialunternehmen den einzelnen Filialen die Bestell- bzw. Lieferzeitpunkte vorgegeben werden, um die Komplexität der Belieferungsprozesse zu reduzieren. Dabei ist zu beachten, dass in einem Handelsunternehmen mit einer Vielzahl von Artikeln und Verkaufsstellen Bündelungseffekte relevant sind. Diese können realisiert werden, indem Liefervorgänge für verschiedene Artikel koordiniert werden und die Belieferung unterschiedlicher Filialen im Rahmen eines Tourenplans abgestimmt wird. Die Koordinationsaufgabe lässt sich leichter lösen, wenn die Belieferung in einem festen Rhythmus vorgenommen wird. Für Bestellentscheidungen in einem Zentrallager sind derartige Effekte vermutlich unbedeutend, so dass dort eine kontinuierliche Überwachung der Bestände und das Auslösen einer Bestellung in Abhängigkeit vom Lagerbestand zweckmäßig sein können.

(s, Q)-Politik

Die (s, Q)-Politik beruht auf einer kontinuierlichen Bestandsüberwachung. Erreicht der Bestand den Bestellpunkt s, wird die Menge Q bestellt. Sie trifft am Ende der Wiederbeschaffungszeit ein. Abbildung 24.26 verdeutlicht die Bestandsentwicklung bei Anwendung der (s, Q)-Politik.

Die Abbildung 24.26 zeigt, dass der Bestellpunkt s so hoch angesetzt wird, dass mit hoher Wahrscheinlichkeit der Bestand nicht auf null absinkt. Das hat allerdings Konsequenzen für die Höhe des

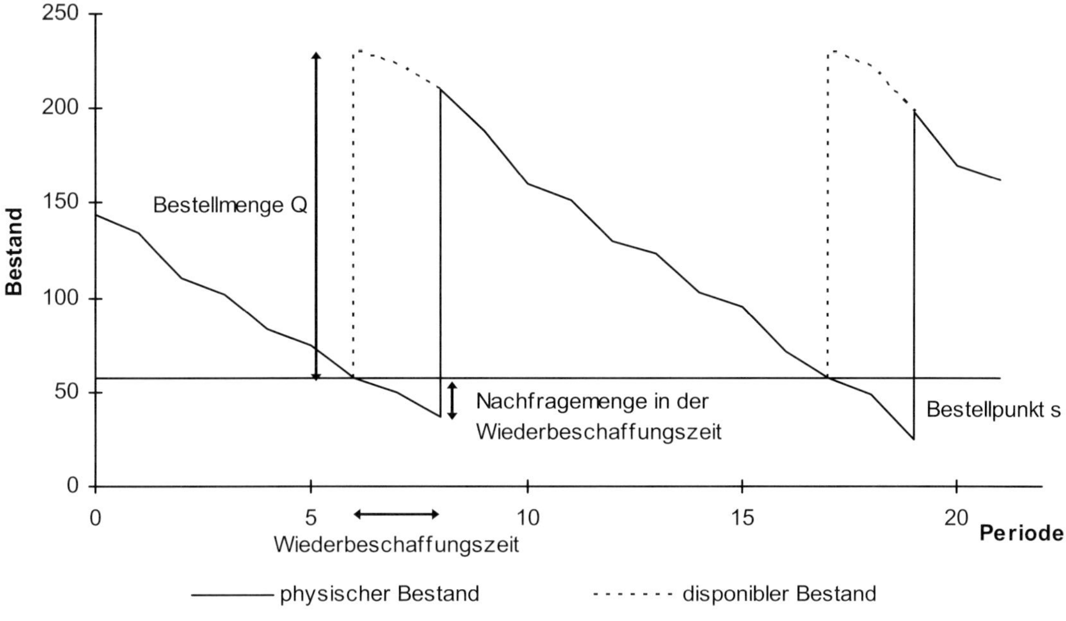

Abb. 24.26: Bestandsentwicklung bei Anwendung der (s, Q)-Politik

durchschnittlichen Lagerbestands und die sich daraus ergebenden Lagerkosten. Unmittelbar vor dem Eintreffen einer Lieferung beträgt der Bestand:

(24.63) $\quad$ E(Bestand vor dem Eintreffen der Lieferung) $= s - E(Y) = s - \mu_Y$

mit:

Y = $\quad$ Nachfrage in der Wiederbeschaffungszeit, $Y \sim N(\mu_Y, \sigma_Y)$

Unmittelbar nach dem Eintreffen der Lieferung beträgt der Bestand:

(24.64) $\quad$ E(Bestand nach dem Eintreffen der Lieferung) $= s - E(Y) + Q = s - \mu_Y + Q$

Bei einem kontinuierlichen Warenabgang bedeutet das, dass der durchschnittliche Bestand die folgende Höhe aufweist:

(24.65) $\quad$ E(Bestand) $= s - \mu_Y + \frac{1}{2}Q$

Dabei wird unterstellt, dass der Erwartungswert des Bestands vor und nach der Lieferung nicht negativ ist. Gegenüber der Kostenfunktion, die der klassischen Bestellmengenformel zugrunde liegt, sind die Lagerkosten (24.29) wie folgt zu modifizieren:

(24.66) $$K_L = \left(\frac{Q}{2} + s - \mu_Y\right) pL$$

Für die Gesamtkosten folgt daraus:

(24.67) $$K_G = \frac{B}{Q} A + \left(\frac{Q}{2} + s - \mu_Y\right) pL$$

Die in (24.67) angegebene Zielfunktion soll wie im deterministischen Fall sichern, dass durch die Wahl der Bestellmenge, die Summe von Bestell- und Lagerkosten minimiert wird. Zusätzlich zur Bestellmenge Q ist der Bestellpunkt s festzulegen. Mit ihm soll gewährleistet werden, dass ein bestimmter Servicegrad eingehalten wird. Soll ein bestimmter β-Servicegrad eingehalten werden, muss die Kostenfunktion unter der Nebenbedingung

(24.68) $$\beta = 1 - \frac{E(\text{Fehlmenge})}{E(\text{Bedarf})}$$

minimiert werden.

Abbildung 24.27 zeigt beispielhaft vier verschiedene Bedarfsverläufe in der Wiederbeschaffungszeit. In den ersten drei Fällen kann die Nachfrage befriedigt werden, nicht jedoch im vierten Fall. Im rechten Bildteil ist die Wahrscheinlichkeitsdichte der Nachfrage in der Wiederbeschaffungszeit dargestellt. Dabei wird angenommen, dass die Nachfrage normalverteilt ist. Die grau eingefärbte Fläche unter der Dichtefunktion veranschaulicht die Wahrscheinlichkeit, mit der der Bestellpunkt s nicht ausreicht, die Nachfrage in der Wiederbeschaffungszeit zu befriedigen. Wird der Bestellpunkt höher angesetzt, verkleinert sich diese Fläche. Ist die Nachfrage in der Wiederbeschaffungszeit normalverteilt, d. h. $Y \sim N(\mu_Y, \sigma_Y)$, so gilt bei der Wahl des Bestellpunkts s:

(24.69) $$E(\text{Fehlmenge}) = \int_s^{\infty} (y - s) f_Y \, dy$$

mit:

$f_Y =$ Wahrscheinlichkeitsdichte der $N(\mu_Y, \sigma_Y)$-Verteilung

Der Ausdruck lässt sich wie folgt umformen:

(24.70) $$E(\text{Fehlmenge}) = \sigma_Y \int_{\frac{s-\mu_Y}{\sigma_Y}}^{\infty} \left(z - \frac{s-\mu_Y}{\sigma_Y}\right) f_z \, dz$$

mit:

$z =$ Abszissenwert der $N(0,1)$-Verteilung

$f_z =$ Wahrscheinlichkeitsdichte der $N(0,1)$-Verteilung

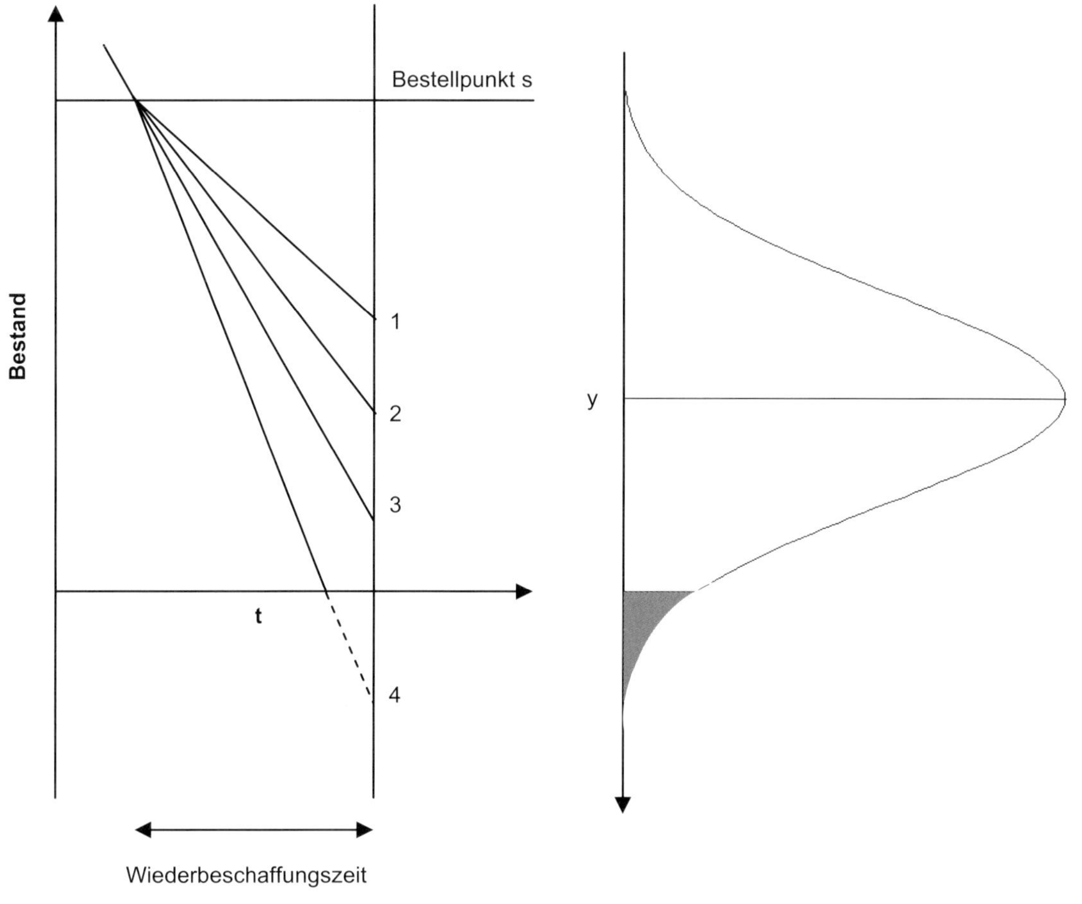

Abb. 24.27: Mögliche Bedarfsverläufe in der Wiederbeschaffungszeit und ihre Wahrscheinlichkeiten

Definiert man die Hilfsfunktion

(24.71) $$G_z(k) := \int_k^{\infty} (z-k) f_z dz ,$$

von der man zeigen kann, dass sie die folgende Eigenschaft besitzt:

(24.72) $$G_z(k) = f_z(k) - k[1 - F_z(k)]$$

mit:

$F_z =$ Verteilungsfunktion der $N(0,1)$ -Verteilung,

so folgt daraus für die Fehlmenge:

$$(24.73) \qquad E(\text{Fehlmenge}) = \sigma_Y G_z\left(\frac{s-\mu_Y}{\sigma_Y}\right)$$

k	$f_z(k)$	$F_z(k)$	$G_z(k)$	k	$f_z(k)$	$F_z(k)$	$G_z(k)$	k	$f_z(k)$	$F_z(k)$	$G_z(k)$
0,00	0,3989	0,000	0,3989	0,85	0,2780	0,8023	0,1100	1,70	0,0940	0,9554	0,0183
0,05	0,3984	0,5199	0,3744	0,90	0,2661	0,8159	0,1004	1,75	0,0863	0,9599	0,0162
0,10	0,3970	0,5398	0,3509	0,95	0,2541	0,8289	0,0916	1,80	0,0790	0,9641	0,0143
0,15	0,3945	0,5596	0,3284	1,00	0,2420	0,8413	0,0833	1,85	0,0721	0,9678	0,0126
0,20	0,3910	0,5793	0,3069	1,05	0,2299	0,8531	0,0757	1,90	0,0656	0,9713	0,0111
0,25	0,3867	0,5987	0,2863	1,10	0,2179	0,8643	0,0686	1,95	0,0596	0,9744	0,0097
0,30	0,3814	0,6179	0,2668	1,15	0,2059	0,8749	0,0621	2,00	0,0540	0,9772	0,0085
0,35	0,3752	0,6368	0,2481	1,20	0,1942	0,8944	0,0561	2,05	0,0488	0,9798	0,0074
0,40	0,3683	0,6554	0,2304	1,25	0,1826	0,9032	0,0506	2,10	0,0440	0,9821	0,0065
0,45	0,3605	0,6736	0,2137	1,30	0,1714	0,9115	0,0455	2,15	0,0396	0,9842	0,0056
0,50	0,3521	0,6915	0,1978	1,35	0,1604	0,9192	0,0409	2,20	0,0355	0,9861	0,0049
0,55	0,3429	0,7088	0,1828	1,40	0,1497	0,9265	0,0367	2,25	0,0317	0,9878	0,0042
0,60	0,3332	0,7257	0,1687	1,45	0,1394	0,9332	0,0328	2,30	0,0283	0,9893	0,0037
0,65	0,3230	0,7422	0,1554	1,50	0,1295	0,9394	0,0293	2,35	0,0252	0,9906	0,0032
0,70	0,3123	0,7580	0,1429	1,55	0,1200	0,9452	0,0261	2,40	0,0224	0,9918	0,0027
0,75	0,3011	0,7734	0,1312	1,60	0,1109	0,9505	0,0232	2,45	0,0198	0,9929	0,0023
0,80	0,2897	0,7881	0,1201	1,65	0,1023	0,8849	0,0206	2,50	0,0175	0,9938	0,0020

$f_z(k)$ – Wahrscheinlichkeitsdichte der Standardnormalverteilung

$F_z(k)$ = Verteilungsfunktion der Standardnormalverteilung

$G_z(k)$ = $f_z(k) - k\left[1 - F_z(k)\right]$ = Hilfsfunktion zur Bestimmung des Bestellpunkts s

Abb. 24.28: Komponenten der Hilfsfunktion zur Bestimmung des Bestellpunkts s

Die Abbildung 24.29 zeigt den Verlauf der Funktion $G_z(k)$.

Der Erwartungswert der Gesamtnachfrage in einem Bestellzyklus ist gleich der Bestellmenge Q. Die Nebenbedingung, unter der die Kostenfunktion minimiert werden muss, erhält damit die Form:

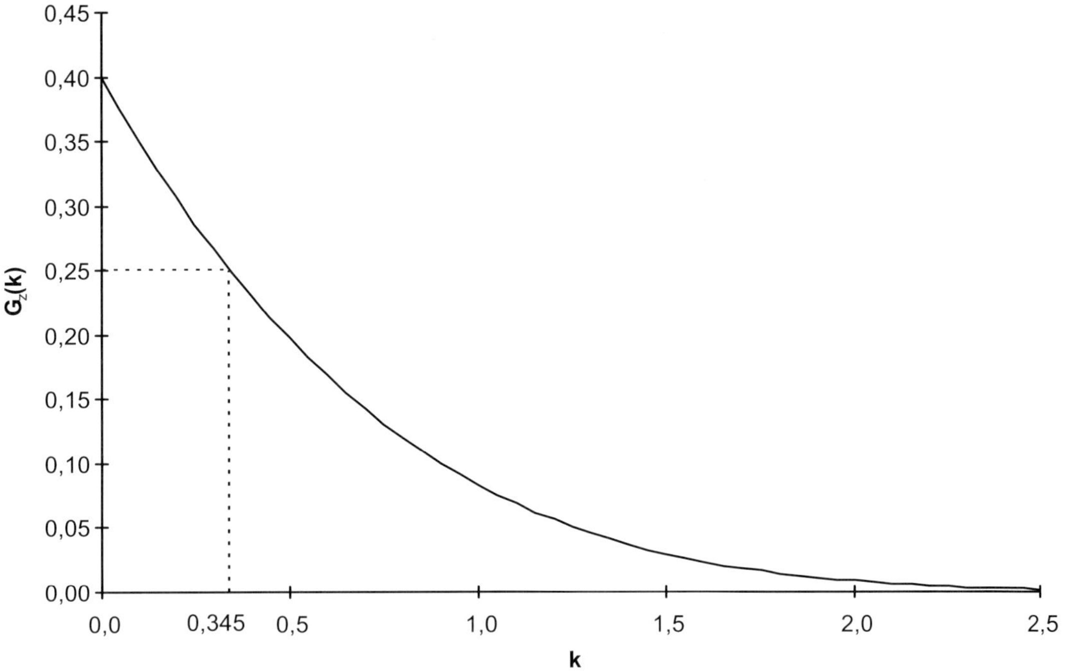

Abb. 24.29: Verlauf der Hilfsfunktion zur Bestimmung des Bestellpunkts s

(24.74) $$\beta = 1 - \frac{\sigma_Y G_z\left(\frac{s-\mu_Y}{\sigma_Y}\right)}{Q}$$

Das Minimum erhält man, wenn Q und s simultan bestimmt werden. Darauf wird in der Praxis häufig verzichtet. Stattdessen wird eine sukzessive Vorgehensweise gewählt, bei der zuerst, z. B. mit Hilfe der klassischen Bestellmengenformel (siehe Formel (24.34)), die optimale Bestellmenge Q ermittelt wird. Anschließend bestimmt man für diese Bestellmenge aus der Gleichung (24.74) den Bestellpunkt s, der den Servicegrad β erfüllt. Dies geschieht mit dem Hinweis, dass der Kostenanstieg gegenüber einer simultanen Lösung sehr gering sei. Das folgende Beispiel soll die Vorgehensweise verdeutlichen.

Bedarf B = 3.600 ME pro Jahr
Bestellkosten A = 18 GE
Stückpreis p = 24 GE
Lagerkostensatz L = 24 % pro Jahr
durchschnittlicher Bedarf in der Wiederbeschaffungszeit μ_Y = 50 ME
Standardabweichung des Bedarfs in der Wiederbeschaffungszeit σ_Y = 30 ME
Servicegrad β = 95 %

Abb. 24.30: Daten eines Beispiels zur Ermittlung von Bestellmenge und Bestellpunkt

Die sukzessive Lösung

Die klassische Bestellmengenformel liefert als optimale Bestellmenge:

$$(24.75) \qquad Q = \sqrt{\frac{2 \cdot 3\,600 \cdot 18}{24 \cdot 0{,}24}} = 150 \text{ ME}$$

Wird ein β-Servicegrad von 95 % gefordert, so muss der Bestellpunkt s die Gleichung (24.74) erfüllen, d. h.:

$$(24.76) \qquad 0{,}95 = 1 - \frac{30 \cdot G_z\left(\frac{s-50}{30}\right)}{150}$$

Formt man die Gleichung um, so erhält man:

$$(24.77) \qquad 0{,}25 = G_z\left(\frac{s-50}{30}\right)$$

Aus der Abbildung 24.29 bzw. der Tabelle in Abbildung 24.27 folgt, dass die Funktion $G_z(k)$ für k = 0,345 den Wert 0,25 annimmt. Für den Bestellpunkt s folgt daraus:

$$s = 50 + 0{,}345 \cdot 30 = 60{,}35 \text{ ME}$$

Die Gesamtkosten im Planungszeitraum betragen nach (24.67):

$$K_G = 923{,}62 \text{ GE}$$

Die simultane Lösung

Werden die Bestellmenge und der Bestellpunkt simultan bestimmt, d. h. die Zielfunktion (24.67) unter der Nebenbedingung (24.68) minimiert, so erhält man die optimale Bestellmenge:

$$Q = 172{,}98 \text{ ME}$$

und den Bestellpunkt:

$$s = 57{,}35 \text{ ME}$$

Die Gesamtkosten betragen:

$$K_G = 915{,}15 \text{ GE}$$

Ein Vergleich mit den Gesamtkosten der sukzessiven Lösung (Differenz von 8,47 GE bzw. ein Anstieg um 0,9 %) zeigt, dass die Näherungslösung ein zufriedenstellendes Ergebnis liefert. Da die sukzessive Lösung leichter zu bestimmen ist, könnte sie bei einem Einsatz in der Praxis vorteilhaft sein.

(r, S)-Politik

Bei einer (r, S)-Politik wird in konstanten Abständen von r eine Bestellung ausgelöst, die den disponierten Bestand auf das Bestandsniveau S aufstockt. Die Bestellmenge trifft nach Ablauf der Wiederbeschaffungszeit ein. Der Bestandsverlauf bei Anwendung einer (r, S)-Politik wird in der folgenden Abbildung verdeutlicht.
Unmittelbar nach dem Eintreffen der Lieferung beträgt der Bestand

(24.78) $$\text{E(Bestand nach dem Eintreffen der Lieferung)} = S\text{-}E(Y) = S\text{-}\mu_y$$

Bis zum Eintreffen der nächsten Lieferung, d. h. nach dem Bestellzyklus r, verringert sich der Bestand um den Erwartungswert der Nachfrage in diesem Zeitraum. Ist r ein Vielfaches einer Grundperiode (z. B. einer Woche) und P die Länge des Planungszeitraums in Grundperioden (z. B. 52 Wochen), so gibt $r' = r/P$ den Anteil des Bestellzyklus am Planungszeitraum an. Bei einer gleichmäßigen Nachfrage reduziert sich der Bestand im Bestellzyklus um $r'B$. Daraus folgt:

(24.79) $$\text{E(Bestand vor dem Eintreffen der Lieferung)} = S\text{-}\mu_y - r'B$$

Für den durchschnittlichen Bestand ergibt sich:

(24.80) $$\text{E(Bestand)} = S\text{-}\mu_Y - r'B + \frac{1}{2}\left[S - \mu_Y - \left(S - \mu_Y - r'B\right)\right] = S\text{-}\mu_Y - \frac{r'B}{2}$$

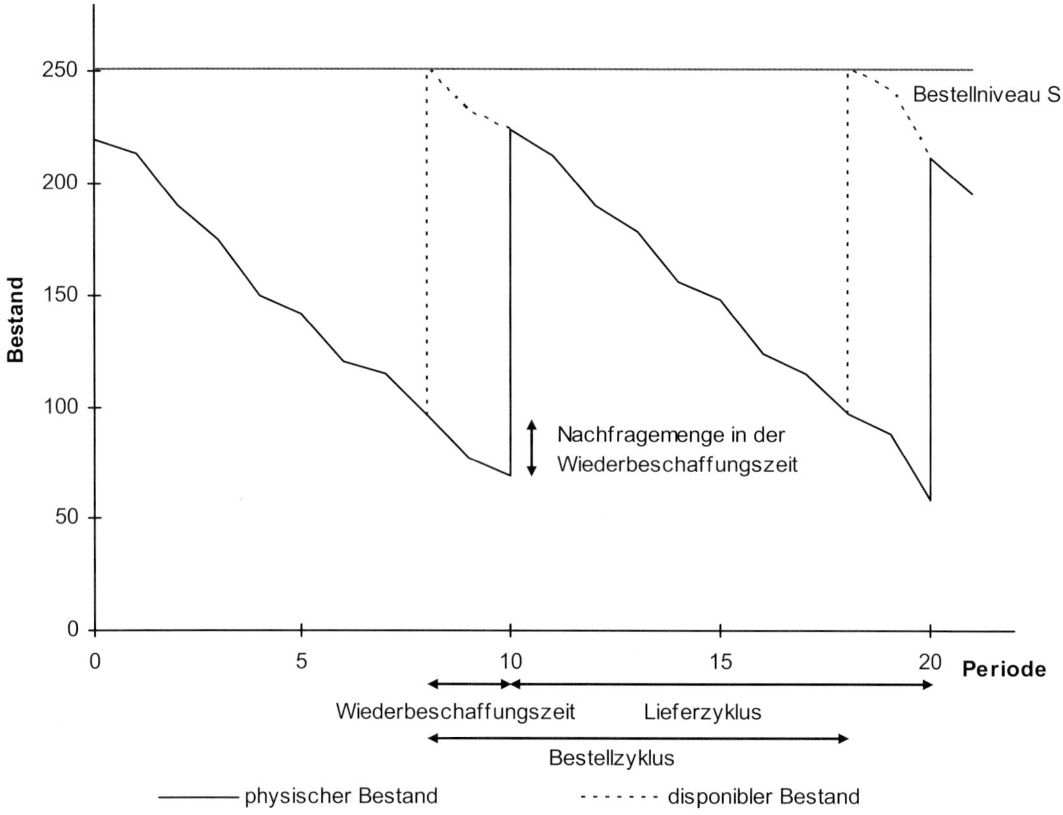

Abb. 24.31: Bestandsentwicklung bei Anwendung der (r, S)-Politik

Für die Gesamtkosten erhält man damit:

$$(24.81) \qquad K_G = \frac{B}{r'B} A + \left(S\text{-}\mu_Y - \frac{r'B}{2} \right) pL$$

Wie bei der (s, Q)-Politik wird in der Regel gefordert, dass ein vorgegebener β-Servicegrad eingehalten wird. Nach der Auslösung einer Bestellung beträgt der disponible Bestand genau S. Er muss sowohl die Nachfrage in der Wiederbeschaffungszeit als auch in dem anschließenden Bestellzyklus decken. Nimmt man an, dass die Nachfrage X in diesem Zeitraum normalverteilt ist, d. h. $X \sim N(\mu_X, \sigma_X)$, so gilt für die Fehlmenge:

$$(24.82) \qquad E(\text{Fehlmenge}) = \int_S^{\infty} (x - S) f_X dx$$

mit:

$f_X =$ Wahrscheinlichkeitsdichte der $N(\mu_X, \sigma_X)$-Verteilung

Wie bei der (s, Q)-Politik lässt sich dieser Ausdruck vereinfachen, so dass gilt:

$$(24.83) \qquad E(\text{Fehlmenge}) = \sigma_X G_z\left(\frac{S-\mu_X}{\sigma_X}\right)$$

Da die Nachfrage in einem Bestellzyklus im Durchschnitt r´B beträgt, müssen die Parameter r´ und S die folgende Bedingung erfüllen:

$$(24.84) \qquad \beta = 1 - \frac{\sigma_X G_z\left(\frac{S-\mu_X}{\sigma_X}\right)}{r'B}$$

Sowohl für die Nachfrage in der Wiederbeschaffungszeit als auch im Bestellzyklus r wird die Normalverteilungsannahme getroffen. Unterstellt man, dass sich die Nachfragen in den beiden Zeiträumen aus unabhängigen identischen normalverteilten Nachfragen einer Grundperiode zusammensetzen, so gilt für die Parameter der Nachfrage x (vgl. die Formeln (24.60) und (24.61)):

$$(24.85) \qquad \mu_X = \mu_Y + r'B$$

$$(24.86) \qquad \sigma_X = \sqrt{1+\frac{r'B}{\mu_Y}}\sigma_Y$$

Eingesetzt in die Gleichung, die den Servicegrad definiert, erhält man eine Darstellung mit einer unmittelbaren Abhängigkeit von den Parametern r´ und S. Das Minimum der Kostenfunktion (24.81) unter der Nebenbedingung (24.84) erhält man, wenn beide Parameter simultan bestimmt werden. Für die Zahlen des obigen Beispiels erhält man als optimale Parameter:

$r' = 0{,}043$ des Planungszeitraums (d. h. 23,3 Bestellungen im Jahr)

$S = 250{,}72$ ME

Die Kosten im Planungszeitraum betragen:

$K_G = 1132{,}47$ GE

Alternativ zu einer simultanen Lösung können die Parameter sukzessive bestimmt werden, indem zuerst mit der klassischen Bestellmengenformel die optimale Bestellmenge Q und daraus dann der Bestellzyklus $r' = \frac{Q}{B}$ ermittelt werden. Für ein gegebenes r' wird anschließend das optimale S bestimmt. Für die Zahlen aus dem Beispiel gilt:

$r' = 0{,}042$ des Planungszeitraums

$S = 246{,}67$ ME

Die Kosten nehmen einen Wert von:

$K_G = 1132{,}78$ GE

an.

Charakterisierung weiterer Modelle

Es gibt in der Literatur eine nahezu unübersehbare Zahl von Modellen und Verfahren zur Bestellmengenoptimierung (vgl. zu einer ausführlichen Diskussion von Lagerhaltungsmodellen neben der bereits genannten Literatur Naddor 1971; Klemm/Mikut 1972; Schneeweiß 1981). Versucht man sie zu systematisieren, so kann man sich vor allem der Hauptmerkmale Stufigkeit, Nachfrageverlauf

<table>
<tr><td>einstufige Struktur</td><td colspan="5">mehrstufige Struktur</td></tr>
<tr><td></td><td>ein Lieferpunkt/ ein Empfangspunkt</td><td colspan="4">ein Lieferpunkt/mehrere Empfangspunkte</td></tr>
<tr><td></td><td></td><td colspan="2">homogene Empfangspunkte</td><td colspan="2">heterogene Empfangspunkte</td></tr>
<tr><td>konstante Nachfrage</td><td colspan="5">schwankende Nachfrage</td></tr>
<tr><td></td><td>deterministische Nachfrage</td><td colspan="4">stochastische Nachfrage</td></tr>
<tr><td></td><td></td><td colspan="2">stationäre Nachfrage</td><td colspan="2">nicht stationäre Nachfrage</td></tr>
<tr><td></td><td></td><td>ohne Fehlmenge</td><td>mit Fehlmenge</td><td>ohne Fehlmenge</td><td>mit Fehlmenge</td></tr>
<tr><td>ein Produkt</td><td colspan="5">mehrere Produkte</td></tr>
<tr><td>konstante Kosten-parameter</td><td colspan="5">variable Kostenparameter</td></tr>
<tr><td>keine Ressourcen-restriktionen</td><td colspan="5">Ressourcenrestriktionen</td></tr>
</table>

Quelle: Toporowski 1996b, S. 113

Abb. 24.32: Ausgewählte Merkmale zur Charakterisierung von Bestellmengenmodellen und Zahl der Produkte bedienen, innerhalb derer allerdings eine weitere Differenzierung möglich ist. Darüber hinaus können die Konstanz der Modellparameter sowie die Berücksichtigung von Ressourcenrestriktionen als weitere Merkmale herangezogen werden, um die Modelle zu charakterisieren. Die Abbildung 24.32 gibt einen Überblick über ausgewählte Merkmale und Merkmalsausprägungen.

Handelsunternehmungen unterscheiden sich hinsichtlich einer Vielzahl von Merkmalen, die die Wahl eines Bestellmengenmodells beeinflussen können. Hierzu zählen vor allem die Zahl und die räumliche Verteilung der Verkaufsstellen (vgl. Ketzenberg/Metters/Vargas 2000), der Sortimentsumfang sowie die Art und Intensität preispolitischer (vgl. z. B. Tsao 2010) und kommunikationspolitischer Maßnahmen.

24.3 Zusammenfassung

Zahlreiche Logistikentscheidungen erfordern den Einsatz geeigneter quantitativer Methoden. Für Handelsunternehmungen spielen neben der Festlegung der Lagerstruktur und der Lagerstandorte Entscheidungen über die Höhe der Warenbestände sowie die Bestellzeitpunkte und -mengen eine zentrale Rolle bei der Ausgestaltung der Logistik. Die meisten Modelle der Lagerstandortplanung konzentrieren ihr Interesse auf die Folgen der Standortentscheidungen für die Höhe der Transportkosten. Darüber hinaus sind aber auch die fixen Standortkosten und die Höhe der benötigten Warenbestände zu berücksichtigen.

In den letzten Jahrzehnten ist eine starke Zentralisierung der Lagerfunktion im Handel zu beobachten. Dabei handelt es sich meist um eine strategische Entscheidung, die durch eine Konzentration der Warenbestände sowohl eine Reduktion der Kosten als auch der Risiken bewirken kann. Wird die grundsätzliche Lagerstruktur, die sich in der Zahl der Lagerstufen widerspiegelt, auf einer strategischen Ebene festgelegt, so können anschließend einzelne Lagerstandorte mit Hilfe geeigneter mathematischer Modelle bestimmt werden. Sie unterscheiden sich vor allem darin, welche Kostenelemente in der Zielfunktion enthalten sind und ob beliebige oder nur bestimmte Standorte als Lösungen zulässig sind.

Bestellpolitische Entscheidungen setzen im Regelfall voraus, dass die zukünftige Nachfrage prognostiziert wird. Hierzu stehen zahlreiche Modelle und Instrumente zur Verfügung. Sie unterscheiden sich zum einen darin, welche Nachfrageverläufe sie unterstellen, zum anderen darin, welche Daten sie für die Prognose nutzen. Wegen ihrer einfachen Handhabung und aufgrund ihres relativ geringen Datenbedarfs werden häufig Zeitreihenverfahren eingesetzt, um die zukünftige Nachfrage zu prognostizieren. Hierzu zählen vor allem die unterschiedlichen Varianten der exponentiellen Glättung und die Regressionsanalyse. Die unterstellten Bedarfsverläufe weisen meist einen idealtypischen (konstanten oder linearen) Charakter auf, können aber durch geeignete Transformationen angepasst und modifiziert werden. Der Vorteil der exponentiellen Glättung ist vor allem in dem geringen Daten- und Speicherbedarf zu sehen. Dabei ist allerdings zu beachten, dass vor der Anwendung der Verfahren die Modelle korrekt spezifiziert werden müssen. Mit den genannten

Vorteilen der Zeitreihenanalyse gehen einige Probleme einher. Hierzu zählt eine gegebenenfalls fehlende oder mangelnde Berücksichtigung unternehmensexterner, aber auch unternehmensinterner Einflussfaktoren. Änderungen der ökonomischen Rahmenbedingungen oder eine Neuausrichtung der absatzpolitischen Instrumente können dazu führen, dass sich Nachfrageverläufe der Vergangenheit und die aus ihnen abgeleiteten Modellparameter nicht auf die Zukunft übertragen lassen, so dass die Zeitreihenanalyse zu falschen Ergebnissen führt. In diesem Fall können kausalanalytische Verfahren hilfreich sein.

Abhängig von den spezifischen Eigenschaften der Nachfrageverläufe und der Verfügbarkeit von historischen Daten, die unter anderem darin begründet sein können, dass es sich um modische oder neu in das Sortiment aufgenommene Artikel handelt oder um Waren, bei denen Abverkäufe nur sporadisch stattfinden, sind spezielle Prognoseverfahren zu entwickeln und einzusetzen. Beruhend auf bekannten oder geschätzten Nachfrageverläufen sind Bestellentscheidungen zu treffen. Auch hierzu ist eine Vielzahl von Methoden entwickelt worden. Sie unterscheiden sich ebenfalls hinsichtlich der Modellannahmen. Von großer Bedeutung ist die Frage, ob es sich um eine deterministische oder eine stochastische Nachfrage handelt. Ebenso wichtig ist die Frage, ob der erwartete Absatz konstant oder schwankend ist. Darüber hinaus unterscheiden sich die Modelle hinsichtlich der in der Zielfunktion berücksichtigten Kosten. Auf Grundlage der klassischen Bestellmengenformel, bei deren Herleitung von einer konstanten, deterministischen Nachfrage ausgegangen wird, wurden zahlreiche Verfahren entwickelt, die sowohl Nachfrageschwankungen als auch Unsicherheit berücksichtigen. In dem vorliegenden Kapitel wurden ausgewählte Ansätze vorgestellt und diskutiert. So wurde zum einen die Funktionsweise des Wagner-Whitin-Verfahrens erläutert, das bei deterministischer, aber schwankender Nachfrage eingesetzt wird. Darüber hinaus wurden mit der (s, Q)- und der (r, S)-Politik zwei Verfahren vorgestellt, die bei stochastischer Nachfrage die Bestellpolitik optimieren. Während das erste Verfahren bei einer kontinuierlichen Überwachung des Warenbestands eingesetzt wird, unterstellt das zweite einen fixen Bestellrhythmus. In beiden Modellen werden die zu optimierenden Parameter unter Vorgabe eines einzuhaltenden Servicegrads bestimmt. Die vorgestellten Bestellmengenmodelle zeigen, dass eine Reihe von Annahmen erforderlich ist, um die gesuchten Parameter mit Hilfe statistischer Methoden zu quantifizieren. Bei Anwendung der Verfahren ist deshalb sorgfältig zu prüfen, ob ihre zentralen Voraussetzungen erfüllt sind.

F Personal und Organisation
Kapitel 25–26

Fragen der Personalpolitik kommt im Handel unter strategischen wie auch operativen Gesichtspunkten eine große Bedeutung zu. Aufs Engste sind mit personalwirtschaftlichen Fragen Überlegungen zur Gestaltung der Organisation verbunden. Die beiden Kapitel informieren über Gestaltungsmöglichkeiten und zeigen, wie diese zu beurteilen sind.

25 Personalpolitik

Der Personalpolitik kommt im Handel schon allein deshalb eine große Bedeutung zu, weil von ihr beträchtliche Kostenwirkungen ausgehen. Personalkosten sind aus diesem Grund häufig Ausgangspunkt strategischer Überlegungen, die sich auf die Wahl der Betriebsform, die Ausgliederung einzelner Funktionsbereiche oder die Substitution von Bedienung durch Selbstbedienung beziehen können. Die Dynamik der Betriebsformen stellt sich in vielen Fällen so dar, dass die neu auftauchenden Betriebsformen niedrigere Personalkosten aufweisen als die etablierten. So kann die Personalkostenentwicklung als zentraler Treiber des Wettbewerbs der Betriebsformen angesehen werden. Im Folgenden wird deshalb zunächst auf die Höhe und die Entwicklung der Personalkosten im Handel eingegangen. Anschließend wird ein Überblick über die wesentlichen Elemente der Personalpolitik gegeben, bevor die Entgeltpolitik und die Optimierung des Personaleinsatzes als zentrale Problemfelder im Handel ausführlicher dargestellt werden.

Der Personaleinsatz ist jedoch nicht nur aus Kostensicht zu beurteilen. Im Kundenkontakt stellt er ein wichtiges Element des Marketing-Mix dar, weil von ihm bedeutende Wirkungen auf das Kundenverhalten ausgehen können. Diese Aspekte wurden bereits in Kapitel 21 im Rahmen der Service- und Beratungspolitik erläutert, so dass in diesem Kapitel hierauf nicht mehr eingegangen wird. Im Folgenden werden nur handelsspezifische Aspekte der Personalpolitik angesprochen (vgl. hierzu auch Berekoven 1995; Lerchenmüller 2003 sowie zu einem detaillierten Überblick Stoffl 1996). Bezüglich weiterer branchenunabhängiger Probleme der Personalpolitik sei auf die entsprechenden Lehrbücher zum Personalwesen verwiesen (z. B. Scholz 2000; Drumm 2008; Berthel/Becker 2010; Holtbrügge 2010; Stock-Homburg 2010).

25.1 Zahl der Beschäftigten und Personalkosten im Handel

Auch wenn in vielen Bereichen des Handels das Selbstbedienungsprinzip vorherrscht, können Personalkosten in beträchtlicher Höhe anfallen. Dies gilt umso mehr für Betriebe, die dem Fremdbedienungsprinzip folgen. Um die Bedeutung des Personaleinsatzes im Handel zu veranschaulichen, soll zunächst ein Überblick über die Entwicklung der Beschäftigten im Handel sowie die Höhe und Entwicklung der Personalkosten gegeben werden.

Zur Entwicklung der Beschäftigten im Handel

Daten über die Zahl der Beschäftigten im Handel können der Amtlichen Statistik entnommen werden. In der Amtlichen Statistik werden unter Beschäftigten alle (im Handel) tätigen Personen verstanden. Eingeschlossen sind hierbei Inhaber und mithelfende Familienangehörige, nicht jedoch Personen im Mutterschutz oder in Elternzeit und Arbeitskräfte, die von anderen Unternehmungen zur Verfügung gestellt werden. Ohne auf Unterschiede in der Definition von Beschäftigten, Erwerbstätigen und sozialversicherungspflichtigen Beschäftigten einzugehen, lässt sich aus den Daten des Statistischen Bundesamtes ableiten, dass rund 15 % der in Deutschland insgesamt Beschäftigten im Handel arbeiten (siehe Abbildung 25.1). Die Zahl der Erwerbstätigen im Handel wird durch zahlreiche Faktoren beeinflusst. Hierzu zählen der fortschreitende Übergang zur Selbstbedienung, der Einsatz neuer Technologien in Logistik und Verkauf, die zunehmende Filialisierung und der Ersatz von Vollzeitbeschäftigten durch Teilzeitbeschäftigte. Abbildung 25.1 zeigt jedoch, dass über die beiden letzten Jahrzehnte hinweg die Zahl der im Handel Beschäftigten absolut und relativ weitgehend gleich geblieben ist.

Jahr	1991	1995	2000	2005	2006	2007	2008	2009
Handel* (in 1 000)	5 643	5 766	6 078	5 898	5 874	5 929	5 979	5 960
Insgesamt (in 1 000)	38 621	37 601	39 144	38 835	39 075	39 724	40 279	40 265
Handelsanteil (in %)	14,6	15,3	15,5	15,2	15,0	14,9	14,8	14,8

* Wirtschaftsabschnitt G (WZ 2003): Handel, Instandhaltung und Reparatur von Kfz und Gebrauchsgütern

Quelle: Statistisches Bundesamt 2010d, S. 83

Abb. 25.1: Entwicklung der Erwerbstätigen im Handel und in Deutschland insgesamt

Personalkosten und ihre Entwicklung

Die Höhe der Personalkosten hängt neben der Zahl der Beschäftigten von der Höhe der Löhne (bzw. der Bruttomonats- oder Stundenverdienste und der Verteilung der Beschäftigten auf einzelne Tätigkeitsgruppen) ab. Die Entwicklung der Personalkosten ist von hoher Relevanz, da Lohnsteigerungen einzelne Betriebsformen des Handels in unterschiedlichem Maße betreffen. Es besteht zudem ein unmittelbarer Zusammenhang zwischen der Entwicklung der Personalkosten und der Dynamik der Betriebsformen (vgl. zur Höhe der Personalkosten in einzelnen Betriebsformen Kapitel 10).

Zu den Arbeitskosten zählt nicht nur das Entgelt für die geleistete Arbeit, sondern es sind auch die Personalnebenkosten, wie die Vergütung arbeitsfreier Tage, die Arbeitgeberbeiträge zur Sozialversicherung, die betriebliche Altersversorgung und sonstige Personalnebenkosten hinzuzurechnen (vgl. zu einer detaillierten Übersicht Statistisches Bundesamt 2010e, S. 8; Wenzlitschke 2002, S. 52). Die Arbeitskosten sind daher höher als die pro Stunde gezahlten Bruttolöhne. Abbildung 25.2 zeigt, wie sich die Arbeitskosten im Handel in den letzten Jahren entwickelt haben. Die Entwicklung der Arbeitskosten kann durch verschiedene Faktoren beeinflusst werden, beispielsweise durch neue Tarifvereinbarungen, Änderungen der Nebenkosten (z. B. Krankenversicherungsbeiträge) oder Änderungen in der Struktur des beschäftigten Personals (z. B. Beschäftigung einer höheren Zahl qualifizierter Arbeitskräfte oder Beschäftigung von mehr Teilzeitkräften).

Jahr	1998	1999	2000	2001	2002	2003	2004	2005	2006	2007	2008	2009
Arbeits-kosten pro Stunde (in Euro)	20,5	21,1	21,7	22,5	23,1	23,9	23,9	24,0	24,1	24,3	24,9	25,7

Quelle: Statistisches Bundesamt 2010d, S. 539

Abb. 25.2: Entwicklung der Arbeitskosten im Handel (Wirtschaftsabschnitt G (WZ 2008): Handel, Instandhaltung und Reparatur von Kfz und Gebrauchsgütern)

Setzt man den Wert für 2005 auf 100 %, belaufen sich die Arbeitskosten je Stunde für das Jahr 1998 auf 85 %. Für das Jahr 2009 wird ein Wert von 107 % erreicht. Die Arbeitskosten sind folglich innerhalb von elf Jahren um 22 Prozentpunkte gestiegen, pro Jahr durchschnittlich um etwa 2 Prozentpunkte. Um die gestiegenen Personalkosten tragen zu können, müssen den Kostensteigerungen entsprechende Umsatzsteigerungen gegenüberstehen oder Kostensenkungen in anderen Bereichen realisiert werden, wenn der Gewinn nicht beeinträchtigt werden soll. Umsatzsteigerungen können über die Preis- oder die Mengenkomponente realisiert werden. Wird die Entwicklung der Arbeitskosten je Stunde den Einzelhandelspreisen gegenübergestellt, lässt sich jedoch erkennen, dass in vielen Branchen des Einzelhandels die Arbeitskosten stärker gestiegen sind als die Preise. Abbildung 25.3 verdeutlicht dies exemplarisch.

Die Angaben in Abbildung 25.3 lassen erkennen, dass die Entwicklung der Preise im Einzelhandel die Entwicklung der Arbeitskosten je Stunde in vielen Branchen nicht kompensieren kann (z. B. im Einzelhandel mit Bekleidung), wobei die Entwicklung in den einzelnen Branchen allerdings sehr unterschiedlich ist. Die Einzelhandelspreise stellen jedoch nur eine Komponente des Erfolgs und auch des Umsatzes dar, denn der Umsatz ergibt sich aus den abgesetzten Mengen und den zugehörigen Preisen. So könnten sich trotz eines schwachen Anstiegs der Preise die Mengen erhöht oder die Wareneinstandspreise reduziert haben. In vielen Branchen stagnieren die Umsätze jedoch, so dass die gleichzeitig eintretenden Personalkostensteigerungen nicht mehr aufgefangen werden können. Dies gilt, wie Betriebsvergleichsergebnisse zeigen, insbesondere für den Facheinzelhandel, aber auch für einige Großbetriebsformen wie Waren- und Kaufhäuser.

Da der Facheinzelhandel von Steigerungen der Personalkosten besonders betroffen ist, soll darauf im Folgenden gesondert eingegangen werden. Die Zahlen aus dem Betriebsvergleich des Instituts für Handelsforschung zeigen seit vielen Jahren einen ständigen Anstieg der Personalkosten in Prozent vom Umsatz für den Fachhandel. Oft steigen die Personalkosten nur in geringem Umfang, wenn die Veränderung zum jeweiligen Vorjahr betrachtet wird. In der langfristigen Entwicklung ergeben sich jedoch deutliche Veränderungen, deren betriebswirtschaftliche Relevanz nicht zu vernachlässigen ist. So belief sich die Höhe der Personalkosten (ohne kalkulatorischen Unternehmerlohn) bei den Betriebsvergleichsteilnehmern aus dem Einzelhandel im Jahr 1959 nur auf 8,7 % vom Umsatz. 1996 lag dieser Wert bei 14,6 % (vgl. Kaapke 1997, S. 240) und damit um fast 6 Prozentpunkte höher. Ergebnisse des Betriebsvergleichs 2008 zeigen ein differenziertes Bild in Abhängigkeit von der betrachteten Branche. So wurden im inhabergeführten selbständigen Lebensmitteleinzelhandel Personalkosten (inkl. kalkulatorischer Unternehmerlohn bei Personengesellschaften) von

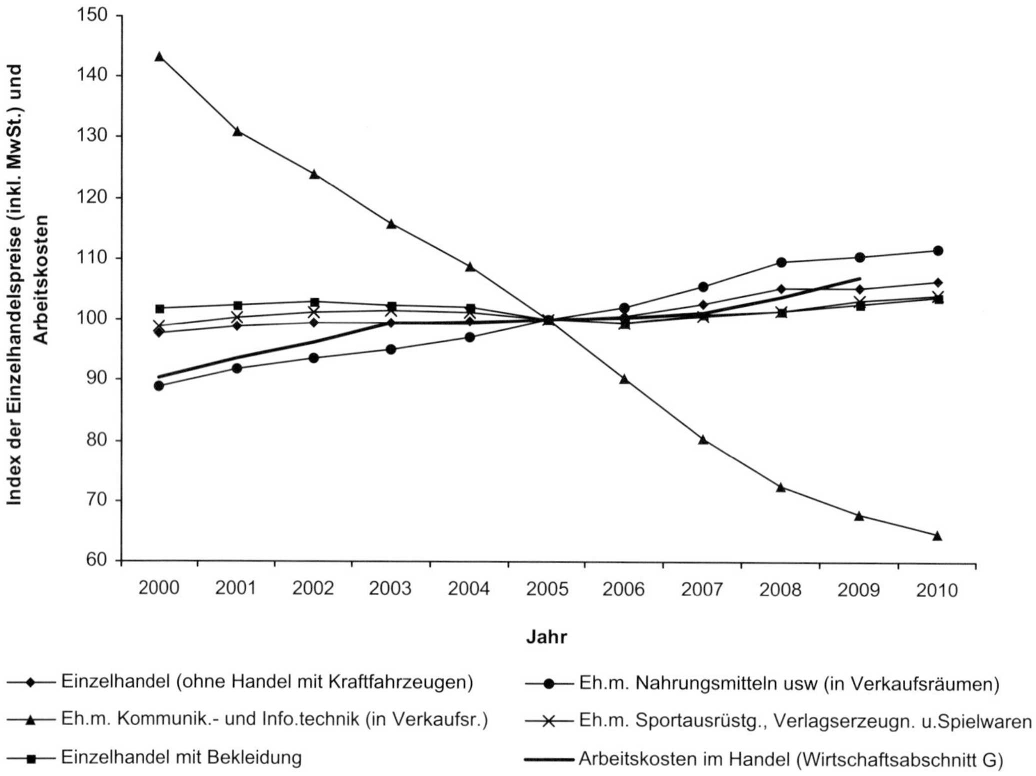

Quelle: eigene Darstellung, in Anlehnung an Statistisches Bundesamt (o. J.c); Statistisches Bundesamt 2010d, S. 539, (2005 = 100)

Abb. 25.3: Index der Einzelhandelspreise und der Arbeitskosten (Wirtschaftszweige nach WZ 2008)

12,4 % des Umsatzes (einschließlich MwSt.) ermittelt. Im Möbeleinzelhandel erreichten die Personalkosten einen Wert von 17,3 %, im Textileinzelhandel 21,3 %, im Schuhhandel 22,1 % und im Einzelhandel mit Schmuck und Uhren 21,0 % (vgl. Institut für Handelsforschung GmbH 2010). In Abbildung 25.4 wird am Beispiel des Schuhfacheinzelhandels gezeigt, dass die Personalkosten über Jahrzehnte angestiegen sind, einem weiteren Anstieg in den letzten Jahren allerdings entgegengewirkt werden konnte.

Bei der Interpretation der Personalkosten in Prozent vom Umsatz ist zu beachten, dass sich in solchen Zahlen nicht nur die Entwicklung der Personalkosten, sondern auch die Entwicklung des Umsatzes, der Wareneinstandskosten und der Umsatzsteuersätze niederschlagen.

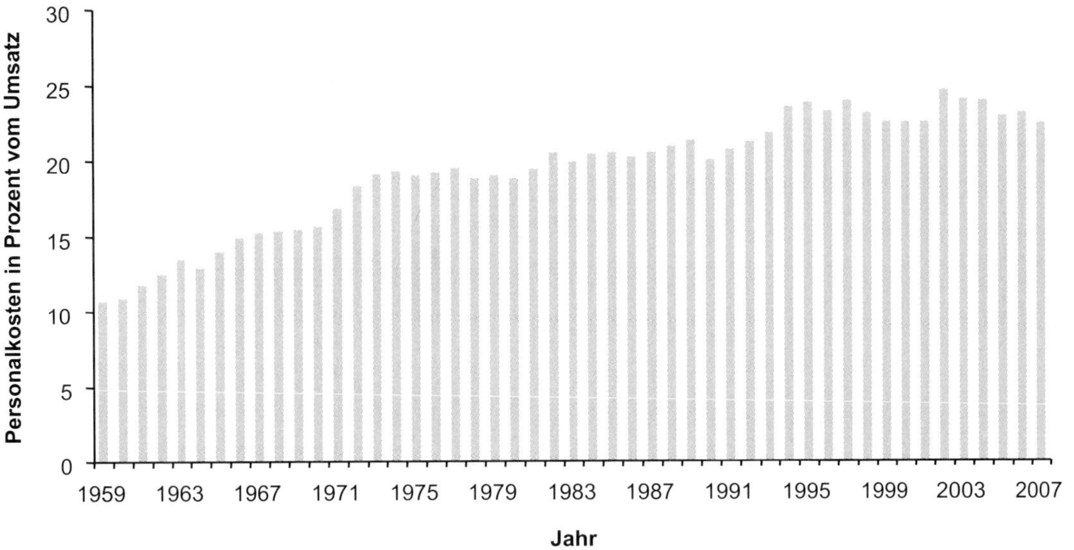

Quelle: Interne Statistiken aus Betriebsvergleichen des Instituts für Handelsforschung, Köln

Abb. 25.4: Entwicklung der Personalkosten (einschl. kalk. Unternehmerlohn) im Schuhfacheinzelhandel

Die betriebswirtschaftliche Relevanz steigender Personalkosten

Steigende Personalkosten benötigen ein ausgleichendes Äquivalent. In diesem Zusammenhang ist vor allem an eine Erhöhung des Umsatzes zu denken, die über Preissteigerungen (ohne dass dabei ein Absatzrückgang ausgelöst würde) oder über eine verstärkte Nachfrage realisiert werden kann. Daneben sind Möglichkeiten der Effizienzsteigerung zu prüfen.

Abbildung 25.5 zeigt an einem Beispiel, wie sich Personalkostensteigerungen auf den Gewinn auswirken können. Für die Ausgangssituation werden folgende Annahmen getroffen:

1. Die Umsatzsteuerlast wird, gerechnet in Prozent des Umsatzes, mit 15,97 % angegeben (Abschlagssatz, basierend auf einem Mehrwertsteuer-Aufschlagssatz von 19,00 %. Werden auch Waren mit einem niedrigeren Umsatzsteuersatz verkauft, ergeben sich niedrigere Sätze).
2. Für die Wareneinstandskosten werden 45,63 % des Umsatzes (ohne MwSt.) angesetzt.
3. Für die sog. Handlungskosten wird im Ausgangsjahr ein Wert von 37,00 % angenommen, wobei diese Position auch Personalkosten in Höhe von 16,50 % vom Umsatz enthält.

Es ist erkennbar, dass im Ausgangsjahr ein Gewinn von 1,40 % vom Umsatz erzielt wird. Die Betriebshandelsspanne von 54,37 % (Umsatz einschließlich Umsatzsteuer – Wareneinstand) kann sowohl die Handlungskosten als auch die Umsatzsteuer abdecken. Wegen der hier angesetzten Verrechnung von kalkulatorischen Kosten stellt sich das steuerliche Ergebnis etwas besser dar.

An dem dargestellten Beispielbetrieb lässt sich nun zeigen, wie sich steigende Personalkosten bei ansonsten gleichbleibenden Bedingungen auf das Ergebnis auswirken. Konstante Bedingungen bedeuten, dass der Umsatz unverändert bleibt, die Mehrwertsteuer nicht erhöht wird und im Einkauf die gleichen Konditionen wie in den Vorjahren erzielt werden können. Bei einem jährlichen

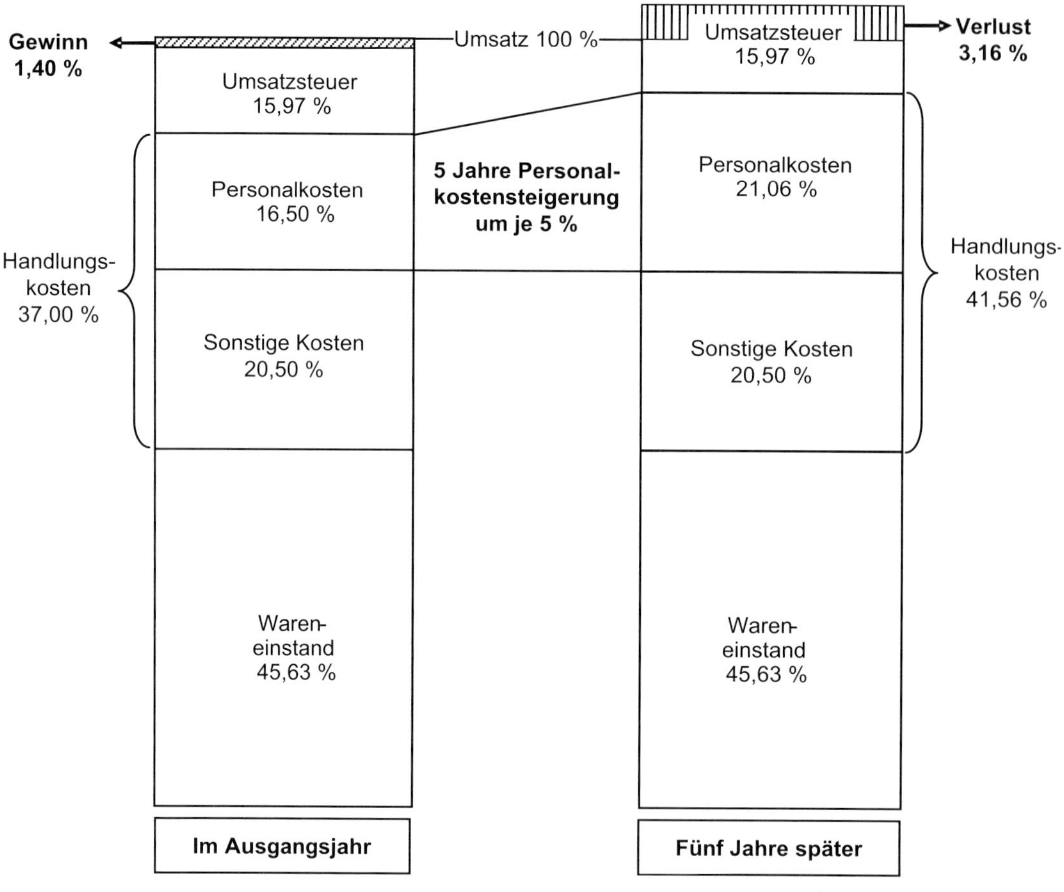

Abb. 25.5: Die Wirkung einer realen Personalkostensteigerung über fünf Jahre

Wachstum von 5,00 % der Personalkosten steigen diese von 16,50 % auf zunächst 17,33 %, im Folgenden über 18,19 %, 19,10 % und 20,06 % auf schließlich 21,06 % im fünften Jahr. In fünf Jahren erhöht sich damit der Personalkostenanteil um 4,56 Prozentpunkte, was ceteris paribus zu einem Verlust von 3,16 % vom Umsatz führt. Das Rechenbeispiel demonstriert den permanenten Druck auf die Unternehmensführung, ausgleichende Maßnahmen einzuleiten, da ansonsten in relativ kurzer Zeit die Rentabilität des Betriebs gefährdet ist. Dabei ist der Anpassungsdruck umso höher, je höher das Personalkostenniveau des Betriebs ist. Bei einem Betrieb mit einem Ausgangsniveau der Personalkosten von 20,00 % steigen diese in fünf Jahren bereits um 5,53 Prozentpunkte.
Wenzlitschke (2002) hat für zahlreiche Branchen des Einzelhandels nachgewiesen, dass das Betriebsergebnis (in Prozent vom Umsatz) und die Personalkosten in einem engen Zusammenhang stehen. Nähere Ergebnisse zu seinen Auswertungen enthält Abbildung 25.6.

Alle (linearen) Regressionsfunktionen zeigen, dass sich das Betriebsergebnis (in Prozent vom Umsatz) mit steigenden Personalkosten verschlechtert. Mit einer logistischen Regression konnten jeweils auf Basis der Personalkosten mit großer Treffsicherheit jene Betriebe identifiziert werden,

Branche	Regressionsfunktion	r
Buchfachhandel	y = 13,63 - 0,78x	- 0,56***
Lebensmittelfachhandel	y = 4,55 - 0,59x	- 0,54***
Schuhfachhandel	y = 11,14 - 0,54x	- 0,38***
Schmuckfachhandel	y = 8,17 - 0,40x	- 0,37***

*** signifikant auf dem Niveau von $\alpha = 0{,}001$ (2-seitig)

Quelle: in Anlehnung an Wenzlitschke 2002, S. 74–81

Abb. 25.6: Zusammenhang zwischen Betriebsergebnis (in Prozent vom Umsatz) und Höhe der Personalkosten (in Prozent vom Umsatz)

die in dem jeweiligen Jahr ein negatives Betriebsergebnis erreicht haben. Das bedeutet, dass es bei Kenntnis der Regressionsfunktion beinahe ausreicht, die Höhe der Personalkosten zu kennen, um zu beurteilen, ob ein Betrieb ein positives oder negatives Betriebsergebnis erzielen wird (vgl. zu den Auswertungen Wenzlitschke 2002, S. 70–90).

Die Überlegungen zeigen, dass die Steigerungen von Personalkosten aufgefangen werden müssen, indem entweder geeignete Maßnahmen zur Umsatzsteigerung durchgeführt oder die Kosten gesenkt werden. Im Folgenden wird auf Handlungsmöglichkeiten eingegangen, die im Rahmen der Personalpolitik zur Verfügung stehen.

25.2 Die zentralen Elemente der Personalpolitik

Die Aktionsparameter der Personalpolitik, deren Einsatz sich einerseits auf die Personalkosten, andererseits auf die Umsätze auswirkt, lassen sich unterschiedlich strukturieren. Abbildung 25.7 hebt vier Instrumentalbereiche hervor, die für das Personalmanagement eines Unternehmens von zentraler Bedeutung sind. Es sind die Personalbedarfsplanung und -deckung, der Personaleinsatz, die Personalentlohnung und die Personalführung (vgl. Holtbrügge 2010, S. 95).
Aufgabe der Personalbedarfsplanung und -deckung ist es zunächst, den erforderlichen Personalbestand zu ermitteln. Der Personal-Sollbestand kann hinsichtlich der folgenden vier Dimensionen charakterisiert werden:

- quantitative Dimension: Anzahl der Mitarbeiter,
- qualitative Dimension: Qualifikation der Mitarbeiter,
- zeitliche Dimension: Zeitpunkt zu dem bzw. Zeitraum in dem Mitarbeiter benötigt werden,
- räumliche Dimension: Einsatzort, an dem Mitarbeiter benötigt werden.

Aus der Differenz zwischen Soll- und Istbestand lässt sich der Personalbedarf ableiten. Abhängig von dem Ergebnis des Vergleichs sind Maßnahmen der Personalbeschaffung, -entwicklung oder -freisetzung zu ergreifen. Wie bereits erläutert wurde, gehören die Personalkosten eines Betriebs

Personalpolitische Instrumente			
Personalbedarfs- planung und -deckung	**Personaleinsatz**	**Personalentlohnung**	**Personalführung**
Personalbedarfsplanung: • quantitativ • qualitativ • zeitlich • räumlich Personalbeschaffung Personalentwicklung Personalfreisetzung	Gestaltung des Arbeitsinhalts Gestaltung des Arbeitsplatzes Gestaltung der Arbeitszeit	Ziele und Verfahren der Entgeltdifferenzierung Auswahl und Kombinationen von Entgeltformen Festlegung der absoluten Entgelthöhe	Führungsprozess: • Führungsphilosophie • Entscheidungsfindung • Entscheidungsdurchsetzung • Entscheidungskontrolle

Quelle: in Anlehnung an Holtbrügge 2010, S. 95

Abb. 25.7: Personalpolitische Instrumente

neben den Wareneinstandskosten zu den Kostenkomponenten mit dem höchsten Anteil an den Gesamtkosten. Insofern sind grundlegende Entscheidungen zur dauerhaften Höhe des Personalbestands, die eng mit der Wahl der Betriebsform verbunden sind, von zentraler Bedeutung für den Erfolg eines Handelsunternehmens. Bei der Personalbedarfsplanung sind neben den Kosten- und Umsatzzielen noch weitere Ziele zu berücksichtigen. So ist zum einen sicherzustellen, dass es bei Nachfragespitzen zu keinen Kapazitätsengpässen kommt. Zum anderen ist eine möglichst gleichmäßige Arbeitsbelastung der Mitarbeiter anzustreben. Das Unternehmen muss die Fähigkeit entwickeln, sich an veränderte Umweltbedingungen anzupassen. Um den quantitativen Bedarf zu planen, werden einerseits Verfahren eingesetzt, die sich an Erfahrungswerten orientieren und beispielsweise davon ausgehen, dass ein bestimmter Umsatz oder eine bestimmte Anzahl von Kundenkontakten eine entsprechende Zahl von Mitarbeitern erfordern. Andererseits können detaillierte Arbeits- und Zeitstudien dazu genutzt werden, den Personalbedarf zu ermitteln.

Grundsätzlich unterscheidet sich der auf den Ergebnissen der Personalbedarfsplanung beruhende Prozess der Personalbeschaffung im Handel nicht von dem anderer Branchen. So kann zwischen den Phasen der Personalwerbung, Personalauswahl und Personaleinstellung differenziert werden. Die Personalwerbung kann intern, d. h. innerhalb des Unternehmens, oder extern erfolgen. Dabei können unterschiedliche Maßnahmen eingesetzt werden. Zunehmend werden auch von Handelsunternehmungen Studierende und Hochschulabsolventen im Rahmen des Hochschulmarketings angesprochen. Ziel ist es, geeignete Kandidaten frühzeitig zu erkennen, zu beurteilen und gegebenenfalls zu binden. Gleichzeitig bekommen diese die Möglichkeit, das Unternehmen, insbesondere die Anforderungen an seine Mitarbeiter, kennenzulernen. Die Personalauswahl erfolgt anhand von Kriterien, die aus den Zielen des Unternehmens abgeleitet werden müssen. Die Personaleinstellung beinhaltet den Abschluss des Arbeitsvertrags und die Integration des Mitarbeiters in die Organisation.

Im Handel ist zum einen eine wachsende Bedeutung der Teilzeitbeschäftigung, zum anderen ein Trend zur geringfügigen Beschäftigung beim Verkaufspersonal zu beobachten. Sowohl im Rahmen der Personalbeschaffung als auch bei der Personalentwicklung stehen Überlegungen zur Qualifikation der Mitarbeiter im Mittelpunkt des Interesses. Aufgrund des wachsenden Kostendrucks ist die Frage, welche Fähigkeiten die im Verkaufsbereich eingesetzten Mitarbeiter aufweisen sollten, besonders bedeutend. Veränderte Rahmenbedingungen haben aber auch Konsequenzen für die nicht im Verkauf tätigen Mitarbeiter. Die Internationalisierung des Handels erfordert beispielsweise, dass Mitarbeiter mit entsprechenden Sprachkenntnissen und der Fähigkeit, sich in fremden Kulturen einzufinden, zur Verfügung stehen. Das steigende Geschäftsvolumen und die damit einhergehenden Investitionen, der Einsatz neuer Planungs- und Kontrollinstrumente sowie neuer Technologien setzen entsprechende Kenntnisse voraus.

Personalfreisetzung kann einerseits durch einen Personalüberschuss ausgelöst werden. Andererseits können jedoch auch Qualifikationsdefizite dazu führen, dass sich das Unternehmen von Mitarbeitern trennt. Die Freisetzungsmaßnahmen sind hinsichtlich der oben angesprochenen quantitativen, qualitativen, zeitlichen und räumlichen Dimensionen festzulegen. Befristete Arbeitsverträge und der Einsatz von Personalleasingverträgen können aus Unternehmensperspektive als Maßnahmen interpretiert werden, mit denen die Anpassung der Personalkapazitäten erleichtert wird.

Bei den Gestaltungsparametern des Personaleinsatzes kann zwischen dem Arbeitsinhalt, dem Arbeitsplatz und der Arbeitszeit differenziert werden. Der Arbeitsinhalt resultiert aus der Gesamtaufgabe des Unternehmens. Diese ist in geeigneter Form zu zerlegen, so dass Teilaufgaben entstehen, die einzelnen Stellen zugeordnet werden können. Die Arbeitsplatzgestaltung verfolgt einerseits das Ziel, die Effizienz der Aufgabenerfüllung zu sichern, andererseits die körperliche und psychische Belastung der Mitarbeiter zu reduzieren. Von besonderer Bedeutung für den Handel ist die Gestaltung der Arbeitszeit. Da die Ladenöffnungszeiten weit über den tariflichen Wochenarbeitszeiten liegen und der Arbeitsanfall oft großen Schwankungen unterliegt, gehört die Zeitdimension der Personaleinsatzplanung zu den wichtigsten Planungsaufgaben. Die globale Zielsetzung der Arbeitszeitgestaltung besteht darin, die Gesamtleistung des Personals zu optimieren. Im Handel gehört die Anpassung der Mitarbeiterkapazitäten im Verkauf an den meist stark schwankenden Bedarf zu den größten Herausforderungen. Der Gestaltungsspielraum wird dabei in Deutschland durch das Arbeitszeitgesetz (ArbZG) begrenzt.

Die Entgeltpolitik entzieht sich zum großen Teil der Einflussnahme eines einzelnen Betriebs, weil sie durch Tarifverträge zwischen Arbeitgeberverbänden und Gewerkschaften geregelt ist. In den Tarifverträgen wird von Lohn- bzw. Gehaltsgruppen ausgegangen, in die die einzelnen Tätigkeiten eingeordnet werden. Die dynamische Entwicklung zahlreicher Einflussfaktoren kann zu Änderungen in einzelnen Arbeitsfeldern führen (z. B. Automatisierung des Bestellwesens, elektronische Unterstützung der Verkaufsberatung). Es wurde zwar versucht, mit Methoden der Arbeitsbewertung die Vielfalt der Tätigkeiten und Anforderungen objektiv vergleichend in Tätigkeitsgruppen einzuordnen, dennoch ist es kaum möglich, generell akzeptierte Gewichtungsfaktoren für die einzelnen Anforderungsarten (z. B. Fachkenntnisse, Belastung durch Kälte) festzulegen. Trotz der Einschränkung durch Tarifverträge gibt es einen betriebsindividuellen Entscheidungsspielraum für eine Entgeltdifferenzierung. Mit ihr sollen bestimmte Ziele erreicht werden. Hierzu zählt auf der einen Seite die Sicherstellung der angestrebten Arbeitsleistung, auf der anderen Seite die Arbeitszufriedenheit der Mitarbeiter. Eine Differenzierung des Entgelts kann sich an den Arbeitsanforderungen (Normleistung), den tatsächlichen Leistungen (Verhältnis der Ist- zur Normleistung), dem Erfolg der Unternehmung (z. B. Ertrag, Gewinn oder Unternehmenswert), der Qualifikation oder dem Status des Mitarbeiters (z. B. Betriebszugehörigkeit) orientieren. Im Rahmen der Personalentlohnung ist über verschiedene Formen der Entlohnung und mögliche Kombinationen zu entscheiden. So kann zuerst zwischen materiellen und immateriellen Formen (z. B. Elemente der Arbeitszeitgestaltung oder Aufstiegsmöglichkeiten) differenziert werden. Die materiellen Formen beinhalten monetäre sowie nichtmonetäre Elemente. Die monetäre Entlohnung kann sich aus fixen (Zeitlohn oder Grundgehalt) und variablen (Prämien, Leistungszuschläge oder Erfolgsbeteiligungen) Komponenten zusammensetzen. Zu den nichtmonetären Elementen zählen beispielsweise der Personalkauf, die Nutzung von Freizeit- und Sozialeinrichtungen oder die Verfügbarkeit eines Dienstwagens. Aus den einzelnen Komponenten ergibt sich eine bestimmte Entgelthöhe, die zwar, wie bereits angesprochen, zum erheblichen Teil von Tarifvereinbarungen abhängt, aber dennoch unternehmensbezogen verändert werden kann. Die aktuell gültigen Gehalts- und Lohngruppen sind den jeweiligen Tarifverträgen zu entnehmen. Möglichkeiten, eine individuelle Entgeltpolitik über die Vereinbarungen im Tarifvertrag hinaus zu gestalten, finden sich insbesondere im Bereich der Prämien und Erfolgsbeteiligungen. Hierauf wird in Abschnitt 25.3 näher eingegangen.

Neben den bisher diskutierten Elementen der Personalpolitik, die sich auf Beschaffung, Einsatz und Entlohnung der Mitarbeiter beziehen, ist über einige grundlegende personalpolitische Gestaltungselemente zu entscheiden, die mit dem Begriff Personalführung belegt werden. Während die ersten drei Elemente meist in den Verantwortungsbereich der Personalabteilung fallen, gehört die Personalführung zu den Aufgaben der Linienvorgesetzten. Die Personalführung kann als Prozess interpretiert werden, der das Ziel verfolgt, das Verhalten der Mitarbeiter im Sinne der Unternehmensziele zu beeinflussen. Dies kann sowohl durch Motivation als auch durch Macht erfolgen. Zu den Teilprozessen der Personalführung zählen die Führungsphilosophie, die Entscheidungsfindung, -durchsetzung und -kontrolle. Dabei ist vor allem über die Partizipation der Mitarbeiter an der Entscheidungsfindung, die Art der innerbetrieblichen Kommunikation und die Kontrollinstrumente zu entscheiden. Fragen der Personalführung sind im Rahmen zahlreicher Theorien diskutiert worden (vgl. Holtbrügge 2010, S. 217–239).

Der Einsatz der personalpolitischen Instrumente wirkt sich auf Kosten- und Erlösziele aus. So führt die Einstellung von höher qualifiziertem Verkaufspersonal zu höheren Personalkosten, lässt aber zugleich durch eine bessere Beratungsqualität positive Umsatzwirkungen erwarten. Ebenso bedeuten Prämien im Rahmen der Entgeltpolitik zusätzliche Kosten, gleichzeitig motivieren sie jedoch das Verkaufspersonal mehr Kaufabschlüsse zu tätigen. Damit stehen Handelsbetriebe bei der Personalplanung vor einem schwierigen Optimierungsproblem. Die Beispiele zeigen darüber hinaus, dass neben unmittelbaren Wirkungen auf Kosten und Erlöse auch psychografische Zielgrößen, wie beispielsweise die wahrgenommene Beratungsqualität oder die Mitarbeitermotivation und -zufriedenheit, zu berücksichtigen sind.

Die Kosten- und Erlöswirkungen personalpolitischer Entscheidungen hängen auch von zahlreichen Umweltbedingungen ab. Zu denken ist hierbei vor allem an die allgemeine Entwicklung der Arbeitskosten und die Bedeutung einer qualifizierten Beratung für die Kaufentscheidung. Bei der qualitativen Personalbeschaffung und der Personalentwicklung sind insbesondere folgende Trends zu beachten (vgl. Jones/Brown/Zoltners et al. 2005):

- die steigenden Anforderungen der Nachfrager,

- die wachsende Komplexität der Rolle eines Verkäufers,
- die wachsende Bedeutung von Teams und
- die steigende Bedeutung von Maßnahmen im Rahmen eines Kundenbeziehungsmanagements (Customer-Relationship-Management).

Im Folgenden wird auf ausgewählte personalpolitische Maßnahmen eingegangen, die handelsspezifische Elemente enthalten und die für den Handel von besonderer Bedeutung sind. Hierzu zählen die Festlegung von leistungsabhängigen Gehaltskomponenten im Rahmen der Entgeltpolitik und die Personaleinsatzplanung. Darüber hinaus sollen einige ausgewählte Maßnahmen zur Senkung der Personalkosten angesprochen werden. Die für den Handel ebenfalls wichtige Ausrichtung des Verkaufspersonals auf ein kunden- oder marktgerechtes Verkaufsgespräch ist Gegenstand von Kapitel 21.

25.3 Entgeltpolitik und leistungsabhängige Gehaltskomponenten

Im Handel kann zwischen verschiedenen Entgeltformen gewählt werden. Diese werden im Folgenden zusammen mit den relevanten Zielgrößen vorgestellt. Anschließend werden Theorien behandelt, die erklären, mit welchen Wirkungen bei bestimmten Lohnformen und -höhen zu rechnen ist. Mit der Entgeltpolitik haben sich Schnellinger (1969) und Baur (1977) sowie später Dressler (1998) beschäftigt. Gegenüber den älteren Beiträgen hat sich mit der Neuen Institutionenökonomik eine neue Perspektive auf die Wahl einer Entgeltform eröffnet. In diesen Bereich gehört auch die Untersuchung von Rafflenbeul-Schaub (2003), auf die später näher eingegangen wird.

25.3.1 Aktionsparameter, Ziele und Einflussfaktoren der Entgeltpolitik

Im Handel ist eine Vielzahl von Entgeltformen denkbar:

- Der Zeitlohn orientiert sich daran, dass der Mitarbeiter sein Leistungsvermögen für eine bestimmte Zeit zur Verfügung stellt, ohne dass dabei auf die tatsächlich erbrachte Leistung abgestellt wird. Der Zeitlohn wird deshalb zu den inputorientierten Lohnformen gezählt.
- Bei Boni handelt es sich um Leistungszulagen, die auf einer Beurteilung des Arbeitsverhaltens beruhen, wobei Aspekte wie Freundlichkeit, Beratungskompetenz, Engagement oder Flexibilität berücksichtigt werden können.
- Provisionen sind Leistungsentgelte, die sich am erzielten Umsatz oder daraus abgeleiteten Größen (Rohertrag, Deckungsbeitrag) orientieren. Als Spezialfall kann die Filialergebnisprämie angesehen werden (vgl. Felix/Mache 2000).
- Bei Prämien wird die Bezugsbasis über den Umsatz hinaus auf andere Größen erweitert, z. B. den Abverkauf bestimmter Waren (z. B. Altwarenprämie, Herstellerprämie), das Erreichen bestimmter Leistungen (z. B. Kassenleistungsprämie) oder das Durchführen bestimmter Maßnahmen

(z. B. Ausmessen). In komplexen Prämiensystemen können mehrere Sachverhalte in die Bemessungsgrundlage eingehen (vgl. Wirz 1970; Hecking 1998).

Prämien und Provisionen können sich nicht nur auf einzelne Mitarbeiter, sondern auch auf die Leistung einer Gruppe von Personen beziehen.

In der Praxis des Handels ist zu beobachten, dass unterschiedliche Systeme der Leistungsentlohnung zum Einsatz kommen (vgl. Baur 1977). Einige Informationen hierüber liefert Abbildung 25.8, die zeigt, dass in den einzelnen Branchen sehr unterschiedliche Strukturen vorzufinden sind. Große Bedeutung haben leistungsabhängige Gehaltskomponenten vor allem im Möbeleinzelhandel.

	Verkäufer mit leistungsabhängigem Gehalt	**Anteil der Prämien/ Provisionen am Bruttogehalt***	**Emprirische Basis Unternehmen/ Mitarbeiter**	**Jahr der Erhebung**
Bekleidung	29,10 %	9,10 %	82/561	1998
Schuhe	51,00 %	5,20 %	42/224	1998
Möbel	72,40 %	41,70 %	39/180	2001
Bau- und Heimwerkermärkte	28,30 %	3,00 %	17/149	2001

* bezogen auf Verkäufer, die leistungsbezogene Gehaltskomponenten erhalten

Quelle: Rafflenbeul-Schaub 2003, S. 3, nach Angaben der BBE-Unternehmensberatung GmbH (1998a, 1998b, 2001a, 2001b)

Abb. 25.8: Gehaltsstrukturen im Einzelhandel

Die Angemessenheit einer Lohn- bzw. Gehaltspolitik ist danach zu beurteilen, inwieweit die für die Unternehmung wichtigen Ziele erreicht werden können. Dabei sind folgende Aspekte zu berücksichtigen:

- Eine wichtige Rolle spielt die Gewinnung von Mitarbeitern. Die Eintrittsentscheidung eines Mitarbeiters wird jedoch nicht nur vom Gehaltsniveau abhängen, sondern darüber hinaus von dem ihm übertragenen Aufgabenbereich, dem Arbeitsklima oder den Entwicklungsmöglichkeiten. Die Lohnhöhe bildet dennoch eine zentrale Größe, die bei der Eintrittsentscheidung wirksam wird. Entsprechendes gilt für die Austrittsentscheidung bzw. Kündigung von Mitarbeitern.
- Besonders relevant ist, inwieweit mit dem Gehalt und seiner Struktur das Verhalten der Mitarbeiter beeinflusst werden kann. Dabei können vielfältige Aspekte unterschieden werden, wie z. B. das Verhalten im Verkaufsgespräch, das Aufnehmen und Weiterleiten von Kundenwünschen, das Auffinden der richtigen Kunden sowie das Bemühen um Kundenkontakte, die vermutlich erst zu einem späteren Zeitpunkt zum Kaufabschluss führen werden. Die Wirkung auf das Verhalten der Mitarbeiter kann auch mittelbar gemessen werden, indem die Steigerung der Kundenzufriedenheit, das Auslösen von Zusatzkäufen oder die Erhöhung der Kundentreue ermittelt werden.

- Schließlich kann die Prüfung sinnvoll sein, wie sich Gehaltsstrukturen auf Verhaltensprädispositionen auswirken. Hierzu zählen z. B. die Zufriedenheit der Mitarbeiter oder ihr Urteil über die Lohngerechtigkeit.

Die Auflistung verdeutlicht, dass die Entgeltformen Auswirkungen auf unterschiedliche Ziele der Unternehmung haben können, deren Relevanz sich aus der verfolgten Geschäftspolitik ergibt. Um zu entscheiden, welche Entgeltform bei einzelnen Mitarbeitergruppen (z. B. Verkaufspersonal, Lagerarbeiter, Verwaltungsangestellte, Führungskräfte der mittleren Ebene, Geschäftsführung) verwendet werden sollte, wird häufig auf Scoring-Bewertungsverfahren zurückgegriffen. Dabei werden die einzelnen Vor- und Nachteile der verschiedenen Entgeltformen durch das Management bewertet und gewichtet, wobei unterschiedliche Kriterien verwendet werden. Hierzu zählen die von der Entlohnungsform ausgehende Motivationswirkung, das Risiko zu hoher Kosten bei schwacher Nachfrage, der Kontrollaufwand, die Zufriedenheit des Personals, die Bindung guter Mitarbeiter an das Unternehmen, die Branchenstandards, die Auswirkungen auf den Gewinn oder die Eignung bei Teamarbeit. Die Kriterien geben bereits Hinweise auf wichtige Einflussfaktoren der Entgeltpolitik. Es bleibt allerdings offen, ob die Kriterienliste alle relevanten Aspekte umfasst und aus welchen Denkansätzen sie abgeleitet worden sind. Das ist Gegenstand von Theorien, die zudem Hinweise liefern, wie einzelnen Zielaspekten mit der Entgeltpolitik Rechnung getragen werden kann. Auf ausgewählte Theorien wird im Folgenden eingegangen.

25.3.2 Theorien zur Wirkung der Entgeltpolitik

In den letzten Jahrzehnten haben bei vielen betriebswirtschaftlichen Fragestellungen Ansätze der Neuen Institutionenökonomik Beachtung gefunden. Sie werden auch für die Analyse der zu wählenden Entlohnungsform herangezogen, allen voran die Prinzipal-Agenten-Theorie und die Transaktionskostentheorie (vgl. dazu auch Kapitel 3). Daneben werden aber auch Modelle entwickelt, die verhaltenswissenschaftliche Aspekte, insbesondere aus der Organisationspsychologie, in die institutionelle Betrachtung integrieren, um so die Wirkung von Entgeltsystemen zu analysieren.

Prinzipal-Agenten-Theorie

Die Prinzipal-Agenten-Theorie (Agency-Theorie) analysiert Beziehungen zwischen dem Arbeitgeber bzw. der Unternehmensleitung (Prinzipal) und dem Mitarbeiter (Agent). Charakteristisch für dieses Verhältnis ist, dass der Prinzipal eine bestimmte Aufgabe an den Agenten delegiert und ihn für die Aufgabenübernahme kompensiert. In vielen Fällen lassen sich die zu erbringenden Leistungen vertraglich gar nicht oder nur mit einem sehr großen Aufwand vollständig spezifizieren. Infolgedessen entstehen Verhaltensspielräume, die opportunistisch genutzt werden können. Der Prinzipal hat deshalb die Aufgabe, Konditionen zu formulieren, die dem Agenten einen Anreiz bieten, in die Zusammenarbeit einzuwilligen und im Sinne des Prinzipalinteresses zu handeln. Die Situation wird mittels folgender Annahmen erfasst:

- Die Beziehung zwischen Prinzipal und Agent und das Ergebnis ihrer Zusammenarbeit wird von zahlreichen Faktoren beeinflusst. Über diese Faktoren und ihre Wirkung besteht Unsicherheit.

Diese resultiert zum einen daraus, dass externe Einflussgrößen nicht mit Sicherheit vorhergesagt werden können (z. B. Höhe der Kundennachfrage oder Intensität der Konkurrenzmaßnahmen). Zum anderen ist das Verhalten des jeweiligen Partners unsicher, da sich dieser opportunistisch verhalten kann. So ist es denkbar, dass der Mitarbeiter seinen Arbeitseinsatz nach Vertragsabschluss reduziert. Ebenso kann es sein, dass Unsicherheit über die wahren Eigenschaften, insbesondere die Fähigkeiten des Mitarbeiters, besteht.
- Prinzipal und Agent stellen sich entsprechend ihrer Risikoneigung auf diese Unsicherheit ein. Häufig wird in den Modellen unterstellt, dass der Prinzipal risikoneutral sei, während der Agent sich risikoscheu verhält. Es werden aber auch andere Konstellationen behandelt (vgl. Sewing 1994).
- Zwischen Prinzipal und Agent besteht eine Informationsasymmetrie, d. h. sie verfügen über unterschiedliche Informationen. So ist die Unternehmensleitung in der Regel schlechter über die Rahmenbedingungen vor Ort informiert (z. B. die Kundennachfrage oder die Wettbewerbsverhältnisse) als die verantwortlichen Mitarbeiter in der Verkaufsstelle. Folglich fällt es schwer zu beurteilen, inwieweit der Unternehmenserfolg auf Umweltfaktoren oder die Intensität der Arbeitsanstrengungen zurückzuführen ist.
- Prinzipal und Agent verhalten sich nutzenmaximierend. Für den Arbeitgeber kann das bedeuten, dass er die Differenz zwischen Umsatz und Kosten, einschließlich der anfallenden Personalkosten, maximieren will. Für den Arbeitnehmer kann sich die Nutzenmaximierung auf die Differenz zwischen Lohn, Provisionen und Boni einerseits und den bewerteten Anstrengungen andererseits beziehen.
- Die Zielerreichung des Prinzipals hängt vom Verhalten des Agenten ab. Je größer die Anstrengungen der Arbeitnehmer sind, umso höher werden wahrscheinlich auch die erzielten Umsätze und damit der Gewinn des Prinzipals ausfallen. Das Verhalten des Prinzipals beeinflusst allerdings seinerseits die Erfolgsaussichten des Agenten. Je mehr Investitionen (z. B. in Sortimente oder Werbung) er tätigt, umso leichter fällt es dem Arbeitnehmer, Umsätze zu generieren.

Dieser Modellrahmen wird genutzt, um mit Hilfe einer normativen Betrachtung optimale Vertragsdesigns, insbesondere optimale Anreizsysteme, abzuleiten. Entsprechende Ansätze kommen auch bei der Analyse von Franchisesystemen zum Einsatz (vgl. Preißner 2005). Hier ist der Franchisegeber in einer ähnlichen Situation wie ein Arbeitgeber, indem er die Vergütung des Franchisenehmers festzulegen hat. Es ist allerdings zu beachten, dass in einem Franchisevertrag meist über eine Kombination verschiedener Gebühren die Vergütung und damit die Erlösaufteilung zwischen den Partnern festgelegt werden. Üblich sind eine fixe Eintrittsgebühr und eine laufende, vom Umsatz abhängige Gebühr. Häufig ist vom Franchisenehmer zusätzlich ein Werbebeitrag zu leisten, der sich ebenfalls an der Höhe des Umsatzes orientiert. Für Franchisenehmer wie für angestelltes Personal im Handel gilt, dass ihr Verhalten nur bis zu einem gewissen Grad beobachtbar und kontrollierbar ist. Es kommt hinzu, dass sie ihre eigenen Ziele verfolgen, die von denen des Franchisegebers bzw. der Unternehmensleitung abweichen können. Meist verfügen sie zudem über Informationen, die der anderen Seite nicht zugänglich sind. Diese Informationsasymmetrie und die Neigung, seinen eigenen Nutzen zu maximieren, können zu opportunistischem Verhalten führen, bei dem gegebenenfalls auf Kosten des jeweiligen Partners agiert wird. Daraus resultiert die Frage nach einem geeigneten Entlohnungsschema, mit dem Anreize gesetzt werden, sich vertragskonform zu verhalten. Wäre das Verhalten des Personals kostenfrei kontrollierbar, könnte ein fester Betrag pro Leistungseinheit (z. B. eine Arbeitsstunde) gezahlt werden (vgl. Lazear 1986). Wenn dagegen die Beobachtung des Mitarbeiterverhaltens mit hohen Kosten verbunden ist, ist tendenziell eine outputorientierte Entlohnung vorteilhaft. Abbildung 25.9 veranschaulicht, wie sich aus der Komplexität des Entlohnungsproblems unterschiedliche Entlohnungsformen ableiten lassen (vgl. Brown/Evans/Mantrala et al. 2005). Im Rahmen der verkaufsmengenbasierten Anreizschemata wird bei Überschreitung einer festgelegten Verkaufsmenge zusätzlich zu einem fixen Gehalt eine Provision bezahlt (vgl. Raju/Srinivasan 1996).

Komplexität des Entlohnungsproblems, dem sich das Management gegenüber sieht	**Vorgeschlagene Lösung**
Anstrengungen des Personals sind beobachtbar	Gehalt (fester Geldbetrag pro Stunde)
nicht beobachtbare Anstrengungen (nbA)	Provisionen
nbA + exogene Unsicherheit (U) + Dynamik	Gehalt + Provisionen
nbA + U + Heterogenität des Personals (H)	Gehalt + verkaufsmengenbasierte Anreize
nbA + U + H + asymmetrische Informationen	Menüs von verkaufsmengenbasierten Anreizen
nbA + U + H + Störgrößen oder Kosten, die verhindern, dass der Output als Leistungsmaß verwendet wird	Leistungswettbewerb oder Ranglisten
Förderung von Teamwork	Teamentlohnung

Quelle: in Anlehnung an Brown/Evans/Mantrala et al. 2005, S. 162

Abb. 25.9: Entlohnungsschemata auf Grundlage der Prinzipal-Agenten-Theorie

In Abbildung 25.9 wird auf wichtige Rahmenbedingungen hingewiesen, die die Prinzipal-Agenten-Theorie thematisiert, so u. a. die Unsicherheit der Nachfrage, eine asymmetrische Informationsverteilung und unterschiedliche Fähigkeiten des Verkaufspersonals (vgl. auch Albers 2002).

Die Prinzipal-Agenten-Theorie wird auch dazu genutzt, vorhandene Entgeltstrukturen zu erklären. In diesem Sinne ist die Theorie auch auf Lohnstrukturen im Handel angewendet worden (vgl. Eisenhardt 1988, 1989; Rafflenbeul-Schaub 2003). Rafflenbeul-Schaub (2003, S. 111–148, 185–187) hat aus der Prinzipal-Agenten-Theorie eine Reihe von Hypothesen abgeleitet und empirisch überprüft. Einige dieser Hypothesen werden im Folgenden vorgestellt.

Bei outputorientierten Entlohnungen, die über einzel- oder gruppenbezogene Provisionen bzw. Prämien erfolgen können, wird der Mitarbeiter am Marktrisiko des Händlers beteiligt. Die Hypothese (Rafflenbeul-Schaub 2003, S. 126):

„Je größer die Bedeutung der eigentlichen Verkaufsaufgabe ist, desto größer ist die Wahrscheinlichkeit, dass outputorientiert entlohnt wird."

beachtet die Informationsasymmetrie, nach der das Arbeitsverhalten eines Agenten gar nicht oder nur mit viel Aufwand beobachtet werden kann. Outputorientierte Lohnformen ersparen in diesem Fall Kosten der Verhaltenskontrolle und erweisen sich daher als effizienter. Es wird davon ausgegangen, dass das Verkaufsgespräch weitgehend der Kontrolle durch Vorgesetzte entzogen ist.

Die Hypothese (Rafflenbeul-Schaub 2003, S. 127):

„Je größer der Anteil von Nebenarbeiten für die Verkaufsmitarbeiter ist, desto geringer ist die Wahrscheinlichkeit, dass outputorientierte Entlohnung verwendet wird."

lässt sich mit der Schwierigkeit der Messung des Outputs einzelner Personen für Nebenarbeiten begründen. In diesem Fall erscheint beispielsweise eine outputorientierte Teamentlohnung angemessener. Mit Nebenarbeiten sind im Einzelhandel jene Tätigkeiten gemeint, die nicht unmittelbar zu Umsätzen führen (z. B. Ware bestellen, Regale einräumen, Verkaufsraum dekorieren). Wäre das Personal von solchen Arbeiten freigestellt, könnte es sich ausschließlich dem Verkauf widmen und somit outputorientiert entlohnt werden.

In der folgenden Hypothese (Rafflenbeul-Schaub 2003, S. 128) wird ein Einflussfaktor angesprochen, der tendenziell keine outputorientierte Entlohnung erwarten lässt:

„Bei überwiegendem Selbstbedienungsverkauf ist die Wahrscheinlichkeit geringer, dass outputorientiert entlohnt wird."

Insgesamt wird deutlich, dass die Prinzipal-Agenten-Theorie plausible Hinweise auf Einflussfaktoren für das Entlohnungssystem liefert.

Transaktionskostentheorie

Neben der Prinzipal-Agenten-Theorie gehört auch die Transaktionskostentheorie zu Ansätzen der Neuen Institutionenökonomik, die Anwendung auf Fragen der Entlohnungspolitik erfährt. Im Mittelpunkt der Transaktionskostentheorie steht die Frage nach den Gründen für die Existenz von Unternehmungen. Es wird analysiert, unter welchen Bedingungen marktliche Austauschbeziehungen, in deren Mittelpunkt der Preismechanismus steht, von einer hierarchischen Koordination abgelöst werden, bei der die beteiligten Wirtschaftssubjekte durch Arbeitsverträge gebunden werden. Eine outputorientierte Entlohnung entspricht im Rahmen der Transaktionskostentheorie einem marktlichen, eine inputorientierte Entlohnung dem hierarchischen Koordinationsmechanismus. Ein marktlicher Koordinationsmechanismus erfordert es, Beziehungen zu anderen Wirtschaftssubjekten anzubahnen, entsprechende Verträge abzuschließen, die Einhaltung dieser Verträge zu überwachen und sie gegebenenfalls anzupassen. Die damit verbundenen Anstrengungen werden als Transaktionskosten bezeichnet. Die Überlegungen zeigen, dass der vordergründig günstig erscheinende Verzicht auf die dauerhafte Beschäftigung von Personal oder zumindest die Wahl einer outputorientierten Entlohnung bei Berücksichtigung von Transaktionskosten nicht zwingend vorteilhaft ist. Folgende Sachverhalte kennzeichnen die Transaktionskostentheorie (vgl. Williamson 1985; Picot/Reichwald/Wigand 2003; Richter/Furubotn 2003):

- Die Zusammenarbeit einzelner Wirtschaftssubjekte im Rahmen einer hierarchischen oder einer marktlichen Koordination führt zu unterschiedlich hohen Transaktionskosten, die neben den Produktionskosten die Vorteilhaftigkeit eines Systems beeinflussen.
- Unter den Vertragsparteien kann opportunistisches Verhalten nicht ausgeschlossen werden. Dies kann von der Erpressung der verhandlungsschwächeren Partei bis zum Verschleiern der eigenen Präferenzen und dem Verzerren oder Zurückhalten von Informationen reichen. Mit Verträgen können nicht alle auftretenden Ereignisse erfasst werden (unvollständige Verträge).
- Als Bestimmungsfaktoren der Transaktionskosten sind vor allem das Ausmaß der erforderlichen spezifischen Investitionen, die Umwelt- und Verhaltensunsicherheit sowie die Häufigkeit der anfallenden Transaktionen zu sehen. Als spezifische Investitionen werden jene Investitionen bezeichnet, die geeignet sind, Effizienzvorteile in einer bestimmten Beziehung zu generieren, allerdings außerhalb dieser Beziehung weitgehend wertlos sind. Spezifische Investitionen in Personal beziehen sich vor allem auf Ausbildungsmaßnahmen.

Die Transaktionskostentheorie regte Rafflenbeul-Schaub (2003, S. 135–137) an, bei seiner Analyse der Entlohnungssysteme von Kölner Einzelhändlern die folgenden Überlegungen einzubeziehen (vgl. auch Krafft 1994, S. 45):

„Je höher die spezifischen Investitionen in Arbeitsvermögen sind, desto geringer ist die Wahrscheinlichkeit, dass outputorientiert entlohnt wird.“

Diese Hypothese von Rafflenbeul-Schaub (2003, S. 135) wird mit den hohen Kosten begründet, die bei einem Arbeitgeber anfallen können, wenn er den Arbeitnehmer in spezifischem Wissen und Fähigkeiten schult (z. B. Kennenlernen von A-Kunden und ihren Präferenzen, Einarbeitung in das eigene Warenwirtschaftssystem, Warenkenntnisse). Es wird vermutet, dass eine outputorientierte Entlohnung zu erpresserischem Verhalten führen kann, da das Ausscheiden eines Mitarbeiters lange Einarbeitungszeiten eines neuen Mitarbeiters erfordern würde. Deshalb wird eine Entlohnung in einer vertrauensvollen Atmosphäre ohne outputorientiertes Entgelt als besser geeignet angesehen. Rafflenbeul-Schaub konnte diese Hypothese jedoch nicht bestätigen. Dagegen bewährte sich folgende Hypothese, die die Bedeutung der intrinsischen Arbeitsmotivation hervorhebt (Rafflenbeul-Schaub 2003, S. 134):

„Je stärker die intrinsische Arbeitsmotivation der Verkäufer ist, desto weniger wahrscheinlich ist eine outputorientierte Entlohnung.“

Die Transaktionskostentheorie vermutet opportunistisches Verhalten. Sie sieht die Gefahr, dass Mitarbeiter, deren Verhalten nicht beobachtet werden kann, ihre Leistung reduzieren, wenn sie damit ihr Einkommen nicht schmälern. Das lässt eine outputorientierte Entlohnung sinnvoll erscheinen, es sei denn, es kann auf intrinsisch motivierte Mitarbeiter zurückgegriffen werden.

Integration verhaltenswissenschaftlicher Aspekte

Entgeltstrukturen können auch im Rahmen von verhaltenswissenschaftlichen Modellen untersucht werden, in denen die Mitarbeiterzufriedenheit eine besondere Rolle spielt. Das in Abbildung 25.10 dargestellte Modell von Christen, Iyer und Soberman (2006) verknüpft zentrale Konstrukte aus der Prinzipal-Agenten-Theorie und der Organisationspsychologie. Es zeigt, inwieweit ein Entlohnungssystem die Anstrengungen, Leistungen und Zufriedenheit des Filialleiters (*store manager*) sowie das finanzielle Ergebnis der Filiale beeinflussen kann.

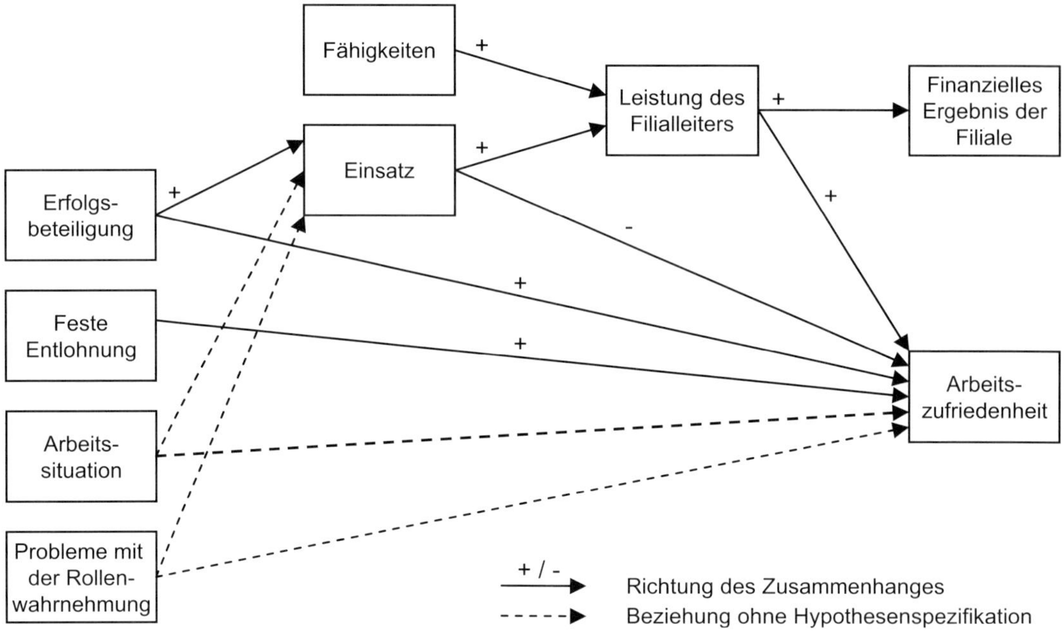

Quelle: in Anlehnung an Christen/Iyer/Soberman 2006, S. 140

Abb. 25.10: Ein Modell zur Mitarbeiterzufriedenheit und zum Betriebserfolg

Das Modell enthält verschiedene Hypothesen, die von den Autoren auch empirisch bestätigt werden konnten (vgl. Christen/Iyer/Soberman 2006, S. 139–140):

Je höher die Fähigkeiten und der Einsatz des Filialleiters sind, desto höher ist seine Leistung.

Je höher die Leistung des Filialleiters ist, desto besser ist das finanzielle Ergebnis der Filiale.

Je höher die Leistung des Filialleiters ist, desto höher ist seine Arbeitszufriedenheit.

Je höher der Einsatz des Filialleiters ist, desto geringer ist seine Arbeitszufriedenheit.

Ein Festbetrag in der Entlohnung hat einen positiven Einfluss auf die Arbeitszufriedenheit, aber keinen signifikanten Einfluss auf den Einsatz.

Eine Erfolgsbeteiligung hat einen positiven Einfluss auf die Arbeitszufriedenheit und den Einsatz.

Der „Einsatz des Filialleiters" spielt in dem Modell eine besondere Rolle, da er die Arbeitszufriedenheit sowohl direkt als auch indirekt beeinflusst. Der Einsatz hat einen direkten negativen Effekt auf die Arbeitszufriedenheit. Gleichzeitig können von dem Einsatz aber auch positive Effekte ausgehen, da ein höherer Einsatz zu einer besseren Arbeitsleistung führt, die sich wiederum positiv auf die Arbeitszufriedenheit auswirkt. Um die Bestimmungsfaktoren der Arbeitszufriedenheit zu verstehen, sind somit nicht nur die Anstrengungen (das Arbeitsleid) der Mitarbeiter zu berücksichtigen, sondern auch das Ergebnis dieser Anstrengungen.

Weiterhin liefert die Untersuchung Hinweise zur Wirkung einzelner Lohnbestandteile. So ist zu erkennen, dass eine Erfolgsbeteiligung sowohl die Anstrengungen als auch die Arbeitszufriedenheit des Filialleiters positiv beeinflusst.

Beurteilung und Ausblick

In der Untersuchung von Rafflenbeul-Schaub (2003) wird nur ein Teil der aus der Prinzipal-Agenten-Theorie und der Transaktionskostentheorie abgeleiteten Hypothesen bestätigt. Dies kann mehrere Gründe haben. Einerseits kann es an der Operationalisierung und Messung der entsprechenden Größen liegen, andererseits aber auch daran, dass die befragten Einzelhändler nicht die effizientesten Entlohnungssysteme gewählt haben. Das Verhalten der befragten Unternehmungen wird zum Rationalitätsmaßstab erhoben. Das lässt sich einerseits damit rechtfertigen, dass sich diese Unternehmungen bereits im Markt behauptet haben, was aber andererseits nicht ausschließt, dass sie ebenfalls ihre Unternehmenspolitik verbessern könnten. Es fällt auf, dass Hypothesen nicht bestätigt werden konnten, die die Unsicherheit, die Risikoaversion der beteiligten Parteien und die spezifischen Investitionen thematisieren. Sie sind kennzeichnend für die jeweilige Theorie, spiegeln aber weniger die klassischen Entscheidungskriterien der Praxis wider. Es ist allerdings auch möglich, dass die jeweiligen Theorien wichtige Sachverhalte nicht erfassen, so dass es nahe liegt, weitere Theorien heranzuziehen. Die Neue Institutionalistische Theorie lässt sich beispielsweise davon leiten, dass Organisationen nicht nur Effektivitäts- und Effizienzanforderungen genügen, sondern auch zentralen gesellschaftlichen Anforderungen gerecht werden müssen (vgl. z. B. Walgenbach 2000). Danach entfalten vorhandene Institutionen soziale Ordnungen und Regeln, die vorgeben, was gesellschaftlich erwünschte Ergebnisse sind und mit welchen Mitteln diese Ergebnisse erreicht werden dürfen. So werden z. B. Vertreter eines Betriebsrats auf bestimmte Verfahrensweisen drängen. Auch können branchenübliche Standards eine Fortsetzung der bestehenden Entgeltformen unterstützen (vgl. zur weiteren Diskussion um die Neue Institutionalistische Theorie Rafflenbeul-Schaub 2003, S. 81–96; Walgenbach/Meyer 2008). Weitere Wirkungsmechanismen von Entlohnungssystemen werden erkennbar, wenn verhaltenswissenschaftliche Aspekte in die Modellierung integriert werden. Insgesamt zeigen die Untersuchungen von Rafflenbeul-Schaub (2003) und von Christen, Iyer und Soberman (2006), wie komplex Überlegungen sein können, um das Entgelt für Mitarbeiter im Einzelhandel festzulegen, wie sich hierzu ökonomische Theorien heranziehen lassen und inwieweit es möglich ist, durch empirische Untersuchungen Aussagen über die Relevanz einzelner Einflussfaktoren abzuleiten.

25.4 Die Planung des Personaleinsatzes

Die langen Öffnungszeiten und der schwankende Kundenzustrom erschweren die Personaleinsatzplanung im Handel. Im Folgenden wird zunächst ein Überblick über Aktionsparameter, Ziele und Einflussfaktoren der Personalbedarfs- und Personaleinsatzplanung gegeben, bevor anschließend auf ausgewählte Verfahren der Personaleinsatzplanung eingegangen wird.

25.4.1 Aktionsparameter, Ziele und Einflussfaktoren der Personalbedarfs- und Personaleinsatzplanung

Im Rahmen der Personaleinsatzplanung wird festgelegt, zu welcher Zeit einzelne Mitarbeiter die für sie vorgesehenen Tätigkeiten ausüben sollen. Dabei sind zahlreiche Wechselwirkungen mit Entscheidungen, die im Rahmen der Personalbedarfsplanung und -deckung zu treffen sind, zu beachten. Im Einzelnen handelt es sich um folgende Aspekte:

- Entscheidungen über die Höhe des Personalbestands und damit über die Zahl der einzustellenden bzw. freizusetzenden Personen: Bei den beschäftigten Personen kann es sich um Vollzeitbeschäftigte, Teilzeitbeschäftigte (zum Teil geringfügig Beschäftigte) oder Aushilfen handeln. Teilzeitbeschäftigte kommen seit einiger Zeit in großem Umfang im Handel zum Einsatz. Oft liegt ihre Beschäftigungsdauer zwischen 60 und 100 Stunden pro Monat, bei Aushilfen liegt sie zwischen 25 und 60 Stunden. Teilzeitkräfte werden auf Dauer, aber mit kürzerer Tages- bzw. Wochenarbeitszeit als Vollbeschäftigte eingesetzt. Aushilfen werden nur vorübergehend beschäftigt, in der Regel mit der gleichen Tages- bzw. Wochenarbeitszeit wie Vollzeitbeschäftigte. Die Leistung von Teilzeitkräften wird im Vergleich zu der von Vollbeschäftigten höher eingeschätzt, die Krankheitsquote und die Fluktuationsrate niedriger.
- Entscheidungen über den Einsatzort der Mitarbeiter: Personen können unter Umständen in mehreren Abteilungen oder Filialen eingesetzt werden.
- Entscheidungen über die reguläre wöchentliche Arbeitszeit.
- Entscheidungen über den täglichen Arbeitsbeginn und das Arbeitsende.
- Entscheidungen über den Zeitpunkt des Pausenbeginns: generelle oder fallweise Festlegung der Pausen innerhalb des gesetzlichen Rahmens.
- Entscheidungen über den Zeitpunkt des Urlaubs (Jahresurlaub, Sonderregelungen, z. B. für Jugendliche, Schwerbeschädigte, Mitarbeiter, die unter vom Gewerbeaufsichtsamt anerkannt schwierigen Bedingungen arbeiten).
- Entscheidungen, in welchem Zeitraum bestimmte Tätigkeiten auszuführen sind: Dabei ist festzulegen, ob sich das Verkaufspersonal zu bestimmten Zeiten nur der reinen Verkaufstätigkeit widmen soll und Nebentätigkeiten zeitlich separiert werden sollen.
- Entscheidungen über den Umfang der von dem Verkaufspersonal auszuführenden Arbeiten: Es ist vor allem zu entscheiden, ob bestimmte Tätigkeiten (z. B. Auffüllen von Ware, Preisauszeichnung, innerbetrieblicher Warentransport) von speziellen Kräften ausgeführt werden sollen.

Die verschiedenen zeitbezogenen Aktionsparameter werden häufig zu bestimmten Arbeitszeitmodellen zusammengefasst:

- Bei Gleitzeitmodellen können die Mitarbeiter Anfang und Ende ihrer Arbeitszeit in bestimmten Grenzen frei wählen, ausgenommen sind Kernarbeitszeiten, die vorgegeben sind.
- Nach dem Baukastensystem können die Arbeitnehmer bestimmte Zeitmodule „buchen", indem sie sich beispielsweise in einen Arbeitsplan eintragen.
- Bei rollierenden Systemen teilen sich mehrere Arbeitnehmer verschiedene Arbeitsplätze, z. B. sechs Mitarbeiter teilen sich fünf Arbeitsplätze, so dass an jedem von sechs Ladenöffnungstagen ein Mitarbeiter freigestellt werden kann (der freie Tag „rolliert").
- Bei Arbeitszeitkonten können flexible Lösungen zur Verwendung von angefallenen Überstunden konzipiert werden (vgl. Mente 1998; Füeg 1997).
- Bei der kapazitätsorientierten variablen Arbeitszeit (KAPOVAZ) wird bei unbefristeten Arbeitsverhältnissen dem Arbeitgeber das Recht eingeräumt, Lage und Dauer der wöchentlichen, monatlichen oder jährlichen Arbeitszeit an den Personalbedarf anzupassen.

Bei der Personaleinsatzplanung sind verschiedene Einflussfaktoren zu berücksichtigen. So ist diese beispielsweise durch eine Vielzahl von rechtlichen Vorschriften eingeschränkt. Dazu zählen das Arbeitszeitgesetz (ArbZG), in dem sich u. a. in § 4 Regelungen zur Pausengestaltung finden, das Gesetz über Teilzeitarbeit und befristete Arbeitsverträge (TzBfG), in dem Regelungen zur „Arbeit auf Abruf", die auch als kapazitätsorientierte variable Arbeitszeit bezeichnet wird, enthalten sind, sowie Tarifverträge, Betriebsvereinbarungen und der Einzelarbeitsvertrag (vgl. Richter 1999).

Eine Personaleinsatzplanung im Verkaufsbereich ist nicht nur deshalb schwierig, weil die Ladenöffnungszeiten stark von den Arbeitszeiten einzelner Mitarbeiter abweichen, sondern insbesondere auch deshalb, weil der Umfang des zu bewältigenden Arbeitsanfalls Schwankungen unterworfen und nicht mit Sicherheit vorhersagbar ist. Die Schwankungen lassen sich auf verschiedene Faktoren zurückführen:

- die Zahl der Kunden schwankt im Zeitablauf (bezogen auf Jahr, Monat, Woche, Tag, Stunde),
- Nachfrager betreten die Verkaufsräume in unregelmäßigen Abständen,
- das Personal wird nicht von allen Personen im gleichen Ausmaß in Anspruch genommen und
- Kunden akzeptieren Wartezeiten in unterschiedlichem Maße.

Eine kundenorientierte Personaleinsatzplanung verfolgt das Ziel, den Personaleinsatz so zu dimensionieren, dass er dem gegebenenfalls stark schwankenden Bedarf entspricht (geringe Über- und Unterdeckung).

Angaben zur Kundenfrequenz gehören zu den Grundlagen jeder Personaleinsatzplanung. Diese Angaben werden deshalb in vielen Betrieben gesammelt und als Basis für die Planung verwendet. Empirische Erhebungen zeigen häufig, dass zwischen Umsatz und Kundenzustrom hohe Korrelationen bestehen. Somit können die in der Praxis meist als Prognosegrößen verwendeten Umsatzzahlen ebenfalls als Basis der Personalplanung dienen.

Ein Problem der Personaleinsatzplanung ist darin zu sehen, dass schwer abzuschätzen ist, wie Kunden reagieren, wenn sie Wartezeiten in Kauf nehmen müssen. Es ist zu vermuten, dass Kunden eine Abteilung oder ein Geschäft wieder verlassen, wenn sie zu lange auf Bedienung warten müssen. Folgende Fragen sind in diesem Zusammenhang bedeutend:

- Woran messen Kunden den Servicegrad?
- Wie reagieren Kunden auf ein bestimmtes Serviceniveau?
- Inwieweit ist Service durch andere Leistungen substituierbar?

Einige Unternehmen messen explizit die Zufriedenheit der Kunden mit dem Ablauf des Verkaufsgesprächs. So werden einzelne Sachverhalte, wie z. B. das Engagement des Verkäufers, seine Freundlichkeit und Kompetenz, aber auch Wartezeiten, zu der Gesamtzufriedenheit der Kunden und diese wiederum zu der Absicht, auch in Zukunft Einkäufe in dem betreffenden Geschäft zu tätigen und damit zum Umsatz beizutragen, in Beziehung gesetzt (vgl. Schuckel/Hußmann 2000).

Von besonderer Bedeutung für die Personaleinsatzplanung sind aber auch die Präferenzen der Arbeitnehmer für einzelne Regelungen, wie z. B Arbeitsbeginn, Zeitdauer, Abrufbarkeit, weil Mitarbeiterzufriedenheit als wichtiger Bestimmungsfaktor für das Erreichen von Kundenzufriedenheit gesehen wird (vgl. Homburg/Stock 2001).

Die Ausführungen machen deutlich, dass neben der Kostenreduktion durch einen effizienten Personaleinsatz auch die Kunden- und Mitarbeiterzufriedenheit wichtige Ziele der Personaleinsatzplanung darstellen. Günther (2008, S. 137) nennt Beispiele, die zeigen, welche Wirkungen von einer verbesserten Personaleinsatzplanung im Handel ausgehen können:

- Bei der Thalia Bücher AG wurden Überstunden innerhalb von sieben Monaten um 75 % reduziert.
- Bei der EDEKA Minden-Hannover Holding GmbH konnten etwa 12 000 Stunden an administrativer Tätigkeit pro Jahr reduziert werden.
- Bei der Max Bahr Holzhandlung GmbH & Co KG konnte die Mehrarbeit von 50 000 Stunden auf 1 000 Stunden innerhalb eines Jahres verringert werden.

25.4.2 Verfahren der Personaleinsatzplanung

Die Personaleinsatzplanung kann auf Basis von Kennzahlen oder mit Hilfe von mathematischen Optimierungsverfahren erfolgen. Auf beide Methoden wird im Folgenden eingegangen.

25.4.2.1 Personaleinsatzplanung auf Basis von Kennzahlen

In der Praxis kommen bei der Personaleinsatzplanung auf Basis von Kennziffern zwei Verfahren zum Einsatz (vgl. BAG 1972, S. 10–13). Die Planung kann auf Basis globaler Kennziffern oder auf Basis differenzierter Werte erfolgen, die in Arbeitsstudien gemessen wurden.

Personaleinsatzplanung auf Basis von Globalkennziffern

Durch einen Vergleich von vergangenen Umsätzen mit dem eingesetzten Personal ergibt sich eine Kennziffer, die nach erfolgter Umsatzprognose zur Personalbemessung herangezogen wird. Die Berechnung der Kennziffer kann auf zwei Arten erfolgen:

$$(25.1)\quad \frac{\text{Personaleinsatz}}{\text{Umsatz}}\left[\text{in }\frac{\text{Stunden}}{\text{Tsd. €}}\right] \quad \text{bzw.} \quad \frac{\text{Umsatz}}{\text{Personaleinsatz}}\left[\text{in }\frac{\text{Tsd. €}}{\text{Stunden}}\right]$$

Die Größe „Personaleinsatz" kann weit oder eng definiert werden. In der weiten Definition werden auch jene Zeiten von beschäftigten Personen mitgerechnet, die auf Krankheit, Schulung, Dienstreisen oder Nebentätigkeiten entfallen, d. h. die gesamte von der Unternehmung bezahlte Zeit. Es wird vom Brutto-Stunden-Einsatz je Tsd. € Umsatz (Quotient 1) oder von der Brutto-pro-Kopf-Leistung bzw. der Brutto-Stunden-Leistung (Quotient 2) gesprochen. Wird dagegen der Personaleinsatz um die Abwesenheitszeiten und Nebentätigkeiten bereinigt, womit die enge Definition Anwendung findet, so wird vom Netto-Stunden-Einsatz bzw. von der Netto-Stunden-Leistung gesprochen.

Bei den Kennziffern handelt es sich um Produktionskoeffizienten, wobei der Personaleinsatz beim Stunden-Einsatz im Zähler den Inputfaktor und der Umsatz im Nenner eine mögliche Operationalisierung des Outputfaktors darstellt. Der Output könnte aber auch an erbrachte Leistungen geknüpft werden, z. B:

- die Kassierleistung (z. B. Zahl der Kassiervorgänge),
- die Beratungsleistung (z. B. Zahl der an einem Tage beratenen Kunden),
- die Merchandising-Leistung (z. B. Menge der preisausgezeichneten Artikel, Menge der nachsortierten Artikel).

In der Praxis wird der Personaleinsatz meist auf den Umsatz bezogen, in einigen Fällen aber auch auf die Zahl der bedienten Kunden.

Die Personaleinsatzplanung erfordert, den künftigen Output zu prognostizieren und den hierfür notwendigen Personaleinsatz zu errechnen. Dazu wird der Output (z. B. der prognostizierte Umsatz) mit den auf Grund von Vergangenheitsdaten ermittelten Produktionskoeffizienten multipliziert. Die Rechnung kann sich auf unterschiedliche Zeiträume (Stunden, Tage, Wochen, Monate) erstrecken. Dabei kann es sich als notwendig erweisen, für bestimmte Zeiträume unterschiedliche Produktionskoeffizienten zu verwenden (z. B. für den Samstag einen anderen Wert als für den Montag).

Die Verwendung von Globalkennziffern ist mit einigen Nachteilen verbunden. Bruttoangaben enthalten Zeiten der sog. Verkaufsbereitschaft, in denen das Verkaufspersonal auf Kunden wartet und auch keine sonstigen Arbeiten durchgeführt werden. Erkenntnisse über solche Zeiten lassen sich durch Beobachtungen oder einen Vergleich der Brutto-Stunden-Leistungen zu verschiedenen Zeitpunkten gewinnen. Wenn die Werte stark streuen, ist zu vermuten, dass unproduktive Zeiten vorgelegen haben.

Personaleinsatzplanung auf Basis differenzierter Kennziffern

Es erscheint sinnvoll, die Personaleinsatzplanung mit Hilfe differenzierter Belastungsangaben (Zeitaufwand für einzelne Tätigkeiten) zu präzisieren. Differenzierte Belastungsangaben erlauben eine Planung in personeller und zeitlicher Hinsicht (z. B. Nachsortieren nur zu bestimmten Tageszeiten). Die Durchführung von Nebentätigkeiten kann im Vergleich zu Arbeitsprozessen mit Kundenkontakt vom Unternehmen leichter erfasst, analysiert und gesteuert werden. Es wird deshalb versucht zu klären, wie stark diese Tätigkeiten das Personal belasten. Informationen über die zeitlichen

Anteile einzelner Tätigkeiten können z. B. mit Hilfe des Multi-Moment-Verfahrens gewonnen werden. Bei diesem Verfahren wird in zufälligen Zeitabschnitten beobachtet, welche Tätigkeiten die beobachteten Personen im Moment der Beobachtung ausführen. Abbildung 25.11 zeigt, wie differenziert die so ermittelten Zeitangaben sein können.

Tätigkeit	Anteil der Tätigkeit (%)	Dem Anteil entsprechende absolute Dauer (Std.)
1. Arbeit mit Kundenkontakt	21,80	37,50*
2. Verkaufsbereitschaft	29,70	51,10
3. Arbeit mit Ware im Verkaufsbereich	13,60	23,40
4. Sonstige Tätigkeiten (Bestandskontrolle, Schreibarbeiten, Kassenabrechnung, Besprechungen)	7,20	12,40
5. Abwesenheit (Pause, Personalkauf)	27,80	47,80
Summe	100,10	172,00

* Dieser Wert wird zur Berechnung des Netto-Stunden-Einsatzes pro 100 € herangezogen

Abb. 25.11: Ergebnisse einer Multi-Moment-Aufnahme (Beispiel)

In dem Beispiel werden fünf Tätigkeiten unterschieden, von der „Arbeit mit Kundenkontakt" bis zur „Abwesenheit", wobei auch eine noch feinere Unterteilung für die Tätigkeiten hätte gewählt werden können. Die Vorgehensweise bei einer Multi-Moment-Studie nach dem Häufigkeitsverfahren lässt sich mit Hilfe der Abbildung 25.12 verdeutlichen.

Aus darstellungstechnischen Gründen wird in der Abbildung davon ausgegangen, dass die Personen an den zehn Arbeitsplätzen A bis K nur drei verschiedene Tätigkeiten auszuführen haben (gekennzeichnet durch weiße, schraffierte und schwarze Flächen). Es wir die Frage aufgeworfen, welcher Anteil der Arbeitszeit auf diese drei Tätigkeiten entfällt. Im rechten Teil der Abbildung sind die (in der Praxis unbekannten) tatsächlichen Zeitanteile für die drei Tätigkeiten angegeben, um demonstrieren zu können, wie nah die Ergebnisse der Multi-Moment-Studie den tatsächlichen Zeitanteilen kommen können. Die tatsächlichen Zeitanteile sind 60 % (Tätigkeit 1), 30 % (Tätigkeit 2) und 10 % (Tätigkeit 3). Nach dem Multi-Moment-Verfahren werden in unregelmäßigen Zeitabständen Rundgänge gestartet, um mit Hilfe von Beobachtungen festzuhalten, welche Tätigkeiten von den einzelnen Personen gerade ausgeführt werden. Die Rundgänge sind in der Abbildung durch die von oben nach unten verlaufenden Pfeile gekennzeichnet. Bei den Rundgängen wird eine Strichliste erstellt, wie sie im unteren Teil der Abbildung zu sehen ist. Die Werte aus dieser Strichliste werden relativiert und stellen die gesuchten Zeitanteile dar. In dem Beispiel ergeben sich 59 % (Tätigkeit 1), 30 % (Tätigkeit 2) und 11 % (Tätigkeit 3). Bei der vorgestellten Variante des Multi-Moment-Verfah-

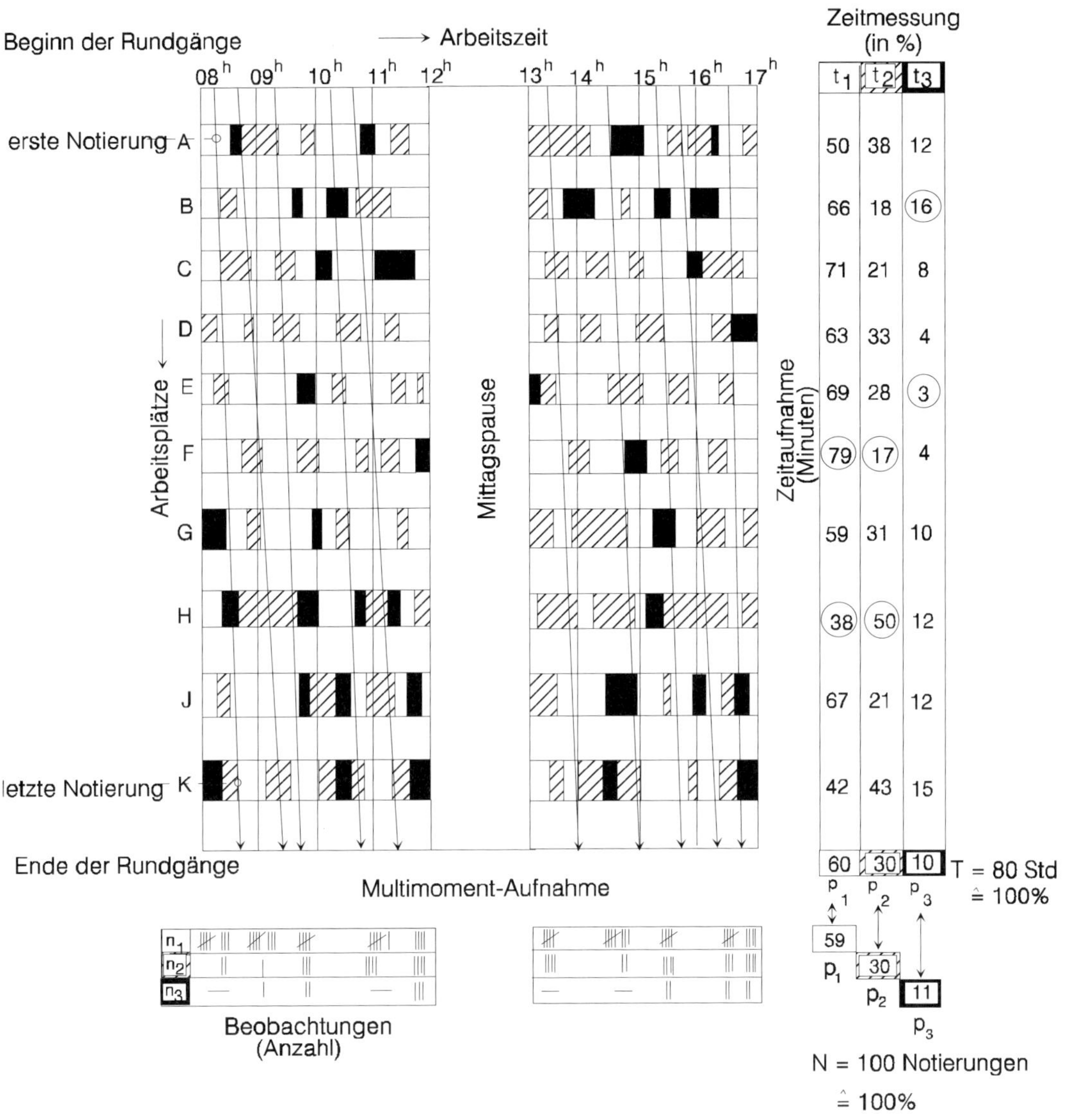

Quelle: Haller-Wedel 1968, S. 25

Abb. 25.12: Beispiel für das Multi-Moment-Häufigkeitsverfahren

rens, dem sog. Multi-Moment-Häufigkeitsverfahren, handelt es sich um ein Verfahren, mit dem anhand einer Stichprobe aus der Gesamttätigkeit einer Person eine Aussage über den Anteil einer einzelnen Tätigkeit an der Gesamtarbeitszeit gemacht wird. Bei den ermittelten Werten handelt es sich um Prozentzahlen, die aber, da die Gesamtzeit bekannt ist, in absolute Zeitangaben umgerechnet werden können.

Das Multi-Moment-Verfahren liefert mit einem relativ geringen Aufwand Anhaltspunkte für den benötigten Personaleinsatz. Die Beschränkung auf den Mittelwert vereinfacht die Realität jedoch, weil es sich bei dem Produktionskoeffizienten um eine stochastische Größe handelt, die durch den Mittelwert nur teilweise gekennzeichnet wird.

Beispiel zur Berechnung der Produktionskoeffizienten

Abbildung 25.13 zeigt beispielhaft, wie auf Basis der erläuterten Kennziffern Produktionskoeffizienten berechnet werden können.

Globale Kennziffern	
Brutto-Stunden-Leistung in Euro	$\frac{16\,666 \text{ € Umsatz}}{172 \text{ Std.}} = 96{,}90 \text{ € Umsatz pro Std.}$
Brutto-Stunden-Einsatz pro 100,00 €	$\frac{172 \text{ Std.} \cdot 100}{16\,666 \text{ € Umsatz}} = 1{,}03 \text{ Std. pro } 100{,}00 \text{ € Umsatz}$
Differenzierte Kennziffern	
Netto-Stunden-Leistung in Euro (Kunden-Kontakt-Zeiten)	$\frac{16\,666 \text{ € Umsatz}}{37{,}50 \text{ Std.}} = 444{,}43 \text{ € Umsatz pro Std.}$
Netto-Stunden-Einsatz für Kundenkontakt pro 100,00 €	$\frac{37{,}50 \text{ Std.} \cdot 100}{16\,666 \text{ € Umsatz}} = 0{,}22 \text{ Std. pro } 100{,}00 \text{ € Umsatz}$
Stunden-Einsatz für Nebentätigkeiten pro 100,00 € Umsatz (ohne Pause im engeren Sinn)	$\frac{(23{,}40 + 12{,}40 + 47{,}80) \text{ Std.} \cdot 100}{16\,666 \text{ € Umsatz}} = 0{,}50 \text{ Std. pro } 100{,}00 \text{ € Umsatz}$
Netto-Zeitaufwand pro Kunde	$\frac{37{,}50 \text{ Std.}}{429 \text{ Kunden}} = 5{,}24 \text{ Min. Kontaktzeit pro Kunde}$

Abb. 25.13: Kennzahlen zur Personalzeitplanung

Der Netto-Stunden-Einsatz für den Kundenkontakt zeigt beispielsweise, wie viele Stunden an Kundenkontaktzeit eingeplant werden sollten, um 100 € Umsatz realisieren zu können. Der Stunden-Einsatz für Nebentätigkeiten zeigt dagegen, wie viele Stunden an Nebentätigkeiten durchschnittlich für 100 € Umsatz anfallen. Werden diese Werte addiert und um den Zuschlag für die unvermeidbar gehaltene Verkaufsbereitschaft ergänzt, kommt man auf den „Netto-Zeitfaktor pro 100 € Umsatz". Er ist um den Pausenzuschlag zu erhöhen. In Abbildung 25.14 ist zu erkennen, wie groß in dem Beispiel die Ersparnisse an Personal gegenüber einer Planung mit Bruttokennzahlen sind (0,76 gegenüber 1,03). Hierbei wird insbesondere ein großer Teil der Zeiten für Verkaufsbereitschaft eingespart.

1. Netto-Stunden-Einsatz für Arbeit mit Kundenkontakt pro 100,00 € Umsatz	0,22 Std.
2. Zuschlag für Verkaufsbereitschaft (15-20 % je nach Kundenfrequenz, Art der Ware, dem Bedienungssystem und dem Umfang der Nebentätigkeiten)	0,04 Std.
3. Stunden-Einsatz für Nebentätigkeiten pro 100,00 € Umsatz	0,50 Std.
= Netto-Zeitfaktor/100,00 € Umsatz	0,76 Std.

Abb. 25.14: Berechnung des Personalbedarfs auf Basis differenzierter Kennziffern

25.4.2.2 Personaleinsatzplanung mit Hilfe von Optimierungsverfahren

Eine Möglichkeit, der Personalkostenbelastung entgegenzuwirken, besteht darin, den Personaleinsatz den Schwankungen des Kundenstroms in optimaler Weise anzupassen. Dies lässt sich über den Einsatz von Teilzeitkräften, mit einem günstigen Pausenplan oder gestaffelten Anfangszeiten ermöglichen, wozu zahlreiche Optimierungsverfahren entwickelt worden sind. Das im Folgenden dargestellte Modell, das mit Methoden der Ganzzahligen Linearen Programmierung gelöst wird, soll den Optimierungsgedanken veranschaulichen (vgl. Müller-Hagedorn 1969, S. 257–266).

Der Personaleinsatz ist so zu planen, dass die Personalkosten minimal sind, wobei jedoch gewährleistet sein muss, dass alle Kunden bedient werden können (soweit sie dies wünschen). Das Modell dient zur Planung der Variablen x_{cs} mit dem Ziel, die Personalkosten zu minimieren:

(25.2) $$\min \sum_{c=1}^{c^*} \sum_{s=1}^{s^*} l_c \cdot x_{cs}$$

mit:

x_{cs} = Zahl der Verkaufspersonen, die an dem Tag, für den der Personaleinsatzplan erstellt wird, insgesamt c Stunden arbeiten und ihren Dienst zur Stunde s aufnehmen

l_c = Variable Personalkosten, die anfallen, wenn eine Person mit einer Arbeitzeit von c Stunden pro Tag eingesetzt wird

Die Minimierung der Personalkosten erfolgt dabei unter der Nebenbedingung, dass x_{cs} ganzzahlig ist und dass alle Kunden bedient werden können:

(25.3) $$x_h \geq b_h \text{ für } h = 1, \ldots, h^*$$

mit:

b_h = Zahl der Kunden, die voraussichtlich innerhalb der Stunde h Bedienung wünschen

x_h = Zahl der Kunden, die in Stunde h mit Hilfe des Personals bedient werden können

Die Nebenbedingung sichert, dass der Bestand an Personalkräften in der Stunde h ausreicht, um die Kunden, die Beratung wünschen, zu bedienen. Die Hilfsvariable x_h gibt an, wie viele Kunden in der

Stunde h mit Hilfe des vorhandenen Personals bedient werden können. Diese „Kundenbetreuungs-Kapazität" ergibt sich als:

$$(25.4) \qquad x_h = \sum_{c=1}^{c^*} \sum_{s=h-(c-1)}^{h} a_h \cdot x_{cs}$$

mit:

a_h = Zahl der Kunden, die von einer Verkaufsperson in der Stunde h bedient werden

Die Quantifizierung des Koeffizienten a_h kann sich auf das oben dargestellte Multi-Moment-Verfahren stützen. Das Modell errechnet wie viele Ganztags- bzw. Teilzeitbeschäftigte eingesetzt werden und zu welcher Stunde sie ihren Dienst aufnehmen sollten. Das Modell könnte wie folgt weiter modifiziert werden:

- Es kann ein bestimmter Bestand an Vollzeitbeschäftigten vorgegeben werden.
- Der Planungszeitraum, der sich in der oben dargestellten Modellversion nur auf einen Tag erstreckt, kann ausgedehnt werden. Es kann dann gefordert werden, dass Teilzeitkräfte ihren Dienst zu jeweils gleichen Zeiten aufnehmen.
- Es kann der Personalausgleich zwischen mehreren Abteilungen einbezogen werden.
- Es können außer der reinen Kundenbedienung andere vom Personal zu erbringende Tätigkeiten berücksichtigt werden.
- Der einheitlich für alle Personen geltende Produktionskoeffizient könnte differenziert werden.
- Das Modell ist zwar nicht unmittelbar für die Planung des Personaleinsatzes geeignet, es verdeutlicht aber die Struktur eines Optimierungsansatzes, indem nach den zur Verfügung stehenden Aktionsparametern gefragt wird, ein Planungszeitraum festgelegt wird, eine Zielfunktion formuliert wird und die einzuhaltenden Nebenbedingungen angegeben werden.

In der Praxis wird die Personaleinsatzplanung durch entsprechende Verwaltungslösungen unterstützt. Sie erfassen z. B. die mit den Mitarbeitern vereinbarten Arbeitszeiten, ihre Einsatz- und Fehlzeiten, Wunsch-Dienstpläne und Tauschbörsen. Hierfür wurden zahlreiche Softwarelösungen entwickelt (vgl. hierzu Karrasch 1998; Brecht 1999a, 1999b; Günther 2010, S. 22, sowie die fortlaufende Berichterstattung in der Zeitschrift rt-retail technology, z. B. von Kirn 2011). Es wird in diesem Zusammenhang auch von Workforce-Management-Lösungen gesprochen. Über die Tools hinaus, die der Verwaltung der anfallenden Daten dienen, sind aber auch komplexe Optimierungsmodelle entwickelt worden (vgl. Kossbiel 1992; Weber 1997; Haase 1999; Sauer/Schumann 2007; Günther 2010; zu einem Überblick über Beiträge aus den letzten 50 Jahren vgl. Ernst/Jiang/Krishnamoorthy et al. 2004). Günther (2010, S. 262–279) vergleicht für handelsbetriebliche Probleme verschiedene Optimierungsprozeduren (z. B. Ganzzahlige Optimierung, Hill Climbing, Guided Local Search, Evolutionsstrategien, Multiagentensysteme) hinsichtlich mehrerer Kriterien (z. B. Aufwand, Exaktheit, Rechenzeit).

25.4.3 Einzelmaßnahmen zur Reduktion der Personalkosten

Da die Personalkosten eine Mengen- und eine Preiskomponente aufweisen, ergeben sich zwei Ansatzpunkte für ihre Reduktion. Es sind die Lohnsätze für die geleistete Arbeit und die Menge des eingesetzten Personals:

- Eine Reduktion der Kosten pro beschäftigte Person kann auch erreicht werden, indem freiwillige Zahlungen gekürzt werden oder ausscheidende Mitarbeiter durch weniger qualifiziertes Personal mit niedrigeren Löhnen ersetzt werden.
- Als Maßnahmen, die sich auf die Zahl der eingesetzten Mitarbeiter beziehen, lassen sich insbesondere der Ersatz von Vollzeitkräften durch Teilzeitkräfte oder eine generelle Reduktion des Personalbestandes nennen.

Die Entgeltpolitik und die Personaleinsatzplanung stellen folglich zentrale Instrumente zur Senkung der Personalkosten dar. Darüber hinaus existieren weitere Maßnahmen, die im Folgenden dargestellt werden sollen.

Ersatz von Personal durch Kapitaleinsatz

In der Industrie ist deutlich zu erkennen, dass Produktivitätsfortschritte durch die Substitution von Handarbeit durch Maschinenarbeit erzielt wurden. Eindrucksvoll ist etwa der Einsatz von Robotern bei der Herstellung von Personenkraftwagen. Auch im Handel finden sich ähnliche Beispiele. Die Technisierung und Automatisierung ist im Handel insbesondere im Lagerbereich vorzufinden, so z. B. wenn in einem Zentrallager fahrerlose Transportsysteme eingesetzt werden. Fahrer werden dabei durch automatische Transportsysteme ersetzt. Um zu prüfen, inwieweit im Handel die Möglichkeit besteht, Personal durch andere Einsatzfaktoren zu ersetzen, ist es zweckmäßig, den Prozess handelsbetrieblicher Leistungserstellung darzustellen und zu prüfen, welcher Personaleinsatz dabei gebunden wird. Hierbei können beispielsweise die Prozesse Disposition und Einkauf, Lagerhaltung, Verkauf und Service unterschieden werden. Für jeden Prozess ist zu analysieren, wie viel Personal tätig ist und welche Leistungen von dem eingesetzten Personal erbracht werden.

Einige Beispiele sollen verdeutlichen, dass in bestimmten Bereichen Personal durch andere Faktoren substituiert werden kann:

- Bei einem Schuhverkäufer entfällt oft ein Großteil seines Einsatzes auf Gänge zum Lager, um festzustellen, ob ein ausgewähltes Modell in der gewünschten Schuhgröße vorrätig ist. Dieser Personaleinsatz ließe sich entweder reduzieren, indem Verkaufs- und Lagerraum näher zusammengerückt werden oder indem mit Hilfe der EDV am Verkaufspunkt die Verfügbarkeit der Ware im Lager angezeigt wird. Im ersten Fall sind Investitionen in den Raum, im zweiten Fall in die EDV notwendig.
- Auch der Personaleinsatz für Bestandskontrollen und Nachbestellungen kann beträchtlich sein. Warenwirtschaftssysteme, die den aktuellen Warenbestand, den Bestellpunkt und die aus einem Prognosesystem abgeleitete Nachfrage anzeigen, können Einkauf und Disposition beschleunigen, so dass die Produktivität der eingesetzten Mitarbeiter steigt.

- Erheblicher Personalbedarf resultiert aus persönlicher Beratung, die z. B. durch Informationsterminals zumindest teilweise substituiert werden kann.
- Nachdem in den letzten Jahrzehnten die Produktivität des Kassenpersonals durch Scanning-Systeme erhöht worden ist, wird durch Self-Scanning-Systeme der Kassiervorgang fast vollständig auf den Kunden übertragen (z. B. bei real,- oder IKEA).

Es ist Aufgabe des Managements zu erkennen, in welchen Teilprozessen Personal durch andere Produktivfaktoren ersetzt werden sollte.

Reduktion der Beratungstätigkeit

Ein umfassendes, qualitativ gutes und damit im Regelfall auch hohe Kosten verursachendes Verkaufsgespräch wird nicht in allen Fällen marktgerecht sein, da nicht alle Kunden das Verkaufsgespräch suchen. Antworten auf folgende Fragen können nützlich sein, um zu entscheiden, ob eine Differenzierung über die Qualität des Verkaufsgesprächs zur Basis für einen Wettbewerbsvorteil werden kann:

- Empfindet der Kunde beim Kauf ein soziales Risiko? Denkt er z. B. intensiv darüber nach, wie seine Umwelt auf das gekaufte Kleidungsstück reagieren wird?
- Geht der Kunde mit dem gekauften Produkt ein funktionales Risiko ein, dass z. B. das gekaufte Notebook seinen Anforderungen nicht genügt?
- Sind die Kunden bereit, den aus der Kalkulation des Verkaufsgesprächs resultierenden höheren Preis zu akzeptieren?
- Lässt es sich verhindern, dass der Kunde die Beratungsleistung in Anspruch nimmt und dann das ausgewählte Produkt an anderer Stelle kauft?

Je häufiger die genannten Fragen bejaht werden können, umso größer sind die Chancen, mit einem gut geführten Verkaufsgespräch zum Erfolg zu kommen. Die Überlegungen machen deutlich, dass es sich bei dem Personaleinsatz im Verkaufsbereich um ein absatzpolitisches Mittel handelt, weshalb hier auf die entsprechenden Ausführungen in Kapitel 21 verwiesen wird. Im vorliegenden Zusammenhang geht es darum, die unterschiedlichen Bedienungssysteme als Bestimmungsfaktoren der Personalkosten zu erkennen. Empirische Daten zur Beurteilung von verschiedenen Bedienungssystemen enthalten die Studien von Conz (1976) und von Herder (1980). Obwohl es sich um ältere Studien handelt, veranschaulichen sie trotzdem das auch heute noch aktuelle Problem der Wahl zwischen verschiedenen Bedienungssystemen.

Unterstützung des Personals durch Kapitaleinsatz

Während die bisher angesprochenen Maßnahmen jeweils das Ziel hatten, Tätigkeiten, die ursprünglich vom Personal ausgeführt wurden, durch den Einsatz von Kapital zu ersetzen, sollen im Folgenden jene Maßnahmen angesprochen werden, die den Personaleinsatz nicht ersetzen, sondern ergänzen. Die Produktivität des Personaleinsatzes wird in diesem Fall nicht gesteigert, indem der Personaleinsatz bei gleichem Output verringert wird, sondern indem der Output des Personals qualitativ verbessert wird. Dies veranschaulichen folgende Beispiele:

- Im Reifenhandel ermöglicht eine Anwendungssoftware, den Wagentyp des Kunden im Bild mit unterschiedlichen Felgen und Reifen zu bestücken, damit sich der Kunde seinen umgerüsteten Wagen besser vorstellen kann.
- Im Möbelhandel werden Programme eingesetzt, die dem Kunden virtuell vorführen, wie seine Küche oder seine Wohnung aussähe, wenn sie mit bestimmten Möbeln ausgestattet werden würde.

Neue Technologien können folglich Verkaufspersonal bei der Beratung unterstützen. Im Großhandel kann der Außendienst durch entsprechende Datenbanken unterstützt werden. Die mit solchen Technologien verbundenen Probleme liegen zum Teil in der Technik, z. B. in den Zugriffszeiten auf die Informationen, zum anderen aber vor allem in der Akzeptanz durch die Kunden. Es gibt zudem Hinweise, dass ab einem bestimmten Technologieeinsatz die Leistung sinken kann (vgl. Ahearne/Srinvasan/Weinstein 2004).

Verzicht auf personalintensive Leistungen (Leistungsselektion)

Die bisherigen Ansatzpunkte für eine Personalkostenreduktion stellten ein bestehendes Geschäftskonzept nicht zur Disposition. Personalkostenmanagement heißt aber nicht nur, bestehende Konzepte zu verbessern, sondern kann auch bedeuten, bisherige Lösungen in Frage zu stellen. So kann z. B. analysiert werden, ob es Sortimentsteile gibt, die besonders personalintensiv sind, aber nur einen geringen Beitrag zum Geschäftserfolg leisten. Es ist zu fragen, wie viel Personal durch den Verkauf einzelner Sortimentsteile oder die Bearbeitung bestimmter Kundengruppen gebunden wird. Es kann durchaus lohnend sein, auf Aktivitäten mit hoher Personalbindung und geringem Erfolgsbeitrag zu verzichten. Bei solchen Entscheidungen müssen allerdings auch Verbundeffekte berücksichtigt werden.

Auslagern von Aktivitäten auf Dritte

Anstatt auf bestimmte Aktivitäten zu verzichten, können diese auch Dritten übertragen werden. „Make-or-Buy" zählt in diesem Zusammenhang zu den klassischen Fragestellungen der Betriebswirtschaftslehre, wie die folgenden Beispiele zeigen:

- IKEA hat in Deutschland vor fast vierzig Jahren das bis dahin in der Möbelbranche geltende Prinzip, die gekauften Möbel dem Kunden zuzustellen und aufzubauen, mit Erfolg durchbrochen. Generell kann davon gesprochen werden, dass in vielen Bereichen Aktivitäten auf den Kunden übertragen werden. Eine Vorreiterrolle in der Selbstbedienung hat der Lebensmittelhandel übernommen. Dort entnimmt der Kunde nicht nur die Ware aus dem Regal und befördert sie zur Kasse, sondern er wiegt teilweise auch Obst, Gemüse und Salate ab, führt den Bezahlvorgang an einer Selbstbedienungskasse durch oder gibt das Leergut am Rücknahmeautomaten zurück.
- Ein Teil der traditionellen Aufgaben des Einzelhandels ist auf den Großhandel oder die Industrie übertragen worden. So werden beispielsweise die Preisetiketten in einigen Bereichen nicht mehr im Handel an den Produkten angebracht, sondern die Produkte treffen bereits maschinell ausgezeichnet im Handel ein. Teilweise erbringen auch von Dritten bezahlte Personalkräfte Dienste im Einzelhandel. So wird beispielsweise von der Industrie Personal bereitgestellt, um im Einzel-

handel Ware zu verräumen oder Verkaufsaufgaben zu übernehmen (z. B. in den Depots der Parfümhersteller, aber auch in den Shops einzelner Textilhersteller). Funktionsauslagerungen können kostengünstiger sein, weil in anderen Wirtschaftssektoren niedrigere Löhne gezahlt werden, dort Spezialwissen verfügbar ist oder eine bessere Auslastung der Ressourcen gewährleistet werden kann.

Die Gemeinsamkeit der Beispiele liegt darin, dass sie die Aufgabenteilung zwischen den beteiligten Wirtschaftssubjekten thematisieren. Bei den Beteiligten handelt es sich um Hersteller, Großhändler, Einzelhändler, Kunden, aber auch um Spediteure, Banken, Steuerberater, Unternehmensberater oder Handelsinstitute. Sie haben die Frage zu beantworten, wer einzelne Aufgaben am effizientesten durchführen kann.

Personalkostensenkung durch Zentralisierung von Entscheidungen
Eine Methode zur Senkung von Personalkosten besteht darin, bestimmte Entscheidungen zu zentralisieren oder externen Entscheidungsträgern zu übertragen. Letzteres ist beispielsweise im Franchising zu beobachten, wo Händler (Franchisenehmer) in weiten Bereichen auf autonome Entscheidungen verzichten, z. B. im Rahmen der Sortimentsplanung. So kann es beispielsweise im Textilhandel auch unter dem Aspekt der Personalkostensenkung vorteilhaft sein, bestimmte Aufgaben zu zentralisieren oder einem Franchisenehmer zu übertragen. Zu diesen Aufgaben zählen die Beobachtung der Marktentwicklung, Prüfung der angebotenen Kollektionen, Verhandlung oder Kontrolle der Transaktionen. Insbesondere in modischen Bereichen, in denen die Kollektionen sehr kurzfristig ausgetauscht werden, werden ganze Sortimente angeboten, um den Händler bei Auswahlentscheidungen zu entlasten und ihm nur die Verkaufsaufgabe zu überlassen.

Bei allen Maßnahmen muss beachtet werden, dass sie die Marktstellung des Unternehmens nicht gefährden. Der Katalog ist nicht erschöpfend, zeigt aber, dass dem Händler ein reichhaltiges Instrumentarium zur Steuerung der Personalkosten zur Verfügung steht.

25.5 Zusammenfassung

Im Handel ist die Personalpolitik vor allem deshalb von so hoher Relevanz, weil sich die Personalkosten unmittelbar im Betriebsergebnis niederschlagen. Wichtige Instrumente der Personalpolitik sind insbesondere die Entgeltpolitik und die Personaleinsatzplanung.

Im Rahmen der Entgeltpolitik werden fixe und variable Lohnbestandteile, wie Boni, Provisionen oder Prämien, unterschieden. Um Entscheidungen über die Höhe der variablen Gehaltskomponenten zu analysieren, können Theorien der Neuen Institutionenökonomik herangezogen werden. Empirische Ergebnisse zeigen, dass eine leistungsabhängige Entlohnung umso eher vorkommt, je größer die Bedeutung der Verkaufsaufgabe, je geringer der Anteil von Nebentätigkeiten und je geringer die intrinsische Motivation der Verkäufer sind.

Die Personaleinsatzplanung hilft, das vorhandene Personal effizienter einzusetzen und damit langfristig Personalkosten zu sparen. Die Einsatzplanung kann auf Basis globaler oder differenzierter Kennzahlen (Produktionskoeffizienten) sowie mit Methoden der mathematischen Programmierung erfolgen.

Neben der Entgeltpolitik und der Einsatzplanung lassen sich Personalkosten durch weitere Einzelmaßnahmen reduzieren. Hierzu zählen z. B. der Ersatz von Personal durch Kapitaleinsatz, die Reduktion der Beratungstätigkeit, die Unterstützung des Personals durch Kapitaleinsatz, der Verzicht auf personalintensive Leistungen, das Auslagern einzelner Tätigkeiten auf Dritte oder die Zentralisierung von Aufgaben bis hin zum Verzicht auf Entscheidungsautonomie.

26 Die Organisation

Organisatorische Probleme ergeben sich primär als Folge der interpersonellen Arbeitsteilung innerhalb einer Unternehmung. Im Gegensatz zu Einpersonenunternehmen ist bei Mehrpersonenunternehmen festzulegen, wie die Gesamtheit der in der Unternehmung zu erbringenden Aufgaben auf die einzelnen Aufgabenträger aufgeteilt werden soll. Nur in kleinen Unternehmungen ist es denkbar, dass alle Mitarbeiter an allen Aufgaben beteiligt sind. Mit wachsender Größe eines Unternehmens wird es vorteilhaft, einzelne Aufgabenarten verschiedenen Mitarbeitern zuzuweisen. Durch Arbeitsteilung und Spezialisierung lässt sich die Produktivität steigern. Zugleich sind aber Informationswege zu gestalten und Abstimmungsprozesse zu implementieren, was einen Ressourcenverbrauch nach sich zieht (vgl. Picot/Dietl/Franck 2005, S. 5). Bei der Aufgabenzuordnung ist zuerst die Frage zu beantworten, auf welche Art und in welcher Form die Gesamtaufgabe einer Unternehmung zerlegt werden soll. Dies erfordert eine systematische Analyse der anfallenden Aufgaben. Anschließend ist zu entscheiden, wie die vielfältigen Aufgaben auf die vorgesehenen Aufgabenträger (Stellen) aufgeteilt werden sollen. Ist es beispielsweise vorteilhaft, dass unterschiedliche Mitarbeitergruppen Beschaffungsaufgaben und Verkaufsfunktionen übernehmen oder ist es sinnvoll, dass alle Einkaufs- und Verkaufsaufgaben nach Warengruppen differenziert verschiedenen Aufgabenträgern zugewiesen werden? Ebenso ist festzulegen, wie die Entscheidungskompetenzen zwischen der Unternehmenszentrale und einzelnen Unternehmensbereichen aufgeteilt werden sollen. Die Teilung der Aufgaben macht eine Koordination notwendig, damit die Tätigkeiten der einzelnen Mitarbeiter aufeinander abgestimmt und Schnittstellenprobleme bewältigt werden. Eine Koordination erfolgt durch Informationen, durch die Verteilung von Weisungsrechten und mit Hilfe von Anreizstrukturen, wie z. B. Verrechnungspreisen oder Leistungslöhnen.

Neben der Art der Aufgabenteilung, den damit verbundenen Informationsströmen und der Kompetenzzuweisung werden zu den Aufgabenfeldern der Organisation auch Regeln (Standards, Prinzipien, Verfahren) gezählt, nach denen die Aufgaben abzuwickeln sind. Die zwei Problembereiche, die sich auf die Struktur und die Prozesse bzw. den Aufbau und die Abläufe in einem Unternehmen beziehen, werden in der betriebswirtschaftlichen Organisationslehre unter den Begriffen Aufbau- und Ablauforganisation diskutiert. Während sich die Aufbauorganisation mit der Bildung von Stellen und Instanzen beschäftigt, regelt die Ablauforganisation die Abstimmung der Arbeitsprozesse.

Bei der Untergliederung handelt sich um eine Trennung von zwei Bereichen, die starke Interdependenzen aufweisen. Diese Vorgehensweise wird deshalb sowohl aus konzeptionellen als auch aus praktischen Überlegungen heraus zunehmend in Frage gestellt (vgl. Schreyögg 2008, S. 98–99). Es ist stattdessen heute üblich, unter den Begriffen Organisationsstruktur (vgl. Kieser/Walgenbach 2007), Organisationsgestaltung (vgl. Frese/Graumann/Theuvsen 2012) oder organisatorische Strukturgestaltung (vgl. Schreyögg 2008) beide Aspekte integriert zu analysieren.

Meist werden im Rahmen von Überlegungen zur Organisation auch Anreizsysteme erörtert, mit denen die Mitglieder der Organisation angehalten werden, die Organisationsziele zu verfolgen. Damit wird die enge Verbindung zu personalwirtschaftlichen Fragestellungen deutlich (vgl. hierzu Kapitel 25). Organisatorische Aspekte wirken sich auf das Verhalten der Mitarbeiter aus und nehmen Einfluss auf die Art der zu beschäftigenden Personen. Die Mitarbeiter werden also nicht nur durch personalwirtschaftliche Maßnahmen, wie z. B. Lohnsysteme oder Führungsmaßnahmen, motiviert, sondern ihr Verhalten wird auch von der Art der Organisation beeinflusst. So stellt das Meinungsforschungsinstitut Gallup im Gallup Engagement Index 2010 fest, dass in Deutschland 20 % der Mitarbeiter innerlich gekündigt hätten, zwei Drittel der Beschäftigten machten nur Dienst nach Vorschrift und nur 13 % arbeiteten hoch motiviert. Das Institut sieht die Defizite einerseits in der Personalführung (zu wenig Anerkennung, zu wenig Gehör), andererseits aber auch in dem Umstand, dass die Aufgaben in nicht zufriedenstellender Weise auf die Bedürfnisse der Arbeitnehmer zugeschnitten seien (vgl. Gallup Consulting 2011).

Im Rahmen organisatorischer Entscheidungen ist eine Vielzahl von Problemen zu lösen. Diese werden in der Literatur zwar unterschiedlich systematisiert, es lassen sich dennoch gemeinsame Kernprobleme identifizieren. Zu den zentralen Herausforderungen gehört die Strukturierung der Aufgaben in einem Unternehmen. Zu diesem Zweck muss die Gesamtaufgabe in sinnvolle Teilaufgaben zerlegt werden (Arbeitsteilung). Die Teilaufgaben müssen anschließend im Rahmen der Stellenbildung in geeigneter Form wieder zusammengefügt werden. Zugleich müssen Regeln für die Abläufe in den so geschaffenen Strukturen definiert werden. Ein ebenfalls von der Organisation zu lösendes Problem wird in der Abstimmung der Unternehmung mit ihrer Umwelt gesehen. Den bereits angesprochenen Bezug zu personalpolitischen Aufgaben weist ein weiteres Organisationsproblem auf – die Abstimmung zwischen den Zielen der Unternehmung und den individuellen Interessen ihrer Mitarbeiter. Schließlich gehört zu den Anforderungen, die an die Organisation gestellt werden, die Fähigkeit, sich weiterzuentwickeln und gegebenenfalls zu wandeln. Es ist dabei zu beachten, dass Fehler in der Organisationsgestaltung ernsthafte Effizienzeinbußen nach sich ziehen können (vgl. Barthel/Meininger/Unger 1991; Siebenbrock 1993).

Im Folgenden wird in Abschnitt 26.1 unter dem Begriff Organisationsstruktur auf Möglichkeiten (Entscheidungsoptionen) zur Ausgestaltung organisatorischer Strukturen und Abläufe eingegangen. Dem entscheidungsorientierten Ansatz folgend analysiert der Abschnitt 26.2 Ziele und Einflussfaktoren der Organisationsstruktur. Aufgabe des Abschnitt 26.3. besteht darin, ausgewählte theoretische Ansätze zu präsentieren, mit denen organisatorische Entscheidungen fundiert werden können. Ergänzend wird in Abschnitt 26.4 auf die Wandlungsfähigkeit von Unternehmungen eingegangen, die unter dem Begriff Change Management diskutiert wird und Bezüge zum Konzept des Business Reengineerings aufweist.

26.1 Die Organisationsstruktur

Wie andere Bereiche kann auch die Organisationsstruktur mit Hilfe des Grundmodells der Entscheidungstheorie analysiert werden, indem auf Aktionsparameter, Ziele und Einflussgrößen Bezug genommen wird. Dieses Denkmuster wird im Folgenden angewendet.

Die wissenschaftliche Diskussion über die für Handelsbetriebe geeigneten Organisationsstrukturen hat in „Wellen" stattgefunden. In den ersten Wellen um 1930 und 1960 stand die Abstimmung innerhalb einer Unternehmung im Vordergrund, wobei insbesondere die Situation eines Filialbetriebs betrachtet wurde (vgl. Nieschlag/von Eckardstein 1972; Tietz 1993b; Oehme 1993). Häufig wurde dabei auf die Verhältnisse in einem Warenhaus mit mehreren räumlich getrennten Filialen Bezug genommen (vgl. Mazur/Neisser 1928; Bach 1934; Hanhart 1967). Es folgte eine Diskussion, die von der Frage beherrscht wurde, wie die Unternehmung organisatorisch mit ihrer Umwelt (auf der Lieferanten- und Abnehmerseite) verknüpft werden sollte (vgl. Feld 1996). In der neueren Organisationstheorie steht nicht ausschließlich die Formulierung von Alternativen für die Strukturierungsaufgabe im Mittelpunkt des Interesses, sondern es wird verstärkt versucht, die Wirkungen einzelner Organisationsstrukturen zu bestimmen (vgl. hierzu auch den Überblick bei Battenfeld 2005a).

Es gibt unterschiedliche Ansätze, mit denen die Gestaltungsparameter der Organisationsstruktur systematisiert werden. Kieser und Walgenbach (2007, S. 77) differenzieren zwischen den folgenden fünf Hauptdimensionen, in denen die Gesamtheit der zu treffenden Entscheidungen erfasst werden soll:

- Spezialisierung (Arbeitsteilung),
- Koordination,
- Konfiguration (Leitungssystem),
- Entscheidungsdelegation (Kompetenzverteilung) und
- Formalisierung.

Die Spezialisierung bzw. Arbeitsteilung weist darauf hin, dass die Gesamtaufgabe einer Unternehmung aufgeteilt und anschließend wieder zusammengeführt werden muss. Die Spezialisierung kann sich in Art und Umfang unterscheiden, wie im Folgenden noch verdeutlicht wird. Die Aufgaben werden zunächst auf virtuelle Organisationsmitglieder verteilt. Dieser Vorgang führt zur Bildung von Stellen. Dabei ist zu beachten, dass die so zusammengeführten Aufgaben entsprechend ausgebildeten Mitarbeitern übertragen werden müssen. Mit der Definition von Stellen werden folglich Erwartungen an die Fähigkeiten der Mitarbeiter formuliert. Neben der Bildung von Stellen, die eine Arbeitsteilung auf der Ebene einzelner Mitarbeiter definieren, sind auch größere organisatorische Einheiten wie Abteilungen und Bereiche zu gestalten. Die Notwendigkeit der Koordination resultiert aus der vorgenommenen Arbeitsteilung. Zwischen den Teilaufgaben und den gebildeten Organisationseinheiten gibt es häufig Abhängigkeiten, so dass eine Abstimmung erforderlich ist, damit die Gesamtziele der Organisation erreicht werden können. Es gibt eine Vielzahl von Koordinationsinstrumenten, die von der Selbstabstimmung innerhalb einer organisatorischen Einheit über Weisungen, Programme, Pläne bis zur Organisationskultur reichen können. Die beiden Dimensionen Spezialisierung und Koordination werden um die Dimension Konfiguration ergänzt, die als formale

Darstellung des aus den organisatorischen Einheiten bestehenden Gefüges charakterisiert werden kann. Sie wird häufig mit Hilfe eines Organigramms veranschaulicht. Dabei rücken insbesondere hierarchische Beziehungen und Weisungsbefugnisse (Einlinien- oder Mehrliniensystem) in den Fokus des Interesses. Die Entscheidungsdelegation bezieht sich vor allem auf die Frage der Zentralisation bzw. Dezentralisation von Entscheidungsbefugnissen. Bezogen auf eine Handelsunternehmung ist dabei insbesondere über die Autonomie der Verkaufsstellen bei der Ausgestaltung der absatzpolitischen Instrumente, vor allem der Sortiments- und der Preispolitik, zu entscheiden. Schließlich erfasst die Formalisierung das Ausmaß der schriftlichen Fixierung von organisatorischen Regeln.

Der spezifischen Situation von Handelsbetrieben wird in der wissenschaftlichen Diskussion relativ wenig Beachtung geschenkt. Im Folgenden wird zwar nicht dem Gliederungsvorschlag von Kieser und Walgenbach gefolgt, die zentralen Entscheidungselemente sollen aber angesprochen werden. Es soll zunächst aufgezeigt werden, welche alternativen Formen der Arbeitsteilung für Handelsbetriebe in Frage kommen. Es folgt die Analyse von Koordinationsmechanismen. Hierbei handelt es sich um bedeutende organisatorische Entscheidungen eines Handelsunternehmens. Die Prozessorientierung spielt in der Organisationsgestaltung zunehmend eine zentrale Rolle. Die bereits angesprochene Trennung zwischen Strukturen und Prozessen, die die traditionelle Organisationslehre vornimmt und die sich in den Begriffen Aufbau- und Ablauforganisation niederschlägt, gilt heute als überholt (vgl. Schreyögg 2008, S. 98–100). Die Abhängigkeiten zwischen beiden Bereichen sind so groß, dass ihre getrennte Analyse zahlreiche Probleme nach sich ziehen würde. Stattdessen wird im Rahmen einer Aufgabenanalyse die Zerlegung der unternehmerischen Gesamtaufgabe in Prozesse vorgeschlagen. Der Vorteil dieses prozessorientierten Ansatzes ist in der Ableitung ganzheitlicher Arbeitseinheiten zu sehen. Auf diese Art und Weise soll die Zerlegung der Arbeitsabläufe in zu viele Teilaufgaben vermeiden werden. Diese hätte die Entstehung einer großen Anzahl von Schnittstellen mit den daraus resultierenden Koordinationsproblemen zur Folge. Der Grad der Prozessorientierung soll zum Ausdruck bringen, inwieweit eine Unternehmung diesem Ansatz folgt. Schließlich wird auf die Wahl zwischen zentralen und dezentralen Entscheidungsstrukturen eingegangen.

26.1.1 Grundformen der Arbeitsteilung

Ausgangspunkt für Ansätze zur Gestaltung der Organisationsstruktur einer Handelsunternehmung ist die Beobachtung, dass die Fülle der Aufgaben eine Arbeitsteilung erforderlich macht. Diese kann nach zwei Prinzipien erfolgen. Zum einen kann eine Mengenteilung erfolgen, wobei alle anfallenden Arbeiten in gleicher Weise auf die mitwirkenden Personen aufgeteilt werden. Zum anderen kann eine Artenteilung, d. h. Spezialisierung, zur Anwendung kommen. Wegen der wachsenden Komplexität der Aufgaben (z. B. benötigtes Wissen über Lieferanten, EDV-Kenntnisse, Warenkenntnisse) bieten die Artenteilung und die mit ihr einhergehende Spezialisierung Vorteile. Durch die Arbeitsteilung entstehen jedoch auch Abhängigkeiten und Interdependenzen. Der Entwurf einer Organisationsstruktur erfordert somit, Aufgabenbündel (Stellen) zu definieren und miteinander zu verknüpfen bzw. so zu koordinieren, dass eine effiziente Wertschöpfung möglich wird.

Die Artenteilung knüpft an einzelnen Eigenschaften der Aufgaben an. Jede Aufgabe, die in einer Unternehmung anfällt, lässt sich mehrdimensional charakterisieren. Mit der Aufgabe wird eine bestimmte Funktion erfüllt (z. B. Einkauf), sie kann sich auf bestimmte Objekte (z. B. eine bestimmte Warengruppe) beziehen, sie ist an unterschiedlichen Orten zu verrichten, sie hat entweder dispositiven oder ausführenden Charakter und sie kann schließlich die für verschiedene Kundengruppen vorgesehenen Leistungen betreffen. Insofern sind mehrere Formen der Aufgabenteilung denkbar. Einige Merkmale haben im Hinblick auf die Strukturierung der Aufgaben eine besondere Bedeutung erlangt. Dazu gehören vor allem:

- der Funktionsbereich, zu dem die Aufgaben gehören (z. B. Einkauf, Logistik, Verkauf, Finanzierung usw.), d. h. es wird nach der Verrichtungsart differenziert,
- die Ware bzw. die Warengruppe, auf die sich die Aufgaben beziehen (z. B. Produktmanagement, Warengruppenmanagement), d. h. es wird nach Objekten gegliedert,
- der Ort, an dem die Tätigkeit auszuführen ist (z. B. Region oder Land),
- der Umfang der zu treffenden Entscheidungen bzw. die Art der auszuführenden Tätigkeiten, d. h. es wird danach unterschieden ob es sich um eine dispositive oder eine ausführende Tätigkeit handelt, und
- die Kundengruppe, für die die Aufgaben erbracht werden.

In Abhängigkeit von der Aufgabenspezialisierung wird vor allem zwischen folgenden Organisationsstrukturen differenziert:

- die funktionale Organisation (Verrichtungsgliederung),
- die divisionale Organisation (Objektgliederung) und
- die Matrixorganisation.

Sie werden im Folgenden näher dargestellt.

26.1.1.1 Die funktionale Organisation

Die in einer Unternehmung zu erbringenden Aufgaben lassen sich zunächst danach unterscheiden, welche Funktionen mit ihnen unterstützt werden. Einkaufen, Transportieren und Lagern sowie das Verkaufen der Ware gehören zu den primären Aktivitäten eines Handelsbetriebs, die aber in immer stärkerem Maße durch sekundäre Aktivitäten unterstützt werden. Zu letzteren zählen neben der Unternehmensleitung die Bereiche Finanzen und Rechnungswesen, Controlling, ausgewählte Bereiche des Marketings (z. B. Werbung und Standortplanung) sowie die Steuerung des Personalbestands und der Sachanlagen (z. B. Verkaufsstellen, Anlagen, Läger). Diese Aktivitäten (Verrichtungen, Funktionen) werden zum stellenbildenden Prinzip einer funktionsorientierten Organisation. Traditionell ist die Funktionalorganisation die vorherrschende Organisationsform, sie hat jedoch in einzelnen Wirtschaftsbereichen stark an Bedeutung verloren (vgl. Frese/Graumann/Theuvsen 2012, S. 424).

Die funktionsorientierte Gliederung kann zwar durch eine warenbezogene ersetzt werden, aber meist ergänzen warenbezogene Gesichtspunkte die Funktionalorganisation. Dies kann z. B. in der Form geschehen, dass die Funktionen Einkauf, Lagerwirtschaft und Verkauf nach Warenbereichen weiter untergliedert werden (z. B. Food und Non-Food oder Hängeware und liegende Ware in der Logistik des Textilhauses). Ein Beispiel für eine so gegliederte Organisation zeigt Abbildung 26.1 (vgl. entsprechende Organigramme bei Tietz 1993b, S. 927–966; vgl. auch Bruckhaus 1979; Hartmann 1979; Bleicher 1981 – jeweils zur Organisationsstruktur der Kaufhof AG).

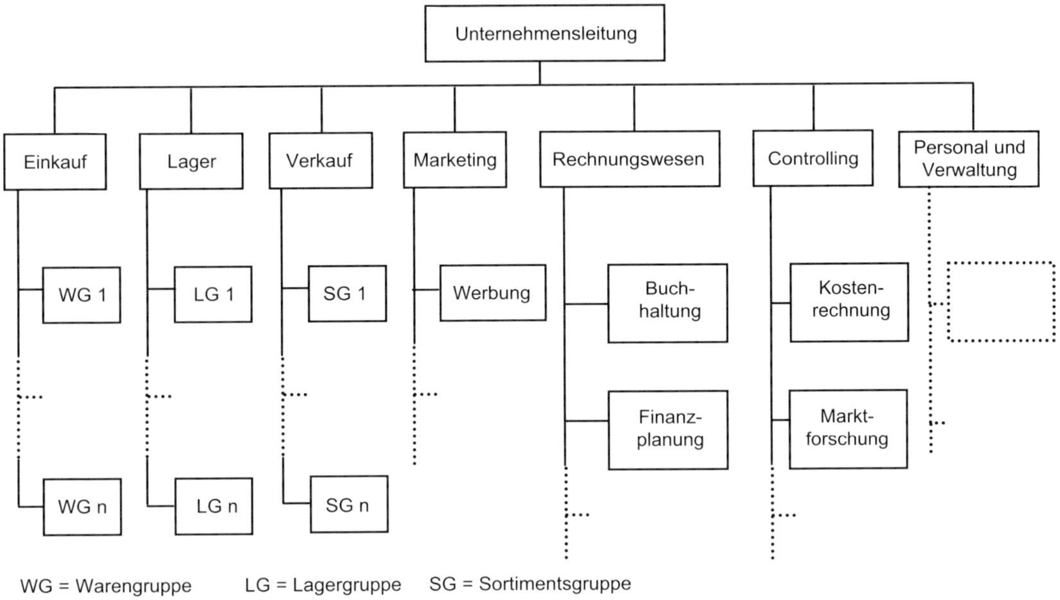

Abb. 26.1: Funktionale Organisation

In den einzelnen Funktionsbereichen können die Sortimentsbereiche unterschiedlich untergliedert werden. Es werden deshalb in Abbildung 26.1 Waren-, Lager- und Sortimentsgruppen unterschieden. Dies bedeutet, dass die Waren im Einkauf nach anderen Kriterien systematisiert werden können als im Lager- oder Verkaufsbereich. Wenn eine Organisationsstruktur, wie in Abbildung 26.1 dargestellt, auf der zweiten Ebene durch Funktionen bestimmt ist, geht dies mit dem Prinzip der Einheit der Auftragserteilung einher, d. h. jeder Mitarbeiter erhält nur von einem Vorgesetzten Weisungen (Einliniensystem). Außerdem ist häufig eine Tendenz zur Entscheidungszentralisation zu beobachten. Das bedeutet, dass Organisationseinheiten auf einer relativ hohen Ebene der Hierarchie für das Treffen von Entscheidungen zuständig sind (zum Überblick über die unterschiedlichen Verwendungen des Begriffs (De-)Zentralisation vgl. Frese/Graumann/Theuvsen 2012, S. 211–220). Die Abstimmung erfolgt sowohl vertikal als auch horizontal anhand von Plänen mit detaillierten Verhaltensvorgaben. Es ist aber auch denkbar, dass den nachgelagerten Organisationseinheiten weitreichende Handlungs- und Entscheidungsspielräume eingeräumt werden (Entscheidungsdezentralisation). Ohne diesen Typ der Organisation eingehend beurteilen zu wollen, ist zumindest auf die Gefahr hinzuweisen, dass bei einer funktionalen Organisation die unternehmensweite kunden- und konkurrentenorientierte Zusammenarbeit der einzelnen Bereiche Probleme aufwerfen kann (vgl. Köhler 2003, S. 116).

26.1.1.2 Die divisionale Organisation (Geschäftsbereichsorganisation)

Auf der zweiten Hierarchieebene (nach dem Vorstand oder der Geschäftsführung) kann auch eine Zentralisation nach Objekten erfolgen (Organisation nach dem Objektprinzip). In der Industrie werden die Geschäftsbereiche, auch Sparten oder Divisionen genannt, meistens nach Produktmerkmalen untergliedert, beispielsweise bei einem Unternehmen aus der chemischen Industrie in „Düngemittel" und „Pharmazeutische Produkte". Die Unternehmung wird also vor allem in produktbezogene Teilbereiche untergliedert. Im Handel kann das Prinzip der Spartenorganisation in unterschiedlicher Form aufgegriffen werden:

- Geschäftsbereiche können nach Betriebsformen (Vertriebsschienen) gebildet werden. So gehören zur METRO Group u. a. die Warenhäuser Galeria Kaufhof, die Verbrauchermärkte real,- und die Cash&Carry-Betriebe. Die REWE Group betreibt Supermärkte, Verbrauchermärkte, Discounter (Penny) und ein Großkundengeschäft (insbesondere für die Gastronomie).
- In Filialsystemen vollzieht sich der Verkauf an mehreren Orten, oft sogar in mehreren Ländern, so dass nach Regional- oder Ländergesellschaften gegliedert werden kann.
- Grundsätzlich ist es in einem Handelsunternehmen möglich, die Organisation auf der zweiten Ebene nach Sortimentsbereichen zu gestalten (z. B. Food/Non-Food). Dies ist jedoch selten zu beobachten.
- Gelegentlich wird eine Gliederung nach Kundengruppen vorgenommen. In viele Prozesse in einem Handelsbetrieb sind Externe, insbesondere Kunden und Lieferanten, einbezogen. Insofern lassen sich Aktivitäten auch danach unterscheiden, inwieweit sie einzelne externe Gruppen betreffen. Dies hat zu Organisationsformen geführt, die sich an Kundentypen orientieren. Während es im Bankenbereich bereits seit Langem üblich ist, nach Privat- und Firmenkunden oder A-, B- und C-Kunden zu unterscheiden, gewinnen solche Differenzierungen im Handel erst langsam an Bedeutung. So ist ein Textilkaufhaus dazu übergegangen, nachdem „die Trendigen" und „die Seriösen" als Zielgruppe definiert worden waren, auch Verkauf und Einkauf nach diesen beiden Gruppen zu differenzieren. Das Beispiel zeigt, wie eng die Strukturierung der Sortimente und die organisatorische Gestaltung verknüpft sind. Da auch im Großhandel häufig sehr heterogene Kundengruppen vorliegen, die unterschiedliche Anforderungen an die Marktbearbeitung stellen, kommen auch hier kundenorientierte Organisationsstrukturen in Frage.

Sehr häufig ist in der Praxis die divisionale Organisation (Spartenorganisation) nach Betriebsformen zu finden. Danach ist auch der Organisationsplan in Abbildung 26.2 angelegt. Den verwendeten Einheiten werden dann auf der nachfolgenden Ebene die notwendigen Funktionen zugeordnet (z. B. Einkauf und Verkauf), womit einer funktionalen Gliederung gefolgt wird.

Die verschiedenen Gesichtspunkte der Strukturierung können miteinander kombiniert werden. So ist es denkbar, dass in einer Filialunternehmung sowohl nach regionalen Gesichtspunkten als auch nach Kunden- und Warengruppen differenziert wird. Durch die Kombination und die unterschiedliche Abfolge der einzelnen Stellenbildungsprinzipien ergeben sich zahlreiche Möglichkeiten zur Ausgestaltung der Organisationsstruktur. So ist es beispielsweise vorstellbar, dass ein Unternehmensverbund zunächst divisional nach Betriebsformen (Vertriebsschienen) und anschließend nach Funktionsbereichen untergegliedert wird oder dass Einkauf und Logistik als „Zentrale Dienste" für

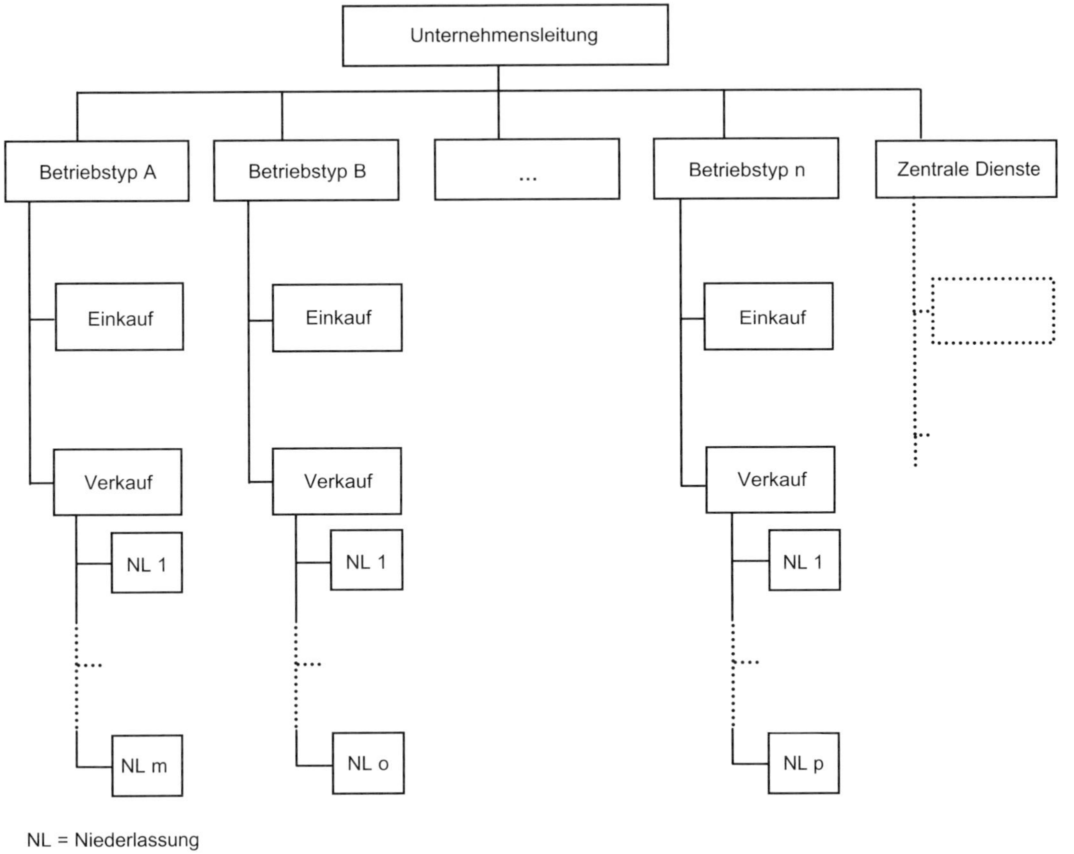

Abb. 26.2: Divisionale Organisation (Spartenorganisation) nach Betriebsformen/-typen

einzelne Betriebsformen zusammengefasst werden und damit funktionsorientierte Gesichtspunkte dominieren.

Abbildung 26.3 verdeutlicht die Kombination von Organisationsprinzipien am Beispiel der strategischen Geschäftseinheit (SGE) „Vollsortiment" der REWE Group. Unter Vollsortiment wird dort der Verkauf von vorwiegend Lebensmitteln in Supermärkten und Verbrauchermärkten verstanden. Der Organisationsplan zeigt, dass der Leiter dieser strategischen Geschäftseinheit an den Chief Executive Officer (CEO) der REWE Group berichtet. Die Aufgaben sind einerseits nach Funktionsbereichen strukturiert, wobei beispielsweise zwischen „Vertrieb" und „Category Management/Einkauf" differenziert wird. Andererseits werden sechs Regionen und ein Bereich „Großfläche national" (Verbrauchermärkte) unterschieden. Auch wenn auf die einzelnen teilweise sehr spezifischen Stellen in diesem Organigramm nicht eingegangen werden soll, wird deutlich, dass funktionale und divisionale (insbesondere regionale) Gesichtspunkte innerhalb einer nach strategischen Geschäftseinheiten differenzierten Organisation zur Anwendung kommen. Mit dem Hinweis „Leiter der SGE" (hier Vollsortiment) wird auf eine Division/Sparte verwiesen, die im Folgenden in weitere (Unter-)Sparten zerlegt wird, indem in die Regionen und die „Großfläche national" unterteilt wird. Für die jeweilige Sparte werden Stellen für einzelne Funktionsbereiche eingerichtet, so für die „Sparte Vollsortiment" u. a. die Funktionsbereiche Vertrieb, Category Management/Einkauf und Kaufmännische Verwaltung, für die Sparte „Region 1" u. a. die Funktionsbereiche Vertrieb, Personal und Controlling. In die primär nach Sparten strukturierte Organisation werden funktional ausgerichtete Stellen eingefügt. Damit werden Unterschiede zu einer primär nach Funktionen strukturierten Organisation deutlich – die Sparten verfügen über eigene Funktionsbereiche (die Sparte „Vollsortiment" u. a. über einen eigenen Vertrieb und eine eigene Logistik).

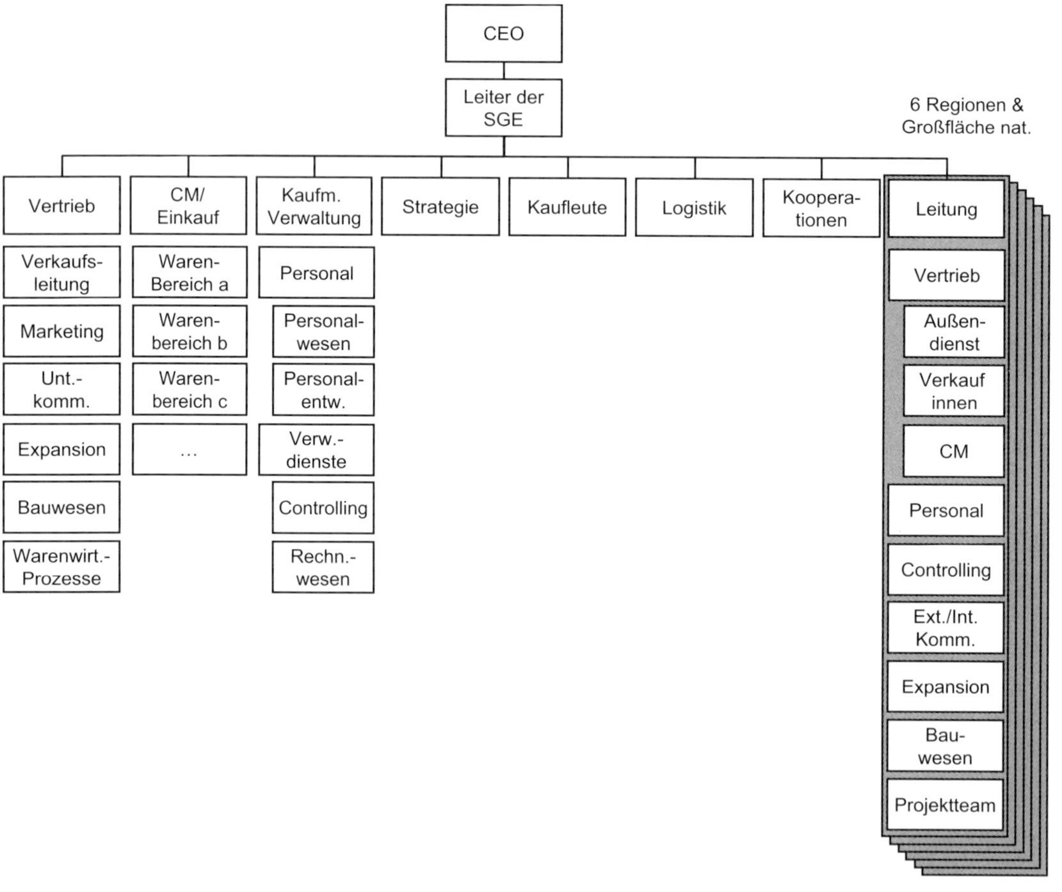

Quelle: Interne Unterlage der REWE Group (Februar 2011)

Abb. 26.3: Funktionale und divisionale Untergliederung der Organisationsstruktur am Beispiel einer strategischen Geschäftseinheit der REWE Group

Bei der divisionalen Organisation ist die Frage, welche Entscheidungsbefugnisse für einzelne Stellen vorgesehen sind und inwieweit diesen ausführende Aufgaben obliegen, von besonderer Bedeutung. So ist es denkbar, dass in einem System möglichst viele Entscheidungen zentralisiert werden, während in einem anderen System die Entscheidungen dezentralisiert sind. Die Dezentralisierung kann sich im Verkaufsbereich darin äußern, dass die einzelnen Verkaufsstellen weitgehend autonom über ihre Sortimentsgestaltung, die Preispolitik, die Werbemaßnahmen, den Personaleinsatz und die Verkaufsraumgestaltung entscheiden können, während in einem zentralisierten System viele dieser Entscheidungen zentral getroffen werden. Entsprechendes gilt für die Einkaufspolitik. Dezentralisierung in der Einkaufspolitik bedeutet, dass die Verkaufsstellen über die zu beschaffenden Waren, die Lieferanten, die Mengen und die Zeitpunkte der Beschaffung befinden, während in zentralisierten Systemen diese Entscheidungen weitgehend von einer zentralen, häufig der Unternehmensleitung direkt unterstellten Einheit getroffen werden. Das Ausmaß der Zentralisierung oder Dezentralisierung zählt weiterhin zu jenen Fragestellungen, denen im Handel eine große Bedeutung zukommt. Dabei geht es nicht um eine grundsätzliche, das gesamte Unternehmen betreffende Ausrichtung, sondern um eine Entscheidung, die nach Warenbereichen und Funktionen differenziert werden kann (vgl. von Herder 1979a, 1979b, 1979c, 1980; zu einer instruktiven Darstellung verschiedener Theorien vgl. auch Battenfeld 2005a).

Ohne einer Bewertung der divisionalen Organisation in Sparten vorgreifen zu wollen, ist darauf hinzuweisen, dass eine Spartenorganisation die folgenden Herausforderungen bewältigen muss (vgl. Frese/Graumann/Theuvsen 2012, S. 445):

- Wie kann berücksichtigt werden, dass zwischen den einzelnen Sparten konditionenpolitische Interdependenzen vorliegen, z. B. wenn einzelne Betriebsformen (Sparten) bei denselben Lieferanten ihre Waren ordern?
- Wie kann berücksichtigt werden, dass es Substitutionskonkurrenz zwischen den einzelnen Vertriebsschienen eines Handelsunternehmens geben kann (wenn z. B. die Discounter-Schiene den Erfolg der Supermarkt-Schiene beeinträchtigt)?
- Wie können marktbezogene Synergieeffekte zwischen den einzelnen Sparten genutzt werden? So ist es z. B. denkbar, dass die Kunden einer Sparte auch Interesse an den Produkten einer anderen Sparte haben.
- Wie ist zu vermeiden, dass innerhalb der einzelnen Sparten mehrfach Ressourcen aufgebaut werden (z. B. für eine Logistik) und sich dabei wenig effiziente Relationen von In- und Output ergeben?

Die Ausführungen machen deutlich, dass es zu den zentralen Aufgaben der Organisation gehört, alternative Formen für den organisatorischen Aufbau von Handelsunternehmungen zu erkennen und die Effizienz dieser Formen zu beurteilen.

26.1.1.3 Die Matrixorganisation

Die genannten Gliederungsprinzipien (Funktion, Ware, Ort, Art, Kundengruppe) können nicht nur alternativ oder sukzessiv, sondern auch gemeinsam zur Anwendung kommen. Bei einer Anwendung von zwei Prinzipien spricht man von einer Matrixorganisation, womit eine dritte Organisationsform zur Verfügung steht. Für diese ist charakteristisch, dass ein Mitarbeiter gleichberechtigte Weisungen sowohl vom zuständigen Funktions- als auch vom Objektmanager erhält. Beim Objektmanager kann es sich um einen für einzelne Betriebsformen (Vertriebsschienen) zuständigen Mitarbeiter oder um einen Category Manager handeln. Dem Category Manager kommt die Aufgabe zu, alle Prozesse, die sich auf die von ihm betreute Warengruppe beziehen, zu koordinieren.

In Abbildung 26.4 ist beispielhaft eine Organisationsstruktur dargestellt, die warenbezogene mit verkaufsstellenbezogenen Gesichtspunkten kombiniert. In der Matrixorganisation sind die Schnittstellen für die Durchführung der Aufgaben verantwortlich, wobei es sich bei ihnen um einzelne Stellen, Abteilungen oder Tochtergesellschaften handeln kann. Den Schnittstellen sind die Matrixstellen übergeordnet, in dem Beispiel die Regionalleiter und die Warengruppenverantwortlichen.

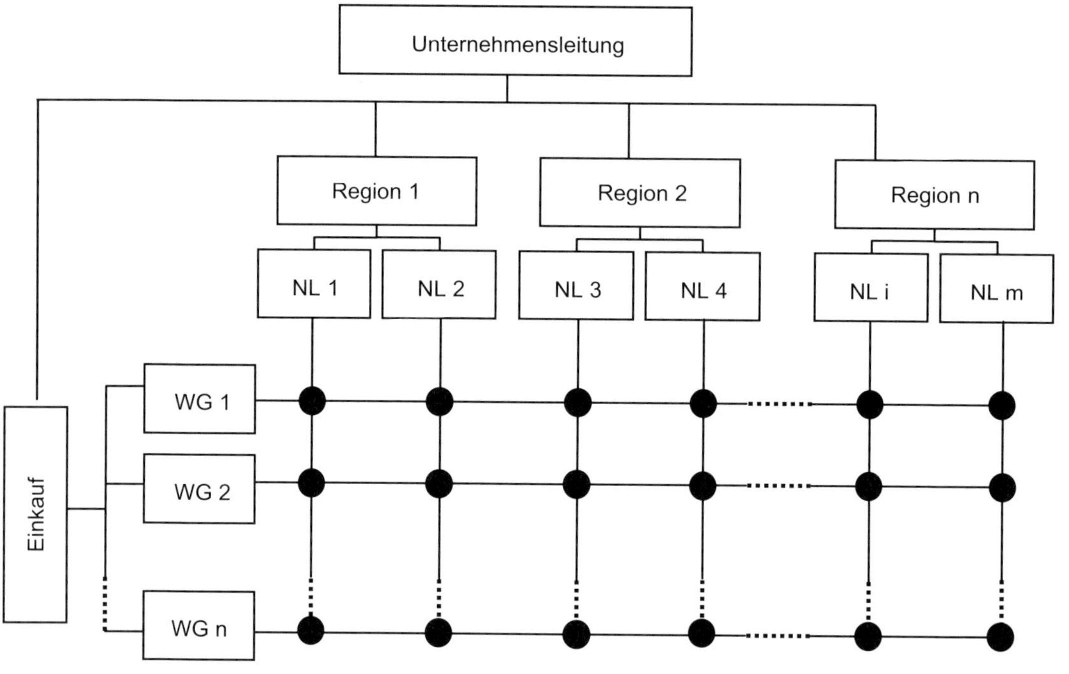

Abb. 26.4: Beispiel für eine Matrixorganisation

Der für den warenbezogenen Bereich Einkauf verantwortliche Mitarbeiter koordiniert seine Maßnahmen mit den Verantwortlichen für die einzelnen Niederlassungen. So können Aspekte, die das Merchandising (Ware) und solche, die das Operating (Gestaltung der Prozesse) betreffen, integriert werden, um so eine optimale Marktausrichtung des Unternehmens zu erreichen.

26.1.1.4 Weitere Grundformen

Eine divisional gegliederte Organisation, deren Stellen hierarchisch in ein Einliniensystem eingebettet sind, die also ihre Weisungen von einer Stelle bekommen, kann um Leitungshilfsstellen erweitert werden. Bei solchen Leitungshilfsstellen kann es sich, je nach Art und Umfang ihrer Kompetenzausstattung, um Zentralbereiche oder Stabsstellen handeln. Zentralbereiche übernehmen Aufgaben, die ansonsten in die Zuständigkeit von Linienstellen fallen. Dies gilt vor allem für die Bereiche Finanzen, Personal und Controlling. Sie haben Weisungsbefugnisse gegenüber den nachgeordneten Linienstellen. Stabsstellen unterstützen dagegen die für die jeweiligen Entscheidungen zuständigen Linienstellen, gegebenenfalls haben sie eine Weisungsbefugnis gegenüber den Stabsstellen nachgelagerter Linienstellen. Eine Organisationsform mit Zentralbereichen ist in Abbildung 26.5 dargestellt (vgl. auch Bühner 2004).

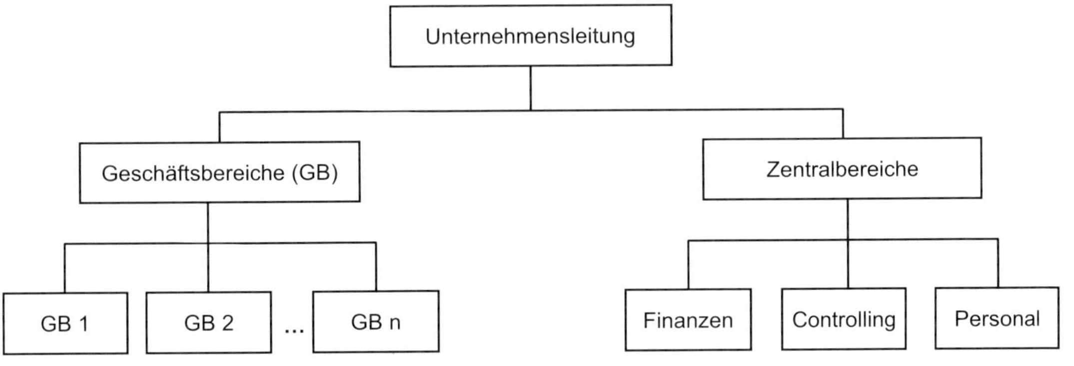

Abb. 26.5: Divisionale Organisation mit Zentralbereichen

In Abbildung 26.5 treten neben die gebildeten Geschäftsbereiche funktional orientierte Zentralbereiche. Es handelt sich weder um eine rein spartenorientierte noch um eine rein funktionsorientierte Organisationsstruktur. Wenn die Zentralbereiche ihre Aufgaben erledigen können, ohne sich mit anderen Stellen im Unternehmen abstimmen zu müssen, oder wenn sie als Stabsstellen tätig sind, liegt eine hybride, d. h. eine gleichzeitig an Funktionen und Sparten orientierte Organisationsstruktur vor. Wenn die Zentralbereiche sich mit den Geschäftsbereichen und ihren nachgelagerten Stellen abstimmen müssen, entspricht dies einer Matrixorganisation.

Dem in Abbildung 26.5 dargestellten Organisationstyp entspricht die in Abbildung 26.6 dargestellte Geschäftsorganisation, die 2006 in der REWE Group diskutiert wurde. Mit „Supermarkt Deutschland“ und „Discount Deutschland“ sind zwei Geschäftsbereiche genannt, für die im Weiteren auch regionale Entscheidungsbereiche vorgesehen sind. Daneben gibt es zahlreiche Zentralbereiche, die verdeutlichen, dass viele Aufgaben in der Zentrale bearbeitet werden. Die Zentralisierung hat sich im Laufe der Entwicklung der REWE Group verstärkt. In der ersten Phase bestand die 1927 gegründete REWE aus selbständigen Einzelhändlern (Stufe 1), die sich in regionalen Genossenschaften zusammengeschlossen hatten (Stufe 2) und durch eine Zentrale (Stufe 3) unterstützt wurden. Ab Mitte der 1970er Jahre war eine Fusionierung der regionalen Genossenschaften zu beobachten. Zugleich wurden einerseits den selbständigen Kaufleuten Partnerschaftsmodelle angeboten, andererseits Verkaufsstellen als Filialen betrieben. Die Bedeutung der Stufe 3 nahm zu, während die der Stufe 2 sank (vgl. J. Sanktjohanser, Vorstand der REWE Group, auf dem IfH-Handelsforum am 22. November 2007). Grundsätzlich ist für jedes Aufgabenfeld zu entscheiden, auf welcher Stufe es angesiedelt werden sollte und wie die Stufen zu koordinieren sind.

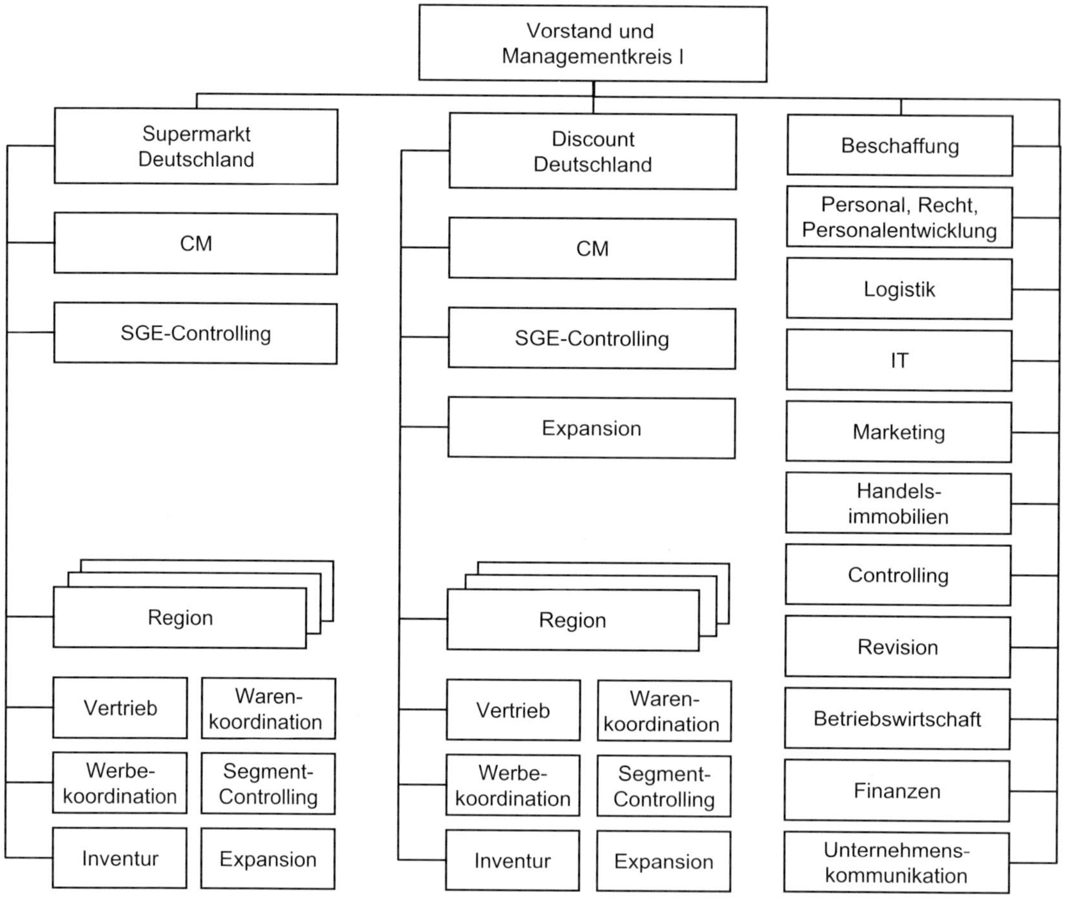

Quelle: Unterlagen der REWE Group (Vortrag am 23. Mai 2006 an der Universität zu Köln)

Abb. 26.6: Geschäftsorganisation der REWE Group im Jahr 2006

Wenn sowohl nach Sparten als auch nach Funktionen gegliedert wird, müssen beide Bereiche aufeinander abgestimmt werden. Dies kann über eine Matrixorganisation oder aber über eine Verklammerung der Aufgabenbereiche auf Vorstands- bzw. Geschäftsleitungsebene erfolgen. Abbildung 26.7 verdeutlicht Letzteres am Beispiel der REWE Group.

Die Aufgabenteilung in Abbildung 26.7 zeigt, dass einzelnen Mitgliedern der Unternehmensleitung der REWE Group zum einen die Zuständigkeit für einzelne Sparten (Vollsortiment, Discount, Touristik und Fachmärkte), zum anderen für bestimmte Funktionsbereiche zugeordnet wird. Die Koordination zwischen Divisionen und Funktionen wird somit zur Aufgabe der Vorstandsmitglieder.

Eine Koordination kann auch über Projektgruppen erfolgen. Es sind Einheiten, die für einen durch das Projekt befristeten Zeitraum an der Lösung einer Aufgabe arbeiten. In einer Projektgruppe können Spezialisten aus unterschiedlichen Bereichen zusammengeführt werden. Bei einer

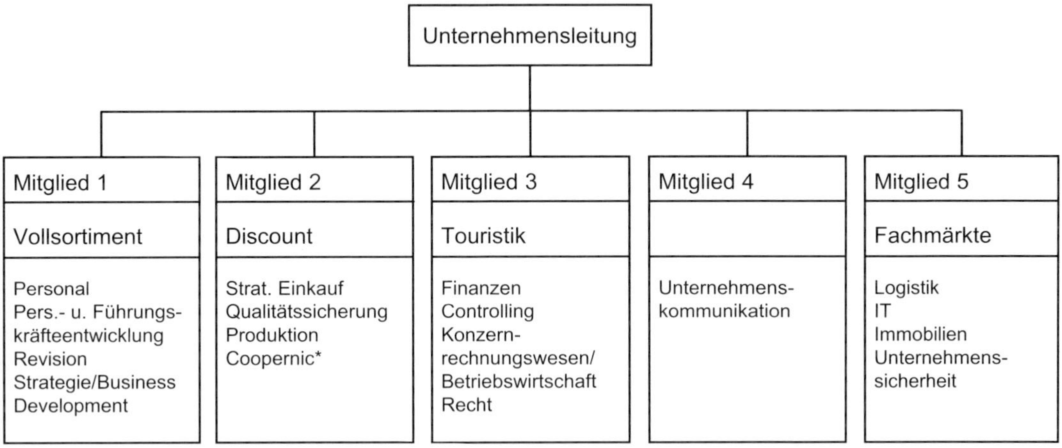

* Coopernic ist eine im Jahr 2006 gegründete Einkaufsgemeinschaft mehrerer europäischer Einzelhändler, darunter der REWE Group.

Quelle: in Anlehnung an REWE Group 2011

Abb. 26.7: Zuständigkeiten der Geschäftsleitung in der REWE Group im Jahr 2011

Einfluss-Projektorganisation arbeitet die Gruppe lediglich beratend (in Stabsfunktion), bei der Matrix-Projektorganisation ist der Projektleiter entsprechend der Matrixorganisation für die Planung und Kontrolle der Projektarbeit zuständig, während die Linienstellen das Projekt durchführen (vgl. zu den verschiedenen Formen der Projektorganisation z. B. Picot/Dietl/Franck 2005, S. 297–301). Das folgende Beispiel veranschaulicht, welche Bedeutung der Projektarbeit in der Praxis zugewiesen wird. Bei der Projektarbeit der Garant Schuh AG, einer Verbundgruppe des Schuhfacheinzelhandels, wurden Projektgruppen für folgende Themen eingerichtet:

- Kundentransparenz (Mitgliedsunternehmen und Lieferanten),
- Strategie und Ziele,
- Kundenprozesse,
- Kundenfreundlichkeit,
- Verbesserung der innerbetrieblichen Kommunikation,
- Konzepte Vertrieb und Kundenbindung,
- Organisationsoptimierung (Struktur),
- IT-Unterstützung/CRM-Tool sowie
- Führungs- und Steuerungsgrundsätze.

Dabei wurden in der Projektgruppe „Kundentransparenz" folgende Analysen durchgeführt:

- ABC-Kunden-Segmentierung,
- Beschreibung von wachstumsstarken Gruppen,
- Analyse von Umsatzentwicklungen,
- Analyse von regionalen Clustern,
- Abhängigkeiten und Einfluss von Kaufkraft und Bevölkerungsstrukturdaten,

- Beschreibung von Zusammenhängen zwischen Sortiment und Erfolg,
- Erkenntnisse über Besuchseffektivität und -effizienz des Außendiensts.

26.1.2 Die Einrichtung von Koordinationsmechanismen

Handelsunternehmen nutzen verschiedene Mechanismen, um die Abläufe zwischen den Organisationseinheiten zu koordinieren. Hierzu zählen die Bildung von Instanzen, die Koordination durch Category Manager sowie die Einrichtung von Gremien.

Bildung von Instanzen

Als Instanzen werden Stellen mit Weisungsbefugnis bezeichnet. Die Instanz ist verpflichtet und berechtigt, innerhalb ihres Zuständigkeitsbereichs Entscheidungen zu treffen. Sie ist einerseits verpflichtet, die ihr zugewiesenen Aufgaben zu erfüllen, andererseits berechtigt, den untergeordneten Stellen Weisungen zu erteilen. Der Koordination dienen aber auch die Informationen, die in beide Richtungen auszutauschen sind. Meist wird in Stellenbeschreibungen festgehalten, inwieweit einer Stelle Entscheidungsbefugnisse zukommen, welche Aufgaben sie zu verrichten hat, welche Informationspflichten ihr obliegen und welche Informationsrechte sie besitzt.

Schwieriger ist es, eine Koordination zwischen Funktionsbereichen herbeizuführen. Im Extremfall kann die Kompetenz von einer Stelle in eine andere verlagert werden. So kann beispielsweise das Recht, Sortimente zu gestalten oder Lieferanten auszuwählen, vom Verkauf auf den Einkauf übertragen werden. In diesem Fall können die Bestellungen einfacher auf eine geringere Zahl von Lieferanten konzentriert werden, und es fällt leichter, die Sortimente zu straffen. Dem Verkauf bleibt nur noch die Gestaltung der Absatzmodalitäten. Die Ware wird vom Einkauf gelistet und die Lieferanten werden von ihm ausgewählt. Es werden zwar nicht alle Schnittstellenprobleme beseitigt, aber die Verlagerung von Kompetenzen von einem Bereich in einen anderen verringert die Abstimmungsprobleme. Die Gefahr eines solchen Konzepts liegt darin, dass der verantwortlichen Stelle (z. B. dem Einkauf) weniger Informationen (z. B. über die Kundenpräferenzen) als der anderen Stelle (z. B. dem Verkauf) zur Verfügung stehen.

Koordination durch Category Manager

Zur Koordination können auch entsprechende Stellen eingerichtet werden, die die Aufgabe haben, die Abstimmung zwischen den entsprechenden Bereichen vorzunehmen. So wurde als Bindeglied zwischen Ein- und Verkauf die Stelle des Category Managers geschaffen, der für einen bestimmten Warenbereich sicherstellen soll, dass die Maßnahmen des Einkaufs und des Verkaufs aufeinander abgestimmt sind und so den Anforderungen des Absatz- und des Beschaffungsmarkts Rechnung getragen wird (zur Rolle des Category Managements als Element der Organisation vgl. Mattmüller/Tunder 2006, S. 844–848). Im Gegensatz zu den früher im Vordergrund stehenden Eigenschaften der Waren (z. B. Material oder Herkunft) ist für die Bildung von Kategorien die vom Kunden empfundene Zusammengehörigkeit ausschlaggebend. Wird der Category Manager mit Weisungsbefugnis ausgestattet, wandelt sich das Einliniensystem zu einem Mehrliniensystem, in dem die Kompetenzen aufeinandertreffen und die Entscheidungen entsprechend abgestimmt werden müssen. Es ist denkbar, dass jeder Category Manager für seine Kategorie Umsatz- und Ertragsverantwortung trägt und für Sortiments-, Platzierungs-, Preis- und Promotionsentscheidungen zuständig ist. Er muss sich dann mit den Regionalmanagern sowie den Mitarbeitern in den Bereichen Layout, Verkaufsförderung und Werbung abstimmen. Insgesamt können für das Warengeschäft somit drei Bereiche verantwortlich sein, der Vertrieb, das Category Management (CM) und der Einkauf. In der Presse (vgl. Müller 2006, S. 9) hieß es zu einem ähnlichen Projekt der REWE Group: „Handlungsbedarf sehen die bisher stark einkaufsgetriebenen Kölner nicht nur in der engeren Zusammenarbeit mit dem Vertrieb, sondern auch in der Beschleunigung der Prozesse und der Hinwendung zu mehr Kundenorientierung."

Einrichtung von Gremien

Die Koordination lässt sich auch ohne zusätzliche Stellen erreichen. Häufig werden hierfür eigene Gremien geschaffen. Dies ist beispielsweise der Fall, wenn Mitarbeiter aus dem Verkauf und dem Einkauf Mitglieder eines Einkaufsgremiums (vgl. Bauer 1980; Pfeiffer 1981) oder einer Musterungskommission sind. Auch für einzelne Projekte, bei denen nur zeitlich begrenzte Aufgaben zu bearbeiten sind, werden Ausschüsse eingesetzt, insbesondere dann, wenn von dem zu bearbeitenden Gegenstand mehrere Unternehmensbereiche betroffen sind.

Die Koordinationsproblematik hat in der betriebswirtschaftlichen Literatur eingehende Beachtung gefunden. Die Koordinationsinstrumente wurden in verschiedener Weise systematisiert. So sprechen Kieser und Walgenbach (2007, S. 108–137) von persönlichen Weisungen, Selbstabstimmung, Programmen, Plänen, organisationsinternen Märkten, Organisationskultur und Standardisierung von Rollen. Brockhoff und Hauschildt (1993), die sich ausschließlich mit nicht-hierarchischen Instrumenten beschäftigen, unterteilen diese in hierarchie-neutrale, hierarchie-ergänzende und hierarchie-ersetzende Instrumente.

26.1.3 Ausmaß der Prozessorientierung

In einer Organisation ist unter einem Prozess eine Abfolge von Aktivitäten zu verstehen, bei denen unter Einsatz von Inputfaktoren ein Output erzielt wird. Solche Prozesse können sehr umfassend definiert sein, können aber nach Bedarf weiter unterteilt werden. So könnte eine Handelsunternehmung bei einer wenig differenzierenden Sicht als Abfolge der beiden Grundprozesse Einkauf und Verkauf gesehen werden. Beide Prozesse können weiter untergliedert werden. Abbildung 26.8 zeigt, wie der Prozess Einkauf in Teilprozesse zerlegt werden kann.

Jeder Prozess ist einerseits im Hinblick auf die benötigte Zeit und Kosten sowie andererseits bezüglich Qualität und Quantität des erzeugten Outputs zu charakterisieren. Das Prozessmanagement beinhaltet nun die zielorientierte Integration und die Koordination der Prozesse im Hinblick auf die genannten Zielkriterien. Mithin sind Prozesse zu identifizieren, zu planen, zu optimieren, zu realisieren und zu kontrollieren (im Hinblick auf handelsbetriebliche Probleme vgl. Barth 1980b).

In der Prozessorientierung kommt eine funktionen-, zum Teil auch eine unternehmensübergreifende Perspektive der Organisationsgestaltung zum Ausdruck. Bei der Identifikation und Konzep-

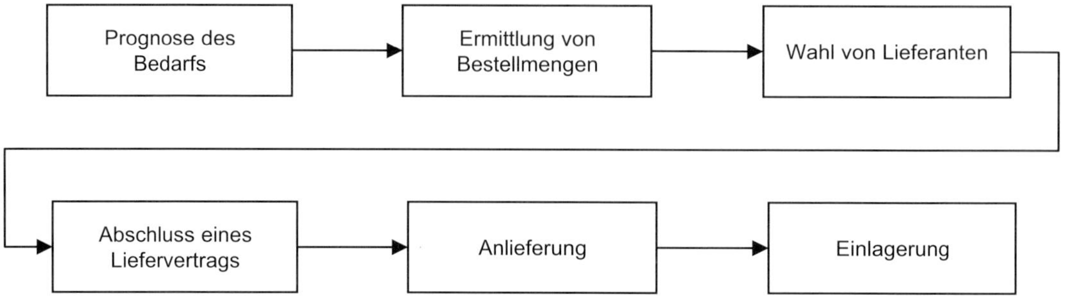

Abb. 26.8: Beispielhafte Untergliederung in Teilprozesse im Einkauf

tion von Prozessen stehen im Regelfall die Bedürfnisse der Kunden im Mittelpunkt des Interesses. Zielsetzung ist es, auf Grundlage der Kundenorientierung Wettbewerbsvorteile zu generieren.

Um Prozesse im Hinblick auf die durch sie ausgelösten Kosten zu beurteilen, hat sich die Prozesskostenrechnung als hilfreich erwiesen (vgl. Kapitel 28). Sie liefert Informationen, welcher Ressourcenverbrauch und welche Kosten den einzelnen Prozessen zugerechnet werden können. So könnte etwa verglichen werden, wie stark sich in der Beschaffungslogistik die Kosten unterscheiden, wenn diese mit eigenem Fuhrpark, mit Hilfe eines Spediteurs oder durch Rückgriff auf die Logistik des Herstellers durchgeführt wird. Oft ist mit der Ermittlung der Kosten für einen Prozess auch die Feststellung verbunden, wie lange die für die Durchführung des Prozesses benötigte Zeit ist. Für die Messung der Prozessqualität werden Kennzahlen herangezogen, wie Fehlerquoten (z. B. Bruch), Rücksendungen (z. B. falsche Artikel, falsche Mengen) oder Reklamationen. In bestimmten Teilen des Handels, wie insbesondere dem Möbelhandel, spielen solche Reklamationen eine bedeutende Rolle und sie können die Rendite erheblich schmälern.

Obwohl bei der Identifikation von Prozessen darauf geachtet werden muss, dass ein Bezug zu den kritischen Erfolgsfaktoren des Unternehmens hergestellt wird, kann im Regelfall auf allgemein identifizierte Prozesse zurückgegriffen werden (vgl. Sommerlatte/Wedekind 1990; Gaitanides 1998; Diedrich/Dierkes 2007, S. 1501–1502). Als Ausgangspunkt kann das Konzept der Wertkette von Porter (2010) dienen. Im Regelfall werden Verbesserungen für einzelne Prozesse gesucht, es kann aber auch sein, dass grundlegende Veränderungen vorgenommen werden müssen. Es wird dann von *business process reengineering* gesprochen (beispielsweise die Aufgabe einer eigenen Lagerhaltung und die Einschaltung eines Dienstleisters). Für die einzelnen Prozesse sind Plangrößen zu entwickeln, die im Rahmen des Controllings zu kontrollieren sind.

26.1.4 Zentralisierung oder Dezentralisierung

Handelsorganisationen sind häufig an mehreren Standorten tätig. Das gilt für Filialunternehmungen ebenso wie für Verbundgruppen. In Filialunternehmungen ist festzulegen, welche Entscheidungen in der Zentrale oder in den Regionen bzw. in den einzelnen Verkaufsstellen getroffen werden sollen. Es geht dabei grundsätzlich um alle absatzpolitischen Entscheidungen, insbesondere aber um die Zusammenstellung der Sortimente und die Festlegung der Preise. Ähnlich ist die Situation in Verbundgruppen und Franchiseorganisationen, wiewohl hier der Handlungsspielraum durch nationale (Gesetz gegen Wettbewerbsbeschränkungen) und in der EU geltende Vorschriften zu vertikalen Bindungen beschränkt ist. Der Themenbereich ist in mehreren theoretischen Beiträgen analysiert worden (vgl. von Herder 1979a, 1979b, 1979c, 1980; Rudolph 1994; Battenfeld 2005a; Müller-Hagedorn 2005a).

Häufig werden die Vorteile einer zentralen Führung von Handelsorganisationen betont. Im Folgenden wird jedoch verdeutlicht, dass eine differenzierte Beurteilung erforderlich ist und dass dabei mehrere Faktoren zu berücksichtigen sind. Dies ist bereits bei der Analyse von Organisationsstrukturen deutlich geworden. Es lassen sich Einflussfaktoren seitens der Nachfrager, der Konkurrenten, der Lieferanten und schließlich aus dem eigenen Unternehmen unterscheiden (vgl. Müller-Hagedorn 1995a; Müller-Hagedorn/Preißner 1998; Müller-Hagedorn 2005a):

- Gleichartigkeit der Bedürfnisse der Nachfrager: Weisen die lokalen Absatzmärkte starke Unterschiede in Bezug auf präferierte Waren, Marken und Dienstleistungen auf, dann empfiehlt es sich, das Angebot dezentral zu entwickeln. Ist dagegen zu beobachten, dass sich die Nachfrage weitgehend gleich darstellt, spricht dies (ceteris paribus) für zentrale Entscheidungsstrukturen.
- Wirkung von Werbemaßnahmen: Hängt die Nachfrage nur in geringem Maße von Werbemaßnahmen ab, dann müssen keine Voraussetzungen für abgestimmte Werbemaßnahmen geschaffen werden. Zeichnen sich dagegen die Märkte durch eine hohe Werbeelastizität aus, können zentralistische Systeme vorteilhaft sein, da sonst kaum eine abgestimmte Kommunikationspolitik realisiert werden kann. Die Abstimmung bezieht sich auf den Einsatz einzelner absatzpolitischer Instrumente (z. B. Prospektwerbung, Anzeigenwerbung, Verkaufsförderung), aber auch auf die Abstimmung zwischen den Maßnahmen einzelner Lieferanten und denen des Handels. Es ist davon auszugehen, dass abgestimmte Werbemaßnahmen kostengünstiger und effektiver sein werden. Bei einer geringen Bedeutung von Werbemaßnahmen können diese dezentralen Einheiten überlassen werden. Es ist in diesem Fall nicht zu befürchten, dass positive Effekte durch Imagetransfer innerhalb des Systems ungenutzt bleiben.
- Unsicherheit der Nachfrage: Wenn die Nachfrage nach einzelnen Sortimentsteilen zuverlässig geschätzt werden kann, spricht dies für eine Zentralisierung. In manchen Branchen kann insbesondere aufgrund der geringen Vorhersehbarkeit des Absatzerfolges (z. B. Akzeptanz einzelner modischer Ausrichtungen) ein hohes Risiko aus zentral getroffenen Entscheidungen resultieren. In diesem Fall wird in Verbundgruppen und Franchiseorganisationen nur der Kapitaleigner entsprechende Entscheidungen treffen wollen.
- Bereitschaft der Industrie, Mengenrabatte zu gewähren: Insbesondere bei einer kostenorientierten Unternehmenspolitik spielen Einstandspreise eine bedeutende Rolle. Mögliche Rabatte legen eine Bündelung der Nachfrage und eine damit einhergehende Standardisierung der Sortimente nahe. Sind die Konditionen der Industrie nicht oder in nur geringem Maße mengenabhängig, besteht kein Anlass, die Einkaufspolitik zu zentralisieren.
- Kosten des Einkaufs: Neben den Einstandskosten spielen auch die Kosten für die Geschäftsbeziehungen zu den Lieferanten eine Rolle. Hohe Kosten für eigene Einkaufsaktivitäten (z. B. bei Lieferanten im Ausland) sprechen für eine Zentralisierung.

- Fachhandelstreue der Industrie: Wenn die Industrie ihre Produkte auch in konkurrierenden Vertriebsschienen anbietet, ist die Strategie der einmaligen Leistung mit Hilfe der Sortimente gefährdet. Als Konsequenz wächst das Interesse an Handelsmarken. Da diese im Regelfall erhebliche Investitionen erfordern, um eine entsprechende Marktreputation zu erringen, werden einzelne Mitgliedsunternehmen einer Verbundgruppe oder einer Franchiseorganisation zentrale Maßnahmen einer Handelsmarkenpolitik unterstützen.
- Informationsbedürfnis der Industrie: In Diskussionen um Kooperationskonzepte zwischen Industrie und Handel wie ECR oder CPFR (vgl. Kapitel 23) wird betont, dass aus der engen Zusammenarbeit, die beispielsweise den Datenaustausch betrifft, erhebliche Rationalisierungsvorteile erwachsen können. Trifft dies zu, so empfiehlt sich eine enge Anbindung an die Zentrale, da ansonsten kaum gewährleistet werden kann, dass entsprechende Systeme installiert werden können.
- Managementpotenzial: Es ist möglich, dass die dezentralen Einheiten von Personen geleitet werden, die – im Vergleich zu dem Management in der Zentrale – über genauere Kenntnisse des lokalen Markts verfügen, größere Fähigkeit besitzen, Informationen in Entscheidungen zu überführen und sich durch eine höhere Motivation auszeichnen. In diesen Fällen ist eine Dezentralisierung von Entscheidungskompetenzen tendenziell vorteilhaft.

Die Aufzählung zeigt, dass es zahlreiche Faktoren gibt, die zum Teil eine stärkere Zentralisierung von Managemententscheidungen nahe legen, zum Teil die Vorteile der Dezentralisierung betonen. Um zu einem Gesamturteil zu gelangen, sind vor dem Hintergrund der Marktgegebenheiten alle Faktoren abzuwägen (siehe hierzu auch Abbildung 26.9).

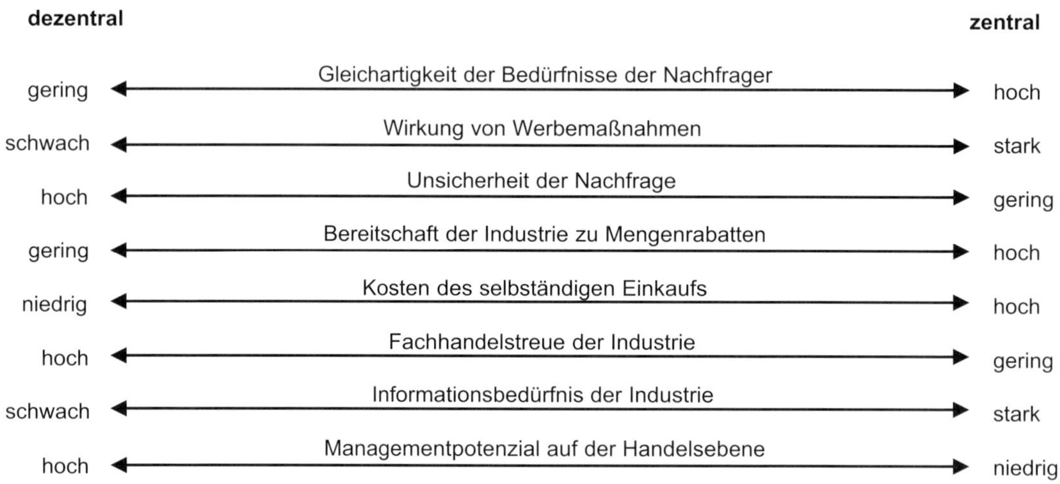

Abb. 26.9: Bestimmungsfaktoren für die Zentralisierung oder Dezentralisierung

26.2 Ziele und Einflussfaktoren

Organisationsstrukturen müssen hinsichtlich ihrer Wirkungen auf die für die Organisation formulierten Ziele beurteilt werden. Da Handelsbetriebe in unterschiedlichen Umwelten und mit unterschiedlichen Konzepten arbeiten, wird sich keine Organisationsstruktur als generell überlegen erweisen. Stattdessen werden die Zielerreichung und damit die Vorteilhaftigkeit einzelner organisatorischer Lösungen auch von den jeweils geltenden externen und internen Rahmenbedingungen abhängen. Auf die Ziele und Einflussfaktoren wird im Folgenden eingegangen.

26.2.1 Ziele einer Organisationsstruktur

Kriterien, anhand derer eine Organisationsstruktur beurteilt werden soll, lassen sich in unterschiedlicher Weise systematisieren. Hierbei ist zunächst an Kosten- und Erlöswirkungen organisatorischer Lösungen zu denken. Darüber hinaus lassen sich auch vorökonomische Zielgrößen formulieren, beispielsweise die Marktorientierung. Infolge der Aufgabenverteilung, die zu den zentralen Elementen organisatorischer Entscheidungen gehört, entstehen zahlreiche Schnittstellen, die koordiniert werden müssen. Insofern kann eine Organisationsstruktur auch danach beurteilt werden, inwieweit sie Schnittstellenprobleme verursacht bzw. vermeidet.

Auswirkungen auf Kosten und Erlöse

In einer sehr allgemeinen Form können die Wirkungen von Organisationsstrukturen in den Dimensionen Kosten und Erlöse gemessen werden. Im Folgenden werden insbesondere die Kostenwirkungen analysiert.

Organisatorische Strukturen lösen personalpolitische Konsequenzen aus, die ihrerseits entsprechende Folgen für die Personalkosten haben. Wenn z. B. im Rahmen einer dezentralisierten Sortimentspolitik Abteilungsleitern Mitwirkungsmöglichkeiten im Einkauf und der Sortimentsgestaltung eingeräumt werden, ist hierfür Personal mit entsprechenden Qualifikationen erforderlich. Im Vergleich zu Abteilungsleitern mit einem engeren Aufgabengebiet und geringeren Anforderungen an die Entscheidungskompetenzen werden diese Mitarbeiter höher entlohnt, was zu einer Steigerung der Personalkosten in dezentralen Bereichen führen wird. Eine Zentralisierung von Entscheidungen führt also im Regelfall dazu, dass die Personalkosten in den Verkaufsstellen sinken. Andererseits können dieser Entwicklung höhere Kosten in der Zentrale gegenüberstehen. Auch empirische Befunde weisen auf den engen Zusammenhang zwischen Gestaltungsparametern der Organisationsstruktur und Aspekten der Personalpolitik hin. So wurde festgestellt, dass Entscheidungsbefugnis und Motivation in einem positiven Verhältnis zueinander stehen (vgl. Hackman/Lawler 1971; Frese/Graumann/Theuvsen 2012, S. 142).

Neben den Strukturkosten (Kosten für beschäftigtes Personal, Einrichtung der Arbeitsplätze) sind auch die jeweiligen internen und externen Koordinationskosten zu beachten. Zwar ist das Rechnungswesen nicht darauf ausgerichtet, die Folgekosten einer Organisationsstruktur für den Umfang an Kommunikation und Abstimmung auszuweisen, dennoch dürfen die von einer Organisationsstruktur ausgelösten Transaktionskosten nicht vernachlässigt werden. Musterungskommissionen und Werbeausschüsse können als Koordinationsformen interpretiert werden, die Transaktionskosten verursachen. Auch die Abstimmung mit externen Partnern, insbesondere den Lieferanten, bedarf des Einsatzes von sachlichen und personellen Ressourcen, die sich je nach gewählter Organisationsstruktur unterscheiden können. Die angesprochenen Sachverhalte sind nicht nur für einzelne Unternehmungen relevant, sondern auch für Verbundgruppen, wiewohl dort spezielle Gegebenheiten vorliegen (vgl. dazu Tietz 1993c; Mandewirth 1997; Müller-Hagedorn 2005a).

Schließlich können durch eine Organisationsstruktur auch Wirkungen auf weitere Handlungskosten ausgelöst werden. Hierbei ist insbesondere an die Beschaffungskosten zu denken. Je dezentraler Sortimentsentscheidungen getroffen werden, desto größer ist die Anzahl von Lieferanten und umso höher werden tendenziell die Beschaffungskosten sein. Andererseits kann die dezentrale Entscheidung dazu führen, dass die Sortimente besser den lokalen Bedürfnissen entsprechen, was die Erlöse positiv beeinflussen kann.

Auswirkungen auf vorökonomische Größen

Es fällt schwer, die unmittelbaren Wirkungen einer Organisationsstruktur auf Kosten und Erlöse einer Unternehmung zu erfassen. Das liegt daran, dass beide Zielgrößen von einer Vielzahl von Faktoren beeinflusst werden. Insofern erscheint es zweckmäßig, die Auswirkungen auf weitere Größen, insbesondere auf vorökonomische Ziele, zu prüfen. Die Zweckdienlichkeit einer Organisationsstruktur für die Unternehmensziele setzt voraus, dass die Bereichsziele in einer das Oberziel fördernden Weise formuliert sind. Aus allgemeinen Unternehmenszielen werden entsprechend dem jeweiligen strategischen Konzept Unterziele abgeleitet, die vorökonomische Elemente enthalten. Ein Beispiel hierfür liefert Abbildung 26.10. Neben den Zielen der Koordinations- und Motivationseffizienz, auf die später näher eingegangen wird, enthält die Abbildung verschiedene Kriterien, um die in einer bestimmten Organisationsstruktur angelegte Marktorientierung zu erfassen.

Koordinationseffizienz	- schneller, marktbezogener und problementsprechender Informationsfluss	Motivationseffizienz
	- Kundennähe beim Interaktionsverhalten und Leistungsangebot	
	- Konkretisierung der Zuständigkeit für Wettbewerbsanalysen und -strategien	
	- Sensibilisierung für relevante allgemeine Umfeldbedingungen	
	- Förderung der unternehmensweiten kunden- und konkurrenzorientierten Zusammenarbeit	
	- Eignung zur marktgerichteten Prozessunterstützung	

Quelle: Köhler 2003, S. 115

Abb. 26.10: Kriterien zur Beurteilung einer Organisation unter dem Gesichtspunkt der Marktorientierung

Die Beurteilungskriterien verdeutlichen, dass den Aspekten Zeit, Qualität und Reagibilität eine große Bedeutung beigemessen wird. Zeitbezogene Ziele können neben dem angesprochenen Informationsfluss die Zeitdauer nahezu aller Unternehmensprozesse betreffen, da diese im Regelfall von der Organisationsstruktur abhängig ist. Die Verantwortung der Organisation für die Qualität der Prozesse spiegelt sich in der generellen Forderung nach Kundennähe und nach interner Koordination wider. Die Reagibilität bringt zum Ausdruck, dass die Organisationsstruktur für eine Anpassungsfähigkeit des Unternehmens an sich ändernde Umweltbedingungen zu sorgen hat.

Auswirkungen auf Schnittstellenprobleme

Verschiedene Organisationsstrukturen führen zu unterschiedlichen Schnittstellenproblemen. Diese können als Kriterium zur Beurteilung der Organisationsstruktur herangezogen werden. Schnittstellenprobleme können insbesondere zwischen Objekten (z. B. verschiedenen Warengruppen oder Verkaufsstellen) und Funktionen (z. B. Einkauf und Verkauf) entstehen.

Abstimmungsprobleme zwischen Warengruppen entstehen beispielsweise dann, wenn entschieden werden muss, welche Anteile eines Einkaufsbudgets einzelnen Warengruppen bzw. einzelnen Einkäufern zugewiesen werden. Im Verkauf muss festgelegt werden, welche Anteile der in einer Verkaufsstelle zur Verfügung stehenden Verkaufsfläche den einzelnen Abteilungen zugeteilt werden, welche Warenbestände sie vorhalten sollen und welche Abverkaufspolitik realisiert werden soll.

Schnittstellenprobleme zwischen Funktionen bestehen insbesondere im Hinblick auf die Abstimmung von Einkauf und Verkauf. Einkaufsentscheidungen bestimmen die Verfügbarkeit von Waren im Lager und im Verkaufsbereich, was die Attraktivität der Verkaufsstelle für den Kunden maßgeblich beeinflussen kann. Die Preispolitik beeinflusst die Abverkaufsmengen und damit den Lagerdurchsatz und die einzukaufenden Mengen. Darüber hinaus belastet jede Einkaufsentscheidung das Budget des Unternehmens, was zeigt, dass Dispositionen im Funktionsbereich „Einkauf" den Funktionsbereich „Finanzen" beeinflussen. Eine Handelsunternehmung stellt sich folglich als ein komplexes Beziehungssystem dar, in dem es zahlreiche Wechselwirkungen zwischen den verschiedenen Bereichen gibt. Die Abhängigkeiten kommen zum einen in den auf internen Lieferungsbeziehungen beruhenden Kontakten der Einheiten, zum anderen in Ressourceninterdependenzen (Verwendung von Standorten, Verkaufs- und Lagerflächen oder Finanzierungsmitteln) sowie in Marktinterdependenzen zum Ausdruck.

Bei einer Trennung von Einkauf und Verkauf, wie sie oft gefordert wurde (vgl. Robinson/Robinson/Matthews 1957; Urwick 1960) und wie sie auch häufig anzutreffen ist, besteht die Herausforderung darin sicherzustellen, dass die im Verkauf benötigte Ware dort bereitgestellt wird. Darin spiegelt sich eine prozessorientierte Sichtweise wider (vgl. die Diskussion um die Prozessorientierung bei Barth/Helpup 1995). „Sicherstellung von marktfähigen Sortimenten" könnte das Ziel lauten, hinsichtlich dessen die verschiedenen Organisationsstrukturen zu prüfen sind. Diese allgemeine Umschreibung konkretisiert sich in einzelnen Handelsorganisationen in unterschiedlicher Form. Abhängig von der strategischen Positionierung des Unternehmens kann das marktfähige Sortiment aus exklusiven Markenartikeln oder aus preisgünstigen Artikeln bestehen. Dies hat unterschiedliche Konsequenzen für beschaffungspolitische Maßnahmen. Im ersten Fall können z. B. die Anbahnung und Pflege von Geschäftsbeziehungen zu geeigneten Lieferanten im Fokus des Interesses stehen, im zweiten das Erreichen von günstigen Konditionen und Lieferterminen. Organisationsstrukturen sind folglich daraufhin zu überprüfen, inwieweit sie geeignet sind, die aufgabenbezogenen Ziele zu erreichen und die negativen Wirkungen der Arbeitsteilung zu vermeiden oder zumindest abzuschwächen.

Problematisch ist es, für einzelne organisatorische Einheiten Ziele vorzugeben, wenn die Zielerreichung auch von Maßnahmen anderer Einheiten abhängig ist. Solche Interdependenzen werden durch die folgenden Beispiele veranschaulicht:

- Der Lagerbestand und die Lagerbestandskosten steigen, wenn der Abverkauf in den Verkaufsstellen wegen zu geringer Abschriften hinter den Planzahlen bleibt.
- Der Einkauf erzielt relativ schlechte Konditionen, wenn die Lagerleitung den gesamten Warenbedarf in kleinen Partien ordert, um die Kapitalbindung zu reduzieren.
- Der Absatz der Verkaufsstellen sinkt, wenn die benötigte Ware nicht hinreichend schnell vom Lager nachgeliefert wird.
- Der Lagerumschlag sinkt, wenn der Einkauf sehr große Mengen ordert, um die Lieferkonditionen zu verbessern.

Sinnvolle Zielgrößen für einzelne organisatorische Einheiten lassen sich nur aus einem Gesamtplan ableiten. Dieser trägt dazu bei, dass die im Rahmen der Arbeitsteilung entstehenden Schnittstellen im Sinne der Unternehmensziele koordiniert werden.

26.2.2 Umweltgrößen als Einflussfaktoren einer zielgerechten Organisationsstruktur

Da Unternehmungen unterschiedliche Ziele verfolgen, sie sich dabei verschiedener Strategien bedienen und die Rahmenbedingungen, unter denen sie tätig sind, ebenfalls differieren können, benötigen sie häufig ein individuell angepasstes Organisationskonzept. Der Einfluss der Umwelt auf die Organisationsstruktur wird einerseits mit Hilfe von formalen Beschreibungsmerkmalen, andererseits unter Verwendung von inhaltlichen Dimensionen erfasst (vgl. zu den folgenden Ausführungen Schreyögg 2008, S. 258–270). Unter den formalen Merkmalen kommt den folgenden Größen eine zentrale Bedeutung zu:

- Umweltkomplexität,
- Umweltdynamik,
- Umweltdruck.

Die Komplexität lässt sich mit einer Vielzahl von Indikatoren beschreiben. So ist davon auszugehen, dass mit einer wachsenden Anzahl von Elementen eines Systems seine Komplexität zunimmt. Die gleiche Wirkung geht von der Heterogenität der Elemente aus. Ein Hauptproblem, das aus der wachsenden Zahl und der zunehmenden Heterogenität der Umweltelemente resultiert, ist in der Unvollständigkeit der Informationen über die relevante Umwelt zu sehen. Die Dynamik bezieht sich auf den Grad der Veränderung der Umwelt im Zeitablauf. Eine stabile Umwelt erlaubt eine zuverlässige Vorhersage der zukünftigen Entwicklung und Prognose der Reaktionen auf Unternehmensentscheidungen. Die Dynamik lässt sich mit Hilfe von drei Teildimensionen präzisieren. Dazu gehören die Häufigkeit von Veränderungen (Stabilität), das Ausmaß der Veränderungen (Intensität) und die Regelmäßigkeit der Veränderungsprozesse (Vorhersehbarkeit). Der Umweltdruck beschreibt das Ausmaß, in dem Organisationen einem Anpassungsdruck bzw. Reaktionszwang unterworfen sind. Wie hoch der Umweltdruck ist, hängt meist sehr stark von situativen Faktoren ab. Die inhaltlichen

Dimensionen der Unternehmensumwelt, die einen Einfluss auf die Organisationsstrukturen ausüben, lassen sich ähnlich strukturieren, wie die Umweltparameter im Rahmen des entscheidungsorientierten Ansatzes (vgl. Kapitel 4). Bestimmte Umweltgrößen üben einen besonders starken Einfluss auf die Organisationsstruktur aus. Hierzu zählen die Besonderheiten der Absatz- und Beschaffungsmärkte.

Der Absatzmarkt als Einflussfaktor

In einer wettbewerbsorientierten Wirtschaft gehört die Ausrichtung auf die Bedürfnisse des Absatzmarkts zu den zentralen Erfordernissen. Es muss sichergestellt werden, dass der Zielgruppe ein attraktives Angebot unterbreitet wird. Die Beschaffenheit des Absatzmarkts wird damit zum zentralen Bestimmungsfaktor der Organisationsstruktur. Unter der Beschaffenheit des Markts sind dabei sowohl die Stabilität der Nachfrage, d. h. ihre Regelmäßigkeit, Homogenität, und Dauerhaftigkeit, als auch die Konkurrenzlage zu verstehen. Es ist zu vermuten, dass je heterogener die Bedürfnisse der Nachfrager sind und je mehr die Unternehmung versucht, sich über angepasste Sortimente im Wettbewerb zu behaupten, desto mehr wird eine Dezentralisierung der Entscheidungen vorteilhaft sein. Umgekehrt ist bei homogenen Bedürfnissen zu erwarten, dass eine Zentralisierung, vor allem wegen der positiven Kosteneffekte, Vorteile mit sich bringt. Allerdings kann auch bei heterogenen Bedürfnissen eine Zentralisierung angebracht sein. Das ist dann der Fall, wenn sichergestellt werden kann, dass durch einen entsprechenden Informationsaustausch die lokalen Verhältnisse ausreichend berücksichtigt werden können. Die Verfolgung von örtlichen Abverkaufszahlen über artikelgenaue Warenwirtschaftssysteme und Möglichkeiten einer schnellen Nachlieferung stärken die Zentralisierung. Die Tendenz zu einer Zentralisierung von Entscheidungen wird durch die Beobachtung unterstützt, dass sich in vielen Bereichen eine Konvergenz der Bedürfnisse erkennen lässt, wiewohl regionale Unterschiede nicht unberücksichtigt bleiben dürfen.

Die Entscheidung, ob der Verkauf selbst für den Einkauf verantwortlich sein soll oder ob diese Funktion einer anderen Stelle im Unternehmen übertragen werden soll, lässt sich auf die Frage zuspitzen, inwieweit durch die Dezentralisierung des Einkaufs die Kostensituation verschlechtert und das akquisitorische Potenzial verbessert wird. Es lässt sich die These formulieren, dass sich das Massengeschäft zentraler Organisationsstrukturen bedienen wird, während heterogene Nischen dezentrale Entscheidung erfordern. Eine Ausrichtung auf heterogene Bedürfnislagen verlangt nach einem Wechsel von einer warenorientierten Schwerpunktsetzung zu einer Ausrichtung auf zielgruppendefinierte Bedürfnisfelder. Je heterogener die Bedürfnisse sind und je stärker der Wettbewerb ist, umso stärker muss sich eine Unternehmung im Verkauf und im Einkauf an diese Strukturen anpassen. Dem können allerdings auch Nachteile entgegenstehen, wenn trotz unterschiedlicher Zielgruppen Synergieeffekte im Einkauf möglich wären, die aber aufgrund einer getrennten Einkaufspolitik verloren gehen.

Die Ausrichtung an den Bedürfnissen der Konsumenten betrifft zunehmend die Entscheidung über eine Mehrkanalstrategie eines Händlers. Die technologischen Entwicklungen, insbesondere in den Bereichen des Electronic Commerce und des Mobile Commerce, haben die Entstehung neuer Vertriebskanäle gefördert. Der anfängliche Wettbewerb der sog. Pure Player, die ausschließlich online tätig waren, mit klassischen Vertriebskanälen in Form des stationären Handels oder des Versandhandels wird zunehmend abgelöst von einem parallelen Angebot von Handelsleistungen über mehrere Kanäle. Gefördert durch ein verändertes Konsumentenverhalten, bei dem der Wechsel zwischen verschiedenen Kanälen im Rahmen eines Kaufprozesses vom Kunden als vorteilhaft empfunden wird, entstehen zunehmend Multichannel Retailer (vgl. Kapitel 12), die vor neue organisatorischen Herausforderungen gestellt werden. Sie beziehen sich vor allem auf die Frage, inwieweit eine Integration der Kanäle oder zumindest der einzelnen Prozesse in den verschiedenen Kanälen vorteilhaft ist. Ebenso zu entscheiden ist, ob eine Differenzierung oder eine Standardisierung der absatzpolitischen Instrumente in den unterschiedlichen Kanälen, die eine organisatorische Koordination erforderlich macht, von Vorteil ist.

Der Beschaffungsmarkt als Einflussfaktor

Indirekt wurde bereits auf den zweiten Bestimmungsfaktor der Organisationsstruktur, die Verhältnisse auf dem Beschaffungsmarkt, hingewiesen. Zu den Kennzeichen der Struktur des Beschaffungsmarkts zählen insbesondere die Zahl der Anbieter, ihre Homogenität, ihre Standorte und ihre Preispolitik. Würden sich die einzelnen Handelsunternehmen homogenen Anbietern gegenübersehen, gäbe es keinen Anlass, die Einkaufspolitik zu zentralisieren. Weder würden dadurch Transaktionskosten gespart (z. B. Informationssuche über Lieferanten), bessere Konditionen (durch Mengenbündelung) erzielt, noch Waren mit höherer Qualität erworben. Im Regelfall sehen sich Handelsbetriebe jedoch einer heterogenen Anbieterstruktur gegenüber. Es können Preisunterschiede zwischen einzelnen Anbietern vorliegen, deren Existenz jedoch häufig nur in Erfahrung zu bringen ist, wenn die Beschaffungsmärkte aktiv erkundet werden. Je weniger transparent der Beschaffungsmarkt ist, desto höher sind die Transaktionskosten, die im Zuge der Suche, Anbahnung, Vereinbarung, Abwicklung und Kontrolle anfallen werden (vgl. hierzu auch Kapitel 3). Die im Handel zu beobachtende zunehmende Internationalisierung der Beschaffung, die zum einen aus Kostengründen, zum anderen aus sortimentspolitischen Überlegungen erfolgt, wirft die Frage nach dem Zentralisierungsgrad des Einkaufs auf. Der Einkauf im Ausland kann mit hohen Transaktionskosten einhergehen, so dass eine zentrale Bündelung der Funktion vorteilhaft sein kann. Die Bündelung des Einkaufs kann zudem den Anbieter veranlassen, signifikante Mengenrabatte einzuräumen. So lässt sich der Einfluss der Struktur des Beschaffungsmarkts in folgende These übersetzen: Je heterogener die Struktur des Beschaffungsmarkts und je dynamischer er sich entwickelt, desto höher sind die Kostenvorteile, die ein zentralisierter Einkauf erzielen kann.

Die Eigenschaften der Absatz- und Beschaffungsmärkte sind wichtige Einflussfaktoren bei der Wahl einer Organisationsstruktur. Darüber hinaus werden in der Literatur weitere Einflussgrößen genannt. Zentes (1992) gliedert die Bestimmungsfaktoren der Organisation von Handelsbetrieben wie folgt:

- das Leistungsprogramm,
- die Leistungstiefe,
- der Kooperationsgrad und
- die informations- und kommunikationstechnologische Entwicklung.

26.3 Theoretische Ansätze zur Analyse von Organisationsstrukturen

In den vorangegangenen Abschnitten sind zahlreiche Ausgestaltungsmöglichkeiten von Organisationsstrukturen vorgestellt worden. Mit ihrer Analyse befassen sich zahlreiche Theorien. Eine wesentliche Aufgabe von Organisationstheorien besteht darin, die Entstehung und den Wandel organisatorischer Lösungen zu erklären, ihre Vorteilhaftigkeit zu beurteilen und Gestaltungsempfehlungen zu geben. Es gibt eine Reihe von Theorien, die für diese Zwecke entwickelt worden sind (vgl. zu einem umfassenden Überblick Picot/Dietl/Franck 2005, S. 31–142; Kieser/Walgenbach 2007, S. 31–68; Schreyögg 2008, S. 27–81). Sie werden unterschiedlich strukturiert. So differenziert beispielsweise Schreyögg (2008, S. 29) zwischen klassischen, neoklassischen und modernen Ansätzen. Bei Picot, Dietl und Franck (2005, S. 31) findet sich eine Unterscheidung zwischen neoklassischen und neoinstitutionalistischen Ansätzen. Weitere theoretischen Ansätze, die sich den klassischen Organisationstheorien, aber auch der Entscheidungstheorie, der Prinzipal-Agenten-Theorie, der Spieltheorie oder den verhaltenswissenschaftlichen Organisationstheorien zurechnen lassen, sind u. a. bei Sliwka (1999), Laux und Liermann (2005) sowie Kieser (2007) zu finden. Die Theorien weisen zum Teil große Unterschiede im Hinblick auf die verfolgten Ziele, die getroffenen Annahmen und die betrachteten Sachverhalte auf. Aus der großen Zahl von Theorien werden im Folgenden zwei Gruppen vorgestellt – Ansätze der Neuen Institutionenökonomik und effizienztheoretische Ansätze.

26.3.1 Ansätze der Neuen Institutionenökonomik

Überlegungen zur Organisation wurden schon früh von der Erkenntnis geleitet, dass mit Arbeitsteilung und Spezialisierung Produktivitätsfortschritte erzielt werden können. Spezialisierung ist sowohl innerhalb als auch zwischen Unternehmungen denkbar. Im Rahmen der Neuen Institutionenökonomik wird vor allem darauf aufmerksam gemacht, dass mit der Arbeitsteilung zwischen den Unternehmungen und dem daraus folgenden Zusammenwirken mehrerer Unternehmungen auf Märkten Transaktionskosten verbunden sind. Die Höhe der Transaktionskosten zwischen Unternehmungen erweist sich somit neben den Produktionskosten als wichtiger Bestimmungsfaktor der zwischenbetrieblichen Arbeitsteilung. Auch bei Handelsunternehmungen ist zu beobachten, dass zahlreiche Aktivitäten, die von der Handelsunternehmung selbst erbracht werden könnten, auf andere Unternehmungen übertragen werden, so z. B. die Logistik, die Gestaltung von Werbemaßnahmen, Sicherungsdienste und zum Teil die Bewirtschaftung einzelner Abteilungen. Transaktionskosten fallen allerdings auch innerbetrieblich an, wenn darunter die Kosten der Abstimmung einzelner Akteure verstanden werden. Die Transaktionskostentheorie wurde beispielsweise auf den Vergleich von Reisenden (Hierarchie) und Handelsvertretern (Markt) angewendet (vgl. Anderson 1985; Krafft 1995). Insgesamt erweist sie sich als bedeutender Ansatz zur theoretischen Fundierung der Größe und Struktur der Organisation.

Problemen, die aus Arbeitsteilung resultieren, wendet sich auch die Prinzipal-Agenten-Theorie zu. Sie analysiert dabei Organisationen aus einer vertragstheoretischen Perspektive. Gegenstand der Analyse sind Beziehungen, die entstehen, wenn ein Auftraggeber (Prinzipal) auf Grundlage eines

Vertrags bestimmte Aufgaben und Entscheidungskompetenzen an einen Auftragnehmer (Agent) überträgt. Die Aufgabendelegation kann als Entscheidung für eine Dezentralisation interpretiert werden. Sie geschieht, weil sich der Prinzipal die Wissens- und Spezialisierungsvorteile des Agenten zunutze machen möchte. Er nimmt dabei allerdings in Kauf, dass sich der Agent opportunistisch verhalten, d. h. seinen individuellen Nutzen maximieren kann. Diese Möglichkeit besteht, da der Prinzipal nur eingeschränkt in der Lage ist, das Verhalten (Arbeitsanstrengungen) des Agenten zu beobachten. Er kann auch die Resultate der Handlungen des Agenten nur bedingt seinen Leistungen zurechnen, da er über die Rahmenbedingungen, unter denen der Agent agiert, schlechter informiert ist. Mit Hilfe der Prinzipal-Agenten-Theorie kann geprüft werden, welcher Grad der Zentralisierung bzw. Dezentralisierung für das Unternehmen vorteilhaft ist. Der Vergleich wird unter einem bestimmten Prämissenrahmen durchgeführt. Die Prämissen beziehen sich:

- auf den Grad der Informationsasymmetrie zwischen Prinzipal und Agent,
- auf unterschiedliche Zielfunktionen,
- auf unterschiedliche Risikopräferenzen,
- auf die Neigung des Agenten, sich opportunistisch zu verhalten,
- auf die Fähigkeiten des Agenten und
- die Kontrollmöglichkeiten des Prinzipals.

Das Modell kann auf unterschiedliche Entscheidungen angewandt werden. Es ist insbesondere für die Diskussion der Frage nach der Delegation von Preissetzungskompetenzen herangezogen worden, und zwar sowohl innerhalb eines Unternehmens als auch zwischen Industrie und Handel (vgl. Battenfeld 2005a, S. 99–138 und S. 170–188).

Die Property-Rights-Theorie analysiert die Frage, wie Handlungs- und Verfügungsrechte durch organisatorische Regelungen zugeordnet werden können. Ein zentrales Anliegen der Theorie besteht darin zu erklären und zu prüfen, wie sich die Verteilung bestimmter Verfügungsrechte zwischen den Mitgliedern einer Organisation auf die Effizienz des Unternehmens auswirkt. Der Ansatz macht insbesondere darauf aufmerksam, dass eine strikte Trennung zwischen dispositiven und ausführenden Tätigkeiten zugunsten einer ganzheitlichen Ausstattung der Aufgabenträger mit Entscheidungsrechten treten sollte (vgl. Picot/Dietl/Franck 2005, S. 54).

Insgesamt weisen die verschiedenen Theorien darauf hin, dass durch Organisationsstrukturen unterschiedliche Wirkungen ausgelöst werden können, so z. B. in Bezug auf den Arbeitseinsatz, die Weitergabe von Informationen an vorgesetzte Instanzen oder die Höhe von Transaktionskosten. Wie sich einzelne organisatorische Maßnahmen auswirken (z. B. Delegation von Entscheidungskompetenz, Aufgabenbreite bzw. *job enrichment*, Art der Entlohnung) hängt von zahlreichen Faktoren ab, insbesondere von den Fähigkeiten der Stelleninhaber, ihrer Motivation, Risikobereitschaft und Opportunismusneigung.

26.3.2 Der effizienztheoretische Ansatz

Der effizienztheoretische Ansatz befasst sich mit Einschätzungen, wie sich einzelne Faktoren auf die von den Unternehmungen angestrebten Effizienzziele auswirken (vgl. Frese/Graumann/Theuvsen 2012, S. 281–322). Dabei wird zwischen zwei organisatorischen Teilsystemen differenziert – dem Kompetenzsystem und dem Steuerungssystem. Während das Kompetenzsystem als Resultat der Festlegung von „Stellenaufgaben" verstanden wird, regelt das Steuerungssystem die Ausfüllung des vom Kompetenzsystem definierten Entscheidungsrahmens (vgl. Frese/Graumann/Theuvsen 2012, S. 148). Dieser wird im Zuge einer Segmentierung (Kompetenzinhalt) und einer Strukturierung (Kompetenzspielraum) festgelegt. Frese, Graumann und Theuvsen (2012) schlagen zwei abstrakte, dafür aber allgemein verwendbare Ziele vor, nach denen das Kompetenzsystem und das Steuerungssystem beurteilt werden sollten – die Koordinations- und die Motivationseffizienz (vgl. hierzu auch Milgrom/Roberts 1992, S. 25–28).

Koordinationseffizienz

Die Koordinationseffizienz bedeutet, dass zum einen Autonomiekosten, zum anderen Abstimmungskosten vermieden werden sollten. Dabei wird unter Autonomiekosten die Differenz zwischen den Kosten bei Abkehr von dem Versuch einer vollständigen Berücksichtigung von Interdependenzen und den Kosten einer theoretisch denkbaren Optimallösung verstanden. Die Koordinationseffizienz wird als zentral angesehen, weil durch die Arbeitsteilung die Gefahr wächst, dass die Unternehmung nicht das Gesamtoptimum realisieren kann. Als Folge suboptimaler arbeitsteiliger Einzelentscheidungen fallen umso mehr Autonomiekosten an, je unabhängiger die einzelnen Stellen agieren. Diese Autonomiekosten können reduziert werden, indem die Informationsbasis und die Informationsverarbeitung durch eine entsprechende Organisationsstruktur verbessert werden. Solche Maßnahmen erfordern materielle Ressourcen, verursachen Abstimmungskosten und benötigen Zeit. Nach diesem Konzept sind Autonomiekosten auf der einen und Abstimmungskosen auf der anderen Seite gegeneinander abzuwägen. Die Autonomiekosten können durch markt-, ressourcen- oder prozessbedingte Interdependenzen verursacht werden oder darin begründet sein, dass Markt- oder Ressourcenpotenziale organisatorisch getrennt werden. Die Verteilung des Informations- und Problemlösungspotenzials über mehrere Ebenen führt ebenfalls zu einer Form von Potenzialtrennung. Frese, Graumann und Theuvsen (2012, S. 290–302) leiten auf Grundlage dieser Überlegungen organisatorische Subziele ab, die als Markt-, Ressourcen- und Prozesseffizienz zum Bewertungsmaßstab für die Koordinationseffizienz von Segmentierungsregelungen werden:

- Markteffizienz: Die Markteffizienz bezieht sich darauf, inwieweit Marktchancen bei einer bestimmten Organisationsstruktur genutzt werden können. Markteffiziente Organisationsstrukturen unterstützen ein koordiniertes Auftreten gegenüber dem Kunden (Absatzmarkteffizienz) bzw. bündeln die Nachfrage zur Stärkung der Marktmacht (Beschaffungsmarkteffizienz). Die reine Funktionalorganisation sichert beispielsweise eine hohe Markteffizienz, da die Marktpotenziale nicht aufgeteilt werden und entsprechende Interdependenzen nicht auftreten. Die Konsequenzen mangelnder Markteffizienz äußern sich extern, und zwar in Form entgangener Absatzchancen bzw. schlechter Einkaufskonditionen.

- Ressourceneffizienz: Die Ressourceneffizienz erfordert, die Ressourcen über Bereichsgrenzen hinweg auf die Ziele der Gesamtunternehmung auszurichten. Ressourceneffiziente Strukturen gestatten, Ressourcen über die Bereichsgrenzen hinweg umfassend zu nutzen. Entschließt sich eine Handelsunternehmung beispielsweise, statt vieler Filialläger wenige Regionalläger zu betreiben (Ausgliederung der Lagerfunktion aus der Verkaufsfunktion), so bedeutet dies, dass Sach- und Humankapital gebündelt, Beschaffungsmarktvorteile gesichert und Leerkapazitäten verringert werden können.
- Prozesseffizienz: Mit der Prozesseffizienz wird erfasst, wie gut (nach Kosten und benötigter Zeit) die auszuführenden Prozesse dem übergeordneten Unternehmensziel dienen. Prozesseffiziente Strukturen fördern das Ziel, den Leistungsprozess über alle Stufen auf die Ziele der Gesamtunternehmung auszurichten. Je nachdem, ob sich die mangelnde organisatorische Berücksichtigung der Prozessperspektive extern (im Hinblick auf die Kunden- oder Lieferantenbeziehungen) oder intern (im Hinblick auf den Warenfluss in der Unternehmung) äußert, kann von kunden- bzw. warenbezogener Prozessorientierung gesprochen werden.

Die Bedeutung der einzelnen Kriterien variiert mit dem Ausmaß, in dem die jeweiligen, mit der Autonomie verbundenen Kosten die Zielerreichung der Unternehmung gefährden. So kann der kundenbezogenen Prozesseffizienz Priorität eingeräumt werden, wenn eine reibungslose Leistungserstellung gegenüber den Kunden als extern relevanter Prozessaspekt (z. B. im Hinblick auf die Beschwerdeabwicklung) sichergestellt werden soll. Für den Fall, dass kostenorientierte Ziele dominieren, rücken intern relevante, warenflussbezogene Prozessaspekte in den Vordergrund, um Kapitalbindungskosten durch zu hohe Bestände sowie Lieferverzögerungen zu vermeiden (vgl. hierzu den strategieorientierten Bewertungsansatz bei Frese/Graumann/Theuvsen 2012, S. 323–364).

Motivationseffizienz

Die Motivationseffizienz bezieht sich auf das durch die Koordinationsregeln einer Organisationsstruktur ausgelöste Leistungsverhalten der Mitarbeiter. Von einer Entbürokratisierung wird erwartet, dass redundante Aktivitäten unterbleiben, das Kommunikationsverhalten verbessert wird, eine übertriebene Risikoscheu verhindert wird und die Innovationsbereitschaft sowie der Arbeitseifer steigen. Im Zusammenhang mit der Motivationseffizienz ist unter anderem zu klären, welche Wirkungen von einer bestimmten Kompetenzverteilung auf die Motivation der Mitarbeiter ausgehen.

Zwischen den Koordinations- und Motivationsmaßnahmen gibt es enge Beziehungen. So kann es von dem mit der Wahl einer Koordinationsstruktur beabsichtigten Verhalten Abweichungen geben. Motivationsmaßnahmen können in diesem Fall dazu genutzt werden, das tatsächliche Verhalten dem koordinationsadäquaten Verhalten anzunähern. Als Kriterien der Motivationseffizienz werden die Eigenverantwortung und die Überschaubarkeit genutzt. Die Eigenverantwortung bildet im Wesentlichen das Ausmaß der Entscheidungsdelegation ab. Es ist davon auszugehen, dass die Leistungsbereitschaft eines Mitarbeiters mit diesem Ausmaß zunehmen wird. Die Überschaubarkeit bezieht sich auf den Grad der Abgeschlossenheit eines Aufgabenkomplexes. Dieser ist umso höher, je weniger Interdependenzen es zu anderen Bereichen gibt. Dass davon eine positive Motivationswirkung ausgeht, wird zum einen damit begründet, dass die Orientierung an einem Bezugsobjekt erleichtert wird. Infolgedessen nimmt die Identifizierung mit der Aufgabe zu. Zum anderen fördert die Abgeschlossenheit die Zurechenbarkeit von Ergebnissen, was die Anreizwirkungen verstärkt.

26.4 Change Management

In vielen Bereichen der Wirtschaft ist ein stetiger Wandel in den Umweltbedingungen zu beobachten. Bestehende Organisationen können folglich ihre Effizienzvorteile einbüßen. Einer Studie von McKinsey zufolge stuften Führungskräfte aus Handel und Konsumgüterindustrie die folgenden Entwicklungen als besondere Herausforderungen ein (vgl. Breuer/Prauschke/Steegmann 2008):

- Marktsättigung: Die Marktsättigung führt zu einem höheren Wettbewerbsdruck und steigenden Kundenanforderungen an die Unternehmen.
- Technologie: Neue Technologien führen dazu, dass Verbraucher neben den traditionellen zunehmend neue Vertriebskanäle wie Electronic- und Mobile-Commerce nutzen.
- Demografie: Der demografische Wandel führt zu einem stark wachsenden Segment der über 60-jährigen, die ein häufig vernachlässigtes Kundensegment bilden und eine eigene Ansprache erwarten.

Die Manager gaben in der Befragung von McKinsey an, diesen Herausforderungen vor allem durch Veränderungen innerhalb ihrer Organisation begegnen zu wollen. Sie nannten das Change Management als wichtigste Maßnahme für das Erreichen ihrer Unternehmensziele in den nächsten 12 Monaten. Ein Manager der OTTO Group nannte in diesem Zusammenhang den Einsatz von selbstorganisierten Teams, die in webbasierten Netzwerken zusammenarbeiten sollen.

Das Change Management befasst sich mit der Anpassung von Unternehmen an Veränderungen. Teilweise geht es um begrenzte Anpassungen in einzelnen Systemen, Prozessen oder Strukturen (Restrukturierung), teilweise stehen aber auch tiefgreifende und weitreichende Anpassungen im Fokus des Change Managements. Hierzu zählen der Eintritt in neue Kerngeschäfte (z. B. der Eintritt eines Handelsunternehmens in die Touristik), die Neudefinition von Kernprozessen oder der Erwerb neuer Ressourcen und Fähigkeiten. Die Anpassungsmaßnahmen als Reaktion auf Umweltveränderungen werden häufig mit Ansätzen der Neuen Institutionenökonomik erklärt (vgl. Picot/Dietl/Franck 2005, S. 389–392). In diesem Fall stehen vor allem die Wirkungen neuer Technologien auf die Transaktionskosten bestehender Organisationsstrukturen im Mittelpunkt des Interesses.

In zahlreichen Studien wurde die Frage aufgeworfen, wodurch sich Organisationen mit einer hohen Anpassungsfähigkeit auszeichnen. Zu den Eigenschaften, die in diesem Zusammenhang beobachtet worden sind, zählen insbesondere eine geringe Spezialisierung auf Stellen- und Abteilungsebene, starke Dezentralisierung, flache Hierarchien, einfache Koordination sowie Einsatz von Selbstbestimmung und Organisationskultur als Koordinationsinstrument (vgl. Kieser/Walgenbach 2007, S. 438). Will man aus diesen Erkenntnissen Schlüsse für die organisatorische Gestaltung eines Unternehmens ziehen, ist zu prüfen, unter welchen Bedingungen die genannten Zusammenhänge beobachtet werden konnten und inwieweit sie übertragbar sind. Darüber hinaus ist zu klären, welche Wirkungen von den für die Anpassungsfähigkeit vorteilhaften Merkmalsausprägungen auf andere Zielgrößen eines Unternehmens ausgehen.

Für das Change Management sind vielfältige Konzepte entwickelt worden (vgl. z. B. Schreyögg 2008, S. 420–431). Krüger (2006, 2007) untergliedert sie in generische Rahmenkonzepte, themenbezogene Gesamtkonzepte, die auf eine spezifische Wandlungsthematik bezogen sind (z. B. Organisationsentwicklung, Total Quality Management), und fokussierte Einzelkonzepte (z. B. Projektmanagement, Mergers and Acquisitions). Im 3 W-Modell des Wandels hebt Krüger drei Sachverhalte hervor:

- das Erkennen des Wandlungsbedarfs,
- die Entwicklung einer Wandlungsbereitschaft, d. h. das Überwinden von Resistenz und Reaktanz, und
- die Ermöglichung einer Wandlungsfähigkeit, z. B. durch eine innovations- und wandlungsorientierte Strategie und Kultur des Unternehmens.

Die Frage, inwieweit neue organisatorische Lösungen die gewünschte Wirkung erzielen werden, hängt sowohl von ihrer Akzeptanz seitens der Organisationsmitglieder als auch von der Organisation selbst ab. Schreyögg (2008, S. 406–409) weist darauf hin, dass neben individuellen Widerständen gegen einen Wandlungsprozess Normen und kollektive Orientierungsmuster zu einer strukturellen Trägheit einer Organisation führen können. Zu den zentralen Instrumenten, mit denen die Voraussetzungen für einen erfolgreichen Wandlungsprozess geschaffen werden können, gehört das organisatorische Lernen. Dabei wird zwischen verschiedenen Formen differenziert, so z. B. dem Lernen aus Erfahrung, vermittelndem Lernen, Lernen durch Inkorporation neuer Wissensbestände und Eigengenerierung neuen Wissens (vgl. Schreyögg 2008, S. 448–452).

Reorganisationsprojekte können das Arbeitsfeld der Mitarbeiter einer Unternehmung erheblich beeinflussen, zugleich können Mitarbeiter eine wichtige Rolle bei der organisatorischen Umgestaltung übernehmen. Insofern kommt der Frage, unter welchen Bedingungen das Einbeziehen der Mitarbeiter in den Planungsprozess für den Erfolg der Reorganisation wichtig ist und wie sie motiviert werden können, freiwillig zum Gelingen der Reorganisation beizutragen, große Bedeutung zu (vgl. Picot/Fiedler 2003).

26.5 Zusammenfassung

Die Gestaltung der Organisation steht nicht im Zentrum der handelsbetrieblichen Forschung. Es hat sich aber eine allgemeine Organisationsforschung entwickelt, die zahlreiche Anregungen liefert, auch wenn sie gar nicht oder nur selten die spezifische Situation von Handelsbetrieben erfasst. Die Ausführungen haben gezeigt, dass es Alternativen im Aufbau einer Organisationsstruktur gibt und dass von diesen Alternativen bedeutende Wirkungen ausgehen können.

Auf drei Grundformen der Arbeitsteilung wurde näher eingegangen. Die funktionale Organisation orientiert sich an den Tätigkeiten eines Handelsbetriebs, wie dem Einkauf, der Logistik, dem

Verkauf oder dem Marketing (Verrichtungsgliederung). Eine divisionale Organisationsstruktur ist dagegen durch eine Gliederung nach Betriebsformen, Warengruppen, Regionen oder Kundengruppen gekennzeichnet (Objektgliederung). Bei der Matrixorganisation werden für die Gliederung mehrere Kriterien gleichzeitig herangezogen, was dazu führt, dass ein Mitarbeiter gleichberechtigte Weisungen von mehreren Managern erhalten kann (z. B. Einkäufer und Regionalleiter). Darüber hinaus sind verschiedene Mischformen denkbar.

Handelsunternehmen nutzen verschiedene Mechanismen, um die Abläufe zwischen den Organisationseinheiten zu koordinieren. Hierzu zählen das Bilden von Instanzen, der Einsatz von Category Managern und die Einrichtung von Gremien. Im Handel kommt insbesondere dem Category Management eine große Bedeutung zu. Vorteilhaft für die Lösung der Koordinationsprobleme und die Fokussierung auf die Kundenbedürfnisse ist eine prozessorientierte Gestaltung der Organisation. In Filialsystemen, Verbundgruppen und Franchiseorganisationen sind Entscheidungen über die Zentralisation und Dezentralisation bestimmter Aktivitäten zu treffen. Hierzu wurde ein Kriterienkatalog vorgestellt.

Die alternativen Gestaltungsoptionen der Organisationsstruktur sind im Hinblick auf verschiedene Zielgrößen zu beurteilen. Hierzu zählen Kosten- und Erlöswirkungen, Auswirkungen auf vorökonomische Größen wie beispielsweise die Marktorientierung sowie das Auftreten und die Bewältigung von Schnittstellenproblemen. Die Wirkung einer Organisationsstruktur auf diese Zielgrößen hängt unter anderem von verschiedenen absatz- und beschaffungsmarktbedingten Einflussfaktoren ab. Die Analyse der Vorteilhaftigkeit einer Organisationsstruktur kann mit Hilfe verschiedener theoretischer Ansätze, wie z. B. der Neuen Institutionenökonomik oder des effizienztheoretischen Ansatzes, erfolgen.

Unter dem Begriff Change Management wird die Anpassungsfähigkeit von Unternehmen an den Wandel der Umweltbedingungen diskutiert. Hierfür sind unterschiedliche Konzepte entwickelt worden, die sich darauf konzentrieren den Wandlungsbedarf zu erkennen, die Wandlungsbereitschaft zu fördern und die Wandlungsfähigkeit sicherzustellen.

G Finanzierung und Controlling
Kapitel 27–32

Im Rahmen der Finanzierung sind Handelsunternehmungen in ihrer Rolle als Kreditnehmer auf ein gutes Rating angewiesen (Kapitel 27). Die Kapitel 28-32 stellen verschiedene Bereiche eines handelsbetrieblichen Controllings vor, zuerst die traditionellen Systeme der Kostenrechnung, dann aber auch handelsspezifische Aspekte, die sich auf die Analyse des Umsatzes, der Warenbestände und der Handelsspanne beziehen. Eine große Rolle spielen im Handel Betriebsvergleiche bzw. das Benchmarking (Kapitel 30). Die verstärkte Marktorientierung hat dazu geführt, dass zum einen Zufriedenheitsstudien und Qualitätsmanagement, zum anderen Maßnahmen der Kundenbindung wichtiger wurden. Kapitel 32 vermittelt einen Überblick über die im Handel weit verbreiteten Kennzahlensysteme und ihre Elemente.

27 Finanzierung

Zu den zentralen Zielen eines Unternehmens gehört die Sicherung der Liquidität, d. h. die Fähigkeit, allen anfallenden Zahlungsverpflichtungen fristgerecht und vollständig nachzukommen. Dazu müssen die Zahlungsströme (Ein- und Auszahlungen) des Unternehmens geplant, gesteuert und kontrolliert werden, womit eine erste Aufgabe der Finanzplanung und des Finanzcontrollings angesprochen ist. Darüber hinaus soll mit der Finanzplanung ein Beitrag zur Rentabilität des Unternehmens geleistet werden, da zum einen die Inanspruchnahme einzelner Finanzierungsarten mit unterschiedlichen Kosten verbunden ist, zum anderen von vielen Unternehmungen Finanzinvestitionen (z. B. durch den Erwerb von Wertpapieren) getätigt werden. Die angesprochenen Zahlungsströme fließen zwischen der Unternehmung und den Kapitalgebern, Kreditgebern, Finanzbehörden, Lieferanten und Kunden. Bei den genannten Wirtschaftssubjekten handelt es sich um Akteure des Kapitalmarkts, des Staates und des Leistungsbereichs des Unternehmens.

Aufgaben der Finanzplanung im Handel unterscheiden sich nicht grundsätzlich von denen anderer Wirtschaftsbereiche (vgl. z. B. Perridon/Steiner/Rathgeber 2009; Franke/Hax 2009). Es muss insbesondere

- darüber entschieden werden, ob benötigte Investitionsgüter (z. B. Immobilien, Warenträger oder Kassensysteme) gekauft oder gemietet bzw. geleast werden sollen,
- ein Vergleich (vor allem bzgl. der anfallenden Kosten) zwischen einzelnen Finanzierungsmöglichkeiten durchgeführt werden, z. B. zwischen Bankkrediten und Factoring,
- festgelegt werden, welche Sicherheiten Fremdkapitalgebern zugestanden werden sollen, und
- über die Kapitalstruktur entschieden werden, wobei neben den Rentabilitäts- auch die Risikowirkungen zu beachten sind.

Die genannten Finanzierungsaufgaben stehen in enger Beziehung zum Finanzbedarf eines Handelsunternehmens und den Möglichkeiten, diesen sicherzustellen. Die Finanzierung im Handel kann aber auch aus einer Marketingperspektive betrachtet werden. Häufig bieten Handelsunternehmungen Finanzierungsdienstleistungen an, von denen eine starke akquisitorische Wirkung auf die Kunden ausgehen kann. Insbesondere im Fachgroßhandel ist zu beobachten, dass den Nachfragern Lieferantenkredite gewährt werden, die dazu geeignet sind, sich gegenüber den Cash-and-Carry-Betrieben abzugrenzen. Ähnliches kann auch im Einzelhandel beim Verkauf von Haushaltsgütern (z. B. Möbel oder Elektro-Großgeräte) beobachtet werden. Finanzierungsangebote gegenüber den Kunden und ihre Wirkung auf das Nachfragerverhalten sind nicht Gegenstand des vorliegenden Kapitels (vgl. hierzu z. B. Alexander/Colgate 2000). Allerdings wird auf das Zahlungsausfallrisiko eingegangen.

Obwohl die grundsätzlichen Finanzierungsentscheidungen von Handelsunternehmungen denjenigen von Betrieben anderer Branchen ähneln, gibt es eine Reihe von Besonderheiten. Diese äußern sich z. B.:

- in der hohen Bindung des Kapitals in Warenbeständen und damit dem hohen Anteil des Umlaufvermögens in der Bilanz,
- in spezifischen Risiken, z. B. dem Warenrisiko oder dem Zahlungsausfallrisiko, insbesondere im klassischen Versandhandel und im E-Commerce, und
- in spezifischen Kennzahlen(-werten).

Diese Besonderheiten haben allerdings nicht dazu geführt, dass Finanzierungsprobleme im Handel in der wissenschaftlichen Literatur besondere Beachtung gefunden haben. Oft werden sie in Lehrbüchern zum Handelsmanagement völlig ausgeklammert (vgl. als Ausnahme Rudolph 2009, S. 145–161). Auch Beiträge, die sich mit dem eng verwandten Problem des Risikomanagements in Handelsbetrieben befassen, sind selten (vgl. Buchschatz 2011). Beim inzwischen auch rechtlich vorgeschriebenen Risikomanagement (Gesetz zur Kontrolle und Transparenz im Unternehmensbereich, § 289 HGB, § 267 HGB, § 289 HGB) geht es insbesondere um den Ausweis geeigneter Finanzindikatoren, aber auch um Hinweise auf Risiken in der gesamten Wertschöpfungskette, so z. B. zum Geschäftsmodell, zur Beschaffung, zur Logistik, zum Verkauf, zur EDV oder zu zentralen Produktionsfaktoren, wie dem Personal oder den Standorten.

Im Folgenden wird zunächst in Abschnitt 27.1 auf die Vielfalt der einem Handelsbetrieb zur Verfügung stehenden Finanzierungsmöglichkeiten hingewiesen. Anschließend wird in Abschnitt 27.2 auf Ratingverfahren eingegangen. Um Fremdkapital zu erhalten, müssen sich Handelsunternehmungen um ein gutes Rating bemühen, das als Indikator für die Bonität und mithin die Kreditwürdigkeit des Unternehmens dient. Es werden verschiedene Ratingverfahren erläutert, und es wird ein Überblick über Faktoren gegeben, die das Rating beeinflussen. Eine handelsspezifische Besonderheit der Finanzierung stellen die für weite Teile des Handels übliche Zentralregulierung und das häufig damit verbundene Delkredere dar. Hierbei führen die Zentralen der Verbundgruppen die Zahlungsabwicklung für ihre Mitglieder durch, wobei sie gleichzeitig für die Verbindlichkeiten eine Bürgschaft übernehmen. Verbundgruppen benötigen deshalb interne Ratingsysteme, um die Bonität ihrer Mitglieder zu beurteilen. Ähnliche Systeme können auch eingesetzt werden, um die Zahlungsfähigkeit von Kunden zu beurteilen (insbesondere im Großhandel, Versandhandel und E-Commerce). Darauf wird in Abschnitt 27.3 eingegangen.

27.1 Überblick über Finanzierungsmöglichkeiten

Wie in den meisten Branchen erfordert auch die Geschäftstätigkeit im Handel eine Vielzahl von Investitionen. Das gilt insbesondere für die Bereitstellung von Verkaufsräumen und die Warenbeschaffung. Es gibt folglich zahlreiche Auszahlungen, die nicht unmittelbar durch Einzahlungen kompensiert werden. Der daraus resultierende Kapitalbedarf kann durch Maßnahmen gedeckt werden, die nach der Mittelherkunft in die Bereiche:

- der externen Finanzierung oder Außenfinanzierung und
- der internen Finanzierung oder Innenfinanzierung

unterteilt werden.

Bei der externen Finanzierung wird dem Unternehmen von außen Kapital zugeführt – entweder Eigenkapital von bisherigen oder neuen Anteilseignern oder Fremdkapital von Kreditgebern. Bei der internen Finanzierung stammen die Zahlungsüberschüsse aus dem Leistungs- oder dem Finanzinvestitionsbereich. Neben einer Unterscheidung zwischen externer und interner Finanzierung ist eine Differenzierung nach der Rechtsstellung der Kapitalgeber und damit eine Unterteilung in Eigen- und Fremdfinanzierung üblich, wobei auch Mischformen denkbar sind. Während für die Eigenfinanzierung Beteiligungstitel charakteristisch sind, werden bei der Fremdfinanzierung Forderungstitel ausgegeben. Aus der Kombination von interner bzw. externer Finanzierung auf der einen und Eigen- bzw. Fremdfinanzierung auf der anderen Seite ergeben sich vier grundsätzliche Arten der Unternehmensfinanzierung (vgl. Breuer 2008, S. 21–22). Innerhalb dieser Systematik gibt es zahlreiche Finanzierungsmöglichkeiten, die im Folgenden kurz vorgestellt werden sollen. Dabei wird nicht das Ziel verfolgt, sie eingehend zu beschreiben, sondern vor allem Besonderheiten der Situation im Handel aufzuzeigen. Eine umfangreiche Erläuterung der einzelnen Finanzierungsmöglichkeiten findet sich unter anderem bei Franke und Hax (2009). Die folgende Darstellung wird mit Angaben zur Finanzierungsstruktur von Handelsunternehmen eingeleitet.

Angaben über die derzeitigen Finanzierungsverhältnisse im Handel sind verschiedenen Quellen zu entnehmen. So erstellt die Deutsche Bundesbank jährlich den Bericht „Ertragslage und Finanzierungsverhältnisse deutscher Unternehmen" (zuletzt Dezember 2011). Dazu werden die Bilanzen einer Stichprobe deutscher Unternehmen ausgewertet. Für 2010 werden die Eigenmittel (abzüglich von Berichtigungsposten zum Eigenkapital) mit 27,5 % der Bilanzsumme angegeben (vgl. Deutsche Bundesbank 2011a, S. 47). Die Stichprobe enthält Unternehmen unterschiedlicher Wirtschaftsbereiche, Rechtsformen und Größenordnung. Daher ist zu erwarten, dass die Eigenkapitalquote in einem weiten Bereich streut. Für Großhandel und Handelsvermittlung wird der Anteil der Eigenmittel am Gesamtkapital für das Jahr 2008 mit 27,3 % der Bilanzsumme angegeben, für den Einzelhandel (ohne Handel und Reparatur von Kraftfahrzeugen) mit 25,5 %. Einzelhandelsunternehmungen mit einem Umsatz bis zu zwei Millionen Euro verfügten über Eigenmittel in Höhe von 13 % in 2008, bei Unternehmen mit mehr als 50 Millionen Euro Umsatz liegen die Eigenmittel bei 26,3 % der Bilanzsumme (vgl. Deutsche Bundesbank 2011b, S. 148, 154). Auch Abbildung 27.1 verdeutlicht, dass die Eigenkapitalquote in erheblichem Maße streut, hier bezogen auf den Kreis mittelständischer Einzelhandelsunternehmungen.

Eigenkapitalquote	bis 10 %	bis 20 %	bis 30 %	über 30 %
Mittelständische Einzelhandelsunternehmungen in %	35,7	28,9	18,9	16,5

Quelle: Creditreform Wirtschafts- und Konjunkturforschung 2003, S. 18

Abb. 27.1: Eigenkapitalquoten mittelständischer Einzelhandelsunternehmungen

Weitere Angaben zur Finanzierungssituation sind den Daten des Instituts für Handelsforschung (IfH), Veröffentlichungen des Bundesministeriums der Finanzen (BMF) (vgl. z. B. Bundesministerium der Finanzen 2004) und der Kreditanstalt für Wiederaufbau (KfW) zu entnehmen. Auch diese Statistiken zeigen, dass die Eigenkapitalquoten in einem großen Bereich streuen. Bei der Vielfalt der Handelsformen, den unterschiedlichen Größenordnungen und den aus den Statistiken erwachsenden Unsicherheiten (z. B. Zuordnung von Unternehmungen zum Handel, Stichprobenproblematik) ist diese große Streuung nicht erstaunlich. Nach Knigge (2006, S. 227) verweist die Bundesarbeitsgemeinschaft der Mittel- und Großbetriebe des Einzelhandels e. V. (BAG) sogar darauf, dass es zahlreiche Unternehmungen mit einer negativen Eigenkapitalquote gibt (vgl. Knigge 2006, S. 227). Nach Klein (2004, S. 22) sind die Eigenkapitalquoten im Laufe der Jahre gesunken. Das kann damit zusammenhängen, dass immer größere Investitionen notwendig wurden (z. B. in größere Verkaufsräume oder in umfangreichere Sortimente). Die niedrigeren Eigenkapitalquoten können aber auch aus der Erkenntnis resultieren, dass mit günstigem Fremdkapital die Eigenkapitalrendite entsprechend dem sog. Leverage-Effekt gesteigert werden kann (wenn die Rendite der durchgeführten Projekte über dem Zinssatz für Fremdkapital liegt). Allerdings muss beachtet werden, dass niedrige Eigenkapitalquoten die Möglichkeiten, Kredite zu erhalten, beeinflussen.

Die verschiedenen Finanzierungsmöglichkeiten unterscheiden sich in einer Reihe von Merkmalen, wie z. B. dem Anspruch auf Zinsen oder die Beteiligung am Gewinn, der Höhe und Entwicklung des Anspruchs, den Informations- und Mitbestimmungsrechten, der Dauer und Kündbarkeit einer finanziellen Einlage, der Haftung, der Art des Kapitalgebers, der Vor- bzw. Nachrangigkeit der Befriedigung der Ansprüche oder der Erfordernis von Sicherheiten. Im Folgenden wird kurz auf jene Möglichkeiten hingewiesen, die bei der Finanzierung von Handelsbetrieben besonders wichtig erscheinen (vgl. zu weiteren Formen der Finanzierung, insbesondere bei Unternehmensübernahmen, Fahrholz 1998). Beteiligungs- und Kreditfinanzierung zählen zur Außenfinanzierung, wobei es sich bei erster um eine Eigenfinanzierung und bei letzterer um eine Fremdfinanzierung handelt. Die Selbstfinanzierung und die Finanzierung aus Abschreibungen, Rückstellungen und Kapitalfreisetzung sind dagegen Gegenstand der Innenfinanzierung. Daneben gibt es einige Misch- und Sonderformen, wie z. B. das Mezzanine-Kapital.

Die Einlagen- und Beteiligungsfinanzierung

Mit der Einlagen- und Beteiligungsfinanzierung wird das Eigenkapital der Unternehmung erhöht. Dabei ist auch an stille Gesellschafter zu denken. (Neuen) Gesellschaftern müssen allerdings auch in Abhängigkeit von der gewählten Rechtsform Informations-, Geschäftsführungs- und Vertretungsrechte eingeräumt werden.

Der Lieferantenkredit

Dem Lieferantenkredit kommt im Handel eine besondere Bedeutung zu. Wenn es gelingt, vom eigenen Kunden die Zahlung früher zu erhalten als die Rechnung bei dem Lieferanten beglichen werden muss, kommt es sogar zu einem positiven Zahlungsüberschuss. Mit der Inanspruchnahme des Lieferantenkredits kann allerdings der Verlust des Skontoabzugs verbunden sein. Lieferantenkredite werden im Regelfall über Eigentumsvorbehalte an den Waren abgesichert. Insbesondere im Großhandel kommt dem gewährten Lieferantenkredit die Funktion eines absatzpolitischen Instruments zu.

Der Kontokorrentkredit

Bei dem ebenfalls sehr verbreiteten Kontokorrentkredit wird dem Handelsunternehmen von der Hausbank die Möglichkeit eingeräumt, das Konto bis zu einem bestimmten Betrag zu überziehen.

Langfristige Bankkredite

Besonders im mittelständischen Handel werden Verbindlichkeiten vorwiegend über kurzfristige Kredite finanziert, langfristige Kredite werden lediglich zu einem kleinen Anteil genutzt. In größeren Handelsunternehmungen wird dagegen in stärkerem Maße von langfristigen Bankkrediten Gebrauch gemacht. Hier stehen außer dem Warenlager auch Sachanlagen oder Immobilien als Sicherheit zur Verfügung. Bankkredite sind im Regelfall für Handelsunternehmungen unverzichtbar. Dies gilt sowohl für Neugründungen, bei denen Förderprogramme genutzt werden können, als auch für etablierte Unternehmungen. Durch die Eigenkapitalvorschriften Basel II sind die Banken angehalten, die mit der Vergabe von Krediten verbundenen Risiken zu ermitteln und hierfür in bestimmter Höhe Eigenkapital bereitzustellen. Handelsunternehmungen müssen folglich das von den Banken bei der Vergabe von Bankkrediten angewendete Verfahren kennen und sich darauf einstellen. Aus diesem Grund werden in Abschnitt 27.2 die Grundzüge von Basel II und die dort vorgesehenen Ratings vorgestellt.

Selbstfinanzierung

Bei der Selbstfinanzierung werden entweder ausgewiesene Gewinne einbehalten (offene Selbstfinanzierung) oder ausweisbare Gewinne gemindert (verdeckte Selbstfinanzierung). Letzteres erfolgt über eine Unterbewertung der Aktiva. Wenn ein Unternehmen nur über ein geringes Anlagevermögen verfügt, ist allerdings auch die Möglichkeit einer Unterbewertung dieser Aktiva nur begrenzt gegeben.

Finanzierung aus Abschreibungen

Abschreibungen ermöglichen eine Finanzierung nur dann, wenn der Gegenwert der Abschreibungen dem Unternehmen auch über Umsatzerlöse als Einzahlung zufließt. Abschreibungen mindern in diesem Fall den ausschüttungsfähigen Gewinn und verhindern eine Auszahlung.

Finanzierung aus Rückstellungen

Rückstellungen werden für später fällig werdende Verbindlichkeiten gebildet. Sie mindern ebenfalls den Gewinn der jeweiligen Periode. Liquide Mittel stehen dem Unternehmen umso länger zur Verfügung, je später die zukünftige Verbindlichkeit fällig wird.

Finanzierung aus sonstiger Kapitalfreisetzung

Eine Unternehmung verfügt neben Barmitteln und unmittelbar verfügbarem Bankguthaben über vielfältige Vermögensgegenstände, die abhängig von der Verwertungsform und der zur Verfügung stehenden Zeit in Liquidität umgewandelt werden können. Relativ leicht ist dies im Regelfall bei Wertpapieren, schwieriger bei Forderungen, Warenbeständen und Sachanlagen.

Finanzierung mit Mezzanine-Kapital

Mezzanine bezeichnet im ursprünglichen Wortsinn ein Zwischengeschoss in Gebäuden. Auf die Finanzierung übertragen sind damit Finanzierungsmöglichkeiten gemeint, die Ähnlichkeiten mit Fremdkapital haben, aber dem Eigenkapital zugerechnet werden, weil die Kapitalgeber im Rang zurücktreten oder sogar am Verlust beteiligt sind – im Gegensatz zu echtem Fremdkapital. Weiß (2005) rechnet dem Mezzanine-Kapital u. a. folgende Elemente zu (vgl. auch Knigge 2006, S. 262–265):

- die typische stille Beteiligung,
- die atypische stille Beteiligung,
- nachrangige Darlehen und
- Gesellschafterdarlehen.

Factoring

Forderungen an Kunden können bei Handelsunternehmungen einen erheblichen Anteil an der Bilanzsumme ausmachen. Gegebenenfalls können solche Forderungen an eine Factoringgesellschaft abgetreten werden, die hierfür 80 bis 90 % des abgetretenen Betrags auszahlt. Somit gewinnt das abtretende Handelsunternehmen an Liquidität. Zudem profitiert es davon, dass die Factoringgesellschaft das Debitorenmanagement und den Forderungseinzug übernimmt. Gleichzeitig wird das Risiko eines Forderungsausfalls auf die Factoringgesellschaft abgewälzt (vgl. Karsten 2001).

Leasing

Beim Leasing wird dem Leasingnehmer ein Investitionsgut auf Zeit und gegen Entgelt zur Nutzung überlassen. Es gibt zahlreiche Ausgestaltungsmöglichkeiten von Leasingverträgen, die zu unterschiedlichen Leasingvarianten führen (vgl. Hauser/Warns 2008).

(Mikro-)Anleihen

Neben Anleihen, die von Großunternehmen mit Hilfe einer oder mehrerer Banken auf dem Kapitalmarkt emittiert werden und börsennotiert sind, gibt es auch einzelne Fälle, in denen Unternehmungen ihre Anleihen direkt an Privatanleger verkaufen. Der Chemiehändler PCC aus Duisburg nutzt dieses Instrument beispielsweise seit 1998. Als Grund nennt das Unternehmen die hohe Flexibilität und Schnelligkeit, wobei die Kosten gegenüber einer reinen Kreditfinanzierung allerdings höher sind (vgl. FAZ.net 2005).

Schließlich werden für den mittelständischen Handel Förderdarlehen bereitgestellt, über die die Handelsverbände (Handelsverband Deutschland (HDE) und Bundesverband Großhandel, Außenhandel, Dienstleistungen (BGA)) sowie die Kreditanstalt für Wiederaufbau (KfW) Informationen bereithalten (vgl. Sickenberger 2002; Kreditanstalt für Wiederaufbau 2003).

Die Übersicht zeigt, dass einem Handelsunternehmen eine Vielzahl von Finanzierungsinstrumenten zur Verfügung steht, die in einer konkreten Situation hinsichtlich ihrer Eignung zu beurteilen sind.

27.2 Handelsunternehmen als Kreditnehmer

Für jedes Kredit nachfragende Handelsunternehmen ist es hilfreich, die Vorgehensweise der Kredit gebenden Bank bei der Vergabe der Kredite zu kennen (vgl. Frère 2011). Im Folgenden wird deshalb das für Banken und Sparkassen geltende Ratingverfahren nach Basel II im Allgemeinen vorgestellt (Abschnitt 27.2.1). Anschließend wird der Ablauf einer Ratinganalyse an einem Beispiel erläutert (Abschnitt 27.2.2) und auf Probleme von Ratings hingewiesen (Abschnitt 27.2.3).

27.2.1 Das Grundanliegen von Basel II

Mit der Änderung des Bankenaufsichtsrechts unter dem Namen „Basel II“ im Jahr 2004 sind auch die Bedingungen für die Vergabe von Krediten an (Handels-)Unternehmungen entscheidend beeinflusst worden. Basel II war das Ergebnis einer vom Baseler Ausschuss für Bankenaufsicht vorgelegten Rahmenvereinbarung über die neue Eigenkapitalempfehlung für Kreditinstitute, der die Notenbankgouverneure der Zehnergruppe (G10) und die Leiter der Aufsichtsbehörden dieser Länder zugestimmt haben. Parallel zu den Arbeiten des Baseler Ausschusses hat die EU-Kommission Richtlinien zur Umsetzung der Baseler Vorschläge in Europäisches Recht vorgelegt (vgl. dazu Deutsche Bundesbank 2004). Mit Basel II sollte im Vergleich zu Basel I (aus dem Jahr 1988) in größerem Maße das mit der Vergabe eines Kredits verbundene Risiko erfasst werden. Aus der Risikoerkennung resultieren u. a. Anforderungen an das Eigenkapital der Banken. Die bei der Vergabe von Krediten notwendige Unterlegung mit Eigenkapital geht zunächst von einem Basissatz von 8 % auf die Höhe des Kredits zum Zeitpunkt des Ausfalls aus (*exposure at default*). Dieser Betrag wird mit einem Risikogewicht zwischen null (bei Staaten mit einem hervorragenden Rating) und einhundertfünfzig (bei einem schlechten Ratingwert) gewichtet. Dies macht deutlich, dass das Rating ein wichtiges Kriterium für die Vergabe von Krediten durch Banken ist. Um dieses Rating positiv zu beeinflussen, ist ein gut funktionierendes Risikomanagement im Unternehmen von zentraler Bedeutung (vgl. Buchschatz 2011).

Der Begriff „Rating“ geht auf das angloamerikanische Wort *rate* zurück und kann mit Maßstab oder Verhältnis übersetzt werden (vgl. hierzu und zu den folgenden Ausführungen Lübbering/Neubacher/Niestrath et al. 2003; Lentes/Weber 2006). Ratings dienen dazu, die Bonität eines Unternehmens zu beurteilen. Sie sollen die Frage beantworten, ob das betreffende Unternehmen wirtschaftlich gesund ist oder ob die Gefahr eines Zahlungsausfalls oder gar einer Insolvenz besteht. Das Ergebnis eines Ratingprozesses ist die Einstufung in eine Ratingklasse, die durch eine bestimmte Ausfallwahrscheinlichkeit gekennzeichnet ist. Die Ausfallwahrscheinlichkeit gibt den Prozentsatz der Unternehmen innerhalb einer Ratingklasse an, die voraussichtlich in den nächsten 12 Monaten zahlungsunfähig werden. Bei einer Ausfallwahrscheinlichkeit von zwei Prozent wären das beispielsweise zwei von hundert Unternehmen. Die Einstufung in eine Ratingklasse ist somit ein Indikator für die Bestandskraft eines Unternehmens.

Bei der Ermittlung dieser Einstufung wird zwischen zwei Verfahren unterschieden – einem externen und einem internen Rating. Bei einem externen Rating wird ein Unternehmen durch eine externe Ratingagentur eingestuft. Abbildung 27.2 gibt einen Überblick über die Systematiken von drei ausgewählten Ratingagenturen (Standard & Poor's (S&P), Moody's und Fitch IBCA).

S&P	Moody`s	Fitch IBCA	Erläuterung
AAA	Aaa	AAA	Beste Schuldnerqualität, Zinsdienst und Rückzahlung außerordentlich sicher.
AA+, AA, AA-	Aa1, Aa2, Aa3	AA+, AA, AA-	Sehr starke Zins- und Rückzahlungsfähigkeit, geringe Differenz zu AAA-Rating.
A+, A, A-	A1, A2, A3	A+, A, A-	Starke Zahlungsfähigkeit, aber reagibel auf Veränderungen des Umfeldes, der Konjunktur und Branche.
BBB+, BBB, BBB-	Baa1, Baa2, Baa3,	BBB+, BBB, BBB-	Ausreichende Zahlungsfähigkeit, aber starke Konjunktur- und Umfeldempfindlichkeit.
BB+, BB, BB-	Ba1, Ba2, Ba3	BB+, BB, BB-	Anlage hat spekulative Charakteristiken. Beschränkte Zahlungsfähigkeit. Ist bei Veränderungen im Bereich von Zinsen und Konjunktur sehr exponiert.
B+, B, B-	B1, B2, B3	B+, B, B-	Schuldner ist noch zahlungsfähig, aber ein schwieriges Umfeld vermindert die Zahlungsfähigkeit und -willigkeit des Emittenten.
CCC+, CCC, CCC-	Caa	CCC	Akute Gefahr eines Zahlungsverzuges bzw. -ausfalls. Zahlungsfähigkeit ist abhängig von einer Verbesserung des Geschäfts-, Zins- oder Konjunkturumfeldes.
CC	Ca	CC	Hochspekulativ, geringe Zahlungsfähigkeit des Schuldners.
C	C	CC	Ausfallrisiko extrem hoch. Sehr geringe Wahrscheinlichkeit der vollständigen und termingerechten Bedienung der Verbindlichkeiten.
D	-	C	Zins oder Rückzahlung im Verzug.

Quelle: Lentes/Weber 2006, S. 114

Abb. 27.2: Ratingklassen von Ratingagenturen

Für mittelständische Unternehmen sind externe Ratings dieser globalen Agenturen in der Regel zu teuer. Agenturen wie z. B. die Creditreform Rating AG, die Rating Services AG oder die EuroRatings AG übernehmen auch Ratings für den Mittelstand.

Für die traditionelle Kreditfinanzierung bei Banken und Sparkassen ist meist das interne Rating der Kreditinstitute ausreichend. Bei einem internen Rating führt die Bank oder Sparkasse selbst eine Kreditwürdigkeitsprüfung durch, um die Bonität eines Kreditnehmers einzuschätzen. Dabei werden zahlreiche Merkmale eines Unternehmens statistisch ausgewertet. Die Merkmale liegen vor allem im finanzwirtschaftlichen Bereich des Unternehmens. Es werden darüber hinaus auch qualitative Bewertungen des Unternehmens, der Produkte oder des Unternehmers selbst vorgenommen.

Im Zuge der Einführung von Mindestanforderungen an das Kreditgeschäft der Kreditinstitute (MaK), später Mindestanforderungen an das Risikomanagement (MaRisk), sind von den Banken und Sparkassen entsprechende Kreditrisikostrategien entwickelt worden. Hiernach sollen Kredite ab einer bestimmten Ratingnote nur noch unter besonderen Voraussetzungen vergeben werden. Darüber hinaus hat die Ratingnote auch Einfluss auf den Zinssatz eines Kredits. Dies soll im Folgenden am Beispiel des Kalkulationsschemas der Banken und Sparkassen verdeutlicht werden.

In die Konditionen für einen Kredit gehen die Refinanzierungskosten am Geld- und Kapitalmarkt, Handlungskosten, Risikokosten und Eigenkapitalkosten ein. Bei den Handlungskosten handelt es sich vor allem um die Personal- und Sachkosten für die Kreditbearbeitung. Die Risikokosten berücksichtigen die Wahrscheinlichkeit eines möglichen Kreditausfalls. Hierzu werden Ratingklassen gebildet, in die die Kreditnehmer eingeordnet werden. Die Risikokosten einer Ratingklasse werden dabei so kalkuliert, dass die in einer Klasse „überlebenden Unternehmen" die Ausfälle durch die „insolventen Unternehmen" mittragen können. Dies führt dazu, dass die Risikokosten in sehr guten Ratingklassen sehr gering sind, da dort keine oder nur wenige Ausfälle zu erwarten sind. In schlechten Ratingklassen sind die Risikokosten dagegen sehr hoch, da hier mit einem größeren Anteil an Kreditausfällen zu rechnen ist. Das Rating beeinflusst somit die Kreditkonditionen über die Risikokosten in erheblichem Ausmaß. Eigenkapitalkosten sollen schließlich den Renditeanspruch auf das benötigte Eigenkapital erfassen. Abbildung 27.3 fasst die einzelnen Komponenten der Kreditkosten noch einmal zusammen (vgl. zu einer detaillierten Darstellung der Kreditkalkulation auch Knigge 2006, S. 235–245).

Kreditkosten	
Kostenart	**Erklärung**
Refinanzierungskosten	Kosten der Refinanzierung am Geld- und Kapitalmarkt
Handlungskosten	Kosten des Kreditvergabeprozesses sowie anteilige Fixkosten
Risikokosten	Prämie zur Abdeckung der bei Kreditausfall erwarteten Verluste
Eigenkapitalkosten	Renditeanspruch auf das benötigte Eigenkapital

Quelle: in Anlehnung an Lübbering/Neubach/Niestrath et al. 2003, S. 13

Abb. 27.3: Komponenten der Kreditkosten

Die in einem schlechten Rating zum Ausdruck kommende schwache Bonität eines Kunden beeinflusst die Kreditkosten in mehrfacher Weise. Neben den höheren Risikokosten müssen höhere Eigenkapitalbeträge angesetzt werden. Darüber hinaus sind möglicherweise auch die Handlungskosten höher.

Neben der Ratingnote werden die Kreditkosten aber auch durch weitere Größen bestimmt. Hierzu zählen vor allem die zur Verfügung gestellten Sicherheiten und die Tilgungsmodalitäten.

Sicherheiten senken das Verlustrisiko der Bank. Die Tilgungsmodalitäten und die Laufzeit des Kredits beeinflussen die Kapitalbindung für die Bank bzw. Sparkasse. Sie gehen damit auch in die Kreditkonditionen ein.

27.2.2 Ablauf eines Ratingprozesses

Der folgende Abschnitt gibt einen Überblick über den Ablauf eines Ratingprozesses. Abbildung 27.4 zeigt beispielhaft die Struktur eines solchen Prozesses, an dem sich das Rating des Deutschen Sparkassen- und Giroverbandes (DSGV) orientiert (vgl. hierzu und zu den folgenden Ausführungen Lübbering/Neubach/Niestrath et al. 2003, S. 15–31; Lentes/Weber 2006, S. 116–118).

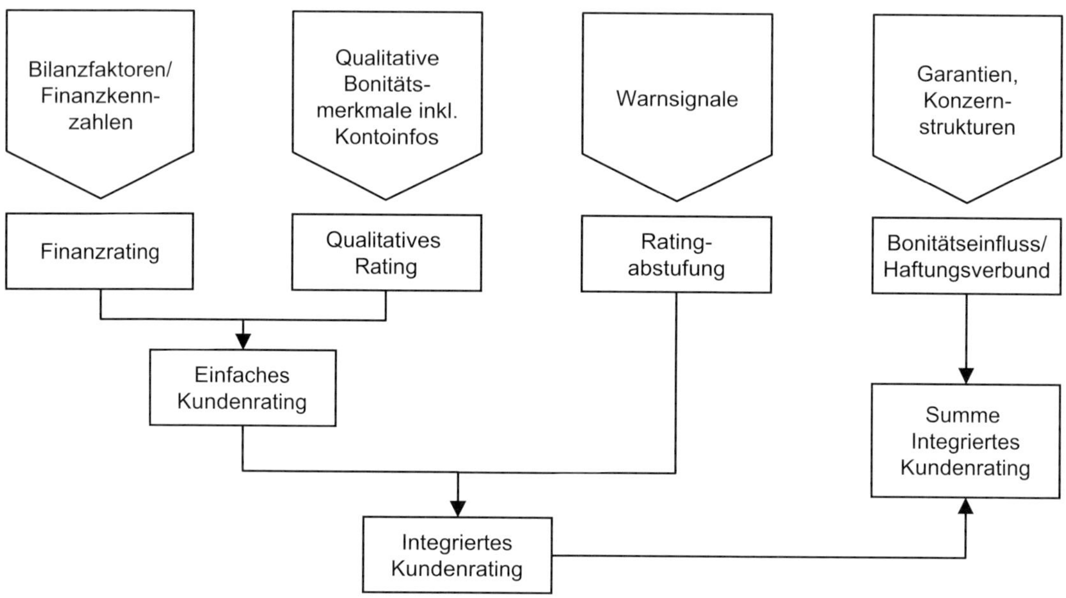

Quelle: Lentes/Weber 2006, S. 116

Abb. 27.4: Vierstufiger Aufbau des Ratings der Sparkassen-Finanzgruppe

Das in der Abbildung dargestellte Schema umfasst vier Stufen, die im Folgenden erläutert werden.

Finanzkennzahlen

Kennzahlen aus der Jahresabschlussanalyse bilden die Basis für das Rating. Einige dieser Kennzahlen zur Finanz-, Ertrags- und Vermögenslage, die für das Rating besonders bedeutsam sind, werden in Abbildung 27.5 dargestellt und erläutert. Kreditnehmende Unternehmen sollten diesen Kennzahlen im Rahmen der betriebswirtschaftlichen Steuerung besondere Beachtung schenken.

	Kennzahl	Berechnung
Finanzlage	Cash-Flow-Kennzahl	Cash-Flow / kurzfristiges Fremdkapital
	Kreditorenlaufzeit	(Warenverbindlichkeiten + Akzepte) * 360 / Materialaufwand
Ertragslage	Rohertragsquote	Rohertrag / Gesamtleistung
	Zinsaufwandsquote	Zinsaufwand / Gesamtleistung
Vermögenslage	Lagerdauer	Vorräte / Materialaufwand * 360
	Eigenkapitalquote	Wirtschaftliches Eigenkapital / Bilanzsumme
	Kapitalbindung	(kurzfr. Bankverbindlichkeiten + kurzfr. Verbindlichkeiten aus Lieferungen und Leistungen + Akzepte + sonstige Verbindlichkeiten) / Gesamtleistung
	Fremdkapitalstruktur	(Verbindlichkeiten aus Lieferungen und Leistungen + Akzepte + Bankverbindlichkeiten) / (Fremdkapital + erhaltene Anzahlungen)

Quelle: Lentes/Weber 2006, S. 117

Abb. 27.5: Finanzkennzahlen und ihre Berechnung

Qualitative Bonitätsmerkmale

Neben den Finanzkennzahlen fließen auch qualitative Faktoren in das Rating ein. Die qualitativen Faktoren sollen Aspekte erfassen, die über finanzwirtschaftliche Kennzahlen aus dem Jahresabschluss nicht darstellbar sind. Hierzu zählen beispielsweise Eigenschaften des Unternehmers, die Branche und die Marktstellung des Unternehmens. Hinzu kommen die Art der Kontoführung im Rahmen der getroffenen Vereinbarungen oder das Vorliegen einer Nachfolgeregelung. Die qualitativen Faktoren erfassen somit Aspekte, die für den Fortbestand und die zukünftige Entwicklung des Unternehmens von Bedeutung sind. Sie helfen somit, ein ganzheitliches Bild von dem Unternehmen zu gewinnen. Abbildung 27.6 zeigt beispielhaft, welche Aspekte in die qualitative Analyse eingehen können.

Das Finanzrating und das qualitative Rating führen zu einer ersten Bonitätseinschätzung (einfaches Kundenrating). Im nächsten Schritt werden die Warnsignale mit in das Rating einbezogen.

Informationsbereich	Mögliche Detailaspekte
Grundsätzliche Aspekte	Unternehmensstrategie Vorliegen einer Nachfolgeregelung Managementqualifikation
Planung und Steuerung	Kontoführung im Rahmen der getroffenen Vereinbarungen Ertragsplanung Liquiditätsplanung Risikofrüherkennungssysteme Investitionsplanung Informationsverhalten
Markt und Produkt	Entwicklung der Branche und Marktstellung Entwicklung der Absatzmärkte Auftragslage Beschaffungsmärkte Abhängigkeiten von Abnehmern/Lieferanten Produkt-/Leistungsangebot
Einzelne Unternehmensbereiche	Organisationsstruktur Marketing Einkaufsverhalten Lagerhaltung Ablauforganisation/Prozesse

Quelle: in Anlehnung an Lübbering/Neubacher/Niestrath et al. 2003, S. 19

Abb. 27.6: Informationsbereiche und Detailaspekte

Warnsignale

Warnsignale weisen auf mögliche kritische Unternehmenssituationen hin und wirken sich negativ auf das Ratingergebnis aus. Beispiele für solche Warnsignale sind Pfändungs- und Überweisungsbeschlüsse, Scheckrückgaben mangels Deckung, rückständige Darlehensraten oder Wechselproteste.

Garantien und Konzernstrukturen

Im weiteren Verlauf des Ratingprozesses werden etwaige Konzernstrukturen berücksichtigt. Bei einer wirtschaftlich starken Beziehung zu einer Muttergesellschaft werden die daraus resultierenden positiven und negativen Aspekte in das Rating einbezogen.

27.2.3 Die Probleme von Ratings

Grundsätzlich sind Ratings dazu geeignet, die mit der Vergabe von Krediten verbundenen Risiken abzubilden. Dennoch kann es bei ihrer Durchführung Probleme geben, auf die im Folgenden eingegangen werden soll.

Unterschiedliche Ratings (Zuordnung zu Ratingklassen) sollen mit der Ausfallwahrscheinlichkeit korreliert sein und die Basis für die geforderten Kreditzinsen darstellen. Abbildung 27.7 zeigt diese Zusammenhänge.

Ratingklassen beim „Internen Rating“ der Sparkassen/Landes-banken	1	3	5	7	9	11	13	15	18
Ausfallwahr-scheinlichkeit (in %)	0,08	0,17	0,40	0,90	2,00	4,40	10,00	20,00	Insolv.

Rating (Standard&Poor's)	AAA	AA	A	BBB	BB	B	CCC
Zinsspread/ Risikoprämie (in %)	0,10	0,20	0,45	0,97	4,00	6,00	16,50

Quelle: in Anlehnung an Lübbering/Neubach/Niestrath et al. 2003, S. 7, 14

Abb. 27.7: Ratingklasse, Ausfallwahrscheinlichkeit und Zinsspread

In Abbildung 27.7 sind zum einen Zusammenhänge zwischen Ratingklasse und Ausfallwahrscheinlichkeit und zum anderen zwischen Rating und Risikoprämie dargestellt. In der ersten Zeile der oberen Tabelle, die auf einem internen Rating beruht, sind 9 von insgesamt 18 der von den Sparkassen/Landesbanken gebildeten Ratingklassen aufgeführt, denen die in der zweiten Zeile angegebenen Ausfallwahrscheinlichkeiten zugeordnet sind. Ein Unternehmen wird in eine umso höhere Ratingklasse eingeordnet, je höher die Wahrscheinlichkeit eingeschätzt wird, dass der Kredit nicht zurückgezahlt werden kann. Die erste Zeile der unteren Tabelle gibt über die entsprechende Einstufung nach dem Schema von Standard & Poor's Auskunft (externes Rating). Aus der zweiten Zeile geht hervor, wie die Zinsen mit der Ratingklasse ansteigen. Die dargestellte Vorgehensweise ist allerdings mit einer Reihe von Problemen verbunden:

1. Die Klasseneinteilung beruht im unteren Bereich auf sehr kleinen Unterschieden in der Ausfallwahrscheinlichkeit, in den oberen Klassen dagegen deckt eine Klasse einen sehr viel größeren Bereich der Ausfallwahrscheinlichkeiten ab. Die Zuordnung zu einer Ratingklasse ist folglich keineswegs proportional zur Ausfallwahrscheinlichkeit.
2. Es erscheint fraglich, ob sich Klassen von Unternehmungen bilden lassen, die auf einer so fein differenzierten Ausfallwahrscheinlichkeit beruhen, wie das bei den unteren Ratingklassen in Abbildung 27.7 der Fall ist.
3. Es bedarf einer Überprüfung, ob bei gegebenen Ausfallwahrscheinlichkeiten die Zinsrisikozuschläge die erforderliche Höhe haben, um mögliche Ausfälle ausgleichen zu können.
4. Es ist die Aufgabe zu lösen, dass einer Gruppe von Unternehmungen mit gleichen Merkmalsausprägungen die gleiche Ausfallwahrscheinlichkeit zugeordnet werden kann. Dies bedarf einer geeigneten Auswahl von Merkmalen und einer Festlegung von Merkmalsgrenzen für die Zuordnung einer Unternehmung zu einer Gruppe. Es ist dann empirisch zu überprüfen, ob sich die Ausfallwahrscheinlichkeiten der einzelnen Gruppen signifikant unterscheiden.
5. Es ist fraglich, ob die in der Vergangenheit für eine Gruppe von Unternehmungen ermittelten Wahrscheinlichkeiten auch für die Zukunft gelten. Veränderungen in der Umwelt können zu

veränderten Ausfallwahrscheinlichkeiten führen. So kann es sein, dass bislang unbedeutend erscheinende Merkmale nun die Ausfallwahrscheinlichkeit beeinflussen oder dass sich bislang als relevant angesehene Merkmale als unbedeutend erweisen.

Trotz dieser Schwierigkeiten ist es für eine Bank von zentraler Bedeutung, die Ausfallwahrscheinlichkeit der Kreditrückzahlung bei einem Kunden zu schätzen. Eine kreditnehmende Handelsunternehmung muss dies antizipieren und das zu erwartende Rating in einer für sie förderlichen Weise beeinflussen.

27.3 Zentralregulierung und interne Ratingsysteme

Insbesondere in Verbundgruppen ist es üblich, dass sich die Mitglieder der Verbundgruppe (Einkaufsgemeinschaft) der Zentrale bedienen, um den Rechnungsverkehr mit den Lieferanten zu vereinfachen. Im Rahmen des sog. Delkredere übernehmen die Zentralen auch die Haftung für die Begleichung der Rechnungen ihrer Mitglieder. Dies erfordert interne Ratingsysteme, um die Bonität der Mitglieder zu beurteilen. Im Folgenden werden zunächst die Grundlagen der Zentralregulierung erläutert (27.3.1). Anschließend wird auf interne Ratingsysteme zur Beurteilung der Bonität eingegangen (27.3.2), und es wird beispielhaft gezeigt, wie solche Ratingsysteme in Verbundgruppen (27.3.3) und zur Bonitätsprüfung von Kunden im Versandhandel und E-Commerce (27.3.4) eingesetzt werden können.

27.3.1 Grundlagen der Zentralregulierung

Die Grundidee der Zentralregulierung wird durch Abbildung 27.8 veranschaulicht. Sie zeigt, wie die drei Vertragsparteien, die Warenlieferanten (als sog. Vertragslieferanten), die Zentrale der Verbundgruppe sowie die angeschlossenen Fachhändler, zusammenarbeiten. Die Fachhändler bestellen die Ware in der Regel direkt bei den Vertragslieferanten. Diese liefern die Ware im Regelfall auch direkt an die Fachhändler aus. Es ist aber auch möglich, dass die Ware an das Zentrallager der Verbundgruppe geliefert und von dort aus weiter verteilt wird. Der Bestell- und Warenfluss wird von einem Zahlungsfluss begleitet. Der Lieferant schickt eine Sammelrechnung über alle Lieferungen, die an die Mitglieder der Verbundgruppe erfolgt sind, an die Zentrale, die die Rechnung begleicht. Die Zentrale stellt ihrerseits die Ware den Fachhändlern in Rechnung. Für den Lieferanten besteht der Vorteil darin, dass er nur mit einem Rechnungsempfänger kommunizieren muss. Die Händler profitieren davon, dass sie die Rechnungen mehrerer Lieferanten in einem einzigen Zahlungsvorgang bei der Zentrale begleichen können. Entsprechend dem Baligh-Richartz-Effekt (vgl. hierzu Kapitel 3) wird die Zahl der notwendigen Rechnungen im System durch die Einschaltung einer (Abrechnungs-)Zentrale reduziert.

Das System ist durch eine zweite Besonderheit gekennzeichnet: die Übernahme des sog. Delkredere. Damit wird die Bezahlung der Vertragslieferanten von der Verbundgruppe garantiert. Für diese Sicherheit entrichtet der Lieferant eine Delkredereprovision, die oft die Haupteinnahmequelle einer Verbundgruppe (Kooperation) darstellt. Sie erspart dem Lieferanten die Bonitätsprüfung einzelner Mitglieder der Verbundgruppe, da er die Begleichung der Rechnung von dem Fachhändler nur dann fordert, wenn die Zentrale illiquid sein sollte.

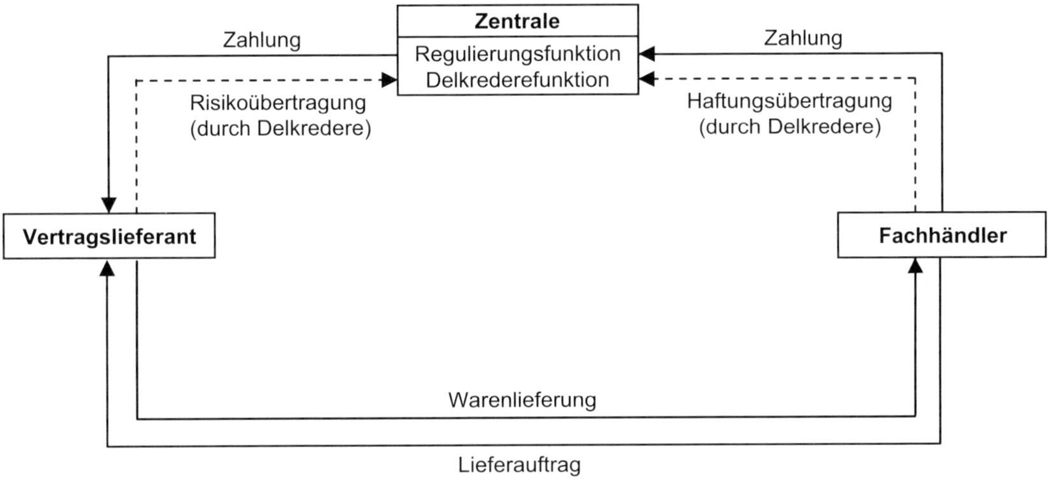

Abb. 27.8: Zentralregulierung und Delkredere

Die Zentrale erbringt somit eine doppelte Dienstleistung – zum einen die Zentralregulierung, zum anderen die Haftung für einzelne Mitglieder gegenüber den Lieferanten (vgl. zu Varianten des Systems und zu Beispielen Zentes/Swoboda 2001). Die Übernahme der Haftung veranlasst die Zentrale der Verbundgruppe dazu, die Bonität ihrer Mitglieder mit Hilfe eines Risikofrüherkennungssystems zu beurteilen. Ziel ist es einerseits, das mit der Haftung verbundene Risiko mit einem entsprechenden Preis zu versehen. Andererseits sind langfristig Maßnahmen zu ergreifen, um die Höhe des Risikos zu beeinflussen (z. B. durch Maßnahmen der Betriebsberatung oder durch eine entsprechende Mitgliederselektion). Im Folgenden werden die Grundzüge solcher internen Rating- bzw. Risikofrüherkennungssysteme dargestellt.

27.3.2 Interne Ratingsysteme und ihre Beurteilung

Moderne interne Rating- und Risikofrüherkennungssysteme basieren auf mathematisch-statistischen Risiko- und Prognosemodellen, mit denen binäre bzw. diskrete Phänomene modelliert und erklärt werden sollen (vgl. Würthwein 2006). Ein binäres Phänomen nimmt genau zwei Zustände an, z. B. Bedienung eines Kredits versus Kreditausfall, für die jeweils die Wahrscheinlichkeit ihres Eintretens modelliert werden kann. Die sog. Ausfallwahrscheinlichkeit (*probability of default*) kann wiederum in Ratingklassen überführt werden, um die Bonität in unterschiedlichen, diskreten Einheiten zu erfassen. Bei der Prognose der Ausfallwahrscheinlichkeit und der Zuordnung zu einer Risikoklasse können unterschiedliche Verfahren zur Anwendung kommen. Hierzu zählen Diskriminanzanalysen, logistische Regressionsanalysen sowie Logit- und Probitmodelle, darüber hinaus aber auch Verfahren der künstlichen Intelligenz wie beispielsweise Neuronale Netze (vgl. Kapitel 30, insbesondere das dort dargestellte Anwendungsbeispiel der logistischen Regression von Wenzlitschke 2001, den Überblicksartikel von Baetge 2002 sowie zu Neuronalen Netzen Desai/Crook/Overstreet 1996 und Baesens/Setiono/Mues et al. 2003).

Die Prognosegüte eines internen Ratingsystems kann anhand unterschiedlicher Kennzahlen beurteilt werden. Ein Ratingsystem besitzt eine hohe Trennschärfe, wenn es in der Lage ist, zwischen Kreditnehmern mit guter und schlechter Bonität zu unterscheiden. Ein Maß für die Trennschärfe ist die sog. „Accuracy Ratio" (AR), das auf dem „Cumulative Accuracy Profile" (CAP) basiert (vgl. zu CAP Blochwitz/Hamerle/Hohl et al. 2004). Dies ist in Abbildung 27.9 dargestellt.

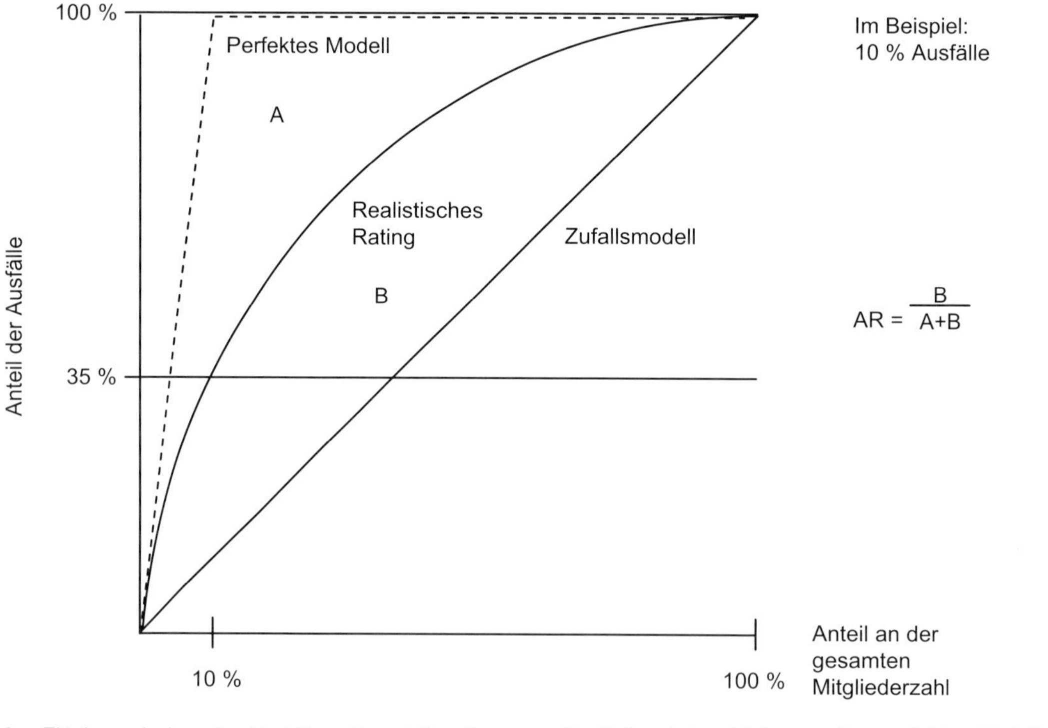

A = Fläche zwischen der Funktion „Cumulative Accuracy Profile" und dem Linienzug des perfekten Modells
B = Fläche zwischen der Winkelhalbierenden und der Funktion „Cumulative Accuracy Profile"

Quelle: Würthwein 2006, S. 157

Abb. 27.9: Cumulative Accuracy Profile (CAP)

Das in der Abbildung dargestellte Cumulative Accuracy Profile wird wie folgt erstellt (vgl. Würthwein 2006, S. 157). Zunächst werden auf der Abszisse die prozentualen Anteile der nach dem Ratingsystem sortierten Mitglieder abgetragen, wobei mit den Mitgliedern mit dem schlechtesten Rating bzw. dem höchsten Ausfallrisiko begonnen wird. Auf der Ordinate ist der Anteil der Ausfälle dargestellt. Beträgt die Ausfallrate beispielsweise 10 %, würde ein perfektes Modell dazu führen, dass alle Ausfälle auf die schlechtesten 10 % der Mitglieder entfallen (gestrichelte Linie). Ein realistisches Rating sortiert die Mitglieder so, dass im linken Teil des Profils mehr Ausfälle vorkommen als im rechten Teil (konkave Linie). In dem in der Abbildung dargestellten Beispiel entfallen auf die schlechtesten 10 % der Mitglieder 35 % der Ausfälle. In einem Zufallsmodell würde der Anteil an den Ausfällen dem Anteil der Mitglieder entsprechen (Winkelhalbierende). Auf 10 % der sortierten Mitglieder würden im Zufallsmodell folglich 10 % der Ausfälle entfallen.

Die Accuracy Ratio ist der Quotient aus der Fläche B und der Summe der Flächen A und B. Die AR ist umso höher, je besser sich das Ratingmodell an das perfekte Modell annähert. Das durch die Winkelhalbierende gekennzeichnete Zufallsmodell hat dagegen eine Trennschärfe von 0 % (vgl. Deutsche Bundesbank 2003, S. 71). Abbildung 27.10 gibt einige wenige veröffentlichte AR-Werte wieder, die helfen, einen realistischen Wertebereich für das AR einzuschätzen. So erreichen der CREDITREFORM Bonitätsindex und die Produkte der SCHUFA Business Line nach eigenen Angaben Werte um die 50 %. Das Ratingmodell Moody's RiskCalc™ Germany (vgl. Moody's Investors Service 2001) erzielt auf einem bereinigten Datensatz eine Trennschärfe von 70,9 % und auf einem nicht bereinigten Datensatz 59,7 %. Moderne Verfahren können somit ein AR von etwa 70 % erreichen. Bei der Beurteilung der unterschiedlichen Trennschärfe-Werte ist jedoch zu beachten, dass sie sich auf unterschiedliche Datenbasen beziehen. Je nach Art der einbezogenen Unternehmen sind höhere oder niedrigere Trennschärfe-Werte zu erwarten.

Index	AR-Wert
Altman Z-Score gesamt	30,2 %
Altman Z-Score bereinigt	36,7 %
Moody's RiskCalc Germany gesamt	59,7 %
Moody's RiskCalc Germany bereinigt	70,9 %
CREDITREFORM Bonitätsindex	ca. 50 %
SCHUFA Business Line „Kleingewerbetreibende"	49,8 %
SCHUFA Business Line „Freiberufler"	49,6 %
SCHUFA Business Line „Geschäftsführer/Gesellschafter"	48,6 %

Anmerkungen zur Tabelle: CREDITREFORM und SCHUFA nach eigenen Angaben. Moody's RiskCalc und Altman Z-Score nach einer Validierungsstudie des Moody's Investor Service (2001), jeweils auf dem gesamten Validierungsdatenbestand und auf einem bereinigten Validierungsdatenbestand

Quelle: Würthwein 2006, S. 158

Abb. 27.10: Verschiedene veröffentlichte Trennschärfen (AR-Werte) im Vergleich

Die Prognosegüte eines Ratingsystems kann auch beurteilt werden, indem die geschätzten Ausfallwahrscheinlichkeiten und die daraus resultierende Zuordnung zu Ratingklassen mit dem tatsächlich eingetretenen Kreditausfall verglichen wird (*backtesting*). Es könnte beispielsweise untersucht werden, wie sich die Kreditausfälle in einem bestimmten Zeitraum auf die zugeordneten Ratingklassen verteilen, wie es am Beispiel von INTERSPORT für die Jahre 2002 bis 2004 in Abbildung 27.11 veranschaulicht ist. Es ist erkennbar, dass lediglich 0,9 % der Kreditausfälle der besten Ratingklasse A+ zugeordnet wurden, während bei mehr als 90 % der ausgefallenen Kredite eine Zuordnung in die schlechtesten Klassen B und C vorgenommen wurde. Das Modell war somit in der Lage, eine sehr hohe Anzahl der Ausfälle korrekt zu prognostizieren.

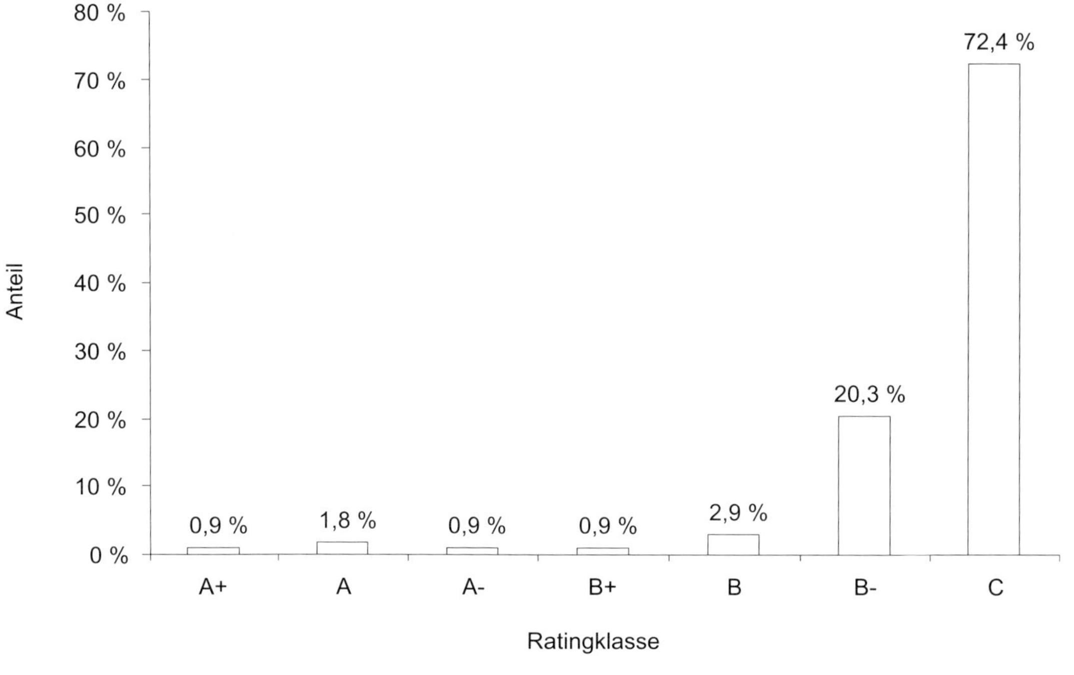

Quelle: Würthwein 2006, S. 159

Abb. 27.11: Verteilung der Ausfälle auf die Ratingklassen bei INTERSPORT in den Jahren 2002–2004

Für die Prognose der Ausfallwahrscheinlichkeit bzw. zur Zuordnung von Unternehmen zu Ratingklassen kann auf quantitative Kennzahlen aus dem Jahresabschluss und auf qualitative Faktoren (die ggf. quantifiziert werden müssen) zurückgegriffen werden. Für rein quantitative Modelle spricht, dass qualitative Faktoren subjektiv bewertet werden können und letztendlich zur Anwendung eines Prognosemodells dennoch quantifiziert werden müssen. Insofern bestehen bei der Berücksichtigung qualitativer Faktoren erhebliche Ermessensspielräume. Andererseits sind qualitative Faktoren weniger vergangenheitsorientiert und in der Lage, erwartete zukünftige Entwicklungen zu berücksichtigen. Insofern sollten qualitative Faktoren zur Prognose der zukünftigen Zahlungsfähigkeit eines Unternehmens einbezogen werden. Würthwein (2006, S. 160) kommt auf Basis einer Validierungsstudie des Ratingsystems des Bundesverbandes der Deutschen Volks- und Raiffeisenbanken (BVR-II-Rating) zu folgendem Ergebnis: Sowohl quantitative als auch qualitative Faktoren sind für sich betrachtet trennscharf, ihre gemeinsame Berücksichtigung kann die Prognosegüte jedoch weiter verbessern. In der Validierungsstudie haben quantitative Faktoren zu einer Trennschärfe von 64,0 % geführt, während der entsprechende Wert für qualitative Faktoren bei 70,7 % lag. Wurden quantitative und qualitative Faktoren kombiniert, konnte sogar eine Trennschärfe von 80,7 % erzielt werden. Dieser Wert ist für ein branchenübergreifendes Ratingsystem beachtlich.

27.3.3 Nutzung interner Ratingsysteme in Verbundgruppen

Interne Ratingsysteme sind in Verbundgruppen für die Selektion der Mitglieder und die Beurteilung ihrer Bonität von großer Bedeutung. Würthwein (2006) hat am Beispiel von INTERSPORT dargestellt, wie interne Ratingsysteme in Verbundgruppen ausgestaltet und genutzt werden können. Hierauf wird im Folgenden eingegangen, obwohl Würthwein nicht offenlegt, auf welche erklärenden Variablen er zurückgreift. Er weist lediglich darauf hin, dass er keine qualitativen Faktoren, sondern nur einige wenige Bilanzkennzahlen verwendet. Die Trennschärfe seines Modells ist mit durchschnittlich 82,6 % auch ohne Berücksichtigung qualitativer Faktoren sehr hoch. Sie schwankt in den drei betrachteten Jahren von 2002 bis 2004 zwischen 77,8 % und 86,6 %.

Die Forderungen einer Verbundgruppenzentrale an ihre Mitglieder stellen jeweils ein Kreditportfolio dar. Solche Portfolios umfassen Mitglieder (Kreditnehmer), die sich hinsichtlich Bonität, Besicherung und Zahlungsverhalten unterscheiden. Mit einem Rating sollen Risiken, die mit der Kreditvergabe verbunden sind, erkannt, quantifiziert und gesteuert werden. Abbildung 27.12 zeigt, wie die Mitglieder einer Verbundgruppe in verschiedene Ratingklassen eingeordnet werden können. Basierend auf dieser Einordnung wird ein Ampelsystem vorgeschlagen, das zwischen drei Mitgliedergruppen unterscheidet, die in unterschiedlichem Umfang beobachtet und betreut werden sollen (nicht auffällige Mitglieder, Beobachtungsmitglieder und Betreuungsmitglieder).

Mit einem Schuldnerrating (Mitgliederrating) lässt sich das Kreditportfolio in transparenter Weise darstellen, indem ausgewiesen wird:

- welches Kreditvolumen die Kunden aus den einzelnen Ratingklassen auf sich vereinen,
- wie sich die Risiken über die Zeit entwickeln und
- wie sich einzelne Schuldner im Zeitablauf in ihrer wirtschaftlichen Situation verändern.

Darüber hinaus können für jeden einzelnen Schuldner neben der Zugehörigkeit zu einer Risikoklasse weitere deskriptive Merkmale ausgewiesen werden, z. B. zur Finanz-, Ertrags- und Vermögenslage.

Abhängig von der Bonitätseinschätzung durch das Ratingsystem sollten geeignete Maßnahmen ergriffen werden. Beispiele hierfür sind ratingabhängige Einkaufslimits, Zahlungsziele oder Besicherungsmodalitäten, Nichtannahme von Wechseln schlechter Bonitäten, Lieferung gegen Vorkasse oder sogar der Ausschluss von Mitgliedern mit dauerhaft schlechten Ratings. Weiterhin können Risikoaspekte in die Konditionengestaltung einbezogen werden (vgl. Würthwein 2006, S. 163). Die Skontogewährung stellt ein solches Instrument dar. Einzelhändlern mit schwacher Bonität werden

Ratingklasse	Ausfallwahrscheinlichkeit	Klassenbeschreibung	Ampelsystem
A +	< 0,01 %	Sehr gut: höchste Bonität, nahezu kein Ausfallrisiko	Nicht auffällige Mitglieder
A	0,01 % - 0,5 %	Sehr gut bis gut: geringes Ausfallrisiko	
A -	0,5 % - 1,0 %		
B +	1,0 % - 1,8 %	Befriedigend bis ausreichend: Risikoelemente vorhanden, die sich bei Veränderung des wirtschaftlichen Umfelds negativ auswirken	Beobachtungsmitglieder
B	1,8 % - 2,6 %		
B -	2,6 % - 5 %	Mangelhaft: geringe Sicherheit der langfristigen Zahlungsfähigkeit	Betreuungsmitglieder
C	> 5,0 %	Ungenügend: Gefahr des Zahlungsverzugs	
D	Trennkriterium erfüllt	Ausfall, Zahlungsverzug	

Quelle: Würthwein 2006, S. 161

Abb. 27.12: Ein auf Ratingklassen basierendes Ampelsystem für Verbundgruppen

Fördermaßnahmen angeboten, um Finanzkrisen frühzeitig zu vermeiden. Diese Ereignisse können Ausgangspunkt von Beratungsangeboten in sog. Erfa-Gruppen (Gruppen zum Austausch von Erfahrungen) sein (vgl. Erdmann 1992).

Schuldnerratings dienen folglich dazu, die wirtschaftliche Situation der betrachteten Unternehmungen eingehend zu analysieren, um auf diese Weise Risiken aufzudecken. Allerdings ist zu berücksichtigen, dass unterschiedliche Merkmale herangezogen werden können, um die Einordnung in eine Risikoklasse vorzunehmen. Es ist zu vermuten, dass unterschiedliche Merkmale dazu geeignet sind, gute Trennwerte zu liefern. Die Situation ist mit der des Betriebsvergleichs vergleichbar, wo ebenfalls versucht wird, den Einfluss einzelner Merkmale auf die Rentabilität oder das Betriebsergebnis aufzudecken, um entsprechende Maßnahmen zu ergreifen (vgl. hierzu Kapitel 30).

27.3.4 Nutzung interner Ratingsysteme zur Bonitätsbeurteilung von Kunden

Interne Ratingsysteme lassen sich nicht nur zur Bonitätsbeurteilung von Mitgliedern in Verbundgruppen, sondern auch zur Bonitätsbeurteilung von Kunden im Allgemeinen verwenden (beispielsweise im Großhandel). Daneben ist die Bewertung von Nachfragern im Hinblick auf ihre Zahlungsfähigkeit auch im klassischen Versandhandel und im E-Commerce von großer Bedeutung. Es wird deshalb auch dort versucht, das zukünftige Zahlungsverhalten mit Kredit-Scores zu prognostizieren (vgl. Mays 2001; Anderson 2007). Diese Kredit-Scores werden meist auf Basis von Informationen zum historischen Zahlungsverhalten und Angaben von Auskunfteien ermittelt.

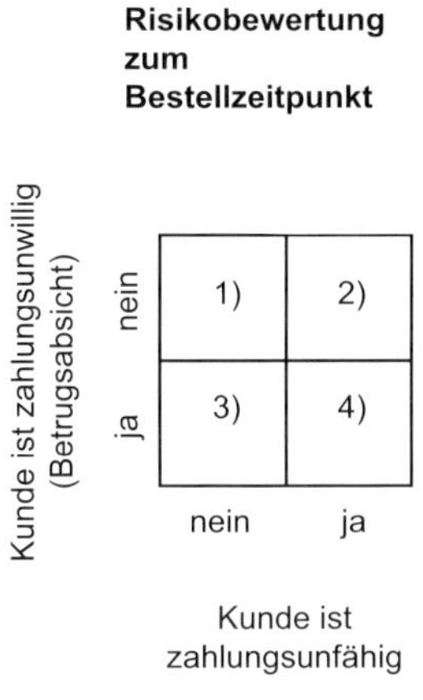

Risiko-kategorie	**Risiko-niveau**	**Risikoerkennung anhand von ...**	**Maßnahmen zur Risikosteuerung**
1) Zahlungs-willigkeit und Zahlungs-fähigkeit	Gering	• historischen Zahlungs-erfahrungen und statistischen Prognoseverfahren (vgl. 2) und 3)) • Plausibilitätsprüfungen (z.B. um unabsichtliche Tippfehler bei Bankverbindungen zu erkennen)	*<u>keine</u> Restriktionen des Angebots an Bezahlverfahren zum Bestellzeitpunkt*
2) Zahlungsun-fähigkeit aufgrund geringer Bonität	Hoch	• historischen, negativen Zahlungserfahrungen (unternehmensintern und -extern) • Statistische Prognoseverfahren (z.B. Credit-Scoring)	*Restriktionen des Angebots an Bezahlverfahren zum Bestellzeitpunkt (z. B. kein Lastschriftver-fahren oder Rechnungskauf)*
3) Zahlungsun-willigkeit aufgrund von Betrugs-absicht	Hoch	• veränderten oder fremden Identitätsbestandteilen (z.B. Name, Anschrift, Geburtsdatum) • fehlerhafter Angaben zu Bezahlverfahren (z.B. veränderte oder fremde Bankverbindung) • Abweichungen zu „üblichen" Bestellungen (z.B. Bestellmenge, -zeitpunkt, -frequenz) • transaktionsübergreifen-den Betrugsmustern (z.B. mittels Fraud Scoring bei Bestellungen mit derselben Bankverbindung, jedoch unterschiedlichen Namens- und Adressangaben)	
4) Zahlungsun-willigkeit und Zahlungsun-fähigkeit	Sehr hoch	• Kombination aus 2) und 3)	

Quelle: Sackmann/Siegl/Weber 2011, S. 143

Abb. 27.13: Ausprägungen des Zahlungsausfallrisikos und in der Praxis verbreitete Erkennungs- und Steuerungsmaßnahmen

Sackmann, Siegl und Weber (2011) weisen darauf hin, dass Kredit-Scorings lediglich Auskunft über die Zahlungsfähigkeit, nicht aber über die Zahlungswilligkeit und etwaige Betrugsversuche seitens der Kunden geben. Sie teilen Kunden nach ihrer Zahlungsfähigkeit und Zahlungswilligkeit in vier Gruppen ein und schlagen Möglichkeiten zur Risikoerkennung innerhalb der einzelnen Gruppen vor (vgl. Abbildung 27.13).

Sackmann, Siegl und Weber (2011) zeigen in Fallstudien, wie insbesondere eine Anschriftenprüfung die Anzahl der Inkassoübergaben reduzieren kann. Hierzu werden die eine Bestellung aufgebenden Kunden eines E-Commerce-Anbieters zunächst auf 15 Scoreklassen (gebildet nach Ausfallwahrscheinlichkeiten) aufgeteilt und es wird untersucht, wie hoch die Anzahl der Inkassoübergaben in jeder Gruppe ist. In den untersten Klassen 1 bis 6 kommen aufgrund von Restriktionen im Bezahlverfahren (z. B. kein Kauf auf Rechnung) keine Inkassofälle vor. In der Klasse 7, der 17,3 % der Besteller zugeordnet werden (39 696 Kunden), beträgt die Inkassoquote (Anteil der Inkassoübergaben) 3 %. Im Durchschnitt werden in den Klassen 7 bis 15 0,9 % der Bestellungen als Inkassofälle eingestuft (vgl. Abbildung 27.14). Dieses Rating kann auch wie oben bereits beschrieben in Form von CAP-Kurven dargestellt werden.

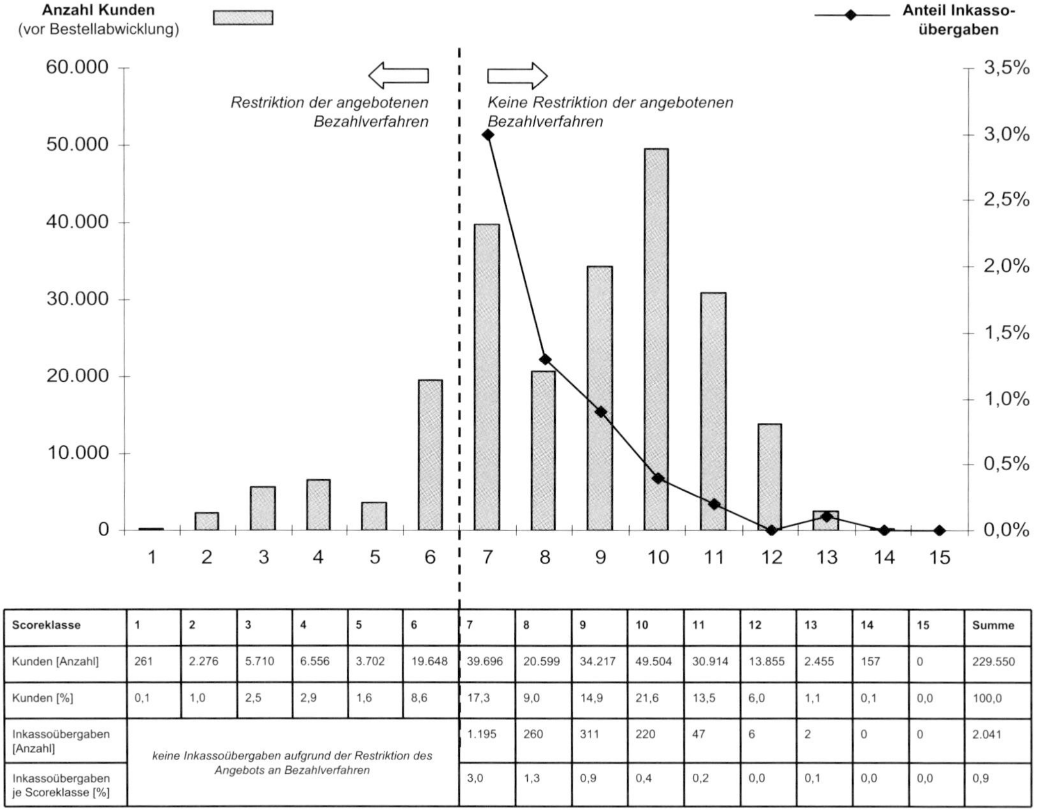

Scoreklasse	1	2	3	4	5	6	7	8	9	10	11	12	13	14	15	Summe
Kunden [Anzahl]	261	2.276	5.710	6.556	3.702	19.648	39.696	20.599	34.217	49.504	30.914	13.855	2.455	157	0	229.550
Kunden [%]	0,1	1,0	2,5	2,9	1,6	8,6	17,3	9,0	14,9	21,6	13,5	6,0	1,1	0,1	0,0	100,0
Inkassoübergaben [Anzahl]	*keine Inkassoübergaben aufgrund der Restriktion des Angebots an Bezahlverfahren*						1.195	260	311	220	47	6	2	0	0	2.041
Inkassoübergaben je Scoreklasse [%]							3,0	1,3	0,9	0,4	0,2	0,0	0,1	0,0	0,0	0,9

Quelle: Sackmann/Siegl/Weber 2011, S. 144

Abb. 27.14: Risikobewertung der Datensätze eines Unternehmens

Die Autoren zeigen auf Basis dieser Daten, dass die Zahl der Inkassofälle reduziert werden kann, wenn eine Anschriftenprüfung stattfindet. In Klasse 7 unterscheiden sich die Inkassoquoten deutlich, je nachdem, ob die Anschrift auf Personen-, Haushalts- oder Adressebene bestätigt werden konnte. War eine Bestätigung auf Personenebene möglich, betrug die Inkassoquote in Gruppe 7 lediglich 1,0 %. Für Bestellungen, bei denen die Anschrift nur auf Haushalts- oder Adressebene bestätigt werden konnte, betrugen die Inkassoquoten dagegen 3,7 % bzw. 5,5 %. Die Autoren empfehlen deshalb eine Anschriftenprüfung zum Zeitpunkt der Bestellung, um auch bei Kunden mit guten Score-Werten die Zahlungsausfälle noch weiter zu reduzieren. Dabei ist allerdings zu klären, ob die sich daraus ergebenden finanziellen Vorteile die Kosten der Anschriftenüberprüfung übersteigen. Durch den Ausschluss von bestimmten Zahlungsmöglichkeiten in den unteren Klassen ermöglicht das Verfahren eine differenzierte Behandlung einzelner Gruppen von Nachfragern. Offen bleibt dabei, wie sich Nachfrager, die ihren Kauf infolge dessen abgebrochen haben, verhalten hätten, wenn ihnen auch andere Bezahlverfahren angeboten worden wären (vgl. Thieme 2006).

27.4 Zusammenfassung

Die Sicherung der Liquidität gehört zu den Aufgaben der Finanzierung. Hierbei stehen verschiedene Finanzierungsformen zur Verfügung. Zur Außenfinanzierung zählen insbesondere die Beteiligungs- und die Kreditfinanzierung, wobei es sich bei ersterer um eine Eigenfinanzierung und bei letzterer um eine Fremdfinanzierung handelt. Die Selbstfinanzierung sowie die Finanzierung aus Abschreibungen, Rückstellungen und Kapitalfreisetzung zählen zur Innenfinanzierung. Daneben existieren verschiedene Sonderformen, wie beispielsweise das Mezzanine-Kapital.

Tritt ein Handelsunternehmen als Kreditnehmer auf, ist es wichtig zu wissen, nach welchen Kriterien Banken Kredite vergeben und die Höhe der Konditionen festlegen. Hierbei kommt dem für Banken und Sparkassen geltenden Ratingverfahren nach den Eigenkapitalvorschriften Basel II eine besondere Bedeutung zu. Die Konditionen für einen Kredit werden durch die Kreditkosten bestimmt, zu denen Eigenkapital-, Refinanzierungs-, Handlungs- und Risikokosten zählen. Die Kreditkonditionen, die eine Bank einem Handelsunternehmen einräumt, sind somit auch von der Risikoeinschätzung abhängig. Diese kann in unterschiedlicher Form erfolgen. Beispielhaft wurde der Ablauf einer Ratinganalyse der Sparkassen-Finanzgruppe vorgestellt. Das Verfahren besteht aus einem Finanzrating auf Basis von Kennzahlen zur Finanz-, Ertrags- und Vermögenslage, einem qualitativen Rating und einer Einbeziehung von Warnsignalen und Konzernstrukturen. Die Einordnung von Unternehmen in Ratingklassen ist allerdings mit verschiedenen Problemen verbunden, auf die eingegangen wurde.

Eine Besonderheit des Handels stellt die Zentralregulierung und das damit verbundene Delkredere in Verbundgruppen dar. Da die Verbundgruppenzentralen nicht nur die Zahlungen ihrer Mitglieder abwickeln, sondern auch für diese haften, müssen sie interne Ratingsysteme zur Beurteilung der Bonität ihrer Mitglieder entwickeln. Hierbei können unterschiedliche Verfahren zur Anwendung kommen. Hierzu zählen die Diskriminanzanalyse, logistische Regressionsanalysen, Logit- und

Probitmodelle sowie Verfahren der künstlichen Intelligenz wie beispielsweise Neuronale Netze. Die Güte eines Ratingsystems kann durch seine Trennschärfe beurteilt werden. Hierzu dient insbesondere die sog. Accuracy Ratio, das auf Basis eines Cumulative Accuracy Profile berechnet werden kann. Aus den Ergebnissen einer Ratinganalyse müssen geeignete Maßnahmen abgeleitet werden. Für Verbundgruppen wurde beispielsweise ein Ampelsystem vorgeschlagen, das die Mitglieder in Gruppen einteilt, für die entsprechende Beobachtungs- und Betreuungsmaßnahmen zu entwickeln sind.

Es wurde auch darauf eingegangen, wie im Versandhandel und im E-Commerce Zahlungsausfälle mit Hilfe von Kredit-Scores und Adressprüfungen reduziert werden können. Während Kredit-Scores Indikatoren für die Zahlungsfähigkeit der Kunden darstellen, können aus Adressprüfungen Anhaltspunkte für die Zahlungswilligkeit gewonnen werden.

28 Kostenorientiertes Controlling

Die zunehmende Komplexität und Dynamik der Umwelt, in der unternehmerische Entscheidungen zu treffen sind, stellen hohe Anforderungen an Instrumente, mit denen die Unternehmenspolitik geplant, gesteuert und kontrolliert wird. Zu einem solchen Instrumentarium hat sich in den letzten Jahrzehnten das Controlling entwickelt. Obwohl man von einer Etablierung des Controllings sprechen kann, was sich unter anderem darin äußert, dass für die meisten Unternehmungen eine institutionelle oder zumindest eine funktionelle Verankerung des Controllings in der Organisation unverzichtbar geworden ist, ist seine Bedeutung keinesfalls eindeutig geklärt. Es gibt zahlreiche Begriffsvarianten und Konzepte (zur Entwicklung des Controllings vgl. Horváth 2009, S. 9–64), so dass es zweckmäßig ist, sich zu Beginn des Kapitels mit den begrifflichen Grundlagen zu beschäftigen. Neben den genannten Umweltentwicklungen haben insbesondere Konzentration und räumliche Expansion dazu beigetragen, dass auch für Entscheidungsträger in Handelsunternehmungen die Steuerungsaufgabe zunehmend komplexer wurde (vgl. Möhlenbruch/Meier 1997). Controlling hat sich folglich auch als Aufgabenbereich innerhalb des Handels etabliert. Dieser weist eine Reihe von Besonderheiten auf, die auch für das Verständnis und die Definition des Controllings im Handel relevant sind (vgl. Becker/Winkelmann 2008, S. 13–49). Hierzu zählen vor allem der häufig hohe Sortimentsumfang, die meist vorzufindende Filialisierung und die Vielfalt an Beziehungen auf der Beschaffungs- und Absatzseite. Auf die Konsequenzen dieser und weiterer Merkmale soll im Folgenden explizit eingegangen werden. Die Vielfalt der Erscheinungsformen der Controllingpraxis spiegelt sich auch in unterschiedlichen Positionen des Controllers wider, die vom Hauptbuchhalter bis zum Mitglied der obersten Geschäftsführung reichen. Eine Untersuchung über die organisatorische Einbindung des Controllings in deutschen Handelsunternehmungen (vgl. Burg 1994) aus dem Jahr 1994 zeigt, dass bereits damals Controlling als Führungskonzept im Handel weitgehend verankert war, allerdings vorwiegend im operativen Bereich. Seitdem hat sich das Controlling weiterentwickelt. Zum einen wurde es in den Dienst strategischer Aufgaben gestellt (vgl. zum strategischen Controlling z. B. Baum/Coenenberg/Günther 2007; Buchholz 2009), zum anderen wurde das Berichtswesen systematisiert, indem im Rahmen von sog. Handelsinformationssystemen Kennzahlensysteme (vgl. hierzu Kapitel 32) entwickelt wurden. Zudem stieg die Nachfragerorientierung des Controllings, indem Analyseinstrumente und Ergebnisse der Marktforschung integriert wurde. Auf diese Entwicklungen wird im Folgenden ebenfalls eingegangen.

Im nächsten Abschnitt wird zunächst der Begriff Controlling analysiert, wobei auch die zentralen Aufgabenfelder von Controlling diskutiert werden. Hierzu zählt traditionell die Kostenrechnung, deren Systeme und ihre Nutzung im Handel anschließend vorgestellt werden. Die übrigen Teilbereiche des Controllings werden in den Kapiteln 29 bis 32 behandelt.

28.1 Aufgaben des Controllings

Controlling hat sich, wie bereits erläutert, zu einem unverzichtbaren Steuerungsinstrument im Handelsbetrieb entwickelt. Allerdings hängen die Aufgaben, die dem Controlling zugeschrieben werden, aufs Engste mit dem jeweiligen Begriffsverständnis zusammen. Es soll deshalb zunächst auf die verschiedenen begrifflichen Varianten des Controllings eingegangen werden.

Controlling als Kontrolle

In einer sehr engen Sicht wird Controlling weitgehend mit Kontrolle gleich gesetzt und bezieht sich damit nur auf den Soll-Ist-Vergleich als letzte Phase im Management-Zyklus (vgl. hierzu Kapitel 4). So schreibt z. B. Günther (1989, S. 137–138):

„Fasst man die Teilergebnisse der funktionsorientierten Controlleruntersuchung zusammen, so ergibt sich, dass die Controlleraufgaben (fast) ausschließlich der ex post orientierten Kontrolle im Sinne der Führungsfunktion Kontrolle zuzuordnen sind und alle Teilphasen der Kontrolle umfassen. Es hat sich aber auch gezeigt, dass vom Controlling als Institution nur der Teil des Betriebsgeschehens kontrolliert wird, dessen Ergebnis im Ergebnisraum des Entscheidungsfeldes formalisierbar ist und nicht das Formalziel Liquidität betrifft. (…) Unter der Controllingfunktion wird demnach allgemein die Führungsfunktion Kontrolle verstanden."

Danach gehört zu den Aufgaben des Controllings der Vergleich von Ist-Werten (insbesondere Filialumsätzen, Umsätzen in einzelnen Warengruppen, einzelnen Kostenpositionen, Lagerbeständen, Personalbeständen, Servicegraden, Deckungsbeiträgen usw.) mit festgelegten Maßstäben. Die Maßstäbe ergeben sich entweder aus den im Planungsprozess festgelegten Soll-Werten, aus Werten der Vorperiode oder aus Werten anderer Betriebe, was für den sog. Betriebsvergleich charakteristisch ist. In einem erweiterten Sinn kann zur Kontrolle auch die Analyse der Ursachen der festgestellten Abweichungen gezählt werden.

Die Sichtweise von Günther (1989) entspricht einem Verständnis, das den Begriff *control* mit Kontrolle übersetzt, obwohl dessen Bedeutung deutlich umfassender ist und Aspekte des Steuerns und Regelns beinhaltet. Auch Ahlert (1994, S. 56–57) hebt hervor, dass es sich bei der Kontrolle um den „harten Kern" des Controllings handelt und differenziert zwischen Ergebniskontrolle, Verhaltenskontrolle, Prämissenkontrolle und Systemkontrolle.

Controlling als Unterstützung bei Führungsaufgaben

Über das enge Verständnis des Controllings als Kontrolle geht z. B. Richter (1987, S. 207) hinaus, wenn er schreibt:

„Controlling ist die am Unternehmensgesamtziel orientierte Unterstützung von Planungs-, Steuerungs- und Kontrollaufgaben, die durch die Entscheidungsinstanzen in der Führungshierarchie erfüllt werden."

Damit wird Controlling auf alle Phasen des Managementzyklus ausgedehnt. Nach dieser Auffassung dient das Controlling dazu, das Management bei der Führung eines Unternehmens zu unterstützen (vgl. auch Reichmann 2011, S. 1–22). Mit einer solchen Ausdehnung der Definition geht allerdings die Gefahr einher, dass die Grenzen zwischen Controlling und Management undeutlich werden.

Besonders der Informationsfunktion kommt im Rahmen der Unterstützung eine große Bedeutung zu. Hierauf hat Müller bereits 1974, in der Zeit des Aufkommens von Controlling in Deutschland, in seinem Beitrag „Die Koordination von Informationsbedarf und Informationsbeschaffung als zentrale Aufgabe des Controllings“ hingewiesen (vgl. Müller 1974). Er unterstreicht, dass das Controlling insbesondere Informationen, die die innerbetrieblichen Zustände und Abläufe abbilden, zu erfassen und aufzubereiten hat. In der Definition von Richter bleibt offen, um welche Form von Unterstützung es sich handelt. So ist zu fragen, ob mit Unterstützung die Versorgung mit Informationen gemeint ist oder ob z. B. auch die Bewertung einzelner Alternativen oder Hinweise zur Realisierbarkeit der geplanten Maßnahmen dazu gezählt werden. Auch bleibt offen, ob es sich im Falle der Informationsversorgung bei den Informationen um Daten aus dem betrieblichen Rechnungswesen oder auch um weitere Angaben, z. B. aus der Marktforschung, handeln soll. Nach Müller (1974), stehen die innerbetrieblichen Zustände und Abläufe im Vordergrund. Eine Einengung auf die Daten aus dem Rechnungswesen findet sich z. B. bei Hahn (1987, S. 4):

„Die generelle Aufgabe des Controllings besteht in der Sicherung bzw. Sicherstellung ergebnisorientierter Planung, Steuerung und Überwachung des Unternehmungsgeschehens auf der Basis des Zahlenwerks des Rechnungs- und Finanzwesens.“

Diese Definition zielt auf mehrere Teilbereiche des Managementzyklus ab, indem sie auf Planung und Steuerung verweist und stellt die traditionellen Instrumente des Rechnungs- und Finanzwesens in den Mittelpunkt. Handelsunternehmungen müssen zwar ihre Leistungen über ein Finanz- und Rechnungswesen erfassen, der Output des Handelsbetriebs umfasst jedoch auch Marktbeziehungen, die mittels solcher Systeme nur bedingt gemessen werden können. Insbesondere die Marktforschung ist in der Lage, entsprechende Instrumente zur Verfügung zu stellen. Aus diesem Grund wird in Kapitel 31 auf die Messung der Kundenzufriedenheit eingegangen, die als Element eines über das Zahlenwerk des Rechnungs- und Finanzwesens erweiterten Controllings interpretiert werden kann.

Führungsaufgaben umfassen sowohl strategische als auch operative Aspekte, was zu einer entsprechenden Differenzierung des Controllings geführt hat. Dennoch liegen die Schwerpunkte im Handel weiterhin beim operativen Controlling (vgl. Hurth 2006). Hurth nennt als wichtige Instrumente des operativen Handelscontrollings die Kosten- und Leistungsrechnung, die kurzfristige Erfolgsrechnung, die Deckungsbeitragsrechnung und Kennzahlensysteme. Beim strategischen Marketing verweist er auf Image- und Wettbewerbsanalysen, Portfolio-Methoden und Lebenszyklus-Analysen (vgl. auch Zentes 2003).

Die Koordinationsfunktion des Controllings

Einige Autoren heben die Koordinationsfunktion des Controllings hervor. So definiert Horváth (1993, S. 670) das Controlling wie folgt:

„Das Controlling hat als Instrument der Unternehmensführung die Aufgabe, die Koordination der betrieblichen Abläufe im Hinblick auf die Unternehmensziele zu gewährleisten. Zu diesem Zweck stellt

das Controlling dem Management entsprechende Planungs- und Kontrollinstrumente bereit und koordiniert die Managementtätigkeiten."

Die Koordination wird mitunter zum konstituierenden Merkmal des Controllings (vgl. Weber/Schäffer 2011). So weist insbesondere Küpper (2008) daraufhin, dass in fast allen Unternehmen die Aufgabenerfüllungsprozesse arbeitsteilig stattfinden. Die Handlungen der daran beteiligten Personen müssten folglich durch die Führung auf gemeinsame Ziele ausgerichtet werden. Die Führung werde mit Hilfe eines Führungs- bzw. Managementsystems erreicht, das sich umso komplexer gestaltet, je größer das soziale System und je verschiedenartiger die Aufgaben seien. Das Führungssystem müsse in Teilsysteme gegliedert werden, wozu das Planungssystem, das Kontrollsystem, das Personalführungssystem, die Organisation und das Informationssystem gehörten. Um der Gefahr zu entgehen, dass diese Führungsteilsysteme sich isoliert entwickeln und somit zusammengehörige Sachverhalte getrennt würden, werde eine neue Funktion notwendig, für die der Begriff Controlling verwendet werden soll. Küpper (2008) nennt eine Vielzahl von Instrumenten, um die Koordination zu gewährleisten, so Organisationsinstrumente, Personalführungsinstrumente, Führungsgrundsätze, Planungsinstrumente, Kontrollinstrumente, Informationsinstrumente und übergreifende Koordinationsinstrumente, wie z. B. Kennzahlen- und Zielsysteme oder Verrechnungs- und Lenkungspreissysteme. Auch nach Schröder (2006, S. 1049) übernimmt Controlling die zielorientierte Koordination von Managementaufgaben.

Neben den oben diskutierten Begriffsvarianten des Controllings gibt es weitere Sichtweisen, auf die hier nicht explizit eingegangen werden soll. Zu erwähnen bleibt, dass in den letzten Jahren ein Ansatz verfolgt wurde, der die Rationalitätssicherung der Führung als Hauptaufgabe des Controllings betont (vgl. Weber/Schäffer 2011).

Die vorgestellten Definitionen verdeutlichen, dass Controlling in verschiedenen begrifflichen Dimensionen verankert werden kann. Abbildung 28.1 vermittelt einen Überblick über solche Dimensionen und ihre Ausprägungen.

Anhand der in Abbildung 28.1 aufgeführten Merkmale lassen sich enge und weite Definitionen konstruieren. Hier wird die folgende verwendet:

Controlling unterstützt die Planung und Kontrolle in einem Unternehmen, indem es alle relevanten Informationen, die dem Rechnungswesen, aber auch anderen Informationsquellen entstammen können, in zweckdienlicher Form aufbereitet, den jeweiligen Entscheidungsträgern zur Verfügung stellt.

Bezogen auf den Handel lenkt die Definition die Aufmerksamkeit zunächst auf die Frage, was im Handelsbetrieb geplant und kontrolliert werden soll. Häufig kommt folgenden Bereichen eine besondere Bedeutung zu:

- Kontrolle des Erfolgs einzelner Verkaufsstellen (vgl. z. B. Krey 2002),
- Planung und Kontrolle der Absatzpolitik (vgl. z. B. Enke/Arnold 2005),
- Kontrolle von Maßnahmen und Erfolgen in einzelnen Sortimentsbereichen (vgl. z. B. Krey 2003, Schröder/Feller/Rödl 2003),
- Planung der Kontrolle logistischer Prozesse (vgl. Flatten/Frenzel 1994; Biesiada/Neidhart 2004),
- Kontrolle der Kundenzufriedenheit (vgl. Kapitel 31).

Dimensionen	Ausprägungen
Zu unterstützende Phase im Managementzyklus	Planung, Umsetzung, Kontrolle, weitere Phase (z. B. die Problemerkenntnis)
Art der Unterstützung	Bereitstellung von Informationen Bewertung von Alternativen Durchsetzung von Maßnahmen Kontrolle Steuerung der Einzelprozesse
Organisatorische Verankerung	als Institution (eigene Controllinginstanz) als Funktion
Hierarchische Verankerung	Strategisches Controlling Operatives Controlling
Quelle der bereitzustellenden Informationen	Rechnungswesen Zwischenbetrieblicher Betriebsvergleich Marktforschung

Abb. 28.1: Dimensionen des Controllingbegriffs

Die Koordinationsfunktion des Controllings hat sich im Handel vor allem auf die Abstimmung von Einkauf und Verkauf zu erstrecken. Einkauf und Logistik müssen fortlaufend mit dem Verkauf abgestimmt werden, was mit Schwierigkeiten verbunden ist, da diese Aufgaben in unterschiedlichen organisatorischen Einheiten bearbeitet werden und Unsicherheiten die Planung erschweren. Bedeutende Koordinationsaufgaben treten ebenso zwischen Warenwirtschaft (Einkauf und Logistik) und Marketing auf. So ist beispielsweise die Verfügbarkeit der beworbenen Waren in den Verkaufsstellen sicherzustellen. Nicht verfügbare Waren (*out-of-stock*) sind ein gutes Beispiel dafür, wie Marketinggesichtspunkte und Logistikaspekte miteinander verknüpft werden müssen (Interdependenzen zwischen einzelnen Bereichen). Schließlich sind auch die Bereiche Investition und Finanzierung zu koordinieren. Um solche Aufgaben bewältigen zu können, müssen der Informationsbedarf erkannt und die notwendigen Informationen erhoben und bereitgestellt werden. Traditionell gehört zur Informationskoordination auch die Harmonisierung des externen und internen Rechnungswesens, was neben inhaltlichen Aspekten auch Probleme bei der Gestaltung von Hard- und Softwarelösungen aufwirft.

Die Ausführungen in den Kapiteln 28 und 29 folgen einer Sichtweise, in der sich die oben eingeführte Definition von Controlling widerspiegelt. In Kapitel 28 wird das Augenmerk vorwiegend auf die Bereitstellung von Informationen über Kosten gerichtet, in Kapitel 29 werden Verfahren vorgestellt, mit denen die Erlössituation einer Unternehmung bzw. allgemein ihr Verhältnis zu den Nachfragern erfasst werden kann. Zwar erfordert die Beurteilung betrieblicher Maßnahmen im Regelfall, dass sowohl kosten- als auch erlöswirtschaftliche Auswirkungen erfasst werden (Differenzierung zwischen Kosten- und Erlösrechnung), die Komplexität der Verfahren lässt jedoch eine sukzessive Behandlung vorteilhaft erscheinen. Die Diskussion der Frage, wie Kosteninformationen aufbereitet werden können, erfolgt in zwei Schritten. Während in Kapitel 28 ausschließlich auf die Aufbereitung von innerbetrieblich anfallenden Kosten abgestellt wird, berücksichtigt Kapitel 30 außerdem, dass einem Handelsbetrieb auch Angaben aus einem Betriebsvergleich zur Verfügung stehen können. Dabei wird die Leistung eines Handelsbetriebs an den Leistungen anderer gemessen, was auch als Benchmarking bezeichnet wird. Mit Kapitel 31, das sich mit der Kundenzufriedenheit beschäftigt, wird das Aufgabenfeld des traditionellen Controllings ausgedehnt. Kapitel 32 dient schließlich dazu, die zuvor vorgestellten Kennzahlen in Systeme einzuordnen. Dabei soll verdeutlicht werden, wie die Sammlung und die Bereitstellung von Informationen kontinuierlich zu Entscheidungsunterstützungssystemen entwickelt wurden.

In wissenschaftlichen Beiträgen zum Controlling wird relativ selten die Situation des Handels explizit berücksichtigt (vgl. Ebert 1986; Günther 1989; Witt 1992; Feldbauer-Durstmüller 2001; Morschett 2004; Hurth 2006). In den folgenden Abschnitten soll deshalb insbesondere auf die für den Handel spezifischen Aspekte des Controllings eingegangen werden.

28.2 Die Erfolgsrechnung im Handelsbetrieb

Kein Handelsbetrieb kann auf Dauer bestehen, wenn nicht Rentabilität und Liquidität gesichert sind. Zur Sicherung der Liquidität müssen Pläne erstellt werden, die erkennen lassen, mit welchen Ein- und Auszahlungen in den künftigen Perioden zu rechnen ist. Zur Ermittlung der Rentabilität werden mit Hilfe von Aufwand und Ertrag im Rahmen des Jahresabschlusses die Erfolge bestimmt, oder es werden mit Hilfe von Kosten und Erträgen die jeweiligen Überschüsse ermittelt. Das gilt grundsätzlich für alle Unternehmungen, wobei branchenspezifische Besonderheiten dazu geführt haben, dass unterschiedliche Varianten des Rechnungssystems entstanden sind. Die Zahl der Monographien zur Kostenrechnung im Handelsbetrieb ist relativ gering geblieben (vgl. z. B. Möllers 1965; Schneider 1968; Jacob 1978; Wesche 1991; Witt 1992; Battenfeld 1997). Das ist unter anderem auf die unterschiedlichen Gegebenheiten in Industrie und Handel zurückzuführen. Während ein Industriebetrieb seine fertigen oder halbfertigen Produkte für Zwecke der Bilanzierung zu bewerten hat und dabei auf geeignete Verfahren der Kostenrechnung angewiesen ist, können Handelsbetriebe bei der Bewertung von Waren von Anschaffungspreisen ausgehen. Trotzdem kommen einzelne kostenrechnerische Verfahren, wie insbesondere die Deckungsbeitragsrechnung, auch im Handel zur Anwendung. Darüber hinaus ist das Interesse an der Prozesskostenanalyse bzw. der sog. Direkten Produkt-Profitabilität (DPP) gestiegen. Letztere weist als „handelsspezifische Variante" Parallelen zu der Prozesskostenrechnung auf (vgl. Günther 1993, S. 460–482; Schröder 1997).

Im Folgenden werden drei verschiedene Formen der Erfolgsrechnung vorgestellt, zunächst die am Jahresabschluss orientierte Erfolgsrechnung (Abschnitt 28.2.1), dann eine Kostenrechnung in Form der Gesamtkostenrechnung (Abschnitt 28.2.2) und schließlich die Deckungsbeitragsrechnung (Abschnitt 28.2.3).

28.2.1 Am Jahresabschluss orientierte Erfolgsrechnungen

Ausgangspunkt für Erfolgsrechnungen, die sich am Jahresabschluss orientieren, ist die Buchhaltung, in der alle Geschäftsvorfälle entsprechend den gesetzlichen Vorgaben verbucht werden müssen. Die Gliederung der betrieblichen Aufwendungen bzw. Kostenarten orientiert sich einerseits an gesetzlichen Bestimmungen (Gliederung der Bilanz nach § 266 HGB, Gliederung der Gewinn- und Verlustrechnung nach § 275 HGB) und an den von den Verbänden empfohlenen Kontenrahmen, andererseits in bestimmten Fällen an internationalen Grundsätzen der Rechnungslegung (z. B. IFRS).

Gliederung der betrieblichen Aufwendungen

1937 hat der Reichs- und Preußische Wirtschaftsminister Kontenrahmen erlassen – für den Wirtschaftszweig Handel wird zwischen den Kontenrahmen für den Großhandel, den Einzelhandel, für Einkaufsgenossenschaften (einschließlich Einkaufsvereinigungen) und für das Vermittlergewerbe unterschieden (vgl. Ziegler 1952). Nach Ende des Zweiten Weltkriegs wurde zwar die Verbindlichkeit dieser Kontenrahmen aufgehoben, sie blieben aber in Gebrauch. Erst um 1970 setzte eine Diskussion über eine Neufassung ein (vgl. dazu Endres 1972). Die Vorschläge von Endres wurden in mehreren Beiträgen der Zeitschrift „Rationeller Handel" von den Autoren Ziegler, Endres und Möllers diskutiert (vgl. Ziegler 1973; Endres/Möllers 1973). Der Bundesverband des Deutschen Groß- und Außenhandels e. V. hat 1987 in Form einer Empfehlung an die Unternehmen einen neuen Kontenrahmen verabschiedet (vgl. Bundesverband des Deutschen Groß- und Außenhandels e. V. 1988). Ein Kontenrahmen für den Einzelhandel wurde vom Hauptverband des Deutschen Einzelhandels (HDE) 1990 vorgelegt (abgedruckt in Müller-Hagedorn 1998c, S. 598–599). § 275 HGB schreibt folgende Gliederung für die Gewinn- und Verlustrechnung vor, wobei zwischen Anwendung des Gesamtkosten- und des Umsatzkostenverfahrens unterschieden wird (siehe Abbildung 28.2).

Wie der linken Spalte in Abbildung 28.2 zu entnehmen ist, werden beim Gesamtkostenverfahren den Umsatzerlösen der Periode die bewerteten Zugänge des Bestands an Halb- und Fertigwaren hinzugefügt, um das Ergebnis der gewöhnlichen Geschäftstätigkeit zu ermitteln. Beim Umsatzkostenverfahren werden von den Umsatzerlösen der Periode die Kosten der effektiv abgesetzten Produktmengen abgezogen. § 275 HGB regelt, welche Positionen die Gewinn- und Verlustrechnung aufweisen muss. Bei Anwendung des Umsatzkostenverfahrens sind folgende Positionen auszuweisen:

- unter Nr. 13 das Ergebnis der gewöhnlichen Geschäftstätigkeit,
- unter Nr. 16 das außerordentliche Ergebnis und
- unter Nr. 19 der Jahresüberschuss bzw. Jahresfehlbetrag.

Der Jahresüberschuss nach HGB wird in mehrere Komponenten zerlegt, zum einen in das Ergebnis aus „gewöhnlicher Geschäftstätigkeit" und zum anderen in ein „außerordentliches Ergebnis". Außerdem sind die Steuern zu berücksichtigen, um zum Jahresüberschuss bzw. Jahresfehlbetrag zu gelangen. Das Ergebnis aus gewöhnlicher Geschäftstätigkeit teilt sich in das Betriebsergebnis und das Finanzergebnis auf (vgl. Wöhe/Döring 2008, S. 801). In einer Staffelrechnung lassen sich die

<table>
<tr><td colspan="2">§ 275 Gliederung</td></tr>
<tr><td colspan="2">(1) Die Gewinn- und Verlustrechnung ist in Staffelform nach dem Gesamtkostenverfahren oder dem Umsatzkostenverfahren aufzustellen. Dabei sind die in Absatz 2 oder 3 bezeichneten Posten in der angegebenen Reihenfolge gesondert auszuweisen.</td></tr>
<tr><td>(2) Bei Anwendung des Gesamtkostenverfahrens sind auszuweisen:
1. Umsatzerlöse
2. Erhöhung oder Verminderung des Bestands an fertigen und unfertigen Erzeugnissen
3. andere aktivierte Eigenleistungen
4. sonstige betriebliche Erträge
5. Materialaufwand:
a) Aufwendungen für Roh-, Hilfs- und Betriebsstoffe und für bezogene Waren
b) Aufwendungen für bezogene Leistungen
6. Personalaufwand:
a) Löhne und Gehälter
b) soziale Abgaben und Aufwendungen für Altersversorgung und für Unterstützung, davon für Altersversorgung
7. Abschreibungen:
a) auf immaterielle Vermögensgegenstände des Anlagevermögens und Sachanlagen sowie auf aktivierte Aufwendungen für die Ingangsetzung und Erweiterung des Geschäftsbetriebs
b) auf Vermögensgegenstände des Umlaufvermögens, soweit diese die in der Kapitalgesellschaft üblichen Abschreibungen überschreiten
8. sonstige betriebliche Aufwendungen
9. Erträge aus Beteiligungen, davon aus verbundenen Unternehmen
10. Erträge aus anderen Wertpapieren und Ausleihungen des Finanzanlagevermögens, davon aus verbundenen Unternehmen
11. sonstige Zinsen und ähnliche Erträge, davon aus verbundenen Unternehmen
12. Abschreibungen auf Finanzanlagen und auf Wertpapiere des Umlaufvermögens
13. Zinsen und ähnliche Aufwendungen, davon an verbundene Unternehmen
14. Ergebnis der gewöhnlichen Geschäftstätigkeit
15. außerordentliche Erträge
16. außerordentliche Aufwendungen
17. außerordentliches Ergebnis
18. Steuern vom Einkommen und vom Ertrag
19. sonstige Steuern
20. Jahresüberschluss/Jahresfehlbetrag.</td><td>(3) Bei Anwendung des Umsatzkostenverfahrens sind auszuweisen:
1. Umsatzerlöse
2. Herstellungskosten der zur Erzielung der Umsatzerlöse erbrachten Leistungen
3. Bruttoergebnis vom Umsatz
4. Vertriebskosten
5. allgemeine Verwaltungskosten
6. sonstige betriebliche Erträge
7. sonstige betriebliche Aufwendungen
8. Erträge aus Beteiligungen, davon aus verbundenen Unternehmen
9. Erträge aus anderen Wertpapieren und Ausleihungen des Finanzanlagevermögens, davon aus verbundenen Unternehmen
10. sonstige Zinsen und ähnliche Erträge, davon aus verbundenen Unternehmen
11. Abschreibungen auf Finanzanlagen und auf Wertpapiere des Umlaufvermögens
12. Zinsen und ähnliche Aufwendungen, davon an verbundene Unternehmen
13. Ergebnis der gewöhnlichen Geschäftstätigkeit
14. außerordentliche Erträge
15. außerordentliche Aufwendungen
16. außerordentliches Ergebnis
17. Steuern vom Einkommen und vom Ertrag
18. sonstige Steuern
19. Jahresüberschuss/Jahresfehlbetrag.</td></tr>
<tr><td colspan="2">(4) Veränderungen der Kapital- und Gewinnrücklagen dürfen in der Gewinn- und Verlustrechnung erst nach dem Posten "Jahresüberschuss/Jahresfehlbetrag" ausgewiesen werden.</td></tr>
</table>

Abb. 28.2: Gewinn- und Verlustrechnung nach § 275 HGB

Beziehungen wie in Abbildung 28.3 dargestellt angeben (in Klammern die Nummern nach § 275 HGB für das Gesamtkostenverfahren).

	Betriebsergebnis (Positionen 1–8)
+/-	Finanzergebnis (Positionen 9–13)
+/-	außerordentliches Ergebnis (Positionen 15–17)
./.	sonstige Steuern (Position 19)
=	Gesamtergebnis vor Ertragssteuern

Abb. 28.3: Staffelrechnung zur Ermittlung des Gesamtergebnisses vor Ertragssteuern

In § 158 des Aktiengesetzes (AktG) ist vorgeschrieben, dass darüber hinaus der Bilanzgewinn bzw. Bilanzverlust ausgewiesen werden muss.

Entsprechend § 275 HGB sind ausgehend von den Umsatzerlösen die einzelnen Positionen bis zum Jahresüberschuss/Jahresfehlbetrag aufzuführen. Da die außerordentlichen Erträge und Aufwendungen (und damit das außerordentliche Ergebnis) sowie die Steuern vom Einkommen und vom Ertrag nicht in eine separat aufzustellende Kostenrechnung eingehen, stellt das Ergebnis der gewöhnlichen Geschäftstätigkeit (ordentliches Unternehmensergebnis) die vorläufige Zielgröße dar.

Die Berechnung von Zwischenergebnissen

Die Aufstellung entsprechend § 275 HGB kann nach dem Umsatz- oder Gesamtkostenverfahren erfolgen:

- Beim Umsatzkostenverfahren werden die insgesamt erzielten Erlöse (Betriebserträge) den Kosten der abgesetzten Leistungen – gegliedert nach Kostenarten – gegenübergestellt.
- Das Gesamtkostenverfahren stellt dagegen den erzielten Erlösen die Gesamtkosten einer Periode sowie die Bestandsveränderungen gegenüber (vgl. Hagen 1992, S. 715-716). Die Gesamtkosten werden hierbei als bewerteter Güter- und Leistungsverbrauch einer Periode, der zur Beschaffung und zum Absatz der betrieblichen Produkte und zur Aufrechterhaltung der hierfür notwendigen Kapazitäten erforderlich ist, definiert.

Aus den in § 275 HGB genannten Ergebnissen lassen sich mehrere Zwischenergebnisse ableiten (siehe Abbildung 28.4). Zunächst ist bei den Umsatzerlösen zu unterscheiden, ob sie die Mehrwertsteuer (Umsatzsteuer) enthalten oder nicht. Entsprechend wird zwischen den Positionen Brutto- und Netto-Umsatz differenziert. Wird von dem Netto-Umsatz der Wareneinsatz abgezogen, erhält man den Rohertrag.

Zur Ermittlung des Wareneinsatzes wird in der Finanzbuchhaltung neben dem Wareneinkaufs- und dem Warenverkaufskonto ein Konto Wareneinsatz eingerichtet. Es wird mit Gegenbuchungen zum Warenabgang auf dem Wareneingangskonto belastet. Sind die Einkaufspreise für die verkauften Artikel nicht verfügbar, muss für die abgegangene Ware ein Einkaufspreis ermittelt werden, wobei unterschiedliche Verfahren angewendet werden können, z. B. das Fifo-Prinzip (*first in, first*

	Umsatzerlöse (brutto)
./.	Umsatzsteuer
=	Umsatzerlöse (netto)
./.	Wareneinsatz (Materialaufwand)
=	Rohertrag (Bruttoertrag)

Abb. 28.4: Ermittlung des Rohertrags

out), bei dem unterstellt wird, dass die zuerst eingegangenen Waren auch zuerst verkauft werden. Der Rohertrag wird häufig auch als Warenrohertrag bezeichnet. Wird dieser Rohertrag auf den Umsatz bezogen, erhält man die Betriebshandelsspanne. Sie gibt in Prozenten des Umsatzes an, welche Wertschöpfung der Betrieb erbracht hat. Es handelt sich um eine für den Handel außerordentlich wichtige Kennzahl, weil sie angibt, um wie viel höher der durchschnittliche Absatzpreis gegenüber dem Einstandspreis war.

Aus dem Rohertrag wird ein Betriebsergebnis ermittelt, indem weitere betriebliche Erträge (z. B. aus der Vermietung von Verkaufsraum) und die Handlungskosten hinzugefügt werden. Separat ausgewiesen werden dabei das Beteiligungsergebnis (z. B. aus Grundstücks-Fonds) und das Zinsergebnis. Es ergibt sich die in Abbildung 28.5 dargestellte Staffel.

	Rohertrag
+	Andere betriebliche Erträge
./.	Personalaufwand
./.	Planmäßige Abschreibungen
./.	Betriebliche Steuern (ohne Ertragssteuern)
./.	Instandhaltungsaufwendungen
./.	Mietaufwendungen
./.	Werbeaufwendungen
./.	Verwaltungsaufwendungen
./.	Übrige Betriebsaufwendungen
=	Betriebsergebnis
+	Beteiligungsergebnis
./.	Zinsergebnis
=	Ergebnis der gewöhnlichen Geschäftstätigkeit (Gewinn vor Steuern)
+/-	außerordentliches Ergebnis
./.	Ertragssteuern (Gewerbeertragssteuern, Körperschaftsteuern)
./.	sonstige Steuern
=	Jahresüberschuss/Jahresfehlbetrag (Gewinn nach Steuern)

Abb. 28.5: Staffelrechnung vom Rohertrag über das Betriebsergebnis zum Gewinn vor und nach Steuern

Das Beteiligungs- und das Zinsergebnis werden demnach nicht in die Berechnung des Betriebsergebnisses einbezogen. Dahinter steht die Vorstellung, dass Erfolge im „eigentlichen" Geschäft von sonstigen Erfolgen getrennt werden sollten. Es geht um den Sachzielbezug, der nach dem Kosteneinwirkungsprinzip dann vorliegt, wenn der betrachtete Güterverbrauch auf die Ergebnisse des „Produktionsprozesses" real einwirkt, so dass die Ergebnisse ohne ihn nicht zustande gekommen wären (vgl. Schweitzer/Küpper 2011, S. 23). Dies ist allerdings auch bei Zinsen gegeben, denn ohne den entsprechenden Kapitaleinsatz wäre auch das Warengeschäft nicht zu betreiben. Anders kann sich die Situation beim Beteiligungsergebnis darstellen. Hier kann es sich um betriebliche Aktivitäten handeln, die das Warengeschäft nicht tangieren. Insofern kann der getrennte Ausweis als Versuch interpretiert werden, den Erfolg einzelner Geschäftsbereiche zu separieren. Der Warenerfolg soll vom Finanzerfolg getrennt werden. Für einen getrennten Ausweis kann es noch weitere Argumente geben. So können insbesondere in diesen Bereichen Einmaleffekte auftreten (z. B. Gewinne/Verluste aus der Veräußerung von Finanzanlagen), die die Beurteilung der eigentlichen Geschäftstätigkeit erschweren würden, wenn sie mit diesen vermischt würden. Entsprechendes gilt auch für das außerordentliche Ergebnis (neutrales Ergebnis), in dem betriebsfremde und zufallsbedingte Ergebnisse separiert werden.

Berechnungen, die aufgrund des Jahresabschlusses zum Jahresüberschuss/Jahresfehlbetrag führen und dabei ein Betriebsergebnis, ein Finanzergebnis, ein außerordentliches Ergebnis und den Gesamtbetrag der Steuern ausweisen, geben einen Einblick in den Erfolg eines einzelnen Jahres. Wenn ein Unternehmen mehrere Verkaufsstellen betreibt, ist die Beurteilung einzelner Filialen kaum möglich, weil es an einer entsprechenden Differenzierung fehlt. Zudem ist zu beachten, dass sich aus der Periodisierung Gestaltungsmöglichkeiten ergeben, wenn z. B. Gebäude oder Ladeneinrichtungen über eine bestimmte Anzahl von Jahren abgeschrieben werden. An diesem Punkt setzen auch Überlegungen an, die Rechengrößen der Gewinn- und Verlustrechnung (Aufwendungen und Erträge) durch die Rechengrößen der Kostenrechung (Kosten und Erträge) zu ersetzen.

Bei Jahresabschlüssen, die nach den Vorschriften der International Financial Reporting Standards (IFRS) erstellt werden (vgl. z. B. Lüdenbach/Hoffmann 2011), sind folgende Ergebnisse von Relevanz:

- EBIT (*earnings before interest and taxes*) – in den USA auch als *operating income* bezeichnet – erfasst das operative Ergebnis vor Zinsen und Steuern, allgemeiner vor dem Finanz- und damit Beteiligungsergebnis (rechnerisch gesehen werden dem Jahresergebnis gezahlte Steuern hinzugerechnet, außerdem das außerordentliche und das Finanzergebnis),
- EBITDA (*earnings before interest, taxes, depreciation and amortization*) schließt zusätzlich zum EBIT auch die Abschreibungen auf Sachanlagen und die Amortisation von immateriellen Wirtschaftsgütern ein,
- EBT (*earnings before taxes*) bzw. „Gewinn vor Steuern" (der Jahresüberschuss wird um das außerordentliche Ergebnis und die Steuern ergänzt),
- NOPAT (*net operating profit after taxes*) stellt den operativen Nettogewinn nach Steuern dar.

Die Größen EBIT und EBITDA ergeben sich aus der in Abbildung 28.6 ersichtlichen Staffelrechnung (vgl. Wöhe/Döring 2008, S. 802).

	Umsatzerlöse	
+	sonstiger betrieblicher Ertrag	
./.	Materialaufwand	
./.	Personalaufwand	
./.	Abschreibungen (auf Sachanlagen und immaterielle Anlagen)	
./.	sonstiger betrieblicher Aufwand	
+	Erträge aus Finanzanlagen	
=	EBIT	
+	Abschreibungen (auf Sachanlagen und immaterielle Anlagen)	
=	EBITDA	

Abb. 28.6: Staffelrechnung von den Umsatzerlösen, über den EBIT zu EBITDA

Der EBIT ist das Entgelt für die Kapitalbereitstellung durch Eigen- und Fremdkapitalgeber. Durch Diskontierung lässt sich daraus der Unternehmensgesamtwert ableiten. EBITDA gehört zu den Cashflow-Größen.

Die finanzielle Situation wird über den sog. Cashflow erfasst, der für ein vereinfachtes Free Cashflow-Konzept mit der in Abbildung 28.7 dargestellten Staffelrechnung erläutert wird (vgl. Wöhe/Döring 2008, S. 572).

	Ergebnis vor Zinsen und Steuern (EBIT)
-	Umsatzsteuern
=	Ergebnis vor Zinsen
+/-	Abschreibungen (Zuschreibungen)
+/-	Bildung (Auflösung) langfristiger Rückstellungen
=	Brutto Cashflow
+/-	Investitionen (Desinvestitionen) Anlagevermögen
+/-	Erhöhung (Minderung) Umlaufvermögen
=	Free Cashflow (FCF)

Abb. 28.7: Ermittlung des Free Cashflow

Bei dem Free Cashflow (FCF) handelt es sich um jenen Geldbetrag, der zur Befriedigung von Zahlungsansprüchen an die Kapitalgeber ausgezahlt werden kann (Fremdkapitalzinsen und Gewinnausschüttungen). Der Cashflow kann in Teilbereiche zerlegt werden, so in den Cashflow aus operativer Geschäftstätigkeit, in den Cashflow aus Investitionstätigkeit und in den Cashflow aus Finanzierungstätigkeit.

Es liegt nahe, Angaben aus den Jahresabschlüssen auch für die Zwecke des Controllings zu nutzen. Im Hinblick auf die Kontrolle können die Positionen des Jahres- und der Monatsabschlüsse mit Planwerten, mit Vorjahreswerten oder im Rahmen eines Betriebsvergleichs mit Werten anderer Unternehmen verglichen werden. Im Regelfall sind jedoch nur sehr undifferenzierte Analysen möglich. So werden Aufwendungen und Kosten nur nach Arten ausgewiesen, so dass nicht erkennbar ist, in welchen Bereichen sie angefallen sind. Es ist zum Beispiel nicht erkennbar, wie hoch die Personalkosten für einzelne Filialen oder für Verwaltung, Einkauf, Lager und Verkauf sind. Ähnliche Einschränkungen gelten für die übrigen Aufgaben des Controllings, d. h. für die Information, Planung und Steuerung (vgl. Stöckl 2000, S. 98–104).

28.2.2 Einfache Kostenrechnungen

Die Positionen der Gewinn- und Verlustrechnung nach § 275 HGB stellen Erträge und Aufwendungen dar. Die Kosten einer Periode, neben den Erlösen die Basis der Kosten- und Erlösrechnung, werden nach üblicher Sicht von dem Aufwand der betreffenden Periode abgegrenzt. Zum einen wird der neutrale Aufwand eliminiert, der in keinem Zusammenhang zur Leistungserstellung der Periode steht und der sich aus dem betriebsfremden Aufwand (z. B. Spenden), dem außerordentlichen Aufwand (z. B. Feuer- oder Unfallschäden) sowie periodenfremdem Aufwand (z. B. Steuernachzahlungen) zusammensetzen kann. Zum anderen können Aufwand und Kosten voneinander abweichen, weil nur ein Teil des Zweckaufwands als Grundkosten angesehen wird, während ein anderer Teil des Zweckaufwands durch die Verrechnung von kalkulatorischen Kosten ersetzt wird, wobei es sich um Anders- oder um Zusatzkosten handeln kann (vgl. Eisele 2002, S. 639–643).

Entsprechendes gilt für die Abgrenzung des Gesamtertrags der Buchhaltung von dem Gesamtbetriebsertrag der Kosten- und Leistungsrechnung.

Der Unterschied zwischen Ansätzen, die Aufwendungen oder Kosten analysieren, kann bedeutend sein. So ist es denkbar, dass ein Handelsbetrieb in eigenen Geschäftsräumen betrieben wird. Wenn dieses Geschäftslokal bereits abgeschrieben ist, fallen keine entsprechenden Aufwendungen mehr an. Der Gewinn steigt ceteris paribus. In der Kostenrechnung wird man jedoch berücksichtigen, dass ein Geschäftsraum als Produktionsfaktor bereitgestellt wurde, der über einen bestimmten Wert verfügt. Es kommt zum Ansatz von sog. kalkulatorischen Kosten. Je höher diese kalkulatorischen Kosten sind, umso geringer ist ceteris paribus das Betriebsergebnis. Entsprechendes kann für den Unternehmerlohn gelten. Dies führt dazu, dass sich der Erfolg nach der Gewinn- und Verlustrechnung von dem Erfolg in der Kostenrechnung unterscheiden kann, auch wenn gleiche Begriffe, wie insbesondere der des Betriebsergebnisses verwendet werden. Es ist möglich, dass ein Unternehmen nach dem Betriebsergebnis auf Kostenbasis negativ abschneidet, im Jahresabschluss jedoch bei Betriebsergebnis und Ergebnis der gewöhnlichen Geschäftstätigkeit positive Werte ausweist.

Kostenrechnungen können im Handelsbetrieb in zweifacher Form von Interesse sein (vgl. zu den folgenden Ausführungen Müller-Hagedorn/Toporowski 1997). Zum einen ist es die Form der Aufbereitung der Daten (Abschnitt 28.2.2.1), zum anderen die Höhe und die Entwicklung einzelner Kostenarten und die daraus zu ziehenden Schlüsse (Abschnitt 28.2.2.2).

28.2.2.1 Struktur der Gesamtkostenrechnung

In vereinfachter, aber übersichtlicher Form sind die zentralen Größen, die zum betriebswirtschaftlichen Betriebsergebnis hinführen, in Abbildung 28.8 dargestellt. Nach diesem Schema verfährt auch das Institut für Handelsforschung bei der Erstellung seiner Betriebsvergleiche. Umsatz, Wareneinsatz, Betriebshandelsspanne, gesamte Handlungskosten und betriebswirtschaftliches Betriebsergebnis sind die zentralen Größen. Abweichend von § 275 HGB wird in Abbildung 28.8 nicht von Aufwendungen, sondern von Kosten gesprochen.

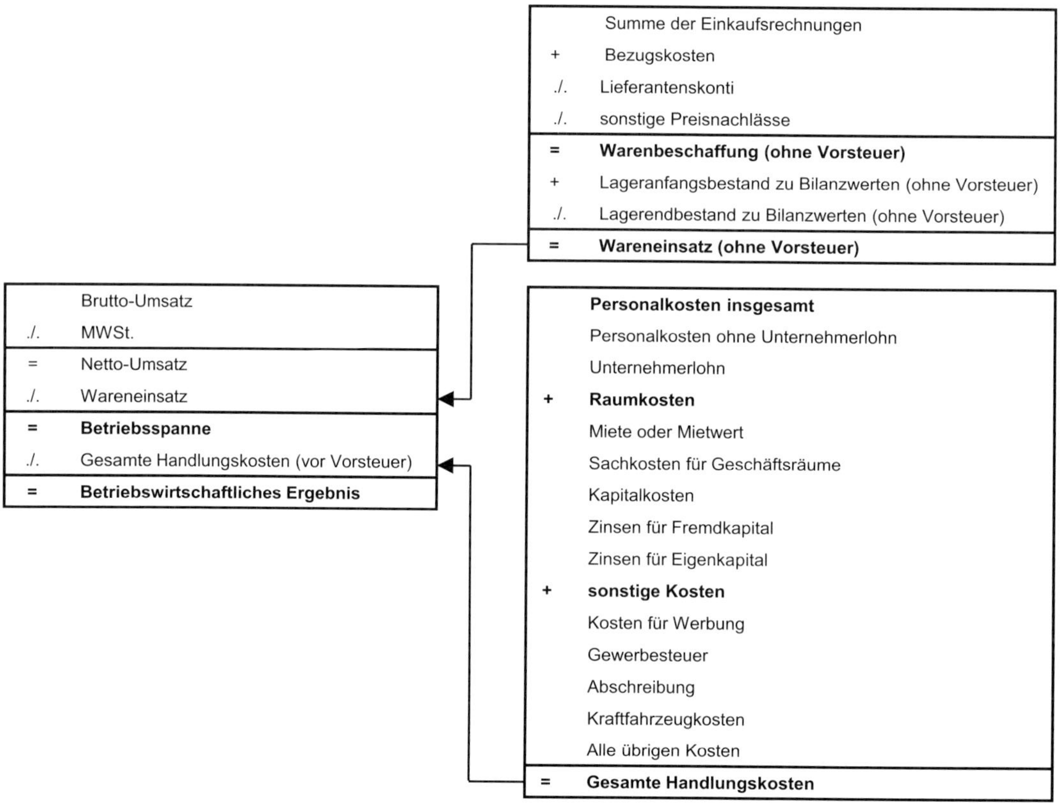

Abb. 28.8: Vom Umsatz zum Betriebsergebnis

Charakteristisch für den Handelsbetrieb ist die Zweiteilung der Kosten in:

- Wareneinsatzkosten und
- Handlungskosten.

Die Wareneinsatzkosten repräsentieren die Kosten, die für die im Umsatzprozess abgesetzten Waren anzusetzen sind. Sie werden aus der sog. Buchhaltergleichung ermittelt, d. h. Anfangsbestand + Zugänge ./. Abgänge = Endbestand. Der Wareneinsatz (ohne Vorsteuer) ergibt sich aus der Summe der Einkaufsrechnungen (zuzüglich der Bezugskosten, abzüglich der Lieferantenskonti sowie sonstiger Preisnachlässe der Lieferanten) und der Lagerbestandsveränderungen. Die Differenz des Nettoumsatzes (nach Abzug der Mehrwertsteuer) und des Wareneinsatzes wird als (absolute) Betriebshandelsspanne (bzw. als Rohertrag) bezeichnet. Diese Betriebshandelsspanne soll einerseits dazu dienen, die Handlungskosten des Betriebs abzudecken und zum anderen soll sie für ein positives Betriebsergebnis sorgen. In den Kosten sind dann im Gegensatz zu der an den Aufwendungen orientierten Rechnung auch Kosten für den (kalkulatorischen) Unternehmerlohn und für Zinsen auf Eigen- und Fremdkapital enthalten.

Trotz ihrer einfachen Form wirft auch die Gesamtkostenrechnung theoretische Probleme auf. Im Folgenden soll explizit auf zwei Probleme eingegangen werden – die Definition des Kostenbegriffs und die Zuordnung der Kosten zu den Umsatzträgern.

Zugrundegelegter Kostenbegriff

Generell werden Kosten als der bewertete sachzielbezogene Güterverbrauch einer Abrechnungsperiode definiert. Besondere Aufmerksamkeit hat bei der Diskussion der einzelnen Merkmale dieses Kostenbegriffs die Frage gefunden, wie der Güterverbrauch bewertet werden sollte (so auch Schweitzer/Küpper 2011, S. 12–16). Schon seit langem wird zwischen pagatorischen (realisierte Anschaffungspreise, gegenwärtige Tagesbeschaffungspreise, zukünftige Tagesbeschaffungspreise) und wertmäßigen Kostenbegriffen (Festpreise, Durchschnittspreise, Lenkungspreise, Grenzpreise, Schätzpreise) unterschieden. Nach traditioneller Auffassung geht die Kosten- und Erlösrechnung von dem Güterverbrauch sowie der Güterentstehung aus. Dies äußert sich beispielsweise in den kalkulatorischen Kosten für eingesetztes Eigenkapital oder für Personal. Nicht alle Kosten können auf Zahlungen zurückgeführt werden, wie dies für die bilanzielle Rechnung üblich ist. So wie der Aufwandsrechnung in der Kostenrechnung Positionen hinzugefügt werden (Zusatzkosten als kalkulatorische Kosten) oder diese sich durch eine andere Bewertung von den entsprechenden Aufwandspositionen unterscheiden (Anderskosten), gehen auf der anderen Seite bestimmte Aufwendungen nicht in die Kostenrechnung ein, so:

- der sachzielfremde Aufwand,
- der periodenfremde Aufwand,
- der außerordentliche Aufwand und
- der bewertungsbedingte neutrale Aufwand.

In verallgemeinerter Form betrifft dies das Verhältnis von Kosten- und Investitionsrechnung, also die Diskussion um eine pagatorische oder kalkulatorische Erfolgsrechnung (vgl. Ziegler 1994; Schildbach/Wagner 1995).

Verzicht auf eine Zuordnung der Kosten auf einzelne Umsatzträger

Ein Nachteil des Gesamtkostenverfahrens liegt darin, dass die einzelnen Kostenarten nicht den Umsatzträgern zugerechnet, sondern lediglich der Summe der Erlöse gegenübergestellt werden. Dagegen ist für die meisten Handelsbetriebe typisch, dass sich der erzielte Umsatz aus vielen Quellen speist. Im Handel sind insbesondere zwei Typen von Umsatzträgern wichtig:

- einzelne Sortimentseinheiten (z. B. Warengruppen, Artikelgruppen, einzelne Artikel) und
- Verkaufsregionen bzw. einzelne Verkaufsstellen.

Daneben können aber auch andere Umsatzträger von großer Relevanz sein. So ist es z. B. im Großhandel wichtig zu wissen, welchen Erfolgsbeitrag einzelne Kundengruppen bzw. einzelne Kunden beisteuern. Es kann von Interesse sein, welcher Erfolg einzelnen Vertriebsschienen (Betriebsformen) zukommt oder welche Umsätze und welche Kosten mit einzelnen Aktionen (z. B. Werbeaktionen, Preisaktionen) verbunden sind. Das Gesamtkostenverfahren liefert keine Hinweise für die Sortimentssteuerung, Kundenpolitik oder Steuerung der Verkaufsregionen.

Dennoch können auch die Werte des Gesamtkostenverfahrens zu einer Betriebsanalyse herangezogen werden. Entweder kann die Entwicklung einzelner Kostenarten oder einzelner Leistungskoeffizienten im Zeitablauf betrachtet werden oder es können im Rahmen eines Betriebsvergleichs die Werte anderer Betriebe hinzugenommen werden. Damit wird erkennbar:

- ob ein Betrieb bei vergleichbarem Output (Umsatz) günstigere Kostenpositionen erzielt und bei welchen Kostenarten dies der Fall ist,
- wie sich die Variation einzelner Parameter (z. B. des Werbebudgets, der Größe der Verkaufsfläche) auszahlt.

Das hier vorgestellte Gesamtkostenverfahren unterscheidet sich von den Zahlen aus dem Jahresabschluss durch die Differenzen zwischen Aufwand und Ertrag einerseits und Kosten und Ertrag andererseits. Kosten entsprechen dem Werteverzehr in einer Unternehmung. Der Werteverzehr stellt eine für das Controlling zentrale Größe dar, so dass Kostenrechnungen für die einzelnen Zwecke des Controllings als geeigneter anzusehen sind als Analysen auf der Grundlage der Jahresabschlussdaten. Allerdings sind auch hier die Angaben relativ undifferenziert. Es kommt hinzu, dass die fehlende Unterteilung in Einzel- und Gemeinkosten bzw. in fixe und variable Kosten einen hohen Informationsverlust mit sich bringt und den Wert im Hinblick auf die Funktion „Steuern" sehr einschränkt.

28.2.2.2 Die Höhe einzelner Kostenarten im Handelsbetrieb

Abbildung 28.9 informiert über die durchschnittliche Höhe einzelner Kostenarten im Facheinzelhandel und im Großhandel. Für andere Betriebsformen als den Fachhandel, wie z. B. Warenhäuser, Verbrauchermärkte und Discounter, gelten andere Kostenrelationen (über die Kostenstrukturen in anderen Betriebsformen vgl. auch die Ausführungen in Kapitel 10). Obwohl sich die Zahlen auf das Jahr 1994 beziehen, veranschaulichen sie die Struktur der Kosten im Handel.

Die Zusammenstellung macht deutlich, dass unter allen Handlungskosten die Personalkosten herausragen. Im Jahr 1994 hat im Einzelhandel die Betriebshandelsspanne nicht ausgereicht, um alle anfallenden Kosten zu decken. Es ist aber zu berücksichtigen, dass kalkulatorische Kosten verrechnet wurden. Im Großhandel belaufen sich die gesamten Personalkosten (als Summe der Personalkosten ohne Unternehmerlohn, des Unternehmerlohns und der Provisionen definiert) auf 57,8 % der gesamten Handlungskosten.

Analysiert man die Veränderung einzelner Kostenarten im Zeitablauf, zeigt sich ein interessantes Bild – das Phänomen der rückläufigen Wareneinsatzkosten. Es hat, wie später noch gezeigt werden

Kostenarten	Facheinzelhandel ohne LEH	Großhandel
Personalkosten ohne Unternehmerlohn	17,1	14,3
Unternehmerlohn	3,8	0,8
Miete oder Mietwert/Raumkosten	4,4	2,7
Sachkosten für Geschäftsräume	1,3	
Kosten für Werbung und Reisekosten	2,2	0,9
Gewerbesteuer	0,4	
Kosten des Fuhr- und Wagenparks	0,8	1,1
Transport- und Verpackungskosten		0,5
Zinsen für Fremdkapital	1,5	1,1
Zinsen für Eigenkapital	0,6	0,7
Abschreibungen	1,7	1,4
Alle übrigen Kosten	3,3	2,9
Provisionen		0,4
Gesamte Handlungskosten	37,1	26,8
Betriebshandelsspanne	35,6	27,1
Betriebswirtschaftliches Betriebsergebnis	-1,5	0,3

Quelle: in Anlehnung an Erdmann 1995a, S. 186 und 1995b, S. 203

Abb. 28.9: Handlungskosten, Betriebshandelsspanne und Betriebsergebnis im Facheinzelhandel und im Großhandel nach Angaben des IfH für das Jahr 1994 (alte Bundesländer) in Prozenten des Umsatzes

wird, gewichtige Folgen für die Kalkulationspolitik. Die Situation im Handelsbetrieb ähnelt zunächst derjenigen im Industriebetrieb, wo festgestellt wurde, dass die Fertigungseinzelkosten prozentual immer kleiner geworden sind. Die Gemeinkostenzuschläge nehmen folglich immer größere Werte an. Ähnlich, wenn auch zahlenmäßig nicht ganz so dramatisch, ist die Situation im Handelsbetrieb, wo der Anteil der Wareneinstandskosten an den Gesamtkosten bzw. am Umsatz im Zeitablauf immer kleiner geworden ist. Diese im Fachhandel beobachtete Entwicklung wird in Abbildung 28.10 dargestellt.

Ein relativer Rückgang der Wareneinstandskosten signalisiert den relativen Anstieg der Handlungskosten und damit die Notwendigkeit erhöhter Handelsspannen. Bei höheren Handelsspannen werden die Konsequenzen der in einem einheitlichen Kalkulationssatz zum Ausdruck kommenden Annahme, dass alle Umsatzsegmente die gleichen Kosten verursachen, immer kritischer, falls diese Annahme nicht zutreffend sein sollte. Dies wird im Folgenden an einem Beispiel erläutert, in dem zum einen relativ hohe, zum anderen relativ niedrige Wareneinsatzkosten unterstellt werden.

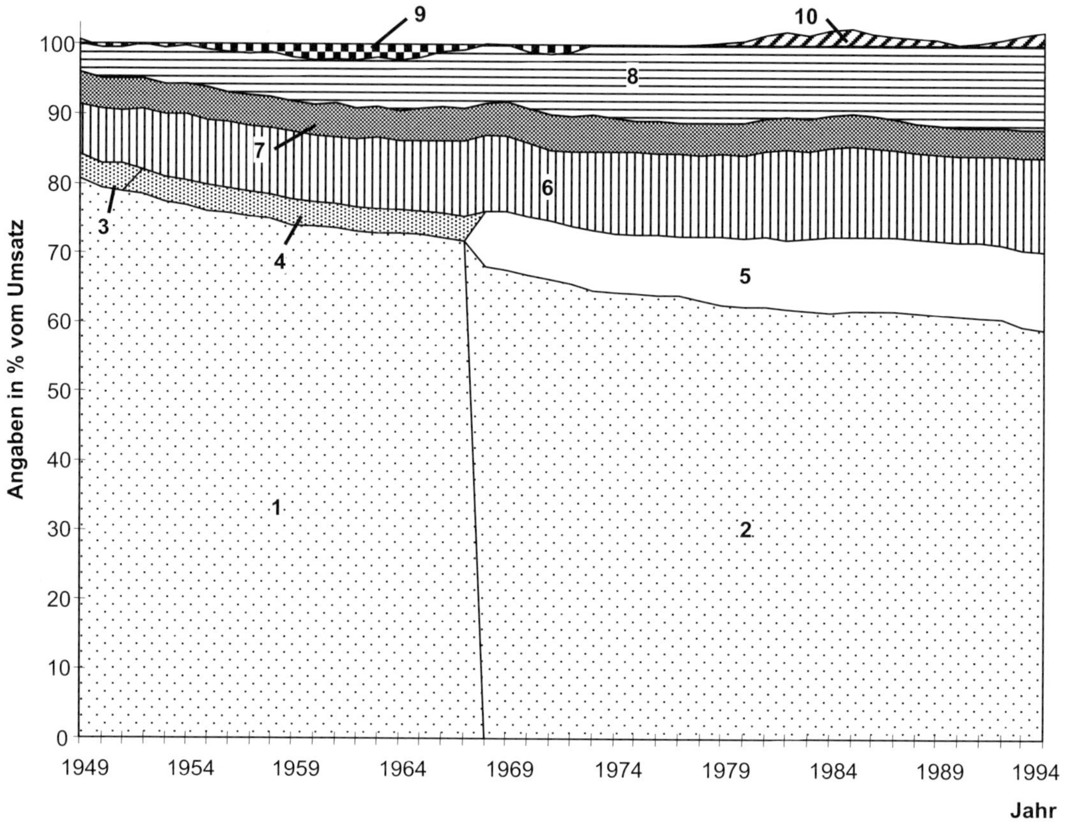

WARENKOSTEN:
1: Wareneinsatz bis 1967 (enthält Umsatzsteuer der Vorhandelsstufen)
2: Wareneinsatz ab 1968 (enthält keine Vorsteuer)
UMSATZSTEUER:
3: Umsatzsteuer und Gewerbesteuer bis 1951
4: Umsatzsteuer bis 1967
5: Umsatzsteuer ab 1968

HANDLUNGSKOSTEN:
6: Personalkosten ohne Unternehmerlohn
7: Unternehmerlohn
8: Alle sonstigen Kosten (bis 1951 ohne Gewerbesteuer)
BETRIEBSWIRTSCHAFTLICHES ERGEBNIS:
9: Positives betriebswirtschaftliches Ergebnis
10: Negatives betriebswirtschaftliches Ergebnis

Quelle: in Anlehnung an Wenzlitschke 1997, S. 233

Abb. 28.10: Die Entwicklung der Wareneinstandskosten im Fachhandel der Bundesrepublik Deutschland (nach Daten des IfH)

Das Beispiel zeigt, dass die Kalkulation mit einer durchschnittlichen Betriebshandelsspanne und eine Kalkulation auf Basis der tatsächlichen Kosten (vorausgesetzt, diese sind ermittelbar) bei einem relativ hohen Anteil der Warenkosten und einem relativ geringen Anteil der Handlungskosten zu ähnlichen Ergebnissen führen (siehe Abbildung 28.11). Bei der ersten Kalkulationsform beträgt der Preis für beide Warenbereiche 100,00 GE, bei differenzierter Berücksichtigung der anfallenden Kosten und einem einheitlichem Gewinnaufschlag von 5 % auf die Kosten 105,00 GE und 94,50 GE.

Kosten und Kalkulationsannahmen	Warenbereich 1	Warenbereich 2
Wareneinsatz (absolut)	80,00	80,00
Zurechenbare Handlungskosten	20,00	10,00
Gesamte Kosten	100,00	90,00
a) Kalkulation mit durchschnittlicher Spanne auf den Wareneinsatz (Betriebshandelsspanne 20 % vom Umsatz bzw. 25 % vom Wareneinsatz)	100,00	100,00
b) Kalkulation auf der Basis der tatsächlichen Kosten (plus Gewinnaufschlag 5 % auf die gesamten Kosten)	105,00	94,50

Abb. 28.11: Kalkulation bei einem relativ hohen Anteil der Wareneinsatzkosten an den Gesamtkosten

Im Fall relativ geringer Warenkosten und relativ hoher Handlungskosten (siehe Abbildung 28.12) führen die beiden Kalkulationsverfahren dagegen zu deutlicheren Unterschieden (102,90 GE zu 77,70 GE).

Kosten und Kalkulationsannahmen	Warenbereich 1	Warenbereich 2
Wareneinsatz (absolut)	50,00	50,00
Zurechenbare Handlungskosten	48,00	24,00
Gesamte Kosten	98,00	74,00
a) Kalkulation mit durchschnittlicher Spanne auf den Wareneinsatz (Betriebshandelsspanne 50 % vom Umsatz bzw. 100 % vom Wareneinsatz)	100,00	100,00
b) Kalkulation auf der Basis der tatsächlichen Kosten (Gewinnaufschlag 5 % auf die gesamten Kosten)	102,90	77,70

Abb. 28.12: Kalkulation bei einem relativ geringen Anteil der Wareneinsatzkosten an den Gesamtkosten

Bei durchschnittlichen Kalkulationssätzen ergeben sich wiederum einheitliche Preise von je 100,00 GE. Bei der an die Kostenverursachung angelehnten Kalkulation ergeben sich jedoch große Preisdifferenzen zwischen den zwei Warenbereichen, nämlich von 102,90 GE zu 77,70 GE. Im ersten Fall beträgt die Preisdifferenz 10 % des höheren Preises, im zweiten Fall jedoch rund 25 %. Es ist nachvollziehbar, dass eine 25-prozentige Preisdifferenz im Markt zu stärkeren Reaktionen führen kann als eine nur 10-prozentige. Insofern geht von der Verschiebung der Relationen zwischen Warenkosten und Handlungskosten im Zeitablauf die Notwendigkeit aus, unterschiedliche Kostenwirkungen einzelner Kalkulationsobjekte stärker zu berücksichtigen Wenn einzelne Kalkulationsobjekte (z. B. Warenbereiche) unterschiedliche Handlungskosten auslösen, kann die einheitliche Kalkulation zur Kalkulationsfalle werden, und zwar umso mehr, je geringer die Warenkosten an den Gesamtkosten sind. Bei großen Anteilen der Warenkosten ist es nahezu unbedeutend, ob undifferenzierte oder die unterschiedliche Höhe der Handlungskosten berücksichtigende Verfahren zum Einsatz kommen. Bei wachsenden Anteilen der Handlungskosten wird es dagegen immer bedeutsamer zu prüfen, ob einzelne Kalkulationsobjekte für unterschiedlich hohe Handlungskosten verantwortlich sind. Die beschriebenen Wirkungen stärken das Interesse daran, die Kosten, die einem

Umsatzträger zugeordnet werden können, vollständig auszuweisen. Dieser Aufgabe stellen sich die verschiedenen Formen der Voll- und Teilkostenrechnung.

28.2.3 Die Deckungsbeitragsrechnung

Differenzierte Systeme der Kostenrechnung zielen darauf ab, einzelnen Umsatzträgern (Leistungseinheiten) ihre Kosten zuzuordnen (zu einem Überblick über Varianten der Kosten- und Leistungsrechnung im Handelsbetrieb vgl. Stöckl 2000, S. 105–113). Es soll erkennbar werden, welche Kosten aufgewendet werden mussten, um einzelne Leistungen zu erwirtschaften. Als solche Leistungsbereiche werden dabei insbesondere

- Sortimentsteile (im Grenzfall einzelne Artikel),
- Verkaufsstellen oder Verkaufsregionen und
- Vertriebsschienen (Betriebsformen)

angesehen. Es wird ermittelt, welche Erfolgsbeiträge Sortimentsteile oder Teile des Filialsystems zum Erfolg beisteuern. Es ist aber auch möglich, weitere Erfolgssegmente festzulegen, z. B. Kunden mit oder ohne Kundenkarten, Kunden aus unterschiedlichen Entfernungszonen oder Alt- versus Neukunden.

Den von einem Handelsbetrieb angebotenen Waren und selbständigen Dienstleistungen kommt eine besondere Bedeutung zu. Da ein Handelsbetrieb häufig viele verschiedenartige Waren anbietet, wird die Warenvielfalt mit Hilfe von Sortimentspyramiden strukturiert. Die kleinste disponierbare Einheit wird dabei als Artikel, manchmal auch als Sorte, bezeichnet. Einzelne Artikel können zu Artikelgruppen (z. B. emaillierte Geschirre, Aluminiumgeschirre), Artikelgruppen zu Warenbereichen (z. B. Haus- und Küchengeräte, Glas/Keramik/Porzellan, Bestecke und Schneidwaren) und Warenbereiche zu Warenarten (z. B. Hausrat) zusammengefasst werden. In der Praxis werden zahlreiche Begriffe herangezogen, um die Warenvielfalt zu systematisieren. Obwohl Unternehmungen derselben Branche angehören und obwohl sie in formaler Hinsicht die gleichen Begriffe der Sortimentspyramide verwenden, können sich die definierten Sortimentseinheiten unterscheiden.

Der Zielsetzung, den Erfolg des gesamten Handelsbetriebs (Betriebserfolg) zu ermitteln, folgt das Anliegen, den Erfolgsbeitrag einzelner Warenarten, Warenbereiche, Artikelgruppen, im Einzelfall einzelner Artikel zu quantifizieren. Basisvoraussetzung für die Ermittlung derart detaillierter Erfolgsbeiträge ist die differenzierte Erfassung der Umsätze, was aufgrund der eindeutigen Identifikation mit Hilfe von Artikelnummern heute problemlos möglich ist. Schwieriger ist es, die zugehörigen Kosten zu ermitteln. Von zentraler Bedeutung ist die Frage, unter welchen Voraussetzungen eine Zurechnung von Kosten auf Leistungseinheiten (Kostenträger) sinnvoll ist. Die Zurechnung erfolgt, indem einzelne Kostenarten den Kostenträgern direkt zugerechnet werden (Kostenträgereinzelkosten) oder indem die den Kostenträgern nicht unmittelbar zurechenbaren Kostenarten Kostenstellen zugewiesen werden, für die dann ermittelt wird, in welchem Ausmaß sie von den Kostenträgern in Anspruch genommen worden sind. Kennzeichnend für die Vorgehensweise ist folglich eine Dreiteilung der Kostenrechnung in eine Kostenarten-, Kostenstellen- und Kostenträgerrechnung. Zwar dienen alle Teile der Kostenrechnung vor allem der Ermittlung der Kosten einzelner Kostenträger, dennoch werden mit jedem Teilsystem auch eigenständige Ziele verfolgt:

- Die Kostenartenrechnung dient der Planung (oft auch der Budgetierung) und Kontrolle einzelner Kostenarten. Folgende Fragen sind beispielsweise zu beantworten: Wie hoch sind die Personalkosten und wie haben sie sich entwickelt? Sollen die Werbekosten auf 3 %, 3,5 % oder 4 % vom Umsatz festgelegt werden?
- Die Kostenstellenrechnung dient der Planung und Kontrolle der Kosten in einzelnen organisatorischen Bereichen der Unternehmung.
- Besondere Beachtung findet im Handelsbetrieb die Kostenträgerrechnung. Sie dient beispielsweise dazu, den Erfolgsbeitrag einzelner Teile des Sortiments zu bestimmen.

Als unproblematisch wird die Zurechnung von sog. Kostenträgereinzelkosten angesehen. Ob es sich um Einzelkosten handelt, wird anhand der Frage geprüft, ob die betrachteten Kosten hinsichtlich der betrachteten Bezugsgröße (hier der Sortimentseinheit) variabel sind. „Mögliche Einzelkosten sind diejenigen direkt meßbaren Kosten, die nicht entstehen würden, wenn die jeweils betrachtete Bezugsgrößenmenge wegfiele" (Börner 1970, Sp. 442). Die übrigen Kosten werden in Bezug auf die gewählte Bezugsgröße als Gemeinkosten bezeichnet. Teilweise wird empfohlen, alle Kosten den Kostenträgern zuzurechnen, was zur sog. Vollkostenrechnung führt. Im Gegensatz dazu wird im Rahmen der Teilkostenrechnung darauf verzichtet, alle Kosten zuzurechnen. Begründet wird diese Vorgehensweise nicht nur damit, dass eine vollständige Kostenzurechnung zu aufwendig wäre, sondern vor allem damit, dass die so gewonnenen Kosteninformationen für die betriebliche Steuerung ungeeignet wären. Die Teilkostenrechnung kommt vor allem in Form von Deckungsbeitragsrechnungen zur Anwendung.

28.2.3.1 Die Grundform der Deckungsbeitragsrechnung

Unter Beachtung des oben dargestellten Prinzips der Einzelkosten werden die Kosten in einer Deckungsbeitragsrechnung so angeordnet, dass sie auf der jeweiligen Ebene der Bezugsgrößenhierarchie als Einzelkosten angesehen werden können. Riebel (1994, S. 360) spricht deshalb auch von relativer Einzelkostenrechung. Ein Beispiel für eine Deckungsbeitragsrechnung findet sich in Abbildung 28.13. Dort werden drei Warenbereiche berücksichtigt, denen neben ihrem Umsatz auf einer ersten Ebene die Kosten des Wareneinsatzes zugeordnet werden. Dabei wird unterstellt, dass das Angebot der Warengruppe zu dem Umsatz und den jeweiligen Wareneinsatzkosten führt. Der Wegfall der Warengruppe würde sowohl zum Wegfall des Umsatzes als auch zum Wegfall der Wareneinsatzkosten führen. Das Ergebnis kann als Brutto- oder Rohertrag des jeweiligen Warenbereichs bezeichnet werden. Es kann auch als Deckungsbeitrag 0 charakterisiert werden. Da es durchaus möglich ist, dass einem Warenbereich weitere Einzelkosten zugeordnet werden können (z. B. die Kosten für die Tiefkühltruhen bei der Warengruppe Tiefkühlkost), ist hierfür eine weitere Zeile vorgesehen. Die zugehörige Differenz kann als Deckungsbeitrag I der jeweiligen Warenbereiche bezeichnet werden. Die restlichen Kosten des Betriebs werden in Abbildung 28.13 als Gemeinkosten der Warenbereiche angesehen. Eine Zuordnung auf die Warenbereiche scheidet folglich aus.

Im Einzelfall muss geklärt werden, ob einzelne Kostenbeträge als Einzelkosten oder als Gemeinkosten (jeweils in Bezug auf die gewählte Bezugsgröße) anzusehen sind. So werden die Kosten für den Wareneinsatz in vielen sortimentspolitischen Fragestellungen als Einzelkosten einzustufen sein. Das Beispiel der Gesamtumsatzrabatte verdeutlicht, dass Rabatte und damit Wareneinstandskosten nicht immer oder in Gänze als Einzelkosten angesehen werden können. Wechselnde Einsatzbereiche des Personals, Werbemaßnahmen für einzelne Warenbereiche, die auch anderen Warenbereichen zugutekommen, oder die gemeinsame Nutzung von Raumkapazitäten lassen die Frage nach der Einstufung als Einzel- oder Gemeinkosten aufkommen.

	Warenbereiche			Σ
	1	2	3	
Umsatz (netto = ohne MwSt.) ./. Wareneinsatz (soweit Einzelkosten)	50 000 30 000	100 000 60 000	175 000 90 000	325 000 180 000
= Bruttoertrag (Rohertrag) bzw. Deckungsbeitrag 0 ./. weitere Einzelkosten der Warenbereiche	20 000 10 000	40 000 25 000	85 000 50 000	145 000 85 000
= Deckungsbeitrag I ./. Gemeinkosten der Warenbereiche	10 000	15 000	35 000	60 000 55 000
= Betriebsergebnis				5 000

Abb. 28.13: Grundform einer Deckungsbeitragsrechnung (am Beispiel einer Sortimentserfolgsrechnung)

28.2.3.2 Verfeinerte Formen einer Deckungsbeitragsrechnung

Die in Abbildung 28.13 dargestellte Situation lässt sich in verfeinerter Form abbilden, wenn nicht nur die Frage aufgeworfen wird, ob die Kosten im Hinblick auf die Bezugsgröße „Warenbereich" variabel sind und folglich als Einzelkosten des Warenbereichs eingestuft werden können, sondern wenn zusätzlich gefragt wird, ob sich die betreffende Kostenposition mit einer Veränderung des Umsatzes in dem betreffenden Warenbereich verändert. Die Umsatzhöhe stellt dann eine weitere Bezugsgröße für die Analyse der Kosten dar.

Die in Abbildung 28.14 dargestellte Form der Deckungsbeitragsrechnung ist differenzierter als diejenige in Abbildung 28.13. Zusätzlich zu der Einordnung eines Kostenbetrags als Einzelkosten oder Gemeinkosten in Bezug auf den Warenbereich wird hier erfasst, ob der Kostenbetrag mit einer Variation des Umsatzes fix bleibt oder ob er variiert. Die Trennung in fixe (Bereitschaftskosten) und variable Kosten ist ein zentrales Anliegen des sog. Direct Costing (vgl. zur Historie dieses Verfahrens Bungenstock 1995, S. 260). Handelt es sich z. B. um den Warenbereich Tiefkühlkost (TKK), so können die folgenden Verhältnisse realistisch sein: Bei dem Wareneinsatz handelt es sich um variable Einzelkosten, bei den Abschreibungen für die Tiefkühltruhe um fixe Einzelkosten und bei dem für das Aufstellen der Truhe benötigten Raum um fixe Gemeinkosten (weil sie nicht entfielen, wenn

	Warenbereiche			Σ
	1	2	3	
Umsatz (netto = ohne MwSt.) ./. Wareneinsatz (soweit Einzelkosten)	50 000 30 000	100 000 60 000	175 000 90 000	325 000 180 000
= Bruttoertrag bzw. Deckungsbeitrag 0 ./. weitere variable Einzelkosten der Warenbereiche	20 000 4 000	40 000 15 000	85 000 20 000	145 000 39 000
= Deckungsbeitrag I ./. fixe Einzelkosten des Warenbereichs	16 000 6 000	25 000 10 000	65 000 30 000	106 000 46 000
= Deckungsbeitrag II ./. variable Gemeinkosten aller Warenbereiche	10 000	15 000	35 000	60 000 20 000
= Deckungsbeitrag III ./. fixe Gemeinkosten aller Warenbereiche				40 000 35 000
= Betriebsergebnis				5 000

Abb. 28.14: Form der Deckungsbeitragsrechnung, in der sowohl nach Einzel- und Gemeinkosten als auch nach fixen und variablen Kosten differenziert wird (am Beispiel der Sortimentserfolgsrechnung)

der Warenbereich TKK verkleinert und die freiwerdende Fläche einem anderen Warenbereich zur Verfügung gestellt würde).

Der Einteilung in Einzel- und Gemeinkosten einerseits und in fixe und variable Kosten andererseits liegt die gemeinsame Frage zugrunde, „ob die jeweils betrachteten Kosten hinsichtlich der jeweils betrachteten Bezugsgröße in einer meßbaren Weise variabel sind." (Börner 1970, Sp. 442). Lediglich die Bezugsgrößen unterscheiden sich. Aus verschiedenen Bezugsgrößen und ihrer Kombination entstehen komplexere Systeme der Kostenrechnung. Insofern besteht die Aufgabe darin, geeignete Bezugsgrößen zu finden. Wie bereits ausgeführt, kommt im Handel einerseits Vertriebsschienen, Absatzregionen und Verkaufsstellen, andererseits den Sortimentsebenen eine besondere Bedeutung zu. Ein sinnvoller Aufbau einer Kostenrechnung im Handel setzt demnach voraus, dass die Bezugsgrößen sorgfältig ausgewählt werden.

In der Praxis orientiert man sich stellenweise weniger an den vorgestellten Kostenkategorien (Einzel- und Gemeinkosten, fixe und variable Kosten), sondern zieht in mehreren Stufen einzelne Kostenarten vom Rohertrag ab und kommt so zu einer Abfolge von Roherträgen bzw. Deckungsbeiträgen (z. B. Deckungsbeitrag vor AfA, Steuern und Zinsen). Ein Beispiel hierfür zeigt Abbildung 28.15.

Wie das Beispiel zeigt, werden neben der Spanne (Zeile 12) die Roherträge I bis III (Zeile 15, 20, 25) ausgewiesen. Von letzteren werden verschiedene Gruppen von Kostenarten abgezogen, bei denen häufig offenbleibt, inwieweit es sich um Einzelkosten oder geschlüsselte Gemeinkosten handelt.

Zeile	Elemente des DB	Zeile	Elemente des DB	Zeile	Elemente des DB
10	Filialumsatz netto	30	Personalkosten	45	Verwaltungskosten
11	Wareneinsatz	31	Werbeinserate	46	Raummiete/Pacht
12	**Spanne**	32	sonst. Werbekosten	47	Miete bew. Wirtschaftsg.
	Preisänderungen	33	Packmittel	48	AfA auf Bauten/Einrichtungen
	Spanne o. Preisänderungen	34	Zinsen a. Warenvorräte	49	Ladungsträger
	Preisänderungen lt. DSR	35	variable Verkaufskosten	50	Instandhaltung
	Spanne lt. DSR	36	Post/Fernsprechgeb.	51	GWG/KWG
13	Skonti/Boni/WKZ	37	Büromaterial	52	Energiekosten
14	**sonstige Erträge**	38	Reise/Bewirtung	53	Zinsen auf Einrichtung
15	**Rohertrag I**	39	Steuern/Gebühren/Vers.	55	Miet-/Anlagekosten
16	verr. Lagerkosten	40	sonst. Verwaltungskosten	56	direkte Kosten
17	verr. Transportkosten	41	sonst. Betriebskosten		**DB vor sekundären Kosten**
20	**Rohertrag II**	42	Reinigung/Abfallbeseitigung		sekundäre Kosten
21	Warenverluste			57	**DB Filialen**
22	Manko/Inventurdifferenzen				
25	**Rohertrag III**				

Abb. 28.15: Filialerfolgsrechnung

28.2.3.3 Probleme der Deckungsbeitragsrechnung

Die Deckungsbeitragsrechnung ist mit einer Reihe von Problemen behaftet. Auf einige dieser Probleme soll im Folgenden eingegangen werden.

Vielzahl kostenbestimmender Einflussfaktoren

Die zuvor dargestellten Varianten der Deckungsbeitragsrechnung verdeutlichen, dass die Höhe der Kosten von mehreren Bestimmungsfaktoren abhängig sein kann. In der ersten Variante lautete die Bezugsgröße „Zugehörigkeit des Warenbereichs zum Sortiment“, in der zweiten Variante kam die Bezugsgröße „Abhängigkeit von der Höhe des Umsatzes der jeweiligen Warengruppe“ hinzu (zu weiteren Bestimmungsgrößen, die zu Bezugsgrößenhierarchien führen können vgl. Riebel 1994, S. 176–203).

Mangelnde Hinweise auf abzuleitende Maßnahmen

In vielen Fällen ergeben sich positive Deckungsbeiträge für alle Leistungseinheiten. Es ist im Regelfall nicht sinnvoll, die Sortimentseinheiten oder die Filialen mit den niedrigsten Deckungsbeiträgen zu eliminieren, weil daraus allein noch keine Verbesserung der betrieblichen Erfolgssituation resultieren muss. Zunächst gingen dadurch positive Deckungsbeiträge verloren. Die Kostenrechnung zeigt zwar die unterschiedliche Ertragskraft einzelner Sortimentseinheiten, Konsequenzen für die Geschäftspolitik deuten sich jedoch nicht unmittelbar an. Grund hierfür ist, dass bei einem relativ hohen Anteil von Kosten, die sich den Sortimentseinheiten nicht als Einzelkosten zurechnen lassen, die Deckungsbeiträge aller Sortimentseinheiten positiv sind. Entscheidungen über Auslistungen lassen sich auf dieser Grundlage kaum treffen. Daran ändert sich nichts, wenn die Deckungsbeiträge auf Engpasseinheiten bezogen werden und beispielsweise der Deckungsbeitrag einer Sortimentseinheit durch die beanspruchte Verkaufsfläche geteilt wird. Auch bei positiven Deckungsbeiträgen ist zu fragen, ob die Ergebnissituation durch bestimmte Maßnahmen verbessert werden kann. So kann beispielsweise überlegt werden, wie sich die Kosten- und Erlössituation des Betriebs ändert, wenn die Flächenaufteilung geändert wird, die Werbeausgaben erhöht oder gesenkt werden, preispolitische Maßnahmen durchgeführt werden usw.

Bei negativen Deckungsbeiträgen ist zu überlegen, ob Maßnahmen ergriffen werden sollen (z. B. im Rahmen der Preis-, der Werbe-, der Flächen- oder der Sortimentspolitik), um positive Deckungsbeiträge zu erzielen oder ob die Sortimentseinheiten eliminiert werden sollen. Die Folgen der Elimination sind im Regelfall einfacher zu prognostizieren, weil sich abschätzen lässt, welche Umsätze und Kosten entfallen werden. Schwierig vorherzusagen ist lediglich, in welchem Umfang das restliche Sortiment von Verbundwirkungen betroffen sein wird.

Mangelnder Ausweis der Inanspruchnahme gemeinsamer Kapazitäten

Im Regelfall nimmt eine Sortimentseinheit über ihre variablen Kosten hinaus betriebliche Ressourcen in Anspruch, die nach dem Identitätsprinzip nicht als Einzelkosten der Sortimentseinheit angesehen werden können. Besonders deutlich wird dies bei der Inanspruchnahme von Verkaufsfläche durch einzelne Warengruppen. Meist unterscheidet sich der Raumbedarf verschiedener Warengruppen sehr stark voneinander. Da sich die Kosten für einen Verkaufsraum nicht mit den Dispositionen über die Warengruppen ändern, handelt es sich um Gemeinkosten und nicht um Einzelkosten der Warengruppen. Dies gilt auch für den Fall, dass genau erfasst werden kann, wie groß die jeweilige Raumbelegung ist. Ähnliches gilt für andere Positionen, wie z. B. Bauten, Energiekosten, Instandhaltung. Da die entsprechenden Kostenbeträge nicht als Einzelkosten ausgewiesen werden, ist aus einer Deckungsbeitragsrechnung nicht erkennbar, in welchem Ausmaß die einzelnen Leistungsträger Kapazitäten in Anspruch nehmen, die die Gemeinkosten auslösen. Die zentralen Erkenntnisse können wie folgt zusammengefasst werden:

1. Wie im Industriebetrieb gilt auch im Handelsbetrieb, dass die unmittelbar zurechenbaren Kosten (im Handelsbetrieb die Wareneinstandskosten) einen immer kleineren Anteil an den Gesamtkosten ausmachen.
2. Die Deckungsbeitragsrechnung weist zwar auch die Kosten zentraler Kapazitäten aus, lässt aber nicht erkennen, in welchem Ausmaß diese Kapazitäten von einzelnen Kostenträgern in Anspruch genommen werden.

28.2.3.4 Merkmale einer entscheidungsunterstützenden Kostenrechnung

Betriebliche Planungsprobleme werden durch die Kostenrechnung dann angemessen unterstützt, wenn deutlich wird, wie sich die Kosten (und gegebenenfalls die Erlöse) bei Änderung einer Bezugsgröße ändern. Ziel ist es, die Zusammenhänge in Form von Kostenfunktionen zu quantifizieren, die allgemein die folgende Form besitzen:

(28.1) Höhe der Kosten = f(Parameter der Geschäftspolitik, Umweltgrößen)

Die Bestimmungsfaktoren der Höhe der Kosten stellen demnach zum Teil Parameter der Geschäftspolitik, zum Teil Umweltvariablen dar. Von besonderem Interesse ist der Einfluss der Parameter der Geschäftspolitik. Im Handelsbetrieb sind vor allem die folgenden Bereiche wichtig:

- Absatzpolitik (Marketingpolitik): Es ist über den Einsatz der einzelnen absatzpolitischen Instrumente sowohl in strategischer als auch in operativer Hinsicht zu entscheiden.
- Beschaffungspolitik: Zum einen ist über die Beschaffungsformen (z. B. Größe des Beschaffungsraums und Anzahl der Lieferanten) und die einzelnen Beschaffungsquellen zu entscheiden. Zum anderen sind die Parameter der Logistik (Auftragsabwicklung, Transport, Lagerhausmanagement, Bestandsmanagement sowie Kommissionierung, Verpackung und Warenauszeichnung) festzulegen.

Darüber hinaus können auch personalpolitische oder finanzierungspolitische Entscheidungen durch Kosteninformationen unterstützt werden. Diesen kommt jedoch in diesem Zusammenhang eine geringere Bedeutung zu.

Während im Industriebetrieb der Einfluss alternativer Erzeugnismengen auf die Höhe der Kosten zu den zentralen Fragen gehört, geht es im Handelsbetrieb vor allem um die Frage, wie sich die Kosten in Abhängigkeit von einzelnen geschäftspolitischen Maßnahmen (z. B. Größe der Verkaufsfläche, die einzelnen Warenbereichen zugewiesen wird) ändern. Dabei ist allerdings zu beachten, dass bestimmte Kosten häufig den Charakter fixer Gemeinkosten aufweisen (z. B. Mietkosten) und für die zu treffende Entscheidung (z. B. Flächenzuteilung) irrelevant sind. Es ist dann zu prüfen, in welchem Ausmaß sich andere Kosten, wie insbesondere der Wareneinsatz, der Bedarf an Einrichtungsgegenständen, die Personalkosten und die Energiekosten, ändern. Mit größeren Problemen als die Feststellung der Kostenwirkungen ist allerdings die Prognose des Umsatzes verbunden, der aus einem alternativen Einsatz von betrieblichen Ressourcen resultiert.

Der Umsatz, der in der Praxis häufig als Bezugsbasis für einzelne Kosten herangezogen wird, stellt keinen Steuerungsparameter im Sinne einer entscheidungsorientierten Kostenrechnung dar. Während die Erzeugnismengen in der Fertigung eines Industriebetriebs als Aktionsparameter angesehen werden können, handelt es sich bei dem Umsatz eines Handelsbetriebs um eine Ergebnisgröße. Dem Umsatz im Handelsbetrieb darf demnach in einer entscheidungstheoretischen Analyse nicht die gleiche Rolle zugewiesen werden wie der Produktionsmenge im Industriebetrieb.

Die Wirkungen betrieblicher Dispositionen auf die Kosten und den Umsatz veranschaulicht die Abbildung 28.16.

Im Sinne des Identitätsprinzips von Riebel gilt, dass eine betriebliche Disposition sowohl den Faktoreinsatz und in dessen Folge die Kosten als auch die Erlössituation berühren kann.

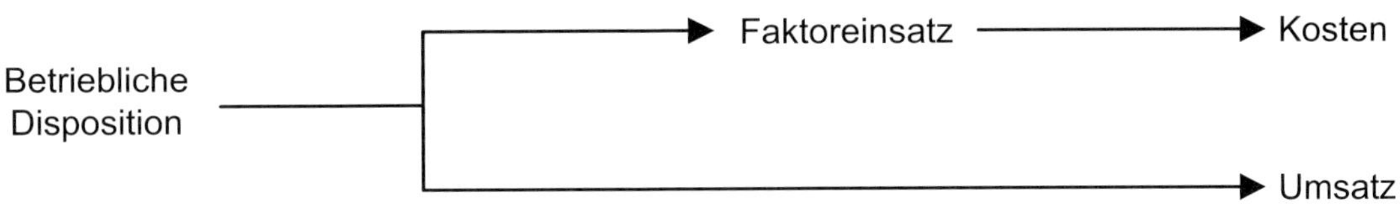

Abb. 28.16: Wirkung betrieblicher Dispositionen auf Kosten und Umsatz

Wenn der Kostenrechnung die Aufgabe zukommt, die infolge einer betrieblichen Disposition eingetretenen oder zu erwartenden Kosten zu ermitteln, muss sich dies in einem entsprechenden Aufbau der Kostenrechnung niederschlagen. Bezugsgröße für die Kosten sollten daher relevante Aktionsparameter sein, z. B. die Verkaufsraumaufteilung auf einzelne Sortimentseinheiten. Wirkungen alternativer Flächenzuweisungen zu einer Sortimentseinheit werden in Abbildung 28.17 dargestellt.

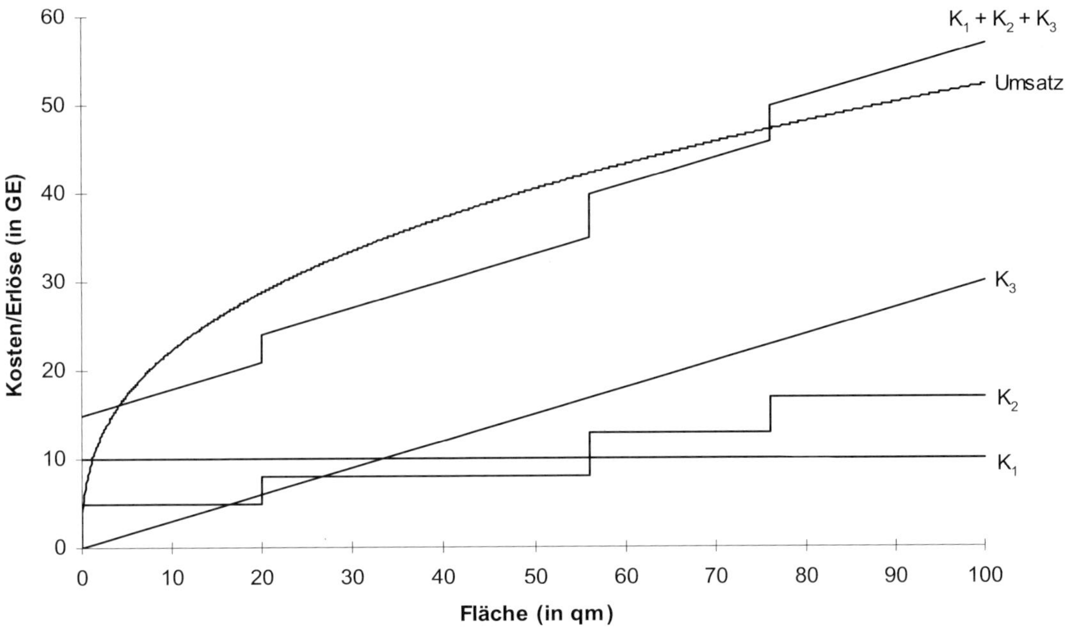

Abb. 28.17: Kosten und Erlöse in Abhängigkeit von der einer Sortimentseinheit zugewiesenen Fläche

Einzelne Kostenarten (beispielsweise für die Kasseneinrichtung) sind fix (K_1), andere steigen proportional (K_3) oder gegebenenfalls intervallfix (K_2) an. Die Kosten für die in Anspruch genommene Fläche bleiben außer Acht, da es sich um fixe Gemeinkosten handelt. Die Umsatzwirkung (Umsatz) und damit die Frage, wie die Kunden auf einzelne betriebspolitische Konzepte reagieren werden, ist außerhalb der Kostenrechnung zu untersuchen.

Die Darstellung macht deutlich, dass es zweckmäßig ist, Kosten und Erlöse gegenüberzustellen. Allerdings wird der Eindruck vermieden, die Erlöse seien ein Bestimmungsfaktor der Kosten. Außerdem wird deutlich, dass es Aufgabe der Unternehmenspolitik ist, Alternativen für die Ausgestaltung absatzpolitischer Maßnahmen zu bestimmen und ihre Umsatzwirkung abzuschätzen.

Die Anwendung der Kostenrechnung im Handel ist mit einer Reihe von Problemen verbunden:

1. Quantenproblem: Einzelne Ressourcen, die für die Erstellung der Handelsleistung benötigt werden, können nicht in der Menge beschafft werden, die für den Vertrieb einer einzigen Mengeneinheit nötig wären. Dieses Problem wird einerseits als Fixkosten- und andererseits als Gemeinkostenproblem bezeichnet. Die Deckungsbeitragsrechnung verzichtet einerseits auf eine der Realität nicht entsprechende Aufteilung von Fix- oder Gemeinkosten auf einzelne Kostenträger. Andererseits ermöglicht sie aber keine Aussage über die Vorteilhaftigkeit der Kostenträger (z. B. Warengruppen), wenn diese mehrere der vorhandenen Kapazitäten in unterschiedlichem Maße in Anspruch nehmen. Die Inanspruchnahme der Verkaufsraum-, Lagerraum- oder Fuhrparkkapazität kann sich bei einzelnen Warengruppen stark unterscheiden, so dass einzelne Kennziffern, wie z. B. der Deckungsbeitrag pro Quadratmeter der Verkaufsfläche, für eine Beurteilung nicht mehr genügen. Für diesen Fall wird vorgeschlagen, die Deckungsbeitragsrechnung durch eine Kapazitätsverteilungsrechnung zu ergänzen.
2. Sortimentsverbund: Erlöse verschiedener Artikel sind nicht unabhängig voneinander. Sonderangebote bezüglich eines Artikels dienen häufig nicht nur dazu, den Absatz dieses Artikels zu fördern, sondern entsprechend größere Warenkörbe zu generieren. Für das Rechnungswesen ergibt sich daraus die Aufgabe, das Ausmaß des Verbunds zwischen einzelnen Artikeln sichtbar zu machen.
3. Instrumentalverbund: Die Absatzpolitik eines Handelsunternehmens besteht aus einer Vielzahl von Einzelmaßnahmen, zwischen denen es Wechselwirkungen gibt. Es werden folglich Informationen über die Ausprägungen der absatzpolitischen Maßnahmen im Zeitablauf benötigt, um die Kosten und Erlöse den Maßnahmen zuzuordnen.
4. Wirkungsverzögerungen: Wenn Erfolg und Einsatz einer Maßnahme gegenübergestellt werden sollen, ist bei einer sehr weiten Periodenabgrenzung nicht mehr gewährleistet, dass der Erfolg in Zusammenhang mit der Maßnahme steht. Bei einer sehr engen Periodenabgrenzung tritt die Frage auf, über wie viele Perioden hinweg der Erfolg einer Maßnahme verfolgt werden muss.
5. Unsicherheit: Die Wirkung einzelner Maßnahmen wird von zahlreichen Umweltvariablen beeinflusst. Änderungen im Konsumentenverhalten oder in der Wettbewerbsstruktur können dazu führen, dass Wirkungszusammenhänge der Vergangenheit für eine Prognose ungeeignet sind.

28.2.4 Zusammenfassende Beurteilung des internen Rechnungswesens

Werden die Verfahren der Kosten- und Erlösrechnung darauf hin beurteilt, inwieweit sie der Geschäftspolitik im Sinne einer marktgerichteten Unternehmenspolitik dienen, so ist festzustellen, dass sich die Kostenrechnung zunehmend zu einem entscheidungsorientierten Führungsinstrument entwickelt hat. Wird allerdings geprüft, für welche strategischen oder taktischen Entscheidungen Informationen zur Verfügung gestellt werden, so wird deutlich, dass die Kosten- und Erlösrechnung zwar einige Hinweise für die Filialnetz- und Sortimentsplanung geben kann, dass aber die Unterstützung für andere Entscheidungsbereiche eher gering ist. Ebenso ist festzuhalten, dass die Umweltfaktoren, die die Zielerreichung neben den gewählten Maßnahmen beeinflussen, nur rudimentär abgebildet werden. Insgesamt stellt sich die Kostenrechnung weiterhin vorwiegend als ein Instrument der Dokumentation und der Kontrolle dar.

28.3 Die Prozesskostenrechnung

Zu den traditionellen Varianten der Kostenrechnung ist eine neue Sichtweise hinzugekommen, für die sich der Name Prozesskostenrechnung etabliert hat. Mit Hilfe der Prozesskostenrechnung soll der Erfolgsbeitrag einzelner Kostenträger (z. B. Sortimentseinheiten) bestimmt werden, wobei wie in der traditionellen Vollkostenrechnung die Inanspruchnahme der einzelnen Kostenstellen analysiert wird. Dabei wird berücksichtigt, dass die Leistungserstellung die Durchführung von Prozessen erfordert, die sich über mehrere Kostenstellen erstrecken. Die Inanspruchnahme dieser Kostenstellen soll verursachungsgerecht verrechnet werden. Prozesskostenrechnungen sollen nicht nur den Erfolgsbeitrag einzelner Sortimentsteile ausweisen, sondern darüber hinaus Hinweise für die Gestaltung einzelner betrieblicher Prozesse liefern (vgl. Ihring 2000; Morschett 2004; Battenfeld 2005b; Reckenfelderbäumer 2006). Auf die Durchführung solcher Prozesskostenrechnungen und die damit verbundenen Probleme wird im Folgenden eingegangen.

Im Handel ist die Prozesskostenrechnung unter dem Begriff Direkte Produkt-Profitabilität (DPP) eingeführt worden (vgl. Schröder 1997). Mit Hilfe der DPP können die Handlungskosten für einen Artikel in differenzierter Form ermittelt und zugeordnet werden. Ausgangspunkt hierfür war die Beobachtung, dass einzelne Artikel als Umsatzträger die betrieblichen Ressourcen in unterschiedlichem Maße beanspruchen. Werden von der Handelsspanne sog. Direkte Produktkosten (DPK) abgezogen, so verbleibt ein Betrag zur Abdeckung der nicht direkt zurechenbaren Kosten und zur Erzielung des Gewinns (vgl. Günther 1993, S. 467–473). Dieser Betrag wird als Direkter Produktprofit bezeichnet.

	Handelsspanne eines Artikels
./.	Direkte Produktkosten (DPK)
=	Direkter Produktprofit

Abb. 28.18: Von der Handelsspanne zum Direkten Produktprofit

Im Mittelpunkt des Ansatzes steht die Ermittlung der Direkten Produktkosten. Ähnlich wie bei der Prozesskostenrechnung ist zuerst zu ermitteln, welche „Tätigkeitsbereiche" Kosten verursachen. Ihnen werden möglichst verursachungsgerecht Kosten zugeordnet. Anschließend sind Kostenfaktoren zu ermitteln. Werden produktspezifische Daten, die die Inanspruchnahme der Kosteneinflussgrößen bestimmen, mit den Kostenfaktoren verknüpft, so können einem einzelnen Produkt seine Handlungskosten zugerechnet werden.

Über die Ermittlung eines direkten Produktprofits hinaus besitzt die Prozesskostenrechnung noch weitere Aufgaben. Sie soll dazu beitragen, Strukturentscheidungen im Handelsbetrieb vorzubereiten und Hinweise dafür liefern, welche Ergebnisse mit den Prozessen erzielt werden (Überprüfung der Effizienz) bzw. welche Prozesse zum Aufgabenbündel eines Handelsbetriebs gehören sollen (Sicherung der Effektivität). Damit bekommt die Kostenrechnung eine zweite Aufgabe. Während zunächst die Überlegungen darauf gerichtet waren, zu einem detaillierteren Ausweis von Kosten für einzelne Sortimentsteile zu gelangen, werden nun die einzelnen Prozesse, die zum Umsatz führen, dargestellt und mit ihren Kosten bewertet. In einfacher Untergliederung kann der Handelsbetrieb als eine Abfolge von Prozessen interpretiert und wie in Abbildung 28.19 dargestellt werden.

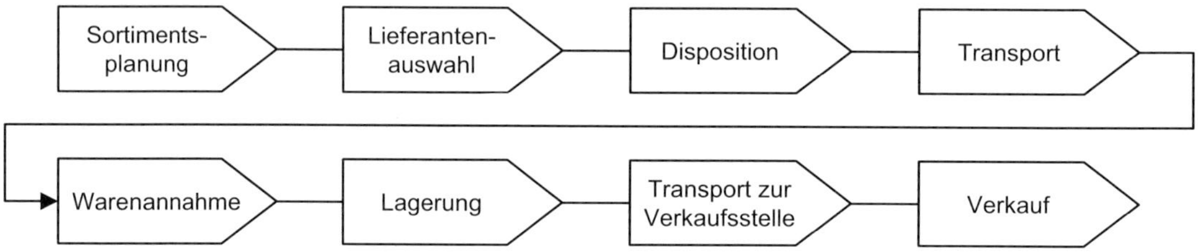

Abb. 28.19: Der Handelsbetrieb als Abfolge von Prozessen

Eine solche Abfolge von Aktivitäten kann stärker zusammengefasst oder weiter ausdifferenziert werden (zu einer detaillierten Auflistung einzelner Aktivitäten bei Beschaffung und Lagerhaltung vgl. Bichler/Beck 1987).

Die Prozesskostenanalyse soll folglich vor allem zwei Aufgaben lösen:

- Zum ersten soll sie die überwiegend wertabhängigen Bezugsgrößen, mit denen im Rahmen von traditionellen Vollkostenrechnungen den einzelnen Bestandteilen des Sortiments Kosten zugerechnet werden, durch Schlüssel ersetzen, die als verursachungsgerechter angesehen werden. Es wird kritisiert, dass die Einzelkosten einzelner Produkte eine immer schmalere Basis für immer größer werdende Gemeinkostenzuschläge bilden. Dabei werden Schlüssel verwendet, die in keinem erkennbaren Zusammenhang zur Inanspruchnahme der die Gemeinkosten verursachenden Bereiche stehen. Ziel ist es zu verdeutlichen, welche Kosten die einzelnen Produkte tatsächlich auslösen, da die Inanspruchnahme zentraler Leistungen durch einzelne Produkte aufgrund ihrer Komplexität, ihres Variantenreichtums oder ihrer Absatzmenge unterschiedlich ist.
- Zum zweiten soll die Analyse der relevanten Prozesse dazu beitragen, die Effizienz einzelner Leistungsbereiche zu beleuchten.

28.3.1 Schritte der Prozesskostenrechnung

Die Prozesskostenrechnung liegt mittlerweile in mehreren Varianten vor (siehe die bei Olshagen und bei Coenenberg/Fischer genannten Begriffe und Literaturhinweise; Olshagen 1991; Coenenberg/Fischer 1991, S. 21–22; Coenenberg/Fischer/Günther 2009, S. 144–170):

- das Activity-Based Costing nach Cooper, Johnson und Kaplan (vgl. Cooper/Kaplan 1988),
- der Ansatz von Horváth und Mayer (vgl. Horváth/Mayer 1989; Horváth/Mayer 1993).

Die Prozesskostenrechnung nach Horváth und Mayer vollzieht sich nach einem einfachen System, das durch folgende Stufen beschrieben werden kann:

1. Definition der Aufgabenstellung

Horváth und Mayer empfehlen, erste Untersuchungen in den Bereichen der Unternehmung anzulegen, in denen die Ergebnisse von besonderem Interesse oder die Maßgrößen besonders einfach zu erheben sind. Als wichtig erweist sich eine Zielformulierung für die Analyse, z. B. Fragen, welche Prozesse verbessert werden sollen oder wie die Transparenz in bestimmten Gemeinkostenbereichen erhöht werden kann.

2. Definition von Prozessen und Aktivitätenanalyse

Der Betrieb wird – wie in der Produktionstheorie – als eine Abfolge von Prozessen interpretiert.

Unter einem Prozess ist eine auf die Erbringung eines Leistungsoutputs gerichtete Kette von relativ homogenen und sich wiederholenden Aktivitäten zu verstehen.

Die Prozessstrukturen sind im Hinblick auf die Ziele der Untersuchung zu entwickeln. Prozesse beanspruchen die Ressourcen eines Unternehmens. So können z. B. in der Kostenstelle X Bestellungen für verschiedene Warenbereiche abgewickelt werden. Die Bestellungen für jeden Warenbereich können als eigenständige Aktivität definiert werden. Für diese ist zu ermitteln, welcher Anteil der Kosten in der Kostenstelle X für Bestellungen im Warenbereich Z anzusetzen ist. In einfachen Fällen wird in einer Kostenstelle nur ein Prozess erbracht, während in komplexen Fällen die Aktivitäten der Kostenstelle entsprechend den verschiedenen Prozessen differenziert werden müssen. Ergebnis dieses Schrittes sind Angaben darüber, welche Outputeinheiten mit den einzelnen Aktivitäten erstellt worden sind und wie hoch der jeweilige Ressourcenverbrauch war. Entsprechendes gilt für andere Kostenstellen, z. B. Warenannahme, innerbetrieblicher Transport, Lager, Kommissionierung und Warenausgang. Für einen bestimmten Warenbereich werden demnach Aktivitäten in mehreren Kostenstellen anfallen. Diese Teilprozesse können zu einem Hauptprozess zusammengefasst werden. So kann z. B. der Hauptprozess „Ware beschaffen“ aus den Teilprozessen „Ware einkaufen“, „Warenlieferung entgegennehmen“, „Wareneingangsprüfung durchführen“ und „Ware lagern“ bestehen (vgl. Coenenberg/Fischer 1991).

3. Kostenarten- und Kostenstellenrechnung

Der Ressourcenverbrauch innerhalb der Kostenstellen muss bewertet werden. Ausgangspunkt hierfür ist, wie in der traditionellen Kostenrechnung, eine Kostenarten- und eine Kostenstellenrechnung. Den Kostenstellen werden alle Kosten zugerechnet, die nicht unmittelbar den Kostenträgern zugeordnet werden können.

4. Analyse der Kosteneinflussgrößen (cost drivers)

Wenn für einen Prozess analysiert wird, von welchen Größen der Verzehr von Ressourcen abhängt, d. h. wenn die Kosteneinflussgrößen bestimmt werden sollen, dann steht das Ziel, wichtige und einfach zu ermittelnde (EDV-gerechte) Bestimmungsfaktoren zu finden, im Vordergrund. Stellenweise wird zwischen Maßgröße bzw. Bezugsgröße und *cost driver* unterschieden. So verwenden Horváth und Mayer den Begriff *cost driver*, um die Anzahl der Hauptprozessdurchführungen zu bezeichnen, während sie mit der Maßgröße die Anzahl der Teilprozessdurchführungen in den Kostenstellen messen. Bei der Kommissionierung könnten dies beispielsweise die Anzahl der bearbeiteten Auftragszeilen sein. Der *cost driver* und die Maßgröße sind sowohl Messgröße für den Output als auch Messgröße für die Kostenverursachung bzw. den Ressourcenverbrauch.

5. Ermittlung der Prozesskosten

In einem ersten Schritt werden die in einer Kostenstelle einem Prozess zugerechneten Kosten durch die Menge des als Bezugsgröße gewählten Outputs geteilt. Das Ergebnis ist der Prozesskostensatz, der angibt, wie viele Kosten durchschnittlich pro Outputeinheit anfallen. Es wird zwischen

- leistungsmengenneutralen (lmn) Kosten und
- leistungsmengeninduzierten (lmi) Kosten

unterschieden.

Leistungsmengenneutrale Kosten hängen nicht von der Prozessmenge ab. Sie können aber den leistungsmengeninduzierten Kosten proportional hinzugerechnet werden. So könnten beispielsweise die Kosten für die Leitung einer Abteilung als leistungsmengenneutrale Kosten eingestuft werden. Der Umlagesatz ergibt sich dann aus dem Verhältnis der leistungsmengenneutralen zu den leistungsmengeninduzierten Kosten. Es ist aber auch möglich auf die Umlage der leistungsmengenneutralen Kosten zu verzichten, da die Proportionalität von Kosten und Prozessmenge fraglich ist und sich daraus falsche Folgerungen für betriebspolitische Entscheidungen ergeben könnten.

Abbildung 28.20 zeigt am Beispiel der Kostenstelle Einkauf, welche Teilprozesse definiert worden sind, wie die Kosten der Kostenstelle auf die einzelnen Prozesse (Aktivitäten) aufgeteilt worden sind, welche Maßgrößen verwendet worden sind, um Prozesskostensätze zu bilden, und für welche Hauptprozesse die einzelnen Prozesskostensätze verwendet werden sollen. In dem Beispiel handelt es sich um eine Abteilung, in der acht Mannjahre (MJ) erbracht werden, die den Betrieb 800 000 GE kosten. Der Einsatz von acht Mannjahren verteilt sich entsprechend den Angaben in der Spalte „Kostenzurechnung“ auf die einzelnen Teilprozesse. Da auf den Teilprozess „Rahmenverträge abschließen“ 0,7 Mannjahre entfallen und dem 70 000 GE an Kosten entsprechen, ergibt sich bei insgesamt 70 abgeschlossenen Rahmenverträgen im Durchschnitt für den Abschluss eines einzelnen Rahmenvertrages ein Prozesskostensatz von 1 000 GE. Die Kosten für die Aktivität „Abteilung leiten“ in Höhe von 100 000 GE werden als leistungsmengeneutral eingestuft, aber dennoch proportional zu den leistungsmengeninduzierten Kosten hinzugerechnet.

Kostenstelle 5501 Einkauf								
Teilprozesse		Maßgröße		Kosten-rechnung	Prozeßkosten (Prozeßkostensatz)			Zuordnung
Nr.	Bezeichnung	Art	Menge	Basis MJ	lmi	lmn	gesamt	auf HP
1	Rahmenverträge abschließen	Rahmen-verträge	70	0,70	70 000,00 (1 000)	10 000,00	80 000,00 (1 142,86)	HP 7
2	Abrufe über Rahmenverträge	Abrufe	5 000	1,50	150 000,00 (30)	21 428,57	171 428,57 (34,29)	HP 7
3	Bestellungen Serienmat. Einzelbestellungen	Einzelbe-stellungen	2 000	2,00	200 000,00 (100)	28 571,43	22 8571,57 (114,29)	HP 8
4	Bestellungen Gemeinkostenmaterial	Bestellungen	3 000	1,80	180 000,00 (60)	25 714,29	205 714,29 (68,57)	HP 9
5	Kontakte mit Lieferanten halten	Lieferanten	70	1,00	100 000,00 (1 428,50)	14 285,71	114 285,71 (1 632,65)	HP 6
6	Abteilungen leiten			1,00		100 000,00		
	Σ			8			800 000,00	

(MJ = Mannjahre; HP = Hauptprozess; lmi = leistungsmengeninduziert; lmn = leistungsmengenneutral)

Quelle: Horváth/Mayer 1993, S. 22

Abb. 28.20: Beispiel für die Anwendung der Prozesskostenrechnung in einer Kostenstelle

6. Zuordnung der Prozesskosten zu den Kostenträgern

Unterschiede in der Inanspruchnahme der Ressourcen einer Unternehmung durch einzelne Kostenträger (Sortimentsbereiche, Kundengruppen, Regionen usw.) werden erfasst, indem die Prozesskosten über Prozesskostensätze in die Kostenträgerrechnung überführt werden. Teile der Prozesskosten können als nicht den Kostenträgern zugeordnete Kosten unmittelbar in die Ergebnisrechnung eingestellt werden.

Das Charakteristische der Prozesskostenrechnung ist darin zu sehen, dass versucht wird, möglichst viele der sog. Kostenträgergemeinkosten über verursachungsgerechte Schlüssel den Kostenträgern zuzurechnen. Eine solche Schlüsselung wird vorgenommen:

- bei der Zurechnung der Kosten einer Kostenstelle auf die dort erbrachten Aktivitäten,
- bei der Proportionalisierung der (fixen) Kosten auf die Outputmengeneinheiten des Prozesses und
- bei der Zuordnung der Prozesskosten auf die Kostenträger.

Auf die Problematik der mit der Prozesskostenrechnung verbundenen Schlüsselung wird in Abschnitt 28.3.3 eingegangen. Vorher wird in Abschnitt 28.3.2 die Prozesskostenrechnung an einem Logistikproblem veranschaulicht.

28.3.2 Die Anwendung der Prozesskostenrechnung am Beispiel eines Logistikproblems

Der Beitrag der Prozesskostenrechnung zur Lösung logistischer Probleme einer Handelsunternehmung soll im Folgenden anhand eines Beispiels diskutiert werden. Zu den zentralen Aufgaben bei der Auseinandersetzung mit logistischen Fragestellungen gehört, neben einer Verbesserung des Lieferservice, die Bestandsoptimierung. Bei der klassischen Bestellmengenformel und der ihr zugrundeliegenden Zielfunktion wird nach dem optimalen Verhältnis zwischen Lager- und Bestellkosten gesucht. Eine Verringerung der Bestellmenge und damit des durchschnittlichen Bestandes, führt zu einem Anstieg der Bestell- und Liefervorgänge und damit der Bestellkosten. Die klassische Bestellmengenformel basiert auf sehr restriktiven, zum Teil realitätsfremden Annahmen. Daher wurden zahlreiche Varianten entwickelt, die die Restriktionen lockern oder gar aufheben. Ein wichtiger Aspekt wird jedoch häufig vernachlässigt, nämlich die Frage nach der Höhe der Kostensätze, auf die diese Modelle zurückgreifen. Brandl (1998) hat sich als einer der wenigen mit dieser Problematik am Beispiel des Elektrogroßhandels auseinandergesetzt.

Trotz ihrer Einfachheit macht die klassische Bestellmengenformel deutlich, dass für die Optimierung der Bestellpolitik Informationen über die Konsequenzen der zur Wahl stehenden Alternativen benötigt werden. Diese spiegeln sich in dem Bestell- und dem Lagerkostensatz wider. Sowohl in theoretischen Beiträgen als auch in der Praxis werden häufig „Erfahrungswerte" benutzt, um die Höhe des Bestellkostensatzes zu quantifizieren. Dies geschieht weitgehend undifferenziert, so dass wichtige Einflussfaktoren auf die tatsächliche Höhe des Bestellkostensatzes unberücksichtigt bleiben. Daraus resultiert die Gefahr, dass die so bestimmte Bestellpolitik nicht kostenoptimal ist. Mögliche Lösungsbeiträge der Prozesskostenrechnung sollen im Folgenden mit Hilfe eines Beispiels verdeutlicht werden. Hierzu werden die in Abbildung 28.21 charakterisierten Artikel A, B und C betrachtet.

	A	B	C
Bedarf pro Jahr	5 200 ME	6 500 ME	2 600 ME
Stückpreis	2,50 GE	4,50 GE	11,25 GE

Abb. 28.21: Bedarf und Stückpreis der Artikel A, B und C

Werden ein konstanter Bedarfsverlauf, keine Kapazitätsrestriktionen und keine Verbundwirkungen unterstellt, so kann für jeden Artikel die optimale Bestellmenge mit Hilfe der klassischen Bestellmengenformel ermitteln werden. Wird angenommen, dass ein einzelner Bestellvorgang 9,00 GE kostet und der Lagerkostensatz sich auf 10,4 % des durchschnittlich gebundenen Kapitals pro Jahr beläuft, so liefert die klassische Bestellmengenformel als optimale Bestellmengen:

$$(28.2)\qquad x_A = \sqrt{\frac{2 \cdot 5200 \cdot 9}{2{,}50 \cdot 10{,}4\%}} = 600 \text{ ME}$$

$$(28.3)\qquad x_B = \sqrt{\frac{2 \cdot 6500 \cdot 9}{4{,}50 \cdot 10{,}4\%}} = 500 \text{ ME}$$

$$(28.4)\qquad x_C = \sqrt{\frac{2 \cdot 2600 \cdot 9}{11{,}25 \cdot 10{,}4\%}} = 200 \text{ ME}$$

Der optimale Lieferrhythmus beträgt folglich für A sechs und für B und C jeweils vier Wochen. Die Ergebnisse basieren auf der Annahme, dass die Höhe des Bestellkostensatzes für alle Artikel gleich ist. Damit wird vernachlässigt, dass sich jeder Bestellvorgang aus mehreren Teilprozessen zusammensetzt. Welche Teilprozesse es im Einzelnen sind und welche Kosten diese verursachen, kann von Artikel zu Artikel differieren. Zudem können die Teilprozesse und ihre Kosten von bestellpolitischen Entscheidungen abhängig sein, wie die folgenden Beispiele zeigen.

Bevor eine Bestellung vorgenommen wird, muss der Bestand kontrolliert, der Bedarf prognostiziert und die Bestellmenge festgelegt werden. In der Regel setzt sich ein Auftrag aus mehreren Bestellpositionen zusammen, so dass die Bestellmengen einzelner Artikel zu einem Auftrag zusammengefasst und erst dann an einen Lieferanten übermittelt werden. Durch den Auftrag wird ein Transportvorgang ausgelöst, der seinerseits mehrere Aufträge (zumindest auf einem Teil der Transportstrecke) umfassen kann. Werden die zu einem Auftrag zusammengefassten Waren angeliefert, erfolgt die Warenannahme, -kontrolle und -einlagerung. Ihnen schließt sich der Vorgang der Rechnungsregulierung an. Die Darstellung zeigt, wie komplex die durch eine Bestellung ausgelösten Vorgänge sind. Versucht man, die dabei entstehenden Kosten zu quantifizieren, ist es erforderlich, die Einflussgrößen (Maßgrößen), von denen die Kostenhöhe abhängig ist, zu bestimmen. Hierzu kann die Analyse der in den einzelnen Kostenstellen stattfindenden Teilprozesse Informationen liefern. Abbildung 28.22 zeigt ein Beispiel.

Teilprozess 1: Unterstellt man, dass die Bestände EDV-basiert ermittelt werden und die Bedarfsprognose, auf deren Basis ein Bestellmengenvorschlag generiert wird, automatisiert ist, so besteht die Aufgabe eines Disponenten darin, die Bestellmenge festzulegen. Die Kosten dieses Teilprozesses setzen sich im Wesentlichen aus Hard- und Software- sowie aus Personalkosten zusammen. Eine Unterteilung in leistungsmengeninduzierte und leistungsmengenneutrale Kosten ist nicht einfach. Möglich ist eine Zurechnung der Hard- und Softwarekosten zu den lmn-Kosten und eine Aufteilung der Personalkosten für den Disponenten in einen lmn- und einen lmi-Anteil. Für Artikel, die voll automatisch, d. h. ohne Kontrolle des Disponenten, disponiert werden, entfallen die Personalkosten. Es werden deshalb zwei Varianten dieses Dispositionsteilprozesses unterschieden. Als Kostentreiber lässt sich jeweils die Anzahl der Dispositionen verwenden.

Teilprozess 2: Im Rahmen der Auftragserstellung werden Dispositionen, die die Artikel eines Lieferanten betreffen, zu einem Auftrag zusammengefasst und übermittelt. Hierbei fallen vor allem Personalkosten sowie Kosten der Auftragsübermittlung an (Portokosten oder Kosten, die eine elektronische Übermittlung verursacht). Während die Portokosten als lmi-Kosten mit dem Kostentreiber „Anzahl der Aufträge“ angesehen werden können, kann man bei einem per EDI übermittelten Auftrag zwischen einem lmn- und einem lmi-Anteil differenzieren.

Teilprozess		Maßgröße	Teilprozess-kostensatz
1 a	Waren disponieren (automatisch)	Anzahl automatischer Dispositionen	0,50 GE
1 b	Waren disponieren (manuell)	Anzahl manueller Dispositionen	2,00 GE
2 a	Auftrag erstellen und übermitteln (per EDI)	Anzahl Aufträge (per EDI)	1,00 GE
2 b	Auftrag erstellen und übermitteln (per Brief)	Anzahl Aufträge (per Brief)	2,00 GE
3 a	Transport und Warenannahme (automatische Datenerfassung)	Anzahl Wareneingänge (automatische Datenerfassung)	1,00 Ge
3 b	Transport und Warenannahme (manuelle Datenerfassung)	Anzahl Wareneingänge (manuelle Datenerfassung)	3,00 GE
4	Umpacken	Anzahl Umpackvorgänge	8,50 GE
5 a	innerbetrieblicher Transport (LHM 1)	Anzahl LHM 1	1,00 GE
5 b	innerbetrieblicher Transport (LHM 2)	Anzahl LHM 2	3,75 GE
6 a	Rechnungsregulierung (per EDI)	Anzahl Rechnungen (per EDI)	0,50 GE
6 b	Rechnungsregulierung (per Brief)	Anzahl Rechnungen (per Brief)	1,00 GE
7	Lagern	Lagerdauer * gebundenes Kapital	10,4 % pro Jahr und GE

Abb. 28.22: Kosten einzelner Teilprozesse

Teilprozess 3: Auf der Grundlage des Auftrags wird ein Transportvorgang ausgelöst. Die von einem einzelnen Auftrag verursachten Transportkosten hängen von einer Reihe von Einflussfaktoren ab. Zum einen gibt es Faktoren, die sich mit der Größe und Zusammensetzung des Auftrags nicht verändern. Hierzu zählen die Standorte des Lieferanten und des Empfängers, die sowohl die Länge der Transportstrecke determinieren als auch die potenziellen Möglichkeiten für eine Bündelung von Warenströmen charakterisieren. Zum anderen gibt es Einflussgrößen, die mit dem Auftragsvolumen variieren können. So kann der Transportkostensatz von der Größe eines Auftrags abhängig sein. Ob dies tatsächlich der Fall ist, hängt bei Einschaltung eines Transportunternehmens von den Konditionen, bei einem eigenen Fuhrpark von der Auslastung der eingesetzten Fahrzeuge ab. Einerseits ist es denkbar, dass eine bedarfsnahe Bestellpolitik, die sich durch tendenziell kleine Bestellmengen auszeichnet, keine Auswirkungen auf die Transportkosten ausübt. Dies ist der Fall, wenn sowohl bei der Zusammenfassung zu Aufträgen als auch bei der Aggregation zu Transporteinheiten eine ausreichende Bündelung mit anderen Warenströmen möglich ist, um die Transportkostensätze unverändert zu lassen. Andererseits ist nicht auszuschließen, dass in einigen Fällen die Reduktion der Bestellmenge zu höheren Transportkostensätzen führt, da keine ausreichende Bündelung möglich ist, um ähnlich günstige Transportmittel einzusetzen, oder weil mengenabhängige Kostensätze mit einem Dienstleister vereinbart wurden. Die genannten Alternativen verdeutlichen die Schwierigkeit, die Auswirkungen der Bestellmengenentscheidung auf die Transportkosten zu quantifizieren und sie bei der Bestellmengenentscheidung zu berücksichtigen. Im betrachteten Beispiel wird unterstellt, dass die Transportkosten von der Bestellentscheidung nicht beeinflusst werden.

Teilprozesse 4 und 5: Die Annahme, Kontrolle und Einlagerung der gelieferten Ware verursachen Kosten, die ebenfalls von verschiedenen Einflussfaktoren abhängen. Es gibt Rüstzeiten und damit Kosten, die mit jeder Anlieferung anfallen, unabhängig davon, aus welchen Aufträgen und Einzeldispositionen sich die Lieferung zusammensetzt. Darüber hinaus gibt es Kosten, die von der Zahl der Aufträge und der Zahl der Bestellpositionen pro Auftrag abhängig sind. Bestimmte Kostenkomponenten können zudem von der Dispositionsmenge abhängig sein. Die disponierte Menge wirkt sich in der Regel darauf aus, welches Transporthilfsmittel (THM) eingesetzt wird, ob es vollständig oder nur zum Teil gefüllt ist und ob es dem Lagerhilfsmittel (LHM) entspricht. Die Wahl des Transporthilfsmittels kann insbesondere die Kontroll- und Handlingkosten beeinflussen. In dem betrachteten Beispiel wird lediglich zwischen einer automatischen und einer manuellen Datenerfassung bei der Warenannahme sowie zwischen zwei Arten von Transporthilfsmitteln differenziert. Abhängig davon, ob das verwendete Transporthilfsmittel dem Lagerhilfsmittel entspricht, ist ein Umpacken erforderlich. Dieser Teilprozess fällt folglich nicht generell an.

Teilprozess 6: Die Kosten der Rechnungsregulierung können sich aus einem fixen Betrag pro Rechnung und einem variablen, von der Zahl der Bestellpositionen abhängigen Anteil zusammensetzen. Während der fixe Anteil durch den Zahlungsmitteltransfer verursacht wird, können die variablen Kosten durch Kontrollvorgänge pro Bestellposition entstehen. Im betrachteten Beispiel wird, wie bei der Auftragsübermittlung, zwischen einer Rechnungsregulierung per EDI und per Brief differenziert.

Teilprozess 7: Beim Lagern entstehen Kosten, die zum einen durch die Inanspruchnahme des Lagerraums und der Lagertechnik, zum anderen durch die Kapitalbindung verursacht werden. Beschränkt man sich auf den zweiten Einflussfaktor, so kann das Produkt aus gebundenem Kapital und Lagerdauer als Maßgröße angesetzt werden.

Werden die Teilprozesse 1 bis 6 zu einem Hauptprozess „Warenbeschaffung“ mit dem Kostentreiber „Anzahl Dispositionen“ zusammengefasst und wird das Lagern als zweiter Hauptprozess betrachtet, so können diese beiden Hauptprozesse und ihre Kosten als Dateninput für das Bestellmengenmodell genutzt werden. Unterstellt man, dass die Beschaffung der Artikel A, B und C aufgrund der Unterschiede bezüglich des Informationsaustausches und der Transporthilfsmittel verschiedene Teilprozesse auslöst, so kann sich der Hauptprozess bei den Artikeln wie in Abbildung 28.23 angegeben unterscheiden.

Beschaffung von A = 1a + 2a + 3a + 5a + 6a
Beschaffung von B = 1b + 2b + 3b + 5a + 6b
Beschaffung von C = 1b + 2b + 3b + 4 + 5b + 6b

Abb. 28.23: Zusammensetzung des Hauptprozesses Beschaffung bei den Artikeln A, B und C

Während bei der Beschaffung von A auf moderne Technologien zurückgegriffen werden kann, erfolgt die Beschaffung von B und C mit Hilfe konventioneller Mittel. Im Gegensatz zu B erfolgt die

Anlieferung von C in einem Transporthilfsmittel, das ein Umpacken und die Verwendung eines handlingintensiveren Lagerhilfsmittels erforderlich macht. Bei allen Artikeln wird unterstellt, dass jede Disposition einen Auftrag und eine Rechnung zur Folge hat und dass der innerbetriebliche Transport jeweils ein Lagerhilfsmittel beansprucht. Berücksichtigt man die genannten Unterschiede zwischen den Artikeln, die die Prozessanalyse zutage gefördert hat, so erkennt man, dass der Hauptprozess „Beschaffung" in unterschiedlichem Maße innerbetriebliche Ressourcen beansprucht, abhängig davon, ob der Artikel A, B oder C beschafft wird. Dies spiegelt sich in den unterschiedlichen Hauptprozesskostensätzen wider. Nach der obigen Rechnung verursacht der Beschaffungsprozess für A 4 GE, der für B 9 GE und der für C 20,25 GE. Legt man diese nach Artikeln differenzierten Kostensätze der Bestellmengenplanung zugrunde, so ändern sich die optimalen Bestellmengen wie folgt:

$$(28.5) \qquad x_A = \sqrt{\frac{2 \cdot 5\,200 \cdot 4}{2{,}50 \cdot 10{,}4\%}} = 400 \text{ ME}$$

$$(28.6) \qquad x_B = \sqrt{\frac{2 \cdot 6\,500 \cdot 9}{4{,}50 \cdot 10{,}4\%}} = 500 \text{ ME}$$

$$(28.7) \qquad x_C = \sqrt{\frac{2 \cdot 2\,600 \cdot 20{,}25}{11{,}25 \cdot 10{,}4\%}} = 300 \text{ ME}$$

Der optimale Lieferrhythmus beträgt folglich für A und B vier und für C sechs Wochen.

Das Beispiel zeigt, dass die Analyse der Prozesse, die durch einen Bestellvorgang ausgelöst werden, Kosteninformationen liefern kann, die zu einer Verbesserung bestellpolitischer Entscheidungen führen. Des Weiteren wird deutlich, dass hierzu Annahmen über die Zusammenhänge zwischen einzelnen Teilprozessen und den dazugehörigen Kosten getroffen werden müssen. Es wird außerdem erkennbar, dass die Kosten einzelner Teil- und damit auch ganzer Hauptprozesse von den Entscheidungsparametern der Bestellpolitik abhängig sein können. Das kann dazu führen, dass sich Kostensätze, auf deren Grundlage optimale Entscheidungen ermittelt wurden, durch diese Entscheidungen verändern. Dadurch ändert sich die Ausgangssituation, was eine erneute Überprüfung der Optimalität der getroffenen Entscheidung erforderlich macht.

28.3.3 Gefahren einer unzulässigen Schlüsselung und Möglichkeiten ihrer Vermeidung

Die Prozesskostenrechnung unterstellt, dass mit Entscheidungen über den Kostenträger (z. B. die Ausgliederung einer Warengruppe oder das Outsourcing einer Abteilung) die Kosten in der ausgewiesenen Höhe verändert werden können. Ob diese Anpassung tatsächlich erreicht werden kann, ist im Einzelfall zu prüfen. Als Vorteil der Prozesskostenrechnung ist hervorzuheben, dass die sog. Gemeinkostenbereiche genauer betrachtet werden. In der Frage nach den Kostenbestimmungsfaktoren ist ein zentrales Anliegen der Kostenanalyse zu sehen. Zu beachten ist jedoch, dass neben dem ausgewählten Kostentreiber auch andere Bestimmungsfaktoren relevant sein können.

Die Ausführungen verdeutlichen, dass zwischen der Direkten Produkt-Profitabilität und der Prozesskostenrechnung Parallelen existieren. Auch bei der DPP soll möglichst jede Inanspruchnahme betrieblicher Ressourcen als Kostenbetrag dargestellt werden. Dies führt zu anschaulichen Ergebnissen, muss aber nicht vorteilhaft sein, insbesondere dann, wenn es alternative Möglichkeiten gibt, die Inanspruchnahme von betrieblichen Faktoren zu berücksichtigen. Im Rahmen der Teilkostenrechnung werden nicht nur Deckungsbeiträge ausgewiesen. Die sog. Gemeinkosten werden nicht ausgeblendet. Die Inanspruchnahme gemeinsamer Ressourcen wird vielmehr mengenmäßig berücksichtigt. Dies soll an einem Beispiel veranschaulicht werden. Dabei geht es um die Frage, wie berücksichtigt werden kann, dass zwei Sortimentsgruppen eine begrenzte Verkaufsfläche in unterschiedlichem Maße in Anspruch nehmen und wie das Raumaufteilungsproblem gelöst werden kann. Die Ausgangssituation ist in Abbildung 28.24 dargestellt.

	Sortimentsgruppe 1	Sortimentsgruppe 2
Umsatz in Euro	150 000	60 000
Bruttoertrag in Euro	50 000	20 000
Fläche in qm	600	400
Kosten der Fläche in Euro	30 000	20 000
Deckungsbeitrag in Euro	20 000	0

Abb. 28.24: Belastung zweier Sortimentsgruppen mit ihrer Rauminanspruchnahme

In dem Beispiel hat ein Handelsbetrieb über die Aufteilung einer Fläche von insgesamt 1 000 qm auf zwei Sortimentsgruppen zu entscheiden. Abbildung 28.24 verdeutlicht die Ausgangssituation, in der die Sortimentsgruppe 1 eine Fläche von 600 qm und die Sortimentsgruppe 2 eine Fläche von 400 qm erhalten hat. Bei Raumkosten von insgesamt 50 000 GE würden im Rahmen der Prozesskostenrechnung die in Anspruch genommene Fläche (oder der auf dieser Fläche erzielte Umsatz) als Kostentreiber angesehen und die Kosten den Sortimentsgruppen zugerechnet werden. Dies führt zu den in Abbildung 28.24 ausgewiesenen Belastungen und Deckungsbeiträgen. Das Ergebnis könnte zu der Schlussfolgerung verleiten, die Fläche für Sortimentsgruppe 2 zu verkleinern und den frei werdenden Raum der ertragreicher erscheinenden Sortimentsgruppe 1 zuzuweisen. Eine solche Entscheidung wäre aber falsch, wenn bei Abzug von 200 qm Fläche bei Sortimentsgruppe 2 der Umsatz und infolge davon der Bruttoertrag um 8 000 GE zurückginge, in Sortimentsgruppe 1 jedoch nur um 5 000 GE steigen würde. Die für den Betrieb sinnvolle Lösung wird erreicht, wenn die knappe Fläche (wofür fixe Gemeinkosten anfallen) so aufgeteilt wird, dass der Bruttoertrag maximiert wird, ohne dass dabei Raumkosten angesetzt werden. Der Lösungsweg wird durch Abbildung 28.25 veranschaulicht.

Das Beispiel macht deutlich, dass bei einer begrenzten Fläche von 1 000 qm die ersten 200 qm der Sortimentsgruppe 1 zugewiesen werden sollten, weil sie dort einen Rohertrag von 25 000 GE

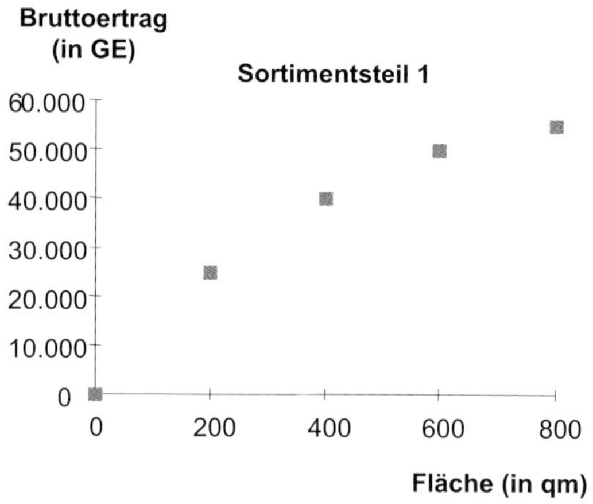

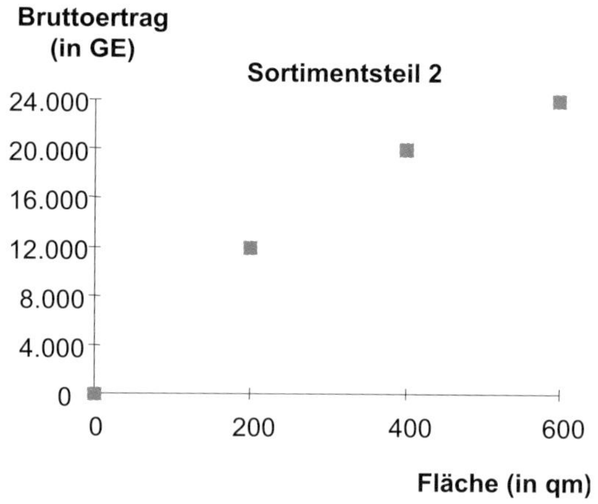

Abb. 28.25: Der Bruttoertrag von zwei Sortimentsteilen in Abhängigkeit von der zugewiesenen Fläche

erwirtschaften. Die zweiten 200 qm sollten ebenfalls der ersten Sortimentsgruppe zugewiesen werden, denn der zusätzliche Rohertrag beläuft sich auf 15 000 GE. Erst die dritten 200 qm Fläche sollten der zweiten Sortimentsgruppe zur Verfügung gestellt werden, weil sie dort einen Rohertrag von 12 000 GE erbringen. Die vierten bzw. die fünften 200 qm sollten der Sortimentsgruppe 1 und 2 zugewiesen werden. Keine andere Flächenaufteilung wäre bei den zugrunde gelegten Daten sinnvoller. Eine Reduktion der Fläche für Sortimentsgruppe 2 und eine Erweiterung der Sortimentsgruppe 1 würde bei gleichen Flächenkosten die Situation des Betriebs verschlechtern. Proportionalisierte Raumkosten würden bei Sortimentsgruppe 2 bei 200 qm signalisieren, dass noch ein kleiner positiver Deckungsbeitrag erwirtschaftet würde, bei 400 qm würde jedoch angezeigt, dass der Deckungsbeitrag 0 sei. Dies ist jedoch, wie gezeigt worden ist, ein falsches Signal. Trotzdem kann aus einer Prozesskostenanalyse eine sinnvolle Fragestellung abgeleitet werden: Ist es (entgegen den Annahmen) nicht doch möglich, den Raumeinsatz bei Sortimentsgruppe 2 zu verringern und die freiwerdende Fläche zurückzugeben? Wenn dies möglich wäre, wäre eine solche Entscheidung für den Betrieb von Vorteil. Das Beispiel verdeutlicht, wie wichtig es ist, die Realitätsnähe der Proportionalisierung der Kosten, wie sie in der Prozesskostenrechnung vorgenommen wird, zu prüfen.

28.4 Zusammenfassung

Obwohl sich das Controlling in der Unternehmensführung etabliert hat, ist seine Bedeutung keineswegs eindeutig geklärt. Es gibt zahlreiche Begriffsvarianten und Konzepte, so dass es sinnvoll war, zu Beginn des Kapitels die begrifflichen Grundlagen und die Aufgabenfelder des Controllings zu analysieren. Die Überlegungen zeigten, dass Controlling in verschiedenen begrifflichen Dimensionen verankert werden kann. Für die weiteren Analysen wurde ein Begriffsverständnis zugrunde gelegt, das zum Ausdruck bringt, dass Controlling die Planung und Kontrolle in einem Unternehmen unterstützt, indem es alle relevanten Informationen in zweckdienlicher Form den jeweiligen Entscheidungsträgern zur Verfügung stellt.

Für die Planung im Handelsbetrieb sind geeignete Erfolgsrechnungen von zentraler Bedeutung. Dabei steht traditionell die Messung des Erfolgs von einzelnen Filialen und von einzelnen Sortimentsteilen im Vordergrund. In beiden Bereichen ist es erforderlich, die Kosten zu ermitteln und verursachungsgerecht zuzuordnen. Dies können Angaben aus dem Jahresabschluss, die auf Aufwendungen und Erträgen basieren, im Regelfall nicht leisten. Sie sind nicht detailliert genug, weil sie nach Aufwandsarten unterteilt sind, die den zu beurteilenden Bereichen (Filialen, Sortimentsteile) nicht hinreichend zugeordnet werden können. Darüber hinaus ist zu beachten, dass Kosten anders definiert werden als Aufwand. Diese Gründe führen zu einer Ergänzung der auf den Jahresabschluss ausgerichteten Rechnungen um eine Kostenrechnung mit zahlreichen Varianten, unter denen die Deckungsbeitragsrechnung eine zentrale Rolle spielt. Neben den traditionellen Verfahren der Kostenrechnung sind neue entwickelt worden, darunter die Prozesskostenrechnung. Diese dient einerseits der zuvor geschilderten Erfolgsermittlung von Filialen und Sortimentsteilen, lenkt aber andererseits die Aufmerksamkeit auf einzelne Aktivitäten, die in einem Handelsbetrieb durchgeführt werden. Sie dient damit der Effizienzanalyse dieser Aktivitäten.

Ein zentrales Problem aller kostenrechnerischer Analysen ist in dem sog. Quantenphänomen zu sehen. Ressourcen können vielfältig genutzt werden. Eine Proportionalisierung, d. h. eine Aufteilung der Kosten dieser Ressource entsprechend der Nutzung, kann zu falschen Ergebnissen führen. Dieses Problem wird auch als Problem der Schlüsselung von Gemeinkosten und von fixen Kosten bezeichnet.

29 Erlös-, bestands- und spannenorientiertes Controlling

Es gehört zu den zentralen Zielen eines Unternehmens Gewinn, zu erzielen und Liquidität zu sichern. Während in dem vorhergehenden Kapitel das Augenmerk vor allem auf die Kosten gerichtet war, geht dieses Kapitel auf den Umsatz und seine Bestimmungsfaktoren ein. Es ist zwar relativ einfach, die Umsatzentwicklung eines Handelsunternehmens zu verfolgen, schwieriger zu ermitteln ist es aber, wie sich die aus dem Umsatz abgeleiteten und für den Handel wichtigen Größen Handelsspanne bzw. Rohertrag entwickelt haben. Der Grund dafür liegt in der großen Zahl von Artikeln, den sich oft verändernden Verkaufs- und Einkaufspreisen sowie den häufig geänderten Kalkulationen (aufgrund von Sonderangeboten oder dauerhaften Abschriften). Im Folgenden wird deshalb analysiert, wie die Entwicklung des Umsatzes, der Warenbestände und der Handelsspanne im Zeitablauf verfolgt werden kann. Es handelt sich dabei um zentrale Elemente des handelsbetrieblichen Controllings.

Controlling hat, wie bereits in Kapitel 28 erläutert, die Aufgabe, die für die Steuerung des Betriebs notwendigen Informationen bereitzustellen. Entsprechend dem Grundmodell der Entscheidungstheorie (vgl. hierzu Kapitel 4) sind dies vor allem Informationen darüber, wie sich bei Vorliegen bestimmter Umweltzustände betriebliche Maßnahmen auf die Ziele des Unternehmens auswirken. Es ist Aufgabe des betrieblichen Informationssystems, die Beziehungen zwischen diesen drei Gruppen von Größen offenzulegen. Dies geschieht allerdings oft nur in eingeschränkter Form, weil die Informationen auf einzelne Komponenten des Entscheidungssystems begrenzt bleiben. Die isolierte Form äußert sich darin, dass

1. nur über durchgeführte Maßnahmen berichtet wird (z. B. erteilte Bestellungen, vorgenommene Kalkulationen),
2. nur über die Zielerreichung informiert wird, ohne einen Zusammenhang zu den betrieblichen Maßnahmen herzustellen (z. B. Darstellung der Umsatzentwicklung oder der erzielten Handelsspanne),
3. nur Angaben über Umweltvariablen gemacht werden (z. B. Maßnahmen der Konkurrenz oder Verhalten der Nachfrager).

Es sind zwar wichtige Informationen, allerdings wird von einem Entscheidungsunterstützungssystem (siehe dazu auch Kapitel 32) erwartet, dass Maßnahmen und Zielerreichung explizit zueinander in Beziehung gesetzt werden. Die im Folgenden analysierten Größen bilden somit – solange sie isoliert betrachtet werden – nur die Basiselemente eines Entscheidungssystems. Im Einzelnen gilt das Interesse vor allem:

- der Entwicklung des Umsatzes,
- der Entwicklung der Warenbestände und des Lagerumschlags,
- der Entwicklung des Rohertrags bzw. der Handelsspanne und damit der Kalkulation.

Es handelt sich dabei um Berichtsgrößen, die für jeden Handelsbetrieb von fundamentaler Bedeutung sind. Ziel des vorliegenden Kapitels ist es, die genannten zentralen Bausteine eines handelsbetrieblichen Informationssystems zu erläutern und aufzuzeigen, welche Managementprobleme mit ihnen verbunden sind.

29.1 Die Umsatzentwicklung

Der Umsatz stellt die in Geldeinheiten bewerteten, an Nachfrager veräußerten betrieblichen Leistungen dar. Im Handel unterliegt er im Zeitablauf oft erheblichen Schwankungen (im Jahres-, Monats-, Wochen- und Tagesverlauf). Die Daten in Abbildung 29.1 zeigen am Beispiel des Textileinzelhandels, dass es deutliche Umsatzunterschiede zwischen den einzelnen Monaten gibt. Als besonders umsatzstark erweisen sich die Monate Dezember (12,2 %) und November (10 %), während Februar (6,3 %) und Juni (6,9 %) zu den umsatzschwachen Monaten gehören. In anderen Branchen können die Schwankungen stärker (z. B. Spielwaren, Schmuck) oder schwächer ausgeprägt sein (z. B. Lebensmittel).

Monat	Jan.	Feb.	März	April	Mai	Juni	Juli	Aug.	Sept.	Okt.	Nov.	Dez.
Umsatzanteil	7,9	6,3	7,9	8,1	7,2	6,9	7,6	7,1	9,3	9,5	10,0	12,2

Abb. 29.1: Anteile einzelner Monate am Jahresumsatz in Prozent (Beispiel aus dem Textileinzelhandel)

Solche Umsatzmuster stellen eine unentbehrliche Grundlage für die Personaleinsatzplanung, die Liquiditätsplanung und vor allem für den Einkauf dar. Der Handelsbetrieb steht bei der Planung vor der Aufgabe, die mit dem Umsatz zusammenhängenden Waren-, Geld- und Finanzierungsströme abzubilden. Für die Beurteilung der Situation eines Handelsbetriebs ist der Vergleich mit der Entwicklung anderer Betriebe oder des gesamten Markts hilfreich. Dies erfolgt meist im Rahmen von Betriebsvergleichen (vgl. hierzu auch Kapitel 30).

Die Angaben zum Gesamtumsatz eines Unternehmens können um weitere Angaben ergänzt werden. Diese ermöglichen einen differenzierten Ausweis der Umsatzentwicklung:

- in zeitlicher Hinsicht: für beliebig fein unterteilte Zeiträume, geeignete Vorperioden, kumulierte Zeiträume, Schluss- und Sonderverkaufszeiträume,
- in sachlicher Hinsicht: für Warengruppen (Categories), nach bestimmten Merkmalen ausgewählte Artikelbereiche, einzelne Artikel,
- in Hinsicht auf die Bezugsgröße: absolute und relative Angaben,
- in Hinsicht auf den Realisierungsgrad: geplante und realisierte Werte.

Der Detaillierungsgrad der Umsatzentwicklung ist in Abhängigkeit von den Zwecken, die mit den Informationen verfolgt werden, festzulegen. Für Kontroll- und Prognosezwecke kann es angebracht sein, tages-, monats- oder jahresbezogene Werte auszuweisen. Dies hängt davon ab, welche Steuerungsinstrumente zum Einsatz kommen sollen. Bei einer Kontrolle des Umsatzverlaufs wird im Regelfall ein Vergleich mit einer entsprechenden Periode im vorhergehenden Jahr durchgeführt. Bei einem solchen Vergleich stellt sich die Frage nach einem geeigneten Vorjahreszeitraum, was durch Abbildung 29.2 verdeutlicht wird. Die beiden in den Vergleich einbezogenen Jahre unterscheiden sich durch die Lage des beweglichen Feiertags Ostern.

April					
Vorjahr			lfd. Jahr		
1.	Mo	63 500			
2.	Di	53 900	1.	Di	56 600
3.	Mi	68 700	2.	Mi	51 900
4.	Do	46 300	3.	Do	39 500
5.	Fr	98 100	4.	Fr	Karfreitag
6.	Sa	188 400	5.	Sa	127 000
7.	So	Sonntag	6.	So	Ostersonntag
8.	Mo	53 400	7.	Mo	Ostermontag
9.	Di	51 400	8.	Di	40 000
10.	Mi	43 000	9.	Mi	47 000
11.	Do	44 500	10.	Do	43 000
12.	Fr	Karfreitag	11.	Fr	34 000
13.	Sa	59 800	12.	Sa	69 300
14.	So	Ostersonntag	13.	So	Sonntag
15.	Mo	Ostermontag	14.	Mo	49 200
16.	Di	30 900	15.	Di	26 400
17.	Mi	39 700	16.	Mi	
18.	Do	35 800	...		
19.	Fr				
...					

Abb. 29.2: Umsatzentwicklung nach Tagen in Euro

In dem Beispiel könnten

- die jeweiligen Wochentage (z. B. die ersten Dienstage im Monat),
- die jeweiligen Tage im Monat (z. B. die zweiten Tage des Monats) oder
- die jeweiligen Tage vor Ostern

miteinander verglichen werden.

Der Vergleich wird dadurch erschwert, dass jedes zeitliche Merkmal einen Einfluss haben kann, so der Tag im Monat wegen erfolgender Lohn- und Gehaltszahlungen, der Wochentag wegen Einkaufsgewohnheiten und die Lage beweglicher Feststage wegen des aufkommenden Bedarfs oder der verfügbaren Zeit (Ferien, Urlaub). Dies verdeutlicht, dass die für die Umsatzentwicklung relevanten zeitlichen Charakteristika identifiziert werden müssen. Die Probleme verringern sich allerdings, wenn größere Zeiträume für den Vergleich gewählt werden. Der Zeitvergleich soll einerseits bei der Beurteilung helfen, ob negative Umsatzveränderungen jahreszeitlich bedingt sind oder ob sie auf andere Ursachen zurückgeführt werden können, die das Ergreifen bestimmter Maßnahmen erfordern. Andererseits beruhen auf dem Zeitvergleich Prognosen des zu erwartenden Umsatzes. In diesem Fall bilden Zeitreihen, die den Umsatzverlauf über mehrere Perioden angeben, den Ausgangspunkt für entsprechende Untersuchungen. Im Rahmen von Zeitreihenanalysen wird der Gesamtumsatz in mehrere Komponenten aufgespalten. Dabei werden meist eine Trendkomponente, eine Saisonkomponente, die sog. Residualkomponente, mit der nicht erklärbare Zufallsschwankungen abgebildet werden, und gegebenenfalls weitere Komponenten analysiert (vgl. Kapitel 24).

29.2 Die Entwicklung des Wareneingangs und der Bestände

Bei der häufig großen Sortimentsbreite und -tiefe, der großen Zahl von Neuprodukteinführungen der Industrie und der Unsicherheit der Nachfrage ist die Gefahr groß, dass in einem Handelsbetrieb die Bestände stark anwachsen und veralten. Die Kontrolle der Bestandsentwicklung stellt daher eine wichtige Aufgabe dar. Warenabgang (Umsatz), Wareneingang und Bestände sind über die sog. Buchhaltergleichung miteinander verknüpft:

(29.1) Endbestand = Anfangsbestand + Wareneingang - Warenabgang

Diese Beziehung gilt bei einzelnen Artikeln entweder auf Mengen- oder auf Wertbasis (jeweils zu Einkaufs- oder Verkaufspreisen bewertet), bei Aggregationen von mehreren Artikeln nur auf wertmäßiger Basis. Im Zeitablauf ergibt sich so eine Reihe von Wareneingängen, Warenabgängen (insbesondere wegen getätigter Umsätze) und Endbeständen, die den Anfangsbeständen der jeweils folgenden Periode entsprechen. Die Entwicklung dieser Reihe ist zu planen und zu kontrollieren. Hierauf wird in Abschnitt 29.2.1 eingegangen. Warenströme im Handel werden, wie bereits angesprochen, nicht nur auf Mengenbasis geplant und kontrolliert, sondern auch auf Wertbasis. Daraus entstehen besondere Bewertungsprobleme, die in Abschnitt 29.2.2 analysiert werden.

29.2.1 Wareneingang und Bestände als Planungs- und Kontrollproblem

Unter Wareneingang ist der physische Zugang der Ware in dem Zentrallager, dem Filiallager oder dem Verkaufsraum einer Handelsunternehmung zu verstehen. Bei dem tatsächlichen Wareneingang handelt es sich um das Ergebnis eines Planungsprozesses. Mögliche Differenzen zwischen geplantem und tatsächlichem Wareneingang machen es erforderlich, beide Zeitreihen zu erfassen, Abweichungen zwischen ihnen zu berechnen und die Ursachen hierfür zu ermitteln. Dies ist Gegenstand der Wareneingangsplanung und -kontrolle. Abbildung 29.3 zeigt einen für den Textilhandel typischen Verlauf des Wareneingangs. Solche Wareneingangsreihen können in zeitlicher und sachlicher Hinsicht weiter differenziert werden.

Der Wareneingang wird insbesondere über das Auslösen von Bestellungen bzw. den Abruf bestellter Waren bei Lieferanten beeinflusst. Die Bestellmengen werden durch Einkaufsbudgets begrenzt, die sich auf bestimmte Zeiträume (z. B. eine Saison oder ein Jahr) beziehen. Dies wird im Handel als Limit bzw. Limitplanung bezeichnet. Die Limitplanung steckt den finanziellen Rahmen ab, innerhalb dessen ein Einkäufer in einem bestimmten Zeitraum Bestellungen aufgeben kann. Sie weist zwei zentrale Aktionsparameter auf:

- die Höhe des Limits für einen bestimmten Zeitraum und einen bestimmten Warenbereich sowie
- die Verteilung des Limits auf die einzelnen Perioden des Planungszeitraums.

Monat	Jan.	Feb.	März	April	Mai	Juni	Juli	Aug.	Sept.	Okt.	Nov.	Dez.
Umsatzanteil	7,9	6,3	7,9	8,1	7,2	6,9	7,6	7,1	9,3	9,5	10,0	12,2
Wareneingangsanteil	9,0	9,8	8,7	6,7	5,3	4,2	8,7	11,6	11,6	10,0	8,3	6,1
Lageraufbau/-abbau	+	+	+	-	-	-	+	+	+	+	-	-
Anteil am Limit	6	6	6	8	12	12	8	6	4	14	10	8

Abb. 29.3: Monatliche Umsatz-, Wareneingangs- und Limitanteile in Prozent

Während in Abbildung 29.3 die Zahlen für die Bestände und den Wareneingang dem für Textilgeschäfte typischen Verlauf entsprechen, sind für die Anteile am Limit nur beispielhafte Werte angegeben. Bei den Limitanteilen (z. B. für einzelne Monate) handelt es sich um betriebsindividuelle Werte.

Die Planung des gewünschten Wareneingangs stellt eine Managementaufgabe dar, bei der zahlreiche Gesichtspunkte zu beachten sind (vgl. deshalb auch die Ausführungen zur Bestellpolitik in Kapitel 24):

- Verbraucher planen den Kauf bestimmter Güter häufig zu einem vorher festgelegten Zeitpunkt und haben den Wunsch, sich bereits in vorhergehenden Perioden über die Waren in den Verkaufsstellen zu informieren. Des Weiteren kann die Auswahl und die Warenfülle zu einem kaufbeeinflussenden Instrument werden (in der Praxis wird von „Warendruck" gesprochen).

- Teilweise werden die Belieferungstermine nicht vom Handel bestimmt, sondern von den Lieferanten vorgegeben. Entsprechendes gilt für die einzuhaltenden Fristen zwischen Bestellung und Lieferung.
- Mit dem Wareneingangsstrom sind finanzielle Risiken verbunden. Bei modischen Waren bleibt unsicher, ob sie dem Geschmack der Nachfrager entsprechen und in der geplanten Menge nachgefragt werden. Diese Aspekte legen es nahe, einen zu frühen Wareneingang und zu hohe Bestände zu vermeiden. Eine solche Bestandsverringerung ist allerdings nur möglich, wenn die veränderte Bestellpolitik mit den Lieferanten abgesprochen und entsprechend gesteuert wird. Im Rahmen von ECR sind Maßnahmen entwickelt worden, mit denen Bestände im Handel verringert und schnellere Belieferungen ermöglicht werden (*quick response*). Dies wird vor allem durch die Beschleunigung der Informationsflüsse zwischen Handel und Lieferanten sowie durch die Verbesserung des Lieferservice erreicht.
- Um bestimmte Rabatte der Lieferanten in Anspruch nehmen zu können (z. B. anlässlich von Messeterminen) kann es notwendig sein, Bestellaufträge früher zu erteilen, als dies aus der zu erwartenden Nachfrage folgen würde.
- Aus dem Wareneingang resultieren logistische Probleme wie z. B. die Bereitstellung von Lager- und Verkaufsraum.
- Die Planung der Wareneingänge ist mit der Planung der Bestellpolitik verknüpft. Aus einer isolierten Optimierung der Bestellpolitik könnten größere Bestellmengen resultieren, die mit den Zielen der Wareneingangspolitik oder den Restriktionen der Limitplanung nicht vereinbar sind.
- Die Planung der Soll-Wareneingänge stellt ein Optimierungsproblem dar, bei dem unter Beachtung von Nebenbedingungen – insbesondere finanzieller und logistischer Art – festzulegende Zielgrößen zu optimieren sind. Eine frühzeitige Auftragserteilung vereinfacht die Produktionsplanung des Lieferanten und könnte diesen zu Preiszugeständnissen veranlassen. Andererseits ermöglicht eine bedarfsnahe Bestellpolitik eine bessere Einschätzung von absatzmarktbezogenen Risiken. Sie birgt allerdings auch die Gefahr einer nicht zeitgerechten Anlieferung.

29.2.2 Wareneingang und Bestände als Bewertungsproblem

In Warenwirtschaftssystemen werden Warenbewegungen auf Artikelbasis aufgezeichnet, wobei sowohl ein mengen- als auch ein wertmäßiger Ausweis erfolgen muss. Darüber hinaus wird aber auch auf aggregierter Basis geplant und kontrolliert (Artikel, Artikelgruppe, Kategorie, Filiale, Unternehmung). Hierfür kommt nur eine wertmäßige Betrachtung in Frage. Die Anwendung der Buchhaltergleichung (29.1) setzt voraus, dass bei einem wertmäßigen Ausweis entsprechende Bewertungsmöglichkeiten geklärt und mögliche Bewertungsprobleme gelöst werden. Für die Bewertung können die Einkaufspreise (EK) oder die Verkaufspreise (VK) verwendet werden, wobei das Steuerrecht nur die Bewertung zu Einkaufspreisen als Obergrenze zulässt.

Abbildung 29.4 zeigt am Beispiel des Textileinzelhandels Schwankungen des Warenbestands als Indexreihe. Dabei wurde der durchschnittliche Warenbestand gleich Hundert gesetzt.

Monat	Jan.	Feb.	März	April	Mai	Juni	Juli	Aug.	Sept.	Okt.	Nov.	Dez.
Index	92,2	100,8	104,3	101,8	97,6	90,0	90,0	102,5	109,5	113,7	109,9	95,8

Abb. 29.4: Indexwerte für den Lagerbestand am Beispiel des Textileinzelhandels

Die der Abbildung zugrunde gelegten Betriebe hatten im Oktober einen relativ hohen Lagerbestand aufgebaut. Im Januar sowie im Juni und Juli waren die Lagerbestände vergleichsweise stark abgebaut.

Rechnerisch ergeben sich die Bestände für einen einzelnen Artikel nach der in Abbildung 29.5 dargestellten Rechnung. Diese folgt der Buchhaltergleichung, jedoch in differenzierter Form. Dabei sind sowohl Besonderheiten auf der mengenmäßigen als auch auf der wertmäßigen Ebene zu beachten. In der Abbildung werden die Bestände zum einen zu Verkaufspreisen, zum anderen zu Einkaufspreisen ausgewiesen. Mit der Größe „Saldo aus Wareneingang und -ausgang“ wird darauf hingewiesen, dass es zu Retouren an den Lieferanten kommen kann. Die Position „Bestandskorrekturen“ verdeutlicht, dass sich die mengenmäßigen Bestände auch durch Vorgänge außerhalb des Ein- oder Verkaufs ändern können (z. B. durch Bruch oder Diebstahl). Die Zahlen in der Abbildung veranschaulichen, dass sich der Wert der Bestände eines Artikels in Abhängigkeit von den Einkaufspreisen im Zeitablauf ändert. Die jeweiligen Mengen können zu unterschiedlichen Preisen beschafft worden sein, was zu Problemen bei der Erfolgsermittlung führt (vgl. auch Kapitel 28). Die Abbildung beschränkt sich darauf zu zeigen, wie veränderte Einkaufspreise (Anstieg von 2,00 GE auf 2,50 GE) erfasst werden und wie sie sich auf den neuen EK-Wert/Stück (2,10 GE) auswirken.

		Menge	EK-Wert/ Stück	EK-Wert insges.	VK-Wert/ Stück	VK-Wert insges.
	Anfangsbestand	80	2,00	160,00	4,00	320,00
+	**Saldo aus Wareneingang und -ausgang**	20	2,50	50,00	4,00	80,00
./.	**Umsatz (saldiert mit Warenrücknahmen)**					
+ bzw. ./.	**Bestandskorrekturen**					
+ bzw. ./.	**EK-Differenzen**					
+ bzw. ./.	**Preiskorrekturen plus/minus - auf Bestand-VK - auf Umsatz-VK**					
=	**neuer Bestand**	100	2,10	210,00	4,00	400,00

Quelle: Kaufhof AG 1993, S. 4

Abb. 29.5: Bestandsführung eines Artikels zu EK- und VK-Werten

Die Höhe der wertmäßigen Bestände wird, wie die Abbildung zeigt, durch die Preiskomponente beeinflusst. Beschaffungspreise können sich nachträglich ändern (z. B. durch Gutschriften), Verkaufspreise können reduziert (z. B. durch Abschriften) oder erhöht werden.

Durch Addition der Werte für einzelne Artikel ergeben sich die wertmäßigen Angaben für Artikelaggregationen.

Die Bewertung der Bestände in Abbildung 29.5 gestaltet sich relativ einfach. Es ist lediglich zu berücksichtigen, dass die Einkaufspreise für den letzten Warenzugang über den Preisen für den Anfangsbestand liegen. Das Beispiel zeigt, dass der Wert des Endbestands zu EK mit 210,00 GE, zu VK mit 400,00 GE angegeben wird. Zudem wird ein durchschnittlicher EK-Wert berechnet, der zum Ende der Periode 2,10 GE beträgt. Es handelt sich dabei um einen Durchschnittswert, der von den zuletzt tatsächlich bezahlten Preisen abweicht. Wenn zusätzlich zu dem Beispiel in Abbildung 29.5 berücksichtigt werden soll, dass Ware aus dem Bestand verkauft wurde, wird die Bewertung der Lagerbestände schwieriger. Grund hierfür sind die zahlreichen Möglichkeiten, den Lagerabgang zu bewerten. Zum einen kommt der durchschnittlich bezahlte Einkaufspreis in Frage. Wird in dem Beispiel von einem Verkauf von 80 Einheiten ausgegangen und bewertet man diese mit dem durchschnittlichen EK-Preis von 2,10 GE, reduziert sich der Bestand um $80 \cdot 2{,}10 = 168{,}00$ GE. Der Restbestand von 20 Stück hat dann einen Wert von 42,00 GE zu EK. Er wird zu 2,10 GE bewertet, obwohl für den letzten Lagerzugang 2,50 GE bezahlt wurden. Dies lässt die Charakteristik der Durchschnittsberechnung erkennen. Da der Bestand als homogen angesehen wird, stellt die Bewertung des Abgangs zu durchschnittlichen Einkaufspeisen nur eine von mehreren Möglichkeiten dar. Das Fifo-Prinzip (*first in, first out*), eine alternative Bewertungsregel, unterstellt, dass für den Lagerabgang zunächst jene Waren herangezogen werden, die zuerst zugegangen waren. Das Lifo-Prinzip (*last in, first out*) hingegen nimmt an, dass es die zuletzt bezogenen Waren sind. Unterschiedliche Abgangsregeln führen somit zu unterschiedlichen Bewertungen und in der Folge zu anderen Periodenergebnissen und Bestandswerten. Bei der Aufstellung des Jahresabschlusses sind die handelsrechtlichen Vorschriften zu beachten. Werden die Informationen für Entscheidungen genutzt, sollte berücksichtigt werden, dass die ermittelten Periodenergebnisse auch davon abhängen, nach welcher Methode die Mengen berechnet und die zugehörigen Bewertungen vorgenommen werden.

Der Zeitpunkt des Zugangs von Waren ist nicht nur unter Bewertungsgesichtspunkten relevant, sondern auch aus Managementgründen. Daher werden mit Hilfe einer Stelle in der Artikelnummer die Bestände danach differenziert, wann sie beschafft wurden. Ziel ist es, festzuhalten, in welchem Zeitraum die Ware eingekauft wurde und dabei z. B. zwischen acht verschiedenen Saisons differenzieren zu können. Die Bestandswerte zeigen, inwieweit es sich um „neue" oder um „alte" Ware handelt. Um dies zu kontrollieren, empfiehlt es sich, die Planwerte für die Warenbestände nach dem Zeitpunkt ihres Zugangs zu unterteilen, z. B.:

- 60 % aus der laufenden Saison,
- 20 % aus der Vorsaison,
- 15 % aus der vorletzten Saison usw.

Die Steuerung von Sortimentsteilen nach dem Zeitpunkt ihrer Beschaffung (z. B. Altersschichtung des Warenlagers) ist als wichtige Controllingaufgabe anzusehen. Schließlich ist denkbar, dass zu jedem einzelnen Artikel festgehalten wird, zu welchem Preis er eingekauft wurde. Der Ausweis von

Beständen gibt einerseits Hinweise auf eine mögliche Gefahr veralteter Warenbestände, andererseits stellt er eine zentrale Komponente für die Gewinnermittlung dar.

Da die Warenfülle auch als absatzpolitisches Instrument zu sehen ist, muss betriebspolitisch entschieden werden, wie viel Ware dem Kunden präsentiert werden soll. Damit erweisen sich die Warenbestände als Marketinginstrument. Bei der Optimierung der Lagerbestände sollte folglich der Zusammenhang zwischen Umsatz und Warenbestand bekannt sein und berücksichtigt werden. So wäre es beispielsweise hilfreich, festzustellen, unter welchen Bedingungen die Behauptung „Warendruck erzeugt Umsatz" tatsächlich gilt. In wissenschaftlichen Studien ist zum einen untersucht worden, welchen Einfluss die Anzahl der Facings, d. h. der identischen Exemplare eines Artikels nebeneinander, auf den Umsatz hat. Zum anderen wurde die Reaktion der Nachfrager auf sog. *out-of-stock*-Situationen, in denen gelistete Artikel nicht verfügbar waren, analysiert. Insbesondere wurde untersucht, ob Kunden auf andere Verpackungsgrößen oder Marken ausweichen, auf den Kauf verzichten oder sogar die Einkaufsstätte wechseln. Es ist zu vermuten, dass *Out-of-stock*-Situationen häufiger auftreten, wenn die Bestände relativ gering sind. Es gibt zahlreiche Untersuchungen, die den Verlust eines Unternehmens im Falle einer *Out-of-stock*-Situation zu quantifizieren versuchen und durch Vorgabe entsprechender Servicegrade Hinweise zur Optimierung geben (vgl. dazu Helnerus 2007).

Über die Analyse des jeweiligen Endbestands hinaus kann überprüft werden, ob eine Abweichung von Soll- und Ist-Bestand auf eine Abweichung von Soll und Ist im Wareneingang oder beim Verkauf (Umsatz) zurückzuführen ist. Dies soll Abbildung 29.6 verdeutlichen, indem hervorgehoben wird, dass sich bei Warenzugang, Verkauf und Endbestand jeweils eine Abweichung zwischen Soll und Ist ergeben kann.

Warengruppe	Anfangsbestand	Warenzugang	Verkauf	Endbestand
		Soll-Ist-Abweichung		
1				
2				
3				
...				

Abb. 29.6: Abweichungen vom geplanten Warenbestand und ihre möglichen Ursachen

29.2.3 Der Lagerumschlag als Planungs- und Kontrollgröße für die Bestände

Bei dem Lagerumschlag handelt es sich um eine in der Praxis gängige Kennzahl, die auf einer mengen- oder wertmäßigen Basis ermittelt werden kann. Die vorwiegend wertmäßig verwendete Variante ist wie folgt definiert:

$$(29.2)\qquad \text{Lagerumschlag} = \frac{\text{Umsatz einer Periode}}{\text{durchschnittlicher Lagerbestand einer Periode}}$$

Der Lagerumschlag gibt das Verhältnis von Umsatz zu durchschnittlichem Lagerbestand in einer Periode an. Ein Lagerumschlag von 2 ergibt sich beispielsweise bei einem Umsatz von 200 GE und einem durchschnittlichen Lagerbestand im Wert von 100 GE.

Bei der Beurteilung des Lagerumschlags sind die folgenden Sachverhalte zu berücksichtigen:

- Der durchschnittliche Lagerbestand kann in zeitlicher Hinsicht mit unterschiedlicher Genauigkeit ermittelt werden. Beim einfachsten Verfahren wird der Durchschnitt aus dem Warenbestand am Anfang und am Ende des betrachteten Zeitraums (z. B. eines Jahres) ermittelt. Die Berechnung kann präzisiert werden, indem weitere Zwischenbestände innerhalb dieses Zeitraums berücksichtigt werden. Werden nur der Anfangs- und der Endbestand eines Jahres herangezogen, kann eine solche Vereinfachung den tatsächlichen Lagerumschlag verfälschen, wenn diese Werte deutlich von den Beständen zu anderen Zeitpunkten abweichen. So zeigt Abbildung 29.4, dass im Textileinzelhandel die Lagerbestände sowohl im Januar als auch im Dezember vergleichsweise niedrig sind. Ein mit diesen Werten errechneter durchschnittlicher Lagerbestand ist niedriger als der tatsächliche durchschnittliche Lagerbestand und führt zu einem zu hohen Lagerumschlag.
- Bei der Ermittlung des Lagerumschlags müssen Umsatz und bewerteter Lagerbestand in vergleichbaren Rechnungseinheiten vorliegen. So können z. B. beide Größen zu Verkaufspreisen, einschließlich Mehrwertsteuer, angesetzt werden. In Abbildung 29.5 wurde veranschaulicht, wie sich ein Lagerbestand zu Verkaufspreisen ergibt.
- Für die Berechnung des Lagerumschlags ist die Länge der Periode festzulegen. Häufig handelt es sich dabei um den Zeitraum eines Jahres. Es kann aber auch zweckmäßig sein, zusätzlich eine kürzere Periode (z. B. Monatswerte) zu betrachten. In diesem Fall sind zum einen Informationen über die zeitliche Entwicklung des Lagerumschlags bezüglich der kürzeren Periode interessant. Zum anderen ist aber auch ein Bild über ihr Verhältnis zu dem Lagerumschlag bezüglich der längeren Periode aufschlussreich. Dabei können zum einen die Lagerumschlagskennziffern selbst, zum anderen kumulierte Größen betrachtet werden. Im letzteren Fall würden für die Berechnung am Ende des Monats Januar nur Werte aus dem Januar zu Grunde gelegt, am Ende des Monats Februar würden die Werte der Monate Januar und Februar herangezogen usw. (kumulierter Ausweis). Ein Beispiel ist in Abbildung 29.7 dargestellt. In der oberen Zeile finden sich Lagerumschlagskennziffern, die auf Basis von Monatswerten berechnet worden sind, in der unteren Zeile wächst die zugrunde gelegte Periode jeweils um einen Monat. Für das gesamte Jahr liegt der Lagerumschlag bei 2,30. Das bedeutet, dass der in dem betrachteten Jahr vorhandene durchschnittliche Lagerbestand ungefähr zweimal umgesetzt worden ist. Wird der Lagerumschlag dagegen wie in der oberen Zeile für eine Teilperiode (hier einen Monat) berechnet, nimmt er nur einen Bruchteil des für die gesamte Periode berechneten Werts an.
- Der Lagerumschlag unterscheidet sich nicht nur für einzelne Warengruppen, sondern auch für einzelne Betriebe, Betriebsformen und Branchen. Die Gründe für unterschiedlich hohe Lagerumschlagziffern können Hinweise auf zu ergreifende Maßnahmen liefern.

Monat	Jan.	Feb.	März	April	Mai	Juni	Juli	Aug.	Sept.	Okt.	Nov.	Dez.
Monatswert	0,20	0,15	0,20	0,15	0,20	0,15	0,20	0,15	0,20	0,25	0,20	0,25
kumuliert	0.20	0,35	0,55	0,70	0,90	1,05	1,25	1,40	1,60	1,85	2,05	2,30

Abb. 29.7: Lagerumschlag nach Monaten

Wie Abbildung 29.8 zeigt, kann die Veränderung des Lagerumschlags auch als gleitender Durchschnitt dargestellt werden, indem bei fortschreitendem Zeitablauf der Lagerumschlag jeweils für die letzten x Perioden (z. B. die jeweils letzten 12 Monate) dargestellt wird (vgl. Gissinger 1969).

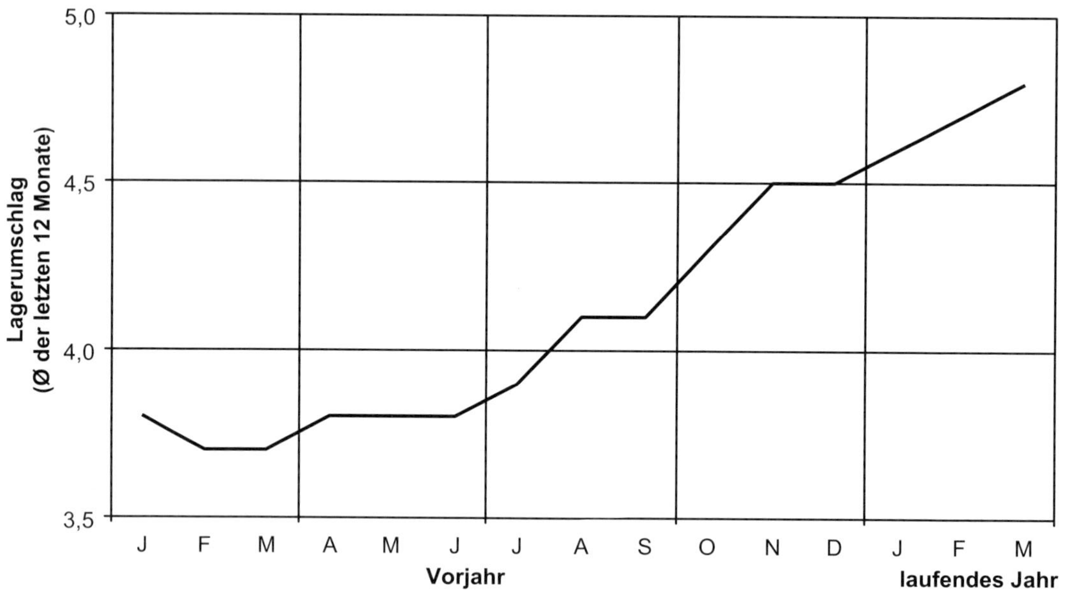

Quelle: Gissinger 1969, S. 51

Abb. 29.8: Der kumulierte Lagerumschlag gleitend über jeweils zwölf Monate

Abbildung 29.8 zeigt, dass ab dem dritten Quartal eine anhaltende Erhöhung des Lagerumschlags erreicht wurde, wobei zu beachten ist, dass jeder einzelne Wert jeweils zwölf Monatswerte, also ein ganzes Jahr, einschließt.

Für Planung und Kontrolle ist der Lagerumschlag nur bedingt zu verwenden, weil niedrige Kennziffern nicht erkennen lassen, ob die Werte auf einen niedrigen Umsatz oder hohe Bestände zurückzuführen sind. Daher ist es zweckmäßig, beide Größen zu überprüfen, womit zwei fundamentale Fragen aufgeworfen werden:

- Hat das Unternehmen zu hohe Bestände, so dass entsprechende Maßnahmen im Bereich der Beschaffung und der Logistik erforderlich sind?

- Ist der Umsatz zu gering, so dass geeignete absatzpolitische Maßnahmen eingesetzt werden sollten, um den Umsatz positiv zu beeinflussen?

Durch die Vorgabe eines branchenüblichen Lagerumschlags kann nur bedingt eine optimale Bestandspolitik gewährleistet werden, obwohl bei Betriebsvergleichen (vgl. hierzu Kapitel 30) häufig branchenübliche Werte als Bezugspunkte gewählt werden. Die individuellen Gegebenheiten eines einzelnen Betriebs können sich von denen anderer Betriebe unterscheiden und erfordern eine betriebsspezifische Planung, die Überlegungen einschließt, wie sie in den Kapiteln 15 bis 21 zum Marketing und in den Kapiteln 22 bis 24 zur Beschaffung und Logistik dargestellt sind.

29.3 Kalkulation und Handelsspanne

Mit Kalkulation wird im Handel das Verhältnis des Absatzpreises zum Einkaufspreis für einzelne Waren bezeichnet. Kalkulation beinhaltet sowohl den Vorgang der Festsetzung der Verkaufspreise als auch – und dies steht im Folgenden im Mittelpunkt – das Ergebnis der Preisfestsetzung. Mit der Kalkulation wird die Handelsspanne festgelegt, die als Differenz bzw. als Verhältnis zwischen Verkaufspreis und Einstandspreis definiert ist. Wie bereits in Kapitel 18 ausgeführt, wird der Begriff der Handelsspanne in vielfältigen Varianten verwendet, insbesondere:

- als absolute (Betragsspanne) und relative (als Prozentsatz in Bezug auf den Verkaufspreis oder den Einkaufs- bzw. Einstandspreis) Spanne,
- in Bezug auf einzelne Artikel, Artikelgruppen, Warengruppen, einen Betrieb und das gesamte Unternehmen oder
- mit und ohne Berücksichtigung der Mehrwertsteuer.

Daran wird im Folgenden angeknüpft, indem auf Varianten der Begriffe Kalkulation und Handelsspanne eingegangen wird. Anschließend soll auf einige spezielle Probleme hingewiesen werden, die mit der Planung und Ermittlung dieser Größen verbunden sind. In diesem Zusammenhang soll vor allem das Problem der Preisveränderung im Zeitablauf analysiert werden.

29.3.1 Varianten der Begriffe Handelsspanne und Kalkulation

Um die Begriffe Handelsspanne und Kalkulation zu erklären, empfiehlt es sich von der Differenz zwischen Verkaufs- und Einkaufspreis eines Artikels auszugehen. Auf Grundlage dieser Differenz können mehrere Varianten gebildet werden (vgl. hierzu auch Kapitel 18):

1. Belässt man es bei der Differenz zwischen Verkaufspreis und Einkaufspreis eines Artikels, so handelt es sich um die (absolute) Handelsspanne. Sie wird auch als Betragsspanne bezeichnet. Diese Differenz soll einen Beitrag zur Deckung der Handlungskosten und des Gewinns eines Unternehmens liefern.

2. Wird die absolute Handelsspanne ins Verhältnis zum Einkaufspreis eines Artikels gesetzt, bezeichnet man den prozentualen Aufschlag auf den Einkaufspreis, um den Verkaufspreis zu erhalten, als Aufschlagskalkulation.
3. Wird die absolute Handelsspanne ins Verhältnis zum Verkaufspreis eines Artikels gesetzt, bezeichnet man den Quotienten als Abschlagskalkulation. Die Formel hat die folgende Form:

$$(29.3) \qquad a = \frac{VK - EK}{VK}$$

Rechnerisch erfassen Aufschlags- und Abschlagsspanne den gleichen Sachverhalt, wenn sie auch zu unterschiedlichen Werten führen. Trotzdem bevorzugen viele Unternehmungen das Denken in Abschlagsspannen, weil der Verkaufspreis den Ausgangspunkt der Überlegungen darstellt und bei einer vorgegebenen Kalkulation daraus der anzustrebende Einkaufspreis abgeleitet wird.

Das Grundmuster einer Kalkulation lässt sich auch als Staffelrechnung darstellen, wobei wie in Abbildung 29.9 ersichtlich auch die Mehrwertsteuer mit einbezogen wird.

	Einkaufspreis der Ware (ohne Mehrwertsteuer)
+	Warenbezugs- und Nebenkosten
=	Einstandspreis
+	Handelsspanne
=	Geplanter Verkaufspreis (inkl. Mehrwertsteuer)

Abb. 29.9: Grundmuster einer Kalkulation

Der Einstandspreis kann sich durch Rabatte des Lieferanten vermindern. Bei der dargestellten Rechnung ist die vom Kunden zu entrichtende Mehrwertsteuer Teil der Handelsspanne. Da bei der Berechnung von Handelsspannen auf den Ansatz der Mehrwertsteuer verzichtet werden könnte, ist jeweils festzuhalten, welches Verfahren angewendet worden ist.

Die Begriffe absolute und relative Handelsspanne sollen durch das folgende Beispiel veranschaulicht werden. Bei einem Einstandspreis von 30 GE und einem Verkaufspreis von 45 GE gilt:

$$(29.4) \qquad \text{Absolute Handelsspanne} = VK - EK = 45\,GE - 30\,GE = 15\,GE$$

$$(29.5) \qquad \text{Abschlagskalkulation} = \frac{\text{Absolute Handelsspanne}}{\text{Verkaufspreis}} = \frac{15\,GE}{45\,GE} = 33{,}3\,\%$$

Die Betrachtung von Handelsspannen für eine Einheit eines einzelnen Artikels lässt sich auf mehrere Einheiten eines Artikels oder mehrerer (verschiedener) Artikel erweitern. Verwendet wird dann statt des Absatzpreises der Umsatz, wobei häufig die Mehrwertsteuer einbezogen wird. Im Folgenden werden Varianten einer solchen Handelsspanne vorgestellt. Nach dem Zeitpunkt, zu dem die Kalkulation ermittelt wird, lassen sich vier verschiedene Kalkulationen unterscheiden (vgl. Firmenunterlagen der Kaufhof AG o. J.):

1. Die **Auftragskalkulation** bei der Erteilung eines Auftrags
   Bei der Erteilung eines Auftrags an einen Lieferanten kann bei bekanntem Einkaufspreis (ohne Mehrwertsteuer) und erwartetem bzw. festgelegtem Verkaufspreis (mit Mehrwertsteuer) eine Handelsspanne errechnet werden. Die Auftragskalkulation erlaubt eine Kontrolle darüber, inwieweit mit einem Auftrag bei unterstellten Verkaufs- und Einkaufspreisen angestrebte Handelsspannen realisiert werden können. Gegebenenfalls können Änderungen des Verkaufspreises oder Neuverhandlungen mit den Lieferanten ausgelöst werden. Die wichtigste Funktion der Auftragskalkulation ist somit in der Steuerung des Verhaltens des Einkäufers zu sehen.
2. Die **Wareneingangskalkulation** beim Wareneingang
   Im Unterschied zur Auftragskalkulation werden bei der Wareneingangskalkulation neben dem Einkaufspreis (Rechnungspreis) auch die gegebenenfalls anfallenden Warenbezugskosten, die der Lieferant auf der Rechnung angibt, berücksichtigt. Als Verkaufspreis wird der Preis verwendet, mit dem der Artikel ausgezeichnet werden soll. Die Wareneingangskalkulation kann für einen einzelnen Wareneingang (eine einzelne Rechnung) ermittelt werden. Sie kann aber auch kumulativ für vergangene Zeiträume bestimmt werden, indem alle Wareneingänge in diesem Zeitraum den mit den unterstellten Verkaufspreisen ermittelten Umsätzen gegenübergestellt werden. Durch die Erfassung und Zurechnung von Warenbezugskosten nähert sich die Kalkulation der Ermittlung von tatsächlichen Warenroherträgen.
3. Die **Basiskalkulation** im laufenden Geschäft
   Innerhalb einer Periode, z. B. eines Monats, können Geschäftsvorfälle eintreten, die das Einkaufsvolumen, die Bewertung der vorhandenen Warenbestände und die Festlegung der Verkaufspreise beeinflussen. Die Basiskalkulation soll zeigen, wie sich durch diese Geschäftsvorfälle die Kalkulation verändert. Sie gibt an, welche Handelsspanne mit den innerhalb eines Zeitraums eingekauften Waren (einschließlich des Anfangsbestands) erzielt werden kann, wenn diese zu den vorgesehenen Preisen verkauft werden. Zur Ermittlung der Beträge für VK und EK, dient das in Abbildung 29.10 angegebene Schema.

	Anfangsbestand EK		Anfangsbestand VK
+	Wareneingänge EK	+	Wareneingänge VK
+	Warenbezugskosten EK	+ ./.	Preisänderungen VK
=	Warenvolumen EK	=	Warenvolumen VK

→ Basiskalkulation ←

Abb. 29.10: Benötigte Größen zur Ermittlung der Basiskalkulation

Gegenüber der Wareneingangskalkulation werden bei der Basiskalkulation im Zeitablauf vorgenommene Preisheraufzeichnungen und -herabzeichnungen als wertverändernde Größen bei der Bewertung des Warenbestands und der Warenzugänge zu Verkaufspreisen berücksichtigt. Außerdem können gegenüber der Wareneingangskalkulation weitere Bezugskosten einbezogen werden (z. B. Rollgelder). Das Warenvolumen gibt an, welche Warenmengen (bewertet zu EK bzw. zu VK) der jeweiligen Einheit (Abteilung, Filiale) für den Verkauf zur Verfügung stehen. Zusammenfassend wird die Basiskalkulation wie folgt definiert:

Der Prozentsatz der Basiskalkulation ergibt sich, wenn die Differenz des einer organisatorischen Einheit (z. B. Abteilung) in einer Periode zur Verfügung gestellten Warenvolumens, bewertet zu Verkaufspreisen, und desselben Warenvolumens, jedoch bewertet zu Einkaufspreisen (einschließlich der Warenbezugskosten), auf das Warenvolumen zu Verkaufspreisen bezogen wird.

Das Warenvolumen verringert sich in der jeweiligen Periode um den Umsatz, dessen Höhe bei tatsächlich erzielten Verkaufspreisen bekannt ist. Wird das zu VK bewertete Warenvolumen um den Umsatz verringert, ergibt sich der zu VK bewertete Endbestand. Wird unterstellt, dass die für das Warenvolumen ermittelte Basiskalkulation auch auf den Umsatz angewendet werden kann, d. h. dass sich die Artikelstruktur entspricht, lässt sich der Wert des Umsatzes zu Einstandspreisen näherungsweise ermitteln, indem der Umsatz mit dem errechneten Basiskalkulationssatz multipliziert wird. Anschließend kann der Endbestand zu EK ausgewiesen werden.

4. Die **Nettokalkulation** nach Abschluss einer Rechnungsperiode
Die Nettokalkulation geht von der zuvor dargestellten Basiskalkulation aus und verringert diese um den Mehrwertsteuersatz (bei 19 % auf den Nettoverkaufspreis sind es 15,97 % auf den Verkaufspreis inkl. Mehrwertsteuer). Das führt zu einer „vorläufigen Nettokalkulation". Einige Unternehmungen ziehen darüber hinaus noch einen Satz für die von der Zentrale erbrachten Leistungen ab (z. B. 3 %), worauf jedoch nicht weiter eingegangen werden soll. Aus der Multiplikation des tatsächlich erzielten Umsatzes mit der vorläufigen Nettokalkulation ergibt sich der „vorläufige Warenrohertrag". Die Unterscheidung in Warenrohertrag und vorläufiger Warenrohertrag ist eingeführt worden, um einige Positionen in die Ermittlung des Warenrohertrags einbeziehen zu können. Dazu zählen Prämien, die für den Verkauf gewährt worden sind, Kosten für den Einsatz von betriebsfremdem Personal und der Saldo aus der Tätigkeit sog. „produktiver Bereiche". Wird dieser Warenrohertrag auf den erzielten Umsatz bezogen, ergibt sich die Nettokalkulation als Warenrohertrag in Prozent vom Umsatz. Sie ist wie folgt definiert:

Mit der Nettokalkulation wird der dem erzielten Umsatz zugerechnete Warenrohertrag (absolute Handelsspanne), ausgedrückt in Prozent dieses Umsatzes, bezeichnet. Zur Ermittlung des Warenrohertrags werden die Kosten für den Einkauf der Waren, die Kosten der Warenanlieferung (entsprechend der Rechnung der Lieferanten) und gegebenenfalls weitere Positionen herangezogen.

In der Definition von Warenrohertrag wird die Formulierung „der einem erzielten Umsatz zugerechnete Warenrohertrag" verwendet, weil es sich dabei um eine rechnerisch ermittelte Größe handelt. Wie bei der Vorstellung der Basiskalkulation erläutert, kann es sein, dass in der Vergangenheit ein Artikel zu unterschiedlichen Preisen eingekauft wurde, weshalb ein durchschnittlicher Einkaufspreis zu Grunde gelegt wird. Auch ist zu beachten, dass in die Ermittlung

des Umsatzes und des Warenvolumens im Regelfall die Werte zahlreicher Artikel eingehen und unterstellt wird, dass sich die Struktur dieser Artikel entspricht. Wenn bei der Ermittlung der Nettokalkulation über den Wareneinstand hinaus weitere Beträge abgezogen werden, kann bereits von Deckungsbeiträgen gesprochen werden.
Die Nettokalkulation liefert wichtige Hinweise auf den Gewinnbeitrag einer Sortimentsgruppe. Zwei Annahmen gilt es jedoch bei der Interpretation zu beachten:
- Bei steigenden Preisen im Einkauf folgt der durchschnittliche Einkaufspreis mit Verzögerung. Es kann also ceteris paribus bei einem Erfolg nicht mit gleichen Erfolgen in der Zukunft gerechnet werden, weil der zu verwendende Durchschnittspreis bei Nachkäufen weiter ansteigt.
- Die zweite Annahme bezieht sich auf die Struktur von Umsatz und Warenvolumen. Sollte die Struktur der beiden Größen nicht übereinstimmen, können sich in Zukunft schlechtere Werte für die Sortimentseinheit ergeben. Die Warenrohertragsanalyse ist also durch eine Analyse der Struktur der Bestände zu ergänzen.

Die erzielte Handelsspanne dient dazu, einen Beitrag zu den Handlungskosten und zum Gewinn des Unternehmens beizusteuern. Es handelt sich nicht um einen Nettogewinn. Darüber hinaus ist zu beachten, dass Sortimentseinheiten die vorhandenen Kapazitäten des Unternehmens (z. B. Lagerkapazitäten) in unterschiedlichem Maße in Anspruch nehmen und zu unterschiedlich kostenintensiven Prozessen führen können, was Gegenstand des kostenorientierten Controllings ist (vgl. hierzu Kapitel 28).

Wenn die Ware zu dem ursprünglich kalkulierten Preis abgesetzt werden kann, stimmen Wareneingangskalkulation und erzielte Kalkulation bzw. realisierte Handelsspanne überein. Wird der Preis jedoch herabgesetzt, um den Absatz zu erhöhen, weichen geplante und erzielte Kalkulation voneinander ab. Es wird deswegen zwischen

- der Wareneingangskalkulation (Kalkulation 1) und
- der Bruttoertragskalkulation (Kalkulation 2)

differenziert. Beide Größen werden im Folgenden näher betrachtet, wobei berücksichtigt wird, dass es sich bei Handelsunternehmungen im Regelfall um Mehrproduktunternehmen handelt.

29.3.2 Die Wareneingangskalkulation (Kalkulation 1)

Die Wareneingangskalkulation, auch als Kalkulation 1 bezeichnet, bezieht die Summe der absoluten Handelsspannen, die durch den Verkauf von in einer Periode eingekauften Waren erzielt werden soll (hier gerechnet als Umsatz einschließlich der Mehrwertsteuer ./. Summe der Einstandspreise ohne Mehrwertsteuer), auf den erwarteten Bruttoumsatz (d. h. einschließlich der Mehrwertsteuer). Der Betrag gibt an, wie viel Prozent des geplanten Umsatzes für die Begleichung der Mehrwertsteuer, zur Deckung der Handlungskosten und für einen Gewinn zur Verfügung stehen. Formal stellt sich die Wareneingangskalkulation wie folgt dar:

$$(29.6)\qquad s_{1t}=\frac{\sum_{i=1}^{I}(p_{it}-q_{it})x_{it}}{\sum_{i=1}^{I}p_{it}\cdot x_{it}}$$

mit:

s_{1t} = relative Handelsspanne (Kalkulation 1) einer Artikelgruppe mit I Artikeln in der Periode t (hier: Monat)

x_{it} = Anzahl der von Artikel i in der Periode t eingekaufter Einheiten

p_{it} = kalkulierter Verkaufspreis (VK) bzw. durchschnittlicher Verkaufspreis der in Periode t von Artikel i eingekauften Einheiten

q_{it} = Einstandspreis bzw. durchschnittlicher Einstandspreis der in Periode t von Artikel i eingekauften Einheiten.

Bei einer solchen Berechnung bleiben die Lieferantenboni, die Lieferantenskonti und die Inventurdifferenzen unberücksichtigt.

Abbildung 29.11 veranschaulicht am Beispiel des Textileinzelhandels die Wareneingangskalkulation für die zwölf Monate eines Jahres. Das Beispiel macht deutlich, dass die Wareneingänge in den einzelnen Monaten zwar unterschiedlich hoch kalkuliert wurden, aber über das Jahr hinweg fast nur mit einem Kalkulationssatz gearbeitet wird. Bei den ausgewiesenen Kalkulationssätzen handelt es sich um Durchschnittswerte, um die die Kalkulationssätze einzelner Artikel mehr oder weniger stark streuen. In der Praxis ist jedoch häufig zu beobachten, dass auch Waren aus unterschiedlichen Warengruppen zu fast gleichen Sätzen kalkuliert werden. Bei identischen Kalkulationssätzen in einzelnen Monaten ist es nicht erstaunlich, dass sich auch der kumulierte Kalkulationssatz im Zeitablauf in nur geringem Maße ändert. In dem Beispiel beträgt der kumulierte (aufgelaufene) Kalkulationssatz bis Februar 56,6 %, über das ganze Jahr gerechnet ebenfalls 56,6 %.

Monat	Jan.	Feb.	März	April	Mai	Juni	Juli	Aug.	Sept.	Okt.	Nov.	Dez.
per Monat	56,5	56,7	56,9	56,2	58,1	57,8	56,3	55,1	57,2	56,6	57,7	55,1
aufgelaufen	56,5	56,6	56,7	56,6	56,8	56,9	56,8	56,5	56,6	56,6	56,7	56,6

Abb. 29.11: Beispiel zur Wareneingangskalkulation (Kalkulation 1)

Die aufgelaufenen Werte ergeben sich, indem die mit dem Wareneingangsanteil des jeweiligen Monats gewichteten Kalkulationssätze bis zum betrachteten Monat aufaddiert und mit dem kumulierten Anteil gemittelt werden (Wareneingangsanteile aus Abbildung 29.3). Der Februarwert berechnet sich also wie folgt: $(9{,}0 \cdot 56{,}5 + 9{,}8 \cdot 56{,}7) : 18{,}8 = 56{,}6$. Die Gewichtung mit dem Wareneingangsanteil entspricht der Definition der Wareneingangskalkulation als Ziffer, die zum Ausdruck bringt, wie hoch die in einer Periode zugegangenen Waren kalkuliert worden sind. Gelegentlich werden in der Praxis stattdessen die monatlichen Kalkulationswerte mit den Umsatzanteilen der Monate gewichtet. Diese Variante lässt sich wie folgt darstellen:

(29.7)
$$s_{1t'} = \sum_{t=1}^{t'} \frac{\text{rel. Handelsspanne der Periode t} \cdot \text{Umsatzanteil der Periode t}}{\text{kum. Umsatzanteil bis zur Periode t}'} =$$

$$\sum_{t=1}^{t'} \frac{\dfrac{\sum_{i=1}^{I}(p_{it}-q_{it})x_{it}}{\sum_{i=1}^{I} p_{it} \cdot x_{it}} \cdot \dfrac{\sum_{i=1}^{I} p_{it} \cdot x_{it}}{\sum_{s=1}^{12}\sum_{i=1}^{I} p_{is} \cdot x_{is}}}{\sum_{r=1}^{t'} \dfrac{\sum_{i=1}^{I} p_{ir} \cdot x_{ir}}{\sum_{s=1}^{12}\sum_{i=1}^{I} p_{is} \cdot x_{is}}}$$

mit:

$s_{1t'}$ = bis zur Periode t' aufgelaufene Wareneingangskalkulation einer Artikelgruppe mit I Artikeln (Kalkulation 1 für einen Zeitabschnitt)

x_{it}, x_{is}, x_{ir} = Anzahl der von Artikel i in der Periode t, s bzw. r verkauften Einheiten

p_{it}, p_{is}, p_{ir} = Verkaufspreis der in Periode t, s bzw. r verkauften Einheiten von Artikel i

q_{it} = Einstandspreis der in Periode t verkauften Einheiten von Artikel i

Der zweite Quotient im Zähler gibt an, welchen Anteil die in die kumulierte Rechnung einbezogenen Monate an dem – eventuell geschätzten – Jahresumsatz haben. So können der Januar beispielsweise einen Umsatzanteil von 7,9 % und der Februar einen Umsatzanteil von 6,3 % aufweisen (vgl. auch Abbildung 29.3). Mit diesen Werten werden die zugehörigen monatlichen Kalkulationssätze gewichtet. Die Summe dieser Produkte wird durch die Summe der monatlichen Umsatzanteile geteilt. Wird also gefragt, welche Kalkulation bis Ende Februar aufgelaufen ist, muss durch 14,2 geteilt werden, Ende Dezember durch 100. Im vorliegenden Beispiel ergibt sich für das ganze Jahr eine Kalkulation 1 von 56,6 %. Es handelt sich dabei aber nur dann um die realisierte Kalkulation, wenn die Ware auch tatsächlich zu den geplanten Verkaufspreisen abgesetzt werden konnte. In vielen Fällen, insbesondere in den Schlussverkäufen, wird der ursprünglich kalkulierte Verkaufspreis reduziert. Es wird von Preisabschriften gesprochen, durch die die tatsächlich realisierte Spanne gegenüber der ursprünglich geplanten gesenkt wird. Dies wird im Folgenden dargestellt.

29.3.3 Die Berücksichtigung von Preisabschriften

Bei den Preisabschriften handelt es sich um Minderungen der ursprünglich geplanten Wareneingangskalkulation, wobei vorübergehende (zeitlich begrenzte Sonderangebote) und dauerhafte Preisreduktionen denkbar sind. Die Preisminderungen können auf den ursprünglich bei der Wareneingangskalkulation unterstellten Umsatz (bei einigen Unternehmungen auch als statistischer Umsatz bezeichnet) oder auf den mit den tatsächlich erzielten Verkaufspreisen ermittelten Umsatz bezogen sein. Es wäre zwar denkbar, dass mit den Abschriften nur zum Ausdruck gebracht wird, in welchem Ausmaß früher festgelegte Preise herabgezeichnet worden sind (Variante 1), aber vorwiegend wird mit den Abschriften erfasst, inwieweit bei den verkauften Waren die Preise gegenüber der Wareneingangskalkulation reduziert worden sind (Variante 2). Bei den Preisabschriften handelt es sich um einen wichtigen preispolitischen Parameter des Handels, weil über ihn festgelegt wird, in welchem Ausmaß Preissenkungen durchgeführt werden. Abbildung 29.12 veranschaulicht beispielhaft, wie beträchtlich solche Preisminderungen in der Praxis sein können und zeigt zudem, dass es zeitliche Schwerpunkte für solche Preisminderungen gibt. Im Beispiel aus dem Textilhandel ist zu erkennen, dass (entsprechend Variante 2) insbesondere in den Monaten Januar, Juni und Juli preisreduzierte Ware verkauft worden ist.

Monat	Jan.	Feb.	März	April	Mai	Juni	Juli	Aug.	Sep.	Okt.	Nov.	Dez.	$\sum$
monatliche Abschriften	22,6	11,8	5,2	6,2	9,3	18,1	27,1	12,6	3,1	3,6	8,9	15,3	-
Aufgelaufen	22,6	17,8	13,3	11,4	11,0	21,1	14,3	14,1	12,6	11,5	11,2	11,7	-
Anteil an den Gesamtabschriften	15,3	6,3	3,5	4,3	5,7	10,7	17,6	7,7	2,5	2,9	7,6	16,0	100

Abb. 29.12: Typische Entwicklung der Preisabschriften im Jahresablauf in Prozent

Wie bei dem Verfahren, das bei der Ermittlung der aufgelaufenen Wareneingangskalkulation vorgestellt wurde, lassen sich auch die Preisabschriften eines Monats mit den Anteilen des Monatsumsatzes am Jahresumsatz gewichten. Es ergibt sich so ein bis zum Zeitpunkt der Rechnung aufgelaufener Satz für die Abschriften. Als Basis wird hierbei der bis zum Zeitpunkt der Berechnung aufgelaufene Anteil am Jahresumsatz verwendet (Umsatzanteile gemäß Abbildung 29.3). Im Beispiel waren bis Ende Februar die Preise so stark reduziert worden, dass die Wareneingangskalkulation von 56,6 % um 17,8 Prozentpunkte abgesenkt worden war. Dieser hohe Wert ergibt sich, da insbesondere im Januar in hohem Maße preisreduzierte Ware verkauft worden ist. Der bis Februar aufgelaufene Wert der Preisabschriften von 17,8 ergibt sich aus: $(22{,}6 \cdot 7{,}9 + 11{,}8 \cdot 6{,}3) : 14{,}2$. Am Jahresende belaufen sich die auf das Jahr gerechneten Abschriften auf 11,7 Prozentpunkte.

Abbildung 29.12 enthält noch eine dritte Information. In der letzten Zeile werden die monatlichen Preisabschriften mit dem Umsatzanteil des betreffenden Monats gewichtet und durch die Summe aller gewichteten Preisabschriften geteilt. Für den Monat Februar ergibt sich damit ein Wert von 6,3 $((11{,}8 \cdot 6{,}3 : 1.170{,}14) \cdot 100)$, für den Monat März ein Wert von 3,5 $((5{,}2 \cdot 7{,}9 :$

1.170,14) · 100). D. h. 6,3 % der insgesamt im Jahresverlauf vorgenommenen Abschriften entfallen auf den Februar. Das Beispiel zeigt, dass neben dem Monat Juli der Januar und der Dezember Monate mit hohen Abschriften sind, und gibt an, welche Preispolitik die Unternehmung im Zeitablauf betrieben hat.

Die Preisabschriften mindern die ursprünglich im Rahmen der Wareneingangskalkulation vorgesehene Handelsspanne. Das bedeutet nicht, dass damit auch der absolute Gewinn verringert wird. Aufgrund der Wirkung der abgesenkten Preise auf den Absatz könnte der Umsatz insgesamt im Vergleich zu der ursprünglichen Kalkulation so angewachsen sein, dass sich der Gewinn des Unternehmens erhöht. Mögliche Gründe hierfür können eine nicht optimale ursprüngliche Wareneingangskalkulation oder geänderte Marktgegebenheiten sein. Hohe Abschriften bedeuten also nicht zwangsläufig, dass der Betrieb ohne diese Abschriften erfolgreicher gewesen wäre. Die Planung der Abschriften setzt voraus, dass der Umsatzeffekt alternativer Abschriftensätze geprüft wird. Die Optimierung der Abschriftenpolitik stellt insbesondere im Handel mit modischen Artikeln eine wichtige Managementaufgabe dar, ist jedoch nicht Gegenstand der vorliegenden Ausführungen.

29.3.4 Die Bruttoertragskalkulation (Kalkulation 2)

Bei der Bruttoertragskalkulation wird berücksichtigt, inwieweit gegenüber den Annahmen der Wareneingangskalkulation Reduzierungen bei den Verkaufspreisen vorgenommen worden sind. Während mit Abschriften die Preisherabsetzungen gemeint sind, wird mit dem Begriff „Erlösschmälerungen“ auf die Reduktion des ursprünglich vorgesehenen Absatzpreises (nach der Wareneingangskalkulation) im Moment des Verkaufs der Ware abgestellt. Die Bruttoertragskalkulation gibt an, welche Handelsspanne ein Betrieb in einem bestimmten Zeitraum erzielt hat, wenn die tatsächlich realisierten (und nicht die geplanten) Verkaufserlöse um den Wareneinsatz verringert werden und dieser Betrag zum erzielten Umsatz in Beziehung gesetzt wird. Die Bruttoertragskalkulation lässt sich auch ermitteln, indem von der ursprünglichen Wareneingangskalkulation ausgegangen wird. Diese beläuft sich für eine einzelne Periode auf:

$$s_1 = \frac{U^p - WE}{U^p} \qquad (29.8)$$

mit:

s_1 = Wareneingangskalkulation

$U^p = U(s_1)$ = geplanter Umsatz (bei einer Kalkulation mit s_1)

WE = Wareneinsatz (Einstandspreis der verkauften Ware)

Die Bruttoertragskalkulation, als zu vermindernde Wareneingangskalkulation, kann auf zwei Wegen berechnet werden – zum einen, indem die im Verkauf realisierten Abschriften zum ursprünglich vorgesehenen Verkaufspreis ins Verhältnis gesetzt werden (A_1), zum anderen, indem diese Abschriften am tatsächlich erzielten Verkaufspreis relativiert werden (A_2).

a) Abschriften als Prozentsatz vom Ausgangspreis (A_1)

Im Verkauf wirksam gewordene Abschriften führen bei gleicher Absatzmenge zu einer Verminderung der Handelsspanne und zu einem reduzierten Umsatz. Der tatsächlich erzielte Umsatz lässt sich auch als Differenz zwischen dem Umsatz $U(s_1)$, der sich ergeben hätte, wenn die tatsächlich abgesetzte Ware zu der höheren Spanne abgesetzt worden wäre, und der Umsatzreduktion $U(s_1)\cdot A_1$, die aus den Preisabschriften mit dem Abschriftensatz A_1 resultiert, darstellen. Für die nach Vornahme der Abschriften realisierte relative Handelsspanne gilt dann:

$$(29.9)\qquad s_2 = \frac{U(s_1) - U(s_1)\cdot A_1 - WE}{U(s_1) - U(s_1)\cdot A_1} = \frac{U(s_1)\cdot(1-A_1) - WE}{U(s_1)\cdot(1-A_1)}$$

mit:

$s_2 =$	Bruttoertragskalkulation (bezogen auf den nach den Abschriften realisierten Umsatz)
$A_1 = \dfrac{U(s_1) - U(s_2)}{U(s_1)} =$	Abschriftensatz: Reduktion des nach der Wareneingangskalkulation geplanten Umsatzes (bzw. Verkaufspreises) in Prozent des geplanten Umsatzes (Verkaufspreises)
$U(s_1) =$	Umsatz (geplant nach der Wareneingangskalkulation)

Aus der Gleichung (29.8) folgt:

$$(29.10)\qquad WE = U(s_1) - U(s_1)\cdot s_1 = U(s_1)\cdot(1-s_1) \quad .$$

Damit ergibt sich für s_2:

$$(29.11)\qquad s_2 = \frac{U(s_1)\cdot(1-A_1) - U(s_1)\cdot(1-s_1)}{U(s_1)\cdot(1-A_1)} = \frac{(1-A_1)-(1-s_1)}{(1-A_1)} = \frac{(s_1 - A_1)}{(1-A_1)}$$

Diese Beziehungen sollen in dem folgenden Beispiel verdeutlicht werden (siehe Abbildung 29.13). Es wird von dem Fall ausgegangen, dass in einer Periode mit einer Wareneingangskalkulation von $s_1 = 56{,}28\ \%$ Ware für 6 000 GE eingekauft wird. Würde die Ware tatsächlich zu dem aus der Kalkulation folgenden Verkaufspreis abgesetzt, ergäbe sich ein Umsatz von 13 723,70 GE. Erweist es sich als notwendig, die ursprünglich geplanten (kalkulierten) Absatzpreise abzusenken, müssen Abschriften vorgenommen werden (im Beispiel wird mit $A_1 = 9{,}97\ \%$ gerechnet). Die weiteren Berechnungen zeigen, dass sich bei einem Abschriftensatz von 9,97 % des geplanten Umsatzes die erzielte Handelsspanne um 4,84 Prozentpunkte auf 51,44 % vermindert.

Wareneinkauf WE = 6.000,00 GE
Wareneingangskalkulation (s_1) = 56,28 % vom Verkaufspreis
Erwarteter Umsatz bei s_1: 13.723,70 GE
Abschriften: 1.368,25 GE bzw. 9,97 % vom ursprünglich geplanten Umsatz
Erwarteter Umsatz nach Abschriften: 12.355,45 GE

Abb. 29.13: Daten eines Beispiels zur Bruttoertragskalkulation mit A_1

Bruttoertragskalkulation mit A_1

1. Berechnung des erwarteten Umsatzes $U(s_1)$ (nach Gleichung (29.10)) bzw. der geplanten absoluten Handelsspanne bei einer Wareneingangskalkulation s_1 von 56,28 %

$$(29.12) \quad U(s_1) = \frac{WE}{1-s_1} = \frac{6.000\text{ GE}}{0,4372} = 13.723,70\text{ GE}$$

$$(29.13) \quad \text{abs. Spanne (gepl.)} = U(s_1)\text{-WE} = 13.723,70\text{ GE-}6.000\text{ GE} = 7.723,70\text{ GE}$$

2. Korrektur der Wareneingangskalkulation nach der Vornahme von Abschriften. Berechnung von s_2
Abschriftensatz bei einem aus den Abschriften resultierenden Umsatz von 12 355,45 GE:

$$(29.14) \quad A_1 = \frac{13.723,70\text{ GE} - 12.355,45\text{ GE}}{13.723,70\text{ GE}} = \frac{1.368,25\text{ GE}}{13.723,70\text{ GE}} = 9,97\%$$

Neue absolute Handelsspanne:

$$(29.15) \quad \text{abs. Spanne (real.)} = U(s_2)\text{-WE} = 12.355,45\text{ GE-}6.000\text{ GE} = 6.355,45\text{ GE}$$

Relative Handelsspanne (in Prozent des realisierten Umsatzes):

$$(29.16) \quad s_2 = \frac{6.355,45\text{ GE}}{12.355,45\text{ GE}} = 51,44\ \%\text{ bzw. } s_2 = \frac{s_1 - A_1}{1-A_1} = \frac{0,5628-0,0997}{1-0,0997} = 51,44\ \%$$

In dem Beispiel ist die Bruttoertragskalkulation auf den tatsächlich realisierten Umsatz bezogen, während die Wareneingangskalkulation auf den geplanten Umsatz bezogen war. Aus diesem Grund kann die Wareneingangskalkulation s_1 nicht einfach um den Abschriftensatz A_1 vermindert werden. Gleichwohl lässt sich der Satz errechnen, um den die ursprüngliche Wareneingangskalkulation reduziert werden muss, um die erzielte Bruttoertragskalkulation s_2 zu erhalten:

$$(29.17) \quad vs_1 = s_1 - s_2$$

mit:

vs_1 = Verminderung der Wareneingangskalkulation aufgrund vorgenommener Abschriften, wenn die Abschriften auf den ursprünglich vorgesehenen Verkaufspreis bezogen werden (in Prozentpunkten).

Aus den Gleichungen (29.17) und (29.11) folgt:

$$(29.18) \qquad vs_1 = s_1 - \frac{(s_1 - A_1)}{(1 - A_1)} = \frac{s_1 - s_1 A_1 - (s_1 - A_1)}{(1 - A_1)} = A_1 \frac{(1 - s_1)}{(1 - A_1)}$$

Die Formel gibt an, um wie viel sich die ursprüngliche Wareneingangskalkulation s_1 bei einem bestimmten Abschriftensatz (bezogen auf den geplanten Verkaufspreis) vermindert. Für s_1 = 56,28 % und A_1 = 9,97 % ergibt sich für vs_1 ein Wert von 4,84 Prozentpunkten. Die realisierte Handelsspanne (Bruttoertragskalkulation) ergibt sich aus 56,28 - 4,84 = 51,44 (in Prozent des realisierten Umsatzes). Das bedeutet, dass Erlösminderungen in Höhe von 9,97 % die Spanne um 4,84 Prozentpunkte auf 51,44 % senken.

b) Abschriften als Prozentsatz vom tatsächlich erzielten Umsatz (A_2)

Die vorgenommene Absenkung des Verkaufspreises kann auch auf den beim Verkauf erzielten Preis (Umsatz) bezogen werden (im Folgenden als A_2 bezeichnet). Für die nach Vornahme der Abschriften realisierte relative Handelsspanne gilt:

$$(29.19) \qquad s_2 = \frac{U(s_2) - WE}{U(s_2)}$$

Aus der Gleichung (29.10) folgt:

$$(29.20) \qquad s_2 = \frac{U(s_2) - U(s_1)(1 - s_1)}{U(s_2)}$$

Der Umsatz $U(s_1)$, der sich ergeben hätte, wenn die tatsächlich abgesetzte Ware zu der höheren Spanne abgesetzt worden wäre, lässt sich auch als Summe aus dem tatsächlich erzielten Umsatz $U(s_2)$ und der Umsatzreduktion $U(s_2) \cdot A_2$, die aus den Preisabschriften mit dem Abschriftensatz A_2 resultiert, darstellen. Für die relative Handelsspanne gilt dann:

$$(29.21) \qquad s_2 = \frac{U(s_2) - \left(U(s_2) + U(s_2) \cdot A_2\right) \cdot (1 - s_1)}{U(s_2)} = \frac{U(s_2) - U(s_2) \cdot (1 - A_2) \cdot (1 - s_1)}{U(s_2)}$$

mit:

s_2 = Bruttoertragskalkulation (bezogen auf den nach den Abschriften realisierten Umsatz)

$A_2 = \frac{U(s_1) - U(s_2)}{U(s_2)} =$	Abschriftensatz: Reduktion des nach der Wareneingangskalkulation geplanten Umsatzes (bzw. Verkaufspreises) in Prozent des tatsächlich erzielten Umsatzes (Verkaufspreises)
$U(s_2) =$	Umsatz (nach den Abschriften tatsächlich realisiert)

Nach Kürzen ergibt sich:

(29.22) $$s_2 = 1-(1-A_2)\cdot(1-s_1) = 1-(1-s_1)-A_2\cdot(1-s_1) = s_1 - A_2\cdot(1-s_1)$$

In diesem Fall kann ebenfalls angegeben werden, um wie viel die ursprünglich kalkulierte Wareneingangskalkulation vermindert werden muss, um die Bruttoertragskalkulation zu erhalten. Die Verminderung der Wareneingangskalkulation errechnet sich erneut als Differenz aus s_1 und s_2, allerdings auf Grundlage von A_2. Es gilt:

(29.23) $$vs_2 = s_1 - s_2 = s_1 - [s_1 - A_2\cdot(1-s_1)] = A_2\cdot(1-s_1)$$

mit:

vs_2 = Verminderung der Wareneingangskalkulation aufgrund vorgenommener Abschriften, wenn die Abschriften auf den tatsächlich realisierten Verkaufspreis bezogen werden (in Prozentpunkten)

Diese Zusammenhänge sollen mit einem Beispiel veranschaulicht werden, in dem für eine Wareneingangskalkulation von 56,28 % die Bruttoertragskalkulation ermittelt wird. Die Ausgangsdaten sind in Abbildung 29.14 angegeben.

Wareneinkauf WE = 6.000,00 GE
Wareneingangskalkulation (s_1) = 56,28 % vom Verkaufspreis
Erwarteter Umsatz bei s_1: 13.723,70 GE
Abschriften: 1.368,25 GE bzw. 11,07 % vom realisierten Umsatz
Erwarteter Umsatz nach Abschriften: 12.355,45 GE

Abb. 29.14: Daten eines Beispiels zur Bruttoertragskalkulation mit A_2

Bruttoertragskalkulation mit A_2

Die ursprüngliche Wareneingangskalkulation in Höhe von 56,28 % vermindert sich aufgrund der vorgenommenen Abschriften in Höhe von A_2:

(29.24) $$A_2 = \frac{13.723,70\,GE - 12.355,45\,GE}{12.355,45\,GE} = 11,07\%$$

(29.25) $s_2 = s_1 - A_2 \cdot (1 - s_1) = 0{,}5628 - 0{,}1107 \cdot (1 - 0{,}5628) = 51{,}44\%$

Die erzielte Bruttoertragskalkulation beträgt folglich 51,44 %. Die Minderung beläuft sich auf:

(29.26) $A_2 \cdot (1 - s_1) = 0{,}1107 \cdot (1 - 0{,}5628) = 4{,}84\%$

Die beiden Rechenvarianten führen zum gleichen Ergebnis. Die nach Abschriften erzielte Bruttoertragskalkulation liegt bei 51,44 % und ist 4,84 Prozentpunkte niedriger als die ursprüngliche Wareneingangskalkulation.

Auch für die Bruttoertragskalkulation lassen sich Monatswerte und aufgelaufene Werte ausweisen. Diese sind in Abbildung 29.15 veranschaulicht.

Monat	**Jan.**	**Feb.**	**März**	**April**	**Mai**	**Juni**	**Juli**	**Aug.**	**Sept.**	**Okt.**	**Nov.**	**Dez.**
per Monat	46,7	51,6	54,7	53,5	54,2	50,2	44,5	49,4	55,9	55,0	53,9	48,2
aufgelaufen*	46,7	48,9	50,9	51,6	52,1	51,8	50,7	50,6	51,3	51,8	52,0	51,0

* mit Umsatzanteil der Monate gewichtet

Abb. 29.15: Bruttoertragskalkulation – nach Monaten und aufgelaufen

Bei der aufgelaufenen Bruttoertragskalkulation werden die für die einzelnen Monate ausgewiesenen Kalkulationswerte mit dem Umsatzanteil des Monats gewichtet und kumuliert.

Veränderungen der erzielten Spanne (Bruttoertragskalkulation) im Zeitablauf werden besonders gut ersichtlich, wenn die Werte graphisch dargestellt werden (vgl. zur Wirkung einer graphischen Darstellung auf die Informationsverarbeitung durch den Nutzer Sponholz 1997).

Beim Vergleich von Daten aus verschiedenen Quellen ist zu beachten, dass unterschiedliche Berechnungsmodalitäten den Vergleich beeinträchtigen oder gar unmöglich machen können. Die Ursache liegt vor allem darin, dass für die Berechnung eine unterschiedliche Basis gewählt wird. Die Handelsspanne kann zum einen auf den Einkaufspreis, zum anderen auf den Verkaufspreis bezogen werden. Die Abschriften können sich auf den Einkaufspreis, den geplanten Verkaufspreis oder auf die Handelsspanne beziehen. Jede Analyse setzt voraus, dass mit Hilfe der Definition der begriffliche Inhalt der jeweiligen Größe geklärt wird.

29.4 Generelle Beurteilung der Kennzahlen

Die Zielsetzung der folgenden Überlegungen besteht nicht darin, die Eignung jeder einzelnen Kennzahl für Planung und Kontrolle differenziert zu beurteilen. Stattdessen soll auf zwei allgemeine Sachverhalte aufmerksam gemacht werden:

- Inwieweit unterstützen die vorgestellten Kennzahlen einzelne Bereiche der Planung?
- Wie ist die Vollständigkeit des vorgestellten Berichtssystems zu beurteilen?

Die Eignung der vorgestellten Kennzahlen für die Planung soll am Beispiel der Preiskalkulation diskutiert werden. Von den vorgestellten Kennzahlen sind die Wareneingangskalkulation, die Abschriften und die erzielte Kalkulation diesem Planungsbereich zuzurechnen. Zunächst ist festzustellen, dass die Gegenüberstellung der Einstandspreise der in einem Zeitabschnitt eingegangenen Waren und der für diese Waren vorgesehenen Verkaufspreise (d. h. die Wareneingangskalkulation in Prozent des voraussichtlichen Umsatzwerts der zugegangenen Waren) über die geplante und realisierte Preispolitik informiert. Die Angaben erlauben auch eine Kontrolle, inwieweit sich die mit der Kalkulation beauftragten Personen an die vorgegebenen Kalkulationsrichtlinien gehalten haben. Ein Hinweis darauf, ob eine solche Preispolitik zielgerichtet ist, kann diesen Angaben jedoch nicht entnommen werden:

1. Der vorgegebene Kalkulationssatz kann zu hoch oder zu niedrig sein. Es müsste eine Gegenüberstellung mit dem Absatz erfolgen. Wird der Warenein- und Warenausgang jedoch nicht artikelgenau erfasst, ist diese Gegenüberstellung nur eingeschränkt möglich. Der in der Periode des Wareneingangs realisierte Umsatz wird zumindest teilweise nicht mit den in dieser Periode kalkulierten Waren erzielt. Auch der mit einem (gleitenden) durchschnittlichen Kalkulationssatz multiplizierte Umsatz einer Periode ist keine geeignete Beurteilungsgröße für eine bestimmte Kalkulationspolitik. Die Gegenüberstellung von Maßnahme und Ergebnis ist nur sehr eingeschränkt möglich. Insofern fällt es schwer zu beurteilen, ob es sich um marktgerechte Kalkulationssätze bzw. Preise handelt.
2. Der errechnete durchschnittliche Kalkulationssatz setzt sich aus einer Vielzahl einzelner Kalkulationssätze zusammen. Dabei kann der eine zu hoch, der andere zu niedrig sein. Die Durchschnittsbildung in sachlicher Hinsicht verhindert die für die Planung und Kontrolle notwendige Gegenüberstellung von Maßnahme und Ergebnis.

Am Beispiel der Preispolitik ist zu erkennen, dass die traditionellen Kennzahlensysteme mit ihrem isolierten Ausweis von Kennzahlen kaum in der Lage sind, Hinweise zur optimalen Ausgestaltung der Politik zu geben. Es gelten die Ausführungen von Little (1979, S. 985), der die Erwartungen an ein Marketing-Unterstützungssystem wie folgt umschreibt:

„Manager sind an Analysen, nicht an Abfragen (retrievals) interessiert. Natürlich spielen Retrieval-Fragen eine wichtige Rolle, aber zur Lösung der wirklich wichtigen Probleme bedarf es im Allgemeinen nichttrivialer Manipulationen der gespeicherten Daten.“

Insofern ist die Entwicklung von Informationssystemen mit dem Ausweis von geplanten und realisierten Werten nicht abgeschlossen. Es ist zwar wichtig zu wissen, welcher Umsatz in einer vergangenen Periode erzielt oder kalkuliert worden ist, jedoch dürfen sich Konzepte, die für Planung und Kontrolle geeignet sein sollen, nicht damit begnügen, über einzelne Größen in isolierter Darstellung zu informieren. Stattdessen werden Kennzahlensysteme benötigt, wie sie in entsprechenden Informations- und Entscheidungsunterstützungssystemen konzipiert worden sind (vgl. hierzu Kapitel 32). Für unternehmenspolitische Entscheidungen müssen darüber hinaus funktionale Verknüpfungen zwischen Aktionsparametern und Ergebnisgrößen vorliegen.
Albers (1989, 1992) hat für das Produktmarketing dargelegt, dass eine Aufspaltung von Erlösabweichungen in einen Mengen- und einen Preiseffekt nur auf Symptome, nicht auf Ursachen abstellt

(vgl. auch Powelz 1989; Bauer/Fischer 1998). Als Ursachen für eine Erlösabweichung (ΔU) nennt er für den Einproduktfall vier Größen: das Marktvolumen (V), den Branchenpreis (B), den mengenmäßigen Marktanteil der planenden bzw. kalkulierenden Unternehmung (M) und den relativen Preis dieser Unternehmung (R). Die Differenz zwischen Ist- und Soll-Umsatz lässt sich, unter der Annahme, dass das Marktvolumen nicht von B abhängt, wie folgt erfassen:

$$\Delta U = R_I \cdot M_I \cdot B_I \cdot V_I - R_s \cdot M_s \cdot B_s \cdot V_s \qquad (29.27)$$

Diese Differenz lässt sich zu (29.28) erweitern, wobei die aus der Erweiterung resultierenden Ausdrücke als wertmäßiger Marktanteilseffekt, Interaktionseffekt und wertmäßiger Marktvolumenseffekt bezeichnet werden:

$$\begin{aligned} \Delta U = {} & (R_I \cdot M_I - R_s \cdot M_s) \cdot B_I \cdot V_I && \text{wertmäßiger Marktanteilseffekt} \\ & + (R_I \cdot M - R_s \cdot M_s) + (B_I \cdot V_I - B_s \cdot V_s) && \text{Interaktionseffekt} \\ & + R_I \cdot M_s \cdot (B_I \cdot V_I - B_s \cdot V_s) && \text{wertmäßiger Marktvolumenseffekt} \end{aligned} \qquad (29.28)$$

Eine Abweichung des wertmäßigen Marktanteilseffekts kann vorliegen, wenn die Unternehmung die absatzpolitischen Instrumente nicht wie geplant eingesetzt hat oder wenn die Instrumente eine andere Wirkung als erwartet entfaltet haben. Dies macht deutlich, dass eine Ursachenanalyse die Modellierung von Marktreaktionsfunktionen voraussetzt. Der vorgestellte Ansatz ist an die Verhältnisse im Handel anzupassen. Auch dort lassen sich Umsatzveränderungen aufspalten, und zwar

- in einen Preis- und Mengeneffekt (bzw. durchschnittliche Artikelzahl und durchschnittlicher Artikelpreis) und
- in die Entwicklung der Kundenzahl und in den durchschnittlichen Kaufbetrag.

Für alle Aufspaltungen gilt, dass die jeweilige Preiskomponente die andere Größe (z. B. die Menge, die von einem Artikel gekauft wird, die Zahl der durchschnittlich gekauften Artikel, den durchschnittlichen Kaufbetrag) bestimmt.

29.5 Die Kontrolle der Umwelt

Ob ein Betrieb seine erlöswirtschaftlichen Ziele (z. B. Umsatz, Rohertrag, erzielte Kalkulation, Marktanteil) erreicht, hängt zum einen von seiner Absatzpolitik, zum anderen von der Entwicklung der Umwelt ab. So ist jedes Ergebnis dahingehend zu prüfen, wie es sich im Verhältnis zu Veränderungen von externen Größen verhält. Hierfür gibt es mehrere Ansatzmöglichkeiten.

Im Rahmen eines Betriebsvergleichs lässt sich feststellen, wie sich der Umsatz anderer Betriebe insgesamt oder in einzelnen Warenbereichen entwickelt hat. Wie die Darstellung der Funktionen des Betriebsvergleichs in Kapitel 30 zeigen wird, erleichtert die Betrachtung der Entwicklung anderer Betriebe die Interpretation der Umsatzentwicklung eines einzelnen Betriebs. Angaben über die

Umsatzentwicklung im Markt sind der Fachpresse und zum Teil auch spezialisierten Handelspanels zu entnehmen (vgl. z. B. das Textilpanel der GfK 2011).

Neben den periodisch durchgeführten Untersuchungen können auch Erhebungen zum Verhalten der Nachfrager Hinweise zur Interpretation der erlöswirtschaftlichen Ergebnisse eines einzelnen Betriebs liefern. So sind Untersuchungen verfügbar, die Angaben über das Ausgabeverhalten in einzelnen Warenbereichen und bei einzelnen Käufergruppen liefern. Marktforschungsstudien, wie z. B. die Studie Outfit 6 (vgl. SPIEGEL-Verlag 2007), liefern neben Daten zum Kaufverhalten eine Fülle von Angaben zum Interesse an verschiedenen Produktbereichen, zum Markenbewusstsein, zur Markenkenntnis und zum Stellenwert einzelner Konsumbereiche.

29.6 Zusammenfassung

Die Entwicklung von Umsatz, Wareneingang, Kalkulation und Warenbestand zählen zu den fundamentalen Größen im Controlling von Handelsbetrieben. Sie sind Gegenstand von Planung und Kontrolle.

Im Mittelpunkt des Interesses steht die Entwicklung des Umsatzes. Aufgrund der meist umfangreichen Sortimente und der zahlreichen Verkaufsstellen muss die Entwicklung des Umsatzes insgesamt und in differenzierter Form sorgfältig analysiert werden. Dafür gibt es zahlreiche Ansatzpunkte. Während der Ausweis realisierter Umsätze keine besonderen betriebswirtschaftlichen Probleme aufwirft, ist es ungleich schwieriger, den Umsatz zukünftiger Perioden zu prognostizieren. Detaillierte Umsatzprognosen stellen die Basis für den Wareneinkauf, den Personaleinsatz und die Liquiditätsplanung dar. Der Wareneingang ist auf die im Regelfall schwankenden Umsätze auszurichten. Hierbei sind zahlreiche Gesichtspunkte zu beachten, insbesondere Kosten, Risiken und konsumentenbezogene Aspekte (z. B. Einkaufsgewohnheiten).

Die Bestände ergeben sich als Saldo aus den kumulierten Umsätzen und den kumulierten Wareneingängen. Zum einen steht jede Handelsunternehmung vor der Aufgabe, ihre Bestände nach Höhe und Struktur zu kontrollieren. Zum anderen gilt es, diese über die Steuerung des Einkaufs und Verkaufs zu optimieren. Dabei wird deutlich, wie stark Unternehmungen auf eine Gesamtplanung angewiesen sind. Da die Bewertung der Bestände eine zentrale Rolle spielt, ist festzulegen, wie Preisveränderungen in der Beschaffung und im Verkauf erfasst und ausgewiesen werden sollen.

Eine zentrale Stellgröße des Handelsunternehmens ist in der Handelsspanne bzw. der Kalkulation zu sehen. In der Praxis hat sich hierfür ein differenziertes und komplexes System von Kenngrößen entwickelt. Von besonderer Bedeutung sind hierbei die Wareneingangskalkulation und die Bruttoertragskalkulation.

30 Der Betriebsvergleich als Controllinginstrument

Betriebsvergleiche und die dabei verwendeten Kennzahlen stellen ein zentrales Instrument zur Planung, Steuerung und Kontrolle betrieblicher Prozesse dar. Dies gilt für die Wirtschaft insgesamt, insbesondere jedoch für den Handel (vgl. Kalussis 1949; Schnettler 1961; Vodrazka 1967; Dürr 1967; Graurock 1975; Klein-Blenkers 1991; Joh 1998). Einerseits ist das darauf zurückzuführen, dass es im Handel viele Filialunternehmungen gibt, andererseits haben sich die mittelständischen Unternehmungen, die oft nur eine oder einige wenige Verkaufsstellen betreiben, dieses Instrument über zwischenbetriebliche Kooperationen erschlossen. Hierzu zählen insbesondere Verbundgruppen, die DATEV und das Institut für Handelsforschung an der Universität zu Köln. Seit einiger Zeit werden Betriebsvergleiche zu den Elementen des Controlling-Systems einer Unternehmung gezählt (vgl. Küpper 1990; Reichmann 1995). Zunehmend wird in diesem Zusammenhang der Begriff Benchmarking verwendet, mit dem betont wird, dass sich ein Betrieb an dem Anbieter mit den besten Leistungen orientieren soll.

30.1 Definition und Typologie

In der Betriebswirtschaftslehre gehören Vergleiche zu den gängigen Instrumenten. Ein Standort wird mit einem anderen verglichen, eine Investitionsalternative mit einer anderen usw. Bereits das Grundmodell der Entscheidungstheorie fordert, die vorhandenen Handlungsalternativen zu erkennen und sie im Hinblick auf ihre Zielerreichung miteinander zu vergleichen. Für einen Betriebsvergleich sind jene Merkmale charakteristisch, die mit der folgenden Definition und den anschließenden Erläuterungen zum Ausdruck gebracht werden:

Bei einem Betriebsvergleich handelt es sich um die systematisch vergleichende Betrachtung betrieblicher Daten aus mehreren Betrieben, die das Ziel verfolgt, die Leistungen der Betriebe zu beurteilen.

Diese generelle Definition kann hinsichtlich mehrerer Aspekte konkretisiert werden:

1. Welche Merkmale sind Gegenstand des Vergleichs?
   Für einen Vergleich kommen in erster Linie die aus dem betrieblichen Rechnungswesen (Kosten- und Leistungsrechnung, Bilanz und Erfolgsrechnung) stammenden Zahlen in Frage. Darüber hinaus können aber auch alle für die Planung, Steuerung und Kontrolle hilfreichen Informationen (vgl. Kamakura/Lenartowicz/Batchford 1996) in den Vergleich einbezogen werden (z. B. Anzahl der Kunden, Standortlage, genutzte Werbeträger, eingesetzte Produktionsfaktoren). So kann beispielsweise untersucht werden, welche Bedeutung einzelne Umweltfaktoren, wie das Vorhandensein von Ärztehäusern, Haltestellen oder Parkplätzen, für den Erfolg von

Apotheken haben. In den Vergleich können folglich Ergebnisgrößen, Maßnahmen und Umweltvariablen (vgl. hierzu auch Reinartz/Kumar 1999; Kumar/Karande 2000) eingehen. In formaler Hinsicht kann es sich um zeitpunktbezogene Größen (z. B. Bestände an Produktionsfaktoren) oder um zeitraumbezogene Größen (z. B. Höhe der Personalkosten innerhalb eines Zeitraums) handeln. Im Rahmen eines Benchmarking werden auch Prozesse miteinander verglichen. So können beispielsweise Einkaufs- oder Beschaffungsprozesse hinsichtlich ihrer Dauer und Kosten verglichen werden.

2. Welche Merkmalsträger werden miteinander verglichen?
   Als Merkmalsträger können der gesamte Betrieb oder ein Teilbereich (z. B. eine Arbeitsstätte, eine Kostenstelle, ein Funktionsbereich oder eine strategische Geschäftseinheit) bestimmt werden. In den Betriebsvergleichen der Praxis beziehen sich die Angaben häufig auf eine räumlich selbständige Einheit (in der Industrie auf ein Werk oder eine Niederlassung, im Handel auf eine Verkaufsstelle, bei Banken auf eine Bankfiliale usw.).
3. Welche Art des Vergleichs soll als Betriebsvergleich angesehen werden?
   Wie bereits Schnettler (1961) hervorgehoben hat, handelt es sich bei jedem vernunftgemäßen Wirtschaften um ein dauerndes Vergleichen. Mit dem Terminus „Betriebsvergleich“ sollen nur jene Vergleiche belegt werden, die systematisch nach bestimmten Zwecksetzungen durchgeführt werden und sich damit von dem auf eine einzelne Beobachtung gründenden Vergleich abheben.
4. Mit welchem Bezugsobjekt wird das Vergleichsobjekt verglichen?
   Grundsätzlich ist es möglich, den ausgewählten Merkmalsträger mit unterschiedlichen Bezugsobjekten zu vergleichen. Diese lassen sich mit Hilfe verschiedener Dimensionen charakterisieren (vgl. Corsten/Reiß 1989):
   - in zeitlicher Hinsicht: Es werden Merkmalswerte für denselben Merkmalsträger aus der Vergangenheit (War-Ist-Vergleich) oder erwartete (prognostizierte) Werte für die Zukunft (Wird-Ist-Vergleich) mit den Werten der Gegenwart verglichen,
   - in Bezug auf den Realisierungsgrad der Merkmalswerte: Es wird ein Soll-Ist-Vergleich oder ein Soll-Wird-Vergleich (z. B. bei der Material- oder Personalbedarfsplanung oder der Gap-Analyse in der strategischen Planung) vorgenommen und
   - in Bezug auf die Identität der verglichenen Merkmalsträger: Es erfolgt ein Vergleich mit anderen Merkmalsträgern (Betrieben, Werken, Filialen, Verkaufsstellen, Produktgruppen, Abteilungen, Stellen usw.) oder mit den gleichen Merkmalsträgern, die sich zumindest bezüglich einer der anderen Dimensionen unterscheiden.

Häufig wird allerdings nur dann von einem Betriebsvergleich gesprochen, wenn es sich um einen zwischenbetrieblichen Vergleich handelt (vgl. Seÿffert 1972). Diesem Verständnis des Betriebsvergleichs soll auch hier gefolgt werden. Es wird also nicht von einem Betriebsvergleich gesprochen, wenn die Merkmale eines Merkmalsträgers entweder im Zeitablauf oder hinsichtlich des Realisierungsgrads (realisierte, erwartete oder geplante Werte) verglichen werden. Dagegen liegt ein Betriebsvergleich auch dann vor, wenn es sich bei den Betrieben um organisatorische Einheiten einer Unternehmung handelt.

5. Wer führt den Betriebsvergleich durch?
   Träger eines Betriebsvergleichs ist eine Institution, die den Betriebsvergleich initiiert, die Betriebsvergleichsteilnehmer akquiriert und den Betriebsvergleich durchführt bzw. einen Dritten mit der Durchführung beauftragt. Von besonderer Bedeutung sind dabei folgende Wirtschaftssubjekte:
   - wissenschaftliche Institute,
   - Verbände,
   - Kooperationen bzw. Verbundsysteme (wie z. B. Freiwillige Ketten, Franchising-Organisationen, Erfahrungsgruppen).

   Im Einzelhandel sind die Betriebsvergleiche der Verbundgruppen von großer Bedeutung. Der Träger des Betriebsvergleichs kann, wie bereits erwähnt, einen Dritten mit der Durchführung beauftragen. Von dieser Möglichkeit wird insbesondere dann Gebrauch gemacht, wenn der Träger die Durchführung von Betriebsvergleichen nicht zu seinen wesentlichen Aufgaben zählt, nicht über die erforderliche personelle oder sachliche Ausstattung und/oder nicht über die erforderliche Kompetenz zur Durchführung der Vergleichsarbeiten verfügt. Es kommt hinzu, dass durch die Einschaltung einer neutralen Auswertungsstelle die Anonymität der Teilnehmer gegenüber dem Träger gewahrt bleibt und die Objektivität der Auswertung sichergestellt werden kann. Beispielhaft sei hier das Institut für Handelsforschung an der Universität zu Köln genannt, das Betriebsvergleiche für den Groß- und Einzelhandel, die Handelsvermittlung und einige Branchen des Dienstleistungssektors durchführt.
6. Welche Kennzahlen sollen generiert werden?
   Im Regelfall werden auf der Grundlage der in einem Betriebsvergleich erhobenen Daten zahlreiche Kennzahlen gebildet, die für die Analyse, Planung und Kontrolle als besonders geeignet erscheinen. Dazu zählen vor allem das Betriebsergebnis in Prozent des Umsatzes, die Betriebshandelspanne, die Handlungskosten in Prozent des Umsatzes, die Personalkosten in Prozent des Umsatzes, der Umsatz pro Quadratmeter Geschäfts- oder Verkaufsfläche und der Umsatz pro beschäftigte Person. Der Informationswert einzelner Kennzahlen wurde unterschiedlich beurteilt. Insbesondere Vertreter der damaligen mikroökonomisch orientierten sog. „Saarbrücker Schule“ haben auf die Gefahr einer isolierten Verwendung einzelner Kennziffern aufmerksam gemacht. Sie haben sich darum bemüht, mit Hilfe produktionstheoretischer Konstrukte (Substitutionalität, Komplementarität) das Zusammenwirken einzelner Faktoren im Hinblick auf den Erfolg zu erhellen (vgl. Theisen 1961; Dürr 1967; Weber 1967). Die damaligen Überlegungen sind weiterhin aktuell, da jede aus der Analyse einer einzelnen Kennzahl abgeleitete Maßnahme die Frage aufwirft, welche Beziehungen zu anderen Unternehmensbereichen bestehen.
7. In welcher Form sollten Daten aus dem Betriebsvergleich aufbereitet werden?
   Die Güte eines Betriebsvergleichs wird vor allem dadurch bestimmt, inwieweit die Form, in der die Ergebnisse eines Betriebsvergleichs dargestellt werden, den Informationsbedürfnissen und den Informationsverarbeitungsfähigkeiten der Nutzer entspricht. Dabei werden im Regelfall weder die reine Auflistung von Einzelwerten noch der ausschließliche Ausweis von Durchschnittswerten ausreichen, sondern es werden weitere Inhalte und Darstellungstechniken benötigt (z. B. Häufigkeitsverteilungen oder Regressionsfunktionen).

8. Welche weiteren Dimensionen und damit Varianten eines Betriebsvergleichs sind denkbar?
   Betriebsvergleiche lassen sich mit Hilfe weiterer Dimensionen kennzeichnen, z. B. der Ähnlichkeit der Merkmalsträger (monotypische Vergleiche versus polytypische Vergleiche), nach der Periodizität (z. B. einmalig, in loser Folge, Monats-, Quartals-, Tertials-, Halbjahres- und Jahresvergleiche) oder der diagnostischen bzw. therapeutischen Ausgestaltungsform (Betriebsvergleiche ohne und mit Entscheidungsvorschlägen) (vgl. Tietz 1974).

Die Vielgestaltigkeit der möglichen Formen eines Betriebsvergleichs kommt zum Ausdruck, wenn zusammenfassend wie folgt definiert wird:

Bei einem Betriebsvergleich werden in systematischer Form Daten aus dem betrieblichen Rechnungswesen oder weitere Informationen über Zielsysteme, Situationen und Maßnahmen von Merkmalsträgern (z. B. Produktgruppen, Verkaufsstellen, Filialen, Verkaufsgebieten) verglichen. Bei den Daten kann es sich um realisierte Werte, prognostizierte Werte oder Soll-Werte handeln. Es ist üblich, nur den Vergleich der Daten eines Merkmalträgers mit den Daten eines oder mehrerer anderer Merkmalsträger als Betriebsvergleich zu bezeichnen.

30.2 Funktionen des Betriebsvergleichs

Als primäres oder originäres Ziel eines Betriebsvergleichs wird häufig die Leistungssteigerung bei den Teilnehmerbetrieben genannt. Durch die Teilnahme an einem Betriebsvergleich soll der Betrieb Informationen über seinen eigenen Leistungsstand im Vergleich zu anderen Betrieben erhalten, um auf diese Weise Stärken und Schwächen in der eigenen Unternehmung identifizieren zu können. Zudem soll der Betriebsvergleich Ansätze für den Ausbau der identifizierten Stärken und die Behebung der Schwächen aufzeigen. Diese allgemeine Aufgabenstellung kann konkretisiert werden, indem Planung und Kontrolle als zentrale Führungsaufgaben in ihre Bestandteile untergliedert werden (vgl. dazu die Ausführungen zum Managementzyklus in Kapitel 4). Die Aufgaben des Betriebsvergleichs zur Verbesserung von Planung und Kontrolle sollen zunächst in allgemeiner Form, anschließend anhand eines Beispiels erläutert werden.

30.2.1 Überblick über Funktionen des Betriebsvergleichs

Im Folgenden werden vor dem Hintergrund des Management-Zyklus verschiedene Zwecke bzw. Funktionen von Betriebsvergleichen vorgestellt, die gleichzeitig verdeutlichen, wie Analyse und Beratung in einem Betrieb erfolgen können.

1. Hilfe beim Auffinden von Schwachstellen

In der Analysephase helfen Betriebsvergleiche, Probleme frühzeitig zu erkennen, indem sie Hinweise auf vergleichsweise schlechte Zielerreichungsgrade im Betrieb insgesamt oder in einzelnen Bereichen geben (z. B. Personalkosten in Prozent vom Umsatz, durchschnittlicher Umsatz pro Kunde in Euro) und so einen Handlungsbedarf signalisieren (Anstoßfunktion). Dies soll an zwei Beispielen verdeutlicht werden.

In Abbildung 30.1 ist die Umsatzentwicklung mehrerer Handelsbetriebe über die Monate eines Jahres dargestellt. Die Betriebe unterscheiden sich deutlich in ihrer Größe. Überraschenderweise stimmen sie in ihrer Umsatzentwicklung trotzdem weitgehend überein. Nur bei drei Betrieben (D, E und G) ist erkennbar, dass sie im Gegensatz zu den anderen Betrieben von dem Weihnachtsgeschäft nicht profitieren konnten. Wäre die Umsatzentwicklung der Vergleichsbetriebe nicht bekannt, wäre nicht deutlich geworden, dass das Weihnachtsgeschäft bei allen anderen Betrieben einen positiven Effekt hatte. Vor allem bei der Umsatzentwicklung besteht bei vielen Handelsmanagern das Bedürfnis, den eigenen Umsatz mit dem anderer Betriebe zu vergleichen.

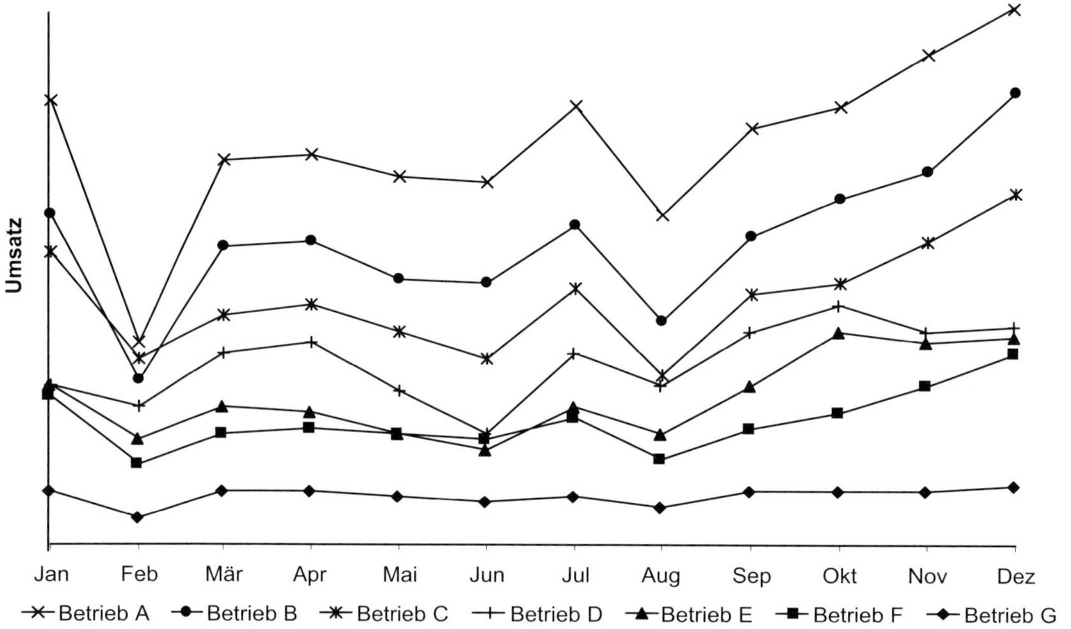

Abb. 30.1: Umsatzentwicklung verschiedener Betriebe im Vergleich

Während im ersten Beispiel die zeitliche Umsatzentwicklung Anlass gibt, die Situation der jeweiligen Betriebe näher zu analysieren, soll im zweiten Beispiel auf die Höhe des Betriebsergebnisses eingegangen werden. Erzielt ein Betrieb ein negatives Betriebsergebnis, ist es offensichtlich, dass Handlungsbedarf besteht. Aber auch bei Betrieben mit positivem Betriebsergebnis kann ein Vergleich mit anderen Betrieben, den Anstoß geben, nach den Ursachen für die unterschiedliche Höhe zu suchen.

Die Beispiele machen deutlich, dass die Beurteilung eines bestimmten Sachverhalts (z. B. der Umsatzentwicklung oder des Betriebsergebnisses) erleichtert wird, wenn Vergleichsgrößen zur Verfügung stehen. Die Anstoßfunktion des Betriebsvergleichs ist hier mit zwei Beispielen zu der zeitlichen Entwicklung und der Höhe der Ergebnisse verdeutlicht worden, sie kann sich aber darüber hinaus auf weitere Aspekte erstrecken.

2. Hilfe bei der Ursachenanalyse

Zeigen die Ergebnisse des Betriebsvergleichs eine im Vergleich zu anderen Betrieben negative Entwicklung oder Situation eines Betriebs, so müssen ihre Ursachen analysiert werden. Hierbei wird die logische Verknüpfung der einzelnen betrieblichen Größen zu beachten sein. Es empfiehlt sich dabei, von dem Betriebsergebnis auszugehen und die Elemente, aus denen sich das Betriebsergebnis zusammensetzt, sukzessive zu prüfen. Als Beispiele können die in Abbildung 30.2 angeführten Größen genannt werden.

Betriebsergebnis = Bruttoumsatz ./. Mehrwertsteuer ./. Wareneinsatz ./. Handlungskosten
= Betriebshandelsspanne ./. Handlungskosten

Betriebshandelsspanne = Netto-Umsatz ./. Wareneinsatz

Handlungskosten = Personalkosten + Mietkosten + Sachkosten für Geschäftsräume + Kapitalkosten + Abschreibungen + sonstige Kosten

Personalkosten = Zahl der beschäftigten Personen x durchschnittliche Kosten pro Person

Abb. 30.2: Das Betriebsergebnis und seine Elemente

So kann das Betriebsergebnis in seine verschiedenen Ertrags- und Aufwandsarten aufgespalten werden, um mögliche Ursachen für die Höhe des Gesamterfolgs zu lokalisieren (vgl. Müller-Hagedorn/Bekker 1994). In dem in Abschnitt 30.3 dargestellten Unternehmenskompass werden die Daten entsprechend den Definitionsgleichungen hierarchisch angeordnet. Außerdem wird das in Abschnitt 30.2.2 dargestellte Beispiel veranschaulichen, wie mit Hilfe von Daten aus dem Betriebsvergleich Ursachen für negative Abweichungen von den vorgegebenen Zielen ermittelt werden können.

Mit der Zerlegung einer Erfolgsgröße in ihre definitorischen Bestandteile und der Analyse dieser Bestandteile kann ein Beitrag zur Erklärung der Situation eines Betriebs geleistet werden. Der Zerlegung, die den logischen Beziehungen einer Definition folgt, sind allerdings Grenzen gesetzt. Eine weitere Zerlegung stößt auf Beziehungen, die nicht mehr logischer Natur sind, z. B. wenn der Umsatz in Abhängigkeit vom Einsatz der absatzpolitischen Instrumente betrachtet wird. Die Zusammenhänge können zwar auch als kausal angesehen werden, aber ihre eigentliche Bedeutung resultiert aus der empirischen Evidenz. Zu analysieren sind dann die im Mittelpunkt des Marketings stehenden Marktreaktionsfunktionen.

Der Vorteil einer Vorgehensweise, die auf logischer Aufspaltung beruht, liegt in ihrer Strukturiertheit. Allerdings darf nicht vorschnell auf eine Schwäche des Betriebs und entsprechende Maßnahmen geschlossen werden, wenn einzelne Kennzahlen von den Werten anderer Betriebe abweichen. Dazu sei beispielhaft angenommen, dass ein Betrieb bei den Mietkosten (in Prozent des Umsatzes) vergleichsweise schlecht, bei den Personalkosten dagegen gut abschneidet. In einem Fall kann es sein, dass das betreffende Geschäft tatsächlich eine zu hohe Miete zahlt und versuchen sollte, durch Nachverhandlungen oder die Suche eines gleichwertigen, aber günstigeren Standorts seine Mietkosten zu senken. Es kann aber auch sein, dass in den vergleichsweise hohen Mietzahlungen keine Schwäche zu sehen ist, sondern dass diese damit begründet sind, dass das Ladenlokal vergleichsweise groß ist. Dadurch wird eine Warenpräsentation mit weitgehender Selbstbedienung ermöglicht und führt damit zu niedrigen Personalkosten. Das Beispiel macht deutlich, dass eine isolierte Betrachtung einzelner Kennzahlen nicht sinnvoll ist, wenn Substitutionalitätsbeziehungen zwischen Einsatzfakoren bestehen. Die Abhängigkeiten erfordern eine ganzheitliche Betrachtung in Form einer Produktions- oder Marktreaktionsfunktion.

3. Hilfe bei Wirkungsprognosen

Wie auch bei der grafischen Veranschaulichung des Management-Zyklus (siehe Kapitel 4) angemerkt wurde, muss im Rahmen der Planung die Wirkung einzelner Maßnahmen auf die interessierenden Zielgrößen prognostiziert werden. Dabei geht es insbesondere um die Wirkungen, die vom Einsatz der absatzpolitischen Instrumente ausgehen (z. B. Veränderungen des Personaleinsatzes, Veränderung der Größe des Verkaufsraums, Umstrukturierung der Sortimente usw.). Solche Prognosen sind außerordentlich problematisch (vgl. Walters/Rinne 1986; Walters/Mackenzie 1988). Wie soll ein einzelner Betrieb abschätzen, wie sich seine Situation ändern würde, wenn er beispielsweise das Werbebudget oder das Bedienungssystem ändern würde? Die Prognose wird erleichtert, wenn die Situation jener Betriebe studiert wird, die bereits solche Maßnahmen realisiert haben. Abbildung 30.3 verdeutlicht diesen Sachverhalt. Das Diagramm zeigt, welchen Umsatz Betriebe (Schuhgeschäfte) mit unterschiedlich großer Verkaufsfläche erzielt haben. Diese Zusammenstellung erlaubt es, folgende Fragen zu analysieren:

- Gibt es eine Mindestgröße, über die ein Schuhgeschäft verfügen muss, um Umsätze in einer bestimmten Größenordnung erzielen zu können?
- Gibt es einen Schwellenwert, ab dem der Umsatz deutlich ansteigt?
- Wächst der Umsatz mit der Größe der Verkaufsfläche überproportional?
- Um wie viel steigt bzw. fällt der Umsatz durchschnittlich, wenn die Verkaufsfläche ausgedehnt bzw. verkleinert wird?

Tendenziell macht die Abbildung 30.3 deutlich, dass mit wachsender Verkaufsfläche der Umsatz zunimmt. Allerdings streuen die Einzelwerte relativ stark um die eingezeichnete lineare Regressionsgerade. Zur präzisen Bestimmung der Anpassung wird häufig das Bestimmtheitsmaß R^2 herangezogen. Die Regressionsfunktion insgesamt und die Parameter werden auf Signifikanz getestet. Im vorliegenden Fall empfiehlt es sich, eine degressiv ansteigende Funktion zu verwenden, was bedeutet, dass bei dem untersuchten Geschäftstyp eine weitere Erhöhung der Verkaufsfläche nur kleiner werdende Umsatzzuwächse ermöglicht. Es ist daran zu erinnern, dass die Verkaufsfläche keineswegs der einzige Faktor ist, der als Bestimmungsfaktor des Umsatzes anzusehen ist. Daher können auch multiple Regressionsanalysen sinnvoll sein. Dennoch beantwortet die einfache lineare Regressionsanalyse in einem deskriptiven, vielleicht sogar in einem kausalen Sinn die grundsätzliche Frage, ob Betriebe mit einer größeren Verkaufsfläche einen höheren Umsatz erzielen.

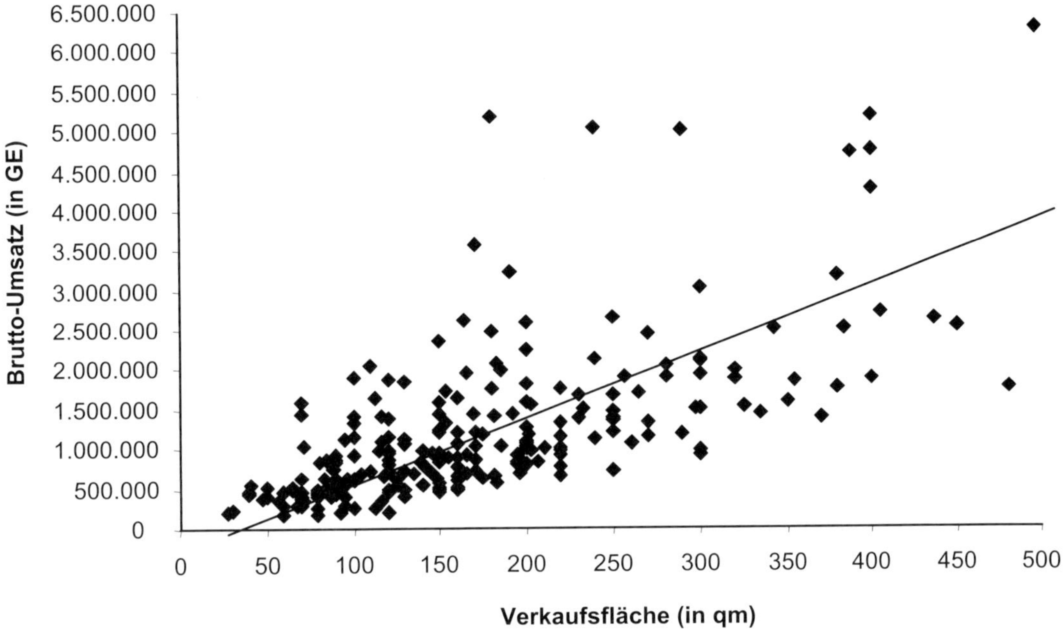

Quelle: eigene Darstellung nach Daten aus den Betriebsvergleichen des Instituts für Handelsforschung, Köln

Abb. 30.3: Zum Zusammenhang von Umsatz und Verkaufsfläche

Ebenso können Entwicklungsprognosen unterstützt werden, wie das folgende Beispiel veranschaulicht. Im stationären Handel gibt es unterschiedliche Standortlagen, so z. B. in Innenstädten, Vororten, Wohngebieten und peripheren Zonen. Aus Betriebsvergleichen, bei denen die Standorte der teilnehmenden Betriebe erfasst werden, ist ersichtlich, welche Bedeutung einzelne Standortlagen haben und wie sich diese im Zeitablauf ändert.

4. Hilfe bei der Formulierung von Zielvorgaben

Im Rahmen der Unternehmensplanung müssen aus unterschiedlichen Gründen Ziele formuliert werden. Zum einen dienen sie der Abstimmung der einzelnen Teilbereiche der Unternehmensplanung, zum anderen stellen sie ein wichtiges Motivationsinstrumentarium dar. Zielvereinbarungen können sich auf das Betriebsergebnis insgesamt oder auf einzelne Komponenten (z. B. Umsatz, Umsatz pro beschäftigte Person, Personalkosten pro Tausend Euro Umsatz) beziehen. Die vereinbarten Ziele müssen realistisch sein. Das Einhalten dieser Anforderung wird erleichtert, wenn Informationen über das Ausmaß, in dem andere Anbieter einzelne Ziele erreicht haben, genutzt werden. Abbildung 30.3 zeigt beispielhaft, welche Umsatzwerte Geschäfte, bei Vorliegen einer bestimmten Verkaufsfläche, erreichen können.

5. Hilfe bei der Kontrolle

Betriebsvergleiche unterstützen nicht nur die Planung, sondern dienen vor allem auch der Kontrolle. Kontrolle sei definiert als (Küpper 1990, S. 869):

„(...) ein systematischer Prozess, in dem eine zu prüfende Größe durch Vergleich mit einer Maßstabs- oder Normgröße beurteilt wird."

Die hierfür benötigten Normgrößen, wie Durchschnittswerte oder Werte der jeweils Besten in ihrer Klasse, können u. a. aus Betriebsvergleichen abgeleitet werden.

6. Hilfe bei der Früherkennung von Unternehmenskrisen

Mit dem Betriebsvergleich werden zahlreiche Angaben aus der Gewinn- und Verlustrechnung sowie der Bilanz für das eigene Unternehmen und für dritte Unternehmen zur Verfügung gestellt. Es können weitere Angaben zur Struktur der jeweiligen Betriebe hinzugefügt werden, z. B. zur Standortlage oder zur Größe der Verkaufsfläche. Mit Hilfe dieser Daten und dem Einsatz geeigneter statistischer Verfahren ist im Rahmen von Bonitätsanalysen eine Trennung in „gesunde" und „kranke" Betriebe möglich. Solche Studien werden von spezialisierten Dienstleistern gegen Zahlung einer Nutzungsgebühr angeboten (z. B. der BP-14 Klassifikator bei DATEV unter www.datev.de oder der Klassifikator Moody's RiskCalc TM unter www.moodys.de). Im Folgenden wird kurz auf Verfahren hingewiesen, die im Rahmen der Auswertungen eingesetzt werden können (vgl. Baetge/Stellbrink 2005):

- Diskriminanzanalyse: Bei der Diskriminanzanalyse wird festgestellt, mit welchen Variablen (Kennzahlen) die Gruppe der erfolgreichen (z. B. Betriebe mit einer Umsatzrendite von mehr als 3 %) und der nicht erfolgreichen Betriebe (z. B. Betriebe mit einer negativen Umsatzrendite) am besten getrennt werden können. Allerdings fällt es schwer, die Annahmen der Diskriminanzanalyse zu erfüllen (normalverteilte Variablen, lineare Unabhängigkeit der Variablen, gleiche Varianz- und Kovarianzmatrizen der erfolgreichen und der nicht erfolgreichen Betriebe).
- Logistische Regressionsanalyse: Die abhängige Variable gibt die Wahrscheinlichkeit an, mit der sich ein bestimmter Zustand des jeweiligen Betriebs einstellt (z. B. Wahrscheinlichkeit, ein negatives Betriebsergebnis zu erreichen), während die erklärenden Variablen die ausgewählten Kennzahlen darstellen. Die Gewichte der unabhängigen Variablen werden so bestimmt, dass eine möglichst hohe Übereinstimmung mit dem tatsächlich vorliegenden Zustand der untersuchten Unternehmen erreicht wird. Die logistische Regressionsanalyse stellt geringere Anforderungen an die Daten (u. a. keine gemeinsame Normalverteilung), weshalb sie gegenüber der Diskriminanzanalyse vorgezogen wird (vgl. Hartmann-Wendels/Lieberoth-Leden/Mählmann et al. 2004, S. 146). Wenzlitschke (2001) hat diese Methode an Daten aus dem Betriebsvergleich des Instituts für Handelsforschung an der Universität zu Köln getestet und konnte zeigen, dass mit wenigen

Kennzahlen zutreffend prognostiziert werden kann, ob ein Handelsbetrieb ein positives oder ein negatives Betriebsergebnis aufweist. Abbildung 30.4 zeigt die Ergebnisse für zwei der untersuchten Branchen, den Buchfachhandel und den Uhren- und Schmuckhandel.

a) im Buchfachhandel

		Vorhergesagt	
		Negatives Betriebsergebnis	Positives Betriebsergebnis
Beobachtet	Negatives Betriebsergebnis	67	2
	Positives Betriebsergebnis	1	58

b) im Uhren- und Schmuckfachhandel

		Vorhergesagt	
		Negatives Betriebsergebnis	Positives Betriebsergebnis
Beobachtet	Negatives Betriebsergebnis	53	3
	Positives Betriebsergebnis	3	38

Quelle: Wenzlitschke 2001, S. 50

Abb. 30.4: Prognose eines positiven oder negativen Betriebsergebnisses mit Hilfe der kategorialen logistischen Regression

Die Werte zeigen, dass jeweils mehr als 90 % der Fälle zutreffend vorhergesagt werden, z. B. 97,1 % (67 von insgesamt 69) der Fälle für ein negatives Ergebnis im Buchfachhandel. In beiden Branchen liefert unter den hochsignifikanten Koeffizienten die Personalkostenbelastung den höchsten Beitrag zur Güte der Vorhersage. Den zweiten Rang nimmt in beiden Branchen die Handelsspanne ein. Als weitere Merkmale haben sich im Buchfachhandel die Miete, die Abschreibungen, die Zinsen, die Rechts- und Beratungskosten, die Werbekosten und „sonstige Kosten" bewährt. Im Uhren- und Schmuckfachhandel sind es die „sonstigen Kosten", die Abschreibungen, die Zinsen, die Werbekosten und die Kosten für Kfz, wobei insgesamt 25 verschiedene mutmaßliche Einflussgrößen untersucht worden sind. Die Aufzählung macht deutlich, dass sich die Merkmale, die für die Prognose jeweils herangezogen wurden und ihr Beitrag zur Prognosegüte unterscheiden. Durch die Analysen von Wenzlitschke (2001) ist verdeutlicht worden, dass sich mit jeweils wenigen Angaben erklären lässt, wann ein Betrieb ein negatives bzw. positives Betriebsergebnis aufweist. Ungeklärt bleibt, warum in verschiedenen Branchen die einzelnen Merkmale von unterschiedlicher Bedeutung sind und inwieweit sich die aus Vergangenheitsdaten ermittelten Werte auch in Prognosen bewähren.

- Vereinzelt sind auch neuronale Netze (vgl. Baetge/Kirsch/Thiele 2004) oder die Data Envelopment Analysis als Verfahren zur Ermittlung von „best-practice"-Produktionsfunktionen (vgl. Donthu/Yoo 1998; Homburg 2000) getestet worden.

30.2.2 Die Funktionen des Betriebsvergleichs an einem Beispiel

Die im vorhergehenden Abschnitt vorgestellten Funktionen eines Betriebsvergleichs im Rahmen der Planung und Kontrolle in einer Unternehmung werden im Folgenden an einem Beispiel illustriert (vgl. Müller-Hagedorn/Bekker 1994; Müller-Hagedorn 1995b). Abbildung 30.5 gibt die Situation eines Betriebs aus dem Schuheinzelhandel wieder. Zu erkennen ist, dass dieser Betrieb zwar Umsatz und Betriebshandelsspanne im vergangenen Jahr erhöhen konnte, jedoch ein negatives Betriebsergebnis von 2 % aufweist. Daher sollte der Betrieb seine Situation eingehend analysieren. Es ist nicht ausgeschlossen, dass in entsprechenden Fällen der Handlungsbedarf bestritten wird, indem als Gegenargument auf die insgesamt schlechte Konjunktur verwiesen wird. Betriebsvergleiche können Aufschluss darüber geben, inwieweit solche Einwände berechtigt sind.

Kennzahl	Wert
Beschäftigte	7
Geschäftsraum	326 qm
Verkaufsraum	200 qm
Umsatz	1 472 Mio. € + 29 000 € gegenüber dem Vorjahr
Betriebshandelsspanne	38,4 % + 0,4 % gegenüber dem Vorjahr
Gesamte Handlungskosten	40,4 % + 1,6 % gegenüber dem Vorjahr
Umsatz je beschäftigte Person	210 240 €
Umsatz je qm Verkaufsraum	7 358 €
Betriebswirtschaftliches Ergebnis	-2,0 %

Abb. 30.5: Die betriebswirtschaftliche Situation des Beispielbetriebs B

Betriebsvergleiche erweisen sich insbesondere dann als hilfreich, wenn die Gründe für das schlechte Ergebnis aufgedeckt werden sollen. Verschiedene Ursachen wie ein zu geringes Werbebudget, unattraktive Sortimente, ein zu hohes Preisniveau, zu hohe Personalkosten usw. sind denkbar. Insofern ist es zwingend erforderlich, nach dem Vergleich, in einem zweiten Schritt eine Ursachenanalyse vorzunehmen.

Betriebsergebnis (in % vom Umsatz)		=	Handelsspanne (in % vom Umsatz)	./.	Handlungskosten (in % vom Umsatz)
Betrieb B	-2,0	=	38,4 (38,0; +0,4)*	./.	40,4 (38,8; +1,6)*
Gruppe	+0,6	=	38,3	./.	37,7
Differenz zur Gruppe			+0,1		+2,7

* (Vorjahr; Differenz zum Vorjahr)

Abb. 30.6: Vergleich von Handelsspanne und Handlungskosten im ersten Analyseschritt

Abbildung 30.6 folgt der Definition des Betriebsergebnisses als Differenz von Handelsspanne und Handlungskosten. Der Vergleich der Werte des Betriebs B mit den Werten anderer Betriebe zeigt, dass Betrieb B deutlich höhere Handlungskosten ausweist als die Vergleichsbetriebe.

Während in der Gruppe der Vergleichsbetriebe die Differenz von Handelsspanne und Handlungskosten positiv ist, sind bei Betrieb B die Handlungskosten im Vergleich zur Handelsspanne zu hoch. Die Ergebnissituation könnte verbessert werden, wenn es gelänge, bei gleichbleibender Handelsspanne die Handlungskosten zu senken. Dabei ist allerdings die Frage zu klären, inwieweit Interdependenzen zwischen Handelsspanne und Handlungskosten bestehen.

Die Handlungskosten entsprechen definitionsgemäß der Summe der einzelnen Kostenarten. Wie Abbildung 30.7 zeigt, unterscheidet sich der Betrieb B bezüglich mehrerer Kostenarten von anderen Betrieben. Besonders auffällig sind die Abweichungen bei der Miete und den Personalkosten.

Kostenart	Bezugsobjekt	Kostenhöhe
Miete (in € pro qm)	Betrieb B Gruppe Differenz zur Gruppe	8,3 4,7 +3,6
Personalkosten (in % vom Umsatz)	Betrieb B Gruppe Differenz zur Gruppe	23,9 21,3 +2,6
Werbung (in % vom Umsatz)	Betrieb B Gruppe Differenz zur Gruppe	1,3 1,8 -0,5
Zinsen für Fremdkapital (in %)	Betrieb B Gruppe Differenz zur Gruppe	0,5 2,0 -1,5

Abb. 30.7: Analyse der Kostenstruktur im zweiten Analyseschritt

Beide Kostenarten lassen sich in eine Mengen- und eine Wertkomponente zerlegen. Eine solche Aufspaltung macht deutlich, dass im Betrieb B durchschnittliche Personalkosten pro beschäftigte Person von 50.258,00 € anfallen, in den Vergleichsbetrieben sind es nur 44.989,00 €. Die Miete pro Quadratmeter liegt mit 31,23 € deutlich über den Werten der Vergleichsbetriebe (17,10 €).

In einer mehrstufigen Analyse wurde die Höhe der Mietkosten und der Personalkosten als wichtigste Ursachen für das vergleichsweise schlechte Abschneiden des Betriebs B ausgemacht. Auf Basis einer solchen Diagnose sind Maßnahmen zu definieren, die eine Verbesserung des Ergebnisses erwarten lassen. Unter anderem wird zu prüfen sein, ob der bisherige Umsatz auch mit geringerem Personaleinsatz realisiert werden kann (beispielsweise durch eine bessere Anpassung des Personaleinsatzes an Nachfragespitzen) und ob es möglich ist, den gleichen Umsatz auch auf verkleinerter Verkaufsfläche zu erzielen. Um diese beiden Fragen zu beantworten, ist es erforderlich, die Wirkung eines unterschiedlichen Faktoreinsatzes zu prognostizieren. Dabei können Funktionen, wie sie beispielhaft in Abbildung 30.3 vorgestellt worden sind, hilfreich sein. Zwei Probleme erscheinen dabei als besonders wichtig:

- Inwieweit ist es zulässig, die abhängige Größe (hier den Umsatz) nur einem Bestimmungsfaktor gegenüberzustellen (hier der Verkaufsfläche oder dem Personaleinsatz)?
- Inwieweit sind die Betriebe, deren Werte zur Ermittlung des funktionalen Zusammenhangs verwendet wurden, als Vergleichsbetriebe geeignet?

Mit dem Beispiel sollte verdeutlicht werden, dass Informationen aus dem Betriebsvergleich bei der Problemerkenntnis, der Ursachenforschung sowie der Wirkungsprognose geplanter Maßnahmen wertvolle Unterstützung leisten können.

Um die Nutzung von Betriebsvergleichsdaten zu erleichtern, hat das Institut für Handelsforschung an der Universität zu Köln den sog. Unternehmenskompass entwickelt. Er wird im nächsten Abschnitt vorgestellt.

30.3 Die Darstellung von Ergebnissen aus dem Betriebsvergleich

Bei Betriebsvergleichen können den Teilnehmerbetrieben im Wesentlichen drei Auswertungsformen angeboten werden:

- synoptische Tabellen,
- Einzelauswertungen in Zahlenform,
- Einzelauswertungen als textlich kommentierte Zahlen und Schaubilder.

In synoptischen Tabellen werden die Betriebsvergleichsergebnisse aller Teilnehmerbetriebe einer Branche ausgewiesen. Meistens entspricht dabei jede Zeile einem Teilnehmerbetrieb. In den Spalten werden verschiedene Merkmale dargestellt. Die Betriebe werden nach bestimmten Kriterien sortiert und/oder in Klassen eingeteilt (z. B. Betriebsgrößenklassen). Der Ausweis der Betriebe erfolgt anonym unter einer Kennnummer. Die Interpretation der Betriebsvergleichsergebnisse anhand der synoptischen Tabellen wird von Betriebsvergleichsteilnehmern oft als mühsam empfunden, da die Tabellen bei einer größeren Teilnehmerzahl schnell unübersichtlich werden und ihre Auswertung spezieller Techniken bedarf. Da es sich bei den Ergebnissen aus dem Betriebsvergleich um ein Instrument handelt, das zu einer verbesserten Unternehmensführung beitragen soll, sind nicht nur Überlegungen angebracht, welche Informationen erhoben und dargestellt werden sollen, sondern auch, in welcher Form die Darstellung erfolgen soll. Diese ist bedeutend, da sie die Wahrnehmung und Verarbeitung der Informationen und damit den Entscheidungsprozess beeinflusst. So ist zu fragen, welche Kennzahlen dem Entscheidenden besonders wichtig sind, wie er einzelne Werte der Kennzahlen beurteilt und wann er bestimmte Maßnahmen aus ihnen ableitet. Sponholz (1997) hat umfangreiche experimentelle Untersuchungen durchgeführt, um zu ermitteln, inwieweit bestimmte Formen der Informationsdarstellung Einfluss auf die Wahrnehmung einzelner Informationen und das Entscheidungsverhalten der Personen haben.

Eine wichtige Zielsetzung bei der Darstellung von Informationen besteht darin, den Umfang und die Komplexität der verfügbaren Daten zu reduzieren, indem beispielsweise die Werte mehrerer Betriebe zu Durchschnittswerten zusammengefasst und dem Wert eines Betriebs gegenübergestellt werden. In den Betriebsvergleichen vieler Institute wird sogar auf den Ausweis der Einzeldaten der Betriebe verzichtet, und es werden nur die Daten des jeweiligen Teilnehmerbetriebs mit den Durchschnittsergebnissen (Größenklassendurchschnitt, Branchendurchschnitt) verglichen. Mit dem ausschließlichen Ausweis von Durchschnittswerten kann allerdings ein erheblicher Informationsverlust verbunden sein. Der Nutzen eines solchen Betriebsvergleichs ist in Frage zu stellen, wenn sich – wie dies häufig zu beobachten ist – die Merkmalswerte einzelner Betriebe stark unterscheiden. Nicht nur der Umsatz, sondern auch das Betriebsergebnis (absolut oder in Prozent des Umsatzes), der Lagerumschlag oder der Umsatz pro beschäftigte Person weisen häufig eine hohe Streuung auf. Werden in diesem Fall die Einzelwerte lediglich zu einem Durchschnittswert zusammengefasst, gehen wichtige Informationen verloren.

Wie aus den bisherigen Erörterungen deutlich geworden ist, haben sowohl die synoptische Tabelle mit ihren Einzelwerten als auch der Ausweis von Durchschnittswerten in Bezug auf die betriebliche Planung und Kontrolle Nachteile. Das Institut für Handelsforschung an der Universität zu Köln hat deshalb den sog. Unternehmenskompass entwickelt, in dem die Einzeldaten im Hinblick auf bestimmte Fragestellungen aufbereitet werden. Die Analyse verbleibt wie in der synoptischen Tabelle auf der Einzeldatenebene, unterstützt den Nutzer jedoch in der Analyse der Daten durch eine entsprechende Form der Darstellung.

Im Einzelnen ist der Unternehmenskompass nach folgenden Richtlinien gestaltet:

1. Ausrichtung auf einzelne Planungsaufgaben (z. B. Steuerung des Personaleinsatzes),
2. Zerlegung von Informationengrößen in ihre Bestandteile (d. h. beginnend mit Umsatz, Handelsspanne und Handlungskosten werden die einzelnen Komponenten dieser Größen dargestellt),
3. Ergänzung der tabellarischen Präsentation um eine graphische Darstellung, um die Informationsverarbeitung zu vereinfachen,
4. Darstellung der Vergleichsbetriebe nicht nur mit Hilfe von Durchschnittswerten, sondern mit ihren individuellen Werten, um Wirkungsprognosen zu ermöglichen.

Um zu veranschaulichen, wie im Unternehmenskompass Zahlen, textliche und grafische Elemente kombiniert werden, um die Informationsaufnahme und -verarbeitung zu erleichtern, ist in Abbildung 30.8 exemplarisch eine Seite des Unternehmenskompass wiedergegeben. Sie zeigt, dass der ausgewählte Vergleichsbetrieb bezüglich der Personalkosten je beschäftigte Person deutlich über, hinsichtlich der Mietkosten dagegen deutlich unter den Werten des Branchendurchschnitts liegt.

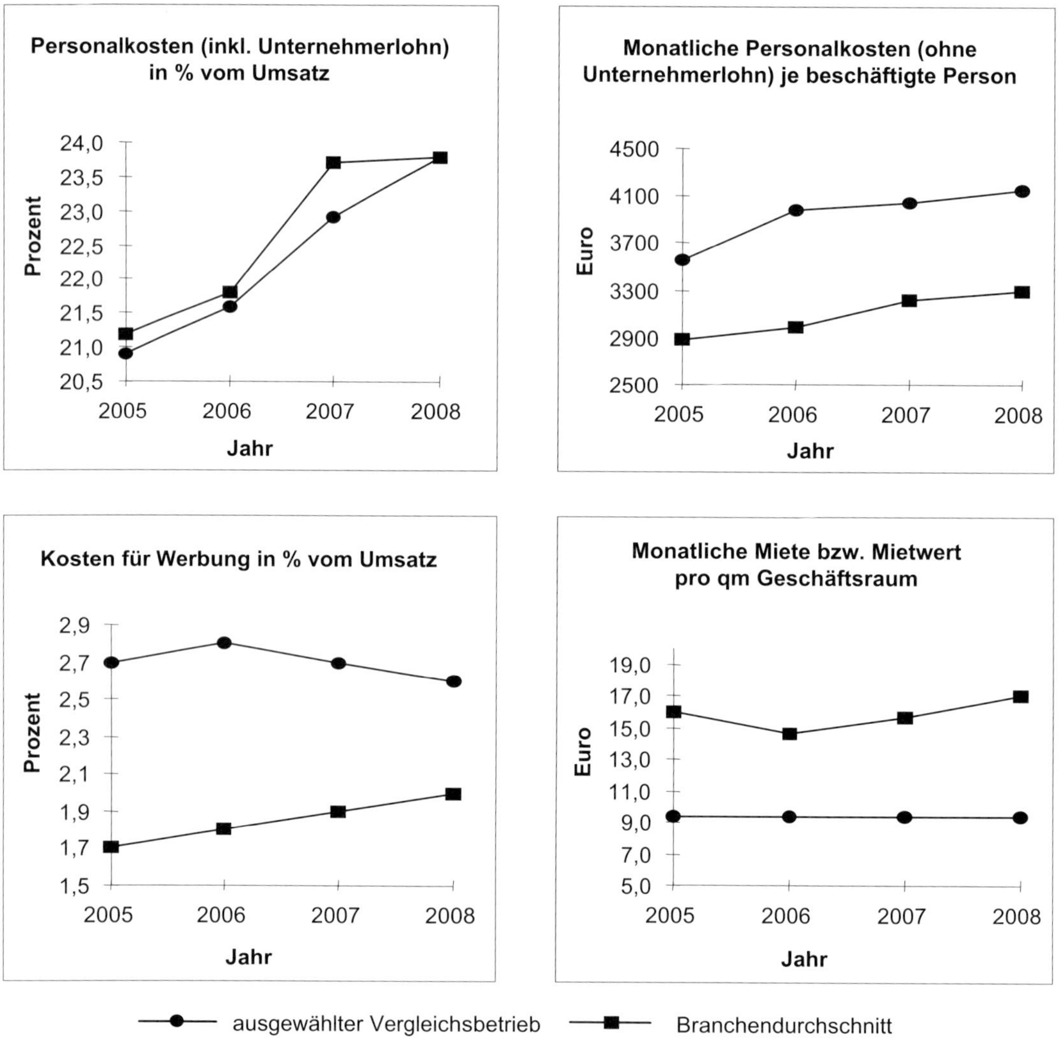

Quelle: exemplarische Darstellung aus dem Unternehmenskompass des Instituts für Handelsforschung, Köln

Abb. 30.8: Die Darstellung der Entwicklung wichtiger Kostenarten im Unternehmenskompass

30.4 Weitere Ansätze des Benchmarking

Die bisherige Darstellung konzentrierte sich vor allem auf die vom Institut für Handelsforschung der Universität zu Köln entwickelte Form des Betriebsvergleichs. Im Folgenden soll in kompakter Form auf weitere Entwicklungen des Instrumentariums in Wissenschaft und Praxis eingegangen werden. Exemplarisch wird der von Gauri, Pauler und Trivedi (2009) entwickelte Ansatz vorgestellt, der einige der Probleme und Herausforderungen des Betriebsvergleichs zu lösen versucht. Die Autoren präsentieren ein formales Modell, mit dem sie den Einfluss interner Unternehmensfaktoren und externer Umweltvariablen auf den Erfolg einer Verkaufsstelle abbilden. Zu den Besonderheiten der Modellierung gehört die explizite Erfassung regionaler Unterschiede, was mit Hilfe der vom U.S. Census Bureau definierten *Census Blocks* und *Census Block Groups* erfolgt. Die Analyse erstreckt sich auf die Filialen einer Supermarktkette im Nordosten der USA und nutzt zum einen die über Kundenkarten generierten Unternehmensdaten, zum anderen die soziodemografischen und nachfragebezogenen Daten des U.S. Census Bureaus (vgl. zu den Untersuchungseinheiten U.S. Department of Commerce – Economics and Statistics Administration – Bureau of the Census 1994, S. 11–1 bis 11–20). Formal wird zwischen den Verkaufsstellen p (p = 1,…, P) aller im Wettbewerb stehenden Handelsketten c (c = 1,…, C) und den Verkaufsstellen s (s = 1,…, S) einer fokalen Handelskette in den analysierten Regionen bzw. *Census Block Groups* r (r = 1,…, R) differenziert. Das Modell umfasst eine Reihe von Gleichungen, die die Erfolgskomponenten in absoluter und relativer Form quantifizieren. Die erste, von den Merkmalen der Verkaufsstelle abhängige Erfolgskomponente (*„overall strength of a given store“*) einer Verkaufsstelle wird wie folgt modelliert:

(30.1) $$m_{rp} = \frac{\sum_{f=1}^{F} \alpha_f x_{pf} + \sum_{c=1}^{C} \gamma_c z_{pc}}{1 + e(r,p)} \qquad r = 1,\ldots,R, \quad p = 1,\ldots,P$$

mit:

m_{rp} = von den Merkmalen der Verkaufsstelle abhängige Erfolgskomponente der Verkaufsstelle p (p = 1,…, P) in der Region r (r = 1,…, R)

x_{pf} = Ausprägung des Merkmals f (f = 1,…, F) bei der Verkaufsstelle p

z_{pc} = Binärvariable, mit $z_{pc} = 1$, wenn p zu der Handelskette c gehört, und $z_{pc} = 0$ sonst

$e(r,p)$ = Distanz zwischen der Verkaufsstelle p und dem Schwerpunkt (Centroid) der Region r

α_f = Gewichtungsfaktor des Merkmals f

γ_c = Gewichtungsfaktor der Handelskette c

Die zu schätzenden Parameter α geben an, wie stark der Einfluss der Verkaufsstellenmerkmale auf den Erfolg ist. Die ebenfalls zu bestimmenden Koeffizienten γ erfassen die Stärke der jeweiligen Handelskette. Der Einfluss der soziodemografischen Variablen der Kunden auf den Erfolg wird auf der Ebene der Regionen (*Census Block Groups*) modelliert:

$$(30.2) \qquad l_r = k + \sum_{d=1}^{D} \beta_d y_{rd} \qquad r = 1,\ldots,R$$

mit:

l_r = von den soziodemografischen Merkmalen der Kunden abhängige Erfolgskomponente aller Verkaufsstelle in der Region r

y_{rd} = durchschnittliche Ausprägung des soziodemografischen Merkmals d (d = 1,…, D) bei den Kunden in der Region r

β_d = Gewichtungsfaktor des Merkmals d

k = Konstante, die die nicht beobachtbaren Einflüsse auf den Erfolg der Verkaufsstellen in einer Region umfasst

Die zu schätzenden Parameter β geben an, wie stark einzelne soziodemografische Merkmale den Erfolg in einer Region beeinflussen. Die zu bestimmende Konstante k dient dazu, die nicht beobachtbaren Einflüsse zu erfassen.

Bezogen auf eine ganze Region kann dann der Erfolg („*overall market strength*") aller dort tätigen Verkaufsstellen wie folgt definiert werden:

$$(30.3) \qquad m_r = \sum_{p=1}^{P} m_{rp} + l_r \qquad r = 1,\ldots,R$$

mit:

m_r = Erfolgskomponente aller in der Region r tätigen Verkaufsstellen.

Aus den Gleichungen (30.1) und (30.3) kann der erwartete Marktanteil der fokalen Handelskette in der Region r abgeleitet werden:

$$(30.4) \qquad E(MS_r) = \sum_{s=1}^{S} \frac{m_{rs}}{m_r} \qquad r = 1,\ldots,R$$

mit:

$E(MS_r)$ = erwarteter Marktanteil der fokalen Handelskette in der Region r

Stellt man den so modellierten Marktanteilen die tatsächlich beobachteten Marktanteilswerte in den entsprechenden Regionen gegenüber, so können unter Anwendung einer Pseudo-Maximum-Likelihood-Schätzung die Parameter des Modells bestimmt werden. Mit Hilfe der geschätzten Modellparameter können wiederum die erwarteten Marktanteile einzelner Verkaufsstellen bestimmt werden und mit den tatsächlich beobachteten Marktanteilen verglichen werden. Die so bestimmten *store performance indices* erlauben sowohl eine Beurteilung der Leistung der einzelnen Verkaufsstelle als auch einen Vergleich zwischen verschiedenen Verkaufsstellen. Die gewählte Modellierung erweist sich unter anderem deshalb als vorteilhaft, weil sowohl der Einfluss der Region (Konsumentenmerkmale) als auch der Konkurrenzsituation berücksichtigt werden können. Dies ermöglicht eine Relativierung der Leistung der einzelnen Verkaufsstelle hinsichtlich der genannten Faktoren. Die geschätzten Modellparameter selbst geben dem Management Hinweise darauf, welche Bedeutung einzelnen Variablen zukommt. Gauri, Pauler und Trivedi haben nach einer Reihe von Tests insgesamt 26 Variablen in die Analyse einbezogen, die drei Aspekte als Einflussfaktoren des Erfolgs umfassen – Verkaufsstellenmerkmale, soziodemografische Merkmale der Kunden und Konkurrenzverhältnisse. Die Ergebnisse machen auf die Bedeutung der Regionen für die Beurteilung der Leistungen der Verkaufsstellen aufmerksam. Sie zeigen zudem, dass durch eine geeignete Bildung von Segmenten bezüglich der Regionen und der Konkurrenzverhältnisse eine entsprechende Relativierung der beobachteten Ergebnisse vorgenommen werden kann. Diese zeigt einerseits die Fehler der bisherigen Unternehmenspolitik auf, andererseits gibt sie Hinweise auf Handlungsoptionen für die Zukunft.

30.5 Voraussetzungen und Probleme

Obwohl der Betriebsvergleich zu den traditionellen Methoden der Unternehmensführung zählt, bedarf er einer weiteren theoretischen Fundierung. So ist vor allem die Frage zu beantworten, welche Betriebe für einen sinnvollen Vergleich herangezogen werden können. Ebenso werfen die Ursachenforschung und die Wirkungsprognosen eine Reihe von Fragen auf. Auf ausgewählte Fragestellungen wird im Folgenden eingegangen.

30.5.1 Auswahl der Vergleichsbetriebe

Bei der Auswahl von Vergleichsbetrieben ist zum einen zu klären, wie viele Betriebe für einen sinnvollen Vergleich benötigt werden, zum anderen welchen qualitativen Kriterien diese Vergleichsbetriebe genügen sollten.

Das Problem der Repräsentativität ist bei der Nutzung der Betriebsvergleichsdaten für Planung und Kontrolle von untergeordneter Bedeutung. Trotzdem wird es immer wieder angeführt, da Betriebsvergleichsdaten auch für sekundäre Zwecke genutzt werden, z. B. um Entwicklungen in einer Branche zu beurteilen. Bei der Diskussion der Repräsentativität ist zum einen nach der Anzahl der zu untersuchenden Betriebe und zum anderen nach ihren Eigenschaften zu fragen. Ob eine bestimmte Teilnehmerzahl ausreichend ist, um repräsentative Aussagen aus einem Betriebsvergleich ableiten zu können (z. B. über die Höhe der Personalkosten in Prozent des Umsatzes) hängt zunächst von der Definition der Grundgesamtheit ab (z. B. Betriebe einer bestimmten Branche oder einer bestimmten Betriebsform). Des Weiteren ist zu prüfen, inwieweit die Stichprobe der teilnehmenden Betriebe (Totalerhebungen werden in den meisten Fällen nicht zu gewährleisten sein) für die Grundgesamtheit repräsentativ ist. Da es in der Realität nicht möglich sein wird, Zufallsstichproben zu ziehen, kann nur anhand ausgewählter Merkmale (z. B. anhand des Umsatzes oder der Zahl der beschäftigten Personen) die Struktur der Stichprobe mit der Struktur der Grundgesamtheit verglichen werden.

Für einzelbetriebliche Zwecke muss der Betriebsvergleich nicht repräsentativ sein. Es kommt vielmehr darauf an, dass hinreichend viele Betriebe vorhanden sind, die als Bezugspunkt geeignet sind (materielle Vergleichbarkeit). Betriebe eignen sich immer nur im Hinblick auf ein bestimmtes Vergleichsziel (vgl. Buddeberg 1955). Die materielle Vergleichbarkeit bezieht sich vor allem auf betriebliche Strukturmerkmale, wie z. B. den Wirtschaftsbereich (Industrie, Einzelhandel, Großhandel) und die Branchenzugehörigkeit.

Vergleichbarkeit ist nicht als gänzliche Gleichheit der Teilnehmerbetriebe zu verstehen. Möchte der Teilnehmer eines Betriebsvergleichs beispielsweise wissen, ob es Betriebe seiner Branche gibt, die mit einer anderen Kundenstruktur bessere Ergebnisse erzielen als er, so ist Gleichheit hinsichtlich des Merkmals „Branche“ und Verschiedenheit hinsichtlich des Merkmals „Kundenstruktur“ erforderlich. Es wäre auch denkbar, dass der Betriebsvergleichsteilnehmer einen Betrieb mit einer dem eigenen Betrieb ähnlichen Kundenstruktur, aber besseren Ergebnissen sucht, um festzustellen, ob in seinem Betrieb bei gegebener Kundenstruktur ein Verbesserungspotenzial besteht.

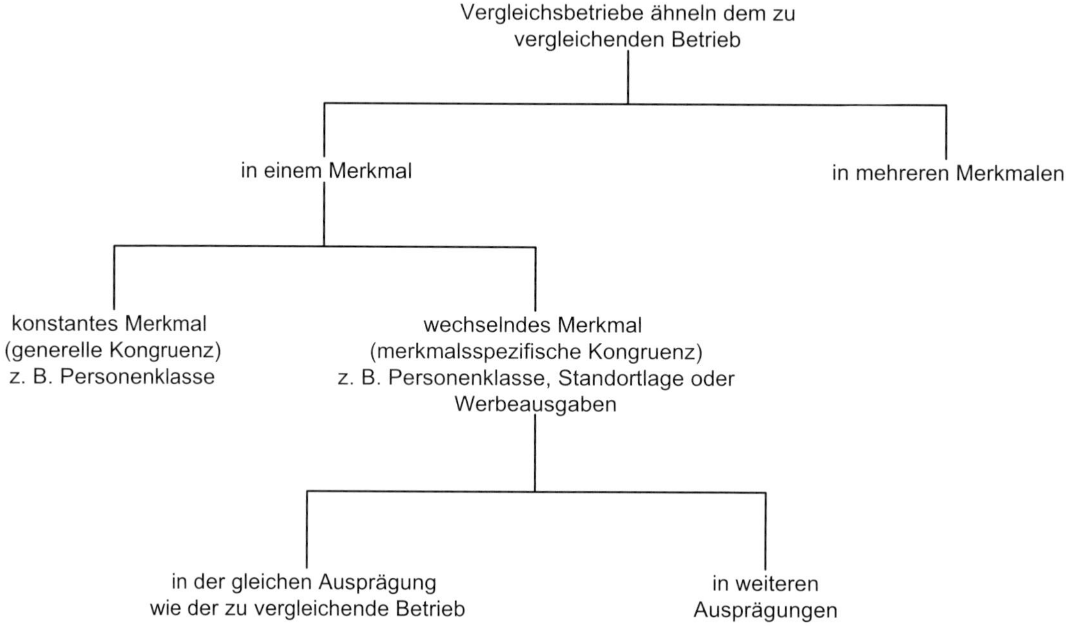

Quelle: Müller-Hagedorn 1995c, S. 130

Abb. 30.9: Das Ausmaß der Ähnlichkeit von Vergleichsbetrieben

In bestimmten Fällen eignen sich als Bezugspunkte Betriebe, die in einem oder mehreren Merkmalen mit dem Betrieb, der einen Vergleich anstrebt, übereinstimmen. Aus diesem Grund werden innerhalb eines Betriebsvergleichs Gruppen von Betrieben z. B. nach der Größe ihrer Verkaufsfläche, nach ihrer Standortlage oder nach der Zahl der beschäftigten Personen gebildet. In anderen Fällen kommt es darauf an, die Daten von Betrieben mit einer andersartigen Geschäftspolitik für den Vergleich verfügbar zu haben (z. B. mit einer anderen Standortlage, mit einer größeren oder kleineren Verkaufsfläche). Insofern ist es nicht zweckmäßig, für einen Betriebsvergleich generell Homogenität der teilnehmenden Betriebe zu fordern (vgl. hierzu Müller-Hagedorn 1994, 1995c). Abbildung 30.9 zeigt, welche Möglichkeiten generell bestehen, Vergleichsbetriebe auszuwählen.

Bei synoptischen Betriebsvergleichen wird eine möglichst hohe Teilnehmerzahl angestrebt, da mit zunehmender Teilnehmerzahl die Wahrscheinlichkeit steigt, dass jeder Teilnehmer für seine Vergleichsziele geeignete Vergleichsbetriebe findet.

30.5.2 Die formelle Vergleichbarkeit

Im Rahmen eines Vergleichssystems ist die formelle Vergleichbarkeit der Teilnehmerbetriebe sicherzustellen. Formelle Vergleichbarkeit bedeutet, dass die notwendigen rechnungsmäßigen, statistischen und sonstigen technischen Voraussetzungen gegeben sind, um einen Vergleich von Betrieben vornehmen zu können (vgl. Buddeberg 1955). Formelle Vergleichbarkeit setzt eine Ermittlung der Betriebsdaten bei allen Teilnehmerbetrieben nach einheitlichen Kriterien und die einheitliche Auswertung des Datenmaterials voraus. Das bedeutet beispielsweise, dass eine einheitliche Abgrenzung von Personalkosten vorliegen muss. Die Vergleichbarkeit der Daten wird dadurch unterstützt, dass die Betriebsvergleichsteilnehmer einen einheitlichen Kontenrahmen verwenden.

Betriebsvergleiche sind zumeist Kennzahlenvergleiche. Kennzahlen werden gebildet, um einen Zusammenhang zwischen zwei Merkmalen darzustellen und Vergleichbarkeit zwischen zwei Betrieben herzustellen (vgl. Gritzmann 1991). Durch die Verwendung von Beziehungszahlen, z. B. Ausweis der Kosten in Prozent vom Umsatz, wird ein (Kosten-)Vergleich zwischen verschiedenen Betrieben möglich.

30.5.3 Die Dispositionseignung der Ergebnisse

Die Dispositionseignung der Betriebsvergleichsergebnisse gibt an, inwieweit aus festgestellten Abweichungen zwischen den Ergebnissen eines Betriebs und denen anderer Betriebe Hinweise auf betriebliche Maßnahmen abgeleitet werden können. Die Schwierigkeit, die richtigen Schlussfolgerungen zu ziehen, rührt daher, dass ein höheres (niedrigeres) Betriebsergebnis nicht vorschnell auf bessere (schlechtere) Entscheidungen als in dem oder den Vergleichsbetrieben zurückgeführt werden darf (vgl. Dürr 1967). Trotz der Übereinstimmung in einigen Strukturvariablen, können für die unterschiedlichen Betriebsergebnisse andere Gegebenheiten ursächlich sein. Werden Betriebe anhand einzelner Partialkennzahlen (z. B. Umsatz pro beschäftigte Person oder Umsatz pro Quadratmeter Verkaufsfläche) miteinander verglichen, so ist zu beachten, dass zwischen einzelnen Einsatzfaktoren, die häufig die Bezugsgrößen der Kennzahlen bilden, substitutive Beziehungen vorliegen können. In diesem Fall erscheint eine isolierte Betrachtung unzweckmäßig, so dass ein mehrdimensionaler Vergleich erforderlich wird.

30.6 Zusammenfassung

Der Betriebsvergleich liefert Informationen, die es erlauben, die Ergebnisse eines einzelnen Betriebs besser zu beurteilen. Er dient als Hilfe zum Aufspüren von Schwachstellen, zur Identifizierung möglicher Ursachen, zum Setzen von Zielvorgaben, zum Erstellen von Wirkungsanalysen und Prognosen, zur Kontrolle und zur Früherkennung von Unternehmenskrisen. Allerdings müssen dafür geeignete Daten zur Verfügung stehen. Bei diesen muss zunächst die formale Vergleichbarkeit gewährleistet sein, d. h. sie müssen nach gleichen Kriterien erhoben worden sein. Außerdem müssen sie inhaltlich passend sein. Aus den Ursprungsdaten und den Kennzahlen, die aus ihnen gebildet werden, ergibt sich nicht automatisch eine Handlungsanweisung. Der Grund liegt darin, dass im Regelfall eine einzelne Kennzahl nicht isoliert betrachtet werden darf. Sie kann mit anderen Kennzahlen verknüpft sein, wobei es oft schwer fällt, die Art der Beziehung zu erkennen. Insofern hat der Betriebsvergleich die gleichen Probleme zu bewältigen wie die Erfolgsfaktorenforschung. Die Komplexität der Beziehungen erfordert zum einen eine sorgfältige Aufbereitung der Daten, zum anderen eine geeignete Präsentation und Kommunikation der Ergebnisse.

31 Kundenzufriedenheit, Qualitätsmanagement und Kundenbindung

Jeder Handelsbetrieb muss die Höhe, die Struktur und die Entwicklung seiner Kosten und Erlöse steuern und kontrollieren (vgl. Kapitel 28 bis 30). Die kosten- und erlösbezogene Betrachtung ist allerdings nicht ausreichend und muss im Rahmen des betrieblichen Controllings um Informationen über die Kundenzufriedenheit erweitert werden. Häufig wird angeführt, die Kundenzufriedenheit sei ein zentraler Erfolgsfaktor sowie Schlüssel zu höherer Profitabilität (vgl. Anderson/Fornell/Rust 1997; Anderson/Fornell/Lehmann 1994) und wirke sich positiv auf den Shareholder Value und den Aktienkurs von Unternehmens aus (vgl. Anderson/Fornell/Mazvancheryl 2004; Fornell/Mithas/Morgeson et al. 2006). Die Bedeutung der Kundenzufriedenheit spiegelt sich auch in der Balanced Scorecard wider, was daran zu erkennen ist, dass in ihr die Kundenperspektive und mithin die Kundenzufriedenheit eine zentrale Rolle spielen (vgl. hierzu Kapitel 4). Insofern empfiehlt es sich, der Kundenzufriedenheit im Rahmen des Handelsmanagements eine entsprechende Aufmerksamkeit zu schenken. Hierbei sind die folgenden Fragen zu beantworten, auf die dieses Kapitel eingehen wird:

- Wie ist Kundenzufriedenheit zu definieren und wie kann sie gemessen werden?
- Wie kann die Entstehung von Kundenzufriedenheit erklärt werden? Was macht Kunden zufrieden oder unzufrieden?
- Wie wirkt sich die Zufriedenheit bzw. Unzufriedenheit der Kunden aus? Bei den Auswirkungen ist vor allem an das künftige Einkaufsverhalten zu denken, aber auch an Einstellungen und Verhaltensabsichten der Kunden.
- Welche Wechselwirkungen gibt es zwischen der Kundenzufriedenheit und der Zufriedenheit der Mitarbeiter?

Aus Antworten auf diese Fragen ist ein Handlungsprogramm abzuleiten. Häufig ergeben sich aus den Analysen unmittelbare Hinweise darauf, wo Schwachstellen vorliegen. Die Maßnahmen können aber auch in das Qualitätsmanagement eingebettet werden. Aus diesem Grund werden im Folgenden auch Aspekte des Qualitätsmanagements angesprochen. Für das Controlling lautet die Frage: Wie gut hat ein Handelsbetrieb bestimmte Leistungen erbracht und wo kann angesetzt werden, um die Qualität der Leistung zu steigern?

Kundenzufriedenheit wird häufig als ein Treiber der Kundenbindung gesehen. Im Regelfall werden Handelsunternehmen die Kundenbindung als ein erstrebenswertes Ziel definieren, so dass die Frage aufkommt, von welchen Faktoren sie abhängig ist. Mögliche Maßnahmen zum Aufbau oder zur Stärkung der Kundenbindung müssen aber auch auf ihre Wirtschaftlichkeit hin geprüft werden, denn kostspielige, aber wenig wirksame Kundenbindungsmaßnahmen können die Profitabilität gefährden. So stellt sich bei Kundenkartenprogrammen die Frage, ob es sinnvoll ist, den Besitzern einer Kundenkarte einen Rabatt einzuräumen, der fast der Umsatzrendite gleicht. Kundenbindung und Kundenkarten werden im letzten Abschnitt dieses Kapitels behandelt.

31.1 Kundenzufriedenheit

Würde man Handelsmanager nach ihrem wichtigsten Ziel fragen, würden sie wahrscheinlich nicht die Kundenzufriedenheit nennen, aber insbesondere bei starkem Wettbewerb werden sie intuitiv in der Kundenzufriedenheit ein zentrales Mittel sehen, um ihre Position im Wettbewerb zu behaupten. Um diesen Zusammenhang zu präzisieren oder gar zu überprüfen, muss zunächst das Konstrukt Zufriedenheit definiert und von ähnlichen Größen, wie zum Beispiel der Einstellung, abgegrenzt werden. Eng damit verbunden ist die Frage, wie die Entstehung von Zufriedenheit erklärt werden kann und welche Faktoren dabei eine Rolle spielen. Schließlich muss untersucht werden, ob und wann Zusammenhänge zwischen der Zufriedenheit und bestimmten Verhaltensweisen der Konsumenten bestehen, wie sie begründet werden und von welcher Art sie sind.

31.1.1 Definition und Messung von Kundenzufriedenheit

In der Literatur wird Kundenzufriedenheit unterschiedlich definiert. So hat beispielsweise Schütze (1992) elf verschiedene Definitionen zusammengestellt. Es ist also unabdingbar, den Begriff Kundenzufriedenheit zunächst näher zu kennzeichnen. In den meisten Definitionen wird auf das Confirmation-Disconfirmation-Paradigma zurückgegriffen, wonach Zufriedenheit das Ergebnis eines Vergleichsprozesses darstellt, in dem Erfahrungen und Erwartungen gegenübergestellt werden. Wegen dieses Vergleichsprozesses kann Zufriedenheit als ein Konstrukt mit kognitivem Ursprung angesehen werden. Es gibt aber auch Ansätze, die Zufriedenheit als eine affektive Reaktion oder als eine spezifische Emotion ansehen, die aus dem Vergleichsprozess folgt (vgl. z. B. Groß-Engelmann 1999; zu einem Überblick über verschiedene Definitionen vgl. außerdem Stauss 1999 oder Koschate 2002, S. 12–17).

Die folgende Definition von Schuckel und Hußmann (2000, S. 17) stellt auf den Vergleichsprozess ab und lässt noch offen, ob es sich bei dem Ergebnis um eine Wahrnehmung mit anschließender Informationsverarbeitung (kognitive Reaktion), eine Bewertung (affektive Reaktion) oder um eine diskrete Emotion handelt. Dort heißt es:

„Bei Kundenzufriedenheit handelt es sich um das Ergebnis eines psychischen Vergleichsprozesses, bei dem die Ist-Leistung (Produkt oder Dienstleistung) einem Vergleichsstandard gegenübergestellt wird. Wird die Soll-Leistung erreicht oder übertroffen, entsteht Zufriedenheit.“

Die Definition gibt Anlass, auf mehrere Merkmale explizit einzugehen:

- Bei Zufriedenheit handelt es sich um das Ergebnis eines Vergleichsprozesses. Ein solches Ergebnis kann zunächst eine Kognition darstellen, beispielsweise die Erkenntnis, dass die Produktauswahl oder die Freundlichkeit des Verkaufspersonals nicht den Erwartungen der Kunden entsprechen. Zufriedenheit wird jedoch im Regelfall auf der affektiven Ebene angesiedelt, was bedeutet, dass Kognitionen aus persönlicher Sicht beurteilt werden (z. B. wenn ein Kunde äußert: „Mit der Auswahl war ich in diesem Geschäft sehr unzufrieden, sie war geringer als ich erwartet habe!“).

Wie bei Einstellungen gibt es bei einer solchen Sichtweise kognitive und affektive Elemente. Anders wäre es, wenn das Ergebnis als Emotion charakterisiert werden würde (z. B. Freude oder Ärger). Affektive Komponenten (persönliche Beurteilungen) und die dabei eventuell ausgelösten Emotionen werden hier nicht gleichgesetzt, sondern als unterschiedliche Größen angesehen.

- Zufriedenheit kann sich auf unterschiedliche Objekte beziehen, so auf das Ergebnis oder den Ablauf einer Tätigkeit (z. B. den Einkauf in einem Geschäft), auf einen Beurteilungsgegenstand insgesamt (z. B. das Geschäft) oder auf einzelne Teilaspekte (z. B. die Auswahl). Charakteristisch für die Zufriedenheit ist ihr Bezug auf konkrete Erlebnisse bzw. Erfahrungen, was sie von der ansonsten ähnlichen Einstellung abhebt. Während man beispielsweise eine Einstellung zum Kauf von Textilien im Internet haben kann, ohne je dort gekauft zu haben, setzt ein Zufriedenheitsurteil entsprechende Erfahrungen voraus. In der Literatur wird hierbei auch zwischen transaktionaler und kumulativer Zufriedenheit unterschieden (vgl. Bitner/Hubbert 1994). Während sich die transaktionale Zufriedenheit auf eine einzige Einkaufserfahrung bezieht, resultiert die kumulative Zufriedenheit aus der Gesamtheit der Erfahrungen, die eine Person mit einem Anbieter oder einem Produkt gemacht hat. Insofern weist die kumulative Zufriedenheit stärkere Bezüge zum Einstellungskonstrukt auf.

Der Begriff Vergleichsprozess unterstreicht den prozessualen Charakter der Kundenzufriedenheit. In dem Vergleichsprozess wird nach dem sog. Confirmation/Disconfirmation-Paradigma (C/D-Paradigma) die wahrgenommene Ist-Leistung einem Vergleichsstandard gegenübergestellt (vgl. Oliver 1980). Unter der Soll-Leistung können unterschiedliche Sachverhalte verstanden werden. Am häufigsten wird auf die Erwartungen des Konsumenten abgestellt, die jedoch unterschiedlich operationalisiert werden können (z. B. als wahrscheinliche, ideale oder faire Leistung). Abbildung 31.1 veranschaulicht das C/D-Paradigma grafisch, wobei als Ergebnis neben der Zufriedenheit auch auf die Unzufriedenheit verwiesen wird (vgl. zu einem ausführlichen Überblick auch Homburg/Stock-Homburg 2008). Ob es sich bei der Zufriedenheit und der Unzufriedenheit um die positive und die negative Ausprägung eines Konstruktes handelt oder ob Zufriedenheit und Unzufriedenheit als zwei verschiedene Konstrukte angesehen werden sollen, wird an späterer Stelle diskutiert.

Nach der Definition liegen dem Zufriedenheitsurteil Erfahrungen, Erwartungen, deren jeweilige Gewichte und eine Verknüpfungsregel zugrunde. Formal kann das Ergebnis des Soll-Ist-Vergleichs unterschiedlich dargestellt werden, beispielsweise als Differenz oder als Verhältnis (Quotient). Weiterhin ist zu klären, wie Teilzufriedenheiten zu einer Gesamtzufriedenheit verknüpft werden. Die Modelle hierzu entstammen teilweise der Diskussion um die Messung der Dienstleistungsqualität (vgl. Haller 1993; Meyer/Fend 1996), teilweise der Zufriedenheitsforschung (vgl. den knappen Überblick bei Rust/Zahorik 1993). Bei dem Vergleich handelt es sich um kognitive Prozesse, deren Ergebnis unterschiedlich gedeutet werden kann. Sieht man es als die zusammenfassende subjektive Bewertung der genannten Abweichungen, wird von der affektiven Sicht gesprochen. Dies zeigt auch die folgende Definition (siehe Zielke 2006c, S. 4):

„Kundenzufriedenheit wird als affektive Reaktion verstanden, die aus einem Zusammenwirken kognitiver und affektiver Prozesse resultiert, die wiederum durch spezifische Einkaufs-, Konsum- oder Beschwerdeerfahrungen ausgelöst werden. Bei den ausgelösten kognitiven Prozessen kommt der Diskonfirmation von Erwartungen eine wichtige Rolle zu."

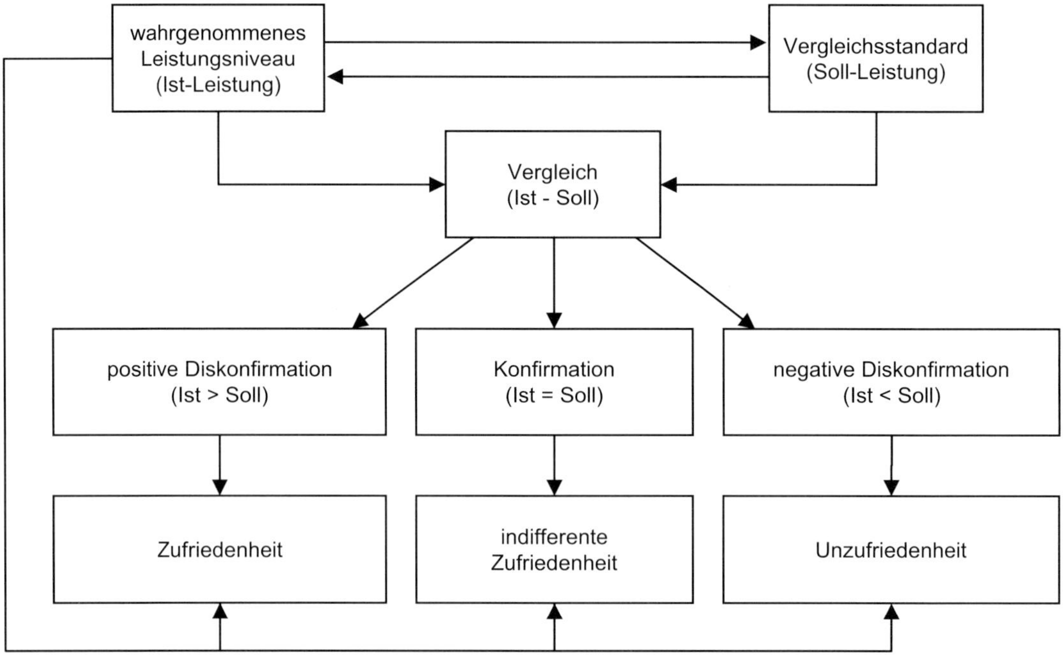

Quelle: in Anlehnung an Homburg/Stock-Homburg 2008, S. 21; Schneider/Kornmeier 2006, S. 20

Abb. 31.1: Das Confirmation/Disconfirmation-Paradigma

Zur Messung der Zufriedenheit sind mehrere Verfahren entwickelt worden (vgl. Hentschel 1992, S. 83–87; Hentschel 2000, Beutin 2008). Abbildung 31.2 teilt die Messverfahren zunächst danach ein, ob undifferenziert globale Zufriedenheitsurteile erhoben werden oder ob nach einzelnen Aspekten differenziert wird. Die Aspekte können einerseits in Form von Merkmalen vorgegeben werden, deren Ausprägungen im Rahmen von Befragungen ermittelt werden. Andererseits können im Rahmen von ereignisgestützten Verfahren die Zufriedenheit oder Unzufriedenheit auslösenden Aspekte erst ermittelt werden. Groß-Engelmann (1999, S. 209–211) ergänzt die merkmalsorientierten und die ereignisorientierten Messungen noch um einige spezifische Analysemethoden und nennt dabei die Penalty Reward Contrast-Analyse (PRC), das Kano-Modell und die Importance-Performance-Analyse. Im Folgenden wird auf die einzelnen Messverfahren näher eingegangen.

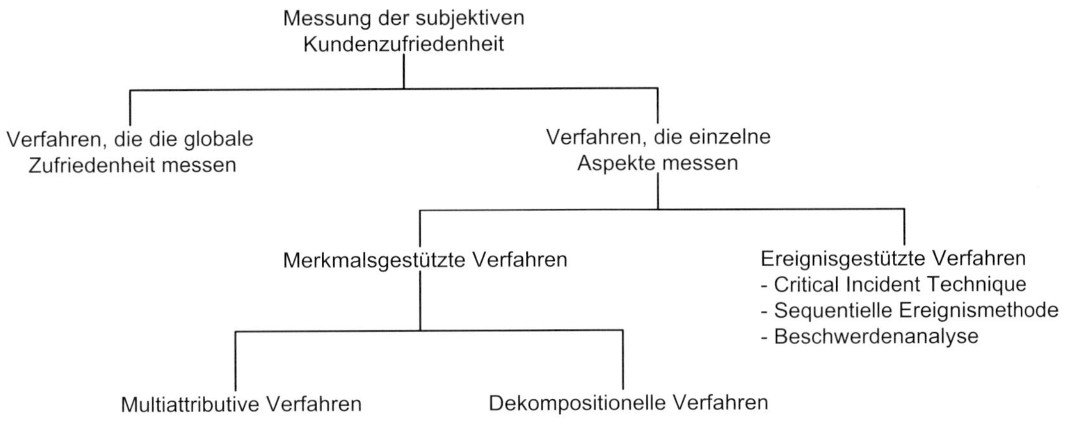

Abb. 31.2: Verfahren zur Messung von Zufriedenheit bzw. Dienstleistungsqualität

Verfahren, die die globale Zufriedenheit messen

Globale Zufriedenheitsurteile können mit einem oder mehreren Items gemessen werden. Bei der Messung mit einem Item (*single-item*-Messung) könnte beispielsweise die Frage gestellt werden, wie zufrieden ein Kunde mit seinem gerade getätigten Einkauf in einem bestimmten Geschäft war. Er könnte seine Zufriedenheit auf einer Skala von 1 (sehr unzufrieden) bis 7 (sehr zufrieden) angeben. Wie Abbildung 31.3 zeigt, bestehen vielfältige Möglichkeiten, solche Fragen zu formulieren. Sie unterscheiden sich in der Art der Fragestellung sowie der Skala, auf der die Zufriedenheitsurteile angegeben werden sollen.

Fragestellung	**Skala**	
	von	**bis**
Wie zufrieden waren Sie mit ihrem heutigen Einkauf?	1 (sehr unzufrieden)	7 (sehr zufrieden)
Inwieweit hat der heutige Einkauf Ihren Erwartungen entsprochen?	1 (überhaupt nicht)	7 (voll und ganz)
Inwieweit trifft die folgende Aussage auf Ihren heutigen Einkauf zu: Ich bin mit meinem heutigen Einkauf voll und ganz zufrieden!	1 (trifft überhaupt nicht zu)	7 (trifft voll und ganz zu)
Inwieweit trifft die folgende Aussage auf Ihren heutigen Einkauf zu: Der heutige Einkauf hat voll und ganz meinen Erwartungen entsprochen!	1 (trifft überhaupt nicht zu)	7 (trifft voll und ganz zu)

Abb. 31.3: Beispiele zur Messung der Zufriedenheit mit *single-item*-Skalen

Insbesondere in wissenschaftlichen Studien werden häufig *multi-item*-Messungen durchgeführt. So hat Koschate (2002, S. 147) die Zufriedenheit mit einem Restaurant über die folgenden vier Items gemessen, die jeweils auf einer Skala von 1 (stimme gar nicht zu/sehr unzufrieden) bis 11 (stimme ganz zu/sehr zufrieden) beurteilt wurden:

- „Alles in allem bin ich mit diesem Restaurantbesuch (bzw. Einkauf bei …) sehr zufrieden."
- „Dieser Restaurantbesuch entspricht voll und ganz meinen Erwartungen."
- „Genau so stelle ich mir einen optimalen Restaurantbesuch in dieser Kategorie vor."
- „Wie zufrieden sind Sie insgesamt mit dem soeben beschriebenen Restaurantbesuch?"

Um die interne Konsistenz solcher Item-Batterien zu prüfen, lassen sich verschiedene Kennzahlen berechnen (vgl. Homburg/Giering 1996). Hierzu zählen Cronbach's Alpha als Indikator für die Korrelation der einzelnen Items untereinander, Item-to-Total-Korrelationen, Indikator- und Faktorreliabilitäten. Alle Kennzahlen weisen für die oben vorgestellte Skala sehr gute Werte auf. Die Diskussion um die Vor- und Nachteile von *single-* versus *multi-item-*Messungen dauert an (vgl. z. B. Rossiter/Bergkvist 2009).

Globale Zufriedenheitsmessungen haben den Vorteil, dass die Zufriedenheit mit relativ geringem Aufwand erhoben werden kann. Andererseits werden aber auch die Ursachen einer hohen oder niedrigen Kundenzufriedenheit nicht aufgedeckt.

Merkmalsgestützte Verfahren

Zu den merkmalsgestützten Verfahren zählen multiattributive und dekompositionelle Ansätze. Bei den Messverfahren, die auf den multiattributiven Modellen basieren, wird der zu beurteilende Gegenstand (ein Unternehmen, ein einzelner Betrieb, eine Abteilung, ein Prozess) durch Attribute gekennzeichnet, und die Kunden werden jeweils nach dem Erfüllungsgrad oder der Zufriedenheit in Bezug auf jedes einzelne Attribut befragt. Häufig wird zusätzlich auch die Wichtigkeit der Attribute ermittelt, um die erhobenen Teilzufriedenheiten zu gewichten. So können die Kunden eines Möbelgeschäfts beispielsweise angeben, wie zufrieden sie mit der Anlieferung der Ware, dem Aufbau der Möbel oder der Freundlichkeit des Personals gewesen sind und wie wichtig sie diese Aspekte bewerten.

Wenn explizit die Differenz zwischen erwarteter und tatsächlich erfahrener Leistung gemessen wird, ergeben sich auch Hinweise auf die Richtung und das Ausmaß einer vorhandenen Kluft. Es wird deswegen stellenweise auch von einer Gap-Analyse gesprochen. Abbildung 31.4 veranschaulicht exemplarisch die Ergebnisse einer solchen Analyse. Die Ergebnisse können auch in verfeinerter Form dargestellt werden, wenn außer den durchschnittlichen Angaben auch Hinweise auf die Streuung der Urteile gegeben werden. Wie später noch gezeigt wird, handelt es sich bei der Abweichung zwischen Soll- und Ist-Komponente nur um eine von mehreren Lücken, die das Zustandekommen von Unzufriedenheit erklären (vgl. hierzu das Gap-Modell von Parasuraman/Zeithaml/Berry 1985).

Es gibt eine Reihe unterschiedlicher Varianten multiattributiver Modelle. Auf die klassischen multiattributiven Modelle wird in Abschnitt 31.1.2.1 ebenso eingegangen wie auf das aus der Dienstleistungsforschung stammende SERVQUAL-Modell (vgl. Parasuraman/Zeithaml/Berry 1988). Ebenso kann die Datenerhebung auf unterschiedliche Art und Weise erfolgen. Neben klassischen Kundenbefragungen ist auch an den Einsatz von Mystery Shoppern zu denken. Mystery Shopper sind Testkunden, die den Dienstleistungsprozess (insbesondere Verkauf, Anfrage, Rekla-

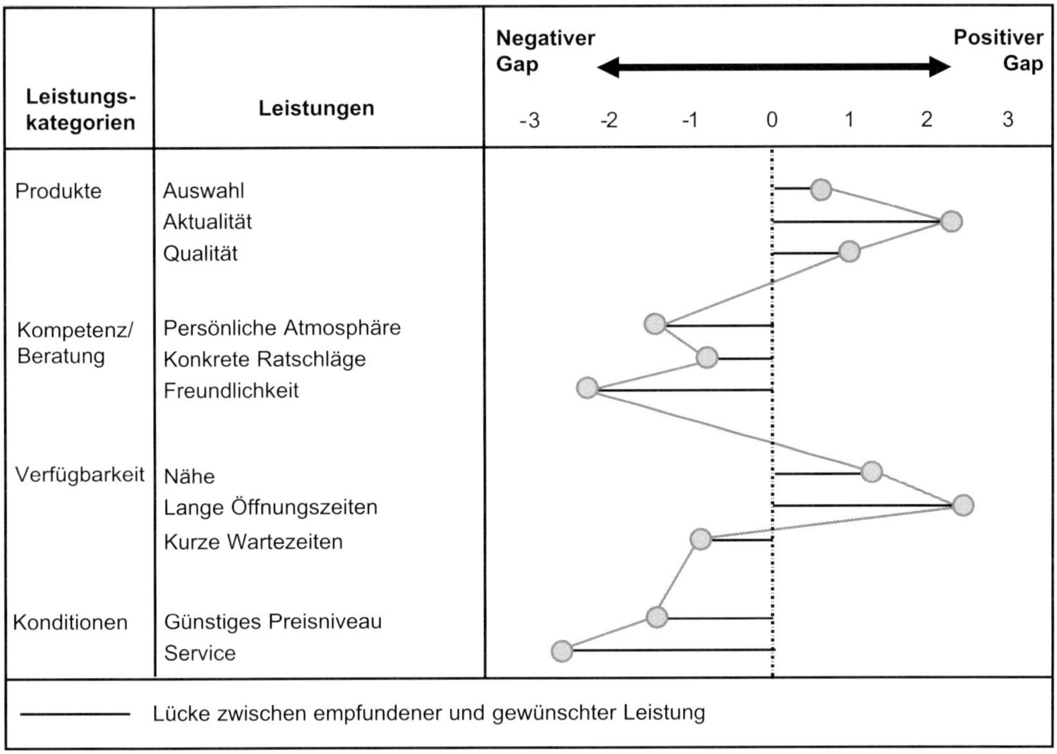

Quelle: in Anlehnung an Müller/Lohmann 1997, S. 980

Abb. 31.4: Differenzen zwischen erwarteter und erlebter Leistung

mation) und das Leistungsniveau der Unternehmung nach vorgegebenen Merkmalen bewerten. Durch die verdeckte, aber teilnehmende Beobachtung sollen die subjektiv erlebten Sachverhalte auf eine möglichst objektive Ebene gebracht werden (vgl. Bruhn 2008, S. 133–134). Die Vorgehensweise wird im Einzelnen bei Dobbelstein und Windbacher (2007) dargestellt und beurteilt.

Unter dem Begriff Vignette-Methode (auch Factorial Survey Approach genannt) sind dekompositionelle Verfahren bekannt geworden, die sich der Conjoint-Analyse bedienen (vgl. Rossi/Anderson 1982; Danaher 1997). Die Objekte werden bei Anwendung der Profil-Methode mit einzelnen Eigenschaftsausprägungen beschrieben und sind von dem Befragten hinsichtlich ihrer Zufriedenheit zu beurteilen. So könnte ein Geschäft beispielsweise durch eine angenehme Einkaufsatmosphäre, freundliches Personal, eingeschränkte Öffnungszeiten und ein geringes Parkplatzangebot gekennzeichnet werden. Aus der Beurteilung verschiedener Geschäfte lässt sich der Nutzenbeitrag der einzelnen Eigenschaften und ihrer Ausprägungen errechnen.

Die Conjoint-Analyse hat sich inzwischen zu einem bedeutenden Werkzeug der Marktforschung entwickelt, was jedoch nicht dazu verleiten darf, die vielfachen methodischen Probleme zu übersehen, wie beispielsweise die Auswahl der Eigenschaften oder Attribute (Qualitätsitems), die Zusammenstellung von Vignetten (reduzierte Designs) und die Erhebungsmethode (z. B. Full-Profile-

Technik versus Trade-off-Analyse). Ebenso stellt sich die Frage, inwieweit tatsächlich die Zufriedenheit gemessen wird, da in der Regel abstrakte Profile präsentiert werden, so dass kein Bezug zu konkreten Kauf- oder Konsumerfahrungen vorliegt, auf die sich Zufriedenheitsurteile üblicherweise stützen.

Ereignisgestützte Verfahren

Die ereignisorientierten Methoden dienen zwar nicht der Messung der Kundenzufriedenheit im engeren Sinne, sie sind jedoch geeignet, um Aspekte zu identifizieren, die zu hoher oder niedriger Kundenzufriedenheit führen können oder bereits geführt haben. Im Gegensatz zu den merkmalsorientierten Ansätzen basieren die ereignisorientierten Verfahren auf Kundenerlebnissen, die als besonders positiv oder negativ wahrgenommen werden. Ihnen liegt die Vorstellung zugrunde, dass das reguläre Qualitätsniveau vom Nachfrager häufig gar nicht wahrgenommen wird, sondern dass der Qualitätsbeurteilung nur dann verstärkte Aufmerksamkeit geschenkt wird, wenn es um Probleme oder Ausnahmesituationen geht (vgl. Levitt 1986, S. 128). Eine einfache Möglichkeit zur Identifikation von Schwachstellen stellt die Beschwerdeanalyse dar. Hierbei werden anfallende Kundenbeschwerden systematisch erfasst und standardisiert ausgewertet. Beschwerdeanalysen helfen zu erkennen, welche Arten von Kundenproblemen besonders häufig auftreten. Da Kunden ihre Probleme jedoch nicht immer in Form von Beschwerden artikulieren, kann es sinnvoll sein, Informationen über Kundenprobleme systematisch zu erfassen. Hierzu dient die Critical Incident Technique.

Die Critical Incident Technique zählt zu den bekanntesten ereignisorientierten Methoden. Sie geht auf Flanagan (1954) zurück und wurde in zahlreichen Marketingstudien eingesetzt (vgl. Bitner/Booms/Tetreault 1990; Bitner/Booms/Mohr 1994). Man beschränkt sich hierbei nicht nur auf die Analyse von Beschwerden, weil dies zu reaktiv sein könnte, sondern es werden Kundenbefragungen durchgeführt. Direkte offene Fragen nach außergewöhnlich positiven oder negativen Ereignissen führen zu Katalogen individueller Probleme. Sie zeigen, wie häufig die Befragten einzelne kritische Ereignisse genannt haben. Zusammenfassende Darstellungen erfordern, dass die individuellen Berichte der Befragten Antwortkategorien zugeordnet werden, was die Gefahr beinhaltet, dass unterschiedliche Codierer gleiche Erlebnisse anderen Kategorien zuordnen. Es empfiehlt sich, diese Fehlerquelle zu kontrollieren, indem sowohl die Intercoder- als auch die Intracoder-Reliabilität ermittelt wird, d. h. der Grad der Übereinstimmung im Erfassen der Vorkommnisse durch die auswertenden Personen. Die sequentielle Ereignismethode stellt eine Erweiterung der Critical Incident Technique dar. Hierbei wird der Dienstleistungs- oder Einkaufsprozess in Teilschritte zerlegt. Des Weiteren wird systematisch nach Problemen oder Schwachstellen in den einzelnen Prozessschritten gefragt (vgl. Stauss/Weinlich 1996).

Die vorgestellten Verfahren verursachen nicht nur unterschiedliche Kosten, sondern sie unterscheiden sich auch in ihrer Fähigkeit, die Kundenzufriedenheit oder die Dienstleistungsqualität valide, reliabel und vollständig zu erfassen. Sobald unterschiedliche Verfahren für die Ermittlung eines Konstrukts vorliegen, stellt sich die Frage, welches Verfahren die sinnvolleren Ergebnisse liefert. Müller und Lohmann (1997) haben am Beispiel der Messung der Dienstleistungsqualität von Banken gezeigt, dass die Verfahren in der Tat zum Teil unterschiedliche Ergebnisse ausweisen. Während die befragten Personen bei Anwendung der Critical Incident Technique relativ häufig auf negative Erlebnisse bei der Beratungsqualität und der Verfügbarkeit der Bankleistung (z. B. Nähe, Öffnungszeiten) hinwiesen, stand bei Anwendung der Gap-Analyse die schlechte Beurteilung der Konditionen im Vordergrund. Die Verfasser vermuten, dass die Critical Incident Technique sensibler ist, wenn es darum geht, Leistungsebenen zu beleuchten, die stark zwischenmenschlich bestimmt sind (z. B. Beratung), weil sich Interaktionen zwischen Mitarbeitern und Kunden stärker in das Bewusstsein einprägen würden. Die Gap-Analyse dagegen reagiert sensibler auf leichter messbare Leistungen außerhalb der Interaktion zwischen Mitarbeitern und Kunden (z. B. Konditionen) (vgl. Müller/Lohmann 1997, S. 986). Wenn sich diese Beobachtungen erhärten, sollten beide Methoden komplementär für eine umfassende Zufriedenheits- bzw. Qualitätsmessung eingesetzt werden.

Empirisch wird die Kundenzufriedenheit zum einen firmenübergreifend erhoben (z. B. Kundenmonitor Deutschland – früher Kundenbarometer), zum anderen erfassen einzelne Unternehmen auch direkt die Zufriedenheit ihrer Kunden (vgl. z. B. Creusen 2001 für OBI; Rupietta 2001 für den Versandhandel).

31.1.2 Modelle zur Erklärung von Kundenzufriedenheit

Modelle zur Kundenzufriedenheit geben Hinweise, welche Faktoren die Entstehung von Zufriedenheit oder Unzufriedenheit beeinflussen. Sie sind Ergebnis einer inzwischen vier Jahrzehnte andauernden Forschungstradition. Im Folgenden werden solche Modelle vorgestellt, die auch für die Praxis wichtige Hinweise liefern können. Hierzu zählen die klassischen multiattributiven Zufriedenheitsmodelle, das GAP-Modell und der daraus abgeleitete SERVQUAL-Ansatz sowie Modelle mit Penalty-Reward-Faktoren. Auf das ebenfalls bedeutsame EFQM-Modell wird in Abschnitt 31.2 eingegangen.

31.1.2.1 Klassische multiattributive Modelle

Die multiattributiven Modelle wurden ursprünglich im Rahmen der Einstellungstheorie entwickelt. Sie wurden dann aber auch herangezogen, um die Zufriedenheit und die Dienstleistungsqualität zu messen (vgl. Kaas/Runow 1984; Bruhn 1985; Hansen/Schoenheit 1987; Beutin 2008, S. 126–134). Sie sind generell dadurch gekennzeichnet, dass ein globales Gesamturteil zu differenzierten Vorstellungen (Attributen) in Beziehung gesetzt wird:

(31.1) $U_i = f(V_{ij})$

mit:

U_i = Gesamturteil über das Objekt i (i = 1,..., N)

V_{ij} = Vorstellung der Art j über das Objekt i (j = 1,..., K)

Wenn in den Einstellungsmodellen mit U_i die Einstellung gegenüber einem Objekt gemeint ist, so wird im Rahmen der Zufriedenheitsforschung darunter die globale Zufriedenheit mit dem Objekt verstanden. Aus der Einstellungstheorie ist bekannt, dass die Vorstellungen (V_{ij}) unterschiedlich operationalisiert werden können. Teilweise werden darunter nur Wahrnehmungen verstanden, teilweise aber unterschiedliche Arten von Bewertungen. Einige Autoren gewichten die Einzeleindrücke, um von ihnen auf das Gesamturteil zu schließen. Von erheblicher Bedeutung ist, in wie vielen und in welchen Dimensionen die Vorstellungen gemessen werden sollen. Schließlich unterscheiden sich die Modellvarianten in der Art und Weise, wie die Einzelvorstellungen formal miteinander verknüpft werden, wobei eine additive Verknüpfung auf kompensatorische Beziehungen zwischen den Attributen hinweist, während dies bei einer multiplikativen Verknüpfung eher nicht der Fall ist.

Mit dem abstrakten Begriff „Gesamturteil über das Objekt i" ist hier die Zufriedenheit eines Kunden mit einem von ihm erlebten Kontakt mit einem Handelsbetrieb gemeint. Die Zufriedenheit kann sich dabei auf die gekaufte Ware beziehen, aber auch auf die Modalitäten des Transaktionsprozesses. Basishypothese vieler Untersuchungen zur Zufriedenheit ist die Vorstellung, dass sich die Zufriedenheit gemäß dem Confirmation/Disconfirmation-Paradigma als Ergebnis des Vergleichs eines Konsum- bzw. Einkaufserlebnisses mit diesbezüglich vorhandenen Erwartungen einstellt (vgl. Oliver 1981, S. 27). Während Einstellungen gebildet werden können, ohne dass persönliche Erfahrungen vorliegen, sind Zufriedenheitsurteile an ein konkretes Erlebnis gebunden.

Bei der Messung der Zufriedenheit mit multiattributiven Modellen sind zwei Sachverhalte zu beachten. Erstens kann der Zeitraum zwischen einem Erlebnis und der Erhebung der Zufriedenheit das Messergebnis beeinflussen. Nachträgliche Angaben zu den ursprünglichen vor dem Erlebnis liegenden Erwartungen können das Ergebnis ebenfalls verfälschen (vgl. Deppisch 1997, S. 128). Zweitens gibt es, wie bereits angedeutet, mehrere Möglichkeiten, wie einzelne Modellelemente formal miteinander verknüpft werden können. Czepiel, Rosenberg und Akerele (1974) vertreten die Meinung, dass ein Verbraucher dann zufrieden sein wird, wenn er feststellt, dass ein Objekt genau über die Eigenschaften verfügt, die er vor dem Kauf vermutet hatte. Insofern weist ihr Ansatz Bezüge zum Confirmation/Disconfirmation-Paradigma auf. Der Ansatz, der auch auf den Handel angewendet werden kann, lässt sich wie folgt darstellen:

$$S_i = \sum_{j=1}^{K} a_{ij} \, FS_{ij} \quad (31.2)$$

mit:

S_i = Globale Zufriedenheit mit dem Objekt i (i = 1,…, N)

FS_{ij} = Ausmaß der Zufriedenheit mit der Eigenschaft j bei Objekt i (j = 1,…, K)

a_{ij} = Gewichtungsfaktoren (Bedeutung einzelner Eigenschaften)

$$FS_{ij} = E(EX_{ij}, O_{ij}) \quad (31.3)$$

mit:

EX_{ij} = Erwartungen an das Objekt i bezüglich der Eigenschaft j

O_{ij} = Einschätzung der Eigenschaft j nach der Erfahrung mit Objekt i

E = Bewertung der Differenz von Erwartungen und Einschätzungen

Nach diesem Modell vergleicht der Konsument seine Erfahrungen nach der Verwendung eines Produkts oder nach dem Einkauf in einem Geschäft mit seinen Erwartungen. Seine Erwartungen können erfüllt, übertroffen oder enttäuscht worden sein. Die hieraus resultierenden Differenzen werden bewertet und zu einem Gesamturteil aggregiert. Die Erhebungsergebnisse nach diesem Modell können anschaulich in einer Matrix dargestellt werden, wobei die Abszisse beispielsweise die Differenzen zwischen Erwartungen und Einschätzungen für die einzelnen Merkmale kennzeichnet, während die Ordinate die Bedeutungsgewichte dieser Eigenschaften angibt. Die wichtigsten Annahmen dieses Modells können wie folgt zusammengefasst werden:

- Das Zufriedenheitsurteil ergibt sich aus einem Vergleich von Erwartungen und Erfahrungen.
- Die Beurteilung ist kompensatorisch, d. h. die Nichterfüllung der Erwartungen bei einzelnen Eigenschaften kann durch eine Übererfüllung bei anderen Eigenschaften ausgeglichen werden.
- Einzelne Eigenschaften sind für das Gesamturteil (hier die globale Zufriedenheit) von unterschiedlicher Bedeutung.
- Die Urteile zur Zufriedenheit mit einzelnen Eigenschaften müssen voneinander unabhängig sein, weil sich ansonsten Doppelerfassungen ergeben.
- Alle aus Konsumentensicht relevanten Eigenschaften werden einbezogen.

Jede dieser Annahmen bedarf einer Erörterung und Überprüfung. So kann es sein, dass Unzufriedenheit mit einer einzigen Eigenschaft (z. B. Unfreundlichkeit des Verkaufspersonals) nicht durch eine positive Beurteilung aller anderen Eigenschaften ausgeglichen werden kann. In diesem Fall kann nicht von einer kompensatorischen Beziehung der Eigenschaften gesprochen werden. Als schwierig kann es sich zudem erweisen, die zu beurteilenden Eigenschaften zusammenzutragen, weil sich ihre Relevanz zwischen einzelnen Kundensegmenten fundamental unterscheiden kann.

Ebenso ist zu klären, welche Größe zum Vergleich mit den Erfahrungen herangezogen wird. Wie bereits erläutert wurde, ist es denkbar, dass nicht die erwarteten Eigenschaftsausprägungen bei einem Produkt oder einem Geschäft zum Bezugspunkt bei der Ermittlung der Zufriedenheit genommen werden, sondern die Idealvorstellungen der Kunden. Die Soll-Größe kann mithin an unterschiedliche Sachverhalte anknüpfen.

Wie in der Einstellungstheorie kommt auch bei der multiattributiven Messung der Zufriedenheit der Frage Bedeutung zu, welche Aspekte für das Gesamturteil wesentlich sind. Deppisch (1997, S. 72–115; zuvor Henseler 1977, S. 123–125) hat in einer umfangreichen Meta-Analyse gegenübergestellt, nach welchen Kriterien Einzelhandelsgeschäfte aus Kundensicht beurteilt werden. Aus den zahlreichen Studien soll jene von Westbrook (1981) herausgegriffen werden, der insgesamt 24 Items zu acht Faktoren verdichtet hat, die dem Zufriedenheitsurteil von Kunden im Einzelhandel zugrunde liegen:

1. Zufriedenheit mit den Verkaufskräften des Geschäfts,
2. Zufriedenheit mit der Ladeneinrichtung,
3. Zufriedenheit mit Sortiment und Warenpräsentation,
4. Zufriedenheit mit dem Servicegrad,
5. Zufriedenheit mit den Produkten und Dienstleistungen,
6. Zufriedenheit mit den anderen Kunden,

7. Zufriedenheit mit dem Preis-Leistungs-Verhältnis,
8. Zufriedenheit mit den Sonderangeboten.

Die Inhalte dieses Katalogs sind nicht überraschend. Dennoch ist zu beobachten, dass in fast allen Untersuchungen zur Zufriedenheit mit Einzelhandelsgeschäften andere Itembatterien verwendet werden. Zum Teil ist dies darauf zurückzuführen, dass Untersuchungen, die sich auf unterschiedliche Branchen beziehen, die Berücksichtigung unterschiedlicher Merkmale erfordern. So spielt in einem Lebensmittelmarkt die Frische der Artikel eine Rolle, während dies in einem Haushaltswarengeschäft unbedeutend ist. Unterschiede ergeben sich aber auch daraus, dass die im Mittelpunkt stehenden absatzpolitischen Instrumente auf unterschiedlichem Detaillierungsgrad erfasst werden. So kann sehr undifferenziert danach gefragt werden, ob die Kunden mit dem Sortiment zufrieden sind. Die das Sortiment betreffenden Sachverhalte können aber auch in differenzierter Form erfragt werden, indem z. B. die Auswahl, das Vorhandensein bestimmter Marken, das Qualitätsniveau oder die Sortimentsbreite erfasst werden.

Insgesamt dominiert in den älteren Untersuchungen eine Sichtweise, die von der Wahrnehmung einzelner absatzpolitischer Instrumente ausgeht. Wie in der Einstellungsforschung wäre es aber auch denkbar, dass hiervon losgelöste Beurteilungskriterien herangezogen werden, die aus der Motivstruktur der Verbraucher abgeleitet sind (z. B. ein angenehmer Aufenthalt oder die Gelegenheit zu sozialen Kontakten). Es bleibt das Problem, die relevanten Bedürfnisse und Motive der Kunden zu erkennen. Nicht immer sind Kunden in der Lage, ihre Bedarfssituation darzustellen. Es kommt hinzu, dass sich Kundenanforderungen im Zeitablauf ändern können (vgl. Engelhardt/Freiling 1997).

Abbildung 31.5 zeigt beispielhaft Ergebnisse einer Befragung zur Zufriedenheit mit Baumärkten, die von Kundenmonitor Deutschland durchgeführt wurde. Wie zu erkennen ist, beziehen sich die verwendeten Merkmale auf die Zufriedenheit mit einzelnen absatzpolitischen Instrumenten. Am höchsten ist die Zufriedenheit mit den Parkmöglichkeiten, den Öffnungszeiten und der Erreichbarkeit. Die Ergebnisse erscheinen plausibel, denn es ist vorstellbar, dass Konsumenten bei der Wahl ihres Baumarkts auf diese Kriterien achten. Allerdings ist fraglich, von welcher Bedeutung die einzelnen Urteile für die Gesamtzufriedenheit und die Einkaufsstättenwahl sein werden. So könnte beispielsweise das Preis-Leistungs-Verhältnis mit einem stärkeren Gewicht in das Gesamturteil eingehen als die Parkmöglichkeiten. In einer anderen Untersuchung eines auf Image- und Zufriedenheitsanalysen spezialisierten Instituts wurde auch das Spielangebot für Kinder als Merkmal einbezogen. Es wurde festgestellt, dass ein Spielangebot für Kinder in dem zuletzt besuchten Baumarkt häufig nicht vorhanden war. Ob das Spielangebot aber für die Einkaufsstättenwahl unwichtig ist, müsste zusätzlich geprüft werden.

Die Bedeutung einzelner Eigenschaften lässt sich erfassen, indem wie in den oben dargestellten Modellen nach ihrer Wichtigkeit gefragt wird. Die Bedeutungsgewichte lassen sich aber auch rechnerisch ermitteln, wenn die Teilzufriedenheiten im Rahmen einer multiplen Regression oder eines Strukturgleichungsmodells zu der globalen Gesamtzufriedenheit in Beziehung gesetzt werden. Die ermittelten Regressions- bzw. Pfadkoeffizienten lassen auf die Bedeutung einzelner Aspekte schließen.

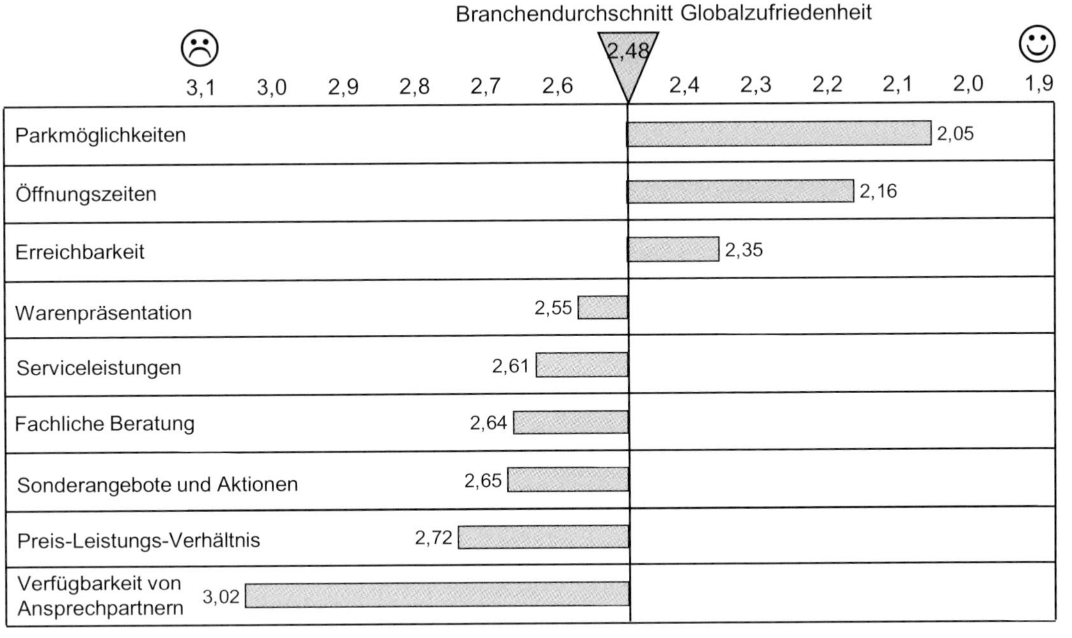

Quelle: Kundenmonitor Deutschland 2010

Abb. 31.5: Zufriedenheit mit ausgewählten Leistungsmerkmalen von Baumärkten

In der Zufriedenheitsforschung werden überwiegend Eigenschaften herangezogen, die aus dem sog. kundenorientierten Qualitätsansatz abgeleitet werden. Hierbei wird nur auf kundenorientierte Teilaspekte abgestellt, ohne diese zu den notwendigen „Opfern" in Beziehung zu setzen. Ansätze, die den Preis als Opfer mit einbeziehen, basieren auf einem wertorientierten Qualitätsbegriff und werden als „Willingness-to-Pay-Ansätze" bezeichnet (vgl. z. B. Haller 1993). Der Preis lässt sich auf zwei Arten berücksichtigen, indem:

- das Gesamturteil über die Qualität zum zu zahlenden Preis in Beziehung gesetzt wird,
- der Preis als eigene Eigenschaft in die Attributlisten eingeht.

Darüber hinaus ist in den letzten Jahren ein Forschungszweig entstanden, der sich explizit mit der Preiszufriedenheit von Kunden in Handels- und Dienstleistungsunternehmen befasst (vgl. Diller 2000; Matzler 2003; Pohl 2004; Rothenberger 2005; Zielke 2006c, 2008a).

31.1.2.2 Das Gap-Modell

Um festzustellen, warum die Qualitätserwartungen der Kunden häufig nicht mit der wahrgenommenen Qualität übereinstimmen, entwickelten Parasuraman, Zeithaml und Berry das Gap-Modell, das verschiedene Quellen für mögliche Diskrepanzen darstellt (vgl. Parasuraman/Zeithaml/Berry 1985; Hentschel 1990; Zeithaml/Berry/Parasuraman 1995). Basierend auf Fokusgruppen-Interviews mit Konsumenten und Tiefeninterviews mit Managern verschiedener Hierarchiestufen werden mögliche Gründe für eine schlechte Dienstleistungsqualität aufgezeigt. Eine Dienstleistung gilt dabei als schlecht, wenn sie hinter den Erwartungen eines Kunden zurückbleibt. Ursachen hierfür können die folgenden Diskrepanzen, auch Gaps genannt, sein (vgl. Abbildung 31.6):

- Gap 1: Diskrepanz zwischen den Kundenerwartungen und deren Wahrnehmung durch das Management,
- Gap 2: Diskrepanz zwischen der Wahrnehmung der Kundenerwartungen durch das Management und ihrer Umsetzung in Vorgaben für die Dienstleistungsqualität,
- Gap 3: Diskrepanz zwischen den Spezifikationen der Dienstleistungsqualität und der tatsächlich erstellten Leistung,
- Gap 4: Diskrepanz zwischen erstellter Dienstleistung und der an die Kunden gerichteten Kommunikation über diese Dienstleistung,
- Gap 5: Diskrepanz zwischen der vom Kunden wahrgenommenen und der vom Kunden erwarteten Dienstleistungsqualität.

Die vom Kunden wahrgenommene Qualität ist von den Gaps 1 bis 4 abhängig. Die Qualität, die ein Kunde erwartet, ergibt sich aus seinen individuellen Bedürfnissen, seinen vergangenen Erfahrungen, der Mund-zu-Mund-Kommunikation und den kommunikativen Maßnahmen des Anbieters. Auf einige der Gaps wird im Folgenden näher eingegangen.

Mit Gap 1 wird darauf aufmerksam gemacht, dass die Erwartungen des Kunden an die Dienstleistungsqualität eines Unternehmens und die Wahrnehmung dieser Kundenerwartungen durch das Management differieren können. Das Management kennt nicht alle Kriterien, die den Qualitätsanspruch des Kunden ausmachen. Es weiß nicht immer, mit welchen Merkmalen eine Dienstleistung ausgestattet sein muss, um vom Kunden positiv beurteilt zu werden. Diese Diskrepanz hat drei Ursachen, und zwar das Ausmaß, in dem Ergebnisse der Marktforschung durch das Management berücksichtigt werden, die Art der Kommunikation zwischen Management und Verkaufspersonal sowie die Zahl der Hierarchiestufen im Unternehmen:

- Die Marktforschung kann maßgeblich zur Erforschung von Kundenerwartungen und Wahrnehmungen beitragen. Wie zutreffend die Kundenerwartungen vom Management wahrgenommen werden, hängt auch vom Ausmaß des direkten Kontakts des Managements mit seinen Kunden ab. Durch direkte Kommunikation mit den Kunden kann sich das Management ein Bild über deren Bedürfnisse machen. Einige Unternehmen messen diesem Aspekt eine hohe Bedeutung bei und verpflichten ihr Management, einige Tage im Jahr selbst im Verkauf zu arbeiten.
- Kundenerwartungen können durch das Management verzerrt wahrgenommen werden, weil Mängel in der Kommunikation zwischen Management und Verkaufspersonal vorliegen. Die Qualität dieser vertikalen Kommunikation ist von ihrer Regelmäßigkeit und den eingesetzten Medien abhängig. Die Kommunikation kann mündlich oder schriftlich, visuell oder verbal ablaufen. Hier kommt der mündlichen Kommunikation eine besondere Bedeutung zu, weil durch sie ein Dialog ermöglicht wird. Diskrepanzen sind weiterhin davon abhängig, inwieweit Anregungen des Verkaufspersonals ernst genommen und umgesetzt werden.
- Unmittelbare Auswirkungen auf die vertikale Kommunikation im Unternehmen hat die Anzahl der Hierarchiestufen. Je mehr Hierarchiestufen zwischen Top-Management und Verkaufsperso-

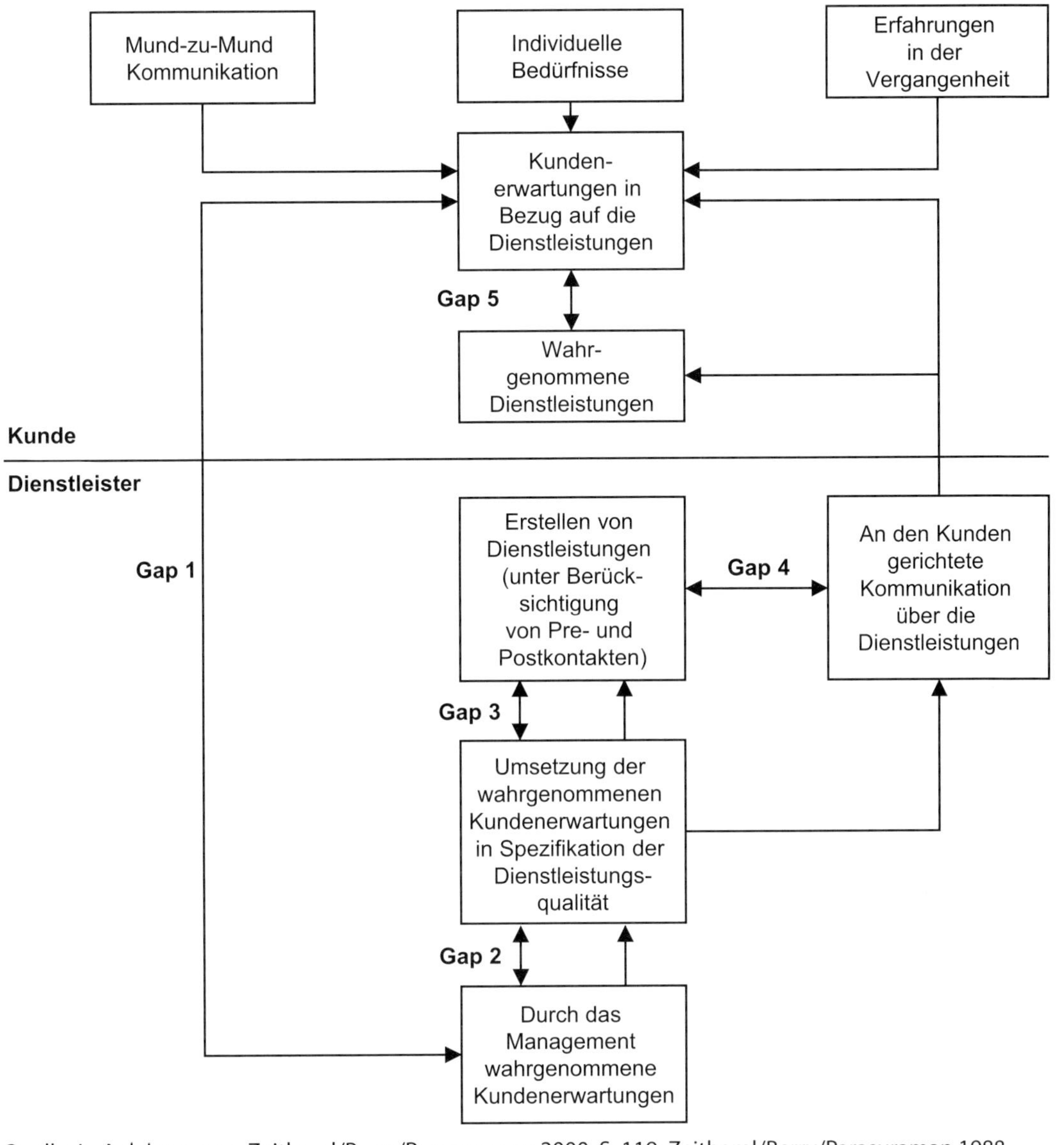

Quelle: in Anlehnung an Zeithaml/Berry/Parasuraman 2000, S. 119; Zeithaml/Berry/Parasuraman 1988, S. 36.

Abb. 31.6: Das Gap-Modell der Dienstleistungsqualität

nal bestehen, umso schwieriger ist eine direkte Kommunikation. Jede Hierarchiestufe stellt eine Barriere für den Informationsfluss dar.

Empirische Studien zeigen, dass das Management die Erwartungen der Kunden häufig falsch einschätzt (vgl. Albrecht/Zemke 1987, S. 47–60; Lewis/Klein 1987).

Gap 2 macht darauf aufmerksam, dass durch das Management wahrgenommene Kundenbedürfnisse in geeignete Spezifikationen umgesetzt werden müssen. Wenn die Kunden beispielsweise Beratung wünschen, könnte dies bedeuten, dass das Verkaufspersonal angewiesen wird, Kunden unmittelbar nach Betreten des Geschäfts zu begrüßen und Unterstützung anzubieten.

Gap 3 bezieht sich auf die Differenz zwischen den in der Geschäftspolitik vorgesehenen Richtlinien für die Gestaltung der Dienstleistungspolitik und der tatsächlichen Leistungserstellung des Verkaufspersonals. Eine Abwärtskommunikation, die zu selten erfolgt oder unklar ausgedrückt wird, führt dazu, dass die Anforderungen, die das Management an die Dienstleistungsqualität des Verkaufspersonals stellt, für dieses undeutlich bleiben. Neben der Verbesserung der vertikalen Kommunikationsstrukturen fördert betriebsinternes Training das Rollenverständnis des Verkaufspersonals und verbessert dessen Leistungen.

Gap 4 beschreibt die Diskrepanz zwischen erstellter Dienstleistung und der an die Kunden gerichteten Kommunikation über diese Dienstleistung. Versprechungen, die nicht erfüllt werden, senken die Zufriedenheit. Aber auch Leistungen des Unternehmens, die für den Kunden nicht sichtbar sind, können sich, wenn sie verstärkt kommuniziert werden, positiv auswirken. Erreichen den Kunden nur Informationen über den persönlich erlebten Teil der Dienstleistung, erhält er nur einen verkürzten Eindruck über die erbrachte Leistung.

Das Modell verdeutlicht, dass einerseits Informationen über die Erwartungen und Wahrnehmungen der Kunden gewonnen werden müssen, andererseits aber auch sicherzustellen ist, dass das betriebspolitische Konzept intern kommuniziert und realisiert wird.

Aufbauend auf dem Gap-Modell haben Parasuraman, Zeithaml und Berry (1988) das SERVQUAL-Modell entwickelt, mit dem die wahrgenommene Qualität von Dienstleistungsbetrieben gemessen werden soll. Die hierbei verwendeten Dimensionen unterscheiden sich deutlich von den ansonsten im Rahmen der Marktforschung eingesetzten Einflussfaktoren der Zufriedenheit (vgl. auch Hentschel 1990):

- Die Annehmlichkeit des tangiblen Umfelds (*tangibles*) erfasst die Wahrnehmung des gesamten physischen Umfelds der Dienstleistung, insbesondere die Räumlichkeiten, aber auch das Personal.
- Die Zuverlässigkeit (*reliability*) bezieht sich darauf, wie verlässig und akkurat die Dienstleistung ausgeführt wird.
- Die Reagibilität (*responsiveness*) erfasst das Entgegenkommen und die Bereitschaft des Personals, dem Kunden bei auftretenden Problemen behilflich zu sein.
- Die Leistungskompetenz (*assurance*) bezieht sich auf das Wissen, die Höflichkeit und die Vertrauenswürdigkeit des Personals.
- Das Einfühlungsvermögen (*empathy*) bezieht sich auf die Bereitschaft, auf individuelle Wünsche und Bedürfnisse der Kunden einzugehen.

Für jede Dimension wird ein wahrgenommener Wert („so ist es") und ein erwarteter Wert („so sollte es sein") ermittelt. Die empfundene Qualität der Dienstleistung ergibt sich dann aus der Differenz zwischen jeweils erwartetem und wahrgenommenem Wert. Stimmen beide Werte überein oder übertrifft die Wahrnehmung die Erwartung, so kann von zufriedenstellender bzw. guter Qualität gesprochen werden. Häufig werden Wahrnehmungen und Erwartungen mit Hilfe von *multi-item-*

Batterien gemessen, wie dies in Abbildung 31.7 am Beispiel der Erwartungen dargestellt ist. Die Messung der Wahrnehmungen erfolgt analog.

SERVQUAL-Dimension	Item Nr.	SERVQUAL-Item (Erwartung)
Tangibles Umfeld	1	Die technische Ausrüstung von ... sollte dem neuesten Stand entsprechen.
	2	Die Geschäftsräume von ... sollten ansprechend gestaltet sein.
	3	Die Angestellten sollten ordentlich angezogen sein und einen sympathischen Eindruck machen.
	4	Die Gestaltung der Geschäftsräume von ... sollte der Art der Dienstleistung angemessen sein.
Zuverlässigkeit	5	Wenn ... die Fertigstellung eines Auftrages bis zu einem bestimmten Zeitpunkt versprechen, sollten sie diesen auch einhalten.
	6	Kundenprobleme sollten ernst genommen und mitfühlend und beruhigend behandelt werden.
	7	Man sollte sich auf ... verlassen können.
	8	Die Dienstleistung sollte zu dem Zeitpunkt ausgeführt sein/werden, zu dem sie versprochen wurde.
	9	... sollten eine ordentliche Auftragsbuchführung besitzen.
Reagibilität	10	Man sollte von ... nicht erwarten, dass sie den Kunden genau darüber Auskunft geben, wann die Leistung ausgeführt wird. (-)
	11	Es ist unrealistisch, als Kunde prompten Service von den Angestellten in ... zu erwarten. (-)
	12	Die Angestellten müssen nicht permanent gewillt sein, den Kunden zu helfen. (-)
	13	Es ist in Ordnung, wenn die Angestellten zu beschäftigt sind, um Kundenwünsche unmittelbar zu erfüllen. (-)
Leistungskompetenz	14	Kunden sollten den Angestellten von ... vertrauen können.
	15	Kunden sollten sich während des Kontakts zu den Angestellten sicher fühlen.
	16	Die Angestellten von ... sollten höflich sein.
	17	Die Angestellten sollten angemessene Unterstützung im Unternehmen erhalten, um ihre Tätigkeit gut ausführen zu können.
Einfühlungsvermögen	18	Von ... sollte nicht erwartet werden, dass sie jedem Kunden individuelle Aufmerksamkeit widmen. (-)
	19	Von den Angestellten dieser Firmen kann nicht erwartet werden, dass sie sich persönlich um die Kunden kümmern. (-)
	20	Es ist unrealistisch, von den Angestellten zu erwarten, dass sie die Bedürfnisse ihrer Kunden kennen. (-)
	21	Es ist unrealistisch zu erwarten, dass ... nur das Interesse ihrer Kunden im Auge haben. (-)
	22	Man sollte von ... nicht erwarten, dass ihre Öffnungszeiten für alle Kunden angenehm sind. (-)

Mit einem (-) versehene Items werden wegen ihrer Negativformulierung vor der Differenzbildung umkodiert. Die Lücken (...) sind mit der jeweiligen Branche auszufüllen.

Quelle: Hentschel 1990, S. 231

Abb. 31.7: Messung der Erwartungen im SERVQUAL-Modell

SERVQUAL ist zwar für den branchenübergreifenden Einsatz gedacht, aufgrund der vielfältigen Gegebenheiten in den einzelnen Branchen bestehen jedoch Zweifel, ob dieser Anspruch eingelöst werden kann (vgl. zur Beurteilung Groß-Engelmann 1999, S. 215–219; Scharnbacher/Kiefer 2003, S. 71–75). Insofern sind auch branchenspezifische Messmodelle, beispielsweise für den Handel entwickelt worden (vgl. Dabholkar/Thorpe/Rentz 1995). Außerdem besteht die Gefahr, dass bei der

Frage nach den Erwartungen eine Anspruchsinflation einsetzt. Dies führt dazu, dass die Qualität generell nicht als zufriedenstellend ausgewiesen wird.

31.1.2.3 Modelle mit Penalty-Reward-Faktoren

Modelle mit Penalty-Reward-Faktoren haben ihre Wurzeln in den weithin bekannten Untersuchungen von Frederick Herzberg zur Arbeitszufriedenheit. Nach dessen Theorie sorgen sog. Motivatoren dafür, dass Arbeitnehmer zufrieden sind, lösen jedoch bei Fehlen keine Unzufriedenheit aus. Zu beanstandende Hygienefaktoren lassen dagegen Arbeitnehmer unzufrieden werden, ihr Vorhandensein begründet aber noch keine Zufriedenheit (vgl. Herzberg/Mausner/Snyderman 1959). In der Folge wurden diese Überlegungen auch auf den Konsumbereich übertragen (vgl. Brandt 1988a). Nach dem Penalty-Reward-Faktoren-Ansatz lösen nicht alle der möglicherweise zahlreichen Attribute eines Angebots eine besondere Zufriedenheit aus, da der Kunde bestimmte Leistungen voraussetzt. Erhebliche Unzufriedenheit stellt sich jedoch ein, wenn solche Leistungen nicht vorhanden sind (Penalty-Faktoren). Auf der anderen Seite gibt es Leistungen, die einen zusätzlichen Wert beim Nachfrager erzeugen können. Sie bewirken bei ihm eine höhere Qualitätswahrnehmung und somit eine höhere Zufriedenheit, ohne dass ihr Fehlen Unzufriedenheit hervorruft (Reward-Faktoren). Reward-Faktoren können zu Kundenbegeisterung führen, während das Fehlen von Penalty-Faktoren zu drastischen Einbrüchen bei der Zufriedenheit führt. Mit dieser Einteilung geht eine Differenzierung zwischen Zufriedenheit und Unzufriedenheit einher, weshalb auch vom Satisfaction/Dissatisfaction-Ansatz oder von einer Zwei-Faktoren-Theorie gesprochen wird. Der Ansatz findet sich in verschiedenen Varianten und es sind unterschiedliche Techniken zur Ermittlung von Penalty- und Reward-Faktoren vorgeschlagen worden. Hierzu zählen das Kano-Modell und die Penalty-Reward-Contrast-Analyse. Beachtenswert ist auch die Erkenntnis von Swinyard und Whitlark (1994), dass der negative Effekt von Unzufriedenheit doppelt so stark sein kann, wie der positive Effekt von Zufriedenheit.

Das Kano-Modell

Im Kano-Modell werden drei Typen von Eigenschaften unterschieden (vgl. Kano 1984 sowie die methodischen Überlegungen zum Kano-Modell bei Bailom/Hinterhuber/Matzler et al. 1996):

- Basisanforderungen,
- Leistungsanforderungen und
- Begeisterungsanforderungen.

Abbildung 31.8 zeigt, wie sich diese Anforderungstypen auf die Zufriedenheit bzw. Unzufriedenheit mit einem Objekt auswirken. Dies wird im Folgenden näher erläutert.

Die Erfüllung von Basisanforderungen wird vom Kunden vorausgesetzt und als selbstverständlich angesehen. Basisanforderungen stellen Musskriterien dar und werden vom Kunden daher häufig nicht explizit verlangt. Werden diese Anforderungen nicht erfüllt, so führt dies beim Kunden zu extremer Unzufriedenheit, wohingegen ihre Erfüllung keineswegs eine erhöhte Zufriedenheit auslöst. Die Erfüllung einer Basisanforderung kann somit lediglich für den Zustand der Nicht-Unzufriedenheit verantwortlich sein. Als Beispiel könnte die Sauberkeit in einem Geschäft genannt werden.

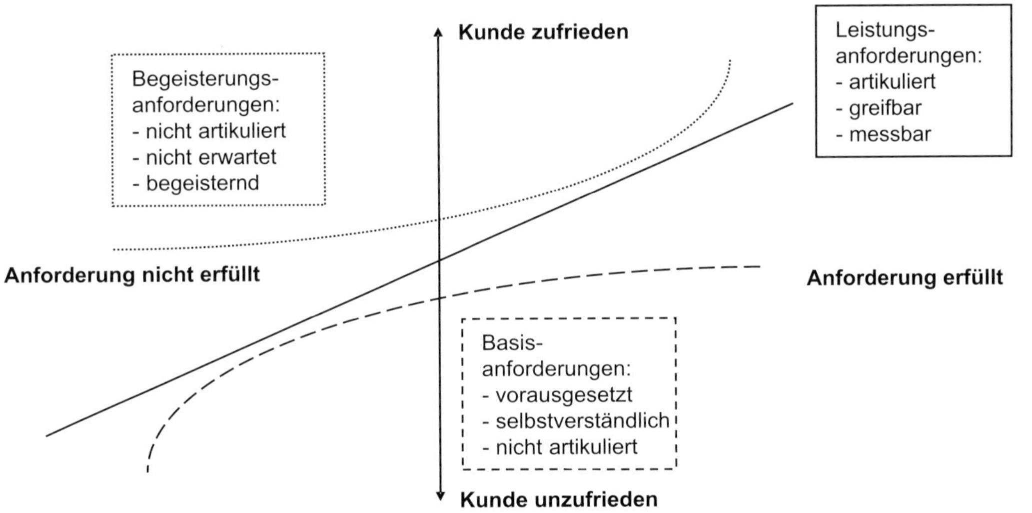

Quelle: in Anlehnung an Bailom/Hinterhuber/Matzler et al. 1996, S. 118; Berger/Blauth/Boger et al. 1993, S. 4

Abb. 31.8: Der Beitrag einzelner Anforderungen zur Zufriedenheit bzw. Unzufriedenheit

Leistungsanforderungen werden vom Kunden ausdrücklich verlangt. Sie sind kundenspezifisch, für Kunde, Handel und Hersteller konkret greifbar, und ihr Erfüllungsgrad kann gemessen werden. Bei Leistungsanforderungen verhält sich die Zufriedenheit und Unzufriedenheit des Kunden proportional zum Erfüllungsgrad: Je höher der Erfüllungsgrad einer vom Kunden gestellten Leistungsanforderung, desto höher seine Zufriedenheit; je niedriger der Erfüllungsgrad, desto höher seine Unzufriedenheit. Beispielsweise könnte das Qualitätsniveau der angebotenen Produkte eine Leistungsanforderung darstellen. Aber auch die Beratung kann – insbesondere bei gut vorinformierten Kunden – den Rang einer Leistungsanforderung annehmen.

Ebenso wie Basisanforderungen werden auch Begeisterungsanforderungen vom Kunden nicht ausdrücklich formuliert, sie werden jedoch im Gegensatz zu diesen auch nicht erwartet. Begeisterungsanforderungen haben den höchsten Einfluss auf die Zufriedenheit mit einem Produkt oder einer Dienstleistung. Ihre Erfüllung führt zu überproportionaler Kundenzufriedenheit. Werden diese Anforderungen hingegen nicht erfüllt, entsteht kein Gefühl der Unzufriedenheit. Die Identifikation von Begeisterungsanforderungen ist ein kreativer Prozess, da diese Anforderungen sich in der Regel auf Leistungen beziehen, die in einer Branche üblicherweise nicht angeboten werden.

Basis-, Leistungs- und Begeisterungsanforderungen stehen im Fokus des Kano-Modells. Darüber hinaus existieren jedoch noch indifferente Anforderungen, die weder Zufriedenheit noch Unzufriedenheit stiften, sowie reverse Anforderungen, die durch Nichterfüllung zur Zufriedenheit beitragen.

Um das Kano-Modell anzuwenden, muss in folgenden Schritten vorgegangen werden. Relevante Anforderungen von Nachfragern an eine Einkaufsstätte oder an ein Produkt sind zu identifizieren, ein Fragebogen ist zu konstruieren, die Befragung muss durchgeführt werden, die gewonnenen Daten sind auszuwerten und zu interpretieren. Charakteristisch für Befragungen nach dem Kano-

Modell ist, dass zu jeder denkbaren Anforderung eine sog. funktionale und eine sog. dysfunktionale Frage gestellt werden. Das sei am Beispiel der Anforderung „Kostenlose Parkplätze" veranschaulicht:

- Die funktionale Frage könnte lauten: „Wenn ein Shopping-Center kostenlose Parkplätze anbietet, wie denken Sie darüber?"
- Die dysfunktionale Frage könnte dann den folgenden Wortlaut haben: „Wenn ein Shopping-Center *keine* kostenlosen Parkplätze anbietet, wie denken Sie darüber?"

Die Antwortmöglichkeiten würden in beiden Fällen lauten: (1) das würde mich sehr freuen, (2) das setze ich voraus, (3) das ist mir egal, (4) das könnte ich evtl. in Kauf nehmen und (5) das würde mich sehr stören. Das Antwortmuster entscheidet darüber, um welche Art der Anforderung es sich handelt. Würde der Befragte auf die funktionale Frage mit „Das würde mich sehr freuen" und auf die dysfunktionale Frage mit „Das ist mir egal" oder „Das könnte ich evtl. in Kauf nehmen" antworten, wird die Anforderung als Begeisterungsanforderung angesehen. Würde er auf die dysfunktionale Frage dagegen mit „Das würde mich sehr stören" antworten, wäre es eine Leistungsanforderung (eine detaillierte Zuordnungstabelle findet sich bei Bailom/Hinterhuber/Matzler et al. 1996, S. 121). Insgesamt erhält man für jede Anforderung eine Liste, aus der hervorgeht, welche Leistungen die Befragten als Basisanforderung, als Leistungsanforderung, als Begeisterungsanforderung oder als indifferente Anforderung eingestuft haben. Mit diesen Angaben lässt sich ermitteln, wie hoch der Koeffizient der Zufriedenheitsstiftung CS+ ist. Er ergibt sich, indem die Anteile der Befragten, für die die Anforderung eine Leistungs- oder Begeisterungsanforderung darstellt, addiert werden. Entsprechend gibt der Koeffizient CS- Auskunft darüber, in welchem Ausmaß durch die Nichterfüllung der entsprechenden Anforderung Unzufriedenheit entstehen kann. Dazu werden Anteile der Personen, die die Anforderung als Basis- oder Leistungsanforderung ansehen, addiert und mit –1 multipliziert. Die Abbildung 31.9 veranschaulicht die Ergebnisse am Beispiel von ausgewählten Anforderungen von Senioren an Reisebüros (vgl. hierzu auch Kaapke/Hudetz 2001). Es ist erkennbar, dass bei Begeisterungsanforderungen der Koeffizient CS+ größer als 0,5 ist, während der Betrag des Koeffizienten CS- unterhalb dieses Wertes liegt. Bei Basisanforderungen verhält es sich genau anders herum. Bei indifferenten Anforderungen liegen die Beträge beider Koeffizienten unterhalb von 0,5, bei Leistungsanforderungen oberhalb.

Anforderung	Anforderungskategorie	CS+	CS-
Durchführung von Info-Veranstaltungen	Begeisterung	0,79	-0,10
Parkplätze in der Nähe	Begeisterung	0,58	-0,35
Prospekte vorrätig	Basis	0,32	-0,57
Späterer Zahlungszeitpunkt	Indifferent	0,42	-0,23
Alter des Personals	Indifferent	0,10	0,00

Quelle: Kaapke/Hudetz 2001, S. 137

Abb. 31.9: Anforderungen von Senioren an ein Reisebüro – Kategorisierung durch CS-Koeffizienten

Das Modell von Kano führt vor Augen, dass es Faktoren geben kann, die in unterschiedlichem Maße zu Zufriedenheit, wenn sie fehlen, auch zu Unzufriedenheit führen können. Die Zuordnung der Antwortmuster zu den verschiedenen Arten von Anforderungen (Basis-, Leistungs-, Begeisterungsanforderungen) ist allerdings wenig begründet und kann diskutiert werden. Es müsste auch durch weitere Befragungen geprüft werden, wie stark sich die Zufriedenheit mit der Erfüllung einer Anforderung tatsächlich ändert und ob die Änderung bei Leistungsanforderungen einem linearen Verlauf entspricht, während andere Anforderungen einen nichtlinearen Verlauf aufweisen. Anwendungen des Modells haben gezeigt, dass die stereotype Befragung zu Ermüdung bei den befragten Personen führt. Positiv zu bewerten ist, dass den Unternehmungen konkrete Hinweise gegeben werden, bei welchen Anforderungen Maßnahmen zu ergreifen sind. Mögliche Auslöser von Unzufriedenheit verdienen ebenso wie mögliche Auslöser von Begeisterung besondere Beachtung.

Penalty-Reward-Contrast-Analyse (PRC)

Auch bei Brandt (1988b) werden die Attribute einer Leistung nach ihrer Wirkung auf die Zufriedenheit differenziert. Übertrifft bei den sog. Penalty-Faktoren die Leistung des Anbieters die Erwartungen der Kunden, so erhält er nur wenige oder keine Bonuspunkte. Andere Attribute zeichnen sich dagegen als Reward-Faktoren aus. Ihr Vorhandensein steigert die Zufriedenheit, während ihr Fehlen nicht oder nur in geringem Ausmaß bemängelt wird. Schließlich lassen sich Hybrid-Faktoren benennen, für die der Anbieter Strafpunkte bekommen kann, wenn sie fehlen, aber auch Bonuspunkte, wenn sie vorhanden sind. Es ist erkennbar, dass die von Brandt verwendeten Faktoren deutliche Bezüge zu den im Kano-Modell untersuchten Anforderungskategorien aufweisen.

Kennt eine Unternehmung die einzelnen Faktoren, kann sie zunächst durch die Betonung von Penalty-Faktoren die wichtigsten Quellen der Unzufriedenheit beseitigen, um dann den Schwerpunkt auf wertsteigernde Faktoren zu legen. Bei einer solchen vereinfachten Betrachtung wird jedoch unterstellt, dass die Kosten für die Durchführung der einzelnen Maßnahmen unberücksichtigt bleiben können und dass der Abbau von Unzufriedenheit einen größeren Beitrag zur Gesamtzufriedenheit leistet als der Aufbau von Zufriedenheit über Reward-Faktoren.

Schuckel und Dobbelstein (2001) haben den Ansatz von Brandt im Zusammenhang mit Handelsbetrieben angewendet und fortentwickelt. In ihrem Anwendungsfall werden 25 Erwartungen an einen Automobilhändler zunächst faktorenanalytisch zu fünf zentralen Anforderungen zusammengefasst. Zu jeder Anforderung wird erfragt, wie wichtig sie den Befragten ist. Mit drei Verfahren wird dann festgestellt, welchen Beitrag die entsprechenden Attribute zur Zufriedenheit leisten. Entsprechend dem Vorschlag von Brandt wird ein kriterienbezogener Gruppenvergleich vorgenommen, dieser wird um einen Mittelwertvergleichstest ergänzt, und schließlich wird eine kategoriale Regression durchgeführt. Im Folgenden soll nur auf die erste Auswertungsvariante eingegangen werden.

Grundidee ist es, die Kunden nach ihren Urteilen über einzelne Leistungen eines Unternehmens jeweils in drei Gruppen einzuteilen und die Einzelurteile zu dem ebenfalls erhobenen Gesamturteil in Beziehung zu setzen. Gruppe 1 besteht aus Personen, die ein Leistungsmerkmal eher negativ beurteilen (Skalenwerte 4 oder 5 auf einer 5-stufigen Skala), Gruppe 2 aus Personen, die es durchschnittlich bewerten (Skalenwert 3) und Gruppe 3 aus Personen, die es positiv beurteilen (Skalenwerte 1 oder 2). In dem in Abbildung 31.10 dargestellten Beispiel haben 244 Personen die

Meinung vertreten, der Preis (für Gebrauchtwagen) sei bei einem Händler als negativ zu beurteilen, 246 beurteilten ihn neutral und 483 positiv. Anschließend wird für jede Gruppe festgestellt, wie groß der Anteil derer ist, die ein positives Gesamturteil abgegeben haben. Von den 244 Personen, die den Händler in preislicher Hinsicht negativ beurteilt haben, waren 92, was einem Anteil von 37,7 % dieser Gruppe entspricht, der Meinung, insgesamt sei der Kauf eines Gebrauchtwagens bei dem Händler mindestens mit „gut" zu beurteilen. Von den Kunden, die den Preis positiv bewertet haben, beurteilten dagegen 78,5 % den Kauf als insgesamt positiv.

Leistungs-attribut	Negative Beurteilung	Neutrale Beurteilung	Positive Beurteilung	Erwartungs-kategorie
Preis	37,7 % 92/244	55,7 % 137/246	78,5 % 379/483	Hybrid
Zustand	28,6 %	43,2 %	75,9 %	Hybrid
Information	30,3 %	53,6 %	75,4 %	Hybrid
Aufwand	36,4 %	50,9 %	72,4 %	Hybrid
Autotyp	42,3 %	48,0 %	73,9 %	Reward

Quelle: Schuckel/Dobbelstein 2001, S. 161

Abb. 31.10: Die Beurteilung von 5 Leistungsattributen von Gebrauchtwagenhändlern

Auf Basis der Anteile positiver Gesamtbewertungen können Rückschlüsse auf die einzelnen Leistungsattribute gezogen werden:

- Bei Reward-Faktoren liegt der prozentuale Anteil der Kunden, die ein positives Gesamturteil abgegeben haben, in der Gruppe der Personen, die das jeweils betrachtete Leistungsattribut positiv beurteilt haben, signifikant über dem der beiden anderen Gruppen. Wird die entsprechende Anforderung erfüllt, wirkt sich dies positiv auf die Zufriedenheit aus. Nicht erfüllte Erwartungen haben keinen Einfluss auf die Unzufriedenheit (d. h. die Anteile für negative und neutrale Beurteilungen unterscheiden sich nicht signifikant). In dem Beispiel gilt dies für das Merkmal Autotyp (z. B. Farbe des Autos, Marke, Aussehen des Fahrzeugs).
- Liegt der Anteil der Personen, die ein positives Gesamturteil abgegeben haben, in der Gruppe der Personen, die ein einzelnes Leistungsattribut negativ beurteilt haben, signifikant unter dem Anteil in den beiden anderen Gruppen, handelt es sich um einen Penalty-Faktor.
- Ist der Anteil zufriedener Kunden in Teilgruppe 1 (negative Beurteilung) geringer als in Teilgruppe 2 (neutrale Beurteilung), welche wiederum einen geringeren Anteil zufriedener Kunden als Teilgruppe 3 (positive Beurteilung) hat, liegt ein hybrider Faktor vor.
- Unterscheiden sich die Anteile der insgesamt zufriedenen Kunden in den drei Gruppen im Anteil der positiven Gesamturteile nicht voneinander, so wird davon ausgegangen, dass die Zufriedenheit mit einer einzelnen Leistung keine Auswirkung auf die Gesamtzufriedenheit hat und der Faktor mithin irrelevant ist.

Schuckel und Dobbelstein weisen auf zwei Mängel in der Vorgehensweise von Brandt hin. Erstens sei weitgehend unbestimmt, was Brandt unter „signifikant höher" verstehe, weshalb sie Mittelwertvergleiche mit Hilfe von t-Tests vorschlagen. Zweitens ist zu berücksichtigen, dass die einzelnen Beurteilungsgruppen sehr unterschiedlich besetzt sein können.

31.1.3 Zur Wirkung von Kundenzufriedenheit

Ökonomen sehen Kundenzufriedenheit als ein Mittel, um sich im Wettbewerb zu behaupten. Da aber die Steigerung der Kundenzufriedenheit in vielen Fällen mit Kosten verbunden ist, kommt die Frage auf, ob sich entsprechende Ausgaben lohnen. Dies führt zu einer Auseinandersetzung mit dem Zusammenhang zwischen Kundenzufriedenheit und Loyalität einerseits sowie zwischen Loyalität und Profit andererseits. Solche Zusammenhänge wurden in verschiedenen Studien auch für den Handel untersucht (vgl. z. B. Bloemer/de Ruyter 1998; Sivadas/Baker-Previtt 2000; Seiders/Voss/Grewal et al. 2005). Loyalität kann hierbei unterschiedlich operationalisiert werden (vgl. Oliver 1999), wobei jedoch häufig auf die Verhaltensloyalität im Sinne eines Wiederkaufverhaltens oder eines Wiederbesuchs von Geschäften abgestellt wird.

Abbildung 31.11 zeigt, wie unterschiedlich der Zusammenhang von Zufriedenheit und Loyalität ausgeprägt sein kann (vgl. Jones/Sasser Jr. 1995). Im oberen Teil der Abbildung, die als non-kompetitive Zone bezeichnet wird, gilt im Hinblick auf die abhängige Größe „Loyalität" die degressiv steigende Funktion. Das bedeutet, dass eine Steigerung der Kundenzufriedenheit zwar die Loyalität der Kunden erhöht, aber wahrscheinlich wird es sich finanziell nicht auszahlen, das Ergebnis „teilweise zufrieden" übertreffen zu wollen. Der Kunde ist hier mehr oder weniger an das Unternehmen gefesselt, sei es, weil kein anderer Anbieter zur Verfügung steht (Monopolstellung) oder weil die Wechselkosten zu hoch wären. Anders ist die Situation in der im unteren Teil eingezeichneten kompetitiven Zone. Eine kompromisslose Steigerung der Kundenzufriedenheit führe hier zu einer immer größer werdenden Loyalität. Für die meisten Handelsunternehmen wird auf Grund der starken Konkurrenz und der häufig geringen Wechselbarrieren eher der untere Teil der Abbildung relevant sein. Ausnahmen bilden Handelsunternehmen, die in der Lage sind, einen besonderen Wettbewerbsvorteil gegenüber ihren Konkurrenten aufzubauen, beispielsweise durch einen besonderen Standort oder durch das Führen bestimmter Marken.

Die Abbildung macht deutlich, dass unterschiedliche Beziehungen denkbar sind, und sie regt zu der Frage an, ob auch andere funktionale Verläufe angeführt werden können. Abbildung 31.12 zeigt einen s-förmigen Verlauf. Dort ist angedeutet, dass die Funktionen für Hersteller und Händler auf einem unterschiedlichen Niveau verlaufen können. Diese Vielfalt der möglichen Beziehungen verstärkt das Interesse an einer theoretischen Fundierung des jeweiligen Verlaufs und an einer empirischen Überprüfung. Hierzu gibt es einige Ergebnisse, die aber wegen der Unterschiedlichkeit der abhängigen Größen und der Unterschiedlichkeit des Kontexts, in dem die empirische Prüfung stattfand, kein eindeutiges Bild ergeben. Zu allen Funktionsverläufen gibt es Untersuchungen, die den Zusammenhang bestätigen (vgl. den Überblick bei Homburg/Giering 2001 und bei Koschate 2002, S. 26).

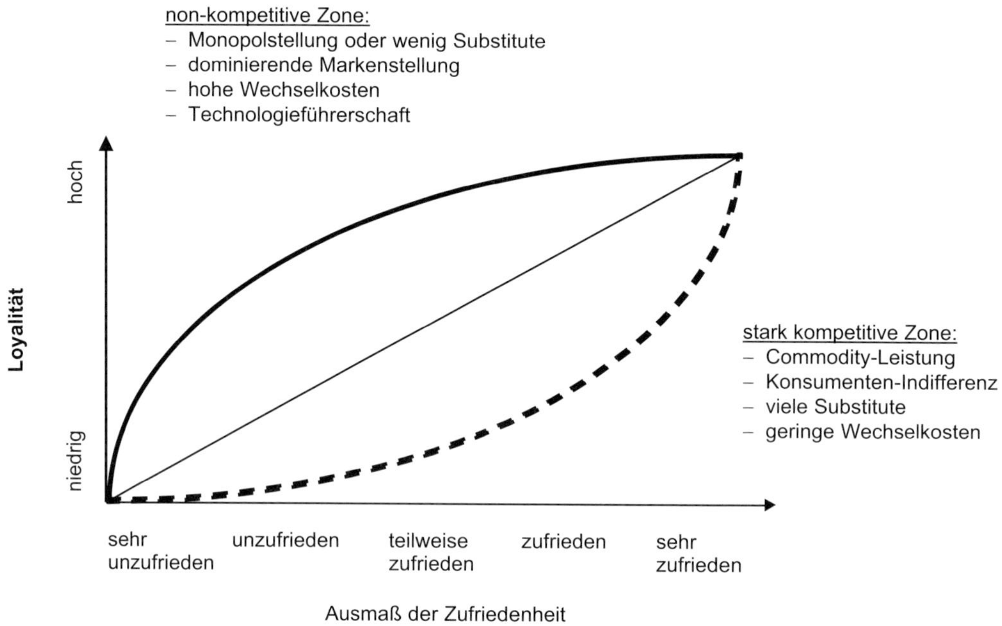

Quelle: in Anlehnung an Jones/Sasser Jr. 1995, S. 91

Abb. 31.11: Mögliche Zusammenhänge zwischen Zufriedenheit und Loyalität

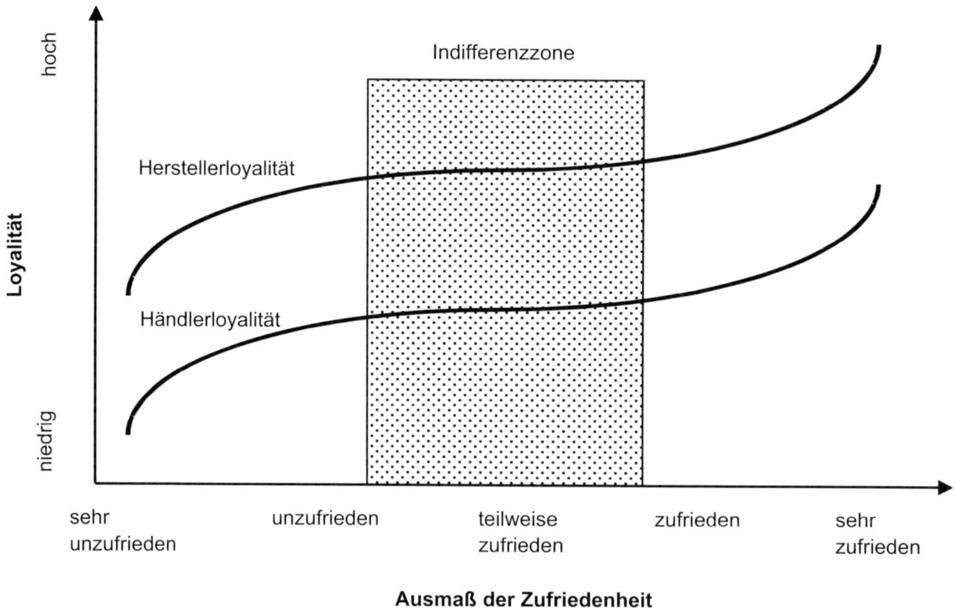

Quelle: in Anlehnung an Matzler/Hinterhuber/Handlbauer 1997, S. 736; Finkelmann/Goland 1990

Abb. 31.12: Ein s-förmiger Zusammenhang zwischen Zufriedenheit und Loyalität

Untersuchungen zur Wirkung der Kundenzufriedenheit können sich auf eine Vielzahl von abhängigen Variablen beziehen. Hierzu zählen beispielsweise die Einstellung, das Wiederkaufverhalten, die Weiterempfehlungsabsicht, *cross buying*, die Zahlungsbereitschaft, die Reaktion auf Preiserhöhungen und der finanzielle Erfolg. Die einzelnen Größen dürfen aber nicht isoliert betrachtet werden, denn, wie Abbildung 31.13 andeutet, können vielfältige Abhängigkeiten zwischen den Größen vorliegen. Ebenso sind Wechselwirkungen zwischen Kundenzufriedenheit und Mitarbeiterzufriedenheit zu beachten.

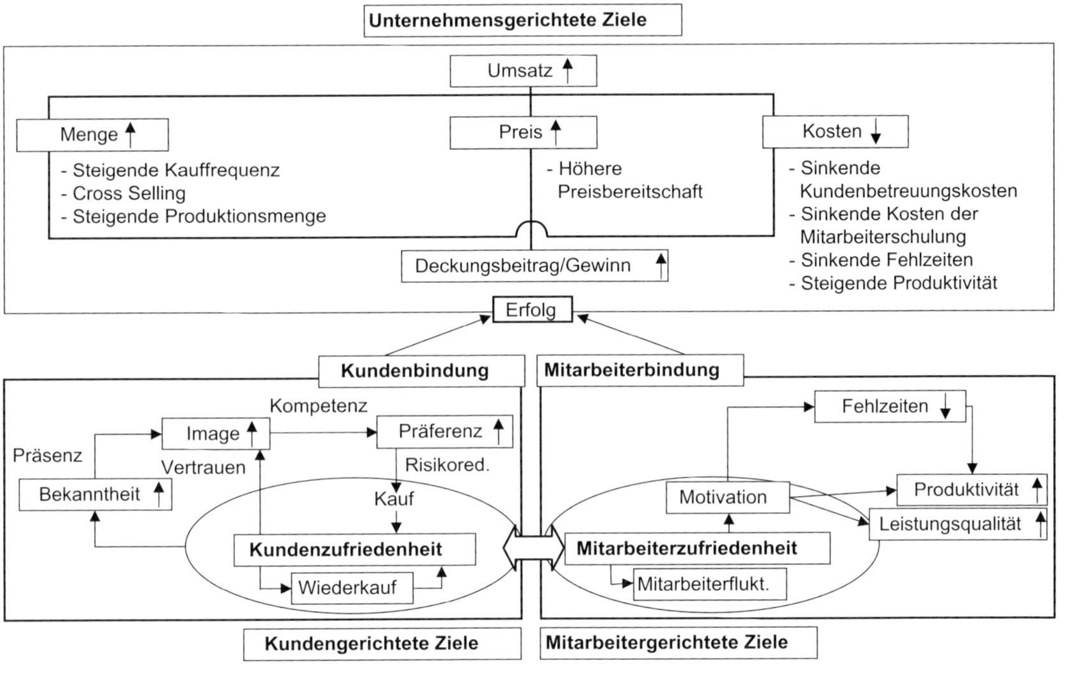

Quelle: Meffert/Bruhn 2006, S. 207

Abb. 31.13: Kundenzufriedenheit im Mittelpunkt eines Wirkungsgeflechts

Wirkungsanalysen und ihre theoretische Begründung bleiben ein aktuelles Forschungsfeld im handelbetrieblichen Kontext. Für eine Retail-Bank hat Daniel (2001, S. 144–145) die angesprochenen Beziehungen empirisch analysiert. Er kommt u. a. zu folgenden Ergebnissen:

- Es gibt einen deutlichen Zusammenhang zwischen Kundenzufriedenheit und Ertrag pro Kunde.
- Kundenzufriedenheit geht mit einer Verlängerung der Verbindungsdauer, einer erhöhten Produktnutzung und Empfehlungsbereitschaft einher.
- Kundenzufriedenheit, Kundenbindung und Ertragswirkungen bedingen sich gegenseitig. Eine höhere Kundenzufriedenheit setzt einerseits die Preissensibilität herab, andererseits beeinflusst die Preissensibilität die Kundenzufriedenheit. Als wechselseitig erweist sich auch der Zusammenhang zwischen Kundenzufriedenheit und Beratungshäufigkeit.

- Die Kundenzufriedenheit hängt vor allem von „weichen" Faktoren ab (z. B. Freundlichkeit, Beratungsqualität und Aktivität), die als Motivatoren gesehen werden können, während „harte" Faktoren (z. B. Geschäftsausstattung, Zinsen und Preise) eher den Hygienefaktoren (Basisanforderungen) zuzurechnen sind.

31.2 Qualitätsmanagement

Zwischen Qualitäts- und Kundenzufriedenheitsmanagement besteht ein enger Zusammenhang. So stammt das im Abschnitt zur Kundenzufriedenheit vorgestellte Gap-Modell ursprünglich aus der Literatur zum Qualitätsmanagement. Qualitätsmanagement hat zum Ziel, den Anforderungen der Abnehmer Rechnung zu tragen und sicherzustellen, dass diese erfüllt werden. Ausgangspunkt ist der Begriff der Qualität. In einer seit langem geführten Diskussion zum Qualitätsbegriff in der ökonomischen Literatur hat sich herausgestellt, dass von einem objektiven und einem subjektiven Qualitätsverständnis ausgegangen werden kann (vgl. z. B. Joswig 1970; Wimmer 1975; Benkenstein 1993; einen Überblick über verschiedene Qualitätsbegriffe gibt auch Haller 1993, S. 20–21).

31.2.1 Objektiver und subjektiver Qualitätsbegriff

Der objektive Qualitätsbegriff knüpft an intersubjektiv überprüfbaren Merkmalen eines Objekts an. Die objektive Qualität eines Objekts wird in der Summe seiner Eigenschaften gesehen. So könnte z. B. einem Auto mit einem Kofferraumvolumen von 700 l eine höhere Qualität bescheinigt werden als einem Auto mit einem Kofferraumvolumen von 400 l. Um einen Spezialfall der objektiven Qualität handelt es sich, wenn darauf abgestellt wird, ob ein Produkt die vorgegebenen Standards einhält (z. B. den angegebenen Benzinverbrauch bei einem Auto). Gegen den objektiven Qualitätsbegriff wird eingewendet, dass intersubjektiv verschiedene Anforderungen nicht berücksichtigt werden. Qualitätsurteile erfordern vielmehr einen Bezug zu Leistungsanforderungen, wie dies in Formulierungen der Deutschen Gesellschaft für Qualität e. V. zum Ausdruck kommt (DGQ 1995):

„Qualität ist die Gesamtheit von Eigenschaften und Merkmalen eines Produktes oder einer Tätigkeit, die sich auf deren Eignung zur Erfüllung gegebener Erfordernisse bezieht."

Allerdings bleibt in dieser Definition offen, von wem die Erfordernisse festgelegt werden, ob von Experten, von Sachverständigen oder von Nachfragern, wobei zu beachten ist, dass sich die Erfordernisse einzelner Nachfrager unterscheiden können. Insofern ist es einleuchtend, dass Qualität segmentspezifisch betrachtet werden muss (vgl. O'Neal/La Fief 1992). Im subjektiven (kundenorientierten) Qualitätsbegriff wird explizit auf die individuellen Anforderungen der Abnehmer Bezug genommen (vgl. Bruhn 2000, S. 25–26). Stauss (1991, S. 153) formuliert wie folgt:

„Was Qualität ist, bestimmt nicht die betrieblich dokumentierte Übereinstimmung mit vorgegebenen Standards, sondern der Markt, der Kunde. Qualität heißt somit primär: die vom Kunden wahrgenommene Qualität."

Eine solche Sicht führt dazu, dass die Qualität der Leistung eines Betriebs nicht mehr im Betrieb, sondern außerhalb durch Befragung oder Beobachtung der Kunden untersucht werden muss. Im Einzelnen bedeutet dies (vgl. Trommsdorff 2009, S. 166):

- die für die Zielgruppe relevanten Eigenschaften bzw. Kriterien zu identifizieren,
- ihre empfundene Ausprägung zu ermitteln,
- die Bewertung der Ausprägung festzustellen und
- gegebenenfalls die einzelnen Beurteilungen zu einer Messzahl für die subjektive Qualität zu aggregieren.

Wird zusätzlich der Preis herangezogen, der für Erwerb oder Nutzung eines Produkts oder einer Leistung zu entrichten ist, und wird er zur Leistung in Beziehung gesetzt (Preis-Leistungs-Verhältnis), liegt eine Qualitätsvorstellung nach dem wertorientierten Ansatz vor.

Die Qualität einzelner Prozesse oder Produkte kann zwar an intern formulierten Standards gemessen werden, bei diesen Standards sollte es sich aber um Derivate des subjektiven Qualitätsbegriffs handeln. Insofern kann auch von folgender Qualitätsdefinition ausgegangen werden (siehe Deppisch 1997, S. 30):

„Qualität ist die durch den Nachfrager anhand einzelner Leistungsattribute wahrgenommene und im Hinblick auf seine Nutzenerwartungen bewertete Beschaffenheit eines Produktes oder einer Leistung."

Deppisch spricht zwar nicht von Nachfragern, sondern von Konsumenten, da die Ausführungen jedoch auch für den Großhandel gelten sollen, wurde in der Definition der allgemeinere Begriff verwendet. Die Leistung des Handelsbetriebs hat dabei zwei Facetten. Zum einen bezieht sie sich auf die dem Kunden übereignete Ware, zum anderen auf die Gestaltung des Transaktionsprozesses.

Die Definition von Deppisch weist auf Bezüge zwischen Qualitätsurteil und Kundenzufriedenheit hin, da sie sich auf Wahrnehmungen und Erwartungen bezieht. Von daher verwundert es nicht, dass Ansätze aus der Qualitätsforschung (z. B. das SERVQUAL-Modell) auch zur Erklärung der Kundenzufriedenheit verwendet werden. Die Unterschiede zwischen Zufriedenheit und wahrgenommener Dienstleistungsqualität werden in der Literatur kontrovers diskutiert. Häufig wird darauf verwiesen, dass Zufriedenheitsurteile eigene Erfahrungen voraussetzen, während Qualitätsurteile unabhängig von Erfahrungen möglich sind. Sie können daher auch als Einstellung gegenüber einer Leistung aufgefasst werden (vgl. z. B. Martini 2008, S. 41–44; Boslau 2009, S. 26–28).

Zur Sicherung der Qualität sollen Qualitätsmanagementsysteme dienen, die eine nachträgliche Qualitätskontrolle ergänzen, indem sie sicherstellen, dass alle Stufen des betrieblichen Leistungserstellungsprozesses definierten Standards entsprechen. Dies hat dazu geführt, dass Regeln entwickelt wurden, nach denen sich Betriebe auf der Grundlage von Normen (insbesondere ISO 9000 ff.) ihre Qualität zertifizieren lassen können (vgl. Birkhofer 1996).

31.2.2 Das EFQM-Modell

Das Modell der European Foundation for Quality Management (siehe EFQM 2010) ist aus der Diskussion um die wesentlichen Kennzeichen von Dienstleistungsunternehmen hervorgegangen, zu denen auch die Handelsunternehmungen gezählt werden können. Um die Besonderheiten von Dienstleistungsbetrieben zu erkennen, wird häufig auf drei Dimensionen zurückgegriffen:

- die potenzialorientierte,
- die prozessorientierte und
- die ergebnisorientierte Dimension.

Entsprechend wird von Potenzial-, Prozess- und Ergebnisqualität gesprochen (vgl. Donabedian 1980). Diese Größen prägen das EFQM-Modell.

Dienstleistungsbetriebe halten Potenziale vor, um eine Leistung erstellen zu können. Im Handel wird das beispielsweise in der Verfügbarkeit von Waren oder der Präsenz von Personal sichtbar. Im Regelfall erfordert eine unternehmerische Tätigkeit, dass Kapital in Sachgüter investiert wird, so dass infolge dessen ein Bestand an Produktionsfaktoren vorliegt. Im Rahmen der Führung von Dienstleistungsbetrieben hat dieses Merkmal auch deswegen eine besondere Bedeutung erlangt, weil es zur Beurteilung der Qualität der zu erstellenden Leistung herangezogen werden kann. Es wird vermutet, dass der Nachfrager, dem die Qualität der Leistung vor dem Kauf unbekannt ist, sich ersatzweise an der Qualität der Faktorpotenziale orientiert. Im Gegensatz zur industriellen Leistung, wo zumindest bei Marktfertigung (im Gegensatz zur Auftragsfertigung) das Gut vor einem Kauf inspiziert werden kann, ist das bei Dienstleistungen nicht möglich. Grundsätzlich kann die Hypothese, dass der Nachfrager von der Qualität der wahrgenommen Faktorbestände auf die Qualität der zu erwartenden Leistung schließt, auch für den Handel von Bedeutung sein. So ist es denkbar, dass von einer aufwendigen Ladenausstattung auf ein hohes Preisniveau geschlossen wird oder von einem modernen Design auf den modischen Charakter der Waren. Dies ist dann bedeutend, wenn die Leistung vor dem Kauf nicht beurteilt werden kann (Vorliegen von Erfahrungs- und Vertrauenseigenschaften). Allerdings befindet sich der Handel in einer besonderen Situation. Während bei immateriellen Dienstleistungen ihre Qualität vor dem Kauf nicht beurteilt werden kann, lassen sich im Handel zumindest bei einem Teil der Waren Qualitätsprüfungen vornehmen. Bezüglich begleitender Dienstleistungen gilt allerdings auch für den Handelsbetrieb das Gleiche wie für den Dienstleistungsbetrieb. Es ist Gegenstand der Käuferverhaltenstheorie zu erkennen, in welchen Fällen Indikatoren wie das vorhandene Faktorpotenzial zur Prognose der zu erwartenden Qualität herangezogen werden.

Bei einer prozessorientierten Betrachtung wird insbesondere der synchrone Kontakt der Marktpartner hervorgehoben. Es wird auch von dem uno-actu-Prinzip gesprochen (vgl. Hilke 1989; Lovelock/Wirtz 2011). Dieser Betrachtung wird insofern große Bedeutung zugemessen, weil damit auch der Nachfrager der Dienstleistung als externer Faktor mitentscheidend für die Qualität der Dienstleistung wird. Berekoven (1983, S. 23) betont den prozesshaften Charakter der Dienstleistungserstellung, indem er definiert:

„Dienstleistungen im weitesten Sinne sind der Bedarfsdeckung Dritter dienende Prozesse mit materiellen und/oder immateriellen Wirkungen, deren Vollzug und deren Inanspruchnahme einen synchronen Kontakt zwischen Leistungsgeber und Leistungsnehmer beziehungsweise deren Objekten von der Bedarfsdeckung her erfordert."

Besonders im stationären Bedienungshandel ist es offensichtlich, dass der Erfolg einer Beratung auch dadurch bestimmt wird, wie gut Käufer und Verkäufer harmonieren. Aber auch für den Versand- und Automatenhandel gilt, dass das Ergebnis im Sinne der Transaktion von der Mitwirkung des Käufers abhängt.

Bei einer ergebnisorientierten Sichtweise wird auf das immaterielle Endprodukt des Dienstleistungsprozesses abgestellt. Maleri (1994, S. 5) definiert Dienstleistungen als:

„(...) für den Absatz bzw. fremden Bedarf produzierte immaterielle Wirtschaftsgüter."

Es ist diskutiert worden, ob das Ergebnis von Dienstleistungsprozessen auch materieller Natur sein kann. Es wird argumentiert, dass im Gegensatz zu einem Konzert, mit einem Haarschnitt oder einer Gerätereparatur die Veränderung von Objekten verbunden sei. Es sei sinnvoll, auch solche Fälle als Dienstleistung anzusehen (vgl. Meyer 1990, S. 12). Die Immaterialität der Leistung wird als ökonomisch bedeutsam eingestuft, weil sie die Ursache für die Nichtlagerfähigkeit der erzeugten Leistung darstellt. Da sich die Leistung des Handels als eine Kombination von Sach- und Dienstleitung i. e. S. darstellen lässt, gilt die Feststellung der mangelnden Lagerfähigkeit der Leistung auch für ihn. Soweit sich die Leistung des Handels auf räumliche, zeitliche, qualitative und quantitative Transformationen der Ware bezieht, können die Leistungen gelagert werden, denn die dem Verkaufsregal zugeführte Ware stellt eine lagerfähige Teilleistung dar. In Bezug auf begleitende Dienstleistungen muss dies jedoch nicht gegeben sein.

Auch für den Handelsbetrieb gelten – wenn auch stellenweise eingeschränkt – die für einen Dienstleistungsbetrieb angeführten Besonderheiten:

- Vorhalten eines Bestands an Potenzialfaktoren, der unter Umständen als Indikator für die Qualität der Leistung herangezogen wird,
- Mitwirkung des Kunden an der Erstellung der Leistung (Transaktion) und
- partielle Immaterialität der Leistung, da der Verkauf der materiellen Ware durch einen Prozess der Beratung in der Vor- und Nachkaufphase begleitet wird.

Diese Faktoren sprechen dafür, den Handelsbetrieb als Dienstleistungsbetrieb anzusehen, wenn auf der anderen Seite auch Unterschiede zwischen einem typischen Handelsbetrieb und typischen Dienstleistungsbetrieben im engeren Sinn herausgestellt werden können. So fehlt im reinen Dienstleistungsbetrieb die Ware, die im Handelsbetrieb oft im Mittelpunkt der Transaktion steht. Weiterhin ist darauf hinzuweisen, dass der Handel die Absatzobjekte im Voraus beschafft und in Sortimenten zusammenstellt. In Dienstleistungsbetrieben i. e. S. wird der Produktionsprozess dagegen erst nach dem Kaufvertrag bzw. Werkvertrag in Gang gesetzt. Die hierfür benötigten Faktoren werden allerdings ebenso im Voraus bereitgestellt (vgl. Deppisch 1997, S. 17). Aufgrund der Verschiedenartigkeit der Verhältnisse in einzelnen Betrieben empfiehlt es sich, die Eigenschaftsausprägungen als

Kontinuum zu sehen, d. h. als Eigenschaften, die in einem unterschiedlichen Ausmaß vorhanden sein können.

Auch Betriebsformen bzw. einzelne Betriebe lassen sich auf einem Sachleistungs-Dienstleistungs-Kontinuum ansiedeln. Bei einem Discounter beschränkt sich die Mitwirkung des Kunden auf die Entnahme der Ware aus dem Verkaufsregal und den Transport zur Kasse bzw. zum Verbrauchsort. Die vorhandenen Potenziale werden nur in eingeschränktem Maße zur Beurteilung der Leistung des Handelsbetriebs herangezogen, und der Handelsbetrieb erbringt, außer dass die Ware verfügbar gemacht wird, keine weitere Leistung. Es handelt sich in diesem Fall um einen auf die Ware, mithin die Sachleistung, ausgerichteten Handelsbetrieb. Anders ist die Situation bei einem Möbelhändler, der einen Einrichtungsplan entwirft und die darin vorgesehenen Möbel bei seinen Lieferanten beschafft. Hier gewinnt die Dienstleistung gegenüber der reinen Sachleistung an Bedeutung.

Die Unterscheidung von Potenzialen, Prozessen und Ergebnissen (Output) findet sich auch in Abbildung 31.14, in der das EFQM-Modell abgebildet ist. Hier wird dargestellt, dass eine Unternehmung durch ihre Tätigkeit bestimmte Wirkungen erzielt, die sich nicht nur auf das finanzwirtschaftliche Ergebnis beziehen, sondern neben der Kundenzufriedenheit und dem erzielten Image auch die Mitarbeiterzufriedenheit erfassen können. Zu diesen Ergebnissen kommt es, weil vorhandene Potenziale in bestimmter Weise in Prozessen eingesetzt werden. Zu den Potenzialen zählen insbesondere die Mitarbeiter, aber auch das jeweilige Führungssystem, die gewählte Strategie oder Partnerschaften (beispielsweise mit Lieferanten). Im Rahmen einer Kundenzufriedenheitsanalyse ist dieses Modell hilfreich, weil es zeigt, dass Kundenzufriedenheit nicht nur ein Ergebnis (das sich an den erworbenen Waren orientiert) darstellt, sondern sich auch auf die von dem Konsumenten erlebten Prozesse und die dabei sichtbaren Ressourcen bezieht.

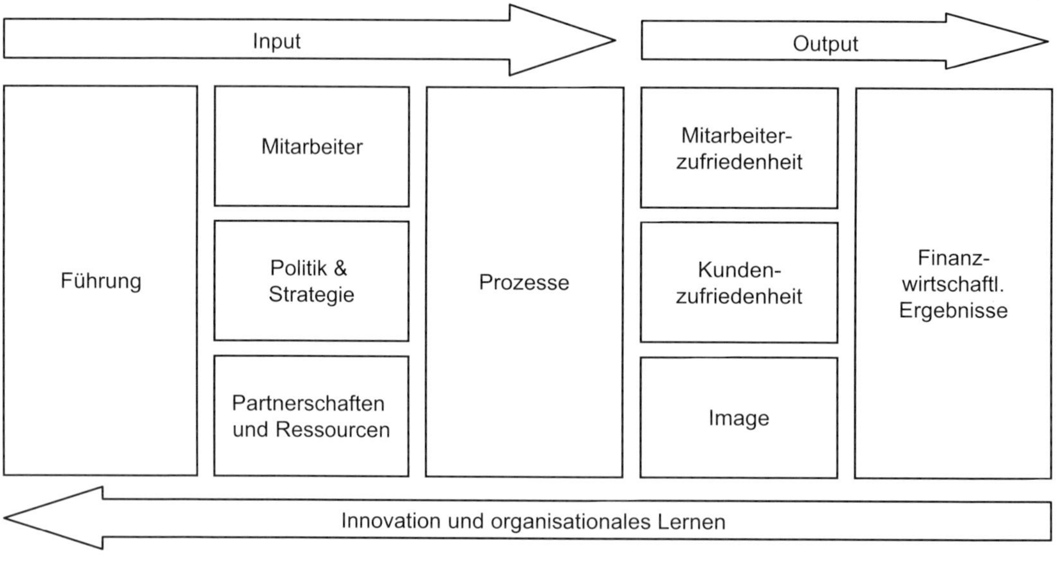

Quelle: EFQM 2010, S. 9

Abb. 31.14: Potenziale, Prozesse und Ergebnisse als Basis der Zufriedenheit

31.2.3 Berücksichtigung von Qualitätsanforderungen in betriebspolitischen Maßnahmen

Untersuchungen zur Kundenzufriedenheit oder zur wahrgenommenen Dienstleistungsqualität zeigen, bei welchen Kundenanforderungen eine Unternehmung gut bzw. schlecht beurteilt wird. Darüber hinaus liegen gegebenenfalls Erkenntnisse über die Bedeutung einzelner Anforderungen aus Kundensicht vor. Diese Erkenntnisse sind für betriebspolitische Maßnahmen zu nutzen, wobei zwei Schritte unterschieden werden können:

1. In die Zielhierarchie eines Unternehmens sind Qualitätsziele als Subziele einzufügen, die den Unternehmenszielen nachgeordnet sind und sich an diesen auszurichten haben (vgl. Bruhn 2008, S. 233).
2. Es sind jene Maßnahmen auszuwählen, mit denen die angestrebten Verbesserungen in der Qualität bzw. Zufriedenheit erreicht werden können. Bei der Umsetzung von Kundenanforderungen in betriebliche Maßnahmen kann das Quality Function Deployment (QFD) Hilfestellungen leisten. Es wurde ursprünglich entwickelt, um Kundenanforderungen aus der Marketingsprache in Produktmerkmale der Ingenieursprache zu übersetzen, kann aber auch auf den Dienstleistungssektor übertragen werden (vgl. Saatweber 1994, S. 445; Zoschke 1996, S. 1; Bruhn 2008, S. 291–294). Hierauf wird im Folgenden eingegangen.

Quality Function Deployment wird empfohlen, um bereits in der Phase der Produkt- bzw. Leistungsentwicklung Fehler zu vermeiden, Entwicklungskosten und -zeit zu senken und die Marktchancen eines Produkts zu verbessern. Dazu sollen die Kundenanforderungen bereits frühzeitig und umfassend in den Entwicklungsprozess einfließen. Im Mittelpunkt stehen Überlegungen, um Gesichtspunkte aus dem Marketing („Was?“) mit Gesichtspunkten aus den Ingenieurwissenschaften („Wie?“) zu verzahnen. Diese Gesichtspunkte sind aber von so allgemeiner Natur, dass sie auch für den Prozess der Erstellung der Handelsleistung genutzt werden können. Im Einzelnen werden die folgenden Schritte unterschieden:

1. Ermittlung der Kundenanforderungen: Die Kundenanforderungen sind für die relevanten Zielgruppen zu ermitteln, wobei auch die relative Bedeutung, die einzelnen Anforderungen zukommt, anzugeben ist. Spricht ein Unternehmen mehrere Kundengruppen an, so sind die Angaben entsprechend zu differenzieren.
2. Schwächen-Report: Es sind jene Kundenanforderungen zu kennzeichnen, bei denen häufig Kundenbeschwerden zu verzeichnen waren (sog. Servicegewichtung).
3. Konkurrenzvergleich: Ein Vergleich mit konkurrierenden Angeboten zeigt, wie Kunden das zu analysierende Angebot hinsichtlich der einzelnen Anforderungen im Vergleich zu konkurrierenden Angeboten bewerten (sog. Kunden-Angebotsvergleich).

Bis zu diesem Schritt entspricht die Vorgehensweise jener, die aus der Zufriedenheits- bzw. Einstellungsforschung bekannt ist. Mit den folgenden Schritten wird die Brücke vom Kundenurteil zu den betrieblichen Maßnahmen geschlagen:

4. Festlegung von Leistungsanforderungen: Es werden die Leistungsmerkmale (eines Produkts, einer Verkaufsstelle, eines Beratungsvorgangs) zusammengestellt, durch die eine oder mehrere Kundenanforderung(en) erfüllt werden. Bei den Leistungsmerkmalen handelt es sich um die einzelnen betrieblichen Aktionsparameter, z. B. um den Personaleinsatz pro Verkaufsflächeneinheit oder die Ausgaben für Prospektwerbung. Es lässt sich angeben, ob durch ein Minimieren, Maximieren oder Fixieren des betreffenden Leistungsmerkmals erwünschte Wirkungen erzielt werden.
5. Wechselbeziehungen zwischen den Qualitätsmerkmalen: Die einzelnen Qualitätsmerkmale können in Wechselbeziehungen zueinander stehen. So kann z. B. eine größere Warenauswahl die Übersichtlichkeit der Platzierung beeinträchtigen (sog. technische Wechselbeziehungen).
6. Beziehungen zwischen den Kundenanforderungen und den Leistungsanforderungen: In einer Beziehungsmatrix wird dargestellt, inwieweit mit einzelnen Qualitätsmerkmalen ein Beitrag zur Erfüllung der Kundenanforderungen erbracht werden kann.
7. Schwierigkeiten der Umsetzung: Hier geht es darum, die zu erwartenden Schwierigkeiten bei der Erfüllung einzelner Kundenanforderungen zu erkennen und zu bewerten.
8. Festlegen objektiver Zielwerte: Die Überlegungen münden in die Formulierung messbarer Zielwerte für die einzelnen Qualitätsmerkmale des Leistungsangebotes. Sie bilden die Qualitätsstandards, die es im Rahmen des Leistungserstellungsprozesses zu erreichen gilt.
9. Technischer Produktvergleich: Bei der Entwicklung von Produkten wird noch einmal ein Vergleich des eigenen Produkts mit konkurrierenden Produkten vorgenommen, um festzustellen, inwieweit sich die Produkte in ihren technischen Eigenschaften unterscheiden. Da es sich um einen Vergleich der technischen Eigenschaften handelt, sind hierfür die Urteile der Nachfrager nicht notwendig. Der Vergleich kann durch Experten vorgenommen werden.
10. Ermittlung kritischer Leistungsanforderungen: Die Überlegungen münden in eine Aussage über die Bedeutung eines einzelnen Qualitätsmerkmals. Ein einzelnes Qualitätsmerkmal ist umso wichtiger, je mehr es Einfluss auf einzelne Kundenanforderungen ausübt und je bedeutsamer diese Kundenanforderungen sind.

Die zehn Bearbeitungsschritte werden auch tabellarisch dargestellt, wobei vom sog. House of Quality gesprochen wird. Bei der Umsetzung sind viele Hindernisse zu überwinden. So ist zu beachten, dass:

- Kundenanforderungen nicht immer leicht zu ermitteln sind und sich latente Bedürfnisse oft einer Ermittlung entziehen,
- Kundenanforderungen zwischen Segmenten differieren können,
- sich Kundenanforderungen im Zeitablauf wandeln können,
- Leistungsmerkmale im Vergleich zur Konkurrenz gesehen werden müssen und
- die Kundenanforderungen nicht immer leicht in technische Spezifikationen umgesetzt werden können.

Deppisch (1997) hat dieses Verfahren am Beispiel des Vergleichs eines Glas-Porzellan-Keramik-Fachgeschäfts mit einem Warenhaus veranschaulicht. Er zeigt, dass unter den Qualitätsmerkmalen Personalschulungen im Verkaufsbereich und ein separater Raum für den Hochzeits- und Geschenklistenservice zu den besonders wichtigen Maßnahmen gehören, während das Einrichten eines Packtisches an jeder Kasse als weniger bedeutsames Qualitätsmerkmal erschien.

31.3 Kundenbindung

Das Interesse an der Kundenbindung erwächst aus der Erkenntnis, dass einer Unternehmung grundsätzlich drei Möglichkeiten zur Verfügung stehen, Geschäftsbeziehungen zu Kunden aufzubauen:

1. durch Programme zur Gewinnung neuer Kunden,
2. durch Rückgewinnung abgewanderter Kunden, wozu Beschwerdeanalysen und Rückgewinnungsprogramme hilfreich sein können, und
3. durch Kundenbindungsprogramme.

Eine Kundenbindungspolitik setzt zunächst voraus, dass der Begriff Kundenbindung definiert wird. Dies geht mit Hinweisen einher, anhand welcher Kennzahlen das Ausmaß der Kundenbindung festgestellt werden kann. Darüber hinaus ist zu klären, von welchen Faktoren das Ausmaß der Kundenbindung abhängt und inwieweit sie dazu beiträgt, nachgeordnete Ziele, insbesondere auch finanzieller Art, zu erreichen. Das Thema Kundenbindung hat in den letzten Jahren große Aufmerksamkeit in Theorie und Praxis gefunden.

31.3.1 Zur Klärung des Begriffs Kundenbindung

In der Literatur wird der Begriff Kundenbindung sehr unterschiedlich definiert. Kundenbindung wird einerseits als ein Maßnahmenpaket einer bindenden Unternehmung gesehen, andererseits als ein Konstrukt der Verpflichtung und Verbundenheit einer Person gegenüber einer anderen Person oder einer Unternehmung (vgl. Gröppel-Klein/Königstorfer/Terlutter 2010, S. 45). Dies verdeutlicht auch die Zusammenstellung verschiedener Definitionen in Abbildung 31.15. Die Definition von Gröppel-Klein, Königstorfer und Terlutter (2010) versteht Kundenbindung als eine Prädisposition des Kunden. Diller (1996) betont dagegen die Maßnahmen des Anbieters. Homburg und Bruhn (2005) verbinden schließlich beide Aspekte, wobei sie besonders die Verbundenheit über Verhaltensabsichten und tatsächliches Verhalten hervorheben.

Wird Kundenbindung als Form der Verbundenheit zwischen Kunden und Unternehmen interpretiert, wird auch von Kundenloyalität gesprochen. Dabei kann zwischen Einstellungs- und Verhaltensloyalität unterschieden werden (vgl. Dick/Basu 1994). Die Einstellungsloyalität stellt hierbei auf die psychische Verbundenheit ab, während sich die Verhaltensloyalität sowohl auf Verhaltensabsichten als auch auf tatsächliches Verhalten beziehen kann (vgl. Abbildung 31.16).

Sowohl bei einer Betrachtung, die vergangenes Verhalten berücksichtigt, als auch bei einer, die auf zukünftiges Verhalten bzw. auf Verhaltensabsichten ausgerichtet ist, können unterschiedliche

Autor	Definition
Gröppel-Klein/ Königstorfer/Terlutter (2010, S. 50)	„(...) Kundenbindung aus verhaltenswissenschaftlicher Sicht [wird] als ein psychisches Konstrukt der Verbundenheit oder Verpflichtung einer Person gegenüber einer anderen Person oder einem Unternehmen verstanden."
Diller (1996, S. 84)	„(...) System von Aktivitäten des Anbieters zur Verbesserung des Transaktionsgeschehens (...) auf der Grundlage positiver Einstellungen der Kunden und daraus resultierender Bereitschaft zu Folgekäufen."
Homburg/Bruhn (2010, S. 8)	„Kundenbindung umfasst sämtliche Maßnahmen eines Unternehmens, die darauf abzielen, sowohl die Verhaltensabsichten als auch das tatsächliche Verhalten eines Kunden gegenüber einem Anbieter oder dessen Leistungen positiv zu gestalten, um die Beziehung zu diesem Kunden für die Zukunft zu stabilisieren bzw. auszuweiten."

Abb. 31.15: Definitionen des Begriffs Kundenbindung

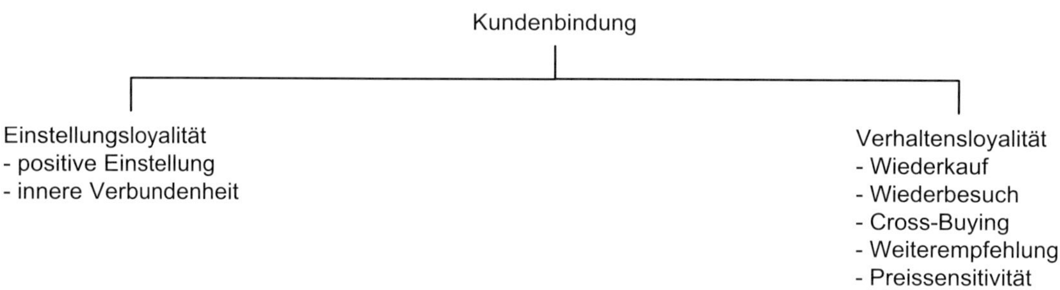

Abb. 31.16: Ebenen einer nachfrageorientierten Kundenbindung (Kundenloyalität)

Messindikatoren Verwendung finden. Die Vielzahl der einzelnen Messgrößen, die für einen Handelsbetrieb in Frage kommt, ergibt sich daraus, dass unterschiedliche Aspekte Gegenstand der Messung sein können, und zwar (vgl. Müller-Hagedorn 2001c, S. 19):

- die Häufigkeit, mit der eine Einkaufsstätte aufgesucht wird,
- die Abfolge, mit der einzelne Einkaufsstätten im Zeitablauf besucht werden,
- die Anzahl der insgesamt gekauften Artikel,
- die Anzahl der Warengruppen, aus denen Artikel gekauft werden (*cross buying*),
- der mit einem Kunden getätigte Umsatz (absolut oder relativ zu seinen Gesamtausgaben) oder
- der zeitliche Abstand zum letzten Einkauf.

Wenn Kundenbindung als Vollendung eines beziehungsorientierten Marketings gesehen wird, dann kann es hilfreich sein, darzustellen, wie weit sich ein Unternehmen diesem Ziel bereits angenähert hat bzw. wie weit es noch davon entfernt ist. Kundenbindung in dem Sinne, dass ein Geschäft als alleinige oder bevorzugte Einkaufsstätte angesehen wird, setzt voraus, dass die Einkaufsstätte bekannt ist. Weitere Schritte zur Kundenbindung ergeben sich, wenn die Kunden die Einkaufsstätte aufsuchen, dort einkaufen oder bereits häufiger eingekauft haben. Abbildung 31.17 veranschaulicht diesen Gedanken an einem Beispiel. Es zeigt, dass Karstadt zum Zeitpunkt der Untersuchung eine größere Bekanntheit aufweist als H&M, dass auch sehr viele Personen Verkaufsstellen von Karstadt aufgesucht haben, aber nur relativ wenige ihre Einkäufe auf Karstadt konzentriert haben. Von den Befragten, die angaben, häufiger bei Karstadt eingekauft zu haben, waren nur 27 % Stammkunden. Bei H&M ist dieser Anteil mit 42 % deutlich höher. Diese Rückschüsse lassen sich nicht ziehen, wenn nur die Stammkundenanteile an der Gesamtpopulation betrachtet werden (die Werte von 11 % bzw. 15 % ergeben sich durch Multiplikation der einzelnen Prozentzahlen).

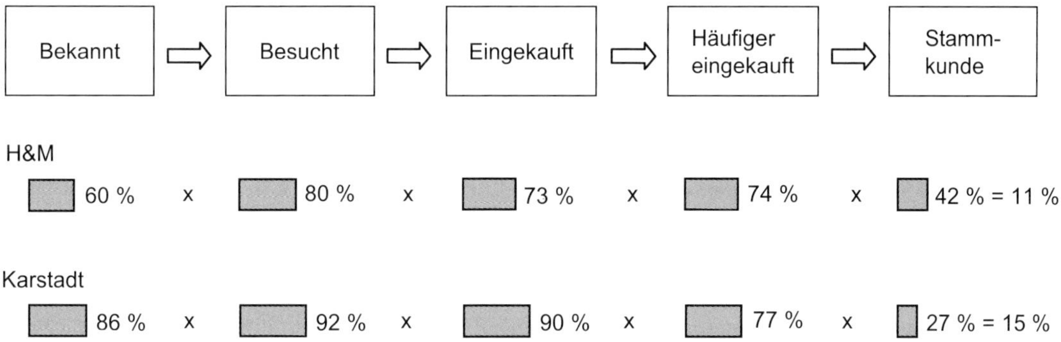

Quelle: Kliger/Dembeck 2001, S. 6

Abb. 31.17: Beispiel zur Analyse der Kundenbindung und ihrer Vorstufen

Eine solche Abfolge kann Hinweise geben, auf welche Phase die Maßnahmen der Unternehmung ausgerichtet werden sollten (z. B. Steigerung der Bekanntheit oder Auslösen von Erstkäufen). Dabei wird es sich auch als notwendig erweisen, die Faktoren zu erkennen, von denen es abhängt, ob ein Nachfrager in die nächste Phase eintritt.

Wie groß die Anstrengungen einer Unternehmung sein sollen, einen Kunden zu binden, hängt auch von dem sog. Kundenwert ab. Damit ist der Barwert aller künftigen Erfolgsbeiträge aus der Geschäftsbeziehung mit einem Kunden gemeint. Die Herausforderung im Zusammenhang mit der Kundenbindung besteht darin, zu erkennen, welche Nachfrager bindungsfähig sind und inwieweit einzelne Instrumente geeignet sind, eine Bindungswirkung zu entfalten.

31.3.2 Maßnahmen zur Kundenbindung

Grundsätzlich muss davon ausgegangen werden, dass Bindungsversuche von Kunden abgelehnt werden, wenn sie nicht mit besonderen Vorteilen verbunden sind. Insofern handelt es sich bei Kundenbindung um eine Strategie der Vorteilsgenerierung für den zu bindenden Kunden. Für die Kundenbindung kommen zahlreiche Maßnahmen in Frage.

Meyer und Oevermann (1995) listen verschiedene Gründe für eine Bindung auf und liefern damit auch Hinweise auf mögliche Maßnahmen. Situative Bindungsursachen liegen vor, wenn die Situation, in der sich der Nachfrager befindet, zur Bevorzugung bestimmter Händler führt, z. B. aufgrund ihrer Standorte, die ihm Anfahrtskosten ersparen. Vertragliche Bindungen hindern den Kunden aus rechtlichen Gründen daran, den Anbieter zu wechseln. Dies ist auch im Handel gelegentlich zu beobachten, wenn z. B. Buchclubs ihre Mitglieder zu einer bestimmten Abnahme in einem festgelegten Zeitraum verpflichten. Bei ökonomischen Bindungsursachen findet aufgrund zu hoch empfundener Wechselkosten kein Wechsel statt. Dies könnte der Fall sein, wenn ein Kunde bei einem Händler einen Stammkundenrabatt erhält, auf den er beim Wechsel zu einem anderen Händler verzichten muss. Technisch-funktionale Bindungsursachen liegen vor, wenn ein Wechsel mit Kompatibilitätsproblemen verbunden ist. Schließlich lassen sich psychologische Bindungsursachen nennen.

Maßnahmen zur Kundenbindung können von allen absatzpolischen Instrumenten unterstützt werden. Die Forderung des Marketings nach einem kundengerechten Einsatz der absatzpolitischen Instrumente weist folglich Bezüge zur Kundenbindung auf. Je kundenorientierter ein Unternehmen ist, desto stärker wird auch die Kundenbindung sein. Dennoch sind Marketingorientierung und Kundenbindung nicht gleichzusetzen. Besonderes Interesse gilt bei der Kundenbindung solchen Leistungen, die im Hinblick auf eine einzelne Transaktion als unrentabel gelten können, die jedoch hinsichtlich einer längerfristigen Geschäftsbeziehung lohnend sind. Bei diesen Leistungen kann es sich um Preisvorteile (z. B. Rabatte, Umsatzboni, Zahlungsziele) oder um Leistungsvorteile (z. B. exklusive Produktangebote und Serviceleistungen, Einladung zu Veranstaltungen und Events) handeln. Zu den Leistungsvorteilen zählen auch Informationsvorteile (z. B. Kundenzeitschriften, Vorabinformation über neue Produkte und geplante Promotions). Häufig werden diese Vorteile im Rahmen von Kundenkartenprogrammen miteinander verknüpft. Hierauf geht der folgende Abschnitt näher ein. Neben solchen konkreten Leistungen können auch weniger fassbare Vorteile psychologische Bindungen schaffen (z. B. Kenntnis und Erfüllung individueller Kundenbedürfnisse, persönliche Kundenansprache, beispielsweise in Direct Mails, oder Reaktion auf Kundenbeschwerden). Um die Wirkung der einzelnen Maßnahmen abschätzen zu können, sind in der Regel spezifische Analysen erforderlich. So hat Wierich (2008) untersucht, inwieweit von personalisierten und individualisierten Coupons positive Kundenbindungseffekte ausgehen (vgl. hierzu auch Kapitel 19). Andere Beiträge haben sich mit positiven Effekten eines systematischen Beschwerdemanagements befasst (vgl. z. B. Dobbelstein 2001; Stauss/Seidel 2002; Spork/Palmersheim 2004). Heemann (2001) hat schließlich gezeigt, wie die Nutzenbeiträge einzelner Kundenkarteneigenschaften mit Hilfe der Conjoint-Analyse ermittelt werden können, um darauf aufbauend geeignete Kundenkartenprogramme zu entwickeln.

31.3.3 Kundenbindung im Rahmen von CRM

Kundenbindungsmaßnahmen sind häufig in das Customer Relationship Management (CRM) eingebettet. Dieses kann wie folgt definiert werden (siehe Hubschneider 2007, S. 12):

„CRM ist eine bereichsübergreifende Unternehmensstrategie, die auf den systematischen Aufbau und die Pflege dauerhafter und profitabler Kundenbeziehungen zielt.“

CRM stellt eine Herausforderung für die Informationswirtschaft in einer Unternehmung dar, da viele Maßnahmen eine entsprechende Datenbasis erfordern. Insofern ist eine geeignete Software auszuwählen, die die benötigten Informationen dokumentiert, aufbereitet und zur Verfügung stellt. Dabei ist zu berücksichtigen, dass oft viele Personen auf die gleichen Daten zugreifen müssen, so z. B. der Kundenberater, die Buchhaltung, das Call Center, die Beschwerdeabteilung oder die Logistik. Die Daten sollen ganzheitlich, aber dennoch problembezogen zusammengeführt werden. Durch CRM soll nicht nur die Auswahl geeigneter Maßnahmen erleichtert werden, sondern es sind auch die kundenbezogenen Geschäftsprozesse zu optimieren (vgl. z. B. Jaeck/Merzenich/Wilde 2007). So werden drei zentrale Aufgaben eines CRM-Systems hervorgehoben (vgl. Gawlik/Kellner/Seifert 2002, S. 39):

- die systematische Zusammenführung und Analyse aller Kundeninformationen,
- die operative Unterstützung und Synchronisation der zentralen *customer touch points* (Marketing, Vertrieb und Service) und
- die Steuerung und Integration aller Kommunikationskanäle zum Kunden.

Ein wichtiges Element im Rahmen von CRM stellt die Segmentierung und Priorisierung der Kunden dar. Dabei ist zu beachten, dass sich nicht nur der Umsatz einzelner Kunden unterscheidet, sondern auch ihre Profitabilität. Oft wird auf die 20–80-Regel verwiesen, d. h. 20 % der Kunden generieren 80 % des Umsatzes bzw. des Gewinns. Zur Kundenanalyse gehört auch die Rekonstruktion der Beziehungen der Unternehmung zu den einzelnen Kunden in der Vergangenheit. So kann es sein, dass bei der Anbahnung der Geschäftsbeziehungen zu einem Kunden zunächst relativ hohe Kosten anfallen, die die Profitabilität erheblich mindern, dass anschließend jedoch höhere Erträge erzielt werden können. Auch kann es aufschlussreich sein zu ermitteln, bei welchen Kunden oder Kundengruppen Steigerungen oder Rückgänge von Umsatz und Profitabilität zu beobachten sind. Ebenso kann untersucht werden, welche Kunden keine weiteren Käufe generiert haben. Umgekehrt ist zukunftsgerichtet zu analysieren, wie groß das Kaufpotenzial einzelner Gruppen von Nachfragern oder sogar einzelner Nachfrager in den Folgejahren ist. Am Beispiel eines Sportartikelhändlers hat Deyle (2007) gezeigt, wie hilfreich eine Segmentierung der Kunden für die Ausgestaltung eines Kundenbindungsprogramms sein kann.

31.3.4 Kundenbindung durch Kundenkarten

Bei Überlegungen im Rahmen des CRM, Kunden längerfristig an das Unternehmen zu binden, kommt Kundenkarten eine hohe Bedeutung zu. Im Anhang einer von Krafft und Klingsporn (2007) herausgegebenen Studie über Kundenkarten in Deutschland werden etwa 160 Kundenkarten vorgestellt, was verständlich macht, dass mitunter von der „Flut von Kundenkarten“ gesprochen wird. Obwohl das Textilhaus Breuninger seine Karte bereits 1959 eingeführt hatte, spielten Kundenkarten bis vor einigen Jahren in Deutschland eine nachrangige Rolle. Ihre heutige Popularität ist unter anderem damit zu erklären, dass sich die Möglichkeiten der elektronischen Datenerhebung, -speicherung und -auswertung stark verbessert haben. Besonders bekannt ist das PAYBACK-System mit einer unternehmensübergreifenden Kundenkarte (vgl. Pfeil/Posselt/Klück 2004). Im Folgenden soll zunächst gezeigt werden, dass Kundenkarten sehr variantenreich ausgestaltet werden können. Anschließend wird versucht, sie ökonomisch zu beurteilen, und es wird auf die dabei auftretenden Schwierigkeiten eingegangen.

31.3.4.1 Überblick über Möglichkeiten zur Gestaltung von Kundenkarten

Die Möglichkeiten zur Gestaltung von Kundenkartenprogrammen sind vielfältig. Zunächst stellt sich die Frage, ob es sich bei einem neuen Kundenkartenprogramm um ein Ein- oder Mehrpartnerprogramm handeln soll. Mehrpartnerprogramme, beispielsweise PAYBACK, sind häufig branchen-

Eigenschaft	Erläuterung
Beteiligte Unternehmen	Ein- oder Mehrpartnerprogramm, bei Mehrpartnerprogrammen brancheninternoder branchenübergreifend
Betreiber	Selbstbetriebene Programme oder Betreibergesellschaft
Identifikationsfunktion	Ausweis des Kunden gegenüber dem Verkaufspersonal, Identifikation an Selbstbedienungsterminals
Zahlungsfunktion	Möglichkeit, im Geschäft mit der Karte zu zahlen
Kreditfunktion	Einkaufsbeträge werden zu einem späteren Zeitpunkt abgebucht
Art des Vorteils	Rabatt (sofortiger Preisnachlass), Bonus (spätere Auszahlung), Sachprämie, Promotions
Dimension des Vorteils	Geldeinheiten, Punkte, Meilen
Wert des Vorteils	Höhe der Rabatte und Boni in %, Wert der Prämien
Gebühren	Mitgliedsbeitrag, der einmalig für die Erstellung der Karte oder regelmäßig (z. B. jährlich) für die Teilnahme an dem Programm zu entrichten ist
Differenzierung nach Kundenstatus	Bronze-, Silber- oder Goldkarte, ggf. mit unterschiedlichen Funktionen und Vorteilen
Maßnahmen zur Kundenintegration	Kundenzeitschriften, Kundenclubs, Kundenevents
Besondere Serviceleistungen	Umtauschservice, erweiterte Öffnungszeiten, kostenlose Parkplätze
Anbindung an CRM-Systeme	Systematische Speicherung und Nutzung der anfallenden Kundendaten im Rahmen der gesetzlich zulässigen Möglichkeiten

Abb. 31.18: Mögliche Eigenschaften von Kundenkarten

übergreifend und werden von einer Betreibergesellschaft geführt. Es sind aber auch andere Formen denkbar. Ein weiteres Merkmal ist die Ausweis- und Identifikationsfunktion von Kundenkarten. Diese Funktion kann genutzt werden, um in Beratungsgesprächen schnell auf Informationen aus Kundendatenbanken zurückzugreifen. Ebenso können sich Kunden an Informationsterminals identifizieren, um personalisierte Informationen abzurufen oder um sich beispielsweise Coupons auszudrucken. In finanzieller Hinsicht sind Zahlungs- und Kreditfunktion sowie Art, Dimension und Wert der gewährten finanziellen Vorteile zu nennen. Prinzipiell ist es auch möglich, für die Teilnahme an einem Kundenkartenprogramm eine Gebühr oder einen Mitgliedsbeitrag zu erheben, dies kommt jedoch in der Praxis selten vor. Weiterhin ist zu entscheiden, inwieweit Maßnahmen zur Kundenintegration und besondere Serviceleistungen angeboten werden sollen. Ebenso ist festzulegen, inwieweit die gewährten Preis- und Leistungsvorteile je nach Kundenstatus differenziert werden sollen. Ein Merkmal, das von den Kunden nicht unmittelbar wahrgenommen wird, ist die Anbindung an CRM-Systeme. Diese Anbindung dient dazu, im Rahmen der gesetzlichen Bestimmungen Kundendaten zu speichern und auszuwerten, um hierauf aufbauend die Marketingpolitik stärker auf die individuellen Bedürfnisse der Kunden ausrichten zu können (z. B. durch individualisierte Kaufempfehlungen und Promotions). Die wichtigsten Merkmale von Kundenkarten sind in Abbildung 31.18 zusammengefasst. Ein detaillierter Überblick über Eigenschaften bzw. Leistungen der Kundenkarten von insgesamt 17 deutschen Handelsunternehmungen findet sich auch bei Kaapke (2001, S. 185).

Trotz Aufhebung des Rabattgesetzes und der Zugabeverordnung im Jahr 2001 gelten für Kundenkarten weiterhin einige rechtliche Bestimmungen, so aus dem Gesetz gegen den unlauteren Wettbewerb (UWG), dem Gesetz gegen Wettbewerbsbeschränkungen (GWB) und dem Bundesdatenschutzgesetz (BDSG) (vgl. von Bodungen 2006).

31.3.4.2 Ziele von Kundenkartenprogrammen

Auch bei Kundenkarten ist zu fragen, welche Kosten sie auslösen und inwieweit sie die Höhe des erzielten Umsatzes beeinflussen. Die angefallenen Kosten sind im Regelfall leichter zu quantifizieren als die Umsatzwirkungen. Es ist dabei an die Vorlauf- und Implementierungskosten sowie an die laufenden Kosten zu denken (Aufbau und Administration einer Datenbank, Unterhalt eines Servicecenters, Kosten für gewährte Preis- und Leistungsvorteile). Im Vorfeld ist es bereits bei den Kosten, insbesondere bei jenen für die gewährten Vorteile, schwierig vorauszusehen, wie sie sich entwickeln werden, da hierzu ihre Inanspruchnahme bekannt sein muss. Noch schwieriger sind die Erlöse abzuschätzen. Das gilt sowohl für eventuelle Mitgliedsbeiträge (wegen der Unsicherheit bezüglich der Anzahl der Teilnehmer), den Verkauf von Anzeigen in einer Kundenzeitschrift, Provisionen aus der Zusammenarbeit mit Partnerunternehmen als auch in besonderer Weise für die Auswirkungen auf den eigenen Umsatz. Kundenkarten können dabei eine unmittelbare Umsatzwirkung entfalten, es ist aber auch denkbar, dass die aus Kundenkarten gewonnenen Informationen eine zielgerichtete Marketingpolitik ermöglichen, insbesondere wenn eine Anbindung an CRM-Systeme erfolgt.

Die allgemeinen ökonomischen Erfolgsziele (Kosten und Erlöse) werden von einer Reihe vorgelagerter Ziele beeinflusst (z. B. Steigerung der Zufriedenheit, Imageverbesserung, Kundenbindung,

Gewinnung von Neukunden). Ein vorrangiges Ziel von Kundenkarten besteht in der Kundenbindung. In einer kurzfristigen Perspektive kann die Kundenbindung in der aktuellen Periode untersucht werden (im Vergleich zur Vorperiode oder im Vergleich zu dem vorhandenen Kundenpotenzial). In einer zeitlich erweiterten Perspektive kann analysiert werden, inwieweit die Basis für Geschäftbeziehungen mit den aktuellen Kunden in der Zukunft geschaffen worden ist (*customer lifetime value*). Die einzelnen Zielgrößen können darüber hinaus durch Wirkungsbeziehungen miteinander verknüpft werden. So kann die Kundenbindung abhängig sein von der Kundenzufriedenheit, von der wahrgenommenen Attraktivität des Konkurrenzangebots, von dem Wunsch nach Abwechslung (*variety seeking*) und von Wechselbarrieren. Einige dieser Größen können wiederum durch die Einstellung zu einer bestimmten Karte beeinflusst werden (vgl. Helm/Ludl 2005).

Teilweise sind spezifische Kennzahlen für das Controlling von Kundenkartenprogrammen entwickelt worden. Hierüber gibt Abbildung 31.19 einen Überblick. Es handelt sich um Kennzahlen, die erfassen, wie viele Kundenkarten ausgegeben worden sind und in welchem Ausmaß sie von den Kunden genutzt werden.

Kennzahl	Definition
Kartenkunden-Stamm	Anzahl insgesamt ausgegebener Kundenkarten
Kartenkunden-Gewinnung	Anzahl neu ausgegebener Kundenkarten
Durchdringung der Kundenbasis	Anzahl von Kartenkunden in Relation zur Gesamtzahl der Kunden
Zielgruppenanteil	Anzahl an die Zielgruppe ausgegebener Kundenkarten in Relation zur Gesamtzahl ausgegebener Kundenkarten
A-Kunden-Anteil	Anzahl von A-Kartenkunden in Relation zur Gesamtzahl von Kartenkunden
Verkaufspenetrationsrate	Anzahl von Verkäufen mit Kundenkarten in Relation zur Gesamtzahl von Verkäufen
Umsatzpenetrationsrate	Umsatz mit Kundenkarten in Relation zum Gesamtumsatz
Marktanteilswachstum	Neuer Marktanteil in Relation zum alten Marktanteil -1

Quelle: in Anlehnung an Scheer/Witza 2007, S. 94

Abb. 31.19: Kennzahlen zur Wirksamkeit von Kundenkartenprogrammen

31.3.4.3 Zur Wirkung von Kundenkarten

Die Auswirkungen von Kundenkarten sind in zahlreichen Studien, insbesondere im Hinblick auf ihre Kundenbindung, untersucht worden (vgl. den Überblick bei Krafft 1999 sowie Gerpott 2000; Rapp/Decker 2003; Wieder 2004; Glusac 2005). Abbildung 31.20 zeigt einen Prozess, an dessen Ende die Erfolgswirkung eines Kundenkartenprogramms steht. Zunächst muss das Kundenkartenprogramm ausgestaltet (1) und von den Kunden als nützlich wahrgenommen werden (2). Dies äußert sich in der Verwendung der Kundenkarte (3). Das Modell weist auch darauf hin, dass sowohl die Beurteilung als auch die Nutzung durch sog. Barrieren (4) beeinträchtigt sein können. So könnte es als aufwendig empfunden werden, die Karten immer mit sich zu führen, viele Personen sind nicht bereit, ihre Daten an Unternehmungen weiterzugeben, es mangelt an Nutzungsgelegenheiten, oder Kunden kennen die Vorteile eines Kartenprogramms nicht. Über die Nutzung der Karte hinaus können weitere Wirkungen erzielt werden, insbesondere können vielfältige Informationen über die Kunden gewonnen werden (5), die sich nicht nur auf sozidemographische Angaben beziehen (z. B. Geschlecht, Alter, Wohnort), sondern auch Aufschluss über das Kaufverhalten geben (z. B. Kaufhäufigkeit, Größe und Zusammensetzung der Warenkörbe, Zahlungsverhalten). Von zentraler Bedeutung für die Beurteilung von Kundenkarten ist die Frage, welche Erfolgswirkung aus ihrer Nutzung resultiert (6). Ähnlich wie die in Abbildung 31.17 dargestellten Stufen des Kundenbindungsprozesses lässt sich auch dieses Schema dazu nutzen, Ansatzpunkte zur Erhöhung des Erfolgs und gegebenenfalls Gründe für den Misserfolg von Kundenkartenprogrammen zu identifizieren.

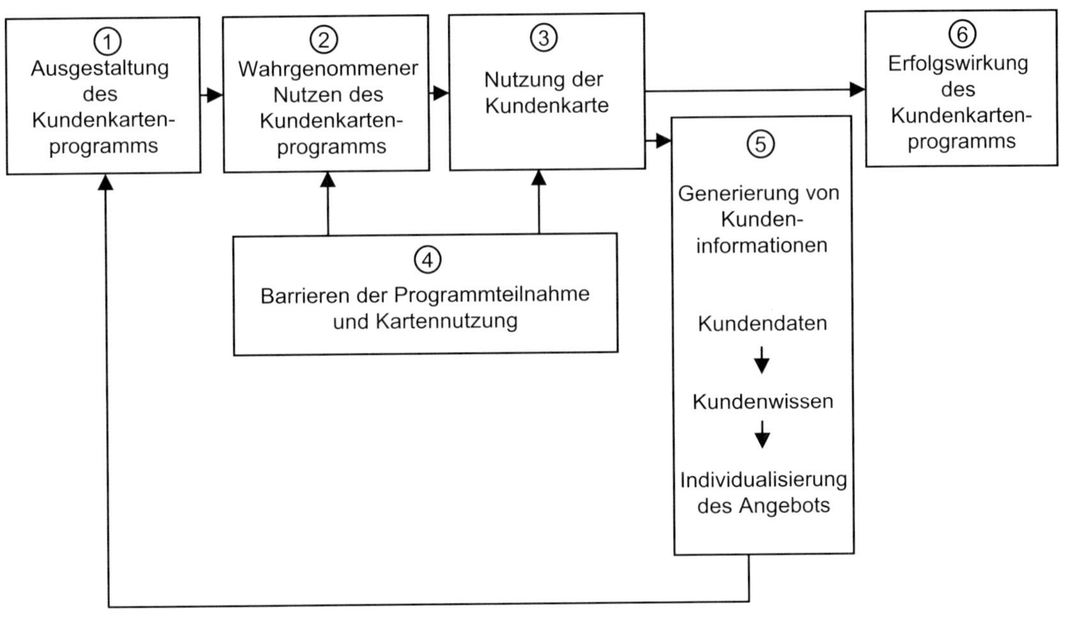

Quelle: Götz/Hoffmann/Naß et al. 2007, S. 110

Abb. 31.20: Erfolgskette von Kundenkartenprogrammen

Die Wertschätzung einzelner Ausstattungsmerkmale von Kundenkarten lässt sich durch direkte Befragung ermitteln, oder es lassen sich mit Hilfe von Conjoint-Analysen Nutzenbeiträge einzelner Ausstattungsmerkmale errechnen (vgl. Heemann 2001). Dabei können auch Wahrnehmungsverzerrungen untersucht werden, beispielsweise wenn eine bestimmte Anzahl von Bonuspunkten besser beurteilt wird als der entsprechende finanzielle Gegenwert. In empirischen Studien zeigte sich, dass Prämien, welche die individuellen Bedürfnisse der Karteninhaber berücksichtigen, und der Umfang zusätzlicher Dienstleistungen den Kundenkartenerfolg positiv beeinflussen, daneben aber auch das Ausmaß finanzieller Vorteile und Rabatte (vgl. z. B. Götz/Hoffmann/Naß et al. 2007, S. 140).

Auch über die Kartennutzung liegen Befunde vor. Sie zeigen, dass zwischen der Haushaltsgröße und der Anzahl der Karten im Besitz des Haushalts ein positiver Zusammenhang besteht, dass Dreipersonenhaushalte die Karte häufiger als Ein- oder Zweipersonenhaushalte nutzen, dass die Nutzung auch mit dem Haushaltsnettoeinkommen ansteigt und dass Personen mit Abitur die Karte häufiger nutzen als Personen mit anderen Schulabschlüssen (vgl. Götz/Hoffmann/Naß et al. 2007, S. 119). Die Kartennutzung als abhängige Variable kann nicht nur zu soziodemographischen Variablen in Beziehung gesetzt werden, sondern es kann auch gefragt werden, aus welchen Gründen sich Kunden für eine Kartennutzung entscheiden. Es ist naheliegend, auch hierbei die Einstellung (gegenüber einer Karte) als zentralen Bestimmungsfaktor anzusehen. Mit Einstellungen wird erfasst, wie Konsumenten die einzelnen Vor- und Nachteile einer Kartennutzung gegeneinander abwägen und zu einem Gesamturteil gelangen. Es ist allerdings auch denkbar, dass Emotionen und soziale Gesichtspunkte eine Rolle spielen, beispielsweise wenn in Abhängigkeit des Kundenstatus verschiedene Karten ausgegeben werden.

Schwieriger ist es, den Zusammenhang zwischen der Nutzung der Kundenkarte und der Umsatzentwicklung zu quantifizieren. Der Beitrag von Kundenkarten zur Umsatzerzielung ist nicht aus der Beobachtung abzuleiten, dass ein Großteil der Kunden die Karte benutzt oder dass gerade die Kunden mit hohen Einkaufsbeträgen von der Karte Gebrauch machen. Solche Beobachtungen könnten auch deshalb zustande kommen, weil sich der Besitz einer Kundenkarte für Personen mit hohen Einkaufsbeträgen in einem Geschäft mehr lohnt (sog. Endogenitätsproblem; vgl. Leenheer/van Heerde/Bijmolt et al. 2007). Entscheidend ist deshalb die Frage, wie Nachfrager im Allgemeinen und Kunden mit hohen Einkaufsbeträgen sich verhalten hätten, wenn keine oder eine Karte mit anderen Ausstattungsmerkmalen eingesetzt worden wäre (kontrafaktische Situation). In diesem Fall würde ein Vergleich der beobachteten Situation mit einer als realistisch eingeschätzten hypothetischen Situation erfolgen.

Aus den genannten Gründen ist es ebenso schwierig, die Bindungswirkung von Kundenkarten zu untersuchen, obwohl hierzu eine Vielzahl von Studien existiert (vgl. den Überblick bei Meyer-Waarden 2007). Abbildung 31.21 enthält einige Angaben zu Ergebnissen dieser Studien, wobei erkennbar ist, dass nicht von einem gesicherten Befund ausgegangen werden kann. Wegen der unterschiedlichen Operationalisierung der Kundenbindung, der unterschiedlichen Datenquellen und der unterschiedlichen Stichproben gibt es zahlreiche Faktoren, die eine Vergleichbarkeit erschweren. Tendenziell ist festzustellen, dass die beobachteten Effekte häufig eher gering sind. Zudem besteht die Gefahr, dass ihre Höhe aufgrund des Endogenitätsproblems überschätzt wird (vgl. Leenheer/van Heerde/Bijmolt et al. 2007). Weiterhin zeigt sich, dass positive Effekte vor allem in jenen Kundengruppen zu erwarten sind, die bisher nur in geringem oder moderatem Maße loyal waren, während Kunden mit hoher Loyalität ihr Verhalten nicht mehr ändern (vgl. Liu 2007). Auch ist zu beachten, dass die positiven Wirkungen durch den Besitz von Karten anderer Programme neutralisiert werden können (vgl. Mägi 2003; Meyer-Waarden 2007). Diese Ergebnisse haben Konsequenzen für die Beurteilung von Kundenkarten, worauf im folgenden Abschnitt eingegangen wird.

Autor	Erhebungsmethode	Ergebnisse
Sharp/Sharp (1997)	Mehrpartnerprogramm (Warenhäuser, Supermärkte, Tankstellen), eigene Panel-Befragung	In fünf von sechs teilnehmenden Unternehmen ist ein geringer positiver Effekt auf die Einkaufshäufigkeit (basierend auf Dirichlet-Indikatoren) zu beobachten.
Kaapke/Dobbelstein (2001)	Branchenübergreifende Umfrage bei deutschen Handelsunternehmungen	Mitarbeitermotivation und Mitarbeiterschulung werden als wirkungsvollste Kundenbindungsinstrumente eingeschätzt. Kundenkarten rangieren bezüglich der Einschätzung ihrer Wirksamkeit allenfalls im Mittelfeld.
Mägi (2003)	Kundenkarten von Lebensmittelgeschäften, eigene Panel-Befragung	Positive Effekte auf „Share of Purchase" und „Share of Visits" sind nur auf der Ebene einzelner Vertriebslinien (Ketten) signifikant, nicht auf Geschäftsebene. Der Besitz einer Konkurrenzkarte hat signifikant negative Effekte auf beide Größen.
Diller/Müller (2006)	SB-Warenhaus, Drogeriemarkt, Supermarkt, Analyse von Haushalts-Paneldaten	Kurzfristig können positive Effekte beobachtet werden, mittelfristig jedoch nur teilweise. Die Profitabilität von Kundenbindungsprogrammen ist insbesondere bei Drogeriemärkten und Supermärkten fraglich, bei SB-Warenhäusern dagegen möglich.
Meyer-Waarden (2007)	Kundenkarten von SB-Warenhäusern und Supermärkten, Analyse von kommerziellen Haushalts-Paneldaten	Positive Wirkungen auf „Share of Wallet" und „Lifetime Duration" sind zu beobachten. Der Besitz von Kundenkarten mehrerer Händler reduziert jedoch die positiven Effekte.
Leenheer/van Heerde/Bijmolt et al. (2007)	Kundenkarten von SB-Warenhäusern und Supermärkten, Analyse von kommerziellen Haushalts-Paneldaten, Berücksichtung von Endogenitätseffekten	Mitgliedschaft in einem Kundenkartenprogramm hat geringe, aber signifikante positive Effekte auf „Share of Wallet" (+4,1 Prozentpunkte). Der Effekt wird durch naive Modelle um das siebenfache überschätzt, wenn sie nicht berücksichtigen, dass Kunden mit hohem Ausgabenanteil eher an einem Programm teilnehmen.
Liu (2007)	Kundenkarte eines Convenience Stores, eigene Befragung von Kundenkartenbesitzern	Kundenkarte führt lediglich bei Personen mit anfänglich geringer oder moderater Kundenloyalität zu positiven Effekten auf die Einkaufshäufigkeit und den Transaktionswert.
Krafft/Klingsporn (Hrsg.) (2007)	Befragungen von Unternehmen (online; hauptsächlich Dienstleistungs- und Handelsbranche) sowie aktiven, inaktiven und Nicht-Teilnehmern von Kundenkartenprogrammen (Computer Assisted Telephone Interviews)	Bindung von wertvollen Kunden und eine Steigerung des „Share of Wallet" haben einen signifikant positiven Einfluss auf die Steigerung der Kauffrequenz. Nur wenige Gestaltungsmerkmale der Kundenkartenprogramme führen zu nachhaltigem Erfolg. Kundenkartenprogramme sind mittlerweile Quasi-Standard zum Mithalten im Wettbewerb anstelle von proaktiver Entwicklung innovativer Programmkonzepte.

Abb. 31.21: Ergebnisse zur Wirkung von Kundenkarten in ausgewählten Studien

31.3.4.4 Zur Beurteilung von Kundenkarten

Aus betriebswirtschaftlicher Sicht besteht zunächst die Möglichkeit, eine Kundenkarte als Investitionsprojekt zu interpretieren, dessen Rentabilität beurteilt werden soll (beispielsweise anhand des Kapitalwerts). Dazu ist eine Quantifizierung der ausgelösten Auszahlungen und Einzahlungen notwendig, was allerdings nur eingeschränkt gelingt. Erstens ist es schwierig zu erkennen, wie sich die Ausgaben eines Kunden, der dem Kundenkartenprogramm eines Anbieters beigetreten ist, in den Folgeperioden von den Ausgaben unterscheiden würden, die er ohne den Beitritt bei diesem Anbieter getätigt hätte. Zweitens ist es besonders problematisch, diesen Vergleich auf die fernere Zukunft auszuweiten. Außerdem gibt es viele Gesichtspunkte, die Einfluss auf die Ein- und Auszahlungen haben und deshalb explizit berücksichtigt werden müssen. Ein Katalog solcher Kriterien, die im Rahmen eines Scoringverfahrens gewichtet und beurteilt werden können, findet sich in Abbildung 31.22.

1. Gewinnung von Daten über Kunden (Basisdaten für die Marktforschung, z. B. Identifizieren von A-Kunden)
2. Nutzen aus der Verwendung der Daten für – die Kommunikationspolitik – die Sortimentspolitik – die Preispolitik
3. Bedeutung des Segmentierungsgedankens (unterschiedliche Programme für einzelne Kunden(-gruppen))
4. Möglichkeiten zur Steigerung – der Kauffrequenz – der Transaktionshöhe – des share of wallet (Ausgaben-/Marktanteil beim jeweiligen Kunden)
5. Gewinnung eines Vorsprungs gegenüber der Konkurrenz
6. Gleichziehen mit der Konkurrenz
7. Zufriedenheitssteigerung bei – den Kunden insgesamt – den A-Kunden
8. Höhe der Anfangsinvestitionen
9. Höhe der laufenden Kosten
10. Möglichkeiten zur Gewinnung von neuen Kunden

Abb. 31.22: Kriterien zur Beurteilung von Kundenkarten als absatzpolitisches Instrument

Auch Diller und Müller (2006) stellen Kosten und Erträge eines Kartenprogramms gegenüber, indem sie in Break-Even-Analysen ermitteln, wie stark der Ausgabenanteil (*share of wallet*) bei Kundenkartenbesitzern steigen muss, um unter Berücksichtigung von Umsatzsteuer, Wareneinsatz und Bonuskosten (an Kundenkartenbesitzer ausgeschüttete Boni) die sonstigen Kosten des Kartenprogramms zu decken. Für einen Drogeriemarkt ermitteln sie, dass bei Vollkosten von 10 € je Mitglied des Kartenprogramms der Ausgabenanteil um 2,22 % steigen müsste. Da sie für den Drogeriemarkt nur einen mittelfristigen Anstieg von 0,95 % beobachten konnten, sehen sie in Kundenkarten keine rentable Investitionsmöglichkeit für Drogerien. Ähnliche Ergebnisse zeigen sich für Supermärkte, während bei SB-Warenhäusern Vollkosten von 10 € je Mitglied durch das Kundenbindungsprogramm gedeckt werden. Von entscheidender Bedeutung ist der Vergleich des Kaufverhaltens bei Teilnahme am Kartenprogramm und beim Verzicht auf die Teilnahme. Diller und Müller bedienen sich einer für solche Untersuchungen zu empfehlenden Längsschnittanalyse. Auf der Grundlage von Haushaltspaneldaten ermitteln sie, wie sich der Ausgabenanteil von Kunden, die in einem Quartal dem Kartenprogramm beitreten, im Vergleich mit Kunden außerhalb des Kartenprogramms entwickelt. So steigt beispielsweise in dem betrachteten SB-Warenhaus der Ausgabenanteil der Kunden, die im zweiten untersuchten Quartal eingetreten sind, von 6,55 % auf 9,02 %, also um 2,47 Prozentpunkte, während der Ausgabenanteil der Nicht-Teilnehmer von 4,97 % um 0,15 Prozentpunkte zurückgeht. Die kurzfristige Kundenbindungswirkung geben sie mit 2,62 Prozentpunkten an. Mit dieser Rechnung wird allerdings unterstellt, dass sich die Kunden, die dem Programm beigetreten sind, so verhalten hätten, wie diejenigen, die das nicht getan haben. Dies muss nicht der Fall sein. Außerdem ist zu berücksichtigen, dass Kunden mit den größten Kaufvolumina einem Kartenprogramm zuerst beitreten werden. Mit ihren relativ hohen Ausgaben steigern sie die Ausgaben in der Gruppe der Karteninhaber und senken gleichzeitig die Ausgaben in der Gruppe der Nicht-Karteninhaber. Diller und Müller konnten solche Kundenselektionseffekte teilweise nachweisen. Leenheer, van Heerde und Bijmolt et al. (2007) schätzen, dass die positiven Wirkungen von Kundenkartenprogrammen durch Vernachlässigung dieser Effekte um das bis zu Siebenfache überschätzt werden können.

Obwohl Kundenkarten auf die Wirkung beim Kunden abzielen, darf nicht übersehen werden, dass sie ein Wettbewerbsinstrument darstellen, mit dem faktisch eine Preisreduktion vorgenommen wird. Von einem solchen Instrument darf nicht grundsätzlich angenommen werden, dass es zu einer Umsatz- oder Ausgabenanteilserhöhung führt. Zwar ist auch vorstellbar, dass ein Monopolist Kundenkarten ausgeben würde, um Daten über seine Kunden zu gewinnen und daraufhin eine Segmentierungspolitik aufzubauen. Kundenkarten sind aber vorwiegend ein Instrument, um Kunden daran zu hindern, zur Konkurrenz abzuwandern oder um Nachfrage von der Konkurrenz abzuziehen. Als ALDI im Jahr 2007 in den Schweizer Markt eingetreten ist, haben die dort ansässigen Anbieter die Preise massiv gesenkt. Ebenso wenig wie diese Preisreduktion kann ein Kartenprogramm danach beurteilt werden, ob Umsatz- oder Rohertragssteigerungen eingetreten sind. Der Vergleich muss sich jeweils auf die bereits erwähnte kontrafaktische Situation beziehen, wobei auch Wettbewerbseffekte zu berücksichtigen sind. So haben Studien gezeigt, dass positive Effekte einer Kundenkarte durch Karten der Konkurrenz abgeschwächt oder sogar neutralisiert werden können (vgl. Mägi 2003; Meyer-Waarden 2007). Die Entscheidungssituation wird durch Abbildung 31.23 veranschaulicht, bei der die Konkurrenz eines Handelsbetriebs vereinfacht zu einer Einheit zusammen gefasst ist. Ein Unternehmen fragt sich, ob es eine Karte einführen soll oder ob es wie seine Konkurrenz hierauf verzichten soll. Das erste Feld zeigt die Ausgangssituation, in der beide auf die Karte verzichten. Mit U_1 wird der Umsatz des planenden Unternehmens angegeben, mit U_k der Umsatz seiner Konkurrenz, mit DB_1 und DB_k der jeweilige Deckungsbeitrag.

Das Beispiel in Abbildung 31.23 lenkt die Aufmerksamkeit zunächst auf die Frage, wie sich der Umsatz bei Einführung einer Kundenkarte verändert. Nach den Zahlen des Beispiels könnte das

Verhalten des Unternehmens \ Verhalten der Konkurrenz	Karte wird nicht eingeführt		Karte wird eingeführt	
Karte wird nicht eingeführt	$U_1 = 100$ $DB_1 = 50$	$U_k = 80$ $DB_k = 40$	$U_1 = 90$ $DB_1 = 45$	$U_k = 100$ $DB_k = 45$
Karte wird eingeführt	$U_1 = 120$ $DB_1 = 55$	$U_k = 70$ $DB_k = 35$	$U_1 = 100$ $DB_1 = 45$	$U_k = 80$ $DB_k = 35$

Abb. 31.23: Die Einführung einer Kundenkarte als Entscheidungsproblem unter Beachtung der Reaktion der Konkurrenz

planende Unternehmen seinen Umsatz von 100 auf 120 steigern, wenn die Konkurrenz bei ihrem Verzicht auf eine eigene Karte bliebe. Das Unternehmen muss allerdings auch damit rechnen, dass es Umsatz an die Konkurrenz verliert, wenn diese eine Kundenkarte einführt, es selbst aber nicht. Führen beide die Karte ein, bleibt es in dem Beispiel bei den Umsatzzahlen der Ausgangssituation. In den Zahlen äußern sich die Reaktionen der Konsumenten. Es kann sein, dass sich Umsatzveränderungen nicht nur durch Verschiebungen zwischen den Anbietern ergeben (als Nullsummenspiel), sondern dass es auch zur Ausweitung der Einkäufe durch die Konsumenten kommt. Wenn sich außerdem der Kundenstruktur des planenden Unternehmens von der seiner Konkurrenten unterscheidet, können sich asymmetrische Kundenreaktionen ergeben. Über diese Schwierigkeiten der Prognose des Kundenverhaltens bei Einführung einer Kundenkarte hinaus macht das Beispiel auch darauf aufmerksam, dass die Kosten der Einführung einer Kundenkarte zu berücksichtigen sind. Es werden deshalb Deckungsbeiträge aufgeführt (DB_l bzw. DB_k), wobei in dem Beispiel mit einer Handelsspanne von 50 % und fixen Kosten der Einführung der Kundenkarte von 5 Geldeinheiten gerechnet wird. Für diese Zahlen lohnt sich die Einführung der Kundenkarte nicht, wenn die planende Unternehmung mit einer Reaktion ihrer Konkurrenz rechnen muss, wohl aber, wenn diese unterbleibt. Dabei ist zu prüfen, ob die Kosten tatsächlich fix sind und ob das planende Unternehmen und seine Konkurrenz in gleichem Ausmaß von anfallenden Kosten betroffen sind. Die Einführung einer Kundenkarte ist folglich nicht nur davon abhängig, wie Nachfrager auf ihre Verfügbarkeit reagieren werden, sondern auch wie sich die Konkurrenz verhalten wird.

31.4 Zusammenfassung

Kundenzufriedenheit und Kundenbindung sind wichtige Zielgrößen des Handelsmanagements und damit auch Gegenstand des Handelscontrollings. Kundenzufriedenheit wird häufig in Anlehnung an das Confirmation/Disconfirmation-Paradigma definiert. Entsprechend wird Kundenzufriedenheit als das Ergebnis eines Soll-Ist-Vergleichs von Erwartungen und Wahrnehmungen gesehen.

Kundenzufriedenheit kann durch globale Zufriedenheitsurteile, merkmalsgestützte (multiattributive und dekompositionelle) Verfahren und ereignisgestützte Verfahren (Critical Incident Technique, Sequentielle Ereignisanalyse, Beschwerdeanalyse) erfasst werden. Es gibt verschiedene Ansätze, um die Entstehung von Zufriedenheit zu erklären. Hierzu zählen neben den klassischen multiattributiven Modellen das Gap-Modell und der SERVQUAL-Ansatz sowie Verfahren, die asymmetrische Wirkungen einzelner Anforderungen auf die Zufriedenheit und Unzufriedenheit aufdecken (Kano-Modell und Penalty-Reward-Contrast-Analyse).

Das Qualitätsmanagement weist unmittelbare Beziehungen zum Zufriedenheitsmanagement auf. Insofern wurde hierauf nur kurz eingegangen. Von Bedeutung ist insbesondere die Entwicklung eines subjektiven nachfragerorientierten Qualitätsverständnisses. Das EFQM-Modell lenkt die Aufmerksamkeit nicht nur auf Ergebnisse, sondern auch auf Potenziale und Prozesse, welche die Dienstleistungsqualität und somit auch die Kundenzufriedenheit beeinflussen können. Mit Hilfe des Quality Function Deployment können Qualitätsaspekte bereits bei der Entwicklung von Handelsleistungen (z. B. neuen Geschäftskonzepten) berücksichtigt werden.

Bezüglich der Wirkungen von Kundenzufriedenheit sind insbesondere die Kundenbindungseffekte von Interesse. Hierbei wird Kundenbindung nachfragerorientiert als Einstellungs- oder Verhaltensloyalität operationalisiert. In einer anbieterorientierten Sichtweise können unter Kundenbindung aber auch Maßnahmen eines Anbieters verstanden werden. Im Handel zählen Kundenkarten zu solchen Maßnahmen. Zur Wirkung von Kundenkartenprogrammen liegen in der Literatur uneinheitliche Befunde vor. Häufig sind die Effekte klein, und es ist fraglich, inwieweit sie durch Kundenkarten der Konkurrenz neutralisiert werden. Dennoch ist die Verbreitung von Kundenkarten im Handel groß. Insofern ist es auch möglich, dass das Angebot einer Kundenkarte als Basisanforderung angesehen wird. In diesem Fall lässt ihre Einführung zwar keine positiven Effekte erwarten, sie verhindert aber zumindest die Abwanderung von Kunden.

32 Informationssysteme

In den Kapiteln 27 bis 31 wurde auf Informationen hingewiesen, die Handelsunternehmungen zur Steuerung der Geschäftspolitik benötigen. Hierzu zählen insbesondere:

- Kosteninformationen,
- Erlös-, Bestands- und Ertragskennzahlen,
- Kennzahlen vergleichbarer Betriebe und
- Daten zur Kundenzufriedenheit und -loyalität.

Beiträge zur Informationsversorgung eines Unternehmens liefern vor allem die Kostenrechnung, die Betriebsstatistik (insbesondere die Umsatzstatistik), das Warenwirtschaftssystem, der Betriebsvergleich und die Marktforschung. Kosten, Umsätze und Erträge enthalten wichtige Informationen, zu denen jedoch, wie die folgenden Ausführungen zeigen werden, weitere hinzukommen müssen. Die Vielzahl von Informationen erfordert den Aufbau geeigneter Informationssysteme. In diesem Zusammenhang wird auch von Business-Intelligence-Systemen (BI) oder Entscheidungs-Unterstützungs-Systemen (EUS) gesprochen. Damit sind Systeme gemeint, die auf der Basis interner sowie externer marktbezogener Daten in der Lage sind, das Management bei der Planung, Steuerung und Kontrolle zu unterstützen. Dazu werden Data-Warehouse-Systeme eingerichtet, die die Informationsversorgung der Entscheidungsträger ermöglichen sollen. Die Datenbereitstellung durch Data-Warehouse-Systeme stellt insbesondere im Handel eine große Herausforderung dar. Neben der großen Menge anonymer Transaktionsdaten (z. B. Scannerdaten) werden zunehmend kundenbezogene Informationen gewonnen (z. B. durch Kundenkarten), die für das Customer-Relationship-Management (CRM) genutzt werden (vgl. Bertram/Schneider 2002; Becker/Knackstedt 2011). Hinzu kommen Daten zum Besucherverhalten im elektronischen Handel (Madlberger 2004).

Im Folgenden wird ein Überblick darüber gegeben, wie die vielfältigen Informationen zu einem Informationssystem zusammengefasst werden können. Hierbei wird zunächst auf klassische Kennzahlensysteme und die Balanced Scorecard, die zu den Performance-Measurement-Konzepten gezählt wird, eingegangen (vgl. Morschett 2004; Neidhart/Morschett/Biesiada 2006). Im Anschluss wird ein Beispiel für ein softwarebasiertes Berichtssystem vorgestellt und es werden Möglichkeiten zur objektspezifischen Differenzierung solcher Systeme erläutert. Schließlich werden aktuelle Entwicklungen und Probleme von Informationssystemen kurz diskutiert.

32.1 Kennzahlensysteme zur Darstellung der finanziellen Performance

Es gehört zu den fundamentalen Aufgaben eines Informationssystems, über die Rentabilität und Liquidität des Unternehmens zu informieren. In einem Kennzahlensystem werden solche globalen Zielgrößen in spezifische Kennziffern zerlegt und zu diesen in Beziehung gesetzt. Kennzahlensysteme lassen sich in Rechen- und Ordnungssysteme unterteilen (vgl. Küting 1983a). Bei einem Rechensystem werden aus Spitzenkennzahlen zwei oder mehr Unterkennzahlen abgeleitet, die jeweils in weitere Unterkennzahlen zerlegt werden können. Die Kennzahlen sind dabei rechnerisch miteinander verknüpft. Auf diese Weise entstehen Kennzahlenpyramiden oder -hierarchien, wie dies in Abbildung 32.1 durch die Zerlegung des Gesamtergebnisses in Umsätze und einzelne Kostenarten verdeutlicht wird.

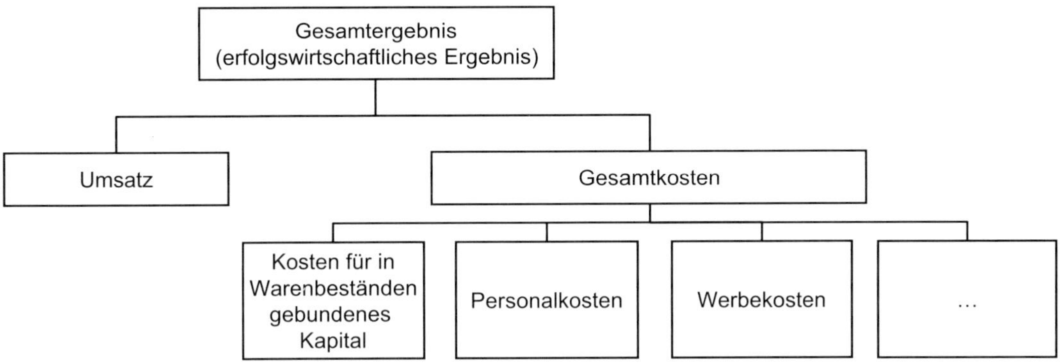

Abb. 32.1: Zerlegung des Gesamtergebnisses in Umsätze und Kosten

Bei Ordnungssystemen ergeben sich die Verknüpfungen zwischen den einzelnen Kennzahlen aufgrund verhaltenswissenschaftlich begründeter und empirisch bestätigter Beziehungen. Eine solche Beziehung besteht beispielsweise zwischen dem Umsatz und der Kundenzufriedenheit (vgl. zu weiteren typologischen Hinweisen auf Kennzahlensysteme Sandt 2004, 2005).

Ausgangspunkt zur Beurteilung der finanziellen Performance eines Unternehmens sind die Erfolgsgrößen, wie sie im Jahresabschluss eines Unternehmens ermittelt werden. Nach § 275 HGB sind dies insbesondere das Ergebnis der gewöhnlichen Geschäftstätigkeit, das außerordentliche Ergebnis und der Jahresüberschuss bzw. Jahresfehlbetrag. Nach IFRS sind vor allem EBIT (*earnings before interest and taxes*), EBITDA (*earnings before interest, taxes, depreciation and amortization*), EBT (*earnings before taxes*) und NOPAT (*net operating profit after taxes*) zu nennen (alle genannten Größen sind in Kapitel 28 näher erläutert).

Im Folgenden wird ein Überblick über ausgewählte Kennzahlensysteme gegeben. Zu den traditionellen Kennzahlensystemen, in die Daten aus dem Rechnungswesen eingehen, zählen:

- das Return-on-Investment-System (ROI-System),

- das Kennzahlensystem des Zentralverbands Elektrotechnik und Elektronikindustrie (ZVEI-Kennzahlensystem) und
- Werttreiberhierarchien.

Die Balanced Scorecard zieht dagegen zusätzliche Größen heran, die aus Quellen außerhalb des Rechnungswesens stammen. Dieses Kennzahlensystem wird in Abschnitt 32.2 vorgestellt.

32.1.1 Das ROI-System

Wie empirische Untersuchungen übereinstimmend feststellen, wird das ROI-System, das aufgrund seiner Herkunft auch als *DuPont-System of Financial Control* bezeichnet wird, in vielen Unternehmungen verwendet (vgl. Gleich 2001, S. 351; Weber/Sandt 2001, S. 22; Günther/Grüning 2002, S. 6). Mit der Spitzenkennzahl ROI wird die Gesamtkapitalrentabilität erfasst, d. h. die Rendite auf das insgesamt eingesetzte Kapital (Eigen- und Fremdkapital):

$$(32.1) \qquad ROI = \frac{\text{Gewinn}}{\text{Gesamtkapital}}$$

Die Erweiterung des Zählers und des Nenners um den Umsatz führt zu folgender Darstellung:

$$(32.2) \qquad ROI = \frac{\text{Umsatz}}{\text{Gesamtkapital}} \cdot \frac{\text{Gewinn}}{\text{Umsatz}}$$

Werden der erste Quotient als Umschlagshäufigkeit und der zweite als Umsatzrentabilität bezeichnet, so folgt:

$$(32.3) \qquad ROI = \text{Umschlagshäufigkeit} \cdot \text{Umsatzrentabilität}$$

Oft erzielen Handelsunternehmungen nur eine geringe Umsatzrentabilität (meist zwischen 0,5 % und 3 %). Ein Vergleich mit den in der Industrie oft sehr viel höheren Umsatzrentabilitäten ist jedoch nur bedingt zulässig, da die Umschlagshäufigkeit (auch als Kapitalumschlagshäufigkeit bezeichnet) im Handel sehr viel höher ist.

Die beiden abgeleiteten relativen Kennzahlen können in weitere absolute Kennzahlen aufgespalten werden, wie Abbildung 32.2 zeigt.

Die Zerlegung erlaubt eine Analyse der individuellen Situation, indem die einzelnen Größen entweder im Rahmen eines Betriebsvergleichs den Werten anderer Unternehmungen gegenübergestellt werden oder indem Soll-Ist-Abweichungen analysiert werden.

Um das ROI-System zu beurteilen, muss insbesondere die Eignung der Spitzenkennzahl ROI diskutiert werden. Die Gesamtkapitalrentabilität stellt im Regelfall nur bedingt eine geeignete Zielgröße für eine Unternehmung dar. Eigenkapitalgeber werden die Gesamtkapitalrentabilität nicht maximieren wollen, weil hierdurch der sog. Leverage-Effekt, mit dem die Eigenkapitalrentabilität durch die Aufnahme weiteren Fremdkapitals erhöht werden kann, nicht ausgenutzt würde. So ist es z. B. denkbar, dass die Aufnahme von zusätzlichem Fremdkapital die Gesamtkapitalrentabilität

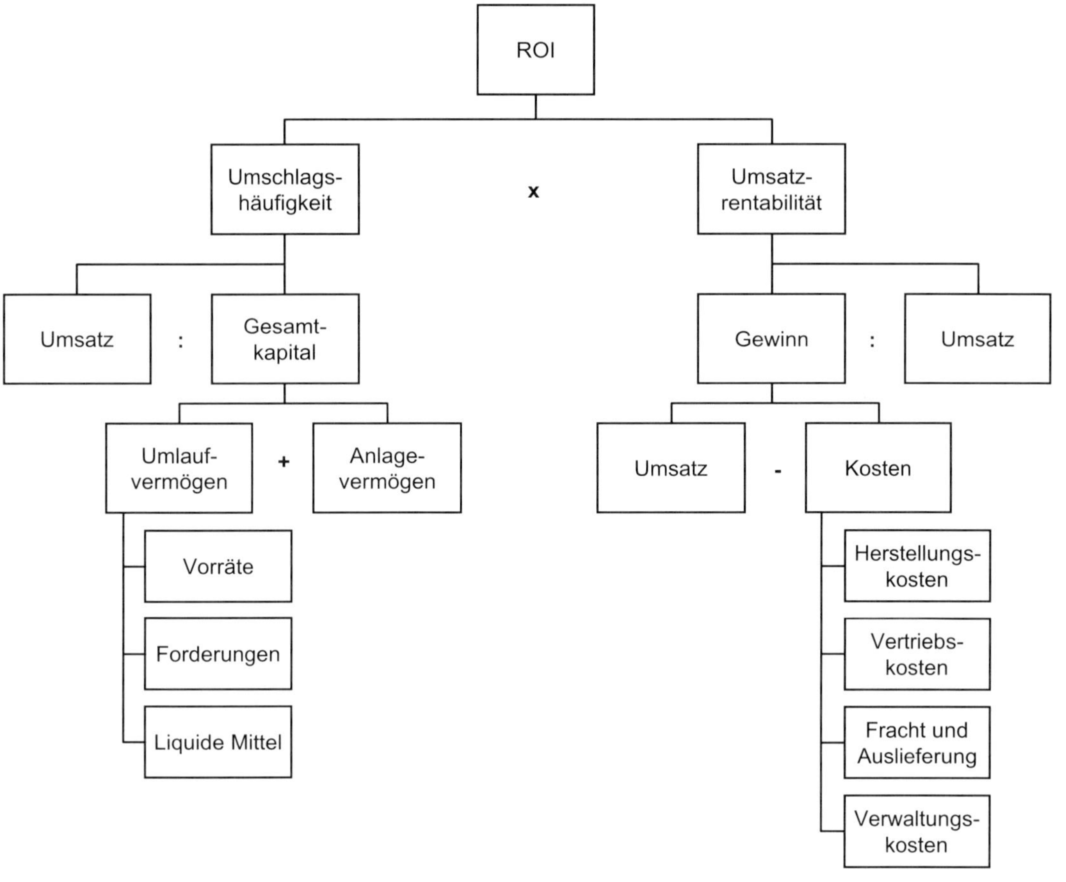

Quelle: in Anlehnung an Weber/Schäffer 2011, S. 190; Davis 1950, S. 7

Abb. 32.2: Aufbau des ROI-Systems

senkt, die Eigenkapitalrentabilität jedoch erhöht. Dem Informationsbedürfnis anderer Stakeholder (z. B. Lieferanten) wird ebenfalls nur eingeschränkt Rechnung getragen. Das hängt unter anderem damit zusammen, dass Größen aus dem Rechnungswesen verwendet werden, die nur sehr eingeschränkt Zukunftserwartungen widerspiegeln. Bekanntlich sind Werte aus dem Jahresabschluss, wie sie z. B. bei der Ermittlung des ROI verwendet werden, vorwiegend vergangenheitsorientiert (z. B. Umsatz oder Personalkosten des vergangenen Jahres), wenn auch mit Rückstellungen ein Teil der zukünftigen Verpflichtungen erfasst wird. Zukunftserwartungen können zwar zum Teil auch in die Ermittlung des Jahresergebnisses eingehen (z. B. bei der Bewertung der Warenbestände oder der Grundstücke), in vielen Fällen dominiert jedoch eine Orientierung an den Anschaffungskosten. Kennzahlensysteme können schließlich auch daran gemessen werden, inwieweit sie Hinweise auf mögliche Maßnahmen geben. Solche Hinweise lassen sich grundsätzlich aus der ROI-Kennzahlenpyramide ableiten, wie die folgenden Beispiele verdeutlichen:

- Die Gesamtkapitalrentabilität kann gesteigert werden, wenn das Anlagevermögen reduziert wird. Das ist beispielsweise möglich, wenn Immobilien im Eigenbesitz veräußert und anschließend angemietet werden. Bevor eine solche Maßnahme durchgeführt wird, ist u. a. zu prüfen, wie sich die damit einhergehenden Kostenerhöhungen (gestiegene Mietkosten) auf den ROI auswirken.
- Die Kennzahlenpyramide regt an, über Möglichkeiten zum Absenken des Umlaufvermögens nachzudenken, z. B. indem mit den Lieferanten eine schnellere Belieferung (nach Auftragserteilung) vereinbart wird und so die Sicherheitsbestände reduziert werden können.

Insofern kann dem ROI-System ein Strategiebezug bescheinigt werden.

32.1.2 Das ZVEI-Kennzahlensystem

Das ZVEI-Kennzahlensystem wurde zwar 1969 erstmalig vom Zentralverband Elektrotechnik und Elektronikindustrie (ZVEI) veröffentlicht (vgl. Küting 1983b), es ist jedoch branchenneutral formuliert. Das System besteht aus zwei Kennzahlenbereichen, der Wachstums- und der Strukturanalyse. In dem mit Wachstum überschriebenen Bereich werden verschiedene Kennzahlen zu Geschäftsvolumen, Personal und Erfolg in absoluter und relativer Darstellung mit den Werten der Vorperiode verglichen. Zur Untergruppe Erfolg gehören die Kennzahlen „umsatzbezogenes Ergebnis vor Zinsen", „Ergebnis der gewöhnlichen Geschäftstätigkeit", „Jahresüberschuss" und „Cashflow". Der zweite Bereich, die Strukturanalyse, steht im Zentrum des ZVEI-Kennzahlensystems. An der Spitze der Strukturanalyse steht im Gegensatz zu dem ROI-System die Eigenkapitalrentabilität. Zu ihr werden weitere aus dem Rechnungswesen abgeleitete Kennzahlen in Beziehung gesetzt, die sich 11 Gruppen zuordnen lassen (siehe Abbildung 32.3).

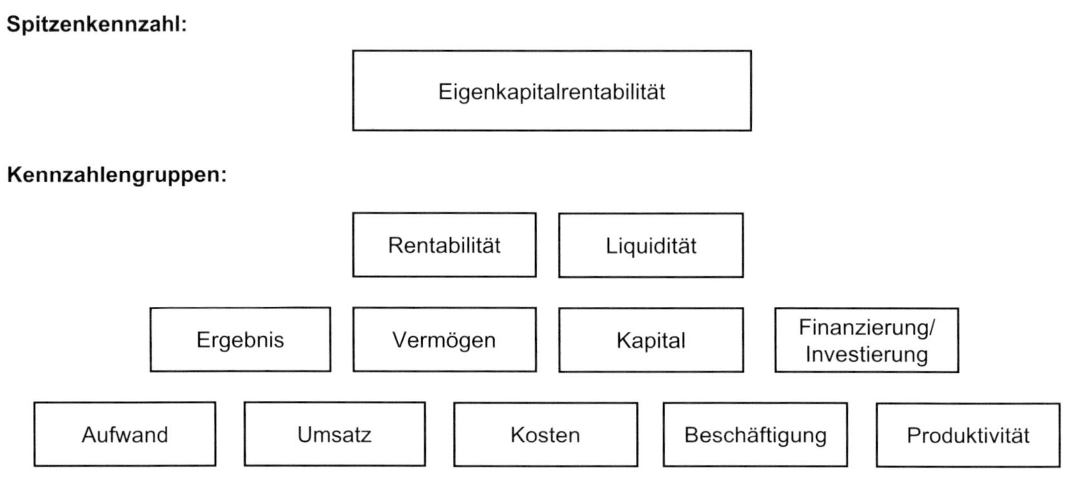

Quelle: Zentralverband Elektrotechnik und Elektronikindustrie (ZVEI) 1989, S. 43

Abb. 32.3: Kennzahlen der Strukturanalyse aus dem ZVEI-System

Die Bezeichnungen für die Kennzahlengruppen in Abbildung 32.3 machen deutlich, dass Angaben aus dem betrieblichen Rechnungswesen verdichtet werden. Insgesamt beinhaltet die Kennzahlenhierarchie der Strukturanalyse 88 Haupt- und weitere 122 Hilfskennzahlen. Die Hilfskennzahlen dienen dazu, die mathematischen Verknüpfungen des gesamten Systems herzustellen. Im Einzelnen wird das System eingehend in der Veröffentlichung des Verbandes und in der Fachliteratur dargestellt (vgl. Küting 1983b; ZVEI 1989; Sandt 2005; Horváth 2009). Zwar ist das ZVEI-System differenzierter als das ROI-System, aber es gibt auch Gemeinsamkeiten, die sich in der Datenherkunft und der Tatsache äußern, dass es sich um Rechensysteme handelt.

Das ZVEI-System ist ähnlich wie das ROI-System zu beurteilen. Positiv hervorzuheben ist, dass die Eigenkapitalrentabilität an die Spitze der Hierarchie des Struktursystems gestellt worden ist. Damit wurde eine für das Management sinnvollere Spitzenkennzahl gewählt. Wie beim ROI-System werden Angaben aus dem Jahresabschluss verwendet, womit zukünftige Entwicklungen nur sehr eingeschränkt berücksichtigt werden. Die Ergebnisse aus dem betrieblichen Rechnungswesen sind nicht nur für die Kapitalgeber von Interesse, sondern beispielsweise auch für Mitarbeiter, Lieferanten oder die Gemeinde, in der die Unternehmung ihren Sitz hat. Von einer expliziten Stakeholderorientierung kann aber nicht gesprochen werden. Es fällt auf, dass keine Informationen verwendet werden, die ihren Ursprung außerhalb des betrieblichen Rechnungswesens haben. So finden beispielsweise Erhebungen zur Mitarbeiter- oder Kundenzufriedenheit ebenso wenig Berücksichtigung wie Auswirkungen der Geschäftstätigkeit auf Umwelt und Gesellschaft. Analyse und Kontrolle werden unterstützt, weil sich im Rahmen von Betriebs-, Soll-Ist- und Zeitvergleichen zahlreiche Erkenntnisse gewinnen lassen (vgl. hierzu auch Kapitel 30). Durch die Ausrichtung auf die Spitzenkennzahl Eigenkapitalrentabilität wird auf das Interesse der Eigentümer Bezug genommen. Insofern ist ein Strategiebezug vorhanden, der vorwiegend auf Maßnahmen bezogen ist, über die das Top-Management entscheidet. Für Entscheidungen nachgelagerter Instanzen werden vielfältigere und auf kleinere Bereiche bezogene Angaben benötigt.

32.1.3 Werttreiberhierarchien

Gemäß dem seit etwa 1980 entwickelten Shareholder-Value-Ansatz sind solche Maßnahmen in einer Unternehmung zu realisieren, die den Wert des Unternehmens steigern und somit im Interesse der Anteilseigner liegen (vgl. Rappaport 1986; Weber/Bramsemann/Heineke et al. 2004). Der Wert des Unternehmens wird weder an der erzielten Gesamtkapitalrentabilität (ROI) noch an der Eigenkapitalrentabilität (ZVEI) festgemacht, weil beide Größen vorwiegend unter Berücksichtigung vergangener Ereignisse ermittelt werden. Es werden aber wertorientierte Zielgrößen benötigt, die zukünftige Entwicklungen stärker als Jahresabschlusszahlen berücksichtigen und sich somit der Bewertung durch den Kapitalmarkt stärker annähern. Ein auf solche Zielgrößen ausgerichtetes Kennzahlensystem kann auch als Werttreiberhierarchie bezeichnet werden.

Bekanntlich können sich die Bewertung eines Unternehmens aufgrund der Bilanz und die Bewertung durch den Kapitalmarkt unterscheiden. Nach dem Shareholder-Value-Ansatz soll der betriebliche Gewinn einer Periode die Kapitalkosten derselben Periode übersteigen, wobei die Kapitalkosten die marktübliche Rendite darstellen, die von den Anteilseignern für das Kapital gefordert wird. Es ist der gleiche Grundgedanke, der auch in der Investitionsrechnung zum Tragen kommt. Hiernach ergibt sich bei Anwendung der Kapitalwertmethode nur dann ein positiver Kapitalwert, wenn sich das Kapital in dem zu beurteilenden Projekt höher verzinst als mit dem Kalkulationszinssatz. Ein über den Kapitalkosten liegender betrieblicher Gewinn wird als betrieblicher Übergewinn bezeichnet. Zur Ermittlung einer so ausgerichteten Spitzenkennzahl wurden verschiedene Konzepte entwickelt, die jedoch nahezu identisch sind (vgl. Hostettler/Stern 2007, S. 60). Zu nennen sind:

- Economic Value Added (EVA),
- Economic Profit,
- Added Value und
- Cash Value Added (CVA).

Nach einer von Aders, Hebertinger, Schaffer et al. (2003) durchgeführten Befragung wurden von den DAX 100-Unternehmen insbesondere EVA (54 % der Antwortenden) und CVA (7 % der Antwortenden) eingesetzt. In die gleiche Richtung weisen die Ergebnisse der Umfrage von Homburg, Toksal und Gödde (2004). Daher wird im Folgenden näher auf das EVA-Konzept eingegangen.

EVA ergibt sich nach folgender Formel:

$$EVA_t = NOPAT_t - (IK_t \cdot WACC_t) \tag{32.4}$$

mit:

EVA_t = Economic Value Added in Periode t

$NOPAT_t$ = Net Operating Profit after Taxes in Periode t

IK_t = Investiertes Kapital in Periode t

$WACC_t$ = Weighted Average Cost of Capital in Periode t

Ein positiver Wert für EVA zeigt an, dass die Renditeerwartungen der Eigen- und Fremdkapitalgeber übererfüllt wurden, ein negativer Wert hingegen, dass die Kapitalkosten durch den bereinigten Gewinn nicht gedeckt werden konnten.

Die Bestimmungsfaktoren für die Höhe von EVA werden als Werttreiber bezeichnet, die ihrerseits eine Werttreiberhierarchie bilden. Entsprechend der Definition von EVA handelt es sich auf der ersten Ebene um die Werttreiber NOPAT, IK und WACC, die ihrerseits weiter aufgespaltet werden können, z. B. WACC in Eigenkapital- und Fremdkapitalkosten, NOPAT entsprechend seiner Definition als Umsatz abzüglich betrieblicher Steuern und Kosten. Die betrieblichen Kosten können wiederum in fixe und variable Kosten zerlegt werden. Es handelt sich um rechentechnische Zerlegungen der jeweiligen Kennzahl, was die Bezeichnung Rechensystem begründet. Ab einem gewissen Punkt wird die rechentechnische Zerlegung durch die Konstruktion von sachlogischen Zusammenhängen ersetzt, indem mögliche Einflussgrößen auf die übergeordnete Kennzahl erfasst werden. So können etwa die Wettbewerbsintensität, das Image bei den Nachfragern und die Verkaufsstellendichte als Bestimmungsfaktoren der realisierten Handelsspanne angesehen werden. Die ausgewiesenen Werttreiber sollen Hinweise auf die Steuerung des Unternehmens ermöglichen.

Bei der Beurteilung von Werttreiberhierarchien ist zunächst zu berücksichtigen, dass im Vergleich zum ROI- und ZVEI-System eine andere Spitzenkennzahl verwendet wird. Zwar wird auch hier von dem in der Bilanz festgestellten betrieblichen Gewinn ausgegangen, der stark von Ereignissen in der Vergangenheit geprägt ist, aber durch die ansonsten mit dem eingesetzten Kapital erzielbare Rendite (wie sie in WACC eingeht) geraten gegenüber den anderen Kennzahlensystemen neue Aspekte in den Fokus. Allerdings liegt auch hier eine nachträgliche Beurteilung des Wertbeitrags auf Basis bilanzieller Daten und somit eine vorwiegend vergangenheitsorientierte Betrachtung vor. Auch wenn der prognostizierte zukünftige betriebliche Gewinn der nächsten Periode zugrunde gelegt wird, bleibt die Betrachtung kurzfristig orientiert. Erweiterungen um eine noch weiterreichende zukunftsorientierte Betrachtung führen zum Market Value Added (MVA) (vgl. Horváth 2009). Das Konzept orientiert sich am Shareholder Value. Eine explizite Berücksichtigung der Interessen weiterer Stakeholdergruppen findet sich aber nicht. Als Hauptvorteil ist anzuführen, dass auch in dezentralen Einheiten überprüft werden kann, ob das investierte Kapital die gewünschte Verzinsung erbringt.

32.1.4 Key-Performance-Indikatoren

Nach der Erfolgsfaktorenforschung sind für den Erfolg eines Unternehmens einige wenige zentrale Faktoren maßgebend, die auch als *critical success factors* bezeichnet werden (vgl. hierzu Kapitel 7). Sie zeigen die Haupterfolgsgründe eines Unternehmens (Stärken) und decken seine Hauptprobleme (Schwächen) auf. An der Universität des Saarlandes wurde in Kooperation mit T-Systems ein Retail-Performance-Management-System entwickelt, das an solchen Erfolgsfaktoren anknüpft (vgl. Biesiada/Neidhart 2004; Neidhart/Morschett/Biesiada 2006). Der Ansatz misst die Performance handelsbetrieblicher Prozesse anhand der drei Performance-Dimensionen Effizienz, Qualität und Kundenzufriedenheit. Den Performance-Dimensionen werden sog. Key-Performance-Indikatoren (KPI) zugeordnet, die wiederum durch einzelne Performance-Indikatoren (PI) beeinflusst werden. Dies ist in Abbildung 32.4 am Beispiel des Supply Chain Management-Prozesses dargestellt. Es ist zu erkennen, dass das Modell auf sechs Key-Performance-Indikatoren basiert, die den drei Performance-Dimensionen zugeordnet sind. *Out-of-stock* und Warenreklamationen sind beispielsweise Key-Performance-Indikatoren mit direkter Wirkung auf die Kundenzufriedenheit. Der Qualitäts-Dimension sind die Indikatoren Durchlaufzeit und Beziehungsintensität zugeordnet. Die einzelnen Indikatoren lassen vermuten, dass mit der Qualität stärker auf interne Prozesse, mit der Kundenzufriedenheit dagegen auf ihre Wirkung bei den Kunden Bezug genommen wird. Es bleibt offen, inwieweit die Dimensionen als voneinander unabhängig betrachtet werden können.

Ein wesentliches Charakteristikum des beschriebenen Retail-Performance-Management-Systems besteht darin, dass der finanzielle Erfolg auf wenige ausgewählte Erfolgsfaktoren zurückgeführt wird. Zudem wird eine prozessorientierte Perspektive eingenommen, was sich in der Verwendung prozessorientierter Leistungskennzahlen niederschlägt. Die Hauptschwierigkeit des Modells ist darin zu sehen, geeignete Performance-Indikatoren auszuwählen und Hypothesen zu Ursache-Wirkungs-Zusammenhängen zwischen den Indikatoren zu entwickeln. Das vorgestellte System erwei-

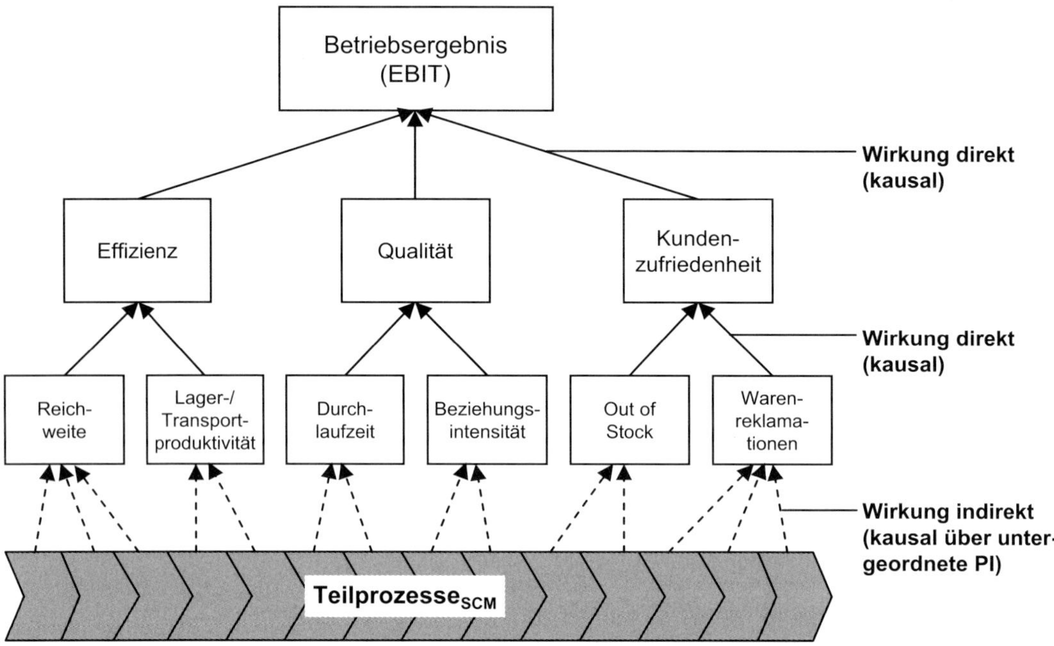

Quelle: Neidhart/Morschett/Biesiada 2006, S. 911

Abb. 32.4: Kausales Beziehungsgeflecht zwischen Unternehmenserfolg, Performance-Dimensionen und Key-Performance-Indikatoren

tert die klassischen Kennzahlensysteme um Aspekte, die auch in der Balanced Scorecard Berücksichtigung finden. Hierauf wird im Folgenden näher eingegangen.

32.2 Die Balanced Scorecard und ihre Modifikationen

In Kapitel 4 ist bei der Vorstellung des entscheidungsorientierten Ansatzes betont worden, dass eine differenzierte Formulierung von Zielen erforderlich ist, auf die die Strategien und Maßnahmen des Unternehmens auszurichten sind. Die in Kapitel 4 bereits vorgestellte Balanced Scorecard stellt hierzu ein geeignetes Hilfsmittel dar. Die Balanced Scorecard ist in den 1990er Jahren von Kaplan und Norton (1992, 1996, 1997) entwickelt worden und wurde seitdem in vielen Unternehmungen – auch im Handel – eingeführt. Die Balanced Scorecard wird an dieser Stelle erneut aufgegriffen, weil sie gegenüber herkömmlichen Kennzahlensystemen mehrere Vorteile hat:

- Die Balanced Scorecard dient der Abstimmung von geplanter Strategie und verwendetem Kennzahlensystem. Das ausgewählte Kennzahlensystem soll helfen, die angestrebte Strategie umzusetzen und zu kontrollieren.

- Die Balanced Scorecard fordert dazu auf, die am Rechnungswesen orientierten ökonomischen Zielgrößen um weitere Zielgrößen zu ergänzen. Solche Größen sind hilfreich, weil sie insbesondere den nachgeordneten Entscheidungsträgern ermöglichen, die von ihnen zu treffenden Entscheidungen an maßnahmengerechten Kriterien zu beurteilen.
- Die Balanced Scorecard erlaubt es, über die Kennzahlenerweiterung die Interessen weiterer Stakeholder explizit in das Zielsystem aufzunehmen (z. B. Kunden und Mitarbeiter).

Das Instrument wird in drei Varianten vorgestellt: zuerst in der ursprünglichen von Kaplan und Norton entwickelten Variante (Abschnitt 32.2.1), wobei Bezüge zum Handel aufgezeigt werden. Anschließend werden zwei explizit für den Handel entwickelte Varianten präsentiert, die auch als Handelsscorecards bezeichnet werden.

32.2.1 Die ursprüngliche Balanced Scorecard nach Kaplan und Norton

Das zentrale Element der Balanced Scorecard sind die verschiedenen Perspektiven, für die jeweils strategiekonforme Ziele festgelegt und mit Hilfe geeigneter Kennzahlen operationalisiert werden. Es handelt sich dabei um die finanzielle Perspektive, die Kundenperspektive, die Perspektive der internen Geschäftsprozesse und die Lern- und Entwicklungsperspektive (vgl. Kapitel 4), wobei die Perspektiven inhaltlich an die Situation der einzelnen Unternehmung angepasst werden können. Die Balanced Scorecard regt dazu an, Beziehungen zwischen den Kennzahlen der einzelnen Perspektiven zu beachten. Das wird in vereinfachender Form am Beispiel des Lebensmitteleinzelhandels in Abbildung 32.5 verdeutlicht.

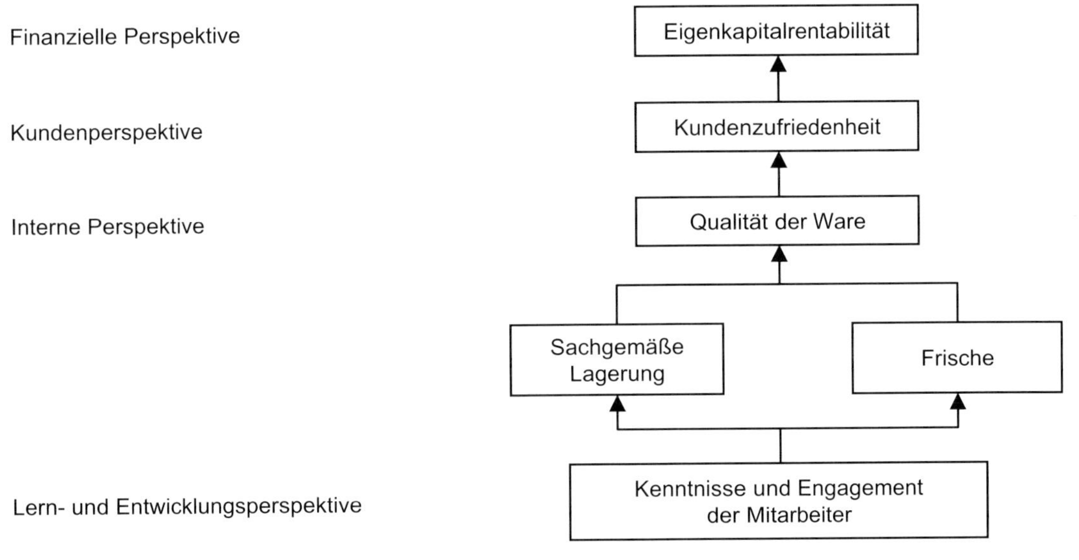

Abb. 32.5: Beispielhafte Verdeutlichung der Beziehungen zwischen Zielen einzelner Perspektiven

In dem Beispiel wird im Rahmen der finanziellen Perspektive mit der Eigenkapitalrentabilität ein gängiges finanzielles Ziel festgelegt. Die Kundenperspektive äußert sich in der angestrebten Kundenzufriedenheit. Ein solches kundenbezogenes Ziel könnte in einem Unternehmen angemessen sein, welches sich intensivem Wettbewerbsdruck ausgesetzt sieht und Kunden bedient, die die Angebote der verschiedenen Anbieter miteinander vergleichen. Es wird unterstellt, dass die Kundenzufriedenheit in engem Zusammenhang mit der Einkaufsstättenwahl steht. Somit wird deutlich, wie wichtig die Kenntnis solcher Beziehungen ist (vgl. hierzu Kapitel 9, in dem einzelne Bestimmungsfaktoren der Einkaufsstättenwahl behandelt worden sind). Weiterhin gilt es im Rahmen der Unternehmenspolitik zu klären, mit welchen Aspekten des Leistungsprogramms Kundenzufriedenheit angestrebt werden soll bzw. von welchen Aspekten die Zufriedenheit abhängt. Hier wird der Übergang zur internen Perspektive deutlich, mit der solche Leistungsbereiche festgelegt werden. Im vorliegenden Beispiel eines Lebensmittelhändlers wird dem Angebot in der Abteilung „Fleisch und Wurst" ein besonderer Stellenwert eingeräumt, weil die Unternehmensleitung davon ausgeht, dass das Image dieser Abteilung die Kundenzufriedenheit in besonderer Weise beeinflusst. Als Stellgrößen sind in dem Beispiel die sachgemäße Lagerung und die Frische aufgeführt. Beides gilt es zu gewährleisten, zum einen durch geeignete Kühlung, zum anderen durch kurze Lagerzeiten, eine laufende Belieferung und das Aussortieren von Altbeständen.

In enger Beziehung zu der internen Perspektive steht die Lern- und Entwicklungsperspektive, denn entsprechende Maßnahmen können nur erfolgreich durchgeführt werden, wenn die Mitarbeiter das Konzept kennen und mit der Ware sachgerecht umzugehen wissen. Die Pfeile repräsentieren Ursache-Wirkungs-Beziehungen, die dazu beitragen sollen, die Vision der Unternehmung „Mit Frische den Wettbewerb bestehen" umzusetzen. Deutlich wird, dass die nicht-finanziellen Ziele nicht im Wettbewerb zu den finanziellen Zielgrößen stehen, sondern helfen, diese zu realisieren. Das Konzept bietet Raum, neben der üblichen finanziellen Perspektive und der Kundenperspektive weitere Sichtweisen einzunehmen (vgl. Kapitel 4).

Abbildung 32.6 verallgemeinert die am Beispiel erläuterten Zusammenhänge zwischen den Perspektiven, wobei teilweise etwas andere Bezeichnungen für die Perspektiven gewählt wurden. Die Abbildung zeigt, dass passend zur Vision und Strategie des Unternehmens in jeder der genannten Perspektiven strategische Ziele festgelegt werden müssen, für die konkrete Messgrößen und Zielwerte zu definieren sind und denen strategische Aktionen zugeordnet werden sollen.

Das System der Balanced Scorecard stellt eine sinnvolle Erweiterung der traditionellen finanzwirtschaftlich ausgerichteten Kennzahlensysteme dar, weil es nicht nur finanzielle Ergebnisgrößen aufgreift, sondern auch die Voraussetzungen (Ressourcen) und Prozesse abbildet, mit denen die Ergebnisse erzielt werden. Es gibt mehrere Ziele und Gründe, die die Verwendung einer Balanced Scorecard nahelegen:

- Die Umsetzung der Unternehmensstrategie soll gewährleistet werden.
- Das strategische Konzept soll für die Mitarbeiter konkretisiert werden.
- Die Ausrichtung auf die Kunden soll gestärkt werden.
- Finanzielle Ergebnisgrößen allein liefern zu wenig Hinweise auf geeignete Maßnahmen.
- Die traditionellen Ziele sind oft so allgemein, dass sie von den Mitarbeitern nicht herangezogen werden können, um ihr Verhalten darauf auszurichten.

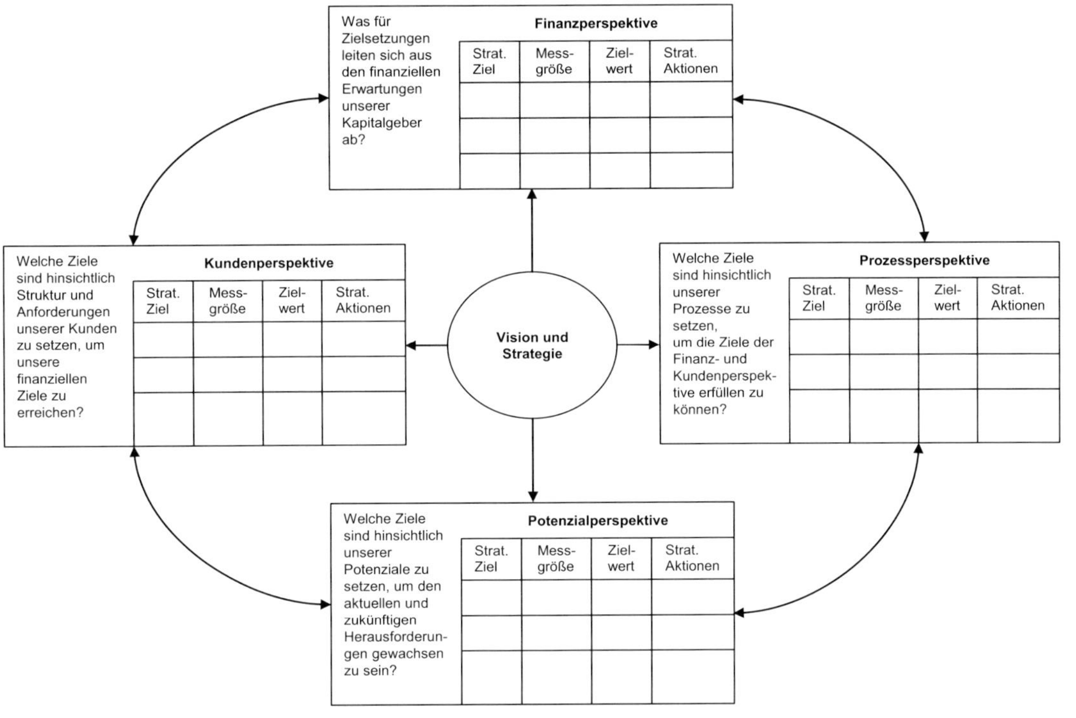

Quelle: in Anlehnung an Kaplan/Norton 1997, S. 9

Abb. 32.6: Verknüpfungen bei Anwendung der Balanced Scorecard

- In Systemen mit ausschließlich finanzwirtschaftlichen Zielen werden weitere Ziele nicht ausreichend berücksichtigt.
- Die Motivation der Beteiligten, Beiträge zur Erreichung der Ziele zu erbringen, soll angeregt werden.

Von zentraler Bedeutung sind die der Balanced Scorecard zugrunde gelegten Ursache-Wirkungs-Beziehungen, die im Einzelfall zwar hinterfragt werden können, grundsätzlich jedoch unverzichtbar sind. Abbildung 32.7 gibt einen Überblick über weitere Ansatzpunkte zur Beurteilung der Balanced Scorecard.

Vorteile	Nachteile
Richtet Vision und Strategie an den kritischen Erfolgsfaktoren aus	Umfassende Marktkenntnisse erforderlich
Strategie wird klar verständlich, überprüfbar und kommunizierbar	Überzeugung des gesamten Managementstabs erforderlich
Starke Zukunftsorientierung, Loslösung von der Vergangenheitsorientierung	Motivation und Zukunftsorientierung aller Manager erforderlich
Betonung der Ausgewogenheit/gleichen Relevanz der verschiedenen Perspektiven	Klare und konkrete Vermittlung der Vorgaben notwendig
Liefert konkrete Hinweise auf die Möglichkeiten zur Zielerreichung	Gefahr, dass wichtige Erfolgsfaktoren unberücksichtigt geblieben sind

Quelle: Eschenbach/Haddad 1999, S. 102

Abb. 32.7: Vor- und Nachteile der Balanced Scorecard

32.2.2 Branchenspezifische Scorecards für den Handel

Kaplan und Norton haben ihre Balanced Scorecard branchenunabhängig entwickelt. Jedes Unternehmen muss die finanzwirtschaftliche Perspektive berücksichtigen und kontrollieren, inwieweit das Angebot den Erwartungen der Kunden entspricht. Hierzu müssen Ressourcen und Prozesse optimiert werden. Das gilt auch für Handelsunternehmungen, so dass die Frage aufkommt, ob und auf welche Weise bei Anwendung der Balanced Scorecard im Handel spezifische Aspekte zu beachten sind. Die Antwort ergibt sich aus der Tatsache, dass die im Handel verfolgten Strategien und die ihnen zuzuordnenden Erfolgsfaktoren branchenspezifisch sind. Auf einer abstrakten Ebene können zwar alle Unternehmungen Preis- oder Qualitätsstrategien verfolgen, bei der notwendigen Konkretisierung treten jedoch die branchenspezifischen Besonderheiten zutage. Neben den auf eine Branche bezogenen Anpassungen sind auch bei wirtschaftsstufenübergreifenden Anwendungen des Ansatzes entsprechende Modifikationen vorzunehmen (vgl. Weber/Bacher/Groll 2003).

Müller-Hagedorn und Wierich (2003) schlagen zur Ausgestaltung einer auf die Verhältnisse im Handel zugeschnittenen Scorecard vor, Ressourcen, Prozesse sowie finanzielle und kundenbezogene Ergebnisse abzubilden, d. h. an den Basisgrößen des von der European Foundation for Quality Management entwickelten sog. EFQM-Modells (vgl. European Foundation for Quality Management (EFQM) 2010) anzuknüpfen (vgl. hierzu auch Kapitel 31). Für die genannten Dimensionen sind Ist-Werte zu ermitteln und Soll-Werte festzulegen. Eine Orientierung der Scorecard an den drei Dimensionen Ressourcen (Potenziale), Prozesse und Ergebnisse folgt dem produktionstheoretischen Ansatz, der zwischen Ergebnissen und eingesetzten Ressourcen unterscheidet. Das Unternehmen wird hierbei als Abfolge von einzelnen Prozessen gesehen, mit denen die Wertschöpfung erzielt werden soll. Am Ende stehen die mit monetären Größen bewerteten Ergebnisse. Über Ressourcen, Prozesse und Ergebnisse können alle relevant erscheinenden Bereiche eines Unternehmens in einer Scorecard integriert werden. Alle Input-Faktoren können über die Dimension Ressourcen abgebildet werden, die wertschöpfenden Vorgänge werden über die Prozess-Dimension erfasst. Der Output der Prozesse wird mit Hilfe der Ergebnis-Dimension erfasst, wobei zwischen rein finanziellen bzw. ökonomischen und kundenbezogenen bzw. vorökonomischen Größen unterschieden wird. Abbildung 32.8 verdeutlicht am Beispiel der Abteilung Einkauf den möglichen Aufbau einer solchen Scorecard. Sie enthält Angaben über wichtige Ressourcen sowie Kennzahlen zu Einkaufsprozessen und Ergebnisgrößen. Zur Ressourcenausstattung und den Kennzahlen sind jeweils Ist-Werte angegeben. Es ist jedoch auch sinnvoll, Soll-Werte festzulegen, um so die Erreichung der strategischen Ziele der Unternehmung zu forcieren.

Ressourcen		Einkaufsprozesse		Ergebnisse			
				finanziell		kundenbezogen	
Verfügbarkeit von zeitnahen Informationen über den Abverkauf in einzelnen Filialen	allabendliche Meldung der Kassendaten an Einkauf	Reaktionszeit auf aus dem Verkauf gemeldete Veränderungen der Nachfrage	1,4 Wochen	Umsatz mit Zielgruppe	3 236 812 €	Zufriedenheit der Zielgruppe	KuZi von 14/30
Wissen um Lieferanten und Konditionen	sehr gute Beschaffungs-marktkenntnis	Anzahl Bestellungen pro Mitarbeiter/Tag	13	Lagerbestände	1,5 Mio. €	Anteil der Zielgruppe an den Käufern	96,40 %
Informationen über Bedarfsentwicklung in einzelnen Gruppen	Fähigkeit zur relativ genauen Prognose der nächsten zwei Monate	Anzahl Liefereranten-beziehungen je Mitarbeiter	16	Lagerumschlag	2,3	Anteil der Zielgruppe an den Besuchern	75,20 %
Informationen über die Aktivitäten der Konkurrenz	geringer Informationsstand	Mitarbeiter-zufriedenheit	25/40	durchschn. DB eines Artikels/ durchschn. DB Sortiment	1,1	Anteil Nicht-Käufer an Besuchern aus der Zielgruppe	26,20 %
		Zeitraum zwischen Bestellung der Ware und Platzierung im Regal	1,7 Wochen	Einkaufskosten total	212 451,54 €	Besuchshäufigkeit Zielgruppe oder Kundenbindungsindex	3,2 pro Monat
		Prozesskosten je Bestellvorgang	116,72 €			Image des Unternehmens	Imageindex von 0,82

Quelle: Müller-Hagedorn/Wierich 2003, S. 234

Abb. 32.8: Eine am EFQM-Modell orientierte Handelsscorecard (Beispiel für den Bereich Einkauf)

Bei der Entwicklung einer Scorecard besteht eine wesentliche Herausforderung darin, strategische Ziele zu formulieren und durch geeignete Kennzahlen zu operationalisieren. Anschließend sind Ist-Werte zu ermitteln, Soll-Werte festzulegen und geeignete Maßnahmen zu definieren. Abbildung 32.9 gibt für den Bereich Einkauf einen Überblick über mögliche strategische Ziele und deren Operationalisierung in den Bereichen Prozesse und Ergebnisse. Der finanziellen Dimension sind hierbei auch allgemeine Kennzahlen aus dem Warenwirtschaftssystem zugeordnet, so dass in der Abbildung von einer erweiterten finanziellen Dimension gesprochen werden muss. Die Kennzahlen in diesem Bereich beziehen sich auf einzelne Artikel. Darüber hinaus sind einzelne Kennzahlen, wie beispielsweise der Kundenbindungsindex, konkret zu definieren.

	Strategisches Ziel	Kennzahl
Kundendimension	Steigerung des Umsatzes durch Steigerung des Käuferanteils an der Besucherzahl	Anteil der Nichtkäufer an Besuchern
	Steigerung der Kundenbindung	Kundenbindungsindex
	Steigerung der Besuchsfrequenz	Wiederbesuchsabsichtsindex
	Steigerung der Kundenzufriedenheit	Kundenzufriedenheitsindex (insbesondere mit dem Sortiment)
	Verbesserung der Zielgruppenansprache	Anteil Besucher aus definierter Zielgruppe an Gesamtbesuchern oder an Zielgruppe gesamt
	Steigerung der Kundenbindung	Anteil Stammkunden an Besuchern
	Optimierung des Planungsaufwandes der verschiedenen Sortimentsteile	Bedeutung des Artikel/der Warengruppe für die Wahrnehmung des Händlers durch die Konsumenten (Beitrag zum Image des Händlers)
(erweiterte) finanz. Dimension	Sicherstellen eines überdurchschnittlichen Deckungsbeitrags	Umsatz oder Deckungsbeitrag pro Artikel im Verhältnis zu Umsatz oder Deckungsbeitrag der übrigen Artikel der Warengruppe oder der Warengruppe im Durchschnitt
	Sicherstellen unterdurchschnittlicher Abschriften	% ungeplante Abschriften im Verhältnis zu % ungeplante Abschriften übriges(r) Sortiment(steil)
	Ständige Warenverfügbarkeit	Stock-Out in Tagen im Vergleich zur Warengruppe o. Ä.
	Minimierung der Lagerhaltungskosten	Kapitalbindung eines Artikels im Vergleich zur Kapitalbindung ähnlicher oder übergeordneter Sortimentsteile
	Minimierung der Lagerhaltungskosten	Lagerumschlagsgeschwindigkeit
Prozessdimension	Erhöhung der Geschwindigkeit im Informationsfluss	Time-Lag bei der Informationsübergabe zwischen Verkauf und Einkauf und umgekehrt
	Beschleunigung der administrativen und logistischen Prozesse	Zeitraum zwischen Bestellung und Platzierung im Regal
	Erhöhung der Warenumschlagsgeschwindigkeit	Zeitraum zwischen Platzierung im Regal und Abverkauf

Quelle: in Anlehnung an Müller-Hagedorn/Wierich 2003, S. 235–236

Abb. 32.9: Strategische Ziele und ihre Operationalisierung

Insbesondere Informationen über kundenbezogene Ergebnisse können wertvolle Anregungen für den Einkauf liefern. Teilweise sind hierzu jedoch weitere Daten zu erheben. Wenn ein hoher Anteil an Nichtkäufern festgestellt wird, sollten durch Befragung Gründe des Nichtkaufs erhoben werden. Dies könnten beispielsweise fehlende Angebote bei bestimmten Größen, Farben oder Marken sein, die vorhandenen Preislagen könnten oberhalb der akzeptierten Preislagen der Besucher liegen oder die im Sortiment vorhandenen Designs, Stile, Marken, Verarbeitungsqualitäten oder Zusatzservices könnten nicht den Präferenzen der Besucher entsprechen. Wird festgestellt, dass der Anteil der anvisierten Zielgruppe an den Besuchern geringer als erwartet ist, muss ebenfalls durch weitere Befragungen innerhalb der Zielgruppe nach Ursachen gesucht werden.

Ein alternativer Vorschlag für eine Handelsscorecard findet sich bei Kügler (2009). Auf Basis einer Analyse von Erfolgsfaktoren (insbesondere gestützt durch die Metaanalyse von Kube 1991) empfiehlt er, neben der finanziellen Perspektive vier weitere Perspektiven zu berücksichtigen, und zwar:

- eine Wettbewerbsperspektive (Bezug zu den Erfolgsfaktoren Marktpotenzial, Wettbewerbssituation, Standortqualität und Betriebsgröße),
- eine Kundenperspektive (Bezug zum Erfolgsfaktor Serviceniveau),
- eine Sortiments- und Lieferantenperspektive (Bezug zu den Erfolgsfaktoren Sortiment und Preispolitik) und
- eine Mitarbeiterperspektive (Bezug zum Erfolgsfaktor Personalpolitik).

Über diese Perspektiven werden die für den Handel relevanten Erfolgsfaktoren berücksichtigt. Es ist jedoch im Einzelfall zu prüfen, ob die von einem Unternehmen als wichtig angesehenen Erfolgsfaktoren ausreichend Beachtung finden. Bei der Zuordnung der Erfolgsfaktoren zu den Perspektiven besteht ebenfalls Diskussionsbedarf. So wird sich das Urteil der Kunden nicht nur auf das Serviceniveau beziehen, sondern auch auf den Standort, die Betriebsgröße, das Sortiment und die Preispolitik. Andererseits kann es zweckmäßig sein, für die beiden zuletzt genannten absatzpolitischen Instrumente eine eigene Perspektive vorzusehen und diese mit der Position der Unternehmung gegenüber den Lieferanten zu verbinden. Sinnvoll erscheint es auch, für die Wettbewerbsposition eine eigene Perspektive vorzusehen.

32.3 Das Handels-H-System als Rahmen für ein Berichtssystem

Sowohl die in Abschnitt 32.1 dargestellten Kennzahlensysteme als auch die auf die Balanced Scorecard zurückgehenden Ansätze decken vornehmlich den Informationsbedarf des Top-Managements. Sie dienen der Sicherung der obersten Ziele des Unternehmens, insbesondere der Rentabilität und der Liquidität. Darüber hinaus sollen sie gewährleisten, dass die Entscheidungen auf nachgelagerten Ebenen in Übereinstimmung mit den zentralen Unternehmenszielen getroffen werden.

Informationen sind allerdings auch zur Unterstützung der im Geschäftsbetrieb ablaufenden operativen Prozesse unabdingbar, wie die folgenden Beispiele belegen:

- Der Lagerleiter benötigt Informationen über die Bestellungen, um die Wareneingangskontrolle durchzuführen.
- Die für den Personaleinsatz verantwortliche Person muss den Personalbestand und den Personalbedarf kennen.

- Die für die Prospektwerbung zuständige Person muss über die Lieferkonditionen informiert sein.
- Für die Rechnungsregulierung müssen Informationen über den ordnungsgemäßen Wareneingang vorliegen.

Die Beispiele unterstreichen, dass nicht nur für strategische Entscheidungen und Kontrollen, sondern auch für nachgelagerte Entscheidungen und administrative Aufgaben Informationen bereitgestellt werden müssen. Aus dieser Anforderung sind verschiedene Konzeptionen für das handelsbetriebliche Berichtswesen entstanden (vgl. zu einer Gegenüberstellung verschiedener Referenzmodellarchitekturen bzw. Ordnungsrahmen Fettke/Loos 2004; Hertel/Zentes/Schramm-Klein 2011). Abbildung 32.10 zeigt beispielhaft das sog. Handels-H-Modell (vgl. Becker/Schütte 2004; Becker/Winkelmann 2008, S. 104–109).

Den Kern des Modells bilden die beiden zentralen Prozesse des Handels – die Beschaffung und der Absatz. Zum Beschaffungsbereich gehören die Teilsysteme Einkauf, Disposition, Wareneingang, Rechnungsprüfung und Kreditorenbuchhaltung, zum Absatzbereich die Teilsysteme Marketing, Verkauf, Warenausgang, Fakturierung und Debitorenbuchhaltung. Beide Prozesse sind durch das Lager miteinander verbunden. Die einzelnen Teilprozesse sind sequentiell angeordnet, d. h. ein weiter unten stehender Teilprozess setzt das Durchlaufen der darüber stehenden Teilprozesse voraus. Beschaffung, Lager und Absatz formen das „H" des Modells. Es charakterisiert das Warenwirtschaftssystem, das in Handelsbetrieben von zentraler Bedeutung ist (vgl. Kapitel 17). Becker und Schütte (2004, S. 46) definieren ein Warenwirtschaftssystem wie folgt:

„Ein Warenwirtschaftssystem repräsentiert die warenorientierten dispositiven, logistischen und abrechnungsbezogenen Prozesse für die Durchführung der Geschäftsprozesse eines Handelsunternehmens."

Das Warenwirtschaftssystem wird zum Handelsinformationssystem, wenn weitere Teilsysteme hinzugefügt werden. Hierzu zählen Systeme zur Erfüllung betriebswirtschaftlich-administrativer Aufgaben, wie Haupt- und Anlagenbuchhaltung, Kostenrechung und Personalwirtschaft. Sie bilden die Basis des Modells. Darüber hinaus müssen die Informationen aus den operativen Systemen für Entscheidungsträger komprimiert und aufbereitet werden. Dies erfolgt in den Funktionsbereichen Controlling, Executive Information System (EIS) und Systemen zur Unterstützung der Unternehmensplanung (U.-Plan.). Sie bilden das Dach des Modells.

Die einzelnen Teilsysteme umfassen drei Dimensionen – die Funktions-, Daten- und Prozesssicht. Dabei wird der Funktionssicht hinsichtlich der Erstellung einer Steuerungskonzeption die größte Relevanz beigemessen. Abbildung 32.11 veranschaulicht die zentralen Aspekte der Funktionssicht. Zum Teilsystem Einkauf zählen beispielsweise die Funktionen Lieferanten-, Artikel-, Konditionen- und Kontraktverwaltung. Im Bereich Marketing finden sich die Funktionen Kundenstammdatenpflege, Warenplanung, Artikellistung, Konditionspolitik und Absatzwerbung. Abbildung 32.11 verdeutlicht die Funktionen weiterer Teilsysteme. Für die Funktionsbereiche, die das Dach bilden, wird keine weitere Differenzierung vorgenommen, da sich diese aus den Subaufgaben der übrigen Teilsysteme ergeben (vgl. Becker/Winkelmann 2008, S. 106).

Für die Implementierung des Modells müssen geeignete Kennzahlen bzw. Kennzahlensysteme entwickelt werden, die auf die einzelnen Teilsysteme zugeschnitten sind. Becker und Winkelmann

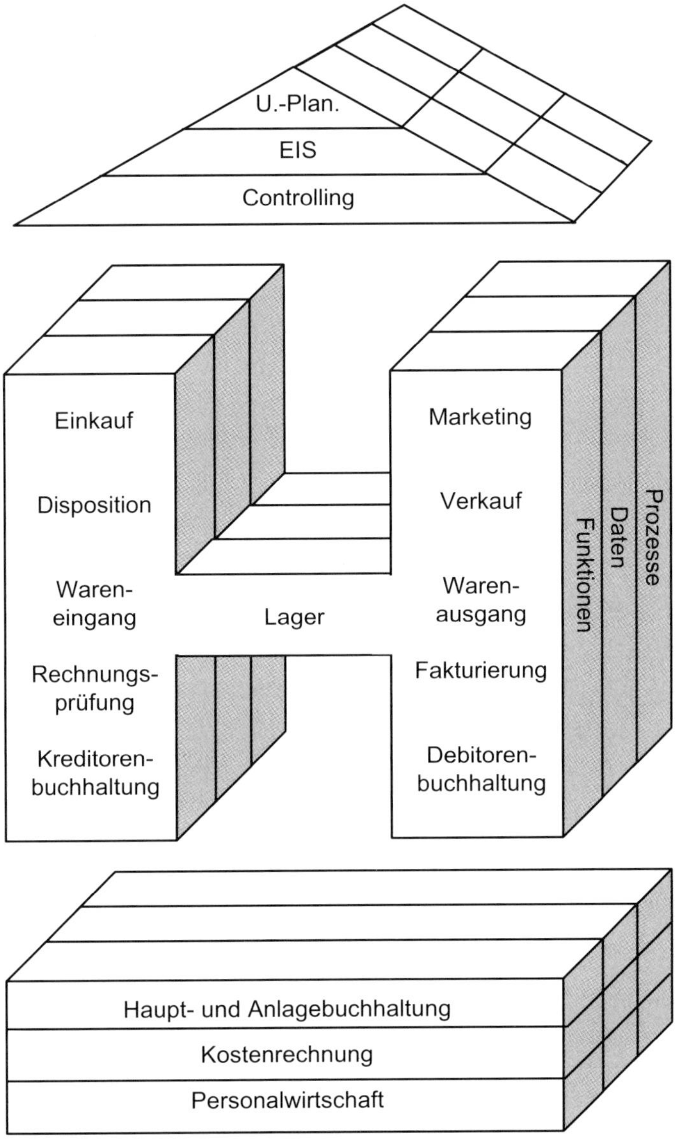

Quelle: Becker/Schütte 2004, S. 43

Abb. 32.10: Die Architektur des Handelsinformationssystems (Handels-H-Modell) von Becker und Schütte

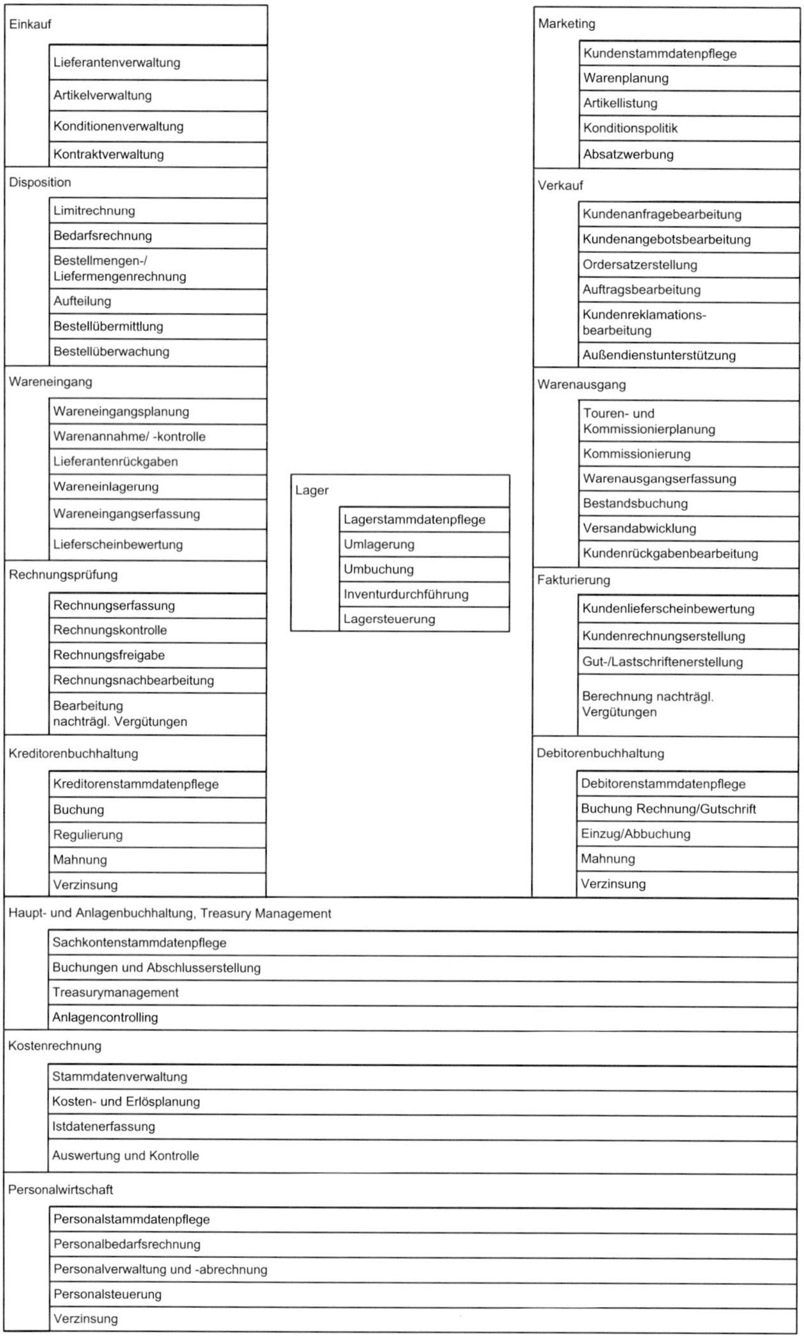

Quelle: Becker/Winkelmann 2008, S. 107, in Anlehnung an Vering 2002, S. 75

Abb. 32.11: Funktionale Aspekte des Handels-H-Modells

(2004) haben hierzu entsprechende Vorschläge erarbeitet. Im Rahmen der Implementierung stellt sich zudem die Frage, ob auf Standard- oder Individualsoftware zurückgegriffen werden soll. Für individuelle Lösungen sprechen insbesondere die maßgeschneiderte Anpassung an existierende Prozesse und die leichtere Realisierung von Erweiterungswünschen. Dem stehen jedoch mögliche Anpassungsprobleme bei organisatorischen Veränderungen gegenüber. Zudem weisen Standardlösungen eine hohe Qualität auf, und sie bieten Möglichkeiten zur individuellen Parametervariation (Customizing). Becker und Winkelmann (2004) sprechen daher von einem Trend zur Standardsoftware. Sie geben darüber hinaus einen Überblick über verschiedene Handelsinformationssysteme und deren Anbieter.

32.4 Objektspezifische Differenzierung von Informationssystemen

Informationssysteme dienen zunächst der Dokumentation betrieblicher Vorgänge. Ausgangspunkt ist die Verpflichtung, erfolgswirksame Vorgänge aufzuzeichnen. Die Elemente des Handels-H-Systems Fakturierung, Debitoren- und Kreditorenbuchhaltung sowie Haupt- und Anlagenbuchhaltung sind aus der Aufzeichnungspflicht unmittelbar abgeleitet. Managementorientierte Informationssysteme gehen allerdings über die kaufmännischen Aufzeichnungspflichten hinaus. So erfordern sie beispielsweise nicht nur Angaben über die Höhe der Verbindlichkeiten gegenüber den Lieferanten, sondern auch über die bestellten bzw. gelieferten Waren selbst. Es kommen somit Angaben über Mengen, Lieferzeitpunkte und Lieferorte hinzu. Weiterhin ist von Bedeutung, welche Warenmengen verkauft worden sind und an welche Nachfrager sie abgesetzt wurden. Die von einem Informationssystem bereitgestellten Informationen können sich somit auf unterschiedliche Objekte beziehen. Hierzu zählen:

- die Lieferanten,
- die Waren,
- die Läger,
- die Verkaufsstellen und
- die Kunden.

Die Informationen über die Lieferanten können sich darauf beziehen, welche Umsätze mit ihnen getätigt wurden, wie sich diese im Zeitablauf entwickelt haben oder welche Vereinbarungen, z. B. bezüglich des Warenbezugs, mit ihnen getroffen wurden. Von besonderer Bedeutung für ein Handelsunternehmen sind Informationen, die für lieferantenbezogene Entscheidungen benötigt werden. Hierzu zählen die Lieferantenauswahl und die Konditionenvereinbarungen (vgl. zur Ausgestaltung eines lieferantenbezogenen Controlling-Systems Zentes/Knörr 2004, S. 191–225, sowie den Überblick über Informationssysteme für das Supplier-Relationship-Management bei Toporowski/Zielke 2006, S. 774–775).

Bei den Waren handelt es sich um klassische Informationsobjekte des Handels. Die Kenntnis von Erfolgskennzahlen, die sich auf unterschiedliche Sortimentseinheiten beziehen können (z. B. Artikel, Artikelgruppen, Warengruppen, Warenbereiche, Handelsmarken), ist von großer Bedeutung für die Steuerung des Handelsunternehmens. Diese Aufgabe kommt auch den in Kapitel 28 dargestellten Kostenrechnungssystemen zu, an denen die Sortimentserfolgsrechnungen anknüpfen. Darüber hinaus sind Informationen zu den in Kapitel 15 vorgestellten nachfragebezogenen Sortimentskennzahlen, wie z. B. Käuferreichweite und Bedarfsdeckungsrate relevant. Besondere Schwierigkeiten bereitet es, die marketingbezogenen Effekte einzelner Sortimentseinheiten zu bestimmen (z. B. ihre Preis- oder Werbeelastizität).

Wie in Kapitel 23 gezeigt worden ist, gibt es unterschiedliche Typen von Lägern, z. B. Zentralläger, Regionalläger, Filialläger oder Cross-Docking-Systeme und Transitterminals. Auch diese sind bezüglich ihrer Kosten und Leistungen zu beurteilen. Auf die Errichtung eines Lagers beziehen sich Kennzahlen wie die Einrichtungskosten pro qm Lagerfläche oder der Anteil der Einrichtungskosten an den gesamten Baukosten. Den laufenden Betrieb charakterisieren Kennzahlen, wie die Anzahl der Pickpositionen, die Anzahl der Kommissionieraufträge oder die Anzahl der ausgelieferten Sendungen pro Tag. Weiterhin sind Größen, wie die Höhe der Sicherheitsbestände, die Höhe des gebundenen Kapitals oder die Anzahl von *out-of-stock*-Situationen von großer Bedeutung.

Bei den Verkaufsstellen ist von besonderem Interesse, welche Deckungsbeiträge sie erwirtschaften. Wie insbesondere in Kapitel 28 gezeigt worden ist, können diese auf unterschiedliche Weise definiert werden, wobei vor allem die erzielten Umsätze, Handelsspannen und Roherträge von Bedeutung sind. Das Interesse erstreckt sich ebenso auf die Kostenstruktur der Verkaufsstellen. Zudem wurde in Kapitel 31 hervorgehoben, dass auch Kennzahlen zur Kundenzufriedenheit und Kundenbindung relevant sind. Die Ergebnisse können auch auf der Ebene von Regionen oder Betriebsformen (Vertriebsschienen) aggregiert werden.

Bei den Informationen über Kunden kann man zwischen anonymen (nicht personenbezogenen) und personenbezogenen Daten differenzieren. Zu den traditionellen Auswertungen, die ohne Kenntnis der Identität eines Kunden auskommen, gehören:

- Auswertungen von Kassenbons nach Anzahl der Artikel, Kaufbetrag und Kaufzeitpunkt,
- die Zusammensetzung von Warenkörben hinsichtlich Anzahl und Art der gekauften Artikel, durchschnittlicher Höhe und Streubreite der Kaufbeträge, Anteil der Sonderangebote (vgl. Fischer 1994; Hildebrandt/Boztuğ 2007) sowie
- die Anzahl der Kunden und ihrer Laufwege im Geschäft.

Durch die Einführung von Kundenkartenprogrammen und eines Customer-Relationship-Managements haben sich die Voraussetzungen für kundenbezogene Analysen verbessert (vgl. Kapitel 31). Darüber hinaus ermöglichen Kundenkarten, die Penetration in einzelnen Käufergruppen zu ermitteln, und sie geben Hinweise auf die Kundentreue sowie auf Reaktionen bezüglich einzelner absatzpolitischer Maßnahmen, wie z. B. Prospekte, Direkt-Mail-Aktionen oder Produktneueinführungen (vgl. Mohme 1997). Darüber hinaus sind für das Customer-Relationship-Management Informationen über die Profitabilität einzelner Kunden und Kundengruppen von Interesse. Im Rahmen einer Kundenerfolgsrechnung können auch Informationen über den langfristigen Wert einzelner Kundenbeziehungen zur Verfügung gestellt werden, die eine Konzentration auf bestimmte Kunden oder Kundengruppen ermöglichen (vgl. Rödl 2003; Liebmann/Gruber 2006, S. 558–559; Zentes/Morschett/Schramm-Klein 2011, S. 298–299).

Informationssysteme liefern nicht nur Angaben über die oben aufgeführten Objekte, sie können sich auch auf Prozesse (Aktivitäten, Vorgänge) beziehen, wie z. B. Bestellungen, Warenlieferungen, Abverkäufe oder Marketingmaßnahmen. Die Ausführungen zeigen, wie umfangreich die Informationswirtschaft in einem Handelsbetrieb ist und wie wichtig es ist, ein geeignetes Informationssystem dafür zu entwickeln.

32.5 Entwicklungen und Probleme

Ein Informationssystem muss mit entsprechenden Daten versorgt werden, d. h. am Anfang des Informationsprozesses steht die Datenerhebung. Sie wird zunehmend automatisiert und durch geeignete Technologien unterstützt. In den letzten Jahren ist insbesondere die Entwicklung von RFID-basierten Warenerfassungs- und Warenverfolgungssystemen forciert worden, die in Konkurrenz zu den bis dahin verwendeten Barcodes stehen (vgl. Bald 2004 sowie Kapitel 23).Während in einer ersten Phase die technischen Herausforderungen im Vordergrund standen (z. B. Funktionsfähigkeit bei Artikeln aus bestimmtem Material, Lesereichweite, Eignung von Transpondern unterschiedlicher Frequenz und Form), wurden anschließend Kosten und Nutzen der RFID-Technologie gegenübergestellt. Hierbei wurde insbesondere auf die erweiterte Transparenz der Lieferketten und der Prozesse, die auf dem Weg eines Gutes vom Zulieferer über den Produzenten bis zum Handel und Endkunden stattfinden, hingewiesen. Der Einsatz von RFID kann die Entstehung von neuen Distributionsstrukturen fördern (vgl. Loebbecke 2004; Füßler 2004). Von Bedeutung ist in diesem Zusammenhang auch die Akzeptanz von RFID bei den Konsumenten (vgl. Gedenk/Rühle/Knaf 2007; Müller-Seitz/Dautzenberg/Creusen et al. 2009).

Sowohl für die Datenerfassung als auch für den inner- und zwischenbetrieblichen Datenaustausch werden Standards benötigt (vgl. Kapitel 23). Das bekannteste Beispiel für ein abgestimmtes Handeln zwischen verschiedenen Wirtschaftsstufen stellen vereinheitlichte Artikelnummerierungssysteme dar. Standardisierungen, die auf Absprachen zwischen mehreren Unternehmungen zurückgehen, gibt es mittlerweile auf vielen weiteren Gebieten, z. B. bei Paletten, Verpackungen, Versandeinheiten, Betrieben und sogar bei Kleiderbügeln. Informationen, die nach bestimmten Regeln erfasst werden, sollen auch nach einheitlichen Standards elektronisch ausgetauscht werden können (EDI). Für die Konsumgüterbranche wurde für diesen Zweck der Nachrichtenstandard EANCOM entwickelt. Die Standardisierungsbemühungen werden in Deutschland vornehmlich von der Organisation Global Standards One (GS1) Germany forciert. Diese hat früher unter dem Namen Centrale für Coorganisation GmbH (CCG) den Standardisierungsprozess koordiniert. Sie hat eine Vielzahl von Informationshilfen erstellt, so bereits 1998 die „Edition ECR Deutschland – Efficient Consumer Response“ mit insgesamt 23 Broschüren, die unter anderem Auskunft über folgende Sachverhalte geben (vgl. Centrale für Coorgansiation GmbH 1998):

- Broschüre 3 zur Internationalen Lokationsnummer (ILN),
- Broschüre 4 zu EAN-Codes in der Konsumgüterwirtschaft,

- Broschüre 5 zur Nummer der Versandeinheit (NVE),
- Broschüre 6 zum Elektronischen Datenaustausch (EDI),
- Broschüre 7 zu den Nachrichtentypen, mit denen Geschäftsvorfälle im Rahmen von EANCOM abgewickelt werden können und
- Broschüre 8 zum SINFOS-Stammdatenpool.

Die genannten Sachverhalte werden auch als Enabling Technologies bezeichnet, weil sie die Basis für abgestimmte logistische und marketingbezogene Maßnahmen darstellen. Im Rahmen von ECR gibt es Ansätze, den Standardisierungsprozess auch auf die Durchführung einzelner Geschäftsprozesse auszudehnen, z. B. bei der Festlegung von Sortimenten. Die Suche und Vereinbarung einer einheitlichen Lösung erweist sich oft als schwierig. Zudem stellt sich die Frage, ob die vermuteten Vorteile die Kosten und den Aufwand rechtfertigen. Allerdings muss bei der Beurteilung berücksichtigt werden, dass die Standardisierungsbemühungen vom Wettbewerb getrieben sind. Insbesondere die sog. Vertikalisten nutzen Rationalisierungspotenziale in den zwischenbetrieblichen Prozessen aus und forcieren so die Entstehung kooperativer Lösungen in anderen Bereichen.

Neben der Datenerhebung und -übermittlung sind auch die Definition geeigneter Kennzahlen und ihre Interpretation mit Problemen verbunden. Viele Kennzahlen werden in der Form von Quotienten gebildet, z. B.:

- der Umsatz pro beschäftigte Person,
- der Absatz pro qm oder
- die Anzahl der bedienten Kunden pro beschäftigte Person.

Allen Beispielen ist gemeinsam, dass einer Ergebnisgröße (Umsatz, Absatz, Zahl der bedienten Kunden) ausgewählte Einsatzfaktoren gegenübergestellt werden. Beispielsweise könnte bei einem Einsatz von fünf Mitarbeitern und einer Verkaufsfläche von 200 qm ein Umsatz von 1,4 Mio. € erzielt worden sein. Für die Personenumsatzleistung und den Umsatz pro qm ergeben sich dann folgende Werte:

Mitarbeiterproduktivität: $$\frac{1{,}4 \text{ Mio. €}}{5 \text{ Mitarbeiter}} = 280\,000 \text{ €/Mitarbeiter}$$

Raumproduktivität: $$\frac{1{,}4 \text{ Mio. €}}{200 \text{ qm}} = 7\,000 \text{ €/qm}$$

Wie in der Produktionstheorie darf auch bei der Interpretation dieser Kennzahlen nicht davon ausgegangen werden, dass das Ergebnis (hier der Umsatz) nur aufgrund des Einsatzes des ausgewählten Faktors erzielt worden ist. Schon das einfache Beispiel macht darauf aufmerksam, dass zumindest ein zweiter Faktor eingesetzt worden ist. Gegebenenfalls kommen weitere Faktoren hinzu, deren Einsatz als konstant unterstellt wird (z. B. eine bestimmte Warenverfügbarkeit). Bei den Teilproduktivitäten, wie sie sich aus den beiden oben dargestellten Kennzahlen ergeben, handelt es sich also um die Zurechnung des Outputs auf nur einen Faktor, obwohl mehrere Faktoren eingesetzt werden. Außerdem handelt es sich nicht um Grenz-, sondern um Durchschnittsproduktivitäten (Durchschnittserträge). Um entsprechende Maßnahmen ableiten zu können, sollten Vorstellungen darüber vorliegen, wie sich die Outputgröße bei Variation einer oder mehrerer Einflussgrößen ändert. Diese Vorstellungen äußern sich in Wirkungsfunktionen (Responsefunktionen).

Kennzahlen geben zwar bis zu einem bestimmten Grad Aufschluss über Beziehungen zwischen Einflussgrößen und Ergebnissen, doch ist für Managementmaßnahmen meist die Kenntnis entsprechender funktionaler Zusammenhänge erforderlich. Damit wird eine Antwort auf die Frage gesucht, welches Ergebnis sich einstellen würde, wenn die Einflussgrößen geändert werden würden. Solche Fragestellungen stehen im Mittelpunkt von Entscheidungsunterstützungssystemen (vgl. Viaion 1997). Die Idee, Maßnahmen auf ihre unterschiedlichen Wirkungen hin zu überprüfen, wird in Simulationsmodellen aufgegriffen. Diese Modelle können helfen, die absatzpolitischen Instrumente, insbesondere Preise, Promotions und Sortimente, in Handelsbetrieben zu optimieren (vgl. Ruß/Schwaiger/Stahmer 2004; Stahmer 2006).

32.6 Zusammenfassung

Eine Handelsunternehmung kann nicht ohne Informationen gesteuert werden. Bei kleinbetrieblichen Strukturen verfügt die Unternehmensleitung aufgrund unmittelbarer Beobachtung über vielfältige Informationen, wohingegen bei größeren Unternehmungen Informationssysteme benötigt werden. Erste Ansätze beruhten auf Informationen, die aus dem vorgeschriebenen Jahresabschluss gewonnen werden. Rohertrag, Handelsspanne, Betriebserfolg und Cashflow sind Beispiele für Kennzahlen, die bis heute unverzichtbar sind. Sie dienen jedoch vor allem dem Informationsbedarf des Top-Managements. Nachgelagerten Entscheidungssituationen helfen sie kaum bei der Planung oder Kontrolle. Es kommt hinzu, dass diese Größen vergangenheitsorientiert ermittelt werden und vorwiegend anderen Zwecken als der Unternehmenssteuerung dienen (z. B. der Ermittlung eines maximal auszuschüttenden Gewinns bzw. dem Gläubigerschutz).

Einen umfangreicheren Einblick erlauben Kennzahlensysteme, die eine bestimmte Spitzenkennzahl in ihre Bestimmungsfaktoren oder Einflussgrößen zerlegen. Hierbei werden Zielgrößen definiert, die auch von nachgelagerten Entscheidern als Entscheidungshilfen herangezogen werden können. Das ROI-System war der klassische Ausgangspunkt einer Entwicklung, bei der zunächst diskutiert wurde, von welcher Spitzenkennzahl ausgegangen werden sollte. In der Folge wurde die vom ROI-System verwendete Gesamtkapitalrentabilität im ZVEI-System durch die Eigenkapitalrentabilität ersetzt. Die daraus resultierenden Kennzahlensysteme erlaubten bereits einen tiefen Einblick in die Situation eines Unternehmens. Es wurde weiterhin deutlich, dass es nicht ausreicht, übergeordnete Kennzahlen rechnerisch aufzuspalten, sondern dass zu klären ist, welche Bestimmungsfaktoren das Ergebnis beeinflussen. Dies führte zu der Entwicklung der Balanced Scorecard, die den Vorteil aufweist, dass allgemeine Ziele eines Unternehmens situationsadäquat und strategiegerecht in untergeordnete Ziele für nachgelagerte Entscheidungseinheiten aufgelöst werden können. Dabei werden ökonomische Kennzahlen um weitere Zielgrößen ergänzt. Dies ermöglicht eine Analyse aus unterschiedlichen Perspektiven. Die finanzielle Perspektive wird um eine Kundenperspektive, eine Perspektive der internen Geschäftsprozesse sowie um eine Lern- und Entwicklungsperspektive ergänzt. Dieser Vorteil wird allerdings damit erkauft, dass statt eindeutiger rechentechnischer Zerlegungen Hypothesen entwickelt und überprüft werden müssen.

Informationssysteme können sich nicht nur darauf beschränken, den einzelnen Entscheidern strategiegerechte Zielkriterien zur Verfügung zu stellen, sondern sie müssen auch das betriebliche Geschehen abbilden. Im Mittelpunkt steht der Fluss der Ware vom Lieferanten über das Handelsunternehmen bis zum Kunden, der über das Warenwirtschaftssystem abgebildet wird. Wie in dem weiter gefassten Handels-H-System zu erkennen ist, sind Wareneingang, Lager und Warenausgang um weitere Module zu ergänzen. Sie verkörpern die komplexe Aufgabe der Informationswirtschaft in einer Handelsunternehmung, die für jeden Funktionsbereich Informationen für die Planung und Kontrolle bereitstellen muss.

Darüber hinaus besteht die Notwendigkeit einer objektspezifischen Differenzierung der Informationssysteme. Hierbei können Informationen auf Ebene von Lieferanten, Artikeln oder anderen Sortimentseinheiten, Lägern, Verkaufsstellen sowie Kunden und Kundensegmenten differenziert werden. Weitere Herausforderungen liegen in der Datenbeschaffung und dem Datenaustausch sowie der Interpretation von Kennzahlen und der Ermittlung von Wirkungsfunktionen zwischen ihren Elementen.

Es wird erkennbar, dass Informationssysteme heute nicht nur der Analyse, sondern immer mehr der Entscheidungsfindung dienen. Hierbei muss allerdings auf Wirkungsfunktionen zurückgegriffen werden, deren Ermittlung und Einbettung in Entscheidungsunterstützungssysteme eine Herausforderung für die Informationswirtschaft darstellen.

Literaturverzeichnis

Aaker, D. A. (2002): Building Strong Brands, London.
Aaker, D. A. (1996): Measuring Brand Equity Across Products and Markets, in: California Management Review, Vol. 38, No. 3, S. 102–120.
Aaker, J. L. (1997): Dimensions of Brand Personality, in: Journal of Marketing Research, Vol. 34, No. 3, S. 347–356.
Abell, D. F. (1980): Defining the Business. The Starting Point of Strategic Planning, Englewood Cliffs, NJ.
Abell, D. F./Hammond, J. S. (1979): Strategic Market Planning, Englewood Cliffs, NJ.
Achabal, D. D./Gorr, W. L./Mahajan, V. (1982): MULTILOC: A Multiple Store Location Decision Model, in: Journal of Retailing, Vol. 58, No. 2, S. 5–25.
Achabal, D. D./McIntyre, S. H./Smith, S. A./Kalyanam, K. (2000): A Decision Support System for Vendor Managed Inventory, in: Journal of Retailing, Vol. 76, No. 4, S. 430–454.
Achenbach, C. (1989): Die Nutzung von Kundenverkehrsuntersuchungen für die standortbezogene Unternehmenspolitik der Warenhäuser. Dargestellt am Beispiel der Kundenverkehrsuntersuchung, Göttingen.
A.C. Nielsen (Hrsg.) (2007): Universen 2007 – Handel und Verbraucher in Deutschland, Frankfurt am Main.
A.C. Nielsen (Hrsg.) (2005): The Power of Private Label 2005: A Review of Growth Trends Around the World, unter: http://it.nielsen.com/trends/documents/2005_privatelabel.pdf [26.5.2010].
Aders, C./Hebertinger, M./Schaffer, C./Wiedemann, F. (2003): Shareholder Value-Konzepte – Umsetzung bei den DAX 100-Unternehmen, in: Finanz-Betrieb – Zeitschrift für Unternehmensfinanzierung und Finanzmanagement, 5. Jg., H. 11, S. 719–725.
Adjei, M. T./Griffith, D. A./Noble, S. M. (2009): When Do Relationships Pay Off for Small Retailers? Exploring Targets and Contexts to Understand the Value of Relationship Marketing, in: Journal of Retailing, Vol. 85, No. 4, S. 493–501.
Agarwal, S./Erramilli, K./Dev, C. D. (2003): Market Orientation and Performance in Service Firms. Role of Innovation, in: Journal of Services Marketing, Vol. 17, No. 1, S. 68–82.
Agrawal, R./Imielinski, T./Swami, A. (1993): Mining Association Rules between Sets of Items in Large Databases, in: Proceedings of the 1993 ACM SIGMOD Conference, Washington, D. C.
Agrawal, R./Mannila, H./Srikant, R./Toivonen, H./Verkamo, A. I. (1996): Fast Discovery of Association Rules, in: Fayyad, U. M./Piatetsky-Shapiro, G./Smyth, P./Uthurusamy, R. (Hrsg.): Advances in Knowledge Discovery and Data Mining, Menlo Park, S. 307–328.
Ahearne, M./Srinivasan, N./Weinstein, L. (2004): Effect of Technology on Sales Performance: Progressing from Technology Acceptance to Technology Usage and Consequence, in: Journal of Personal Selling and Sales Management, Vol. 24, No. 4, S. 297–310.
Ahlert, D. (2001): Wertorientiertes Management von F&C-Netzwerken – Ein neues Paradigma für die Theorie des Netzwerkmanagements?, in: Ahlert, D. (Hrsg.): Handbuch Franchising & Cooperation. Das Management kooperativer Unternehmensnetzwerke, Neuwied u. a., S. 13–64.
Ahlert, D. (1996): Distributionspolitik. Das Management des Absatzkanals, 3. Aufl., Stuttgart.
Ahlert, D. (1994): Warenwirtschaftsmanagement und Controlling in der Konsumgüterdistribution – betriebswirtschaftliche Grundlegung und praktische Herausforderung aus der Perspektive von Handel und Industrie, in: Ahlert, D./Olbrich, R. (Hrsg.): Integrierte Warenwirtschaftssysteme und Handelscontrolling, Stuttgart, S. 3–114.
Ahlert, D. (1987): Der Großhandelsbegriff, in: Betriebs-Berater – Zeitschrift für Recht und Wirtschaft, 42. Jg., Beilage 15 zu H. 23.
Ahlert, D./Blut, M./Michaelis, M. (2007): Erfolgsfaktoren des Multi-Channel-Marketings, in: Wirtz, B. W. (Hrsg.): Handbuch Multi-Channel-Marketing, Wiesbaden, S. 273–296.
Ahlert, D./Evanschitzky, H./Wunderlich, M. (2005): Kooperative Unternehmensnetzwerke: Nationale und internationale Entwicklungs- und Wachstumsperspektiven des Franchising, in: Zentes, J./Swoboda, B./Morschett D. (Hrsg.): Kooperationen, Allianzen und Netzwerke, 2. Aufl., Wiesbaden, S. 623–646.

Ahlert, D./Kenning, P. (2007): Handelsmarketing. Grundlagen der marktorientierten Führung von Handelsbetrieben, Berlin u. a.

Ahlert, D./Kenning, P./Olbrich, R./Schröder, H. (2011): Vielfalt durch Gestaltungsfreiheit im Wettbewerb. Ein ökonomisches Manifest zur Deregulierung der Konsumgüterdistribution, München.

Ahlert, D./Kenning, P./Schneider, D. (2001): Das Wachstum der Handelsmarken – Ursachen und Zukunftsperspektiven, in: Bruhn, M. (Hrsg.): Handelsmarken. Entwicklungstendenzen und Zukunftsperspektiven der Handelsmarkenpolitik, 3. Aufl., Stuttgart, S. 243–260.

Ahlert, D./Kenning, P./Schneider, D. (2000): Markenmanagement im Handel. Strategien – Konzepte – Praxisbeispiele, Wiesbaden.

Ahlert, D./Kenning, P./Vogel, V. (2003): Grundlagen des Preismanagements – dargestellt am Beispiel des deutschen Lebensmitteleinzelhandels, Münster.

Ahlert, D./Kohlenbach, S./Korte, C. (1996): Strategisches Handelsmanagement. Erfolgskonzepte und Profilierungsstrategien am Beispiel des Automobilhandels, Stuttgart.

Ahlert, D./Olbrich, R./Schröder, H. (2004): Internationalisierung von Vertrieb und Handel. Jahrbuch Vertriebs- und Handelsmanagement 2004, Frankfurt am Main.

Ahlert, D./Schröder, H. (1996): Rechtliche Grundlagen des Marketing, 2. Aufl., Stuttgart u. a.

Ailawadi, K. L./Borin, N./Farris P. W. (1995): Market Power and Performance: A Cross-Industry Analysis of Manufacturers and Retailers, in: Journal of Retailing, Vol. 71, No. 3, S. 211–248.

Ailawadi, K. L./Harlam, B. (2004): An Empirical Analysis of the Determinants of Retail Margins: The Role of Store-Brand Share, in: Journal of Marketing, Vol. 68, No. 1, S. 147–166.

Ailawadi, K. L./Keller, K. L. (2004): Understanding Retail Branding: Conceptual Insights and Research Priorities, in: Journal of Retailing, Vol. 80, No. 4, S. 331–342.

Ailawadi, K. L./Neslin, S. A./Gedenk, K. (2001): Pursuing the Value-Conscious Consumer: Store Brands versus National Brand Promotions, in: Journal of Marketing, Vol. 65, No. 1, S. 71–89.

Akehurst, G./Alexander, N. (1995): The Internationalisation Process in Retailing, in: The Service Industries Journal, Vol. 15, No. 4, S. 1–15.

Alba, J./Lynch, J./Weitz, B./Janiszewski, C./Lutz, R./Sawyer, A./Wood, S. (1997): Interactive Home Shopping: Consumer, Retailer, and Manufacturer Incentives to Participate in Electronic Marketplaces, in: Journal of Marketing, Vol. 61, No. 3, S. 38–53.

Albach, H. (1978): Strategische Unternehmensplanung bei erhöhter Unsicherheit, in: Zeitschrift für Betriebswirtschaft, 48. Jg., H. 9, S. 702–715.

Albers, S. (2002): Sales Force Management – Compensation, Motivation, Selection and Training, in: Weitz, B. A./Wensley, R. (Hrsg.): Handbook of Marketing, Thousand Oaks, CA, S. 248–256.

Albers, S. (1998): Regeln für die Allokation eines Marketing-Budgets auf Produkte oder Marktsegmente, in: Zeitschrift für betriebswirtschaftliche Forschung, 50. Jg., H. 3, S. 211–235.

Albers, S. (1992): Ursachenanalyse von marketingbedingten Ist-Soll-Deckungsbeitragsabweichungen, in: Zeitschrift für Betriebswirtschaft, 62. Jg., H. 2, S. 199–223.

Albers, S. (1989): Ein System zur Ist-Soll-Abweichungs-Ursachenanalyse von Erlösen, in: Zeitschrift für Betriebswirtschaft, 59. Jg., H. 1, S. 637–654.

Albers, S./Hildebrandt, L. (2006): Methodische Probleme bei der Erfolgsfaktorenforschung – Messfehler, formative versus reflektive Indikatoren und die Wahl des Strukturgleichungs-Modells, in: Zeitschrift für betriebswirtschaftliche Forschung, 58. Jg., H. 2, S. 2–33.

Albers, S./Peters, K. (1997): Die Wertschöpfungskette des Handels im Zeitalter des Electronic Commerce, in: Marketing – Zeitschrift für Forschung und Praxis, 19. Jg., H. 2, S. 69–80.

Albrecht, K./Zemke, R. (1987): Service-Strategien, Hamburg u. a.

Alexander, N. (1997): International Retailing, Oxford.

Alexander, N. (1990): Retailers and International Market – Motives for Expansion, in: International Marketing Review, Vol. 7, No. 4, S. 75–86.

Alexander, N./Colgate, M. (2000): Retail Financial Services: Transaction to Relationship Marketing, in: European Journal of Marketing, Vol. 34, No. 8, S. 938–953.

Alexander, N./de Lira e Silva, M. (2002): Emerging Markets and the Internationalisation of Retailing: The Brazilian Experience, in: International Journal of Retail and Distribution Management, Vol. 30, No. 6, S. 300–314.

Alexander, N./Doherty, A. M. (2009): International Retailing, Oxford.
Alexander, N./Myers, H. (2000): The Retail Internationalisation Process, in: International Marketing Review, Vol. 17, No. 4/5, S. 334–353.
Alexander, N./Quinn, B. (2002): International Retail Divestment, in: International Journal of Retail and Distribution Management, Vol. 30, No. 2, S. 112–125.
Alexander, N./Rhodes, M./Myers, H. (2007): International Market Selection: Measuring Actions Instead of Intentions, in: Journal of Service Marketing, Vol. 21, No. 6, S. 424–434.
Algermissen, J. (1976): Der Handelsbetrieb. Eine typologische Studie aus absatzwirtschaftlicher Sicht, Frankfurt am Main u. a.
Allexi, K./Franz, R./Helnerus, K. (2007): Zur Wirkung unterschiedlicher Produktabbildungen in der Handelswerbung, in: Schuckel, M./Toporowski, W. (Hrsg.): Theoretische Fundierung und praktische Relevanz der Handelsforschung, Wiesbaden, S. 345–370.
Anderer, M. (1997): Internationalisierung im Einzelhandel. Strategien und Steuerungsmodelle, Frankfurt am Main.
Anders, H.-J. (1991): Euro-Verbraucher. Realität oder Fiktion?, in: Szallies, R./Wiswede, G. (Hrsg.): Wertewandel und Konsum. Fakten, Perspektiven und Szenarien für Markt und Marketing, 2. Aufl., Landsberg am Lech, S. 233–256.
Anderson, C. (2006): The Long Tail. Why the Future of Business is Selling More, New York, NY.
Anderson, E. (1985): The Salesperson as Outside Agent or Employee: A Transaction Cost Analysis, in: Marketing Science, Vol. 4, No. 3, S. 234–254.
Anderson, E./Gatignon, H. (1986): Modes of Foreign Entry: A Transaction Cost Analysis and Propositions, in: Journal of International Business Studies, Vol. 17, No. 3, S. 1–26.
Anderson, E./Schmittlein, D. C. (1984): Integration of the Sales Force: An Empirical Examination, in: RAND Journal of Economics, Vol. 15, No. 3, S. 385–395.
Anderson, E. E. (1979): An Analysis of Retail Display Space. Theory and Methods, in: Journal of Business, Vol. 52, No. 1, S. 103–118.
Anderson, E. E./Amato, H. N. (1974): A Mathematical Model for Simultaneously Determining the Optimal Brand-Collection and Display-Area Allocation, in: Operations Research, Vol. 22, No. 1, S. 13–21.
Anderson, E. T./Simester, D. I. (2003): Effects of $9 Price Endings on Retail Sales: Evidence from Field Experiments, in: Quantitative Marketing and Economics, Vol. 1, No. 1, S. 93–110.
Anderson, E. W./Fornell, C./Lehmann, D. R. (1994): Customer Satisfaction, Market Share, and Profitability: Findings from Sweden, in: Journal of Marketing, Vol. 58, No. 3, S. 53–66.
Anderson, E. W./Fornell, C./Mazvancheryl, S. K. (2004): Customer Satisfaction and Shareholder Value, in: Journal of Marketing, Vol. 68, No. 4, S. 172–185.
Anderson, E. W./Fornell, C./Rust, R. T. (1997): Customer Satisfaction, Productivity, and Profitability: Differences Between Goods and Services, in: Marketing Science, Vol. 16, No. 2, S. 129–145.
Anderson, R. (2007): The Credit Scoring Toolkit. Theory and Practice for Retail Credit Risk Management and Decision Automation, Oxford u. a.
Angeles, R. (2005): RFID Technologies: Supply-Chain Applications and Implementation Issues, in: Information Systems Management, Vol. 22, No. 1, S. 51–65.
Angerer, A. (2006): The Impact of Automatic Store Replenishment on Retail. Technologies and Concepts for the Out-of-Stocks Problem, Wiesbaden.
Angerer, A. (2004): Out-of-Stock im Handel: Ausmass – Ursachen – Lösungen, unter: http://www.verkehrsrundschau.de/fm/3576/Angerer.pdf [2.8.2010].
Angerer, T. (2003): Management von Kundenfeedback. Integrative Konzeption und empirische Transaktionsanalyse der Erfolgswirksamkeit, Wiesbaden.
Angulo, A./Nachtmann, H./Waller, M. H. (2004): Supply Chain Information Sharing in a Vendor-managed Inventory Partnership, in: Journal of Business Logistics, Vol. 25, No. 1, S. 101–120.
Ansari, A./Mela, C. F./Neslin, S. A. (2008): Customer Channel Migration, in: Journal of Marketing Research, Vol. 45, No. 1, S. 60–76.
Anselmsson, J. (2001): Customer-Perceived Service Quality and Technology-Based Self-Service, Lund.
Ansoff, H. I. (1966): Management-Strategie, München.
Ansoff, H. I. (1957): Strategies for Diversification, in: Havard Business Review, Vol. 35, No. 5, S. 113–124.

Antoni, M./Riekhof, H.-C. (1989): Strategieentwicklung mittels Portfolio-Analyse, in: Riekhof, H.-C. (Hrsg.): Strategieentwicklung. Konzepte und Erfahrungen, Stuttgart, S. 171–190.
Appelfeller, W./Buchholz, W. (2011): Supplier Relationship Management. Strategie, Organisation und IT des modernen Beschaffungsmanagements, 2. Aufl., Wiesbaden.
Applebaum, W. (1966): Methods for Determining Store Trade Areas, Market Penetration and Potential Sales, in: Journal of Marketing Research, Vol. 3, No. 3, S. 127–141.
Apte, U. M./Viswanathan, S. (2000): Effective Cross Docking for Improving Distribution Efficiencies, in: International Journal of Logistics: Research and Applications, Vol. 3, No. 3 S. 291–302.
Arend-Fuchs, C. (1995): Die Einkaufsstättenwahl bei Lebensmitteln, Frankfurt am Main.
Arendt, S./Hermann, B. (2005): Potenziale der systemunterstützten Preisoptimierung, in: Handel im Fokus, 57. Jg., H. 1, S. 7–15.
Areni, C. S./Kim, D. (1994): The Influence of In-Store Lighting on Consumers' Examination of Merchandise in a Wine Store, in: International Journal of Research in Marketing, Vol. 11, No. 2, S. 117–125.
Arminger, G. (2003): Sales and Order Forecasts in the CPFR Process for Retail, in: Seifert, D. (Hrsg.): Collaborative Planning, Forecasting, and Replenishment. How to Create a Supply Chain Advantage, New York, NY, S. 41–56.
Arnett, D. B./Laverie, D. A./Meiers, A. (2003): Developing Parsimonious Retailer Equity in Dexes Using Partial Least Squares Analysis: A Method and Applications, in: Journal of Retailing, Vol. 79, No. 3, S. 161–170.
Arnold, M. J./Reynolds, K. E. (2003): Hedonic Shopping Motivations, in: Journal of Retailing, Vol. 79, No. 2, S. 77–95.
Arnold, S. J./Fernie, J. (2000): Wal-Mart in Europe: Prospects for the UK, in: International Marketing Review, Vol. 17, No. 4/5, S. 416–432.
Arnold, S. J./Ma, S./Tigert, D. J. (1978): A Comparative Analysis of Determinant Attributes in Retail Store Selection, in: Advances in Consumer Research, Vol. 5, No. 1, S. 663–667.
Arnold, S. J./Oum, T. H./Tigert, D. J. (1983): Determinant Attributes in Retail Patronage: Seasonal, Temporal, Regional, and International Comparisons, in: Journal of Marketing Research, Vol. 20, No. 2, S. 149–157.
Arnold, U. (1995): Beschaffungsmanagement, Stuttgart.
Arnold, V. (1985): Die Vorteile der Verbundproduktion, in: Wirtschaftswissenschaftliches Studium, 14. Jg., H. 6, S. 269–273.
Attaran, M./Attaran, S. (2007): Collaborative Supply Chain Management. The Most Promising Practice for Building Efficient and Sustainable Supply Chains, in: Business Process Management Journal, Vol. 13, No. 3, S. 390–404.
Ausschuss für Definitionen zu Handel und Distribution (Hrsg.) (2006): Katalog E. Definitionen zu Handel und Distribution, 5. Ausgabe, Köln.
Aviv, Y. (2001): The Effect of Collaborative Forecasting on Supply Chain Performance, in: Management Science, Vol. 47, No. 10, S. 1326–1343.
Aygün, T. (2005): Deutschtürkisches Konsumentenverhalten: Eine empirische Untersuchung zur Einkaufsstättenwahl im Lebensmitteleinzelhandel, Köln.
Aylott, R./Mitchell, V.-W. (1998): An Exploratory Study of Grocery Shopping Stressors, in: International Journal of Retail and Distribution Management, Vol. 26, No. 9, S. 362–373.
Babin, B. J./Darden, W. R./Griffin, M. (1994): Work and/or Fun: Measuring Hedonic and Utilitarian Shopping Value, in: Journal of Consumer Research, Vol. 20, No. 4, S. 644–656.
Babin, B. J./Hardesty, D. M./Suter, T. A. (2003): Color and Shopping Intentions. The Intervening Effect of Price Fairness and Perceived Affect, in: Journal of Business Research, Vol. 56, No. 7, S. 541–551.
Bach, J. (1934): Die Organisation des gemeinsamen Einkaufs im Warenhaus und Einzelhandel, Diss. Technische Hochschule München.
Backhaus, K. (1998): Relationship Marketing – Ein neues Paradigma im Marketing?, in: Bruhn, M./Steffenhagen, H. (Hrsg.): Marktorientierte Unternehmensführung. Reflexion – Denkanstöße – Perspektiven, 2. Aufl., Wiesbaden, S. 19–35.
Backhaus, K./Büschken, J./Voeth, M. (2003): Internationales Marketing, 5. Aufl., Stuttgart.
Backhaus, K./Erichson, B./Plinke, W./Weiber, R. (2008): Multivariate Analysemethoden: Eine anwendungsorientierte Einführung, 12. Aufl., Berlin u. a.
Backhaus, K./Erichson, B./Plinke, W./Weiber, R. (2006): Multivariate Analysemethoden: Eine anwendungsorientierte Einführung, 11. Aufl., Berlin u. a.
Backhaus, K./Voeth, M. (2010): Industriegütermarketing, 9. Aufl., München.

Bänsch, A. (2006): Verkaufspsychologie und Verkaufstechnik, 8. Aufl., München.
Baesens, B./Setiono, R./Mues, C./Vanthienen, J. (2003): Using Neural Network Rule Extraction and Decision Tables for Credit-Risk Evaluation, in: Management Science, Vol. 49, No. 3, S. 312–329.
Baetge, J. (2002): Die Früherkennung von Unternehmenskrisen anhand von Abschlusskennzahlen. Rückblick und Standortbestimmung, in: Der Betrieb, 55. Jg., H. 44, S. 2281–2287.
Baetge, J./Kirsch, H.-J./Thiele, S. (2004): Bilanzanalyse, 2. Aufl., Düsseldorf.
Baetge, J./Stellbrink, J. (2005): Früherkennung von Unternehmenskrisen mit Hilfe der Bilanzanalyse, in: Controlling, 17. Jg., H. 4/5, S. 213–222.
Baier, D./Brusch, M. (2008): Marktsegmentierung, in: Herrmann, A./Homburg, C./Klarmann, M. (Hrsg.) (2008): Handbuch Marktforschung, 3. Aufl., Wiesbaden, S. 768–790.
Bailom, F./Hinterhuber, H. H./Matzler, K./Sauerwein, E. (1996): Das Kano-Modell der Kundenzufriedenheit, in: Marketing – Zeitschrift für Forschung und Praxis, 18. Jg., H. 2, S. 117–126.
Bain, J. S. (1968): Industrial Organization, New York, NY u. a.
Bain, J. S. (1967): Barriers to New Competition: Their Character and Consequences in Manufacturing Industries, Cambridge.
Baker, J./Grewal, D./Parasuraman, A. (1994): The Influence of Store Environment on Quality Inferences and Store Image, in: Journal of the Academy of Marketing Science, Vol. 22, No. 4, S. 328–339.
Baker, J./Levy, M./Grewal, D. (1992): An Experimental Approach to Making Retail Store Environmental Decisions, in: Journal of Retailing, Vol. 68, No. 4, S. 445–460.
Baker, J./Parasuraman, A./Grewal, D./Voss G. B. (2002): The Influence of Multiple Store Environment Cues on Perceived Merchandise Value and Purchase Intentions, in: Journal of Marketing, Vol. 66, No. 2, S. 120–141.
Baker, K. R. (1989): Lot Sizing Procedures and a Standard Data Set. A Reconciliation of the Literature, in: Journal of Manufacturing and Operations Management, Vol. 2, No. 3, S. 199–221.
Balasubramanian, S./Raghunathan, R./Mahajan, V. (2005): Consumers in a Multichannel Environment: Product Utility, Process Utility and Channel Choice, in: Journal of Interactive Marketing, Vol. 19, No. 2, S. 12–30.
Bald, C. (2004): RFID in der Wertschöpfungskette von Konsumgütern, in: Handel im Fokus, 56. Jg., H. 2, S. 90–104.
Balderston, F. E. (1958): Communication Networks in Intermediate Markets, in: Management Science, Vol. 4, No. 2, S. 154–171.
Baligh, H. H./Richartz, L. E. (1967): Vertical Market Structures, Boston, MA.
Baligh, H. H./Richartz, L. E. (1964): An Analysis of Vertical Market Structures, in: Management Science, Vol. 10, No. 4, S. 667–689.
Ballantine, P. W. (2005): Effects of Interactivity and Product Information on Consumer Satisfaction in an Online Retail Setting, in: International Journal of Retail and Distribution Management, Vol. 33, No. 6, S. 461–471.
Ballou, R. H. (1999): Business Logistics Management, 4. Aufl., Upper Saddle River, NJ.
Ballwieser, W. (2009): Shareholder Value als Element von Corporate Governance, in: Zeitschrift für betriebswirtschaftliche Forschung, 61. Jg., H. 1, S. 93–101.
Baltas, G. (1997): Determinants of Store Brand Choice: A Behavioral Analysis, in: Journal of Product and Brand Management, Vol. 6, No. 5, S. 315–324.
Bamberg, G./Coenenberg, A. G. (2008): Betriebswirtschaftliche Entscheidungslehre, 14. Aufl., München.
Bamberger, I./Wrona, T. (1996): Der Ressourcenansatz und seine Bedeutung für die Strategische Unternehmensführung, in: Zeitschrift für betriebswirtschaftliche Forschung, 48. Jg., H. 2, S. 130–153.
Bankhofer, U. (2001): Industrielles Standortmanagement: Aufgabenbereiche, Entwicklungstendenzen und problemorientierte Lösungsansätze, Wiesbaden.
Banse, K. (1938): Beschaffung, in: Nicklisch, H. (Hrsg.): Handwörterbuch der Betriebswirtschaft, 1. Bd., 2. Aufl., Stuttgart, Sp. 731–740.
Barney, J. B. (2007): Gaining and Sustaining Competitive Advantage, 3. Aufl., Upper Saddle River, NJ.
Barney, J. B. (2001): Is the Resource-Based „View" a Useful Perspective for Strategic Management Research? Yes, in: Academy of Management Review, Vol. 26, No. 1, S. 41–56.
Barney, J. B. (1997): Gaining and Sustaining Competitive Advantage, Reading, MA.
Barney, J. B./Wright, M./Ketchen, D. J. (2001): Resource-Based Theories of Competitive Advantage: A Ten-Year Retrospective on the Resource-Based View, in: Journal of Management, Vol. 27, No. 6, S. 643–650.

Barth, K. (1982): Die Erkenntnisfördernde Bedeutung der Handelsfunktionen. Plädoyer für einen verkannten Forschungsansatz, in: Mitteilungen des IfH, 34. Jg., H. 10, S. 106–111.
Barth, K. (1980a): Rentable Sortimente. Zufall oder Ergebnis operabler Entscheidungstechniken?, in: Sonderheft der Mitteilungen des IfH, H. 26, Göttingen.
Barth, K. (1980b): Organisation der Handelsbetriebe, in: Grochla, E. (Hrsg.): Handwörterbuch der Organisation, 2. Aufl., Stuttgart, S. 813–822.
Barth, K. (1979): Produktion im Handel, in: Kern, W./Schröder, H.-H./Weber, J. (Hrsg.): Handwörterbuch der Produktionswirtschaft, Stuttgart, S. 697–704.
Barth, K. (1976): Systematische Unternehmensführung in den Groß- und Mittelbetrieben des Einzelhandels, Göttingen.
Barth, K. (1975): Die Warenpräsentation in Einzelhandelsunternehmungen, in: Mitteilungen des IfH, 27. Jg., H. 7, S. 93–97.
Barth, K./Hartmann, M./Schröder, H. (2007): Betriebswirtschaftslehre des Handels, 6. Aufl., Wiesbaden.
Barth, K./Helpup, A. (1995): Die Relevanz des Lean-Management-Ansatzes für Handelsunternehmungen, in: Trommsdorff, V. (Hrsg.): Handelsforschung 1994/95, Wiesbaden, S. 223–240.
Barth, K./Theis, H.-J. (1991): Werbung des Facheinzelhandels, Wiesbaden.
Barth, K./Theis, H.-J. (1988): Die Entwicklung eines abteilungsspezifischen Anspruchsprofils als Grundlage handelsbetrieblicher Marketingplanung, in: Trommsdorff, V. (Hrsg.): Handelsforschung 1988, Heidelberg, S. 243–260.
Barthel, M./Meininger, B./Unger, H. (1991): Organisationsdefizite in Handelspraxis und Handelstheorie. Eine kritische Wertung, in: Zeitschrift Führung und Organisation, 60. Jg., H. 6, S. 394–401.
Bartholdi, J. J./Gue, K. R. (2004): The Best Shape for a Crossdock, in: Transportation Science, Vol. 38, No. 2, S. 235–244.
Bartlett, C. A./Ghoshal, S./Birkinshaw, J. (2004): Transnational Management: Text, Cases, and Readings in Cross-Border Management, 4. Aufl., New York, NY.
Bartlett, F. C. (1932): Remembering: A study in experimental and social psychology, Cambridge
Barzen, D./Richter, M. (1989): Ökonometrische Werbewirkungsmessung für das Kommunikations-Mix. Dargestellt am Beispiel des Computermarktes, in: Marketing – Zeitschrift für Forschung und Praxis, 11. Jg., H. 2, S. 103–109.
Basuroy, S./Mantrala, M. K./Walters, R. G. (2001): The Impact of Category Management on Retailer Prices and Performance: Theory and Evidence, in: Journal of Marketing, Vol. 65, No. 4, S. 16–32.
Batra, R./Sinha, I. (2000): Consumer-Level Factors Moderating the Success of Private Label Brands, in: Journal of Retailing, Vol. 76, No. 2, S. 175–191.
Battenfeld, D. (2005a): Delegation oder Zentralisation von Entscheidungskompetenzen, Lohmar u. a.
Battenfeld, D. (2005b): Prozessorientierte Entscheidungsrechnung für Handelsunternehmen, in: Trommsdorff, V. (Hrsg.): Handelsforschung 2005, Stuttgart, S. 205–220.
Battenfeld, D. (1997): Kostenmanagement und prozeßorientierte Kostenrechnung im Handel. Konzeptionelle Grundlagen einer internen Marktorientierung durch Verrechnungspreise, Frankfurt am Main u. a.
Batzer, E./Greipl, E./Meyerhöfer, W./Würl, D. (1974): Marktstrukturen und Wettbewerbsverhältnisse im Großhandel in den Ländern der Europäischen Gemeinschaft, Berlin.
Batzer, E./Lachner, J./Meyerhöfer, W. (1991): Der Handel in der Bundesrepublik Deutschland. Strukturelle Entwicklungstrends und Anpassungen an veränderte Markt- und Umfeldbedingungen, Teil I, München.
Batzer, E./Lachner, J./Meyerhöfer, W. (1989): Die handels- und wettbewerbspolitische Bedeutung der Kooperationen des Konsumgüterhandels. Studien zu Handels- und Dienstleistungsfragen 36/I, München.
Batzer, E./Lachner, J./Täger, U. C. (1991): Der Großhandel in den neuen Bundesländern. Ifo-Studien zu Handels- und Dienstleistungsfragen Nr. 41, München.
Bauer, H. H. (1980): Die Entscheidung des Handels über die Aufnahme neuer Produkte. Eine verhaltenstheoretische Analyse, Berlin.
Bauer, H. H./Fischer, M. (1998): Metakriterien der Abweichungsanalyse und deren Anwendung zur Bewertung von Umsatzflußverfahren, in: Zeitschrift für Betriebswirtschaft, 68. Jg., H. 12, S. 1341–1366.
Bauer, H. H./Große-Leege, D./Rösger, J. (Hrsg.) (2008): Interactive Marketing im Web 2.0+. Konzepte und Anwendungen für ein erfolgreiches Marketingmanagement im Internet, 2. Aufl., München.
Bauer, H. H./Neumann, M. M./Huber, F./Hölzing, J. A. (2004): Relevanz und Kausalitäten im Internet, in: Bauer, H. H./Rösger, J./Neumann, M. M. (Hrsg.): Konsumentenverhalten im Internet, München, S. 1–21.

Bauer, H. H./Sauer, N. E. (2004): Die Erfolgsfaktorenforschung als schwarzes Loch?, in: Die Betriebswirtschaft, 64. Jg., H. 4, S. 621–623.
Baum, H.-B./Coenenberg, A. G./Günther, T. (2007): Strategisches Controlling, 4. Aufl., Stuttgart.
Baumol, W. J./Ide, E. A. (1956): Variety in Retailing, in: Management Science, Vol. 3, No. 1, S. 93–101.
Baumol, W. J./Panzar, J. C./Willig, R. D. (1988): Contestable Markets and the Theory of Industry Structure, San Diego, CA u. a.
Baun, D. (2003): Impulsives Kaufverhalten am Point of Sale, Wiesbaden.
Baur, W. (1977): Leistungserfassung und Leistungsförderung. Dargestellt am Beispiel eines Leistungsanreizlohnes für das Verkaufspersonal, Bern u. a.
BBE-Unternehmensberatung GmbH (Hrsg.) (2001a): Gehaltsstrukturuntersuchung Möbeleinzelhandel, Köln.
BBE-Unternehmensberatung GmbH (Hrsg.) (2001b): Gehaltsstrukturuntersuchung Bau- und Heimwerkermärkte, Köln.
BBE-Unternehmensberatung GmbH (Hrsg.) (1998a): Gehaltsstrukturuntersuchung Bekleidungseinzelhandel, Köln.
BBE-Unternehmensberatung GmbH (Hrsg.) (1998b): Gehaltsstrukturuntersuchung Schuheinzelhandel, Köln.
BBE-Unternehmensberatung GmbH (Hrsg.) (1996): Megatrends II, Köln.
BBE-Unternehmensberatung GmbH (Hrsg.) (1995): Megatrends in Vertrieb, Handel, Gesellschaft. Eine Trendanalyse und -prognose über die Jahrhundertwende, Köln.
Bea, F. X./Haas, J. (2009): Strategisches Management, 5. Aufl., Stuttgart u. a.
Bearden, W. O./Netemeyer, R. G. (1999): Handbook of Marketing Scales, 2. Aufl., Thousand Oaks, CA u. a.
Bechwati, N. N./Eshghi, A. (2005): Customer Lifetime Value Analysis: Challenges and Words of Caution, in: Marketing Management Journal, Vol. 15, No. 2, S. 87–97.
Beck, A. (2004): Die Einkaufsstättenwahl von Konsumenten unter transaktionstheoretischen Gesichtspunkten – Theoretische Grundlagen und empirische Überprüfung mittels der Adaptiven Conjoint-Analyse, Diss. Universität Passau.
Becker, J. (2009): Marketing-Konzeption: Grundlagen des ziel-strategischen und operativen Marketing-Managements, 9. Aufl., München.
Becker, J. (1996): Gilt das Phänomen vom Verlust der Mitte?, in: Absatzwirtschaft, 39. Jg., H. 6, S. 22–34.
Becker, J. (1988): Das-Verlust-in-der-Mitte-Phänomen, in: Thexis, 5. Jg., H. 4, S. 39–43.
Becker, J. (1986): Die strategische (Neu-)Verteilung von Märkten, in: Absatzwirtschaft, 29. Jg., H. 10, S. 78–88.
Becker, J./Knackstedt, R. (2011): Data-Warehousing im CRM, in: Hippner, H./Hubrich, B./Wilde, K. D. (Hrsg.): Grundlagen des CRM. Strategie, Geschäftsprozesse und IT-Unterstützung, 3. Aufl., Wiesbaden, S. 757–782.
Becker, J./Schütte, R. (2004): Handelsinformationssysteme. Domänenorientierte Einführung in die Wirtschaftsinformatik, 2. Aufl., Frankfurt am Main.
Becker, J./Winkelmann, A. (2008): Handelscontrolling. Optimale Informationsversorgung mit Kennzahlen, 2. Aufl., Berlin u. a.
Becker, J./Winkelmann, A. (2004): Warenwirtschaft im 21. Jahrhundert – Bedeutung von IT im Handel, in: Hildebrand, K. (Hrsg.): IT-Lösungen im Handel, HMD Praxis der Wirtschaftsinformatik, 41. Jg., H. 235, S. 5–14.
Behrens, G. (2001): Psychophysik, in: Diller, H. (Hrsg.): Vahlens Großes Marketing Lexikon, 2. Aufl., München, S. 1440–1441.
Behrens, K. C. (1965): Der Standort der Betriebe, 2. Bd., Der Standort der Handelsbetriebe, Köln u. a.
Behrens, K. C. (1961): Der Standort der Betriebe, 1. Bd., Allgemeine Standortbestimmungslehre, Köln u. a.
Bell, D. R./Lattin, J. M. (1998): Shopping Behavior and Consumer Preference for Store Price Format. Why „Large Basket" Shoppers Prefer EDLP, in: Marketing Science, Vol. 17, No. 1, S. 66–88.
Bell, G. H./Ledolter, J./Swersey, A. J. (2006): Experimental Design on the Front Lines of Marketing. Testing New Ideas to Increase Direct Mail Sales, in: International Journal of Research in Marketing, Vol. 23, No. 3, S. 309–319.
Bellenger, D. N./Robertson, D. H./Greenberg, B. A. (1977): Shopping Center Patronage Motives, in: Journal of Retailing, Vol. 53, No. 2, S. 29–38.
Bellizzi, J. A./Crowley, A. E./Hasty, R. W. (1983): The Effects of Colour in Store Design, in: Journal of Retailing, Vol. 59, No. 1, S. 21–45.
Benito, G. R. G. (1997): Why are Foreign Subsidiaries Divested? A Conceptual Framework, in: Björkman, I./Forsgen, M. (Hrsg.): The Nature of the International Firm, Copenhagen, S. 309–334.

Benkenstein, M. (1993): Dienstleistungsqualität. Ansätze zur Messung und Implikationen für die Steuerung, in: Zeitschrift für Betriebswirtschaft, 63. Jg., H. 11, S. 1095–1116.

Benkenstein, M./Uhrich, S. (2009): Strategisches Marketing. Ein wettbewerbsorientierter Ansatz, 3. Aufl., Stuttgart u. a.

Berekoven, L. (1995): Erfolgreiches Einzelhandelsmarketing. Grundlagen und Entscheidungshilfen, 2. Aufl., München.

Berekoven, L. (1986): Geschichte des deutschen Einzelhandels, Frankfurt am Main.

Berekoven, L. (1983): Der Dienstleistungsmarkt in der Bundesrepublik Deutschland. Theoretische Fundierung und empirische Analyse, 1. Bd., Göttingen.

Berger, C./Blauth, R./Boger, D./Bolster, C./Burchill, G./DuMouchel, W./Pouliot, F./Richter, R./Rubinoff, A./Shen, D./Timko, M./Walden, D. (1993): Kano's Methods for Understanding Customer-defined Quality, in: Center for Quality of Management Journal, Vol. 2, No. 4, S. 3–36.

Berger, S. (1977): Ladenverschleiß (Store Erosion). Ein Beitrag zur Theorie des Lebenszyklus von Einzelhandelsgeschäften, Göttingen.

Bergès-Sennou, F./Bontems, P./Réquillart, V. (2004): Economics of Private Labels: A Survey of Literature, in: Journal of Agricultural and Food Industrial Organization, Vol. 2, No. 1, o. S.

Berghaus, N. (2005): Eye-Tracking im stationären Einzelhandel, Lohmar u. a.

Berlyne, D. E. (1960): Conflict, Arousal and Curiosity, New York, NY.

Berman, B./Evans, J. R. (2007): Retail Management – A Strategic Approach, 10. Aufl., Upper Saddle River, NJ.

Berman, B./Thelen, S. (2004): A Guide to Developing and Managing a Well-Integrated Multi-Channel Retail Strategy, in: International Journal of Retail and Distribution Management, Vol. 32, No. 3, S. 147–156.

Berndt, R./Fantapié Altobelli, C./Sander, M. (2005): Internationales Marketing-Management, 3. Aufl., Berlin u. a.

Berthel, J./Becker, F. G. (2010): Personalmanagement. Grundzüge für Konzeptionen betrieblicher Personalarbeit, 9. Aufl., Stuttgart.

Berthold, O./Günther, O./Spiekermann, S. (2005): Verbraucherängste und Verbraucherschutz, in: Wirtschaftsinformatik, 47. Jg., H. 6, S. 1–9.

Bertram, H./Schneider, R. (2002): Einsatz von Data-Warehouse-Technologie für CRM im Handel, in: Ahlert, D./Becker, J./Knackstedt, R./Wunderlich, M. (Hrsg.): Customer Relationship Management im Handel. Strategien, Konzepte, Erfahrungen, Berlin u. a., S. 321–341.

Bester, H. (2008): Theorie der Industrieökonomik, 4. Aufl., Berlin.

Betancourt, R. R. (2004): The Economics of Retailing and Distribution, Cheltenham u. a.

Betancourt, R. R./Gautschi, D. A. (1998): Distribution Services and Economic Power in a Channel, in: Journal of Retailing, Vol. 74, No. 1, S. 37–60.

Betancourt, R. R./Gautschi, D. A. (1990): Demand Complementarities, Household Production, and Retail Assortments, in: Marketing Science, Vol. 9, No. 2, S. 146–161.

Betancourt, R. R./Gautschi, D. A. (1988): The Economics of Retail Firms, in: Managerial and Decision Economics, Vol. 9, No. 2, S. 133–144.

Betancourt, R. R./Gautschi, D. A. (1986): The Evolution of Retailing. A Suggested Economic Interpretation, in: International Journal of Research in Marketing, Vol. 3, No. 4, S. 217–232.

Bettman, J. R. (1979): An Information Processing Theory to Consumer Choice, Reading, MA.

Beutin, N. (2008): Verfahren zur Messung der Kundenzufriedenheit im Überblick, in: Homburg, C. (Hrsg.): Kundenzufriedenheit. Konzepte – Methoden – Erfahrungen, 7. Aufl., Wiesbaden, S. 121–171.

Bevilacqua, M./Petroni, A. (2002): From Traditional Purchasing to Supplier Management: A Fuzzy Logic-based Approach to Supplier Selection, in: International Journal of Logistics Research and Applications, Vol. 5, No. 3, S. 235–255.

Bhatnagar, A./Ratchford, B. T. (2004): A Model of Retail Format Competition for Non-Durable Goods, in: International Journal of Research in Marketing, Vol. 21, No. 1, S. 39–59.

Bichler, K./Beck, M. (1987): Beschaffung und Lagerhaltung im Handelsbetrieb, Teil 1, 2. Aufl., Wiesbaden.

Bichler, M./Pikovsky, A./Setzer, T (2005): Kombinatorische Auktionen in der betrieblichen Beschaffung. Eine Analyse grundlegender Entwurfsprobleme, in: Wirtschaftsinformatik, 47. Jg., H. 2, S. 126–134.

Bidlingmaier, J. (1974): Betriebsformen des Einzelhandels, in: Tietz, B. (Hrsg.): Enzyklopädie der Betriebswirtschaftslehre, 4. Bd., Handwörterbuch der Absatzwirtschaft, Stuttgart, Sp. 526–546.

Biehl, B. (2003): Real sucht mit Kompass nach Optimierungspotenzialen in den Märkten, in: Lebensmittel Zeitung, 55. Jg., Nr. 2 vom 10.1.2003, S. 45.

Bierbaum, H. (1979): Leistung und Leistungsbedingungen im Einzelhandel, Rationalisierungsgemeinschaft des Handels beim RKW e. V. Köln, Köln.

Biesiada, H./Neidhart, M. (2004): Retail-Performance-Management – Konzeption eines modernen Business-Intelligence-Systems für die Planung, Steuerung und Kontrolle von Handelsprozessen, in: Zentes, J./Biesada, H./ Schramm-Klein, H. (Hrsg.): Performance Leadership im Handel, Frankfurt am Main, S. 93–115.

Bijmolt, T. H. A./van Heerde, H. J./Pieters, R. G. M. (2005): New Empirical Generalizations on the Determinants of Price Elasticity, in: Journal of Marketing Research, Vol. 42, No. 2, S. 141–156.

Billen, P./Weiber, R. (2007): Multi-Channel-Marketing. Die informationsökonomische Perspektive, in: Wirtz, B. W. (Hrsg.): Handbuch Multi-Channel-Marketing, Wiesbaden, S. 33–80.

Birbaumer, N./Schmidt, R. F. (2010): Biologische Psychologie, 7. Aufl., Heidelberg.

Birkhofer, B. (1996): Zertifizierung mittelständischer Handelsunternehmen nach DIN ISO 9000 ff. Grundlagen und Vorgehen bei der Einführung eines norm- und anforderungsgerechten Qualitätsmanagementsystems, Göttingen.

Birkigt, K./Stadler, M. M. (2002): Corporate Identity – Grundlagen, in: Birkigt, K./Stadler, M. M./Funck, H. J. (Hrsg.): Corporate Identity. Grundlagen, Funktionen, Fallbeispiele, 11. Aufl., München, S. 13–23.

Birtwistle, G./Moore, C. M./Fiorito, S. S. (2006): Apparel Quick Response Systems: The Manufacturer Perspective, in: International Journal of Logistics Research and Applications, Vol. 9, No. 2, S. 157–168.

Birtwistle, G./Siddiqui, N./Fiorito, S. S. (2003): Quick Response: Perceptions of UK Fashion Retailers, in: International Journal of Retail and Distribution Management, Vol. 31, No. 2, S. 118–128.

Bitner, M. J./Booms, B. H./Mohr, L. A. (1994): Critical Service Encounters. The Employee's Viewpoint, in: Journal of Marketing, Vol. 58, No. 4, S. 95–106.

Bitner, M. J./Booms, B. H./Tetreault, M. S. (1990): The Service Encounter. Diagnosing Favorable and Unfavorable Incidents, in: Journal of Marketing, Vol. 54, No. 1, S. 71–84.

Bitner, M. J./Hubbert, A. R. (1994): Encounter Satisfaction versus Overall Satisfaction versus Quality: The Customer's Voice, in: Rust, R. T./Oliver, R. L. (Hrsg.): Service Quality: New Directions in Theory and Practice, London, S. 72–94.

Bizer, G. Y./Petty, R. E. (2002): An Implicit Measure of Price Perception: Exploring the Odd-Pricing Effect, in: Advances in Consumer Research, Vol. 29, No. 1, S. 220–221.

Blackwell, R. D./Miniard, P. W./Engel, J. F. (2006): Consumer Behavior, 10. Aufl., Mason, OH.

Blank, O. (2004): Entwicklung des Einzelhandels in Deutschland. Der Beitrag des Gebietsmarketings zur Verwirklichung einzelhandelsbezogener Ziele der Raumordnungspolitik, Wiesbaden.

Bleicher, K. (1981): Organisation: Formen und Modelle, Wiesbaden.

Bleses, P. (2007): Input-Output-Rechnung, in: Statistisches Bundesamt (Hrsg.): Wirtschaft und Statistik, 59. Jg., H. 1, S. 86–96.

Blettner, K./Knopp, P./Schmidt, A. G. (1998): Strukturwandel in der Warendistribution: Wettbewerbsposition und Entwicklungsperspektive für die Handelsvertreter. Kurzfassung des Gutachtens, Trier.

Bleymüller, J./Gehlert, G. (1989): Konzentrationsmessung, in: Wirtschaftswissenschaftliches Studium, 18. Jg., H. 9, S. 378–384.

Bloch, P. H./Ridgway, N. M./Dawson, S. A. (1994): The Shopping Mall as Consumer Habitat, in: Journal of Retailing, Vol. 70, No. 1, S. 23–42.

Blochwitz, S./Hamerle, A./Hohl, S./Rauhmeier, R./Rösch, D. (2004): Was leisten Trennschärfemaße für Ratingsysteme?, in: Zeitschrift für das gesamte Kreditwesen, 57. Jg., H. 22, S. 41–44.

Bloemer, J./de Ruyter, K. (1998): On the Relationship Between Store Image, Store Satisfaction and Store Loyalty, in: European Journal of Marketing, Vol. 32, No. 5/6, S. 499–513.

Boatwright, P./Nunes, J. C. (2001): Reducing Assortment: An Attribute-Based Approach, in: Journal of Marketing, Vol. 65, No. 3, S. 50–63.

Bodkin, D. D./Lord, J. D. (1997): Attraction of Power Shopping Centres, in: The International Review of Retail, Distribution and Consumer Research, Vol. 7, No. 2, S. 93–108.

Boe, W. J./Yilmaz, C. (1983): The Incremental Order Quantity, in: Production and Inventory Management Journal, Vol. 24, No. 2, S. 94–100.

Böcker, F. (1986): Handelskonzentration. Ein partielles Phänomen? – oder: Irreführende Handelsstatistiken?, in: Zeitschrift für Betriebswirtschaft, 56. Jg., H. 7, S. 654–660.
Böcker, F. (1978): Die Bestimmung der Kaufverbundenheit von Produkten, Berlin.
Böcker, F. (1975): Die Analyse des Kaufverbunds. Ein Ansatz zur bedarfsorientierten Warentypologie, in: Zeitschrift für betriebswirtschaftliche Forschung, 27. Jg., H. 5, S. 290–306.
Böcker, F. (1974): Die Analyse des Sortimentsverbunds. Eine empirische Untersuchung, in: Blume, E. B./Ulrich, W. (Hrsg.): Perspektiven des Marketing im Handel, Freiburg u. a., S. 55–81.
Böhler, J. (1993): Betriebsform, Wachstum und Wettbewerb, Wiesbaden.
Börner, D. (1970): Einzelkosten und ihre Verrechnung, in: Kosiol, E. (Hrsg.): Handwörterbuch des Rechnungswesens, Stuttgart, Sp. 439–444.
Boles, J. S./Babin, B. J./Brashear, T. G./Brooks, C. (2001): An Examination of the Relationships between Retail Work Environments, Salesperson Selling Orientation, Customer Orientation and Job Performance, in: Journal of Marketing Theory and Practice, Vol. 9, No. 3, S. 1–13.
Bone, P. F./Ellen, S. P. (1999): Scents in the Marketplace: Explaining a Fraction of Olfaction, in: Journal of Retailing, Vol. 75, No. 2, S. 243–262.
Bongartz, U. (1997): Strategische Ressourcen und erhaltbare Wettbewerbsvorteile: Die ressourcenorientierte Sicht am Beispiel der Treasury, in: Zeitschrift für Betriebswirtschaft, Ergänzungsheft 1, Jg. 1997, S. 21–43.
Bonoma, T. V. (1982): Major Sales: Who Really Does the Buying?, in: Harvard Business Review, Vol. 60, No. 3, S. 111–120.
Borin N./Farris, P. (1995): A Sensitivity Analysis of Retailer Shelf Management Models, in: Journal of Retailing, Vol. 71, No. 2, S. 153–171.
Borin, N./Farris, P. W./Freeland, J. R. (1994): A Model for Determining Retail Product Category Assortment and Shelf Space Allocation, in: Decision Sciences, Vol. 25, No. 3, S. 359–384.
Borle, S./Boatwright, P./Kadane, J. B./Nunes, J. C./Shmueli, G. (2005): The Effect of Product Assortment Changes on Customer Retention, in: Marketing Science, Vol. 24, No. 4, S. 616–622.
Boslau, M. (2009): Kundenzufriedenheit mit Selbstbedienungskassen im Handel. Der Erklärungsbeitrag ausgewählter verhaltenswissenschaftlicher Theorien, Wiesbaden.
Bost, E. (1987): Ladenatmosphäre und Konsumentenverhalten, Heidelberg.
Bowersox, D. J./Closs, D. J./Cooper, M. B. (2007): Supply Chain Logistics Management, 2. Aufl., New York, NY.
Bowlby, S. R./Foord, J. (1995): Relational Contracting between UK Retailers and Manufacturers, in: The International Review of Retail, Distribution and Consumer Research, Vol. 5, No. 3, S. 333–360.
Boyd, D. E./Bahn, K. D. (2009): When Do Large Product Assortments Benefit Consumers? An Information Processing Perspective, in: Journal of Retailing, Vol. 85, No. 3, S. 288–297.
Boztuğ, Y./Hildebrandt, L. (2008): Modeling Joint Purchases with a Multivariate MNL Approach, in: Schmalenbach Business Review, Vol. 60, No. 4, S. 400–422.
Boztuğ, Y./Silberhorn, N. (2006): Modellierungsansätze in der Warenkorbanalyse im Überblick, in: Journal für Betriebswirtschaft, 56. Jg., H. 2, S. 105–128.
Brandl, W.-C. (1998): Die Relevanz einzelner Kostenbestandteile bei der Bestellmengenoptimierung der Großhandelsunternehmung – dargelegt am Beispiel des Elektrogroßhandels, Köln.
Brandt, D. R. (1988a): How Service Marketers can Identify Value-Enhancing Service Elements, in: Journal of Services Marketing, Vol. 2, No. 3, S. 35–41.
Brandt, D. R. (1988b): A Procedure for Identifying Value-Enhancing Service Components Using Customer Satisfaction Survey Data, in: Surprenant, C. F. (Hrsg.): Add Value to Your Service, Chicago, IL, S. 61–65.
Braun, D. (2002): Schnittstellenmanagement zwischen Handelsmarken und ECR, Lohmar u. a.
Brecht, W. (1999a): Computerunterstützte Optimierung, in: Personalwirtschaft, 26. Jg., Sonderheft 10, S. 23–32.
Brecht, W. (1999b): Wie Dienstzeiten am besten geplant werden, in: Harvard Business Manager, 21. Jg., H. 2, S. 101–107.
Breitschuh, J. (2008): Retouren-Management im Distanzhandel, Kiel.
Bresnahan, T. F./Reiss, P. C. (1985): Dealer and Manufacturer Margins, in: RAND Journal of Economics, Vol. 16, No. 2, S. 253–268.
Brettschneider, G. (2000): Beschaffung im Handel unter besonderer Berücksichtigung der Auswirkungen von Efficient Consumer Response, Frankfurt am Main u. a.

Breuer, W. (2008): Finanzierung. Eine systematische Einführung, 2. Aufl., Wiesbaden.
Breuer, P./Prauschke, C./Steegmann, J. (2008): Change, Change, Change, in: akzente, o. Jg., H. 1, S. 8–15.
Briesch, R. A./Krishnamurthi, L./Mazumdar, T./Raj, S. P. (1997): A Comparative Analysis of Reference Price Models, in: Journal of Consumer Research, Vol. 24, No. 2, S. 202–214.
Brinkmann, J. (2006): Buying Center-Analyse auf der Basis von Vertriebsinformationen, Wiesbaden.
Brockhoff, K. (1977): Prognoseverfahren für die Unternehmensplanung, Wiesbaden.
Brockhoff, K./Hauschildt, J. (1993): Schnittstellen-Management. Koordination ohne Hierarchie, in: Zeitschrift Führung und Organisation, 62. Jg., H. 6, S. 396–403.
Broniarczyk, S. M./Hoyer, W. D./McAlister, L. (1998): Consumers' Perceptions of the Assortment Offered in a Grocery Category: The Impact of Item Reduction, in: Journal of Marketing Research, Vol. 35, No. 2, S. 166–176.
Brown, F. E. (1969): Price Image Versus Price Reality, in: Journal of Marketing Research, Vol. 6, No. 6, S. 185–191.
Brown, G./Widing II, R. E./Coulter, R. L. (1991): Customer Evaluation of Salespeople Utilizing the SOCO Scale. A Replication, Extension, and Application, in: Journal of the Academy of Marketing Science, Vol. 19, No. 4, S. 347–351.
Brown, S. (1993): Retail Location Theory: Evolution and Evaluation, in: The International Review of Retail, Distribution and Consumer Research, Vol. 3, No. 2, S. 185–229.
Brown, S. (1992): Tenant Mix, Tenant Placement and Shopper Behaviour in a Planned Shopping Centre, in: The Service Industries Journal, Vol. 12, No. 3, S. 384–403.
Brown, S. (1990): The Wheel of Retailing. Past and Future, in: Journal of Retailing, Vol. 66, No. 2, S. 143–149.
Brown, S. P./Evans, K. R./Mantrala, M. K./Challagalla, G. (2005): Adapting Motivation, Control, and Compensation Research to a New Environment, in: Journal of Personal Selling and Sales Management, Vol. 25, No. 2, S. 155–167.
Brown, T./Buttross, T. E. (2008): An Empirical Analysis of the Financial Impact of Quick Response, in: International Journal of Retail and Distribution Management, Vol. 36, No. 8, S. 607–626.
Bruckhaus, M. (1979): Die Organisation der Kaufhof AG, in: Zeitschrift Führung und Organisation, 48. Jg., H. 3, S. 123–132.
Bruckmann, G. (Hrsg.) (1978): Langfristige Prognosen. Möglichkeiten und Methoden der Langfristprognostik komplexer Systeme, 2. Aufl., Würzburg u. a.
Bruhn, M. (2009a): Relationship Marketing. Das Management von Kundenbeziehungen, 2. Aufl., München.
Bruhn, M. (2009b): Kommunikationspolitik: Systematischer Einsatz der Kommunikation für Unternehmen, 5. Aufl., München.
Bruhn, M. (2008): Qualitätsmanagement für Dienstleistungen. Grundlagen – Konzepte – Methoden, 7. Aufl., Berlin u. a.
Bruhn, M. (2001): Bedeutung der Handelsmarke im Markenwettbewerb. Eine Einführung, in: Bruhn, M. (Hrsg.): Handelsmarken. Entwicklungstendenzen und Zukunftsperspektiven der Handelsmarkenpolitik, 3. Aufl., Stuttgart, S. 3–48.
Bruhn, M. (2000): Qualitätssicherung im Dienstleistungsmarketing. Eine Einführung in die theoretischen und praktischen Probleme, in: Bruhn, M./Stauss, B. (Hrsg.): Dienstleistungsqualität. Konzepte – Methoden – Erfahrungen, 3. Aufl., Wiesbaden, S. 21–48.
Bruhn, M. (1985): Marketing und Konsumentenzufriedenheit, in: Das Wirtschaftsstudium, 14. Jg., H. 6, S. 300–307.
Brynjolfsson, E./Hu, Y. J./Smith, M. D. (2006): From Niches to Riches. Anatomy of the Long Tail, in: MIT Sloan Management Review, Vol. 47, No. 4, S. 67–71.
Buchholz, L. (2009): Strategisches Controlling. Grundlagen – Instrumente – Konzepte, Wiesbaden.
Buchholz, W. (2002): Messung und Darstellung von Beschaffungsleistungen, in: Zeitschrift für betriebswirtschaftliche Forschung, 54. Jg., H. 6, S. 363–380.
Buchschatz, S. (2011): Risikomanagement in mittelständischen Handelsunternehmen, in: Kirchdörfer, R./Schmid, D. C. (Hrsg.): Der europäische Facheinzelhandel – Herausforderungen und Perspektiven, Baden-Baden, S. 419–436.
Buddeberg, H. (1959): Betriebslehre des Binnenhandels, Wiesbaden.
Buddeberg, H. (1955): Über die Vergleichbarkeit der Handelsbetriebe, Köln u. a.
Bühner, R. (2004): Betriebswirtschaftliche Organisationslehre, 10. Aufl., München u. a.
Bürkler, A. (1977): Kennzahlensysteme als Führungsinstrument. Ein Lösungsvorschlag für den gewerblichen Detailhandel in der Schweiz, Zürich.

Büttgen, M. (2003): Recovery Management – systematische Kundenrückgewinnung und Abwanderungsprävention zur Sicherung des Unternehmenserfolges, in: Die Betriebswirtschaft, 63. Jg., H. 1, S. 60–76.

Büttner, H. (1986): Die Segmentorientierte Marketingplanung im Einzelhandelsbetrieb, Göttingen.

Büttner, O. (2009): Kognitive Prozesse am Point of Sale. Zur Qualität von Datenerhebungsmethoden der Konsumentenforschung, Wiesbaden.

Bufe, R. H. (1981): Güterbeschaffung des täglichen Bedarfs. Ein Beitrag zur Ressourcenallokation privater Haushalte unter dem Einfluß der Einkaufsstättengestaltung, Berlin.

Bultez, A./Gijsbrechts, E./Naert, P./Abeele, P. V. (1989): Asymmetric Cannibalism in Retail Assortments, in: Journal of Retailing, Vol. 65, No. 2, S. 153–192.

Bultez, A./Naert, P. (1988): SH.A.R.P.: Shelf Allocation for Retailers' Profit, in: Marketing Science, Vol. 7, No. 3, S. 211–231.

Bundesarbeitsgemeinschaft der Mittel- und Großbetriebe des Einzelhandels e. V. (BAG) (Hrsg.) (1972): Personaleinsatz im Einzelhandel, Köln.

Bundeskartellamt (Hrsg.) (2008): Nachfragemacht im Kartellrecht – Stand und Perspektiven. Tagung des Arbeitskreises Kartellrecht am 18. September 2008.

Bundeskartellamt, 2. Beschlussabteilung (Hrsg.) (2008): B2–333/07. Fusionsverfahren, Verfügung gemäß § 40 Abs. 2 GWB (Edeka - Plus), Bonn.

Bundeskartellamt (Hrsg.) (2003): Bekanntmachung Nr. 124/2003 des Bundeskartellamtes zur Anwendung des § 20 Abs. 4 S. 2 GWB (Verkauf unter Einstandspreis), Bonn.

Bundesministerium der Finanzen (Hrsg.) (2004): Eigenkapitalquoten deutscher Unternehmen, in: Monatsbericht 08.2004, Berlin, S. 67–74.

Bundesverband des Deutschen Groß- und Außenhandels e. V. (Hrsg.) (1988): Kontenrahmen für den Groß- und Außenhandel, Bonn.

Bundesverband Materialwirtschaft, Einkauf und Logistik (Hrsg.) (2009): Stimmungsbarometer Elektronische Beschaffung 2009, unter: http://www.cfsm.de/fileadmin/Downloads/E-Procurement/Stimmungsbarometer_2009.pdf [10.9.2009].

Bungenstock, C. (1995): Entscheidungsorientierte Kostenrechnungssysteme. Eine entwicklungsgeschichtliche Analyse, Wiesbaden.

Burg, M. (1994): Stand und Entwicklungsperspektiven des Controllings in der Handelspraxis. Ergebnisse einer empirischen Erhebung, in: Ahlert, D./Olbrich, R. (Hrsg.): Integrierte Warenwirtschaftssysteme und Handelscontrolling. Konzeptionelle Grundlagen und Umsetzung in der Handelspraxis, Stuttgart, S. 227–249.

Burke, J. C./Mackenzie, S. B./Podsakoff, P. M. (2003): A Critical Review of Construct Indicators and Measurement Model Misspecification in Marketing and Consumer Research, in: Journal of Consumer Research, Vol. 30, No. 2, S. 199–218.

Burmann, C. (1995): Fläche und Personalintensität als Erfolgsfaktoren im Einzelhandel, Wiesbaden.

Burnkrant, R. E./Unnava, H. R. (1995): Effects of Self-Referencing on Persuasion, in: Journal of Consumer Research, Vol. 22, No. 1, S. 17–26.

Burt, S. (1993): Temporal Trends in the Internationalization of British Retailing, in: The International Review of Retail, Distribution and Consumer Research, Vol. 3, No. 4, S. 391–410.

Burt, S. (1991): Trends in the Internationalization of Grocery Retailing: The European Experience, in: The International Review of Retail, Distribution and Consumer Research, Vol. 1, No. 4, S. 487–515.

Burt, S./Dawson, J./Larke, R. (2006): Inditex-Zara. Rewriting the Rules in Apparel Retailing, in: Dawson, J./Larke, R./Mukoyama, M. (Hrsg.): Strategic Issues in Retailing, New York, NY, S. 71–90.

Burt, S./Dawson, J./Sparks, L. (2003): Failure in International Retailing: Research Propositions, in: The International Review of Retail, Distribution and Consumer Research, Vol. 13, No. 4, S. 355–373.

Burt, S. L./Mellahi, K./Jackson, T. P./Sparks, L. (2002): Retail Internationalization and Retail Failure: Issues from the Case of Marks and Spencer, in: The International Review of Retail, Distribution and Consumer Research, Vol. 12, No. 2, S. 191–219.

Burt, S. L./Sparks, L. (2003): The Retail Context: An Overview, in: Freathy, P. (Hrsg.): The Retailing Book: Principles and Applications, Harlow, S. 3–30.

Buzzell, R. D. (2004): The PIMS Program of Strategy Research. A Retrospective Appraisal, in: Journal of Business Research, Vol. 57, No. 5, S. 478–483.

Buzzell, R. D./Gale, B. T. (1989): Das PIMS-Programm. Strategien und Unternehmenserfolg, Wiesbaden.
Cachon, G. P./Kök, A. G. (2007): Category Management and Coordination in Retail Assortment Planning in the Presence of Basket Shopping Consumers, in: Management Science, Vol. 53, No. 6, S. 934–951.
Campbell-Hunt, C. (2000): What Have We Learned About Generic Competitive Strategy? A Meta-Analysis, in: Strategic Management Journal, Vol. 21, No. 2, S. 127–154.
Campo, K./Gijsbrechts, E./Nisol, P. (2004): Dynamics in Consumer Response to Product Unavailability: Do Stock-Out Reactions Signal Response to Permanent Assortment Reductions?, in: Journal of Business Research, Vol. 57, No. 8, S. 834–843.
Campo, K./Gijsbrechts, E./Nisol, P. (2000): Towards Understanding Consumer Response to Stock-Outs, in: Journal of Retailing, Vol. 76, No. 2, S. 219–242.
Cano, C./Carillat, F. A./Jaramillo, F. (2004): A Meta-Analysis of the Relationship between Market Orientation and Business Performance. Evidence From Five Continents, in: International Journal of Research in Marketing, Vol. 21, No. 2, S. 179–200.
Cansier, A. (2001a): Efficient Consumer Response als Principal-Agent-Problem: Herstellerabgabepreisbildung im LEN-Modell, in: Betriebswirtschaftliche Forschung und Praxis, 53. Jg., H. 6, S. 614–628.
Cansier, A. (2001b): Efficient Consumer Response aus kooperationstheoretischer Sicht, Wiesbaden.
Cansier, A. (2001c): Endverbraucherpreisbildung bei Efficient Consumer Response und Category Management, in: Marketing – Zeitschrift für Forschung und Praxis, 23. Jg., H. 3, S. 159–167.
Carpenter, J. M./Moore, M. (2006): Consumer Demographics, Store Attributes, and Retail Format Choice in the US Grocery Market, in: International Journal of Retail and Distribution Management, Vol. 34, No. 6, S. 434–452.
Carrefour Group (Hrsg.) (2009): The Carrefour Group: A World Leader in Distribution, unter: http://www.carrefour.com/cdc/group/our-group/ [4.8.2009].
Carrefour Group (Hrsg.) (2007): Carrefour Group, Building Relationships, 2007 Annual Report, unter: http://www.carrefour.com/ [13.6.2008].
Carter, C. R./Rogers, D. S. (2008): A Framework of Sustainable Supply Chain Management: Moving Toward New Theory, in: International Journal of Physical Distribution and Logistics Management, Vol. 38, No. 5, S. 360–387.
Cateora, P. R./Gilly, M. C./Graham, J. L (2009): International Marketing, 14. Aufl., New York, NY.
Centrale für Coorganisation (CCG) (Hrsg.) (2003): RFID – Optimierung der Value Chain. Einsatzbereiche, Nutzenpotenziale und Herausforderungen, Köln.
Centrale für Coorganisation (CCG) (Hrsg.) (2001): Handbuch ECR Demand Side: Der Weg zum erfolgreichen Category Management, Köln.
Centrale für Coorganisation (CCG) (Hrsg.) (1998): Edition ECR Deutschland. Efficient Consumer Response, Köln.
Cetinkaya, S./Lee, C.-Y. (2000): Stock Replenishments and Shipment Scheduling for VMI Systems, in: Management Science, Vol. 46, No. 2, S. 217–232.
Chatterjee, S. C./Hyvönen, S./Anderson, E. (1995): Concentrated vs. Balanced Sourcing: An Examination of Retailer Purchasing Decisions in Closed Markets, in: Journal of Retailing, Vol. 71, No. 1, S. 23–46.
Chebat, J.-C./Michon, R. (2003): Impact of Ambient Odors on Mall Shoppers' Emotions, Cognition and Spending. A Test of Competitive Causal Theories, in: Journal of Business Research, Vol. 56, No. 7, S. 529–539.
Chen, S./Duckworth, K./Chaiken, S. (1999): Motivated Heuristic and Systematic Processing, in: Psychological Inquiry, Vol. 10, No. 1, S. 44–49.
Chen, Y./Hess, J. D./Wilcox, R. T./Zhang, Z. J. (1999): Accounting Profits Versus Marketing Profits: A Relevant Metric for Category Management, in: Marketing Science, Vol. 18, No. 3, S. 208–229.
Childers, T. L./Carr, C. L./Peck, J./Carson, S. (2001): Hedonic and Utilitarian Motivations for Online Retail Shopping Behavior, in: Journal of Retailing, Vol. 77, No. 4, S. 511–535.
Chintagunta, P. K. (2002): Investigating Category Pricing Behavior at a Retail Chain, in: Journal of Marketing Research, Vol. 34, No. 2, S. 141–154.
Chintagunta, P. K./Bonfrer, A./Song, I. (2002): Investigating the Effects of Store-Brand Introduction on Retailer Demand and Pricing Behavior, in: Management Science, Vol. 48, No. 10, S. 1242–1267.
Choi, S. C. (1996): Price Competition in a Duopoly Common Retailer Channel, in: Journal of Retailing, Vol. 72, No. 2, S. 117–134.
Choi, S. C. (1991): Price Competition in a Channel Structure with a Common Retailer, in: Marketing Science, Vol. 10, No. 4, S. 271–296.

Choi, S. C./Coughlan, A. T. (2006): Private Label Positioning: Quality Versus Feature Differentiation from the National Brand, in: Journal of Retailing, Vol. 82, No. 2, S. 79–93.
Chopra, S./Meindl, P. (2007): Supply Chain Management. Strategy, Planning, and Operation, 3. Aufl., Upper Saddle River, NJ.
Christaller, W. (1933): Die zentralen Orte in Süddeutschland. Eine ökonomisch-geographische Untersuchung über die Gesetzmäßigkeit der Verbreitung und Entwicklung der Siedlungen mit städtischer Funktion, Darmstadt.
Christen, M./Iyer, G./Soberman, D. (2006): Job Satisfaction, Job Performance, and Effort: A Reexamination Using Agency Theory, in: Journal of Marketing, Vol. 70, No. 1, S. 137–150.
Churchill, G. A. (1979): A Paradigm for Developing Better Measures of Marketing Constructs, in: Journal of Marketing Research, Vol. 16, No. 1, S. 64–73.
Clarke, I./Horita, M./Mackaness, W. (2000): The Spatial Knowledge of Retail Decision Makers. Capturing and Interpreting Group Insight Using a Composite Cognitive Map, in: The International Review of Retail, Distribution and Consumer Research, Vol. 10, No. 3, S. 265–285.
Clarke, I./Mackaness, W./Ball, B. (2003): Modelling Intuition in Retail Site Assessment (MIRSA). Making Sense of Retail Location Using Retailers' Intuitive Judgements as a Support for Decision-Making, in: The International Review of Retail, Distribution and Consumer Research, Vol. 13, No. 2, S. 175–193.
Clement, M./Litfin, T. (1998): Adoption Interaktiver Medien, in: Albers, S./Clement, M./Peters, K. (Hrsg.): Marketing mit Interaktiven Medien: Strategien zum Markterfolg, Frankfurt am Main, S. 95–108.
Coase, R. H. (1937): The Nature of the Firm, in: Economica, Vol. 4, No. 16, S. 386–405.
Coates, D./Doherty, N./French, A./Kirkup, M. (1995): Neural Networks for Store Performance Forecasting. An Empirical Comparison with Regression Techniques, in: The International Review of Retail, Distribution and Consumer Research, Vol. 5, No. 4, S. 415–432.
Coca-Cola Retailing Research Group (Europe)/GEA Consulenti Associati di gestione aziendale (Hrsg.) (1994): Supplier-Retailer Collaboration in Supply Chain Management, o. O.
Coenenberg, A. G./Fischer, T. M. (1991): Prozeßkostenrechnung. Strategische Neuorientierung in der Kostenrechnung, in: Die Betriebswirtschaft, 51. Jg., H. 1, S. 21–38.
Coenenberg, A. G./Fischer T. M./Günther, T. (2009): Kostenrechnung und Kostenanalyse, 7. Aufl., Stuttgart.
Collins, A. (2002): The Determinants of Retailers' Margin Related Bargaining Power: Evidence from the Irish Food Manufacturing Industry, in: Review of Retail, Distribution and Consumer Research, Vol. 12, No. 2, S. 165–189.
Collins, A. M./Loftus, E. F. (1975): A Spreading-Activation Theory of Semantic Processing, in: Psychological Review, Vol. 82, No. 6, S. 407–428.
Competition-Commission (Hrsg.) (2006): Working Paper on Buyer Power, unter: http://www.competition-commission.org.uk/inquiries/ref2006/grocery/index.html [23.1.2007].
Connolly, C. (2008): Warehouse Management Technologies, in: Sensor Review, Vol. 28, No. 2, S. 108–114.
Converse, P. D. (1949): New Laws of Retail Gravitation, in: Journal of Marketing, Vol. 14, No. 3, S. 379–384.
Converse, P. D. (1943): A Study of Retail Trade Areas in Eastern Illinois, Urbana, IL.
Conz, B. (1976): Mehr Mut zu weniger Beratung: Verkaufsanalysen in vier Einzelhandelsbranchen, Köln.
Cooper, M. C./Ellram, L. M. (1993): Characteristics of Supply Chain Management and the Implications for Purchasing and Logistics Strategy, in: The International Journal of Logistics Management, Vol. 4, No. 2, S. 13–24.
Cooper, M. C./Lambert, D. M./Pagh, J. D. (1997): Supply Chain Management: More Than a New Name for Logistics, in: The International Journal of Logistics Management, Vol. 8, No. 1, S. 1–14.
Cooper, R./Kaplan, R. S. (1988): Measure Costs Right: Make the Right Decisions, in: Harvard Business Review, Vol. 66, No. 5, S. 96–103.
Coopers & Lybrand (Hrsg.) (1996): European Value Chain Analysis Study, Utrecht.
Copeland, M. T. (1923): Relation of Consumers' Buying Habits to Marketing Methods, in: Harvard Business Review, Vol. 1, No. 3, S. 282–289.
Corsten, D./Gruen, T. (2004): Stock-Outs Cause Walkouts, in: Harvard Business Review, Vol. 82, No. 5, S. 26–28.
Corsten, D./Gruen, T. (2003): Desperately Seeking Shelf Availability: An Examination of the Extent, the Causes, and the Efforts to Address Retail Out-of-Stocks, in: International Journal of Retail and Distribution Management, Vol. 31, No. 12, S. 605–617.
Corsten, H./Reiß, M. (1989): Betriebswirtschaftliche Vergleichsformen, in: Das Wirtschaftsstudium, 18. Jg., H. 11, S. 615–620.

Corstjens, M./Doyle, P. (1985): The Application of Geometric Programming to Marketing Problems, in: Journal of Marketing, Vol. 49, No. 1, S. 137–144.
Corstjens, M./Doyle, P. (1981): A Model for Optimizing Retail Space Allocations, in: Management Science, Vol. 27, No. 7, S. 822–833.
Corstjens, M./Lal, R. (2000): Building Store Loyalty Through Store Brands, in: Journal of Marketing Research, Vol. 37, No. 3, S. 281–291.
Cottrell, J. L. (1973): An Environmental Model for Performance Measurement in a Chain of Supermarkets, in: Journal of Retailing, Vol. 49, No. 3, S. 51–63.
Coughlan, A. T./Anderson, E./Stern, L. W./El-Ansary, A. I. (2006): Marketing Channels, 7. Aufl., Upper Saddle River, NJ.
Coulter, K. S. (2001): Odd-ending Price Underestimation: An Experimental Examination of Left-to-right Processing Effects, in: Journal of Product and Brand Management, Vol. 10, No. 5, S. 276–292.
Council of Supply Chain Management Professionals (CSCMP) (Hrsg.) (2009): CSCMP Supply Chain Management Definitions, unter: cscmp.org/aboutcscmp/definitions.asp [7.6.2011].
Cox, A. (2003): Beschaffungswesen und Unternehmensstrategie: Strategische und betriebswirtschaftliche Bedeutung der Beschaffung für den wirtschaftlichen Erfolg, in: Boutellier, R./Wagner, S. M./Wehrli, H. P. (Hrsg.): Handbuch Beschaffung. Strategien – Methoden – Umsetzung, München u. a., S. 81–97.
Cox, A. D./Cox, D. (1990): Competing on Price. The Role of Retail Price Advertisements in Shaping Store Price Image, in: Journal of Retailing, Vol. 66, No. 4, S. 428–445.
Craig, C. S./Ghosh, A./McLafferty, S. (1984): Models of the Retail Location Process. A Review, in: Journal of Retailing, Vol. 60, No. 1, S. 5–36.
Creditreform Wirtschafts- und Konjunkturforschung (Hrsg.) (2003): Wirtschaftslage und Finanzierung im Mittelstand, Neuss.
Creusen, U. (2001): Messen führt zu Veränderung: Konsequente Kundenorientierung am Beispiel von OBI, in: Müller-Hagedorn, L. (Hrsg.): Kundenbindung im Handel, 2. Aufl., Frankfurt am Main, S. 235–243.
Crone, S. F. (2010): Neuronale Netze zur Prognose und Disposition im Handel, Wiesbaden.
Crowley, A. E. (1993): The Two-Dimensional Impact of Colour on Shopping, in: Marketing Letters, Vol. 4, No. 1, S. 59–69.
Csikszentmihalyi, M. (2010): Flow. Das Geheimnis des Glücks, 15. Aufl., Stuttgart.
Csikszentmihalyi, M. (2008): Das *flow*-Erlebnis. Jenseits von Angst und Langeweile im Tun aufgehen, 10. Aufl., Stuttgart.
Csikszentmihalyi, M. (2005): Dem Sinn des Lebens eine Zukunft geben. Eine Psychologie für das 3. Jahrtausend, 3. Aufl., Stuttgart.
Curhan, R. C. (1973): Shelf Space Allocation and Profit Maximization in Mass Retailing, in: Journal of Marketing, Vol. 37, No. 3, S. 54–60.
Cuthbertson, R./Laine, A. (2004): The Role of CRM within Retail Loyalty Marketing, in: Journal of Targeting, Measurement and Analysis for Marketing, Vol. 12, No. 3, S. 290–304.
Czepiel, J. A./Rosenberg, L. J./Akerele, A. (1974): Perspectives on Consumer Satisfaction, in: Proceedings of the 1974 National Conference, American Marketing Association, Chicago, IL, S. 119–123.
Dabholkar, P. A./Bobbitt, L. M./Lee, E.-J. (2003): Understanding Consumer Motivation and Behavior Related to Self-Scanning in Retailing. Implications for Strategy and Research on Technology-based Self-service, in: International Journal of Service Industry Management, Vol. 14, No. 1, S. 59–95.
Dabholkar, P. A./Thorpe, D. I./Rentz, J. O. (1995): A Measure of Service Quality for Retail Stores: Scale Development and Validation, in: Journal of the Academy of Marketing Science, Vol. 24, No. 1, S. 3–16.
Dach, C. (2002a): Internet Shopping versus stationärer Handel. Zum Einkaufsstättenwahlverhalten von Online-Shoppern, Stuttgart.
Dach, C. (2002b): Vorteile einer Multi-Channel-Strategie. Eine nüchterne Betrachtung, Köln.
Dach, C. (2000): Die zukünftige Bedeutung des B2C-E-Commerce – ein Prognosemodell, in: Müller-Hagedorn, L. (Hrsg.): Zukunftsperspektiven des E-Commerce im Handel, Frankfurt am Main, S. 175–225.
Dach, C. (1999): Der Wettbewerb der Zukunft: Elektronischer vs. stationärer Handel, in: Mitteilungen des IfH, 51. Jg., H. 3, S. 45–57.
Dahl, R. A. (1957): The Concept of Power, in: Behavioral Science, Vol. 2, No. 3, S. 201–215.

Dahlsrud, A. (2008): How Corporate Social Responsibility is Defined: An Analysis of 37 Definitions, in: Corporate Social Responsibility and Environmental Management, Vol. 15, No. 1, S. 1–13.
Dahrenmöller, A. (1986): Konzentration im Einzelhandel. Eine Fehlinterpretation, in: Zeitschrift für Betriebswirtschaft, 56. Jg., Nr. 7, S. 661–673.
Danaher, P. J. (1997): Using Conjoint Analysis to Determine the Relative Importance of Service Attributes Measured in Customer Satisfaction Surveys, in: Journal of Retailing, Vol. 73, No. 2, S. 235–260.
Danese, P. (2007): Designing CPFR Collaborations: Insights from Seven Case Studies, in: International Journal of Operations and Production Management, Vol. 27, No. 2, S. 181–204.
Daniel, J. (2001): Ertragssteigerungen durch Kundenzufriedenheit und Kundenbindung: Möglichkeiten und Grenzen am Beispiel eines Kreditinstituts, Stuttgart.
Dannenmaier, S./Saalfrank, S./Lindebner, G. (2003): Horizontale Kooperationssysteme im Handel und Handwerk – Perspektiven und Strategien, in: IBB Internationale Betriebsberatung (Hrsg): Die Zukunft der Kooperationen, Frankfurt am Main, S. 71–187.
Darby, M. R./Karni, E. (1973): Free Competition and the Optimal Amount of Fraud, in: The Journal of Law and Economics, Vol. 16, No. 1, S. 67–88.
Davies, M./Clarke, I. (1994): A Framework for Network Planning, in: International Journal of Retail and Distribution Management, Vol. 22, No. 6, S. 6–10.
Davis, F. D./Bagozzi, R. P./Warshaw, P. R. (1989): User Acceptance of Computer Technology: A Comparison of two Theoretical Models, in: Management Science, Vol. 35, No. 8, S. 982–1003.
Davis, H. L./Silk, A. J. (1972): Interaction and Influence Processes in Personal Selling, in: Sloan Management Review, Vol. 13, No. 2, S. 56–76.
Davis, T. C. (1950): How the DuPont Organization Appraises its Performance, in: Financial Management Series, No. 94, S. 3–11.
Dawson, J. (2001): Strategy and Opportunism in European Retail Internationalization, in: British Journal of Management, Vol. 12, No. 4, S. 253–266.
Dawson, J./Larke, R./Mukoyama, M. (Hrsg.) (2006): Strategic Issues in International Retailing, London.
Dawson, S./Bloch, P. H./Ridgway, N. M. (1990): Shopping Motives, Emotional States, and Retail Outcomes, in: Journal of Retailing, Vol. 66, No. 4, S. 408–427.
Decker, R./Schimmelpfennig, H. (2002): Alternative Ansätze zur datengestützten Verbundmessung im Electronic Retailing, in: Ahlert, D./Olbrich, R./Schröder, H. (Hrsg.): Jahrbuch Handelsmanagement 2002. Electronic Retailing, Frankfurt am Main, S. 193–212.
DeHoratius, N./Mersereau, A. J./Schrage, L. (2008): Retail Inventory Management when Records are Inaccurate, in: Manufacturing and Service Operations Management, Vol. 10, No. 2, S. 257–277.
DeHoratius, N./Raman, A. (2008): Inventory Record Inaccuracy: An Empirical Analysis, in: Management Science, Vol. 54, No. 4, S. 627–641.
Delfmann, W. (1993): Planungs- und Kontrollprozesse, in: Wittmann, W./Kern, W./Köhler, R. (Hrsg.): Handwörterbuch der Betriebswirtschaft, Teilband 2, 5. Aufl., Stuttgart, Sp. 3232–3251.
Delfmann, W. (1989): Das Netzwerkprinzip als Grundlage integrierter Unternehmensführung, in: Delfmann, W. (Hrsg.): Der Integrationsgedanke in der Betriebswirtschaftslehre, Wiesbaden, S. 87–113.
Dellaert, B. G. C./Arentze, T. A./Bierlaire, M./Borgers, A. W. J./Timmermans, H. J. P. (1998): Investigating Consumers' Tendency to Combine Multiple Shopping Purposes and Destinations, in: Journal of Marketing Research, Vol. 35, No. 2, S. 177–188.
Deloitte Touche Tohmatsu (Hrsg.) (2009): Feeling the Squeeze. Global Powers of Retailing 2009, unter: http://public.deloitte.com/media/0460/2009GlobalPowersofRetail_FINAL2.pdf [24.9.2010].
Deloitte & Touche GmbH (Hrsg.) (2009): Global Powers of Retailing 2009, unter: http://www.deloitte.com/dtt/cda/doc/content/de_CB_R_GPof_Retailing_09_020209.pdf [3.8.2009].
DeMatteis, J. J. (1968): An Economic Lot-Sizing Technique I. The Part-Period Algorithm, in: IBM Systems Journal, Vol. 7, No. 1, S. 30–38.
de Mooij, M./Hofstede, G. (2002): Convergence and Divergence in Consumer Behavior: Implications for International Retailing, in: Journal of Retailing, Vol. 78, No. 1, S. 61–69.
Dennis, C./Murphy, J./Marsland, D./Cockett; T./Patel, T. (2002): Measuring Image. Shopping Centre Case Studies, in: The International Review of Retail, Distribution and Consumer Research, Vol. 12, No. 4, S. 355–373.

Deppisch, C. G. (1997): Dienstleistungsqualität im Handel, Wiesbaden.

Desai, K. K./Talukdar, D. (2003): Relationship Between a Product Groups' Price Perceptions, Shopper's Basket Size, and Grocery Store's Overall Store Price Image, in: Psychology and Marketing, Vol. 20, No. 10, S. 903–933.

Desai, V. S./Crook, J. N./Overstreet Jr., G. A. (1996): A Comparison of Neural Networks and Linear Scoring Models in the Credit Union Environment, in: European Journal of Operational Research, Vol. 95, No. 1, S. 24–37.

Desrochers, D. M./Nelson, P. (2006): Adding Consumer Behavior Insights to Category Management: Improving Item Placement Decisions, in: Journal of Retailing, Vol. 82, No. 4, S. 357–365.

de Teffé, C. (2007): Das Verhältnis von Emotionen und Kognitionen, Saarbrücken.

Dethloff, C. (2004): Einflussfaktoren auf das hybride Kaufverhalten im Lebensmittelbereich, in: Jahrbuch der Absatz- und Verbrauchsforschung, 50. Jg., H. 4, S. 182–194.

Deutsche Bundesbank (Hrsg.) (2011a): Ertragslage und Finanzierungsverhältnisse deutscher Unternehmen im Jahr 2010, in: Monatsbericht Dezember 2011, Frankfurt am Main, S. 31–57.

Deutsche Bundesbank (Hrsg.) (2011b): Verhältniszahlen aus Jahresabschlüssen Deutscher Unternehmen von 2007 bis 2008, in: Statistische Sonderveröffentlichung 6, Frankfurt am Main.

Deutsche Bundesbank (Hrsg.) (2004): Neue Eigenkapitalanforderungen für Kreditinstitute (Basel II), in: Monatsbericht September 2004, Frankfurt am Main, S. 75–100.

Deutsche Bundesbank (Hrsg.) (2003): Validierungsansätze für interne Ratingsysteme, in: Monatsbericht September 2003, Frankfurt am Main, S. 61–74.

Deutsche Gesellschaft für Qualität e. V. (DGQ) (Hrsg.) (1995): Begriffe zum Qualitätsmanagement, 6. Aufl., Berlin.

Deutscher Bundestag (Hrsg.) (1987): Bericht des Bundeskartellamtes über seine Tätigkeit in den Jahren 1985/86 sowie über die Lage und Entwicklung auf seinem Aufgabengebiet, o. O.

Deutscher Bundestag (Hrsg.) (verschiedene Jahrgänge): Bericht des Bundeskartellamtes über seine Tätigkeit sowie über Lage und Entwicklung auf seinem Aufgabengebiet, o. O.

Deutscher Franchise Verband e. V. (Hrsg.) (2010): Franchise-Fakten 2010, unter: http://www.franchiseverband.com/fileadmin/user_upload/MAIN-dateien/PDF-Website/DFV_FranchiseFakten2010final.pdf [13.7.2010].

Deutscher Franchise Verband e. V. (Hrsg.) (2008): Ethikkodex für Mitglieder, assoziierte Mitglieder und assoziierte Experten des Deutschen Franchise-Verbandes e. V. unter: http://www.franchiseverband.com/fileadmin/user_upload/MAIN-dateien/PDF-Website/Ethikkodex-2008.pdf [4.12.2010].

Deutscher Städtetag (Hrsg.) (1993): Statistisches Jahrbuch deutscher Gemeinden 1992, Köln.

Deutsches Institut für Service-Qualität (Hrsg.) (2009): Studie Lebensmittelmärkte (April 2009), unter: http://www.disq.de/april6-2009.php [3.1.2011].

Dewsnap, B./Hart, S. (2004): Category Management: A New Approach for Fashion Marketing?, in: European Journal of Marketing, Vol. 38, No. 7, S. 809–834.

Deyle, H.-G. (2007): Der Einsatz moderner Segmentierungsverfahren zur Unterstützung einer differenzierten Kundenbindungspolitik: Konzeptionelle und methodische Aspekte einer Kundenbindungssegmentierung, Nürnberg.

Dhar, S. K./Hoch, S. J. (1997): Why Store Brand Penetration Varies by Retailer, in: Marketing Science, Vol. 16, No. 3, S. 208–227.

Dhar, S. K./Hoch, S. J./Kumar, N. (2001): Effective Category Management Depends on the Role of the Category, in: Journal of Retailing, Vol. 77, No. 2, S. 165–184.

Dholakia, R. R./Zhao, M./Dholakia, N. (2005): Multichannel Retailing: A Case Study of Early Experiences, in: Journal of Interactive Marketing, Vol. 19, No. 2, S. 63–74.

Dichtl, E. (1979): Grundzüge der Binnenhandelspolitik, Stuttgart u. a.

Dichtl, E./Brinkmann, K./Hardock, P./Ohlwein, M./Schellhase, R./Wolf, B. (1995): Der Deregulierungsbedarf bei für die Wirtschaft relevanten Rechtsnormen, in: Betriebs-Berater – Zeitschrift für Recht und Wirtschaft, 50. Jg., Beilage 12 zu H. 35, S. 1–31.

Dick, A. S./Basu, K. (1994): Customer Loyalty: Toward an Integrated Conceptual Framework, in: Journal of the Academy of Marketing Science, Vol. 22, No. 2, S. 99–113.

Dickson, P. R./Sawyer, A. G. (1990): The Price Knowledge and Search of Supermarket Shoppers, in: Journal of Marketing, Vol. 54, No. 3, S. 42–53.

Diedrich, R./Dierkes, S. (2007): Prozessmanagement, in: Köhler, R./Küpper, H. U./Pfingsten, A. (Hrsg.): Handwörterbuch der Betriebswirtschaft, 6. Aufl., S. 1499–1507.

Diehl, S. (2002): Erlebnisorientiertes Internetmarketing. Analyse, Konzeption und Umsetzung von Internetshops aus verhaltenswissenschaftlicher Perspektive, Wiesbaden.
Diez, W. (2006): Automobilmarketing, 5. Aufl., Landsberg am Lech.
Diller, H. (2008): Preispolitik, 4. Aufl., Stuttgart.
Diller, H. (2000): Preiszufriedenheit bei Dienstleistungen. Konzeptualisierung und explorative empirische Befunde, in: Die Betriebswirtschaft, 60. Jg., H. 5, S. 570–587.
Diller, H. (1997): Preisehrlichkeit – Eine neue Zielgröße im Preismanagement des Einzelhandels, in: Thexis, 14. Jg., H. 2, S. 16–21.
Diller, H. (1996): Kundenbindung als Marketingziel, in: Marketing – Zeitschrift für Forschung und Praxis, 18. Jg., H. 2, S. 81–94.
Diller, H. (1991): Das Preisimage als Wettbewerbsfaktor im Einzelhandel, Arbeitspapier Nr. 8 des Lehrstuhls für Marketing an der Universität Erlangen-Nürnberg, Nürnberg.
Diller, H. (1990): Zielgruppen für den Erlebnishandel. Eine empirische Studie, in: Trommsdorff, V. (Hrsg.): Handelsforschung 1990, Wiesbaden, S. 139–156.
Diller, H. (1988): Das Preiswissen von Konsumenten: Neue Ansatzpunkte und empirische Ergebnisse, in: Marketing – Zeitschrift für Forschung und Praxis, 10. Jg., H. 1, S. 17–24.
Diller, H./Brielmaier, A. (1996): Die Wirkungen gebrochener und runder Preise. Ergebnisse eines Feldexperimentes im Drogeriewarensektor, in: Zeitschrift für betriebswirtschaftliche Forschung, 48. Jg., H. 7/8, S. 695–710.
Diller, H./Goerdt, T. (2000): Einflussfaktoren der Kundenbindung im Lebensmitteleinzelhandel. Ergebnisse von Panelanalysen für Güter des täglichen Bedarfs, in: Trommsdorff, V. (Hrsg.): Handelsforschung 1999/2000, Wiesbaden, S. 163–194.
Diller, H./Kusterer, M. (1988): Beziehungsmanagement. Theoretische Grundlagen und explorative Befunde, in: Marketing – Zeitschrift für Forschung und Praxis, 9. Jg., H. 3, S. 211–220.
Diller, H./Kusterer, M. (1986): Erlebnisorientierte Ladengestaltung im Einzelhandel – Eine empirische Studie, in: Trommsdorff, V. (Hrsg.): Handelsforschung 1986, Heidelberg, S. 105–123.
Diller, H./Müller, S. (2006): Lohnen sich Bonusprogramme? Eine Analyse auf Basis von Paneldaten, in: Marketing – Zeitschrift für Forschung und Praxis, 28. Jg., H. 2, S. 135–146.
Diller, H./Stamer, H. H. (2004): Preissegmentierung im Markt für Konsumgüter, in: Baumgarth, C. (Hrsg.): Marktorientierte Unternehmensführung. Grundkonzepte, Anwendungen und Lehre, Frankfurt am Main u. a., S. 35–74.
Disney, S. M./Towill, D. R. (2003): Vendor-Managed Inventory and Bullwhip Reduction in a two-level Supply Chain, in: International Journal of Operations and Production Management, Vol. 23, No. 6, S. 625–651
Dobbelstein, T. (2001): Beschwerde- und Reklamationsmanagement – Analyse und Maßnahmen dargestellt am Beispiel des Möbelhandels, in: Müller-Hagedorn, L. (Hrsg.): Kundenbindung im Handel, 2. Aufl., Frankfurt am Main, S. 289–320.
Dobbelstein, T./Windbacher, D. (2007): Mystery Shopping – Ziele, Prozess und Qualität eines Verfahrens zum Controlling der Dienstleistungsqualität, in: Schuckel, M./Toporowski, W. (Hrsg.): Theoretische Fundierung und praktische Relevanz der Handelsforschung, Wiesbaden, S. 103–122.
Dobbelstein, T./Zielke, S. (2007): Bestimmungsfaktoren der Kaufbereitschaft von neuen Handelsmarken, in: Trommsdorff, V. (Hrsg.): Handelsforschung 2007, Stuttgart, S. 69–83.
Dobler, B./Jacobs, S. (1989): Ziele, Formen und Erfolge einer Diversifikationsstratgie im Handel, Arbeitspapier Nr. 76 des Instituts für Marketing an der Universität Mannheim, Mannheim.
Dodt, U. (1980): Produktpräsentation. Mittel der Verkaufsförderung im Marketing, Köln.
Döhrn, R. (1988): Zur strukturellen Entwicklung des Privaten Verbrauchs seit 1960, in: RWI-Mitteilungen, 39. Jg., H. 1, S. 55–87.
Doherty, A. M. (2007): The Internationalization of Retailing, Factors influencing the Choice of Franchising as a Market Entry Strategy, in: International Journal of Service Industry Management, Vol. 18, No. 2, S. 184–205.
Doherty, A. M. (1999): Explaining International Retailers' Market Entry Mode Strategy: Internationalization Theory, Agency Theory and the Importance of Information Asymmetry, in: The International Review of Retail, Distribution and Consumer Research, Vol. 9, No. 4, S. 376–402.
Doherty, A. M./Alexander, N. (2006): Power and Control in International Retail Franchising, in: European Journal of Marketing, Vol. 40, No. 11/12, S. 1992–1316.

Doherty, A. M./Alexander, N. (2004): Relationship Development in International Retail Franchising, Case Study Evidence from the UK Fashion Sector, in: European Journal of Marketing, Vol. 38, No. 9/10, S. 1215–1235.
Doherty, A. M./Quinn, B. (1999): International Retail Franchising: An Agency Theory Perspective, in: International Journal of Retail and Distribution Management, Vol. 27, No. 6, S. 224–236.
Doherty, N. F./Ellis-Chadwick, F. E. (2006): New Perspectives in Internet Retailing: A Review and Strategic Critique of the Field, in: International Journal of Retail and Distribution Management, Vol. 34, No. 4/5, S. 411–428.
Dohet-Gremminger, A. (1997): Marktstrategien im Großhandel. Bausteine des Unternehmenserfolges, Wiesbaden.
Domschke, W. (2007): Logistik: Transport. Grundlagen, lineare Transport- und Umladeprobleme, 5. Aufl., München.
Domschke, W./Drexl, A. (2007): Einführung in Operations Research, 7. Aufl., Berlin u. a.
Domschke, W./Drexl, A. (1996): Logistik. Standorte, 4. Aufl., München u. a.
Domschke, W./Scholl, A. (2010): Logistik: Rundreisen und Touren, 5. Aufl., München.
Donabedian, A. (1980): The Definition of Quality and Approaches to its Assessment and Monitoring, Ann Arbor, MI.
Donovan, R. J./Rossiter, J. R. (1982): Store Atmosphere: An Environmental Psychology Approach, in: Journal of Retailing, Vol. 58, No. 1, S 34–57.
Donovan, R. J./Rossiter, J. R./Marcoolyn, G./Nesdale, A. (1994): Store Atmosphere and Purchasing Behavior, in: Journal of Retailing, Vol. 70, No. 3, S. 283–294.
Donthu, N./Yoo, B. (1998): Retail Productivity Assessment Using Data Envelopment Analysis, in: Journal of Retailing, Vol. 74, No. 1, S. 89–117.
Dreesman, A. C. R. (1968): Patterns of Evolution in Retailing, in: Journal of Retailing, Vol. 44, No. 1, S. 64–81.
Drengner, J./Zanger, C. (2003): Die Eignung des Flow-Ansatzes zur Wirkungsanalyse von Marketing-Events, in: Marketing – Zeitschrift für Forschung und Praxis, 25. Jg., H. 1, S. 25–40.
Dressler, M. (1998): Erfolgreiche Vergütungssysteme im deutschen Einzelhandel: Arbeitsmotivation durch erfolgsabhängige Entlohnung, Frankfurt.
Drexel, G. (1983): Strategische Planung im Einzelhandel: Konzept, Methodik und Erfahrungen aus der Praxis, in: Die Unternehmung, 37. Jg., H. 3, S. 182–202.
Drexel, G. (1981): Strategische Unternehmensführung im Handel, Berlin u. a.
Drèze, X./Hoch, S. J./Purk, M. E. (1994): Shelf Management and Space Elasticity, in: Journal of Retailing, Vol. 70, No. 4, S. 301–326.
Drezner, T. (1994): Optimal Continuous Location of a Retail Facility, Facility Attractiveness, and Market Share: An Interactive Model, in: Journal of Retailing, Vol. 70, No. 1, S. 49–64.
Drumm, H. J. (2008): Personalwirtschaft, 6. Aufl., Berlin.
Du, R./Lee, E./Staelin, R. (2005): Bridge, Focus, Attack, or Stimulate: Retail Category Management Strategies with a Store Brand, in: Quantitative Marketing and Economics, Vol. 3, No. 4, S. 393–418.
Dubé, L./Morin, S. (2001): Background Music Pleasure and Store Evaluation: Intensity Effects and Psychological Mechanisms, in: Journal of Business Research, Vol. 54, No. 2, S. 107–113.
Dürr, K. (1967): Der Betriebsvergleich im Einzelhandel als Mittel der Kontrolle betriebspolitischer Entscheidungen, Saarbrücken.
Dunning, J. H. (2000): The Eclectic Paradigm as an Envelope for Economic and Business Theories of MNE Activity, in: International Business Review, Vol. 9, No. 2, S. 163–190.
Dunning, J. H. (1988): The Eclectic Paradigm of International Production: A Restatement and Some Possible Extensions, in: Journal of International Business Studies, Vol. 19, No. 1, S. 1–31.
Dupuis, M./Choi, S. C./Larke, R. (2006): Carrefour. Being Aware of the Domestic Market!, in: Dawson, J./Larke, R./Mukoyama, M. (Hrsg.): Strategic Issues in International Retailing, New York, NY u. a., S. 91–113.
Durvasula, S./Sharma, S./Andrews, J. C. (1992): STORELOC: A Retail Store Location Model Based on Managerial Judgments, in: Journal of Retailing, Vol. 68, No. 4, S. 420–444.
Duschek, S. (2002): Innovation in Netzwerken. Renten – Relationen – Regeln, Wiesbaden.
Dyckhoff, B. (1993): Diversifikation von Handelsunternehmen in den Finanzdienstleistungsbereich, Frankfurt am Main.
Dyer, J. H./Singh, H. (1998): The Relational View. Cooperative Strategy and Sources of Interorganizational Competitive Advantage, in: Academy of Management Review, Vol. 23, No. 4, S. 660–679.
Ebert, K. (1986): Warenwirtschaftssysteme und Warenwirtschafts-Controlling, Frankfurt am Main u. a.
Eckhardt, K. (1976): Sonderangebotspolitik in Warenhandelsbetrieben. Eine empirische Studie, Wiesbaden.

ecostra – Wirtschafts-, Standort- und Strategieberatung in Europa (Hrsg.) (2010): Marktübersicht: Factory Outlet Center in Europa, Juni 2010, unter: http://www.ecostra.de/studien_und_marktberichte/foc_in_europa_marktuebersicht_2010-06.pdf [24.9.2010].

ECR Europe (Hrsg.) (1997): Category Management Best Practices Report, London.

ECR Europe/GS1 Germany GmbH (Hrsg.) (2007): Handelsgerechte Regalverpackungen. Ein Leitfaden für eine gemeinschaftliche Herangehensweise, unter: http://www.sti-group.com/media/de/de/packaging/srp/stisrpsolutions/Blue_Book_ECR_Europe_eng.pdf [2.7.2011].

Eger, T. (1995): Eine ökonomische Analyse von Langzeitverträgen, Marburg.

EHI Retail Institute (Hrsg.) (2009): Handel aktuell 2009/10, Struktur, Kennzahlen und Profile des internationalen Handels. Schwerpunkt Deutschland, Österreich, Schweiz, Köln, auch für frühere Jahre.

EHI Retail Institute (Hrsg.) (2008a): Handel aktuell 2008/09, Struktur, Kennzahlen und Profile des internationalen Handels. Schwerpunkt Deutschland, Österreich, Schweiz, Köln.

EHI Retail Institute (Hrsg.) (2008b): Spannungsfeld Verpackung. Erwartungen, Trends und Konfliktfelder aus Sicht von Handel und Herstellern, unter: http://www.ehi.org/fileadmin/images/content_images/membersonly-downloads/logistik%2Bverpackung/Verpackung-2008.pdf [2.7.2011].

EHI Retail Institute (Hrsg.) (2002): Handel aktuell 2002, Struktur, Kennzahlen und Profile des deutschen und internationalen Handels, Köln.

Ehrmann, T. (2007): Strategische Planung. Methoden und Praxisanwendungen, Berlin u.a.

Eichstädt, T. (2008): Einsatz von Auktionen im Beschaffungsmanagement. Erfahrungen aus der Einkaufspraxis und die Verbreitung auktionstheoretischer Konzepte, Wiesbaden.

Eickhoff, M. (1997): Erfolgsforschung im Bekleidungseinzelhandel. Eine empirische Analyse erfolgreicher Unternehmen im deutschen und US-amerikanischen Facheinzelhandel mit Oberbekleidung, Frankfurt am Main u. a.

Eisele, W. (2002): Technik des betrieblichen Rechnungswesens. Buchführung und Bilanzierung, Kosten- und Leistungsrechnung, Sonderbilanzen, 7. Aufl., München.

Eisenführ, F./Weber, M. (2003): Rationales Entscheiden, 4. Aufl., Berlin u. a.

Eisenhardt, K. M. (1989): Agency Theory: An Assessment and Review, in: Academy of Management Review, Vol. 14, No. 1, S. 57–74.

Eisenhardt, K. M. (1988): Agency- and Institutional-Theory Explanations: The Case of Retail Sales Compensation, in: The Academy of Management Journal, Vol. 31, No. 3, S. 488–511.

Eisenmann, H. (1997): Auf dem Weg zur Dominanz der Handelsmarke?, in: Müller-Hagedorn, L. (Hrsg.): Trends im Handel, Frankfurt am Main, S. 203–225.

Emans, H. (1987): Die Schutzzäune einreißen. Planungskonzepte, in: Manager Magazin, 17. Jg., H. 11, S. 296–301.

Emery, F. (1970): Some Psychological Aspects of Price, in: Taylor, B./Will, G. (Hrsg.): Pricing Strategy, London, S. 98–111.

Emmelhainz, L. W./Emmelhainz, M. A./Stock, J. R. (1991): Logistics Implications of Retail Stockouts, in: Journal of Business Logistics, Vol. 12, No. 2, S. 129–141.

Emmelhainz, M. A./Stock, J. R./Emmelhainz, L. W. (1991): Consumer Responses to Retail Stock-Outs, in: Journal of Retailing, Vol. 67, No. 2, S. 138–147.

Endres, W. (1972): Neuer Kontenrahmen auch für den Handel?, in: Bidlingmaier, J. (Hrsg.): Modernes Marketing. Moderner Handel, Wiesbaden, S. 525–541.

Endres, W./Möllers, P. (1973): Letztmals: Neuer Kontenrahmen für den Handel?, in: Rationeller Handel, 16. Jg., H. 4, S. 22–26.

Engel, J. F./Blackwell, R. D./Miniard, P. W. (1995): Consumer Behavior, 8. Aufl., Forth Worth, TX u. a.

Engelhardt, J.-F./Weihe, K./Wandt, J./Steinebach, K. (2004): Erklärung impulsiver Kaufentscheidungen: Eine theoretische Fundierung auf Grundlage der Flow-Theorie, in: Wiedmann, K.-P. (Hrsg.): Fundierung des Marketing. Verhaltenswissenschaftliche Erkenntnisse als Grundlage einer angewandten Marketingforschung, Wiesbaden, S. 317–340.

Engelhardt, W. H. (1976): Erscheinungsformen und absatzpolitische Probleme von Angebots- und Nachfrageverbunden, in: Zeitschrift für betriebswirtschaftliche Forschung, 28. Jg., H. 2, S. 77–90.

Engelhardt, W. H./Freiling, J. (1997): Marktorientierte Qualitätsplanung. Probleme des Quality Function Deployment aus Marketing-Sicht, in: Die Betriebswirtschaft, 57. Jg., H. 1, S. 7–19.

Engelhardt, W. H./Kleinaltenkamp, M. (1988): Marketing-Strategien des Produktionsverbindungshandels, Arbeitspapiere zum Marketing Nr. 23, Bochum.
Enke, M./Arnold, B. (2005): Kennzahlen des Handels für Platzierungs- und Kalkulationsentscheidungen, in: Wirtschaftswissenschaftliches Studium, 34. Jg., H. 3, S. 176–179.
Erdmann, B. (1995a): Bericht über die Ergebnisse des Betriebsvergleichs der Einzelhandelsfachgeschäfte aus den alten und den neuen Bundesländern im Jahre 1994, in: Mitteilungen des IfH, 47. Jg., H. 11, S. 153–192.
Erdmann, B. (1995b): Bericht über die Betriebsvergleichsergebnisse des Großhandels im Jahre 1994, in: Mitteilungen des IfH, 47. Jg., H. 12, S. 193–204.
Erdmann, B. (1992): Erfa-Gruppen als Instrument zur Leistungssteigerung im Facheinzelhandel, Göttingen.
Ernst, A. T./Jiang, H./Krishnamoorthy, M./Owens, B./Sier, D. (2004): An Annotated Bibliography of Personnel Scheduling and Rostering, in: Annals of Operations Research, Vol. 127, No. 1–4, S. 21–144.
Eroglu, S. A./Machleit, K. A. (1990): An Empirical Study of Retail Crowding: Antecedents and Consequences, in: Journal of Retailing, Vol. 66, No. 2, S. 201–221.
Erramilli, M. K. (1991): The Experience Factor in Foreign Market Entry Behavior of Service Firms, in: Journal of International Business Studies, Vol. 22, No. 3, S. 479–501.
Esch, F.-R./Billen, P. (1996): Förderung der Mental Convenience beim Einkauf durch Cognitive Maps und kundenorientierte Produktgruppierungen, in: Trommsdorff, V. (Hrsg.): Handelsforschung 1996/97, Wiesbaden, S. 317–337.
Esch, F.-R./Herrmann, A./Sattler, H. (2008): Marketing. Eine managementorientierte Einführung, München.
Eschenbach, R./Haddad, T. (Hrsg.) (1999): Die Balanced Scorecard: Führungsinstrument im Handel. Ein Handbuch für den Praxiseinsatz, Wien.
Esprit (Hrsg.) (2008): Annual Report FY 07/08, unter: http://www.esprit.com/index.php?command=ItemDownload&class=Esprit_Model_IR_DocAttachment&identity=79 [18.8.2009].
Esser, W. (1989): Die Wertkette als Instrument der strategischen Analyse, in: Riekhof, H.-C. (Hrsg.): Strategieentwicklung. Konzepte und Erfahrungen, Stuttgart, S. 191–211.
Eßig, M. (2007): Multi-Channel Supply Chain Management – Integration von Distributions- und Beschaffungsperspektive in Mehrkanalsystemen, in: Wirtz, B. W. (Hrsg.): Handbuch Multi-Channel-Marketing, Wiesbaden, S. 533–553.
Estelami, H./De Maeyer, P. (2004): Product Category Determinants of Price Knowledge for Durable Consumer Goods, in: Journal of Retailing, Vol. 80, No. 2, S. 129–137.
European Foundation for Quality Management (EFQM) (Hrsg.) (2009): EFQM Excellence Model 2010, Brüssel.
Evans, F. B. (1963): Selling as a Dyadic Relationship – A New Approach, in: American Behavioral Scientist, Vol. 6, No. 9, S. 76–79.
Evans, J. R. (1985): An Efficient Implementation of the Wagner-Whitin Algorithm for Dynamic Lot-Sizing, in: Journal of Operations Management, Vol. 5, No. 2, S. 229–235.
Evans, J./Mavondo, F. T./Bridson, K. (2008): Psychic Distance: Antecedents, Retail Strategy Implications, and Performance Outcomes, in: Journal of International Marketing, Vol. 16, No. 2, S. 32–63.
Evans, J./Treadgold, A./Mavondo, F. T. (2000): Psychic Distance and the Performance of International Retailers. A Suggested Theoretical Framework, in: International Marketing Review, Vol. 17, No. 4/5, S. 373–391.
Evanschitzky, H./Kenning, P./Vogel, V. (2004): Consumer Price Knowledge in the German Retail Market, in: Journal of Product and Brand Management, Vol. 13, No. 6, S. 390–405.
Fader, P. S./Lodish, L. M. (1990): A Cross-Category Analysis of Category Structure and Promotional Activity for Grocery Products, in: Journal of Marketing, Vol. 54, No. 4, S. 52–65.
Fahrholz, B. (1998): Neue Formen der Unternehmensfinanzierung. Unternehmensübernahmen, Big Ticket-Leasing, Asset Backed- und Projektfinanzierungen, München.
Fairhurst, A. E./Fiorito, S. S. (1990): Retail Buyers' Decision-Making Process: An Investigation of Contributing Variables, in: The International Review of Retail, Distribution and Consumer Research, Vol. 1, No. 1, S. 87–100.
Falk, B. (2009): Shopping-Center – Erscheinungsformen, Besonderheiten und Erfolgskriterien, in: Falk, B./Bays, W. R. (Hrsg.): Shopping-Center-Handbuch. Development – Management – Marketing, Starnberg, S. 21–37.
Falk, B./Bays, W. R. (Hrsg.) (2009): Shopping-Center-Handbuch: Development – Management – Marketing, Starnberg.
Falk, B./Falk, M. T. (2006): Shopping-Center – Fluch oder Segen, in: Handel im Fokus, 58. Jg., H. 3, S. 183–190.

Falter, H. (1992): Wettbewerbsvorteile von Filialbetrieben. Das Beispiel des deutschen Non-Food-Einzelhandels, Wiesbaden.

Fama, E. F. (1976): Foundations of Finance. Portfolio Decisions and Securities Prices, New York, NY.

Farris, P. W./Moore, M. J. (Hrsg.) (2004): The Profit Impact of Marketing Strategy Project: Retrospect and Prospects, Cambridge.

Fassnacht, M. (1998): Preisdifferenzierungsintensität bei Dienstleistern, in: Zeitschrift für Betriebswirtschaft, 68. Jg., H. 7, S. 719–743.

Fassnacht, M. (2003a): Eine dienstleistungsorientierte Perspektive des Handelsmarketing, Wiesbaden.

Fassnacht, M. (2003b): Preisdifferenzierung, in: Diller, H./Herrmann, A. (Hrsg.): Handbuch Preispolitik, Wiesbaden, S. 483–502.

Fassott, G. (2006): Operationalisierung latenter Variablen in Strukturgleichungsmodellen: Eine Standortbestimmung, in: Zeitschrift für betriebswirtschaftliche Forschung, 58. Jg., H. 2, S. 67–88.

FAZ.net (Hrsg.) (2005): Rentenmarkt. Mikroanleihen: Papiere nach Hausmacherart, unter: http://www.faz.net/s/Rub09A305833E12405A808EF01024D15375/Doc~E2E2EB8AC6D054B5C94AE1D67B55811D1~ATpl~Ecommon~Scontent.html [18.2.2011].

Fechner, G. T. (1860): Elemente der Psychophysik, Leipzig.

Feld, C. (1996): Category Management im Handel. Perspektiven und Grenzen, Arbeitspapier Nr. 8 des Seminars für Allgemeine Betriebswirtschaftslehre, Handel und Distribution an der Universität zu Köln, Köln.

Feldbauer-Durstmüller, B. (2001): Handels-Controlling. Eine Controlling-Konzeption für den Einzelhandel, Linz.

Felix, J./Mache, W. (2000): Provisionsentlohnung, Düsseldorf.

Feller, M. (2001): Informationen über das Kaufverhalten als Grundlage zur Steuerung von Categories im Lebensmitteleinzelhandel, in: Ahlert, D./Olbrich, R./Schröder, H. (Hrsg.): Jahrbuch Handelsmanagement 2001. Vertikales Marketing und Markenführung im Zeichen von Category-Management, Frankfurt am Main, S. 203–232.

Fend, L. (1993): Wettbewerbsanalyse im Handel, unveröff. Diplomarbeit Universität zu Köln.

Fernie, J./Fernie, S./Moore, C. (2004): Principles of Retailing, Amsterdam u. a.

Ferring, N. (2001): Marktbearbeitungsstrategien international tätiger Handelsunternehmen, Wiesbaden.

Fettke, P./Loos, P. (2004): Referenzmodelle für den Handel, in: Hildebrand, K. (Hrsg.): IT-Lösungen im Handel, HMD Praxis der Wirtschaftsinformatik, 41. Jg., H. 235, S. 15–25.

Feurer, R./Chaharbaghi, K. (1994): Defining Competitiveness. A Holistic Approach, in: Management Decision, Vol. 32, No. 2, S. 49–58.

Fickel, F. W. (1979): Die ökonometrische Methode zur Marktgebietsabgrenzung von Einkaufszentren, in: Jahrbuch der Absatz- und Verbrauchsforschung, 25. Jg., H. 3, S. 204–225.

Finkelmann, D. P./Goland, A. R. (1990): How not to Satisfy your Customers, in: McKinsey Quarterly, Vol. 2, No. 4, S. 2–12.

Finkenzeller, K. (2008): RFID-Handbuch. Grundlagen und praktische Anwendungen von Transpondern, kontaktlosen Chipkarten und NFC, 5. Aufl., München.

Finn, A. (1988): Print Ad Recognition Readership Scores: An Information Processing Perspective, in: Journal of Marketing Research, Vol. 25, No. 2, S. 168–177.

Fischer, L./Brauns, D. (2002): Emotionspsychologische Grundlagen, in: Fischer, L./Brauns, D./Belschak, F. (Hrsg.): Zur Messung von Emotionen in der angewandten Forschung, Lengerich, S. 13–41.

Fischer, M. (1993): Make-or-Buy-Entscheidungen im Marketing. Neue Institutionenlehre und Distributionspolitik, Wiesbaden.

Fischer, M./Herrmann, A./Huber, F. (2001): Return on Customer Satisfaction. Wie rentabel sind Maßnahmen zur Steigerung der Zufriedenheit?, in: Zeitschrift für Betriebswirtschaft, 71. Jg., H. 10, S. 1161–1190.

Fischer, T. (1997): Computergestützte Warenkorbanalyse als Informationsquelle des Handelsmanagements – Umsetzung anhand eines praktischen Falls, in: Ahlert, D./Olbrich, R. (Hrsg.): Integrierte Warenwirtschaftssysteme und Handelscontrolling. Konzeptionelle Grundlagen und Umsetzung in der Handelspraxis, 3. Aufl., Stuttgart, S. 281–312.

Fishbein, M. (1967a): A Behavior Theory Approach to the Relations Between Beliefs About an Object and the Attitude Toward the Object, in: Fishbein, M. (Hrsg.): Readings in Attitude Theory and Measurement, New York, NY, S. 389–400.

Fishbein, M. (1967b): A Consideration of Beliefs, and their Role in Attitude Measurement, in: Fishbein, M. (Hrsg.): Readings in Attitude Theory and Measurement, New York, NY, S. 257–266.

Fishbein, M. (1963): An Investigation of the Relationships between Beliefs about an Object and the Attitude toward that Object, in: Human Relations, Vol. 16, No. 3, S. 233–239.

Fishbein, M./Ajzen, I. (1975): Belief, Attitude, Intention and Behavior: An Introduction to Theory and Research, Reading, MA.

Flanagan, J. C. (1954): The Critical Incident Technique, in: Psychological Bulletin, Vol. 51, No. 4, S. 327–358.

Flatten, U./Frenzel, R. (1994): Logistik-Controlling im Handel. Konzeption und erste Entwicklungsschritte am Beispiel der KAUFHOF WARENHAUS AG, in: Ahlert, D./Olbrich, R. (Hrsg.): Integrierte Warenwirtschaftssysteme und Handelscontrolling. Konzeptionelle Grundlagen und Umsetzung in der Handelspraxis, Stuttgart, S. 425–443.

Fleps, H. (2003): Alternative Verfahren der Schätzung und Gütebeurteilung von Marktanteilsmodellen anhand ausgewählter Konsumgüterwarengruppen, Stuttgart.

Fornell, C./Mithas, S./Morgeson, F. V. III./Krishnan, M. S. (2006): Customer Satisfaction and Stock Prices: High Returns, Low Risk, in: Journal of Marketing, Vol. 70, No. 1, S. 3–14.

Foscht, T./Swoboda, B. (2007): Käuferverhalten: Grundlagen – Perspektiven – Anwendungen, 3. Aufl., Wiesbaden.

Fournier, S. (1998): Consumers and their Brands: Developing Relationship Theory in Consumer Research, in: Journal of Consumer Research, Vol. 24, No. 4, S. 343–373.

Foxall, G./Hackett, P. M. W. (1992): Consumers' Perceptions of Micro-Retail Location: Way Finding and Cognitive Mapping in Planned and Organic Shopping Environments, in: The International Review of Retail, Distribution and Consumer Research, Vol. 2, No. 3, S. 309–327.

Foxman, E. R./Tansuhaj, P. S./Ekstrom, K. M. (1989): Family Members' Perceptions of Adolescents' Influence in Family Decision Making, in: Journal of Consumer Research, Vol. 15, No. 4, S. 482–491.

Franke, G./Hax, H. (2009): Finanzwirtschaft des Unternehmens und Kapitalmarkt, 6. Aufl., Berlin u. a.

Frasquet, M./Gil, I./Mollá, A. (2001): Shopping-Centre Selection Modelling: A Segmentation Approach, in: International Review of Retail, Distribution and Consumer Research, Vol. 11, No. 1, S. 23–38.

Frechen, J. (1998): Positionierung von Warenhäusern: Optionen in schrumpfenden und stagnierenden Märkten, Frankfurt am Main.

Frère, E. (2011): Herausforderungen in Finanz- und Kreditmanagement für mittelständische Unternehmen, in: Kirchdörfer, R./Schmid, D. C. (Hrsg.): Der europäische Facheinzelhandel – Herausforderungen und Perspektiven, Baden-Baden, S. 469–483.

Frese, E./Graumann, M./Theuvsen, L. (2012): Grundlagen der Organisation. Entscheidungsorientiertes Konzept der Organisationsgestaltung, 10. Aufl., Wiesbaden.

Freter, H. (2004): Marketing. Die Einführung mit Übungen, München.

Fritz, W. (2004): Die Erfolgsfaktorenforschung – ein Misserfolg?, in: Die Betriebswirtschaft, 64. Jg., H. 5, S. 623–625.

Froböse, M. (1995): Mikrogeographische Segmentierung von Einzelhandelsmärkten, Wiesbaden.

Fröhlich-Glantschnig, E. (2005): Berufsbilder in der Beschaffung. Ergebnisse einer Delphi-Studie, Wiesbaden.

Fuchs, W. (1994): Die Transaktionskosten-Theorie und ihre Anwendung auf die Ausgliederung von Verwaltungsfunktionen aus industriellen Unternehmen, Trier.

Füeg, R. (1997): Flexible Arbeitszeitmodelle. Anstöße für die Firmen in der Nordwestschweiz, Basel.

Füßler, A. (2004): Auswirkungen der RFID-Technologie auf die Gestaltung der Versorgungskette, in: Zentes, J./Biesiada, H./Schramm-Klein, H. (Hrsg.): Performance-Leadership im Handel, Frankfurt am Main, S. 137–155.

Gabrielsen, T. S./Sørgard, L. (2007): Private Labels, Price Rivalry and Public Policy, in: European Economic Review, Vol. 51, No. 2, S. 403–424.

Gabrielsen, T. S./Steen, F./Sørgard, L. (2002): Private Labels Entry as a Competitive Force? An Analysis of Price Responses in the Norwegian Food Sector, unter: http://folk.uib.no/sectg/PL-papersub.pdf [17.12.2010].

Gaitanides, M. (1998): Business Reengineering/Prozeßmanagement – von der Managementtechnik zur Theorie der Unternehmung?, in: Die Betriebswirtschaft, 58. Jg., H. 3, S. 369–381.

Gajanan, S./Basuroy, S./Beldona, S. (2007): Category Management, Product Assortment, and Consumer Welfare, in: Marketing Letters, Vol. 18, No. 3, S. 135–148.

Gallup Consulting (Hrsg.) (2011): Pressemitteilung. Jeder fünfte Arbeitnehmer hat innerlich gekündigt. Beratungsunternehmen Gallup veröffentlicht Engagement Index 2010, unter: http://eu.gallup.com/Berlin/146027/Pressemitteilung-zum-Gallup-EEI-2010.aspx [18.05.2011].

Garodnick, D. R. (2000): What's the BID Deal? Can the Grand Central Business Improvement District Serve a Special Limited Purpose?, in: University of Pennsylvania Law Review, Vol. 148, No. 5, S. 1733–1770.

Garretson, J. A./Fisher, D./Burton, S. (2002): Antecedents of Private Label Attitude and National Brand Promotion Attitude: Similarities and Differences, in: Journal of Retailing, Vol. 78, No. 2, S. 91–99.

Gaul, W./Decker, R./Wartenberg, F. (1994): Analyse von Panel- und POS-Scanner-Daten mit Neuronalen Netzen, in: Jahrbuch der Absatz- und Verbrauchsforschung, 40. Jg., H. 3, S. 281–306.

Gauri, D. K./Pauler, J. G./Trivedi, M. (2009): Benchmarking Performance in Retail Chains: An Integrated Approach, in: Marketing Science, Vol. 28, No. 3, S. 502–515.

Gautam, R./Barnay, J./Muhanna, W. A. (2004): Capabilities, Business Processes, and Competitive Advantage: Choosing the Dependent Variable in Empirical Tests of the Resource-based View, in: Strategic Management Journal, Vol. 25, No. 1, S. 23–37.

Gautschi, D. A. (1981): Specification of Patronage Models for Retail Center Choice, in: Journal of Marketing Research, Vol. 18, No. 2, S. 162–174.

Gawlik, T./Kellner, J./Seifert, D. (2002): Effiziente Kundenbindung mit CRM. Wie Procter & Gamble, Henkel und Kraft mit ihren Marken Kundenbeziehungen gestalten, Bonn.

GEA Consulenti Associati Di Gestione Aziendale (Hrsg.) (1994): Supplier-Retailer Collaboration in Supply Chain Management, Projekt V, A Study Conducted for the Coca-Cola Retailing Research Group Europe, o. O.

Gedenk, K. (2002): Verkaufsförderung, München.

Gedenk, K./Rühle, A./Knaf, M. (2007): Akzeptanz von RFID bei Shoppern im Lebensmittelhandel, in: Schuckel, M./ Toporowski, W. (Hrsg.): Theoretische Fundierung und praktische Relevanz der Handelsforschung, Wiesbaden, S. 595–616.

Gedenk, K./Sattler, H. (1999): Preisschwellen und Deckungsbeitrag. Verschenkt der Handel große Potentiale?, in: Zeitschrift für betriebswirtschaftliche Forschung, 51. Jg., H. 1, S. 33–59.

Geissler, G. L./Zinkhan, G. M./Watson, R. T. (2006): The Influence of Homepage Complexity on Consumer Attention, Attitudes, and Purchase Intent, in: Journal of Advertising, Vol. 35, No. 2, S. 69–80.

Gendall, P./Fox, M. F./Wilton, P. (1998): Estimating the Effect of Odd Pricing, in: Journal of Product and Brand Management, Vol. 7, No. 5, S. 421–432.

Gendall, P./Holdershaw, J./Garland, R. (1997): The Effect of Odd Pricing on Demand, in: European Journal of Marketing, Vol. 31, No. 11/12, S. 799–813.

Gentia Software (Hrsg.) (1998): Automatisierung der Balanced Scorecard – Leistungsmaximierung durch den erfolgreichen unternehmensweiten Einsatz der Balanced Scorecard, Gentia Software White Paper, o. O.

Gentry, J. W./Burns, A. C. (1977): How „Important" are Evaluative Criteria in Shopping Center Patronage?, in: Journal of Retailing, Vol. 53, No. 4, S. 73–95.

Geographisches Institut der Humboldt-Universität zu Berlin (Hrsg.) (2007): Business Improvement Districts, in: Berichte des Arbeitskreises Geographische Handelsforschung, Jg. 2007, Nr. 21.

George, G. (1997): Internationalisierung im Einzelhandel. Strategische Optionen und Erzielung von Wettbewerbsvorteilen, Berlin.

Germelmann, C. C. (2003): Kundenorientierte Einkaufszentrengestaltung, Wiesbaden.

Gerpott, T. J. (2000): Kundenbindung: Konzepteinordnung und Bestandsaufnahme der neueren empirischen Forschung, in: Die Unternehmung, 54. Jg., H. 1, S. 23–42.

Gerstung, F. (1978): Die Servicepolitik als Instrument des Handelsmarketing, Göttingen.

Gerth, E. (1969): Ziele und Zielkriterien des Handelsbetriebs in der neueren Entwicklung, in: Der Markt, 8. Jg., H. 12, S. 50–56.

Geschka, H. (1977): Delphi, in: Bruckmann, G. (Hrsg.): Langfristige Prognosen. Möglichkeiten und Methoden der Langfristprognostik komplexer Systeme, Würzburg u. a., S. 27–44.

Gesellschaft für Immobilienwirtschaftliche Forschung (GIF) e. V. (Hrsg.) (2000): Ausgesuchte Begriffs- und Lagedefinitionen der Einzelhandelsanalytik. Grundlagen für die Beurteilung von Einzelhandelsprojekten, Wiesbaden.

Gesellschaft für Markt- und Absatzforschung mbH (Hrsg.) (2009): Factory Outlet Center in Europa, Stand August 2009, unter: http://www.gma.biz/download/FOC_DOE_2009_GMA.pdf [27.9.2009].

Gesellschaft für Markt- und Absatzforschung mbH (Hrsg.) (2008): Factory Outlet Center in Europa, Stand Februar 2008, unter: http://www.gma.biz/download/foc-liste.pdf [5.5.2008].

Geßner, H. J. (2001): Einkaufszentrum, in: Diller, H. (Hrsg.): Vahlens Großes Marketing Lexikon, 2. Aufl., München, S. 374–376.
Geyskens, I./Gielens, K./Dekimpe, M. G. (2002): The Market Valuation of Internet Channel Additions, in: Journal of Marketing, Vol. 66, No. 2, S. 102–119.
GfK Marktforschung (Hrsg.) (2011): GfK Textilmarktforschung – Maßgeschneiderte Informationen, unter: http://www.gfk.com/marktforschung/markets/textile/index.de.html [22.9.2011].
Ghosh, A. (1986): The Value of a Mall and Other Insights from a Revised Central Place Model, in: Journal of Retailing, Vol. 62, No. 1, S. 79–97.
Ghosh, A./Craig, C. S. (1991): FRANSYS: A Franchise Distribution System Location Model, in: Journal of Retailing, Vol. 67, No. 4, S. 466–495.
Ghosh, A./McLafferty, S. L. (1987): Location Strategies for Retail and Service Firms, Lexington, KY.
Ghosh, A./McLafferty, S. L. (1982): Locating Stores in Uncertain Environments: A Scenario Planning Approach, in: Journal of Retailing, Vol. 58, No. 4, S. 5–22.
Giering, A. (2000): Der Zusammenhang zwischen Kundenzufriedenheit und Kundenloyalität. Eine Untersuchung moderierender Effekte, Wiesbaden.
Gierl, H. (2003): Preislagenpolitik, in: Diller, H./Herrmann, A. (Hrsg.): Handbuch Preispolitik, Wiesbaden, S. 115–136.
Gierl, H. (1991): Polarisierung des Handels, in: Jahrbuch der Absatz- und Verbrauchsforschung, 37. Jg., H. 4, S. 299–327.
Gierl, H./Eleftheriadou, C. (2004): Beeinflussung der Preiswahrnehmung durch Handelsprospekte, in: Planung und Analyse, 32. Jg., H. 4, S. 58–64.
Gijsbrechts, E./Campo, K./Goossens, T. (2003): The Impact of Store Flyers on Store Traffic and Store Sales. A Geo-Marketing Approach, in: Journal of Retailing, Vol. 79, No. 1, S. 1–16.
Gilboa, S./Rafaeli, A. (2003): Store Environment, Emotions and Approach Behavior: Applying Environmental Aesthetics to Retailing, in: The International Review of Retail, Distribution and Consumer Research, Vol. 13, No. 2, S. 195–211.
Gissinger, L. (1969): Welche Werte und Daten sind für eine optimale Unterrichtung der Unternehmensführung notwendig?, in: BAG (Hrsg.): Bericht über die 16. Betriebswirtschaftliche Arbeitstagung in Baden-Baden, Köln, S. 44–63.
Gist, R. R. (1968): Retailing: Concepts and Decisions, New York u. a.
Giunipero, L. C./Fiorito, S. S./Pearcy, D. H./Dandeo, L. (2001): The Impact of Vendor Incentives on Quick Response, in: The International Review of Retail, Distribution and Consumer Research, Vol. 11, No. 4, S. 359–376.
Glantschnig, E. (1994): Merkmalsgestützte Lieferantenbewertung, Köln.
Glavanovits, H./Kotzab, H. (2002): ECR Kompakt. Efficient Consumer Response – Von der Theorie zur Praxis in Österreich, Wien.
Gleich, R. (2001): Das System des Performance Measurement: Theoretisches Grundkonzept, Entwicklungs- und Anwendungsstand, 2. Aufl., München.
Glöckner-Holme, I. (1988): Betriebsformen-Marketing im Einzelhandel, Augsburg.
Gluck, F. W./Kaufman, S. P./Walleck, A. S. (1980): Strategic Management for Competitive Advantage, in: Harvard Business Review, Vol. 58, No. 4, S. 154–161.
Glusac, N. (2005): Der Einfluss von Bonusprogrammen auf das Kaufverhalten und die Kundenbindung von Konsumenten: Eine theoretische und empirische Analyse, Wiesbaden.
Goerdt, T. (1999): Die Marken- und Einkaufsstättentreue der Konsumenten als Bestimmungsfaktoren des vertikalen Beziehungsmarketing. Theoretische Grundlegung und empirische Analysen für das Category Management, Nürnberg.
Götz, O./Hoffmann, A./Naß, S./Göhlich, F. (2007): Erfolgspotenziale von Kundenkartenprogrammen, in: Krafft, M./Klingsporn, B. (Hrsg.): Kundenkarten: Kundenkartenprogramme erfolgreich gestalten, Düsseldorf, S. 109–148.
Goff, B. G./Boles, J. S./Bellenger D. N./Stojack, C. (1997): The Influence of Salesperson Selling Behaviors on Customer Satisfaction with Products, in: Journal of Retailing, Vol. 73, No. 2, S. 171–183.
Gomez, P./Ganz, M. (1992): Diversifikation mit Konzept. Den Unternehmenswert steigern, in: Harvard Manager, 14. Jg., H. 1, S. 44–54.

González-Benito, Ó./Muñoz-Gallego, P. A./Kopalle, P. K. (2005): Asymmetric Competition in Retail Store Formats: Evaluating Inter- and Intra-Format Spatial Effects, in: Journal of Retailing, Vol. 81, No. 1, S. 59–73.

Graurock, W. (1975): Betriebswirtschaftliche Vergleiche als wissenschaftliches Erkenntnismittel, Berlin.

Green, P. E./Srinivasan, V. (1978): Conjoint Analysis in Consumer Research: Issues and Outlook, in: Journal of Consumer Research, Vol. 5, No. 9, S. 103–123.

Greiner, H. (1997): Standortbewertung im Einzelhandel – Organisation und Durchführung der Standortselektion am Beispiel der REWE-Gruppe, in: Trommsdorff, V. (Hrsg.): Handelsforschung 1997/98, Wiesbaden, S. 233–253.

Greune, M. (1997): Der Erfolg externer Diversifikation im Handel, Heidelberg.

Grewal, D./Baker, J./Levy, M./Voss, G. B. (2003): The Effects of Wait Expectations and Store Atmosphere Evaluations on Patronage Intentions in Service-Intensive Retail Stores, in: Journal of Retailing, Vol. 79, No. 4, S. 259–268.

Griebel, H.-D. (1982): Zur Theorie des Handelsbetriebes. Ein spieltheoretischer Beitrag zu einer Theorie des Binnenhandels, Frankfurt am Main.

Grimm, U. (1983): Analyse strategischer Faktoren. Ein Beitrag zur Theorie der strategischen Unternehmensplanung, Wiesbaden.

Gritzmann, K. (1991): Kennzahlensysteme als entscheidungsorientierte Informationsinstrumente der Unternehmensführung in Handelsunternehmen, Göttingen.

Grönroos, C. (1994a): From Marketing Mix to Relationship Marketing: Towards a Paradigm Shift in Marketing, in: Management Decision, Vol. 32, No. 2, S. 4–20.

Grönroos, C. (1994b): Quo Vadis, Marketing? Toward a Relationship Marketing Paradigm, in: Journal of Marketing Management, Vol. 10, No. 5, S. 347–360.

Grönroos, C. (1990): Relationship Approach to Marketing in Service Contexts. The Marketing and Organizational Behavior Interface, in: Journal of Business Research, Vol. 20, No. 1, S. 3–11.

Gröppel, A. (1995): In-Store-Marketing, in: Tietz, B./Köhler, R./Zentes, J. (Hrsg.): Handwörterbuch des Marketing, 2. Aufl., Stuttgart, S. 1019–1030.

Gröppel, A. (1992): Erlebnishandel und Verbundpräsentation, in: Thexis, 9. Jg., H. 4, S. 16–21.

Gröppel, A. (1991): Erlebnisstrategien im Einzelhandel. Analyse der Zielgruppen, der Ladengestaltung und der Warenpräsentation zur Vermittlung von Einkaufserlebnissen, Heidelberg.

Gröppel, A. (1990): Erlebnisbetontes Handelsmarketing, in: Trommsdorff, V. (Hrsg.): Handelsforschung 1990, Wiesbaden, S. 121–137.

Gröppel-Klein, A. (2006): Point-of-Sale-Marketing, in: Zentes, J. (Hrsg.): Handbuch Handel. Strategien – Perspektiven – Internationaler Wettbewerb, Wiesbaden, S. 671–692.

Gröppel-Klein, A. (2005): Handelsmarkenstrategien aus Konsumentensicht, in: Esch, F.-R. (Hrsg.): Moderne Markenführung. Grundlagen, Innovative Ansätze, Praktische Umsetzungen, 4. Aufl., Wiesbaden, S. 1113–1137.

Gröppel-Klein, A. (1998): Wettbewerbsstrategien im Einzelhandel. Chancen und Risiken von Preisführerschaft und Differenzierung, Wiesbaden.

Gröppel-Klein, A./Bartmann, B. (2009): Turning Bias and Walking Patterns: Consumers' Orientation in a Discount Store, in: Marketing – Journal of Research and Management, Vol. 29, No. 1, S. 41–56.

Gröppel-Klein, A./Bartmann, B./Germelmann, C. C. (2005): Die Bedeutung von Mental Maps für die Orientierung am Point of Sale, in: NeuroPsychoEconomics, Vol. 1, No. 1, S. 30–47.

Gröppel-Klein, A./Germelmann, C. C. (2010): „Der Kunde ist König" – Subjektiv empfundene Kundendominanz als Erfolgsfaktor, in: Marketing Review St. Gallen, Vol. 27, No. 3, S. 32–37.

Gröppel-Klein, A./Königstorfer, J./Terlutter, R. (2010): Verhaltenswissenschaftliche Aspekte der Kundenbindung, in: Bruhn, M./Homburg, C. (Hrsg.): Handbuch Kundenbindungsmanagement, 7. Aufl., Wiesbaden, S. 43–79.

Groff, G. K. (1979): A Lot-Sizing Rule for Time-Phased Component Demand, in: Production and Inventory Management, Vol. 20, No. 1, S. 47–53.

Groß-Engelmann, M. (1999): Kundenzufriedenheit als psychologisches Konstrukt. Bestandsaufnahme und emotionstheoretische Erweiterung bestehender Erklärungs- und Meßmodelle, Lohmar u. a.

Gruber, E. (2004): Die Attraktivität von Einkaufsstätten im Handel. Eine Analyse aus verhaltenswissenschaftlicher Perspektive, Wiesbaden.

Grüger, M. (2007): Die Vertikalisierung der Textilwirtschaft durch Handelsmarken-Produktdesignteams, Shop-in-Shop- und Consession-Konzepte. Überlegungen zur Variation der Arbeitsteilung zwischen Bekleidungsindustrie und Handel, Diss. Universität zu Köln.

Grünblatt, M. (2004): Warengruppenanalyse mit POS-Scanningdaten: Kennzahlengestützte Analyseverfahren für die Konsumgüterwirtschaft, Lohmar u. a.

Grunert, K. G. (1991): Kognitive Strukturen von Konsumenten und ihre Veränderung durch Marketingkommunikation. Theorie und Messverfahren, in: Marketing – Zeitschrift für Forschung und Praxis, 13. Jg., H. 1, S. 11–22.

Grunert, K. G. (1990): Kognitive Strukturen in der Konsumforschung. Entwicklung und Erprobung eines Verfahrens zur offenen Erhebung assoziativer Netzwerke, Heidelberg.

Gruninger-Hermann, C. (1999): Teleshopping: Absatz- und Programmplanung eines TV-Shoppingsenders, Stuttgart.

Gümbel, R. (1985): Handel, Markt und Ökonomik, Wiesbaden.

Gümbel, R. (1963): Die Sortimentspolitik in Betrieben des Wareneinzelhandels, Köln u. a.

Gümbel, R./Brauer, K. M. (1969): Neue Methoden der Erfolgskontrolle und Planung in Lebensmittelfilialbetrieben. Deckungsbeitragsrechnung und mathematische Hilfsmittel, in: Gümbel, R./Brauer, K. M./Liebmann, H.-P./Müller-Hagedorn, L. (Hrsg.): Unternehmensforschung im Handel, Rüschlikon u. a., S. 23–52.

Günther, J. (1989): Handelscontrolling. Allgemeine Grundlagen des Controllingbegriffs und die Funktionen des Controlling im Steuerungssystem des stationären Einzelhandels, Frankfurt am Main u. a.

Günther, M. (2010): Hochflexibles Workforce Management: Herausforderungen und Lösungsverfahren, Diss. TU Ilmenau.

Günther, M. (2008): A Practical Application for Demand Driven Workforce Management in Retailing, in: Sauer, J./Edelkamp, S./Schattenberg, B. (Hrsg.): Proceedings of the 22nd Workshop on Planen, Scheduling und Konfigurieren, Entwerfen (PuK 2008), Kaiserslautern, S. 135–151.

Günther, T. (1993): Direkter Produkt-Profit. Ein besonderer Kostenrechnungssatz an der Schnittstelle von Handel und Industrie, in: Zeitschrift für betriebswirtschaftliche Forschung, 45. Jg., H. 5, S. 460–482.

Günther, T./Grüning, M. (2002): Performance Measurement-Systeme im praktischen Einsatz, in: Controlling. Zeitschrift für erfolgsorientierte Unternehmenssteuerung, 14. Jg., H. 1, S. 5–13.

Günther, T./Mattmüller, R. (1993): Möglichkeiten und Grenzen der Regaloptimierung im Handel, in: Marketing – Zeitschrift für Forschung und Praxis, 15. Jg., H. 2, S. 77–86.

Gupta, S./Pirsch, J. (2008): The Influence of a Retailer's Corporate Social Responsibility Program on Re-Conceptualizing Store Image, in: Journal of Retailing and Consumer Services, Vol. 15, No. 6, S. 516–526.

Gupta, Y. P./Keung, Y. (1990): A Review of Multi-Stage Lot-Sizing Models, in: International Journal of Operations and Production Management, Vol. 10, No. 9, S. 57–73.

Gurău, C./Ranchhod, A./Hackney, R. (2001): Internet Transactions and Physical Logistics: Conflict or Complementarity?, in: Logistics Information Management, Vol. 14, No. 1/2, S. 33–43.

Gutenberg, E. (1984): Grundlagen der Betriebswirtschaftslehre, 2. Bd., 17. Aufl., Berlin u. a.

Gwinner, K. P./Gremler, D. D./Bitner, M. J. (1998): Relational Benefits in Services Industries: The Customer's Perspective, in: Journal of the Academy of Marketing Science, Vol. 26, No. 2, S. 101–114.

H&M (Hrsg.) (2009): H&M Annual Report 2008 Part I: H&M in Words and Pictures 2008, unter: http://www.hm.com/de/annualreportarchive.ahtml [12.8.2009].

Haas, A. (2009): Kann zu viel Kundenorientierung nachteilig sein? Eine Analyse der Wirkung der Kundenorientierung von Verkäufern auf die Kaufentscheidung, in: Zeitschrift für Betriebswirtschaft, 79. Jg., H. 1, S. 7–30.

Haas, A. (2006): Bestimmungsfaktoren des Beratungserfolges: Eine informationsökonomische Betrachtung und empirische Analyse im Handel, in: Zeitschrift für betriebswirtschaftliche Forschung, 58. Jg., H. 5, S. 638–664.

Haas, A. (2000): Discounting, Nürnberg.

Haas, H.-L. (1993): Was produziert ein Handelsbetrieb?, in: Zeitschrift für Betriebswirtschaft, 63. Jg., H. 11, S. 1137–1155.

Haase, K. (1999): Modellgestützte Personaleinsatzplanung im Einzelhandel, in: Zeitschrift für Betriebswirtschaft, 69. Jg., H. 2, S. 233–244.

Hackman, J. R./Lawler, E. E. (1971): Employee Reactions to Job Characteristics, in: Journal of Applied Psychology Monograph, Vol. 55, No. 3, S. 259–286.

Hadley, G./Whitin, T. M. (1963): Analysis of Inventory Systems, Englewood Cliffs, NJ.

Häder, M. (2009): Delphi-Befragungen. Ein Arbeitsbuch, 2. Aufl., Wiesbaden.

Haenecke, H. (2002): Methodenorientierte Systematisierung der Kritik an der Erfolgsfaktorenforschung, in: Zeitschrift für Betriebswirtschaft, 72. Jg., Nr. 2, S. 165–183.

Hagen, K. (1992): Methoden und Instrumente der Ergebnisplanung und Ergebnisanalyse, in: Männel, W. (Hrsg.): Handbuch Kostenrechnung, Wiesbaden, S. 715–732.

Hahn, D. (1987): Controlling – Stand und Entwicklungstendenzen unter besonderer Berücksichtigung des CIM-Konzeptes, in: Scheer, A.-W. (Hrsg.): Rechnungswesen und EDV. 8. Saarbrücker Arbeitstagung, Heidelberg, S. 3–39.

Hahne, H. (1998): Category Management aus Herstellersicht: Ein Konzept des vertikalen Marketing und dessen organisatorische Implikationen, Lohmar u. a.

HAHN-Immobilien-Beteiligungs-AG (2006): Retail Real Estate. Report 2006, Bergisch Gladbach.

Hair, J. F./Black, B./Babin, B. J./Anderson, R. E. (2010): Multivariate Data Analysis. A Global Perspective, 7. Aufl., Upper Saddle River, NJ.

Hall, J. M./Kopalle, P. K./Krishna, A. (2010): Retailer Dynamic Pricing and Ordering Decisions: Category Management Versus Brand-by-Brand Approaches, in: Journal of Retailing, Vol. 86, No. 2, S. 172–183.

Haller, S. (1993): Methoden der Beurteilung von Dienstleistungsqualität. Überblick zum State of the Art, in: Zeitschrift für betriebswirtschaftliche Forschung, 45. Jg., H. 1, S. 19–40.

Haller-Wedel, E. (1968): Das Multi-Moment-Verfahren in Theorie und Praxis. Statistische Verfahren für Arbeitsstudien, Prüf- und Messtechnik, Bd. 2, München.

Hallsworth, A. G. (1987): Repertory Grid Methodology and the Analysis of Group Perceptions in Retailing, in: International Journal of Retailing, Vol. 3, No. 4, S. 43–53.

Hälsig, F. (2008): Branchenübergreifende Analyse des Aufbaus einer starken Retail Brand, Wiesbaden.

Hanhart, E. W. (1967): Marktgerechte Koordination von Einkauf und Verkauf im Warenhaus, Bern.

Hansen, J. M./Raut, S./Swami, S. (2010): Retail Shelf Allocation: A Comparative Analysis of Heuristic and Meta-Heuristic Approaches, in: Journal of Retailing, Vol. 86, No. 1, S. 94–105.

Hansen, K./Singh, V. (2008): Are Store-Brand Buyers Store Loyal? An Empirical Investigation, in: Management Science, Vol. 54, No. 10, S. 1828–1834.

Hansen, P./Heinsbroek, H. (1979): Product Selection and Space Allocation in Supermarkets, in: European Journal of Operational Research, Vol. 3, No. 6, S. 474–484.

Hansen, T. H./Skytte, H. (1998): Retailer Buying Behaviour: A Review, in: The International Review of Retail, Distribution and Consumer Research, Vol. 8, No. 3, S. 277–301.

Hansen, U. (1990): Absatz- und Beschaffungsmarketing des Einzelhandels: Eine Aktionsanalyse, 2. Aufl., Göttingen.

Hansen, U. (1976): Absatz- und Beschaffungsmarketing des Einzelhandels: Eine Aktionsanalyse, 1. Bd., Göttingen.

Hansen, U./Schoenheit, I. (1987) (Hrsg.): Verbraucherzufriedenheit und Beschwerdeverhalten, Frankfurt am Main u. a.

Hansen, U./Schulze, H. S. (1990): Transaktionsanalyse und persönlicher Verkauf, in: Jahrbuch der Absatz- und Verbrauchsforschung, 36. Jg., H. 1, S. 4–26.

Hansotia, B. J./Rukstales, B. (2002): Direct Marketing for Multichannel Retailers: Issues, Challenges and Solutions, in: Journal of Database Marketing, Vol. 9, No. 3, S. 259–266.

Hart, P./Saunders, C. (1997): Power and Trust: Critical Factors in the Adoption and Use of Electronic Data Interchange, in: Organization Science, Vol. 8, No. 1, S. 23–42.

Hartmann, G. B./Härter, F. (2004): Spezielle Betriebswirtschaftslehre des Großhandels und Außenhandels mit Schriftverkehr, 19. Aufl., Rinteln.

Hartmann, M. (2005): Gravitationsmodelle als Verfahren der Standortanalyse im Einzelhandel, Statistik Regional Electronic Paper SR-2005-02 der juristischen und wirtschaftswissenschaftlichen Fakultät der Martin-Luther-Universität Halle-Wittenberg, unter: http://wcms.uzi.uni-halle.de/download.php?down=882&elem=1004072 [5.6.2011].

Hartmann, R. (1992): Strategische Marketingplanung im Einzelhandel. Kritische Analyse spezifischer Planungsinstrumente, Wiesbaden.

Hartmann, R. (1979): Zur Organisation der Kaufhof AG, in: Zeitschrift Führung und Organisation, 48. Jg., H. 3, S. 132–138.

Hartmann-Wendels, T./Lieberoth-Leden, A./Mählmann, T./Zunder, I. (2004): Externes Rating für mittelständische Unternehmen. Nutzung der logistischen Regressionsanalyse für ein Ratingsystem im Praxiseinsatz, in: Der Betrieb, 57. Jg., H. 4, S. 145–150.

Hauptverband des Deutschen Einzelhandels (Hrsg.) (2010): B2C-E-Commerce, unter: http://www.einzelhandel.de/pb/site/hde/get/557192 [17.8.2010].

Hauptverband des Deutschen Einzelhandels (Hrsg.) (2009): HDE Zahlenspiegel 2009, unter: http://www.einzelhandel.de/pb/site/hde/get/params_Dattachment/561723/Auszug-aus-090629-entwurf-01_HDE_ZSP_2009.pdf [2.9.2010].
Hauser, M./Warns, C. (2008): Grundlagen der Finanzierung, 4. Aufl., Heidenau.
Hax, A. C./Majluf, N. S. (1991): Strategisches Management. Ein integratives Konzept aus dem MIT, Frankfurt am Main u. a.
Hax, A. C./Majluf, N. S. (1984): Strategic Management. An Integrative Perspective, Englewood Cliffs, NJ.
Hax, H. (1995): Unternehmensethik – fragwürdiges Ordnungselement in der Marktwirtschaft?, in: Zeitschrift für betriebswirtschaftliche Forschung, 47. Jg., H. 2, S. 180–181.
Hax, H. (1993): Unternehmensethik – Ordnungselement der Marktwirtschaft?, in: Zeitschrift für betriebswirtschaftliche Forschung, 45. Jg., H. 9, S. 769–779.
Heady, R. B./Zhiwei, Z. (1994): An Improved Implementation of the Wagner-Whitin Algorithm, in: Production and Operations Management, Vol. 3, No. 1, S. 55–63.
Hecking, D. (1998): Prämien und Provisionssysteme für Mitarbeiter im Textileinzelhandel, Köln.
Hedderich, R. (1986): Die Grundlagen des Handelsbetriebs, in: Zeitschrift für Betriebswirtschaft, 56. Jg., H. 6, S. 484–499.
Hedderich, R./Hedderich, B. (1987): Leistung und Kapazität im Handelsbetrieb, in: Zeitschrift für Betriebswirtschaft, 57. Jg., H. 8, S. 793–815.
Heemann, L. (2001): Die nutzenorientierte Gestaltung von Kundenkarten mittels Conjoint-Analyse, in: Müller-Hagedorn, L. (Hrsg.): Kundenbindung im Handel, 2. Aufl., Frankfurt am Main, S. 193–233.
Heenan, D. A./Perlmutter, H. V. (1979): Multinational Organization Development: A Social Architectural Perspective, Reading, MA u. a.
Heide, J. B./John, G. (1988): The Role of Dependence Balancing in Safeguarding Transaction-Specific Assets in Conventional Channels, in: Journal of Marketing, Vol. 52, No. 1, S. 20–35.
Heidel, B. (1990): Scannerdaten im Einzelhandelsmarketing, Wiesbaden.
Heidel, B./Müller-Hagedorn, L. (1989): Plazierungspolitik nach dem Verbundkonzept im stationären Einzelhandel. Eine Wirkungsanalyse, in: Marketing – Zeitschrift für Forschung und Praxis, 11. Jg., H. 1, S. 19–26.
Heidemann, C. S. (2010): Sortimentsoptimierung. Der kombinierte Einsatz von Sortimentsreduktion und -präsentation und seine Auswirkungen auf das Kaufverhalten, St. Gallen.
Heimbüchel, B. (2006): The Future of Shopping. Die Erfolgsgeschichte von QVC, Düsseldorf.
Heinze, F. (2007): BIDs in der Quartiersentwicklung. Einsatzmöglichkeiten und -bedingungen aus Sicht der Neuen Politischen Ökonomie, in: RaumPlanung, Jg. 2007, H. 130, S. 17–22.
Helm, R. (2009): Marketing. Strategische Analyse und marktorientierte Umsetzung, 8. Aufl., Stuttgart.
Helm, R./Ludl, M. (2005): Kundenkarten und ihre Wirkung als Kundenbindungsinstrument, in: Zeitschrift für Betriebswirtschaft, 75. Jg., H. 12, S. 1131–1163.
Helnerus, K. (2007): Die Lücke im Regal. Out-of-Stock-Situationen aus Sicht der Kunden und des Handelsmanagements, Stuttgart.
Helnerus, K. (2003): Die Eignung des Category Management-Konzepts der CCG für die Sortimentsplanung, in: Handel im Fokus, 55. Jg., H. 4, S. 240–260.
Helson, H. (1964): Adaption Level Theory, New York, NY.
Hensel-Börner, S. (2000): Validität computergestützter hybrider Conjoint-Analysen, Wiesbaden.
Henseler, R. (1977): Image und Imagepolitik im Facheinzelhandel, Frankfurt am Main u. a.
Hentschel, B. (2000): Multiattributive Messung von Dienstleistungsqualität, in: Bruhn, M./Stauss, B. (Hrsg.): Dienstleistungsqualität. Konzepte – Methoden – Erfahrungen, 3. Aufl., Wiesbaden, S. 289–320.
Hentschel, B. (1992): Dienstleistungsqualität aus Kundensicht. Vom merkmals- zum ereignisorientierten Ansatz, Wiesbaden.
Hentschel, B. (1990): Die Messung wahrgenommener Dienstleistungsqualität mit SERVQUAL. Eine kritische Auseinandersetzung, in: Marketing – Zeitschrift für Forschung und Praxis, 12. Jg., H. 4, S. 230–240.
Hentze, J./Brose, P. (1985): Unternehmensplanung, Bern u. a.
Henzler, H. (1988): Von der strategischen Planung zur strategischen Führung: Versuch einer Positionsbestimmung, in: Zeitschrift für Betriebswirtschaft, 58. Jg., H. 12, S. 1281–1404.

Hernández, T./Bennison, D. (2000): The Art and Science of Retail Location Decisions, in: International Journal of Retail and Distribution Management, Vol. 28, No. 8, S. 357–367.
Herrmann, A./Bauer, H. H. (1996): Ein Ansatz zur Preisbündelung auf der Basis der „Prospect"-Theorie, in: Zeitschrift für betriebswirtschaftliche Forschung, 48. Jg., H. 7/8, S. 675–694.
Herrmann, A./Homburg, C./Klarmann, M. (Hrsg.) (2008) : Handbuch Marktforschung, 3. Aufl., Wiesbaden.
Herrmann, A./Huber, F./Kressmann, F. (2006): Varianz- und kovarianzbasierte Strukturgleichungsmodelle – Ein Leitfaden zu deren Spezifikation, Schätzung und Beurteilung, in: Zeitschrift für betriebswirtschaftliche Forschung, 58. Jg., H. 2, S. 34–66.
Herrmann, R. (1994): Gleicht sich der Nahrungsmittelverbrauch international an?, in: Jahrbuch der Absatz- und Verbrauchsforschung, 40. Jg., H. 4, S. 371–390.
Hertel, J. (1999): Warenwirtschaftssysteme. Grundlagen und Konzepte, 3. Aufl., Heidelberg.
Hertel, J./Zentes, J./Schramm-Klein, H. (2011): Supply-Chain-Management und Warenwirtschaftssysteme im Handel, 2. Aufl., Berlin u. a.
Herzberg, F./Mausner, B./Snyderman, B. B. (1959): The Motivation to Work, 2. Aufl., New York, NY.
Hettich, S./Hippner, H./Wilde K. D. (2000): Customer Relationship Management, in: Das Wirtschaftsstudium, 29. Jg., H. 10, S. 1346–1366.
Hewitt, F. (1994): Supply Chain Redesign, in: The International Journal of Logistics Management, Vol. 5, No. 2, S. 1–9.
Heyde, K. (1969): Rentabilitätsanalyse im Handel, Berlin.
Hildebrandt, L. (2008): Hypothesenbildung und empirische Überprüfung, in: Herrmann, A./Homburg, C./Klarmann, M. (Hrsg.): Handbuch Marktforschung, 3. Aufl., Wiesbaden, S. 81–105.
Hildebrandt, L. (2003): Die Erfolgsfaktorenforschung. Entwicklungslinien aus Sicht des Marketing, in: Reese, M./Sönner, A./Utzig, B. P. (Hrsg.): Relationship Marketing, Standortbestimmung und Perspektiven, Berlin u. a., S. 201–223.
Hildebrandt, L. (1992): Wettbewerbssituation und Unternehmenserfolg, in: Zeitschrift für Betriebswirtschaft, 62. Jg., H. 10, S. 1069–1080.
Hildebrandt, L. (1986): Erfolgsfaktorenforschung im Handel, in: Trommsdorff, V. (Hrsg.): Handelsforschung 1986, Heidelberg, S. 37–52.
Hildebrandt, L./Boztuğ, Y. (2007): Ansätze zur Warenkorbanalyse im Handel, in: Schuckel, M./Toporowski, W. (Hrsg.): Theoretische Fundierung und praktische Relevanz der Handelsforschung, Wiesbaden, S. 217–233.
Hildebrandt, L./Trommsdorff, V. (1989): Anwendungen der Erfolgsfaktorenforschung im Handel, in: Trommsdorff, V. (Hrsg.): Handelsforschung 1989, Wiesbaden, S. 15–26.
Hilke, W. (1989): Grundprobleme und Entwicklungstendenzen des Dienstleistungs-Marketing, in: Hilke, W. (Hrsg.): Dienstleistungs-Marketing, Wiesbaden, S. 5–44.
Hilt, C. (2009): Handelsmarken-Portfolio. Verhaltenswissenschaftliche Wirkung eines Handelsmarkenportfolios am Beispiel eines Lebensmitteleinzelhandelsunternehmens, Hamburg.
Hingley, M./Taylor, S./Ellis, C. (2007): Radio Frequency Identification Tagging: Supplier Attitudes to Implementation in the Grocery Retail Sector, in: International Journal of Retail and Distribution Management, Vol. 35, No. 10, S. 803–820.
Hinterhuber, H. H. (2004a): Strategische Unternehmensführung, 1. Bd.: Strategisches Denken, 7. Aufl., Berlin u. a.
Hinterhuber, H. H. (2004b): Strategische Unternehmensführung, 2. Bd.: Strategisches Handeln, 7. Aufl., Berlin u. a.
Hinterhuber, H. H. (1996): Strategische Unternehmensführung, 1. Bd.: Strategisches Denken, 6. Aufl., Berlin u. a.
Hinz, H.-W. (1976): Die „Gemeinsame Erklärung" von Organisationen der gewerblichen Wirtschaft zur Sicherung des Leistungswettbewerbs – eine Selbsthilfeaktion, in: Wettbewerb in Recht und Praxis, 22. Jg., H. 1, S. 4–10.
Hirsch, J. (1925): Der moderne Handel, seine Organisation und Formen und die staatliche Binnenhandelspolitik, Grundriß der Sozialökonomik, V. Abteilung, II. Teil, 2. Aufl., Tübingen.
Hise, R. T./Kelly, J. P./Gable, M./McDonald, J. B. (1983): Factors Affecting the Performance of Individual Chain Store Units. An Empirical Analysis, in: Journal of Retailing, Vol. 59, No. 2, S. 22–39.
Ho, T.-H./Tang, C. S./ Bell, D. R. (1998): Rational Shopping Behavior and the Option Value of Variable Pricing, in: Management Science, Vol. 44, No. 12, S. 145–159.
Hoch, S. J. (1996): How Should National Brands Think About Private Labels?, in: Sloan Management Review, Vol. 37, No. 2, S. 89–102.

Hoch, S. J./Banerji, S. (1993): When do Private Labels Succeed?, in: Sloan Management Review, Vol. 34, No. 4, S. 57–67.
Hoch, S. J./Drèze, X./Purk, M. E. (1994): EDLP, Hi-Lo, and Margin Arithmetic, in: Journal of Marketing, Vol. 58, No. 4, S. 16–27.
Hochheim, N. (2003): Entstehung der Shopping-Center in Hamburg. Unter besonderer Berücksichtigung der Geschichte der Shopping-Center Einkaufszentrum Hamburger Straße und Alstertal-Einkaufszentrum, Hamburg.
Hofer, C. W./Schendel, D. (1978): Strategy Formulation. Analytical Concepts, St. Paul, MN u. a.
Hofer, F. G. (2009): Management der Filiallogistik im Lebensmitteleinzelhandel. Gestaltungsempfehlungen zur Vermeidung von Out-of-Stocks, Wiesbaden.
Hoffman, N. P. (2000): An Examination of the „Sustainable Competitive Advantage"-Concept: Past, Present, Future, in: Academy of Marketing Science Review, Vol. 3, No. 4, S. 249–259.
Hoffmann, K. (1979): Die Konkurrenzuntersuchung als Determinante der langfristigen Marktplanung, Göttingen.
Hofstede, G. (2006): Lokales Denken, globales Handeln: Interkulturelle Zusammenarbeit und globales Management, 3. Aufl., München.
Hogg, S./Medway, D./Warnaby, G. (2003): Business Improvement Districts: An Opportunity for SME Retailing, in: International Journal of Retail and Distribution Management, Vol. 31 No. 9, S. 466–469.
Hollander, S. C. (1970): Multinational Retailing, East Lansing, MI.
Höller, W. (1987): Warenpräsentation. Theoretische Grundlagen und empirische Analyse im Lebensmitteleinzelhandel, Essen.
Holler, H. (1990): Produktionsfunktion und Handelsbetrieb, Frankfurt am Main.
Holt, C. C. (1957): Forecasting Seasonals and Trends by Exponentially Weighted Moving Averages, Carnegie Institute of Technology, ONR Research Memorandum, No. 52, Pittsburgh, PA.
Holtbrügge, D. (2010): Personalmanagement, 4. Aufl., Berlin u. a.
Holton, R. H. (1958): The Distinction between Convenience Goods, Shopping Goods, and Speciality Goods, in: Journal of Marketing, Vol. 23, No. 1, S. 53–56.
Holzkämper, O. (1999): Category Management. Strategische Positionierung des Handels im Wertschöpfungssystem am Beispiel der Sortimentsgestaltung, Göttingen.
Homburg, C. (2000): Benchmarking durch Data Envelopment Analysis, in: Wirtschaftswissenschaftliches Studium, 29. Jg., H. 10, S. 583–587.
Homburg, C. (1999): Kundenbindung im Handel: Ziele und Instrumente, in: Beisheim, O. (Hrsg.): Distribution im Aufbruch. Bestandsaufnahme und Perspektiven, München, S. 873–890.
Homburg, C./Bruhn, M. (2010): Kundenbindungsmanagement – Eine Einführung in die theoretischen und praktischen Problemstellungen, in: Bruhn, M./Homburg, C (Hrsg.): Handbuch Kundenbindungsmanagement, 7. Aufl., Wiesbaden, S. 3–39.
Homburg, C./Bucerius, M. (2008): Kundenzufriedenheit als Managementherausforderung, in: Homburg C, (Hrsg.) Kundenzufriedenheit: Konzepte – Methoden – Erfahrungen, 7. Aufl., Wiesbaden, S. 53–90.
Homburg, C./Giering, A. (2001): Personal Characteristics as Moderators of the Relationship Between Customer Satisfaction and Loyalty – An Empirical Analysis, in: Psychology and Marketing, Vol. 18, No. 1, S. 43–66.
Homburg, C./Giering, A. (1996): Konzeptualisierung und Operationalisierung hypothetischer Konstrukte. Ein Leitfaden für die Marketingforschung, in: Marketing – Zeitschrift für Forschung und Praxis, 18. Jg., H. 1, S. 5–24.
Homburg, C./Hoyer, W. D./Fassnacht, M. (2002): Service Orientation of a Retailers's Business: Strategy, Dimensions, Antecedents, and Performance Outcomes, in: Journal of Marketing, Vol. 66, No. 4, S. 86–101.
Homburg, C./Krohmer, H. (2009): Marketingmanagement. Strategie - Instrumente - Umsetzung - Unternehmensführung, 3. Aufl., Wiesbaden.
Homburg, C./Krohmer, H. (2004): Die Fliegenpatsche als Instrument des wissenschaftlichen Dialogs, in: Die Betriebswirtschaft, 64. Jg., H. 5, S. 626–631.
Homburg, C./Stock, R. (2001): Der Zusammenhang zwischen Mitarbeiter- und Kundenzufriedenheit – Eine dyadische Analyse, in: Zeitschrift für Betriebswirtschaft, 71. Jg., H. 7, S. 789–806.
Homburg, C./Stock-Homburg, R. (2008): Theoretische Perspektiven zur Kundenzufriedenheit, in: Homburg, C. (Hrsg.): Kundenzufriedenheit. Konzepte – Methoden – Erfahrungen, 7. Aufl., Wiesbaden, S. 17–51.
Homburg, C./Toksal, A./Gödde, D. (2004): Corporate Governance und Value Based Management. Eine empirische Untersuchung der DAX-, MDAX- und TecDAX-Unternehmen, Frankfurt am Main.

Homburg, C./Werner, H. (1998): Situative Determinanten relationalen Beschaffungsverhaltens, in: Zeitschrift für betriebswirtschaftliche Forschung, Vol. 50, H. 11, S. 979–1009.
Homburg, C./Workman Jr., J. P./Jensen, O. (2000): Fundamental Changes in Marketing Organization. The Movement Toward a Customer-Focused Organizational Structure, in: Journal of the Academy of Marketing Science, Vol. 28, No. 4, S. 459–478.
Hörschgen, H./Kirsch, J./Käßer-Pawelka, G./Grenz, J. (1993): Marketing-Strategien. Konzepte zur Strategienbildung im Marketing, 2. Aufl., Ludwigsburg u. a.
Horstmann, R. (1998): Strategische Kundenbindung. Führt Kundenzufriedenheit zur Kundenbindung?, in: Absatzwirtschaft, 41. Jg., H. 9, S. 90–98.
Horváth, P. (2009): Controlling, 11. Aufl., München.
Horváth, P. (1993): Controllinginstrumente, in: Wittmann, W./Kern, W./Köhler, R. (Hrsg.): Handwörterbuch der Betriebswirtschaft, Teilband 1, 5. Aufl., Stuttgart, Sp. 669–680.
Horváth, P./Mayer, R. (1993): Prozeßkostenrechnung. Konzeption und Entwicklungen, in: Kostenrechnungspraxis, 37 Jg., Sonderheft 2, S. 15–28.
Horváth, P./Mayer, R. (1989): Prozeßkostenrechnung. Der neue Weg zu mehr Kostentransparenz und wirkungsvolleren Unternehmensstrategien, in: Controlling, 1. Jg., H. 4, S. 214–219.
Hostettler, S./Stern, H. J. (2007): Das Value Cockpit. Sieben Schritte zur wertorientierten Führung für Entscheidungsträger, 2. Aufl., Weinheim.
Höter, J. W.(1994): Effiziente Algorithmen zur Bestimmung optimaler Losgrößen, in: Dyckhoff, H./Derigs, U./Salomon, M./Tijms, H. C. (Hrsg.): Operations Research Proceedings 1993, Berlin u. a., S. 28–34.
Howard, D. J./Gengler, C./Jain, A. (1995): What's in a Name? A Complimentary Means of Persuasion, in: Journal of Consumer Research, Vol. 22, No. 2, S. 200–211.
Howard, D. J./Kerin, R. A. (2004): The Effects of Personalized Product Recommendations on Advertisement Response Rates. The „Try this. It works!" Technique, in: Journal of Consumer Psychology, Vol. 14, No. 3, S. 271–279.
Hruschka, H. (2001): An Artificial Net Attraction Model (ANNAM) to Analyze Market Share Effects of Marketing Instruments, in: Schmalenbach Business Review, Vol. 53, No. 1, S. 27–40.
Hruschka, H. (1991a): Bestimmung der Kaufverbundenheit mit Hilfe eines probabilistischen Meßmodells, in: Zeitschrift für betriebswirtschaftliche Forschung, 43. Jg., H. 5, S. 418–434.
Hruschka, H. (1991b): Einsatz künstlicher neuraler Netzwerke zur Datenanalyse im Marketing, in: Marketing – Zeitschrift für Forschung und Praxis, 91. Jg., H. 4, S. 217–225.
Hruschka, H./Lukanowicz, M./Buchta, C. (1999): Cross-Category Sales Promotion Effects, in: Journal of Retailing and Consumer Services, Vol. 6, No. 2, S. 99–105.
Hubschneider, M. (2007): Was ist CRM? Ist CRM ein neues Wundermittel?, in: Hubschneider, M./Sibold, K. (Hrsg.): CRM – Erfolgsfaktor Kundenorientierung, 2. Aufl., Freiburg u. a., S. 12–13.
Hudetz, K. (2000): Prozessinnovationen im Großhandel, Stuttgart.
Hudetz, K./Kaapke, A. (2009): Lexikon Handelsmanagement. Controlling – Führung – Marketing, Frankfurt am Main.
Hudetz, K./van Baal, S. (2007): Die Bedeutung von Online-Shops in Multi-Channel-Unternehmen. Eine Analyse aus Konsumentensicht, in: Schuckel, M./Toporowski, W. (Hrsg.): Theoretische Fundierung und praktische Relevanz der Handelsforschung, Wiesbaden, S. 557–576.
Hudetz, K./van Baal, S. (2005): Beschaffung über elektronische Marktplätze, in: Hudetz, K. (Hrsg.): E-Commerce im Handel – Status quo und Perspektiven, Gernsbach, S. 73–100.
Huff, D. L. (1964): Defining and Estimating a Trading Area, in: Journal of Marketing, Vol. 28, No. 3, S. 34–38.
Huffman, C./Kahn, B. E. (1998): Variety for Sale: Mass Customiziation or Mass Confusion?, in: Journal of Retailing, Vol. 74, No. 4, S. 491–513.
HUGO BOSS (Hrsg.) (2008): Geschäftsbericht 2007, Metzingen, unter: http://annualreport07.hugoboss.com/de/serviceseiten/downloads.html [19.6.2008].
Hult, G. T. M./Ketchen Jr., D. J./Slater, S. F. (2005): Market Orientation and Performance. An Integration of Disparate Approaches, in: Strategic Management Journal, Vol. 26, No. 12, S. 1173–1181.
Hummel, H. P. (1975): Marktkommunikation und Verbraucherverhalten, Frankfurt am Main u. a.

Hupp, O./Petke, R. (2005): Brand Performance Measurment mit dem Brand Assessment System (BASS), in: Bliemel, F./Eggert, A./Fassott, G./Henseler, J. (Hrsg.): Handbuch PLS-Pfadmodellierung. Methoden, Anwendung, Praxisbeispiele, Stuttgart, S. 275–190.

Hupp, O./Schuster, H. (2000): Imagegestützte Positionierung von Einkaufsstätten als Ansatzpunkt zu einer Verbesserung der Wettbewerbsfähigkeit des Lebensmittel-Einzelhandels in Deutschland, in: Jahrbuch der Absatz- und Verbrauchsforschung, 46. Jg., H. 4, S. 351–370.

Hurth, J. (2006): Controlling im Handel, in: Zentes, J. (Hrsg.): Handbuch Handel. Strategien – Perspektiven – Internationaler Wettbewerb, Wiesbaden, S. 873–893.

Hutchinson, K./Alexander, N./Quinn, B./Doherty, A. M. (2007): Internationalization Motives and Facilitating Factors: Qualitative Evidence from Smaller Specialist Retailers, in: Journal of International Marketing, Vol. 15, No. 3, S. 96–122.

Hütter, S. H. (2007) Beschaffungskosten und eProcurement. Kostensenkung durch materialdifferenzierte Verfahren, Lohmar u. a.

Hüttner, M. (1986): Prognoseverfahren und ihre Anwendung, Berlin u. a.

Hüttner, M. (1982): Markt- und Absatzprognosen, Stuttgart.

Hwang, H./Choi, B./Lee, M.-J. (2005): A Model for Shelf Space Allocation and Inventory Control Considering Location and Inventory Level Effects on Demand, in: International Journal of Production Economics, Vol. 97, No. 2, S. 185–195.

Hymer, S. H. (1976): The International Operations of National Firms. A Study of Direct Foreign Investment, Cambridge, MA.

Ihring, J. (2000): Prozesskosten-Rechnungssysteme im Handel. Nutzen und Grenzen, Zürich.

IKEA (Hrsg.) (2010): Unsere Geschäftsidee, unter: http://www.ikea.com/ms/de_DE/about_ikea/the_ikea_way/our_business_idea/index.html [12.7.2010].

Inditex, S. A. (Hrsg.) (2006): Economic and Financial Performance. Annual Report 2005, A Coruña.

Inman, J. J./Shankar, V./Ferraro, R. (2004): The Roles of Channel-Category Associations and Geodemographics in Channel Patronage, in: Journal of Marketing, Vol. 68, No. 2, S. 51–71.

Institut für Handelsforschung GmbH (Hrsg.) (2010): Personalkosten im Einzelhandel: Preiswettbewerb führt zu ungleichen Verteilungen je nach Branche, Pressemitteilung unter: http://www.ifhkoeln.de/personalkosten_im_einzelhandel_preiswettbewerb.php [14.9.2011].

Institut für Handelsforschung/BBE Retail Experts (Hrsg.) (2009): Angebots- und Nachfragemacht – Zum Verhältnis von Industrie und Handel, unter: http://www.einzelhandel.de/pb/site/hde/node/246726/Lde/index.html, [17.1.2010].

IRI Information Resources (Hrsg.) (2004): Grundgesamtheiten Deutschland 2004, Nürnberg.

Irlinger, W. (2012): Kausalmodelle zur Lieferantenbewertung, Wiesbaden.

Ittelson, W. H./Proshansky, H. M./Rivlin, L. G./Winkel, G. H. (1977): Einführung in die Umweltpsychologie, Stuttgart.

Iyengar, S. S./Lepper, M. R. (2000): When Choice is Demotivating: Can One Desire Too Much of a Good Thing?, in: Journal of Personality and Social Psychology, Vol. 79, No. 6, S. 995–1006.

Iyer, A. V./Bergen, M. E. (1997): Quick Response in Manufacturer-Retailer Channels, in: Management Science, Vol. 43, No. 4, S. 559–570.

Izard, C. (1999): Die Emotionen des Menschen, 2. Aufl., Weinheim.

Jacob, H. (Hrsg.) (1978): Spezialgebiete der Kostenrechnung. Kosten- und Leistungsrechnung im Handel. Standardsoftwaresysteme, Wiesbaden.

Jacob, H. (1971): Preispolitik, 2. Aufl., Wiesbaden.

Jacobs, S. (1992): Strategische Erfolgsfaktoren der Diversifikation, Wiesbaden.

Jaeck, H.-F./Merzenich, M./Wilde, K. D. (2007): Konsequente Kundenorientierung: Optimierung kundenbezogener Geschäftsprozesse, in: Hubschneider, M./Sibold, K. (Hrsg.): CRM – Erfolgsfaktor Kundenorientierung, 2. Aufl., Freiburg u. a., S. 55–69.

Jahrmann, U. (1994): Außenhandel, 7. Aufl., Ludwigshafen.

Janker, C. G. (2004): Multivariate Lieferantenbewertung. Empirisch gestützte Konzeption eines anforderungsgerechten Bewertungssystems, Wiesbaden.

Janowski, J. M. (2003): Kundenbindung durch kundenindividuelle Logistik im Konsumgüterbereich, Lohmar u. a.

Janz, M. (2004): Erfolgsfaktoren der Beschaffung im Einzelhandel, Wiesbaden.
Jaworski, B. J./Kohli, A. K. (1993): Market Orientation. Antecedents and Consequences, in: Journal of Marketing, Vol. 57, No. 3, S. 53–70.
Jedrowiak, J. (2008): Die Wahl der Preislagen durch Konsumenten, Stuttgart.
Jedrowiak, J./Kohnen, S./Helnerus, K./Kierdorf, W. (2007): Effekte unterschiedlicher Darstellungsweisen von Preisreduktionen in der Einzelhandelswerbung, in: Schuckel, M./Toporowski, W. (Hrsg.): Theoretische Fundierung und praktische Relevanz der Handelsforschung, Wiesbaden, S. 321–343.
Jenner, T. (1999): Determinanten des Unternehmenserfolges. Eine empirische Analyse auf der Basis eines holistischen Untersuchungsansatzes, Stuttgart.
Jobber, D. (2010): Principles and Practice of Marketing, 6. Aufl., Maidenhead.
Joh, P. (1998): Empirische und theoretische Probleme des Betriebsvergleichs, Frankfurt am Main.
Johansson, U. (2001): Retail Buying: Process, Information and IT Use: A Conceptual Framework, in: The International Review of Retail, Distribution and Consumer Research, Vol. 11, No. 4, S. 329–357.
John, G./Weitz, B. A. (1988): Forward Integration into Distribution: An Empirical Test of Transaction Cost Analysis, in: Journal of Law, Economics and Organization, Vol. 4, No. 2, S. 337–355.
Johnson, E. J./Russo, J. E. (1984): Product Familiarity and Learning New Information, In: Journal of Consumer Research, Vol. 11, No. 1, S. 542–550.
Johnson, M./Felice, P. (1998): Supporting Category Management. From Identifying Need States to Testing in Virtual Reality, in: Marketing and Research Today, Vol. 27, No. 4, S. 125–140.
Johnson, M./Pinnington, D. (1998): Supporting the Category Management Challenge: How Research can Contribute, in: Journal of the Market Research Society, Vol. 40, No. 1, S. 33–54.
Johnston, R. (1995): The Determinants of Service Quality: Satisfiers and Dissatisfiers, in: International Journal of Service Industry Management, Vol. 6, No. 5, S. 53–71.
Jones, E./Brown, S. P./Zoltners, A. A./Weitz, B. A. (2005): The Changing Environment of Selling and Sales Management, in: Journal of Personal Selling and Sales Management, Vol. 25, No. 2, S. 105–111.
Jones, P./Clarke-Hill, C. M./Shears, P./Comfort, D./Hillier, D. (2004): RFID in the UK: Opportunities and Challenges; in: International Journal of Retail and Distribution Management, Vol. 32, No. 3, S. 164–171.
Jones, P./Comfort, D./Hillier, D. (2005): Corporate Social Responsibility and the UK's Top Ten Retailers, in: International Journal of Retail and Distribution Management, Vol. 33, No. 12, S. 882–892.
Jones, T. O./Sasser Jr., W. E. (1995): Why Satisfied Customers Defect, in: Harvard Business Review, Vol. 73, No. 6, S. 88–99.
Jonsson, P. (2008): Logistics and Supply Chain Management, New York, NY.
Joswig, R. (1970): Bedürfnis und Qualität. Ein Beitrag zur Interpretation des Qualitätsbegriffes, Köln.
Kaapke, A. (2007): Tradition durch Innovation – Innovation durch Tradition – der aktuelle Überblick über den Einzelhandel heute und morgen, Vortrag auf dem 44. Briloner Wirtschaftsforum, unter: http://www.briloner-wirtschaft.de/de/downloads/Kaapke-Andreas-Vortrag-4_MB.pdf [7.12.2010].
Kaapke, A. (2001): Kundenkarten als Instrument der Kundenbindung, in: Müller-Hagedorn, L. (Hrsg.): Kundenbindung im Handel, 2. Aufl., Frankfurt am Main, S. 177–191.
Kaapke, A. (1997): Der Jahresbetriebsvergleich der Einzelhandelsfachgeschäfte 1996 – Bericht über die Ergebnisse aus den alten und neuen Bundesländern, in: Mitteilungen des IfH, 49. Jg., H. 11, S. 209–245.
Kaapke, A./Dobbelstein, T. (2001): Kundenbindung im Handel. Empirische Ergebnisse, in: Müller-Hagedorn, L. (Hrsg.): Kundenbindung im Handel, 2. Aufl., Frankfurt am Main, S. 47–66.
Kaapke, A./Hudetz, K. (2001): Der Einsatz des Kano Modells zur Ermittlung von Indikatoren der Kundenzufriedenheit: Dargestellt am Beispiel der Anforderungen von Senioren an Reisebüros, in: Müller-Hagedorn, L. (Hrsg.): Kundenbindung im Handel, 2. Aufl., S. 123–146.
Kaapke, A./van Baal, S./Paffhausen, A./Pfeil, H. H. (2007): Outsourcing Vertrieb. Handelsvertretungen als Marktpartner der Industrie, 2. Aufl., Aachen.
Kaas, K. P. (1998): Efficient Consumer Response: Kooperation und Wettbewerb auf dem Lebensmittelmarkt, in: Woratschek, H. (Hrsg.): Perspektiven ökonomischen Denkens: klassische und neue Ansätze des Managements, Frankfurt am Main, S. 23–39.
Kaas, K. P./Fischer, M. (1993): Der Transaktionskostenansatz, in: Das Wirtschaftsstudium, 22. Jg., H. 8/9, S. 686–693.

Kaas, K. P./Runow, H. (1984): Wie befriedigend sind die Ergebnisse der Forschung zur Verbraucherzufriedenheit?, in: Die Betriebswirtschaft, 44. Jg., H. 3, S. 451–460.

Kacker, M. (1985): Transatlantic Trends in Retailing, Westport, CT u. a.

Kahneman, D./Tversky, A. (1979): Prospect Theory: An Analysis of Decision under Risk, in: Econometrica, Vol. 47, No. 2, S. 263–291.

Kalka, R. (1996): Marketingerfolgsfaktoren im Facheinzelhandel, Wiesbaden.

Kalussis, D. (1949): Der Betriebsvergleich im Handel, Wien.

Kamakura, W./Lenartowicz, T./Ratchford, B. (1996): Productivity Assessment of Multiple Retail Outlets, in: Journal of Retailing, Vol. 72, No. 4, S. 325–330.

Kano, N. (1984): Attractive Quality and Must-be Quality, in: The Journal of the Japanese Society for Quality Control, Vol. 14, No. 2, S. 39–48.

Kano, N./Seraku, N./Takahashi, F./Tsuji, S. (1984): Attractive Quality and Must-be Quality, in: The Journal of the Japanese Society for Quality Control, Vol. 14, No. 2, S. 39–48.

Kaplan, R. S./Norton, D. P. (1997): Balanced Scorecard: Strategien erfolgreich umsetzen, Stuttgart.

Kaplan, R. S./Norton, D. P. (1996): The Balanced Scorecard: Translating Strategy into Action, Boston, MA.

Kaplan, R. S./Norton, D. P. (1992): The Balanced Scorecard: Measures that drive Performance, in: Harvard Business Review, Vol. 70, No. 1, S. 71–79.

Kappas, M. (2001): Geographische Informationssysteme, Braunschweig.

Kardes, F. R./Cline, T. W./Cronley, M. L. (2011): Consumer Behavior. Science and Practice, o. O.

Kärkkäinen, M. (2003): Increasing Efficiency in the Supply Chain for Short Shelf Life Goods Using RFID Tagging, in: International Journal of Retail and Distribution Management, Vol. 31, No. 10, S. 529–536.

Karrasch, J. (1998): Software zur Personaleinsatzplanung, in: Personalwirtschaft, 25. Jg., H. 9, S. 16–18.

Karsten, W. F. (2001): Factoring und Forfaitierung – Alternativen der Fremdfinanzierung, in: Breuer, R.-E. (Hrsg.): Handbuch Finanzierung, 3. Aufl., Wiesbaden, S. 401–436.

Kaufhof AG (Hrsg.) (o. J.): Fortbildungsbriefe zu Kalkulation und Warenwirtschaftssystem, Kalkulation und ausgewählte Statistiken im WWS (Stand 04/93), Köln.

Kaufmann, L. (2003): Online-Auktionen – jenseits der Kooperationsromantik in Retail Value Chains?, in: Thexis, 20. Jg., H. 3, S. 30–34.

Kaufman-Scarborough, C./Lindquist, J. D. (2002): E-Shopping in a Multiple Channel Environment, in: Journal of Consumer Marketing, Vol. 19, No. 4, S. 333–350.

Keh, H. T./Lee, Y. H. (2006): Do Reward Programs Build Loyalty for Services? The Moderating Effect of Satisfaction on Type and Timing of Rewards, in: Journal of Retailing, Vol. 82, No. 2, S. 127–136.

Kelly, R. F./Stephenson, R. (1967): The Semantic Differential. An Information Source for Designing Retail Patronage Appeals, in: Journal of Marketing, Vol. 31, No. 4, S. 43–47.

Kenning, P./Markmann, F. (1999): Profilierung mit Handelsmarken, in: Dynamik im Handel, 43. Jg., H. 7, S. 45.

Kerin, R. A./Jain, A./Howard, D. J: (1992): Store Shopping Experience and Consumer Price-Quality-Value Perceptions, in: Journal of Retailing, Vol. 68, No. 4, S. 367–397.

Kesting, T./Rennhak, C. (2008): Marktsegmentierung in der deutschen Unternehmenspraxis, Wiesbaden.

Ketzenberg, M./Metters, R./Vargas, V. (2000): Inventory Policy for Dense Retail Outlets, in: Journal of Operations Management Vol. 18, No. 3, S. 303–316.

Kierdorf, W. (2010): Wahrnehmung und Beurteilung der Nutzungskosten von Automobilen (Cost-of-Ownership), Wolfsburg.

Kieser, A. (2007): Verhaltenswissenschaftliche Organisationstheorien, in: Köhler, R./Küpper, H. U./Pfingsten, A. (Hrsg.): Handwörterbuch der Betriebswirtschaft, 6. Aufl., Stuttgart, S. 1316–1325.

Kieser, A./Nicolai, A. (2003): Mit der Theorie die wilde Praxis reiten, valleri, vallera, valleri?, in: Die Betriebswirtschaft, 63. Jg., H. 5, S. 589–594.

Kieser, A./Walgenbach, P. (2007): Organisation, 5. Auflage, Stuttgart.

Kinateder, P. (1989): Optimierung von Regalbelegungsplänen in Supermärkten, in: Marketing – Zeitschrift für Forschung und Praxis, 11. Jg., H. 2, S. 86–92.

Kincade, D. H./Vass, D./Cassill, N. L. (2001): Implementation of Technology and Relationships to Supply Chain Performance: Apparel Manufacturers' Perspectives, in: The International Review of Retail, Distribution and Consumer Research, Vol. 11, No. 3, S. 301–327.

Kindleberger, C. P. (1969): American Business Abroad. Six Lectures on Direct Investment, New Haven, CT u. a.
Kirca, A. H./Jayachandran, S./Bearden, W. O. (2005): Market Orientation: A Meta-Analytic Review and Assessment of its Antecedents and Impact on Performance, in: Journal of Marketing, Vol. 69, No. 2, S. 24–41.
Kirn, T. (2011): Regional erfassen, zentral auswerten, in: rt-retail technology, o. Jg., H. 4, S. 10–11.
Kirschner, U. (1987): Fusionskontrolle im Lebensmitteleinzelhandel. Anmerkungen zum Fall Coop-Wandmaker, in: Wirtschaft und Wettbewerb, 37. Jg., H. 10, S. 789–796.
Klein, H. (2004): Die Finanzierung mittelständischer Unternehmen durch Kreditgenossenschaften im Strukturwandel, Berlin.
Klein, R. (1992): Dezentrale Grundversorgung im ländlichen Raum. Interaktionsmodelle zur Abschätzung von Nachfragepotentialen im Einzelhandel, Osnabrück.
Klein-Blenkers, F. (1991): Ausgewählte Aufsätze zur Betriebswirtschaftslehre, Göttingen.
Klein-Blenkers, F. (1989): BAG-Untersuchung „Kundenverkehr 1988", in: Mitteilungen des IfH, 41. Jg., H. 10, S. 121–126.
Klein-Blenkers, F. (1970): Die Werbung des Facheinzelhandels. Bericht über eine Untersuchung des Umfangs der Werbung und der Bedeutung der verschiedenen Werbemittelarten für den Facheinzelhandel, Köln u. a.
Klein-Blenkers, F./Hillesheim, J. (1986): Die Werbekosten in der Bundesrepublik Deutschland 1984, in: Mitteilungen des IfH, Sonderheft Nr. 32.
Kleining, G./Prester, H.-G. (1999): Familien-Lebenswelten. Eine neue Marktsegmentation von Haushalten, in: Jahrbuch der Absatz- und Verbrauchsforschung, 45. Jg., H. 1, S. 4–25.
Kleining, G./Prester, H.-G./Frank, R. (2006): Lebenswelten in der Marktforschung – Ergebnisse aus der Praxis, in: Jahrbuch der Absatz- und Verbrauchsforschung, 52. Jg., H. 6, S. 212–241.
Klemm, H./Mikut, M. (1972): Lagerhaltungsmodelle. Theorie und Anwendung, Berlin.
Kless, S./Wein, E. (2007): Großhandel im Jahr 2005 – Strukturen und wirtschaftliche Rahmenbedingungen, in: Statistisches Bundesamt (Hrsg.): Wirtschaft und Statistik, Jg. 2007, H. 10, S. 934–947.
Kliger, M./Dembeck, S. (2001): Durch Markenbildung zur Kundenbindung, in: McKinsey & Company (Hrsg.): Akzente, o. Jg., H. 21, S. 2–9.
Knee, D./Walters, D. (1985): Strategy in Retailing. Theory and Application, Oxford.
Knigge, K. (2006): Retailing Risk Management. Konzeption eines ganzheitlichen theoriegeleiteten Ansatzes für die Implementierung eines Risikomanagementsystems im mittelständischen Einzelhandel, Göttingen.
Knoblich, H. (1969): Betriebswirtschaftliche Warentypologie. Grundlagen und Anwendungen, Köln u. a.
Knoll, L./Wenger, E. (2007): Shareholder-/Stakeholder-Ansatz, in: Köhler, R./Küpper, H.-U./Pfingsten, A. (Hrsg.): Handwörterbuch der Betriebswirtschaft, 6. Aufl., Stuttgart, Sp. 1614–1623.
Knolmayer, G. F./Dedopoulos, I. (2006): Neugestaltung des Lademittel-Managements der Migros auf Basis von ASP, in: Akademische Partnerschaft ECR Deutschland (Hrsg.): Ausgewählte Fallstudien der Akademischen Partnerschaft ECR Deutschland, Band 13, o. O.
Köcher, M.-M. (2006): Fulfillment im Electronic Commerce. Gestaltungsansätze, Determinanten, Wirkungen, Wiesbaden.
Koelemeijer, K./Oppewal, H. (1999): Assessing the Effects of Assortment and Ambience: A Choice Experimental Approach, in: Journal of Retailing, Vol. 75, No. 3, S. 319–345.
Kohleisen, K. (2001): Szenarien des Convenience-Marktes, Wiesbaden.
Köhler, F. W. (1992): Handelsstrategien im systematischen Überblick, in: Trommsdorff, V. (Hrsg.): Handelsforschung 1991, Wiesbaden, S. 117–134.
Köhler, F. W. (1990): Die „Dynamik der Betriebsformen des Handels" – Bestandsaufnahme und Modellerweiterung, in: Marketing – Zeitschrift für Forschung und Praxis, 12. Jg., H. 1, S. 59–64.
Köhler, R. (2003): Organisatorischer Wandel und marktorientierte Unternehmensführung, in: Hoffmann, W. H. (Hrsg.): Die Gestaltung der Organisationsdynamik. Konfiguration und Evolution, Stuttgart, S. 105–141.
Köhler, R. (1993): Beiträge zum Marketing-Management. Planung, Organisation, Controlling, 3. Aufl., Stuttgart.
Kohli, A. K./Jaworski, B. J. (1990): Market Orientation. The Construct, Research Propositions, and Managerial Implications, in: Journal of Marketing, Vol. 54, No. 2, S. 1–18.
Kollmann, T. (2009): E-Business. Grundlagen elektronischer Geschäftsprozesse in der Net Economy, 3. Aufl., Wiesbaden.
Kollmann, T. (2007): Online-Marketing: Grundlagen der Absatzpolitik in der Net Economy, Stuttgart.

Kölzer, B. (1995): Senioren als Zielgruppe. Kundenorientierung im Handel, Wiesbaden.

Kommission der Europäischen Gemeinschaften (Hrsg.) (2002): Verordnung (EG) Nr. 1400/2002 der Kommission vom 31. Juli 2002 über die Anwendung von Artikel 81 Absatz 3 des Vertrags auf Gruppen von vertikalen Vereinbarungen und aufeinander abgestimmten Verhaltensweisen im Kraftfahrzeugsektor, Amtsblatt der Europäischen Gemeinschaften Nr. L 203/30–41 vom 1.8.2002, unter: http://eur-lex.europa.eu/LexUriServ/LexUriServ.do?uri=OJ:l:2002:203:00 30:0041:de:PDF [27.9.2010].

Konuş, U./Verhoef, P. C./Neslin, S. A. (2008): Multichannel Shopper Segments and Their Covariates, in: Journal of Retailing, Vol. 84, No. 4, S. 398–413.

Koplin, J. (2006): Nachhaltigkeit im Beschaffungsmanagement. Ein Konzept zur Integration von Umwelt- und Sozialstandards, Wiesbaden.

Koppe, P. (2003): Handelsmarken und Markenartikel: Wahrnehmungsunterschiede aus der Sicht der Marktteilnehmer, Wien.

Koppelmann, U. (2004): Beschaffungsmarketing, 4. Aufl., Berlin u. a.

Koppelmann, U. (2001): Produktmarketing. Entscheidungsgrundlagen für Produktmanager, 6. Aufl., Berlin u. a.

Korgaonkar, P. K./Lund, D./Price, B. (1985): A Structural Equations Approach Toward Examination of Store Attitude and Store Patronage Behavior, in: Journal of Retailing, Vol. 61, No. 2, S. 39–60.

Korn, J. (2006): Transiträume als Orte des Konsums – eine Analyse des Standorttyps unter besonderer Berücksichtigung der Bahnhöfe, Berlin.

Koschate, N. (2002): Kundenzufriedenheit und Preisverhalten. Theoretische und empirisch experimentelle Analysen, Wiesbaden.

Kossbiel, H. (1992): Personalbereitstellungsplanung bei Arbeitszeitflexibilisierung, in: Zeitschrift für Betriebswirtschaft, 62. Jg., H. 2, S. 175–198.

Koster, K. (1996): Die Zukunftsperspektiven des deutschen Fachgroßhandels, Hamburg.

Kotler, P. (1973/1974): Atmospherics as a Marketing Tool, in: Journal of Retailing, Vol. 49, No. 4, S. 48–64.

Kotler, P./Armstrong, G. (2010): Principles of Marketing, 13. Aufl., Upper Saddle River, NJ.

Kotler, P./Bliemel, F. (2006): Marketing Management, 10. Aufl., München.

Kotler, P./Keller, K. L./Bliemel, F. (2007): Marketing-Management. Strategien für wertschaffendes Handeln, 12. Aufl., München.

Kotouc, A. J. (2006): Konsumentenreaktionen nach einer Sortimentsreduktion, St. Gallen.

Kotschi, B. (2003): Die Verkaufsförderung als Kooperationsbereich zwischen Markenartikelindustrie und Lebensmitteleinzelhandel. Inhalte und Gestaltungsmöglichkeiten im Rahmen von Efficient Consumer Response und Category Management, Herdecke.

Kousek, H. (2002): Einkaufsstättenwahl im Lebensmitteleinzelhandel, Wien.

KPMG Deutsche Treuhand-Gesellschaft Aktiengesellschaft Wirtschaftsprüfungsgesellschaft (Hrsg.) (2005): Der deutsche Textileinzelhandel aus Verbrauchersicht, Köln.

Kracklauer, A./Mills, Q./Seiffert, D./Leyk, M./Rübke, S. (2002): Was dem Handel aus der Krise hilft, in: Harvard Business Manager, 24. Jg., H. 4, S. 98–106.

Krafft, M. (1999): Der Kunde im Fokus: Kundennähe, Kundenzufriedenheit, Kundenbindung und Kundenwert?, in: Die Betriebswirtschaft, 59. Jg., H. 4, S. 511–530.

Krafft, M. (1995): Außendienstentlohnung im Licht der Neuen Institutionenlehre, Wiesbaden.

Krafft, M. (1994): Außendienstentlohnung im Licht der Neuen Institutionenlehre, Kiel.

Krafft, M./Klingsporn, B. (Hrsg.) (2007): Kundenkarten. Kundenkartenprogramme erfolgreich gestalten, Düsseldorf.

Krechting, M. J. (2000): Erfolgsfaktoren, in: Zerres, M. P. (Hrsg.): Handbuch Marketing-Controlling, 2. Aufl., Heidelberg, S. 75–89.

Kreditanstalt für Wiederaufbau (Hrsg.) (2003): Unternehmensfinanzierung in schwierigem Fahrwasser. Wachsende Finanzierungsprobleme im Mittelstand. Auswertung der Unternehmensbefragung 2002, Frankfurt am Main.

Kreikebaum, H. (1997): Strategische Unternehmensplanung, 6. Aufl., Stuttgart u. a.

Krelle, W. (1961): Preistheorie, Tübingen u. a.

Kreller, P. (2000): Einkaufsstättenwahl von Konsumenten. Ein präferenztheoretischer Ansatz, Wiesbaden.

Krey, A. (2003): Controllinginstrumente für die Sortimentssteuerung in filialisierten Handelsunternehmen, in: Krey, A. (Hrsg.): Handelscontrolling. Neue Ansätze aus Theorie und Praxis zur Steuerung von Handelsunternehmen, 2. Aufl., Hamburg, S. 55–85.

Krey, A. (2002): Controlling filialisierter Handelsunternehmen. Konzeption für ein empfängerorientiertes Controlling unter Berücksichtigung einer themenorientierten Warenpräsentation, Hamburg.

Krockow, A. (1988): Konzentration im Einzelhandel, in: Wirtschaft und Statistik, 47. Jg., H. 8, S. 524–530.

Kroeber-Riel, W./Esch, F.-R. (2011): Strategie und Technik der Werbung. Verhaltenswissenschaftliche und neurowissenschaftliche Erkenntnisse, 7. Aufl., Stuttgart.

Kroeber-Riel, W./Weinberg, P./Gröppel-Klein, A. (2009): Konsumentenverhalten, 9. Aufl., München.

Krüger, W. (2007): Change Management, in: Köhler, R./Küpper, H. U./Pfingsten, A. (Hrsg.): Handwörterbuch der Betriebswirtschaft, 6. Aufl., Stuttgart, S. 195–203.

Krüger, W. (2006): Excellence in Change. Wege zur strategischen Erneuerung, 3. Aufl., Wiesbaden.

Krulis-Randa, J. S./Ergenzinger, R. (1990): Entwicklung zum strategischen Denken im Handel, Bern u. a.

Kube, C. (1991): Erfolgsfaktoren in Filialsystemen. Diagnose und Umsetzung im strategischen Controlling, Wiesbaden.

Kügler, M.-M. (2009): Entwurf und Umsetzung eines Kennzahlensystems zur Unternehmenssteuerung im Handel, Masterarbeit Universität Karlsruhe.

Kuhlmeier, A. (1980): Die Betriebstypeninnovation als Bestandteil der Absatzpolitik im Einzelhandel, Göttingen.

Kumar, N./Steenkamp, J.-B. E. M. (2007): Private Label Strategy. How to Meet the Store Brand Challenge, Boston, MA.

Kumar, V./Karande, K. (2000): The Effect of Retail Store Environment on Retailer Performance, in: Journal of Business Research, Vol. 49, No. 2, S. 167–181.

Kumar, V./Venkatesan, R. (2005): Who Are the Multichannel Shoppers and How Do They Perform?: Correlates of Multi-Channel Shopping Behavior, in: Journal of Interactive Marketing, Vol. 19, No. 2, S. 44–62.

Kundenmonitor Deutschland (Hrsg.) (2010): Serviceprofil: Bau- und Heimwerkermärkte 2010, unter: http://www.servicebarometer.net/kundenmonitor/tl_files/files/serviceprofil2010_006.pdf [7.2.2011].

Kunz, J./Reuter, K. (2006): Category-Management für Bio-Produkte. Anforderungen und strategische Ansätze, in: Thexis, 23. Jg., H. 2, S. 33–37.

Küpper, H.-U. (2008): Controlling. Konzeption, Aufgaben, Instrumente, 5. Aufl., Stuttgart.

Küpper, H.-U. (2007): Betriebswirtschaftslehre als Wertschöpfungstheorie – Perspektiven für die Entwicklung einer mehrdimensionalen Theorie der Unternehmung, in: Zeitschrift für betriebswirtschaftliche Forschung, Sonderheft 56/07, S. 1–26.

Küpper, H.-U. (1990): Industrielles Controlling, in: Schweitzer, M. (Hrsg.): Industriebetriebslehre. Das Wirtschaften in Industrieunternehmungen, München, S. 781–891.

Kurt Salmon Associates, Inc. Management Consultants (Hrsg.) (1993): Efficient Consumer Response. Enhancing Consumer Value in the Grocery Industry, Washington, D. C.

Kuskova, E. (2009): Der internationale Handelmarkenerfolg aus Konsumentensicht. Analyse am Beispiel von Deutschland und Russland, Saarbrücken.

Kuß, A./Tomczak, T. (2007): Käuferverhalten, 4. Aufl., Stuttgart.

Küster, M. (2000): Opportunismus und Motivation in Franchise- und Vertragshändlersystemen. Stuttgart.

Küthe, E. (1980): Einzelhandelsmarketing, Stuttgart.

Küting, K. (1983a): Grundsatzfragen von Kennzahlen als Instrument der Unternehmungsführung, in: Wirtschaftswissenschaftliches Studium, 12. Jg., H. 5, S. 237–241.

Küting, K. (1983b): Kennzahlensysteme in der betrieblichen Praxis, in: Wirtschaftswissenschaftliches Studium, 12. Jg., H. 6, S. 291–296.

Kutschker, M./Schmid, S. (2008): Internationales Management, 6. Aufl., München.

Kwon, W.-S./Lennon, S. J. (2009): Reciprocal Effects Between Multichannel Retailers' Offline and Online Brand Images, in: Journal of Retailing, Vol. 85, No. 3, S. 376–390.

Kysela, K. (1994): Großhandelsmarketing, Bergisch Gladbach u. a.

Laaksonen, M. (1993): Retail Patronage Dynamics. Learning About Daily Shopping Behavior in Contexts of Changing Retail Structures, in: Journal of Business Research, Vol. 28, No. 3, S. 3–174.

Lachner, J./Täger U. C. (1997): Entwicklungen in den Handelskooperationen unter handels- und wettbewerbspolitischen Aspekten, ifo Studien zu Handels- und Dienstleistungsfragen 52, München.

Lademann, R. P. (2011): Innerstädtische Einkaufszentren. Eine absatzwirtschaftliche Wirkungsanalyse, Göttingen.

Lademann, R. P. (2007): Zum Einfluss von Verkaufsfläche und Standort auf die Einkaufswahrscheinlichkeit, in: Schuckel, M./Toporowski, W. (Hrsg.): Theoretische Fundierung und praktische Relevanz der Handelsforschung, Wiesbaden, S. 143–162.

Lademann, R. P. (1986): Nachfragemacht von Handelsunternehmen. Analyse der Begriffs-, Erklärungs- und Rechtstatsachenprobleme, Göttingen.

Laker, M./Zielke, S. (2003): Strikte Leistungsorientierung. Professionelles Konditionenmanagement, in: Markenartikel – Zeitschrift für Markenführung, 65. Jg., H. 4, S. 4–9.

Lal, R./Rao, R. (1997): Supermarket Competition. The Case of Every Day Low Pricing, in: Marketing Science, Vol. 16, No. 1, S. 60–80.

Lambert, D. M./Cooper, M. C./Pagh, J. D. (1998): Supply Chain Management: Implementation Issues and Research Opportunities, in: The International Journal of Logistics Management, Vol. 9, No. 2, S. 1–19.

Lang, P. J. (1980): Behavioral Treatment and Biobehavioral Assessment: Computer Applications, in: Sidowski, J. B./ Johnson, J. H./Williams, T. A. (Hrsg.): Technology in Mental Health Care Delivery Systems, Norwood, NJ, S. 119–137.

Lange, B. (1981): Portfolio-Methoden in der strategischen Unternehmensplanung, Hannover.

Large, R. (2009): Strategisches Beschaffungsmanagement. Eine praxisorientierte Einführung. Mit Fallstudien, 4. Aufl., Wiesbaden.

Larson, J. S./Bradlow, E. T./Fader, P. S. (2005): An Exploratory Look at Supermarket Shopping Paths, in: International Journal of Research in Marketing, Vol. 22, No. 4, S. 395–414.

Larson, P. D./Lusch, R. F. (1990): Quick Response Retail Technology: Integration and Performance Measurement, in: The International Review of Retail, Distribution and Consumer Research, Vol. 1, No. 1, S. 17–35.

Lauer, A. (2001): Vertriebsschienenprofilierung durch Handelsmarken, Wiesbaden.

Lausberg, I. C. (2002): Kundenpräferenzen für neue Angebotsformen im Einzelhandel: Eine Analyse am Beispiel von Factory Outlet Centern, Diss. Universität Essen, unter: http://duepublico.uni-duisburg-essen.de/servlets/DerivateServlet/Derivate-11030/Diss.pdf [27.9.2010].

Laux, H. (2007): Entscheidungstheorie, 7. Aufl., Berlin u. a.

Laux, H./Liermann, F. (2005): Grundlagen der Organisation. Die Steuerung von Entscheidungen als Grundproblem der Betriebswirtschaftslehre, 6. Aufl., Berlin u. a.

Lazear, E. P. (1986) Salaries and Piece Rates, in: Journal of Business, Vol. 59, No. 3, S. 405–432.

Le Coutre, W. (1950): Der Großhandel, in: Greifzu, J. (Hrsg.): Handbuch des Kaufmanns, Hamburg, S. 753–760.

Lebensmittel Zeitung (Hrsg.) (2009): Der Lebensmittelhandel in Europa 2009. Unternehmen – Strukturen – Entwicklungen, Frankfurt am Main.

Lee, H. L./Padmanabhan, V./Whang, S. (1997): Information Distortion in a Supply Chain: The Bullwhip Effect, in: Management Science, Vol. 43, No. 4, S. 546–558.

Leenheer, J./van Heerde, H. J./Bijmolt, T. H. A./Smidts, A. (2007): Do Loyalty Programs Really Enhance Behavioral Loyalty? An Empirical Analysis Accounting for Self-Selecting Members, in: International Journal of Research in Marketing, Vol. 24, No. 1, S. 31–47.

LeHew, M. L. A./Burgess, B./Wesley, S. (2002): Expanding the Loyalty Concept to Include Preference for a Shopping Mall, in: The International Review of Retail, Distribution and Consumer Research, Vol. 12, No. 3, S. 225–236.

Leinz, J. (1996): Traditionelle dynamische Losgrößenverfahren. Von einem Einsatz ist dringend abzuraten, in: Beschaffung aktuell, 24. Jg., H. 8, S. 38–40.

Leinz, J./Bossert, B./Habenicht, W. (1995): Entwicklung eines Verfahrens zur dynamischen einstufigen Einprodukt-Bestellmengenplanung, Arbeitspapier Nr. 15 des Lehrstuhls für Industriebetriebslehre, Institut für Betriebswirtschaftslehre der Universität Hohenheim, Stuttgart.

Lentes, T./Weber, K.-H. (2006): Rating in mittelständischen Unternehmen, in: Handel im Fokus, 58. Jg., H. 2, S. 113–121.

Lenzen, W. (1984): Die Beurteilung von Preisen durch Konsumenten. Eine empirische Studie zur Verarbeitung von Preisinformationen des Lebensmitteleinzelhandels, Frankfurt am Main u. a.

Lenzen, W. (1983): Preisgünstigkeit als hypothetisches Konstrukt. Ergebnisse einer empirischen Untersuchung, in: Zeitschrift für betriebswirtschaftliche Forschung, 36. Jg., H. 11/12, S. 952–962.

Lerchenmüller, M. (2003): Handelsbetriebslehre, 4. Aufl., Ludwigshafen.

Lerchenmüller, M./Vochezer, R./Vogler, T. (2011): Lexikon Betriebsformen, Frankfurt am Main.

Leven, W. (1992): Warenpräsentation im Einzelhandel. Dargestellt am Beispiel der Zeitungs- und Zeitschriftenpräsentation, in: Marketing – Zeitschrift für Forschung und Praxis, 14. Jg., H. 1, S. 13–22.
Leven, W. (1979): Das Konstrukt „Soziale Schicht" zur Erklärung der Betriebstypenpräferenz von Konsumenten, in: Zeitschrift für Betriebswirtschaft, 49. Jg., H. 1, S. 18–38.
Levenburg, N. (2005): Delivering Customer Value Online: Analysis of Practices, Applications and Performance, in: Journal of Retailing and Consumer Services, Vol. 12, No. 5, S. 319–331.
Levin, A. M./Levin. I. P./Heath, C. E. (2003): Product Category Dependent Consumer Preferences for Online and Offline Shopping Features and Retail Alliances, in: Journal of Electronic Commerce Research, Vol. 4, No. 3, S. 85–93.
Levitt, T. (1986): Die Macht des kreativen Marketing, Düsseldorf.
Levitt, T. (1983): The Globalization of Markets, in: Harvard Business Review, Vol. 61, No. 3, S. 92–102.
Levy, M./Weitz, B. A. (2009): Retailing Management, 7. Aufl., New York, NY.
Lewandowski, R. (1980): Prognose- und Informationssysteme und ihre Anwendungen, Bd. 2: Mittelfristige Prognose- und Marketing-Systeme, Berlin u. a.
Lewandowski, R. (1974): Prognose- und Informationssysteme und ihre Anwendungen, Bd. 1, Berlin u. a.
Lewis, R. C./Klein, D. M. (1987): The Measurement of Gaps in Service Quality, in: Czepiel, J. A./Congram, C. A./Shanahan, J. (Hrsg.): The Service Challenge: Integrating for Competitive Advantage (Proceedings Series), American Marketing Association, Chicago, IL, S. 33–38.
Liang, T.-P./Huang, J.-S. (1998): An Empirical Study on Consumer Acceptance of Products in Electronic Markets: A Transaction Cost Model, in: Decision Support Systems, Vol. 24, No. 1, S. 29–43.
Lichtenstein, D. R./Ridgway, N. M./Netemeyer, R. G. (1993): Price Perceptions and Consumer Shopping Behavior: A Field Study, in: Journal of Marketing Research, Vol. 30, No. 2, S. 234–245.
Liebmann, H.-P. (1991): Struktur und Funktionsweise moderner Warenverteilzentren, in: Zentes, J. (Hrsg.): Moderne Distributionskonzepte in der Konsumgüterwirtschaft, Stuttgart, S. 17–32.
Liebmann, H.-P./Friessnegg, A./Gruber, E./Riedl, H. (2006): HandelsMonitor 2006/07 Management Excellence, Unternehmensführung im Umbruch. Neue Ideen und Impulse für das Handelsmanagement, Frankfurt am Main.
Liebmann, H.-P./Gruber, E. (2006): Customer-Relationship-Management – Neuere Ansätze der Kundenpolitik, in: Zentes, J. (Hrsg.): Handbuch Handel. Strategien – Perspektiven – Internationaler Wettbewerb, Wiesbaden, S. 547–565.
Liebmann, H.-P./Jungwirth, G. (1994): Mit neuer Unternehmenskultur erfolgreich zur Jahrtausendwende, in: GDI-Handels-Trendletter, Nr. 2, Rüschlikon/Zürich, S. 1–37.
Liebmann, H.-P./Zentes, J. (1996): GDI-Trendbuch Handel, Düsseldorf u. a.
Liebmann, H.-P./Zentes, J./Swoboda, B. (2008): Handelsmanagement, 2. Aufl., München.
Lietke, B. (2009): Efficient Consumer Response. Eine agency-theoretische Analyse der Probleme und Lösungsansätze, Wiesbaden.
Lim, A./Rodriguez, B./Zhang, X. (2004): Metaheuristics with Local Search Techniques for Retail Shelf Space Optimization, in: Management Science, Vol. 50, No. 1, S. 117–131.
Lindquist, D. J. (1974): Meaning of Image, in: Journal of Retailing, Vol. 50, No. 4, S. 29–38.
Lingenfelder, M. (1996): Die Internationalisierung im europäischen Einzelhandel. Ursachen, Formen und Wirkungen im Lichte einer theoretischen Analyse und empirischen Bestandsaufnahme, Berlin.
Lingenfelder, M. (1995): Lebensstile, in: Tietz, B./Köhler, R./Zentes, J. (Hrsg.): Handwörterbuch des Marketing, 2. Aufl., Stuttgart, S. 1377–1392.
Lingenfelder M./Kreipl, C. (2007): Efficient Consumer Response, in: Albers, S./Herrmann, A. (Hrsg.): Handbuch Produktmanagement. Strategieentwicklung – Produktplanung – Organisation – Kontrolle, 3. Aufl., Wiesbaden, S. 887–914.
Lingenfelder, M./Lauer, A. (2000): Der Wert von Handelsmarken, in: Absatzwirtschaft, 43. Jg., Sondernummer Oktober, S. 138–148.
Link, J. (1989): Strategie und Organisation, in: Riekhof, H.-C. (Hrsg.): Strategieentwicklung. Konzepte und Erfahrungen, Stuttgart, S. 395–408.
Lisowsky, A. (1937): Zur Theorie und Systematik der Handelsfunktionen, Berlin.
Litfin, T./Wolfram, G. (2006): New Automated Checkout Systems, in: Krafft, M./Mantrala, M. K. (Hrsg.): Retailing in the 21st Century. Current and Future Trends, Berlin u. a., S. 143–157.

Little, J. D. C. (1979): Entscheidungsunterstützung für Marketingmanager, in: Zeitschrift für Betriebswirtschaft, 49. Jg., H. 11, S. 982–1007.
Liu, Y. (2007): The Long-Term Impact of Loyalty Programs on Consumer Purchase Behavior and Loyalty, in: Journal of Marketing, Vol. 71, No. 4, S. 19–35.
Loebbecke, C. (2004): Modernizing Retailing Worldwide at the Point of Sale, in: MIS Quarterly Executive, Vol. 3, No. 4, S. 177–187.
Loebbecke, C./Huyskens, C. (2008): A Competitive Perspective on Standard-Making: Kaufhof's RFID Project in Fashion Retailing, in: Electronic Markets, Vol. 18, No. 1, S. 30–38.
Löffler, G./Klein, R. (1989): Raumfunktionale Modellansätze zur Bestimmung von Standorten und Kaufkraftströmen im Lebensmitteleinzelhandel, in: Kurzberichte aus der Bauforschung, 30. Jg., o. H., S. 405–410.
Löhr, R. W. (1976): Ergonomie. Grundlagen der Wechselbeziehungen zwischen Mensch, Technik und Umwelt, Würzburg.
Lohse, G. L. (1993): A Cognitive Model for Understanding Graphical Perception, in: Human-Computer Interaction, Vol. 8, No. 4, S. 353–388.
Lord, J. D./Lynds, C. D. (1981): The Use of Regression Models in Store Location Research. A Review and Case Study, in: Akron Business and Economic Review, Vol. 12, No. 2, S. 13–19.
Louviere, J. J./Gaeth, G. J. (1987): Decomposing the Determinants of Retail Facility Choice Using the Method of Hierarchical Information Integration. A Supermarket Illustration, in: Journal of Retailing, Vol. 63, No. 1, S. 25–48.
Love, S. F. (1979): Inventory Control, New York, NY.
Lovelock, C./Wirtz, J. (2011): Services Marketing. People, Technology, Strategy, 7. Aufl., Boston, MA u. a.
Lübbering, B./Neubacher, B./Niestrath, C./Schmitter, T. (2003): Rating – Herausforderung und Chance zugleich. Ein Ratgeber für Firmenkunden über das Rating der Sparkassen-Finanzgruppe, Berlin.
Lüdeke, H./Biedermann, A./Thiele, R. V./Bresser, R. K. F. (2006): Zum Umgang mit Tautologien in der Managementforschung. Eine Analyse des Ressourcenbasierten Ansatzes, in: Die Betriebswirtschaft, 66. Jg., H. 5, S. 561–584.
Lüdenbach, N./Hoffmann, W.-D. (Hrsg.) (2011): IFRS Kommentar. Das Standardwerk, 9. Aufl., Freiburg.
Lusch, R. F./Brown, J. R. (1996): Interdependency, Contracting, and Relational Behavior in Marketing Channels, in: Journal of Marketing, Vol. 60, No. 4, S. 19–38.
Lux, H. (2004): Vision und Leitbilder prägen die OBI-Unternehmenskultur, in: Spalink, H. (Hrsg.): Kundenparadies Deutschland: Aktuelle Spitzenleistungen und Konzepte für die Zukunft, Berlin u. a., S. 79–100.
Machleit, K. A./Eroglu, S. A./Mantel, S. P. (2000): Perceived Retail Crowding and Shopping Satisfaction: What Modifies This Relationship?, in: Journal of Consumer Psychology, Vol. 9, No. 1, S. 29–42.
Macintosh, G./Lockshin, L. S. (1997): Retail Relationships and Store Loyalty: A Multi-Level Perspective, in: International Journal of Research in Marketing, Vol. 14, No. 5, S. 487–497.
Macneil, I. R. (1980): The New Social Contract – An Inquiry into Modern Contractual Relations, New Haven, CT.
Macneil, I. R. (1978): Contracts: Adjustments of Long-Term Economic Relations under Classical, Neoclassical, and Relational Contract Law, in: Northwestern University Law Review, Vol. 72, No. 6, S. 854–905.
Madlberger, M. (2004): Electronic Retailing. Marketinginstrumente und Marktforschung im Internet, Wiesbaden.
Mägi, A. W. (2003): Share of Wallet in Retailing: The Effects of Customer Satisfaction, Loyalty Cards and Shopper Characteristics, in: Journal of Retailing, Vol. 79, No. 2, S. 97–106.
Mägi, A. W./Julander, C.-R. (2005): Consumers' Store-Level Price Knowledge: Why Are Some Consumers More Knowledgeable Than Others?, in: Journal of Retailing, Vol. 81, No. 4, S. 319–329.
Mag, W. (1977): Entscheidung und Information, München.
Magnus, K.-H. (2007): Erfolgreiche Supply-Chain-Kooperation zwischen Einzelhandel und Konsumgüterherstellern. Eine empirische Untersuchung der Händlerperspektive, Wiesbaden.
Magnus, K.-H./Nienaber, A.-M./Schewe, G./Thonemann, U. (2008): Eine Überdosis an Kooperation vermeiden! Empirische Erkenntnisse zum Erfolg der Supply-Chain-Organisation, in: Zeitschrift für betriebswirtschaftliche Forschung, 60. Jg., H. 3, S. 241–276.
Mahajan, V./Sharma, S./Srinivas, D. (1985): An Application of Portfolio Analysis for Identifying Attractive Retail Locations, in: Journal of Retailing, Vol. 61, No. 4, S. 19–34.
Makridakis, S. (1996): Factors Affecting Success in Business: Management Theories/Tools Versus Predicting Changes, in: European Management Journal, Vol. 14, No. 1, S. 1–20.
Maleri, R. (1994): Grundlagen der Dienstleistungsproduktion, Berlin u. a.

Maltz, A./Rabinovich, E./Sinha, R. (2004): Logistics: The Key to E-Retail Success, in: Supply Chain Management Review, Vol. 8, No. 3, S. 56–63.
Mandewirth, S. O. (1997): Transaktionskosten von Handelskooperationen. Ein Effizienzkriterium für Verbundgruppen und Franchise-Systeme, Heidelberg.
Mano, H. (1999): The Influence of Pre-Existing Negative Affect on Store Purchase Intentions, in: Journal of Retailing, Vol. 75, No. 2, S. 149–172.
Mano, H./Elliot, M. T. (1997): Smart Shopping: The Origins and Consequences of Price Savings, in: Advances in Consumer Research, Vol. 24, No. 1, S. 504–510.
March, J. G. (1955): An Introduction to the Theory and Measurement of Influence, in: The American Political Science Review, Vol. 49, No. 2, S. 431–451.
Marquardt, G. (2003): Kernkompetenzen als Basis der strategischen und organisationalen Unternehmensentwicklung, Wiesbaden.
Marquardt, R. A./Murdock, G. W. (1984): The Sales Advertising Relationship. An Investigation of Correlations and Consistency in Supermarkets and Department Stores, in: Journal of Advertising Research, Vol. 24, No. 5, S. 55–60.
Martin, B. A. S./Lee, C. K.-C./Yang, F. (2004): The Influence of Ad Model Ethnicity and Self-Referencing on Attitudes, in: Journal of Advertising, Vol. 33, No. 4, S. 27–37.
Martini, A. (2008): Suchen, Erfahren und Vertrauen in den „Moments of Truth". Eine Analyse dynamischer Qualitätsbeurteilung bei professionellen Dienstleistungen am Beispiel von Bildungsleistungen, Berlin.
Marzen, W. (1986a): Die „Dynamik der Betriebsformen des Handels" aus heutiger Sicht. Eine kritische Bestandsaufnahme, in: Marketing – Zeitschrift für Forschung und Praxis, 8. Jg., H. 4, S. 279–285.
Marzen, W. (1986b): Marketing der Handelsbetriebe, Wien.
Marzocchi, G. L./Zammit, A. (2006): Self Scanning Technologies in Retail: Determinants of Adoption, in: The Service Industries Journal, Vol. 26, No. 6, S. 651–669.
Maslow, A. H. (1954): Motivation and Personality, New York, NY.
Mattmüller, R. (1999): Versandhandels-Marketing. Vom Katalog zum Internet, Frankfurt am Main.
Mattmüller, R. (1997): Zur Wettbewerbsschwäche von Verbundgruppen im Handel – eine institutionenökonomische Analyse der Beziehung von Zentrale und Anschlußbetrieben, in: Jahrbuch der Absatz- und Verbrauchsforschung, 43. Jg., H. 4, S. 383–400.
Mattmüller, R. (1990): Prognosen für den Handel, Augsburg.
Mattmüller, R./Tunder, R. (2006): Organisationsformen – Primär- und Sekundärorganisation, in: Zentes, J. (Hrsg.): Handbuch Handel. Strategien – Perspektiven – Internationaler Wettbewerb, Wiesbaden, S. 829–850.
Mattmüller, R./Tunder, R. (2004): Strategisches Handelsmarketing, München.
Mattmüller, R./Tunder, R. (1999): Das Prozessorientierte Marketingverständnis. Eine neoinstitutionenökonomische Begründung, in: Jahrbuch der Absatz- und Verbrauchsforschung, 45. Jg., H. 4, S. 435–445.
Mattmüller, R./Tunder, R. (1996): Zur theoretischen Basis der Marketingwissenschaft – Die Verknüpfung der Neuen Institutionenökonomik mit dem Integrativ-Prozessualen Marketingansatz, Band 5 der Arbeitspapiere des Lehrstuhls für Marketing und Handel an der European Business School, Schloß Reichartshausen.
Matzler, K. (2003): Preiszufriedenheit, in: Diller, H./Herrmann, A. (Hrsg.): Handbuch Preispolitik. Strategien – Planung – Organisation – Umsetzung, Wiesbaden, S. 303–328.
Matzler, K./Hinterhuber, H. H./Handlbauer, G. (1997): Erfolgspotential Kundenzufriedenheit (II), in: Das Wirtschaftsstudium, 26. Jg., H. 8/9, S. 733–739.
Mau, G. (2009): Die Bedeutung der Emotionen beim Besuch von Online-Shops. Messung, Determinanten und Wirkungen, Wiesbaden.
Mayhew, G. E./Winer, R. S. (1992): An Empirical Analysis of Internal and External Reference Prices Using Scanner Data, in: Journal of Consumer Research, Vol. 19, No. 1, S. 62–70.
Mays, E. (Hrsg.) (2001): Handbook of Credit Scoring, Chicago, IL.
Mazumdar, T./Raj, S. P./Sinha, I. (2005): Reference Price Research: Review and Propositions, in: Journal of Marketing, Vol. 69, No. 4, S. 84–102.
Mazur, P. M./Neisser, F. (1928): Moderne Warenhaus-Organisation, Berlin.
McGee, J. (1987): Retailer Strategies in the U.K., in: Johnson, G. (Hrsg.): Business Strategies and Retailing, Chichester, S. 89–106.
McGoldrick, P. J. (2002): Retail Marketing, 2. Aufl., New York, NY u. a.

McGoldrick, P. J./Collins, N. (2007): Multichannel Retailing – Profiling the Multichannel Shopper, in: The International Review of Retail, Distribution and Consumer Research, Vol. 17, No. 2, S. 139–158.
McGoldrick, P. J./Davies, G. (Hrsg.) (1995): International Retailing – Trends and Strategies, London.
McGuire, T. W./Staelin, R. (1983): An Industry Equilibrium Analysis of Downstream Vertical Integration, in: Marketing Science, Vol. 2, No. 2, S. 161–191.
McKinsey & Company (2004): Strategien für den traditionellen Handel im Wettbewerb mit den Discountern, Frankfurt.
Medla, K. (1987): Shop-in-the-Shop. Konzept der Angebotspräsentation im Einzelhandel, München.
Meffert, H. (2003): Kundenbindung als Element moderner Wettbewerbsstrategien, in: Bruhn, M./Homburg, C. (Hrsg.): Handbuch Kundenmanagement: Strategien und Instrumente für ein erfolgreiches CRM, 4. Aufl., Wiesbaden, S. 125–145.
Meffert, H. (2000): Marketing. Grundlagen marktorientierter Unternehmensführung. Konzepte – Instrumente – Praxisbeispiele, 9. Aufl., Wiesbaden.
Meffert, H. (1988a): Marketingstrategien der Warenhäuser, in: Meffert, H. (Hrsg.): Strategische Unternehmensführung und Marketing, Wiesbaden, S. 229–244.
Meffert, H. (1988b): Erfolgsfaktoren im Einzelhandelsmarketing, in: Meffert, H. (Hrsg.): Strategische Unternehmensführung und Marketing, Wiesbaden, S. 201–228.
Meffert, H. (1987): Erfolgsfaktoren im Einzelhandelsmarketing, in: Bruhn, M. (Hrsg.): Marketing-Erfolgsfaktoren im Handel, Frankfurt am Main u. a., S. 13–48.
Meffert, H. (1979): Die Beurteilung und Nutzung von Informationsquellen beim Kauf von Konsumgütern, in: Meffert, H./Steffenhagen, H./Freter, H. (Hrsg.): Konsumentenverhalten und Information, Wiesbaden, S. 39–65.
Meffert, H./Bruhn, M. (2006): Dienstleistungsmarketing. Grundlagen – Konzepte – Methoden, 5. Aufl., Wiesbaden.
Meffert, H./Bruhn, M. (1984): Markenstrategien im Wettbewerb. Empirische Untersuchungen zur Akzeptanz von Hersteller-, Handels- und Gattungsmarken (No Names), Wiesbaden.
Meffert, H./Burmann, C./Kirchgeorg, M. (2008): Marketing. Grundlagen marktorientierter Unternehmensführung. Konzepte – Instrumente – Praxisbeispiele, 10. Aufl., Wiesbaden.
Meffert, H./Schwetje, T. (2000): Einfluss der Mitarbeiterzufriedenheit auf die Kundenzufriedenheit im Handel. Eine theoretische und empirische Analyse am Beispiel des Warenhauses, in: Trommsdorff, V. (Hrsg.): Handelsforschung 1999/2000, Wiesbaden, S. 109–140.
Mehrabian, A./Russell, J. A. (1974): An Approach to Environmental Psychology, Cambridge, MA.
Meissner, H. G. (1981): Außenhandels-Marketing, Stuttgart.
Mellahi, K./Jackson, P./Sparks, L. (2002): An Exploratory Study into Failure in Successful Organizations: The Case of Marks & Spencer, in: British Journal of Management, Vol. 13, No. 1, S. 13–29.
Mendoza, A. G. (1968): An Economic Lot-Sizing Technique II. Mathematical Analysis of the Part-Period Algorithm, in: IBM Systems Journal, Vol. 7, No. 1, S. 39–46.
Mente, E. (1998): Neue Rahmenbedingungen für die Flexibilisierung der Arbeitszeit durch das ArbZG, Aachen.
Mentzer, J. T./DeWitt, W./Keebler, J. S./Min, S./Nix, S. W./Smith, C. D./Zacharia, Z. G. (2001): Defining Supply Chain Management, in: Journal of Business Logistics, Vol. 22, No. 2, S. 1–25.
Merkle, E. (1981): Die Erfassung und Nutzung von Informationen über den Sortimentsverbund in Handelsbetrieben, Berlin.
Mertens, P. (1983): Prognoserechnung. Ein Überblick, in: Betriebswirtschaftliche Forschung und Praxis, 35. Jg., H. 6, S. 469–483.
Mertens, P./Rässler, S. (Hrsg.) (2005): Prognoserechnung, 6. Aufl., Heidelberg.
Messinger, P. R./Narasimhan, C. (1997): A Model of Retail Formats Based on Consumers' Economizing on Shopping Time, in: Marketing Science, Vol. 16, No. 1, S. 1–23.
METRO AG (Hrsg.) (2010): METRO-Handelslexikon 2010/2011. Daten, Fakten und Adressen zum Handel in Deutschland, Europa und der Welt, Düsseldorf.
METRO AG (Hrsg.) (2009): METRO-Handelslexikon 2009/2010. Daten, Fakten und Adressen zum Handel in Deutschland, Europa und weltweit, Düsseldorf.
METRO AG (Hrsg.) (2009): Nachhaltigkeit 2009 – Kennzahlen und Ziele, unter: http://www.metrogroup.de/servlet/PB/menu/1000174_l1/index.html [21.9.2010].
METRO AG (Hrsg.) (2008): METRO Retail Compendium 2008/2009, Düsseldorf.

METRO AG (Hrsg.) (2007): METRO-Handelslexikon 2007/2008. Daten, Fakten und Adressen zum Handel in Deutschland, Europa und weltweit, Düsseldorf.
Meyer, A. (1990): Dienstleistungsmarketing. Erkenntnisse und praktische Beispiele, 4. Aufl., Augsburg.
Meyer, A./Fend, L. (1996): Servicequalität im Handel, in: Trommsdorff, V. (Hrsg.): Handelsforschung 1996/97, Wiesbaden, S. 67–85.
Meyer, A./Oevermann, D. (1995): Kundenbindung, in: Tietz, B./Köhler, R./Zentes, J. (Hrsg.): Handwörterbuch des Marketing, 4. Bd., 2. Aufl., Stuttgart, Sp. 1340–1351.
Meyer, C. (1986): Beschaffungsziele, Köln.
Meyer, C. W. (1963): Der Zusammenhang von Funktionen und Betriebsformen des Warenhandels und seine Bedeutung für die Handelsbetriebsführung, in: Der österreichische Betriebswirt, 13. Jg., H. 3, S. 118–136.
Meyer, M. (1993): Logistik-Management. Eine Aufgabe der integrierten Gestaltung von Güter- und Informationsflusssystemen, in: Die Betriebswirtschaft, 53. Jg., H. 2, S. 253–270.
Meyer, W. (2005): Erfolgsfaktoren der Hersteller-Händler-Beziehung. Theoretische Systematisierung und empirische Überprüfung am Beispiel der Porzellanbranche, Wiesbaden.
Meyer-Ohle, H. (1995): Dynamik im japanischen Einzelhandel, Wiesbaden.
Meyer-Waarden, L. (2007): The Effects of Loyalty Programs on Customer Lifetime Duration and Share of Wallet, in: Journal of Retailing, Vol. 83, No. 2, S. 223–236.
Michon, R./Chebat, J.-C./Turley, L. W. (2005): Mall Atmospherics: The Interaction Effects of the Mall Environment on Shopping Behavior, in: Journal of Business Research, Vol. 58, No. 5, S. 576–583.
Milgrom, P./Roberts, J. (1992): Economics, Organization and Management, Upper Saddle River, NJ.
Milliman, R. E. (1982): Using Background Music to Affect the Behavior of Supermarket Shoppers, in: Journal of Marketing, Vol. 46, No. 3, S. 86–91.
Mills, D. E. (1995): Why Retailers Sell Private Labels, in: Journal of Economics and Management Strategy, Vol. 4, No. 3, S. 509–528.
Min, S./Wolfinbarger, M. (2005): Market Share, Profit Margin, and Marketing Efficiency of Early Movers, Bricks and Clicks, and Specialists in E-Commerce, in: Journal of Business Research, Vol. 58, No. 8, S. 1030–1039.
Mindak, W. A. (1961): Fitting the Semantic Differential to the Marketing Problem, in: Journal of Marketing, Vol. 25, No. 4, S. 28–33.
Mishra, B. K./Raghunathan, S. (2004): Retailer- vs. Vendor-Managed Inventory and Brand Competition, in: Management Science, Vol. 50, No. 4, S. 445–457.
Mitchell, J. (2001): Business Improvement Districts and the „New" Revitalization of Downtown, in: Economic Development Quarterly, Vol. 15, No. 2, S. 115–123.
Mitchell, V. W./Kiral, H. R. (1999): Risk Positioning of UK Multiple Retailers, in: The International Review of Retail, Distribution and Consumer Research, Vol. 9, No. 1, S. 17–39.
Möhlenbruch, D. (1997): Kundenorientierung durch Category Management – Kritische Analyse eines Kooperationsmodells zwischen Industrie und Handel, in: Trommsdorff, V. (Hrsg.): Handelsforschung 1997/98, Wiesbaden, S. 113–133.
Möhlenbruch, D. (1994): Sortimentspolitik im Einzelhandel: Planung und Steuerung, Wiesbaden.
Möhlenbruch, D./Kotschi, B. (2004): Kooperative Verkaufsförderung im Rahmen von Category-Management-Partnerschaften zwischen Markenartikelindustrie und Lebensmitteleinzelhandel, in: Trommsdorff, V. (Hrsg.): Handelsforschung 2004, Köln, S. 139–159.
Möhlenbruch, D./Meier, C. (1997): Defizite im Handelscontrolling: Ausgewählte Ergebnisse einer empirischen Untersuchung im Einzelhandel, in: Controlling, 9. Jg., H. 5, S. 318–325.
Möhlenbruch, D./Meier, C. (1993): Leistungsfähigkeit und Grenzen von Spacemanagementsystemen, in: Trommsdorff, V. (Hrsg.): Handelsforschung 1993/94, Wiesbaden, S. 183–198.
Möhlenbruch, D./von Wichert, G. (2001): Die Bedeutung des ressourcenorientierten Ansatzes für die Strategieentwicklung im Einzelhandel, in: Trommsdorff, V. (Hrsg.): Handelsforschung 2001/02, Köln, S. 53–72.
Möllers, P. (1965): Betriebsabrechnung im Handel, Frankfurt am Main.
Mohme, J. (1997): Der Einsatz von Kundenkarten zur Verbesserung des Kundeninformationssystems im Handel – Umsetzung anhand eines praktischen Falles, in: Ahlert, D./Olbrich, R. (Hrsg.): Integrierte Warenwirtschaftssysteme und Handelscontrolling: Konzeptionelle Grundlagen und Umsetzung in der Handelspraxis, 3. Aufl., Stuttgart, S. 313–330.

Mohr, L. A./Webb, D. J./Harris, K. E. (2001): Do Consumers Expect Companies to be Socially Responsible? The Impact of Corporate Social Responsibility on Buying Behavior, in: Journal of Consumer Affairs, Vol. 35, No. 1, S. 45–72.

Mollá, A./Múgica, J. M./Yagüe, M. J. (1998): Category Management and Consumer Choice, in: The International Review of Retail, Distribution and Consumer Research, Vol. 8, No. 2, S. 225–241.

Monopolkommission (Hrsg.) (1994): Marktstruktur und Wettbewerb im Handel, Sondergutachten Nr. 23, Baden-Baden.

Monopolkommission (Hrsg.) (1977): Missbräuche der Nachfragemacht und Möglichkeiten zu ihrer Kontrolle im Rahmen des Gesetzes gegen Wettbewerbsbeschränkungen, Sondergutachten Nr. 7, Baden-Baden.

Monroe, K. B. (1973): Buyers' Subjective Perceptions of Price, in: Journal of Marketing Research, Vol. 10, No. 1, S. 70–80.

Montgomery, A. L. (1997): Creating Micro-Marketing Pricing Strategies Using Supermarket Scanner Data, in: Marketing Science, Vol. 16, No. 4, S. 315–337.

Moody's Investors Service (Hrsg.) (2001): Moody's RiskCalc™ für nicht börsennotierte Unternehmen: Das deutsche Modell. Rating Methodology, unter: http://www.moodysqra.com/us/research/crm/720441.pdf [14.2.2011].

Moore, C./Fernie, J. (2004): Retailing Within an International Context, in: Bruce, M./Moore, C./Birtwistle, G. (Hrsg.): International Retail Marketing, Oxford, S. 3–37.

Morgan, R. M./Hunt, S. D. (1994): The Commitment-Trust Theory of Relationship Marketing, in: Journal of Marketing, Vol. 58, No. 3, S. 20–38.

Morin, S./Dubé, L./Chebat, J.-C. (2007): The Role of Pleasant Music in Servicescapes: A Test of the Dual Model of Environmental Perception, in: Journal of Retailing, Vol. 83, No. 1, S. 115–130.

Morrison, B. J./Dainoff, M. J. (1972): Advertisement Complexity and Looking Time, in: Journal of Marketing Research, Vol. 9, No. 4, S. 396–400.

Morschett, D. (2004): Retail-Performance-Measurement – Konzepte und Perspektiven des Prozess-Controllings im Handel, in: Zentes, J./Biesiada, H./Schramm-Klein, H. (Hrsg.): Performance-Leadership im Handel, Frankfurt am Main, S. 63–92.

Morschett, D. (2002): Retail Branding und Integriertes Handelsmarketing. Eine verhaltenswissenschaftliche und wettbewerbsstrategische Analyse, Wiesbaden.

Morschett, D./Swoboda, B./Foscht, T. (2005): Perception of Store Attributes and Overall Attitude Towards Grocery Retailers. The Role of Shopping Motives, in: The International Review of Retail, Distribution and Consumer Research, Vol. 15, No. 4, S. 423–447.

Morschett, D./Swoboda, B./Schramm-Klein, H. (2006): Competitive Strategies in Retailing – an Investigation of the Applicability of Porters's Framework for Food Retailers, in: Journal of Retailing and Consumer Services, Vol. 13, No. 4, S. 275–287.

Moser, D. (1974): Neue Betriebsformen im Einzelhandel. Eine Untersuchung der Entstehungsursachen und Entwicklungsdeterminanten, Frankfurt am Main u. a.

Mühlbacher, H. (1997): Strategische Differenzierung im Industriegütermarketing, in: Backhaus, K./Günter, B./Kleinaltenkamp, M./Plinke, W./Raffée, H. (Hrsg.): Marktleistung und Wettbewerb, Wiesbaden, S. 197–212.

Müller, A. (2006): Rewe Group stellt Einkauf komplett neu auf. CM wird in Geschäftseinheiten Discount und Vollsortiment integriert – Schnittstelle zum Vertrieb und Einkauf – Matrix für Coopernic, in: Lebensmittelzeitung, 58. Jg., Nr. 19, S. 9.

Müller, H. (1982): Die Warenplatzierung als absatzpolitisches Instrument im Selbstbedienungseinzelhandel, Göttingen.

Müller, I. (2003): Die Entstehung von Preisimages im Handel. Eine theoretische und empirische Analyse, Nürnberg.

Müller, S. (1991): Die Psyche des Managers als Determinante des Exporterfolgs, Stuttgart.

Müller, S./Lohmann, F. (1997): Qualitative und quantitative Erfassung von Dienstleistungsqualität? Die Critical Incident Technique und die Gap-Analyse im Methodenvergleich, in: Zeitschrift für betriebswirtschaftliche Forschung, 49. Jg., H. 11, S. 973–989.

Müller, W. (1974): Die Koordination von Informationsbedarf und Informationsbeschaffung als zentrale Aufgabe des Controlling, in: Zeitschrift für betriebswirtschaftliche Forschung, 26. Jg., H. 10, S. 683–693.

Müller-Hagedorn, L. (2007): Der Handel in der amtlichen Statistik, in: Handel im Fokus, 59. Jg., H. 4, S. 213–217.

Müller-Hagedorn, L. (2005a): Kooperationen im Handel, in: Zentes, J./Swoboda, B./Morschett, D. (Hrsg.): Kooperationen, Allianzen und Netzwerke, 2. Aufl., Wiesbaden, S. 1303–1326.
Müller-Hagedorn, L. (2005b): Handelsmarketing, 4. Aufl., Stuttgart.
Müller-Hagedorn, L. (2004): Steuerung der Preispolitik im Handel, in: Handel im Fokus, 56. Jg., H. 3, S. 171–181.
Müller-Hagedorn, L. (2001a): Großhandelsmarketing, in: Tscheulin, D. K./Helmig, B. (Hrsg.): Branchenspezifisches Marketing. Grundlagen – Besonderheiten – Gemeinsamkeiten, Wiesbaden, S. 465–495.
Müller-Hagedorn, L. (2001b): Handelsmarke oder Herstellermarke – Überlegungen zur ökonomischen Effizienz, in: Bruhn, M. (Hrsg.): Handelsmarken. Entwicklungstendenzen und Zukunftsperspektiven der Handelsmarkenpolitik, 3. Aufl., Stuttgart, S. 99–112.
Müller-Hagedorn, L. (2001c): Kundenbindung mit System, in: Müller-Hagedorn, L. (Hrsg.): Kundenbindung im Handel, 2. Aufl., Frankfurt am Main, S. 11–45.
Müller-Hagedorn, L. (1999): Ansatzpunkte zur Steigerung der Wettbewerbsfähigkeit des Großhandels, in: Mitteilungen des IfH, 51. Jg., H. 2, S. 21–35.
Müller-Hagedorn, L. (1998a): Ausgleichsträger und Ausgleichsnehmer. Chacun pour soir mȩme ou chacun pour tois?, in: Woratschek, H. (Hrsg.): Perspektiven ökonomischen Denkens. Klassische und neue Ansätze des Managements, Frankfurt am Main, S. 93–114.
Müller-Hagedorn, L. (1998b): Erfolgsbedingungen für den Fachhandel, in: Mitteilungen des IfH, 50. Jg., Nr. 7, S. 137–148.
Müller-Hagedorn, L. (1998c): Der Handel, Stuttgart u. a.
Müller-Hagedorn, L. (Hrsg.) (1997): Trends im Handel. Analysen und Fakten zur aktuellen Situation im Handel, Frankfurt am Main.
Müller-Hagedorn, L. (1995a): The Variety of Distribution Systems, in: Journal of Institutional and Theoretical Economics, Vol. 151, No. 1, S. 186–202.
Müller-Hagedorn, L. (1995b): Die Fortentwicklung des Betriebsvergleichs zum Controlling-Tool, in: Trommsdorff, V. (Hrsg.): Handelsforschung 1995/96, Wiesbaden, S. 333–347.
Müller-Hagedorn, L. (1995c): Die Wahl von Vergleichsbetrieben. Teil II, in: Mitteilungen des IfH, 47. Jg., H. 9, S. 129–135.
Müller-Hagedorn, L. (1994): Die Wahl von Vergleichsbetrieben. Teil I, in: Mitteilungen des IfH, 46. Jg., H. 9, S. 125–134.
Müller-Hagedorn, L. (1993): Der Schuheinzelhandel – eine Mehrjahresanalyse von Daten aus dem Betriebsvergleich, in: Mitteilungen des IfH, 45. Jg., H. 7, S. 89–104.
Müller-Hagedorn, L. (1988): Marketing des Handels. Aufgaben für die Marktforschung, in: Berufsverband der Deutschen Markt- und Sozialforscher e. V. (Hrsg.): Marktforschung im magischen Dreieck. Vorträge zur Markt- und Sozialforschung, Offenbach, S. 449–468.
Müller-Hagedorn, L. (1987): Handelskonzentration: Ein partielles Phänomen? oder: Irreführende Handelsstatistiken. Weitere Anmerkungen, in: Zeitschrift für Betriebswirtschaft, 57. Jg., H. 2, S. 200–207.
Müller-Hagedorn, L. (1985): Die Dynamik der Betriebsformen, in: Marketing – Zeitschrift für Forschung und Praxis, 7. Jg., H. 1, S. 21–26.
Müller-Hagedorn, L. (1984a): Die Erklärung von Käuferverhalten mit Hilfe des Lebenszykluskonzeptes, in: Wirtschaftswissenschaftliches Studium, 13. Jg., H. 11, S. 561–569.
Müller-Hagedorn, L. (1984b): Wann beurteilt der Verbraucher einen Preis als „günstig"?, in: Planung und Analyse, 11. Jg., H. 1, S. 62–66.
Müller-Hagedorn, L. (1983): Wahrnehmung und Verarbeitung von Preisen durch Verbraucher – ein theoretischer Rahmen, in: Zeitschrift für betriebswirtschaftliche Forschung, 35. Jg., H. 11/12, S. 939–951.
Müller-Hagedorn, L. (1978a): Bevorzugte Betriebsformen des Einzelhandels und das Lebenszykluskonzept, in: Zeitschrift für betriebswirtschaftliche Forschung, 30. Jg., H. 2, S. 106–124.
Müller-Hagedorn, L. (1978b): Das Problem des Nachfrageverbundes in erweiterter Sicht, in: Zeitschrift für betriebswirtschaftliche Forschung, 30. Jg., H. 3, S. 181–193.
Müller-Hagedorn, L. (1969): Die Planung der Struktur des Personalbestandes, in: Gümbel, R./Brauer, K. M./Liebmann, H.-P./Müller-Hagedorn, L. (Hrsg.): Unternehmensforschung im Handel, Rüschlikon-Zürich, S. 251–285.
Müller-Hagedorn, L./Allexi, K./Helnerus, K. (2006): Zur Wirkung von Artikelanzahl und Abbildungsgröße in der Handelswerbung, in: Handel im Fokus, 58. Jg., H. 2, S. 68–83.

Müller-Hagedorn, L./Bekker, T. (1994): Der Betriebsvergleich als Controllinginstrument in Handelsbetrieben, in: Wirtschaftswissenschaftliches Studium, 23. Jg., H. 5., S. 231–236.

Müller-Hagedorn, L./Biethahn, J. (1975): Bestellpolitik in Handelsbetrieben unter expliziter Berücksichtigung der Kosten für gebundenes Kapital, in: Zeitschrift für Operations Research, 19. Jg., H. 6, S. B155-B175.

Müller-Hagedorn, L./Büchel, D. (1999): Zur Steuerung einer Handelsunternehmung mit der Balanced Scorecard, in: Mitteilungen des IfH, 51. Jg., H. 8, S. 157–168.

Müller-Hagedorn, L./Divé, W. (1970): Miete und Raumkosten in der Kostenrechnung, in: Selbstbedienung und Supermarkt, 14. Jg., H. 2, S. 39–45.

Müller-Hagedorn, L./Greune, M. (1992): Erfolgsfaktorenforschung und Betriebsvergleich im Handel, in: Mitteilungen des IfH, 44. Jg., H. 9, S. 121–131.

Müller-Hagedorn, L./Heidel, B. (1986): Die Sortimentstiefe als absatzpolitisches Instrument, in: Zeitschrift für betriebswirtschaftliche Forschung, 38. Jg., H. 1, S. 39–63.

Müller-Hagedorn, L./Helnerus, K./Allexi, K. (2007): Prospektgestaltung: Abbildungsgröße, Artikelanzahl und Abbildungsgestaltung, in: Transfer – Werbeforschung und Praxis, 52. Jg., H. 4, S. 20–34.

Müller-Hagedorn, L./Jedrowiak, J./Mirza, O. (2006): Regionale Differenzen in der Bedürfnisstruktur bei der Implementierung von Category Management, in: Müller-Hagedorn, L./Mesch, R. (Hrsg.): Efficient Consumer Response in der Praxis. Fallstudien zu Projekten, Konzepten und Strategien, Frankfurt am Main, S. 133–176.

Müller-Hagedorn, L./Lenzen, W. (1984): Preis oder Qualität?, in: Lebensmittel Zeitung, 36. Jg., Nr. 11 v. 16.3.1984, S. F 16.

Müller-Hagedorn, L./Natter, M. (2011): Handelsmarketing, 5. Aufl., Stuttgart.

Müller-Hagedorn, L./Preißner, M. (2006): Zur Beurteilung von Dauertiefpreisen und Aktionspreisen aus Konsumentensicht, in: Handel im Fokus, 58. Jg., H. 1, S. 5–20.

Müller-Hagedorn, L./Preißner, M. (2001): Anforderungen an das Marketing von Sportfachhändlern, in: Hermanns, A./Riedmüller, F. (Hrsg.): Management-Handbuch Sport-Marketing, München, S. 487–509.

Müller-Hagedorn, L./Preißner, M. (1999): Die Entwicklung der Verkaufstechniken des Einzelhandels. Siegeszug der Selbstbedienung und Aufkommen der neuen Medien, in: Dichtl, E./Lingenfelder, M. (Hrsg.): Meilensteine im Deutschen Handel. Erfolgsstrategien – gestern, heute und morgen, Frankfurt am Main, S. 147–179.

Müller-Hagedorn, L./Preißner, M. (1998): Kooperation als Erfolgsfaktor für den mittelständischen Handel, in: Olesch, G. (Hrsg.): Kooperation im Wandel. Zur Bedeutung und Entwicklung der Verbundgruppen. Jubiläumsschrift anlässlich des 50-jährigen Bestehens des Zentralverbandes Gewerblicher Verbundgruppen e. V. ZGV, Frankfurt am Main, S. 83–109.

Müller-Hagedorn, L./Preißner, M./Wilke, K. (2006): Die Rolle des Vertrauens bei der Beurteilung der Preisgünstigkeit, in: Bauer, H. H./Neumann, M. M./Schüle, A. (Hrsg.): Konsumentenvertrauen. Konzepte und Anwendungen für ein nachhaltiges Kundenbindungsmanagement, S. 151–165.

Müller-Hagedorn, L./Schuckel, M. (2003): Einführung in das Marketing, 3. Aufl., Stuttgart.

Müller-Hagedorn, L./Schuckel, M. (1995a): Die Prognose des Umsatzes neuer Einkaufszentren mit Hilfe des Modells von Huff – Theorie und Fallbeispiel (I), in: Das Wirtschaftsstudium, 24. Jg., H. 6, S. 514–518.

Müller-Hagedorn, L./Schuckel, M. (1995b): Die Prognose des Umsatzes neuer Einkaufszentren mit Hilfe des Modells von Huff – Theorie und Fallbeispiel (II), in Das Wirtschaftsstudium, 24. Jg., H. 6, S. 597–604.

Müller-Hagedorn, L./Schuckel, M. (1993): Die Auswirkungen des Aachener Versuchs „Fußgängerfreundliche Innenstadt" auf den Umsatz des innerstädtischen Handels, in: Mitteilungen des IfH, 45. Jg., H. 2, S. 30–36.

Müller-Hagedorn, L./Schuckel, M./Helnerus, K. (2005): Zur Gestaltung von Handelswerbung. Die Auswirkungen von Art und Anzahl der Artikel sowie der Abbildungsgröße, Arbeitspapier Nr. 14 des Seminars für Allgemeine Betriebswirtschaftslehre, Handel und Distribution an der Universität zu Köln.

Müller-Hagedorn, L./Schuckel, M./Viehöver, C. (2003): Zur Wirkung von Shopping-Centern auf ihre Besucher, Arbeitspapier Nr. 12 des Seminars für Allgemeine Betriebswirtschaftslehre, Handel und Distribution an der Universität zu Köln, Köln.

Müller-Hagedorn, L./Seifert, B. (2007): Ladengestaltung nach den Prinzipien des Feng Shui – Eine umweltökonomische Analyse, in: Ahlert, D./Olbrich, R./Schröder, H. (2007): Shopper Research. Kundenverhalten im Handel, Frankfurt am Main, S. 129–153.

Müller-Hagedorn, L./Seifert, B. (2005): Ladengestaltung mit Feng-Shui?, in: Fröhlich-Glantschnig, E. (Hrsg.): Marketing im Perspektivenwechsel, Berlin u. a., S. 287–315.

Müller-Hagedorn, L./Spork, S. (2002a): Zur (Dis-)Intermediation von Handelsunternehmungen. Ein integrierter Transaktions- und Logistikkostenansatz, in: Böhler, H. (Hrsg.): Marketing-Management und Unternehmensführung, Stuttgart, S. 547–569.
Müller-Hagedorn, L./Spork, S. (2002b): Produktionsverbindungshandel im Wandel, in: Zentes, J./Swoboda, B./Morschett, D. (Hrsg.): B2B-Handel. Perspektiven des Groß- und Außenhandels, Frankfurt am Main, S. 69–93.
Müller-Hagedorn, L./Spork, S. (2000): Handel ohne Großhandel?, in: Foscht, T./Jungwirth, G./Schnedlitz, P. (Hrsg.): Zukunftsperspektiven für das Handelsmanagement. Konzepte – Instrumente – Trends, Frankfurt am Main, S. 55–75.
Müller-Hagedorn, L./Toporowski, W. (1997): Kostenrechnung in Handelsbetrieben, in: Freidank, C.-C./Götze, U./Huch, B./Weber, J. (Hrsg.): Kostenmanagement. Aktuelle Konzepte und Anwendungen, Berlin u. a., S. 445–477.
Müller-Hagedorn, L./Toporowski, W. (1993): Wirtschaftsstufenübergreifende Optimierung der Logistik. Ein Ansatz zur theoretischen Strukturierung, in: Trommsdorff, V. (Hrsg.): Handelsforschung 1993/94, Wiesbaden, S. 123–142.
Müller-Hagedorn, L./Urbach, B./Urbach, T. (1991): Moderne Verfahren zur Ermittlung der Bedeutung einzelner Standortfaktoren, in: Deutsches Handelsinstitut e. V. (Hrsg.): Standortpolitik des Einzelhandels, Köln, S. 100–105.
Müller-Hagedorn, L./Viehöver, C. (2004): Kognitiv und/oder emotional gesteuertes Verhalten – untersucht am Beispiel von Shopping-Center Besuchern, in: Bauer, H. H./Huber, F. (Hrsg.): Strategien und Trends im Handelsmanagement. Disziplinenübergreifende Herausforderungen und Lösungsansätze, München, S. 141–162.
Müller-Hagedorn, L./Wierich, R. (2005a): Preisschwellen bei auf 9-endenden Preisen? Eine Analyse des Preisgünstigkeitsurteils, in: Haas, A./Ivens, B. S. (Hrsg.): Innovatives Marketing: Entscheidungsfelder – Management – Instrumente, Wiesbaden, S. 293–313.
Müller-Hagedorn, L./Wierich, R. (2005b): Zur Wahrnehmung und Verarbeitung von Preisen durch Konsumenten, Arbeitspapier Nr. 13 des Seminars für Allgemeine Betriebswirtschaftslehre, Handel und Distribution an der Universität zu Köln, Köln.
Müller-Hagedorn, L./Wierich, R. (2005c): Sollten Preise auf 9 enden?, in: Handel im Fokus, 57. Jg., H. 4, S. 211–223.
Müller-Hagedorn, L./Wierich, R. (2003): Eine Scorecard für die Steuerung des Einkaufs im Handel, in: Handel im Fokus, 55. Jg., H. 4, S. 226–238.
Müller-Hagedorn, L./Zielke, S. (2007): Category Management, in: Albers, S./Herrmann, A. (Hrsg.): Handbuch Produktmanagement. Strategieentwicklung – Produktplanung – Organisation – Kontrolle, 3. Aufl., Wiesbaden, S. 915–939.
Müller-Hagedorn, L./Zielke, S. (1999): Werbedynamik im Handel. Von der Reklame zur Kommunikation, in: Dichtl, E./Lingenfelder, M. (Hrsg.): Meilensteine im Deutschen Handel. Erfolgsstrategien – gestern, heute und morgen, Frankfurt am Main, S. 181–205.
Müller-Hagedorn, L./Zielke, S. (1998): Das Preissetzungsverhalten von Handelsbetrieben im Zuge der Währungsumstellung auf den Euro, in: Zeitschrift für betriebswirtschaftliche Forschung, 50. Jg., H. 10, S. 946–965.
Müller-Hagedorn, L./Zielke, S. (1997): Die Preisoptik im Einzelhandel nach der Währungsumstellung auf den Euro, in: Mitteilungen des IfH, 49. Jg., H. 10, S. 189–196.
Müller-Seitz, G./Dautzenberg, K./Creusen, U./Stromereder, C. (2009): Customer Acceptance of RFID Technology. Evidence from the German Electronic Retail Sector, in: Journal of Retailing and Consumer Services, Vol. 16, No. 1, S. 31–39.
Müller-Stewens, G. (1990): Strategische Suchfeldanalyse. Die Identifikation neuer Geschäfte zur Überwindung struktureller Stagnation, 2. Aufl., Wiesbaden.
Müller-Stewens, G. (1988): Entwicklung von Strategien für den Eintritt in neue Geschäfte, in: Henzler, H. A. (Hrsg.): Handbuch Strategische Führung, Wiesbaden, S. 219–242.
Müller-Stewens, G./Lechner, C. (2003): Strategisches Management, Stuttgart.
Nachtmann, H./Waller, M. A./Rieske, D. W. (2010): The Impact of Point-of-Sale Data Inaccuracy and Inventory Record Data Errors, in: Journal of Business Logistics, Vol. 31, No. 1, S. 149–158.
Nachum, L. (1999): The Origins of the International Competitiveness of Firms, Northhampton, MA.
Naddor, E. (1971): Lagerhaltungssysteme, Frankfurt am Main u. a.
Nagel, M./Unterbusch, B. (2008): Werbung im Moment der Wahrheit. Darstellung und Beurteilung der POS-Medien als Teil einer integrierten Unternehmensstrategie, in: Handel im Fokus, 60. Jg., H. 3, S. 102–130.
Nagel, P. (1986): Konstitutive Entscheidungen in Einzelhandelsunternehmen, Gießen.

Nakanishi, M./Cooper, L. G. (1974): Parameter Estimation for a Multiplicative Competitive Interaction Model. Least Squares Approach, in: Journal of Marketing Research, Vol. 11, No. 3, S. 303–311.

Narasimhan, C./Wilcox, R. (1998): Private Labels and the Channel Relationship: A Cross-Category Analysis, in: Journal of Business, Vol. 71, No. 4, S. 573–600.

Narver, J. C./Slater, S. F. (1990): The Effect of a Market Orientation on Business Profitability, in: Journal of Marketing, Vol. 54, No. 4, S. 20–35.

Nauer, E. (1970): Standort und Standortpolitik im Einzelhandel, Bern u. a.

Neidhart, M./Morschett, D./Biesiada, H. (2006): Retail-Performance-Measurement. Neuere Controllingkonzepte zur Messung der Performance in Handelsunternehmen, in: Zentes, J. (Hrsg.): Handbuch Handel. Strategien – Perspektiven – Internationaler Wettbewerb, Wiesbaden, S. 895–918.

Nelson, P. (1970): Information and Consumer Behavior, in: Journal of Political Economy, Vol. 78, No. 2, S. 311–329.

Neslin, S. A./Dhruv Grewal, R. L./Leghorn, R./Shankar, V./Teerling, M. L./Thomas, J. S./Verhoef, P. C. (2006): Challenges and Opportunities in Multichannel Customer Management, in: Journal of Service Research, Vol. 9, No. 2, S. 95–112.

Nicolai, A./Kieser, A. (2002): Trotz eklatanter Erfolglosigkeit. Die Erfolgsfaktorenforschung weiter auf Erfolgskurs, in: Die Betriebwirtschaft, 62. Jg., H. 6, S. 579–596.

Niehans, J. (1959): Monopolpreis, vertikale Integration und Mengenrabatt, in: Schweizerische Zeitschrift für Volkswirtschaft und Statistik, 95. Jg., H. 4, S. 328–334.

Nielsen Marketing Research (Hrsg.) (1992): Category Management: Positioning your Organization to Win, Chicago, IL.

Nies, S. (2009): Private Label Management, Frankfurt am Main.

Nieschlag, R./Kuhn, G. (1980): Binnenhandel und Binnenhandelspolitik, 3. Aufl., Berlin.

Nieschlag, R./von Eckardstein, D. (1972): Der Filialbetrieb als System. Das Cornelius-Stüssgen-Modell, Köln.

Nissen, V. (1997): Einführung in Evolutionäre Algorithmen. Optimierung nach dem Vorbild der Evolution, Braunschweig.

Nissen, V./Biethahn, J. (1995): An Introduction to Evolutionary Algorithms, in: Biethahn, J./Nissen, V. (Hrsg.): Evolutionary Algorithms in Management Applications, Berlin u. a., S. 3–43.

Nolden, R.-G. (1996): Groß- und Außenhandelsbetriebslehre, 2. Aufl., Köln.

North American Industry Classification System (2007): 2007 NAICS, unter: http://www.census.gov/cgi-bin/sssd/naics/naicsrch?chart=2007 [25.4.2008].

Novak, T. P./Hoffman, D. L./Yung, Y.-F. (2000): Measuring the Customer Experiences in Online Environments, in: Marketing Science, Vol. 19, No. 1, S. 22–42.

Nyström, H. (1970): Retail Pricing. An Integrated Economic and Psychological Approach, Stockholm.

Nyström, H./Tamsons, H./Thams, R. (1975): An Experiment in Price Generalization and Discrimination, in: Journal of Marketing Research, Vol. 12, No. 2, S. 177–181.

Oberender, P. (1989): Marktökonomie, Marktstruktur und Wettbewerb in ausgewählten Branchen der Bundesrepublik Deutschland, München.

Oberender, P. (1984): Marktstruktur und Wettbewerb in der Bundesrepublik Deutschland. Branchenstudien zur deutschen Volkswirtschaft, München.

Odekerken-Schröder, G./de Wulf, K./Kasper, H./Kleijnen, M./Hoekstra, J./Commandeur, H. (2001): The Impact of Quality on Store Loyalty. A Contingency Approach, in: Total Quality Management, Vol. 12, No. 3, S. 307–322.

Oehme, W. (1993): Handelsmanagement. Eine Konzeption für die Führung des Operatingbereiches von Handelsunternehmen, München.

Olbrich, R. (1991): Erfolgsfaktoren im Lebensmittelhandel, in: Zeitschrift für Betriebswirtschaft, 64. Jg., H. 10, S. 425–439.

Olbrich, R./Braun, D. (2001): Handelsmarkenführung und Category Management, in: Ahlert, D./Olbrich, R./Schröder, H. (Hrsg.): Jahrbuch Handelsmanagement 2001, Frankfurt am Main, S. 107–130.

Olbrich, R./Buhr, C.-C. (2005): Zunehmende Verkrustung des Wettbewerbs im LEH – Mehr Konzentration ohne Austauschprozesse, in: Trommsdorff, V. (Hrsg.): Handelsforschung 2005, Stuttgart, S. 353–373.

Olbrich, R./Grünblatt, M. (2001): Nutzenpotenziale von Scanningdaten im Rahmen des Category Management, in: Ahlert, D./Olbrich, R./Schröder, H. (Hrsg.): Jahrbuch Handelsmanagement 2001, Frankfurt am Main, S. 167–202.

Olderog, T. (2003): Faktoren des Markterfolges im Online-Handel, Wiesbaden.

Olesch, G. (1998): Kooperation im Wandel: Zur Bedeutung und Entwicklung der Verbundgruppen, Frankfurt am Main.

Olesch, G. (1995): Kooperation, in: Tietz, B./Köhler, R./Zentes, J. (Hrsg.): Handwörterbuch des Marketing, 2. Aufl., Stuttgart, Sp. 1273–1284.

Olesch, G. (1992): Strategische Partnerschaften im deutschen und europäischen Kartellrecht, in: Zentes, J. (Hrsg.): Strategische Partnerschaften im Handel, Stuttgart, S. 285–303.

Olesch, G. (1983): Das Kartellrecht der Einkaufszusammenschlüsse, Frankfurt am Main.

Olesch, G. (1980): Die Einkaufsverbände des Einzelhandels. Typologie und Dokumentation, Frankfurt am Main.

Olesch, G./Ewig, H. (2003): Das Management von Verbundgruppen: Mit exzellenten Strategien zum Erfolg – Wege zur Systemführerschaft, Neuwied u. a.

Oliver, R. L. (1999): Whence Consumer Loyalty?, in: Journal of Marketing, Vol. 63, No. 4, S. 33–44.

Oliver, R. L. (1981): Measurement and Evaluation of Satisfaction Processes in Retail Settings, in: Journal of Retailing, Vol. 57, No. 3, S. 25–48.

Oliver, R. L. (1980): A Cognitive Model of the Antecedents and Consequences of Satisfaction Decisions, in: Journal of Marketing Research, Vol. 17, No. 4, S. 460–469.

Oliver, R. L./Rust, R. T./Varki, S. (1997): Customer Delight: Foundations, Findings, and Managerial Insight, in: Journal of Retailing, Vol. 73, No. 3, S. 311–336.

Olsen, L. L./Johnson, M. D. (2003): Service Equity, Satisfaction, and Loyalty: From Transaction-Specific to Cumulative Evaluations, in: Journal of Service Research, Vol. 5, No. 3, S. 184–195.

Olsen, S. O. (2002): Comparative Evaluation and the Relationship between Quality, Satisfaction, and Repurchase Loyalty, in: Journal of the Academy of Marketing Science, Vol. 30, No. 3, S. 240–249.

Olshagen, C. (1991): Prozeßkostenrechnung. Aufbau und Einsatz, Wiesbaden.

O'Neal, C. R./LaFief, W. C. (1992): Marketing's Lead Role in Total Quality, in: Industrial Marketing Management, Vol. 21, No. 2, S. 133–143.

Oppewal, H. (1995): Conjoint Experiments and Retail Planning. Modelling Consumer Choice of Shopping Centre and Retailer Reactive Behavior, Eindhoven.

Ortmann, B. (1999): Erfolgsfaktoren von SB-Warenhäusern, München.

Osgood, C. E. (1952): The Nature and Measurement of Meaning, in: Psychological Bulletin, Vol. 49, No. 3, S. 197–237.

Osterloh, M. (2007): Unternehmenstheorien, in: Köhler, R./Küpper, H.-U./Pfingsten, A. (Hrsg.): Handwörterbuch der Betriebswirtschaft, 6. Aufl., Stuttgart, Sp. 1857–1866.

OTTO Group (Hrsg.) (2009): Nachhaltigkeitsbericht 2009. Verantwortung – Innovation – Transparenz, unter: http://www.ottogroup.com/sustainabilityreport.html?&L=1 [21.9.2010].

Outlet-City Metzingen (Hrsg.) (2007): Fabrikverkauf und Outlet Center Areas, unter: http://www.metzingen-best.de/fabrikverkauf_in_metzingen/outlet_center_areas [12.6.2007].

o. V. (1984): Berliner Erklärung bekräftigt und präzisiert, in: Wirtschaft und Wettbewerb, 34. Jg., H. 11, S. 852.

o. V. (1976a): Sicherung des Leistungswettbewerbs – Gemeinsame Erklärung von Organisationen der gewerblichen Wirtschaft, in: Wirtschaft und Wettbewerb, 26. Jg., H. 1, S. 17–21.

o. V. (1976b): Kartellrecht. Wettbewerbsregeln des Markenverbandes. GWB § 28, in: Wettbewerb in Recht und Praxis, 22. Jg., H. 1, S. 576–580.

o. V. (1975): Wettbewerbsverzerrungen – Beispielkatalog des Bundeswirtschaftsministeriums, in: Wettbewerb in Recht und Praxis, 21. Jg., H. 1, S. 24–31.

Palmer, M./Quinn, B. (2005): An Exploratory Framework for Analysing International Retail Learning, in: The International Review of Retail, Distribution and Consumer Research, Vol. 15, No. 1, S. 27–52.

Pan, Y./Zinkhan, G. M. (2006): Determinants of Retail Patronage. A Meta-Analytical Perspective, in: Journal of Retailing, Vol. 82, No. 3, S. 229–243.

Parasuraman, A./Zeithaml, V. A./Berry, L. L. (1988): SERVQUAL. A Multiple-Item Scale for Measuring Consumer Perceptions of Service Quality, in: Journal of Retailing, Vol. 64, No. 1, S. 12–40.

Parasuraman, A./Zeithaml, V. A./Berry, L. L. (1985): A Conceptual Model of Service Quality and Its Implications for Future Research, in: Journal of Marketing, Vol. 49, No. 4, S. 41–50.

Parfitt, J.-H./Collins, B. J. K. (1968): Use of Consumer Panels for Brand-Share Prediction, in: Journal of Marketing Research, Vol. 5, No. 2, S. 131–145.

Park, N.-K./Farr, C. A. (2007): The Effects of Lighting on Consumers' Emotions and Behavioral Intentions in a Retail Environment: A Cross-Cultural Comparison, in: Journal of Interior Design, Vol. 33, No. 1, S. 17–32.
Park, Y./Sternquist, B. (2008): The Global Retailer's Strategic Proposition and Choice of Entry Mode, in: International Journal of Retail and Distribution Management, Vol. 36, No. 4, S. 281–299.
Patt, P. J. (1988): Strategische Erfolgsfaktoren im Einzelhandel. Eine empirische Untersuchung am Beispiel des Bekleidungsfachhandels, Frankfurt am Main u. a.
Pauwels, K./Srinivasan, S. (2004): Who Benefits from Store Brand Entry?, in: Marketing Science, Vol. 23, No. 3, S. 364–390.
Pechtl, H. (2005): Preispolitik, Stuttgart.
Pechtl, H. (2004): Das Preiswissen von Konsumenten. Eine theoretisch-konzeptionelle Analyse, Greifswald.
Pellegrini, L. (1994): Alternatives for Growth and Internationalisation in Retailing, in: The International Review of Retail, Distribution and Consumer Research, Vol. 4, No. 2, S. 121–148.
Penrose, E. T. (1959): The Theory of the Growth of the Firm, New York, NY.
Pentina, I./Pelton, L. E./Hasty, R. W. (2009): Performance Implications of Online Entry Timing by Store-Based Retailers: A Longitudinal Investigation, in: Journal of Retailing, Vol. 85, No. 2, S. 177–193.
Perlitz, M. (2004): Internationales Management, 5. Aufl., Stuttgart.
Perlmutter, H. V. (1969): The Tortuous Evolution of the Multinational Corporation, in: Columbia Journal of World Business, Vol. 4, No. 1, S. 9–18.
Perridon, L./Steiner, M./Rathgeber, A. W. (2009): Finanzwirtschaft der Unternehmung, 15. Aufl., München.
Peters, G. (1998): Die Profilierungsfunktion von Handelsmarken im Lebensmitteleinzelhandel. Eine theoretische und empirische Analyse der deutschen Handelsmarkenpolitik aus Handels- und Kundensicht, Aachen.
Peters, K./Albers, S./Schäfers, B. (2008): Die Wertschöpfungskette des Handels im Zeitalter des Electronic Commerce – Was eingetreten ist und was dem Handel noch bevorsteht, Arbeitspapiere des Instituts für Betriebswirtschaftslehre, Christian-Albrechts-Universität Kiel, unter: http://hdl.handle.net/10419/27677 [25.2.2011].
Peters, T. J./Waterman Jr., R. H.. (2003): Auf der Suche nach Spitzenleistungen. Was man von bestgeführten US-Unternehmen lernen kann, 9. Aufl., München.
Peters, T. J./Waterman Jr., R. H. (1982): In Search of Excellence, New York, NY u. a.
Pfeiffer, S. (1981): Die Akzeptanz von Neuprodukten im Handel. Eine empirische Untersuchung zum Innovationsverhalten des Lebensmittelhandels, Wiesbaden.
Pfeil, C./Posselt, T./Klück, C. (2004): Der Einsatz von Kundenkarten als Kundenbindungsinstrument: Eine Untersuchung am Beispiel des branchenübergreifenden Verbundssystems PAYBACK, in: Trommsdorff, V. (Hrsg.): Jahrbuch für Handelsforschung 2004, Köln, S. 25–41.
Pfister, R. (2002): Flow im Alltag: Untersuchungen zum Quadrantenmodell des Flow-Erlebens und zum Konzept der autotelischen Persönlichkeit mit der Experience Sampling Method (ESM), Bern.
Pfohl, H.-C. (2010): Logistiksysteme. Betriebswirtschaftliche Grundlagen, 8. Aufl., Berlin u. a.
Pfohl, H.-C. (2004): Logistikmanagement. Konzeption und Funktionen, 2. Aufl., Berlin u. a.
Pfohl, H.-C. (1977): Zur Formulierung einer Lieferservice-Politik. Theoretische Aussagen zum Angebot von Sekundärleistungen als absatzpolitisches Instrument, in: Zeitschrift für betriebswirtschaftliche Forschung, 29. Jg., H. 5, S. 239–255.
Picot, A. (1993): Contingencies for the Emergence of Efficient Symbiotic Arrangements, in: Journal of Institutional and Theoretical Economics, Vol. 149, No. 4, S. 731–740.
Picot, A. (1991): Ein neuer Ansatz zur Gestaltung der Leistungstiefe, in: Zeitschrift für betriebswirtschaftliche Forschung, 43. Jg., H. 4, S. 336–357.
Picot, A. (1986): Transaktionskosten im Handel. Zur Notwendigkeit einer flexiblen Strukturentwicklung in der Distribution, in: Betriebs-Berater – Zeitschrift für Recht und Wirtschaft, 41. Jg., Beilage 13 zu H. 27, S. 1–16.
Picot, A. (1982): Transaktionskostenansatz in der Organisationstheorie. Stand der Diskussion und Aussagewert, in: Die Betriebswirtschaft, 42. Jg., H. 2, S. 267–284.
Picot, A./Dietl, H./ Franck, E. (2005): Organisation. Eine ökonomische Perspektive, 4. Aufl., Stuttgart.
Picot, A./Fiedler, M. (2003): Change Management – Möglichkeiten und Grenzen der Beteiligung und Motivation von Mitarbeitern, in: Hoffmann, W. H. (Hrsg.): Die Gestaltung der Organisationsdynamik. Konfiguration und Evolution, Stuttgart, S. 289–308.

Picot, A./Reichwald, R./Wigand, R. T. (2003): Die grenzenlose Unternehmung: Information, Organisation und Management, 5. Aufl., Wiesbaden.

Picot, A./Ripperger, T./Wolff, B. (1996): The Fading Boundaries of the Firm: The Role of Information and Communication Technology, in: Journal of Institutional and Theoretical Economics, Vol. 152, No. 1, S. 65–79.

Picot-Coupey, K. (2006): Determinants of International Retail Operation Mode Choice: Towards a Conceptual Framework Based on Evidence from French Specialised Retail Chains, in: The International Review of Retail, Distribution and Consumer Research, Vol. 16, No. 2, S. 215–237.

Pieper, O. (2009): Erlebnisqualität im Einzelhandel. Die Freude am Einkauf und ihre Auswirkungen auf das Konsumentenverhalten, Frankfurt am Main.

Pieters, R./Wedel, M. (2004): Attention Capture and Transfer in Advertising: Brand, Pictorial, and Text-Size Effects, in: Journal of Marketing, Vol. 68, No. 2, S. 36–50.

Pigou, A. C. (1929): The Economics of Welfare, London.

Piller, F. T. (2006): Mass Customization. Ein wettbewerbsstrategisches Konzept im Informationszeitalter, 4. Aufl., Wiesbaden.

Pohl, A. (2004): Preiszufriedenheit bei Innovationen. Nachfragerorientierte Analyse am Beispiel der Tourismus- und Airlinebranche, Wiesbaden.

Pollmeier, I. (2007): Retourenmanagement im Distanzhandel. Reverse Logistics als Herausforderung des E-Business, Saarbrücken.

Popkowski Leszczyc, P. T. L./Sinha, A./Sahgal, A. (2004): The Effect of Multi-purpose Shopping on Pricing and Location Strategy for Grocery Stores, in: Journal of Retailing, Vol. 80, No. 2, S. 85–99.

Popkowski Leszczyc, P. T. L/Timmermans, H. J. P. (1997): Store-Switching Behavior, in: Marketing Letters, Vol. 8, No. 2, S. 193–204.

Porter, M. E. (2010): Wettbewerbsvorteile. Spitzenleistungen erreichen und behaupten, 7. Aufl., Frankfurt am Main u. a.

Porter, M. E. (2008): Wettbewerbsstrategie. Methoden zur Analyse von Branchen und Konkurrenten, 11. Aufl., Frankfurt am Main.

Porter, M. E. (1989): Wettbewerb auf globalen Märkten, in: Porter, M. E. (Hrsg.): Globaler Wettbewerb, Wiesbaden, S. 17–68.

Posselt, T. (1999): Das Design vertraglicher Vertriebsbeziehungen am Beispiel Franchising, in: Zeitschrift für Betriebswirtschaft, 69. Jg., H. 3, S. 347–375.

Posselt, T./Gensler, S. (2000): Ein transaktionsorientierter Ansatz zur Erklärung von Handelsbetriebstypen, in: Die Betriebswirtschaft, 60. Jg., H. 2, S. 182–198.

Potucek, V. (1987): Die Dynamik der Betriebsformen des Handels aus heutiger Sicht – Kritik einer Kritik, in: Marketing – Zeitschrift für Forschung und Praxis, 9. Jg., H. 4, S. 289–292.

Powelz, H. J. H. (1989): Ein System zur Ist-Soll-Abweichungs-Ursachenanalyse von Erlösen. Anmerkungen, in: Zeitschrift für Betriebswirtschaft, 59. Jg., H. 11, S. 1229–1234.

Preißner, M. (2005): Franchisegebühren: Ziele, Aktionsparameter, Bestimmungsfaktoren, Köln.

Preißner, M. (2002): Die Altersstruktur der Bevölkerung in Deutschland ändert sich wirklich deutlich, in: Handel im Fokus, 54. Jg., H. 3, S. 172–178.

Preston, J./Mercer, A. (1990): The Influence of Product Range in the Space Allocation Procedure, in: European Journal of Operational Research, Vol. 47, No. 3, S. 339–347.

PricewaterhouseCoopers (Hrsg.) (2008): Global Sourcing: Shifting Strategies. A Survey of Retail and Consumer Companies, unter: http://www.pwc.com/en_GX/gx/retail-consumer/pdf/global-sourcing_2008.pdf [15.7.2011].

Priem, R. L./Butler, J. E. (2001): Tautology in the Resource-based View and the Implications of Externally Determined Resource Value: Further Comments, in: Academy of Management Review, Vol. 26, No. 1, S. 57–65.

Priemer, V. (2003): Preisbündelung, in: Diller, H./Herrmann, A. (Hrsg.): Handbuch Preispolitik, Wiesbaden, S. 503–519.

Prümper, P. (1979): Logistiksysteme im Handel. Die Organisation der Warenprozesse in Großbetrieben des Einzelhandels, Frankfurt am Main.

Pümpin, C. (1992): Strategische Erfolgspositionen. Methodik der dynamischen strategischen Unternehmensführung, Bern u. a.

Pümpin, C. (1986): Management strategischer Erfolgspositionen, 3. Aufl., Bern u. a.

Purper, G. (2007): Die Betriebsformen des Einzelhandels aus Konsumentenperspektive, Wiesbaden.
Purper, G./Weinberg, P. (2007): Betriebsformen des Einzelhandels: ein Wechsel von der Anbieter- zur Konsumentenperspektive, in: Schuckel, M./Toporowski, W. (Hrsg.): Theoretische Fundierung und praktische Relevanz der Handelsforschung, Wiesbaden, S. 127–142.
Quinn, B. (1999): The Temporal Context of UK Retailers' Motives for International Expansion, in: The Service Industries Journal, Vol. 19, No. 2, S. 101–116.
Quinn, B./Alexander, N. (2002): International Retail Franchising: a Conceptual Framework, in: International Journal of Retail and Distribution Management, Vol. 30, No. 5, S. 264–276.
Rabinovich, E./Bailey, J. P. (2004): Physical Distribution Service Quality in Internet Retailing: Service Pricing, Transaction Attributes, and Firm Attributes, in: Journal of Operations Management, Vol. 21, No. 6, S. 651–672.
Raffée, H./Silberer, G. (Hrsg.) (1981): Informationsverhalten der Konsumenten. Ergebnisse empirischer Studien, Wiesbaden.
Rafflenbeul-Schaub, C. (2003): Die Wahl der Lohnform für Verkäufer im Einzelhandel. Eine theoretische und empirische Analyse, Lohmar u. a.
Raju, J. S./Sethuraman, R./Dhar, S. K. (1995): The Introduction and Performance of Store Brands, in: Management Science, Vol. 41, No. 6, S. 957–978.
Raju, J. S./Srinivasan, V. (1996): Quota-based Compensation Plans for Multiterritory Heterogeneous Salesforces, in: Management Science, Vol. 42, No. 10, S. 1454–1462.
Rametsteiner, H. (2008): Erfolgsstudie Prospekt, in: Transfer – Werbeforschung und Praxis, 53. Jg., H. 1, S. 45–48.
Rapp, R./Decker, A. (2003): Loyalitätsprogramme – Bestandsaufnahme und kritische Würdigung, in: Payne, A./Rapp, R.(Hrsg.): Handbuch Relationship Marketing. Konzeption und erfolgreiche Umsetzung, 2. Aufl., München, S. 197–218.
Rappaport, A. (1986): Creating Shareholder Value: The New Standard for Business Performance, New York, NY.
Rasche, C./Wolfrum, B. (1994): Ressourcenorientierte Unternehmensführung – Ein ressourcenorientierter Ansatz, in: Die Betriebswirtschaft, 54. Jg., H. 4, S. 501–517.
Rayner, K. (1998): Eye Movements in Reading and Information Processing: 20 Years of Research, in: Psychological Bulletin, Vol. 124, No. 3, S. 372–422.
Reardon, J./McCorkle, D. E. (2002): A Consumer Model for Channel Switching Behavior, in: International Journal of Retail and Distribution Management, Vol. 30, No. 4, S. 179–185.
Recht, P./Zeisel, S. (1998): Unterstützung von verbundorientierten Sortimentsentscheidungen durch eine Sortimentserfolgsrechnung, in: Zeitschrift für betriebswirtschaftliche Forschung, 50. Jg., H. 5, S. 462–478.
Reckenfelderbäumer, M. (2006): Prozesskostenrechnung im Marketing, in: Reinecke, S./Tomczak, T. (Hrsg.): Handbuch Marketingcontrolling. Effektivität und Effizienz einer marktorientierten Unternehmensführung, 2. Aufl., Wiesbaden, S. 767–794.
Reichheld, F. F./Sasser Jr., W. E. (1990): Zero Defections: Quality Comes to Services, in: Harvard Business Review, Vol. 68, No. 5, S. 105–111.
Reichmann, T. (2011): Controlling mit Kennzahlen. Die systemgestützte Controlling-Konzeption mit Analyse- und Reportinginstrumenten, 8. Aufl., München.
Reichmann, T. (1995): Handbuch Kosten- und Erfolgs-Controlling, München.
Reichmann, T. (1993): Kostenrechnung und Kennzahlensystem für das Logistik-Controlling, in: Männel, W. (Hrsg.): Logistik-Controlling. Konzepte, Instrumente, Wirtschaftlichkeit, Wiesbaden, S. 87–106.
Reilly, W. J. (1931): The Law of Retail Gravitation, New York, NY.
Reilly, W. J. (1929): Methods for the Study of Retail Relationships. Research Monograph, No. 4, Austin, TX.
Reinartz, W. J. (2010): Understanding Customer Loyalty Programs, in: Krafft, M./Mantrala, M. K. (Hrsg.): Retailing in the 21st Century. Current and Future Trends, 2. Aufl., Berlin u. a., S. 409–427.
Reinartz, W. J./Kumar, V. (1999): Store-, Market-, and Consumer Characteristics: The Drivers of Store Performance, in: Marketing Letters, Vol. 10, No. 1, S. 5–22.
Reiss, J. S./Steffenhagen, H. (2007): Prospektwirkung: Abverkauf oder mehr?, in: Transfer – Werbeforschung und Praxis – Zeitschrift für Werbung, Kommunikation und Markenführung, 52. Jg., H. 4, S. 8–18.
Reutterer, T./Sicking, H. (2005): Der Wert von Handels- versus Herstellermarken aus Konsumentenperspektive, in: Trommsdorff, V. (Hrsg.): Handelsforschung 2005, Stuttgart, S. 123–143.

REWE Group (Hrsg.) (2011): Unternehmensleitung, unter: www.rewe-group.com/unternehmen/leitung/ [07.03.2011].

REWE Group (Hrsg.) (2010a): REWE Group, Über uns, unter: http://www.rewe-group.com/unternehmen/ueberuns/ [7.6.2010].

REWE Group (Hrsg.) (2010b): REWE Group, Unsere Kernkompetenz, unter: http://www.rewe.de/index.php?id=5529 [7.6.2010].

REWE Group (Hrsg.) (2008): Nachhaltigkeitsbericht 2008. Eine Frage der Werte, unter: http://www.rewe-group.com/nachhaltigkeit/publikationen/nachhaltigkeitsbericht/ [21.9.2010].

REWE Group (Hrsg.) (2006): Rund 3000 Supermärkte mit neuer einheitlicher Marke REWE, Pressemeldung vom 21.9.2006, http://www.rewe-group.com/index.php?id=187&tx_ttnews [pointer]=3&tx_ttnews[tt_news]= 210&tx_ttnews[backPid]=177&cHash=daec875c0 [16.6.2008].

Reynolds, K. E./Beatty, S. E. (1999): A Relationship Customer Typology, in: Journal of Retailing, Vol. 75, No. 4, S. 509–523.

Richardson, P. S./Jain, A. K./Dick, A. (1996a): Household Store Brand Proneness: A Framework, in: Journal of Retailing, Vol. 72, No. 2, S. 159–185.

Richardson, P. S./Jain, A. K./Dick, A. (1996b): The Influence of Store Aesthetics on Evaluation of Private Label Brands, in: Journal of Product and Brand Management, Vol. 5, No. 1, S. 19–27.

Richins, M. L. (1997): Measuring Emotions in the Consumption Experience, in: Journal of Consumer Research, Vol. 24, No. 2, S. 127–146.

Richter, E. (1999): Rechtliche Rahmenbedingungen bei der Realisierung von Teilzeitarbeit, in: Gutmann, J. (Hrsg.): Arbeitszeitmodelle: Die neue Zeit der Arbeit; Erfahrungen mit Konzepten der Flexibilisierung, Stuttgart, S. 55–77.

Richter, H. J. (1987): Theoretische Grundlagen des Controlling. Strukturkriterien für die Entwicklung von Controlling-Konzeptionen, Frankfurt am Main u. a.

Richter, R./Furubotn, E. G. (2003): Neue Institutionenökonomik. Eine Einführung und kritische Würdigung, 3. Aufl., Tübingen.

Ridder, C.-M. (1995): Teleshopping. Elektronisches Versandhaus oder Fernsehprogramm? Eine Analyse nationaler und internationaler Entwicklungen, in: Media Perspektiven, o. Jg., H. 9, S. 414–427.

Riebel, P. (1994): Einzelkosten- und Deckungsbeitragsrechnung. Grundfragen einer markt- und entscheidungsorientierten Unternehmensrechnung, 7. Aufl., Wiesbaden.

Rindfleisch A./Heide, J. B. (1997): Transaction Cost Analysis: Past, Present, and Future Applications, in: Journal of Marketing, Vol. 61, No. 4, S. 30–54.

Robinson, O. P./Robinson, J. G./Matthews, M. P. (1957): Store Organization and Operation, 2. Aufl., Englewood Cliffs, NJ.

Robrade, A. D. (1991): Dynamische Einprodukt-Lagerhaltungsmodelle bei periodischer Bestandsüberwachung, Heidelberg.

Rödl, A. (2003): Der Customer Lifetime Value von Kunden des Lebensmittel-Einzelhandels als Steuerungsgröße im Category Management, in: Schröder, H. (Hrsg.): Category Management. Aus der Praxis für die Praxis. Konzepte – Kooperationen – Erfahrungen, Frankfurt am Main, S. 197–217.

Rogers, D. (1992): A Review of Sales Forecasting Models Most Commonly Applied in Retail Site Evaluation, in: International Journal of Retail and Distribution Management, Vol. 20, No. 4, S. 3–11.

Rogers, D. S./Green, H. L. (1979): A New Perspective on Forecasting Store Sales. Applying Statistical Models and Techniques in the Analog Approach, in: Geographical Review, Vol. 69, No. 4, S. 449–458.

Rogers, E. M. (2003): Diffusion of Innovations, 5. Aufl., New York, NY.

Rogers, E. M. (1962): Diffusion of Innovations, New York, NY.

Rogers, T. B./Kuiper, N. A./Kirker, W. S. (1977): Self-Reference and the Encoding of Personal Information, in: Journal of Personality and Social Psychology, Vol. 35, No. 9, S. 677–688.

Romeo, J. B./Debevec, K. (1992): An Investigation of Self-Referencing's Influence on Affective Evaluations, in: Advances in Consumer Research, Vol. 19, No. 1, S. 290–295.

Rose, K./Sauernheimer, K. (1995): Theorie der Außenwirtschaft, 12. Aufl., München.

Rosenberg, M. J. (1956): Cognitive Structure and Attitudinal Affect, in: Journal of Abnormal and Social Psychology, Vol. 53, No. 3, S. 367–372.

Rosenbloom, B. (2004): Marketing Channels – A Management View, 7. Aufl., Mason, OH.

Rossi, P. E./McCulloch, R. E./Allenby, G. M. (1996): The Value of Purchase History Data in Target Marketing, in: Marketing Science, Vol. 15, No. 4, S. 321–340.

Rossi, P. H./Anderson, A. B. (1982): The Factorial Survey Approach. An Introduction, in: Rossi, P. H./Nock, S. L. (Hrsg.): Measuring Social Judgements. The Factorial Survey Approach, Beverly Hills, CA, S. 15–68.

Rossiter, J. R. (2010): Marketing Measurement Revolution: C-OAR-SE to Replace Psychometrics, in: Transfer – Werbeforschung und Praxis, 56. Jg., H. 4, S. 66–72.

Rossiter, J. R. (2002). The C-OAR-SE Procedure for Scale Development in Marketing, in: International Journal of Research in Marketing, Vol. 19, No. 4, S. 305–335.

Rossiter, J. R./Bergkvist, L. (2009): The Importance of Choosing One Good Item for Single-Item Measures of Attitude towards the Ad and Attitude towards the Brand and its Generalizations to All Measures, in: Transfer – Werbeforschung und Praxis, 55. Jg., H. 2, S. 8–18.

Roth, S. (2005): Preisbündelung und Preisverhandlung. Analyse der Auswirkungen des gemeinsamen Einsatzes von Preisdifferenzierungsinstrumenten und Preisbildungsmechanismen, in: Diller, H. (Hrsg.): Pricing-Forschung in Deutschland. Sparer? Optimierer? Premiumzahler?, Nürnberg, S. 179–198.

Rothenberger, S. (2005): Antezedenzien und Konsequenzen der Preiszufriedenheit, Wiesbaden.

Rowley, J. (2004): Loyalty and Reward Schemes: How Much is Your Loyalty Worth?, in: Marketing Review, Vol. 4, No. 2, S. 121–138.

Rowley, J. (1996): Retailing and Shopping on the Internet, in: International Journal of Retail and Distribution Management, Vol. 24, No. 3, S. 26–37.

Ruberg, C. (1935): Haushalt und Einzelhandel in ihren gegenseitigen Beziehungen und Unabhängigkeiten, Langensalza u. a.

Rudolph, T. (2009): Modernes Handelsmanagement. Eine Einführung in die Handelslehre, 2. Aufl., Stuttgart.

Rudolph, T. (1994): Zentralisierung oder Dezentralisierung für den Einzelhandel in Europa?, in: Thexis, 11. Jg., H. 4, S. 45 55.

Rudolph, T./Loos, J. (2006): Internationalisierung der Beschaffung. Die zunehmende Bedeutung des Multi-Channel-Sourcing, in: Zentes, J. (Hrsg.): Handbuch Handel. Strategien – Perspektiven – Internationaler Wettbewerb, Wiesbaden, S. 717–734.

Rudolph, T./Loos, J. (2003): Multichannel Sourcing als neuer Denkansatz im strategischen Beschaffungsmanagements des Handels, in: Thexis, 20. Jg., H. 3, S. 12–16.

Rudraswamy, V./Vance, D. A. (2001): Transborder Data Flows – Adoption and Diffusion of Protective Legislation in the Global Electronic Commerce Environment, in: Logistics Information Management, Vol. 14, No. 1/2, S. 127–136.

Rühl, A./Steinicke, S. (2001): Filialspezifisches Warengruppenmanagement – ein neues Konzept effizienter Sortimentssteuerung, in: Frey, U. D. (Hrsg.): POS-Marketing. Integrierte Kommunikation für den Point of Sale, Wiesbaden, S. 239–251.

Rungtusanatham, M./Rabinovich, E./Ashenbaum, B./Wallin, C. (2007): Vendor-Owned Inventory Management Arrangements in Retail: An Agency Theory Perspective, in: Journal of Business Logistics, Vol. 28, No. 1, S. 111–135.

Rupietta, H.-G. (2001): Kundenservice im Versandhandel. Maßnahmen zur Kundenbindung, in: Müller-Hagedorn, L. (Hrsg.): Kundenbindung im Handel, 2. Aufl., Frankfurt am Main, S. 271–288.

Ruß, C./Schwaiger, A./Stahmer, B. (2004): SimMarket – Grundkonzeption und Anwendungserfahrungen, in: Zentes, J./Biesiada, H./Schramm-Klein, H. (Hrsg.): Performance-Leadership im Handel, Frankfurt am Main, S. 255–284.

Russell, G. J./Petersen, A. (2000): Analysis of Cross Category Dependence in Market Basket Selection, in: Journal of Retailing, Vol. 76, No. 3, S. 367–392.

Russell, J. A./Pratt, G. (1980): A Description of the Affective Quality Attributed to Environments, in: Journal of Personality and Social Psychology, Vol. 38, No. 2, S. 311–322.

Russi, D. P. (1993): Elemente einer strategischen Planung im Großhandel. Eine kritische Untersuchung strategischer Planungsansätze, Bergisch Gladbach u. a.

Rust, R. T./Zahorik, A. J. (1993): Customer Satisfaction, Customer Retention, and Market Share, in: Journal of Retailing, Vol. 69, No. 2, S. 193–215.

s.Oliver (Hrsg.) (2008): Firmenporträt, unter: http://www.soliver.com/index.php?radContentId=r3_202149610746b053c7cafe61 [19.6.08.].

Saatweber, J. (1994): Quality Function Deployment (QFD), in: Masing, W. (Hrsg.) Handbuch Qualitätsmanagement, 3. Aufl., München u. a., S. 445–468.
Sabel, H. (1971): Produktpolitik in absatzwirtschaftlicher Sicht. Grundlagen und Entscheidungsmodelle, Wiesbaden.
Sabel, H./Weiser, C. (2008): Dynamik im Marketing. Umfeld, Strategie, Struktur, Kultur, 4. Aufl., Wiesbaden.
Sackmann, S./Siegl, M./Weber, D. (2011): Ein Ansatz zur Verbesserung der Steuerung des Zahlungsausfallrisikos im E-Commerce (B-to-C), in: Zeitschrift für Betriebswirtschaft, 81. Jg., H. 2, S. 139–153.
Sandt, J. (2005): Performance Measurement. Übersicht über Forschungsentwicklung und -stand, in: Zeitschrift für Controlling und Management, 49. Jg., H. 6, S. 429–447.
Sandt, J. (2004): Management mit Kennzahlen und Kennzahlensystemen. Bestandsaufnahme, Determinanten und Erfolgsauswirkungen, Wiesbaden.
Sandvik, I. L./Sandvik, K. (2003): The Impact of Market Orientation on Product Innovativeness and Business Performance, in: International Journal of Research in Marketing, Vol. 20, No. 4, S. 355–376.
Sattler, H. (1998): Der Wert von Handelsmarken. Eine empirische Analyse, in: Trommsdorff, V. (Hrsg.): Handelsforschung 1998/99, Wiesbaden, S. 433–450.
Sauer, J./Schumann, R. (2007): Modelling and Solving Workforce Scheduling Problems, in: Edelkamp, S./Sauer, J./Schattenberg, B. (Hrsg.): Proceedings of the 21th Workshop Planen, Scheduling und Konfigurieren, Entwerfen (PuK), Osnabrück, S. 93–101.
Saxe, R./Weitz, B. A. (1982): The SOCO Scale: A Measure of the Customer Orientation of Salespeople, in: Journal of Marketing Research, Vol. 19, No. 3, S. 343–351.
Saydam, C./McKnew, M. (1987): A Fast Microcomputer Program for Ordering Using the Wagner-Whitin Algorithm, in: Production and Inventory Management Journal, Vol. 28, No. 4, S. 15–19.
Sayman, S./Hoch, S. J./Raju, J. S. (2002): Positioning of Store Brands, in: Marketing Science, Vol. 21, No. 4, S. 378–397.
Schachter, S./Singer, J. (1962): Cognitive, Social, and Physiological Determinants of Emotional State, in: Psychological Review, Vol. 69, No. 5, S. 379–399.
Schäfer, E. (1981): Absatzwirtschaft, 3. Aufl., Stuttgart.
Scharf, A. (1991): Konkurrierende Produkte aus Konsumentensicht – Erfassung und räumliche Darstellung unter besonderer Berücksichtigung der Korrespondenzanalyse, Frankfurt am Main u. a.
Scharnbacher, K./Kiefer, G. (2003): Kundenzufriedenheit. Analyse, Messbarkeit und Zertifizierung, 3. Aufl., München u. a.
Schary, P. B./Christopher, M. (1979): The Anatomy of a Stock-Out, in: Journal of Retailing, Vol. 55, No. 2, S. 59–70.
Schaupp, L. C./Bélanger, F. (2005): A Conjoint Analysis of Online Consumer Satisfaction, in: Journal of Electronic Commerce Research, Vol. 6, No. 2, S. 95–111.
Scheer, A.-W. (1983): Absatzprognosen, Berlin u. a.
Scheer, B./Witza, D. (2007): Controlling von Kundenkartenprogrammen, in: Krafft, M./Klingsporn, B. (Hrsg.): Kundenkarten: Kundenkartenprogramme erfolgreich gestalten, Düsseldorf, S. 87–108.
Scheibehenne, B./Greifeneder, R./Todd, P. M. (2010): Can There Ever Be Too Many Options? A Meta-Analytic Review of Choice Overload, in: Journal of Consumer Research, Vol. 37, No. 3, S. 409–425.
Schenk, H.-O. (1991): Marktwirtschaftslehre des Handels, Wiesbaden.
Schenk, H.-O. (1981): Der Preisvergleich, Stuttgart.
Schenk, H.-O./Tenbrink, H./Zündorf, H. (1984): Die Konzentration im Handel. Ursachen, Messung, Stand, Entwicklung und Auswirkungen der Konzentration im Handel und konzentrationspolitische Konsequenzen, Berlin.
Scherer, F. M. (1980): Industrial Market Structure and Economic Performance, 2. Aufl., Chicago, IL.
Schermer, F. J. (2006): Lernen und Gedächtnis, 4. Aufl., Stuttgart.
Schiffman, L. G./Kanuk, L. L./Hansen, H. (2008): Consumer Behaviour. A European Outlook, Harlow u. a.
Schildbach, T./Wagner, F.-W. (Hrsg.) (1995): Unternehmensrechnung als Instrument der internen Steuerung, in: Zeitschrift für betriebswirtschaftliche Forschung, 47. Jg., Sonderheft 34.
Schindler, R. M. (1991): Symbolic Meanings of a Price Ending, in: Advances in Consumer Research, Vol. 18, No. 1, S. 794–801.
Schindler, R. M./Chandrashekaran, R. (2004): Influence of Price Endings on Price Recall: A By-Digit Analysis, in: Journal of Product and Brand Management, Vol. 13, No. 7, S. 514–524.
Schindler, R. M./Kibarian, T. M. (2001): Image Communicated by the Use of 99 Endings in Advertised Prices, in: Journal of Advertising, Vol. 30, No. 4, S. 95–99.

Schmäh, M. (1999): Anarbeitungsleistungen als Marketinginstrumente im Technischen Handel, Wiesbaden.

Schmalen, H. (1994): Das hybride Kaufverhalten und seine Konsequenzen für den Handel, in: Zeitschrift für Betriebswirtschaft, 64. Jg., H. 10, S. 1221–1240.

Schmalen, H./Pechtl, H. (1995): Die Absatzwirkung von Sonderangebotsaktionen im Lebensmitteleinzelhandel, in: Zeitschrift für Betriebswirtschaft, 65. Jg., H. 6, S. 587–607.

Schmickler, M./Rudolph, T. (2002): Erfolgreiche ECR-Kooperationen. Vertikales Marketing zwischen Industrie und Handel, Neuwied u. a.

Schmidt, H. (2010): Ebay-Vorstandsvorsitzender im Interview: „Auktionen waren nie eine Strategie", unter: http://www.faz.net/s/Rub4C34FD0B1A7E46B88B0653D6358499FF/Doc~EA2132C6D389648579501427D57772618~ATpl~Ecommon~Scontent.html [18.8.2010].

Schmitt, D. (2003): Der Einsatz der Balanced Scorecard in einem mittelständischen Großhandelsunternehmen, in: Handel im Fokus, 55. Jg., H. 1, S. 8–23.

Schmitz Whipple, J./Frankel, R./Anselmi, K. (1999): The Effect of Governance Structure on Performance: A Case Study of Efficient Consumer Response, in: Journal of Business Logistics, Vol. 20, No. 2, S. 43–62.

Schmitz, C. A./Kölzer, B. (1996): Einkaufsverhalten im Handel. Ansätze zu einer kundenorientierten Handelsmarketingplanung, München.

Schmitz, G./Bühlmann, A. (1998): Die Wirkung der Musik im Laden: Theoretische Grundlagen und empirische Befunde, in: Jahrbuch der Absatz- und Verbrauchsforschung, 44. Jg., H. 2, S. 130–150.

Schmitz, G./Dietz, M. (2010): Individualisierung im stationären Einzelhandel: Möglichkeiten, kundenseitige Bewertung und Ansatzpunkte technologischer Unterstützung, in: Becker, J./Knackstedt, R./Müller, O./Winkelmann, A. (Hrsg.): Vertriebsinformationssysteme: Standardisierung, Individualisierung, Hybridisierung und Internetisierung, Berlin u. a., S. 51–69.

Schneeweiß, C. (1981): Modellierung industrieller Lagerhaltungssysteme. Einführung und Fallstudien, Berlin u. a.

Schneider, D. (1998): Die Internationalisierung des Einzelhandels, in: Zeitschrift für Betriebswirtschaft, 68. Jg., H. 12, S. 1325–1339.

Schneider, J. (1968): Die Kostenrechnung im Einzelhandel. Dargestellt am Lebensmitteleinzelhandel, Freiburg.

Schneider, K.-H. (1982): Die Preisstellung unter Einstandspreis im Einzelhandel, Berlin.

Schneider, R. (1977): Kriterien der Absatzwegewahl, Frankfurt am Main u. a.

Schneider, W./Kornmeier, M. (2006): Kundenzufriedenheit. Konzept – Messung – Management, Bern u. a.

Schnellinger, F. (1969): Leistungslohn im Handel, Berlin.

Schnettler, A. (1961): Betriebsvergleich. Grundlagen und Praxis zwischenbetrieblicher Vergleiche, 3. Aufl., Stuttgart.

Schoch, R. (1969): Der Verkaufsvorgang als sozialer Interaktionsprozeß. Eine theoretische und empirische Untersuchung des Verhaltens von Käufern und Verkäufern in der Verkaufssituation, dargestellt am Beispiel des Verkaufs eines Investitionsgutes (Registrierkassen), Winterthur.

Scholz, C. (2000): Personalmanagement: Informationsorientierte und verhaltenstheoretische Grundlagen, 5. Aufl., München.

Schopler, J. (1965): Social Power, in: Berkowitz, L. (Hrsg.): Advances in Experimental Social Psychology, Vol. 2, New York, NY, S. 177–219.

Schramm-Klein, H. (2006): Multi-Channel-Retailing. Erscheinungsformen und Erfolgsfaktoren, in: Zentes, J. (Hrsg.): Handbuch Handel. Strategien – Perspektiven – Internationaler Wettbewerb, Wiesbaden, S. 501–522.

Schramm-Klein, H. (2003): Multi-Channel-Retailing. Verhaltenswissenschaftliche Analyse der Wirkung von Mehrkanalsystemen im Handel, Wiesbaden.

Schramm-Klein, H./Morschett, D. (2006): The Relationship between Marketing Performance, Logistics Performance and Company Performance for Retail Companies, in: The International Review of Retail, Distribution and Consumer Research, Vol. 16, No. 2, S. 277–296.

Schreyögg, G. (2008): Organisation. Grundlagen moderner Organisationsgestaltung, 5. Aufl. Wiesbaden.

Schreyögg, G. (2007): Unternehmensführung/Management, in: Köhler, R./Küpper, H.-U./Pfingsten, A. (Hrsg.): Handwörterbuch der Betriebswirtschaft, 6. Aufl., Stuttgart, Sp. 1812–1821.

Schröder, H. (2006): Handelscontrolling in Theorie und Praxis. Besonderheiten, konzeptionelle Grundlagen und praktische Umsetzung, in: Reinecke, S./Tomczak, T. (Hrsg.): Handbuch Marketingcontrolling. Effektivität und Effizienz einer marktorientierten Unternehmensführung, 2. Aufl., Wiesbaden, S. 1047–1076.

Schröder, H. (2005): Multichannel-Retailing. Marketing in Mehrkanalsystemen des Einzelhandels, Berlin u. a.

Schröder, H. (2004): Wie sicher ist die Position eines Herstellers als Category Captain? Kooperation zwischen Handel und Industrie aus der Perspektive von Prinzipal und Agent, in: Bauer, H. H./Huber, F. (Hrsg.): Strategien und Trends im Handelsmanagement. Disziplinenübergreifende Herausforderungen und Lösungsansätze, S. 231–249.

Schröder, H. (2003a): Category Management. Eine Standortbestimmung, in: Schröder, H. (Hrsg.): Category Management. Aus der Praxis für die Praxis, Frankfurt am Main, S. 11–38.

Schröder, H. (2003b): Der Hersteller als Category Captain in der Kooperation zwischen Industrie und Handel. Eine Analyse im Licht der Prinzipal-Agenten-Theorie, in: Ahlert, D./Olbrich, R./Schröder, H. (Hrsg.): Jahrbuch Vertriebs- und Handelsmanagement 2003, Frankfurt am Main, S. 335–352.

Schröder, H. (2002): Handelsmarketing. Methoden und Instrumente im Einzelhandel, München.

Schröder, H. (1997): Neuere Entwicklungen der Kosten- und Leistungsrechnung im Handel und ihre Bedeutung für ein Warenwirtschafts-Controlling, in: Ahlert, D./Olbrich, R. (Hrsg.) Integrierte Warenwirtschaftssysteme und Handelscontrolling, 3. Aufl., Stuttgart, S. 331–366.

Schröder, H. (1994): Erfolgsfaktorenforschung im Handel. Stand der Forschung und kritische Würdigung der Ergebnisse, in: Marketing – Zeitschrift für Forschung und Praxis, 16. Jg., H. 2, S. 89–105.

Schröder, H. (1990): Die DPR-Methode auf dem Prüfstand, in: Absatzwirtschaft, 33. Jg., H. 10, S. 110–121.

Schröder, H./Berghaus, N. (2005): Blickaufzeichnung der Wahrnehmung am Regal – Methodendemonstration am Beispiel Süßgebäck, in: Trommsdorff, V. (Hrsg.): Handelsforschung 2005. Neue Erkenntnisse für Praxis und Wissenschaft des Handels, Stuttgart, S. 315–335.

Schröder, H./Bohlmann, A. (2007): Kaufrisiken und Risikoreduktionsmaßnahmen der Kunden von Multichannel-Retailern, in: Wirtz, B. W. (Hrsg.): Handbuch Multi-Channel-Marketing, Wiesbaden, S. 103–123.

Schröder, H./Feller, M. (2000): Kundenorientierte Sortimentsgestaltung als Herausforderung für das Controlling im Einzelhandel mit Lebensmitteln, in: Graßhoff, J. (Hrsg.): Handelscontrolling. Neue Ansätze aus Theorie und Praxis zur Steuerung von Handelsunternehmen, Hamburg, S. 163–209.

Schröder, H./Feller, M./Rödl, A. (2003): Leistungen des Controlling für eine kundenorientierte Sortimentsgestaltung im Lebensmittel-Einzelhandel, in: Krey, A. (Hrsg.): Handelscontrolling – Neue Ansätze aus Theorie und Praxis zur Steuerung von Handelsunternehmen, 2. Aufl., Hamburg, S. 145–199.

Schröder, H./Möller, N./Zimmermann, G. (2007a): Die Messung der Wahrnehmung von Warenplatzierungen mit Hilfe der Videobeobachtung und der Blickaufzeichnung – dargestellt am Beispiel der Warengruppe Wasch-, Putz- und Reinigungsmittel, in: Schuckel, M./Toporowski, W. (Hrsg.): Theoretische Fundierung und praktische Relevanz der Handelsforschung, Wiesbaden, S. 257–282.

Schröder, H./Möller, N./Zimmermann, G. (2007b): Die Analyse des Such- und Entscheidungsverhaltens von Kunden im stationären Einzelhandel – ein Vergleich ausgewählter Beobachtungsmethoden, in: Ahlert, D./Olbrich, R./Schröder, H. (Hrsg.): Shopper Research. Kundenverhalten im Handel – Jahrbuch zum Vertriebs- und Handelsmanagement 2007, Frankfurt am Main, S. 155–172.

Schröder, H./Rödl, A. (2006): Category-Management – Kooperative Sortimentspolitik, in: Zentes, J. (Hrsg.): Handbuch Handel. Strategien – Perspektiven – Internationaler Wettbewerb, Wiesbaden, S. 566–595.

Schröder, H./Zaharia, S. (2007): Informations- und Entscheidungsverhalten der Kunden von Multi-Channel-Retailern, in: Wirtz, B. W. (Hrsg.): Handbuch Multi-Channel-Marketing. Wiesbaden, S. 81–101.

Schuchert-Güler, P. (2001): Kundenwünsche im persönlichen Verkauf. Eine empirische Analyse der Eindrucksbildung als Erfolgsfaktor, Wiesbaden.

Schuckel, M. (2001): Der Städtevergleich des Instituts für Handelsforschung als Planungs- und Analyseinstrument im Rahmen der Stadtplanung und -entwicklung, in: Schuckel, M. (Hrsg.): Stadt- und Standortmarketing. Analysen – Erfahrungen – Perspektiven, in: Mitteilungen des IfH, Sonderheft Nr. 44, S. 43–56.

Schuckel, M. (1999a): Bedienungsqualität im Einzelhandel, Stuttgart.

Schuckel, M. (1999b): Bedienungsqualität im Einzelhandel. Kundenerwartungen als Maßstab für die Bedienungsleistung, in: Mitteilungen des IfH, 51. Jg., H. 9, S. 173–182.

Schuckel, M. (1997): Die Rolle des Handels in der Stadt von morgen. Motor oder Mitläufer? Der Städtevergleich des Instituts für Handelsforschung als Planungs- und Analyseinstrument im Rahmen der Stadtplanung und -entwicklung, in: Mitteilungen des IfH, 49. Jg., H. 5, S. 94–100.

Schuckel, M./Dobbelstein, T. (2001): Ausgewählte Methoden zur Kategorisierung von Kundenanforderungen auf der Basis der Penalty-Reward-Contrast-Analyse, in: Müller-Hagedorn, L. (Hrsg.): Kundenbindung im Handel, 2. Aufl., Frankfurt am Main, S. 147–176.

Schuckel, M./Hußmann, C. (2000): Neue Instrumente zur Messung der Kundenzufriedenheit, in Mitteilungen des IfH, 52. Jg., H. 8, S. 177–188.
Schuckel, M./Sondermann, N. (1998): Besucherstruktur und Besucherverhalten in der Innenstadt – eine Längsschnittanalyse der BAG-Untersuchungen Kundenverkehr 1976 bis 1996, in: Mitteilungen des IfH, 50. Jg., H. 2, S. 25–38.
Schuckel, M./Sondermann, N./Pangels, R. (2005): Zur Entwicklung des innerstädtischen Einzelhandels-Zukunft ohne PKW-Kunden? in: Handel im Fokus, 57. Jg., H. 2, S. 79–94.
Schütte, R./Vering, O. (2004): Erfolgreiche Geschäftsprozesse durch standardisierte Warenwirtschaftssysteme. Marktanalyse, Produktübersicht, Auswahlprozess, 2. Aufl., Berlin u. a.
Schütze, R. (1992): Kundenzufriedenheit. After-Sales-Marketing auf industriellen Märkten, Wiesbaden.
Schulte, C. (2009): Logistik. Wege zur Optimierung der Supply Chain, 5. Aufl., München.
Schulte, C. (2005): Logistik. Wege zur Optimierung der Supply Chain, 4. Aufl., München.
Schulte, G. (2003): Die Kooperation im europäischen Wettbewerbsrecht, in: Zentes, J./Swoboda, B./Morschett D. (Hrsg.): Kooperationen, Allianzen und Netzwerke, Wiesbaden, S. 333–358.
Schulz, P. (1988): Die Portfolio-Analyse als Instrument der Strategischen Planung in industriellen Klein- und Mittelbetrieben. Möglichkeiten, Probleme und Lösungsansätze, Frankfurt am Main.
Schulze, M. (1998): Nachfragemacht im Lebensmitteleinzelhandel. Ökonomische und kartellrechtliche Aspekte, Wiesbaden.
Schuster, W. (1938): Groß-, Ein- und Ausfuhrhandel, in: Nicklisch, H. (Hrsg.): Handwörterbuch der Betriebswirtschaft, 1. Bd, 2. Aufl., Stuttgart, Sp. 2149–2228.
Schwarz, N. (1987): Stimmung als Information: Untersuchungen zum Einfluß von Stimmungen auf die Bewertung des eigenen Lebens, Berlin u. a.
Schwarz, S. (2009): Muster erfolgreicher Internationalisierung von Handelsunternehmen, Wiesbaden.
Schwarze, J. (Hrsg.) (1980): Angewandte Prognoseverfahren, Herne u. a.
Schweitzer, M./Küpper, H.-U. (2011): Systeme der Kosten- und Erlösrechnung, 10. Aufl., München.
Schwetje, T. (1999): Kundenzufriedenheit und Arbeitszufriedenheit bei Dienstleistungen. Operationalisierung und Erklärung der Beziehungen am Beispiel des Handels, Wiesbaden.
Sckokai, P./Soregaroli, C. (2008): Impact of Private Label Development across Retail Formats: Evidences from the Italian Dairy Market, in: Review of Agricultural and Environmental Studies, Vol. 87, No. 2, S. 27–47.
Seiders, K./Voss, G. B./Grewal, D./Godfrey, A. L. (2005): Do Satisfied Customers Buy More? Examining Moderating Influences in a Retailing Context, in: Journal of Marketing, Vol. 69, No. 4, S. 26–43.
Seifert, D. (2006a): Efficient Consumer Response – Supply Chain Management (SCM), Category Management (CM) und Radiofrequenz-Identifikation (RFID) als neue Strategieansätze, 4. Aufl., München u. a.
Seifert, D. (2006b): Konzepte des Supply-Chain-Managements – CPFR als unternehmensübergreifende Lösung, in: Zentes, J. (Hrsg.): Handbuch Handel. Strategien – Perspektiven – Internationaler Wettbewerb, Wiesbaden, S. 781–794.
Seifert, D. (2002): Collaborative Planning, Forecasting and Replenishment. Ein neues Konzept für state-of-the-art Supply Chain Management, Bonn.
Semeijn, J./van Riel, A. C. R./Ambrosini, A. B. (2004): Consumer Evaluations of Store Brands: Effects of Store Image and Product Attributes, in: Journal of Retailing and Consumer Services, Vol. 11, No. 4, S. 247–258.
Sen, S./Bhattacharya, C. B. (2001): Does Doing Good Always Lead to Doing Better? Consumer Reactions to Corporate Social Responsibility, in: Journal of Marketing Research, Vol. 38, No. 2, S. 225–243.
Sethuraman, R. (2003): Positioning Store Brands against National Brands: To Get Close or Keep a Distance, Working Paper, Southern Methodist University, Dallas, TX.
Sethuraman, R. (2000): What Makes Consumers Pay More for National Brands than for Store Brands. Image or Quality?, Working Paper No. 99–110, Marketing Science Institute, Cambridge, MA.
Sethuraman, R./Cole, C. A. (1999): Factors Influencing the Price Premiums that Consumers Pay for National Brands over Store Brands, in: Journal of Product and Brand Management, Vol. 8, No. 4, S. 340–351.
Seuring, S./Müller, M. (2008): From a Literature Review to a Conceptual Framework for Sustainable Supply Chain Management, in: Journal of Cleaner Production, Vol. 16, No. 15, S. 1699–1710.
Sewing, E. (1994): Die Absatzwegewahl des Herstellers: Analyse vor dem Hintergrund der Principal-Agent-Theorie, Wiesbaden.
Seÿffert, R. (1972): Wirtschaftslehre des Handels, 5. Aufl., Opladen.

Seÿffert, R. (1929): Allgemeine Werbelehre, Stuttgart.
Shankar, V./Smith, A. K./Rangaswamy, A. (2003): The Relationship Between Customer Satisfaction and Loyalty in Online and Offline Environments, in: International Journal of Research in Marketing, Vol. 20, No. 2, S. 153–175.
Sharp, B./Sharp, A. (1997): Loyalty Programs and their Impact on Repeat-Purchase Loyalty Patterns, in: International Journal of Research in Marketing, Vol. 14, No. 5, S. 473–486.
Sheinin, D. A./Wagner, J. (2003): Pricing Store Brands Across Categories and Retailers, in: Journal of Product and Brand Management, Vol. 12, No. 4, S. 201–219.
Sheppard, B. H./Hartwick, J./Warshaw, P. R. (1988): The Theory of Reasoned Action. A Meta-Analysis of Past Research with Recommendations for Modification and Future Research, in: Journal of Consumer Research, Vol. 15, No. 3, S. 325–343.
Sheth, J. N. (1983): An Integrative Theory of Patronage Preference and Behavior, in: Darden, W. R./Lusch, R. F. (Hrsg.): Patronage Behavior and Retail Management, New York, NY, S. 9–28
Sheth, J. N. (1981): A Theory of Merchandise Buying Behavior, in: Stampfl, R. W./Hirschman, E. C. (Hrsg.): Theory in Retailing. American Marketing Association, Chicago, IL, S. 180–189.
Shugan, S. M. (2006): Editorial: Errors in the Variables, Unobserved Heterogeneity, and Other Ways of Hiding Statistical Error, in: Marketing Science, Vol. 25, No. 3, S. 203–216.
Shugan, S. M. (2005): Brand Loyalty Programs: Are They Shams?, in: Marketing Science, Vol. 24, No. 2, S. 185–193.
Sickenberger, P. (2002): Neue Wege in der Mittelstandsfinanzierung: KMU-Förderung durch die KfW, in: Lange, J. (Hrsg.): Mittelstandsfinanzierung im Umbruch: Intensivierter Wettbewerb, Basel II, Rating und die Auswirkungen auf kleine und mittlere Unternehmen. Loccumer Protokoll Nr. 68/01, Rehburg-Loccum, S. 225–228.
Siebenbrock, H. (1993): Organisationsdefizite im Handel – Folge der Vernachlässigung eines elementaren Strategiebausteins?, in: Zeitschrift Führung und Organisation, 62. Jg., H. 11, S. 40–44.
Siebert, S./Veltmann, L. (2006): Horizontale Kooperation als Wettbewerbsstrategie – Erscheinungsformen und Entwicklungstendenzen, in: Zentes, J. (Hrsg.): Handbuch Handel. Strategien – Perspektiven – Internationaler Wettbewerb, Wiesbaden, S. 259–273.
Silberer, G. (2009): Verhaltensforschung am Point of Sale. Ansatzpunkte und Methodik, Göttingen.
Silberer, G. (2005): Die videogestützte Gedankenrekonstruktion kognitiver Prozesse beim Ladenbesuch, in: Marketing – Zeitschrift für Forschung und Praxis, 27. Jg., H. 4, S. 263–271.
Silberer, G. (1999). Die Stimmung als Werbewirkungsfaktor, in: Marketing – Zeitschrift für Forschung und Praxis, 21. Jg., H. 2, S. 131–148.
Silberer, G. (1989): Die Bedeutung und Messung von Kauferlebnissen im Handel, in: Trommsdorff, V. (Hrsg.): Handelsforschung 1989, Wiesbaden, S. 59–76.
Silberer, G./Jaekel, M. (1996): Marketingfaktor Stimmungen. Grundlagen, Aktionsinstrumente, Fallbeispiele, Stuttgart.
Silberer, G./Kretschmar, C. (1999): Multimedia im Verkaufsgespräch, Wiesbaden.
Silver, E. A./Meal, H. C. (1973): A Heuristic for Selecting Lot Size Quantities for the Case of a Deterministic Time-Varying Demand Rate and Discrete Opportunities for Replenishment, in: Production and Inventory Management, Vol. 14, No. 2, S. 64–74.
Silver, E. A./Meal, H. C. (1969): A Simple Modification of the EOQ for the Case of a Varying Demand Rate, in: Production and Inventory Management, Vol. 10, No. 4, S. 52–65.
Silver, E. A./Pyke, D. F./Peterson, R. (1998): Inventory Management and Production Planning and Scheduling, 3. Aufl., New York, NY u. a.
Simkin, L. P. (1989): SLAM. Store Location Assessment Model. Theory and Practice, in: OMEGA International Journal of Management Science, Vol. 17, No. 1, S. 55–58.
Simon, H. (1992a): Preismanagement, 2. Aufl., Wiesbaden.
Simon, H. (1992b): Preisbündelung, in: Zeitschrift für Betriebswirtschaft, 62. Jg., H. 11, S. 1213–1235.
Simon, H./Fassnacht, M. (2009): Preismanagement. Strategie – Analyse – Entscheidung – Umsetzung, 3. Aufl., Wiesbaden.
Simon, M. C. (2007): Der Internationalisierungsprozess von Unternehmen. Ressourcenorientierter Theorierahmen als Alternative zu bestehenden Ansätzen, Wiesbaden.
Sirohi, N./McLaughlin, E. W./Wittink, D. R. (1998): A Model of Consumer Perceptions and Store Loyalty Intentions for a Supermarket Retailer, in: Journal of Retailing, Vol. 74, No. 2, S. 223–245.

Sivadas, E./Baker-Prewitt, J. L. (2000): An Examination of the Relationship between Service Quality, Customer Satisfaction and Store Loyalty, in: International Journal of Retail and Distribution Management, Vol. 28, No. 2, S. 73–82.

Skjoett-Larsen, T./Thernøe, C./Andresen, C. (2003): Supply Chain Collaboration: Theoretical Perspectives and Empirical Evidence, in: International Journal of Physical Distribution and Logistics Management, Vol. 33, No. 6, S. 531–549.

Sliwka, D. (1999): On Incentives and the Decentralization of Decisions in Organizations, Bonn.

Sloot, L. M./Verhoef, P. C./Franses, P. H.(2002): The Impact of Brand and Category Characteristics on Consumer Stock-Out Reactions, Arbeitspapier, unter: http://publishing.eur.nl/ir/repub/asset/257/erimrs20021125174407.pdf [29.7.2010].

Smith, L. D./Sanchez, S. M. (2003): Assessment of Business Potential at Retail Sites: Empirical Findings from a US Supermarket Chain, in: The International Review of Retail, Distribution and Consumer Research, Vol. 13, No. 1, S. 37–58.

Smith, D. N./Sivakumar, K. (2004): Flow and Internet Shopping Behavior. A Conceptual Model and Research Propositions, in Journal of Business Research, Vol. 57, No. 10, S. 1199–1208.

Soberman, A. D./Parker, P. M. (2006): The Economics of Quality-Equivalent Store Brands, in: International Journal of Research in Marketing, Vol. 23, No. 2, S. 125–139.

Solomon, M./Bamossy, G./Askegaard, S./Hogg, M. (2006): Consumer Behaviour. A European Perspective, 3. Aufl., Harlow.

Soman, D./Gourville, J. T. (2001): Transaction Decoupling: How Price Bundling Affects the Decision to Consume, in: Journal of Marketing Research, Vol. 38, No. 1, S. 30–44.

Sommer, R./Aitkens, S. (1982): Mental Mapping of Two Supermarkets, in: Journal of Consumer Research, Vol. 9, No. 2, S. 211–215.

Sommerlatte, T./Wedekind, E. (1990): Leistungsprozesse und Organisationsstruktur, in: Arthur D. Little (Hrsg.): Management der Hochleistungsorganisation, Wiesbaden, S. 23–41.

Sondermann, N. (2009): Branchendokumentation zum Betriebsvergleich 2008. Schuheinzelhandel. Mehrjahresvergleich, Köln.

Sondermann, N./Lindstädt, B. (2009): Kundenverkehrsuntersuchung 2008, in: Handel im Fokus, 61. Jg., H. 1, S. 6–15.

Specht, G. (1998): Distributionsmanagement, 3. Aufl., Stuttgart u. a.

Specht, G./Fritz, W. (2005): Distributionsmanagement, 4. Aufl., Stuttgart.

SPIEGEL-Verlag (Hrsg.) (2007): Outfit 6, Hamburg.

Spiggle, S./Sewall, M. A. (1987): A Choice Sets Model of Retailing Selection, in: Journal of Marketing, Vol. 51, No. 2, S. 97–111.

Sponholz, U. (1997): Die Effizienz von Grafiken und Tabellen bei der Darstellung komplexer betriebswirtschaftlicher Beurteilungsprobleme. Eine theoretische und empirische Analyse der Auswirkungen des Präsentationsformates auf das Informationsverhalten, Frankfurt am Main u. a.

Spork, S. (2006): Konditionen in Hersteller-Händler-Beziehungen. Instrumente zur Koordination des Absatzkanals, Stuttgart.

Spork, S./Palmersheim, G. (2004): Zur Beschwerdezufriedenheit im Einzelhandel, in: Handel im Fokus, 56. Jg., H. 4, S. 285–297.

Stadt Oberhausen (Hrsg.) (1992): Oberhausen. Einzelhandel und Stadterneuerung auf dem Wege in das Jahr 2000. Markt- und Tragfähigkeitsuntersuchung der Stadt und ihrer Zentren, Düsseldorf.

Stahmer, B. P. (2006): SimMarket: Simulation des Abverkaufsverhaltens von Artikeln des Einzelhandels mit probabilistischen Agenten, Diss. Universität Saarbrücken.

Stamer, H. H. (2006): Segmentspezifische Analyse des Preisverhaltens. Eine theoretische und empirische Analyse des Konzepts der Preissegmentierung, Nürnberg.

Stamer, H. H./Diller, H. (2006): Price Segment Stability in Consumer Goods Categories, in: Journal of Product and Brand Management, Vol. 15, No. 1, S. 62–72.

Standop, D./Grunwald, G. (2009): How to Solve Product-harm Crises in Retailing? Empirical Insights from Service Recovery and Negative Publicity Research, in: International Journal of Retail and Distribution Management, Vol. 37, No. 11, S. 915–932.

Starch, D. (1925): Principles of Advertising, Chicago, IL u. a.

Stassen, R. E./Waller, M. A. (2002): Logistics and Assortment Depth in the Retail Supply Chain: Evidence from Grocery Categories, in: Journal of Business Logistics, Vol. 23, No. 1, S. 125–143.

Statistisches Bundesamt (Hrsg.) (2010a): Finanzen und Steuern. Steuerpflichtige Unternehmen und deren Lieferungen und Leistungen nach wirtschaftlicher Gliederung. Tabelle 2.3 der Jahrespublikation, Fachserie 14, Reihe 8, Wiesbaden.

Statistisches Bundesamt (Hrsg.) (2010b): Bevölkerung und Erwerbstätigkeit. Bevölkerung mit Migrationshintergrund – Ergebnisse des Mikrozensus 2008, Fachserie 1, Reihe 2.2, Wiesbaden.

Statistisches Bundesamt (Hrsg.) (2010c): Input-Outputrechnung im Überblick, Wiesbaden.

Statistisches Bundesamt (Hrsg.) (2010d): Statistisches Jahrbuch 2010 für die Bundesrepublik Deutschland mit „Internationalen Übersichten", Wiesbaden.

Statistisches Bundesamt (Hrsg.) (2010e): Verdienste und Arbeitskosten. Arbeitskosten im Produzierenden Gewerbe und im Dienstleistungsbereich – Ergebnisse für Deutschland – 2008, Fachserie 16, H. 1, Wiesbaden.

Statistisches Bundesamt (Hrsg.) (2009a): Jahreserhebung 2007 im Handel sowie in der Instandhaltung und Reparatur von Kfz und Gebrauchsgütern, Wiesbaden.

Statistisches Bundesamt (Hrsg.) (2009b): Bevölkerung Deutschlands bis 2060. 12. koordinierte Bevölkerungsvorausberechnung. Begleitmaterial zur Pressekonferenz am 18. November 2009 in Berlin, Wiesbaden.

Statistisches Bundesamt (Hrsg.) (2009c): Statistisches Jahrbuch 2009 für die Bundesrepublik Deutschland, Wiesbaden

Statistisches Bundesamt (Hrsg.) (2009d): Binnenhandel, Gastgewerbe, Tourismus. Unternehmen, Beschäftigte, Umsatz, Wareneingang, Wareneinsatz, Rohertrag und Bruttowertschöpfung im Handel 1994–2007, Wiesbaden.

Statistisches Bundesamt (Hrsg.) (2009e): Wirtschaftsrechnungen. Laufende Wirtschaftsrechnungen. Einnahmen und Ausgaben privater Haushalte 2007, Fachserie 15, Reihe 1, Wiesbaden.

Statistisches Bundesamt (Hrsg.) (2008): Gliederung der Klassifikation der Wirtschaftszweige, Ausgabe 2008 (WZ 2008), Wiesbaden.

Statistisches Bundesamt (Hrsg.) (2007): Umsatzsteuerstatistik. Steuerpflichtige Unternehmen und deren Lieferungen und Leistungen nach wirtschaftlicher Gliederung. Tabelle 2.3 der Jahrespublikation, Fachserie 14, Reihe 8, Wiesbaden.

Statistisches Bundesamt (Hrsg.) (2003): Klassifikation der Wirtschaftszweige mit Erläuterungen Ausgabe 2003 (WZ 2003), Wiesbaden.

Statistisches Bundesamt (Hrsg.) (1998): Systematisches Verzeichnis der Einnahmen und Ausgaben der privaten Haushalte, Wiesbaden.

Statistisches Bundesamt (Hrsg.) (Jahrgänge 1980–1996): Statistisches Jahrbuch (Jahrgänge 1980–1996) für die Bundesrepublik Deutschland, Bonn.

Statistisches Bundesamt (Hrsg.) (o. J.a): Volkswirtschaftliche Gesamtrechnungen des Bundes – Konsumausgaben der privaten Haushalte (nominal/preisbereinigt): Deutschland, Jahre, Gütergruppen, in: Genesis Online Datenbank, Code 81000-0121(Stand: 31.01.2011), Wiesbaden.

Statistisches Bundesamt (Hrsg.) (o. J.b): Finanzen und Steuern. Umsatzsteuer. Fachserie 14, Reihe 8, verschiedene Jahrgänge, Wiesbaden.

Statistisches Bundesamt (Hrsg.) (o. J.c): Index der Einzelhandelspreise: Deutschland, Jahre, Mehrwertsteuer, Wirtschaftszweige, in: Genesis Online Datenbank, Code 61131-0001, Wiesbaden.

Stauss, B. (1999): Kundenzufriedenheit, in: Marketing – Zeitschrift für Forschung und Praxis, 21. Jg., H. 1, S. 5–24.

Stauss, B. (1991): Service-Qualität als strategischer Erfolgsfaktor, in: Stauss, B. (Hrsg.): Erfolg durch Service-Qualität, Tagungsbericht, Gesellschaft für Management und Technologie, München, S. 7–53.

Stauss, B./Seidel, W.(2007): Beschwerdemanagement. Unzufriedene Kunden als profitable Zielgruppe, 4. Aufl., München.

Stauss, B./Weinlich, B. (1996): Die sequentielle Ereignismethode – ein Instrument der prozessorientierten Messung von Dienstleistungsqualität, in: Der Markt, 35. Jg., H. 1, S. 49–58.

Steffenhagen, H. (2008): Marketing. Eine Einführung, 6. Aufl., Stuttgart.

Steffenhagen, H (1995): Konditionengestaltung zwischen Industrie und Handel. Leistungsbezogen, systematisch, professionell, Wien.

Steiner, R. L. (2004): The Nature and Benefits of National Brand/Private Label Competition, in: Review of Industrial Organization, Vol. 24, No. 2, S. 105–127.

Steiner, R. L. (1985): The Nature of Vertical Restraints, in: The Antitrust Bulletin, Vol. 30, No. 1, S. 143–197.

Steiner, S. (2007): Category Management. Eine Konfliktregelung in Hersteller-Handels-Beziehungen, Wiesbaden.
Steinmann, H./Löhr, A. (1995): Unternehmensethik als Ordnungselement in der Marktwirtschaft, in: Zeitschrift für betriebswirtschaftliche Forschung, 47. Jg., H. 2, S. 143–174.
Steinmann, S. (2011): Kundenkontakte und Kundenkontaktsequenzen im Multi Channel Marketing. Ausprägungen, Determinanten und Wirkungen, Wiesbaden.
Steinmann, S./Silberer, G. (2009). Classifying Customers with Multidimensional Customer Contact Sequences, in: Advances in Consumer Research, Vol. 36, o. No., S. 515–523.
Stern, H. (1981): Marke oder Preis. Entscheidungskriterium der Verbraucher?, in: Markenartikel, 43. Jg., H. 3, S. 138–150.
Sternquist, B. (2007): International Retailing, 2. Aufl., New York, NY.
Sternquist, B. (1997): International Expansion of US Retailers, in: International Journal of Retail and Distribution Management, Vol. 25, No. 8, S. 262–268.
Stock, J. R./Lambert, D. M. (2001): Strategic Logistics Management, 4. Aufl., Boston, MA u. a.
Stock-Homburg, R. (2010): Personalmanagement. Theorien – Konzepte – Instrumente, 2. Aufl., Wiesbaden.
Stock-Homburg, R. (2009): Der Zusammenhang zwischen Mitarbeiter- und Kundenzufriedenheit. Direkte, indirekte und moderierende Effekte, 4. Aufl., Wiesbaden.
Stöckl, B. R. (2000): Aufgaben und Grenzen eines Controllings in mittleren Handelsbetrieben unter besonderer Berücksichtigung der Instrumente des operativen Controlling, Diss. Universität Erlangen-Nürnberg.
Stoelhorst, J. W./Raaij, E. (2004): On Explaining Performance Differentials. Marketing and the Managerial Theory of the Firm, in: Journal of Business Research, Vol. 57, No. 5, S. 462–477.
Stoffl, M. (1996): Personalmanagement in Großbetrieben des Einzelhandels, Wiesbaden.
Stöhr, A. (1998): Air-Design als Erfolgsfaktor im Handel. Modellgestützte Erfolgsbeurteilung und strategische Empfehlungen, Wiesbaden.
Stölzle, W./Placzek, T. (2004): Gähnende Leere statt der Ware, in: Lebensmittel Zeitung, 56. Jg., Nr. 36 v. 3.9.2004, S. 68.
Stützel, W. (1976): Wert und Preis, in Grochla, E./Wittmann, W. (Hrsg.): Handwörterbuch der Betriebswirtschaft, Teilband 3, 4. Aufl., Stuttgart, Sp. 4405–4425.
Sudhir, K./Talukar, D. (2004). Does Store Brand Patronage Improve Store Patronage?, in: Review of Industrial Organization, Vol. 24, No. 2, S. 143–160.
Sullivan, M./Adcock, D. (2002): Retail Marketing, 2. Aufl., London.
Summers, T. A./Hebert, P. R. (2001): Shedding some Light on Store Atmospherics: Influence of Illumination on Consumer Behavior, in: Journal of Business Research, Vol. 54, No. 2, S. 145–150.
Sussams, J. E. (1969): Industrial Logistics: Application of Scientific Techniques to the Practical Problems of Siting, Routing, Scheduling and Control, London u. a.
Sweeney, J. C./Soutar, G. N. (2001): Consumer Perceived Value: The Development of a Multiple Item Scale, in: Journal of Retailing, Vol. 77, No. 2, S. 203–220.
Swinyard, W. R./Smith, S. M. (2003): Why People (Don't) Shop Online: A Lifestyle Study of the Internet Consumer, in: Psychology and Marketing, Vol. 20, No. 7, S. 567–597.
Swinyard, W. R./Whitlark, D. B. (1994): The Effect of Customer Dissatisfaction on Store Repurchase Intentions. A Little Goes a Long Way, in: The International Review of Retail, Distribution and Consumer Research, Vol. 4, No. 3, S. 329–344.
Swoboda, B. (2005): Kooperation: Erklärungsperspektiven grundlegender Theorien, Ansätze und Konzepte im Überblick, in: Zentes, J./Swoboda, B./Morschett D. (Hrsg.): Kooperationen, Allianzen und Netzwerke, 2. Aufl., Wiesbaden, S. 35–64.
Swoboda, B. (2002): Dynamische Prozesse der Internationalisierung. Managementtheoretische und empirische Perspektiven des unternehmerischen Wandels, Wiesbaden.
Swoboda, B. (2000): Messung von Einkaufsstättenpräferenzen auf der Basis der Conjoint-Analyse, in: Die Betriebswirtschaft, Vol. 60, No. 2, S. 149–166.
Swoboda, B. (1998): Conditions of Consumer Information Seeking: Theoretical Foundations and Empirical Results of Using Interactive Multimedia Systems, in: The International Review of Retail, Distribution and Consumer Research, Vol. 8, No. 4, S. 361–381.

Swoboda, B. (1996): Interaktive Medien am Point of Sale. Verhaltenswissenschaftliche Analyse der Wirkung multimedialer Systeme, Wiesbaden.
Swoboda, B./Foscht, T./Cliquet, G. (2008): International Value Chain Processes By Retailers And Wholesalers – A General Approach, in: Journal of Retailing and Consumer Services, Vol. 15, No. 2, S. 63–77.
Swoboda, B./Foscht, T./Schwarz, S. (2005): Enormously Dynamic and Differing Strategies in Retailing Internationalisation: A Case Study on the Largest Food Retail Companies, in: European Retail Digest, Vol. 46, No. 46, S. 55–63.
Swoboda, B./Morschett, D./Foscht, T. (2004): Retail Branding – Das Handelsunternehmen als Marke, in: Boltz, D.-M./Leven, W. (Hrsg.): Effizienz in der Markenführung, Hamburg, S. 298–321.
Swoboda, B./Samadi, S./Foscht, T. (2005): Markendehnung von Handelsmarken. Ergebnisse einer explorativen Studie, in: Trommsdorff, V. (Hrsg.): Handelsforschung 2005, Stuttgart, S. 145–166.
Swoboda, B./Schwarz, S. (2006): Convenience-Stores – Internationale Entwicklung und Käuferverhalten in Deutschland, in: Zentes, J. (Hrsg.): Handbuch Handel. Strategien – Perspektiven – Internationaler Wettbewerb, Wiesbaden, S. 395–421.
Swoboda, B./Schwarz, S./Hälsig, F. (2007): Towards a Conceptual Model of Country Market Selection: Selection Processes of Retailers and C&C Wholesalers, in: The International Review of Retail, Distribution and Consumer Research, Vol. 17, No. 3, S. 253–282.
Tabachnick, B. G./Fidell, L. S. (2007): Using Multivariate Statistics, 5. Aufl., Boston, MA.
Tang, C. S./Bell, D. R./Ho, T.-H. (2001): Store Choice and Shopping Behavior: How Price Format Works, in: California Management Review, Vol. 43, No. 2, S. 56–74.
Tantiwong, D./Wilton, P. C. (1985): Understanding Food Store Preferences Among the Elderly Using Hybrid Conjoint Measurement Models, in: Journal of Retailing, Vol. 61, No. 4, S. 35–64.
Tauber, E. M. (1972): Why Do People Shop?, in: Journal of Marketing, Vol. 36, No. 4, S. 46–49.
Teece, D. J. (1982): Towards an Economic Theory of the Multiproduct Firm, in: Journal of Economic Behavior and Organization, Vol. 3, No. 1, S. 39–63.
Teece, D. J. (1980): Economies of Scope and the Scope of the Enterprise, in: Journal of Economic Behavior and Organization, Vol. 1, No. 3, S. 223–247.
Teichert, T./Sattler, H./Völckner, F. (2008): Traditionelle Verfahren der Conjoint-Analyse, in: Herrmann, A./Homburg, C./Klarmann, M. (Hrsg.): Handbuch Marktforschung, 3. Aufl., Wiesbaden, S. 651–685.
Tempelmeier, H. (2008): Material-Logistik. Modelle und Algorithmen für die Produktionsplanung und -steuerung, in: Advanced Planning-Systemen, 7. Aufl., Berlin u. a.
Tempelmeier, H. (1983): Quantitative Marketing-Logistik. Entscheidungsprobleme, Lösungsverfahren, EDV-Programme, Berlin u. a.
Tempelmeier, H. (1980): Standortoptimierung in der Marketing-Logistik, Königstein im Taunus.
ten Hompel, M./Sadowsky, V./Beck, M. (2011): Kommissionierung. Materialflusssysteme 2 – Planung und Berechnung der Kommissionierung in der Logistik, Berlin u. a.
ten Hompel, M./Schmidt, T. (2010): Warehouse Management. Organisation und Steuerung von Lager- und Kommissioniersystemen, 4. Aufl., Berlin u. a.
ten Hompel, M./Schmidt, T./Nagel, L. (2007): Materialflusssysteme. Förder- und Lagertechnik, 3. Aufl., Berlin u. a.
The Corporate Intelligence Group (Hrsg.) (1991): Cross-Border Retailing in Europe, London.
The Nielsen Company GmbH (Hrsg.) (2010): Top Firmen 2010. Der Lebensmittelhandel in Deutschland Food/Nonfood, Frankfurt am Main.
The Nielsen Company GmbH (Hrsg.) (2009): Universen 2009, Frankfurt am Main.
Theis, H.-J. (2007): Handbuch Handelsmarketing. Erfolgreiche Strategien und Elemente im Handelsmarketing, 1. Bd., Frankfurt am Main.
Theis, H.-J. (1992): Einkaufsstätten-Positionierung, Wiesbaden.
Theisen, P. (1961): Leistungsmessung und Wirtschaftlichkeitskontrolle im Einzelhandel, in: Mitteilungsblatt des Handelsinstituts der Universität des Saarlandes, H. 16/17, S. 1–15.
Thieme, J. (2006): Versandhandelsmanagement. Grundlagen, Prozesse und Erfolgsstrategien für die Praxis, 2. Aufl., Wiesbaden.
Thomas, J. S./Blattberg, R. C./Fox, E. J. (2004): Recapturing Lost Customers, in: Journal of Material Research, Vol. 41, No. 1, S. 31–45.

Thomas, M./Morwitz, V. (2005): Penny Wise and Pound Foolish: The Left Digit Effect in Price Cognition, in: Journal of Consumer Research, Vol. 32, No. 1, S. 54–64.
Thonemann, U. (2010): Operations Management. Konzepte, Methoden und Anwendungen, 2. Aufl., München.
Thonemann, U./Behrenbeck, K./Küpper, J./Magnus, K.-H. (2005): Supply Chain Excellence im Handel. Trends, Erfolgsfaktoren und Best-Practice-Beispiele, Wiesbaden.
Tietz, B. (1993a): Zukunftsstrategien für Handelsunternehmen, Frankfurt am Main.
Tietz, B. (1993b): Der Handelsbetrieb. Grundlagen der Unternehmenspolitik, 2. Aufl., München.
Tietz, B. (1993c): Alternative Entscheidungskonzepte in Verbundgruppen – Teil 1, in: Der Verbund, 6. Jg. H. 3, S. 5–10.
Tietz, B. (1992): Einzelhandelsperspektiven für die Bundesrepublik Deutschland bis zum Jahr 2010, Frankfurt am Main.
Tietz, B. (1990): Strategien der Transnationalisierung und Globalisierung im Handel, in: Trommsdorff, V. (Hrsg.): Handelsforschung 1990, Wiesbaden, S. 3–25.
Tietz, B. (1986): Binnenhandelspolitik, München.
Tietz, B. (1974): Betriebsvergleich im Handel, in: Tietz, B. (Hrsg.): Handwörterbuch der Absatzwirtschaft, Stuttgart, S. 394–405.
Tietz, B. (1960): Bildung und Verwendung von Typen in der Betriebswirtschaftslehre, Köln u. a.
Tietz, B./Rothhaar, P. (1991): City Studie, Landsberg am Lech.
Tietz, B./Schoof, H. (1970): Handbuch für Großhandelszentren und Industrieparks, Rüschlikon u. a.
Tirole, J. (1999): Industrieökonomik, 2. Aufl., München u. a.
Tomczak, T./Mühlmeier, S./Brexendorf, T. O./Jenewein, W. (2008): Relevanz von Sponsoring. Wann sich das Engagement wirklich lohnt, in: Marketing Review St. Gallen, 25. Jg., H. 5, S. 46–50.
Too, L. H. Y./Souchon, A. L./Thirkell, P. C. (2001): Relationship Marketing and Customer Loyalty in a Retail Setting: A Dyadic Exploration, in: Journal of Marketing Management, Vol. 17, No. 3/4, S. 287–319.
Toporowski, W. (2002): Die Einschaltung von Intermediären in die Distribution im Lichte ökonomischer Theorien, unveröffentlichte Habilitationsschrift Universität zu Köln.
Toporowski, W. (2000): Auswirkungen von E-Commerce auf den Einzelhandel – der Erklärungsbeitrag der Transaktionskostentheorie, in: Müller-Hagedorn, L. (Hrsg.): Zukunftsperspektiven des E-Commerce im Handel, Frankfurt am Main, S. 73–120.
Toporowski, W. (1999a): Der Baligh-Richartz-Effekt. Kontaktkostenreduktion durch die Einschaltung von Handelsbetrieben, in: Wirtschaftswissenschaftliches Studium, 28. Jg., H. 2, S. 81–83.
Toporowski, W. (1999b): Bestellmengenpolitiken bei stochastischer, stationärer Nachfrage (I), in: Wirtschaftswissenschaftliches Studium, 28. Jg., H. 2, S. 197–204.
Toporowski, W. (1999c): Bestellmengenpolitiken bei stochastischer, stationärer Nachfrage (II), in: Wirtschaftswissenschaftliches Studium, 28. Jg., H. 3, S. 325–333.
Toporowski, W. (1996a): Logistik im Handel. Optimale Lagerstruktur und Bestellpolitik einer Filialunternehmung, in: Mitteilungen des IfH, 48. Jg., H. 8, S. 113–120.
Toporowski, W. (1996b): Logistik im Handel. Optimale Lagerstruktur und Bestellpolitik einer Filialunternehmung, Heidelberg.
Toporowski, W./Boslau, M. (2007): Zufriedenheit mit Selbstbedienungskassen im Handel. Eine explorative Studie, in: Ahlert, D./Olbrich, R./Schröder, H. (Hrsg.): Shopper Research – Kundenverhalten im Handel, Frankfurt am Main, S. 399–415.
Toporowski, W./Herrmann, B. (2003): Neue Entwicklungen in der Logistik – Konzepte der Praxis und Beiträge der Wissenschaft, in: Handel im Fokus, 55. Jg., H. 2, S. 118–128.
Toporowski, W./Zielke, S. (2011): Channel Structures for the Procurement of Store Brands, Arbeitspapier der Professur für Handelsbetriebslehre, Georg-August-Universität Göttingen, Göttingen.
Toporowski, W./Zielke, S. (2007): Entwicklungslinien und Zukunft der Distributions- und Handelswissenschaft, in: Schuckel, M./Toporowski, W. (Hrsg.): Theoretische Fundierung und praktische Relevanz der Handelsforschung, Wiesbaden, S. 25–47.
Toporowski, W./Zielke, S. (2006): Supplier-Relationship-Management, in: Zentes, J. (Hrsg.): Handbuch Handel. Strategien – Perspektiven – Internationaler Wettbewerb, Wiesbaden, S. 759–779.
Train, K. E. (2009): Discrete Choice Methods with Simulation, 2. Aufl., Cambridge u. a.

Trivedi, M. (1998): Distribution Channels: An Extension of Exclusive Retailership, in: Management Science, Vol. 44, No. 7, S. 896–909.

Trommsdorff, V. (2009): Konsumentenverhalten, 7. Aufl., Stuttgart.

Trommsdorff, V. (1975): Die Messung von Produktimages für das Marketing. Grundlagen und Operationalisierung, Köln u. a.

Tsao, Y.-C. (2010): Two-Phase Pricing and Inventory Management for Deteriorating and Fashion Goods under Trade Credit, in: Mathematical Methods of Operations Research, Vol. 72, No. 1, S. 107–127.

Turley, L. W./Milliman, R. E. (2000): Atmospheric Effects on Shopping Behavior: A Review of the Experimental Evidence, in: Journal of Business Research, Vol. 49, No. 2, S. 193–211.

U.S. Department of Commerce – Economics and Statistics Administration – Bureau of the Census (1994): Geographic Areas Reference Manual, unter: http://www.census.gov/geo/www/GARM/Ch11GARM.pdf [27.9.2011].

Ulrich, H. (1970): Die Unternehmung als produktives soziales System. Grundlagen einer allgemeinen Unternehmungslehre, 2. Aufl., Bern u. a.

Uncles, M. D./Dowling, G. R./Hammond, K. (2003): Customer Loyalty and Customer Loyalty Programs, in: Journal of Consumer Marketing, Vol. 20, H. 4, S. 294–316.

Uphoff, H. (1978): Bestimmung des optimalen Standortes mit Hilfe der Profilmethode, Berlin.

Urban, D. (1993): Logit-Analyse, Stuttgart u. a.

Urban, T. L. (1998): An Inventory-Theoretic Approach to Product Assortment and Shelf-Space Allocation, in: Journal of Retailing, Vol. 74, No. 1, S. 15–35.

Urbany, J. E./Dickson, P. R./Sawyer, A. G. (2000): Insights into Cross and Within-Store Price Search: Retailer Estimates vs. Consumer Self-Reports, in: Journal of Retailing, Vol. 76, No. 2, S. 243–258.

Urwick, L. F. (1960): The Department Store. An Informal Talk on Store Organization, London.

van Baal, S. (2007): Konsumentenverhalten in Multi-Channel-Systemen des Handels: Ergebnisse einer empirischen Studie, in: Direkt Marketing: Magazin für kundenorientierte Kommunikation, 43. Jg., H. 5, S. 54–56.

van Baal, S. (2004): Der Wert des Internets im Rahmen des Multi-Channel-Vertriebs, in: Mitteilungen des IfH, 56. Jg., H. 3, S. 182–196.

van Baal, S./Hudetz, K. (2006): Wechselwirkungen im Multi-Channel-Betrieb. Empirische Ergebnisse und Erkenntnisse zum Konsumentenverhalten in Mehrkanalsystemen des Handels, Köln.

van Baal, S./Hudetz, K. (2005): Informationswege zwischen Internet und stationärem Handel. Ein Blick auf das Verhalten der Verbraucher, in: Der Betriebswirt, 46. Jg., H. 3, S. 23–28.

van Baal, S./Hudetz, K. (2004): Multi-Channel-Effekte im Handel. Empirische Ergebnisse zu den Wechselwirkungen zwischen stationärem Geschäft und Internet, Köln.

van den Poel, D./Leunis, J. (1999): Consumer Acceptance of the Internet as a Channel of Distribution, in: Journal of Business Research, Vol. 45, No. 3, S. 249–256.

van der Heijden, H. (2004): User Acceptance of Hedonic Information Systems, in: Management Information Systems Quaterly, Vol. 28, No. 4, S. 695–704.

van Kenhove, P./de Wulf, K./van Waterschoot, W. (1999): The Impact of Task Definition on Store-Attribute Saliences and Store Choice, in: Journal of Retailing, Vol. 75, No. 1, S. 125–137.

Vanhuele, M./Drèze, X. (2002): Measuring the Price Knowledge Shoppers Bring to the Store, in: Journal of Marketing, Vol. 66, No. 4, S. 72–85.

Venkatesan, R./Kumar, V./Ravishanker, N. (2007): Multichannel Shopping: Causes and Consequences, in: Journal of Marketing, Vol. 71, No. 2, S. 114–132.

Verband Technischer Handel e. V. (Hrsg.) (2007): Geschäftsbericht 2005–2007, unter: http://www.vth-verband.de/dokumente/VTHGB0507.pdf [30.4.2008].

Verbeke, W./Farris, P./Thurik, R. (1995): Consumer Response to the Preferred Brand Out-of-Stock Situation, Arbeitspapier, unter: http://faculty.darden.virginia.edu/farrisp/personal/pdf/brand.pdf [19.10.2010].

Verbeke, W./Thurik, R./Franses, P. (1997): Consumers' Responses to Sequential out-of-Stock Contacts of a Brand Assortment, Working Paper No. 9718, Erasmus Research Institute of Management, University of Rotterdam, Rotterdam.

Verhoef, P. C./Neslin, S. A./Vroomen, B. (2007): Multichannel Customer Management: Understanding the Research-Shopper Phenomenon, in: International Journal of Research in Marketing, Vol. 24, No. 2, S. 129–148.

Vering, O. (2002): Methodische Softwareauswahl im Handel. Ein Referenz-Vorgehensmodell zur Auswahl standardisierter Warenwirtschaftssysteme, Berlin.
Viaion, H. (1997): Entscheidungsunterstützungssysteme auf der Basis computergestützter Warenwirtschaftssysteme für das Absatzmarketing im Einzelhandel, in: Ahlert, D./Olbrich, R. (Hrsg.): Integrierte Warenwirtschaftssysteme und Handelscontrolling. Konzeptionelle Grundlagen und Umsetzung in der Handelspraxis, 3. Aufl., Stuttgart, S. 367–392.
Vida, I. (2000): An Empirical Inquiry into International Expansion of US Retailers, in: International Marketing Review, Vol. 17, No. 4/5, S. 454–475.
Vida, I./Reardon, J./Fairhurst, A. (2000): Determinants of International Retail Involvement: The Case of Large U.S. Retail Chains, in: Journal of International Marketing, Vol. 8, No. 4, S. 37–60.
Villiger, R. (1981): Einzelhandel – Planung, Steuerung und Kontrolle des Warenbestandes. Ein Handbuch der erfolgreichen Sortimentsbewirtschaftung, Bern u. a.
Viswanathan, M./Childers, T. L. (1999): Understanding How Product Attributes Influence Product Categorization: Development and Validation of Fuzzy Set-Based Measures of Gradedness in Product Categories, in: Journal of Marketing Research, Vol. 36, No. 1, S. 75–94.
Vodrazka, K. (1967): Betriebsvergleich, Stuttgart.
Voeth, M. (2000): Nutzenmessung in der Kaufverhaltensforschung. Die Hierarchische Individualisierte Limit Conjoint-Analyse, Wiesbaden.
Voigt, K.-I. (1992): Strategische Planung und Unsicherheit, Wiesbaden.
Völckner, F. (2006): Determinanten der Informationsfunktion des Preises, in: Zeitschrift für Betriebswirtschaft, 76. Jg., H. 5, S. 473–497.
Völckner, F./Hofmann, J. (2007): The Price-Perceived Quality Relationship: A Meta-Analytic Review and Assessment of Its Determinants, in: Marketing Letters, Vol. 18, No. 3, S. 181–196.
Völckner, F./Sattler, H./Teichert, T. (2008): Wahlbasierte Verfahren der Conjoint-Analyse, in: Herrmann, A./Homburg, C./Klarmann, M. (Hrsg.): Handbuch Marktforschung, 3. Aufl., Wiesbaden, S. 687–711.
Voluntary Interindustry Commerce Standards Association (VICS) (2002): Collaborative Planning, Forecasting and Replenishment Version 2.0, unter: http://www.vics.org/docs/committees/cpfr/CPFR_Tabs_061802.pdf [9.12.2010].
von Bodungen, T. (2006): Vertrags-, Kartell- und Wettbewerbsrechtliche Aspekte von Kundenbindungssystemen, München.
von der Oelsnitz, D. (2007): Kooperation und Koordination im Multi-Channel-Marketing, in: Wirtz, B. W. (Hrsg.): Handbuch Multi-Channel-Marketing, Wiesbaden, S. 323–351.
von Herder, H. (1980): Mehr Erfolg durch Bedienung? Trends, Kosten, Ergebnisse, Köln.
von Herder, H. (1980): Determinanten der (De-)Zentralisation, in: Rationeller Handel, 23. Jg., H. 1, S. 2–6.
von Herder, H. (1979a): Filialunternehmen. Alle Macht der Zentrale?, in: Rationeller Handel, 22. Jg., H. 4, S. 2–8.
von Herder, H. (1979b): Filialorganisation. Optimierung mit Kompromissen, in: Rationeller Handel, 22. Jg., H. 5, S. 8–13.
von Herder, H. (1979c): Wie zentralistisch ist mein Betrieb?, in: Rationeller Handel, 22. Jg., H. 6, S. 33–39.
von Keitz, B./Groepler, C. (2007): Kundenverhalten am Regal – Methoden und Ergebnisse der Kommunikations-Forschung unter besonderer Berücksichtigung des Eye Tracking, in: Ahlert, D./Olbrich, R./Schröder, H. (Hrsg.): Shopper Research. Kundenverhalten im Handel – Jahrbuch zum Vertriebs- und Handelsmanagement 2007, Frankfurt am Main, S. 173–191.
Vrechopoulos, A. P./O'Keefe, R. N./Doukidis, G. I./Siomkos, G. J. (2004): Virtual Store Layout: An Experimental Comparison in the Context of Grocery Retail, in: Journal of Retailing, Vol. 80, No. 1, S. 13–22.
Waarts, E./van Everdingen, Y. M. (2006): Fashion Retailers Rolling out Across Multi-Cultural Europe, in: International Journal of Retail and Distribution Management, Vol. 34, No. 8, S. 645–657.
Wagner, H. M./Whitin, T. M. (1958): Dynamic Version of the Economic Lot Size Model, in: Management Science, Vol. 5, No. 1, S. 89–96.
Wahle, P. (1991): Erfolgsdeterminanten im Einzelhandel. Eine theoriegestützte, empirische Analyse strategischer Erfolgsdeterminanten, unter besonderer Berücksichtigung des Radio- und Fernsehfacheinzelhandels, Frankfurt am Main u. a.

Wakefield, K. L./Baker, J. (1998): Excitement at the Mall. Determinants and Effects on Shopping Response, in: Journal of Retailing, Vol. 74, No. 4, S. 515–539.

Wakefield, K. L./Inman, J. J. (1993): Who are the Price Vigilantes? An Investigation of Differentiating Characteristics Influencing Price Information Processing, in: Journal of Retailing, Vol. 69, No. 2, S. 216–233.

Walgenbach, P. (2000): Die normgerechte Organisation. Eine Studie über die Entstehung, Verbreitung und Nutzung der DIN EN ISO 9000er Normreihe, Stuttgart.

Walgenbach, P./Meyer, R. (2008): Neoinstitutionalistische Organisationstheorie, Stuttgart.

Wallace, D. W./Giese, J. L./Johnson, J. L. (2004): Customer Retailer Loyalty in the Context of Multiple Channel Strategies, in: Journal of Retailing, Vol. 80, No. 4, S. 249–263.

Waller, M./Johanson, M. E./Davis, T. (1999): Vendor-Managed Inventory in the Retail Supply Chain, in: Journal of Business Logistics, Vol. 20, No. 1, S. 183–203.

Walter, C. K./Grabner, J. R. (1975): Marketing Notes and Communications. Stockout Cost Model: Empirical Tests in a Retail Situation, in: Journal of Marketing, Vol. 39, No. 3, S. 56–68.

Walter, C. K./La Londe, B. J. (1975): Development and Tests of Two Stockout Cost Models, in: International Journal of Physical Distribution and Logistics Mangement, Vol. 5, No. 3, S. 121–132.

Walters, R. G./Rinne, H. J. (1986): An Empirical Investigation into the Impact of Price Promotions on Retail Store Performance, in: Journal of Retailing, Vol. 62, No. 3, S. 237–266.

Walters, R. G./MacKenzie, S. B. (1988): A Structural Equations Analysis of the Impact of Price Promotions on Store Performance, in: Journal of Marketing Research, Vol. 25, No. 1, S. 51–63.

Ward, M. B./Shimshack, J. P./Perloff, J. M./Harris, J. M. (2002): Effects of the Private-Label Invasion in Food Industries, in: American Journal of Agricultural Economics, Vol. 84, No. 4, S. 961–973.

Weber, B. (1979): Eine statistische Analyse der Abhängigkeiten des Kundenaufkommens von Standorteinflüssen bei Einzelhandelsgeschäften. Dargestellt an ausgewählten Apotheken der Stadt Münster, Münster.

Weber, H. H. (1976): Zur Diskussion um die Produktivität des Handels, in: Zeitschrift für Betriebswirtschaft, 46. Jg., H. 1, S. 47–58.

Weber, H. H. (1967): Einige Überlegungen zum Aussagewert der Kennziffer „Kosten in Prozent des Erlöses", in: Zeitschrift für betriebswirtschaftliche Forschung, 19. Jg., H. 5, S. 329–349.

Weber, H. H. (1966): Grundlagen einer quantitativen Theorie des Handels. Zugleich ein Beitrag zur Theorie mehrstufiger Marktformen, Köln u. a.

Weber, J. (1997): Arbeitszeitflexibilisierung und ihre Berücksichtigung in optimierenden Personalplanungsproblemen, in: Kossbiel, H. (Hrsg.): Modellgestützte Personalentscheidungen, München u. a, S. 29–56.

Weber, J. (Hrsg.) (1995): Kennzahlen für die Logistik, Stuttgart.

Weber, J. (1990): Thesen zum Verständnis und Selbstverständnis der Logistik, in: Zeitschrift für betriebswirtschaftliche Forschung, 42. Jg., H. 11, S. 976–986.

Weber, J./Bacher, A./Groll, M. (2003): Balanced Scorecard – Eignung des Ansatzes für das Supply Chain Management, in: Bogaschewsky, R./Götze, U. (Hrsg.): Management und Controlling von Einkauf und Logistik, Gernsbach, S. 307–329.

Weber, J./Bramsemann, U./Heineke, C./Hirsch, B. (2004): Wertorientierte Unternehmenssteuerung. Konzepte – Implementierung – Praxisstatements, Wiesbaden.

Weber, J./Sandt, J. (2001): Erfolg durch Kennzahlen. Neue empirische Erkenntnisse, Vallendar.

Weber, J./Schäffer, U. (2011): Einführung in das Controlling, 13. Aufl., Stuttgart.

Weber, J./Schäffer, U. (2000): Balanced Scorecard & Controlling. Implementierung – Nutzen für Manager und Controller – Erfahrungen in deutschen Unternehmen, 3. Aufl., Wiesbaden.

Webster, F. E./Wind, Y. (1972): A General Model for Understanding Organizational Buying Behavior, in: Journal of Marketing, Vol. 36, No. 2, S. 12–19.

Wehrle, F. (1984): Strategische Marketingplanung in Warenhäusern. Anwendung der Portfolio-Methode, Frankfurt am Main u. a.

Weiber, R./Adler, J. (1995a): Informationsökonomisch begründete Typologisierung von Kaufprozessen, in: Zeitschrift für betriebswirtschaftliche Forschung, 47. Jg., H. 1, S. 43–65.

Weiber, R./Adler, J. (1995b): Positionierung von Kaufprozessen im informationsökonomischen Dreieck. Operationalisierung und verhaltenswissenschaftliche Prüfung, in: Zeitschrift für betriebswirtschaftliche Forschung, 47. Jg., H. 2, S. 99–123.

Weijters, B./Rangarajan, D./Falk, T./Schillewaert, N. (2007): Determinants and Outcomes of Customers' Use of Self-Service Technology in a Retail Setting, in: Journal of Service Research, Vol. 10, No. 1, S. 3–21.
Weinberg, P. (1992): Erlebnismarketing, München.
Weinberg, P. (1986): Erlebnisorientierte Einkaufsstättengestaltung im Einzelhandel, in: Marketing – Zeitschrift für Forschung und Praxis, 8. Jg., H. 2, S. 97–102.
Weinberg, P. (1981): Das Entscheidungsverhalten der Konsumenten, Paderborn.
Weinberg, P./Besemer, S. (2001): Marketing von Shopping-Centern, in: Tscheulin, D. K./Helmig, B. (Hrsg.): Branchenspezifisches Marketing. Grundlagen – Besonderheiten – Gemeinsamkeiten, Wiesbaden, S. 515–544.
Weinberg, P./Diehl, S. (2006): Erlebnisorientierte Einkaufsstättengestaltung im stationären und virtuellen Einzelhandel, in: Strebinger, A./Mayerhofer, W./Kurz, H. (Hrsg.): Werbe- und Marktforschung. Meilensteine – State of the Art – Perspektiven, Wiesbaden, S. 245–273.
Weinberg, P./Gröppel, A. (1988): Formen und Wirkungen erlebnisorientierter Kommunikation, in: Marketing – Zeitschrift für Forschung und Praxis, 10. Jg., H. 3, S. 190–197.
Weiß, W. (2005): Mezzanine – eine neue Finanzierungsform?, in: Handel im Fokus, 57. Jg., H. 2, S. 125–130.
Welge, M. K./Al-Laham, A. (2008): Strategisches Management. Grundlagen, Prozess, Implementierung, 5. Aufl., Wiesbaden.
Wells, W. D./Gabor, G. (1966): Life Cycle in Marketing Research, in: Journal of Marketing Research, Vol. 3, No. 4, S. 355–363.
Wendland, H. (1989): Die Konzentration im Lebensmittelhandel in der Praxis des Bundeskartellamtes, in: Gröner, H. (Hrsg.): Wettbewerb, Konzentration und Nachfragemacht im Lebensmittelhandel, Berlin, S. 35–59.
Wenzlitschke, M. R. (2002): Die Personalkosten im Facheinzelhandel. Entwicklung – Relevanz – Anpassung, Frankfurt am Main u. a.
Wenzlitschke, M. R. (2001): Mit Kennzahlen den Erfolg prognostizieren, in: Mitteilungen des IfH, 53. Jg., H. 3, S. 41–52.
Wenzlitschke, M. R. (1997): Der Anstieg der Personalkosten und seine Folgen für den Facheinzelhandel, in: Müller-Hagedorn, L. (Hrsg.): Trends im Handel. Analysen und Fakten zur aktuellen Situation im Handel, Frankfurt am Main, S. 227–250.
Wernerfelt, B. (1984): A Resource-based View of the Firm, in: Strategic Management Journal, Vol. 5, No. 2, S. 171–180.
Wernien, K. (1966): Platzierungsplanung ohne sterile Gleichförmigkeit, in: Selbstbedienung und Supermarkt, 10. Jg., H. 1, S. 32–40.
Wesche, M. (1991): Entscheidungsorientierte Kosten- und Leistungsrechnung in Handelsbetrieben, Göttingen.
Westbrook, R. A. (1981): Sources of Consumer Satisfaction with Retail Outlets, in: Journal of Retailing, Vol. 57, No. 3, S. 68–85.
Westbrook, R. A./Black, W. C. (1985): A Motivation-Based Shopper Typology, in: Journal of Retailing, Vol. 61, No. 1, S. 78–103.
White, A./Johnson, M./Wilson, H. (2008): RFID in the Supply Chain: Lessons from European Early Adopters, in: International Journal of Physical Distribution and Logistics Management, Vol. 38, No. 2, S. 88–107.
White, D. W./Absher, K. (2007): Positioning of Retail Stores in Central and Eastern European Accession States: Standardization versus Adaptation, in: European Journal of Marketing, Vol. 41, No. 3/4, S. 292–306.
Wicht, J./Hopp, A./Arminger, G. (2008): Aufbau, Durchführung und Leistungsmessung eines CPFR-Pilotprojekts im Handel, in: Zeitschrift für betriebswirtschaftliche Forschung, 60. Jg., H. 5, S. 214–240.
Wieder, M. (2004): Kundenbindungsinstrumente im Handel - Erfolgspotenziale und Umsetzungsvoraussetzungen, in: Hinterhuber, H. H./Matzler, K. (Hrsg.): Kundenorientierte Unternehmensführung. Kundenorientierung – Kundenzufriedenheit – Kundenbindung, 4. Aufl. Wiesbaden, S. 499–515.
Wied-Nebbeling, S. (2009): Preistheorie und Industrieökonomik, 4. Aufl., Berlin.
Wiegandt, K. (1989): Die Konzentration im Lebensmitteleinzelhandel. Eine Einschätzung des Handels, in: Gröner, H. (Hrsg.): Wettbewerb, Konzentration und Nachfragemacht im Lebensmittelhandel, Berlin, S. 112–118.
Wieland, H.-J. (1985): Regalplatzierung mit dem IBM-PC. Beschreibung und Anwendung, Arbeitspapier IBM, Hamburg.
Wieland, H.-J. (1979): Computergestützte Regalplanung. Aspekte und Möglichkeiten durch elektronische Kassensysteme, in: Elektronische Rechenanlagen, 21. Jg., H. 3, S. 147–151.

Wieland, H.-J. (1977): Wenn Datenkassen Artikel platzieren, in: Rationeller Handel, 20. Jg., H. 3, S. 59–61.
Wienholt, H. (1989): Außenhandelsbetriebslehre, München.
Wierich, R. (2008): Personalisierung und Individualisierung von Coupons. Eine empirische Untersuchung der Kundenbindungswirkung individualisierter und personalisierter Coupons, Stuttgart.
Wierich, R. (2007): Referenzpreiseffekte bei der Preisbeurteilung, in: Schuckel, M./Toporowski, W. (Hrsg.): Theoretische Fundierung und praktische Relevanz der Handelsforschung, Wiesbaden, S. 397–417.
Wiese, A./Kellner, J./Lietke, B./Toporowski, W./Zielke, S. (2012): Sustainability in Retailing – a Summative Content Analysis, in: International Journal of Retail and Distribution Management, Vol. 40, No. 4, S. 318–335.
Wigley, S. M./Moore, C. M./Birtwistle, G. (2005): Product and Brand: Critical Success Factors in the Internationalisation of a Fashion Retailer, in: International Journal of Retail and Distribution Management, Vol. 33, No. 7, S. 531–544.
Wild, J. (1974): Grundlagen der Unternehmensplanung, Reinbek bei Hamburg.
Willers, H. G. (1988a): Planung in Handelsunternehmen. Grundlagen und Praxisbeispiel. 1. Teil, in: Zeitschrift Führung und Organisation, 57. Jg., H. 1, S. 38–42.
Willers, H. G. (1988b): Planung in Handelsunternehmen. Grundlagen und Praxisbeispiel. 2. Teil, in: Zeitschrift Führung und Organisation, 57. Jg., H. 2, S. 117–123.
Williams, D. E. (1992): Motives for Retailer Internationalization: Their Impact, Structure and Implications, in: Journal of Marketing Management, Vol. 8, No. 3, S. 269–285.
Williamson, O. E. (1999): Strategy Research: Governance and Competence Perspectives, in: Strategic Management Journal, Vol. 20, No. 12, S. 1087–1108.
Williamson, O. E. (1990): Die ökonomischen Institutionen des Kapitalismus. Unternehmen, Märkte, Kooperationen, Tübingen.
Williamson, O. E. (1985): The Economic Institutions of Capitalism: Firms, Markets, Relational Contracting, New York, NY u. a.
Williamson, O. E. (1979): Transaction-Cost Economics: The Governance of Contractual Relations, in: Journal of Law and Economics, Vol. 22, No. 2, S. 233–261.
Williamson, O. E./Ouchi, W. G. (1981): The Markets and Hierarchies and Visible Hand Perspectives, in: van de Ven, A. H./Joyce, W. F. (Hrsg.): Perspectives on Organization Design and Behavior, New York, NY u. a., S. 347–370.
Wimmer, F. (1975): Das Qualitätsurteil des Konsumenten. Theoretische Grundlagen und empirische Ergebnisse, Bern u. a.
Winkler, A. (1993): Lifestyle definiert Ansprache, in: Lebensmittel Zeitung, 45. Jg., Nr. 38 v. 24.9.1993, S. 94.
Winkler, R./Küssner, M. (2002): Verkaufsflächenentwicklung im Lebensmitteleinzelhandel und § 11 Abs. 3 Baunutzungsverordnung, in: Handel im Fokus, 54. Jg., H. 2, S. 84–93.
Wirtz, B. W. (2008): Multi-Channel-Marketing. Grundlagen – Instrumente – Prozesse, Wiesbaden.
Wirtz, B. W./Büttner, T./Schwarz, J. (2003): Multi-Channel-Management. Eine empirische Analyse zu ausgewählten Aktionsparametern und deren Erfolgsrelevanz, in: Jahrbuch der Absatz- und Verbrauchsforschung, 49. Jg., H. 1, S. 65–83.
Wirz, L. (1970): Leistungsprämien für das Verkaufspersonal im Einzelhandel, Kreuzweingarten.
Wiswede, G. (1972): Soziologie des Verbraucherverhaltens, Stuttgart.
Wiswede, G. (1992): Die Psychologie des Markenartikels, in: Dichtl, E./Eggers, W. (Hrsg.): Marke und Markenartikel als Instrumente des Wettbewerbs, München, S. 71–95.
Witt, F.-J. (1992): Handelscontrolling, München.
Wöhe, G./Döring, U. (2008): Einführung in die allgemeine Betriebswirtschaftslehre, 23. Aufl., München.
Wolff, G./Herrmann, M./Niggemann, M. (2004): Quo vadis Erfolgsfaktorenforschung?, in: Jahrbücher für Nationalökonomie und Statistik, Vol. 224, No. 1–2, S. 263–269.
Wolfinbarger, M./Gilly, M. C. (2003): eTailQ: Dimensionalizing, Measuring and Predicting Etail Quality, in: Journal of Retailing, Vol. 79, No. 3, S. 183–198.
Wölk, A. (1992): Erfolgsfaktoren kleiner und mittlerer Unternehmen im Einzelhandel. Eine empirische Studie, in: Trommsdorff, V. (Hrsg.), Handelsforschung 1991, Wiesbaden, S. 47–64.
Woodruff, R./Cadotte, E. R./Jenkins, R. L. (1983): Modeling Consumer Satisfaction Processes Using Experience-Based Norms, in: Journal of Marketing Research, Vol. 20, No. 3, S. 296–304.

Woodside, A. G./Davenport Jr., W. J. (1974): The Effect of Salesman Similarity and Expertise on Consumer Purchasing Behavior, in: Journal of Marketing Research, Vol. 11, No. 2, S. 198–202.

Woratschek, H. (1995): Ein neues Positionierungsmodell für den Dienstleistungsbetrieb, in: Kleinaltenkamp, M. (Hrsg.): Dienstleistungsmarketing. Konzeptionen und Anwendungen, Wiesbaden, S. 33–62.

Woratschek, H. (1992): Betriebsform, Markt und Strategie, Wiesbaden.

Wotzka, P. (1970): Standortwahl im Einzelhandel, Hamburg.

Wrobbel, E./Tietz, W. (1998): Die Kausalanalyse als Instrument der Marketingforschung. Dargestellt am Beispiel des Preisimage von Großhandelsbetrieben, Arbeitspapier Nr. 72 des Lehrstuhls für Marketing an der Universität Erlangen-Nürnberg, Nürnberg.

Wu, C.-C./Wang, C.-J. (2005): A Positive Theory of Private Label: A Strategic Role of Private Label in a Duopoly National-Brand Market, in: Marketing Letters, Vol. 16, No. 2, S. 143–161.

Würthwein, R. (2006): Interne Ratingsysteme für Handelsverbünde, in: Handel im Fokus, 58. Jg., H. 3, S. 155–164.

Xavier, M. J./Krishnan, R./Borin, N. (2005): An Integrated Model of Collaborative Value Creation for Strategic Innovation: The Case of Retail Automation in India, in: Indian Institute of Management Bangalore – IIMB Management Review, Vol. 17, No. 2, S. 29–39.

Xia, L./Monroe, K. B./Cox, J. L. (2004): The Price is Unfair! A Conceptual Framework of Price Fairness Perceptions, in: Journal of Marketing, Vol. 68, No. 4, S. 1–15.

Xing, Y./Grant, D. B. (2006): Developing a Framework for Measuring Physical Distribution Service Quality of Multi-Channel and „Pure Player" Internet Retailers, in: International Journal of Retail and Distribution Management, Vol. 34, No. 4/5, S. 278–289.

Yang, M.-H./Chen, W.-C. (1999): A Study on Shelf Space Allocation and Management, in: International Journal of Production Economics, Vol. 60–61, No. 3, S. 309–317.

Zajonc, R. B. (1980): Feeling and Thinking. Preferences Need no Inferences, in: American Psychologist, Vol. 35, No. 2, S. 151–175.

Zeithaml, V. A. (1988): Consumer Perceptions of Price, Quality, and Value: A Means-End Model and Synthesis of Evidence, in: Journal of Marketing, Vol. 52, No. 3, S. 2–22.

Zeithaml, V. A. (1984): Issues in Conceptualizing and Measuring Consumer Response to Price, in: Advances in Consumer Research, Vol. 11, No. 1, S. 612–616.

Zeithaml, V. A./Berry, L. L./Parasuraman, A. (2000): Kommunikations- und Kontrollprozesse bei der Erstellung von Dienstleistungsqualität, in: Bruhn, M./Stauss, B. (Hrsg.): Dienstleistungsqualität. Konzepte – Methoden – Erfahrungen, 3. Aufl., Wiesbaden, S. 115–144.

Zeithaml, V. A./Berry, L. L./Parasuraman, A. (1996): The Behavioral Consequences of Service Quality, in: Journal of Marketing, Vol. 60, No. 2, S. 31–46.

Zeithaml, V. A./Berry, L. L./Parasuraman, A. (1988): Communication and Control Process in the Delivery of Service Quality, in: Journal of Marketing, Vol. 52, No. 2, S. 35–48.

Zellekens, H.-J./Horbert, C. (1996): Eigenmarken im Lebensmittelhandel. Verbreitung, Strategien, Ausblicke, Köln.

Zeller, R. E./Achabal, D. D./Brown, L. A. (1980): Market Penetration and Locational Conflict in Franchise Systems, in: Division Sciences, Vol. 11, No. 1, S. 58–80.

Zenor, M. J. (1994): The Profit Benefits of Category Management, in: Journal of Marketing Research, Vol. 31, No. 2, S. 202–213.

Zentes, J. (2007): Kooperative Systeme im europäischen Kartellrecht, in: Zentes, J. (Hrsg.): Faszination Handel – 50 Jahre Saarbrücker Handelsforschung, Frankfurt am Main, S. 249–270.

Zentes, J. (2003): Handels-Controllinginstrumente, in: Horvath, P./Reichmann, T. (Hrsg.): Vahlens Großes Controllinglexikon, 2. Aufl., München, S. 276.

Zentes, J. (Hrsg.) (1997): Mitarbeiterzufriedenheit = Kundenzufriedenheit. Eine Wechselbeziehung?, Mainz.

Zentes, J. (1992): Organisation der Handelsbetriebe, in: Frese, E. (Hrsg.): Handwörterbuch der Organisation, 3. Aufl., Stuttgart, S. 755–770.

Zentes, J. (Hrsg.) (1985): Moderne Warenwirtschaftssysteme im Handel, Berlin u. a.

Zentes, J./Hilt, C./Domma, P. (2007): Handels Monitor Spezial – Global Sourcing im Einzelhandel: Low Cost Sourcing – Direct Sourcing – Speed Sourcing, Frankfurt am Main.

Zentes, J./Hüffer, G./Pocsay, S./Chavie, R. (2007): Innovative Geschäftsmodelle und Geschäftsprozesse im Großhandel, Frankfurt am Main.

Zentes, J./Knörr, E. (2004): SRM – Ein innovativer Ansatz zur Evaluierung von Lieferanten, in: Zentes, J./Biesiada, H./ Schramm-Klein, H. (Hrsg.): Performance-Leadership im Handel, Frankfurt am Main, S. 191–225.

Zentes, J./Morschett, D. (2007): Disintermediation in Wertschöpfungsketten – eine transaktionskostentheoretische Analyse der Ausschaltungsgefahr für den Großhandel in: Schuckel, M./Toporowski, W.: (Hrsg.): Theoretische Fundierung und praktische Relevanz der Handelsforschung Wiesbaden, S. 507–528.

Zentes, J./Morschett, D./Schramm-Klein, H. (2011): Strategic Retail Management. Text and International Cases, 2. Aufl., Wiesbaden.

Zentes, J./Morschett, D./Schramm-Klein, H. (2007): Strategic Retail Management. Text and International Cases, Wiesbaden.

Zentes, J./Morschett, D./Schramm-Klein, H. (2004): Außenhandel. Marketingstrategien und Managementkonzepte, Wiesbaden.

Zentes, J./Scheer, L./Lehnert, M. (2007): Internationalisierungspotenziale für Verbundgruppen, Frankfurt am Main.

Zentes, J./Schramm-Klein, H. (2009): Corporate Social Responsibility von Handelsunternehmen, in: Schröder, H./ Olbrich, R./Kenning, P./Evanschintzky, H. (Hrsg.): Distribution und Handel in Theorie und Praxis, Wiesbaden, S. 91–114.

Zentes, J./Schramm-Klein, H. (2007): Logistische Distributionspolitik in Multi-Channel-Systemen – Besonderheiten in der Konsumgüterbranche, in: Wirtz, B. W. (Hrsg.): Handbuch Multi-Channel-Marketing, Wiesbaden, S. 451–472.

Zentes, J./Swoboda, B. (Hrsg.) (2001): Perspektiven der Zentralregulierung, Frankfurt am Main.

Zentes, J./Swoboda, B. (2000): Allied Groups on the Road to Complex Networks, in: Technology in Society, Vol. 22, No. 1, S. 133–150.

Zentes, J./Swoboda, B./Morschett, D. (Hrsg.) (2002): B2B-Handel: Perspektiven des Groß- und Außenhandels, Frankfurt am Main.

Zentes, J./Swoboda, B./Schramm-Klein, H. (2010): Internationales Marketing, 2. Aufl., München.

Zentralverband der deutschen Werbewirtschaft (ZAW) e. V. (Hrsg.) (2010): Werbung in Deutschland 2010, Berlin.

Zentralverband der deutschen Werbewirtschaft (ZAW) e. V. (Hrsg.): Werbung in Deutschland, fortlaufend, Berlin.

Zentralverband Elektrotechnik und Elektronikindustrie (ZVEI) e. V. (1989): ZVEI-Kennzahlensystem, 4. Aufl., Frankfurt am Main.

Zhang, J./Krishna, A. (2007): Brand-Level Effects of Stockkeeping Unit Reductions, in: Journal of Marketing Research, Vol. 44, No. 4, S. 545–559.

Ziegler, F. (1973): Nochmals: Neuer Kontenrahmen für den Handel?, in: Rationeller Handel, 16. Jg., H. 2, S. 37–39.

Ziegler, F. (1952): Grundsätze und Gemeinschafts-Richtlinien für das Rechnungswesen, 2. Aufl., Frankfurt am Main.

Ziegler, H. (1994): Neuorientierung des internen Rechnungswesens für das Unternehmens-Controlling im Hause Siemens, in: Zeitschrift für betriebswirtschaftliche Forschung, 46. Jg., H. 2, S. 175–188.

Ziehe, N. (1998): Einzelhandel und Verkehrspolitik. Eine empirische Analyse der Bedeutung von Erreichbarkeit und Attraktivität für die Zentrenwahl der Verbraucher, Stuttgart.

Zielke, S. (2011): Integrating Emotions in the Analysis of Retail Price Images, in: Psychology and Marketing, Vol. 28, No. 4, S. 330–359.

Zielke, S. (2010a): How Price Image Dimensions Influence Shopping Intentions for Different Store Formats, in: European Journal of Marketing, Vol. 44, No. 6, S. 748–770.

Zielke, S. (2010b): Causes Customers Ascribe to Low Prices in Discount Stores, in: Advances in Consumer Research, Vol. 37, S. 352–358.

Zielke, S. (2009a): Exploring How Perceived Store Price-Level and Customer Characteristics Influence Price-Related Emotions, in: Advances in Consumer Research, Vol. 36, S. 325–331.

Zielke, S. (2009b): Eine erweiterte Perspektive zur Analyse von Preisimages im Handel, kumulative Habilitationsschrift, Universität Göttingen.

Zielke, S. (2008a): Exploring Asymmetric Effects in the Formation of Retail Price Satisfaction, in: Journal of Retailing and Consumer Services, Vol. 15, No. 5, S. 335–347.

Zielke, S. (2008b): Eine qualitative Untersuchung von Preisimages im Handel, Göttinger Beiträge zur Handels- und Distributionswissenschaft, Arbeitspapier Nr. 4, Göttingen.

Zielke, S. (2007): Verhaltenswissenschaftliche Preisforschung im Handel, in: Ahlert, D./Olbrich, R./Schröder, H. (Hrsg.): Shopper Research. Kundenverhalten im Handel, Frankfurt am Main, S. 249–264.

Zielke, S. (2006a): Category Pricing-Modelle für den Handel, in: Trommsdorff, V. (Hrsg.): Handelsforschung 2006, Stuttgart, S. 108–121.

Zielke, S. (2006b): Measurement of Retailers' Price Images with a Multiple-Item Scale, in: The International Review of Retail, Distribution and Consumer Research, Vol. 16, No. 3, S. 297–316.

Zielke, S. (2006c): Asymmetrische Effekte bei der Entstehung von Preiszufriedenheit, Göttinger Beiträge zur Handels- und Distributionswissenschaft, Arbeitspapier Nr. 3, Göttingen.

Zielke, S. (2005): Category Pricing als Ansatz zur Koordination von preispolitischen Aktivitäten im Einzelhandel, in: Trommsdorff, V. (Hrsg.): Handelsforschung 2005, Stuttgart, S. 185–204.

Zielke, S. (2004): Strategien und Instrumente zur kundenorientierten Warenplatzierung im Einzelhandel, in: Trommsdorff, V. (Hrsg.): Handelsforschung 2004, Köln, S. 381–400.

Zielke, S. (2003): Regalmanagement mit Hilfe Evolutionärer Algorithmen. Ein Ansatz zur Optimierung der Warenplatzierung unter Berücksichtigung preis- und sortimentspolitischer Interdependenzen, in: Marketing – Zeitschrift für Forschung und Praxis, 25. Jg., H. 4, S. 241–253.

Zielke, S. (2002): Kundenorientierte Warenplatzierung. Modelle und Methoden für das Category Management, Stuttgart.

Zielke, S. (2001): Kundengerechte Sortimentsgliederungen am Point of Sale. Ansätze zur Erhebung kognitiver Strukturen als Richtgrößen für Warenplatzierung und Category Management, in: Marketing – Zeitschrift für Forschung und Praxis, 23. Jg., H. 2, S. 100–116.

Zielke, S. (1999): Kundenorientierte Warenplazierung, Arbeitspapier Nr. 10 des Seminars für Allgemeine Betriebswirtschaftslehre, Handel und Distribution an der Universität zu Köln, Köln.

Zielke, S./Dobbelstein, T. (2007): Customers' Willingness to Purchase New Store Brands, in: Journal of Product and Brand Management, Vol. 16, No. 2, S. 112–121.

Zielke, S./Lietke, B./Toporowski, W./Boslau, M. (2008): Self-Service and Traditional Check-Outs in a Retail Setting: An Analysis of Perceptual Differences and Satisfaction Drivers, in: Marketing – Journal of Research and Management, Vol. 30, No. 1, S. 24–37.

Zielke, S./Preißner, M./Wierich, R. (2002): Neue Betriebsformen im Automobilhandel, in: Handel im Fokus, 54. Jg., H. 2, S. 128–143.

Zielke, S./Toporowski, W. (2009): Does Architecture Influence the Price Image and Intention to Shop in a Retail Store?, in: European Retail Research, Vol. 23, No. 1, S. 83–100.

Zielke, S./Toporowski, W./Kniza, B. (2011): Customer Acceptance of a New Interactive Information Terminal in Grocery Retailing – Antecedents and Moderators, in: Pantano, E./Timmermans, H. (Hrsg.): Advanced Technologies Management for Retailing: Frameworks and Issues, Hershey, PA, S. 289–305.

Ziliani, C./Bellini, S. (2004): Retail Micro-Marketing Strategies and Competition, in: The International Review of Retail, Distribution and Consumer Research, Vol. 14, No. 1, S. 7–18.

Zinn, W./Liu, P. C. (2001): Consumer Response to Retail Stockouts, in: Journal of Business Logistics, Vol. 22, No. 1, S. 49–71.

Zoller, K./Robrade, A. (1987): Dynamische Bestellmengen- und Losgrößenplanung. Verfahrensübersicht und Vergleich, in: Operations-Research-Spektrum, 9. Jg., H. 4, S. 219–233.

Zoschke, M. (1996): Quality Function Deployment (QFD), in: Hansen, W./Jansen, H. H./Kamiske, G. F. (Hrsg.): Qualitätsmanagement im Unternehmen. Grundlagen und Werkzeuge, Loseblattsammlung, 9. Aufl., Berlin u. a., Abschnitt 04.06.

Zuckerman, A./Chaiken, S. (1998): A Heuristic-Systematic Processing Analysis of the Effectiveness of Product Warning Labels, in: Psychology and Marketing, Vol. 15, No. 7, S. 621–641.

Zufryden, F. S. (1986): A Dynamic Programming Approach for Product Selection and Supermarket Shelf-Space Allocation, in: Journal of the Operational Research Society, Vol. 37, No. 4, S. 413–422.

Stichwortverzeichnis

WENIGER
MEHR
Weniger Fragezeichen.
Mehr Ausrufezeichen.
Oder warum Sie mit einer Karriere als Regionalverkaufsleiter bei ALDI SÜD einfach schon ganz oben beginnen.
Ihre beruflichen Perspektiven sollen geprägt sein von Ausrufezeichen und nicht von Fragezeichen? Sie wollen schnell vorankommen? Am besten mit Personalverantwortung und einem hohen Maß an Entscheidungsfreiheit? Dann sind Sie bei uns genau richtig, denn Ihre Karrierechancen beruhen auf denselben Grundprinzipien wie unser Geschäftserfolg. Nämlich Einfachheit, Konsequenz und Verantwortung. Wer sich also für ALDI SÜD entscheidet, entscheidet sich für weniger Einschränkung und mehr Selbstständigkeit. Für weniger Monotonie und mehr Abwechslung. Für weniger Reagieren und mehr Agieren. Für weniger Vorurteile und mehr Vorteile.
Mehr unter karriere.aldi-sued.de
Einfach. Erfolgreich.
karriere.aldi-sued.de
ALDI SÜD
Um Ihnen den Lesefluss zu erleichtern, beschränken wir uns auf männliche Bezeichnungen. Bewerberinnen sind uns selbstverständlich gleichermaßen willkommen.

GEMEINSAM FÜR DEN KLIMASCHUTZ
Die REWE Group fördert aktiv den Ausbau erneuerbarer Energien.
ITS
toom
REWE
PENNY
DERTOUR
ProMarkt